U0758991

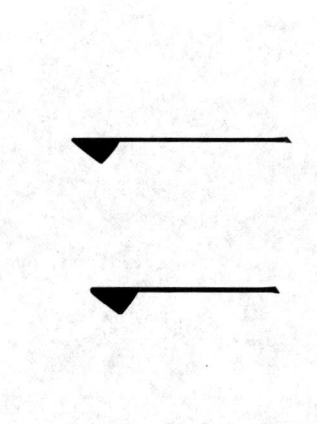

傳承與宗派總部

歷史部

綜述

《魏書・釋老志》 大人有作，司牧生民。結繩以往，書契所絕。故靡得而知焉。自羲軒已還，至於三代，其神言秘策，蘊圖緯之文。範世率民，垂墳典之迹。秦肆其毒，滅於灰燼。漢採遺籍，復若丘山。司馬遷區別異同，有陰陽儒墨名法道德六家之義。劉歆著《七略》，班固志藝文，釋氏之學所未曾紀。

案漢武元狩中，遣霍去病討匈奴，至臯蘭，過居延，斬首大獲。昆邪王殺休屠王，將其衆五萬來降，獲其金人，帝以爲大神，列於甘泉宮。金人率長丈餘，不祭祀，但燒香禮拜而已。此則佛道流通之漸也。

及開西域，遣張騫使大夏，還，傳其旁有身毒國，一名天竺，始聞有浮屠之敎。哀帝元壽元年，博士弟子秦景憲受大月氏王使伊存口授浮屠經，中土聞之，未之信了也。後孝明帝夜夢金人，頂有白光，飛行殿庭，乃訪羣臣。傅毅始以佛對。帝遣郎中蔡愔，博士弟子秦景等，使於天竺，寫浮屠遺範。愔仍與沙門攝摩騰、竺法蘭東還洛陽。中國有沙門及跪拜之法，自此始也。愔又得佛經《四十二章》及釋迦立像，明帝令畫工圖佛像，置清涼臺及顯節陵上。經緘於蘭臺石室。愔之還也，以白馬負經而至，漢因立白馬寺於洛城雍關西。摩騰、法蘭咸卒於此寺。

浮屠正號曰佛陁，佛陁與浮圖聲相近，皆西方言。其來轉爲二音。華言譯之，則謂淨覺，言滅穢成明道爲聖悟。凡其經旨，大抵言生生之類，皆因行業而起。有過去當今未來，歷三世，識神常不滅。凡爲善惡，必有報應。漸積勝業，陶冶麤鄙。經無數形藻練神明，乃致無生，而得佛道。其閒階次心行，等級非一，皆緣淺以至深，藉微而爲著。率在於積仁順，蠲嗜慾，習虛靜，而成通照也。故其始修心，則依佛法僧，謂之三歸，若君子之三畏也。又有五戒，去殺盜婬妄言飲酒，大意與仁義禮智信同，名爲異耳。云奉持之，則生天人勝處，虧犯則墜鬼畜諸苦。又善惡生處，凡有六道焉。諸服其道者，則剃落鬚髮，釋累辭家，結師資，遵律度，相與和居治心，修淨行乞以自給，謂之沙門，或曰桑門。亦聲相近，總謂之僧，皆胡言也。僧譯爲和命衆，桑門爲息心，比丘爲行乞。俗人之信憑道法者，男曰優婆塞，女曰優婆夷。其爲沙門者，初修十誡曰沙彌，而終於二百五十，則具足成大僧。婦入道者曰比丘尼，其誡至於五百。皆以□爲本，隨事增數，在於防心攝身，正口心，去貪忿癡，身除殺婬盜，口斷妄雜諸非正言，總謂之十善道。能具此，謂之三業清淨。凡人修行粗爲極，云可以達惡善報，漸階聖迹。初階聖者有三種人，其根業太差謂之三乘，聲聞乘、緣覺乘、大乘，取其可乘運以至道爲名。此三人惡迹已盡，但修心盪累，濟物進德。初根人爲小乘，行四諦法。中根人爲中乘，受十二因緣。上根人爲大乘，則修六度。雖階三乘，而要由修進萬行，拯度億流，彌歷長遠，乃可登佛境矣。

所謂佛者，本號釋迦文者，譯言能仁，謂德克道備，堪濟萬物也。釋迦前有六佛，釋迦繼六佛而成道，處今賢劫。文言將來有彌勒佛，方繼釋迦而降世。釋迦即天竺迦維衛國王之子。天竺其總稱，迦維別名也。初，釋迦於四月八日夜從母右脅而生。既生，姿相超異者三十二種。天降嘉瑞以應之，亦三十二。其《本起經》說之備矣。釋迦生時，當周莊王九年。《春秋・魯莊公七年》夏四月，恆星不見，夜明是也。至魏武定八年，凡一千二百三十七年云。釋迦年三十成佛，導化羣生，四十九載，乃於拘尸那城娑羅雙樹間，以二月十五日而入般涅槃。涅槃譯云滅度，或言常樂我淨，明無遷謝及諸苦累也。

諸佛法身有二種義。一者眞實，二者權應。眞實身謂至極之體，妙絕拘累，不得以方處期，不可以形量限。有感斯應，體常湛然。權應身者，謂和光六道，同塵萬類。生滅隨時，修短應物。形由感生，體非實有。權形雖謝，眞體不遷。但時無妙感，故莫得常見耳。明佛生非實生，滅非實滅也。佛既謝世，香木焚尸，靈骨分碎，大小如粒。擊之不壞，焚亦不燋。或有光明神驗，胡言謂之舍利。弟子收奉，置之寶瓶。竭香花，致敬慕，建宮宇，謂爲塔。塔亦胡言，猶宗廟也。故世稱塔廟。於後百年，有王阿育，以神力分佛舍利於諸鬼神，造八萬四千塔，布於世界，皆同日而就。今洛陽，彭城，姑臧，臨渭，皆有阿育王寺，蓋承其遺迹焉。釋迦雖般涅槃，而留影迹爪齒於天竺，於今猶在。中土來往，並稱見之。

初，釋迦所説教法，既涅槃後，有聲聞弟子大迦葉阿難等五百人，撰集著録。阿難親承囑授，多聞總持。蓋能綜覈深致，無所漏失。乃綴文字，撰載三藏十二部經，如九流之異統，其大歸終以三乘爲本。後數百年，有羅漢、菩薩相繼著論，贊明經義，以破外道。《摩訶衍》《大、小阿毗曇》《中論》《十二門論》《百法論》《成實論》等是也。皆傍諸藏部大義，假立外問，而以内法釋之。

漢章帝時，楚王英喜爲浮屠齋戒，遣郎中令奉黄縑白紈三十匹，詣國相以贖愆。詔報曰，楚王尚浮屠之仁祠，潔齋三月，與神爲誓，何嫌何疑。當有悔吝，其還贖，以助伊蒲塞桑門之盛饌。因以班示諸國。桓帝時，襄楷言佛陁黄老道以諫，欲令好生惡殺，少嗜慾，去奢泰，尚無爲。魏明帝曾欲壞宫西佛圖，外國沙門乃金盤盛水，置於殿前，以佛舍利投之於水，乃有五色光起。於是帝歎曰，自非靈異，安得爾乎，遂徙於道東，爲作周閣百間。佛圖故處，鑿爲濛汜池，種芙蓉於中。後有天竺沙門曇柯迦羅入洛，宣譯誡律，中國誡律之始也。自洛中構白馬寺，盛飾佛圖，畫迹甚妙，爲四方式。凡宫塔制度，猶依天竺舊狀而重構之。從一級至三五七九，世人相承，謂之浮圖，或云佛圖。晉世，洛中佛圖有四十二所矣。漢世沙門，皆衣赤布，後乃易以雜色。

李石《續博物志》卷七 秦二十一年，鑄金狄十二。釋氏之源，本霍去病討休屠王，獲其祭天金人，武帝以爲神，列於甘泉宫。魏黄初元年，徙長安銅狄，重不可致。或言金狄泣，因留霸城南，人有見薊子訓與父老，共摩銅狄曰，正見鑄此時，計爾日已近五百年矣。董卓毁其九爲錢，苻堅毁其二爲錢。其一，百姓推置陝北河中。或云翁仲頭髻常出。晉軍至，髻不復出。

王楙《野客叢書》卷一〇 傳奕、韓退之皆言，佛自後漢明帝時，始入中國。此蓋論其顯然者，僕謂佛法之入中國，其來久矣。觀《魏略·西戎傳》曰，昔漢哀元壽元年，博士景慮受大月氏王使伊存口傳浮屠經。又觀劉向《列仙傳序》曰，得仙者百四十六人，其七十四人已在佛經，則知漢成哀間，已有佛經矣。觀漢武故事，昆邪王殺休屠王，以其衆降，得金人之神，上置之甘泉宫。金人皆長丈餘，其祭不用牛羊，惟燒香禮拜，上使依其國俗。又元狩三年，穿昆明池，底得黑灰。帝問東方朔。朔曰，可問西域道人。知是劫灰。又知佛法自武帝時已入中國矣。今人惟知佛法入中國，自明帝始，不知自武帝始也。薛正已記，仲尼師老聃，老聃師竺乾。審是則佛入中國，又不止於武帝。

胡維霖《墨池浪語》 佛法入中國，不始於漢明帝。列子西方有聖人，老子師竺乾可證。蓋周穆王時，文殊目連來化穆王，即列子所謂化人也。化人示穆王云，高四臺是迦葉佛説法處，因造三會道場。至秦穆公時，扶風獲一石佛，穆公不識，棄馬坊中。公疾令由余往視之，曰此眞佛神也。公取像澡浴，安清淨處，像遂放光，公宰牲祭之，神擊棄遠處。由余又曰，臣聞佛清淨，所有供養，燒香而已。公遂欲造佛像，由余於高四臺南村，一老人姓王名安，年百八十，自云曾於三會道場，見人造之，臣老無力。村北有兄弟四人，曾於道場内爲諸匠執作，今請共造成一銅像，相好圓備。公悦大賞賚之，彼人於土臺上，造重閣，高三百尺，時人號爲高四臺。其人姓高，兄弟四人，同立故也。故名高四。然則秦穆公時，佛法已入中國矣。

汉魏分部

综　述

《後漢書·孝桓帝紀》 前史稱桓帝好音樂，善琴笙。飾芳林而考濯龍之宫，設華蓋以祠浮圖、老子，斯將所謂「聽於神」乎？及誅梁冀，奮威怒，天下猶企其休息。而五邪嗣虐，流衍四方。自非忠賢力爭，屢折奸鋒，雖原依斟流彘，亦不可得已。

《三國誌·吴書·孫綝傳》 （孫）綝遣將軍孫耽送亮之國，徙尚於零陵，遷公主於豫章，綝意彌溢，侮慢民神，遂燒大橋頭伍子胥廟，又壞浮屠祠，斬道人。

《魏書・世祖紀四下》（太平眞君七年）三月，詔諸州坑沙門，毀諸佛像，徒長安城工巧二千家於京師，車駕旋軫，幸洛水，分軍誅李閏叛羌。【略】（太平眞君七年）夏四月甲申，車駕至自長安，戊子，鄴城毀五層佛圖，於泥像中得玉璽二，其文皆曰「受命於天，既壽永昌」。其一刻其旁曰「魏所受漢傳國璽」。

《魏書・高祖紀七上》（延興二年四月）癸酉，詔沙門不得去寺，浮遊民間，行者仰以公文。

《魏書・苟頹傳》大駕行幸三川，（苟）頹留守京師，沙門法秀謀反，頹率禁衛收掩畢獲，內外晏然。

《魏書・於栗磾傳》（於栗磾）長子烈【略】從幸中山，車駕還次肆州，司空苟頹表沙門法秀詃惑百姓，潛謀不軌，詔烈與吏部尙書□丞祖馳驛討之，會秀已平，轉左衛將軍，賜爵昌國子。

《魏書・高祖紀七上》沙門法秀謀反，伏誅。【略】詔曰：「法秀妖詐亂常，妄說符瑞，蘭台御史張求等一百餘人，招結奴隸，謀爲大逆，有司科以族誅，誠合刑憲。」

《魏書・王睿傳》及沙門法秀謀逆，事發，多所牽引。（王）睿曰：「與其殺不辜，寧赦有罪，宜梟斬首惡，餘從疑赦，不亦善乎？」高祖從之，得免者千餘人。

《魏書・恩倖傳》魏誠弟亮，字平誠，承明初，擢爲中散，告沙門法秀反，遷冠軍將軍，賜爵永寧侯，加給事中。

《魏書・閹官傳》平季，字稚穆，燕國薊人，祖濟，武威太守，父雅，州秀才，與沙門法秀謀反，伏誅。

《魏書・西域志》賒彌國，在波知之南，山居，不信佛法，專事諸神，亦附厭噠，東有鉢盧勒國，路險，緣鐵鎖而度，下不見底，熙平中，宋雲等竟不能達。

《北齊書・文襄六王傳》阿於子、段暢以千騎投周，周軍攻東門，際昏，遂入，進兵焚佛寺門屋，飛焰照天地。

《北齊書・王則傳》（王）則性貪惏，在州取受非法，舊京取像，毀以鑄錢，於時世號河陽錢，皆出其家。

《北齊書・陸法和傳》法和始於百里洲造壽王寺，既架佛殿，更截櫟柱，曰：「後四十許年佛法當遭雷電，此寺幽僻，可以免難，」及魏平開荊州，宮室焚燼，總管欲發取壽王佛殿，嫌其材短，乃停，後周氏滅佛法，此寺隔在陳境，故不及難。

《南史・陳本紀下第十》於是以蕭摩訶爲皇畿大都督【略】分兵鎭守要害，僧尼道士盡皆執役。

《南史・陳慶之傳》（陳慶之）出爲北兗州刺史、都督緣淮諸軍事，曾有祅賊沙門僧強自稱爲帝，土豪蔡伯寵起兵應之，攻陷北徐州，詔慶之討焉，慶之斬伯寵、僧強，傳其首。

紀事

《後漢書・西域傳》世傳明帝夢見金人，長大，頂有光明，以問群臣。或曰：「西方有神，名曰佛，其形長丈六尺而黃金色。」帝於是遣使天竺問佛道法，遂於中國圖畫形像焉。楚王英始信其術，中國因此頗有奉其道者。後桓帝好神，數祀浮圖、老子，百姓稍有奉者，後遂轉盛。（浮圖即佛也。）

志磐《佛祖統紀》卷三五《法運通塞志》一七之二（武帝）元光二年，十三祖龍樹於南天竺以法藏付迦那提婆，入月輪三昧蟬蛻而去，壽三百歲。

（元狩）四年，驃騎將軍霍去病，討匈奴過焉耆山千餘里，得休屠王祭天金人。霍去病獲金人長丈餘，帝以爲大神，列於甘泉宮，焚香禮敬。

又（成帝）建始元年，十四祖提婆至迦毘羅國，以法藏付羅睺羅多。

鴻嘉二年，光祿大夫劉向校書天祿閣，往往見有佛經，向著《列仙傳》云，「吾搜檢藏書，緬尋太史，撰《列仙圖》，自黃帝已下迄至於今，得仙道者七百餘人，檢定虛實，得一百四十六人，其七十四人已見佛經矣。」

（哀帝）元壽元年，遣景憲使大月氏，得其王口授浮圖經還。當時稍有行齋戒者。

雜録

志磐撰《佛祖統紀》卷三五《法運通塞志》一七之二　（明帝）永平元年，十五祖羅多至室羅伐城，以法藏付僧佉難提，當佛滅一千年出。

七年，帝夢金人丈六項佩日光飛行殿庭，旦問群臣莫能對，太史傅毅進曰，臣聞周昭之時，西方有聖人者出，其名曰佛。帝乃遣中郎將蔡愔秦景博士王遵十八人，使西域訪求佛道。

十年，蔡愔等於中天竺大月氏，遇迦葉摩騰、竺法蘭，得佛倚像，梵本經六十萬言，載以白馬，達雒陽。騰蘭以沙門服謁見，館於鴻臚寺。

十一年，勅雒陽城西雍門外立白馬寺，摩騰始譯《四十二章經》，藏梵本於蘭臺石室，圖佛像於西陽城門及顯節陵上。帝問摩騰曰，佛出世後何以化不及此？騰曰，天竺迦毘羅衛國者，三千大千世界百億日月之中，三世諸佛，皆於此出。天人龍鬼有願力者，皆來生彼，受化悟道。餘處佛雖不往，然光相及處，千年五百，皆有聖人傳佛聲教，而往化之。帝大說。

十四年正月十一日，五嶽八山道士褚善信六百九十人上表，請與西域佛道角試優劣，勅尚書令宋庠，以十五日大集白馬寺。帝設行殿於寺南，門立三壇，道士於東壇置經子符籙，摩騰於道西置壇，安經像舍利。中壇奉饌食，奠祀百神。道士遶壇泣曰，主上信邪，玄風失緒，敢延經義於壇，以火取驗，即縱火焚經，悉成灰燼。道士相顧愧赧，所試呪術，入火履水，皆不得行。及焚佛經，光明五色，上徹天表，烈火既息，經像儼然。摩騰踴身飛空，現諸神變。法蘭出大梵音，宣明佛法。天雨寶華，大眾欣說。太傅張衍謂道士曰，「卿等無驗，宜從佛敎。」道士費叔才自感而死，司空劉峻等二百六十人，京師士庶張子尚等三百九十人，後宮陰夫人王倢伃宮人等一百九十人，五嶽道士呂惠通等六百二十人，並求出家。帝可之。勅於雒陽創十寺，七寺城外安僧，三寺城內安尼，並給供物。

帝嘗幸白馬寺，摩騰進曰，「寺東何館也？」帝曰，「昔有阜，夷之復起，有光怪，民呼聖冢。」騰曰，「昔阿育王藏佛舍利八萬四千塔，震旦之境有十九處，此其一也。」帝大驚，即與俱往禮拜，見圓光涌冢上光中有三佛，侍衛驩呼，皆稱萬歲，帝大說曰，「不有二大士，焉知大聖遺祐哉？」乃詔造塔其上，高九層二百尺。明年有光見於塔，有金色手出塔頂，天香郁然。帝駕幸瞻禮，光隨步武。

摩騰既卒，竺法蘭譯《佛本行經》等五部。

楚王英奉黃白紈詣相國曰，託在蕃輔過惡累積，奉送縑帛以贖罪愆，相國以聞，詔報曰，楚王誦黃老之微言，尚浮圖之仁祠。何嫌何疑？當有悔吝其還贖，以助伊蒲塞桑門之盛饌。

初帝聞西域有神，其名曰佛。因遣使之天竺，求其道，得其書及沙門以來，其書大氐以虛無爲宗，貴慈悲不殺，以爲人死精神不滅，隨復受形，生時所行善惡皆有報應。故所貴修練精神以至爲佛，善爲宏闊勝大之言，以勸誘愚俗，精於其道者，號曰沙門。於是中國始傳其術圖其形像，而王公貴人，獨楚王英最先好之。范曄《西域傳》論曰，佛道神化，興自身毒，而西漢方志莫有稱焉。張騫但著地多暑濕乘象而戰，班超唯列其奉浮圖不殺伐，而精文善法，導幸之功，靡所傳述。子聞之後說，其國殷乎中土，玉燭和氣靈聖之所降集，賢懿之所挺生。神迹詭異，則理絕人區；感驗明顯，則事出天外。而騫超無聞，豈非道閉往運而數開叔葉乎？

袁宏《漢紀》云，西域天竺有佛道焉。佛者，漢言覺也。將覺悟群生也。其教以修善慈心爲主，專務清淨，其精者號沙門，漢言息心，蓋息意去慾而歸於無爲也。又以爲人死精神不滅，隨復受形，生時所行善惡，皆有報應，故所貴行善修道以練精神以至爲佛也。佛身長一丈六尺，身黃金色，項佩日光，變化無所不入，故能化通萬物，而大濟群生。明帝感夢，乃遣使天竺問道，圖其像而還，有經數千卷，以虛無爲宗，包羅精粗無所不統，善爲宏闊遠大之言，所求在一體之內，所明在視聽之外，世俗之人或以爲虛誕，然歸於玄微深遠難得而測，故王公大人視生死報應之際，莫不矍然而自失焉。

述曰，袁氏《漢紀》言，天竺有佛道，佛身丈六，金色日光，化通萬物，大濟群生。明帝感夢，遣使問道，得其經像，此佛法來東之時，與法本內傳相爲表裏。蘇子瞻爲之跋云，此殆中國始知有佛時，語雖淺近，大略具足矣。

（安帝）永初元年，十六祖難提至摩提國以法藏付僧伽耶舍。

（順帝）永和元年，十七祖耶舍至月氏國以法藏付鳩摩羅馱，佛記滅後一千年出。

（桓帝）建和元年，月氏國沙門支讖至雒陽，譯《般舟三昧阿閦佛經》等二十一部。

二年，安息國沙門安世高至雒陽，譯《五十校計》等百七十六部。

三年，十八祖羅馱至北天竺以法藏付闍夜多。

九年，自永平以來臣民雖有習浮圖者，天子未之好，至帝始篤好之，於禁中鑄黃金浮圖、老子像（佛像與老子像），親於濯龍宮設華蓋之座，用郊天之樂。

又（靈帝）熹平元年，十九祖闍夜多至羅閱國以法藏付婆修槃馱。

光和三年，西天沙門竺佛朔至雒陽，譯《道行般若經》。中平五年，清信士嚴佛調譯《古維摩經》等。

又（獻帝）初平元年，二十祖槃馱至那提國以法藏付摩拏羅。

二年，蒼梧儒生牟子因世亂，無仕官意，銳志佛道，而世多非之，乃製《理惑論》以爲勸。其辭有云，佛者，覺也。猶三皇神五帝聖也。

述曰，牟子不得其名，當佛道未大行之日，而能爲論，援三家之事義，比決優劣，以袪世惑，以禦外侮，是殆大士示迹，如來之使也。

興平二年，下邳相笮融起佛祠，課人誦經，浴佛設齋，時會者五千餘人。

述曰，漢世人間建佛祠行佛事者，始見之笮氏，嘗與一儒老共觀此文，笑之曰，爲士夫而使後世書爲學佛，豈不恥哉？磐應之曰，學佛者豈不是爲善之人乎？爲士夫而使作史者指爲姦佞貪酷，甚至於不忠不孝者，斯可爲恥，學佛爲善，尙何恥哉？儒老笑頷之。

建安元年，二十一祖摩拏羅至月氏國以法藏付鶴勒那。

十四年，二十二祖鶴勒那於月氏國以法藏付師子尊者。先是鶴勒那弟子竺大力等來雒陽，與康猛同譯《興起本行經》，忽於館所有白光見，大力斂容，有間曰，此我師入滅之相，大力康猛支曜康巨等，皆善方言。終漢之世，譯經三百餘部。

（魏文帝）黃初元年，吳主孫權於武昌建昌樂寺。

五年，月氏國優婆塞支謙來雒陽，謙受業於支亮，亮受業於支讖，世稱天下博知無出三支。謙細長黑瘦眼白睛黃，時人語曰，支郎眼中黃，形軀雖細是智囊。後避地歸吳，拜爲博士。

西天沙門維祇難，同竺律炎來吳，譯經五部。

六年，陳思王曹植每讀佛經，輒留連嗟翫，以爲至道之宗極，嘗遊漁山，聞空中梵天之響，乃摹其聲節，寫爲梵唄（此云讚歎），撰文制音凡六契，傳爲後式。

（明帝）太和三年，吳潘夫人於武昌建慧寶寺。

又（齊王）正始二年，吳赤烏四年，康居國沙門康僧會來吳國，人初見，咸驚異之。吳主曰，是漢明所夢佛神之遺風乎？乃召問之。會曰，「如來遷化，已逾千載，靈骨舍利，神應無方。」吳主曰，「舍利可得，當爲立塔，若其無驗，國有常刑。」會謂其徒曰，「大法廢興，在此一舉。」當潔齋以懇求，七日無驗，展至三七日，眾且懼，忽鏗然有聲，視瓶中舍利五色。吳主自執瓶瀉銅盤中，盤即破裂，火燒鎚擊，一無所損，因起浮圖置建初寺，名其地曰佛陀里。

三年，吳尙書令闞澤捨宅爲德潤寺（在四明慈谿縣，今名普濟，澤字德潤，故名。）吳主問曰，「孔子教化世俗，老莊放蕩山林，何事佛爲？」澤對曰，「孔老法天制用，不敢違天，諸天奉行佛教，不敢違佛，以此言之，實非比對。」吳主曰，「佛教入中國，何緣不及東方？」澤曰，「永明十四年，五嶽道士褚善信、費叔才等與西僧角法，費叔才自感而死，至今百七十年，離亂歲深，方至於此。」

述曰，三國之時，各務戰守，而於此道未之能弘。然吳之君臣稍有知者，故建寺、譯經、奉舍利，論佛教班班可見。魏之境，獨陳思王能知之。蜀則蔑聞，意戰國遐阻未便能至耳。

嘉平二年，中天竺三藏曇摩迦羅至洛陽譯《僧祇戒》，立大僧羯磨受戒。先是比丘出家，特剪髮而已，未有律儀，凡齋懺法事，如祠祀狀，及迦羅至始出《戒本》，遂爲日用。

四年，中天竺沙門康僧鎧至洛陽，譯《無量壽經》。

又（高貴鄉公）正元元年，漢魏以來，二眾唯受三歸，大僧沙彌，曾無區別。曇摩迦羅乃上書乞行受戒法，與安息國沙門曇諦同在洛，出曇無德部《四分戒本》，十人受戒羯磨法。沙門朱士行爲受戒之始。

甘露元年，天竺沙門白延，至洛陽譯《無量清淨平等覺經》等六部。無畏三藏至交州，譯《法華三昧經》。

吳主孫皓不敬佛法，毀廢寺宇，詰康僧會曰，「佛言善惡報應，可得聞乎？」會曰，「明主以孝道治天下，則赤烏翔，老人見，以仁德育萬物，則醴泉涌，嘉禾生。善既有徵，惡亦如之。」他日宿衛治圃得金像，皓使置穢處，灌以不潔，俄得腫疾。占者云，「坐犯大神。」皓悟迎像供事，請會說法，禮拜悔罪，受五戒，疾獲愈，奉會爲師，復營立塔寺。

四年，二十三祖師子尊者遊化至罽賓國，有外道詐爲僧形，以幻術入王宮，奸犯妃后，王怒曰，「吾信事三寶，而沙門何多辱我？」即毀寺害僧，自秉劍至尊者所斬師，白乳涌高數尺，王臂尋墮，七日暴死。

沙門西遊之始：五年，潁川朱士行（時存俗姓）講《道行般若經》。（講經之始。）每歎譯理未周，乃發迹長安，至于闐國，得梵本《般若》，國禁不傳東土，士行請驗以火無損，王信異乃許其傳，士行即寄經東歸，因名《放光般若》。

两晋分部

综　述

志磐《佛祖統紀》卷三六《法運通塞志》卷一七之三　（武帝）泰始二年，侍中荀勗於洛陽造金像佛菩薩十二身，放大光明，都人競集瞻禮。

四年，沙門竺法崇至湘州麓山，廟神請授淨戒，舍廟爲寺。

太康二年，并州劉薩訶業弋獵，暴卒，兩人報向西北行。至地獄，見金色聖人。左右言，「是觀音大士。」謂訶曰，「汝罪應入地獄。可往洛陽、臨淄、建鄴、鄮陰、成都五處有阿育王塔處頂禮懺悔。又吳中二石像，阿育王使鬼神所造，能往禮拜，不墮地獄。」又云，「凡爲亡人設福，七月望日，沙門受夏，此時設供彌勝。若制供養物具須器，單標題言，爲某人奉上三寶，福施彌多。沙門白衣見罪宿過，能自發露，不失事條，勤誠懺悔，罪即消滅。如恥於衆前陳列，可對像處默自記說。不失事者，罪亦除滅。若有遺漏，非故隱蔽，受報猶輕。若善人誦經，其地皆爲金剛，但肉眼人所不能見。」既蘇，乃出家，名慧達，至會稽山澤處處尋求，及鄮縣烏石山，夜聞地下鐘聲，越三日，有梵僧七人行道空中，地涌方壇，因斲土求之，得舍利寶塔，六僧騰空而沒，一僧化爲烏石，因以名山，塔色如青石，高一尺四寸，廣七寸，四角挺然，五層露盤，中懸寶磬，安佛舍利。既而其塔飛至一山，凡三止其處，達乃即其地建精舍以奉塔。

二年，西竺沙門婁至來廣州，譯《十二遊經》。

七年，月氏沙門竺法護，來長安青門譯《正法華經》及《涅槃》《寶藏經》等二百十部（月氏音支）。

九年，洛陽大疫，西竺沙門訶羅竭，持呪法加水以治之，所遇者皆差。

又（惠帝）元康元年，巴陵顯安寺生異木，西天僧見曰，此佛娑羅樹也。于闐沙門無羅叉譯《放光般若經》，即朱士行寄歸本也。

永康元年，會稽諸葛氏錢自井出，乃舍宅爲靈寶寺（今大度寺）。永康中，沙門義興廬于山上，有童子來給薪水，久而辭去曰，吾太白一辰，上帝遣侍左右，言訖不見。

永寧元年，扶南國王遣使，同西竺沙門那伽仙，進縷金龍座佛象牙塔。

西天沙門竺叔蘭、白法祖、支法度、法立、法炬，共譯經百六十五部。炬譯有《金貢太山贖罪經》。

永興元年，西竺沙門祇域至洛陽，指沙門竺法淵曰，「此菩薩羊中來。」見竺法興曰，「此菩薩天中來。」又云，「比丘衣服華麗，大違戒律。」望帝所宮闕曰，「大略似忉利天，疲民之力，不亦侈乎？」未幾，洛陽亂。

又（懷帝）永嘉四年，西竺沙門佛圖澄至洛陽。時石勒屯兵葛陂，沙門多遇害，召澄試術，呪鉢水生青蓮華，由是神敬，及與劉曜戰以訪澄。澄曰，塔鈴音云，秀支替戾剛僕谷禿劬當，秀支軍也。替戾剛出也。僕谷劉曜胡位也。禿劬當捉也。此皆羯語，言軍出捉得劉曜也。又取麻油燕脂塗掌，以示童子，見一人乘馬朱絲縛肋。澄曰，此劉曜也。遂出戰，果生禽曜，勒遂即王位，國號趙，勒愛子斌暴卒，歎曰，吾聞扁鵲起號太子。乃令告，澄取楊枝呪水灑之遂蘇。勒殂弟季龍立，傾心事澄，每乘輿升殿，唱大和上。至晉兵入淮，季龍怒曰，吾奉佛反致寇，佛無神矣。澄曰，王前身爲商，經罽賓僧寺設會，有六應眞，吾其一也。時聖者記曰，此檀越報盡當王晉地，今爲天子，豈非奉佛而致，邊疆侵擾，有國之常，何爲興怨謗乎？季龍乃悔謝，澄將去入辭曰，國家存心佛理，而布政苛猛，致國祚不延也。即安坐而逝。後有沙門自雍州還，見澄入關，季龍發冢，視唯塊石焉，季龍惡之曰，石吾姓也。葬吾而去，其能久乎？未幾果亡。

六年，武邑太守盧歆，請道安法師於郡講經，傾城人士來聽，讚歎諠席。

西域優婆塞聶道眞，譯《十住經》等五十四部。

又（愍帝）建興元年，吳縣居士朱膺，於松江瀆口見二石像浮江而至，背有銘曰，維衛佛、迦葉佛。遂迎至通玄寺。後八年，漁者得靑石鉢二於江上，歸以盛葷，俄見佛像在鉢際，識者謂前二像鉢，遂送寺中。

又（元帝）大興元年，詔沙門竺潛入內殿講經，以方外重德令著屐登殿。

永昌元年，西竺沙門吉友至建康，丞相王導見之曰，「我輩人也。」一時名公皆造門結友，每見王導解帶自若，尙書令卞壼至則正容肅然，有問其故。對曰，王公風道期人，卞令軌度格物，吾正當以此處之耳，廷尉桓彝欲爲友作目，友曰，吉友可謂卓朗，彝絕歎服，以謂盡品目之極，友善持呪，所向多驗，時號高座法師，譯《灌頂經》等三部。【略】

又（成帝）咸和元年，西天沙門竺慧理至錢塘武林山，驚曰，中天竺靈鷲小嶺，何年飛來此地耶？因名天竺山飛來峯，建寺曰靈隱，仙翁葛洪書額。

三年，蘇峻爲亂，焚燒宮室，獨樂賢堂明帝所畫釋迦像不壞，帝勅著作製頌，以彰聖德。

四年，丹楊尹高悝（音恢）旦行張侯橋，望浦中五色光，遣握之得金像，而無光趺，迎置長干寺。後一年，臨海郡人網得銅華趺，上有梵書云，阿育王第四女造，勅置長干像。又四十年，合浦人采珠海中得金光，勅安像上，宛然如故。

五年，許詢以會稽永興新居爲崇化寺，建塔四層，物產既罄，猶乏相輪，一朝風雨，輪盤自備。當時訪知剡縣飛來，詔會稽寶山法義法師，入禁中傳授五戒。

咸康元年，沙門支道林譯方等《法華經》。

二年，尙書令李邈，舍句容宅爲靈曜寺。

六年，右將軍王羲之爲西天達摩多羅於廬山建歸宗寺。

又（成帝）咸康六年，庾氷輔政，議沙門盡敬王者。尙書令何充等，議曰，武皇以盛明革命，明帝以聰聖玄覽，豈此時沙門不易屈膝？顧以不變其修善之法，所以通天下之志耳。疏三上，氷議遂寢。

沙門白法祖與道士王符議論，符屢屈，乃僞作《老子化胡經》。後法祖亡，有李通者，暴死，見祖法師在冥府爲閻王講《楞嚴三昧經》云，講竟應往忉利天講經。又見道士王符身被杻械，求祖法師懺悔。閻王訶之曰，汝造言謗佛，待世間僞經盡毀，汝罪方脫。

又（康帝）建元元年，中書令何充，舍宅爲建福寺，以居比丘尼，有尼淨檢，於本法得戒。一旦有天女乘光下庭中，忻然攜手揖別，弟子躡光上升，充性好釋典，崇修佛寺，供給沙門以百數，靡費巨億而不吝。阮裕戲之曰，卿志大宇宙勇邁終古，充問其故。裕曰，我圖數千戶郡，尙未得卿圖作佛，不亦大乎？時郄愔及弟曇奉天師道，而充與弟準崇信釋氏，謝萬譏之曰，「二郄諂於道，二何佞於佛。」

（穆帝）升平元年，敦煌沙門單道開至建康，不畏寒暑晝夜不臥，日行七百里，後入羅浮山石室坐亡。

五年，上有疾召高僧法開視脈，知不起不肯進藥。后怒囚之，俄有崩獲免，或問曰，高明剛簡，何以醫術經懷，師曰，「明六度以除四魔之疾，調九候以療風寒之病，自利利人，不亦可乎？」孫綽曰，「才辨縱橫，以數術通大教，其開公乎？」

又（哀帝）興寧元年，詔以瓦官窰地賜沙門慧力建瓦官寺，時朝賢注疏者不過十萬。（一百貫也）顧長康素貧，注錢百萬，人皆笑之，一日，於殿壁畫維摩像，將點眸子曰，「第一日開見者責施十萬，第二日開見者五萬，第三日開見者任例責施。」及開戶光明照寺，施者塡塞，果得錢百萬。

二年，詔法師竺潛講《般若》于禁中，後辭還剡山，詔支遁相繼講法，一時名士與結方外之友，劉系談《莊子》，以適性爲逍遥，遁曰，「桀跖以殘虐爲性，豈亦逍遥乎？」王濛極思作數百語，遁曰，「與君別久，而所見不長，何耶？」郄超問謝安曰，「遁談何如稽中散？」安曰，「稽盡力道才得半耳，遁嘗寓書於潛，求買沃洲山小嶺，潛曰，「欲來便給。」未聞巢由買山而隱。」

（廢帝）太和二年，支遁表求還山，詔建沃洲寺以居之，遁每講多會宗遺文，爲守文者所陋，謝安聞而歎曰，「此九方歅之相馬，略玄黄而取神駿也。」嘗講《維摩》於山陰，處士許詢爲都講，詢發一問，衆謂遁不能通，遁通一議，衆謂詢無以難。

三年，洛陽東寺尼道馨爲衆說《法華》、《維摩》，聽者如市。

又（簡文帝）咸安元年，有烏來巢太極殿，帝召曲安遠筮之曰，「西南有女人師能除此怪，」時尼道容住歷陽烏江寺，召至都，以華置席下驗凡聖，容所坐華不萎，謂帝曰，「陛下當奉行八關齋戒，自然消弭災怪，」帝如言行之，群烏運巢而去，勅建新林寺以居之。

沙門竺法曠，入京師行齋懺禳祆星，既而星沒。

二年，勅長干寺造三級塔，畢功之日，光照欄宇。

帝嘗幸瓦官寺，聽竺法汰講《放光般若》，每讀佛經，以爲陶鍊神明，則聖人可至。

又（孝武帝）王坦之爲中書令，與沙門竺法汰甚厚，每共論幽冥報應，要先死者報其事，後師來云，「貧道已死，罪福不虛，唯當勤修道德以升濟神明耳。」言訖不見。道安法師於襄陽檀溪寺建浮圖銅像，能自起行至方山，光明燭天，傾都瞻拜，高士習鑿齒詣安，自稱「四海習鑿齒。」安答曰，「彌天釋道安。」時以爲名對，上聞安名，詔曰，「法師以道德照臨天人，宜日食王公祿。」所司以時奉給。

二年，竺潛法師亡，詔曰，「潛法師捐宰相之榮，襲緇衣之行，方賴宣道，以濟蒼生，奄從遷謝，用痛於懷，可賜錢五十萬助建塋塔。」

太元元年，西天沙門涉公至長安，秦主符堅尊奉之，常呪龍致雨，以濟時旱，國人賴之。慧永法師，至廬山居西林香谷，潯陽刺史陶範舍所居以爲寺。

四年，秦人攻拔襄陽，獲道安、習鑿齒，送往長安，秦主符堅喜曰，「昔正吳會利在二陸，今破襄陽，獲士裁一人半。」堅出東苑，命安同載，僕射權翼諫曰，「道安毁形不可參乘。」堅怒曰，「安公道德所尊。」乃令翼扶安登輦。

安入關，沙門皆隨師姓，安曰，「師莫如佛，應沙門宜以釋爲姓。」及《增一阿含經》至有云，「四河入海，無復異名，四姓出家，同稱釋氏。」藍田得古鼎，腹有篆文，朝無識之者，以問安，安曰，「魯襄公所鑄也。」秦主勅二館學士有所疑，皆以問安。國人爲之語曰，「學不師安，義不禁難。」安貌銳而姿黑，喜談論，故諺曰，「漆道人，驚四隣。」左臂有肉方寸隆起如印，世號「印手菩薩。」

六年，帝於內殿立精舍，奉佛召沙門名德者居中行道。

慧遠法師（安公門人）自襄陽至廬山，立龍泉精舍。初師至山，夢神告曰，「此山足可棲神，願毋他往，」夕大雨雷電，見林壑廣開素沙布地，梗楠文梓，縱横充斥，九江刺史桓伊，乃爲建寺，曰東林，殿曰神運。師於江上禱請，陶侃文殊像忽浮出水，乃迎置殿，造重閣以奉安之。

沙門法正譯《千佛名經》等百十一部。

十六年，罽賓沙門衆至江左，譯《三法度經》等三部。

十九年，江陵城北有五色光，沙門曇翼得金像於土中，光相有梵書云，阿育王造，乃迎置長沙寺。

二十年，荊州牧桓沖，命曇翼法師，渡江造東、西二寺，自晉、宋、齊、梁、陳氏常及萬僧，隋初名僧三千五百，當途講說者五十三人，別院大小十所，般舟、方等二院，夏別千人，寺屋各及萬間。

處士戴逵欲造丈六無量壽佛像，以古製樸拙，乃密采衆說，積思三年，刻雕方就，迎置山陰靈寶寺，郄超見而作禮，方撮香在手，忽勃然煙上極目雲表，衆皆歎其神感。

罽賓國沙門僧伽跋澄來長安，譯《雜毗曇婆沙論》。

龜兹國（音丘慈）沙門鳩摩羅什至長安，秦主姚興館于逍遥園，譯《大品般若經》。

又（安帝）隆安二年，長安沙門法顯往天竺求經。

桓玄輔政勸上沙汰僧尼，詔曰，有能伸述經牒、演說義理、律行修正者，並聽依所習，餘悉令罷道。唯廬山道德所居，不在搜簡。遠法師以書力辨，事遂寢。

五年，秦羅什法師於逍遙園譯《妙法蓮華經》，秦主於草堂寺與三千僧，手執舊經，重加參定。勅僧䂮（音略）等諮受什旨契，以僧尼多濫，令僧䂮為國僧正，秩同侍中給車輿吏力。法欽為僧錄，僧遷為悅眾班秩有差，各給親信白從三十人。

戴顒，逵之子，才巧如其父。江夷嘗託顒造觀音像，積年未成，夜夢人曰，江夷於觀音無緣，可改為彌勒。顒即馳報，而夷書已至，俱於此夕感夢，及改造彌勒，觸手成妙。

元興元年，秦羅什法師，自弘始四年以來，譯《遺教經》《維摩詰經》《大智度論》《成實論》等九十八部。秦國譯經沙門佛馱耶舍、功德華、無垢眼、法稱、法海、童覺、竺佛念、眾現、法喜、眾天，十師譯經二十三部。

二年，桓玄欲重申庾冰之議，令沙門盡敬王者，遠法師致書云，袈裟非朝宗之服，鉢盂非廊廟之器，塵外之容，不應致敬王者。玄得書即下令不行，師復著《沙門不敬王者論》，以警當世。

西竺曇摩流支至秦，與什法師同譯《十誦律》。

初東土未有涅槃常住之說，但云壽命長遠，遠法師曰，佛是至極，至極則無變，無變之理，豈有窮哉？乃著《法性論》，其要有曰，至極以不變為性，得性以體極為宗，後羅什見論歎曰，晉人未見經，闇與理會。師聞羅什入關，通書申好，什答書并偈，秦安城侯姚嵩，寄羅什新譯《智論》，祈師為序，師以文廣鈔二十卷，而別序之。羅什弟子有生、肇、融、叡，時號「關中四聖」。道生者初入廬山蓮社，後至長安從羅什，見法顯譯《泥洹經》云（六卷者）除一闡提皆有佛性。師曰，阿闡提人（此云信不具也），含生之類，何得獨無佛性？此經來，未盡耳。乃唱「闡提之人，皆當成佛」。眾以為邪說背經，於律當擯，生對眾誓曰，「若所說契合佛心，願舍報日踞師子座」，於是束身還入虎丘山，聚石為徒，講《涅槃經》，至闡提處則說有佛性。且曰，「如我所說，契佛心否？」群石皆為點頭，後還廬山，聞曇無讖重譯《涅槃》，至《聖行品》果云，「一闡提人，雖復斷善，猶有佛性。」尉喜不勝，嘗謂聖教東流，譯人重阻，多滯權文，鮮通圓義，於是檢閱眞俗，精練空有，乃著《善不受報論》《頓悟成佛論》《佛性常有論》《法身無色論》《佛無淨土論》，並籠罩舊說妙有淵旨。

僧肇初見什，什曰，法中龍象也。著《般若無知論》《物不遷論》《不眞空論》《涅槃無名論》（總名《肇論》。）什曰，吾解不謝子文，當相揖也。道融從羅什，久之師子國婆羅門馱其書，至關中乞辨論，什令融當之，融先閱外道經書，使人錄其目，秦主大集以能博觀為誇，融數其書，并秦地經史十倍之，乘勝嘲曰，卿乃未聞大秦有博學者乎？婆羅門愧服，再拜而去。

僧叡初遊外歷諸國，後入廬山遠師社來京師止烏衣寺講說，久之入關中，從羅什，風神明澈，見者畏敬，秦主因朝會指師，謂姚嵩曰，「四海僧望也。」

義熙二年，師子國獻白玉佛像，高四尺二寸。

遠法師所居東林，流泉匝寺，下入於溪，師每送客過此，有虎號鳴，因號「虎溪」，後送客未嘗過，獨陶潛、道士陸修靜至，語道契合，不覺過虎溪，因相與大笑，世傳為「三笑圖」。

罽賓沙門佛陀耶舍（此云覺明）至涼州，誦出《四分律》，與竺佛念同譯。

四年，遠法師以江東經卷未備，禪法無聞，律藏殘闕，乃令弟子支法領等往天竺，尋訪獲梵本，於于闐遇佛陀跋陀羅，乃要與東還。

六年，初劉程之入廬山，依遠法師念佛，師曰，官祿巍巍，何以不為？程之曰，君臣相疑，吾何以為？居山十五年，專志念佛，是年八月，見阿彌陀佛放光摩頂，即對像焚香，祝曰，我以釋迦遺教知有西方淨土，願持此香先當上奉釋迦世尊，次用供養阿彌陀佛，願賜攝取，第三奉供《妙法蓮華經》，所以得生由持此經，言已臥床西向而逝，程之有隱德，謝安、劉裕相推薦甚，力辭不屈，乃旌之曰遺民，周續之，幼通五經五緯，時號十經童子，公卿交辟無所就，入廬山預遠公社，布衣蔬食終身不娶，世稱通隱。

雷次宗，入廬山蓮社，立館東林之側，及遠公亡，與子姪書曰，吾託業廬山，事釋和上二十年，淵匠既傾，良朋亦喪，及今未耄，尚可厲志成四歸之津梁，自今以往，勿以家務相聞。

七年，初沙門法顯西遊經三十餘國，至中天竺，登闍崛山，見老僧揖之不顧，有年少來問之，對曰，大迦葉尊者也。追之不復見，顯以經像附商人，至師子國，泛南海，達青州，而還至揚都，譯《大般泥洹經》五部。

述曰，此土沙門西遊者，始於朱士行，而唯及於西域于闐，實葱河之東境耳。至顯師則西踰葱嶺，遠届五天，復能取道南海，東還晉地，求法之勤，以此師爲始也。

八年，罽賓國佛馱耶舍，至廬山預蓮社，先於秦國譯《四分律》《長阿含》，又與羅什對譯《十住婆沙論》，以髭赤號爲「赤髭論主」。龜茲國曇無讖至姑臧，涼王沮渠蒙遜，留之譯《大般涅槃經》四十卷，後固辭西歸，遜怒其去，已密遣人刺於路，初讖出關謂送者曰，業期至矣。既西遜悔，白日見神人，以劍刺之，遂卒。讖在涼與道龔諸師，譯《悲華經》等。

九年，迦維衛國沙門佛馱跋陀羅（此云覺賢）至廬山入社，遠法師請譯《禪數》諸經，自是江東始耽禪悅。

十年，廬山西林永法師示疾，忽合掌西向曰，佛來也。安坐而化，異香七日方歇，遠法師居東林三十年，師居西林亦如之，鎮南將軍何無忌至虎溪召之，遠師久持名望從徒百人，高言華論，舉止可觀，而永公納衣半脛荷錫持鉢，松下飄然而來，神氣自若。無忌歎曰，永公清散之風，乃多於遠公也。十二年，遠法師久修淨業，三睹佛相，以是年八月六日感佛來迎，倏然神化。遺言，露屍林下，弟子不忍，乃奉全軀葬於西嶺，謝靈運製碑，張野作序，宗炳復立碑於寺門。

初師在山行道，名儒劉遺民、雷次宗、周續之、宗炳、張野、張詮、沙門永法師、慧持（遠師之弟）、道生、曇順（從羅什學）、慧叡、曇恆、道丙、曇詵、道敬（皆遠公弟子）、佛馱耶舍（罽賓國人）、佛馱跋陀羅（迦維衛人），常同遊止，世號廬山十八賢。復與僧俗百二十三人，結社念佛。令劉遺民著誓辭，共期西升。謝靈運負才傲物，一見師肅然心服，爲鑿東西二池種白蓮，因名白蓮社。靈運嘗永入社，師以其心雜止之，嘗以書招陶潛。潛曰，許飲即往。師許之，遂造焉。忽攢眉而去，所著《法性論》《不拜王者論》等，及詩序銘讚凡十卷，號《廬山集》。

述曰，佛法起於漢，至晉而益盛，然競演經論各事專門，獨東林法師，始以念佛三昧之道，開先一時貽則千古。蓋知其爲此土人根爲道之要，故能結社，招賢來名儒而致高釋，臨終神化，感佛迎以獲往生，斯爲一生取證永居不退之至道也。師之言曰，功高易進念佛爲先，凡在修門請事斯語云。

會稽太守孟顗事佛精懇，而爲謝靈運所輕，嘗謂顗曰，得道應須慧業，丈夫生天當在靈運前，成佛必居靈運後。顗憾之。【略】

十四年，吳内史孟顗請佛馱跋陀羅於建業謝司空寺，譯《華嚴經》六十卷。有二青衣，旦從池出，灑掃研墨，時慧嚴、慧觀爲筆受。

又（恭帝）元熙元年，帝深敬佛道，詔於瓦官寺鑄釋迦佛丈六金像。畢功之日，放光滿寺，傾都人士，咸致供養。

南朝佛教分部

綜述

《南史・陳本紀下》（太建十四年）夏四月丙申，立皇子永康公胤爲皇太子，賜天下爲父後者爵一級，王公以下繼帛各有差，庚子，詔：「鏤金銀薄、庶物化生、土木人、彩華之屬，及布帛短狹輕疏者，並傷財廢業，尤成蠹患，又僧尼道士，挾邪左道，不依經律，人間淫祀祆書諸珍怪事，詳爲條制，並皆禁絶。」

《北史・魏本紀》（永年）十一月甲申，詔禁屠殺含孕，以爲永制，己丑，帝於式乾殿爲諸僧、朝臣講《維摩詰經》。

《北史・齊本紀》（天保元年八月）庚寅，詔曰：「朕以虛薄，嗣弘王業，思所以讚揚盛績，播之萬古，雖史官執筆，有聞無墜，猶恐緒言遺美，時或未書，在位王公、文武大小，降及庶人，爰至僧徒，或親奉音旨，或承傳旁說，凡可載之文籍，悉條封上。」

《北史・齊本紀》（天統）五年春正月辛亥，詔以金鳳等三台未入寺者，施大興聖寺【略】二月乙丑又詔禁網捕鷹鷂及畜養籠放之物。【略】夏四月甲子，詔以幷州尙書省爲大基聖寺，晉祠爲大崇皇寺。

《北史・周本紀》（建德二年）十二月癸巳，集群官及沙門道士等，帝升高座，辨釋三教先後，以儒教爲先，道教次之，佛教爲後。

《北史・隋本紀》（仁壽元年六月）乙丑，廢太學及州縣學，唯留國子一學，取正三品以上子七十二人充生，頒舍利於諸州。

《南史・宋本紀上》（宋武帝）嘗游京口竹林寺，獨臥講堂前，上有五色龍章，衆僧見之，驚以白帝，帝獨喜曰：「上人無妄言。」【略】（宋武帝）又經客下邳逆旅，會一沙門謂帝曰：「江表當亂，安之者，其在君乎？」帝先患手創，積年不愈藥，沙門有一黃藥，因留與帝，既而忽亡，帝以黃散傅之，其創一傅而愈，寶其餘及所得童子藥，每遇金創，傅之並驗。

《宋書・後廢帝劉昱紀》 劉昱乘露車，從二百許人，無復鹵簿羽儀，往青園尼寺，晚至新安寺就曇度道人飲酒。

《南史・宋本紀下》（後廢帝）又於蠻岡賭跳，因乘露車，無復鹵簿，往青園尼寺，晚至新安寺偷狗，就曇度道人煮之飲酒。

《南史・齊本紀上》（齊世祖）又於山累石爲佛圖，其側忽生一樹，狀若華蓋，青翠扶疏，有殊群木，上將討戴凱之，大饗士卒，是日大熱，上各令折荊枝自蔽，言未終而有雲垂蔭，正當會所，會罷乃散。

《南史・梁本紀上》（蕭衍）尋爲司州刺史，有沙門自稱僧惲，謂帝曰：「君項有伏龍，非人臣也。」復求，莫知所之。

《南史・陳本紀下》 有狐入其（陳後主）床下，捕之不見，以爲妖，乃自賣於佛寺爲奴以禳止，於郭內大皇佛寺起七層塔，未畢，火從中起，飛至石頭，燒死者甚衆。

《南史・后妃下》（梁元帝徐妃）與荊州後堂瑤光寺智遠道人私通，酷妒忌，見無寵之妾，便交杯接坐，才覺有娠者，即手加刀刃，帝左右暨季江有姿容，又與淫通，季江每歎曰：「柏直狗雖老猶能獵，蕭溧陽馬雖老猶駿，徐娘雖老猶尙多情。」時有賀徽者美色，妃要之於普賢尼寺，書白角枕爲詩相贈答，既而貞惠世子方諸母王氏寵愛，未幾而終，元帝歸咎於妃；及方等死，愈見疾，太清三年，遂逼令自殺，妃知不免，乃透井死，帝以屍還徐氏，謂之出妻，葬江陵瓦官寺，帝制《金樓子》述其淫行。

《南史・宋宗室及諸王傳下》 上（宋文帝）驚惋，即收鸚鵡家，得劭、濬手書，皆咒詛巫蠱之言，得所埋上形像於宮內，道育叛亡，捕之不得，上詰責劭、濬，劭、濬唯陳謝而已，道育變服爲尼，逃匿東宮。【略】三十年正月，大風飛霰且雷，上憂有竊發，輒加劭兵，東宮實甲萬人，其年二月，濬自京口入朝，當鎭江陵，復載道育還東宮，欲將西上，有告上云：「京口人張旿家有一尼服食，出入征北內，似是嚴道育。」上使掩得二婢，云：「道育隨征北還都。」上惆悵惋駭，須檢覆，廢劭賜濬死。

《宋書・王玄謨傳》 初，（王）玄謨始將見殺，夢人告曰：「誦《觀音經》千遍，則免。」既覺，誦之得千遍，明日將刑，誦之不輟，忽傳呼停刑，遣代守碻磝。

《宋書・謝靈運傳》 安居二時，冬夏三月，遠僧有來，近衆無闕，法鼓朗響，頌偈清發，散華霏蕤，流香飛越，析曠劫之微言，說像法之遺旨，乘此心之一豪，濟彼生之萬理，啟善趣於南倡，歸清暢於北機，非獨愜於予情，諒僉感於君子。【略】衆僧冬夏二時坐，謂之安居，輒九十日，衆遠近聚萃，法鼓、頌偈、華、香四種，是齋講之事，析說是齋講之議，乘此之心，可濟彼之生，南倡者都講，北機者法師，山中靜寂，實是講說之處，兼有林木，可隨寒暑，恆得清和，以爲適也。

《南史・王曇首傳附王騫傳》（梁）武帝於鍾山西造大愛敬寺，騫舊墅在寺側者，即王導賜田也。帝遣主書宣旨，就騫市之，欲以施寺，答云：「此田不賣；若敕取，所不敢言。」酬對又脫略，帝怒，遂付市評田價，以直逼還之，由是忤旨，出爲吳興太守。

《南史・袁湛傳附袁彖傳》 時南郡江陵縣人苟將之弟胡之婦爲曾口寺沙門所淫，夜入苟家，蔣之殺沙門，爲官司所檢，蔣之列家門穢行，欲告則恥，欲忍則不可，實己所殺，胡之列又如此，兄弟爭死。

《南史・蕭赤斧傳附蕭穎胄傳》 長沙寺僧業富沃，鑄黃金爲龍數千兩，埋土中，歷相傳付，稱爲下方黃鐵，（蕭）穎胄因取此龍，以充軍實。

《南史・王念神傳附王僧辯傳》 先是，天監中沙門釋寶誌爲讖云：

「太歲龍，將無理，蕭經霜，草應死，餘人散，十八子。」時言蕭氏當滅，李氏代興。

《南史·循吏·甄法崇傳附甄彬傳》（甄）法崇孫彬，彬有行業，鄉黨稱善，嘗以一束苧就州長沙寺庫質錢，後贖苧還，於苧束中得五兩金，以手巾裹之，彬得，送還寺庫。道人驚云：「近有人以此金質錢，時有事不得舉而失，檀越乃能見還，輒以金半仰酬。」往復十餘，彬堅然不受，因謂曰：「五月披羊裘而負薪，豈拾遺金者邪？」卒還金。梁武帝布衣而聞之，及踐阼，以西昌侯藻爲益州刺史，乃以彬爲府錄事參軍，帶郫縣令，將行，同列五人，帝誡以廉慎，至彬，獨曰：「卿昔有還金之美，故不復以此言相屬。」由此名德益彰，及在蜀，藻禮之甚厚云。

《南史·賊臣·侯景傳》上（梁簡文帝）聞絲竹，凄然下泣，（侯）景起謝曰：「陛下何不樂？」上爲笑曰：「丞相言索超世聞此以爲何聲？」景曰：「臣且不知，豈獨超世。」上乃命景起舞，景即下席應弦而歌，上顧命淑妃，淑妃固辭乃止。景又上禮，遂逼上起舞，酒闌坐散，上抱景於床曰：「我念丞相。」景曰：「陛下如不念臣，臣何至此？」上索筌蹄，曰：「我爲公講。」命景離席，使其唱經，景問超世何經最小，超世曰：「唯《觀世音》小。」景即唱「爾時無盡意菩薩」。上大笑，夜乃罷【略】（侯）景立簡文，升重雲殿禮佛爲盟曰：「臣乞自今兩無疑貳，臣固不負陛下，陛下亦不得負臣。」【略】

天監中，沙門釋寶誌曰：「掘尾狗子自發狂，當死未死嚙人傷，須臾之間自滅亡，起自汝陰死三湘。」又曰：「山家小兒果攘臂，太極殿前作虎視。」狗子，景小字，山家小兒，猴狀，景遂覆陷都邑，毒害皇家，起自懸瓠，即昔之汝南，巴陵有地名三湘，景奔敗處，其言皆驗。【略】及景將敗，有僧通道人者，意性若狂，飲酒啖肉，不異凡等，世間遊行已數十載，姓名鄉里，人莫能知，初言隱伏，久乃方驗，人並呼爲闍梨，景甚信敬之，景嘗於後堂與其徒共射，時僧通在坐，奪景弓射景陽山，大呼云「得奴已。」景後又宴集其黨，又召僧通，僧通取肉搵鹽以進景，問曰：「好不？」景答：「所恨大鹹。」僧通曰：「不鹹而爛。」及景死，僧辯截其二手送齊文宣，傳首江陵，果以鹽五斗置腹中，送於建康，暴之於市。

又　僧職師號：晉安帝，秦主以僧䂮爲國僧正，法欽爲僧錄。宋文帝勅尼寶賢爲京邑尼僧正。孝武勅道猷爲新安寺法主。勅道温爲都邑僧正。順帝勅法持爲天下僧正。

齊高帝詔法穎爲京邑僧主。武帝勅玄暢法獻爲僧主，分任江南北事。梁武帝詔雲光法師爲大僧正。

陳文帝，勅寶瓊爲京邑大僧統。宣帝勅曇瑗爲國僧正。後主勅惠晅爲京邑大僧正。北魏文成勅師賢爲沙門統。勅曇曜爲昭玄沙門都統。

北齊文宣詔高僧法常爲國師。勅曇延法師爲昭玄上統。置昭玄十統，以沙門法上爲大統，尊爲國師。

紀事

志磐《佛祖統紀》卷三六《法運通塞志》卷一七之三（高祖）永初元年，帝設齋内殿，令沙門道照陳詞，至百年迅速苦樂俄頃之句，帝善之，別賜嚫金三萬。

司徒王謐見東掖門地有光，掘之得金佛一軀，高七尺二，勅置臺中供養。

車騎范泰，於宅西建祇洹寺，謝靈運於石壁山，建招提寺。

黃龍國沙門曇無竭，與僧猛等二十五人，往西天求經，越二十年，唯無竭還揚都譯經。

又　景平元年，罽賓沙門佛陀什，於揚都龍光寺譯《五分律》。

元嘉元年，罽賓國沙門曇摩密多，至建康，譯《禪經》《觀普賢行法經》等十部，自袁皇后皇子以下傾都禮敬。

西天沙門畺良耶舍譯《觀無量壽佛經》。

述曰，文帝嗣位之初，《觀普賢》《無量壽》二經，同時而至，至今持誦者爲尤盛。是知元嘉之際尊敬大乘，五國來貢，咸贊奉法，自渡江以來未有此時之光大也。

二年，詔於京師爲高祖建報恩寺。勅沙門道祐，往鄮縣修阿育王寺，掘地得金合，盛三舍利佛爪佛髮，詔建浮圖三級。

三年，西天沙門伊葉波羅來彭城譯經。

四年，涼州沙門智嚴譯《瓔珞本業經》等十四部。沙門慧琳以才學得幸，詔與顏延之同議朝政，琳著高屐，披貂裘，孔顗戲之曰，「何用此黑衣宰相？」嘗著《黑白論》，與佛理違戾，衆論排之。琳後感膚肉糜爛，歷年竟死，時以爲叛教之報。

五年，迦毘羅國月愛王、師子國刹利摩訶王皆遣使入貢，帝答摩訶王曰，「此小乘經甚少，國中所有幸皆寫送。」

六年，帝幸祇洹寺觀度童子慧基。

七年，初帝聞罽賓三藏求那跋摩名（此云功德鎧）詔交州遣沙門道敏、杭海邀之，跋摩忻然，附舶至廣州。上遣使迎至金陵，命居祇洹寺，僕射何尚之等並師事之，請講《華嚴》（前覺賢譯六十卷者）。以未通華言，禱於觀音，夜夢力士易其首，旦起猶覺微疼，遂遍曉東語。帝嘗問曰，「朕欲齋戒不殺，迫於徇物，不獲於志。」對曰，「帝王匹夫，所修各異，匹夫身賤名劣，言令不威，若不克己，將何以濟？帝王以四海爲家，兆民爲子，出一嘉言，士民咸說，布一善政，人神以和，則風雨應時，百穀滋茂，如此持齋，德亦大矣。寧在輟半日之餐，全一禽之命，然後弘濟耶？」帝歎曰，「俗迷遠理，僧滯近教，如法師之言，可謂盡天人際。」師在祇洹講《華嚴·十地品》，帝率公卿日集座下，法門稱榮。

十年，訶羅單國入貢，表稱常勝天子陛下。

西天僧伽跋摩至建康，勑住平陸寺，爲京師沙門慧照三百七十人渡蔡洲岸，於船中再受具戒。或問其意，照曰，「以疑先受，若中若下，更求增勝，故須重受，依本臘次。」【略】

十一年，求那跋摩於南林寺立戒壇，爲僧尼受戒，爲震旦戒壇之始。時師子國比丘尼八人來，未幾復有尼鐵索羅三人至，足爲十衆，乃請僧伽跋摩爲師，爲景福寺尼慧果等，於南林戒壇依二衆重受具戒，度三百餘人。

述曰，《僧史》略之言云，漢度阿潘，受三歸也。晉度淨檢，從一衆也。二衆得戒，自此年慧果始也。

十二年，闍婆國入貢。表曰，宋國大主大吉祥天子，敎化一切，降伏四魔，轉尊法輪，度脫衆生，我等在遠，亦霑靈潤。

慧詢律師善僧祇《十誦律》，製文敷演，此解《十誦》之始也。

勑尼寶賢爲京邑尼僧正。

帝謂侍中何尚之曰，「范泰、謝靈運常言，六經本在濟俗，若求性靈眞要，則必以佛理爲指南，近見顏延之折《達性論》、宗炳難《白黑論》（並見《弘明集》）並明達至理，開獎人意，若率土皆淳此化，則朕坐致太平矣。」尚之曰，「渡江已來，王導、周顗、庾亮、謝安、戴逵、許詢、臣高祖兄弟（何充兄弟也），莫不稟志歸依。夫人能行一善，則去一惡；去一惡，則息一刑；一刑息於家，萬刑息於國。此明旨所謂坐致太平者也。故圖澄適趙，二石減暴，靈塔放光，符犍損虐，神道助化，昭然可觀。至土木之功，雖若糜費，然植福報恩，不可頓絕。」尚之又曰，「夫禮隱逸則戰士息，貴仁德則兵氣銷，以孫吳爲志，動期吞幷，則將無取乎堯舜之道，豈特釋敎而已哉？」帝說曰，「釋門之有卿，猶孔門之有季路。所謂惡言不入於耳也。」

沙門功德鎧功德賢諸師譯經九十部。

竺道生卒於廬山。立佛性義，爲帝所重。王弘范泰與之爲友，帝設御齋，親臨地坐，食至衆疑非時（律以過午爲非時食）。帝曰，「始可中矣。」（謂午時日始中）生曰，「白日麗天，天言始中，何得非中？」取筯便食，一衆歎其機辯。

曇摩密多於鄮縣建阿育王寺塔。

十三年，詔求沙門能述生法師頓悟義者，庾登之以法瑗聞，召見瑗申辯詳明，何尚之歎曰，意謂生公之沒，微言永絕，今復聞象外之談。湘宮寺成召師居之，帝每臨幸聽法。

十四年，初都人孫彥曾家世奉佛，有妾王惠稱常誦《法華》，忽見江浦有光，掘之得金佛一軀。光有銘曰，建武六年庚子，官寺道人法新造。

二十年，沙門慧嚴卒，帝詔慰曰，嚴法師，氣識淵遠，道學之匠，奄爾遷神，痛悼於懷，可給錢五萬，布五十疋。

二十二年，初范曄負才不得志，與孔熙先謀廢立，事敗死獄中，祇洹寺沙門曇遷，素與曄友，賣衣盂爲營葬具魏世祖聞而歎賞，謂徐爰曰，卿著宋書無遺此事。

二十三年，魏世祖與司徒崔浩，奉道士寇謙之，詔天下焚毀經像塔廟，誅戮沙門。

二十九年，魏文成即位，大復佛法。【略】

六年四月八日，帝於内殿灌佛齋僧。沙門惠簡等譯經二十六部。【略】

又（前廢帝）景和元年正月，制停沙門致敬。沙門法益等乞泛海往天竺，請未來經法，至廣州，值海寇作難，不果往。沙門覺壽譯《彌沙塞律》一部。

又（明帝）泰始元年，詔於建陽門置興皇寺，勅沙門道猛爲綱領。帝曰，人能弘道，今得法師，非直道益蒼生，亦乃有光世望。乃下詔曰，猛法師風道多濟，朕所賓友，可月給錢三萬，令史四人，白簿吏二十人，車及步輿各一乘。又詔僧瑾爲天下僧主賜法技一部，親信二十人，月給錢三萬及車輿吏力。

二年，寶誌大士往來皖山，徒跣著錦袍，以剪尺鏡拂挂杖頭，負之而行，兒童見者譁逐之，或微索酒，或屢日不食，嘗遇食鱠者從求之，食吐水中皆成活魚，時時歌吟如讖記。初金陵朱氏聞兒啼鷹巢中，舉以爲子，七歲依鍾山僧儉出家，專修禪觀，俗呼爲「誌公」。

三年，帝幸莊嚴寺觀三教談論。周顒遷直殿省，時帝好玄理，而遇人慘毒，不敢顯諫，輒舉佛經罪福事，帝爲之遷善，顒著《三宗論》，言空假義。西凉州道人智林，遺書以贊美之。逸士顧歡作《夷夏論》，以佛道二教齊乎達化而有夷夏之别。歡雖同二法，而意黨道教。司徒袁粲託沙門通公，爲論以駁之，謂孔老敎俗爲本，釋氏出世爲宗，發軫既殊，其歸亦異。常侍何鎮之，亦以書詆歡言，道家經籍簡陋，如靈寶妙眞之類，采撮《法華》，制用尤拙，上清黄庭，餐霞咀石，非徒法不可效，道亦難同。雖五千之文稍長，終不若三乘，共引九流俱接之爲得也。沙門竺法眷等，譯《無盡意經》等十二部。

（後廢帝）元徽三年，定林寺法獻，往天竺求經，至于闐國得佛牙舍利，《法華提婆品》以歸。

（順帝）昇明元年，勅沙門法持爲天下僧正。

又卷三八《法運通塞志》一七之四　（高帝）建元元年，帝幸莊嚴寺聽僧達法師講《維摩經》，御座稍遠，中書令張緒請遷席以隣帝座。【略】

三年，中天竺沙門曇摩耶舍譯《無量義經》。

四年，詔沙門法顯爲京邑僧主，詔迎皖山誌公入京，公剺其面爲十二面觀音，帝以其惑衆惡之。【略】

（武帝）永明元年，帝以華林園設八關齋戒。帝微時避難揭陽山中，累石爲浮圖，忽有一樹生其側，狀如華蓋。西天沙門達磨提來，譯《提婆達多品》。【略】勅長干寺玄暢同法獻爲僧主，分任江南北事，時號黑衣二傑。

二年，詔沙門僧鍾見於乾和殿，但稱貧道。帝問僕射王儉曰，古之沙門何所稱？對曰，漢魏此道未盛無所傳聞，晉宋以來，多稱貧道，而使預座。晉之中世，庾氷桓玄欲使盡敬，事竟不行。帝曰，獻暢二師，道行如此，尚乃稱名，況復餘者。揖拜則非制，稱名亦無嫌。

四年，沙門僧護於剡縣石城山見崖間光如佛焰，乃鐫石爲彌勒佛，纔成面像。初是晉世有沙門曇光，至剡山石室宴坐，有雕虎丹蟒造前依足，與授三歸，並即引去。已而山祇盛飾來見，光爲説法，神奉山以結伽藍，名曰隱岳，同學於蘭復創寺於旁曰玄化，護既造像，乃即像所建刹名石城，與兩寺鼎足而居。齊末沙門僧淑，來繼其功。至梁武帝舉兵東下，用度不足，建安王偉（文帝第八子）取襄陽銅佛，毁以爲錢，富僧藏鏹，多加毒害。後刺江州感惡疾，有始豐縣令陸咸（今天台縣）夢沙門三人謂曰，建安王染患由於宿障，剡縣僧護造彌勒石像。若能成濟，必獲康復。咸還都經年出門遇僧，謂曰，建安王事，猶能憶否？忽然不見，咸大感悟，遂以白王。即召定林寺僧祐律師，因舊功鑱入五丈，至天監十五年畢功，像身光焰，通高十丈，王疾既愈，遂留神釋學益悟佛理。唐道宣律師見天神謂曰，師即僧護、僧叔、僧祐後身，故世稱爲「三生石佛」云。

五年，友州進眞珠佛像。【略】

六年，僧伽跋摩於廣州竹林寺，譯《善見毘婆沙律》。

七年，西天沙門摩訶乘德進等，譯諸經律。【略】

（東昏侯）永元元年，扶桑國僧慧深來京師言，其國在大漢東三萬里。宋大明五年（宋孝武）罽賓國沙門五人至其國流通佛法。【略】

《梁書・武帝紀下》　（大通元年）三月辛未，（梁武帝）輿駕幸同泰寺捨身。甲戌，還宫，赦天下，改元。

又（中大通元年九月）癸巳，輿駕幸同泰寺，設四部無遮大會，因捨身，公卿以下，以錢一億萬奉贖。冬十月己酉，輿駕還宫，大赦，改元。

《梁書·武帝紀下》（中大通三年）冬十月己酉，行幸同泰寺，高祖升法座，爲四部衆說《大般若涅槃經》義，迄於乙卯。前樂山縣侯蕭正則有罪流徙，至是招誘亡命，欲寇廣州，在所討平之。十一月乙未，行幸同泰寺，高祖升法座，爲四部衆說《摩訶般若波羅蜜經》義，訖於十二月辛丑。【略】

（中大通五年）二月癸未，行幸同泰寺，設四部大會，高祖升法座，發《金字摩訶波若經》題，訖於己丑。

《梁書·武帝紀下》（梁武帝）及居帝位，即於鍾山造大愛敬寺，青溪邊造智度寺，又於臺內立至敬等殿。又立七廟堂，月中再過，設淨饌。每至展拜，恆涕泗滂沲，哀動左右。加以文思欽明，能事畢究，少而篤學，洞達儒玄。雖萬機多務，猶卷不輟手，燃燭側光，常至戊夜。【略】兼篤信正法，尤長釋典，制《涅槃》、《大品》、《淨名》、《三慧》諸經義記，復數百卷。聽覽餘閑，即於重雲殿及同泰寺講說，名僧碩學、四部聽衆，常萬餘人【略】不飲酒，不聽音聲，非宗廟祭祀、大會饗宴及諸法事，未嘗作樂。

《梁書·敬帝紀》 史臣侍中、鄭國公魏徵曰：「高祖【略】多藝多才【略】大修文教，盛飾禮容，鼓扇玄風，闡揚儒業。【略】然不能息末敦本，斫雕爲樸，慕名好事，崇尚浮華，抑揚孔、墨，流連釋、老。或經夜不寢，或終日不食，非弘道以利物，惟飾智以驚愚。且心未遺榮，虛厠蒼頭之伍；高談脫屣，終戀黃屋之尊。」

《梁書》卷二四《蕭景傳附蕭顯傳》 普通五年，（蕭顯）坐於宅內鑄錢，爲有司所奏，下廷尉，得免死，徙臨海郡。行至上虞，有敕追還，且令受菩薩戒。昱既至，恂恂盡禮，改意蹈道，持戒又精潔，高祖甚嘉之，以爲招遠將軍、晉陵太守。下車勵名跡，除煩苛，明法憲，嚴於奸吏，優養百姓，旬日之間，郡中大化【略】。

《梁書》卷四二《臧盾傳》 中大通五年二月，高祖幸同泰寺開講，設四部大會，衆數萬人，南越所獻馴象，忽於衆中狂逸，乘輿羽衛及會皆駭散，惟（臧）盾與散騎郎裴之禮嶷然自若，高祖甚嘉焉。

《魏書》卷九八《蕭衍傳》 初，（蕭）衍崇信佛道，於建業起同泰寺，又於故宅立光宅寺，於鍾山立大愛敬寺，兼營長干二寺，皆窮工極巧，殫竭財力，百姓苦之。曾設齋會，自以身施同泰寺爲奴，其朝臣三表不許，於是內外百官共斂珍寶而贖之。衍每禮佛，捨其法服，著乾陀袈裟。令其王侯子弟皆受佛誡，有事佛精苦者，輒加以菩薩之號。其臣下奏表上書亦稱衍皇帝菩薩。衍所部刺史郡守初至官者，皆責其上禮獻物，多者便云稱職，所貢微少，言爲弱惰。故其牧守，在官皆競事聚斂，劫剝細民，以自封殖，多妓妾、粱肉、金綺。百姓怨苦，咸不聊生。又發召兵士，皆須鎖械，不爾便即逃散。其王侯貴人，奢淫無度，弟兄子侄，侍妾或及千數，至乃回相贈遺。其風俗頹喪，綱維不舉若此。衍自以持戒，乃至祭其祖禰，不設牢牲，時人皆竊云，雖僭司王者，然其宗廟實不血食矣。衍未敗前，災其同泰寺，衍祖父墓前石麟一旦亡失，識者咸知其將滅也。

《南史》卷七《梁本紀中七》（梁武帝）雖在蒙塵，齋戒不廢，衣疾不能進膳，盥漱如初。皇太子日中再朝，每問安否，涕泗交面。賊臣侍者，莫不掩泣【略】

始天監中，沙門釋寶誌爲詩曰：「昔年三十八，今年八三十，四中復有四，城北火酣酣。」帝使周捨封記之。及中大同元年，同泰寺災，帝啟封見捨手跡，爲之流涕。帝生於甲辰，三十八，克建鄴之年也。遇災歲實丙寅，八十三矣。四月十四日而火，火起之始，自浮屠第三層。三者，帝之昆季次也。帝惡之，召太史令虞履筮之，遇履曰：「無害。其《繇》云：『西南得朋，東北喪朋，安貞吉。』《文言》云：『東北喪朋，乃終有慶。』」帝曰：「斯魔鬼也。酉應見卯，金來克木，卯爲陰賊。鬼而帶賊，非魔何也。孰爲致之？酉爲口舌，當乎說位。說言乎《兌》，故知善言之口，宜前爲法事。」於是人人讚善，莫不從風。或刺血灑地，或刺血書經，穿心然燈，坐禪不食。及太清元年，帝捨身光嚴、重雲殿，遊仙化生皆震動，三日乃止。當時謂之祥瑞。識者以非動而動，在《鴻範》爲妖。以比石季龍之敗，殿壁畫人頸皆縮入頭之類。

時海中浮鵠山，去餘姚岸可千餘里，上有女人年三百歲，有女官道士四五百人，年並出百，但在山學道。遣使獻紅席。帝方捨身時，其使適至，云此草常有紅鳥居下，故以爲名。觀其圖狀，則鸞鳥也。時有男子不知何許人，於大眾中自割身以飴餓鳥，血流遍體，而顏色不變。又沙門智泉鐵鉤掛體，以然千燈，一日一夜，端坐不動，開講日，有三足鳥集殿之東戶，自戶適於西南懸楣，三飛三集。白雀一，見於重雲閣前連理樹。又有五色雲浮於華林園昆明池上。帝既流遁益甚，境內化之，遂至喪亡云。

《南史·梁本紀中七》 （中大通元年）秋九月辛巳，朱雀航華表災。癸巳，幸同泰寺，設四部無遮大會。上釋御服，披法衣，行清淨大捨，以便省爲房，素床瓦器，乘小車，私人執役。甲午，升講堂法坐，爲四部大眾開《涅槃經》題。癸卯，群臣錢一億萬奉贖皇帝菩薩大捨，僧眾默許。乙巳，百辟詣寺東門奉表，請還臨宸極，三請乃許。帝三答書，前後並稱頓首。

冬十月己酉，又設四部無遮大會，道俗五萬餘人。會畢，帝御金輅還宮，御太極殿，大赦，改元【略】二年夏四月癸丑，幸同泰寺，設平等會。庚申，大雨雹【略】（三年）冬十月己酉，上幸同泰寺，升法坐，爲四部眾說《涅槃經》，迄於乙卯【略】十一月乙未，上幸同泰寺，升法座，爲四部眾說《般若經》，迄於十二月辛丑。

《隋書》卷一三《音樂志上》 （梁武）帝既篤敬佛法，又制《善哉》、《大樂》、《大歡》、《天道》、《仙道》、《神王》、《龍王》、《滅過惡》、《除愛水》、《斷苦輪》等十篇，名爲正樂，皆述佛法。又有法樂童子伎、童子倚歌梵唄，設無遮大會則爲之。

《南史·梁本紀中七》 （中大通五年）二月癸未，幸同泰寺，設四部大會，升法坐，發《金字般若經》題。訖於己丑。

又 （大同元年）夏四月庚子，波斯國遣使朝貢。壬戌，幸同泰寺，鑄十方銀像，並設無礙會。

又 （太清元年）三月庚子，幸同泰寺，設無遮大會。上釋御服，服法衣，行清淨大捨，名曰「羯磨」。五明殿爲房，設素木床、葛帳、土瓦器，乘小輿，私人執役。乘輿法服，一皆屏除。【略】乙巳，帝升光嚴殿講堂，坐師子座，講《金字三慧經》，捨身。【略】（太清元年）夏四月庚午，群臣以錢一億萬奉贖皇帝菩薩，僧眾默許。戊寅，百辟詣鳳莊門奉表，三請三答，頓首，並如中大通元年故事。

又 （梁武帝）及居帝位，即於鍾山造大愛敬寺，青溪邊造智度寺，於臺內立至敬等殿，又立七廟堂。月中再設饌，每至殿拜，涕泗滂沱，哀動左右。【略】晚乃溺信佛道，日止一食，膳無鮮腴，惟豆羹糲飯而已。或遇事擁，日儻移中，便嗽口以過。制《涅槃》、《大品》、《淨名》、《三慧》諸經義記數百卷。聽覽餘閑，即於重雲殿及同泰寺講說，名僧碩學，四部聽眾，常萬餘人。【略】身衣布衣，木綿皂帳，一冠三載，一被二年。自五十外便斷房室，後宮職司貴妃以下，六宮褘褕三翟之外，皆衣不曳地，傍無錦綺。不飲酒，不聽音聲，非宗廟祭祀、大會饗宴及諸法事，未嘗作樂。

志磐《佛祖統紀》卷三七《法運通塞志》第一七之四 天監元年，帝夢旃檀像入國（天竺優填王所造者）乃遣郝騫等（郝黑各反）往西竺求之。于陀利國入貢云，其王夢異僧曰，東土有聖王出，十年之後，佛法大興，制僧尼犯過，並依佛律行罰，庾詵少與帝善，及起兵署爲記室不就，山居蔬食，六時禮懺，誦《法華經》，於後夜見一道人，自稱願公，呼詵爲上行先生，後寢食驚覺曰，願公復來，吾其去矣。舉家聞上行先生已生淨土，詔謚貞節處士。

二年，帝問誌公，國有難否？誌指喉及頸，（讖侯景也。）享國幾何？曰，元嘉，元嘉，帝臨政苛急，誌假帝神力見先君受苦地下，由是卹刑嘗詔張僧繇寫誌真，誌以指剺破面門出十二面觀音相，或慈或威，僧繇竟不能寫，時法雲雲光二師，每講《法華》，天華飛集，帝以其證聖，於便殿夜焚書，請誌公及光雲齋，翌日誌公獨至。

扶南國沙門曼陀羅來進珊瑚佛像，詔譯經於揚都。

四月八日，帝於重雲殿親製文，率群臣士庶二萬人，發菩提心永棄道教，其文云，願使未來生世童眞出家廣弘經教化度含識同成佛道，寧在正法中長淪惡道，不樂依老子教暫得生天。十一月，勅公卿百僚侯王宗族，並棄道教舍邪歸正，三年，帝御重雲殿講經，以枳園寺法彪爲都講，彪先一問，帝方酬答，載索載徵，並通玄妙。

帝嘗夢神僧曰，六道四生，受苦無量，何不作水陸大齋普濟群靈。帝乃披覽藏經創製儀文，三年乃成，遂於金山寺修供，命沙門僧祐宣文，大彰感驗。

勅於舊宅建光宅寺，因宅七日放光，故以爲名。勅法雲法師爲光宅寺主，創立僧制，爲後世法。

沙門智稜善《涅槃》《淨名》，尤通莊老，後值寇還俗，道士孟悉達勸爲黄冠，見道家諸經略無宗旨，遂引佛教爲之潤色，解《西昇》《妙眞》諸經義，皆自稜始。武帝未捨道教時，引稜於五明殿豎義，暮年爲諸道士講《西昇經》，忽失音舌卷於座上委頓而死，衆以爲叛教之報。

五年，扶南國沙門僧伽波羅來。

六年，御注《大品般若經》，詔光宅雲法師爲百僚講説。

十年，中天竺釋迦檀像至，帝率百僚迎入太極殿，建齋度人，大赦斷殺，絓是弓刀並作蓮華塔形。初郝騫謝文華等八十人，應詔西行求像，至舍衛國。從王請像，王曰，此中天正像不可適邊，乃令三十二匠更刻紫檀，人圖一相，卯時運手，午時已就，頂放光明降霔香雨，騫負像東還，乃渡大海。嘗聞甲冑之聲在後，忽異僧禮像而言曰，昆舍羅神王護像至彼，廣作佛事，言訖而隱。其後元帝於荆州城北造大明寺奉安其像。

詔僧旻法師入殿講《勝鬘經》，公卿畢集，劉業問曰，法師佛學有餘，何故多申儒旨？旻曰，昔生公以頓悟通經，次公以《毘曇》發論，若貧道初不以儒釋爲限，但據文義所向耳。【略】

何胤入鍾山定林寺，聽内典通其旨，後隱居若邪山雲門寺，二兄求點，並從棲遁，號點爲大山，胤爲小山，亦曰「何氏三高」。

謝舉長玄理及釋氏義，爲晉陵群守，與義學沙門互講經論，徵士何胤自武丘出赴。

光宅雲法師講《法華經》，感天花滿空下如飛雪。帝以亢陽問誌公，公曰，雲能致雨。帝因請講《法華》，至其澤普洽即大霔，儀同袁昂家有常供養僧，發願欲如師慧解。夢一僧謂曰，雲法師燈明佛時已講此經，那可卒及？

上集諸沙門製文立誓永斷酒食。其略云，弟子蕭衍從今已去，若飲酒放逸啖食衆生乃至乳蜜酥酪，願一切鬼神先當苦治弟子，將付地獄，衆生成佛，猶在阿鼻，僧尼飲酒食肉，亦應如此加治。是時復集僧尼一千四百四十八人，於華林殿請雲法師講《涅槃經》中食肉斷大慈悲種子之文，上親席地，與衆同聽。

十一年，勅寶亮法師撰《涅槃經疏》，上親爲製序。

十二年，特進沈約著《中食論》，謂勢利榮名，妖妍靡曼，甘旨肥醲，皆使心神昏惑，不能得道，故聖人禁此三事。

十三年，初誌公嘗與帝登鍾山，指獨龍岡曰，此爲陰宅，先行者得之。是年順化於華林園佛堂，帝憶其言，詔有司具葬此地，建浮圖五級其上，車駕臨葬致奠，忽見大士涌身雲間，乃爲立開善寺。

十五年，西天沙門自圖其形于吳中靈巖寺，像遇夜起行道，祈禱神應，後有梵僧曰，此智積菩薩也。

華陽眞人陶弘景，建菩提白塔于三茅山，嘗夢佛授記名勝力菩薩，乃詣鄮縣阿育王塔，自誓受五大戒，臨終不用沐浴，以大袈裟覆衾蒙首足，弟子遵之。（《梁書》）

十六年，勅太醫不得以生類爲藥，郊廟牲牷，皆代以麪，宗廟薦羞始用蔬果。

述曰，祭天地祀宗社，必殺牲以備物。皇王以來用以爲法，有國家者掌之爲故，且不敢有所議也。夫司天地之化，所以稱上帝稱皇天后土者，至聖至神也。烏有神聖而好殺牲牢之命，肯歆腥臊之食哉？由夫上古之俗，茹毛飲血，以是養己，必以是事神，樸陋之見曾不知牷牢腥臭之爲瀆也。蒸民既粒，俗不能變，聖賢教世師古法以著之禮經，於是後王遵而行之，莫或敢議其可不者，以養己，猶古不思事神之不當瀆也。夫果於殺命不仁也。薦以腥臭不義也。以不仁不義爲養己之舊習，尙當思有以節以求全好之心，豈於事天地祖宗之神靈，而欲以牲牢腥臭之物以瀆之哉？自佛法東漸勸修齋戒，天帝尙知事佛，豈人事天而不知事佛乎？知所以事佛，則不當以牲牢瀆天，爲可信矣。惟梁有武皇魏有獻文，勅郊廟祭祀不用牲牷，而易之以蔬麪酒果，可謂違古而道，奉黍稷薦明水，是亦三代之祀法也。烏在乎牲牢腥臭之物哉？

内道場之始：慈雲法師於天台勸民俗祀神，改祭爲齋，其文有曰，天子七廟，下至庶人皆同祭祀圓丘方澤上下神祇，國之常典勸令斷祭，無乃太傷國風乎？釋曰，祭祀出俗典，改祭據佛經，俗典則未逃殺害，佛經則唯重慈悲，殺害則報在三途，慈悲則果成萬德，以善改惡無不可者。勅廢天下道觀，道士皆返俗。勅沙門慧超爲壽光殿學士，召衆僧法集講論，注解經文，並居禁中。

十八年，會稽沙門慧皎謂寶唱《名僧傳》頗多汎濫，因著《高僧傳》，始漢永平，開德業爲十科。其自序云，前古撰集多曰名僧，然名者實之賓也。若實行潛光，則高而不名，若寡德適時，則名而不高，名而不高茲焉用紀，高而不名則備今錄。世以爲確論。

普通元年，沙門衆養於揚都譯《文殊般若經》等十一部，帝親筆受，令寶唱繼之。帝於禁中築圓壇將稟歸戒，妙選賢明，朝議以草堂慧約法師應詔。四月八日，帝服田衣，北面敬禮，受具足戒。方行羯磨，甘露降於庭，有三足烏孔雀二，歷階馴伏。錫師號曰智者。自是入朝必設特榻，而帝坐其側。自太子諸王公卿僧俗，從約受戒著錄者四萬八千人，沙門耆艾，亦從師重稟。法雲獨曰，吾既受戒矣。其可以法爲人事耶？議者高之。（約姓婁，世稱婁約法師）

普通二年，詔雲光法師於內殿講《法華經》，天雨寶華。

三年，詔修鄮縣阿育王寺。

僧正始於姚秦；六年，勅光宅寺法雲爲大僧正，官給吏力。

大通元年，（即北魏孝明武泰元年）南天竺菩提達磨汎海至廣州，詔入見帝，問曰，如何是聖諦第一義？帝曰，對朕者誰？師云不識。帝不契。師遂渡江入魏。駕幸同泰寺舍身，群臣以錢一億萬奉贖，皇帝歸宮。

二年，槃槃國進佛牙。

中大通元年，京城大疫，帝於重雲殿爲百姓設救苦齋，以身爲禱。復幸同泰寺，設四部無遮大會，披法衣，行清淨大舍，素床瓦器乘小車，親升法座，爲衆開《涅槃經題》。群臣以錢一億萬奉贖，皇帝設道俗大齋五萬人。

二年，帝幸同泰寺設平等大齋。丹丹國進象牙佛像。

三年十月，帝幸同泰寺講《涅槃經》。十一月講《金字般若經》。

五年，帝幸同泰寺發《金字般若經》題，自太子已下聽法者，三十萬九千六百人。【略】

六年，烏傷居士傅翕，至松山結庵雙檮樹間，自號雙林當來下生善慧大士，令弟子奉書詣闕，稱帝爲國主救世菩薩。詔報曰，大士爲度衆生欲來隨意，帝預勅鎖門以觀其異，大士袖出木椎一扣諸門盡開，見帝於善言殿，謁者三贊，不拜，直上御榻對語，設齋食竟出鍾山，坐定林松下。大士一日披納頂冠靸履見上，上問，是僧耶？士以手指冠，是道耶？以手指履，是俗耶？以手指納衣。

剡川尼法宣誦通《法華》，坐臥見帳蓋覆其上，父母令就齊明寺出家，是日帳蓋即不見，自是博覽經論，深探奧理，衡王元簡爲郡守，請爲越城母師。槃槃國進佛舍利，

大同元年，帝幸同泰寺設無遮大會。智者約法師亡，帝輟朝三日，素服哭之，從師受戒者，四萬八千人，皆服緦麻哭送，塔于誌公之左。勅於重雲殿爲善慧大士別設一榻，講《三慧般若經》，公卿畢集，天子至，衆皆起迎，大士不動。御史問其故，答曰，法地若動，一切法不安。帝善之。隱士趙伯休，於廬山遇律師弘度，得衆聖點記云，佛滅後優波離結集律藏，以其年七月十五日自恣竟，於律藏子便下一點，年年如是。波離以後師師相付，至僧伽跋陀羅，將律藏至廣州。當齊永明七年庚午七月十五日自恣竟，即下一點。其年凡得九百七十五點。伯休問曰，永明七年後云何不點？度曰，已前皆得道人，手自下點，吾徒凡夫，止可奉持耳。伯休因點記推至大同初，凡一千二十年，與傳記參合，世尊生滅之年皆不同，蓋其宗承有異也。

二年，帝幸同泰寺設無礙大會。是年凡三設大會。

三年，詔修長干塔，掘基得石函，內有金罌流離瓶，盛舍利爪髮，勅分入二塔，同放光明。帝幸同泰寺鑄十方佛金銅像，復往阿育王寺（在建康都城內），設無礙法食，大赦天下。昭明太子統薨。太子天性好佛，於東宮別立慧義殿爲法集之所，招延名僧立三諦義，當世美之。

四年，帝幸同泰寺設盂蘭盆齋。【略】

五年，勅沙門寶雲，往扶南國迎佛髮。

六年，詔越州守臣蕭簪，重修鄮縣阿育王寺。扶南國王遣使朝貢，請釋迦像及經論，勅賜，制止《涅槃》《般若》《金光明》講疏一百三卷。

七年，百濟國遣使朝貢請經論，勅賜《涅槃疏》。

十年，于闐國遣使貢玉刻佛像。

中大同元年，帝幸同泰寺講《金字三慧般若經》，行清淨大舍。皇太子群臣以錢一億萬奉贖歸宮。是夜寺浮圖災，上曰，此魔所爲也。乃詔曰，道高魔盛，行善障生。遂更起十二層浮圖。

太清元年，帝幸同泰寺，設無遮大會，行清淨大舍。升妙嚴殿，講《金字三慧般若經》，群臣以錢一億萬奉贖歸宮。西天竺三藏眞諦來，勅於寶雲殿譯《金光明經》等十部。時釋子多縱逸，主僧不能制，帝欲以律行僧正事。詔下，藏法師執不可，帝不能奪。藏謂衆曰，衣冠子弟十輩，豈能俱稱父意？今釋雜五方之衆，而欲以一己好惡繩之可乎？帝自受具戒，寢處略同沙門，雖宮禁亦恣僧遊覽，一日藏師竟登御座，左右訶之，藏曰，貧道定光金輪之裔，寧愧此座，倘欲見殺不慮無受生處。帝特令不問。

【略】

三年，侯景至建康陷臺城，入見上於太極殿，以甲士五百自衛，帶劍上殿拜訖，上神色自若，曰卿在戎日久無乃爲勞，使引就三公榻，景惶懼不能對。出謂左右曰，吾踞鞍臨敵，矢石交下，未嘗怖畏，今見蕭公使人畏慴無已。景既自稱丞相，帝憂憤寢疾，齋戒不衰，口苦索蜜未至，舉手曰荷荷。遂崩。帝日角龍顏，舌文八字，項有浮光，日中無景，右手成文曰武，晚奉佛道，日止一食，唯豆羹糲飯，布衣皀帳一冠三載，五十便絕房室，不飲酒聽樂，製《涅槃》《大品》《般若》《淨名》《三慧》諸經義記數百卷。【略】

（簡文帝）大寶元年四月八日，詔度人出家，親制願文云，弟子蕭綱以此建齋度人功德，普度六道四生，出離愛欲，永拔無明，修習般若，爲眞佛子。

二年，北齊慧文禪師因閲《大論》，至《四諦品》偈云，因緣所生法，我說即是空，亦名爲假名，亦名中道義。恍然大悟。乃遠承龍樹，依《論》立觀，以授慧思禪師。

（元帝）承聖元年，眞諦三藏以侯景之亂汎舶西歸，大風飄還廣州，住制止寺，譯《起信論》《倶舍論》，至陳朝共得五十部。【略】

雜　録

《佛祖統紀》卷三八（陳武帝）永定元年，詔迎佛牙於杜姥宅，設四部無遮大會。（比丘等四衆名爲四部）。

二年五月，帝幸大莊嚴寺舍身，翌日群臣表請還宮。十一月復幸莊嚴寺，發《金光明經》題。十二月，幸莊嚴寺，設無礙大會，行清淨大舍。翌日，群臣表請還宮。金陵七百寺値侯景焚蕩幾盡，自帝登極，悉令修復，翻經講道，不替前朝。

三年，勅大內設《仁王》大齋，詔沙門寶瓊於重雲殿，講《大品般若經》。【略】

（文帝）天嘉元年，勅寶瓊爲京邑大僧統。梁魏以來僧統盛飾杖直擬於官府，至是瓊奏罷之。每出從數頭陀仗笠而已。海東十二國聞瓊道德，遣使奉金帛求畫像以歸。思禪師於光州大蘇山，爲顗禪師說安樂行，示普賢道場。

二年，善慧大士於山中行道，常見七佛在前，維摩從後，唯釋迦常與大士語。

四年，帝於太極殿設無礙大會，行舍身法，復集僧行方等陀羅尼法、法華懺、金光明懺，並別製願辭，稱菩薩戒弟子皇帝。

六年，西竺王子月婆首那，來遊廬山，譯《勝天王般若經》。

又（廢帝）光大二年，思禪師入居南岳，是歲爲岳君受戒。（詳見《南岳本紀》）

（宣帝）大建元年四月，善慧大士示寂。七日縣令陳鐘耆來禮敬，傳香之次猶反掌受香，舉衆驚異，勅徐陵撰碑山中。

顗禪師於瓦官寺，爲儀同沈君理等講《法華經》。後常與衆講《大智度論》，說《次第禪門》。【略】

四年，勅沙門慧晅（音亘）於樂遊園爲七廟講《大品般若》。齊使崔武子來朝，上以沙門洪偃才德兩優，命爲館伴。武子每與語輒大歎服，朝議欲加偃冠，師絕食自誓，帝乃止。

五年，海東玄光沙門受《法華》安樂行義於南岳禪師，歸國演教，爲海東諸國傳教之始。

六年，周武帝罷佛道二教，沙門靖嵩靈侃（侃同）三百人皆相率歸南朝，帝令駙馬蔡凝宣勅曰，法師等善明治亂，歸寄有序，宜於都郭大寺安居，所司供給。沙門智周十一人，往西天求經。

七年，顗禪師入天台佛隴。九年二月，詔曰，顗禪師佛法雄傑時匠所宗，訓兼道俗國之望也。宜割始豐縣調，以充衆費。【略】

十年，左僕射徐陵，以顗禪師創寺請於朝，賜號修禪（今大慈也）。師爲兄陳鍼述《小止觀》，咨受修習。【略】

十二年，周宣帝復佛道二教。

十三年，詔國內初受戒者參律五夏，勑曇瑗律師（瑗音院）總知監檢，有司給其衣食，勿使經營，致虧功績，不踰數載，道器大成，乃以瑗爲國僧正。

十四年，皇太子即位，設無遮大會於太極殿，舍身大赦。

又（後主）至德元年，勑慧暅爲京邑大僧正。

二年詔，虎丘智聚法師赴太極殿，講《金光明經》。

三年，詔顗禪師入京居靈曜寺。四月，赴太極殿，講《大智度論》題，《般若經》題。久之，遷居光宅寺。帝幸寺聽講《仁王經》，躬禮三拜。

四年正月，詔顗禪師赴崇正殿，爲皇太子授菩薩戒，設千僧齋。

又禎明元年，顗禪師於光宅寺講《法華經》，時章安預聽。都官尚書徐孝克性好惠施不免饑寒，後主勑以石頭津稅給之，孝克悉用設齋寫經，初居錢塘，與諸僧討論釋典，遂通三論，且講法華經，晚講禮傳，受業者常數百人，蔬食長齋持菩薩戒，陳亡入長安。時疾疫，隋文帝聞其名行，召講《金剛般若》，上下敬讚，臨終正坐念佛。

北朝佛教分部

綜　述

《北齊書》卷一〇《上黨剛肅王高渙傳》　術士言亡高者黑衣：初，術士言亡高者黑衣，由是自神武後，每出行，不欲見桑門，爲黑衣故也。是時文宣幸晉陽，以所忌問左右曰：「何物最黑？」對曰：「莫過漆。」帝以（上黨剛肅王）渙第七子爲當之，乃使庫眞都督破六韓伯升之鄴征渙，渙至紫陌橋，殺伯昇以逃，憑河而度，土人執以送帝，鐵籠盛之，與永安王浚同置地牢下。

《北齊書》卷一一《河間王高孝琬傳》　時（河間王高）孝琬得佛牙，置於第內，夜有神光，昭玄都法順請以奏聞，不從，帝聞，使搜之，得鎮庫槊幡數百，帝聞之，以爲反。

《周書》卷二二《柳慶傳》　彼沙門乃眞盜耳：有賈人持金二十斤，詣京師交易，寄人停止，每欲出行，常自執管鑰，無何，緘閉不異而失之，謂主人所竊，郡縣訊問，主人遂自誣服，（柳）慶聞而歎之，乃召問賈人曰：「卿鑰恆置何處？」對曰：「恆自帶之。」慶曰：「頗與人同宿乎？」曰：「無。」「與同飲乎？」曰：「日者曾與一沙門再度酣宴，醉而晝寢。」慶曰：「主人特以痛自誣，非盜也。彼沙門乃眞盜耳。」即遣吏逮捕沙門，乃懷金逃匿，後捕得，盡獲所失之金。

《北史》卷二《魏本紀第二》　（太延五年）戊申，詔自王公已下至於庶人，私養沙門、巫及金銀工巧之人在其家者，皆遣詣官曹，限今年二月十五日，過期不出，巫、沙門身死，主人門誅，庚戌，詔自三公已下至於卿士，其子息皆詣太學，其百工伎巧騶卒子息當習其父兄所業，不聽私立學校，違者師身死，主人門誅。

《北史》卷二《魏本紀第二》　三月，詔諸州坑沙門，毀諸佛像，徙長安城內工巧二千家於京師。夏四月甲申，車駕至自長安。戊子，毀鄴城五層佛圖，於泥像中得玉璽二，其文皆曰「受命於天，既壽永昌」。其一刻其旁曰「魏所受漢傳國璽」。

《北史》卷四《魏本紀第四》　（永平）二年春正月，涇州沙門劉慧汪聚衆反，詔華州刺史奚康生討之。

《北史》卷四《魏本紀第四》　（永平）三年春二月壬子，秦州沙門劉光秀謀反，州郡捕斬之。

《北史》卷四《魏本紀第四》　夏六月，沙門法慶聚衆反於冀州，殺阜城令，自稱大乘。

《北史・魏本紀第五》　（永熙三年七月）丙午，（孝武）帝率南陽王寶炬、清河王亶、廣陽王湛、斛斯椿以五千騎宿於瀍西楊王別舍，沙門都維那惠臻負璽持千牛刀以從，有牛百頭，盡殺以食軍士，衆知帝將出，其夜亡者過半。

《北史》卷一〇《周本紀下第十》（建德三年）丙子，初斷佛、道二教，經像悉毁，罷沙門、道士，並令還俗，並禁諸淫祀，非祀典所載者，盡除之。

《北史》卷一七《景穆十二王傳上》　時冀州沙門法慶既爲妖幻，遂説勃海人李歸伯，歸伯閤家從之，招率鄉人，推法慶爲主。法慶以歸伯爲十住菩薩、平魔軍司、定漢王；自號大乘，殺一人者爲一住菩薩，殺十人者爲十住菩薩，又合狂藥，令人服之，父子兄弟不相知識，唯以殺害爲事。刺史蕭寶寅遣兼長史崔伯驎討之，敗於煮棗城，伯驎戰没，凶衆遂盛，所在屠滅寺舍，斬戮僧尼，焚燒經像，云：「新佛出世，除去衆魔。」詔以遙爲使持節、都督北征諸軍事，討破之，禽法慶，並其妻尼惠暉等。斬法慶，傳首京師，後禽歸伯，戮於都市。

《北史・盧同傳附盧光傳》（盧）光性崇佛道，至誠信敬，常從周文狩於檀台山，時獵圍既合，帝遙指山上謂群公曰：「公等有所見不？」咸曰：「無所見。」光獨曰：「見一桑門。」帝曰：「是也。」既解圍而還，令光於桑門立處造浮圖，掘基一丈，得瓦鉢錫杖各一，帝稱歎，因立寺焉。及爲京兆，而郡舍先是數有妖怪，前後郡將，無敢居者，光曰：「吉凶由人，妖不妄作。」遂入居之，未幾，光所乘馬忽升廳事，登床，南首而立；食器無故自破，光並不以介懷，其精誠守正如此，注《道德經章句》行於世。

《北史》卷三二《崔挺傳附崔暹傳》（崔暹）然好大言，調戲無節，嘗密令沙門明藏著《佛性論》而署己名，傳諸江表。

《北史》卷四八《爾朱榮傳》（爾朱榮）曾見沙彌重騎一馬，榮即令相觸，力窮不復能動，遂使傍人以頭相擊，死而後已。

《北史》卷八七《酷吏傳》　及帝征遼東，令（王）文同巡察河北諸郡，文同見沙門齋戒菜食者，以爲妖妄，皆收繫之，北至河間，召諸郡官人，小有遲違者，輒覆面於地而捶殺之，求沙門相聚講論及長老共爲佛會者數百人，文同以爲聚結惑衆，盡斬之，又悉裸僧尼，驗有淫狀非童男女者數千人，復將殺之，郡中士女，號哭於路，諸郡驚駭，各奏其事，帝聞大怒，遣使者達奚善意馳鎖之，斬於河間，以謝百姓，仇人剖其棺，臠其肉啖之，斯須咸盡。

紀　事

《佛祖統紀》卷三八　太祖（拓拔珪）。皇始二年詔趙郡法果爲沙門統，帝生知信佛，初平中山所經郡國，見沙門皆致敬，禁軍旅毋得有犯。天興元年，詔於京城建五級浮圖、須彌殿、耆闍山、禪房、講堂，悉務壯麗。

（明元）永興元年，詔封法果爲輔國宜城子（僧受俗官之始）。神瑞元年，加封法果爲忠信侯。泰常元年，加封法果爲安城公，壽八十餘卒。帝三臨其喪，謚靈公。（賜謚之始）

（太武）始光元年，勅天下寺改名招提（此翻十方常住）。四月八日，興諸寺像行於廣衢，帝御門樓臨觀散華致禮。

二年，帝誕節詔於佛寺建祝壽道場（聖節道場之始）。神䴥元年，帝誕節，詔天下佛寺並建道場。【略】

六年，疏勒國遣使進佛袈裟，長二丈。帝命焚試之，以示靈異，終日不然。

（獻文）（興皇）三年，昭玄都統曇曜言，平齊戶及民間，能歲輸粟入僧曹，號僧祇粟，遇凶年則出賑饑民。又諸民犯重罪者爲佛圖戶，供諸寺掃灑。帝許之。於是僧祇粟遍天下。（平齊戶，注家未嘗言，或云平民齊民之義，僧祇此云大衆，佛圖亦佛陀，此云覺者，言戶者佛寺之民戶也。）

五年，帝雅好佛學，每引朝士沙門共談玄理，有遺世之心。是年昭傳位太子，徙居崇光宮，稱上皇，建鹿野寺，與禪僧數百習學禪定。

又　（孝文改姓元氏，遷都洛陽）延興二年，詔西天三藏吉迦夜譯《雜寶藏經》等五部。劉孝標筆受。五臺北寺法聰律師，爲衆專講四分律，門人道覆錄爲義疏。（此解《四分律》始）勅思遠寺主僧顯爲沙門都統。**【略】**

二十年，太后馮氏，出俗爲尼居瑤光寺。

二十一年，詔爲太后建報德寺，爲羅什法師於所居舊堂建三級浮圖。【略】詔諸郡僧寺長夏安居，令清衆數處講說，以僧祇粟供備。

（宣武）景明二年，詔僧犯殺人依俗格斷，餘犯悉付昭玄都統，以內律僧制判之。時崔暹好佛法，以僧尼猥濫，奏設科條一篇，事密而法平，勅付昭玄都統法上以爲檢約。

四年，南天竺國遣使貢辟支佛牙。

永平元年，詔中天竺國勒那摩提，於太極殿譯經。北天竺國菩提流支，於紫極殿譯經，帝親預筆受。

二年，帝御式乾殿，講《維摩經》。時西域沙門至者三千人，南方歌榮國世不與東土通，有僧菩提跋陀來，詔建永明寺，以居外國沙門。

延昌四年，太后高氏出俗爲尼，居瑤光寺。【略】

又（孝明）正光二年，勅宋雲沙門法力等，往西天求經。

四年，宋雲等使西竺諸國還，得佛經一百七十部。

武泰元年（梁大通元年也）十月達磨自梁入魏，止嵩高山少林寺，面壁而坐。帝聞師異迹，三詔不至，就賜磨納袈裟金鉢銀水瓶繒帛。

孝莊（子攸彭城王勰子）

永安元年，太后胡氏，出俗爲尼，居瑤光寺。

冀州沙門法慶爲行無賴，爲其徒所擯，乃去爲祆術說。渤海李歸伯率鄉人爲亂，衆推慶爲主，自號大乘佛，以歸伯爲十住菩薩平魔漢王，屠滅寺舍，斬害僧尼，焚燒經卷，云新佛出世，除去衆魔。詔元遙使持節討破之，禽法慶歸伯，傳首京師，餘黨悉平。【略】

（孝武）永熙元年，洛京平等寺建浮圖成，帝設萬僧齋，石像俯首終日，大衆感其神應。

又（文帝）大統元年，勅沙門道臻爲沙門大統。初祖達磨坐少林九年，先傳法及袈裟於慧可，乃往禹門千聖寺，十月五日端坐示滅，門人奉全身葬熊耳山定林寺。明年使者宋雲西域還，遇師手攜隻履，翩翩獨邁，雲歸爲言。門人啟壙視之，唯空棺隻履。

（孝靜）天平元年，洛州刺史韓賢素不信佛，白馬寺有漢明帝時經函，時放光明，世藏爲寶，賢往寺斫破之。未幾，州人韓木蘭作亂，一賊自屍中起，以刀斫賢脛斷而死，人謂毀函之報若是其速。【略】

興和四年，時魏境有寺三萬所僧尼二百萬人。【略】

（文宣）天保元年，詔高僧法常入內講《涅槃經》，拜爲國師。（國師始此。）【略】

六年，初道士陸修靜，以梁武棄老子教，遂奔入魏。暨文宣事佛，靜等忌之，詣闕自陳，請與釋子角法。帝許之。靜以呪術令僧衣鉢皆飛宮殿梁柱皆震，帝顧謂大統法上曰，佛門豈無人哉？上統舉曇顯，顯時被酒，出曰，汝曹問者敢以小術自肆，即以稠禪師衣置地，道流并力不能動，顯自取置梁間使呪，梁柱亦不動。靜曰，釋自標爲內教，內即小也。顯曰，天子居九重之內，亦應小於百官乎？靜氣咽無對，群臣皆忭躍。帝乃下詔，令道士自謂得神仙者，可上三爵臺飛騰遠舉，其不能者，宜詣昭玄上統剃度。有不從者殺四人，遂下詔曰，祭酒道者，世中假妄麴蘖是味，清虛焉在，瞿脯斯甘慈悲永隔，上異仁祠下乖祭典，宜皆禁絕不復遵事。於是齊境皆無道士。

述曰，修靜生於晉末與遠公遊，屍解於宋之泰始，則說簡寂，自泰始至梁天監，已四十年，不應今日復有修靜，若曰因梁棄道自梁奔魏，當云陸修靜之門徒，斯爲可信也矣。【略】

七年，帝以內藏梵經千夾，命三藏那連耶舍於天平寺翻譯，勅大統法上沙門都法順監譯，帝躬禮梵文，謂群臣曰，此三寶之鴻基，禮宜偏敬（偏猶專也）。【略】

（武成）河清二年，詔慧藏法師於太極殿講《華嚴經》（晉譯六十卷者），孫敬德先造觀音像，後有罪當死，夢沙門教誦經可免。既覺誦滿千遍，臨刑刀三折，主者以聞，詔赦之，還家見像項上，有三刀痕，此經遂行，目爲《高王觀世音經》。

述曰，此經止十句，即宋朝王玄謨夢中所授之文，今市肆刊行，孫敬德所誦者是，後人妄相增益，其文猥雜，遂使識者，疑其非眞。又本朝嘉祐中，龍學梅摯妻失目，使禱於上竺，一夕夢白衣人教誦十句《觀音經》，遂誦之不輟，雙目復明。清獻趙公刊行其事，大士以玆至簡經法，救人於危厄之中，古今可紀者三驗矣。可不信乎？

又（後主）武平六年，沙門寶暹十人，往西天求經還，得梵本二百六十部。【略】

（閔帝）元年（即西魏大統二十四年，受禪令改元）詔僧實禪師爲周國三藏。【略】

（武帝）天和四年，沙門藏稱於長安譯經，沙門至德譯《法華經》普門重頌偈。詔名儒僧道申述三教，沙門道安作二教論，以儒道九流爲外教，釋氏爲內教，帝信道士張賓衛元嵩之讚，以讖緯黑衣當王，心忌釋氏。張賓說帝曰，唐虞無佛圖而國安，齊梁有寺舍而祚短，但利民益國，即稱佛心。夫佛以大慈爲本，終不苦役黎民虔恭泥木，請造平延大寺容著四海蒼生，不立曲見伽藍遍安大乘五典，以平延者，無問道俗罔擇怨親，以城隍爲塔寺，即皇帝是如來，用郭邑作僧坊，和夫妻爲聖衆，推令德作三綱，尊耆年爲上座，選仁智充知事，求勇恪作法師，是以六合無怨紂之心，八方有歌周之詠。云云。

四年二月，集百僚僧道於文德殿，討論釋老同異。

建德元年正月，帝幸玄都觀自升座講說，公卿僧道互爲難問。

二年二月，集百僚僧道論三教先後，以儒爲先，道次之，釋居後。詔群臣沙門道士，於內殿博議三教，法猛法師立論理勝，司隸大夫甄鸞上《笑道論》，凡三十六篇，用笑道家三十六部，以釋教有十二部，今三倍勝之（《弘明集》）。帝集僧道，宣旨曰，六經儒教，於世爲宜，眞佛無像，空崇塔廟，愚人信順，徒竭珍財。凡是經像，宜從除毀，父母恩重，沙門不敬，斯爲悖逆之甚，國法豈容。並令反俗用崇孝養。時慧遠法師出衆抗答曰，若以形像無情，事之無福，國家七廟，豈是有情？帝曰，佛經外國之法，故當廢之。七廟上世所立，朕亦不以爲然，將同廢之矣。師曰，若以外國之法，非此所用，仲尼所說，出自魯國，秦晉之地，亦應不行。七廟若廢，則五經無用，三教同廢，何以治國？帝曰，魯與秦晉，封域雖殊，莫非一王之化。師曰，若秦魯同一王化，震旦天竺同在閻浮，輪王一化，何不同遵？帝與師往復數至十二，帝不能屈。三年五月，帝欲偏廢釋教，令道士張賓飾詭辭以挫釋子，法師知玄抗酬精壯，帝意賓不不能制，即震天威以垂難辭，左右吒玄聽制，玄安庠應對，陳義甚高，陪位大臣，莫不欽難。獨帝不說，明日下詔，幷罷釋道二教，悉毀經像，沙門道士並令還俗。時國境僧道反服者二百餘萬。六月詔釋道有名德者，別立通道觀，置學士百二十員，著衣冠笏履，以彥琮等爲學士，沙門道安有宿望欲官之，安以死拒號慟不食而終。（前曾作二教論）。法師靜藹聞詔下，詣闕奉表求見，帝引對，極陳毀教報應之事，帝改容謝遣之，遂遁入終南山，號泣七日，坐磐石引刀自條其肉，掛腸胃于松枝，捧心而卒，白乳旁流凝於石上，聞者莫不流涕。

述曰，佛道本常，有時而阨者，世人之業感耳。以故大小三災業感之大，三武滅僧，業感之小，然每當滅則必有聖賢者出，魏武有曇始，周武有知玄、道安、靜藹，皆爲法忘身，求復大教，而藹之條肉捧心，世或謂其徒自苦辛，殊不知縱無益於當朝，猶足以感動世人俾知爲法之切有若此者。武帝廢之，宣帝復之，曾不數年其道復振，疇知非藹師誠感之應乎？

六年，伐齊滅之，幷毀齊境佛教經像，時僧尼反服者三百餘萬。

又 （宣帝）大成元年，先是沙門道林以學業進見，與武帝議論二十日，酬酢七十番，帝不能屈，遂許以復教。會帝殂，至是道林申請尤力，上許之，遂下詔曰，先帝惑於異論，以釋道爲無益，故廢而不行，然大教所繫詎宜罷黜，今簡耆舊有道者二百二十人，勿翦髮毀形，於東西二京陟岾寺爲國行道，乃勅智藏等長髮爲菩薩僧，充寺主，華冠瓔珞作菩薩大士相。詔曰，三寶尊重特宜修敬，其令舊沙門有德行者，於政成殿西安居行道。

（靜帝）大定元年，詔天下幷復釋道二教，復立佛天尊像，丞相楊堅，與陟岾寺智藏，靈幹等再落髮，度僧二百二十人。

文獻皇后崩，王劭上言說感應

《北史》卷三五《王慧龍傳附王劭傳》 及文獻皇后崩，（王）劭復上言：「佛經說人應生天上及上品上生無量壽國之時，天佛放大光明，以香花妓樂來迎之，如來以明星出時入涅槃，伏惟大行皇后，聖德仁慈，福善禎符，備諸秘記，皆云是妙善菩薩，臣謹案：八月二十二日，仁壽宮再雨金銀之花；二十三日，大寶殿後，夜有神光；二十四日卯時，永安宮北，有自然種種音樂，震滿虛空，至五更中，奄然如寐，便即升遐，與經文所說，事皆符驗，臣又以愚意思之，皇后遷化不在仁壽大興宮者，蓋避至尊常居正處也。在永安宮者，像京師永安門，平生所出入也。后升遐後二日，苑內夜有鐘聲二百餘處，此則生天之應，顯然也。」上覽之，且悲且喜。

隋唐分部

綜　述

《隋書·高祖紀下》（開皇二十年十二月）辛巳，詔曰：「佛法深妙，道教虚融，咸降大慈，濟度群品，凡在含識，皆蒙覆護，所以雕鑄靈相，圖寫眞形，率土瞻仰，用申誠敬，其五嶽四鎮，節宣雲雨，江、河、淮、海，浸潤區域，並生養萬物，利益兆人，故建廟立祀，以時恭敬，敢有毁壞偷盜佛及天尊像，岳鎮海瀆神形者，以不道論。沙門壞佛像，道士壞天尊者，以惡逆論。」

《隋書·煬帝紀上》（大業）六年春正月癸亥朔，旦，有盜數十人，皆素冠練衣，焚香持華，自稱彌勒佛，入自建國門，監門者皆稽首，既而奪衛士仗，將爲亂，齊王暕遇而斬之，於是都下大索，與相連坐者千餘家。

《隋書·酷吏傳》及帝征遼東，令文同巡察河北諸郡，文同見沙門齋戒菜食者，以爲妖妄，皆收繫獄，比至河間，召諸郡官人，小有遲違者，輒皆覆面於地而箠殺之，求沙門相聚講論，及長老共爲佛會者數百人，文同以爲聚結惑衆，盡斬之，又悉裸僧尼，驗有淫狀非童男女者數千人，復將殺之，郡中士女號哭於路，諸郡驚駭，各奏其事，帝聞而大怒，遣使者達奚善意馳鎖之，斬於河間，以謝百姓，讎人剖其棺，臠其肉而啖之，斯須咸盡。

《隋書》卷六九《王劭傳》（王）劭於是采民間歌謡，引圖書讖緯，依約符命，捃摭佛經，撰爲《皇隋靈感志》，合三十卷，奏之，上令宣示天下，劭集諸州朝集使，洗手焚香，閉目而讀之，曲折其聲，有如歌詠，經涉旬朔，遍而後罷，上益喜，賞賜優洽。

仁壽中，文獻皇后崩，劭復上言曰：「佛説人應生天上，及上品上生無量壽國之時，天佛放大光明，以香花妓樂來迎之，如來以明星出時入涅槃，伏惟大行皇后聖德仁慈，福善禎符，備諸秘記，皆云是妙善菩薩，臣謹案：八月二十二日，仁壽宮内再雨金銀之花，二十三日，大寶殿後夜有神光，二十四日卯時，永安宮北有自然種種音樂，震滿虚空，至夜五更中，奄然如寐，便即升遐，與經文所説，事皆符驗，臣又以愚意思之，皇后遷化，不在仁壽、大興宮者，蓋避至尊常居正處也。在永安宮者，像京師之永安門，平生所出入也。后升遐後二日，苑内夜有鐘聲三百餘處，此則生天之應顯然也。」上覽而且悲且喜。

《隋書》卷二五《刑法志》帝以年齡晚暮，尤崇尚佛道，又素信鬼神，二十年，詔沙門道士壞佛像天尊，百姓壞岳瀆神像，皆以惡逆論。

《隋書》卷四〇《元諧傳》於時上柱國元諧亦頗失意，（王）誼數與相往來，言論醜惡，胡僧告之，公卿奏誼大逆不道，罪當死，上見誼愴然曰：「朕與公舊爲同學，甚相憐愍，將奈國法何？」於是下詔曰：「誼，有周之世，早豫人倫，朕共游庠序，遂相親好，然性懷險薄，巫覡盈門，鬼言怪語，稱神道聖，朕受命之初，深存誡約，口云改悔，心實不悛，乃説四天王神道，誼應受命，書有誼讖，天有誼星，桃、鹿二川，岐州之下，歲在辰巳，興帝王之業，密令卜問，伺殿省之災，又説其身是明王，信用左道，所在詿誤，自言相表當王不疑，此而赦之，將或爲亂，禁暴除惡，宜伏國刑。」上復令大理正趙綽謂誼曰：「時命如此，將若之何！」於是賜死於家，時年四十六。

《隋書》卷四一《高熲傳》獨孤皇后知熲不可奪，陰欲去之，初，夫人卒，后言於上曰：「高僕射老矣。而喪夫人，陛下何能不爲之娶！」上以后言謂熲，熲流涕謝曰：「臣今已老，退朝之後，唯齋居讀佛經而已，雖陛下垂哀之深，至於納室，非臣所願。」上乃止。【略】頃之，熲國令上熲陰事，稱：「其子表仁謂熲曰：『司馬仲達初托疾不朝，遂有天下，公今遇此，焉知非福！』」於是上大怒，囚熲於内史省而鞫之，憲司復奏熲他事，云：「沙門眞覺嘗謂熲云：『明年國有大喪。』尼令暉復云：『十七、十八年，皇帝有大厄，十九年不可過。』」上聞而益怒，顧謂群臣曰：「帝王豈可力求，孔子以大聖之才，作法垂世，寧不欲大位邪？天命不可耳，熲與子言，自比晉帝，此何心乎？」有司請斬熲。【略】於是除名爲民。

《隋書》卷五二《韓擒虎傳》煬帝北巡，至恆安，見白骨被野，以問侍臣，侍臣曰：「往者韓洪與虜戰處也。」帝憫然傷之，收葬骸骨，命五郡沙門爲設佛供，拜洪隴西太守。

《隋書》卷七二《薛濬傳》（薛）濬性淸儉，死之日，家無遺資，濬初爲童兒時，與宗中諸兒遊戲於澗濱，見一黃蛇有角及足，召群兒共視，了無見者，濬以爲不祥，歸大憂悴，母逼而問之，濬以實對。時有胡僧詣宅乞食，濬母怖而告之，僧曰：「此乃兒之吉應，且是兒也。早有名位，然壽不過六七耳。」言終而出，忽然不見，時咸異之，既而終於四十二，六七之言，於是驗矣。

志磐撰《佛祖統紀》卷三九《法運通塞志》第一七之六（文帝）開皇元年，帝初受禪沙門曇延謁見，勸興復佛法，乃下詔，周朝廢寺咸與修營，境内之人任聽出家，仍令戶口出錢建立經像，由是民間佛經，多於六藝之籍。【略】詔於相州戰地爲軍士死事者建寺薦福。勅僧猛法師住大興善寺，爲隋國大統。南朝陳國沙門智周等自西竺還，齎梵經二百六十部，詣闕上進，上召見慰勞，賜以繒錢。

三年，詔天下正、五、九幷六齋日不得殺生命。唐公李淵（高祖初封於唐）以長安宅居施沙門曇崇，帝爲製淸禪寺名。海陵沙門惠盈，六時禮三千佛，救民饑苦之厄，一日講《法華經》，有神擁從，稱五道大神，請授戒法，云往東海巡行，盈爲設食授戒而去。【略】

五年，詔法經法師，於大興殿授菩薩戒。【略】

七年，詔曇遷法師爲昭玄大沙門統。【略】

九年，李士謙雅好佛學兼善玄談，有客問三教優劣，士謙曰，「佛，日也。道，月也。儒，五星也。」時以爲至論。

十年（是年隋滅陳始承正統）正月詔曰，光宅顗禪師，昔周武毀教，朕曾發心，必許護持。及受命於天，遂即興復，師已離世網，修己化人，必希奬進僧倫嗎，用光大道。勅臣僚士庶，有欲出家聽，是歲度僧至五十萬，

十一年，詔相州靈裕法師至京爲國統。裕表辭三上，帝留之不可，謂僕射蘇威曰，朕知裕師剛正不可屈，乃厚賜還山，御書靈泉爲寺名。十一月，晉王廣（文帝次子）總管揚州迎顗禪師，至鎭設千僧會，受菩薩戒，上師號曰「智者」。
述曰，世謂煬帝稟戒學慧，而弒父代立，何智者之不知預鑑耶？然能借闍王之事，以此決之，則此滯自銷，故《觀經疏》釋之則有二義。一者，事屬前因，由彼宿怨來爲父子，故阿闍世此云未生怨。二者，大權現逆，非同俗間惡逆之比。故佛言，闍王昔於毘婆尸佛發菩提心，未嘗墮於地獄。（《涅槃經》云）又佛爲授記，卻後作佛號淨身。（《闍王受決經》）又垂裕記，闍王未受果而求懺，令無量人，發菩提心，有能熟思此等文意，則知智者之於煬帝鑑之深矣。故智者自云，我與晉王深有緣契，今觀其始，則護廬山，主玉泉，終則創國淸，保龕壠，而章安結集，十年送供，以是比知則煬帝之事，亦應有前因現逆二者之義，孤山云，菩薩住首楞嚴定者，或現無道，所以爲百王之監也。【略】

十三年，四月，智者於玉泉說《法華玄義》，章安頂法師預聽。七月，賜智者玉泉寺額。

十四年，詔建禪定寺名曇遷法師集海內名德百二十人以居之。智者於玉泉說《摩訶止觀》，聽衆千人，章安預聽。冬十月，智者過岳州爲刺史王宣武授戒法，沙門曇捷等請講《金光明經》，其俗聞法感化一郡五縣一千餘所，咸舍漁捕。

十五年，眞觀法師（智者門人）於杭州虎林山建天竺寺。（唐時改虎爲武）二月，晉王遣使迎智者，至揚州禪衆寺，上所著《淨名義疏》。九月，辭歸天台，北天竺闍那崛多，於大興善寺譯《佛本行經》等三十三部，翻經學士費長房等筆受。

【略】

十七年，翻經學士費長房進《開皇三寶錄》十五卷。長房先爲沙門，周武沙汰反俗，隋興入預譯經。十月，晉王遣使迎智者，師至石城，乃稱有疾，謂門人智越曰，大王欲使吾來，吾不負言，吾知命在此，故不須進，乃右脇西向專念彌陀，至十一月二十四日爲衆說法即入三昧，門人奉靈龕歸佛隴，藏之西南峯。【略】

二十年，立晉王爲皇太子，勅天下名藩有毀佛天尊像者，以大逆不道論。

仁壽元年，詔天下名藩建靈塔，遣沙門淨業眞玉等分送舍利，奉藏諸

郡百十一塔，靈瑞之跡遍見《僧傳》。（南山撰《唐高僧傳》）南天竺三藏達磨笈多（此云法密）、北天竺闍那崛多（此云至德）於大興善寺重譯《法華》爲八卷，名曰《添品》。【略】

煬帝大業元年九月，帝幸揚州天台僧使智璪，詣行在所，引對大牙殿，勑爲天台寺立名。智璪啟曰，昔陳世有定光禪師，遷神之後，夢其靈曰，汝欲造寺，未是其時。若三國爲一，當有大力勢人爲之造寺。寺若成，國即清，宜名國清寺。上曰，此先師靈瑞也。即用爲名。乃遣通事舍人盧正方，奉安寺額，勑祕書監柳顧言，爲智者造碑，立之寺門。十一月二十四忌辰，設千僧齋，有司案名滿足千數，臨齋受嚫數溢一人，咸謂智者化身來受國供。是日午後，使者大眾開視靈龕，唯空床虛帳而已。（相傳玉泉藏殿一日推輪，關王附人語曰，我師肉身在此，不得動飛輪其上。自是知關王神力，自天台移藏此地。）

二年，詔沙門道士致敬王者，沙門明瞻等抗詔不從。帝詰之。對曰，陛下若使準制罷道，則不敢不奉。如知大法可崇，則法服之下僧無敬俗之典。帝默然而止。【略】

三年正月，詔天下州郡七日行道，總度千僧。上親製願文曰，「菩薩戒弟子皇帝楊總持，稽首和南十方諸佛，願以度人出家功德，普爲有頂無間（天宮地獄），清淨罪垢，同至菩提。」（云云）

五年，詔天下僧徒無德業者，並令罷道，寺院準僧量留，餘並毀折。盧山福林大志禪師（智者門人）素服哭於佛前三日，誓舍身明道，乃詣東都上表曰，願陛下興隆三寶，貧道當然臂，以報國恩。上敬而許之，遂以布蠟纏升大棚端坐，度火然之，焚畢入定，七日加趺而終。自是詔下而不行。

祖琇《隆興佛教編年通論》卷九　夫天命有隋，膺斯五運，帝君榮祐，宅此九州。所以誕育之初，神光洞發，君臨已後，靈瑞競臻，故使天兆龜文，水浮五色，地開泉醴，山響萬年，雲慶露甘珠明石變，聾聞瞽視啞語躄行，禽獸見非常之祥，草木呈難紀之瑞。是知昔聞七寶匪局金輪，今則神異四時偏知王燭，往以赤若之歲黃屋馭宸，土制水行興廢毀之佛日，火乘木運啟嘉號於開皇，高祖以周靖帝大定二年黃龍降於舊第，卿雲見於城闉，二月十三日周以帝祚歸禪在隋，景命既臨，服黃替皂，廢周六官，依漢三省，佛日還曜，法水潛通，其冬有周沙門賫西域梵經二百餘部膺期而至，下敕所司訪人翻譯，開皇二年仲春之月便就宣傳，季夏詔以龍首之山川原秀麗卉木滋阜宜建都邑，凡城殿門縣園寺皆以大興爲額，三寶慈化自此而興，萬國仁風緣茲遠大，伽藍鬱峙法宇交臨，開士肩聯信心踵接，及仁壽啟號寶塔是興，百有餘州皆陳瑞應，于斯時也四海靜浪九州無塵，大度僧尼將三十萬，崇緝寺宇向有五千，翻譯道俗二十四人，所出經論垂五百卷，及煬帝嗣籙，卜宅東都，仍於洛濱上林園置翻經館，四事供養無乏于時，今敘一朝兩代三十七年，祖師碩儒高僧法匠十有五人，顯太隋我教之隆盛焉。

開皇初，法師曇延，姿度瓌異，長九尺六寸，垂手過膝，目光外射，才望與慧遠相埒，述諸經義疏，議者謂，標舉綱目遠不逮延，文句愜當延不及遠，齊太祖從之問道給月俸，會周使周弘正來聘，大臣舉延接伴。弘正恃才氣出人上，見延悠然意消，及還求延畫像并所著疏論而歸，帝益重之，進位昭玄上統。周武廢教，延遁入太行山，及隋文受禪，即日削髮以沙門謁見，文帝大悅，下書復教，久之歲旱，有旨命延率眾祈雨，雨不降，帝問故。對曰，事由一二，帝即遣京尹蘇威問一二之意，延曰，陛下躬萬機之政，群臣致股肱之力，雖通治體，然俱愆玄化，欲雨不雨事由一二也。帝識其意，敕有司擇日於正殿設儀，命延授以八戒，群臣以次受訖，方炎威如焚而大雨霈然傾霔，帝悅，自是延每入朝必親手奉御饌供之，臨終以表辭帝，託以外護，帝哭之哀甚，葬日，百僚縞素送之，內史薛道衡文祭。略曰，往逢道喪玄綱落紐，棲心幽岩確乎不拔，高位厚祿不能回其慮，嚴威峻法不足懼其心，經行宴坐，夷險莫二，戒德威儀，始終如一。聖皇啟運，像法再興，卓爾緇衣，鬱爲稱首，屈震極之重，申師資之義，三寶由之弘護，二諦籍以宣揚，信足以追蹤澄、什超邁安遠矣。【略】

四年，關輔旱，帝引民就食洛州，先是律師靈藏者與帝爲布衣交，至是命藏陪駕。既而趣向藏者極盛，帝聞之手敕曰，弟子是俗人天子，律師是道人天子，有樂離俗者任師度之，藏由是度人前後數萬，間有譖之者，帝曰，律師化人爲善，弟子禁人爲惡，言雖有異意則無殊。【略】

十七年，詔天台智者大師顗赴命。至剡縣示疾，爲其徒說十如、四不生、十法界、三觀、四智等法。弟子問所居地位。答曰，吾不領衆，必淨六根，損己利它，獲預五品。命筆寫《觀心偈》畢，跏趺而逝。顗生陳氏，目有重瞳。初謁思禪師，示以普賢道場，說四安樂行，顗忻然退居密室，研味《法華》玄旨，至《藥王品》是眞精進之句，豁然大悟，定慧融會，即以告思。思曰，非汝不證，非吾不識。此法華三昧見前旋陀羅尼也。縱文字阿師千萬無能窮汝之辯，可繼傳燈，勿作最後斷佛種人。顗奉付囑。久之辭，游金陵，止瓦宮寺。一夕夢登高山，下瞰大海，見一比丘，名曰定光，以手招之。其後顗領徒至天台山，定光出迎曰，頗憶往日相招否。顗熟視，蓋夢中所見者，光曰，此處金地，吾既有之，佛隴北峰螺溪銀地宜居行道。久之，陳宣帝詔，顗堅臥不起。使者七反，帝遣永陽王諭殷懃意，顗不得已至都，延入太極殿講說，帝執弟子禮待爲國師，詔給羊車隊仗，別號智者。未幾，帝夢王者羽衛甚盛，傳呼冠達，迎顗法師居三橋，及寤歎曰，冠達梁武帝法名，三橋今光宅寺也。即移顗居之，及隋克陳，煬帝居藩請授五戒，即辭歸佛隴，著《法華疏》《止觀門》《修禪法》等及《淨名疏》，凡百餘卷，皆出口成章，左右抄寫而不蓄一字。建大道場三十有六，所度僧一萬五千人，寫經一十五藏，造金銅土木等像八十萬軀，嘗說法次，沙門慧榮者世稱義虎，辯號懸河，聞顗講法故來致問，數開徵覈莫非深隱，顗應對事理煥然清遣。榮歎曰，禪定之力，不可當也。其《止觀法門》大略，即身心而指定慧，即言說而詮解脫，自發心至於成道，行位昭明，由是天下言佛教者以天台爲司南云。

仁壽三年，文中子王通既冠，慨然有濟世之志。西游長安見帝，帝坐太極殿召見，因奏太平策十有三道，尊王道，推霸略，稽古驗今，恢恢乎運天下於掌矣。帝大悅曰，得生幾晚，天不以生賜朕也。下其議於公卿，公卿不悅。時將有蕭牆之憂，通知謀之不用也。作東征之歌而歸，乃續詩書，正禮樂，修元經，贊易道，九年而六經大就。門人自遠而至者，河南董常、太山姚義、京兆杜如晦、趙郡李靖、南陽程元、扶風竇威、河東薛收、中山賈瓊、清河房玄齡、鉅鹿魏徵、大原王珪溫彥博、潁川陳叔達等，咸稱師，北面受王佐之道，餘往來受業者蓋千餘人。大業中累徵不就，十三年疾病，聞江都有變，泫然而興曰，生民厭亂久矣。天其或者將啟堯舜之運，吾不與焉，命也。遂卒，門人謚曰文中子，嘗爲《中說》，以擬《論語》。其《周公篇》曰，詩書盛而秦世滅，非孔子之罪也。玄虛長而晉室亂，非老莊之罪也。齋戒脩而梁國亡，非釋迦之罪也。《易》不云乎？苟非其人，道不虛行。或問佛，子曰聖人也。曰其教何如？曰西方之教也。中國則泥。又曰，觀皇極讜議，三教於是乎一矣。通弟績亦著書，號東皐子。

文中子講道于白牛之溪，弟子捧書北面環堂成列。講罷，程生退省於松下，語及周易，薛收歎曰，不及伏羲氏乎？何辭之多也。俄而有負苓者皤皤然委擔而息曰，吾子何歎也。薛收曰，叟何爲者而徵吾歎？負苓者曰，夫麗朱者赤，附黑者黑，蓋漸而得之也。今吾子所服者道而猶歎，是六腑五藏不能受也。吾是以問，薛收曰，收聞之師，易者道之蘊也。伏羲畫卦而文王繫之，不逮省文矣。吾是以歎。負苓者曰，文王焉病，伏羲氏病甚者也。昔者伏羲氏之未畫卦也。三才其不立乎？四序其不行乎？百物其不生乎？萬象其不森乎？何營營乎而費畫也。自伏羲氏泄道之密，漏神之幾，分張太和礫裂元氣，使天下之智者詭道逆出，曰我善言象而識物情，陰陽相磨遠近相取，作爲剛柔同異之說以駭人志，於是知者不知而大樸散矣。則伏羲氏始兆亂者，安得羸歎而嗟文王，負其苓而行，追而問之居與姓名，不答。文中子聞之曰，隱者也。

論曰，本朝司馬文正公曰，文中子云，佛聖人也。審如文中子之言，則佛之心可見矣。第今言禪者好爲隱語以相迷，大言以相勝，使學者倀倀又狂也。然益入於迷妄。因廣文中子之意，作解禪頌六首，果如此言，雖中國亦可行矣。不然，則吾所不知也。其卒章曰，言爲百世師，行爲天下法，爲賢爲大聖，是名佛菩薩。噫，文正公繼孔孟荀楊爲大賢者也。庸有不知佛哉？觀其頌則文正公平生所爲皆佛菩薩之心也。特禪之一法，雖吾門亦標表以爲教外別傳，自非積三二十年息心絕慮則莫能究其旨，謂之隱語大言，似是而實非也。何則？東皐子猶以伏羲畫卦，泄道之密漏神之機，分張太和礫裂元氣，使知者不知而大樸散矣。矧不立文字之禪，直指人心於語言形迹之表，詎可以常程義理而求其言說耶？是不獨文正公、文中子、楊孟諸賢未暇留神，吾徒傳教大法師輩固有不知而興謗者，故先德云，千人萬人中撈漉得一箇半箇而已。夫豈易信也哉？【略】

仁壽元年六月十三日，詔曰，仰惟正覺，大慈大悲救護衆生，津梁庶品，朕歸依三寶重興聖教，思與四海之內一切人民俱發菩提共修福業，使當今現在爰及來世永作善因同登妙果，宜請沙門三十人諳解法相兼堪宣導者，各將侍者二人，散官一人，薰陸香一百二十斤，分道送舍利往前件三十州建塔，每州僧三百六十人，爲朕及皇太子諸王內外官人一切民庶七日行道，任人布施限十文而止，所施之錢以供營塔，若少不充役可丁及用庫物，別外州郡僧尼普爲舍利設齋，限十月十五日午時同丁石函，總管刺史以下至縣尉，自非軍機，停常務七日，專檢校行道務，盡誠敬副朕意焉。是日皇帝親以七寶箱奉三十舍利自內而出，置於御座之案，與諸沙門燒香禮拜，願弟子常以正法護持三寶，救度一切眾生，乃取金瓶琉璃瓶各三十，以琉璃盛金瓶，置舍利於其內，薰陸爲泥塗蓋而印之。諸沙門各奉舍利而行，初入州境，總管刺史諸官夾道步引，四部大眾威儀齋肅，共以寶蓋幡幢華臺像輦佛帳經輿香山香鉢種種音樂盡來供養圍繞讚唄，依《阿含經》舍利入拘尸那城法，於是沙門對四部大眾作是唱言，至尊以菩薩大慈無邊無際，哀愍眾生切於骨髓，是故分布舍利共天下同作善因。又引經文種種方便訶責之，教導之，深至懇惻涕零，及宣讀懺悔文。至舍利將入函，沙門高奉寶瓶巡示大眾，人人拭目諦視，共覩光明，哀戀號泣，聲響震地。凡是安置之處，悉亦如之。皇帝於十月十五日午時在大興宮之大興殿庭西南，執珪而立，延請佛像及沙門三百六十人，幡蓋香華讚唄音樂自大興善寺來居殿堂，皇帝燒香禮拜，降御東廊，親率文武百僚素食齋戒。及舍利入塔畢，皇帝曰，爾佛法重興，必有感應。其後處處奏表，皆如其言。（見著作王邵舍利感應記）。

祖琇《隆興佛教編年通論》卷一〇　仁壽元年，詔曰，皇帝敬問章洪山之南谷智舜禪師，冬月極寒，味道安隱，勉勗蒼生，成就聖業，惟慈願力，朕實嘉焉，今遣開府盧元壽宣朕意，起禪師赴闕，舜以疾辭不赴，初舜從稠禪師出家習定，或時覺有妄念，即以錐刺股，由是塵慮不入，至不得已或出一言，不過戒定慧而已，如是十餘年，稠奇之曰，汝於人事殆無心哉？而今而後可與言道矣。後辭入贊皇山，好事者奉米麵供之，舜避去一不受，或問故，舜曰，山居橡栗足以禦飢，何煩於人，其簡易如此，見陷肉者必慘容戒之曰，六道殊形，汝無不經，一切有命皆汝父母，一切有生皆汝曩形，而食其肉者，是食汝父母，汝心安忍哉？聞者莫不悛革。

【略】

大業二年冬，隋煬帝有事于南郊，詔僧道並同俗拜，道流無敢言者，諸沙門例不奉詔，帝詰之曰，詔條久頒，卿等固不奉命，何也？法師明瞻對曰，陛下若使準制罷道，則微軀敢不奉命，如知大法可崇，則法服之下僧無敬俗之禮。帝曰。何以致拜周武？瞻曰，周武任威縱暴，仁德不施，不足爲有國者法，陛下聖政惟仁，不枉非罪，是以貧道得盡忠言，帝默然而罷。有司以瞻抗制將抵以罪。瞻曰，所坐者瞻也。願不以非律加吾徒。帝壯其不撓，置而不問，凡敬主之議由此而絕焉。

是歲，三祖僧璨大師示寂。師或云徐州人，初以白衣謁可大師，既授衣傳法，屬周武廢教，師往來司空山積十餘年，人無識之者。隋開皇初，始居皖公山，遇沙彌道信禮師曰，願和尚大慈，乞與解脫法門。師曰，誰縛汝？曰，無人縛。師曰，何更求解脫乎？信於言下大悟。服勞久之，與授具戒，屢驗以玄鍵，知其緣熟，乃說偈付以衣法。又曰，吾既得汝，能事已畢，即優游江國，歷羅浮諸山，復還舊止，士民樂其歸，相率致供，師受之，爲四眾說法，次即于眾會中儼立，合掌而逝，唐代宗謚鏡智禪師，著《信心銘》一篇，其辭曰：至道無難，唯嫌揀擇，但莫憎愛，洞然明白。毫釐有差，天地懸隔，欲得現前，莫存順逆。違順相爭，是爲心病，不識玄旨，徒勞念靜。圓同太虛，無欠無餘，良由取捨，所以不如。莫逐有緣，勿住空忍，一種平懷，泯然自盡。止動歸止，止更彌動，唯滯兩邊，寧知一種。一種不通，兩邊失功，遣有沒有，從空背空。多言多慮，轉不相應，絕言絕慮，無處不通。歸根得旨，隨照失宗，須臾反照，勝卻前空。前空轉變，皆由妄見，不用求眞，唯須息見。二見不住，愼莫追尋，才有得失，紛然失心。二由一有，一亦莫守，一心不生，萬法無咎。無咎無法，不生不心，能隨境滅，境逐能沉。境由能境，能由境能，欲知兩段，元是一空。一空同兩，齊含萬象，不見精麤，寧有偏黨。大道體寬，無易無難，小見狐疑，轉急轉遲。執之失度，必入邪路，放之自然，體無去住。任性合道，逍遙絕惱，繫念乖眞，昏沉不好。不好勞神，何用疎親，欲取一乘，勿惡六塵。六塵不惡，還同正覺，智者無爲，愚人自縛。法無異法，妄有愛著，將心用心，豈非大錯？迷生寂亂，悟無好惡，一切二邊，良由斟酌。夢幻虛花，何勞把捉？得失是非，一時放卻。

眼若不寐，諸夢自除，心若不異，萬法一如。如如體玄，兀爾忘緣，萬緣齊觀，復歸自然。泯其所以，不可方比，止動無動，動止無止。兩既不成，一何有爾？究竟窮極，不存軌則。契心平等，所作皆息，狐疑淨盡，正信調直。一切不留，無可記憶，虛明自照，不勞心力。非思量處，識情難測，眞如法界，無他無自。要急相應，唯言不二，不二皆同，無不包容。十方智者，皆入此宗，宗非促延，一念萬年。無在不在，十方目前，極小同大，忘絕境界。極大同小，不見邊表，有即是無，無即是有。若不如是，必不須守。一即一切，一切即一。但能如此，何慮不畢？信心不二，不二信心。言語道斷，非去來今。

論曰，甞聞古宗師垂訓學者，每晨興必誦三祖信心銘數番，誠哉斯言，凡歷古以來，詮道之作多矣。至於窮徹法源，妙盡宗極，無出此篇，言約而義豐，旨深而詞雅，所以嗣承祖位，爲大法王，眞身住世，不如是豈虛然哉？或謂大師既以大法付四祖，乃祝曰，謹勿言自我處得法來。近世嵩明教曰，此蓋祖師以名迹爲道之累，故雖師承亦欲絕之。而覺範亦曰，大師于時念達磨二祖弘法之艱難，皆爲邪師憎害，故痛自謹耳。然二師之說殆未善。古云，須信普通年遠事，不從葱嶺付將來。又賢沙云，達磨不來東土，二祖不往西天。應知勿言自我處得法來，蓋囑累無傳之傳，抑末後全提之旨歟？

四年始平，令楊宏率道士名儒大智藏寺啟會義法筵，命法師慧淨與道士余永通論義，永通欲先立義，淨曰道流入寺，義有主賓，汝安得先？於是淨問，老子云，有物混成先天地生，吾不知其名，字之曰道，且道體一故混耶？體異故混耶？若體一故混，則正混之時已自成一，是則一非道生。若體異故混，且未混之時已自成二，然則二非一起矣。永通茫然不知所對，無言而罷。【略】

論曰，唐杜牧云，昔有相工稱文帝當有天下，後果簒奪得之，周末楊氏爲八柱國公侯相繼久矣。一旦以男子偸竊位號，不三十年老壯嬰兒皆不得其死，彼知相法當曰此爲楊氏禍，乃可謂善相者，牧之之論誠爲警絕。然文帝削平天下，混一寰海，君臨萬國者二十四年，刱置禮樂法度，多爲唐所遵用。仁壽間天下戶至八百七十萬，以唐疆宇之廣，歷五朝至天寶末纔九百餘萬戶。隋文開統而身及太平，固一代之英主也。惜其末年任一楊素而弗獲其終。嗚呼，豈唯隋文而已哉。凡魏晉已來苻、石、姚、劉、二蕭、陳、高、宇文、楊氏十三朝興亡，因果循環之驗皆豪末無差，吾教所以誕敷六合有大益於天下國家者，其言因果報應之事與天道大合，有以助天爲勸沮也。故鴻經廣論深切著明，必欲人人自信，因既如是果亦如之，而莫可逭也。儒雖曰其事好還，然未伸勸沮之理，此所以牧之唯詆隋文而不遠推累朝積習循環之弊，獨唐家之興則異於彼，故其運祚靈長，益足以爲天下之至鑑也。

《舊唐書》卷一《高祖本紀》（武德九年）夏五月辛巳，以京師寺觀不甚清淨，詔曰：釋伽闡教，清淨爲先，遠離塵垢，斷除貪慾，所以弘宣勝業，修植善根，開導愚迷，津梁品庶，是以敷演經教，檢約學徒，調懺身心，捨諸染著，衣服飲食，咸資四輩。自覺王遷謝，像法流行，末代陵遲，漸以虧濫，乃有猥賤之侶，規自尊高；浮惰之人，苟避徭役，妄爲剃度，托號出家，嗜欲無厭，營求不息，出入閭里，周旋闤闠，驅策田產，聚積貨物，耕織爲生，估販成業，事同編戶，跡等齊人，進違戒律之文，退無禮典之訓，至乃親行劫掠，躬自穿窬，造作妖訛，交通豪猾，每罹憲網，自陷重刑，黷亂眞如，傾毀妙法，譬玆稂莠，有積嘉苗；類彼淤泥，混夫清水，又伽藍之地，本曰淨居，棲心之所，理尙幽寂，近代以來，多立寺舍，不求閑曠之境，唯趨喧雜之方，繕采崎嶇，棟宇殊拓，錯舛隱匿，誘納奸邪，或有接延廛邸，鄰近屠酤，埃塵滿室，膻腥盈道，徒長輕慢之心，有虧崇敬之義。且老氏垂化，本貴沖虛，養志無爲，遺情物外，全眞守一，是謂玄門。驅馳世務，尤乖宗旨。朕膺期馭宇，興隆教法，志思利益，情在護持，欲使玉石區分，薰蕕有辨，長存妙道，永固福田，正本澄源，宜從沙汰。諸僧、尼、道士、女冠等，有精勤練行、守戒律者，並令大寺觀居住，給衣食，勿令乏短。其不能精進、戒行有闕、不堪供養者，並令罷遣，各還桑梓。所司明爲條式，務依法教，違制之事，悉宜停斷，京城留寺三所，觀二所。

事竟不行。

《舊唐書》卷四《高宗本紀》（上）（顯慶二年）六月己未朔，皇子旭輪生。乙丑，初令道士、女冠、僧、尼等，並盡禮致拜其父母。乙亥，制蓬萊宮諸門殿亭等名。

《舊唐書》卷七《中宗本紀》（神龍元年）二月甲寅，復國號，依舊爲唐，社稷、宗廟、陵寢、郊祀、行軍旗幟、服色、天地、日月、寺宇、台閣、官名，並依永淳已前故事。

《舊唐書》卷七《中宗本紀》（神龍三年二月）庚寅，改中興寺、觀爲龍興，內外不得言「中興」。

《舊唐書》卷七《睿宗本紀》（景龍元年）天下濫度僧尼、道士、女冠並依舊。

《舊唐書》卷八《玄宗本紀》（上）（開元）二年春正月，關中自去秋至於是月不雨，人多饑乏，遣使賑給，制求直諫昌言弘益政理者，名山大川，並令祈祭，丙寅，紫微令姚崇上言請檢責天下僧尼，以僞濫還俗者二萬餘人。【略】（開元二年春正月）閏月癸亥，令道士、女冠、僧尼致拜父母。

《舊唐書》卷一一《代宗紀》（大歷六年四月）戊寅，詔：「纂組文繡，正害女紅，今師旅未息，黎元空虛，豈可使淫巧之風，有虧常制，其綾錦花文所織盤龍、對鳳、麒麟、獅子、天馬、辟邪、孔雀、仙鶴、芝草、萬字、雙勝、透背，及大繝綿、竭鑿、六破已上，並宜禁斷。其長行高麗白錦、大小花綾錦，任依舊例織造，有司明行曉諭。」

《舊唐書》卷一二《德宗本紀》上（大歷十四年）六月己亥朔【略】（詔）自今更不得奏置寺觀及度人。

《舊唐書》卷一三《德宗本紀》岐州無憂王寺有佛指骨寸餘，先是取來禁中供養，乙亥，詔送還本寺。

《舊唐書》卷一三《德宗本紀下》（貞元十二年四月）庚辰，上降誕日，命沙門、道士加文儒官討論三教，上大悦。

《舊唐書》卷一四《憲宗本紀上》（元和二年）二月辛酉，詔僧尼道士全隸左右街功德使，自是祠部司封不復關奏。

《舊唐書》卷一五《憲宗紀下》（元和）十四年春正月庚辰朔，以東師宿野，不受朝賀。壬午，復置仗內教坊於延政里。丁亥，徐州軍破賊二萬於金鄉。迎鳳翔法門寺佛骨至京師，留禁中三日，乃送詣寺，王公士庶奔走捨施如不及。刑部侍郎韓愈上疏極陳其弊。癸巳，貶愈爲潮州刺史。

《舊唐書》卷一六《穆宗本紀》（穆宗）詔曰：「山人柳泌輕懷左道，上惑先朝，固求牧人，貴欲疑衆，自知虛誕，仍更遁逃，僧大通醫方不精，藥術皆妄，既延禍釁，俱是奸邪，邦國固有常刑，人神所宜共棄，付京兆府決杖處死。」金吾將軍李道古貶循州司馬，憲宗末年，銳於服餌，皇甫鎛與李道古薦術人柳泌、僧大通待詔翰林，泌於台州爲上鍊神丹，上服之，日加躁渴，遽棄萬國。

《舊唐書》卷一六《穆宗本紀》（長慶二年）十二月丁亥朔，詔五坊鷹隼並解放，獵具皆毁之。

《舊唐書》卷一七上《敬宗紀上》（長慶四年十二月）乙未，徐泗王智興請置僧尼戒壇，浙西觀察使李德裕奏狀論其奸幸，時自憲宗朝有敕禁私度戒壇，智興冒禁陳請，蓋緣久不興置，由是天下沙門奔走如不及，智興邀其厚利，由是致富，時議醜之。

《舊唐書》卷一七上《敬宗上》（寶歷元年）十月庚子朔，河南尹王起奏，盜銷錢爲佛像者，請以盜鑄錢論。

《舊唐書》卷一八上《武宗本紀》（會昌五年）夏四月【略】敕祠部檢括天下寺及僧尼人數，大凡寺四千六百，蘭若四萬，僧尼二十六萬五百【略】秋七月庚子，敕並省天下佛寺，中書門下條疏聞奏：「據令式，諸上州國忌日官吏行香於寺，其上州望各留寺一所，有列聖尊容，便令移於寺內；其下州寺並廢，其上都、東都兩街請留十寺，寺僧十人。」敕曰：「上州合留寺，工作精妙者留之；如破落，亦宜廢毁，其合行香日，官吏宜於道觀，其上都、下都每街留寺兩所，寺留僧三十人，上都左街留慈恩、薦福，右街留西明、莊嚴。」中書又奏：「天下廢寺，銅像、鐘磬委鹽鐵使鑄錢，其鐵像委本州鑄爲農器，金、銀、鍮石等像銷付度支，衣冠士庶之家所有金、銀、銅、鐵之像，敕出後限一月納官，如違，委鹽鐵使依禁銅法處分，其土、木、石等像合留寺內依舊。」又奏：「僧尼不合隸祠部，請隸鴻臚寺，其大秦穆護等祠，釋教既已釐革，邪法不可獨存。其人並勒還俗，遞歸本貫充税戶，如外國人，送還本處收管。」

八月，制：朕聞三代已前，未嘗言佛，漢、魏之後，像教浸興，是由季時，傳此異俗，因緣染習，蔓衍滋多，以至於蠹耗國風，而漸不覺；誘惑人意，而衆益迷，洎於九州山原，兩京城闕，僧徒日廣，佛寺日崇，勞人力於土木之功，奪人利於金寶之飾，遺君親於師資之際，違配偶於戒律之間，壞法害人，無逾此道。且一夫不田，有受其饑者；一婦不蠶，有受其寒者。今天下僧尼，不可勝數，皆待農而食，待蠶而衣，寺宇招提，莫知紀極，皆云構藻飾，僭擬宮居，晉、宋、齊、梁，物力凋瘵，風俗澆詐，莫不由是而致也。況我高祖、太宗，以武定禍亂，以文理華夏，執此二柄，足以經邦，豈可以區區西方之教，與我抗衡哉！貞觀、開元，亦嘗釐革，剷除不盡，流衍轉滋。朕博覽前言，旁求輿議，弊之可革，斷在不疑，而中外誠臣，協予至意，條疏至當，宜在必行，懲千古之蠹源，成百王之典法，濟人利衆，予何讓焉。其天下所拆寺四千六百餘所，還俗僧尼二十六萬五百人，收充兩税戶，拆招提、蘭若四萬餘所，收膏腴上田數千萬頃，收奴婢爲兩税戶十五萬人，隸僧尼屬主客，顯明外國之教，勒大秦穆護、祆三千餘人還俗，不雜中華之風。於戲！前古未行，似將有待；及今盡去，豈謂無時。驅游惰不業之徒，已逾十萬；廢丹雘無用之室，何啻億千。自此清淨訓人，慕無爲之理；簡易齊政，成一俗之功。將使六合黔黎，同歸皇化。尚以革弊之始，日用不知，下制明廷，宜體予意。」

《舊唐書》卷一八《武宗本紀》（會昌五年）十月乙亥，中書奏：「汜水縣武牢關是太宗擒王世充、竇建德之地，關城東峰有二聖塑容，在一堂之內。伏以山河如舊，城壘猶存，威靈皆盛於軒臺，風雲疑還於豐沛，誠宜百代嚴奉，萬邦式瞻。西漢故事，祖宗嘗行幸處，皆令邦國立廟。今緣定覺寺例合毀拆，望取寺中大殿材木，於東峰以造一殿，四面置宮牆。伏望名爲昭武廟，以昭聖祖武功之盛。委懷孟節度使差判官一人勾當。緣聖像年代已久，望令李石於東都揀好畫手，就增嚴飾。初興功日，望令東都差分司官一員薦告。」從之。

十一月甲辰，敕：「悲田養病坊，緣僧尼還俗，無人主持，恐殘疾無以取給，兩京量給寺田賑濟。諸州府七頃至十頃，各於本管選耆壽一人勾當，以充粥料。」

《舊唐書》卷一八下《宣宗本紀》 會昌五年，留守李石因太微宮正殿圮陊，以廢弘敬寺爲太廟，迎神主祔之。又下百僚議，皆言準故事，無兩都俱置之禮。唯禮部侍郎陳商議云：「周之文、武，有鎬、洛二廟，令兩都異廟可也。然不宜置主於廟，主宜依禮瘞於廟之北墉下。」事未行而武宗崩。宣宗即位，因詔有司迎太微宮寓主，祔廢寺之新廟，而知禮者非之。制皇長男溫可封鄆王，二男涇可封雍王，第三男滋可封蘄王，第四男沂可封慶王。

五月，左右街功德使奏：「準今月五日赦書節文，上都兩街舊留四寺外，更添置八所，兩所依舊名興唐寺、保壽寺，六所請改舊名，寶應寺改爲資聖寺，青龍寺改爲護國寺，菩提寺改爲保唐寺，清禪寺改爲安國寺，法雲尼寺改爲唐安寺，崇敬尼寺改爲唐昌寺。右街添置八所，西明寺改爲福壽寺，莊嚴寺改爲聖壽寺，舊留寺二所舊名，千福寺改爲興元寺，化度寺改爲崇福寺，永泰寺改爲萬壽寺，溫國寺改爲崇聖寺，經行寺改爲龍興寺，奉恩寺改爲興福寺。」敕旨依奏。誅道士劉玄靖等十二人，以其說惑武宗，排毀釋氏故也。

《舊唐書》卷一八下《宣宗本紀》（大中元年）閏三月，敕：「會昌季年，並省寺宇，雖云異方之教，無損致理之源。中國之人，久行其道，釐革過當，事體未弘。其靈山勝境、天下州府，應會昌五年四月所廢寺宇，有宿舊名僧，復能修創，一任住持，所司不得禁止。」

《舊唐書》卷四三《職官志》（二） 郎中、員外郎之職，掌祠祀、享祭、天文、漏刻、國忌、廟諱、卜筮、醫藥、僧尼之事。【略】凡天下寺有定數，每寺立三綱，以行業高者充。諸州寺總五千三百五十八所，三千二百三十五所僧，二千一百二十二所尼。每寺上座一人，寺主一人，都維那一人。凡僧簿籍，三年一造。凡別敕設齋，應行道並官給料。凡國忌日，兩京大寺各二，以散齋僧尼，文武五品已上，清官七品已上皆集，行香而退。天下州府亦然。凡遠忌日，雖不廢務，然非軍務急切，亦不舉事，餘如常式。

《舊唐書》卷四四《職官志》（三） 凡天下寺觀三綱，及京都大德，皆取其道德高妙、爲衆所推者補充，申尚書祠部。

《新唐書》卷六《肅宗本紀》（天寶）十月辛巳朔，日有食之。癸未，次彭原郡，詔御史諫官論事勿先白大夫及宰相，始鬻爵、度僧尼。

《新唐書》卷四六《百官志》（一） 祠部郎中、員外郎，各一人，掌祠祀、享祭、天文、漏刻、國忌、廟諱、卜筮、醫藥、僧尼之事，珠玉珍寶供祭者，不求於市，駕部、比部歲會牲之死亡，輸皮於太府，郊祭酒醴、脯醢、黍稷、果實，所司長官封署以供，兩京及磧西諸州火祆，歲再祀，而禁民祈祭。

《新唐書》卷四八《百官志》（三）　凡十道巡按，以判官二人爲佐，務繁則有支使。【略】國忌齋，則與殿中侍御史分察寺觀，蒞宴射、習射及大祠、中祠，視不如儀者以聞。

《新唐書》卷四八《百官志》（三）　崇玄署令一人，正八品下；丞一人，正九品下，掌京都諸觀名數與道士帳籍、齋醮之事，新羅、日本僧入朝學問，九年不還者編諸籍，道士、女官、僧、尼，見天子必拜，凡止民家，不過三夜，出逾宿者，立案連署，不過七日，路遠者州縣給程，天下觀一千六百八十七，道士七百七十六，女官九百八十八；寺五千三百五十八，僧七萬五千五百二十四，尼五萬五百七十六，兩京度僧、尼、道士、女官，御史一人蒞之，每三歲州、縣爲籍，一以留縣，一以留州；僧、尼，一以上祠部，道士、女官，一以上宗正，一以上司封。

有府二人，史三人，典事六人，掌固二人，崇玄學博士一人，學生百人，隋以署隸鴻臚，又有道場，玄壇，唐置諸寺觀監，隸鴻臚寺，每寺觀有監一人，貞觀中，廢寺觀監。上元二年，置漆園監，尋廢，開元二十五年，置崇玄學於玄元皇帝廟，天寶元年，兩京置博士、助教各一員，學生百人，每祠享，以學生代齋郎，二載，改崇玄學曰崇玄館，博士曰學士，助教曰直學士，置大學士一人，以宰相爲之，領兩京玄元宮及道院，改天下崇玄學爲通道學，博士曰道德博士，未幾而罷，寶應、永泰間，學生存者亡幾，大歷三年，復增至百人，初，天下僧、尼、道士、女官，皆隸鴻臚寺，武后延載元年，以僧、尼隸祠部，開元二十四年，道士、女官隸宗正寺，天寶二載，以道士隸司封，貞元四年，崇玄館罷大學士，後復置左右街大功德使、東都功德使、修功德使，總僧、尼之籍及功役，元和二年，以道士、女官隸左右街功德使，會昌二年，以僧、尼隸主客，太清宮置玄元館，亦有學士，至六年廢，而僧、尼復隸兩街功德使。

《新唐書》卷一二六《張九齡傳》　始，高祖仕隋時，太宗方幼而病，爲刻玉像於滎陽佛祠以祈年，久而刓晦，（張）仲方在鄭，敕吏治護，鏤石以聞，傳於時。

《舊唐書》卷一七《文宗紀上》　僧惟眞、道士趙歸眞等並配流嶺南：（寶歷二年十二月）甲辰，僧惟眞、齊賢、正簡，道士趙歸眞，並配流嶺南。【略】（庚申又昭：）【略】妖妄僧惟眞、道士趙歸眞等或假於卜筮，或托以醫方，疑眾挾邪，並已從流竄，其情非奸惡，跡涉詿誤者，一切不問。

《舊唐書》卷一七下《文宗紀下》：（大和五年五月）戊午，西川李德裕奏：南蠻放還先虜掠百姓、工巧、僧道約四千人還本道。

《舊唐書》卷一九《懿宗紀》　潁州僧道百姓奉留刺史家回：（咸通十三年）六月，義成軍節度使、檢校左工部尚書杜慆奏：當管潁州僧道百姓舉留刺史宗回，敕曰：「回清幹臨人，自有月限，方藉綏輯，未議替移。」

《舊唐書》卷二九《音樂志二》　天竺國王子爲沙門來游：後魏有曹婆羅門，受龜茲琵琶於商人，世傳其業，至孫妙達，尤爲北齊高洋所重，常自擊胡鼓和之，周武帝聘虜女爲后，西域諸國來媵，於是龜茲、疏勒、安國、康國之樂，大聚長安，胡兒令羯人白智通教習，頗雜以新聲，張重華時，天竺重譯貢樂伎，後其國王子爲沙門來游，又傳其方音。

《舊唐書》卷三七《五行志》　貞觀十七年八月四日，涼州昌松縣鴻池谷有石五，青質白文，成字曰「高皇海出多子李元王八十年太平天子李世民千年太子李治書燕山人士樂太國主尚汪譚獎文仁邁千古大王五王六王七王十風毛才子七佛八菩薩及上果佛田天子文武貞觀昌大聖延四方上下治示孝仙戈人爲善。」涼州奏，其年十一月三日，遣使祭之，曰：「嗣天子某，祚繼鴻業，君臨宇縣，夙興旰食，無忘於政，導德齊禮，愧於前修，天有成命，表瑞貞石，文字昭然，歷數唯永，既旌高廟之業，又錫眇身之祚，迨於皇太子治，亦降貞符，具紀姓氏，列於石言，仰瞻睿漢，空銘大造，甫惟寡薄，彌增寅懼，敢因大禮，重薦玉帛，上謝明靈之貺，以申祗慄之誠。」

《新唐書》卷三五《五行志二》　涼州昌松奇石有文。貞觀十七年八月，涼州昌松縣鴻池谷有石五，青質白文成字曰：「高皇海出多子李元王八十年太平天子李世民千年太子李治書燕山人士樂太國主尚汪譚獎文仁邁千古大王五王六王七王十風毛才子七佛八菩薩及上果佛田天子文武貞觀昌大聖延四方上不治示孝仙戈八爲善。」太宗遣使祭之曰：「天有成命，表瑞貞石，文字昭然，歷數惟永，既旌高廟之業，又錫眇身之祚，迨於皇太子治，亦降貞符，具紀姓氏，甫惟寡薄，彌增寅懼。」昔魏以土德代漢，涼州石有文，石，金類，以五勝推之，故時人謂爲魏氏之妖，而晉室之瑞，唐亦土德王，石有文，事頗相類，然其文初不可曉，而後人因推已事以驗之，蓋武氏革命，自以爲金德王（杜按：「德」，應爲「輪」），其「佛菩薩」者，慈氏金輪之號也；「樂太國主」則鎮國太平公主、安樂公主，皆以女亂國；其「五王六王七王」者，唐世十八之數。

《舊唐書》卷九九《嚴挺之傳》 睿宗好樂，聽之忘倦，玄宗又善音律，先天二年正月望，胡僧婆陀請夜開門燃百千燈，睿宗御延喜門觀樂，凡經四日。（嚴挺之）上疏諫曰：「【略】恐無益於聖朝。」

《舊唐書》卷一一三《裴冕傳》 （裴）冕性忠勤，悉心奉公，稍得人心，然不識大體，以聚人曰財，乃下令賣官鬻爵，度尼僧道士，以儲積爲務，人不願者，科令就之，其價益賤，事轉爲弊。

《舊唐書》卷一二八《顏真卿傳》 有鄭延祚者，母卒二十九年，殯僧舍垣地，（顏）真卿劾奏之，兄弟三十年不齒，天下聳動。

《舊唐書》卷一三五《韋執誼傳》 德宗載誕日，皇太子獻佛像，德宗命（韋）執誼爲畫像贊，上令太子賜執誼縑帛以酬之，執誼至東宮謝太子，卒然無以籍言，太子因曰：「學士知王叔文乎？彼偉才也。」執誼因是與叔文交甚密。

《舊唐書》卷一七三《鄭覃傳》 文宗以旱放繫囚，出宮人劉好奴等五百餘人，送兩街寺觀，任歸親戚。

《舊唐書》卷一八四《宦官·楊復恭傳》 （天復三年正月）是日，諸司宦官百餘人，及隨駕鳳翔群小又二百餘人，一時斬首於内侍省，血流塗地，及宮人宋柔等十一人，兩街僧道與内官相善者二十餘人，並笞死於京兆府。

《舊唐書》卷一八五《良吏下·裴懷古》 時恆州鹿泉寺僧淨滿爲弟子所謀，密畫女人居高樓，仍作淨滿引弓射之，藏於經笥，已而詣闕上言僧咒詛，大逆不道，則天命懷古按問誅之，懷古究其辭狀，釋淨滿以聞，則天大怒，懷古奏曰：「陛下法無親疏，當與天下畫一，豈使臣誅無辜之人，以希聖旨，向使淨滿有不臣之狀，臣復何顏能寬之乎？臣今慎守平典，雖死無恨也。」則天意乃解。

《新唐書》卷一九七《循吏·裴懷古傳》 裴懷古，壽州壽春人，儀鳳中。【略】恆州浮屠爲其徒誣告祝詛不道，武后怒，命按誅之，懷古得其枉，爲后申析，不聽。因曰：「陛下法與天下畫一，豈使臣殺無辜以希盛旨哉？即其人有不臣狀，臣何情寬之？」后意解，得不誅。

《舊唐書》卷一八九下《儒學下·郭山惲傳》 時中宗數引近臣及修文學士，與之宴集，嘗令各效伎藝，以爲笑樂，工部尚書張錫爲《談容娘舞》，將作大匠宗晉卿舞《渾脱》，左衛將軍張洽舞《黄獐》，左金吾衛將軍杜元琰誦《婆羅門咒》，給事中李行言唱《駕車西河》，中書舍人盧藏用效道士上章，（郭）山惲獨奏曰：「臣無所解，請誦古詩兩篇。」帝從之，於是誦《鹿鳴》、《蟋蟀》之詩。

《舊唐書》卷一九中《文苑中·李邕傳》 初，（李）邕早擅才名，尤長碑頌，雖貶職在外，中朝衣冠及天下寺觀，多賫持金帛，往求其文，前後所制，凡數百首，受納饋遺，亦至鉅萬，時議以爲自古鬻文獲財，未有如邕者，有文集七十卷。其《張韓公行狀》、《洪州放生池碑》、《批韋巨源謚議》，文士推重之。

《舊唐書》卷一九下《文苑下·元德秀傳》 元德秀者，河南人，字紫芝，開元二十一年登進士第【略】登第後，母亡，廬於墓所，食無鹽酪，藉無茵席，刺血畫像寫佛經。

《新唐書》卷七六《后妃上》 （玄宗）帝密欲廢（王皇）后，以語姜皎，皎漏言，即死，后兄守一懼，爲求厭勝，浮屠明悟教祭北斗，取霹靂木刻天地文及帝諱合佩之，曰：「后有子，與則天比。」開元十二年，事覺，帝自臨劾有狀，乃制詔有司：「皇后天命不佑，華而不實，有無將之心，不可以承宗廟、母儀天下，其廢爲庶人。」賜守一死。

《舊唐書》卷一一二《李暠傳》 太原舊俗，有僧徒以習禪爲業，及死不殮，但以屍送近郊以飼鳥獸，如是積年，土人號其地爲「黄坑」，側有餓狗千數，食死人肉，因侵害幼弱，遠近患之，前後官吏不能禁止，暠到官，申明禮憲，期不再犯，發兵捕殺群狗，其風遂革。

《新唐書》卷八三《諸帝公主傳、金仙公主》 （史）崇玄本寒人，事太平公主，得出入禁中，拜鴻臚卿，聲勢光重，觀始興，詔崇玄護作，日萬人，群浮屠疾之，以錢數十萬賂狂人段謙冒入承天門，升太極殿，自稱天子，有司執之，辭曰：「崇玄使我來。」詔流嶺南，且敕浮屠，方士無兩競，太平敗，崇玄伏誅。

《新唐書》卷九六《房玄齡傳》 （房玄齡）次子遺愛，誕率無學，有武力，尚高陽公主，爲右衛將軍。公主，帝所愛，故禮與它婿絶。主驕蹇，疾遺直任嫡。遺直懼，讓爵，帝不許，主稍失愛，意怏怏，與浮屠辯機亂，帝怒，斬浮屠，殺奴婢數十人。主怨望，帝崩，哭不哀。高宗時，出遺直汴州刺史，遺愛房州刺史，主又誣遺直罪，帝敕長孫無忌鞫治，乃得主與遺愛反狀，遺愛伏誅，主賜死。遺直以先勳免，貶銅陵尉，詔停配享。

《舊唐書》卷八四《劉仁軌傳》 百濟爲僧道琛，舊將福信率衆復叛，立故王子扶餘豐爲國王，引兵圍仁願於府城，詔仁軌檢校帶方州刺史，代文度統衆，便道發新羅兵合勢以救仁願，轉鬥而前，仁軌軍容整肅，所向皆下，道琛等乃釋仁願之圍，退保任存城，尋而福信殺道琛，並其兵馬，招誘亡叛，其勢益張，仁軌乃與仁願合軍休息。

《新唐書》卷一〇八《劉仁軌傳》 初，蘇定方既平百濟，留郎將劉仁願守其城，左衛中郎將王文度爲熊津都督，撫納殘黨，文度死，百濟故將福信及浮屠道琛迎故王子扶餘豐立之，引兵圍仁願，詔仁軌檢校帶方州刺史，統文度之衆，并發新羅兵爲援，仁軌將兵嚴整，轉鬥陷陣，所向無前，信等釋仁願圍，退保任存城，既而福信殺道琛，並其衆，招還叛亡，勢張甚，仁軌與仁願合，則解甲休士。

《新唐書》卷一六七《皇甫鎛傳》 （皇甫）鎛罷度支，進門下侍郎平章事，嘗與金吾將軍李道古共薦方士柳泌、浮屠大通爲長年藥，帝惑之，穆宗在東宮，聞其奸妄，始聽政，集群臣於月華門，貶鎛崖州司戶參軍，死其所。

泌者，本楊仁晝也。習方伎，道古薦於鎛，召入禁中，自云能致藥爲不死者，因言：「天臺山靈仙所舍，多異草，願官天臺，求采之。」起徒步拜台州刺史，賜金紫，諫臣固爭，以爲列聖亦有寵方士，未嘗使牧民，帝曰：「煩一州而致長年於君父，何愛哉？」後不敢言，泌驅吏民採藥山谷間，鞭笞苛急，歲餘無所獲，懼詐窮，舉族遁去，浙東觀察使捕得，鎛與道古營解，乃復待詔翰林，帝餌泌藥，浸躁怒不常，宦侍懼，以弑崩，大通自言百五十歲，鎛敗，與泌皆誅。初，吏責泌妄，答曰：「皆道古教我。」解衣即刑，卒無它異。

《新唐書》卷一八〇《李德裕傳》 後除浮屠法，僧亡命多趣幽州，（李）德裕召邸吏戒曰：「爲我謝張仲武，劉從諫招納亡命，今視之何益？」仲武懼，以刀授居庸關吏曰：「僧敢入者斬！」

《新唐書》卷二〇二《文藝傳中》附《鄭虔傳》 初，（鄭）虔追紬故書可志者得四十餘篇，國子司業蘇源名其書爲《會粹》，虔善圖山水，好書，常苦無紙，於是慈恩寺貯柿葉數屋，遂往日取葉肄書，歲久殆遍，嘗自寫其詩並畫以獻，帝大署其尾曰：「鄭虔三絶。」遷著作郎。

《舊唐書》卷七九《傅奕傳》 （武德）七年，（傅）奕上疏請除去釋教，曰：佛在西域，言妖路遠，漢譯胡書，恣其假托，故使不忠不孝，削髮而揖君親；游手游食，易服以逃租賦，演其妖書，述其邪法，僞啟三塗，謬張六道，恐嚇愚夫，詐欺庸品，凡百黎庶，通識者稀，不察根源，信其矯詐，乃追既往之罪，虛規將來之福，佈施一錢，希萬倍之報；持齋一日，冀百日之糧，遂使愚迷，妄求功德，不憚科禁，輕犯憲章，其有造作惡逆，身墜刑網，方乃獄中禮佛，口誦佛經，晝夜忘疲，規免其罪，且生死壽夭，由於自然；刑德威福，關之人主，乃謂貧富貴賤，功業所招，而愚僧矯詐，皆云由佛，竊人主之權，擅造化之力，其爲害政，良可悲矣！

案《書》云：「惟闢作福威，惟辟玉食，臣有作福、作威、玉食，害於而家，凶於而國，人用側頗僻。」降自犧、農，至於漢、魏，皆無佛法，君明臣忠，祚長年久，漢明帝假托夢想，始立胡神，西域桑門，自傳其法，西晉以上，國有嚴科，不許中國之人，輒行髡髮之事，洎於苻、石，羌胡亂華，主庸臣佞，政虐祚短，皆由佛教致災也。梁武、齊襄，足爲明鏡，昔褒姒一女，妖惑幽王，尚致亡國；況天下僧尼，數盈十萬，翦刻繒綵，裝束泥人，而爲厭魅，迷惑萬姓者乎！今之僧尼，請令匹配，即成十萬餘戶，產育男女，十年長養，一紀教訓，自然益國，可以足兵。四海免蠶食之殃，百姓知威福所在，則妖惑之風自革，淳樸之化還興。

且古今忠諫，鮮不及禍，竊見齊朝章仇子他上表言：「僧尼徒衆，糜損國家，寺塔奢侈，虛費金帛。」爲諸僧附會宰相，對朝讒毁，諸尼依托妃主，潛行謗讟，子他竟被囚執，刑於都市，及周武平齊，制封其墓。臣雖不敏，竊慕其蹤。

又上疏十一首，詞甚切直，高祖付群官詳議，唯太僕卿張道源稱奕奏合理，中書令蕭瑀與之爭論曰：「佛，聖人也。奕爲此議，非聖人者無法，請置嚴刑。」奕曰：「禮本於事親，終於奉上，此則忠孝之理著，臣子之行成。而佛逾城出家，逃背其父，以匹夫而抗天子，以繼體而悖所親，蕭瑀非出於空桑，乃遵無父之教，臣聞非孝者無親，其瑀之謂矣！」瑀不能答，但合掌曰：「地獄所設，正爲是人。」高祖將從奕言，會傳位而止。

奕武德九年五月密奏太白見秦分，秦王當有天下，高祖以狀授太宗，及太宗嗣位，召奕賜之食，謂曰：「汝前所奏，幾累於我，然今後但須盡言，無以前事爲慮也。」太宗常臨朝謂奕曰：「佛道玄妙，聖跡可師，且報應顯然，屢有征驗，卿獨不悟其理，何也？」奕對曰：「佛是胡中桀黠，欺誑夷狄，初止西域，漸流中國，遵尚其教，皆是邪僻小人，模寫莊、老玄言，文飾妖幻之教耳，於百姓無補，於國家有害。」太宗頗然之。

貞觀十三年卒，年八十五，臨終誡其子曰：「老、莊玄一之篇，周、孔《六經》之說，是爲名教，汝宜習之，妖胡亂華，舉時皆惑，唯獨竊歎，衆不我從。悲夫！汝等勿學也。古人裸葬，汝宜行之。」奕生平遇患，未嘗請醫服藥，雖究陰陽數術之書，而並不之信，又嘗醉卧，蹶然起曰：「吾其死矣！」因自爲墓誌曰：「傅奕，青山白雲人也。因酒醉死，嗚呼哀哉！」其縱達皆此類，注《老子》，並撰《音義》，又集魏、晉以來駁佛教者爲《高識傳》十卷，行於世。

《舊唐書》卷一五《憲宗傳下》（元和十年）八月己亥朔，日有蝕之，丙寅，訶陵國遣使獻僧祇僮及五色鸚鵡，頻伽鳥並異香名寶，丁未，淄青節度使李師道陰與嵩山僧圓淨謀反，勇士數百人伏於東都進奏院，乘洛城無兵，欲竊發焚燒宮殿而肆行剽掠，小將楊進、李再興告變，留守呂元膺乃出兵圍之，賊突圍而出，入嵩岳，山棚盡擒之，訊其首，僧圓淨主謀也。僧臨刑歎曰：「誤我事，不得使洛城流血！」

《舊唐書》卷一八上《武宗紀》（會昌四年）三月【略】以道士趙歸眞爲左右街道門教授先生，時帝志學神仙，師歸眞，歸眞乘寵，每對，排毁釋氏，言非中國之教，蠹耗生靈，盡宜除去，帝頗信之。【略】

（會昌）五年春正月己酉朔，敕造望僊臺於南郊壇【略】歸眞自以涉物論，遂舉羅浮道士鄧元起有長年之術，帝遣中使迎之，由是與衡山道士劉玄靖及歸眞膠固，排毁釋氏，而拆寺之請行焉。

《舊唐書》卷二六《禮儀志六》會昌五年八月，中書門下奏：「東都太廟九室神主，共二十六座，自祿山叛後，取太廟爲軍營，神主棄於街巷，所司潛收聚，見在太微宮內新造小屋之內，其太廟屋室並在，可以修崇。【略】如合置，望以所拆大寺材木修建，既是宗室官居守，便望令充修東都太廟使，勾當修繕。」奉敕宜依。

《舊唐書》卷一六五《柳公綽傳》時廢浮圖法，以銅像鑄錢，（柳）仲郢爲京畿鑄錢使，錢工欲於模加「新」字，仲郢止之，唯淮南加「新」字，後竟爲僧人取之爲像設鐘磬。

《舊唐書》卷一七一《高元裕傳》尋而藍田縣人賀蘭進與里內五十餘人相聚念佛，神策鎮將皆捕之，以爲謀逆，當大辟，（高）元裕疑其冤，上疏請出賀蘭進等付臺覆問，然後行刑。從之。

《舊唐書》卷一九一《方伎傳》（葉）法善自高宗、則天、中宗歷五十年，常往來名山，數召入禁中，盡禮問道，然排擠佛法，議者或譏其向背，以其術高，終莫之測，睿宗即位，稱法善有冥助之力，先天二年，拜鴻臚卿，封越國公，仍依舊爲道士，止於京師之景龍觀，又贈其父爲歙州刺史，當時尊寵，莫與爲比。

《新唐書》卷八《宣宗紀》（會昌五年）八月壬午，大毁佛寺，復僧尼爲民。

《新唐書》卷八《宣宗紀》（唐）武宗用一李德裕，遂成其功烈，然其奮然除去浮圖之法甚鋭，而躬受道家之籙，服藥以求長年，以此見其非明智之不惑者，特好惡有不同爾。

《舊唐書》卷一九上《懿宗紀》（咸通十四年三月）庚午，詔兩街僧於鳳翔法門寺迎佛骨，是日天雨黃土遍地。四月八日，佛骨至京，自開遠門達安福門，綵棚夾道，念佛之音震地。上登安福門迎禮之，迎入內道場三日，出於京城諸寺。士女雲合，威儀盛飾，古無其比。制曰：「朕以寡德，纘承鴻業，十有四年。頃屬寇猖狂，王師未息。朕憂勤在位，愛育生靈，遂乃尊崇釋教，至重玄門，迎請眞身，爲萬姓祈福。今觀睹之眾，隘塞路岐。載念狴牢，寢興在慮，嗟我黎人，陷於刑辟。況漸當暑毒，繫於縲紲，或積幽凝滯，有傷和氣，或關連追擾，有妨農務。京畿及天下州府見禁囚徒，除十惡忤逆、故意殺人、官典犯贓、合造毒藥、放火持仗、開發墳墓外，餘罪輕重節級遞減一等。其京城軍鎭，限兩日內疏理訖聞奏；天下州府，敕到三日內疏理聞奏。」

《新唐書》卷五二《食貨志二》 武宗即位，廢浮圖法，天下毀寺四千六百、招提蘭若四萬，籍僧尼爲民二十六萬五千人，奴婢十五萬人，田數千萬頃。大秦穆護、祆二千餘人。上都、東都每街留寺二，每寺僧三十人，諸道留僧以三等，不過二十人。腴田鬻錢送戶部，中下田給寺家奴婢丁壯者爲兩稅戶，人十畝。以僧尼既盡，兩京悲田養病坊，給寺田十頃，諸州七頃，主以耆壽。

《新唐書》卷一二六《韓休傳》 （韓滉）毀上元道、佛祠四十區，修塢壁，起建業、抵京峴，樓雉相望。

《新唐書》卷一五六《韓游環傳》 （朱）泚大治戰棚、雲橋，士皆懼，游環曰：「賊取佛祠乾木爲攻具，可以火之。」

《新唐書》卷一八〇《李德裕傳》 毀屬下浮屠私廬數千，以地予農。蜀先主祠旁有猱村，其民剔髮若浮屠者，畜妻子自如，（李）德裕下令禁止，蜀風大變。

《新唐書》卷二一七上《回鶻傳上》 初，回紇至東京，放兵攘剽，人皆遁保聖善、白馬二祠浮屠避之，回紇怒，火浮屠，殺萬餘人，及是益橫，詬折官吏，至以兵夜斫含光門，入鴻臚寺。

《新唐書》卷二二三下《奸臣傳下》 （朱）全忠知其意，陽相然許，（崔）胤乃毀浮圖，取銅鐵爲兵仗。

祖琇《隆興佛教編年通論》卷一〇 武德七年二月丁巳，高祖釋奠於國學召名儒僧道論義，道士劉進喜問沙門慧乘曰，悉達太子六年苦行求證道果，是則道能生佛，佛由道成，故經曰求無上道。又曰，體解大道，發無上心，以此驗之，道宜先佛。乘曰，震旦之於天竺，猶環海之比鱗洲，老君與佛先後三百餘年，豈昭王時佛而求敬王時道哉？進喜曰，太上大道先天地生，鬱勃洞靈之中，煒燁玉清之上，是佛之師也。乘曰，桉七籍九流經國之典，宗本《周易》，五運相生二儀斯闢，妙萬物之謂神，一陰一陽之謂道，寧云別有大道先天地生乎？道既無名，曷由生佛。《中庸》曰，率性之謂道，車胤曰，在己爲德，及物爲道，豈有頂戴金冠身披黄褐，鬢垂素髮手執玉璋，居大羅之上獨稱大道，何其謬哉？進喜無對。已而太學博士陸德明隨方立義，偏析其要。帝悅曰，三人者，皆勍敵也。然德明一舉輒蔽之，可謂賢矣。遂各賜之帛。

八年，太史令庾儉耻以術官薦傅奕自代。及奕爲令，有道士傅仁均者頗閑曆學，奕舉以爲太史丞，遂與之附合，上疏請除罷釋教曰，佛在西域，言妖路遠，漢譯胡書，恣其假託，故使不忠不孝削髮而揖君親，游手游食易服而逃租賦，演其妖書，述其邪法，僞啟三塗，謬彰六道，恐訹愚夫，詐欺庸品，凡百黎庶通識者稀不究根源，信其矯妄，仍追既往之罪，虛擬將來之福，至有躬造惡逆觸法抵刑，方乃獄中禮佛口誦梵言，曉夕忘疲，規免其罪。且死生壽夭，本於自然，刑德威福，關之人君，而愚僧矯託皆言由佛，竊人主權，攘造化理，其爲害政良可悲也。《書》曰，惟辟作福，惟辟作威，惟辟玉食，臣無有作福作威玉食害于而家凶于而國，自五帝三王皆未有佛法，君明臣忠年祚長久。至漢明始立胡祠，令西域桑門自傳其法。西晉已前，不許中國之人髡髮出家，洎苻石亂華乃弛厥禁，政虐祚短，皆由佛教致災。梁武齊宣尤足爲戒，昔褒姒一女熒惑幽王致亡其國，況今僧尼十萬，刻繪泥像以耗天下者乎？陛下以十萬之眾自相夫婦，十年滋產，十年教訓，自可足食足兵，四海免蠶食之患，百姓知威福所自，則妖妄之風息而淳樸之化還也。且古今忠諫鮮不逮禍，近北齊章仇子他獻言，僧尼糜損國家，塔寺虛費金帛，爲諸僧尼附會宰相，依託妃主，陽譏陰謗，子他卒死都市。及周武入齊，首封基墓。臣雖不敏，竊希其蹤。疏奏不報。

九年，太史令傅奕前後七上疏請除罷釋氏，詞皆激切，帝春秋高而優柔無斷，頗信之。以其疏付群臣雜議，大臣皆言，佛法興自累朝，弘善遏惡，冥助國家，理無廢棄。獨太僕卿張道源附奕，稱其奏合理。宰相蕭瑀廷斥奕曰，佛聖人也。奕爲此議，非聖人者無法，請寘嚴刑。奕曰，禮本於事親，終於事君。此則忠孝之禮著，臣子之道成，佛逾城出家，逃背其父，以匹夫抗天子，以繼體悖所親，璃非出於空桑，而返尊無父之教，臣聞非孝者無親，璃之謂矣。璃合掌曰，地獄正爲此人設也。（已上見《舊唐史》）。

帝復以弈疏頒示諸僧，問出家於國何益，時法師法琳作《破邪論》二卷，博引圖史及道教經籍，大略申明佛教徹萬法之源，而孔孝立言特域中之治，未暢遠塗，非盡究竟之理。凡出家者，守志明道，弘善興福，啟迪昏迷，利國非淺，法師明槩作決對弈謗佛僧事八條。法師慧乘作《辯正論》十喻九箴，破道士李仲卿十異九迷之謬，琳等奉表奏上并致啟秦王，而門下典儀李師政著《內德論》三篇，開陳佛化之益，仍自序而進之其詞曰，若夫十力調御，運法舟於苦海，三乘汲引，坦夷途於火宅，勸善進德之廣，七經所不逮，戒惡防患之深，九流莫之比，但窮神知化，其言宏大而可驚，去惑絕塵，厥軌清邈而難蹈，華夷仕庶，朝野文儒，各附所安，鮮味斯道，自非研精以考眞妄，沉思而察苦空，無以立匪石之信根，去若亡之疑蓋，遠則淨名妙德弘道勝而服勤，近則天親龍樹悟理眞而敦悅，羅什道安之篤學，究玄宗而益敬，僧睿惠遠之歸信，迄皓首而彌堅，邁士安之淫書，甚宣尼之翫易，千金未足驚，其視八音不能改其聽聞之博而樂愈深，思之深而信彌篤，皆欲罷而不能，則其非妄也必矣。我皇誕膺天命，弘濟區宇，覆等蒼旻，載均厚地，掃氛祲，清八表，救塗炭，寧兆民，五教惟敷，九功惟序，總萬古之徽猷，改百王之餘弊，網羅庶善，崇三寶以津梁，芟夷群惡，屏四部之稊莠，遵付囑之遺旨，弘紹隆之要術，功德崇高，昊天罔喻，但縉紳之士祖述多途，各師所學異論蜂起，或謂三王無佛而年永，二石有僧而政虐，損化田於奉佛，益國在於廢僧，苟明偏見，未申通理，博考興亡足證浮僞，何則？亡秦者胡亥，時無佛而土崩，興佛者漢明，世有僧而國治，周除佛寺而天元之祚未永，隋弘釋教而開皇之令無虐，盛衰由布政，治亂在庶官，歸咎佛僧實非通論，且佛唯弘善，不長惡於臣民，戒本防非，何損治于國家，若人人守善家家奉戒，則刑罰何得而廣，福亂無由而作，騏驥雖駿，不乘無以致遠，藥石徒豐，未餌焉能愈疾，項籍喪師非范增之無筭，石氏興虐豈浮圖之不仁，但爲違之而暴亂，未有遵之而凶虐，由此觀之亦足明矣。復有謂正覺爲妖神，比淨居於淫祀，訾而謗之無所不至，聖朝勸善，立伽藍以崇福，迷民興謗，反功德以爲尤，此深訕上，非徒毀佛，愚竊撫心而太息，所以發憤而含毫者也。忝賴皇恩預霑法雨，切瑳所感積稔於茲，信隨聞起疑因解滅，昔嘗苟訾而不信，今則篤信而無毀，近推諸己，廣以量人，凡百輕毀而弗欽，皆爲討論之未究，若令探賾索隱，功齊於澄什，必皆深信篤敬，志均於名僧矣。師政學匪鈎深，識不臻妙，少有所聞微去其惑，謹課庸短，著論三篇。《辨惑》第一，明邪正之通蔽。《通命》第二，辨殃慶之倚伏。《空有》第三，破斷常之執見，覈之以群言，考之以眾善，上顯聖朝之淨福，下析淫祀之虛非，徒有斯意，寔乏其才，屬辭鄙陋援證膚淺，雖竭愚懃，何宜聖德，庶同病而未愈者，聞淺譬而深悟也。知藩籬之卉或蠲疾於腹心，藜藿之飡儻救餒于溝壑，若金丹在目玉饌盈案，庭瞻菲薄良足陋矣。內德論辯惑篇第一，其略曰，有辯聽書生謂忠正君子曰，蓋聞釋迦生於天竺，倏多出自西胡，名號無儔於周孔，功德靡稱於典謨，寔遠夷所尊敬，非中夏之師儒，逮攝摩騰之入漢，及康僧會之游吳，顯舍利於南國，起招提於東都，自茲厥後乃尚浮圖，沙門盛洙泗之眾，精舍麗王侯之居，既營之于塽塏，又資之以膏腴，擢脩幢而曜日，擬甲第而當衢，王公大人助之以金帛，農商富族施之以田盧，其福利之焉在，何遵崇之有餘也。未若銷像而絕鎔鑄，貨泉可以無費，毀經以禁繕寫，筆紙不爲之貴，廢僧以從編戶，蒸黍稷之餘稅，壞塔以補不足，廣賑恤之仁惠，欲詣闕而効愚忠，上書而獻斯計，竊謂可以益國而利民矣。吾子以爲何如乎？忠正君子曰，是何言之過歟，余昔篤志於儒林，又措心于文苑，頗同吾子之言論，良由聞法之遲晚，賴指南以去惑，幸失途之未遠，每省過而責躬，則臨飡而忘飯，子若博考而深計，亦將悔迷而知返矣。竊聞有太史令傅君者，又甚余曩日之惑焉，內自省於昔迷，則十同其五矣。請辨傅君之惑言，以釋吾子之邪執，傅謂，佛法本出於西胡，不應奉之於中國，余昔同此惑焉，今則悟其不然矣。夫由余出自西戎，輔秦穆以開霸業，日磾生於北狄，侍漢武而除危害，臣既有之，師亦宜爾，何必取其同俗而捨於異方乎？師以道大爲尊，無論於彼此，法以善高爲勝，不計於遐邇，若夫尚仁爲美，去欲稱高，戒積惡之餘殃，勸爲善以邀福，百家之所同，七經無以易，但褊淺而未深，至齷齪而不周，廣其恕己及物，孰與佛之弘乎？其覩末知本，孰與佛之遠乎？其勸善懲惡，孰與佛之廣乎？其明空析有，孰與佛之深乎？由此觀之，其道妙矣。聖人之德何以加焉，豈得生於異域而賤其道，出於遠方而棄其寶，夫絕群之駿非唯中邑之產，曠世之珍不必諸華之物，漢求西域之名馬，魏收南海之明珠，貢犀象之牙角，採翡翠之毛羽，物生遠域尚於此而爲珍，道出遐方獨奈何而可棄，若藥物出於戎夷，禁呪起於胡越，苟可以蠲邪而去疾，豈以遠來而不用之哉？夫滅三毒以證無爲，其蠲邪也大矣。除八苦而致常樂，其去疾也深矣。何得拘夷夏而計親疎乎？況百億日月之下，三千世界之內，則中在於彼域不在此方矣。傅計詩書所未言，以爲脩多不足尙，余昔同此惑焉，今又悟其不然矣。夫天文曆象之秘奧，地理山川之卓詭，經脈孔穴之診候，針藥符呪之方術，詩書有所不載，周孔未之明言，然考之吉凶有時而徵矣。察其行用而多効矣。且又周孔未言之物蠢蠢無窮，詩書不載之法茫茫何限，信乎書不盡言，言不盡意，何得拘六經之局教，而背三乘之通旨哉？夫能事未興於上古，聖人開務於後世，故棟宇易橧巢之居，文字代結繩之制，飮血茹毛之饌，則先用而未珍，火化粒食之功雖後作而非弊，彼用捨之先後，非理教之通蔽，豈得以詩書早播而得隆，脩多晩至而當替，人有幼噉藜藿長飯粱肉，少爲布衣老遇侯服，豈得以藜藿先獲謂勝粱肉之味，侯服晩遇不如布衣之貴乎？萬物有遷，三寶常住，寂然不動感而皆遇，化身示隱顯之迹，法體絕興亡之數，非初誕於王宮，不長逝於雙樹，何得論生滅于赴感，計脩促于來去乎？傅氏譽老子而毀釋迦，讚道書而非佛教，余昔同此惑焉，今又悟其不然也。夫釋老之爲體，一而不二矣。同蠲有欲之累，俱顯無爲之宗，老氏明而未融，釋典言臻其極，道若果是，佛固同是而無非，佛若果非，道亦可非而無是，理非矛盾之異，人懷向背之殊，既同衆狙之喜怒，又似葉公之愛畏，至如柱下道德之旨，漆園內外之篇，雅奧而難加，淸高而可尙，竊嘗讀之無間然矣。豈以信奉釋典而苟訾之哉？抑又論夫死生無窮之緣，報應不朽之旨，釋氏之所創明，黃老未之言及，不知今之道書何因類於佛典，論三世以勸戒，出九流之軌躅，若目覩而言之則同佛而等其照，若耳聞而放之，則師佛而遵其說，同照則同不當非，相師則師不可毀，譽道而非佛，何謬之甚哉？傅云，佛是妖魅之氣，寺爲淫邪之祀，此其未思之甚也。妖唯作孽，豈弘十善之化，魅必憑邪，寧興八正之道？妖猶畏狗，魅亦懼貓，何以降帝釋之高心，推天魔之神力。又如圖澄羅什之侶，道安慧遠之儔，高德高名非醉非狂，豈容捨愛辭榮求魑魅之邪道，勤身苦節事魍魎之妖神，又自昔東漢至我大唐，代代而禁妖言，處處而斷淫祀，豈容捨其財力放其土民，營魑魅之堂塔，入魍魎之徒衆，又有宰輔冠蓋人倫羽儀，王導庾亮之徒，戴逵許詢之輩，置情天人之際，抗迹煙霞之表，並稟教而歸依，皆厝心以崇信，豈容尊妖奉魅以自屈乎？良由覩妙知眞使之然耳，又傅氏之先毅，字武仲，高才碩學，世號通人，辨顯宗之祥，夢證金人之冥，感釋道東被，毅有功焉，竊揆傅令之才識未可齊於武仲也。何爲毀佛謗法與其先之反乎？吳尙書令闞澤對吳主孫權曰，孔老二家比文佛法優劣遠矣。何以言之。孔老設教，法天以制用，不敢違天，諸佛說法，天奉而行，不敢違佛，以此言之實非比對，愚謂闞子斯論知優劣之一隅矣。凡百君子可不思其言乎？夫大士高僧觀於理也深矣。明主賢臣謀於國也忠矣。而歷代寶之以爲大訓，何哉？知其窮理盡性，道莫之加故也。傅氏觀不深於名僧，思未精於前哲，獨師心而背法，輕福而興咎，何其爲國謀而不忠乎？爲身慮而不遠乎？大覺窮神而知化，深觀過患而豫防，惟百齡之易盡，嗟五福之難常，命川流而電逝，業地久而天長，三塗極迯而杳杳，四流無際而茫茫，憑法舟而利濟，籍信翮以翱翔，宜轉咎而爲福，何罔念而作狂也。傅云，趙時梁時皆有僧反，況今天下僧尼二十萬衆，此又不思之言也。若以昔有反僧而廢今之法衆，豈得以古有叛臣而棄今之名士，隣有逆兒而逐己之順子，昔有亂民而不養今之黎庶乎？夫普天之下出家之衆，非雲集於一邑，實星分於九土，攝之以州縣，限之以關河，無徵發之威權，有憲章之禁約，縱令五三兇險一二闡提，既無緣以烏合，亦何憂於蟻聚，且又沙門入道豈懷亡命之謀，女子出家寧求帶甲之用，何乃混計僧尼之數，雷同梟鏡之黨，架虛以亂眞，蔽善而稱惡，君子有三畏，豈當如是乎？夫靑衿有罪非關尼父之失，皀服爲非豈是釋尊之咎，僧干朝憲，尼犯俗刑，譬誦律而穿窬，如讀禮而驕倨，但以人稟頑器之性而不遷於善，非是經開逆亂之源而令染於惡，人不皆賢，法實惟善，何因怒惡而反善，咎人而棄法。若夫口談夷惠而身行桀蹠，耳聽桀蹠而口廢詩禮，然則人有可誅之罪，法無可廢之過，但應禁非以弘法，不可以人而賤道。竊篤信千妙法不苟黨於沙門，至於耘稊稗以殖嘉苗，肅奸回以清大教，所深願矣。所深願矣。傳云，道人土梟皆是貪逆之惡種，此又不思之言也。夫以捨俗修道故稱道人，學道離貪逆，若云貪菩提道，逆生死流，則傅子興言未及斯旨，觀沙門之律行也。行人所不能行，止人所不能止，具諸釋典可得而究，蠉動之物猶不加害，況爲梟鏡之事乎？嫁娶之禮尚捨不爲，況爲禽獸之心乎？何乃引離欲之上人，匹聚（麇）〔麀〕之下物，援有道之賢俊比無知之庶類，毀大慈之善衆媲不祥之惡鳥，謂道人爲逆種，以梵行（北）〔比〕獸心，害善一何甚乎？反正頓如此乎？余昔每引孝經之不毀傷，以譏沙門之法去鬚髮，謂其反先王之道，失忠孝之義，今則悟其不然矣。若夫事君親而盡節，雖煞身而稱仁，虧忠孝而偷存，徒全膚而非義，論美見危而致命，禮防臨難而（荀）〔苟〕免，何得一槩而訶，毀傷雷同而碩膚髮，割股納肝傷則甚矣。剔鬚落髮損乃微焉，立忠不顧其命，論者莫知咎，求道不愛其毛，何獨以爲過，湯恤蒸民尚焚軀以祈澤，墨敦兼愛欲磨足而至頂，況夫上爲君父，深求福利鬚髮之毀，何足顧哉？夫聖人之教有殊途而同歸，君子之道或反經而合義，則泰伯其人也。廢在家之就養，託採藥而不歸，棄中國之服章，依剪髮以爲飾，反經悖禮莫甚於斯，然而仲尼稱之曰，泰伯可謂至德矣。其故何也。雖迹背君親而心忠於家國，形虧百越而德全乎三護，故太伯弃衣冠之制而無損於至德，則沙門捨搢紳之容亦何傷乎妙道，雖易服改貌違臣子之常儀，而信道歸心願君親之多福，苦其身意修出家之衆善，遺其君父延歷劫之深慶，其爲忠孝不亦多乎？浪謂沙門爲不忠，未之信矣。（傳）〔傅〕又云，西域胡人因泥而生，是以便事泥瓦，此又未思之言也。夫崇立靈像摸寫尊形，所用多塗非獨泥瓦，或彫或鑄則以鐵木金銅，圖之繡之亦在丹青縑素，復謂西域士女遍從此物而生乎？且又中國之廟以木爲主，則謂制禮君子皆從木而育邪，親不可忘故爲之宗廟，佛不可忘故立其形像，以表罔極以心，用申如在之敬，欽聖仰德何失之有哉？夫以善爲過者，故亦以惡爲功矣。（傳）〔傅〕又云，帝王無佛則國治年長，有佛則政虐祚短，此又未思之言也。則謂能仁設教皆闡淫虐之風，菩薩立言專弘桀紂之事，以實論之，殊不然矣。夫殷喪大寶，災興妲己之言，周失諸侯，禍由褒姒之笑，三代之亡皆此物也。三乘之教豈斯尚乎？佛之爲道慈悲喜捨，齊物而等怨親，與安樂而救危苦，古之所以得其民者，佛既弘之矣。民之所以逃其上者，經甚戒之矣。羲軒舜禹之德，在六度而苞籠；羿浞癸辛之咎，總十惡以防禁。向使桀遵少欲之教，紂順大慈之道，伊呂無用其謀，湯武焉得行其討，可使鳴條免去國之禍，牧野息倒戈之亂，夏后從洛几之歌，楚子違乾溪之難。然則釋氏之化爲益非小，延福祚於無窮，遏危亡於未兆，傳謂有之爲損，無之爲益，是何言與，是何言與，佛何讎而誣之至此，佛何負而疾之若讎乎？傳又云，未有佛法之前，人皆淳和，世無篡逆，此又未思之言也。夫九黎亂德，豈非無佛之年；三苗逆命，非當有法之後。夏殷之季，何有淳和，春秋之時，寧無篡逆。冦賊奸究，作士命於皐繇；玁狁孔熾，薄伐勞於吉甫。而傳謂佛興篡逆，盜法佛猶戒之，豈長篡逆之亂乎？一言之競，佛亦防之，何敗淳和之道乎？惟佛之爲教也，勸臣以忠，勸子以孝，勸國以治，勸家以和，弘善示天堂之樂，懲非顯地獄之苦，不唯一字以爲褒，豈止五刑而作戒，乃謂傷和而長亂，不亦誣謗之甚哉？亦何傷於佛日乎？但自淪於苦海矣，輕而不避，良可悲夫。於是書生心伏而色愧，避席而謝曰，僕以習俗生，常違道自佚，忽於所未究，翫其所先述，背正法而異論，受邪言以同失，今聞佛智之玄遠，乃知釋教之忠質，豁然神悟而理攄，足以蕩迷而祛疾。雖從邪於昔歲，請歸正於茲日，謹誦來戒，以爲口實矣。

論曰，昔司馬文正公譏元魏崔浩昧於擇術，若傳令者不善擇術，尤可數也。方天意大啟唐祚，而太宗以大權聖人示現出世，爲千載道德盛明之主，豈易遇哉？有文中子者，身任百世師儒，出河汾間，凡太宗一時宰輔，若淩煙閣上諸公，皆北面稱師，受王佐之道，當是時，使（傳）〔傅〕令稍知向方，預出王氏之門，則其施設縱非公臺之任，亦不失爲名，鄉才大夫徒以卜史占候下伎，位貌既卑，無以自逞，乃以夙昔私憾，謗黷大教，規竊聲譽，及太宗登位，天下文明，諸公雍容廟堂，論道經邦制禮作樂，雖堯舜之運亡以加也。此時奕之學素荒而伎且索矣。抱慚自廢于家，其無聊而斃也可知矣。妙哉李君內德論，熟覽之蓋天下精識讜論也。其通命一篇，以儒所謂命，釋所謂業，原始要終合而通之，尤爲警絶，惜辭多未能具載云。

祖琇《隆興佛教編年通論》卷第二八　論曰，唐自乾符中巢賊首亂天下，禧宗蒙塵，往來歲無定居，及賊平，方鎮各擅其地而有之，繼以沙陀之兵再陷長安，都邑遂爲丘墟，繇是李克用、李茂貞、朱全忠等爭雄競覇，侵逼王廷，皆所不忍願聞者，吾徒此時避地巖穴迹不可見，故新舊唐史自中和至唐亡數十年間，絕無一字及釋老者，當是時天下禪宗爲最盛，迨自十國割分揚行密據，江淮錢鏐據浙，王審知據閩，劉隱據廣，馬殷據楚，王建據蜀，高季興據荊峽，以至李昪繼江淮，孟知祥繼蜀，劉旻繼漢而據幽幷，皆傾城竭力歸奉大敎，以悅民心苟延其祚，雖然彼武夫悍卒乘時僭叛，素不知書，復無動德在民，必再世而後淫侈荒縱，迭相戮辱而覆其邦，斷無一可稱者，特南唐好文，錢氏循理而已，凡十國者，七在唐曆垂三十年，而朱全忠始受唐禪，建都大梁，閱五朝八姓十有三君，謂之五代五十三年，合唐末亂罹凡八九十載，可謂薄福尠德之世，唯戰爭殺伐爲事，文章德行禮義廉耻喪滅幾盡，唯吾屬有所謂大溈、黃檗、洞山、雲居、雪峰、玄沙、雲門、皷山，若此類，學徒常數千百人，而深禪妙句膾炙古今，高風異行照映天人，蹤跡具在不可誣也。然則沙門處亂世棵立如此，故一時良善得以依歸，矧當治世聖化養育者耶？自是略著禪門五宗而不及世俗云。【略】

論曰，吾宗從上來，雖以妙悟通宗，抑履踐功深方能究竟大事，觀僞仰論，語密意密，在乎群生日用中，了無覆藏，曷足謂之密哉？蓋未了業相流動，長時滲漏，則蕩其密，唯悟宗返本，絕滲離倒，觸物而眞則密矣，非別有密旨也。噫，惜其宗風絕特，行高履深，後世不能永其傳，庸非上聖示迹，增廣少室宗風。至於析派分燈，抑後人慕其盛而然歟。【略】

論曰，洞下宗旨，較他宗尤爲精密，當時諸徒如雲居之說法，如曹山之機辯，足以峻其門庭，然二公之云爲，未嘗以金鎖玄關、泥牛木馬及五位三墮爲專門潛授之物，後世遂以此爲門風。至覺範復私設寶鏡三昧辭以尤之。嗚呼，雲居云，學佛邊事是錯用心。然則今時學者，用心果如何哉。

志磐撰《佛祖統紀》卷三九《法運通塞志》一七之六　高祖（李淵）武德元年，詔爲太祖已下造栴檀等身佛三軀，以沙門景輝嘗記帝當承天命爲立勝業寺，以沙門曇獻於隋末設粥救饑民，爲立慈悲寺，以義師起於太原，爲立太原寺，又詔幷州立義興寺，以旌起義方之功。

二年，詔依佛制，正、五、九月及月十齋日，不得行刑屠釣，永爲國式。

六年，勅沙門玄奘三藏住大莊嚴寺。

七年，上幸國學釋奠，命博士徐曠講《孝經》，沙門慧乘講《心經》，道士劉進善講《老子》，博士陸德明（本名元朗）隨方立義，遍析其要，帝說曰，三人者，誠辯矣。然德明一舉輒蔽。

八年，太史令傅奕上疏曰，「佛在西域，言祆路遠，漢譯胡書，恣其假託，使不忠不孝，削髮而揖君親；遊手竊食，易服以逃租賦。夫生死壽夭，出於自然，刑德威福，關於人主，而愚僧矯詐，皆云由佛。竊人主之權，擅造化之力，其爲害政，良可悲歎。」書奏不報。

鎧菴曰，傅奕以小人之資，一旦上書，謗佛毀教，當時群臣皆所不取，獨高祖薄，信迷其說，今觀傅奕之疏沙汰之詔，不過謂遊手竊食，苟避征徭而已。嘻，學聖道以求出世間，敷慈化以贊理天下，明善惡之應以警昏俗，窮性命之旨以悟眞修，斯學佛者之大效，其與儒家者流將並行而不悖，豈當以征夫徭卒之賤而望之者哉？或曰，學佛之士，多自農出，反而止之，所以厚農俗也。不然今夫田家之子，致身科第者，豈得而止之耶？矧夫佛道多容，不問愚智，若指其庸鄙以蔽諸賢俊，比子厚誚退之，忿其外而遺其中，是知石而不知韞玉也。今名爲儒，而資小人者固多矣。未聞以爲者不善而遽欲廢周孔之教，然則出家而庸鄙者，人材之未至，非佛道之咎也。

九年，傅奕七上疏請除佛法，帝以其疏付群臣雜議，大臣皆曰，「佛法興自屢朝，弘善遏惡，冥助國家，理無棄廢。」宰相蕭瑀（後梁明帝之子）曰，「佛，聖人也。而奕非之，非聖人者無法，當治其罪。」奕曰，「人之大倫，莫如君父。佛以世嫡而畔其父，以匹夫而抗天子，蕭瑀不生於空桑，乃遵無父之教，非孝者無親，瑀之謂矣。」瑀合掌謂之曰，「地獄正爲此人設。」帝一日問群臣曰，「傅奕每言佛教無用，卿等何如？」左僕射裴寂曰，「陛下昔創義師，志憑三寶，言登九五，誓啟玄門，今六合歸仁，富有四海，而欲納奕之言，豈不虧往德而彰今過乎？」帝復以疏頒示諸僧，問出家於國何益？沙門法琳撰《破邪論》，謂佛教徹萬法之源，而孔老立言時域中之治，凡出家者，守志明道，弘善興福，啟迪昏蒙，利國非淺。時秦王府記室虞世南，爲序以贊之，明槩法師作決對論，責奕謗佛僧八事，有秦王府典儀李師政，述《內德論》云，勸善進德之廣，六經所未逮；戒惡防患之深，九流莫之比。但窮神知化，其言宏大而可驚，去惑絕塵，厥軌清邈而難蹈，夫能事未興於上古，聖人開務於後世，故棟宇易檜巢之居，文字代結繩之政，飲血茹毛之饌，則先用而未珍，火化粒食之功，雖後作而非弊，豈得以詩書早播而可隆，貝經晚至而宜替，又死生無窮之緣，報應不朽之說，釋氏之所明，黃老之未喻也。又慧乘作《辨正論》十喻九箴，破道士十異九迷之謬，上覽諸沙門論議，寤奕譽道毀佛，遂有兼汰二教之意。五月下詔，以沙門道士苟避征徭，不守戒律，而寺觀隣接廛邸溷雜屠酤非所以爲垂教。其僧道戒行虧闕者，並令罷道。精勤練行者，並就大寺觀居止，供給衣食。京師留寺三所觀二所，諸州各留一所，餘皆罷之。六月庚申，皇太子建成齊王元吉，謀不利於秦王，秦王世民討殺之，以秦王爲皇太子，癸亥大赦天下，停前沙汰僧道詔。八月，詔傳位於皇太子。既即位，嘗問傅奕曰：「佛道微妙，聖迹可師，且報應之事顯然，卿獨不悟其理何耶？」對曰：「佛乃西方之桀黠，無補國家，臣非不悟，鄙不學也。」帝深惡其言（云云）。後傅奕得惡病，遍身糜爛，號叫而死。少府監馮長命夢至冥府，多見先亡，因問傅奕毀佛惡病而死，今受何報？答曰，「已聞付越州爲泥犁矣。」當時識者謂是泥犁地獄也。（出《苦報記》）

又（太宗）貞觀元年正月，詔京城德行沙門，並令入內殿行道七日，度天下僧尼三千人，詔以皇家舊宅通義宮爲興聖寺。詔沙門光智，於大興善寺譯《寶星經》等五部，左僕射房元齡等監護。

二年三月，詔曰，「朕自創義以來，手所誅翦，將及千人，可皆建齋行道，竭誠禮懺，冀三途之難，因斯得脫。」

述曰，或謂太宗手自誅殺，眞忍人也。殊不知隋爲不道，天將興唐，太宗方間關於軍伍之中，當梗化害政，適在目擊，不亟剪去，則有妨於機事，奉天命以除殘賊，非如桀紂無辜殺人貫盈罪惡之比。天下既定，仁心自存，唯知佛法可爲拯濟，建齋行懺，惠及幽關，蓋所以拔沈苦以遂有生，眞仁恕之君也。

五月，勅先朝忌辰並於章敬寺設齋行香，永爲定式。七月，詔京城諸郡僧道，七日七夜，轉經行道，爲民祈福，以保秋成，每歲正月七日，視此爲式。

三年正月，詔京城沙門，每月二十七日行道轉《仁王經》，爲國祈福，官給齋供。

八月，沙門玄奘上表，乞往天竺求經。十二月，詔曰，「有隋失道，九服沸騰，朕親總元戎，致茲明罰，可於建義以來交兵之處，凡義士凶徒隕身戎陳者，各建寺刹，招延勝侶，樹立福田，濟其營魄，以稱朕矜閔之意。」四年正月，救上宮繡釋迦佛丈六像，奉安勝光寺，設千僧齋。五月戰場建寺成，勅群臣撰碑。破劉武周於汾州，立弘濟寺，李百藥撰。破宋老生於莒州，立普濟寺，許敬宗撰。破薛舉於豳州，立昭仁寺，朱子奢撰。破宋金剛於晉州，立慈雲寺，褚遂良撰。破王世充於邙山，立昭覺寺，虞世南撰。破竇建德於汜水，立等慈寺，顏師古撰。破劉黑闥於洛州，立昭福寺，岑文本撰。是歲天下大稔，米斗三錢，外戶不閉，行旅不齎糧，斷刑纔二十九人，天下大治，帝謂群臣曰，此魏徵勸朕行仁義，既效矣，因追念初平天下手誅千餘人，不值太平即以御服施諸寺命僧行懺。

鎧菴曰，君舉必書故曰史，史者所以記當時失得之迹也。以故惡如弒君必書，醜如蒸母必書，豈以其醜惡而不之記耶？是知修史者不沒其當時善惡之事，斯可爲信史也。昔范曄著《漢書》《西域傳》始論佛法。陳壽志三國，則忽而不錄。唐太宗修《晉書》，於沙門高行時有所取。魏收於北史，著《佛老志》。李延壽於《南史》作《顧歡傳》。凡帝王公卿毀讃佛老者，莫不悉載，其於二教之偏正優劣，當年今日未嘗不明識所歸。歐陽氏之修《唐書》《五代史》也，於佛老之事則刪之。夫《唐書》，唐家之正史，非歐陽之私書也。借使不足法，論之可也，豈當以己所不好而悉刪之耶？是知無通識者，不足以當修史之任也。夫佛法之取舍，大較係乎人之好惡。韓、歐、司馬，始不好佛，遇事立言，必有詆訶，及退之問道於大顛，永叔聞法於圓通，君實廣文中子之言，而作禪頌，言爲百世師，行爲天下法，爲賢爲大聖，是名佛菩薩。是三賢者，始惡而終好之，惜乎聞道之晚，而其先出之言莫可收也。吁，佛法之取舍，果在於人之好惡，可不審乎哉？

五年正月，詔僧尼道士致敬父母（正觀政要）。詔以慶善宮爲穆太后建慈德寺，爲皇太子承乾建普光寺，勅沙門法常居之，爲太子授菩薩戒。

十一月，化度寺僧邕禪師亡，上敬悼賜帛，勅右庶子李百藥撰碑，更令歐陽詢書。初波斯國蘇魯支立末尼火祆教，勅於京師建大秦寺。（波斯國在西海，此云大秦）【略】

七年，中天竺三藏明友來譯《大乘莊嚴論》。李百藥序之云，大小乘學悉以此《論》爲本，於此不通，未可弘法。勅僧道停致敬父母。【略】

八年，詔爲穆太后建弘福寺，車駕親臨自開佛眼。【略】萊州奏，高麗三國僧（與新羅、百濟爲三國）願入中國學佛法，欲覘虛實耳。魏徵曰，陛下所爲善足爲夷狄法，所爲不善，雖距夷狄，何益於國，詔許之。

九年十月，玄琬法師終於延興寺。遺表有云，聖帝方尊事三寶，不應使沙門與百姓同科，乞令僧有過者，並付所屬以內律治之。帝嘉納焉，乃遣皇太子臨弔，勅有司給葬具。（敕葬沙門，自琬師始。）十一月，詔曰，比緣喪亂，僧徒減少，華臺寶塔，窺戶無人，其令天下度僧尼三千人，有司詳定，務取德業精明者以聞，僧徒有假託醫巫左道惑衆，造詣官曹屬致賍賄者，朕在情持護必無寬貸諸犯過者，宜令所司依準內律，明爲條制。【略】

十三年，詔國子祭酒孔穎達、沙門慧淨、道士蔡晃，入弘文殿，談論三教，淨講《法華》。蔡晃問曰，經稱《序品》第一，未審序第何分？淨曰，如來入定，放光雨華，爲破二之洪基，作明一之由漸，故曰序也。第者爲居，一者爲始，序最居先，故稱第一，晃曰，師言不出脣，何所可領？師曰，菩薩說法，聲震十方，道士在座，如迷如醉。晃曰，野干說法，何由可聞？淨曰，天宮嚴衛，理絕狐蹤，道士神昏，謂人爲畜。天情大說，合座歡踴。【略】

詔曰，《遺教經》者，是佛臨涅槃時所說，誡勅弟子，甚爲詳要，末俗緇素，不知崇奉永懷聖教，用思弘闡，宜令有司多寫經本，付京官刺史各一卷。若見僧尼業行與經不同者，公私勸勉必使遵行。

述曰，太宗知務僧之本，在於《遺教》，故能戒有司寫經本令公私相勸，俾免於過，其有得於仁王護法之心也。【略】

十五年，善導法師至西河見綽禪師九品道場講誦《觀經》，喜曰，「此入佛之津要也。修餘行業，迂闊難成，唯此觀門，速超生死。至京師擊發四部三十餘年，般舟行道，造《彌陀經》十萬餘卷，畫淨土變相三百餘壁，滿長安中，並從其化。有終身誦《彌陀經》十萬至三五十萬卷，日課佛名一萬至十萬聲者。師念佛時有光明從口出，後高宗朝，賜寺名曰光明云。

十六年，上幸弘福寺爲穆太后追福，自製疏稱皇帝菩薩戒弟子，謂寺主道懿曰，朕頃以老子是朕先宗，故令居釋氏先，卿等能無憾乎？對曰，陛下尊祖宗降成式，詎敢有怨？上曰，佛老尊卑，通人自鑑，豈一時在上即以爲勝。朕宗自柱下，故先老子，凡有功德僉向釋門，往日所在戰場皆立佛寺，太原舊第亦以奉佛，初未嘗創立道觀，存心若此，卿等應知。

十七年，蘄州黃梅四祖道信禪師，四徵不起，乃就賜珍繒，以旌其道。勅衛尉丞李義表黃水令王元策，使西域遊歷百餘國，至毘離耶城東北維摩室，元策以手板量之，縱橫得十笏因號方丈，復登耆闍崛山，刻碑紀唐威德。【略】

十九年正月，玄奘三藏自西天還，長安留守房玄齡，備釋部威儀，迎置弘福寺。是日有五色雲覆經像上。二月至洛陽，見上於儀鸞殿，問西域事迹，詔撰《西域記》，所歷百國，山川風俗，前史所未聞也。詔就弘福寺，同沙門道宣等翻譯。

二十年七月，奘法師表上新譯《菩薩藏經》《顯揚聖教論》等凡五部，請帝製序。【略】

二十二年，上幸坊州玉華宮，召奘法師，既至，上曰，朕在京苦熱，故就此山泉石之涼，憶見法師故遺相屈，此日所翻何經？奘曰，近譯彌勒《瑜伽師地論》，帝宣論親覽，謂侍臣曰，佛教廣大猶瞻天瞰海莫極高深，九流典籍猶汀瀅方溟渤耳。世言三教齊致者，此妄談也。因勅有司寫新譯經論頒賜九道總管（時分天下爲九道）御製《大唐三藏聖教序》以冠其首。詔皇太子撰《菩薩藏經後序》（二序具在藏經之前）上自是平章法義，不輟於口，敬待法師，親於家人。嘗問師曰，法門之益，何所宜先？對曰，弘法須人，度僧爲最。帝說。九月詔京城諸郡，各度僧，每寺五人，凡度一萬七千人。十月車駕還京師，勅於北闕大內紫微殿西建弘法院，命奘法師居之，選名德七人以從，晝則陪御談玄，暮則歸院翻譯。上令翻《道德經》爲梵文，以遺西竺。師曰，佛老二教，其致大殊，安用佛言用通老義？且老子立義膚淺，五竺觀之，適足見薄。遂止。【略】

二十三年四月，上幸翠微宮，召奘法師陪從。上歎曰，與法師相見恨晚，未盡弘法之意。五月上崩。

(高宗) 永徽元年，詔天宮慧威禪師補四大師朝散大夫。【略】

三年，奘法師請於慈恩寺建浮圖，藏西天舍利經像。中天竺沙門無極高，至長安譯《陀羅尼集經》。時那提於慈恩寺譯經，地婆訶羅於弘福寺譯經。一時宣譯，皆極其選，法門榮之。

四年，日本國遣沙門道照入中國，從奘法師傳法。

六年，【略】罽賓國佛陀多羅，於白馬寺譯《圓覺經》。【略】三月，上御製大慈恩寺碑成，奘法師上表稱謝。

又【略】二年，勅建西明寺，大殿十三所樓臺廊廡四千區，詔道宣律師爲上座，神泰法師爲寺主，懷素爲維那。宣律師居西明作《續高僧傳》三十卷，起梁天監，訖唐正觀。勅僧道無得受父母尊長拜。【略】

三年，詔沙門義褒道士黃頤等入宮談論，道士李榮立本際義，往復數四，理屈語塞，帝令黃門引榮退席，賜褒帛以賞之。日本國遣沙門智通入中國求大乘法。

四年，詔僧道入合璧宮論議，法師會隱立五蘊義，神泰立九斷知義，道士李榮茫然不知，乃更立道生萬物義，法師慧立反覆詰之，榮語屈而退。詔以坊州玉華宮爲寺，命奘法師居之，師譯《大般若經》，歷四年而成，凡六百卷。又《般若心經》及諸經論，共七十五部。

五年，詔迎岐州法門寺護國眞身釋迦佛指骨，至洛陽大內供養，皇后施金函九重，命宣律師送還法門寺。【略】

龍朔元年，王元策進西天所得佛頂舍利。

二年，西蜀沙門會寧自南海附舶至訶陵國，遇沙門智賢齎《涅槃》後分自師子國來，即與對譯成文二卷。

三年，中印度沙門福生，於慈恩寺譯《莊嚴王經》等三部。

麟德元年二月，奘法師令眾念彌勒佛，右脇而逝，是夕有白虹四道，貫井宿直慈恩寺塔，帝哭之慟，廢朝五日，顧左右曰，國寶永失可爲痛心，勅用佛故事金棺銀槨，五詔褒恤葬於滻水之東，四方會葬者百萬人。

乾封元年，封岱嶽，車駕幸亳謁老君，上尊號曰「玄元皇帝」，聖母曰「先天太后」，幸魯祠孔子，追封太師。【略】

總章元年，詔百僚僧道會百福殿儀《老子化胡經》，沙門法明排眾而出曰，「此經既無翻譯朝代，豈非僞造？」舉眾愕然，無能應者。乃勅令搜聚僞本，悉從焚棄。

咸亨二年，沙門義淨自南海附舶，往西竺求經。西京法海寺神英禪師，獲吳僧義濟所藏梁武《水陸齋儀》，依法修設，感秦莊襄王張儀陳軫，列國君臣見形致謝。(詳見《光顯志》)

三年，勅洛陽龍門山鐫石盧舍那佛像，高八十五尺。【略】

儀鳳元年，中印度沙門日照至京師譯《方廣大莊嚴經》等十八部。初罽賓沙門佛陀波利，至五臺禮文殊，遇老人曰，此土人多造惡，佛頂尊勝呪爲除罪祕方，可還西取經流傳。忽不見，波利遂還，至是取經來上，帝令杜行顗與日照共譯，留經於內。波利泣曰，志在流布何得自祕，帝乃以梵本還之。波利遂於西明寺與沙門順貞重譯畢，持梵本入五臺，不復出。【略】

述曰，自有佛以來，世稱佛老，立文爲次。吳闞澤稱，道事天，天事佛。隋李士謙論三教優劣，謂佛日、道月、儒五星。魏收撰北魏《佛老志》，皆先僧而後道，其義已定。太宗謂老子李姓是國之祖，遂令居佛上，違理失禮，豈老子意耶？太宗明君亦有時而愚乎？至高宗以道士隸宗正，違理失禮，其愚尤甚焉。厥後，武宗尙道廢佛，皆二君教其愚也。【略】

永隆元年，沙門智運於洛陽龍門山鐫石爲一萬五千佛。

永淳元年十一月，慈恩法師窺基示寂，勅諸寺圖形以祀。師稟奘法師《瑜伽師地》《唯識》宗旨，號「百部論主」，世宗爲慈恩教。(奘師傳戒賢三時教，一有，二空，三不有不空教。)

二年，西明寺沙門道世，宣律師之弟也。嘗以教藏淵博學者難觀，因撰《法苑珠林》一百卷，分門類事，覽者便之。

又 則天武后(曌)初入宮爲才人，太宗崩，出爲感業寺尼，高宗詣寺行香，是之納後宮拜昭儀。次年，再爲后。弘道元年，高宗崩，皇太子即位，是爲中宗，光宅元年，廢中宗爲廬陵王，武后自聽政(曌、照同，武后自製此字。)

垂拱三年，南天竺三藏菩提流志來。

永昌元年，義淨三藏將梵本寄室利佛逝國，述《南海寄歸傳》《求法高僧傳》，以是年回廣州。冬復往佛逝國。【略】

載初元年，勅沙門法朗九人重譯《大雲經》，並封縣公賜紫袈裟銀龜袋。（賜紫始此）

二年，勅僧尼依舊立在道士女冠之上。勅荆州神秀禪師入京行道，歷三朝皆禮爲國師。（五祖旁出）于闐國沙門天智，譯《造像功德》等六部。

如意元年，勅斷天下屠釣。

二年，天宮威禪師爲左溪朗禪師說止觀法門。北印度沙門寶思惟，譯《文殊一字呪經》等七部。南印度沙門法希，譯《寶雨經》等十部。

三年，始令佛經製卍字，爲如來吉祥萬德之所集，音之爲萬（《華嚴音義》，作大周長壽者。蓋武后嘗改唐稱周，年號長壽，後改爲如意。）

延載元年，勅天下僧尼舊隸司賓（即鴻臚寺），今改隸祠部（以佛教有護國救人福解厄之）。波斯國人拂多誕（西海大秦國人）持《二宗經》僞教來朝。

述曰，太宗時，波斯穆護進火祆教，救建大秦寺。武后時，波斯拂多誕進《二宗經》。厥後，大歷間荊揚洪越等州各建摩尼寺，此魔教邪法，愚民易於漸染，由屢朝君臣當世名德不能簡邪正以別同異故，其法行於世，而弗禁虛，是蓋西土九十五外道之類歟。良渚曰，準國朝法令，諸以二宗經及非藏經所載不根經文傳習惑眾者，以左道論罪。二宗者，謂男女不嫁娶，互持不語，病不服藥，死則裸葬等。不根經文者，謂佛佛吐戀師，佛說啼淚，大小明王出世經，開元括地變文，齊天論，五來子曲之類。其法不茹葷飲酒，晝寢夜興，以香爲信，陰相交結，稱爲善友。一旦郡邑有小隙則憑狼作亂，如方臘、呂昂輩是也。其說以天下禪人但傳盧行者十二部假禪，若吾徒即是眞禪。有云，菩提子達磨，栽心地種透靈臺。或問，終何所歸？則曰，不生天不入地，不求佛不涉餘途。直過之也。如此魔教，愚民皆樂爲之其徒，以不殺不飲不葷辛爲至嚴，沙門有爲行弗謹，反遭其譏，出家守法，不可自勉。【略】

證聖元年，太后以晉譯《華嚴》處會未備，遣使往于闐國迎實叉難陀，於東都大遍空寺與菩提流志重譯。（晉譯六十卷，七處八會；新譯八十卷，七處九會。）沙門復禮綴文，法藏筆受，弘景證義，成八十卷，御製經序。譯場初啟，甘露天降，內沼生蓮一莖百葉。

萬歲通天元年，遣使賜六祖能禪師水精鉢摩納衣白氎香茶勅韶州守臣安撫山門。洛陽弘道觀主杜義乞爲僧，賜名玄嶷，賜夏三十臘，勅住佛授記寺。嶷撰《甄正論》以尊佛教。

述曰，佛制受戒以先後爲次序，今玄嶷以新戒而居三十夏僧之上，雖曰國恩實違佛制，厥後劉總賜五十夏，梁令因加三十臘，皆本於此日之非法也。

福先寺沙門慧澄，乞依前朝毀《老子化胡經》，勅秋官侍朗劉如睿八學士議之，皆言，漢隋諸書所載，不當除削。

述曰，唐《藝文志》有《八學士議狀》一卷，雖據漢隋諸書存《化胡》之說，而不知王符僞造之爲非，詳論在中宗神龍初元。

詔嵩岳慧安禪師，入禁中問道。詔沙彌法藏於太原寺開《華嚴》宗旨，感白光昱然自口而出，須臾成蓋，都講以聞，有旨命京城十大德爲授滿分戒，賜號賢首，詔入大遍空寺，佐實叉難陀，參譯《華嚴》。

聖歷元年五月，義淨三藏自西竺還，車駕御上東門迎勞，詔以所奉《金剛座佛眞容舍利梵經》，置佛授記寺道場，集眾翻譯。

二年十月，勅法藏法師，於佛授記寺講新譯《華嚴經》，至《華藏世界品》，講堂及地皆爲震動。即日引對長生殿敷宣玄義，指殿隅金師子爲譬，后豁然領解，封師爲賢首菩薩戒師，集其言曰《金師子章》，學者尊稱爲賢首教云。【略】

久視元年四月，詔斂天下僧尼日一錢。詔義淨三藏，於東都譯《金光明最勝王經》，天后製《聖教序》。

大足元年，成州言有佛跡見甚大，詔改號大足。

志磐撰《佛祖統紀》卷四〇《法運通塞志》一七之七

（中宗）神龍元年，詔韶州慧能禪師入京，不就。詔天下試經度人。山陰靈隱僧童大義，年十二誦《法華經》，試中第一。義學《止觀》于左溪，臨終坐亡，天樂來迎。勅遣使迎韶州慧能禪師入京行道，師表辭以疾因就賜袈裟瓶鉢，以諭主上嚮慕之意。詔義淨三藏，於內道場譯《孔雀呪王經》，御製《聖教序》以冠經首。上昔居房部，祈念藥師如來，遂蒙降祉，因命師譯《藥師七佛經》，上自筆受。師譯經凡五十六部。中書門下平章事房融貶高州，至南海遇印度沙門般剌密諦，遂止制止寺，譯《大佛頂首楞嚴經》，融爲筆受。九月，祀明堂大赦。詔曰，如聞道觀皆畫化胡成佛之相，諸寺亦畫老君之形，兩教尊容，互有毀辱，深爲不然。自今並須毀除，其《化胡經》屢朝禁斷，今後有留此僞經，及諸記錄有言化胡者，並與削除。違者準勅科罪，弘道觀者，桓彥道表留《化胡經》。勅曰，朕志在還淳情存去僞，頃以萬幾之暇尋三教，道德二篇之說，空有二諦之談，莫不敷暢玄門闡揚妙理，何假化胡之僞，方盛老子之宗。義有乖違，事須除削。

述曰，永嘉謝守灝，述《老君實錄》，引諸書言，老子數數下生，商高宗時生於亳州，乘鹿升天（一也）。商紂時降於岐山，至周武王爲柱史，昭王二十二年，度關授尹令道德經，西遊不反（二也）。昭王二十五年，復降於蜀李本官家，二十七年，與尹子會于成都青羊肆，往西域化胡，於于闐國升天（三也。）史記定王三年生於楚苦縣，爲柱下史，孔子朝周問禮，敬王元年入關，爲尹令說道德五千言與尹子，西之流沙（四也）。此前後降生事跡不可言無，昭定兩時皆說爲尹令說道德經，若取孔子同時則且以後文爲正議曰，駁化胡之僞有九說焉，《史記・老子傳》，著書五千言而去，莫知所終，本傳注引《列仙傳》云，尹喜老子俱之流沙，莫知所終，今刊行列仙傳，乃於流沙下增化胡二字。一繆也。尹子作《老子西昇經》云，聞竺乾有古皇先生，吾之師也。今實錄不欲師佛，乃改爲吾之身也。二繆也。《化胡經》說，老子至罽賓化胡剃髮，當昭王二十七年，是時佛生方二歲，世間未聞有佛，不應罽賓有剃髮事。三繆也。僞經又言，老君勅尹子化丈六金身，名曰佛陀，爲胡王授五戒，本云化胡，今乃化尹子成佛。四繆也。僞經言，浮圖寂滅永爲陰靈，神仙飛升長生不滅，本云化胡成佛，不應讚仙毀佛。五繆也。僞經言，老君命梵天頞陀王，以二莊時下生爲佛，釋迦本降自兜率天，當昭王甲寅歲，既無頞陀之稱，又非梵天而降，六繆也。僞經言，尹子化舍利弗賓頭盧善女天九十五種等，此諸人自是釋迦弟子，不應云尹子所化，造僞經者，亦不知舍利弗爲何義。七繆也。《實錄》妄謂，弟子守佛冢者爲喪門，羅什改作桑門沙門，老君遣北斗降魔，故稱穢迹金剛。又謂，仙道爲教外別傳，此皆假竊佛經妄立議論。八繆也。《實錄》不識佛壽長遠，見光明經壽命短促方八十年，不知何義，便取此言譏佛滅之速。九繆也。老子下爲法師上爲天主，一切諸天無不事佛，今道家雖欲尊道重天，而立論失理，反成謗佛之咎，可不畏哉？昔王符僞造此經，死墮地獄，閻王訶云，世間僞經毀盡汝罪方脫，今人撰實錄者，方盛引僞文，甘與王符同一受罪，可不悲哉。（僞經諸說，略見所引，更不別錄）北朝魏孝明，唐高宗中宗，屢朝毀除顯是僞說。獨武后朝八學士議不能區別，尚須細評。故世欲存老子化胡者，當作二說。一審其時，二據其文。何謂審其時？須知佛生於昭王時，老子生於定王時，至景王時孔子朝周問禮於老子，此時在佛後三百年，可言有佛可言化胡。何謂據其文？《列仙傳》云，老子尹子俱之流沙（古本無化胡字）漢襄楷傳云，老子入夷狄爲浮圖之化，晉《高士傳》、魏《典略》、《西戎傳》，皆言老子化戎俗爲浮圖。《隋史・西域傳》、魏宋雲《西行記》、唐太子《實錄》，皆言于闐有毘摩寺是老子化胡處。唐則天時，沙門慧澄乞毀《化胡經》，勅劉如睿八學士各爲議狀，皆言漢隋諸書所載，化胡是實，不當除削，今詳諸書，言老子入西域止在于闐、葱嶺之東，正是胡鄉無可疑者。若欲實其事，則當爲之語，曰老子本迦葉尊者，釋迦遣化東土，先說世間道德五千言，以熟機緣。（義見大藏冢墓因緣經并輔行）後反西域，以佛道勸化胡俗令成佛道，如此言之方爲合理，昔王符據諸書造經，若獨引于闐胡地之國，猶可取信，至廣說罽賓維衛，不識此是梵種，胡梵相去二萬里，豈當混濫如此，僞說敗績不少。前列九繆，有能立難者，吾當截舌以謝。【略】

三年，勅高安令崔思亮往泗州迎僧伽大師。師西域何國人，高宗時來洛陽，行化至泗州，城民賀跋捨宅爲寺，師令掘地得碑云，齊李龍捨宅建香積寺，又獲金佛，師曰，普照王佛也。因名普照王，上以天后諱改普光王，師既至，尊爲國師。出居薦福寺，帝及百僚皆稱弟子，度弟子慧儼慧岸木叉，御書寺額。勅文綱律師入大內安居行道。勅菩提流志於西崇福寺譯《寶積經》，修文館學士武平一充翻經使，盧藏用等潤文。詔律師道岸入宮爲妃主授歸戒，帝至諸師皆避席，岸獨長揖，帝高其操，命圖形于林光宮，爲之御讚。【略】

又 （睿宗）景雲元年，高祖舊第興聖宮有柿樹，枯瘁歲久，至是重榮，乃大赦天下，賜百官封爵，普度僧道三萬人。帝初受內禪，請法藏法師從受菩薩戒。

二年，勅菩提流志同法藏、塵外等，於北苑甘露亭譯《大寶積經》。宰相張說，右丞盧藏用，博士賀知章，中書侍郎陸象先，尚書郭元振，侍中魏知古，潤文監護。勅貴妃公主家，始建功德院。【略】

先天元年，西天沙門婆羅請然燈供佛，帝御延熹門臨觀，燈輪高二十丈，點金銀燈五百盞，望之若華樹。菩提流志等進新譯《寶積經》百二十卷，御製《聖教序》以冠經首。十一月，賢首法師法藏亡，贈鴻臚卿，葬神和原。【略】

又（玄宗）開元元年，勅以寢殿材建安國寺彌勒佛殿。

二年正月，自中宗以來貴戚奏度人爲僧，富戸彊丁多削髮以避傜役，紫微令姚崇上書請禁度僧，言佛不在外，悟之由心，行事利益，使蒼生安穩，是謂佛理。上從之，命有司沙汰僧尼僞濫者，萬二千人，並令還俗，勅百官毋得創寺，民間毋得鑄佛寫經，須者就寺贖取。二月勅僧道致敬父母，四月罷致敬。

述曰，自晉成帝至隋煬，凡四詔沙門致敬王者。遠法師謂，袈裟非朝宗之服。瞻法師謂，僧無敬俗之典。遂寢其事。自唐太宗明皇，凡二詔僧道致敬父母，既時停罷，然不聞當時以何爲議，豈不曰若？稽之佛典，出家之士，尊居三寶，爲世福田，尚使父母反拜，豈當違佛制而狥一時之立法。停罷之議，不出此義。自明皇至我朝，無復爲此非議者矣。

三年，詔一行禪師入見，帝諮以安國撫民之道，及出世法要，稱爲天師（天子之師）。帝問，國祚何如？對曰，鑾輿有萬里行，社稷終吉。以金合進曰，至萬里即開視，乃當歸少許耳。祿山之亂，帝幸成都，至萬里橋，悟當歸之讖，洗然忘憂。終吉者，至昭宗而絕，以曾封吉王也。

四年，西天無畏三藏來。先是睿宗聞師名，遣將軍史獻出玉門迎候，至是帝夢異僧來謁，命圖其容于壁，及師入見與壁像不異，帝說餙內道場居之，尊爲教主。師譯出《毘盧遮那等經》，密教一宗，於茲爲盛。日本國遣沙門元昉入中國求法。

七年，西天三藏金剛智，循南海至廣州，來京師召見，勅居慈恩寺。智傳龍樹瑜伽密教，所至必結壇灌頂度人，禱雨禳災，尤彰感驗。長安罔極寺沙門慧日遊西天還，進佛眞容梵夾，召見內殿說法，開悟帝心，賜號慈愍三藏。法師所經七十國，往返二十年。三月長者李通玄，以《華嚴》大經諸家疏義繁衍，乃持新譯經往太原高山奴宅造論，經三年，日食十棗柏葉餅一枚，世號棗柏大士。【略】所造《論》四十卷。（藏中《有長者事迹》一卷。）

八年，北天竺不空三藏，循南海至京師，於慈恩寺傳瑜伽大法於金剛智。【略】

九年，詔一行禪師造大衍歷。刑和璞謂尹愔曰，漢洛下閎云，後八百年當差一日（音叉錯也）必有聖人出而正之，今一行造歷正其差謬，洛下之言信矣。後六年亡，謚大慧禪師，于闐沙門智嚴來，譯經四部【略】

十四年，日本國沙門榮睿普照至揚州，奉國主命以僧伽梨十領施中國高行律師，鑒眞受其衣，感外國有佛種，遂與睿等附舶而東。既至，王迎勞之，館於毘盧遮那殿，請其授歸戒，夫人群臣以次稟授，日本律教始行於此。

十五年，勅天下村坊佛堂小者，並拆除之，功德移入近寺堂大者，皆令封閉，公私望風，凡大屋大像亦被殘毀。【略】菩提流志亡，年百五十六歲，謚一切遍知三藏，贈鴻臚卿。【略】

十七年，勅天下僧尼三歲一造籍。（供帳始此。）述曰，出家學道，要在從師受戒。爲之制初，未嘗掛名於官籍。自漢明至唐初，莫不皆然。至則天延載始令二衆隸祠部，而明皇正觀始令三歲造籍，肅宗至德復令鬻牒，謂之香水錢。逮我本朝南渡，則又創免丁之賦，謂之淸閒錢。嘻，律言非我所制，餘方爲淸淨者不得不行，豈如來以佛眼觀末世爲吾徒者，當勉順國法乎？嘻。

十八年，左溪朗禪師爲荊溪湛然禪師說止觀法門。詔天下寺觀，建天長節祝壽道場。西京崇福寺沙門智昇，進所撰《開元釋教錄》二十卷，以五千四十八卷爲定數，勅附入大藏。【略】

二十年，金剛智三藏亡，謚灌頂國師。弟子不空三藏奉遺敎，復回天竺至師子國，遇龍樹受十八會灌頂之法及經論五百餘部。【略】

二十一年，南山道宣律師出《刪定四分戒本》，出家之士得以誦習。

二十三年，無畏三藏示寂，塔於龍門之西山。

二十四年，勅頒《御註金剛般若經》於天下。中書奏令天下僧尼隸鴻臚寺。吳道玄，字道子，妙窮丹青，大略宗張僧繇，上召入供奉，於景公寺畫地獄變，都人咸觀皆懼罪修善，兩市屠沽不售。（今世有石本道子觀音。）

二十五年，勅僧尼仍隸祠部，道士隸宗正寺，以李宗屬皇籍也。

二十六年，勅天下諸郡立龍興、開元二寺。【略】

二十七年，勅天下僧道，遇國忌就龍興寺行道散齋，千秋節祝壽就開元寺。

二十八年，不空三藏自師子國復來廣州。采訪使劉巨濟，請建灌頂壇法，感文殊現身，度人至千萬數。

天寶元年，西域康居（音渠）大石五國，入寇安西（唐朝置安東、安西、安南、安北四府）帝召不空三藏入內，持誦《仁王》護國密語，上親秉香罏，方二七遍，上見神人可五百餘立於殿廷，師曰，此北天毘沙門王第二子獨健，副陛下禱往救安西，請設食發遣，四月安西奏云，二月十一日，城東北黑雲中見金甲人身丈餘，空中鼓角聲振天地，寇人帳幙間有金鼠齧斷弓弦，五國即時奔潰，須臾見城樓上天王見形，上令驗之，即誦呪日也。（今城樓軍營立天王者因此。）【略】

又　四載，勅波斯經教出自大秦，其兩京波斯寺宜改大秦。召中岳道士吳筠入見，問以道要，對曰，深於道者無如老子五千文。復問神仙治鍊之法，對曰，此野人事，積歲月以求之，非人主所宜留意。時內侍高力士素事佛，毀於上前，遂辭還茅山，筠以見斥，造論以毀釋氏。浙西觀察使陳少遊，請法師神邕決之。邕約面論邪正，旗鼓纔臨，筠竟敗北。邕遂著《翻邪論》以攻餘黨，少遊聞於朝，命邕爲僧統。（邕嗣左溪）

五載，師子國遣使來朝獻貝葉《大般若經》、瓔珞白氎，五勅不空三藏居鴻臚寺，入內爲帝行灌頂法。時久不雨，師立壇作法，大雨遍洽，復禁止大風，風即隨止。

六載，勅天下僧尼屬兩街功德使，始令祠部給牒用綾素。勅天下寺院，擇眞行童子，每郡度三人。【略】

（肅宗）乾元元年（復稱年）勅不空三藏入內，爲帝灌頂授戒法，感大樂說菩薩放光證戒。

二年三月，詔天下州軍，臨江帶郭上下五里置放生池，凡八十一所。昇州刺使顔眞卿撰碑云，動者植者，水居陸居，舉天下以爲池，罄域中而蒙福，乘陀羅尼加持之力，竭煩惱海生死之津。【略】勅僧尼朝會，毋得稱臣。

洪覺範曰，嵩明教每歎沙門高尚，見天子無臣禮，自唐令瑫首壞其端（此事未見所出）歷世因之。於是不疑彼山林逸士天子猶不得臣之，況沙門之道，尊居三寶，爲世歸依者乎？故《正宗記》之表，首尾言臣某，以存故事。其間自敘，則止稱名。當時公卿莫不重其高識。

述曰，易曰，不事王侯高尚其事。記曰，儒有上不臣天子，下不事諸侯，後漢王儒仲被徵見光武，稱名不臣，有司問其故，對曰，天子有所不臣。夫儒生隱士，尙知以道自高，況世外學佛名居福田，豈當臣事世主自取汚辱。若肅宗者，可謂知尊釋氏，深識大體者矣。【略】

志　磐《佛祖統紀》卷四一《法運通塞志》一七之八

（代宗）永泰元年九月，鑄金銅佛像成，於光順門率百僚致拜。十月吐蕃寇逼京師，命內出《仁王經》二輦送西明諸寺，詔不空三藏置百高座講經，帝臨御行香禮敬。已而寇平。詔曰，《仁王》寶經，義崇護國，前代所譯，理未融通，乃勅不空三藏沙門飛錫良賁等，於大明宮南桃園重譯，帝親對讀，謂新、舊二經理雖符順，所譯新本文義甚周，乃御製序文，加不空特進鴻臚卿。詔出家沙門尊居三寶，其令天下官司毋得捶辱僧尼。勅大興善寺建方等戒壇，立臨壇大德十人。【略】勅於金剛智諸灌頂道場，撰沙門二七員，爲國長誦佛頂呪。【略】

大曆元年，勅沙門良賁於桃園撰《仁王經疏》進上。姑蘇支硎山沙門道遵（左溪弟子）置法華經院，舉高行十四人常持《法華》，以燭繼晝，用揚大雄之慈聲，郡刺史韋元甫，尙書劉晏，奏賜法華道場。於是自江以東置經院者十七所，皆取法於師也。【略】

二年，詔輔相大臣始建功德院。【略】

三年【略】。七月詔建盂蘭盆會，設高祖下七廟神座，自太廟迎入內道場，具幡華鼓吹迎行衢道，百僚迎拜，歲以爲常。翌日產靈芝於太廟二室。【略】

八年，勅天下童行策試經、律、論三科，給牒放度。【略】

十年，勅大興善寺，建不空三藏塔。【略】

十二年，淮西兵馬使李重倩舍宅爲佛經坊，賜名寶應一切經坊。

十三年，詔兩街臨壇大德圓照等十四人，集安國寺，定《四分律》新、舊兩疏，僉定一本。【略】

又（德宗）建中元年，沙門圓照進《新定四分律疏》，勅賜紫衣，充內供奉檢校鴻臚卿，食邑三百戶。

二年，吐蕃遣使乞朝廷賜沙門善講佛理者，帝令良琇、文素往赴說法教化，歲一更之。【略】

三年，勅僧尼有事故者仰三綱，申州納符告注毀，在京者於祠部納告。（唐稱符告者，與品官告身同，今時但稱度牒。）

又 興元元年，勅亡僧尼資財舊係寺中，檢收送終之餘分及一眾，比來因事官收，並緣擾害，今並停納仰三綱通知，一依律文分財法（南山《事鈔衣法篇》及《亡五眾輕重儀》，備述分財法。）。法照法師於并州行五會教人念佛，帝於中宮常聞東北方有念佛聲，遣使尋至太原，果見師勸化之盛，乃迎入禁中，教宮人念佛，亦及五會。

三年，翰林學士梁肅學天台教於荊溪禪師，深得心要，以《止觀》文義弘博，覽者費日，乃刪定爲六卷行於世。吏部郎中李華，嘗從荊溪學止觀，荊溪爲述《止觀大意》一篇，包括大部，若指諸掌。時士夫同學者，散騎常侍崔恭，諫議大夫田敦，皆學止觀於荊溪云。【略】

（貞元）四年，江西馬祖道一禪師亡。師得法於南岳讓禪師，其後五世派爲二家，曰溈仰，曰臨濟。

五年，勅曰，釋道二教，福利群生，館宇經行，必資嚴潔。今後寺觀不得容外客居住，破壞之處，隨宜修葺。

六年正月，詔迎鳳翔法門寺釋迦佛骨，入禁中供養，傳至諸寺瞻禮。二月，迎佛骨歸寺。衡山石頭希遷禪師亡。師得法於淸源思禪師。其後派爲三家，五世而爲洞山，七世而爲雲門，九世而爲法眼。

十一年十一月，南天竺烏茶國師子王貢《華嚴經》。上表云云，師子王手書《普賢行願品》，上獻摩訶支那大唐國大吉祥天子，願慈氏如來龍華會中早得奉覲，獲宿命智，瞻見便識，同受佛記。四月誕節詔澄觀法師，入內殿講經，以妙法淸涼帝心，號淸涼法師教授和上。

十二年正月，勅皇太子於內殿集諸禪師，詳定傳法旁正。四月誕節，御麟德殿，勅給事中徐岱等，與沙門覃延、道士葛參成講論三教。詔罽賓三藏般若等，於長安崇福寺譯烏茶所進《華嚴經》，圓照、鑑虛、靈邃、澄觀潤文證義，帝親預譯場，臨文裁正，令左右街功德使霍仙鳴竇文場專領監護。

十三年，勅沙門端甫，入內殿與儒道論議，賜紫方袍，令侍皇太子於東朝，順帝敬之若兄。左街功德使竇文場奏，先師楚金於天寶初爲國建塔置法華道場，令僧眾經聲不絕者，六十餘年，乞加旌表，勅謚大圓法師。

十四年二月，般若三藏、澄觀法師等進新譯《華嚴經》四十卷。（此經三譯，晉譯六十卷，唐武后朝八十卷，今德宗朝四十卷，并《普賢行願品》一卷。）

十五年七月，帝幸安國寺設盂蘭盆供，宰輔皆從。

二十年，日本國遣使者朝其學者橘逸勢沙門空海入中國，學祕密教於不空弟子慧果。

【略】

日本傳教之始：（順宗）永貞元年，詔尸利禪師入內殿咨問禪理。帝曰，大地眾生如何得見性成佛？利曰，佛法如水中月，月可見不可取。帝說。（師得法於石頭遷師）日本國沙門最澄來學教於天台邃法師，盡寫一宗論疏以歸，爲日本傳教之始也。

（憲宗）元和元年，勅沙門端甫錄左街僧事掌內殿法儀，沙門靈邃錄右街僧事。（僧錄始於姚秦法欽師）詔沙門知玄入殿問道，賜號悟達國師。玄五歲能吟詩，出家爲沙彌，十四講《涅槃經》。李商隱贈詩有云，十四沙彌解講經，似師年紀秖攜瓶，沙彌說法沙門聽，不在年高在性靈。回紇遣使，同摩尼僞人來朝。

二年，以吐突承璀爲左右街功德使，僧道隸焉。三月詔曰，男丁女工耕織之本，其百姓有苟避徭役，冒爲僧道，而實無出家之事業者，所在有司科奏之。【略】河中府沙門慧琳撰《一切經音義》一百三卷，詣闕進上，勅入大藏，賜紫衣縑幣茶藥。【略】

五年，帝問澄觀國師，何謂華嚴法界？師曰，法界者，眾生之性體也。世尊稱法界性說《華嚴經》，事理互融，無不周遍。帝豁然有得。勅有司鑄金印，封爲大統淸涼國師。翰林學士白居易，問心要於凝禪師得八言，廣爲八偈，謂覺觀、定慧、明通、濟捨。觀偈云，以心中眼，觀心外相，從何而有，從何而喪。觀之又觀，則辨眞妄。（八偈見長慶集）居易每於鉢塔寺依如大師受八關齋戒者九度。歸宗智常禪師得法於馬祖，江州刺史李渤問師曰，須彌納芥子即不問，如何是芥子納須彌？師曰，人傳使君讀萬卷書是否？渤曰，然。師曰，摩頂至踵如椰子大，萬卷書何處著？師以目有重瞳，以藥手按摩，目眥俱赤，世號赤眼歸宗居士龐蘊參馬祖。問云，不與萬法爲侶是什麼人？祖云，待汝一口吸盡西江水即向汝道。居士言下頓領玄要。元和中，北遊襄漢，居郭西小舍。一女靈照常製竹漉籬賣以供朝夕，將逝令靈照出視日早晚及午以報，女遽曰，日已中矣。而有蝕也。居士出戶視之，女即登父座，合掌坐亡。居士笑曰，我女鋒捷。於是更留七日，州牧于頔問疾。居士謂曰，但願空諸所有愼勿實諸所無，言訖枕公膝而化勑諫議孟簡補闕蕭俛，於醴泉寺監護譯經潤文無著禪師入五臺求見文殊，至金剛窟見山翁牽牛臨溪。著曰，願見大士，翁牽牛歸，著隨入一寺，翁呼均提，有童子出迎，翁引著升堂坐，童子進玳瑁盃對飲酥酪，頓覺心神卓朗。翁問曰，近自何來，曰南方，翁曰，南方佛法如何住持，曰末代比丘少奉戒律。翁曰，多少衆？曰，或三百，或五百。著問，此間佛法如何住持？翁曰，龍蛇混雜，凡聖同居。曰，衆幾何，翁曰，前三三後三三，及暮呼童子引著出，著問童子何寺，曰般若寺也。著愴然悟此翁即文殊，即稽首童子足下求一言，童子隱身而歌曰，面上無嗔供養眞，口裏無嗔吐妙香，心內無嗔是珍寶，無垢無染即眞常。著因駐錫五臺，後頻與文殊會。

六年，般若三藏譯《本生心地經》，諫議大夫孟簡潤文，帝御製序。

十年，南海經略使馬總上疏，請謚曹溪六祖勑謚大鑑禪師靈照之塔，柳宗元爲撰碑。【略】

十四年正月，勑迎鳳翔法門寺佛骨入禁中，敬禮三日，歷送京城十寺，世傳三十年當一開，開則歲豐人安。王公士庶瞻禮舍施，百姓鍊頂灼膚以爲供養。刑部侍郎韓愈上表曰，上古無佛而治漢明佛法至其後亂亡，晉魏以下年代尤促，梁武奉之爲侯景所逼餓死臺城，事佛求福乃反得禍。佛本夷狄之人，口不道先王之法言，身不服先王之法服，不知君臣之義父子之情。況其身死已久，枯朽之骨凶穢之餘，豈宜以入宮禁？乞以此骨付之水火，永絕根本，佛如有靈能作禍福，凡有殃咎，宜加臣身。表入，帝大怒，將抵以死，賴裴度等勸貶潮州刺史。【略】

東坡曰，觀退之與孟簡書往復，云云，則知退之喜大顛，如喜文暢澄觀，而世人妄撰退之與顛書，其詞凡鄙，有一士人題其末，云歐陽謂此文非退之莫能及此，又誣永叔也。近世所傳退之別傳，深詆退之。又作永叔跋云，使退之復生不能自解免，吾友吳源明云，徐君平見介甫不喜退之，故作此文耳。

述曰，退之與大顛三書具存本集，退之見大顛，既其有實，則往來書尺，不應無之，一時信筆，何能句句精到，謂之妄撰，恐成過論。至若別傳之辭，誠爲凡鄙，是不能逃東坡之鑒也。

涪翁曰，退之見大顛後，作文理勝，而排佛之辭亦爲之少沮云。【略】

柳宗元送沙門浩初序曰，儒者韓退之與予善，嘗病予嗜浮圖言，訾予與浮圖遊。近隴西李生自東都來，退之又寓書罪予，且曰，見送元生序不斥浮圖，往往與《易》《論語》合，誠樂之，其於性情奭然不與孔子異道。退之好儒未能過楊子，楊子之書於莊墨申韓皆有取焉，浮圖者反不及莊墨申韓之怪僻險賊耶？曰，以其夷也，果不信道而斥焉，以夷則將友惡來盜跖，而賤季札由余乎？非所謂去名求實者矣。吾之所取者與《易》《論語》合，雖聖人復生不可得而斥也。退之所罪者，其迹也。曰，髡而緇無夫婦父子，不爲耕農蠶桑而活人乎？若是，雖吾亦不樂也。退之忿其外而遺其中，是知石不知韞玉也。吾之所以嗜浮圖之言以此。與其人遊者，非必能通其道，且凡爲其道者，不愛官不爭能，樂山水而嗜安閑者爲多。吾病世之逐逐然唯印組爲務以相軋也，則舍是其焉從。吾之好與浮圖遊以此。今浩初閑其性安其情，讀其書通《易》《論語》，雖山水之樂，有文而文之。又父子咸爲其道以養，而居泊焉而無求，則其賢於爲莊墨申韓之言，而逐逐然唯印組爲務以相軋者，其亦遠矣。

述曰，退之不知佛，所以斥佛，後世士夫見韓原道及答孟書簡，則便以能距楊墨者爲比楊墨之僻誠足距者，至於佛道廣大，則凡世間九流悉爲所容，未有一法出乎佛道之外，豈當以楊墨比之哉？或曰，柳子謂浮圖之言與《易》《論語》合，《易》《語》世間言教，豈足以知佛道之極際，曰浩初以子厚儒生，未可語以深妙，故以《易》《論語》要義比況之，俾其易領耳，柳子既有所發，故復欲以此警退之之不逮，非從《易》《論語》中說，則儒人未易領也。然子厚自此卒能優入此宗。故其《送元舉序》云，佛之道大而多容，無姓碑云，紹承本統以順中道。《送重巽師序》云，吾自幼學佛，求其道三十年，吾獨有得焉，此未可以《易》《論語》裁量之也。嗚呼，退之之斥佛，非柳子不足以責。今以浩初序章句以釋之，將以廣柳子之能言也。【略】

志磐撰《佛祖統紀》卷四二《法運通塞志》一七之九 （穆宗）長慶元年，上親製南山律師讚曰，代有覺人，爲如來使，龍鬼歸降，天人奉事，聲飛五天，辭驚萬里，金烏西沈，佛日東舉，稽首歸依，肇律宗主。（至今律宗修忌之日，用以稱讚。）

二年，【略】中書舍人白居易知杭州，往問道於鳥窠禪師。師曰，諸惡莫作，衆善奉行。居易曰，三歲孩兒也恁麼道。師曰，三歲孩兒雖道得，八十老翁行不得。居易服其言，作禮而退。（師名道林，見徑山欽禪師）

四年，沙門惠皎於杭州西湖孤山鐫石壁《法華經》，刺史白居易，九人助其功，宰相元稹（音軫）爲之記有云，佛法之奧妙，僧當爲余言，余不當爲僧言白居易至廬山見歸宗常禪師值師泥壁。問曰，君子儒？小人儒？居易曰，君子儒，師打泥杇一下，居易遂過泥，師接得便用，良久云，莫便是快俊底白侍郎麼？居易云，不敢，師云，秖有過泥分中書令王智興，請於泗州建方等戒壇，遇聖誕之日許以度僧，制可。浙西觀察使李德裕上書，以爲所度無算，江淮失丁男數十萬，帝不納。

又 （敬宗）寶曆元年，勅兩街建方等戒壇，左街安國寺，右街興福寺，以中護軍劉規充左右街功德使，擇戒行者爲大德，令試童子能背誦經百五十紙，女童誦百紙者，許與剃度。

二年，勅沙門道士四百餘人，於大明宮談論設齋上幸興福寺，觀沙門文敘講經。上稱善白居易述《華嚴經社記》云，杭州龍興寺沙門南操，因靈隱道峯法師講《華嚴·世界品》，遂發願，勸黑白十萬人持《華嚴經》一部，十萬人復勸千人諷華嚴經一卷，每歲四季衆會具齋，操捧香跪啟於佛曰，願於未來世華嚴藏世界大香水海上寶蓮金輪中毘盧遮那佛前，與十萬人俱，乃於衆中率財置田千頃以給齋用，來求記於予，曰予即十萬人中一人也。

又 （文宗）大和元年十月，誕節詔祕書監白居易，安國寺引駕大師義林，上清宮道士楊弘元，於麟德殿談論三教。【略】

二年，江西觀察使沈傳師，請於洪州建方等戒壇，以聖誕度僧。制答曰，此因國事暫免度僧，勅命已下而傳師違禁，申請宜罰，奉一月以示不允。

三年，沙門清晃等於姑蘇法華院刊石壁《法華經》等八部，郡刺史白居易爲之記。

四年，祠部請令天下僧尼非正度者，許具名申省給牒。時入申者七十萬人。【略】

五年，勅天下州郡造僧尼籍。【略】

九年，岐山法門寺佛骨塔慶雲見。四月，翰林學士李訓，請罷長生殿內道場，沙汰僧尼僞濫者。【略】七月，李訓請令天下僧尼試經業不中格者罷之。十一月，李訓坐謀誅宦官，斬首於昆明池，勅免僧尼試經。八月，詔沙門宗密（號圭峯六祖旁出第六世）入內殿問佛法，賜紫方服。

開成元年正月，左街僧錄內供奉三教談論。【略】

四年，中書奏，誕節令宰臣百僚詣寺設千僧齋，詔許之。時名僧俱會，士民縱觀，莫不傾敬。

五年正月，圭峯禪師宗密亡，宰相裴休撰碑。

又 （武宗）會昌三年，上欲芟夷釋氏，詔令兩街述有佛以來興廢之際有何徵應。法寶大師玄暢，撰《三寶五運圖》以上，勅天下末尼寺並令廢罷。京城女求尼七十人皆死，在回紇者流之諸道，死者大半。

四年正月，上以齋月斷屠出自釋教嫌之，勅今後唯禁歲旦三元日國忌日。

五年正月，趙歸真請與釋氏辨論，詔僧道會麟德殿。上手付老子，論治大國若烹小鮮義，知玄法師登論座，大陳帝王理道教化根本，辯說精壯，道流不能屈。因爲上言，神仙羽化山林匹夫獨善之事，非帝王所宜留神，帝色不平放還桑梓，帝作望仙臺於南郊，歸真乘寵排毀佛道，非中國所當奉，宜從除剷，臣僚皆言，歸真姦邪不宜親信，歸真自以已涉物論，乃薦引羅浮鄧元超等，同力膠固謀毀佛法。四月，詔檢校天下寺院僧尼數。五月，勅兩都左右街，留寺四所僧各三十人，天下州郡各留一寺，上寺二十人，中寺十人，下寺五人。八月，勅諸寺立期毀拆，括天下寺四千六百所蘭若四萬所，寺材以葺廨驛，金銀像以付度支，鐵像以鑄農器，銅像鐘磬以鑄錢，收良田數千萬頃奴婢十五萬人，僧尼歸俗者二十六萬五百人，穆護火祆並勒還俗凡二千餘人。宰相李德裕，率百官上表稱賀五臺諸僧多亡奔，幽州李德裕謂進奏官曰，歸白本使毋聽遊僧入境，節度使張仲武奉其命。主客郎中韋博謂德裕曰，沙汰之法，不宜太過。德裕怒，出博武陵判官。【略】

又（宣宗）大中元年三月，勅會昌季年幷省寺院，釐革過當，其靈山聖境，如有宿舊名僧能修創者，所司不得禁止。李德裕專權日久，帝惡之貶潮州司馬，頃之再貶崖州司戶，惡疾而卒。【略】

述曰，自古人君之毀佛者，必有臣佐以濟其事，故魏太武以崔浩，周武以張賓衛元嵩，唐武以李德裕趙歸眞，卒使大法被辱君臣俱蒙惡報，何彼此之不幸歟？至若舉行沙汰，如桓玄之在晉世，傅奕之在唐朝，姚崇之在明皇，李訓之在文宗，然皆牽於時事既行而復厄，以故一時小厄不若三武爲禍之酷也。若周世宗天性毀佛，而不得其佐，韓愈、歐陽修天性排佛，而不逢其君，使世宗得崔浩，則案誅沙門當有甚於太武之虐，使韓、歐逢三武，則毀像滅僧，當不減於崔、李之酷，崔浩腰斬，德裕竄死，不令之終亦足爲報，魯直謂，退之見大顚排佛爲沮。祖秀謂，永叔見圓通，排斥內銷，維韓與歐獲善於後，亦由知識道力有以回之耳。

統左禁軍楊漢公，以策定功，請復佛教，乞訪求知玄法師，於是復僧，入居寶應寺，屬壽昌節講讚署三教首座，帝以舊邸造法乾寺，命師居之。白居易卒，贈尚書左僕射。居易晚節尙佛經月不葷，施所居爲香山寺，自稱香山居士。嘗述讚曰，十方世界，天上天下，我今盡知，無如佛者，巍巍堂堂，爲人天師，故我禮足，讚歎歸依，會昌初有客舟遭風漂至大山。一道士曰，此蓬萊山，一院扃鑰甚固，曰此白樂天所居，在中國未來耳。樂天聞之爲詩曰，吾學眞空不學仙，恐君此語是虛傳，海山不是吾歸處，歸即須歸兜率天，樂天嘗立願曰，吾勸一百四十八人同爲一志，結上生會行念慈氏名，坐想慈氏容，願當來世必生兜率，晚歲風痺，命工畫西方淨土一部，晝夜供養，爲之讚曰，極樂世界淸淨土，無諸惡道及衆苦，願如我身老病者，同生無量壽佛所，一夕念佛，倏然而化。

二年，勅上都、東都、荊、揚、汴、益等州，建寺立方等戒壇，爲僧尼再度者重受戒法，五臺山建五寺，各度僧五十人。

述曰，案《僧史略》云，取大乘方等不拘根闕緣差但發大心並皆得受，會昌沙汰僧尼在俗，寧無諸過，先令懺罪後增戒品，自非方等，豈容重受？

宣州刺史裴休言，天下寺觀多爲官僚寄客蹂踐，今後不得在寺居止，違者重罰。制可。【略】

三年正月齋日，四明道俗八千人，於阿育王寺供養佛舍利塔。【略】

四年，勅杭州鹽官齊安禪師院，賜名齊豐寺。【略】日本國遣沙門常曉，入中國求釋迦密教。

五年，勅天下州郡國忌行香，不得攜酒肉入寺。召京兆薦福寺弘辨入見，上問曰，何爲頓見？何名漸修？對曰，頓明自性，與佛同儔，然有無始染習，故假漸修對治，令順性起用。如人喫飯，不因一口便飽。帝說，賜號圓智禪師。六月，京城進士孫樵上書言，百姓男耕女織不自溫飽，而群僧安坐華屋美食有餘，率以十戶不能養一僧。武宗憤其然，髮二十七萬僧，則天下二百七十萬人，始得蘇息，陛下縱不能如武宗除積弊，柰何興之於已廢之後乎？願詔僧未復者勿復，寺未修者勿修。帝怒，不納。九月婺州女子，曾志願開雙林大士塔，見頂足連環齒牙不壞，迎出塔供養四十九日，復藏於塔。

六年，詔重建廬山東林寺，追謚遠法師曰辯覺。【略】

八年，勅三教首座辯章充左街僧錄，沙門僧徹充右街僧錄。潭州岳麓寺沙門疏言往太原求大藏經，河東節度使司空盧鈞，副使韋宙，以經施之。節度巡官李節爲之記。【略】

十年，勅每歲度僧依本教於戒、定、慧三學中，擇有道性通法門者度之。此外雜藝，一切禁止。

十二年，勅天下諸寺修治諸祖師塔。日本國沙門慧鍔，禮五臺山得觀音像，道四明將歸國，舟過補陀山附著石上不得進，衆疑懼禱之曰，若尊像於海東機緣未熟，請留此山，舟即浮動，鍔哀慕不能去，乃結廬海上以奉之（今山側有新羅將）。鄞人聞之，請其像歸安開元寺。（今人或稱五臺寺，又稱不肯去觀音。其後有異僧，持嘉木至寺，倣其製刻之，扃戶施功，彌月成像，忽失僧所在，乃迎至補陀山。山在大海中，去鄞城東南水道六百里，即《華嚴》所謂南海岸孤絶處。有山名補怛落迦，觀音菩薩住其中也。即《大悲經》所謂補陀落迦山觀世音宮殿，是爲對釋迦佛說大悲心印之所。其山有潮音洞，海潮吞吐晝夜砰訇，洞前石橋，瞻禮者至此懇禱，或見大士宴坐，或見善財俯仰將迎，或但見碧玉淨瓶，或唯見頻伽飛舞，去洞六七里有大蘭若，是爲海東諸國朝覲商賈往來，致敬投誠，莫不獲濟。（《草菴錄》）【略】

又（懿宗）咸通三年，勑兩街四寺各建戒壇度僧。帝於禁中設講座自唱經題，手錄梵文，數幸諸寺行施。【略】

十四年三月，造浮圖寶帳綵幡華蓋，勑兩街往鳳翔迎佛骨。三百里間，車馬不絕，群臣諫者至言，憲宗迎佛骨尋時宴駕。上曰，朕生得見之，死無所恨。四月八日，佛骨至，導以禁兵公私音樂儀衛之盛。過於南郊，帝御安福門，降樓迎拜，賜沙門及耆老曾見元和奉迎者金帛有差。佛骨留禁中三日供養，迎置安國崇化二寺，令士庶得瞻禮，十二月如前禮迎佛骨還鳳翔。

又（僖宗）乾符三年，外法師於國清爲元琇法師說止觀法門。【略】

中和元年，黄巢犯長安，自號大齊。上幸成都，詔知玄國師赴行在所引對大說，上自製號悟達國師，留行宮久之，辭歸九隴，定中見菩薩摩頂說法，言訖即隱，俄見一珠入玄左服，隆起痛甚，上有晁錯二字，玄知夙業，即右脇安卧而逝。世言玄之前身乃漢川三學山知鉉法師，臨終感病，與今正類。隆興琇師曰，世稱知玄是袁盎後身，自漢文至僖宗七百餘年，盎償錯亦應畢矣。今尚蒙惡報而斃何哉？蓋盎與錯始有私憾，及錯議削七國而七國畔，盎因此時請遂斬錯，景帝畏而從之，終非本意，及錯誅而七國之兵不退，則是盎假畔人以報私憾耳，是宜歷十生而宿對相尋不已，可不畏哉？

述曰，周武廢佛，法師知玄抗辨精壯，帝不能屈。唐武沙汰法師，知玄登論座，道流不能屈。兩世俱名知玄，俱遇廢教，俱在朝爲法師，俱當辨論之席，意師有宿誓使之然乎？至爲三學山知鉉，亦不異此名也。觀其三世爲有道沙門，而酬償宿報未已者，當是晁錯趨東廂以避盎，時此心已深恨，而載赴東市以就誅，時此心必大恨意，臨刑之際必起惡願爲世世之報，故每當法師舍壽之日，必見此相者，亦玄師道力轉爲輕受之報也。天珠者誅也。昔盎請誅錯，今錯亦誅盎，玄袁也。寓名以見本年之姓，異哉？【略】

（昭宗）龍紀元年，聖誕勑兩街僧道入内殿談論。琇法師於國清爲清竦法師說止觀法門。【略】

景福元年，吳越王錢鏐於剡縣石城山建瑞相寺，以奉彌勒三生石像。【略】

（乾寧）三年，勑於羅什法師譯經處，重建草堂寺。四年，趙州觀音院從諗禪師示寂，壽百二十，謚眞際禪師。【略】

天復元年，山賊許恩作亂，至杭州徑山發國一禪師塔，見二甕合藏肉身髮長覆面，賊兵皆驚走，吳越王命重瘞之。【略】

三年，撫州曹山本寂禪師示寂，謚元證。師得法於洞山，世稱曹洞宗。云京兆蜆子和上，自印心於洞山，混迹閩中，日沿江岸拾鰕蜆以充食，暮卧白馬廟紙錢中，華嚴靜禪師夜入紙錢伺之。師至，靜把住問曰，如何是祖師西來意？師云，神前酒臺盤。靜禮謝而退。後入京師佯狂人間，神異莫測。韶州雲門文偃禪師聚徒千人，漢主劉氏召入内殿（都廣州）咨問法要，事以師禮。師得法於雪峯，號雲門宗。

又（景宗）天祐元年，誕節勑天下寺觀設齋，民間禁屠釣。【略】

五代分部

綜　述

《舊五代史》卷七《太祖紀第七》（乾化二年）四月己酉，【略】丙辰，敕：「近者星辰違度，式在修禳，宜令兩京及宋州、魏州取此月至五月禁斷屠宰，仍各於佛寺開建道場，以迎福應。」

《舊五代史》卷一〇《末帝紀下》（龍德元年）三月丁亥朔，祠部員外郎李樞上言：「請禁天下私度僧尼，及不許妄求師號紫衣，如願出家受戒者，皆須赴闕比試藝業施行，願歸俗者一聽自便。」自便，原本作「自使」，今據文改正。（影庫本粘簽）（末帝）詔曰：「兩都左右街賜紫衣及師號僧，委功德使具名聞奏，今後有闕，方得奏薦，仍須道行精至，夏臘高深，方得補塡，每遇明聖節，兩街各許官壇度七人，諸道如要度僧，亦仰就京官壇，仍令祠部給牒，今後只兩街置僧錄，道錄僧正並廢。」

《舊五代史》卷三〇《莊宗紀第四》（同光元年十月）（丙戌）是日【略】又詔除毀朱氏宗廟神主，僞梁二主並降爲庶人，天下官名府號及寺觀門額，曾經改易者，並復舊名。

《舊五代史》卷三七《明宗紀第三》（天成元年）十一月戊午【略】壬戌，以前房州刺史朱罕爲穎州團練使，是日，詔曰：「應今日已前修蓋得寺院，無令毀廢，自此已後不得輒有建造，如要願在僧門，並須官壇受戒，不得衷私剃度。」

《舊五代史》卷七六《高祖紀第二》（天福二年春正月）丙寅【略】是日，（高祖）詔曰：「西天中印土摩竭陀舍衛國大菩提寺三藏阿闍梨沙門室利縛羅，宜賜號弘梵大師。」

《舊五代史》卷七八《高祖紀第四》（天福四年十二月）丙辰，詔今後城郭村坊，不得創造僧尼院舍。

《舊五代史》卷八四《少帝紀第四》（開運二年）秋七月乙未朔【略】甲寅，左諫議大夫李元龜奏，請禁止天下僧尼典買院舍，從之。

《舊五代史》卷一一二《太祖紀第三》（廣順三年閏正月）己酉，開封府奏，都城內錄到無名額僧尼寺院五十八所，詔廢之。

《舊五代史》卷一一五《世宗紀第二》（顯德二年五月）甲戌，詔曰：釋氏貞宗，聖人妙道，助世勸善，其利甚優，前代以來，累有條貫，近年已降，頗紊規繩，近覽諸州奏聞，繼有緇徒犯法，蓋無科禁，遂至尤違，私度僧尼，日增猥雜，創修寺院，漸至繁多，鄉村之中，其弊轉甚，漏網背軍之輩，苟剃削以逃刑；行奸爲盜之徒，托住持而隱惡，將隆敎法，須辯否臧，宜舉舊章，用革前弊。

諸道州府縣鎮村坊，應有敕額寺院，一切仍舊，其無敕額者，並仰停廢，所有功德佛像及僧尼，並騰並於合留寺院內安置，天下諸縣城郭內，若無敕額寺院，祇於合停廢寺院內，選功德屋宇最多者，或寺院僧尼各留一所，若無尼住，祇留僧寺院一所，諸軍鎮坊郭及二百戶已上者，亦依諸縣例指揮，如邊遠州郡無敕額寺院處，於停廢寺院內僧尼各留兩所，今後並不得創造寺院蘭若，王公戚里諸道節刺已下，今後不得奏請創造寺院及請開置戒壇，男子女子如有志原出家者，並取父母、祖父母處分，已孤者取同居伯叔兄處分，侯聽許方得出家，男年十五已上，念得經文一百紙，或讀得經文五百紙，女年十三已上，念得經文七十紙，或讀得經文三百紙者，經本府陳狀乞剃頭，委錄事參軍本判官試驗經文，其未剃頭間，須留髮髻，如有私剃頭者，卻勒還俗，其本師主決重杖勒還俗，仍配役三年，兩京、大名府、京兆府、青州各處置戒壇，候受戒時，兩京委祠部差官引試，其大名府等三處，祇委本判官錄事參引試，如有私受戒者，其本人、師主、臨壇三綱、知事僧尼，並同私剃頭例科罪，應合剃頭受戒人等，逐處聞奏，候敕下，委祠部給付憑由，方得剃頭受戒，應男女有父母、祖父母在，別無兒息侍養，不聽出家，曾有罪犯，遭官司刑責之人，及棄背父母、逃亡奴婢、奸人細作、惡逆徒黨、山林亡命、未獲賊徒、負罪潛竄人等，並不得出家剃頭，如有寺院輒容受者，其本人及師主、三綱、知事僧尼、鄰房同住僧，並仰收捉禁勘，申奏取裁。

僧尼俗士，自前多有捨身、燒臂、煉指、釘截手足、帶鈴掛燈、諸般毀壞身體、戲弄道具、符禁左道、妄稱變現還魂坐化、聖水聖燈妖幻之類，皆是聚衆眩惑流俗，今後一切止絕，如有此色人，仰所在嚴斷，遞配邊遠，仍勒歸俗，其所犯罪重者，準格律處分，每年造僧賬兩本，其一本奏聞，一本申祠部，逐年四月十五日後，勒諸縣取索管界寺院僧尼數目申州，州司攢賬。至五月終以前文帳到京，僧尼籍帳內無名者，並勒還俗，其巡禮行腳，出入往來，一切取便。

是歲，諸道供到帳籍，所存寺院凡二千六百九十四所，廢寺院凡三萬三百三十六，僧尼係籍者六萬一千二百人。

《新五代史》卷三《末帝本紀》：（龍德元年）三月丁亥朔，禁私度僧尼。

《新五代史》卷一二《世宗傳》（周世宗柴榮）甲戌，大毀佛寺，禁民親無侍養而爲僧尼及私自度者。

《新五代史》卷一二《恭帝傳》（周世宗）即位之明年，廢天下佛寺三千三百三十六，是時中國乏錢，乃詔悉毀天下銅佛像以鑄錢，嘗曰：「吾聞佛説以身世爲妄，而以利人爲急，使其眞身尚在，苟利於世，猶欲割截，況此銅像，豈其所惜哉？」

《新五代史》卷三四《石昂傳》（石）昂父亦好學，平生不喜佛説，父死，昂於柩前誦《尚書》，曰：「此吾先人之所欲聞也。」禁其家不可以佛事污吾先人。

祖琇《隆興佛教編年通論》卷二八 敘曰，後梁朱氏簒唐，閱五朝八姓，十有三君五十三載，歐陽文忠公法春秋著爲五代史，古所謂春秋作而亂臣賊子懼，然自秦漢而下，禍起蕭牆變生肘腋，君臣父子之際所不忍顧聞者，奚更不懼之多乎？予嘗以唐新舊本紀參校，粗見文忠師仰春秋略例紀事褒貶之妙，非他史所及，因采數十端著新唐史本紀略例一篇，及得五代史，閱其自發述作之意，與予言亦頗合，然舉春秋宗王之作裁正唐史可也。以之致虐名盛禮而歆艷五代之君，不幾於枉設乎？朱全忠弑昭宗，滅唐祚，雖王莽、劉曜之惡不足以比之，及其有國，父父子子更相屠戮，不殊犬豖之死，正吾教善惡因果之効也。文忠蔑視而不取，特假春秋峨巍位號朝儀以賁之，卒無一辭深誅痛責，使後世忠良閲之，曷以泄胸中之不平乎？荊國王文公嘗歎惜，文患不修《晉書》而修《五代史》，予之言蓋文公歎息之意也。至於李存勗、石敬塘、劉知遠，皆突厥沙陀夷狄之種，朱全忠，郭威乃中國人，反不若三夷狄近人類也。郭威代漢，及養子世宗頗有聲，然議者槩見而未之詳。

夫大聖人出世，其威靈氣燄必有傍資餘及焉，周顯德間軍功屢捷雄武日著，時我宋太祖皇帝弟兄任將師，宜乎席其天威而克勝也。且以鳳凰在觳渥注墮地，猶自絕類離倫，矧大聖人處九四或躍之地者乎？然則郭太祖柴世宗爲我宋先驅，因人而成事者也。曾何足云哉。【略】論曰，予讀唐魏鄭公傳，見其爲太宗言治道，鏗鏗無慮數千萬言，了無一字虛設，及觀傳燈玄沙傳，見其垂示辨道，語句霏霏傾注，與一乘了義相符，而句句朝宗，無一可捨，二公跡異而道同，何哉？蓋心術純正則盡忠於國而効見于治，道眼純正則全提本宗而効見于徒，抑涵養渾厚淵源邃深而致然也。昔孟氏稱禹稷顏子易地則皆然，予於二公亦云。

紀事

祖琇《隆興佛教編年通論》卷二八 【略】論曰，熙寧中，朝賢蘇公澥曰，祖燈相繼數百年間，出類邁倫，超今越古，盡妙盡神，道盛行於天下者數人而已，雲門大宗師特爲之最，擒縱舒卷，縱橫變化，放開江海，魚龍得游泳之方，把斷乾坤，鬼神無行走之路，草木亦當稽首，土木爲之發光，誠哉斯言，觀其本錄垂代，勘辨作略，機機盡善，局局皆新，此所以風流天下，宗嗣綿綿，與臨濟角立而無盡也。噫，後五百歲閲其殘編斷簡，猶足以啟廸昏翳，況當日親槌拂者乎？【略】論曰，禪門自洞山、臨濟、大仰各立門庭，至雪峰別出雲門、玄沙，再世而出法眼，學者從而慕向之，繇而析爲五宗，竊觀其應機説法，浩乎沛然，猶普賢之圓融華藏，彌勒之出現樓閣，維摩之搏取世界，孰敢擬議哉？凡自數公之後，代不乏賢，蓋嘗論禪宗本於妙悟，則具徹法眼，超佛知見，如大日輪曜耀天下，萬機頓赴而縱奪自由，所以德山棒，臨濟喝如眼眼相對鏡鏡相照，自非大根上智莫能領其髣髴，何則？格外靈機非意識境界，迨乎接誘中下之機，則多方開示，猶恐學者不即諦信，乃始援引教中至極之説以助發揮，故達磨洞山有不違教之説，夫豈專守枯樁而已哉？若教乘學者則緣文義趣向，加以根器敏利，游學日久研磨浸漬，索隱鈎深，往往佛知見地可得而言也。致其銓量大教，立宗定趣，亦有假借宗師過量語句以爲準衡，然此但見相似而已，若不徹悟心源，皆業識上光影，謂之死句亦謂之義路，以正眼照之，猶盲夫摸象，雖脊尾耳鬣僅得而知，然不若開眼全見之省力也。此宗門直指與義學相遼所從來遠矣。是故禪稱教外別傳，而教不足以擬禪也。雖然，非教無以顯禪之深，非禪無以臻教之妙，唯悟徹者兼資律儀高行而後融通自在也。世固有席福緣，挾左道，冒聲勢而顯者，宗乘教典，戒律軌儀，漫然未嘗一概，直以禪門問答腐熟語句汎口傳授，脂膏其吻，爲道爲禪展轉欺誑，有不可勝言者，昔東坡所謂至使婦人孺子抵掌嬉戲爭談禪悅，高者爲名，下者爲利，餘波末流無所不至，而佛法微矣。此正中末世之弊也。故今博采累朝外護聖賢緒餘，及弘教秉律韵人勝士興失禪林宗師提綱警策法要，規仰司馬文正公通鑑，裁成此書，凡二十有八卷，垂二十萬言，將以遺諸後學，則予豈敢特欲前賢外護之迹，常存几案日見而諷詠之，惟是皇朝聖賢頌述吾教之作浩博尤多，附四聖御製序於左方，若其宅文，予之精力疲竭，于此而未遑纂輯，請俟後之作者云耳。

九年，詔改天下寺曰道場。【略】

（恭帝）義寧元年，五祖章安灌頂禪師，於天台國清寺，爲智威禪師說《止觀心要》。

《舊五代史》卷三《太祖紀三》（開平元年）十月【略】庚午，大明節，內外臣僚各以奇貨良馬上壽，故事，內殿開宴，（太祖）召釋、道二教封御談論，宣旨罷之，命閤門使以香合賜宰臣佛寺行香。

《舊五代史》卷一〇《末帝紀下》（貞明元年）冬十月，陳州妖賊毋乙、董乙伏誅，陳州里俗之人，喜習左道，依浮圖氏之教，自立一宗，號曰「上乘」，不食葷茹，誘化庸民，揉雜淫穢，宵聚晝散，州縣因循，遂致滋蔓【略】毋乙數輩，漸及千人，次掠鄉社，長吏不能詰，是歲秋，其衆益盛，南通淮夷，朝廷累發州兵討捕，反爲賊所敗，陳、潁、蔡三州大被其毒。

《新五代史》卷一三《廣王全顯傳》 而陳（州）俗好淫祠左道，其學佛者，自立一法，號曰「上乘」，晝夜伏聚，男女雜亂，妖人毋乙、董乙聚衆稱天子，建置官屬，友能初縱之，乙等攻劫州縣，末帝發兵擊滅之。

《舊五代史》卷二四《羅隱傳》附註 曹唐，郴州人，少好道，爲大小遊仙詩各百篇，又著《紫府玄珠》一卷，皆敘三清、十極紀勝之事，其遊仙之句，則有《漢武帝宴西王母詩》云：「花影暗回三殿月，樹聲深鎖九門霜，」又云：「樹底有天春寂寂，人間無路月茫茫，」皆爲士林所稱，其後遊信州，館於開元寺三學院，一旦臥疾，衆僧忽見二青衣緩步而至，且四向顧視，相謂曰：「只此便是『樹底有天春寂寂，人間無路月茫茫』」言訖，直入唐之臥室，衆僧驚異，亦隨之而入，逾閾，而青衣不復見，但見唐已殂矣。

《舊五代史》卷二五《武皇紀上》 武皇即獻祖之第三子也【略】年十三，見雙鳧翔於空，射之連中，衆皆臣伏，新城北有毗沙天王祠，祠前井一日沸溢，武皇因持巵酒而奠曰：「予有尊主濟民之志，無何井溢，故未察其禍福，惟天王若有神奇，可與僕交談。」奠酒未已，有神人被金甲持戈，［有神人被金甲持戈，《北夢瑣言》作有龍形出於壁間，蓋傳聞之異，今附識於此。（影庫本粘簽）］隱然出於壁間，見者大驚走，唯武皇從容而退，繇是益自負。

《舊五代史》卷二九《莊宗紀三》 天祐十八年春正月，魏州開元寺僧傳眞獲傳國寶，獻於行台，驗其文，即「受命於天，子孫寶之」八字也。群僚稱賀，案：自「開元寺」至此三十三字，原本闕佚，今從《冊府元龜》增入，傳眞師於廣明中，遇京師喪亂得之，秘藏已四十年矣。篆文古體，人不之識，至是獻之。

《舊五代史》卷三六《明宗紀二》 初，莊宗遇內難，宦者數百人竄匿山谷，落髮爲僧，奔至太原七十餘人，至是盡誅於都亭驛。

《新五代史》卷一四《李克讓傳》 黃巢犯長安，（李）克讓守潼關，爲賊所敗，奔於南山，匿佛寺，爲寺僧所殺。

《永樂大典》卷一〇三八八 黃巢犯闕，僖宗幸蜀，（李）克讓時守潼關，爲賊所敗【略】以部下六七騎伏於南山佛寺，夜爲山僧所害，克讓既死，紀綱渾進通冒刃獲免，歸於黃巢，中和二年冬，武皇入關討賊，屯沙苑，黃巢遣使米重威賫賂修好，因送渾進通至，兼擒送害克讓僧十人，武皇燔僞詔，還其使，盡誅諸僧，爲克讓發哀行服，悲慟久之。

《舊五代史》卷五〇《宗室、永王李存霸傳》 《通鑑》云：（李）存霸至晉陽，從兵逃散俱盡，存霸削髮僧服謁李彥超：「願爲山僧，幸垂庇護。」軍士爭欲殺之，彥超曰：「六相公來，當奏取進止。」軍士不聽，殺之於府門之碑下。

《新五代史》卷一四《李存霸傳》（李）存霸聞京師亂，亦自河中奔太原，比至，麾下皆散走，惟使下康從弁不去，存霸乃剪髮、衣僧衣，謁符彥超曰：「願爲山僧，冀公庇護。」彥超欲留之，爲軍衆所殺。

《舊五代史》卷八一《少帝紀一》 天福八年春正月辛巳，盜發唐坤陵，莊宗母曹太后之陵也。【略】時州郡蝗旱，百姓流亡，餓死者千萬計，東都人士僧道，請車駕復幸東京。

《舊五代史》卷一三八《吐蕃傳》 唐長興四年，涼州留後孫超遣大將拓拔承謙及僧、道士耆老楊通信等至京師，明宗拜孫超節度使。

《新五代史》卷七四《四夷附録三》　唐長興四年，涼州留後孫超遣大將拓拔承謙及僧、道士、耆老楊通信等至京師求旌節。

《新五代史》卷三〇《李業傳》　（後漢隱帝）時天下旱、蝗，黄河決溢，京師大風拔木，壞城門，宮中數見怪物投瓦石、撼門扉【略】（漢）皇太后乃召尼誦佛書以禳之，一尼如廁，既還，悲泣不知人者數日，及醒訊之，莫知其然。

《新五代史》卷七三《四夷附録三》　（契丹上京又謂）西樓有邑屋市肆，交易無錢而用布，有綾錦諸工作、宦者、翰林、伎術、教坊、角牴、秀才、僧、尼、道士等，皆中國人，而並、汾、幽、薊之人尤多。

雜録

志磐撰《佛祖統紀》卷四二《法運通塞志》一七之九　太祖（朱溫，賜名全忠）開平元年，勑僧尼改屬祠部。泉州沙門智宣，往西竺求經，回詣闕進辟支佛骨貝葉梵經。【略】

三年，大明節勑百官詣寺行香祝壽。

四年，吳王錢鏐幼子令因爲僧，勑賜紫衣無相大師，加同三十臘。

又（末帝）貞明元年，東塔院沙門歸序進經論會要，詔編入大藏，賜演教大師。

二年，吳越王錢鏐遣沙門清外同弟錢鏵，往四明阿育王山迎釋迦舍利塔，船泊西陵，塔夜放光，浙江如晝。王躬迎至羅漢寺，廣陳供養。四明奉化布袋和上，於岳林寺東廊坐盤石上而化葬於封山，既葬復有人見之東陽道中者，囑云，我誤持隻履來，可與持歸，歸而知師亡，衆視其穴唯隻履在焉。師初至不知所從，自稱名曰契此，蹙額皤腹，言人吉凶皆驗，常以拄杖荷布袋遊化廛市見物則乞，所得之物悉入袋中，有十六群兒譁逐之，爭掣其袋。或於人中打開袋，出鉢盂木履魚飯菜肉瓦石等物，撒下云，看看。又一一拈起云，者個是甚麼？又以紙包便穢云，者個是彌勒內院底。嘗在路上立，僧問作麼？師云，等個人來。曰來也。師於懷取一橘與之，僧擬接，復縮手云，汝不是者個人。有僧問，如何是祖師西來意？師放下布袋叉手立。僧云，莫別有在，師拈起布袋肩上行，因僧前行撫其背，僧回首。師云，與我一錢來。嘗於溷所示衆云，化緣造到不得於此大小二事，郡人蔣摩訶每與之遊。一日，同浴於長汀，蔣見師背一眼撫之曰，汝是佛。師止之曰，勿說與人。師常經蔣念摩訶般若波羅蜜，故人間呼爲摩訶居士云，師昔遊閩中，有陳居士者，供奉甚勤，問師年幾，曰我此布袋與虛空齊年。又問其故，曰我姓李，二月八日生。晉天禮初，莆田令王仁於閩中見之，遺一偈云，彌勒眞彌勒，分身千百億，是時示時人，時人俱不識，後人有於墳塔之側得青甆淨瓶六環錫杖，藏之於寺。

四年，西天三藏鉢怛羅至蜀，自言從摩伽陀國至益州，途經九萬九千三百八十里。時蜀主王建，光天元年也。三藏自言，已二百七十歲。述曰，此方往五天者有二道焉。其一爲西北路，自敦煌陽關經西域諸國，過葱嶺雪山入北天竺境，自昔漢騰蘭西來，唐奘師等東往之所經由是也。其二爲西南路，自南海發船至佛逝國羯茶國，西北至耽摩國東天竺境（是東竺南界，即海口升船歸唐之所）自昔梁達磨西來，淨三藏會寧東往之所遊歷者是也。今鉢怛羅至蜀之路，乃當正西，即張騫所謂大夏東南去蜀不遠之說，比之兩路宜應稍近，而今所經歷約十萬里者，當是山川盤折，風俗不通，取道紆回，故十有餘年方得至蜀，以故來者，僅一鉢怛羅，而此方絕無一人取此路也。

六年，陳州末尼聚衆反，立母乙爲天子，朝廷發兵擒母乙斬之。其徒以不茹葷飲酒，夜聚婬穢，畫魔王踞坐，佛爲洗足，云佛是大乘，我法乃上上乘，其上慢不法有若此。龍德元年，勑天下毋得私度僧尼，願出家者，入京城比試經業。【略】（莊宗）同光元年，誕節勑僧録慧江道士程紫霄，入內殿談論，設千僧齋。【略】

（明宗）天成元年，誕節勑僧録雲辯與道士入內殿談論。

二年二月，帝每夕於宮中焚香祝天曰，某胡人因亂爲衆所推，願天早生聖人爲生民主，

三年，閩主王延鈞素敬佛，是年度僧二萬人。

末帝（明宗養子）清泰元年二月，功德使奏，每遇誕節乞令州郡奏薦僧尼，立講經禪定持念文章議論，爲四科試其能否，制可。【略】

二年，四明沙門子麟，往高麗百濟日本諸國，傳授天台教法，高麗遣使李仁日送麟還，吳越王錢鏐令於郡城建院以安其衆。【略】

高祖（石敬塘）天福二年，洛陽宣徽將朱崇，掘屋地得大石佛十軀，有碑云，唐垂拱六年造景福寺，崇大感寤，即舍所居以爲寺竦法師於國清爲義寂法師說止觀法門。

三年，以楊光遠爲天下功德使，凡寺院皆屬焉。

四年，勅國忌宰臣百僚，詣寺行香飯僧，永以爲式。漢中沙門可洪，進《大藏經音義》四百八十卷，勅入大藏。杭州天竺山沙門道翌，獲奇木造觀音大士像。

又（少帝）開運元年，勅爲高祖寫大藏經，奉安明聖寺以資鴻福。六月吳越王錢弘佐，遣僧慧龜往雙林，開善慧大士塔，得靈骨十六片，紫金色舍利無數，紫芝生於甓床，雙虎伏於壙下，祥雲蔽山甘雨灑地，乃奉迎舍利靈骨幷淨瓶香鑪扣門椎諸物，至錢唐安光冊殿供養，建龍華寺，以其骨塑大士像。【略】

高祖（劉暠本名知遠）天福十二年，上柱國郭令威，立《金剛般若經碑》於壽春。

（隱帝）乾祐元年，吳越王錢俶奉天台沙門德韶爲國師，申弟子之禮。

二年，雲門文偃禪師坐逝，塔全身於丈室。【略】

太祖（郭威）廣順二年，勅誕節，宰臣百僚詣寺觀建祝壽道場。【略】

世宗（柴榮太）顯德元年，齊州開元寺義楚法師，進所撰釋氏六帖，勅付史館頒行，賜紫方袍。

二年四月，詔曰，釋氏眞宗，助世爲善，將隆教法，須辨否臧，自今不許私度僧尼，及親無侍養者，不許出家，無勅寺舍，並須停廢。九月，以久不鑄錢，勅令除縣官法物軍器寺觀鐘磬鈸鐸之類，聽留外自餘民間銅器佛像，五十日內悉令輸官給其直。過期不輸五斤以上，其罪死。【略】是歲，廢寺三千三百三十六所，以所毀像鑄周通錢。帝既幷省寺院，勅男年十五已上，誦經百紙，或讀五百紙。女年十三已上，誦經七十紙，或讀三百紙，陳狀出家，本郡考試以聞，祠部給牒，方得剃度。

四年七月，金陵清涼文益禪師示寂，江南唐後主待以師禮，及終諡大法眼學者，號法眼宗。【略】述曰，自昔佛法遭毀有四時焉，魏太武因司徒崔浩，焚毀經像阬戮沙門，既而崔浩要斬，太武身感癘疾，竟爲常侍宗愛所弒，文成嗣位，復大興佛法（其一）。周武因衛元嵩，毀經像塔寺毆沙門反俗，厥後杜祈入冥，見周武地獄受苦求救之事，宣帝嗣興佛法復盛（其二）。唐武宗因趙歸眞，毀像廢寺僧尼還俗，帝後疽發背而殂，時穆陵尉稱，天符以李炎毀佛，有奪壽去位之報，歸眞等皆被誅戮，宣宗即位佛法大興（其三）。周世宗毀像鑄錢廢拆寺院，疽發胸而殂，人見在獄受苦，有周通錢盡方得脫罪之語（其四）。越五年，我太祖皇帝飛龍在天，首詔天下復寺立像，遣沙門求法西天，館梵僧翻傳貝葉，建精藍濟戰士之魄，造經版壽大藏之傳，當國家多事，而於弘贊佛道無所不舉，及太宗繼體度童子十七萬人，建譯經院製聖教序，賜天下無名伽藍之額，建開寶大塔舍利之藏，暨眞宗在朝，聖德遐被，五天咸貢梵典，昭陳天禧，度僧二十四萬，仁宗踐阼，光贊上乘謹翻譯之功，廣藏宮之卷詞臣國。

熙仲《歷朝釋氏資鑑》卷第八 （穆宗）甲辰　四年。觀察使王智興，以上十二月生日，請於泗州置戒壇度僧尼以資福，制可。自元和以來，勅禁此弊，智興欲聚貨財，首請置壇，於是四方輻湊，江淮尤甚，智興家貲累鉅萬，由是也。又詣言，天子誕月，請築壇度人以資福，詔可，淛西觀察使李德裕，劾奏不納，智興爲壇，泗州願募度者輸錢二千，則不勘詰，自淮而右戶三丁男，必一男爲僧，規影猺賦，所度無筭，蘇常齊民，十固八九，不如禁遏，則前至誕月，江淮失丁，男六十萬，不爲細變，有詔徐州禁止。【略】

又（敬宗）太和，己酉。三年，蘇州重玄寺，刊石壁經成，白居易爲碑，略云，夫開示悟入，諸佛知見，以了義度無邊，以圓教垂無窮，莫尊於《法華經》，凡六萬九千五百五言。證無生忍，造不二門，住不思議解脫，莫極於《維摩經》，凡二萬七千九十二言。攝四生九類，入無餘涅槃，實無得度者，莫先於《金剛經》，凡五千八十七言。壞罪集福，淨一切惡道，莫急於《尊勝陀羅尼經》，凡三千二十言。應念隨願生極樂國，莫急於彌陀經，凡一千八百言。用正見觀眞相，莫出《普賢行法經》，凡六千九百九十言。詮自性認本覺，莫深於《實相法密經》，凡三千一百五言。空法塵依佛智，莫過於《般若心經》，凡二百五十八言。是八種經，具十二部三乘之要旨，萬佛之秘藏盡矣。（本文集）樂天以所居爲佛寺，畫阿彌陀佛像，而禮事之，自爲記曰，我本師釋迦如來說言，西方有世界，號極樂，無八苦四惡道故也。其國號淨土，以無三毒五濁業故也。其佛號阿彌陀，以壽無量功德相好光明無量故也。弟子白居易，當衰暮之歲，中風痺之疾，畫西方世界一部，稽首胡跪佛前而讚曰，極樂世界諸淨土，無諸惡道及衆苦，願如我老我病者，同生無量壽佛所。樂天白居易，被遇憲宗，爲當路所忌，文宗朝，太子大傅，贈左僕射，遂隱焉，志不得施，乃放意文酒，能順情自適，託佛生死之說，若忘形骸者，經月不茹葷，後與弟行簡敏中友愛，所居履道里疏沼，種樹架石，樓香山，鑿八節灘，號醉吟先生，與香山僧如滿，結香火社，自稱香山居士。壽七十五，贈尚書左僕射。【略】

乙卯　九年七月，李訓奏，僧尼猥多，耗蠹公私，詔所在試僧尼，誦經不中格，皆勒婦俗禁置寺及私度僧。十月，鄭注欲收僧尼之譽，固請罷沙汰，從之。杜裏，太和之末，爲鳳翔節度，有詔沙汰僧尼。【略】

又　庚申　開成五年。正月，文宗崩，武宗即位。僧惟眞齊賢正簡說，上以禱祠求福，道士趙歸眞說以神仙，皆出入宮禁，上信任其言，九月，召道士趙歸眞等入內，修金籙道場，十月，帝昇玄壇，親受法籙，右拾遺王哲諫云，王業之初，不宜崇信太過，帝不納（通鑑）武宗（名炎）此滅僧之第三武也。

辛酉　改元會昌，六月以道士劉玄靜爲光祿大夫。

甲子　四年。以道士趙歸眞，爲左右街道門教授先生。時帝銳意求仙，歸眞乘寵，每對必排釋氏，宜盡除去。帝深然之。歸眞復請，與釋氏辨論，有旨召僧道於麟德殿談論，法師知玄登論座，辨捷精壯，道流不能屈。玄因奏，王者本禮樂一獻，度吐納服氣，蓋山林匹夫獨擅之事，願陛下不足留神。帝色不平，侍臣諷玄賦詩以自釋，玄立進五篇，有鶴背傾危龍背滑，君王且住一千年之句。帝知其刺，特放還桑梓。

乙丑　五年，上惡僧尼耗蠹天下，欲去之，道士趙歸眞爲諫官，舉鄧元超與劉玄靜，愈排釋氏，先毀山野招提。五月勅，併省天下佛寺，上都兩街各留四寺，每寺留僧三十人，天下節度觀察使治所，及同華商汝州各留一寺，分爲三等，上等留僧二十人，中等留十人，下等五人，餘僧及尼并大秦穆護祆僧，皆勒歸俗，寺非所應留。立期令所在毀撤，仍遣御史分道督之，財貨田產並沒官，寺材以葺公廨驛舍，銅像鐘磬以鑄錢。八月詔，諫釋教之弊，宣告中外，凡天下所毀寺，四千六百餘區，歸俗僧尼，二十六萬五百人，大秦穆護祆僧二千餘人，毀招提蘭若，四萬餘區，收良田數千萬頃，奴婢十五萬人，所留僧皆隸主客，不隸祠部。百官奉表稱賀。又詔，東都只留僧二十人，諸道留二十者減其半，留十人者減三人，留五人者更不留，五臺僧多奔幽州。李德裕召進奏官謂曰，汝趣白本使五臺爲將何必不如幽州，將爲卒必不如幽，州卒何爲虛取容納之，名染於如人口獨不見。近日劉從諫招聚無筭，閑人竟有何益，張仲武乃封二刀，付居庸關曰，有游僧入境則斬之，主客郎中韋博以爲事，不宜大過。李德裕惡之，出爲靈武節度副使是年十月，上受三洞法籙於衡山道士劉玄靜。

丙寅　六年三月，武宗不豫，因服金丹，發背遍體惡瘡，以至躁悶失常，心生狂亂，旬日不能言而崩（三十三歲）。武宗銳然除去浮屠之法，不免受道家之籙，以此見其非，明智不惑，特好惡不同耳。舊史贊曰，昭肅剗浮屠之法，懲桑門之流，志欲矯步丹梯，求珠赤水，徒見蕭衍姚興之旁學，不悟秦王漢武之妄求，蓋受惑左道之言，故偏斥異方之教，况西來之教，將及千年，蚩蚩之民，習以成俗，畏其教甚於國法，樂其徒不異登仙，一朝隳殘金像，燔棄胡書結怨於膜拜之流，犯怒於匹夫之口，帝稱其明斷，然聽斯蔽矣。

宣宗，是年三月即位。五月，宰相李德裕，以專權罷勅道士趙歸眞劉玄靜鄧元超等十二人，蠱惑先朝，排毀釋氏，賜朝堂杖，殺餘配嶺表，流羅浮山。勅天下上京兩街，先聽留兩寺外，更各增置八寺，僧尼依前隸功德司，不隸主客，所度僧尼，仍令祠部給牒。

廢教八月復興。三武之君，以循邪惡，下臣之請，說意剪除，既廢之後，隨而愈興，猶霜風之肅物也。亦暫時矣。如冬後有春之譬，欲盡殲草木者，使冬後無春則可矣。苟知冬後有春，則何苦自當其惡，而障其爲善也，於已何益哉？【略】

大中元年閏月敕，應會昌五年所廢寺，有僧能營葺者，聽自居之，有司毋得禁止，是居相反會昌之政，故僧尼之弊，皆復舊。三月，詔曰，釋氏之教，有資爲理之源，中國久行其道，前朝釐革過當，事體乖謬，其天下靈山勝境，應會昌五年所廢寺宇可仍舊修復住持。【略】

壬申　六年十二月，中書門下奏，度僧不精，或法隳壞，造寺無節，損廢過多，請自今諸州，準元敕許置寺，外有勝地靈迹許修復，繁會之縣，許置一寺。歲禁私度僧尼，有闕則擇人補之，仍申祠部給牒，其欲遠□尋師考，須有本州公驗，從之。（《通鑑》）

□□□樵上言曰，百姓男耕女織，不自溫飽，而群僧安坐華屋，美衣□饌，率以十戶，不能養一僧，武宗憤其然，髮十七萬僧，是天下百七十萬戶，始得蘇息也。陛下即位以來，修復廢寺，天下斧刀之聲，至今不絕，度僧幾及其舊矣。陛下縱不納，如武宗除積弊，奈何興之於已廢乎？日者陛下欲修興東門，諫官上言，遽爲罷役，今所復之寺，豈若東門之急乎？所役之功，豈若東門之勞乎？願早降明詔，僧尼未復者勿復，寺未修者勿修，庶幾百姓獨得以息肩也。不納。

七月，中書門下奏，陛下奉釋氏，群下莫不奔走，恐財力有所不逮，因之生事，擾人望委，所在長吏量加撙節，所度僧尼亦委選擇，有行業者，若容躳之人，則更非敬道也。鄉村佛舍請罷興修，從之。【略】

丙子　十年，敕於靈感會善二寺，置戒壇，請有道僧尼應塡闕者，委長老選，擇給公據，赴兩壇受戒，兩金各選大德十人主其事，有不堪者罷之，堪者貴之歸州不見戒壇，公牒者，毋得私容，仍先選舊僧尼，舊僧尼無堪者，乃選外人。【略】

壬午　三年夏四月，敕兩街四寺，各置戒壇度人三七日，上奉佛至篤，於咸泰殿，築壇爲內寺，尼受戒，兩街僧尼，皆入豫焉，又於禁中設講席，自唱經題，手錄梵夾，仍數幸諸寺，施與無度。【略】

癸巳　咸通十四年三月，上遣使，詣鳳翔法門寺，迎佛骨，群臣諫者甚眾。至有言憲宗迎佛骨晏駕者，上曰，朕生見之，死亦無憾，廣造浮屠，寶帳香輦，幡花幢蓋，以迎之，皆飾以金玉錦繡珠翠。自京城至寺，三百里間，道路車馬，晝夜不絕。夏四月壬寅，佛骨至京師，導以禁軍兵仗，公私音樂，沸天燭地，綿亘數千里，儀衛之盛，過於郊祀，元和之時，不及遠矣。富室夾道爲綵樓，及無遮會，競爲侈靡。上御安福門，降樓膜拜，流涕霑臆，賜僧及京城耆老嘗見元和事者金帛。迎佛骨入禁中三日，出置安國、崇化二寺。宰相以下，競施金帛，不可勝紀，因下德音，降中外係囚。詔曰，朕以寡德，纘承洪業，十有四年，憂勤在位，愛育生靈，遂崇釋教，至重玄門，迎請眞身，爲百姓祈福，載念陛牢，寢興在慮，嗟我黎人，陷于刑辟，況漸當暑毒，繫于縲紲，京畿及天下諸州，見禁囚遞減死一等。十二月，詔送佛骨，還法門寺，都人辭餞，皆嗚咽焉。帝七月崩。

熙仲《歷朝釋氏資鑑》卷第八　閩王王審知，先於唐天復三年，請雪峯義存禪師、玄沙師備禪師入內。王問，佛祖究竟修何因果，乃得成佛？峰云，須是見性，方得成佛。王曰，爭得見性？峰曰，悟即剎那間，不悟塵沙劫。此事未可造次指示，山中千百人眾，二三十年密用此事，未有一二人承當，況大王爲俗人天子，萬機繁冗，爭構得此眞實法門？願大王且爲佛法主宰，於筆頭下，救護生靈，豈不是好事？王大悅。

開平初，王再請雪峰與玄沙入內，求示心法。峰喚云，大王，志心聽取，幻化空身，是大王法身，知見了總是大王本源自性天眞佛。大王，心如木石去，如虛空去，觀心無心，從忘想起，我心自空，即悟實相，百千三昧智慧，俱在大王心。大王今既知本性，一時放下，不可別生毫髮許也。此名無功之功，功不虛棄，此是佛祖玄旨，願大王發大弘願，保持取作佛去，受輪回不可容易。王禮師曰，百生慶幸得逢指示。師向王言，但念念常空寂，日用大果因，但布施廣作利益，並爲助道之門，不拘有無之見，一切自在，脩無功用。王拜謝，奉金二十鋌，二師俱不受。王又問玄沙，此一眞心，本無生滅，今此一身，從何而有？沙云，此本源眞性，遍週沙界，爲妄想故，有一點識性，從父母妄緣而生，便即傳命，受千般苦，身有輪回，佛者覺也。大王既知覺了不落惡趣，請王頻省妄念，歸眞合道。大王於是作禮，信受奉行。【略】

己巳　開平三年燕、趙二王，謁趙州稔禪師，師端坐床上，不起身。燕王問，人王尊邪？法王尊邪？州云，若在人，人王中尊，若在法，法王中尊。王唯然而已。良久云，阿那箇是鎭州大王？趙王諾云弟子。師云，老僧濫在山河，不及趍面，左右請爲王說法，師乃爲說法要。二王讚嘆彌敬。

庚午　四年，南岳惟勤頭陀，集光化以來宗師機緣，爲《續寶林傳》四卷。

（乾化）二年吳越王錢鏐，請杭州瑞應幼章禪師於天台山，建金光明道場，諸郡黑白大會，逾月方散。【略】

甲申　同光二年。五臺山誠慧，自言能降伏天龍，命召風雨，帝尊信之，親師后妃皇弟太子拜之，誠慧安座不起，群臣莫敢不拜，天時大旱，帝自鄴都，迎之至洛陽祈雨，應期，士民朝夕瞻仰焉【略】

乙未清泰二年。金陵國主，迎法眼文益禪師問法，居報恩，賜號淨慧禪師，次遷清涼，立法眼宗。王請師入內庭，看壯丹花索詩。師云，擁毳對芳叢，由來迥不同。髮從今日白，花是去年紅。艷□隨朝露，馨香逐晚風，何須待零落，然後始知空。乃頓悟其意。【略】

己亥　天福四年。上竺僧道端，一夕見山間光明，往視之，得香木，命工刻觀音像，白光煥發，夜亡列燭之光，晝掩大陽之景，像成靈感尤盛。乾祐戊申，有僧從勳見曰，吾游洛，得古佛舍利一顆，寶之久矣。今願置菩薩毫相中，以助其神翊，師從之，至今舍利現頂冠肉髻間。

庚子　五年，閩王曦，度民爲僧，萬一千人，次年於城南西埠，建石塔七層，功未半而光發如蓋者三夕，既成而光耀隆天者又三夕，王慰幸，遂勑額曰淨光，而於其下建僧宇焉。【略】

庚戌　乾祐三年，遣使訪河中鳳翔，收瘞戰死及餓莩遺骸，時有僧尼聚二萬矣。【略】

吳越錢王，命永明道潛禪師，入府授菩薩戒，賜定慧慈化禪師。一日潛欲請塔下羅漢銅像，過新寺供養王曰善矣。昨夜夢十六尊者，乞隨入寺，何昭應之若是於師號加應眞二字，留潛兩月還山。

癸丑　三年，韶國師，因吳越僧義寂曰，智者之教，年祀寢遠，必多散矣。唯新羅國有善本，願藉禪師慈力，使再開東土人天眼目，師以聞王，王乃遣使航海，傳寫以還，迨今天台俱備者，皆忠懿王，與韶國師之力也。而韶適與智者同姓，疑其後身也。

甲寅　顯德元年。明年勑，天下寺院，非勑額者併之，凡三千餘所。僧尼凡欲出家者，必聽祖父母，父母，伯叔父之命。惟兩京大名府、京兆府、青州，聽設戒壇。禁僧俗捨身，斷手足，煉指炷香，帶鉗之類，幻惑流俗。

乙卯　二年。詔郡國歲造僧帳，有死亡歸俗，皆隨時開落。是歲寺存者，二千七百，廢三萬三百餘。《事物紀》原載，明皇開元十七年，八月十日勑，僧尼宜依十六年舊籍，則僧尼供帳，始於此。又《僧史略》曰，唐文宗太和四年，正月，祠部請，天下僧尼，具名申省，以憑入籍，造帳自太和始也。

丙辰　有僧仁及爲節度使，周行逢信任軍府事皆預之，亦加檢校，司空畜室，出入導從，如王者。秋七月，帝以縣官久不鑄錢，而民間多銷錢爲器皿佛像，錢益少。九月，始立監，采銅鑄錢，自非州縣官，法物軍器，及寺觀鍾磬鈸鐸之類，聽留，外自餘民間銅器佛像，五十日內，悉令輸官，給其直，過期隱匿不輸，五斤以上者，其罪死，不及者論刑有差。上謂侍臣曰，卿輩勿以毀佛爲疑，且佛以身世爲妄，而利益人爲急，使其眞身尚在，苟利於世，尚欲割截布施，況此銅像。若朕身可以濟民，亦非可惜也。由是群臣不敢言。鎭州大悲觀音像極靈，州之士民，願以錢代之，制不許，方毀其胸，群力皆墮腕，而遂停其半。時沙門法敏，苦諫不納，乃著《顯驗論》。

楊文公《談苑》，顯德三年，悉毀銅像鑄錢，世宗謂宰相曰，佛敎以頭目髓腦，利益眾生，尚無所惜，復以銅像而愛之乎？宋太祖太宗，目擊其事，由是益信佛法，故受命之初，復興天下佛寺。【略】

大唐而由五季，烈聖良輔，時英廣運檀心，聿脩淨業，貝業之文，宣釋備圓，而結成大藏，拈花之旨，單傳密付，而建立五宗，棊布講筵，星羅禪席，豈期會昌之變，遽有魏宋之舉，恃賴春回梵苑，殿靄名香，象敎鬱興，聖儀編跱，瀚海天山之地，盡入提封，龍庭鳳穴之鄉，咸霑聲敎，公卿梵侶，衛敎扶宗者，皆奈苑之龍麟，並祇園之梓杞，謬隨筆而紀之，豈管窺而盡哉？必有英毅挺枝，風格超倫之士，廣而述之，以明後代云。

兩宋分部

綜　述

《宋史》卷一《太祖紀一》　漢初，（趙匡胤）漫遊無所遇，舍襄陽僧寺，有老僧善術數，顧曰：「吾厚贐汝，北往則有遇矣。」會周祖以樞密使征李守眞，應募居帳下。

《宋史》卷六《真宗紀一》　咸平元年春【略】辛巳，僧你尼尼等自西天來朝，稱七年始達。

《宋史》卷二五〇《王審琦傳附王承衍傳》　雍熙中，（王承衍）出知天雄軍府兼都部署，時契丹擾鎮陽，候騎至冀州，去魏二百餘里，鄰境戒嚴，城中大恐，屬上元節，承衍下令市中及佛寺燃燈設樂，與賓佐宴游達旦，人賴以安。

《宋史》卷二五一《符彥卿傳附符昭壽傳》　（符）昭壽以貴家子日事游宴，簡倨自恣，常紗帽素氅衣，偃息後圃，不理戎務，有所裁決，即令家人傳道，多集錦工就廨舍織纖麗綺帛，每有所須，取給於市，餘半歲方給其直。又令部曲私邀取之，廣糴黍稻，未及成熟者亦取之，悉貯寺觀中，久之損敗，即勒道釋償之。

《宋史》卷二五二《武德行傳》　乾佑中【略】時禁鹽入城，犯者法至死，告者給厚賞，洛陽民家嫗將入城鬻蔬，俄有僧從嫗買蔬，就筥翻視，密置鹽筥中，少答其直，不買而去，嫗持入城，抱關者搜得鹽，擒以詣府。（武）行德見盛鹽襆非村嫗所有，疑而詰之，嫗言：「適有僧自城外買蔬，取視久之而去，」即捕僧訊治之，具伏與關吏同誣嫗以希賞，行德釋嫗，斬僧及抱關吏數輩，人畏之若神明，部下凜然。

《宋史》卷二七六《劉蟠傳》　太平興國初，（劉蟠）就遷倉部員外郎，改轉運使，歲漕江東米四百萬斛以給京師，頗爲稱職，秩滿，部內僧道乞留，詔許再任，賜金紫，改駕部員外郎。

《宋史》卷二八五《馮拯傳附馮行己傳》　調廂兵繕葺五臺山寺。

五臺山寺調廂兵義勇繕葺，爲除和糴谷三萬，（馮）行己謂不可捐歲入之儲，以事不急之務。

《宋史》卷二八六《薛奎傳》　（隰）州民常聚博僧舍，一日，盜殺寺奴取財去，博者適至，血偶涴衣，邏卒捕送州，考訊誣伏，（薛）奎獨疑之，白州緩其獄，後果得殺人者。

《宋史》卷三三九《蘇轍傳》　會河北轉運判官王廣廉奏乞度僧牒數千爲本錢，於陝西漕司私行青苗法，春散秋斂，與安石意合，於是青苗法遂行，安石因遣八使之四方，訪求遺利，中外知其必迎合生事，皆莫敢言。

《宋史》卷三四八《洪彥昇傳》　洪彥昇字仲達，饒州樂平人，登第，調常熟尉，奉母之官，既至，前尉欲申期三月以規薦，而中分奉入，彥昇處僧舍，卻奉不納，如約，始交印。【略】論：「呂惠卿與張懷素厚善，序其所注《般若心經》云：『我遇公爲黃石之師。』且張良師黃石之策，爲漢祖定天下，惠卿安得輒以爲比？」【略】右僕射張商英與給事中劉嗣明爭曲直，事下御史，彥昇蔽罪商英。商英去，又累疏抨郭天信以談命進用，交結竄斥，因請禁士大夫毋語命術，毋習釋教。

《宋史》卷三五一《張商英傳》　哲宗初，爲開封府推官，屢詣執政求進，朝廷稍更新法之不便於民者，商英上書言：「『三年無改於父之道，可謂孝矣。』今先帝陵土未干，即議變更，得爲孝乎？」且移書蘇軾求入台，其庾詞有「老僧欲住烏寺，呵佛罵祖」之語，呂公著聞之，不悅。

《宋史》卷四二二《陳仲微傳》　囊山浮屠與郡學爭水利，久不決，仲微按法曰：「曲在浮屠。」它日沿檄過寺，其徒久揭其事鍾上以爲冤，且暮祝詛，然莫省爲仲微也。仲微見之曰：「吾何心哉？吾何心哉？」質明，首僧無疾而死。

《宋史》卷四二七《道學一・程顥傳》　（程珦）嘗宴客開元僧舍，酒方行，人譁言佛光見，觀者相騰踐，不可禁，珦安坐不動，頃之遂定。

《宋史》卷四六三《外戚上・王繼勳傳》　長壽寺僧廣惠常與（王）繼勳同食人肉，令折其脛而斬之，洛民稱快。

《宋史》卷四六六《宦者一・周懷政傳》　右街僧錄澄遠以預聞妖詐，決杖黥配郴州。

《宋史》卷四八二《北漢劉氏世家》　初，（劉）鈞自李筠敗，狼狽而歸，且夕懼宋師之至，以趙文度爲相，召抱腹山人郭無爲參議中書事，以五臺山僧繼顒爲鴻臚卿，參議國事。

紀事

《宋史》卷四《太宗本紀》（一）　（太平興國四年五月）優賞歸順將校，盡括僧道隸西京寺觀，官吏及高貲戶授田河南。

《宋史》卷一二《仁宗本紀》（四）（嘉祐元年）辛未，司天監言：自至和元年五月，客星晨出東方守天關，至是沒，壬申，遣官謝天地、宗廟、社稷、寺觀、諸祠。

《宋史》卷一三《英宗本紀》（嘉祐八年）戊辰，初御延和殿，以疾未平，命宰臣祈福於天地、宗廟、社稷及寺觀，又禱于岳瀆名山。

《宋史》卷二二《徽宗本紀》（四）宣和元年春正月【略】乙卯，詔：「佛改號大覺金仙，餘爲仙人、大士，僧爲德士，易服飾，稱姓氏，寺爲宮，院爲觀，」改女冠爲女道，尼爲女德【略】。

（三月己未）詔天下知宮觀道士與監司、郡縣官以客禮相見。

《宋史》卷二二《徽宗本紀》（四）（宣和元年）五月丙午朔，有物如龍形，見京師民家，丁未，詔德士並許入道學，依道士法。

《宋史》卷二二《徽宗本紀》（四）（宣和二年六月）丁亥，復寺院額。

《宋史》卷二六《高宗本紀》（三）（建炎四年正月）己巳，換給僧道度牒，人輸錢十千。

《宋史》卷二六《高宗本紀》（三）（建炎四年十一月）詔諸路轉運司括借寺觀田租蘆場三年。

《宋史》卷二九《高宗本紀》（六）（紹興元年）三月庚子朔，張浚進鬻田及賣度牒錢六十三萬緡助軍用。

《宋史》卷三〇《高宗本紀》（七）（紹興十二年五月丙午）停給度僧牒。

又（紹興十五年正月）辛未，初命僧道納免丁錢。

《宋史》卷三一《高宗本紀》（八）（紹興二十九年九月丙申）蠲中下戶所欠稅賦及江、浙蝗潦州縣租，丁酉，減僧道免丁錢，己亥，蠲見監贓罰賞錢。

《宋史》卷三二《高宗本紀》（九）（紹興三十一年二月）乙丑，復鬻僧道度牒。

《宋史》卷三三六《呂公著傳》時科舉罷詞賦，專用王安石經義，且雜以釋氏之說，凡士子自一語上，非新義不得用，學者至不誦正經，唯竊安石之書以干進，精熟者轉上第，故科舉益弊，公著始令禁主司不得出題老、莊書，舉子不得以申、韓、佛書爲學，經義參用古今諸儒說，毋得專取王氏，復賢良方正科。

《宋史》卷四六一《方伎上・蘇澄隱傳》開運末，契丹主兀欲立，求有名稱僧道加以恩命，惟澄隱不受。

《宋史》卷四七四《奸臣傳》（四）浙西田畝有直千緡者，似道均以四十緡買之，數稍多，予銀絹；又多，予度牒告身。

雜録

《宋史》卷三《太祖傳三》（開寶）五年春正月壬辰朔，雨雪，不御殿，禁鐵鑄浮屠及佛像。

《宋史》卷一〇《仁宗傳二》（康定元年）八月戊戌，禁以金箔飾佛像。

《宋史》卷二三《欽宗傳》（靖康元年十一月）庚午，詔河北、河東、京畿清野，令流民得占官舍寺觀以居。

《宋史》卷三〇《高宗傳七》（紹興十六年二月）壬寅，毁諸路淫祠。

又（紹興二十二年）丁巳，遣司農丞鍾世明詣福建路籍寺觀絶產田宅入官，其後歲入錢三十四萬緡。

《宋史》卷三〇四《王濟傳》睦州有狂僧突入州廨，出妖言，（王濟）與轉運使陳堯佐按其實，斬之，上嘉其能斷。

《宋史》卷三一〇《李迪傳》（李及之）知信州，靈鷲山浮屠，犯法者衆，及之治其奸，流數十人，乃自劾，朝廷嘉之，釋不問。

《宋史》卷三二一《陳襄傳》譯經僧死，遺表度十僧，列子廟三年度一道士，（陳襄）皆抑不行。

《宋史》卷三二八《李清臣傳》李清臣字邦直，魏人也。七歲知讀書，日數千言，暫經目輒誦，稍能戲爲文章，客有從京師來者，與其兄談佛寺火，清臣從傍應曰：「此所謂災也。或者其蠹民已甚，天固儆之邪？」因作《浮圖災解》，兄驚曰：「是必大吾門」，韓琦聞其名，以兄之子妻之。

《宋史》卷三九〇《劉章傳》 孝宗受禪，念舊學，命（劉章）知漳州，爲諫議大夫王大寶所格，尋除秘閣修撰、敷文閣待制，召提舉佑神觀兼侍讀，遂拜禮部侍郎，奏禁遏淫祀，仍於《三朝史》中刪去《道釋》、《符瑞志》，大略以爲非《春秋》法。

《宋史》卷四二九《道學傳三》 （朱熹）主泉州同安簿，選邑秀民充弟子員，日與講說聖賢修己治人之道，禁女婦之爲僧道者。

又 （朱熹）居數月，除江東轉運副使，以疾辭，改知漳州，奏除屬縣無名之賦七百萬，減經總制錢四百萬，以習俗未知禮，采古喪葬嫁娶之儀，揭以示之，命父老解說，以敎子弟，土俗崇信釋氏，男女聚僧廬爲傳經會，女不嫁者爲庵舍以居，熹悉禁之。

《宋史》卷四五七《隱逸傳上》 （種放）性不喜浮圖氏，嘗裂佛經以制帷帳，所著《蒙書》十卷及《嗣禹說》、《表孟子上下篇》、《太一祠錄》，人頗稱之。

《宋史》卷四六二《方技傳下》 張商英方有時望，（郭）天信往往稱於內朝，商英亦欲借左右游談之助，陰與相結，使僧德洪輩道達語言，商英勸帝節儉，稍裁抑僧寺，帝始敬畏之，而近侍積不樂，間言浸潤，眷日衰，京黨因是告商英與天信漏洩禁中語言，天信先發端，窺伺上旨，動息必報，乃從外庭決之，無不如志，商英遂罷。

熙仲《歷朝釋氏資鑑》卷九 江南國徵僧例試經業，歸宗詮禪師徒衆，並習禪觀。師乃述偈聞于州曰，比擬忘心合太虛，免教和氣有親疎，誰知道德全無用，今日爲僧貴識書。時州牧閱之，與僚佐議曰，旃檀林中，必無雜木，惟師一院，特免試經，九帶。

戊辰 開寶元年，高麗國上書，聞求明寺延壽禪師名，遣僧問道，敘弟子禮，奉金絲伽黎水晶數珠金澡瓶等物，仍令彩畫中國圖本僧三十員，受法相繼歸國，各化一方，其國主玉徽，常看《華嚴經》，願生中國，一夜夢到中華，所歷堺界，皆如其圖。覺而述偈曰，惡業因緣近契丹，一年朝貢幾多般，夢中忽到中華地，可借中宵漏滴殘。【略】

丙子 太平興國元年，幸開寶寺燒香，見僧看經，帝問看什麼經，云《仁王護國經》，帝曰，既是寡人經，因甚在卿手裏？僧無語。雪竇顯代云，皇天無親，惟德是輔。帝見僧來朝，問甚處？僧奏云，靈山一別，直至于今。帝云，以何爲驗？僧默然。雪竇代云，貧道得得而來。帝因寂大師進三界圖，帝問，朕居何界？寂無對。保寧勇代云，陛下何處不稱尊？帝一日擎鉢，問宰相王隨，既是大庾嶺頭提不起底，爲甚在寡人手裏？隨無語。石霜代云，陛下有力帝常夢神人，請陛下發菩提心。早朝宣問左右街，菩提心作麼生發？雪竇代云，實謂今古罕聞。

己卯 五年。僧錄贊寧，撰《僧史》十卷進呈，有旨入藏。贊寧仍充史舘編修，壽至八十四。時王處訥亦在舘中，通星曆，推其命，孤薄三命禽略六壬遁甲，俱無壽貴之，處訥謂寧曰，師生時，正天貴星臨門，必有烈士侯王在戶否，寧曰，母長謂生時方臥草錢，文穆王元瓘，往臨安縣拜瑩，至門雨作，避於屋簷之下甚久，浣浴襁褓而去。

錢鏐嘗奏，釋迦眞身舍利塔，在明州，是阿育王所造，八萬四千，而震旦得十九之一也。太宗命取舍利，禁中供養。御製佛牙讚曰，功成積劫印文端，不是南山得恐難，眼覩數重金色潤，手擎一片玉光寒。煉時百火精神透，藏處千年瑩彩完，定果薰修眞秘密，正心莫作等閑看。廢開寶寺地，造浮屠十一級，以藏之。

辛巳 有梵僧法賢、法天、施護三人，自西域來，太宗受佛記，遂建譯經院，募童子五十人，令習學，得江南李王之子惟淨，慧悟盡能通天竺之文，歷晉及唐，有梵僧自五天來，及華人善竺音者相譯，迄開元凡經律論集，共五千四十八卷。《國朝會要》曰，太平興國七年辛巳六月，造譯經院成。秋七月，車駕幸譯經院，詔梵學僧，筆受綴文，左右街學僧詳定。十二月，選梵學沙門一人，爲筆受，義學沙門十人，爲證義。其後以惟淨，爲梵學筆受隋文帝，以沙門彥宗，爲翻經舘學士後，始命僧以官，唐以不空，爲開府儀同三司試鴻臚卿，亦加朝散大夫，筆受以朝臣爲之佛陀多羅，譯圓覺經，房融爲筆受。《楞嚴經》，亦融爲也。宋太宗，雍熙四年，法賢，加試光祿卿，階朝散大夫，法天，累試鴻臚卿，加朝散大夫，惟淨，以故吳主煜弟從鑑之子，爲梵學筆受，大中祥符間，同譯經，爲試光祿卿也。【略】

甲辰 景德元年，東吳僧道源，續開平已來宗師機緣，統集《寶林聖胄》等傳，爲《傳燈錄》三十卷，詣闕進呈。上覽之嘉賞，命翰林楊億等

刊正，入藏頒行。【略】

天聖己巳　七年，都尉李遵勗，造《天聖廣燈録》三十卷進呈，上親製序，勅入藏。

戊寅　寶元二年六月，同修起居注宗祁上疏，略云，今有三冗，有三費。僧道日益多，而無定數，而又別築神祠，爭修寺塔，此冗也。帳幄謂之供養，田産謂之常住，道場齋醮，無日不有，此費也。不徭不役，坐享齋名，皆曰不費官帑，自用民財，此誠不逞罔上之尤者，夫民藏於國，國藏於民，財不天來，而由地出，役不使鬼，而得人作，捨國取民，其傷一焉。【略】

甲申　慶曆四年六月，開寶寺舍利塔災，上遣中貴人，取舍利，迎入内庭供養，頗有光景靈異，合京王公貴人瞻禮，爭施金帛，重修復之。上製讚曰，三皇掩質皆歸土，五帝潛形亦化塵，夫子域中謁是聖，老君世上亦言眞，埋軀只見空遺塚，何處將身示後人，惟有吾師金骨在，曾經百煉色長新獨起居注余靖上疏曰，五行之占，本是災變，宜誠懼以答天意，而聞有詔，取舊瘞舍利，入禁中，道路傳言，舍利在内庭，有光怪，切恐巧佞之人，推爲靈異，再圖營造，臣聞帝王之道，能勤儉厥德咸得人心，則雖有危難，後必安濟，自西陲用兵，國帑虛竭，士民諸蓄，十室九虛，陛下如不恤民病，廣事浮費，以奉佛求福，非天下所望也。若以舍利經火不壞，即本在土中，火故不及，若言舍利能出光怪，必有神物憑之，此妄言也。且一塔不能自衛，爲火所毁，況藉其福以庇於民哉？昔梁武造長干塔，時舍利亦常有光，及臺城之敗，何能致福，況胡人軍校，皆呼舍利入宮，不祥之語，尤可惡也。

帝以高麗所貢磨衲衣，賜雲居佛印元禪師，翰林蘇軾爲讚，其略曰，匣而藏之，見衲而不見師，衣而不匣，見師而不見衲，惟衲與師，非一非兩，眇而視之，蟣虱龍象。

己丑　皇祐元年，上聞訥禪師名，詔住淨因，訥稱疾不敢奉詔，有旨令舉自代，遂舉懷璉，或曰，聖天子旌崇道德，遣使持書，恩被泉石，師何固辭。師曰，予濫廁僧倫，視聽不聰，幸安林下，飯蔬飲水，雖佛祖有所不爲，況其他耶？先哲有言，大名之下，難以久居，予平生行知足之計，不以聲名自累，若厭于心，何日而足（正法眼藏）東坡曰，知安則榮，知足則富，避名全節，善始善終，在訥師得之矣。【略】

釋契嵩，號潛子，騰州鐔津李氏，篤愛於豫章歐公昉。時文忠公著《本論》，李泰伯著《潛書》排佛，師作《原教論》十萬言，明儒釋之一貫，注《禪宗定相圖》《傳法正宗記》，述《護教篇》，引佛五戒，通儒五常，解其嘗云，不殺仁也。不盜義也。不邪禮也。不飲智也。不妄信也。釋十善云，不殺者，不以非故暴一物，不止不食其肉也。不盜者，不義不取，不止不竊一物也。不邪婬者，不亂其匹偶，不妄語者，不以言語欺人，不飲酒者，不以醉亂其脩心，不綺語者，不飾非言惑群聽，不兩舌者，爭語於人無背面，不惡口者，不罵不道不義之事也。不嫉者，無所妬忌萌於念，不恚者，不以忿恨宿於心，不癡者，不昧乎善惡之因也。脩前五者，資之可以爲人，兼修其十者，報之可以生天，脫天下之人以此各修，人人成善，人人皆善，而世不治，未之有也。或曰，佛只言性，性易則與中庸云之矣。烏用乎佛爲。師曰，佛言性，與世書一，是聖人與世同其性矣。人多得其同，則廣爲道德，同誠其心，同齋戒其身，同推德於人，以福吾親，資吾君之康天下也。指爲中國患可乎？書成，游京師，知開封府龍圖王公素奏上，仁宗覽之加嘆，付傳法院，編次入藏丞相韓公琦，參政歐公脩，閱其文，極口許可曰，僧中有此郎耶？下詔褒寵，賜紫方袍，號明教大師。翰林王公素，爲釋契嵩，進《輔教篇》，上仁宗表，略曰，臣於釋教，親曾留心，觀其削增注述，故非臆論，論亦精微，陛下萬機之暇，深得法樂，原賜聖覽，如有可採，乞降中書看詳，特與編入大藏云。

癸卯　七年九月辛亥，大饗明堂，赦文，天下寺觀，未有名額者，特賜之。諫臣司馬光上言，竊以佛老之教，無益治世，而聚匿游惰，耗蠧良民，是以國家明著法令，刱寺觀一間以上，聽人陳告，科違制之罪，仍令毁拆。臣聞爲上者，洗濯其心，一以待民，是以令行禁止，而莫敢不從，今立法禁之于前，而發赦勸之於後，凡國之令，將使民何所從乎？其赦一節，乞更不施行，庶使號令爲民所信，而游惰不能爲奸也。【略】

丁未　四年正月，賜私造寺觀額名。詔曰，民間先私造寺觀，及三十餘間，悉存之，並賜聖壽爲額。【略】

歐陽永叔嘗著《本論》，謂佛法爲中國患千載，攻之暫破而愈堅，撲之未滅而愈熾，遂至無可奈何。又醴陵登眞閣記云，醴陵爲佛老之居，二者之說，皆見斥於吾儒。又湘潭藥師院大殿記曰，潭之李氏，聞浮屠法，有能捨己之有以崇飾尊嚴，我則能陰相之，於是得此寺廢殿而新之，噫觀永叔其所爲，心趍而爲善可喜也。仲靈述教外別傳之旨，數萬言，以進仁宗。嘉寵留閔賢寺，公從而論議，方會儒釋一貫，而無兩岐，謂人曰，不意僧中有此郎耶？復與其徒，循循翼翼，日接讜言，若識所止無生樂，則是甞惑釰之似莫耶？玉之似碔砆者，已判然於胸中，而無疑焉耳。

荊國公王安石，問張文定公曰，孔子去世百年，而生孟軻，師孔子之孫子思，爲之亞聖，後無傳焉。何也？文定公曰，豈無人耶？亦有過於孔孟者。公曰，誰？文定曰，江西馬大師，坦然禪師，汾陽無業禪師，雪峯，岩頭，丹霞，雲門。荊公聞舉，意不甚解，乃問曰，何謂也？文定曰，儒門淡泊，收拾不住，皆歸釋氏焉。荊公欣然歎服。後舉似無盡張居士，居士撫几嘆賞曰，達人之論也。遂授筆紀之。

志磐撰《佛祖統紀》卷第四三《法運通塞志》一七之十　太祖建隆元年（庚申），上未仕時，過涇州長壽鎭寺，沙門知非凡人，陰使人圖上容於寺壁，後以其寺有御容，遂爲官所護，及在洛陽甞過長壽寺，枕殿砥晝寢，僧守嚴見赤蛇出入上鼻，上寤嚴問所向。上曰，欲往澶州見柴太尉，未有齎。嚴曰，貧道有驢可乘以往，復贈之錢。及見太尉奇之，遂留幕府，晉開運間，宋城有異僧狀如豪俠，挾銅彈走草莽上，指州地曰，不二十年當有帝王由此建號。

先是民間有得梁誌公銅牌記云，有一眞人起冀州，開口張弓在左邊，子子孫孫保永年，江南李主名其子曰弘冀。吳越錢王諸子，皆連弘字（弘倧、弘俶、弘億）期應圖讖，及上受禪，而宣祖之諱正當之。周世宗之廢佛像也，疽發於胸而殂，時太祖太宗目見之，甞訪神僧麻衣和上曰，今毀佛法，大非社稷之福。麻衣曰，豈不聞三武之禍乎？又問，天下何時定乎？曰，赤氣已兆，辰申間當有眞主出興，佛法亦大興矣。處士陳摶隱居華山閉門臥，屢月不起，顯德末乘白騾將入東都，中道聞太祖即位，大笑曰，天下自此定矣。上始受命默計釋氏，何道而歸敬，若是其盛，嘗微行至相國寺見一僧，醉嘔戶外，惡罵不可聞，上怒之，適從旁過，爲醉僧所抱曰，莫惡發將暮矣。宜亟歸內，上心動，乃還密令小璫往覘，令取所吐物，至則醉僧不見，收遺吐至，上前視之則眞乳香也。上嗟歎不已，益知敬佛。詔以二月十六日聖誕爲長春節，賜百官宴於相國寺。宰相範質製祝聖齋疏云，素虹紀瑞，表覺帝之下生；紺馬效靈，應輪王之出世。非夫威震四天，則不足感自然之寶；非夫位尊三界，則孰能致希有之祥。壽命同百億須彌，德澤被三千世界，恆沙可算天祿難窮，墨海雖乾皇基益固云云。是日以慶誕恩，詔普度童行八千人。【略】

六月，詔諸路寺院，經顯德二年當廢未毀者聽存，其已毀寺所有佛像許移置存留，於是人間所藏銅像稍稍得出。【略】

吳越王錢俶，天性敬佛，慕阿育王造塔之事，用金銅精鋼造八萬四千塔，中藏寶篋印心呪經。布散部內，凡十年而訖功。初天台教卷，經五代之亂，殘毀不全，吳越王俶遣使之高麗日本以求之，至是高麗遣沙門諦觀持論疏諸文至螺溪，謁寂法師，一宗教文，復還中國，螺溪以授寶雲，雲以授法智，法智大肆講說，遂專中興教觀之名。

二年，吳越王俶請延壽禪師主永明寺（今錢唐淨慈寺）師日課一百八事，學者參問，以心爲宗，以悟爲則，日暮往別峯行道念佛，人聞山中天樂聲。吳越王感其專至，爲作西方莊嚴殿，以成其志。師以賢首、慈恩、天台三宗互有同異，館其徒之知法者，博閱義海，更相質難。師以心宗之衡以準平之，又集大乘經論六十部，兩土賢聖三百家之言，證成唯心之旨，爲書百卷，名曰《宗鏡》，傳於世。（壽禪師傳）

三年五月，旱，上幸相國寺祈雨，詔徹樂太官進蔬食，已而雨大濟。西域于闐國沙門善名七人來，詔館於相國寺。十一月，高昌國遣僧法淵，獻辟支佛牙玉器。

乾德元年，螺溪寂法師爲義通法師說止觀法門。

三年，滄州沙門道圓，遊五天竺往反十八年，及還偕于闐使者至京師，獻佛舍利貝葉梵經，上召見便殿問西土風俗，賜紫方袍器幣。

四年，詔秦涼既通，可遣僧往西竺求法，時沙門行勤一百五十七人應詔，所歷焉耆、龜茲、迦彌羅等國，並賜詔書諭令遣人前導，仍各賜裝錢三萬（行裝錢三十貫文）。【略】

五年，詔曰，禁錮以來天下多輦佛像赴京，顧惟像教世許尊瞻，忽從鎔毀，甚乖歸敬，應諸郡有銅像處，依舊存留，但不許鑄造新像。右街應制沙門文勝，奉勑編修《大藏經》，隨函索隱，凡六百六十卷。勑萊州道士劉若拙充右街道錄，集京師道士試學事業，未至者皆罷斥之。

開寶二年，長春節詔天下沙門，殿試經律論義十條，全中者賜紫衣。

四年，沙門建盛自西竺還，詣闕進貝葉梵經，同梵僧曼殊室利偕來。室利者，中天竺王子也。詔館於相國寺，持律甚精，都人施財盈屋，並無所用。勅高品張從信，往益州雕大藏經板。

五年，詔僧道，每當朝集，僧先道後，並立殿廷，僧東道西，間雜副職。若遇郊天，道左僧右。（《僧史略》）

北　君位　僧先道後　僧東　道左
　　　　　　　　　　殿廷　郊天　南
　　　　　　　　　　道西　僧右

述曰，左右即東西也。郊天之日，道居左者，以道士繼朝班之後，便於設拜，故權令居左，非常用之法也。此說聞之頑空云，得之禮部職事人。

詔京城名德玄超等入大內，誦金字大藏經，車駕臨幸，並賜紫方袍。

詔曰，僧尼無間，實紊教法，自今於尼寺置壇受戒，尼大德主之。

述曰，廷議但欲分別僧尼，而不知尼女受戒須依大僧無置壇自受之律，此一時救弊不可爲法，今則無復用此（法）也。

詔曰，釋門之本，貴在清虛，梵刹之中，豈宜污雜？適當崇闡，尤在精嚴，如聞道場齋會，夜集士女，深爲褻瀆，無益修持，宜令功德司部告諭諸路，並加禁止。勅僧道，並隸功德使，出家求度，策試經業，關祠部給牒。西天竺沙門可智、法見、眞理三人來朝，賜紫方袍。西天竺沙門蘇葛陀來，貢舍利文殊華，賜紫服金幣。六月天台德韶國師示寂，有大星殞於峯頂，天降大雪，師得法於清凉法眼。（清源下十世）西天竺沙門彌羅等十四人來朝，並賜紫服。

六年八月，知刘州王龜從表稱，中天竺三藏法天至，譯《聖無量壽經七佛讚》。河中府梵學沙門法進執筆綴文，龜從潤色，詔法天赴闕召見慰問，賜紫方袍。

七年二月，永明壽禪師示寂，賜謚智覺，師得法於韶國師，高麗國王遣三十六僧來受道法，於是法眼一宗盛行海外，而中國遂絕。【略】

又（太宗）太平興國元年，詔普度天下童子，凡十七萬人。（《國朝會要》）

二年，使改龍興寺爲太平興國寺，立開先殿以奉太祖御容。西天沙門吉祥來，進貝葉梵經。

三年三月，賜天下無名寺額，曰「太平興國」，曰「乾明」。開寶寺沙門繼從等，自西天還獻梵經、佛舍利塔、菩提樹葉、孔雀尾拂，並賜紫方袍。四月詔謚廬山遠法師曰「圓悟」，塔曰「凝寂」，永法師曰「覺寂」，塔曰「實智」。中天竺沙門鉢納摩來，獻佛舍利塔、犛牛尾拂。西天王子曼殊室利求歸本國，詔從之。（開寶四年至此）翰林學士李昉徐鉉等進《太平廣記》，其間錄佛法者三十卷。上自漢明，終於五代，古今悟心得道之衆，神僧經論定慧之學，君臣信毀休咎之徵，靡所不載。勅供奉官趙鎔往吳越迎明州阿育王佛舍利塔。吳越王俶奉版圖歸朝，令僧統贊寧奉釋迦舍利塔入見於滋福殿，上素聞其名，一日七宣，賜號通慧大師。（寧在國爲兩浙僧統，號「明義宗文大師」。）除翰林與學士陶穀同列，或誚之曰，青瑣朱楹安容此物，及與之語，師援據經史衮衮不已，誚者爲之畏服，學士王禹稱徐鉉，每有疑則就質之，皆爲下拜，事以師禮滋福殿者安佛像經藏，立刹聲鐘即內道場也。（《國朝會要》）

五年正月，勅內侍張廷訓，往代州五臺山造金銅文殊萬菩薩像，奉安於眞容院，詔重修五臺十寺，以沙門芳潤爲十寺僧正。十寺者，眞容、華嚴、壽寧、興國、竹林、金閣、法華、祕密、靈境、大賢。《五臺山記》云，山形五峙，周五百里，崇巖疊嶂，飛泉吐霧，中臺高四十里，頂上平地周六里，西北有太華池石精舍文殊、彌勒石像，東南有大孚寺，魏文帝造，東西二堂，聖所居處，又東北有王子寺、阿育王塔，東北三臺間有金剛窟，三世佛法藏，中臺東南有清凉寺，其最深處文殊所居，人不敢近，西巖有祕魔巖，巖西有佛光寺。勅內侍張仁贊，往成都鑄金銅普賢像，高二丈，奉安嘉州峨眉山普賢寺之白水，建大閣以覆之，詔重修峨眉五寺，即白水普賢、黑水華嚴、中峯、乾明、光相也。三峨高出五岳，秀甲九州，西竺千歲和上曰，此震旦國第一山也。河中府沙門法進，請三藏法天譯經於蒲津（蒲州河中府）守臣表進，上覽之大說，召入京師，始興譯事。二月，北天竺迦濕彌羅國三藏天息災、烏塡曩國三藏施護來，召見賜紫衣，勅二師同閱梵夾。時上盛意翻譯，乃詔中使鄭守均，於太平興國寺西建譯經院，爲三堂，中爲譯經，東序爲潤文，西序爲證義。五月，中天竺沙門護羅來，獻貝葉梵經，勑賜紫服，沙門知則進所著《聖無量壽經疏》，賜號「演教大師」。詔建開聖禪寺於誕生之地，奉優塡王旃檀瑞像。（梁武帝遣郝騫往天竺迎至者）釋迦佛牙太祖親緘銀塔中，（唐宣律師天人所獻）梁誌公眞身錫杖刀尺。勑內侍衛欽，往泗州修僧伽大師塔，凡十三層，改普照王寺爲太平興國。

七年正月，威虜軍奏言，築城穿土，得石函、鐵函、銅函、銀函、金函，凡五重，中有流離瓶盛佛舍利，有刻石記云，貞觀二十一年藏佛舍利，謹遣牙吏以聞，嘉州通判王衮奏，近往峨眉提點白水寺修造，見瓦屋山皆變金色，中有丈六金身普賢，次日午中，見羅漢二身乘紫雲行空中。

六月，譯經院成，詔天息災等居之，賜天息災「明教大師」，法天「傳教大師」，施護「顯教大師」，令以所將梵本各譯一經。詔梵學僧法進、常謹、淸沼等筆受綴文，光祿卿楊說兵部員外郎張洎潤文，殿直劉素監護，天息災述譯經儀式，於東堂面西粉布聖壇（作壇以粉飾之事在藏經）開四門，各一梵僧主之，持祕密呪七日夜。又設木壇布聖賢名字輪（壇形正圓，層列佛大士天神名佐，環遶其上如車輪之狀。）目曰大法曼拏羅（此云大會）請聖賢阿伽沐浴，設香華燈水殽果之供，禮拜遶旋，祈請冥祐，以殄魔障。第一譯主，正坐面外，宣傳梵文。第二證義坐其左，與譯主評量梵文。第三證文坐其右，聽譯主高讀梵文，以驗差誤。第四書字梵學僧，審聽梵文，書成華字，猶是梵音（卂阝 (kṛ) 叨 (da) 伏 (ya)，初翻爲紇哩第野，鈕 (su) 沼 (tram) 爲素怛覽）。五筆受，翻梵音成華言（紇哩那野，再翻爲心，素怛覽，翻爲經。）第六綴文，回綴文字，使成句義。第七參譯，參考兩土文字使無誤。第八刊定，刊削冗長，定取句義。第九潤文，官於僧眾，南向設位，參詳潤色。僧眾日日沐浴，三衣坐具，威儀整肅，所須受用，悉從官給，天息災言，譯文有與御名廟諱同者，前代不避，若變文回避，慮妨經旨，今欲依國學九經但闕點畫，詔答，佛經用字，宜從正文，廟諱御名，不須回避。七月，天息災上新譯《聖佛母經》，法天上《吉祥持世經》，施護上《如來莊嚴經》，各一卷，詔兩街僧選義學沙門百人祥定經義，時左街僧錄神曜等言，譯場久廢，傳譯至艱，天息災等即持梵文，先翻梵義，以華文證之，曜眾乃服。詔新經入藏開板流行，車駕親幸譯經院，召僧眾賜坐慰諭，賜臥具繒帛什物，度其院童子十人，悉取禁中所藏梵本令其翻譯。十二月，詔選梵學沙門爲筆受，義學沙門十人爲證義，自是每歲誕節必獻新經，皆召坐賜齋以經付藏。詔曰，朕方隆教法用福邦家，其內外諸郡童行並與剃度。成都沙門光遠遊西天還，詣闕進西天竺王子沒徙曩表佛頂印貝多葉菩提樹葉，詔三藏施護譯其表曰，伏聞支那國有大天子，至聖至神富貴自在，自慚福薄無由朝謁，遠蒙皇恩賜金剛座釋迦如來袈裟一領，即已披挂供養，伏願支那皇帝，福慧圓滿壽命延長，一切有情度諸沈溺，謹以釋迦舍利附沙門光遠以進。八年六月，詔翰林贊寧修《大宋高僧傳》，寧乞歸錢唐撰述，詔許之。詔譯經院，賜名傳法，於西偏建印經院。（今臨安傳法院，即東都譯經院，今但供奉入內道場法事。）成都先奉太祖勑造大藏經板成進上，勑太原成都鑄銅鐘，賜五臺、峨眉名山遺挂之日，兩山皆有梵僧十餘，空中奉迎其鐘，聲聞百里。天息災等言，歷朝翻譯，並藉梵僧，若遐阻不來，則譯經廢絕，欲令兩街選童子五十人習學梵字，詔令高品、王文壽選惟淨等十人引見便殿，詔送譯經院受學。惟淨者，江南李煜之姪，口受梵章，即曉其義，歲餘度爲僧，升梵學筆受，賜紫衣「光梵大師」。沙門法遇自西天來，獻佛頂舍利、貝葉梵經，法遇化眾造龍寶蓋金襴袈裟，將再往中天竺金剛座所供養，乞給所經諸國書，詔賜三佛齊葛古羅柯蘭諸國勑書以遣之。泗州奏，僧伽塔白晝放光，士民然頂臂香供養者日千餘人，勑內侍奉釋迦舍利藏之塔下。上以新譯經，示宰臣曰，佛氏之教，有裨政理，普利群生，達者自悟淵源，愚者妄生誣謗，朕於此道，微識其宗，凡爲君而正心無私，即自利行也。凡行一善以安天下，即利他行也。如梁武捨身爲奴，此小乘偏見，非後代所宜法也。趙普對曰，陛下以堯舜之道治世，以如來之行修心，聖智高遠，非臣下所能知也。詔以御製蓮華心回文偈，祕藏詮，逍遙詠，宣示近臣，勑內侍張承貴往天台山重建壽昌寺，從沙門自珣請也。

雍熙元年三月，日本國沙門奝然來朝，然言，其國傳襲六十四世八十五主，至應神天皇，始傳中國文字，至欽明天皇壬申歲，始傳佛教於百濟，當梁承聖初年，至用明立有太子名聖德。年七歲便悟佛法，於菩提寺講勝鬘經，感天雨華，始遣使入中國求《法華經》，當隋開皇中也。至孝德立，白雉四年，遣僧道照入中國，從奘法師傳法，當唐永徽四年也。次足姬立，令僧智通入中國求大乘法，當顯慶三年也。次文武立，寶龜二年，令僧玄昉入中國求法，當開元四年也。次孝明立，天平勝寶四年，遣使入中國求内外教典，當天寶中也。次元武立，遣僧空海入中國傳智者教，當元和年中也。次文德立，令僧常曉入中國求釋迦密教，當大中年也。上聞其王一姓傳繼臣下皆世官，謂宰臣曰，島夷君臣乃能世祚永久若是，奝然求謁五臺及回京師，乞賜印本大藏經詔有司給與之案唐書，日本漢倭人也。去京師萬四千里，直新羅東南在海中島，左右小島五十餘，皆自名國而臣附之，其俗多女少男，有文字尚浮圖，其王姓阿每氏，初主號天御中主彦斂，五十二世皆以尊爲號，居筑紫城，彦子神武立，更以天皇爲號，徙治大和州，又十六世至應神，又十四世至欽明，又二世至用明，當隋開皇末，始與中國通，又四世至皇極，當正觀五年，遣使入朝，極子孝德立，始改元白雉獻武魄大如斗馬腦若五升器，又二世至天智，遣使與蝦蛦人偕朝，又二世號總持，遣使賀平高麗，當咸亨元年也。至是始改號日本，言其國在東近日所出也。長安元年，持子文武立，改元大寶，遣使粟田貢方物，武后授司膳卿還國。又二世聖武立，改元白龜，開元初粟田復來朝，請從諸儒授經，詔四門助教趙玄默即鴻臚寺爲師，悉賞物貿書歸，聖武女孝明立，改元天平勝寶，四世元武立，當貞元末年，遣使者朝期學者橘免勢浮圖空海，留肆業二十年，乃還，又五世文德立，又三世光孝立，當光啟元年也。

勑造羅漢像五百十六身，奉安天台壽昌寺。二年，上覽新譯經，謂宰臣曰，天息災等妙得翻譯之體，乃詔天息災除朝散大夫試光祿卿，法天施護並除朝奉大夫試鴻臚卿，法天改名法賢，並月給酥酪錢有差，新譯經論並刊板印行，天息災等言，聞陝西諸路頗有道俗收藏梵經，乞下尋訪以資翻譯，詔從之。

述曰，自古人君重沙門之德者，必尊其位，異其稱，曰僧錄、僧統、法師、國師，入對不稱臣，登殿賜高座，如是爲得其宜，至若封官加爵，稱卿稱公，混濫朝端，輕招物論，上失尊僧之禮，下貽失節之譏，釋氏清風，幾於不競，彼徵君處士不事王侯者，吾輩寧無愧乎？若不空開府於唐朝，息災光祿於吾宋，皆由翻譯功高，特承天澤，蓋將答主上重法之心，非所以爲榮也。

詔兩街供奉僧於内殿建道場，爲民祈福，歲以爲常。詔西天僧有精通梵語可助翻譯者，悉館於傳法院。

三年，詔天下係帳童行並與剃度，自今後讀經及三百紙，所業精熟者，方許係帳。詔以御製《三藏聖教序》賜天息災等，令冠新譯經首。

四年，勑内侍送寶冠瓔珞袈裟往峨眉普賢寺，是日衆見普賢大士乘紫雲行空中，久之方沒。十一月四日，螺溪羲寂法師示寂。

端拱元年，翰林通慧大師贊寧上表進《高僧傳》三十卷，璽書褒美，令遍入大藏，勑住京師天壽寺。僧傳之作，始於梁嘉祥惠皎爲《高僧傳》十四卷，起漢明終梁武天監十八年。唐西明道宣作《續高僧傳》三十卷，起梁天監訖唐正觀十九年。今《宋傳》起唐正觀至宋端拱元年。依梁、唐二傳分十科，一、譯經，二、解義，三、禪定，四、戒律，五、護法，六、感通，七、遺身，八、讀誦，九、興福，十、雜學。（王禹稱有詩《贈寧僧統》云，支公兼有董狐才，史傳修成乙夜開。）

述曰，洪覺範謂宣律師作僧史，文辭非所長，作禪者傳，如戶昏案檢，寧僧統雖博學，然其識暗聚，衆碣爲傳，非一體，覺範之論，何其至耶？昔魯直見僧傳文鄙義淺，欲删修之，而不果。惜哉！如有用我者，吾其能成魯直志乎？

兩街僧錄可朝等，請箋釋《御製佛乘文集》，詔許之。日本國法濟大師奝然，遣弟子嘉因祈乾來朝。十月二十一日，寶雲通法師示寂。

二年，開寶寺建寶塔成，八隅十一層，三十六丈，上安千佛萬菩薩，塔下作天宮奉安阿育王佛舍利塔，皆杭州塔工喻浩所造。凡八年而畢，賜名福勝塔院，安舍利日，上肩輿微行，自手奉藏，有白光起小塔一角，大塔放光洞照天地，士庶焚香獻供者盈路，内侍數十人求出家掃塔，上謂近臣曰，我宿世曾親佛座，但未通宿命耳。詔直學士院朱昂撰塔銘，謂曰，儒人多薄佛，向中竺僧法遇乞爲本國佛金剛座立碑（即菩提樹下金剛土臺也）學士蘇易簡爲之指佛爲夷人，朕惡其不遜，遂別命製之，卿宜體此意。【略】高麗國王治遣使，乞賜大藏經并御製佛乘文集，詔給之。

二年，太原沙門重達自西天還，往反十年，進佛舍利貝葉梵經，賜紫服住西京廣愛寺。勑翰林贊寧充史館編修。中天竺那爛陀寺沙門補陀吃多來朝，進佛舍利梵經，賜紫服。杭州西湖昭慶寺沙門省常，刺血書《華嚴淨行品》，結社修西方淨業，宰相王旦爲之首，參政蘇易簡百三十二人，一時士夫皆稱淨行社弟子，比丘預者千衆人，謂廬山蓮社莫如此日之盛。

四年，詔西邊諸郡梵僧西來，中國僧西遊而還者，所持梵經，並先具奏，封題進上。高麗國王治遣使謝賜《藏經》《御製文集》。

五年，于闐國沙門吉祥進《大乘秘藏經》，詔三藏法賢等詳定。賢奏此經是于闐書體，非是梵文，其中無請問人及聽法衆，前後六十五處文義不正。帝召賢諭之曰，使邪僞得行，非所以崇佛教也。宜焚棄此本，以絕後惑。

至道元年，中天竺沙門迦羅扇帝來朝，進佛頂舍利貝葉梵經。詔兩浙福建路每寺三百人，歲度一人，尼百人，度一人，誦經百紙，讀經五百紙爲合格。詔兩街僧錄省才進《盂蘭盆儀》。

二年，詔以《御製祕藏詮》二十卷、《緣識》五卷、《逍遙詠》十卷，命兩街箋注，入大藏頒行。【略】勅史館編修贊寧知西京教門事。

三年九月，西天竺沙門羅護羅來朝，進貝葉梵經，賜紫服，

志磐《佛祖統紀》卷第四四《法運通塞志》一七之一一（眞宗）咸平元年，御製三藏聖教序，賜明教大師法賢等，令置先帝聖教序後，沙門可升注序進上。詔知制誥朱昂兼譯經潤文官。御製《崇釋論》，其略云，奉乃十力（佛有十力），輔茲五常，上法之以愛民，下遵之而遷善，誠可以庇黎庶而登仁壽也。又曰，釋氏戒律之書與周孔荀孟，迹異而道同，大指勸人之善，禁人之惡，不殺則仁矣，不盜則廉矣，不惑則信矣，不妄則正矣，不醉則莊矣。中天竺沙門儞尾抳等來朝，進佛舍利梵經菩提樹葉菩提子數珠，賜紫衣。西天竺沙門佛護來朝進梵經，賜紫衣。勅史館編修贊寧充右街僧錄。【略】

二年禮部侍郎陳恕言，譯經院久費供億，乞罷之。上以先朝盛典不許。勅史館編修贊寧遷左街僧錄。三年八月，試光祿卿天息災亡，諡慧辯法師，勅有司具禮送終。

四年，史館修撰左右街僧錄贊寧亡，學士王禹偁序其文曰，師年八十二，視聽不衰，歷京師十四朝吳越四世，終能受洪範嚮用之福，處浮圖具瞻之地，所謂必得其壽必得其位者乎？師所述內典錄百五十卷，外學集四十九卷，覽其文知其道矣。師嘗著通論有駁董仲舒難王充斥顏師古，證蔡邕非史通等，禹偁見之大服其說，作書與師曰，辱借通論，日殆三復，使聖人之道無傷於明夷儒家者流不致於迷，復自周秦以降作者衆矣。至於斥楊墨而尊姬孔，不無其人，如此歷詆諸家丕顯聖道者，吾未之見也。師胡爲而來哉？得非天祚素王而假手於我師者與，不然天下冠章甫而衣逢掖者，豈遂無其人也？僕雖不佞亦嘗從事於斯矣。每欲厲墨兵而討百氏俘於儒宮，且取其小道亂常之甚者，孥戮之，俾乎祖述憲章之道與天比崇，然後知夫子之尊也。區區此懷爲日斯久，今茲覩師通論之作，所謂時雨降矣。日月出矣。溉灌爝火復何爲哉？師述僧史略三卷，凡法門事始因革莫不畢錄，臺閣之士，欲通練內外典故者，皆於此觀之。

述曰，道法師序僧史略稱，內翰王公觝排釋氏，過於韓子，而獨於寧通慧推服之不暇，蓋其學行才識有可取也。今觀小畜集，其修僧史則贈以七言，撰聖賢錄則賀以五言，歸葬錢唐則誌其墓，所著內外集則冠以序，而於通論之作，贊之以書，且盛稱其駁董難王斥顏非史歷詆諸家自周秦已來未之見，是知王公之於通慧不敢排以佛，而獨有取於學識之高，可謂能誠服矣。至於通慧道德之盛，則王公未學，不足以知，非如梁敬之之知荊溪柳子厚之知重巽也。

六年，知開封府陳恕言，僧徒往西天取經者，臣嘗召問，皆罕習經業，而質狀庸陋，或往諸藩必招輕慢，自今宜試經業察人材，擇其可者令往。詔可。二月詔隋智者禪師科教類次刊牘，凡百五十四部，賜召天台總錄，譯館請繫開元東土集傳。制曰可。

景德元年，日本國沙門寂照來，進無量壽佛像金字《法華經》、水晶數珠，賜紫方袍。西天三藏法護來，進佛舍利貝葉梵經，賜紫衣束帛，館於譯經院。北天沙門戒賢來進梵經，賜紫服。七月亢旱，召西天梵僧於金明池水心立壇呪龍，有雲霧自池中出，須臾雨至。自後歲旱，必作呪法，多驗。東吳沙門道原進禪宗《傳燈錄》三十卷，詔翰林學士楊億裁定頒行。

二年三月，迦濕彌羅國沙門目羅失稽來，進梵經菩提樹葉七月西天沙門達磨波來進梵經，賜紫服九月上幸譯經院，令三藏諸僧坐，賜香茶繒綵有差上以諸寺住持先是僧職遷補或非其才，至是召見便殿閱試行業，三年諸王府侍讀孫奭奏，請減損修寺度僧。上曰，釋道二門有助世教，人或偏

見往往毀訾，假使僧道時有不檢，安可即廢詔釋道歲度十人者，特放一人不試經業。婺州沙門志蒙徐氏，衣錦衣喜食豬頭，言人災祥無不驗，呼人爲小舅，自號曰徐姊夫。一日坐化於三衢吉祥寺，遺言，吾是定光佛，至是奉眞身，祈禱神應不歇，世目之豬頭和上。

四年，詔京城鬻酒肉者，並去寺觀百步之外，有以酒肉五辛酤市於僧道者，許人糾告，重論其罪。

述曰，眞宗可謂仁聖之君矣。初踐祚製《聖教序》，造《崇釋論》，陳恕論罷譯經則不許，孫奭請減度僧則不聽，而又能下詔，鬻酒肉於僧道者，論其罪意，此穢業不當瀆聖境也。厥後沙門覺稱自天竺來，謂學士楊億曰，入此國見屠殺豬羊市肆懸肉，痛不忍觀，天竺食肉五辛者驅出城，故無貨者，是知東華郡邑習於食肉，故見之者無嫌心，獨無愧於稱乎？嘗因同人揭推此事，欲乞清明推廣祖宗之法，不令在城中殺畜不許懸肉街市。庶幾人居涓潔，目不習見，所以去殺氣以養仁心，移惡習以趨善道，豈不有益於國家之政化者哉？

初諸暨縣令潘華，依普賢懺法不令人捕江湖内魚，是年十月，奉詔還闕，夜夢江湖中魚爲人形者數萬，號哭沸天，皆云長者去矣。吾衆不免烹矣。華異之作夢魚記以囑後來宰邑。臣寮言，愚民無知，佞佛過度，謂捨財可以邀福，修供可以滅罪，蠹害國政，宜加禁止。上謂宰臣曰，佛教使人遷善，誠有其益，安可禁之？且佛法所至甚廣，雖荒服諸國皆知信奉，唯道教中原有之，然不甚盛。王旦對曰，頃歲虜使登開寶塔，瞻禮甚虔，誓當戒殺。及至上清宮不復屈膝，是知四夷唯重佛而不敬道也。上曰然。

述曰，道事天，天事佛，故爲國者必兩存之，而於尊卑小大之分，較然久已自明，恭惟眞宗皇帝聖心虛融，并包法界，敬天命宗佛乘，發於性眞，不俟爲學，既免梁武永棄道教之偏，且無唐宗上躋老聃之失。深距臣僚佞佛邀福之說，肯顧陳恕譯經費財之言，上法祖宗下垂成憲，非天下之至聖，其孰能之。

詔遣使送金襴袈裟，往惠州羅浮山中閣寺奉釋迦瑞像，仍爲國建祈福道場，感五色祥禽集於齋所，此像高八尺，來自西天。隋開皇中，釋慧喜安龍華寺，會昌廢毀像靈不可壞，道士藏於都虛觀。咸通中，海南節度使韋宙，迎至中閣寺。

七月，詔諸寺觀殿階上不許人民袒露坐臥，違者以不敬論宰相王旦，率文武百官，五上表請封禪，十月在京民庶相繼上表，詔許之。十一月，車駕幸曲阜（兗州舊魯國地）謁先聖廟，有司定儀肅揖，上特再拜，遂爲定制，加謚玄聖文宣王，祝文進名，封其父叔梁紇爲齊國公，母顔氏魯國夫人，妻官氏鄆國夫人，給十戶奉塋域，賜田百頃及御製讚，封齊太公昭烈武成王。

述曰，自古尊先聖者，漢高始過魯行祀封，其後平帝始封褒成公，梁武始令天下建廟，北魏孝文改謚文宣公，唐太宗用房元齡議，太學釋奠，始尊爲先聖，而以顔子陪享，明皇始進號文宣王南面坐，用王者宮縣之樂，皇朝眞宗加謚至聖文宣，而祝文進名定儀特拜，自古尊先聖，莫若此日也。韓昌黎謂天下通得祀孔子，自天子而下北面拜跪，祀事之盛未有如孔子者，蓋孔子以德，雖不得位而得常祀。是知自明皇尊以王禮，故世世天子拜而祭之，今眞宗特拜有合於古，不知當時禮官何爲不知而定肅揖之儀恥哉？

詔修飾泰山衆像凡三十二身，御製重修佛像記。雁蕩山自古圖諜未嘗言，山頂有大池，相傳爲雁蕩，下二潭爲龍湫，山南有芙蓉峯，下有芙蓉驛，前臨大海，案西竺書諾矩羅尊者居震旦東南大海際，山以鳥名，村以華名，唐貫休有讚云，雁蕩經行雲漠漠，龍湫宴坐雨濛濛，祥符中伐木者始見之，自是著名。（山在溫州樂清，諾矩羅十六住世羅漢之一，梵語震旦此云東方君子之國。）雁山瑞鹿本先禪師結印坐亡，彌月肉體不變常聞異香，詔取所著竹林集，藏之祕閣（嗣韶國師）。

二年正月，以封禪行慶詔天下寺觀，各度一人朝覲泰山，陪位僧道各度弟子一人。詔昇州崇勝寺，賜名承天甘露戒壇。勅光梵大師惟淨試光祿卿同預譯經。九月，吳國大長公主出家，法名清裕，賜號報慈正覺大師，即太宗第七女，幼不茹葷血，上幸延聖寺抱對佛，願舍爲尼，至是乞落髮，詔建資聖院以居之，勅釋門威儀。（鐘鼓鐃鈸幢幡之類）教坊樂部，以爲迎導，時密王女，曹王女及後宮三十餘人，皆隨出家。詔於是日普度天下童子十人度一人。詔於洛陽甲馬營太祖誕聖之地，建應天寺，以奉神御。

三年，詔京師太平興國寺，立奉先甘露戒壇，天下諸路皆立戒壇，凡七十二所，京師慈孝寺別立大乘戒壇。

述曰，案寧通慧《僧史略》云，甘露以喻涅槃，戒爲入涅槃之初門，故從果以彰名也。今言別立大乘戒壇者，謂先於諸方受聲聞具足戒，後至此地增受菩薩戒，以順開顯之後末代出家乘戒俱急之義也。

詔天下州郡，應僧道有犯公罪者，聽用贖法，勅品官無故毀辱僧尼，口稱禿字者，勒停見任，庶民流千里。詔知制誥李維出經論題目，考試沙門以爲遷補左右街之序，左街相國寺，右街開寶寺。詔吉州西峯雲豁禪師館於北御園，入定月餘，求歸故山，詔許之，師每入定或經歲方出。

西天沙門眾德來朝，進舍利梵經菩提印中天竺沙門覺（稱法）戒來朝，進舍利梵夾金剛座眞容菩提樹葉，召見便殿尉勞甚厚，館於譯經院。稱進讚聖頌，詔惟淨譯之，稱謂學士楊億曰，入此國見屠殺豬羊市肆懸肉，痛不忍觀，西竺食肉五辛者驅出城，故無貨者，心不欲久居此，願至五臺禮文殊即還本土，晉公丁謂問之曰，數萬里遠來更何所爲，稱曰，幷欲禮宣律師塔耳，及還詔賜金襴袈裟奉安金剛座，及賜裝錢茶果四明知禮法師，初與沙門異聞，於南湖保恩聚徒講道，是年賜額延慶，乃作誡誓辭二篇，俾長爲講貫天台宗教之所，其言吾宗有五德者，吾將授以居之，後之謀莫不咸然，五德者，一曰舊學天台勿事兼講，二曰研精覃思遠於浮僞，三曰戒德有聞正己待物，四曰克遠榮譽不屈吾道，五曰辭辯兼美敏於將導。

四年三月，上幸洛陽龍門山廣化寺瞻無畏三藏塔，製讚刻石置之塔所，復幸白馬寺瞻摩騰三藏眞身，上謂近臣曰，摩騰至今千年，而全身不壞，良可尊敬，宜嚴諭寺僧用心守護，因御製以褒之詔賜黄金三千兩，增修峨眉山普賢寺，設三萬僧齋，歲度僧四人詔漣水軍守堅道者入見，令宮女皆出焚香，每一女至前，上紿之曰后也。師皆言非，如是數十人，師忽起曰，陛下好養此人他日必作家主，即章獻太后也。

五月，般尼國沙門寂賢來，進梵經菩提印，賜紫服。十一月，益州守臣李士衡，進大慈寺沙門仁贊編修《釋氏會要》四十卷。

五年二月，詔嘉州峨眉山沙門茂貞入見，上賜以詩，館於景德寺。

【略】

日本國遣使稱貢言，國東有祥光，見舊傳中原天子聖明則應此瑞，上喜，詔日本建寺，賜額神光，勅詞臣爲撰寺記。

六年二月，詔天下官吏試童行經業，方許剃度。五月，開寶寺福勝塔有金色光見相輪上。又有聖僧遶塔，翌日得五色舍利，上親幸敬觀，見舍利於塔表，大如月，色同水晶，往來飛動於鈴索之上，士庶同瞻於地輒上，獲舍利五千餘粒，詔賜號靈感之塔。時京師天清寺興慈塔，亦有舍利見相輪上，上曰，像教嘉祥生民之福也。八月，兵部侍郎譯經潤文官趙安仁，奉詔編修大藏經錄成。凡二十一卷，賜名大中祥符法寶錄，仍賜御製序云，自太平興國以來凡譯成經、律、論四百十三卷，祕書監楊億光梵大師惟淨等編次。又請以兩朝御製佛乘文集編入大藏。下詔褒許詔諡泗州僧伽大士普照明覺大師，公私不得指斥其名。九月，西天竺沙門知賢等來進舍利梵經，賜紫服。十一月。舍利見於玉清昭慶宮聖祖明慶殿，或以爲道門無舍利事，上謂宰臣王旦，曰三教之設，其旨一也。大抵皆勸人爲善，唯識達之士能一貫之，滯情偏執，於道益遠。

述曰，法身舍利無乎不在，當大感通之際，雖頑空朽壤尚可得之，何有間於道家之宮館哉？惟我眞宗敬天奉佛德動幽顯，間者塔寺屢獲舍利，而今復見之聖祖之殿，誠所以彰聖君虔事二教之心，由精誠感格有以致之也。

西天波羅柰沙門滿賢，進梵經無憂樹葉浮石崇矩法師（四明法智弟子）至京師，上聞其名，召入內殿，講《四十二章經》，盛談名理，上心大說，賜紫服金幣香藥。

八年正月，臣僚言，每歲上元，車駕詣寺觀三十餘處，百拜已上，望自今諸殿令近臣分拜，上謂王旦曰，朕祈福中外，虔恭拜起未嘗懈怠，卿等欲申裁減非朕之意（國朝會要）。

述曰，案《歸田錄》，大祖入寺問贊寧通慧，佛當拜否？答曰，見在佛不拜過去佛。寧於太宗朝隨吳越王初歸京師，未嘗及見太祖，歐陽氏所錄妄也。今觀眞宗百拜已上，不欲分任近臣，蓋習熟於祖宗之家法也。其後如徽宗拜佛牙，南渡歷朝拜大士，則知有國以來無不拜佛之理，歐陽慢佛，不欲人主致敬故特創此說，見在過去無義之談，所以上誣君主下誣寧師也。甚矣。

詔於大內內地建景靈宮，以奉聖祖勅汀州南安巖名均慶院，賜太宗御書百二十軸。先是釋自誠居巖上，神異不測，云是定光佛化身，見懷仁江有蛟害人，書偈投潭中，水擁沙漲塞潭爲洲，其怪遂絕，過梅州黃楊峽，民乏水飲誠以杖指溪，移於近道，每歲有旱，書偈擲之，風雨隨至，其偈後每書贈以之中四字，人世莫曉其旨。詔以太宗御製妙覺集五卷，付傳法院編入大藏。

述曰，道家者流其所學則道德陰符，是爲治心修身之本，至言內丹外丹火候口訣，則不傳於非人，其餘旁門如胎息之法草木之方，皆上聖下教用度人世，非可謂之虛無也。若夫置壇傳籙起自天師，是又上天護國護人治鬼攝邪之法，俱可以助教化於天下者，是故此道列在國家，與儒釋均爲三教者以此，至於小大優劣內外之義，則較然可知，故闞澤對吳王曰，道事天，天事佛，李士謙論三教曰，儒五星也。道月也。佛日也。能達此意則三教之位定，世言儒道釋，蓋本乎此，儒生道士不別本末，欲輕陵於釋氏，皆末學之過，若道流有輔成舊僞言，老子化胡以佛爲侍者之言，謗子瀆世尊，其咎當如何邪？

南海注輦國遣使來貢，進天竺梵經，其使言，四十年以來，海無風濤，意中國有聖人出世。九年二月，北天竺優塡曩國沙門天覺，南天竺師子國沙門妙德，西天竺迦蹉國沙門等來，各進舍利梵經，各賜紫衣金幣。四月，中天竺薩縛羅國沙門童壽來進梵經，賜紫服。五月，東天竺縛隣棕國沙門普積來進梵經，賜紫服。

述曰，西土梵僧繩繩而來者多矣。至於五竺沙門競集闕下，則無若茲時之爲盛，豈法運之興隆，亦帝德之感通也。五竺國名校以《西域記》，唯師子國可見，餘不可考，蓋今古事變，猶昔漢唐而今爲宋，其實一區宇耳。

沙門繼全自西天還得佛舍利，建塔於揚州西京龍門山石龕佛，歲久廢壞，上命沙門栖演給工修飾，凡一萬七千三百三十九尊。九月，不雨，詔泗州龜山沙門智悟入京止開寶寺祈雨，悟先在泗州祈雨有感，曾斷一臂。至是又曰，若七日得雨更舍一臂，五日大雨，乃截一臂，上遣使賜藥，悟曰，無害，人見所截臂無血，甚異之。泗守與郡人皆夢，僧伽謂之曰，悟是五百羅漢中一，來此救世。

天禧元年四月，詔曰，金仙垂教實利含生，貝葉謄文當資傳譯，苟師承之或異，必邪正以相參，既失精詳寖成訛謬，而況葷血之祀甚瀆於眞乘，厭詛之辭，尤乖於妙理，其新譯《頻那夜迦經》四卷不許入藏。自今後，似此經文不得翻譯。七月，詔賜台州東掖山智者教文印本四千六百二十卷，住山本如勸郡人建教藏閣以奉之。九月，宰相王旦薨，先一日囑翰學楊億曰，吾深厭勞生，願來世爲僧宴坐林間觀心爲樂，幸爲我請大德施戒剃鬚髮著三衣火葬，勿以金寶置棺內，億與諸孤議曰，公三公也。斂贈公袞，豈可加於僧體，但以三衣置柩中，不藏寶玉。（湘山野錄）宰相王欽若兼譯經潤文使。十一月，詔天下州郡復放生池，無池之處，沿江淮州郡近城上下水五里並禁漁捕。（唐肅宗立放生池八十一所，顏眞卿作碑紀德。）四明延慶禮法師結十僧修法華懺，期三年，焚身供法。祕書監楊億素仰道風，貽書勸請住世，謂方當台教中興之時，正賴傳持，爲世良導。復修書郡守李夷庚及天竺慈雲，俾同勸止，既而駙馬李遵勗亦奉書交勸，師以公私意勤竟沮前志，乃復結十僧修大悲懺法三年，以酬至願。二年勅江寧府（昇州）長干寺，改賜天禧，塔名聖感，即東土所藏阿育王舍利塔十九所之一也。（塔在城外）。

三年八月，恭謝聖祖大赦天下，節文云，虛皇妙道西竺眞乘，咸昉化源敢忘崇奉，應天下僧尼道士女冠係帳童行，並與普度。尚書右丞林，特提舉祠部文牒。是歲度僧二十三萬百二十七人，尼萬五千六百四十三人，道士七千八十一人，女冠八十九人。詔於天安殿建道場答謝天地，大會沙門道士萬三千八十六人，上親以藥銀大錢面賜之（藥銀即水銀，銀世謂之乾汞也）錢唐月輪山沙門道誠，以朝廷覃恩普度，撰《釋氏要覽》三卷，爲出家者眾法之須知行於世譯經三藏法護等，請以《御注四十二章經》《御注遺教經》入藏頒行，詔可。宰相王欽若，出鎮錢唐，率僚屬詣天竺靈山謁慈雲法師遵式，請講《法華》，歎曰，此道所未聞，此人所未見也。即爲奏錫天竺舊名，師奏請西湖爲放生池，每歲四月八日，郡人會湖上縱魚鳥，爲主上祝壽十一月東女眞國入貢，乞賜大藏經，詔給與之。四年正月，右街講經祕演等，請以《御製釋典法音集》，命僧箋注，凡三十卷，乞附大藏，詔可。初是楊億提舉其事，集中有六種震動之語，一僧箋之將三百字，暗碎不可觀，億削去自注云，地體本靜，動必有變，人服其簡。西天沙門普善來進梵經，賜紫服。駙馬都尉李遵勗奏，四明知禮法師元豐間有司以合祭天地于圜丘，援周制不應古義，詔定親祀北郊之禮。元祐初，詔依前旨，集官詳議，蘇軾奏議。其略曰，臣竊惟議者欲變祖宗之舊，圜丘祀天而不祀地，不過謂冬至天於南郊陽時陽位也。夏至祀地於北郊陰時陰位也。以類求神則陽時陽位不可以求陰也。是大不然，冬至南郊既祀上帝，則天地百神莫不從也。詩之序曰，昊天有成命，郊祀天地也。書曰，肆類于上帝，禋于六宗，望于山川，遍于群祀，春秋書不郊猶三望。左氏傳曰，望郊之細也。説者曰，三望泰山河海也。或曰，分野之星及山川也。以詩書春秋考之，則天地合祭久矣。漢魏唐皆用圜丘合祭之禮，載之於史。

本朝太祖初郊先享宗廟並祀天地。眞宗以來三歲一郊，必先有事景靈遍享太廟乃祀天地，今議者欲冬至祀天夏至祀地，蓋以爲用周禮也。古者一歲祀天者三，明堂享帝者一，四時迎氣者五，祭地者二，享宗廟者四，凡此十五者，皆天子親祭也。今三年一郊，先郊而祭大廟，郊而肆赦，優賞諸軍文武官皆得蔭補，親屬宰相百官皆有賜賚，凡此皆非周禮，此皆不改而獨於地祇則曰，非周禮不當合祭者。何也？本朝祖宗欽崇祭祀，儒臣禮官講求損益，非不知圜丘方澤皆親祭之爲是，特以時不可行故參酌古今，上合典禮，下合時宜，若一歲再郊，則軍國重有勞費之患也（東坡集）。

東封畢，詔加司命眞君爲九天司命保生天尊，勅兩街道士修齋醮科儀，命知樞密院王欽若，定羅天醮儀十卷，選道士十人校道藏經，舊錄三千三百三十七卷，欽若詳定增六百二十卷，賜名寶文統錄，御製序以冠之，初奉詔取釋道藏經互相毀訾者，並刪除之。

九月，詔取舒州瑞石誌公記以示近臣，宰相王旦曰，國家啟運在梁陳隋唐四朝及五代之後，太宗即位歲在丙子，今天尊臨降事，皆符合於五百年之前。財知天命，我宋其來久矣。上説遣陳堯咨往昇州蔣山致告。【略】

十月八日天神降于禁中延恩殿，冠服如元始天尊，即前祥符初天神也。命上坐謂曰，吾人皇九人之一，是趙姓之始祖，再降乃軒轅黃帝，吾以後唐時下降總治下方，生趙氏之族今已百年，皇帝善撫育群生，乃乘黃雲而去，是月大赦，上尊號曰聖祖上靈高道九天司命保生天尊，聖祖母曰元天大聖母聖祖諱（上玄下朗）詔中外不得斥犯，改玄聖文宣王曰至聖文

高行遺身，上嘉歎不已，特賜法智之號，仍宣旨住世演教，不許遺身。時譯經院證義簡長等二十三人，各寄聲詩贊美道德（詩見四明教行錄，及刻石在南湖）十二月翰林學士楊億卒，億留心禪觀，自屬疾即屏葷茹，臨終之日爲空門偈以見志，識者知其有得佛氏之學。

五年，詔遣內侍俞源清往四明延慶請法智法師，領眾修法華懺，爲國祈福，師爲述修懺要旨上之詔於幷州建資聖禪院，爲將士戰亡者追福門下侍郎平章事丁謂兼譯經潤文使，翰林學士晁迥李維兼潤文官。

述曰，眞廟之在御也並隆三教，而敬佛重法過於先朝，故其以天翰撰述，則有聖教序，崇釋論，法音集，注四十二章遺教二經，皆深達於至理，一歲度僧至二十三萬，而僧眾有過者止從贖法，上元幸諸寺禮像百拜弗辭，復唐家天下放生池，以廣好生，皆本於宿願而發於聖性，非俟於勸也。至於繼世譯經大開梵學，五天三藏雲會帝廷，而專用宰輔詞臣兼潤文之職，其篤重譯事有若是者，當時儒賢如王旦王欽若楊億晁迥輩，皆能上贊聖謨共致平世，君臣慶會允在茲時，稽之前古未有比對。

是歲天下僧數三十九萬七千六百十五人，尼六萬一千二百四十人。

乾興元年，章懿太后（仁宗母李氏）遣使詣錢唐天竺，請遵式法師，爲國行懺。師著《金光明護國道場儀》上之，因奏天台教卷乞入大藏。龜茲國僧華嚴來，進佛骨舍利梵經，賜紫服。

志磐《佛祖統紀》卷四五《法運通塞志》一七之一一 汀州方士王中立，遇道人姓趙，授以神術，中立至京師，具言靈應，勅授許州參軍留上皇城廨舍，後每於市上見之，自稱司命眞君，是年五月降于中立所居之堂，戴冠佩釰，服皆青色，凡有瑞異，必先告之，中立每傳其言。

大中祥符元年正月三日，有天神降于寢殿，星冠絳袍，謂上曰，天書將降，宜齋戒建壇以受之，越月皇城司奏言，右承天門有黃帛書曳鴟吻上，上步至門望拜，內侍捧取而下奉安朝元殿，視其上文云，趙受命興於宋付於某居其器守於正世七百九九啟封宣文，其名大中祥符，凡三篇若洪範老子之書，是日司天監奏，有紫雲如蓋，下覆殿庭，百僚稱賀，詔改元馮拯請以天書大中祥符爲號，上喜曰美名也。（國朝會要）【略】

一月，幸泰山，奉玉幣三牲，祀昊天上帝于山之圜臺，太祖太宗陪位於東西，依南郊行禮法。

宣王，玄武曰眞武，勅諸郡天慶觀，增建聖祖殿。

志磐《佛祖統紀》卷四五《法運通塞志》一七之一二　（仁宗）天聖元年（略）勅內侍楊懷古降香入天竺靈山爲國祈福，慈雲式法師，復以天台教文入藏爲請，懷古爲奏上知。南海駐輦國遣使進金葉天竺梵經，詔三藏法護譯之。四明延慶法智法師，出教義策試生徒，名開幃四十二章，至今以爲法。

二年，詔賜天台教文入藏，及賜白金百兩，飯靈山千眾。慈雲撰教藏隨函目錄，述諸部著作大義。【略】西天沙門愛賢護賢來進貝葉梵經，賜紫服。

三年，先是天禧初詔天下復放生池，四明南湖法智法師，每於佛生日集眾行法，放魚鳥以祝聖，是年郡以事聞，勅樞密劉均撰文以紀，郡守曾會立碑寺門。（文見光教志）【略】翰林學士夏竦同三藏惟淨等，進《新譯經音義》七十卷。【略】

五年，三藏惟淨進《大藏經目錄》二帙，賜名《天聖釋教錄》，凡六千一百九十七卷。杭州天竺寺，七月八月望日之夕天雨桂子，慈雲法師播種於土，作詩以記。

六年，御製三寶讚以賜宰輔及譯經院。

七年，勅於京師大建慈化寺，謂宰臣曰，此蓋爲先帝薦福之舉，今後毋得無故擅興力役。

九年，勅韶州守臣詣寶林山南華寺迎六祖衣鉢，入京闕供養。及至奉安大內清淨堂，勅兵部侍郎晏殊撰《六祖衣鉢記》。【略】

又　明道元年十月一日，天竺慈雲法師說法坐逝。【略】師於前朝進《金光明護國儀》，上因閱視至發願文，有諸天威神護持我國聖帝仁王慈臨無際，撫几歎曰，朕得此人，可以致治。亟宣召之，則師入滅矣。

二年七月，四明南湖奉法智法師舍利，葬於南城崇法院之祖關。

景祐元年，參知政事王隨，刪《景德傳燈錄》爲十五卷，傳法院編錄入藏。詔試天下童行誦《法華經》。【略】是歲天下僧三十八萬五千五百二十人，尼四萬八千七百四十人。

二年，上御製天竺字源序賜譯經院，是書即法護惟淨，以華梵對翻爲七卷，聲明之學實肇於茲。其所序云，翻宣表率則有天息災等三藏五人（西土四人天息災，施護，法賢，法護，東土一人，則惟淨耳）筆受綴文證義，則自法進至慧燈七十九人，五竺貢梵經僧，自法軍至法稱八十人，此土取經僧得還者，自辭澣至棲祕百三十八人，梵本一千四百二十八，譯成五百六十四卷。【略】

三年，駙馬都尉李遵勗，廣傳燈爲三十卷進上，賜名《天聖廣燈錄》，御製序。右僕射譯經潤文使呂夷簡，參知政事潤文官宋綬言，奉詔續修法寶錄，自祥符四年至今景祐三年，編成一百六十一卷，乞依舊式賜序四年，御製景祐新修法寶錄序，賜入大藏。

寶元二年五月，三往西天懷問同沙門得濟永定得安，自中天竺摩竭陀國還，進佛骨舍利貝葉梵經貝多子菩提樹葉無憂樹葉菩提子念珠西天碑十九本，召見慰勞，賜號顯教大師紫衣金幣。

又　慶曆元年，三藏法師惟淨言，西土進經新舊萬軸，鴻臚之設有費廩祿（鴻臚卿主四方賓客，後世兼領西域梵僧）欲乞停罷譯經。上曰，三聖舊模焉敢即廢，且琛貢之藉非鴻臚則不可識，未幾中丞孔輔道上疏，請罷譯經，上出淨疏示之，諭以先朝盛典不可輒廢（湘山野錄）范仲淹宣撫河東，寓宿保德傳舍獲故經一卷，名《十六羅漢因果識見頌》，藏經所未錄也。仲淹遂爲之序云，此頌文一尊者七首，皆悟本成佛之言也。余讀之，一頌一悟，方知塵世有無邊聖法，大藏有遺落眞文，因以傳江陵，沙門慧哲，俾行於世（家集）。諫議大夫歐陽修慕韓愈斥佛老，著《本論》三篇。其略曰，佛法爲中國患千餘歲，世之卓然不惑而有力者，莫不欲去之，已去矣而復大集，遂至於無可柰何。云云。堯舜三代之際，王政修明，禮義之教充於天下，於此之世雖有佛無由而入，及三代衰王政缺禮義廢，後二百餘年而佛至乎中國，由是言之佛所以爲吾患者，乘其缺廢之時而來，此其受患之本也。云云。禮義者，勝佛之本也。蒐狩昏姻喪祭鄉射之禮，凡教民之具無不備，則佛無由而入。（歐陽氏以禮義爲本，求勝於佛，故曰《本論》。）【略】

二年，宰相文彥博兼譯經潤文使，彥博在京師與淨嚴禪師，結僧俗十萬人念佛，爲往生淨土之願。詔左街淨因禪寺懷璉禪師，入對化成殿升座，右街僧錄智林等問話，奏對稱旨，賜號大覺。【略】

五年，西天沙門智吉祥等來朝進梵經，賜紫服。詔歐陽修同宋祁范鎭修唐書，如高僧玄奘神秀諸傳及方技傳乃至正觀爲戰士建寺薦福之文，並削去之。【略】司馬光嘗讀文中子，謂佛爲聖人。乃曰，審如是則佛之心可見矣。乃作禪偈六首，其卒章云，言爲百世師，行爲天下法，爲賢爲大聖，是名佛菩薩。暇日遊洛陽諸寺，廊廡寂寂，忽聲鐘伐鼓至齋堂，見沙門端坐默默方進匕箸，光欣然謂左右曰，不謂三代禮樂在緇衣中。至和元年，勅三藏法護戒德高勝，可特賜六字師號，曰普明慈覺傳梵大師。【略】

又 嘉祐元年，乾元節勅開寶寺福聖塔院建大齋，施僧袈裟。【略】西夏國奏，國內新建伽藍，乞賜大藏經典，詔許之。五年，同中書門下平章事富弼兼譯經潤文使。【略】

六年，（略）杭州智圓律師允堪示寂，塔於西湖菩提寺，嘗述《會正記》，以消釋南山律宗諸文，行於世。

七年，藤州沙門契嵩，初得法於洞山聰禪師，至錢唐靈隱閉戶著書。既成入京師，見內翰王素進《輔教編》《定祖圖》《正宗記》。上讀其書，至爲法不爲身，嘉歎其誠，勅以其書入大藏，賜明教大師。及送中書宰相韓琦，以視參政歐陽修，修覽文歎曰，不意僧中有此郎。黎明同琦往淨因見之，語終日。自宰相以下莫不爭延致，名振海內。及東下吳門大覺璉禪師作白雲謠以送之。【略】

又 （英宗）治平二年，勅大相國寺造三朝御製佛牙讚碑，翰林學士臣王珪撰文，左僕射魏國公臣賈昌朝書，右僕射兼譯經潤文使衛國公臣韓琦立石。太宗御製曰，功成積劫印文端，不是南山得恐難，眼覩數重金色潤，手擎一片玉光寒，鍊時百火精神透，藏處千年瑩采完，定果熏修眞祕密，正心莫作等閑看。眞宗御製曰，西方大聖號迦文，接物垂慈世所尊，常願進修增妙果，庶期饒益在黎元。仁宗御製，三皇掩質皆歸土，五帝潛形已化塵，夫子域中誇是聖，老君世上亦言眞，埋軀秖見空遺冢，何處將身示後人，唯有吾師金骨在，曾經百鍊色長新。

三年，淨因璉禪師乞歸四明阿育王山，上賜手詔曰，天下寺院，任性住持，師遂建宸奎閣以奉先朝聖製（仁宗詩頌凡十七篇）學士蘇軾爲作記，移書問手詔中語，師答以無。此後示寂得之笥中。軾聞之曰，有道之士也。

四年，勅天下私造寺院，及三十間者，並賜壽聖之額。

又 （神宗）熙寧元年，七月司諫錢公輔言，祠部遇歲饑河決，乞鬻度牒以佐一時之急，自今聖節恩賜，並與裁損，鬻牒自此始。

述曰，古者出家之士，自漢明以來，並從國恩而爲得度，如隋文一歲至五十萬，唐太宗感奘三藏弘法須人之言，即度僧至萬七千人，睿宗度三萬人。本朝太宗普度十七萬人至二十四萬人，此特恩蒙度之大略也。唐中宗始詔天下試經度僧，是猶漢家以科舉取士，最可尙也。我太宗眞宗仁宗，並舉試經之科，於茲爲盛，未聞貨取於山林高尙之士也。自唐肅宗用宰相裴冕之請，以時方用兵始鬻度牒，猶漢世納粟助邊以得爵也。從恩猶可擇人，試經是爲得才。至於納眥爲僧，則富者可以逞欲長污雜虧精進，法門之不幸也。公輔以時艱，始勸上裁恩賜以就買賣，利源一開，逮今不可復塞，律言，餘方有淸淨，雖非我制不得不行，蓋此義也。

是歲天下僧二十二萬六百六十人，尼三萬四千三十人。

四年，明教大師契嵩終於錢唐之靈隱，火浴之鼻舌眼睛耳豪數珠五物不壞。時眾欲驗之，烈火再鍛，五物愈堅。

五年，勅錢唐天竺觀音院，歲度一僧以奉香火。【略】日本國沙門成尋來朝。【略】

八年七月，公卿朝士建盂蘭盆會於開寶寺，自月五日始至十五日畢，主客揚傑爲之記。

九年，勅開寶寺靈感塔，建慶壽崇因之閣，中建木塔，御篆鴻福圓成之塔。【略】

元豐元年三月，杭州雷峯慧才法師，爲靈芝元照道俗千人授菩薩戒，羯磨之際見觀音像放光講堂大明，淨慈法眞禪師守一作戒光記，米芾書，辯才法師立石於龍井。

三年正月，勅大內設千僧齋，施袈裟金剛經，爲慈聖太后追福。詔詳定官制朝議，以自唐至本朝，譯經僧官皆授試光祿卿或鴻臚卿，今後改賜譯經三藏法師，試少卿者，賜三藏法師。詔革江州東林律院爲禪席，命常總禪師居之。【略】

五年，詔相國寺闢六十四院爲八禪二律，以東西序爲慧林、智海二巨刹。詔淨慈宗本禪師住慧林，東林常總禪師住智海。總固辭，許之。本入對延和殿，山呼，即就榻加趺，侍衛驚顧，師方自若，賜茶舉盞撼蕩之，上問受業，對曰，承天永安（姑蘇承天寺永安院）上大喜，語論久之既退，上目之曰，僧中寶也。侍者問主上何語，曰喫茶閑話耳。【略】

志磐《佛祖統紀》卷四六《法運通塞志》第一七之一三（哲宗）元祐元年，高麗王子祐世僧統義天來朝，勅禮部蘇軾館伴，有司共張甚設。義天四上表乞傳華嚴教，乃勅主客楊傑送至錢唐，受法於慧因淨源法師，復往天竺謁慈辯諫法師傳天台教。見靈芝照律師《請戒法》及《資持記》，至金山謁佛印元禪師，坐納其禮，楊傑驚問其故，元師曰，義天異域僧耳，若屈道徇俗，何以示華夏師法，朝廷聞之，以師爲知大體。義天既還國，乃建剎傳教，奉慈辯爲始祖。復寄金書《華嚴經》新、舊三譯於慧因，建閣以藏。（今俗稱高麗寺）【略】

三年，勅內侍齎黃金往東林，粧飾神運五殿佛像。主客楊傑詣雙林禮大士輪藏，瞻仰之次輪忽自轉，大眾歎異，傑爲贊以記其事。傑嘗以淨土之道爲自信，繪丈六阿彌陀佛隨身觀念，壽終之時感佛來迎，端坐而化。【略】

八年，知定州，蘇軾繪水陸法像，作贊十六篇，世謂辭理俱妙。（今人多稱「眉山水陸」者由於此。）【略】

（紹聖）五年二月，錢唐律師元照於四明開元寺建戒壇，準律如法爲東南受戒之勝。【略】

又（徽宗）建中靖國元年，法雲寺佛國禪師惟白，撰《續燈錄》三十卷進上，賜御製序。【略】

崇寧元年，敕書節文，應天下名德僧道，爲眾師法未有諡號者，仰所屬勘會以聞。

二年，賜終南山唐澄照律師道宣諡法慧大師，天竺山慈雲大師遵式諡法寶大師，南屏梵臻諡實相大師，孤山智圓諡法海大師。

三年，勅迎相國寺三朝御讚釋迦佛牙，入內供養，隔水晶匣舍利出如雨點，因製讚曰，大聖釋迦文，虛空等一塵，有求皆赴感，無剎不分身，玉瑩千輪在，金剛百鍊新，我今恭敬禮，普願濟群倫。詔諡白馬寺摩騰三藏啟道圓通法師，竺法蘭開教總持法師，雙林傅大士等空紹覺大士，方山李長者顯教妙嚴長者。楊州奏，泗州大聖屢見於普慧塔。【略】

五年十月，詔曰，有天下者尊事上帝敢有弗虔，而釋氏之教，乃以天帝置於鬼神之列，瀆神逾分，莫此之甚。有司其除削之。又勅水陸道場內設三清等位元豐降詔止絕，務在檢舉施行。舊來僧居多設三教像，遂爲院額殿名，釋迦居中，老君居左，孔聖居右，非所以奉天眞與儒教之意，可迎其像歸道觀學舍以正其名。洛京沙門永道讀詔泣曰，域中孔老法天制教，故不違天，佛出世法，天人所師，故不違佛，自古明王奉佛以事上帝者，爲知此理也。佛法平等，故其垂教雖聖凡俱會，而君臣尊卑之分莫不自殊，祖宗以來奉法已定，一旦除削，吾恐毀法之禍兆於此矣。聞者爲之憮然。【略】

（大觀）二年西京寶應寺僧孔清覺，居杭之白雲菴，依倣佛經立四果十地，分大小兩乘造論數篇，傳於流俗，從之者稱白雲和上，名其徒曰「白雲菜」。其說專斥禪宗，覺海愚禪師力論其僞，坐流恩州。

鑑曰，白雲之徒幾與白蓮相混，特以無妻子爲異耳。人見其晨夕持誦躬耕自活，爲似可敬，然察其愚癡誕言妄干正道，則識者所當深嫉而力排之也。

三年，勅勳臣戚里應功德墳寺自造屋置田止賜名額，蠲免科敷，從本家請僧住持，不許指占有額寺院充墳寺功德，許御史臺內侍省彈劾施行。

又（政和）三年，譯經三藏明因妙善普濟大師金總持，同譯語仁義，筆受宗正。南遊江浙至秀州車溪，密印寺沙門澄鑑，問三衣右會及旋遶左右。總持答曰，聖教但言以衣覆身，不曾挂於肩上，西天遶旋，自北至東耳。【略】

六年九月一日，杭州靈芝元照律師趺坐遷化，諡曰大智。毘尼之學，親自佛制，文殊已下，不措一辭。如世禮樂征伐自天子出，自大法東度，律學未明，至唐正觀南山律師，始作戒疏《業疏》《事鈔》，以弘《四分》，流傳四百載，釋義六十家，唯允堪師《會正記》，獨爲盡理。至照律師始約《法華》開顯，作《資持記》以明南山之宗，於是《會正》《資持》，疏爲二派。【略】

宣和元年正月，詔曰，自先王之澤竭，而胡教始行於中國，雖其言不同，要其歸與道爲一教，雖不可廢而猶爲中國禮義害，故不可不革。其以佛爲大覺金仙，服天尊服，菩薩爲大士，僧爲德士，尼爲女德士，服巾冠執木笏，寺爲宮，院爲觀，住持爲知宮觀事，禁毋得留銅鈸塔像。初釋氏之廢，外廷莫有承向者，開封尹盛章爲姦人激以利害，始爲之從，乃以上旨諭蔡京。京曰，國家安平日久，英雄無所用，多隱於此徒，一旦毀其居而奪之衣食，是將安所歸乎？必大起怨咨聚而爲變，諸君他日盍使誰任其咎。上聞之，怒曰，是輩欲懼我耳。京家人勸之曰，上怒矣。京曰，吾以身當之以報佛，會僧徒將投牒於京求辨論，盛章廉得之，捕其首高僧日華嚴朋覺二律師，凡七人杖殺之。左街寶覺大師永道上書曰，自古佛法未嘗不與國運同爲盛衰。魏太武崔浩滅佛法，未三四年浩竟赤族，文成大興之。周武衛元嵩滅佛法，不五六年元嵩貶死，隋文帝大興之。唐武宗趙歸眞李德裕滅佛法，不一年歸眞誅德裕竄死，宣宗大興之。我國家太祖太宗列聖相承，譯經試僧大興佛法，成憲具在，雖萬世可守也。陛下何忍，一旦用姦人之言爲驚世之舉，陛下不思太武見弒於閹人之手乎？周武爲鐵獄之囚乎？唐武受奪壽去位之報乎？此皆前監可觀者，陛下何爲蹈惡君之禍，而違祖宗之法乎？書奏，上大怒，勅流道州。上以京執不肯行，遂罷輔相之議，專決於左右，盛章逼僧錄洪炳，上表奉旨，於是盡改僧爲德士，悉從冠服，否則毀之，京數懇列於上前曰，天下佛像非諸僧自爲之，皆子爲其父，臣爲其君，以祈福報恩耳，今大毀之，適足以動人心念，非社稷之利也。上意爲之少回。【略】

（孝宗）隆興元年。上初在王邸，遣內都監至徑山，問道於杲禪師。答以偈曰，大根大器大力量，荷擔大事不尋常。後在建邸遣內知客，至山賜「妙喜菴」三字及眞讚，至是悉取向賜識以御寶，是年八月十日，師示寂，上傷悼不已，賜謚普覺，塔曰寶光，語錄入大藏，右相湯思退，參政李邴，內翰汪藻，禮部侍郎張九成，給事中馮楫，皆問道有悟入。

乾道元年二月，召靈山子琳法師入見，問曰，朕欲讀經以何爲要？師曰，金剛圓覺最爲要道，又問參禪之法，師曰，直須自悟，上說，賜號慈受。二月以鄭國公主出家，勅品官庶民有毀辱僧尼罵稱禿字者，依祥符宣和勅旨，品官勒停，庶民流千里，仰天下州軍，遍榜曉諭，仍許僧尼錄，白指揮與度牒隨身永同公據，應僧尼過犯，官司不得私理，須奏聞取旨施行。

三年二月，駕幸上天竺禮敬大士，問住山若訥曰，大士之前合拜不合拜，師曰，不拜則各自稱尊，拜則遞相恭敬，上欣然致拜，又問歲旦修光明懺之意，師曰，佛爲梵釋四王說金光明三昧之道，囑其護國護人，後世祖師立爲懺儀，於歲旦奉行其法，爲國祈福，此盛世之典也。上說，授右街僧錄復賜錢，即道翌法師故居建十六觀堂，命內翰樓鑰作記三月勅於禁中建內觀堂，一遵上竺制度。日本遣使致書四明郡庭問佛法大意，乞集名僧對使發函讀之，郡將大集，緇衣皆畏縮莫敢應命，棲心維那忻然而出，日本之書與中國同文，何足爲疑，即揖太守褫封疾，讀以爪掐其紙七處，讀畢語使人曰，日本雖欲學文不無疎繆，遂一一爲析之，使慚懼而退，守踴躍大喜曰，天下維那也。

四年四月八日，召上竺訥法師，領五十僧入內觀堂，行護國金光明三昧，齋罷說法，上曰，佛法固妙，安得如許經卷，師曰，有本者如是，上說，進授左街僧錄，慧光法師，自是歲歲佛生日，賜入內僧帛五十匹，修舉佛事（宋之瑞撰塔銘）。九月，上謂禮部尙書李燾曰，科舉之文不可用佛老語，若自修之山林，於道無害，倘用之科場，恐妨政事。

述曰，儒家用老莊語其來已久，故不可一旦絕去，至若窮理之妙盡性之奧，高出世表而無所不容者，則無越乎釋氏之書，然儒家欲明理於天人之際，《易洪範》《中庸》《大學》《語》《孟》，求之自足，倘涉乎佛經語意，則自違其宗而放肆無歸矣。大哉孝廟之戒，其有旨乎？

六年四月，上與群臣論東都治亂消長之數，上曰，朕每念治平已前國家無事，自王安石首亂成法，繼之以章子厚（名惇，避諱），蔡京之徒，至靖康輔臣率皆庸繆，以致大壞，蔡京謫死湖湘四十二年，遷葬之日皮肉銷盡，獨於胸上隱起卍字，若鐫刻然，按佛經如來具三十二相，胸題卍字，是其一。由戒定慧積修所成，其相明妙，魔王亦有三十二相，其相稍晦，今京相如此，豈非魔乎？又豈非天地大數產此魔物爲生民之禍乎？十一月，撰德殿親灑靈感觀音之寺及靈感觀音寶殿，以賜上竺（各六字爲額）。

七年二月，靈隱慧遠禪師入對選德殿。上曰，如何免得生死？對曰，不悟大乘，終未能免。上曰，如何得悟？對曰，本有之性，磨以歲月，自然得悟。上曰，悟後如何？對曰，悟後始知今日問答皆非。上曰，一切處不是後如何？對曰，脫體現前，更無可見之相。上有省，首肯之。

八年正月，車駕幸靈隱，錫賚有加八月召天竺訥法師，徑山印禪師

（別峯寶印）靈隱遠禪師，及三教之士，集內觀堂賜齋，復令遠禪師獨對東閣賜坐，問曰，前日睡中忽聞鍾聲，不知夢覺，是同是別，對曰，夢覺無殊教誰分別，上曰，鍾聲從何處起，對曰，從陛下問處起，十月賜靈隱慧遠佛海禪師（號瞎堂）。

九年正月，召上竺訥法師，獨對選德殿賜座，問大士歷代靈跡及法華經旨（登對錄）魏公史浩佚老於四明，自號眞隱居士，每從南湖智連法師問法要（號覺雲法師）。嘗曰，師於禪律亦貫通耶？師曰，氷泮雪消固一水耳。又問，《華嚴》《般若》何太支離？師曰，支離所以爲簡易。公倏然有省。及師閩歸里，乃於東湖創月波山，放補陀巖，結洞室以安大士，奉德壽殿，書潮音洞以爲額，首延覺雲高弟則約法師，專講智者教（號元菴賜智海大師）初是公攝昌國鹽監，偕鄱陽程休甫汎海謁補陀山，忽一僧指巖頂，有竇可以下瞰，方瞻佇間公與眾見大士金色身相，而公復見雙齒出脣際如珂玉，喜慰作禮而退，暨歸寺日已暮，一長身僧來訪，語公歷官至太師，且云，公是善終文潞公也。他日入相，主上欲用兵，須力諫之，後二十年當與公會於越，語畢遂去，乾道初以故相鎭越，有道人自稱養素先生與公有舊，亟命延之，索紙大書曰，黑頭潞相重增萬里風光，碧眼胡僧曾共一宵情話，擲筆竟出。公大驚，因追思補陀事，知長身僧及道人皆大士示現，距正二十年云。

述曰，越王出仕之初，登補陀觀大士，聞長身僧之言，許他日爲師相，且囑其諫君上勿用兵，其後張魏公（浚）果勸孝宗北征，越王諫之不從，及符離兵敗浚歸見上，上迎謂浚曰，此行甚快史浩意，蓋大士預鑑時機，知南北勢分未可以合，故囑公興諫以免生靈之塗炭也。

史魏公過金山，覽梁武帝水陸儀軌之盛，謂報恩度世之道在是，乃於月波山創殿設十界像，與名僧講究製儀文四卷，以四時修供，爲普度大齋（至今百年）俎豆之器，繁約折衷，讚唄之音，抑揚有節，鄉城諸剎，莫不視此爲法。國學生王日休，龍舒人，爲六經訓傳數十萬言，一旦捐之曰，是皆業習非究竟法，吾其爲西方之歸乎？自是一志念佛，日課千拜。一夕，厲聲念佛，忽云佛來接我也。屹然立化，邦人有夢二青衣引之西行，日休爲淨土文行於世，嘗爲之說云，儒者或以釋氏之徒無戒行故輕其教者，豈可以道流不肖而輕老子，士人不肖而輕孔子，釋氏之教有世間法有出世間法，其世間法戒殺盜婬，儒釋未嘗不同，其不同者，釋氏之出世間法也。儒家止於世間，故獨言一世而歸之於天，釋氏知屢世，而能具見群生業緣本末，此其不同耳。

述曰，王龍舒之爲儒也，固嘗爲六經作訓傳矣。潛心學古，非世儒之常流也。及盡棄其學而學佛，必有一定之見，今人爲儒未及於龍舒，而欲以汎汎口舌效韓歐排佛之失言，是皆未足以知兩家之道本不悖也。至若世間出世間之說，雖未盡理謂佛能具見群生業緣本末，此得之矣。蘇黃諸公誠知此，伊洛先輩徒能以道自任，以故時有排斥，然不足以知此義也。

淳熙元年二月，賜內帑於上竺建藏殿，及賜大藏經，皇太子爲書殿榜四月召雁山靈峯中仁禪師，入對禁中（嗣圓悟普燈錄）五月召靈隱遠禪師，入對便殿。

二年三月，駕幸上竺炷香禮敬大士，詔建護國金光明道場，賜白雲堂印，令天下三學諸宗並詣白雲堂，公舉用印申明有司六月召上竺訥法師，獨對內觀堂十二月遣中使至阿育王山迎佛舍利塔，上瞻禮之頃見塔上有如月輪，他日復見如水晶者，勅迎往東宮，皇太子見相輪上纍纍若水晶貫珠。

三年正月，迎舍利於碧琳堂，上見塔角有光若金珠者，勅內侍奉塔還山，具齋以謝靈貺。勅福州依天聖二年已降聖旨，天台一宗教部，付開元東禪鏤版入藏。先是慈雲式法師奏乞天台教文入藏，詔可之，二月詔台州報恩德光禪師入住靈隱，十一月入對選德殿，上問曰，釋迦雪山六年所成者何事，師曰，將謂陛下忘卻，上說，賜號佛照禪師（師號拙菴）。

四年八月，參政錢端禮微疾，請平田行機禪師入臥內趺坐談笑，忽謂機曰，地水火風暫時湊泊，昧者認爲自己，從上諸聖去住自在，今吾如是豈不快哉？遂斂目而逝，公與機同參護國元禪師，世知其有悟入（普燈錄）召靈隱光禪師，入對內殿，進宗門直指，上問，浙東名山太白玉几之外，以何爲勝？師曰，保國、護聖、國清、萬年。上說，當時侍臣咸皆歎賞，以爲名對。唐奘三藏譯《大般若經》成六百卷。有鳳城雪月大師大隱，《用難信解品》一百三卷，行通關之法以授後人。

本朝淳熙間，有沙門不知所從來，車載此經至四明甬東，行道中口浪浪誦不輟，里人沃承璋遇諸塗，問之曰，我車上經皆能音誦，承璋初不信，試抽數卷對誦之，頃刻即度，始大異之，徐叩其故。沙門曰，是有關法焉，能通其關則百三卷之文皆可背誦。承章欣然願受教，既通復教其妻子奴婢，闔門皆能通誦，乃刻板行關法，以化世人。

述曰，嘗考經關盡百三卷，凡八十四科，今教卷諸文稱八十一科，名色者，當是相承之誤，沃本巨室初不信法，由沙門一化乃能背通般若，然不知回向淨土，其沒也生日本爲國主，背有銘曰，大宋沃承璋，日本人說若此（愚客月波，同住如習能關通此經，時衆有欲求受者，乃始用沃本刊經關一卷，以勸世人，因敘承璋本事云）。

五年，御書太白名山，賜住山了樸禪師（師號慈杭）。

七年，召明州雪竇寶印禪師入見，上問曰，三教聖人本同此理，師曰，譬如虛空初無南北，上曰，但所立門戶異耳，故孔子以中庸設教，師曰，非中庸何以立世間，《華嚴》有云，不壞世間相而成出世間法。上曰，今時學者秪觀文字不識夫子心，師曰，非獨今之學者，當時顔子爲具體，秪說得瞻之在前忽焉在後，如有所立卓爾，亦未足以識夫子心，夫子亦曰，二三子以我爲隱乎？吾無隱乎？爾以此而觀當時弟子，尚不識夫子心，況今人乎？張商英有云，唯吾學佛然後能知儒，上曰，朕意常作此見，上又問曰，老莊之教何如，師曰，可比佛門中小乘人耳，小乘厭身如桎梏，棄智如雜毒，化火焚身入無爲界，正如莊子形固可使如槁木心固可使如死灰，老子曰吾有大患爲吾有身，大乘人則不然，度衆生盡方證菩提，正如伊尹所謂予天民之先覺者也。將以斯道覺斯民也。如有一夫不被其澤若已推而內之溝中也。上大說，即日詔住徑山詔佛照禪師德光住阿育王山，十一月召對內殿，賜妙勝之殿四字，爲釋迦舍利殿額。

八年，上製《原道論》曰，朕觀韓愈原道論，謂佛法相混，三教相絀，未有能辨之者，徒文煩而理迂耳，若揆之以聖人之用心，則無不昭然矣。何則釋氏窮性命外形骸，於世事了不相關，又何與禮樂仁義者哉？然猶立戒曰不殺不婬不盜不妄語不飲酒，夫不殺仁也。不婬禮也。不盜義也。不妄語信也。不飲酒智也。此與仲尼又何遠乎？從容中道聖人也。聖人之所爲孰非禮樂，孰非仁義，又惡得而名焉，譬如天地運行陰陽若循環之無端，豈有春夏秋冬之別哉？此世人強名之耳，亦猶仁義禮樂之別，聖人所以設教治世，不得不然也。因其強名揆而求之，則道也者，仁義禮樂之宗也。仁義禮樂固道之用也。楊雄謂老氏棄仁義絕禮樂，今迹老氏之書，其所寶者三，曰慈，曰儉，曰不敢爲天下先，孔子曰，節用而愛人，老氏之所謂儉，豈非愛人之大者耶？孔子曰，溫良恭儉讓，老氏所謂不敢爲天下先，豈非讓之大者耶？孔子曰，惟仁爲大，老氏之所謂慈豈非仁之大者耶？至其會道則互見偏舉，所貴者清淨寧一，而與孔聖果相背馳乎？蓋三教末流，昧者執之自爲異耳，夫佛老絕念無爲修身而矣。孔子教以治天下者，特所施不同耳，譬猶耒耜而耕機杼而織，後世紛紛而惑，固失其理，或曰，當如何去其惑哉？曰以佛修心，以道養生，以儒治世，斯可也。其唯聖人爲能同之，不可不論也。（聖政錄）

十年，上親注《圓覺經》，賜徑山寶印禪師，刊行於世。

十一年，上竺左街僧錄若訥劄子，洪惟聖朝遵用唐制立試經度僧之科，竊詳大宋高僧傳洪覺範僧寶傳所載，自建隆開國至於南渡，名德高行皆先策試《法華》，然後得度，以由此經是如來出世一化之妙唱，群生之宗趣，帙唯七卷繁簡適中，故學者誦習無過與不及之患，自唐至今五百年來，昭垂令典，雖下及萬世可舉而行唐世之式，遠矣。及我朝而甚詳如文瑩湘山錄載，國初潭州僧童試經，此州郡比試也。歐陽歸田錄載，執政宋綬夏竦同試童行，此朝廷開試也。若僧史略載，朱梁時不許私度，願出家者入京比試，竊詳三書之意，當是天下童行，先就州郡試中，然後入京，執政開場親監覆試第名奏上，乃下祠部給牒，若特詔疏恩，如建隆八千僧，太平普度十七萬，則又不在試經之限，或謂有虧國用者，則將對之曰，但於每歲以千牒爲試經之擬，即以千牒之資均於餘牒，俾不能誦經而裕於財者亦得求度，厥今天下僧冗矣。試經以行古道，貴牒以限常人，誠足以復祖宗之成法救末流之冗弊也。上可其奏，付執政，下僧司，具格式，以供申不明，竟爲中書所沮建興福院成。先是上竺訥法師，屢以疾求閑，上曰，且賜地築室，一二年後，彼此作閑人，水邊石上共說無生，至是以賜師爲佚老，授兩街都僧錄，東宮爲書歸隱扁其室。十六年，上遜位於皇太子，退養重華宮稱壽皇壽皇召慧光若訥法師入內殿，注《金剛般若經》書成，上積日披覽，益有省發。

（光宗）紹熙二年十月，慧光法師入寂，謚宗教廣慈法師，塔曰普照。

五年四月，刑部都官陸沅，沐浴冠服就寢而化，將歿忽聞蓮華香氣自口鼻噴出，沉號省菴，居四明鄞之橫溪，每晨起誦法華，日一過者三十載，年登八秩增至三部，爲詩見志，有清晨三度到靈山之句，又閱大藏誦佛號，凡天台教門，少林宗旨，無不博究。【略】

志磐《佛祖統紀》卷四八《法運通塞志》一七之一〇（寧宗）慶元三年，荆門軍申忠翊郎趙善瑩狀，當陽縣玉泉山景德禪寺爲隋智者禪師開山道場，蜀將軍關王奉智者爲師，祈禱屢應，乞賜加封，勅宣賜靈惠大師。

嘉泰二年，餘杭南山白雲庵道民沈智元，乞賜勅額。臣寮言，道民者，遊墮不逞，喫菜事魔，所謂姦民者也。自植黨與十百爲群，挾持妖教，聾瞽愚俗，或以修路建橋爲名，或效誦經焚香爲會，夜聚曉散，男女無別，所至各有渠魁相統，遇有諍訟合謀并力，厚啖胥吏，志在必勝，假名興造，自豐囊橐，創置私庵以爲逋逃淵藪，智元僞民之魁，左道惑眾，揆之國法罪不勝誅，張杓帥京之日，屢與隣寺互論已判，道人私庵合照前降指揮拆除，今智元又敢妄叩天閽玩侮朝廷，若此爲甚，昔傳五斗米道者，始託黄老分遣弟子，周遊四方轉相誑誘，其後數十萬眾，同日竊發漢室遂微，今此曹若不防閑，何所不至，欲下臨安府將智元等重行編竄，籍其物業以爲傳習魔法，玩視典憲者之戒，寄居勢家認爲己產，蓋庇執占者，臺諫指名以奏，制可。【略】

（理宗）寶慶二年，勅天申萬壽圓覺寺，改爲天台教，以師贊法師主之。

淳佑六年十一月，臨安明慶聞思律師奏，南山澄照律師戒疏《業疏》《事鈔》等，并大智律師述三部諸記，共七十三卷，乞附入大藏，制可。續據省部下諸郡經坊，鏤板頒行。

淳佑十年三月，臣寮上言，國家優禮元勳大臣近貴戚里，聽陳乞守墳寺額，蓋謂自造屋宇自置田產，欲以資薦祖父，因與之額，故大觀降旨，不許近臣指射有額寺院，充守墳功德。及紹興新書，不許指射有額寺院，著在令甲，凡勳臣戚里有功德院，止是賜額蠲免科敷之類，聽從本家請僧住持，初非以國家有額寺院與之，邇年士夫一登政府，便萌規利指射名剎，改充功德侵奪田產，如置一莊，子弟無狀多受庸僧財賄，用爲住持，米鹽薪炭隨時供納，以一寺而養一家，其爲汚辱祖宗多矣。況宰執之家所在爲多，若人占數寺，則國家名剎所餘無幾，官中一有科需，則必均諸人戶，豈不重爲民害，臣愚欲望睿旨申嚴舊制應指占勅額寺院並與追正，仍從官司請僧，庶以杜絶私家交通寺院賄貨之弊。制可。【略】

又 端平元年，靈山守愚法師奏，四明延慶法智祖師中興天台教觀所著記鈔二百餘卷，乞入大藏頒行，制可。

三年，四明沙門海印刪修陸師壽《寶珠集》，續集淨業有驗者，名《淨土往生傳》十二卷（志磐刪爲《淨土立教志》，凡三卷入《統紀》，最爲詳簡。）

嘉禧元年太后王氏薨，詔徑山師範禪師入對修政殿，賜金襴袈裟，宣詣慈明殿升座説法，上垂簾而聽，賜號佛鑑。恭聖仁烈皇帝升遐，仍詔師範升座，既而乞歸山林，復賜圓照之號。【略】又書《心經》一卷，御書聖教序并玉手爐賜上天竺同庵憲法師，補左右街都僧錄，新上天竺五百羅漢閣，御書超諸有海四大字以賜。

紹定二年，有旨，以禳禬事宣上天竺主，僧赴南水門引見柏庭，在假智覺居首座，得旨代入竣事，玉音褒嘉，賜賚甚渥詔法昭法師住下天竺。尋遷上天竺，補右街鑒義，賜佛光法師，進錄左街賜金襴袈裟，召見倚桂閣對御稱旨，時集慶寺新成，有旨命法照開山力辭，舉白蓮觀主南峯誠法師以代。明年誠公入寂，詔佛光兼住持，轉左右街都僧錄，御書晦岩二大字賜之。又於天基節召見延和殿講華嚴經，大書靈山堂以賜，東宮成引見復古殿講般若經，并賜紫金襴衣，齋于明華殿。

五年，詔雲間文果住下天竺寺，遣中使齎御奩，賜無量壽佛像建閣，嚴奉奎章大書其扁昭回雲漢。時上竺虚席，京兆端明趙公與權奏無以易文果，詔曰可。【略】

淳祐六年十一月，臨安明慶寺聞思律師奏南山澄照律師戒疏業疏事鈔等，并大智律師述三部諸記共七十三卷，乞附入大藏，制可，續省部下諸郡經坊鏤板頒行。

七年，賜上天竺法照，座下衣紫者六，度僧二，修造祠牒十本。

八年，葬貴妃賈氏于小麥嶺之積慶山南，建寺曰崇恩演福。育王山笑翁禪師奉詔住景德靈隱禪寺，再詔移淨慈，不赴遂入寂。

九年，重彩上天竺觀音大士，飾七寶瓔珞，加賜金錢。【略】

寶祐元年皇后謝氏功德寺成，命撰額曰嘉德永壽，以首座寶鑑大師時舉應詔補右街鑒義，開山弘傳天台教觀，三月賜度牒二十本，米四百石，修上天竺觀音堂。

二年天基節，上御延和殿，命佛光法師講《華嚴經》，皇情大悅曰，自是不同，上問無諍三昧，師曰，天親論解云，無諍者無欲也。有欲則有諍，須菩提不但得無諍三昧而已，又於無諍三昧之人之中最爲第一上首，宜之爲親製觀音殿記，御書登石。

景定四年詔祖印法師住上天竺，補右街鑒義，退歸旌德教寺，復詔妙銛法師住上天竺，補左右街僧錄，五年詔古源清法師入内道場懺禱有驗，賜祥應大師之號，復講法華於福寧殿賜紫衣。

六年，詔建經鐘二樓於上天竺。

又（度宗）咸淳元年，詔淨慈虚堂愚禪師住徑山。九月，詔佛光照法師再住上天竺，法堂繪事方新宜昭揭先帝白雲御書錄狀聞奏，詔中天竺虚舟普度禪師住景德靈隱寺咸淳。癸酉八月十五日，佛光照法師示寂，勅賜天岩塔院，謚普通大師，塔曰慈應。

（少帝）德祐丙子，大元兵逼臨安，起三宮北遷，謝太后至燕京，七年崩封壽春郡夫人全后爲尼正智寺，少帝封嬴國公，舉國歸附。

遼金元分部

綜述

志磐《佛祖統紀》卷四九《名文光教志》第一八之一　志磐《宗門尊祖議》，如來聖人，以開權顯實開迹顯本之道化天下後世者，謂之佛。佛弟子以次傳道爲世宗主者，謂之祖。其實一道爾。故如來之將息化也。以無上大法付之飲光，飲光任持二十年，以付慶喜，慶喜持法宣化亦二十年，以付商那，下而至於十三世曰龍樹，始以文字般若著所證三觀之道，曰《中觀論》。暨譯傳東夏，於是北齊以宿悟已證立爲觀法，以授南岳，南岳承其旨，悟《法華》淨六根，以授天台，天台始立五時張八教，用明法華開顯之妙，而大暢乎境觀之旨。時則有章安，執筆載爲疏論，其道遂大明。法華天宫繼世講演，嗣其法者唯左溪。左溪門學，獨荊溪能承正統，述諸記以贊祖謨，則清涼異議爲之寢息，以文字廣第一義諦，則莫若茲時之盛，以故世之學者取龍樹至例爲九祖以奉清祀，其有由矣。自荊溪以來，用此道以傳授者，則有興道（邃師）至行（修師）講道不絕，會昌多難教卷散亡，正定妙說高論（外琇竦二法師）三世，唯傳止觀之論，迨乎螺溪，法運將泰（寂師）天假吳越（錢忠懿王）求遺書於海東，於是教籍復還，寶雲嗣興，敷揚二紀，而四明法智，以佛所生子垂迹海隅，一家教部毘陵師未記者，悉記之，四種三昧人所難行者，悉行之，斯慈雲之極言也。當是時有爲異説者，如昭圓諸師，世方指爲山外，而法智獨擅中興教觀之名，自興道訖四明凡八世，所以紹隆正統而顯揚大教者，有在於是，是宜等而上之用陪位於九祖，以尊大其道爲可爾，然則今之宗門列刹，凡所以講天台四明之道者，有能起龍樹至法智，通祀爲十七祖，以並爲之位，誠有見於後學尊祖重道之心也。謹議。

紀事

志磐《佛祖統紀》卷五一《歷代會要志》一九之一　自有佛法以來，所以知三教之並興，諸宗之互立，與夫世變之不常，固已繫之編年，至欲考一事之本末，則歲月散漫，莫之可尋。今故開張衆目，會其事要，俾討論典故者識某事於某朝某年之下，茲但舉略以指廣云耳，君上奉法、屢朝拜佛、天書御製、聖君護法、試經度僧、特恩度僧、進納度僧、士夫出家、沙門封爵、僧職師號、不拜君父、不稱臣僧、崇禮高行、沙門著書。

《遼史》卷七一《后妃・聖宗仁德皇后蕭氏傳》　聖宗仁德皇后蕭氏，小字菩薩哥。睿智皇后弟隗因之女，年十二，美而才，選入掖庭。統和十九年，冊爲齊天皇后。嘗以草莛爲殿式，密付有司，令造清風、天祥、八方三殿。既成，益寵異，所乘車置龍首鴟尾，飾以黄金，又造九龍輅、諸子車，以白金爲浮圖，各有巧思，夏秋從行山谷間，花木如繡，車服相錯，人望之以爲神仙。

《遼史》卷九七《孩里傳》 孩里（回鶻人）素信浮圖，清寧初，從上獵，墮馬，憒而復甦，言始見二人引至一城，宫室宏敞，有衣絳袍人坐殿上，左右列侍，導孩里升階，持牘者示之曰：「本取大腹骨欲，誤執汝。」牘上書「官至使相，壽七十七」，須臾還，擠之大壑而寤，道宗聞之，命書其事，後皆驗。

《遼史》卷一一〇《奸臣上·張孝傑傳》 （張）孝傑久在相位，貪貨無厭，時與親戚會飲，嘗曰：「無百萬兩黄金，不足爲宰相家。」初，孝傑及第，詣佛寺，忽迅風吹孝傑帕頭，與浮圖齊，墜地而碎，有老僧曰：「此人必驟貴，然亦不得其死。」竟如其言。

《金史》卷一《世紀》 金之始祖諱函普，初從高麗來，年已六十餘矣。兄阿古乃好佛，留高麗不肯從，曰：「後世子孫必有能相聚者，吾不能去也。」

《金史》卷一六《宣宗紀下》 七月壬寅朔，夏人犯積石州，羌界寺族多陷沒，惟桑逋寺僧看逋、昭逋、廝沒，及答那寺僧奔鞠等拒而不從，詔賞諸僧鈐轄正將等官，而給以廩祿。

《金史》卷八八《石琚傳》 時民間往往造作妖言，相爲黨與謀不軌，事覺伏誅，上問宰臣曰：「南方尚多反側，何也？」琚對曰：「南方無賴之徒，假托釋道，以妖幻惑人，愚民無知，遂至犯法。」上曰：「如僧智究是也。此輩不足恤，但軍士討捕，利取民財，害及良民，不若杜之以漸也。」智究，大名府僧，同寺僧苑智義與智究言，《蓮華經》中載五濁惡世佛出魏地，《心經》有夢想究竟涅槃之語，汝法名智究，正應經文，先師藏瓶和尚知汝有是福分，亦作頌子付汝，智究信其言，遂謀作亂，歷大名、東平州郡，假托抄化，誘惑愚民，潛結奸黨，議以十一年十二月十七日先取兖州，會徒嶧山，以「應天時」三字爲號，分取東平諸州府，及期向夜，使逆黨胡智愛等，劫旁近軍寨，掠取甲仗，軍士擊敗之，會傳戬、劉宣亦於陽谷、東平上變，皆伏誅，連坐者四百五十餘人。

《金史》卷九三《章宗諸子傳》 洪輝本名訛論，承安二年五月生，彌月，封壽王，閏六月壬午，病急風，募能醫者加宣武將軍，賜錢五百萬，甲申，疾愈，印《無量壽經》一萬卷報謝，衍慶宫作普天大醮七日，無奏刑名，仍禁屠宰。忒鄰，泰和二年八月生【略】十二月癸酉，生滿百日，放僧道度牒三千道，設醮玄真觀，宴於慶和殿，百官用天壽節禮儀，進酒稱賀，三品以上進禮物。

《金史》卷九六《李晏傳》 初，錦州龍宫寺，遼主撥賜户民俾輸稅於寺，歲久皆以爲奴，有欲訴者害之島中，（李）晏乃具奏：「在律，僧不殺生，況人命乎？遼以良民爲二稅戶，此不道之甚也。今幸遇聖朝，乞盡釋爲良。」世宗納其言，於是獲免者六百餘人。

《金史》卷七《世宗傳中》 僧李智被殺。大名府僧李智究等謀反，伏誅。

《金史》卷八《世宗傳下》 （大定二十八年）十月乙丑，【略】禁糠禪、瓢禪，其停止之家抵罪。

《金史》卷九《章宗傳一》 （昌明元年）十一月乙卯【略】以惑衆亂民，禁罷全真及五行毗盧。

《金史》卷一一四《白華傳》 天興二年正月朔，上次黄陵岡，就歸德餫船北渡【略】是時，在所父老僧道獻食，及牛酒犒軍者相屬，上親爲拊慰，人人爲之感泣。

《金史》卷七《世宗本紀》（中） （大定十四年）四月乙丑，上諭宰臣曰：「聞愚民祈福，多建佛寺，雖已條禁，尚多犯者，宜申約束，無令徒費財用。」

《金史》卷九《章宗本紀》（一） （明昌三年三月）癸巳，尚書省奏：「言事者謂，釋道之流不拜父母親屬，敗壞風俗，莫此爲甚，禮官言唐開元二年敕云：『聞道士、女冠、僧、尼不拜二親，是爲子而忘其生，傲親而徇於末。自今以後並聽拜父母，其有喪紀輕重及尊屬禮數，一準常儀。』臣等以爲宜依典故行之。」制可。

《金史》卷一〇《章宗本紀》（二） （承安元年六月）丁卯，敕自今長老、大師、大德不限年甲，長老、大師許度弟子三人，大德二人，戒僧年四十以上者度一人。其大定十五年附籍沙彌年六十以上並令受戒，仍不許度弟子。尼、道士、女冠亦如之。御史大夫移剌仲方罷，庚午，幸環秀亭觀稼。

又 （承安二年四月）甲子，祈雨於社稷，尚書省奏，比歲北邊調度頗多，請降僧道空名度牒紫褐師德號以助軍儲。從之。

《金史》卷一六《宣宗本紀》（下）　（泰和二年）十二月癸酉，以皇子晬日，放僧道戒牒三千。

《金史》卷一六《宣宗本紀》（下）　（元光元年二月）乙酉，陝西西路行省請以厚賞募河西諸蕃部族寺僧，圖復大通城，命行省樞密院籌之。

《金史》卷四三《輿服志》（下）　大定十三年，太常寺擬士人及僧尼道女冠有師號、並良閑官八品以上，許服花紗綾羅絲紬。

《金史》卷四五《刑志》　（泰和元年）十二月，所修律成【略】名曰《泰和律義》，自《官品令》、《職員令》之下，曰《祠令》四十八條【略】《雜令》四十九條、《釋道令》十條【略】。

《金史》卷四六《食貨志》（一）　（泰和六年）寺觀則設綱首。

《金史》卷四八《食貨志》（三）　（大定）十一年二月，禁私鑄銅鏡，舊有銅器悉送官，給其直之半，惟神佛像、鍾、磬、鈸、鈷、腰束帶，魚袋之屬，則存之。

《金史》卷五五《百官志》（一）　掌凡禮樂、祭祀、燕享、學校、貢舉、儀式、制度、符印、表疏、圖書、冊命、祥瑞、天文、漏刻、國忌、廟諱、醫卜、釋道、四方使客、諸國進貢、犒勞張設之事，凡試僧、尼、道、女冠，三年一次，限度八十人。差京府幕職或節鎮防禦佐貳官二員，僧官二人、道官一人、司吏一名、從人各一人、廚子二人、把門官一名、雜役三人，僧童能讀《法華》、《心地觀》、《金光明》、《報恩》、《華嚴》等經共五部，計八帙。《華嚴經》分爲四帙，每帙取二卷，卷舉四題，讀百字爲限，尼童試經半部，與僧童同。道士、女冠童行念《道德》、《救苦》、《玉京山》、《消災》、《靈寶度人》等經，皆以誦成句、依音釋爲通，中選者試官給據，以名報有司。凡僧尼官見管人及八十、道士女冠及三十人者放度一名，死者令監壇以度牒申部毀之。

《金史》卷一〇七《高汝礪傳》　（興定）三年，河南頗豐稔，民間多積粟，汝礪乃奏曰：「國家之務莫重於食。【略】乞於河南州府驗其物價低昂，權宜立式，凡內外四品以下雜正班散官及承蔭人，免當傔使監官功酬，或僧道官師德號度牒、寺觀院額等，並聽買之，司縣官有能勸誘輸粟至三千石者，將來注授升本榜首，五千石以上遷官一階，萬石以上升職一等，並注見闕，庶幾人知勸慕，多所收穫。」上從之。

《元史》卷二〇二《釋老傳》　釋、老之教，行乎中國也，千數百年，而其盛衰，每繫乎時君之好惡。是故，佛於晉、宋、梁、陳，黃、老於漢、魏、唐、宋，而其效可睹矣。元興，崇尚釋氏，而帝師之盛，尤不可與古昔同語。維道家方士之流，假禱祠之說，乘時以起，曾不及其什一焉。宋舊史嘗志老、釋，厥有旨哉。乃本其意，作《釋老傳》。

帝師八思巴者，土番薩斯迦人，族款氏也。相傳自其祖朵栗赤，以其法佐國主霸西海者十餘世。八思巴生七歲，誦經數十萬言，能約通其大義，國人號之聖童，故名曰八思巴。少長，學富五明，故又稱曰班彌怛。歲癸丑，年十有五，謁世祖於潛邸，與語大悅，日見親禮。

中統元年，世祖即位，尊爲國師，授以玉印。命制蒙古新字，字成上之。其字僅千餘，其母凡四十有一。其相關紐而成字者，則有韻關之法；其以二合三合四合而成字者，則有語韻之法；而大要則以諧聲爲宗也。至元六年，詔頒行於天下。詔曰：「朕惟字以書言，言以紀事，此古今之通制。我國家肇基朔方，俗尚簡古，未遑製作，凡施用文字，因用漢楷及畏吾字，以達本朝之言。考諸遼、金，以及遐方諸國，例各有字，今文治浸興，而字書有闕，於一代制度，實爲未備。故特命國師八思巴創爲蒙古新字，譯爲一切文字，期於順言達事而已。自今以往，凡有璽書頒降者，並用蒙古新字，仍各以其國字副之。」遂升號八思巴曰大寶法王，更賜玉印。

十一年，請告西還，留之不可，乃以其弟亦憐眞嗣焉。十六年，八思巴卒。訃聞，賻贈有加，賜號皇天之下一人之上〔開教〕宣文輔治大聖至德普覺眞智佑國如意大寶法王、西天佛子、大元帝師。至治間，特詔郡縣建廟通祀。泰定元年，又以繪像十一，頒各行省，爲之塑像云。

亦憐眞嗣爲帝師，凡六歲，至元十九年卒。答兒麻八剌剌吉塔嗣，二十三年卒。亦攝思連眞嗣，三十一年卒。乞剌斯八斡節兒嗣，成宗特造寶玉五方佛冠賜之。元貞元年，又更賜雙龍盤紐白玉印，文曰「大元帝師統領諸國僧尼中興釋教之印」。大德七年卒。明年，以輦眞監藏嗣，又明年卒。（都）〔相〕家班嗣，皇慶二年卒。相兒加思〔巴〕嗣，延佑元年卒。二年，以公哥羅古羅思監藏班藏卜嗣，至治三年卒。旺出兒監藏嗣，泰定二年卒。公哥列思八丘沖納思監藏班藏卜嗣，賜玉印，降璽書諭天下，其年卒。天歷二年，以輦眞吃剌失思嗣。

八思巴時，又有國師膽巴者，一名功嘉葛剌思，西番突甘斯旦麻人。幼從西天竺古達麻失利傳習梵秘，得其法要。中統間，帝師八思巴薦之。時懷孟大旱，世祖命禱之，立雨。又嘗咒食投龍湫，頃之奇花異果上尊湧出波面，取以上進，世祖大悅。至元末，以不容於時相桑哥，力請西歸。既復召還，謫之潮州。時樞密副使月的迷失鎭潮，而妻得奇疾，膽巴以所持數珠加其身，即愈。又嘗爲月的迷失言異夢及己還朝期，後皆驗。

元貞間，海都犯西番界，成宗命禱於摩訶葛剌神，已而捷書果至；又爲成宗禱疾，遄愈，賜與甚厚，且詔分御前校尉十人爲之導從。成宗北巡，命膽巴以象輿前導。過雲州，語諸弟子曰：「此地有靈怪，恐驚乘輿，當密持神咒以壓之。」未幾，風雨大至，衆咸震懼，惟幄殿無虞，復賜碧鈿杯一。大德七年夏，卒。皇慶間，追號大覺普惠廣照無上膽巴帝師。

其後又有必蘭納識里者，初名只剌瓦彌的理，北庭曷瑪拉國人。幼熟畏兀兒及西天書，長能貫通三藏暨諸國語。大德六年，奉旨從帝師授戒於廣寒殿，代帝出家，更賜今名。皇慶中，命翻譯諸梵經典。延佑間，特賜銀印，授光祿大夫。

是時諸番朝貢，表箋文字無能識者，皆令必蘭納識理譯進。嘗有以金刻字爲表進者，帝遣視之，廷中愕眙，觀所以對。必蘭納識理隨取案上墨汁塗金葉，審其字，命左右執筆，口授表中語及使人名氏，與貢物之數，書而上之。明日，有司閱其物色，與所賚重譯之書無少差者。衆無不服其博識，而竟莫測其何所從授，或者以爲神悟云。授開府儀同三司，仍賜三台銀印，兼領功德使司事，厚其廩氣，俾得以養母焉。

至治三年，改賜金印，特授沙（律）〔津〕愛護持，且命爲諸國引進使。至順二年，又賜玉印，加號普覺圓明廣照弘辯三藏國師。三年，與安西王子月魯帖木兒等謀爲不軌，坐誅。其所譯經，漢字則有《楞嚴經》，西天字則有《大乘莊嚴寶度經》、《乾陀般若經》、《大涅槃經》、《稱讚大乘功德經》，西番字則有《不思議禪觀經》，通若干卷。

元起朔方，固已崇尚釋教。及得西域，世祖以其地廣而險遠，民獷而好門，思有以因其俗而柔其人，乃郡縣土番之地，設官分職，而領之於帝師。乃立宣政院，其爲使位居第二者，必以僧爲之，出帝師所辟舉，而總其政於內外者，帥臣以下，亦必僧俗並用，而軍民通攝。於是帝師之命，與詔敕並行於西土。百年之間，朝廷所以敬禮而尊信之者，無所不用其至。雖帝后妃主，皆因受戒而爲之膜拜。正衙朝會，百官班列，而帝師亦或專席於坐隅。且每帝即位之始，降詔褒護，必敕章佩監絡珠爲字以賜，蓋其重之如此。其未至而迎之，則中書大臣馳驛累百騎以往，所過供億送迎。比至京師，則敕大府假法駕半仗，以爲前導，詔省、臺、院官以及百司庶府，並服銀鼠質孫。用每歲二月八日迎佛，威儀往迓，且命禮部尚書、郎中專督迎接。及其卒而歸葬舍利，又命百官出郭祭餞。大德九年，專遣平章政事鐵木兒乘傳護送，賻金五百兩、銀千兩、幣帛萬匹、鈔三千錠。皇慶二年，加至賻金五千兩、銀一萬五千兩、錦綺雜彩共一萬七千匹。雖其昆弟子姓之往來，有司亦供億無乏。泰定間，以帝師弟公哥亦思監將至，詔中書持羊酒郊勞；而其兄瑣南藏卜遂尚公主，封白蘭王，賜金印，給圓符。其弟子之號司空、司徒、國公，佩金玉印章者，前後相望。

爲其徒者，怙勢恣睢，日新月盛，氣焰熏灼，延於四方，爲害不可勝言。有楊璉眞加者，世祖用爲江南釋教總統，發掘故宋趙氏諸陵之在錢唐、紹興者及其大臣塚墓凡一百一所，戕殺平民四人；受人獻美女寶物無算；且攘奪盜取財物，計金一千七百兩、銀六千八百兩、玉帶九、玉器大小百一十有一、雜寶貝百五十有二、大珠五十兩、鈔一十一萬六千二百錠、田二萬三千畝；私庇平民不輸公賦者二萬三千戶。他所藏匿未露者不論也。

又至大元年，上都開元寺西僧強市民薪，民訴諸留守李璧。璧方詢問其由，僧已率其黨持白梃突入公府，隔案引璧發，捽諸地，捶撲交下，拽之以歸，閉諸空室，久乃得脫，奔訴於朝，遇赦以免。二年，復有僧龔柯等十八人，與諸王合兒八剌妃忽秃赤的斤爭道，拉妃墮車毆之，且有犯上等語，事聞，詔釋不問。而宣政院臣方奏取旨：凡民毆西僧者，截其手；詈之者，斷其舌。時仁宗居東宮，聞之，亟奏寢其令。

泰定二年，西台御史李昌言：「嘗經平涼府、靜、會、定西等州，見西番僧佩金字圓符，絡繹道途，馳騎累百，傳舍至不能容，則假館民舍，因迫逐男子，姦污女婦。奉元一路，自正月至七月，往者百八十五次，用馬至八百四十餘匹，較之諸王、行省之使，十多六七。驛戶無所控訴，台察莫得誰何。且國家之制圓符，本爲邊防警報之虞，僧人何事而輒佩之？乞更正僧人給驛法，且令臺憲得以糾察。」不報。必蘭納識里之誅也，有司籍之，得其人畜土田、金銀貨貝錢幣、邸舍、書畫器玩，以及婦人七寶裝具，價直鉅萬萬云。

若歲時祝釐禱祠之常，號稱好事者，其目尤不一。有曰鎮雷阿藍納四，華言慶贊也。有曰亦思滿藍，華言藥師壇也。有曰搠思串卜，華言護城也。有曰朵兒禪，華言大施食也。有曰朵兒只列朵四，華言美妙金剛迴遮施食也。有曰察兒哥朵四，華言迴庶也。有曰籠哥兒，華言風輪也。有曰喒朵四，華言作施食也。有曰出朵兒，華言出水濟六道也。有曰黨剌朵四，華言迴遮施食也。有曰典朵兒，華言常川施食也。有曰坐靜，有曰魯朝，華言獅子吼道場也。有曰黑牙蠻答哥，華言黑獄帝主也。有曰搠思江朵兒麻，華言護（江）〔法〕神施食也。有曰赤思古林搠，華言自受主戒也。有曰鎮雷坐靜，有曰吃剌察坐靜，華言秘密坐靜也。有曰斟惹，華言文殊菩薩也。有曰古林朵四，華言至尊大黑神迴遮施食也。有曰歇白咱剌，華言大喜樂也。有曰必思禪，華言無量壽也。有曰睹思哥兒，華言白傘蓋咒也。有曰收札沙剌，華言《五護陀羅尼經》也。有曰阿昔答撒（答）〔哈〕昔里，華言《八（十）〔千〕頌般若經》也。有曰撒思納屯，華言《大理天神咒》也。有曰闊兒魯弗卜屯，華言《大輪金剛咒》也。有曰且八迷屯，華言《無量壽經》也。有曰亦思羅八，華言《最勝王經》也。有曰撒思納屯，華言《護神咒》也。有曰南占屯，華言（懷）《〔壞〕相金剛》也。有曰卜魯八，華言咒法也。又有作擦擦者，以泥作小浮屠也。又有作答兒剛者。其作答兒剛者，或一所二所以至七所；作擦擦者，或十萬二十萬以至三十萬。又嘗造浮屠二百一十有六，實以七寶珠玉，半置海畔，半置水中，以鎮海災。

延祐四年，宣徽使會每歲內廷佛事所供，其費以斤數者，用面四十三萬九千五百、油七萬九千、酥二萬一千八百七十、蜜二萬七千三百。自至元三十年間，醮祠佛事之目，僅百有二。大德七年，再立功德司，遂增至五百有餘。僧徒貪利無已，營結近侍，欺昧奏請，布施莽齋，所需非一，歲費千萬，較之大德，不知幾倍。又每歲必因好事奏釋輕重囚徒，以爲福利，雖大臣如阿里，閫帥如別沙兒等，莫不假是以逭其誅。宣政院參議李良弼，受賕鬻官，直以帝師之言縱之。其餘殺人之盜，作奸之徒，夤緣倖免者多。至或取空名宣敕以爲布施，而任其人，可謂濫矣。凡此皆有關乎一代之治體者，故今備著焉。

若夫天下寺院之領於內外宣政院，曰禪，曰教，曰律，則固各守其業，惟所謂白雲宗、白蓮宗者，亦或頗通姦利去。

又（世祖）中統元年大赦，普度僧尼，十二月以梵僧八合思八爲帝師，授以玉印，統釋教事二年於桓州東梁河北之龍岡建開平府，首於城中乾艮二隅造兩佛剎，曰大乾元寺，曰龍光華嚴寺。

三年十一月作大佛事于昊天寺七晝夜至元元年甲子都燕，設會度僧，詔國師扮彌遶癹思八，登座授秘密戒。八月命僧子聰同議樞密院事，詔子聰復其姓劉氏，易其名秉忠拜大保參預中書省事，制長生天氣力裏皇帝聖旨咨爾劉秉忠氣剛以直，學富而文，雖晦迹於空門，每潛心於聖道，朕居藩邸，卿實賓僚，側聞高誼逾二十年，出游遐方幾數萬里，迨予嗣服須汝計安，不先正名何以厭眾，宜從師位兼總政機，可特授光祿大夫太保參預中書省事，卿其勉輔朕躬，率先乃屬察朝夕之勤惰，審議論之是非，凡有施爲並聽裁決，佇看成績別示寵章，準此。

二年，詔諭總統所僧人通五大部經者爲中選，以有德業者爲州郡僧錄判正副都綱等官，仍於各路設三學講三禪會。

三年正月，勅僧道祈福於中都寺觀，設以僧機爲總統居慶壽。

四年，詔以新製蒙古字頒行天下，初上命帝師八合思八製蒙古新字，其字僅千餘，其母凡四十有一，其相關紐而成字者，則有韻關之法，其以二合三合四合而成字者，則有語韻之法，而大要則以諧聲爲也。至是詔頒行之。

六年十一月，作佛事於太廟七晝夜。

七年詔請膽巴金剛上師住持仁王寺。十二月，建大護國仁王寺於高良河，勅更定僧服色。

八年五月，修佛事於瓊花島。十一月建國號曰大元，取《周易》大哉乾元之義，以明資始之功。

九年，集都城僧誦大藏經九會。

十四年，建大聖萬安寺。二月詔以僧元吉祥憐眞加瓦並爲江南總攝掌釋教，除僧租稅，禁擾寺宇者。

十五年正月旦設會齋僧大赦，玉泉等五老蒙恩得度。

十七年，大元帝師發思八示寂，翰林學士王磐等奉勅撰行狀。【略】

十八年，特奉聖旨，僧道二家辯折除《道德經》是老子眞實經旨，其餘皆後人造作，譭說多有詆毀釋教，偸竊佛語更有收拾陰陽醫藥諸子等書，往往改移名號，傳注訛舛失其本眞，僞造符呪，妄言佩之，令人商賈倍利夫妻和合猶如鴛鴦，子嗣蕃息男壽女貞，誑惑萬民非止一端，欲貪圖財利誘説妻女，其有教人非妄，佩符在臂，男爲君相女爲后妃，入水不溺入火不焚，刀劍不能傷害等語，及令張天師祁眞人李眞人杜眞人試之於火皆求哀請命自稱僞妄，不敢試驗，今議得除老子道德經外隨路，但有道藏説謊經文幷印板，盡行焚毀，如有愛佛經的做和尙去者，不願爲僧娶妻爲民去者，若所在官司不行用必拘刷，與隱藏之人一體要罪過者。

二十二年，勅建焚毀諸路僞道藏經之碑，翰林院臣唐方楊文郁王構李謙閻復李鑄王磐奉勅撰，十月壬子集百官於憫忠寺，焚道藏僞經雜書，遣使諸路俾遵行之，命翰林直學士知制誥同修國史臣張伯淳撰至元辯僞錄函序。時江南釋教都總統永福大師楊璉眞佳大弘聖化凡三載，恢復佛寺三十六所。

二十五年正月十九日，江淮釋教都總統楊璉眞佳集江南教禪律三宗諸山至燕京問法，禪宗舉雲門公案，上不悦。雲夢澤法師説法稱旨，命講僧披紅袈裟右邊立者，於是賜齋香殿，授紅金襴法衣，錫以佛慧玄辯大師之號，使教冠於禪之上者自此，上嘗問帝師曰，造寺建塔有何功德？師曰，福蔭大千。由是建仁王寺，一日帝師齊竟天雨金華。上曰，何故有此祥瑞？師曰，陛下心華內發，天雨金華贊歎，帝問蜀僧元一曰，孔老徒衆何以至少？如來徒衆何以至多？一曰，富嫌千口少，貧恨一身多。帝設資戒大會，隨處放光，帝問帝師曰，光從何來？師曰，感應道交，佛光應現。帝召十高僧於內殿供養，帝瑞坐不動，諸大德默然。帝曰，此是眞實功德。又萬幾之暇自持數珠課誦施食，謂群臣曰，朕以本覺無二眞心治天下，如觀海東青取天鵝心無二，故自有天下，寺院田產二稅盡蠲免之，並令緇侶安心辦道，世祖實錄百餘篇，字字句句以弘教爲己任。

二十八年宣政院上天下寺院四萬二千三百十八區，僧尼二十一萬三千一百四十八人，帝在位三十五年，壽八十，國語曰薛禪皇帝。

（成宗）元貞元年，大赦。是年詔悦堂誾公至闕，入對稱旨，賜號通慧禪師，幷金襴法衣。上天竺湛堂澄法師入覲上京，賜食禁中，以復天台國清爲言，宣政院爲奏請，降璽書加護，命弘法師主之，辯正宗緒。

大德元年建臨洮寺，世祖嘗以五臺絶境欲爲佛寺而未果，帝繼志建寺，賜名萬壽佑國寺，命眞覺國師文才主之。

三年，命弘濟禪師江浙釋教總統補陀僧寧一齎詔使日本。

是年夏五月，罷江南諸路釋教總統所。

十年丙午春，罷江南白雲宗都僧錄司，汰其民歸州縣，僧歸各寺。

又（武宗）至大元年發軍千五百人，修五臺山佛寺。帝幸上都，建佛寺大都，又以銀七百五十兩，鈔二千二百錠，幣帛三百匹施昊天寺，建水陸大會，特旨賜元叟端禪師號慧文正辯大師幷金襴袈裟。鳳山儀法師入覲，高麗瀋王璋王以其道行之隆引見大明殿，特命講經三藏試鴻臚卿加佛智之號，賜金納失失伽黎。繼奉青宮令旨，撰膽巴金剛上師行業，傳書成經進同高僧傳入藏，賜賚優渥，勅住天竺靈山，名香馹騎絡繹于道，錫予無虛月，仍降璽書復台之瀑布教寺。

二年，皇太子言，宣政院先奉旨，毆西番僧人者截其首，詈之者斷其舌，此法昔所未聞者，乖國典且於僧無益，僧俗相犯已有明憲，乞更其令，從之。是年禁白蓮社，毀其祠宇，以其人還隸民籍，中書省臣言，宣政院奏免僧道也。里可溫答失蠻租稅，臣等議田有租商有稅，乃祖宗成法令，宣政院一體奏免非制也有旨依例徵之。

又（仁宗）皇慶元年，以西僧藏不班八爲國師賜玉印，賜大普慶寺金千兩銀五千兩，鈔萬錠，西錦綵段紗羅布帛萬端，田八萬畝，邸舍四百間，又給鈔萬錠，修香山普安寺。【略】

（延祐）三年，設水陸大會於金山，命江南教禪律三宗諸師説法。

六年賜大興教寺僧齋食鈔二萬錠，乾元寺鈔萬錠，俾營子錢供繕修之費，帝聞天目中峯明本之道，聘之不至，製金紋袈裟賜之，號爲佛慈圓照廣慧禪師賜師子院額曰正宗禪寺勅翰林承旨吳興趙公撰碑，賜徑山元叟端禪師佛日普照之號。御史臺臣言，白雲宗總攝所統江南爲僧之有髮者，不養父母，避役損民，乞追收所受璽書銀印勒還民籍，從之。罷總統所及各處僧錄僧正都綱司，凡僧人訴訟悉歸有司。

七年，中書省臣曰，白雲宗總攝沈明仁強奪民田二萬頃，誑誘愚俗十萬人私賂近侍妄受名爵，已奉旨追奪請汰其徒還所奪民田，其諸不法事宜令覈問，有旨，朕知沈明仁姦惡，其嚴鞫之。

又　（英宗）至治元年，詔各路立帝師殿，勅建帝師殿碑，作大佛事於寶慈殿，以西僧牙八剌里爲元永延教三藏法師授金印，又命拜住造壽安山寺，又作佛事於光天殿，鑄銅爲佛像置玉德殿，又修佛事於文德殿，以僧洪爲釋源宗主，授榮祿大夫。帝幸上都，遣使賜撒思加地僧金二百五十兩，銀二千二百兩，袈裟二萬，幣帛幡茶各有差，遣呪師朵兒只往牙濟班卜二國取佛經，作金塔於上都，藏佛舍利勅天下諸司命僧誦經十萬部勅京師萬安、慶壽、聖安、普慶四寺，楊子江金山寺，五臺山萬聖祐國寺，作水陸勝會七晝夜。

三年，詔僧儒書金字藏經。【略】

又　（晉王）泰定元年帝次中都修佛事於昆剛殿，命僧作佛事於大內，以厭雷塑馬哈吃利佛像於延春閣之徽清亭，修西番佛事于安山寺。六月癸亥作禮拜寺於上都，修黑牙蠻塔，哥佛事於水晶殿，帝受佛戒於帝師，繪八思巴帝師像頒行各省，俾塑祀之。

二年，命西僧作燒香壇佛事於延華閣。【略】中書省臣言，江南民貧僧富，諸寺觀田土非宋舊制，并累朝所賜者，仍舊與民均役。從之。

三年，建殊祥寺於五臺山，賜田三百頃，以西僧公哥爲帝師賜玉印，命帝師作佛事於天源延壽寺，賜鈔二萬錠，田千頃。中書省臣言，養給軍民，必籍地利，世祖建宣文弘教寺賜永業，當時已號虛費，而成宗復搆天壽萬寧寺，較之世祖，用增倍半，若武宗之崇恩福元，仁宗之承華普慶，租榷所入益又甚焉，英宗鑿山開寺損民傷農而卒無益，夫土地祖宗所有，子孫當共惜之，臣恐茲後籍爲口實妄興工役，邀福利以逞欲，惟陛下察之。帝嘉納其言。

又　四年，皇子允丹藏卜受佛戒于智泉寺。

又　致和元年，命帝師修佛事於禁中，帝御興聖殿，受無量壽佛戒于帝師，命僧千人修勝會于鎮國寺，詔帝師命僧修佛事於鹽官州，仍造浮屠三百十六所，以厭海溢。時江浙行省丞相脫驩公憂之禱于上天竺，廣興佛事，命天岸濟法師親履其地，仍令有司修水陸大會七晝夜，法師呪行沙水，足迹所按土皆凝然。十月皇后亦憐眞八剌受佛戒于帝師，禁僧道買田土，違者坐罪。

又　（文宗）天曆元年，革行宣政院立十六處廣教總官府，命高昌作佛事於延春閣。

二年，建承天護聖寺，帝聞中峯高行，賜謚智覺，塔曰法雲，召奎章閣學士虞集命撰《中峯塔銘》，勅改集慶潛邸建龍翔集慶寺，妙選碩德開山。上天竺佛海澄法師，以咲隱訢禪師首膺其選，特升三品文階。明年驛召赴闕，入見奎章閣，賜坐問法要，對揚稱旨，詔以平江官田一百五十頃賜龍翔寺及崇僖寺。

詔天下諸僧寺田自金宋所有及累朝賜予者悉除其租，其有當輸租者仍免其役，僧還俗者聽復爲僧。武帝忌辰，命高麗漢僧三百四十人誦經二藏于崇恩福元寺。

至順元年，帝及皇后燕王受佛戒，以西僧旭儞迭八答剌班的爲三藏國師賜金印，帝幸上都，西僧作佛事於乘輿，命西僧於五臺山及霧靈山作佛事各一月，爲皇太子祈福，遣使召趙世延於集慶，以泥金書無量壽佛經千部，以泥金書佛經一藏，命西僧於萬歲山悯忠閣作佛事。

又　（順帝）元統元年，禁私剏寺觀庵院，僧道入錢五十貫，給度牒方聽出家。

二年，罷廣教總官府復立行宣政院。是年大普慶寺住持善達密的里表奏，以先師明本《廣錄》入藏。帝可其奏，加普應國師。

至元三年，徵西域僧迦剌麻至京，號灌頂國師賜玉印。

至正元年，命永明寺寫金字藏經一藏，免天下稅糧。

三年，詔寫金字藏經。【略】

又　《金國誌》曰，浮圖之教，雖貴戚望族，多捨男女爲僧尼，在京曰國師，帥府曰僧錄，在州郡曰都綱，縣曰維那，披剃威儀與南宋等，所賜之號曰大師曰大德，並賜紫，國師服眞紅袈裟，都綱亦以三年爲任，有師號賜紫，無如常僧，維那僧尼訟杖以下決遣之，杖以上者並申解僧錄都綱司。

《元史》卷八《世祖本紀》（五）（至元十二年二月）戊申，詔諭江、黄、鄂、岳、漢陽、安慶等處歸附官吏士民軍匠僧道人等，令農者就耒，商者就塗，士庶緇黄，各安己業，如或鎮守官吏妄有搔擾，詣行中書省陳告。

《元史》卷九《世祖本紀》（六）（至元十三年二月）丁未，詔諭臨安新附府州司縣官吏士民軍卒人等曰：【略】前代聖賢之後，高尚儒、醫、僧、道、卜筮，通曉天文歷數，並山林隱逸名士，仰所在官司，具以名聞，名山大川，寺觀廟宇，並前代名人遺跡，不許拆毁，鰥寡孤獨不能自存之人，量加贍給。

又（至元十三年閏三月）甲子，禁西番僧持軍器。

《元史》卷一〇《世祖本紀》（七）（至元十六年五月）丙辰，以五臺僧多匿逃奴及逋賦之民，敕西京宣慰司、按察司搜索之。【略】

（至元十六年八月）戊子，範文虎言：「臣奉詔征討日本，比遣周福、欒忠與日本僧繼詔往諭其國，期以來年四月還報，待其從否，始宜進兵。」又請簡閲舊戰船以充用，皆從之【略】（甲辰）置大護國仁王寺總管府，以散扎兒爲達魯花赤，李光祖爲總管。

《元史》卷一二《世祖本紀》（九）（至元二十年三月）御史台臣言：「平欒造船，五臺山造寺伐木，及南城建新寺，凡役四萬人，乞罷之。」詔：「伐木建寺即罷之，造船一事，其與省臣議。」

《元史》卷一六《世祖本紀》（一三）（至元二十七年戊午）立江南營田提舉司，秩從五品，掌僧寺貲産。

《元史》卷一六《世祖本紀》（一三）至元二十八年十二月己巳）宣政院臣言：「宋全太后、瀛國公母子以爲僧、尼，有地三百六十頃，乞如例免征其租。」從之。

《元史》卷一六《世祖本紀》（一三）（至元二十八年十二月辛卯）授吃剌思八斡節兒爲帝師，統領諸國僧尼釋教事。

《元史》卷一七《世祖本紀》（一四）（至元三十年十月）戊申，僧官總統以下有妻者罷之。

《元史》卷一八《成宗本紀》（一）（至元三十一年五月戊寅）禁諸司豪奪鹽船遞運官物，僧道權勢之家私匿盜販。

又（至元三十一年十一月丁巳）罷宣政院所刻河西《藏經》板。

《元史》卷一九《成宗本紀》（二）（大德二年三月）戊子，詔僧人犯奸盜詐僞，聽有司專決，輕者與僧官約斷，約不至者罪之。

《元史》卷二〇《成宗本紀》（三）（大德三年五月壬午）五月壬午，罷江南諸路釋教總統所。【略】

（大德五年二月）戊戌，賜昭應宫、興教寺地各百頃，興教仍賜鈔萬五千錠；上都乾元寺地九十頃，鈔皆如興教之數；萬安寺地六百頃，鈔萬錠；南寺地百二十頃，鈔如萬安之數。【略】

（大德六年正月庚戌）詔自今僧官、僧人犯罪，御史台與內外宣政院同鞫，宣政院官徇情不公者，聽御史台治之。

《元史》卷二一《成宗本紀》（四）（大德七年）八月己丑，罷護國仁王寺元設江南營田提舉司。【略】

（大德七年九月）丙子，罷僧官有妻者。【略】

（大德九年十月辛丑）常州僧録林起祐以官田二百八十頃冒爲己業施河西寺，敕募民耕種，輸其租於官。

《元史》卷二二《武宗本紀》（一）（大德十一年十二月）中書省臣言：「【略】刑法者譬之權衡，不可偏重，世祖已有定制，自元貞以來，以作佛事之故，放釋有罪，失於太寬，故有司無所遵守，今請凡內外犯法之人，悉歸有司依法裁決。【略】」

（至大元年五月）丙子，以諸王及西番僧從駕上都，途中擾民，禁之，禁白蓮社，毁其祠宇，以其人還隸民籍，御史台臣言：「比奉旨罷不急之役，今復爲各官營私宅，臣等以爲俟旺兀察都行宫及大都、五臺寺畢工，然後從事爲宜。」有旨：「除佤頭、三寶奴所居，餘悉罷之。」【略】

（至大元年十月）甲辰，從帝師請，以釋教都總管朵兒只八兼領囊八地産錢物，爲都總管府達魯花赤總其財賦，以西番僧教瓦班爲翰林承旨。【略】

（至大元年十月）乙巳，改護國仁王寺昭應規運總管府爲會福院，秩從二品。【略】

《元史》卷二四《仁宗本紀》（一）（至大四年二月）丁卯，命西番僧非奉璽書驛券及無西蕃宣慰司文牒者，勿輒至京師，仍戒黃河津吏驗問禁止。罷總統所及各處僧錄、僧正、都綱司，凡僧人訴訟，悉歸有司。【略】

（至大四年十月）丁丑，禁諸僧寺毋得冒侵民田。【略】

（皇慶二年四月）乙酉，御史台臣言：「富人夤緣特旨，濫受官爵，徽政、宣徽用人，率多罪廢之流，近侍托爲貧乏，互奏恩賞，西僧以作佛事之故，累釋重囚，外任之官，身犯刑憲，輒營求內旨以免罪，諸王、駙馬、寺觀、臣僚土田每歲征租，亦極爲擾民，請悉革其弊。」制曰「可」。【略】（皇慶二年六月）乙亥，詔諭僧俗辨訟，有司及主僧同問，續置土田，如例輸稅。【略】

《元史》卷二十五《仁宗本紀》（二）（延祐元年三月）乙巳，以僧人作佛事，擇釋獄囚，命中書審察。【略】

（延祐三年正月）壬戌，賜上都開元寺江浙田二百頃，華嚴寺百頃。【略】

（延祐三年十月）庚寅，敕五臺靈鷲寺置鐵冶提舉司。【略】十一月壬寅，【略】大萬寧寺住持僧米普雲濟以所佩國公印移文有司，紊亂官政，敕禁止之。【略】

《元史》卷二十六《仁宗本紀》（三）（延祐四年正月）己未，給帝師寺廩食鈔萬錠。【略】（延祐五年十月）壬辰，建帝師巴思八殿於大興教寺，給鈔萬錠。【略】

（延祐六年九月）癸巳，以作佛事，釋大辟囚七人，流以下囚六人。【略】（十月乙卯）中書省臣言：「白雲宗總攝沈明仁，強奪民田二萬頃，誑誘愚俗十萬人，私賂近侍，妄受名爵，已奉旨追奪，請汰其徒，還所奪民田，其諸不法事，宜令核問。」有旨：「朕知沈明仁奸惡，其嚴鞫之。」【略】（延祐七年正月）辛卯，江浙行省丞相黑驢言：「白雲僧沈明仁，擅度僧四千八百餘人，獲鈔四萬餘錠，既已辭伏，今遣其徒沈崇勝潛赴京師行賄求援，請逮赴江浙並治其罪。」從之。

《元史》卷二七《英宗本紀》（一）（延祐七年）二月壬（午）［子］，罷造永福寺，賑大同、豐州諸驛饑，以江浙行省左丞相黑驢爲中書平章政事，丁巳，修佛事，戊午，祭社稷，建御容殿於永福寺【略】（延佑七年）己巳，修鎮雷佛事於京城四門，罷上都乾元寺規運總管府。【略】

又　（延祐七年五月）壬寅，監察御史請罷僧、道、工、伶濫爵及建寺、豢獸之費【略】丙午，御史劉恆請興義倉及奪僧、道官。【略】

《元史》卷二八《英宗本紀》（二）（至治二年三月）庚辰，敕：「江浙僧寺田，除宋故有永業及世祖所賜者，餘悉稅之。」【略】

（至治二年十一月甲午）括江南僧有妻者爲民。【略】（至治三年二月）丁亥，敕金書《藏經》二部，命拜住等總之。【略】（三月）辛亥，以圓明、王道明之亂，禁僧、道度牒、符錄。

《元史》卷二九《泰定帝本紀》（一）（泰定元年四月丙寅）稅僧、道邸舍積貨。【略】（泰定二年正月乙未）中書省臣言：「江南民貧僧富，諸寺觀田土，非宋舊置並累朝所賜者，請仍舊制與民均役。」從之，以籍八思吉思地賜故監察御史觀音寶、鎖咬兒哈的迷失妻子，各十頃，戊戌，造像輦。【略】甲辰奉安顯宗像於永福寺，給祭田百頃。

《元史》卷三二《文宗本紀》（一）（致和十月戊午）敕：「天下僧道有妻者，皆令爲民。」

《元史》卷三三《文宗本紀》（二）（天歷二年十月）己丑，立大承天護聖寺營繕提點所，秩正五品。【略】

（天歷二年十月辛丑）諸王、公主、官府、寺觀撥賜田租，除魯國大長公主聽遣人徵收外，其餘悉輸於官，給鈔酬其直。

又　（天歷二年十二月乙未）詔：「諸僧寺田，自金、宋所有及累朝賜予者，悉除其租，其有當輸租者，仍免其役，僧還俗者，聽復爲僧。」【略】己亥，遣使驛致故帝師舍利還其國，給以金五百兩、銀二千五百兩、鈔千五百錠、幣五千匹，加謚漢長沙王吳芮爲長沙文惠王，壬寅，命江浙行省印佛經二十七藏。【略】甲辰，以明年正月武宗忌辰，命高麗、漢僧三百四十人，預誦佛經二藏於大崇恩福元寺。丁未【略】中書省臣言：「在京酒坊五十四所，歲輸課十餘萬錠，比者間以賜諸王、公主及諸官寺，諸王、公主自有封邑、歲賜，官寺亦各有常產，其酒課悉令仍舊輸官爲宜。」從之。【略】（至順二年五月）丙戌，太禧宗禋院臣言：「累朝所建大萬安等十二寺，舊額僧三千一百五十人，歲例給糧，今其徒猥多，請汰去九百四十三人。」制可。【略】（至順二年五月甲辰）宣政院臣言：「舊制，列聖神御殿及諸寺所作佛事，每歲計二百十六，今汰其十六爲定式。」制可。

《元史》卷三五《文宗本紀》（四）（至順二年九月庚辰）御史台臣言：「大聖壽萬安寺壇主司徒嚴吉祥，盜公物，畜妻孥，宜免其司徒，壇主之職。」從之。

《元史》卷三八《順帝本紀》（一）（元統二年正月）癸卯，敕僧道與民一體充役。**【略】**

（元統二年四月）乙酉，中書省臣言：「佛事佈施，費用太廣，以世祖時較之，歲增金三十八錠、銀二百三錠四十兩、繒帛六萬一千六百餘匹、鈔二萬九千二百五十餘錠，請除累朝期年忌日之外，餘皆罷。」從之。

【略】（元統二年十二月）是歲，禁私創寺觀庵院，僧道人錢五十貫，給度牒，方聽出家。**【略】**

（至元元年閏十二月）凡有妻室之僧，令還俗爲民，既而復聽爲僧。

【略】（至元）五年春正月癸亥，禁濫予僧人名爵。**【略】**

《元史》卷一七〇《尚文傳》（尚文）又奏斥罷南方白雲宗，與民均事賦役。《元史》卷二十九《泰定帝紀一》：妖言彌勒佛當有天下：（泰定二年六月丁酉）息州民趙丑廝、郭菩薩，妖言彌勒佛當有天下，有司以聞，命宗正府、刑部、樞密院、御史台及河南行省官雜鞫之。**【略】**（泰定二年十一月）丙辰，郭菩薩等伏誅，杖流其黨，丁巳，幸大承華普慶寺，祀昭獻元聖皇后於影堂，賜僧鈔千錠。

《元史》卷四三《順帝紀六》順帝造龍船，設西方三聖殿：（至正十四年）帝於內苑造龍船，委內官供奉少監塔思不花監工，帝自製其様，船首尾長一百二十尺，廣二十尺，前瓦簾棚、穿廊、兩暖閣，後吾殿樓子，龍身並殿宇用五彩金妝，前有兩爪，上用水手二十四人，身衣紫衫，金荔枝帶，四帶頭巾，於船兩旁下各執篙一，自後宮至前宮山下海子內，往來遊戲，行時，其龍首眼口爪尾皆動，又自製宮漏，約高六七尺，廣半之，造木爲匱，陰藏諸壺其中，運水上下，匱上設西方三聖殿，匱腰立玉女捧時刻籌。時至，輒浮水而上，左右列二金甲神人，一懸鐘，一懸鉦，夜則神人自能按更而擊，無分毫差，當鍾鉦之鳴，獅鳳在側者皆翔舞，匱之西東有日月宮，飛仙六人立宮前，遇子午時，飛仙自能耦進，度仙橋，達三聖殿，已而復退立如前，其精巧絕出，人謂前代所鮮有。時帝怠于政事，荒于游宴，以宮女三對奴、妙樂奴、文殊奴等一十六人按舞，名爲十六天魔，首垂髮數辮，戴象牙佛冠，身被纓絡、大紅綃金長短裙、金雜襖、雲肩、合袖天衣、綬帶鞋襪，各執加巴刺般之器，內一人執鈴杵奏樂，又宮女一十一人，練槌髻，勒帕，常服，或用唐帽、窄衫，所奏樂用龍笛、頭管、小鼓、箏、纂、琵琶、笙、胡琴、響板、拍板，以宦者長安迭不花管領，遇宮中讚佛，則按舞奏樂，宮官受秘密戒者得入，餘不得預。

《元史》卷七九《輿服志一》火輪竿，制以白鐵，爲小車輪，建於白鐵竿首，輪及竿皆金塗之，上書西天咒語，帝師所制，常行爲親衛中道，正行在劈正斧之前，以法佛衛，以祛邪僻，以鎮轟雷焉，蓋辟惡車之意也。

《元史》卷七九《輿服志二》大傘，赤質，正方，四角銅螭首，塗以黃金，紫羅表，緋絹裏，諸傘蓋，宋以前皆平頂，今加金浮屠。

又　孔雀蓋，朱漆，竿首建小蓋，蓋頂以孔雀毛，逕尺許，下垂孔雀尾，簷下以青黃紅瀝水轉之，上施金浮屠，蓋居竿三之一，竿塗以黃金，書西天咒語，與火輪竿義同。

《元史》卷一一四《后妃一・卜魯罕皇后傳》卜魯罕皇后，伯岳吾氏，駙馬脫里思之女，元貞初，立爲皇后，大德三年十月，授冊寶，成宗多疾，后居中用事，信任相臣哈刺哈孫，大德之政，人稱平允，皆后處決，京師創建萬寧寺，中塑秘密佛像，其形醜怪，后以手帕蒙覆其面，尋傳旨毀之。

《元史》卷一四〇《鐵木爾塔識傳》日本僧：假有日本僧告其國遣人刺探國事者，鐵木兒塔識曰：「刺探在敵國固有之，今六合一家，何以刺探爲，設果有之，正可令睹中國之盛，歸告其主，使知響化。」

《元史》卷一四九《郭侃傳》五年，邑人吳乞兒、濟南道士胡王反，（郭侃）討平之，七年，改白馬令，僧臧羅漢與彰德趙當驢反，又平之。

《元史》卷一六九《高觿傳》西蕃僧二人至中書省言建佛寺事：

（至元十八年）三月十七日，觿宿衛宮中，西蕃僧二人至中書省，言今夕皇太子與國師來建佛事，省中疑之，俾堂出入東宮者，雜識視之，觿等皆莫識也。乃作西蕃語詢二僧曰：「皇太子及國師今至何處？」二僧失色，又以漢語詰之，倉皇莫能對，遂執二僧屬吏，訊之皆不伏，觿恐有變，乃與尚書忙兀兒、張九思，集衛士及官兵，各執弓矢以備，頃之，樞密副使張易，亦領兵駐宮外，觿問：「果何爲？」易曰：「夜後當自見。」觿固問，乃附耳語曰：「皇太子來誅阿合馬也。」夜二鼓，忽聞人馬聲，遥見燭籠儀仗，將至宮門，其一人前呼啟關，觿謂九思曰：「他時殿下還宮，必以完澤、賽羊二人先，請得見二人，然後啟關。」觿呼二人不應，即語之曰：「皇太子平日未嘗行此門，今何來此也？」賊計窮，趨南門，觿留張子政等守西門，亟走南門伺之，但聞傳呼省官姓名，燭影下遥見阿合馬及左丞郝禎已被殺，觿乃與九思大呼曰：「此賊也！」叱衛士急捕之，高和尚等皆潰去，惟王著就擒，黎明，中丞也先帖木兒與觿等，馳驛往上都，以其事聞，帝以中外未安，當益嚴武備，遂勞使遣亟還，高和尚等尋皆伏誅。

《元史》卷五《世祖傳二》（至元元年八月）己未，鳳翔府龍泉寺僧超過等謀亂遇赦，沒其財，羈管京兆僧司；同謀蘇德，責令從軍自效。

《元史》卷六《世祖傳三》（至元三年二月）壬午，平陽路僧官以妖言惑眾伏誅。

《元史》卷一三九《朵虬只傳》 是時，朝廷無事，稽古禮文之事，有墜必舉，請賜經筵講官坐，以崇聖學，選清望官專典陳言，以求治道，核守令六事，沙汰僧尼，舉隱逸士，事見《太平傳》。

《元史》卷一七二《鄧文原傳》（皇慶）五年，（鄧文原）出僉江南浙西道肅政廉訪司事，平江僧有憾其府判官理熙者，賄其徒，告熙贓，熙誣服，文原行部，按問得實，杖僧而釋熙。

《元史》卷一七七《張思明傳》 仁宗即位，浮屠妙總統有寵，敕中書官其弟五品，（張）思明執不可，帝大怒，召見切責之，對曰：「選法，天下公器，徑路一開，求者雜遝，故寧違旨獲戾，不忍隳祖宗成憲，使四方得窺陛下淺深也。」帝心然其言，而業已許之，曰：「卿可姑與之，後勿爲例。」乃爲萬億庫提舉，不與散官。

《元史》卷一八三《蘇天爵傳》 僧欲私人妻：常德民盧甲、莫乙、汪丙同出傭，而甲誤墜水死，甲弟之爲僧者，欲私甲妻不得，訴甲妻與乙通，而殺其夫，乙不能明，誣服擊之死，斷其首棄草間，屍與仗棄譚氏家溝中，吏往索，果得髑髏，然屍與仗皆無有，而譚誣證曾見一屍，水漂去，天爵曰：「屍與仗縱存，今已八年，未有不腐者，」召譚詰之，則甲未死時，目已瞽，其言曾見一屍水漂去，妄也。天爵語吏曰：「此乃疑獄，況不止三年。」俱釋之。

《元史》卷一九六《忠義、柏帖穆爾傳》 汝稽顙拜佛，庶保我無恙也：（至正）二十七年，大明以騎兵出杉關，取邵武，以舟師由海道趣閩，奄至城下，柏帖穆爾知城不可守，引妻妾坐樓上，慷慨謂曰：「丈夫死國，婦人死夫，義也。今城且陷，吾必死於是，若等能吾從乎？」皆泣曰：「有死而已，無他志也。」縊而死者六人。有十歲女，度其不能自死，則紿之曰：「汝稽顙拜佛，庶保我無恙也。」甫拜，即挈米囊壓之死。

《元史》卷九二《奸臣傳》 妖僧高和尚以秘術行軍中：十九年三月，世祖在上都，皇太子從，有益都千戶王著者，素志疾惡，因人心憤怨，密鑄大銅鎚，自誓願擊阿合馬首，會妖僧高和尚，以秘術行軍中，無驗而歸，詐稱死，殺其徒，以屍欺眾，逃去，人亦莫知，著乃與合謀，以戊寅日，詐稱皇太子還都作佛事，結八十餘人，夜入京城，旦遣二僧詣中書省，令市齋物，省中疑而訊之，不伏。及午，著又遣崔總管矯傳令旨，俾樞密副使張易發兵若干，以是夜會東宮前，易莫察其僞，即令指揮使顏義領兵俱往，著自馳見阿合馬，詭言太子將至，令省官悉候於宮前，阿合馬遣右司郎中脫歡察兒等數騎出關，北行十餘里，遇其眾，僞太子者責以無禮，盡殺之，奪其馬，南入健德門，夜二鼓，莫敢何問。至東宮前，其徒皆下馬，獨僞太子者立馬指揮，呼省官至前，責阿合馬數語，著即牽去，以所袖銅鎚碎其腦，立斃，繼呼左丞郝禎至，殺之，囚右丞張惠，樞密院、御史台、留守司官皆遥望，莫測其故，尚書張九思自宮中大呼，以爲詐，留守司達魯花赤博敦，遂持梃前，擊立馬者墜地，弓矢亂發，眾奔潰，多就禽，高和尚等逃去，著挺身請囚。

雜録

大聞幻輪《釋鑑稽古略續集》卷一　甲子至元元年　大宋景定五年。秋七月彗出柳，其光燭天，長數十丈，自四更見東方，日高始滅。是歲八月，劉秉忠請定都於燕，世祖從之，詔修營宮室城池，以燕京爲中都，改元大赦，設會度僧，詔請國師扮彌達癹思，登座授祕密戒。八月，拜光禄大夫太保，參領中書省事。制曰，長生天氣力皇帝聖旨咨爾，劉秉忠氣剛以直，學富而文，雖晦迹於空門，每潛心於聖道，朕居藩邸，卿實賓僚，側聞高誼，餘二十年，出從遐方，幾數萬里，迨予嗣服，須汝計安，不先正名，何以壓眾？宜崇師位，兼總政機，可特授光禄大夫太保，參領中書省事，卿其勉輔朕躬，率先乃屬察朝夕之勤惰，審議論之是非，凡有施爲，並聽裁決，佇看成績，別示寵章，準此。

乙丑至元二年，五月，劉秉忠參領中書省事，既入拜以天下爲己任，知無不爲。世祖咨以治天下之大經，養民之良法，秉忠條上祖宗舊典，參以古制之宜於今者，世祖善之，命下之日，綱舉目張，一時人材咸見録用，文物燦然一新。【略】

辛巳，至元十八年十月，命僧道二家辨析，特奉聖旨，云云。除《道德經》是老子眞實經旨，其餘皆後人造作，差官盡行燒毀。【略】

乙酉，至元二十二年，聖旨焚毀諸路僞造道藏經，書事於石，碑記甚悉，聖旨禁斷道藏僞經下項，見者悉應便宜收取，《化胡經》《猶龍經》《聖紀經》《西昇經》《出塞經》《明眞辨僞經》《九天經》《赤書經》《上清經》《南斗經》《玉緯經》《十二虛無經》《紀勝賦》《辨仙論》《齕邪論》《三破論》《太上實錄》《青陽官記》《玄九內傳》《帝王師錄》《三天列記》《十異九迷論》《歷代應現圖》《佛道先後論》《欽道明證論》《輔政除邪論》《謗道釋論》《十山論》《辟邪歸正論》《藏天隱月經》《赤畫度命經》《歷代帝王崇道記》《三教根源圖》《混元生三清經》《混元實錄》《靈寶四十二生經》《高上內傳樓觀先生內傳》《五公問虛無經》。（《通載》）

聖旨就大都大慜忠寺，焚燒道藏僞經，命大都報恩禪寺林泉長老下火，謝恩畢拈香云，「佛心天子慜眾生，恐墮三塗邪見坑，個裏了無偏黨處，就中朱紫要分明，所以道聖鑒無私，天機莫測，既來頌德敢不酬恩，此香端爲祝延當今皇帝云，伏願金輪與法輪並轉福越三祇，舜日共佛日齊明壽延億劫，次舉火云，憶昔當年明帝時，曾憑列焰辨妍媸，大元天子續洪範，顯正摧邪誰不知。」（文長不悉），遂以火炬打一圓相，云「諸仁者只如三洞靈文，還能證此火光三昧，也無，若也於斯會得，家有北斗經，枉教人口不安寧，其或未然，從此灰飛烟滅後，任伊到處，覓天尊，急著眼看，林泉長老從邁，奉勅下火。」（《通載》）對道士持論師德，一十七名：圓福寺從超、奉福寺德亨、藥師院從倫、法寶寺圓胤、資聖寺至溫、大名府明津、甘泉山本璉、上方寺道雲、開覺寺祥邁、傳教寺了詢、法華寺慶規、龍門縣行育、延壽寺道壽、仰山寺相叡、資福寺善朗、絳州祖珪、蜀川元一。

丙戌，至元二十三年。大都道者山雲峰禪寺住持如意祥邁長老，奉勅撰《辨僞錄》五卷。《辨僞錄》其篇目云，妄立天尊僞，創立劫運年號僞，開分三界僞，隨代爲帝王師僞，老子出靈寶三洞僞，遊化九天僞，偷佛經教僞，老君結氣成字僞，周文王時爲柱下史僞，前後老君降生不同僞，三番作佛僞冒名僭聖僞，合氣爲道僞，偷佛神化僞，辨說淵博，具如《通載》。【略】

世祖潛龍時出征西國，好生爲任，迷徑遇僧，開途受記，由是光宅天下統御萬邦，大弘密乘尊隆三寶，迎旃檀瑞像歸內宮，安奉萬歲山仁智殿，爲現世之寶，仍建大聖壽萬安寺，供奉令一切人俱得瞻禮定光佛塔毫光發現，帝命開視內有舍利，光耀人目，由是重建寶塔，帝命寫金字藏經，軸前圖像未定，帝云，此經是釋迦如來所說止畫說主，庶看誦者知有所自。

帝詔遍天下，每一歲中，行布施度僧，讀大藏經，隨處放光現瑞禎祥不一　詔講華嚴大德，於京城大寺開演，以彰如來之富貴　帝設大會七處，放光顯示華嚴七處玄旨　帝以金爲泥，命僧儒繕寫大藏經，一藏貯以七寶琅函，祈流傳萬世　帝以宋朝鎮庫旃檀方圓丈餘，刻爲佛像和益人天

帝賜講經僧紅袈裟，令說法人與佛無異　帝日持數珠，課誦自奉施食。

帝詔東昌大師演教聽之，大悅賜以寶玉柱杖　帝頒玉音詔昊天講主

云，因朕在世戒約學徒，究明佛法毋令減滅。帝命逸林上師，譯藥師壇法儀軌，爲天下消八苦之災，增無量之壽 帝設十萬僧會，令十師對御說法，賜白金十錠玉柱杖十根 帝詔十高僧內殿供養，帝端居不動，諸大德亦復默然。帝乃云，此是眞實功德。

帝命高僧，重整大藏，分大小乘，再標芳號遍布天下 帝命諸山師德，校補弘法寺久遠藏經，鼎新嚴飾以傳無窮 帝印大藏三十六藏，遣使分賜，歸化外邦，皆令得瞻佛日。

帝印造菩薩戒本千部，流通散施，普令大地衆生皆奉如來寶戒 帝令諸路高僧，俱賜紅黃大衣，傳授大戒 帝以淸涼爲眞佛境界，建立五大寺爲最上福田 帝每齋日，以南天竺佛盂，置百味珍羞，澄心觀想廣修供養。

帝以如來舍利寶塔，統御剎中一十九所，各頒錢帛廣加嚴飾，大陳供養。帝見僧人有過，不加王法，只令閱教懺悔。

帝以天下寺院田產二稅，盡行蠲免，普令緇侶安心辦道 天下寺院山林樹木，遍諭玉音嚴加護持，毋令斫伐，以嚴佛聖境界。

帝告群臣云，朕以本覺無二眞心，治天下國家。帝聞五教義曰，頓教即心是佛，諸佛境界，凡夫不修，如何得到。帝命兩土名德，對辨經教一一無差。帝曰，積年疑滯今日決開 帝頒聖旨諭一切僧人，不揀甚麼差役休當，遵依釋迦佛道子行持。

宋太后削髮爲尼，誦經修道，帝深加敬仰四事供養，宋主以王位來歸學佛修行，帝大悅，命削髮爲僧，討究大乘明即佛理，宋室宮人皆祝髮爲尼，帝曰，三寶中人也。命歸學佛修行，供送衣糧。

帝問帝師，施食至少，何能普濟無量幽冥？帝師云，佛法眞言力猶如飲馬珠。帝命帝師齋竟，天雨金花繽紛而下，帝曰，何故有此祥瑞？帝師曰，陛下心花內發，天雨金花讚嘆。

蜀僧元一遊西天回朝，獻玉石佛像貝多葉經。帝問云，西天佛有麼？元一奏云，當今東土生民主，何異西天悉達多？帝問元一，道家徒衆何以少？如來徒衆何以多？元一云，富嫌千口少，貧恨一身多。帝問元一云，和尚還涉世緣否？奏云，不知法故犯，知法了應無。【略】

中書省言：凡僧道爲商者，仍征其稅

《元史》卷三五《文宗傳》（四）（三月丙戌）中書省臣言：「宣課提舉司歲榷商稅，爲鈔十萬餘錠，比歲數不登，乞凡僧道爲商者，仍征其稅。」有旨：「誠爲僧者，其仍免之。」【略】戊子，以西僧旭你迭八答剌班的爲三藏國師，賜金印。以龍慶州之流杯園池、水磑、土田賜燕鐵木兒。命諸王阿魯出鎮陝西行省。以籍入速速、班丹、徹理帖木兒貲產賜大承天護聖寺爲永業。浙西諸路比歲水旱，饑民八十五萬餘戶，中書省臣請令官私、儒學、寺觀諸田佃民，從其主假貸錢谷自賑，餘則勸分富家及入粟補官，仍益以本省鈔十萬錠，並給僧道度牒一萬道，從之【略】癸巳，詔累朝神御殿之在諸寺者，各制名以冠之：世祖曰元壽，昭睿順聖皇后曰睿壽，南必皇后曰懿壽，裕宗曰明壽，成宗曰廣壽，順宗曰衍壽，武宗曰仁壽，文獻昭聖皇后曰昭壽，仁宗曰文壽，英宗曰宣壽，明宗曰景壽。召亳州太淸宮道士馬道逸、汴梁朝天宮道士李若訥、河南嵩山道士趙亦然，各率其徒赴闕，修普天大醮。賑浙西鹽丁五千餘戶。命玥璐不花作佛事於德興府。

明代分部

綜　述

《明史》卷六《成祖紀》（二）（永樂五年）三月丁巳，封尚師哈立麻爲大寶法王。

《明史》卷一四七《胡廣傳》帝征烏思藏僧作法會，爲高帝、高后薦福，言見諸祥異。（胡）廣乃獻《聖孝瑞應頌》。帝綴爲佛曲，令宮中歌舞之。禮部郎中周訥請封禪。廣言其不可，遂不許。廣上《卻封禪頌》，帝益親愛之。

《明史》卷一八一《劉健傳》帝孝事兩宮太后甚謹，而兩宮皆好佛、老。先是，淸寧宮成，命灌頂國師設壇慶贊，又遣中官繼眞武像，建醮武當山，使使詣泰山進神袍，或白晝散燈市上。帝重違太后意，曲從之，而健（劉）等諫甚力。十五年六月詔擬《釋迦啞塔像贊》，十七年二月詔建延壽塔朝陽門外，除道士杜永祺等五人爲眞人，皆以建等力諫得寢。

《明史》卷一八四《付珪傳》 正德六年，代費宏爲禮部尚書。禮部事視他部爲簡，自珪數有執爭，章奏遂多。帝好佛，自稱大慶法王。番僧乞田百頃爲法王下院，中旨下部，稱大慶法王與聖旨並。珪佯不知，執奏：「孰爲大慶法王，敢與至尊並書，大不敬。」詔勿問，田亦竟止。

《明史》卷三〇四《宦官傳》（一） 當成祖時，鋭意通四夷，奉使多用中貴。西洋則和、景弘，西域則李達，迤北則海童，而西番則率使侯顯。

侯顯者，司禮少監。帝聞烏思藏僧尚師哈立麻有道術，善幻化，欲致一見，因通迤西諸番。乃命（侯）顯繼書幣往迓，選壯士健馬護行。元年四月奉使，陸行數萬里，至四年十二月始與其僧偕來，詔駙馬都尉沐昕迎之。帝延見奉天殿，寵優渥，儀仗鞍馬什器多以金銀爲之，道路烜赫。五年二月建普度大齋於靈谷寺，爲高帝、高后薦福。或言卿雲、天花、甘露、甘雨、青鳥、青獅、白象、白鶴及舍利祥光，連日畢見，又聞梵唄天樂自空而下。帝益大喜，廷臣表賀，學士胡廣等咸獻《聖孝瑞應歌》詩。乃封哈立麻萬行具足十方最勝圓覺妙智慧善普應佑國演教如來大寶法王西天大善自在佛，領天下釋教，給印誥制如諸王，其徒三人亦封灌頂大國師，再宴奉天殿。顯以奉使勞，擢太監。

十一年春復奉命，賜西番尼八剌、地湧塔二國。尼八剌王沙的新葛遣使隨顯入朝，表貢方物。詔封國王，賜誥印。十三年七月，帝欲通榜葛剌諸國，覆命顯率舟師以行，其國即東印度之地，去中國絕遠。其王賽佛丁遣使貢麒麟及諸方物。帝大悦，錫予有加。榜葛剌之西，有國曰沼納樸兒者，地居五印度中，古佛國也，侵榜葛剌。賽佛丁告於朝。十八年九月命顯往宣諭，賜金幣，遂罷兵。宣德二年二月復使顯賜諸番，遍歷烏斯藏、必力工瓦、靈藏、思達藏諸國而還。途遇寇劫，督將士力戰，多所斬獲。還朝，録功升賞者四百六十餘人。

顯有才辨，強力敢任，五使絕域，勞績與鄭和亞。

《明史》卷四《恭閔帝紀》 或云（恭閔）帝由地道出亡，正統五年，有僧自雲南至廣西，詭稱建文皇帝，思恩知府岑瑛聞於朝，按問，乃鈞州人楊行祥，年已九十餘，下獄，閲四月死，同謀僧十二人，皆戍遼東，自後滇、黔、巴、蜀間，相傳有帝爲僧時往來跡。

《明史》卷一二二《韓林兒傳》 韓林兒，欒城人，或言李氏子也。其先世以白蓮會燒香惑衆，謫徙永年。元末，林兒父山童鼓妖言，謂「天下當大亂，彌勒佛下生」，河南、江、淮間愚民多信之，潁州人劉福通與其黨杜遵道、羅文素、盛文郁等復言「山童，宋徽宗八世孫，當主中國」。乃殺白馬黑牛，誓告天地，謀起兵，以紅巾爲號。

《明史》卷一四一《戴德彝傳附》 （建文帝）時江南僧道多腴田，（陳）繼之請人限五畝，餘以賦民，從之。

《明史》卷一七七《林聰傳》 （景泰）三年春，（林聰）疏言：「臣職在糾察刑獄，妖僧趙才興之疏族百口，律不當坐，而抄提至京」。【略】

《明史》卷一八五《黃紱傳》 黃紱，字用章，其先封丘人【略】成化九年遷四川左參議，久之，進左參政，按部崇慶，旋風起輿前，不得行，紱曰：「此必有冤，吾當爲理」，風遂散，至州，禱城隍神，夢若有言州西寺者，寺去州四十里，倚山爲巢，後臨巨塘，僧夜殺人沉之塘下，分其貲，且多藏婦女於窟中，（黃）紱發吏兵圍之，窮詰，得其狀，誅僧毀其寺，倉吏倚皇親乾沒官糧巨萬，紱追論如法，威行部中。

《明史》卷一八五《叢蘭傳》 河南白蓮賊趙景隆自稱宋王，掠歸德，（叢）蘭遣指揮石堅、知州張思齊等擊斬之，九月，賊平，論功賚金幣，增俸一級，召還理部事。

《明史》卷一九二《安磐傳》 錦衣革職旗校王邦奇屢乞復職，（安）磐言：「邦奇等在正德世，貪饕搏噬，有若虎狼，其捕奸盜也。或以一人而牽十餘人，或以一家而連數十家，鍛煉獄詞，付之司寇，謂之『鑄銅板』，其緝妖言也。或用番役四出搜愚民詭異之書，或購奸僧潛行誘愚民彌勒之教，然後從而掩之，無有解脱，謂之『種妖言』，數十年內，死者塡獄，生者冤號，今不追正其罪，使得保首領，亦已幸矣。尚敢肆然無忌，屢瀆天聽，何爲者哉？且陛下收已渙之人心，奠將危之國脈，實在登極一詔，若使此輩攘臂一朝壞之，則奸人環立蜂起，堤防潰決，不知所紀極矣。宜嚴究治，絕禍源。」帝不能從，其後邦奇卒爲大歷如磐言。

《明史》卷二四七《李應祥傳》 偏頭結賽雅善天竺僧，僧言歲在雞犬，番有厄，偏頭信之，預匿山谷中，逸賊以爲神，跡而拜求之，故偏頭爲之請，是役也。焚碉房千六百有奇，生擒賊魁三十餘人，俘馘以千餘計，自是群番震驚，不敢爲患，邊人樹碑記（李應祥）績焉。

《明史》卷二八一《湯紹恩傳》 初，（湯）紹恩之生也。有峨嵋僧過其門，曰：「他日地有稱紹者，將承是兒恩乎？」因名紹恩，字汝承，其後果驗。

《明史》卷二八五《危素傳》 （危素）居房山者四年，明師將抵燕，淮王貼木兒不花監國，起爲承旨如故，素甫至而師入，乃趨所居報恩寺，入井，寺僧大梓力挽起之，曰：「國史非公莫知，公死，是死國史也。」素遂止，兵迫史庫，往告鎮撫吳勉輩出之，《元實錄》得無失【略】先是，至元間，西僧嗣古妙高欲毀宋會稽諸陵，夏人楊輦眞珈爲江南總攝，悉掘徽宗以下諸陵，攫取金寶，裒帝后遺骨，瘞於杭之故宮，築浮屠其上，名曰鎭南，以示厭勝，又截理宗顱骨爲飲器，眞珈敗，其資皆籍於官，顱骨亦入宣政院，以賜所謂帝師者，（危）素在翰林時，宴見，備言始末，帝歎息良久，命北平守將購得顱骨於西僧汝納所，諭有司厝於高坐寺西北，其明年，紹興以永穆陵圖來獻，遂敕葬故陵，實自素發之云。

《明史》卷二八五《文苑・張孟謙傳》 布政使吳印者，僧也。太祖驟貴之，寵眷甚，（張）孟兼易之，印謁孟兼，由中門入，孟兼杖守門卒，已，又以他事與相拄，太祖先入印言，逮笞孟兼，孟兼憤，捕爲印書奏者，欲論以罪，印復上書言狀，太祖大怒曰：「豎儒與我抗邪！」械至闕下，命棄市。

《明史》卷二九七《孝義・史五常傳》 史五常，內黃人，父萱，官廣東僉事，卒，葬南海和光寺側，五常方七歲，母攜以歸，比長，奉母至孝，常恨父不得歸葬，母語之曰：「爾父杉木櫬內，置大錢十，爾謹志之。」母歿，廬墓致毀，既終喪，往迎父櫬，時相去已五十年，寺沒於水久矣。五常泣禱，有老人以杖指示寺址，發地，果得父櫬，內置錢如母言，乃扶歸，與母合葬，復廬墓側。正統六年旌表。

《明史》卷二九七《孝義・王原傳》 （正德中，王原父王珣以家貧重役逃去，王原外出尋父）一日，渡海至田橫島，假寐神祠中，夢至一寺，當午，炊莎和肉羹食之，一老父至，驚覺，原告之夢，請佔之，老父曰：「若何爲者？」曰：「尋父。」老父曰：「午者，正南位也。莎根附子，肉和之，附子膾也。求諸南方，父子其會乎？」原喜謝去，而南逾洺、漳，至輝縣帶山，有寺曰夢覺，原心動，天雨雪，寒甚，臥寺門外，及曙，一僧啟門出，駭曰：「汝何人？」曰：「文安人，尋父而來，」曰：「識之乎？」曰：「不識也。」引入禪堂，憐而予之粥，珣方執爨竈下，僧素知爲文安人，謂之曰：「若同里有少年來尋父者，若倘識其人」，珣出見原，皆不相識，問其父姓名，則王珣也。珣亦呼原乳名，相抱持慟哭，寺僧莫不感動，珣曰：「歸告汝母，我無顏復歸故鄉矣。」原曰：「父不歸，兒有死耳，」牽衣哭不止，寺僧力勸之，父子相持歸，夫妻子母復聚，後原子孫多仕宦者。

《明史》卷三〇〇《外戚・周能傳》 先是，孝肅（皇太后）有弟吉祥，兒時出遊，去爲僧，家人莫知所在，孝肅亦若忘之，一夕，夢伽藍神來，言后弟今在某所，英宗亦同時夢，且遣小黃門，以夢中言物色，得之報國寺伽藍殿中，召入見，后且喜且泣，欲爵之不可，厚賜遣還，憲宗立，爲建大慈仁寺，賜莊田數百頃，其後，周氏衰落，而慈仁寺莊田久猶存。

《明史》卷三〇二《列女二・項貞女傳》 項貞女，秀水人，國子生道亨女，字吳江周應祁，精女工，解琴瑟，通《列女傳》，事祖母及母極孝，年十九，聞周病瘵，即持齋、烯香燈禮佛，默有所祝，侍女輩竊聽，微聞以身代語，一日，謂乳媼曰：「未嫁而夫亡，當奈何？」曰：「未成婦，改字無害。」女正容曰：「昔賢以一劍許人，猶不忍負，況身乎？」及訃聞，父母秘其事，然傳吳江人來，女已喻，祖母屬其母入視，女留母坐，色甚溫，母釋然去，夜伺諸婢熟睡，猶起以素絲約髮，衣內外悉易以縞，而紉其下裳，檢衣物當勞諸婢者，名標之，列諸床上，大書於几曰：「上告父母，兒不得奉一日歡，今爲周郎死矣。」遂自縊，兩家父母從其志，竟合葬焉。

《明史》卷三〇二《列女二・李孝婦傳》 李孝婦，臨武人，名中姑，適江西桂廷鳳，姑鄧患痰疾，將不起，婦涕泣憂悼，聞有言乳肉可療者，心識之，一日，煮藥，爇香禱竈神，自割一乳，昏僕於地，氣已絕，廷鳳呼藥不至，出視，見血流滿地，大驚呼救，傾駭城市，邑長佐皆詣其廬，命亟治，俄有僧踵門曰：「以室中蘄艾傅之，即愈。」如其言，果蘇，比求僧不復見矣。乃取乳和藥奉姑，姑竟獲全。

《明史》卷三〇四《宦官一・張忠傳》 先是，又有劉允者，以正德十年奉敕往迎烏斯藏僧，所賫金寶以百餘萬計，廷臣交章諫，不聽，允至成都，治裝歲餘，費又數十萬，公私匱竭，既至，爲番人所襲，允走免，將士死者數百人，盡亡其所賫，及歸，武宗已崩，世宗用御史王鈞等言，張忠、吳經發孝陵衛充軍，張雄、張鋭下都察院鞫治，允亦得罪。

《明史》卷三〇九《李自成傳》 標營白幟黑纛，（李）自成獨白鬃大纛銀浮屠；左營幟白，右緋，前黑，後黄，纛隨其色。

紀事

《明史》卷二《太祖本紀》（二） 是月（洪武五年四月），詔曰：「天下大定，禮儀風俗不可不正，【略】僧道齋醮雜男女，恣飲食，有司嚴治之。」【略】

《明史》卷一一三《后妃傳》（一） 孝肅周太后，英宗妃，憲宗生母也。昌平人，天順元年封貴妃，憲宗即位，尊爲皇太后，其年十月，太后誕日，帝令僧道建齋祭，禮部尚書姚夔帥群臣詣齋所，爲太后祈福，給事中張寧等劾之，帝是其言，令自后僧道齋醮，百官不得行香，二十三年四月上征號曰聖慈仁壽皇太后，孝宗立，尊爲太皇太后。

《明史》卷二一六《馮琦傳》 時士大夫多崇釋氏教，士子作文每竊其緒言，鄙棄傳注，前尚書餘繼登奏請約禁，然習尚如故。（馮）琦乃復極陳其弊，帝爲下詔戒歷。

雜録

《明史》卷二〇《神宗紀一》（萬曆十七年）夏四月己亥，王家屏復入閣，始與妖僧李圓朗作亂，犯南雄，有司討誅之。

《明史》卷一六九《胡濙傳》 英宗即位，詔節冗費，（胡）濙因奏減上供物，及汰法王以下番僧四五百人，浮費大省。

《明史》卷一八八《周璽傳》 武宗初即位，（周璽）請毀新立寺觀，屏逐法王、眞人，停止醮事，並論前中官齊玄煉丹糜金罪。

《明史》卷一九六《方獻夫傳》 （方）獻夫以尼僧、道姑傷風化，請勒令改嫁，帝從之，又因霍韜言，盡汰僧道無牒、毀寺觀私創者。

《明史》卷一九七《霍韜傳》 （霍韜）在南都，禁喪家宴飲，絶婦女入寺觀，罪娼戶市良人女，毀淫祠，建社學，散僧尼，表忠節，既去，士民思之。

幻輪《釋鑑稽古略續集》卷二 己酉，洪武二年，正月，封京都及天下城隍神，命祭天下五嶽五鎮四瀆四海之神，定諸神祭禮，定官民喪服之制。

鐵券 其形如瓦，面刻誥文，背鐫免罪減死之數，字嵌之金，高廣有差第爲七等，刻而爲二，一頒功臣，一藏內府，有故則取合之爲信。帝宴功臣罷有云，明者當燭於未形，昧者猶蔽於已著，事未形猶可圖也。患已著則無極矣。人處富貴，欲不可縱，欲縱則奢情不可佚，情佚則淫奢，淫之至憂危乘之。今與卿等恐久而忘，故戒勉之。

辛亥，洪武四年。九奏樂章 冷謙制。一曰本大初，二曰仰大明，三曰民初生，四曰品物亨，五曰御六龍，六曰泰階平，七曰君德成，八曰聖道成，九曰樂清寧。上曰，禮以導敬，樂以宣和，不敬不和，何以爲治？【略】

壬子，洪武五年，上以歷代傳國璽，未得遣將覓之，三月，給僧道度牒，命賑給無告老幼男婦 詔各有司，舉行鄉飲酒禮 春即將山寺，建廣薦法會。命四方名德沙門，先點校藏經。

御製曲名。命宗泐撰獻佛樂章，既成呈進署名，一曰善世曲，二曰昭信曲，三曰延慈曲，四曰法喜曲，五曰禪悅曲，六曰遍應曲，七曰妙濟曲，八曰善成曲，勅太常諧協歌舞之節用之，著爲定制。

廣薦法會。時海宇無虞洽於太康，文武恬娛雨風時順，上是恭默思道端居，穆清重念，元季兵興六合雄爭，有生之類不得正命而終，動億萬計靈氛糾盤，充塞上下吊奠靡至，縈然無依，天陰雨濕之夜，其聲或啾啾有聞，宸衷盡傷若疚在躬。且謂洗滌陰欝升陟陽明，惟大雄氏之教爲然云云宋文憲公，有記有詩，備《護法錄》。蒲菴禪師來，復有《鍾山稿》一編，備錄本末，及祥異諸事尤悉。命僧道錄司造《周知冊》，頒行天下寺觀，凡遇僧道到處，即與對冊，其父母籍，告度月日，如冊不同即爲僞僧。【略】

癸丑，洪武六年，普給天下僧度牒，前代多計僧鬻牒，號免丁錢，詔蠲之，賜來朝守令宮酒饌。復諭以勉修厥德，廣施惠政。金陵城完，上與劉基同閱視。上曰，城高若此，非人可踰，基曰，殊非燕能飛入耳，後燕王入金陵，遂符此讖。訪求賢才於天下曰，世有賢才國之寶也。古之聖君汲汲於求賢，蓋賢才不備不足以爲治，鴻鵠之能遠舉者，爲其有羽翼也。蛟龍之能騰躍者，以其有鱗鬣也。人君之能致治者，以其有賢人而爲之輔也。今山林之士，豈無文藝德行之足稱，有司禮送至京，用之以圖至治，上諮治道於桂彥良對曰，道在正心。又曰，用德則逸，用法則勞，法以靖民則民勞而弗靖，德以靖民則民靖於德矣。上曰，卿帝者師也。詔以故元釋帝師喃迦巴藏卜，爲熾盛佛寶國師，自是番僧，有封爲灌頂國師，及贊善王、闡化王、正覺大乘法王、如來大寶法王者，俱賜印章誥命，領其各本國人民，間歲朝貢。五月，祖訓錄成。上命禮官，參考歷代帝王有功生民者，立廟祀之 詔以恆言註釋經書，使人皆通聖賢旨意，註成以進，賜名《群經類要》。【略】

時崇尚釋老徒眾日盛，上令郡縣擇有戒行者，領其事。【略】

甲寅洪武七年，宋濂等纂修《大明曆日》成。凡一百卷。又擇言行之大者，爲《皇明寶訓》五卷。

上謂宋濂曰，朕之爲君，上畏天地下畏兆民，兢兢業業不敢自逸。宋濂對曰，陛下此心，乃古先帝王之心也。愼終如始天下幸甚 太祖詔曰，曩因天下大亂，死者不可勝數，生者備歷艱辛，已有年矣。朕起布衣削群雄，定禍亂改元洪武，今紀七年，但才疎德薄日夕慮上帝有責，思之再三，惟兵後苦殃者，朕失撫養存恤，蓋軍士爲朕開拓疆宇，奮不顧身，沒於戰場，屍不至家，魂無所依，父母年高，妻寡子幼，一旦拋棄至今不能存活，此朕之過也。民間經年避難，父南子北至今不能會聚，奉養者有之，亦朕之過也。興言至此實可憫傷，今詔天下有司，各各具名以言，朕當會居存養使不失所。

日本禪師。諱印原，字古先，相州藤氏，生有異徵，幼多奇志，八歲歸桃花悟公，十三剃度具戒，奮然南游，初參無見覩公，指見中峯本公，給侍左右屢呈見解，峰呵曰，根塵不斷如纏縛，何虛妄塵勞，皆非究竟事也。師愈精進久之有省，現前境界，一白無際，入室印決超然領解，峯囑以善自護持。時虛谷靈公、古林茂公、東嶼海公、月江印公，師咸往謁焉。以叢林師子兒稱之後，同情拙澄公入日本，建立法幢，化行遐邇，殊有力焉，出世慧林祝香嗣於中峯，次主等持敎寺及眞如萬壽淨智等剎，又住持普應寺長壽院，兼主圓覺建長，後退老長壽，是歲春正月示疾，至二十三日召門人曰，爾等恪守吾平日所訓，使法輪永轉可也。大書心印二字付額其塔，壽八十，臘六十云。

乙卯，洪武八年正月，命中書省，行天下群縣訪窮民無告者，月給以衣糧，無所依者給以屋舍。

《甘露論》。十一月甘露降於員丘青松之上，懸垂上下，有若明珠，採而食之，甘如餳糖，儒臣獻歌詩頌德。上曰，人之常情，好祥惡妖，然天道幽微莫惻，若恃祥而不戒，祥未必皆吉，覩妖而能懲，妖未必皆凶，蓋聞災而懼，或蒙見休，見瑞而喜，或以致咎。何則凡人懼則戒，心常存喜，則侈心易縱，朕德不逮，惟圖修省之不暇，豈敢以此爲己所致哉？因著甘露論，以示群臣。【略】

夢窓禪師。諱智曤，日本國勢州人，母禱普門大士夢呑金色光而娠，生有祥光滿室，九歲出家，十八爲大僧，禮慈觀律師受具戒，尋學顯密二敎，夢游中國名山，一龐眉僧授以達磨尊像，寤而嘆曰，洞明吾本心者其唯禪觀乎？謁無隱範公、一山寧公，一山曰，我宗無語言，亦無一法與人，本來廓然清淨，雖慈悲方便亦無，師力參至目不交睫，於高峯日公言下有省，一夕大悟，偈有等閑擊碎虛空骨之句，高峯印可囑曰，西來密意，汝亦得之，善自護持，後入五臺，縛吸江菴，搆泊船菴退耕菴，有終身丘壑之志。既而不得已，應世所住，南禪善應、淨智圓覺、瑞泉慧林、瑞光臨川、兜率西芳、資聖補陀天龍諸名剎賜號，有正覺及心宗普濟等，王敕有道振三朝，名飛四海主龍象席，再轉法輪秉佛祖權，數摧魔壘，國中以爲榮，是年九月三十日逝，世壽七十七，臘六十，終時白氣一道，橫貫師

室，存日爪髮皆有舍利。【略】

丙辰，洪武九年六月，以宋濂爲學士承旨，諭之曰，朕以布衣爲天子，卿亦起草萊列侍從之開國文臣之首，俾世臣與國同休，時欽天監奏，五星紊度，日月相刑，下詔求言有吳印者，鍾山寺僧也。有文學，上親選命蓄髮拜官，徑授方面，寵之甚厚，所言多從。十月，改建太廟，從同堂異室之制，國初立四親廟，德祖玄皇帝廟居中，懿祖居東第一廟，熙祖居西第一廟，仁祖居東第二廟，至是定此制，前爲正殿後爲寢殿九間，以一間爲一屋，奉安各廟神王，時享歲袷，則設累朝帝后衣冠於神座而祀之。

丁巳，洪武十年，詔天下沙門，講《心經》《金剛》《楞伽》三經，命宗泐，如玘等註釋頒行，御制演佛寺住持玘太璞字說，

御制字說。僧多捨俗，惟立字爲名何也。以其法殊人主之敎故也。邇來有僧，用三字爲名，曰玘、曰太、曰璞，且玘玉之至精者也。太無上之巨也。璞實而不虛，混而未鑿，斯三字之用，果如是乎？若是，則仁者體之，又何爲而不可哉？今僧用斯三字，理道深長機根淺露者，莫可探其趣，若遇良工，必由雕琢而方見其形也。昔如來璞太虛，混厚坤故，發問於未判。孰雕琢而使澄清，列無量之象於穹壤，七曜運行其間，布海嶽於鴻龎，百川東注，此由大樸而至穹窿，果理之使然，氣質之變焉，吾聞混沌靜久，今僧捨俗認璞，必釋敎之然哉？

二月學士承旨，宋濂致仕歸金華，文憲公爲國初一代大儒傳，是永明後身，不獨爲國家舖張文學，以上諸大禪師，多其所傳記者云。三月十三日，禮部尚書張等奉天門奏準奉聖旨就批本著落禮部知道一切南北僧道，不論頭陀人等，有道善人，但有願歸三寶，或受五戒十戒，持齋戒酒，習學經典，明心見性，僧俗善人許令齋持戒牒隨身執照，不論山林城郭鄉落村中，恁他結壇上座，拘集僧俗人等，日則講經說敎，化度一方，夜則取靜修心。欽此。

上謂侍臣曰，前代庸君暗主，莫不皆以垂拱無爲藉口，縱恣荒淫不親政事，孰知治天下者，無逸而後可逸。朕即位有年，常以勤勵自勉，待旦即臨朝，晡時而後還宮，夜臥不能安席，披衣而起，或仰觀天象，見一星失次，即爲憂惕，或量度民事，有當速行者，即次第筆記待旦發遣，朕非不欲暫安，秖畏天命不敢故爾。朕言及此者，但恐群臣以天下無事便欲逸樂，股肱既惰，元首叢脞，民何所賴，書曰功崇惟志業廣惟勤，爾群臣但能以此爲勉，朕無憂矣。

戊午，十一年正月，給朝參文武百官牙牌，懸帶出入以防姦僞，禮部郎中袁子文，建言度僧許之。【略】

御製授了達德瑄溥洽僧錄司，諭曰，西說東來妙演無量，或云不二法門，斯道也本苦空寂寞，從斯道者果若是，宜其然哉？邇來僧錄司首僧闕員，召見任者，命詢問其人，各首僧承命而還，不數日來告曰，臣弘道等若干人，前奉勅詢高僧於諸山，即會叢林大眾，僉曰，惟淛右上天竺僧溥洽，京師鷄鳴寺僧德瑄，能仁寺僧了達，東魯之書頗通，西來之意博備，若以斯人備員僧錄司，實爲允當，嗚呼，昔人有云，世不絕聖國不絕賢，近者僧錄司闕員，朕將以爲無人矣。及其詢問乃有人焉，今朕域之內三慕清淨，而欲出三界者，有其名而無其實，其泛泛者不下五七萬，爾今三人不屈五七萬之下，伸於五七萬之上，可謂志矣可謂道矣。然昔如來道備於雪嶺歸演五天，妙音無量靈通上下，天人會聽，若斯之演聽四十九秋，自是之後五百餘年流傳東土，雖九夷八蠻，一聞斯道無不欽崇頂禮，何況中國文物禮樂之邦，人心慈善易爲敎化，若僧善達祖風者，演大乘以覺聰，談因緣以化愚啟聰愚，爲善於反掌之間，雖有國法何制乎？縲絏刑具亦何以施，豈不合乎柳生之言，陰翊王度，豈小小哉？今爾僧了達德瑄溥洽達祖風，遵朕命則法輪常轉，佛日增輝，名僧於吾世足矣。往欽哉？

庚申，洪武十三年【略】六月，詔曰，朕荷上天眷祐，君主華夷十有三年，倉廩盈府庫充，皆吾民之所供也。今民未甦詔告有司，今洪武十三年，天下秋糧盡行蠲免，授建昌僧官諭曰，天下大道惟善無上，其善無上者釋迦是也。固大慈忍，志立大悲願心，行無所不至，化無所不被，論性原情談心妙理，潔六塵之無垢，淨六根之無翳，去諸魔而清法界，制外道以樂人天，斯行斯修而歷劫無量，乃降兜率至於梵宮，既捨金輪而猶苦行於雪嶺時，道成午夜，明心相符，朕觀如來以己之大覺，而欲盡覺諸法界眾生，其爲慈也大，其爲悲也深，可爲無上者歟，世人宿有善根者皆慕佛力，寰中之修者甚廣，今建昌僧某，博修佛道善馭僧民，其方士民，仰僧善道感化人淳，既內附之誠理，宜授以建昌府僧綱司云。

辛酉，洪武十四年。創編賦役黃冊，餘帶曰畸零冊，頒五經博士於北方學校，始定翰林院官制，爲正五品衙門。上謂廷臣曰，夫道之不明，由教之不行也。夫五經載聖人之道者也。譬之粟菽布帛，家不可無人，非菽粟布帛則無以爲衣食，非五經四書則無由以知道理云。今以五經頒賜使其講習，夫君子知學則道興，小人知學則俗美，他日收學，亦未必不本於此。【略】

蔣山寺住持仲羲奏，遷蔣山寺及寶公塔於東岡，改賜寺額曰靈谷寺，榜外門曰第一禪林，命度僧一千名，悉給與度牒，贍僧田若干頃。

六月二十四日，禮部爲欽依開設僧道衙門事照得，釋、道二教，流傳已久，歷代以來皆設官以領之，天下寺觀僧道數多，未有總屬，爰稽宋制，設置僧道衙門以掌其事，務在恪守戒律以明教法，所有事宜，開列於後。

一在京設置僧錄司道錄司，掌管天下僧道，精選通經典戒行端潔者銓之，其在外布政府州縣，各設僧綱僧正僧會道紀等，司衙門分掌其事。

僧錄司掌天下僧教事，善世二員，正六品左善世右善世，闡教二員，從六品左闡教，右闡教，講經二員，正八品左講經，右講經，覺義二員，從八品左覺義，右覺義，

道錄司掌天下道教事，正一二員，正六品左正一，右正一，演法二員，從六品左演法，右演法，至靈二員，正八品左至靈，右至靈，玄義二員，從八品左玄義，右玄義。

各府僧綱司掌本府僧教事，都綱一員從九品，副都綱一員。

各府道紀司掌本府道教事，都紀一員從九品，副都紀一員。

各州僧正司，僧正一員，道正司道正一員，各掌本州僧道事。

各縣僧會司僧會一員，道會司道會一員，各掌本縣僧道事。

一各府州縣寺觀僧道並，從僧錄司道錄司取勘置文冊，須要開寫某僧某姓名年甲某布政司，某府某州某縣籍，某年於某寺觀出家受業某師，先爲行童幾載，至某年某施主披剃簪戴，某年給度開報。

一供報各處有額寺觀，須要明白開寫本寺本觀，始於何朝何僧，何道啟建，或何善人施捨。

一僧道錄司衙門，全依宋制，官不支俸，吏與皂隸合用人數，並以僧道及佃僕人等爲之。

一僧道錄司體統，與欽天監相同出入，許依合用本品傘蓋，遇官高者即斂之。

一各處寺觀住持，從本處僧道衙門舉保，有戒行老成，諳通經典者，申送本管衙門，轉申僧錄司道錄司，考試中式具申禮部奏聞。

一各府州縣未有度牒僧道，許本管僧道衙門具名申解，僧綱司道紀司，轉申僧錄司道錄司考試，能通經典者，具申禮部奏聞出給。

一在京在外僧道衙門，專一簡束僧道，務要恪守戒律，闡揚教法，如有違犯清規，不守戒律，及自相爭訟者，聽從究治，有司不許干預，如犯姦盜非爲，但與軍民相涉，在京申禮部酌審情，重者送問，在外即聽有司斷理。

壬戌，洪武十五年。三月初六日，曹國公欽奉聖旨，天下僧道的田土法不許買，僧窮寺窮，常住田土法不許賣，如有似此之人，籍沒家產。欽此。

四月二十二日，準吏部咨，除授各僧道錄司咨，本部知會，僧錄司左善世戒資、右善世宗泐、左闡教智輝、右闡教仲羲、左講經玘太樸、右講經仁一初、左覺義來復、右覺義宗鬯。

四月二十五日，禮部爲欽依開設僧道衙門事，今將定列本司官員職掌事理，開坐前去仰照驗遵依施行。

一戒資掌印　宗泐封印，凡有施行，諸山須要眾僧官圓坐署押眼同用印，但有一員不到，不許輒用，差放者不在此限。

一戒資提督眾僧坐禪，參悟公案，管領教門之事。

一智輝仲羲亦督修者坐禪　如玘守仁，接納各方施主，發明經教。

一來復宗鬯，簡束諸山僧行，不入清規者，以法繩之，并掌天界寺一應錢糧產業及各方布施財物，置立文簿，明白稽考，其各僧官職掌之事宗鬯皆須兼理　考試天下僧人能否，公同圓議具實奏聞。

五月二十一日，禮部照得佛寺之設，歷代分爲三等，曰禪曰講曰教，其禪不立文字，必見性者方是本宗，講者務明諸經旨義，教者演佛利濟之法，消一切現造之業，滌死者宿作之愆，以訓世人。本月二十日，本院官欽奉聖旨，見除僧行果爲左闡教，如錦爲右覺義，前去能仁開設應供道

場，凡京城內外大小應，付寺院僧，許入能仁寺，會住看經，作一切佛事，若不繇此另起名色，私作佛事者，就仰能仁寺官問罪，若遠方雲遊看經抄化，及百姓自原用者不拘是限，欽此出榜曉諭，應赴寺院僧人欽遵施行。

諭鍾山寺僧勅曰，且佛之爲教也善，其大也溥被生死，仲尼有云，西方有大聖人，不言而化，不治而不亂，可謂能仁矣。云何大覺金仙，又讚之以能仁，以其不繩頑而頑化美善而善光，其行苦而不苦，其心素而弗素，雖儔雪嶺之孤燈，似白晝之單影，目星見性，超出塵淪，復有人天之說四十九秋，其演也妙備載大藏，未嘗有訴逋逃於廷，致愆於水火者耶？況昔禪祇樹千二百五十人，從逋逃者未聞，仲尼有云，道千乘之國敬事而信，節用而愛人，今僧佃逃未審節用，而致然耶？抑愛人而有此耶？若非此而有此，則府謂僧云，當自善來，若論以如律，恐傷佛性，如勅奉行。

論僧純一曰，昔釋迦之爲道，孤處雪嶺，於世俗無干，及其道成也。善被兩間靈通上下，使鬼神護衛而聽德，故世人良者愈多，頑惡者漸少，所以治世人主，每減刑法而天下治，斯非君減刑法，而繇佛化普被之然也。所以柳子厚有云，陰翊王度是也。爾沙門純一既棄父母以爲僧，當深入危山結廬以靜性，使神遊三界，下察幽冥，令生者慕而死者懷，景張佛教，豈不修者之宜，世人因是而互相倣傚，雖不獨處窮居，人皆在家爲善，安得不世之清泰，因爾僧之所及也。爾不能如是上下朝堂，欲氣力以扶持，意在鼎新佛寺，集多財以肥己，孰不知財寶既集淫慾並生，況釋迦之非大廈而居六載，大悟心通，方今梵像巍巍，樓閣崢嶸金碧熒煌，華夷處處有之，此釋迦之所感若是歟？集財而建造歟？爾僧無知不能修內而修外，故不答特役之，今脫爾行，命有司資路費，往尋名山悟善己道以善人，他日道必燭寰區，可不比佛之爲道哉？

乙丑，洪武十八年。【略】勅建鷄鳴寺造浮圖五級，祠寶公歲遣官祭祀。初西番僧星吉鑑藏居是山，至是爲闢院，命爲僧錄司右覺義。三月十八日，本部官於武英殿欽奉聖旨，僧錄司右覺義如錦病故，恁禮部辦素祭去祭祀他，欽此。令祠部備祀，庫支價買祭物去祭祀。【略】十一月十八日，本部官於太庖西欽奉聖旨，僧錄司左講經如玘病故，了恁禮部祭祀他欽此，祠部備祭，庫內支價，辦祭物件，完備祭祀。

十一月二十一日，本部官於奉天門欽奉聖旨，左講經如玘今日下葬，恁禮部官便去，祭祀欽此，令禮部侍郎章祥致祭，仍御製祭文。

御製祭如玘文，嗚呼，業海茫茫，濟彼岸者鮮矣。爾如玘駕般若舟，舉楞嚴棹建圓覺檣，假華嚴風揚大集帆，昨朝柁寬帆飽倏焉，彼岸噫果操舟之善耶？爾如玘冒風濤而有此耶？今業海爾濟舟楫猶存，孰備善爾舟傲風於業海，如斯濟岸就，不日乘爾某之舟，有此之濟，非獨如是，其拯溺者既多，朕觀嘗般若之舟，施普度之道，豈徒然哉？今也期當空相絕迹，去來所有庶饈，爾其享焉。附賡玘太璞韻，花逢夜雨曉看妍，實蕋凋時階不喧，試問老禪幽得處，謂言物外有青天。

《續原教論》　翰林待詔沈士榮撰，上卷七篇曰，原教論觀心解，內教外教辨，執迹儒者，參禪辨，論禪辨，作用是性解，下卷七篇曰，名儒好佛解，自私辨，莊老異同辨，錯說諸經解，較是非得失辨。三教論，諸師人物雄偉論，其序云，夫情智相違而後有教，識趣相違而後有辨，故分別是非，所以立教，不辨何以立理哉？昔人欲理之明，乃設難以爲問答，使讀之者了然不疑，今儒者疑難於佛，必當辨之，所以立教明理也。昔諸佛出世，諸大菩薩化爲外道，各執異說問難於佛，如來乃破其邪執，立如是義，說如是經，則諸教皆由論辨而起也。若唐宋大儒，各執所見疑難於佛，毀訾排斥，或有甚焉，亦或菩薩化身儒門，故爾相違，使有以辨之以彰至理歟，果亦未造佛之閫域，實有所疑歟，自是以來數百年間，以儒名者之，於佛教或爲敬信爲非議，毀讚不常，是非莫辨，使至道不明，誠可悲矣。士榮自知愚陋，所學不及先儒之萬一，又未得吾佛證入之門，伏念二教之相違久矣。而智者則默然而不爲之辨，坐視求學之士，循習舊聞，或生誹謗喪內學之家珍，傷名教之根本，故不自揆度，輒以其所非斥之言，具錄於前，爲之辨解於後，著論三篇解五篇辨六篇，通十四原其異同謂之論，釋其疑惑謂之解，明其是非謂之辨，理學君子幸決擇而去取焉，固不礙於聖賢之學也。時洪武乙丑季夏上弦，建安沈士榮謹序。

御製諭翰林待詔沈士榮曰，古智人有爲身而修身，吾不知修者誰也。或曰，身爲神而修，或云神爲身而修，因是之辨惑之而更惑之，果身修神歟，抑神修身歟？吾不知二修之道，但見古人遺跡，詢及儒釋道三宗，必欲達之以妙己虛靈，嗚呼善哉？君子雖未至三宗之奇，有心若是，豈不謂學之足矣。聃云，居善地心善淵，今之人頑肯匠斯三宗者，豈不全妙己之虛靈者乎？此即智人也。

護持朵耳思烏思藏，詔大矣哉？大覺金仙，行矣哉？出無量歷阿僧，下兜率生梵宮，異哉雪嶺之修，世人過者乎？天上人間經劫既廣，忍辱愈多，方成佛道，善被人世，法張寰宇，人有從斯道者，天鑒神扶身後同遊於佛境，若違斯道而慢佛者，則天鑒神知羈困地獄，與鬼同處，直候拂石劫盡而方生，其斯憂乎苦乎？一念同佛，則百禍烟消化為諸福，今朵耳思烏思藏兩衙地方諸院上師，踵如來之大教，備五印之多經，代為闡揚，化凶頑以從善，啟人心以滌愆，朕謂佛為衆生若是，今多院諸師亦為佛若是，而為暗理王綱與民多福，敢有不尊佛教而慢諸上師者，就本處都指揮司，如律施行毋怠。

丙寅，洪武十九年，勅天下寺院有田糧者，設砧基道人，一應差役，不許僧應。

六月詔天下，行養老之政。諭曰，尙齒所以教敬，事長所以教順云云八月初八日，禮部奏據僧性海等，告給護持山門榜文，欽奉聖旨出榜與寺家，張掛禁治諸色人等，毋得輕慢佛教罵詈僧人非禮攪擾，違者本處官司約束欽此，欽遵出給榜文，頒行天下各寺，張掛禁約 八月十六日，本部官於奉天門欽奉聖旨，雲南僧人性海等回還，與他遞運船隻，欽此咨兵部，欽遵施行。諭雲南僧遊方，金仙之教，甘心寂寞，成在苦空故，修道者多棲巖屋樹，落魄林泉翫霄壤之明月，吟清風於松下，置身物外，淪世事如太虛，若是者廼修之宣之，爾雲南僧修者不辭萬里之遙，欲覺因緣十二，若止京師而師雲南，又何知天台之景，兩浙之美，高僧之淵藪，特勅往遊，閱諸名山，廓爾方寸，睿爾神靈，異時一歸演華言於金馬，論風景於碧鷄，時乃道冠點蒼，神遊八極，快矣哉？十二月，御製大誥三篇成，頒示天下。

戊辰，洪武二十一年，遷僧錄司於天禧寺，試經度僧給與度牒。

三月十四日，僧錄司左善世弘道等，於中右門欽奉聖旨恁，僧錄司行文書各處僧司去，但有討度牒的僧，二十已上的，發去烏蠻曲靖等處，每三十里造一座菴，自耕自食，就化他一境的人。欽此。四月二十六日，僧錄司左善世弘道等，於奉天門欽奉聖旨，靈谷天界能仁鷄鳴等寺，係京剎大寺，今後缺大住持，務要叢林中選舉有德行僧人，考試各通本教，方許著他住持，毋得濫舉。欽此。

己巳，洪武二十二年春，上以天下無事，憫諸將老，欲保全之，詔從公侯各還其鄉，各陛辭賜賚有差。七月初三日，本部官於華蓋殿欽奉聖旨，鷄鳴寺老僧官，陝西帶來的番僧漢僧，教二部做與綿布僧衣，欽此移咨二部，造辦僧衣三十六名，每名綿布僧衣一套，每套三件，共一百八件，進赴內府給去訖 八月增設僧司，舉選通佛法的僧發來考試，除授他去。欽此。八月十七日僧錄司左善世弘道，於奉天門欽奉聖旨，天界寺只作善世為額。欽此。授善世禪師詔曰，佛教肇興西土，流傳遍被華夷，善世凶頑，佐王綱而理道，今古崇瞻由慈心而願重，是故出三界而脫沈淪，永彰而不滅，爾勞心願重，特加善世禪師，以神善道統，制天下諸山，繩頑禦惡，於戲佐王綱而理善道，願力宏深，體斯之行，無往不復，戒哉戒哉？【略】

庚午，洪武二十三年，詔求仙人張三豐，了不可覓，召其弟子丘玄清至，與語悅之，授官與室，爵不受。

辛未，洪武二十四年，定生員巾服之制，襴衫用藍色，絹布為之，寬袖皀線縧，軟巾垂帶，由是士子衣冠，綽有古風焉。

《申明佛教榜冊》 六月初一日，欽奉聖旨，佛教之始，自東漢明帝夜，有金人入夢，是後法自西來，明帝勅臣民願崇敬者許，於是臣民從者衆，所在建立佛剎，當時好事者，在法入之初，有去鬚髮而捨俗出家者，有父母以兒童子出家者，其所修也。本苦空寂寞，去諸相慾，必欲精一己之英靈，當是時佛教大彰，群修者雖不能盡為圓覺，實在修行次第之間，豈有與俗混淆與常人無異者，今天下僧寺，以上古剎列聖相繼而較者，佛之教，本中國之異教也。設使堯舜禹湯之時，遇斯闡演，未審興止何如哉？今佛法自漢入中國，歷曆數者一千三百三十年，非一姓為君而有者也。所以不磨滅者為何，以其務生不殺也。其本面家風端在苦空寂寞，今天下之僧多與俗混淆，尤不如俗者甚多，是等其教而敗其行，理當清其事而成其宗，令一出禪者禪，講者講，瑜伽者瑜伽，各承宗派，集衆為寺，有妻室願還俗者聽，願棄離者聽，僧錄司一如朕命，行下諸山，振揚佛法，以善世仍條于後。

一自經兵之後，僧無統紀，若府若州，合令僧綱司，僧正司，驗倚郭縣分，僧會司驗本縣僧人，雜處民間者見其實數，於見有佛到處，會衆以成叢林，清規以安禪，其禪者務遵本宗公案，觀心目形以證善果，講者務遵釋迦四十九秋妙音之演，以導愚昧，若瑜伽者，亦於見佛刹處，率衆熟演顯密之教，應供是方足孝子順孫報祖父母劬勞之恩，以世俗之説，斯教可以訓世，以天下之説，其佛之教陰翊王度也。

一令下之後，敢有不入叢林，仍前私有眷屬，潛住民間，被人告發到官，或官府拿住，必梟首以示衆，容隱窩藏者流三千里。

一顯密之教軌範科儀，務遵洪武十六年頒降格式內，其所演唱者，除內外部眞言，難以字譯，仍依西域之語，其中最密者，惟是所以曰密，其餘番譯經及道場內，接續詞情懇切交章，天人鬼神咸可聞知者，此其所以曰顯，於茲科儀之禮，明則可以達人，幽則可以達鬼，不比未編之先，俗僧愚士，妄爲百端訛舛規矩，貽笑智人，鬼神不達，此令一出，務謹遵毋增減，爲詞訛舛紊亂，敢有違者，罪及首僧及習者。

一令出之後，有能忍辱不居市廛，不混時俗，深入崇山刀耕火種，侶影伴燈，甘苦空寂寞於林泉之下，意在以英靈出三界聽。

一瑜伽僧，既入佛刹已集成衆，赴應世俗，所酬之資，驗日驗僧，每一日每一僧錢五百文，主磬寫疏召請三執事，每僧各一千文。

一道場諸品經呪布施則例（各項經寸數目不錄）。

一陳設諸佛像，香燈供給，闍黎等項勞役錢一千文。

一凡僧與俗齋，其合用文書，務依修齋行移體式，除一表三申三牒三帖三疏三榜，不許文繁別立名色，妄費紙劄以耗民財。

一今後所在僧綱僧正僧會去處，其諸散寺應供民間者，聽從僧民兩便，願請者願往任從之，僧綱僧正僧會，毋得恃以上司，出帖非爲拘鈐，假此爲名，巧取散寺民施，從有緣僧，有道高行深者，或經旨精通者，擅越有所慕，從其齋禮，毋以法拘。

一瑜伽之教，顯密之法，非清淨持守，字無訛謬，呼召之際幽冥鬼趣，咸使聞知即時而至，非垢穢之軀，世俗所持者，曩者民間世俗，多有倣僧瑜伽者，呼爲善友，爲佛法不清，顯密不靈，爲污濁之所污。有若是，今後止許僧爲之。敢有似前如此者，罪以遊食。

七月初一日，本部官於奉天門欽奉聖旨，恁禮部出批，著落僧錄司，差僧人將榜文去，清理天下僧寺，凡僧人不許與民間雜處。

八月十八日，手勅著善世天禧能仁三寺僧官宗泐等，明早有雨不要來，若無雨天晴，早赴奉天門。欽此。【略】

壬申　洪武二十五年，試經給僧度牒。勅僧錄司，行移天下僧司，造僧籍册，刊布寺院，互相周知，名爲《周知板册》。【略】

十二月初六日，僧錄司左善世夷簡等，於奉天門欽奉聖旨，各處有通佛法性理高僧，訪問得幾人，取將來善世寺住。欽此。十二月二十一日，欽依關領清教錄一百四十五本，發與各處僧綱司，依本刊板印造，俵散所屬寺院僧人。

癸酉　洪武二十六年。

正月初三日，大龍興寺住持僧祖儁等，赴京賀正辭回，司禮監官魯梯傳聖旨，住持僧賞五錠，散僧每名二錠，教禮部補本，欽此。賜西番國師詔曰，佛教興於西土，善因博被華夷，雖無律以繩頑，惟仁心而是則。大矣哉，妙覺難窮，昔從斯道者頓悟三空，脱塵淪而出苦趣，永離幽冥，使生者懷而死者慕，豈不聖人者歟？邇來西番入貢，有僧公哥監藏巴藏卜，乃昔元八思巴帝師之後人云，踵師之道，深通奧典，獨志尤堅，化愚頑以從善，起仁心以滌愆，雖是遙聞，特加爾圓智妙覺弘教大國師，統治僧民，名當時之善人，永爲教中之稱首，於戲，寂寞山房，儔青燈而讀誦，觀皓月以吟風，疊膝盤陀之上，草衣木食，方契善符。【略】

甲戌　洪武二十七年，命僧錄司，行十三布政司，選僧補官，於是居頂、道成、淨戒等，應召除授。

正月初八日，欽奉聖旨，釋迦佛發大悲願心，歷無量劫，至於成道，説法度人，一切來歷載大藏，愚者安能知義，聽者未能盡目，有佛以來效佛之修者無量，凡所説法，人天會聽，愚者雖無知，補於時君多矣。自佛去世之後，諸祖踵佛之道，所在靜處不出戶牖，明佛之旨，官民趨向者歷代如此，效佛宣揚者智人也。所以佛道永昌，法輪常轉，邇年以來，踵佛道者，未見智人，致使輕薄小人毀辱罵詈有玷佛門，特勅禮部，條例所避所趨者，榜示之。

一僧合避者不許奔走市村，以化緣爲繇，致令無藉凌辱有傷佛教。若有此等，擒獲到官，治以敗壞祖風之罪。
一寺院菴舍，已有砧基道人，一切煩難答應官府，並在此人，其僧不許具僧服入公聽跪拜，設若己身有犯即預先，去僧服以受擒拿。
一欽賜田地稅糧全免，常住田地雖有稅糧，仍免雜派人差役。
一凡住持并一切散僧，敢有交結官府悅俗爲朋者，治以重罪。
一凡僧之處於市者，務要三十人以上聚成一寺。
一可趨向者，或一二人，幽隱於崇山深谷，必欲修行者聽。
一僧有妻者，許諸人捶辱之，更索取鈔錢，如無鈔者，打死勿論。
一有妻室僧人，願還俗者聽，願棄離者，修行者亦聽。
一僧寺庵院，一切高明之人，本欲與僧扳話，顯揚佛教，奈何僧多不才，其人方與和狎，其僧便起求施之心，爲此人遠不近。（文長不錄）。

嗚呼，僧若依朕條例，或居山澤，或守常住，或游諸方不干於民，不妄入市村，官民欲求僧以聽經，豈不難哉？如此則善者慕之，詣所在焚香禮請，豈不高明者也。行之歲久，佛道大昌，榜示之後，官民僧俗，敢有妄論乖爲者，處以極刑。欽此。

七月十二日，本部官同僧錄司華蓋殿，欽奉聖旨，征南陣亡病故的官員軍士，就靈谷做好事，普度他，恁禮部用心整理。欽此。

乙亥，洪武二十八年，命僧錄司，設上、中、下三科，考試天下沙門，賜善世天禧等寺，糧米以給其食，賜僧錄司官大佑袈裟衣衾。

丙子，洪武二十九年十一月，聖旨靈谷寺住持病故，恁禮部與祭祀，欽此，本部辦素祭遣官致祭。

丁丑，洪武三十年，命僧錄司，行十三布政司，凡有寺院，處所俱建禪堂，安禪集衆。

戊寅，洪武三十一年。二月二十九日，僧錄司左善世大佑等，於右順門欽奉聖旨，著江東驛、江淮驛兩處，蓋兩座接待寺，著南北遊方僧道，往來便當。欽此。【略】

四月，上不豫，閏五月十日崩，壽七十有一。是月十六日葬於孝陵，上尊謚曰，聖神文武欽明啟運俊德成功統天大孝高皇帝廟，號太祖，太祖《御製護法集》。錄入集中者，不列備雲棲《護法錄》中，《佛教利濟說》《心經序》《三經論》《釋道論》《誦經論》《修教論》《明施論》《宦釋論》《鬼神有無論》《空實喻》《拔儒僧文》《僧道衡說》《僧妙雲說》《僧竺隱說》《清教錄》《諭鍾山僧勅》《諭天界寺僧》《賜宗泐免官說》《問佛仙二篇》《還經示僧》《天界寺花架說》《戒僧陶冶文》《又諭僧》《習唐太宗聖教序》《遊寺記》《靈谷寺記》《遊新菴記》《牛首山菴記》《僧犯憲說》《赦二役囚人》《祭寶誌公文》《祭道林文》，《讚十六羅漢》二次、《詩偈》十九首、《山居詩》十二首、《讚頌》十三首。

幻輪《釋鑑稽古略續集》卷三　己卯，建文元年正月，大祀天地於南郊，還宮御奉天殿，受群臣賀。方孝孺進郊祀頌，上嘉納之，遣使告即位天下神祇。【略】詔開史館，纂修太祖高皇帝實錄　詔優賢養老，墾田興學，考察官吏，旌孝賑貧，揜骸埋胔，蠲鬻子減租。卓敬曰，夫萌而未動者幾也。量時而爲者勢也。勢非至勁莫能動，幾非至明莫能察。月京師地震求直言。召解縉爲翰林待詔。六月靖難兵起，以丘福張玉朱能，爲都指揮，以誅齊泰黃子澄爲名。燕王召道衍等共謀語，未幾簷瓦飄墜地而碎，王以爲不祥，色殊不懌。道衍曰，此祥也。王謾罵曰，汝何妄言，此烏得爲祥，道衍曰，天意欲殿下易黃瓦，爾王乃喜，是日謀乃定。

僧道衍者，蘇之長洲人，姚廣孝也。初祝髮爲相城妙智菴僧，法名道衍，字斯道，時相城靈應觀，道士章應眞者，讀書學道法兼通兵機，道衍師之盡得其術，然深自藏晦人無知者，已而至京口，賦覽古詩曰，譙櫓年來戰血乾，烟花猶自半凋殘，五州山近朝雲亂，萬歲樓空夜月寒，江水無潮通鐵甕，野田有路到金壇，蕭梁事業今何在，北固青青眼倦看，其友宗泐見其搖膝長吟笑之曰，此豈釋子語耶？斯道斯道汝薄南朝矣。既而宗泐舉道衍往燕，住持北平慶壽寺，或薦道衍文武異才，燕王召見問曰，爾能卜乎？道衍操吳音連對曰，會會，即開襟出太平錢五文啟王，自祝連擲之睨王曰，殿下將無作皇帝乎？王叱曰，和尙勿謬說，道衍悚然而退，他日實告之，道衍進言輒合，因薦相術袁珙以決之。蓋道衍嘗遊嵩山寺遇珙。珙相之曰，寧馨胖和尙乃爾耶？目三角影白形如病虎，性必嗜殺，他日劉秉忠之流也。道衍大笑，因此自負，王亦聞珙名，託以勾逃軍下召珙，至燕使者與飮於酒肆，王易服雜衛士亦入肆，珙一見即趨，拜王前占其爲他日太平天子，王大喜，館珙於道」行僧舍，世傳二語云，辨宰相於嵩山佛寺，識眞主於長安酒家，謂此也。王時與道衍語，多奇祕者，王甚重之，道衍時或誤爾汝王前，王弗之責也。靖難之圖實，起于道衍，云燕王密語道衍，以人心所向，對曰，天之所造，何論民心？自是遂以道衍爲軍師。【略】

幻輪《釋鑑稽古略續集》卷二 癸未，永樂元年，二月，詔以北平爲北京，改爲順天府。《太祖高皇帝實錄》成，共一百八十三卷。

《佛說希有大功德經》。正月初八日夜，仁孝皇后夢感佛說，緣起具自序中，仁宗及漢王趙王俱有跋，在五年十一月。九月二十九日，本司官左善世道衍，一同工部侍郎金忠錦衣衛指揮趙羲於武英殿，題奏，天禧寺藏經板有人來印的，合無要他出些施利奉聖旨，問他取些個。欽此。

甲申，永樂二年。【略】擢在善世道衍爲太子少師，始復姓姚，賜名廣孝，上自是稱爲「姚少師」，而不名亦終不蓄髮娶妻，居止多在僧寺，嘗賜二宮人亦不近，上乃召還之。

《道餘錄》：少師別號逃虛子，著《道餘錄》。此自序曰，余曩爲僧時，値元季兵亂，近三十從愚菴及和尙於徑山習禪學，暇則披閱內外典籍以資才識，因觀《河南二程先生遺書》及新安晦菴朱先生《語錄》。三先生皆生趙宋，傳聖人千載不傳之學，可謂間世之英桀，爲世之眞儒也。三先生因輔名敎，惟以攘斥佛老爲心，太史公云，世之學老子者則絀儒學，儒學亦絀老子，道不同不相爲謀，古今共然，奚足怪乎？三先生既爲斯文宗主，後學之師範，雖曰攘斥佛老，必當據理，至公無私則人心服焉。三先生因不多探佛書，不知佛之底蘊，一以私意出邪詖之辭，枉抑太過，世之人心亦多不平，況宗其學者哉？二程先生遺書中有二十八條晦菴朱先生語錄中有二十一條，極爲謬誕，余不揣乃爲逐條據理一一剖析，豈敢言與三先生辯也。不得已也。亦非佞於佛也。蒿成藏於巾笥有年，今自公退因簡故紙得此蒿，即淨寫成帙，目曰道餘錄，置之几案，士君子有過余覽是錄者，知我罪我其在茲乎？逃虛子序。

六月，命太子少師姚廣孝，往蘇湖等府賑濟。廣孝初爲僧，其姊嘗戒之曰，汝既爲和尙當發慈悲心，蓋知其好殺也。及預靖難，姊歎息謂人曰，和尙慈悲當如是耶？廣孝既貴還吳，往見姊。姊拒之曰，貴人何用至貧家，家爲不納，廣孝乃易僧服而往，姊堅不肯出，家人勸之，姊不得已出立堂中，廣孝即連下拜。姊曰，我安用爾拜許多耶？曾見做和尚不了底，是甚好人，言畢遽還戶，不復再見。

丙戌，永樂四年，徵天下道士至京師，即朝天宮神樂觀洞神宮，修舉金籙齋法薦皇考皇妣，車駕幸齋壇七日而畢。迎西僧尙師哈立麻至京師，先是上在藩邸，聞烏思藏有尙師哈立麻者異僧也。及即位遣中官侯顯齎幣往迎，五歷寒暑，乃至車駕躬往視之，無拜禮合掌而已。

丁亥，永樂五年，直隸及浙江諸郡，軍民子弟披剃爲僧，赴京請度牒者千八百人，禮部以聞。

二月，命西僧尙師哈立麻，於靈谷寺啓建法壇，薦祀皇考皇妣。尙師率天下僧伽，舉揚普度大齋科。【略】

二月初六日，文武等官奉天門早朝奏準，奉聖旨，著落禮部知道，新出榜曉諭，該行脚僧道持齋受戒，恁他結壇說法，有人阻當發口外爲民。欽此。

三月，封西僧尙師哈立麻，爲萬行具足十分最勝圓覺妙智慧善普應，佑國演敎如來大寶法王，西天大善自在佛，領天下釋敎，賜金百兩銀千兩，彩幣寶鈔，織金珠袈裟，金銀器皿鞍馬，賜儀仗與郡主同，其徒孛羅等，皆封爲大國師，並賜印誥金幣等物，宴之於華蓋殿。

太初禪師。諱啓原，號太初，日本國人，九歲禮物外禪師得度，年十九與宗猷等十八衆游參上國，丙午二月進京，見季潭禪師，後見了堂天童無著懶牧等四十五員大善知識，末於傑峯和尙處入室，付頂相大衣拂子法語，後住羅陽三峯寺，及山交龍護禪院，有三會語錄，是年三月一日卓午說偈曰，生也鐵面皮，死也鐵面皮，一椎百雜碎，白日繞鐵圍擲筆坐逝，壽七十五，行化四十餘年，塔院南。

七月乙卯皇后徐氏崩，謚曰仁孝皇后。十一月，《永樂大典》書成，凡二萬二千九百卷，一萬一千一百本，後廢。

戊戌，十六年。太子少師姚廣孝卒，追封榮國公謚恭靖。

十二月，勅修武當山宮觀成，賜名曰太嶽太和之山，山有七十二峰、三十六巖、二十四澗。峰之最高者曰天柱，境之最勝者曰紫霄，南巖上軼雲氣，下臨絕壑，舊皆有宮爲祀神祝釐之所，元季兵燹，至是悉新之。紫霄曰太玄紫霄宮，南巖曰大聖南嶽宮，又有興聖五龍宮、玄天玉虛宮，遇眞宮、淸微宮、淨樂宮。又即天柱峯頂，冶銅爲殿，飾以黄金，範眞武像於中，選道士三百人供灑掃，給田二百七十七頃，幷耕戶以贍之，每宮設提點一人，秩正六品。

己亥，永樂十七年。【略】二月二十八日，賜僧錄司右善世一如佛像二軸，佛骨五魄，鈔一千貫，《諸佛菩薩名稱歌曲》大小三本，道成佛一軸，思擴佛一軸，大小歌曲各三本，命編類禪宗語錄。

三月初三，命道成一如等八人，校勘藏經，新舊比對，聚僧寫錄。【略】

秋御製佛曲成，併刊佛經以傳。九月十二日欽頒佛曲。【略】續又命尚書呂震，都御史王彰，齎捧諸佛世尊如來菩薩尊者名稱歌曲，往陝西河南，頒給神明協應屢現卿云，圓光寶塔之祥，文武群臣上表稱賀，上甚嘉悦，中官因是益重佛僧，建立梵刹以祈福者，遍兩京城內外云。

庚子，永樂十八年三月初七日，頒《御製經序》十三篇，《佛菩薩讚跋》十二篇，爲各經之首。《聖朝佛菩薩名稱佛曲》作五十卷，《佛名經》作三十卷，《神僧傳》作九卷，俱入藏流行。

旨刻大藏經板二副，南京一藏六行十七字，北京一藏五行十五字。又旨石刻一藏，安置大石洞。聖旨，向後木的壞了，有石的在，北京建兩座大寺，選聰慧的僧住持。

七月二十七日，宣聞祿天裔二僧，賜七佛偈。

八月十九日，眾僧慶壽，入內賜坐賜齋。

十二月十八，賜禪宗入藏，《古尊宿語》《聯珠頌古》(二十二卷)，《續傳燈錄》(三十六卷)，講宗《佛祖統紀》四十五卷。

辛丑，永樂十九年，西僧大寶法王來朝，或請駕親勞之，夏原吉沮之，上曰，爾欲效韓愈耶？乃不出勞，他日法王入見，吉不拜。正月二十一日，僧錄司左覺義慧進等，題內謄寫大藏經事，恭惟聖朝較刊藏典，乃千載之希遇，臣等伏請御製序文，以冠經首，增輝佛日流傳萬古，實爲教門至幸，爲此謹具題知。

正月三十日，上看所寫藏經，著就寺裏刊刻，賜各僧傳心妙訣各一本。八月初十日着寫經，僧人且回去，明年不來後年來，是爾教門的事，若待文書來取時不便，修行的僧人經板刊了，送爾們坐山去，我也結些緣供爾。欽此。

壬寅，永樂二十年九月二十四日，賜眾僧官齋，御讚觀音金剛數珠等，賜天下預會僧人輪子。十月初一日，賜眾僧官住持等彌陀佛，西番文殊各一軸　十月初六日，賜僧道官宴，及天下眾僧宴刻絲觀音，水晶數珠等物。【略】

(英宗)丙辰，正統元年十月，命僧錄司，復照洪武舊制，造《僧人周知冊》，優免先聖先賢子孫差役。【略】

幻輪《釋鑑稽古略續集》卷三　(武宗)辛未，六年，上方好佛，自名大慶法王，有僧奏，田百頃，爲大慶法王下院。【略】

壬午，嘉靖元年，毀剖玄明宮佛像，金屑一千三十兩，從趙璜之言，毀折京師寺院，屠應埙，一夕發檄行之。

丙戌五年，御書十二言曰，法祖安民，奉天行道，福善禍淫，頒示群臣，上製敬一箴，及註范浚心箴視聽言動四箴，頒賜大學士，更定大禮全書，爲明倫大典。

乙未，上曰，有德行者，方可爲人師範，文章是末藝耳，祀天重器成除禁中佛殿，併燬大善殿金範佛像。【略】

辛酉，四十年，訪仙術異人，符籙祕方。【略】

又　癸酉，(明神宗)萬曆元年，上謂張居正曰，幸悉心見輔，因賜金幣，居正泣謝，張居正進帝鑑圖說，指陳大義，上喜動顏色。【略】

甲戌，二年。【略】辨融禪師　初住廬山，證《華嚴》三昧，得大解脱法門，後入京師大作佛事，化度群品，王公大臣瞻仰敬服，雲棲大師與眾同參。師曰，不要貪名圖利，無扳緣貴要之門，惟一心辦道，老實持戒念佛。

笑巖禪師　金臺世族也。父吳門，母丁氏，弱冠出家，禮大寂能和尚爲師，後遍參知識修進開悟，後隱京師柳巷，罕接見人，雲棲大師詣京師叩謁請法，深相契會密傳心要云。有《笑巖集》四卷行世。

素菴法師　諱眞節，號素菴，襄陽人，少爲郡諸生，忽宿根內萌，辭割親愛，禮明休和尚祝髮遊燕都，居秀法師座下，深得賢首之旨，學富內外諸方以龍象推之，久之甫還，住持棲霞眾逾三百，教備三觀五乘，居十年一時名公陸五臺李石麓等，盟爲方外交，嘗講《法華·寶塔品》，空忽現寶塔於座前，一如經言，四衆跂觀，灑然希覯。中使奏，慈聖皇太后命至，同覩聖瑞，乃出上方金縷僧伽黎衣一襲，宣慈旨賜之，即於講堂之西，建一浮屠以徵神化，汪道混記其事。【略】

李卓吾，諱贄，官至刺史，掛冠祝髮住持龍湖，率衆焚修，爲人豪爽英敏，著述頗多，有《華嚴合論簡要》及《焚書》幾卷，多論佛法性理等學。

戊子，十六年。【略】《西方合論》 中郎袁宏道撰，分敘十門。第一刹土門，二緣起門，三部類門，四教相門，五論理門，六稱性門，七往生門，八見網門，九修持門，十釋異門。中郎著述頗多，此論爲往生之本。伊弟小修中道專修淨業，中郎先小修而卒，後小修卒時，見中郎來，謂已生淨土，今迎弟詣彼，小修詰曰，汝何以得生，曰吾以著《合論》之功，承此得生耳。小修兼問其他，中郎答言甚少，但武林虞淳熙以著《淨土詩》而生也。

《佛法金湯編》 諱眞居士赤水屠隆撰，發明聖教淵微之理，品題當世師友之英，金城湯池爲外護嚴矣。

《淨土資糧》 桐鄉居士莊廣還，字復眞，禮雲棲采集經論，及古今緇素蓮宗之樞要，力勸修持，爲往生淨土之資糧，有六卷云。【略】

丁巳，四十五年，上於五臺山建龍華大會，御賜錫杖衣鉢一千二百五十副，盛闡宗猷，古心、承芳二師住持，如是三年三次云。【略】

《西方直指》，淥田一念居士著。《法喜志》，氷蓮道人著。《法界安立圖》，燕山貝琳諱仁潮著。《楞嚴正脈》，交光法師眞鑑著。《法華知音》，隱璞法師著。《法華大窾》，一雨法師著。《楞嚴直解》，仁安法師著。《楞嚴合轍》，一雨法師著。《楞嚴圓通疏》，無盡法師諱傳燈著。【略】

翻譯家部

攝摩騰

傳記

慧皎《高僧傳》卷一 攝摩騰，本中天竺人，善風儀，解大小乘經，常遊化爲任。昔經往天竺，附庸小國講《金光明經》，會敵國侵境。騰惟曰，經云，能說此經法，爲地神所護，使所居安樂，今鋒鏑方始，曾是爲益乎。乃誓以忘身，躬往和勸，遂二國交歡。由是顯達。漢永平中，明皇帝夜夢金人飛空而至，乃大集群臣，以占所夢。通人傅毅奉答，臣聞西域有神，其名曰佛，陛下所夢將必是乎。帝以爲然，即遣郎中蔡愔博士弟子秦景等，使往天竺尋訪佛法。愔等於彼遇見摩騰，乃要還漢地。騰誓志弘通，不憚疲苦，冒涉流沙，至乎雒邑。明帝甚加賞接，於城西門外，立精舍以處之。漢地有沙門之始也。但大法初傳，未有歸信，故蘊其深解，無所宣述。後少時卒於雒陽。有記云，騰譯《十二章經》卷，初緘在蘭臺石室第十四間中。騰所住處，今雒陽城西雍門外白馬寺是也。相傳云，外國國王嘗毀破諸寺，唯招提寺未及毀壞，夜有一白馬，繞塔悲鳴，即以啟王。王即停壞諸寺，因改招提以爲白馬，故諸寺立名，多取則焉。

竺法蘭

傳記

慧皎《高僧傳》卷一 竺法蘭，亦中天竺人，自言誦經論數萬章，爲天竺學者之師。時蔡愔既至彼國，蘭與摩騰共契遊化，遂相隨而來。會彼學徒留礙，蘭乃間行而至。既達雒陽與騰同止，少時便善漢言，愔於西域獲經，即爲翻譯《十地斷結》《佛本生》《法海藏》《佛本行》《四十二章》等五部。移都寇亂，四部失本不傳。江左唯《四十二章經》今見在。可二千餘言，漢地見存諸經，唯此爲始也。愔又於西域得畫釋迦倚像，是優田王栴檀像師第四作也。既至雒陽，明帝即令畫工圖寫，置清涼臺中及顯節陵上，舊像今不復存焉。又昔漢武穿昆明池，底得黑灰，以問東方朔。朔云不委，可問西域人。後法蘭既至，眾人追以問之。蘭云，世界終盡，劫火洞燒，此灰是也。朔言有徵，信者甚眾。蘭後卒於雒陽，春秋六十餘矣。

安世高

傳記

慧皎《高僧傳》卷一 安清，字世高，安息國王正后之太子也。幼以孝行見稱，加又志業聰敏，剋意好學。外國典籍，及七曜五行醫方異術，乃至鳥獸之聲，無不綜達。嘗行見群燕，忽謂伴曰，燕云應有送食者，頃之果有致焉，眾咸奇之。故俊異之聲，早被西域。高雖在居家，而奉戒精峻。王薨便嗣大位，乃深惟苦空，厭離形器。行服既畢，遂讓國與叔，出家修道。博曉經藏，尤精阿毘曇學。諷持禪經，略盡其妙。既而遊方弘化，遍歷諸國。以漢桓之初，始到中夏。才悟機敏，一聞能達。至止未久，即通習華言。於是宣譯衆經改胡爲漢，出《安般守意》《陰持入》《大、小十二門》及《百六十品》。初外國三藏，衆護撰述《經要》，爲二十七章，高乃剖析護所集七章譯爲漢文，即《道地》是也。其先後所出經論，凡三十九部。義理明析，文字允正，辯而不華，質而不野。凡在讀者，皆亹亹而不勌焉。

高窮理盡性，自識緣業，多有神迹世莫能量。初高自稱，先身已經出家，有一同學多瞋，分衛値施主不稱，每輒懟恨，高屢加訶諫終不悛改。如此二十餘年。乃與同學辭訣云，我當往廣州畢宿世之對，卿明經精懃不在吾後，而性多瞋怒，命過當受惡形，我若得道必當相度。既而遂適廣州値寇賊大亂，行路逢一少年，唾手拔刃曰，眞得汝矣。高笑曰，我宿命負卿故遠來相償，卿之忿怒故是前世時意也。遂申頸受刃，容無懼色。賊遂殺之，觀者塡陌，莫不駭其奇異。既而神識，還爲安息王太子，即今時世高身是也。高遊化中國宣經事畢，値靈帝之末關雒擾亂，乃振錫江南。云，我當過廬山度昔同學。行達䢼亭湖廟，此廟舊有靈威，商旅祈禱乃分風上下各無留滯。嘗有乞神竹者，未許輒取，舫即覆沒，竹還本處，自是舟人敬憚莫不懾影。高同旅三十餘船奉牲請福，神乃降祝曰，船有沙門可便呼上。客咸驚愕，請高入廟。神告高曰，吾昔外國與子俱出家學道，好行布施，而性多瞋怒。今爲䢼亭廟神周迴千里並吾所治，以布施故珍玩甚豐，以瞋恚故墮此神報。今見同學悲欣可言，壽盡旦夕，而醜形長大。若於此捨命穢污江湖，當度山西澤中。此身滅後恐墮地獄，吾有絹千疋并雜寶物，可爲立法營塔使生善處也。高曰，故來相度何不出形。神曰，形甚醜異衆人必懼。高曰，但出，衆人不怪也。神從床後出頭，乃是大蟒。不知尾之長短，至高膝邊。高向之梵語數番，讚唄數契，蟒悲淚如雨須臾還隱。高即取絹物辭別而去。舟侶颺帆，蟒復出身，登山而望。衆人舉手，然後乃滅。倏忽之頃，便達豫章，即以廟物造東寺。高去後神即命過，暮有一少年，上船長跪高前受其呪願，忽然不見。高謂船人曰，向之少年，即䢼亭廟神，得離惡形矣。於是廟神歇末無復靈驗。後人於山西澤中見一死蟒，頭尾數里，今潯陽郡蛇村是也。高後復到廣州，尋其前世害己少年。時少年尚在，高經至其家，說昔日償對之事，并敘宿緣。歡喜相向云，吾猶有餘報，今當往會稽畢對。廣州客悟高非凡，豁然意解追悔前愆，厚相資供，隨高東遊。遂達會稽，至便入市。正値市中有亂，相打者誤著高頭應時隕命。廣州客頻驗二報，遂精懃佛法具說事緣，遠近聞知莫不悲慟，明三世之有徵也。高既王種，西域賓旅，皆呼爲安侯，至今猶爲號焉。

天竺國自稱書爲天書，語爲天語，音訓詭蹇與漢殊異。先後傳譯多致謬濫，唯高所出爲群譯之首。安公以爲，若及面稟不異見聖，列代明德咸贊而思焉。余訪尋衆錄，紀載高公互有出沒，將以權迹隱顯，應廢多端。或由傳者紕繆致成乖角，輒備列衆異，庶或可論。案釋道安經錄云，安世高以漢桓帝建和二年至靈帝建寧中二十餘年譯出三十餘部經。又別傳云，晉太康末，有安矦道人，來至桑垣。出經竟封一函於寺，云後四年可開之。吳末行至楊州，使人貨一箱物以買一奴，名福善，云是我善知識。仍將奴適豫章，度䢼亭廟神。爲立寺竟，福善以刀刺安侯脇，於是而終。桑垣人廼發其所封函，財理自成字云，尊吾道者居士陳慧，傳禪經者比丘僧會，是日正四年也。又庾仲雍《荊州記》云，晉初有沙門安世高，度䢼亭廟神，得財物立白馬寺於荊城東南隅。宋臨川康王宣驗記云，蟒死於吳末。曇宗塔寺記云，丹陽瓦官寺，晉哀帝時沙門慧力所立。後有沙門安世高，以䢼亭廟餘物治之。然道安法師，既校閱群經詮錄傳譯，必不應謬。從漢桓建和二年，至晉太康末，凡經一百四十餘年。若高公長壽或能如此，而事不應然，何者。案如康僧會注安般守意經序云，此經世高所出，久之沈翳。會有南陽韓林，潁川文業，會稽陳慧，此三賢者信道篤密，會共請受。乃陳慧義，余助斟酌。尋僧會以晉太康元年乃死，而已云此經出後久之沈翳。又世高封函之字云，尊吾道者居士陳慧，傳禪經者比丘僧會。然《安般》所明盛說禪業，是知封函之記，信非虛作。既云二人方傳吾道，豈容與共同世。且別傳自云，傳禪經者比丘僧會。會已太康初死，何容太康之末方有安侯道人。首尾之言自爲矛盾，正當隨有一書謬指晉初。於是後諸作者，或道太康，或言吳末，雷同奔競，無以校焉。既晉初之說尚已難安，而曇宗記云，晉哀帝時，世高方復治寺，其爲謬說過乃懸矣。

支樓迦讖

傳記

慧皎《高僧傳》卷一 支樓迦讖，亦直云支讖，本月支人。操行純深，性度開敏，稟持法戒以精懃著稱。諷誦群經，志存宣法。漢靈帝時遊于雒陽，以光和中平之間，傳譯梵文，出《般若》《道行般舟》《首楞嚴》等三經。又有阿闍世王《寶積》等十餘部經，歲久無錄，安公校定古今，精尋文體，云似讖所出。凡此諸經，皆審得本旨，了不加飾，可謂善宣法要，弘道之士也。後不知所終。

曇柯迦羅

傳記

慧皎《高僧傳》卷一 曇柯迦羅此云法時，本中天竺人。家世大富，常修梵福。迦羅幼而才悟，質像過人，讀書一覽，皆文義通暢，善學四圍陀論，風雲星宿，圖讖運變，莫不該綜。自言天下文理畢己心腹。至年二十五，入一僧坊看，遇見法勝毗曇，聊取覽之。茫然不解，殷懃重省，更增昏漠。乃歎曰，吾積學多年，浪志墳典，遊刃經籍，義不再思，文無重覽。今覩佛書，頓出情外，必當理致鉤深，別有精要。於是齎卷入房，請一比丘，略爲解釋，遂深悟因果，妙達三世。始知佛教宏曠，俗書所不能及，乃棄捨世榮，出家精苦，誦大小乘經及諸部毘尼，常貴遊化，不樂專守。以魏嘉平中，來至洛陽，于時魏境，雖有佛法而道風訛替，亦有衆僧，未稟歸戒，正以剪落殊俗耳，設復齋懺事法祠祀。迦羅既至，大行佛法。時有諸僧，共請迦羅譯出戒律，迦羅以律部曲制，文言繁廣，佛教未昌，必不承用，乃譯出僧祇戒心，止備朝夕。更請梵僧立羯磨法受戒，中夏戒律始自于此。迦羅後不知所終。

支謙

傳記

慧皎《高僧傳》卷一 先有優婆塞支謙，字恭明，一名越，本月支人，來遊漢境。初漢桓靈之世有支讖，譯出衆經。有支亮字紀明，資學於讖，謙又受業於亮，博覽經籍，莫不精究。世間伎藝，多所綜習，遍學異書，通六國語。其爲人細長黑瘦，眼多白而睛黄，時人爲之語曰，支郎眼中黄，形軀雖細是智囊。漢獻末亂避地于吳，孫權聞其才慧，召見悅之，拜爲博士，使輔導東宮，與韋曜諸人共盡匡益。但生自外域，故吳志不載。謙以大教雖行而經多梵文，未盡翻譯，已妙善方言，乃收集衆本，譯爲漢語。從吳黄武元年至建興中，所出《維摩》《大般泥洹》《法句》《瑞應本起》等四十九經，曲得聖義，辭旨文雅。又依《無量壽》中本起，製菩提連句梵唄三契，并注《了本生死經》等，皆行於世。

康僧會

傳記

慧皎《高僧傳》卷一 康僧會，其先康居人，世居天竺。其父因商賈，移于交趾。會年十餘歲，二親並終，至孝服畢出家。勵行甚峻，爲人弘雅有識量，篤至好學，明解三藏，博覽六經，天文圖緯，多所綜涉，辯於樞機，頗屬文翰。【略】時吳地初染大法，風化未全，僧會欲使道振江左興立圖寺，乃杖錫東遊。以吳赤烏十年，初達建鄴，營立茅茨，設像行道。時吳國以初見沙門，覩形未及其道，疑爲矯異。有司奏曰，有胡人入境，自稱沙門，容服非恆，事應檢察。權曰，昔漢明帝夢神號稱爲佛，彼之所事，豈非其遺風耶？即召會詰問，有何靈驗。會曰，如來遷迹，忽逾千載。遺骨舍利，神曜無方。昔阿育王，起塔乃八萬四千。夫塔寺之興，以表遺化也。權以爲誇誕，乃謂會曰，若能得舍利，當爲造塔。如其虛妄，國有常刑。會請期七日，乃謂其屬曰，法之興廢，在此一舉。今不至誠，後將何及。乃共潔齋靜室，以銅瓶加几，燒香禮請。七日期畢，寂然無應。求申二七，亦復如之。權曰，此寔欺誑，將欲加罪。會更請三七，權又特聽，會謂法屬曰，宣尼有言曰，文王既沒，文不在茲乎。法靈應降而吾等無感，何假王憲，當以誓死爲期耳。三七日暮，猶無所見，莫不震懼。既入五更，忽聞瓶中，鎗然有聲。會自往視，果獲舍利。明旦呈權，舉朝集觀，五色光炎，照耀瓶上，權自手執瓶，瀉于銅盤。舍利所衝，盤即破碎，權大肅然，驚起而曰，希有之瑞也。會進而言曰，舍利威神，豈直光相而已，乃劫燒之火不能焚，金剛之杵不能碎。權命令試之。會更誓曰，法雲方被，蒼生仰澤，願更垂神迹以廣示威靈，乃置舍利於鐵砧碓上，使力者擊之。於是砧碓俱陷，舍利無損。權大歎服，即爲建塔。以始有佛寺，故號建初寺。因名其地爲佛陀里，由是江左大法遂興。【略】

會於建初寺譯出眾經，所謂《阿難念彌鏡面王察微王梵皇經》等。又出《小品》及《六度集》《雜譬喻》等，並妙得經體，文義允正。又傳泥洹唄聲，清靡哀亮，一代模式。又注《安般守意》《法鏡》《道樹》等三經，并製經序。辭趣雅便，義旨微密，並見於世。至吳天紀四年四月，皓降晉，九月會遘疾而終。

維祇難

傳記

慧皎《高僧傳》卷一　維祇難，本天竺人，世奉異道，以火祠爲正。時有天竺沙門，習學小乘，多行道術，經遠行逼暮，欲寄難家宿。難家既事異道，猜忌釋子，乃處之門外露地而宿。沙門夜密加呪術，令難家所事之火欻然變滅，於是舉家共出。稽請沙門入室供養，沙門還以呪術，變火令生。難既覩沙門神力勝己，即於佛法大生信樂，乃捨本所事，出家爲道，依此沙門，以爲和上，受學三藏，妙善《四含》，遊化諸國，莫不皆奉。以吳黃武三年，與同伴竺律炎，來至武昌。齎《曇鉢經》梵本，《曇鉢》者，即《法句經》也。時吳士共請出經，難既未善國語，乃共其伴律炎，譯爲漢文。炎亦未善漢言，頗有不盡，志存義本，辭近樸質。至晉惠之末，有沙門法立，更譯爲五卷。沙門法巨著筆，其辭味小華也。立又別出小經近百許首，值永嘉末亂，多不復存。

竺曇摩羅剎 法護

傳記

慧皎《高僧傳》卷一　竺曇摩羅剎，此云法護，其先月支人，本姓支氏，世居燉煌郡。年八歲出家，事外國沙門竺高座爲師，誦經日萬言，過目則能。天性純懿，操行精苦，篤志好學，萬里尋師，是以博覽六經，遊心七籍。雖世務毀譽，未嘗介抱。是時晉武之世，寺廟圖像，雖崇京邑，而方等深經，蘊在葱外。護乃慨然發憤，志弘大道，遂隨師至西域，遊歷諸國。外國異言，三十六種，書亦如之，護皆遍學。貫綜詁訓，音義字體，無不備識，遂大齎梵經，還歸中夏。自燉煌至長安，沿路傳譯，寫爲晉文。獲《賢劫》《正法華》《光贊》等一百六十五部，孜孜所務，唯以弘通爲業，終身寫譯，勞不告勸。經法所以廣流中華者，護之力也。

（護以晉武之）末，隱居深山，山有清澗，恆取澡漱。後有採薪者，穢其水側，俄頃而燥。護乃徘徊歎曰，人之無德，遂使清泉輟流永竭，眞無以自給，正當移去耳。言訖而泉涌滿澗，其幽誠所感如此。故支遁爲之像贊云，護公澄寂，道德淵美。微吟穹谷，枯泉漱水。邈矣護公，天挺弘懿。濯足流沙，領拔玄致。後立寺於長安青門外，精勤行道，於是德化遐布，聲蓋四遠，僧徒數千，咸所宗事。及晉惠西奔，關中擾亂，百姓流移，護與門徒避東下至澠池。遘疾而卒，春秋七十有八。

帛法祖

傳記

慧皎《高僧傳》卷一　帛遠字法祖，本姓萬氏，河內人。父威達，以儒雅知名，州府辟命皆不赴。祖少發道心，啟父出家。辭理切至，父不能奪，遂改服從道。祖才思儁徹，敏朗絕倫。誦經日八九千言，研味方等，妙入幽微。世俗墳素，多所該貫，乃於長安，造築精舍，以講習爲業，白黑宗稟，幾且千人。晉惠之末，太宰河間王顒鎮關中，虛心敬重，待以師友之敬。每至閑辰靖夜，輒談講道德，于時西府初建，後又甚盛。能言之士，咸服其遠達。祖見群雄交爭干戈方始，志欲潛遁隴右，以保雅操。會張輔爲秦州刺史鎮隴上，祖與之俱行。輔以祖名德顯著，衆望所歸，欲令反服爲己僚佐，祖固志不移，由是結憾。先有州人管蕃與祖論議，屢屈於祖，蕃深銜恥恨，每加讒構，祖行至汧縣，忽語道人及弟子云，我數日對當至，便辭別。作素書分布經像及資財都訖。明晨詣輔共語，忽忤輔意，使收之行罰，衆咸怪惋。祖曰，我來畢對，此宿命久結，非今事也，乃呼十方佛。祖前身罪緣，歡喜畢對。願從此以後，與輔爲善知識，無令受殺人之罪，遂便鞭之五十，奄然命終。輔後具聞其事，方大惋恨。

祖道化之聲被於關隴，崤函之右，奉之若神。戎晉嗟慟，行路流涕，隴上羌胡率精騎五千，將欲迎祖西歸，中路聞其遇害，悲恨不及，衆咸憤激，欲復祖之讎。輔遣軍上隴。羌胡率輕騎逆戰。時天水故帳下督富整，遂因忿斬輔。群胡既雪怨恥，稱善而還。共分祖屍，各起塔廟。【略】

祖既博涉多閑，善通梵漢之語，嘗譯《惟逮》《弟子本》《五部僧》等三部經。又注《首楞嚴經》又有別譯數部小經。値亂零失，不知其名。

帛尸梨密多羅

傳記

慧皎《高僧傳》卷一　帛尸梨密多羅，此云吉友，西域人。時人呼爲高座。傳云，國王之子，當承繼世，而以國讓弟，闇軌太伯。既而悟心天啟，遂爲沙門。密天姿高朗，風神超邁，直爾對之，便卓出於物。晉永嘉中始到中國，値亂仍過江，止建初寺。丞相王導，一見而奇之，以爲吾之徒也，由是名顯。太尉庾元規，光祿周伯仁，太常謝幼輿廷尉桓茂倫，皆一代名士，見之終日累歎，披衿致契，導嘗詣密。密解帶偃伏，悟言神解。時尚書令卞望之亦與密致善，須臾望之至。密乃斂衿飾容，端坐對之。有問其故，密曰，王公風道期人，卞令軌度格物，故其然耳。諸公於是歎其精神灑厲，皆得其所。桓廷尉嘗欲爲密作名目，久之未得。有云，尸梨密可謂卓朗，於是桓乃咨嗟絕歎，以爲標題之極。太將軍王處仲在南夏，聞王周諸公皆器重密，疑以爲失。及見密乃欣振奔至，一面盡虔。周顗爲僕射，領選臨入，過造密，乃歎曰，若使太平之世，盡得選此賢，眞令人無恨也。俄而顗遇害，密往省其孤，對坐作胡唄三契，梵響凌雲。誦呪數千言，音高暢，顏容不變，既而揮涕收淚，神氣自若，其哀樂廢興，皆此類也。

王公嘗謂密曰，外國有君，一人而已。密笑曰，若使我如諸君，今日豈得在此。當時爲佳言。密性高簡，不學晉語，諸公與之語言，密雖因傳譯，神領意得，頓盡言前，莫不歎其自然天拔，悟得非常。密善持呪術，所向皆驗。初江東未有呪法，密譯出《孔雀王經》明諸神呪。又授弟子覓歷，高聲梵唄，傳響于今。晉咸康中卒，春秋八十餘。

僧伽跋澄

傳　記

慧皎《高僧傳》卷一　僧伽跋澄，此云衆現，罽賓人，毅然有淵懿之量。歷尋名師，備習三藏，博覽衆典，特善數經。闇誦《阿毗曇》《毗婆沙》，貫其妙旨，常浪志遊方，觀風弘化。符堅建元十七年，來入關中。先是大乘之典未廣，禪數之學甚盛，旣至長安，咸稱法匠焉。符堅秘書郎趙正崇仰大法，嘗聞外國宗習，《阿毗曇》《毗婆沙》而跋澄諷誦，乃四事禮供，請譯梵文，遂共名德法師釋道安等集僧宣譯。跋證口誦經本，外國沙門曇摩難提筆受爲梵文，佛圖羅剎宣譯，秦沙門敏智筆受爲晉本。以僞秦建元十九年譯出。自孟夏至仲秋方訖。跋澄又賫《婆須蜜》梵本自隨，明年趙正復請出之，跋澄乃與曇摩難提及僧伽提婆三人共執梵本，秦沙門佛念宣譯，慧嵩筆受，安公法和對共校定，故二經流布傳學迄今。跋澄戒德整峻，虛靖離俗，關中僧衆則而象之，後不知所終。

曇摩難提

傳　記

慧皎《高僧傳》卷一　曇摩難提，此云法喜，兜佉勒人。齠年離俗，聰慧夙成。研諷經典，以專精致業。遍觀三藏，闇誦《增一阿含經》，博識洽聞，靡所不綜，是以國內遠近，咸共推服。少而觀方，遍歷諸國，常謂弘法之體，宜宣布未聞，故遠冒流沙，懷寶東入。以符氏建元中至于長安，難提學業旣優，道聲甚盛。符堅深見禮接。先是中土群經，未有《四含》。堅臣武威太守趙正，欲請出經，時慕容沖已叛，起兵擊堅，關中擾動，正慕法情深，忘身爲道，乃請安公等，於長安城中，集義學僧請難提出《中》《增一》二阿含，并先無所出《毘曇心》《三法度》等凡一百六卷。佛念傳譯，慧嵩筆受。自夏迄春，綿涉兩載，文字方具。及姚萇寇逼關內，人情危阻，難提乃辭還西域，不知所終。

僧伽提婆

傳　記

慧皎《高僧傳》卷一　僧伽提婆此言衆天，或云提和，音訛故也。本姓瞿曇氏，罽賓人，入道修學，遠求明師，學通三藏，尤善《阿毘曇心》，洞其纖旨，常誦《三法度論》，晝夜嗟味，以爲入道之府也。爲人俊朗有深鑒而儀止溫恭，務在誨人，恂恂不怠。符氏建元中來入長安，宣流法化。初僧伽跋澄出《婆須蜜》及曇摩難提所出二《阿含》《毗曇》《廣說》《三法度》等凡百餘萬言。屬慕容之難戎敵紛擾，兼譯人造次，未善詳悉，義旨句味，往往不盡。俄而安公棄世，未及改正。後山東清平，提婆乃與冀州沙門法和俱適洛陽，四五年間，研講前經，居華稍積，博明漢語，方知先所出經，多有乖失。法和慨歎未定，乃更令提婆出《阿毘曇》乃廣說衆經。頃之，姚興王秦，法事甚盛。於是法和入關，而提婆渡江。先是廬山慧遠法師，翹懃妙典，廣集經藏，虛心側席，延望遠賓。聞其至止，即請入廬岳。以晉太元中請出《阿毘曇心》及《三法度》等。提婆乃於般若臺，手執梵文，口宣晉語，去華存實，務盡義本，今之所傳，蓋其文也。至隆安元年，來遊京師，晉朝王公及風流名士，莫不造席致敬。時衛軍東亭侯瑯瑘王珣淵懿有深信，荷持正法，建立精舍，廣招學眾，提婆既至，珣即延請，仍於其舍，講《阿毘曇》，名僧畢集。提婆宗致既精，詞旨明析，振發義理，眾咸悅悟。時王彌亦在座聽，後於別屋自講，珣問法綱道人阿彌所得云何。答曰，大略全是，小未精覈耳。其敷析之明，易啟人心如此。其冬，珣集京都義學沙門釋慧持等四十餘人，更請提婆重譯《中阿含》等。罽賓沙門僧伽羅叉執梵本，提婆翻爲晉言，至來夏方訖。其在江洛左右，所出眾經，百餘萬言，歷遊華戎，備悉風俗，從容機警，善於談笑，其道化聲，譽莫不聞焉。後不知所終。

竺佛念

傳記

慧皎《高僧傳》卷一　竺佛念，涼州人。弱年出家，志業清堅，外和內朗，有通敏之鑒，諷習眾經，粗涉外典，其蒼雅詁訓，尤所明達。少好遊方，備觀風俗。家世西河，洞曉方語，華戎音義，莫不兼解。故義學之譽雖闕，洽聞之聲甚著。符氏建元中，有僧伽跋澄、曇摩難提等入長安，趙正請出諸經，當時名德，莫能傳譯，眾咸推念，於是澄執梵文，念譯爲晉，質斷疑義，音字方明。至建元二十年正月，復請曇摩難提出《增一阿含》及《中阿含》於長安城內，集義學沙門，請念爲譯，敷析研覈，二載乃竟，二含之顯，念宣譯之功也。自世高支謙以後莫踰。在符姚二代，爲譯人之宗，故関中僧眾，咸共嘉焉。後續出《菩薩瓔珞》《十住斷結》及《出曜》《胎經》《中陰經》等，始就治定，意多未盡，遂爾遘疾，卒于長安，遠近白黑，莫不歎惜。

曇摩耶舍

傳記

慧皎《高僧傳》卷一　曇摩耶舍，此云法明，罽賓人。少而好學，年十四爲弗若多羅所知，長而氣幹高爽，雅有神慧，該覽經律，明悟出群，陶思八禪，遊心七覺。時人方之浮頭婆馱，孤行山澤，不避豺虎，獨處思念，動移宵日。嘗於樹下，每自剋責，年將三十，尚未得果，何其懈哉。於是累日，不寢不食，專精苦到，以悔先罪，乃夢見博叉天王語之曰，沙門當觀方弘化，曠濟爲懷，何守小節，獨善而已，道假眾緣，復須時熟，非分強求死而無證。覺自思惟，欲遊方授道。既而踰歷名邦，履踐郡國，以晉隆安中初達廣州，住白沙寺。耶舍善誦《毗婆沙律》，人咸號爲大毗婆沙，時年已八十五，徒眾八十五人。時有清信女張普明諮受佛法，耶舍爲說佛生緣起，并爲譯出《差摩經》一卷。至義熙中來入長安，時姚興僭號，甚崇佛法，耶舍既至，深加禮異，會有天竺沙門曇摩掘多來入関中，同氣相求，宛然若舊。因共耶舍譯《舍利弗阿毗曇》，以僞秦弘始九年初書梵書文，至十六年翻譯方竟，凡二十二卷。僞太子姚泓親管理味，沙門道標爲之作序。耶舍後南遊江陵，止于辛寺，大弘禪法，其有味靖之賓，披榛而至者三百餘人。凡士庶造者，雖先無信心，見皆敬悅，自說有一師一弟子，修業並得羅漢，傳者失其名。又嘗於外門閉戶坐禪，忽有五六沙門來入其室，又時見沙門飛來樹端者，往往非一。常交接神明而俯同矇俗，雖道迹未彰，時人咸謂已階聖果。至宋元嘉中，辭還西域，不知所終。

鳩摩羅什

傳 記

慧皎《高僧傳》卷二 鳩摩羅什，此云童壽，天竺人也。家世國相，什祖父達多。倜儻不群名重於國。父鳩摩炎，聰明有懿節，將嗣相位，乃辭避出家，東度葱嶺，龜茲王聞其棄榮甚敬慕之，自出郊迎請爲國師。王有妹年始二十，識悟明敏，過目必能，一聞則誦，且體有赤黶，法生智子。諸國娉之。並不肯行，及見摩炎，心欲當之，乃逼以妻焉。既而懷什，什在胎時，其母自覺神悟超解，有倍常日。聞雀梨大寺，名德既多，又有得道之僧。即與王族貴女，德行諸尼，彌日設供，請齋聽法，什母忽自通天竺語，難問之辭，必窮淵致，衆咸歎之。有羅漢達摩瞿沙曰，此必懷智子，爲說舍利弗在胎之證。及什生後，還忘前言。久之，什母樂欲出家，夫未之許，遂更産一男，名弗沙提婆。後因出城遊觀，見塚間枯骨，異處縱横，於是深惟苦本，定誓出家。若不落髮，不咽飲食，至六日夜，氣力綿乏，疑不達旦，夫懼而許焉。以未剃髮，故猶不嘗進，即勅人除髮，乃下飲食。次旦受戒，仍樂禪法，專精匪懈，學得初果。什年七歲，亦俱出家，從師受經，日誦千偈，偈有三十二字，凡三萬二千言，誦毗曇既過，師授其義，即自通達，無幽不暢。時龜茲國人以其母王妹，利養甚多，乃攜什避之，什年九歲。隨母渡辛頭河至罽賓，遇名德法師槃頭達多，即罽賓王之從弟也。淵粹有大量，才明博識，獨步當時。三藏九部，莫不該練，從旦至中，手寫千偈，從中至暮，亦誦千偈，名播諸國，遠近師之。什至即崇以師禮，從受雜藏《中》、《長》二含，凡四百萬言。達多每稱什神俊，遂聲徹於王，王即請入宮，集外道論師，共相攻難，言氣始交，外道輕其年幼，言頗不遜，什乘隙而挫之，外道折伏，愧惋無言，王益敬異。【略】

什既道流西域，名被東川。時符堅僭號關中，有外國前部王及龜茲王弟，並來朝堅。堅引見，二王說堅云，西域多産珍奇，請兵往定，以求内附。至符堅建元十三年歲次丁丑正月，太史奏云，有星見於外國分野，當有大德智人，入輔中國。堅曰，朕聞西域有鳩摩羅什，襄陽有沙門釋道安，將非此耶？即遣使求之。至十七年二月，善善王前部王等，又說堅請兵西伐，十八年九月，堅遣驍騎將軍呂光陵江將軍姜飛，將前部王及車師王等，率兵七萬，西伐龜茲及烏耆諸國。臨發，堅餞光於建章宮，謂光曰，夫帝王應天而治，以子愛蒼生爲本，豈貪其地而伐之乎，正以懷道之人故也。朕聞西國有鳩摩羅什，深解法相，善閑陰陽，爲後學之宗，朕甚思之，賢哲者國之大寶。若剋龜茲，即馳驛送什。光軍未至，什謂龜茲王白純曰，國運衰矣。當有勍敵，日下人從東方來，宜恭承之，勿抗其鋒。純不從而戰，光遂破龜茲殺純，立純弟震爲主。光既獲什，未測其智量，見年齒尚少，乃凡人戲之。強妻以龜茲王女，什距而不受，辭甚苦到。光曰，道士之操，不踰先父，何可固辭，乃飲以醇酒，同閉密室。什被逼既至遂虧其節。或令騎牛及乘惡馬，欲使墮落。什常懷忍辱，曾無異色。光慚愧而止，光還中路，置軍於山下，將士已休。什曰，不可在此，必見狼狽。宜徙軍隴上，光不納，至夜果大雨洪潦暴起，水深數丈，死者數千。光始密而異之，什謂光曰，此凶亡之地，不宜淹留，推運揆數，應速言歸。中路必有福地可居，光從之。至涼州，聞符堅已爲姚萇所害，光三軍縞素，大臨城南，於是竊號關外，稱年太安。太安元年正月，姑臧大風。什曰，不祥之風，當有姦叛，然不勞自定也。俄而梁謙彭晃相係而叛，尋皆殄滅。

至光龍飛二年，張掖臨松盧水胡沮渠男成及從弟蒙遜反，推建康太守段業爲主。光遣庶子秦州刺史太原公纂，率衆五萬討之。時論謂業等烏合，纂有威聲，勢必全剋。光以訪什，什曰，觀察此行，未見其利，既而纂敗，績於合梨。俄又郭馨作亂，纂委大軍輕還，復爲馨所敗，僅以身免。光中書監張資，文翰溫雅，光甚器之。資病，光博營救療，有外國道人羅叉，云能差資疾，光喜給賜甚重。什知叉誑詐，告資曰，叉不能爲益，徒煩費耳，冥運雖隱，可以事試也。乃以五色系作繩結之，燒爲灰末投水中，灰若出水，還成繩者，病不可愈。須臾灰聚浮出，復繩本形。既而又治無効，少日資亡。頃之，光又卒，子紹襲位。數日，光庶子纂煞紹自立，稱元咸寧。咸寧二年，有豬生子，一身三頭，龍出東廂井中到殿前蟠臥，比旦失之。纂以爲美瑞，號大殿爲龍翔殿。俄而有黑龍升於當陽九宮門，纂改九宮門爲龍興門。什奏曰，皆潛龍出遊，豕妖表異。龍者，陰類，出入有時，而今屢見，則爲災祟，必有下人謀上之變，宜剋己修德，以答天戒。纂不納，與什博戲，殺棊曰，斫胡奴頭。什曰，不能斫胡奴頭，胡奴將斫人頭。此言有旨，而纂不悟。光弟保有子名超，超小字胡奴。後果煞纂斬首，立其兄隆爲主。時人方驗什之言也。

什停涼積年，呂光父子既不弘道，故蘊其深解，無所宣化。符堅已亡，竟不相見，及姚萇僭有關中，亦挹其高名，虛心要請。諸呂以什智計多解，恐爲姚謀，不許東入。及萇卒，子興襲位，復遣敦請。興弘始三年三月，有樹連理生于廟庭，逍遙園葱變爲茝，以爲美瑞，謂智人應入。至五月興遣隴西公碩德西伐呂隆，隆軍大破，至九月隆上表歸降，方得迎什入關，以其年十二月二十日至于長安，興待以國師之禮，甚見優寵。晤言相對，則淹留終日，研微造盡，則窮年忘勌。自大法東被，始于漢明，涉歷魏晉，經論漸多。而支竺所出，多滯文格義。興少達崇三寶，銳志講集。什既至止，仍請入西明閣及逍遙園譯出衆經。什既率多諳誦，無不究盡，轉能漢言，音譯流便，既覽舊經，義多紕僻，皆由先度失旨，不與梵本相應。於是興使沙門僧䂮、僧遷、法欽、道流、道恒、道標、僧叡、僧肇等八百餘人諮受什旨，更令出《大品》。什持梵本，興執舊經，以相讎校，其新文異舊者，義皆圓通。衆心愜伏，莫不欣讚。興以佛道冲邃，其行唯善，信爲出苦之良津，御世之洪則，故託意九經，遊心十二，乃著《通三世論》，以勗示因果。王公已下，並欽贊厥風。大將軍常山公顯左軍將軍安城侯嵩，並篤信緣業，屢請什於長安大寺，講說新經。續出《小品》《金剛波若》《十住》《法花》《維摩》《思益》《首楞嚴》《持世》《佛藏》《菩薩藏》《遺教》《菩提》《無行呵欲自在王因緣》《觀小無量壽》新《賢劫》《禪經》《禪法》《要禪》《要解》《彌勒成佛》《彌勒下生》《十誦律》《十誦戒本》《菩薩戒本》《釋論》《成實》《十住》《中》《百》《十二門論》凡三百餘卷。並暢顯神源，揮發幽致。于時四方義士，萬里必集，盛業久大，于今式仰。【略】

什雅好大乘志存敷廣，常歎曰，吾若著筆，作大乘阿毘曇，非迦旃延子比也，今在秦地，深識者寡，折翮於此，將何所論，乃悽然而止。唯爲姚興著《實相論》二卷，并注《維摩》。出言成章，無所刪改，辭喻婉約，莫非契理。什爲人神情朗徹，傲岸出群，應機領會，鮮有倫匹者，篤性仁厚，汎愛爲心，虛己善誘，終日無勌。姚主常謂什曰，大師聰明，超悟天下莫二，若一旦後世，何可使法種無嗣，遂以妓女十人，逼令受之。自爾以來，不住僧坊，別立廨舍，供給豐盈。每至講說，常先自說譬喻，如臭泥中生蓮花，但採蓮花，勿取臭泥也。

初什在龜茲，從卑摩羅叉律師受律，卑摩後入關中，什聞至欣然師敬盡禮。卑摩未知被逼之事，因問什曰，汝於漢地大有重緣，受法弟子可有幾人。什答云，漢境經律未備，新經及諸論等，多是什所傳出，三千徒衆，皆從什受法，但什累業障深，故不受師敬耳。又杯渡比丘在彭城，聞什在長安，乃歎曰，吾與此子，戲別三百餘年，杳然未期，遲有遇於來生耳。什未終日，少覺四大不愈，乃口出三番神呪，令外國弟子誦之以自救，未及致力，轉覺危殆，於是力疾與衆僧告別曰，因法相遇，殊未盡伊心。方復後世，惻愴何言，自以闇昧，謬充傳譯，凡所出經論三百餘卷，唯《十誦》一部未及刪煩，存其本旨，必無差失。願凡所宣譯，傳流後世，咸共弘通。今於衆前，發誠實誓，若所傳無謬者，當使焚身之後，舌不燋爛，以僞秦弘始十一年八月二十日，卒于長安，是歲晉義熙五年也，即於逍遙園依外國法以火焚屍，薪滅形碎，唯舌不灰。

弗若多羅

傳記

慧皎《高僧傳》卷二　弗若多羅，此云功德花，罽賓人也。少出家以戒節見稱，備通三藏而專精十誦律部，爲外國師宗。時人咸謂，己階聖果。以僞秦弘始中振錫入關，秦王姚興待以上賓之禮。羅什亦挹其戒範，厚相宗敬。先是經法雖傳，律藏未闡，聞多羅既善斯部，咸共思慕。以僞秦弘始六年十月十七日，集學義僧數百餘人於長安中寺，延請多羅誦出《十誦》本，羅什譯爲晉文，三分獲二，多羅搆疾，奄然棄世，眾以大業未就而匠人殂往，悲恨之深，有踰常痛。

曇摩流支

傳記

慧皎《高僧傳》卷二 曇摩流支，此云法樂，西域人也。棄家入道，偏以律藏馳名，以弘始七年秋，達自關中，初弗若多羅誦出十誦未竟而亡，廬山釋慧遠，聞支既善毗尼，希得究竟律部，乃遣書通好曰，佛教之興，先行上國，自分流以來，四百餘年，至於沙門德式，所闕尤多。頃西域道士弗若多羅是罽賓人，甚諷《十誦》梵本。有羅什法師通才博見，爲之傳譯，《十誦》之中，文始過半，多羅早喪，中途而寢，不得究竟大業，慨恨良深，傳聞仁者，齎此經自隨，甚欣所遇，冥運之來，豈人事而已耶？想弘道爲物，感時而動，叩之有人，必情無所恡，若能爲律學之徒，畢此經本，開示梵行，洗其耳目，使始涉之流，不失無上之津，參懷勝業者，日月彌朗。此則慧深德厚，人神同感矣。幸願垂懷，不乖往意一二，悉諸道人所具。流支既得遠書，及姚興敦請，乃與什共譯《十誦》都畢。研詳考覈，條制審定，而什猶恨文煩未善，既而什化，不獲刪治。流支住長安大寺，慧觀欲請下京師，支曰，彼土有人有法，足以利世，吾當更行，無律教處，於是遊化餘方，不知所卒，或云終於涼土，未詳。

卑摩羅叉

傳記

慧皎《高僧傳》卷二 卑摩羅叉，此云無垢眼，罽賓人，沈靖有志力，出家履道，苦節成務，先在龜茲，弘闡律藏，四方學者，競往師之，鳩摩羅什，時亦預焉。及龜茲陷沒，乃避地焉。經頃之，聞什在長安大弘經藏，又欲使毗尼勝品復洽東國，於是杖錫流沙，冒險東入。以僞秦弘始八年達自關中，什以師禮敬待，叉亦以遠遇欣然。及羅什棄世，叉乃出遊關左，於壽春，止石澗寺，律眾雲聚，盛闡毗尼。羅什所譯《十誦本》五十八卷，最後一誦，謂明受戒法及諸成善法事，逐其義要改名善誦。叉後齎往石澗，開爲六十一卷。最後一誦改爲毘尼誦，故猶二名存焉。頃之，南適江陵於辛寺夏座，開講十誦，既通漢言，善相領納，無作妙本，大闡當時，析文求理者，其聚如林。明條知禁者，數亦殷矣。律藏大弘，叉之力也。道場慧觀，深括宗旨，記其所制，內禁輕重，撰爲二卷，送還京師。僧尼披習，競相傳寫。時聞者諺曰，卑羅鄙語，慧觀才錄。都人繕寫，紙貴如玉。今猶行於世，爲後生法矣。叉養德好閑，棄諠離俗，其年冬，復還壽春石澗，卒於寺焉。春秋七十有七，叉爲人眼青，時人亦號爲青眼律師。

佛陀耶舍

傳記

慧皎《高僧傳》卷二 佛陀耶舍，此云覺明，罽賓人也。婆羅門種，世事外道，有一沙門從其家乞，其父怒，使人打之，父遂手腳攣癖，不能行止。乃問於巫師，對曰，坐犯賢人，鬼神使然也。即請此沙門竭誠懺悔，數日便瘳。因令耶舍出家爲其弟子，時年十三。常隨師遠行於曠野逢虎，師欲走避。耶舍曰，此虎已飽，必不侵人。俄而虎去，前行果見餘殘，師密異之。至年十五，誦經日得二三萬言，所住寺常於外分衛廢於誦習。有一羅漢，重其聰敏，恆乞食供之，至年十九，誦大小乘經，數百萬言。然性度簡傲，頗以知見自處，謂少堪己師者，故不爲諸僧所重，但美儀止善談笑，見者忘其深恨。年及進戒，莫爲臨壇，所以向立之歲，猶爲沙彌。乃從其舅學五明諸論，世間法術，多所練習。年二十七方受具戒，恆以讀誦爲務，手不釋牒，每端坐思義，尚云不覺虛過於時，其專精如此。

後至沙勒國，國王不悆，請三千僧會，耶舍預其一焉。時太子達摩弗多，此言法子。見耶舍容服端雅，問所從來，耶舍詶對清辯，太子悅之，仍請留宮內供養。待遇隆厚，羅什後至，復從舍受學，甚相尊敬。什既隨母還龜茲，耶舍留止，頃之王薨，太子即位，時符堅遣呂光西伐龜茲。龜茲王急求救於沙勒，沙勒王自率兵赴之，使耶舍留輔太子委以後事。救軍未至，而龜茲已敗。王歸具說羅什爲光所執。舍乃歎曰，我與羅什相遇雖久，未盡懷抱，其忽羈虜，相見何期。停十餘年，乃東適龜茲，法化甚盛。時什在姑臧，遣信要之，裹糧欲去，國人留之。復停歲許。後語弟子云，吾欲尋羅什，可密裝夜發，勿使人知。弟子曰，恐明日追至不免復還耳。耶舍乃取清水一鉢，以藥投中，呪數十言，與弟子洗足，即便夜發。比旦，行數百里，問弟子曰，何所覺耶？答曰，唯聞疾風之響，眼中淚出耳。耶舍又與呪水洗足住息，明旦國人追之，已差數百里不及。行達姑臧，而什已入長安。聞姚興逼以妾媵，勸爲非法，乃歎曰，羅什如好綿，何可使入棘林中。什聞其至姑臧，勸姚興迎之，興未納。頃之，興命什譯出經藏。什曰，夫弘宣法教，宜令文義圓通，貧道雖誦其文，未善其理，唯佛陀耶舍深達幽致，今在姑臧，願下詔徵之。一言三詳，然後著筆，使微言不墜，取信千載也。興從之，即遣使招迎，厚加贈遺，悉不受。乃笑曰，明旨既降，便應載馳，檀越待士既厚，脫如羅什見處，則未敢聞命，使還具說之。興歎其幾愼，重信敦喻，方至長安。興自出候問，別立新省於逍遙園中，四事供養並不受。時至分衛，一食而已。于時羅什出《十住經》，一月餘日，疑難猶豫，尚未操筆，耶舍既至，共相徵決，辭理方定，道俗三千餘人，皆歎其當要。舍爲人赤髭，善解《毗婆沙》。時人號曰赤髭毗婆沙。既爲羅什之師，亦稱大毗婆沙，四事供養，衣鉢臥具，滿三間屋不以關心。姚興爲貨之，於城南造寺。耶舍先誦曇無德律，僞司隸校尉姚爽，請令出之。興疑其遺謬，乃請耶舍令誦羌籍藥方，可五萬言。經二日乃執文覆之，不誤一字，眾服其強記。即以弘始十二年，譯出《四分律》，凡四十四卷，幷《長阿含》等。涼州沙門竺佛念譯爲秦言，道含筆受，至十五年解座，興嚫耶舍布絹萬匹，悉不受。道含佛念，布絹各千匹，名德沙門五百人，皆重嚫施。耶舍後辭還外國，至罽賓得《虛空藏經》一卷，寄賈客傳與涼州諸僧，後不知所終。

佛馱跋陀羅

傳記

慧皎《高僧傳》卷二 佛馱跋陀羅，此云覺賢，本姓釋氏，迦維羅衛人，甘露飯王之苗裔也。祖父達摩提婆，此云法天，嘗商旅於北天竺，因而居焉。父達摩修耶利，此云法日，少亡。賢三歲孤，與母居。五歲復喪母，爲外氏所養。從祖鳩婆利，聞其聰敏，兼悼其孤露，乃迎還，度爲沙彌。至年十七，與同學數人，俱以習誦爲業，眾皆一月，賢一日誦畢。其師歎曰，賢一日敵三十夫也。及受具戒，修業精勤，博學群經，多所通達。少以禪律馳名，常與同學僧伽達多共遊罽賓，同處積載，達多雖伏其才明，而未測其人也。後於密室閉戶坐禪，忽見賢來，驚問何來。答云，暫至兜率，致敬彌勒，言訖便隱。達多知是聖人，未測深淺。後屢見賢神變，乃敬心祈問，方知得不還果。常欲遊方弘化，備觀風俗。會有秦沙門智嚴，西至罽賓，覩法眾清勝，乃慨然東顧曰，我諸同輩，斯有道志，而不遇眞匠，發悟莫由，即諮訊國眾，孰能流化東土。僉云，有佛馱跋陀者，出生天竺那呵利城，族姓相承，世遵道學，其童齓出家，已通解經論，少受業於大禪師佛大光，光時亦在罽賓。乃謂嚴曰，可以振維僧徒，宣授禪法者，佛馱跋陀其人也。嚴既要請苦至，賢遂愍而許焉。於是捨眾辭師，裹糧東逝。步驟三載，綿歷寒暑，既度葱嶺，路經六國，國主矜其遠化，並傾心資奉，至交趾乃附舶。循海而行，經一島下。賢以手指山曰，可止於此。舶主曰，客行惜日，調風難遇，不可停也。行二百餘里。忽風轉吹舶還向島下，眾人方悟其神，咸師事之，聽其進止。後遇便風，同侶皆發。賢曰，不可動，舶主乃止。既而有先發者，一時覆敗。後於闇夜之中，忽令眾舶俱發，無肯從者，賢自起收纜，一舶獨發。俄爾賊至，留者悉被抄害。頃之，至青州東萊郡，聞鳩摩羅什在長安，即往從之。什大欣悅，共論法相，振發玄微，多所悟益。因謂什曰，君所釋不出人意而致高名何耶？什曰，吾年老故爾，何必能稱美談。什每有疑義，必共諮決。秦太子泓欲聞賢說法，乃要命群僧集論東宮。羅什與賢，數番往復。【略】

秦主姚興專志佛法，供養三千餘僧，並往來宮闕，盛修人事。唯賢守靜，不與眾同。後語弟子云，我昨見本鄉有五舶俱發，既而弟子傳告外人，關中舊僧咸以爲顯異惑眾。又賢在長安大弘禪業，四方樂靖者，並聞風而至，但染學有淺深，得有濃淡，澆僞之徒，因而詭滑。有一弟子，因少觀行，自言得阿那含果。賢未即檢問，遂致流言，大被謗讟，將有不測之禍，於是徒眾，或藏名潛去，或踰牆夜走，半日之中，眾散殆盡。賢乃夷然，不以介意。時舊僧僧䂮道恆等謂賢曰，佛尚不聽說己所得法，先言五舶將至，虛而無實，又門徒誑惑，互起同異，既於律有違，理不同止，宜可時去，勿得停留。賢曰，我身若流萍，去留甚易，但恨懷抱未申，以爲慨然耳。於是與弟子慧觀等四十餘人俱發，神志從容，初無異色，識眞之眾，咸共歎惜，白黑送者，千有餘人。姚興聞去悵恨，乃謂道恆曰，佛賢沙門，協道來遊，欲宣遺教，緘言未吐，良用深慨，豈可以一言之咎，令萬夫無導，因勅令追之。賢報使曰，誠知恩旨，無預聞命。於是率侶宵征，南指廬岳。沙門釋慧遠，久服風名，聞至欣喜若舊。遠以賢之被擯，過由門人，若懸記五舶止說在同意，亦律無犯。乃遣弟子曇邕致書姚主及關中眾僧解其擯事。遠乃請出禪數諸經。賢志在遊化，居無求安，停止歲許，復西適江陵，遇外國舶至，既而訊訪，果是天竺五舶先所見者也。傾境士庶，競來禮事，其有奉遺，悉皆不受。持鉢分衛，不問豪賤。時陳郡袁豹爲宋武帝太尉長史，宋武南討劉毅隨府屆于江陵。賢將弟子慧觀，詣豹乞食，豹素不敬信，待之甚薄，未飽辭退。豹曰，似未足，且復小留。賢曰，檀越施心有限，故令所設已罄。豹即呼左右益飯，飯果盡。豹大慚愧。既而問慧觀曰，此沙門何如人。觀曰，德量高邈，非凡所測。豹深歎異以啟太尉，太尉請與相見，甚崇敬之，資供備至。俄而太尉還都，便請俱歸，安止道場寺。賢儀範率素，不同華俗，而志韻清遠，雅有淵致。京師法師僧弼與沙門寶林書曰，鬪場禪師甚有大心，便是天竺王何風流人也。其見稱如此。先是沙門支法領於于闐得花嚴前分三萬六千偈，未有宣譯。至義熙十四年，吳郡內史孟顗右衛將軍褚叔度即請賢爲譯匠，乃手執梵文，共沙門法業、慧嚴等百有餘人，於道場譯出。詮定文旨，會通華戎，妙得經意。故道場寺，猶有華嚴堂焉。

又沙門法顯，於西域所得僧祇律梵本，復請賢譯爲晉文，語在顯傳。其先後所出《觀佛三昧海》六卷，《泥洹》及《修行方便論》等，凡一十五部，一百十有七卷，爲究其幽旨，妙盡文意。賢以元嘉六年卒，春秋七十有一矣。

曇無讖

傳記

慧皎《高僧傳》**卷二**　曇無讖，或云曇摩讖，或云曇無讖，蓋取梵音不同也。其本中天竺人，六歲遭父喪，隨母傭織毾爲業，見沙門達摩耶舍，此云法明。道俗所崇，豐於利養，其母美之，故以讖爲其弟子。十歲同學數人，讀呪聰敏出群，誦經日得萬餘言。初學小乘，兼覽五明諸論，講說精辯，莫能詶抗。後遇白頭禪師，共讖論議，習業既異，交諍十旬，讖雖攻難鋒起，而禪師終不肯屈。讖伏其精理，乃謂禪師曰，頗有經典可得見不。禪師即授以樹皮《涅槃經》本。讖尋讀驚悟，方自慚恨，以爲坎井之識，久迷大方，於是集衆悔過。遂專大乘。至二十，誦大小乘經，二百餘萬言。讖從兄善能調象，騎煞王所乘白耳大象。王怒誅之。令曰，敢有視者夷三族。親屬莫敢往者，讖哭而葬之。王怒欲誅讖。讖曰，王以法故煞之，我以親而葬之，並不違大義，何爲見怒。傍人爲之寒心，其神色自若。王奇其志氣，遂留供養之。

讖明解呪術，所向皆驗，西域號爲大呪師。後隨王入山，王渴須水不能得。讖乃密呪石出水。因贊曰，大王惠澤所感，遂使枯石生泉。隣國聞者，皆歎王德。于時雨澤甚調，百姓歌詠。王悅其道術，深加優寵。頃之，王意稍歇，待之漸薄。讖以久處致厭，乃辭往罽賓，齎《大涅槃》前分十卷并《菩薩戒經》《菩薩戒本》等。彼國多學小乘不信《涅槃》，乃東適龜茲。頃之，復進到姑臧止於傳舍，慮失經本，枕之而寢，有人牽之在地。讖驚覺，謂是盜者。如此三夕。聞空中語曰，此如來解脫之藏，何以枕之。讖乃慚悟，別置高處。夜有盜之者，數過提舉，竟不能勝。明旦讖將經去，不以爲重。盜者見之，謂是聖人，悉來拜謝。

河西王沮渠蒙遜僭據涼土，自稱爲王，聞讖名，呼與相見，接待甚厚。蒙遜素奉大法，志在弘通，欲請出經本。讖以未參土言，又無傳譯，恐言舛於理，不許即翻，於是學語三年，方譯寫。初分十卷。時沙門慧嵩道朗獨步河西，値其宣出經藏，深相推重，轉易梵文，嵩公筆受。道俗數百人，疑難縱橫，讖臨機釋滯，清辯若流，兼富於文藻，辭製華密。嵩朗等更請廣出諸經，次譯《大集》《大雲》《悲花》《地持》《優婆塞戒》《金光明》《海龍王》《菩薩戒本》等六十餘萬言。讖以《涅槃經》本品數未足，還外國究尋，値其母亡，遂留歲餘。後於于闐更得經本中分，復還姑臧譯之。後又遣使于闐尋得後分，於是續譯爲三十三卷，以僞玄始三年初就翻譯，至玄始十年十月二十三日三袠方竟，即宋武永初二年也。譯云，此經梵本三萬五千偈，於此方減百萬言，今所出者止一萬餘偈。讖嘗告蒙遜云，有鬼入聚落，必多災疫。遜不信，欲躬見爲驗。讖即以術加遜，遜見而駭怖。讖曰，宜潔誠齋戒，神呪驅之。乃讀呪三日，謂遜曰，鬼已去矣。時境首有見鬼者云，見數百疫鬼，奔驟而逝。境內獲安，讖之力也。【略】

至遜義和三年二月，讖固請西行，更尋《涅槃》後分。遜忿其欲去，乃密圖害讖，僞以資糧發遣，厚賜寶貨。臨發之日，讖乃流涕告衆曰，讖業對將至，衆聖不能救矣，以本有心誓，義不容停。比發，遜果遣刺客，於路害之。春秋四十九，是歲宋元嘉十年也。黑白遠近，咸共惜焉。

沮渠安陽侯

傳記

慧皎《高僧傳》卷二 蒙遜有從弟沮渠安陽侯者，爲人強志疎通，涉獵書記。因讖入河西弘闡佛法，安陽乃閱意內典，奉持五禁，所讀衆經，即能諷誦，常以爲務學，多聞大士之盛業。少時常度流沙至于闐於瞿摩帝大寺，遇天竺法師佛駄斯那，諮問道義。斯那本學大乘，天才秀發誦半億偈，明了禪法，故西方諸國號爲人中師子。安陽從受《禪秘要治病經》，因其梵本，口誦通利。既而東歸向邑於高昌，得《觀世音》《彌勒》二觀經各一卷。及還河西，即譯出《禪要》，轉爲晉文。及僞魏呑併西涼，乃南奔于宋，晦志卑身，不交人世，常住塔寺，以居士身畢。初出《彌勒》《觀音》二觀經。丹陽尹孟顗見而善之，深加賞接。後竹園寺慧濬尼，復請出《禪經》。安陽既通習積以臨筆無滯，旬有七日，出爲五卷。頃之，又於鍾山定林寺，出《佛父般泥洹經》一卷。安陽居絕妻奴，無欲榮利，從容法侶，宣通正法，是以黑白咸敬而嘉焉。後遘疾而終。

法顯

傳記

慧皎《高僧傳》卷三 釋法顯，姓龔，平陽武陽人。有三兄並髫齓而

亡，父恐禍及顯，三歲便度爲沙彌。居家數年，病篤欲死，因以送還寺，信宿便差，不肯復歸。【略】

及受大戒，志行明敏，儀軌整肅，常慨經律舛闕，誓志尋求。以晉隆安三年，與同學慧景、道整、慧應、慧嵬等，發自長安，西渡流沙。上無飛鳥，下無走獸，四顧茫茫，莫測所之。唯視日以準東西，望人骨以標行路耳。屢有熱風惡鬼，遇之必死。顯任緣委命，直過險難。有頃至葱嶺，嶺冬夏積雪。有惡龍吐毒風雨沙礫，山路艱危，壁立千仞。昔有鑿石通路，傍施梯道，凡度七百餘所。又躡懸絙過河，數十餘處，皆漢之張騫甘父所不至也。次度小雪山，遇寒風暴起，慧景噤戰不能前，語顯曰：吾其死矣。卿可前去，勿得俱殞，言絕而卒。顯撫之泣曰：本圖不果，命也，奈何。復自力孤行，遂過山險。凡所經歷三十餘國，將至天竺，去王舍城三十餘里有一寺，逼冥過之。【略】

後至中天竺，於摩竭提邑波連弗阿育王塔南天王寺得《摩訶僧祇律》，又得《薩婆多律抄》《雜阿毘曇心》《綖經》《方等》《泥洹經》等。顯留三年，學梵語梵書，方躬自書寫，於是持經像寄附商客，到師子國。顯同旅十餘，或留或亡，顧影唯己，常懷悲慨。忽於玉像前見商人以晉地一白團扇供養，不覺悽然下淚。停二年，復得《彌沙塞律》《長》《雜》二含及《雜藏》，並漢土所無。既而附商人大舶循海而還，舶有二百許人。【略】

遂造京師，就外國禪師佛馱跋陀於道場寺，譯出《摩訶僧祇律》《方等》《泥洹經》《雜阿毘曇心》垂百餘萬言。顯既出《大泥洹經》，流布教化，咸使見聞。有一家失其姓名，居近朱雀門，世奉正化，自寫一部讀誦供養。無別經室，與雜書共屋，後風火忽起，延及其家，資物皆盡，唯《泥洹經》儼然具存，煨燼不侵，卷色無改。京師共傳，咸歎神妙，其餘經律未譯，後至荊州，卒於辛寺，春秋八十有六。衆咸慟惜。其遊履諸國，別有大傳焉。

釋曇無竭

傳記

慧皎《高僧傳》卷三　釋曇無竭，此云法勇，姓李，幽州黃龍人。幼爲沙彌，便修苦行，持戒誦經，爲師僧所重。嘗聞法顯等躬踐佛國，乃慨然有忘身之誓。遂以宋永初元年招集同志沙門僧猛、曇朗之徒二十五人，共齎幡蓋供養之具，發跡北土，遠適西方。【略】

進至罽賓國禮拜佛鉢，停歲餘，學梵書梵語，求得《觀世音受記經》梵文一部。復西行至辛頭那提河，漢言師子口，緣河西入月氏國，禮拜佛肉髻骨及覩自沸木舫，後至檀特山南石留寺，住僧三百餘人，雜三乘學。無竭停此寺受大戒，天竺禪師佛馱多羅，此云覺救，彼方咸云已證果。無竭請爲和上。漢沙門志定爲阿闍梨，停夏坐三月日，復行向中天竺界。路既空曠，唯齎石蜜爲糧。同侶尚有十三人，八人於路並化，餘五人同行。無竭雖屢經危棘而繫念所齎《觀世音經》未嘗暫廢。將至舍衛國，野中逢山象一群。無竭稱名歸命，即有師子從林中出，象驚惶奔走。後渡恆河，復值野牛一群，鳴吼而來，將欲害人。無竭歸命如初，尋有大鷲飛來，野牛驚散，遂得免之。其誠心所感，在險剋濟，皆此類也。後於南天竺隨舶汎海達廣州，所歷事跡別有記傳。其所譯出《觀世音受記經》今傳于京師。後不知所終。

佛馱什

傳記

慧皎《高僧傳》卷三　佛馱什，此云覺壽，罽賓人。少受業於彌沙塞部僧，專精律品，兼達禪要。以宋景平元年七月屆于揚州。先沙門法顯，於師子國得《彌沙塞律》梵本，未被翻譯而法顯遷化。京邑諸僧聞什既善此學，於是請令出焉。以其年冬十一月集于龍光寺，譯爲三十四卷，稱爲五分律。什執梵文，于闐沙門智勝爲譯，龍光道生，東安慧嚴，共執筆參正。宋侍中瑯琊王練爲檀越。至明年四月方竟。仍於大部抄出《戒心》及《羯磨文》等並行於世。什後不知所終。

浮陀跋摩

傳記

慧皎《高僧傳》卷三 浮陀跋摩，此云覺鎧，西域人也。幼而履操明直，聰悟出群。習學三藏，偏善《毗婆沙論》，常誦持此部以爲心要。宋元嘉之中，達于西涼，先有沙門道泰，志用強果。少遊葱右，遍歷諸國，得《毘婆沙》梵本十有萬偈，還至姑臧。側席虛衿，企待明匠。聞跋摩遊心此論，請爲翻譯。時蒙遜已死，子茂虔襲位。以虔承和五年，歲次丁丑四月八日，即宋元嘉十四年，於涼州城內閑豫宮中，請跋摩譯焉，泰即筆受。沙門慧嵩、道朗與議僧三百餘人，考正文義，再周方訖，凡一百卷。沙門道挺，爲之作序。有頃，魏虜託跋燾西伐姑臧，涼土崩亂。經書什物，皆被焚蕩，遂失四十卷。今唯有六十存焉，跋摩避亂西反。不知所終。

釋智嚴

傳記

慧皎《高僧傳》卷三 釋智嚴，西涼州人。弱冠出家，便以精懃著名，納衣宴坐，蔬食永歲，每以本域丘墟，志欲博事名師，廣求經誥。遂周流西國，進到罽賓，入摩天陁羅精舍，從佛馱先比丘，諮受禪法。漸深三年，功踰十載，佛馱先見其禪思有緒，特深器異。彼諸道俗聞而歎曰，秦地乃有求道沙門矣。始不輕秦類敬接遠人。時有佛馱跋陀比丘，亦是彼國禪匠，嚴乃要請東歸，欲傳法中土。跋陀嘉其懇至，遂共東行，於是踰沙越險達自關中，常依隨跋陀止長安大寺，頃之，跋陀橫爲秦僧所擯，嚴亦分散，憩于山東精舍。坐禪誦經，力精修學。【略】

嚴性虛靖，志避諠塵。恢乃爲於東郊之際，更起精舍，即枳園寺也。嚴前還於西域，所得梵本眾經未及譯寫。到元嘉四年，乃共沙門寶雲譯出《普曜》《廣博》《嚴淨》《四天王》等。嚴在寺不受別請，常分衛自資，道化所被幽顯咸服。【略】

嚴清素寡欲，隨受隨施，少而遊方，無所滯著，稟性沖退，不自陳敘，故雖多美行，世無得而盡傳。嚴昔未出家時，嘗受五戒，有所虧犯。後入道受具足，常疑不得戒，每以爲懼。積年禪觀而不能自了，遂更汎海重到天竺諮諸明達，値羅漢比丘，具以事問羅漢，不敢判決。乃爲嚴入定，往兜率宮諮彌勒，彌勒答云，得戒。嚴大喜，於是步歸至罽賓，無疾而化，時年七十八。彼國法凡聖燒身各處，嚴雖戒摽高明，而實行未辨。始移尸向凡僧墓地，而尸重不起。改向聖墓，則飄然自輕。嚴弟子智羽、智遠，故從西來，報此徵瑞，俱還外國。以此推嚴，信是得道人也，但未知果向中間，若深淺耳。

釋寶雲

傳記

慧皎《高僧傳》卷三 釋寶雲，未詳氏族。傳云，涼州人。少出家精懃有學行，志韻剛潔，不偶於世，故少以方直純素爲名。而求法懇惻，亡身殉道，志欲躬覩靈跡，廣尋經要，遂以晉隆安之初，遠適西域，與法顯，智嚴先後相隨，涉履流沙，登踰雪嶺，懃苦艱危，不以爲難，遂歷于闐，天竺諸國，備覩靈異，乃經羅刹之野，聞天鼓之音，釋迦影迹，多所瞻禮。雲在外域，遍學梵書，天竺諸國音字詁訓，悉皆備解。後還長安，隨禪師佛馱跋陁，業禪進道。俄而禪師横爲秦僧所擯，徒衆悉同其咎，雲亦奔散。會廬山釋慧遠解其擯事，共歸京師，安止道場寺。衆僧以雲志力堅猛，弘道絶域，莫不披衿諮問，敬而愛焉。雲譯出新《無量壽》，晚出諸經，多雲所治定。華戎兼通，音訓允正，雲之所定，衆咸信服。初關中沙門竺佛念，於符姚二代，顯出衆經，江左譯梵，莫踰於雲。故於晉宋之際，弘通法藏，沙門慧觀等，咸友而善之。雲性好幽居，以保閑寂，遂適六合山寺，譯出《佛本行贊經》，山多荒民，俗好草竊，雲説法教誘，多有改更，禮事供養，十室而八。頃之，道場慧觀臨亡，請雲還都，總理寺任，雲不得已而還。居道場歲許，復更還六合。以元嘉二十六年終於山寺，春秋七十有四，其遊履外國，別有記傳。

求那跋摩

傳記

道宣《續高僧傳》卷二 求那跋摩，此云功德鎧，本剎利種，累世爲王，治在罽賓國。【略】

至年二十，出家受戒，洞明九部，博曉四含，誦經百餘萬言，深達律品，妙入禪要。時號曰三藏法師。【略】後至闍婆國，初未至一日，闍婆王母夜夢見一道士飛舶入國，明旦果是跋摩來至。王母敬以聖禮，從受五戒。【略】時京師名德沙門慧觀慧聰等，遠挹風猷，思欲餐稟，以元嘉元年九月，面啓文帝，求迎請跋摩。帝即勅交州刺史，令汎舶延致觀等，又遣沙門法長，道冲，道儁等，往彼祈請，并致書於跋摩及闍婆王婆多加等，必希顧臨宋境，流行道教。

跋摩以聖化宜廣，不憚遊方。先已隨商人竺難提舶欲向一小國，會值便風遂至廣州，故其遺文云，業行風所吹，遂至於宋境，此之謂也。【略】

以元嘉八年正月達于建鄴。【略】俄而於寺開講《法花》及《十地》，法席之日，軒蓋盈衢。觀矚往還，肩隨踵接。跋摩神府自然，妙辯天絶，或時假譯人而往復懸悟。後祇洹慧義，請出《菩薩善戒》，始得二十八品。後弟子代出二品，成三十品。未及繕寫，失序品及戒品，故今猶有兩本，或稱菩薩戒地。初元嘉三年，徐州刺史王仲德於彭城請外國伊葉波羅出《雜心》，至擇品而緣礙遂輟，至是更請跋摩譯出後品，足成十三卷。并先所出《四分羯磨》《優婆塞》《五戒》《略論》《優婆塞》《二十二戒》等，凡二十六卷。並文義詳允，梵漢弗差。時影福寺尼慧果淨音等，共請跋摩云，去六年有師子國八尼至京云，宋地先未經有尼，那得二衆受戒，恐戒品不全。跋摩云，戒法本在大僧衆發，設不本事，無妨得戒，如愛道之緣。諸尼又恐年月不滿，苦欲更受。跋摩稱云，善哉。苟欲增明，甚助隨喜，但西國尼，年臘未登，又十人不滿，且令學宋語，別因西域居士，更請外國尼來，足滿十數。其年夏在定林下寺安居，時有信者，採花布席，唯跋摩所坐花彩更鮮。衆咸崇以聖禮，夏竟還祇洹。其年九月二十八日中食未畢，先起還閣，其弟子後至，奄然已終，春秋六十有五。

僧伽跋摩

傳記

慧皎《高僧傳》卷三 僧伽跋摩，此云衆鎧，天竺人也。少而棄俗，清峻有戒德。善解三藏，久精《雜心》。以宋元嘉十年，出自流沙至于京邑，器宇宏肅，道俗敬異，咸宗事之，號曰三藏法師。初景平元年，平陸令許桑捨宅建剎，因名平陸寺。後道場慧觀以跋摩道行純備，請住此寺，崇其供養，以表厥德。跋摩共觀，加塔三層，今之奉誠是也。跋摩行道諷誦，日夜不輟，僧衆歸集，道化流布。初三藏法師，明於戒品，將爲影福寺尼慧果等重受具戒，是時二衆未備，而三藏遷化。俄而師子國比丘尼鐵薩羅等至都，衆乃共請跋摩爲師繼軌三藏。祇洹慧義，擅步京邑，謂爲矯異，執志不同，親與䟦摩，拒論翻覆。䟦摩標宗顯法，理證明允，既德有所歸，義遂迴剛，靡然推服。令弟子慧基等服膺供事，僧尼受者，數百許人。宋彭城王義康，崇其戒範，廣設齋供，四衆殷盛，傾于京邑。慧觀等以䟦摩妙解《雜心》，諷誦通利。先三藏雖譯未及繕寫，即以其年九月，於長干寺，招集學士，更請出焉。寶雲譯語，觀自筆受，考覈研校，一周乃訖。續出《摩得勒伽》《分別業報》《略勸》《發諸王要偈》及《請聖僧浴文》等。䟦摩遊化爲志，不滯一方，既傳經事訖，辭還本國。衆咸祈止，莫之能留。元嘉十九年，隨西域賈人，舶還外國，不詳其終。

曇摩密多

傳記

慧皎《高僧傳》卷三 曇摩密多，此云法秀，罽賓人也。年至七歲，神明澄正，每見法事，輒自然欣躍，其親愛而異之，遂令出家。罽賓多出聖達，屢值明師，博貫群經，特深禪法，所得門戶，極甚微奧。爲人沈邃，有慧解，儀軌詳正，生而連眉，故世號連眉禪師。少好遊方，誓志宣化。周歷諸國，遂適龜茲。未至一日，王夢神告嗣王曰，有大福德人明當入國，汝應供養。明旦即勅外司，若有異人入境，必馳奏聞。俄而蜜多果至，王自出郊迎延請入宮。遂從稟戒，盡四事之禮。蜜多安而能遷，不拘利養，居數載，密有去心。神又降夢曰，福德人捨王去矣。王惕然驚覺，既而君臣周留，莫之能止。遂度流沙，進到燉煌，於閑曠之地，建立精舍。植㮈千株，開園百畝。房閣池沼，極爲嚴淨。頃之，復適涼州，仍於公府舊事，更葺堂宇。學徒濟濟，禪業甚盛，常以江左王畿，志欲傳法。以宋元嘉元年展轉至蜀，俄而出峽止荊州。於長沙寺，造立禪閣。翹誠懇惻，祈請舍利，旬有餘日，遂感一枚。衝器出聲，放光滿室。門徒道俗，莫不更增勇猛，人百其心。頃之，沿流東下，至于京師。初止中興寺，晚憩祇洹。密多道聲素著，化洽連邦。至京甫爾，傾都禮訊。自宋文袁皇后及皇太子公主，莫不設齋桂宮，請戒椒掖，參候之使，旬日相望。即於祇洹寺譯出《禪經法要》《普賢觀》《虛空藏觀》等。常以禪道教授，或千里諮受四輩，遠近皆號大禪師焉。【略】以元嘉十九年七月六日卒于上寺，春秋八十有七，道俗四衆，行哭相趨，仍葬于鍾山宋熙寺前。

釋智猛

傳記

慧皎《高僧傳》卷三 釋智猛，雍州京兆新豐人。稟性端明，勵行清白。少襲法服，修業專至，諷誦之聲以夜續日。每聞外國道人說，天竺國土有釋迦遺迹及方等衆經，常慨然有感，馳心遐外。以爲萬里咫尺，千載可追也，遂以僞秦弘始六年甲辰之歲，招結同志沙門十有五人，發跡長安，渡河跨谷，三十六所，至涼州城。出自陽關，西入流沙。【略】後至華氏國阿育王舊都，有大智婆羅門名羅閱家，舉族弘法，王所欽重，造純銀塔，高三丈。既見猛至，乃問秦地有大乘學不。猛答，悉大乘學。羅閱驚歎曰，希有，希有。將非菩薩往化耶？猛於其家，得《大泥洹》梵本一部，又得《僧祇律》一部及餘經梵本，誓願流通，於是便反。以甲子歲發天竺，同行三伴，於路無常。唯猛與曇纂俱還於涼州，出《泥洹本》得二十卷。以元嘉十四年入蜀，十六年七月造傳，記所遊歷。元嘉末卒于成都。

畺良耶舍

傳記

慧皎《高僧傳》卷三 畺良耶舍，此云時稱，西域人。性剛直寡嗜欲，善誦阿毗曇，博涉律部，其餘諸經，多所該綜。雖三藏兼明，而以禪門專業。每一遊觀，或七日不起，常以三昧正受，傳化諸國。以元嘉之初，遠冒沙河，萃于京邑，太祖文皇深加歎異。初止鐘山道林精舍，沙門寶誌崇其禪法，沙門僧含請譯《藥王藥上觀》及《無量壽觀》，含即筆受。以此二經是轉障之秘術，淨土之洪因，故沈吟嗟味，流通宋國。平昌孟顗，承風欽敬，資給豐厚。顗出守會稽，固請不去，後移憩江陵。元嘉十九年，西遊岷蜀，處處弘道，禪學成群。後還卒於江陵，春秋六十矣。

求那跋陀羅

傳記

慧皎《高僧傳》卷三　求那跋陀羅，此云功德賢，中天竺人。以大乘學故，世號摩訶衍。婆羅門種，幼學五明論，天文書算，醫方呪術，靡不該博。後遇見《阿毗曇雜心》，尋讀驚悟，乃深崇佛法焉。其家世外道，禁絶沙門，乃捨家潛遁，遠求師友，即投簪落彩，專精志學。【略】元嘉十二年，廣州刺史車朗表聞。宋太祖遣信迎接，既至京都，勑名僧慧嚴、慧觀，於新亭郊勞。見其神情朗徹，莫不虔仰。雖因譯交言而欣若傾蓋。初往祇洹寺，俄而太祖延請，深加崇敬。瑯琊顏延之通才碩學，束帶造門，於是京師遠近，冠蓋相望。大將軍彭城王義康，丞相南譙王義宣，並師事焉。頃之，衆僧共請出經於祇洹寺，集義學諸僧，譯出《雜阿含經》，東安寺出《法鼓》，後於丹陽郡譯出《勝鬘》《楞伽經》，徒衆七百餘人。寶雲傳譯，慧觀執筆，往復諮析，妙得本旨。後譙王鎮荊州，請與俱行安止辛寺，更創房殿，即於辛寺出《無憂王過去現在因果》及一卷《無量壽》一卷《泥洹》《央掘魔》《相續解脱》《波羅蜜了義》《現在佛名經》三卷《第一義》《五相略》《八吉祥》等諸經，并前所出，凡百餘卷，常令弟子法勇，傳譯度語。【略】

跋陀自幼以來，蔬食終身，常執持香鑪，未嘗輟手，每食竟，輙分食飛鳥，乃集手取食。至太宗之世，禮供彌隆，到大始四年正月，覺體不悆，便與太宗及公卿等告別。臨終之日，延佇而望之，見天花聖像，禺中遂卒。春秋七十有五。

求那毗地

傳記

慧皎《高僧傳》卷三　求那毗地，此言安進，本中天竺人。弱年從道，師事天竺大乘法師僧伽斯，聰慧強記，懃於諷誦，諳究大小乘，將二十萬言，兼學外典陰陽，占時驗事，徵瑞非一。齊建元初來至京師，止毗耶離寺，執錫從徒，威儀端肅，王公貴勝，迭相供請。初僧伽斯於天竺國，抄修多羅藏中要切譬喻撰爲一部，凡有百事，教授新學。毗地悉皆通，兼明義旨，以永明十年秋，譯爲齊文，凡有十卷，謂《百句喻經》。復出《十二因緣》及《須達長者經》各一卷，自大明已後，譯經殆絶。及其宣流世咸稱美。毗地爲人弘厚，故萬里歸集。南海商人，咸宗事之，供獻皆受，悉爲營法。於建鄴淮側，造正觀寺居之。重閣層門，殿堂整飾。以中興二年冬，終於所住。

僧伽婆羅

傳記

道宣《续高僧傳》卷一　僧伽婆羅，梁言僧養，亦云僧鎧，扶南國人也。幼而穎悟，早附法律，學年出家。偏業阿毗曇論，聲榮之盛，有譽海南。具足已後，廣習律藏。勇意觀方，樂崇開化，聞齊國弘法，隨舶至都，住正觀寺，爲天竺沙門求那跋陁之弟子也。復從跋陁，研精方等，未盈炎燠，博涉多通，乃解數國書語。值齊曆亡墜，道教淩夷，婆羅靜潔身心外絕交故，擁室栖閑，養素資業。大梁御宇搜訪術能，以天監五年，被勅徵召於楊都壽光殿華林園正觀寺占雲館扶南館等五處，傳譯訖十七年，都合一十一部，四十八卷，即《大育王經》《解脫道論》等是也。初翻經日，於壽光殿，武帝躬臨法座筆受其文，然後乃付譯人，盡其經本。勅沙門寶唱、慧超、僧智、法雲及袁曇允等，相對疏出，華質有序，不墜譯宗。天子禮接甚厚，引爲家僧，所司資給，道俗改觀，婆羅不畜私財，以爲嚫施，成立住寺。太尉臨川王宏，接遇隆重，普通五年，因疾卒于正觀，春秋六十有五。

釋寶唱

傳記

道宣《续高僧傳》卷一　釋寶唱，姓岑氏，吴郡人，即有吴建國之舊壤也。少懷恢敏，清貞自蓄，顧惟隻立，勤田爲業。資養所費終於十畝，至於傍求，傭書取濟，寓目流略，便能強識。文采鋪贍，義理有聞。年十八，投僧祐律師而出家焉，祐江表僧望，多所製述，具如前傳紀之。唱既始陶津，經律諮稟，承風建德，有聲宗嗣，住莊嚴寺，博採群言，酌其精理。又惟開悟土俗，要以通濟爲先，乃從處士顧道，曠呂，僧智等，習聽經史莊易，略通大義。時以其遊涉世務，謂有俗志，爲訪家室，執固不迴。將及三十，天廕既崩，喪事云畢。建武二年，擺撥常習，出都專聽，涉歷五載，又中風疾。會齊氏云季，遭亂入東，遠至閩越，討論舊業，天監四年便還都下，乃勅爲新安寺主。帝以時會雲雷，遠近淸晏，風雨調暢，百穀年登。豈非上資三寶，中賴四天，下藉神龍，幽靈叶贊，方乃福被黔黎，歆兹厚德。但文散群部，難可備尋。下勅，令唱總撰集錄，以擬時要，或建福禳災，或禮懺除障，或饗接神鬼，或祭祀龍王，部類區分，近將百卷，八部神名以爲三卷，包括幽奥詳略古今。故諸所祈求，帝必親覽，指事祠禱，多感威靈。所以五十許年，江表無事，兆民荷賴，緣斯力也。

天監七年，帝以法海浩汗，淺識難尋，勅莊嚴僧旻於定林上寺，纘《衆經要抄》八十八卷。又勅開善智藏，纘衆經理義，號曰《義林》八十卷。又勅建元僧朗，注《大般涅槃經》七十二卷。並唱奉別勅，兼贊其功，綸綜終始，緝成部帙。及簡文之在春坊，尤耽內教，撰《法寶聯璧》二百餘卷。別令寶唱綴紕區別，其類遍略之流。帝以佛法沖奥，近識難通，自非才學，無由造極。又勅唱自大教東流，道門俗士，有敘佛理著作弘義並通鳩聚，號曰《續法輪論》，合七十餘卷，使夫迷悟之賓，見便歸信。深助道法，無以加焉。又撰《法集》一百四十卷，並唱獨斷專慮，纘結成部。既上親覽，流通內外。十四年，勅安樂寺僧紹，撰《華林佛殿經目》。雖復勒成，未愜帝旨，又勅唱重撰，乃因紹前錄。注述合離，甚有科據，一帙四卷，雅愜時望。遂勅掌華林園寶雲經藏，搜求遺逸，皆令具足。備造三本，以用供上，緣是又勅撰《經律異相》五十五卷，《飯聖僧法》五卷。帝又注《大品經》五十卷，于時佛教隆盛，無德稱焉。道俗才筆，互陳文理。【略】

唱當斯盛世，頻奉璽書，預參翻譯具如別傳。初唱天監九年，先疾復動，便發二願，遍尋經論，使無遺失，搜括列代僧錄，創區別之，撰爲部帙，號曰《名僧傳》三十一卷。

釋曇曜

傳記

道宣《续高僧傳》卷一　釋曇曜，未詳何許人也。少出家，攝行堅貞，風鑒閑約。以元魏和平年，住北臺昭玄統，綏緝僧眾，妙得其心，住恆安石窟通樂寺，即魏帝之所造也。去恆安西北三十里，武周山谷北面石崖，就而鐫之，建立佛寺，名曰靈巖。龕之大者，舉高二十餘丈，可受三千許人。面別鐫像，窮諸巧麗，龕別異狀，駭動人神。櫛比相連，三十餘里。東頭僧寺，恆共千人，碑碣見存，未卒陳委。先是太武皇帝，太平眞君七年，司徒崔皓，邪佞諛詞，令帝崇重道士寇謙之，拜爲天師，彌敬老氏，虔劉釋種，焚毀寺塔。至庚寅年，大武感致癘疾，方始開悟，兼有白足禪師，來相啟發。帝既心悔，誅夷崔氏，事列諸傳。至壬辰年，太武云崩，子文成立，即起塔寺，搜訪經典。毀法七載，三寶還興。曜慨前淩廢，欣今重復，故於北臺石窟，集諸德僧，對天竺沙門，譯《付法藏傳》并《淨土經》，流通後賢，意存無絕。

菩提流支

傳記

道宣《续高僧傳》卷一　菩提流支，魏言道希，北天竺人也。遍通三藏，妙入總持，志在弘法，廣流視聽，遂挾道宵征，遠莅葱左。以魏永平之初，來遊東夏。宣武皇帝，下勅引勞，供擬殷華，處之永寧大寺。四事將給，七百梵僧。勅以留支爲譯經之元匠也。【略】先時流支奉勅，創翻《十地》。宣武皇帝命章一日，親對筆受，然後方付沙門僧辯等，訖盡論文，佛法隆盛，英俊蔚然。相從傳授，孜孜如也。帝又勅清信士李廓，撰《眾經錄》，廓學通玄素，條貫經論，雅有標擬。故其錄云，三藏流支自洛及鄴，爰至天平二十餘年，凡所出經，三十九部，一百二十七卷。即《佛名》《楞伽》《法集》《深密》等經，《勝思惟》《大寶積》《法華》《涅槃》等論是也。並沙門僧朗道湛，及侍中崔光等筆受，具列唐《貞觀內典錄》。廓又云，三藏法師流支，房內經論梵本，可有萬甲，所翻新文，筆受稿本，滿一間屋。然其慧解，與勒那相亞，而神悟聰敏，洞善方言，兼工呪術，則無抗衡矣。嘗坐井口，澡罐內空，弟子未來，無人汲水。流支乃操柳枝聊撝井中，密加誦呪，纔始數遍，泉水上涌，平及井欄，即以鉢酌用之盥洗。傍僧具見，莫測其神，咸共嘉歎大聖人也。流支曰，勿妄褒賞，斯乃術法。外國共行此方，不習謂爲聖耳，懼惑世網，遂秘不宣。

勒那摩提

傳記

道宣《续高僧傳》卷一　于時又有中天竺僧勒那摩提，魏云寶意，博贍之富，理事兼通，誦一億偈，偈有三十二字。尤明禪法，意存遊化。以正始五年，初屆洛邑，譯《十地》《寶積論》等大部二十四卷。又有北天竺僧佛陁扇多，魏言覺定。從正光元年，至元象二年，於洛陽白馬寺及鄴都金華寺，譯出《金剛上味》等經十部。當翻經日，於洛陽內殿，流支傳本，餘僧參助。其後三德，乃徇流言，各傳師習，不相詢訪。帝以弘法之盛，略敘曲煩，勅三處各翻訖乃參校。其間隱沒，互有不同，致有文旨時兼異綴。後人合之，共成通部，見寶唱等錄。初寶意沙門，神理標異，領牒魏詞，偏盡隅隩。帝每令講《華嚴經》，披釋開悟，精義每發。

般若流支

傳記

道宣《续高僧傳》卷一　又熙平元年。有南天竺波羅柰城婆羅門，姓瞿曇氏，名般若流支，魏言智希。從元年至興和末於鄴城，譯《正法念》《聖善住》《迴諍》《唯識》等經論，凡一十四部，八十五卷。沙門曇林，僧昉等筆受。當時有沙門菩提流支與般若流支前後出經，而眾錄傳寫，率多輕略，各去上字，但云流支，而不知是何流支。迄今群錄譯目相涉，難得詳定。

拘那羅陁

傳記

道宣《续高僧傳》卷一 拘那羅陁，陳言親依，或云波羅末陁，譯云眞諦，並梵文之名字也。本西天竺優禪尼國人焉，景行澄明，器宇清肅，風神爽拔，悠然自遠，群藏廣部，罔不厝懷，藝術異能，偏素諳練。雖遵融佛理，而以通道知名。遠涉艱関，無憚夷險，歷遊諸國，隨機利見。梁武皇帝，德加四域，盛唱三寶。大同中，勅直後張氾等，送扶南獻使返國，仍請名德三藏，大乘諸論《雜花經》等。眞諦遠聞行化，儀軌聖賢，搜選名匠，惠益民品。彼國乃屈，眞諦并齎經論，恭膺帝旨。既素蓄在心，渙然聞命，以大同十二年八月十五日達于南海。沿路所經，乃停兩載。以太清二年閏八月始屆京邑。武皇面申頂禮於寶雲殿，竭誠供養。諦欲傳翻經教，不羨秦時，更出新文，有逾齊日。屬道銷梁季寇羯憑陵，法爲時崩，不果宣述，乃步入東土。又往富春令陸元哲，創奉問津，將事傳譯，招延英秀沙門寶瓊等二十餘人，翻《十七地論》，適得五卷，而國難未靜，側附通傳。至天保三年，爲侯景請，還在臺供養，于斯時也，兵饑相接，法幾頹焉。會元帝啟祚，承聖清夷，乃止于金陵正觀寺，與願禪師等二十餘人，翻《金光明經》。三年二月，還返豫章，又往新吳始興。後隨蕭太保，度嶺至于南康，並隨方翻譯，栖遑靡託。逮陳武永定二年七月，還返豫章，又止臨川晉安諸郡。眞諦雖傳經論，道缺情離，本意不申，更觀機壤，遂欲汎舶往楞伽修國。道俗虔請，結誓留之，不免物議，遂停南越。便與前梁舊齒，重覆所翻，其有文旨乖競者，皆鎔冶成範，始末倫通。至文帝天嘉四年，揚都建元寺沙門僧宗、法準、僧忍律師等，並建業標領，欽聞新教。故使遠浮江表，親承勞問，諦欣其來意，乃爲翻《攝大乘》等論。首尾兩載，覆疎宗旨。而飄寓投委，無心寧寄，又汎小舶至梁安郡，更裝大舶，欲返西國。學徒追逐，相續留連。太守王方奢，述眾元情，重申邀請，諦又且修人事，權止海隅。伺旅束裝，未思安堵。至三年九月，發自梁安，汎舶西引，業風賦命，飄還廣州。十二月中，上南海岸，刺史歐陽穆公頠，延住制旨寺，請翻新文。諦顧此業緣，西還無措，乃對沙門慧愷等，翻《廣義法門經》及《唯識論》等。後穆公薨沒，世子紇重爲檀越，開傳經論，時又許焉，而神思幽通，量非情測。嘗居別所，四絕水洲。紇往造之，嶺峻濤涌，未敢凌犯，諦乃鋪舒坐具，在於水上，加坐其內，如乘舟焉。浮波達岸，既登接對，而坐具不濕，依常敷置。有時或以荷葉，搨水乘之而度，如斯神異，其例甚眾。

至光太二年六月，諦厭世浮雜，情弊形骸，未若佩理資神，早生勝壤。遂入南海北山，將捐身命。時智愷正講《俱舍》，聞告馳往。道俗奔赴，相繼山川。刺史又遣使人，伺衛防遏，躬自稽顙，致留三日，方紆本情。因爾迎還，止于王園寺。時宗愷諸僧，欲延還建業，會楊輦碩望，恐奪時榮，乃奏曰，嶺表所譯眾部，多明無塵唯識，言乖治術，有蔽國風，不隸諸華，可流荒服。帝然之。故南海新文，有藏陳世。以太建元年遘疾，少時遺訣。嚴正勗示因果，書傳累紙，其文付弟子智休。至正月十日午時遷化，時年七十有一。

那連提黎耶舍

傳記

道宣《续高僧傳》卷二 那連提黎耶舍，隋言尊稱，北天竺烏場國人。【略】天保七年，屆於京鄴，文宣皇帝，極見殊禮，偏異恆倫。耶舍時年四十，骨梗雄雅，物議彈之。緣是文宣，禮遇隆重，安置天平寺中請爲翻經，三藏殿內，梵本千有餘夾。勅送於寺，處以上房，爲建道場，供窮珍妙，別立廚庫，以表尊崇。又勅昭玄大統沙門法上等二十餘人，監掌翻譯。沙門法智居士萬天懿傳語。懿元鮮卑，姓萬俟氏，少出家，師婆羅門，而聰慧有志力。善梵書語，工呪符術。由是，故名預參傳焉。初翻衆經五十餘卷，大興正法，弘暢衆心。宣帝重法殊異，躬禮梵本，顧群臣曰，此乃三寶洪基，故我偏敬，其奉信推誠爲如此也。耶舍每於宣譯之暇，時陳神呪，冥救顯助，立功多矣。未幾授昭玄都，俄轉爲統。所獲供祿，不專自資，好起慈惠，樂興福業，設供飯僧，施諸貧乏，獄囚繫畜，咸將濟之。市廛鬧所，多造義井，親自漉水，津給衆生。又於汲郡西山建立三寺，依泉旁谷，制極山美。又收養厲疾男女別坊，四事供承，務令周給。又往突厥客館，勸持六齋，羊料放生，受行素食。又曾遇病，百日不起，天子皇后躬問起居。耶舍歎曰，我本外客，德行未隆，乘輿今降，重法故爾。内無其心，慚懼交集。健德之季，周武克齊，佛教與國，一時平殄。耶舍外假俗服，内襲三衣，避地東西，不遑寧息。五衆彫窘，投厝無所，儉餓溝壑者，減食施之。老病扶力者，隨緣濟益，雖事力匱薄，拒諫行之而神志休強，説導無倦。此負留難，便歷四年。

有隋御寓，重隆三寶。開皇之始，梵經遥應，爰降璽書，請來弘譯。二年七月，弟子道密等，侍送入京。住大興善寺。其年季冬，草創翻譯，勅昭玄統沙門曇延等三十餘人，令對翻傳。主上禮問殷繁，供奉隆渥。年雖朽邁，行轉精勤。曾依舍利弗陁羅尼，具依修業，夢得境界，自身作佛。如此靈祥雜沓，其例非一。後移住廣濟寺，爲外國僧主，存撫羈客，妙得物心。忽一旦告弟子曰，吾年老力微，不久去世，及今明了，誠爾門徒，佛法難逢，宜勤修學，人身難獲，愼勿空過。言訖就枕，奄爾而化。時滿百歲。即開皇九年八月二十九日也。

闍那崛多

傳記

道宣《续高僧傳》卷二　闍那崛多，隋言德志北賢豆（賢豆。本音因陁羅婆陁那，此云主處，謂天帝所護故也。）【略】于時即西魏後元年也。雖歷艱危，心逾猛勵，發蹤跋涉，三載于兹，十人之中，過半亡没。所餘四人，僅存至此。以周明帝武成年，初届長安，止草堂寺。師徒遊化，已果來心，更登淨壇，再受具足，精誠從道，尤甚由來。稍參京輦，漸通華語，尋從本師勝名，被明帝詔延入後園，共論佛法，殊禮別供，充諸禁中，思欲通法，無由自展，具情上啟，即蒙別勅，爲四天王寺，聽在居住。自兹已後，乃翻新經，既非弘泰，羈縻而已。所以接先闕本，傳度梵文，即《十一面觀音》《金仙問經》等是也。會譙王宇文儉鎮蜀，復請同行，於彼三年，恆任益州僧主，住龍淵寺。又翻《觀音偈》《佛語經》。建德隳運，像教不弘，五衆一期，同斯俗服。武帝下勅，追入京輦，重加爵祿，逼從儒禮，秉操鏗然，守死無懼。帝愍其貞亮，哀而放歸，路出甘州，北由突厥。闍梨智賢，還西滅度。崛多及以和上乃爲突厥所留，未久之間，和上遷化，隻影孤寄，莫知所安。賴以北狄君民，頗弘福利，因斯飄寓，隨方利物。有齊僧寶暹，道邃，僧曇等十人，以武平六年，相結同行，採經西域，往返七載，將事東歸，凡獲梵本，二百六十部，行至突厥。俄屬齊亡，亦投彼國，因與同處，講道相娱，所賫新經，請翻名題。勘舊録目，轉覺巧便，有異前人。無虚行苦，同誓焚香，共契宣布。大隋受禪，佛法即興，暹等賫經，先來應運。開皇元年季冬，届止京邑，勅付所司，訪人令譯。二年仲春，便就傳述。夏中詔曰，殷之五遷，恐民盡死，是則居吉凶之土，制短長之命。謀新去故，如農望秋。龍首之山，川原秀麗，卉木滋阜，宜建都邑，定鼎之基，永固無窮之業。在兹可域，城曰大興城。殿曰大興殿。門曰大興門。縣曰大興縣。園苑池沼其號並同。寺曰大興善也。於此寺中，傳度法本。

時崛多仍住北狄，至開皇五年，大興善寺沙門曇延等三十餘人，以躬當翻譯，音義乖越，承崛多在北，乃奏請還。帝乃別勅追延，崛多西歸已絕。流滯十年，深思明世，重遇三寶，忽蒙遠訪，欣願交并。即與使乎同來入國。于時文帝，巡幸洛陽，於彼奉謁，天子大悦，賜問頻仍，未還京闕，尋勅敷譯。新至梵本，衆部彌多，或經或書，且内且外，諸有翻傳，必以崛多爲主。僉以崛多言識異方，字曉殊俗，故得宣辯自運，不勞傳度，理會義門，句圓詞體，文意粗定，銓本便成。筆受之徒，不費其力，試比先達，抑亦繼之。【略】至開皇二十年，便從物故，春秋七十有八。

達摩笈多

傳記

道宣《续高僧傳》卷二　達摩笈多，隋言法密。本南賢豆羅囉（旼）國人也。【略】遂達于瓜州。方知委曲取北路之道也。笈多遠慕大國，跋涉積年，初契同徒，或留或歿，獨顧單影，屈斯勝地，靜言思之，悲喜交集。尋蒙帝旨，延入京城，處之名寺供給豐渥，即開皇十年冬十月也。至止未淹，華言略悉。又奉別勑令就翻經，移住興善，執本對譯，允正寔繁，所誦大小乘論，並是深要，至於宣解，大弘微旨。此方舊學，頻遣積疑。然而慈恕立身，柔和成性，心非道外，行在言前。戒地夷而靜，智水幽而潔。經洞字源，論窮聲意。加以威容詳正，勤節高猛，誦響繼晨宵，法言通內外。又性好端居，簡絕情務，寡薄嗜慾，息杜希求，無倦誨人，有踰利己。曾不忤顔於賤品，輕心於微類。遂使未覩者傾風，暫謁者欽敬，自居譯人之首。惟存傳授，所有覆疎，務存綱領。煬帝定鼎東都，敬重隆厚。至於佛法，彌增崇樹，乃下勑於洛水南濱上林園內，置翻經館，搜舉翹秀，永鎮傳法。登即下徵笈多幷諸學士，並預集焉。四事供承，復恆常度，致使譯人不墜其緒，成簡無替於時。及隋綱云頹，郊壘煙構，梵本新經，一時斯斷。笈多蘊其深解，遂闕陳弘，始於開皇中歲，終於大業末年二十八載。

釋彥琮

傳記

道宣《续高僧傳》卷二　釋彥琮，俗緣李氏，趙郡栢人人也，世號衣冠，門稱甲族。少而聰敏，才藻清新，識洞幽微，情符水鏡，遇物斯覽，事罕再詳。初投信都僧邊法師。【略】大定元年正月，沙門曇延等，同舉奏度，方蒙落髮，時年二十有五。【略】其年《西域經》至，即勑翻譯，既副生願欣至泰然。【略】至十二年，勑召入京，復掌翻譯，住大興善，厚供頻仍。【略】披會玄旨，屢發信心。然而東夏所貴，文頌爲先，中天師表，梵音爲本。琮乃專尋教典，日誦萬言，故《大品》《法華》《維摩》《楞伽》《攝論》《十地》等，皆親傳梵書，受持誦讀。每日闇閲，要周乃止。【略】仁壽二年，下勑更令撰《衆經目錄》，乃分爲五例，謂單譯、重翻、別生、疑、僞。隨卷有位，帝世盛行。尋又下勑，令撰《西域傳》。素所暗練，周鏡目前，分異訛錯，深有徵舉，故京壤名達，多尋正焉。有王舍城沙門，遠來謁帝，事如後傳，將還本國，請《舍利瑞圖經》及《國家祥瑞錄》。勑又令琮翻隋爲梵，合成十卷，賜諸西域。琮以洽聞博達，素所關心，文章騰翥，京輦推尚。凡所新譯諸經，及見講解大智釋論等，並爲之序引。又著《沙門名義論別集》五卷，並詞理清簡，後學師欽。大業二年，東都新治，與諸沙門詣闕朝賀，特被召入內禁，敘故累宵，談述治體呈示文頌，其爲時主見知如此。因即下勑，於洛陽上林園立翻經館，以處之。供給事隆，倍逾關輔，新平林邑，所獲佛經，合五百六十四夾，一千三百五十餘部，並昆侖書，多梨樹葉。有勑送館，付琮披覽，幷使編敘目錄，以次漸翻，乃撰爲五卷，分爲七例。所謂經，律，讚，論，方，字，雜書七也。必用隋言以譯之，則成二千二百餘卷。勑又令裴矩共琮修纘《天竺記》，文義詳洽，條貫有儀。凡前後譯經，合二十三部，一百許卷。制序述事，備于經首。素患虛冷，發痢無時，因卒于館，春秋五十有四。

波羅頗迦羅蜜多羅

傳記

道宣《續高僧傳》卷第三　波羅頗迦羅蜜多羅，唐言作明知識，或一云波頗，此云光智，中天竺人也。【略】至三年三月，上以諸有非樂，物我皆空，眷言眞要，無過釋典，流通之極，豈尚翻傳。下詔所司，搜揚碩德，備經三教者一十九人，於大興善創開傳譯。沙門慧乘等證義，沙門玄謨等譯語，沙門慧賾，慧淨，慧明，法琳等綴文。又勅上柱國尚書左僕射房玄齡，散騎常侍太子詹事杜正倫，參助勘定。光祿大夫太府卿蕭璟，總知監護。百司供送，四事豐華。初譯《寶星經》，後移勝光，又譯《般若燈》《大莊嚴論》合三部三十五卷。至六年冬，勘閱既周，繕寫云畢，所司詳讀，乃上聞奏。下勅各寫十部，散流海內，仍賜頗物百段，餘承譯僧，有差束帛。又勅太子庶子李百藥制序，具如論首。波頗意在傳法，情望若絃，而當世盛德，自私諸己。有人云，頗僥倖時譽，取馳於後。故聚名達，廢講經論。斯未是弘通者時，有沙門靈佳，卓犖拔群，妙通機會，對監護使，具述事理云，頗遠投東夏，情乖名利，欲使道流，千載聲振上古。昔符姚兩代，翻經學士乃有三千，今大唐譯人不過二十，意在明德同證，信非徒說。後代昭奉，無疑於今耳。識者僉議攸同，後遂不行。時爲太子染患眾治無效。下勅迎頗入內，一百餘日，親問承對，不虧帝旨。疾既漸降，辭出本寺，賜綾帛等六十段，并及時服十具。頗誓傳法化，不憚艱危，遠度葱河，來歸震旦，經途所亘，四萬有餘，躬賫梵本，望並翻盡，不言英彥，有墜綸言，本志頹然，雅懷莫訴，因而搆疾，自知不救，分散衣資，造諸淨業，端坐觀佛，遺表施身。下勅特聽，尋爾而卒於勝光寺，春秋六十有九。

釋慧賾

傳記

道宣《續高僧傳》卷第三 釋慧賾，俗姓李，荆州江陵人。早悟非常，神思鋒逸，九歲投本邑隱法師出家。隱體其精爽異倫，即度爲沙彌，講授之暇，誨以幽奧。【略】會唐運勃興，蒼生攸濟。賾不滯物我，來從帝城，講誨暫揚，傾都請道。武德年內，釋侶云繁，屢建法筵，皆程氣宇。時延興寺，百座講《仁王經》，王公卿士，並從盛集。沙門吉藏，爰豎論宗，聲辯天臨，貴賤傾目，賾纔施銳責，言清理詣，思動幾微，神彩驚越，四部駭心百辟。藏顧而歎曰，非惟論辯難繼，抑亦銀鉤罕蹤，今上在蕃，親觀論府，深相結納，擬爲師友。六使來召，令赴別第。賾以生名，殺身之累，由來有人，退讓餘詞，一不聞命。及貞觀開譯，詔簡名僧眾，以文筆知名兼又統詳論旨，乃任爲翻論之筆。譯訖奏聞，有勅賜帛百匹衣服一具。【略】

此土先有《中論》四卷，本偈大同。賓頭盧伽爲之注解，晦其部執，學者昧焉。此論既興，可爲龜鏡。庶明達君子，詳而味之。序成未即聞上，帝勅秘書監虞世南作序，見賾之所製，嘆咽無以加焉。因奏聞上，仍以序列于卷首，所在傳寫，緘于經藏。以貞觀十年四月六日終於所住。春秋五十有七。

釋慧淨

傳記

道宣《續高僧傳》卷第三 釋慧淨，俗姓房氏，常山眞定人也。家世儒宗。鄉邦稱美。淨即隋朝國子博士徽遠之猶子也。生知天挺雅懷篇什。風格標峻器宇沖邈。年在弱歲早習丘墳。便曉文頌榮冠閭里。十四出家。志業弘遠。【略】自爾，大小雙玩，研味逾深。注述之餘，尋繹無暇，卻掃閑室，統略舊宗。纘述《雜心玄文》爲三十卷，包括群典，籠罩古今。四遠英猷，皆參沈隱。末又以《俱舍》所譯，詞旨宏富，雖有陳迹，未盡研求。乃無師獨悟，思擇名理，爲之文疏三十餘卷，遂使經部妙義，接紐明時。罽賓正宗，傳芳季緒。【略】

貞觀二年新經既至，將事傳譯。下勅所司，搜選名德，淨當斯集，筆受《大莊嚴論》，詞旨深妙，曲盡梵言，宗本既成，并纘文疏爲三十卷。

義冠古今，英聲藉甚。三藏法師對僕射房玄齡鴻臚唐儉庶子杜正倫于志寧，撫淨背而歎曰，此乃東方菩薩也。自非精爽天拔，何以致斯言之極哉。其爲異域，見欽如此。至貞觀十年，本寺開講，王公宰輔，才辯有聲者，莫不畢集，時以爲榮望也。【略】又撰《法華經纘述》十卷，《勝鬘》《仁王》《般若》《溫室》《盂蘭盆》《上下生》各出要纘，盛行於世。並文義綺密，高彥推之。故其每有弘通，光揚佛日，緇素雲踴，慶所洽聞。于時大法廣弘，充溢天壤，頗亦淨之功也。然末代所學，庸淺者多。若不關外，則言無所厝。【略】淨以人之作者，差非奇挺，乃搜採近代藻鋭者，撰詩英華，一帙十卷。識者懷鉛，探其冠冕。【略】以慧淨爲普光寺主，仍知本寺上座事，奉旨驚惶，罔知攸措。但慧淨不揆庸短，少專經論，用心過分，因構沈痾。【略】及貞觀十九年更崇翻譯，所司簡約，又無聯類，下召追赴，謝病乃止。今春秋六十有八。

釋玄奘

傳記

道宣《續高僧傳》卷第四　釋玄奘，本名禕，姓陳氏。漢太丘仲弓後也。【略】乃又惟曰，余周流吳蜀，爰逮趙魏，末及周秦，預有講筵，率皆登踐。已布之言令雖蘊胸襟。未吐之詞宗解籤無地。若不輕生殉命，誓往華胥，何能具觀成言。用通神解，一覩明法，了義眞文，要返東華，傳揚聖化。則先賢高勝，豈決疑於彌勒，後進鋒穎，寧輟想於瑜伽耶？時年二十九也，遂厲然獨舉，詣闕陳表，有司不爲通引，頓迹京皐，廣就諸蕃，遍學書語，行坐尋授，數日便通。側席面西，思聞機候。會貞觀三年，時遭霜儉，下勅道俗，逐豐四出，幸因斯際，徑往姑臧，漸至燉煌。路由天塞，裹糧弔影，前望悠然，但見平沙，絕無人徑。迴遑委命，任業而前，展轉因循，達高昌境。

初奘在涼州講揚經論，華夷士庶，盛集歸崇，商客通傳，預聞蕃域。高昌王麴文泰，特信佛經，復承奘告，將遊西鄙，恆置郵馹，境次相迎。忽聞行達，通夕立候，王母妃屬，執炬殿前，見奘苦辛，備言意故，合宮下淚，驚異希有。延留夏坐，長請開弘，王命爲弟，母命爲子，殊禮厚供，日時恆致，乃爲講《仁王》等經及諸機教。道俗係戀，並願長留。【略】至迦濕彌羅國，即此俗常傳，罽賓是也。莫委罽賓由何而生。觀其圖域，同罽賓耳。本是龍海羅漢取之，引眾而住，通三藏也。故其國境四面負山，周七千餘里，門徑狹迮，僧徒五千，多學小乘，國有大德名僧勝匠。奘就學《俱舍》《順正理》《因明》《聲明》及《大毘婆沙》。王慇遠至，給書手十人，供給寫之。【略】大林有婆羅門，年七百歲，貌如三十，明《中》《百論》及外道書，云是龍猛弟子，乃停一月學之。又東至那僕底國，就調伏光法師，學《對法》《顯宗》《理門》等論。又東詣那伽羅寺，就月胄論師，學《眾事分》《婆沙》。又東至祿勒那國，就闍那崛多大德，學經部婆沙。又就蜜多犀那論師，學薩婆多部《辯眞論》。漸次東南路經六國多有遺迹，育王標塔高二十丈者，其數不少。【略】便請戒賢講《瑜伽論》，聽者數千人，十有五月方得一遍，重爲再講，九月方了。自餘《順理》《顯揚》《對法》等並得諮稟。然於瑜伽偏所鑽仰。經於五年晨夕無輟，將事博議，未忍東旋。賢誡曰，吾老矣，見子殉命求法，經途十年，方至今日，不辭朽老，力爲伸明，法貴流通，豈期獨善。更參他部，恐失時緣，智無涯也，惟佛乃窮，人命如露，非旦則夕，即可還也。便爲裝行調，付給經論。奘曰，敢聞命矣。意欲南巡諸國，還途北指，以高昌昔言不得違也。【略】

以貞觀十九年正月二十四日，屆于京郊之西。道俗相趨，屯赴闐闉，數十萬眾，如値下生。將欲入都，人物諠擁，取進不前，遂停別館，通夕禁衛。候備遮斷，停駐道旁，從故城之西南至京師朱雀街之都亭驛二十餘里，列眾禮謁，動不得旋，于時駕幸洛陽，奘乃留諸經像，送弘福寺。京邑僧眾競列幢帳，助運莊嚴，四部諠譁，又倍初至。當斯時也，復感瑞雲，現于日北，團圓如蓋，紅白相映，當于像上，顯發輪光，既非遶日，同共嗟仰，從午至晡。豫入弘福，方始歇滅。致使京都五日，四民廢業，七眾歸承，當此一期，傾仰之高，終古罕類也。【略】仍於弘福譯《大嚴》等經，不久之間，奘信又至，乃勅且停，待到方譯。主上虛心企仰，頻下明勅，令奘速至，但爲事故，留連不早程達。既見洛宮，深沃虛想，即陳翻譯，搜擢賢明。上曰，法師唐梵具贍，詞理通敏，將恐徒揚仄陋，終虧聖典。奘曰，昔者二秦之譯門位三千，雖復翻傳，猶恐後代，無聞懷疑乖信。若不搜舉，同奉玄規，豈以褊能妄參朝委。頻又固請，乃蒙降許。帝曰，自法師行後，造弘福寺，其處雖小，禪院虛靜，可爲翻譯，所須人物吏力，並與玄齡商量，務令優給。既承明命，返迹京師。遂召沙門慧明靈閏等，以爲證義，沙門行友玄賾等，以爲綴緝，沙門智證辯機等，以爲錄文，沙門玄模以證梵語，沙門玄應以定字僞。其年五月創開翻譯《大菩薩藏經》二十卷，余爲執筆，并刪綴詞理。其經廣解六度四攝十力四畏三十七品諸菩薩行，合十二品，將四百紙。又復旁翻《顯揚聖教論》二十卷，智證等更迭錄文，沙門行友詳理文句，奘公於論，重加陶練。次又翻《大乘對法論》一十五卷，沙門玄賾筆受，微有餘隙。又出《西域傳》一十二卷，沙門辯機，親受時事，連紕前後，兼出《佛地》《六門》《神咒》等經，都合八十許卷。自前代已來所譯經教，初從梵語倒寫本文。次乃迴之，順同此俗。然後筆人，亂理文句，中間增損，多墜全言。今所翻傳，都由奘旨，意思獨斷，出語成章，詞人隨寫，即可披翫。尚賢吳魏，所譯諸文，但爲西梵所重，貴於文句，鉤鎖聯類，重沓布在。唐文頗居繁復，故使綴工，專司此位。所以貫通詞義，加度節之。銓本勒成，秘書繕寫。

【略】

尋又下勅，令翻《老子》五千文爲梵言以遺西域。奘乃召諸黄巾，述其玄奥，領疊詞旨，方爲翻述。道士蔡晃成英等，競引釋論《中》《百》玄意，用通道經。奘曰，佛道兩教，其致天殊。安用佛言，用通道義。窮覈言疏，本出無從。晃歸情曰，自昔相傳，祖憑佛教，至於三論，晃所師遵，準義幽通，不無同會，故引解也，如僧肇著論，盛引老莊，猶自申明，不相爲怪，佛言似道，何爽綸言。奘曰，佛教初開，深文尚擁，老談玄理，微附佛言，《肇論》所傳，引爲聯類，豈以喻詞，而成通極。今經論繁富，各有司南，老但五千，論無文解，自餘千卷，多是醫方，至如此土賢明，何晏王弼周顒蕭繹顧歡之徒，動數十家，注解老子，何不引用，乃復旁通釋氏，不乃推步逸蹤乎。既依翻了，將欲封勅。道士成英曰，老經幽邃，非夫序引，何以相通，請爲翻之。奘曰，觀老治身治國之文，文詞具矣。叩齒咽液之序，其言鄙陋，將恐西聞異國，有愧鄉邦。英等以事聞諸宰輔，奘又陳露其情。中書馬周曰，西域有道如老莊不。奘曰，九十六道，並欲超生，師承有滯，致淪諸有。至如順世四大之術，冥初六諦之宗，東夏所未言也。若翻老序，則恐彼以爲笑林，遂不譯之。【略】

貞觀二十二年幸玉華宮，追奘至。問，翻何經論。答，正翻瑜伽。上問，何聖所作，明何等義。具答已，令取論自披閲。遂下勅，新翻經論，寫九本頒與雍，洛，相，兗，荊，楊等九大州。奘又請經題，上乃出之，名《大唐三藏聖教序》。【略】

不久下勅，令住玉華，翻經供給，一準京寺。遂得託靜，不爽譯功。以顯慶五年正月元日，創翻大本，至龍朔三年十月末了。凡四處十六會說，總六百卷，般若空宗，此焉周盡。於間又翻《成唯識論》《辯中邊論》《唯識二十論》《品類足論》等。至十一月表上此經，請製經序，於蓬萊宮通事舍人馮義宣勅許之。【略】

因既臥疾，開目閉目，見大蓮花，鮮白而至。又見偉相，知生佛前，命僧讀所翻經論名目已，總有七十三部一千三百三十卷，自懷欣悅。總召門人，有緣並集，云，無常將及，急來相見。於嘉壽殿以香木樹菩提像骨，對寺僧門人辭訣，并遺表訖，便默念彌勒。令傍人稱曰，南謨彌勒如來應正等覺，願與含識，速奉慈顏，南謨彌勒如來所居內眾，願捨命已必生其中。至二月四日，右脇累足，右手支頭，左手髀上，鏗然不動。有問何相，報曰，勿問，妨吾正念。至五日中夜，弟子問曰，和上定生彌勒前不。答曰，決定得生。言已氣絶。

那提三藏

傳記

贊寧《宋高僧傳》卷一　那提三藏，唐曰福生，具依梵言，則云布如烏代邪，以言煩多故。【略】度人立寺，所在揚扇，承脂那東國，盛轉大乘，佛法崇盛，贍洲稱最，乃搜集大小乘經律論五百餘夾，合一千五百餘部。以永徽六年創達京師，有勅令於慈恩安置，所司供給。時玄奘法師，當途翻譯，聲華騰蔚，無有克彰，掩抑蕭條，般若是難。既不蒙引，返充給使。顯慶元年，勅往崑崙諸國，採取異藥。既至南海，諸王歸敬，爲別立寺，度人授法，弘化之廣，又倍於前。以昔被勅往，理須返命，慈恩梵本，擬重尋研。龍朔三年，還返舊寺，所賫諸經，並爲奘將北出，意欲翻度，莫有依憑。惟譯《八曼荼羅》《禮佛法》《阿吒那智》等三經，要約精最，可常行學。其年南海眞臘國，爲那提素所化者，奉敬無已，思見其人。合國宗師，假途遠請。乃云，國有好藥，唯提識之，請自採取。下勅聽往，返亦未由。

釋義淨

傳記

贊寧《宋高僧傳》卷第一　釋義淨，字文明，姓張氏，范陽人也。髫齓之時，辭親落髮，遍詢名匠，廣探群籍，内外閑習，今古博通。年十有五，便萌其志，欲遊西域。仰法顯之雅操，慕玄奘之高風。加以勤無棄時，手不釋卷，弱冠登具，愈堅貞志。咸亨二年年三十有七，方遂發足。初至番禺，得同志數十人，及將登舶，餘皆退罷。淨奮勵孤行，備歷艱險，所至之境，皆洞言音。凡遇酋長，俱加禮重，鷲峯雞足，咸遂周遊，鹿苑祇林，並皆瞻矚，諸有聖迹，畢得追尋。經二十五年，歷三十餘國，以天后證聖元年乙未仲夏還至河洛，得梵本經律論近四百部，合五十萬頌。金剛座眞容一鋪，舍利三百粒。天后親迎于上東門外，諸寺緇伍，具幡蓋歌樂前導，勅於佛授記寺安置焉。初與于闐三藏實叉難陀翻《華嚴經》，久視之後，乃自專譯。起庚子歲至長安，癸卯於福先寺及雍京西明寺，譯《金光明》《最勝王》《能斷金剛般若》《彌勒成佛》《一字呪王》《莊嚴王陀羅尼》《長爪梵志》等經，《根本一切有部毗柰耶》《尼陀那目得迦》《百一羯磨攝》等，《掌中》《取因》《假設》《六門教授》等論，及龍樹《勸誡頌》凡二十部。北印度沙門阿儞眞那證梵文義，沙門波崙、復禮、慧表、智積等筆受證文。沙門法寶、法藏、德感、勝莊、神英、仁亮、大儀、慈訓等證義，成均太學助教許觀監護，繕寫進呈。天后製《聖教序》，令標經首。暨和帝神龍元年乙巳，於東洛内道場，譯《孔雀王經》。又於大福先寺出《勝光天子》《香王菩薩》《呪一切》《莊嚴王經》四部。沙門盤度讀梵文，沙門玄傘筆受，沙門大儀證文，沙門勝莊利貞證義，兵部侍郎崔湜、給事中盧粲潤文正字，秘書監駙馬都尉楊愼交監護。帝深崇釋典，特抽叡思，製《大唐龍興三藏聖教序》。又御洛陽西門，宣示群官，新翻之經。二年淨隨駕歸雍京，置翻經院於大薦福寺居之。三年詔入内，與同翻經沙門九旬坐夏。帝以昔居房部，幽厄無歸，祈念藥師，遂蒙降祉。荷茲往澤，重闡鴻猷，因命法徒，更重傳譯於大佛光殿，二卷成文，曰《藥師瑠璃光佛本願功德經》。帝御法筵，手自筆受。睿宗永隆元年庚戌，於大薦福寺，出《浴像功德經》《毗柰耶雜事》《二眾戒經》《唯識》《寶生》《所緣釋》等二十部。吐火羅沙門達磨末磨，中印度沙門拔弩證梵義，罽賓沙門達磨難陀證梵文，居士東印度首領伊舍羅證梵本，沙門慧積居士、中印度李釋迦度頗多語梵本，沙門文綱、慧沼、利貞、勝莊、愛同、思恆證義，玄傘、智積筆受。居士東印度瞿曇金剛、迦濕彌羅國王子阿順證譯，修文館大學士李嶠、兵部尚書韋嗣立、中書侍郎趙彥昭、吏部侍郎盧藏用、兵部侍郎張說、中書舍人李乂二十餘人，次文潤色。左僕射韋巨源、右僕射蘇瓌監護，秘書大監嗣虢王邕同監護。景雲二年辛亥，復於大薦福寺譯《稱讚如來功德神呪》等經。太常卿薛崇嗣監護。自天后久視迄睿宗景雲，都翻出五十六部二百三十卷。又別撰《大唐西域求法高僧傳》《南海寄歸内法傳》《別說罪要行法》《受用三法水要法》《護命放生軌儀》凡五部九卷。又出《說一切有部跋窣堵》，即諸律中犍度跋渠之類，蓋梵音有楚夏耳，約七十八卷。淨雖遍翻三藏，而偏攻律部，譯綴之暇，曲授學徒，凡所行事，皆尚急護，漉囊滌穢，特異常倫。學侶傳行，遍于京洛。美哉。亦遺法之盛事也。先天二年卒。春秋七十九。法臘五十九。

金剛智

傳記

贊寧《宋高僧傳》卷一　釋跋日羅菩提，華言金剛智，南印度摩賴耶國人也，華言光明。其國境近觀音宫殿補陁落伽山。父婆羅門善五明論，爲建支王師，智生數歲，日誦萬言，目覽心傳，終身無忘。年十六開悟佛理，不樂習尼揵子諸論，乃削染出家。蓋宿植之力也。後隨師往中印度那爛陀寺，學修多羅阿毗達磨等。洎登戒法，遍聽十八部律，又詣西印度學小乘諸論及瑜伽三密陀羅尼門，十餘年全通三藏。次復遊師子國登楞伽山，東行佛誓裸人等二十餘國。聞脂那佛法崇盛，泛舶而來，以多難故累歲方至。開元己未歲，達于廣府。勅迎就慈恩寺，尋徙薦福寺，所住之刹，必建大曼拏羅，灌頂道場，度於四衆。大智大慧二禪師，不空三藏，皆行弟子之禮焉。後隨駕洛陽，其年自正月不雨迨于五月，嶽瀆靈祠，禱之無應，乃詔智結壇祈請，於是用不空鉤，依菩薩法，在所住處起壇，深四肘，躬繪七俱胝菩薩像，立期以開光明。日定隨雨焉。帝使一行禪師謹密候之，至第七日炎氣爞爞，天無浮翳，午後方開眉眼，即時西北風生，飛瓦拔樹，崩雲泄雨，遠近驚駭。而結壇之地，穿穴其屋，洪注道場。質明京城，士庶皆云，智獲一龍，穿屋飛去，求觀其處，日千萬人。斯乃壇法之神驗也。于時帝留心玄牝，未重空門，所司希旨奏，外國蕃僧，遣令歸國，行有日矣。侍者聞智。智曰，吾是梵僧，且非蕃胡，不干明勅，吾終不去。數日忽乘傳將之雁門奉辭。帝大驚，下手詔留住。初帝之第二十五公主甚鍾其愛，久疾不救，移卧於咸宜外館，閉目不語，已經旬朔。有勅令智授之戒法，此乃料其必終，故有是命。智詣彼，擇取宫中七歲二女子，以緋繒纏其面目卧於地，使牛仙童寫勅一紙焚於他所。智以密語呪之，二女冥然誦得，不遺一字。智入三摩地，以不思議力，令二女持勅詣琰摩王。食頃間，王令公主亡保母劉氏，護送公主魂隨二女至。於是公主起坐，開目言語如常。帝聞之，不俟仗衛，馳騎往于外館。公主奏曰，冥數難移，今王遣迴略覲聖顔而已。可半日間，然後長逝。自爾，帝方加歸仰焉。武貴妃寵異六宫，薦施寶玩。智勸貴妃急造金剛壽命菩薩像，又勸河東郡王於毗盧遮那塔中繪像。謂門人曰，此二人者，壽非久矣。經數月皆如其言。凡先覺多此類也。智理無不通，事無不驗。經論戒律，秘呪餘書。隨問剖陳，如鐘虡受。有登其門者，智一覯其面，永不忘焉。至於語默興居，凝然不改，喜怒逆順，無有異容。瞻禮者莫知津涯，自然率服矣。

自開元七年始届番禺，漸來神甸，廣敷密藏，建曼拏羅依法製成，皆感靈瑞。沙門一行，欽尚斯教，數就諮詢，智一一指授，曾無遺隱。一行自立壇灌頂，遵受斯法，既知利物，請譯流通。十一年奉勅於資聖寺翻出《瑜伽念誦法》二卷、《七俱胝陁羅尼》二卷。東印度婆羅門大首領直中書伊舍羅譯語，嵩岳沙門溫古筆受。十八年於大薦福寺又出《曼殊室利五字心陁羅尼》《觀自在瑜伽法要》各一卷，沙門智藏譯語，一行筆受，删綴成文。復觀舊隨求本中有闕章句，加之滿足。智所譯總持印契，凡至皆驗，秘密流行，爲其最也。兩京稟學，濟度殊多，在家出家，傳之相繼。二十年壬申八月既望，於洛陽廣福寺命門人曰，白月圓時，吾當去矣。遂禮毗盧遮那佛，旋繞七匝，退歸本院，焚香發願，頂戴梵夾，并新譯教法付囑訖，寂然而化，壽七十一。臘五十一。

不空

傳記

贊寧《宋高僧傳》卷一　釋不空，梵名阿目佉跋折羅，華言不空金剛，止行二字，略也。本北天竺婆羅門族，幼失所天，隨叔父觀光東國。年十五師事金剛智三藏，初導以梵本悉曇章及聲明論，浹旬已通徹矣。師大異之，與受菩薩戒，引入金剛界大曼荼羅，驗以擲花，知後大興教法。

洎登具戒善解一切有部，諳異國書語。師之飜經，常令共譯，凡學聲明論，一紀之功，六月而畢。誦文殊普賢行願，一年之限再夕而終。其敏利皆此類也。欲求學新瑜伽五部三密法，涉于三載，師未教詔。空擬迴天竺。師夢京城諸寺佛菩薩像皆東行，寐寤乃知空是眞法器，遂允所求。授與五部灌頂護摩阿闍梨法及毘盧遮那經蘇悉地軌則等，盡傳付之。厥後師往洛陽，隨侍之際，遇其示滅，即開元二十年矣。影堂既成，追謚已畢。曾奉遺旨，令往五天，幷師子國。遂議遐征，初至南海郡，採訪使劉巨隣，懇請灌頂，乃於法性寺相次度人百千萬衆。空自對本尊祈請旬日，感文殊現身。及將登舟，採訪使召誡番禺界蕃客大首領伊習賓等曰，今三藏往南天竺師子國，宜約束船主，好將三藏幷弟子含光慧辯等三七人國信等達彼，無令疎失。二十九年十二月，附崑崙舶離南海，至訶陵國界，遇大黑風。衆商惶怖，各作本國法，禳之無驗，皆膜拜求哀，乞加救護，慧辯等亦慟哭。空曰，吾今有法，汝等勿憂。遂右手執五股菩提心杵，左手持《般若佛母經》夾。作法誦大隨求一遍，即時風偃海澄。又遇大鯨出水，噴浪若山，甚於前患，衆商甘心委命。空同前作法，令慧辯誦《娑竭龍王經》，逡巡衆難俱息。既達師子國，王遣使迎之，將入城，步騎羽衛駢羅衢路。【略】至天寶五載還京，進師子國王尸羅迷伽表，及金寶、瓔珞、般若、梵夾、雜珠白氎等。奉勅權止鴻臚續詔入內立壇，爲帝灌頂。後移居淨影寺，是歲終夏愆陽，詔令祈雨。制曰，時不得賒，雨不得暴。空奏立孔雀王壇，未盡三日雨已浹洽。帝大悅，自持寶箱，賜紫袈裟一副，親爲披擐。仍賜絹二百匹。後因一日大風卒起，詔空禳止，請銀缾一枚，作法加持，須臾戢靜。忽因池鵝，誤觸缾傾，其風又作，急暴過前，勅令再止，隨止隨效。帝乃賜號曰智藏焉。天寶八載，許迴本國。乘驛騎五匹至南海郡，有勅再留十二載。【略】肅宗厭代，代宗即位，恩渥彌厚，譯《密嚴》《仁王》二經畢，帝爲序焉。頒行之日，慶雲俄現，舉朝表賀。永泰元年十一月一日。制授特進，試鴻臚卿，加號大廣智三藏。【略】陛下恭遵遺旨，再使飜傳，利濟群品。起于天寶迄今大曆六年，凡一百二十餘卷，七十七部幷目錄，及筆受等僧俗名字，兼略出念誦儀軌寫畢遇誕節。謹具進上，勅付中外，並編入《一切經目錄》中。李憲誠宣勅，賜空錦綵絹八百匹，同翻經十大德，各賜三十匹。沙門潛眞表謝，僧俗弟子賜物有差。【略】復翻《孽路茶王經》，宣賜相繼，旁午道路。至九年自春抵夏，宣揚妙法，誡朂門人。每語及普賢願行，出《生無邊法門經》，勸令誦持。再三歎息，其先受法者，偏令屬意觀菩提心，本尊大印，直詮阿字，了法不生，證大覺身，若指諸掌，重重囑累。一夜命弟子趙遷持筆硯來，吾略出《涅槃茶毗儀軌》以貽後代，使準此送終。遷稽首三請，幸乞慈悲久住，不然衆生，何所依乎。空笑而已。俄而示疾。上表告辭，勅使勞問，賜醫藥，加開府儀同三司，封肅國公，食邑三千戶。固讓不俞，空甚不悅。且曰，聖衆儼如，舒手相慰，白月圓滿，吾當逝矣，奈何臨終，更竊名位。乃以五股金剛鈴杵先師所傳者幷銀盤子菩提子水精數珠。留別附中使李憲誠進。六月十五日。香水澡沐東首倚臥。北面瞻望闕庭。以大印身定中而寂。享年七十。僧臘五十。

善無畏 達摩掬多

傳記

贊寧《宋高僧傳》卷二 釋善無畏，本中印度人也，釋迦如來季父甘露飯王之後，梵名戍婆揭羅僧訶，華言淨師子，義翻爲善無畏，一云輸波迦羅，此名無畏，亦義翻也。【略】初畏途過北印度境，而聲譽已達中國，睿宗乃詔若那及將軍史獻《出玉門塞表》，以候來儀。開元初，玄宗夢與眞僧相見，姿狀非常，躬御丹青寫之殿壁，及畏至此與夢合符。帝悅有緣，飾內道場尊爲教主。自寧薛王已降，皆跪席捧器焉，賓大士於天宮，接梵筵於帝座，禮國師以廣成之道，致人主於如來之乘，巍巍法門於斯爲盛。時有術士，握鬼神之契，參變化之功。承詔御前，角其神異，畏恬然不動，而術者手足無所施矣。開元四年丙辰，齎梵夾始屆長安，勅於興福寺南院安置，續宣住西明寺，問勞重疊，錫貺異常。至五年丁巳，奉詔於菩提院翻譯，畏奏請名僧，同參華梵。開題先譯，虛空藏求《聞持法》一卷。沙門悉達譯語，無著筆受綴文，繕寫進內。帝深加賞歎，有勅畏所將到梵本並令進上。昔有沙門無行，西遊天竺，學畢言歸，方及北印，不幸而卒。其所獲夾葉，悉在京都華嚴寺中，畏與一行禪師，於彼選得數本，並總持妙門，先所未譯。十二年隨駕入洛，復奉詔於福先寺，譯《大毗盧遮那經》，其經具足梵文有十萬頌，畏所出者撮其要耳，曰《大毗盧遮那成佛神變加持經》七卷。沙門寶月譯語，一行筆受刪綴辭理，文質相半，妙諧深趣。上符佛意，下契根緣，利益要門，斯文爲最。又出《蘇婆呼童子經》三卷《蘇悉地揭羅經》三卷，二經具足，呪毗柰耶也，即秘密禁戒焉。若未曾入曼荼羅者，不合輒讀誦。猶未受具人，盜聽戒律也。所出《虛空藏菩薩能滿諸願最勝心陀羅尼求聞持法》一卷，即《金剛頂梵本經成就一切義圖》略譯少分耳。畏性愛恬簡，靜慮怡神。時開禪觀，獎勸初學。奉儀形者，蓮華敷於眼界，稟言說者，甘露潤於心田。超然覺明，日有人矣。法侶請謁，唯尊奉長老寶，思惟三藏而已。【略】二十年求還西域，優詔不許。二十三年乙亥十月七日，右脅累足，奄然而化，享齡九十九。僧臘八十。

智慧

傳記

贊寧《宋高僧傳》卷二 釋智慧者，梵名般剌若也。姓憍答摩氏，北天竺迦畢試國人，穎悟天資，七歲發心，違侍二親，歸依三寶。【略】貞元二年，始屆京輦。見鄉親神策軍正將羅好心，即慧舅氏之子也，悲喜相慰，將至家中，延留供養。八年上表，舉慧翻傳。有勑令京城諸寺大德名業殊眾者同譯，得罽賓三藏般若，開釋梵本，翰林待詔光宅寺沙門利言度語，西明寺沙門圓照筆受，資聖寺道液，西明寺良秀，莊嚴寺應真，醴泉寺超悟，道岸辯空，並充證義。六月八日，欲刱經題，勑右街功德使王希遷與右神策軍大將軍王孟，涉驃騎大將軍馬有隣等，送梵經出內，緇伍威儀，樂部相間，士女觀望，車騎交駢，迎入西明寺翻譯。即日賜錢一千貫，茶三十串，香一大合，充其供施，開名題曰《大乘理趣六波羅蜜多經》成十卷。又《華嚴長者問佛那羅延力經》《般若心經》各一卷，皆貞元八年所譯也，是歲十月繕寫畢。二十八日設綵車大備威儀，引入光順門進，帝覽忻然，慰勞勤至。勑於神策軍賜齋食，嚫慧絹五百匹冬服一副，餘人賜各有差，慧表謝，答詔褒美。同日請譯經，奉天定難。【略】慧後終于洛陽，葬龍門之西岡。塔今存矣。

玄覺

傳記

贊寧《宋高僧傳》卷二 釋玄覺，高昌國人也。西土種姓未得聞焉，學慕大乘，從玄奘三藏，研覈經論，亦於玉華宮參預翻譯，及《大般若經》向就，同請翻《寶積經》，奘辭惙然，覺因夢一浮圖莊嚴高大忽然摧倒，遂驚起告奘。奘曰，非汝身事，此吾滅之徵耳。覺暗悲安倣，勸諸法侶，競求醫藥。覺後莫測終焉。

道因

傳記

贊寧《宋高僧傳》卷二 釋道因，姓侯氏，濮陽人也。【略】追赴京邑止大慈恩寺，與玄奘法師翻譯，校定梵本，兼充證義。奘師偏獎賞之，每有難文同加參酌，新翻弗墜，因有力焉。慧日寺主，楷法師者，聰爽溫贍，聲藹鴻都，首建法筵，請開奧義。帝城緇俗，具來諮稟，欣焉相顧，得所未聞。因研幾史籍，尤好老莊，咀其菁華，含其腴潤，包四始於風律，綜五聲於文緒。故所講訓，內外該通。其專業者，《涅槃》《華嚴》《大品》《維摩》《法華》《楞伽》等經，《十地》《地持》《毗曇》《智度》《攝大乘》《對法》《佛地》等論及《四分》等律，其《攝論》《維摩》，仍著章疏，已而能事畢矣，示疾終于長安慧日寺，則顯慶三年三月十一日也。春秋七十二。

智賢

傳記

贊寧《宋高僧傳》卷二 釋若那跋陀羅，華言智賢，南海波淩（亦曰訶淩）國人也，善三藏學。麟德年中有成都沙門會寧，欲往天竺，觀禮聖跡，泛舶西遊，路經波淩，遂與智賢，同譯《涅槃》後分二卷。此於《阿笈摩經》內譯出。說世尊焚棺，收設利羅等事，與《大涅槃》頗不相涉，譯畢寄經達交州。寧方之西，至儀鳳年初，交州都督梁難敵，遣使同會寧弟子運期，奉表進經入京。三年戊寅，大慈恩寺沙門靈會，於東宮啟請施行，運期奉侍其師。因心莫比，師令齎經行化，故無暇影，隨往西域也。

覺救

傳記

贊寧《宋高僧傳》卷二 釋佛陀多羅，華言覺救，北天竺罽賓人也。齎多羅夾，誓化支那，止陽白馬寺。譯出《大方廣圓覺了義經》，此經近譯，不委何年。且隆道爲懷，務甄詐妄，但真詮不謬，豈假具知年月耶？救之行迹，莫究其終。

佛陀波利

傳記

贊寧《宋高僧傳》卷二 釋佛陀波利，華言覺護，北印度罽賓國人。【略】既達帝城便求進見，有司具奏，天皇賞其精誠，崇斯秘典，下詔鴻臚寺典客令杜行顗與日照三藏於內共譯，譯訖嚫絹三十匹，經留在內，波利垂泣。奏曰，委棄身命，志在利人，請帝流行，是所望也。帝愍其專切，遂留所譯之經，還其梵本。波利得經，彌復忻喜，乃向西明寺訪得善梵語僧順貞，奏乞重翻。帝俞其請，波利遂與順貞對諸大德翻出，名曰《佛頂尊勝陀羅尼經》。與前杜令所譯者，呪韻經文，少有同異。波利所願既畢，卻持梵本入于五臺。莫知所之。

釋尊法

傳記

贊寧《宋高僧傳》卷二 釋尊法，西印度人也。梵云伽梵達磨，華云尊法。遠踰沙磧，來抵中華，有傳譯之心，堅化導之願。天皇永徽之歲翻出《千手千眼觀世音菩薩廣大圓滿無礙大悲心陀羅尼經》一卷，經題但云西天竺伽梵達磨譯，不標年代。推其本末，疑是永徽顯慶中也。又準《千臂經序》云，智通同此三藏譯也。法後不知其終。

無極高

傳記

贊寧《宋高僧傳》卷二　釋無極高，中印度人。梵云阿地瞿多，華云無極高也。出家氏族未憑書之。高學窮滿字，行潔圓珠，精練五明，妙通三藏。永徽三年，壬子歲正月，自西印度齎梵夾來，屆長安，勑令慈門寺安置，沙門大乘琮等十六人，英公李世勣、鄂公尉遲德等十二人。同請高於慧日寺浮圖院，建陀羅尼普集會壇，所須供辦。法成之日，屢現靈異，京中道俗，咸歎希逢。沙門玄楷等固請翻其法本，以四年癸丑至于五年於慧日寺，從《金剛大道場經》中，撮要而譯，集成一部，名《陀羅尼集經》一十二卷。玄楷筆受。

極量

傳記

贊寧《宋高僧傳》卷二　釋極量，中印度人也。梵名般剌蜜帝，此言極量。懷道觀方，隨緣濟物，展轉遊化，漸達支那（印度俗呼廣府爲支那。名帝京爲摩訶支那也）乃於廣州制止道場駐錫。衆知傳達，祈請頗多。量以利樂爲心，因敷秘賾。神龍元年乙巳五月二十三日，於灌頂部中誦出一品，名《大佛頂如來密因修證了義諸菩薩萬行首楞嚴經》譯成一部十卷。烏萇國沙門彌伽釋迦（釋迦稍訛，正云鑠佉，此曰雲峯）譯語，菩薩戒弟子前正議大夫同中書門下平章事清河房融筆受，循州羅浮山南樓寺沙門懷迪證譯。量翻傳事畢，會本國王怒其擅出經本，遣人追攝，泛舶西歸，後因南使入京，經遂流布。有惟慤法師資中沇公，各著疏解之。

實叉難陀

傳記

贊寧《宋高僧傳》卷二　釋實叉難陀，一云施乞叉難陀，華言學喜。葱嶺北于闐人也。智度恢曠，風格不群，善大小乘，旁通異學。天后明揚佛日，崇重大乘，以《華嚴》舊經，處會未備，遠聞于闐，有斯梵本，發使求訪，并請譯人。叉與經夾，同臻帝闕，以證聖元年乙未，於東都大内大遍空寺翻譯。天后親臨法座，煥發序文，自運仙毫，首題名品。南印度沙門菩提流志，沙門義淨同宣梵本，後付沙門復禮，法藏等，於佛授記寺譯成八十卷。聖曆二年功畢。至久視庚子，駕幸潁川三陽宫。詔叉譯《大乘入楞伽經》，天后復製序焉。又於京師清禪寺及東都佛授記寺，譯《文殊授記》等經。前後總出一十九部，沙門波崙、玄軌等筆受，沙門復禮等綴文，沙門法寶恆景等證義，太子中舍賈膺福監護。長安四年，叉以母氏衰老，思歸慰覲，表書再上，方俞勑御史霍嗣光送至于闐。暨和帝龍興，有勑再徵。景龍二年，達于京輦，帝屈萬乘之尊，親迎於開遠門外，傾都緇侶，備幡幢導引，仍飾青象，令乘之入城。勑於大薦福寺安置，未遑翻譯，遘疾彌留，以景雲元年十月十二日，右脅累足而終。春秋五十九歲。

日照

傳記

贊寧《宋高僧傳》卷二　釋地婆訶羅，華言日照，中印度人也。洞明八藏，博曉五明，戒行高奇，學業勤悴，而呪術尤工。以天皇時來遊此國，儀鳳四年五月，表請翻度所齎經夾，仍準玄奘例，於一大寺別院安置，并大德三五人同譯。至天后垂拱末，於兩京東、西太原寺（西太原寺後改西崇福寺，東太原寺後改大福先寺）及西京廣福寺，譯《大乘顯識經》《大乘五蘊論》等凡一十八部。沙門戰陀般若提婆譯語，沙門慧智證梵語，勅諸名德，助其法化。沙門道成、薄塵、嘉尚、圓測、靈辯、明恂、懷度證義，沙門思玄、復禮綴文筆受，天后親敷叡藻製序冠首焉。照嘗與覺護同翻《佛頂》，深體唐言，善傳佛意，每進新經，錫賚豐厚。後終于翻經小房。享年七十五。天后勅葬于洛陽龍門香山，塔見存焉。

天智

傳記

贊寧《宋高僧傳》卷二 釋提雲般若，或云提雲陀若那，華言天智。于闐國人也，學通大小，解兼眞俗。呪術禪門，無不諳曉。永昌元年，來屆于此，謁天后於洛陽，勅令就魏國東寺（後改大周東寺）翻譯。即以其年己丑至天授二年辛卯，出《華嚴經》《法界無差別論》等六部七卷。沙門處一筆受，沙門復禮綴文，沙門德感、慧儼、法明、恆景等證義。智終年卒地，莫得而聞。

慧智

傳記

贊寧《宋高僧傳》卷二 釋慧智，其父印度人，婆羅門種。因使遊此方，而生於智。少而精勤，有出俗之志。天皇時從長年婆羅門僧奉勅度爲弟子。本既梵人，善閑天竺書語。生于唐國，復練此土言音。三藏地婆訶羅、提雲若那寶思惟等，所有翻譯，皆召智爲證，兼令度語。後至長壽二年癸巳，智於東都佛授記寺，自譯《觀世音頌》一卷。不詳所終。

寂友

傳記

贊寧《宋高僧傳》卷二 釋彌陀山，華言寂友，覩貨邏國人也。自幼出家，遊諸印度，遍學經論。《楞伽》《俱舍》最爲窮覈，志傳像法，不悋鄉邦。杖錫孤征，來臻諸夏。因與實叉難陀共譯《大乘入楞伽經》。又天授中與沙門法藏等譯《無垢淨光陀羅尼經》一卷。其經，佛爲劫比羅戰茶婆羅門說，延其壽命，譯畢進內，尋辭帝歸鄉，天后以厚禮餞之。

智通

傳記

贊寧《宋高僧傳》卷三 釋智通，姓趙氏，本陝州安邑人也。隋大業中出家受具，後隸名總持寺。律行精明，經論該博，自幼挺秀，即有遊方之志。因往洛京翻經館，學梵書并語，曉然明解。屬貞觀中有北天竺僧，齎到《千臂千眼經》梵本。太宗勅搜天下僧中學解者，充翻經館綴文、筆受、證義等。通應其選，與梵僧對，譯成二卷。天皇永徽四年，復於本寺出《千囀陀羅尼觀世音菩薩呪》一卷、《觀自在菩薩隨心呪》一卷、《清淨觀世音菩薩陀羅尼》一卷，共四部五卷。通善其梵字，復究華言，敵對相翻，時皆推伏。又云行瑜伽秘密教，大有感通。後不知所終。

智嚴

傳記

贊寧《宋高僧傳》卷三 釋智嚴，姓尉遲氏。本于闐國質子也，名樂。受性聰利，隸鴻臚寺授左領軍衛大將軍上柱國封金滿郡公。而深患塵勞，唯思脫屣。神龍二年五月，奏乞以所居宅爲寺。勑允，題牓曰，奉恩是也。相次乞捨官入道。十一月二十四日，墨制聽許。景龍元年十一月五日，孝和帝誕節剃染，尋奉勑於此寺，翻經多證梵文，諸經成部，嚴有力焉。嚴重譯《出生無邊法門陀羅尼經》，後於石鼈谷，行頭陀法。又充終南山至相寺上座，體道用和，率從清謹。不知其終。

天息災、法天、施護

傳記

明河《補續高僧傳》卷一《譯經篇》 天息災，北天竺迦濕彌羅國人也。太平興國中，與烏塡曩國三藏施護，至京師。時梵德前後疊來，各獻梵筴，集置甚富。上方銳意翻傳，思欲得西來華梵淹貫器業隆善者爲譯主，詔於太平興國寺西，建譯經傳法院，以須之。

先是，有梵德法天者，中天竺國人，妙解五明，深入三藏。初至蒲津，與通梵學沙門法進，譯《無量經》《七佛讚》，守臣表上之，上覽之大悅曰，勝事成矣。與天息災、施護同召見。問佛法大意，對揚稱旨，賜紫方袍，並居傳法院，賜師號天息災明教大師，法天傳教大師，施護顯教大師，令先以所將梵本，各譯一經，詔梵學僧法進、常謹、清沼，筆受綴文，光祿卿楊說、兵部員外郎張洎潤文，殿直劉素監護，所須受用，悉從官給。三師述譯經儀式上之，且請譯文有與御名廟諱同者，前代不避。若變文回護，恐妨經旨。詔答，佛經用字，宜從正文，廟諱御名，不須迴避。未一月新譯經成。天息災上聖《佛母經》，法天上《吉祥持世經》，施護上《如來莊嚴經》，各一卷。詔兩街，選義學沙門百人，詳定經義。時左街僧錄神曜等言，譯場久廢，傳譯至艱。三師即持梵文，先翻梵義，以華文證之。曜眾乃服。上覽新經，示宰臣曰，佛氏之教，有裨政理，普利羣生，達者自悟淵源。愚者妄生誣謗，朕於此道，微識其宗。凡爲君正心無私，即自利行，行一善以安天下，即利他行，如梁武捨身爲奴，此小乘偏見，非後代所宜法也。車駕幸譯經院，賜坐慰勞，增什物給童子，悉出禁中所藏梵本，令其翻譯。復選梵學沙門，爲筆受，義學沙門十人，爲證義。自是每歲誕節，必獻新經，皆召坐賜齋，以經付藏頒行，適西國有進《大乘祝藏經》，詔法天詳定。天奏，此經是于闐書體，非是梵文。況其中無請問人，及聽法眾，前後六十五處，文義不正。帝召天諭曰，使邪僞得行，非所以崇佛教也，宜焚棄此本，以絕後惑。下詔曰，朕方隆教法，用福邦家，其內外諸郡童行竝與剃度。時新經陸續以進，上如次披覽，謂宰臣曰，天息災等，妙得翻譯之體，詔除天息災朝散大夫試光祿卿，法天、施護朝奉大夫試鴻臚卿，法天改名法賢，並月給酥酪錢有差。上親製三藏聖教序以賜之，用冠新譯之首。中云，法師天息災等，常持四忍，早悟三空。翻貝葉之眞詮，續人天之聖教。芳猷重啟，偶運當時。潤五聲於文章，暢四始于風律。堂堂容止，穆穆輝華。曠刼而昏蟄重明，玄門昭顯；軌範而宏光妙法，淨界騰音。及眞宗即位，禮部侍郎陳恕以譯院久費供億爲言。上不聽。且製序文，命置先帝序後，從法賢請也。

咸平三年八月，天息災示寂，謚慧辯，勑有司具禮祭葬。次年，法賢亡，謚玄覺，禮視慧辯，施護先逝，三師遭逢聖世，首隆譯場，續獅絃之響，發空谷之音，闡宣之功，無忝前哲矣。

法護、惟淨

傳記

明河《補續高僧傳》卷一《譯經篇》　法護，中天竺國人。景德改元，賫梵筴入京，賜紫衣束帛，館於傳法院。時天息災、法賢相繼遷逝，雖譯事不寢，而司南乏人，僉議非法護不可，遂被詔補其處，仍勅光梵大師。

惟淨試光祿卿，同預譯經，參政趙安仁等潤文，禮數有加，譯《佛吉祥》等經，二百餘卷，併自太平興國以來所翻，合經、律、論，共成四百十三卷。淨與秘書監揚億編次，又與安仁等，編修大藏經錄，凡二十一卷，賜名《大中祥符法寶錄》，宸裁序文，置于錄首。

仁宗即位，淨與翰林學士夏竦，進《新譯經音義》七十卷。淨又進《大藏經目錄》二表，賜名《天聖釋教錄》，凡六千一百九十七卷。南海駐輦國遣使，進金葉梵經，詔法護譯之，御製譯經頌爲賜。至和元年，勅銀青光祿大夫試光祿卿三藏法護，戒德高勝，可特賜六字師號，曰「普明慈覺傳梵大師」。

是時，譯場久開，潤文官非位德並隆者，不得參預，如呂夷簡、宋綬，如富弼、文彥博、韓琦皆以宰臣入選，弘闡之盛，古所未有。況梵本甚富，不容盡翻，夷簡綬奉詔，續修法寶錄，自祥符至景祐，已編成一百六十卷矣。至是，淨上言，西土進經，新舊萬軸，鴻臚之設，有費廩祿，欲乞停罷。中丞孔輔道，亦以爲言。上出淨疏示之，諭以先朝盛典，不可輒廢，譯雖不停，自是勢亦少緩，不似如前之銳也。至徽宗大觀中，猶有譯經三藏金總持，即擊磬以覺嘉州定僧者，與譯語，仁義筆受。宗正南游江浙，則其譯場冷淡可知矣。

護終于嘉祐三年，淨未詳所終。

蘇陀室利 附慧洪

傳記

明河撰《補續高僧傳》卷一《譯經篇》　蘇陀室利者，西域中印土那爛陀寺僧也。內閑三藏，外徹五明，能誦《雜華經》，久慕此土清涼山萬菩薩住處，年八十五，與弟子七人，航海而來，七人三還三殞，唯佛陀室利一人隨之。凡六年，方達清涼。每至一臺頂，誦《華嚴經》十部。禪寂七日，不息不食。每入定，則見紫磨金城，玻璃紺殿，寶蓮香水，珠網交輝，無盡莊嚴，諸天童子，遊戲其中，後於靈鷲寺化去，佛陀收舍利八合，熣爛如珠，持還西土。唐括讚其眞曰，似似是，蘇陀室利，西竺來遊，一百八歲，雪色連腮，碧光溢臂，內蘊眞慈，外現可畏，在閔宗朝，連陰不霽，特詔登壇，呪龍落地，赭色伽棃，后妃親製，施內藏財，度僧起寺，人半疑信，佛陀波利，借路重來，五峯遊禮，戎五佛冠，曼殊何異，圓滿月面，色非紅粹，眞人蕭生，遙瞻拜跪。（羽士蕭眞人，技術難問，皆爲師伏，稽首爲謝，故云云。）

寶公、慧洪者，皆慧性超絕。寶公，出磁州武氏。大定初，於滏陽造仰山寺，殿宇宏壯，兩柱鏤金龍蟠之，觀者瞠駭，忽有題詩柱上者，曰，人道班鳩拙，我道班鳩巧，一根兩根柴，便是家緣了。寶公見之大悟，即入西山，結茆以居，終身不出。

慧洪，字子範，因閱《楞嚴》「一人發眞歸元，十方虛空，悉皆銷殞」，忽悟曰，諸佛心印，本無玄妙，今日始爲無事人矣。遂造河朔汶禪師所，陳所見，汶可之。臨終有偈云，「六十春光有八年，浮雲收盡露青天。臨行踢倒須彌去，後夜山頭月更圓。」

三合四合而成字者，則有語韻之法，而大要，則以諧聲爲宗也，皆師獨運摹畫而成，上覽悟大悅，即頒行天下遵用，迄爲一代典章，升號，曰皇天之下一人之上開教宣文輔治大聖至德普覺眞智佑國如意大寶法王西天佛子大元帝師，更賜玉印，統領諸國釋教，旋又西歸，至元十一年，復專使迎還，歲杪抵京，王公以下，皆離城一舍，結香壇淨供，羅拜迎之，所經衢陌，皆結五綵翼其兩傍，萬衆瞻禮，若一佛出世矣，復爲眞金皇太子，說器世界等，彰所知論，詞嚴義偉，三藏沙羅巴，譯而行之，未幾又力辭西歸，上堅留之，不可，庚辰，師年四十二，以至元十七年十一月某日示寂，上聞震悼，懷德無已，乃建大窣堵波于京師，奉藏眞身舍利，莊飾無儔。至英宗，詔各路建帝師殿，立碑頌德，其文曰，夫敏者怠於博學，貴者耻于下問，才高而位重，則矜己而驕物，此人之恆也，師以生知之明，爲天子師，可謂敏且貴矣，而乃博學，無厭下詢，遺老人有一法，不遠千里而求之，雖硜硜之諒，佼佼之庸，苟有可取無遺焉，負絕世之材，材莫大焉，處帝師之位，位莫重焉。而乃孜孜于道，循循誘物，惟恐德之不修，道之不弘，未嘗以多能自聖，而有滿盈之色，曠若空谷，靜若深淵，遠若雲霞，重若丘山，豈非至德其孰能與於此哉？其道之所被，德之所及，猶杲日麗乎天，明無不炤，陽和煦於物，氣無不浹，其高如天，不可階而升也。其大如海，不可航而涉也，以不言而民信，不勸而物從，所過者化，所存者神，匪天縱之將聖，孰能與于此哉？

師侍者曰達益巴，執事師十有三年，出而從，入而侍，聽言論於左右，觀道德於前後，陶熏滋久，鬱成美器，凡大小乘律論，及秘密經籍，皆耳於口授，目於手示，得乎理之所歸，行之所趣，師西還，巴以久勞弗克侍，留於洮，洮人化之，武宗踐祚，巴道大弘。初師在洮，曾居古佛寺，至是出所賜大厥宇，將謀老於汶上，而上命屢下，錫金印駝紐，封號弘法普濟三藏大師，以延祐五年，化於京師，賜祭葬，諡祐聖國師。

叶哈囉悉利

傳記

明河撰《補續高僧傳》卷一《譯經篇》　叶哈囉悉利，本北印度末光闥國人。住鷄足山，誦諸佛密語，有大神力，能祛疾病，伏猛虎，呼召風雨，輒應皇統。與其從父弟三磨耶悉利等七人，來至境上，請游清涼山，禮文殊，朝命納之。既游清涼，又游靈巖，禮觀音像，旋繞必千匝而後已。匝必作禮，禮必盡敬無間，日日受稻飯一杯，座有賓客，分與必徧，自食其餘，數粒必結齋，始至濟南，建文殊眞容寺，留三磨耶主之。至棣又建三學寺。大定五年四月，示寂於三學，年六十三。

癸思八

傳記

明河《補續高僧傳》卷一《譯經篇》　癸思八，元世祖尊以爲帝師者也，土波國人，族欵氏，生時多瑞應，初土波有國師禪達囉乞答，具大威神，累葉相傳，其國王，世師尊之，凡十七代，而至薩師迦哇，即師之伯父也，師，從之受業，甫七歲誦數十萬言，通貫大義，少長，學富五明，研幾三藏，年十五，謁世祖於潛邸，與語大悅，躬率太子以下，從受戒法，尊禮殊異，戊午，師年二十，時道士倡言，化胡憲宗，詔師詰之，不能對，邪說遂熄，世祖登極，尊爲國師，授玉印，任中原法主，統天下教門，既而西歸，未期月復迎還，庚午，師年三十一，命製蒙古新字，其字僅千餘，其母凡四十有二，共相關紐而成字者，則有韻關之法，其以二合

膽巴

傳記

明河《補續高僧傳》卷一《譯經篇》 膽巴，此云微妙，西番突甘斯旦麻人，幼孤，依季父，聞經聲止啼，年十五六，精通顯密諸部，世祖居潛邸，聞西國有綽理哲瓦道德，遣使迎之，時綽瓦已歿，廓丹大王，以師應命，既至，上問曰，師之佛法，比叔何如，對曰，吾叔佛法如大海水，吾所得舌點而已，上笑顧左右曰，種性不凡，遂禮以爲師，王公以下，皆秉戒師，宿具靈心，呪語精密，凡有禱祈，感應之疾，如風馳電卷，不可思議，時懷孟大旱，呪之立雨，嘗呪食投龍湫，頃之，奇華異果，湧出波面，取以上進，樞密副使月的迷失鎭潮，其妻得奇疾，百方無効，師但呪數珠以加其身，不知病之去也，元貞間，海都犯西番界，成宗謀於師，呪之而捷，又以呪水，起上於垂死，上北狩，師象輿在前，過雲州，語弟子曰，此地有靈怪，上至必有薄警，當以呪勝之，後果風雨暴至，衆咸震懼伏草中，獨行幄無少挫撓，初相哥，受師戒，繼爲帝師門人，爲人豪橫自肆，師責而不悛，繇是銜之，逮登相位，懼師讜直，因譖之于上，師遂有潮陽之行，相哥既以罪誅，上患股，召師還京，建師子吼道場，七日於內殿，而上愈，言及相哥，師以宿業爲對，上以國用不足，欲徵稅于僧，師奏曰，昔成吉思皇帝，有國之日，疆土未廣，尚免僧徵，今四海混同，萬邦入貢，豈因微利而棄成規，倘蠲其賦，則身安志專，庶可勤修報國，上悅而止其事。乙未，被詔住大護國仁王寺，癸卯夏示疾，上遣醫候視，師笑曰，色身有限，藥豈能留，但問左右，今何時？曰，日午矣。即斂容端坐而逝。上聞悲悼，賜沉檀衆香，結塔荼毗，火後開視，頂骨不壞，舍利不知其數，建塔仁王寺。西域秘密之敎，以大持金剛爲始祖，累傳至師，益顯著，故有金剛上師之稱焉。

佛智三藏

傳記

明河《補續高僧傳》卷一《譯經篇》 佛智三藏，出積寧氏，昆弟四人，師其季也。總丱之歲，依帝師發思巴，薙染爲僧，通諸部灌頂之法，世祖受敎於帝師，銳意翻譯，師與參譯語，辭致明辯，允愜上意，詔賜大辯廣智法師。論者謂，季葉以來，譯場久廢，能者蓋寡，豈意人物凋殘之際，乃見公乎，觀其所譯，可謂能者哉。師之道大闡，河西之人，尊之不敢名，至呼其族黨，皆曰，此積寧法師家，其爲見重如此。時僧司盛設，風紀浸弊，既不能干城遺法，抗禦外侮，反爲諸僧勞擾，頽波所激，江南尤甚，朝廷欲選能者正之，僉以必得精識時務，如師者始可，詔授師江浙等處釋敎總統，既至，剷去煩苛，務從寬大，僧衆安之，既而改授福建等處，方正之氣，頗與同列乖忤，師歎曰，天下何事，況敎門乎，蓋吾人之庸，自擾之耳，夫設官愈多，則事愈煩，十羊九牧，其誰能堪，遂建言罷之，議者稱其高，師，既得請隨謝事，遁跡壠坻，築室種樹，蓋將終焉，未幾，以光祿大夫起，仁宗爲太子時，嘗就師問法，既踐大寶，眷遇益隆，館於慶壽寺，給廩餼，詔師所譯，皆板行之。師幼而穎悟，諸國語言，皆不學而能，既長，果能樹立，其爲學，誦言觀義，涉其涯，遂厲於深，且好賢愛能，尤能取諸人以爲善，談論之際，發其端，已得過半之思，故其所有皆以好問而致，是以名勝之流，皆樂從之游。延祐元年十月，示寂，年五十有六，其始疾也，詔賜中統鈔萬緡，俾佐醫藥，太尉瀋王，往眎疾，既歿，又賜幣萬緡，以給葬事，遣使驛送其喪，歸葬故里云。

兩奉詔，翻譯《菩提行釋論》二十七卷，西夏僧慧澄譯語，師筆受綴文，一言三詳，刪治一出於師，所司供給。仍指授畫工，於大内寶雲殿，繪高僧像八十八龕，師作八十八傳，金書其上。

初皇慶之開舉場也，蒙古色目習三場舉業，漸染朱熹之說，謂佛語爲誕妄，詔翰林虎承旨妙三藏與師三人，以張天覺《護法論》譯爲國語以化之。

英宗即位，將以大藏經治銅爲板，而文多舛誤，徵選天下名僧六十員讎較，師與湛堂、西谷三人爲總督，重勘諸師所較，仍新爲目錄，旌賞特加。泰定至順之交，教門有大故，師必預議秉筆。後至元丙子，被兩宮詔旨，主南城大竹林。至正戊子，詔重譯《菩提行頌文》，陛見于大口行宮，上以漢語，呼師號而面諭焉。是年，俗儒王溥張琅，陳言僧道之弊數十條，省部從其說，將行移文檄，師爲駁邪論以闢之，其議遂寢。又江西儒學官塗以義，上數千言，其大旨欲盡毀天下寺觀，僧道歸俗，財産沒官，師爲公牘，回省部，折其邪說，乃止。

甲午，遷潭柘之龍泉。

師開堂出世，四十餘年，膺累朝眷顧，凡皇家大會，演法師爲巨擘，王公有識大人，皆望塵加敬，名聲振寰宇，碑誌文言，殆遍海内。性明敏，經書過目成誦。其於性相教義，禪學密乘，與夫孔老百氏，經子史籍，無不該覽。發爲文章，精緻雅徤，要爲不蹈襲前人，蔚然自出機杼，成一家學。胸襟倜儻無芥蔕，爰自蒞事。雖賞罰公行，未嘗藏怒宿怨，性不猜貳，遇人一言之快，則傾倒肝腑，聞後進之善，欣欣然似出諸己。見不善，亦必苦口規訓。五讀《華嚴大疏》，兩閱大藏，年逾從心，而自強不息，禪誦益勤。

其主潭柘也，力起頹廢，叢林爲之一新，施已衣資鈔一萬三千五百餘貫，十方檀施鈔四千四百餘貫，因緣相資，故致有成，且爲之儲積年糧，安集雲水，一誠感格。五年中，七現祥光，師不之恤，唯以傳佛心宗唱高，和寡爲甚恨。師爲文不存稿，多散失而未刊，進士葛天麟，撰師行勒之石，未詳所終。

必蘭納識理

傳記

明河《補續高僧傳》卷一《譯經篇》 必蘭納識理者，初名只剌瓦彌的理，北庭感本魯國人，幼熟畏兀兒，及西天書，長能貫通三藏，及諸國語，大德六年，奉旨從帝師，受戒於廣寒殿，代帝出家，更賜今名，皇慶中，命翻譯諸梵經典，延祐間，賜銀印，授光祿大夫，是時。諸番朝貢，表牋文字，無能識者，皆令必蘭納識理譯進，嘗有以金刻字爲表進者，帝遣視之，廷中愕眙，觀所以對，必蘭納識理，隨取案上墨汁，塗金葉審其字，命左右執筆，口授表中語，及使人名氏，與貢物之數，書而上之，明日有司簡閱，一如所書，衆無不服其博識，而竟莫測其何所從授，或者以爲神悟云，後厄于數。

法禎

傳記

明河《補續高僧傳》卷一《譯經篇》 法禎，字蒙隱，雪磵其號也。蔣氏，其先曹之定陶人，家世閥閱。宋靖康間，高曾避金兵，徙淮西壽春，因家焉。父德勝，將兵取襄陽有功，封濟陰侯。母魯夫人，嚴而賢。師生岐嶷，齠齔習詩賦聲律，日記數千言，然氣羸疾瘵，每病則瀕死，術者以爲非壽者相，父母捨之出家，事退庵無公大講師落髮。十七入講肆，通經論大旨，開官講於建鄴，聲華奪席。尋入京師，告單慶壽太尉駙馬瀋王，日請入府說法。延祐丙辰，被旨即慶壽開堂，移易州之興國。逾年，

智光

傳記

明河《補續高僧傳》卷一《譯經篇》 智光，字無隱，山東武定州王氏子也。父全，母董氏，幼而聰慧，閱讀輒不忘。十五，辭父母出家，尋禮西天迦濕彌羅國板的達薩訶咱釋哩國師，傳天竺聲明記論之旨。洪武己酉，以道廣無涯，未易津測，繇是銳志參訪，遊五臺，感文殊現相。太祖高皇帝聞其名，召至鍾山，命譯其師板的達四衆弟子菩薩戒，詞簡理明，衆所推服。丙辰，奉命訪補陀，於江南諸名山，踪跡殆遍。甲子春，與其徒惠辯等，奉使西域，過獨木繩橋，至尼巴辣梵天竺國，宣傳聖化。已而謁麻曷菩提上師，傳金剛鬘壇場四十二會，禮地湧寶塔，西國人敬之。

師凡兩往西域，太宗文皇帝，念其往返勞勤，復與論三藏之說，領會深奧，大悅之。乙酉，擢僧錄右闡教。明年，俾迎大寶法王，及還敷對多所毗贊，賜圖書輿服法供，詔居西天寺，陞右善世。丁酉，召至北京，論義稱旨，俾居崇國寺，賜國師冠。仁宗昭皇帝嗣位，錫封號曰圓融妙慧淨覺弘濟輔國光範衍教灌頂廣善大國師，賜金印冠服。復錫孔雀銷金傘蓋幡幢，及銀鍍金攜鑪，盆罐供器，法樂几案，坐床輿馬，諸物悉備。誥曰(云云)。仍廣能仁寺居之，宣宗章皇帝即位，出內帑，剏北京暘臺山大覺寺，俾居之以佚其老，并勅禮官，度僧百餘人爲其徒，恩德至厚，無以加矣。師乃出累朝所賜金帛，及衆信所施，傭工累石，爲塔於寺側，期栖神於他日。英宗皇帝即位之初，加封師號，賜玉印，寶冠，金織袈裟，禪衣，時服，椶輿鞍馬，法器之類。誥曰（云云）。前後遭遇列聖，眷待之隆如此。

師性行純簡，朝廷凡命修建大齋，惟誠惟恪，每入對，惟以利濟萬有爲說，仁宗所賜儀仗，出入屏不用。上知之，遣中貴人問故，對以平生但持經戒，非有汗馬之勞，寵錫所臨，謹受藏之足矣，用之豈不過耶？上歎異之，故制詞極其褒重。師於教義，精達深奧，所譯顯密經義，及所傳《心經》《八支了義眞寔名經》《仁王護國經》《大白傘蓋經》，並行於世。弟子數千人，各隨其器，而引掖之。道望名世者，數十人。壽齡既高，智益精敏，有求而問之者，即懇懇開說，不厭不怠，非養之有素，詎能然耶？

宣德十年六月十三日示寂，戒其徒，各勉精進。訃聞，上悼歎之，遣官賜祭，仍勅有司，具葬儀，增廣其塔并創寺，賜名西竺。茶毗得舍利盈掬，瑩潔如珠。既葬，其徒桑渴巴辣，進其遺像，上親製贊詞書之曰：託生東齊，習法西竺。立志堅剛，秉戒專篤。行熟毗尼，悟徹般若。證明自然，恬憺蕭灑。事我祖宗，越歷四朝。使車萬里，有勩有勞。攄瀝精虔，敷陳秘妙。玉音褒揚，日星垂曜。壽康圓寂，智炳幾先。雲消曠海，月皎中天。

桑渴巴辣者，中天竺國人。師在西時，巴辣傾心服事，不去左右。師憐而挈之與東，太宗推師意，命爲番經廠教授，凡遇朝廷法事，師必與巴辣偕，或得掌壇，或輔弘宣，發揚秘乘，饒益弘多。而生性剛直，少巽讓，獨盡敬於師，自西抵東，始終無間。正統十一年，于定州上生寺，坐脫。壽七十。

具生吉祥 附底哇答思

傳記

明河《補續高僧傳》卷一《譯經篇》 具生吉祥大師，梵名板的達撒哈咱失里，中天竺迦維羅國人。出刹帝利種，初研大小乘藏，尋知語言非究竟法，棄而習定於雪山，十二年得奢摩他證。國初，振錫而東，浮信度，繇高昌，所經諸國，王臣畏敬，凡四越寒暑，始達甘肅，入五臺憩壽安禪林，恆山之人敬事之，如古佛出世。洪武七年，上聞之，詔住蔣山，皈依者風雨駢集。師道德深厚，容止安詳，一見使人心化，不待接迦陵之音，雖檀施山積，曾不一顧，曰，吾無庸是，悉爲悲敬二田。上嘉歎，賜以詩，有笑談般若生紅蓮之句。偶得足患，艱于步趨，上勑醫治之，終莫能愈，忽一日奏還五臺，上疑其妄，故許之。師白衆曰，今日五臺之行，有能從我者乎？弟子曰，某從之。師翹患足曰，汝無這一足，安能從我？至午，盥沐更衣危坐，弟子知其意，哀號請垂訓。師舉念珠示之，弟子拭涕曰，和尚教我念佛耶？師擲念珠于地，長吁而化，茶毗烟所及處，皆成舍利，綴於松枝者，若貫珠焉。建塔藏於西林庵，有《示衆語》三卷，并譯《八支戒本》，傳於世。

底哇答思，東印土人，八歲事師爲弟子，耐饑寒勞苦，師重之，隨師入中國，謁上奉天門，賜度牒，命隨方演敎。師沒，答思北游，宣德中，止北京慶壽寺，喜潭柘幽勝，就龍泉之右，建庵以居，自是足跡不入城市。答思操履不凡，造詣廣大。化之日，所居之庵，現五色光，火浴得舍利，甚衆，平生異迹，不能殫紀，亦偉沙門也。

經錄部

歷代三寶紀分部

綜　述

費長房《歷代三寶紀》卷四（後漢譯經）　後漢錄者。光武皇帝第四子莊繼立，謚爲孝明帝，至永平七年夜夢金人，身長丈六，項佩日輪，飛空而至，光明赫奕，照於殿庭。旦集群臣令占所夢。通人傅毅進奉對云，臣聞西方有神名佛，陛下所見將必是乎。帝以爲然，欣感靈瑞，詔遣使者，羽林中郎秦景，博士弟子王遵等一十四人，往適天竺。於月支國遇攝摩騰，寫得佛經四十二章并獲畫像，載以白馬，還達雒陽，因起伽藍名白馬寺。諸州競立報白馬恩，長安舊城青門道左二百餘步中興寺右，即是白馬寺之遺基。於即翻譯《四十二章經》，緘置蘭臺石室閣內。自爾釋教相繼雲興，沙門信士接踵傳譯。孝桓帝世又以金銀作佛形像。至孝靈帝光和三年，遣中大夫於雒陽佛塔寺中，飯諸沙門，懸繒燒香散華燃燈。光和七年，張角等謀誅，其逆黨內外姻屬，諸事老子妖巫醫卜並皆廢之，其有奉佛五戒勿坐。自秦世沙門釋利防，及前漢劉向校書天閣已來，至此始有定錄，經則四十二章爲首，人則迦葉摩騰最初。迄於獻帝建安末齡，其間一百五十二年，歷十一主，華戎道俗十有二人，兼摭舊遺更補先闕，並古失譯，合出經律三百五十九部，四百二十七卷，爲《後漢錄》。運乎斯軸，庶有披覽，鑒瞻古今，時代散聚，經典離合，明揚盛化，法寶備焉。

又卷五　魏吳錄者。洛陽，建業二京都也。曹丕字子桓，沛郡譙人，漢丞相操之世子也。初生之日而有青雲，狀如車蓋，當於其上，竟日翠然。望氣者稱，至貴之徵，非人臣象。年八歲善屬文。嗣相位爲魏王。受後漢禪，改稱爲魏，仍都洛陽。炎漢數終，五嶽其爲二祀。黃初魏受禪，九牧於是三分。孫氏覇吳，託長江以圖天下。劉宗王蜀，憑劍閣欲定中原。橫虎爪牙，臥龍威力，各據一域，志在相吞。競擁疆埸，互嚴關柝，廣羅英俊，用作股肱。厚禮賢才，賓爲國寶，良匠妙法，復此俱來。僧會適吳，舍利耀靈於江左。迦羅遊魏，禁戒宣布於洛中，法律自是大行。建初所以特立譯人隨世，仍彼方言出經逐時，便題名目致有《吳品》《蜀普耀》爲重疊再翻，因斯而始派流，失譯良在於茲。既魏蜀吳三國鼎峙，其蜀獨無代錄者，何豈非佛日麗天而無緣者，莫覩法雷震地比屋者弗聞哉。且舊錄雖注《蜀普曜》、《首楞嚴》等經，而復闕於譯人年世，設欲紀述罔知所依，推入失翻，故無別錄。孫權字仲謀，吳郡富春人，世仕於吳，其家東塚上數有神光雲氣，又權之初在孕，其母夢腸引出繞吳昌門。眾咸稱爲孫氏興矣。及至權生眼有異光方頤大口，其父奇之，權覇王也。跨躡閩越，都邑斗牛，封授諸侯，建立年號，朝宗海嶽，南面君臨稱吳，徙治秣陵改爲建業。魏承漢後二年權立，四主五十九年。皓立二年魏禪晉，晉立十五年平吳。若以年分則皓十四年應入晉世，今通收取結爲吳錄，自文帝黃初元年庚子，至元帝咸熙元年甲申，其間五主四十五年，道俗十人，所出經律羯磨并舊失譯，合三百一十二部，四百八十三卷，總集以爲魏吳二代九主兩都世錄云爾。

又卷六　西晉錄者。司馬炎，字安世，河內溫人，魏大將軍侍中錄尚書相國晉王昭之太子。昭薨，炎嗣爲王。元帝知歷數有歸，使太保鄭沖奉璽致位，炎垂拱受禪，是爲武帝，稱晉都雒及長安，舊東西京也。晉武在馭十有五年，到咸寧中命司馬伷平吳得皓，封歸命侯。自後漢永安二十四年，至晉泰康肇元庚子歲首，於是九州還一統矣。又吳黃武初，陸績有言曰，從今已後更六十年，天下車同軌書同文。至是果如績言，蜀平吳滅將六十年。二十載後至于惠帝永寧之初，政道虧頹群雄嶽峙，趙王創基構逆纂立於朝，張軌繼迹弗臣擅收涼土，內外糜沸仍漸亂階。劉淵所以平陽，李雄因茲井絡，懷帝蒙塵咸谷，愍帝播越長安。既道藉時興而兩都板蕩，法由人顯，屬二主栖遑。萬姓崩離歸信靡託，百官失守釋種無依。時有沙門竺法護及彊梁婁至等亡身利物誓志弘宣，匪憚苦辛闡法爲務，護於晉世出經最多。其法欽羅叉聶遠父子竺法蘭等，相繼度述。所以五十年間，華戎道俗十有三人，并前失譯諸經戒等，合四百五十一部，七百一十七卷，集爲西晉二京四主五十二年世録云爾。

又卷七 東晉録者。宣帝曾孫，瑯琊武王後，恭王瑾之子，名睿字景文，初生之晨内有神光，一室盡明，白毛生於目角之左，眼有精曜瞻睇眄煒如也。累官使持節安東將軍都督楊州諸軍事左丞相，懷愍敗後百官分離，或走江南，或爲曜戮。長安失據，帝幽平陽，江東于時忽見五百群下勸睿宜稱晉王，統攝萬機以臨億兆。愍帝崩後遂即居尊號，建武年因都建業，避愍帝諱改爲建康。先太康二年吴舊將管恭作亂，于時建業伍振筮之曰，暴已滅矣。然更三十八年，楊州當有天子。至是果如其言。又秦始皇世望氣者云，吴金陵山五百年後當出天子，始皇忌焉。發兵因鑿金陵山斷改稱秣陵，冀絕其王。自于正至睿五百二十六年，有晉金行奄君四海，金陵之瑞其在於斯時。又謠云，五馬浮渡江，一馬化爲龍。永嘉喪亂天下淪覆，唯瑯琊，西陽，汝南，南頓，彭城等五王獲濟江表，而睿首基爲元帝矣。將知受命，上感天靈，欲跨興圖，下資地勢，地負其勢，始皇鑿之弗亡，天降其靈，劉曜殲而莫盡。自元皇建武元年丁丑創都，至恭帝元熙元年己未禪宋，其間一百四載，華戎道俗二十七人，而所出經幷舊失譯，合二百六十三部，五百八十五卷，集爲東晉一十二主《建康録》云。

又卷八 前後二秦苻姚世録者，此等亦是權覇時君弘法主也。自晉室渡江，匈奴焚雒，伊瀍涇渭，非復帝京。夫子有云，四夷交侵中國微矣，其在斯乎。符健本氏武都人也。因二趙亂，據有關西，子孫乘機繼立稱帝，號秦，都長安，至第三主諱永固，生有神光從天屬地，銘見其背曰，草付臣，遂改符氏。永固立後十有六年，時太史奏，有德星見外國分野，當有聖人入輔中國，得之者王。永固因求龜茲國鳩摩羅什婆，襄陽彌天釋道安等。時安屬晉攻南陽得安每與同輦，詢訪政治兼敷釋典。征西取什，而什未到，永固已薨。六主四十四年入後秦，姚萇西戎羌，因時繼立，仍都長安，改爲常安。至其子興弘始三年春，有樹連理生於廟庭，逍遥一園葱悉變爲薤，咸稱嘉祥，應有智人來入國瑞。冬什到，雍興加禮遇待以國師，崇敬甚隆，大闡經論，震旦宣譯盛在此朝，四方沙門雲奔湊集。先是長安自前漢廢到符秦興，其間三百三十一載，曠絕朝市，民俗荒蕪。雖數伽藍歸信尠寡，三千德僧同止一處，共受姚秦天王供養。世稱大寺非是本名，中構一堂權以草苫。即於其内及逍遥園二處翻譯，法寶遠被，瑞驗若茲，因立僧官，俸侍中秩，置兩都録緝五部僧。昭玄之興始自此起，魏末周初衢術稍整。大寺因爾成四伽藍，草堂本名即爲一寺，草堂東常住寺，南京兆王寺。京兆後改安定國寺，安定國西爲大乘寺。邊安定左天街東畔八隅大井，即舊大寺之東廚供三千僧之甘泉也。子孫三主三十二年，爲晉所滅，其地入魏，合二秦紀七十六年。以後秦立一十二年，西秦乾歸方滅符崇，依甲子推故相交入，起符健立皇始元年，當晉穆帝永和十年甲寅之歲，至姚泓永和二年，是晉安帝義熙十三年丁巳。國紀歷編實六十四載，華戎釋種一十六人，合出經論傳等一百六十四部，九百一十四卷，總結以爲符姚二秦世録云爾。

又卷九 西秦北凉魏齊陳五録者，此亦乘時拯世利民宣化君也。乞伏國仁隴西鮮卑，世居苑川爲南單于，前秦敗後遂稱秦王，仍都子城，尊事沙門，時遇聖堅行化達彼，仁加崇敬恩禮甚隆，既播釋風仍令翻譯，相承五主四十四年，爲夏所滅，魏還吞夏。沮渠蒙遜臨松盧水胡，世爲匈奴左大沮渠，即官爲氏因藉前凉，遂便自立，遷治姑臧，遇曇無讖法師譯《大般涅槃》《大集經》等，二主四十三年，爲魏所滅。拓拔珪，字涉圭，雲中五原虜爲秦護軍，符氏敗後遂即尊號稱魏，都恆。至第三主太武帝伏，釐世信納邪言，毁壞佛法誅僧破寺，涉歷七年惡疾災身，薨後還復，四主在北。至孝文帝宏世，遷京洛陽，改姓稱元，始服冠冕。至孝明帝熙平元年，靈太后胡氏造永寧寺，起九層木浮圖，高九十丈，上有寶刹復高十丈，去地千尺，離京百里即遥見之。初欲築基，掘至黄泉，下得金像三十二軀，太后信爲法之祥徵，是以營造窮極世工，刹上金寶瓶容二十五石，寶瓶下有承露金盤，一十一重周匝輪郭，皆垂金鐸。復有鐵鎖四道引刹向浮圖角，四角鎖上亦有金鐸，大小皆如一石甕。浮圖九級角角皆懸金銅鈴鐸，合上下有百三十鐸。浮圖四面面別各有三門六窗，並皆朱漆扇，扇上各有五行金鈴，其十二門二十四扇，合有五千四百枚鈴，鈴下復鏤金鐶鋪首。窮造製之巧，極土木之工，庶民子來匪日而作，佛事精妙不可思議，繡柱金鋪駭人心目。至於秋月永夜高風，寶鐸和鳴聲響諧韻，中霄晃朗昱爚燿空，鏗鏘之音聞十餘里。【略】京邑行人多庇其下，路斷車蓋，非由淹雲之潤。清風送凉，豈藉合歡之發。而供養具與祇園等，四事給施七百梵僧，菩提流支爲譯經首。勅遣李廓撰經録云，至永熙主遷入關中，因成西東南北四魏，合一十六帝，世歷一百六十一年，派入周齊高洋武川鎮虜，受東魏禪稱齊，仍即都鄴。王四瀆之三九州之五，洋實明敏迹見似狂，遣道士剃頭，未從者遂戮，沙門二百餘萬，寺塔出三十千，相承六主二十八年，爲周呑滅，三寶靈迹一時俱泯。陳霸先者，吳興長成人，因藉侯景傾覆金陵。梁湘東王平景都楚，楚爲魏幷，先即建康以姓爲國，四主三十三年紹嗣。開皇九年己酉六合兩儀還一統矣。乞伏之王起晉孝武太元十二年星次娵訾，至今開皇歲在作噩二百三載，其諸譯人華戎道俗凡二十七，所出經律論戒毘曇傳記集錄幷及失譯，合有二百三部八百五十五卷，總結以爲二十七主五代七都世錄云爾。

又卷一〇　宋世錄者，劉裕字德輿，彭城都鄉人，初生之辰神光照室，長七尺六寸，受東晉禪稱宋，仍都建康。至第三主元嘉年中，有上事者，云比寺塔修飾過，興樂福之徒奢競日甚。文帝以問何侍中曰，范泰及謝靈運皆稱六經本是濟俗，性靈眞要會以佛經爲指南，此賢達言實誠有識，若使率土之濱皆純此化，則朕垂拱坐致太平。尙之對曰，中朝以遠難復盡知，渡江以來王道周顗宰輔之冠蓋，王濛謝尙人倫之羽儀，郗超、王謐等，或號絕群，或稱獨步，略數十人靡非英俊，淸信之士無乏於時。慧遠法師云，釋氏之化無施不可。臣謂此說有契理奧，何者百家之鄉十人持五戒則十人淳謹，千室之邑百人修十善則百人和穆。傳此風敎已遍寰區，編戶億千則仁人百萬。夫能行一善則去一惡，去一惡則息一刑。一刑息於家，萬刑息於國，則陛下之言坐致太平是也。故佛圖澄入鄴，石虎殺戮減半，澠池寶塔放光，符健推鋸用息蒙遜，反噬無親虐如豺虎，末節改悟遂成善人，法逮道人力兼萬夫，幾亂河渭面縛甘死以赴師厄，此豈非是內化被哉。【略】帝悅曰，釋門有卿亦猶孔氏之有季路，所謂惡言不入於耳，準此而談可謂至矣。法由人顯，佛囑帝王，自是宋朝釋教隆盛，名僧智士欝若稻麻，寶剎金輪森如竹葦，相承八主五十九年，其諸譯人華戎道俗二十有三，合出修多羅，毘尼戒本，羯磨，優波提舍，阿毗曇論，傳錄等，凡二百一十部四百九十卷，結爲宋代建康錄云。

又卷一一　齊梁及周帝代錄者，此相因修交禪主也。蕭道成，臨沂人，受宋禪稱齊，仍都建康。建元中安成有野火洞澤焚爐，唯數丈地草獨不然，往視其中，得一金像，靈瑞旣感，聖化復興，所以司徒竟陵文宣王子良，汎志法流大有弘闡，相承七主二十三年讓梁。蕭衍，蘭陵人，受齊禪，亦都建康。帝旣登極，思與蒼生，同契等覺，共會遍知，垂拱臨朝，盛敷經教，廣延博古，旁採遺文，扇以淳風，利於法俗。至天監七年，以爲正像漸末，信樂彌衰，三藏浩漫，鮮能該洽，勅沙門僧旻寶唱等，錄經律要事以類相從，名《經律異相》凡五十卷。至十四年，又勅沙門僧紹，撰《華林佛殿眾經目錄》四卷，猶以未委。至十七年，又勅沙門寶唱，更撰經目四卷，顯有無譯證眞僞經，凡十七科頗爲覼縷。二主五十四年，二主都建康，一主都江陵，爲西魏滅。宇文覺，朔州鮮卑魏丞相泰之世子。泰薨，嗣相位，受西魏禪號周，都于長安。至第三主武帝邕世，建德敦牂迄于作噩，毀破前代關山西東數百年來官私所造一切佛塔掃地悉盡，融刮聖容焚燒經典，八州寺廟出四十千，盡賜王公充爲第宅，三方釋子減三百萬，皆復軍民還歸編戶，慧日旣隱蒼生重昏，相承五主二十四年。起宋武帝永初元年庚申受東晉禪，至周大定元年辛丑奉璽皇隋，其間一百六十二載，凡諸譯經幷及注述論傳錄目，華戎道俗五十有一人合出修多羅，比尼戒本，羯磨，優波提舍，阿毗曇論，傳錄等，一百六十二部，一千三百二十六卷，總結以爲三代三都一十五主年世錄云。

又卷一二　大隋錄者，我皇帝受命四天，護持三寶，承符五運，宅此九州。故誕育之初神光耀室，君臨已後靈應競臻。所以天兆龜文水浮五色，地開泉醴山響萬年。雲慶露甘珠明石變，聾聞瞽視瘖語躄行。禽獸見非常之祥，草木呈難紀之瑞。豈唯七寶獨顯金輪，寧止四時偏和玉燭。是以《金光明經·正論品》云，因集業故得生人中，王領國土，故稱人王。處在胎中諸天守護，或先守護然後入胎。三十三天各以己德分與是王，以天護故稱爲天子。赤若之歲，黃屋馭時，土制水行，興廢毀之。佛日火乘，木運啟年，號以開皇。可謂法炬滅而更明，否時還泰者也。其冬即有沙門智周等，齎西域梵經二百六十部，膺期而至，勅旨付司訪人令翻，二年仲春即便就譯。季夏詔曰，殷之五遷，恐民盡死，是則以吉凶之士，制長短之命，謀新去故，如農望秋。龍首之山，川原秀麗，卉物滋阜，宜建都邑。定鼎之基永固，無窮之業在茲，因即城曰大興城，殿曰大興殿，門曰大興門，縣曰大興縣，園曰大興園，寺曰大興善寺。【略】於是鼓腹黃齒，爭買祇陁之園。擊壤青衿，競聚育王之土。浮圖於焉間發，寶剎閃爾星羅。見即僧尼，將二十萬，支提寺宇，向出四千。凡諸譯經婆羅門道俗并見緝綴，此方緇儒十有九人，所翻新文及維舊本論傳法戒，合七十五部，四百六十二卷，結爲皇隋大興錄目，流之遐代，永作楷模，同軌光揚，長存不朽，冀將來哲，乘此踵修。庶述三寶之神功，遍娑婆而敷演，弘千佛之教法，歷賢劫而無窮。

又卷一三 大乘錄者，菩薩藏也。教而明佛，則成道已來無量無邊阿僧祇劫。不生不滅常住凝然，量等虛空，形同實際，略而談法，則是方等十二部經。八萬四千微妙奥典，甚深秘密，種種法門，位而論人，則有十地及三十心。備歷四生，遍遊六道，猨猴鹿馬，蠕動蜎飛，無識不形，無趣不受。煩惱則有五住地惑，八萬四千諸塵勞門。所行則四攝六度，三十七助菩提。萬德齊修，二諦並習，利他損己，無悔悋心。所受則三歸十善，八萬律儀，悉皆奉持，乃至成佛濟流，如象渡水，遊衢車駕，大牛洽潤。譬若大根承露，猶如大葉憩息，則止大涅槃城諸，如此文皆大乘也。自從後漢迄我大隋，其間譯經凡十六代，所出之典，諸大小乘，或處經同，緣人致別；或是世異，而人出同，或止一翻，或復重譯。無問人撰傳錄集記，但是一言讚述三寶，語誠鄙野，意在光揚，疑妄僞眞，註解論記，依括群目，穇稗皆存，合彼金沙爲其錄體，可謂蘭艾共篋，龍蛇未分者焉。故斯大乘菩薩入藏，唯緘經戒及阿毘曇。譬海雖寬，弗栖屍柩，況圓淵採捕，棄蜯收珠。荊嶺斲磨，拾玉捐石，解瑇瑁之文甲，脫犀象之角牙。集群白於眾狐，摘藻羽於翡翠者也。今此藏目唯取有譯失譯單名，自餘重翻同本別出，舉一多卷，編以爲頭，其外二三，具注於下，情樂誦讀，任從所抄，簡擇集疑，悉除僞妄，合有五百五十一部一千五百八十六卷。依眾錄判附此大乘，未覿經身，猶懷惟咎，庶後敏達賢智共同扇簸糠粃乎。

又卷一四 小乘錄者，聲聞藏也。教而辯佛，則王宮誕生，襁褓扶持，乳哺鞠養，乘羊車而詣學，試伎術而成婚。十九出家，三十成道，四十九年處世說法。年七十九，於雙樹間右脇而臥入般涅槃。的而論法則是契經，或止九部，或十一部，四含雜藏及以毗曇。談人則名聲聞緣覺，四果四向，五方七便。剃除鬚髮，捨俗出家，局在天人，弗該餘趣。煩惱則五蓋十纏九十八使。所行則四聖諦十二因緣，檢攝七支，防守三業。所受禁制則三歸十戒二百五十及五百戒，唯盡一形，弗通後世，自調身口，匪涉利他。入理水之淺深，譬兔馬之浮渡，出街衢之遊戲，駕羊鹿之卑車，洽露潤之少多，若中小之根葉。休疲怠之蘇息，憩非眞之化城，諸如此文皆小乘也。依《四阿含》、《生經》、《出曜》、《賢愚》、《譬喻》，眾雜契經，或十行五行一紙半紙，首稱如是，後唱奉行。諸此派分動成萬卷，世情逐末，多競散抄，非唯損功，深乖源本。但群錄注，其有流出別生之徒，如觀世音出《妙法華》，善時鵝王生正法念，今並不載。唯四部律，僧尼戒心要略，威儀羯磨雜法，世人盡習故備列之。其是經中離析行者，本部既具無假重羅，所益既微，所煩處廣，粗計其省，紙出一萬經向二千。今之編收大部別卷，檢非流出者，總有五百二十五部，都合一千七百一十二卷，集爲小乘入藏正目。房識淺見狷尋閲多遺，庶傳照法炬明賢，幸供除爐添油也。

又卷一五 《上開皇三寶錄表》。臣房言，臣聞有功於國，史錄其勳。有政於民，碑傳其德。況如來大聖，化洽無窮而不垂美，百王流芳千載者也。臣竊尋覽，自漢魏已來代有翻譯，而錄目星散，經多失源，世罕綴修，時致間絕，緣此，佛以正法付囑國王，是知教興寄在帝主。伏惟陛下應運秉圖，受如來記，紹輪王業，統閻浮提，愍世間昏開慧日照，廣緝經像大啟伽藍，闡解脫之門，導天人之路，建善舟檝濟拔蒼生，斯實曠古一代盛歟。豈臣庸微輕敢妄述，但昔毀廢臣在染衣，今日興隆還參法侶。時事所接頗預見聞，因綱歷世佛法緣起。始自姬周莊王甲午佛誕西域後漢明皇永平丁卯經度東歲，迄今開皇太歲丁巳，歷一千二百七十四載，其間靈瑞帝主，名僧代別，顯彰名《開皇三寶錄》，凡十五卷。庶法無隱，冀經有弘，不任下情，惶悚戰懼。輕冒奉表上錄以聞，伏願天慈垂神降省謹言。

費長房《開皇三寶錄總目序》 開皇十七年十二月二十三日，大興善寺翻經學士臣成都費長房上：竊惟三寶所資，四生蒙潤而世有興毀，致人自昇沈。興則福業恆感天堂輪王人主，毀則罪報常受地獄餓鬼畜生。論益物深，無過於法。何者法是佛母佛從法生，三世如來皆供養法，故《勝天王般若經》云，若供養法即供養佛，是知法教津流乃傳萬代，佛僧開導止利一時。故賢劫之興千佛同其化，脩短之壽四聖異其年。雖復住世，延促有殊。取其宣揚，弘法無別。莫不煎熬愛海濟含識以趣涅槃，塹鑿慢山度蒼生以會般若。然般若玄寂，非因聲難以通。聲必託形，不藉相無由顯。所以境稱忍刹，總百億之須彌。世號娑婆，統三千之國土。區分三界五濁之穢土沙，形別六道二乘之鄙羊鹿。大聖慈愍俯降迦毗，丈六金容應王宮之裹，三十二相炳太子之身。十九出家，三十成道，四十九載處在世間，假以言音方便演暢。無染之法金口自宣，一音敷揚萬類各解。機緣匪一，教有塵沙，阿難總持，滯無遺失，譬別器水瀉之異瓶。雙樹入般涅槃，迦葉王城結集，一千羅漢迭察迭書，著之葉皮，布乎天竺，五百中國各共奉持，十六大王皆同擁護。後漢之始方屆脂那，帝世交參十有六代。翻彼域語作此方言，相承迄今五百餘祀。古舊二錄條目殘亡，士行、道安，創維其缺。爾來間有祖述不同，各紀一方互存所見。三隅致隔故多失疑，又齊周陳並皆翻譯，弗刊錄目靡所遵承，兼值毀焚絕無依據。賴我皇帝維地柱天，澄靜二儀廓清六合，庭來萬國化攝九州，異出遺文莫不皆萃。臣幸有遇屬此休時，忝預譯經稟受佛語，執筆暇隙寢食敢忘。十餘年來，詢訪舊老，搜討方獲，雖粗緝綴猶慮未周，廣究博尋求敬俟來俊。今之所撰集，略準三書以爲指南，顯茲三寶，佛生年瑞依周夜明，經度時祥承漢宵夢。僧之元始城塹棟梁，毘贊光輝崇於慧晈。其外傍採，隱居歷年。國志典墳，僧祐集記，諸史傳等僅數十家，摘彼翠零成斯紀翮。扇之千載風於百王，共秉智炬之光，照時昏暗，同傳法流之潤，洽世樵枯，闡我皇猷導開厥始。昔結集之首，並指在某國城。今宣譯之功，理須各宗時代，故此錄體率舉號，稱爲漢魏吳及大隋錄也。失譯疑僞，依舊注之人，以年爲先，經隨大而次。有重列者，猶約世分總其華戎，黑白道俗合有一百九十七人，都所出經律戒論傳，二千一百四十六部，六千二百三十五卷。位而分之爲十五軸，一卷總目，兩卷入藏，三卷帝年，九卷代錄。代錄編鑒經翻譯之少多，帝年張知佛在世之遐邇，入藏別識教小大之淺深。昔姬潛之鼎出現，彰漢室之將隆，近周毀之法重興，顯大隋之永泰。佛日再照，起自大興之初。經論冥歸，發乎開皇之始。事扶理契，合此會昌，述紀所由，因斯而作，所以外題稱曰《開皇三寶錄》云。其卷內甄爲歷代紀。

出三藏記集分部

綜　述

釋僧佑《出三藏記集序》　夫眞諦玄凝，法性虛寂，而開物導俗，非言莫津。是以不二嘿訓，會於義空之門。一音振辯，應乎群有之境。自我師能仁之出世也，鹿苑唱其初言，金河究其後說，契經以誘小學，方典以勸大心。妙輪區別十二惟部，法聚總要八萬其門。至善逝晦跡，而應眞結藏。始則四鋡集經，中則五部分戒，大寶斯在，含識資焉。然道由人弘，法待緣顯。有道無人，雖文存而莫悟。有法無緣，雖並世而弗聞。聞法資乎時來，悟道藉於機至。機至然後理感，時來然後化通矣。

昔周代覺興而靈津致隔，漢世像教而妙典方流，法待緣顯信有徵矣。至漢末安高宣譯轉明，魏初康會注述漸暢，道由人弘於茲驗矣。自晉氏中興三藏彌廣，外域勝賓稠疊以總，至中原慧士煒曄而秀生。提什舉其宏綱，安遠振其奧領。渭濱務逍遙之集，廬岳結般若之臺。像法得人於斯爲盛。原夫經出西域，運流東方，提挈萬里翻傳胡漢。國音各殊，故文有同異。前後重來，故題有新舊。而後之學者鮮克研覈，遂乃書寫繼踵而不知經出之歲，誦說比肩而莫測傳法之人，授之受道亦已闕矣。夫一時聖集，猶五事證經，況千載交譯，寧可昧其人世哉。昔安法師以鴻才淵鑒，爰撰經錄，訂正聞見炳然區分。自茲以來妙典間出，皆是大乘寶海時競講習，而王代人名，莫有銓貫，歲月逾邁，本源將沒，後生疑惑奚所取明。祐以庸淺豫憑法門，翹仰玄風，誓弘大化，每至昏曉諷持，秋夏講說，未嘗不心馳菴園，影躍靈鷲。於是牽課羸志，沿波討源，綴其所聞，名曰《出三藏記集》。一撰緣記，二銓名錄，三總經序，四述列傳。緣記撰則原始之本克昭，名錄銓則年代之目不墜，經序總則勝集之時足徵，列傳述則伊人之風可見。並鑽析內經，研鏡外籍，參以前識，驗以舊聞。若人代有據則表爲司南，聲傳未詳則文歸蓋闕。秉牘凝翰，志存信史，三復九思，事取實錄。有證者既標，則無源者自顯。庶行潦無雜於醇乳，燕石不亂於楚玉，但井識管窺多慚博練，如有未備請寄明哲。

集三藏緣記第一。十誦律五百羅漢出三藏記第二。菩薩處胎經出八藏記第三。胡漢譯經文字音義同異記第四。前後出經異記第五。

僧祐《出三藏記集》卷一　十誦律五百羅漢出三藏記第二

又《十誦律・序》云，迦葉言，我先從波婆城向拘尸城，道中聞佛涅槃。有愚癡比丘言，我今得自在，所欲便作，不欲便止。又有比丘，非法說法，法說非法。以此因緣應集法藏即羯磨，五百羅漢唯阿難在學地，共住王舍城安居，先令優波離出律藏，一一事竟，即問阿若憍陳如，次問長老均陁及十力迦葉等五百羅漢，乃至最下阿難言如優波離所說不，皆答我亦如是聞是事是法。爾時迦葉僧中唱言，大德僧聽，初事集竟，是法是佛教，無有比丘言非法非佛教。僧忍嘿然故是事如是持，乃至集律藏一切竟，後方命阿難出修多羅藏及阿毗曇藏。阿難方云如是我聞，一時五百羅漢皆下地胡跪涕零而言，我從佛所面聞見法。而已言我聞，迦葉語阿難，從今三藏初皆稱如是我聞，故復兩存。

菩薩處胎經出八藏記第三

《菩薩處胎經》云，迦葉告阿難言，佛所說法，一言一字汝勿使有缺漏。菩薩藏者集著一處，聲聞藏者亦集著一處，戒律藏者亦著一處。爾時阿難最初出經，胎化藏爲第一，中陰藏第二，摩訶衍方等藏第三，戒律藏第四，十住菩薩藏第五，雜藏第六，金剛藏第七，佛藏第八，是爲釋迦文佛經法具足矣。

胡漢譯經音義同異記

夫神理無聲，因言辭以寫意。言辭無跡，緣文字以圖音。故字爲言蹄，言爲理筌，音義合符不可偏失。是以文字應用彌綸宇宙，雖跡繫翰墨而理契乎神。昔造書之主凡有三人，長名曰梵，其書右行。次曰佉樓，其書左行。少者蒼頡，其書下行。梵及佉樓居于天竺，黄史蒼頡在於中夏。梵佉取法於淨天，蒼頡因華於鳥跡。文畫誠異，傳理則同矣。仰尋先覺所說，有六十四書，鹿輪轉眼筆制區分，龍鬼八部字體殊式，唯梵及佉樓爲世勝文，故天竺諸國謂之天書。西方寫經雖同祖梵文，然三十六國往往有異，譬諸中土猶篆籀之變體乎。案蒼頡古文沿世代變，古移爲籀，籀遷至篆，篆改成隸，其轉易多矣。至於傍生八體則有仙龍雲芝，二十四書則有指奠鍼殳，名實雖繁爲用蓋尠。然原本定義，則體備於六文。適時爲敏，則莫要於隸法，東西之書源亦可得而略究也。至於胡音，爲語單復無恆，或一字以攝衆理，或數言而成一義。尋《大涅槃經》列字五十，總釋衆義十有四音，名爲字本，觀其發語裁音，宛轉相資，或舌根脣末，以長短爲異，且胡字一音不得成語，必餘言足句，然後義成，譯人傳意豈不艱哉。又梵書製文有半字滿字，所以名半字者，義未具足，故字體半偏，猶漢文月字虧其傍也。所以名滿字者，理既究竟，故字體圓滿，猶漢文日字盈其形也。故半字惡義以譬煩惱，滿字善義以譬常住。又半字爲體，如漢文言字。滿字爲體，如漢文諸字。以者配言方成諸字，諸字兩合即滿之例也。言字單立即半之類也。半字雖單爲字根本，緣有半字得成滿字。譬凡夫始於無明得成常住，故因字製義，以譬涅槃，梵文義奧，皆此類也。是以宣領梵文，寄在明譯。譯者，釋也。交釋兩國，言謬則理乖矣。自前漢之末，經法始通，譯音胥訛，未能明練。故浮屠桑門，言謬漢史，音字猶然，況於義乎。案中夏彝典，誦詩執禮，師資相授，猶有訛亂。《詩》云，有菟斯首，斯當作鮮，齊語音訛，遂變詩文，此桑門之例也。《禮記》云，孔子蚤作。蚤當作早，而字同蚤虱，此古字同文，即浮屠之例也。中國舊經而有斯蚤之異，華戎遠譯，何怪於屠桑哉？若夫度字傳義，則置言由筆，所以新舊衆經，大同小異。天竺語稱維摩詰，舊譯解云無垢稱，關中譯云淨名。淨即無垢，名即是稱，此言殊而義均也。舊經稱衆祐，新經云世尊，此立義之異旨也。舊經云乾沓和，新經云乾闥婆，此國音之不同也。略舉三條，餘可類推矣。是以義之得失，由乎譯人，辭之質文，繫於執筆。或善胡義而不了漢旨，或明漢文而不曉胡意，雖有偏解，終隔圓通。若胡漢兩明，意義四暢，然後宣述，經奧於是乎正，前古譯人莫能曲練。所以舊經文意致有阻礙，豈經礙哉。譯之失耳。昔安息世高，聰哲不群，所出衆經質文允正。安玄嚴調，既亹亹以條理；支越竺蘭，亦彬彬以雅暢。凡斯數賢，並見美前代，及護公專精，兼習華戎，譯文傳經，不愆于舊。逮乎羅什法師，俊神金照，秦僧融肇，慧機水鏡，故能表發揮翰，克明經奧，大乘微言，於斯炳煥。至曇讖之傳《涅槃》，跋陁之出《華嚴》，辭理辯暢，明踰日月，觀其爲義，繼軌什公矣。至於雜類細經多出

《四含》，或以漢來，或自晉出，譯人無名莫能詳究。然文過則傷艷，質甚則患野，野艷爲弊同失經體，故知明允之匠難可世遇矣。祐竊尋經言異論呪術言語文字皆是佛說，然則言本是一，而胡漢分音。義本不二，則質文殊體。雖傳譯得失運通隨緣，而尊經妙理湛然常照矣。既仰集始緣故次述末譯，始緣興於西方，末譯行於東國，故原始要終寓之記末云。

前後出經異記第五

舊經眾祐，新經世尊。舊經扶薩（亦云開士），新經菩薩。舊經各佛（亦獨覺），新經辟支佛（亦緣覺）。舊經薩芸若，新經薩婆若。舊經溝港道（亦道跡），新經須陁洹。舊經頻來果（亦一往來），新經斯陁含。舊經不還果，新經阿那含。舊經無著果（亦應眞亦應儀），新經阿羅漢（亦言阿羅訶）。舊經摩納，新經長者。舊經濡首，新經文殊。舊經光世音，新經觀世音。舊經須扶提，新經須菩提。舊經舍梨子（亦秋露子），新經舍利弗。舊經爲五眾，新經爲五陰。舊經十二處，新經十二入。舊經爲持，新經爲性。舊經背捨，新經解脫。舊經勝處，新經除入。舊經正斷，新經正勤。舊經覺意，新經菩提。舊經直行，新經正道。舊經乾沓和，新經乾闥婆。舊經除饉除饉女，新經比丘比丘尼。舊經怛薩阿竭阿羅訶三耶三佛。新經阿耨多羅三藐三菩提。

僧祐《出三藏記集》卷二　法寶所被遠矣。夫神理本寂，感而後通，緣應中夏，始自漢代。昔劉向《校書》，已見佛經，故知成帝之前法典久至矣。逮孝明感夢，張騫遠使，西於月支寫經《四十二章》，韜藏蘭臺帝王所印，於是妙像麗於城闉，金刹曜乎京洛，慧教發揮震照區寓矣。竊尋兩漢之季，世構亂離，西京蕩覆，墳典皆散，東都播遷，載籍多亡，子政所覩，其文雖沒，而顯宗所寫，厥篇猶存，東流初法，於斯有徵。祐檢閱三藏，訪覈遺源，古經現在，莫先於《四十二章》。傳譯所始，靡踰張騫之使。洎章和以降經出蓋闕，良由梵文雖至，緣運或殊，有譯乃傳無譯則隱，苟非其人道不虛行也。爰及桓靈經來稍廣，安清朔佛之儔，支讖嚴調之屬，飛譯轉梵萬里一契，離文合義炳煥相接矣。法輪屆心，莫或條敘，爰自安公，始述名錄，銓品譯才標列歲月，妙典可徵，實賴伊人。敢以末學響附前規，率其管見接爲新錄，兼廣訪別目括正異同，追討支擧以備錄體，發源有漢迄于大梁，運歷六代歲漸五百，梵文證經四百有十九部，華戎傳譯八十有五人，魚貫名第，略爲備矣。或同是一經而先後異出，新舊舛駁，卷數參差，皆別立章條，使無疑亂。至於律藏，初啟則詳書本源，審覈人代列于上錄，若經存譯亡則編于下卷，將使傳法之緣有孚，聞道之心無惑，敬貽來世庶在不墜焉。

紀事

僧祐《出三藏記集》卷二　新集經論錄第一

《四十二章經》一卷（舊錄云孝明皇帝四十二章安法師所撰錄闕此經）。右一部凡一卷，漢孝明帝夢見金人，詔遣使者張騫羽林中郎將秦景到西域，始於月支國遇沙門竺摩騰，譯寫此經還洛陽，藏在蘭臺石室第十四間中，其經今傳於世。

《安般守意經》一卷（安錄云《小安般經》）。《陰持入經》一卷。《百六十品經》一卷（舊錄云《增一阿含》百六十章）。《大十二門經》一卷。《小十二門經》一卷。《大道地經》二卷（安公《大道地經》者，《修行經抄》也，外國所抄）。《人本欲生經》一卷。《道意發行經》二卷。《阿毗曇五法經》一卷（舊錄云《阿毗曇五法行經》）。《七法經》一卷（舊錄云《阿毗曇七法行經》，或云《七法行》。今闕此經）。《五法經》一卷。《十報經》二卷（舊錄云《長阿含十報法》）。《普法義經》一卷（一名《具法行》。具法行作舍利弗，普法義作舍利曰。餘並同）。《義決律》一卷（或云《義決律法行經》，安公云此上二經出《長阿含》。今闕）。《漏分布經》一卷。《四諦經》一卷（安公云上二經出《長阿含》）。《七處三觀經》二卷。《九橫經》一卷。《八正道經》一卷（安公云上三經出《雜阿含》）。《雜經四十四篇》二卷（安公云出《增一阿鋡》。既不標名，未詳何經。今闕）。《五十校計經》二卷（或云《明度五十校計經》）。《大安般經》一卷。《思惟經》一卷（或《思惟略要法》）。《十二因緣經》一卷。《五陰喻經》一卷（舊錄云《五陰譬喻經》）。《轉法輪經》一卷（或云《法輪轉經》）【略】《彌沙塞律》三十四卷（即釋法顯所得胡本，以宋景平元年七月譯出，已入《律錄》）。《彌沙塞比丘戒本》一卷（與律同時出）。《彌沙塞羯磨》一卷（與律同時出）。右三部，凡三十六卷。宋滎陽王時，沙門竺道生，釋慧嚴，請罽賓律師佛馱什於京都龍光寺譯出。《雜阿毗曇心》十三卷（今闕）。右一部，凡十三卷。宋文帝時，西域沙門伊葉波羅，以元嘉三年，爲北徐州刺史王仲德，於彭城譯出，至擇品未竟。至八年更請三藏法師於京都校定。菩薩善戒十卷（或云菩薩地十卷）。《優婆塞五戒略論》一卷（一名《優婆塞五戒相》）

《三歸及優婆塞二十二戒》一卷（或云《優婆塞戒》）。《曇無德羯磨》一卷（或云《雜羯磨》）。右四部，凡十三卷。宋文帝時，罽賓三藏法師求那跋摩，於京都譯出。

《雜阿毗曇心》十四卷（宋元嘉十年，於長干寺出寶雲傳譯，其年九月訖）。《摩得勒伽經》十卷（宋元嘉十二年乙亥歲正月，於抹陵平樂寺譯出，至九月二十二日訖）。《分別業報略》一卷（大勇菩薩撰）。《勸發諸王要偈》一卷（龍樹菩薩撰）。《請聖僧浴文》一卷（闕）。右五部，凡二十七卷。宋文帝時，天竺三藏法師僧伽跋摩，於京都譯出。【略】

新集異出經錄第二

異出經者，謂胡本同而漢文異也。梵書復隱宣譯多變，出經之士才趣各殊，辭有質文意或詳略，故令本一末三新舊參差。若國言訛轉，則音字楚夏，譯辭格礙則事義胡越。豈西傳之驕駿，乃東寫之乖謬耳。是以《泥洹》《楞嚴》重出，至七般若之經，別本迺八，傍及眾典往往如茲。今竝條目列人以表同異，其異出雜經失譯名者，皆附失源之錄。

《般若經》（支讖出《般若道行品經》十卷，出《古品遺日說般若》一卷。竺佛朔出《道行經》一卷，道行者般若抄也。朱士行出《放光經》二十卷，一名《舊小品》。竺法護更出《小品經》七卷。衛士度抄《摩訶般若波羅蜜道行經》二卷。曇摩蜱出《摩訶鉢羅若波羅蜜經》五卷，一名《長安品經》。鳩摩羅什出《新大品》二十四卷，《小品》七卷）。

右一經七人異出。

《般泥洹經》（支讖出《胡般泥洹經》一卷。支謙出《大般泥洹經》二卷。竺法護出《方等泥洹經》二卷。曇摩讖出《大般涅槃經》三十六卷。釋法顯出《大般泥洹經》六卷，《方等泥洹經》二卷。釋智猛出《泥洹經》二十卷。求那跋陀羅出《泥洹經》一卷）。

右一經，七人異出。其支謙《大般泥洹》，與《方等泥洹》大同。曇摩讖《涅槃》，與法顯《泥洹》大同。其餘三部並闕，未詳同異。

《法華經》（舊錄有《薩蕓分陀利經》云是異出《法華》，未詳誰出，今闕此經。竺法護出《正法華經》十卷。鳩摩羅什出《新妙法蓮華經》七卷）。

右一經，三人出，其一經失譯人名，已入《失源錄》。

《首楞嚴經》（支讖《首楞嚴》二卷。支謙《首楞嚴》二卷。白延《首楞嚴》二卷。竺法護更出《勇伏定》二卷，即更出《首楞嚴》。竺寂蘭《首楞嚴》二卷。鳩摩羅什新出《首楞嚴》二卷。舊錄有《蜀首楞嚴》二卷，未詳誰出）。

右一經，七人出，其一經失譯名，已入《失源錄》。

《維摩詰經》（支謙出《維摩詰》二卷。竺法護出《維摩詰經》一卷，又出《删維摩詰》一卷。竺叔蘭出《維摩詰》二卷。鳩摩羅什出《新維摩詰經》三卷）。

右一經，四人異出。

《無量壽經》（支謙出《阿彌陀經》二卷。竺法護出《無量壽》二卷，或云《無量清淨平等覺》。鳩摩羅什出《無量壽》一卷。釋寶雲出《新無量壽》二卷。求那跋陀羅出《無量壽》一卷）。

右一卷，五人異出。【略】

又卷三　新集安公古異經錄第一

古異經者，蓋先出之遺文也。《尋安錄》，自《道地要語》迄《四姓長者》，合九十有二經，標爲古異。雖經文散逸多有闕亡，觀其存篇古今可辯。或無別名題，取經語以爲目。或撮略《四鋡》，摘一事而立卷名號質實信古典矣。安公覿其古異編之於末，祐推其歲遠列之于首，雖則失源而舊譯見矣。

新集安公失譯經錄第二

祐校安公舊錄，其經有譯名則斷錄上卷，無譯名者則條目于下。尋《安錄》，自修行本起訖於和達，凡一百有三十四經，莫詳其人，又闕涼二錄並闕譯名。今總而次列入失源之部。安錄誠佳，頗恨太簡，注目經名撮題兩字，且不列卷數行間相接，後人傳寫名部混糅，且朱點爲標，朱滅則亂，循空追求困於難了，斯亦璵璠之一玷也。且衆錄雜經苞集逸異名多復重失相散紊，今悉更刪整標定卷部，使名實有分，尋覽無惑焉。【略】

新集律分爲五部記錄第五（出毗婆沙）

佛泥洹後，大迦葉集諸羅漢，於王舍城安居，命優波離出律，八萬法藏有八十誦。初大迦葉任持，第二阿難，第三末田地，第四舍那波提，第五優波掘，至百一十餘年傳授不異。一百一十餘年後，阿育王出世，初大邪見，毀壞佛法焚燒經書，僧衆星散，故八十誦灰滅。後值羅漢更生信心，懺悔除罪，甚有神力。爲鐵輪王王閻浮提，能役鬼神，一日一夜壞舍利八塔造八萬四千塔，還興顯佛法，請諸羅漢誦出經律。時有五大羅漢，各領徒衆弘法，見解不同，或執開隨制，共相傳習，遂有五部出焉。十六大國隨用並行，競各進業皆獲道證，自非聖道玄通，孰能使之然乎。後時五部異執紛然競起，阿育王言，皆誦佛語，我今何以測其是非。問僧，佛法斷事云何。諸僧皆言，法應從多。阿育王即集五部僧共行籌當。爾時衆取婆麁富羅部籌多，遂改此一部爲摩訶僧祇。摩訶僧祇者，大衆名也。若就今時，此土行籌便此十誦律名摩訶僧祇也。《大集經》佛記，未來世當有此等律出世，與今事相應六名不異也。又有《因緣經》說，佛在世時有一長者，夢見一張白疊忽然自爲五段，驚詣佛所請問其故。佛言，此乃我滅度後，律藏當分爲五部。

新集律分爲十八部記錄第六

佛滅度二百年後，薩婆多部分出婆蹉部，婆蹉部又分出三部，一者法盛，二者名賢，三者六成。彌沙塞部分出中間見，迦葉維部分出二部，一者僧伽提，二者式摩（一本三摩提）。摩訶僧祇部四百年時分出六部，一者維跡，二者多聞，三者施設，四者毘陀，五者施羅，六者上施羅，又一本曇無德部（此十八部，見有同異，文煩不復備寫）。

新集律來漢地四部序錄第七

昔甘露初開經法，是先因事結戒，律教方盛及曇夢表其五分，而彼國多當其異部，故知道運推移，化緣不壹矣。至于中夏聞法亦先經而後律。律藏稍廣，始自晉末，而迦葉維部猶未東被，既總集五家，故存其名錄。若乃梵文至止之歲，胡漢宣譯之人，大衆講集之處，名德書翰之文，並具舉遺事交相爲證，使覽者昭然究其始末云爾。

《薩婆多部十誦律》（六十一卷）

薩婆多部者，梁言一切有也。所說諸法一切有相，學內外典好破異道，所集經書說無有我所，受難能答以此爲號。昔大迦葉具持法藏，次傳阿難，至于第五師優波掘，本有八十誦，優波掘以後世鈍根不能具受故，刪爲十誦，以誦爲名，謂法應誦持也。自茲以下師資相傳五十餘人，至秦弘始之中，有罽賓沙門弗若多羅，誦此十誦胡本來遊關右。羅什法師於長安逍遙園三千僧中共譯出之，始得二分餘未及竟，而多羅亡。俄而有外國沙門曇摩流支，續至長安，於是廬山遠法師慨律藏未備思在究竟，聞其至止，乃與流支書曰，佛教之興先行上國，自分流以來近四百年。至於沙門德式所闕猶多，頃西域道士弗若多羅者，是罽賓持律，其人諷十誦胡本。有鳩摩耆婆者，通才博見，爲之傳譯，十誦之中始備其二，多羅早喪中塗而廢，不得究竟大業，慨恨良深。傳聞仁者齎此經自隨，甚欣所遇，冥運之來豈人事而已耶？想弘道爲物感時而動，叩之有人，必情無所吝。若能爲律學之衆留此經本，開示梵行洗其耳目，使始涉之流不失無上之津，參懷勝業者日月彌朗，此則惠深德厚，人神同感矣。幸望垂懷不孤往心一二，悉諸道人所具，不復多白。曇摩流支得書，方於關中共什出所餘律，遂具一部，凡五十八卷。後有罽賓律師卑摩羅叉，來遊長安，羅什先在西域，從其受律，羅叉後自秦適晉，住壽春石澗寺，重校十誦律本，名品遂正，分爲六十一卷，至今相傳焉。

《曇無德四分律》（四十卷或分四十五卷）

曇無德者，梁言法鏡，一音曇摩毱多。如來涅槃後，有諸弟子顛倒解義，覆隱法藏，以覆法故名曇摩毱多，是爲四分律，蓋罽賓三藏法師佛陀耶舍所出也。初耶舍於罽賓誦四分律，不齎胡本而來遊長安。秦司隸校尉姚爽欲請耶舍，於中寺安居，仍令出之。姚主以無胡本難可證信，衆僧多有不同，故未之許也。羅什法師勸曰，耶舍甚有記功，數聞誦習，未曾脫誤。於是姚主即以《藥方》一卷，《民藉》一卷並可四十許紙，令其誦之三日，便集僧執文請試之，乃至銖兩人數年紀不謬一字，於是咸信伏，遂令出焉。故肇法師作《長阿鋡序》云，秦弘始十二年歲上章掩茂，右將軍司隸校尉姚爽，於長安中寺集名德沙門五百人，請罽賓三藏佛陀耶舍出律藏，《四分》四十卷，十四年訖。十五年歲昭陽奮若，出《長阿含》，涼州沙門佛念爲譯，秦國道士道含筆受，余以嘉運猥參聽次，雖無翼善之功，而預親承之末，略記時事以示來賢。又答江東隱士劉遺民書末云，法師於大寺出新至諸經，法藏淵曠日有異聞。禪師於宮寺教習禪道，門徒數百夙夜匪懈，邕邕肅肅致可欣樂。三藏法師於中寺出律，本末精悉若覩初制毘婆沙，於石羊寺出舍利弗阿毘曇胡本，雖未及譯，時問中事發言奇新。貧道一生預參嘉會，遇兹盛化，自不覩釋迦祇洹之集，餘復何恨。而恨不得與道勝君子同斯法集耳。故撮舉肇公書序以顯其證焉。

又卷四　新集續撰失譯雜經錄

祐總集衆經，遍閱群錄，新撰失譯猶多卷部，聲實紛糅，尤難銓品。或一本數名，或一名數本。或妄加游字，以辭繁致殊。或撮半立題，以文省成異。至於書誤益惑亂甚棼絲，故知必也正名，於斯爲急矣。是以讐校歷年，因而後定。其兩卷以上，凡二十六部，雖闕譯人，悉是全典。其一卷以還五百餘部，率抄衆經全典，蓋寡觀其所抄，多出《四鋡》、《六度》、《道地》、《大集》、《出曜》、《賢愚》及《譬喻》、《生經》，並割品截揭撮略取義，强製名號仍成卷軸。至有題目淺拙名與實乖，雖欲啟學實無正典，其爲愆謬良足深誡。今悉標出本經注之目下，抄略既分全部自顯，使沿波討源還得本譯矣。尋此錄失源多有大經，詳其來也。豈天墜而地踴哉。將是漢魏時來歲久錄亡，抑亦秦涼宣梵成文屆止，或晉宋近出，忽而未詳，譯人之闕，殆由斯歟。尋大法運流世移，六代撰注群錄，獨見安公，以此無源未足怪也。夫十二部經應病成藥，而傳法淪昧實可恨歎。祐所以杼軸於尋訪，崎嶇於纂錄也。但陋學謏聞多所未周，明哲大士，惠縫其闕。言貴拱璧，況法施哉。

又卷五　新集抄經錄

抄經者，蓋撮舉義要也。昔安世高抄出《修行爲大道地經》，良以廣譯爲難，故省文略說。及支謙出經亦有孛抄，此並約寫胡本，非割斷成經也。而後人弗思肆意抄撮，或棋散衆品，或爪剖正文。既使聖言離本，復令學者逐末。竟陵文宣王慧見明深，亦不能免，若相競不已，則歲代彌繁蕪黷法寶，不其惜歟。名部一成難用刊削，其安公時抄，悉附本錄，新集所獲，撰目如左，庶誡來葉無效尤焉。

新集安公疑經錄第二

外國僧法學，皆跪而口受，同師所受，若十二十轉，以授後學。若有一字異者，共相推校，得便擯之，僧法無縱也。經至晉土其年未遠，而憙事者以沙標金，斌斌如也。而無括正，何以別眞僞乎。農者禾草俱在，后稷爲之嘆息。金匱玉石同緘，卞和爲之懷恥。安敢預學次見涇渭雜流，龍蛇並進，豈不恥之。今列意謂非佛經者如左，以示將來學士，共知鄙信焉。

新集疑經僞撰雜錄第三

《長阿含經》云，佛將涅槃，爲比丘說四大教法，若聞法律，當於諸經推其虛實，與法相違則非佛說。又《大涅槃經》云，我滅度後，諸比丘輩抄造經典令法淡薄，種智所照驗於今矣。自像運澆季浮競者多，或憑眞以構僞，或飾虛以亂實。昔安法師摘出僞經二十六部，又指慧達道人以爲深戒。古既有之，今亦宜然矣。祐校閱群經，廣集同異，約以經律，頗見所疑。夫眞經體趣融然深遠，假託之文，辭意淺雜，玉石朱紫，無所逃形也。今區別所疑注之於錄，并近世妄撰，亦標于末，並依倚雜經而自製名題。進不聞遠適外域，退不見承譯西賓。我聞興於戶牖，印可出於胸懷。誑誤後學，良足寒心，既躬所見聞，寧敢默已。嗚呼來葉，愼而察焉。

新集安公注經及雜經志錄第四

夫日月麗天衆星助燿，雨從龍降彪池佐潤。由是豐澤洪沾，大明煥赫也。而猶有燋火於雲夜，抱瓮於漢陰者，時有所不足也。佛之著教，眞人發起，大行於外國，有自來矣。延及此土，當漢之末世，晉之盛德也。然方言殊音，文質從異，譯胡爲晉出非一人，或善胡而質晉，或善晉而未備胡，衆經皓然難以折中，竊不自量敢豫僧數，既荷佐化之名，何得素飡終日乎。輒以灑掃之餘暇，注衆經如左。非敢自必，必値聖心。庶望考文時有合義，願將來善知識不咎其默守，冀抱瓮燋火，譏有微益。

小乘迷學竺法度造異儀記第五

夫至人應世觀衆生根，根力不同設教亦異，是以三乘立軌隨機而發，五時說法，應契而化，沿麁以至妙，因小以及大，階漸殊時教之體也。自正法稍遠受學乖互，外域諸國或偏執小乘，最後涅槃顯明佛性，而猶執初教，可謂膠柱鼓琴者也。元嘉中，外國商人竺婆勒，久停廣州，每往來求利，於南康郡生兒，仍名南康，長易字金伽，後得入道，爲曇摩耶舍弟子，改名法度。其人貌雖外國，實生漢土，天竺科軌非其所諳，但性存矯異，欲以攝物，故執學小乘，云無十方佛，唯禮釋迦而已。大乘經典不聽讀誦，反抄著衣，以此爲法常用銅鉢無別應器。乃令諸尼作鎖肩衣，似尼師壇，縫之爲囊，恆著肩上而不用坐，以表眾異。每至出路相捉而行布薩悔過，但伏地相向而不胡跪。法度善閑漢言，至授戒先作胡語，不令漢知。案律之明文授法資解，言不相領不得法事。而竺度昧罔面行詭術，明識之眾咸共駭棄，唯宋故丹陽尹顏竣女，宣業寺尼法弘，交州刺史張牧女，弘光寺尼普明等，信受其教以爲眞實。雖出貴族而識謝慧心，毀皆方等既絕法雨。妄學詭科乖背律儀，來苦方深良可愍傷。自正化東流，大乘日曜，英哲頂受，遍寓服膺。而使迷僞之人專行偏教，莫或振止，何其甚哉。昔慧導拘滯疑惑《大品》，曇樂偏執非撥《法華》。罔天下之明，信己情之謬，關中大眾固已指爲無間矣。至如彭城僧淵誹謗《涅槃》，舌根銷爛，現表厥殃，大乘難誣，亦可驗也。尋三人之惑，並惡止其躬，而竺度之悖，以毒飲人。凡女人之性，智弱信強一受僞教則同惑相挺，故京師數寺遂塵異法，東境尼眾亦時染此風，將恐邪路易開，淄污不已。嗟乎，斯豈魔斷大乘故先侮女人歟。此實開士之所痛悼，而法主所宜匡制也。《大方便經》云，釋迦如來昔爲比丘，專以《四阿含》教化謗毀方等，於無數劫受大苦報，從阿鼻出發大乘心，致成正覺，後進之賢宜思防斷，古今明誡可不愼乎。

昔慧叡法師久歎愚迷，製此喻疑防於今日，故存之錄末，雖於錄非類，顯證同矣。

喻疑第六（長安叡法師）

夫應而不寂感之者至，感有精麁應亦不一，影響理也。若以方斯之非徒乖其圓，乃亦喪其方。故以備聞之悟喻其所疑，疑非膏肓奄必爲治。若治所不至，喻復其如之何。並可詳覽往喻。

昔漢室中興，孝明之世，無盡之照，始得揮光此壤，於二五之照，當是像法之初。自爾已來，西域名人安侯之徒，相繼而至，大化文言漸得淵照，邊俗陶其鄙倍。漢末魏初，廣陵彭城二相出家，並能任持大照，尋味之賢始有講次，而恢之以裕義，迂之以配說。下至法祖、孟詳、法行、康會之徒，撰集諸經，宣暢幽旨，粗得充允，祖聽暨今，附文求旨，義不遠宗，言不乖實，起之於亡師。及至苻并龜茲三王來朝，持法之宗亦並與經俱集。究摩羅法師至自龜茲，持律三藏，集自罽賓，禪師徒眾，尋亦並集。關中洋洋十數年中，當是大法後興之盛也。叡才常人鄙而得廁，對宗匠陶譯玄典，法言無日不聞，聞之無要不記，故敢依準所聞，寄之紙墨以宣所懷。什公云，大教興世五十餘年，言無不實，實無不益，益而爲言無非教也，實而爲稱無非寶也。寶以如意爲喻，教以正失爲體。若能體其隨宜之旨，則言無不深。若守其一照，則惑無不至。今此世界以雜爲名，則知本自離薄。本自離薄則易爲風波，風波易以動，不淳易爲離。易動易離，故大聖隨宜而進。進之不以一途，三乘離化由之而起。三藏祛其染滯，般若除其虛妄，法華開一究竟，泥洹闡其實化，此三津開照，照無遺矣。但優劣存乎人，深淺在其悟。任分而行，無所臧否，前五百年也。此五百年中，得道者多，不得者少。以多言之，故曰正法。後五百年，唯相是非執競盈路，得道者少，不得者多，亦以多目之，名爲像法。像而非眞，失之由人。由人之失，乃有非跋眞言斧戟實化。無擇起於胸中，不救出自脣吻，三十六國小乘人也。此釁流於秦地，慧導之徒遂復不信《大品》，既蒙什公入關開託眞照，般若之明復得揮光。末俗朗茲實化尋出《法華》開方便門，令一實究竟，廣其津途，欣樂之家，景仰沐浴，眞復不知老之將至。而曇樂道人，以偏執之，見而復非之，自畢幽途永不可誨。今《大般泥洹經》，法顯道人，遠尋眞本，於天竺得之，持至揚都，大集京師義學之僧百有餘人。師執本，參而譯之詳而出之。此經云，泥洹不滅佛有眞我，一切眾生皆有佛性，皆有佛性學得成佛。佛有眞我，故聖鏡特宗而爲眾聖中王。泥洹永存，爲應照之本，大化不泯眞本存焉。而復致疑，安於漸照而排跋眞誨，任其偏執而自幽不救，其可如乎？此正是《法華》開佛知見，開佛知見，今始可悟。金以瑩明，顯發可知，而復非之。大化之由而有此心，經言闡提，眞不虛也。此大法三門，皆有成證。昔朱士行既襲眞式，以大法爲己任，於雒中講《中》《小品》，亦往往不通，乃出流沙，尋求《大品》。既至于塡果得眞本，即遣弟子十人，送至雒陽，出爲晉音。未發之間，彼土小乘學者，乃以聞王，云漢地沙門乃以婆羅門書或亂眞言，王爲地主若不折之，斷絕大法聾盲漢地，王之咎也。王即不聽，時朱士行乃求燒經爲證，王亦從其所求積薪十車，於殿階下，以火焚之。士行臨階而發誠誓，若漢地大化應流布者，經當不燒，若其不應命也如何。言已投之，火即爲滅，不損一字，遂得有此《法華》正本，於于塡大國輝光重壤踴出空中而得流此。此《大般泥洹經》既出之後，而有嫌其文不便者，而更便改之人情少惑。有慧祐道人，私以正本雇人寫之。客書之，家忽然火起，三十餘家一時蕩然，寫經人於灰火之中求銅鐵器物，忽見所寫經本在火不燒，及其所寫一紙陌外亦燒，字亦無損。餘諸巾紙寫經竹筒，皆爲灰燼。此三經者，如什公所言，是大化三門無極眞體，皆有神驗，無所疑也。什公時雖未有《大般泥洹文》，已有《法身經》明佛法身，即是泥洹，與今所出若合符契。此公若得聞此佛有眞我一切衆生皆有佛性，便當應如白日朗其胸衿，甘露潤其四體，無所疑也。何以知之？每至苦問佛之眞主，亦復虚妄，積功累德，誰爲不惑之本。或時有言，佛若虚妄誰爲眞者。若是虚妄積功累德，誰爲其主。如其所探，今言佛有眞業，衆生有眞性，雖未見其經，證明評量意，便爲不乖。而亦曾問，此土先有經言，一切衆生皆當作佛，此云何。答言，《法華》開佛知見，亦可皆有爲佛性。若有佛性，復何爲不得皆作佛耶？但此《法華》所明，明其唯有佛乘無二無三，不明一切衆生皆當作佛，皆當作佛，我未見之，亦不抑言無也。若得聞此正言，眞是會其心府。故知聞之必深信受，同吾之肆學正法者，小可虚其衿帶，更聽往喻，如三十六國著小乘者，亦復自以爲日月之明，無以進於己也。而大心寥朗，乃能鄙其狂而偏執，自貽重罪。慧道之非《大品》而尊重三藏，亦不自以爲照不周也。曇樂之非《法華》憑陵其氣，自以爲是天下悠悠，唯己一人言其意亦無所與讓。今疑《大般泥洹》者，遠而求之，正當以一切衆生皆有佛性爲不通眞照，眞照自可照其虚妄，眞復何須其照一切衆生，既有僞矣。別有眞性爲不變之本，所以陶練既精眞性乃發，恆以大慧之明除其虚妄，虚妄既盡法身獨存。爲應化之本，應其所化能成之緣，一人不度吾終不舍，此義如驗，復何爲疑耶？若於眞性法身而復致疑者，恐此邪心無處不惑。佛之眞我尚復生疑，亦可不信佛有正覺之照而爲一切種智也。般若之明自是照虚妄之神器，復何與佛之眞我法身常存。一切皆有佛之眞性，眞性存焉。學不越崖，成不乖本乎？而欲以眞照無虚言，言而亦無，佛我亦無。泥洹是邪見，但知執此照惑之明，不知無惑之性非其照也。爲欲以此誣罔天下，天下之人何可誣也。所以遂不開默而驟明，明此照者，是惜一肆之上而有鑠金之説。一市之中而言有虎者三，易惑之徒則將爲之所染，皆爲不殺之物，亦得已而言之，豈其好明人罪耶？實是蝮蛇螫手，不得不斷。幸有深識者，體其不默之旨。未深入者尋而悟之，以求自淸之路。如其已不可喻，吾復其如之何。

雜録

僧祐《出三藏記集·雜録》卷一二《雜録序》　夫靈源啟潤，則萬流脈散；玄根毓萌，則千條雲積。何者？本大而末盛，基遠而緒長也。自尊經神運秀出俗典，由漢屆梁，世歷明哲，雖復緇服素飾並異跡同歸，講議讚析，代代彌精，注述陶練，人人競密。所以記論之富盈閣以仞房，書序之繁充車而被軫矣。宋明皇帝，摽心淨境，載飡玄味。迺勅中書侍郎陸澄，撰録法集。陸博識洽聞，苞舉群籍，銓品名例，隨義區分，凡十有六帙，一百有三卷。其所閲古今亦已備矣。今即其本録，以相綴附，雖非正經而毗讚道化，可謂聖典之羽儀，法門之警衛，足以輝顯前緒昭進後學。是以寄于三藏集末，以廣枝葉之覽焉。

宋明帝勅中書侍郎陸澄撰法論目録序第一

論或列篇立第兼明衆義者，今總其宗致不復擿分，合之則體全，別之則文亂。

置難形神，援譬薪火，庾闡發其議，謝瞻廣其意，然桓譚未及聞經先著，此言有足奇者，宜其掇附也。

牟子不入教門而入緣序以持載，漢明之時，像法初傳故也。

魏祖答孔，是知英人開尊道之情，習生貽安則見令主弘信法之心，所以有取二書，指存兩事。又支遁敷翰遠國，述江南僧業，故兼録。

《即色遊玄論》（支道林。王敬和問，支答）。《辯著論》（支道林）。《釋即色本無義》（支道林。王幼恭問，支答）。《不眞空論》（釋僧肇）。《本無難問》（郗嘉賓，竺法汰難，并郗答，往反四首）。《郗與法濬書》。《郗與開法師書》。《郗與支法師書》。《心無義》（桓敬道，王稚遠難，桓答）。《釋心無義》（劉遺民）。《法性論》上下（釋慧遠）。《實相義》（釋道安）。《問實相》（王稚遠外國法師答）。《問如法性眞際》（釋慧遠，什法師答）。《問實法有》（釋慧遠，鳩摩答）。《問分破空》（釋慧遠，什答）。《實相論》（釋曇無威）。《實相通塞論》（釋道含）。《會通論》（支曇諦）。《支書與郗嘉賓》。《會通論》上下（釋慧義）。《始元論》（釋僧宗）。《略論諸經》。《勝鬘經序》（釋慧觀）。《百論序》（釋僧叡）。《百論序》（釋僧肇）。右法論第一帙（《法性集》十五卷）。【略】

《難沙門子法龍》（釋道彦，法龍答）。《答謝宣明難佛理》（范伯倫）。《論檢》（顏延年）。《答或人問》（顏延年）。《關中法濟道人與涼州同學書》。《達性論》（何承天）。《顏延年釋何五往反》（道人問顏答）。《均善論》（釋慧琳）。《何承天與宗少文書五往反》（演《均善論》）。《斷家養論》（何彦德）。《釋慧琳難》。《廣何》（顏延年）。《顏重與何書》。右法論第十五帙（《雜論集》六卷）。

《辯敎論》（桓敬道）。《婚農無傷論》（釋慧琳）。《照極明化論》（顧長康）。《問難》（釋慧琳）。右法論第十六帙（《邪論集》三卷）。

齊太宰竟陵文宣王法集錄序第二

夫五時九部之契，三請四卷之機，玄哉邈乎，奥不可議已。然法海涯航而知大，慧藏不極探而得寶。是以弘誓之士隨時斟酌，馬鳴抽其幽宗，龍樹振其絕緒，提婆析其名數，訶梨總其條理，並翼讚妙典，俘剪外學，迷津見衢，長夜逢曉，故智慧之日名飛於摧邪，功德之月績翔於闡化，亦已盛矣。但群萌殊葉，根力異品，運季道澆，信淡識淺。至於披簪發聾事，資懇勵，藥患針惑，宜務切近。是以後代敷訓顯晦不一，或颺言以汎解，或提耳而指授，所以卷舒敎義抑揚風軌，豈滯恆方期於悟俗而已。齊太宰竟陵文宣王，淨刹萌因忍土現果，慧自天成道爲期出。孝忠淳和之深，仁智博愛之厚，率由而極因心則至，若乃棲神二諦宅業三寶，瞻前卓爾望後不群。用能降帝子之尊，灼淨土之操，屏朱觀之貴，下白屋之禮。磨踵以拯俗，刻髓以徇道，望億劫以長駈，淩千載而獨上。若乃闡經律弘福施，濟蒼黎敏翾動，未常不慮積昏，明慈洽巨細，感靈瑞於顯微，通覺應於霄夢，固已葳蕤民譽昭晢神聽矣。至於苞括儒訓洞鏡釋典，空有雙該內外咸照，常欲廣彼洲渚熾此法燈。駐四生之風波燭九，居之霾霧，指來際以爲期，總大千以爲任，故惻隱垂敎殷懃敷道。於是銳臨雲之思，壯談天之文，網羅字輪儀形法印。是以《淨住命氏》啟入道之門，《華嚴瓔珞》摽出世之術。決定要行，進趣乎金剛。戒果莊嚴，克成乎甘露。爾其眾經注義，法塔讚頌，僧制藥記之流，導文願疏之屬，莫不誠在言前，理出辭表。大者鉤深測幽，小者馳辯感俗，森成條章，鬱爲卷帙。可謂開士住心，道場初跡，冠一代之妙，化垂千祀之勝範者也。祐昔以道緣預屬嘉會，律任法使，謬荷其寄，齋堂梵席，時枉其請。哲人徂謝而道心不亡，靜尋遺篇曖乎如在，遂序茲集錄，以貽來世云爾。

齊竟陵王世子撫軍巴陵王法集序

蓋聞，世諦善論法海所總，嚴鎊文辭初位是攝，自大化東漸沿世詠歌，魏來雜製間出群集，至於才中含章思入精理，固法門之羽翮，梵聲之金石也。齊竟陵文宣王世子故撫軍巴陵王，稟璿華於岷峯，敏明璣於珠海，慧發觽辰識表綺歲，孝友停至機顯朗徹，故幼無弱弄，夙有老成，甫在志學，固已總括墳典矣。雅好辭賦，允登高之才，藉意隸書，均臨池之敏，業盈竹素慮滿風月。是時齊方有德文宣翼讚康衢，既熙慧敎傍遠世子，以枝葉之慶蕃守淅河，下車風舉升席治立。含靜臺以御己，垂蘭蕙以振俗。郡富名山，巖多靈寺。故勝業愈高，清心彌往。每遊踐必訓思若淵泉，信足以揄揚至道，炳發玄極。觀其擒賦經聲，述頌繡像，千佛願文，捨身弘誓。四城九相之詩，釋迦十聖之讚，並英華自凝新聲間出，故僕射范雲篤賞文會，雅相嗟重，以爲後進之佳才也。至隆昌之時，始兆無妄，永元之末，運屬道消。葛藟失庇磐石傾翦，虎兕出柙宗室致猜，而樂天如命夷憂味道。在艱不虧其貞，處約無改其節。鏡因果而靡晦，洞眞俗而如曉。專精於大覺之門，懍烈於經典之奥。於是下帷堇戶注解百論，拔出幽旨妙盡纖典，乃躬算縑素手寫方等，所書大經凡有十部，鋒刃勁削風趣妍靡，論其思理所徹業藝所貫，有踰其裘之能，克副青藍之敏矣。夫深宮寡識著自格言，粱肉多驕聞之前記，而能拔類獨立超然高舉，豈非內鑄堅芳之性，外瑩過庭之風哉。以法而說，譬金龍之嗣信相，由俗而議，邁允恭之紹陳思，可謂開士宿因旃檀眷屬，無忝堂構克勝負荷者也。余昔緣法事亟覿清徽，及律集稽川屢延供禮。惜乎，早世文製未廣，今撰錄法詠以繼文宣內集，使千祀之外知蘭菊之無絕焉。

釋僧祐法集總目錄序第三

常聞瀝泣助河之談，捧土裨岱之論，雖諂發於古，而愧集於今矣。僧祐漂隨前因報生閻浮，幼齡染服早備僧數，而慧解弗融禪味無紀，剎那之息徒積，錙毫之勤未基，是以懼結香朝慚動鍾夕，茫茫塵劫空閱斬籌。然竊有堅誓志是大乘，頂受方等遊心四含，加以山房寂遠泉松淸密，以講席間時僧事餘日，廣訊衆典披覽爲業，或專日遺飡，或通夜繼燭，短力共尺波爭馳，淺識與寸陰競晷，雖復管窺迷天蠡測惑海，然遊目積心頗有微悟，遂綴其聞誠言法寶，仰稟群經傍採記傳，事以類合義以例分，顯明覺應。故序釋迦之譜，區辯六趣。故述世界之記，訂正經譯。故編三藏之錄，尊崇律本。故銓師資之傳，彌綸福源。故撰法苑之篇，護持正化。故集弘明之論，且少受律學刻意毘尼。旦夕諷持四十許載，春秋講說七十餘遍。既稟義先師弗敢墜失，標括章條爲律記十卷，并雜碑記撰爲一帙，總其所集凡有八部，冀微啟於今業，庶有藉於來津。豈曰善述，庶非妄作，但理遠識近多有未周，明哲儻覽取諸其心，使道場之果異跡同臻焉。

《釋迦譜》五卷　右一部第一帙

《世界記》五卷　右一部第二帙

《出三藏記集》十卷　右一部第三帙

《薩婆多部相承傳》五卷　右一部第四帙

《法苑集》十卷　右一部第五帙

《弘明集》十卷　右一部第六帙

《十誦義記》十卷　右一部第七帙

《法集雜記傳銘》十卷　右一部第八帙

釋迦譜目錄序第四

蓋聞，菩提之爲極也，神妙寂通，圓智湛照。道絕於形識之封，理畢於生滅之境。形識久絕，豈實誕於王宮。生滅已畢，寧眞謝於堅固哉。但群萌長寢，同歸大覺，緣來斯化，感至必應。若應而不生，誰興悟俗。化而無名，何以導世。是以標號釋迦檀種刹利，體域中之尊，冠人天之秀，然後脫屣儲宮，直觀道樹，捨金輪而馭大千，明玉豪而制法界，此其所以垂跡也。爰自降胎，至于分塔，偉化千條，靈瑞萬變，並義炳經典，事盈記傳，而群言參差，首尾散出，事緒舛駁，同異莫齊。散出首尾，宜有貫一之區。莫齊同異，必資會通之契，故傳訊難該而摠集易覽也。祐以不敏業謝多聞，時因疾隙，頗存尋翫，遂乃披經按記，原始要終，敬述《釋迦譜》，記列爲五卷。若夫胤裔託生之源，得道度人之要，泥洹塔像之徵，遺法將滅之相，總衆經以正本，綴世記以附末，使聖言與俗說分條，古聞共今跡相證，萬里雖邈，有若躬踐，千載誠隱，無隔面對。今抄集衆經，述而不作，庶脫尋訪，力半功倍，敬率丹心，略敷誓願。

釋迦始祖劫初剎利相承譜第一（出《長阿含經》）。釋迦始祖劫初姓瞿曇緣譜第二（出《十二遊經》）。釋迦六世祖始姓釋氏緣譜第三（出《長阿含經》）。釋迦降生釋種成佛緣譜第四（出《普耀經》）。釋迦在七佛末種姓衆數同異譜第五（出《長阿含經》）。釋迦同三千佛緣譜第六（出《藥王藥上觀經》）。釋迦內外族姓名譜第七（出《長阿含經》）。釋迦弟子姓釋緣譜第八（出《增一阿含》）。釋迦四部名聞弟子譜第九（出《增一阿含》）。右第一卷。

釋迦從兄調達出家緣記第十（出《中本起經》）。釋迦從弟阿那律跋提出家記第十一（出《曇無德律》）。釋迦從弟孫陀羅難陀出家緣記第十二（出《出耀經》）。釋迦子羅云出家緣記第十三（出《未曾有經》）。釋迦姨母大愛道出家緣記第十四（出《中本起經》）。釋迦父淨飯王泥洹記第十五（出《淨飯王泥洹經》）。釋迦母摩耶夫人記第十六（出《佛昇忉利天經》）。釋迦姨母大愛道泥洹記第十七（出《佛母泥洹經》）。釋種滅宿業緣記第十八。右第二卷。

釋迦竹園精舍緣記第十九（出《曇無德律》）。釋迦祇洹精舍緣記第二十（出《賢愚經》）。釋迦髮爪塔緣記第二十一（出《十誦律》）。釋迦天上四塔記第二十二（出《集經抄》）。優塡王造釋迦金像記第二十三（出《增一阿含經》）。波斯匿王女造金像記第二十四（出《增一阿含經》）。阿育王弟出家造石像記第二十五（出《求離牢獄經》）。釋迦留影在石室記第二十六（出《觀佛三昧經》）。右第三卷。

釋迦雙樹般涅槃記第二十七（出《大涅槃經》）。釋迦八國分舍利記第二十八（出《雙卷泥洹經》）。釋迦天上舍利寶塔記第二十九（出《菩薩處胎經》）。釋迦龍宮佛髭塔記第三十（出《阿育王經》）。右第四卷。

阿育王造八萬四千塔記第三十一（出《雜阿含經》）。釋迦獲八萬四千塔宿緣記第三十二（出《賢愚經》）。釋迦滅盡緣記第三十三（出《雜阿含經》）。釋迦法滅盡相記第三十四（出《法滅盡經》）。右第五卷。

世界記目錄序第五

夫三界定位，六道區分，麤妙異容，苦樂殊跡。觀其源始，不離色心，檢其會歸，莫非生滅。生滅輪迴，是曰無常。色心影幻，斯謂苦本。故《涅槃》喻之於大河，《法華》方之於火宅。聖人超悟，息駕返源，拔出三有，然後爲道也。尋世界立體，四大所成，業和緣合，與時而興，數盈災起，復歸乎滅。所謂壽短者謂其長，壽長者見其短矣。夫虛空不有，故厥量無邊。世界無窮，故其狀不一。然則大千爲法王所統，小千爲梵主所領，須彌爲帝釋之居，鐵圍爲蕃牆之域，大海爲八維之浸，日月爲四方之燭。摠摠群生，於茲是宅，瑣瑣含識，莫思塗炭。沈俗而觀，則迂誕之奢言。大道而察，乃掌握之近事耳。但世宗周孔，雅仗經書，然辯括宇宙，臆度不了。《易》稱天玄，蓋取幽深之名。《莊》說蒼蒼，延在遠望之色。於是野人信明謂旻青如碧，儒士據典謂乾黑如漆。青黑誠異，乖體是同。儒野雖殊，不知一也。是則俗尊天名而莫識天實，豈知六欲之嚴麗，十梵之光明哉。至於準步地勢則虛信章亥，圖度日月則深委算術，未值一偶，差以千里。雖復夏革說地，不過戶牖之間。鄒子談天，甫在隩突之內。鍊石既誣，鼇足亦詭，俗書徒繁，竟無顯說，世士蒙昧，莫詳厥體。是以憑惠獨慮，闚六合之相持。桓譚距問，率五藏以爲喻，通人碩學，思欝理窮，況乃牆見其能辯乎。嗟夫，區界現事，猶莫之知，不思妙義，固其已矣。竊惟方等大典多說深空，唯《長鋡》《樓炭》辯章世界，而文博偈廣難卒檢究，且名師法匠，職競玄義，事源委積，未必曲盡。祐以庸固志在拾遺，故抄集兩經，以立根本，兼附雜典，互出同異，撰爲五卷，名曰《世界集記》。將令三天階序，煥若披圖，六趣群分，照如臨鏡，庶溺俗者發蒙，服道者瑩解，共建慧眼之因，俱成覺知之業焉。

三千大千世界名數記第一（出《長阿鋡》）。諸世界海形體記第二（出《華嚴經》）

大小劫名譬喻記第三（出《樓炭經》）。劫初世界始成記第四（出《長阿鋡》）。大海須彌日月記第五（出《長阿鋡》）。四天下地形人物記第六（出《長阿鋡》）。劫初四姓種緣記第七（出《長阿鋡》）。右第一卷。

轉輪聖王記第八（出《長阿鋡》）。欲界六天記第九（出《長阿鋡》）。色界二十二天記第十（出《長阿鋡》）。無色界四天記第十一（出《長阿鋡》）。乾闥婆甄那羅記第十二（出《長阿鋡》）。右第二卷。

阿須輪鬪戰記第十三（出《長阿鋡》）。世界諸神及餓鬼記第十四（出《長阿鋡》）。龍金翅象師子十二獸記第十五（出《大集經》）。右第三卷。

大小地獄閻羅官屬記第十六（出《長阿鋡》）。右第四卷。

世界雲雨雷電記第十七（出《長阿鋡》）。世界樹王華藥記第十八（出《長阿鋡》）

小劫飢兵疫三災記第十九（出《長阿鋡》）。大劫火水風三災記第二十（出《長阿鋡》）。右第五卷。

薩婆多部記目錄序第六

大聖遷輝歲紀綿邈，法僧不墜其唯律乎。初集律藏一軌共學，中代異執五部各分。既分五部則隨師得傳習，唯薩婆多部偏行齊土。蓋源起天竺流化罽賓，前聖後賢重明疊耀，或德昇住地，或道證四果，或顯相標瑞，或晦跡同凡，皆秉持律儀闡揚法化。舊記所載五十三人，自茲已後，叡哲繼出，並嗣徽於在昔，垂軌於當今。季世五眾依斯立教，遺風餘烈炳然可尋。夫蔭樹者護其本，飲泉者敬其源，寧可服膺玄訓而不記列其人哉。祐幼齡憑法，季踰知命，仰前覺之弘慈，奉先師之遺德，猥以傭淺承業十誦，諷味講說三紀于茲，每披聖文以凝感，望遐路以翹心。遂搜訪古今撰《薩婆多記》，其先傳同異，則並錄以廣聞後賢，未絕則製傳以補闕。摠其新舊九十餘人，使英聲與至教永被，懋實共日月惟新，此撰述之大旨也。條序餘部則委之明勝，疾恙惛漠則辭之銓藻。儻有覽者，略文取心。

大迦葉羅漢傳第一。阿難羅漢第二。末田地羅漢第三（譯曰中也）。舍那婆斯羅漢第四。優波掘羅漢第五。慈世子菩薩第六。迦旃延羅漢第七。婆須蜜菩薩第八。吉栗瑟那羅漢第九。長老脇羅漢第十。馬鳴菩薩第十一。鳩摩羅馱羅漢第十二。韋羅羅漢第十三。瞿沙菩薩第十四。富樓那羅漢第十五。後馬鳴菩薩第十六。達磨多羅菩薩第十七。蜜遮伽羅漢第十八。難提婆秀羅漢第十九。瞿沙羅漢第二十。般遮尸棄羅漢第二十一。羅睺羅羅漢第二十二。彌帝麗尸利羅漢第二十三。達磨達羅漢第二十四。師子羅漢第二十五。因陀羅摩那羅漢第二十六。瞿羅忌梨婆羅漢第二十七。婆秀羅羅漢第二十八。僧伽羅叉菩薩第二十九。優波羶馱羅漢第三十。婆難提羅漢第三十一。那伽難羅漢第三十二。達磨尸梨帝羅漢第三十三（譯曰法勝）。龍樹菩薩第三十四。提婆菩薩第三十五。婆羅提婆菩薩第三十六。破樓提婆第三十七。婆修跋摩第三十八。毘栗慧多羅第三十九。毘樓第四十。毘闍延多羅菩薩第四十一。摩帝麗菩薩第四十二。訶梨跋暮菩薩第四十三。婆秀槃頭菩薩第四十四（譯曰青目）。達磨達帝菩薩第四十五。栴陀羅羅漢第四十六。勒那多羅菩薩第四十七。槃頭達多第四十八。弗若蜜多羅漢第四十九。婆羅多羅第五十。不若多羅第五十一。佛馱先第五十二。達磨多羅菩薩第五十三。右五十三人，第一卷。

長安城內齊公寺薩婆多部佛大跋陀羅師宗相承略傳。阿難羅漢第一。末田地羅漢第二。舍那婆斯羅漢第三。優波掘羅漢第四。迦旃延菩薩第五。婆須蜜菩薩第六。吉栗瑟那羅漢第七。勒比丘羅漢第八。馬鳴菩薩第九。瞿沙菩薩第十。富樓那羅漢第十一。達摩多羅菩薩第十二。寐遮迦羅漢第十三。難提婆秀羅漢第十四。巨沙第十五。般遮尸棄第十六。達摩浮帝羅漢第十七。羅睺羅第十八。沙帝貝尸利第十九。達磨巨沙第二十。師子羅漢第二十一。達磨多羅第二十二。因地羅摩那羅漢第二十三。瞿羅忌利羅漢第二十四。鳩摩羅大菩薩第二十五。眾護第二十六。憂波羶大第二十七。婆婆難提第二十八。那迦難提第二十九。法勝菩薩第三十。婆難提菩薩第三十一。破樓求提第三十二。婆修跋慕第三十三。比栗瑟嵬彌多羅第三十四。比樓第三十五。比闍延多羅菩薩第三十六。摩帝戾披羅菩薩第三十七。呵梨跋慕菩薩第三十八。披秀槃頭菩薩第三十九。達磨呵帝菩薩第四十。旃陀羅羅漢第四十一。勒那多羅菩薩第四十二。槃頭達多第四十三。不若多羅第四十四。佛大尸致利羅漢第四十五。佛駮馱悉達羅漢第四十六。又師以鬘爲證不出名羅漢第四十七。婆羅多羅菩薩第四十八。佛大先第四十九。曇摩多羅第五十。達摩悉大第五十一。羅睺羅第五十二。耶舍第五十三。僧伽佛澄第五十四。右五十四人第二卷。【略】

法苑雜緣原始集目錄序第七

夫經藏浩汗記傳紛綸，所以道達群方開示後學，設教緣跡煥然備悉，訓俗事源鬱爾咸在。然而講匠英德，銳精於玄義。新進晚習，專志於轉讀。遂令法門常務，月修而莫識其源。僧眾恆儀，日用而不知其始。不亦甚乎。余以率情業謝多聞，六時之隙，頗存尋覽。於是檢閱事緣討其根本，遂綴翰墨以藉所好，庶辯始以驗末，明古以證今。至於經唄導師之集，龍花聖僧之會，菩薩稟戒之法，止惡興善之教，或制起帝皇，或功積黎庶，並八正基跡十力逵路，雖事寄形跡，而勳遍空界。宋齊之隆，實弘斯法，大梁受命，導冠百王。神敎傍通，慧化冥被。自幼屆老，備觀三代。常願一乘寶訓，與天地而彌新；四部盛業，隨日月而長照。是故記錄舊事以彰勝緣，條例叢雜，故謂之法苑，區以類別，凡爲十卷。豈足簡夫淵識，蓋布之眷屬而已。

優塡王栴檀像波斯匿王紫金像記第一（出《增一阿含》）。迦蘭陀長者初造竹園精舍緣記第二（出《過去因果經》）。須達長者初造髮爪塔記第三（出《十誦律》）。佛初留影在石室記第四（出《觀佛三昧》）。忉利天上初造髮衣鉢牙四塔記第五（出《集經抄》）。天上龍宮初造舍利寶塔記第六（出《菩薩處胎經》）。龍宮初造佛髭塔記第七（出《阿育王經》）。閻浮提初分舍利起十塔記第八（出《十誦律》）。刹上懸幡散花記第九（出《迦葉詰阿難經》）。懸幡續明緣記第十（出《普廣經》）。緣路列燈記第十一（出《受決經》）。伏敵寶幢緣記第十二（出《長阿含》）。旋塔圍遶記第十三（出《提謂經》）。七層燈五色幡放生記第十四（出《灌頂經》）。燈王供養緣記第十五（出《悲花經》）。燒身臂指緣記第十六（出《法華經》）。灌佛散花緣記第十七（出《灌佛經》）。灌嚫宿緣記第十八（出《譬喻經》）。將幡緣記第十九（出《阿育王經》）。佛剃刀淨髮緣記第二十（出《如來獨證自誓三昧經》）。佛初著袈裟緣記第二十一（出《如來獨證自誓三昧經》）。佛師子座緣記第二十二（出《譬喻經》）。右二十二首《佛寶集》卷第一。

初集大乘法藏緣記第一（出《胎經》）。初集小乘三藏緣記第二（出《大智論》）。打揵稚緣記第三（出《十誦律》）。登高座緣記第四（出《十誦律》）。法師捉象牙裝扇講緣記第五（出《善見毘婆沙》）。行般舟三昧念佛緣記第六（出《般舟經》）。禪法禪杖禪鎮緣記第七（出《十誦律》）。齋主讚歎緣記第八（出《十誦律》）。八關齋緣記第九（出《八關齋經》）。月六齋緣記第十（出《大智度論》）。八王日齋緣記第十一（出《淨度三昧經》）。歲三長齋緣記第十二（出《正齋經》）。菩薩六法行緣記第十三（出《菩薩受齋經》）。菩薩齋法緣記第十四（出《菩薩受齋經》）。三七忌日緣記第十五（出《普廣經》）。法社建功德邑記第十六（出《法社經》）。盂蘭盆緣記第十七（出《目連問經》）。放生緣記第十八（出《雜阿含》第四卷）。救生命緣記第十九（出《金光明經》）。施曠野鬼食緣記第二十（出《大涅槃經》）。鬼子母緣記第二十一（出《鬼子母經》）。右二十一首《法寶集》上卷第二【略】

皇帝後堂建講記第一。皇帝後堂八關齋造十種燈記第二。皇帝六條制護法記第三。皇帝修慈去滋味記第四。皇帝宮內建講記第五。皇帝勅撰經義疏記第六。皇帝勅淨名誌上出入記第七。皇帝天監五年四月八日樂遊大會記第八。皇帝後堂誌上啟建講記并序第九。皇帝與誌上往復并序致第十。皇帝後堂講法華誌上論難第十一。右十一首，《大梁功德》上卷第十三。

皇帝造光宅寺竪刹大會記并臨川王啟事并勅答第一。皇帝勅諸僧抄經撰義翻胡音造錄立藏等記第二。皇帝注大品經記第三。皇帝造十無盡藏記第四。皇帝遣諸僧詣外國尋禪經記第五。右五首《大梁功德》下卷第十四（依序十卷據歷撿本十四卷）。

弘明集目錄序第八

夫覺海無涯，慧境圓照，化妙域中，實陶鑄於堯舜，理擅繫表，乃埏埴乎周孔矣。然道大信難聲高和寡，須彌峻而藍風起，寶藏積而怨賊生。昔如來在世化震大千，猶有天魔悁忿六師懷毒，況乎像季，其可勝哉。自大法東漸，歲幾五百，緣各信否，運亦崇替，正見者敷讚，邪惑者謗訕。至於守文曲儒則距爲異教，巧言左道則引爲同法。距有拔本之迷，引有朱紫之亂，遂令詭論稍繁訛辭孔熾。夫鶡旦鳴夜，不翻白日之光，精衛銜石，無損蒼海之勢。然以闇亂明，以小罔大，雖莫動毫髮，而有塵眩聽。將令弱植之徒，隨僞辯而長迷，倒置之倫，逐邪說而永溺。此幽塗所以易墜，淨境所以難陟者也。祐以末學志深弘護，靜言浮俗憤慨于心，遂以藥疾微間山棲餘暇，撰古今之明篇，揔道俗之雅論，其有刻意剪邪建言衛法，製無大小莫不畢採，又前代勝士書記文述，有益三寶者，亦皆編錄，類聚區分列爲十卷。夫道以人弘，教以文明，弘道明教，故謂之《弘明集》。兼率淺懷附論于末，庶以涓埃微裨瀛岱，但學孤識寡，愧在褊局，博練君子惠增廣焉。

牟子《理惑》。右第一卷。

孫綽《喻道論》。宋炳《明佛論》。右第二卷。

宋居士炳答何中丞承天書難《白黑論》。顏光祿延之難何中丞承天《達性論》。右第三卷。

明徵士僧紹正《二教論》。同剡顒難張長史融《門律》。右第四卷。

道恆法師《釋駁論》、慧通法師《折夷夏論》、僧愍法師《戎華論》、玄光法師《辯惑論》、劉勰《滅惑論》。右第五卷。

羅君章《更生論》，孫盛難羅重答。鄭道子《神不滅論》。遠法師《沙門不敬王者論》五篇。遠法師《沙門袒服論》，何鎮南難并答。遠法師答桓玄《明報應論》。遠法師因俗疑善惡無現驗《三報論》。右第六卷。

何司空尚之《答宋文皇帝讚揚佛法事》。高明二法師《答李交州淼難佛不見形事》（并李書）。司徒文宣王書與孔中丞稚珪疑惑書并牋答。右第七卷。

晉尚書令何充等執沙門不應敬王者奏三首（并詔二首）。廬山慧遠法師答桓玄論沙門不應敬王者書一首（并桓玄書二首）。廬山慧遠法師與桓玄論料簡沙門書一首（并桓玄教一首）。支道林法師與桓公論州符求沙門名籍書一首。道恆道標二法師答僞秦主姚略勸罷道書三首（并姚主書三首）。僧䂮僧遷耆婆三法師答姚主書停恆標奏一首（并姚主書二首）。廬山慧遠法師答桓玄勸罷道書一首（并桓書一首）。僧巖法師辭青州刺史劉善明舉其秀才書三首（并劉書三首）。右第八卷。

《奉法要》（郄嘉賓）。《日燭》（王該作）右第九卷。

《弘明論》。右第十卷。

十誦義記目錄序第九

夫戒律者，蓋四雙之雲梯，五眾之鎔範也。性以止制爲本，體以無作爲相。始袪十惡，終圓萬善。在昔覺世因事制戒，心跡俱防輕重備設。持戒堅淨，則羅睺惟最；曉律精明，則波離爲首。至于泥曰遺囑慇懃，金色迦葉，結集斯藏，洲渚所依，莫踰茲典。逮至中葉，學同說異，五部之路，森然競分，仰惟《十誦》源流，聖賢繼踵，師資相承，業盛東夏。但至道難凝，微言易爽，果向之人，猶跡有兩說，況在凡識，孰能壹論。是以近代談講多有同異，大律師穎上，積道河西，振德江東，綜學月朗，砥行氷潔。行以尸羅爲基，學以十誦爲本。且幼選明師，歷事名勝，校理精密，無幽不貫。常以此律廣授二部，教流於京寓之中，聲高於宋齊之世，可謂七衆之宗師，兩代之元匠者矣。是以講肆之座，環春接冬，稟業之徒，雲聚波沓。僧祐藉法乘緣，少預鑽仰，扈錫待莚，二十餘載，雖深言遠旨，未敢庶幾，而章條科目竊所早習，每服佩思尋，懼有墜失，遂集其舊聞，爲義記十卷。夫心識難均，意見多緒，竊同蒭蕘，時綴毫露，輒布其別解，錄之言末。蓋率其木訥，指序條貫而已。昔少述私記，辭句未整，而好事傳寫，數本兼行。今刪繁補略，以後撰爲定。敬述先師之旨，匪由膚淺之說，明哲儻覽，採其正意焉。

初事第二事兩戒。右第一卷。第三事訖二不定法。右第二卷。三十尼薩耆事。右第三卷。九十事初盡第二誦。右第四卷。三誦。右第五卷。七法。右第六卷。八法。右第七卷。雜誦尼律。右第八卷。增一誦。右第九卷。優婆離善誦。右第十卷。

法集雜記銘目錄序第十

祐少長山居遊息淨衆，雖業勤罔立，而誓心無墜。常願覺道流於忍土，正化隆於像運。是以三寶勝跡必也詳錄，四衆福緣，每事述記。所撰法集，已爲七部，至於雜記碎文，條例無附，輒別爲一帙，以存時事。其山寺碑銘，僧衆行記，文自彼製而造自鄙衷。竊依前古摠入于集，雖俗觀爲煩，而道緣成業矣。

《佛牙記》一卷。《胡音漢解傳譯記》一卷。《鍾山定林上寺碑銘》一卷，劉勰。《鍾山定林上寺絕跡京邑五僧傳》一卷。《建初寺初創碑銘》一卷，劉勰。《獻統上碑銘》一卷，沈約。《僧柔法師碑銘》一卷，劉勰。右七卷共帙。

法經等衆經目録分部

綜　述

法經等《衆經目録》卷一　大乘修多羅藏録第一（六分）合六百四十五部一千四百七十八卷。衆經一譯，合一百三十三部四百二十一卷。

《大方廣佛華嚴經》六十卷（晉義熙年沙門佛陀跋陀羅等共法業等揚州譯）。《大般涅槃經》四十卷（北涼沮渠蒙遜世沙門曇無讖共慧嵩等於姑臧譯）。《大方等大集經》二十七卷（北涼世曇無讖於姑臧譯）。《菩薩瓔珞經》十四卷（前秦建元年沙門竺佛念於長安譯）。《菩薩見實三昧經》十四卷（齊天統年沙門耶舍於相州譯）。《佛名經》十二卷（後魏世留支於洛陽譯）。《月燈三昧經》十一卷（齊天統年耶舍共法智於相州譯）。《華手經》十卷（後秦弘始年沙門羅什於長安譯）。《十住斷結經》十卷（前秦建元年竺佛念共道安譯）。《閑居經》十卷（晉世沙門竺法護譯）。《觀佛三昧經》八卷（宋永初佛陀跋陀羅於揚州譯）。《金光明經》七卷（北涼世曇無讖譯後三卷陳時眞諦譯）。《海意經》七卷（宋明帝世沙門法眷於廣州譯）。《法集經》六卷（後魏世沙門菩提留支於洛陽譯）。《菩薩處胎經》五卷（前秦世沙門竺佛念於長安譯）。《大悲經》五卷（齊天統年耶舍共法智於相州譯）。《深密解脱經》五卷（後魏世留支於洛陽譯）。《念佛三昧經》五卷（或有六卷）（宋大明年沙門功德直於楊州譯）。《寶頂經》五卷（宋明帝世沙門法眷於廣州譯）。《大方等無相經》五卷（一名《大雲經》）（前秦世竺佛念於長安譯）。《如來恩智不思議經》五卷（宋明帝世沙門法眷於廣州譯）。《密迹力士金剛經》五卷（晉太康年竺法護譯）。《大方等陀羅尼經》四卷（法衆於高昌郡譯）。《央掘魔羅經》四卷（宋元嘉年沙門求那跋陀羅於揚州譯）。《僧伽吒經》四卷（後魏世月婆首那譯）。《稱揚諸佛功德經》三卷（後秦弘始年羅什譯）。《等目菩薩所問三昧經》三卷（或兩卷）（晉世竺法護譯）。《菩薩藏經》三卷（後秦弘始年羅什譯）。《雜呪經》三卷（晉世竺法護譯）。《明度五十校計經》三卷（後漢世安息沙門安世高譯）。《淨度三昧經》三卷（晉世沙門寶雲於揚州譯）。《瓔珞本業經》二卷（前秦世竺佛念譯）。《如來莊嚴智慧光明入一切諸佛境界經》二卷（後魏世菩提留支譯）。《中陰經》二卷（前秦世竺佛念於長安譯）。《大法鼓經》二卷（宋世沙門求那跋摩於揚州譯）。《諸佛要集經》二卷（晉世竺法護譯）。《文殊師利佛土嚴淨經》二卷（晉永熙年竺法護於洛陽譯）。《濡首菩薩無上清淨分衛經》二卷（一名《決了諸法如幻化三昧經》）（翔公於南海譯）。《字本經》二卷（後漢世沙門支讖譯）【略】

眾經異譯二（此分有二，一大本異譯，二別品異譯）。合一百九十五部五百三十卷。

《悲華經》十卷（北涼沮渠蒙遜世曇無讖於姑臧譯）。《大悲分陀利經》八卷。右二經同本異譯。

《妙法蓮華經》七卷（後秦弘始年羅什譯）。《正法華經》七卷（晉太康年竺法護譯）。右二經同本異譯。

《楞伽阿跋多羅經》四卷（宋元嘉年求那跋羅譯）。《入楞伽經》十卷（後魏世菩提留支譯）。右二經同本異譯。

《賢劫經》十卷（一云《賢劫三昧經》，或七卷）（晉元康年竺法護譯）。《新賢劫經》七卷（後秦弘始年羅什譯）。右二經同本異譯。《菩薩行方便境界神通變化經》三卷。《大薩遮尼乾子經》八卷（後魏世菩提留支譯）。右二經同本異譯。

《海龍王經》四卷（晉世竺法護譯）。《新海龍王經》四卷（北涼世曇無讖譯）。右二經同本異譯。

《大樹緊那羅王所問經》四卷（後秦弘始年羅什譯）。《屯眞陀羅所問經》三卷（或二卷）（後漢建寧年支讖譯）。右二經同本異譯。《持人菩薩所問經》三卷（晉世竺法護譯）。《持世經四卷》（亦名《法印經》）（後秦弘始年羅什譯）。右二經本同異譯。

《弘道廣顯三昧經》四卷（晉永嘉年竺法護譯）。《阿耨達龍王經》二卷（一名《阿耨請佛》）（晉世竺法護譯）。右二經同本異譯。

《普超三昧經》四卷（晉太康年竺法護譯）。《阿闍世王經》二卷（後漢世支讖譯）。右二經同本異譯。

《等集眾德三昧經》二卷（或三卷）（晉世竺法護譯）。《集一切福德三昧經》三卷。右二經同本異譯。

《聖善住意天子所問經》三卷（後魏世留支譯）。《如幻三昧經》三卷（或二卷）（晉世竺法護譯）。右二經同本異譯。

《須眞天子經》二卷（晉太始年竺法護譯）。《須眞天子經》二卷（亦名《須眞天子問四事經》）（晉太始二年沙門曇摩羅剎共文慧等譯）。右二經同本異譯。

《無極寶三昧經》一卷（晉永嘉年竺法護譯）。《寶如來三昧經》二卷。右二經同本異譯。【略】

眾經失譯三（此分有二，一單本失譯，二重出失譯）。合一百三十四部二百七十五卷。

《出要經》二十卷。《阿惟越致轉經》十八卷。《摩訶衍經》十四卷。《大忍辱經》十卷。《大灌頂經》九卷。《行道經》七卷。《寶雲經》七卷。《方廣十輪經》七卷。《大方便報恩經》七卷。《正法華經》六卷。《梵王請問經》五卷。《三昧王經》五卷。《佛本行經》五卷。《佛從兜率降中陰經》四卷。《魔王請問經》四卷。《七佛經》四卷。《大梵天王請轉法輪經》三卷。《釋提桓因所問經》三卷。《大方廣如來性起經》三卷。《菩薩本行經》三卷。《法華光瑞菩薩現壽經》三卷。《普賢菩薩答難二千經》三卷。《優婆夷淨行經》二卷（一名《淨行經》）。《不思議功德經》二卷（一名《功德經》）。《大吉義呪經》二卷。《菩薩夢經》二卷。《濡首菩薩經》二卷。《文殊問經》二卷。《哀泣經》二卷。《法界體性無分別經》二卷。《佉眞陀羅所問寶如來經》二卷。《深斷連經》二卷。《弘道經》二卷。《梵天王請佛千首經》二卷。《密迹力士經》二卷。《虛空藏菩薩問持經幾福經》一卷。【略】

又《眾經目錄》卷三　小乘修多羅藏錄第二。合七百七十九部一千一百八十三卷。

眾經一譯一，合七十二部二百九十二卷。

《正法念處經》七十卷（後魏世留支譯）。《增一阿含經》五十卷（前秦建元年沙門曇摩難提譯）

《雜阿含經》五十卷（宋世沙門求那跋陀羅譯）

《長阿含經》二十二卷（後秦弘始年沙門佛陀耶舍共竺佛念譯）

《賢愚經》十三卷（宋世沙門惠覺共威德在高昌譯）

《雜寶藏經》十卷（後魏延興年沙門吉迦夜共曇曜譯）

《生經》五卷（晉世沙門竺法護譯）

《陰持入經》二卷（後漢世沙門安世高譯）

《中本起經》二卷（後漢建安年康孟詳共竺大力譯）

《達摩多羅禪經》二卷

《義足經》二卷（吳黃武年支謙譯）

《毘耶娑問經》二卷（後魏世沙門菩提留支譯）

《賈客經》二卷（晉世竺法護譯）

《小本起經》二卷（後漢靈帝世支曜於洛陽譯）

《大十二門經》一卷（後漢世安世高譯）

《小十二門經》一卷（後漢世安世高譯）

《大安般經》一卷（後漢世安世高譯）

《安般守意經》一卷（後漢世安世高譯）

《般泥洹經》一卷（宋元嘉年求那跋陀羅譯）

《難提迦羅越經》一卷（後漢世安世高譯）

《當來變經》一卷（晉世竺法護譯）

《普義經》一卷（晉世竺法護譯）

《㮈女耆域經》一卷（晉世竺法護譯）

《淨飯王般涅槃經》一卷（北涼世安陽侯沮渠京聲譯）

《沙門果證經》一卷（晉世竺法護譯）

《馬王經》一卷（晉世竺法護譯）

《八師經》一卷（吳世支謙譯）

《四部喻經》一卷（晉世竺法護譯）

《七法經》一卷（後漢世安世高譯）

《鴈王經》一卷（晉世竺法護譯）

《四願經》一卷（吳黃武年支謙譯）

《鴈王五百鴈俱經》一卷（晉世竺法護譯）【略】

眾經異譯二（此分有二，一大本異譯，二別品異譯），合一百部二百七十卷。

《中阿含經》五十九卷（前秦建元年曇摩難提譯）。《中阿含經》六十卷（晉世沙門僧伽提婆譯）。右二經同本異譯。

《修行道地經》六卷（後漢世安世高譯）。《修行經》七卷（晉世竺法護譯）。右二經同本異譯。

《阿蘭若習禪法經》二卷（後秦弘始年羅什譯）。《坐禪三昧經》二卷。右三經同本異譯。

《捨頭諫經》一卷（亦名《太子二十八宿經》，或名《虎耳意經》）（晉永嘉年竺法護譯）。《摩登伽經》二卷。右二經同本異譯。

《本相猗致經》一卷（後漢世安世高譯）。《緣本致經》一卷。右二經同本異譯。

《普曜經》八卷（晉永嘉年竺法護譯）

《普曜經》六卷（宋元嘉年沙門智猛共寶雲譯）。《蜀普曜經》八卷。右三經同本異譯。

《過去現在因果經》四卷（宋世求那跋陀羅譯）。《太子本起瑞應經》二卷（吳建興年支謙譯）。《修行本起經》二卷（後漢世沙門曇果竺大力共譯）。右三經同本異譯。

《雜藏經》一卷（晉世沙門佛陀跋陀羅共法顯譯）

《鬼問目連經》一卷。《餓鬼報應經》一卷（一名《目連說地獄餓鬼因緣經》）。右三經同本異譯。【略】

眾經失譯三。合二百五十部二百七十一卷。

《別譯雜阿含經》二十卷。《興起行經》二卷（一名《十緣經》）。《難提釋經》一卷。《太子試藝本起經》二卷。《無垢優婆夷問經》一卷。《造立形像福報經》一卷。《法常住經》一卷。《懈怠耕者經》一卷。《憂塡王經》一卷（一名《憂王作佛形像經》）。《阿難得道經》一卷。《阿難七夢經》一卷（一名《阿難八夢經》，或誤作八字）。《阿難般泥洹經》一卷。《舍利弗目連泥洹經》一卷。《佛入涅槃金剛力士哀戀經》一卷。《迦葉赴佛涅槃經》一卷（一名《佛般涅槃時迦葉赴佛經》）。《佛滅度後棺斂葬經》一卷（一名《比丘師經》，一名《師比丘經》）。《灌佛經》一卷（一名《摩訶刹頭經》）。《羅雲忍經》一卷（一名《忍辱經》）。《五十五法誡經》一卷（一名《五十五法行經》）。《八法行經》一卷。《給孤獨四姓家問應受施經》一卷。《憂墮羅迦葉經》一卷。《弟子本行經》一卷。《出家緣經》一卷。《三品弟子經》一卷（一名《弟子學有三輩經》）。《四部本文經》一卷。《四輩經》一卷。《佛爲年少比丘說正事經》一卷。《見正經》一卷（一名《生死變識經》）。《長者賢首經》一卷。《賢者手力經》一卷。《荷鵰阿那含經》一卷（一名《呵調阿那含經》）。《十二賢者經》一卷（一名《十二賢經》）。《有賢者法經》一卷。《五無返復經》一卷（一名《五有返復經》）。《四婦因緣經》一卷。《五百婆羅門問有無經》一卷。【略】

又卷五　大乘毘尼藏録第三。合四十八部 八十二卷。

衆律一譯一，合二十二部 三十二卷。

《菩薩戒經》八卷（北涼沮渠蒙遜世沙門曇無讖於姑臧譯）。《佛藏經》四卷（後秦弘始年沙門羅什於長安譯）。《菩薩藏經》一卷（梁天監年沙門僧伽婆羅於楊州譯）。《決定比丘尼經》一卷（衆録皆云於燉煌譯竟不顯傳譯世代人名）。《寶梁經》二卷（晉世沙門道龔譯）。《佛悔過經》一卷（晉世沙門竺法護譯）。《菩薩悔過法經》一卷（晉世竺法護譯）。《文殊師利悔過經》一卷（一名《文殊師利五體悔過經》）（晉世竺法護譯）。《舍利弗悔過經》一卷（一名《悔過經》）（晉世竺法護譯）。《優婆塞戒經》十卷（是在家菩薩戒）（北涼世曇無讖與慧嵩等譯）。《菩薩戒優婆塞戒壇文》一卷（北涼世曇無讖譯）。《三歸及優婆塞二十二戒》一卷（一名《優婆塞》）（宋元嘉年沙門求那跋摩譯）。右二十二律，並是衆律一譯定本。

衆律異譯二。合七部，七卷。

《菩薩戒本》一卷（後秦弘始年羅什譯）。《菩薩戒本》一卷（北涼世曇無讖與惠嵩等譯）。右二戒經同本異譯。

《菩薩齋法》一卷（一名《正齋》，一名《持齋》）（晉世竺法護譯）。《菩薩齋法》一卷（一名《賢首菩薩齋法》）（晉世竺法護譯）。右二齋法同本異譯。

《清淨毘尼方廣經》一卷（晉世竺法護譯）。《文殊師利淨律經》一卷（晉世竺法護譯）。《寂調音所問經》一卷（沙門法海譯）。右三戒經同本異譯，前七律並是衆律異譯。

衆律失譯三。合十二部，十四卷。

《大方廣三戒經》三卷。《法律三昧經》一卷。《菩薩內戒經》一卷。《阿惟越致菩薩戒經》一卷。《三曼陀颰陀羅菩薩經》一卷。《菩薩波羅提木叉經》一卷。《颰陀悔過經》一卷。《菩薩受齋經》一卷。《淨業障經》一卷。《在家菩薩戒》一卷。

《在家律儀》一卷。《優婆塞優婆夷離欲具行二十二戒》一卷。

右二十二律並是衆律失譯。

衆律別生四。合二十六部 二十六卷。

《菩薩戒要義經》一卷。右一經出《菩薩戒經》。

《三十五佛名經》一卷。《菩薩布施懺悔法》一卷。右二經出《決定毘尼經》。

《勸德經》一卷。右一經出《舍利弗悔過經》。

《優婆塞戒本》一卷。右一經出《優婆塞戒經》。

《淨除業障經》一卷。右一經出《淨業障經》。

《菩薩戒經抄》一卷。《菩薩受戒法》一卷。《菩薩受戒次第十法》一卷。《菩薩戒獨受壇文》一卷。《菩薩懺悔法》一卷。《菩薩懺悔法》一卷（異本）。《菩薩受齋法》一卷。《菩薩教法經》一卷。《菩薩出入諸則經》一卷。《菩薩正行經》一卷。右十經是衆律抄。前二十六律，並是衆律別生。

衆律疑惑五。一部 二卷。

《梵罔經》二卷（諸家舊録多入疑品）。右一戒經依舊附疑。

衆律僞妄六。合二部，十一卷。

《菩薩善戒比丘藏》一卷。《淨行優婆塞經》十卷（南齊竟陵王蕭子良出）。右二律並是衆律僞妄。

小乘毘尼藏録第四（六分）合六十四部三百八十二卷

衆律一譯一。合二十六部，二百九十九卷

《四分律》六十卷（後秦世沙門佛陀耶舍共竺佛念譯）

《僧祇律》四十卷（晉世沙門佛陀跋陀羅共法顯譯）

《彌沙塞律》三十卷（宋景平年沙門佛陀什共智勝譯）

《律》二十二卷（陳世沙門眞諦譯）

《四分戒本》一卷（後秦世佛陀耶舍譯）

《五分戒本》一卷（宋景平年佛陀什共智勝譯）

《解脫戒本》一卷（出《迦葉毘律》）（後魏世瞿曇留支譯）

《沙彌威儀》一卷（宋世求那跋摩譯）

《四分羯磨》一卷（宋元嘉年求那跋摩譯）

《彌沙塞羯磨》一卷（宋景平年佛陀什譯）

《三品悔過法》一卷（晉世竺法護譯）

《誡具經》一卷（晉世竺法護譯）

《優婆塞五戒相》一卷（宋元嘉年求那跋摩譯）

《善見律毗婆沙》十八卷（南齊永明年沙門僧伽跋陀羅於廣州譯）

《鼻奈耶》十卷（前秦世竺佛念譯）

《薩婆多毗尼摩德勒伽》十卷（宋元嘉年沙門僧伽跋摩譯）

右二十六律並是衆律一譯定本。

衆律異譯二。合八部，一百二十六卷

《十誦律》五十九卷（後秦弘治年沙門佛若多羅共羅什於長安譯）

《十誦律》六十一卷（晉世沙門卑摩羅叉於壽春重譯）

右二律同本異譯。

《僧祇戒本》一卷（晉世佛陀跋陀羅共法顯譯）

《僧祇戒本》一卷（魏世沙門曇柯迦羅於洛陽譯）

右二律同本異譯。

《比丘尼戒經》一卷（晉世竺法護譯）

《比丘尼大戒》一卷（晉世沙門曇摩持譯）

右二律同本異譯。

《曇無德羯磨》一卷（魏正元年安息沙門曇諦於洛陽譯）

《四分羯磨》一卷（宋元嘉年求那跋摩於楊州祇桓寺譯）

右二律同本異譯。

前八律並是衆律同本異譯。

衆律失譯三。合二十九部，四十五卷。

《摩訶比丘經》一卷（一名《眞僞沙門經》）。《迦葉禁戒經》一卷。《舍利弗問經》一卷。《優波離問佛經》一卷。《大愛道比丘尼經》二卷。《應行律經》一卷。《戒消災經》一卷。《犯戒罪報輕重經》一卷（一名《犯罪經》）。《大沙門羯磨》一卷。《大戒經》一卷。《比丘波羅提木叉》一卷。《大比丘威儀經》二卷。《異出比丘威儀經》一卷。《沙彌威儀經》一卷。《沙彌尼十戒經》一卷。《沙彌離戒經》一卷。《沙彌離威儀經》一卷。《五部威儀所服經》一卷。《威儀經》一卷。《優婆塞五戒經》一卷。《優婆塞五法經》一卷。《優婆塞威儀經》一卷。《道本五戒經》一卷。《六齋八戒經》一卷。《五戒報應經》一卷。《賢者五戒經》一卷。《賢者威儀經》一卷。《毗尼母》八卷。《薩婆多毗尼毗婆沙》八卷。右二十九律，並是衆律失譯。

衆律別生四。合六部，六卷。

十誦羯磨一卷（一名略要羯磨法）。《十誦律羯磨雜事》一卷。《十誦比丘尼戒本》一卷。《四分羯磨》一卷。《衣服制法》一卷（出《十誦律》）。《揵椎法》一卷（出《十誦律》）。右六律，並是衆律別生。

衆律疑惑五。合二部，三卷。

《遺教法律三昧經》二卷。《二百五十戒經》一卷（諸錄並云有六七種異無所出，故入疑）。右二律並是衆律疑惑。

衆律僞妄六。合三部，三卷。

《毗跋律》一卷（此律乃南齊永明年沙門法度於楊州作，以濫律名及錄注譯，故附僞）。《比丘尼戒本》一卷（此尸梨蜜弟子覓歷所傳諸錄皆疑，故附僞）。《異威儀》一卷（宋元嘉世曇摩耶舍弟子法度造，違反正律，誑耀僧尼，楊州于今尚有行者，故指明）。右三律並是衆律僞妄。

大乘阿毗曇藏錄第五（六分）。合六十八部，二百八十二卷。

衆論一譯一。合四十二部，二百七卷

《大智度經論》一百卷（後秦弘始年羅什於長安譯）。《十地經論》十二卷（後魏永明年沙門勒那摩提共菩提留支於洛陽譯）。《十住毗婆沙經論》十四卷（龍樹菩薩撰）（後秦世羅什譯）。《大涅槃經論》一卷（陳世眞諦於廣州譯）。《彌勒菩薩所問經論》十卷（後魏世留支譯）。《寶積經論》四卷（後魏世菩提留支譯）。《金剛般若經論》三卷（後魏世菩提留支譯）。《勝思惟經論》三卷（後魏世菩提留支譯）。《三具足經論》一卷（後魏世菩提留支譯）。《法華經論》一卷（後魏世菩提留支譯）。《轉法輪經論》一卷（後魏世菩提留支譯）。《寶髻菩薩四法經論》一卷（後魏世菩提留支譯）。《無量壽經論》一卷（後魏世菩提留支譯）。《文殊師利問菩提經論》二卷（一名《伽耶頂經論》）（後魏世菩提留支譯）。《大莊嚴論》十五卷（馬鳴菩薩撰）（後秦世羅什譯）。《佛性論》四卷（陳世眞諦譯）。《大丈夫論》二卷（提婆菩薩撰）（北凉世沙門道泰譯）。《中邊論》三卷（陳世眞諦譯）。《迴諍論》一卷（後魏世瞿曇留支譯）。《佛阿毗曇論》二卷（陳世眞諦譯）。《業成就論》一卷（後魏世菩提留支譯）。《中論》四卷（後秦世羅什於長安譯）。《順中論》二卷（後魏世菩提留支譯）。《百論》二卷（後秦世羅什譯）。《三無性論》一卷（陳世眞諦譯）。《入大乘論》二卷（堅意菩薩撰）（北凉世道泰譯）。《如實論》二卷（陳世眞諦譯）。《十二門論》一卷（後秦世羅什譯）。《寶性論》四卷（後魏世菩提留支譯）。《方便心論》一卷（後魏延興年沙門吉迦夜與曇曜譯）。《反質論》一卷（陳世眞諦譯）。《墮負論》一卷（陳世眞諦譯）。《求那摩底隨相論》一卷（陳世眞諦譯）。《成就三乘論》一卷（陳世眞諦譯）。《十二因緣論》一卷（後魏世菩提留支譯）。《正說道理論》一卷（陳世眞諦譯）。《一輪盧迦論》一卷（龍樹菩薩撰）（後魏世瞿曇留支譯）。《寶行王正論》一卷（陳世眞諦譯）。《百字論》一卷（後魏世菩提留支譯）。《意業論》一卷（陳世眞諦譯）。《破外道四宗論》一卷（後魏世菩提留支譯）。《破外道涅槃論》一卷（後魏世菩提留支譯）。右四十二論，並是眾論一譯定本。

眾論異譯二。合八部，五十二卷。

《攝大乘釋論》十二卷（陳世眞諦譯）。《攝大乘釋論》十五卷（陳世眞諦於廣州譯）。右二論同本異譯。

《菩薩地持論》八卷（北凉世曇無讖譯）。《菩薩善戒經》十卷（一名《菩薩地經》）（宋元嘉年求那跋摩於楊州譯）。右二論同本異譯。

《攝大乘本論》二卷（後魏世沙門佛陀扇多譯）。《攝大乘本論》三卷（陳世眞諦於廣州譯）。右二論同本異譯。

《唯識論》一卷（後魏世瞿曇留支譯）。《唯識論》一卷（陳世眞諦譯）。右二論同本異譯。前八論並是眾論同本異譯。

眾論失譯三。一部，二卷。

《發菩提心論》二卷。右一論是眾論失譯。

眾論別生四。合一十五部，一十九卷。

《易行品諸佛名經》一卷。右一經出《十住毘婆沙論》。

《菩薩地持戒經》一卷。右一經出《地持論》。

《菩薩善戒受戒經》一卷。右一經出《善戒經》。

《大乘優波提舍》五卷。《十住毘婆沙抄》一卷。《釋論》一卷。《一切義要》一卷。《方等論抄經》一卷。《五惟越羅名解說經》一卷。《熒火六度經》一卷。《日出經》一卷。《佛說惟日雜難經》一卷。《散將法經》一卷。《四品學法經》一卷。《問忍功德經》一卷。右一十二經，是眾論抄。

前一十五論，並是眾論別生。

眾論疑惑五。一部，一卷。

《大乘起信論》一卷（人云，眞諦譯勘《眞諦錄》無此論，故入疑）。右一論是眾論疑惑。

眾論僞妄六。一部，一卷。

《五凡夫論》一卷。右一論是人造僞妄。

小乘阿毘曇藏錄第六。合一百一十六部 四百八十九卷

眾論一譯一。合二十四部，二百七十六卷。

《阿毘曇毘婆沙論》八十四卷（北凉世沙門佛陀跋摩共道泰譯）。《阿毘曇論》三十卷（一名《迦旃延阿毘曇》，一名《八揵度》，或二十卷）（前秦建元年僧伽提婆於洛陽譯）。《舍利弗阿毘曇論》二十二卷（後秦弘始十年沙門曇摩崛多共曇摩耶舍等譯）。《毘婆沙阿毘曇論》十四卷（一名《廣說》）（前秦建元年僧伽提婆於洛陽譯）。《阿毘曇心論》十六卷（前秦建元年僧伽提婆於洛陽譯）。《出曜論》十九卷（前秦世竺佛念譯）。《婆須蜜所集論》十卷（前秦建元年沙門僧伽跋澄共竺佛念譯）。《立世阿毘曇論》十卷（陳世眞諦譯）。《俱舍論》二十二卷（陳世眞諦譯）。《法勝阿毘曇論》七卷（齊天統年沙門耶舍共法智譯）。《四諦論》四卷（陳世眞諦譯）。《明了論》一卷（陳世眞諦譯）。《成實論》二十四卷（後秦世羅什譯）。《解脫道論》十三卷（梁世僧伽婆羅譯）。右一十四論，並是眾論一譯定本。

眾論異譯二。合八部，六十六卷。

《阿毘曇心論》五卷（前秦建元年僧伽提婆共道安等於長安譯）。《阿毘曇心論》四卷（晉太元年僧伽提婆共惠遠於廬山譯）。右二論，同本異譯。

《三法度論》三卷（前秦建元年僧伽提婆共道安等於長安譯）。《三法度論》三卷（晉太元年僧伽提婆共惠遠於廬山譯）。右二論，同本異譯。

《雜阿毘曇毘婆沙論》十四卷（前秦建元年僧伽跋澄共佛圖羅刹於長安譯）。《雜阿毘曇心論》十三卷（宋元嘉年僧伽跋摩共寶雲於長干寺譯）。《雜阿毘曇心論》十三卷（宋世佛陀跋陀羅共法顯譯）。《雜阿毘曇心論》十一卷（宋元嘉年伊葉波羅共求那跋摩譯）。右四論，同本異譯。

前八論，並是眾論同本異譯。

眾論失譯三。合五部，二十二卷。

《眾事分阿毘曇》十二卷。《甘露味阿毘曇》二卷。《三彌底論》四卷。《分別功德論》三卷。《辟支佛因緣論》一卷。右五論，並是眾論失譯。

眾論別生四。合八十六部，一百七卷。

《佛說無常經》一卷（出第一卷）。《阿難見伎樂啼哭無常經》一卷（出第一卷）《比丘求證人經》一（出第一卷）。《佛說群牛千頭經》一卷（出第一卷）。《佛說竊爲沙門經》一卷（出第一卷）。《瓦師逃走經》一卷（出第一卷）。《七老婆羅門請爲弟子經》一卷（出第一卷）。《瞎鼈經》一卷（出第一卷）。《阿梵和利比丘無常經》一卷（出第二卷）。《集修行士經》一卷（出第二卷）。《比丘問佛何故捨世學道經》一卷（出第二卷）。《梵志問世間減損經》一卷（出第二卷）。《梵志避死經》一卷（出第二卷）。《佛看比丘病不受長者請經》一卷（出第二卷）。《童子善射術經》一卷（出第二卷）。《佛說狐母喪一子經》一卷（出第二卷）。《三魚失水經》一卷（出第二卷）。《慳貪長者經》一卷（出第三卷）。《斫毒樹更生經》一卷（出第三卷）。《女人欲熾荒迷經》一卷（出第三卷）。《獵師捨家學道經》一卷（出第三卷）。《坐禪比丘命過生天經》一卷（出第三卷）。《貧子得財發狂經》一卷（出第三卷）。《放逸經》一卷（出第四卷）。《甘露道經》一卷（出第四卷）。《佛說多聞經》一卷（出第四卷）。《求離牢獄經》一卷（出第四卷）。《深淺學比丘經》一卷（出第五卷）。《降千梵志經》一卷（出第五卷）。《暴象經》一卷（出第五卷）。《拘提比丘經》一卷（出第五卷）。《良時難遇經》一卷（出第六卷）。《梵志子死稻敗經》一卷（出第六卷）。《佛說歡喜過差天經》一卷（出第六卷）。《昔有二人相愛敬經》一卷（出第六卷）。【略】

眾論疑惑五。一部一卷。

《遺教論》一卷（人云，眞諦譯勘《眞諦録》無此論，故入疑）。右一論是疑惑。

眾論僞妄六。二部，十卷。

《成實論》九卷（蕭子良）。《阿毘曇五法》一卷（蕭子良）。右二論並是人造僞妄。

雜録

法經等《眾經總録》卷七 大興善寺翻經眾沙門法經等敬白皇帝大檀越，去五月十日，太常卿牛弘奉勅須撰《眾經目録》。經等謹即修撰，總計眾經合有二千二百五十七部，五千三百一十卷凡爲七卷，別録六卷，總録一卷，繕寫始竟，謹用進呈。經等又敬白，仰惟無上法寶，道洽無窮，像運中途，預被茲土。昔方朔覩昆明下灰，令問西域取決，劉向校書，天閣録載，已見佛經，方知前漢之世正法久至，非爲後漢始流此地矣。但自道淡情華，眞僞玄隔，人尠宗敬，雖有若亡，又致明帝夢感金容現者，當是聖道憑籍皇王，大啟弘奉之端耳。於是發使西域專求佛經，緣此摩騰法蘭創出四十二章，世高支讖廣譯諸餘經部，是後通道之士相尋而至。爰暨魏晉京洛之日，雖有支謙康會驟宣於金陵，竺護蘭炬飛譯於雍洛，然而信敬尚簡奉行固微，比逮東晉二秦之時經律粗備，但法假人弘賢明日廣。於是道安法師創條諸經目録，銓品譯材的明時代，求遺索缺備成録體。自爾達今，二百年間，製經録者，十有數家，或以數求或用名取，或憑時代或寄譯人，各紀一隅務存所見。獨有楊州律師僧祐撰《三藏記録》，頗近可觀。然猶小大雷同，三藏雜糅，抄集參正，傳記亂經，考始括終，莫能該備。自外諸録，胡可勝言。僧眾既未獲盡見，三國經本，校驗異同。今唯且據諸家目録，刪簡可否總摽綱紀，位爲九録區別品類，有四十二分九初六録三十六分，略示經律三藏大小之殊，粗顯傳譯是非眞僞之別。後之三録集傳記注，前三分者並是西域聖賢所撰，以非三藏正經故爲別録。後之三分並是此方名德所修，雖不類西域所製，莫非毘贊正經，發明宗教，光輝前緒，開進後學，故兼載焉。又法經等更復竊思，諸家經録多是前代賢哲修撰，敬度前賢靡不皆號一時稽古，而所修撰不至詳審者，非彼諸賢才不足而學不周，直是所遇之日，天下分崩九牧無主，名州大郡各號帝畿，疆場艱關並爲戰國，經出所在悉不相知，學者遙聞終身莫覩，故彼前哲雖有材能，若不逢時亦無所申述也。當今經等識學誠不及古，而宿緣多幸，運屬休辰，四海爲家六合清泰，殊方異俗宛若目前，正朔所班書軌無外。

又皇帝大檀越，雖復親綜萬機，而耽道終日興復三寶爲法輪王，永關四趣之門，大啟天人之路，在域群生莫不蒙賴，而況經等。夫何復論，所恨識慧無長，猥參嘉運，不能盡獲三國經本及遺文逸法，造次修撰多有罔昧，進思退省慚慨良深，敬白。

開皇十四年七月十四日大興善寺翻經衆沙門法經等。

衆經總錄

大乘修多羅藏錄第一（六分），合七百八十四部，一千七百一十八卷。

衆經一譯分，合一百三十三部，四百二十一卷。衆經異譯分，合一百九十五部，五百三十二卷。衆經失譯分，合一百三十四部，二百七十五卷。衆經別生分，合二百二十一部，二百六十四卷。衆經疑惑分，合二十一部，三十卷。衆經僞妄分，合八十部，一百九十六卷。

小乘修多羅藏錄第二（六分），合八百四十二部，一千三百一卷。

衆經一譯分，合七十二部，二百九十二卷。衆經異譯分，合一百部，二百七十卷。衆經失譯分，合二百五十部二百七十二卷。衆經別生分，合三百四十一部，三百四十六卷。衆經疑惑分，合二十九部，三十一卷。衆經僞妄分，合五十三部，九十三卷。

大乘毗尼藏錄第三（六分），合五十部 八十二卷

衆律一譯分，合十二部，三十三卷。衆律異譯分，合七部，七卷。衆律失譯分，合十二部十四卷。衆律別生分，合十六部，十六卷。衆律疑惑分，合一部，二卷。衆律僞妄分，合二部，十一卷。

小乘毗尼藏錄第四（六分），合六十三部，三百八十一卷。

衆律一譯分，合一十五部，一百九十八卷。衆律異譯分，合八部，一百二十六卷。衆律失譯分，合二十九部，四十五卷。衆律別生分，合六部六卷。衆律疑惑分，合二部三卷。衆律僞妄分，合三部，三卷

大乘阿毗曇藏第五（六分），合六十八部，二百八十一卷。

衆論一譯分，合四十二部，二百六卷。衆論異譯分，合八部，五十二卷。衆論失譯分，合一部，二卷。衆論別生分，合一十五部，一十九卷。衆論疑惑分，合一部一卷。衆論僞妄分，合一部，一卷。

小乘阿毗曇藏錄第六（六分），合一百十六部，四百八十二卷。

衆論一譯分，合一十四部，二百七十六卷。衆論異譯分，合八部，六十六卷。衆論失譯分，合五部，二十二卷。衆論別生分，合八十六部，一百七卷。衆論疑惑分，合一部，一卷。衆論僞妄分，合二部，十卷。

佛滅度後抄錄集第七（二分），合一百四十四部，六百二十七卷。

西域聖賢抄集分，合四十八部一百一十九卷。此方諸德抄集分，合九十六部五百八卷

佛滅度後傳記錄第八（二分），合六十八部，一百八十五卷。

西域聖賢傳記分，合一十三部，三十卷。此方諸德傳記分，合五十五部，一百五十五卷。

佛滅度後著述錄第九（二分），合一百一十九部，一百三十四卷。

西域聖賢著述分，合一十五部一十九卷。此方諸德著述分，合一百四部，一百一十五卷。

右九錄合二千二百五十七部，五千三百一十卷。

翻經沙門及學士等衆經目録分部

綜述

隋翻經沙門及學士等撰《衆經目錄序》 佛法東行，年代已遠，梵經西至流布漸多。舊來正典並由翻出，近遭亂世頗失原起。前寫後譯質文不同，一經數本增減亦異，致使凡人得容妄造，或私採要事更立別名，或輒搆餘辭，仍取眞號；或論作經稱，疏爲論目。大小交雜，是非共混，流濫不歸，因循未定。將恐陵遲聖說，動壞信心，義闕紹隆，理乖付囑。皇帝深崇三寶，洞明五乘，降勅所司，請興善寺大德，與翻經沙門及學士等，披檢法藏詳定經錄，隨類區辯總爲五分，單本第一，重翻第二，別生第三，賢聖集傳第四，疑僞第五。別生疑僞不須抄寫，已外三分入藏見錄，至如《法寶集》之流，《淨住子》之類，還同略抄例入別生。自餘《高僧傳》等，詞參文史，體非淳正，事雖可尋，義無在錄，又勘古目猶有闕本。昔海內未平諸處遺落，今天下既壹，請皆訪取，所願仁壽長延，法門

具足，群生有幸，方益無窮，合成五卷，顯之於左。都合二千一百九部，五千五十八卷。

單本（原來一本更無別翻）。合三百七十部，一千七百八十六卷。右第一卷。

重翻（本是一經或有二重翻者乃至六重翻者）。合二百七十七部，五百八十三卷。

賢聖集傳（賢聖所撰翻譯有原）。合四十一部，一百六十四卷。右第二卷。

已前二卷三分合六百八十八部二千五百三十三卷入藏見錄。別生（於大部中抄出別行）。合八百一十部，一千二百八十八卷。右第三卷。

疑僞（名雖似正義沙人造）。合二百九部，四百九十卷。右第四卷。

已前二卷二分合一千一十九部一千七百七十八卷不須抄寫。闕本（舊錄有目而無經本）。合四百二部，七百四十七卷請訪。右第五卷。

紀事

隋翻經沙門及學士等撰《衆經目錄》卷一　單本（原來一本更無別翻）。合三百七十部，一千七百八十六卷。

《大乘經》單本。一百五十九部，五百五十八卷。

《大方廣佛華嚴經》六十卷（或五十卷），晉義熙年佛陀跋陀羅共法業等於揚州譯。《大般涅槃經》四十卷，北涼沮渠世曇無讖共惠嵩等於姑臧譯。《摩訶般若波羅蜜經》四十卷（或三十卷），後秦世鳩摩羅什共僧叡等於長安逍遙園譯（一名《大品經》）。《大方等大集經》三十卷，北涼世曇無讖於姑臧譯。《大方等日藏經》十五卷，大隋開皇年耶舍於大興善寺譯。《大方等月藏經》十卷，齊世耶舍譯。《菩薩瓔珞經》十三卷（或十四卷），前秦建元年竺佛念於長安譯。《菩薩見實三昧經》十四卷，齊世耶舍譯。《佛名經》十二卷，後魏世菩提留支於相州譯。《月燈三昧經》十卷，齊天統年耶舍共法智譯。《賢劫經》十三卷，晉元康年竺法護譯。《華手經》十卷（或十二卷，或十一卷），後秦弘始年鳩摩羅什於長安大寺譯。《大方等月藏經》十卷，齊世那連提法智等重譯

《十住斷結經》十卷，前秦建元年竺佛念共道安譯。《大灌頂經》九卷（或十二卷），晉世帛尸梨蜜多羅譯。《觀佛三昧經》八卷，宋永初年佛陀跋陀羅於揚州譯。《勝天王般若波羅蜜經》七卷，陳世月支國王子婆首那於揚州譯。《金光明經》六卷（或七卷），北涼世曇無讖譯後三卷陳時眞諦譯。《寶雲經》七卷，梁世曼陀羅於揚州譯。《法集經》六卷（或七卷），後魏世菩提留支於洛陽譯。《菩薩處胎經》五卷，前秦世竺佛念於長安譯。《信力入印法門經》五卷，後魏世菩提留支譯。《大悲經》五卷，齊天統年耶舍共法智於相州譯。《深密解脫經》五卷，後魏世留支於洛陽譯。《念佛三昧經》五卷（或六卷），宋大明年功德直於揚州譯。《大方等無相經》六卷（一名大雲經），前秦世竺佛念於長安譯。《密迹金剛力士經》四卷，晉太康年竺法護譯。《大方等陀羅尼經》四卷，北涼世法眾於高昌郡譯。《海龍王經》四卷，北涼世曇無讖譯。《央掘魔羅經》四卷，宋元嘉年求那跋陀羅於揚州譯。《僧伽吒經》四卷，後魏世月婆首那譯。《稱揚諸佛功德經》三卷，後秦弘始年羅什譯。《等目菩薩所問三昧經》三卷（或二卷），晉世竺法護譯。《菩薩藏經》三卷，後秦弘始年羅什譯。《力莊嚴三昧經》三卷，大隋開皇年耶舍譯。《明度五十校計經》二卷，後漢世安世高譯。《須眞天子經》四卷，晉太始年竺法護譯。《瓔珞本業經》二卷，前秦世竺佛念譯。《超日明三昧經》二卷，晉太始年竺法護譯。《月上女經》二卷，大隋開皇年崛多譯。《中陰經》二卷，前秦世竺佛念於長安譯。須彌藏經二卷，齊世耶舍共法智譯。《首楞嚴三昧經》二卷（或三卷），後秦弘始年羅什譯。《大法鼓經》二卷，宋世求那跋摩於揚州譯。《諸佛要集經》二卷，晉世竺法護譯。《文殊師利佛土嚴淨經》二卷，晉永熙年竺法護於洛陽譯。《濡首菩薩無上清淨分衛經》二卷（一名《決了諸法如幻三昧經》），宋世翔公於南海郡譯。《大乘同性經》二卷，後周天和年闍那崛多共僧安譯。《諸法無行經》二卷，後秦弘始年羅什譯。《阿閦佛國經》二卷（或一卷，一名《佛刹菩薩學成經》）。《般舟三昧經》三卷（或二卷），晉世竺法護譯。《蓮華面經》二卷，大隋開皇年耶舍譯。《迦葉經》二卷，後魏世月

婆首那譯。【略】

《小乘律》單本。二十九部，二百六十七卷。

《四分律》六十一卷，後秦世佛陀耶舍共竺佛念譯。《十誦律》六十一卷，晉世卑摩羅叉於壽春譯。《僧祇律》四十卷，晉世佛陀跋陀羅共法顯譯。《彌沙塞律》三十卷，宋景平年佛陀什共智勝譯。《僧祇戒本》一卷，後魏世曇摩迦羅譯。《四分戒本》一卷，後魏世佛陀耶舍譯。《解脱戒本》一卷（出《迦葉毘律》），後魏世瞿曇留支譯。《沙彌威儀》一卷，宋世求那跋摩譯。《曇無德羯磨》一卷，魏正元年曇諦於洛陽譯。《四分尼羯磨》一卷，《優婆塞五戒相》一卷。右二律宋元嘉年求那跋摩譯。《善見律毘婆沙》十八卷，南齊永明年沙門僧伽跋陀羅於廣州譯。《鼻奈耶》十卷，前秦世竺佛念譯。《薩婆多毘尼摩德勒伽》十卷，宋元嘉年僧伽跋摩譯。《舍利弗問經》一卷。《大愛道比丘尼經》二卷。《眞僞沙門經》一卷（一名《摩訶比丘經》）。《戒消災經》一卷。《迦葉禁戒經》一卷。《犯戒罪報輕重經》一卷（一名《犯罪經》）。《僧祇比丘尼戒本》一卷。《十誦比丘戒本》一卷。《十誦比丘尼戒本》一卷。《四分比丘尼戒本》一卷。《大比丘威儀經》二卷。《優波塞五戒威儀經》二卷。《優波離問經》一卷。《毘尼母經》八卷。《薩婆多毘尼毘婆沙》八卷。【略】

釋靜泰衆經目錄分部

綜　述

釋靜泰《衆經目錄》卷一　大唐東京大敬愛寺一切經論目序

夫文字即解脱眞場，摽不二之宗。名句稱波若玄扃，開唯一之路。是以法籍馳簡，詔百億而同文。至敎驅輶，環大千而共軌。玉箱花題，炳發天城，金牒寶詞，昭彰龍宇。自悲雲西起，慈液東飛，肇漸昭於周星，終大明於漢日，蘭騰欝乎首唱，竺什欣然嗣武。於是三乘警轡八藏張門，懸二耀之高暉，亘兩儀之長久。曩屬當塗，龍駭典午，凫驚函谷，風霾道鏡如隱，金淩水鬭，性珠俄逸。遂有論參經語，疏涉論名，乘紊大小，教齊凡聖。亦有黄巾之醜，混莊釋爲同源。素褐之首，格儒佛爲派緒。叨天侮聖，肆虐胸襟。顔子摽光淨之談，尼父牓儒童之稱。進退惟谷，首尾陷機，竊負神器，偷安智識，波旬妄説，邪辯亂眞，疑僞之興寔由於此。庸庸之輩，握魚目而稱驪珠。皎皎之流，揚濁涇而分清渭。開士所以扼腕，高僧以之長息者也。晉道安創裁目錄，齊法上亦爲條例，非無小異，張置大同，莫不以單譯居第一，重翻處第二，梵集配第三，別生安第四，疑僞充第五，位雖列五繕寫唯三。良以別生與本部不殊，疑僞固非留限，芟夷蕪穢，洗拂塵瑕，坦矣法疇，差無稂莠。我皇馭曆，道應天飛，廓五梵而論都，奄四州而作后，披十善以陶化，憑五衍而貞風，廣樹仁祠，大隆教義。顯慶年際西明寺成，御造藏經，更令隱錬區格盡爾無所間然。律師道宣又爲錄序，殷因夏禮，無革前修，於三例外，附申雜藏，即法苑法集、高僧僧史之流是也。頗以毘贊有功，故載之云爾。皇太子列耀紫微，承扉閶闔，銑華雲蔚，瑤躬岳峙，內精七淨，外暢九言，挹梓圖恭，佩瑜端孝。爰崇淨域薦祉二皇，元良三寶，永貞四衆。龍朔三年正月二十二日，勑令於敬愛道場寫一切經典。又奉麟德元年正月二十六日，勑取履味沙門十人，惠概明玉神察道英曇邃等，並選翹楚，尤閑文義，參覆量挍，首末三年。又置官寮是塗供給，勑使洛州長史銀青光祿大夫南康郡開國公韓威，判官洛州司功參軍李亮，臺使鄭州司士參軍盧行訥，判官王屋縣尉鄭祖均等，精加撿覆，寫舊經論，七百四十一部，二千七百三十一卷。又寫大唐三藏法師新譯經論，七十五部，一千三百三十五卷，合新舊八百一十六部，四千六十六卷入藏。其有古來有目而無本者，合三百八十二部，七百二十五卷，隨訪隨寫。眞所謂偉哉法寶，內外無瑕。洞矣，法流皎鏡深淺，純一無雜，具足清白而已哉。並毫疎寒兔，紙落秋蒲，題華碧字，軸貞香木，所冀天衣銷石不墜斯文，地墨窮界微言尚在，紹隆之福屬累之功。伏惟皇帝繼天理物，乘虬制寓，河砂衍壽，海滴覃基。中宮葛覃固本，樛木垂芳，曦魄清襟，虹電流感，儲君儀風，象室晅日。春居道契，吟銅晬溫，玉裕宸柯，帝蕚藩國，維城內宋，外寮肅朝。清野霄形，荷法橋之濟。永隔邪津，履識承惠炬之輝。長遵正術，靜泰不惟鄙昧。輒撰斯文，敢事加損，還循舊轍，三章久布，畫一承風，明誡古人，請祛雜藏。

恐文溺質用除濫觴，合成五卷，次之於左。

都合二千二百一十九部，六千九百九十四卷。單本（源來一本更無別翻），合四百四十一部，二千七百八十三卷。右第一卷。

重翻（本是一經或有二重翻者乃至六重翻者），合三百二十四部，一千一百一十六卷。賢聖集傳（賢聖所撰翻譯有源），合五十部，一百八十六卷（二千七百八十九紙）。右第二卷。

已前二卷三分合八百一十九部，四千八十六卷。

入藏見錄六百八十九部二千五百三十二卷。仁壽二年，勘定三十一部，一百五十八卷。貞觀九年，奉行二十部，二十一卷。貞觀九年，於闕本内訪得入藏，翻得六十部，六百七十卷。貞觀已來玄奘見所翻，顯慶四年西明寺奉勅寫經，具錄入目施，一十五部，六百六十四卷。顯慶已來玄奘法師後所譯得龍朔三年敬愛寺奉勅寫經具錄入藏。

別生（於大部内抄出別行），合八百一十部一千二百八十八卷。右第三卷。

疑僞（名雖似正義涉人造），合二百八部，四百九十六卷。右第四卷。

已前二卷二分合一千一十八部，一千七百八十三卷，不須鈔寫。闕本（舊錄有目而無經本），合三百八十二部七百二十五卷請訪。右第五卷。

紀　事

釋靜泰《衆經目錄》卷一　隋開皇十四年勅翻經沙門法經等撰

單本（源來一本更無別翻）。合四百四十一部二千七百八十三卷

大乘經單本。一百九十一部一千二百六十二卷。

《大方廣佛華嚴經》六十卷（一千八十七紙）　晉義熙年佛陀跋陀羅共法業等於楊州譯　成五十卷

《大般涅槃經》四十卷（七百二十紙）　北涼沮渠世曇無讖共慧嵩等於姑臧譯

《大般若波羅蜜多經》六百卷（一萬二千紙）　唐世玄奘於玉華譯

《摩訶般若波羅蜜經》四十卷或三十卷（六百十九紙）　後秦鳩摩羅什共僧叡等於長安逍遙園譯一名大品

《大方等大集經》三十卷（六百四紙）　北涼曇無讖於姑臧譯

《大方等日藏經》十卷（或十五卷二百四紙）　隋開皇年耶舍於大興善寺譯

《大方等月藏經》十卷（二百一十四紙）　齊世耶舍共法智譯

《寶星陀羅尼經》十卷（一百三十紙）　唐貞觀年波頗蜜多等於勝光寺譯

《大威德陀羅尼經》二十卷（二百六十五紙）　隋開皇年闍那崛多及笈多等於興善寺譯皇朝奏行

《法炬陀羅尼經》二十卷（三百紙）　隋大業年達摩笈多於東京上林園譯皇朝奏行

《大菩薩藏經》二十卷（四百一十紙）　貞觀年玄奘於弘福寺譯

《菩薩瓔珞經》十二卷（三百三紙）　或十四卷　前秦建元年竺佛念於長安譯

《菩薩見實三昧經》一十四卷（二百三十八紙）　齊世耶舍譯

《佛名經》一十二卷（二百四十七紙）　後魏世菩提留支於相州譯

《月燈三昧經》十卷（或十一卷二百三紙）　齊天統年耶舍共法智譯

《賢劫經》一十三卷（一百九十五紙）　晉元康年竺法護譯

《華手經》十卷（二百一十五紙）　後秦弘始年鳩摩羅什於長安大寺譯

《十住斷結經》十卷（二百五十四紙）　前秦建元年竺佛念共道安譯

《大灌頂經》十二卷（一百一十三紙）　晉世帛尸梨蜜多羅譯

《觀佛三昧經》十卷或八卷（一百五十九紙）　宋永初年佛跋陀羅於楊州譯

《五千五百佛名經》八卷（一百二十六紙）　隋開皇年闍那崛多及笈多等於興善寺譯　皇朝奏行

《大方便報恩經》七卷（一百二十四紙）

《大方等大集經》八卷（一百二十八紙）

《勝天王般若波羅蜜經》七卷（一百二十一紙）　陳世月支國王子婆

首那於楊州譯
《寶雲經》七卷（一百紙或七卷八卷） 梁曼陀羅楊州譯
《金光明經》六卷（或七卷八卷一百二十二紙） 北涼世曇無讖譯後三卷陳時眞諦譯
《法集經》八卷（或七卷六卷一百二十一紙） 後魏世菩提留支於洛陽譯
《菩薩處胎經》五卷（一百一十三紙） 前秦世竺佛念於長安譯
《大悲經》五卷（八十八紙） 齊天統年耶舍共法智於相州譯【略】
大乘律單本。一十九部三十五卷。
《優婆塞戒經》七卷（是在家菩薩戒或五卷八十二紙） 北涼世曇無讖惠嵩等譯
《佛藏經》四卷（七十八紙） 後秦弘始年羅什於長安譯
《大方廣三戒經》三卷（四十四紙）
《寶梁經》二卷（三十紙） 北涼世道龔譯
《梵網經》二卷（三十九紙） 後秦世羅什譯
《菩薩藏經》一卷（九紙） 梁天監年僧伽婆羅於楊州譯
《決定毘尼經》一卷（十九紙） 衆錄皆云於燉煌譯竟不顯世代人名
《文殊師利悔過經》一卷（一名《文殊五體悔過經》，二十一紙） 晉世竺法護譯
《舍利弗悔過經》一卷（一名《悔過經》，五紙） 晉世竺法護譯
《法律三昧經》一卷（七紙）
《菩薩內戒經》一卷（十七紙）
《三曼陀颰陀羅菩薩經》一卷（六紙）
《菩薩受齋經》一卷（二紙）
《淨業障經》一卷（二十四紙）
《大乘三聚懺悔經》一卷（十三紙） 隋開皇年闍那崛多及笈多等於大興善寺譯 皇朝奏行
《菩薩善戒經》一卷（十五紙，闕本訪得）
《菩薩五法懺悔文》一卷（二紙，闕本訪得）
《菩薩戒本》一卷（十八紙） 唐貞觀年於翠微宮玄奘譯
《菩薩羯磨》一卷（六紙） 唐貞觀年於翠微宮玄奘譯
大乘論單本。六十部四百三十一卷。
《大智度論》一百卷（三千四十三紙） 後秦弘始年羅什於長安譯
《十地經論》十二卷（二百四十五紙） 後魏永明年勒那摩提共菩提留支於洛陽譯
《瑜伽師地論》一百卷（一千八百四十八紙） 唐貞觀年於弘福寺玄奘譯
《顯揚聖教論》二十卷（二百二十六紙） 唐世玄奘譯
《阿毘達磨雜集論》十六卷（二百五十五紙） 唐世玄奘譯
《般若燈論》十五卷（二百四十二紙） 唐貞觀年波頗蜜多等於勝光寺譯
《大莊嚴論》十五卷（二百一十紙，或十卷，馬鳴菩薩撰） 後秦世羅什譯
《十住毘婆沙論》十四卷（龍樹菩薩撰，二百七十二紙） 後秦世羅什譯
《大乘莊嚴論》十三卷（二百紙） 唐貞觀年波頗蜜多於勝光寺譯
《攝大乘論無性菩薩》一部十卷（二百二十紙） 唐世玄奘譯
《廣百論》一部十卷（二百二紙） 唐世玄奘譯
《成唯識論》十卷（一百九十九紙） 唐世玄奘譯
《大乘阿毘達磨集論》七卷（一百八紙） 唐世玄奘譯
《佛地經論》一部七卷（一百一十九紙） 唐世玄奘譯
《菩提資糧論》六卷（龍樹菩薩造六十七紙） 隋大業年達摩笈多於東京上林園譯 皇朝奏行
《唯識三十論》一卷（二紙） 唐世玄奘譯
《辯中邊論頌》一卷（五紙） 唐世玄奘譯
《彌勒菩薩所問經論》五卷（一百二十紙，或九卷，或十卷） 後魏世留支譯
《寶積經論》四卷（八十四紙） 後魏世菩提留支譯
《勝思惟經論》四卷（五十紙） 後魏世菩提留支譯
《佛性論》四卷（八十二紙） 陳世眞諦譯

《中論》四卷（九十七紙）　後秦世羅什於長安譯【略】

小乘經單本。一百八部四百三十四卷（六千六百九十七紙）。

《正法念處經》七十卷（一千一百九十九紙）　後魏世瞿曇留支譯

《中阿含經》六十卷（一千一百四十七紙）　晉世僧伽提婆譯

《增一阿含經》五十卷（七百九十五紙）　前秦建元年曇摩難提譯

《雜阿含經》五十卷（一千四十紙）　宋世求那跋陀羅譯

《長阿含經》二十二卷（四百二十六紙）　後秦弘始年佛陀耶舍共佛念譯

《賢愚經》十三卷（二百七十五紙，或十六卷）　宋世慧覺共威德在高昌譯

《別譯雜阿含經》二十卷（五百六紙）

《起世經》十卷（二百六十五紙）　隋大業年達摩笈多於東京上林園譯　皇朝奏行

《雜寶藏經》十卷（一百五十紙，或八卷）　後魏延興年吉迦夜共曇曜譯

《普曜經》八卷（或六卷，一百四十七紙）　晉永嘉年竺法護譯

《本事經》七卷（九十四紙）　唐世玄奘譯

《修行道地經》六卷（一百三十一紙）　後漢世安世高譯

《生經》五卷（或四卷，一百七紙）　晉世竺法護譯

《陰持入經》二卷（二十二紙）　後漢世安世高譯

《中本起經》二卷（四十七紙）　後漢建安年康孟詳共竺大力譯

《興起行經》二卷（二十八紙）　後漢世康孟詳譯

《達摩多羅禪經》二卷（五十紙）　後秦世佛陀跋陀羅譯

《義足經》二卷（四十一紙）　吳黃武年支謙譯

《毘耶娑問經》二卷（三十一紙）　後魏世菩提留支譯

《大安般經》一卷（一名《守意》，或二卷，三十紙）　後漢世安世高譯

《優婆夷淨行經》二卷（三十紙）

《那先比丘經》二卷（或一卷三十紙）

《大安般經》一卷（或二卷，二十紙失本）　後漢世安世高譯

《般泥洹經》一卷（二十紙）　宋元嘉年求那跋陀羅譯

《當來變經》一卷（二紙）　晉世竺法護譯【略】

小乘律單本。三十四部二百六十五卷（五千八百一十三紙）。

《十誦律》六十一卷（一千三百九十一紙）　晉世卑摩羅叉於壽春譯

《四分律》六十卷（一千二百一十紙）　後秦世佛陀耶舍共竺佛念譯

《僧祇律》四十卷（九百七十三紙）　晉世佛陀跋陀羅共法顯譯

《彌沙塞律》三十卷（五百九十七紙）　宋景平年佛陀什共智勝譯

《善見律毘婆沙》十八卷（二百六十八紙）　南齊永明年沙門僧伽跋陀羅於廣州譯

《鼻奈耶》十卷（一百五十五紙）　前秦世竺佛念譯

《薩婆多毘尼摩德勒伽》十卷（二百九十五紙）　宋元嘉年僧伽跋摩譯

《毘尼母經》八卷（一百五十三紙）

《大愛道比丘尼經》二卷（三十一紙）

《大比丘三千威儀經》二卷（四十二紙）

《僧祇戒本》一卷（二十紙）　後魏世曇摩迦羅譯

《四分戒本》一卷（二十二紙）　後秦世佛陀耶舍譯

《解脫戒本》一卷（出《迦葉毘律》，二十紙）　後魏世瞿曇留支譯

右一戒出《迦葉毘律》。

《沙彌威儀》一卷（十九紙）　宋世求那跋摩譯

《曇無德羯磨》一卷（四十一紙）　魏正元年曇諦於洛陽譯

《四分比丘尼羯磨》一卷（十五紙）　宋元嘉年求那跋摩譯

《優婆塞五戒相》一卷（十五紙）　宋元嘉年求那跋摩譯

《舍利弗問經》一卷（十一紙）

《眞僞沙門經》一卷（一名《摩訶比丘經》，三紙）

《戒消災經》一卷（四紙）

《迦葉禁戒經》一卷（三紙）

《犯戒罪報輕重經》一卷（一名《犯罪經》，二紙）

《僧祇比丘尼戒本》一卷（二十四紙）【略】

小乘論單本。三十部三百五十六卷。

《順正理論》八十卷（一千四百二十紙）　唐世玄奘譯
《顯宗論》四十卷（六百四十四紙）　唐世玄奘譯
《舍利弗阿毘曇論》二十二卷（五百九十九紙）　後秦弘始年曇摩崛共曇摩耶舍譯
《出曜論》二十卷（四百八十七紙）　前秦竺佛念譯
《成實論》二十卷（四百紙，或二十四卷）　後秦世羅什譯
《識身足論》十六卷（二百七十一紙）　唐世玄奘譯
《鞞婆沙阿毘曇》十四卷（一名《廣說論》，三百四十七紙）　前秦建元年僧伽提婆於洛陽譯
《法蘊足論》十二卷（二百九十二紙）　唐世玄奘譯
《解脫道論》十二卷（一百九十八紙）　梁世僧伽婆羅譯
《衆事分阿毘曇》十二卷（二百九紙）
《雜阿毘曇心論》十一卷（或二十二卷，二百八十紙）　宋元嘉年伊葉波羅共求那跋摩譯
《立世阿毘曇論》十卷（一百七十三紙）　陳世眞諦譯
《尊婆須蜜所集論》十卷（二百七十五紙）　前秦建元年僧伽跋澄共佛念譯
《法勝阿毘曇論》六卷（一百三紙）　齊天統年耶舍共法智譯
《四諦論》四卷（七十四紙）　陳世眞諦譯【略】

此二卷入藏目。貞觀九年四月，奉勅苑內寫一切經。大總持寺僧智通，共使人秘書郎褚遂良等，附新譯經挍定申奏，奉勅施行。有人將《大集》三十卷，《日藏》十卷，《月藏》十卷，《無盡意》六卷，《明度挍計》二卷，五部合爲六十卷《大集》者誤也。勘文《大集》前十方諸佛會。《日藏》《月藏》後十方諸菩薩會。《無盡意》是重譯。《明度挍計》是別部。又撿仁壽二年翻經大德彦琮法師等，奉勅新定一切經目五部，各自別行。貞觀十一年四月，皇太子於延興寺造一切經，有人將六十卷《大集》本來，諸德莫之能定，遂抄入藏，仍五本重抄目復不改。智通覩此參差，處處尋勘，乃見八卷《金光明序》云，開皇十七年興善寺沙門寶貴，昔晉朝支敏度，合兩竺二支一百五本，《首楞嚴》爲一部八卷，又合一支兩竺三本，《維摩》爲一部五卷，斯既先哲遺蹤遂承規合，此《大集》爲六十卷。今讀經文，集會時別，梵甲亦各不同，翻譯時代又異，流傳遍及海外，今忽合之，恐疑惑者多。所引《楞嚴》，《淨名》，《注經》等，只是私記，並不入藏。六十卷《大集》，豈得獨行。幸冀來哲詳而體焉。

大唐内典録分部

綜　述

西明寺釋氏撰《大唐内典録》卷一　序

原夫正法稱寶，誠有其由，良是出俗之津途，入眞之軌轍，所以歷劫英聖仰之如父母。遂古沿今隆之如日月，豈不以喪我倒之蹄筌，窮無生之寶位者也。自仙苑告成金河靜濟，敷字群品汲引塵蒙，隨機候而設謀猷，逐性欲而陳聲敎，網羅一化統括大千，受其道者難眥，傳其宗者易曉。故尊者迦葉，集四篋於崛山。大智文殊，結八藏於圍表。遂能流被來際，終七萬之脩齡。餘波東漸，距六百之嘉運。詳夫爰始梵文，負之億計香象。今譯從於方言，大約五千餘卷。遷貿更襲澆薄互陳，卷部單重疑僞凡聖，致使集錄奔競三十餘家，舉統各有憲章，徵覈不無繁雜。今總會群作以類區分，合成一部開爲十例，依條顯列無相奪倫，文雖重張義絕煩亂。若夫大聖彝訓其流曰經，述經敘聖其流曰論，莫非徙滯之方略，會正之格言。珍重則超生可期，疑謗則効尤斯及，故試銓廣餘隨更陳序之云爾。

歷代衆經傳譯所從錄第一（謂代別出經及人述作無非通法並入經收故隨經出）。歷代翻本單重人代存亡錄第二（謂前後異出人代不同，又遭離亂道俗波迸。今總計會，故有重單，緣敘莫知，致傳失譯）。歷代衆經總撮入藏錄第三（謂經部繁多綱要備列，從帙入藏以類相從，故分大小二乘，顯單重兩譯）。故隨部撮舉簡取通道，自餘重本存而未暇）。歷代衆經有目闕本錄第五（謂統撿群錄，挍本則無隨方別出未能通遍，故別顯目訪之）。歷代道俗述作注解錄第六（謂注述聖言用通未悟，前已雖顯未足申明，今別題錄使尋覽易曉）。歷代諸經支流陳化錄第七（謂別生諸經曲

順時俗，未通廣本，但接初心，一四句頌不可輕削故也）。歷代所出疑僞經論錄第八（謂正法深遠凡愚未達，隨俗下化有勃眞宗，若不標顯玉石斯濫）。歷代眾經錄目終始序第九（謂經錄代出，須識其源）。歷代眾經應感興敬錄第十（謂經翻東夏應感徵祥，而有蒙祐增信，故使傳持遠惟）。

又卷一　大唐內典錄歷代眾經傳譯所從錄第一之初

自敎流東夏，代涉帝朝，必假時君，弘傳聲略。然後玄素依繕方開基搆，明后重其義方情存監護，闇君順其倫軌相從而已。故始自後漢爰洎亘唐，世變澆淳宗猷莫二，皆欽承至訓，爲滅結之元標，體解玄圖，鏡死生之本據。故能傳度梵網代代滋彰，斯即法施奔流時時不絕。然則西蕃五竺祖尚天言，東夏九州聿遵鳥迹，故天書天語，海縣之所絕思，八體六文，大夏由來罕覿，致令昔聞重譯方見於斯。然夫國史之與禮經，質文互舉。佛言之與俗典，詞理天分。何以知耶？故佛之布敎說導爲先，開蒙解樸決疑去滯，不在文華無存卷軸，意在啟情理之昏明，達神思之機敏，斯其致也。諦聽諦聽，善思念之，吾當爲汝分別解說，斯聖言也。善哉善哉，願樂欲聞。唯願世尊分別解說，斯受法也。言重意得不慮煩拏，但論正悟莫敘文對，斯本經也。譯從方俗隨俗所傳，多陷浮訛所失多矣。所以道安著論五失易從，彥悰屬詞八例難及，斯誠證也。諸餘俗習不足涉言，今錄彼帝世翻譯賢明，幷顯時君信毀偏競，以爲初錄。且夫漢晉隋唐之運，天下大同，正朔所臨法門一統。魏宋齊梁等朝地分圮裂，華夷參政翻傳並出，至於廣部傳俗，紹後超前，即見敷揚聯耀惟遠。今則隨其時代，即而編之，仍述道俗所撰附之於後，庶將來同覩其若面焉。都合二十八代，所出眾經總有二千二百三十二部（七千二百卷失譯經三百一十部五百三十八卷）。

後漢朝傳譯道俗一十二人所出經律等三百三十四部（四百一十六卷失譯經一百二十五部一百四十八卷）。前魏朝傳譯僧六人所出經律等一十三部（二十四卷）。南吳孫氏傳譯道俗四人所出經傳等一百四十八部（一百八十五卷失譯經一百一十部二百九十一卷）。西晉朝傳譯道俗一十三人所出經戒等四百五十一部（七百一十七卷失譯經八部一十五卷）。東晉朝傳譯道俗二十七人所出經傳等二百六十三部（五百八十五卷失譯經五十三部五十六卷）。前秦符氏傳譯僧八人所出經傳等四十部（二百三十九卷）。西秦乞伏氏傳譯僧一人所出經十四部（二十一卷幷失譯經八部一十一卷）。後秦姚氏傳譯僧八人所出經傳一百二十四部（六百六十二卷）。北涼沮渠氏傳譯道俗八人所出經傳三十二部（三百二十四卷，幷失譯經五部，一十七卷）。宋朝傳譯道俗二十三人所出經傳二百一十部（四百九十卷）。前齊朝傳譯道俗一十九人所出經傳四十七部（三百四十六卷）。梁朝傳譯道俗二十一人所出經律傳等九十部（七百八十卷）。後魏元氏傳譯道俗一十三人所出經論傳錄八十七部（三百二卷）。後齊高氏傳譯道俗二人所出經論七部（五十三卷）。後周宇文氏傳譯道俗一十一人所出經論天文等三十部（一百四卷）。陳朝傳譯道俗三人所出經論傳疏等四十部（三百四十七卷）。皇朝傳譯隋朝傳譯道俗二十餘人所出經論等九十餘部（五百一十餘卷）。皇朝傳譯僧等十有一人所出經論等二百餘部（一千五百餘卷）。自敎被神州時移九代，朝分眞僞土雜華夷，所以五涼四燕三秦二趙，夏蜀之居偏隘，晉宋之據江陰。經部翻傳隨方而出，止列兼正之國，取其傳譯所由，自餘不言，以無通法故也。庶後之覽者知其致焉。

又　後漢傳譯佛經錄第一

序曰，敎流源起寔本姬周，秦正殄之遺蹤間出，劉向挍書天閣往往見有佛經。依此據量，不止漢明之世，餘如別顯，今敘其光俗中興之始，故肇列之。言經出起於後漢孝明帝者，帝諱莊，廟號顯宗，光武皇帝之第四子也。神用沖簡雅爲聖則，於永平七年夜夢金人身長丈六，項佩日輪飛空而至，光明赫奕照於殿庭。旦集群臣令占所夢，通人傳毅進奏曰，臣聞昔西方有神，其名爲佛，陛下所見，將必是乎。【略】自秦世沙門釋利防前漢劉子政已來，雖聞佛經莫知其目。至於後漢方有定錄，則《四十二章》爲首，僧則迦葉摩滕最初。迄於獻帝建安末齡，則經一百五十二年，歷一十一主，華戎道俗十有二人，兼摭舊遺更補先闕，幷古失譯，合出經律三百三十四部，四百一十六卷，爲後漢經錄運乎斯軸，庶通鑒者識古今經典散聚，待期明揚盛化法寶之光被矣。

紀事

西明寺釋氏撰《大唐內典錄》卷一　後漢沙門迦葉摩滕（一部一卷

經）。沙門竺法蘭（五部一十三卷經）。沙門安清字世高（一百七十六部一百九十七卷經）。沙門支婁迦讖（二十一部六十三卷經）。優婆塞都尉安玄（二部三卷經）。沙門竺佛朔（二部三卷經）。沙門支曜（十一部十二卷經）。沙門康巨（一部一卷經）。淸信士嚴佛調（七部九卷經）。沙門康孟詳（六部九卷經）。沙門釋曇果（一部二卷經）。沙門竺大力（一部二卷經）。諸失譯經，一百二十五部，一百四十八卷，雜於經呪。

《四十二章經》一卷。

右一經。後漢明帝世，中天竺國婆羅門沙門迦葉摩滕所譯。或云，竺攝摩滕。群錄互存，未詳孰是，先來不譯，故備敘之。以永平十年，隨漢使蔡愔東返至雒邑，於白馬寺翻出此經，依錄而編，即是漢地之經祖也。舊錄云，其經本是天竺經抄，元出大部，撮引要者，似孝經十八章也。《道安錄》元出在舊錄，及士行《漢錄》，僧祐《出三藏集記》又載。但大法初傳人少歸信，使摩滕蘊其深解不復多翻。後卒雒陽，載其委由備朱士行錄及《高僧傳》諸雜錄等。寶唱錄云，竺法蘭所出者，此或據其同來時耳。【略】

又卷三《歷代衆經傳譯所從錄第一之二前魏、南吴、西晉》 序曰，自漢已來天下一統，建安之始鼎峙而分。袁曹競逐於中原，劉孫分鑣於江峽，五岳塵擁九牧雲屯。或二祀而啟於帝圖，或三分而陳於霸業。故使魏祖挾天子而令諸侯，劉宗憑劍閣而規雍輦，孫氏英略高枕長江。橫武爪牙，臥龍威力，別據一域，呑噬爲心。各跨疆埸互嚴關塞，廣延俊乂以佐股肱，厚禮賢能賓爲國寶，良匠妙法復此徂來。僧會適吴，舍利曜靈於江左。迦羅遊魏，禁律創啟於洛都。歸戒自此大行，圖塔由斯特立。譯人隨俗仍彼方言，出經逐時便題名目，致有《吴品》、《蜀普曜》焉。重疊再翻因斯而始，派流失譯良在於茲。既三國峙居，而西蜀一都獨無代錄者，豈非佛日麗天而無緣者弗覩，法雷震地而比屋者不聞哉。且舊錄雖注《蜀普曜》、《首楞嚴》等經，而復闕於經本譯人年代，設欲紀述罔測所依，推入失翻故亡別錄。今敘曹魏中原所傳。文帝諱丕字子桓，沛郡譙人，丞相王操之世子也。初生之日，有青雲大如車蓋，當於其上竟日翠然，望氣者爲至貴之證，非人臣象。八歲善屬文，初嗣相位爲魏王，受後漢禪改稱爲魏。初居相在洛，魏公都鄴，王基在譙，又許受禪於繁昌，後都洛邑。自文帝黃初元年庚子，至元帝咸熙元年甲申，其中五主四十五年，僧有六人，所出經律羯磨一十三部，合二十五卷，以爲魏朝一代經錄。其有失譯諸經，總結吴錄之末備之于彼。

又《東晉朝傳譯佛經錄第五》 序曰，經云，三界無常有爲非久。晉氏之基，魏室遠係。高標誅曹爽而絕其宗，設帝策而陳其績。及金承土運曆數在躬，平蜀而降大吴，升平而曰寬政，文既允備，武亦戢戈，百六奄臻王官失守，天下大亂莫匪斯焉。于時道俗崩離朝不謀夕，寄政江表，法隨政興，沙門信士於是攸集，故就錄之。

東晉錄者，宣帝曾孫瑯琊武王後恭王之子，名睿字景文。初生之辰，內有神光一室盡明，白毛生於日角之左，眼有精曜睇眄煒如也。累官使持節安東將軍都督楊州諸軍事左承相，懷愍敗後百官分離，或走江南，或爲曜劉。長安失據帝幽平陽，江東于時忽見五日。群下勸睿宜稱晉王，統攝萬機以臨億兆，愍帝崩後遂即居尊號建武年，因都建業，避愍帝諱改爲建康。先太康二年，吴舊將管恭作亂，于時建業，伍振筮曰，恭已滅矣。然更三十八年，揚州當有天子。至是果如其言。又秦始皇世，望氣者云，吴金陵山，五百年後當出天子。始皇忌焉，發兵因鑿金陵山斷改稱秣陵，冀絕其王。自正于睿五百二十六年，廼有晉金行奄君四海，金陵之瑞其在於斯。時又謠云，五馬浮渡江，一馬化爲龍，永嘉喪亂天下淪覆，唯瑯琊、西陽，汝南，南頓，彭城等五王獲濟江表，而睿首基爲元帝矣。將知受命上感天靈，欲跨輿圖下資地勢，地負其勢，始皇鑿之弗亡，天降其靈劉曜殲而莫盡。自元皇建武元年丁丑創都，至恭帝元熙元年己未禪宋，其間一百四載華戎道俗二十七人，而所出經并舊失譯，合二百六十三部，五百八十五卷，集爲東晉一十二主建康錄云。

又《前後二秦傳譯佛經錄第六》 自晉氏失御天下分崩，匈奴梵雒伊瀍涇渭，非曰常京，夫子有云，四夷交侵中國微矣。其在斯乎。然則天無二日，有道則可君人，十六國中二秦爲霸得矣。符氏富有八州，意在兼并區宇。姚主情存三寶，志在弘護法城。故使萬里追風異人間出，翻傳大部盛集于今。是則棟幹由茲增隆，匡救不爽，高稱言前。秦符氏錄者，其先蒲健氏武都人也，因二趙亂據有關西，子孫乘機繼立稱帝，號秦都長安。至第三主諱堅字永固，生有神光從天屬地，銘見其背，曰草付臣，遂改蒲爲苻氏。堅立後十有六年，時太史奏，有德星見外國分野，當有聖人輔中國，得之者王。堅乃使將呂光求龜茲國鳩摩羅什，又使將苻丕攻取襄陽彌天釋道安并習鑿齒等。堅既獲之，欣然謂僕射權翼曰，朕不以珠玉爲珍，但用賢哲爲寶，今以十萬之師攻襄陽獲一人有半。翼曰，誰。堅曰，安公一人，鑿齒半也。每與安同輦，言及東征，安極諫曰，東南土卑氣厲，非曰中華，且虞舜遊而不返，秦皇適而不歸，今以百萬之師求厥田下下之土，未敢聞也。餘云云不載，自爾詢安政術兼敷釋典，征西得什，而堅已沒，六主四十四年。依甲子推苻健皇始元年當晉穆帝永和六年庚戌之歲，至堅建元二十一年，當晉孝武太元十年乙酉之歲，華夷道侶凡八人，所出經戒論集志解傳，四十部，合二百三十九卷，結爲前秦之錄。

又《後秦傳譯佛經錄第七》 覇主承統，隨方利見各有司存，正朔接運知之久矣。故因時而王事通夷夏，眄望前古斷踵相從，後秦姚萇西戎羌也。因苻堅征亂即而締搆，仍都雍關，改長安爲常安，登位八年。苻堅領鬼兵白日入宮刺其陰，出血一石，計論怨結難可淪亡，可不鏡諸。既崩，其子興立。弘始三年春，有樹連理生於廟庭，逍遙一園葱變爲薤，咸稱嘉祥，應有智人來入國瑞。冬什到，雍興加禮，遇待以國師，崇敬甚隆，大闡經論。震旦宣譯盛在此朝，四方沙門雲奔湊集。先是長安自前漢廢到苻秦興，其間三百三十一載，曠絕朝市民俗荒蕪，雖數伽藍歸信尠寡，三千德僧同止一處，共受姚秦天王供養，世稱大寺非是本名，中構一堂權以草苫，即於其内及逍遙園二處翻譯。法寶遠被瑞驗若茲，因立僧官俸侍中秩，置兩都錄緝五部僧，昭玄之興始自此起。魏末周初衢術稍整，大寺因爾成四伽藍，草堂本名即爲一寺。草堂東常住寺，常住南京兆王寺，京兆後改安定國寺，安定國西爲大乘寺，邊安定左天街東畔八隅大井，即舊大寺之東廚，供三千僧之甘泉也。子孫三主三十二年，爲晉所滅，始於姚萇，初元元年歲在丙戌，即晉太元之十一年，終於姚泓，永和二年太歲丙辰，即晉安義熙之十二年也。身死建康，國入元魏。沙門譯傳凡有八人，所出經律戒論，一百二十四部，合六百六十五卷，爲後秦姚氏錄云。

又《西秦乞伏氏傳譯佛經錄第八》 若夫乘時拯俗，開道化生，有國之歸宗，華夷所同志。有乞伏國仁者，隴右鮮卑也，代居苑川，爲南單于前秦敗後接統創業，都於子城，號爲西秦，尊事沙門。時聖堅大德行化達彼國，仁崇敬恩遇其禮彌隆，既播釋風因事陳譯，相承五主四十四年，爲夏赫連所滅，夏又爲魏所呑。一云仁弟，乞伏乾歸稱王，建號南涼。太初元年當晉孝武太元十三年戊子之歲，至太初十二年降於李暠，經於九年。乾歸子立，稱元更始。至暮末，立二年當宋元嘉七年，爲夏勃所擒，其實合三十七年矣。今總會之，所出經及失譯等，如別所顯，不繁摽列。

又《北涼沮渠氏傳譯佛經錄第九》 序曰，沮渠蒙遜臨松盧水胡也，代爲北匈奴左大，沮渠即官爲氏，因藉前涼改業所基。至晉安帝隆安五年歲在辛丑，自號北涼，改元承乾。至十二年，從於姑臧改元玄始，遇曇無懺法師，翻譯大部弘扇佛教，即宋武之初運也。初遜奉懺欽重難倫，元魏聞懺道術將延東謁。遜懼懺爲魏設計，或反西圖，執固不許。懺知遜情便辭西出求經，又知業期將及，詐爲行調累以終事，既爾果行。遜忿之令刺客於路害懺。古人諺曰，知識相逢不吉則凶。斯言可錄。於後遜行虐己心愧其事，白日見鬼以劍刺之遂崩。二主四十三年，爲魏所滅。凡譯經道俗九人，所出三十二部，二百六十六卷，幷失譯經，爲北涼之錄。

又卷四《宋朝傳譯佛經錄第一〇》 佛經創云，信爲道原功德之母，智是出世解脫之基。無信不可以登輕舟，無智不可以斷深惑。故生死大海浩汗無涯，非夫六舟無以超越。是以智士信六度爲超生之本，故登舟而大濟，斯道顯然，唯智能克。自教開中土三被誅除，晚移南服五代弘闡。以事據量，則文明之朝，信智不言而自顯。武猛之國，仁慧不可以開疆。可不然乎，可不然乎。然則晉宋兩朝斯文卓越，揚扇釋道宗猷可觀。今略敘之，用顯陳迹。宋世錄者，劉裕字德輿，彭城都鄉人，初生之辰神光照室，形長七尺六寸，受東晉禪稱宋，仍都建康。至第三主元嘉年中，有上事者云，比寺塔修飾過興，樂福之徒奢競日甚。文帝以問何侍中曰，范泰及謝靈運皆稱，六經本是濟浴，性靈眞要，會以佛經爲指南，此賢達正言實誠有讜，若使率土之濱皆純此化，則朕垂拱坐致太平。尚之對曰，中朝以遠難復盡知。渡江已來，王導周顗，宰輔之冠蓋。王蒙謝尚，人倫之羽儀。郄超王謐等，或號絕群，或稱獨步，略述數十人靡非英俊，清信之士無乏於時。慧遠法師云，釋氏之化無施不可。臣謂此說有契理奧。何者。百家之鄉十人持五戒，則十人淳謹。千室之邑百人修十善，則百人和睦。傳此風教已遍寰區，編戶億千則仁人百萬，夫能行一善則去一惡，去一惡則息一刑。一刑息於家，萬刑息於國，則陛下之言坐致大平是也。故佛圖澄入鄴，石虎殺戮減半，澠池寶塔放光，符健椎鋸用息，蒙遜反噬無親，虐如豺虎，末節改悟遂成善人。法建道人力兼萬夫，幾亂河渭面縛甘死，以赴師厄，此豈非是内化之被哉。時吏部郎羊玄保在坐，進曰，臣竊恐秦趙論強兵之術，孫吳盡吞併之計，將無取於此也。帝曰，此非戰國之具，良如卿言。尚之曰，夫禮隱逸則戰士怠，貴仁德則兵氣衰。若以孫吳爲心，志在吞噬，亦無取於堯舜之道，豈唯釋教而已哉。帝大悅曰，釋門有卿，亦猶孔氏之有季路，所謂惡言不入於耳。帝使中書陸澄撰《續法論》，百有餘卷，贊述佛理，有弘裕焉。準此而談，可謂至矣。法由人顯，佛囑帝王。自是宋朝釋教隆盛，名僧智士欝若稻麻，寶刹金輪森如竹葦，相承八主五十九年，其諸譯人華戎道俗二十有四人，合出修多羅，毘尼戒本，羯磨，優波提舍，阿毘曇論，傳録等，凡二百一十部，四百九十六卷，結爲宋代建康録云。

又卷四《前齊朝傳譯佛經録第一一》 齊氏宋運交禪因循，統御道俗有聲南服，故不廣述。其高帝蕭道成者，臨沂人也。因宋餘業仍都建康，於建元年。安成野火洞澤焚燼，唯數丈地草獨不然，往視其中得一金像，既感靈瑞聖化復隆。帝曰，使我治天下十年，必令黄金與土同價。不幸四載而崩，子賾字宣遠嗣，江海晏安。有竟陵文宣王子良帝之次子輔政，司徒之位爕諧鼇革，大偃澆風偏弘釋教。多所製述，弘護之美獨以見推廣捜髦彦翼贊玄理，撰《淨住子》二十卷，《佛史》十卷，抄集群經增略删廣，有兼濟焉。相承七主，二十三年，傳譯道俗二十人，所出經律傳等，四十七部，合三百四十六卷，爲齊朝録云。

又卷四《梁朝傳譯佛經録第一二》 弘傳聖教隨代興隆，其中高者無越梁祖。行字叔達，蘭陵人也。承齊建命亦都建康，登極思濟同契等覺，垂拱臨朝盛弘經教，廣延博古旁採遺文，扇以淳風利之法俗，祖禰相承尊事老氏，及臨大寶下勅斷之，唯以佛宗開物成務。天監七年，帝以正像浸末信重漸微，三藏彌綸鮮能該洽，勅沙門僧旻等撰《經律異相》，以類相從，凡五十卷。皇太子綱撰《法寶聯璧》二百餘卷，諸餘雜集其徒寔繁。又勅沙門僧紹撰《華林佛殿眾經目録》四卷，帝具省之周洽未委。又勅沙門寶唱更續經目，乃顯譯有無證經眞僞，凡十七科，頗爲覼縷。前後二梁，凡七帝，八十七年，五十年在金陵，餘在江陵。譯經道俗二十一人，所出經律傳記等九十部，凡七百八十卷，爲二梁録云。

又《後魏元氏翻傳佛經録第一三》 元氏之先，北代雲中虜也。世爲豪傑，南去定襄四千餘里。案梁湘東王繹貢職圖云，本姓托跋鮮卑胡人也。西晉之亂有托跋盧，出居晉樓煩地，晉即封爲代王。於後部落分散，經六十餘年至盧孫拾翼犍，或言涉珪。《魏史》云，即道武皇帝魏之太祖也。改號神瑞元年，當晉孝武太元元年也。出據朔州東三百里築城立邑，號爲恆安之都，爲符秦護軍堅敗。後乃即眞號生知信佛，興建太寺。恆安郊西大谷石壁，皆鑿爲窟，高餘十丈，東西三十里，櫛比相連其數眾矣。谷東石碑見在，紀其功績，不可以算也。其碑略云，自魏國所統貲賦並成石龕，故其規度宏遠，所以神功逾久而不朽也。至第三主太武帝，伏鼇世，信納邪言毀壞佛法誅僧破寺，涉歷七年惡疾災身薨。後還復四主在北，至孝文帝宏世遷京洛陽，改姓稱元，去胡衣服冠冕，紹虞語尊華風，手制文章談述雅誥，聖天子也。【略】京邑行人多庇其下，路斷車蓋，非由淹雲之潤。清風送涼，豈藉合歡之發。而供養具與祇園等，四事給施七百梵僧，菩提流支爲譯經首也。勅遣李廓撰經録云，至永熙主遷入關中因西東南北四魏，合一十六帝，歷一百六十一年，派入周齊，依撿道俗一十四人，所出經論傳録等，總八十七部，合三百二卷，爲後魏三臺之經録云。

又《後齊高氏傳譯佛經録第一四》 元魏將季其祚分崩，肅宋孝明崇信佛理，太后胡氏親臨國政，一紀之内天下晏然。及帝之崩，梟鏡相及。爾朱榮死於内殿，吐萬仁擒帝晉陽。高歡承釁，破爾朱於鄴下。宇文接亂，翊平陽於關内。歡乃燒洛宮殿殄絶帝圖，建號天平，徙都北鄴，一十七載扶翼魏室。梁太清三年，武帝既崩，高歡先殞，世子澄襲相又殂。魏之靜帝乃禪位於高洋，即相王之第三子也。世族武川神用卓詭，愚智混迹賢聖亂倫，建號天保，仍都鄴下。王四瀆之三，統九州之五，誅滅李老其流。出家道士抗者，勅令深剃，遂斬之。於是並歸佛法，十年之中佛法大盛，僧二百餘萬，寺出四十千，並通弘護中興大法。相承六主，二十八年，爲周所滅。譯人道俗二頭，出經論八部，五十三卷，爲高齊録云。

又卷五《後周宇文氏傳譯佛經録第一五》 世襲亂離魏晉更覇，各陳正朔互指僞朝。仁義可日銷磬，德行是稱凋殞，仍自諸代國史，昌言我是彼非，斯則一是一非，一政一虐，都難愜當，誰敢籌之。故北魏以江表爲島夷，南晉以河内爲獯鬻，周承魏運魏接晉基，餘則偏王無所依據。而宋齊梁陳之日自有司存，國亡帝落，遂即從諸筆削，可不然乎。周之先祖宇文覺者，即西魏大丞相黑泰之世子也。泰舉高陽王爲魏帝西遷長安，改衣幡爲皀色，號大統元年。二十八載改年，廢帝立。魏齊王四年而薨，覺承魏禪，當年被廢。立弟毓爲帝，四年而崩。立弟邕爲帝，太祖第三子也。開闊大度統御群小，立十二年殺叔大冢宰晉國公護父子十人大臣六家，改元建德。至三年内納道士張賓妖佞，云佛法於國不祥，遂滅除之。至建德六年，東平齊國又殄前代數百年來公私寺塔，掃地除盡，融刮聖容焚燒經典，八州佛寺出四十千，盡賜王公三方釋之減三百萬還歸編戶。帝以爲大周一統天下無事也。志高慮遠，改元宣政，五月而崩。太子贇立，殺齊王父子八人，改元大成，二月立子衍爲太子，禪位與之，改元大象，自號天元皇帝。立四皇后，威儀服飾倍多於古。大象二年五月，天元崩，子衍立。正月一日改元大定，二月禪位於隋周。凡五帝，二十五年。治於長安，傳譯沙門一十一人，所出經論天文要等，三十二部合一百四卷，爲後周經錄云。

又卷六《歷代大乘藏經翻本單重傳譯有无錄第二》　序曰，所言大乘藏者，謂諸佛大人之用心也。教本無相，理趣無緣。統群有而出重昏，拔心因而靜煩妄，斯其致也。故經云，言語道斷，心行處滅，強以名相，用顯筌蹄。故能聲滿天下而無滯於有空，形充法界而超挺於情境。既亡於彼此，何小大之可乘。隨機適化，示緣相之殊，計試論教主義顯三焉。法佛常住，寄量揆於寂光。應身假相，託質形於藏海。蓮座啟於千葉，隨葉各現億輪。隨輪百億開化，化佛乘機而現。是以三身離合，二諦有空。逐情量而抑揚，赴前緣而隱顯。討其本也，終歸本元。試論教體，則方等一乘，因緣方便在物成務。故三篋九藏，總理義之奧區。十二八萬，該相見之玄致。如雲則原隰俱覆，等雨則高下同霑。任根葉而增榮，逐花果而光茂。故文云，汝等所行是菩薩道。即其證也。惑開五住，别利鈍之根源。智分六位，顯行解之明昧。戒經六聚，齊輕重而護持。定攝有空，等深淺而流觀。慧該眞俗，統凡聖而通明。既号種智，無境而不知。獨稱大聖，無相而不達。積空爲量，無生不在化門。大地爲籌，無時而不度物。約緣極廣梗概若斯，通曰大乘。無教不攝，據此而敘，無别小乘。是知大能攝小，如海之納百川。小不容大，若庭不遊龍象。自經流東夏，斯教極弘，全部多闕别品題錄。譯人隨本因而附之，致使正宗前後重沓。故天竺大乘類例而結，分爲十二，各十萬偈。西沮渠國備有本文，如别所陳，可自披閲。且如《華嚴》見翻三萬餘頌，覈論本部二分尚遺，自餘十一居然大缺，而群錄編次别顯單重，討論事義紛論難紀。故《般若大品》十有餘翻，乃以《大品》爲初單，《道行》爲重貳，強分前後致失宗途。今依本經單復次列，提頓綱維品目斯備，仍述譯人存亡時代，庶使尋覽之者，知本末之有歸焉。故始自後漢至於皇運龍朔之元，一十八代，六百餘紀，總有四百九十八部，二千三百六十三卷，以爲大乘菩薩藏攝。餘有别生疑僞注述之流，各體化源無非毗贊，自依别錄不濫眞乘。然則遺逸極多無由獲本，庶有同舟補斯漏闕云爾。

又卷七《歷代小乘藏經翻本單重傳譯有无錄第三》　序曰，所云小乘藏者，謂諸佛隨緣赴機之漸教也。良由智識褊隘固執鏗然，空有分壃心塵别境，封守界繫位列因緣。排倒我之本基，折流轉之纏結。憚佛道長遠居止化城，恥聲聞從師栖形空土，斯等之經名二乘道也。討論教主曲引釋迦，託八相而垂光，寄三界而稱號。胎誕右脅，引同類而攝生。捨位若遺，接染愛之迷客。四十九載，三輪現於人天。方八十年，四諦揚於生趣。斯道被俗開誘寔繁，非佛本懷乘機權設。故經云，十方佛土惟有一乘，隨宜方便故説三教。而登機之士依教策修，斷戒見之牽連，傾分段之生死。鈍根證此，謂窮蓋臆之源。利智澄慮，沈疑而在空性。所以五部異執分計，而討其迷十八本二，尋根而知理一。故知兔馬涉水，未盡香象之能。羊鹿載駝，豈等大牛之力。所以大乘義本，性空極於教宗。小乘理淺，生滅會於眞解。故《佛性論》云，二乘之人觀同生滅以爲眞如。據斯以言，顯小大之衢術也。至於經部所攝必祖《四含》，隨機説導更開雜藏，戒律流被非經所收，議論披解最爲繁廣。且夫大聖施化本遺惑纏，除病稱藥不拘名體。故初説四諦，八萬諸天而發大心。後説六度，億量比丘悟於四果。自餘凡淺，執教守株，互相指斥，全乖本意。述客舊之二醫，明于極教。毀本師之兩足，著在雜詞。小無述大之言，自局心計。大有含小之致，通明蔽開。是知迦葉興悲於敗種，逼引同徒。身子悔吝於法性，悟迷斯反。諸餘故習沿革卒難，終待會機異名施化。今所集經，始於仙苑終盡金河。所說半教号聲聞藏，傳度東漸年代可知，總有二百七十二部，一千四百九十四卷，用爲《小乘藏錄》。餘有《賢聖傳集》，將二百卷文兼小大理雜聖凡，不在二藏所收，自依別錄所顯。至於單重翻本傳譯存亡，無勞別歷通入三藏，庶得披覽之者，以類相從即用大觀釋然易辯云爾。

又卷八《歷代眾經見入藏錄第三》 序曰，自初錄已來，帝年顯矣。至於條例雜叢交加，固難料簡。良由隨譯人代所出論經注解，撰述不局倫次，所以依之編錄無得分衢。今則隨乘大小據譯單重，經律論傳條然取別，猶依舊例未敢大分，用啟未聞知非故意，依別入藏架閣相持，帙軸籤牓標顯名目，須便抽撿絕於紛亂。若夫凡識昏迷妙精開智，有教無類俗諺常談。而頃代俊銳神解不凡，弊於墮學忽於披覽。入藏見經三千餘卷，未曾通歷明智何從，徒喪一生虛張六識。邪正莫辯眞妄混然，隨俗而流無由反本。惜或，何由曉三藏之要途，洞三學之宗轄。內無負於初念，外有御於後心。今則一切不行，乃謂五塵爲道本，耽附不捨如正聖焉。竊服之喻已顯於十輪，鳥鼠之譏復彰於佛藏。形骸之累不能不服，口腹之勞不能不食。解脫之方既絕，惑網之計轉深。一杯之水聖久制之，一納之衣經文斷服。既創足於幽顯，又報苦於將來。神未超生，於何逃跡。昔聞蕭勵俗士，讀書三萬餘卷。慧斐末法遺僧，手寫二千餘軸。彼何人斯若此之勝。此何人斯若此之劣。季代澆俗未足涉言，高山仰止庶可規諫。全梵行之善友，何時不無。從如流之準酌，歷代參有。固當常爲心師御制情境，自須斂轍何得任人。閱三方之聖經，尋三千之法律，歷三祇之遠行，造三佛之覺場。斯道不亡，如何背捨。輒此引喻，覽者詳焉。今約已譯舊經，具如別顯。餘有玉華後翻，未覩新本，續出續附自依餘錄。

又卷九《歷代眾經舉要轉讀錄第四》 序曰，觀夫大聖乘機敷說聲教，離惱爲本不在曲繁。故半頌八字，號稱開空法道。一四句偈，喻以全如意珠。廣讀多誦，未免於生源。常不說法，乃聞於具足。是以法行比丘，形于大集之典。捨栰明況，備之般若至乘。斯道顯然，由來不沒。會西明寺眞懿律師，博見識機通鑒時俗，欲興法藏歲別轉持，然以重譯廣文多生倦怠，告余此致因而演之。然則頃代轉讀多陷廣文，識鈍情浮彌嫌觀博，此並在人勤惰，豈以卷部致懷，何以知耶？故心薄淡者，望卷大而眉顰。意專精者，見帙多而意勇。據斯以論，考性欲之康衢也。原夫五濁交運四惑現行，聖賢晦迹是稱遭命，不可約之以一揆，固得引之以殊途。故知天挺英靈不局言方，陶誘中流存學，必假善說津梁。夫以廣略二教，無興極聖之言，知幾其神，已明恆俗之訓。今則去其泰甚隨務行藏，舉大部而攝小經，撮本根而捨枝葉，文雖約而義廣，卷雖少而意多，能使轉讀之士，覽軸日見其功，行福清信，開藏歲增其業。此則卷卷常度，無負施之譏訶。品品情欣，絕厭法之深咎。事不獲已，觀機而立，此篇無應，長慨摧折。一何若此，豈不聞龍海藏錄，竟夏尋而不周。鐵圍結法，億象負之莫盡。沮渠巖窟，恆鎖十二寶乘。那伽幽寺，常住億千聖範。東流震旦萬不一來，而厚夜沈冥重於厭怠，無明障深，輕於博觀，自可悲哉。且生滅催切，命報泫露之光。心相不留，興言飛電之頃。隨聞教旨即用循身，略得時緣便依領觀，何暇廣尋聞海通覽法門。故論云，智者應修道剋，獲解脫果，然後以多聞而作妙瓔珞。然則凡小使性，互有不同，自慨不能靜坐思微。則須披讀經論，開決耳目，分解性靈。道揚理義，識邪正之方隅。陶化未聞，揚佛宗之位致。此則宅生推日不負遺寄，茲篇成樹同存有歸云爾。

又卷一〇《歷代眾經有目闕本錄第五》 序曰，自佛經之流東夏也，六百餘載，三被誅除。值弘護者觀機而作，先隱巖穴固守至眞，雲霧霑漬又被淹爛，及後興法方事拾遺，百不存一，且存綱領。賴值江表五代奉信無虧，遂使傳度法本周流寰宇。而西晉之末天下分崩，譯人遭難寄死無地焉。使經本獨得安全，又漢靈栖遑東西臨幸，佛經俗典於此淪亡，故致目本俱遺其數不少。今總會群錄鳩聚結之，勘本則無，挍目便有。恐後獲者據現錄無，便委棄之同於疑僞。是以尋閱古今諸錄，挍定經本有無。有則依而入藏，無則題目擬訪。庶有同舟之士，懷斯而廣集云。

尋群錄闕本，其類繁多，試以現經挍閱定錄，居然顯異。今欲列名廣示，且已備在前篇，紙墨易繁，終爲詞費，故略而不敘，必搜訪獲本，眞僞莫分。或人代未明，可依錄撿歷，則名目顯然是非斯決，故不勞備載。又隨代後錄，皆連寫之，又可易見。

又《歷代道俗述作注解錄第六》 《大智度論》明十二部經中，乃至後代凡聖解釋佛語，斯即是第十二部《優波提舍經》，據唐言譯云論議也。深有所以名之爲議，義取慧解通敏能之，非彼庸疎而得陳迹。故佛經東漸，自漢至唐，年過六百代經偏正，道俗歸信，森若繁雲。毘贊正理，弘揚大化，世高創述於緣理。亹亹惟良，釋安甄解於持心。超然孤逈，沿斯以降代有人焉。約準卷收將二千卷，今人澆薄多不鏡尋，致令前錄同所輕創，所以通法不能開俗，如不編次則相從埋沒。昔齊末梁初，有鍾山定林寺僧祐律師，弘護在懷，綜拾遺逸，纘述經誥，不負來寄。今敘其所綴爲始，餘則附錄列之。

釋僧祐撰《三藏集》十有二卷，其《雜錄序》曰，夫靈源啟潤則萬流脈散，玄根毓萌則千條雲結。何者。本大而末盛，基遠而緒長也。自尊經神運秀出俗典，由漢屆梁世歷明哲，雖復緇服素飾，然並異迹同歸。至於講議讚析代代彌精，注述陶練人人競密。所以記論之富，盈閣以仭房。書序之繁，充車而被軫矣。宋明皇帝，摽心淨境，載飡玄味，迺勅中書侍郎陸澄，撰錄法集。陸博識洽聞，包舉群籍，銓品名例，隨義區分，凡十有六帙，百有三卷，名爲《續法論》，其閱古今亦已備矣。雖非正經，而毗贊道化，可謂聖典之羽儀，法門之警衛，足以輝顯前緒，照進後學。是以寄于《三藏集》末以廣支葉之覽焉。【略】

又《歷代所出疑僞經論錄第八》　序曰，古人云，正道遠而難希，邪徑捷而易明，斯言得矣。夫眞經體趣融然深遠，假托之文詞意淺雜，玉石朱紫迷者混之。至於通鑒逃形無所，固當定名僞妄，何得隸在遲疑。故晉彌天釋道安著《疑錄》云，外國法學皆跪而口受，同師所受，若十二十轉以授後學，若有一字異者共相推核得便擯之，僧法無縱也。經至晉土其年未遠，而憙事者以沙糅金，斌斌如也，而無括正，何以別眞僞乎。農者禾草俱存，后稷爲之歎息，金匱玉石同緘，卞和爲之懷恥，安敢豫學次，見涇渭雜流龍蛇並進，豈不恥之。今列非佛經以示將來學士，共知鄙倍焉。安序如此，妄作者凶終，歸愚者沿至代代其濫不無，或致妖訛相接，或因飾僞邪命，斯徒眾矣。務須紏除，其中名目相同，與正不別，如提謂法句之流，若不親尋則迷名法愚斯及矣。可不誡哉。自法流中原，三被除屏，及後開顯，未閱正經。好事狂生，我聞興於戶牖。流俗蒙叟，印可出於胸懷。並趨耳目之事情，故非經通之意，致詿誤後學，良足寒心。悲哉。末法遂及此乎。昔隋祖開皇創定經錄，挍閱僞濫，卷將五百，已總焚除。今人中流傳猶未銓敘，既是法穢不可略之，故隋代顯明，庶知博觀之弘益也。

又《歷代所出眾經錄目第九》　序曰，名教設位戡濟淪亡，將使眞僞分流邪正異轍。所以歷代道俗崇重教門，皆敦編次沿時無替，考挍存沒三十餘家，銓定人代皆遵安錄。然彌天亞聖道洽幽明，感神僧而示慈天，蒙印定而明注解。故能徵覈教旨，輕斵鑿而重淳風。商度句義，宗質文而排鄙野。致使遺文餘行，經累代而逾新。其德孔明固略標擬，自餘後作皆号命家，詞什繁略難爲通簡。然相乘置位代出新經，法俗贊述無時不有，比多惰學無暇博觀，競撮本經少有通贍，所以傳述義解斯文蓋闕。然夫開信適道權謀率先，導達化源理兼俗典。故慧遠釋桓玄之疑，道林開郄超之信，僧會啟吳王之惑，次道弘宋主之心。沿彼迄今代有其事，莫不雅引三際，陳報應如指掌。綜襲六經，明殃咎之倚伏。傍括子史統詳譬喻，以近徵遠用俗悟道，知幾其神在斯一舉，豈得埋名削迹而不列挺者乎。今所撰錄該括眾氏，勘閱正僞，研訪遺逸，僞無所取，非目無以定名遺篇，所求列卷，以彰可錄，敢敘由來，用陳有寄，想諸來鑒復繊組焉。

又《歷代眾經應感興敬錄第十》　序曰，三寶弘護各有司存。佛僧兩位，表師資之有從。聲教一門，顯化導之靈府。故佛僧隨機，感見之緣出沒。法爲除惱，滅結之候常臨。所以捨身偈句，恆列於玄崖。遺法文言，總會於龍殿。良是三聖敬重，藉顧復之劬勞。幽明荷恩，慶靜倒之良術。所以受持讀誦，必降徵祥，如說修行，無不通感。天竺往事，固顯常談，震旦見緣，紛綸恆有。士行投經於火聚，焰滅而不焦。賊徒盜葉於客堂，既重而不舉。或合藏騰於天府，或單部瑞於王臣，或七難由之獲銷，或二求因之果遂，斯徒眾矣。不述難聞，敢隨代錄，用程諸後。經不云乎，爲信者施疑則不說。至如石開矢入，心决致然，水流氷度，情疑頓決。斯等尚爲士俗常傳，況慧拔重空道超群有，心量所指窮數極微。因緣之遘若影隨形，祥瑞之徒有逾符契，義非隱默故述而集之。然尋閱前事多出傳紀，志怪之異冥祥，旌異之與徵應，此等眾矣，備可覽之，恐難覩其文固疏其三數，并以即具所詳示存感通之有數矣。【略】

又昔東晉孝武之前，恆山沙門釋道安者，經石趙之亂避地于襄陽，注

《般若》、《道行》、《密迹》諸經，折疑甄解二十餘卷，恐不合理，乃誓曰，若所說不違理者，當見瑞相。乃夢見胡道人頭白眉毛長，語安曰，君所注經殊合道理，我不得入泥洹，住在西域，當相助弘通，可時時設食也。後十誦至，遠公云，昔和上所夢乃賓頭盧也。於是立座飯之，又感神僧現形說法云。【略】

雜錄

《續大唐内典錄》一卷并序 若正於法名寶崇，誠或有由賢，是通俗法律之眞海，聖之高廣以歷於方，如尊卑在日月，明存道隆之美，豈得不以凶我倒之筌蹄，須證貧生之珍位者也。自仙苑告就，名水淨濟，演字群品，手說塵蒙。隨機候而說謀由，住性欲而見聲教。網羅一絕，統括大千，受其道者也。

續代眾經傳譯盡隨近錄第一部卷第一（續代翻出經及人述作無非通法，並入經收，故隨經出）。續代譯經本單重人代見亡錄第二部卷七（謂前後異出人代不同，又亂道俗波迸，今總計會，故有重單緣叙，莫知致傳失）。續代眾經總攝入藏錄第三部（謂經部繁多，或要備列從帙入藏，以類相從，故分大小）。續代眾經舉要誦說錄第四（謂尋在要博，繁文辭義不非日時，隨部攝簡而未自餘）。續代眾經有目或有闕本錄第五（謂統檢群錄，校其定本，無隨方別出，未能別顯目防之）。續代道俗述作注解錄第六（謂注述先聖之言，用通未悟，前後已別，題續錄若尋異解）。續代諸經支流陳化錄第七（謂別生經不譯，入此續譯廣本，且接初心一切並頌，不可輕也）。續代歷出疑僞經論錄第八（謂正法深遠，凡愚未達，隨俗下化，有勃眞經，所以續此錄也）。續代眾經錄目終始序第九（謂經錄不盡，所續此錄也）。續代眾經應感興敬錄第十（謂經東夏應感徵祥而有蒙祐增信，故所以續此錄）

古今譯經圖紀與大周刊定眾經目錄分部

綜述

靖邁《古今譯經圖紀》卷一 後漢劉氏都洛陽。惟孝明皇帝以永平三年，歲次庚申，帝夢金人項有日月光飛來殿庭。上問群臣，太史傅毅對曰，臣聞西域有神號之爲佛，陛下所夢固其是乎。至七年歲次甲子，帝勅郎中蔡愔、中郎將秦景、博士王遵等一十八人西尋佛法。愔等至印度國，請迦葉摩騰，竺法蘭共還，用白馬馱經并將畫釋迦佛像，以永平十年歲次丁卯至于洛陽。帝悦，造白馬寺。【略】摩騰法師先是阿羅漢，即以神足遊空飛行，坐臥神化自在。時天雨寶華及奏作眾樂，感動人情大眾歡悦。摩騰復坐法蘭說法，時眾咸喜得未曾有。時後宮陰夫人王婕妤等，一百九十人出家。司空陽城侯劉善峻鎭遠將軍姜苟兒等，二百六十八人出家。四岳道士呂慧通等，六百二十人出家。京都男女張子尙阿潘等，三百九十一人出家。帝親與群官爲出家者剃髮，給施供養經三十日，造寺十所，城外七寺城内三寺，七寺安僧三寺安尼，具如漢明帝法本内傳說。

明佺等《大周刊定眾經目錄序》 竊以眞諦俗諦，藉文字而方顯。正法像法，由護持而獲存。所以得萬劫流通四生利益。我大周天策金輪聖神皇帝陛下，道著恆劫，位隣上忍，乘本願而下生，演大悲而廣濟。金輪騰轉，化偃四洲，寶馬飛行，聲覃八表。莫不齊之以五戒十善，運之以三乘六度。帝王能事，畢踐無遺，菩薩法門，周行莫怠。紹隆之意，與金剛而等堅。弘誓之心，共虛空而比大。聖情以敎爲悟本，法是佛師，出苦海之津梁，導迷塗之眼目，務欲令疑僞不雜住持可久。廼下明制，普令詳擇，存其正經，去其僞本。謹按梁朝釋僧皎，釋僧祐，釋寶唱，隋朝僧法經等所撰《一切經目錄》，隋朝翻經學士費長房所撰《開皇三寶錄》，唐朝僧道宣所撰《内典錄》等，已編入正目，大小乘經律論，并賢聖集傳，合二千一百四十六部，六千二百三十五卷。其後唐朝至聖朝，新譯經論，及有雖是前代舊翻而未經入目，幷雖已入目，而錯注疑僞，審共詳挍，事須改正者，前後三件。大小乘經律論，合一千四百七十部，二千四百六卷，悉依明旨，咸編正目。今新入正目，及舊入正目，大小乘經律論，幷賢聖集傳，都合三千六百一十六部，八千六百四十一卷。其間有名闕本，有本失譯，見行入藏，及翻譯單重，三藏不同，兩乘各異，並備出條件，撰爲目録，合一十四卷，號之曰《大周刊定衆經目録》。其僞經既不是正經，僞目豈同於正目，編之卷次，竊將未允。然恐須明示遠近，故别爲一軸傳寫焉。

大小乘經律論，及賢聖集傳，合三千六百一十六部，八千六百四十一卷。其見定入藏流行部卷，不在此數。

大乘單譯經目　卷第一（二百八十三部五百二十五卷）
大乘重譯經目之一　卷第二（一百八十部一千三百九十卷）
大乘重譯經目之二　卷第三（一百六十八部三百三十八卷）
大乘重譯經目之三　卷第四（一百八十部四百二十一卷）
大乘重譯經目之四　卷第五（一百六十八部三百六十五卷）
大乘律大乘論目　卷第六（一百五十二部七百一十六卷）
小乘單譯經目　卷第七（三百二十三部四百一十九卷）
小乘重譯經目之一　卷第八（三百七十七部八百四十六卷）
小乘重譯經目之二　卷第九（二百七十九部三百八十一卷）
小乘律論賢聖集傳　卷第十（一百九十四部一千三百四十一卷）
大小乘失譯經目　卷第十一（四百二十四部六百三十六卷）
大小乘闕本經目　卷第十二（八百八十八部一千二百六十三卷）
見定入藏流行目上　卷第十三。見定入藏流行目下，卷第十四。

雜録

靖邁《古今譯經圖紀》卷一　沙門迦葉摩騰，中印度人，婆羅門種，幼而敏悟兼有風姿，博學多聞，特明經律，思力精博，探賾鉤深，敷文析理，每有新義出於神表。【略】時蔡愔等殷請於騰，騰遂與愔等俱來，見帝於洛陽。以永平十年歲次丁卯，於白馬寺譯，《四十二章經》（一卷）。此經本是外國經抄，騰以大化初傳人未深信，蘊其妙解不即多翻，且撮經要以導時俗。騰後終於洛陽。

沙門竺法蘭，中印度人，少而機悟，淹雅博愛，多通禪思毘尼，莫不窮妙。誦經百餘萬言，學徒千餘，居不求安，常懷弘利，戒軌嚴峻，衆莫能窺。遇愔求請便有輕舉之志，而國主不聽，密與騰同來間行後至。以漢明帝時，初共騰譯《四十二章經》。騰卒，蘭以永平十一年歲次戊辰至十三年庚午，自譯《佛本行經》（五卷），《十地斷結經》（四卷），《法海藏經》（二卷），《佛本生經》（二卷），《二百六十戒合異》（二卷）總五部一十六卷。【略】

沙門支婁迦讖，月支國人，操行純深性度開敏，禀持法戒諷誦群經，志在宣弘遊方化物。以桓帝建和元年歲次丁亥，至靈帝中平三年歲次丙寅，於洛陽譯《阿閦佛國經》（二卷），《大集經》（二十七卷），《般若道行品經》（十卷），《首楞嚴經》（二卷），《屯眞陀羅尼經》（二卷），《阿闍世王經》（二卷），《無量清淨經》（二卷），《孛本經》（二卷），《般舟三昧經》（二卷），《古品遺日説般若經》（一卷），《寶積經》（一卷），《問署經》（一卷），《梵般泥洹經》（一卷），《阿闍世王問五逆經》（一卷），《兜沙經》（一卷），《内藏百品經》（一卷），《大方便報恩經》（一卷），《光明三昧經》（一卷），《禪經》（一卷），《雜譬喻經》（一卷），《阿育王太子壞目因緣經》（一卷），總二十一部合六十三卷。審得本旨曾不加飾，可謂善宣法要弘道之士。河南清信士孟福張蓮等筆受。

沙門安清字世高，安息國太子。王薨，讓國於叔，出家遊方。以漢桓帝建和二年至止，未久大善漢言。【略】自桓帝建初二年歲次戊子，至靈帝建寧三年歲次庚戌，譯出《修行道地經》（七卷或六卷），《法句經》（四卷），《大僧威儀經》（四卷），《五十挍計經》（二卷），《雜四十四篇經》（二卷），《七處三觀經》（二卷）《十報經》（二卷），《大道地經》（二卷），《道意發行經》（二卷），《禪經》（二卷），《安般守意經》（二卷），《無量壽經》（二卷），《陰持入經》（一卷），《百六十品經》（一卷），《大十二門經》（一卷），《小十二門經》（一卷），《人本欲生經》（一卷），《阿毘曇五法經》

十法》（一卷），《菩薩懺悔法》（一卷），《初發意菩薩常晝夜六時行五事法》（一卷），《六菩薩名經》（一卷），《迦葉赴佛泥洹經》（一卷），《義唄比丘經》（一卷），《僧名數事行經》（一卷），《比丘諸禁律》（一卷），《摩訶僧祇律比丘要集》（一卷），《優波離問佛經》（一卷），《沙彌威儀》（一卷），《沙彌十戒經》（一卷），《比丘尼十戒經》（一卷），《受十善戒經》（一卷），《沙彌尼戒》（一卷），《賢者五戒經》（一卷），《優婆塞威儀經》（一卷），《四天王經》（一卷），《魔娆亂經》（一卷），《頂生王因緣經》（一卷），《行檀波羅蜜經》（一卷），《功德莊嚴王八萬四千歲請佛經》（一卷），《魔調王經》（一卷），《誨子經》（一卷），《教子經》（一卷），《福子經》（一卷），《小兒聞法即解經》（一卷），《菩薩修行經》（一卷）。【略】

魏曹氏，前都洛陽，後都許昌。

沙門曇柯迦羅者，此云法時，印度人也，幼而才敏質像瑰瑋，尋讀一覽文義悉通，善《四圍陁》，妙《五明論》，圖讖運變靡所不該。自謂在世無過於己。嘗入僧坊遇見法勝《毗曇》，殷懃尋省莫知旨趣。乃深歎曰，佛法鉤深。因即出家誦大小乘經及諸毘尼。以文帝黄初三年，歲次壬寅遊化許洛，覩魏境僧衆全無律範，遂以齊王芳嘉平二年歲次庚午，於洛陽更集梵僧以羯磨受戒，并翻《僧祇戒本》（一卷），此方戒律之始。

沙門康僧鎧者，印度人也，廣學群經，義暢幽旨。以嘉平四年，歲次壬申，於洛陽白馬寺譯《郁伽長者所問經》（二卷），《無量壽經》（二卷）。

沙門曇帝，安息國人，善學律藏，妙達幽微。以高貴鄉公正元元年歲次甲戌，於洛陽譯《曇無德羯磨》（一卷）。

沙門白延，西域人，才明蓋世，深解蹄倫，以高貴鄉公甘露三年，歲次丁丑，於洛陽白馬寺譯《首楞嚴經》（二卷），《無量清淨平等覺經》（二卷），《叉須賴經》（一卷），《除災患經》（一卷），《平等覺經》（一卷），《菩薩修行經》（一卷）。凡六部合八卷。

沙門安法賢，西域人，藝業克深，慧解尤峻，振錫遊邦，自遠而至，譯《羅摩伽經》一部（三卷），《大般涅槃經》一部（二卷）。

吳孫氏，前都武昌，後都建業

優婆塞支謙，字恭明，月支國人也，漢末遊洛，謙該覽經籍，及諸技藝，善諸國語，細長黑瘦，白眼黄睛。時人語曰，支郎眼中黄，形軀雖細

（一卷），《七法經》（一卷），《普法義經》（一卷），《漏分布經》（一卷），《四諦經》（一卷），《九横經》（一卷），《八正道經》（一卷），《大安般經》（一卷），《思惟要略經》（一卷），《十二因緣經》（一卷），《五陰喻經》（一卷），《轉法輪經》（一卷），《流攝經》（一卷），《是法非法經》（一卷），《法受塵經》（一卷），《十四意經》（一卷），《本相猗致經》（一卷），《阿毘曇九十八結經》（一卷），《禪行法想經》（一卷），《禪行三十七品經》（一卷），《難提迦羅越經》（一卷），《獨富長者經》（一卷），《長者懊惱三處經》（一卷），《由起長者悔過經》（一卷），《佛爲那拘説根熟經》（一卷），《長者兄弟詣佛經》（一卷），《佛神力救長者子經》（一卷），《阿那邠祁化七子經》（一卷），《十支居士八城人經》（一卷），《無畏離車白阿難經》（一卷），《受呪願經》（一卷），《長者子制經》（一卷），《郁伽居士見佛聞法醒悟經》（一卷），《得非常觀經》（一卷），《舍頭諫經》（一卷），《出家因緣經》（一卷），《佛度梅陀羅兒出家經》（一卷），《純陀沙彌經》（一卷），《外道出家經》（一卷），《精進四念處經》（一卷），《父母恩難報經》（一卷），《禪思滿足經》（一卷），《數息事經》（一卷），《禪法經》（一卷），《禪秘要經》（一卷）。【略】

失譯人名一百二十三部合一百四十八卷，並出古舊二録及道安《失譯》并僧祐《三藏記》，費長房《三寶錄》，並紀於《漢錄》後。雖不知譯人，經是正經，讎校梵文，允合眞理，還依舊錄附之後漢。《大方便報恩經》（七卷），《分别功德經》（五卷），《梵本經》（四卷），《泥洹後千歲中變記經》（四卷），《合道神足經》（四卷），《如來性起經》（二卷），《諸經佛名》（二卷），《舊譬喻經》（二卷），《雜譬喻經》（二卷），《觀無量壽佛經》（一卷），《龍種尊國變化經》（一卷），《過去香蓮華佛世界經》（一卷），《見牧牛者示道經》（一卷），《作佛形像經》（一卷），《三千佛名經》（一卷），《千佛因緣經》（一卷），《五十三佛名經》（一卷），《八部佛名經》（一卷），《十方佛名經》（一卷），《賢劫千佛名經》（一卷），《稱揚百七十佛名經》（一卷），《南方佛名經》（一卷），《滅罪得福佛名經》（一卷），《觀世音所説行法經》（一卷），《彌勒爲女身經》（一卷），《寂調意所問經》（一卷），《薩陀波崙菩薩求深般若圖像經》（一卷），《菩薩生地經》（一卷），《菩薩所生地經》（一卷），《菩薩受戒法經》（一卷），《受菩薩戒次第

是智囊。武烈皇帝以其才慧拜爲博士，輔導東宮，甚有裨益。以黃武二年，歲次癸卯，乃至建興二年歲次癸酉，正舊譯新凡一百二十九部，合一百五十二卷。然謙譯經典，深得義旨，謂《大明度經》（四卷），《禪秘要經》（四卷），《阿差末菩薩經》（四卷），《菩薩本緣集經》（四卷），《維摩詰所説不思議法門經》（三卷），《修行方便經》（二卷），《大般泥洹經》（二卷），《瑞應本起經》（二卷），《法鏡經》（二卷），《小阿差末經》（二卷），《阿彌陀經》（二卷），《義足經》（二卷），《方等首楞嚴經》（二卷），《法句經》（二卷），《慧印經》（一卷），《本業經》（一卷），《須賴經》（一卷），《梵摩渝經》（一卷），《私阿末經》（一卷），《微密持經》（一卷），《優多羅母經》（一卷），《七女經》（一卷），《郁伽長者經》（一卷），《八師經》（一卷），《釋摩男本經》（一卷），《孛抄經》（一卷），《老女經》（一卷），《齋經》（一卷），《悔過法經》（一卷），《賢者德經》（一卷），《佛從上所行三十偈經》（一卷），《了本生死經》（一卷），《惟明二十偈經》（一卷），《龍施女經》（一卷），《鹿子經》（一卷），《十二門大方等經》（一卷），《賴吒和羅經》（一卷），《四十二章經》（一卷），《難龍王經》（一卷），《不自守意經》（一卷），《五陰事經》（一卷），《七知經》（一卷），《人民求願經》（一卷），《佛開解阿拔梵志經》（一卷），《寶海梵志成就大悲經》（一卷），《梵志子死稻敗經》（一卷），《梵志問佛師經》（一卷），《降千梵志經》（一卷），《梵志經》（一卷），《度梵志經》（一卷），《外道仙居說度經》（一卷），《梵志結淨經》（一卷），《梵志問佛世間增減經》（一卷），《佛爲外道須深說離欲經》（一卷），《梵網六十二見經》（一卷），《阿質國王經》（一卷），《桀貪王經》（一卷），《國王成就五法久存於世經》（一卷），《惟婁王師子湩譬喻經》（一卷），《諸法本經》（一卷），《五母子經》（一卷）。【略】

沙門維祇難者，此言障礙，印度人也。學通三藏，妙善四含，以遊化爲業，與竺律炎發自西域因到江左，以黃武三年，歲次甲辰，於武昌郡譯《阿差末經》（四卷），《法句集經》（二卷）。

沙門竺律炎印度人，解行清厲內外博通，與維祇難同遊吳境，以武烈皇帝黃龍二年歲次庚戌，於楊都譯《梵志經》（一卷），《佛醫經》（一卷），《三摩竭經》（一卷）。

沙門康僧會，是康居國大承相之長子，世居印度。年未齒學，倶喪二親，至性篤孝著聞於國，服畢入道，厲行清高，弘雅有量，篤志好學，解通三藏，慧貫五明，辯於樞機，頗屬文翰。以吳初染佛法大化未全，欲使江左興立圖寺。遂以武烈皇帝赤烏四年，歲次辛酉，杖錫建康，營立茅茨，設像行道。【略】以吳太元二年歲次辛未，於楊都譯《六度集經》（九卷），《吳品經》（五卷），《菩薩淨行經》（二卷），《雜譬喻集經》（二卷），《阿難念彌經》（一卷），《鏡面王經》（一卷），《察微王經》（一卷），《梵皇王經》（一卷），《權方便經》（一卷），《坐禪經》（一卷），《菩薩二百五十法》（一卷），《法鏡解子注》（二卷），《道樹經注解》（一卷），《安般經注解》（一卷），總一十四部，合二十九卷。

沙門支彊梁接者，此云無畏，西域人，以五鳳二年歲次乙亥，於交州譯《法華三昧經》（六卷）。沙門竺道馨筆受。

失譯人名經一百一十部合二百九十一卷，勘于群錄幷僧祐《三藏記》，費長房《三寶錄》，並紀於吳後，雖不委譯人，善知譯時代，研味三藏允合眞理，還依先錄紀之吳後，謂《雜譬喻經》（八卷），《雜數經》（二十卷），《阿惟越致轉經》（十八卷），《摩訶乘經》（十四卷），《蜀普耀經》（八卷），《摩訶衍優波提舍經》（五卷），《三昧王經》（五卷），《梵王請問經》（五卷），《不退轉輪經》（四卷），《佛從兜率降中陰經》（四卷），《四天王經》（四卷），《魔王請問經》（四卷），《那先譬喻經》（四卷），《度無極譬經》（三卷），《釋提桓因所問經》（三卷），《大梵天王請轉法輪經》（三卷），《法華光瑞菩薩現壽經》（三卷），《普賢菩薩答難二千經》（二卷），《濡首菩薩經》（二卷），《太子試藝本起經》（二卷），《小本起經》（二卷），《不思議功德經》（二卷），《蜀首楞嚴經》（二卷），《後出首楞嚴經》（二卷），《梵天王請佛千首經》（二卷），《深斷連經》（二卷），《甘露味阿毘曇》（二卷），《七佛父母姓字經》（一卷），《阿惟越致菩薩戒經》（一卷），《菩薩常行經》（一卷），《摩訶目揵連與佛捔能經》（一卷），《阿難得道經》（一卷），《阿難般泥洹經》（一卷），《阿那律念復生經》（一卷），《沙門分衛見怪異經》（一卷），《人詐名爲道經》（一卷），《大戒經》（一卷），《衣服制經》（一卷），《沙彌離威儀》（一卷），《弟子本行經》（一卷），《道本五戒經》（一卷），《威儀經》（一卷），《爲壽盡天子說法經》

（一卷）、《魔試佛經》（一卷）。【略】

智昇《續古今譯經圖紀》卷一　《譯經圖紀》者，本起於大慈恩寺翻經院之堂也。此堂圖畫古今，傳譯緇素。首自迦葉摩騰，終于大唐三藏。邁公因撰題之于壁，自茲厥後，傳譯相仍，諸有藻繪，無斯紀述。昇雖不敏，敢輒讚揚，雖線麻之有殊，冀相續而無絕，幸諸覽者，無貽誚焉。

大唐傳譯之餘。

沙門釋智通，律行精苦，兼明經論，於總持門，特所留意。通以隋大業年中出家，住京大總持寺，有遊方之志。遂於洛京翻經館，學梵書語早通精奧。唐貞觀中有北天竺僧齎《千臂千眼經》梵本奉進。文帝勅通共梵僧對譯，名《千眼千臂觀世音菩薩陀羅尼神呪經》一部（二卷）。後於天皇永徽四年癸丑，於總持寺又譯《千轉陀羅尼觀世音菩薩呪經》（一卷），《觀自在菩薩隨心呪經》（一卷），《清淨觀世音普賢陀羅尼經》（一卷），凡四部，合五卷。

沙門伽梵達摩，唐云尊法，西印度人也，譯《千手千眼觀世音菩薩廣大圓滿無礙大悲心陀羅尼經》（一卷），然經題云西天竺伽梵達摩譯，不標年代，推其本末似是皇朝新譯，準《千臂經序》，亦云智通共譯。

沙門阿地瞿多，唐言無極高，中印度人，學窮滿字行潔圓珠，精練五明妙通三藏。以天皇永徽三年壬子正月廣將梵本來屆長安勅令慈恩寺安置。沙門大乘琮等一十六人，英公鄂公等一十二人，請高於慧日寺浮圖院，建陀羅尼普集會壇，緣壇所須並皆供辦，法成之日屢降靈異，京中道俗咸歎希逢。沙門玄楷等遂固請翻其法本，後以四年癸丑至五年甲寅，於慧日寺從金剛大道場經中撮要鈔譯集成一部，名《陀羅尼集經》（一十二卷），沙門玄楷等筆受。于時有中印度大菩提寺僧阿難律木叉師迦葉師等，於經行寺譯功德天法，編在集經第十卷內故，不別存也。

明佺等《大周刊定眾經目錄》卷一　大乘單譯經目（二百八十三部五百二十五卷）

《佛印三昧經》一卷。右後漢代安世高譯，出長房錄。

《卒逢賊結帶呪經》一卷。右後漢代安世高譯，出長房錄。

《呪賊經》一卷（一名除辟賊害呪）。右後漢代安世高譯，出長房錄。

《十四意經》一卷。右後漢代安世高譯出僧祐錄。

《寶積三昧文殊問法身經》一卷（一名《惟日寶積三昧文殊師利問法身經》，六紙）。右後漢代安世高譯，出長房錄。

《明度五十校計經》一部二卷（一名《五十校計經》，四十四紙）。右後漢元嘉年安世高譯，出長房錄。

《四百三昧名經》一卷。右後漢代安世高譯，出長房錄。

《蓮花女經》一卷。右後漢代安世高譯，出長房錄。

《大乘方等要慧經》一卷（一紙）。右後漢代安世高譯，出長房錄。

《人本欲生經》一卷。右後漢桓帝永壽二年安世高譯，出長房錄。

《迦葉結經》一卷（九紙）。右後漢代安世高譯，出長房錄。

《文殊師利問菩薩經》一卷（一名《問署經》，二十紙）。右後漢代靈帝支讖譯，出長房錄。

《光明三昧經》一卷。右後漢代支樓迦讖譯，出長房錄。

《內六波羅蜜經》一卷。右後漢代靈帝清信士嚴佛調譯，出長房錄。

《摩訶精進經》一卷（一名《大精進經》）。右魏文帝代支謙譯，出長房錄。

《陀羅尼句經》一卷。右魏代支謙譯，出長房錄。

《鹿子經》一卷。右吳建興年支謙譯，出長房錄。

《金剛三昧本性清淨不壞不滅經》一卷（一名《金剛清淨經》，八紙）。右吳建興年支謙譯，出達摩欝多羅錄。

《華積陀羅尼經》一卷（三紙）。右吳建興年支謙譯，出寶唱錄。

《十二門大方等經》一卷。右吳黄武年支謙譯，出長房錄。

《九色鹿經》一卷（三紙）。右吳代支謙譯，出達摩欝多羅錄。

《佛從上所行三十偈經》一卷（或無經字）。右吳黄武年支謙譯，出長房錄。

《菩薩生地經》一卷（一名《差摩竭經》，九紙）。右吳黄武年支謙譯，出長房錄。

《出家功德經》一卷（六紙）。右吳時支謙譯，出長房錄。

《出家功德經》一卷（二紙）。《文殊師利菩薩經》一卷。右西晉代竺法護譯，出長房錄。

《三歸五戒神王名經》一卷。右道安云西晉代法護譯，出僧祐錄。

《十方佛名功德經》一卷。右西晉竺法護譯，出長房錄。

《十方佛名經》一卷。右西晉竺法護譯，出長房錄。【略】

開元釋教錄分部

綜　述

智昇《開元釋教錄》卷一　夫目錄之興也，蓋所以別眞僞明是非，記人代之古今，標卷部之多少，摭拾遺漏，删夷駢贅，欲使正教綸理，金言有緒，提綱舉要，歷然可觀也。但以法門幽邃，化網恢弘，前後翻傳，年移代謝，屢經散滅，卷軸參差，復有異人時增僞妄，致令混雜難究蹤由。是以先德儒賢製斯條錄，今其存者殆六七家，然猶未極根源，尚多疎闕。昇以庸淺久事披尋，參練異同，指陳臧否，成茲部帙，庶免乖違，幸諸哲人俯共詳覽。【略】

自後漢孝明皇帝永平十年歲次丁卯，至大唐神武皇帝開元十八年庚午之歲，凡六百六十四載，中間傳譯緇素總一百七十六人，所出大小二乘三藏聖教，及聖賢集傳并及失譯，總二千二百七十八部，都合七千四十六卷，其見行闕本並該前數。新錄合二十卷，開爲總別。總錄括聚群經，別錄分其乘藏。二錄各成十卷，就別更有七門，今先敘科條餘次編載。總括群經錄上。右從漢至唐所有翻述，具帝王年代并譯人本事，所出教等以人代先後爲倫，不依三藏之次，兼敘目錄新舊同異。

別分乘藏錄下。右別錄之中曲分爲七。一有譯有本，二有譯無本，三支派別行，四删略繁重，五拾遺補闕，六疑惑再詳，七僞邪亂正。就七門中二乘區別三藏殊科，具悉委由兼明部偶。

總錄分爲十卷，起第一盡第十（此粗顯綱條若一一具明在第十卷內）。第一卷（漢魏二代緇素譯人所出經戒羯磨等及新舊失譯并附出譯人列傳）。第二卷（吳晉二代緇素譯人所出經戒等并新舊失譯諸經同前附出譯人列傳）。第三卷（東晉苻秦二代緇素譯人所出經律論等并新舊失譯列傳同前）。第四卷（姚秦西秦前涼北涼四代緇素譯人所出經律論并新舊集失譯經等）。第五卷（宋朝一代緇素譯人所出經律論等并新集失譯經等）。第六卷（齊梁元魏高齊四代緇素譯人所出經律論等并新集失譯經律集等）。第七卷（周陳隋三代緇素譯人所出經律論及傳錄等）。第八卷、第九卷（八九二卷皇朝緇素譯人所出經律論及傳錄等）。第十卷（敘古舊諸家目錄部帙多少及詳顯同異）。別錄分爲十卷，起第十一盡第二十（此粗顯綱條具述在第十卷內）。第十一卷、第十二卷（十一十二兩卷有譯有本菩薩藏經律論目錄兼述譯人時代）。第十三卷（有譯有本聲聞藏經律論及賢聖集傳目錄亦述譯人時代）。第十四卷（有譯無本大乘經律論闕本目錄）。第十五卷（有譯無本小乘經律論及賢聖集傳闕本目錄）。第十六卷（支派別行大小乘經律論及賢聖集傳別生目錄）。第十七卷（删略繁重別生同本異名經等，删除目錄補闕拾遺舊譯大小乘經律論，大周入藏錄中遺漏，不上目錄及新譯大小乘經律論集傳等新編入藏目錄）。第十八卷（疑惑再詳目錄僞妄亂眞新編僞經及群錄中僞經并諸家集鈔等目錄）。第十九卷（大乘經律論入藏目錄）。第二十卷（小乘經律論賢聖集傳入藏目錄）。

總括群經錄上之一

後漢劉氏都洛陽。從明帝永平十年丁卯至獻帝延康元年庚子，凡一十一帝一百五十四年，緇素一十二人，所出經律并新舊集失譯諸經，總二百九十二部，三百九十五卷（於中九十七部一百三十一卷見在，一百九十五部二百六十四卷闕本），以爲後漢經錄云。於中直云帝者爲眞，兼斥名者是僞。年代甲子依唐司隸甄鸞、成均博士王道珪二家年歷參定

（後漢）。沙門迦葉摩騰（一部一卷經）。沙門竺法蘭（四部一十五卷經）。沙門安世高（九十五部一百一十五卷經律集）。沙門支婁迦讖（二十二部六十七卷經集）。沙門竺佛朔（二部三卷經）。優婆塞安玄（二部三卷經集）。沙門支曜（一十部一十一卷經集）。沙門康巨（一部一卷經）。沙門嚴佛調（五部八卷經）。沙門康孟詳（六部九卷經律）。沙門竺大力（一部二卷經）。沙門曇果（一部二卷經）。

新舊諸失譯經（一百四十一部一百五十一八卷，五十九部七十六卷舊集。八十二部八十二卷新附）。【略】

《八正道經》一卷（出《雜阿含》第二十八卷，異譯見士行，僧祐二錄）。《摩鄧女經》一卷（或云《摩鄧女》，一名《阿難爲蠱道女惑經》，見長房錄，初出與《摩登伽經》等同本）。《鬼問目連經》一卷（初出與《餓鬼報應經》等同本，見長房錄）。《阿難問事佛吉凶經》一卷（或名《阿難問事經》，亦云《事佛吉凶經》，見長房錄，初出與《阿難分別經》等同本）。《柰女祇域因緣經》一卷（初出或無因緣字，亦直云《柰女經》，見長房錄）。《罪業應報教化地獄經》一卷（初出或云《地獄報應經》，見長房錄）。《堅意經》一卷（初出一名《堅心正意經》，亦名《堅心經》，見長房錄）。《大安般守意經》二卷（或一卷，或無守意字，或直云安般。安公云小安般，兼注解祐錄，別載《大安般》一卷，房錄更載《安般》一卷，並重也。見士行，僧祐，李廓三錄）。《陰持入經》二卷（或一卷，祐云除持入誤也，亦云陰持入。安公注解，房錄陰持入外別存除持入者誤也。見士行、僧祐二錄）。《處處經》一卷（見長房錄）。《罵意經》一卷（見長房錄）。《分別善惡所起經》一卷（見長房錄）。《出家緣經》一卷（一名《出家因緣經》，見長房錄）。《阿鋡正行經》一卷（一名《正意經》，見長房錄）。《十八泥犁經》一卷（或云《十八地獄經》，見長房錄）。《法受塵經》一卷（見僧祐錄）。《禪行法想經》一卷（見僧祐、寶唱二錄）。《長者子懊惱三處經》一卷（一名《長者夭惱三處經》，亦直云《三處惱經》，見長房錄）。《揵陀國王經》一卷（或無國字，見長房錄）。《父母恩難報經》一卷（亦云勤報，見長房錄，房云出《中阿含》，檢無）。《九横經》一卷（房云出《雜阿含》，檢無，見長房錄）。《禪行三十七經》一卷（或加品字，見寶唱錄）。《犯戒報應輕重經》一卷（出《目連問毘尼經》，亦云犯戒罪報輕重，或云《目連問經》，見長房錄）。《大比丘三千威儀經》二卷（或四卷，亦云《大僧威儀經》，房云見《別錄》。按僧祐失譯錄中分爲二部，部各二卷，別錄中合今只有二卷，餘三莫存）。《道地經》一卷（初出或加大字，是修行經抄，元外國略本，道安注解，見僧祐錄。群錄並云二卷，準安公序云，凡有七章。此之一卷，文亦備矣）。《迦葉結經》一卷（初出見長房錄）。《阿毘曇五法行經》一卷（或無行字，亦云《阿毘曇苦慧經》，見僧祐錄）。已上見存，已下闕本。【略】

智昇《開元釋教錄》卷三　東晉司馬氏都建康（亦云南晉）

從元帝建武元年丁丑，至恭帝元熙二年庚申，凡一十一帝一百四年，緇素十六人，所譯經律論幷新舊集失譯諸經，總一百六十八部四百六十八卷（八十五部三百三十六卷見在，八十三部一百三十二卷闕本）。

又卷四　秦姚氏都常安（亦云後秦）

起姚萇（謚爲昭武皇帝）白雀元年甲申，至姚泓（無謚）永和三年丁巳，凡經三主三十四年沙門五人，所出經律論等，總九十四部合六百二十四卷（於中六十六部五百二十八卷見在，二十八部九十六卷闕本。準《大智度論·後記》云弘始三年歲在辛丑。王道珪云庚子。一本亦云歲在辛丑。房及甄鸞更差一載。今依後記爲正，次第排之）。

又卷五　宋劉氏都建業

自武帝永初元年庚申，至順帝昇明三年己未，凡八主六十年，緇素共有二十二人，所出經律論等幷雜集失譯諸經，總四百六十五部七百一十七卷（於中九十三部二百四十三卷見在，三百七十二部四百七十四卷闕本）。

又卷六　齊蕭氏都建業（亦云南齊）

自高帝建元元年己未至和帝中興二年壬午，凡經七主二十四年，沙門七人，所譯經律總一十二部三十三卷（於中七部二十八卷見在，五部五卷闕本）。

又卷七　周宇文氏都長安

從閔帝元年丁丑（依古無号直稱元年）至靖帝大定元年辛丑，凡經五帝二十五年，沙門四人，所出經論一十四部二十九卷（於中六部一十一卷見在，八部一十八卷闕本）。

又卷八　大唐李氏都長安

自高祖神堯皇帝武德元年歲次戊寅，至開元神武皇帝開元十八年庚午之歲，兼天后代凡經一百一十三載，傳譯緇素已有三十七人，所出經律論及傳錄等，總三百一部二千一百七十卷（於中二百八十一部二千一百四十三卷見在，一十部二十七卷訪本未獲）。

又卷一一　別分乘藏錄下。

就別錄中更分爲七。有譯有本錄第一（一千一百二十四部五千四十八卷）。有譯無本錄第二（一千一百四十八部一千九百八十卷）。支派別行錄第三（六百八十二部八百一十二卷）。刪略繁重錄第四（一百四十七部四百八卷）。補闕拾遺録第五（三百六部一千一百一十一卷）。疑惑再詳録第六（一十四部一十九卷）。僞妄亂眞録第七（三百九十二部一千五十五卷）

有譯有本録第一之一

此有本録中復有三録。菩薩三藏録第一（六百八十六部二千七百四十五卷）。聲聞三藏録第二（三百三十部一千七百六十二卷）。聖賢傳記録第三（一百八部五百四十一卷）。

有譯有本録中菩薩三藏録第一之一。菩薩藏者，大乘所詮之教也。能說教主則法身常在無滅無生，所詮之理則方廣眞如忘名離相，總乃三藏差異，別則一十二科。始乎發心終於十地，三明八解之説，六度四攝之文，若是科條名爲此藏。始自漢明丁卯之歲，至我開元庚午之載，見流行者總六百八十六部，合二千七百四十五卷，二百五十八帙，結爲大乘法藏，總別條例具如後列。

菩薩契經藏（五百六十三部二千一百七十二卷二百三帙）

菩薩調伏藏（二十六部五十四卷五帙）

菩薩對法藏（九十七部五百一十八卷五十帙）

大乘經重單合譯（四百三十二部一千八百八十卷一百七十九帙）。（尋諸舊録皆以單譯爲先。今此録中以重譯者居首，所以然者重譯諸經文義備足名相揩定所以標初也。又舊録中直名重譯，今改名重單合譯者，以《大般若經》九會單本，七會重譯。《大寶積經》二十會單本，二十九會重譯。直云重譯攝義不周，餘經例然。故名重單合譯也。又古譯經經首皆無，譯人時代年月浸遠尋討莫知，失譯之言寔由於此。今尋諸舊録，參定是非時代譯人具標經首，失譯之者載之於録，庶釋尊遺教終六萬之修齡矣）。

般若部（新舊譯本及支流經並編於此總二十一部七百三十六卷七十三帙）。（般若經建初者，謂諸佛之母也。舊録之中編比無次，今此録中大小乘經皆以部類編爲次第。小乘諸律據本末而爲倫次。大乘諸論以釋經者爲先，集解義者列之於後。小乘諸論據有部次第發智爲初，六足居次，毘婆沙等支派編末。聖賢集傳内外兩分。大夏神州東西有異，欲使科條各別，覽者易知）。

又卷一三　有譯有本録中聲聞三藏録第二

聲聞藏者，小乘所詮之教也。能說教主，則示生示滅應物隨緣。所詮之教，則九部四含毗曇戒律。善男善女，稟之而脱屣塵勞。緣覺聲聞，奉之而昇乎彼岸。蓋眞乘之小駕，乃菩提之化城。誘進初心莫斯爲勝，始乎仙苑迄彼金河。所詮半字之文，是謂聲聞之藏。洎乎百川同會三車共適，齊登妙覺俱證泥洹。豈有小大之異名，信爲我尊之漸誘者也。始自漢明丁卯之歲，終我開元庚午之年，小乘三藏見流行者，總三百三十部，一千七百六十二卷，一百六十五帙，結爲聲聞法藏，科條別顯具如後列。

聲聞契經藏，二百四十部，六百一十八卷，四十八帙。聲聞調伏藏，五十四部，四百四十六卷，四十五帙。聲聞對法藏，三十六部，六百九十八卷，七十二帙。

又　有譯有本録中聖賢傳記録第三：一百八部，五百四十一卷，五十七帙。

《傳記録》者，佛圓寂後聖賢弟子之所撰集。雖非三藏正典，然亦助揚玄化。於此之中總爲五類，一讃揚佛德，二明法眞理，三述僧行軌，四摧邪護法，五外宗異執。讃佛德者，所行讃傳釋迦譜等也。明法理者，修行道地經經律異相等也。述僧行者，龍樹馬鳴法顯玄奘等傳也。摧邪護法者，辯正弘明，破邪辯惑論等也。外宗異計者，數勝二論是也。以類科分莫過此五。五中所辯通大小乘，又於此中更開二例，梵本翻譯者居先，此土傳揚者於後。庶東西不雜，覽者除疑焉。

又卷一四　別録中有譯無本録第二之一。

有譯無本者，謂三藏教文及聖賢集傳，名存本闕之類也。自聖教東移，殆乎千祀，質文亟改，鍾鼎屢遷，重以周武陵夷，緇徒喪滅，致使法燈藏耀，慧日韜光，三藏要文，多從散缺。或東都近譯，未達西京，或創出本稀，尋求匪獲，詎聞精奥，空閲名題，引領既勞，撫膺奚及。今者討求諸録備載遺亡，冀望名賢，共垂詢訪。合大小乘經律論及聖賢集傳闕本者，總一千一百四十八部，一千九百八十卷。

大乘經闕本，四百八部，八百一卷。大乘律闕本，二十二部，二十五卷。大乘論闕本，二十部，四十八卷。小乘經闕本，六百五部，八百一十五卷。小乘律闕本，三十七部，四十二卷。小乘論闕本，九部，六十五卷。賢聖集傳闕本，四十七部，一百八十四卷。

又卷一六　別録中支派別行録第三，六百八十二部八百一十二卷

《支派經》者，謂大部之中抄出別行，《大般若》第二會之類是也。夫法門浩廣罕究津涯，典籍紛綸靡窮邊際，故有隨宜化誘應物施緣。多於大部之中隨時略用，披尋者莫知所出，翫習者將義不終。今統集多端會歸當部，仍刪夷舊錄增減有無，具載名題備詳差互。庶使將來學者覽派知源，或恐未周用希來哲。

又卷一七　別錄中刪略繁重錄第四（一百四十七部四百八卷）

《刪繁錄》者，謂同本異名，或廣中略出，以爲繁賸今並刪除，但以年歲久淹共傳訛替，徒盈卷帙有費功勞。今者詳按異同甄明得失，具爲條目有可觀焉。

又卷一八　別錄中疑惑再詳錄第六（一十四部一十九卷）。

《疑惑錄》者，自梵經東闡年將七百，教有興廢時復遷移。先後翻傳卷將萬計，部帙既廣尋閱難周，定錄之人隨聞便上，而不細尋宗旨，理或疑焉。今恐眞僞交參，是非相涉，故爲別錄以示將來，庶明達高人重爲詳定。【略】

別錄中僞妄亂眞錄第七（三百九十二部一千五十五卷）。

僞經者，邪見所造，以亂眞經者也。自大師韜影，向二千年，魔教競興，正法衰損，自有頑愚之輩惡見迷心，僞造諸經，誑惑流俗，邪言亂正，可不哀哉。今恐眞僞相參，是非一概，譬夫崐山，寶玉與瓦石而同流，贍部眞金，共鉛鐵而齊價。今爲件別，眞僞可分，庶涇渭殊流，無貽後患。

紀事

又卷二〇　小乘入藏錄下（小乘經律論總三百三十部一千七百六十二卷一百六十五帙。《賢聖集傳》附此卷末，此直列經名及標紙數，餘如《廣錄》）。

小乘經。二百四十部，六百一十八卷，四十八帙。小乘律。五十四部，四百四十六卷，四十五帙。小乘論。三十六部，六百九十八卷，七十二帙。

小乘經重單合譯。一百五十三部，三百九十四卷，三十一帙。

《長阿含經》二十二卷（二帙）四百三十一紙。《中阿含經》六十卷（或五十八卷六帙九十九品）一千一百四十六紙。《增壹阿含經》五十一卷（或五十卷，或四十二卷，或六十卷，或三十三卷）五帙八百一十紙。《雜阿含經五十卷》（五帙凡四品）一千六十九紙。《別譯雜阿含經》二十卷（二帙）三百九紙。《佛般泥洹經》二卷（或直云《泥洹經》）四十七紙。《大般涅槃經》三卷（或二卷，或云涅槃）五十二紙。《般泥洹經》二卷（或直云《泥洹經》，亦云《大般泥洹經》。諸藏中一卷者唯是上卷，欠下卷）四十四紙。《人本欲生經》一卷一十五紙。《尸迦羅越六向拜經》一卷（或云《尸迦羅越六方禮經》）四紙。《梵志阿颰經》一卷（一名《阿颰摩納經》，安公錄直云《阿拔經》，亦名《佛開解梵志阿颰經》）一十四紙。《梵網六十二見經》一卷（一名《梵網經》）二十一紙。《寂志果經》一卷一十六紙。上八經，十二卷同帙。

《起世經》十卷（一帙）一百六十七紙。《起世因本經》十卷（恐二本相濫，題下別云《起世因本經》一帙。諸藏多是前本，此本稍稀）一百七十紙。《樓炭經》六卷（或云《大樓炭經》，凡十三品，或八卷，或五卷）一百三紙。《長阿含十報法經》二卷（亦名《多增道章經》，或直云《十報經》）二十七紙。《中本起經》二卷（或云《太子中本起經》）四十七紙。上三經，十卷同帙。

《七知經》一卷（或云《七智經》）二紙。《鹹水喻經》一卷（或云《鹹水譬喻經》）二紙。《一切流攝守因經》一卷（或直云《流攝經》，或云《一切流攝經》，亦云《一切流攝守經》，亦云《流攝守因經》）五紙。《四諦經》一卷九紙。《恆水經》一卷（亦云《恆河喻經》）四紙。《本相倚致經》一卷（亦云《大相倚致》，或作猗字）三紙。《緣本致經》一卷三紙。

【略】

小乘經單譯。八十七部，二百二十四卷，一十七帙。

《正法念處經》七十卷（七帙）一千二百五紙。《佛本行集經》六十卷（或名《皆集經》，六帙八百七十七紙）。《本事經》七卷九十五紙。《興起行經》二卷（亦名《嚴誡宿緣經》，一名《十緣經》，題云出《雜藏》）三十一紙。《業報差別經》一卷一十五紙。上三經，十卷同帙。

《大安般守意經》二卷（亦直云《大安般經》，或無大字。安公云《小安般經》，或一卷）三十紙。《陰持入經》二卷（或云除持入，誤也。或一卷，亦云住陰持入）三十二紙。《處處經》一卷一十五紙。《罵意經》一卷一十五紙。《分別善惡所起經》一卷一十五紙。《出家緣經》一卷（一名《出家因緣經》）二紙。《阿鋡正行經》一卷（一名《正意經》）四紙。《十八泥犁經》一卷（或云《十八地獄經》）六紙。《法受塵經》一卷一紙。《禪行法想經》一卷一紙。《長者子懊惱三處經》一卷（一名《長者夭惱三處經》，亦云《三處惱經》）三紙。《揵陀國王經》一卷（或無國字）二紙。《須摩提長者經》一卷（一名《會諸佛前》，亦名《如來所說示現眾生》）八紙。《阿難四事經》一卷四紙。《未生怨經》一卷四紙。《四願經》一卷三紙。《黑氏梵志經》一卷三紙。《猘狗經》一卷（祐云與樂狗同）二紙。《分別經》一卷五紙。《八關齋經》一卷二紙。《阿鳩留經》一卷四紙。《孝子經》一卷（亦云《孝子報恩經》）二紙。上二十二經，二十四卷同帙。

【略】

小乘律。五十四部，四百四十六卷，四十五帙。

《摩訶僧祇律》四十卷（或云三十卷四帙）九百九十七紙。《十誦律》六十一卷（六帙）一千四百三十紙。《根本說一切有部毘奈耶》五十卷（五帙）八百七十五紙。《根本說一切有部苾芻尼毘奈耶》二十卷（二帙）三百五十九紙。《根本說一切有部毘奈耶雜事》四十卷（四帙）六百四十四紙。《根本說一切有部尼陀那目得迦》十卷（前五卷尼陀那，後五卷目得迦，或八卷一帙）一百二十五紙。《五分律》三十卷（亦云《彌沙塞律》，或三十四卷三帙五百九十七紙）。《四分律》六十卷（或四十五卷，或七十卷，或四十卷，或云四十四卷六帙）一千三百一十五紙。《僧祇比丘戒本》一卷（亦云《摩訶僧祇戒本》）二十紙。《僧祇比丘尼戒本》一卷（亦云《比丘尼波羅提木叉僧祇戒本》）三十五紙。《十誦比丘戒本》一卷（亦云《十誦波羅提木叉戒本》）二十六紙。《十誦比丘尼戒本》一卷（亦云《十誦比丘尼波羅提木叉戒本》）二十六紙。《根本說一切有部戒經》一卷二十八紙。《根本說一切有部苾芻尼戒經》一卷二十八紙。《五分比丘戒本》一卷（亦云《彌沙塞戒本》）二十二紙。上七經，七卷同帙。【略】

小乘論。三十六部，六百九十八卷，七十二帙。

《阿毘曇八揵度論》三十卷（三帙，或無論字，或云迦梅延阿毘曇，或云阿毘曇經八揵度，或二十卷）四百六十二紙。《阿毘達磨發智論》二十卷（二帙，迦多衍尼子造）三百五十八紙。《阿毘達磨法蘊足論》十二卷（一帙，大目揵連造）一百八十九紙。《阿毘達磨集異門足論》二十卷（二帙，舍利弗造）二百七十八紙。《阿毘達磨識身足論》十六卷二百六十五紙。《阿毘達磨界身足論》三卷三十九紙。上二論，一十九卷，二帙。

《阿毘達磨品類足論》十八卷二百五十五紙。《眾事分阿毘曇論》十二卷（或無論字）二百八紙。上二論，三十卷，三帙。【略】

賢聖集。一百八部，五百四十一卷，五十七帙。（六十八部，出四十部。一百七十三卷，三百六十八卷，梵本翻此方撰）。

《佛所行讚經傳》五卷（或云經無傳字，或云傳無經字，亦云《佛本行經》）九十紙。《佛本行經》七卷（一名《佛本行讚傳》）一百一十三紙。上二集，十二卷同帙。

《撰集百緣經》十卷（一帙）一百五十紙。《出曜經》二十卷（亦云《出曜論》，或十九卷）四百八十四紙。《賢愚經》十三卷（或十五卷，或十六卷，或十七卷，亦云《賢愚因緣經》）二百八十三紙。上二集，三十三卷，四帙（上三帙各八卷，第四帙九卷）。

《道地經》一卷（或云《大道地經》，是修行經抄，元外國略本）十八紙。《修行道地經》六卷（初卷題云《榆遮伽復彌經》，或直云《修行經》，或七卷）一百三十五紙。《僧伽羅刹所集經》三卷（或五卷）八十五紙。上三集，十卷同帙。【略】

大乘入藏錄（大乘經律論，總六百三十八部二千七百四十五卷，二百五十八帙，此直列經名及標紙數，餘如廣目錄）。

大乘經。五百一十五部，二千一百七十三卷，二百三帙。大乘律。二十六部，五十四卷，五帙。大乘論。九十七部，五百十八卷，五十帙。

大乘經重單合譯。三百八十四部，一千八百八十卷，一百七十九帙。

《大般若波羅蜜多經》六百卷（十六會說六十帙一萬三百三十一紙），唐三藏玄奘於玉華宮寺譯（出《翻經圖》）。《放光般若波羅蜜經》三十卷（亦云《放光摩訶般若經》，亦云《放光般若經》，三帙，或二十一卷四百六十六紙）。西晉三藏無羅叉共竺叔蘭譯。《摩訶般若波羅蜜經》四十卷（亦云《大品般若經》，僧祐錄云《新大品經》，四帙，或二十四，或二十七，或三十卷六百二十三紙），姚秦三藏羅什共僧叡等譯。《光讚般若波羅蜜經》十五卷（亦云《光讚摩訶般若經》二百二十一紙），西晉三藏竺法護譯。《摩訶般若波羅蜜鈔經》五卷（或無鈔字，亦名《長安品經》，一名《須菩提品經》，或七卷九十紙），符秦天竺沙門曇摩蜱共竺佛念譯。上二經，二十卷，二帙。

《道行般若波羅蜜經》十卷（一帙，題云《摩訶般若波羅蜜道行經》，或八卷，亦云《般若道行品經》一百六十七紙），後漢月支三藏支婁迦讖譯。《小品般若波羅蜜經》十卷（一帙，題云《摩訶般若波羅蜜》，無小品字，僧祐錄云《新小品經》，或八卷，或七卷一百五十紙），姚秦三藏鳩摩羅什譯。《大明度無極經》四卷（亦直名《大明度經》，或六卷九十紙），吳月支優婆塞支謙譯。《勝天王般若波羅蜜經》七卷（一百二十五紙），陳優禪尼國王子月婆首那譯。上三經，十一卷，同帙。

《文殊師利所說摩訶般若波羅蜜經》二卷（亦直云《文殊般若波羅蜜經》，或一卷三十一紙），梁扶南三藏曼陀羅仙譯。《文殊師利所說般若波羅蜜經》一卷（三十紙），扶南三藏僧伽婆羅譯。《軟首菩薩無上清淨分衛經》二卷（一名《決了諸法如幻化三昧》，二十八紙），宋沙門翔公於南海郡譯。《金剛般若波羅蜜經》一卷（二十一紙），舍衛國姚秦羅什譯。《金剛般若波羅蜜經》一卷（婆伽婆，十一紙），元魏天竺三藏菩提留支譯。《金剛能斷般若波羅蜜經》一卷，隋大業年中三藏笈多譯（第四譯）。《金剛般若波羅蜜經》一卷（祇樹林，一十四紙），陳天竺三藏眞諦譯。《能斷金剛般若波羅蜜多經》一卷（室羅筏，十九紙），唐三藏玄奘譯。《實相般若波羅蜜經》一卷（八紙），唐天后代三藏菩提流志譯。《仁王護國般若波羅蜜經》二卷（亦云《仁王般若經》，或一卷三十八紙）。《摩訶般若波羅蜜大明呪經》一卷（亦云《摩訶大明呪經》，二紙）。已上二經舍衛國姚秦羅什譯。【略】

大乘律。二十六部，五十四卷，五帙。

《菩薩地持經》十卷（或無經字，亦云論，亦云《菩薩戒經》，又名《菩薩地》，或八卷一帙一百八十六紙），北涼曇無讖譯。《菩薩善戒經》九卷（一名《菩薩地》十卷一百八十紙），宋求那跋摩等譯。《淨業障經》一卷（一十五紙），失譯今附秦錄。上二經，十卷同帙。

《優婆塞戒經》七卷（或五卷，或六卷，或十卷。是在家菩薩戒。一百三十一紙），北涼曇無讖譯。《梵網經》二卷（三十六紙），姚秦羅什譯。《受十善戒經》一卷（一十六紙），漢失譯。上三經，十卷，同帙。

《菩薩瓔珞本業經》二卷（或直云《瓔珞本業經》三十九紙），姚秦竺佛念譯。《佛藏經》四卷（一名《選擇諸法經》，或三卷，或二卷七十紙），姚秦羅什譯。《菩薩戒本》一卷（二十一紙），北涼無讖譯。《菩薩戒本》一卷（一十八紙）。《菩薩戒羯磨文》一卷（六紙）。已上二經，唐玄奘譯。《菩薩善戒經》一卷（優波離問菩薩受戒法，一十五紙），宋求那跋摩譯。上六經，十卷，同帙。

《菩薩內戒經》一卷（十八紙）。《優婆塞五戒威儀經》一卷（一十五紙）。已上二經宋求那跋摩譯。《文殊師利淨律經》一卷（或直名《淨律經》十三紙），西晉竺法護譯。《清淨毘尼方廣經》一卷（一十七紙），姚秦羅什譯。《寂調音所問經》一卷（一名《如來所說清淨調伏經》十八紙），宋釋法海譯。《大乘三聚懺悔經》一卷（一十三紙），隋闍那崛多等譯。《菩薩五法懺悔文》一卷（亦名《菩薩五法懺悔經》二紙），失譯。今附梁錄。《菩薩藏經》一卷（一十紙），梁僧伽婆羅譯。《三曼陀颰陀羅菩薩經》一卷（三紙）。《菩薩受齋經》一卷（三紙）已上二經，西晉聶道眞譯。《文殊悔過經》一卷（一名《文殊五體海過經》二十一紙），西晉竺法護譯。《舍利弗悔過經》一卷（亦直名《悔過經》五紙），漢世高譯。《法律三昧經》一卷（亦直名《法律經》七紙），吳支謙譯。《十善業道經》一卷（六紙），唐實叉難陀譯。上十四經，十四卷，同帙。

大乘論。九十七部，五百一十八卷，五十帙。一十一部，一百五十五卷釋經論。七十六部三百六十三卷集義論。

《大智度論》一百卷（或云《大智度論》，亦云《摩訶般若釋論》，或一百一十卷，或七十卷十帙二百八十五紙），姚秦羅什譯。《十地經論》十二卷（或十五卷一帙二百四十六紙）。《彌勒菩薩所問經論》五卷（或六卷，或七卷，或八卷一百二十八紙）。《大乘寶積經論》四卷（八十四紙）。已上三經，元魏菩提留支譯。《寶髻菩薩四法經論》一卷，元魏毘目智仙譯。上三論，十卷，同帙。

《佛地經論》七卷（一百一十七紙），唐玄奘譯。《金剛般若論》二卷（無著菩薩造，三十紙），隋笈多譯。《能斷金剛般若波羅蜜多經論頌》一卷（亦云《能斷金剛論頌》四紙），唐義淨論。上三論，十卷，同帙。

《金剛般若波羅蜜經論》三卷（天親菩薩造，四十八紙），元魏菩提留支譯。《能斷金剛般若波羅蜜多經論釋》三卷（亦云《能斷金剛論釋》三十三紙），唐義淨譯。《金剛般若波羅蜜經破取著不壞假名論》二卷（亦名《功德施論》三十三紙），唐地婆訶羅譯。《文殊師利菩薩問菩提經論》二卷（亦云《文殊問菩提經論》，一名《伽耶山頂經論》三十紙），元魏菩提留支譯。《妙法蓮華經論》一卷（題云妙法蓮華經優波提舍，二十五紙），元魏勒那摩提共僧朗等譯。上五論，十一卷，同帙。

《法華經論》二卷（初有歸敬頌者是，或一卷，題亦云《妙法蓮華經優波提舍》三十紙），元魏留支共曇琳等譯。《勝思惟梵天所問經論》四卷（或三卷五十九紙），元魏菩提留支譯。《涅槃論》一卷（或云《大般涅槃經論》一十紙），沙門達磨菩提譯。《涅槃經本有今無偈論》一卷（亦直云《本有今無論》六紙），梁眞諦譯。《遺教經論》一卷（二十六紙），陳眞諦譯。《無量壽經論》一卷（題云《無量壽經優波提舍願生偈》七卷），元魏菩提留支譯。《三具足經論》一卷（題云《三具足優波提舍》一十八紙），元魏毘目智仙譯。《轉法輪經論》一卷（題云《轉法輪經優波提舍》一十紙），元魏毘目智仙等譯。上八論，十二卷，同帙。（已上釋經論已下集義論）。【略】

雜　録

玄逸《大唐開元釋教廣品歷章》卷一四　大乘經單譯：（有一百一十二卷六帙，合七十八小經爲二十四軸，折當五十八卷）。

《大毗盧遮那成佛神變加持經》七卷（亦名《毗盧遮那成佛經》，供城一百五十二紙，蒲州一百三十五紙）。《蘇婆呼童子經》三卷（亦云《蘇婆呼請問經》，或云蘇婆呼律，或云蘇磨呼，或二卷，蒲州四十一紙）。《蘇悉地羯羅經》一卷（周言大吉祥一切法成就一切諸祝決初譯，蒲州二十六紙）。《蘇悉地羯羅經》一卷（或三卷，蒲州三十一紙）。《牟梨曼陀羅祝經》一卷（或無經字，蒲州三十三紙）。《金剛頂瑜伽中略出念誦法》四卷（亦云經，蒲州八十一紙）。《七佛所說神祝經》四卷（初卷云《七佛十一菩薩說大陀羅尼神祝經》，蒲州七十三紙）。《大吉義神祝經》二卷（或四卷，蒲州三十九紙）。《文殊師利寶藏陀羅尼經》一卷（或加止雨字，蒲州二十三紙）。《金剛光焰陀羅尼經》一卷（或加止風雨字，蒲州二十三紙）。《阿吒婆拘鬼神大將上佛陀羅尼經》一卷（亦云《阿吒婆拘祝經》，蒲州五紙）。《大七寶陀羅尼經》一卷（蒲州四紙）。《阿彌陀鼓音聲王陀羅尼經》一卷（蒲州四紙）。《大普賢陀羅尼經》一卷（蒲州三紙）。《六字大陀羅尼祝經》一卷（蒲州二紙）。《摩尼羅亶經》一卷（亦云《摩尼羅亶神祝》，蒲州四紙）。《玄師颰陀所說神祝經》一卷（錄云幻師無所說字，或作跋字，亦云《波陀古錄云幻玉跋陀經，蒲州二紙）。《安宅神祝經》一卷（亦云《安宅柷法，蒲州四紙）。《護諸童子陀羅尼祝經》一卷（亦名《護諸經童子謂求男女陀羅尼經》，蒲州四紙）。《六門陀羅尼經》一卷（蒲州二紙）。《諸佛心陀羅尼經》一卷（蒲州三紙）。《拔濟苦難陀羅尼經》一卷（蒲州二紙）。《清淨觀音普賢陀羅尼經》一卷（此有一錯本應須審之，蒲州五紙）。《八名普密陀羅尼經》一卷（蒲州五紙）。《持世陀羅尼經》一卷（蒲州四紙）。《隨求即得大自在陀羅尼神祝經》一卷（亦云《隨求所得經》。蒲州十四紙）《百千印陀羅尼經》一卷（蒲州二紙）。《智炬陀羅尼經》一卷（蒲州四紙）。《諸佛集會陀羅尼經》一卷（蒲州四紙）。《救面燃餓鬼陀羅尼神祝經》一卷（亦云《施餓鬼食經後冊有施水祝》蒲州十四紙）。《一切功德莊嚴王經》一卷（蒲州十四紙）。《拔除罪鄣祝王經》一卷（蒲州三紙）。《莊嚴王陀羅尼經》一卷（蒲州四紙）。《香王菩薩陀羅尼祝經》一卷（蒲州二紙）。《善夜經》一卷（蒲州三紙）【略】

圓照《大唐貞元續開元釋教錄》卷上　四朝應制，所翻經論，及念誦法，幷修疏記碑表錄集等，總三百四十三卷，幷目錄三百四十五卷。一百九十三卷經論及念誦法，六十四卷經論疏義，八十六卷《貞元新集古今制令碑表記》（幷目八十九卷）。一百六十二卷經論及念誦法。玄宗朝金剛智三藏，贈開府儀同三司，謚大弘教三藏和上，所翻譯經已入目者總一部四卷，所謂《金剛頂瑜伽中略出念誦法》四卷（亦云經），八十一紙。右已編入《開元釋教錄》，不入今計中。玄宗朝所翻經遺漏未入《古今錄》者，總五部六卷。《大威力烏樞瑟摩明王經》三卷，三十五紙。《穢跡金剛說神通大滿陀羅尼法術靈要門》一卷，五紙。《穢跡金剛法禁百變法》一卷，三紙。右件三部共五卷，並北天竺國三藏沙門阿質達霰，唐言無能勝將譯《普遍智藏般若波羅蜜多心經》一卷，二紙。

右開元二十六年，東天竺國三藏沙門法月譯，沙門利言譯梵語筆受。今見在光宅寺，翰林待詔，其經本或有寄入般若經部龍字號帙中。《金剛頂經瑜伽脩習毗盧遮那三摩地法》一卷，一十五紙。《千手千眼觀世音菩薩大身呪本》一卷，二紙。《千手千眼觀自在菩薩廣大圓滿無礙大悲心陀羅尼呪本》一卷，三紙。《不動使者陀羅尼秘密法》一卷，一十一紙。右四部共四卷，南天竺國三藏沙門跋日囉菩提（唐言金剛智）譯，沙門智藏筆受，智藏後從號改名阿目佉跋折羅（唐言不空金剛）或單名不空，其有智藏筆受者，並編入大曆目中。金剛智三藏開元二十九年八月十五日，卒於東都廣福寺，廣如行記及塔銘中明矣。

右已上八部共同爲一帙十卷。【略】

伏惟寶應元聖文武皇帝陛下，道合天地，恩加草木，轉輪馭極，灌頂稱尊，運慈悲方便之門，當付囑弘宣之位。然所譯《仁王》《虛空藏》《密嚴》等八十部經者，並圓音至敎，寶界眞詮，無去無來。即身爲常住之身，不滅不生。諸佛是自心之佛。指虛空爲庫藏，現色相而莊嚴。演瑜伽之無窮，知眞言而不竭。自非才行兼美定慧俱融，安能發揚幽微，弘宣秘奧。大廣智不空三藏和上，言善兩方，行通三密，得淨滿如來加持之力，奉寶應明主弘護之緣。由是理義昭彰，文句炳煥。潛眞等靈山細塵，祇樹小葉，識知荒鄙，學藝庸淺。幸蒙天睠，濫在翻經，承聖力而俯被，得讚潤而修畢，雖曰愚瞽，猶知慶慰。況上契天慈，許宣中外，仍錫縑綵，以光愚拙。凡在法門不勝慶幸，無任戴荷，殊常之至。謹附中使李憲誠，奉表陳謝以聞。謹言。

大曆六年十月二十三日，翻譯經大德大興善寺上座沙門潛眞等上表。

寶應元聖文武皇帝批曰，師等道行精深，智識弘遠，三乘奧旨，千葉遺編，翻譯流行，利濟家國，薄申錫命，煩至謝恩。時大曆六年十月十二日，上表陳請入目。時寶應元聖文武皇帝，省表具悉，宣付如前。爲重師資而答表曰，和尚，夙事先朝，弘闡妙敎，演茲貝葉，廣示迷津。朕嗣纘丕圖，恭承睿旨。和尚再加詳譯，今卷軸續畢，永濟生靈，深可喜歎。其所譯經，宜宣付中外入《一切經目錄》。時大廣智不空三藏，既荷墨制又宣付流行，踴躍屏營陳表奉謝，文曰，沙門不空言，中使李憲誠，奉宣聖旨，送新翻經目錄。勅一道，答進經表勅一道，特令中外施行，仍入《一切經目錄》。捧戴忻躍，喜荷無任，誠懼誠悚再歎再愧。伏惟，陛下承法王之付囑，滿人心之志願，持普賢之密印，行天子之正教。浹辰之際，朗慧日於八方，在於頃刻，注洪澤于萬物，斯乃普天幸甚，而況在不空者焉。然不空所翻聖典，四十餘年，三朝已來贊修功德志在宣傳，上資王室，下潤生靈，豈意夙心一朝願滿，聖恩廣大，累劫難酬。況更特許翻譯所是未翻梵本，倍增悲喜，敢罄竭心力。承奉聖旨，續譯進奉，不勝歡悚懷恩之至。謹因中使李憲誠，奉表以聞。沙門不空誠喜誠愧謹言【略】

貞元新定釋教目錄分部

綜　述

圓照《貞元新定釋教目錄》卷一　謹按舊錄云，夫目錄之興也，蓋所以別眞僞明是非，記人代之古今，摽卷部之多小，摭拾遺漏，删夷駢贅，欲使正教合理金言有緒，提綱舉要，歷然可觀也。但以法門幽邃，化網恢弘，前後翻傳，年移代謝，屢經散滅，卷軸參差。復有異人時增僞妄，致令混雜，難究蹤由。是以先德儒賢製斯條錄，今其存者殆六七家，然猶未極根源尚多疎闕。昇以庸淺久事披尋，參練異同指陳臧否，成茲部帙，庶免乖違，幸諸哲人俯共詳覽。今觀先賢所撰冠絕群英，伏從庚午以來增七十祀，三藏繼踵于今四朝。聖上欽明翻譯相次，一百餘部經律特明，累降私許令修述。圓照等才智短淺思不延文，祇奉皇恩俛仰恭命。今所譯者約以類分，隨三藏文相次附入。自惟以索繼組，以礫次金，疑則闕之，以俟來哲也。【略】

自後漢孝明皇帝永平十年歲次丁卯，至大唐聖神文武皇帝貞元十六年庚辰之歲，凡七百三十四載（內從開元十八年庚午，至今庚辰加七十一歲也）中間傳譯緇素總一百八十七人，所出大小二乘三藏聖教，及賢聖集傳并及失譯，總二千四百四十七部（內新加一百三十九部矣）合七千三百九十九卷。其見行闕本並該前數（內新加三百四十二卷）。

新定目錄合三十卷，開爲總別。總錄分二，初奉承恩制，次總集群經。別錄亦二，初分乘藏差殊，次明賢聖集傳。總中分爲一十九卷，別中分成一十一卷。就別分乘藏中更有七門，今先敘科條餘，次編載。

總錄二文上。初特承恩旨錄有三。右《新譯華嚴經》一。三朝翻譯經律論二。《大佛名經》一部等三，斯皆特降絲綸，許編目錄，具列如左。

二總集群經錄。右從漢至唐所有翻述，具帝王年代并譯人本事所出教等，以人代先後爲倫，不依三藏之次，兼敘目錄新舊同異。

別錄二文下。初分乘藏差殊錄。右別錄之內典分爲七，一有譯有本，二有譯無本，三文派別行，四刪略繁重，五拾遺補闕，六疑惑再詳，七僞邪亂正。就七門中，二乘區別，三藏殊科，具悉委曲，兼明部偶。

二明賢聖集傳錄。右集傳之內有二不同，一梵本翻譯，謂集自西方流傳東夏，三藏碩德翻譯奉行。二此方撰述，謂此土高僧撰成傳記，三寶三藏悉以甄明，神異感通戒定慧行，備如文列詳而鏡諸。

一特承恩旨錄有三者。初《花嚴經》。崇福寺《新譯花嚴經》四十卷。左右監門衛將軍知內侍省事馬承倩奏，臣得光宅寺寫一切藏經院撿挍寫經。僧智通狀稱撿藏經《開元目錄》，上都花嚴寺沙門玄逸撰集釋教目內未入藏經數。中書門下，牒，右街功德使牒，奉勅宣令所司附入目錄牒，至準勅故牒。貞元十五年九月八日，牒中書侍郎平章事鄭餘慶。門下侍郎平章事崔損。撿挍右僕射平章事韋（使）。撿挍左僕射平章事劉（使）。右僕射平章事賈耽。撿挍司徒兼中書令渾（使）。撿挍大尉兼中書令王（使）。百九十一卷經。

當街《新譯花嚴經》等，及三朝先於京城等處翻譯，未入《開元目錄》經，總二百三十二卷（又新編上十卷）四十卷《新譯花嚴經》等，準勅見入目錄。次一百九十一卷先翻譯請準《花嚴經》例入目錄，又新編上十卷，玄宗朝三藏無能勝等譯大威力等經五卷。《大威力烏樞瑟摩明王經》三卷。《穢跡金剛說神通大滿陀羅尼法術靈要門》一卷。《穢跡金剛法禁百變法》一卷。已上五卷並北天竺國三藏無能勝譯。

《普遍智藏般若波羅蜜多心經》一卷。東天竺國三藏沙門法月譯。《金剛頂瑜伽修習毘盧遮那三麼地法》一卷。《千手千眼觀世音菩薩大身呪本》一卷。《千手千眼觀自在菩薩廣大圓滿無礙大悲心陀羅尼呪本》一卷。《不動使者陀羅尼秘密法》一卷。《千臂千鉢曼殊室利經》十卷（保大中拾遺編上）。已上十四卷南天竺國三藏沙門金剛智譯。

肅宗代宗朝三藏大廣智不空譯。《金剛大教王等經》一百四十二卷。《金剛頂瑜伽眞實大教王經》三卷。《金剛頂瑜伽般若理趣經》一卷。《觀自在菩薩授記經》一卷。《瑜伽念珠經》一卷。《奇特佛頂經》三卷。《觀自在菩薩最勝明王心經》二卷。《金剛頂瑜伽文殊師利菩薩經》二卷。《阿唎多羅阿魯力經》一卷。《普賢行願讚》一卷。《地藏菩薩問法身讚》一卷。《出生無邊門經》一卷。《大吉祥天女經》一卷。【略】

二總集群經錄上之一

後漢劉氏都洛陽

從明帝永平十年丁卯，至獻帝延康元年庚子，凡十一帝一百五十四年，緇素一十二人，所出經律論并新舊集失譯諸經，總二百九十二部三百九十五卷（於中九十七部一百三十一卷見在，一百九十五部二百六十四卷闕本）以爲《後漢經錄》云。於中直云帝者爲直，兼斥名者是僞，年代甲子依唐司隸甄鸞國子博士王道珪二家年曆參定。

後漢沙門迦葉摩騰一部一卷經。沙門竺法蘭四部一十五卷經。沙門支婁迦讖三十三部六十七卷經集。沙門安世高九十五部一百一十五卷經律集。沙門竺佛朝二部三卷經。優婆塞安玄二部三卷經集。沙門支曜十一部一十一卷經集。沙門康巨一部一卷經。沙門嚴佛調五部八卷經。沙門康孟詳六部九卷經律。沙門竺大力一部二卷經。沙門曇果一部二卷經。新舊諸失譯經一百四十一部一百五十八卷，五十九部七十六卷舊集，八十二部八十二卷新附。《四十二章經》一卷（永平十年丁卯於白馬寺與法蘭共譯，初出舊錄云孝明皇帝四十二章）右一部一卷其本見在。【略】

舊錄云，此經本是外國經抄元出大部，撮要引俗似《孝經》十八章，出舊錄及朱士行錄，僧祐《出三藏記》等，道安錄中不載。騰以大化初至人未深信，蘊其妙解不即多翻，且撮經要以導時俗。騰後終於洛陽。載其由委備如朱士行漢錄及《高僧傳》等。昇尋錄之源始，意述譯經之來，須有由致，故傍採眾說以廣異聞，雖於文為繁，而緣敘備矣。

《十地斷結經》八卷（或四卷，亦云十住初，出與竺佛念《十住斷結經》同本，永平十三年出見朱士行漢錄及《高僧傳》，長房錄等）。《法海藏經》一卷（一本無藏字，初出與《法海經》等同本，見《高僧傳》及長房錄等）。《佛本行經》五卷（永平十一年出，見《高僧傳》及長房錄等）。《佛本生經》一卷（見《高僧傳》及長房錄等）。右四部一十五卷其本並闕。【略】

又長房等錄，支讖譯中復有《大寶積經》一卷。今以與《佛遺日摩尼寶經》既是同本不合再出。又尋文句非讖所翻，別錄之中皆為失譯。今依別錄為正故讖錄除之。

《大乘方等要慧經》一卷（初出與《寶積彌勒問八法會》同本，見長房錄）。《太子慕魄經》一卷（初出《六度集》中，異譯見長房錄）。《長者子制經》一卷（一名《制經》，初出與《逝童子經》等同本，見長房錄）。《寶積三昧文殊問法身經》一卷（一名《遺日寶三昧文殊師利菩薩問法身經》，初出與《法界體性經》同本，見長房錄）。《自誓三昧經》一卷（題下注云《獨證品》第四，出比丘淨行中，初出與法護出者大同小異，見長房錄）。《溫室洗浴眾僧經》一卷（亦直云《溫室經》，初出見長房錄）。《明度五十校計經》二卷（或直云《明度校計》，亦直云《五十校計》，元嘉元年出，見朱士行漢錄及僧祐錄）。《佛印三昧經》一卷（見長房錄）。《八大人覺經》一卷（見寶唱錄）。《舍利弗悔過經》一卷（亦直云《悔過經》，初出見長房錄）。《人本欲生經》一卷（永壽二年出《長阿含》第十卷，異譯道安注解兼製序，見朱士行漢錄及僧祐錄）。《尸迦羅越六向拜經》一卷（或云《尸迦羅越六方禮經》，出《長阿含》第十一卷，異譯見長房錄）。《長阿含十報法經》二卷（一名《多增道章經》，或直云《十報經》，出《長阿含》第九卷，異譯舊錄亦云出《長阿含》，見僧祐錄）。《一切流攝守因經》一卷（出《中阿含》第二卷，異譯舊錄云《一切流攝經》，吳錄云《流攝守因經》，亦云受固，亦有云流攝，亦云一切流攝守固，見朱士行及僧祐）。《四諦經》一卷（出《中阿含》第七卷，異譯見僧祐錄，安公云出《長阿含》者或誤也）。《本相倚致經》一卷（出《中阿含》第十卷，異譯吳錄云《大相倚致》與《本致經》同本，或作倚字，見朱士行漢錄及僧祐錄）。《是法非法經》一卷（出《中阿含》第二十一卷，異譯見士行，僧祐二錄）。【略】

《月燈三昧經》一卷（出《大日燈經》第七，異譯見長房錄）。《十二因緣經》一卷（初出亦云《聞城十因緣經》，見僧祐錄）。《內藏經》一卷（第二出，一名《內藏百品》，或云百寶，元嘉二年十月出，見朱士行錄）。《四不可得經》一卷（初出或無可字，見房錄）。

圓照《元新定釋教目錄》第一二　總集群經錄上之一二

帝曰，自師行後朕奉為穆大后，於西京造弘福寺可就翻譯，所須人物吏力，並與玄齡商量務令優洽。既承明命返迹京師，遂召證義大德諳解大小乘經論。為時輩所推者一十一人至，即京弘福寺沙門靈潤，沙門文備，羅漢寺沙門惠貴，實際寺沙門明琰，寶昌寺沙門法祥，靜法寺沙門普賢，法海寺沙門神昉，廓州法講寺沙門道深，汴州演覺寺沙門玄忠蒲州，普救寺沙門神泰，綿州振響寺沙門敬明等。綴文大德九人至，即京普光寺沙門栖玄，弘福寺沙門明濬，會昌寺沙門辯機，終南山豐德寺沙門道宣，簡州福聚寺沙門靖邁，蒲州普救寺沙門行支，栖巖寺沙門道卓，豳州昭仁寺沙門惠立，洛州天宮寺沙門玄則等。字學大德一人至，即京大總持寺沙門玄應。證梵語梵文大德一人至，即京大興善寺沙門玄謨。其年五月方操貝葉開演梵文，創譯《大菩薩藏經》，沙門道宣執筆并刪綴詞理。又復旁翻《佛地經》，《六門陀羅尼經》，《顯揚聖教論》。二十年春正月又譯《大乘阿毘達磨雜集論》，次譯《瑜伽師地論》。法師於論重加陶練，微有餘隙又出《西域記》十二卷，沙門辯機親受事連比前後。自前代已來所譯經教，初從梵語倒寫本文，次乃迴之順同此俗，然後筆人亂理文句，中間增損多墜金言。今所翻傳都由奘旨，意思獨斷出語成章，詞人隨寫即可披翫。【略】

帝居慶福殿百寮侍衛命法師坐，使弘文館學士上官儀以所製序對群寮宣讀，霞煥錦舒極褒揚之美致。天皇在春宮奉覩，聖文又製述《三藏聖記》，自此常參內禁扣問沈隱，翻譯相續不爽法機。又讀法師所進《菩薩藏經》美之因勅春宮作序。其後秋七月夏罷勅賜雲納袈裟一領，妙絕今古。又勅天下諸寺各度五人，弘福寺宜度五十人，維持聖種皆奘正言之力也。冬十月隨駕還京，勅所司於北闕紫微殿西別營一所，號弘法院，令奘居之。晝則帝留談説，夜乃還院翻經。更譯《無性攝論》、《世親攝論》、《緣起聖道經》、《百法明門論》。

皇太子奉爲文德聖皇后，於晉昌里置慈恩寺度三百人，別造翻經院令法師移就翻譯，仍綱維寺任給新度弟子一十五人，弘福寺舊處仍給十人。皇儲親降製詩褒飾。二十三年夏四月駕幸翠微宫，仍勅陪從，既至處分之外唯談玄論道，問因果報應及西域先。【略】

圓照《貞元新定釋教目錄》卷二三 有譯有本錄中聲聞三藏錄第四

《聲聞藏》者，小乘所詮之教也。能説教主則示生滅應物隨緣，所詮之教則九部，四含，毘曇，戒律。善男善女稟之而脱屣塵勞，緣覺聲聞奉之而昇乎彼岸。蓋眞乘之小駕，乃菩提之化城。誘進初心莫斯爲勝，始乎仙苑迄彼金河，所詮半字之文是謂聲聞之藏。洎乎百川同會三車共適，齊登妙覺俱證泥洹，豈有小大之異名，信爲我尊之漸誘者也。始自漢明丁卯之歲終我開元庚辰之年，小乘三藏見行者，總三百三十七部一千八百九卷一百七十帙爲《聲聞法藏》。科條別顯，具如後列。

又卷二四 別錄中有譯無本錄第二之一

有譯無本者，謂三藏教文及《聖賢集傳》，名存本闕之類也。自聖教東移殆乎千祀，質文亟改鐘鼎屢遷。重以周武陵夷緇徒喪滅，致使法燈藏耀慧日韜光，三藏要文多從散缺。或東都近譯未達西京，或創出本稀尋求匪獲，詎聞精奧空閲名題，引領既勞撫膺奚及。今者討求諸錄備載遺亡，冀望多賢，共垂詢訪。

又卷二六 別錄中支流別行錄第三，六百八十三部八百十二卷。

支流經者，謂大部之中抄出別行，《大般若》第二會之類是也。夫法門浩廣罕究津涯，典籍紛綸靡窮邊際。故有隨宜化誘應物施緣，於大部之中隨時略用，披尋者莫知所生，翫習者將義不終。今統集多端會歸當部，仍刪夷舊錄增減有無，具載名題備詳差互，庶使將來學者覽派知源，或恐未周，用希來哲。

又卷二七 別錄中刪略繁重錄第四，一百四十七部四百八卷。

刪繁錄者，謂同本異名，或廣中略出以爲繁贍，今並刪除，但以年歲久淹共傳訛謬，從盈卷帙有費功勞。今者詳校異同甄明得失，具爲條目有可觀焉。

又卷二八 別錄中疑或再詳錄，一十四部一十九卷。

《疑或錄》者，自梵經東闡年將七百，教有興廢時復遷移，先後翻傳卷將萬計，部帙既廣尋閲難周，定錄之人隨聞便上，而不細尋宗旨理或疑焉。今恐眞僞交參是非相涉，故爲別錄以示將來，庶明達高人重爲詳定。

雜錄

恒安《大唐保大乙巳歲續貞元釋教錄》 聞摩騰入漢，聲教方被於支那。運歷聖唐，梵典盛圓於海藏。而又我玄宗皇帝御極寰宇，開元一十八年庚午之歲，西京西崇福寺沙門智昇，撰《開元釋教錄》二十卷，目爲《開元錄藏》，總大小乘經律論，及《賢聖傳集》，共五千四十八卷，計四百八十一帙，盛行於世。又經歷四朝，玄宗，肅宗，代宗，德宗，屆德宗皇帝貞元十年甲戌之歲，又計六十五年，其間梵僧七人，同共宣譯，得大小乘經律論，及《開元目》中遺編義淨所譯律文，及《大佛名經別傳》等，共一百三十四部，二百九十九卷。西京西明寺沙門圓照集《續開元錄》三卷。又於貞元十五年，奉勅撰《貞元釋教錄》三十卷，并前七人梵僧等所譯文，共三百三十二卷。通前《開元錄藏》，都共五千三百八十卷，計五百一十帙，目爲《貞元錄藏》，宣示流行，唯江表已來其間一兩部雖有餘未編藏內。但（恒安）頃於天祐丁丑之歲，屆于江表，歷謁名山，參尋知識，以問參之外看覽藏經之次，因共道友言論，述其《貞元藏》，猷遂啟私，懇誓取茲經，將還上國，冀資皇化，永福邦家，以潛賴聖朝，仰憑叡力。於大唐昇元二年，特遠遊禮五臺山，迴於關右已來，寫錄得前件《貞元錄藏》經律論等。於大唐保大三年，卻迴帝闕，自貞元甲戌歲今計一百五十二年矣。尋又伏蒙今上皇帝陛下天恩俞允，寫錄施行。勅下所司永編諸藏，仍令朝散大夫行尚書駕部員外郎知制誥雲騎尉賜紫金魚袋喬匡舜，製序貫在經前，非獨濟利於一時，抑乃舟航於千古。又闕下昇元寺西藏院先收，得《千鉢曼殊室利經》一部十卷，亦是《貞元錄》內三藏金剛智所譯，《貞元目》中遺漏不載，尋具事由，請寄於本部中收，計數施行。

又《一切經源品次錄》一部三十卷，在貞元藏外，今亦計數在後。又李長者《華嚴論》一部四十卷，僧勉昌於昇元二年進上。光文肅武孝高皇帝，今禮部侍郎孫忌撰序，編於藏內。除《開元錄藏》經數外，今都新計數，總共一百四十部，計四百一十三卷（內《續新經目》一卷）合四十三帙。其所新載經文目錄等具列如左（其於委細幷重單合譯並在《貞元釋教錄》三十卷中具述）。

《開元錄藏》。都共一千七十六部，合五千四十八卷，四百八十一帙，西京西崇福寺沙門（智昇）於開元一十八年庚午歲奉勅集。

《貞元錄藏》。都一千二百一十三部，合五千三百九十卷，五百一十帙，西京西明寺沙門（圓照）於貞元十五年戊寅歲奉勅集內。新添一百三十七部，共三百四十三卷（幷《千鉢經》在內）合三十帙（零卷散在諸帙內，兼其舊本新譯請細詳譯人前後）。

《貞元品次錄》一部三十卷，合三帙（在《貞元藏》外）。《花嚴論》一部四十卷，合四帙（新編入藏）

《大唐保大乙巳歲續新譯貞元錄》一部一卷（在《續開元錄》同帙）。

新編入藏《續新譯貞元錄藏》，《大小乘經律論目錄品次錄》，《千鉢經》等，見計抄寫卷帙數目，都一百三十九部，共三百七十三卷，合三十九帙（新經目在內，兼其《佛名經》十六卷收今十八卷成，故大數外長有二卷），舊五千六百紙（每紙二十八行成），新六千三百八十紙（每紙二十五行成目錄每紙或二十二行成），《花嚴論》一部四十卷（紙數在外）。

一次列見將到《貞元錄藏》新譯大小乘經律論，及《貞元目錄》幷《品次錄》等，都合一百三十五部，計三百四十三卷，元進狀幷品次錄，共一百三十二部。於中有三部數不收載著，其卷數即仍舊，今合計一百三十五部。

大乘經及念誦法，一百二十三部，二百三十卷。大乘律一部一卷。大乘論二部二卷。小乘律（義淨所譯《開元目》中遺編者）七部五十卷（內三卷元訪本未獲）

《續開元釋教錄》一部三卷（貞元十年甲戌歲西京西明寺沙門圓照奉勅集）

《新定貞元釋教錄》一部三十卷（貞元十五年己卯歲西明寺沙門圓照奉勅集）

《一切經源品次錄》一部三十卷（趙郡業律沙門從梵自大中九年乙亥歲止咸通元年庚辰歲依《貞元入藏錄》集）

貞元錄中不計寫到經（抄寫日亦計數，抄寫流行，訖二部一十九卷）

《大佛名經》（在《傳集》中收）一部一十六卷（或十八卷，附《梁錄》，未詳作者）

《釋法琳別傳》一部三卷（沙門彥裏集）

新拾遺收入《貞元錄藏》經。《千臂千鉢曼殊室利經》一部十卷（三藏金剛智開元二十八年於長安薦福寺譯拾遺新編入目錄）

新編入藏數。《新華嚴經論》一部四十卷（李通玄長者撰，僧勉昌於昇元二年進，奉勅編入藏內）。

右上見將到及續係抄寫，并新編入藏大小乘經律論，及《貞元目錄品次錄》，《千鉢經》，《花嚴論》等，都合一百四十部，計四百一十三卷，共四十三帙。一重具條科，《新譯貞元錄藏》大小乘經律論，《貞元目錄品次錄》，《千鉢經》，《花嚴論》等如左（今若除《華嚴論》外都計參佰柒拾三卷）。

新編入目論。《新花嚴經論》一部四十卷（并序取其進經年代致先於此有行狀一卷，或在論初卷後，故不別列），九百紙。右一部四十卷同四帙。

右此一論，是李通玄長者，開元十七年，於大原東北盂縣同潁鄉大賢村造，盛行於世。昇元二年，僧勉昌，進請編入藏。大唐光文肅武孝高皇帝，令書十本，寫李長者眞儀十軸，散下諸州，編於藏末，仍勅孫忌侍郎撰序貫於論首。今故編於此，庶無遺墮。

大唐貞元錄藏經律論目錄等大乘經及念誦法一百二十四部，二百四十卷。大唐玄宗朝所譯經未及入古今錄者，九部二十卷。《大威力烏芻澁摩明王經》二卷（或三卷），三十五紙。《穢跡金剛說神通大滿陀羅尼法術靈要門》一卷，五紙。《穢跡金剛法禁百變法》一卷，三紙。右三部五卷，其本見在。北天竺三藏阿質達霰（唐言無能勝將）於安西譯，開元二十年，因法月三藏貢獻入朝，附上件經到于京邑，不及得入《開元錄》，準勅編入《貞元目錄》。《普遍智藏般若波羅蜜多心經》一卷，二紙。右一部一卷，其本見在。三藏沙門達摩戰濕羅（唐言法月）東天竺人。開元二十六年，於長安譯。此一經與古舊二經中無少異。姚秦譯者名《摩訶般若大明呪經》，玄奘譯者名《般若波羅蜜多心經》，餘義無異，與前二經同本異譯，但有正宗，無序分流通。今法月所譯三分具全，準勅編入《貞元釋教録》。《金剛頂瑜伽修習毘盧遮那三摩地法》一卷，一十五紙，朝散大夫行尚書駕部員外郎知制誥雲騎尉賜紫金魚袋喬匡舜，奉勅撰，新得《貞元録藏》大小乘經等序（此序安三經首）。《千手千眼觀世音菩薩大身呪本》一卷，二紙。《千手千眼觀自在菩薩廣大圓滿無礙大悲心陀羅尼本》一卷，三紙。《不動使者陀羅尼秘密法》一卷，一十一紙。右四部四卷，其本見在。南天竺三藏沙門跋日羅（二合）菩提（唐言金剛智）於開元十九年後相譯出，準勅編入《貞元釋教録》。後代宗朝贈開府儀同三司，謚大弘教三藏。右八經十卷，同一帙。【略】

大乘律。《授菩提心戒儀》一部一卷（大曆中進經數《花嚴入法界品四十二字觀門》同帙），三紙。

大乘論。《大乘緣生論》一部一卷（聖者鬱楞伽造在大曆七年進經數與大乘律同帙），十紙。《金剛瑜伽中發阿耨多羅三藐三菩提論》一部一卷（大曆中大日略經同帙）。七紙。右上三部三卷，大興善寺三藏不空譯（重標於此）。

小乘律（《開元目》中遺編者）。《根本說一切有部毘奈耶藥事》二十卷（内元欠二卷），二百七十紙。右一部共二十卷，《根本說一切有部毘奈耶破僧事》二十卷，三百三十五紙。右一部，共二十卷同二帙。

《根本說一切有部毘奈耶出家事》五卷（内元欠一卷），八十七紙。《根本說一切有部毘奈耶安居事》一卷，十二紙。《根本說一切有部毘奈耶隨意》一卷，十三紙。《根本說一切有部毘奈耶皮革事》二卷，二十八紙。《根本說一切有部毘奈耶羯恥那事》一卷，六紙。右五部，共十卷同一帙（内元欠一卷）。

右上七部五十卷（内元欠二卷）是大唐三藏義淨，從大周證聖元年，止大唐景雲二年以來兩京宣譯，準長安四年十二月十四日勅，及景雲二年閏六月二十六日勅，編入經目。今準《開元釋教録》中遺漏不收，今拾遺補闕編入《貞元釋教録》爲訪本未足（即元欠三卷）且附闕本録中收（然慮誤爲別生，故於本部中亦重收於彼耳）。【略】

《大唐續貞元釋教録》一卷。右一部一卷與《別傳》等同帙。

右上一部一卷，是（恆安）取前件《貞元藏經》等到，故出此目，以爲永記亦編於此（切慮文繁，故不別出排藏録）。

右已上都通計，前見將到經，及《貞元目録品次録》、《大佛名經》、《別傳》、《千鉢經》、《花嚴論》等，都共一百四十部，計四百一十三卷（内一部一卷經新目）共四十三帙，具列如前。若於《開元藏》後別排，即如此排列。若通《開元録》逐大小乘分排列，即都并長者《花嚴論》等，合一千二百一十四部，計五千四百三十一卷，五百一十八帙（零卷散收諸部帙中，故致增減，内《華嚴論》一部四十卷，經新目一部一卷）具述如前。庶使金言不墮玉偈恆芳，略此編別幸無遺失耳（五百一十帙，準《貞元録》排，即《品次録》、《華嚴論》在外）。

宋元經録分部

綜　述

《天聖釋教總録》下冊　皇朝新翻藏乘統收録下

皇宋大中祥符法寶録序文。眞宗文明武定章聖元孝皇帝製。

夫法以化人，言以詮教。以空爲法，人將疇觀。謂法離言教，復何屬維摩。雖存於默領，文殊亦啟乎劇談。然則筌本非魚，捨筌而魚不可得。指本非月，去指而月安可求。宜哉，眞乘爲乎秘寶。自雙林寂滅，圓教隆興，感夕夢於金人，傳經文於白馬。毗尼之藏揭來於西方，調御之仁大濟於東國。示含生之覺路爲縣宇之福田，變桀暴之心成於調伏，遷殘忍之性歸乎慈悲。含靈之所依，歷世之所尚，蓋以輔五常之治爲眾善之基也。國家鴻源濬發元命，會昌在宥蒸民裁成，庶類挺生文考振起。佛緣金輪之尊，下臨於溥率鐵圍之遠，咸奉於聲明而又得自天姿，達於性理，述宣奥妙，開導昏蒙，鑒鷲嶺之希微，協祇園之敷暢。故令絶域罔不賓王，顧彼寶坊，盈茲貝葉。期慧日之普照，庶法雨之徧霑。有詔方袍悉從翻譯，申命鴻筆共加詳研，歲序貿更篇袟滋廣。暨予沖眇祗嗣，慶靈紓懷，付囑之言，復欽燕翼之訓，罔敢失墜。常冀闡揚思，以一音周于三界，五印苾芻之士接袂而來，賷千覺龍象之書盈編，而充委紹遵先志，繼茂丕功，始自興國，汔于茲日，凡譯經律論四百一十三卷。僧惟淨等共司傳譯，兵部侍郎修國史趙安仁續典潤文，並貢露章縷徵纂志思紹。貞元之舊錄用增金地之烈輝，僉詔云頒纂集，俄畢勒成二十一卷并總錄一卷。國朝新譯及釋門述作咸列於此。神宗之作昭聖教而有孚，菲德之文並睿製而增惕。覽封奏之疊，上求序引而冠，篇式廣勝，因罔諧多讓，仍題曰《大中祥符法寶錄》云爾。

《總排新經入藏錄》下（譯經潤文尚書兵部侍郎兼宗正卿趙安仁、翰林學士尚書戶部郎中知制誥楊億等奉勑編）：

聖朝新譯大乘經律論，小乘經律，西方東土聖賢集傳見入藏者，總二百三十二部五百六十九卷六十帙，列之如左。

大乘經　自《佛母出生三法藏般若波羅蜜多經》至《息除中夭陀羅尼經》計一百四十部二百八十六卷三十帙。《佛母出生三法藏般若波羅蜜多經》一部二十五卷。三藏施護譯。第一至十卷一帙尹字號。第十一至二十一十卷一帙佐字號。

《佛母出生三法藏般若波羅蜜多經》第二十一至二十五共五卷。《佛母寶德藏般若波羅蜜多經》一部三卷。三藏法賢譯。

《聖佛母般若波羅蜜多經》一部一卷。《了義般若波羅蜜多心經》一部一卷。上四經一十卷同帙時字號。《五十頌聖般若波羅蜜多經》一部一卷。《聖八千頌般若波羅蜜多一百八名眞實圓義陀羅尼經》一部一卷。上四經並三藏施護譯。

《觀想佛母般若波羅蜜多菩薩經》一部一卷。三藏天息災譯（後更名法賢）。《帝釋般若波羅蜜多心經》一部一卷。《偏照般若波羅蜜多經》一部一卷。上二經三藏施護譯。【略】

大乘律　大乘戒經一部一卷（附帙）。

大乘論　自《佛母般若波羅蜜多圓集要義論》至《金剛針論》，計一十一部一十九卷三帙。

《佛母般若波羅蜜多圓集要義論》一部一卷。《佛母般若波羅蜜多圓集要義釋論》一部四卷。上二論二部五卷同帙乂字號。

《廣釋菩提心論》一部四卷。《菩提心離相論》一部一卷。《大乘二十頌論》一部一卷。《六十頌如理論》一部一卷。上四論四部七卷同帙密字號。

《集諸法寶最上義論》一部二卷。《集大乘相論》一部二卷。《大乘破有論》一部一卷。《諸教決定名義論》一部一卷。上十論三藏施護譯。

《金剛針論》一部一卷。三藏法天譯。上五論五部七卷同帙勿字號。

小乘經

自《眾許摩訶帝經》至《解憂經》，計四十四部六十九卷七帙。《眾許摩訶帝經》一部一十三卷。三藏法賢譯。上一經一部一十三卷一帙多字號。

《大集法門經》一部二卷。《大生義經》一部一卷。上二經三藏施護譯。

《分別緣生經》一部一卷。三藏法天譯。《信佛功德經》一部一卷。三藏法賢譯。

《大三摩惹經》一部一卷。三藏法天譯。《決定義經》一部一卷。三藏法賢譯。

《長者施報經》一部一卷。三藏法天譯。《四品法門經》一部一卷。《信解智力經》一部一卷。上二經三藏法賢譯。上九經九部一十卷同帙士字號。【略】

小乘律　自《苾芻迦尸迦十法經》至》沙彌十戒儀則經》，計五部五卷一帙。

《苾芻迦尸迦十法經》一部一卷。《苾芻五法經》一部一卷。《目連所問經》一部一卷。上三經三藏法天譯。

《解夏經》一部一卷。三藏法賢譯。《沙彌十戒儀則經》一部一卷。三藏施護譯。

上五經五部五卷同帙霸字號。

聖賢集傳翻譯著撰，西方聖賢集傳（梵本翻譯者）。自《菩提行經》至《六道伽陀經》，計二十一部二十九卷三帙。

《菩提行經》一部四卷。《法集要頌經》一部四卷。上二經三藏天息災譯。《法集名數經》一部一卷。三藏施護譯。《菩提心觀釋》一部一卷。三藏法天譯。

上四經四部二十卷同帙趙字號。

《佛吉祥德讚》一部三卷。《聖觀自在菩薩功德讚》一部一卷。上二讚三藏施護譯。《佛三身讚》一部一卷。三藏法賢譯。【略】

高僧集傳。《大宋高僧傳》一部三十卷。《僧史略》一部三卷。第一至第八八卷同帙會字號。第九至十六八卷同帙盟字號。第十七至二十四八卷同帙何字號。第二十五至三十幷《僧史略》三卷九卷同帙遵字號。《景德傳燈錄》一部三十三卷。上十一卷一帙約字號。中十一卷一帙法字號。下十一卷一帙韓字號。《大宋大中祥符法寶錄》一部二十二卷。《應元崇德仁壽慈聖皇太后發願文》一卷。上十一卷一帙弊字號。下十二卷一帙內一卷總錄煩字號。【略】

趙安仁、楊億等《大中祥符法寶錄》卷三　別明聖代翻宣錄中之二。藏乘區別年代指明二之一。

天竺皇設教正覺垂言，本一事之大緣，應萬行之殊品。譬夫雨滋眾卉，寧分甘苦之差。空極無垠，豈有方圓之限。故原其教也，或分三藏。隨其機也，或開二乘。止如始自鹿園終乎鶴樹，依時依處契理契根。盡四含九部之極談，窮六度一眞之妙義。通即十二分，別即唯契經，斯經藏也。又若軌範四眾調伏諸根，使威儀之可觀，令持犯之有則。或明七聚，或說五篇，其守護焉。萬善原斯而起，其破毀也。眾惡自茲而興，制貪染心成清淨行，斯律藏也。又復研覈性相，明辯正邪，詮慧學之楷摸，挫異宗之軌轍。或建立於教藏，或解釋於佛經。若耆薩怛羅之名，若摩怛里迦之稱，斯論藏也。若夫滿字圓音，牛車上喻，極二利三空之道，窮一乘萬行之源，應上品機緣在菩提薩埵，斯大乘也。又教稱半字，喻指化城，窮四諦之理源，盡三界之苦本，隨此機性設以化門，斯小乘也。然妙典流通存諸付囑。皇朝翻譯當紀歲年，故此指明，庶彰事實。今序皇朝所譯大小乘經律論等以奏進，年月爲次，列之于左。

大乘經　一百四十部二百九十卷。大乘律　一部一卷。大乘論　一十一部一十九卷。小乘經　四十四部六十九卷。小乘律　五部五卷。小乘論　見闕。

西方聖賢集傳（梵本翻譯者）二十一部二十九卷。太平興國七年七月譯成經三卷。【略】

《景祐新修法寶錄・序》　昔如來以體具眞如，道成正覺，拯羣生之迷妄，示善教之圓通，大乘小乘隨機緣而應感，正法像法指頓漸以開先。而自玉毫淪輝，金河示滅，有大迦葉洎阿那含共綴遺文，贊明了義，此則經論之所權輿也。其後白馬西來，蘭臺中閟，於是華人識清淨之本，厭煩惱之塵，舍棄異端，咸趨妙蔭，如出火宅安然得車，若在中河濟之以栰。儒墨之終不能毀，仁聖之常所爲尚。國家景運隆盛，義風翔布。太祖始御神器，建寶剎於上都。太宗繼闡鴻猷，開梵筵於淨宇，洪惟聖考夙奉能仁，思慧日之照冥衢，欲法雨之潤羣品。嘗以兩朝之在御，譯成無上之秘筌。詔委方袍嗣成前志，僉咨近弼附益多聞，仍揮錯寶之跗，親述冠篇之藻，目之曰《大中祥符法寶錄》矣。顧予沖眇祗服先猷，照以竭摩之心，授以菩提之記。目膺寶祚，仰慕佛乘，持守兢兢，罔敢失墜。而復五天膜拜之俗，接踵而朋來。四句旁行之書，比時而間出。嚮令翻譯普滌昏蒙，頗歷歲華相次來上。僧惟淨等共加研究，右僕射門下侍郎平章事呂夷簡，吏部侍郎參知政事宋綬，領使潤文，斷自大中祥符四年以後，至景祐丙子，續譯未入錄經，總一百六十一卷。類分華藏，煥列金言，爰覽奏章，願頒序引。且念幽關秘楗，先聖述之多矣。豈茲寡薄所可擬議。然欲使率土之內，含生之流，發歸依之誠，究因報之本。易貪癡爲平等，革暴戾爲慈愛，愚者畏罪以遠惡，上士希福而增善，化民厚俗，不可得而讓也。聊書梗槩莫盡指歸，仍題曰《景祐新修法寶錄》云爾。

呂夷簡等《景祐新修法寶錄》卷一　聖宋翻宣繼聯前式錄上。隨譯年代區別藏乘錄中。復準八例排經入藏錄下。聖宋翻宣繼聯前式錄上。聖宋所譯經律論集讚等總五百七十四卷。前錄所編經等並隨年月進。御次數以經律論集讚相參，今此新錄總排二朝所譯，但依大小二乘三藏次第，計其卷部。先朝舊譯。

太宗朝　所譯大小乘經律論集總一百三十九部二百四十三卷已編入前錄。大乘經，自《佛母小字般若波羅蜜多經》至《尊那經》，凡一百部一百八十三卷。

大乘律一部一卷。《大乘戒經》 大乘論一部一卷。《金剛針論》。小乘經 自《較量壽命經》至《阿羅漢具德經》，凡一十六部三十一卷。

小乘律 自《沙彌十戒儀則經》至《目連所問經》，凡四部四卷。

小乘論（闕）。

西方聖賢集 自《六道伽陀經》至《八大靈塔經》，凡一十七部二十三卷。【略】

下之五卷，今朝所譯。大乘律（闕）。大乘論一部十卷。《大乘寶要義論》。小乘經五部七卷。《佛説白衣金幢二婆羅門緣起經》一部三卷。《佛説佛十力經》一部一卷。《佛説勝義空經》一部一卷。《佛説隨勇尊者經》一部一卷。《佛説清淨心經》一部一卷。小乘律一部一卷。《佛説五大施經》。小乘論（闕）。西方聖賢集（闕）。

今朝所譯大小乘經律論集總九部八十五卷未編入録。

大乘經四部四十九卷。《佛説除蓋障菩薩所問經》十六至二十計五卷通。先朝所譯一十五卷成一部二十卷部已計於前數。

《佛説大乘大方廣佛冠經》一部二卷。《佛説海意菩薩所問淨印法門經》一部一十八卷。《佛説開覺自性般若波羅蜜多經》一部四卷。《佛説如來不思議秘密大乘經》一部二十卷。

大乘律一部一卷。《佛説八種長養功德經》。

大乘論二部二十卷。《聖佛母般若波羅蜜多九頌精義論》一部二卷。《大乘中觀論》一部一十八卷。

小乘經一部三卷。《佛説身毛喜豎經》。小乘律（闕）。小乘論（闕）。

西方聖賢集。《金色童子因緣經》一部一十二卷。

右自眞宗朝未編入録經律論集一十二部七十六卷洎今朝所譯經律論集九部八十五卷兩朝，緫二十一部一百六十一卷並今録新編。

又卷一四 隨譯年代區別藏乘録中之十三。東土聖賢著撰二。聖賢集傳華竺類例二之三。西域梵本翻譯一。東土聖賢著撰二之二。今上皇帝御製下景祐天竺字源序一首（文具本集）。右景祐二年九月降賜《天聖廣燈録序》一首。右因鎭國軍節度使駙馬都尉李遵勗上《廣燈録》，景祐三年四月神筆製序以冠首篇。【略】

釋克己《大藏聖教法寶標目·序》 竊以至理遼夐，絕名言而叵測。法身昭應，隨語嘿以總持。露妙有之冲玄，通群情之封滯。由是鹿苑鶴林之提唱，谷響傳音。線花貝葉之翩翻，雲垂布錦。爰有法寶，耀彼摩尼經律論藏，汎性海之波瀾，戒定慧學，皎義天之日月。遊上林之春，則奇葩異卉紛馥鮮妍。窺王庫之寶，則美玉精金光明洞徹。法寶標目者，清源居士王古所誌也。公讀經該貫，演義深玄，舉教網而目張，覽智鏡而神會。故茲集要，略盡教條，溥爲來機豁開寶藏。流傳既久，貝笈未收眼目所存，誠爲欠事。即有前松江府僧録廣福大師，管主八續，集秘密經文，刊圓藏典，謂此標目，該括詳明，謹録藏中，隨函披閱。俾已通教理者，覩智燈而合照心之解。未閱聖言者，掬法流而澡惑業之垢。一覽之餘，全藏義海瞭然於心目之間矣。善哉，信而解，解而行，行而證。證而極於言語道斷，心行處滅。了最上之眞空，傳法王之心印。燈燈聯輝，展轉分照。廓法界之疆域，入普賢之願海。則効報於皇恩佛恩可知矣。若夫棄經廢律，歲月耽翫，受聖門之利養，甘面牆之蒙塞，斯文也亦可爲懲勸之一端云耳。

時大德丙午子月既望江西吉州路報恩寺講經釋克己序。

王古《大藏聖教法寶標目》卷一 大藏聖教法寶標目文前大科分爲四段。初總標年代括人法之紀綱。二別約歲時分記録之殊異。三略明乘藏顯古録之梯航。四廣列名題彰今目之倫序。

初總標年代括人法之紀綱。自後漢孝明皇帝永平十年戊辰，至大元聖世大德十年丙午，凡一千二百四十一年，中間譯經，朝代歷二十二代，傳譯之人一百九十四人，所出經律論三藏一千四百四十部，該五千五百八十六卷。

經藏 大乘經八百九十七部二千九百八十卷。小乘經二百九十一部七百二十卷。

律藏 大乘律二十八部五十六卷。小乘律六十九部五百單四卷。

論藏 大乘論一百一十七部六百二十八卷。小乘論三十八部七百單八卷

二別約歲時分記録之殊異。自後漢明帝永平十年戊辰，至唐玄宗開元十八年庚午，凡一十九代，六百六十三年，中間傳譯緇素，總一百七十六人，所出大小乘三藏教文，凡九百六十八部，四千五百單七卷（上《開元録》所紀）。

自唐開元十八年庚午，至德宗貞元五年己巳凡六十年，中間傳譯三藏

八人，大乘經論及念誦法二百二十七部，二百四十二卷（上《貞元錄》所紀）。

自唐貞元五年己巳，至宋太宗興國七年壬午，凡一百九十三年，中間並無譯人，其年壬午始建譯場，至眞宗大中祥符四年辛亥，凡二十九年，中間傳譯三藏六人，所出三藏教文二百單一部，三百八十四卷（已上《祥符錄》所紀）。

自宋仁宗景祐四年丁丑，至今大元聖世至元二十二年乙酉，凡二百五十四年，中間傳譯三藏四人，所出三藏教文二十部，一百一十五卷，其餘前錄未編入者經律論等五十五部一百四十一卷，通前七十五部二百五十六卷（依拾遺編入）。

紀　事

《天聖釋教總錄》下冊　《廣品歷章》三十卷三帙（亦名一切經源品次錄，正元錄中收入，計數記述，源□具如本錄。）

第一帙十卷高字號。第二帙十卷冠字號。第三帙十卷陪字號。《大唐正元續開元釋教錄》三。品歷章同第三帙。二百四十二卷經論及念誦法見行入藏者。

已上三項總二百七十五卷逐一函帙字號卷數列之于左。

《大烏樞瑟摩明王經》三卷，《穢跡金剛說神通大滿陀羅尼法術靈要門》一卷，《穢跡金剛禁百變法》一卷。上三經並此天竺國三藏何質達霰譯。

卷計八卷同第八帙纓字號。

《菩提場莊嚴經》一卷（內題云《菩提場莊嚴陀羅尼經》）。《除一切疾病陀羅尼經》一卷。《能淨一切眼陀羅尼經》一卷。《施燄口餓鬼陀羅尼經》一卷。《三十五佛名經》一卷。《八大菩薩曼荼羅經》一卷。《葉衣觀自在菩薩陀羅尼經》一卷。

《訶利帝母經》一卷（內題云《訶利帝母眞言法》）。《毗沙門天王經》一卷。《觀自在菩薩說普賢陀羅尼經》一卷。並三藏不空譯。上二十部共一十卷同第九帙世字號。

《文殊問字母品經》一卷。《金剛頂瑜伽千手千眼觀自在念誦法》一卷（本錄有此名題今□中闕此一卷）。《金剛頂蓮華部心念誦法》一卷（內題云《念誦儀軌》）。《無量壽如來念誦儀軌》一卷。《阿閦如來念誦法》一卷。《佛頂尊勝念誦法》一卷（內題云《陀羅尼念誦儀軌》）。《金剛頂勝初瑜伽普賢菩薩念誦法》一卷。《金剛王菩薩念誦法》一卷（內題云《秘密念誦儀軌》）。《普賢金剛薩埵念誦法》一卷。《金剛頂瑜伽五秘密修行儀軌》一卷。並三藏不空譯。上二十部共二十卷，除闕本一卷外，計九卷，同第十帙祿字號。【略】

王古《大藏續集法寶標目》卷一　般若部，總二十一部，七百三十六卷，七十三帙。

《大般若波羅蜜多經》六百卷。【天】字至【柰】字號。六十帙，函號依印，經院有本。

右佛於天上人間四處十六會說，西域本有二十萬偈，此方八部咸在其中。唐三藏法師玄奘取全本於西域，於玉華寺，譯成六百卷，般若空宗此焉周盡。初法師將順衆意，如羅什所翻，除繁去重，於夜夢中有極怖畏事，還依廣翻，即見殊勝境界，遂不敢删，依梵本譯。慶成之日，般若放光諸天雨華，空中音樂異香芬烈。法師曰，此鎭國之典，人天大寶。經自記，此方當有樂大乘者，國王大臣四部徒衆，書寫受持讀誦流布，皆得生天究竟解脫（已上出《三藏法師傳》）。《開元釋教錄》云，諸經以般若建初者，謂諸佛之母也。【略】

王古《大藏聖教法寶標目》卷一〇　《莊嚴寶王經》四卷【千】。右佛說觀自在菩薩，救阿毗地獄極苦衆生，及餓鬼等諸趣罪苦，六字神呪，不可思議功德。

《聖吉祥持世經》　右佛爲妙月長者貧窮多病，說陀羅尼。

《七佛讚》　右讚七佛幷慈氏功德，皆梵文。

《大乘聖無量壽王經》　右佛因妙吉祥菩薩，說無量壽決定光明王如來陀羅尼，令夭壽人而得長壽。

《聖佛母小字般若經》　右佛爲觀自在菩薩說陀羅尼，令衆生速獲菩提，無諸魔難。

《最勝佛頂陀羅尼經》右陀羅尼前後別無經文。

《無能勝旛王如來莊嚴陀羅尼經》右佛因帝釋與阿脩羅戰敗，說陀羅尼，一切怨敵無能勝者。

《佛說守護大千國土經》三卷 右佛說大明王呪，保護大千國土，及釋梵天王等說呪保護眾生。

《大方廣總持寶光明經》五卷 右如《華嚴十住品》、《發心功德品》同本，而此加詳。

《出生一切如來經》二卷 右佛告金剛手秘密主，持大教明王經法。

《大乘日子王所問經》【兵】 右佛因日子王婬恚，爲說女人虛誑及丈夫婬欲四過，一遠離佛法僧，二不孝父母，三恆多邪見，四種種虛誑，廣求財利。

《大乘善見變化文殊問法經》 右佛爲文殊說四聖諦，四念處，四正勤，五根，五力，七覺分，八正見。【略】

明清經録分部

綜　述

智旭《閱藏知津·叙》 心外無法，祖師所以示即法之心。法外無心，大士所以闡即心之法，並傳佛命，覺彼迷情，斷未有欲弘佛語，而可不深究佛心。亦未有既悟佛心，而仍不能妙達佛語者也。今之文字阿師，拍盲禪侶，竟何如哉。嗚呼，吾不忍言之矣。昔世尊示入涅槃，初祖大迦葉即白眾云，如來舍利，非我等事，今者宜先結集三藏，勿令佛法速滅。嗟嗟。儻三藏果不足傳佛心，則初祖何以結集爲急務耶？竊謂禪宗之有三藏，猶奕秋之有棋子也。三藏之須禪宗，猶棋子之須活眼也。均一棋子也，善奕者則著著皆活，不善奕者則著著皆死，均此三藏也。知佛心者則言言皆了義，不知佛意者則字字皆瘡疣。若爲懲隨語生見，遂欲全棄佛語，又何異因咽廢飯哉。夫三藏之不可棄，猶飲食之不可廢也。明矣。不調飲食，則病患必生。不閱三藏，則智眼必昧。顧歷朝所刻藏乘，或隨年次編入，或約重單分類，大小混雜，先後失準，致使欲展閱者茫然不知緩急可否。故諸剎所供大藏，不過緘置高閣而已。縱有閱者，亦罕能達其旨歸，辨其權實，佛祖慧命眞不啻九鼎一絲之懼，而諸方師匠，方且或競人我，如兄弟之鬩牆。或趨名利，如蒼蠅之逐臭。或妄爭是非，如癡犬之吠井。或恣享福供，如燕雀之處堂，將何以報佛恩哉。唯宋有王古居士，創作《法寶標目》。明有蘊空沙門，嗣作《彙目義門》，並可稱良工苦心，然《標目》僅順宋藏次第，略指端倪，固未盡美。《義門》創依五時教味，麤陳梗概，亦未盡善。旭以年三十時，發心閱藏，次年晤壁如鎬兄於博山，諄諄以義類詮次爲囑，於是每展藏時隨閱隨錄，凡歷龍居，九華，霞漳，溫陵，幽棲，石城，長水，靈峰八地，歷年二十祀，始獲成稿，終不敢剖破虛空，但藉此稍辨方位。俾未閱者，知先後所宜。已閱者，達權實所攝。義持者，可即約以識廣。文持者，可會廣以歸約。若權若實不出一心，若廣若約咸通一相，故名之爲《閱藏知津》云。

甲午重陽後一日北天目沙門釋智旭撰。

智旭《閱藏知津》卷一 閱藏知津緣起：古德云，般若如大火聚，四面不可入。又云，般若如清涼池，四面皆可入，般若其有二乎哉。何一不可入，一可入也。余鈍根學佛有年，不獨大火聚不能捱身，即清涼池亦無能插足，惟是嘗聞《華嚴·普賢行願品》有剝皮爲紙，刺血爲墨，書寫經卷，積如須彌。故每於方冊經卷少刻流通，非敢云作檀度法施，蓋欲藉此稍種般若種子耳。昔者靈峰大師開講報恩三藏，余因得親法席，後欲輒申供養。師囑云，吾有《閱藏知津》一書，共四十八卷，計一千餘紙，居士能爲我梓行，則勝如以四事給我矣。師化去忽十年，塵務紛紛，未得酬此願，去夏癸卯，勉力抽資，并勸一二同志共襄其事，遂鳩工藏舍倡刻，至今夏甲辰，得以告成。所願刻施微因，用薦先父思山府君，先母魏氏孺人脫苦惱於三途，證蓮華於九品，更冀閱是書者一展卷時，如扁舟漁父忽然誤入桃源，則如來法海雖寬廣無涯，一彈指間可以即登彼岸矣。其他律教之異同，禪淨之差別，具述大師序中，茲不更贅。余因述發心刻施之緣，聊識數言以記歲月如此。溧水佛弟子夏之鼎和南述

真超《刻根本大師將來錄》序 大師入唐求法目錄有二本，其一則記

於台州所得經疏名目，謂之《圓宗錄》。其一則記於越州所受密典名數，謂之《越府錄》。越府錄有元祿年間印本，而文字紕訛不正。今因就橫川松禪院所藏大師眞筆，以摸出之。其《圓宗錄》元龜之亂散失，不知所在，故就正二位前權大納言宗建卿所藏寫本，以錄出之，且校以東寺觀智院所藏寬治五年寫本。遂幷上木，翼傳之萬世，以備法門盛典云爾。

文政四年辛巳大師千年遠忌之初夏。叡嶽新探題權僧正識。

最澄《傳教大師將來台州錄·傳教大師進官錄》上表　沙門最澄言，最澄聞，六爻探頤局於生滅之場，百物正名未涉眞如之境。豈若隨他權敎開三乘於機門，隨自實敎示一乘於道場哉。然則，圓敎難說，演其義者天台。妙法難傳，暢其道者聖帝。伏惟陛下，纂靈出震，撫運登極，北蕃來朝請賀正於每年，東夷北首知歸德於先年。於是，屬想圓宗緬懷一乘，紹宣妙法以爲大訓。由是，妙圓極敎，應聖機而興顯，灌頂秘法，感皇緣而圓滿。最澄奉使求法，遠尋靈蹤，往登台嶺，躬寫敎迹，所獲經幷疏及記等，總二百三十部四百六十卷，且見進經一十卷，名曰《金字妙法蓮華經》七卷，《金字金剛般若經》一卷，《金字菩薩戒經》一卷，《金字觀無量壽經》一卷，及《天台智者大師靈應圖》一張，天台大師禪鎭一頭，天台山香爐峯送樫及柏木文釋四枚，說法白角如意一柄，謹遣弟子藏經奉進，但聖鑑照明二門圓滿，不任誠懇之至，奉表戰慄謹言。

延曆二十四年七月十五日　沙門最澄上表

亮照《山家將來目錄》序　昔者吾三聖之入唐求法也，皆有《將來錄》，先是刊行於世矣。今復殊壽此摹錄者，蓋使其眞蹟不朽也。夫國朝文物之盛，云緇云素，莫太於延曆弘仁聖代。至若其書法精眇，則晩唐以還聲書之士實所不能及，人僉知焉。宋人讚曰幾二王亦非誣，當時尙然，況今世存數千字者，可謂希世巨寶也。雖然毖之臧中，則非但人知稀，或恐不能全璧於後世，豈可不憾乎。今玆辛巳之夏，法曼超公賚郭塡之本徠曰，大師入滅壹千年，於今眞蹟儼可見矣。今刻之以置開□塔院，則猶傳永世可不盛觀哉。於玆吾儕彈指隨喜而諾矣。頃日剞劂告功成，同法切責題一言，予固辭不許，故不顧唯質而不文書其始末云。

文政辛巳僧自恣日，延曆寺遮那業苾芻亮照撰幷書。

空海《御請來目錄上新請來經等目錄表》　入唐學法沙門空海言，空海以去延曆二十三年，銜命留學之末，問津萬里之外，其年臘月得到長安，二十四年二月十日，準勅配住西明寺。爰則周遊諸寺，訪擇師依，幸遇青龍寺灌頂阿闍梨法號惠果和尙，以爲師主。其大德則大興善寺大廣智不空三藏之付法弟子也。弋釣經律該通密藏，法之綱紀，國之所師。大師尙佛法之流布，歎生民之可拔，授我以發菩提心戒，許我以入灌頂道場，沐受明灌頂再三焉。受阿闍梨位一度也。肘行膝步學未學，稽首接足聞不聞，幸賴國家之大造，大師之慈悲，學兩部之大法，習諸尊之瑜伽，斯法也則諸佛之肝心，成佛之徑路，於國城塢於人膏腴。是故薄命不聞名，重垢不能入，印度則輸婆三藏脫躧負扆，振旦則玄宗皇帝景仰忘味。從爾已還，一人三公接武耽翫，四衆萬民稽首皷篋，密藏之宗自玆稱帝，半珠顯敎靡旗面縛。夫以，鳳凰于飛必窺堯舜，佛法行藏逐時卷舒。今則一百餘部金剛乘敎，兩部大曼荼羅海會請來見到。雖云波濤渓漠風雨漂船，越彼鯨海平達聖境，是則聖力之所能也。伏惟皇帝陛下至德如天，佛日高轉，人之父佛之化，悲蒼生而濡足，鍾佛囑而垂衣，以陛下新御旋璣，新譯之經自遠新戾，以陛下慈育海內，海會之像過海而來也。恰似符契，非聖誰測矣。空海雖闕期之罪死而有餘，竊喜難得之法生而請來，不任一懼一喜之至。謹附判官正六位上行大宰大監高階眞人遠成，奉表以聞，幷請來新譯經等目錄一卷，且以奉進輕黷威嚴，伏增戰越，沙門空海誠恐誠惶謹言。

大同元年十月二十二日入唐學法沙門空海上表

常曉《常曉和尙請來目錄》　入唐學法沙門常曉言，常曉以去承和三年五月，銜命留學遠期萬里之外，其年漂迴，四年亦不果渡海，五年六月進發，同年八月到淮南城廣綾館安置，孟冬使等入朝。常曉不得隨使入京，徒留館裏，空經多日。至于歲盡勅命未有爰，則周遊郡內訪擇師依，幸遇栖靈寺灌頂阿闍梨法號文璨和尙，幷華林寺三敎講論大德元照座主，其文璨和尙則不空三藏弟子，兼惠應阿闍梨付法人也。【略】伏惟皇帝陛下，極德如天，佛日高轉，人之父，佛之化悲群生而濡足，助佛囑而垂衣。以陛下慈育劾，祥靈像敎希自遠新來，恰似符契，非聖誰測矣。常曉本謂，果三十年經歷漢里，求佛法來，事護國家，而緣唐朝不聽留住，隨使迴歸，竊以一喜此法敎生而請來，不任一喜一懼之至。謹附準判官藤原朝臣貞敏，奉表以聞，并請來法門等目錄一通且以奉進，輕黷威嚴伏增戰越，常曉誠恐誠惶謹言。

承和六年九月二日入唐學法沙門傳燈大法師位常曉（上表）。

圓行《**靈巖寺和尚請來法門道具等目錄**》入唐還學沙門圓行言，圓行載次戊午，銜命請益之列，訪道西海之外，其年臘月得到長安城，歲次己未正月十三日，依奏奉勅住青龍寺。幸遇彼寺灌頂教主法號義眞和尚以爲師主，其大威德則惠果阿闍梨弟子同門義操和尚付法之弟子也。【略】伏惟皇帝陛下功超玄極，道冠混元，讚堯寶圖，復禹丕續，悲蒼生而濡足，鍾佛囑而垂衣。以陛下興隆佛法，沒馱之舍利浸波遠來，以陛下慈育海內，秘密之經法過海遙到也。秘法傳來非是無以也，如來本有福智之力，法界本性加持之力矣。大日如來，金剛薩埵，龍猛菩薩，龍智菩薩，金剛三藏，不空三藏，惠果和尚，義操和尚，義眞和尚，次第相傳，即授圓行，所授經法舍利道具等目錄在別，謹以奉進輕黷威嚴伏增戰越，沙門圓行誠恐誠惶謹言。

承和六年十二月十九日入唐還學沙門傳燈大法師位圓行上表

安然《**敘諸阿闍梨真言密教部類總錄**》 據八目錄爲十六錄。八目錄者，一叡山澄和上錄，二高野海和上錄，三叡山仁和上錄，四靈巖行和上錄，五安祥運和上錄，六小栗曉和上錄，七叡山珍和上錄，八圓覺叡和上錄。十六錄者，一者灌頂法錄，二大日散錄，三金剛頂錄，四蘇悉地錄，五諸如來錄，六諸佛頂錄，七諸佛母錄，八諸經法錄，九觀世音錄，十諸菩薩錄，十一金剛手錄，十二普世天錄，十三護摩供錄，十四禮懺讚錄，十五梵字論錄，十六碑傳具錄。十六錄中各分部類，類類之中列經法名，名名之下更注人名。但恐繁文敢取一諱，覽者恕之。

于時元慶九年正月二十八日元慶寺，勅灌頂傳法沙門安然敘。

安然《**集諸阿闍梨真言密教部類總錄**》（**廣出新舊陀羅尼法**） 竊檢諸阿闍梨目錄，並於《貞元錄》中，抽其新入經法，以爲眞言一家敎門，諸舊譯中陀羅尼法，皆不取之，遂使學者不了取由欠博覽焉。今據八家秘錄，以爲二十部類，類類之中更分法類，類類之內頗加舊翻，雖非神呪亦引願緣。又諸錄中或據本錄唯存略題，或隨意樂各列廣名，仍令後人難見跡蹠實。今載本末之名目，亦示存略之異同。又諸錄中，諸阿闍梨秘不載者，若有見聞並亦加矣。

圓超《**華嚴宗章疏并因明錄**》 竊以佛教之興也，於此有由矣。西天之境，釋迦能仁駕鹿苑而疏其源，東漢之朝，孝明皇帝夢金人而尋其蹤。我國家奇異之像來濱，微言之教聞空，磯城嶋金刺宮御宇欽明天皇十三年佛法始傳矣。其後至于延喜十四年，經三百五十三年，其間所傳，法藏盡數，分教窮派，書寫經論競在公私，秘顯章疏但任人心。或秘不傳，或散不寫，諸宗章疏漸瀆塞，白馬教法無由釋焉。伏惟禪定皇帝，五百佛前，親受付囑，一天下中權現王身，崇重聖教遠越五天，紹隆顯密近倍震旦。爰皇帝勅寫傳章疏，使六宗碩學進各宗之錄。圓超苟陪華嚴之末學，忝獻自宗及因明錄，伏憑後哲之正奏耳。

甲戌之歲四月八日謹序。

白玄天龍《**新編教藏總錄流衍序**》 夫明月之珠，焰光之璧，納櫝而弗庸，則有那益乎哉。宓惟，義天姓王氏，高麗國，文宗仁孝王第四之子也，出家封祐世僧統。元祐初，入中華而上表，請傳賢首教。迺勅而見許，肇往四明，事智師慈辨，而受天台教觀。趨至靈芝，拜大智元照，而學律藏。從晉水淨源，而聞賢首宗乘。亦遭圓照宗本禪師，而問宗義大旨，曲如僧傳等。厥雷聲震于支那，動三韓矣。五千四十八卷，歎一口而不足，亦復搜索章疏教迹，歷二十年，而隨所獲編次，以作三卷，目《新編諸宗教藏總錄》也。斯錄漸于本朝，垂于六百載，虛藏叢林，而使爲蟲蠹之宅，頃日井上氏直屈起鏤梓，以欲流衍天下。余於茲甜其志，而俱出腕頭之力，的策此之懈，云詎不急務諸。時元祿歲次癸酉蒲月既望。毘盧正宗西湖比丘白玄天龍書于三學山草堂。

義天《**新編諸宗教藏總錄**》**序** 漢明夢感之後，葉書繼至，翻譯流通者，無代無之。而及貞觀，經論大備，繇是，西聖之教，霈然莫禦也。自聶道眞道安，至于明佺宣律師，各著目錄，謂之《晉錄》《魏錄》等，然於同本異出舊目新名，多惑異途，眞僞相亂，或一經爲兩本，或支品爲別翻，四十餘家，紛然久矣。開元中，始有大法師，厥號智昇，刊落訛謬刪簡重復，總成一書，曰《開元釋教錄》，凡二十卷，最爲精要。議者以爲，經法之譜，無出昇之右矣。住持遺教莫大焉。予甞竊謂，經論雖備，而章疏或廢，則流衍無由矣。輒効昇公護法之志，搜訪教迹以爲己任，孜孜不捨，僅二十載于茲矣。今以所得新舊製撰諸宗義章，不敢私秘，敘而出之，後有所獲，亦欲隨而錄之，脫或將來編次函帙，與三藏正文，垂之無窮，則吾願畢矣。時後高麗十三葉，在宥之八年歲次庚午八月初八日，海東傳華嚴大教沙門義天敘。

紀事

《大明重刊三藏聖教目錄》卷中　小乘經。阿含部。

【剋念】《佛說長阿含經》（二十二卷）。【作聖德建名立】《中阿含經》（六十卷）。【形端表正空】《增壹阿含經》（五十卷）。【谷傳聲虛堂】《雜阿含經》（五十卷）。【習針聽（十三卷）】《別譯雜阿含經》（二十卷）。《雜阿含經》（一卷）。《長阿含十報法經》（二卷）。【禍（十一卷）】《佛般泥洹經》（二卷）。《佛說方等泥洹經》（二卷）。《大般涅槃經》（三卷）。《佛說人本欲生經》（一卷）。《佛說梵志阿颰經》（一卷）。《佛說梵網六十二見經》。《佛說尸迦羅越六方禮經》（二經合卷）。《佛說寂志果經》（一卷）（八經同函）。【因】《起世經》（十卷）。【惡】《起世因本經》（十卷）。【積（十卷）】《樓炭經》（六卷）。《佛說七知經》。《佛說鹹水喻經》。《佛說一切流攝守因經》（三經合卷）。《佛說四諦經》。《佛說恆水經》。《佛說本相倚致經》（三經合卷）《中本起經》（二卷）（八經同函）。【福（十卷）】《佛說緣本致經》。《佛說頂生王故事經》。《佛說文陀竭王經》（三經合卷）。【略】

智旭《閱藏知津凡例》　義門但分五時，不分三藏，謂三藏小教，但屬阿含一時也。然天台備明五時，各論通別。別則但約一類機緣，通則《華嚴》乃至《涅槃》，無不遍該一代。又從古判法，多分菩薩，聲聞兩藏，就兩藏中，各具經，律，論三。若據《智度論》說，則凡後代撰述合佛法者，總可論藏所收，若據《出曜經》說，則於經，律，論外，復有第四雜藏。今謂兩土著作，不論釋經，宗經，果是專闡大乘，則應攝入大論。專闡小道，則應攝入小論。其或理兼大小，事涉世間，二論既不可收，故應別立雜藏。

若據五時次第，則華嚴之後，應敘阿含，然以小教加於方等般若之前，甚爲不可。故必大小各自爲類，庶顯權實輕重不同。

據密部之中，亦有以華嚴爲名者，亦有以般若爲名者，亦有以法華爲名者，但既涉壇儀印咒，並屬秘密一宗，只此密宗，並是方等大教，並通四十九年所說故也。

法華，涅槃，雖同醍醐一味，而一重顯實，一重談常，故仍分二也。

大乘律，本在諸經論中，不同小乘條然各別。今爲令學菩薩戒者，易於尋究，故順歷代藏經舊例仍列數種，而出沒取捨略與舊目不同。

大乘論藏，自有釋經，宗經，及轉釋諸論之不同。今故分爲三別，三中又各先敘西土，後敘此土，所以尊天竺也。

此土釋大乘經，雖有巧拙淺深不同，然既附經文，不可攝入雜藏，故並入論藏中，若義門各附經論之後，又似經論，太無分別矣。

此土述作，唯肇公及南嶽天台二師，醇乎其醇，眞不愧馬鳴，龍樹，無著，天親，故特收入大乘宗論。其餘諸師，或未免大醇小疵，僅可入雜藏中。

西土撰述，但以義兼大小，或復事涉抄撮，故名爲雜。此方撰述，則以諸家不同，體式亦異，故名爲雜。

此土，淨土宗如《妙宗鈔》，《十疑論》等，台宗如《玄義》，《文句》，《三止觀》等，賢首如《華嚴疏鈔》等，並已收入大乘論藏，故所列咸皆無幾，俟法海觀瀾中，乃當備列各宗要書。

義目於華嚴，法華等經，便取賢首，溫陵等意旨釋之，未免依他作解，障自悟門。今但列其品題，并品中事理大概，使人自知綱要，唯至疏鈔玄文，方略出其釋經之法，使知各家製立軌則不同。

義目每於重單譯中，先取單本總列於前，後以重本別列於後，相去懸隔，查考稍難。又每以先譯爲主，不分譯之巧拙，致令閱者不知去取。今選取譯之巧者，一本爲主，其餘重譯即列於後，俾不能遍閱者，但閱其一，即可得旨，若能遍閱者，連閱多譯，便知巧拙之得失也。

凡重譯本，於總目中，即低一字書之，使人易曉。至後錄中，則與主本或全同，或稍異，仍備明之，使人知其或應並閱，或可不閱也。

諸經或已流通，則人多素曉。或雖未流通，而卷帙不多，則人易翻閱，故所錄皆略，唯《大般若》，實爲佛祖迅航，而久不流通，卷盈六百，故所錄稍詳，又寶積，大集，及諸密部，并阿含等，凡卷帙多而人罕閱者，亦詳錄之，庶令人染一指而知全鼎之味云爾。

智旭《閱藏知津總目》卷一　第一經藏二分：一大乘經，二小乘經。第二律藏二分：一大乘律，二小乘律。第三論藏二分：一大乘論，二小乘論。第四雜藏，二分：一西土撰述，二此方撰述。

一大乘經五部：一華嚴部，二方等部，三般若部，四法華部，五涅槃部。

一華嚴部：

《大方廣佛華嚴經》（八十卷）　拱平章愛育黎首臣。

《大方廣佛華嚴經入不思議解脱境界普賢行願品》（四十卷）（南伏戎羌北伏戎羌遐）。

《大方廣佛華嚴經》（六十卷）　湯坐朝問道垂。

《佛説兜沙經》（四紙半）　（南邇北壹）。

《佛説菩薩本業經》（十一紙半）　仝上。

《諸菩薩求佛本業經》（九紙半）（南邇北率）

《菩薩十住行道品經》（七紙欠）　仝上

《佛説菩薩十住經》（四紙欠）　仝上

《漸備一切智德經》（五卷）　仝上

《十住經》（六卷）　（南壹北體）

《等目菩薩所問三昧經》（三卷）　（南體北率）

《顯無邊佛土功德經》（一紙半）　壹

《佛説較量一切佛刹功德經》（一紙餘）　（南夙北臨）

《佛説如來興顯經》（四卷）　（南體北邇）

《度世品經》（六卷）　壹

《佛説羅摩伽經》（四卷）　體

《大方廣佛華嚴經續入法界品》（八紙欠）（南邇北壹）

《普賢菩薩行願讚》（四紙半）　（南無北唱）

《文殊師利發願經》（二紙）　（南籍北既）

《大方廣如來不思議境界經》（九紙餘）　（南邇北壹）

《大方廣佛華嚴經不思議佛境界分》（十紙半）　仝上

《大方廣佛華嚴經修慈分》（五紙半）　仝上

《大方廣入如來智德不思議經》（十二紙餘）　（南邇北壹）

《度諸佛境界智光嚴經》（一卷）　（南遐北殷）

《佛華嚴入如來德智不思議境界經》（一卷）　（南遐北邇）

《大方廣普賢所説經》（四紙欠）　（南邇北壹）

《信力入印法門經》（五卷）　（南遐北邇）

《大方廣總持寶光明經》（五卷）　（南竭北力）

《大方廣圓覺脩多羅了義經》（一卷）　難

二方等部。又爲二，一顯説，二密咒。

方等顯説部：

《大寶積經》（一百二十卷）　龍師火帝（至）始制文字

《大方廣三戒經》（三卷）　乃

《佛説如來不思議秘密大乘經》（二十卷今作十卷）　映

《佛説無量清淨平等覺經》（二卷）　乃

《佛説無量壽經》（二卷）　乃

《佛説阿彌陀經》（二卷）　乃

《佛説大乘無量壽莊嚴經》（三卷）　（南深北命）

《佛説大阿彌陀經》（二卷）　貞

《佛説阿閦佛國經》（二卷，北作三卷）　服

《佛説大乘十法經》（一卷）　服

《佛説普門品經》（一卷）　服

《佛説大乘菩薩藏正法經》（四十卷，今作二十卷）　（南辭安，北如松）

《佛説胞胎經》（一卷）　服

《文殊師利佛土嚴淨經》（二卷）　服

《佛説護國尊者所問大乘經》（四卷，南作三，北作二）　（南夙北臨）

《郁迦羅越問菩薩行經》（一卷）　衣

《佛説法鏡經》（二卷）　服

《幻士仁賢經》（一卷）　衣

《佛說決定毘尼經》（一卷）　衣
《佛說三十五佛名禮懺文》（一紙半）　淵
《發覺淨心經》（二卷北作一卷）　衣
《佛說須賴經》（一卷）（南忘北衣）
《佛說須賴經》（二卷）　仝上
《菩薩修行經》（半卷）（南忘北短）
《佛說無畏授所問大乘經》（上中下，僅半卷）（南馨北夙）
《佛說優塡王經》（四紙餘）　衣
《佛說大乘日子王所問經》（九紙餘）　力
《佛說須摩提經》【略】

智旭《閱藏知津總目》卷二　方等密咒部。又二：一經，二儀軌。

一密咒經。

《大佛頂如來密因修證了義諸菩薩萬行首楞嚴經》（十卷）　羔
《佛說一切如來眞實攝大乘現證三昧大敎王經》（三十卷，南作十九卷，北作十七卷）（南如松，北盛川）
《金剛頂一切如來眞實攝大乘現證大敎王經》（三卷）（南之北流）
《大乘金剛髻珠菩薩修行分經》（一卷）（南暇北殷）
《大乘瑜伽金剛性海曼殊室利千臂千鉢大敎王經》（十卷）　容
《佛說一切如來金剛三業最上秘密大敎王經》（七卷）　息
《佛說最上根本大樂金剛不空三昧大敎王經》（七卷）（南淵北澄）
《大樂金剛不空眞實三麼耶般若波羅密多理趣經》（七紙欠）（南川北澄）
《金剛頂瑜伽理趣般若經》（九紙餘）（南思北澄）
《實相般若波羅密經》（六紙餘）　翔
《佛說秘密相經》（上中下合卷）（南馨北不）
《佛說金剛場莊嚴般若波羅密多敎中一分》（八紙）（南斯北夙）
《佛說幻化網大瑜伽敎十忿怒明王大明觀想儀軌經》（一卷）（南履北思）
《佛說大悲空智金剛大敎王儀軌經》（五卷，今作三卷）　思
《一切如來大秘密王未曾有最上微妙大曼羅經》（五卷，今作三卷）（南命北川）【略】

二密咒儀軌。

《金剛頂經一切如來眞實攝大乘現證大敎王經》（二卷）（南優北亦）
《金剛頂瑜伽中略出念誦經》（四卷）（南景北念）
《金剛頂瑜伽金剛薩埵五秘密修行念誦儀軌》（一卷）（南竟北稿）
《金剛頂瑜伽金剛薩埵儀軌》（十紙餘）（南學北杜）
《金剛頂瑜伽經十八會指歸》（八紙餘）（南無北隸）
《金剛頂瑜伽三十七尊禮》（三紙半）（南竟北隸）
《一切秘密最上名義大敎王儀軌》（上下仝卷）（南竟北杜）
《妙吉祥平等瑜伽秘密觀身成佛儀軌》（一卷）（南優北鍾）
《妙吉祥平等觀門大敎王經略出護摩儀》（七紙）（南優北隸）
《金剛王菩薩秘密念誦儀軌》（十一紙欠）（南無北稿）
《金剛頂經瑜伽修習毘盧遮那三摩地法》（一卷）（南無北鍾）
《不空羂索毘盧遮那佛大灌頂光眞言》（紙半）（南思北斯）
《大毘盧遮那成佛神變加持經略示七支念誦隨行法》（三紙欠）（南學北杜）
《大日經略攝念誦隨行法》（二紙餘）　仝上
《一字佛頂輪王念誦儀軌》（七紙餘）（南優北鍾）【略】

智旭《閱藏知津總目》卷三　三般若部。

《大般若波羅密多經》（六百卷）　天地玄黃至珍李柰
《放光般若波羅密經》（三十卷）　菜重芥
《摩訶般若波羅密經》（三十卷）　薑海鹹
《光讚般若波羅密經》（十卷）　河
《道行般若波羅密經》（十卷）　淡
《小品般若波羅密經》（十卷）　鱗
《佛母出生三法藏般若波羅密多經》（二十五卷北作十四卷）（南似蘭北履薄）
《佛母寶德藏般若波羅密經》（三卷今作二卷）（南履北臨）

《大明度無極經》（六卷）　潛
《摩訶般若波羅密鈔經》（五卷）　潛
《勝天王般若波羅密經》（七卷）　羽
《文殊師利所說摩訶般若波羅密經》（一卷）　翔
《文殊師利所説般若波羅密經》（一卷）　翔
《佛說濡首菩薩無上清淨分衛經》（二卷）　翔【略】

四法華部。

《無量義經》（一卷）　草
《妙法蓮華經》（七卷）　草
《正法華經》（十卷）　木
《妙法蓮華經》（八卷）　（南蓋北賴）
《薩曇芬陀利經》（半卷）　草
《觀世音菩薩普門品》（一卷）　（南㊌北草）
《法華三昧經》（半卷）　草
《廣博嚴淨不退轉法輪經》（四卷）　髮
《不退轉法輪經》（四卷）　髮
《阿惟越致遮經》（四卷）　（南此北蓋）
《大薩遮尼乾子受記經》（十卷）　豈
《菩薩行方便境界神通變化經》（三卷）　養
《金剛三昧經》（二卷）　（南賢北難）
《大法鼓經》（二卷）　染
《佛說觀普賢菩薩行法經》（一卷）　（南罔北短）

五涅槃部。

《大般涅槃經》（四十卷）　（南率賓歸王，北賓歸王鳴）
《南本大般涅槃經》（三十六卷）　（南鳴鳳在竹，北鳳在竹白）
《大般泥洹經》（六卷）　（南白北食）
《大般涅槃經》後分（二卷）　白
《佛說方等般泥洹經》（二卷）　（南駒北白）
《四童子三昧經》（三卷）　仝上
《大悲經》（五卷）　駒
《大乘方廣總持經》（一卷）　（南五北才）
《佛說濟諸方等學經》（一卷）　仝上
《集一切福德三昧經》（三卷）　（南大北化）
《等集衆德三昧經》（三卷）　（南四北化）
《摩訶摩耶經》（二卷）　（南忘北彼）
《大方等大雲經》（四卷）　（南毁北男）
《菩薩處胎經》（五卷）　悲
《中陰經》（二卷）　（南絲北景）
《佛說蓮華面經》（上下仝卷）　（南詩北景）

二小乘經：

《增壹阿含經》（五十卷）　形端表正空
《佛說阿羅漢具德經》（八紙半）　（南夙北臨）
《佛說四人出現世間經》（三紙欠）　（南福北緣）
《佛說波斯匿王太后崩塵土坌身經》（二紙半）　（南緣北善）
《佛說給孤長者女得度因緣經》（三卷，南作二，北作一）　（南蘭北薄）
《須摩提女經》（十四紙半）　（南緣北敬）
《佛說三摩竭經》（九紙）　（南尺北敬）
《佛說婆羅門避死經》（一紙欠）　（南緣北善）
《食施獲五福報經》（一紙餘）
《頻婆娑羅王詣佛供養經》（四紙欠）
《佛說長者子六過出家經》（二紙欠）
《佛說鴦崛魔經》（五紙）
《佛說鴦崛髻經》（五紙）
《佛說力士移山經》（四紙半）
《佛說四未曾有法經》（一紙餘）
《佛說舍利弗目犍連遊四衢經》（二紙餘）【略】

第二律藏二分：一大乘律，二小乘律。

一大乘律：

《佛說梵網經》（二卷）　（南攝北安）

《菩薩瓔珞本業經》（二卷）（南職北篤）
《菩薩善戒經》（九卷）（南仕攝北辭）
《菩薩善戒經》（一卷，連前經）
《佛説受十善戒經》（一卷）（南職北篤）
《佛説十善業道經》（五紙欠）（南從北初）
《佛爲娑伽羅龍王所説大乘法經》（八紙半）（南命北盡）
《文殊師利問經》（二卷）　染
《佛説菩薩内戒經》（一卷）（南從北言）
《佛藏經》（四卷）（南職北篤）
《優婆塞戒經》（七卷）（南攝北定）
《佛説法律三昧經》（七紙欠）（南從北初）【略】

二小乘律：

四分律藏（六十卷）（南訓入奉母儀諸姑，北業所基籍甚無
《四分戒本》（一卷）（南姑北外）
《四分戒本》（一卷）　仝上
《比丘尼戒本》（一卷）［（南叔北外）］
《曇無德律部雜羯磨》（一卷，北作二卷）（南猶北受）
《羯磨》（二卷）（南猶北婦）
《四分比丘尼羯磨法》（一卷）（南猶北卑）
《四分僧羯磨》（三卷，北作五卷）（南子北卑）
《尼羯磨》（三卷北作五卷）（南子北榮）【略】

附疑似雜僞律
《佛説目連問戒律中五百輕重事經》（一卷）（南猶北隨）

智旭《閲藏知津總目》卷四　第三論藏。二分：一大乘論，二小乘論。

一大乘論。又三：一釋經論，二宗經論，三諸論釋。
一釋經論。又二：一西土，二此土。
一西土大乘釋經論：
《十住毘婆沙論》（十五卷）（南志滿，北規仁）
《十地經論》（十二卷）（南惻造，北離節）
《大方廣佛華嚴經入法界品四十二字觀》（六紙欠）（南竟北隷）
《彌勒菩薩所問經論》（七卷）（南造北顛）
《大寶積經論》（四卷）（南弗北虧）
《無量壽經優波提舍》（七紙欠）（南次北顛）
《寶髻經四法優波提舍》（一卷）（南弗北靜）
《轉法輪經優波提舍》（九紙）　仝上
《三具足經優波提舍》（一卷）（南造北節）
《佛地經論》（七卷）（南次北節）
《勝思惟梵天所問經論》（三卷）（南離北弗）
《文殊師利菩薩問菩提經論》（二卷）　仝上
《略述金剛頂瑜伽分別聖位修證法門》（十二紙）（南優北鍾）
《大樂金剛不空眞實三昧耶經般若波羅密多理趣釋》（二卷）（南竟北稿）【略】

二此土大乘釋經論：
《大方廣佛華嚴經疏》（四十卷，北作六十卷）（南頗至最，北用至威）
《華嚴經隨疏演義鈔》（六十卷，北作九十卷）（南精至丹，北沙至禹）
《大方廣佛華嚴經疏鈔》（三十卷）　稷税熟
《華嚴一乘敎義分齊章》（三卷，北作四卷）（南丹北跡）
《華嚴經指歸》（一卷）（南靑北跡）
《華嚴經明法品内立三寶章》（二卷）　仝上
《大方廣圓覺脩多羅了義經略疏之鈔》（三十卷）　治本於
《大方廣圓覺脩多羅了義經疏》（四卷）（南石北(缺)）
《佛説阿彌陀經疏》（七紙）（南靑北百）
《佛説觀無量壽佛經疏》（一卷）（南法北約）
《楞伽阿跋多羅寶經註解》（四卷，今作八卷）（北主南(缺)）
《維摩詰所説經註》（六卷，北作十卷）　務【略】

二宗經論。又二：一西土，二此土。
一西土大乘宗經論：

《瑜伽師地論》（百卷）（南節至靜，北猶至氣）
《菩薩地持經》（八卷）（南登北安）
《決定藏論》（三卷）（南好北性）
《王法正理論》（一卷）（南心北退）
《顯揚聖教論》（二十卷）（南情逸，北分切）
《顯揚聖教論頌》（一卷）（南心北退）
《大乘阿毘達磨集論》（七卷）仝上
《大乘阿毘達磨雜集論》（十六卷）（南動神，北磨箴）
《辯中邊論頌》（五紙半）（南爵北靜）
《辯中邊論》（三卷）仝上
《中邊分別論》（二卷）（南移北情）
《攝大乘論本》（三卷）仝上
《攝大乘論》（三卷）（南物北隱）
《攝大乘論》（二卷）仝上【略】

二此土大乘宗經論：
《肇論》（三卷）（二藏俱缺）
《寶藏論》（一卷）敦
《大乘止觀法門》（四卷）（南踐北途）
《法華經安樂行義》（一卷）（南煩北土）
《諸法無諍三昧法門》（二卷）（南煩北途）
《摩訶止觀》（二十卷）（南困衡，北霸趙）
《釋禪波羅密次第法門》（十卷）（南刑北煩）
《六妙門禪法》（一卷）（元藏謹字號，南北藏並缺）
《釋摩訶般若波羅密經覺意三昧》（一卷）（南煩北法）
《修習止觀坐禪法要》（二卷）（南踐北途）
《四念處》（四卷）仝上
《法界次第初門》（三卷）（南剪北刑）
《淨土十疑論》（一卷）（南起北刑）
《觀心論》（二藏俱缺）

三諸論釋　又二：一西土，二此土。

一西土大乘諸論釋：
《瑜伽師地論釋》（一卷）（南心北退）
《攝大乘論釋》（十卷）（南持北枝）
《攝大乘論釋》（十五卷）（南操好，北友投）
《攝大乘論釋》（十卷）（南堅北連）
《攝大乘論釋》（十卷）（南雅北交）
《成唯識論》（十卷）（南縻北義）
《成唯識寶生論》（五卷）（南自北沛）
《大乘廣五蘊論》（十三紙半）（南都北投）
《觀所緣緣論釋》（八紙餘）（南華北投）
《釋摩訶衍論》（十卷）（元藏笙字號，南北藏俱缺）
《廣百論釋論》（十卷）（南眞北廉）

二此土大乘諸論釋：
《華嚴懸談會玄記》（四十卷）鉅野洞庭
《佛說觀無量壽佛經疏妙宗鈔》（六卷）（南韓北約）
《金光明經玄義拾遺記》（六卷）（南遵北會）
《金光明經文句記》（十二卷）（南約法，北盟何）
《請觀音經疏闡義鈔》（四卷）（南煩北法）
《仁王護國般若經疏神寶記》（四卷）（南弊北韓）
《般若波羅密多心經略疏連珠記》（一卷，北作二卷）（南青北百）
《佛母般若波羅密多圓集要義論釋》（四卷，今作二卷）（南書北星）
《法華玄義釋籤》（二十卷）（南晉楚，北多士）
《法華文句記》（二十卷，北作三十卷）（南趙魏，北晉楚更）
《觀音玄義記》（四卷）（南何北遵）
《觀音義疏記》（四卷）（南何北遵約）【略】

二小乘論：
《立世阿毘曇論》（十卷）（南聚北弁）
《阿毘達磨集異門足論》（二十卷）（南邙面，北甲帳）

《舍利弗阿毘曇論》（二十二卷，北作三十卷）　（南群英杜，北驚圖寫）
《阿毘達磨法蘊足論》（十二卷，北作十卷）　（南背北陛）
《施設論》（七卷，今作三卷）　（南壁北通）
《阿毘達磨發智論》（二十卷）　（南二京，北傍啟）
《阿毘曇八犍度論》（三十卷）　（南夏東西，北彩仙靈）
《阿毘達磨大毘婆沙論》（二百卷）　（南圖至席，北心至縻）
《阿毘曇毘婆沙論》（八十二卷，北作八十卷）　（南宮至驚，北都至京）
《鞞婆沙論》（十四卷）　（南鍾隸，北肆筵）
《阿毘達磨俱舍論》（三十卷）　（南笙陞階，北樓觀飛）
《阿毘達磨俱舍釋論》（二十二卷）　（南鼓瑟吹，北禽獸畫）
《阿毘達磨俱舍論頌本》（一卷）　（南吹北畫）
《阿毘達磨順正理論》（八十卷）　（南納至通，北背至涇）
《阿毘達磨藏顯宗論》（四十卷）　（南廣內左達，北宮殿盤鬱）
《阿毘達磨識身足論》（十六卷）　（南洛浮，北設席）【略】

第四雜藏。二分：一西土撰述，二此方撰述。

一西土撰述：

《佛說四十二章經》（六紙）　（南尺北璧）
《大乘修行菩薩行門諸經要集》（三卷）　（南宜北英）
《八大人覺經》（一紙欠）　（南賢北維）
《菩薩內習六波羅密經》（三紙欠）　（南賢北悲）
《出曜經》（本名論二十卷）　（南定篤初，北廣內）
《法句譬喻經》（四卷）　（南籍北亦）
《法句經》（二卷）　（南所北群）
《法集要頌經》（四卷）　（南甚北隸）
《佛本行經》（七卷）　（南初北達）
《佛所行讚經》（五卷）　（南美北典）
《僧伽羅刹所集佛行經》（五卷）　（南宜北典）
《僧伽斯那所撰菩薩本緣經》（四卷）　（南令北聚）
《師子素馱娑王斷肉經》（三紙）　（南賢北景）【略】

附外道論

《勝宗十句義論》（十紙作一卷）　（南吹北納）
《金七十論》（三卷）　（南羅北疑）

附疑僞經（本是此土撰述，但既名經，不可攝於十五科中，故姑附此。）【略】

智旭《閱藏知津》卷二　大乘經藏　方等部第二之一：

述曰，方等亦名方廣，於十二分教中，十一並通大小，此唯在大。蓋一代時教，統以二藏收之。一聲聞藏，二菩薩藏。阿含，毘尼及阿毘曇屬聲聞藏。大乘，方等屬菩薩藏，是則始從《華嚴》，終《大涅槃》。一切菩薩法藏，皆稱方等經典。今更就大乘中，別取獨被大機者，名華嚴部。融通空有者，名般若部。開權顯實者，名法華部。垂滅談常者，名涅槃部。其餘若顯若密，或對小明大，或泛明諸佛菩薩因，果，事，理，行，位，智，斷，皆此方等部收，非同流俗訛傳，唯謂八年中所說也。【略】

《傳教大師將來台州錄》　日本國求法僧最澄等勘定合疏記等壹佰貳部貳佰肆拾卷之中（別絹圖壹卷但疏紙陸行捌佰玖拾漆紙）

《妙法蓮華經玄義》十卷（智者大師出）（二百七十二紙）
《妙法蓮華經玄義釋》十卷（荊溪和尚撰）（三百四十三紙）
《妙法蓮華經文句疏》十卷（智者大師出）（三百三十七紙）
《妙法蓮華經文句疏記》十卷（荊溪和尚撰）（五百一十五紙）
《妙法蓮華經觀音品義》一卷（智者大師出）（四十紙）
《妙法蓮華經觀音品義疏》二卷（智者大師出）（三十八紙）
《妙法蓮華經科文》三卷（左溪和尚撰）（八十五紙）
《妙法蓮華經觀音品偈科文》一卷（一紙）
《妙法蓮華經大意》一卷（荊溪明曠座主述）（一十紙）
《妙法蓮華經文句序》一卷（會稽沙門神迥述）（三紙）
《妙法蓮華經懺法》一卷（或名《三昧行法》）（智者大師出）（一十八紙）
《妙法蓮華經三昧補助儀》一卷（荊溪和上撰）（三紙）
《妙法蓮華經大意》一卷（五紙）

《妙法蓮華經玄義科文》一卷（七紙）
《妙法蓮華經文句疏科文》一卷（六紙）
已上二十一部一十三卷同帙　法華部（一千六百八十三紙）【略】
天台闕本目錄，合疏并義等壹拾肆部肆拾壹卷。
《仁王般若經疏》四卷
《金剛般若經疏》一卷
《彌勒成佛經疏》五卷
《釋論疏》三十卷
《三觀義》二卷
《觀心釋一切經義》一卷
《釋十如是義》一卷（智者大師出）
《釋一切經玄義》一卷（智者大師出）
《七學人義》一卷（智者大師出）
《七方便義》一卷（智者大師出）
《一二三四身義》一科
《小止觀》一卷（卷下）
《觀心誦十二部法》一卷
《般舟三昧行法》一卷
已上疏并義等，一十四部四十一卷。開元二十二年，龍泉寺岑法師與僧道謀，所書智者大師墳前右柱碑上，雖有名目，然梁本未得。【略】
別家抄記等目錄：
合漆部貳拾漆卷別家部一千六百三十五紙。
《四分律鈔記》一十九卷（一千三百八十紙）
《十四科義疏》二卷（一百二十紙）
《十四科義抄》一卷（六十六紙）
《因明疏》二卷（加注因明一卷）（六十三紙）
《釋氏齋儀》一卷（二十紙）
《釋氏齋儀記》一卷（二十五紙）
已上五部八卷同帙。【略】
大唐貞元貳拾壹年歲次乙酉貳月朔辛丑拾玖日乙未

日本國比叡山寺求法僧　最澄錄
日本國求法譯語僧　義眞
日本國求法傔從　丹福成
勾當大唐天台山圓宗座主　西京和尙道邃
最澄闍梨，形雖異域，性實同源，特稟生知，觸類懸解，遠求天妙旨，又遇龍象邃公，總萬行於一心，了殊途三觀，親承秘密，理絕名言，猶慮他方學徒不能信受，處請當州印記，安可不任爲憑。大唐貞元二十一年二月二十日，朝議持節台州諸軍事守台州刺史上柱國淳給書。
日本國入唐使，持節大使從四位上行太政官右大辨兼越前守，藤原朝臣　葛野麿
準判官兼譯語正六位上行備前椽，笠臣田作
錄事正六位上行式部省少錄兼伊勢大目勳六等，山田造　大庭
錄事正六位上行太政官左少史兼常陸少目，上毛野公　穎人。
最澄《傳教大師將來越州錄》　日本國求法僧最澄目錄，總合二百三十部四百六十卷。
向台州求得法門，都合一百二十八部三百四十五卷（名目具別錄）。
向越府取本寫取經并念誦法門，都合一百二部一百一十五卷。
《五佛頂轉輪王經》五卷（一百張）
《大輪金剛陀羅尼經》一卷
《常求利壽女經》一卷
《理趣品別譯經》一卷
《軍荼利菩薩法》一卷
《軍荼利別法》一卷
《瞿醯》三卷
《無量壽如來瑜伽儀軌》一卷（二十五枚）
《一字頂輪王瑜伽法》一卷
《普賢金剛瑜伽法》一卷
《十八會瑜伽法》一卷
《普賢行願讚》一卷（十枚）
《三十七尊名》一卷

《三十七尊心要》一卷
《寶部金剛讚》一卷
《觀音法》一卷
《毘奈耶經》一卷
《般若心經梵本漢字》一卷
《梵漢字金剛輪眞言》一卷
《陀羅尼啟請文》一卷
已上二十部二十六卷（同帙）。【略】
日本國求法僧　最澄錄
日本國求法譯語僧　義眞
日本國求法傔從丹　福成【略】

空海《御請來目錄上新請來經等目錄》　入唐學法沙門空海大同元年請來經律論疏章傳記，幷佛菩薩金剛天等像，三昧耶曼陀羅，法曼陀羅，傳法阿闍梨等影及道具，竝阿闍梨付囑物等目錄都合六種，就中：
新譯等經都一百四十二部二百四十七卷，
梵字眞言讚等都四十二部四十四卷，
論疏章等都三十二部一百七十卷，
已上三種總二百一十六部四百六十一卷，
佛菩薩金剛天等像，法曼陀羅，三昧耶曼陀羅，幷傳法阿闍梨等影共一十鋪，道具九種。
阿闍梨付囑物一十三種。
新譯經：
《金剛頂瑜伽眞實大教王經》三卷（三御四十二紙）
《金剛頂瑜伽般若理趣經》一卷（八紙）
《觀自在菩薩授記經》一卷（一御十二紙）
《瑜伽念珠經》一卷（二紙）
《奇特佛頂經》三卷（六十八紙）
《觀自在菩薩最勝明王心經》一卷（一御十二紙）
《金剛頂瑜伽文殊師利菩薩經》一卷（三紙）
《阿唎多羅阿嚕力經》一卷（十一紙）
《普賢行願讚》一卷（五紙）
《地藏菩薩問法身讚》一卷（五紙）
《出生無邊門經》一卷（十紙）
《大吉祥天女經》一卷（七紙）
《底哩三昧耶經》一卷（十四紙）【略】
已下未載貞元目錄
《釋迦牟尼佛成道在菩提樹下降魔讚》一卷
《氷迦羅天經》一卷
《施諸餓鬼飲食儀軌》一卷
《梵天擇地法》一卷
《佛說出生無邊門陀羅尼儀軌》一卷
《轉法輪菩薩法》一卷
《如意輪觀門義注秘決》一卷
《菩提心義》一卷
《華嚴經入法界品頓證毘盧遮那字輪瑜伽儀軌》一卷
《金剛頂瑜伽毘盧遮那三摩地法》一卷（十五紙）
《金剛峯樓閣一切瑜伽瑜祇經》一卷
《大日經供養儀式》一卷
《蕤呬經》三卷
右一百一十八部一百五十卷，大唐特進試鴻臚卿加開府儀同三司封肅國公贈司空謚大辯正大廣智不空三藏和尙譯。【略】
舊譯經：《金剛頂毘盧遮那一百八尊法身契印》一卷。右無畏三藏譯。《金剛頂瑜伽中略出念誦經》一部四卷（八十一紙）。《不動尊使者秘密法》一卷。右二部五卷金剛智三藏譯。《佛心經》二卷。《不空羂索眞言經》二卷（第六卷第二十卷三十卷中闕本）。右二部三卷菩提留支三藏譯。《諸佛心陀羅尼經》一卷。《能滅眾罪千轉陀羅尼經》一卷。右二部二卷玄奘三藏譯。【略】
大同元年十月二十二日，入唐學法沙門空海，爲酬四恩廣德興三寶妙道，寫大師御筆，謹開印板矣。正安四年十一月二十日，高野山愚老沙門慶賢（八十二）

《根本大和尚真跡策子等目錄》 合員三十帖。
二十九帖有紫染絹表紙（廿五帖有外題，五帖無外題，一帖無表紙）。
《新譯花嚴經》一部四帖（每帖復各十卷，但第四帖末有南天竺王進梵本經願文）
右四帖第一，第二，第三，第四。
《仁王般若陀羅尼釋》一卷（不空譯）
《金剛頂降三世大儀軌法敎中觀自在菩薩心眞言一切如來蓮花大曼荼羅品》一卷（不空譯）
《瑜伽蓮花部念誦法》一卷（不空譯）
《一字頂輪王念誦法》一卷（不空譯）
《金剛峯樓閣一切瑜伽瑜祇經》一卷（金剛智譯）
《一字頂輪王瑜伽》一卷（不空譯　後題云《一字頂輪王瑜伽究竟儀軌》一卷）
右一帖第五帙。【略】延喜十八年二月二十七日。
左辨官　下東寺。應眞言根本阿闍梨贈大僧正空海入唐求得法文冊子三十帖安置經藏事。
右右大臣宣奉勅件法文宜全收經藏不出國外，令宗長者永代守護者寺宜承知依宣行之不得疎略。
延喜十九年十一月二日　大史菅野朝臣清方，大辨橘朝臣澄清。請收大和尚御策子事。合三十帖（之中二十九帖有黑紫絹表紙一帖無表紙）。
貞觀十八年六月六日　權律師眞然。請供策子　《孔雀經》等合八種儀軌作紙。惠宿　返上已了　收眞然。
延喜十九年十一月二日從內裏被給納件策子草莒一合有錦縫立莬褐袋，又有左辨官下東寺勅書一枚。
天明二年七月二十四日以法鼓臺本令書寫了　禪證。
常曉《常曉和尚請來目錄》　入唐學法沙門常曉謹言，上新請來法門幷佛像道具事：
《百論疏》一部三卷（元康法師造）
《三論玄樞》一部二卷（元康法師造）
《中論三十六門勢疏》一卷（元康法師造）
《百論疏略記》二部二卷（義持法師造）
《大佛頂經疏》一部六卷（弘抗法師造）
《大佛頂經玄贊》一部三卷（惟慤法師造）
已上六部，依三論宗學頭法師等申求請來。【略】承和六年九月五日，入唐學法沙門傳燈大法師位常曉上。
圓行《靈巖寺和尚請來法門道具等目錄》　入唐沙門圓行承和六年請來經佛道具目錄都合七種。
新請來眞言經法，都二十六部三十三卷
梵字三部四卷
顯敎經論疏章等，都四十部八十八卷
已上三種，總六十九部一百二十三卷。【略】
保壽寺內供奉臨壇大德沙門常辨。
章敬寺內供奉禪宗大德沙門弘辨。
招福寺內供奉講論大德沙門齊高。
興唐寺內供奉講論大德沙門光顥。
雲花寺內供奉講論大德沙門海岸。
青龍寺內供奉講論大德沙門圓鏡。
右件大德等所與圓行大德語論敎門策目並錄申聞。
開成四年正月十五日。
圓仁《日本國承和五年入唐求法目錄》　經疏章傳等一百三十漆部二百一卷，曼荼羅幷印契壇樣諸聖者影及舍利等。
《大吉祥天女十二契一百八名無垢大乘經》一卷
《一切佛心中心經》一卷
《寶星經略述二十八宿佉盧瑟吒仙人經》一卷
《陀羅尼集要經》一卷
《蘇摩呼童子請經》一卷
《新譯般若心經》一卷（般若三藏譯）
《阿利多軍荼利護國大自在拔折羅摩訶布陀羅金神力陀羅尼》一卷
（阿地多日照三藏翻本）
《金剛頂蓮華部心念誦儀軌》二卷

《觀自在菩薩如意輪念誦儀軌》一卷（大興善寺不空譯）

已上九部一十卷同帙。【略】

《梵漢兩字大毘盧舍那經字輪品悉曇》一卷

《梵漢兩字金剛般若經》二卷

《梵漢兩字阿彌陀經》一卷

《梵漢兩字般若心經》一卷

《梵漢兩字最勝無垢清淨光明大陀羅尼》一卷

《梵漢兩字不空羂索眞言》一卷

《梵漢兩字青□大悲眞言》一卷

《梵漢兩字一切佛心眞言》一卷【略】

已上三十六部三十七卷同帙。

《淨名經記》五卷一帙（無量義寺文襲述）

《淨名集解關中疏》四卷（資正寺道液集）

《淨名經關中疏釋微》二卷（中條山沙門契眞述）

已上二部六卷同帖。

《法華經銷文略疏》三卷一帙（天長寺釋延秀集解）

《肇論略疏》一卷（東山矩作）

《肇論抄》三卷（牛頭山幽西寺慧證撰）

《肇論文句圖》一卷（慧證撰）

《肇論略出要義兼注附焉并序》一卷（沙門靈興撰）

已上四部六卷同帙。【略】

大唐開成四年歲次己未四月二十日，天台宗請益傳燈法師位圓仁錄。

圓仁《慈覺大師在唐送進錄》 天台法華宗請益圓仁法師且求所送法門曼荼羅并外書等目錄。

大乘經律論，梵漢字眞言儀軌讚，章疏傳記，曼荼羅并傳法和尚等影及外書等，總一百二十七部，一百四十二卷。

大乘經律論，總一十二部一十二卷。

梵漢字眞言儀軌讚，總三十一部三十一卷。

章疏傳記，總四十九部六十三卷。

曼荼羅壇様并傳法和上等影，總二十二部。

外書總一十四部一十四卷。

大乘經律論合一十二部一十二卷。

《法華經》一部八卷（復一卷）

《新譯般若經》一卷（般若三藏譯）

《梵漢對譯阿彌陀經》一卷

《一切佛心中經》一卷

《梵漢陀羅尼集要經》一卷

《大吉祥天女經》一卷

《寶星經略述二十八宿佉盧瑟吒仙人經》一卷

《蘇婆呼童子經》一卷

《金剛般若波羅蜜經》一卷

《金剛般若波羅蜜經》一卷

《說罪要行法》一卷

《梵漢對譯金剛經論頌》一卷

已上一十二部一十二卷同帙，雜第一。

梵漢兩字眞言儀軌讚，合三十一部三十一卷。

《梵漢兩字法華儀軌》一卷

《梵漢兩字青頸大悲眞言》一卷

《梵漢兩字無垢淨光眞言》一卷

《梵漢兩字不空羂索眞言》一卷

《梵漢兩字阿閦如來念誦供養法》一卷（不空三藏譯）

《梵漢兩字觀自在如意輪菩薩瑜伽法要》一卷

《梵漢兩字金剛頂勝初瑜伽經中略出大樂菩薩埵儀軌》一卷

《梵漢兩字千手千眼觀自在菩薩修行儀軌》一卷

《梵漢兩字普賢金剛薩埵念誦儀軌》一卷

《梵漢兩字火壇供養及供養十天法》一卷

《梵漢兩字如意輪菩薩眞言注義》一卷

《梵漢兩字佛頂尊勝陀羅尼注義》一卷（不空三藏譯）

《梵漢兩字大佛頂根本讚等諸雜讚》一卷

《梵漢兩字釋迦如來涅槃後彌勒菩薩悲願讚》一卷（復十二讚）

《梵漢兩字法華經品題梵語兼諸羅漢名》一卷
已上一十五部一十五卷同帙，雜第二【略】
章疏傳記，合四十九部六十三卷。
《四十二字門義》一卷（南岳思大師作）
《天台五時八教次第圖》一卷
《智者大師修三昧常行法》一卷
《五方便念佛門》一卷（天台大師記）
《法華經略疏》三卷（上中下弘文館大學士王縉撰）
《阿彌陀經讚》一卷（沙門淨遐撰）
《淨名疏》四卷（沙門道液撰）
已上七部一十二卷同帙，雜第四。【略】
曼荼羅壇樣并傳法和上等影，合二十二鋪。
大毘盧遮那大悲胎藏大曼荼羅一鋪（三幅）
金剛界大曼荼羅一鋪（七幅）
金剛界八十一尊種子曼荼羅一鋪
金剛界三十七尊種子曼荼羅一鋪
金剛界曼荼羅位樣一帖
法華曼荼羅位樣一張
觀音壇樣一張【略】
已上二十二鋪納漆泥皮箱一合。
外書合一十四部一十四卷。
《杭越寄和詩并序》一帖
《沙門清江新詩》一帖
《判一百條別道》一帖
《祇對儀》一帖
《任氏怨歌行》一帖（白居易）
《寒菊》一帖
《攬樂天書》一帖
《歎德文》一帖
《雜詩》一帖
《祝元膺詩》一帖
《雜詩》一帖
《前進士弛肩吾詩》一卷
《漢語長言》一卷
《波斯國人形》一卷
已上一十四部一十四卷同帙，雜第九。【略】
承和七年正月十九日。
都維那傳燈住位僧　仁全
寺主傳燈住位僧　治哲
上座傳燈住位僧　叡道

圓仁《入唐新求聖教目録》 長安五臺山及揚州等處，所求經論念誦法門，及章疏傳記等，都計五百八十四部，八百二卷。胎藏金剛界兩部大曼陀羅，及諸尊壇像，舍利并高僧眞影等，都計五十種。

在長安城，所求經論章疏傳等，四百二十三部，五百五十九卷。胎藏金剛兩部大曼荼羅及諸尊曼荼羅壇像并道具等二十一種。

在五臺山，所求天台敎迹，及諸章疏傳等，三十四部，三十七卷，并臺山土石等（三種）。

在揚州，所求經論章疏傳等，一百二十八部，一百九十八卷。胎藏金剛兩部大曼荼羅及諸尊壇樣，高僧眞影，及舍利等，二十二種。

《聖迦抳忿怒金剛童子菩薩成就儀軌經》三卷（大興善寺三藏譯）
《金剛頂經瑜伽文殊師利菩薩法》一品一卷（中間更題云《金剛頂文殊菩薩儀軌供養法》，不空三藏譯）
《大威怒烏芻澀摩儀軌》一卷（不空譯）
《佛爲優塡王說王法政論經》一卷（不空）
《速疾立驗魔醯首羅天說迦樓羅阿尾奢法》一卷（不空）
《觀自在菩薩如意輪瑜伽》一卷（不空）
《金輪王佛頂要略念誦法》一卷（通諸佛頂　不空）
《金剛壽命陀羅尼念誦法》一卷（不空）
《聖觀自在菩薩心眞言瑜伽觀行儀軌》一卷（不空）
《金剛頂經多羅菩薩念誦法》一卷（不空）

《甘露軍荼利菩薩供養念誦成就儀軌》一卷（不空）
《文殊師利菩薩根本大教王金翅鳥王品》一卷（不空）
《不空羂索毘盧遮那佛大灌頂光明眞言》一卷（不空）【略】

以前件經論，教法，章疏，傳記，及諸曼荼羅，壇像等，伏蒙國恩隨使到唐，遂於揚州五臺及長安等處尋師學法，九年之間，隨分訪求得者，謹其色目如前，謹錄申上謹言。

承和十四年月日入唐天台宗請益傳燈法師位圓仁上。

延文四（己亥）年四月九日於東寺西院僧坊以或本書寫訖追可比校證本（矣）。

大法師賢寶。

元文四年歲次己未七月二十二日命岡本深慶令修補了，權僧正賢賀。

文政三年庚辰十一月中旬以東寺觀智院本令書寫之。

台嶽已講權僧正眞超。

《惠運禪師將來教法目錄》　眞言經儀軌等合壹佰捌拾卷。

《金剛瑜祇經》一卷
《理趣釋經》二卷
《孔雀明王經》三卷
《金剛頂經》二卷
《大輪金剛總持經》一卷
《大自在天女經》一卷
《八大菩薩曼陀羅經》一卷
《北方毘沙門天王甘露太子經》一卷
《觀自在最勝明王經》一卷
《耶曼德迦經》一卷
《烏樞沙魔經》二卷
《諸佛境界經》三卷
《觀世音說多利經》一卷
《金剛童子經》三卷
《最勝延命經》一卷
《郁虜利童子女經》一卷
《玄韻宿耀經》一卷
《念珠經》一卷
《三亭廚經》一卷
《注梵語般若心經》一卷【略】
《南山鈔科文》一卷
《還源集》一部三卷
《雲居集》一部二卷

右從大唐將來佛舍利梵夾眞言經像壇供具物數謹錄上。承和十四年六月三十日。

《惠運律師書目錄》　請來經儀軌等合二百二十二卷，新來七十六卷。

《佛頂尊勝陀羅尼念誦儀軌經》一卷（大興善寺三藏法師大興智譯）
《尊勝佛頂修喻伽內別行成就三十四法》一卷
《奇特最初金輪佛頂念誦儀軌法要》一卷
《佛說一切諸如來心光明加持普賢菩薩延命金剛最勝陀羅尼經》一卷（大廣智不空譯）
《注佛頂尊勝陀羅尼》一卷（三家譯）
《金剛頂經大瑜伽秘密心地法門義訣》第一

已上六卷爲一策子。

《尊勝佛頂眞言修瑜伽法》一部二卷（善無畏三藏譯）
《金剛恐怖集會方廣儀軌觀自在菩薩三世最勝心明王經》上卷（大廣智不空譯）

已上三卷爲一策子。【略】

《王㗚怛路羅經》一部三卷
《胎藏敎法金剛名號》一卷
《金剛界金剛名號》一卷
《授灌頂金剛最上菩提心戒義》一卷
《三廚經》一卷
《別行要法》一卷
《八大菩薩曼荼羅》一卷
《纔發心轉法輪菩薩印》一卷

《最上乘教授戒懺悔文》一卷
已上九卷爲一策子。【略】
應和三年八月二十九日，治部卿源朝，令延光朝臣奏安祥寺進眞言目錄御寫一本，令同僧延昌此希有否之由云云。
恐右本件目錄歟，其故準□□錄非和尚自筆見故也，爲後□□記之。
但今律師云云尚別目錄有之歟可尋之。

圓珍《開元寺求得經疏記等目錄》 於福府開元寺，求得經論疏記等，總計一百五十六卷。

《法鏡經》□□
《大乘方等要慧經》一卷
《大乘金剛髻珠菩薩修行分》一卷
《大方廣普賢所説經》一卷
《八定不定印經》一卷
《不空羂索陀羅尼經》一卷
《最妙勝定經》一卷
《妙法蓮華經論》二卷（勒那譯）
《顯揚聖教論頌》一卷
《無相論》二卷（上下）
《因明正理門論》一卷（義淨譯）
《大乘廣五蘊論》一卷
《大周群經目錄》二卷（上下）
《華嚴法海》二卷（上下）
《八識三身圖》□卷
《道進鈔》六卷
《法華科文》二卷（嘉祥）
《淨名經關中疏略數義圖》一卷
《金師子觀門》一卷
《四分律音訓》一卷
《和上變像》一鋪
《福州開元寺新造浮屠碑并敘》一卷
《於開元寺造淨土寫一切經竝藏碣銘并序》一卷
《監軍使再修經藏院記》一卷
已上寫得。
《中天竺大那蘭陀寺貝多葉梵字眞言》一夾
《梵字無礙大悲心陀羅尼》一夾
已上婆羅門三藏阿娑阿哩耶曼蘇悉怛羅捨授。【略】
□月二十一日承　州判住開元寺。
以前法門且隨求得記錄如件。
亘唐大中七年九月二十一日　本□求法僧圓珍記。

圓珍《福州溫州台州求得經律論疏記外書等目錄》 日本國求法僧圓珍目錄（此錄內寄在國淸者都四百三十卷，又從本國將來五十二卷，都計四百八十二卷留在天台，大中八年九月二日珍記）
經過福州溫州台州求得經律論疏記外書等，都計四百五十八卷。【略】

《本寧式三和上手書》一卷（甲）
《福州往來集》一卷（乙）
《溫州台州往來集》一卷（丙）
《建老宿手書集》一卷（丁）
《目錄抄》一卷（私抄貞元求法目錄）
《七曜曆》一卷（略）
《新置天下伽藍勅文牒集》一卷
《三元九宮》一卷
《七曜曆》一卷
《西唐和上偈》一卷
《玄奘三藏從西天取來禮拜文》一卷（已上三卷一帖）
《台州給日本求法僧圓珍牒》一道（隨身）
《七俱胝佛母準胝大明陀羅尼經》一卷（金剛智三藏譯，隨身）
《大經集解二諦鈔》一卷
《大經集解悉曇文字》一卷（隨身）
《行相法》一卷
《上都雲花寺十大弟子贊》一卷（已上復一卷）

《修禪道場碑銘》一卷（梁補闕撰日本先來，隨身）
《天台佛隴禪林寺碑銘》一卷（陳司馬撰，隨身）
《天台大師傳法第六祖荊溪妙樂寺先師諸州門人弘教錄》一卷（隨身）
《天台大師金光明齊碑銘》一卷（已上四卷面寫取佛隴碑文）
《彌勒經慈恩疏鈔》一卷
《佛說裔譜訣》一卷
《盱瓙國僧菩提眞陀翻譯十二部八萬四千法門》一卷（已上二卷）
《越州孟中承修理石象道場碑》一卷（入《光明齊帖》）
《開元□蕭尚書奏新刪定禮律捨令要決》一部（一十二條凡一卷）
《梁氏刪定止觀》六卷
《天台六祖摩訶止觀血脈科文》二卷
《止觀輔行搜要記》一部一十一卷（五卷本末）【略】

圓珍《青龍寺求法目錄》 日本國上都延曆寺僧圓珍求法目錄（伍紙）
合 胎藏金剛兩部經法等壹佰壹拾伍卷兩部曼荼羅幷道具等，經法
《大毘盧遮那成佛經》一部七卷（三藏善無畏譯）
《金剛頂瑜伽中略出念誦經》一部四卷（三藏金剛智譯）
已上二部載《開元錄》。
《穢跡金剛法禁百變》一卷
《穢跡金剛說神通法》一卷（竝阿質達散譯）
《千手千眼觀自在大悲心陀羅尼本》一卷
《金剛頂經毘盧遮那三摩地法》一卷
《不動尊使者陀羅尼秘密法》一卷（竝金剛智譯）
《金剛頂經瑜伽文殊師利菩薩法》一品一卷
《大樂金剛不空眞實三摩耶經》一卷
《金剛頂瑜伽念珠經》一卷（竝不空譯）
《一切如來金剛壽命陀羅尼經》一卷（金剛不空共譯）
《一字奇特佛頂經》三卷
《金剛恐怖集會方廣儀軌》一卷
《阿利多囉阿嚕力經》一卷
《文殊師利讚法身禮》一卷
《哩吉祥天女十二契一百八名大乘經》一卷
《一切如來全身舍利寶筐印陀羅尼經》一卷【略】

巨唐大中九年十一月十五日，求法僧（圓珍）錄，上件曼荼羅及法門等。和尚專與句當，親臨檢挍，一一如法，更無不同，而恐後學或致疑慮，伏乞，傳教大阿闍梨，幸垂示名，永爲憑據。日本國傳教弟子共奉僧（圓珍）疏。

大中九年七月十五日，入大悲胎藏五瓶灌頂，得般若波羅蜜菩薩，便授學胎藏大敎畢。又至十月三日，入金剛界五部灌頂，得金剛波羅蜜菩薩，便授學金剛界蘇悉地幷諸尊瑜伽，近一百餘本畢。又至十一月五日，入傳五部大敎大阿闍梨位灌頂道場，得曼荼羅菩薩。

右件大德圓珍，已授學總持最上乘教，悉幷精通，所問所答義辯難窮，勘可傳持廣利有緣，此爲相別，淨土願見，千萬珍重，千萬珍重。大中九年十月二十一日，青龍傳教沙門，前長生殿持念大德法全，狀付圓珍，千萬千萬。

圓珍《入唐求法目錄》 天台山國清寺。日本國上都比叡山延曆寺僧圓珍入唐求法目錄。到長安城求得毘盧遮那宗教法，茲圖像道具，及國清禪林等寺，傳得智者大師所說教文，茲碑銘等，兼諸州所獲別家章疏，總計三百四十一本，七百七十二卷，及梵夾法物等，前後總計一十七事，謹具名目如後。

毘盧遮那宗教法幷圖像道具等
總計教法圖像二百一十七本，一百五十八卷，道具一十事。
《大毘盧遮那成佛經》一部七卷
《金剛頂瑜伽中略出念誦經》一部四卷（或六卷）
已上二部載《開元釋教錄》。
《穢跡金剛法禁百變》一卷
《穢跡金剛說神通法》一卷
《千手千眼觀自在大悲心陀羅尼本》一本
《金剛頂經毘盧遮那三摩地法》一卷
《不動尊使者陀羅尼秘密法》一卷
《金剛頂經瑜伽文殊師利菩薩法》一品一卷

《大樂金剛不空眞實三麼耶經》一卷
《金剛頂瑜伽念珠經》一卷
《一切如來金剛壽命陀羅尼經》一卷
《一字奇特佛頂經》三卷
《金剛恐怖集會方廣軌儀》一卷
《阿利多囉阿嚕力經》一卷
《文殊師利讚法身禮》一卷
《吉祥天女十二契一百八名大乘經》一卷
《一切如來全身舍利寶篋印陀羅尼經》一卷
《底哩三昧耶經》一卷
《十一面觀自在菩薩儀軌經》三卷
《吉祥天女十二名號經》一卷
《金剛頂瑜伽十八會指歸》一卷
《金剛頂分別聖位法門》一卷
《菩提場所説頂輪王經》五卷
《金剛壽命陀羅尼經》一卷
《大孔雀明王經》三卷
《無量壽如來供養儀軌》一卷【略】
《日本國上都比叡山延曆寺僧圓珍入唐求法目錄》一卷

以前本宗兩部教迹，及別家章疏，碑銘梵夾法物，竝目錄等，隨分求得，具件如前。謹錄。

巨唐大中十一年十月　日

日本國求法僧圓珍錄

圓珍《智證大師請來目錄》　大唐國淅江東道台州唐興縣天台山國清寺。日本國上都比叡山延曆寺比丘圓珍入唐求法總目錄。兩京兩淅嶺南福建道等巡遊，傳得大小二乘經律論傳記，并大總持教曼荼羅楨，天台圓頓教文，及諸家章疏抄記雜碎經論梵夾目錄等，前後總計肆佰肆拾壹本壹仟卷，道具法物等，都計壹拾陸事，竝謹具名目如左：
《開元釋教廣品歷章》三十卷（三帙，沙門玄逸撰）
《仁王護國般若經》二卷（什譯貞元年中禪林寺滿和上小師李皐闍梨

造此經送日本充長講）
《法鏡經》一卷（安玄共嚴佛調譯）
《不空羂索經》一卷（菩提留志）
《入定不定印經》一卷（義淨）
《最妙勝定經》一卷（此入《大周錄》）
《大方廣普賢所説經》一卷（實叉難陀）
《大乘方等要惠經》一卷（上兩經合冊子，安世高）
《大乘金剛髻珠菩薩修行分》一卷（菩提留志）
《大方廣入如來智德不思議經》一卷（實叉難陀）
《大方廣佛華嚴經不思議佛境界分》一卷（或二卷，提雲般若）
《菩薩十住行道品經》一卷（竺法護）
《度一切諸佛境界智嚴經》一卷（僧伽婆羅）
《大乘伽耶山頂經》一卷（菩提留志）
《作佛形像經》一卷（漢失譯）【略】
《天台注涅槃經》九卷（覓本未足，元浩）
《大般涅槃經玄義》一卷（丹丘）
《大般涅槃經疏治定草本》一十五卷（丹丘本）
《大般涅槃經疏》一十五卷（缺第四第十三，丹丘）
《金剛錍論》一卷（妙樂）
《大般涅槃經科文》五卷（依丹丘疏）
《大般涅槃經後分科文》一卷（妙樂）
《大般涅槃經注科文》一卷（上元浩）
《法界次第》三卷（冊子，天台）
《菩薩戒經義記》二卷（天台）
《十不二門義》一卷（妙樂）
《天台智者大師六時禮文》一卷（天台）
《天台智者大師金光明懺儀》一卷（天台）
已上二十九本一百十卷，竝雜經疏等部。【略】
《台州天台山國清寺日本國僧圓珍傳法目錄》一卷
《日本國上都比叡山延曆寺比丘圓珍入唐求法總目錄》一卷

以前開元貞元釋教并南北二宗疏記傳集持念圖像道具法物及前後目錄一一色目具件如前，願普傳十方通暢佛意，伏以斯福上資萬乘，下拯兆民，豎窮三界，横亙千刹，信謗俱結正覺之因，怨親同駕高廣之車，一至究竟大日之位。謹錄。

亘唐大中十二年五月十五日

日本國上都比叡山延曆寺比丘圓珍錄

譯語從七位上丁勝男滿

小師閑靜撣宗

行者大宅全吉

此求法目錄一卷，謹送上太政大閤下，伏奉結來緣。

日本天安三年歲次己卯四月十八日

僧圓珍錄上。

《新書寫請來法門等目錄》（先東寺法門錄中以外之者也。）合一百三十四部一百四十三卷 一紙書十九張。

《金剛頂瑜伽中略出念誦經》一部六卷（不空三藏譯，策子二帖）用紙四十四張

《金剛頂瑜伽中略出念誦經》一部四卷（舊本不著譯者名，與先請經其文小異也）紙四十四張

《金剛頂經蓮華部心念誦法》一部二卷（不空三藏譯）紙四十一張

《攝大毗盧遮那成佛神變加持經入蓮華胎藏海會悲生曼荼羅廣大念誦軌》一部三卷（輪波迦羅三藏譯）三十三張

《大毗盧遮那經廣大儀軌》一卷（亦名大悲胎藏善無畏三藏本法潤阿闍梨傳者）四十五張，策子

《蘇悉地羯羅供養法》一部二卷（善無畏三藏譯，策子與先請經其文小異也）四十二張

《金剛界瑜伽略述》一卷

《尊勝佛頂修瑜伽儀軌》一部二卷（無畏三藏譯，說除障，息災，滅罪，護國，利生，證菩提）四十七張

《佛頂尊勝心陀羅尼》一卷（金剛智三藏譯說滅罪除災止風雨制賊等）三紙，策子

《金剛吉祥大成就法》一卷

《小字大佛頂經》一部十卷（復二卷）

《大妙金剛經》一卷（達摩栖那譯，安定皇甫直筆挍）八張

《佛頂祈雨法》一卷（無人名，二紙，策子，抄出雜文）【略】

《佛說卻溫氣神呪經》（無人名，說滅火，溫氣病）二紙

《青目天女別行法》一卷（無人名，二紙策子，說伏敬福等法有呪印）

《吒呪羅佉天女法經》一卷（師子國三藏譯，六紙，長策子，說世間種種殊勝事及出世淨法）

《寶藏天女法》一卷（無人名，二紙，策子）

《四天姊妹神女眞言法》一卷（無人名，六紙策子，說男女，愛惡，怨家，殺不等法）【略】

右雜書等，雖非法門世者所要也。大唐咸通六年從六月迄于十月，於長安城右街西明寺日本留學僧圓載法師院求寫雜法門等目錄具如右也。日本貞觀七年十一月十二日卻來左京東寺重勘定，入唐請益僧大法師位（爲後記之）。

《禪林寺宗叡僧正目錄》《常瞿毒女陀羅尼經》一卷

《大隨求陀羅尼錍本》一卷

《大佛頂碑本》一卷（已上三卷，阿闍梨付之也）

《播那嚢結使波念誦儀軌》一卷

《供養護世天法》一卷（法全阿闍梨集）

《那羅延天共阿修羅王鬬戰法》（寶思惟三藏譯）

《薩波金剛法》（已上二法一卷）

《總釋陀羅尼義讚》一卷

《金剛頂經瑜伽觀自在王如來修行法》一卷

《佛頂尊勝心陀羅尼》（并別行法列）

《金剛頂瑜伽略述三十七尊心要》一卷（仁）

《攝眞實經成就三身密言要略》一卷

《文殊師利焰曼德迦金剛陀羅尼經》一卷

《瑜伽供養次第法》一卷

《胎藏五輪觀門》一卷

《菩提心記決》一卷
《理趣般若決》一卷
《都表如意輪瑜伽》一卷
《大輪金剛修行供養法》一卷
《毘沙門天王別行法》一卷
《那吒句鉢羅陀羅尼經》一卷
《毘沙門天王儀軌》一卷
《毘沙門天王經》一卷
《一切如來普賢延命經》一卷
《四天姊妹神女眞言法》一卷（內有小佛頂眞言一本）
《母哆羅觀自在菩薩隨心法》一卷
《金剛童子念誦法》一卷（無量壽化身）。
《錄外經等目錄》（海）請來錄外（并所學外）
《金剛頂瑜伽略述三十七尊心要》一卷
《不動明王安鎭國家等法》一卷（金剛智三藏付王光）
《大毘盧舍遮經疾大成就儀軌》一部二卷（曼荼羅□）
《火吽供養儀軌》一卷（契遁）
《金剛童成就儀軌經》一卷
《施餓鬼陀羅尼經要訣》一卷
已上蓮華王院目錄出之
《勝佛頂儀軌》一卷
《止風經》一卷
《金剛頂經一字頂輪王瑜伽一切時處念誦成佛儀軌》一卷
《羅什悉曇章》一
《瞻波城悉曇章》一
《大日經》
《蘇悉地》
《愛染王曼荼羅》
《大妙經》
《佛母愛染明王最勝眞言法》（弘法大師六外，或云疑）
常曉錄外
《大毘盧舍那成佛神變加持經》一部七卷
《佛說鬼神大將阿吒薄俱經》三卷
《阿吒薄物鬼神大將上佛陀羅尼經》一卷
《阿吒婆物大元帥鬼神大將儀軌》一卷
已上蓮花王院目六出之
《大日經持誦次第儀軌》一卷
《大毘盧遮那供養法疏》二卷
已上蓮花王院目六書之
惠運錄外
《胎藏敎法并金剛界金剛名號》一卷（私入之）
《大毘盧遮那成佛神變加持經》一部七卷
《金剛頂瑜伽眞實大敎現證大敎王經》一部三卷
《受菩提心戒儀》一卷
《大日經持誦次第儀軌》一卷
《金剛頂蓮花部心念誦法》一卷
《佛頂尊勝陀羅尼註義》一卷
《觀自在菩薩如意輪念誦儀軌》一卷
《金剛頂經曼嗏殊室利菩薩五字心陀羅尼品》一卷
《金剛頂瑜伽護摩儀軌》一卷
《底哩三昧耶不動尊威怒王使者念誦法》一卷
已上蓮花王院目錄書之
《金剛界金剛密號》一卷（惠果）
《注孔雀明王經》三卷
《大吉慶讃》一卷
《胎藏敎法并金剛界金剛名號》一卷（私入之）
《金剛頂瑜伽三十七尊出生義》一卷
禪林錄外
《大毘盧舍那神變加持經》一部七卷
《蕤呬耶經》一部三卷

《金剛頂瑜伽眞實大敎王經》一部三卷
《無畏三藏禪要》一卷
《與金剛弟子入壇受灌頂法》一卷
《校灌頂最上乘菩提心戒儀》一卷
《胎藏敎法金剛名號》一卷
《大毘盧舍那義釋》一部十四卷
《大毘盧舍那胎藏略餘眞言要義》一卷
《大毘盧舍那佛說要略念誦經》一卷
《大毘盧舍那要略速疾門五支念誦法》一卷
《毘盧舍那五字眞言修略習儀軌》一卷【略】

已上以蓮花王院目六書之

右五家錄外等蓮花王院目錄在之，餘三家無之。是外隨見書付聞及可書入之。他宗三家奥私出之。

目錄外

持誦次第儀軌
《大日經略攝念誦隨行法》一卷

他宗三家

最澄錄外

圓仁錄外
《金剛頂瑜伽略述三十七尊心要》一卷
《禪門用心》一卷
《不動鎭宅眞言》一紙
《建立曼荼羅護摩儀軌》一卷（仁六外歟）
《金剛頂瑜伽中略出念誦經》一部六卷
《底哩三昧耶不動尊聖者念誦法》三卷

圓珍錄外
《蘇悉地供養法》二卷（無畏　略本）
《佛頂尊勝陀羅尼》一卷（加字具足本）
《冥道無遮齊文》一卷
《五十天供并八十無供法》一卷
《梵字大讚》一卷
《三身讚》一卷
《如意輪勸請法》
《誐那鉢底瑜伽秘要》
《千光眼注》一卷
《觀自在菩薩秘密蓮花頂瑜伽成就法》一卷
《六字法》一卷

建長八年五月十八日，於村上醍醐覺洞院注之，隨見書付聞及可添加之，定謬多歟。後賢必刊改之矣。

金剛佛子親尊。

安然集《諸阿闍梨眞言密教部類總錄》 八家秘錄。

一叡山澄和上錄。二高野海和上錄。三叡山仁和上錄。四靈巖行和上錄。五安祥運和尚錄。六小栗曉和上錄。七叡山珍和尚錄。八圓覺叡和上錄。

二十部類：

一三灌頂部　二胎藏界部　三金剛界部　四蘇悉地部　五諸如來部　六諸佛頂部　七諸佛母部　八諸經法部　九諸觀音部　十諸菩薩部　十一諸金剛部　十二諸忿怒部　十三諸世天部　十四諸天供部　十五諸護摩部　十六諸禮懺部　十七諸讚歎部　十八諸悉曇部　十九諸碑傳部　二十諸圖像部

新來經法並注將來之人名，爲恐繁文各取一諱，前後敎門亦出寫得之寺號，若不寫者更不言之。于時延喜二年五月十一日敘。【略】

本錄略儀軌二
《大毘盧遮那佛說要略念誦經》一卷（菩提金剛運叡缺經字）
《大日經供養儀式》一卷（海）
《大日經持誦次第儀軌》一卷（曉運錄外）
《大日經持誦次第儀軌》一卷（叡錄外與前稍廣）
《大日經略攝念誦隨行法》一卷　不空（海仁珍）
《大日經略攝念誦隨行法》一卷（亦名《五支略念誦要行法》，不空譯，貞元新入目錄，圓覺無注，又云無本私云上二恐同本）

《大毗盧遮那成佛神變加持經略示七支念誦隨行法》一卷　不空（貞元新入目録海仁珍圓覺）
《毗盧遮那略要速疾門五支念誦法》一卷（仁運叡）
《毗盧遮那五字眞言修習儀軌》一卷　不空（仁叡）
《大日如來成佛經釋中略出世間六月持明禁戒念誦儀軌》一卷（運叡）

錄外廣儀軌三

《攝大毗盧遮那成佛神變加持經入蓮花胎藏海會悲生曼荼羅廣大念誦儀軌》三卷（無畏譯一行筆受，寶月譯語，仁根本）
《攝大毗盧遮那成佛神變加持經入蓮花胎藏海會悲生曼荼攞廣大念誦儀軌》三卷（仁以前本脱中間，與良相國人多持之）
《攝大毗盧遮那成佛神變加持經入蓮花胎藏海會悲生曼荼羅廣大念誦儀軌》三卷（珍是前根本本，但中卷文與前少異，亦字頗異）
《攝大毗盧遮那成佛神變加持經入蓮花胎藏海會悲生曼荼羅廣大念誦儀軌》三卷（叡前根本本，但中卷文與珍本同，字與仁本同）
《大毗盧遮那經廣大儀軌》三卷　無畏（叡法潤付惟謹本）
《大毗盧遮那成佛神變加持經蓮花胎藏悲生曼荼羅廣大成就儀軌》二卷（法全仁）
《大毗盧遮那成佛神變加持經蓮花胎藏悲生曼荼羅廣大成就儀軌》二卷（法全惟正與前同本，但上卷有爛脱及處處有注）
《大毗盧遮那成佛神變加持經蓮花胎藏悲生曼荼羅廣大成就儀軌》三卷（法全仁）
《大毗盧遮那成佛神變加持經蓮花胎藏菩提幢標幟普通眞言藏成就瑜伽》三卷（法全珍）
《大毗盧遮那成佛神變加持經蓮花胎藏菩提幢標幟普通眞言藏成就瑜伽》三卷（法全叡與前本同，但以有注爲異）
《大毗盧遮那經儀軌》三卷（空海集經中眞言一卷，印契一卷，補闕一卷，唐無此本）【略】

圓超《華嚴宗章疏并因明録》　《十住毗婆沙論》十六卷（龍樹菩薩造，後秦耶舍三藏共羅什譯出釋十地品至第二地，是大不思議論一分也）
《十住論》十卷（龍樹菩薩造，羅什譯）
《十地論》十卷（天親菩薩造，菩提留支譯）
《註十地論》二十卷
《華嚴論》六百卷（北齊劉謙之述）
《華嚴論》百卷（見行止五十卷，後魏靈辨述）
《法界無差別論》一卷（堅慧菩薩造，提雲般若等譯）
《十地五門實性論》六卷（釋《十地論》）
《大乘起信論》一卷（馬鳴菩薩造，眞諦三藏譯）
《大乘起信論》二卷（馬鳴菩薩造，眞諦三藏譯，上二論同本異譯）
《大乘起信論玄文》二十卷（眞諦三藏述）
《大品玄文》四卷（眞諦三藏述）
《九識論》二卷（眞諦三藏述）
《寶性論》六卷（堅慧菩薩造，勒那摩提譯）【略】

已上和書。已上百八十二部七百八十四卷。

玄日《天台宗章疏》　《法華玄義》十卷（天台智者大師説）。《法華玄義釋籤》十卷（荊谿湛然大師述）。
《法華玄義科文》一卷（湛然述）
《華法文句》上卷（智者説有序，神迥述）
《法華文句疏記》十卷（湛然述）
《法華文句科文》一卷（湛然述）
《法華經疏》二卷
《法華觀音品玄義》一卷（智者説）
《法華觀音品疏二卷（智者説）
《法華觀音品科文》一卷（湛然述）
《法華大意》一卷（湛然述）
《法華大意》一卷（明曠述）
《法華懺法》一卷（智者説）
《法華三昧補助儀》一卷（湛然述）
《法華疏》四卷（上宮王御製）
《法華文句私志記》十五卷（智雲述）
《法華文句記》六卷（定林述）

《法華五百問論》三卷（湛然述）
《法華三周圖》一卷
《安樂行》一卷（南嶽大師述）
《十不二門義》一卷（止觀和尚述）
《釋十如是義》一卷【略】
百八十一部六百四十二卷。

安遠《三論宗章疏》 經疏：《法華義疏》十二卷（嘉祥寺胡吉藏述）
《法華新撰疏》六卷（分本末爲十二卷　吉藏述）
《法華統略》三卷（分本末爲六卷　吉藏述）
《法華遊意》一卷（吉藏述）
《法華略疏》二卷（竺道生述）
《涅槃義疏》二十卷（吉藏述）
《涅槃遊意》一卷（吉藏述）
《涅槃略疏》十五卷（法寶述）
《涅槃義記》十卷（分本末爲二十卷　惠遠述）
《維摩略疏》五卷（吉藏述）【略】
論疏：
《法華論疏》三卷（吉藏述）
《中論疏》十卷（吉藏述）
《中論玄》一卷（吉藏述）
《中論玄》一卷（興皇寺法朗述）
《中論疏》六卷（二百六十九紙　元康述）
《百論疏》三卷（吉藏述）
《十二門論疏》二卷（吉藏述）
《十二門論略疏》一卷（吉藏述）
《十二門論疏》二卷（元康述）
《三論序疏》一卷（吉藏述）
《三論玄樞》二卷（元康述）
《三論玄記》一卷（元康述）
《三論玄意》一卷（元康述）
《三論宗要》一卷（十七紙　元曉述）
《三論遊意》一卷（碩法師述）
《四論玄義》十二卷（均正述）【略】
已上六十九部。

平祚《法相宗章疏》 《金剛般若會釋》三卷（大乘基述）。《金剛般若玄記》十卷（基述）
《金剛般若疏》二卷（基述）
《金剛般若宣演》三卷（道氤述）
《金剛般若疏》二卷（漢光述）
《金剛般若疏》三卷（元曉述）
《能斷金剛般若述贊》三卷（玄範述）
《能斷金剛般若疏》二卷（靖邁述）
《仁王般若疏》三卷（圓測述）
《仁王般若疏》二卷（慧淨述）【略】
已上大唐祖師所造。
《研神章》五卷（護命述）
《法苑林章記》三卷（護命述）
《分量決》一卷（善珠述）
《明燈鈔》十二卷（善珠述）
《法苑林章記》一卷（善珠述）
《了義燈記》一卷（善珠述）
《了義燈記》一卷（常騰述）
《法苑林章記》一卷（平備述）

榮穩《律宗章疏》 《鼻奈耶律》十卷（竺佛念於符秦代譯）
《四分律》六十卷（三藏佛陀耶舍共竺佛念譯）
《五分律》三十卷（三藏佛陀什共竺道生等譯）
《五分比丘尼戒本》一卷（梁明徽集）
《十誦戒本》一卷（三藏鳩摩羅什譯）
《十誦律》六十一卷（前五十八卷，姚秦三藏弗若多羅等譯，後毘尼

序三卷，東晉三藏卑摩羅叉續譯）
《摩訶僧祇律》四十卷（三藏佛陀跋陀羅共法顯譯）
《摩訶僧祇戒本》一卷（三藏佛陀跋陀羅譯）
《毘跋律》一卷
《根本薩婆多部律攝》二十卷
《根本說一切有部苾芻尼毘奈耶》二十卷
《根本說一切有部毘奈耶》五十卷
《根本說一切有部毘奈耶雜事》四十卷
《根本說一切有部尼陀那目得迦》十卷
《根本說一切有部毘奈耶頌》五卷
《根本說一切有部毘奈耶雜事攝頌》一卷
《根本說一切有部毘奈耶尼陀那目得迦攝頌》一卷
《根本說一切有部百一羯磨》十卷（已上九部並三藏義淨譯）
《沙彌十戒法幷威儀》一卷（失譯人名）
《沙彌威儀》一卷（三藏求那跋摩譯）
《沙彌尼雜戒文》一卷（失譯人名）
《優婆塞戒》一卷
《大沙門百一羯磨法》一卷（僧祐錄中失譯人名）
《曇無德羯磨》一卷（沙門曇諦譯）
《四分雜羯磨》一卷（三藏康僧鎧譯）
《四分比丘尼羯磨法》一卷（三藏求那跋摩譯）
《四分刪補隨機羯磨》一卷（終南山道宣集）
《四分僧羯磨》三卷（懷素集）
《四分尼羯磨》三卷（懷素集）
《五分羯磨》一卷（大開業寺愛同集）
《十誦羯磨比丘要用》一卷（中興寺僧璩集）
《四分戒本鈔》三卷
《三卷鈔》一卷
《六卷鈔》六卷（道宣述）
《四分律疏》十卷（懷素述）
《四分戒本疏》三卷（定賓述）
《四分律疏》十卷（法礪述）

永超《東域傳燈》目錄　弘經錄一。傳律錄二。講論錄三。雜述錄四。傳記錄五。寬治八年永超自校正證獻青蓮院（于時生年八十一）

蓋爲弘法之志無盡也，悉之已。

弘經錄一

華嚴部

《華嚴論》六百卷（劉謙之造，出傳。謙之二字名也。傳者《華嚴傳》也。五卷藏師撰）
《同論》百卷（後魏沙門釋靈辨造，出傳，見行上五十卷）
《同經方軌》五卷（唐終南山至相寺智儼撰，華嚴宗最初師出傳，方軌五卷）
《同經雜孔目》四卷（同上，內題云《華嚴經內章門》等，《雜孔目》云云）【略】般若部
《放光經記》一卷（出《古錄》）
《道行經後記》一卷（同）
《註大品般若經》五十卷（梁武帝共天保寺法寵撰，《三論錄》云羅什三藏等註，若別註歟）
《同經略疏》四卷（吉藏撰）【略】

法華部：

《正法華記（幷）後記名》一卷（傳記錄四）
《妙法蓮華經略疏》二卷（竺道正撰）
《同經疏》八卷（光宅寺雲法師，此經法藏未到當朝，仍華嚴宗以此疏講經云云。光宅寺者，潤州江寧梁武之世雲法師住寺也）【略】

衆經部（東塔院本可見）：

《寶積經音義》三卷
《寶積經三律儀會疏》三卷
《大寶積經玄審》十卷（賢澄）
《同經幽贊》一卷（分本末爲二卷）
《同經幽祥》一卷（東大寺僧樹耀造）【略】

傳律録二：
《梵網經義記》二卷（智者出）
《同經疏》一卷（明曠述録中有《菩薩戒文句》一卷，可勘詳）
《同經疏》二卷（寂法師）
《同經疏》二卷（法銑師）
《同經疏》二卷（元曉）【略】
講論録三（大乘釋經論，大乘集義經，小乘諸部論）：
《十地論疏》七卷（惠遠師撰，分本末爲十四卷，東寺録四卷云云）
《註十地論》二十卷（亦有二十六卷，可勘）
《大智度論疏》二十四卷（惠影）
《同論疏》十五卷（大莊嚴寺釋僧侃撰）
《同論疏》二十卷（出圓宗《闕本録》）【略】
雜述録四：
《大乘義章》三卷（羅什造，又云《大乘大義章》）
《大乘菩薩入道三種觀》一卷（同上）
《開善大乘義章》一卷
《大乘心宗綱要箋》一卷（玄奘撰，入大般若部，此文《西方要決》引）【略】
《新編教藏總録》
義天《新編諸宗教藏總録》卷一　高麗沙門義天録（此是草本俟後重廣如有漏略觀者恕之）
海東有本見行録上
《大華嚴經》
《疏》十卷
《又略疏》四卷　已上　慧光（世稱光緣）述
《疏》八卷（或四卷）（慧遠述，辯相續修）
《疏》二十二卷　智正述
《搜玄記》五卷　智儼述
《探玄記》二十卷
《略疏》十二卷　已上　法藏述
《刊定記》二十卷　慧苑述
《刊定記纂釋》二十一卷（或十三卷）（法詵創造，正覺再修）
《疏》二十卷（本十九卷，今開第二）　宗一述
《疏》三十一卷　法銑述
《疏》三十卷　神秀述
《疏》二十卷（或開爲四十卷）
《科》七卷　已上　澄觀述
《科》二十卷　《大科》一卷　善來排定
《隨疏演義鈔》四十卷（或開爲六十卷，徑山寫本八十卷）　澄觀述
《演義集玄記》六卷
《玄談鈔逐難科》一卷　思孝述
《演義逐難科》一卷　已上　道弼述
《貞元疏》十卷　澄觀述
《科》三卷　《大科》一卷　智昭述
《綸貫》十五卷　宗密述
《疏》十卷（本是八卷，今開第五卷并宗要均作十卷也）　元曉述
《古迹記》十卷（或五卷）　太賢述
《略注經》一百卷（賢昰略清涼大疏注於經下）
《大疏注經》一百二十卷（淨源移清涼大疏注於經下）
《科》二十卷　淨源刊定
《論》一百卷　靈辨述
《論》四十卷　李通玄述
《合論》一百二十卷（志寧將通玄論注於經下）
《合論音義》十二卷　恆遂集
《大不思議論》一百卷（前分四十卷流通，訖餘未見）　德素述【略】
《隨好光明品解》一卷　王氏述
《修慈分疏》二卷
《略鈔》一卷　《科》一卷　已上　思孝述
《要義問答》二卷（《僧傳》云《錐穴問答》是）　智通述
《一乘問答》二卷（《僧傳》云《道身章》是）　道身述

按《大宋僧史・義湘傳》云，或執筆書紳，懷鉛札葉，抄如結集，錄似載言，如是義門，隨弟子爲目，如云《道身章》是也。或以處爲名，如云《錐穴問答》等云云。但以當時集者，未善文體，遂致章句鄙野，雜以方言，或是大敎濫觴，務在隨機耳。將來君子，宜加潤色。

《釋名章》一卷　義融述

《開定決疑》三十卷

《要決》十二卷（或六卷）

《眞流還源樂圖》一卷　已上　緣起述

《海印三昧論》一卷　明晶述

《要決》六卷（或三卷）　梵如述

《佛名》二卷

《梵語》一卷

《音義》一卷

《傳記》五卷　已上　法藏述

《纂靈記》五卷　慧苑述

《感應傳》一卷　胡幽貞刊纂【略】

守其《高麗國新雕大藏校正別錄》卷一 服函。《決定毗尼經》。宋本

此經宋本第十二幅已下有其三節之文，文斷義絕，難取解處。右幅十四行云，云何名爲菩薩乘。人雖淨持戒，於聲聞乘不名淨戒優婆離菩薩乘。人於（之下便云）恆河沙劫受五欲樂，遊戲自在，受諸樂已，未曾捐捨，發菩提心。【略】人於（之下便云）瞋恨易得離，名爲大犯，是爲三節文斷處也。【略】

服函　《須摩提經》　法護譯本

《開元錄》云此經前後四譯，三存一闕。流志法師有先後二譯，其先譯者即一闕也。今撿諸藏，國宋二藏有法護譯，流志後譯，而無什譯。《丹藏》雖無流志後譯，而有法護羅什二譯。則若二藏乎倫乍似三存具矣。今詳《丹藏》所謂什譯者，與諸藏法護譯始終無異。又非羅什譯經之例，而謂之什譯。何也。【略】今以錯重皆刪去。今此一函一卷之經，譯主雖爲二人，經本始終唯一，而重載之者丹藏之錯何甚耶？故今不取丹藏所謂什譯者，由是言之，開元之後什本亦失傳哉。

推函　《大集經》（國宋二藏皆六十卷　《丹藏》三十卷　《開元錄》云三十卷）【略】

按梁沙門僧祐錄云此經凡有六本。《大集記》云有十二。旣說共成一經第一，瓔珞品二，陀羅尼自在王品三，寶女品四，不眴品五，海慧品六，無言品七，不可說品八，虛空藏品九，寶幢品十，虛空目品十一，寶髻品十二，無盡意品（按云）此則第一本也。今以品次驗之，是兩本六十卷中前分三十卷矣。又云今撿經本與祐記不同，第一陀羅尼，自在王菩薩品二，寶女品三，不眴品四，海慧品五，虛空藏品六，無言品七，不可說品八，寶幢分九，虛空目分十，寶髻品十一，日密分（按云）此則第二本也。【略】

虞函　《大集經》第五十九卷

此經自下二卷則丹藏所無，故今無可相校，而國宋二本此卷之中皆有三節之文，文斷義絕難取解處。一則第九幅十七行中有五陰中有（之下便云）所多得中味中語言（等），二則第十幅二十一行云言相未具者自不（之下便云）習，自言我無罪（等），三則第十二幅二行云是爲顚倒口（之下便云）能得佛，何能使人得佛，是爲三節文斷處也。【略】致令三節之文，文斷義絕。今依《明度經》進退而正之，又爲看舊國宋藏者略錄正文于左。【略】

伐函　《般舟三昧經》三卷（後漢支婁迦讖譯）

上卷二十一幅何況守是三昧悉具足者，（下）佛爾時頌偈曰（等）十六偈。今此宋本本無而有長行十餘紙文，詳其文，相與中卷無著品，四輩品文雖少異，大旨無殊。則長行之文，例無重疊，恐宋本錯將異譯之文連書耳。故依東北二本，去彼同後重疊之文，安茲頌前要略之偈云，又爲看舊宋藏者具錄所安頌文于左。【略】

鳳函　《正法華經》十卷

第六卷初《藥王菩薩品》名幷正文從初至第六幅初三行皆歸一乘，此宋本中本無，今依諸本加之。宋本此中有《法師品》名，今以下自有之此中除之，又諸藏本皆分見七寶塔頌後之文，吾往無數難稱量劫已下爲《梵志品》，通爲二十八品，今亦注出其品名，又爲看舊宋藏經者具錄其文于左。【略】

天台宗部

創宗人智顗分部

傳記

道宣《續高僧傳》卷一七　釋智顗，字德安，姓陳氏，潁川人也。有晉遷都，寓居荊州之華容焉，即梁散騎孟陽公起祖之第二子也。母徐氏夢，香煙五采縈迴在懷，欲拂去之，聞人語曰，宿世因緣寄託王道，福德自至何以去之。又夢吞白鼠。如是再三，怪而卜之。師曰，白龍之兆也。及誕育之夜，室內洞明，信宿之間其光乃止，內外胥悅，盛陳鼎俎相慶，乃火滅湯冷，爲事不成。忽有二僧扣門曰，善哉，兒德所熏，必出家矣。言訖而隱，賓客異焉。隣室憶先靈瑞，呼爲王道，兼用後相復名光道，故小立二名字，參互稱之。眼有重瞳，二親藏掩而人已知。兼以卧便合掌，坐必面西，年一紀來口不妄噉，見像便禮逢僧必敬。七歲喜往伽藍，諸僧訝其情志，口授《普門品》，初契一遍即得，二親遏絕不許更誦，而情懷惆悵，奄忽自然通餘文句，豈非夙植德本業延于今。志學之年士梁承聖屬元帝淪沒，北度硤州，依乎舅氏，而俊朗通悟儀止溫恭，尋討名師冀依出有。年十有八，投湘州果願寺沙門法緒而出家焉。緒授以十戒導以律儀，仍攝以北度詣慧曠律師，地面橫經具蒙指誨。因潛大賢山，誦《法華經》及《無量義》、《普賢觀》等，二旬未淹三部究竟。又詣光州大蘇山慧思禪師，受業心觀。思又從道於就師，就又受法於最師。此三人者，皆不測其位也。思每歎曰，昔在靈山同聽《法華》，宿緣所追今復來矣。即示普賢道場，爲說四安樂行。顗乃於此山行法華三昧，始經三夕，誦至《藥王品》，心緣苦行，至是眞精進句，解悟便發，見共思師處靈鷲山七寶淨土聽佛說法。故思云，非爾弗感，非我莫識，此法華三昧前方便也。又入熙州白砂山，如前入觀，於經有疑，輒見思來冥爲披釋，爾後常令代講，聞者伏之，惟於三三昧三觀智，用以諮審，自餘並任裁解，曾不留意。思躬執如意，在坐觀聽，語學徒曰，此吾之義兒，恨其定力少耳。於是師資改觀名聞遐邇。及學成往辭，思曰，汝於陳國有緣，往必利益。思既遊南岳，顗便詣金陵，與法喜等三十餘人在瓦官寺，創弘禪法，僕射徐陵尚書毛喜等，明時貴望學統釋儒，並稟禪慧俱傳香法，欣重頂戴時所榮仰。【略】是春亢旱，百姓咸謂神怒，顗到泉源帥衆轉經，便感雲興雨霔，虛誣自滅。總管宜陽公王積，到山禮拜戰汗不安，出曰，積屢經軍陣，臨危更勇，未嘗怖懼頓如今日。其年晉王又遣手疏請還。【略】智者昔入陳朝，彼國明試，瓦官大集衆論鋒起，榮公強口先被折角，兩瓊繼軌纔獲交綏，忍師讚歎嗟唱希有，弟子仰延之始，屈登無畏，釋難如流，親所聞見，衆咸瞻仰，承前荊楚莫不歸伏，非禪不智，驗乎金口，比釋所談，智者融會甚有階位，譬若群流歸乎大海，此之包舉始得佛意。惟願未得令得，未度令度，樂說不窮法施無盡，乃從之重現。令造《淨名疏》，河東柳顧言，東海徐儀，並才華冑績，應奉文義，緘封寶藏，王躬受持，後蕭妃疾苦，醫治無術。王遣開府柳顧言等，致書請命願救所疾。顗又率侶建齋七日，行金光明懺至第六夕，忽降異鳥飛入齋壇，宛轉而死，須臾飛去。又聞豕吟之聲，衆並同矚。顗曰，此相現者，妃當愈矣。鳥死復蘇，表盍棺還起，豕幽鳴顯示齋福相乘。至于翌日，患果遂瘳。王大嘉慶，時遇入朝，旋歸台岳躬率禪門，更行前懺，仍立誓云，若於三寶有益者，當限此餘年。若其徒生，願速從化，不久告衆曰，吾當卒此地矣。所以每欲歸山今奉冥告，勢當將盡，死後安措西南峯上，累石周屍植松覆坎，仍立白塔，使見者發心。又云，商客寄金醫去留藥，吾雖不敏，狂子可悲，仍口授《觀心論》，隨略疏成不加點潤。命學士智越，往石城寺掃灑，於彼佛前命終，施床東壁面向西方，稱阿彌陀佛波若觀音。又遺多然香火，索三衣鉢杖，以近身自餘道具，分爲二分，一奉彌勒，一擬羯磨。有欲進藥者，答曰，藥能遣病，留殘年乎。病不與身合，藥何所遣。年不與心合，藥何所留。智晞往曰，復何所聞，《觀心論》內復何所道，紛紜醫藥累擾於他。又請進齋飯，答曰，非但步影而爲齋也，能無觀無緣即眞齋矣。吾生勞毒器死悅休歸，世相如是不足多歎。又出所制《淨名疏》并犀角如意蓮華香爐，與晉王別遺書七紙，文極該綜詞釆風標，屬以大法，末乃手注疏曰，如意香爐是大王者，還用仰別，使永布德香長保如意也。便令唱《法華經》題，顗贊引曰，法門父母慧解由生，本迹彌大微妙難測，輟斤絕絃於今日矣。又聽《無量壽》竟，仍贊曰，四十二願莊嚴淨土，華池寶樹易往無人云云。又索香湯漱口，說十如，四不生，十法界，三觀，四教，四無量，六度等。有問其位者，答曰汝等嬾種善根，問他功德如盲，問乳蹶者訪路云云。吾不領眾必淨六根，爲他損己，只是五品內位耳。吾諸師友從觀音勢至皆來迎我，波羅提木叉是汝宗仰，四種三昧是汝明導。又勅維那，人命將終，聞鍾磬聲增其正念，唯長唯久氣盡爲期，云何身冷方復響磬，世間哭泣著服皆不應作，且各默然，吾將去矣。言已端坐如定而卒於天台山大石像前，春秋六十有七，即開皇十七年十一月二十二日也。【略】所著《法華疏》，《止觀門》，《修禪法》等，各數十卷，又著《淨名疏》至《佛道品》，有三十七卷，皆出口成章，侍人抄略，而自不畜一字。自餘隨事流卷不可殫言，皆幽指爽徹摛思開天。煬帝奉以周旋，重猶符命，及臨大寶便藏諸麟閣，所以聲光溢于宇宙，威相被于當今矣。【略】顗東西垂範化通萬里，所造大寺三十五所，手度僧眾四千餘人，寫經一十五藏，金檀畫像十萬許軀，五十餘州道俗受菩薩戒者，不可稱紀，傳業學士三十二人，習禪學士散流江漢，莫限其數。沙門灌頂侍奉多年，歷其景行可二十餘紙。又終南山龍田寺沙門法琳，夙預宗門觀傳戒法，以德音遽遠拱木俄森，爲之行傳廣流於世。隋煬末歲巡幸江都，夢感智者言及遺寄。帝自製碑，文極宏麗，未及鐫勒，值亂便失。

灌頂《隋天台智者大師別傳》 大師諱智顗，字德安，俗姓陳氏，潁川人也。高宗茂績盛傳於譜史矣。暨晉世遷都，家隨南出寓居江漢，因止荊州之華容縣。父起祖學通經傳談吐絕倫，而武策運籌偏多勇決。梁湘東王蕭繹之荊州，列爲賓客，奉敎入朝領軍。朱异見而歎曰，若非經國之才，孰爲英王之所重乎。孝元即位，拜使持節散騎常侍益陽縣開國侯。【略】

年十五，值孝元之敗，家國殄喪，親屬，流徙。歎榮會之難久，痛凋離之易及，於長沙像前發弘大願，誓作沙門荷負正法爲己重任，既精誠感通夢彼瑞像飛臨宅庭，授金色手從窗隟入三遍摩頂。由是深厭家獄思滅苦本，但二親恩愛不時聽許，雖惟將順而寢哺不安。乃刻檀寫像披藏尋經，曉夜禮誦念念相續。當拜佛時，舉身投地。怳焉如夢，見極高山，臨於大海，澄渟蓊欝，更相顯映。山頂有僧招手喚上，須臾申臂至于山麓，接引令登入一伽藍。見所造像在彼殿內，夢裏悲泣而陳所願，學得三世佛法。對千部論師，說之無礙。不唐世間四事恩惠。申臂僧舉手指像，而復語云，汝當居此，汝當終此。既從寤已，方見己，身對佛而伏，夢中之淚委地成流，悲喜交懷精勤逾至。後遭二親殄喪丁艱荼毒，逮于服訖從兄求去。【略】

時有慧思禪師，武津人也。名高嵩嶺行深伊洛，十年常誦七載方等，九旬常坐一時圓證，希有能有事彰別傳。昔在周室預知佛法，當禍故背北游南，意期衡嶽以希棲遁，權止光州大蘇山。先師遙飡風德如飢渴矣。其地乃是陳齊邊境兵刃所衝，而能輕於生重於法，忽夕死貴朝聞涉險而去。初獲頂拜，思曰，昔日靈山同聽《法華》，宿緣所追今復來矣。即示普賢道場爲說四安樂行，於是昏曉苦到如教研心。于時但勇於求法而貧於資供。切栢爲香，栢盡則繼之以栗。卷簾進月，月沒則燎之以松。息不虛黈，言不妄出。經二七日誦至《藥王品》諸佛同讚是眞精進是名眞法供養，到此一句身心豁然，寂而入定，持因靜發。照了法華，若高輝之臨幽谷，達諸法相，似長風之游太虛。將證白師，師更開演，大張教網法目圓備，落景諮詳連環達旦，自心所悟及從師受，四夜進功功逾百年，問一知十何能爲喻，觀慧無礙禪門不壅，宿習開發煥若華敷矣。思師歎曰，非爾弗證非我莫識，所入定者法華三昧前方便也，所發持者初旋陀羅尼也。縱令文字之師千群萬眾，尋汝之辯不可窮矣。於說法人中最爲第一。【略】

陳始興王出鎭洞庭，公卿餞送皆迴車瓦官，傾捨山積虔拜殷重。因而歎曰，吾昨夜夢逢強盜，今乃表諸軟賊，毛繩截骨則憶曳尾泥間。仍謝遣門人曰，吾聞闇射則應於絃，無明是闇也，脣舌是弓也，心慮於弦音聲如箭，長夜虛發無所覺知，若益一人心弦則應。又法門如鏡方圓如像，若緣牽心轆轤無盡，若緣杜心自然蹇澁。昔南嶽輪下及始濟江東法鏡屢明心絃，數應初瓦官，四十人共坐，二十人得法。次年百餘人共坐，二十人得法。次年二百人共坐，減十人得法。其後徒眾轉多得法轉少，妨我自行化道，可知群賢各隨所安。吾欲從吾志，蔣山過近非避喧之處，聞天台地記稱有仙宮，白道猷所見者信矣。山賦用比蓬萊，孫興公之言得矣。若息緣茲嶺，啄峯飲澗，展平生之願也。陳宣帝有勅留連，徐僕射濟涕請住，匪從物議，直指東川，即陳太建七年秋九月初入天台，歷游山水，弔道林之栱木，慶曇光之石龕，訪高察之山路，漱僧順之雲潭，數度石梁，屢降南門，荏苒淹流，未議卜居。常宿於石橋，見有三人皁幘絳衣，有一老僧引之而進曰，禪師若欲造寺，山下有皇太子寺基，捨以仰給。因而問曰，止如今日草舍尚難，當於何時能辦此寺。老僧答云，今非其時，三國成一，有大勢力人能起此寺，寺若成，國則淸，當呼爲國淸寺。【略】

有定光禪師，居山三十載，迹晦，道明，易狎難識，有所懸記多皆顯驗。其夕，乃宿定光之草庵，咸聞鐘磬寥亮，山谷從微至著，起盡成韻。問光此聲疎數，光舞手長吟曰，但聞鳴槌集僧，是得住之相，憶覩招手相引時不。餘人莫解其言，仍於光所住之北峯創立伽藍，樹植松菓，引流遶砌，瞻望寺所，全如昔夢，無毫差也。寺北別峯呼爲華頂，登眺不見群山，暄涼永異餘處。先師捨衆獨往頭陀，忽於後夜大風拔木，雷震動山，魑魅千群，一形百狀，或頭戴龍虺，或口出星，火形如黑雲，聲如霹靂，倏忽轉變，不可稱計，圖畫所寫降魔變等，蓋少小耳，可畏之相復過於是，而能安心湛然空寂，逼迫之境自然散失。又作父母師僧之形，乍枕乍抱，悲咽流涕，但深念實相，體達本無，憂苦之相尋復消滅，強軟二緣所不能動。明星出時，神僧現曰，制敵勝怨乃可爲勇，能過斯難，無如汝者，既安慰已，復爲說法。說法之辭可以意得，不可以文載，當於語下隨句明了，披雲飲泉水，日非喩，即便問曰，大聖是何，法門當云何學，云何弘宣。答此名一實諦，學之以般若，宣之以大悲。從今已後，若自兼人，吾皆影響。頭陀既竟，旋歸佛隴，風煙山水外足忘憂，妙慧深禪，內充愉樂，然佛隴艱阻，舟車不至，年既失稔，僧衆隨緣。師共慧綽種苣拾橡，安貧無慼。俄而陳宣帝詔云，禪師佛法雄傑，時匠所宗，訓兼道俗，國之望也。宜割始豐縣調以充衆費，蠲兩戶民用給薪水，衆因更聚，亦不爲欣。【略】

陳文皇太子永陽王出撫甌越，累信殷勤，仍赴禹穴，躬行方等，眷屬同稟淨戒，晝淪講說，夜習坐禪。先師謂門人智越云，吾欲勸王修福禳禍，可乎。越對云，府僚無舊，必稱寒熱。師云，息世譏嫌，亦復爲善。王後出游墜馬將絕。越乃感悔憂愧，若傷先師，躬自帥衆作觀音懺法，整心專志。王覺小醒，憑機而坐。王見一梵僧擎香爐直進，問王曰，疾勢何如。王汗流無答。僧乃遶王一匝，香氣徘徊右旋。即覺搭然痛惱都釋，戒慧先染其心，靈驗次悅其目，不欲生信，詎可得乎。【略】

先師雖復懷寶窮岫，聲振都邑，藏形幽壑，德慧昭彰。陳少主顧問群臣，釋門誰爲名勝。徐陵對曰，瓦官禪師，德邁風霜，禪鑑淵海，昔遠游京邑，群賢所宗，今高步天台，法雲東靄，永陽王北面親承，願陛下詔之還都弘法，使道俗咸荷。陳主初遣傳宣左右趙君卿，再遣主書朱雷，三傳遣詔，四遣道人法昇，皆帝自手書，悉稱疾不當陳主，遂仗三使更勅州敦請。永陽王諫曰，主上虛己朝廷思敬，一言利益，則四生有賴。若高讓深山，則慈悲有隔，弟子微弱，尙賜迂屈，不赴臺旨，將何自安。答曰，自省無德出處，又幽過則身當，豈令枉濫業緣。如水隆去，欲留志不可，滿任之而已。仍出金陵，路逢兩使，初遣應勅左右黃吉寶，次遣主書，陳建宗延上東堂，四事供養，禮遇殷勤，立禪衆於靈耀，開釋論於太極，又講《仁王般若》百座，居左五等，在右陳主親筵聽法。【略】

以今開皇十一年十一月二十三日，於總管金城殿設千僧會，敬屈授菩薩戒，戒名爲孝，亦名制止，方便智度歸宗奉極，以此勝福奉資至尊皇后，作大莊嚴，同如來慈，普諸佛愛等，視四生，猶如一子。師云，大王紆遵聖禁，名曰，總持。王曰，大師傳佛法燈，稱爲智者，所獲檀嚫各六十種，一時迴施悲敬兩田，使福德增多，以資家國香火。事訖，汎舸衡峽，大王鹿駕貴州，臨江奉送，供給隆重，轉倍於前。既値便風，朝發夕還，而渚宮道俗延頸候望，扶老攜幼，相趨戒場，垂黑戴白，雲屯講座，聽衆五十餘人，旋鄉答地，荊襄未聞。既慧日已明，福庭將建，於當陽縣玉泉山而立精舍，蒙勅賜額號爲一音，重改爲玉泉。【略】

此時唱經竟，索香湯漱口，說十如，四不生，十法界，三觀，四無量心，四悉檀，四諦，十二因緣，六波羅蜜。一一法門攝一切法，皆能通心到淸涼池，若能於病患，境達諸法門者，即二十五人百金可寄。今我最後策觀談玄，最後善寂，吾今當入。【略】

以大隋開皇十七年歲次丁巳十一月二十四日未時入滅，春秋六十，僧夏四十，至于子時頂上猶煖，雖復不許哀號，門人哽戀，心沒憂海，不能自喩。日隱舟沈，永無憑仰。加趺安坐在外十日，道俗奔赴，燒香散華，號繞泣拜，過十日。已殮入禪龕之內，則流汗遍身綿帛掩拭沾濡若浣，既而歸佛隴而連雨不休，弟子呪願，願賜威神纔動泥洹之輿應手，雲開風噪松悲泉奔水咽。道俗弟子侍從靈儀還遺囑之地，龕墳雖掩妙迹常通，謹書十條繼于狀末。

（其二）敕昔在蕃寅覽別書感對潛塞，向《淨名疏》而呪願曰，昔親奉師顏未敢咨決，今承遺旨何由可悟。若尋文生解，願示神通夜仍感夢，群僧集閣王自說義釋難如流，見智者飛空而至，瀉七寶珊瑚於閣內還更飛去。王後答遺旨文幷功德疏，慰山衆文並在別本，送經一藏，銅鐘二口，香旛委積衣物，豐華王人降寺歲月相望，每至忌辰結齋不絕。司馬王弘依圖造寺，山寺秀麗方之釋宮。創寺已後即登春坊，故知皇太子寺基此瑞驗矣。王家造寺斯又驗矣。三國成一斯又驗矣。寺名國淸，此又驗矣。靈瑞殷勤聯翩四驗，古今可以爲例焉。【略】

（其四）開皇十八年四月十六日，佛隴僧衆方就坐禪，師現常形進堂按行，上座道修良久瞻奉。其年十月十八日，有海州連水縣人丘彪，晝發誓於龕，夜見僧排戶彪即起禮拜云，勿拜安隱無慮也。遶寺一匝彪隨後，奉尋出門數步奄然便失。當其月十二日，有海州沭陽縣人房伯奴衛伯玉，於智者舊室而見其形床事相如在。

（其五）開皇十九年十一月六日，土人張造年邁腳蹶，曳疾登龕拜曰，早蒙香火願來世度脫，仍聞龕內應聲，又聞彈指造再請云，若是冥力重賜神異，即復如初，造泣而拜戀慕忘返。

（其六）仁壽元年正月十九日，永嘉縣僧法曉，生聞勝德，歿傳妙瑞，悔不早親追恨疚心，故來墳所旋千匝禮千拜，於昏夕間龕戶自開，光明流出照諸樹木枝葉炳然，合寺奔馳所共瞻禮。【略】

（其十）荊州玉泉寺造石碑，未得鐫刻智者像，至而碑上自然生脈成文曰，天地玄用出生或有磨刮，其辭彌亮一境觀讀，三日方失。

智者弘法三十餘年，不畜章疏安無礙辯契理符文，挺生天智世間所伏，有大機感乃爲著文。奉勅撰《淨名經疏》，至《佛道品》爲二十八卷，《覺意三昧》一卷，《六妙門》一卷，《法界次第章門》三百科，始著六十科爲三卷，《小止觀》一卷，《法華三昧行法》一卷。又常在高座云，若說《次第禪門》一年一遍，若著章疏可五十卷，若說《法華玄義》幷《圓頓止觀》半年各一遍，若著章疏各三十卷。此三法門皆無文疏，講授而已。大莊嚴寺法愼私記《禪門》，初分得三十卷，尙未刪定，而法愼終國淸寺。灌頂私記《法華玄》初分得十卷，《止觀》初分得十卷。方希再聽畢，其首尾會，智者涅槃，鑽仰無所髣髴，龍章未經要妙，深識者自尋得其門也。學士法喜，凡事十七禪師，年登耳順，方逢智者。陳尙書毛喜，嘲之曰，尊師猶少，弟子何老。答云，所事者德豈在於年。又問曰，何者爲德。答云，善巧說法即後代富樓那，破魔除障即是優波毱多。毛喜自善其辭，談之朝野常爲口實。又常行方等懺，雉來索命神王遮曰，法喜當往西方，次生得道豈償汝命耶？仍於瓦官寺端坐入滅，建業咸覩天地共知。又有慧瑫因聽法而發定，道勢因領語，而觀開淨辯強記有瀉瓶之德，於佛隴燒身慧普修懺象王便現，法愼學禪微發持力。此二三子不幸早亡，門人行解兼善堪爲後進師者多矣。皆內秘珍寶不令人識，今略書見聞如上。

【略】

銑法師云，大師所造有爲功德，造寺三十六所，大藏經十五藏，親手度僧一萬四千餘人，造栴檀金銅素畫像八十萬軀，傳弟子三十二人，得法自行不可稱數。

紀事

《隋高祖文皇帝勅文》（袾宏《緇門警訓》卷九） 皇帝敬問光宅寺智顗禪師。朕於佛教敬信情重，往者周武之時毀壞佛法，發心立願必許護持，及受命於天，仍即興復仰憑神力，法輪重轉，十方衆生俱獲利益。比以有陳虐亂殘暴，東南百姓勞役不勝其苦，故命將出師，爲民除害。吳越之地今勅廊清，道俗又安，深稱朕意。朕尊崇正法救濟蒼生，欲令福田永存津梁無極。師既已離世網，修已化人必希獎進，僧行固守禁戒，使見者欽服聞即生善，方副大道之心，是爲出家之業。若身從道服心染俗塵，非直含生之類無所歸依，抑恐妙法之門更來謗讟，宜相勸勵以同朕心，春日漸暄道體如宜也。開皇十年正月十六日，內史令安平公臣李德林宣內史侍郎武安子臣李元操奉內史舍人裴矩行。

《**佛祖歷代通載**》**卷一〇**《**天台智者禪師**》（二十三 丁巳） 天台智者禪師，示寂於開皇十七年十一月二十四日。師諱智顗，字德安，姓陳氏，潁川人。有晉遷都，寓居荊州華容縣。梁散騎益陽公起第三子。母徐氏夢，香煙五彩縈回在懷，欲拂去之，聞人語曰，宿世因緣寄託王道，福德自至何以去之。誕育之夜室內洞明，信宿其光乃止，憶先靈瑞呼爲王道。臥必合掌，坐必面西。年長時口不妄噉，見像便禮，逢僧必敬。七歲喜往伽藍，諸僧訝其情志，口授《普門品》，初啟一遍即得，二親遏絕不許更誦。志學之年仕梁，承聖屬元年淪沒，北度硤川依乎舅氏尋討名師。年十有八，投湘州果願寺法緒出家，授以十戒，仍北度詣惠曠律師，北面橫經具蒙指誨。又詣光州大蘇山南嶽禪師，受業心觀。乃於北山行法華三昧，始住三夕，誦至《藥王品》心緣苦行，至是眞精進白解悟便發，見共思師處靈鷲山七寶淨土聽佛說法，思爲印可，嘗令代講。思躬執如意在座觀聽，語學徒曰，此吾徒之義兒，恨其定力少耳。於是師資改觀，名聞遐邇，學成往辭思。思曰，汝於陳國有緣，往必利益。思既入南嶽，大師詣金陵綿歷八周，語默每思林澤，乃夢岩崖萬重雲日半垂，其側滄海無畔，見一僧搖伸手臂挽師上山。以夢通告門人，咸曰，此天台山也。因挾道南征隱淪斯岩。陳少主降勅徵入，前後七使師乃赴都，迎入太極殿之東堂講《智論》。及金陵敗覆，策杖荊湘，會大業在蕃任總淮海，承風佩德欲遵戒法，致書累請。師初陳寡德，次讓名僧，後舉同學，三辭不免。開皇十一年十一月二十三日於楊州設千僧會，爲王授戒。未幾王入朝，師旋台嶽，躬率禪門行光明懺，仍立誓曰，若於三寶有益者，當限此餘年，若其徒生願從速化。不久告眾曰，吾當卒此地矣。誡曰，宜各默然，吾將去矣。言已端坐如定，而卒於天台大石像前，春秋六十七矣。弟子章安親傳戒法焉。

□□□《**釋氏稽古略**》**卷二**《**天台智者**》 天台智者大師 此年（乙未 陳大建七年）至建康。禪師諱智顗，字德安，生荊州華容陳氏。年十八出家，初謁大蘇山慧思禪師，即示普賢道場，爲說四安樂行。大師誦《法華經》，至《藥王品》曰，是眞精進，是名眞法供養如來。乃悟法華三昧，獲旋陀羅尼，見靈山一會，儼然未散。及辭思遊化，思曰，汝於陳國有緣，往必利益。至是乙未年抵建康瓦棺寺，創弘禪法。僕射徐陵，尚書毛喜等貴望並稟禪旨。嘗夢登高山見一僧以手招之，是年九月至天台山，定光出迎曰，憶昨相招否。大師驚異而禮之，乃創菴行道。陳宣帝詔師還都居光宅寺。隋文帝開皇九年陳國滅，大師乃憩廬山。開皇十一年晉王廣任總江淮，十一月二十三日於楊州總管金城，請大師設僧會，授菩薩戒，奉師號曰智者。久之還廬山。晉王再請出山，爲蕭妃救患，建齋七日行光明懺，疾瘳再還廬山，過衡峯屆荊部留王泉寺。開皇十七年十一月二十四日歸寂於台山石城寺，壽六十七，僧臘四十。大師造大寺三十六所，命寫經一十五藏，著經疏百餘卷，造金銅土木等像八十萬軀，度僧一萬五千人，五十餘州道俗受菩薩戒者不可勝紀。大師謂《法華》爲一乘妙典，開方便之權門，示眞實之妙理，會眾善之小行，歸廣大之一乘，遂出玄義，曰《釋名辯體明宗論》，用判教相之五重也。後世宗之曰天台教。

《**法華傳記**》**卷二**《**隋國師智者天台國清寺釋智顗**》 釋智顗，姓陳氏，潁川人也。母徐氏，夢香煙五彩，縈迴在懷，欲拂去之，聞人語曰，宿世因緣寄託。及誕育之夜，靈瑞非一。七歲誦《普門品》，餘無師自通。十八出家，二十受具戒，潛大賢山，誦《法華經》及《無量義》、《普賢觀》，二旬未淹，三部究竟。又詣光州大蘇山思禪師受業。思每歎曰，昔在靈山同聽法華，宿緣所追，今復來矣。即示普賢行法，爲說四安樂行。顗於此山，行法華三昧，始經三夕，誦《藥王品》，心緣苦行，至是眞精進句，解悟便發。見共思師處，靈鷲山七寶淨土，八萬菩薩，萬二千聲聞，共聽佛說法。故思云，非爾弗感，非我莫識，此是法華三昧前方便也（宣律師問天曰，陳國思隋國顗，神德超倫，昔在靈山，同聽《法華》，不審，昔誰乎。亦合佛意講經不。答云，倶是遊方大士，本是古佛。思是觀音，普門一品說其利。顗是藥王，日月淨明德興世。頓捨一身，供養於法。靈山釋迦，寄在妙法。《藥王》一品說其修行，非但今日弘經，於久遠實佛滅後，講《法華》，過去千佛出世，賢劫三佛出世，同今日深會佛旨）。更入觀於經有疑，輒見思來，冥爲披釋。又思曰，汝於陳國有緣，往必利益。思既遊南岳，顗便詣金陵，在瓦官八載，講《法華經》。梁陳大德，悉來請益，王侯止朝事來會。初開序品，至文殊答問之終，靈山一會，現於空中，忽然見者三五，天雨妙華，其色鮮白，三十餘葉，葉相續在空而不墮，長一尺餘，似蓮華葉。至于寶塔品，聽徒中或夢，瓦官是三變淨土，分身在於八方。或見普賢遠來相，凡蒙語默益，濟濟而不可稱記。又顗自以身血，書寫經而講，收國淸寺眞身堂，四隣草木，向堂而低垂。後於石城寺彌勒像，發願而終屬滅後，灌頂夢，師在兜率内院矣（出《別記》）。

士衡《天台九祖傳》 四祖智者大師，諱智顗，字德安，姓陳氏，潁川人也。有晉遷都，寓居荆州華容縣，梁散騎益陽公起之第二子也。【略】志學之年，士梁承聖屬元帝淪沒北度硤州，依乎舅氏，而俊朗通悟儀止溫恭。尋討名師，年十有八，投湘州果願寺法緒，出家緒授，以十戒道品律儀仍攝。以北度詣慧曠律師，北面橫經，具蒙指誨。又詣光州大蘇山南嶽禪師，受業心觀，乃於此山，行法華三昧，始住三夕，誦至《藥王品》，心緣苦行，至是眞精進句，解悟便發，見共思師處靈鷲山七寶淨土聽佛說法，思爲印可。又入熙州白沙山，如前入觀，於經有疑，輒見思來，冥爲披釋，常令代講，思躬執如意在觀聽，語學徒曰，此吾之義，兒恨其定力少耳。於是師資改觀，名聞遐邇，學成往辭。思曰，汝於陳國有緣，往必利益。思旣遊南嶽，大師便詣金陵（云云）。綿歷八周，語默之際每思林澤，乃夢，巖崖萬重雲日半垂其側，滄海無畔泓澄其下，又見一僧搖手申臂，至于岐麓挽師上山（云云）。以夢通告，門人咸曰，此天台山也。因與慧辯等二十餘人挾道南征，隱淪斯嶽。後陳少主降勅徵入前後七使，並帝手疏。大師遂出都，迎入太極殿之東堂，請講《智論》（云云）。【略】旋歸台嶽，躬率禪門，更行前懺，仍立誓曰，若於三寶有益者，當限此餘年，若其徒生，願速從化。不久告衆曰，吾當卒此地矣。誡曰，宜各默然，吾將去矣。言已端坐如定，而卒於天台山大石像前，春秋六十有七，即開皇十七年十一月二十四日也。師居山，有蕈觸樹皆垂，隨採隨出，供僧常調。師若他往，蕈即不生，因斯以談誠道感矣。章安侍奉多年，歷其景行，可二十餘紙。又終南山龍田寺沙門法琳，夙預宗門，親傳戒法，以德音遽遠拱木俄森，爲之行傳，廣流於世。隋煬帝未歲巡幸江都，夢感大師，言及遺寄，希自製碑文，極宏麗，未及鐫勒，値亂便失。餘如《別傳》云。

道原《景德傳燈錄》卷二七《天台山修禪寺智者禪師》 天台山修禪寺智者禪師智顗，荊州華容人，姓陳氏，母徐氏，始娠夢香煙五色縈饒于懷，誕生之夕祥光燭于隣里。幼有奇相膚不受垢。七歲入果願寺，聞僧誦《法華經·普門品》即隨念之，忽自憶記七卷之文，宛如宿習。十五禮佛像誓志出家，悅焉如夢見大山，臨海際峯頂有僧招手，復接入一伽藍云，汝當居此，汝當終此。十八喪二親，於果願寺依僧法緒出家。二十進具，陳天嘉元年，謁光州大蘇山慧思禪師。思一見乃謂曰，昔靈鷲同聽《法華經》，今復來矣。即示以普賢道場，說四安樂行。師入觀三七日，身心豁然定慧融會，宿通潛發唯自明了。以所悟白思，思曰，非汝弗證，非吾莫識，此乃法華三昧前方便初旋陀羅尼也。縱令文字之師，千萬不能窮汝之辯，汝可傳燈，莫作最後斷佛種人。師旣承印可，太建元年，禮辭往金陵闡化，凡說法不立文字，以辯才故晝夜無倦。七年乙未，謝遣徒衆隱天台山佛隴峯，有定光禪師先居此峯，謂弟子曰，不久當有善知識領徒至此。俄爾師至，光曰，還憶疇昔舉手招引時否。師即悟禮像之徵，悲喜交懷，乃執手共至庵所。其夜聞空中鍾磬之聲，師曰，是何祥也。光曰，此是犍稚集僧得住之相，此處金地吾已居之，北峯銀地汝宜居焉開山。後宣帝建修禪寺，割始豐縣租以充衆費，及隋煬帝請師受菩薩戒，師爲帝立法名號總持，帝乃號師爲智者。師常謂，《法華》爲一乘妙典，蕩化城之執教，釋草庵之滯情，開方便之權門，示眞實之妙理，會衆善之小行，歸廣大之一乘。遂出《玄義》，曰釋名，辨體，明宗，論用，判教相之五重也。名則法喻齊舉，謂一乘妙法即衆生本性，在無明煩惱不爲所染，如蓮華處于淤泥而體常淨，故以爲名。此經開權顯實，廢權立實會權歸實，如蓮之華有含容開落之義，華之蓮有隱現成實之義。亦謂從本垂迹因迹顯本，夫經題不越法喻人，單復具足凡七種（單三復三具足一）攝一切名，妙法蓮華即復之一也（法譬爲復）。名以召體，體即實相，謂一切相離實相無體故。宗則一乘因果，開示悟入佛之知見可尊尙故。用則力用，以開廢會之義有其力故。然後判教相者，以如來一代之說，總判爲五時八教。五時者，一佛初成道爲上根菩薩說《華嚴》時，二爲小機說《阿含》時，三彈偏折小歎大褒圓說《方等》時，四蕩相遣執說《般若》時，五會權歸實，授三乘人及一切衆生成佛記，說《法華》、《涅槃》時。八教者，謂化儀四教，即頓漸秘密不定也。化法四教即藏（生滅四諦）通（無生）別（無量）圓也（無作四諦唯《法華》圓理，乃至治生產業一色一香無非實相）。該三世如來所演罄殫其致（四正三接廣如本教），捨此皆魔說故。教理既明，非觀行無以復性。乃依一心三諦之理（眞俗中）示三止三觀，一一觀心念念不可得，先空次假後中，離二邊而觀一心，如雲外之月者，此乃別教之行相也。嘗云，破一切惑莫盛乎空，建一切法莫盛乎假，究竟一切性莫大乎中，故一中一切中，無假無空而不中，空假亦爾，即圓教之行相，如摩醯首羅天之三目，非縱橫並別故（第十四祖龍樹菩薩偈云，因緣所生法，我說即是空，亦名爲假名，亦名中道義，斯與《楞嚴》、《圓覺》經說奢摩他三摩鉢底禪那三觀，名目雖殊其致一也。達磨大師以心傳心不滯名數，直爲上上根智俾忘筌忘意故，與此教同而不同。智者禪師窮理盡性備足之門故，與禪宗異而非異也）。三觀圓成法身不素，即免同貧子也。尙慮學者昧於修性或墮偏執故，復創六即之義以絕斯患。一理即佛者，十法界衆生下至蜎蠉同稟妙性，從本以來常住淸淨，覺體圓滿一理齊平故（執名相者不信即心即佛，覩此而生信也）。二名字即佛者，雖理性坦平，而隨流者日用不知，必假言教外熏得聞名字，生信發解故（《起信論》云，以有忘想心故，能知名義，自此已下簡暗證者）。三觀行即佛者，既聞名開解，要假前之三觀而返源故（圓教外凡也，圓觀五陰爲不思議境，即五品位。大師示居此位，別教十信及藏通教，皆名資糧位）。四相似即佛者，觀行功深發相似用故（內凡也，圓伏無明入十信鐵輪位，不斷見思惑，至七信以去見思惑，自隕得六根淸淨。如經云，父母所生眼悉見三千界云云。思大禪師示居此位，若別教乃地前三十心也，藏通皆名加行位。《楞嚴經》、《唯識論》三十心後，別立四加行，名位雖同詮旨逈異，惟通悟者善巧融會）。五分眞即佛者，三心開發得眞如用，位位增勝故（發圓初住即銅輪位也。如龍女一念成佛現百界身，從此轉勝至等覺位，凡四十一心盡目眞因，分位雖殊圓理無別。若別教即名十地，藏通皆言見道位）。六究竟即佛者，無明永盡覺心圓極，證無所證故（妙覺也。《起信》云，始本不二名究竟覺。《仁王》名寂滅上忍也，別教權佛攝，對圓行第二位耳。藏通二教佛可知）。如上六位既皆即佛（不屈不濫）通具，法報化三身爲正（三寶三德屬對交絡，乃至十種三法含攝無遺。偈云，道識性般若，菩提大乘身，涅槃三寶德，一一皆三法），隨居四土爲依。四土者，一常寂光（法性土也。法身居之身土相稱），二實報無障礙（攝二受用也。自受用土報佛自居，他受用土登地菩薩所居），三方便有餘，四淨穢同居（並爲應化土也。地前菩薩二乘凡夫所居）其實則非身非土無優無劣。爲對機故，假說身土而分優劣。師得身土互融權實無礙故，三十餘年晝夜宣演，生四種益具四悉檀（悉遍也。檀翻名施，禪師之法遍施有情隨根得益如雲，世界悉檀生歡喜益云云）。門人灌頂日記萬言而編結之，總目爲天台教，別即分諸部類（《法華玄義》《文句》《大小止觀》《金光明》《仁王》《淨名》《涅槃》諸觀章《十六觀經》等，及《四教禪門》，凡百餘軸），歷代付授盛于江淅。【略】師二十一日到剡東石城寺百尺石像前不進，至二十四日顧侍者曰，觀音來迎不久應去。時門人智朗請曰，不審何位何生。師曰，吾不領衆必淨六根，損己利他獲預五品耳（五品弟子，即法華三昧前方便之位，與思大禪師昔語冥符）。命筆作觀心偈，唱諸法門綱要訖，趺坐而逝，壽六十，臘四十，弟子等迎歸佛隴巖。大業元年九月煬帝巡幸淮海，遣使送弟子智璪及題寺額入山赴師忌齋，到日集僧開石室唯覩空榻，時會千僧至忽剩一人，咸謂師化身來受國供。師始受禪教終乎滅度，常披一壞衲冬夏不釋，來往居天台山二十二年，建造大道場一十二所，國淸最居其後，及荊州玉泉寺等共三十六所，度僧一萬五千人，寫經一十五藏，造金銅塑畫像八十萬尊，事迹甚廣如本傳。

《法苑珠林》卷一二《隋國師智者》 隋國師智者，天台山國淸寺釋智顗，俗姓陳氏，潁川人也。宿德英賢自古罕儔，常樂山居靜慮習禪，道俗欽敬君臣識重。顗初往天台，先有靑州僧定光，久居此山積三十載，定慧兼習，蓋神人也。既達彼山，與光相見，即陳賞要。光曰，大善知識憶吾早年，山上搖手相喚不乎。顗驚異焉知通夢之有在也。時以陳太建七年秋九月矣。又聞鍾聲滿谷，衆咸怪異，光曰，鍾是召集有緣，爾時住也。顗乃卜居勝地，是光所住之北，佛隴山南，螺溪之源，處既閑敞易得尋眞，地平泉淸裴回止宿。俄見三人皀幘絳衣，執疏請云可於此行道。於是創建草菴，樹以松果，數年之間，造展相從復成衢會。光曰，且隨宜安堵，至國淸時三方總一，當有貴人爲禪師立寺，堂宇滿山矣。時莫測其言也。【略】

陳宣帝下詔曰，禪師佛法雄傑時匠所宗，訓兼道俗國之望也。宜割始豐縣調以充衆費，蠲兩戶民用供薪水。天台山縣名爲安樂，令陳郡袁子雄崇信正法。每夏常講淨名，忽見三道寶階從空而降，有數十梵僧乘階而下，入堂禮拜手擎香鑪繞顗三匝，久之乃滅。及大眾同見驚歎山諠，其行達靈感咸皆如此，不可具述。於開皇十七年十一月二十二日，忽語眾吾將去矣。言已端坐如定，而卒於天台山大石像前，春秋六十有七。至於滅後而多靈驗，到仁壽末年已前忽振錫被衣猶如平昔，凡經七現重降山寺。一還佛壟語弟子曰，案行故業各安隱耶？舉眾皆見，悲敬言問，良久而隱。

瞿汝稷《指月錄》卷之二《天台山修禪寺智者禪師》 諱智顗，荊州華容人，姓陳氏。誕生之夕，祥光燭隣。幼有奇相，膚不受垢。七歲入果願寺，聞僧誦《法華經·普門品》，即隨念之，忽自憶記七卷之文，宛如宿習。十五禮佛像，誓志出家。怳焉如夢，見大山臨海際，峰頂有僧招手。復接入一伽藍云，汝當居此，汝當終此。十八喪二親，於果願寺，依僧法緒出家。二十進具。陳乾明元年，謁光州大蘇山慧思禪師。思一見乃謂曰，昔靈鷲同聽法華經，今復來矣。【略】

太建元年辭思，往金陵闡化，凡說法不立文字，以辯才故，晝夜無倦。七年謝遣徒眾，隱天台山佛隴峰。有定光禪師，先居比峰，謂弟子曰，不久當有善知識，領徒至此。俄爾師至，光曰，還憶疇昔舉手招引時否。師即悟禮像之徵，悲憂交懷，乃執手共至庵所。其夜聞空中鐘磬之聲，師曰，是何祥也。光曰，此是犍椎集僧得住之象，此處金地，吾已居之，北峰銀地，汝宜居焉。【略】

大業元年，詔使者送弟子智璪，及寺額入山，赴師忌齋，到日集僧，開石室，唯覩空榻，時會千僧，至時忽剩一人，咸謂師化身來受供。師始受禪教，終乎滅度，常披一壞衲，冬夏不釋。居天台二十二年，建大道場一十有二所，國清最居其後，及荊州玉泉寺等，共三十六所，度僧一萬五千人，寫經一十五藏，造金銅塑畫像八十萬尊，事蹟甚廣，具如本傳。

朱時恩《佛祖綱目》卷二八《智顗大師示寂》 丁巳十一月，晉王遣使，奉迎智顗。顗將行，謂門人曰，吾將往而不返，汝等當成就佛隴南寺。又曰，乃是王家所辦，汝等見之，吾不見也。到剡東石城寺百尺石像前而止，顧侍者曰，吾知命在此，不復前進，輟斤絕絃於今日矣。唱《觀無量壽佛經》題竟，復曰，四十八願，莊嚴淨土，華池寶樹，易往無人，火車相現，一念改悔者，尚得往生，況戒定薰修聖行道力，功不唐捐矣。時石佛放大光明，覆滿山谷。門人請曰，未審大師何位何生。曰吾不領眾，必淨六根，損己利他，但登五品。汝問何生者，吾諸師友，待從觀音，皆來迎我。言訖而逝。

傳承分部

綜　述

東土九祖

志磐《佛祖統紀》卷六 高祖無畏論主龍樹尊者一相大禪師　二祖建立中觀北齊尊者圓悟大禪師　三祖圓證法華南岳尊者止觀大禪師　四祖天台智者法空寶覺靈慧大禪師　五祖結集宗教章安尊者總持大禪師　六祖傳持教觀法華尊者圓達大禪師　七祖傳持教觀天宮尊者全眞大禪師　八祖傳持教觀左溪尊者明覺大禪師　九祖天台記主荊溪尊者圓通大禪師

士衡《天台九祖傳》 高祖龍樹菩薩者，南天竺國梵志種大豪貴家也。始生於樹下，由龍成道，因號龍樹。幼而聰哲，才學超世，處在襁褓（上舉兩切，下音保。小兒衣也）聞諸梵志誦四韋陀典，各四萬偈，偈有四十二字，背誦其文，又領其義。弱冠馳名，獨步諸國，世學藝能，天文地理，圖緯秘讖，及餘道術，無不綜練（上子宋切，下郎殿切）。結友三人亦一時之傑，一日相與議曰，天下義理，可以開神明悟幽旨者，吾等盡之矣，更以何方自娛。唯有追求好色縱情極欲，是不亦樂乎？然諸梵志勢非王公，何由得之。可求隱身之術，斯樂可辦。四人相視，莫逆於心，同至術家，求隱身法。術師念曰，此四梵志擅名一世，草芥群生，今以術故屈辱就我，此人才明絕世，所不知者唯此賤法，若授其方，則永見棄，且與彼藥，使不知之，藥盡必來，永當師我。各與青藥一丸告曰，汝於靜處，以水磨之用塗眼，驗形當自隱。龍樹磨藥聞香，盡知藥名，分數多少錙銖（上音緇，下音殊）無失。還向其師，具陳此藥有七十種，名字兩數，皆如其方。術師驚問，子何以知？答曰，藥有氣分，何以不知。師即歎服乃曰，若斯人者，聞名猶難，況我親遇，而惜斯術，即以其法具授四人，得術隱身，遊百自在。入王宮中，宮中美人皆被侵陵，百餘日後，懷妊者衆，以事白王。王不悦曰，此何不祥，召諸智臣，以問其故。時有一臣白王，此之所爲不出有二，一鬼，二術。可以細土置諸門中，令人守衛斷往來者。若是方術，足跡自現。若是鬼魅，入必無跡。人可兵除，鬼當呪滅。王用其計，備法試之，見四人跡，即閉諸門，數百力士揮刀空中斬三人首。近王七尺刀所不至，唯有龍樹，斂身屏氣，依王而立，故不被斬。因時始悟欲爲苦本，厭欲心生，發出家願，我若得脱，當詣沙門求出家法。【略】

時於此國大弘佛敎摧伏外道，廣開摩訶衍義，造《優波提舍》十有萬偈，莊嚴佛道，大慈方便，如是等論各五千偈。今摩訶衍敎大行於天竺，造《無畏論》，滿十萬偈。《中論》出無畏部中，凡五百偈。時有婆羅門，善知呪術，欲以己能與龍樹爭勝。白彼王言，我能伏此比丘。王言，汝甚愚癡，此菩薩者，明同日月，智齊衆聖，汝今庸劣，豈可爲比。婆羅門言，王爲智人，宜以理驗。大王云，何逆見凌懱（莫結切，侮也）。王見言至，恭請龍樹，清旦俱集政德殿。時婆羅門即於殿前呪作大池，廣長清淨，池中出生千葉蓮華，自坐其上，語龍樹曰，汝處於地，類同畜生，我居華上，智慧清淨，寧敢與我抗言議論。爾時龍樹亦以呪力化爲白象，象有六牙，行池水上趣其華座，以鼻繳（音皎，纏也）拔高舉擲地。時婆羅門傷背委困，即便摧伏歸命龍樹，我甚頑嚚犯逆大師，惟願愍哀聽我悔過。龍樹慈矜度令出家。時有一小乘法師，見其高明，常懷忿嫉。龍樹深知，既所作已辦緣謝化成，將欲示寂，因問小乘師，汝今樂我久住世否。彼曰，仁者實不願也。於是龍樹即入靜室，經日不出，弟子咸疑，推戶視之，遂見蟬蛻（音稅）而去。天竺諸國並爲立廟，種種供養敬事如佛。其母樹下生之，因字阿周陀那。阿周陀那，樹名也。以龍成其道故，以龍配字，號曰龍樹。假餌仙藥長壽住世，三百餘年任持佛法，其所度人不可稱數，如《付法藏傳》。《入楞伽經》第六云，大慧汝當知，善逝涅槃後，未來世當有持於我法者，南天竺國中大名德比丘，厥號爲龍樹，能破有無宗，世間中顯我無上大乘法，得初歡喜地，往生極樂國。此佛金口懸記也。

明智

宗曉《四明尊者教行錄》卷六 晁説之《明智法師塔銘》

釋迦世尊，鶴林滅度，法付聲聞則唯迦葉，其付菩薩則有文殊，領受言敎則在阿難。既有是三，孰可闕一。迦葉之後二十四傳，至于師子比丘。在迦葉傳，十有三世曰龍樹大士，所著《大論》，譯傳東土。在北齊時，慧文禪師，一見證入，以傳陳南嶽慧思禪師，凡十日而證。再傳隋天台智顗大師，十有四日而證。於是乎，備六度融萬法，定而三止，慧而三觀，質其宗焉。一言之曰具，二言之曰法性。離數而有三千，即經而專觀心。經之宗曰法華，則《華嚴》、《阿含》、《方等》、《般若》，終於《涅槃》，皆爲《法華》。其爲迦葉，文殊，阿難，皆吾祖師。天台實傳唐章安灌頂，章安傳縉雲智威，縉雲傳東陽慧威，東陽傳左溪玄朗，左溪傳荊溪湛然，至荊溪而後，智者之言，悉載於書，智者之言，悉歸于正。其爲一大時敎，不可得而加已。荊溪傳天台行滿，滿傳廣脩，脩傳物外，外傳梁元琇，琇傳周清竦，竦傳有宋羲寂。寂以上皆在天台，晚傳四明義通，通傳知禮，是謂四明尊者，亦曰四明法智。稟生知上性，思義於童子之時，其於天台之門，猶諸荊溪。四明傳廣智尚賢，廣智初得於淨名，最深乎性相，審知佛法，爲智其傳神智鑒文。神智破衆潰，以澄法智之海，炎慧炬，以繼廣智之明。若其載三智之美，可傳而不可朽者，有永嘉繼忠，其師神智。而資忠者，曰明智中立矣。

傳記

志磐《佛祖統紀》卷六 二祖北齊尊者慧文，姓高氏。當北朝魏齊之際（東魏孝靜北齊文宣）行佛道者，第一明師，多用七方便（《輔行》云，恐是小乘七方便，自智者已前未曾有人立於圓家七方便）。第二最師，融心性相諸法無礙。第三嵩師，用三世本無來去。第四就師，多用寂心。五鑒師，多用了心能觀一如。第六慧師，多用踏心內外中間心不可得。第七文師，用覺心重觀三昧，滅盡三昧，無間三昧，於一切法心無分別。第八思師，多用隨自意安樂行。第九顗師，用三種止觀，雖云相承而於法門改轉。文師既依《大論》，則知爾前非所承也（此依《輔行》所載。按《高僧傳》，南岳悟法華三昧，往鑒最師，述己所證，皆蒙隨喜。又云，智者受業思師，思師從道就師，就師受法最師。今詳思師，本承文師。今又言從就師，是知諸師多同時互相咨稟，而法門改轉，後多勝前，非復可論相承也。至北齊已降，依論立觀，自此授受，始終不異，始可論師承耳）。師夙稟圓乘，天眞獨悟，因閱《大智度論》（第三十卷）引《大品》云，欲以道智具足道種智，當學般若。欲以道種智具足一切智，當學般若。欲以一切智具足一切種智，當學般若。欲以一切種智斷煩惱及習，當學般若。《論》自問曰，一心中得一切智道種智一切種智，斷一切煩惱及習，今云何言以一切智具足一切種智，以一切種智斷煩惱及習。答曰，實一切一時得，此中爲令人信般若波羅密故，次第差別說。欲令衆生得清淨心，是故如是說。復次雖一心中得，亦有初中後次第，如一心有三相，生因緣住住因緣滅。又如心心數法不相應諸行及身業口業，以道智具足一切智，以一切智具足一切種智，以一切種智斷煩惱及習亦如是。師依此文以修心觀，《論》中三智實在一心中得，且果既一心而得，因豈前後而獲，故此觀成時證一心三智，雙亡雙照即入初住無生忍位。師又因讀《中論》（《大智度論》中觀一品）至《四諦品》偈云，因緣所生法，我說即是空，亦名爲假名，亦名中道義，恍然大悟，頓了諸法無非因緣所生，而此因緣有不定有，空不定空，空有不二，名爲中道。師既一依釋論，是知遠承龍樹也。師在高齊之世（《輔行》謂是齊高祖，今詳高歡相東魏，封齊王，至子洋，方受魏禪，是爲文宣，追謚歡爲高祖。據此時尚稱東魏，文師道化行於北齊受禪之後，故云高齊。此以姓冠國，如蕭梁元魏也），聚徒千百專業大乘，獨步河淮時無競化，所入法門非世可知，學者仰之以爲履地戴天，莫知高厚。師以心觀口授南岳，岳盛弘南方，而師之門人在北者皆無聞焉（雜見《止觀》，《輔行》，《宗元錄》，《九祖略傳》）。

慧思

志磐《佛祖統紀》卷六　三祖南岳尊者慧思，姓李氏，元魏南豫州武津人也（南岳《願文》，自敘云，歲在乙未十一月十一日，於魏國南豫州武津縣生，此當魏宣武延昌四年，梁武帝天監十四年乙未歲也）。兒童時，夢梵僧勸令入道，或見朋類讀《法華經》，樂法情深，得借本於空冢獨觀，無人教授日夜悲泣。復以冢非人居，乃移託古城，鑿穴棲身。晝則乞食夜不事寢，對經流淚頂禮不休，久雨失蒸舉身浮腫，忍心向經忽爾消滅。又夢普賢乘白象王摩頂而去，昔未識文今自然解，所摩頂上隱起肉髻。年十五（魏莊帝永安二年）出家受具，謝絕人事專誦《法華》，日唯一食不受別請。所居菴宇爲野人所焚，即嬰癘疾，來求悔過其疾即愈。乃再作草舍，誦經如初，又夢僧曰，汝先受戒作法非勝，安能開發正道。即見四十二僧，爲加羯磨圓滿戒法（四十二僧，即四十二位，自初住訖妙覺也。此表南岳當獲六根清淨入圓十信，以故四十二位大士及妙覺直僧，爲其加法以證之也），既寤益厲常業。又嘗夢阿彌陀，彌勒佛與之說法。又隨彌勒同諸勝友俱會龍華，感歎非常倍加精進。年二十（東魏孝靜天平元年）因讀《妙勝定經》，見讚美禪定，乃遍親禪德學摩訶衍，常居林野經行修禪。後謁文師咨受口訣，授以觀心之法。晝則驅馳僧事，夜則坐禪達旦，始三七日初發少靜，觀見一生善惡業相，轉復勇猛禪障忽起，四肢緩弱身不隨心。即自觀察，我今病者皆從業生，業由心起本無外境，反見心源業非可得，遂動八觸發根本禪（重輕冷熱澁滑軟粗，是爲八觸），因見三生行道之迹。夏竟受歲將欲上堂，乃感歎曰，昔佛在世，九旬究滿證道者多，吾今虛受法歲內愧深矣。將放身倚壁，豁然大悟法華三昧，自是之後所未聞經不疑自解。【略】

〇述曰，南岳至此七百年矣。而傑師果應私誓，師與岳神果符先記，異哉。然傑師雖因惡誓，終能歸釋由毀爲緣，適足以彰南岳攝物之功也。師將順世，大集門學連日說法，苦切訶責聞者寒心，乃曰，若有十人不惜身命，常修法華念佛三昧，方等懺悔常坐苦行者，隨有所須吾自供給，如無此人吾當遠去。竟無答者，即屏眾斂念將入寂。弟子靈辯不覺號哭，師訶之曰，惡魔出去，眾聖相迎方論受生處，何驚吾耶？即端坐唱佛來迎合掌而逝，顏色如生異香滿室。時大建九年六月二十二日，壽六十三，夏四十九。【略】

智顗

志磐《佛祖統紀》卷六　四祖天台智者智顗字德安，姓陳氏，世爲潁川人，晉朝避亂止於荊州之華容（今江陵府公安縣）。父起祖，梁元帝時，爲散騎常侍封益陽侯。母徐氏，夢香煙五采縈迴入懷，又嘗夢吞白鼠，因覺體重。卜者曰，白鼠者龍所化也。誕靈之夕神光發屋（梁武大同四年戊午），隣人望之以爲火，至則知其生子，眾咸驚異，內外胥說，欲陳鼎俎以爲慶席，火滅湯冷爲事不成。且有二僧扣門曰，此兒道德所鍾必當出家。言訖而隱。師眉分八采（帝王世紀，堯十四月而生，眉有八采），目耀重童（漢書，項羽贊，舜重童子〇童瞳同），有古帝者之相，父母每藏護之不令人見。在繈褓中臥即合掌，坐必面西，七歲喜往伽藍，蒙僧口授《普門品》，一遍成誦。【略】

九月，王迎師入城，既入謁懇辭東歸，王不敢留遂行，吳越之民掃巷以迎，沿道令牧幡華交侯。寺久荒蕪已十二載，人蹤斷絕竹木成林。將至半塗一僧雪頂，駐錫當路逡巡即沒，咸謂聖賢之見迎。師雅好林泉負杖吟詠，嘗遊行而歎曰，靜夜深山，澄神自照，豈不樂乎。十七年四月，立御眾制法十條，付知堂上座慧諫（見《百錄》）。是月，王遣使入山參問，期以今秋迎觀江都。八月，會稽嘉祥寺沙門吉藏，百餘人奉疏請講《法華》不赴。嘗於一夜皎月映床，獨坐說法如人問難。侍者智晞明旦啟曰，未審夜來見何因緣。師曰，吾初夢大風忽起吹壞寶塔，次見梵僧謂我曰，機緣如薪照用如火，傍助如風三事備矣。化道乃行，華頂之夜，許相影響，機用將盡，傍助亦息，故相告耳。又見南岳共喜禪師令吾說法，即自念言，餘法名義，皆曉自裁，唯三觀三智，最初面受。說竟謂我曰，他力華整（應是國名永詳所在），相望甚久，緣必應往，吾等相送。吾拜稱諾，此死相現也。吾憶少時之夢，當終此地，所以每欣歸山。今奉冥告勢必不久，吾終後當藏屍於西南峯石周龕植松覆坎，立二白塔，使見者發菩提心。又經少時語弟子曰，商行寄金醫去留藥，吾雖不敏狂子可悲，乃口授觀心論，隨語疏成。十月，王遣使入山奉迎，師即日散施什物以與貧乏，標杙山下以擬殿堂（杙音弋橛也），畫作圖形以爲模式，誡其徒曰，後若造寺一用此法。或疑山澗險峙何能成寺。師曰，此非小緣乃是王家所辦（辨俗）。眾不測其旨，次日隨使出山行次石城，乃稱有疾謂智越曰，大王欲使吾來，吾不負言，吾知命在此，故不須前進。石城是天台西門，大佛是當來靈像，處所既好，宜最後用心，衣鉢道具，一分奉彌勒，一分充羯磨。語已右脇西向而臥，專念彌陀觀音及般若名。晉王聞師在疾，遣醫往治或請進藥，師曰，能遣病留殘年乎。病不與身合，藥何能遣。年不與心合，藥何所留。智晞往日復何所聞，《觀心論》中復何所道。又請進齋，師曰，非但步影爲齋（日影不過午），能無緣無觀，即真齋也（無所緣無能觀，是爲境觀俱亡）。

章安

志磐《佛祖統紀》卷七　五祖章安尊者灌頂（其師，以此子非凡，故以地住極位，爲立名字，將以進之也），姓吳氏，臨海章安人。始生三月（陳文帝天嘉二年生）能隨母稱三寶名。有僧過門謂其母曰，此子非凡因以爲名。七歲入攝靜寺，依慧拯日記萬言。年二十受具戒，天縱慧解一聞不忘。陳至德初（陳後主）謁智者於修禪寺，稟受觀法研繹既久，頓蒙印可因爲侍者隨所住處，所說法門悉能領解。禎明元年，隨智者止金陵光宅，聽講《法華》（《文句》注云，二十七，聽受金陵）。隋開皇十三年（隋文帝）夏受《法華玄義》於江陵玉泉（時年三十三。次在江陵，奉蒙《玄義》是也）。十四年夏，受《圓頓止觀》於玉泉（一夏敷揚，二時慈霔是也）。至於餘處講說，聽受之次悉與結集，大小部帙百有餘卷，傳諸未聞皆師之功也。十八年正月，師與普明奉智者遺書，自天台至揚州謁晉王，并奉《淨名義疏》。二月，王遣使王弘送還山，為智者設千僧齋，始用工造國清寺。仁壽元年，晉王為皇太子，師與智璪，奉表至長安稱賀，并謝造寺。右庶子張衡，宣令問智者亡後靈異，對以五事（備見《百錄》）。皇太子悲喜交至，遣散騎常侍張乾震，入山設千僧齋。二年四月，遣揚州參軍張諧，入山宣令慧日道場莊法論。二師（隋改寺曰道場。此寺在東都。二師見唐《續僧傳》）於東宮講《淨名經》，全用智者疏文判釋，可令寺眾諳委《法華玄義》者，齎疏入京，眾推師隨使應令。八月，遣使送師還山。煬帝大業十年（時年四十五）著《涅槃玄義》二卷，《疏》二十卷。時隋末兵興寇盜群起，師自序云，推度聖文凡歷五載，何年不見兵火，何月不見干戈，菜食水齋氷床雪被，其勞苦有若此云。疏成烈火焚之不爇。師晚年於會稽稱心精舍講說《法華》，時人讚之有跨朗籠基，超雲邁印之語（興皇朗師齊山陰慧基撰《法華疏》，梁光宅法雲製疏講經，並見唐《續僧傳》，印師未詳）。郡中有嘉祥吉藏，先曾疏解《法華》，聞章安之道，廢講散眾投足請業，深悔前作之妄。唐貞觀六年八月七日終於國清，壽七十二，臘五十二，初示疾，室有異香。臨終命弟子曰，《彌勒經》說，世尊入滅，多爇名香，其煙如雲，汝今可多焚香，吾將去矣。因委曲遺誡，辭理甚切，忽起合掌如有所敬，稱淨土佛菩薩名，奄然而化。先是貞觀元年，同學智晞臨終曰，吾生兜率見先師智者，寶座行列皆悉有人，唯一座空，彼天人曰，卻後六年頂法師來升此座，計歲論期審晞不謬。

智威

志磐《佛祖統紀》卷七　六祖法華尊者智威，姓蔣氏，處州縉雲人，母朱氏，家世業儒。年十八，為本郡堂長（郡學之職），父母令歸納婦，路逢梵僧謂之曰，少年何意欲違昔日重誓耶？因示其五願曰，一願臨終正念，二願不墮三途，三願人中託生，四願童真出家，五願不為流俗之僧。蓋前身為徐陵，聽智者講經，深有詣入，對智者親立此願。師聞願已不復還家，即往國清投章安為師，受具之後咨受心要，定慧俱發即證法華三昧。唐上元元年（高宗）欲卜勝地說法度人，執錫而誓曰，錫止之處即吾住所，其錫自國清飛至蒼嶺普通山（臺婺分界）可五百里，以隘狹不容廣眾，陵空再擲，至軒轅鍊丹山，師既戾止，翦棘刈茅班荊為座聚石為徒，晝講夜禪手寫藏典，於是名其地曰法華。既而學者子來，習禪者三百人，聽講者七百眾，常分為九處安居。師身長七尺，骨法古秀，每登座有紫雲覆頂，狀如寶蓋，鳥雀旁止有同家畜。眾苦乏水，浚一石井纔三尺深，日給千眾冬夏無竭。法華至仙居上阪（仙居台州屬色阪，坂同坡也，音反）約八十里，師每日往反，齋粥禪講未嘗少違，咸謂有神足通。永隆元年十一月二十八日趺坐禪堂而化，異香七日不歇（自上元初建寺，至永隆初入滅，纔七年耳），是日眾見坐逝於寺，而上阪之人見師赴檀越舍，至人起滅其不可測識若此。傳法雖眾，唯天宮威師為之正嗣。師在大宗朝，名德升聞，召補朝散大夫封四大師（《耆老相傳》云，唐有四大師，謂引駕大師，護國大師，餘二闕聞。今詳考隋唐僧傳，但有引駕之名，其員有四）。吳越王，請諡玄達尊者。宋朝皇祐初元，仙居令伍祩，於傳道處重修殿庭奉安真像，是夜有虎繞殿三匝而去。元豐五年十三代孫忠法師，躬禮舍利增飾其塔，錄行實而記之曰，師與天宮同時行化，俱受封官繼祖之位，若橫論秪成八世，豎分則有九代也。昔如來涅槃，阿難結集，出二弟子，一名商那，一名末田地，居國雖異行化則同，故《付法藏》橫列二十三，豎分二十四。今智者示滅，章安結集，出二弟子，亦同其時。阿難結集之際，闍王送供一夏。章安結集之日，煬帝送供十年。挹流尋源，智者如東土一佛，章安有似阿難，二威亦猶商那末田地，煬帝外護有同闍王，可不信哉。師平日坐禪舊阯，至今不生春草。

慧威

志磐《佛祖統紀》卷七　七祖天宮尊者慧威，姓劉氏，婺州東陽人。總角之歲深厭勞生，遂入空門祝髮受具，聞法華大弘天台之道，即往受業刻志禪法，晝夜惟勤三觀法門，頓獲開悟。時人見其深入威師之室，遂以小威師稱之。後歸止東陽，深居山谷罕交人事。自法華入滅之後，登門求道者不知其數，傳法之的唯左溪耳。師於高宗朝，與法華同封朝散大夫四大師。吳越王，請謚全眞尊者。

玄朗

志磐《佛祖統紀》卷七　八祖左溪尊者玄朗（與本朝聖祖諱上下字同），字慧明，婺州東陽人，姓傅氏，雙林大士六世孫也。母葛氏，感異夢而有娠（唐太宗貞觀十八年生），既產未嘗作嬰兒啼，每見人則欣笑盈面。九歲（高宗永徽二年）肄業淸泰寺，受經日過七紙。唐武后如意二年（時年五十）落髮得戒，聞天台盛弘止觀，即往求學。未幾一家宗趣解悟無遺，常以十八種物行頭陀行，依憑巖穴建立招提，面列翠峯左縈碧澗，因自號曰左溪。每言，泉石可以洗昏蒙，雲松可以遺身世。常宴居一室，自以爲法界之寬，心不離定口不嘗藥，耄耆之歲同於壯齡，揉紙而衣掬溪而飲，洗鉢則群猿爭捧，誦經則眾禽交翔，幽棲林谷深以爲樂。一日有盲狗，至山長嘷伏地，師爲行懺，不逾旬日雙目俱明，每翹跪祈請，願生兜率內院。斂念之頃，忽感舍利從空而下（天寶中建塔奉藏，會昌發毀寺，僧緘而閟之。至皇朝開寶六年，復建塔藏之本山東南隅）。開元十六年，州刺史王正容，屢屈入城冀親法喜。師不欲往教，辭之以疾。與永嘉眞覺爲同門友，嘗貽書招覺山居。覺復書千餘言，有誼不在廛，寂不在山之語（今《永嘉集》，有答友人書。近世有左溪住山，淸穆刊二書於山中，而序之曰，左溪永嘉同道也。左溪之言非不知也，彼將有激云耳。永嘉之言非責也，彼將有說云耳。此常人所不能知也。反是而議者惑也）。師所居蘭若坐非正陽，將移殿與像，用力實艱杖策指揮，工人聽命爲日未久，舊制儼然山水頻涸，眾以爲患，舉杖剌之巖泉涌出。嘗累成二塔，繪事悉煎香汁不用牛膠（此用觀音諸陀羅尼經畫像之法）。天寶十三載九月十九日，呼門人謂曰，吾六即道圓，萬行無得，戒爲心本，汝等師之。即端坐長別。壽八十二，夏三十一。弟子有夢，其居寶閣第四重者。寤以告隣，隣夢亦協，時以爲表第四天慈氏內院也。荼毗已，門人分舍利爲二分，一塔左溪之西原，遵像法之遺制。一塔東陽之東原，慰邑人之後思。司封李華，爲之銘云，稟法十二人，的嗣曰荊溪，新羅傳道者，法融，理應，純英。撰《法華科文》二卷，及修治《法華文句》。吳越王，請謚明覺尊者。

湛然

志磐《佛祖統紀》卷七　九祖荊溪尊者湛然，姓戚氏，世居晉陵荊溪，時人尊其道因以爲號。家本習儒，故幼學夙成，在兒童中超然有邁俗志。年十七（睿宗景雲二年生，至玄宗開元十五年，當十七歲），訪道浙右，遇金華方巖，授以止觀之法。開元十八年，始從學左溪（時年二十），溪與之語，知爲道器，嘗謂師曰，汝曾何夢。答曰，疇昔之夜，夢披僧服掖二輪遊大河中。溪曰，嘻，豈當以止觀二法度群生於生死之淵乎。遂以處士服受教觀之道。天寶七載，始解縫掖著僧伽梨（時年三十八，受業於宜興君山鄉淨樂寺，縫掖儒士布衣，僧伽梨，翻爲大衣，二十五條也），尋詣會稽一律師博究律部，久之演止觀於吳門。開元左溪既沒，師挈密藏獨運東南，謂門弟子曰，道之難行也，我知之矣。古之至人，靜以觀其復，動以應其物，二俱不住，乃蹈乎大方。今之人或蕩於空或膠於有，自病病他道用不振，將欲取正舍予誰歸。於是大啟妙法旁羅萬行，盡攝諸相入於無間，即文字以達觀，導語默以還源，乃祖述所傳著爲記文，凡數十萬言，使一家圓頓之教悉歸於正。每以智者破斥南北之後，百餘年間，學佛之士，莫不自謂雙弘定慧，圓照一乘，初無單輪隻翼之弊。而自唐以來，傳衣鉢者起於庾嶺，談法界闡名相者盛於長安，是三者皆以道行卓犖（力角反卓犖超絕也），名播九重，爲帝王師範，故得侈大其學，自名一家。然而宗經弘論判釋無歸，講《華嚴》者唯尊我佛，讀《唯識》者不許他經，至於教外別傳但任胸臆而已。師追援其說辯而論之，曰《金錍》，曰《義例》，皆孟子尊孔道闢楊墨之辭。識者謂，荊溪不生則圓義將永沈矣。天寶大曆間（玄肅代三宗）朝廷三詔，並辭疾不起。師始居蘭陵，嘗與江淮名僧四十人，同禮五臺。有不空三藏門人含光白師曰，頃從不空遊歷天竺，見梵僧云，聞大唐有天台教迹，可以識偏圓簡邪正明止觀，可能譯之至此土耶？師聞之歎曰，可謂中國失法求之四維（《左傳》，孔子曰，天子失官，學在四夷。《後漢·東夷傳序》，中國失禮求之四夷）。晚歸台嶺，大布而衣，一床而居，以身誨人者年不倦。大兵大饑之際，學徒愈蕃，瞻望堂室以爲依怙。建中三年（德宗）二月五日，示疾於佛隴，語門人曰，道無方性無體，生歟死歟，其旨一貫。吾歸骨此山，報盡今夕，要與汝等談道而決。夫一念無相謂之空，無法不備謂之假，不一不異謂之中。在凡爲三因，在聖爲三德，爇炷則初後同相，涉海則淺深異流，自利利人在此而已。汝其志之。言訖隱几而化，壽七十二，夏四十三。門人奉全身塔於智者塋域之西南隅。所著《法華釋籤》、《文句記》、《止觀輔行》、《止觀搜玄記》，各十卷。《止觀文句》一卷，爲司封李華說。《止觀大意》一卷，《釋籤別行十不二門》，《金剛錍》，《止觀義例》，《三觀義涅槃後分疏》，《觀心誦經記》，《授菩薩戒文》，《始終心要》，各一卷。《略淨名疏》十卷，《記》三卷，《淨名廣疏記》六卷，《治定涅槃疏》十五卷。《文句科》，《止觀科》，各六卷，《華嚴骨目》二卷。《法華三昧補助儀》，《觀心補助儀》，各一卷，《方等懺補助儀》二卷。門人梁肅撰師碑銘，而論之曰，聖人不興，其間必有名世者出，自智者以法付章安，安再世至於左溪，明道若昧待公而發，乘此寶乘煥然中興。蓋受業身通者三十九人，搢紳先生高位崇名，屈體承教者又數十人（《史記・孔子世家》云，弟子蓋三千人，身通六藝者七十二人。今言，受業身通，謂通教觀之道，有言見身發通者無義）。吳越三請諡圓通尊者，本朝元祐初，永嘉忠法師遣門人掃塔，草棘荒蕪不能辨，即案梁氏碑，去大師塋兆百步尋識之，其龕已空，唯乳香一塊耳。夜夢玄霧山君謂曰，昨者天神遣多人，取全身去也。不須猶豫，於是即舊基建石塔以識之。

志磐《佛祖統紀》卷八 《興道下八祖》十祖天台興道尊者大法師。十一祖天台至行尊者大法師。十二祖國清正定尊者大法師。十三祖國清妙說尊者大法師。十四祖國清高論尊者大法師。十五祖螺溪淨光尊者大法師。十六祖四明寶雲尊者大法師。十七祖四明法智尊者大法師。

道邃

志磐《佛祖統紀》卷八 十祖興道尊者道邃，不知何許人。唐大歷中（代宗）來依荊溪於佛隴，洞悟幽玄無所凝滯。荊溪嘉之曰，吾子其能嗣興吾道矣。遂授以《止觀輔行》。師爲衆開說發明深旨，聽者無不領寤，同門元皓一見師大敬服。貞元二十一年，日本國最澄遠來求法，聽講受誨晝夜不息，盡寫一宗論疏以歸，將行詣郡庭白太守，求一言爲據。太守陸淳嘉其誠，即署之曰，最澄闍梨，身雖異域，性實同源，明敏之姿，道俗所敬，觀光於上國，復傳教於名賢。邃公法師，總萬法於一心，了殊塗於三觀，而最澄親承秘密，不外筌蹄，猶慮他方學者，未能信受其說，所請印記安可不從。澄既泛舸東還，指一山爲天台，創一刹爲傳教，化風盛播，學者日蕃，遂遙尊邃師爲始祖。日本傳教實起於此（晁說之，撰《明智塔銘》云，荊溪傳行滿，滿傳廣修。案《大宋僧傳》，邃法師傳廣修，修傳物外。今依《宋傳》，以邃師次荊溪爲正。晁氏親見明智者，不知當時何緣得此異說）。

廣修

志磐《佛祖統紀》卷八 十一祖至行尊者廣修，姓留氏，東陽夏昆人。早入邃師之室，研精教觀，而向心至行。日誦《法華》、《淨名》、《光明》、《梵網》、《四分戒本》爲常課，六時行懺晚年彌篤。每歲行隨自意三昧，七七日未嘗以事廢。天台刺史韋珩（音衡佩玉），素重教門，請入郡堂講《止觀》。珩於即席深有省發，時會聽者莫不欣慶。會昌三年（唐武宗）二月十六日，終於禪林，葬全身於金地道場。登門弟子甚衆，居上首名物外。後二十三年，門人良湑敬文，發塔火育之得舍利千餘粒，大如菽，即舊地建塔藏之。

物外

志磐《佛祖統紀》卷八 十二祖正定尊者物外，姓楊氏，閩之候官人，久從修師傳《止觀》，且說且行。大中末（宣宗）歲歉，加趺一室妙入正定，謂弟子曰，汝若不死，至五穀登時，可擊磬引我出。越歲餘，弟子如所教，遂從定起。中和五年（僖宗）三月十五日，終於國清，葬於智者塔院之側。上首弟子，元琇，敬休，慧凝，皆傳道於世以紹家學。

元琇

志磐《佛祖統紀》卷八　十三祖妙說尊者元琇（音秀玉石），天台人，依國清外法師學《止觀》，盡其旨，妙於講說，不以學徒衆寡二其心。一日升座衆集或少，有異僧十人自外而入，威儀可觀，致敬已坐行末，講散復問訊即出。師遣侍者邀之，皆淩空舉手笑謝而去。師當僖昭之際，天下方亂，學教之徒忽聚忽散，以故得定慧之業者艱其人，唯清竦常操，承事日久洞達無遺。操師傳義從，從傳德儔，儔傳慧贇，修雅，皆繼世有聞云。

清竦

志磐《佛祖統紀》卷八　十四祖高論尊者清竦，天台人，依琇法師精思《止觀》，旦夜不懈。及繼主國清，說行兼至。時錢氏建國，吳越天台一境有同內地。師領衆安處厲其志曰，王臣外護得免兵革之憂，終日居安，可不進道以答國恩。每長日臨座高論不已，衆莫敢有倦色。門人世業者，義寂，志因，覺彌。

義寂

志磐《佛祖統紀》卷八　十五祖淨光尊者義寂，字常照，永嘉胡氏，母初懷妊不喜葷血，及產有物蒙其首，若紫帽然（梁末帝貞明五年己卯生）。幼白二親求出家，乃入開元，依師誦《法華》，朞月而徹。年十九（晉高祖天福二年）祝髮具戒，詣會稽學律深達持犯，乃造天台，學《止觀》於竦法師，其所領解，猶河南一遍照也（《僧傳》云，蒲州不聽泰，河南一遍照）。嘗寓四明育王寺，夢登國清，上方有寶幢座，題曰文殊臺，欄楯外隔欲入不可，俄見觀音從堂而出，手卻行馬（即叉欄也，亦名拒馬）低回相接，忽覺自身與觀音體合爲一，自是之後樂說無盡。初天台教迹，遠自安史挺亂（天寶末年，安祿山，史思明，相繼反逆），近從會昌焚毀（武宗會昌五年，罷僧尼毀寺院），殘編斷簡傳者無憑。師每痛念力網羅之，先於金華古藏僅得《淨名》一疏。吳越忠懿王，因覽《永嘉集》，有同除四住此處爲齊，若伏無明三藏即劣之語，以問韶國師（傳燈天台德韶國師，姓陳，嗣清涼益禪師，至天台覩智者遺蹤，有若舊居，又與智者同姓，時疑其後身云）。韶云，此是教義，可問天台寂師。王即召，師出金門，建講以問前義。師曰，此出智者妙玄，自唐末喪亂教籍散毀，故此諸文多在海外。於是吳越王遣使十人，往日本國求取教典，既回，王爲建寺螺溪，扁曰定慧，賜號淨光法師，及清諡天台諸祖（止諡天台以十六祖）。一家教學鬱而復興，師之力也（案，二師口義云，吳越王遣使，以五十種寶，往高麗求教文。其國令諦觀來奉諸部，而《智論疏》，《仁王疏》，《華嚴骨目》，《五百門》等，不復至。據此則知，海外兩國，皆曾遣使，若論教文復還中國之寶，則必以高麗諦觀來奉教卷爲正）。有興教明師，年方弱冠，聽經於會下，常自疑云，飲光持釋迦丈六之衣，披彌勒百尺之身，正應其量，爲衣解長耶，身解短耶？時韶國師居雲居（屬天台）聚衆五百，明往問之。國師曰，座主卻是汝會。明慍色拂袖而退。國師曰，我若答，汝不是，當有因果。明回螺溪，口即吐血。師聞驚曰，此新戒，觸忤菩薩人來。明擧前話。師云，汝不會國師意，速去懺悔。明具威儀詣前，悲泣作禮首過。國師爲頌出前話云，佛佛道齊宛爾高低，釋迦彌勒如印印泥。明自此疾瘳，歸謝師曰，非師指教幾喪此生（二師口義云，玄弼山君言，國師是智者，起法堂都料螺溪，是放生會首，堂中僧衆，是所放之魚）。太平興國五年（本朝太宗），自山中出，居州治寺東樓，夢刹柱陷入於地，即徙居西偏。其夜春雨驟作，山頹樓傾，咸謂師有天眼。雍熙元年，永安縣請於光明寺爲衆授戒，忽佛殿大像墮壞，腹中出《發願文》，乃唐咸通六年沙門希皎爲七鄉人施戒勸造此像，願舍報爲男子，童眞出家傳法利生，時會觀者謂是師前身也。四年十一月四日寢疾，囑門人不許哭泣祭奠，言已即瞑目。門人累小塔，窆於方丈。壽六十九，夏五十。傳法弟子百餘人，外國十人。義通實爲高第，而澄彧、寶翔，爲之亞焉。天台官民先曾傳戒者，共迎師眞相於開元寺，縞素致祭哀動一城，天爲慘色。後徒屬謀遷塔見貌，若生人髮長餘寸，遂遷葬於國清東南隅，澄彧述銘以爲識。師講三大部各二十遍，《維摩》、《光明》、《梵網》、《金剛錍》、《法界觀》、《永嘉集》各數遍，述《義例》、《不二門》等科節數卷（雜見《高僧傳》等文）。

義通

志磐《佛祖統紀》卷八　十六祖寶雲尊者義通，字惟遠，高麗國，族姓尹氏（後唐明宗天成二年丁亥歲生）。梵相異常頂有肉髻，眉毫宛轉伸長五六寸。幼從龜山院釋宗爲師，受具之後學《華嚴》、《起信》，爲國宗仰。晉天福時來遊中國（師於天福末，方十六七，正受具學《華嚴》之時來中國，應在二十後。以歷推之，當在漢周之際。今言天福恐誤），至天台雲居（韶國師所居）忽有契悟。及謁螺溪聞一心三觀之旨，乃歎曰，圓頓之學畢茲轍矣。遂留受業，久之具體之聲浹聞四遠。一日別同學曰，吾欲以此道導諸未聞，必從父母之邦。始乃括囊東下，假道四明將登海舶。郡守太師錢惟治（忠懿王俶之子）聞師之來，加禮延屈咨問心要，復請爲菩薩戒師，親行授受之禮，道俗趨敬同仰師模。錢公固留之曰，或尼之，或使之（孟子，行或使之，止或尼之，尼語乙反），非弟子之力也。如曰利生，何必雞林乎（高麗別名）。師曰，緣既汝合，辭不我卻，因止其行。開寶元年（本朝太祖）漕使顧承徽屢親師誨，始舍宅爲傳教院，請師居之。太平興國四年，法智初從師學（師年五十三，法智年二十）。六年十二月，弟子延德，詣京師奏乞寺額。七年四月，賜額爲寶雲。雍熙元年，慈雲始從師學（師年五十八，慈雲二十二）。師敷揚教觀幾二十年，升堂受業者不可勝紀。常呼人爲鄉人，有問其故，曰吾以淨土爲故鄉，諸人皆當往生，皆吾鄉中之人也。端拱元年十月二十一日，右脅而化。闍維之日舍利盈滿骨中，門人奉葬於阿育王寺之西北隅（育王未爲禪時，其徒嘗請寶雲諸師，屢建講席。寶雲既終，因葬骨於此地），壽六十二。治平元年（英宗）主南湖法孫宗正，累爲方墳石塔作記以識之（後七十七年）。宣和七年（徽宗）主育王昌月堂，以地蕪塔壞，與寶雲威師，徙骨於烏石山。其骨晶熒有光，考之琅琅其聲，舍利五色滋生骨上，有盈匊得之者。其後主者智謙，重刊石塔記於烏石菴中（見《振祖集・石塔記》）。

知禮

志磐《佛祖統紀》卷八　十七祖法智尊者知禮，字約言，四明金氏（世傳所居在郡城白塔巷）。父經以枝嗣未生，與妻李氏禱於佛，夢神僧攜童子遺之曰，此佛子羅睺羅也。因而有娠，暨生遂以爲名（太祖受周禪建隆元年庚申也），神宇清粹不與衆倫。七歲喪母號哭不絕，白父求出家，遂往依太平興國寺洪選師。十五具戒專探律部。太平興國四年（太宗），從寶雲教觀（時年二十），始三日，首座謂之曰，法界次第汝當奉持。師曰，何謂法界。座曰，大總相法門圓融無礙者是也。師曰，既圓融無礙何有次第。座無對。居一月，自講《心經》，聽者服其速悟。五年其父夢師跪於寶雲之前，雲以瓶水注於口，自是圓頓之旨一受即了。六年，常代寶雲講。雍熙元年，慈雲來自天台，始學於寶雲之門。師待以益友，義同手足。端拱元年，寶雲歸寂，師復夢貫寶雲之首，擐於左臂而行（擐音患亦貫也），即自解曰，將作初表受習流通，次表操持種智之首，化行於世也（慈雲，撰《指要鈔序》，采用法智自解之說也）。淳化二年，始受請主乾符，綿歷四載諸子說隨。至道元年，以所居西偏小院，學徒戾止，盈十莫容，遂徙居城東南隅保恩院。二年，院主顯通舍爲長講天台教法，十方住持之地。三年，以院宇頹弊，與同學異聞始謀經理，既而丹丘覺圓來任役事。咸平三年（眞宗）郡大旱，與慈雲同修光明懺，祈雨約三日無應，當然一手供佛，懺未竟雨已大浹（慈雲《行業記》云，約三日不雨，自焚，如期果大雨。太守蘇，爲刻石爲記其事）。六年，日本國遣寂照，持源信法師問目二十七條請答釋。景德元年，撰《十不二門》、《指要鈔》，成立別理眞如有隨緣義。永嘉繼齊立指濫以難之（梵天昭師門人），謂不變隨緣，是今家圓教之理，別理豈有隨緣。師乃垂二十問以祛其蔽。天台元頴復立徵决以代齊師之答，而嘉禾子玄亦立隨緣撲以助齊頴。時仁岳居座下述法智義，立十門折難總破三師，人謂淨覺禦務之功居多（禦音語，務侮同，易外禦其務）。四年，遣門人本如，會稽什師，持《十義書》《觀心二百問》詣錢唐昭師室。初是《光明玄》有廣略二本，並行於世。景德前錢唐恩師製《發揮記》專解略本，謂十種三法純談法性，不須更立觀心。廣本有之者後人擅加耳。慈光門人奉先清靈光敏，共造難辭二十條輔成其義。時寶山善信致書法智請評之（慈雲有寄石壁善信上人詩，有曾同結社之句，據此則知俱師寶雲）。師亟辭之曰，夫評是議非近於諍競，矧二公吾宗先達，其可率爾。信復請曰，法鼓競鳴何先何後。師於是始作《扶宗記》，大明廣本附法觀心之義，謂恩師之廢觀心，是爲有教而無觀。【略】六年正月元日，建光明懺七日爲順寂之期，至五日結跏趺坐，召大眾說法畢，驟稱阿彌陀佛數百聲，奄然而逝，壽六十九，夏五十四。露龕二七日，顔貌如生爪髮俱長，舌根不壞若蓮華然。明道二年七月，奉靈骨起塔於南城崇法院之左。稟法領徒者三十人，尚賢，本如，梵臻，則全，慧才，崇矩，覺琮等。入室四百八十人，升堂千人，手度立誠等七十人。師自咸平二年，後專務講懺，常坐不臥，足無外涉，修謁盡遣。講《法華玄義》七遍，《文句》八遍，《止觀》八遍，《涅槃疏》一遍，《淨名疏》二遍，《光明玄義》十遍，《別行玄》七遍，《觀經疏》七遍，《金剛錍》《止觀義例》《大意》《十不二門》《始終心要》等，不復計數。修法華懺三七期五遍，光明懺七日期二十遍，彌陀懺七日期五十遍，請觀音懺七七期八遍，大悲三七期十遍，結十僧修法華長期三年，十僧修大悲懺三年。然三指供佛，造彌陀、觀音、勢至、普賢、大悲、天台祖師像二十軀。印寫教乘滿一萬卷。所著《續遺記》三卷，《光明文句記》六卷，《妙宗鈔》三卷，《別行玄記》四卷，《指要鈔》二卷，《扶宗記》二卷，《十義書》三卷，《觀心二百問》一卷，《解謗書》三卷，《金光明三昧儀》，《大悲懺儀》，《修懺要旨》，各一卷。自餘如《融心解》，《義例境觀》，《起信融會章》，《別理隨緣二十問》，《消伏三用章》，《光明玄當體章問》《答釋日本源信問》《釋楊文公三問》《絳幃問答》（並載《教行錄》中）。師於《起信論》大有悟入，故平時著述多所援據。後人扁其堂曰《起信》，示不忘也。初受命服，神照以書賀。師答之曰，三術寡修致名達朝彥（《止觀》安忍中云，名譽利養眷屬莫受莫著，推若不去當縮德露玭。若遁迹不脫，當一舉萬里。若名利眷屬從外來破，憶此三術，齧齒忍耐，確乎難拔。若煩惱業定見慢等，從內來破者，亦憶三術，即空即假即中，設使屠析肌肉心不動散，爲辨大事彌須安忍。《輔行》云，外障是軟賊，謂名譽等。內障是強賊，謂煩惱等。內外用術不同），尋蒙帝澤令被紫服，有恥無榮何勞致賀。《指要》初成，雪竇顯禪師出山來訪，觀其書大加欽讚，即爲設齋致慶，親揭茶榜，具美其事云。

南岳旁出世家

志磐《佛祖統紀》卷九　（二世）南岳僧照禪師。南岳大善禪師。枝江慧成禪師。藍谷慧超禪師。巴丘慧耀禪師。雲峯慧涌禪師。江陵慧威禪師。鍾山智瓘禪師。仙城慧命禪師。新羅玄光禪師。枝江慧璀禪師。（此下二人見《南岳紀》）南岳靈辯禪師。南岳淨人方合。郢州刺史劉懷寶（此下三人《南岳紀》）。光州五百家巴子立。南岳府君影堂二十八人（見《光師傳》）。業高四百（此下見《善師傳》）信重三千。

（三世）南澗慧旻禪師（此下四人嗣光師）。升堂受莂一人。火光三昧一人。水光三昧一人。衡陽令陳正業（見《善師傳》）

智者旁出世家

志磐《佛祖統紀》卷九　（二世）天竺眞觀禪師。瓦官法喜禪師。國清智越禪師。瓦官法慎禪師。國清普明禪師。國清智璪禪師。佛隴智晞禪師。國清法彥禪師。廬山智鍇禪師。廬山大智禪師。玉泉道悅禪師。天台等觀禪師。華頂般若禪師。會稽禮宗禪師。棲霞法嚮禪師。玉泉行簡禪師。國清慧威禪師。碧澗法俊禪師。興皇慧奬禪師。南岳慧稠禪師。當陽德抱禪師。蔣山大忍禪師。佛隴慧辯禪師。玉泉道勢禪師。天台慧瑫禪師。天台惠普禪師。玉泉法盛禪師。玉泉法論禪師。（下三人同紀）會稽智果禪師。終南法琳禪師。國清智寂禪師。白馬敬韶禪師。定林法歲禪師。（此下十一人《天台紀》）禪眾智令禪師。奉誠法安禪師。玉泉法偃禪師。國清道修禪師。岳陽曇捷禪師。玉泉義邃禪師。國清師。諫禪師。國清如朗禪師。佛隴慧綽禪師。天鄉法延禪師。慧日僧珍禪師。玉泉法才禪師。（此下四人見《百錄》）玉泉法璨禪師。玉泉道慧禪師。十住道臻禪師。陳少帝（《天台紀》）。陳皇太子。陳永陽王。隋煬帝（《天台紀》）。玉泉關王（《天台紀》）。中兵參軍陳鍼。太中大夫蔣添玫。開府儀同沈君理。尚書左僕射徐陵。光祿大夫王固開府儀同柳顧言。五兵尚書毛喜。儒士梁方茂。開府儀同吳明徹（此下二人《天台紀》）。岳州刺史王宣武。侍中孔煥（此下二人沈博）。僕射周弘正。得門千數。（梁氏《禪林寺碑》）

南岳旁出世家 二世

僧照

志磐《佛祖統紀》卷九　禪師僧照，聞南岳妙善心觀，特往參謁，凡所指授無不領解。後以南岳命行法華三昧，用銷宿障妙行將圓，覩普賢大士乘白象王放光證明，又感觀音爲其說法，於是頓悟玄旨辯才無礙。師於眾中苦行禪定皆爲第一，嘗用眾一撮鹽作齋飲，以所用無幾不以爲慮。後行方等忽見相起，計三年增長至數十斛，急賣衣買鹽償眾，其相方滅。南岳入寂，師領眾行道不異於昔。

大善

志磐《佛祖統紀》卷九　禪師大善，幼棲林野常誦《法華》，後參南岳得開觀慧，躬行法華三昧所入最深，常於山中講《釋論》時眾推服。大都督吳明徹問南岳曰，法華禪門眞德幾何。岳曰，信重三千業高四百，僧照得定最深，智顗說法無礙，兼之者大善也。後於禪堂趺坐而逝，七日之內，天常雨華異香凝結。衡陽令陳正業，聞師道德之盛，每往禮敬，蒙示法要內心歡喜。後見內史鄭僧杲，數稱師德，嘗同獵圍鹿一群，謂正業曰，君常稱善禪師有慈悲三昧力，今日其如此鹿何。正業即率左右同聲念南無大善禪師，應時群鹿騰空而出。僧杲爲之駭服（涅槃五百力士，舉石不能佛擲置虛空，令力士貢高心息，爾時實不舉石，當知慈善根力令見此事）。

慧成

志磐《佛祖統紀》卷九　禪師慧成，段氏，灃陽人。初受業於十住寺，誦《法華》《淨名》《勝天王經》二十餘卷，日爲常課。既受具遊建業學《成實論》，一聽十年文理略盡。將歸本邑，聞南岳闡化之盛，即往依之。岳以師依文生解激之曰，汝一生學問，與吾炙手猶不得熱，虛喪功夫豈不惜哉。師承法訓憤，取章疏盡焚之，開眼坐禪夜以達旦，如此五年。岳令入方等．觀音，法華，般舟三昧，歷試諸行以銷宿障，行之三年得解眾生語言三昧。彼閉目坐禪者，觀道雖明開眼或失。岳歎之曰，智顗先發三昧後證總持，慧成今又及之，二子行解亦且齊矣。續於荊州枝江（邑名）創造藍寺，殿缺巨梁，忽六月江漲，夢有木可中梁用，往江視之果然。信士段弘爲精舍主，忽氣絕召師至舍，弘乃省曰，初被執至王所見師上殿曰，我與此人共立功業未辦，願宥之。王起禮足許之。陳後主聞師名召之，毅然不往。常又令江總往迎，且戒之曰，師若不允不勞返也。使人雨涙強邀上船，師奮身入水立江中，使更請曰，若不蒙往總等粉身無地矣。師閔其意，從至闕下。帝躬身請戒法，賜所居曰禪慧寺。有常律師過，師同寢夜，擲蝨於地。明將告別，師曰，夜來一檀越被凍可閔。常大慚，永以爲戒。一日語門人急甃殿階，吾當講《涅槃》，及事成建講，適智者自玉泉來，共談玄理，良久入定示滅。

慧超

志磐《佛祖統紀》卷九　禪師慧超，丹陽沈氏，幼入道誦《法華》，聞光州思禪師妙明三觀，與天台仙城命禪師同往請業。思師對眾稱之曰，超之神府得忍人也。後入嵩高餌藥坐禪。隋太子勇，召集名德總會京師，以師行業不群，獨留供養。有淨業法師隱居藍谷，欽師高道躬事邀迎，共止八年倍隆三慧。大業初，屢詔入宮說法。師所居常有數虎以任役使。平時誦經，五十餘年，幾一萬部。京邑名匠慧因保恭等咸就棲止以事請益。後因臥疾，示門人曰，生不忻死不慼吾之常也，第一義空清淨正觀吾之憑杖也。乃面西正坐入定，遺旨露骸松下以施禽獸。弟子如教，停月餘顏色不變，夜有霞光自身而發。時秦王世民聞之（唐太宗），遣人就視深歎希有，眾乃造塔奉藏全身。

慧耀

志磐《佛祖統紀》卷九　禪師慧耀，姓岐，襄陽人。初從南岳居數年，盡得心觀之妙。岳印之曰，子於實相理觀所造既深，宜隨方行化以酬本志。及南岳入滅，師至巴丘歎曰，此地禪法罕聞宜可開示。有道懿禪師，邀居道因寺，專尚禪寂不交人事，十有四年未嘗出門。一日謂人曰，吾不欲惱眾，欲往內華寺閒居，眾留不從。閱三年示疾，見南岳與仙城來迎，謂言，可同遊淨土。即趺坐入寂，葬全身於內華。

慧涌

志磐《佛祖統紀》卷九　禪師慧涌，受法華三昧行法於南岳，行之既久遂獲證入，乃隱迹雲峯不與世接，六十餘年一志禪定，當出定之頃心無他務，唯誦《法華》，既而又證火光三昧，不知所終。

慧威

志磐《佛祖統紀》卷九　禪師慧威，江陵人，依南岳行法華三昧，得解一切眾生語言陀羅尼，聞人畜禽鳥聲必知其意，後又發證神通，飛空履水如步平地。

智璀

志磐《佛祖統紀》卷九　禪師智璀，早親南岳修法華三昧證入甚深，隱居鍾山未嘗越閫。煬帝屢詔勉爲一赴。帝請問法要，禮爲國師。

慧命

志磐《佛祖統紀》卷九　禪師慧命，天台仙城人，來參南岳，聞說三觀深悟玄旨，得無礙辯說法如瀉。將終誡門人精進淨行，眾忽見阿彌陀佛與大士來迎，即隨佛向西升空而去。

玄光

志磐《佛祖統紀》卷九　禪師玄光，海東新羅人，遠越滄溟求法中夏，首造南岳授《法華安樂行門》，稟受勤行，俄證法華三昧。南岳謂之曰，汝還鄉國當以善權而行化度，若負螟蛉以成蜾蠃者也（《詩》，螟蛉有子，蜾蠃負之，教誨爾子，式穀似之。楊子，螟蛉之子，壹而逢蜾蠃祝之，曰類我類我，螟蛉桑上青蟲，蜾蠃細腰蜂）。師即禮辭南岳返錫江南，值本國海船遂獲附載。方及大洋，忽覩采雲亂目雅樂盈空，絳節霓旌傳呼而至，空中聲云，天帝召海東玄光禪師。師拱手遜避，即見青衣恭敬前，少選入大宮闕，見羽衛陳列，鱗介繁錯間以鬼神，咸仰敬曰，天帝降我龍宮請法師，說已證法門，吾曹受益不少矣。既升殿請陟高臺，天帝扣問。師爲開演，經七日而畢。帝躬送別，向所乘舟泛泛不進，師復登舟，舟人謂始半日耳（天親，上生兜率一遶彌勒座下，報無著已六月矣。此言天境時分常長，今光師龍宮七日說法，回至海船始半日耳。此蓋龍宮晝夜常短之驗，或欲以比《地涌品》六十小劫謂如食頃者。據疏記，六十非虛，佛威所加，忘其爲久，則知今龍宮既非佛國，又非佛加，應以龍宮自謂七日，船人自謂半日，各執情謂以之爲實，如荊溪謂六十食頃，但是情謂非實短也）。師既歸國，於熊州翁山結茅爲居集眾說法，久之遂成寶坊，受道之眾咸蒙開悟。升堂受莂者一人（《文句》，受記亦云受莂。受是得義，莂是別了）入火光三昧者一人，入水光三昧者二人。南岳影堂如圖二十八人，師居一焉。

新羅光禪師法嗣 三世

慧旻

志磐《佛祖統紀》卷九　禪師慧旻，河東人，九歲出家，誦《妙經》朞月便過。年十五，請法於光禪師，英偉秀發宿士稱之。復十五年，還嘉禾海鹽，主光興寺，講演《法華》，眾聞空中諸天彈指，異香滿堂。後止通玄寺，結徒行道，十七年間足不踰閫。隋末天下崩離，吳中飢饉四眾逃難，唯師守死禪誦。唐室之初，遷居南澗寺（在建康），有兩兔一彪，相親同止。一日眾聞異香天樂，競以問師，師曰，吾後日當往也。寄世若浮雲，須蚤求度。及期果順化而逝。

智者大禪師旁出世家 二世

真觀

志磐《佛祖統紀》卷九　禪師眞觀，字聖達，錢唐範氏，其母誦《藥王》、《觀音品》以求嗣，遂生師，舌羅紫文，手有異相，幼聰寤博通經史，遇善相者謂之曰，年少當成大器何滯塵網。師始欲出家，二親未見許，夢天神告曰，汝子法中英傑，何得籠檻。於此父母自是從其志。初讀《成實》、《十誦》，始開一卷，神夢語曰，汝是大乘法器勿守小道。陳永陽王伯智夙事師，遣使送師謁智者，致書爲贄。智者以齒相若，待之以兄弟，高談寂照金石相宣。時人爲之語曰，錢唐有眞觀，當天下一半。大忍禪師見而歎曰，龍樹之道方興東矣。時朝廷征周失律（陳宣帝大建十年，命吳明徹，北伐周，兵敗，爲周人所執），議括僧無名者令休道。師致書左僕射徐陵，事遂寢。隋文帝朝，三勅勞問，秦孝王總管維楊，兩加延請，並辭疾不赴。與道安禪師頭陀於靈隱山中。開皇十四年郡大旱，刺史劉景安請講《海龍王經》，序王義方竟驟雨霈然。十五年，始立精舍，號南天竺，常講《法華》用爲要業，受持讀誦躬自書寫，五種法師於茲爲備，每盥洗遺滓地爲不濡。有一老人日至聽經，師延問之，對曰，弟子即此山龍王也。師曰，久旱何不降雨。老人曰，山民無知鑿斷山脈，諸龍不安使之若爾。師能爲諸龍授戒，勸其向道，則雨可即致。師許之，即作法召諸龍與授菩薩戒，即時降雨。是夜有峨冠朱服頂禮作謝。師因問曰，近年多旱何耶？龍曰，人無正信多行惡行，以故惡天，將地肥流入深土，雖結五穀食無肥膚，旱涸不常固有由也。大業七年夏四月，郡司馬李子深請出眾善寺講《涅槃經》，出山之日手標葬處，講至《現病品》，夢三人作禮告曰，淨居天遣迎禪師。六月六日，始臥病，夢與天台同輦翼佛還山，覺已歎曰，昔六十二當終，講《法華》力得延一紀，今七十四，復致斯應，生期必矣。乃集眾訓曰，欲出生死欲具佛法，宜須持戒修定慧學，弘通正法勿令虛度。至七月一日，眾聞空中技樂之聲，即趺坐示滅，道俗獻供日致千輩。至二十六日，容色儼然眉毫增長，乃自眾善，遷窆於所標之地，四部大眾者，亘一由旬，香蓋成陰幢幡蔽野，道德之感有若此云（師即天竺靈山始祖，章安嘗撰《別傳》，其本不存。慈雲之世重修其塔，作六詩以爲識，其序略曰，今土門自開一無遺物，不知全身隨多寶以證經乎，像佛隴以化往乎）。

法喜

志磐《佛祖統紀》卷九　禪師法喜，力學無倦，參知識十七人得大開悟。年登六十，始於大蘇山值遇智者，一聞法音頓獲深證，於是盡舍舊徒專禪慧。陳光大元年，與同學二十七人從智者至金陵遊化，尚書毛喜嘲之曰，尊師猶少，弟子何老（時智者年三十）。師答曰，所事者德，豈論其年。又問何以爲德。答曰，善巧說法即後代富樓那，破魔得道即今日優波毱。喜善其對，常稱之朝列。師行方等三昧，有雉來索命，神王訶之曰，禪師當往淨土即生得道，豈償汝命耶？後於瓦官趺坐入定，不起於座而終。

智越

志磐《佛祖統紀》卷九　禪師智越，南陽鄭氏，父與求昏，師極辭以拒。即出家，遊方至金陵遇智者，北面受業，五門六妙莫不深達，誦《法華經》至滿萬部。智者晚歸台嶺付以四眾，二十年間循循善誘，德量寬曠學者歸心，所居之處瓶水自滿。自晉王造寺及登帝位，山中每遣僧使，奉啟致賀，必以師名居首。上虛己加敬，若智者在日無異，每獲嚫施用爲功德，未嘗有所畜也。大業十二年十一月二十三日，告眾爲別右脇而逝。風悽雲慘地動山頹，天雨異花一境冥晦。

法 慎

志磐《佛祖統紀》卷九 禪師法慎，初居金陵大莊嚴寺，從智者稟受三觀豁然深證，因定發持一聞能記。陳大建三年，智者於瓦官說《次第禪門》。師於聽次，私記爲三十卷，尚未修治不幸入滅。其後章安治定爲十卷，即《禪波羅蜜漸次止觀》也。

普 明

志磐《佛祖統紀》卷九 禪師普明，會稽朱氏，少有異志，嘗聚沙爲塔刈蒿爲殿，有僧乞食見之曰，郎子有善根，可向天台出家，彼有初依菩薩現身說法。陳大建十四年，來天台值智者講次，座眾初散禮足歸依。智者笑曰，宿世願力今復相遇。於是服勤左右專習禪法，行方等，般若諸三昧，誦通《法華》。後隨智者止廬山，於陶侃瑞像閣，行請觀音三昧，隆冬身不衣絮，正行道間，見一異僧，謂之曰，汝名法京未爲嘉稱，可改爲普明，此言明者，謂能照了三世也。智者聞之曰，既是冥示宜從新名。智者住玉泉，令造大鍾充佛隴，用勸江陵道俗競爲經營。偶盲人來視，師知相不吉，模開果缺，乃倍工再冶，誠不具者莫至，其聲遠聞七十里。暨居國清以取水爲艱，指其石曰，此石出水不亦快乎。泉即涌出日給千眾。嘗鑄丈六盧舍那像，感異人施金爲助。國清講堂狹小，師欲廣之，章安勸勿改。俄而栝州都督周孝節（溫州在陳隋爲栝州），施杉柱泛海而至。章安在赤城，忽見師身十餘丈，高出林表，翼從數十人，語章安勿苦諫，吾所作當有成。章安感其神異，望林合掌致敬曰，當依仁者區畫。創堂之日，感山神隱形而至，若雷震，摧樹傾枝，闊一步許，自佛隴下至於寺，日暮還返，聲如初至。比房聞師與之共語，多勸神爲善。建堂既畢，忽蓋破衣與眾言別，奄然坐逝，信宿屈左三指。師不畜私財，以所得施，造金銅像十軀，閱大藏二過。每作利益事，一運其心金帛自至。

智 璪

志磐《佛祖統紀》卷九 禪師智璪，臨海張氏，父懷仕陳爲中兵參軍。年十七，二親俱亡，服滿染病，久醫無效，乃力疾出庭向月而臥，至心念月光菩薩，繫念旬日，夜中夢人以口就身噓吸，如此三夕疾遂瘳。因投安靜寺出家，聞智者爲世良導，即往請業，行法華三昧，至二七日初夜懺畢，就床欲坐，見九頭龍從地而起上升虛空。智者釋曰，此表九道眾生聞《法華經》，將破無明地入法性空耳。嘗往寶林寺行懺，初夜有人來撼戶扇。師問何人。答曰，我看燈耳。有成禪師聞之曰，此堂有惡鬼，今此聲者鬼也。即啟永陽王，遣十人執仗爲護。師謝遣之曰，命由業耳。是夜鬼入堂槌壁擊柱，周遍東西。師行道禪誦坦然無懼，三七日內事常如此。行法將訖，見一青衣童，稱讚善哉，言已不見。又因往會稽，路由剡縣乞食。主人誤進毒蕈，食訖前邁。主人啖者，皆吐利委頓。隣人追師十里語之，師笑曰，貧道幸無他。大業元年，煬帝巡幸揚州，師自國清御使命至行在所，引見內殿賜坐慰勞，遣通事舍人盧正方送還山，爲智者設千僧齋度一百人。師前後八入參覲，主上每加異禮。唐貞觀十二年，無疾正坐入滅，壽八十三。

智 晞

志磐《佛祖統紀》卷九 禪師智晞，陳氏，潁川人，先世遊宦寓家於越。年二十，往投智者剃度，稟受禪訣旦夕研心不見倦色。智者入滅，受命居佛隴。時眾行三昧者頗盛，殿堂展闢制度嚴整，唯香臺未架，當香鑪峯多樫柏木，師欲伐用，眾疑神所據。夜夢神送疏舍木，遂遣伐之。寺眾法雲，欲往峯頂禪坐，師止之曰，汝道力微弱，山神剛猛不宜往。雲不從，甫留一夕，神現形驅令還。初，智者勸沿江居民舍簄梁爲放生池，歷年未久復行漁捕。師與章安，禮智者塔焚香呪願，有漁人見僧立簄上，意謂墮水者乘舟往救，忽不見。居人覩驗遂停採捕。時群獸悲鳴眾鳥翔集，屢日不止，東山銅鍾忽響震山谷。師曰，此召吾也。乃香湯沐浴趺坐執如意，說法良久寂然無聲。眾方號泣，復啟目戒之曰，有生必滅寧足爲悲。

或問生處，曰據吾夢驗當在兜率，宮殿青色居天西北（《涅槃經》以兜率天常愛青色，用青色三昧以破此天之有），見吾先師侍左右者皆坐寶座，唯一座空。吾詢所以。答云，卻後六年，頂法師當升此座說法。師常往阿育王寶塔，禮八萬四千拜，感紫文印手方整明瑩。臨終告弟子曰，眾聖印我，吾今往生內院矣。忽聞弦管之聲，即趺坐而化。時貞觀元年十二月十八日也。

法彥

志磐《佛祖統紀》卷九 禪師法彥，清河張氏。陳大建七年，侍智者於天台，授禪那之旨，寂坐林間不居房舍。常入定七日方起，智者證之曰，如汝所說是背捨觀中第二觀相，山神數嬈試之，恬不為動專修禪法，三十餘年常坐不臥。隋大業七年二月晦，於國清趺坐而化。

智鍇

志磐《佛祖統紀》卷九 禪師智鍇（音楷）豫章夏候氏，博通三論著名當世，及見智者，稟受禪法深有開悟。晚入廬山造大林精舍，專志修禪莫測其證。二十餘年影不入俗，隋文帝召入京，辭疾不赴。豫章郡守請講《法華》，力拒之曰，吾當終於山舍。既而道俗懇請不已，勉為之行講經未竟，果終於州治之寺，人始悟其先知。時炎暑正盛端坐如生，異香滿城數日方歇，眾奉禪龕還葬廬阜。

大志

志磐《佛祖統紀》卷九 禪師大志，會稽顧氏，依智者出家，以其志趣高放，為立此名。每誦《法華》音聲清轉聽者忘疲。既獲聞《禪要》，乃於廬山甘露峯行杜多行，投身猛虎虎輒避去，山粒或絕終日忘餐，或得餅果繼命而已。如是七載，禪誦不休。晚住福林，會大業中屏除佛教。師素服哭於佛像前者三日，誓捨身申明正道，遂往東都上表曰，願陛下興隆三寶，貧道當然臂報國。上許之。遂集七眾設大齋，絕糧三日，升大棚，布裹其臂，灌蠟作炬，度火然之，光耀巖坰，見者莫不心痛。師面色不變，讚佛誦經為眾說法，聲未嘗絕，燒畢下棚，入定七日跏趺而終。撰願文七十紙，廬山諸寺，除夜眾集，讀誦此文，為之酸結。

道悅

志磐《佛祖統紀》卷九 禪師道悅，昭丘張氏，十二投玉泉依智者出家，誦《大品般若》及《妙經》，日為常課。時造寺之初未有鍾磬，師於泉源得怪石縣之，每誦經卷通輒扣下，聲韻清徹聞者肅然，幽冥之徒屢獲祥感。偶患水脹腹急如鼓，唯念般若求勝應，一夕腹水迸流洪腫消退。隋末兇賊朱粲率徒入山，師端坐不動曰，吾沙門也，浮幻形骸任加白刃，賊異之不敢犯。師身衣麻，終日止一食，常分其半以資飛走，或翔集房上，或招來掌中，慈善所熏忘懷無畏。衣雖弊壞絕無蚤蝨，常於隣居乞蝨養之，勸其莫殺。居山五十年，操行若一。臨終預與人別，即端坐合掌而逝。後有人見僧跪足擎鉢於清溪之上，自稱為般若師，蓋師常誦是經，人以是為稱也。

等觀

志磐《佛祖統紀》卷九 禪師等觀，富陽孫氏，受心觀於智者，居天台常誦《法華》。貞觀九年冬，餘杭法忍寺請師講演。明年正旦有王服者，至稱皐亭廟神，來謁師曰，禪師昨過廟廷，適弟子巡遊不及奉迎，今故遠來專求戒法。師即索鑪然香，為授菩薩大戒。禮謝而退。明日夜半沐浴更衣，面西趺坐，稱三聖尊號及智者號，各百餘聲，復為惠法師說三觀法門，且云，此吾親承大師口說，言畢而終。

般若

志磐《佛祖統紀》卷九 禪師般若，高麗人。開皇十六年，來詣佛隴求禪法，未久有所證悟，智者謂之曰，汝於此有緣，須閒居靜處或辨妙行，華頂峯去此六七里，是吾昔日頭陀之所，住彼進道必有深益。師即遵奉明誨，宴坐十六年未嘗下山。忽一日，往佛隴上寺，有三人侍行，須臾不見。次至國清下寺，告別同志，居數日無疾而化。龕出寺門開眼示別，至山閉目如故。

禮宗

志磐《佛祖統紀》卷九 禪師禮宗，宋氏，會稽人，初參長壽，通達禪觀。壽曰，良玉徑尺，千仞之土，不能掩其光。後往見智者，學三觀法門大有契悟。嘗注《涅槃經疏》爲時所重。景龍三年（唐中宗）御史馮忠忽暴亡，有二童子領師庭對，判官案覆罪籍，見亡舅張思義曰，汝不合後宮中，亂越致此冥追可發願造《涅槃疏》并鑄鍾，庶消往過。疏是禮宗禪師所述者，此師親見智者傳授，每有天神守護，忠依舅誡遂獲放回，尋疏未獲再被冥譴。忠乞三日尋寫復俾其返，誠意搜求果得其本，遂急爲經理後以壽終。

法響

志磐《佛祖統紀》卷九 禪師法響，楊州人。年十六，辭親入道從智者學，誦通《法華》，乃於棲霞寺側立法華堂，行三昧既獲證悟，默而不言。山中猛虎日害數人，眾設大齋以爲禳禬。忽見一虎入眾中攫一人去，師高聲呼云，今日專爲汝設齋可放此人，虎即置人而退。頃之群虎數十大集齋所，舉眾驚避。師至虎前，以杖扣群虎頸，爲其說法。自此之後遠遁無迹。

行簡

志磐《佛祖統紀》卷九 禪師行簡，親承智者剃度，稟受禪法常坐不臥。智者在玉泉，令往澧州教化。耕牛回至中路，忽逢群盜，斬師之首奪牛而去。師之屍形即從地起，以手捧頭安項上，健步如飛來追賊黨。賊皆驚異遂還其牛，誓終身爲奴以求謝過。今莊中佃奴，有姓向者，是其後。

德抱

志磐《佛祖統紀》卷九 禪師德抱，當陽人，從智者學禪法久而獲悟，誦《法華》多瑞應，數十里咸聞異香。煬帝敬異，賜號大覺禪師。禪師大忍，擅得梁代，養道蔣山，時與智者義集山中，頓悟禪慧乃歎服曰，此非文字所出，乃是觀機縱辯般若，非鈍非利，利鈍由機，豐富適時是其利相，池深華大鈍可意得（《智論》，見兩猛知龍粗，覩池深知花大），餘輝有幸可不自慶。

法盛

志磐《佛祖統紀》卷九 禪師法盛，初於玉泉見智者，稟受法要，旦夜不離禪定。後親受《觀心論》，深悟玄旨。智者既往，乃於玉泉大敷教化。唐初入京師每說法，口出光明，四眾戴仰，同於眞佛。朝廷尊其道，賜號悟眞禪師。

法論

志磐《佛祖統紀》卷九 禪師法論，依玉泉學，與會稽智果，終南龍田法琳，皆同學智者，並與智者作傳，皆不復存。章安所撰《別傳》，用國清智寂禪師本，稍加增益遂行於世。此四師雖無事迹可尋，亦皆當時得道英器（見《百錄序》及《別傳注》）。

章安旁出

志磐《佛祖統紀》卷一〇 （二世）龍興弘景禪師。南岳大慧禪師。嘉祥吉藏禪師。天台明曠禪師。玉泉道素禪師。（三世）耆闍智拔禪師（嗣藏師）。

天宮旁出

志磐《佛祖統紀》卷一〇 （二世）永嘉眞覺禪師。

左溪旁出

志磐《佛祖統紀》卷一〇 （二世）焦山神邕禪師。　支硎道遵禪師。　佛隴大義禪師。　紫金元宗禪師。　四明道源禪師。　婺女清辯禪師。　婺女行宣禪師。　婺女圓淨禪師。　婺女法開禪師。　三衢道賓禪師。　三衢慧從禪師。　毘陵守眞禪師。　錢唐法燈禪師。　錢唐法眞禪師。　會稽法源禪師。　新羅法融禪師。（下三人《左溪紀》）　新羅理應禪師。　新羅純英禪師。　居士傅禮　居士王元福。

（三世）焦山智昂禪師（下四人嗣邕師）　焦山靈澈禪師。　焦山進明禪師。焦山慧照禪師。支硎靈輪禪師。（下四人嗣遵師）　支硎法盛禪師。支硎道忻禪師。支硎靈源禪師。

荊溪旁出

志磐《佛祖統紀》卷一〇　（二世）南岳普門禪師。　龍興元皓禪師。華頂行滿禪師。天台智度禪師。建安法顒禪師。雲峯法證禪師。無姓法劍法師。翰林學士梁肅　吏部郎中李華　散騎常侍崔恭（下四人《皓師傳》）諫議大夫田敦　身通三十九人（《大師傳論》）。（三世）曇環禪師（嗣門師）。智淨禪師（此下五人嗣皓師）。仲義禪師。子瑜禪師道如禪師。仲良禪師。龍興重巽法師。（四世）中丞柳公綽。刺史柳宗元。中書鄭絪。刺史孟簡。

興道旁出

志磐《佛祖統紀》卷一〇　興善守素禪師。日本最澄禪師。

至行旁出

志磐《佛祖統紀》卷一〇　天台良湑禪師（下二人《至行紀》）。天台敬文法師　天台光韶法師　天台維蠲法師。天台刺史韋珩（《至行本紀》）。

正定旁出

志磐《佛祖統紀》卷一〇　（二世）天台敬休法師。天台慧凝法師。（三世）天台處源法師（嗣凝師）。（四世）天台玄廣法師。

妙說旁出

志磐《佛祖統紀》卷一〇　（二世）國寧常操法師。（三世）國寧義從法師。（四世）國寧德儔法師（嗣從師）。（五世）定水慧賓法師（四明下二人嗣儔師）　法性修雅法師（會稽）。

高論旁出

志磐《佛祖統紀》卷一〇　（二世）慈光志因法師　演教覺彌法師（錢唐龍興）（三世）慈光悟恩法師（此下四人嗣因師）。雍熙可榮法師（姑蘇）　海南懷贇法師　錢唐義清法師。（四世）奉先源清法師　靈光洪敏法師　慈光可嚴法師　慈光文備法師。（五世）梵天慶昭法師（此下四人嗣清師）　孤山智圓法師　崇福慶巒法師（錢唐）　開元德聰法師（會稽）　廣慧蘊常法師（錢唐嗣嚴師）。（六世）永福咸潤法師（此下三人嗣昭師）　報恩智仁法師（會稽）　永嘉繼齊法師　孤山惟雅法師（嗣圓師）（七世）永福善朋法師（會稽嗣潤師）。

淨光旁出

志磐《佛祖統紀》卷一〇　（三世）慧光宗昱法師（國淸）　廣教澄彧法師（錢唐）　廣教寶翔法師（錢唐）石壁行靖法師（錢唐）　石壁行紹法師　勝光瑞先法師（天台）　通鑑知廉法師　崇法願齊法師　高麗諦觀法師　吳越錢忠懿王　常寧契能法師（溫此下十師嗣昱師）　通照覺明法師（錢唐千頃）　安國至臻法師（下並錢唐）　寶山懷慶法師　明教曉乘法師　寶藏悟眞法師　頂山懷至法師（姑蘇）　靈鷲志倫法師（下並錢唐）　安國肅閑法師　慈惠慶文法師（會稽）。

寶雲旁出

志磐《佛祖統紀》卷一〇　（二世）天竺遵式法師，延慶異聞法師，興國有基法師（四明），廣慧體源法師（《四明與矩師書》），承天淸曉法師（錢唐），錢唐善信法師（《四明本紀》）。

章安旁出

弘　景

志磐《佛祖統紀》卷一〇　禪師弘景，富陽文氏。貞觀二十二年，於玉泉奉勅得度，依章安稟受《止觀》，常誦《法華》，蒙普賢示身證明，天童奉侍左右。後於寺南十里別立精舍曰龍興。天后證聖元年，詔同實叉難陀等譯《華嚴》。自天后至中宗，凡三詔，入宮供養爲受戒師。後乞還山，帝勅於林光宮，同天下名僧二十人修福置齋。帝親賦詩，令中書令李嶠等應和以爲贈。師捧詩長揖振錫而行，天下榮之。

吉藏

志磐《佛祖統紀》卷一〇　禪師吉藏，金陵人，七歲依興皇朗法師出家，咨決大義。後遊會稽止嘉祥寺，講演《法華》，自著章疏。智者再歸天台，師與禪衆百餘人奉疏請講《法華》不赴，暨章安弘法稱心，因求《法華玄義》，發卷一覽，即便感悟，乃焚棄舊疏深悔前作，來投章安咨受觀法。煬帝時勅住京師日嚴寺，開演《妙經》，四部雲擁。唐高祖詔居延興寺，一日晨起沐浴焚香，稱佛名安坐而化。平時寫造《妙經》二千部，講《法華》三百遍，《大品》、《華嚴》、《維摩》、《大論》各數十遍，並著章疏行世。臨終之日製死不怖論，投筆而化。

明曠

志磐《佛祖統紀》卷一〇　禪師明曠，天台人，依章安稟教觀，廣化四衆專誦《法華》。章安撰《八教大意》，師首於三童寺錄受。平時著述甚多，今所存《心經疏》耳。

大慧

志磐《佛祖統紀》卷一〇　禪師大慧，唐太宗賜號而忘其名。初聞章安說止觀即得妙悟，隱居南岳專事修禪，鳥獸馴於坐隅，人服慈化。

智拔

志磐《佛祖統紀》卷一〇　禪師智拔，襄陽張氏。六歲依常濟寺出家，日誦《法華》五紙，經中理義略有規繩，常曰，斯經乃諸佛出世大事也。一人一道非弘不通，周聽既畢。入京師值吉藏禪師，命令覆述。師曰，一乘爲雲遂分爲三，亦可一乘爲雨分爲三否。衆無對。藏師曰，拔公此問深得經旨。遂囑以大法。後住者闍山寺，常講《法華》，一年五遍。

貞觀十四年九月，於信士張英家開《法華》題竟，與衆言別，即於座上加趺而化。

天宫旁出

玄覺

志磐《佛祖統紀》卷一〇　禪師玄覺，永嘉戴氏，出家遍探三藏，精天台止觀圓妙法門，四威儀中常冥禪觀。因左溪朗公謝厲，遂與東陽策禪師，同詣曹溪，見六祖振錫攜瓶遶祖三匝。祖曰，夫沙門者，具三千威儀八萬細行，大德何方而至生大我慢。師曰，生死事大，無常迅速。祖曰，何不體取無生，了無速乎。師曰，體即無生，了本無速。祖曰，如是如是。於時大衆無不愕然。師方具威儀參禮，須臾告辭。祖曰，返太速乎。師曰，本自非動，豈有速耶？祖曰，誰知非動。師曰，仁者自生分別。祖曰，汝甚得無生之意。師曰，無生豈有意耶？祖曰，無意誰當分別。師曰，分別亦非意。祖曰，善哉善哉。少留一宿，時謂之一宿覺。翌日下山，復回溫江，學者輻湊，號眞覺大師。睿宗先天元年，安坐示滅塔於西山，賜謚無相大師，塔曰淨光。慶州刺史魏靖，緝所著文爲十卷號《永嘉集》。

左溪旁出

神邕

志磐《佛祖統紀》卷一〇　禪師神邕，字道恭，晉太尉蔡謨之後，世居越之諸暨，在襁褓中聞唱經聲必凝神靜聽。年十三入道，依法華儁師。開元二十六年，奉勅得度，從儼師學四分律。儼曰，此子必爲學者司南。既而去依左溪，學《止觀》、《法華玄義》，五夏敷演，聽者悅服。天寶中遊長安居安國寺，公卿問道結轍而至。適安史繼亂振錫東歸，道出襄漢。有著作郎韋子春，學瞻氣剛與之酬酢，子春墮負滿座驚服。中書舍人范咸歎曰，師可謂塵外摩尼（取若珠之明瑩不染塵也），論中師子（取其論說若師子吼）。既返故鄉，居法華寺，自至德訖大歷，頻受衆請登壇受戒，自丹陽以南，金華以北，稱爲教授師。建伽藍於焦山賜額。大歷初，中岳道士吳筠，造論毀佛。觀察使陳少遊，請決之。師約吳筠面論邪正，旗鼓纔臨。筠已敗北，遂著《翻邪論》三卷以攻餘黨。弟子智昂靈澈進明慧照等，依學有年，咸明禪慧，爲當時聞人焉。

道　遵

志磐《佛祖統紀》卷一〇　禪師道遵，字宗達，吳興張氏。年二十，受具戒學毗尼。復參左溪習止觀及法華三昧。嘗從容謂門人曰，堯舜之民不必獨義，教之至也。教若不至民何咎焉。乃廣寫《法華》，置經院於姑蘇支硎山，舉高行沙門二七人，常持法華，以燭繼晝，用揚大雄之慈聲。大歷元年，郡刺史韋元甫，尙書劉晏等，尊慕大乘相與表奏，賜名法華道場。於是自江以東，置經院者十七所，皆法於師也。師於山中鑄像寫經，講演妙法臨壇度人，歲無虛景。天寶元年，於靈巖道場行法華三昧，忽覩大明上燭於天，身在光中以問荊溪，溪釋之曰，智惠光明從心流出，將以顯發第一義天者也。又嘗見此身在空中坐，先達謂是垢盡理明洞達無礙之相。興元元年七月晦，無疾告終。寺衆同夢大殿忽傾，咸知法匠將亡之兆。傳教門人靈輸，法盛，道忻，靈源，皆善弘禪法云。

大　義

志磐《佛祖統紀》卷一〇　禪師大義，蕭山徐氏，七歲授經傳，日誦數千言，年十二，入道於山陰靈隱寺，中宗登位覃恩度人，試誦《法華》中選第一。開元中，因喪親入佛隴閱大藏以益冥報，遂謁左溪稟受止觀大悟玄旨。常誦《法華》《涅槃》，大小戒本，以爲正業。臨終之日，衆聞弦管之聲，議者謂天帝迎請誦經之相。

元　宗

志磐《佛祖統紀》卷一〇　禪師元宗，永嘉吳氏，遊學至江陵，謁左溪稟受禪要。後於紫金山專修禪觀，初是山中多虎自師卜居，絕不見跡。一日學徒盛集，忽一老人趨拜座前，自言弟子乃虎，在此噬人多矣。因師開化得脫業軀，今將生天上特來報謝，言訖不見。大歷二年，端坐示滅。

道　源

志磐《佛祖統紀》卷一〇　禪師道源，四明人，受業大寶寺（今慈溪永明）。久依左溪咨受止觀之法，洞達奧旨，學衆心服（李華《左溪碑》云，明州道源，飽左溪之道味）。

法　源

志磐《佛祖統紀》卷一〇　禪師法源，受業越之法華，學左溪得其道（顏眞卿《撫州寶應寺戒壇記》，乃請止觀大師法源，法泉，同住熏修。時大歷六年也）。

荊溪旁出

普　門

志磐《佛祖統紀》卷一〇　禪師普門，岳陽何氏，父玠爲常州儀興尉。因家焉，師幼勤學問，登進士第，入仕於朝。一旦悟世虛僞，抽簪去髮居南岳寺，左右唯儒釋典籍，麻衣葛履而已。既而去謁荊溪，學《止觀》《法華》之旨，深有造詣。善屬文，尙古意，荊溪敬之待以友道。爲《釋籤》《輔行》兩序，自稱普門子，其辭簡健，歷指習禪者之弊。梁肅稱之曰，東南高僧普門元皓，予甚深之友也（《送虛師序》）。貞元八年季冬六日，示寂於君山之偏室，春秋八十四。傳教門人曇環，集遺文二百篇行於世（儀興縣君山鄉，淨樂寺，荊溪之受業，相去數里，有南岳寺）。

元　皓

志磐《佛祖統紀》卷一〇　禪師元皓，字廣成，吳門秦氏，初於龍興寺從荊溪受《法華》《止觀》之道，宴處山林居心三昧。後住開元寺，梁田二君勸其著述，乃注解《涅槃》，於首序中自錄所證。著疏之時，感庭階產異華，人世莫識，五采靈禽飛翔往來。元和十二年仲冬示寂，塔於虎丘之南原。師之同學知名者百餘人。不列僧數者，翰林梁肅，諫議田敦，常侍崔恭三人也。門人稟教名世者，智淨，仲儀，子瑜，道如，仲良輩。

行　滿

志磐《佛祖統紀》卷一〇　禪師行滿，萬州南浦人，首造石霜學禪法。後住天台，聽荊溪說《止觀》頓悟妙旨，因棲止華頂峯下智者院充茶頭，夜臥土床，燒糞掃以煖其下，脱衣就床，蚤蝨群唼，或捫其衣，寂無有也。所居檻外大松上有寄生小樹，遇師出坐必婀娜低俯，時謂此樹爲茶頭作禮（婀而酌反長也）。師於四十年間未嘗便溺，或謂大士現身，受食而實不食，故致此也。開寶中，預告人曰，我且行矣。即請衆誦文殊號，泊然而化，年八十八。嘗著《涅槃疏》。禪師法顒，於毘陵建安寺築止觀堂，請荊溪講說其中。梁肅爲作《止觀堂記》。

興道旁出

守　素

志磐《佛祖統紀》卷一〇　法師守素，初從邃師受觀心之法，既悟玄旨，入居京師大興善寺，足不越閫長誦《法華》，至三萬七千餘部。夜則虎狼侍座聽經，食則烏鵲就掌取粒。沙門幽玄贈之詩曰，三萬蓮經三十春，半生不踏院門塵。時以爲實錄。

高論旁出

悟　恩

志磐《佛祖統紀》卷一〇　法師悟恩，字修已，路氏常熟人。年十三，聞誦《彌陀經》，心有所感，遂投破山興福寺求度。初學毘尼，聞天台三觀六即之説，深符其意。晉開運初，造錢唐慈光因師室，因講次覆述剖析幽微，時稱義虎。及繼踵開法，道名大播。初是一家教典，自會昌毀廢文義殘闕。師尋繹十妙研覈五重，講演《大部》二十餘過，《法華》大意昭著於世，師之力也。與人言，不問賢愚悉示一乘圓意，或疑不善逗機。師曰，與作毒鼓之緣耳。平時一食，不離衣鉢，不畜財貨，臥必右脇，坐必加趺，晨粥親視明相。每布薩（此云淨住）大衆雲集，潸然淚下，蓋思大集有無戒滿閻浮之言也。每以淨業誨人，往生者多感瑞相。雍熙三年八月朔，中夜有白光自井而出，謂門人曰，吾報緣盡矣。乃絶粒禁言，一心念佛，忽夢擁納沙門，執金爐焚香，三遶其室，自稱灌頂，吾已生淨土，嘉汝所修，故來相迎。夢覺語其徒，猶聞異香。二十五日，爲衆説《止觀》指歸及《觀心》大義，即端坐面西而逝。寺衆文偃，聞空中絲竹鈴鐸之音，久而漸遠。荼毘得舍利無算。後三十一年，法孫智圓，獲遺骨於學衆，乃鑿石爲塔，葬於馬腦坡。

文　備

志磐《佛祖統紀》卷一〇　法師文備，字昭本，福之侯官鄭氏，誦《法華》、《維摩》、《圓覺》、《十六觀》、《小般若》等，精練不忘。晉天福間，至會稽傳《百法論》，聞天台三觀爲學者指南，遂來謁因師晝夜研心。凡《法華》、《淨名》、《光明疏句》、《止觀》諸文，悉洞其旨。每與同門恩師，覆述觀法莫逆於心。恩謂人曰，備雖後進，已與吾並驅於義解之途矣。恩師既沒，復北面事恩以卒其業，師氣度深靖終日如愚，或勸其誨人。師曰，講授滿門祖風未墜，抗迹閒居從吾所好。於是陶神妙觀，坐忘一室者，三十餘秋。雍熙二年八月，微疾憑几，三出圓相，謂侍人曰，此吾所見淨土事也。言訖累足而逝。

慶　昭

志磐《佛祖統紀》卷一〇　法師慶昭，字子文，錢唐胡氏。幼依開化院出家，十三受具戒，學天台之道，於奉先清師用力十七年。奉先謝世，衆請師嗣講，宛有父師之風。未幾徙居石壁，屬城南梵天，遇明舍所居爲講院。師徇請來居，講風大振。天禧元年四月，無疾而化。平時講説《法華》、《止觀》諸部，共百餘周。傳教弟子，自咸潤而下九十七人。先是《光明玄義》有廣略二本，恩師製《發揮記》解釋略本。弟子清敏二師，共結難辭輔成師義。於是法智大師撰《扶宗釋難》，力救廣本十種觀心。師與孤山亦撰《辨訛》，以救《發揮》之説。法智乃復備引前後之文詳而論之，號十義書，而四明之學者，始指恩清昭圓之學，稱爲山外，蓋貶之之辭云。

智　圓

志磐《佛祖統紀》卷一〇　法師智圓，字無外，自號中庸子，或名潛夫，錢唐徐氏。學語即知孝悌，稍長常析木濡水，就石書字，列花卉若綿蕝（祖曰反，《漢書》叔孫通治朝儀，爲綿蕝野外習之。注云，綿蕝者，束茅表位也），戲爲講訓之狀。父母異之令入空門。八歲即受具戒，二十一聞奉先清師傳天台三觀之道，負笈造焉。摳衣問辨，凡二年而清亡。遂往居西湖孤山，學者如市，杜門樂道，與處士林逋爲鄰友。王欽若出撫錢唐，慈雲遣使邀師，同往迓之。師笑謂使人曰，錢唐境上，且駐卻一僧。師早瘻瘵疾，故又號病夫，講道吟哦未嘗少倦，預戒門人曰，吾歿後毋厚葬以罪我，毋建塔以誣我，毋謁有位求銘以虛美我，宜以陶器二合而瘞立石志名字年月而已。及亡，門人如所戒，斂以陶器斸所居巖以藏之，不屋而壇，時乾興元年二月也，得年四十有七。後十五年，積雨山頹，門人開視陶器，肉身不壞爪髮俱長，脣微開露齒若珂玉，乃更襲新衣，屑眾香散其上，而重瘞之（重音仲再也）。崇寧三年，賜謚法慧大師。其所撰述《文殊般若經疏》，《遺教經疏》各二卷（淨覺撰《助宣記》），《般若心經疏》，《瑞應經疏》，《四十二章經注》，《不思議法門經疏》，《無量義經疏》（玉慧覺撰《雜珠記》），《普賢行法經疏》，《彌陀經疏》各一卷，《首楞嚴經疏》十卷，世號十本疏主。又撰《闡義鈔》三卷（釋《請觀音經疏》），《索隱記》四卷（釋《光明句》），《刊正記》二卷（釋《觀經疏》），《表微記》一卷（釋《光明玄》），《垂裕記》十卷（釋《淨名略疏》），《發源機要記》二卷（釋《涅槃玄》），《百非鈔》一卷（釋《涅槃疏・金剛身品》百非之義），《三德指歸》二十卷（釋《涅槃疏》），《顯性錄》四卷（釋《金錍》），《摭華鈔》二卷（釋圭峯《蘭盆疏》），《西資鈔》一卷（釋自造《彌陀疏》），《詒謀鈔》一卷（釋自造《心經疏》），《谷響鈔》五卷（釋自造《楞嚴疏》），《析重鈔》一卷（釋自造《文殊般若疏》，《大論》云析重令輕），《正義》一卷（釋《十不二門》），《閑居編》五十一卷（雜著詩文），皆假道適情爲法行化之。旁贊云，嘗謂《楞嚴》一經，劇談常住眞心，的示一乘修證，爲最後垂範之典。門人有以撰疏爲請曰，此經解者，已二三家，學者未安其說，師胡不以三觀四教約文申義以啟後人。師從之，研覈大義，以爲智者三止之說，與經懸契。淨覺謂其得經之深非諸師所可及也（《林間錄》），天台聞西天有《首楞嚴》，以世主秘嚴不肯傳布。天台常遙禮願，早至此土。又清涼云，此經吾不得而見之矣，當有宰官菩薩以文章翻譯佛語。又數百年，當有肉身比丘，以吾教釋此經）。其疏《四十二章經》云，佛教東傳，與仲尼伯陽之說爲三。然孔老之訓，談性命未極於唯心，言報應未臻於三世，至於治天下安國家不可一日無也。至若釋氏之爲教，指虛空界悉我自心，非止言太極生兩儀，玄牝爲天地根而已。考善惡報應悉我自業，非止言上帝無常天網恢恢而已。有以見仲尼伯陽，雖廣大悉備，其於齊神明研至理者，略指其趣耳。大暢其妙者，則存乎釋氏之教歟。又曰，復性有淺深，言事有遠近，不得不異也。至於遷善遠惡勝殘去殺，不得不同也。

梵天昭法師法嗣

咸　潤

志磐《佛祖統紀》卷一〇　法師咸潤字巨源，越上虞鄭氏。七歲事等慈子明，進受具戒精究毘尼。因入天台讀智者三觀文有所省，遂詣錢唐開化昭師學，博通《法華》，《淨名》，《涅槃》，《楞嚴》之旨。昭師敬其夙成俾之分座，及昭師赴梵天，復令自代。景德四年，上虞宰裴煥，與里中縉素，迎還等慈宣演大教。天喜初，徙講郡之隆教，述籤疑以三種消伏，俱約圓論，爲淨覺所破。昭師示寂，復授以爐拂，嗣居梵天，講演無虛日。天聖三年，徙居會稽永福，聚徒五百，日遣眾行化以供二時。嘗造普賢像率眾行道，大士放光證明，時人尊之，曰懺主，謂可亞慈雲也。門人述其德曰，師踞猊床揮麈柄，時漸三紀，五舍百講，業成名立無愧古人。乃請李淑，撰《傳教弟子題名記》，善朋爲之首云。

孤山圓法師法嗣

惟　雅

志磐《佛祖統紀》卷一〇　法師惟雅，久依孤山悉得其旨，孤山製

《西資鈔》以解《彌陀疏》，扶病隱几口占其文，使雅師筆之。初日午後染毫，翌日初夜絶筆云。

淨光法師旁出

行靖與行紹

志磐《佛祖統紀》卷一〇　法師行靖與行紹，皆錢唐人，同依壽禪師出家，通練律部，同居石壁寺（去杭二十里在龍山之西）。時韶國師法道大振，初往從之，國師觀其法器，即使往學三觀於螺溪之席。二師既偕往，講求大義且夜不息。未幾所學已成，乃復回石壁爲衆講説，前後五十年，確守山林之操，未嘗出遊閭里，吴中宿學皆服其高潔。嵩明教論之曰，出家於壽公，學法於寂公，見知於韶公，三皆奇節異行不測人也。二師皆得以親事之，豈不偉歟。

知　廉

志磐《佛祖統紀》卷一〇　法師知廉，賜號通鑑，久學螺溪，以其師崇建殿宇，將永歲寒之績爲請彭城公錢儼（忠懿王弟）作《傳教院碑》於螺溪，時太宗雍熙三年也。

願　齊

志磐《佛祖統紀》卷一〇　法師願齊，錢唐人，吴越國時，賜號崇法，初傳淨光之道精研止觀，後參韶國師發明玄奥。周顯德初，螺溪居民張彦安詣淨光曰，家居東南里所，陰晦之夕，必有鬼神吟嘯考擊鍾鼓之聲。又嘗夢龍遊其地，非愚民所居，願以奉師。師往視之，見山水秀異謂衆曰，此伽藍地也。夢龍遊者，豈龍樹之道將興此地耶？因納之，願齊初爲法華紹巖弟子，聞其事以白師，輟衆施三萬爲建法堂廚屋，覆苫累塊悉尚樸素，蓋稟師之誡也。既成，淨光與學徒二十人俱往。既而雲居韶禪師（寺在天台）爲疏於漢南王（忠懿王子，吴越亦嘗改元稱帝，有寶正寶泰之號。其諸子多封王，有漢南鄧許秦陳諸王之稱。見《臨安志》），即施財，架懺堂諸屋以廣之（見錢儼撰《傳教院碑》及《傳燈》）。

諦　觀

志磐《佛祖統紀》卷一〇　法師諦觀，高麗國人，初吴越王因覽《永嘉集》同除四住之語以問韶國師。韶曰，此是教義可問天台羲寂。即召問之。對曰，此智者《妙玄》位妙中文（《妙玄》既散失不存，未審何緣知之，必寂師先曾見殘編耳）。唐末教籍流散海外，今不復存。於是吴越王遣使致書，以五十種寶往高麗求之，其國令諦觀來奉教乘，而《智論疏》、《仁王疏》、《華嚴骨目》、《五百門》等，禁不令傳，且戒觀師，於中國求師問難，若不能答，則奪教文以回。觀師既至，聞螺溪善講授即往參謁，一見心服遂禮爲師。嘗以所製《四教儀》藏於篋，人無知者。師留螺溪十年，一日坐亡，後人見故篋放光，開視之唯此書而已。由是盛傳諸方，大爲初學發蒙之助云。

國清昱法師法嗣

契　能

志磐《佛祖統紀》卷一〇　法師契能，永嘉人，神悟謙公之師，得教旨於昱法師。主天台常寧，講道不倦。自智者而來，以鑪拂傳授爲信，至師嫡承爲十四代。晚年以授扶宗忠師。扶宗曰，吾得法廣智矣，敢辭。師乃藏之天台道場，遂不復傳。

寶雲旁出世家

遵　式

志磐《佛祖統紀》卷一〇　法師遵式字知白，葉氏，天台寧海人。母王氏，乞男於觀音，夢美女以明珠與而吞之，生七月能從母稱觀音名（太祖乾德元年癸亥歲生）。稍長不樂隨兄爲賈，潛往東山依義全師出家。全先夢有童子踞佛像之首，已而師至。年二十（太宗太平七年癸未）往禪林受具戒。明年習律學於守初師。繼入國淸，普賢像前燼一指，誓傳天台之道。雍熙元年，來學四明（年二十二），道中夢老僧謂曰，吾文殊和尚也。

及見寶雲，正所夢僧，即北面受業。未幾智解秀出，智者諱日然頂終朝，誓力行四三昧。端拱元年，寶雲入寂，師乃反天台，以苦學感疾至於嘔血，毅然入大慈佛室用消伏呪法，自詛曰，若四教興行在我，則其疾有瘳，不爾則畢命於此。至三七日聞室中呼曰，遵式不久將死。師益不懈。五七日見死屍盈室，師踐之而行，其屍即沒。滿七七日，室中聲曰，十方諸佛增汝福壽，其名寐見一巨人，持金剛杵，以擬其口。又嘗親見觀音，垂手於師口引出數蟲，復舒指注甘露於口，身心清涼宿疾頓愈。既而頂高寸餘，手垂過膝，聲若鴻鍾，肌如白玉。淳化元年（年二十八），眾請居寶雲，講《法華》、《維摩》、《涅槃》、《光明》，未嘗間歇。有施氏懷胎驢，日伏座下，若聽法狀，如是四旬，產已不復至。嘗往見法智，聞門外聲欬呼侍者曰，適聞外聲，有若聖人然。侍者亟出視，反報言，慈雲至。法智大驚曰，吾兄轉報矣。至道二年，結緇素專修淨業，作《誓生西方記》。又自幸觀音幽贊，命匠刻旃檀像及自身頂戴之相，撰《十四誓願》納其腹。工有誤折所執楊枝者，師大懼即手接之（此像今在天竺懺殿）不膠漆而合。咸正三年（眞宗），四明大旱，郡人請祈雨。師同法智異聞師，率眾行請觀音三昧，冥約三日不雨當焚其軀。如期雨大至，太守蘇為建碑以述靈異。四年，寓慈溪大雷山，治定請觀音消伏毒害懺儀。【略】六年正月，遺學徒往四明，致祭於法智，有祭文悼詩之作。始於寺東建日觀菴，送想西方為往生之業。九年，講《淨名經》，忽謂其徒曰，昔在東掖講此經，夢荊溪授我經卷，及出室，視日已沒，今吾殆終此講乎。因與眾訣曰，我住台杭二寺，垂四十年，長用十方為意，今付講席，宜從吾志。命弟子祖韶曰，汝當紹我道場，持此鑪拂，勿為最後斷佛種人。遂作謝三緣詩，謂謝徒屬絕賓友焚筆硯也。是年八月，徙居東領之草堂。明道元年十月八日示疾，不用醫藥，唯說法以勉徒眾。十日令請彌陀像以證其終，門人尚欲有禱，以觀音至，師炷香瞻像祝之曰，我觀觀世音，前際不來後際不去，十方諸佛同住實際，願住此實際，受我一炷之香。或扣其所歸，對以寂光淨土，至夜奄然坐逝，師嘗製龕銘曰遐榻。既入斂越七日，形貌如生，壽六十九，夏五十。逝之夕，山中人見大星殞於靈鷲峯，紅光赫然。稟法者，文昌等二十五人。登門學者以千數，度弟子若虛輩垂百人。明年仲春四日，奉遐榻葬於寺東月桂峯下，與隋觀法師為之隣焉。師幼善詞翰，有詩人之風。其詩集，曰《采遺》，曰《靈苑》。其雜著，曰《金園》，曰《天竺別集》，皆行於世。有貴官注《楞嚴》求師印可，師烹烈焰謂之曰，閤下留心佛法，誠為希有。今先申三問，若答之契理，當為流通，若其不合當付此火。官許之。師曰，眞精妙元性淨明心，不知如何注釋。三四四三宛轉十二，流變三疊一十百千，為是何義（昔師注者云，初變一為十，以三世四方互成十二，次變十為百，三世四方互成百二十，三變百為千，三世四方互成千二百，是為一根功德之數。總六根為七千二百，除眼鼻身三根，各虧四百，實得六千，為六根功德也。一為變生，十百千為三疊，凡三番織成其數）。二十五聖所證圓通，既云實無優劣，文殊何得獨取觀音。其人罔措。師即舉付火中。於是楞嚴三關自茲而出。仁宗閱師所進《光明護國儀》，至聖帝仁王慈臨無際之文，撫几歎曰，朕得此人足以致治。亟令宣召，則已入寂矣。師始出家，郡校諸生，慕師才俊勉回業儒，為詩答盧積，中有眞空是選場，大覺為官位之句，人多誦之。常行三昧，以九十日為期，於行道四隅置鏊熾炭，遇困倦則漬手於鏊，十指唯存其三。其建光明懺殿，每架一椽甃一甓，輒誦大悲呪七遍，以示聖法加被，不可沮壞之意。故建炎虜寇，積薪以焚，其屋儼然。曁方臘陳通之亂，三經寇火皆不能熱，至今異國相傳，目為燒不著寺。茲豈獨顯教門之神迹，誠有以彰國家之有道也。崇寧三年，賜號法寶大師紹興三十年，特謚懺主禪慧法師，塔曰瑞光（《行業曲記》、《修三昧記》、《天生諸集》、《宗源記》）。

異　聞

志磐《佛祖統紀》卷一〇　法師異聞，餘杭人，潛心天台之學，每謂但解未足以展志，故汲汲以修諸三昧為要務，及來參寶雲盡通其旨。至道三年，法智弘道於延慶，輔贊之功為多，以寺宇頽毀，乃同丹丘覺圓并力經理，不逾三載眾工畢就。法智立誠誓之石，示十方之規，必聯次師名，稱二師云，後同法智結十僧，行長懺三年，誓焚軀以報佛恩。時楊文公，屢貽書勸止，事竟不行。師居延慶四十年，凡法智所修三昧未嘗不預。

智之作興也，天下學士靡然向風，嗣其業而大其家者，則廣智、神照、南屏三家爲有傳，明佛意示家法，用廣垂裕無窮之謀，中興教觀，逮今爲有賴，此諸師列傳之所由作也。若夫慈雲一家，昌韶諸師之後，五世而蔑聞。今備敘列傳，而先慈雲之派者，將以順其承襲，而不使紊雜乎四明三家之子孫也。

天竺式法師法嗣

文昌

志磐《佛祖統紀》卷一一 法師文昌，永嘉人，久依慈雲，克盡其道，時衆推爲前列。復往南湖見法智，所詣益遠。既而旋鄉，爲妙果第一世。妙宗新成，寄寫本囑其講授，且戒之曰，或有異處，可剳取附來。慈雲門弟授講者二十餘人，師爲之首（見慈雲《行業記》、《四明與矩師書》）。

祖韶

志磐《佛祖統紀》卷一一 法師祖韶，天台劉氏，賜號明智。十九通《法華》，得度入東掖參慈雲，得其奧旨，既而侍師遷靈山居第一座。慈雲將居草堂，謂師曰，汝當往代本如居能仁，而俾之來繼此山。師即著草屨，欣然而行，至江濱呼其回曰，吾試汝耳。汝當竟住此山。師既奉命，一遵成規，講訓之外，行四三昧爲常課，棟宇未具力爲經理。一日告衆曰，吾受慈雲之寄，今老矣，亦將有東嶺之事，慧辯爲吾上首，其善繼我乎。遂入草堂以自晏晦，未幾示疾趺坐而逝，年七十二，臘五十二。師昔於東掖行光明三昧百晝夜，至期方半，忽見旌幢滿前，導者呼曰，大辯尊天。師即作揖。天曰，師所住處，傳通大乘利益群品，言訖而隱。常往京師道出淮泗，夢僧摩頂曰，吾文殊和上也，示汝五無生義。既覺五藏豁然如咀氷雪。又夢入古寺，見僧踞坐謂曰，吾爲汝說第一義諦，聞畢如甘露灌頂，即見依正皆如雲影。有人問曰，人見和上何因歡喜。曰，視人常若佛想。

有基

志磐《佛祖統紀》卷一〇 法師有基，字及賢，錢唐王氏，母夢梵僧授以舍利吞之，遂有娠。生五歲，從天台壽昌法超爲師。十歲受具，聞四明寶雲傳智者教，往事之，授以《法華》、《止觀》，隨言解義曲盡其妙。端拱元年，郡人請演教於太平興國寺，學者常數百人，每白黑月必集衆，自升高座誦菩薩戒法。勸道族念佛四十年至萬人，凶年持鉢以供聽衆。祥符八年六月示疾，弟子令祥請曰，和尚西歸，寧無留訓。師乃廣談圓旨，經時不已。衆忽見西方現光，空中樂奏。師曰，西方三聖人來也。即右脅西向而化，荼毘舍利莫數。門人悟持，結塔於慈溪之靈龜山。有夢師威儀迎往西方者，有夢師坐青蓮花對佛說法者，有夢三身如來入靈塔者，有夢彌陀授記爲超壯如來者。法智聞其逝歎曰，臥病談玄臨終見佛，是可敬也。內翰楊億，致敬眞相爲之作讚（全三學撰《行業碑》，在福源〇此卷一百一十八人，《本紀》止錄三十三人，餘者遺失）。

天竺式法師法嗣

志磐《佛祖統紀》卷一一 （二世）妙果文昌法師。明智祖韶法師。法喜清鑑法師。眞淨思永懺主。保慶法潤法師。天竺本融法師。天竺思悟侍者。丞相王欽若。諫議大夫胡則。職方郎中崔育才。侍郎馬亮。

（三世）妙果天授法師（嗣昌師）。海月慧辯法師（嗣明智五人）。淨慧思義法師　辯才元淨法師。神智載昇法師。廣惠居白法師。

（四世）法寶從雅法師（嗣海月二人）　慈行智深法師。圓應德賢法師（嗣淨慧五人）。神智仲元法師。慈覺永堪法師。寂照慧日法師。圓悟思尚法師。法鑑若愚法師（嗣辯才二人）。靈山則章法師。

（五世）指源如杲法師（嗣法寶）。慈明慧觀法師（嗣神智）。慈受子琳法師（嗣慈覺）。

興國基法師法嗣

志磐《佛祖統紀》卷一一 （二世）興國令祥法師。福源悟持法師。錢唐曉法師法嗣。（二世）法顯遇成法師。（三世）兜率守仁法師。四明法

清鑑

志磐《佛祖統紀》卷一一　法師清鑑，雲間人，賜號禪慧，爲慈雲撰《熾盛光念誦儀序》，其略云，慈雲尊者，以行光教門，弟子清鑑，以所稟四種三昧行法遺編，獨熾盛光未廣流布，遂因其舊五章，補助始末，加示法釋疑之二，以爲七科。

思悟

志磐《佛祖統紀》卷一一　侍者思悟，錢唐人，侍慈雲講最久，故能深達觀道，善持呪法，加水以愈人疾，求者如市。當課誦時，身及奉像俱出舍利。天聖三年，慈雲欲以智者教卷求入藏，文穆王公將聞之朝，悟曰，此非常事也，小子將助之矣。乃繪千手大悲像，課呪以誓曰，事果遂，當焚軀爲報。會公薨，悟誦呪益精，明年得旨。師喜甚，積薪爲樓，白慈雲求火種。雲於鑪中，舉紅炭與之，引手以承，了無難色，即入薪樓。火息之後，袈裟覆體，儼如其生。慈雲乃加香木，行呪願以焚之，隨焰而化，五色舍利，無論其數，三歲之後，求者尚獲。慈雲爲讚，以刻石曰，悟也吾徒，荷法捐軀。其焰赫赫，其樂愉愉。逮火將滅，儼如加趺。逮骨後碎，粲如圓珠。信古應有，今也則無。芳年三十，眞哉丈夫。

明智韶法師法嗣

慧辯

志磐《佛祖統紀》卷一一　法師慧辯，字訥翁，華亭傅氏，號海月，受業普照。初遊學天竺，至合澗，有老人冠帶逾梁，迎揖入門而失。明智一見大奇之，即盡心學教觀。明智將老，命居第一座以代講。一夕夢章安以金篦擊其口曰，汝勤誨人當得辯慧。嘗苦脾疾，夢天神以金槃盛水，使之瞑目，引其腸浣之。後八年，明智俾繼主席，翰林沈遘，治杭任威，見者多惶懼失據，師從容如平生，遘異之，任以都僧正。蘇子瞻時爲通守，爲序以贈之曰，錢唐佛僧之盛，蓋甲天下，道德材智之士，與妄庸巧僞之人，雜處其間，號爲難齊，故僧正副之外，別補都僧正一員，簿書案牒，奔走將迎之勞，專責副正以下，而都師總領要略，實以行解表衆而已。師既涖職，凡管內寺院虛席者，即捐日會諸刹及座下英俊，開問義科場，設棘圍糊名，考校十問，五中者爲中選，不及三者爲降等，然後隨院等差以次補名，由是諸山仰之咸以爲則。講授二十五年，學者常及千人。夜有盜入其室，脫衣與之，令從支徑去。晚年倦酬酢，以六事隨身，歸隱草堂（衣，鉢，坐具，紙被，拂子，手鑪爲六）。吳越大旱禱天竺觀音像，久不應。師時以疾晝寢，夢老人白衣烏帽告曰，明日午中必雨。如期果驗，遠近感師誠致。熙寧六年七月十七日，旦起盥濯，告衆就別，合掌加趺而化。初師遺言，須東坡至方闔龕。四日坡至，見趺坐如生，其頂尚暖，坡盡敬而退。

思義

志磐《佛祖統紀》卷一一　法師思義，字和甫，湖之武康凌氏。試《法華》中第一得度。依明智學，隨聞隨悟，常開幃出十問，師答之悉契旨。明智退居草堂，衆送入室，既散師猶侍右。智曰，汝適何見。答曰，見大衆拜而退。智曰，吾示汝將來義，當住此山紹隆大教，後後亦來居此室也。師歷修四三昧行，忽頸上生一肉瘿，夜夢功德天食之以桃，其疾即消。熙寧四年，賜紫服，號淨慧。丞相蘇頌帥杭，請居天竺，大振法道。住山二十三年，退閑草堂，皆如明智之記。元祐三年二月十八日，中夜趺坐別衆而逝。大衆誦念久之，忽復語云，侍觀音大士，行見一沙門，金色長身垂臂謂我曰，報緣未盡，過七日當遣迎。至二十五日，復趺坐而化。瘞龕之日，有赤雲垂布，如引導之狀，向西而隱。

元淨

志磐《佛祖統紀》卷一一　法師元淨，字無象，徐氏，杭州於潛人。客有過其舍者曰，嘉氣上騰，當生奇男。既生，左肩肉起如袈裟條，八十一日乃沒。伯祖異之曰，宿世沙門必使事佛，八十一者，殆其算歟。及師之終果符其數。十歲出家，每見講座輒曰，吾願登此說法度人。十八就學於慈雲，不數年而齒高第。後聞明智講止觀方便五緣曰，淨名所謂，以一食施一切，供養諸佛及諸賢聖，然後可食，此一方便也。師悟曰，今乃知色香味觸本具第一義諦。因泣下如雨，自是遇物無非法界。代講十五年。杭守呂臻請住大悲閣，嚴設戒律，其徒畏愛。臻爲請錫紫衣辯才之號。七年，翰林沈遘撫杭（仁宗嘉祐）謂上竺本觀音道場，以音聲爲佛事者，非禪那居，乃請師居之。鑿山增室廣聚學徒，敎苑之盛冠於二浙。神宗熙寧三年，杭守祖無擇，坐獄於檇李（今秀州）。師以鑄鍾，例被追辨，幸而得釋，寓止眞如蘭若。擬金錍設問答述圓事理說，發明祖意之妙。【略】元祐四年，蘇軾治杭，嘗問師曰，北山如師道行者幾人。師曰，沙門多密行，非可盡識，坡子迨生四歲不能行，請師落髮摩頂，數日即善步（坡詩云，師來爲摩頂，起走趁奔鹿）。將示寂，乃入方圓庵（秦觀記，米芾書），宴坐謝賓客，止言語飲食，招參寥告之曰（參寥道潛），吾淨業將成，若七日無障，吾願遂矣。至七日出偈告衆，即右脇吉祥臥，奄然順寂，時元祐六年九月晦日也。塔成，弟子懷楚，詣汝陰請誌於東坡，坡命子由爲之銘。師講說不問晝夜，嘗曰，鬼神威德不具者，晝不得至，夜中人靜庶幾能聽，焚指供佛左三右二。有欲效之者，師止之曰，如我乃可修西方淨業，未嘗須臾廢。或禱大士求放光，光即隨現。沙門熙仲對食，視師眉間有光，遽起攬之得舍利數粒。後人常於臥處得之。嘉興令陶彖有子得魅疾，祝之即愈。諸暨陳氏，久患心疾漫不知人，警以微言醒然而悟。布衣李生，久習禪觀辯而無行，欲從師出家，東坡爲之請，未言其名，力拒不許，若先知然。秀州狂僧號回頭，以左道惑衆，宣言欲建大塔爲吳人植福，施者雲委，以師不可欺憚於入杭，先遣使願以錢十萬供僧。師答曰，承以建塔淨財欲飯僧，敎有明文不許互用。狂人大慚而止（坡公遺祭文略云，我初適杭，尚見五公，講有辯臻，禪有璉嵩。後二十年，獨餘此翁，今又去矣，後生誰宗）。

載　昇

志磐《佛祖統紀》卷一一　法師載昇，會稽人，號神智，久參明智，時輩推其善說。先是錢武肅王帥杭日，嘗患目眚，夜夢素衣仙人言，自永嘉來，明旦永嘉僧，投牒願以觀音像獻，言得之海潮，諸山迎之不能舉，即而示夢欲歸越城。武肅即具威儀迎至，一見像已目即還明，乃創菴名興福，以奉之像，坐高六尺，梵相奇偉，燈夜迎望猶若生人。元祐問師來居興福，時清獻公爲帥，亢旱大疫，久禱不應，遂罷遺群祀，請師迎像入府，懇禱一夕甘雨如注，疫亦以息。公爲奏於朝，賜師神智，菴名圓通。

海月辯法師法嗣

從　雅

志磐《佛祖統紀》卷一一　法師從雅，錢唐人，賜號法寶。始從海月學通止觀，乃自謂曰，言清行濁賢聖所訶。遂入南山天王院誦《法華》至五藏（言藏者，且以五千四十八爲數），《金剛般若》四藏，《彌陀經》十藏，禮舍利塔十遍（言遍者，以八萬四千拜爲數），禮釋迦三十萬，拜彌陀百萬，拜佛號五千萬聲，禮《法華》一字三拜者三過。心期淨土，一生坐不背西。憲使無爲楊傑爲製《安樂國讚》三十章以美之。其一云，淨土周沙界，何勞獨指西，但能從一入，處處是菩提。師欲廣化世俗，遂於受業淨住寺，圖九品三輩，刻其讚於石，觀者皆知感化。一日無病趺坐而亡，有天樂鳴空異香入室之瑞。

智　深

志磐《佛祖統紀》卷一一　法師智深，賜號慈行，嘉禾沈氏。初依海月學敎觀，既成歸受業崇福西寺，開長堂雲水供，建光明期懺，二十年如一日，專念淨土勸人稱佛號，從化者不知數。政和乙未六月坐亡，留龕七日色不變。荼毗之日異香襲人，人收舍利與骨俱盡。

淨慧義法師法嗣

德　賢

志磐《佛祖統紀》卷一一　法師德賢，臨安人，賜號圓應。爲兒時相者曰，他日當有官阨，唯出家可免。父信之，令往依叔父海月。月斥之曰，我翁孫相繼家業始成，汝欲來此作主人耶？師遂去，暨落髮復往天竺參淨慧，大明敎觀之道，久之遂居第一座。有俗士謁淨慧言，室女爲祟所嬈，乍啼乍哭，願師慈救。慧曰，我首座可以治此。士往扣之。師乃令女所居閣上設一榻，既至即就榻睡，少時竟去。女白父曰，適蒙法師開悟於我，今永去矣。自是神識安定。淨慧閒居草堂。師繼其席，果符海月主人之記。居五年無疾而終，語門人曰，吾生前以道力免難，死後恐不能逃。門人造像入祖堂，乃用鐵護其項。建炎中，金虜眞珠王子，領兵犯浙，入天竺升祖殿，眾像皆避席而揖，獨師像不爲動。王怒，令斬之，以頸有鐵不可傷，乃令積薪盈門，縱火焚之，薪盡而屋如故。虜大驚讚禮而退。

仲　元

志磐《佛祖統紀》卷一一　法師仲元，號神智，妙年納戒，即學教於天竺淨慧，及繼主祖父道場，道風大振。六年將退閒草堂，請首座永堪以自繼，且謂之曰，首座寮中什物並留後人，方丈所用亦自足。師止攜三衣，一鉢，香合，拂子，尼師壇，紙被，浴具，世稱爲七事隨身。過草堂及觀首座寮，止一紙衾了無餘物，人莫不高二師之風。

永　堪

志磐《佛祖統紀》卷一一　法師永堪，賜號慈覺，高介特立，平時不履尼寺。從淨慧學克肖其道，後繼神智，居天竺二十一年，四海學者推爲宗主。嘗訓於眾曰，明道而不克行，是猶見飯而不肯食，終爲飢人也。別日又謂眾曰，汝輩一向忍飢何爲。眾愧其言，一時學士皆相率進行，爲世英偉云。

辯才淨法師法嗣

若　愚

志磐《佛祖統紀》卷一一　法師若愚，海鹽人，馬氏，賜號法鑑，學教於辯才，號稱夙成。郡以南屏興教，延之不就，奉辯才杖屨，間居龍井者六年。後於湖之仙潭，營長堂接待，建大閣造西方像，結道族念佛，嘗數百人，三十年中預會者多蒙佛接之瑞。靖康丙午九月，謂其徒曰，吾夢神人告曰，汝同學則章，得普賢行願三昧，已生淨土，彼方待汝曷可淹留。即命眾諷觀經甫畢，乃云，聖相現前吾其往矣。即留偈曰，空裏千華羅網，夢中七寶蓮池，踏得西歸路穩，更無一點狐疑。闍維得舍利數百粒，塔於東廡。初入道，夢白衣女授七十二策，後壽果及其數。

慈覺堪法師法嗣

子　琳

志磐《佛祖統紀》卷一一　法師子琳，賜號慈受。幼學於慈覺，深悟圓旨。復謁佛智裕禪師，重研心要。時天竺以慈福太后請爲功德，師被旨住山。二十八年，講演之際唯提大義，禪侶聞風而來者，咸服其辯。大慧杲禪師，過之相與劇談，不覺達旦，謂師曰，時人秖知老師有教，徑山卻許老師有禪。爲題其眞云，悟得旋陀羅尼三昧，於一切法得大自在，舌端之上海波翻，第一義諦無違背。孝宗乾道元年春，召師問道。上曰，朕欲讀經，以何爲要。師曰，《金剛》、《圓覺》最爲要道。曰，參禪如何。師曰，禪須自悟。上曰，何以爲功。師曰，澄寂身心久當自契。上說。後因召問當世有道之士，師以上竺慧光對。上欣納之。一日謂門人曰，吾爲首座十八年，日課《蓮經》一部，每於禪定，夢寐得見普賢，住持以來無復夢見，信知領徒損己，其言有實。遂屏跡草堂經半載，忽書偈趺坐而化，停龕踰旬時當連雪，而身常溫煖。

法寶雅法師法嗣

如　杲

志磐《佛祖統紀》卷一一　法師如杲，錢唐人，學於法寶。唐復禮法師問學者偈云，眞法性本淨，妄念何由起，從眞有妄生，此妄何所止。無初則無末，有終應有始，無始而無終，長懷懵玆理。願爲開玄妙，析之出生死。師謂，此問有二意，初四句問，眞法本淨妄何由生，既生妄已云何止妄，而能即眞，此該從眞起妄，反妄歸眞之義。次四句問，始終有無，既云無始，云何有終，若無於終何有於始。後二句爲請答。自古涉法師、清涼圭峰各有偈答，而洪覺範所錄（《林間錄》）謂皆未副問意。彼問眞法本淨，妄何由起，而今但云迷眞不覺，此答人誰不能。師乃別爲之答云，眞不守自性，照分能所起。隨緣染淨熏，復性方可止。眞妄一體即，故說無終始。迷悟自情分，始終宛然理。達此眞妄源，誰復受生死。識者謂此答始可以盡問意。師所述教義，名《指源集》。(《自序》云，紹興十二年述)。

興國基法師法嗣

悟持

志磐《佛祖統紀》卷一一　法師悟持，慈溪人，受業於興國，誦《法華》試中得度，傳受基法師之道悉達深旨，每俾代講綽有父風。邑西永安林泉尤勝，衆請爲起廢，歷十八年，殿宇像設無不畢備。寶元初，仁宗聞於朝賜名福源，安衆講道，鬱爲法席。爲人寬和，接賓客有加禮，雅尚清談，終日不倦。所居多植嘉果，築塘治田，凶歲無歉，法食俱運，人皆樂依(《四明教行錄》有三書，與持姪永安山主者，是也。○事見《福源開山記》。○此中《本紀》遺失二人○此卷共三十三人，《本紀》止錄二十三人，遺失十人)。

四明法智法師法嗣(第一世)

志磐《佛祖統紀》卷一二　廣智尚賢法師。神照本如法師。南屏梵臻法師。三學則全法師。浮石崇矩法師。廣慈慧才法師。廣嚴含瑩法師。慧因擇交法師。圓智覺琮法師。崇法嗣端法師。四明文粲法師。丹丘嗣謙法師。四明願彬法師。廣印智環法師。祥符文智法師。三衢文炳法師。四明用卿法師。四明居永法師。四明自仁法師。崇慶本圓法師。天台慧舟法師。三衢懷襲法師。圓智志豪法師。日本源信法師。內侍俞源清。嗣法二十七人(《實錄》)，入室四百七十八人(《塔銘》)，升堂一千人(《塔銘》)

法智法師法嗣

尚賢

志磐《佛祖統紀》卷一二　法師尚賢，四明人，賜號廣智。依法智學教觀，聞講《淨名》，頓悟性相之旨。歷事既久，遂居高第。天聖六年(仁宗)繼法智主延慶，道化盛行。雪竇顯禪師聞其名，出山來訪，標榜煎茶以申賀禮，人傳以爲盛事。嘗晨入懺堂，見一虎伏幾前，師直進展尼師壇於背，寂無所覩。日本國師遣紹良等，賫金字《法華》爲贄，請學輪下，三年學成，辭還日本大弘斯道。明道中(仁宗)，淨覺居靈芝，致書於師，論《指要》解三千之義，秖是心性所具俗諦之法，未是中道之本，請師同反師承。師援荊溪三千即空假中之文，謂何必專在於假，以輔四明三千俱體俱用之義，學者賴之(往復二書並見《廣智遺編》)。所著《遺編》及《釋金錍》(亡本)，《釋十類》(即扶宗忠師，所錄《廣智傳》，法智二師口義)翼讚大教至爲有功，《經體》一章尤善發明，續遺妙宗之旨。又嘗著《闡幽誌》，以七種二諦消《光明》諸經之王(四教之正三接之旁)。法智是其說，及後作《光明記》，遂采用之(見口義《經體章》)。

本如

志磐《佛祖統紀》卷一二　法師本如，四明句章人，受業本郡國寧。初依法智，於千衆中有少俊聲。史典詞翰有法則，爲世所愛，嘗請益經正義。法智曰，爲我作知事三年卻向汝道。暨事畢復以爲請，法智厲聲一喝，復呼云本如。師豁然有悟，爲之頌曰，處處逢歸路，頭頭復故鄉，本來成現事，何必待思量。法智肯之曰，向來若爲汝說，豈有今日。祥符四年，慈雲遷靈山，親往法智會下，求可爲繼。法智曰，當於衆中自擇之。慈雲閱視至師即云，斯人可也。師至承天(東山能仁舊名)，大振法道，歷三十年，衆常五六百，《法華》《涅槃》《光明》《觀無量壽》《觀音別行玄》《止觀》《金錍》《觀心論》等，皆講說六七過。嘗集百僧修法華長懺一年，瑞驗屢見。寶歷二年七月，駙馬李遵勗爲請於朝，賜神照法師紫方袍，及賜智者教文四千五百卷，以資講說。嘗於寺西南隅，見一虎睡以杖擊之曰，此非汝睡處。虎俛首而去(今白蓮寺虎溪亭)。後於虎臥處結屋爲菴歸間其中。先是有五通神居於此，師每禪坐必連床舁行空中，師未嘗問。一日五神請曰，師既踞吾居，乞於此向山岡，建祠塑像，已備泥在山矣。師往視岡上，有新泥一垛，以之塑像無所餘。師慕廬山之風，與丞相章郇公諸賢結白蓮社，六七年來遂成巨刹，乃以能仁山林三之一，指嶺爲界，以供樵薪。仁宗欽其道，遂賜名爲白蓮。皇祐三年五月十八日微疾，即升座説法與衆訣别，其夕法堂藏閣方丈棟梁皆折，鍾鼓擊之無聲。江上漁人，見雲端有僧西向而去。詰旦右脇安庠而逝。時天氣盛熱，異香非常。明年三月，塔全身於寺北。門人啟鑰視尊容如生爪髮俱長，有大蓮華產於塔前。壽七十，臘五十三。嗣法處咸等甚衆。師嘗於天台邑中爲衆施戒，方秉羯磨忽有光明，自智者塔國清寺赤城山，交射於法座之上。又因供千佛，飯一千貧人，置華於席下，佛座華應不萎而反萎，貧人座華應萎而反不萎，舉衆爲之歎異。嘗著仁王懺儀，撰《行法經疏》至十種境界而止，後咸法師續而全之。

梵　臻

志磐《佛祖統紀》卷一二　法師梵臻（初名有臻，眞宗特改），錢唐人。具戒之後，即問道四明，見法智最爲晚暮，聞講《妙玄》、《文句》大有啟發。及還鄉邑，以不親授《止觀》爲之恨，乃焚香禮像，閲讀二十過，以表師承。皇祐三年初居上竺，明年有旨遷金山。熙寧五年，杭守吳侍讀聞師名，以南屏興教延之。每當講次，綜括名理貫穿始終，舉一義則衆義洽然，窮一文則諸文允會。當時強記者，因集以成類，初集類之作，由法智講授散引諸文。有仁首座者，錄爲五類，既而淨覺增其二，括蒼聰師加其三，佛慧才師重檢諸文節爲十類，四明吉師隨諸部帙各爲詮次。廣智見之曰，類集之行，得失相半，得在知其綱要，失在昧其起盡。暨師興教之席，群峯泰初，詮爲高座緒餘，超果會賢，别立懸敍消文，一一文下開示來意正釋觀心，號爲南屏一家。（天竺韶師曰，碎割法身訛誤後學去也。樝菴書與無相昕，力勉勿傳，有醍醐化糟粕，法藏變鬼火之語。）吳公當休沐必往聽法，垂紳正笏立於閫外，師未登座終不入。師夜赴請，見婦人在前，問之則曰，妾有哀懇請師到家。師從之至其門，見數人拽此婦置床上，舉大刀斫之如泥沙，少時復活。泣曰，妾生前善切膾，今受此報，欲求濟度故敢仰屈。師爲授戒，遂不復見。每與淨覺辨論教門，陳辭有司，乞築高臺豎赤幡，放西竺聖師與外道捔勝，義墮者斷首截舌懸之幡上。郡侯覩師法戰之鋭，就辭解之曰，行文製作臻不及岳，強記博聞岳不及臻。師雖自此弭兵，聞者莫不凜凜。東坡初來杭與師最厚，後爲郡而師已逝。見其行狀曰，此文雖工，未道此老大過人處，吾嘗與語，凡經史群籍有遺忘，即應聲誦之。崇寧中，謚實相法師。

則　全

志磐《佛祖統紀》卷一二　法師則全，字叔平，四明施氏，依報國出家，即造法智學教觀。時南湖競推十大弟子，師爲之冠焉。旁通書史尤善著述，性直氣剛敢言人失，人以是畏之。住三學三十年，郡守郎簡尤加敬。嘗謂人曰，叔平才氣凜然，若以儒冠職諫諍，豈下漢汲黯、唐魏徵，我朝王元之耶？慶歷五年夏，别衆坐亡。弟子若水，立碣於延慶。師所述《四明實錄》，人謂蔡邕作《郭有道碑》也。（後漢郭林宗，舉有道，不應既卒。蔡邕爲碑文謂盧植曰，吾爲碑多矣，皆有慚德，唯郭有道，無愧色耳。）

崇　矩

志磐《佛祖統紀》卷一二　法師崇矩，三衢人，來學法智，妙達教觀之道居第一座。法智坐聽其講曰，吾道有寄矣。初赴黃巖東禪講，法智寄書勉之曰，立身行道世之大務，謙爲德柄，汝當堅執，此外更宜博究五經雅言，俾於筆削之間不墮凡鄙，當效圓闍梨之作也。未幾還三衢，受本業景德講浮石，主者元動問從眞起妄義，一言有契，願回禪居永爲傳教之地。郡爲敷奏，有旨俞其請，乃大開齋堂以安學衆，日談《止觀》，夜講《光明》，復於一時率衆念佛。嘗以法智《融心解》於義未盡，廣致難問。法智乃收及三輩，以免相違。眞廟時，遊方至京師，上聞其名，召至內殿，講《四十二章經》，盛談名理。上心大悦，賜紫方袍金幣香藥。既而回天竺，衆留貳講，久之復歸故里，慈雲授以香鑪如意手書誡辭，獎之曰，汝將轉説於親里也。勉之哉。被忍爲衣，入慈爲室，處空爲座，身遠衆惱，口寡言論，意防輕慢，慈心授人，是曰三軌，是爲四行，名安隱説。

慧　才

志磐《佛祖統紀》卷一二　法師慧才，永嘉樂清王氏，師白鶴山怡芳，祥符覃恩得度（眞宗封泰山，詔寺觀各度一人）。年十三，進受具戒，往學於四明，性識昏鈍，常持大悲呪，願學通祖道。忽於夢中，見梵僧長數丈，脱袈裟與披之呼曰，慧才盡生記吾。翌日臨講豁然開悟，前後所聞一時洞曉，未幾首眾四座推服。復謁慈雲，北面服勤旦夜不替。治平初，杭守沈遘，請住法慧寶閣，二十年始終一節。太尉盧公奏賜廣慈之號，浮石來請，勉狥眾意。未久退居雷峯塔下，每翹足誦大悲百八爲課，又翹足一晝夜誦彌陀號。一夕夢至寶樓宮闕，有告之者曰，淨土中品汝所生也。元豐元年春，緇素萬指求授大戒，至羯磨時，觀音像頂放光輝映講堂。淨慈守一禪師爲作《戒光記》。六年五月二十一日，更衣就座，書偈讚佛曰，吾生淨土決矣。泊然而化，塔於菴之右，壽八十六，臘七十三。繼其業者，法宗戒珠十人。師貌古而性恬，少言寡欲。時教門異論諠動江浙，師獨循循講訓未嘗有所臧否。清獻趙公道交最密，及鎭越寄以詩曰，乞得鄉邦樂矣哉。雷峯菴靜此徘徊，浙江莫謂音書隔，一日潮聲兩度來。

含瑩

志磐《佛祖統紀》卷一二　法師含瑩，受業四明之廣嚴，稟法智教觀，深有造詣，時人推爲教主。嘗以銀書《法華經》，遇佛菩薩名，則用金字，世稱爲法門至寶。建炎金寇院宇焚蕩，於瓦礫中尋獲此經不損一字。淳熙間，住山蓮止菴，夜聞萬人諠譁，驚起視之，則別室遺火，其經藏杜閣上，師冒火取之得無損。人言兩遭烈焰皆不滅壞者，遠由大乘功德之力，近見教主行願之所持云。

擇交

志磐《佛祖統紀》卷一二　法師擇交，台之黄巖人，學法智得其道。天聖二年，章安慧因，始易爲講院，請師主其席。法智作授辭與之，其略云，今授汝香鑪如意用爲傳法之具，欲汝三學芳馨藹乎自己，四悉巧意適彼物，宜汝其懋之，勿妄揮秉。

文粲

志磐《佛祖統紀》卷一二　法師文粲，四明薛氏，初依興國令祥師，久之遣入法智室，孜孜教觀綿歷多載。天聖四年，祥師以經理塔寺有妨示徒，乃付講於師。法智作授辭以勉之曰，吾觀汝爲傳法之器，故授汝手鑪暨鬱多羅僧，欲汝一秉一披使德香芳郁，寂忍成就。

慧舟

志磐《佛祖統紀》卷一二　法師慧舟，丹丘人，二親既沒，即棄家入道，投四明爲學數載，而業成乃曰，法智有訓，佛道甚夷，行之惟艱，謂四三昧也。天聖初，結同學十人，行大悲行法者三年。結十四人，行普賢行法者又三年。初入期，誓於像曰，倘此三昧有成，當焚軀以效供養。行法既周，回故里求證神照。照欲全其重願，喻道俗輸香木成大積仲夏晦日。神照囑之曰，《法華》尊施爾克修之，《梵網》明誨爾克遵之，惟繫心法界，身如火如，則一聚之燼，乃三昧之蘊，喜見精進，以奉淨明眞供，惟子行焉。師奉教，致謝四眾，端坐薪塔，火光屬天，了無傾側，舍利晶耀，求者咸如其願，乃瘞餘骨於山西。衢之祥符懷襲，與師爲同學，又同修三昧云。

源信

志磐《佛祖統紀》卷一二　法師源信，日本國十大禪師也。咸平六年，遣其徒寂照，持教義二十七問，詣南湖求決。法智爲其一一答釋，照欣領歸國。信大服其説，西向禮謝。

廣智法師法嗣（第二世）

志磐《佛祖統紀》卷一三　神智鑑文法師。扶宗繼忠法師。超果惟湛法師。四明如吉法師。淨社全教法師。括蒼義詢法師。四明蘊恭法師。金文沖霄法師。法昌本誠法師。日本紹良法師。

神照法師法嗣（第二世）

志磐《佛祖統紀》卷一三　法眞處咸法師。神悟處謙法師。樝菴有嚴法師。能仁法寶法師。天台寶織法師。承天懷雅法師。承天元操法師。錢塘義全法師。天台左伸居士。

南屏法師法嗣（第二世）

志磐《佛祖統紀》卷一三　慈辯從諫法師。群峯泰初法師。法照用文法師。超果會賢法師。法慧宗正法師。東安景初法師。南屏靈玩法師。東吳文詡法師。錢唐如詢法師。

三學法師法嗣

志磐《佛祖統紀》卷一三　三學若水法師。

浮石法師法嗣

志磐《佛祖統紀》卷一三　景雲溫其法師。天柱守孜法師。浮石懷月法師。婺女日東法師。

廣慈法師法嗣

志磐《佛祖統紀》卷一三　妙悟希最法師。懺主法宗法師。妙果子良法師。餘慶思辯法師。浮石惟清法師。龍泉覃異法師。雷峯戒珠法師。

廣智法師法嗣（第二世）

鑒文

志磐《佛祖統紀》卷一三　法師鑒文，四明人，賜號神智，爲廣智得法上首。繼席南湖，大揚祖父之化。嘗曰，我由釋迦佛，得出家聞道，由智者大師，得依師學教。乃日課佛祖號千聲，夜禮千拜，用爲報恩，未嘗以事廢。

繼忠

志磐《佛祖統紀》卷一三　法師繼忠，字法臣，永嘉丘氏。父母求嗣佛祠，同夢一僧授以好子云，螺溪尊者寄汝養之。母娠即厭葷血，幼見佛像必致敬。八歲入開元，蒙恩得度，即詣南湖依廣智學，勞苦得疾，乃行請觀音三昧，蒙大士放光，以水灌頂其疾即愈，既而洞悟敎觀，無所凝滯。廣智深器之，時令代講。雪竇顯禪師，見而歎曰，四明之道爲有傳矣。永嘉士庶，請居開元東閣，遷妙果慧安，退隱江心研精禪觀。出主西湖法明，學者驟集，有欲革大其居者。師曰，施者方受其福，吾忍毀之乎。每歲正月上八，於郡中授菩薩戒行放生事，士庶嘗至數萬人，每誓於衆曰，入吾道場而歸命三寶者，縱未得道，願生生世世不失人身。正見出家求無上道，行法華，光明，彌陀，觀音三昧，日不虛過，誦呪救疾神應莫測。每入市，坐者避席，行者避路，舉首加敬，稱爲戒師。元豐五年十月八日，沐浴更衣，集衆說法，結印坐亡。人見赤光徹照空表。淨社全教，夢金甲士告曰，今夜得道人入滅，慶恩希妙夢，神人告曰，忠法師已生兜率。師久行施食，後雖有繼，鳥雀悲鳴，三日不下，葬於瑞鹿山。傳法者及百人。著《扶宗集》五十卷，集《十諫》，《指迷》，《抉膜》，《十門析難》，及《十義書》等，用昭四明獨得祖道之正。至於所錄二師口義，後人頗怪其冗雜。

惟湛

志磐《佛祖統紀》卷一三　法師惟湛，義烏宋氏，父母遇異僧謂之曰，汝當生子六人，第五者宜令出家。後入道雙林覃恩得度。首謁神照，未久復往依廣智。嘗白智曰，大師所授我所不疑，若圓頓絕待之旨，當須自得。後忽於廣智言下，豁然有悟，與上流交論莫不推服。初敷講於雲間超果，大揚化道，天台一宗盛於三吳自師始。熙寧六年三月八日，建光明會，遽謂衆曰，吾今報緣止此。即舉《涅槃》遺教，殷勤囑累，趺坐而逝。火浴之頃舍利粲然，塔於西余山。海慧若圓，爲門弟上首。

如吉

志磐《佛祖統紀》卷一三　法師如吉，四明人（二師口義序六），學廣智得其旨。見前輩編類集，初無詮次，於是參以三部之文，節略成類，以行於世。嘗注《金錍》，言簡而義正，學者宗之。住錢唐因果。

全曉

志磐《佛祖統紀》卷一三　法師全曉，舍於大梅之山，吳越忠懿王仰其德，錫帑金改建爲院，及賜經卷一藏，院成乃名金文。曉亡，高弟正和嗣之，霄又和之嗣也。師以其居稍隘，始與其徒，遷築於栖巖峯下，大開廣智之道。始平四年上於朝，賜額慧照（郭暨作記，廣智立石）。

本　誠

志磐《佛祖統紀》卷一三　法師本誠，四明奉化人，依南湖學廣智。志尚靜退，乃閑居於法昌，禪誦並進人欽隱德。院主更建衆宇，久不克就，師慨然自誓曰，昔智者，造三十六寺，像八十萬軀，今吾徒豈於一刹而不能成耶？即率同志，化邑人得錢二百萬，并力以營，殿與像俱畢事。著作郎俞充，爲之記謂，師有得於畢竟空中，熾然建立之義云。

神照法師法嗣（神照下第二世）

處　咸

志磐《佛祖統紀》卷一三　法師處咸，天台王氏，母夢白雲自天西來入室内化爲白馬，因而有娠。七歲入國清依師，十四受具戒，即自歎曰，佛法廣大，若不力學何能見道。乃入天封閱藏經三年而畢。及往謁神照，深悟教旨，恭默自遜人莫能測。神照嘗託疾命師代講，衆纔一聞心容俱服。初住赤城崇善，姑蘇李庭芝將守台，夢神人曰，公典天台，五祖臺下有龍頭九九，和上宜就見之。到郡諮詢，莫知其説。閩士陳白悟曰，天台五祖昔居赤城，今咸師住此，生於丙辰九月九日，其龍頭九九之謂乎。庭芝大愕即往謁見。師爲談出世道，深有契會。以寺宇隘陋謀遷之，庭芝首捐金帛。乃卜就東南地，開基之日，獲銅磬於土中。少師李公尤尊敬，請主白蓮，奏賜法眞之號。居山五十年，登門受道者萬數。元祐元年正月，法鼓擊之不鳴者七日，至七月告衆曰，二十三日吾將行矣。遜唱衣盂，飯衆爲別，戒侍者，晨鐘鳴當告我。至時徐起，趺坐寂然而化。著《三慧論》、《光明十願王》，續神照《行法經疏》，行於世。

處　謙

志磐《佛祖統紀》卷一三　法師處謙，永嘉潘氏，母感夢見瑞雲入懷娠，三年而生。九歲依常寧契能出家，章聖在御覃恩得度（眞宗祥符元年，封泰山，詔天下寺觀，各度一人）。即往學於天竺，慈雲異之曰，是能棟梁吾道者。復謁神照，大明圓頓之旨。然三指供佛祖祈妙悟，未幾擢居第一座。神照以《止觀》一帙授之曰，汝當建大法幢，恨吾不之見耳。既而言歸鄉邑，繼能師之席，遷慈雲妙果赤城，講道益振。少師李端慤，請主白蓮。北海郡王爲請神悟之號。丞相王安石，與一時朝賢競爲歌詩，以贊其德。郡大旱，要師祈雨。師至龍湫語曰，汝受智者大師付囑，遇旱當施甘澤，何不憶耶？忽大風黑雲從湫起，驟雨如注。閲十七年，將歸永嘉，郡侯士庶固留演教，乃於巾子山慧林精舍講《小般若》。後時杭師祖無擇，以寶閣請，趙獻以淨住請，内翰楊繪以南屏請，紫微陳舍人以天竺請，十坐道場，閲四十年，講唱不倦。登門三千人，稟法者三十人。熙寧乙卯四月丙寅，晨興沐浴更衣，集衆諷《普賢行法》、《阿彌陀經》，乃曰，吾得無生日用久矣。今以無生而生淨土，即入定寂然，塔全身於南屏之右。弟子良弼請無爲揚傑銘其塔云，師嘗解《十不二門》，題曰顯妙，於色心不二云，分色心者，不二而二，妄之境也。其體一者，二即不二，妙之門也。故以總別斷盡十門二不二相，使粗妙昭然門旨不壅，是知境妙不二之門，在乎一念色心，得此之門，寶乘即乘，道場可到。

有　嚴

志磐《佛祖統紀》卷一三　法師有嚴，台之臨海胡氏，母將孕，號痛頓僕，其兄沙門宗本曰，是必有異，若生男當出家。母聞之合掌以許，既而痛止，果生男。六歲依靈鷲從師。十四受具戒，閲壽禪師《心賦》若有所悟，即往東山學於神照一心三觀之道，法華三昧之行，莫不神解，而躬行之。時法眞同居會中，謂之曰，子雖晚出當大成器。嘗讀《止觀》至不思議境曰，萬法唯一心，心外無一法，心法不可得，故名妙三千。法眞益嘉歎之。初主無相慧因法眞，自赤城遷東掖，舉師以代。常謂去佛久遠人迷自性，凡宣演之際，必近指一心使之易領，聞者皆能有入。紹聖中，郡請主東掖。師曰，智者年未五十，已散徒衆，吾老矣，可堪此耶？卒不赴，隱居故山東峯，廬於樝木之旁，因自號曰樝菴（文集中有《樝菴記》，辭理極奇勝），畜一鉢無長物，躬拾薪汲水，食唯三白，毘尼條章輕重等護二十年，專事淨業以安養爲故鄉。作《懷淨土詩》八章，辭情悽切人多樂誦。常時所修三昧多獲瑞應，施鬼神食除病卻崇，驅蛇去蟻水旱禳禬，一爲課誦如谷答響。母病目，師對觀音想日精摩尼手，母即夢師擎日當前，覺而目明。建中靖國元年孟夏，定中見天神告白，師淨業成矣。又夢池中生大蓮華，天樂四列，乃作餞歸淨土之詩。越七日趺坐而化，以陶器塔於菴北，有光在塔如月，三夕乃沒。師淹貫藏經該通書史，注《安樂行空品》，及《法印經疏》，《玄籤備檢》，《文句箋難》，《止觀助覽》，《阿彌陀禮文》，又撰《或對》一編，辯論古今，於茲爲要。

南屏法師法嗣（南屏下第二世）

從諫

志磐《佛祖統紀》卷一三　法師從諫，處之松陽毛氏，幼見佛經輒能自誦。父曰，再來人也。年十九，試《法華經》得度，即謁上竺辯才，夙夜聽習。復往依南屏於金山，問辯如流。南屏歎曰，吾道由子而行也。熙寧中，講於明慶徒衆日蕃，乃遷淨住。元豐初，處人建壽聖迎居之，越三年辨才主南屏，自以年老屈師首衆，嗣歲舉以自代。元祐五年，上竺虚席，辯才囑郡守蒲宗孟曰，靈感勝迹，非從諫不足當。郡用其說，復爲奏賜慈辯之號。義天僧統自高麗來求法，郡以師應命。義天慕法留滯中國，朝廷以其國母思憶促其歸。師諭之曰，高僧道紀負經遊學，以母不可捨，遂荷與俱，謂經母皆不可背，以肩橫荷。今僧統賢於紀遠甚，豈爲經背母使憂憶乎。義天於是有歸志，乃求鑪拂傳衣。及詣智者塔誓之曰，已傳慈辯法師教觀，還國流通乞賜冥護。既歸乃建剎立像尊爲始祖。大觀二年，辭歸壽聖之門學，車溪普明等十人詣師省候。師曰，諸子遠至，後會無期，老僧不如乘興便行。遂沐浴更衣，升座說法，書偈，安坐而亡。葬全身於受業。

會賢

志磐《佛祖統紀》卷一三　法師會賢，早爲南屏高弟。初弘教於華亭超果，學者如市。將行化外邑，必得老成貳講者，乃擊鼓集衆，其人對衆答曰，必欲代講於老師，凡所說義許悉破之。師忻然曰，幸蒙破立祖道之光也。

三學法師法嗣

若水

志磐《佛祖統紀》卷一三　法師若水，三衢人，久依三學，號爲有成，欲事廣詢乃易名若水。外現未學，處處遊歷。初住天柱崇福，講演不倦，課密語有神功，祖忌將臨，戒庖人備芽筍，庖以非時。日暮噀盂水於後圃，夜聞爆烈聲。明旦視之，筍戢戢布地矣。民人以疾告，呪水飲之，愈者莫紀其數。

浮石法師法嗣

温其

志磐《佛祖統紀》卷一三　法師温其，金華人，依浮石學教爲成才。治平初，於城北葺景雲舊宇以開講席。夏大旱，日演《光明經》虔扣諸天，已而甘澤遍洽。郡守盧革爲奏其地永爲天台演教之所，賜師法雲之號。嘗造九祖像，極爲精麗。東陽教學之行師之力也。弟子七十二人，普月大師善嵩，主慈覺，化成一境，居式主，景德有虎子之稱。

廣慈法師法嗣

希最

志磐《佛祖統紀》卷一三　法師希最，霅川施氏，賜號妙悟。四歲出家，以天禧覃恩得度。年十五，傳教觀於廣慈，同門畏愛號爲義虎。治平中，始敷講於嘉禾，隆平繼徙居於勝果，有空室祟所棲。師呪土擲之，得片紙書，今被法來遣，若法力沒當復來此。數日擊物颺火變怪百出。師訶之曰，不聞惱法師者，頭破作七分。乃爲廣說輪轉因緣，衆僧聲呪爲其破障。忽空中轟然擲朱書云，漢朝烈士沈光，大略悔過。且云，蒙師說法之力，當往生他化天。自此遂絕。師因淨覺背宗，上《十諫書》。法智作《解謗》，淨覺復作《雪謗》。時法智在疾不復答。淨覺在靈芝，對衆誆曰，只因難殺四明師，誰向靈芝敢開口。師不甘之，乃作評謗以極辨之，其略有云，近覩《雪謗》盛製，所謂救生法二身，雪增減二謗者也。然此書，一往可觀，再言有失。《解謗》雖已煥然，《雪謗》猶自氷執。今據吾祖之格言，以評闍梨之謬解。淨覺見之曰，四明之說其遂行乎。元祐庚午秋，集衆書偈安坐而化。闍維之日得舍利數百。

法宗

志磐《佛祖統紀》**卷一三** 法師法宗，錢唐顏氏。十歲依廣慈爲師。十二受具戒，專研教觀。十九往從廣慧，初師服勤十年。廣慈閒居，師歸侍左右，日親法誨，依《止觀》修大悲三昧，綿歷九載，人目之爲懺主，凡禱事祈疾悉獲聖應。建淨土道場，刻西方三像，爇五指供佛，每月集四十八人，同修淨業，名卿賢士多預其會。政和丁酉春微疾，夢彌陀聖衆授手接引。後三日浴身易衣盥口趺坐，倏然而逝。師素聞天竺光明懺期之勝因，預同修。至五日於禪觀中見慈雲法師，侍僧數十，師作禮問曰，自昔同修者，皆得往生否。慈雲曰，後之元照，已得往生，擇瑛尙欲三塗弘經（後時瑛師果有此願），汝宜勤修以成本願。言訖而隱。

覃異

志磐《佛祖統紀》**卷一三** 法師覃異，餘姚杜氏，師龍泉清序，遇皇祐普度恩得剃髮。習教觀於天竺明智，後入雷峯廣慈之室，孜孜扣擊，二十年無倦志。學成歸里敷講故山，專勤淨業，誦《法華》至五千部，《普賢》、《彌陀》，誦各萬卷。崇寧元年秋示疾，集衆告曰，吾生淨土時至，當乘金臺隨佛西邁。即澡身端坐，結印而逝。火餘舌根，舍利如綴。

神智文法師法嗣（廣智下第三世）

志磐《佛祖統紀》**卷一四** 明智中立法師。文慧宗正法師。空相思恭法師。

扶宗忠法師法嗣

志磐《佛祖統紀》**卷一四** 草堂處元法師。永嘉法詮法師。

超果湛法師法嗣

志磐《佛祖統紀》**卷一四** 海慧若圓法師。

法真咸法師法嗣（神照下第三世）

白蓮道卿法師。安國元惠法師。四明淨杲法師。

神悟謙法師法嗣

志磐《佛祖統紀》**卷一四** 北禪淨梵法師。白蓮善珪法師。德藏擇瑛法師。金華子方法師。壽安良弼法師。淨住思照法師。一相宗利行人。

樝菴嚴法師法嗣

志磐《佛祖統紀》**卷一四** 天台法麟法師。天台應通法師。

慈辯諫法師法嗣（南屏下第三世）

志磐《佛祖統紀》**卷一四** 車溪擇卿法師。慧覺齊玉法師。圓覺蘊慈法師。普明如靖法師。天竺應如法師。法雲宗敏法師。佛智慈雲法師。佛照智堅法師。慧覺清月法師。圓明普賢法師。上竺明義法師。高麗義天僧統。

群峯初法師法嗣

志磐《佛祖統紀》**卷一四** 梵慈智普法師。

南屏文法師法嗣

志磐《佛祖統紀》**卷一四** 憲章仲閔法師。

超果賢法師法嗣

志磐《佛祖統紀》卷一四 精微彥倫法師。清辯蘊齊法師。寶積彥端法師。

景雲其法師法嗣

志磐《佛祖統紀》卷一四 覺慈善嵩法師。景德居式法師。

神智文法師法嗣（廣智下第三世）

中　立

志磐《佛祖統紀》卷一四 法師中立，鄞之陳氏，賜號明智。母夢日輪入懷，遂有娠。夜不三浴，則啼號不止。九歲出家於甬東之棲心，受經一誦，永憶不忘。治平中，試經開封府，中選得度。初依廣智學教觀，及神智斷主南湖復依之。熙寧中，神智開幃，設問答者二百人，無出師右，乃舉居座元。久之去謁扶宗於永嘉。將歸，宗曰，子行必紹法智之席。及神智謝事，乃俾師爲繼。元祐初，高麗僧統義天遠來問道，甫濟岸遇師升堂，歎曰，果有人焉。遂以師禮見，傾所學折其鋒竟不可得。師令門徒介然，始作十六觀室，以延淨業之士。已而辭去曰，吾年六十，當再來，即退處東湖之隱學。數年郡太守王公，勉主寶雲，一新棟宇，於伽藍神腹得願文云，後百年當有肉身菩薩重興此地。聞者異之。後退隱白雲菴，日宣《止觀》至不思議境，歎曰，吾道至此極矣。有不思議境則有不思議心，乃作不思議辯正。又指五章裂大綱目，寄果明因以成解行，舉佛攝生全生是佛，作《止觀裂網指歸》釋疑。文慧正師亡，郡請再主延慶，果符六十再來之言。甞升座說法，慈霔無盡，下座問侍者曰，吾適道何語。侍者答以所聞，師曰，吾覺身心同太虛空，殊不知語之所出也。歲懺行江浙，延慶爲最盛，擇其徒修法華懺者。七年，行法將圓，禪觀中見一大舟，眾欲乘不可，唯師坐其中以行。自是辯慧泉涌超勝於昔。政和五年四月辛亥，謂門人法維曰，吾聞異香心甚適悅。謂觀堂行人曰，吾當與汝輩長別。即面西坐逝。塔於崇法祖塔之東。講三大部，《淨名》，《光明》數十過，誦《法華》踰萬部，與人除病卻鬼救災旱，不能畢記其驗。孔老之書無不遍讀，其對儒士講說，則反質之曰，此道在孔聖如何，在詩書如何。儒士不知對，則援引委辯之曰，無乃若是乎。聞者心服而退。師在永嘉，扶宗謂曰，吾常見摩利支，韋馱於夢中求護法，他日幸於南湖懺室置其位。及師主席乃立像自師始。陳瑩中嘗讚師曰，嚴奉木叉，堅持靜慮，以身爲舌，說百億事（言戒定慧皆備具也）。

扶宗忠法師法嗣

宗　正

志磐《佛祖統紀》卷一四 法師宗正，賜號文慧，依神智學教觀，深造閫域。治平初，繼主南湖，大弘宗教。先是寶雲祖，藏骨於育王山西北隅。後七十七載，師自南湖往禮敬，顧甃甓有毀，將遂無沒，乃飾工累石，起方墳以顯其處，且復爲石塔記以識其事。時謂微師此文，寶雲之藏幾不可考。法師思恭，湖之烏程人，賜號體眞，年十九剃髮，詣神智學教觀，及歸里時，空相癈於積潦，師克志興復，爲屋三百楹，從容無求，而施者自趨，功成修長懺三載以答志願。及老歸吳山解空。建炎元年九月，別眾坐逝，荼毘烟所至皆凝舍利，塔於院東南隅。弟子戒澄等四十三人，皆傳道有成，分化浙水。

處　元

志磐《佛祖統紀》卷一四 法師處元，永嘉人，久參扶宗，遂繼法明之席。郡侯仰其道化，任以僧正。澄清品流，莫不厭服。所著《輔贊記》三卷，其論經體則推本法智廣智源流之說，論無住本三種觀法，答扶宗通相三觀，其說明正學者宗之。崇寧二年，閉居東溪草堂，述《義例隨釋》六卷。初荊溪以《止觀》文廣，例爲七科，名爲《義例》，俾學者知解行之大旨，雖法智製述之多不暇爲記。師因義神智爲纂要，以初乘觀法性德之境爲眞如理觀，修德之境爲唯識事觀。師謂狂妄徒疑後學，乃決志注釋以斥纂要之非。

法真咸法師法嗣（神照下第三世）

淨杲

志磐《佛祖統紀》卷一四　法師淨杲，四明人，學法眞爲高弟，撰《金剛經疏》，欲講即講，不俟衆集。有臣律師者入冥府，司名者曰，誤追也。臣潛窺其籍，有云明州淨杲闍黎，講《金剛般若經》一百遍，既反詣師以問。師曰，但十遍耳。恐以義勝褒爲百遍。

神悟謙法師法嗣

淨梵

志磐《佛祖統紀》卷一四　法主淨梵，嘉禾人，姓笪。母龔氏，夢佛光滿室，遂有娠，及生，因名佛護。十歲從勝果師永懺主出家，常念阿彌陀佛。或問，年少何爲念佛。答曰，我欲往他方丈求掛搭去。年十八受具戒，即依超果湛師學，未久復往謁神悟，屢親講說大契夙心。元祐初主姑蘇大慈，講三大部十餘過，餘文稱是，受業門生殆遍吳地，信人稟戒幾滿城邑。嘗率二十七人修法華三昧，以二十八日爲期，如此三會，感普賢大士授戒羯磨，至稱淨梵比丘，則洪音震響如撞巨鐘。三昧將圓，有二僧作禮曰，今春到石橋禮聖迹。忽見空中散華異香非常，一僧遽曰，姑蘇梵法主，期懺散華至此。語畢不見。因來瞻禮，長洲令黃公彥，刻記於石云，異哉，師之道力，其與北京進法師，夢釋迦授戒，南嶽夢四十二人加羯磨法，異世同效。師製期懺規式，二浙至今行之。嘗依讖譯《光明》，別製懺儀，與衆同修，感格屢見，禪觀之處衆見金甲神王跪於座前。後於一處期懺，見韋天按行懺室，行人有遭其點察者，輒障起而退。夜居西院，時暑酷熱衆不安臥，師方披三衣坐水閣上，忽風雪飛集凉氣逼人。旦謂衆曰，夏行冬令衆皆歎仰，知爲神龍翊衛變熱爲凉也。元符中夢黃衣請至冥府。王者迎就座，令吏檢祥靄簿云，淨梵比丘，屢經多劫長講法華。王即起頂禮遣使送還。政和中太守應公婢，爲崇所嬈歌笑不休，請師施戒即刻神定。葛氏請師爲亡夫施戒，即見夫恭敬於師遶座三匝稱已得解脫。宣和初，郡守賈公，敬師高行，補爲管內法主。建炎元年十月坐亡，闍維得舍利甚多，藏塔於横塘般若。

擇瑛

志磐《佛祖統紀》卷一四　法師擇瑛嚴之，桐江俞氏。母夢二日貫懷，後二歲散二男，俱出家，皆試經得度。長名子欽，受業錢唐淨住。次即師也，入道於杭之壽寧。熙寧中參神悟於施水寶閣，深悟止觀之道。閱《不二門》、《金錍》，不寢者數月，以所得白師。神悟曰，《法華》妙旨歸乎自心，宜善護持勿自輕也。當湖魯氏，於德藏創一院，以迎師大開法施，久之遨遊杭秀蘇湖間。元符二年春，於杭祥符示疾，俄舊身憑几，西向諷《彌陀經》，卷終而逝。嘗述《淨土修證儀》，其讚有阿彌陀佛眞金色之偈，至今人皆誦之。又辯西方此土二種觀門之相，以勸專修淨業者（文見《淨土本傳》）。

宗利

志磐《佛祖統紀》卷一四　行人宗利，會稽高氏。七歲受業於天華，既具戒，往姑蘇依神悟。即入普賢懺室，要期三載，忽夢亡母謝曰，蒙汝懺功已獲生處。又見普賢從空過前。懺畢復往靈芝謁大智律師，增受戒法。夢大智在座呼宗利名，口吐白珠令吞之。又於靜定中神遊淨土，見寶池蓮華寶林境界。尋詣新城碧沼，專修念佛三昧，經歷十年。復遊天台雁蕩天封，皆建淨土道場。晚歸受業天華，建無量壽佛閣接待雲水。政和元年天旱，詣日鑄山帝舜祠祈雨，感龍王現金色身，甘雨沾足。建炎末入道味山，題所居曰一相菴，會稽道俗請師主繫念，至第三夜，繪像頂珠忽放光明大如箕，預會者益堅固。紹興十四年正月晦，告弟子曰，佛來也，吾將歸安養矣。書頌爲別曰，吾年九十頭已白，世上應無百年客，一相道人歸去來，金臺坐斷乾坤窄。端坐即逝。是日近山人見異僧滿山谷，莫知所從來。瘞全身於菴居之後。

思照

志磐《佛祖統紀》卷一四　法師思照，錢唐陽氏。十四歲從淨住從雅，聽《法華》、《方等》於南屏，復往東掖參神悟，大有契入。既而刺血書《法華》七軸，專修念佛三昧。築小菴曰德雲，後連小門，爲觀落日之所。刻三聖像，每夜過午即起念佛。月二十三日，率道俗繫念終其身。三十年，一旦語其徒曰，夜夢佛金身丈六，此往生之兆也。請僧七日以助念佛，屈指作印奄從坐化，時宣和元年春也。闍維之際，頂骨牙齒，皆瑩明如玉石。師於淨土七經一字一禮，《華嚴》、《首楞嚴》、《金光明》、《無量壽》、《普賢行法》、《遺教》、《梵網》、《無量義》、《略教誡》、《四分戒本》皆然，唯《法華》十過，總得二百七十卷。誦《法華》千部，《無量壽佛經》五藏，《阿彌陀經》十藏云。

慈辯諫法師法嗣

擇卿

志磐《佛祖統紀》卷一四 法師擇卿，天台人，天資聰敏博學強記，受教於上竺慈辯。嘗曰，四明旨意吾已得之，唯起教觀信之未及，然不敢不信也。初主車溪壽聖（車溪屬三州四縣，東爲秀州崇德縣，唐時名青鎭，古塔。元祐二年，初建壽聖院，請師開山。高宗朝改廣福），未嘗屈節豪貴。聚徒三百，施者自至。年三十後，即廢卷禪坐。晚居車溪，每遇講演，但令侍者日供講帙，辯說如流聽者說服。慧解曇應領徒三十人至車溪值說《無量義經》，聞舉難云，妙樂有云，能生一實《法華》異名，所生無量爲《法華》序。不知能生一實是隔偏之圓，即偏之圓。所生無量是同體之權，異體之權。應語同行曰，此師言有典刑，足堪問道，即求依止。有不循規者，悅眾以聞，詢其名則指言朋觀二師。師曰，此二人教門大才也，弗之問。嘗夜坐方丈，聞廊廡有天樂聲遣人迹之，聲出朋師房。師附壁隙窺之，見朋觀數輩於燈前戲，舉手作無聲樂。師益異之。平時喜茶，臨終之頃謂門人曰，晨鐘鳴即來報。至時啜茶一甌，書偈而化，時大觀二年仲冬也。塔於院南芙蓉蒲。

齊玉

志磐《佛祖統紀》卷一四 法師齊玉（以避時諱暫改齊璧），霅川人，尙書莫公支子也。法號慧覺，早親釋學，日記數千言。始參祥符神智，後依慧辯。一日赴僧次遜辭之。或問其故。答曰，誠不欲五千之利而喪一日之功。慈辯得通相三觀之旨，秘不肯說，而屢扣不已，乃於密室跪鑪以授。初出居苕溪寶藏，每於歲終大興淨業之社。遷橫山立丈六像，率道俗修行，中夜告眾曰，我輩未念佛時，心隨塵境作諸不善，犯一吉羅尙受九百千歲地獄之苦，況犯篇聚重罪乎（五篇七聚）。今若念佛則可一念能滅八十億劫生死之罪。況又父母生我令我出家，理當度脫以報重恩，今若破戒墜陷，則父母豈不失望。大眾聞之，無不傾誠懺悔，舉身自撲，至損額失聲者（此雖勸修尊行，正用扶律談常，爲被末代之意）。宣和六年，遷居上竺。先是慈辯之去，繼之者或不振。學徒謀曰，得玉公乃興。郡守翁彥國聞之乃具禮以迎，講道敷化不異慈辯。嘗中夜頂像行道，一僧失規責之曰，汝無知乃畜生耳。已而悔曰，彼雖不肖，罵爲畜生有謟三寶。自是三年對佛悔過。歲大旱井竭，師運心密禱，夢水出西坡。旦掘之清流涌出，因名夢泉。建炎元年秋，謂首座修慧曰，吾床前多寶塔現。慧曰，和上流通《法華》之瑞證也。師曰，所願見阿彌陀佛耳。即集眾念佛，頃之舉首加敬曰，佛已來接也。端坐合掌而化。葬於山西草堂之側，諡妙辯，塔曰慧寂。門弟傳教者，密印大師，修慧等二十人。所著《普賢行法經疏》，及自釋疏，《祖源記》、《無量義經疏》、《雜珠記》（釋孤山所造疏），《安般守意法門》、《尊勝懺法》。

蘊慈

志磐《佛祖統紀》卷一四 法師蘊慈，四明慈溪人，賜號圓覺。初依壽安弼師，既而復謁慈辯，其學大成。時門下十高弟，師爲說法第一。初居西湖菩提，遷會稽圓通。崇寧初，能仁虛席，以師爲請。有文首座能行人，各然二指禱佛冥祓。師既至，一眾說服，智因暑熱，講散偃息臥榻。適首座至白曰，此山師席，講退之頃不入懺室則居禪堂，未有高枕自安者。師媿謝曰，敢不承教。自此祈寒盛暑不敢少懈，每當如廁則沐浴更衣，雖行道遇雪必手掬以爲淨。著十類說權實指迷，世行其文。

如靖

志磐《佛祖統紀》卷一四　法師如靖，賜號普明，早入慈辯室。杭人有以私憾害其兄者，後深知悔，以聞一律師。答之曰，殺人償命何足爲問。其人即投西湖而死，欲償兄命免爲後怨。既不見鬼，反悔投水。因衆人入雷峯受戒，鬼隨以入，聞戒師說人造罪許懺悔。其鬼乃怒律師，蚤知可悔必不投水。日夜隨律師索命，語以修薦，百方皆辭。久而言曰，爲我請靖佛子，施大乘戒則可脫。及爲授戒法，乃見形致謝而去。後主覺悟學徒雲擁，唯一室空閉，云有惡鬼居之。師中夜入室坐禪，忽聞哮吼，見一人頭飛走地上俄化爲人。師謂之曰，汝何得擾人。鬼曰，凡出見人本欲求度，人見自畏非擾之也。師乃爲説法授戒語之曰，汝可入吾袖，鬼即如教。覺重甚，攜至林中放之，化成天人，殷勤謝師，飛空而沒。建炎二年遷上竺。初是有爲鳴童卦者，或以上竺住持爲問。童云，待問土地。良久曰，今早，天符已下請靖法師矣。閱月而師至。三年十一月，金虜破杭。師預感夢，知此山厄運不可免，語其徒令避去。及虜至，或謂可以禮迓，即聲鐘集衆。虜疑其將抗已，放兵大掠，火其屋而去。

應如

志磐《佛祖統紀》卷一四　法師應如，婺之浦江胡氏，默記多聞，尤善持論，來學上竺，慈辯深器之。嘗往靈山訪同志，出六能義反覆辨詰。彼義墮負，師即揭竿繫帛，謂之曰，西竺破敵則豎勝幡，道場降魔亦表勝相。今法戰既勝，當揭一竿。人畏其烈，目之虎子。初慈辯得南屏通相三觀之旨，秘不授人。玉慧覺祈請尤力許，中夜爲密説師知之，陟梯揭瓦伏身竊聽，飛雪翻空背若被鎧。且白慈辯曰，我於通相三觀若有冥授，即錄其言以示一衆。慈辯怒曰，應如盜法。紹聖初，主越之圓通。嘗因講散謂侍者曰，今日東風吹，教法過淛西去，使眼中有耳者得以有聞。師三十歲便亡卷，每臨座侍者供講帙以俟。紹興三年遷上竺，兀朮焚蕩之餘，唯存藏室，有勸化人營建者。師曰，我但流通大法耳，他日自有修造者至。及師亡，普覺惟日，果以繼席興土木事。五年九月，車駕幸大士殿。師奏對如流，上喜賜萬歲香山以供大士。師不尚著述，嘗以偈示人曰，吾傳智者一性之宗，三千實相妙空假中，一念法界生佛體同，凡聖一如善惡理融，毘盧身土湛若虛空，達斯旨者法法圓通，左之右之受用無窮，山家稱如虎者三人。神照本如四明道如及師也。一夕別大衆歸寢而終，塔於寺西北隅，嗣法崇先懷志，白蓮慧仙，皆足世其業。師有教義，名《指難集》。

宗敏

志磐《佛祖統紀》卷一四　法師宗敏，秀當湖魯氏名族也。賜號法雲，年十五具戒，遍參講席，如超果照廣化明南屏玩無不歷事，後入慈辯室頓有發明。辯謀首座非其才，乃請與之抗論，座爲之屈。紹聖初主杭之菩提。元符中遷孤山，樞密蔣之奇，時來謁問《楞嚴》大旨，爲談心要之妙。之奇言下有契，敬以師禮。久之退處報恩六一泉之上（報恩勤師，與歐陽公爲詩友，東坡名其泉爲六一），宴坐三十年，世高其風。兀朮陷杭寺爲煨燼，乃還止當湖菴居。紹聖七年冬示寂，命以衣盂修報恩塔，即山椒而葬焉。後十八年，有司以其地爲延祥觀，遷其塔於山北鳥窠之側。弟子慧靜，取全身闍維之，視容貌如其生。薪盡火滅，收舍利百粒如菽。

義天

志磐《佛祖統紀》卷一四　僧統義天，王氏高麗國文宗仁孝王第四子，辭榮出家，封祐世僧統。元祐初入中國問道，至四明郡，以明智慧照館接之。義天上表，乞傳賢首教，勅兩街，舉可授法者，以東京覺嚴誠禪師對，誠舉錢唐慧因淨源以自代。乃勅主客楊傑送至慧因受法。諸剎迎餞如行人禮。初至京師，朝畢勅禮部蘇軾館伴，謁圓照宗本禪師示以宗旨，至金山佛印坐納其禮。楊傑驚問印，曰義天異域僧耳。若屈狥俗，諸方先失一隻眼，何以示華夏師法乎。朝廷聞之以爲知體。至慧因持《華嚴疏鈔》咨決所疑，閱歲而畢，於是《華嚴》一宗，文義逸而復傳。及見天竺慈辯，請問天台教觀之道。後遊佛隴禮智者塔，爲之誓曰，已傳慈辯教觀歸國敷揚，願賜冥護。見靈芝大智爲説戒法，請傳所著文，既還國乃建剎號天台。奉慈辯所傳教文，立其像爲初祖，歲遣使通音問，及施金書《華嚴》三譯於慧因，建閣藏之（今俗稱高麗寺），見飛山別傳議爲跋曰，甚矣，古禪之與今禪名實相遼也。古之所謂禪者，藉教入禪者也。今之所以禪者，離教說禪者也。離教者，執其名而遺其實。藉教者，因其詮而得其旨。救今人矯詐之敝，復古聖精純之道，珠公論辯斯其至焉。近者遼國詔有司，令義學沙門詮曉再定經錄，世所謂《六祖壇經》、《寶林傳》等皆與焚棄，而比世中國禪宗章句多涉異端，此所以海東人師疑華夏爲無人。今見飛山高議，乃知有護法開士，百世之下住持末法者，豈不賴珠公力乎（戒珠作《別傳議》，於禪教之際深有發明，壽九十三，葬骨飛山）。

南屏文法師法嗣

仲閔

志磐《佛祖統紀》卷一四 法師仲閔，三衢人，受業祥符，來依南屏文師，以雄辯見稱義虎。政和初，還鄉主浮石，學者驟至。嘗放言曰，吾座下不五百眾不講大部，故一生唯講《光明》、《觀音》。順寂之日，集眾昇堂，登師子座趺足而坐，忽見銀臺自西至，師曰，吾平生解第一義，誓取金臺，今乃若此，瞑目而化。所著《憲章集》五卷，其自序曰，釋氏子有所述，必求公卿，爲之序其首，跋其尾駕其說，俾行於世，且衣冠之士，豈知吾之是，識吾之非，儻是而無序，天能喪乎哉。或非而有序，人能駕乎哉。

超果賢法師法嗣

彥倫

志磐《佛祖統紀》卷一四 法師彥倫，學超果賢師爲有成。大觀元年主仙潭，撰教義名《精微集》四卷，賜號妙慧。又撰《金剛經疏》二卷。法師蘊齊，錢唐周氏，號清辯，幼歲試經得度，傳教觀於法明會賢師，嘗患疫疾百藥不治，遂力課觀音尊號，夢一婦人以鑿開其胸易其心，手捫摩之，患即愈。疇昔所覽靡不通記，走筆成章率歸典雅，咸謂辯才之證。主錢唐道林，常熟上方，姑蘇東靈，錢唐南屏，姑蘇廣化，三衢浮石。政和復歸上方，閒居於方丈，述《頂山記》，釋天台戒疏凡三卷。建炎四年正月，集眾誦《彌陀經》，稱佛號畢即刻而化，塔舍利於上方。門人法清及景德法雲克傳其道，雲編翻譯名義七卷，大爲梵學檢討之助，類亦附以教義云。

景雲其法師法嗣（浮石下第三世）

居式

志磐《佛祖統紀》卷一四 法師居式，金華人，嗣景雲，住景德，撰《圓覺疏》四卷。

明智立法師法嗣（廣智下第四世）

志磐《佛祖統紀》卷一五 澄照覺先法師　慧照法隣法師　圓澄智謙法師　四明法維法師（明智惠）　定慧介然法師　待制晁說之　諫議忠肅公陳瓘。

草堂元法師法嗣

志磐《佛祖統紀》卷一五 息菴道淵法師。

安國惠法師法嗣（神照下第四世）

志磐《佛祖統紀》卷一五 智涌了然法師　眞教智僊法師　白蓮梵章首座。

白蓮卿法師法嗣

志磐《佛祖統紀》卷一五 天台淨佻法師。

北禪梵法主法嗣

志磐《佛祖統紀》卷一五 北禪惠深法師　飛英智忱法師　頂山子文法師　通照慧明法師　超果惠道法師。

德藏瑛法師法嗣

志磐《佛祖統紀》卷一五 北關思淨法師。

壽安弼法師法嗣

志磐《佛祖統紀》卷一五　教藏有全法師。

車溪卿法師法嗣（南屏下第四世）

志磐《佛祖統紀》卷一五　竹菴可觀法師。牧菴有朋法師。祥符道忻法師。

慧覺玉法師法嗣

志磐《佛祖統紀》卷一五　清修法久法師。澄覺神煥法師。假名如湛法師。密印修慧法師（《慧覺傳》）。慧解曇應法師（《車溪傳》）　慧照道倫法師　北禪法榮法師。北禪文俊法師。圓覺淨圭法師。

圓覺慈法師法嗣

志磐《佛祖統紀》卷一五　法照中皎法師。神慧敏齊法師。能仁文首座。能仁能行人。

普明靖法師法嗣

志磐《佛祖統紀》卷一五　圓通思梵法師　普圓善期法師。

天竺如法師法嗣

志磐《佛祖統紀》卷一五　崇先懷志法師　宣秘慧僊法師　音圓普證法師　法燈道遵法師　餘姚行澄法師。

法雲敏法師法嗣

志磐《佛祖統紀》卷一五　樞密蔣之奇。

佛智雲法師法嗣

志磐《佛祖統紀》卷一五　法照淨通法師。

佛照堅法師法嗣

志磐《佛祖統紀》卷一五　神辯覺寧法師　等慈慧序法師。

梵慈普法師法嗣

志磐《佛祖統紀》卷一五　圓照梵光法師　東靈智欽法主。

憲章閔法師法嗣

志磐《佛祖統紀》卷一五　餘慶道存法師。

清辯齊法師法嗣

志磐《佛祖統紀》卷一五　景德法雲法師　上方法清法師（《清辯傳》）。

明智立法師法嗣

覺先

志磐《佛祖統紀》卷一五　法師覺先，四明之慈溪陳氏，號澄照。七歲受經一讀成誦。初稟教於明智，既得其傳。復請益於慈辯清辯，所詣益深。靖康初，主奉化之寶林，會奉旱，邑請講《金光明》，終卷而雨三日。因勉邑人建光明幢，誦經萬部爲邑境之護。遷主延慶大弘宗教，久之復歸寶林，築室曰妙蓮，復誦滿萬部。持淨土佛號，四十八藏。摘經疏名言以資觀行，目曰《心要》。紹興十六年正月十四日，說法安坐而逝，塔於寢室之側。他日有夜聞誦經聲，迹所自出塔中。後月堂居南湖，謂師於延慶有傳持之功，而塔在草莽，乃令遷之祖壟，及開土見棺索不朽，骨若青銅（棺山圓反木丁）。

法　隣

志磐《佛祖統紀》卷一五　法師法隣，賜號慧照，早爲明智高第，屢居座端，道業詞章眾所推服。高麗義天至，首入南湖，師明智而友慧照，請跋所受敎乘歸國，師援筆立成，有古史風，義天嘉歎不已（文見《名文光教志》）。郡命主三學，講演之盛亞於南湖。嘗謂門人曰，余嘗勸人以二戒，三十已前未可念阿彌陀，七十已後不得持消災咒。謂少不知進，老不知止也。時人然之。

介　然

志磐《佛祖統紀》**卷一五**　法師介然，四明鄞人，受業福泉山之延壽。明智居南湖，從其學，遂悟境觀之旨。元豐初，專修淨業三載，期滿謂同修慧觀，仲章，宗悅曰，念佛三昧往生要法也。乃然三指，誓建十六觀堂，中設西方三聖殿，環以池蓮。功成復然三指以報佛恩。於是修觀之士，有所依託焉。建炎四年正月七日，金虜犯明州，寺眾奔散，師獨不去。虜奄至，訶之曰，不畏死耶？師曰，貧道一生願力建此觀堂，今老矣，不忍舍去以求生也。虜酋義之謂曰，爲我歸北地，作觀堂似此規制。遂逼師以行，後人悲思，乃以去日爲之忌（相傳，正月五日，若依本朝通鑑，則云七日），而尊之曰定慧尊者，立像陪位於觀室之隅（志磐受業福泉，定慧是草堂一派，極有高行，去志磐爲五世）。

晁說之

志磐《佛祖統紀》**卷一五**　晁說之，字以道，自號景迂，官至待制，文元公迥四世孫也。監明州船場，常往南湖訪明智，聞三千境觀之說，欣然願學通其旨。晚年日誦《法華》，自號天台教僧，或曰洧上老法華。明智沒爲撰碑而論之，時稱高作（碑見《名文光教志》）。

陳　瓘

志磐《佛祖統紀》**卷一五**　陳瓘，字瑩中，南劍人，自號了翁。幼登甲科，官至正言。親亡之日，廬墓三年，天降甘露，有芝草生於冢上。嘗留意禪宗，頗有省發，觀《華嚴》了法界之旨。因上疏論宰相章惇，謫四明，日與明智會，因問天台宗旨。明智舉止觀不思議境，示以性奪修成無作行之義。公曰，乃知此宗性本現成。又問，現前色身如何觀察。明智曰，法本不生，今則無滅。公曰，世人言，其死如歸，不知如歸，乃失家者。自是深達境智之妙，作三千有門頌以示明智。智可之（文見《名文光教志》）。晚年刻意西歸，爲明智作《觀堂淨土院記》，發揮寂光淨土之旨，宗門韙其說（石刻南湖觀堂）。公既貶，諸子皆白衣未嘗懷不滿意。宣和六年冬，無疾別家人而逝。紹興中，贈諫議大夫，謚忠肅。

草堂元法師法嗣

道　淵

志磐《佛祖統紀》**卷一五**　法師道淵，永嘉人，自號息菴。久依扶宗，深達觀道。居西湖永明，講授有法。嘗謂修性離合之旨，《指要》雖示其妙，後人或戒異說。師收束諸文，立爲二義。一者約修三性三，與修性對論三以明離合。二者約修九性九，與修性對論三以明離合。初修三性三者，如不二門，性指三障，是故具三，修從性成，成三法爾。又云，一念心因既具三軌，此因成果名三涅槃。又《金錍》云，本有三種，三理元遍，達性成修，修三亦遍，此皆性三修三六法明離合也。言修性對論三者，以修爲能對，性爲所對。如《不二門》云，爲對性明修，故合爲二，則修二性一，三法明合也。次義言修九者，如《不二門》云，是則修雖具九，則法身般若解脫各各具三，此乃修中自論九法以明離也。然法身中三，雖本屬性，《指要》判云，雖兼性三咸爲所發，故皆屬修。言性九者，如《光明》句釋金鼓，具有圓空鳴三法，即是一境三諦，又於圓空鳴中各各自具姝大等三，遂有九法既得鼓體。性德中論未涉起修，此則就性中自論九法，以明離也。修性對論九者，如《涅槃疏》明，體宗用各有三義，體有禮底達，宗有本要助，用有本當自在，此約修六性三以明離也（云云）。師示寂當盛暑，停龕旬日體色不變，白乳流涌香若蓮華，人取乳可塗面。將葬路經一菴，紼斷不進，異香徹菴中，易紼重不能舉。菴主舊有微憾，乃悔謝曰，曾有小犯故蒙見誡，乃隨眾舁之遂行。葬及三年，忽大風折木壞其塔，滿龕舍利，若天彰其德云。

安國惠法師法嗣（神照下第四世）

了　然

志磐《佛祖統紀》**卷一五**　法師了然，臨海薛氏。母禱山兵寺石像前，夢至佛殿見僧持蓮華令食之，且曰，汝生子當出家。後十三月而孕，四歲母念出家，則誰當爲嗣。夢神人叱之曰，何爽前囑。遂諾之。十六具戒，從安國學教觀，慧解驟發。嘗夢坐盤石泛大海，望大士坐山上竹林間。師曰，平生持尊號今得見之。遂正立說百偈以讚。覺憶其半，自是頓發辨才。侍安國遷白蓮，未幾去謁明智。智問，《華嚴》十法界，《大論》三世間，《法華》十如是，三處文義，共成三千，荊溪何云指的妙境出自《法華》。師曰，《華嚴》、《大論》，是死法門，《法華》十如是，是活法門。智首肯之。時晁說之，嘗謁明智，因與師論此道，待之如同學。四明講者道如，辭氣毅然時號如虎，與師難問必爲之屈。明智舉主廣嚴。師曰，吾不當負所得，卒爲安國嗣。六年遷白蓮，居山二十四年，學者常五六百人。紹興戊午，寧海建大會請師說法。有使者持牒來曰，兜率天請師說法。師曰，此間法會未散。使曰，符不可緩當先，其次者即毀師名而去。紹興辛酉五月，夢兩龍戲空中，一化爲神人，袖出書曰，師七日當行。師唯唯。既寤集衆說法，復大書曰，因念佛力得歸極樂，凡在吾徒宜當力學。即沐浴更衣，與衆同誦《阿彌陀經》，至西方世界而逝。能仁行人，聞天樂音，祥光屬天。衆謂師報居淨土，而先赴兜率之請也。八月葬東岡，錫號智涌。郡祈雨於玉溪，衆苦路險，師呪龍使移之。是夜風雨大作，且見潭在所指夷坦處。述《宗圓記》五卷，釋南岳《止觀樞要》二卷，釋《十不二門》，《虎溪集》八卷。

智仙

志磐《佛祖統紀》卷一五 法師智仙，仙居李氏，號眞教。幼不樂世俗，常曰，世間榮富何能免我一生清志耶？遂服方袍，遊學至天竺，得觀道於明義首座。還鄉依白蓮惠師聽《止觀》大有發明，久之章嗣其席。常時繫念唯在淨土，或曰，法華三昧，一土一切土，一身一切身，一佛一切佛，何不依《止觀》修法華三昧而爲往生之因。師曰，荊溪云，《分別功德品》中，直觀此土四土具足，故此佛身即三佛身，此大衆即一切衆，以惑未斷故，安樂行是同居淨土行之氣分，故不離同居穢見同居淨。問者曰，同居類多，何必極樂。師曰，教說多故，宿緣厚故，令專注故，是攝生故。師當結制稍覺微恙，乃詣辭郡縣，還寺杜門絕客，衆請用醫，令厚賻謝去之，即易床西向，設彌陀像，請行人諷經，終卷而化。時能仁聞念佛聲沸天仙樂盈耳。塔於院東北隅。

北禪梵法主法嗣

惠深

志磐《佛祖統紀》卷一五 法師惠深，幼遍歷講席，及見北禪洞悟觀道。後法王歸寂，師繼踵行化。當建炎兵燬之餘，極力土木卒還舊制，領徒說法未嘗一日以事廢。將建大殿，衆勉見巨室。師曰，若使出門干施主，不如閉戶禱諸天，精意所感施者自至。師正席二十九年，有僧善居，爲知事亦如之，淸儉勤力輔贊有理，人或與錢，即腰纏手挽，自攜以歸，慮費腳金損施福也。

德藏瑛法師法嗣

思淨

志磐《佛祖統紀》卷一五 法師思淨，錢唐喻氏，受《法華》於瑛師，既悟厥旨，復深研淨土之觀，專志念佛日課《觀經》。大觀初，於郡城北關創精舍，扁曰妙行，領徒乞食，期飯僧百萬，不二十年竟踰八倍，建十蓮華藏，規制巧妙，爲天下輪藏之冠。尤精畫佛，每運筆先於靜室念佛觀想。一日畫丈六像，見佛光良久，衆皆瞻禮。師於是時頓悟筆法之妙，於是人間咸稱爲喻彌陀。嘗於西湖北山鑿石作彌勒像露半軀於巖，識者以爲深谷爲陵之日，必有繼成全身如三生石像者。宣和初，盜起淸溪犯錢唐。師告渠魁，願以身代一城人命。賊義之，妖鋒爲戢。紹興庚申冬，端坐想佛七日不廢，忽起然香供佛，歸座趺坐而化。旬日頂上溫煖面體紅潤，見者謂其猶生，葬於法堂之右。

車溪卿法師法嗣（南屏下第四世）

可觀

志磐《佛祖統紀》卷一五 法師可觀，字宜翁，華亭戚氏。年十六具戒，依南屏精微。師聞車溪聲振江浙，負笈從之。一日聞舉唱曰，般若寂寥。忽有悟入，如服一杯降氣湯，玉慧覺有橫山命。師偕行讀《指要》，至若不謂實鐵床非苦變易非遷。歎曰，語言文字皆糠秕耳。建炎初主嘉禾壽聖，遷當湖德藏，居閱世堂，爲《楞嚴》補注。以祥符延閃兩載，以疾反當湖南林，一室蕭然人不堪之。則曰，松風山月，此我無盡衣鉢也。乾道七年，丞相魏杞出鎮姑蘇，請主北禪，入門適當九日，指座云，胸中一寸灰已冷，頭上千莖雪未消，老步只宜平地去，不知何事又登高。魏公擊節不已，及得所遺法語謝曰，當日卷卷斯道，不敢孤負竹菴。淳熙七年，皇子魏王牧四明（諱愷，謚惠憲王，孝宗次子），用月堂遺書之薦，請主延慶，時已八十九歲。抵行在所而聞王薨，師在天竺受請曰，王旨如生，豈當有辭，遂行至南湖，眾見行李寂寂莫不歎服，不二載復歸當湖竹菴。九年二月十九無疾而逝，壽九十一。荼毘舌根不壞，舍利莫知其算。塔德藏之觀堂。師五住當湖，皆退隱於竹菴，因以爲目。杲大慧自徑山行化，來訪當湖對語終日，敬之曰，教海老龍也。師見齋房安像即誡之曰，汝起居無禮，說無益語。少時焚香之敬，不補終日媟嫚之罪也。著《楞嚴說題集解》、《補注》共四卷，《蘭盆補注》二卷，《金剛通論事說》各一卷，《圓覺手鑑》、《竹菴錄》各一卷，《山家義苑》二卷。

有　朋

志磐《佛祖統紀》卷一五　法師有朋，金華人，自號牧菴，一家教文背誦幾半。初學於慈圓覺，復往謁車溪，晝夜扣請盡得其道。主僊譚講《止觀》，天衣持師分衛至境（梵語分衛，此云乞食）。入寺就聽，至破法遍，橫破九種禪那，皆非圓頓行人入道之門，持竦然曰，我所未聞之說也。設禮而去。湖人薛氏婦早喪不得脫，其家齋千僧誦《金剛般若》，請師演說經旨。婦憑語曰，謝翁婆一卷經，今得解脫。翁問千僧同誦，何言一卷。答曰，朋法師所誦者。蓋師誦時不接世語，兼解義爲勝也。徙能仁，講道日盛，晚主延慶，初升座敘謝云，有朋自遠方來。聞者莫不心悅。於方丈扁一室，曰六經堂，中設一几，而初無文字，士夫怪其誕，眾至寺欲屈之。師令侍者先語之曰，諸賢欲何相見，若賓禮則對坐商略，若請益則侍立發問，若索難則容先伸三問。咸曰，乞從賓禮。及對語援引不已，乃知六經在胸中也。每臨講不預觀文。嘗曰，我七番講《止觀》，於正修中未嘗道著一字。又曰，大部中欲作一難，如片紙大亦不成，所謂文字性離皆解脫也。故今教苑略無義目，唯《十不二門》口義，纔露一班耳。或問十境十乘方成觀法，荊溪何云不待觀境方名修觀。師曰，向伊道，攝事成理了也。又問，圓頓教中爲立陰否。師高聲一喝云，陰入重擔常自現前，何更問立不立。一日講調御丈夫，數士人至。師曰，若在儒教論丈夫事，如忠臣事君不顧身，勇士赴難不畏死，立天下之大事，成百世之顯名，不爲聲色名利之所惑溺，皆名丈夫。若在吾教，則一心三觀爲舟杭，六時五悔爲艣棹，降伏諸魔制外道，不爲分段變易生死之所籠檻者，方名丈夫耳。士人爲之畏服，師御眾厲而簡，左右或欲師白堂整眾者。師曰，我所以不數數告眾者是有意也。不見道頻，雷天失威。乾道四年十二月三日，坐青玉軒，請行人諷《觀經》，至眞法身觀集大眾念佛，留偈坐亡。葬於崇法之祖塔。稟法者，顯菴法昌，月溪法輝等甚眾。師自恃強記不畜科策，嘗謂同學竹菴曰，天下秖一個半座主，老兄秖半個。問何爲半個。師曰，不合多幾個紙策也。在僊潭日，竹菴來訪，爲上講師讀大科竟即收帙曰，宗師在座不敢文文，其對尊宿之禮，尚謙若此。

慧覺玉法師法嗣

法　久

志磐《佛祖統紀》卷一五　法師法久，餘姚邵氏，受業龍泉。十五試《蓮經》中選得度，初依智涌於廣嚴，後去從慧覺，赴天竺，師隨往，且夜爲學卒成其業。大慧居徑山，往咨心要。嘗令師舉境觀之旨，必擊節歎賞。有王侍御女早喪，每附語令請高僧誦《法華》，大慧令師往方升座演經，侍御忽有感悟，夜中亡女夢於父曰，承法師講經力已得生處。侍御因作《一乘感應記》。大慧一日謂師曰，教苑人稀，宜勉力弘傳，以光祖道。師遂歸。既而慈溪羅氏，以圓湛菴延之，學者四集，共仰師法。紹興十三年，郡命居清修，泉清石潔人境俱勝，常患後生單寮多弊，乃闢眾堂作連床蒲褥如禪林之規，以身率先眾莫敢怠。說法機辯有大慧之風，有不能領者，謂師談禪於教苑。寺左曰師子巖，創一堂名無畏，日住其中誦《法華》《楞嚴》七經，十九年不輟。一日忽告眾，無疾而化。塔於寺西，雪溪晞顏爲撰銘。門人妙雲繼主其席。

神　煥

志磐《佛祖統紀》卷一五　法師神煥，湖之安吉人，早學慧覺，時稱出類。紹興中，主思溪覺悟。自昔教門諸師立義未盡者，悉辨論之得百篇，世號煥百章。嘗論諸天位次不正，乃考尋藏典，撰爲《天傳》，其序云，案《百錄》，安功德天座在佛左，道場若寬，更安大辯及四天王在右，則知世人，或十二，或十六，或十八，皆準《鬼神品》，增減無拘也。今欲定尊卑亦良爲難，如鬼子母羅刹也，豈當與大梵同列。有女名功德，男名散脂，今以功德居上，梵釋次之，後列散脂鬼母，豈非失序。因檢討大藏作《諸天傳》，隨位釋之。蓋天有主客，有男女，有本迹，有顯晦。大梵爲三界主，帝釋爲忉利主。四王爲八部主，若功德大辯，但客寄耳。功德寄北天，大辯寄山澤，初無主領，茲所謂主客也。功德，大辯，樹神，地神，鬼母並女質，餘則男身，所謂男女也。金剛密迹五百徒黨，皆大菩薩本也，現居神像迹也，所謂本迹也。大辯對佛宣揚正法，雖位處密寄身示女質，而言行則顯，或但作影響不事敷揚，縱權有統王現丈夫形，而言行則晦，所謂顯晦也。知此四端可與言天矣。竹菴見之曰，大略數百字，囊括殆盡（《天傳》未見其本，志磐嘗撰《諸天禮讚文》，正用煥師立說，詳見《法門光顯志》）。嘗著《圓覺疏》二卷，《安樂記》一卷。

如　湛

志磐《佛祖統紀》卷一五　法師如湛，永嘉焦氏，母夢寶塔而生。幼年試經得度，首謁東靈欽師及普慈暉師。所學未就，乃與楊尖淵空相融之車溪依卿師。時眾已多無所容，唯小室如斗不以爲隘。劇暑埋大甕實以塞泉，與四友背甕環坐，以挹其爽，如此數載，眾戲目爲五瘟堂。後參慧覺於橫山，晝夜潛心盡得敎觀之妙。初主車溪壽聖，講餘課《法華》一部，佛號二萬聲。有求爲知事者，以非器不見用。憾之夜懷刃入室，則見官客滿座。次夜復入，則昏暗失路。又一夕往得入室，見十數人皆同師形，其人媿恐而遁。平時少睡，夏月坐草莽中口誦《法華》，袒身施蚊。門人謂，師年高宜息苦行。師曰，翾飛之類，安得妙乘，所冀啖我血聞我經，以此爲緣耳。後人因表其處爲餧蚊臺。晚歲謝事，閒居小菴曰薰淨業。紹興庚申七月，端坐念佛結印而逝，闍維得五色舍利。著《淨業記》，釋《觀經疏》，《護國記》，釋《光明疏》，又述《金剛會解》，《假名集》。建炎初，述聲聞會異，其末題云匈奴去杭入秀，兵火沿塘，劫掠蜂起，命在不測，聊書此爲記時事。人以爲與章安當寇盜縱橫而著《涅槃玄義》，其事相類。

圓覺慈法師法嗣

中　皎

志磐《佛祖統紀》卷一五　法師中皎，四明之慈溪張氏，賜號法照，母夢月墮懷而生，受業永明。初依南湖明智，未幾去謁圓覺於天竺，久之盡得法奧。靖康初，能仁虛席，郡太守劉光，囑智涌舉所知，以師應命。圓音一演學徒四集，以粥飯不給，闢海田爲二十頃，香積乃裕。紹興乙卯夏旱，郡守以龍湫昔受智者戒，遣僚屬屈師臨湫施以戒法，即日雨洽。以年老退處藏密菴。紹興乙丑，沐浴易新衣，書偈別眾，正坐西向而化。

普明靖法師法嗣

思　梵

志磐《佛祖統紀》卷一五　法師思梵，杭之臨平湛氏，賜號圓通。依淨社普明學敎觀盡通其旨，久之擢居座首。普明遷覺悟，師與偕行，及再遷上竺，謂師曰，覺悟之席無以易子。行道十年大振法道。後退處西山，歸雲菴，杜門著書，嘗以經疏語錄，商確禪敎之旨，名曰《會宗》。侍郎晁公武，一見契心，爲之序曰，予聞世父景迂先生之言曰（晁說之號景迂）浙江東西有天台之學，通其說者無禪敎之病，可以爲人天眼目，小子識之，自予聞此三終星矣。今見《會宗》之所述，其有合於世父景迂之言乎。師平生以戒法力，夢寐嘗與聖賢接。凡禬禳災凶，驅逐妖厲，一爲說戒無不通感。乾道四年五月，有星者謂師曰，六月之望師其亡乎。師笑曰，造物焉，能制我耶？汝謂六月亡，我且八月往。至期沐浴更衣趺坐龕中，召衆誦佛瞑目而化，塔於方丈之室。

梵慈普法師法嗣

梵光

志磐《佛祖統紀》卷一五　法師梵光，四明鄞之陽氏，賜號圓照。母夢異僧入其室，十二月乃生，異香盈室。十六具戒，始學律於湖心通照，復習教於南湖神智。慨然遊方裴回西浙，乃之白牛見海慧普師，聞講《法華・壽量品》，廣談三身，言下大悟。將還鄉，海慧撫其背曰，汝必大振法智之席。及歸，郡守王資深命主廣壽。政和四年春，太守呂淙以南湖請，時廣壽之衆，願從者百二十人，自是南湖衆及五百，法智之世未若是之盛也。宣和四年大旱，郡請講《雲雨經》，依法結壇緇素畢集，披軸則雲興，下席而雨注。靖康初，高麗貢使，及境來謁云，國王問訊法師，翹仰道德無從瞻禮，謹遣使獻法衣一襲，及本國曉法師，所著《華嚴疏論》二百卷。建炎三年以老謝去，寓奉化之福聖。南湖自罹兵燹積年未復，郡守仇愈，謂非師不能振，遂迎師再還，群僚畢集，佇聞講演。仇公臨筵讚之曰，微言發覆吾生何幸。紹興十二年，舉門人道琛自代，遂退處於擇陽，與漕使陸賓隣居，往來結方外友。明年春與陸君辭曰，老病既久將以後事託延慶。乃舟行至南湖，沐浴更衣，集衆諷《觀經》，書遺訓，付悟眞義誠，諷《安樂行》，至深入禪定見十方佛寂然而逝，時十三年二月八日也，壽八十，葬崇法之祖塔。師天資樸素，待貴賤以均禮。或問其故，則曰，吾法以平等爲心，不輕爲行。昌國戴氏，爲鬼物所擾，請師誦呪，及門而崇滅。其在福聖，道俗請增戒法。有鄔氏子附語曰，吾汝之先也，久處幽冥，聞人間光法師爲衆施戒，此日冥中異類多得解脫，故吾得以暫歸。法主智欽，姑蘇常熟人，才辯超卓，舉世知敬，主東靈聚徒至五百，行梵慈之道不少異，恪勤講懺日未嘗怠，時人尊稱法主，以比北禪梵云。

清辯齊法師法嗣

法雲

志磐《佛祖統紀》卷一五　法師法雲，受業姑蘇景德，賜號普潤，學教觀於清辯爲得旨。紹興十三年，撰《翻譯名義》七卷，以釋藏典之梵語，援引疏記有所論辯，甚爲學者之益。咸澤山嘉其作，爲贊化刻梓云。

息菴淵法師法嗣（廣智下第五世）

志磐《佛祖統紀》卷一六　淨社處廉法師　圓辯道琛法師。

智涌然法師法嗣（神照下第五世）

志磐《佛祖統紀》卷一六　覺雲智連法師　澤山與咸法師　赤城中益法師　白蓮智圓法師　山堂元性法師　白蓮妙璘法師　白蓮清悟法師　白蓮子倖法師　虛堂本空法師。

真教仙法師法嗣

志磐《佛祖統紀》卷一六　證悟圓智法師。

超果道法師法嗣

志磐《佛祖統紀》卷一六　德藏從進法師。

通照明法師法嗣

志磐《佛祖統紀》卷一六　報慈蘊堯法師。

竹菴觀法師法嗣（南屏下第五世）

志磐《佛祖統紀》卷一六　北峯宗印法師　智行守旻法師　神辯清一法師。

牧菴朋法師法嗣

志磐《佛祖統紀》卷一六　顯菴法昌法師　月溪法輝法師　隱學太然

法師　浮石子慧法師　永福智亨法師　天王道用法師　能仁懷寶法師。

祥符忻法師法嗣

志磐《佛祖統紀》卷一六　悟空善榮法師。

清修久法師法嗣

志磐《佛祖統紀》卷一六　慈室妙雲法師　雪溪晞顔首座。

澄覺煥法師法嗣

志磐《佛祖統紀》卷一六　覺菴簡言法師。

假名湛法師法嗣

志磐《佛祖統紀》卷一六　車溪智欽法師。

法照皎法師法嗣

志磐《佛祖統紀》卷一六　則菴明哲法師　能仁道山法師　醴泉行環法師　布金覺先法師。

圓照光法師法嗣

志磐《佛祖統紀》卷一六　超果宗肇法師。

東靈欽法主法嗣

志磐《佛祖統紀》卷一六　楊尖利淵法師。

息菴淵法師法嗣（廣智下第五世）

道　琛

志磐《佛祖統紀》卷一六　法師道琛，溫之樂清彭氏，賜號圓辯。母夢紫氣縈身而生，年十八具戒。初學律儀，未幾去從息菴於法明，微言妙旨一聞便領，後至南湖依圓照。既歸鄉，出主廣濟，十二年遷廣慈。建炎三年，車駕幸永嘉，有旨以林靈素故居爲資福院，丞相呂頤浩以師應詔。嘗以僧伽梨質米於市，夜見流光煜煜，旦即捧還山。苦無水，指工鑿井，得古磚有天康字（南朝陳文帝年號），泉涌其下。樂清江岸，每以頹倒爲患，咸謂鬼物所讐，吏民請爲授戒，神附語致謝。門人清順，夢延慶諸祖來謁，侍者持位圖於旁，而闕其第八，順指問之。對曰，汝師將補其處。及後居南湖，果第八世。嘗專修念佛三昧，忽感悟曰，唯心淨土一而已矣。良由彌陀悟我心之寶剎，我心具彌陀之樂邦。雖遠而近不逾一念，雖近而遠過十萬億，譬如青天皓月影臨萬水，水不上升月不下降，水月一際自然照映。一日於禪定中見一老宿坐禪榻上，顧謂師曰，吾四明也。師驚喜作禮問曰，道琛於一家習氣法相未能通達，乞垂指教。尊者首肯之，及覺，心地豁然，自是山家言教觀者，皆稟師爲正。紹興十二年，圓照告老舉師以代。寺經虜寇焚蕩之餘，師誠心所感施者自歸，歲月之間棟宇悉備，因行法華三昧，感普賢放光，慧辯愈加。郡大旱，請禱雨，師以郡政苛猛言守感寤，出囚徒數百人，是夕大雨。有久病者，爲說法施食多愈。育王諶禪師疾，往視之，歸語眾曰，大言無當終不得力。乃於月二十三日，建淨土繫念會，道族至萬人。與雪竇大圓禪師爲道交，嘗請說六即義，聞而歎曰，師如此說應曾悟耶？答曰，若不因悟何敢對老師說。一日講至六羅漢義，學者請說，斥之曰，小乘法相說之何益，當爲說經王義，聯翩三日，一語無重。紹興二十三年十二月十六日，集眾諷《觀經》晝夜不絕，眾聞異香盈室。師曰，佛來接我。即沐浴更衣，書偈曰，唯心淨土本無迷悟，一念不生即入初住。令諷《安樂行》，未終塔然坐亡，留龕彌月，顏體如生，葬全身於崇法祖塔之側。

智涌然法師法嗣（神照下第五世）

智　連

志磐《佛祖統紀》卷一六　法師智連，字文秀，錫號覺雲，四明鄞邑杜氏。受業棲心崇壽，年十八受具戒，古貌修幹，有長松野鶴之態。明智見之曰，僧中鳳雛也。初從圓照學於南湖，晚依白蓮智涌頓悟圓旨。及歸鄉，代講延慶。建炎後，歷住五剎，皆兵燹之餘，化瓦礫爲金碧，出於指顧。時圓辯重興延慶，未就而逝，師適訪宏智，同登千佛閣。智曰，聞四明談空中有相是否。師曰，然。智以手指云，太虛本無一物。師指山川樓閣曰，此諸物象復是何物。智大服其言，歎曰，南湖之任非師而誰。即薦於郡領事。十年講無虛日，而眾宇畢成。太師史眞隱，佚老於鄉，每過從問法要。眞隱曰，師於禪律亦貫通耶？師曰，氷泮雪消固一水耳。又問，《華嚴》、《般若》似太支離。師曰，支離所以爲簡易也（揚子何經之支離，離曰已簡已易焉支離）。眞隱肅然服。郡師丞相沈公屈居僧職，以老病辭。公手札勸之曰，師行業清修力荷宗教，自宜表正一方紀綱諸剎，幸勿固辭，自潔其志。師即領命，諸方服其清整。一日感疾，謂侍人曰，一切無礙人，一道出生死（《華嚴經》偈）。復撫掌大笑曰，我自幸至此，鍾鳴吾逝矣。時隆興元年十二月十八日。火浴得舍利，葬骨於崇法祖塔之旁。得法上首，月波則約。

與咸

志磐《佛祖統紀》卷一六　法師與咸，字虛中，黃巖章氏，賜號明祖。母夢故白蓮惠師遺黃柑令食之，及寤齒頰猶香。生七歲依香積出家，首謁智涌。涌奇之曰，祖位再來也。學成以妙年居第一座，涌沒證悟爲繼，已而悟，遷上竺，乃舉師以代。聚徒既多歲復大歉，及分衛吳中，施者唯恐自後，倍委王孟公問十六觀義。師曰，佛國在十萬億剎外，而提封不越方寸，若克循觀道，則往彼非遙也。資政鄭公問《楞嚴》八還。師曰，迷心爲境，八法瞀亂，達大觀者，一念自反。二公皆感悟，歲歲爲遣供（瞀音茂目不明）。郡太守入山，見池中紅蓮。問曰，既是白蓮，因甚卻開紅華。師曰，山中幷喜君侯至，任是無情亦改容。又指看經羅漢曰，既是無學，如何看經。師撫羅漢背云，何不祇對。師倦於酬應，歸閒受業，會赤城益師亡，郡以爲請。萬年一禪師來訪，見床上小冊記，回買常住物，一錢不遺。歎曰，我於道無媿行不及師。嘗於法輪寺施戒，當請聖師，眾覩寶光下燭有梵僧立空表。禪宴之餘常諷空品，至本性空寂則入定數日，至生死無際則大慟不已，其體法眞切若此。隆興元年五月，別眾端坐念佛而亡，瘞龕於寺之東岡。乾道三年夏復從荼毘，五色舍利無算。所著《菩薩戒疏注》三卷，《金剛辨惑》一卷，《復宗》二卷，《法華撮要》一卷，素精於易折衷諸解，以自名本取諸咸因號澤山叟。

元性

志磐《佛祖統紀》卷一六　法師元性，自號山堂，從智涌得教觀之旨。居白蓮日，講次至天主義，有學者新至作論破之。有取其論白師曰，此新學逆路之見也，請擯之。師笑曰，汝但學得他作論，我盡容得。著《山堂集》五卷，《法華文句科》十卷。

子侔

志磐《佛祖統紀》卷一六　法師子侔，寧海盧氏，號圓淨，久從智涌學，有聲當世。晚主白蓮學徒如市，以供給屢乏，將隄海爲田。歸以告其母，母以白金一筩與之曰，爲眾辦事佛必鑑之，母患其不成也。卒就役，得田千畝眾賴以濟。

本空

志磐《佛祖統紀》卷一六　法師本空，四明奉化人，自號虛堂，父姓徐爲農，每高僧過門，必欵接加禮。母夜見神光遶室因而有娠，爲兒異倫等，蔬食誦經志在出家。年十四，依尊勝法存剃髮，初從智涌受教觀，自白蓮首眾，出主明之永明遷治平。淳熙初，皇子魏王牧四明，尊其道，製疏請主資教。夏中首座將開妙玄，師止之曰，自有講席以來，諸老立法，謂首座之職未出世者止講小部，若已出世，已講小部者，方可開發大部。事存謙遜，此舊章也。若維那則點讀四教儀類集耳，以次而進無自逞也。後還白蓮大揚宗教，久之歸閒受業，日以往生爲正念。紹興三年三月三日別眾就座書偈而化。東掖學徒來迎全身，奉化緇素投牒止之，乃剪鬚髮分塔東山，而葬全身於尊勝。師行不回顧，坐不倚物，盛暑不持箑，祈寒不附火，高座講唱辨析精微，使利鈍皆有所入，人以是尊慕之。

真教仙法師法嗣

圓智

志磐《佛祖統紀》卷一六　法師圓智，黃巖林氏，母夢老儒寄宿而生。幼聰敏不好弄，書史經目悉能開說，醫方卜筮無不精究。嘗往隣寺聞講《觀經》。歎曰，落日之處故鄉在焉。今日得聞如獲家信，暨出家受戒，即依眞教於白蓮，學通教觀。嘗問具變之義，眞教指籠鐙曰，如此鐙者，離性絕非本自空寂，理則具矣。六凡四聖所見不同，變則在焉（鐙菴曰，具如珠具寶，即理具三千，變如珠雨寶，即事造三千，此旨與眞教稍異）。師不契，後因掃地誦《法華》，至知法常無性佛種從緣起，豁然有悟，以白眞教。教曰，法華止觀此爲喉襟，汝今有悟大事斯畢。自是遊心道妙，五日輒一睡，或邀縱步則曰，吾之遊異於是。明窓淨几舒卷函帙，參五佛歷三周。若閱《止觀》，則十境十乘，見祖師於塵劫之表。居東山十有四年，兩刹千衆推爲前列。每患學者困於名相，勉同人曰，是眞精進，便是向上機關，每半月必行布薩。或曰，圓頓之宗何必如是。師曰，圓家事理一念具足，所謂圓頓者，豈撥事求理耶？吾於常時未嘗不以波羅提木叉爲之師，扶律談常正在茲日。郡請主祥符，殿撰劉公問，教中一句如何舉揚。師曰，即事而眞，公領其旨，自撰疏請主鴻祐，士夫欲其近城，請居日山，歷遷白蓮赤城慶善，化道日起。紹興二十三年，奉詔主上竺，災燼之餘僅存大士殿。有衰金爲造門廊者，歷家言，主星不利。師曰，佛與天星同一造化，苟寶坊輪奐吾亡何憾。未幾果微恙，夢仙人飲以天液，所患頓愈，神采加異於前。二十七年夏旱，詔於明慶講經，席散而雨洽。嘗抵寺莊聞用牲祭，曰何可違佛禁耶？即爲神說戒，易以素饌。二十八年督土木甚速，至冬衆宇咸備。十二月十二日示疾，預爲書別道俗，書偈坐亡，塔於寺東。初是普覺日，住山之末年，夢羅漢來自天台，踞坐主位。已而師至，住無相日，夢賓頭盧來謁，授山茶一器，人知師爲五百人中焉。桐江瑛，自恃知解，遇荊溪留意辨明處，斥爲穿鑿，至云妙樂可毀，設十難問，學者莫敢與抗。師作《攻瑛集》追破之，讀者一快，恨二師不並世也。

超果道法師法嗣

從　進

志磐《佛祖統紀》卷一六　法師從進，妙年聰辯爲學早成，久依超果具得其道，出主德藏，講訓有法學者歸之。多述教義發明所得，作《楞嚴解》尤稱高妙。示寂之日，留龕月餘，容色不變。及從火洛，舌根不壞，若紅蓮華。

竹菴觀法師法嗣（南屏下第五世）

宗　印

志磐《佛祖統紀》卷一六　法師宗印，字元實，鹽官陳氏，號北峯。師慧力德隣，年十五具戒，首謁當湖竹菴，得教觀之旨，凡諸祖格言必誦滿千遍。入南湖修長懺，周氏延以菴居，以租量非法勸革之，歲減五百斛。往謁象田圓悟演，反質西來意。師答曰，有屈無叫處，演肯之。智者忌辰，夜炷香殿鑪悲泣失聲，演感其意以厚禮送歸南湖。嘗思寂光有相之義，聞空聲云，寂光土體如水中月。資教空虛堂，延居座首，堂著《宗極論》扶智涌事理各立一性之旨。師設九難，宗極爲之義負。通守蘇玭觀不二門以文雖簡而昧其說。師撮示機要，玭即領會，白師座請居正覺。颶風飄蕩（颶音具，沿海諸郡多狂風，謂具四方之風也。東坡有《颶風賦》），僅存藏殿。師守死不去，風爲之止。有請爲廟神授戒去血食者，先感夢往赴他廟尸祝，神語求易祭者十數祠。遷主隱學，未久玭亦召還，要師偕行曰，盍西還相與弘贊，居東二十七年，至是復反淛右。貳上竺講《止觀》，深砭學者支離名相之病，圍座挾策，主者以得士爲忌，去隱雷峯毛氏菴，問道者沓至。杜氏建普光一區，具禮迎之，禪講並行法道益盛，適德藏來，請師曰，肄業之地，思報久矣。歷遷超果圓通北禪，道德之譽既行，土木之績亦就，海空英辭靈山，舉以自代。詔可之。學徒五百咸服其道，宿弊舊習爲之一革。寧宗素聞師名，召對便殿問佛法大旨，語簡理明，上大敬說錫賚甚渥，賜號慧行法師。嘉定六年，以營觀室，行化吳中，至松江弟子行一菴，謂其徒曰，吾化緣畢此，即右脇安座而化，時十二月八日也，藏龕於慈雲塔旁。師三衣準律，五辛剛制，道力純至幽明俱感，格邪拯滯除瘵息癘，一有祈叩無不得愈，常謂講者須備三法，肅威儀以臨大衆，提大綱以盡文義，具宗眼以示境觀，備此三者依俙駕說。所著《金剛新解》，釋彌勒偈，簡示天親羅什同異之意，考正此經諸本，即則之文最爲有據。述教義百餘章，尤爲學者傳錄。嗣法有聞者，古雲元粹十餘人。日本傳教者，俊芿一人。仕官儒生受道者三數人。獨佛光法照繼世盛大，有光祖父之道。

牧菴朋法師法嗣

法輝

志磐《佛祖統紀》卷一六 法師法輝，字明叟，號月溪，台之臨海徐氏。依多福西茶院眞悟諶師落髮，從牧菴於能仁學通教觀，暨遷南湖即俾爲內知客，平心贊助內外以和，與印元寶登聖道月光遠爲同志友，日以此道相問辨，及歸能仁遂座首。淳熙初出主浮江香積尋徙赤城。紹熙二年遷聖水。嘉定間，赤城有去思，師爲勉徇，久之聖水復來迎，師亦不拒。嘉定己卯秋，無疾而亡，塔於西隩。師講唱《法華》深符祖意，發明正義酷似牧菴。謝克家錢象祖二鄉相，素所尊敬，而師執心謙靖，未嘗許其進，人以是高之。

祥符忻法師法嗣

善榮

志磐《佛祖統紀》卷一六 法師善榮，烏程潘氏，賜號悟空，母初妊娠，即屏葷血，臨產之夕，有光二道自天下徹其廬，已而產二男，歲餘皆病，亡其一。相者謂其母曰，若不出家恐亦未保。乃舍入法忍寺，七歲受戒，學教於清辯忻師。紹興末自祥符座元出主太湖之寶林，歷慧通車溪，講道大播。淳熙癸卯，越師李參政，請主圓通，親爲疏云，佛菩薩本自無心，有緣即應，士大夫何嫌異教，惟道是從，人皆喜誦其語。一日微恙，屏人事坐榻上，問病進藥皆不答。越七日，澡身易衣，趺坐方丈寂然而化，闍維之時求舍利者，如其願必得之。著《大部決疑集》四卷，行於世。在車溪日入蔬圃，見菜葉小蟲無數。歎曰，哀哉，一餐何多殺命。於是一夏，唯白湯下飯。嗣法紫金法通。

清修久法師法嗣

妙雲

志磐《佛祖統紀》卷一六 法師妙雲，四明楊氏，自號慈室。遍詢教席濬發妙解，從久無畏，詣玉几參大慧，益有省悟。無畏主清修，師與逸堂諸賢旦暮請益，及同受通相三觀之旨。紹興十九年，無畏沒，衆請師爲繼。淳熙初，遷慈溪永明，以所得悟意，述《圓覺直解》，其序有云，巨儒老衲讀此必曰，既云直解何用是曲科爲，聞者爲一笑。嘗閒居東湖二靈，以詩遺丐村市云，山環湖水水環山，短艇白鷗窓几間，野外更將供給至，飽參著得十僧閑。時人誦爲實錄。郡請居南湖，日事講貫學者如市，居二年以疾辭。居溪口吳氏菴，一日往別吳君，歸越三日，澡身易衣，趺坐室中，謂侍人曰，吾有瓣香藏之三十年，將臨終供佛仰報大恩。今其時，吾將有行，及香煙正熾起白佛陳請求歸安養，就座合掌而化。師爲學得旨尤善駕說，詩頌翰墨妙絕一時。南湖祖堂以師居位日淺不立像，耆老評之曰，昔竹菴牧菴居此皆二年，議者以道大名重不得不立，今慈室何慊於二老哉。於是亦立位。嗣其法者，廣壽正皎（九月八日忌），首座睎顏，字聖徒，自號雪溪，四明奉化人，幼試經得度，教黌禪府無不咨詢，三教百家無不綜練。嘗從久無畏親受觀法，自謂造師藩籬。及無畏亡，撰銘文以寄得法之意。師志氣剛正，廣衆畏服，文藻高妙，後進愛慕，於是聖徒之名播天下，不惑之前所寓必居記室，知命之後所至必踞座端，諸方屢舉出世，皆固辭不就。嘗步菜畦，見糞蛆毬聚，以殺物之多不復茹蔬，唯買海苔三百六十斤，日取其一以供粥飯。晚歲自省，謂文字餘習無補於道，乃住桃源厲氏菴，專志念佛，一坐十年，精進不懈。謂反人張漢卿曰，淨土之道豈有一法可得，珍臺寶網迦陵頻伽，此吾佛方便誘掖之法耳，但於修中不見一法，則寂光上品無證而證。漢卿曰，予固已信解，愧未能勇進耳。扁所居小軒曰憶佛，作詩以見志。有云，隨波逐浪去翩翩，彈指聲中七十年，豈不向來知憶佛，欲從老去更加鞭。臨終預別親友，沐浴更衣西向觀想，忽稱佛來合掌而化。師隱居之日，有司以免丁追慈室誚之曰，天下豈有讀萬卷書爲高士行，猶欲以丁錢責之耶？主司嘉其言得不問。

澄覺煥法師法嗣

簡　言

志磐《佛祖統紀》卷一六　法師簡言，自號覺菴，依澄覺學通其旨，博覽強記獨擅一時。嘗講《妙玄》升座高拱，暗索本文不失科節，圓詮妙法旁敷教相，事理權實莫不粲然。嘗謂新學曰，人苦於寡學，若深歷歲月熟覽典誥，自然左右逢源了達祖意，不爲一文一義之所滯惑，始可從事於講說之際。聞者心化。

法照皎法師法嗣

明　哲

志磐《佛祖統紀》卷一六　法師明哲，四明之鄞邑周氏，自號則菴，得夢呑寶珠而生。十八具戒，即遊學諸方，依能仁法照受教觀。一時會中同名者有十哲之稱，而師最顯著。復遍參禪林，見天童宏智，育王大慧，國清愚谷，無不期以大器。嘗曰，叢林所謂直指人心見性成佛，即吾宗介爾有心三千具足也。宏智聞之曰，觀子妙解宜歸弘教。初主昌國超果，遷覺海隱學永明，篤志講訓無虛日，學者不敢以假告。郡帥范成大，請主南湖，一時聽徒，皆四方英秀，來者唯恐其後，咸相謂曰，登龍門者正在今日。師日誦《小般若經》，稍涉人語便即重誦，謂不當以凡言雜聖典也（六月十六忌）。

圓照光法師法嗣

宗　肇

志磐《佛祖統紀》卷一六　法師宗肇，四明人，初之南湖見明智，晚入圓照室，俾之貳講。出主興教，遷壽聖，自罹建炎之厄，僅存大殿，茅茨數百椽，殘僧十餘輩，處之裕如。常曰，諸佛大士，遍法界建佛事，而雲溪咫尺之地，不能有爲，亦緣力不足耳。縱我能爲之何足爲道，祇陀給孤所施無慮億數，而雲溪咫尺之地不能有成，亦緣力不足耳。縱我能成之何足爲多，但知服勤講導篤志修進，以報佛恩可爾。既而來學日臻檀施日至，棟宇爲之鼎新。

東靈欽法師法嗣

利　淵

志磐《佛祖統紀》卷一六　法師利淵，博通三藏，旁貫五經，學富道高，世稱爲淵教藏。蚤傳東靈之道，弘法楊尖，聚眾三百日事講演，出入經論莫測涯涘，由是後學多尚泛辨。

淨社廉法師法嗣（廣智下第六世）

志磐《佛祖統紀》卷一七　休菴法舟法師。法明文節法師。寶積法雲法師。妙果師楷法師。水陸文炳法師。常明道深法師。福昌文佾法師。

圓辯琛法師法嗣

志磐《佛祖統紀》卷一七　月堂慧詢法師。一菴處躬法師。雪堂戒應法師。止菴法蓮法師。指南仲韶法師。慈雲文統法師。餘姚清湛法師。

覺雲連法師法嗣（神照下第六世）

志磐《佛祖統紀》卷一七　月波則約法師。林菴清哲首座。

證悟智法師法嗣

志磐《佛祖統紀》卷一七　慧光若訥法師。

北峯印法師法嗣

志磐《佛祖統紀》卷一七　古雲元粹法師。佛光法照法師。梅峯梵奎法師。石溪思壽法師。石鏡清杲法師。慈感文圭法師。蒙泉了源法師。毒海道源法師。剡源覺先法師。桐洲懷坦法師。南峯思誠法師。日本俊芿法師。雲巢如寶法師。南澗行果法師。嚴陵趙彥肅。鎧菴吳克己。

能仁寶法師法嗣

志磐《佛祖統紀》卷一七　草堂如寶法師。

車溪榮法師法嗣

志磐《佛祖統紀》卷一七　紫金法通法師。

慈室雲法師法嗣

志磐《佛祖統紀》卷一七　悟眞正皎法師。南湖了宣行人。

覺安言法師法嗣

志磐《佛祖統紀》卷一七　鑑堂思義法師。總菴妙心法師。常齋法秆法師。

能仁山法師法嗣

志磐《佛祖統紀》卷一七　畢菴法希法師。南巖法雄法師。

楊尖淵法師法嗣

志磐《佛祖統紀》卷一七　崇先了生法師。楊尖法欽法師。

圓辯琛法師法嗣（前廉法師法嗣七人原本無紀）

慧詢

志磐《佛祖統紀》卷一七　法師慧詢，字謀道，號月堂，其先永嘉陳氏，寓居四明昌國之朐山，母夢異僧至門求化既而妊娠。八歲出家祖印院，初授《法華》數遍，即能成誦。嘗歸省祖母諭之曰，汝已去家，當學吾州忠佛子。初謁南湖澄照，以卓立稱。至東掖見皎法照奇之，有忌之者群譟之。師曰，佛法大義有疑即問，何必見嫉。西遊浙左，遍參名匠。東回南湖，依圓辯正所學，聞性惡即具之旨，名體不轉之妙，一家圓頓深有悟入。紹興末年，出主法昌，遷淨名普和。常持鉢，海岸遇盜，師正色曰，汝輩所欲者財耳。盡與之，因諭以善惡業報，盜爲感動，歸物悔過而去。淨名無徒，每對海山，爲鬼神講《維摩經》，屢感神應。乾道五年，遷主南湖，負笈之士自遠而至，幾莫能容。丞相魏杞與師爲道契，嘗問世間相常住之旨。師曰，得非以四時代謝爲疑乎。曰，然。師曰，窮過去極未來，雖有代謝而此理常住。魏公曰，屢以問人，未若今日之可曉。淳熙六年冬十月二十七日，忽告衆示疾，慰問者群至，見門學則勉其進德，士官則囑其護法，聞其言者，悚然有感。既而別衆，書偈念佛，結印趺坐而化。停龕彌月，脣臉鮮紅，其容若笑。遺言分骨爲二，一祔親壠，一塔祖原。衆以歷代窆全身，唯剃髮以酬師志，逾月視其髮，舍利可掬。師坐必端直，行不旁示，密室靜處必披袈裟，高座宣揚不事著述，學者多於聽次筆以記之，誦經坐禪日有常課，未嘗以事廢。制學者，未二十夏不許出世，躁進之風爲之一戢。

處躬

志磐《佛祖統紀》卷一七　法師處躬，永嘉人，號一菴，久從圓辯得其旨。晚主南湖，有辯才善說之譽，脫略窠臼不滯節目。有求指示者，執筆便書，申明祖意獨出衆說，遠近學者推爲宗師。正旦結光明期，湖心律居亦行此懺，主者正竹溪素重師德，每初夜必領徒過南湖，聽說法要，竹溪臨筵。歎服曰，吾徒何幸得聞大乘，四分所明檢身爲要，若明心見性其在茲乎。一衆爲之歡躍。

戒應

志磐《佛祖統紀》卷一七　法師戒應，四明人，自號雪堂，才識英敏襟度豁然，久學南湖爲時偉望。郡以南湖請圓辯。師奉命之東掖，以禮奉迎。及圓辯至大開法施，妙旨雄談唯師可企。一日叩函丈，問指要中未了義。圓辯曰，汝能背誦，吾將爲說。數日誦通，暨上請。辯曰，此中爲汝說得徹也。師忽有省，自是機辯奮發莫有敵者。出主白蓮，學徒雲會，寧海歲有大會，請師一月講經，道俗萬衆仰聽肅肅，鴻音一震莫不警寤。一日無疾，別衆歸寢，右脇而亡。塔全身於寺山之靈源。

法蓮

志磐《佛祖統紀》卷一七 法師法蓮，字實中，自號止菴，四明象山人。幼年勤學，一時講席，知名者無不遍歷。晚造南湖侍圓辯，朝問夕咨，越六載如一日，疇昔疑昧爲之豁然。初主辯利，遷廣嚴永明悟眞，接物以慈撫事以寬，或問日用則酬酢忘倦，叩以佛法則默而不答。人有測識其意者，爲炷香拱立，謙辭發問方，隨問委釋曲盡其理。其爲重法，不失師體若此。

覺雲連法師法嗣（神照下第六世）

則約

志磐《佛祖統紀》卷一七 法師則約，號元菴，鄞之姚氏。親受度於覺雲，旦夜爲學深明教旨。覺雲來南湖，師爲侍右，撫事和謹內外以說。雲逝，去依上竺慧光，分座講經衆服其辯。乾道九年春，太師越王親製疏辭請爲月波第一師，寺占東湖之勝，而師以講才見稱於世，故一時名德咸樂來依。越王屢親講說，手書贊曰，師教門義龍也，既爲吾家師，又作此山主，願奉此地，長講天台宗教，長修水陸普度，上報君親勿事改革。既而奏於朝，賜智海之號，自師作祖此山，繼之者梓菴隱堂，而柏庭徑升南湖，自是地望爲之益重（此中失清哲首座記）。

證悟智法師法嗣

若訥

志磐《佛祖統紀》卷一七 法師若訥，字希言，嘉興孫氏。初依竹菴於德藏，克志苦學，久而嬰病，心叩大士口誦秘呪，夢大士灌以靈液，寤而失其疾。乃往赤城謁證悟，遷上竺命師首衆。既沒，詔師嗣居之。乾道三年春二月，駕幸上竺，展敬大士，問光明懺法之旨。師答曰，梵釋天帝四大天王，下臨土宇護國護人，故佛爲說金光明三昧之道，後世祖師立爲懺法，以資諸天之威德，故帝王士庶皆可修持。上說，授右街僧錄。既而詔於山中建十六觀堂，仍放其制，作堂於大內。四年夏，召師內宿觀堂論道。四月八日，召師領徒五十人，入內觀堂修金光護國法。上問曰，佛法固妙，安得如許經卷。師曰，有本者如是。上然之，進左街僧錄，慧光法師。九年，召對選德殿，問大士歷代靈迹及《法華經》旨。上曰，最初得師發明此事，遂以《圓覺》悟得法門，譬如著棊勝負既分不但幷去棊子棊槃亦須一時幷去。師曰，幷去者亦不可得。上曰，宗說俱通其師之謂，有詔令講《圓覺》，至此虛妄心若無，六塵則不能有。師曰，心本無形因塵有相，塵滅心滅眞心湛然。上手書其語以賜，又嘗問《金剛》之旨。師曰，此乃六百卷《般若》中一分，興問斷疑特喻金剛，故無著論云，此金剛波羅蜜以如是名顯示勢力，絓是《般若》皆有是力，此既諸《般若》之釋疑，是故金剛二字，文雖出此，義實通諸《般若》作譬，故持說者，福重功深（《文句》絓法華座席，記絓預也。宋斐駰《史記序》云，采先儒之說，豫是有益，悉皆抄納。當知荊溪訓預，與斐駰合）。上曰，朕日讀此經，今更命衆，合誦三萬卷。乃降劄云，平昔以來，所食禽魚之類傷害爲多，今仗般若爲除此過，庶使群生俱承解脫。時沂王尚幼，上召師入禁中，爲王說法摩頂，嘗以疾勾閒。上曰，且賜地築室，更數年彼此作閒人，水邊石上共說無生。十一年，退處興福，特授兩街都僧錄。時光宗在東宮，書歸隱之扁以賜之，仍製讚以褒稱其德。孝宗退養重華宮，召注《金剛經》。肩輿登殿止宿殿廬，注成以進。上披覽益有省發。紹熙二年十月旦，謂侍人曰，吾宗通《法華》宜以此終。乃集衆修法華懺，取道具進兩宮，端坐而化，壽八十二，塔於正寢。紹熙二年，謚宗敎廣慈法師普照之塔。

俊芿

志磐《佛祖統紀》卷一七 法師俊芿，日本國人，先傳瑜伽密教（唐元和間，國人空海入中國，受密教於不空弟子慧果），久之杭海來中國，登靈山謁北峯，學天台一宗，執經受教盡通其旨。開禧初，北虜犯邊，芿啟北峯欲結壇誦呪，如不空解安西圍。時論委靡竟不克行，北峯乃令遣徒歸國，取中華先所傳五部之法，而其徒淪於海（此是北峯印法師法嗣，有十六人，前失十一人，後失三人，唯存此法師與趙彥肅二人而已）。

趙彥肅

志磐《佛祖統紀》卷一七　趙彥肅字，子敬，嚴陵人，登慶元龍飛第，洛學之翹楚也。來謁北峯論佛法大意，嘗問師曰，如來出世先說何法。師曰，示生同居先苦諦也。又問諸大乘經多奇詭駭人，來至法華何其平易。師曰，群機未熟必先動盪，機熟會入雅駭何爲。自是深識時教大旨，每稱師爲南山肉身大士。從受刪定《止觀》，歎曰，回天下外見，復於實際者此書也。初彥肅，好詆佛道，嘗與僧抗議，理左語屈。及僧沒，爲行衰服，門人怪問之。答曰，法恩逾於父母，非小子所知也。

吳克己

志磐《佛祖統紀》卷一七　吳克己，字復之，自號鎧菴。建安節使之後，曾大父遊學四方，因居婺之浦江。幼穎悟，爲學無所不通。嘗讀《周官》，慨然以封建井田爲可復。淳熙中，四魁待補，歎曰，射目中眉事與時違，乃去隱於左溪，忽苦目疾，或勉禱圓通。輒云，臨危不變眞大丈夫。有告以朱太醫答杜祈公，未讀佛書，何以知其不及孔孟。試持大士號，目疾良已，於是遂深信。讀《楞嚴》至空生心內猶雲點大淸，豁如發蒙，觀山谷詩，讚美宗鏡，有從此永明書百卷，自公退食一鑪香，因閱及兩函。《寶積實》云，此書無規矩不若看《止觀》，令悟境觀二字，以爲几杖，服味，既而果有悟入。因曰，至哉，規矩之說，所謂至方以方天下之不方，至圓以圓天下之不圓。識者取二書以究之，則規矩有無自有可見。曾爲《妙經》作註，自言恥與東柏埒，謂彼弘兼粗之典，我釋獨妙之經。嘉定七年冬，終於寶山，遺言以僧禮荼毘，壽七十五。所著《法華樞鍵》，《楞嚴集解科》，《四教儀止觀大科》。晚編《釋門正統》，未就而亡，良渚宗鑑爲續成之。始家人夢湛假名求寄宿，泊學教議論多暗合，又喜其故人，以謂後身云。

慈室雲法師法嗣

正　皎

志磐《佛祖統紀》卷一七　法師正皎字元晝，鄞嵩江朱氏，受業多寶，初從辯利止菴學，因同人商略光明定題，便能臧否諸師得失。慈室居清修，造焉，久之盡得慈室之道。慈室遷南湖，令居座端，講才宏闊眾所景慕。出主慈溪觀音，六遷法席，終於欅陽悟眞。攻媿樓公鑰，每從師問佛法大意，師號月窓，居廣壽之日，於窓間作半月。攻媿爲作記，賦以詩云，不要作圓月，才圓便有虧，不如作一半，卻有向圓時。此詩盛播人口，而師之名德於是益重。行人了宣，四明奉化潘氏，初受經寶林，慈室居清修往依焉。每謂解必有行，乃入南湖光嚴室閱藏經，修法華三昧，前後二十七期，過午不食，未嘗違日晷。與同修善榮爲心友，每閱經有疑必造榮室決之。一日默坐甚久，榮曰，今日何爲。師曰，歸期已近，道義難忘不覺如此，請君專心進道，當於淨土重會。榮笑曰，正欲見君作略。師自此示疾，將終請眾諷《彌陀經》，稱唱佛號，遽起端坐，索筆書偈云，性相情忘，一三無寄，息風不行，摩訶悉利。即合掌瞑目，暑中留龕七日，顏色紅潤，口角微涎，有以帛揩之者，異香襲人，闍維舍利盈掬，心與數珠不壞，嘉泰元年五月十日也。後三年榮示疾，臨終前一日與眾訣別，沐浴更衣，請眾念佛，趺坐而化，人謂赴宣師之約云。

能仁山法師法嗣

法　希

志磐《佛祖統紀》卷一七　法師法希號畢菴，法雄號南巖，皆天台人，同入山法師室，服勤受道齊名當世，及相繼居白蓮，道望若一，具正眼以定宗發辯才以駕說，豁襟量以容眾，擒文藻以應機，白蓮宗風之盛，實二師振起之也(此中失法雄法師一人)。

揚尖淵法師法嗣

了　生

志磐《佛祖統紀》卷一七　法師了生，越之諸暨人。年十二出家，慧解如成人。初謁東靈欽師，時效禪林，群居僧堂，當元夕眾往觀燈。欽師行香，見其危坐床上。問曰，汝何不隨眾去。答曰，蒙師見誡，專心爲學勿事嬉遊。欽師大喜，撫其背曰，三十年後，振吾宗者非汝而誰。既壯，深研教觀，時輩厭服。出主頂山，講唱無廢日，臥榻庋上，安蓮經韋天像，身披五條，吉祥而睡，謹身敬法，不以闇室易其節（此中失法欽法師一人○此卷共四十四人原本遺失三十一人，止錄十三人）。

休菴舟法師法嗣（廣智下第七世）

志磐《佛祖統紀》卷一八　豁菴淨悟法師。

法明節法師法嗣

志磐《佛祖統紀》卷一八　閑林子眞法師。

月堂詢法師法嗣

志磐《佛祖統紀》卷一八　逸堂法登法師　柏庭善月法師　悅菴淨惠法師　隱堂正榮法師　石芝宗曉法師　南湖善榮行人。

一菴躬法師法嗣

志磐《佛祖統紀》卷一八　正菴端信法師　叔寶良琰法師　癡菴垂拱法師。

止菴蓮法師法嗣

志磐《佛祖統紀》卷一八　鏡菴景遷法師　契菴如晦法師　環菴戒樞法師。

慧光訥法師法嗣（神照下第七世）

志磐《佛祖統紀》卷一八　等菴士衡法師　虛菴有宏法師　復菴妙珪法師　中菴師安法師　上竺師覺法師　石澗從戒法師　晦菴慧明法師　桂堂如坦法師。

佛光照法師法嗣（南屏下第七世）

志磐《佛祖統紀》卷一八　子庭師訓法師　東陵智迥法師　碧溪德聞法師　菊庭信磴法師　海翁時學法師　梅澗太度法師　少愚育才法師　行古忘新法師　鼎山時舉法師　若州景荃法師　古巖正因法師　壽鼓妙聲法師　應菴法言法師　梓山思恭法師　西山文拱法師　雪岑行海法師　無極可度法師　東屏正吾法師　石林文人法師　東山慧日法師　自聞如願法師　北山志在書記　方溪文珍知客。

桐洲坦法師法嗣

志磐《佛祖統紀》卷一八　古源永清法師　潛山文珦法師。

剡元先法師法嗣（南屏下第七世）

志磐《佛祖統紀》卷一八　雲夢允澤法師。

蒙泉源法師法嗣

志磐《佛祖統紀》卷一八　靈源允憲法師　桐溪若濟法師　螺溪元悟法師。

梅峯奎法師法嗣

志磐《佛祖統紀》卷一八　具城妙銛法師　孤巖如月法師。

鑑堂義法師法嗣

志磐《佛祖統紀》卷一八　百川如海法師　石庭道生法師　石帆宗曄法師　性菴淨岳法師　柏巖文杲法師　聖水從覺法師。

總菴心法師法嗣

志磐《佛祖統紀》卷一八　古鏡文杲法師。

畢菴希法師法嗣

志磐《佛祖統紀》卷一八　海空法英法師。

南巖雄法師法嗣

志磐《佛祖統紀》卷一八　虛靜祖意法師。

休菴舟法師法嗣（廣智下第七世）

淨　悟

志磐《佛祖統紀》卷一八　法師淨悟，字機先，溫之樂清李氏。幼知厭俗，往依雁山飛泉圓覺。十九具戒，初謁定菴統學教觀。時休菴居壽昌，篤於講説，往求受業，菴問定菴何以示人。師曰，演索車義。菴曰，寂光土索車否。師不領，畜疑在膺幾廢寢食。菴感其用心撫其背曰，疑端發露寶所非遙。居無何忽有契會，自是宗門疑難迎刃而解，吳越講席，無不縱觀，志氣高卓，少有許與。每自誨曰，折鐺煮飯，偃息中林，借虛空口，對萬象説，余亦何媿。至若所學不充，因人成事，執數行紙上語，聚百十雛道人，大廈廣居食前方丈吾弗爲也。師始於飛泉作興棟宇，既而勉徇衆請，出主天台淨土，日勤講説百廢具舉。晚歸飛泉故居，課佛爲業，及屬疾大書以示衆曰，求醫問藥撓吾化也，吾將默觀其變。明旦危坐而蜕，時開禧丁卯九月二十六日也。闍維之日，耳與齒儼然。門人文虎，塔于寺之西麓，北澗居簡爲之銘曰，是爲豁菴，聽説總持，兩種不壞之藏，道德所重，雖隱而彰。吾知夫異代而同心者，墮淚於雁山之陽。

法明節法師法嗣

子　真

志磐《佛祖統紀》卷一八　法師子眞，永嘉人，號閑林，幼從節公學，用心勤至悉通其道，遇教義未安處，與諸友終日議論，既得意已，乃坐帳中，縱辯演説，或自問自答，以自研覈。後繼主法明，大弘乃父之業，辯才異等老學畏服。

月堂詢法師法嗣

法　登

志磐《佛祖統紀》卷一八　法師法登字聖道，號逸堂，四明瀨浦林氏。受業寧波，初爲優婆塞學於梓菴，天性慧悟，凡諸部要文，無所不記，諸文要義無所不解。既具戒，入南湖依月堂，堂以其宿學蚤成，宜待以異禮，踰年命以懺首。嘗與論修性善惡之旨，師資道合益用親敬，守志齋居，二十二年無異。念教門義旨悉有撰述，世競傳錄，稱爲逸堂科云。出主在城天封，遷資教。晚居清修，一時學者，以不預聞講席者爲之愧恥。

善　月

志磐《佛祖統紀》卷一八　法師善月，字光遠，四明定海方氏，父偉爲邑中名儒，母夢月輪墮懷已而有娠，生之夕白光滿室。初學語，常合掌道法界字。甫成童，父編六經授之，以次誦習，如溫故業。十二通《春秋》大義。母攜往正覺寺設供，循殿楹數匝，寺主道幷謂其母曰，吾夜夢白龍繞此柱，其徵此兒乎。於是父母始令出家，命名善月，符先夢也（善月光遠皆古佛名）。十五具戒，越三月而幷師亡，乃往南湖依草菴，常以科目繁冗爲勞。草菴誨之曰，白日看家書有何難解。師爲一省，來菴來繼，趨隅日勤。菴曰，異時鼓吹吾宗者其在子乎。梓菴講道月波往謁焉。聞世相常住之旨益有省發，乃復歸南湖見月堂，問如來不斷性惡之説，身心豁然，如卻關鑰見府庫。以所悟白，堂更爲演其義，師拜領而退堂示寂，師爲專使往當湖請竹菴。越明年，命師分講，風儀清溫談辨雅正。竹菴讃之曰，吾於首座可謂得人，但恨無繼之者，所居古柏獨秀。因自號柏庭。淳熙庚子初主東湖辯利，遷慈溪寶嚴，居無何太師史眞隱，請居月波，學士來奔廩食不足。眞隱聞之喜，使使白師曰，師爲道延衆，欲食來取予不嗇也。紹興二年，郡率何公澹，以南湖虛席，親裁疏勸請。講道有方，御衆有法，十三年不易節，緇素以是信之。嘉泰四年，退隱衍慶精舍，一息十載夢老叟耳語曰，六十五，七十一。嘉定六年，郡將陳卿，以南湖有去思爲更屈，致辭弗克，雨華更新舊徒再擁。未逾月，上竺以勅書召，師謂亟往有似於徇名，堅不爲動，衆謂上命不可不恭，始幡然而往，是年正六十五之驗也。八年夏旱，詔迎大士於明慶，車駕親幸致拜，命師恭禱，朝注暮洽。上大說，特補左街僧錄。十二年秋拂衣東歸，偃息於城南祖關，是年七十一。又知所以驗前夢也。明年秋，郡以西山資敎，卑師佚老。紹定五年春，有旨再領上竺，人皆以坡仙師去忽復來，鳥語山容開之句，爲之賀。端平三年得目眚，請老東菴。一旦示疾，坐床上若相酬酢者。法孫秀林問何爲。曰吾與荊溪尊者對談祖道耳。將入寂顧左右曰，人患無實德爲後世稱，若但崇虛譽我則不暇，千載之下，謂吾爲柏庭叟，則吾枯骨爲無愧，幸勿爲請謚以汙我素業。言已累足而化，實淳祐元年正月十九日也。留龕七日，貌色鮮白心頂俱煖，奉全身塔於寺東。爲壽九十三，得夏七十八。先是首座智覺，論請於朝言，師道光前哲，四衆依仰。年登九秩，將逼歸眞，請建塔山中以擬歸藏，上旨允之，故今用此成命。所遺衣髮及四經解，合藏於南湖祖塔之側。師所著述，《楞嚴玄覽》，《金剛會解》，《圓覺略說》，《楞伽通義》，《因革論》，《簡境十策》，《三部格言》，《金錍義解》，《宗敎玄述》，《仁王疏記》，附鈔箋要，皆行於世。自餘雜製，名《緒餘》，講餘對客未嘗及世間事，唯論前人往行及典誥之辭。或問何以安心。曰心本不動。問《法華》經藏。曰當處全彰。其警策類此。嗣其道者，香林清賜爲上首。

淨惠

志磐《佛祖統紀》卷一八　法師淨惠，字敏中，號悅菴，鄞陸氏，父母禱佛而生。幼年夢登寶閣見異人爲摩頂，及覺，異香滿室。以語隱學俊師，勉其學釋。遂依定海正覺出家，既具戒，往見月堂，因春期入懺，聞策導頓悟圓旨，堂由是器之。有度律師用《大智》新疏，講《觀經》於湖心，月堂遣師與之辯，至談觀心觀佛之旨，發難數四，度竟屈服。哲則菴主南湖，始開講席，師掩卷危坐，退而指其瑕玼，哲益敬畏。桀隱堂居隱學，俾師分坐講風大揚，初主郡城法華，或以爲小。師曰，此法智師講經之地其可鄙乎。遷治平，每臨講見疏記援引儒典，則止而不讀。謂其徒曰，此外書也，宜自觀之。夏將闌，對衆自訖曰，今夏講席諸方所無，縱或及之，亦秖雜以外書，誘掖之餘兼事匠石，積年弊陋易而爲新。每預公舉，或非其人輒面斥諸山曰，所謂講院者，以欲傳講爾，今此人能任此責乎。卒不許。閒居泉口拱秀菴，學士裹糧來從，及遷寶嚴化道日起，閱八年，忽天風吹華桂香滿院，識者知爲嘉瑞。未幾果頒南湖之命，時嘉定六年也。自柏庭樂育人材之繁，後生尙文辭好異議，生者稍不厭衆心，必郡起而譁逐之。師至以沈毅御物，特成規嚴，人望風不敢犯。向之好譁者俗爲革，居丈室未嘗扃。請益者雖入夜不拒，行兩廡聞讀誦聲，必忻然就之。因所業爲點示，法華懺期，日一開說，初終參貫，人皆樂聽心感。嘉定九年九月二十九日，集大衆諷《觀經》，趺坐榻上奄忽如蛻，塔全身於祖關。門人乞銘於司令，樓枎淨無住見而歎曰，悅菴不喜外書，而梅麓作銘，全用《妙經》句，豈非有以冥使之乎。稟法者禪悅，了彬，大蓬，了因，六七人云。

善榮

志磐《佛祖統紀》卷一八　行人善榮，字行甫，四明小溪周氏。初從月堂學敎觀，既通其旨，即入觀堂修長懺閱藏經。金書《法華》，《楞嚴》，《淨名》，《圓覺》，《光明》五經，以施諸方。彫造彌陀佛像，拈施衆會，素善水墨，畫大士像以與人，前後莫計。以音聲佛事轉授諸人，今城社經呪，皆用師節度也。臨終往生之相，見《宣行人傳》，弟子默容海印，以高行爲鄉城所歸。

宗曉

志磐《佛祖統紀》卷一八　法師宗曉，字達先，石芝其自號，四明王氏子。十八受具戒，先從具菴強公，遊次謁雲菴洪公，理觀密契遂分半座。未幾主昌國翠蘿，學者奔赴。越二年退隱西山日課《妙經》，適齊尙書扁所居曰閑靜，攻媿樓大參以詩美之。復遊淅西諸剎，大參說偈以相其行，歷三歲而還。大府丞汪公與其季檢詳命主參秀，久之謝去，居延慶第一座，講演之餘編《法華顯應錄》，《樂邦文類》，《敎行錄》，《三敎出興頌》，《諸祖贊》，《振祖集》，《光明照解》，《施食通覽》。又集《儒釋孝紀》，《明良崇釋志》，《明敎編》，箋註要旨。血書《法華》，墨書《華嚴》，

《寶積》，《般若》，《涅槃》諸經，又爲中林居士張宗義書眞宗皇帝御注《四十二章經》。鑿義井於城南櫟社，曰法華泉，以飲行者，作亭其上施以湯茗無問道俗。結屋數楹創爲接待，得魏文節公常樂舊額，中林張公爲繢聖像建藏輪，鑄鐘架樓，增闢田土，輪奐一新，且爲誓辭以誡諸徒，使不志建立之意。弘傳教觀四十餘年，晚益韜晦。嘉定甲戌八月二十日示疾，索紙書偈曰，清淨本來不動，六根四大紛飛，掃卻雲霞霧露，一輪秋月光輝。闍維於寺之南，齒牙不壞舍利甚夥，巽齊戶曹見之述文贊歎。塔于上方六殊勝地。僧臘四十七，世壽六十四。

豁菴悟法師法嗣

志磐《佛祖統紀》**卷一九**　嘯巖文虎法師（廣智下第八世）。

閑林真法師法嗣

志磐《佛祖統紀》**卷一九**　法明師昶法師。

逸堂癸法師法嗣

志磐《佛祖統紀》**卷一九**　同菴允憲法師。石坡元啟法師。竹坡如約法師。石屋正己法師。可堂若參法師。化翁師贊法師。巨宗師岳法師。不孤有鄰法師。

柏庭月法師法嗣

志磐《佛祖統紀》**卷一九**　香林清賜法師。伊堂了圓法師。石田妙慧法師。半雲行儒法師。此室大方法師。虛中元眞法師。遁山士堯法師。孤巖如啟法師。寂菴文慧法師。橾菴文節法師。巽中道謙法師。無謀善庭法師。北林與俱法師。石門士雲法師。

悅菴惠法師法嗣

志磐《佛祖統紀》**卷一九**　禪悅了彬法師。寶化道英法師。雲屋可止法師。化翁正己法師。大蓬了因法師。茅屋了己法師。竹溪志昌法師。

石澗戒法師法嗣

志磐《佛祖統紀》**卷一九**　古泉正宗法師（此卷三十二人本紀原文遺失）。

柏庭月法師法嗣

文節

志磐《佛祖統紀》**卷一九**　法師文節，字通叟，自號操庵，四明慈溪夏氏子，世爲大族百餘家，行路者常聞讀書聲，父諱歷年，賢厚人□□□。時有住土山定講師者祖免，親異其貌，勸出家于邑之永明寺，明年落髮。十七遊□□□□□，遷悅庵皆山家之□峻者，師與塡自聰應無□□□□□未有所得。遇西山次敎柏庭月法師，以大爐鞴煅煉學者，師於是豎精進幢留十三載。隨赴上竺，有謙慧應三師皆有大名，師合而爲四傑焉。柏庭謂師曰，汝國汝國得吾之大全矣。畢竟至當一句作麼生。師厲聲曰，瞎卻頂門竅壺中別有春。至此天上地下無一可見之形，一無可翫之色矣。柏庭九旬謝事眾散，師獨留三夏，至唱滅乃退。年五十一，始出世定海觀音寺，十四年住象山玉泉，六年陞天竺集慶寺，乃理廟所剏在九里松度廟，繼志式念先訓適住持本法。師求去九重獨斷以操庵補其處，萬眾駭伏。十年間講鐘法鼓震動湖山，四方學者如水就下，樹規立範有典有則。四明南湖之歸有世忠寺，在萬山中曰東吳好處，眾強起師主之。至正壬午二月二十六日，鳴鼓告眾拂龕書偈，擲筆而逝，壽八十六臘七十三。著述有《指要》，《會宗》，《集英》等，書于度弟子覺初昇歸家山善慶庵，全身窆焉。得法者如吳之似蘭子華思治惟簡明之大東，慧海，法東等。說《金錍》有半月，偷閑解夢，書又觀心觀佛偈曰，春到上林渾似錦，不須尋訪賣華翁之句。徑山愚禪師嘆賞不已。

嘯巖虎法師法嗣（廣智下第七世）

志磐《佛祖統紀》**卷一九**　訥堂慧辯法師。頑空智覺法師。松澗善助法師。寒谷妙暉法師。東山夔公首座。東山皎公法師。東山義問書記。

法明衪法師法嗣

志磐《佛祖統紀》卷一九　法明行依法師。寶壇智尙法師。

同菴憲法師法嗣

志磐《佛祖統紀》卷二〇　圓菴行果法師。東林覺先法師。香山唯一法師。浩翁惠川法師。石翁法介法師。柯山本悟法師。虎巖行珪法師。石林文藻法師。安道淸寧法師。無聞若訥法師。聖水善濟法師。默菴普聞行人。退若可昇法師。

石坡啟法師法嗣

志磐《佛祖統紀》卷二〇　無住宗淨法師（此卷二十三人本紀原文遺失）。

雜傳諸師

志磐《佛祖統紀》卷二一　淨覺仁岳法師。（二世）吳興子昉法師。錢唐可久法師。錢唐惠勤法師。霅川慈梵法師。霅川瑩珂法師。永嘉乃仁法師。超果靈照法師。樞密使胡宿。神智從義法師。（二世）慧月了睿法師。草菴道因法師（二世）梓菴有倫法師。廣壽法因法師。四明道時法師。儒士述菴薛澄。

仁岳

志磐《佛祖統紀》卷二一　法師仁岳，霅川姜氏，自號潛夫，聞法智南湖之化，往依爲學，至水月橋，擲笠水中曰，吾所學不成，不復過此橋。法智器之，居以東廈，白晝焚膏專事紬繹，鄉書至，悉投帳閣未嘗啟視。因出境分衛乘舟水行，偃臥舒足豁然自得，若拓虛空，檣爲之折。每請益函文，擷大屣闕大鑰，衆望風畏之。時昭師略光明玄，不用觀心。師輔四明撰問疑書以徵之，四明製《妙宗》并《消伏三用》，潤師作《指瑕》以爲難，師述《止疑》，《抉膜》以正之。四明談別理隨緣，齊師作《指濫》以爲非，師作《十難》以扶之。所以贊四明爲有力。後復與十同志修請觀音三昧，因疾有閒，宴坐靜室恍如夢覺，自謂向之所學皆非，乃述《三身壽量解》以難《妙宗》。道既不合，遂還浙陽靈山，蒙慈雲攝以法裔。四明乃加《十三料簡》以斥之，師復上《十諫》，《雪謗》，往復不已（詳見《四明本紀》）。會昭慶有請慈雲，爲詩以送之，學徒從往者半，雲弗之止。既還石壁，復從靈芝。時法智已歸寂，師臨衆自訖曰，只因難殺四明師，誰向靈芝敢開口。有仁行人，自永嘉請居淨社，一住十年，大弘法化，以年老還鄉。霅守請主祥符，觀察使劉從廣爲奏，命服樞密使胡宿，爲請淨覺之號。晚年專修淨業，然三指以供佛，持律至嚴不以事易節。創隱淪堂休室以爲燕居。治平元年春，謂門人曰，我翌日午刻當行，果留偈安坐而亡，時三月二十五日也。塔全身於何山之西隅。嗣法者梵慈乃仁輩，皆能表表模範一世。師於《楞嚴》用意尤至，會諸說爲《會解》十卷，《熏聞記》五卷（釋自造《會解》），《楞嚴文句》三卷。張五重玄義，則有《楞嚴說題》。明修證深旨，則有《楞嚴懺儀》。復於呪章調節聲曲，以爲諷演之法。所著《金剛般若疏》二卷，《發軫鈔》五卷（釋自造《金剛疏》），《彌陀經疏》二卷，《指歸記》二卷（釋自造《彌陀經疏》），《文心解》二卷（釋《不二門》），《雜錄名義》十二卷，《義學雜編》六卷，《如意輪課法》，《涅槃禮讚文》，《羅漢禮讚文》，《南山禮讚文》，《施食須知》，《毘曇七賢七聖圖》，《起信梨邪生法圖》各一卷，《禪門樞要》，《淨名精英》，《大論樞節》，《大論文》，《苕溪講外集》，《窓案記》，《諸子雜言史髓》。

子昉

志磐《佛祖統紀》卷二一　法師子昉，吳興人，賜號普照，早依淨覺。嵩明教據《禪經》作《定祖圖》，以《付法藏》斥爲可焚，師作《祖說》以救之。又三年，嵩知《禪經》有不通，輒云傳寫有誤，師復作《止訛》以折之。其略有曰，契嵩，立二十八祖，妄據《禪經》，熒惑天下，斥《付法藏》爲謬書，此由唐智炬作《寶林傳》，因《禪經》有九人，其第八名達摩多羅，第九名般若密多羅，故智炬見達摩兩字語音相近，遂改爲達磨，而增菩提二字移居於般若多羅之後。又取他處二名婆舍斯多不如密多以繼二十四人，總之爲二十八。炬妄陳於前，嵩繆附於後，瀆亂正教瑕玷禪宗。余嘗面折之，而嵩莫知媿。又據僧祐《三藏記》傳律祖承五十三人，最後名達摩多羅，而智炬取爲梁朝達磨。殊不知僧祐所記，乃載小乘弘律之人，炬嵩既尊禪爲大乘，何得反用小乘律人爲之祖耶？況《禪經》且無二十八祖之名，與《三藏記》並明聲聞小乘禪耳。炬嵩既無教眼，纔見禪字認爲己宗，是則反販梁朝達磨，但傳小乘禪法，厚誣先聖其過非小。

可久

志磐《佛祖統紀》卷二一　法師可久，錢唐錢氏。天聖初，覃恩得度學教觀於淨覺，無出世志，喜爲古律詩。蘇軾監郡日，嘗與師及惠勤清順爲詩友。所居西湖祥符，蕭然一室，清介守貧，未嘗有憂色。軾來守錢唐，當元夕九曲觀燈，去從者獨行入師室，了無燈火，但聞瞻匐餘香，歎仰留詩，有不把流離閑照佛，世知無盡本非燈之句。蒲宗孟集錢唐古今詩，求藁於師，師曰，隨得隨去，未始留也。聞者高之。晚年杜門，送客不逾閾，辟穀安坐觀練熏修，如此十餘年。窓外唯紅蕉數本，翠竹百箇，淡如也。一日謂人曰，吾死蕉竹亦死。擇瑛公亦死未幾皆驗，人嗟異之。

靈照

志磐《佛祖統紀》卷二一　法師靈照，蘭溪盧氏，幼失怙恃，白兄求出家，兄取三藤示之曰，使此藤繫汝俱碎，可從汝意。師欣然入林，取藤成束置前曰，果容入道用此繫我。俱碎無恨。兄不能奪，遂入寶慧寺，誓去枕席香燈禮誦，未朞月誦通《法華》、《光明》。弱冠投試有司嘉之，獎以別榜。既具戒即往錢唐，依香嚴湛師學教觀，數歲復往吳興，依淨覺一家戶牖無不通達。初主吳山解空，繼遷景德。熙寧中徙雲間超果。自元豐以來於每歲春首結淨業社七日期時，預者二萬人，念佛獲驗不可紀錄。嘗夢三聖儀相，前跪作禮曰，靈照一生誦大乘經，期生安養爲果願否。觀音指曰，淨土不遠有願即生。又誦經，深夜忽夢普賢示身，遂發心造其像，誦經萬部以嚴淨報。元豐五年冬卧疾，謂侍者曰，吾安養之期已至。遂北首面西累足而化，闍維異香襲人，舍利流迸，結塔院東南隅。

從義

志磐《佛祖統紀》卷二一　法師從義，温之平陽人，姓葉氏，十七通誦《法華》得度學扶宗，主大雲五峯寶積。嘗患他宗但任胸臆，於所著《補注集解》處處辨明，如論賢首妄判《華嚴》，議慈恩專用唯識，辨祖承無二十八祖，判道家當攝入儒宗，辭理切直爲世所信（並詳見諸宗立教志）。晚居秀之壽聖大振宗教。元祐六年春，示疾就榻，吉祥右脇而逝，瘞舍利於錢唐寶藏，謚曰神智，憲使劉燾記行業云，端介清白，不妄遊從，寤寐三觀，耽味著述，過午不食，非法不言，非右脇不卧，非濾水不飲，行步有常，坐立如植，未嘗求公卿之知，可謂賢也已矣。所著《大部補注》十四卷，《順正記》三卷（釋《光明玄》），《新記》七卷（釋《光明文句》），《往生記》四卷（釋《觀經疏》），《圓通記》三卷（釋《不二門》），《纂要》六卷（釋《義例》），《集解》三卷（釋《四教儀》），《寓言》四卷（釋《金錍》），《淨名略記》十卷，《搜玄》三卷（雜出教儀）。

了睿

志磐《佛祖統紀》卷二一　法師了睿，嘉興人，號慧月，學教有聲，久依神智於壽聖，秀有士族請神智禱疾，師與俱往。及歸，神智責之曰，汝爲純厚，吾故攜汝往。何爲俗舍左顧右盼，師深謝過而已。智曰，汝豈有所見耶？師密白曰，有一女祟，在病床上，見師入即下走，人既擁門乃從壁隙而出，不覺顧視如此。智曰，吾亦見之，已而病者愈。智既沒，師乃繼其席。思溪王氏有女卒，請施食河氷船不可渡，乃遣人報，令設座於斛前，即船上遙爲呪願。中夜一女至船上曰，謝師戒法，已得超度。留鞋一雙忽不見。次日，王君至船，驚曰，此亡女入斂時鞋也。

道因

志磐《佛祖統紀》卷二一　法師道因，自號草菴，四明薛氏，禎法智座下，槃法師爲叔祖。其孕也，母夢槃披幃而入寢而生，明發而赴至，咸知其爲後身云。掌有圓相掬之如環，足下奇文雙魚宛示。十七具戒，坐夏南湖，有問以教義者，徐爲釋之，正與文合，識者知其宿習。明智居寶雲，往學焉。已而遍歷教庠屢參禪室，因讀《指要鈔》深有悟入。初主禪悅，直嗣四明（《草菴錄·嗣法文》云，三入禪室五登講堂，始終親近八善知識，皆光明碩大，有德有言，緣不在彼，如水投石，此一辦香，奉爲延第一代法智尊者，用酬法恩，然存則人，亡則書，旁不肯者，無吝擊節）。次遷永明寶雲廣壽治平，晚主延慶，學徒滿堂。乾道三年四月十七日，別徒衆曰，華嚴世界洞徹湛明，甚適我懷，今將行矣。乃令舉所述彌陀讚曰，無邊刹海海涵空，海空全是蓮華宮，蓮宮周遍遍空海，空海獨露彌陀容，阿彌陀佛不生滅，難覓難拈水中月，絕非離句如是身，如是感通如是說，我與彌陀本不二，妄覺潛生忽成異，從今掃盡空有塵，父子天然兩相值，誓修三福勤六念，身口意業無瑕玷，我今以此念彌陀，不見彌陀終不厭。讚畢，隨衆唱佛數百，諷《觀經》至上品上生，即斂念坐亡。越三日頂足皆煖，葬全身於祖塔。師道貌嚴毅，辭辯如瀉，有嬰其鋒者，謂登龍門。嘗著《關政論》，以正禪人之弊，詣行在投宰相秦檜，三上書，俱不報，遂渡江而歸。後秦相閱其書大驚，將見之，而師已行。居南湖日，述輔正解以斥律人妄解《觀經》之失。其強志爲法若此。嘗居城南草菴，因以自號。

有　倫

志磐《佛祖統紀》卷二一　法師有倫，四明王氏，受業於小溪壽聖，自號梓菴，久依草菴學，分座南湖講道有旨。晚主月波，學徒說服，柏庭輩行皆北面受業。所居一室，未嘗見其便溺，人皆異之，或問其故，拒而不答。

法　因

志磐《佛祖統紀》卷二一　法師法因，自號剗心，四明慈溪顧氏，學草菴盡其旨，以與師同名，時稱爲小因。主廣壽三十年，晝夜講演，未嘗一日走檀門。每施者至，輒竦媿自歎曰，比丘之法丐食活命，我何人哉，坐奪勤苦之利。卻而還之，不得已受其少分。所居弊陋將新之，曰此軀尚無常，何事外物爲。一日集講，侍者報，衆赴檀門未回。師曰，虛空諸天正欲聞法，何必衆集。即擊鼓升座。紹熙四年八月示疾，於定中見淨土二菩薩，謂左右曰，吾覩法華道場，與平時所見異甚，吾將行矣。即集衆諷《觀經》，稱佛號，留偈端坐結印而化，瘞全身於寺東。

薛　澄

志磐《佛祖統紀》卷二一　薛澄，字清卿，自號述菴，視草菴爲叔，嘗從其學大明境智之道。草菴沒，爲文祭之，其略云，嗚呼，吾佛明心，禪必用教，教必用禪。如江如湖，流雖不同所鍾一源。如日如月，時或云殊所麗一天。譬以二藥治衆人病，所期者痊，奈何末途兩宗被魔，學者泥偏私立位號互爲矛盾。其門必專教而視禪了不相安如針著氈，禪而視教欲割不能如癭附咽，不求其端。敎曰，我是孰明漸圓，惟怪欲聞。禪曰，我是但稱別傳。兩宗既孤，又於其宗派別星懸。或本四明，或夸雪川，或出白蓮，天台徽旨浮談浪語，如漂流船。或參溈仰，或歸雲門，或嗣曹洞，如來心印上推下墮，如顛倒猿。持此勝心敵彼勝心，以燕伐燕，堂堂我翁，能於兩宗洞達妙玄（云云）。又作《草菴忌疏》云，諸法本空即空成實，至人不死雖死如生，安住尊者（師自號安住子）間氣所鍾前因不昧，探戒珠於驪頷，飛慧劍於龍門。早遊刃於儒林，無書不讀，晚乘桴於教海，有感皆通（云云）。於道最高，裂衣冠而罔恤，有疑不決，械囹圄以須爭（云云）。見八知識，無半語之相，投將一瓣香，爲四明而拈出（此卷十六人本紀遺失五人止錄十一人）。

未詳承嗣

志磐《佛祖統紀》卷二二　東陽善慧大士（齊梁之間）。景明道房禪師（《稠師傳》）。北齊僧稠禪師。北齊李獎侍郎（《稠師傳》）。天台智琰法師（唐）。金華方巖法師。西京楚金法師。千福飛錫法師。終南法善法師。玉泉眞公法師（下三人見《淨土志》）。南岳承遠法師。南岳法照國師。無姓法劍法師（下二人見《光敎志》）。長沙懷遠法師。五臺志遠法師。五臺元堪法師（《遠師傳》）。天台道暹法師。國淸淸觀法師。國淸文舉法師。建業敬雲法師。泰山妙行法師。四明子麟法師（五代唐）。十祖玄燭法師。嘉禾晧端法師。會稽什法師（宋下三人見《法智紀》）。嘉禾子玄法師。天台元頴法師。括蒼聰法師（《南屏傳》）。無相善勤法師。寶藏利賓法師

（《勒師傳》）。普慈揮法師（下二人《湛假名傳》）。空相融法師。超果照法師（下二人《敏法雲傳》）。廣化明法師。宗元錄穎法師。寶雲威法師（《正文慧傳》）。方廣曇照法師。普照因法師。佛智道如法師（《如上竺傳》）。寶積實法師（《吳克己傳》）。淨慧威法師（《草菴錄》）。左溪志昭法師。無功居士王闐。

東陽大士傅翕

志磐《佛祖統紀》卷二二　東陽大士傅翕，字玄風，義烏人，齊建武四年五月八日生。幼與里人漁以籠盛魚，沈水中祝曰，欲去者去，止者止。人以爲愚。年十六，娶劉氏，生二子普建，普成。二十四漁於稽停塘，梵僧嵩頭陀謂曰，我昔與汝於毘婆尸佛所發願度衆生，今兜率宮衣鉢見在，何當還耶？令視水見圓光寶蓋環覆其身。乃悟曰，鑪鞴之所多鈍鐵，良醫之門足病人，方急度生何暇思兜率。乃結菴於松山雙檮樹間，自稱當來解脱善慧大士。種植蔬果任人采取，爲人傭工晝作夜歸，與妻妙光敷演佛法，苦行七年。宴坐之間，見釋迦金粟定光三佛東來，放光如日，空聲唱言，成道之日，當代釋迦坐道場。已而四衆沓至作禮，郡守王休，謂是妖妄囚之，兼旬不食，媿而釋之。還山愈精進曰，我從兜率宮來爲説無上菩提，昔隱此事今不覆藏。大通六年，遣弟子傅暀奉書詣闕稱，帝爲國主救世菩薩。詔報曰，善慧欲度衆生欲來隨意。帝預勑鎖門以觀其異，大士袖出木鎚一扣，諸門盡開。見帝於善言殿，謁者三贊。不拜，直上御榻對語異常，設食竟，出鍾山坐定林松下，縣官資給。大同元年，請講三慧般若於重雲殿，公卿畢集，天子至衆皆迎，大士不動，御史問故。答曰，法地若動，一切法不安。帝善之。翌日獨延於壽光殿，夜漏，上乃出。梁末饑亂，日與其徒拾橡栗，糅草作糜以活閭里，盜不忍犯。嘗曰，我賢劫千佛中一佛，弟子慧榮欲建龍華會。大士曰，龍華是我事，汝可建請佛停光會，若從吾言定見龍華。又曰，吾悟道四十劫，釋迦方始發心。由釋迦能捨身，所以先我成佛。陳天嘉二年，山中行道，常見七佛在前，維摩從後，謂弟子曰，七佛中唯釋迦數與我語。光大二年冬，大士曰，嵩公已還兜率天，我不得久住。作《還元詩》十二章。大建元年四月二十四日示寂。七日縣令陳鍾耆來禮敬，傳香之次，猶反手受香，衆益驚歎。葬松山之隅，勑僕射徐陵撰碑。

僧　稠

志磐《佛祖統紀》卷二二　禪師僧稠，鉅鹿孫氏，從景明寺道房禪師受行止觀攝心旬日即得入定，復修涅槃聖行四念處法，安居五夏，日唯一食。嘗九日修死想觀，以所詣白跋陀三藏。藏曰，葱嶺以東習禪定者汝爲最矣。復詣王屋山修習前法，遇兩虎鬬，師以錫杖中解，虎即散去。黃門侍郎李獎，求學禪要，爲説《止觀》兩卷。北齊文宣，詔師出山説法。師爲説三界本空萬法如幻，榮華世相不可常保。帝爲之毛豎汗流，於鄴城結雲門寺以禮奉之，宴坐一室未嘗送迎，弟子或以爲諫。師曰，賓頭盧迎王七步致令失國，吾雖德不逮古，而儀相是同，不敢自欺，冀致福於帝耳。帝惑左右之言，謂師不敬，欲躬往加害。師已冥知，且乘牛車往谷口二十里，拱立道旁。帝怪問之。師曰，身血不淨恐污伽藍。帝愧悔，謂侍臣楊遵彥曰，若此眞人何可毀謗，欲負師還寺。師磬折不受。帝曰，弟子負師遍天下未足謝愆。遂同輦還宮，問弟子前身何人。師曰，曾作羅刹王，今猶好殺。祝盆水使視之即見羅刹形。又欲見佛法靈異，師投袈裟於地。帝遣人舉之，增至數十人不能動。師令沙彌取之，如舉一羽。帝益敬信，請受菩薩戒，留禁中四旬而出。乾明元年四月示寂，勑建塔以藏舍利。

智　琰

志磐《佛祖統紀》卷二二　法師智琰，母夢升通玄塔相輪坐而誕，十二誦通《法華》，時稱神童。祝髮之後即參講席（師以正觀年終，則知參講之時，即章安諸師也）。嘗隱虎丘山講懺餘日，誦《法華》至三千部，霄鑪未爇自起煙芬，夕罐纔空潛加溢水，蓋天童給侍之驗焉。行三淨業修十六觀，率五百人月建齋講，十年不替。講《法華》、《淨名》皆三十遍，《觀音玄》三十遍。貞觀八年冬示疾，見梵僧手執寶瓶曰，吾無邊光也，卻後淨土稱功德寶王，即我是也。師謂門人曰，無邊光大勢至也，功德寶王其成佛之號也。由因言果，以此勉余。余其西歸乎，即入定不反。

楚金

志磐《佛祖統紀》卷二二　法師楚金，廣平程氏。七歲出家，禮藏探經《法華》在手。九歲依西京龍興寺具戒，習智者教，嘗誦經至《寶塔品》，身心泊然寶塔忽現，釋迦分身滿虛空界。禪坐六年，誓建斯塔，誠懷一啟檀信自來。於築基夜誦經行道，眾聞天樂異香。玄宗夢空中楚金二字，詰朝訪問，咸以師對，乃親製多寶塔額賜縑繒爲助。功畢之日五色瑞雲凝於塔上，謂同學曰，鑿井見泥去水不遠，鑽木已熱得火可諳，凡我七人聿成一志，晝夜誦經香煙不斷。乃於春秋二時，集七七僧行法華三昧，奉旨許爲常式，前後感獲舍利七百粒。血書《法華》、《菩薩戒經》，以祝九重。寫《法華》千部，金字三十六部，用鎮寶塔。復寫千部散施信人。化緣既畢右脇而逝，薪盡火滅雪顏如生，天子遣塔於城西。貞元十三年，左街功德使竇文場奏先師楚金，於天寶初爲國建塔，置法華道場。今僧眾禮念，六十餘年經聲不絕，乞加旌表，詔謚大圓法師。

志遠

志磐《佛祖統紀》卷二二　法師志遠，汝南宋氏，初依荷澤聞天台一宗，該通妙理力學積歲。居五臺華嚴，食非別請，臥不解衣，四種三昧用爲常課。會昌四年，忽絕食數朝誡門人曰，天台之道，妙在《法華文句》，本迹二門，開近顯遠，玄文五義，判釋止觀，境觀雙修，行解圓明，遮照平等，將踐聖階降茲罕及，禮懺方等必假精誠，永懷於茲宜副吾意。時學者如林，唯元堪達其旨。武宗沙汰佛法堪稟遺言，以諸文藏之屋壁。宣宗即位重輝佛日，堪再葺舊居，取其藏本置之影堂，傳唱當時絕而復續。

清觀

志磐《佛祖統紀》卷二二　法師清觀，臨海屈氏，久居國清，妙洞三觀禪定神異，清介自守不畜衣鉢。嘗曰，恨未能舍己頭目。溪南有請供者，夜雨水漲人不能渡，師頃刻即赴身衣無濕，人知其有神足通焉。

文舉

志磐《佛祖統紀》卷二二　法師文舉，東陽張氏，入國清習天台之道，悉通要妙。其形如山其貌如玉，動若浮雲靜若止水，目不旁視口無戲言，四威儀中無非律範，丹丘二眾仰以爲法。先是國清爲煬帝建光明道場，歲以爲期，人繁食少，師竭力營建，成莊田十二頃，眾賴以濟。

敬雲

志磐《佛祖統紀》卷二二　法師敬雲，建業人，夙學天台之道。光化二年，於永嘉寺講經，依《俱舍論》述小乘入道五位，作《析玄記》二卷。法師妙行，初學天台教，既入居泰山，結草爲衣拾果爲食，行法華三昧，感普賢現身證明。後專持《彌陀經》，於一夕見流離地佛與二菩薩涌立空中。僖宗聞其名，詔賜號常精進菩薩。後一日再見寶地，謂左右曰，吾無觀想而寶地復見，安養之期至矣。即日右脇安臥而化。

玄燭

志磐《佛祖統紀》卷二二　法師玄燭，戒德定品慧業法門，講唱宗乘當世特立。大順初，傳法帝京，學徒數百左右悅隨。時謂其可繼荊溪，尊稱爲十祖云。

皓端

志磐《佛祖統紀》卷二二　法師皓端，嘉禾張氏，聞玄燭時稱十祖，遂往參學，即悟一心三觀之旨。誓心山居二十餘年，身無長衣口無異味，坐唯一榻門不設關。本朝建隆初，無疾坐亡，火浴舍利，不知其算，得法者八十人。

善勤

志磐《佛祖統紀》卷二二　法師善勤，天台人，無相以主席請於郡，時以師高行爲之舉。及遷淨名，舉樝菴繼其席。樝菴遷赤城，眾舉利賓繼。賓赴寶藏，部使者，復以無相卑，師以眾不足容，乃別遷勝地增建棟宇。時謂安清淨眾講妙教觀，宜天人之交助也。

元　穎

志磐《佛祖統紀》卷二二　法師元穎，吳興人。政和二年，於郡城開元建智者院，日居慈霪閣，秉筆著書，自正像統紀終教藏目錄凡百卷，名《天台宗元錄》，序次古今諸師行事，爲山家之盛典云。又述法華靈瑞集爲十科，始於普賢證明終至香光表相，郡補爲都師。有招權者，誣以事民，其衣聞者流涕，而師不爲慍，幅巾布褐，遨遊人間，隨時升沈。晚在鹽橋菴廬誦經課佛，一夕面西危坐，欣然神化，焚龕之日舍利布地。

志　因

志磐《佛祖統紀》卷二二　法師志因，賜號普照，少學天台之道修淨土行，五十年法服未嘗去體。嘗因寇擾入山避亂，唯攜觸服，方欲登圊，寇已逼近，師易衣石上從容洗漱，寇不敢犯。識者歎仰，謂之遊行無畏，其斯人乎。

志　昭

志磐《佛祖統紀》卷二三　法師志昭，居左溪，述《釋迦譜》，稱躬稟叔父鎧菴微旨。及編次《歷代宗承圖》，後學於是有考。

王　闐

志磐《佛祖統紀》卷二二　王闐，四明慈溪人，自號無功叟，家世名儒，再舉進士不得志，布衣蔬食遍詢講席。晚年唯專念佛，以所得旨意述《淨土自信錄》。其序略云，眾生本心具四淨土，如同居者在具縛凡夫即可依之，其餘三土，至斷惑聖人始獲證入焉。且往生一門有二淨業。曰正觀，默照本心也。曰助行，備修萬善也。正觀與助行並進，則了達四淨土矣。止有願等事善者，近生凡聖同居，而遠作上三土之因也。以此論之，則淨土者，正是究理菩薩所登境界，而兼容悠悠眾生回向漸修耳。又云圓機體道是最上淨業，苟加願以導之，即預優品。愚樸之輩，但稱佛發願者亦莫不生。觀淨土二門，則知聖人無棄物也。彼但守癡空之人，以無礙無修，起自障心，絕他學路，乃高其言曰，淨土末事，何足道哉。發是言者可哀也矣。紹興十六年四月丁卯之夕，忽聞異香滿室，謂弟沙門思齊曰，此吾所修淨業有感也。乃沐浴更衣，面西趺坐而化。焚其軀得舍利如菽者百八粒。

著述分部

綜　述

智者大師說《妙法蓮華經玄義》卷二上　四正論今意爲二，先略用彼名顯於妙義。因具三義者，一法界具九法界名體廣，九法界即佛法界名位高，十法界即空即假即中名用長。即一而論三即三而論一，非各異亦非橫亦非一，故稱妙也。果體具三義者，體遍一切處名體廣，久已成佛久遠名位高，從本垂迹過現未來三世益物名用長，是爲因果六義，異於餘經是故稱妙。又乳經，一種因果廣高長，一種因果狹下短，則一麁一妙（云云）。酪經唯一種因果狹下短，但麁無妙。生蘇經三種因果狹下短，一種因果廣高長，則三麁一妙。熟蘇經二種因果狹下短，一種因果廣高長，則二麁一妙。醍醐經一種因果廣高長，但妙無麁。又醍醐經妙因妙果，與諸經妙因妙果不異，故稱爲妙也。復次《觀心釋》，若觀己心不具眾生心佛心者，是體狹。具者是體廣若己心不等佛心，是位下。若等佛心，是位高。若己心眾生心佛心，不即空即假即中者，是用短。即空即假即中者，是用長。復次於一法界通達十法界，六即位者，亦是體廣，亦是位高，亦是用長。初約十法界是顯理一，次約五味是約教一，次約觀心是約行一，次約六即是約人一，略示妙義竟。廣說者，先法次妙，南岳師舉三種，謂眾生法佛法心法。如經爲令眾生開示悟入佛之知見，若眾生無佛知見，何所論開。當知佛之知見蘊在眾生也。又經但以父母所生眼即肉眼，徹見內外彌樓山即天眼，洞見諸色而無染著即慧眼，見色無錯謬即法眼。雖未得無漏，而其眼根清淨。若此一眼具諸眼用即佛眼，此是今經明眾生法妙之文也。《大經》云，學大乘者，雖有肉眼名爲佛眼，耳鼻五根例亦如是。《殃掘》云，所謂彼眼根，於諸如來常具足無減，修了了分明見，乃至意根亦如是。《大品》云，六自在王性清淨故。又云，一切法趣眼，是趣不過眼尚不可得，何況有趣有非趣，乃至一切法趣意亦如是，此即諸經明衆生法妙也。佛法妙者，如經止止不須說我法妙難思。佛法不出權實，是法甚深妙難見難可了，一切衆生類無能知佛者，即實智妙也。及佛諸餘法亦無能測者，即佛權智妙也。如是二法唯佛與佛，乃能究盡，諸法實相，是名佛法妙。心法妙者，如安樂行中，修攝其心觀一切法，不動不退，又一念隨喜等。《普賢觀》云，我心自空罪福無主，觀心無心法不住法，又心純是法。《淨名》云，觀身實相觀佛亦然，諸佛解脫當於衆生心行中求。《華嚴》云，心佛及衆生是三無差別，破心微塵出大千經卷，是名心法妙也。

湛然《法華玄義釋籤》卷一七　五約譬中二，初敘傍正意，次正明用譬。初言兼明等者，三獸二珠約開合爲喻，黃石中金約破會爲譬，雖此二意正爲顯體。次正明用譬中二，先正釋三譬，次引此下明用三譬意。初釋中文自爲三，初借三獸中三，初正釋，次如是下示體，三此約下結示。初文又二，初三獸之譬本譬於通，通眞諦中有空有中，取象不空爲今經體。次從到又二種去亦約教道重簡但中仍爲小象，圓教不空方名大象。次如是下示於圓中異於通別，正顯今經不思議體。三從此約下結譬本意本借三獸以譬通教，故重結云約共眞諦。眞諦既含一眞二中，是故須簡偏眞但中，非今經體，此約圓別入通以簡經體，故知他人解釋尚不識小象不空，況能辨於大象不空，況能知於二中合在眞諦中耶？但知大象一概大乘，次更借二珠譬者又二，先正約二珠，次復獨約一如意珠譬。初文又二，初正釋，次結示經體。初云不能雨寶名爲但空，能雨寶者名一切法空，空含二義是故須簡，空名不殊故云相似，但空唯空故云但空，此是通教偏眞但空，對別教俗諦中空不具諸法故云但空不能雨寶，亦空亦雨即是即中即假故也。但空非空教道權說，故以能雨正譬實中，此是圓教入別之說，別教有無共爲俗諦，圓入即以兩中爲眞，是故眞中，簡卻但中非今經體，是故重喻如意摩尼以辨得失，是則前三獸喻約別圓入通，故須於其能入之中簡卻次第中也。約能所合說，故云空中合爲眞諦簡也。今亦如是。約所入邊即別教中道，但簡所入能入盡妙，正是經體。今亦能所合論。所入仍語俗者爲辨異前，故云有無合爲俗簡。次更約如意爲譬，亦二，先釋，次結。釋中亦是如意名同，如二空名同，故云含中眞諦簡也。與前二象，大意不殊，今重顯耳。向借二喻並約教道，故分二象及以二珠，此中約理，理本無二，由機緣取，致有眞中，故知眞中本同一實，故喻如意珠體不殊。此重約前別圓入通，眞諦之中含二中者，人有得失非理爾也。雖復重約如意爲譬，同成第二珠譬義耳。第三譬者，教理共論，是故通約一切凡聖及以教法。於中爲二，初約機異，次判同異。初機異又三，初譬，次合，三結示經體。此四人中第二含於兩教二乘及通菩薩，三藏菩薩亦同凡夫故也。次文中二，先判，次結意。言與奪破會者，金體不殊，故云與也。凡夫其實未得果理，與而言之，云理不二，是故云與。理雖不二，凡實未有果上之用，是故云奪。估客金匠準此說之。所言破者，若廢權立實，丹尚異器，何況金石。若會權歸實，體既不殊，豈簡金石，凡夫亦然，準說可見。次明用譬意中又三，初正明三意，次今明下結成三法，三如此下結成一乘三軌。初文中三，初意云約根性等者，二乘淺菩薩深，其利根者又得其中，次言三情者亦約三人，三情各別故初人從假入空但求出苦。次別人地前歷別，後人方能於別但中，見一切法中故云後者廣大，後喻三方便者凡夫全無置而不說。次結成三法中問前三譬中皆云今經體也。又復三義本爲顯體，何得此中乃云三譬以對三法。答義有傍正，正顯體已復順此三。若爾即是用所依體，體能成用，亦宗所顯體，體能成宗。故以三譬復對三法，第三意中云如此三譬即是三德者，象譬法身以得底故，珠譬解脫以能雨故，仙譬般若住妙空故，此約別說故作此對，若一一譬各爲三者，得堅譬法身，以水譬般若，至岸譬解脫，珠體譬法身，珠空譬般若，雨寶譬解脫，脩治譬般若，金體譬法身，成仙譬解脫，皆取法身以爲經體，恐體濫故，故約三德，簡出二德剋取法身，若據顯體亦秖應是法身德耳。今言三德意亦如前，思之可見，約悟簡者，所以須此悟簡者，如釋十妙自有從因至果自行化他故，不須論悟，尚一一文下皆須觀心，及至釋經亦立觀心一門經是教法故也。今明體中須約悟者，體通凡鄙其名猶通是故須簡，下文明用用是果上之法宗是因果不悟無果，故並不須約悟簡也。是故約悟唯在此中，於中爲二，初斥非，次顯是。初又二，初總斥，次徒勞下別明非相。又二，初別明非相即四執，不同即是橫計，常樂我淨，準止觀中意亦是橫計四門差別，具如彼記。次情闇下重斥，先譬，次合，可知，次顯是中二。初明凡位未悟，次明聖位方悟。初文二，法譬，初文是從觀行位初入六根淨，故云明淨等，苦到是五品之前修於五悔，開發之言且通說耳。以行五悔能感諸佛加被，令發五品乃至初住故也。觀心明淨入五品，信解虛隔是六根，喻中云人木等者，上句文略，應更云水中觀塵下雙結云人木等不了。次若能下明聖位，從相似位入初住位，於中爲四。初通明智斷，次清淨下明境智，三論云下引證，四略而下示經體。初又二，先法次譬，初住之始分得經體，鏡水明淨譬無明滅，魚像自現譬法身顯。次文又三，先智，次境，三功能，即境智相應也。所顯之體由能契智，智由人也。故云如是尊妙人，則能見般若。次所見境中云一指二指等，如《止觀》第五記，三指分明眞經體也。三功能中二，先立，次釋。如文，三引證中二，初引論明所通之實實即體也。次如舍利下明能見之人。又三，初引此經，正明見體，次引涅槃明得體行息，又二。初引，次釋，釋中約理教等三，且約一分未爲全息，三總指廣，乃至五妙五即，明無所作，四示經體中二，初正示體，次歷諸法。

天台智者大師說《妙法蓮華經文句》卷四上 〇從爾時世尊告舍利弗汝已殷懃三請豈得不說下，廣明開三顯一，凡七品半文爲三，一爲上根人法說，二爲中根人譬說，三爲下根人宿世因緣說，亦名理事行，例如《大品》亦爲三根（云云）。今以十義料揀，一有通有別，二有聲聞無聲聞，三惑有厚薄，四根轉不轉，五根有悟不悟，六領解無領解，七得記不得記，八悟有淺深，九益有權實，十待時不待時。一明通別者，初周別名法說，通則具三，如優曇花時一現耳。即譬說，若我遇眾生，盡教以佛道，即因緣說也，中周別名譬說。通則亦三，我先不言皆爲化菩薩故，又合譬於一佛乘分別說三，即是法說。於二萬億佛所常教化汝，即因緣說。若謂此文屬法說者，可取長者聞已，驚入火宅方宜救濟，即因緣說。下周別名宿世因緣，通亦具三。涅槃時到眾又清淨令入佛慧，是法說。有一導師是譬說。而作三周者，從多從正從略從傍，欲令名字不濫，各據一意耳。

問，三周爲三根人，一周通有三說者，一說應具三根。

答，法說非止逗上中之上，又有中下，從正略傍，故言逗上根人耳。餘二周亦如是。二明有聲聞無聲聞者，光宅定有實行聲聞。若言無實權何所應，開善解無實行聲聞，引勝鬘三乘初業不愚於法，外凡已知一乘，寧有二乘猶執小果。經明有者權也。此二家偏執乖經失義。若定有者，經那言無聲聞弟子，但化諸菩薩。若定無者，誰入化城，亦無三可會權何所引。若言實有爲權所引者，亦應實有三藏佛，復爲權三藏佛所引。若實無此佛，但有權佛者，何意不許但有權聲聞無實聲聞耶？此義不例，實有斷界內惑者，呼此爲實而權者應之，何處有斷界內惑佛，而有權佛應此佛。今明有無不可偏執，若從長者實智往觀則無客作人。若就窮子根性，則便自謂作人。《法華論》有四種聲聞，一決定，二上慢，三退大，四應化。前二未熟不與授記，後二與記。若依今經應有五。一久習小今世道熟，聞小教證果，如論是決定聲聞。二本是菩薩積劫修道，中間疲厭生死退大取小，《大品》稱爲別異善根，佛且成其小道爲說小教，齊教斷結取果，是退大未久，習小來近理應易悟，如論是退菩提聲聞。三以此二故，諸佛菩薩內秘外現，成就引接令入大道，如論是應化聲聞。四若見權實兩種能出生死，欣樂涅槃修戒定慧，微有觀慧未入似位薄有所得，謂是證果，此名未得謂得未證謂證，如論即是增上慢聲聞。五者大乘聲聞，以佛道聲令一切聞，若從決定退菩提兩種，即有聲聞，若從大乘理無灰斷永住化城，終歸寶所，實者既爾則無有權故無聲聞。若增上慢者，既未入位則非實，又非應化則非權，若得此意有無冷然何須苦諍。

復次秖就大乘聲聞，復論有無。若權作應化，外現小迹內隱大德，則謂無大乘聲聞。若從自行發迹顯本，則言有大乘聲聞。今開三顯一正意，爲決定退大聲聞令成大乘聲聞，自行既立即能化應聲聞。若得此意則達有無也。第三惑有厚薄者，瑤師云，三根得果已後遊觀無生，無生之理是一。及其出觀緣三教則異，將必異之三教，惑於無生之一理，謂教既三理豈容一。又將一理惑於三教，理既是一教寧得三。踟躕理教之間迴遑得失，以理惑教此有得義，以教惑理此有失義。上根以理惑教情多，初聞法說順情即悟。下根以教惑理情多，聞法說無三，逆其計謂故三聞乃解。中根處二楹之際，法說不悟譬說便了。今謂此釋三根未必應爾，三人踟躕何等理教。若迴遑小乘理教則疑惑未盡，尚非初果斷結之人。若迴遑大乘理教，大乘條然永異，何曾與小乘相濫，而言踟躕耶？若以小惑大，以大惑小，爾前未斥方便，那忽遊觀出入，預有踟躕，既預踟躕即已疑生執動，非始今日。若先動執生疑，聞開三顯一即應領解，那忽猶有驚疑，進退無據故不用此解。今明根有利鈍者，皆論大乘根性。惑有厚薄者，約別惑爲言耳。即爲四句，一惑輕根利，二惑重根利，三惑輕根鈍，四惑重根鈍。若別惑輕大根利初聞即悟，若惑重根利再聞方曉，若惑輕根鈍三聞乃決。第四句雖復三聞不能得悟，止爲結緣衆耳。或可初兩句根利同爲上根，或可中間兩句爲中下根（云云）。

湛然述《法華文句記》卷三上　教菩薩法明因人所依，此去仍帶異名以釋，故加之以處。處爲能生之一法，一法秖是究竟相，故云諦理。諦理乃與《法華》不殊，故燈明佛歎《法華經》，亦云教菩薩法佛所護念，故得引下普令等文，以之爲證，證義處也。所以經名在序，但云無量義耳。以兼正故，教菩薩法加於處也。取下三昧來通釋之，使兩處義齊俱序並正。嘉祥云，此有二義，一者實相名爲無量，二者實相所生名爲無量。今謂無量之名可名所生，實相之稱應申能生，雖立能所俱名無量則未可也。若對異名能生之法，名爲實相，斯則可矣。直爾釋序意都不然。經自釋云，無量義者從一法生，生即所生一法，能生即實相也。古來匠者，如何得以能生釋耶？故《論》云，此是如來欲說法時至成就，既云欲說非即全同，若其全同即是已說。故《論》存序，乃云欲說，意兼於正則爲異名。論其二途今釋準彼，亦順下文三昧爲歎。若所入三昧唯依所生列名，秖應但云無量，故知經名文在所生，意兼能出，所入三昧義必雙含，所以前消論云，欲說此經先入此定。今從經所表邊，復以義處歎之，及引文證全在此經。佛護念者，果人所護，既是能生無量義處，復是佛所證得，豈佛所證而非實相。故引自住而以爲證，昔未說故名之爲護，約法約機皆護念故。從雖欲下明護念意，佛意本欲唯說能生，故說無量義時機仍未發，隱而不說，故云護念。故無量義下一護念言亦成兩向，但彼經文雖云從一出多，未云從多歸一，猶是覆相名爲護念。若不爾者，則已說《法華》，何名爲序。以未說故，故云雖欲開示等也。以未說故護，未暢故念，言久默者，自昔至今，斯要等意思之可知。若唯從所生非專佛護，在昔通說無時不然。故《法華論》云，蓮華二義，一者出水，二者開敷。彼如出水，此若開敷，所以仍名爲蓮故華，但有未開當開之別。釋入定者，先舉所入之定，次明能入身心。初文中三，先結入意，次非禪下釋結意，三疑者下釋疑。初結意者且約彼經彼定，而相成者理則可見。次釋結意者又二，初明定慧之用，互有相資各有力用，次明相即即定慧體。初相成者，先說後定且從序說，先定後說如下釋疑，佛居果位必無先後，爲順化儀現有先後，究而論之其體相即。次立疑者且依序問，凡諸化儀，皆先定後說。此中何以先說後定，答中先順問答佛之常儀。次申定意，欲明一定義分兩途，次說此下述爲序意。今時何故先說後定，常儀說已即應衆散，更入此定肅其現衆。衆既不散得爲今序。次何者下述爲正意，以一定中義兼二意。意雖復二，時衆但見無量義後即便入定，不知所入爲是何定。不知定後爲說何法。故結集者復符佛旨述所說經，但云無量，述所入定即加其處。若從義處以出無量顯成序意，若收無量以入義處，密成正宗。雖加義處衆亦莫知，言若作次第等者，亦順化儀辨定先後，即以不次第而論次第，於佛內照豈可分張。若明文等者，謂如來當時不先示定體，故使彌勒勤勤置問，乃是經家於別序中，且覆別以從通。

智者大師說《觀音玄義》卷下（門人灌頂記）　第二明觀者，又爲二，一結束世音之境，二明能觀之智。結境即爲六，一結十法界是因緣境，二四諦境，三三諦境，四二諦境，五一實諦境，六無諦境。此具出《大本玄義》。二明觀智者，傍境明智作五番明觀智，就因緣則四番因緣論觀，四諦亦有四番論觀，三諦有兩番論觀，二諦有七番論觀，一實諦則一番論觀，無諦則無觀，如此等義具在《大本》。今約三諦明觀，若通論十法界皆是因緣所生法，此因緣即空即假即中。即空是真諦，即假是俗諦，即中是中道第一義諦。若別論六道界是因緣生法，二乘界是空，菩薩界是假，佛界是中。論境即有二意，今對境明觀亦爲二意，一次第三觀，二一心三觀。次第者，如《瓔珞》云，從假入空名二諦觀，從空入假名平等觀，二觀爲方便得入中道第一義諦觀。此之三觀即是《大品》所明三智。一一切智，知一切內法內名一切能知能解，一切外法外名能知能解，但不能用以一切道起一切種，故名一切智。二道種智，能知一切道種差別則分別假名無謬，故名道種智。三一切種智，能於一種智知一切道知一切種，一相寂滅相種種行類能知能解，名一切種智。通而爲論觀智是其異名，別而往目因時名觀果時名智。此三觀智即是大經四種十二因緣觀，下中上上上。《涅槃》通取析法明於四觀，《大品》、《瓔珞》直就摩訶衍但明三觀三智。今若開二經合《涅槃》者，應開衍法從假入空觀生滅一切智也。若合《涅槃》就二經，合下中二觀同是一切智也。若將三經若開若合對五眼者，天眼肉眼照麁細事皆是世智，悉爲諸觀境本。若三觀三智從此即入體法一切智，若四觀四智此即入析法一切智故肉眼天眼爲本。若入一切智對慧眼，道種智對法眼，一切種智對佛眼。《中論偈》因緣所生法一句爲觀智之本，三句對三智，若將三觀智對四教，即須開之如前。若將涅槃四觀對四教，下智是生滅一切智對三藏教也。中智是體法一切智對通教也。上智即道種智對別教，上上智即一切種智對圓教，所以應明三觀，那忽對四教者何。若無教即無觀，禀教修觀得成於智，所以明教也。教必有主，有主即佛也。或可一佛說四教，或可示四相明四佛，四教既有四主即應有四補處，即是四種菩薩輔佛弘此四教也。

知禮《觀音玄義記》卷二　三福慧三。初標示異名，福中之勝不過於定，舉勝攝劣，則五度備矣。二定名下依名釋義二。初明二法功能四。初定慧之功，靜愛觀策者，由寂靜故能愛攝諸行，由觀照故能策進諸行，愛而不策則生凝滯之心，策而不愛則成散越之慧，愛策具足方有趣果之功。二寂照下福智之德，寂照之智者，即權實二智也無幽不朗者，即無三惑之暗也。福德禪定必含諸度及大小諸禪，以福資智如油助燈也。三亦稱下目足之稱，清涼池即涅槃者，涅槃必須三德具足，極在妙覺，分通初住。四涅槃下莊嚴之名。二嚴屬修法身是性，性有闕具，故使二修有眞緣之異，如下所辯。二釋此下約四教解釋二。初明四教，三藏菩薩雖云觀理，伏而未斷，且舉諸禪實兼餘度，發眞必在三十四心。若通菩薩體法巧慧理度助之，因即發眞至佛方竟，別人雖信能造之心即是佛性，性不具九爲惑所覆。故須別緣眞中二理，破通別惑，是故名爲緣修智慧，乃以俗諦諸禪三昧助顯法身，圓談性惡，了惑實相即爲能觀，名實相觀，定亦如是名實相定，復以實相名所顯身，即一而三名定慧身，即三而一同名實相。若昧性惡何預初心。二今圓下示圓六即如文。三觀音下結指經題二。初指經文，言智光照苦者，經無此文，而有其義，無量眾生遭苦稱名，菩薩即時觀其音聲皆得解脫，觀是智照即光也。觀音妙智即是眾生三道之體，眾生迷故顛倒乃生，觀音照之解脫斯在，頻引三經放光文者，若非色者，安得云放。若定是色那名智慧，故知色心其體不二，色性即智智性即色，豈惟光然，一切色然，普現色身義準可識。又豈獨果事實存因理，良由理具方有事用。二良以下結歸題目，四眞應三。初標名示義，二身皆有集藏之義，眞集一切，智慧藏於一心，應集一切神通藏於一色，色心不二通慧一如，唯色唯心斯之謂也。二若契下對揀是非二，初約法示三。初法實相之體即是法身，能契之智即自受用報。此二於今皆名眞身，法報既冥則能稱機，起勝劣等應。二譬如下喻，攬鏡譬證眞，即形譬起應。三此之下結，三千俱體爲眞，三千俱用爲應，此之眞應方不相離，無謀之說義顯今宗，諸家所談難逃作意。二若外下說人簡二。初簡小外，根本有漏禪境不明，縱少現通不能益物，此簡非應，尙未下簡非眞也。若二乘等者，且舉二乘，必兼兩教及二菩薩，準妙玄意。藏通二教皆是作意神通，以須灰滅無常住本不能起應。若別接通別惑未斷，亦不得應，縱令赴物皆名麁應。若別初心亦不能應，初地初得三觀現前，證二十五王三昧，法身清淨無思無念，隨機即對，是不思議妙應也。二大乘下示圓人二。初明二身。得實相眞者，正語圓住義該別地。與眞不殊者，名質爲眞。聖人應像同機體質，已證眾生本覺之性，用機百界應百界機，體本不二安得少殊。二菩薩下示六即。三今經下結指經目二。初指經文，二良以下結題目。五藥珠三。初標名示教。《柰女經》者，具云《佛說柰女祇域經》，一卷。柰女即維耶離國梵志家柰樹所生，顏色端正宣聞遠國，因蓱沙王往娉，後生一男名曰祇域，生時手把針筒藥囊，至年八歲廣通醫術，遍行治病，後逢小兒擔樵，祇域視之，悉見此兒五臟腸胃。祇域心念，《本草經》說有藥王樹，從外照內見人腹臟，此兒樵中得無有藥王樹邪。即往問兒，賣樵幾錢，兒曰，十錢，便雇錢取樵，下樵置地闇冥不見腹中。祇域思惟，不知束中何所爲是藥王。便解兩束一一取之，以著小兒腹上，無所照見，輒復更取，如是盡兩束樵。最後有一小枝，裁長尺餘，試取以照具見腹內。祇域大喜，知此小枝定是藥王，悉還兒樵。兒既得錢樵又如故，歡喜而去。祇域於國遍治病人，皆以藥王照視，悉見病本，然後治之無不愈者。今取譬眞身拔苦，如藥王之治病也。珠是如意之寶者，如《華嚴》中得摩尼珠十種瑩治，能雨眾寶。今取譬應身與樂，如摩尼之雨寶也。二廣歷下約教辯能二。初略指三，隨教淺深益物廣狹，以明治病得寶之相。二今約下廣明圓二。初釋二身二，初藥樹身二。初喻，根深喻眞妙，四布喻應廣示理行果教，如根等次第，信行修四如聞獲益，法行修四如觸獲益，二菩薩下法，今品初段專明拔苦，即是大悲熏於眞身，與治病義齊也。形聲利物且就通說。若據經文須在冥益，不以形聲合前聞觸，意亦在茲。二又如下珠王身二。初喻，如文，二菩薩下法，即以大慈熏於應身，普令得樂，與寶義同也。

智顗《觀音義疏》卷下（灌頂記） 第二從若有衆生多於婬欲去，是明意機也。釋此爲二。初貼文二觀解，貼文爲二，初正明意機，次結意機。意機約三毒爲三章，章各有三。一明有苦，二默念，此兩即是明機，三明離即是明其應三也。通稱毒者，侵害行人喻之如毒，但名有單復。有人解云，三毒多者不知其是過故不求觀音，少者念觀音梵行之德，所以能感，意謂此解乖文。文云，若有衆生多於婬欲念即得離，云何對面違經耶？今明三毒多者，能念觀音菩薩有力令多得離，何況少相，此則以多況少爾。《大論》云，女人違戒垢謗法餘殃，不擇禽獸不避高牆廣塹之難，不計名聞德行，破家亡國滅族傾宗，禍延其身，如術婆伽禍延其國，如周敗褒姒，《淨住》及《禪經》明，多欲人有欲蟲男蟲淚出而青白，女蟲吐血而紅赤。又言，有欲鬼嬈動其心令生倒惑。如大經云，若習近貪欲是報熟時，此舉多欲相也。若少欲人蟲鬼潛伏，無過狂醉是少欲相，瞋恚多者今世人不喜見，如渴馬護水如射師子母。故《遺教》云，劫功德賊無過瞋恚。《華嚴》云，一念瞋起障百法明門，菩薩以瞋乖慈障道事重。《大集》云，一念起瞋一切魔鬼得便。《涅槃》云，習近瞋恚，若例婬恚亦應有鬼。如《柰女經》，瞋則有蝎蟲是名多瞋相，與上相違是瞋少相愚癡多者邪畫諸見，撥無因果謗毀大乘。如大經，例前亦應有蟲鬼，三毒過患如此。欲離此故至心存念觀音，即得離也。有人解云，起伏相違稱之爲離，非滅離也。今謂經文說離何意言非。若依請觀音者，淨於三毒根成佛道無疑。今作十番明救三毒。三番是伏惑論離，七番是斷惑論離也。

無相《法華大意》卷中（天池法聚較正、葉祺胤重較） 爾時，世尊告舍利弗（至）如是妙法。

此經向後科家謂之正說妙法。又有四科。初許說，再舉說。此語時至默然而不制止。此兩行經，科家謂之上慢退席。再舉爾時佛告舍利弗我今此衆至願樂欲聞，此兩行經科家謂之衆淨誠聽。再舉佛告至如是妙法，此段經，向後方是正說。如是妙法四字，直指妙法全體也。舉如意云，會麽。於此領悟，會我相人相衆相壽相，如紅爐片雪，了無蹤跡，消卵生胎生濕生化生，若大夢暫思。那討根由，鑄萬象總作一金，融萬古即是一念。到此田地，處處彌陀佛，家家觀世音。其或不然，須向靜中回光自照，此身乃父母之遺體也。那個是父母未生之自體乎。此心乃根塵之發知。那個是根塵未有之本心乎。如是參來參去，不計工夫，必有大悟時節。到大悟時，必當自信眼見之形相，妙法之全體也。耳聞之音聲，妙法之圓宣也。鼻嗅之香臭，妙法之至信也。舌嘗之滋味，妙法之醍醐也。如是乃至身觸意緣，鳶飛魚躍，雲行雨施，無有不是妙法之全體大用也。靈山一會，儼然不散。妙經宣揚，滿眼滿耳。到這裡且道還容註解也無。若許註解，須彌爲筆，大海爲墨，虛空作紙，經千萬億劫註亦不盡。若頓領悟，道個一念不起。猶是須彌山，豈許心意卜度，言語分疏者哉。問曰，妙法四字既是全體，且道離此四字之外喚作什麽。師曰，不許安名。曰，既不許安名，諸佛全體爲什麽云如是妙法。師曰，安名也安名，只怕人錯認。曰，錯認時如何。師曰，我相人相。曰，不錯認時如何。師曰，人空法空。曰，恁麽則道馬非爲馬，言牛未是牛，兩頭俱坐斷，中道一齊休。師曰，都講迴向。

諸佛如來時乃說之（至）欲令衆生入佛知見道故。

此段經，大略言此妙法不是尋常語言文字，雖有語言文字，乃宣揚妙法之語言文字也。此語言文字實非妙法。又再三誡之當信佛語，蓋妙法即當人妙心，若不信，是自棄耳。又曰，是法非思量分別之所能解，蓋思量便屬情解，自心之妙失矣。又曰，爲一大事出現於世。如是，則大事即本妙心體，強名佛知見。既不許思量，從何領信。既信妙法，不許思量，卻是望空而信。既望空而信，信個什麽。蓋此實相妙法，雖語言道斷，心行處滅，亦不離語言文字也。故曰，文字顯總持，總持無文字。舉如意云，會麽。若於此會得，便信與三世諸佛共一心膽，便信與歷代祖師共個肚腸。七軸妙經，仰觀也看着，俯察也看着。三世諸佛，進前也相逢，退後也相逢。如其不然，須向靜中放下千斤名利擔，收回一點是非心，單單看個天地未曾判，父母未曾生，我今日能知能覺能喜能怒者畢竟在什麽處安立。忽然參透，當自大悟，無一物不是妙法全體，無一名不是妙法全號。

到此田地，生死乃我心之活相，聖凡亦吾性之假名。苦樂逆順，水底月痕，動靜寒溫，天邊鳥跡，更何疑哉。問曰，如何是一大事因緣。師曰，諸佛爲此出現。曰，諸佛出現且止，如何是一大事因緣。師曰，講一月已來正爲此事。曰，講論已承妙語，且道如何是一大事因緣。師曰，老者安，少者懷，朋友信。曰，孔聖以此三事爲本懷，莫便是一大事因緣麼。師曰，且到此田地，再問一大事因緣。曰，恁麼則從淺至深，從近至遠去。師曰，本無深淺遠近。曰，如是則道曠無涯。師曰，也不是。曰，如何即是。師曰，且回向看。

智顗《摩訶止觀》卷二上（灌頂記）　二勸進四種三昧入菩薩位。說是止觀者，夫欲登妙位非行不階，善解鑽搖醍醐可獲。《法華》云，又見佛子修種種行以求佛道，行法衆多略言其四。一常坐，二常行，三半行半坐，四非行非坐。通稱三昧者，調直定也。《大論》云，善心一處住不動，是名三昧，法界是一處，正觀能住不動，四行爲緣，觀心藉緣調直，故稱三昧也。一常坐者，出文殊說文殊問兩般若，名爲一行三昧。今初明方法，次明勸修。方法者，身論開遮，口論說默，意論止觀。身開常坐遮行住臥，或可處衆獨則彌善，居一靜室或空閑地，離諸喧鬧，安一繩床傍無餘座，九十日爲一期，結跏正坐項脊端直，不動不搖不萎不倚，以坐自誓，肋不拄床，況復屍臥遊戲住立，除經行食便利，隨一佛方面端坐正向，時刻相續無須臾廢。所開者專坐，所遮者勿犯，不欺佛，不負心，不誑衆生。口說默者，若坐疲極，或疾病所困，或睡蓋所覆，內外障侵奪正念心不能遣卻，當專稱一佛名字慚愧懺悔以命自歸，與稱十方佛名功德正等。所以者何。如人憂喜鬱怫舉聲哭悲笑則暢，行人亦爾。風觸七處成身業，聲響出脣成口業。二能助意成機感佛俯降，如人引重自力不前，假傍救助則蒙輕舉，行人亦爾。心弱不能排障，稱名請護惡緣不能壞。若於法門未了，當親近解般若者，如聞修學，能入一行三昧面見諸佛上菩薩位，誦經誦呪尙喧於靜，況世俗言語耶？意止觀者，端坐正念，蠲除惡覺捨諸亂想，莫雜思惟不取相貌，但專繫緣法界一念法界。繫緣是止，一念是觀，信一切法皆是佛法，無前無後無復際畔，無知者無說者。若無知無說則非有非無，非知者非不知者。離此二邊住無所住，如諸佛住安處寂滅法界，聞此深法勿生驚怖。此法界亦名菩提，亦名不可思議境界，亦名般若，亦名不生不滅。如是等一切法與法界無二無別，聞無二無別勿生疑惑。能如是觀者，是觀如來十號。觀如來時不謂如來爲如來，無有如來爲如來，亦無如來智能知如來者。如來及如來智，無二相，無動相，不作相，不在方不離方，非三世非不三世，非二相非不二相，非垢相非淨相。此觀如來甚爲希有，猶如虛空無有過失增長正念，見佛相好如照水鏡自見其形，初見一佛，次見十方佛。不用神通往見佛，唯住此處見諸佛聞佛說法，得如實義爲一切衆生見如來，而不取如來相，化一切衆生向涅槃而不取涅槃相，爲一切衆生發大莊嚴而不見莊嚴相，無形無相無見無聞知，佛不證得是爲希有。何以故。佛即法界，若以法界證法界即是諍論。無證無得，觀衆生相如諸佛相，衆生界量如諸佛界量。諸佛界量不可思議，衆生界量亦不可思議。衆生界住，如虛空住，以不住法，以無相法，住般若中。不見凡法云何捨，不見聖法云何取？生死涅槃垢淨亦如是。不捨不取但住實際，如此觀衆生眞佛法界，觀貪欲瞋癡諸煩惱，恆是寂滅行，是無動行，非生死法非涅槃法，不捨諸見不捨無爲，而修佛道。非修道非不修道，是名正住煩惱法界也。觀業重者，無出五逆。五逆即是菩提，菩提五逆無二相。無覺者，無知者，無分別者，逆罪相實相相，皆不可思議不可壞，本無本性，一切業緣皆住實際，不來不去非因非果，是爲觀業即是法界印。法界印四魔所不能壞魔不得便。何以故。魔即法界印。法界印云何毀法界印。以此意歷一切法亦應可解。上所說者皆是經文。勸修者，稱實功德奬於行者，法界法是佛眞法，是菩薩印。聞此法不驚不畏，乃從百千萬億佛所久植德本。譬如長者失摩尼珠後還得之，心甚歡喜。四衆不聞此法，心則苦惱。若聞信解歡喜亦然。當知此人即是見佛，已曾從文殊聞是法。身子曰，諦了此義是名菩薩摩訶薩。彌勒云，是人近佛座佛覺此法故。故文殊云，聞此法不驚即是見佛。佛言，即住不退地具六波羅蜜，具一切佛法矣。若人欲得一切佛法，相好威儀，說法音聲，十力無畏者，當行此一行三昧。勤行不懈則能得入，如治摩尼珠隨磨隨光，證不可思議功德，菩薩能知速得菩提，比丘比丘尼聞不驚，即隨佛出家，信士信女聞不驚，即眞歸依。此之稱譽出彼兩經（云云）。

湛然《止觀輔行傳弘決》卷四之一　釋二十五方便，初且通明漸頓二種，次今就下，方始別明今文方便。初文通論頓方便者，初釋名云善巧，迴向令成妙因故名善巧，又泛引證及功能等，未的委示二十五相，故名爲通。言善巧者，從初發心權實不二，以不二解調停事儀。能使一行一切行，成三軌眞解。一發一切發，入圓初住功由善巧。《大論》下，次引論證善巧之相，以種智導，毫善不停，能過二乘極果之上。《論》第九云，小善能作大果者，如求佛果讚歎一偈，稱一南謨，燒一捻香，奉獻一華，如是小行必得作佛。又第三十二問云，菩薩云何少施。答，夫施在心不在事，菩薩或貧，或聞他說施無多少，或畏多集財物，損他財失善心。或惱衆生，惱衆生故而供養佛，佛所不許，是故少施迴向菩提，故知善巧名方便者，由迴向故由智導力，所以下文明二十五法，堪爲圓方便者，正由迴向及智導故，又方便下重釋也。以善能和合故名方便，若爲果立因，因立必能剋果，故號剋果之因名爲和合取果。《大品》下，引證和合，既無量諸法方成佛因，是故和合方名方便。是故下文二十五法，和合調停方得成，於圓初住因，剋妙覺果。若依下明漸方便問，四中有圓，何故此四通名爲漸。答，先歷三教故得漸名，然第四圓即同初頓，此四通途各以內外凡爲遠近方便，但列初後中間可知。次明今文二十五法，於向所列圓教遠近方便之前，更論方便者，以爲五品作方便故，於六即中是名字即，故云假名。故知今意並在四教內外凡前，通爲四教遠方便也。言十種者即十境也。若觀若發入品非遙，故名爲近。二十五法去眞遙故，故名爲遠。問，陰是正修，餘九待發，如何以此而名方便。答，今論十境皆是方便者咸是所觀。若能觀之方屬正行，是故前八但在凡夫，後二名爲聖人方便，故知十境並是圓行近方便也。若前三教差降不同，別於菩薩境但觀二教，通但觀一，三藏全無。但觀九境，通二乘人觀八境半，三藏二乘觀八境全，通論雖爾今意在圓，橫豎下明觀境功能，十境橫豎如第五初十雙互發，由境發故觀法縱橫，復名橫豎。至第五卷當更委明觀橫豎相，今意且明二十五法，初列五科，次生起，即以初住名爲所在，從初住去非今文意。故下文云，入住功德今所不論，譬如下舉譬以譬五科。陶者（大刀切），今濮州南陶丘城，堯曾居之故曰堯城，故謂堯爲陶唐氏，陶即作瓦字也。今以此名人故云陶師，若從所造爲名應作匋，瓦器也。初譬具緣，息餘下譬呵欲，雖息下譬棄蓋，身雖下譬五事，上緣下譬五法，止觀下合，具合五科及提譬帖合，世間下結勸，世間淺事謂界內禪定，尚須二十五法而爲方便，故云非緣不合，何況出世圓頓之道。約事爲觀等者，釋中二十五法一一皆悉託事爲觀，以生圓解。言調麁等者，若直就二十五法，則二十五法以爲能調，三業麁散以爲所調，若事理合論則二十五法，以爲所調，對事興解解爲能調，且約二十五法爲能調麁，又有通別二意。若如生起五科，一一皆爲調麁檢散，即通意也。若別論者，前三調麁後二檢散。此五法下引證，五法秖是五科，明此五科所行有據。《大論》釋禪度中問曰，云何方便得禪波羅蜜。答，卻五事（五欲），除五法（五蓋），行五法（名同），具緣出《禪經》，故引《禪經》云等。良師即善知識也。調五事者，雖是人立行之要故，故今用之，此之五科文五義二。所謂事理，理復爲二，謂次不次，意唯在一，專期正觀。

湛然《止觀義例》卷下 第六行解相資例者，如分別中總以十義分別十章，於中且約自行化他，則前八自行，於中去果論因則果報爲果非今正意。前七爲因正明修相，於七因中，前五生解後二爲行，分別文中雖以起教取譬，於自起教化他義當於解，越次取文兼化他故，故自行解唯前五章是也。大意雖有行及果報等文，但是示行及果報等，令知始末，非謂即是修行相也。何者。修行俱須二十五法以爲方便，十乘十境以爲正修。所以者何。若無十境乘則無體，若無十法名壞驢車。故知必須五章以生妙解，於生解中大意則略解始終，自他因果則文略而意寬。次四專在名體則文理俱廣，故以廣解導於行，始使二十五法隨教甄分，會開廢麁，方可得名妙行之首也。是故五章一不可廢，若用此解而修十法，則但釋十法名宗次第，於理自足。而今文中相猶廣者，爲鈍根者仍恐不曉觀法次第，故引前解入觀委論。又恐繁文故，於陰入具釋十法九境比知，是故諸文不無旁正，且如十境，只一念心行之地也。一一顯示境相不同，行之種也。一一起於十乘觀法，行之雨也。一一轉成不思議境，行之牙也。一一發心，行之幹也。一一安心，行之葉也。一一破遍乃至正助，行之華也。一一次位以至離愛，行之果也。若無六事，道樹不端，次第雖爾。若從人說，上根即於境種而生於果。故文云，直聞是言病即，除愈爲中下根更須後法。是故文云，至長者所爲合衆藥。又於十乘一一復須了其文旨，一一皆依不思議寂照止觀，文之髓也。一一乘相生起次第，文之骨也。一一引事助成行相，文之肉也。廣破古舊問答釋疑，文之膚也。又釋名等四文兼於膚義，兼於肉意即骨也，意下所詣即是髓也。若無四事法身不成，是故讀者行者須知緩急，無得謬指偏言僻意令行不周。修行之來豈過集解而起方便，行因得果滿教他，他機我應感應斯息，自他同歸滅理眞性。今之一部意唯若是，故此十章攝無不盡。

灌頂《**觀心論疏**》**卷四** 論曰，問觀自生心，云何是因心，起十種境界，成一心三智，此是第六一偈，明正觀理實，而諸境雜發不同。然上四種三昧，及二十五方便，皆是明修正觀之前方便，今去正是明圓觀方法也。言因心者，觀起十境名爲因心。起十種境界者，一陰入境，二煩惱境，三病患境，四魔事境，五業相境，六禪定境，七諸見境，八增上慢境，九二乘境，十菩薩境。初觀陰界境者，然一切衆生常以陰界入俱故，須先觀次陰界後而觀煩惱者，然概流則水涌，由觀陰境擊發煩惱，則動三毒越逸異常。若不明之，行者不識則必爲之沈溺。所以第二明煩惱發動用觀治之也。次觀病患境者，然一切衆生以四大毒蛇，共爲一身，常自是病。然病有多種，或業病，或四大違返病，或魔鬼病，或因坐用心不調得病，今觀陰入界境不發，而但發諸病。若不明者發時，行者不識，則壞三觀之心，破毀浮囊亡失正念故。第三明病患境。次觀業相境者，然一切衆生過去皆有一切善惡之業，但衆生心水波浪不靜，業不得現。今因觀陰界入澄神靜慮，過去之業因靜心而發，若不明之，發時不識，則爲破壞故。第四明業發相也。次觀魔事境者。經云，菩薩道若成，當化導衆生空我宮殿，及其道未成我當破之。故云，道高魔盛。今觀陰入多發動魔，若不先明之，發時行者不識，則爲之所惑故。第五明觀魔事境也。次觀禪定境者。經云，一切衆生有三種定，謂上中下。下者，謂十大地心數中定也。中者，一切衆生皆有初地味禪也。上定者，一切衆生皆有佛性首楞嚴定也。所以今觀陰入境靜心多發諸禪，若不明之，發時行者不識，則爲所破故。第六明禪定境也。次觀諸見境者，一切衆生常在諸見網中，今觀陰入境，種種推畫多發諸見，若不明之，發時不識，則爲諸見所破故。第七明諸見境也。次觀增上慢境者，今觀陰界入境，或隨發少許，即自謂之是聖，未得謂證墮增上慢，若不明之，發時不識爲之沈溺故。第八明增上慢境也。次觀二乘境者。經云，我見恒河衆生發菩提心，少有得成就者多墮二乘地，今行者初觀陰入境，發菩提心學菩薩道，但菩薩之道難成，多退，發二乘之心，若不明之，發時不識壞菩薩道故。第九明二乘境也。次觀菩薩境者，菩薩有四種，一三藏菩薩，二通教菩薩，三別教菩薩，四圓教菩薩。今觀陰入境正是第四明圓菩薩，但圓教微妙修圓菩薩行位難成，多墮前三教菩薩中，若不明之，發時不識必退失圓位故。第十明觀菩薩境也。然因觀陰界入境，發餘諸境種種不同。何者。或次第發如前分別，或不次第發，或具足發十，或不具足發，或諸境雜發，或發一境成就更發一境，或未成就更發餘境，或發一境竟重復更發，或不更發，或發一境久久而謝，或不久即滅。如是十義料簡陰界入境，發既爾，餘九境發亦十義料揀也。然十境既多合論，只成一心三智三觀。何者。陰入煩惱病患業相魔事禪定見慢等八境，即是假觀道種智攝，二乘境即是空觀一切智攝，菩薩境即是中道觀一切種智攝。此三觀三智並在一心中，故偈云，問觀自生心起十種境界，成一心三智等是也。

慧思《**諸法無諍三昧法門**》**卷下** 四念處觀。身念處觀如音品。觀身不淨時，先觀息入出生滅不可得，次觀心心相。若先觀色，麁利難解，沈重難輕。若先觀心，微細難見，心空無體，託緣妄念，無有實主，氣息處中，輕空易解。先觀入息從何方來，都無所從，亦無生處，入至何處，都無歸趣，不見滅相，無有處所，入息既無。復觀出息從何處生，審諦觀察，都無生處，至何處滅，不見去相，亦無滅處既無入出。復觀中間相貌何似。如是觀時，如空微風，都無相貌，息無自體，生滅由心，妄念息即動，無念即無生，即觀此心住在何處。復觀身內，都不見心。復觀身外，亦無心相。復觀中間，無有相貌。復作是念，心息既無，我今此身從何生。如是觀時，都無生處，但從貪愛虛妄念起。復觀貪愛妄念之心，畢竟空寂，無生無滅，即知此身化生不實，頭等六分色如空影，如虛薄雲，入息氣出息氣，如空微風。如是觀時，影雲微風，皆悉空寂，無斷無常，無生無滅，無相無貌，無名無字，既無生死，亦無涅槃，一相無相，一切衆生亦復如是，是名總觀，諸法實相。如是觀竟，欲得神通，觀身四大，如空如影。復觀外四大，地水火風，石壁瓦礫，刀杖毒藥，如影如空，影不能害影，空不能害空。入初禪時，觀息入出，從頭至足，從皮至髓，上下縱橫，氣息一時，出入無礙，常念己身，作輕空想，捨麁重想，是氣息入無聚集，出無分散，是息風力能輕舉，自見己身空如水沫，如泡如影，猶如虛空。如是觀察，久修習竟，遠離色相，獲得神通，飛行無礙，去住遠近，任意自在，是身念處，不淨觀法，九想十想，及觀氣息生滅出入，空無障礙，亦能獲得如意神通。先證肉眼，次觀天眼，能見無量阿僧祇十方三世微細色等，亦見衆生生死出没善惡業報，皆悉知之，明了無礙，總攝十力十八不共法，能作大身，遍滿十方。能作小身，細如微塵。一能作多，多能作一，重能作輕，輕能作重，醜陋作端正，端正作醜陋。長短大小，青黃赤白，悉能變化，虛空作地，地作虛空，地作水火，水火作地，能令變作，金銀七寶石壁草木，亦復如是，皆能變作。金銀七寶，象馬車乘，城郭樓櫓，宫殿屋宅，房舍燈燭，日月大珠，及如意珠，飲食衣服，床榻被褥，簫笛箜篌，五欲衆具，衆生所須，盡給與之，然後說法，令入佛道。能自變身，作十方佛身，名字不同，色像差別，亦復能令皆作金色，三十二相，八十種好，頂上肉髻光明，普遍滿十方，間無空處，十方遠近，如對目前。過去未來，亦復如是。人天交接，兩得相見，亦復能作菩薩，緣覺，阿羅漢身，釋梵四王諸天身，轉輪聖王諸小王身。能作四種佛弟子形，男變爲女，女變爲男，亦作六趣衆生之身，如是凡聖衆色像，一念心中一時行語言音聲，亦復如是，亦復能作臭爛死屍縛魔波旬，令捨高慢遠離魔業，求佛正道，臭爛屍觀，非獨繫縛波旬魔王，亦能降伏一切婬女，令捨要欲發清淨心，信求佛道，是禪波羅蜜身念不淨觀法。初修行時，能斷五欲一切煩惱，能除五蓋，能斷十纏，若人修習，如偈所說。

氣息輕空風火觀，飛行十方無障礙。皮肉筋骨不淨觀，獲得如意大神通。

總名八大自在我，一切形色能變化。總名十四變化心，非但變化如上事。

能令大地六種動，變十方穢爲淨土。是身念處不淨觀，總說如是大功德。

若廣諸說不可盡，三十七品亦在中。今已總說身念處，種種功德差別法。

慧思《大乘止觀法門》（《南嶽思大禪師曲授心要》）卷三　次明何故依止。問曰，何故依止此心修止觀。答曰，以此心是一切法根本故。若法依本則難破壞，是故依止此心修止觀也。人若不依止此心修，於止觀則不得成。何以故。以從本以來未有一法心外得建立故。又此心體本性具足寂用二義，爲欲熏彼二義令顯現故。何以故。以其非熏不顯故。顯何所用，謂自利利他故。有如是因緣故，依此心修止觀也。問曰，何謂心體寂用二義。答曰，心體平等離一切相，即是寂義。體具違順二用，即是用義。是故修習止行即能除滅虛妄紛動。令此心體寂靜離相，即爲自利。修習觀行，令此心用顯現繁興，即爲利他。問曰，修止觀者爲除生死，若令顯現繁興此即轉增流浪。答曰，不然，但除其病而不除法，病在執情不在大用，是故熾然六道權現無間，即是違用顯現，而復畢竟清淨不爲世染，智慧照明故相好圓備，身心安住勝妙境界，具足一切諸佛功德，即是順用顯現也。此明止觀依止中何故依止竟，次明以何依止，就中復有三門差別。一明以何依止體狀，二明破小乘人執，三明破大乘人執。初明以何依止體狀者。問曰，以何依止此心修止觀。答曰，以意識依止此心修行止觀也。此義云何。謂以意識能知名義故。聞說一切諸法自性寂靜本來無相，但以虛妄因緣故有諸法，然虛妄法有即非有，唯一眞心亦無別眞相可取。聞此說已，方便修習，知法本寂唯是一心。然此意識如此解時，念念熏於本識增益解性之力，解性增已更起意識，轉復明利知法如實，久久熏心，故解性圓明照己體，本唯眞寂意識即息。爾時本識轉成無分別智，亦名證智。以是因緣故，以意識依止眞心修止行也。是故論言，以依本覺故有不覺，依不覺故而有妄心，能知名義爲說本覺，故得始覺即同本覺，如實不有始覺之異也。問曰，上來唯言淨心眞心，今言本識意有何異。答曰，本識阿梨耶識，和合識，種子識，果報識等，皆是一體異名，上共不共相中，已明眞如與阿梨耶同異之義，今更爲汝重說，謂眞心是體，本識是相，六七等識是用，如似水爲體，流爲相，波爲用，類此可知。是故論云，不生不滅與生滅和合說名阿梨耶識，即本識也，以與生死作本故名爲本。是故論云，以種子時阿梨耶識與一切法作根本種子故，即其義也。又復經云，自性清淨心。復言，彼心爲煩惱所染，此明眞心，雖復體具淨性，而復體具染性故，而爲煩惱所染。以此論之，明知就體偏據一性說爲淨心，就相與染事和合說爲本識，以是義故上來就體性以明，今就事相說，亦無所妨。問曰，熏本識時即熏眞心以不。答曰，觸流之時即觸於水。是故向言增益解性者，即是益於眞心性淨之力也。是故論云，阿梨耶識有二分，一者覺，二者不覺。覺即是淨心，不覺即是無明，此二和合說爲本識。是故道淨心時更無別有阿梨耶，道阿梨耶時更無別有淨心，但以體相義別故，有此二名之異。問曰，云何以意識依止淨心修觀行。答曰，以意識知名義故，聞說眞心之體，雖復寂靜而以熏習因緣故，性依熏起顯現世間出世間法。以聞此說故，雖由止行知一切法畢竟無相，而復即知性依熏起顯現諸法不無虛相。但諸凡惑無明覆意識，故不知諸法唯是心作，似有非有虛相無實。以不知故流轉生死，受種種苦，是故我當敎彼知法如實，以是因緣即起慈悲，乃至具行四攝六度等行。如是觀時意識亦念念熏心，令成六度四攝慈悲等種子，復不令心識爲止所沒，即是用義漸顯現也。以久久熏故眞心作用之性，究竟圓興法界德備，三身攝化普門示現，以是因緣以意識依止淨心修觀行也。次明破小乘人執。問曰，但以意識修習止觀豈不成耶？何故要須依止淨心。答曰，意識無體，唯以淨心爲體，是故要須依止。

智顗《法界次第初門》卷下之上 四弘誓願初門第四十一。一未度者令度　二未解者令解　三未安者令安　四未涅槃者令得涅槃

次十二因緣，而辯四弘誓願者，上二卷所出法門，或是凡夫共法，或與二乘同有，並未明菩薩諸佛不共之道。故今此一卷，略出二十科法門，皆是別明菩薩所行，諸佛證法，故從弘誓而辯也。所以凡夫二乘法中，雖有慈悲，而並無弘誓之德者。若凡夫人，既不識四諦十二因緣，雖修慈悲，止是爲大福德，生梵天中，受梵王果報。此於衆生，無出世利益，豈能因慈悲，樹立弘誓之功。若是二乘，雖知四諦十二因緣，所修慈悲，但爲自調，其心欲於一世盡苦，獨入無餘，既不能久處生死，荷負一切，豈能因慈悲，而起弘誓之德。今菩薩善達四諦十二因緣，憐愍一切，同於子想，故能爲衆生，久處生死，發心荷負一切，共入涅槃。是以必須大誓莊嚴，要心不退也。此四通言弘誓願者，廣普之緣，謂之爲弘，自制其心名之曰誓。志求滿足，故云願也。菩薩摩訶薩，以慈悲緣四眞諦，運懷曠闊，自要其心志令一切衆生，同證四眞實究竟之道，故云四弘誓願也。菩薩若以諸法實相之慧，發此四願，即是發菩提心，萬行之本，靈覺之源。是以一切大士，由斯弘誓，曩劫修因。十方大聖，緣此四願常處生死，廣度衆生而不永滅。今明不共之法，先從弘誓爲始，意在此也。

一未度者令度　此弘誓緣苦諦而起，故《纓絡經》云，未度苦諦，令度苦諦。今明苦者，即是生死也。生死有二種。一分段生死，謂六道衆生，所稟陰入界身，果報既麁，有形質分段之成壞也。二變易生死，謂羅漢辟支，及大力菩薩，三種意生身，雖無分段麁報，猶有細微因轉果移，變易生滅之所遷也。若一切未度二種生死苦者，菩薩發心，願令得度，故云未度者令度。

二未解者令解　此弘誓緣集諦而起，故《纓絡經》云，未解集諦，令解集諦。今明集者，即是煩惱潤業，能招聚生死。煩惱潤業有二種。一四住地煩惱，潤分段生死業，能招集分段生死苦果也。二無明住地煩惱，潤變易生死業，能招聚變易生死苦果也。若一切未解此二種集者，菩薩發心，願令得解，故云未解者令解。

三未安者令安　此弘誓緣道諦而起，故《纓絡經》云，未安道諦，令安道諦。今明即是能通涅槃之正助道也。有二種正助道。一偏緣眞諦，修正助道，此道但得至小乘盡苦涅槃。二正緣中道實相，修正助道，此道能到大乘大般涅槃。若一切未安此二種道者，菩薩發心，願令得安，故云未安道者令安也。

四未涅槃者令得涅槃　此弘誓緣滅諦而起，故《纓絡經》云，未得滅諦，令得滅諦。今明滅諦者，即是業煩惱滅，生死苦果滅也。有二種業煩惱生死。一分段生死業，四住地煩惱滅，則分段生死苦果滅，即二乘所得滅諦也。二變易生死業，無明住地煩惱滅，即變易生死苦果滅，諸佛及大菩薩所得，不共究竟滅諦也。若一切未得此二種滅諦者，菩薩發心，願令得滅，故云未得涅槃者令得涅槃。今四種弘誓所緣四諦，與前聲聞中明四諦，有半滿異。前但明半字有作四聖諦，今明滿字無作四聖諦。所以二種四聖諦合明者菩薩之道，敎門不同。若是三藏敎通敎，所明弘誓，但緣有作四聖諦而起。若是別敎圓敎，所明弘誓，通緣有作無作二種四聖諦而起，故約弘誓分別四諦，半滿異於前也。

知禮《十不二門指要鈔》卷下 三，修性不二門三。

初標，修謂修治造作，即變造三千，性謂本有不改，即理具三千。今示全性起修則諸行無作，全修在性則一念圓成。是則修外無性，性外無修，互泯互融故稱不二，而就心法妙爲門。

二，性德下，釋二。

初修性雙立三。

初修性對論二。

初，直明性德，言德者即本具三千，皆常樂我淨故，界如一念，即前內境具德剎那心也。界如既即空假中，任運成於三德三軌等。即空是般若清淨義故，即假是解脫自在義故，即中是法身究竟義故。諸三例之，然諸法皆可論於修性，亦爲成觀唯指一念。應知前二門直明依境立觀，此門及因果不二乃委示前二，令成圓行始終也。何者。性德豈出色心不二，修德莫非一心三觀。今示修性互成成妙智行，以此智行從因至果，則位位無作，方名如夢勤加等，即自行始終皆妙也。

二，性雖下，以修對辨二。

初，相成者，性雖具足全體在迷，必藉妙智解了發起圓修。故云性雖本爾藉智起修，由此智行方能徹照性德，而此智行復由性德全體而發。若非性發不能照性，若非徹照性無由顯，故云由修照性，由性發修。此二句正辨相成之相。

二，在性下，明互具者，相成之義雖顯，恐謂修從顯發方有，性德稍異修成，故今全指修成本來已具，如《止觀》廣辨三千之相，雖是逆順二修，全爲顯於性具，則全修成性也。又一一行業因果自他，雖假修成，全是性德三千顯現，故云全性成修也。又雖全性起修，而未嘗少虧性德，以常不改故，故云性無所移。雖全修成性，而未始暫闕修德，以常變造故，故云修常宛爾。然若知修性各論三千，則諸義皆顯，故荊谿云，諸家不明修性，蓋不如此明也。

問，他云，舊本作藉知曰修，而以本性靈知用釋知字。若云藉智起修者，蓋寫者書曰逼知，後人認作智字，既不成句。又見下句有起修之言，遂輒加起字爾，此復云何。

答，既許寫曰逼知，遂成智之一字，何妨往人寫曰遠知，誤成知曰二字，必是因脫起字，復由二字相懸，致使有本作藉知曰修也。故知寫字添脫，遠近難可定之。魚魯之訛豈今獨有，須將義定方見是非。何者。他既暗於三法妙義，尚將一念因心陰識，直作眞知解之，況今有此訛文知字可執，豈不作靈知解邪。且靈知之名圭峯專用，既非即陰而示，又無修發之相，正是偏指清淨眞如，唯於眞心及緣理斷九之義也。他云，因眞教緣示善惡知，即是眞知，乃知諸法唯心，故云藉知曰修。今問，此之知字，爲解爲行。若隨闕者則不名修，若單立知字解行足者，乃玄文智行二妙，《止觀》妙解正修便爲徒設，則天台但傳《禪詮都序》也。又言示善惡知即眞知者，還須先用妙解即之不。次用妙行即之不。若然者，正是藉智起修。若不然者，智行二妙全無用也。今云藉智起修，直是由於智妙起於行妙耳。故後結文云，如境本來具三，依理生解故名爲智，智解導行，行解契理，三法相符不異而異。然智行俱修今偏在行者，蓋智從解了發起義彊，行就進趣修治義彊，故從彊也。又此一句，全是《釋籤》行妙中文，彼云藉智起行故。他又云，智名未稱全性成修。若爾，何名智妙。應亦本是知妙，後人改爲智妙乎。

智顗《四教義》卷五　五明三種念處成三種羅漢者。一若單修性念處，成慧解脫羅漢。二共念處，成俱解脫羅漢。三緣念處，成無疑解脫羅漢。所以者何。性念處即是緣理之智慧，念處相應發眞無漏，即成慧解脫羅漢也。共念處共善五陰，成就背捨乃至超越三昧願智頂禪，如此助道共正道令發眞無漏，即得三明六通具八解脫，成俱解脫阿羅漢也。若緣念處，即是緣佛言教所詮一切陰入界，性共二種念處，能觀所觀名義。若在禪定觀此名義，即發四無礙辨，名爲無礙解脫大阿羅漢也。問曰，慧俱之名，乃是曇無德部非數家所用也。答曰，三藏教同俱用無咎。復次雜心偈云，慧解脫當知不得滅盡定，若得滅盡定，當知俱解脫。此偈明時不時有慧俱不同也。問曰，不應別說無礙解脫，九種羅漢無此名目。答曰，此出《智度論》，明欲結集法藏集千羅漢，皆得共解脫無礙解脫也。如辟支佛出無佛世，雖得緣覺道，具三明八解脫六通變化，以不聞佛說法，故不得四無礙辨。若欲報信施之恩，但現十八變化，何況羅漢不聞佛說三藏教，而能自發四辨無礙，解釋佛法無礙滯也。六明念處觀法者，念處觀法有三種。一性念處者，《大智度論》云，性念處是智慧性，觀身智慧是身念處，受心法亦如是。解者不同，有但取慧數爲智慧性，即是性念處。若南嶽師解，觀五陰理性名性念處。故雜心偈云，是身不淨相，眞實性常空，諸受及心法亦復如是說。觀別想性念處，破四顚倒有二種，一破愛，二破見。一破愛性念處者，夫有生之類，無不愛著果報五陰，及外依報也。一身念處觀者，觀此內身有五種不淨。一生處不淨，二種子不淨，三自相不淨，四自性不淨，五究竟不淨。一觀生處不淨者，女人胎內生熟二臟之間十月住也。二種子不淨者，攬他精血合爲種子也。三自相不淨者，身諸垢膩九孔流溢也。四自性不淨者，觀身不淨，如明眼人開倉見穀粟觀，三十六物不淨充滿也。五究竟不淨者，此身若死，膖脹爛壞蟲膿血露甚可厭患，若見五種不淨破淨顛倒，名內身念處，觀外身內外身亦如是。二受念處觀內有六根外有六塵，根塵合故生六識，六識生三受，苦受樂受不苦不樂受，觀苦受是苦苦相，觀樂受是壞苦相，觀不苦不樂受是行苦相，若意根生三受同皆苦，即破樂顛倒名內受念處，外受內外受亦如是。三心念處，觀此意識是有爲屬因緣故無常，先無今有今有後無，刹那念念生滅故無常，即破常顛倒，名內心念處，外心內外心亦復如是。四法念處，觀內想行二陰因緣和合無有自性，起唯法起滅唯法滅，無人無我眾生壽命，十六知見皆不可得，破我顛倒名內法念處，外法內外法亦復如是，此如成實大智度論明，是爲性念處之初門也。二破見性念處者，即是觀身邊二見污穢無記五陰，即陰我離陰我，陰中有我我中有陰，撿我不可得，破二十種身見名之聖行，次別觀邊見五陰，所言性身念處者，即是色性也。色若麁若細悉是不淨，麁色即是人身世界，細色極於隣虛，細塵若見麁細色常，是見悉依色。若見麁細色無常，亦常亦無常，非常非無常，是見悉依色常即有見，無常即無見，亦常亦無常，即亦有亦無見，非常非無常，即是非有非無見，如是等四見，悉依色即是四邊見色陰。若不知是邊見色陰，生解執著戲論，諍競從見起諸煩惱結使，亦因結使作起諸惡業，或因結使起諸善業，結業流轉三界二十五有生死無際也。云何名爲不知邊見色陰之相。若是外人盲冥故，自不識邊見污穢之色，各云是事實餘妄語，計爲涅槃常樂我淨，此不足及言，但末代佛法學問坐禪之人，亦多迷此邊見色。所以者何。如阿毘曇師言，毘曇是見有得道，折色至隣虛細塵，不可破盡，見此細塵有理即得道也。

灌頂《天台八教大意》 前佛後佛，自行化他，究其旨歸，咸宗一妙，佛之知見。但機緣差品應物現形，爲實施權故分乎八。頓，漸，秘密，不定化之儀式，譬如藥方，藏通別圓所化之法譬如藥味。初言頓者，從部得名即《華嚴》也。佛垂迹化塵劫叵量因，壽倍之果寧可喻，且從今日一期降生託陰摩耶？主伴互爲唯資大法，譬如日出先照高山，機不經歷故名爲頓。約譬次第，以初譬初名爲乳味。故《涅槃》云，從佛出十二部經，譬從牛出乳。又二乘機生未受大化，雖復在座如聾若盲。初會俱無見聞之益，亦名爲乳。故迦葉領解云，即遣傍人急追將還，迷悶躄地等即第一時也。次從鹿苑至于般若名爲漸教，既二乘全生貴藥非賤治，不動九會脫妙著麁，貫日託陰納妃生子，示成鹿苑轉生滅四諦法輪，小乘生信先度五人，約譬次第名爲酪味。故迦葉領解云，密遣二人方便附近等。故《涅槃》云，從十二部經出修多羅，譬從乳出酪即第二時也。次明《方等》、《大集》、《寶積》、《淨名》，褒圓歎大折小彈偏自悲敗種，約譬次第，名生酥味。故《涅槃》云，從修多羅出方等典，譬從酪出生酥。故迦葉領解云，過是已後心相體信出入無難，然其所止猶在本處即第三味也。次說諸部般若轉教付財雖通洮汰，約譬次第名熟酥味。故迦葉領解云，長者自知將死不久等即第四味也。此等四味對頓名漸，《法華》、《涅槃》非頓漸攝，開前頓漸歸會佛乘，約譬次第名醍醐味。故《涅槃》云，從《摩訶般若》出《大涅槃》合於《法華》，譬從熟酥出醍醐味。故迦葉領解云，臨欲終時而命其子等即第五味也。餘之六教遍在漸頓之中，同聽異聞互不相知名秘密教，同聽異聞彼彼相知名不定教。秘密不定名下之法，只是藏通別圓。佛世逗機，一音異解從化儀大判且受二名。略明化儀四教義竟，次明藏通別圓四教，亦遍頓漸二味之中。《華嚴》頓部圓教兼別，鹿苑初成十二年前說戒定慧三，並屬小但三藏教，十二年後般若之前，《大集》、《寶積》、《楞伽》、《思益》、《淨名》、《金光明》，除般若外並屬方等，對半明滿具有四教，諸部般若帶半明滿具通別圓無三藏教。法華會竟，無三唯一圓教，《涅槃》最後談常四教並知圓理，所以二經同醍醐味。第一明三藏教者，仍於《法華》及《大智度論》，對斥小乘得此名也。論云，迦旃延子自以聰明利根，於婆沙中明三藏義，不讀衍經非大菩薩，廣破三祇六度，權義建立衍門通別圓三大乘觀行。謂《四阿含》即修多羅藏，《俱舍》、《婆沙》即阿毘曇藏，五部毘尼即是戒藏，此之三藏三乘同須戒防身口，經多詮定，論多辯慧。聲聞觀於四諦，緣覺觀十二因緣。菩薩修事六度，二乘則自調自度。菩薩乃弘誓，與拔因雖小異俱析實陰而歸但空，聲聞階位立於七賢七聖不同，種福乃三生六十劫。次明支佛者，支佛此翻緣覺。若出無佛世觀華飛葉落，頓悟支佛名爲獨覺。生於佛世聞說因緣頓悟支佛名爲緣覺，並福厚根利謂四生一百劫所修因也。三明菩薩乘者，從初發心緣生滅四諦，發四弘誓願一味度者令度，即衆生無邊誓願度，謂度天魔外道，愛見二種六道衆生，此緣苦諦境而發心也。二未解者令解，即煩惱無數誓願斷願斷，愛見六道衆生二十五有，見思之縛令得解脱，即緣集諦境而發心也。三未安者令安，謂法門無盡誓願知，即令愛見六道衆生，知三十七品道諦，自安此緣道諦而發心也。四未得涅槃者令得涅槃，即佛道無上誓願成，此令六道愛見衆生，滅二十五有因果證滅諦理，此依滅諦境而發心也。既以發心須行塡願行，即三祇百劫所修六度，從初值釋迦牟尼，至罽那尸棄名初僧祇，從此常離女人身，亦不自知當得作佛，即是外凡五停心總別念位，從尸棄至然燈佛，用七莖蓮華供養布髮掩泥，受然燈記當得作佛號釋迦文。

善月《金剛錍義解》之中　今搜求現未建立，圓融不弊性無，但困理壅故，於性中點示體偏傍遮，偏指清淨，眞如尚失小眞，佛性安在。佗不見之空，論無情性之有無，不曉一家立義大旨，故達唯心了體具者焉。有異同若不立唯心，一切大教全爲無用。若不許心具圓頓之理，乃成徒施信唯心具，復疑有無，則疑己心之有無也。故知一塵一心即一切生佛之心性，何獨自心之有無耶？以共造故，以共變故，同化境故，同化事故。

【略】

問，行者觀心，心即境邪？能所得名，同異如何。問，行者觀心，一邪多耶？一多心境，同異如何。問行者觀心，爲唯觀心，亦觀身耶，亦觀土耶？問，行者觀心，在惑業苦，內耶外耶，同耶異耶？問行者觀心，心內佛性爲本淨耶？爲始淨耶？問行者觀心，心佛衆生，因果身土，法相融攝，一切同耶？

第九六問專約觀心問也，對上乃成教觀二門，亦所以示野客一家，解行相濟之意，則佛性之道得以入也。初問心境同異者，意問觀心，心即是境，既許以心爲境，何妨境即是心。義例所謂以心爲境，心亦能照能所俱心，心體俱偏但從不二而二，能所得名，豈可定分境觀之異，苟爲不異，則依正自融佛性顯矣。次問心境一多者，方謂之一通於萬境，方謂之多不出一心，既於萬境而觀一心。是則一心偏於萬境，萬境豈非情與無情，一心豈非佛性，非同即異得失可知。三問觀心通局者，若唯觀心小乘，何嘗不觀心邪？若於觀心亦觀身土，其理更明，況《淨名》云觀身實相觀佛亦然，既觀身然觀土亦爾，無非實相非佛性何。四問觀心三道同異者，凡論觀心自非偏指，清淨眞如必依三道，故曰在惑業苦內同邪異邪者，意問觀心若同三道，則全色心體是佛性，有何無情更在三道之外。若異三道別顯佛性殊非圓觀矣。五問觀心佛性爲始本淨者，意問性若本淨，則無染礙，無礙則融，豈待更觀方始淨邪。若始淨者非由性發，又豈得因中已有依正不二之相。故以本始覈而難之要，必歸於因德本淨可也。六問觀心三法融者，按下野客述答，乃知此問總前四十五問，悉入其中，故得以一偏答衆問也。所以問意者，一家論觀雖揀難取易唯觀於心，然必約無差之旨，故雖觀心而攝彼生佛，故曰心佛衆生等，因果身土，亦約上三法言之如是，法相皆悉融攝者，以理體經旨然也。若一切皆同則因果不二，身土互融無情有性，豈得不信四十六問旨在於斯。

如是設問不可窮盡，爲斷子疑，且至爾許。客曰，何以不多不少，唯四十六。余曰，攻惑攻疑，攻行攻理。通教通義，通自通佗。一問亦足爲對鈍根故，四十六及對六，即分證離爲四十一位，兼前及後，故四十六應知，一問亦皆能攻餘四十五，餘一一位仍須皆具四十六問，乃至無量亦復如是。

凡問出於疑，疑而不問，其爲疑也，終莫能解。疑既無量，問亦無窮。但其例有二，或以自疑，故問。或以佗疑，故問。今從後例，此問所以能斷子之疑。然今所疑直無情有性而已，而必至於四十六重何也。故客曰云云。余曰，等者對下鈍根，則利者得旨，一問即足謂攻惑等，雖有多義之異，一問一答可盡也。攻之猶言破也。惑謂惑於涅槃進否之旨，疑則疑於無情有性之言。此二竝從教起故，繼之以攻行攻理。然行理本無可攻，亦攻行理上疑惑耳。其惑既去，故能通涅槃之教。其疑既亡，故能通佛性之義。不唯通野客之自行，亦將展轉通於化佗。是則雖有八義，要之，疑惑乃能迷之情，行理即起迷之所，教義是其所通，自佗乃其能通。所以通者，其唯行耳。作此區別文旨煥然，亦可約義別對上九重之問，思之可知。次爲鈍根，所以必備至於四十六者，則又爲表六即及分證諸位，故一往以數對之，然亦不定以問對位也。所以一問能攻衆疑者，融上若問若位皆悉互攝，故今四十六問，雖所攻各異，而所顯則一。是故一問義當偏攻衆疑，一問既然以問對位，則位位悉具於衆。問況約圓位初後不二，舉一攝諸，以此妙位而表問者，則何問不具，何理不彰。故曰云云。然則義雖無量，要不出此。故今四十六問，亦能總於無量法門也。

灌頂《國清百錄》卷四　勅度四十九人法名第八十九

皇帝勅。皇帝敬問括州國清寺沙門智越法師等，僧使智璪至得書具至懷，天台福地實爲勝境，所以敬爲智者建立伽藍，法緣既深尊師義重，欲使宗匠遺範奉而弗墜。菩薩淨業久而彌新，然則去聖久遠學徒陵替，規求利養不斷俗緣，滋味甘腴違犯戒律，此乃增長罪垢豈謂福田。師等離有爲法求無上道，棄俗諸漏鑑在雅懷，由須獎訓未學修淨行。俾夫法門等侶咸歸和合，諸佛禁戒畢竟遵行。又此寺嘉應事表先覺，既理由冥感，即號國清寺，幷有施物用申隨喜。冬序甚寒道體清豫。朕巡省風俗，爰屆江都，瞻望山川載深勞想，故遣兼通事舍人盧政力往，指此不多，其使人盧政力到寺，宣勅賜寺物。大業元年十一月二十九日，勅度四十九人出家，熏陸香二斛，築四周土牆造門屋五間，設一千僧齋物二千段，米一千斛。柱國內史令莒國公臣未上，大都督兼內史侍郎臣虞世基，大都督朝散大夫兼內史舍人臣張乾威。勅度四十九人出家剃落竟，使人令僧作法名灌頂，奉僧令依六事立名，使人錄奏瑞相感徹應驗光昇。右八名依國清瑞，悉用靈字標首，寂靜眞實空如迹乘。右八名依出家事，悉用道字標首，由戒定慧眼智開覺。右八名依設齋事，悉用淨字標首，命力辯喜安住堪樂。右八名依賜米事，悉用惠字標首，基業宗本因果儼淨。右八名依修治事，悉用正字標首，仿妙德願遵普賢行。右八名依勅誡事，悉用私字標首。最後一人呼爲吉祥。

國清寺衆謝啟第九十

天台山國清寺沙門智越一衆啟，兼通事舍人盧政力至奉宣。十月二十九日勅云，天慈訓誨賚寺瑞名，施物二千段，米一千斛，熏陸香二斛。千僧法齋，度四十九人出家。修治寺宇，即集衆燒香宣唱。仰惟，聖治德合乾坤，子養萬邦安撫四海，助佛教化度脫衆生，光大之恩誠無等等。越等雖披法衣行不稱照，乃侍先師每乖宗範，日夜克責無地啟處，伏奉勅旨頂戴受持，但凡庸小劣不識菩薩大智。昔陳世之時親聞師說，三國爲一，有大力勢人當爲造寺，寺若立國土即清，必爲國清寺。于時車書未一不識何言，自爾以來抱疑弗曉，奉勅賚寺，國清之名還符本瑞，山僧山民載欣載喜，始知諸願菩薩更相啟發，或作五品或統萬機，光顯三尊利益國土，慶此含情幸聞休瑞，仰瞻寺額即如悟道。但慈恩普被日下同霑，而天台一方偏感弘澤，名衣上服相次光臨，妙物粳糧前後降集，越等三學無功，一餐難受，況米物盈積，豈可恭弘，深懼不堪慮延罪過，庶藉慈宥展竭愚誠，奉酬宸極。但天台幽遠，自昔以來單權獨行，今泰平在運國清寺立。四十九人一日出家，髮落障消實爲希有。冀其心力增進學行日新，念念功熏奉資皇國。又千僧結齋凡聖雲集，日色華朗僧徒欣戴。仰惟，先師妙德不可思議，感應神通必當鑑降，午後對使人開發靈龕，希有聖瑞備是，使人等公私道俗共見，越等悲喜交至。謹以啟知，謹啟。大業元年十一月二十四日，括州國清寺沙門智越等啟。

知禮《四明十義書》卷下《第五不曉觀法之功》　約行附法託事三種觀法，皆爲行立，俱可造修。若但論教義，不觀己心，則如貧數他寶自無半錢分也。

《妙玄》云，觀心釋者，令即聞即修起精進心。故《釋籤》解曰，隨聞一句，攝事成理，不待觀境，方名修觀。又《四諦境》云，今明觀心爲顯妙行等。

既令即聞即修起精進心，又云不待觀境。故知不待專爲約行立乎。觀境方名修觀，但隨聞託事附法觀心，便須精進而修，既云觀心爲顯妙行，若非修法何名妙行耶？

上人昨於辨訛中，首將十種三法，爲純談理觀。意云，既已純談理觀，遂不須更有附法觀心，以此爲宗，廢於此玄觀心一釋。

因被予問疑書詰難書，徵其理觀合是常坐等三種三昧，何故十法文中，全無境觀修證之相耶？

上人被此難故，自知義墮，故漫說云，三種觀心唯《止觀》約行觀心，即可依之修證，其託事附法，初心不可依之修證。是故諸文，有闕有略，或具觀心義者，亦闕觀心一科，破予立三種俱是行門，俱可修證也(三種觀心下，並上人今來義狀中文)。本難約行觀無修證文相，何得以事法觀無修證答之耶？豈非漫指餘義遮掩過非耶？

且予於釋難《扶宗記》中云，大師於此廣談十種三法，理趣宏深，乃須便示觀心妙道，令即聞而修，豈待尋彼止觀方始修觀。上人今約違文背義各十條，破於不尋止觀之失。意云，若不看尋止觀，則不可修於事法觀門也。斯蓋上人不思師資授受說行時節故，費二年撿文，妄加毀斥也。

且《扶宗》，本立大師談茲十法，便示觀心，令行人即修，此則正論當時行人，旁及滅後學者耳。豈非大師說諸玄疏，多在圓頓止觀之前，所談玄疏正開座下行人圓解，蓋兼有觀行之機欲修觀法故，託於事相法相，立乎觀門，令其即聞即修，得益者何限。豈待玉泉唱，後尋之方修耶？或於事法觀道有壅，則咨稟口決，而通達之。故知所示口決，還是成其事法之觀。若爲事法請乎口決，豈可卻棄事法，而自約行修耶？

故大師在日，或須口決，或不須者，皆用事法觀門修證，何得云一向不可修耶？

若大師滅後，傳持此教，爲人師者，則須一家玄疏，三部止觀通達諳練也。或有就學之者，師匠必須先爲講其《妙經》等諸玄疏，開其圓解，聽習之際，其中或有觀行之機，覩於文中託事，附法觀門，樂欲即修，豈可遏之，令莫修習。若觀道尚壅爲師之者，必須懸取止觀之意，而開決之。故荊溪數於記中，指乎止觀，乃令講授之人，取彼廣文，決茲略觀。既得決通，乃於事法觀心，便而修習，豈須背今見講，自尋止觀耶？若宗師未爲講授，豈可自尋而能通解，便自修證耶？

況玄疏本示事法之觀，行人卻自約行而修，何違文背義之甚乎。此經所謂心輕躁難也。

又蒙決通之後事法觀成，乃名事法觀中悟入，不名約行觀中得悟也。如引衆經成今《止觀》。若得悟者，豈名諸經悟入耶？此則初心行人不待自尋《止觀》，亦不待師匠專講《止觀》，然後聽尋，方修行也。又觀道深妙故，須宗匠開決。

若道場事式，但自撿彼《止觀》，足可施設。

若於師門先聞《止觀》，久曾研習，今覩玄疏事法觀門，則用本習觀法，度入事法觀門而修，或因茲得悟，乃名事法觀門悟入，非是約行觀中得悟也。

宗曉《四明尊者教行錄》卷二　觀經融心解　修懺要旨　釋輔行傳弘決題下注文　止觀義例境智互照　天台教與起信論融會章　釋請觀音疏中消伏三用　對闡義鈔辨三用一十九問

觀經融心解（幷序）

一旦學者稽首而言曰，十六觀法解脫之要津也。聞之有歲，究之粗勤，觀道未明，造修安寄，敢請開決，庶爲準繩。予曰，疏釋顯然，夫何惑矣。儻有所壅，試爲通之，方隨問而伸，徵文以證，往復既數，旨趣稍彰，恐來者未聞，故錄之以示，庶因此解，融諸滯心者也。時皇宋大中祥符七年歲在甲寅重陽日自敘。

學者問曰，《觀無量壽佛經》十六觀法，於今家託事等三種觀門，爲屬何耶？

答曰，既非借於事義立觀立境，不名託事，又非撮乎法相入心成觀，何關附法。韋提特請正受之門，善逝直談修證之法，雖託彼依彼，正皆了唯色唯心。以法界身入心想，故約行明矣。

又問曰，雖是約行，而初觀落日，中想佛身，後論三輩，爲只想依正事境而成觀行，爲即照三諦理耶？人共疑之，願爲明判。

答曰，佛意雖顯，經語難知，須假四依示其修法。何者。一經旨趣在首題。故《疏》云，觀雖十六，言佛便周，既以一心三觀釋觀，一體三身解佛，諸法實相爲經正體，修心妙觀顯四淨土爲宗，能除五逆即生九品爲用，方等大乘圓頓爲教相。五重既爾，豈可以唯想事境消經文耶？荊溪云，首題既爾，題下別釋理非容易。又《不二門》云，覽別爲總，符文可知，是則題與經文總別相顯，不可輒異，故知十六皆圓三觀也。

又問曰，韋提希被惡子幽禁，遂哀請世尊示無憂惱處，至光照諸土攝在金臺，而云不樂餘方志求極樂，況疏文總敘樂邦苦域金寶泥沙，據此等文，唯在同居明矣。何故專據三觀四土之說耶？

答曰，教之欲興，何莫由於近事而漸耶？韋提雖欲捨茲穢土求生淨邦，而佛示觀法，捨穢必盡，顯淨無遺，如月蓋爲免舍離果報之病故，請觀音及乎宣呪，乃能消伏三毒之根，具足五眼之果，諸教興由其例多爾。故修一心三觀求生淨土者，即以三惑爲穢土之因，以三諦爲淨土之果，故別惑盡，則寂光淨究竟三諦也。此惑未盡，則實報淨分證三諦也。通惑盡，則方便淨相似三諦也。此惑存，則同居淨觀行三諦也。非此諦觀，安令四土皆淨。尚非實報之穢，豈止同居之淨。荊溪云，見思未破故，安樂行是同居淨土行之氣分也。故《疏》云，此經以修心妙觀爲宗，實相爲體。若不爾者，宗非顯體之宗，體非宗家之體，此如儒家訓子衣食之方，即令讀書干祿，則富貴俱至，豈令耕稼商賈耶？得此譬意，今經可解。

又問曰，若能圓修三觀深趣妙理，何不只在娑婆直出生死，豈須捨此求彼。又自修三觀，何名淨土之行。

答曰，此經雖觀深理，以緣極樂依正爲境。修乎三觀，則異於直觀三道等觀，是故得名淨土之行。若不爾者，四種三昧如何分別。又爲此土濁重，十信方出苦輪，彼土境勝九品悉皆不退，故令託彼勝境修觀，縱理未顯，見愛俱存，捨報必生無退轉處。如此，爭不捨此求彼。故《起信論》云，初學大乘，其心怯弱，以住娑婆不常值佛，懼謂信心有退失者，當知如來有勝方便，專念西方極樂世界阿彌陀佛，求生彼土。若觀彼佛眞如法身，畢定得生。住正定故，既懼此土闕緣信退，求生彼土，而令觀於彼佛眞如法身，自非一心三觀，將何觀之。今家以三觀釋經，與馬鳴之意更無少異，故《十疑論》明往生正行，令想彌陀法身報身光明相好，及七寶莊嚴妙樂等。而云，備如《十六觀經》，常行念佛三昧，故知往生之行正在三觀想彼三身。今緣彼佛修三觀者，淨土之行深觀妙理，捨此求彼，初心不退，其義皆成也。

智旭《教觀綱宗》（原名《一代時教權實綱要圖》。長幅難看，今添四教各十乘觀，改作書冊題名）：佛祖之要教觀而已矣。觀非教不正，教非觀不傳。有教無觀則罔，有觀無教則殆。然統論時教，大綱有八。依教設觀，數亦略同。八教者，一頓二漸三秘密四不定，名爲化儀四教，如世藥方。五三藏六通七別八圓，名爲化法四教，如世藥味。當知頓等所用，總不出藏等四味。藏以析空爲觀，通以體空爲觀，別以次第爲觀，圓以一心爲觀。四觀各用十法，成乘能運行人至涅槃地。藏通二種教觀，運至眞諦涅槃。別圓二種教觀，運至中諦大般涅槃。藏通別三，皆名爲權，唯圓教觀乃名眞實。就圓觀中復有三類，一頓二漸三不定也。爲實施權，則權含于實。開權顯實，則實融于權。良由眾生根性不一，致使如來巧說不同。且約一代略判五時，一華嚴時，正說圓敎兼說別。【略】

化法四教說

法尚無一，云何有四。乃如來利他妙智，因眾生病而設藥也。是思病重，爲說三藏教。見思病輕，爲說通教。無明病重，爲說別教。無明病輕，爲說圓教。

三藏教，四阿含爲經藏，毘尼爲律藏，阿毘曇爲論藏。此教詮生滅四諦（苦則生異滅，三相遷移。集則貪瞋癡等，分四心流動。道則對治易奪，滅則滅有還無），亦詮思議生滅十二因緣（無明緣行，行緣識，識緣名色，名色緣六入，六入緣觸，觸緣受，受緣愛，愛緣取，取緣有，有緣生，生緣老死憂悲苦惱。無明滅則行滅，行滅則識滅，識滅則名色滅，名色滅則六入滅，六入滅則觸滅，觸滅則受滅，受滅則愛滅，愛滅則取滅，取滅則有滅，有滅則生滅，生滅則老死憂悲苦惱滅），亦詮事六度行（布施，持戒，忍辱，精進，禪定，智慧），亦詮實有二諦（陰入界等實法爲俗，實有滅乃爲眞），開示界內鈍根眾生，令修析空觀（觀於地水火風空識六界，無我我所）。出分段生死，證偏眞涅槃，正化二乘，傍化菩薩，亦得約當教自論六即。

理即者，偏眞也。諸行無常，是生滅法。生滅滅已，寂滅爲樂。因滅會眞，滅非眞諦。滅尚非眞，況苦集道。眞諦在因果事相之外，故依衍教判曰偏眞。

名字即者，學名字也。知一切法從因緣生，不從時方梵天極微四大等生，亦非無因緣自然而生。知因緣所生法，皆悉無常無我。

觀行即者，一五停心，二別相念，三總相念。外凡資糧位也。五停心者，一多貪眾生不淨觀，二多瞋眾生慈悲觀，三多散眾生數息觀，四愚癡眾生因緣觀，五多障眾生念佛觀。以此五法爲方便，調停其心，令堪修念處，故名停心也。別相念者，一觀身不淨，二觀受是苦，三觀心無常，四觀法無我。對治依於五蘊所起四倒也。總相念者，觀身不淨，受心法亦皆不淨。觀受是苦，心法身亦皆苦。觀心無常，法身受亦皆無常。觀法無我，身受心亦皆無我也。

相似即者，內凡加行位也。一煖，二頂，三忍，四世第一。得色界有漏善根，能入見道。

分證即者，前三果有學位也。初須陀洹果，此云預流，用八忍八智，頓斷三界見惑。初預聖流，名見道位。二斯陀含果，此云一來，斷欲界六品思惑，餘三品在猶潤一生。三阿那含果，此云不還，斷欲界思惑盡，進斷上八地思，不復還來欲界，此二名修道位。

究竟即者，三乘無學位也。一小乘第四阿羅漢果，此含三義。一殺賊，二應供，三無生。斷三界見思俱盡，子縛已斷果縛尚存，名有餘涅槃。若灰身泯智，名無餘涅槃。二中乘辟支佛果，此人根性稍利，逆順觀察十二因緣，斷見思惑，與羅漢同，更侵習氣，故居聲聞上。三大乘佛果，此人根性大利，從初發心，緣四諦境，發四弘誓，即名菩薩修行六度。初阿僧祇劫，事行雖強，理觀尚弱，準望聲聞，在外凡位。第二阿僧祇劫，諦解漸明，在煖位。第三阿僧祇劫，諦解轉明，在頂位，六度既滿，更住百劫，修相好因，在下忍位，次入補處生兜率天，乃至入胎出胎出家，降魔安坐不動時，是中忍位。次一刹那入上忍，次一刹那入世第一，發眞無漏三十四心，頓斷見思，正習無餘，坐木菩提樹下，以生草爲座，成劣應身（如釋迦丈六，彌勒十六丈等），受梵王請，三轉法輪，度三根性，緣盡入滅，與阿羅漢辟支佛，究竟同證偏眞法性，無復身智依正可得。

智顗《方等三昧行法》（門人灌頂記） 第二識遮障有四調適（一者洗浴調適，二者飲食調適，三者行道調適，四者坐禪調適）

一洗浴調適者，三時行法調，秋夏內既熱，於洗浴非妨，春冬二時既寒，善須調適。若行人身羸多以水澆腹，則發痢疾妨廢行道。若能將慎調適得所，則無患難不妨行道。若上廁別著不淨衣，宜以灰汁香湯熟洗三洗，浴時以手薄拭令淨，其浴室極須如法。若有力能辦者，當造四間好舍，悉令相連，間間密隔其內差互，皆安小門悉令相通，莊嚴一間以爲道場。其次一間香泥塗地以爲淨室，擬安上淨衣服，及供養灰火。其次一間亦以香泥塗治，擬安香湯火爐。一間作浴室及安次衣，行者若欲入道場時，先於浴室淨澡浴，以淨板承足，赤體入次淨室，入已卻閉門，當以香湯灑身已，香烟熏身之足，然後入上淨室，入已還卻閉門，當著衣服入於道場。若欲出道場時，先入淨室脫去衣服，赤身入於浴室，著次淨衣然後而出，每常如此。若行者要須行道，急時力未能辦如上室者，當近道場之側作一室，與道場相通。若猶不辦者，當以淨席淨縵幕等權時遮障作室，亦得通道場，結淨皆以香泥塗治。如道場無別，擬安上淨衣及以次淨衣。此二衣雖同一室，然須別處莫令相觸。又浴室中安新淨鞋履一緉，澡浴已香湯灌之，并須以楊枝淨口，著淨鞋履，赤身入次淨室，乃至上淨如上所說，雖不及前法護淨亦得行道。若不如是護淨則不如法，徒行無益，乃更招罪。是故行者努力護之，日三時浴者不可闕也。

二飲食調適者，行者以食爲命，憑之進道。若過飽則身急，百脈不通，好多沈睡。若過饑則心懸不能觀行，身弱不能行道。若能調適饑飽得所，則身能行道。經云，有命有食，有身有道，依色報命而得法身慧命。若不宜身食不得食之。若強食則發宿病，若識其性，即知此性熱此性冷，此能發病則不可食，此能資補應可食之。若調適得所，七日行法得成。若先來腹內病患，護行法故，忍食白飲白餅即差，勝餘治也。是故行者應善知節度，勿令因食爲患閡也。

三行道調適者，行道必藉腳以進步，善須將護也。可作氈鞋蒲革，務令寬大細軟，勿使研腳生瘡。行若過急腳即楚痛，行若過緩法復不成，若先太急後則致患，故須初行道時三日徐行，漸調適已疾行非妨。若是寒時行疾風扇下分冷，則腹內脹滿發痢，即宜加坐令下分暖，治之即差，行者當須善識對治，爲之利益，若對治睡眠可加行，行若散動可加坐爲對治也。

四坐禪調適者，加趺正坐，以左腳置右腳上，以左手置右手上，牽衣近身對臍，開口三吐胸中穢氣，開口吐熱氣，閉口內冷氣，然後閉口齒才相拄，閉眼才斷外光，然後平面而住以要言之，令身不寬不急。若寬則頭低垂，若急則胸背煩痛，故不寬不急是身調相，當調息令不澁不滑。若出入有聲及不細即是滑相。若結滯不通，則是澁相。若隨息連綿微微，然遍諸毛孔出入，則資補四大易得禪定。取要言之，可自耳聽不聞聲者，是息調相，當調心令不浮不沈。若覺觀攀緣則是浮相，若無所記錄即是沈相，浮則可以止攝歸心性，知性不動。沈則可以觀察起，令念慮明白，雖無能觀所觀，而法性平等非垢非淨，即是實性。然此實性，不爲二十五有生死所垢，亦不爲萬行所淨。是則垢淨雙泯，無垢無淨猶如虛空，名爲畢竟清淨，亦名心性眞如心性法界，諸佛之本源，一切衆生之實際，正觀了達無間現前，是名思惟諸佛一實。

遵式《金光明懺法補助儀》 緣起第一（若見於正修前，無緣起等五意者，並非正本）

問曰，事儀已載《百錄》，觀慧復指餘文。於是二途，更何所補。答，今觀事儀既出舊經，纖師語約《百錄》，一準亦無別立，行用之際遲迴之事，不免數四，且散灑一法。經云，別以種種美味，供施於我散灑諸方。爾時當誦如是章句，尋此一文難曉者四。一闕別明奉飲食供施天女，二闕分灑散別施諸神，三闕明散食處所。四誦呪時節似未次第，準淨師新譯，唯闕今第三明散食處，餘甚分曉。新云，亦以香華及諸飲食供養我像，復持飲食散擲餘方施諸神等，誦呪之語亦復別出，先令禮佛後即誦呪，而云召請不云於散灑時誦。觀此新文有補舊式，若爾《百錄》令別飣一盤，擬散諸方，此與新經宛如符契，何謂亦無別立。答，初雖似分，後至散灑，復依經文便令誦呪，又成難了。何者呪本召喚天女，秖可兼於徒黨。若令散食處誦，則成但召徒屬，縱云同時誦者復闕明處。若道場內布散飲食，大有不便，若異處散同時誦呪又成不可，況復誦呪時節亦應不爾，必先持呪，通召主伴令至道場。後奉飲食必須異處，又今時行事多將此法準同法華方等，初日已後廢請三寶，直爾誦呪，甚闕次第。又《百錄》不出五悔，後人濫用，今並補助非徒然也。

按文開章以定銓次第二

《百錄》事儀文雖甚約，細尋其意開爲十科，但闕五悔一爾。云何爲十。一者嚴治淨室，二者清淨三業，三者香華供養，四者召請持呪，五者讚歎述意，六者稱名奉供，七者禮敬三寶，八者修行五悔，九者旋繞自歸，十者唱誦經典。與《百錄》開合銓次略異，對尋可了，但五悔今依滅業障品安之，但云述建懺意略無讚歎。今準餘行法，用新經四王讚安之。《方等》《法華》皆有坐禪，此文但令唱誦，信有深意弗敢移易。若爾不安，五悔亦有意耶？答，此應不例但是文略。或云，專誦至懺悔品便爲悔者，亦應不爾。合部滅障品，一一悔前皆具敬儀，然後陳露，知須別安也。

別明禮請灑散二法第三

應知此法同請觀音，以請爲行，七日六時須番番禮請。《百錄》方等儀，及法華三昧，皆結云於後六時。略去請佛，餘九法悉行無異，唯請觀音及金光明文（無此結明，可準知也）。又尋新經大辯堅牢散脂等呪法之儀，皆專以請召爲門。況《天女品》云，爲我每日三時稱三寶名，實言邀請大吉祥天，乃至誦持神呪請召我時。我聞神呪請召，我已即至其所，日三既爾夜三準知。況後文云，及於晡後誦持前呪，希望我至請義明矣。往往觀音行儀無識之者，亦欲廢請，此大不知所以也。今此但束略《百錄》請文，都爲五位，秖是開合，故非刪削所以合者，爲朝營飲食易，及過中餘時廣請，亦應無在，請觀音無此不應輒略。二明灑散者，理須道場外別置淨地，或作小壇香汁遍灑，務令嚴潔以物承足，身立於中旋轉，四散食盡爲度。問，此出何文。答，《百錄》兩經皆不云耳。此以意裁務在生善，諒亦無咎，俟見他文即依改貫，非晚也。

知禮《千手眼大悲心呪行法》

此大陀羅尼，忝自髫年便能口誦，且罔諳持法。後習天台教觀，尋其經文，觀慧事儀足可行用，故略出之誠堪自軌。然智者所立行儀，總有四種。何等爲四。一曰常坐，即文殊問經一行三昧也。二曰常行，即般舟經佛立三昧也。三曰半行半坐，即《方等》《法華》二經，祖持普賢二三昧也。四曰非行非坐，即有依諸經行法，及歷善惡無記修觀，總名隨自意三昧也。若據此經不制專坐，唯行及以相半，亦非縱任三性，於中覺察而令三七日依法誦持，蓋隨自意中依經行法也。今於本經出十意，一嚴道場，二淨三業，三結界，四修供養，五請三寶諸天，六讚歎申誠，七作禮，八發願持呪，九懺悔，十修觀行。仍以法華三昧補助觀想，注於事儀之下，俾其修者免檢他文。

一嚴道場。經云，住於淨室懸旛然燈，香華飲食以用供養。《百錄·請觀音儀》云，當嚴飾道場，香泥塗地懸諸旛蓋，安置佛像南向，觀音像別東向。今須安千手眼觀音像，或四十手，如無此像，秖於六手四手像前，或但是觀音形貌，亦無在更安釋迦勢至等像無妨。行者十人已還，當西向席地，地若卑濕置低腳床，當日日盡力供養，若不能辦初日不可無施。《輔行》云，雖心口精誠須以福助，日日爲者彌爲增上，恐力不逮聽從初日，必先課已資財以伸傾竭。經云，若諸眾生現世求願者，於三七日淨持齋戒，誦此陀羅尼必果所願，據此修者須三七日爲一期，必不可減，準法華三昧正修之前，於一七日行方便法，使事儀理觀皆悉精熟，仍求加護，令無障礙者也。

二淨三業。經云，誦此神呪者，發廣大菩提心，誓度一切眾生，身持齋戒住於靜室，澡浴清淨著淨衣服，制心一處更莫異緣。法華三昧云，初入道場，當以香湯沐浴著淨潔衣，若大衣及諸新染服。若無新者，當取已衣中勝者，以爲入道場衣，於後若出道場至不淨處，當脱淨衣著不淨衣，所爲事竟，當洗浴著本淨衣，入道場行法（上皆法華三昧文也），縱一日都不至穢，亦須一浴，終竟一期專莫雜語，及一切接對問訊等。終竟一期依經運想，不得刹那念於世務。若便利飲食亦須秉護，勿令散失，事畢即入道場，不得托事延緩。大要身論開遮，口論説默，意論止觀也。修者須依善師咨稟，知已然可行之，慎勿自任。

三結界。行者於建首日未禮敬前，當齊修行處如法結界。經云，其結界法者，取刀呪二十一遍，畫地爲界。或取淨水呪二十一遍，散著四方爲界。或取白芥子呪二十一遍，擲著四方爲界。或以想到處爲界。或取淨灰呪二十一遍爲界。或呪五色線二十一遍，圍繞四邊爲界皆得。若能如法受持自肰克果。經云，皆得隨便行之。

四修供養。行者，依法結界已，至千眼像前，先敷具倚立，當念一切三寶，及法界衆生，與我身心無二無別，諸佛已悟衆生尚迷，我爲衆生翻迷障故，禮事三寶。作是念已口當唱言。

一切恭謹，一心頂禮，十方常住三寶（一禮已，燒香散華，首者唱），是諸衆等，各各胡跪，嚴持香華，如法供養，願此香華雲遍滿十方界，一一諸佛土無量香莊嚴，具足菩薩道成就如來香（至此想云，我此香華遍十方，以爲微妙光明臺，諸天音樂天寶香，諸天肴膳天寶衣，不可思議妙法塵，一一塵出一切塵，一一塵出一切法，旋轉無閡互莊嚴，遍至十方三寶前，十方法界三寶前，悉有我身修供養，一一皆悉遍法界，彼彼無雜無障閡，盡未來際作佛事，普熏法界諸衆生，蒙熏皆發菩提心，同入無生證佛智。想已云）。供養已，一切恭謹。

五請三寶諸天（行者運心，普供養已，胡跪燒香，當念三寶，雖離障清淨，而已同體慈悲，護念群品。若能三業致請，必不來而來，拔苦與樂，肰須至誠逐位，殷勤三請，必有感降。唱云）。

一心奉請，南無本師釋迦牟尼世尊。

一心奉請，南無西方極樂世界阿彌陀世尊。

一心奉請，南無過去無量億劫千光王靜住世尊。

一心奉請，南無過去九十九億殑伽沙諸佛世尊。

一心奉請，南無過去無量劫正法明世尊。

一心奉請，南無十方一切諸佛世尊。

一心奉請，南無賢劫千佛，三世一切諸佛世尊。

一心奉請，南無廣大圓滿無閡大悲心大陀羅尼神妙章句（想云，法性如空不可見，常住法寶難思議，我今三業如法請，唯願顯現受供養。次位亦爾）。

一心奉請，南無觀音所説諸陀羅尼，及十方三世一切尊法。

一心奉請，南無千手千眼大慈大悲觀世音自在菩薩摩訶薩（運想如佛，但改云觀世音菩薩亦如是，下去菩薩聲聞隨位改之）。

一心奉請，南無大勢至菩薩摩訶薩。

一心奉請，南無總持王菩薩摩訶薩。

一心奉請，南無日光菩薩，月光菩薩摩訶薩。

一心奉請，南無寶王菩薩，藥王菩薩，藥上菩薩摩訶薩。

一心奉請，南無華嚴菩薩，大莊嚴菩薩，寶藏菩薩摩訶薩。

一心奉請，南無德藏菩薩，金剛藏菩薩，虚空藏菩薩摩訶薩。

一心奉請，南無彌勒菩薩，普賢菩薩，文殊師利菩薩摩訶薩。

一心奉請，南無十方三世一切菩薩摩訶薩。

一心奉請，南無摩訶迦葉，無量無數大聲聞僧。

一心奉請，善吒梵摩瞿婆伽天子，護世四王，天龍八部，童目天女，虚空神，江海神，泉源神，河沼神，藥草樹林神，舍宅神，水神火神，風神土神，山神地神，宫殿神等，及守護持呪，一切天龍鬼神各及眷屬。

慧思《隨自意三昧》 住威儀品第二。菩薩立時，諦觀此身色之空法，頭等六分如空中雲，氣息出入如空中風，身色虚妄如空中華。云何得知息實相。先觀三性，後觀假名。何等三性。一者心性，二者色性，三者息性。復有三性。一者心性，二者眼性，三者意性。先觀前三性。若先觀心性，沉細難知。若先觀色性，麤獷難解。應先觀息，是息由心遍色處中易知。何以故。先觀息實，然後觀息遍身，還歸實相。所以者何。若先觀有，即受念著，顛倒難遣。是故新學菩薩先觀息實相，觀其出入。是息出時從何處生，相貌何似，根源何處。求之不得，無源無生都無處所。復觀入息從何方來，入至何處。諦觀此息來無方所，入無所至，無來即是無生，無至即是無滅。入息既無生滅，中間亦無相貌，無能知者亦無見者。知此入息因如虛空，由入有出。入者既無出者亦然，知出入息畢竟空寂，空是息不能自生，心念即息動，無念即息盡。是息由心故有生滅，心即是主，諦觀此心今在何處。身內觀察，從頭至足從皮至髓，一一諦觀都不見心。內若無心，在外有也。復觀身外諸方遠近，四維上下及以中間，一一觀察都不見心。諸方既無，可在中間。搖動出入遍身外中間，悉觀亦不見心。誰能觀心復無觀者。是心既無相貌，名字亦無，是名觀心實相。若心與息俱無名相，我今色身從何處生，誰之所作。諦審觀察責身源由，是身無主從妄念心生，因息得立，心息既空身亦寂滅。常修此定，深澄空法，離諸假名，知一切空，具足正見無復妄念，然後觀息遍身出入。先觀鼻中氣息往還入出，次觀遍身，從頭至足從皮至髓，毛孔汗垢氣息一時微細出入，審諦觀察明了見之，觀此色身五相次第歸空寂滅。第一相者，初觀此身皮肉筋骨猶如芭蕉，從皮至髓氣息一時入出無礙，觀此氣息入無積聚，出無分散，一色芭蕉觀。第二相者，次觀身分芭蕉之觀轉虛空明淨，猶如聚沫，名爲水沫觀。第三相者，觀此沫觀一切身分轉空明淨，如水上泡，名爲泡觀。第四觀相者，觀此泡觀轉空微薄，猶如泡影，名爲影觀。第五相者，觀此影觀一切身分不見相貌，猶如虛空，名虛空觀。菩薩具足五種明觀，一切身分如空中華，譬如世間於虛空中見有一華，不依壚壁不依林藪，忽爾化生，遠望即見近觀即無。愚人不了謂實有華，智者覺了本來無華。衆生色身如虛空華，畢竟空寂無生無滅。菩薩觀身如空中立亦復如是。菩薩爾時自觀此身如淨瑠璃，空無所有，以此觀法利益衆生增長法身，名爲檀波羅蜜，爲法施。菩薩立時，以此觀法引導衆生，令諸衆生見菩薩形，發歡喜心，具清淨戒，離罪福相，是名菩薩持戒尸羅波羅蜜。菩薩立時，知此身中六情無主，亦知身外六塵無形，亦知中間六識無相，是身空寂無十八界，一切陰界及心本性，畢竟空寂無有生滅，世間八法不能令動，故名爲菩薩忍辱羼提波羅蜜。世八法者，利，衰，毀，譽，苦，樂，稱，譏。菩薩立時，一切心相無生住滅，一切法不住前際，不住後際，不住中際。無三際故，既無生際，即無住際，亦無滅際。一切法中離無去住而大精進，身心無勸自利利他，是名菩薩具足精進毗梨耶？菩薩立時，不見內心立，不見外心立，不見內外心立，色身空寂，亦無立相，諸險亦然。於一切法中不味著，無定無亂，畢竟空故。入不動三昧，普現法界一切色身饒益衆生，是名菩薩具足禪波羅蜜。菩薩立時，知此色身無自無他，如鏡中像，如炎如化夢如幻，無有壽命亦無我人，無衆生滅，亦無隱顯復無出沒，諸法自爾，無取無捨，覺了一切衆生根性，隨感差別，是名般若波羅蜜，具足智慧神通藏故。

智顗《三觀義》卷下《維摩詰經三觀玄義》 第四會乘義者，三觀即是三智。三智有二種，一別相三智，二一心三智。一別相三智即開三乘，二一心三智但是一佛乘也。第一正明別相三觀開三乘者，即爲二意，一正約三觀開三乘，二明十法成三乘。一正約三觀開三乘者，即爲三意。一約析法觀開三藏教三乘，二約體法觀開通教三乘，三總約析體別相三觀成別教大乘。一明析法觀開三藏教三乘者，三藏教明三乘行人同析因緣假以入空。若聲聞，總相析法入空，發眞無漏，成一切智，名聲聞乘。若辟支佛，別相析法入空，發眞無漏，成一切智，名辟支佛乘。若菩薩，總相別相析法入空而不斷結取證，多入俗假修行六度，求一切智，佛智，自然智，無師智，即是三藏教之大乘也。二明體假入空開通教三乘者，三乘之人同體因緣假以入空，若發眞無漏，斷見思惑，小乘根鈍但除正使，成一切智，名聲聞乘。緣覺中根侵除習氣，成一切智，名辟支佛乘。菩薩得一切智，入假修道種智，教化衆生，求一切種智，即是通教之大乘。三明總約析體別相三觀成別教大乘者，若別教菩薩，觀因緣假，修別相三觀，次第成一切智，道種智，乃至修中道觀見佛性，成一切種智，求常住涅槃，即是別教大乘義也。

二明具十法成乘者，三觀乃是乘之正體，若不約十法和合，則乘義不成。所以者何。三乘悉能運出三界火宅，必須正助衆善和合，故運用之義成也。就此即爲三意。一出十法名，二明次第成乘，三料簡。一出十法名者，一明識正因緣生法，二眞正發心，三止觀修習，四破諸法遍，五善知通塞，六道品調適，七對治助開三解脫門，八明識次位，九安忍強輭兩賊，十順道法愛不生。三乘之人修學三觀，若具此十法，即成三乘入涅槃也。二明次第成乘者，初所以順知正因緣法者，知無明因緣生一切法，即是正因緣，異外人執邪因緣，無因緣生一切法也。次明眞正發心者，三乘行人明知正因緣所生，三界火宅，覺悟生死，志求涅槃，但菩薩大悲濟物，心異也。次明止觀修習者，發心信解既明，必須修行定慧，即是三乘行人之根本也。次明破諸法遍者，若不破見思兩輪所執妄想，破妄想不遍，則止觀有滯也。次明須知通塞者，隨所破法從淺至深，皆有道滅之通，苦集之塞，若迷此理，即不知得失，是字非字去取失宜也。次明道品調適者，三十七品是三乘入道之正要，能引進眾行到三脱門入涅槃也。次明對治助道法者，即是四禪，四無量心，四無色定，九想，八念，十想，八背捨，八勝處，十一切處，九次第定，事中六度等，諸對治法，助開三脱門也。次明須知位次者，三乘入道，從乾慧地乃至佛地，若能分別不謬，即不生叨濫，破增上慢心也。次明安忍強軟兩賊者，未入外凡之位，內外八風壞三乘行人出世善根，若能安忍，則不爲所壞。入乾慧地，因發煩頂入性地也。次明順道法愛不生者，三乘之人若入性地，發善有漏五陰，所有善法功德智慧，順道若生法愛，即便頂墮，不得進入忍法成世第一法，發眞無漏也。若能不生法愛，即不頂墮，得入忍法位，成世第一法，發眞無漏，即是三乘之人同見第一義諦。斷界內見思煩惱，出三界火宅，是爲此乘從三界出。至有餘涅槃住，盡智，無生智運入，無餘不明故，以十法成三乘者，其義顯也。

三明料簡者。問曰，自有眾生值佛，隨聞一乘法即得成道，或有隨修一法門即入道，何必悉具此十法成乘也。答曰，皆以往昔已修引十法成根性也。

繼忠《四明仁岳異説叢書·岳闍梨十諫書》《妙宗》云，前正釋題，以妙三身，解所觀境。今至經文，以八萬相，爲所觀境，信八萬相，與妙三身，無二無別。二處皆用不思議境，而爲所觀，故八萬相，觀之令顯，顯名觀成，無別所顯。況今不是初心觀境，乃圓七信所觀境耳。豈於座像圓觀已成，卻託藏通生身修觀，又觀生身，顯藏塵相，此乃通人被別圓接，全非頓教始終圓觀。

諫曰，疏釋無量壽題，顯譚有量之無量。又特示云，阿彌陀是有量之無量。若今經不觀此身，智者所示何惑眾乎。若如大師所解，直觀無量之無量，又謂圓人皆依業識所見，是則今經唯觀實報依正，全無同居依正，不成託彼依正修觀之義也。今謂觀經從水想成已，見彼國地已去，皆是同居淨土依正之相，圓人託彼修乎三觀。空則諸相皆亡，假則相相俱照，中則亡照雙絕。若欲克就三身辨者，空即報也，假即應也，中即法也。又須知假觀之中有二不同，或有且見八萬相好，或復更見藏塵相好，以此觀成位次高矣。又云，觀生身顯藏塵相好，此乃通人被別圓接者，何太局哉。豈別圓教無生身耶？《大論》云，佛有生身，同人法有疾患等，如《法華》中，四大菩薩及淨華宿王智佛，問訊釋迦云，少病少惱，豈非生身耶？若謂龍女歎佛，微妙淨法身，具相三十二，既云法身。法身便是相相尊特者（《妙宗》前文有此一説）。疏云，深得法身之理，即備相好。記云，三十二相者，諸教所列，修得不同，多在教道。若實道者，但是發得。疏記之意，蓋言法身之理具，於生身三十二相全理發現，不同諸教修得之相，何曾指此，便是尊特。應云圓人體達生身即法故，相相寂滅，與虛空等。其猶波之濕性遍於大海，法身即生故，身同病患，相現四八，此如濕性之波動相不泯。若《妙經玄義》云，垢衣內身實瓔珞身者（《妙宗》引此爲證），蓋顯《華嚴》《法華》，祇是釋迦一佛之身，昔服瓔珞，今著弊衣，非謂弊衣，便是瓔珞。若不爾者，華臺之身，是老比丘耶？

《妙宗》問云，若是尊特，合是常身。何故《法華疏》中，判《觀無量壽佛經》云，實有量而言無量。答，此乃《刊正記》中，錯引彼疏。彼疏並云，實有量，而言無量。如《阿彌陀》與《金光明疏》及此疏同。蓋以大小二《彌陀經》，不專尊特，被於頓機，故彼佛現三十二相，通被眾機。

諫曰，諸經凡曰彌陀者，皆目生身耳。況大小二本，並無三十二相之文。何忽見指，借使二本不專被頓。今觀既專被頓，何故疏內卻指生身。不可將二本之義釋今經之名。斯乃縣額膀州，惑亂行者矣。刊正所引，其義非錯，但圓師不應以山毫海目之身，便爲地住所見之身。彼且不將丈六等身便爲尊特。問，《觀經》云，觀無量壽佛者，從一相好入，但觀眉間白毫，極令明了，見眉間白毫者，八萬相好，自然當現。疏文令取釋迦毫相，大小現觀。若得三昧，觀心成就，方可稱彼佛相而觀。引《大論》爲增長菩薩念佛三昧，故説般若。現奇特身相，以此爲觀。且奇特身者，非尊特身耶？既引彼證此，驗八萬相好，即尊特也。答，此乃泛引類例，不可□齊。蓋謂彌陀勝身，須是三昧成者，方可觀之。例如釋迦奇特身相，亦是三昧成者。以此爲觀，應如《大論》云，爲增長諸菩薩念佛三昧者，多是別圓地住菩薩。以論中明尊特身佛，爲界外法身菩薩說法。若《觀經疏》云，若得三昧，觀心成就者，但是圓教觀行位人。以疏中明觀行位，初觀佛相，如鑄金像，乃至觀成見佛，大相小相，浩浩瀁瀁，如大劫水。是知兩處三昧，深淺不同，所觀佛身，生報有異，須將義定，無以文拘。

（仁岳）重白大師，右之十諫，且引《妙宗》梗槩之文其，諸叢脞，不敢備舉。（仁岳）聞，巧詐不如拙誠，故筆下之語，不免逆耳。儻將佛法爲念，願以慈心而觀，昔生公立闡提成佛，舊學以爲邪說，嘗被大衆擯而遣之。生於衆中，正容誓曰，若我所說，反於經義，請於現身，即表癘疾。若與實相不相違背，願捨壽時，據師子座言竟拂衣而逝。後休驗之相明矣。（仁岳）言雖無似，輒効生之，所議佛身，儻違教旨，即冀現世招白癩之殃，或契聖心，必願臨終指淨土而爲逝。休咎之報，敢不信乎。伏請大師，焚香證之，不備。門人（仁岳）書。

紀事

智圓《閑居編》第九《書文殊般若經疏後序》　吾養疾於錢唐孤山之，明年秋八月七日，同郡大中祥符寺沙門曰，可孜者走法孫清月詣吾以此經爲贊，且言孜疇。昔嘗埽灑于經藏，見一函獨開，遂進而闔之偶闚其題，而有文殊說般若之號。孜駭其生平之未聞見，遂盥掌發而讀之，且領其旨。因以其文示同道智海公。海如孜之領，共嗟世之不傳，人之罕聞。孜乃圖剞劂，以廣其流通。今所以遺吾者，亦冀吾覽之，或有述焉。吾是時故疾發者旬浹矣。乃憑几整服而俯讀之，既微識其旨，因分文以爲章節，四日而成。又筆其義以爲疏，旬有二日而成，用紙一百，幅分爲二卷。因自顧曰，爾本生死下劣之人，而遇般若尊妙之法，以淺識而酌深趣，以鄙語而釋格言，而不詒幽責逮乎。速成者非聖，有冥加之力耶？非孜啟發之心之至耶？乃磬鑪齊莊以矢之，曰，吾之述苟少裨於化源者，亦冀傳之於後厥，或後之人有聖如智者疏之，則吾之言期灰滅，無惑於衆聽也。如其不爾，幸少留之，以彌縫其闕。知我者其佛乎。噫，百世之下如斯文之不墜，後之人受江漢之浸，膏澤之潤者，庶知其濫觴觸石，其在於孜公乎。時聖宋天禧改元之歲也。

律鈔義苑後序

錢唐大律師擇梧者，字元羽，德高而名著，辯博而識達，嘗撰《義苑》七軸，蓋解《事鈔》而作也。文約而理備，詞明而義顯，俾來學得其門而入，見刪補之富止作之美者，緊斯文是賴。至若比之舊章，較之衆說，鉤深之是非，解紛之去就，覽者別矣。不在談悉於戲，郢歌既發，擊節而和者，往往有之。臺崖開士紫其服者，曰某公業精三學名擅二科，尊賢謀道，有古人之風。繇是踐朝聞之言，致前席之禮，登律師之堂，請益而求異焉。後學輩聞其風，則怠者勤晝者進，不言之化，豈家至而日見與嘗謂斯文也。指南羣惑垂裕來裔爲不俟矣。且患夫後學勞於繕寫而損於學功。損學功則壅於流通矣，豈若刻板摸印以廣其道哉。乃矢厥謀於律師，稽首以請律師，三讓而後從禮也。爰有智海可孜二上人禪門之先覺也。以隨喜之心專掌其事，於是筆札得其妙者，雕鏤得其良者，不期月而成，厥功美矣哉。同聲相應也如此，噫，道患乎。不行既行則速若置郵事患乎。不立既立則勢同破竹。夫如是則千世之下無窮之機，彼文受賜，而復於聖道矣。何止夫名垂不朽而已哉。愚講科之務文學無功，庶覩律師之行道，某公之立事，仰止之極，輒爲後序，繫于篇之末云。時聖宋三乘天王有事于汾脽之歲，歲在辛亥六月既望。錢唐沙門釋智圓序。

傳燈《性善惡論》卷之四《文殊師利菩薩降魔緣》　（此猶屬分眞即性惡法門第五緣）

《魔逆經》云，文殊師利菩薩，與大光天子演說大法。天子聞已，報曰難及，（云云）。至未曾有，文殊師利，今所說者，微妙巍巍，無極之慧，超異如是，而魔波旬不來至此，欲廢亂之行於逆乎。適說是已須臾未久。時魔波旬在於虛空，興大雲雨，讐揚大音，其音普聞，一切時衆各心念言，何等聲流溢乃爾。爾時世尊告文殊師利，仁寧見魔所興亂乎。答曰，唯然天中天。文殊師利即如其像，三昧思惟，令魔自然五處見縛，尋便墮地嗚呼稱怨，恚恨，罵詈文殊師利，今當祖械鎖縛我身。文殊答曰，咄魔波旬，復有繫縛，堅固難解，逾過於此。今者所被，如卿不覺，何謂堅縛，吾我顛倒恩愛邪見縛，因緣繫縛，卿常爲此枷鎖所縛，不自覺知。

魔又啟曰，惟見原赦，使得解脫。文殊答曰，汝當興造行作佛事，我能令卿從縛得脫。魔即對曰，我於佛法無所妨廢，亦無所壞，當以何因興作佛事。文殊答曰，波旬，欲知興作佛事，乃爲菩薩智慧變化。假使如來興作佛事，不足爲難。魔作佛事斯乃爲奇。於是文殊師利，即如其像三昧思惟，使魔波旬變作佛像，三十二相莊嚴其身，坐師子床，智慧辨才，所說如佛，而宣此言。所欲問者，一切衆生，諸所狐疑，自恣所啟，當爲發遣。時大迦葉問魔波旬，比丘修行以何爲縛。魔尋答曰，計我禪定，而志寂然，則是有想，無想品第想空爲要，毁衆見想，想於要想，興於衆念，御無願想，壞諸所願，爲泥洹想，而樂無爲，毁生死想，是迦葉修行比丘之繫也。所以者何。迦葉當知，不當毁壞諸所獨見，因而行空也。所謂空者，諸見皆空，不當毁念，未於無相。所以者何。敢可所念，悉爲無相，不當毁願而求無願。其所願者，悉亦無願，不當毁生死而求泥洹。曉了生死不可得處，則爲泥洹。迦葉當知，其行泥洹，不起思想，當於衆著，令無所起，毁壞滅盡，泥洹本淨無所起生，乃爲無爲。說是語時，五百比丘心逮清淨，如是乃至須菩提舍利弗目揵連，其尊弟子五百人等，各各自問己身所知。時魔波旬，各各分別而發之，於是諸天天衆，有一天子，名曰須深，問魔波旬，文殊師利，屬者講說諸魔事業，仁豈堪任重復理議，何謂菩薩之魔事。時魔答曰，天子當知，菩薩魔事則有二十。何謂二十，恐畏生死，欲得解脫，遵修玩習，於佛正法，稽首歸命而有望想，則爲魔業，如是菩薩魔事凡有二十，具說如經。於時世尊讚魔波旬，善哉善哉。快說於斯菩薩魔事，假使有人論此法事，聽省奉行，不從魔教，其人則建佛大道法，說講經典，獲諸三十事。何爲二十。大慈大哀，如是凡有二十條，具如經說。於是須深天子，問魔波旬，怯哉善利，巧爲如來之所嗟歎。時魔報曰，吾身不用快哉善利。譬如男子鬼神著之，當可所說計實不是，其人所語，鬼神所言也。如是仁者，今吾所說，文殊師利之所發動，不當宣傳言是我說。天子問曰，今仁變成佛身形，不以歡乎。又復相好莊嚴其身，坐師子床，講說經法，不以樂耶？魔復報曰，卿等見我相好嚴身，我還自觀枷鎖繫縛。天子告曰，波旬自歸悔過伏罪文殊師利，文殊師利威神，原赦波旬。波旬答曰，不當首悔學於大乘菩薩大士。所以者何。行菩薩者，不見缺漏瑕穢之界，興嗔恚者，設壞冤恨，乃當對悔稽首自歸。天子又問，菩薩忍辱爲何等類。其魔報曰，菩薩忍辱有十二事。何謂十二。志性忍辱而無瑕玼，如是有十二種，如經具說。於是須深天子，問魔波旬，卿若尋說此二十事，至十二忍，寧踴躍乎。答曰，歡喜。須深即啟文殊師利，仁者原赦魔波旬罪，文殊問魔，誰爲繫汝。報曰，不知誰爲縛我。答曰，波旬，卿不被縛，自想爲縛，一切愚癡凡夫之士，其亦若茲，心本悉淨，無所思念，志在想著，不知無常，計有常想，苦爲樂想，無身計身，不淨想無色想，無痛癢思，想生死識而想五陰，如今波旬惡畏繫縛，何因得脫。又曰，今我不復得解脫乎。答曰，如是波旬，已得解脫者，不復更脫，何因得脫，由緣從於虛僞之想，而致繫縛，蠲除此穢名曰解脫。於是文殊師利，捨所建立威神感動，令魔波旬即復如故。文殊師利，復與須深天子說法將畢。爾時魔波旬，心懷憂戚，泣淚如雨，而說此言。若此經典所流布處，諸魔波旬不得其便，脫有受持，斷絕魔事。魔說此語，即便沒去。

教理分部

止觀二法

綜述

智顗《修習止觀坐禪法要》 若夫泥洹之法，入乃多途，論其急要，不出止觀二法。所以然者，止乃伏結之初門，觀是斷惑之正要。止則愛養心識之善資，觀則策發神解之妙術。止是禪定之勝因，觀是智慧之由藉。若人成就定慧二法，斯乃自利利人，法皆具足，故《法華經》云，佛自住大乘，如其所得法，定慧力莊嚴，以此度衆生，當知此之二法，如車之雙輪，鳥之兩翼。若偏修習，即墮邪倒，故經云，若偏修禪定福德，不學智慧，名之曰愚。偏學知慧，不修禪定福德，名之曰狂。狂愚之過，雖小不同，邪見輪轉，蓋無差別。若不均等，此則行乖圓備，何能疾登極果。故經云，聲聞之人，定力多故，不見佛性。十住菩薩，智慧力多，雖見佛性，而不明了。諸佛如來，定慧力等，是故了了見於佛性。以此推之，止觀豈非泥洹大果之要門，行人修行之勝路，眾德圓滿之指歸，無上極果之正體也。

若如是知者，止觀法門實非淺，故欲接引始學之流輩，開矇冥而進道，說易行難，豈可廣論深妙。今略明十意，以示初心行人，登正道之階梯，入泥洹之等級。尋者當愧爲行之難成，毋鄙斯文之淺近也。若心稱言旨，於一眴間，則智斷難量，神解莫測。若虛搆文言，情乖所說，空延歲月，取證無由。事等貧人數他財寶，於己何益者哉。

四種三昧

智顗《摩訶止觀》卷二（下） 二勸進四種三昧入菩薩位，說是止觀者，夫欲登妙位非行不階，善解鑽搖醍醐可獲。《法華》云，又見佛子修種種行以求佛道。行法眾多略言其四，一常坐，二常行，三半行半坐，四非行非坐。通稱三昧者，調直定也。《大論》云，善心一處住不動，是名三昧。法界是一處，正觀能住不動。四行爲緣，觀心藉緣調直，故稱三昧也。一常坐者，出《文殊說》、《文殊問》兩般若，名爲一行三昧。今初明方法，次明勸修。方法者，身論開遮，口論說默，意論止觀。身開常坐遮行住臥，或可處眾獨則彌善，居一靜室或空閑地，離諸喧鬧，安一繩床傍無餘座，九十日爲一期，結跏正坐項脊端直，不動不搖不萎不倚，以坐自誓，肋不拄床，況復屍臥遊戲住立，除經行食便利。隨一佛方面端坐正向，時刻相續無須臾廢。所開者專坐，所遮者勿犯，不欺佛，不負心，不誑眾生。口說默者，若坐疲極，或疾病所困，或睡蓋所覆，內外障侵奪正念心，不能遣卻，當專稱一佛名字，慚愧懺悔以命自歸，與稱十方佛名功德正等。所以者何。如人憂喜欝佛舉聲歌哭悲笑則暢，行人亦爾。風觸七處成身業，聲響出脣成口業，二能助意成機感佛俯降，如人引重自力不前，假傍救助則蒙輕舉，行人亦爾。心弱不能排障，稱名請護惡緣不能壞。若於法門未了，當親近解般若者，如聞修學，能入一行三昧面見諸佛上菩薩位，誦經誦呪尚喧於靜，況世俗言語耶？意止觀者，端坐正念，蠲除惡覺捨諸亂想，莫雜思惟不取相貌，但專繫緣法界，一念法界。繫緣是止，一念是觀。信一切法皆是佛法，無前無後無復際畔，無知者無說者，若無知無說則非有非無，非知者非不知者，離此二邊住無所住，如諸佛住安處寂滅法界，聞此深法勿生驚怖。此法界亦名菩提，亦名不可思議境界，亦名般若，亦名不生不滅。如是等一切法與法界無二無別，聞無二無別勿生疑惑。能如是觀者，是觀如來十號，觀如來時不謂如來爲如來，無有如來爲如來，亦無如來智能知如來者。如來及如來智，無二相，無動相，不作相，不在方不離方，非三世非不三世，非二相非不二相，非垢相非淨相。此觀如來甚爲希有，猶如虛空無有過失，增長正念見佛相好，如照水鏡自見其形。初見一佛，次見十方佛，不用神通往見佛，唯住此處見諸佛聞佛說法，得如實義爲一切眾生見如來，而不取如來相，化一切眾生向涅槃而不取涅槃相，爲一切眾生發大莊嚴而不見莊嚴相，無形無相無見聞知，佛不證得是爲希有。何以故。佛即法界，若以法界證法界即是諍論，無證無得。觀眾生相如諸佛相，眾生界量如諸佛界量，諸佛界量不可思議，眾生界量亦不可思議。眾生界住如虛空住，以不住法以無相法住般若中。不見凡法云何捨。不見聖法云何取。生死涅槃垢淨亦如是。不捨不取，但住實際。如此觀眾生眞佛法界，觀貪欲瞋癡諸煩惱，恆是寂滅行，是無動行，非生死法非涅槃法，不捨諸見不捨無爲，而修佛道，非修道非不修道，是名正住煩惱法界也。觀業重者，無出五逆。五逆即是菩提，菩提五逆無二相。無覺者，無知者，無分別者。逆罪相實相相，皆不可思議不可壞，本無本性，一切業緣皆住實際，不來不去非因非果，是爲觀業即是法界印。法界印四魔所不能壞魔不得便。何以故。魔即法界印。法界印云何毀法界印。以此意歷一切法亦應可解，上所說者皆是經文。勸修者，稱實功德獎於行者，法界法是佛眞法，是菩薩印。聞此法不驚不畏，乃從百千萬億佛所久植德本，譬如長者失摩尼珠後還得之，心甚歡喜，四眾不聞此法，心則苦惱。若聞信解歡喜亦然，當知此人即是見佛，已曾從文殊聞是法。【略】

〇二常行三昧者，先方法，次勸修，方法者，身開遮，口說默，意止觀，此法出《般舟三昧經》翻爲佛立。佛立三義，一佛威力，二三昧力，三行者本功德力。能於定中見十方現在佛在其前立，如明眼人淸夜觀星，見十方佛亦如是多，故名佛立三昧。《十住婆沙偈》云，是三昧住處，少中多差別，如是種種相，亦應須論議。住處者，或於初禪二三四中間，發是勢力能生三昧故名住處，初禪少二禪中三四多，或少時住名少，或見世界少，或見佛少故名少，中多亦如是。身開常行，行此法時避惡知識及癡人親屬鄉里，常獨處止不得希望他人有所求索，常乞食不受別請，嚴飾道場備諸供具香餚甘果，盥沐其身。左右出入改換衣服，唯專行旋，九十日爲一期。須明師善內外律能開除妨障，於所聞三昧處如視世尊，不嫌不恚不見短長，當割肌肉供養師，況復餘耶？承事師如僕奉大家，若於師生惡，求是三昧終難得，須外護如母養子，須同行如共涉險，須要期誓願使我筋骨枯朽。學是三昧不得終不休息，起大信無能壞者，起大精進無能及者，所入智無能逮者，常與善師從事，終竟三月不得念世間想，欲如彈指頃。三月終竟不得臥，出如彈指頃。終竟三月行不得休息，除坐食左右。爲人說經不得希望衣食。《婆沙偈》云，親近善知識，精進無懈怠，智慧甚堅牢，信力無妄動。口說默者，九十日身常行無休息，九十日口常唱阿彌陀佛名無休息，九十日心常念阿彌陀佛無休息。或唱念俱運，或先念後唱，或先唱後念。唱念相繼無休息時，若唱彌陀即是唱十方佛功德等，但專以彌陀爲法門主。【略】

〇三明半行半坐，亦先方法，次勸修。方法者，身開遮，口說默，意止觀。此出二經。《方等》云，旋百二十匝卻坐思惟。《法華》云，其人若行若立讀誦是經，若坐思惟是經。我乘六牙白象現其人前，故知俱用半行半坐爲方法也。方等至尊不可聊爾，若欲修習神明爲證，先求夢王。若得見一是許懺悔，於閑靜處莊嚴道場，香泥塗地及室內外，作圓壇彩畫懸五色幡，燒海岸香然燈敷高座。請二十四尊像，多亦無妨，設餚饌盡心力，須新淨衣鞾屬。無新浣故，出入著脫無令參雜。七日長齋，日三時洗浴，初日供養僧隨意多少。別請一明了內外律者爲師，受二十四戒及陀羅尼呪，對師說罪，要用月八日十五日，當以七日爲一期，決不可減。若能更進隨意堪任，十人已還不得出此，俗人亦許，須辦單縫三衣備佛法式也。【略】

勸修者，《普賢觀》曰，若七衆犯戒，欲一彈指頃除滅百千萬億阿僧祇劫生死之罪者，欲發菩提心不斷煩惱而入涅槃，不離五欲而淨諸根，見障外事。欲見分身多寶釋迦佛者，欲得法華三昧一切語言陀羅尼，入如來室，著如來衣，坐如來座，於天龍八部衆中說法者，欲得文殊藥王諸大菩薩持華香住立空中侍奉者，應當修習此《法華經》，讀誦大乘念大乘事，令此空慧與心相應，念諸菩薩母，無上勝方便從思實相生，衆罪如霜露慧日能消除，成辦如此諸事無不具足。能持此經者，則爲得見我亦見於汝，亦供養多寶及分身，令諸佛歡喜，如經廣說，誰聞如是法不發菩提心，除彼不肖人癡瞑無智者耳。

四非行非坐三昧者，上一向用行坐，此既異上，爲成四句故名非行非坐，實通行坐及一切事，而南岳師呼爲隨自意，意起即修三昧。《大品》稱覺意三昧，意之趣向皆覺識明了，雖復三名實是一法。今依經釋名。覺者，照了也。意者，心數也。三昧如前釋。行者心數起時反照觀察，不見動轉根原終末，來處去處，故名覺意。諸數無量，何故對意論覺。窮諸法源皆由意造，故以意爲言端，對境覺知異乎木石，名爲心。次心籌量名爲意，了了別知名爲識。如是分別墮心想見倒中，豈名爲覺。覺者，了知心中非有意，亦非不有意。心中非有識，亦非不有識。意中非有心，亦非不有心。意中非有識，亦非不有識。識中非有意，亦非不有意。識中非有心，亦非不有心。心意識非一故立三名，非三故說一性。若知名非名，則性亦非性。非名故不三，非性故不一。非三故不散，非一故不合。不合故不空，不散故不有。非有故不常，非空故不斷。若不見常斷終不見一異。若觀意者則攝心識，一切法亦爾。若破意無明，則壞餘使皆去，故諸法雖多但舉意以明三昧。觀則調直，故言覺意三昧也。隨自意非行非坐，準此可解。就此爲四，一約諸經，二約諸善，三約諸惡，四約諸無記。諸經行法上三不攝者，即屬隨自意也。

三種止觀

綜述

智顗（灌頂記）《摩訶止觀》卷一下 天台傳南岳三種止觀，一漸次，二不定，三圓頓，皆是大乘，俱緣實相同名止觀。漸則初淺後深如彼梯隥，不定前後更互，如金剛寶置之日中，圓頓初後不二如通者騰空，爲三根性說三法門引三譬喻。略說竟，更廣說，漸初亦知實相，實相難解漸次易行。先修歸戒翻邪向正，止火血刀達三善道。次修禪定止欲散網，達色無色定道。次修無漏止三界獄，達涅槃道。次修慈悲止於自證，達菩薩道。後修實相止二邊偏，達常住道，是爲初淺後深，漸次止觀相。不定者，無別階位約前漸後頓，更前更後，互淺互深，或事或理，或指世界爲第一義，或指第一義爲爲人對治，或息觀爲止，或照止爲觀，故名不定止觀。疑者云，教境名同相頓爾異，然同而不同不同而同，漸次中六，善惡各三，無漏總中三，凡十二不同，從多爲言，故名不定。此章同大乘同實相，同名止觀，何故名爲辯差。然同而不同，不同而同，漸次中九不同，不定中四不同，總有十三不同，從多爲言故名不同耳。一切聖人皆以無爲法而有差別，即其義也。圓頓者，初緣實相造境即中無不眞實，繫緣法界一念法界，一色一香無非中道，己界及佛界眾生界亦然。陰入皆如無苦可捨，無明塵勞即是菩提無集可斷，邊邪皆中正無道可修，生死即涅槃無滅可證。無苦無集故無世間，無道無滅故無出世間，純一實相，實相外更無別法。法性寂然名止，寂而常照名觀，雖言初後無二無別，是名圓頓止觀。漸與不定置而不論，今依經更明圓頓，如了達甚深妙德賢首曰，菩薩於生死最初發心時，一向求菩提堅固不可動，彼一念功德深廣無崖際，如來分別說窮劫不能盡，此菩薩聞圓法，起圓信，立圓行，住圓位，以圓功德而自莊嚴，以圓力用建立眾生。云何聞圓法，聞生死即法身，煩惱即般若，結業即解脫。雖有三名而無三體，雖是一體而立三名，是三即一相，其實無有異，法身究竟般若解脫亦究竟，般若清淨餘亦清淨，解脫自在餘亦自在，聞一切法亦如是，皆具佛法無所減少，是名聞圓法。云何圓信。信一切法即空即假即中，無一二三而一二三，無一二三是遮一二三，而一二三是照一二三，無遮無照皆究竟清淨自在，聞深不怖聞廣不疑，聞非深非廣意而有勇，是名圓信。云何圓行。一向專求無上菩提，即邊而中不餘趣向，三諦圓修不爲無邊所寂有邊所動，不動不寂直入中道，是名圓行。云何入圓位。入初住時一住一切住，一切究竟一切清淨一切自在，是名圓位。云何圓自在莊嚴。彼經廣說自在相，或於此根入正受，或於彼根起出說，或於一根雙入出，或於一根不入出，餘一一根亦如是。或於此塵入正受，或於彼塵起出說，或於一塵雙入出，或於一塵不入出，餘一一塵亦如是。或於此方入正受，或於彼方起出說，或於一方雙入出，或於一方不入出，或於一物入正受，或於一物起出說，或於一物雙入出，或於一物不入出。若委說者，秖於一根一塵即入即出，即雙入出，即不入出，於正報中一一自在，於依報中亦如是，是名圓自在莊嚴。譬如日光周四天下，一方中，一方旦，一方夕，一方夜半，輪迴不同，秖是一日而四處見異，菩薩自在亦如是。

智顗《六妙法門》 六妙門者，蓋是內行之根本，三乘得道之要逕，故釋迦初詣道樹，跏趺坐草，內思安般。一數，二隨，三止，四觀，五還，六淨。因此萬行開發，降魔成道。當知佛爲物軌示跡若斯，三乘正士，豈不同遊此路，所言六者，即是數法，約數明禪，故言六也。如佛或約一數辯禪，所謂一行三昧。或約二數，謂一止，二觀，或約三數，謂三三昧，或約四數，所謂四禪。或約五數，謂五門禪。或約六數，謂六妙門。或約七數，謂七依定。或約八數，謂八背捨。或約九數，謂九次第定。或約十數，謂十禪支。如是等，乃至百千萬億阿僧祇不可說諸三昧門，悉是約數說諸禪也。雖數有多少，窮其法相，莫不悉相收攝，以眾生機悟不同故，有增減之數分別利物。今言六者，即是約數法而標章也。妙者其意乃多，若論正意，即是滅諦涅槃，故滅四行中，言滅止妙離，涅槃非斷非常，有而難契，無而易得，故言妙也。六法能通，故名爲門。門雖有六，會妙不殊，故經言泥洹眞法寶，眾生從種種門入，此則通釋六妙門之大意也。六妙門大意有十。

第一歷別對諸禪六妙門　第二次第相生六妙門　第三隨便宜六妙門
第四隨對治六妙門　第五相攝六妙門　第六通別六妙門　第七旋轉六妙門
第八觀心六妙門　第九圓觀六妙門　第十證相六妙門

一心三觀

綜述

智顗《妙法蓮華經文句》卷二下 觀心者三觀，即三不退，又一心三觀，即一心三不退（云云）。舊云皆得陀羅尼去，始是歎德。今取不退轉即具兩意，成上屬明位，起後屬歎德。舊云歎德作十二句，分爲四意，初三句歎現德，次三句歎往行，次四句歎內體，後兩句歎外名。四意不同而德居於初，故稱歎德。歎現又兩，初一句歎自行，後二句歎化他。歎行爲三。初句歎行本，本從諸佛得般若。次句歎本行，行福德也。既有福德能資於慧，次句爲佛所歎。體又三，初慈悲歎應身，中間兩句歎心慧報身，後一句歎法身。歎名爲二，初句歎名普聞，次句歎能度衆生。此之分文極有眉眼，覈論宗體殊無趣向。若歎通教，通教無三身，又非入佛慧，名不普聞種種義不成。若歎別教，別教初地已過二乘，云何七地更起聲聞支佛之念。若歎圓教，不應言七地已下無不退之德，進退無當竟知歎誰，是所不用。今以十三句作橫竪消文，一竪約十地義便，二橫約初住義便，不退轉者成前，即是明位，起後即是歎德，以對初地。初地名歡喜，喜其不退墮二邊入中道獲三不退，故知歎初歡喜地也。皆得陀羅尼歎二地。二地名離垢，亦名離達。離遮諸惡達持衆善，即陀羅尼義，故知歎離垢地也。樂說辯才歎三地，三地名明地，內智明外說辯，欲知智在說，說有種種樂說最勝故，故知歎第三明地也。轉不退轉法輪歎四地，四地名焰，焰能破闇，又能焦炷，轉法輪自害己惑如焦炷，破他迷如除闇，故知歎第四焰地也。供養百千諸佛歎五地，五地名難勝，此地得深禪定，用神通力難勝難及，於一念頃遍至十方，供養諸佛，故知歎第五地也。於諸佛所植衆德本歎六地，六地名現前，由得禪能供養諸佛，福資種智種智現前，智是德本如植種於地，故知歎第六地也。常爲諸佛之所稱歎，歎第七遠行地，此地二智方便出過一切，廣修利益稱會佛心，故知歎第七地。以慈修身歎第八不動地，正智不動不出三界，但以慈薰身應入五道，薰口爲說法，薰心爲設方便，《正法華》具薰三業，故知歎第八地也。善入佛慧歎第九地，九地名善慧，深入實際妙徹本源，此名義最合，故知歎第九地。通達大智歎第十地，十地名法雲，法身如虛空，禪定如大雲，智慧如大雨，善入佛法名慧，巧用佛法名智，互舉耳。到於彼岸歎十地內德到三諦之彼岸因中說果，又到在不久也，名稱普聞。歎十地外德，由內德深廣，致令聲名普聞，內外相稱，若開等覺位者，此二句擬之，能度百千衆生者。餘地度人，或一界至九界不名能度，十地勝前故稱能度，諸地悉具衆功德，而今出沒釋者，爲人情好異故，依十地名便故。又竪義易解故，作此一途消文耳。次橫歎者，直約初住說之，餘位位例可解，初發心住一發一切發，出過二邊革凡超聖入中道，其心寂滅念念流入薩婆若海，故言得不退轉。初住遮離取相無知無明等障，持達般若解脫法身等德，故言得陀羅尼。十信似解尚能以妙音，遍滿三千界，何況初住，眞解口密功德，故言樂說辯才。初住能分身百世界作佛，論其實處無量無邊，以能作佛說法教化，故言能轉不退法輪。初住得不思議神力，遍能承事法界諸佛，故言供養百千諸佛。初住得實相本，能植衆德也，初住開佛知見，知見已法與諸佛同，故爲佛之所稱歎。初住無緣慈普現色身，遍應法界，故言以慈修身。初住入秘密藏，故言善入佛慧。初住一心三智無能障礙，故云通達大智。初住事理分究竟，故言到於彼岸。初住圓德眞實與名相稱，故言名稱普聞諸佛世界。初住能爲十法界而作依止，安立救護，故言能度百千衆生。初住更有無量無邊不可思議種種功德，略言十三句耳。二住去乃至等覺亦復如是，故《大品》云，初阿字門，具四十一字功德，後荼亦具諸字功德，中間亦爾。字等語等功德亦等。問，此中歎斷惑德，三藏不斷惑，可不被歎，聲聞尚被歎迹爲通別，何不歎德。答，通歎於迹乃有此義，今經正明圓人，不歎方便耳。問，云何諸句功德皆歎初住耶？答曰，餘位亦如是，何獨初住。舊云八地有諸功德不以爲疑，今圓歎初住何德不攝。初住尚爾，何況後位耶？《法華論》云，上支下支門，總相別相，應知初得不退轉一句是總，此不退有十種示現。聞法不退轉，即是陀羅尼。樂說不退轉，即是樂說辯才。說不退轉，即是轉不退法輪。依善知識不退轉，即是供養百千諸佛植衆德本。斷疑不退轉，即是爲諸佛稱歎。入事不退轉，即是以慈修身。入一切智如實境不退轉，即是善入佛慧。依我空法空不退轉，即是通達大智。入如實境不退轉，即是到於彼岸。應作所作不退轉，即是度百千衆生。故初總句即是上支，次諸別句即是下支，記中橫歎初住德，即與此意同也。論云，二者攝取事門者，示現諸菩薩住何等清淨地中因，何等方便，何等境界，何等應作所作故。若從此義，作暨歎菩薩德亦無妨。觀心解歎德者，不退轉如前說。陀羅尼者，空觀是旋陀羅尼，假觀是百千旋陀羅尼，中觀是法音方便陀羅尼。又空觀觀心但有名字，即聞持陀羅尼。假觀觀心無量心，心心數法皆是法門，即行持陀羅尼。中觀觀心心即實相，即是義持陀羅尼。假觀觀心具十法界法，即法無礙辯。中觀觀心十法界皆入實相，即義無礙辯。空觀觀心十法界但有名字語言，即辭無礙辯。觀一心即三心，三心即一心，一界一切界，旋轉無礙，即樂說無礙辯。空觀是轉位不退法輪，假觀是轉行不退法輪，中觀是轉念不退法輪。供養佛者，秖是隨順佛語。今順佛教修三觀心，即是供養佛。爲破五住得解脫故，即供養法。三諦理和，即供養僧。又衆行心資觀智心，即供養佛。觀智心開發境界，即供養法。境智心和，即供養僧。實相心是觀智心本，觀智心是衆行心本，得本種植則立，故言植衆德本。觀智心冥於境界，境界印於觀智，智有所照常與境合，即是爲佛所歎。空觀爲法緣慈所薰，假觀爲衆生緣慈所薰，中觀爲無緣慈所薰。空觀入通佛慧，假觀入別佛慧，中觀入圓佛慧。空觀到一切智彼岸，假觀到道種智彼岸，中觀到一切種智彼岸。空觀聞於眞諦，假觀聞於俗諦，中觀普聞中道第一義諦。亦普聞三諦，空觀度四住百千衆生，假觀度塵沙百千衆生，中觀度無明百千衆生。一心三觀有無量德，歎不能盡，止略說耳。

十乘觀法

綜　述

智顗《摩訶止觀》卷五（下）　夫止觀者高尚者高尚，卑劣者卑劣。開止觀爲十。一陰界入，二煩惱，三病患，四業相，五魔事，六禪定，七諸見，八增上慢，九二乘，十菩薩。此十境通能覆障。陰在初者二義，一現前，二依經。《大品》云，聲聞人依四念處行道，菩薩初觀色乃至一切種智，章章皆爾故不違經，又行人受身誰不陰入，重擔現前是故初觀，後發異相別爲次耳。夫五陰與四大合，若不照察不覺紛馳，如閉舟順水寧知奔迸，若其迴泝始覺馳流，既觀陰果則動煩惱因。故次五陰而論四分也。四大是身病，三毒是心病，以其等故情中不覺。今大分俱觀衝擊脈藏，故四蛇偏起致有患生，無量諸業不可稱計，散善微弱不能令動。今修止觀健病不虧動生死輪，或善萌故動，惡壞故動，善示受報故動，惡來責報故動。故次病說業也，以惡動故惡欲滅，善動故善欲生，魔遽出境作諸留難或壞其道。故次業說魔，若過魔事則功德生，或過去習因，或現在行力，諸禪競起，或味或淨或橫或竪。故次魔說禪，禪有觀支因生邪慧，逸觀於法僻起諸倒，邪辯猛利。故次禪說見，若識見爲非息其妄著，貪瞋利鈍二俱不起，無智者謂證涅槃，小乘亦有橫計四禪爲四果，大乘亦有魔來與記，並是未得謂得增上慢人。故次見說慢，見慢既靜先世小習因靜而生，身子捨眼即其事也。《大品》云，恆沙菩薩發大心，若一若二入菩薩位多墮二乘。故次慢說二乘，若憶本願故不墮空者，諸方便道菩薩境界即起也。《大品》云，有菩薩不久行六波羅蜜，若聞深法即起誹謗墮泥犁中，此是六度菩薩耳。通教方便位亦有謗義入眞道不謗也。別教初心知有深法，是則不謗。此等悉是諸權善根，故次二乘後說也。此十種境始自凡夫正報，終至聖人方便。陰入一境常自現前，若發不發恆得爲觀，餘九境發可爲觀，不發何所觀。又八境去正道遠，深加防護得歸正轍，二境去正道近，至此位時不慮無觀薄修即正。又若不解諸境互發，大起疑網，如在岐道不知所從。先若聞之恣其變怪心安若空，互發有十。謂次第不次第，雜不雜，具不具，作意不作意，成不成，益不益，久不久，難不難，更不更，三障四魔，九雙七隻。次第者有三義，謂法修發。法者，次第淺深法也。修者，先世已曾研習次第，或此世次第修也。發者，依次修而次發也。不次亦三義，謂法修發，發則不定，或前發菩薩境後發陰入，雖不次第十數宛足。修者，若四大違返則先修病患，若四分增多則先修煩惱，如是一一隨強者先修。法者，眼耳鼻舌陰入界等，皆是寂靜門亦是法界，何須捨此就彼，出《寶篋經》（云云）。當知法界外更無復有法而爲次第也。煩惱即法界，如《無行經》云。貪欲即是道，《淨名》云，行於非道通達佛道，佛道既通無復次第也。病患是法界者，《淨名》云，今我病者非眞非有，衆生病亦非眞非有，以此自調亦度衆生，方丈託疾雙林病行，即其義也。業相爲法界者，業是行陰。《法華》云，深達罪福相遍照於十方，微妙淨法身具相三十二，達業從緣生，不自在故空，此業能破業。若衆生應以此業得度，示現諸業以此業立業，業與不業縛脫叵得，普門示現雙照縛脫，故名深達，何啻堪爲方等師耶？魔事爲法界者，《首楞嚴》云，魔界如佛界如，一如無二如，實際中尚不見佛，況見有魔耶？設有魔者，良藥塗屍堪任乘御（云云）。

三觀還因四教而起

綜　述

智顗《四教義》卷一　問曰，三觀復因何而起。答曰，三觀還因四教而起。問曰，觀教復因何而起。答曰，觀教皆從因緣所生四句而起。問曰，因緣所生四句因何而起。答曰，因緣所生四句即是心，心即是諸佛不思議解脫，諸佛不思議解脫畢竟無所有，即是不可說，故《淨名》杜口默然無說也。有因緣故亦可得說者，即是用四悉檀，說心因緣所生之四句，赴四種根性十二因緣法所成衆生而說也。四種根性者，一者下根，二者中根，三者上根，四者上上根。赴此四種根性故因此教觀無礙而起，普利益衆生得成信法兩行之益，此即若聖說法，若聖默然之義也。問曰，《大涅槃經》云，根有三種，一者下根，二者中根，三者上根。爲中根人於波羅奈三轉小法輪，爲上根人於拘尸那城轉大法輪，若爲下根人如來終不爲轉法輪。今何得言有四種根性，爲下根人說三藏教耶？答曰，諸佛教門隨緣不定，或說一根，或說二根，或說三根，或說四根，或言爲下根者說，或言不爲下根者說。言爲下根者說者，如《法華經》三草，二木稟澤皆得增長，言不爲下根者說，即如引《涅槃經》文也。

真妄心觀

綜　述

知禮《四明尊者教行錄》卷二　次示觀門者，所謂捨外就內，簡色取心，不假別求他法爲境，唯觀當念，現今刹那最促最微，且近且要，何必棄茲妄念，別想眞如。當觀一念識心德量無邊，體性常住，十方諸佛一切衆生，過現未來虛空刹土，遍攝無外，咸趣其中。如帝網之一珠，似大海之一浪，浪無別體，全水所成，水既無邊，浪亦無際，一珠雖小，影遍衆珠，衆珠之影皆入一珠，衆珠非多，一珠非少，現前一念亦復如是。性徹三世，體遍十方，該攝不遺，出生無盡，九界實造，佛地權施，不離即今，刹那能窮過未作用。然須知性具一切，是故能攝能生，勿謂本覺孤然隨妄緣而方有。不明性具者，法成有作，觀匪無緣。今觀諸法即一心，一心即諸法，非一心生諸法，非一心含諸法，非前非後，無所無能，雖論諸法，性相本空，雖即一心，聖凡宛爾，即破即立，不有不無，境觀雙忘，待對斯絕，非言能議，非心可思，故強示云不可思議微妙觀也。此觀非滅罪之邊際，能顯理之淵源，是首楞嚴禪，是法華三昧，亦稱王三昧。統攝一切三昧故，亦號總持之主，出生一切總持故，功德甚深稱歎莫及。上來所述事儀理觀多有漏略，備急披詳不煩援引。若欲廣知，應尋摩訶止觀，當知止觀一部即法華三昧之筌蹄。一乘十觀即法華三昧之正體。圓頓大乘究竟於此。

修性一如

綜述

湛然《法華文句記》卷七（下） 所取四法不出因果，因果之體體唯實性，一一對辨他經十法。三道是三德種者，即性種也。有生性故，故名為種，生時此種純變為修。修性一如，無復別體。言相對者，且從當體敵對相翻，即事理因果迷悟縛脫等始終理一，故名為性。波水之義準望可知，波是水種豈可不信。若就類者，類謂類例即修德也。眾生無始恆居三道，於中誰無一毫種類。夫有心者法身種者，合彼性三為一法身，對修方合約性恆開，此三從別一一各異。

問，若爾，般若解脫有於種類及以對論，法身類種與對論種為同為異。

答，理一義異，言理一者，秖緣理一，是故性修相對離合。言義異者，對生死邊名為相對，理體本淨名為種類。又聞能觀智名為了種，聞所緣理名為正種，即是理淨與事淨為類。諸種差別等者，須約諸教諸界廣說，不可具述，唯是理體一三德種如來能知。若約教者，別教唯有種類之種，而無相對，於中法身類種仍別，始終常淨，唯不從覆故得種名，藏通兩教全無此義，但約當教其名非無，因時三學為五分種，達分即為二解脫種，念處即為般若種也。隱顯並別具如《止觀》第三記，故三教教道之有差，本在圓實之無差相體性三既通始末，所以須約十界十如釋者，向釋種字，既以相對及種類釋。今此三法亦應例之，又前種中不云十界取極下界，類中自云世智等也。故此十界不出一念，如彼廣釋十如中明又前釋種不約十界者，欲明三德義便故也。此相等三亦是三德，已有種義不須依前約界則便，故十界中有佛與凡論差無差，或對三諦，次約三法，即是三慧。於三重中皆初云念者，念所取境，思修亦然，境即所聞所思所修，皆言何者，指所取境。所念等者，教下所詮。向之四法隨教則有思修不同，對界為境多少增減，觀體巧拙隨義應知，為差無差以權對實。初言用者，有取境慧方有所取，舉事顯慧故曰用也。所言體者，即當體也。境中舉事，事是所取，念等居先取所取事。今先言云何，指能念體思修亦然，故知即是三慧當體，此體即是能聞，能思，能修，故云記錄所聞等法。言因緣者，謂以何之言須所聞教，念等即是能聞等也。不由能取令殊而為別相，乃由所聞法異分五乘七善，能所和合即聞思修之因緣也。

三法妙

綜述

智顗《妙法蓮華經玄義》卷二下 云何境妙，謂十如因緣四諦三諦二諦一諦等，是諸佛所師故稱境妙。智妙者，所謂二十智，四菩提智，下中上上上。七權實五三智一如實智，以境妙故，智亦隨妙。以法常故，諸佛亦常。函蓋相稱境智，不可思議，故稱智妙。行妙者，謂增數行，次第五行，不次第五行，智導行故，故言行妙。位妙者，謂三草位二木位一實位，妙行所契故言位妙。三法妙者，謂總三法，縱三法橫三法，不縱不橫三法，類通三法，皆秘密藏故稱為妙。感應妙者，謂四句感應，三十六句感應，二十五感應，別圓感應。水不上升月不下降，一月一時普現眾水，諸佛不來眾生不往，慈善根力見如此事，故名感應妙。神通妙者，謂報通修通，作意通體法通，無記化通，無謀之權稱緣轉變，若遠若近若種若熟若脫，皆為一乘故言神通妙。說法妙者，謂說十二部法，小部法大部法，逗緣法所詮法，圓妙法如理圓說，咸令眾生開示悟入佛之知見，故言說法妙。眷屬妙者，謂業眷屬，神通眷屬，願眷屬，應眷屬，法門眷屬，如陰雲籠月，群臣豪族前後圍遶，故言眷屬妙。利益妙者，謂果益因益，空益假益，中益變易益，猶如大海能受龍雨，故名利益妙。

三軌

綜述

智顗《妙法蓮華經玄義》卷五上　第五三法妙者，斯乃妙位所住之法也。言三法者即三軌也。軌名軌範，還是三法可軌範耳。此即七意，一總明三軌，二歷別明三軌，三判麁妙，四開麁顯妙，五明始終，六類三法，七悉檀料簡。一總明三軌者，一眞性軌，二觀照軌，三資成軌，名雖有三，秖是一大乘法也。經曰，十方諦求更無餘乘，唯一佛乘。一佛乘即具三法，亦名第一義諦，亦名第一義空，亦名如來藏。此三不定三三而論一，一不定一一而論三，不可思議，不並不別伊字天目。故大經云，佛性者，亦一非一，非一非非一。亦一者，一切衆生悉一乘故，此語第一義諦。非一者，如是數法故，此語如來藏。非一非非一，數非數法不決定故，此語第一義空，而皆稱亦者鄭重也。秖是一法亦名三耳。故不可單取不可復取，不縱不横而三而一。前明諸諦，若開若合若麁若妙等，已是眞性軌相也。前明諸智，若開若合，若麁若妙，是觀照軌相也。前明諸行，若開若合，若麁若妙，已是資成軌相也。前明諸位，秖是修此三法，所證之果耳。若然何以重說，重說有三義。一者前境智行，是因中所乘之三軌，今明乘是大乘，已至道場證果所住之三軌也。二者前作境智等名別說，今作法名合說。三者前直爾散說不論本末，今遠論其本即是性德三軌，亦名如來之藏，極論其末即是修德三軌，亦名秘密藏。本末含藏一切諸法，從性德之三法，起名字之三法，因名字之三法，修觀行之三法，因觀行之三法，發相似之三法，乃至分證之三法，究竟之三法，自成三法，化他三法，爲是義故宜應重說也。私謂一句即三句，三句即一句，名圓佛乘。記中既從如來藏一句出諸方便，此乃別判例應通開，非一者數法故。指此爲如來藏，開出三藏中三乘事相方便，非一非非一不決定故。指此一句爲第一義空，開出通教三人即事而眞。亦一者，一切衆生悉一乘故。指此一句爲第一義諦，開出別教獨菩薩乘，此諸方便悉從圓出。故經言，於一佛乘分別說三，即此義也。二歷別明三法者，先須識如來開合方便，然後乃解總攬三法爲一大乘也。

圓融三諦

綜述

智顗《摩訶止觀》卷五（下）　若解一心一切心，一切心一心，非一非一切。一陰一切陰，一切陰一陰，非一非一切。一入一切入，一切入一入，非一非一切。一界一切界，一切界一界，非一非一切。一衆生一切衆生，一切衆生一衆生，非一非一切。一國土一切國土，一切國土一國土，非一非一切。一相一切相，一切相一相，非一非一切。乃至一究竟一切究竟，一切究竟一究竟，非一非一切。遍歷一切皆是不可思議境。若法性無明合有一切法陰界入等，即是俗諦。一切界入是一法界，即是眞諦。非一非一切，即是中道第一義諦。如是遍歷一切法無非不思議三諦（云云）。若一法一切法，即是因緣所生法，是爲假名，假觀也。若一切法即一法，我說即是空，空觀也。若非一非一切者，即是中道觀。一空一切空無假中而不空，總空觀也。一假一切假無空中而不假，總假觀也。一中一切中無空假而不中，總中觀也。即《中論》所說不可思議一心三觀，歷一切法亦如是。若因緣所生一切法者，即方便隨情道種權智。若一切法一法我說即是空，即隨智一切智。若非一非一切亦名中道義者，即非權非實一切種智。例上一權一切權，一實一切實，一切非權非實，遍歷一切是不思議三智也。若隨情即隨他意語，若隨智即隨自意語，若非權非實即非自非他意語，遍歷一切法，無非漸頓不定不思議教門也。若解頓即解心，心尚不可得，云何當有趣非趣。若解漸即解一切法趣心，若解不定即解是趣不過。此等名異義同，軌則行人呼爲三法，所照爲三諦，所發爲三觀，觀成爲三智，教他呼爲三語，歸宗呼爲三趣，得斯意類一切皆成法門。

心是一切法，一切法是心

綜　述

智顗《摩訶止觀》卷五（上） 若從一心生一切法者，此則是縱。若心一時含一切法者，此即是橫。縱亦不可，橫亦不可，秖心是一切法。一切法是心故，非縱非橫非一非異玄妙深絕。非識所識，非言所言，所以稱爲不可思議境，意在於此（云云）。問，心起必託緣，爲心具三千法，爲緣具，爲共具，爲離具。若心具者，心起不用緣。若緣具者，緣具不關心。若共具者，未共各無共時安有。若離具者，既離心離緣那忽心具。四句尚不可得，云何具三千法耶？答，地人云，一切解惑眞妄依持法性，法性持眞妄，眞妄依法性也。《攝大乘》云，法性不爲惑所染，不爲眞所淨，故法性非依持，言依持者阿黎耶是也。無沒無明盛持一切種子，若從地師則心具一切法，若從攝師則緣具一切法，此兩師各據一邊。若法性生一切法者，法性非心非緣。非心故而心生一切法者，非緣故亦應緣生一切法，何得獨言法性是眞妄依持耶？若言法性非依持黎耶是依持，離法性外別有黎耶依持，則不關法性。若法性不離黎耶，黎耶依持即是法性依持，何得獨言黎耶是依持。又違經。經言，非內非外亦非中間，亦不常自有。又違龍樹。龍樹云，諸法不自生，亦不從他生，不共不無因。更就譬檢，爲當依心故有夢，依眠故有夢，眠法合心故有夢，離心離眠故有夢。若依心有夢者，不眠應有夢。若依眠有夢者，死人如眠應有夢。若眠心兩合而有夢者，眠人那有不夢時。又眠心各有夢，合可有夢，各既無夢，合不應有。若離心離眠而有夢者，虛空離二應常有夢，四句求夢尚不得，云何於眠夢見一切事，心喻法性夢喻黎耶？云何偏據法性黎耶生一切法。當知四句求心不可得，求三千法亦不可得。既橫從四句生三千法不可得者，應從一念心滅生三千法耶？心滅尚不能生一法，云何能生三千法耶？若從心亦滅亦不滅生三千法者，亦滅亦不滅其性相違，猶如水火二俱不立，云何能生三千法耶？若謂心非滅非不滅生三千法者，非滅非不滅非能非所，云何能所生三千法耶？亦縱亦橫求三千法不可得，非縱非橫求三千法亦不可得，言語道斷心行處滅，故名不可思議境。大經云，生生不可說，生不生不可說，不生生不可說，不生不生不可說，即此義也。當知第一義中一法不可得，況三千法。世諦中一心尚具無量法，況三千耶？

一念心

論　說

智顗《摩訶止觀》卷一（下） 一念心起即空即假即中者，若根若塵並是法界，並是畢竟空，並是如來藏，並是中道。云何即空，並從緣生，緣生即無主，無主即空。云何即假，無主而生即是假。云何即中，不出法性並皆即中。當知一念即空即假即中，並畢竟空，並如來藏，並實相。非三而三三而不三，非合非散而合而散，非非合非非散，不可一異而一異。譬如明鏡，明喻即空，像喻即假，鏡喻即中，不合不散合散宛然。不一二三，二三無妨。此一念心不縱不橫不可思議。非但己爾，佛及眾生亦復如是。《華嚴》云，心佛及眾生是三無差別，當知己心具一切佛法矣。《思益》云，愚於陰界入而欲求菩提，陰界入即是離是無菩提。《淨名》曰，如來解脫當於眾生心行中求，眾生即菩提不可復得，眾生即涅槃不可復滅，一心既然，諸心亦爾，一切法亦爾。《普賢觀》云，毘盧遮那遍一切處，即其義也。當知一切法即佛法，如來法界故。若爾，云何復言遊心法界如虛空。又言無明明者即畢竟空，此舉空爲言端，空即不空，亦即非空非不空。又言，一微塵中有大千經卷，心中具一切佛法，如地種如香丸者，此舉有爲言端，有即不有，亦即非有非不有。又言，一色一香無非中道，此舉中道爲言端，即中而邊，即非邊非不邊具足無減，勿守語害圓誣罔聖意。若得此解，根塵一念心起，根即八萬四千法藏，塵亦爾。一念心起，亦八萬四千法藏，佛法界，對法界，起法界，無非佛法，生死即涅槃是名苦諦。一塵有三塵，一心有三心。一一塵有八萬四千塵勞門，一一心亦如是。貪瞋癡亦即是菩提，煩惱亦即是菩提，是名集諦。翻一一塵勞門，即是八萬四千諸三昧門，亦是八萬四千諸陀羅尼門，亦是八萬四千諸對治門，亦成八萬四千諸波羅蜜。無明轉即變爲明，如融氷成水，更非遠物不餘處來，但一念心普皆具足，如如意珠非有寶非無寶。若謂無者即妄語，若謂有者即邪見，不可以心知，不可以言辯。衆生於此不思議不縛法中，而思想作縛，於無脱法中而求於脱，是故起大慈悲興四弘誓，拔兩苦與兩樂，故名非縛非脱發眞正菩提心。前三皆約四諦爲語，今約法藏塵勞三昧波羅蜜，其義宛然。

一念三千

論　説

智顗《摩訶止觀》卷五（下）　夫一心具十法界，一法界又具十法界百法界。一界具三十種世間，百法界即具三千種世間，此三千在一念心。若無心而已，介爾有心即具三千。亦不言一心在前一切法在後，亦不言一切法在前一心在後。例如八相遷物，物在相前物不被遷，相在物前亦不被遷，前亦不可後亦不可，秖物論相遷，秖相遷論物，今心亦如是。【略】云何偏據法性黎耶生一切法。當知四句求心不可得，求三千法亦不可得，既横從四句生三千法不可得者。應從一念心滅生三千法耶？心滅尚不能生一法，云何能生三千法耶？若從心亦滅亦不滅生三千法者，亦滅亦不滅其性相違，猶如水火二俱不立，云何能生三千法耶？若謂心非滅非不滅生三千法者，非滅非不滅非能非所，云何能所生三千法耶？亦縱亦横求三千法不可得，非縱非横求三千法亦不可得，言語道斷心行處滅，故名不可思議境。大經云，生生不可説，生不生不可説，不生生不可説，不生不生不可説，即此義也。當知第一義中一法不可得，況三千法。世諦中一心尚具無量法，況三千耶？如佛告德女，無明内有不。不也。外有不。不也。内外有不。不也。非内非外有不。不也。佛言，如是有。龍樹云，不自不他，不共不無因生，大經生生不可説，乃至不生不生不可説，有因緣故亦可得説，謂四悉檀因緣也。雖四句冥寂，慈悲憐愍於無名相中假名相説，或作世界説心具一切法，聞者歡喜，如言三界無別法，唯是一心造，即其文也。或説緣生一切法，聞者歡喜，如言五欲令人墮惡道，善知識者是大因緣，所謂化導令得見佛，即其文也。或言因緣共生一切法，聞者歡喜，如言水銀和眞金能塗諸色像，即其文也。或言離生一切法，聞者歡喜，如言十二因緣非佛作，非天人修羅作，其性自爾，即其文也。此四句即世界悉檀，説心生三千一切法也。

綜　述

智者大師《法華文句記》卷一〇（下）　問，稱理起想，何須土想，但觀一念妙理即足。

答，二教初心皆滅陰入，況復土耶？別教初心亦且破陰，後心能見帝網之土，唯圓即觀一念三千三諦具足。是則一心一切心，一身一切身，一土一切土，一念俱觀，若身心土，若空假中，更無前後。故觀成時一心見一切心，一身見一切身，一土見一切土，十方諸佛身中現故。故於自心常寂光中，遍見十方一切身土。若唯觀他遮那之土，必迷自境。若了心境自即他故，他即自故，不了此境自尚成他，況觀他耶？觀土既爾，身佛心然。故聞長壽須了宗旨，故知想名名同體異，故本門聞壽益倍餘經，良由所聞異常故也。次釋滅後五品中，初云後隨喜品校量初品者，此是深見，作法師往名在三不在五者，師從利他故除初二。準法師品讀誦亦得通名法師，但此中文意且資理是故爾耳。指經文至不須安生身舍利者，大教所詮是法身實相，經所住處中有法身舍利，復是起塔，經文能詮如塔能盛故也。問若爾，等者，若不須事塔及色身骨，亦應不須持事戒，乃至不須供養事僧耶，答意者有二。一違問答，即指初品未能入事，故且依理以爲舍利，以經爲塔。次順問答，即能持得初二篇也。若爾，此亦但成違問答也。何者。持初二篇但成初二品耳。故不應以能持下篇三品爲難，諸修圓行者請觀斯文。若初二品人初心念念常在四種三昧，容於下三眾法少違，至下三品止作二持眾別兩行纖毫不犯，具如止觀持戒清淨中，尚事理雙美方堪向道，況入道者令事虧耶？若未專於四種三昧，五篇七聚菩薩重輕不可微犯，方稱一期教門大旨。

善惡不出三千

綜述

湛然《止觀輔行傳弘決》卷五之六　今三千即空性了因也，三千即假性緣因也，三千即中性正因也。是故他解唯知闡提不斷正因，不知不斷性德緣了，故知善惡不出三千。彼又問云，既有性德善亦有性德惡不。答，具有。問，闡提與佛斷何等善惡。答，闡提斷修善但有性善在，如來斷修惡但有性惡在。問，性德善惡何以不斷。答，性德但是善惡法門，故不可斷。一切世間無能毀者，如魔燒經卷豈能令於性法門盡，縱燒惡譜亦不能令惡法門盡。問，闡提不斷性善故，後時還起善，如來不斷性惡故，應當後時還起惡。答，闡提不達性惡故，後時還起於修惡。不了於性善故，後時還爲修善染。是故修善還得起，即以修善治修惡，則令修惡不得起。佛雖不斷於性惡，而能了達於性惡，而於惡法得自在，不爲修惡之所染，是故修惡不得起。故佛永無於修惡，自在用於惡法門。闡提若能達修惡，則與如來無差別。故知於善於惡善達修性，於修照性以性了修，能知此者方可與論性德三因，生死涅槃煩惱菩提，十二因緣即是三德，如是無量理無不通。彼文又問，闡提斷善盡爲黎耶所持，一切諸種子爲内外所熏，更能起善者，此識既無記與眞如何別。又此種子住在何處而不早熏。故知權說非爲了義。若有說言佛起神通現惡化物，此作意通同彼外道及二乘通，不同明鏡任運現像。若大經三十二云，或有佛性闡提人有，善根人無，古師謂是惡境界性。或有佛性善根人有，闡提人無，古師謂爲緣因性也。復有佛性二人俱有，古師謂爲正因性也。復有佛性二人俱無，古師謂爲了因性也。如此釋者，亦別教意不了義說。若了義者，應云闡提善人俱有性德，而闡提無修善。善根人有，闡提有修惡。善根人無，二人俱無無不退性，未入似位故也。

色具三千

綜述

知禮《觀音玄義記》卷二　以三千法皆因緣生，是故一一即空假中，三諦互具非縱非橫。故荊溪云，三德三諦三千，皆絕言思是爲妙境，二此境下該三法二，初約三人分二境，一家明觀不出二境，四念處心對陰色，而分内外，此文心對生佛，而分自他，十不二門以心對彼依正色心而分内外，則依正生佛及己色陰，皆名爲外。荊溪特會兩處之文，立外境也。應知生佛依正，及己色心皆是法界，無不具足三千三諦，故内外自地皆是妙境，但爲觀境近而復要，莫若内心，故諸經論多明心法遍攝一切，須知遍攝由乎不二。故《四念處》云，唯是一識唯是一色，萬象之色既許心具，千差之心何妨色具。眾生成佛是依報成，國土廢興豈是他事。有不達者但執唯心不許色具，而立難云，色具三千應自成佛，何處曾見草木受記。是何言歟，是何言歟。以說心具義則易明，於色示具，相則難顯，故使教文多明心具欲稟教者因易解難，以心例色，乃顯諸法一一圓具。故云唯色唯聲唯香唯味唯觸，況唯心之說有實有權，唯色之言非權唯實，是故大師爲立圓宗，特宣唯色，乃是吾祖獨拔之談，固隱圓宗唯同他說。其意何邪。唯心之義，今非不談，以明自心及依正色，此之三處各具諸法，則令唯心不與他共。何者。忽若不明萬法互具，如何可立心具三千。《金光明》云，於一切法含受一切，斯之密義深可依憑。

三千有無

綜述

諦觀《四教儀註彙補輔宏記》卷九之下 《止觀》九問，一念具十法界，爲作念具，爲任運具。答，法性自爾，非所作成，如一微塵，具十方分。《妙宗》云，所言心性具一切法造一切法者，實無能具所具，能造所造，即心是法，即法是心。能造因緣，及所造法，皆當處全心是性。是故今觀若依若正，乃法界心。觀法界境，生於法界依正色心，是爲唯依唯正，唯色唯心，唯觀唯境也。問，未起一念時，三千法門在於何處。答，此因就法明具，故約一念論。趣舉一念，皆具一切，若論三千法體，亘古亘今，本自如如。初未嘗以一念有無，而三千法爲之增損，如即漚示海，豈以漚之起滅，而謂海之有無也。私謂，無明未破，起信謂以從本來，念念相續，未曾離念，故說無始無明。是念未起時，正屬無記無明，以念細不覺，非離念也。此無記與念起，是對待法。宗門下亦稱爲光塌塌地，弗悞認爲清淨眞如，常住眞心也。故《止觀》中四運以推破之，識得無記是無明細念，三千有無，不待言而自明矣。問，古德言，住地無明即是諸佛不動智，此又如何。答，若了得念起念滅，殺盜淫業悉是諸佛不動智，何說不通。若認無記爲眞如，錯悞不少，且了得淫殺等，是不動智，正須調心徹證，以期一生登住。所謂行解相應，名之曰祖。若恃乾慧斷不敵業力也。愼之，思之。

十如是

解題

智顗《妙法蓮華經玄義》卷二下 今經用十法攝一切法，所謂諸法如是相，如是性，如是體，如是力，如是作，如是因，如是緣，如是果，如是報，如是本末究竟等。南岳師讀此文，皆云如故呼爲十如也。天台師云，依義讀文凡有三轉。一云，是相如是性如，乃至是報如。二云，如是相如是性，乃至如是報。三云，相如是性如是，乃至報如是，若皆稱如者，如名不異即空義也。若作如是相如是性者，點空相性名字施設邐迤不同，即假義也。若作相如是者，如於中道實相之是，即中義也。分別令易解故，明空假中，得意爲言空即假中，約如明空一空一切空，點如明相一假一切假，就是論中一中一切中，非一二三而一二三，不縱不橫名爲實相，唯佛與佛究竟此法，是十法攝一切法。若依義便作三意分別，若依讀便當依偈文云，如是大果報種種性相義（云云）。次判權實者，光宅以前五如是爲權屬凡夫。次四如是爲實屬聖人，後一如是總結權實，引偈證云，如是大果報，大故知是實，種種性相故知是權，今恐不爾，大義有三，大多勝，若取大爲實者，亦應取多取勝，種種之名豈非多義。若言權屬凡夫，凡夫何意無實。若實屬聖人，聖人何意無權，如此抑沒義不可依。又北地師以前五爲權，後五爲實，此皆人情耳。今明權實者，以十如是約十法界，謂六道四聖也。皆稱法界者，其意有三，十數皆依法界，法界外更無復法，能所合稱故言十法界也。二此十種法，分齊不同，因果隔別凡聖有異，故加之以界也。三此十皆即法界攝一切法，一切法趣地獄，是趣不過當體即理，更無所依故名法界，乃至佛法界亦復如是。若十數依法界者，能依從所依即入空界也，十界界隔者，即假界也。十數皆法界者，即中界也。欲令易解如此分別，得意爲言空即假中，無一二三，如前（云云）。此一法界具十如是，十法界具百如是。又一法界具九法界，則有百法界千如是。

一法界具九法界

解　題

智顗《妙法蓮華經玄義》卷二下　一法界具九法界，名體廣。九法界即佛法界，名位高。十法界即空即假即中，名用長。即一而論三，即三而論一，非各異亦非橫亦非一，故稱妙也。果體具三義者，體遍一切處名體廣。久已成佛久遠，久遠名位高，從本垂迹過現未來三世益物名用長，是爲因果六義，異於餘經是故稱妙。又乳經，一種因果廣高長，一種因果狹下短，則一麁一妙（云云）。酪經唯一種因果狹下短，但麁無妙。生蘇經三種因果狹下短，一種因果廣高長，則三麁一妙。熟蘇經二種因果狹下短，一種因果廣高長，則二麁一妙。醍醐經一種因果廣高長，但妙無麁。又醍醐經妙因妙果，與諸經妙因妙果不異，故稱爲妙也。復次觀心釋，若觀己心不具眾生心佛心者，是體狹。具者是體廣若己心不等佛心是位下，若等佛心，是位高。若己心眾生心佛心，不即空即假即中者，是用短。即空即假即中者，是用長。復次於一法界通達十法界。六即位者，亦是體廣，亦是位高，亦是用長。初約十法界是顯理一，次約五味是約教一，次約觀心是約行一，次約六即是約人一。略示妙義竟。廣說者，先法次妙，南岳師舉三種，謂眾生法佛法心法。如經爲令眾生開示悟入佛之知見。若眾生無佛知見，何所論開。當知佛之知見蘊在眾生也。又經但以父母所生眼即肉眼，徹見內外彌樓山即天眼，洞見諸色而無染著即慧眼，見色無錯謬即法眼，雖未得無漏，而其眼根清淨，若此一眼具諸眼用即佛眼，此是今經明眾生法妙之文也。《大經》云，學大乘者，雖有肉眼名爲佛眼，耳鼻五根例亦如是。《殃掘》云，所謂彼眼根，於諸如來常具足無減，修了了分明見，乃至意根亦如是。《大品》云，六自在王性清淨故。又云，一切法趣眼，是趣不過眼尚不可得，何況有趣有非趣，乃至一切法趣意亦如是。此即諸經明眾生法妙也。佛法妙者，如經止止不須說我法妙難思，佛法不出權實，是法甚深妙難見難可了，一切眾生類無能知佛者，即實智妙也。及佛諸餘法亦無能測者，即佛權智妙也。如是二法唯佛與佛，乃能究盡諸法實相，是名佛法妙。心法妙者，如安樂行中，修攝其心觀一切法不動不退，又一念隨喜等。《普賢觀》云，我心自空罪福無主，觀心無心法不住法，又心純是法。《淨名》云，觀身實相觀佛亦然，諸佛解脫當於眾生心行中求。《華嚴》云，心佛及眾生是三無差別，破心微塵出大千經卷，是名心法妙也。

十界互具

論　說

智顗《觀音玄義記》卷二　初明三千緣起，界有相性至究竟等，因果方備，十界皆爾，則成百法。十界互具既成百界，則使因果成於千法。如是千法不出解惑因緣，及以所生世出世法。小說無漏因緣但能滅法，故令四聖終歸灰斷。大說無漏因緣則能顯法，故使四聖終歸常住，故引大經證大乘義，須了緣起修性皆然，皆由理具方有事用故也。然復應知今明千法即是三千，以約三種釋世間故，且一界報須論依正，正復假實。又如初相，如世日者記於此世，夭壽賢愚實法也，僧俗仕庶假名也。衣食田宅依報也。豈非初相能表三邪，初後既爾中可例知，故千法三千但廣略爾。今文前明三種世間，今說一千因果之法，前後相顯其義圓足。二是諸下示三諦妙境，以三千法皆因緣生，是故一一即空假中，三諦互具非縱非橫。故荊溪云，三德三諦三千，皆絕言思是爲妙境，二此境下該三法二。初約三人分二境，一家明觀不出二境，四念處心對陰色，而分內外。此文心對生佛，而分自他，十不二門以心對彼，依正色心而分內外，則依正生佛及己色陰，皆名爲外。荊溪特會兩處之文，立外境也。應知生佛依正，及己色心皆是法界，無不具足三千三諦。故內外自地皆是妙境，但爲觀境近而復要，莫若內心。故諸經論多明心法遍攝一切，須知遍攝由乎不二。故《四念處》云，唯是一識唯是一色。萬象之色既許心具，千差之心何妨色具。衆生成佛是依報成，國土廢興豈是他事。有不達者，但執唯心不許色具，而立難云，色具三千應自成佛，何處曾見草木受記。是何言歟，是何言歟。以說心具義則易明，於色示具，相則難顯，故使教文多明心具，欲稟教者因易解難，以心例色，乃顯諸法一一圓具。故云唯色唯聲唯香唯味唯觸，況唯心之說有實有權，唯色之言非權唯實。是故大師爲立圓宗，特宣唯色，乃是吾祖獨拔之談，固隱圓宗唯同他說，其意何邪。唯心之義，今非不談，以明自心及依正色，此之三處各具諸法，則令唯心不與他共。何者。忽若不明萬法互具，如何可立心具三千。《金光明》云，於一切法含受一切，斯之密義深可依憑。

一念遍於法界

論說

湛然《止觀輔行傳弘決》卷五之六　夫一心下結成理境，如前所釋本在一心，圓融三諦既已開釋，恐人生迷故重結之令入一念，當知身土一念三千。故成道時稱此本理，一身一念遍於法界。言無心而已者顯心不無，言介爾者謂剎那心，無間相續未曾斷絕，纔一剎那三千具足，準八相喻思之可知。若具三千即具三德，故《金光明》第一云，依於法身，初發心時顯現不退心，金剛心，如來心。不退即解脫心也。金剛即般若心也。如來即法身心也。故知因心果體具足。又介爾者，介者弱也。詩云，介爾景福謂細念也，但異無心三千具足。故大師於《覺意三昧》、《觀心食法》，及《誦經法》、《小止觀》等諸心觀文，但以自他等觀推於三假，並未云一念三千具足。乃至《觀心論》中亦秖以三十六問，責於四心亦不涉於一念三千。唯《四念處》中略云觀心十界而已，故至止觀正明觀法，並以三千而爲指南，乃是終窮究竟極說。故序中云說己心中所行法門，良有以也。請尋讀者心無異緣。問，此三千爲初心觀後心亦觀。答，初後不二。問，凡夫心中具有諸佛菩薩等性，容可俱觀，中心後心界如漸減，乃至成佛唯一佛界，如何後心猶具三千。答，一家圓義言法界者須云十界即空假中，初後不二方異諸教。若見《觀音玄》文意者，則事理凡聖自他始終修性等意，一切可見。彼文料簡緣了中云，如來不斷性惡闡提不斷性善，點此一意衆滯自銷，以不斷性善故緣因本有。彼文云，了是顯了智慧莊嚴，緣是資助福德莊嚴，由二爲因佛具二果，元此因果本是性德，性德緣了本自有之。

性具善惡

論說

智顗《觀音玄義》卷上　問，緣了既有性德善亦有性德惡否。

答，具。

問，闡提與佛斷何等善惡。

答，闡提斷修善盡但性善在，佛斷修惡盡但性惡在。

問，性德善惡何不可斷。

答，性之善惡但是善惡之法門，性不可改，歷三世無誰能毀。復不可斷壞，譬如魔雖燒經，何能令性善法門盡。縱令佛燒惡譜亦不能令惡法門盡，如秦焚典坑儒，豈能令善惡斷盡耶？

問，闡提不斷性善還能令修善起，佛不斷性惡還令修惡起耶？

答，闡提既不達性善，以不達故還爲善所染，修善得起廣治諸惡。佛雖不斷性惡而能達於惡，以達惡故於惡自在，故不爲惡所染修惡不得起。故佛永無復惡，以自在故廣用諸惡法門化度衆生，終日用之終日不染，不染故不起，那得以闡提爲例耶？若闡提能達此善惡，則不復名爲一闡提也。若依他人明闡提斷善盡爲阿梨耶識所熏更能起善，梨耶即是無記無明，善惡依持爲一切種子。闡提不斷無明無記，故還生善。佛斷無記無明，盡無所可熏，故惡不復還生。若欲以惡化物，但作神通變現度衆生爾。問，若佛地斷惡盡作神通以惡化物者，此作意方能起惡，如人畫諸色像非是任運，如明鏡不動色像自形，可是不可思議理能應惡。若作意者與外道何異。今明闡提不斷性德之善，遇緣善發。佛亦不斷性惡，機緣所激，慈力所熏，入阿鼻同一切惡事化衆生，以有性惡故名不斷，無復修惡名不常。若修性俱盡，則是斷不得爲不斷不常，闡提亦爾。性善不斷還生善根，如來性惡不斷還能起惡，雖起於惡而是解心無染，通達惡際即是實際，能以五逆相而得解脫，亦不縛不脫行於非道通達佛道。闡提染而不達與此爲異也。料簡智斷者，此是一法異名不得相離，如人一體。何故從智拔苦，從斷與樂。然而慧解之心稱智，無縛礙身稱斷，譬如人被縛，運力屬智，肅然附外屬斷。運力屬心，故名智慧莊嚴。附斷體散屬色身，名福德莊嚴。今經文言說不得一時，故互舉智斷。若深得此十義意者，解一千從，廣釋觀世音普門義則不可盡也。

觀惡心非惡心

綜　述

智顗《妙法蓮華經玄義》卷八下　若小乘明惡中無善，善中無惡，事理亦然，此則惡心非經，則無多含之義，隘路不受，二人並行。若大乘觀心者，觀惡心非惡心，亦即惡而善，亦即非惡非善。觀善心非善心，亦即善而惡，亦非善非惡。觀一心即三心，以此三心歷一切心，歷一切法，何心何法而不一三。一切法趣此心，一切心趣此法，如此觀心爲一切語本，行本，理本。有翻五義無翻五義，一一於心解釋無滯，遍一切心無不是經。大意可領，不俟多記也。

無明即法性

論　說

智顗《摩訶止觀》卷三（下）　今別約諦理論相待，無明即法性，法性即無明，無明亦非止非不止，而喚無明爲不止，法性亦非止非不止，而喚法性爲止。此待無明之不止，喚法性而爲止。如經法性非生非滅，而言法性寂滅。法性非垢非淨，而言法性清淨，是爲對不止而明止也。觀亦三義，貫穿義，觀達義，對不觀觀義。貫穿義者，智慧利用穿滅煩惱。《大經》云，利钁斲地磐石砂礫直至金剛。《法華》云，穿鑿高原猶見乾燥土，施功不已遂漸至泥，此就所破得名立貫穿觀也。觀達義者，觀智通達，契會眞如。《瑞應》云，息心達本源故號爲沙門。《大論》云，清淨心常一，則能見般若，此就能觀得名，故立觀達觀也。對不觀觀者，語雖通上意則永殊，上兩觀亦通對生死，彌密而論貫穿，迷惑昏盲而論觀達。此通約智斷相待明觀，今別約諦理，無明即法性，法性即無明，無明非觀非不觀，而喚無明爲不觀。法性亦非觀非不觀，而喚法性爲觀。如經云，法性非明非闇，而喚法性爲明。第一義空非智非愚，而喚第一義空爲智，是爲對不觀而明觀也。是故《止觀》各從三義得名。

煩惱即菩提，止觀安其心

綜　述

智顗《摩訶止觀》卷九（下）　又無明即法性，煩惱即菩提，欲令衆生即事而眞，法身顯現，是故起慈與究竟樂。如是誓願清淨眞正，上求佛道下化眾生，不雜毒不偏邪無依倚離二邊，名發菩提心。此心發時豁然得悟，如快馬見鞭影即到正路。若不去者，當安心止觀善巧迴轉方便修習，或止或觀。若觀一念禪定，二邊寂滅，名體眞止。照法性淨，無障無礙，名即空觀。又觀禪心即空即假，雙照二諦而不動眞際，名隨緣止。通達藥病稱適當會，名即假觀。又深觀禪心，禪心即空即假即中，無二無別，名無分別止。達於實相如來藏第一義諦，無二無別，名即中觀。三止三觀在一念心，不前不後非一非異。爲破二邊，名一名中。爲破偏著生滅，名圓寂滅。爲破次第三止三觀，名三觀一心。實無中圓一心定相，以此止觀而安其心（云云）。

三因佛性

論說

智顗《妙法蓮華經玄義》卷一〇下　若言無相何意不蕩無常，猶有無常，何謂無相。若言不明佛性法身常住者，共般若，可非佛性法身常等，不共般若云何非佛性耶？《大經》云，佛性有五種名，亦名首楞嚴，亦名般若。般若乃是佛性之異名，何得言非，彼即救言。經稱佛性亦名般若者，是三德之般若，何關無相之般若。若爾者，涅槃第八何意云如我先於摩訶般若中，說我與無我其性不二。不二之性即是實性，實性之性即是佛性。如此遙指明文灼然，何意言非。又涅槃佛性，秖是法性常住不可變易，般若明實相實際，不來不去即是佛無生法，無生法即是佛，二義何異。故知法性實相即是正因佛性，般若觀照即是了因佛性，五度功德資發般若，即是緣因佛性。此三般若，與涅槃三佛性復何異耶？《金剛般若論》云，福不趣菩提，二能趣菩提，於餘名生因於實名了因，實相了因能趣菩提，豈非佛性。但名異義同如前分別，何得聞釋提婆那民，謂非帝釋，其謬類此。若言無常八十年佛說，非佛性常住者，《涅槃》亦云，八十年佛背痛有疾，於娑羅入滅那忽譚常辨性（云云）。《釋論》云，佛有生身法身，生身同人法，有寒熱病患馬麥乞乳。法性身佛光明無邊，色像無邊。尊特之身猶如虛空，爲法性身菩薩說法，聽法之眾尚非生死身，何況佛耶？《釋論》云，又生身佛壽則有量，法身佛壽則無量，豈可以無常八十年加於法身耶？小乘中云法身尚其不滅，如均提沙彌憂惱。佛問汝和尚戒身滅不。答言不。乃至解脫知見滅不。答言不。何況般若法身而言無常。若言般若無會三者，何故《問住品》云，諸天子今未發三菩提心者，應當發。若入聲聞正位，是人不能發三菩提心。何以故。與生死作障隔故，是人若發三菩提心者，我亦隨喜。所以者何。上人應求上法，我終不斷其功德。若聲聞不求上法，何所隨喜，既隨喜上法即是會三。若言般若無彈呵者，《大品》云，二乘智慧猶如螢火，菩薩一日學智慧，如日照四天下。又十三卷云，譬如狗不從大家求食，反從作務者索。當來世善男女人棄深般若，而攀枝葉，取聲聞辟支佛所應行經。又云，見像觀跡皆名不黠，豈有彈呵更劇於此，謂無褒貶耶？

別理隨緣

綜述

知禮《四明尊者教行錄》卷三　有當宗學者，問余曰，仁於《指要鈔》中，立別教眞如有隨緣義耶？余曰，然。客曰，且如法藏師，著疏釋《起信論》，專立眞如具不變隨緣二義，乃云，不變即隨緣，隨緣即不變。仍於彼五教中，屬乎終教，亦兼頓教，而對破唯識宗談眞如之理，唯論不變不說隨緣。審究唯識，正是今家別教。彼終頓二教所明不變隨緣，乃是今家圓教之理。仁那云別理隨緣耶？余語曰，藏師約何義，判唯識所談眞如不隨緣耶？客曰，《起信疏》云，唯識宗只以業相爲諸法生起之本，彼之眞如無覺無知，凝然不變，不許隨緣，但說八識生滅，縱轉成四智，亦唯是有爲，不得即理，故詮法分齊唯齊業識。余曰，灼然，若云眞如性有覺知，則可熏變，乃說隨緣。既唯頑騃，乃不受熏。既不受熏，安能隨緣，變造諸法。因詰之曰，別教眞如無覺知耶？若無覺知，何故得名佛性。故《輔行》云，今家教門所明中道唯有二義。一離斷常，屬前二教。二者佛性，屬後二教。別教中道既名佛性，佛非覺義耶？若中理頑騃，本無覺知，焉是大覺果人之性，況性以不改爲義。若因無覺義，至果方有，此則改轉，那名性耶？又《妙樂》云，凡別教中立佛果者，有其三意。一者以理性爲佛界，二者以果頭爲佛界，三者以初地去分名佛界。別教既立佛界，豈有頑騃之佛耶？藏疏既約眞如無覺知故凝然，凝然故不隨緣，別理既有覺知，驗非凝然，既非凝然，那不隨緣耶？客遭此詰，兀然失措。余乃語曰，子既不知所以，安得妄有破立。余既憫其無知，乃立數十問，徵其謬破立者，令少知別理有隨緣義。客曰，願聞。

一問，藏疏既云，唯識宗齊於業相以爲諸法生起之本，故彼眞如不說隨緣。荊溪既立別教，眞如在迷能生九界，則以眞如爲生法本，乃永異業相爲生法本。安云別理不隨緣耶？

二問，藏疏又云，唯識宗未明業相等與眞如同，以一心爲源，故說眞如無覺知凝然不變，不許隨緣。荊溪既釋別教，根塵一念爲迷解本云，理性如來爲善惡本，豈非業相等與眞如同，以一心爲生法之源耶？既爾，安云別理不隨緣耶？

三問，藏疏既云，唯識宗但說八識生滅，縱轉成四智，亦唯是有爲，不得即理。荊溪既立別理名爲佛性，豈是轉八識成四智耶？別理既是佛性，即隨淨緣，成於果佛。那云不隨緣耶？

四問，藏疏五教既皆不立理具三千，但就不變隨緣，立終頓圓三教，請子委陳三教之理隨緣之相。若無異相，安立三教。若有異相，便請細說。

五問，藏疏圓教既未談理性本具諸法，與今家圓教得泯齊否。彼圓望今圓，尚自天殊，安將終教之理與今圓等。

六問，藏疏不談理具諸法，爲知而不談，爲不知耶？若知而不談者，則有隱覆深義之過，若元不知者，則不善談圓，安得與今圓同。彼圓尚不同今圓，況終教耶？

七問，藏疏既未談理具諸法，是則一理隨緣變作諸法，則非無作。若不成無作，何得同今圓耶？

八問，藏疏圓教談事事無礙主伴重重，似今色香中道諸法趣色等義，與而論之，似今圓教。彼終教不變隨緣得作此說否。若說事事無礙，乃是彼圓，非終教也。若未得然者，尚望彼圓不及，安齊今圓耶？

九問，彼終教不變隨緣，與《金錍》所明不變隨緣，同耶，異耶？若異，則非今圓，若同，《金錍》明眞如是萬法，由隨緣故。萬法是眞如，由不變故。約此二義，立無情有佛性也。終教雖立隨緣不變。而云，在有情得名佛性，在無情但名法性，不名佛性。既分二派，徒云不變，正是變也。既違《金錍》，那名圓理。須知權教有名無義，以有佛性之言約解約理說故，約解約理尚未云遍，非權是何。【略】

十九問，《輔行》釋別教發心云，煩惱之中有如來藏，凡夫生盲常與藏俱，而不知見，故流轉生死，卻爲藏害，且別教菩薩既見衆生如是故發心，豈可云眞如不隨緣耶？

二十問，子云，《指要》爲破安國師立問故，特立別理隨緣者，蓋子不解安國問意，致茲謬說。如彼問云，別教眞如不隨緣，《起信》眞如能隨緣，未審《起信》爲別爲圓。若別，文且相違。若圓，乖彼藏疏。且初云隨緣不隨緣者，蓋爲泛學者妄謂別教不談隨緣，《起信》乃說隨緣故，順常情而爲問端，既共知起信談於眞如隨緣，故定之曰，未審此隨緣義是別是圓。蓋泛學之者不知眞如隨緣通於兩教故，茲雙定。後《正難》云，若謂《起信》是別，且違論文。以論文一心攝世出世法及相大，明具無量性功德，是本具千如故，又十住八相是圓教分眞，任運垂應是圓位故。若定判屬別，則違論此文也。若定判屬圓，則乖藏疏。以疏不約心具百界爲攝世出世法，及無量性功德不約性善性惡釋之。又十住八相不說分眞而辨，乃云是伏見思住願力神通而作故。若判屬圓，則違疏中此等文故。子今若執安國定判終教是今圓者，何故《正難》云，若圓乖彼藏疏，藏疏正用終教釋乎《起信》。若終教是圓者，作圓說之，恰順藏疏，那云若圓乖彼藏疏耶？

五味根機

論　說

智顗《妙法蓮華經玄義》卷一〇　佛本以大乘擬度衆生，其不堪者尋思方便，趣波羅柰，於一乘道分别説三，即是開三藏教也。非但釋迦隱其無量神德作斯漸化，過現諸佛亦復如是。如前所引，當知初頓之後，次開於漸。故《涅槃》云，從佛出十二部經，從十二部出修多羅，正與此義相應。譬如從牛出乳從乳出酪，其譬不違漸機，於頓教未轉全生如乳，三藏中轉革凡成聖，喻變乳爲酪，即是次第相生，爲第二時教，不取濃淡優劣爲喻也。【略】

三約行人心者，脱《華嚴》時，凡夫見思不轉，故言如乳。説《三藏》時斷見思惑，故言如酪。至《方等》時，被挫耻伏，不言眞極故如生蘇。至《般若》時，領教識法如熟蘇。至《法華》時破無明，開佛知見，受記作佛心已清淨，故言如醍醐。行人心生教亦未轉，行人心熟教亦隨熟。問，爲一人稟五味，爲五人耶？答，自有一人稟一味，如《華嚴》中純一根性，即得醍醐，不歷五味也。《大經》云，雪山有草，牛若食者，即得醍醐。自有一人歷五味，如小乘根性，於頓如乳，三藏如酪，乃至醍醐方乃究竟。如《大經》云，從牛出乳，乃至蘇出醍醐，自有利根菩薩，未入位聲聞，或於三藏中見性，是歷二味。自有方等中見性，是歷三味。般若中見性，是歷四味如三百比丘。《大經》云，置毒乳中，遍五味中悉能殺人，即此意也。三歷諸教料簡者，如《大經》云，凡夫如乳聲聞如酪，菩薩如生熟蘇，佛如醍醐。今釋此譬，總喻半滿五時。凡夫無治道全生如乳，聲聞發眞通皆如酪，通教菩薩及二乘如生蘇，别教如熟蘇，圓教如醍醐。今當教各判五味，《大經》云，凡夫如乳，須陀洹如酪，斯陀含如生蘇，阿那含如熟蘇，阿羅漢支佛佛如醍醐。有超果者即得醍醐，或有味味入者，此即三藏教中三意也。當通教中五味者，《大經》三十二云，凡夫佛性如雜血乳，血者即是無明行等，一切煩惱，乳者即善五陰，是故我説從諸煩惱及善五陰，得三菩提，如衆生身，皆從精血而得成就，佛性亦爾。須陀洹斯陀含，斷少煩惱如眞乳，阿那含如酪，阿羅漢如生蘇，支佛至十地菩薩如熟蘇，佛如醍醐，超果不定（云云）。當别教自明五味者，第九云，衆生如牛新生血乳未别，聲聞緣覺如酪，菩薩之人如生熟蘇，諸佛世尊猶如醍醐，具有超果不定（云云）。當圓教但一味，《大經》云，雪山有草，名曰忍辱，牛若食者即得醍醐，正直純一。故不論五味，若無差别中作差别者，約名字即乃至究竟即，判五味相生也。從佛出十二部，即是出乳，新醫用乳也。可約四善根就發中爲五味也。六增數明教者，先約迹次約本，夫教本逗機機既不一，教迹衆多何但半滿五時，當知無量種教。今且增一至八，初約一法明開合者，十方佛土中唯有一乘法，於此法不解全生如乳。若欲開者開圓出别教一乘也。若於别不解亦全生如乳，又開通一乘也。若於通不解亦全生如乳，又開三藏一乘也，雖開爲四，皆名一大乘法，俱求佛果也。若於三藏一乘得解即變乳成酪乃至入本一乘也（云云）。若於四一乘不解，又更於三藏開出聲聞支佛教。若斷結證果心漸通泰者，即卻二乘唯言大乘求佛，漸以般若洮汰令心調熟，即廢方便一乘唯圓實一乘。故云，如我本誓願，今者已滿足，化一切衆生，皆令入佛道。若以小乘化，我則墮慳貪，是事爲不可，是故始從一而開，終從一而歸一。若約二法論開合者，約半滿兩教，初明華嚴之滿。若衆生無機次約滿開半，次方等對半明滿，次般若帶半明滿，次法華捨半明滿始，則從滿開半，終則廢半歸滿（云云）。次約三法論開合者，即是於一佛乘方便説三，既知息已滅卻化城，亦是約三善，聲聞爲下善（云云）。次約四法論開合者，即是四教約圓開别約别開通。次開三藏，如是次第會來合圓（云云）。又四法論開合者，約四門，本是圓四門衆生不解開出别四門，乃至通三藏四門，利者得傳傳入，鈍者五味調入。次約五法論開合者，即是五味，從初十二部開修多羅，乃至涅槃教教論五味，從初五味開諸五味，細細漸合還歸圓滿五味。次約六法論開合者，即是四教大乘六度，七覺分八正道也。初開圓出别乃至三藏，如是縮合還一圓道（云云）。

教相三意

論説

智顗《妙法蓮華經玄義》卷一下 教相爲三，一根性融不融相，二化道始終不始終相，三師弟遠近不遠近相。教者聖人被下之言也。相者分別同異也。云何分別。如日初出前照高山，厚殖善根感斯頓說，頓說本不爲小，小雖在座如聾如瘂。良由小不堪大，亦是大隔於小，此如《華嚴》約法被緣，緣得大益名頓教相，約說次第名從牛出乳味相，次照幽谷，淺行偏明當分漸解。此如三藏，三藏本不爲大，大雖在座多跢婆和小所不識，此乃小隔於大，大隱於小。約法被緣名漸教相，約說次第名酪味相，次照平地，影臨萬水逐器方圓隨波動靜，示一佛土令淨穢不同，示現一身巨細各異，一音說法隨類各解，恐畏歡喜厭離斷疑神力不共故。見有淨穢聞有褒貶，嗅有薝蔔不薝蔔，華有著身不著身，慧有若干不若干，此如淨名方等。約法被緣猶是漸教，約說次第生蘇味相，復有義，大人蒙其光用嬰兒喪其睛明，夜遊者伏匿，作務者興成故。文云，但爲菩薩說其實事，而不爲我說斯眞要，雖三人俱學二乘，取證具如《大品》。若約法被緣猶是漸教，約說次第名熟蘇味相。復有義，日光普照高下悉均平，土圭測影不縮不盈，若低頭若小音，若散亂若微善皆成佛道，不令有人獨得滅度，皆以如來滅度而滅度之，具如今經。若約法被緣名漸圓教，若說次第醍醐味相。當知《華嚴》之譬與《涅槃》義同，三子，三田，三馬等譬，皆先菩薩次及二乘，後則平等凡聖（云云）。問，既以五味分別那同稱漸。答，約漸得明五味耳。又若小不聞大，大一向是頓。若大不用小，小一向是漸。若以大破小，是漸頓並陳。若帶小明大，是漸頓相資。若會小歸大，是漸頓泯合故。《無量義》云，漸頓二法三道四果不合。今時則合即此義也。

四教義

論説

智顗《四教義》卷一 四教者，一三藏教，二通教，三別教，四圓教。此四通言教者，教以詮理化物爲義，大聖於四不可說用四悉檀，赴緣而有四說，說能詮理化轉物心，故言教也。化轉有三義，一轉惡爲善，二轉迷成悟，三轉凡爲聖，故教以詮理，化物爲義也。略爲五意，一正釋四教名，二覈定四教，三引證，四料簡，五明經論。用教多少不同。第一正釋四教名，即爲四。一釋三藏教名，二釋通教名，三釋別教名，四釋圓教名。第一釋三藏教名者，此教明因緣生滅四聖諦理，正教小乘傍化菩薩。所言三藏教者，一修多羅藏，二毘尼藏，三阿毘曇藏。一修多羅藏者，修多羅，此或言有翻，或言無翻。言有翻，亦有多家不同，然多用法本，出世善法言教之本，故云法本，即是《四阿含經》也。二毘尼藏者，毘尼此翻爲滅，佛說作無作戒，能滅身口之惡，是故云滅，則是八十誦律也。三阿毘曇藏者，阿毘曇，此翻云無比法，聖人智慧分別法義世所無比，故云無比法。若佛自分別法義，若佛弟子分別法義，皆名阿毘曇也。然此三法通名藏者，藏以含藏爲義。但解者不同，有言文能含理故名爲藏，又言理能含文故名爲藏。今言三法之名各是一句，三名各含一切文理，故名藏也。阿含即是定藏，四阿含多明修行法也。毘尼即是戒藏，正明因事制戒防止身口之惡法也。阿毘曇即是慧藏，分別無漏慧法不可比也。此之三藏教的屬小乘。故《法華經》云，貪著小乘三藏學者。問曰，如此對當義理可然，而何名乖詮次耶？答曰，說時非行時，教起之次四阿含爲先，修行之初木叉爲首，又如八正道，正見正思惟爲先。次復正語等六法皆名爲正，如人行法，眼前瞻路然後發足。故《大智度論》云，目足備故入清涼池。問曰，佛於三藏，初開三乘大乘最勝，何不以大乘爲正小乘爲傍耶？答曰，鹿苑初說四諦法輪，俱隣等五人見諦成道，八萬諸天得法眼淨，但有小乘得道未有大乘之益，故以小乘爲正也。《大智度論》云，佛於阿含中，雖别爲彌勒授記，亦不説種種菩薩行，故大乘爲傍也。問曰，外人亦説戒定慧此有何異耶？答曰，外人所説戒定慧，即是舊醫，如彼蟲道舊醫。戒有二，一邪，二正。一邪者，即是鷄狗等戒也。二正者，即是十善道也。舊定有二，一邪，二正。一邪定者，即是九十六種外道經所説鬼神邪定之法，或能知世吉凶現神變相也。二正定者，即是四禪，四無量心，四無色定，及發五神通也。舊慧有二，一邪，二正。一邪者，即是因身邊二見心，發諸邪智撥無因果，食糞裸形等也。二正者，即是因身邊二見心，發諸世智，説有因果修諸善法也。今佛説三藏教，所明客醫戒定慧即是，新醫從遠方來曉八種術，初説四枯正術，即是三藏教門所明戒定慧也。一戒者，即是十種得戒，發一切律儀無作，如是五部毘尼所明，身口諸善法也。二定者，即是依八背捨，入九次第定，師子奮迅超越三昧願智頂禪六通四辨等也。三慧者，即是生滅四諦，破身邊二見六十二見，發眞無漏，成十一智三無漏根也。此戒定慧。

五時八教

論説

傳燈《性善惡論》卷之一　釋迦如來，説法四十九年，而有五時八教。一華嚴時，二阿含時，三方等時，四般若時，五法華涅槃時。八教者，一頓教，二漸教，三秘密教，四不定教，此之四教，名爲化儀，如世藥方。一藏教，二通教，三别教，四圓教，此之四教，名爲化法，如辨藥味。但化像四教，無别體相，乃以化法四教而爲其相。今於化像四教，未暇辨之，惟約五時所説化法四教，以明性之善惡具與不具。第一華嚴時者，此時兼别教以明圓教，其所兼别，雖具明十界。若言性具，但言具佛界之善，不具九界之惡，以彼所明眞如佛性，如雲外月，迥出二邊，必須斷除九界之惡，方顯佛界之善。若彼正説圓滿修多羅教，則備明十界皆是性具，本具九界名爲性惡，本具佛界名爲性善，修成九界名爲修惡，修成佛界名爲修善。故晉譯《華嚴》云，能隨染淨緣，遂分十法界。又云，心如工畫師，造種種五陰，一切世間中，無不從心造，如心佛亦爾，如佛衆生然，心佛及衆生，是三無差别。又云，若人欲了知三世一切佛，應觀法界性，一切惟心造。第二阿含時，即三七日，如來於《華嚴》頓後，脱舍那珍御之服，着丈六弊垢之衣，於十二年中，説《四阿含經》，名爲漸初，惟説小乘三藏之教。此教雖有佛與菩薩，觀其所證，惟破見思，證偏空理，與二乘同，是則破去三界六凡法界，出三界外，入無餘涅槃寂滅而已。界惟有八，但云搆造，豈論性具十界。第三方等時，於十二年後，八年之中，説《維摩》、《楞伽》、《楞嚴》、《圓覺》等諸大乘經。此時彈偏斥小，歎大褒圓，三根普潤，四教並談。佛於此時，説性具與夫性惡法門處，至爲周足。如《淨名經》云，生死即涅槃，煩惱即菩提。又云，眼耳鼻舌入諸根皆是淨土。又云，有增上慢者，説離婬怒癡名爲解脱，無增上慢者，婬怒癡即是解脱。又云，六十二見爲如來種。《無行經》云，貪欲即是道，恚癡亦復然，如是三法中，具一切佛法。《楞伽經》云，如來藏爲善不善因，如是之義，散在方等，不一而足。至於《圓覺》、《楞嚴》，其於性具善惡之旨，又極所發明，凡此諸經，專談性具者，皆屬圓頓之教，若不及此者，乃《方等》圓教中所對藏通，及所對别教而已。第四般若時，説般若經，共二十二年，論此時以空慧之水，淘汰三乘執情，似不談乎性具。若曰般若談空，八十法門具顯，是則正以眞空破情，而不破法，則彼時帶通别二，正説圓教，一一以性具而爲之主。第五法華涅槃時，此時説《法華》凡經八年，説《涅槃》纔一日牛夜。合此二經爲第五時法。而《法華》者，乃如來談性具，終圓究竟畢萃之時也。蓋如來於前四時爲實施權者，爲此性具一實之道，以施不具之三權也。至《法華》開權顯實者，開前四時三教不具之權，以顯《法華》圓具之實也。廢權立實者，廢前四時三教不具之權，以立《法華》圓具之實也。至於本門三法莫不皆然，是故方便品初，如來出定，歎權實二智曰，諸佛智慧甚深無量，其智慧門難解難入。及其下文乃曰，惟佛與佛，乃能究盡諸法實相。所謂諸法，如是相，如是性，如是體，如是力，如是作，如是因，如是緣，如是果，如是報，如是本末究竟等。正以十法界十如是諸法，皆是實相。

惟佛與佛，具足究竟權實二智，方能究盡實相之實，諸法之權。所以經中開人天之權云，一低頭，一合掌，一彈指，一散華等，皆成佛道。開聲聞之權云，聲聞聞此法，疑網皆已除，千二百羅漢，悉亦當作佛。聲聞領解云，我等今者眞是聲聞，以佛道聲，令一切聞。我等今者眞阿羅漢，普於其中，應受供養，至於調達受記龍女作佛，莫非開九界之權，顯佛界之實。或開修善，而究竟乎性善。或開修惡，而究竟乎性惡，惟佛與佛乃能究盡，不在茲乎。至於涅槃，則專談性惡。故曰，闡提善人二人，皆有佛性，名爲善惡緣因，具在彼部，不能具引。

紀事

諦觀錄《天台四教儀》 天台智者大師，以五時八教，判釋東流一代聖教，罄無不盡。言五時者，一華嚴時，二鹿苑時（說《四阿含》），三方等時（說《維摩》、《思益》、《楞伽》、《楞嚴三昧》、《金光明》、《勝鬘》等經），四般若時（說《摩訶般若》、《光讚般若》、《金剛般若》、《大品般若》等諸般若經），五法華涅槃時，是爲五時，亦名五味。言八教者，頓，漸，秘密，不定，藏，通，別，圓，是名八教。頓等四教是化儀，如世藥方。藏等四教名化法，如辨藥味。如是等儀散在廣文，今依大本略錄綱要。初辨五時五味及化儀四教，然後出藏通別圓。第一頓教者，即《華嚴經》也。從部時味等，得名爲頓。所謂如來初成正覺，在寂滅道場，四十一位法身大士，及宿世根熟天龍八部一時圍繞，如雲籠月。爾時如來現盧舍那身，說圓滿修多羅，故言頓教。若約機約教，未免兼權，謂初發心時便成正覺等文，爲圓機說圓教，處處說行布次第，則爲權機說別教，故約部爲頓，約教名兼。此經中云，譬如日出先照高山（第一時）。《涅槃》云，譬如從牛出乳，此從佛出十二部經（一乳味）。《法華·信解品》云，即遣旁人急追將還，窮子驚愕稱怨大喚等，此領何義。答，諸聲聞在座如聾若啞等是也。第二漸教者（此下三時三味，總名爲漸），次爲三乘根性於頓無益故，不動寂場而游鹿苑，脫舍那珍御之服，著丈六弊垢之衣，示從兜率降下託摩耶胎，住胎出胎納妃生子，出家苦行六年已後，木菩提樹下以草爲座成劣應身，初在鹿苑先爲五人，說四諦十二因緣事六度等教。若約時則日照幽谷（第二時），若約味則從乳出酪。此從十二部經出九部修多羅（二酪味）。《信解品》云，而以方便密遣二人（聲聞，緣覺），形色憔悴無威德者，汝可詣彼徐語窮子，雇汝除糞，此領何義。答，次頓之後說三藏教，二十年中常令除糞，即破見思煩惱等義也。次明方等部，《淨名》等經，彈偏折小，歎大褒圓，四教俱說，藏爲半字教，通別圓爲滿字教，對半說滿，故言對教。若約時則食時（第三時），若約味則從酪出生酥。此從九部出方等（三生酥味）。信解品云，過是已後心相體信，入出無難，然其所止猶在本處，此領何義。答三藏之後次說方等，已得道果心相體信，聞罵不瞋，內懷慚愧心漸淳淑。次說般若，轉教，付財，融通，淘汰，此般若中不說藏教，帶通別二正說圓教。約時則禺中時（第四時），約味則從生酥出熟酥。此從《方等》之後出《摩訶般若》（四熟酥味）。《信解品》云，是時長者有疾自知將死不久，語窮子言，我今多有金銀珍寶倉庫盈溢，其中多少所應取與，此領何義。答，明方等之後次說般若，般若觀慧即是家業，空生身子受勅轉教，即是領知等也。已上三味對華嚴頓教，總名爲漸。第三秘密教者，如前四時中，如來三輪不思議故，或爲此人說頓，或爲彼人說漸，彼此互不相知，能令得益，故言秘密教。第四不定教者，亦由前四味中，佛以一音演說法，衆生隨類各得解，此則如來不思議力，能令衆生於漸說中得頓益，於頓說中得漸益，如是得益不同，故言不定教也。然秘密不定二教，教下義理只是藏通別圓，化儀四教齊此。次說《法華》開前頓漸會入非頓非漸，故言開權顯實。又言廢權立實，又言會三歸一。言權實者，名通今昔，義意不同，謂《法華》已前權實不同，大小相隔，如《華嚴》時，一權一實（圓實別權），各不相即，大不納小故。小雖在座如聾若瘂。是故所說法門雖廣大圓滿，攝機不盡，不暢如來出世本懷。所以者何。初頓部有一麁（別教），一妙（圓教）。一妙則與《法華》無二無別。若是一麁，須待《法華》開會廢了，方始稱妙。次鹿苑但麁無妙（藏教），次方等三麁（藏通別）一妙（圓教）。次般若二麁（通別）一妙（圓教）。來至法華會上，總開會廢前四味麁，令成一乘妙，諸味圓教更不須開，本自圓融不待開也。【略】

問，將五味對五時教，其意如何。答，有二。一者但取相生次第，所謂牛譬於佛，五味譬教，乳從牛出，酪從乳生，二酥醍醐次第不亂，故譬五時相生次第。二者取其濃淡，此則取一番下劣根性，所謂二乘根性，在華嚴座不信不解，不變凡情，故譬其乳。次至鹿苑聞三藏教，二乘根性依教修行，轉凡成聖，故譬轉乳成酪。次至方等聞彈斥聲聞，慕大恥小得通教益，如轉酪成生酥。次至般若奉勅轉教，心漸通泰得別教益，如轉生酥成熟酥。次至法華聞三周說法，得記作佛，如轉熟酥成醍醐，此約最鈍根具經五味。其次者，或經一二三四，其上達根性，味味得入法界實相，何必須待法華開會。上來已錄五味五時化儀四教，大綱如此，自下明化法四教。第一三藏教者，一修多羅藏（《四阿含》等經），二阿毘曇藏（《俱舍》、《婆沙》等論），三毘尼藏（五部律）。此之三藏名通大小，今取小乘三藏也。

無情有性

綜述

湛然《金剛錍》 自濫霑釋典，積有歲年，未嘗不以佛性義經懷，恐不了之徒為苦行，大教斯立功在於茲。萬派之通途，眾流之歸趣，諸法之大旨，造行之所期。若是而思之，依而觀之，則凡聖一如色香泯淨。阿鼻依正全處極聖之自心，毘盧身土不逾下凡之一念，曾於靜夜久而思之，思之未已，怳焉如睡，不覺寱云無情有性，仍於睡夢忽見一人云，僕野客也。容儀龐獷進退不恆，逼前平立，謂余曰，向來忽聞無情有性，仁所述耶？余曰，然。

客曰，僕忝尋釋教薄究根源，盛演斯宗，豈過雙林最後極唱究竟之談，而云佛性非謂無情，仁何獨言無情有耶？余曰，古人尚云一闡提無，云無情無，未足可怪。然以教分大小其言碩乖，若云無情即不應云有性，若云有性即不合云無情。

客曰，《涅槃》部大，云何竝列。余曰，以子不閑佛性進否教部權實，故使同於常人疑之。今且為子委引經文，使後代好引此文，證佛性非無情者，善得經旨不昧理性，知余所立善符經宗。今立眾生正因體遍，經文亦以虛空譬之。故《三十一迦葉品》云，眾生佛性猶如虛空，非內非外，若內外者，云何得名一切處有，請觀有之二字，虛空何所不收。故知經文不許唯內專外，故云非內外等及云如空，既云眾生佛性，豈非理性正因。次迦葉問云，何名為猶如虛空，佛乃以果地無礙而答迦葉，豈非正因因果不二。由佛果答，迦葉乃以權智斷果果上緣了悉皆是有，難佛空喻法喻不齊。故迦葉云，如來佛性涅槃是有，虛空應當亦是有耶？佛先順問答，次復宗明空。

理毒性惡

論說

智圓《請觀音經疏闡義鈔》卷一 說者觀者宜乎思擇，事者下三文，皆直示毒害，以顯消伏。虎狼等者，即經云，逢值虎狼師子及毒藥刀劍，臨當刑戮稱名誦呪。而得解脫者，皆約事消伏也，五住謂三界見為一，三界思為三，足根本無明成五，皆昏煩之法惱亂心性故，通稱煩惱，即名此煩惱為虎狼等。經云，淨三毒根不被三毒等，即約行之明據也。故下疏釋虎狼，引《金光明》、《十地》猶有虎狼之難，蓋此意也。修一心三觀破五住惑，即約行消毒也。法界無礙者，三諦一心名為法界，生佛互融一一咸遍，故云無礙。無染而染者，《淨名疏》云，中道自性清淨心，不為煩惱所染，本非縛脫不染而染，難可了知，即是眾生迷真性解脫，起六十二見，考彼言義允合今文。若消今文，應云法性之與無明，遍造諸法即無染而染，全理性成毒名理性，毒由理毒故即有行毒事毒也。今觀諸法唯心染體悉淨，即神呪治理性之毒。即下經云，皆入如實之際也。若爾，與約行何別。答，前約行者，是約智斷，智即能斷，斷是所斷，五住斷處名消行毒。今則不爾，專約諦理，理非能所，但由具惑即是無染而染，名爲毒害，惑即法性，即是染而無染，名爲消伏。是則惑性相待非關智斷，或謂性惡是理毒者，毒義雖成消義全闕。若無消義安稱用耶若云有者，應破性惡，性惡法門不可破也。

生身尊特

紀事

智顗《金光明經文句記》卷三（下） 初釋生身相，林微尼此云解脫處。舉手攀樹者，即摩耶夫人攀無憂樹，而太子自右脇而生也。阿夷亦阿私陀此云無比，仙人名也，披開也。太子既生三日遂裹以白氎，王召仙人相之，於是開氎相其形也。相相炳明者，謂三十二相皆明顯也。決定成佛者，即仙人奏王之語，謂輪王雖有三十二相，相不明了，今觀太子相相炳明，決定作佛不爲輪王也。悲不能聲者，即仙人自嗟年老不見太子成佛，故泣也。無聲自出淚曰泣，今云悲不能聲是泣也。此是生身也者，疏雖標云父母生身須解其意，豈後二身全無父母。今特云者，彰藏通佛住偏眞也。以偏眞理不具五陰故，使佛身從正習造，機緣若盡灰滅淪空永無示現，故以父母顯其有生，機盡歸空顯其有滅，通雖幻有亦須永無，依教分別相狀如是。二如釋下釋尊特相，巍巍高也，堂堂明也。言尊崇奇特者，此別圓機所見身也。常身常光者，即凡夫二乘所見身也。然高明身相應知兩意，有須現起，有不須現，皆是如來鑑機進不中道之力，於須現者即爲現之，如《梵網經》云，方坐蓮華臺，華嚴藏塵相。維摩所說身如須彌映于大海，觀無量壽相好八萬身量無邊，此等皆是現起尊特相也。有不須現者，但以力加，令於劣身見無分齊，作巍巍堂堂而解，以不可思議而觀，此如今經讚三十二爲尊特法性之身，法華以三十二相莊嚴法身，相相皆與虛空等量，此等機緣悉以業識而見，以中智而觀，劣即無邊色即智性，故不須現起而稱尊特。若不爾者，龍尊所讚三十二相。疏云融三正讚尊特，故如何和會，學人於此當善了之。三釋法性相，此乃諸佛第一義諦智相之身，凡夫二乘尚不知名，豈能覩見。若論極證等覺罔窮，又復初地不知二地。是故樹神哀泣雨淚，請佛現身即此身也，皆得名爲非下地見。唯應度等者，斯是大乘第一義悉檀。機扣佛者，乃以此身應之令見，即前疏解一時之義，一切種智與中諦一時也。無身等者，非質礙身是微妙身，非差別相是智淨相，一切智是萬行首故以爲頭，第一義諦諸法中最故以爲髻，八萬塵勞轉爲法門多數名髮，大悲爲眼見苦即拔，中道白毫不偏無染，無漏爲鼻嗅功德者，十八味舌遍嘗理空，不共爲齒四十數齊。《大論》以十八不共法，十力四無畏，大慈大悲三念處等爲四十，皆不與下地共故。四弘爲肩荷負不息，三三昧止散如腰束衣，圓三三昧秖是三觀，空即空觀，無相即假觀。不得空相故，無願即中觀。於二邊不作願求故，如來藏腹舍三千故，權實智手遍拔衆生，定慧等足究踐理地。今第三身與餘處列不無少異，如《觀無量壽佛經疏》云，色相身義當生身及他受用同爲應身。次法門身，即今所列種種法門義當報身，乃自受用也。三實相身，即以法門所嚴之理爲第三身。今則合彼理智二身爲法性身，開彼應身爲生身尊特，互有開合三身不虧。又復應知今法性身頭等法門，即是龍尊所讚之相心即色故名前二身，色即心，故名爲法門。但今歷教就分別門隨機所見，前不見後是故後後從勝立名，故使三身有優劣相。又復尊特及法性身皆業識見，以尊特相兼於別修，故就身相高廣而示。今法性佛即修明性，故隱色相從法門說，講者學者宜在精詳。二種相下釋三相業，此從如來淨佛土時，隨彼機緣示修不等，故分三種。初釋生身業，雖通通教今且在藏，以其通教是大乘門，利人能見後二佛故。今就三藏修行事度，爲相好因，言修百福成一相者，論存多解今明一種，大千衆生遇緣當死，一一救之皆得壽命，是爲一福。此福至百方成一相，此指伏惑事度所成，令彼衆生効此修之，今見生身。二若以空下釋尊特業。言空慧者，良以體法即空之慧三教共修，鈍根之者但能空有，利人知空非但空有，亦能空空。今分別門論尊特業，雖能雙空，且在別教但中之慧，導諸相業，諸業不出前之六度，以知中故非莊嚴莊嚴，乃能莊嚴第一義體，令彼衆生効此修種，今見尊特無分齊身，三若以實下釋法性業。實相者，中道理也。全中實理爲能觀慧，名實相慧，實相即慧也。非別有慧，從其所照得實相名。導成諸業者，諸業豈離前之六度，以圓修故。一一即性故，無非實相。一攝一切故，無非法界。

四悉檀之權實

論說

智顗《妙法蓮華經玄義》卷一下　八明四悉檀權實者，四諦各辨四悉檀者，此通途說耳。《釋論》云，諸經多說三悉檀，不説第一義者，此指三藏。三藏多說因緣生生事相滅色取空，少說第一義。就三藏菩薩，但約三悉檀明四。若就佛即具四，雖爾終是拙度權逗小機也。若通教四諦明四悉檀，體法即眞其門則巧故。《釋論》云，今欲說第一義悉檀故，說《摩訶般若波羅蜜經》，就佛菩薩皆得有四，而約方便眞諦以明悉檀，猶屬權也。若別教四諦明四悉檀約於中道，此意則深，而猶是歷別，別相未融教道是權，此則非妙。今圓教四諦明四悉檀，其相圓融最實之說，故四悉檀是實是妙。若用此權實約五味教者，乳教則有四權四實，酪教但有四權，生蘇則有十二權四實，熟蘇則有八權四實，《涅槃》十二權四實，《法華》四種俱實（云云）。問，三藏菩薩雖得四悉檀，望通教但成三悉檀。今通教望別教云何。答，有二義，當通是得四，望別但得三。問，別教望圓亦爾不。答，不例圓別證道同故。並曰，三藏通教俱證眞諦，亦應俱得四。答，三藏眞諦雖同，菩薩不斷惑故闕一，圓別俱斷惑是故俱四。又並三藏通等雖四而三可是權，別教四而不三應非是權。答，三藏通教教證俱是權故，但三無四別教教道權證道實，從證則四，從教則權。又並證道有四，教道應三。答，若取地前爲教道應如所問（云云）。

開權顯實

綜述

智顗《妙法蓮華經玄義》卷一下　九開權顯實者，一切諸法莫不皆妙，一色一香無非中道，衆生情隔於妙耳。大悲順物不與世諍，是故明諸權實不同，故《無量義》云，四十餘年三法四果二道不合。今開方便門示眞實相，唯以一大事因緣，但說無上道，開佛知見悉使得入究竟實相，除滅化城即是決麁皆至寶所，即是入妙。若乳教四妙與今妙不殊唯決其四權入今之妙。是故文云，菩薩聞是法疑網皆已除，即此意也。決酪教四權，生蘇十二權，熟蘇八權，皆得入妙故。文云，千二百羅漢悉亦當作佛。又云，決了聲聞法是衆經之王，聞已諦思惟得近無上道。《方等》、《般若》所論妙者，亦與今妙不殊。開權顯實，其意在此。

法相宗部

创宗人玄奘分部

綜　述

彥悰《大慈恩寺三藏法師傳・序》 恭惟，釋迦氏之臨忍土也。始演八正，啟三寶以黜群邪之典，由是佛教行焉。方等一乘圓宗十地，謂之大法，言眞筌也。化城垢服，濟鹿馳羊，謂之小學，言權旨也。至於禪戒呪術，厥趣萬途，而滅惑利生，其歸一揆。是故歷代英聖，仰而寶之。八會之經，謂之爲本，根其義也；三轉之法，謂之爲末，枝其義也。曁夫天雨四花，地現六動，解其髻寶示以衣珠，借一以破三，攝末歸本者也。《付法藏傳》曰：聖者阿難能誦持如來所有法藏，如瓶瀉水，置之異器，即謂釋尊一代四十九年應物逗機適時之敎也。逮提河輟潤，堅林晦影，邃旨冲宗，於焉殆絕。我先昆迦葉，屬五棺已掩，千氎將焚，痛天人眼滅，蒼生莫救，故召諸聖眾，集結微言。考繩墨以立定門，即貫華而開律部，據優波提舍以之爲論，剖析空、有，顯別斷、常，示之以因修，明之以果證，足以貽範當代，軌訓將來，歸向之徒，並遵其義。及王、秦奉使，考日光而求佛，騰、蘭應請，策練影以通經。厥後易首抽腸之賓，播美於天外，篆葉結鬘之奧，譯粹於區中。然至賾至神，思慮者或迷其性相；唯恍唯忽，言談者有味其是非。況去聖既遙，來教多闕，殊途競軫，別路揚鑣而已哉。

法師懸弭誕辰，室表空生之應，佩觽登歲，心符妙德之方，誠以悲愛海無出要之津，覺地有栖神之宅，故削髮矯翰，翔集二空，異縣他山，載馳千里。每慨古賢之得本行本，魚魯致乖；痛先匠之聞疑傳疑，豕亥斯惑。竊惟音樂樹下必存金石之響，五天竺內想具百篇之義。遂發憤忘食，履嶮若夷，輕萬死以涉葱河，重一言而之柰苑。鷲山猴沼，仰勝迹以瞻奇；鹿野仙城，訪遺編於蠹簡。春秋寒暑一十七年，耳目見聞百三十國，揚我皇之盛烈，振彼后之權豪，偃異學之高轓，拔同師之巨幟。名王拜首，勝侶摩肩，萬古風猷，一人而已。

法師於彼國所獲大、小二乘三藏梵本等，總有六百五十七部，並載以巨象，并諸郵駿。蒙霜犯雪，自天祐以元亨，陽苦陰淫，假皇威而利涉。粵以貞觀十有九祀達于上京，道俗迎之，闐城溢郭，鏘鏘濟濟，亦一期之盛也。及謁見天子，勞問殷懃，爰命有司，畢令宣譯，人皆敬奉，難以具言。至如氏族簪纓，捐親入道，遊踐遠邇，中外讚揚，示息化以歸眞，同薪盡而火滅。若斯之類，則備乎茲傳也。

傳本五卷，魏國西寺前沙門慧立所述。立俗姓趙，豳國公劉人，隋起居郎司隸從事毅之子，博考儒釋，雅善篇章，妙辯雲飛，溢思泉涌。加以直詞正色，不憚威嚴，赴水蹈火，無所屈撓。覩三藏之學行，矚三藏之形儀，鑽之仰之，彌堅彌遠，因修撰其事，以貽終古。及削稿云畢，慮遺諸美，遂藏之地府，代莫得聞。爾後役思纏痾，氣懸鍾漏，乃顧命門徒，掘以啟之，將出而卒。門人等哀慟荒鯁，悲不自勝，而此傳流離分散他所，累載搜購，近乃獲全。因命余以序之，迫余以次之。余撫己缺然，拒而不應。因又謂余曰：「佛法之事豈預俗徒，況乃當仁苦爲辭讓？」余再懷慚退，沈吟久之，執紙操翰，汍瀾腷臆，方乃參犬羊以虎豹，糅瓦石以琳璆，錯綜本文，箋爲十卷，庶後之覽者無惑嗤焉。

傳　記

道宣《續高僧傳》卷四 釋玄奘，本名褘，姓陳氏，漢太丘仲弓後也。子孫徙於河南，故又爲洛州緱氏人焉。祖康，北齊國子博士。父慧，早通經術。長八尺，明眉目。拜江陵令，解纓而返。即大業末年，識者以爲剋終，隱淪之候故也。兄素出家，即長捷法師也。容貌堂堂，儀局瑰秀。講釋經義，聯班群伍。住東都淨土寺。以奘少罹窮酷，攜以將之。日授精理，旁兼巧論。年十一，誦《維摩》《法華》。東都恆度，便預其次。

自爾卓然梗正，不偶朋流。口誦目緣，略無閑缺。睹諸沙彌劇談掉戲，奘曰，經不云乎，夫出家者爲無爲法，豈復恒爲兒戲，可謂徒喪百年。且思齊之懷，尚鄙而不取。拔萃出類，故復形在言前耳。時東都慧日盛弘法席，《涅槃》《攝論》輪馳相係。每恆聽受，昏明思擇。僧徒異其欣奉，美其風素。愛敬之至，師友參榮。大眾重其學功，弘開役務。時年十五，與兄住淨土寺。由是專門受業，聲望逾遠。大業餘曆，兵饑交貿。法食兩緣，投庇無所。承沙門道基化開井絡，法俗欽仰。乃與兄從之，行達長安，住莊嚴寺。又非本望，西踰劍閣，既達蜀都。即而聽受《阿毘曇論》。一聞不忘，見稱昔人。隨言鏡理，又高倫等。至於《婆沙》《廣論》《雜心》《玄義》。莫不鑿窮巖穴，條疏本幹。然此論東被，弘唱極繁。章鈔異同，計逾數十。皆蘊結胸府，聞持自然。至於得喪筌旨，而能引用無滯。時皆訝其憶念之力，終古罕類也。基每顧而歎曰，余少遊講肆多矣，未見少年神悟若斯人也。席中聽侶僉號英雄，四方多難總歸綿益，相與稱讚逸口傳聲。

又僧景《攝論》道振迦延，世號難加人推精覆。皆師承宗據，隅隩明銓。昔來《攝論》十二住義，中表銷釋十有二家。講次誦持，率多昏漠。而奘初聞記錄，片無差舛。登座敘引，曾不再緣。須便爲述，狀逾宿構。如斯甚眾，不可殫言。

武德五年，二十有一，爲諸學府，雄伯沙門。講揚心論，不窺文相，而誦注無窮。時目神人，不神何能此也。晚與兄俱住益南空慧寺。私自惟曰，學貴經遠，義重疏通，鑽仰一方，未成探賾。有沙門道深，體悟成實，學稱包富。控權敷化，振網趙邦。憤發內心，將捐巴蜀。捷深知其遠量也，情顧勤勤，每勸勉之。而正意已行，誓無返面。遂乃假緣告別，間行江硤。經途所及，荊（楊）［揚］等州。訪逮道鄰，莫知歸詣。便北達深所，委參勇鎧。素襲嘉問，縱洽無遺。終始十月，資承略盡。時燕趙學侶，相顧逢秋。後發前至，抑斯人也。

沙門慧休，道聲高邈。行解相富，夸罩古今。獨據鄴中，昌言傳授。詞鋒所指，海內高尚，又往從焉。不面生來，相逢若舊。去師資禮，事等法朋。偏爲獨講《雜心》《攝論》。指摘纖隱，曲示綱猷。相續八月，領酬無厭。休又驚異絕歎。撫掌而嗟曰，希世若人，爾其是也。沙門道岳，宗師《俱舍》，闡弘有部。包籠領袖，吞納喉襟。揚業帝城，來儀群學。乃又從焉。創跡京都，詮途義苑。沙門法常，一時之最。經論教悟，其從如林。奘乃一舉十問，皆陳幽奧。坐中枏梓，拔思未聞。由是馳譽道流，檀聲日下。沙門僧辯，法輪論士。機慧是長，命來連坐。吾之徒也。但爲《俱舍》一論，昔所未聞。因爾伏膺，曉夕諮請。岳審其殷至，慧悟霞明，樂說不窮，任其索隱。單思研採，晬周究竟。沙門玄會，匠剖《涅槃》。刪補舊疏，更張琴瑟。承斯令問，親位席端。諮質遲疑，煥然袪滯。

僕射宋公蕭瑀，敬其脫穎。奏住莊嚴，然非本志。情栖物表，乃又惟曰，余周流吳蜀，爰逮趙魏，末及周秦。預有講筵，率皆登踐。已布之言令，雖蘊胸襟。未吐之詞宗，解籤無地。若不輕生殉命，誓往華胥。何能具覿成言，用通神解。一睹明法，了義眞文。要返東華，傳揚聖化。則先賢高勝，豈決疑於彌勒。後進鋒穎，寧輟想於瑜伽耶。時年二十九也。遂厲然獨舉，詣闕陳表。有司不爲通引，頓跡京臯。廣就諸蕃，遍學書語。行坐尋授，數日便通。側席面西，思聞機候。

會貞觀三年，時遭霜儉。下敕道俗，逐豐四出。幸因斯際，徑往姑臧，漸至燉煌。路由天塞，裹糧弔影。前望悠然，但見平沙，絕無人徑。迴遑委命，任業而前。展轉因循，達高昌境。初，奘在涼州講揚經論，華夷士庶盛集歸崇。商客通傳，預聞蕃域。高昌王麴文泰，特信佛經。復承奘告，將遊西鄙。恆置郵馹，境次相迎。忽聞行達，通夕立候。王母妃屬，執炬殿前。見奘苦辛，備言意故。合宮下淚，驚異希有。延留夏坐，長請開弘。王命爲弟，母命爲子。殊禮厚供，日時恆致。乃爲講《仁王》等經及諸機教。道俗係戀，並願長留。奘曰，本欲通開大化，遠被家國。不辭賤命，忍死西奔。若如來語，一滯此方。非唯自虧發足，亦恐都爲法障。乃不食三日。僉見極意，無敢措言。王母曰，今與法師一遇，並是往業因緣。脫得果心東返，願重垂誡誥。遂與奘手傳香信，誓爲母子。麴氏流淚，執足而別。仍敕殿中侍郎，齎綾帛五百匹，書二十四封。并給從騎六十人，送至突厥葉護牙所。以大雪山北六十餘國皆其部統故，重遺達奘開前路也。

初至牙所，信物倍多，異於恆度。謂是親弟，具以情告，終所不信。可汗重其賄賂，遣騎前告所部諸國。但有名僧勝地，必令奘到。於是連騎數十，盛若皇華。中途經國，道次參假。供給頓具，倍勝於初。自高昌至於鐵門，凡經一十六國。人物優劣，奉信淳疏，具諸圖傳。其鐵門也即鐵門關，漢之西屏。入山五百，旁無異路。一道南出，險絕人物。左右石壁，竦立千仞。色相如鐵，故因號焉。見漢門扇一豎一臥，外鐵裏木加懸諸鈴。必掩此關，寔惟天固。

南出斯門，土田溫沃，花果榮茂。地名睹貨羅也。縱千餘里，廣三千餘。東拒蔥嶺，西接波斯。南大雪山，北據鐵門。縛芻大河，中境西流，即經所謂博叉河也。其境自分爲二十七國，各有君長，信重佛教。僧以十二月十六日安居，坐其春分，以斯時溫熱雨多故也。又前經國凡度十三，至縛喝國，土地華博，時俗號爲小王舍城，國近葉護南牙也。突厥常法，夏居北野。花草繁茂，放牧爲勝。冬處山中，用遮寒厲，故有兩牙王都。城外西南寺中，有佛澡罐，可容斗許。及佛掃帚，并以佛牙。守護莊嚴，殆難瞻睹。奘爲國使，躬事頂戴。西北不遠，有提謂波利兩城。建塔凌虛，即爰初道成獻麨長者之本邑，髮爪塔也。

又東南行大雪山中七百餘里，至梵衍國。僧有數千，學出世部。王城北山，有立石像，高百五十尺。城東臥佛，長千餘尺。並精舍重接。金寶莊校，晃曜人目。見者稱歎。又有佛齒舍利。劫初緣覺，齒長五寸許。金輪王齒，長三寸許。并商那和修盋及九條衣，絳色猶存。又東山行至迦畢試國，奉信彌勝。僧有六千，多大乘學。其王歲造銀像，舉高丈八。延請遐邇，廣樹名壇。國有如來爲菩薩時齒，長可寸餘。又有其髮，引長尺餘。放還螺旋。自斯地北，民雜胡戎。制服威儀，不參大夏。名爲邊國蜜利車類，唐言譯之，垢濁種也。

又東南七百至濫波國，即印度之北境矣。言印度者，即天竺之正名，猶身毒賢豆之訛號耳。論其境也，北背雪山三陲大海。地形南狹，如月上弦。川平廣衍，周九萬里。七十餘國，依止其中。時或乖分，略地爲國。今則盡三海際，同一王命。又東雪山至那伽羅曷國，即布髮掩泥之故地也。詳諸經相，意有疑焉。何則，討尋本事，乃在賢劫已前，蓮花定光名殊。三佛既非同劫，頻被火災，何得故處今猶泥濕。若以爲虛，佛非妄語。如彼諸師，各陳異解。有論者言，此實本地，佛非妄也。雖經劫壞，本空之處，願力莊嚴，如因事也。並是如來流化。斯跡常在，不足怪矣。故其勝地，左則標樹諸窣睹波，即靈塔之正名，猶偷婆斗藪婆之訛號耳。阿育王者，此號無憂。恨不睹佛，興諸感戀。絓是聖跡，皆起銘記。故於此處，爲建石塔。高三十餘丈。又有石壁佛影，蹈跡眾相。皆豎標記，並如前也。

城南不遠醯羅城中，有佛頂骨。周尺二寸。其相仰平，形如天蓋。佛髑髏蓋，如荷葉盤。佛眼圓睛，狀如奈許，澄淨皎然。有佛大衣，其色黃赤。佛之錫杖，以鐵爲環，紫檀爲笴。此五聖跡，同在一城。固守之務，如傳國寶。北近突厥，昔經侵奪。雖至所在，還潛本處。斯則赴緣隱顯，未在兵威。奘奉覲靈相，悲淚橫流。手撥末香，親看體狀，倍增欣悅。即以和香印其頂骨。睹有嘉瑞，又增悲慶。近有北狄大月支王，欲知來報，以香取相。乃示馬形，甚非所望。加諸布施，積功懺悔。又以香取，現師子形。雖位狩王，終爲畜類。情倍歸依，又加施戒。乃現人天，方還本國。故其俗法，見五相者相一金錢，取其相者酬七金錢。俗利其寶，用充福物。既非僧掌，固守彌崇。無論道俗，必先酬價。奘被王命，觀視具周。旁國諸僧，承斯榮望，同來禮謁。

又東山行至健馱邏國，佛寺千餘，民皆雜信。城中素有缽廟，眾事莊嚴。昔如來缽經於此廟，乃數百年。今移波斯王宮供養。城東有迦膩王大塔，基周里半。佛骨舍利，一斛在中。舉高五百餘尺。相輪上下二十五重，天火三災。今正營構。即世中所謂雀離浮圖是也。元魏靈太后胡氏，奉信情深。遣沙門道生等，齎大幡長七百餘尺，往彼掛之，腳纔及地。即斯塔也，亦不測雀離名生所由。左側諸跡，其相極多。近則世親如意造論之地，遠則捨於千眼睒奉二親。檀特名山，達拏本跡。仙爲女亂，佛化鬼母，並在其境。皆無憂王爲建石塔。高者數百餘尺，立標記焉。

自北山行達烏長那國，即世中所謂北天竺烏長國也。其境周圍五千餘里。果實充備，爲諸國所重。傳云，即昔輪王之苑囿也。僧有萬餘，兼大乘學。王都四周，多諸古跡。忍仙佛蹠，半偈避讎。折骨書經，割肉代鴿。蛇藥護命，血飲夜叉。如斯等相，備列其境。各具瞻奉，情倍欣欣。城之東北減三百里。大山龍泉名阿波邏，即信度河之本源。西南而流，經中所謂辛頭河也。王都東南，越山逆河。鐵橋棧道，路極懸險。千有餘里，至極大川。即古烏仗之王都也。中有木慈氏像，高百餘尺。即末田地羅漢，將諸工人三返上天方得成者。身相端嚴，特難陳說。還返烏仗，南至呾叉始羅國，具見伊羅鉢龍所住之池，月光決目之地。育王標塔舉高十丈。北有石門，殊極高大，崇竦重山。道由中過，斯又薩埵捨身處也。

自此東南，山行險阻。經一小國，度數鐵橋。減二千里，至迦濕彌羅國，即此俗常傳罽賓是也。莫委罽賓，由何而生。觀其圖域，同罽賓耳。本是龍海羅漢取之引衆而住通三藏也。故其國境，四面負山。周七千餘里，門徑狹迮。僧徒五千，多學小乘。國有大德名僧勝匠。奘就學《俱舍》《順正理》因明聲明及《大毘婆沙》。王愍遠至，給書手十人，供給寫之。有佛牙長可寸餘，光白如雪。自濫波至此，繞山諸國。形體鄙薄，俗習胡蕃。雖預五方，非印度之正境也。以住居山谷，風雜諸邊。

自此南下，通望無山。將及千里至磔迦國。土據平川，周萬餘里。兩河分注，卉木繁榮。于時徒伴二十餘人。行至大林中，遇賊劫掠，纔獲命全。入村告乞，乃達東境。大林有婆羅門，年七百歲，貌如三十。明《中、百論》及外道書，云是龍猛弟子。乃停一月學之。又東至那僕底國，就調伏光法師，學《對法》《顯宗》《理門》等論。又東詣那伽羅寺，就月胄論師，學衆事分婆沙。又東至祿勒那國，就闍那崛多大德，學經部婆沙。又就蜜多犀那論師，學薩婆多部辯眞論。

漸次東南，路經六國，多有遺跡。育王標塔高二十丈者，其數不少。中有末菟羅國，最饒蹤緒。城東六里有一山寺。昔烏波毱多，唐言近護，即五師之一也，是其本住所建。北巖石室，高二十餘丈，廣三十步。其側不遠，復有獼猴墮坑處，四佛經行處，賢聖依住處。靈相衆矣。

又東南行經于七國，至劫比他國。俗事大自在天。其精舍者，高百餘尺。中有天貌，形極偉大。謂諸有趣，由之而生。王民同敬，不爲鄙耻。諸國天祠，率置此形。大都異道，乃有百數。中所高者，自在爲多。有一大寺，五百僧徒。淨人僕隸，乃有數萬，皆宅其寺側。中有三道階，南北而列。即佛爲母忉利安居夏竟下，天帝釋之所作也。寶階本基，淪沒並盡。後王倣之，在其故地，猶高七十餘尺。育王爲建石柱，高七丈餘。光淨明照，隨人罪福，影現其中。旁有賢劫四佛經行石基，長五十許步，高于七尺。足蹈所及，皆有蓮華文生焉。

國西北不遠二百許里，至羯若鞠闍國，唐言曲女城也。王都臨殑伽河，即洹河之正名矣。源從北來，出大雪山。其土邪正雜敬，僧徒盈萬，多諸聖跡。四佛行坐處，七日說法處，佛牙髮爪等塔。精舍千餘。名寺異相，多臨河北。奘於此國學佛使日胄二毘婆沙於毘耶犀那三藏所，經于三月。王號戒日，正法治世將五十載。言戒日者，謚法之名。此方薨後，量德以贈。彼土初登，即先薦號，以滅後美之徒虛名耳。今猶御世，統五印度。初治邊陲，爲小國也。先有室商佉王，威行海內。酷虐無道，劉殘釋種。拔菩提樹，絕其根苗。選簡名德三百餘人留之，餘者並充奴隸。戒日深知樹於禍始也。與諸官屬，至菩提坑立大誓曰，若我有福統臨海內，必能崇建佛法。願菩提樹，從地而生。言已尋視，見菩提萌坑中上踴。遂迴兵馬，往商佉所。威福力故，當即除滅。所以抱信誠篤，倍發由來。還統五方，象兵八萬。軍威所及，並藉其力。素不血食。化境有羊，皆贖施僧，用供乳酪。五年一施，傾其帑藏。藏盡還蓄，時至復行。用此爲常。有犯王法乃至叛逆罪應死者，遠斥邊裔。餘者徵罰，蓋不足言，故諸國中多行盜竊。非假伴援，不可妄進。

又東南行二千餘里，經于四國。順殑伽河側，忽被秋賊，須人祭天。同舟八十許人，悉被執縛。唯選奘公，堪充天食。因結壇河上，置奘壇中。初便生饗，將加鼎鑊。當斯時也，取救無緣。注想慈尊彌勒如來及東夏住持三寶。私發誓曰，餘運未絕，會蒙放免。必其無遇，命也如何。同舟一時，悲啼號哭。忽惡風四起，賊船而覆沒。飛沙折木，咸懷恐怖。諸人又告賊曰，此人可愍。不辭危難，專心爲法，利益邊陲。君若殺之，罪莫大也。寧殺我等，不得損他。衆賊聞之，投刃禮愧，受戒悔失。放隨所往，達憍償彌，外道殷盛。王都城中有佛精舍，高六十尺。中有檀像，即昔優田大王造之，倣在天之影也。其側龍窟聖跡多矣。

又東北千餘里，至室羅伐悉底國，即舍衛舍婆提之正名也。周睇荒毀，纔有故基。斯匿治宮，須達故宅，趾墟存焉。城南五里有逝多林，即祇陁園也，勝軍王臣善施所造。全寺頹滅，尚有石柱，舉高七丈，育王標樹。邊有塼室一區，中安如來爲母說法像。自餘院宇，湮沒蕩盡，但有佛洗病比丘處，目連舉身子衣處，佛僧常汲故井處，外道陰謗殺婬女處，佛異論處，身子捔處，琉璃沒處，得眼林處，迦葉波佛本生地。諸如上處，皆建石塔，並無憂王之所造也。寺東不遠，三大深坑，即調達瞿波戰遮女人所沒之處。坑極深邃，臨望無底。自古及今，大雨洪注，終無溢滿。

又東將七百里，至劫毘羅伐窣堵國，即迦毘羅衛淨飯王所治之都也。空城十餘，無人栖住。故宮磚城，周十五里。荒寺千餘，惟宮中一所在焉。王寢殿基，上有銘塔，即如來降神之處也。彼有說云，五月八日神來降者。上座部云十五日者，與此方述微復不同，豈有異耶。至如東夏所尙，素王爲聖。將定年算，前達尙迷。況復曆有三代，述時紀號，猶自差舛。顧惟理越情求，赴機應感。皆乘權道，適變爲先。豈以常人之耳目用通於至極也。城之南北有過去二佛生地諸塔，育王石柱銘記甚多。都城西北數百千塔，並是流璃所誅諸釋。既是聖者，後人爲造。當斯時也，有四釋子，忿其見逼，不思犯戒，出外拒軍。琉璃遂退。後還本國，城中不受。告曰，吾爲法種，誓不行師。汝退彼軍，非吾族也。既被放斥，遠投諸國。本是聖胤，競宗樹之。今烏仗梵衍等王，並其後也。城東百里，即是如來生地之林，今尙存焉。或有說者，三月八日。上座部云十五日也。此土諸經咸云，四月八日。斯非感見之機，異計多耳。

又東七百里方至拘尸。中途諸異，略不復紀。創達此城，不覺五情失守，崩踴躄地。頃之顧眄，但見荒城頹褫，純陀宅基，有標誌耳。西北四里，河之西岸，即娑羅大林。周匝輪徑，四十餘里。中央高竦，即涅槃地。有一磚室，臥像北首。旁施塔柱，具書銘記。而諸說混淆，通列其上。有云二月十五日入涅槃者。或云九月八日入涅槃者。或云自彼至今過千五百年者。或云過九百年者。城北渡河，即焚身地。方二里餘，深三丈許。土尙黃黑，狀同焦炭。諸國有病，服其土者，無不除愈，故其焚處致有坑耳。其側復有現足分身雉鹿諸塔，並具瞻已。

又西南行大深林中七百餘里，達婆羅痆斯國，即常所謂波羅柰也。城臨殑伽，外道殷盛，乃出萬計。天寺百餘，多遵自在。僧徒三千，並小乘正量部也。王都東北波羅奈河之西，塔柱雙建，育王所立。影現佛像，睹者興敬。度河十里，即鹿野寺也。周閣重閣，望若仙宮。僧減二千，皆同前部。佛事高勝，諸國最矣。中有轉法輪像，狀如言說。旁樹石柱，高七十餘尺。內影外現，眾相備矣。斯即如來初轉法處。其側復有五百獨覺塔，三佛行坐處。寺中銘塔，聖跡極多，乃有數百。又有佛所浴池浣。衣洗器之水，皆有龍護。曝衣方石，鹿王迎佛之地，並建石塔。動高三百餘尺，相甚弘偉，故略陳耳。

順河東下，減於千里，達吠舍釐，即毘舍離也。露形異術，偏所豐足。國城舊基，周七十里。人物寡鮮，但爲名地。其中說《淨名經》處，《寶積》《淨名》諸故宅處，身子證果處，姨母滅度處，七百結集處，阿難分身處。此之五處，各建勝塔，標示後代。

自斯東北二千餘里，入大雪山至尼波羅國。純信於佛，僧有二千，大小兼學。城東有池，中有天金，光浮水上。古老傳云彌勒下生，用爲首飾。或有利其寶者，夜往盜之。但見火聚騰焰，都不可近。今則沈深，叵窮其底。水又極熱，難得措足。唐國使者試火投之，焰便踴起。因用煮米，便得成飯。其境北界，即東女國，與吐蕃接境。比來國命往還，率由此地。約指爲語。唐梵相去一萬餘里，自古迴邅致途遠阻。又從梵吠舍南濟殑伽河達摩揭陀國，即摩竭提之正號也。其國所居，是爲中印度矣。今王祖胤，繼接無憂。無憂即頻毘娑羅之曾孫也，王即戒日之女婿矣。今所治城，非古所築。殑伽南岸有波吒釐城，周七十里，即經所謂華氏城也。王宮多花，故因名焉。昔阿育王自離王舍遷都於此，左側聖所，其量彌繁。城之西南，四百餘里，度尼連禪河至伽耶城。人物希少，可千餘家。又行六里有伽耶山，自古諸王所登封也。故此一山，世稱名地。如來應俗，就斯成道。頂有石塔，高百餘尺，即《寶雲》等經所說之處。周迴四十里，內聖跡充滿。山之西南，即道成處。有金剛座，周百餘步，其地則今所謂菩提寺是也。寺南有菩提樹，高五丈許。遶樹周垣，壘磚爲之。輪迴五百許步。東門對河，北門通寺。院中靈塔，相狀多矣。如來得道之日，互說不同。或云三月八日及十五日者。垣北門外大菩提寺，六院三層。牆高四丈，皆磚爲之。師子國王，買取此處興造斯寺。僧徒僅千，大乘上座部所住持也。有骨舍利狀人指節，肉舍利者大如眞珠。彼土十二月三十日，當此方正月十五日，世稱大神變月。若至其夕，必放光瑞。天雨香花，充滿樹院。奘初到此，不覺悶絕。良久蘇醒，歷睹靈相。昔聞經說，今宛目前。恨居邊鄙，生在末世。不見眞容，倍復悶絕。旁有梵僧，就地接撫，相與悲慰。雖備禮謁，恨無光瑞。停止安居，迄於解坐。彼土常法，至於此時，道俗千萬，七日七夜競伸供養。凡有兩意，謂睹光相及希樹葉。每年樹葉恰至夏末，一時飛下。通夕新抽，與故齊等。時有大乘居士，爲奘開釋《瑜伽師地》。爾夜對講忽失燈明。又觀所佩珠瓔珞，不見光釆。但有通明晃朗，內外洞然，而不測其由也。怪斯所以，共出草廬，望菩提樹。乃見有僧，手擎舍利，大如人指。在樹基上，遍示大衆。所放光明，照燭天地。于時衆鬧，但得遥禮。雖目睹瑞，心疑其火。合掌虔跪，乃至明晨。心漸萎頓，光亦歇滅。居士問曰，既睹靈瑞，心無疑耶。奘具陳意。居士曰，余之昔疑，還同此也。其瑞既現，疑自通耳。余見菩提樹葉，如此白楊。具以問之。奘曰。相狀略同。而扶疎茂盛，少有異也。於此寺東望，屈屈叱播陀山，即經所謂雞足山也。直上三峰，狀如雞足，因取號焉。去菩提寺一百餘里，頂樹大塔，夜放神炬。光明通照，即大迦葉波寂定所也。路極梗澀，多諸林竹。師子虎象，縱橫騰倚。每思登踐，取進無由。奘乃告王，請諸防援。蒙給兵三百餘人，各備鋒刃，斬竹通道，日行十里。爾時彼國聞奘往山，士女大小數盈十萬，奔隨繼至共往雞足。既達山阿，壁立無路。乃縛竹爲梯，相連而上。達山頂者，三千餘人。四睇欣然，轉增喜踴。具睹石罅，散花供養。自山東北百有餘里，至佛陀代那山。有大石室，佛曾遊此。天帝就石塗香以供。行至其處，今猶郁烈。不遠山室，可受千人。如來三月於中坐夏，壘石爲道。廣二十步，長五里許，即頻毘娑羅修觀上山之所由也。又東六十，便至矩奢揭羅補羅古城，唐言茅城。多出香茅，故因名也。其城即摩揭陀之正中，經本所謂王舍城者是矣。崇山四周，爲其外郭。上如陣埦，皆磚爲之。西通小徑，北闢山門。廣長從狹，周輪百五十里。其中宮城，周三十餘里。內諸古跡，其量復多。宮之東北可十五里，有姞栗陀羅矩吒山，即經所謂耆闍崛山者是也，唐言鷲峰之臺，於諸山中最高顯映奪。接山之陽，佛多居住。從下至頂，編石爲階。廣十餘步，長六里許，佛常往來於斯道也。歷觀崖岫，備諸古跡，不可勝紀。廣如圖傳。山城北門強一里許，即迦蘭陁竹園精舍石基。東戶磚室，今仍現在。自園西南行六里許，南山之陰大竹林中，有石室焉，即大迦葉波與千無學結集經教所託之地。又西二十餘里，即大衆部結集處也。山城之北可五里許，至曷羅闍姞利呬城，唐言新王舍也，餘傳所稱者是矣。又北三十餘里至那爛陀寺，唐言施無厭也。贍部洲中寺之最者，勿高此矣。五王共造，供給倍隆，故因名焉。其寺都有五院，同一大門。周閻四重，高八丈許，並用磚壘。其最上壁，猶厚六尺。外郭三重，牆亦磚壘，高五丈許。中間水遶，極深池塹。備有花畜，嚴麗可觀。自置已來，防衛清肅。女人非濫，未曾容隱。常住僧衆四千餘人。外容道俗通及邪正，乃出萬數。皆周給衣食，無有窮竭，故復號寺爲施無厭也。中有佛院，備諸聖跡。精舍高者，二十餘丈，佛昔於中四月說法。又有精舍高三十餘丈，中諸變態不可名悉。置立銅像高八丈餘，六層閣盛莊嚴綺飾，即戒日之兄滿胄王造也。又有鍮石精舍高可八丈，戒日親造。彫裝未備，日役千功。彼國常法，欽敬德望。有諸論師，智識清遠。王給封戶，乃至十城。漸降量賞，不減三城。其寺現在受封大德三百餘人，通經已上不掌僧役，重愛學問諮訪異法，故烏耆已西被於海內，諸出家者皆多義學。任國往返都無隔礙，王雖守國不敢遮障，故彼學徒博聞該贍。

奘歷諸國風聲久達，將造其寺。衆差大德四十人，至莊迎宿。莊即目連之本村也。明日食後，僧二百餘，俗人千餘，擎輿幢蓋香花來迎，引入都會。與衆相慰問訖，唱令住寺，一切共同。又差二十人，引至正法藏所，即戒賢論師也。年百六歲，衆所重，故號正法藏。博聞強識，內外大小一切經書，無不通達，即昔室商佉王所坑之者。爲賊擊出，潛淪草莽。後興法顯，道俗所推。戒日增邑十城，科稅以入。賢以稅物，成立寺廟。奘禮讚訖，並命令坐。問從何來，答從支那國來，欲學《瑜伽》等論。聞已啼泣，召弟子覺賢說已舊事。賢曰，和上三年前，患困如刀刺，欲不食而死。夢金色人曰，汝勿厭身。往作國王，多害物命。當自悔責，何得自盡。有支那僧，來此學問，已在道中，三年應至。以法惠彼，彼復流通，汝罪自滅。吾是曼殊室利，故來相勸。和上今損正法藏，問在路幾時。奘曰，出三年矣。既與夢同，悲喜交集。禮謝訖，寺素立法，通三藏者員置十人，由來闕一。以奘風問，便處其位。日給上饌二十盤，大人米一斗，檳榔豆蔻龍腦香乳蘇蜜等。淨人四，婆羅一，行乘象輿三十人從。大人米者，粳米也。大如烏豆，飯香百步，惟此國有，王及知法者預焉。故此寺通三藏者，給二十盤，即二十日。漸減，通一經者，猶給五盤，五日。過此已後，便依僧位。便請戒賢講《瑜伽論》，聽者數千人。十有五月方得一遍，重爲再講，九月方了。自餘《順理》《顯揚》《對法》等，並得諮稟。然於《瑜伽》，偏所鑽仰。經於五年，晨夕無輟。將事博議，未忍東旋。賢誠曰，吾老矣。見子殉命求法，經途十年。方至今日，不辭朽老。力爲伸明，法貴流通，豈期獨善。更參他部，恐失時緣。智無涯也，惟佛乃窮。人命如露，非旦則夕，即可還也。便爲裝行調，付給經論。奘曰，敢聞命矣。

意欲南巡諸國，還途北指。以高昌昔言，不得違也，便爾東行大山林中。至伊爛拏國，見佛坐跡入石寸許。長五尺二寸，廣二尺一寸。旁有瓶跡，沒石寸許。八出花文，都似新置。有佛立跡，長尺八寸，闊強六寸。又東南行路經五國，將四千里至三摩呾吒國。濱斥大海，四佛曾遊。見青玉像，舉高八尺。自斯東北，山海之中，凡有六國，即達林邑。道阻且長，兼多瘴癘，故不遊踐。又從西行將至二千里，達揭羅拏國，邪正兼事。別有三寺，不食乳酪，調達部也。又西南行七百餘里，至烏荼國。東境臨海，有發行城。多有商侶，停於海次。南大海中，有僧伽羅國，謂執師子也。相去約指二萬餘里。每夜南望，見彼國中佛牙塔上，寶珠光明，騰焰暉赫，見於天際。又西南行，具經諸國，並有異跡。可五千里，至憍薩羅國，即南印度之正境也。崇信佛法，僧徒萬許。其土寬廣，林野相次。王都西南三百餘里，有黑蜂山。昔古大王爲龍猛菩薩造立斯寺，即龍樹也。其寺上下五重，鑿石爲之。引水旋注，多諸變異。沿波方達。令淨人固守，罕有登者。龕中石像，形極偉大。寺成之日，龍猛就山，以藥塗之，變成紫金，世無等者。又有經藏，夾縛無數。古老相傳，盡初結集，並現存在。雖外佛法屢遭誅殄，而此一山住持無改。近有僧來，於彼夏坐。但得讀誦，不許持出。具陳此事。但路幽阻，難可尋問。又復南行七千餘里，路經五國，並有靈跡。至秣羅矩吒國，即贍部最南濱海境也。山出龍腦香焉，旁有巖頂清流，繞旋二十許匝，南注大海。中有天宮，觀自在菩薩常所住處，即觀世音之正名也。臨海有城，古師子國。今入海中，可三千餘里。非結大伴，則不可至，故不行也。自此西北四千餘里，中途經國，具諸神異。達摩訶剌他國。其王果勇，威英自在。未賓戒日，寺有百餘。僧徒五千，大小兼學。東境山寺，羅漢所造。有大精舍，高百餘尺。中安石像，長八丈許。上施石蓋，凡有七重。虛懸空中，相去各三尺許。禮謁見者，無不難訝斯神也。自此因循，廣尋聖跡。至缽伐多國，有數名德，學業可遵。又停二年，學正量部《根本論》《攝正法論》《成實論》等。便東南還那爛陀，參戒賢已，往杖林山勝軍論師居士所。其人剎利種，學通內外五明數術。依林養徒，講佛經義。道俗歸者，日數百人。諸國王等亦來觀禮，洗足供養，封賞城邑。奘從學《唯識》《決擇論》《意義論》《成無畏論》等，首尾二年。夜夢寺內及外林邑火燒成灰，見一金人告曰，卻後十年，戒日王崩，印度便亂，當如火蕩。覺已向勝軍說之，奘意方決，嚴具東還。及永徽之末，戒日果崩，今並飢荒，如所夢矣。

初，那爛陀寺大德師子光等，立《中、百論》宗，破《瑜伽》等義。奘曰，聖人作論，終不相違，但學者有向背耳。因造《會宗論》三千頌，以呈戒賢諸師。咸稱善。先有南印度王灌頂師，名般若毱多，明正量部，造《破大乘論》七百頌。時戒日王討伐至烏荼國，諸小乘師保重此論，以用上王，請與大乘師決勝。王作書與那爛陀寺，可差四僧善大小內外者，詣行宮在所，擬有論義。戒賢乃差海慧智光師子光及奘，爲四應命。將往未發間，有順世外道來求論難，書四十條義懸於寺門。若有屈者，斬首相謝。彼計四大爲人物因，旨理沈密最難徵覈，如此陰陽誰窮其數。此道執計，必求捔決。彼土常法，論有負者，先令乘驢，屎瓶澆頂，公於衆中。形心折伏，然後依投，永爲皂隸。諸僧同疑，恐有殿負，默不陳對。奘停既久，究達論道，告衆請對。何得同恥，各立旁證。往復數番，通解無路。神理俱喪，溘然潛伏。預是釋門，一時騰踴。彼既屈已，請依先約。奘曰，我法弘恕，不在刑科。稟受我法，如奴事主。因將向房，遵正法要。彼烏荼論，又別訪得。尋擇其中，便有謬濫。謂所伏外道曰，汝聞烏荼所立義不。曰，彼義曾聞，特解其趣。即令說之，備通其要。便指纖芥，申大乘義破之。名《制惡見論》，千六百頌，以呈戒賢等師。咸曰，斯論窮天下之勍寇也，何敵當之。

奘意欲流通教本，乃放任開正法。遂往東印度境迦摩縷多國。以彼風俗，並信異道，故其部衆，乃有數萬。佛法雖弘，未至其土。王事天神，愛重教義。但聞智人，不問邪正，皆一奉敬其人。創染佛法，將事弘闡，故往開化。既達於彼，王歎奘勝度，神思清遠。童子王聞，欣得面欵。遣使來請，再三乃往。既至相見，宛若舊遊。言議接對，又經晦朔。于時異術雲聚，請王決論。言辯纔交，邪徒草靡。王加崇重，初開信門。請問諸佛何所功德。奘讚如來三身利物，因造《三身論》三百頌以贈之。王曰，未曾有也，頂戴歸依。此國東境，接蜀西蠻。聞其途路，兩月應達。于時戒日王臣告曰，東蕃童子王所有支那大乘天者，道德弘被。彼王所重，請往致之。其大乘天者，即印度諸僧美奘之目也。王曰，我已頻請，辭而不來，何因在彼。即使語拘摩羅王，可送支那法師來共會祇羅國。童子王命象軍二萬船三萬，與奘泝殑伽河以赴戒日。戒日與諸官屬百餘萬衆。順河東下，同集羯朱祇羅國。初見頂禮，嗚足盡敬。散花設頌無量供已，曰，弟子先請，何爲不來。答以聽法未了，故此延命。又曰，彼支那國有秦王破陣樂歌舞曲。秦王何人，致此歌詠。奘曰，即今正國之天子也。是大聖人，撥亂反政，恩霑六合，故有斯詠。王曰，故天縱之爲物主也。乃延入行宮，陳諸供養。乃述《制惡見論》。顧謂門師曰，日光既出，熒燭奪明。師所寶者，他皆破訖。試救取看。小乘諸僧，無敢言者。王曰，此論雖好，然未廣聞。欲於曲女城大會。命五印度能言之士，對衆顯之。使邪從正，捨小就大，不亦可乎。是日發敕普告天下。總集沙門婆羅門一切異道，會曲女城。自冬初泝流，臘月方到。爾時四方翕集，乃有萬數，論義者數千人。各擅雄辯，咸稱克敵。先立行殿，各容千人。安像陳供，香花音樂。請奘昇座。即標舉論宗，命衆徵覈。竟十八日，無敢問者。王大嗟賞。施銀錢三萬，金錢一萬，上氎一百具。仍令大臣執奘袈裟，巡衆唱言，支那法師論勝，十八日來無敢問者，並宜知之。于時僧衆大悅曰，佛法重興。

乃令邊人權智若此，便辭東歸。王重請住觀七十五日，大施場相。事訖辭還。王敕所部，遞送出境。并施青象金銀錢各數萬。戒日拘摩羅等十八大國王，流淚執別。奘便辭而不受。以象形大，日常料草四十餘圍，餅食所須又三斛許。戒日又敕令諸屬國，隨到供給諸僧，勸受象施。皆曰，斯勝相也。佛滅度來，王雖崇敬種種布施，未聞以象用及釋門。象爲國寶。今既見惠，信之極矣。因即納象而反錢寶。然其象也，其形圓大。高可丈三，長二丈許。上容八人，并諸什物經象等具，並在其上。狀如重都，相似空行。雖逢奔逸，而安隱不墜，瓶水不側。緣國北旋，出印度境。戒日威被，咸蒙供侍。

入皁利國。山川相半，沃壤豐熟。僧徒數萬，並學大乘。東北山行，過諸城邑，上大雪山。及至其頂，諸山並下。又上三日，達最高嶺。南北通望，但見橫山各有九重。過斯已往，皆是平地。雖有小山，孤斷不續。唯斯一嶺，曼延高遠。約略爲言，贍部一洲，山叢斯地。何以知耶。至如西境波斯，平川眇漫。東尋崑崙，莫有窮蹤。北則橫野蕭條，南則印度皋衍，即經所謂香山者也。達池幽邃，未可尋源。四河所從，皆由斯出。《爾雅》所謂崑崙之墟，豈非斯耶。案諸《禹貢》，河出磧石。蓋局談其潛出處耳。張騫尋之，乃遊大夏。固是超步所經，猶不言其發源之始，斯可知矣。

奘引從前後，自勒行衆，沿嶺而下。三日至地，達睹貨羅諸故都邑。山行八百，路極艱險。寒風切骨，到於活國。中途所經，皆屬北狄。而此王者，突厥之胤。統管諸胡，總御鐵門以南諸小國也。自此境東，方入葱嶺，嶺據贍部洲中。南接雪山，北至熱海。東漸烏鎩，西極波斯。縱廣結固，各數千里。冬夏積雪，冰巖崖險。過半已下，多出山葱，故因名焉。昔人云，葱嶺停雪，即雪山也。今親目驗，則知其非。雪山乃居葱嶺已南。東西亙海，南望平野。北達叢山，方名葱嶺。

又東山行，經於十國二千餘里，至達摩悉鐵帝國。境在山間，東西千六百里，南北極廣，不踰四五里許。臨縛芻河，從南而來，不測其本。僧寺十餘，有一石像，上施金銅圓蓋。人有旋遶，蓋亦隨轉。豈由機巧，莫測其然。又東山行近有千里，達商彌國。東至大川，廣千餘里。南北百餘里，絕無人住。川有龍池。東西三百，南北五十，其池正在大葱嶺內，贍部洲中最高地也。何以明之。池出二河。其西流者至達摩悉鐵國與縛芻河合，自此以西皆西流。其東流者至佉沙西界與徙多河合，自此已東水皆東流。故分二河，各注西海，故知高也。河出大鳥卵如百升許。案條支國，大卵如甕，豈非斯耶。又東五百，至朅盤陀國。北背徙多河，即經所謂悉陀河也。東入鹽澤，潛於地中，涌於積石，爲東夏河矣。其國崇信佛法。城之東南三百餘里，大崖兩室，各一羅漢，現入滅定七百餘年，鬚髮漸長。左近諸僧，年別爲剃。

又東千餘里，方出葱嶺至烏鎩國。城臨徙多，西有大山崖自崩墜。中有僧焉，冥目而坐，形甚奇偉。鬚髮下垂，至於肩面。問其委曲，乃迦葉佛時人矣。近重崩崖，沒於山內。奘至斯國，與象別行，先度雪河。象晚方至，水漸汎漲。不悉山道，尋嶺直下。牙衝岸樹，象性凶獷，反拔卻頓，因即致死。悵恨所經，已越山險。將達平壤，不果祈願。東過踈勒，乃至沮渠，可千餘里。同伴五百，皆共推奘爲大商主。處位中營，四面防守。且自沮渠一國，素來常鎮十部大經，各十萬偈，如前所傳。國寶護之，不許分散。今屬突厥，南有大山。現三羅漢，入滅盡定。東行八百，達于遁國。地惟沙壤，寺有百餘。僧徒五千，並大乘學。城西山寺，佛曾遊踐。有大石室，羅漢入定，石門封掩。

初，奘既度蔥嶺。先遣侍人，賫表陳露達國化也。下敕流問，令早相見。行達于遁。以象致死，所賫經像，交無運致。又上表請尋，下別敕令。于遁王給其鞍乘。既奉嚴敕，駝馬相連，至于沙洲。又蒙別敕。計其行程，酬雇價直。自爾乘傳，二十許乘。以貞觀十九年正月二十四日，屆于京郊之西。道俗相趨，屯赴闐闠。數十萬眾，如值下生。將欲入都，人物諠擁，取進不前。遂停別館，通夕禁衛。候備遮斷，停駐道旁。從故城之西南至京師泉朱雀街之都亭驛二十餘里。列眾禮謁動不得旋。于時駕幸洛陽。奘乃留諸經像，送弘福寺。京邑僧眾，競列幢帳，助運莊嚴。四部諠譁，又倍初至。當斯時也，復感瑞雲現于日北，團圓如蓋。紅白相映，當于像上，顯發輪光。既非遠日，同共嗟仰，從午至晡。豫入弘福，方始歇滅。致使京都五日，四民廢業，七眾歸承。當此一期，傾仰之高，終古罕類也。

奘雖逢榮問，獨守館宇，坐鎮清閑。恐陷物議，故不臨對。及至洛濱，特蒙慰問。并獻諸國異物，以馬馱之。別敕引入深宮之內殿，面奉天顏。談敘眞俗，無爽帝旨。從卯至酉，不覺時延，迄于閉鼓。上即事戎旃，問罪遼左。明旦將發，下敕同行。固辭疾苦，兼陳翻譯，不違其請。乃敕京師留守梁國公房玄齡，專知監護。資備所須，一從天府。

初，奘在印度，聲暢五天。稱述支那人物爲盛。戒日大王并菩提寺僧，思聞此國，爲日久矣。但無信使，未可依憑。彼土常傳，贍部一州，四王所治。東謂脂那，主人王也。西謂波斯，主寶王也。南謂印度，主象王也。北謂獫狁，主馬王也。皆謂四國藉斯以治，即因爲言。奘既安達，恰述符同。戒日及僧，各遣中使，賫諸經寶，遠獻東夏。是則天竺信命，自奘而通，宣述皇猷之所致也。使既西返，又敕王玄策等二十餘人，隨往大夏，并贈綾帛千有餘段。王及僧等，數各有差。并就菩提寺僧，召石蜜匠。乃遣匠二人，僧八人，俱到東夏。尋敕往越州，就甘蔗造之，皆得成就。

先是菩提寺僧三人送經初至，下敕普請京城設齋。仍於弘福譯《大嚴》等經，不久之間，奘信又至。乃敕且停，等到方譯。主上虛心企仰，頻下明敕，令奘速至。但爲事故留連，不早程達。既見洛宮，深沃虛想，即陳翻譯，搜擢賢明。上曰，法師唐梵具贍，詞理通敏。將恐徒揚仄陋，終虧聖典。奘曰，昔者二秦之譯，門位三千。雖復翻傳，猶恐後代無聞，懷疑乖信。若不搜舉同奉玄規，豈以褊能妄參朝委。頻又固請，乃蒙降許。帝曰，自法師行後造弘福寺。其處雖小，禪院虛靜，可爲翻譯。所須人物吏力，並與玄齡商量，務令優給。既承明命，返跡京師。遂召沙門慧明靈閏等，以爲證義。沙門行友玄賾等，以爲綴緝。沙門智證辯機等，以爲錄文。沙門玄模以證梵語，沙門玄應以定字僞。其年五月創開翻譯。《大菩薩藏經》二十卷，余爲執筆，并刪綴詞理。其經廣解六度四攝十力四畏三十七品諸菩薩行，合十二品，將四百紙。又復旁翻《顯揚聖教論》二十卷。智證等更迭錄文，沙門行友詳理文句。奘公於論，重加陶練。次又翻《大乘對法論》一十五卷。沙門玄賾筆受，微有餘隙。又出《西域傳》一十二卷，沙門辯機，親受時事，連紕前後。兼出《佛地》《六門神咒》等經，都合八十許卷。自前代已來所譯經教，初從梵語倒寫本文，次乃迴之順同此俗，然後筆人亂理文句，中間增損多墜全言。今所翻傳，都由奘旨。意思獨斷，出語成章。詞人隨寫，即可披翫。尙賢吳魏所譯諸文，但爲西梵所重。貴於文句鉤鎖，聯類重沓。布在唐文，頗居繁複。故使綴工，專司此位。所以貫通詞義，加度節之。銓本勒成，祕書繕寫。于時駕返西京。奘乃表上，并請序題。尋降手敕曰，法師夙標高行，早出塵表。泛寶舟而登彼岸，搜妙道而闢法門。弘闡大猷，蕩滌眾累。是以慈雲欲卷，舒之蔭四空。慧日將昏，朗之照八極。舒朗之者，其惟法師乎。朕學淺心拙，在物猶迷。況佛教幽微，豈敢仰測。請爲經題，非已所聞。其新撰《西域傳》者，當自披覽。及西使再返。又敕二十餘人隨往印度，前來國命通議中書。敕以異域方言，務取符會。若非伊人將論聲教，故諸信命並資於奘。乃爲轉唐言，依彼西梵。文詞輕重，令彼讀者尊崇東夏。尋又下敕，令翻《老子》五千文爲梵言以遺西域。

奘乃召諸黄巾述其玄奥，領疊詞旨方爲翻述。道士蔡晃、成英等，競引釋論《中、百》玄意，用通道經。奘曰，佛道兩教，其致天殊。安用佛言，用通道義。窮覈言疏，本出無從。晃歸情曰，自昔相傳，祖憑佛教，至於三論。晃所師遵，準義幽通，不無同會，故引解也。如僧肇著論，盛引老莊，猶自申明，不相爲怪。佛言似道，何爽綸言。奘曰，佛教初開，深文尚擁。老談玄理，微附佛言。《肇論》所傳，引爲聯類。豈以喻詞，而成通極。今經論繁富，各有司南。老但五千，論無文解。自餘千卷，多是醫方。至如此土賢明，何晏、王弼，周顒、蕭繹、顧歡之徒，動數十家。注解《老子》，何不引用。乃復旁通釋氏，不乃推步逸蹤乎。既依翻了，將欲封勒。道士成英曰，老經幽邃。非夫序引，何以相通。請爲翻之。奘曰，觀老治身治國之文，文詞具矣。叩齒咽液之序，其言鄙陋。將恐西聞異國，有愧鄉邦。英等以事聞諸宰輔，奘又陳露其情。中書馬周曰，西域有道如老莊不。奘曰，九十六道，並欲超生。師承有滯，致淪諸有。至如順世四大之術，冥初六諦之宗，東夏所未言也。若翻老序，則恐彼以爲笑林。遂不譯之。

奘以弘讚之極，勿尚帝王。開化流布，自古爲重。又重表曰，伏奉墨敕，猥垂獎喻。祇奉綸言，精守振越。玄奘業尙空疎，謬參法侶。幸屬九瀛有截，四表無虞。憑皇靈以遠征，恃國威而訪道。窮遐冒險，雖勵愚誠，纂異懷荒，寔資朝化。所獲經論，奉敕翻譯。見成卷軸，未有詮序。伏惟陛下叡思雲敷，天華景爛。理包繫象，調逸咸英。跨千古以飛聲，掩百王而騰實。竊以神力無方，非神思不足詮其理。聖教玄遠，非聖藻何以序其源。故乃冒犯威嚴，敢希題目。宸睠沖邈，不垂矜許。撫躬累息，相顧失圖。玄奘聞，日月麗天，既分暉於戶牖。江河紀地，亦流潤於巖涯。雲和廣樂，不祕響於聾昧。金璧奇珍，豈韜彩於愚瞽。敢緣斯理，重以干祈。伏乞雷雨曲垂，天文俯照。配兩儀而同久，與二耀而俱懸。然則鷲嶺微言，假神筆而弘遠。雞園奥義，託英詞而宣暢。豈止區區梵衆獨荷恩榮，亦使蠢蠢迷生方超塵累而已。

表奏之日，敕遂許焉。謂駙馬高履行曰，汝前請朕爲汝父作碑，今氣力不如昔。願作功德，爲法師作序，不能作碑。汝知之。貞觀二十二年幸玉華宫，追奘至問，翻何經論。答正翻《瑜伽》。上問，何聖所作，明何等義。具答已，令取論，自披閲。遂下敕，新翻經論，寫九本，頒與雍洛相兖荊揚等九大州。奘又請經題，上乃出之，名《大唐三藏聖教序》。於明月殿，命弘文館學士上官儀，對群僚讀之。其詞曰：【略】

百僚稱慶。奘表謝曰：

竊聞六爻探賾，局於生滅之場。百物正名，未涉眞如之境。猶且遠徵羲冊，睹奥不測其神。遐想軒圖，歷選並歸其美。伏惟皇帝陛下，玉毫降質，金輪御天。廓先王之九州，掩百千之日月。斥列代之區域，納恒沙之法界。遂使給園精舍，並入堤封。貝葉靈文，咸歸冊府。玄奘往因振錫，聊謁崛山。經途萬里，怙天威如咫步。匪乘千葉，詣雙林如食頃。搜揚三藏，盡龍宫之所儲。研究一乘，窮鷲嶺之遺旨。並已載於白馬，還獻紫宸。尋蒙下詔，賜使翻譯。玄奘識乖龍樹，謬忝傳燈之榮。才異馬鳴，深愧寫瓶之敏。所譯經論，紕舛尤多。遂荷天恩，留神構序。文超象繫之表，若聚日之放千光。理括眾妙之門，同惠雲之濡百草。一音演説，億劫罕逢。忽以微生，親承梵響。踴躍歡喜，如聞受記。

表奏之日，尋下敕曰，朕才謝珪璋，言慚博達。至於内典，尤所未閑。昨製序文，深爲鄙拙。惟恐穢翰墨於金簡，標瓦礫於珠林。忽得來書，謬承褒讚。循躬省慮，彌益厚顔。善不足稱，空勞致謝。又重表謝。敕云，朕性不讀經，兼無才智。忽製論序，翻污經文。具覽來言，枉見褒飾。愧逢虚美，唯益眞慚。

自爾朝宰英達，咸申擊讚。釋宗弘盛，氣接成陰。皇太子述上所作《（述）三藏聖教序》曰，夫顯揚正教，非智無以廣其文。崇闡微言，非賢莫能定其旨。蓋眞如聖教者，諸法之玄宗，眾經之軌躅也。綜括宏遠，奥旨遐深。極空有之精微，體生滅之機要。詞茂道曠，尋之者不究其源。文顯義幽，履之者莫測其際。故知聖慈所被，業無善而不臻。妙化所敷，緣無惡而不翦。開法網之綱紀，弘六度之正教。拯群有之塗炭，啓三藏之祕局。是以名無翼而長飛，道無根而永固。道名流慶，歷遂古而鎮常。赴感應身，經塵劫而不朽。晨鍾夕梵，交二音於鷲峰。慧日法流，轉雙輪於鹿苑。排空寶蓋，接翔雲而共飛。莊野春林，與天花而合彩。伏惟皇帝陛下，上玄資福。垂拱而治八荒。德被黔黎，斂衽而朝萬國。恩加朽骨，石室歸於貝葉之文。澤及昆蟲，金匱流乎梵説之偈。遂使阿耨達水，通神甸之八川。耆闍崛山，接嵩華之翠嶺。竊以法性凝寂，靡歸心而不通。智地玄奥，感懇誠而遂顯。豈謂重昏之夜，燭慧炬之光。火宅之朝，降法雨之澤。於是百川異流，同會於海。萬區分義，總成乎實。豈與湯武校其優劣，堯舜比其聖德者哉。玄奘法師者，夙懷聰令，立志夷簡。神清齠亂之年，體拔浮華之世。凝情定室，匿跡幽巖，栖息三禪，巡遊十地。超六塵之境，獨步迦維。會一乘之旨，隨機化物。以中華之無質，尋印度之眞文。遠涉恆河，終期滿字。頻登雪嶺，更獲半珠。問道往還，十有七載。備通釋典，利物爲心。以貞觀十九年二月六日，奉敕於弘福寺翻譯聖教要文，凡六百五十七部。引大海之法流，洗塵勞而不竭。傳智燈之長焰，皎幽闇而恆明。自非久植勝緣，何以顯揚斯旨。所謂法相常住，齊三光之明。我皇福臻，同二儀之固。伏見御製衆經論序，照古騰今。理含金石之聲，文抱風雲之潤。治輒以輕塵足岳，墜露添流。略舉大綱，以爲斯記。

自此常參內禁，扣問沈隱。翻譯相續，不爽法機。敕賜雲納一領，妙絕古今。又敕天下，寺度五人，維持聖種，皆其力也。冬十月，隨駕入京。於北闕造弘法院，鎭恆在彼。初於曲池爲文德皇后造慈恩寺，追奘令住，度三百人。有令寺西北造翻經院，給新度弟子一十五人，弘福舊處仍給十人。

今上嗣籙，素所珍敬。追入優問，禮殊恆秩。永徽二年，請造梵本經臺。蒙敕賜物，尋得成就。又追入內，於修文殿翻《發、智》等論。降手詔飛白書，慰問優洽。顯慶元年正月，爲皇太子於慈恩設大齋，朝寀總至。黃門郞薛元超，中書郞李義府曰，譯經佛法之大，未知何德以光揚耶。奘曰，公此之問，常所懷矣。譯經雖位在僧，光價終憑朝貴。至如姚秦鳩摩羅什，則安成侯姚嵩筆受。元魏菩提流支，則侍中崔光錄文。貞觀初波頗初譯，則僕射蕭瑀、太府蕭璟、庶子杜正倫等，監閱詳定。今並無之，不足光遠。又大慈恩寺，聖上切風樹之哀。追造壯麗，騰實之美，勿過碑頌。若蒙二公爲致，則不朽之跡。自形於今古矣。便許之。

明旦遣給事宣敕云，所須官人助翻者，已處分訖。其碑朕自作。尋敕，慈恩翻譯，文義須精。宜令左僕射于志寧，中書令來濟，禮部許敬宗，黃門郞薛元超，中書郞李義府等，有不安穩，隨事潤色。若須學士，任追三兩人。及碑成，請神翰自書。蒙特許，克日送寺。京寺咸造幢蓋。又敕王公已下太常九部及兩縣伎樂，車徒千餘，乘駐弘福寺。上居安福門，俯臨將送。京邑士女列於道側。自北之南二十餘里，充牣衢街。光俗興法，無與儔焉。又賜山納妙勝前者幷時服玩百有餘件。顯慶二年，駕幸洛陽。預從安置東都積翠宮，召入大內麗日殿，翻《觀所緣》論。又於明德宮，翻《大毘婆沙》等論。

奘少離桑梓，白首言歸。訪問親故，零落殆盡。惟有一姊，迎與相見。訪以墳隴，旋殯未遷。便卜勝地，旋塋改葬。其少室山西，北緱氏故縣東北，遊仙鄉控鶴里鳳凰谷，即奘之生地也。下近有少林寺，即魏孝文所立，是翻《十地》之所，意願栖託爲國翻譯。蒙手敕云，省表知欲晦跡巖泉，追林遠而架往。託慮禪寂，軌澄什以標今。仰挹風徽，寔所欽尙。朕業空學寡，靡究高深。然以淺識薄聞，未見其可。法師津梁三界，汲引四生。智皎心燈，定凝意水。非情塵之所曀，豈識浪而能驚。然以道德可居，何必太華疊嶺。空寂可舍，豈獨少室重巒。幸戢來言，勿復陳請。即市朝大隱，不獨貴於昔賢。見聞弘益，更可珍於即代。遂因寢言。

顯慶三年下敕爲皇太子造西明寺成，令給上房僧十人以充侍者。有《大般若》者，二十萬偈。此土八部，咸在其中。不久下敕，令住玉華。翻經供給，一準京寺。遂得託靜，不爽譯功。以顯慶五年正月元日，創翻《大本》。至龍朔三年十月末了，凡四處十六會說，總六百卷。般若空宗，此焉周盡。於間又翻《成唯識論》《辯中邊論》《唯識二十論》《品類足論》等。至十一月表上此經，請製經序。於蓬萊宮，通事舍人馮義宣敕許之。

奘生常以來，願生彌勒。及遊西域，又聞無著兄弟皆生彼天。又頻祈請，咸有顯證。懷此專至，益增翹勵。後至玉華，但有隙次，無不發願生睹史多天見彌勒佛。自《般若》翻了，惟自策勤，行道禮懺。麟德元年，告翻經僧及門人曰，有爲之法必歸磨滅，泡幻形質何得久停。行年六十五矣，必卒玉華。於經論有疑者可速問。聞者驚曰，年未耆耄何出此言。報曰，此事自知。遂往辭佛。先造俱胝十億像所，禮懺辭別。有門人外行者，皆報好去。今與汝別，亦不須來，來亦不見。至正月九日，告寺僧曰，奘必當死。經云，此身可惡，猶如死狗。奘既死已，勿近宮寺。山靜處埋之。因既臥疾，開目閉目，見大蓮花鮮白而至。又見偉相，知生佛前。命僧讀所翻經論名目已，總有七十三部一千三百三十卷。自懷欣悅，總召門人。有緣並集云，無常將及，急來相見。於嘉壽殿，以香木樹菩提像骨，對寺僧門人辭訣，并遺表訖。便默念彌勒，令傍人稱曰，南謨彌勒如來應正等覺，願與含識速奉慈顔。南謨彌勒如來所居内衆，願捨命已必生其中。至二月四日，左脅累足右手支頭，左手髀上鏗然不動。有問何相，報曰，勿問。妨吾正念。至五日中夜，弟子問曰，和上定生彌勒前不。答曰，決定得生。言已氣絶。迄今兩月，色貌如常。又有冥應，略故不述。又下敕，葬日聽京城僧尼，幢蓋往送。於是素蓋素幢，浮空雲合。哀笳哀梵，氣遏人神。四俗以之悲涼，七衆惜其沈沒。乃葬於白鹿原四十里中，皂素彌滿，其塋與兄捷公相近。苕然白塔，近燭帝城。尋下別敕，令改葬樊川。與州縣相知，供給吏力，乃又出之。衆咸歎異。經久埋瘞，色相如初。自非願力所持，焉能致此。

余以闇昧濫霑斯席，與之對晤屢展炎涼，聽言觀行名實相守，精厲晨昏計時分業，虔虔不懈專思法務，言無名利行絶虚浮，曲識機緣善通物性，不倨不諂行藏適時，吐味幽深辯開疑議。寔季代之英賢，乃佛宗之法將矣。且其發蒙入法，特異常倫。聽覽經論，用爲恒任。既周行東夏揖酌諸師，披露肝膽盡其精義。莫不傾倒林藪，更新學府。遂能不遠數萬，諮求勝法。誓捨形命，必會爲期。發趾張掖，途次龍沙。中途艱險，身心僅絶。既達高昌，倍光來價。傳國祖送，備閲靈儀。路出鐵門石門，躬乘沙嶺雪嶺。歷天險而志逾慷慨，遭凶賊而神彌厲勇。兼以歸稟正教，師承戒賢。理遂言揚，義非再授。廣開異論，包藏胸臆。致使梵侣傾心，不貴其法。又以《起信》一論文出馬鳴，彼土諸僧思承其本。奘乃譯唐爲梵，通布五天。斯則法化之緣，東西互舉。又西華餘論，深尚聲明。奘乃卑心請決，隨授隨曉。致有七變其勢，動發異蹤。三循廣論，恢張懷抱。故得施無厭寺三千學僧皆號智囊，護持城塹。及睹其脣吻，聽其詞義。皆彈指讚歎，何斯人也。隨其遊歷塞外海東百三十國，道俗邪正，承其名者莫不仰德歸依，更崇開信。可以家國增榮，光宅惟遠。獻奉歲至，咸奘之功。若非天挺英靈，生知聖授，何能振斯鴻緒，導達遺蹤。前後僧傳，往天竺者，首自法顯法勇，終于道邃道生。相繼中途，一十七返。取其通言華梵，妙達文筌，揚導國風，開悟邪正，莫高於奘矣。恨其經部不翻，猶涉過半。年未遲暮，足得出之。無常奄及，惜哉。

【略】

論曰，觀夫翻譯之功，誠遠大矣。前錄所載，無德稱焉。斯何故耶。諒以言傳理詣，惑遣道清，有由寄也。所以列代賢聖，祖述弘導之風。奉信賢明，憲章翻譯之意。宗師舊轍，頗見詞人。埏埴既圓，稍功其趣。至如梵文天語，元開大夏之鄉。鳥跡方韻，出自神州之俗。具如別傳，曲盡規猷。遂有僥倖時譽，叨臨傳述。逐轉鋪詞，返音列喻。繁略科斷，比事擬倫。語跡雖同，校理誠異。自非明逾前聖，德邁往賢。方能隱括殊方，用通弘致。道安著論，五失易窺。彥琮屬文，八例難涉。斯並古今通叙，豈妄登臨。若夫九代所傳，見存簡錄。漢魏守本，本固去華。晉宋傳揚，時開義舉。文質恢恢，諷味餘逸。厥斯以降，輕靡一期。騰實未聞，講悟蓋寡。皆由詞遂情轉，義寫情心。共激波瀾，永成通式。充車溢藏，法寶住持。得在福流，失在訛競。故勇猛陳請，詞同世華。制本受行，不惟文綺。至聖殷鑒，深有其由。群籍所傳，滅法故也。即事可委，況弘識乎。然而習俗生常，知過難改。雖欲徙轍，終陷前蹤。粤自漢明，終于唐運。翻傳梵本，多信譯人。事語易明，義求罕見。厝情獨斷，惟任筆功。縱有覆疏，還遵舊緒。梵僧執葉，相等情乖。音語莫通，是非俱濫。至如三學盛典，唯詮行旨。八藏微言，宗開詞義。前翻後出，靡墜風猷。古哲今賢，德殊恒律。豈非方言重阻，臆斷是授。世轉澆波，奄同浮俗。昔聞淳風雅暢，既在皇唐。綺飾訛雜，寔鍾季葉。不思本實，妄接詞鋒。競掇芻蕘，鄭聲難偃。原夫大覺希言，絶世特立。八音四辯，演暢無垠。安得凡懷，虚參聖慮。用爲標擬，誠非立言。雖復樂說不窮，隨類各解。理開情外，詞逸寰中。固當斧藻標奇，文高金玉。方可聲通天樂，韻過恒致。近者晉宋顔謝之文，世尚企而無比。況乖於此，安可言乎。必踵斯蹤，時俗變矣。其中無亂，安足涉言。往者西涼法讖，世號通人。後秦童壽，時稱僧傑。善披文意，妙顯經心。會達言方，風骨流便。弘衍於世，不虧傳述。宋有開士，慧嚴寶雲，世係賢明，勃興前作。傳度廣部，聯輝絶蹤。將非面奉華胥，親承詁訓，得使聲流千載，故其然哉。餘則事義相傳，足開神府。寧得如瓶瀉水，不妄叨流。薄乳之喻，復存今日。終虧受誦，足定澆淳。世有奘公，獨高聯類。往還振動，備盡觀方。百有餘國，君臣謁敬。言議接對，不待譯人。披析幽旨，華戎胥悅。故唐朝後譯，不屑古人。執本陳勘，頻開前失。既闕今乖，未追釐正。輒略陳此，夫復何言。

闕名《大唐故三藏玄奘法師行狀》 法師諱禕，字玄奘，俗姓陳。漢大丘長仲弓之後，本居潁川，後徙河南。子孫因之爲緱氏人焉。高祖湛魏清河太守曾山魏征東將軍南陽郡開國公祖康齊國子博士轉司業。又轉禮部侍郎。文惠英潔有雅操，早通經術。形長八尺，美眉明目。哀衣博帶，好儒者之容。時人方之郭有道。郡舉孝廉，拜陳留令。又遷江陵，後隨運將衰。遂息纓冕之心，結薜蘿之志。識者高之。親廣平宋氏隨洛州長史欽之女，法師即第四子也。法師粵自褓辰，夙標溫嶷。迨於二十日，更表貞淳。機智有殊，聰敏絕異。爰以宿植，早厭樊籠。驛思玄門，翅神覺道。大業之際，詔度僧尼。時使人大理卿鄭善果有許郭之鑒，一見法師，而謂人此子年齒雖幼，風骨甚奇。若住釋門，必爲梁棟。因聽落飾，止於東都淨土道場。時寺有景法師，講《涅槃經》，執卷伏膺，遂忘寢食。又學嚴法師《攝論》，受好逾劇，並一聞將盡。再覽之後，無復所遺。衆咸驚異，乃令昇座。覆述抑揚剖暢備盡。師宗美問，芳聲從茲發爽。時年十五也。其後，隨氏失馭，天下沸騰。啟兄此雖父母之邑，而喪亂若茲，豈可守而死。今聞唐主驅晉陽之眾，已據有長安。天下依歸，如適父母，願與兄投也。兄從之。即與俱來，時武德元年矣。是時，國基草創。創京城亦未有講序。

初煬帝於東都建四道場，召天下名僧尼焉。景脫基暹，爲其稱首。末年國亂，供料停絕。多遊綿蜀。知法之眾。又盛於彼。法師啟兄無法事，願遊蜀受業。兄從之。經子午谷，入漢川。逢空景二法師，皆道場之大德，從之受學，仍相逐進向城都。雖在行旅，恆執經隨問，比至益州，《攝論》《毘曇》，各得一遍。諸德既萃，大建法筵。更聽寶暹《攝論》、道基《毘曇》。志振迦筵，敬惜寸陰。四五年間，究通諸部。講座之下，常數百人。領悟之才，眾人咸伏。法師兄因住城都空慧寺，即長捷法師焉。其亦風神朗俊，體狀魁傑，加之秀美，每出外，衢路觀者，莫不駐車停蓋。講《涅槃經》《攝大乘論》《阿毘曇》，兼通史傳，及善老莊，爲蜀人所慕。總管酇公行臺尚書韋雲起等，特所欽重。至於屬詞談吐，蘊藉風流，接物誘凡，篇章書疏。和光嗢噱，狎道俗之情，有出於弟，若其亭亭獨秀，不雜埃塵。遊八宏，窮玄理。廓魔氣以爲志，繼聖達而爲心。匡振頹綱，苞挫殊俗。涉風波而意靡倦，臨大難而節逾高。通曩哲之深疑，開後賢之未悟。垂義功於來裔，標準的於當今。乃率生而寡儔，非唯兄之弗建也。然昆季二人，懿德清規，芳聲雅質，雖盧山將遠，無得同焉。

法師年二十有一，以武德五年，於城都受具。坐夏學律，五篇七聚之宗，亦一遍斯得。益部經論，研綜既窮。更思入京，詢問殊旨。條式有礙，爲兄所留，不能遂意。乃私與入結商侶。汎舟三峽，沿江而遁。到荊州，止天皇寺。彼之道俗，承風斯文。既屬來儀，咸請敷說。法師爲論《攝論》《毘曇》，各得三遍罷。後復北遊，詢求先德。至相州，造休法師，質問疑礙。又到趙州，謁淡法師，學《成實論》。又入長安，就岳法師，學《俱舍論》。皆一遍而究其旨，經目而記於心。又於京城諸德，尋訪異同。僕射宗公簫兄弟。又深珍敬，奏住大莊嚴寺。

法師既遍謁賢，備飡其說，詳考其理，各擅宗塗。驗之聖典，亦隱顯有異，莫知適從。乃誓遊西方，以問所惑。辨取《十七地論》等，以釋眾疑。即今之《瑜伽師地論》也。又言昔法顯、智嚴，亦一時之士，皆能求法，導利群生，吾當繼之。乃結侶陳表，有勅不許。諸人咸退，唯法師不屈。既方事孤遊。又承西路艱嶮，乃自試其心。以俗問眾善苦，種種調伏，堪任不退。然始入塔，啟請申其意，願乞眾聖冥加，往還無難。初法師生也。母夢法師衣白衣西去。母曰，汝是我子，今欲何去？報曰，爲求法故去。此則造迦維之先兆。

貞觀三年，將欲首塗。又求祥應，乃夜夢見大海中，有蘇迷盧山，極爲麗嚴，意欲登山，而洪濤洶湧，不以爲懼，乃決意而入。忽見蓮花，踴乎波外，應足而生。須臾至山。又峻峭不可上，踴身自騰。有摶飇扶而上昇，至頂四望廓然，無復擁礙。喜而寤焉，遂即行矣。時年二十九也。

時有秦川僧孝達，在京學畢還鄉，法師與同去。展轉遂達（爪）〔瓜〕州，訪西路好惡。皆云流沙無路。行人多結伴侶，看牛馬糞及遺骸爲標幟。風驚沙起，骸骨亦平，唯多起風魑魅之類。東西八百餘里，欲孤行者，終不可達。聞已愁憒，不知其計。乃禮佛求願，願得一人，相引過關。即玉門關也。關抗胡盧河，關西百里，有一烽，烽下有水，凡有五烽。五烽之外，無復戍邏，皆長磧耳。又乃訪得一胡，許送過關。臨時復退，強憑之乃行。夜至河離關十餘里，上源有胡桐樹，胡乃斬木爲橋，布草塡沙，驅馬而過。即渡河，心極歡喜。各下褥而眠夜半胡乃起抽刀行，而法師欲爲屠害。法師催起念佛誦經，胡人還坐，少時復起，謂法師曰，國家法私向外國，罪名極重。前五烽路，遊其下必被他投，終無得免。但一處被擒即死人，弟子亦有家累，何能當之？王法不可干，共師還去。法師報曰，奘只可向西而死，誓不東歸而生。檀越不能者任還，奘獨自去。胡曰，師被他投還相牽引，終不免罪。法師爲設重誓，縱令身碎爲塵。終不相引。爲指天地星月重言，胡乃辭別。法師與馬一匹而去，於是夜發。至第一烽。水邊飲馬。少時飛箭頻來。幾著於膝。既知他覺，急即向之。烽上人將火問是何人？欲何所去？乃去帽現其法服。報云，從京師來，欲求法於婆羅門國。人將上烽見校尉。校尉深相責問，法師具陳行意，聲淚俱下，彼亦慜然垂泣云，師能如是伍師去，儻如所願，亦國家之益。師且臥。於是安置，天曉爲設食，更施麨糧。自送十餘里云，師勿過餘烽，第五烽外，有野馬泉，可更取水去。法師過第五烽，遇風沙大起，不知泉處。日暗傍一沙溝住，下水欲飲。馬袋重失，手覆之。纔得一飲之直，餘並傾失。千里之資，此時頓盡，煩惱亦何可言。三更後復行，不知道路，唯西北望星月而進。至明午後。已大渴之，雖有麨餅，乾不能食。如是四夜五日，無一渧霑喉，人馬俱困，不能復行。遂臥沙中，默念觀音。不能發語，氣殆將絕。至第五夜，忽有涼風，非常冷快，體得醒悟，馬亦能起。復強行二十餘里，還臥不能去，夢一大神，告之強行，何爲復臥？於是復起，馬忽異路而去，迴之不得，行可十許里，遂遇一池，清冷澄澈，非常歡喜。便飲馬，自復澡嗽。又取麨剉飼馬，池側亦有青草。比明馬健，人復解齊。更一日一夜，就水將息。後日盛水漸進，更經三日，方達伊吾。於流沙北維之外，復逢鬼魅，日有數般，困弊難艱，免難爲記述。

既至伊吾，逢高昌使人，還向其王說法師來意。王大喜歡，遣人將駝來迎。復到高昌，相見悲喜。王欲留法師，不聽西去。法師乃不食四日，以盛動之。王意亦迴。王母妃願結母子，王願爲兄弟。許者任師去，法師相許。王歡喜請講《仁王經》，幷爲度沙彌四人，造法服數十具。差達官，將安革馬，手力倍送。又修二十四封書，與突厥、葉護、可汗等諸國，幷附絞練五百餘匹。令遞送云，法師者，是奴弟。願可汗憐師如憐奴，使得達婆羅門也。於是辭去。既到葉護衙所，可汗甚歡喜。差人遞送，終達迦濕彌羅，舊云罽賓國也。皆可汗之威，高昌王之力耳。中間所經葱山雪嶺，熱海鐵門，危難之事，及諸王禮接逢迎之儀，不能備敘。

迦濕彌羅國，有大德，號僧勝善於經論。法師就學《俱舍》《順正理》《因明》《聲明》等，及《大毘婆沙》。國王慜其盡學達無有經本，乃給手書十人，令爲抄寫。幷餘所須，並勑供給。學已方出東南，入磔迦國。徒伴二十餘人，相將渡梅陀羅婆伽河。東至波羅奢大林中，逢賊。所將衣資，劫掠都盡。身命纔令到村，與諸人告乞，各得衣服。次到磔迦東境，有大菴羅林。林中有一七百歲婆羅門，觀其面貌，可稱三十許。明《中》《百》論，及《吠陀書》，云是龍猛弟子法師，就停一月，學經《百》論。又東到那僕底國，就調伏法師，學《對法》《顯宗理門》等論。又東諒那伽羅寺，就月曹法師，學《眾事分毘婆娑》。又東到祿勒那國，就闍那毱多大德，學《經部毘婆沙》。又就蜜多犀那論師，學《薩婆多辨眞論》。展轉到劫毘陀國，禮拜聖跡。佛昔在忉利天，爲報母恩。一夏說法訖，乘三道寶階，下人中處。又西北至羯若鞠闍國（此云曲女城），就毘邪犀那三藏，學《使佛毘婆沙》《日冑毘婆沙》。自此東南，至阿踰陀國。禮聖跡已，順殑伽河東下，八十餘人同船，欲向阿邦穆佉國。河之兩岸，皆是阿踰迦林，蓊藹深茂。於林中，忽有十餘船賊。鼓棹迎流，一時而出。船中驚擾，投河者數人。賊擁船向岸。令諸人解衣，搜求珍寶。其賊先事突加天神，每於秋中，覓一人質狀端美，殺取肉血，用以祠之求喜福。見法師儀容美麗，相顧而喜。於是賊遣人取水，於花林中，和埿塗地作壇，牽法師上壇坐，令數人拔刀侍立，即欲揮刃。法師報云，遠來求法，傳於未聞。此心未遂，檀越殺之，恐無福也。賊不納，法師知不免。謂賊曰，願賜少時，莫相逼惱，使我正念，亦是檀越恩澤。於是專心覩史多天慈氏菩薩所，於心想中，若登蘇迷盧山，越一二三天，見覩史多宮，慈氏菩薩妙寶臺。菩薩國遶，此時身心歡喜。不知在壇，不憶有賊。同伴諸人，發聲號哭。須臾之間，黑風四起，折樹飛沙，河流湧浪，船舫漂覆，賊徒大駭，問同伴曰，此沙門從何處來？名字何等？報曰，從支那國來，求法者此也。諸君若殺，得無量罪。且視風波之狀，天神已嗔，宜忽懺悔。賊懼相率懺謝，稽首歸依，時亦不覺。賊以手觸，爾乃開眼，謂賊曰，時至邪？賊曰，不敢害師，願受懺悔。法師受其禮謝，廣爲說法，令其發心，諸賊遞相勸告，收諸賊具，總投河流，所脫衣資，各還本主，並受五戒，風波還靜，賊徒歡喜，頂禮辭別，同伴敬歎，轉異於常，遠近聞者，莫不嗟怪，從歷數國。又東北至室羅伐悉底國，舊曰舍衛訛也。聖迹甚多，皆得禮敬。又到吠舍離城，觀維摩詰宅，幷佛許魔王涅槃處，皆往禮敬。從此又至摩揭陀國，其處聖跡極多，法師停七日，禮拜方遍。從此東南行，四百餘里，到菩提樹，其處周圓三十里內，聖跡尤遍。法師停八九日，禮拜乃遍。至第十日，那爛陀寺衆，差四十德來，迎至寺莊，宿大目揵連本村。明日食後，更有二百餘僧及千餘檀越，擎舉幢蓋花香來迎，引入那爛陀寺。既至，合衆都集，法師與相見衆坐，令維那唱法師住寺，寺內所有一切共同。衆相見訖，差二十人有德行者，將法師參正法藏，即戒賢法師也。其人博聞強識，佛法及外道經書，一切通達。又最耆宿，時年一百六十歲。衆所共尊不敢片其名，故號爲正法藏。法師隨入謁，方牽師資，務盡其敬。頂禮讚歎訖，正法藏命法師及諸僧坐，問從何處來？報從支那國來。欲於師處？學《瑜伽》等經論，聞已啼泣，喚弟子覺賢，令說三年已前病惱因緣。覺賢曰，和上去今三年已前，有患四支拘急，如火燒刀判之病。意厭此身，欲不食取盡，於夜中，夢天人黃金色，謂和上曰，汝勿厭此身，身是法器，修習難得。汝過去會作國王，多惱衆生，故招此苦，當自悔責，禮誦行道，廣通正法，業累可除。直欲不食捨之，終不得了，死已受身，還得受苦。猶如井輪，迴轉無息。復三年餘，有支那國僧，欲來於此，學諸經論，已發在路，汝可待之，爲演說付授。彼人得已，當轉流通。以功德汝罪自滅，我是曼殊室利，憐愍汝故，來相告當依我語。今日已後，所患亦當漸除，語已而滅。從爾來，和上漸則安隱。正法藏又問，汝在路經今幾時？報曰，過三年向欲四年。既與昔夢狀同，深相慰喩，法師親承斯記，悲喜不能自勝，更起禮謝，言意訖，辭出。安置幼日王院，七日供養已，更與上房第四重閣，加諸供給。日得擔步羅葉一百二十枚，檳榔子二十顆，豆蔻子二十顆，龍香一兩，供大人米一升，蘇油乳酪石蜜等，皆日足有餘一期之料，數人食不盡，給淨人婆羅門一人，出行乘象，與二十人陪從，免一切僧事。寺內主客萬人，預此供給者，滲法師有十人，言供大人米者，此即粳米，大如烏豆，成飯已後，香聞百餘步，摩揭陀國，獨有此米，餘國更無，收植又少，唯國王及廣知法大德得食，餘人不得，故云供大人米。其遊履外國見重，所至皆此類也。

法師安置已，向王舍城，視禮聖跡，數日方周訖，已還那爛陀，請戒賢法師講《瑜伽論》，同聽者數千人。如是聽《瑜伽》三遍，《順正理》一遍，《顯揚對法》《因明》《聲明》《集量論》等各一遍，《中》《百》二論各三遍。其《俱舍》《婆沙》《六足阿毘曇》等，已於迦濕彌羅等諸國聽訖，於此尋讀決疑而已。如是五年，不捨晝夜。聽訖，復往伴爛拏鉢伐多國，尋禮聖迹。有孤山，極爲秀麗，山中有精舍，中有剋檀觀自在菩薩像，特多靈驗，有所願求，至心皆得。其守護人，恐塵污，於外面各十步，作勾欄。人有散花請願，皆於欄外，不許入內。法師敬欲往祈請，買種種花，穿之爲縵，將到像所，至誠禮訖，向菩薩跪，發三願，一者，於此學已，得平安還歸本國者，願花住尊手。二者，所修福慧，願生覩史多天宮。事慈氏菩薩。若如意者。願花挂尊兩臂。三者，聖教稱衆生界中。有一分無佛性者，某今自疑，不知有無。若有佛性，修行可成者，願花貫尊頂。請訖以花縵遙散，咸得如言，既滿所求，歡喜無量。於傍見者，莫不禮敬，而結因緣。從此更巡諸國，窮南海之濱，觀尋聖迹，問訪師友。

復至鉢伐多國，有數大德，學業可遵。因停二年，就學正量部《根本阿毘達摩》及《攝正什論》《敎實論》等。復還那爛陀寺，參禮正法藏已。復往杖林山居士勝軍論師所。論師刹帝利種，幼而好內外經書，五明數術，無不窮覽。每依杖山，養徒教授。恆講佛經。道俗宗歸者，日數百人。諸國王等，數來覩禮洗足供養，封賞城邑。時人號爲步異，此云食邑者。法師就學《唯識決擇論》《意義理成無畏論》《不住涅槃論》《十二因緣論》《莊嚴經論》，及《聞瑜伽因明》等訖。已於夜中，忽夢見那爛陀寺，房院荒穢。並繫水牛，無復僧侶。法師從幼日王院西門入，見第四重閣上，有一金人。色貌端嚴，光明滿空，遙指寺外，謂法師曰，汝隨我看。即尋指外望，見村邑林池爲火焚燒，並成灰燼。金人曰，汝可早歸。此處卻復十餘年，戒日王崩，印度荒亂，惡人相害，當如此地。汝宜知之。言訖不見。法師覺已怪歎，向勝軍說之。答曰，三界無安，能知不爾。此聖人之垂誡，不可不依。是法師所行，皆爲菩薩護念。將往印度，告尸羅而駐待。淹留未返，示無常以勸歸。若所爲，不契聖心，誰能此祚，永微之末。戒日王果崩，印度飢荒，並如所告。國家使人王策玄具其事。

法師在彼之日，覩那爛陀寺大德師子等光，立中百論宗，破《瑜伽》等義。法語之聖人作論，終不相違，但學者之不通耳。因造《會宗論》三千頌。戒賢師已下，見咸稱善。彼具流行。先有南印度王灌頂師，名般若毱多，明正量部義，造《破大乘論》七百頌。時戒日王，因討賊行次。烏茶國小乘師等，保重此論，取以示王，并請與大乘擊論。王許，遂作書與那爛陀寺。差四大德，善大小宗及外道經者，可詣行所擬共小乘外道論義。正法藏乃差海惠智覺師子光及法師，爲四人應王之命未發問，復有順世外道，來求論難，書四十條義，懸於寺門。法師遣取立論，喚外道共論，往復三四番，婆羅門點無所說。先有契，屈者斬首相謝。外道請依先約。法師曰，我沙門釋子，當不害昆蟲，況殺人乎？外道歡喜，請終身給侍，聞者無不稱慶。時欲往烏茶，乃訪得彼論披尋。數處有疑。謂所伏婆羅門曰，汝會聽此義不？答曰會聽，我於時善。法師遣說一遍，備得其旨。遂尋其謬，即申大乘義破之，爲一千六百頌，名《制惡見論》。將呈戒賢及德眾，咸悉稱善曰，以此窮覈何敵不已，法師善得彼宗，乃放所伏婆羅門，隨意所之。外道歡喜辭去。往東印度，向拘摩羅王，談法師之德，王聞甚悦，發使來請，王使再三乃去。是時正欲歸還，已並裝束，那爛陀大德及徒眾，咸皆勸住。法師念此經論少闕，本意取以流通，不能建某宿心，確然不許，於是辭別，將經像赴拘摩羅王所。其國先來，末行佛法，多信外道婆羅門教，法師至止異黨雲□。請王擊論，驗其勝負。法師妙辨既開，邪徒草靡，王加崇重，卑詞請問，諸佛功德，願示所由。法師爲王，述讚如來三身利物。因即爲造《三身論》三百偈。王乃歡未曾有頂戴受持時戒日王，聞法師在拘摩羅王處。驚曰，我頻請不至，何因在此？發使語拘摩羅王，送支那法師來。王知戒日欽戀，令嚴象車二萬乘，船三萬艘。法師溯殑伽河，以赴王所，至羯末唱祇羅國。王見法師，頂禮雙足，散無量花。讚頌訖言曰，弟子先遣請法師，何爲不來？法師答，當奉命時，聽受未了，不獲參王。王曰，師從支那國來，彼有秦王破陳樂歌舞之曲。秦王者何人？有何功德，致此詠歌？法師報，秦王者，即支那國今之天子也。本國見國王有聖德。能除兇禁暴。覆潤群生者，則歌而詠之。秦王是大聖之人，爲蒼生撥亂反正。重安宇宙，再曜三光，六合懷恩，故有斯詠。王曰，如此聖人，故天遣爲物主也。於是延入行宮，陳諸供養。王曰，聞造《制惡見論》何處在？法師報，在此。遂遣取觀，甚悦。謂其門師等弟子聞曰，光既出，螢燭奪明，師等所寶之宗，他皆破訖。試救看小乘諸僧無敢言者。王曰，師論太好，在此諸師，並皆信伏。恐餘國小乘外道，尚守愚迷，望於中印度曲女城，爲師作一會，命五印度沙門婆羅門外道等，發顯大乘。使其改耶從正。不亦大哉。是日發勅，普告集曲女城，觀支那法師論，自冬初而進至臘月，方到會場，四方沙門婆羅門外道等，蘊義洽聞之輩。到者數千人，王先令造殿，容千餘人。於中安尊像陳香花音樂，設食行施訖，請法師昇座，標舉論宗，命諸眾徵擊，竟十八日，無一人敢問，王讚歎，施法師銀錢三萬金錢一萬上氎衣一百具。又令大臣將法師袈裟，巡眾告唱云，支那法師論勝。十八日來，無敢問，並宜知之。諸眾歡喜，爲法師各立美號。大乘眾號爲摩訶那那提婆，此云大乘天。小乘者號爲木叉提婆，此此解脱天。燒香散花，禮敬而去。自是德音遐振。會訖欲還，王留。更觀七十五日大施，觀訖辭還。王施大象一頭金銀錢數萬，法師受象，不受錢等。戒日王拘摩羅王等，十八大國王，流淚辭別。北道而歸，備經艱險，度雪山葱嶺等。歷三十餘國，到于闐。附表陳請勅遣于闐王，多給駝馬。至燉煌以貞觀十九年春正月。到長安，於西域請轉法輪像等七軀，經論六百五十七部，佛肉舍利一百五十粒。二十五日送經像於弘福已，謁帝於洛陽。三月一日，奉勅還京師。即於弘福翻譯，及修《西域記》。

至二十年秋七月十三日，進新翻經，并請仰製經序，及進《西域記》。蒙神筆報書，極哀揚之美。勅書云，法師夙標高行，早出塵表。泛寶舟而登彼岸，搜妙道而闢法門。弘闡大猷，蕩滌眾罪。是故慈雲欲卷，舒之蔭四空；惠日將昏，朗之照八極。舒朗之者，其唯法師乎。朕學淺心拙，在物猶迷，況教幽微，豈能抑測。請爲經題。非已所聞。又云，新撰《西域記》者，當自披覽，勅奘尚法師。又表謝，兼重請序。至二十二年，駕幸玉華宮。六月勅追法師。既至，接以殊禮。勅問師比更翻何經論。答，近翻《瑜伽師地論》一百卷。上曰，此論甚大，何聖所作？復明何義？答，論是彌勒菩薩造，明十七地義。何名十七地？法師答名及標大旨。上甚悦。於是勅遣使，向京取論。論至，自披更歡喜。因勅所司，寫新翻經論爲九本，頒與雍洛相兗荊揚等九州，遣遞流布。法師更請經題，恩勅方許。至其年八月四日，製序訖。凡七百八十言，題云《大唐三藏聖教序》，通冠新經之首。於明月殿，命弘文舘學士上官儀。以所製序。對群僚宣讀。霞爛錦舒。光讚兼極。凡厥百僚。喜躍慶賀。今上在春宮。又製《述三藏聖教序》訖，凡五百七十言。二聖序文出，後法師又陳表謝蒙勅。報云，朕才謝珪璋言慚博達，至於內典，尤所未閑。昨製序文，深爲鄙拙。唯恐穢翰墨於金簡，標瓦礫於珠林。忽得來書，謬承褒讚。明躬省處，彌益厚顏。善不足稱，空勞致謝。法師又陳表重謝勅報書云，朕性不讀經文具覽，兼無才智，忽製論序，翻污經文。具覽來言，枉見哀飾，愧逢虛美，唯益眞慚。自此之後，四方道俗，手舞足蹈，歌詠連音，內外揄揚，曾未浹晨而周六合。慈雲再蔭，惠日重明。歸依之徒，波迴霧委。所諸上之化下，猶風靡草。因賜摩雲納袈裟一領，妙絕今古，價直萬金。又令天下寺觀，各度五人。冬十月隨駕還京，於北闕別弘法院安置，有令造慈恩寺，於寺西北角，造翻經院，勅法師移就翻譯，給弟子五十人。弘福舊處，仍給弟子十人看守。至永微二年，請造梵本經臺。蒙勅施物，遂得成就。至五年六月，迎法師入內。法師於臨文等殿，翻《發智》等論。經數日，降手詔飛白書云，師年尊，此間小窄，體中如何？又顯慶年中恩勅云，大慈恩寺僧玄奘，所翻經論旣新，翻譯文義須精，宜令太子太傅尙書左僕射燕國公于志寧，中書令兼撿挍吏部尙書南陽縣開國男來濟，禮部尙書高陽縣開國男許敬宗，黃門侍郎兼撿挍太子左庶子郃陰縣開國男薩元超，守中書侍郎兼撿挍太子右庶子廣平縣開國男李義府，時爲看閱。有不隱便處，即隨事潤色。若須學士，任量追三兩人。又法師請仰製大慈恩寺碑文，蒙恩勅許。造詞及法師，多所哀贊。碑文成後。又陳表請神翰自書。又蒙恩許書訖。

法師符佛之再榮，遂共京城僧，造幢蓋等迎。勅又遣見在王公太常九部樂及二縣音聲。千餘車助送上居安福門觀之。光楊之美，難爲具述。又施摩雲納一領，妙類前恩，并餘時服百有餘事。二年，駕幸洛陽宮，法師預往，安置在稱翠宮，於大內麗日殿。翻《觀所緣緣論》等。又翻《大毘婆沙》等論，在所無輟。其少室山西北緱氏故縣，南遊仙卿控鶴里鳳凰谷，是法師之生地。某少室山北少林寺，是魏孝文所立，極山泉之美，是并流支譯經之處，法師意願栖託。至九月，陳表請住少林，爲國翻譯。蒙神筆報書云，省表。知欲晦迹巖泉，追林遠而架往；託慮禪寂，軌證什以標今。仰挹風微，寔所欽佁。朕業空學寡，靡究高深，然以淺識薄聞。未見其可。法師津梁三界，汲引四生。智皎心燈，定凝意水。非情塵之所曀，登識浪之能驚。然以道德可居，何必太華疊嶺，空寂可舍，豈獨少室重巒。幸戢來言，勿復陳請。即市朝大隱，不獨貴於昔賢；見聞弘益，更可珍於即代。既戢遺言，不敢重請。又顯慶三年中。勅爲皇太子。於漢王故宅，造西明寺。令給法師上房一口，新度僧十人，以死爲弟子。此地貴於般若，前代雖翻，未及周備，諸德咸請，依《大本》更翻。然《般若》總二十萬偈，可成六百卷。法師以爲在京多務，恐難卒了。於是屢請居山方蒙恩許，往玉花宮寺翻譯，仍勅供給，一準在京。至彼，以顯慶五年正月一日，翻《大般若》，至龍朔三年十月二十三日終訖，凡四處十六會說，總六百卷。中間又翻《成唯識論》《辨中邊論》《唯識二十論》《品類足論》等。至十一月二十三日，命窺基齎表，請聖上製《大般若經序》。至十二月七日。於蓬萊宮美進時通事舍人馮義宣口勅許。法師從少以來。常願生彌勒佛所。及遊西方。又聞無著菩薩兄弟，亦願生覩史多天宮，奉事彌勒，並得如願，俱有證驗，益增剋勵。自至玉花，每因翻譯，及禮懺之際，恆發願上生覩史多天，見彌勒佛。除翻經時以外，若晝若夜，心心相續，無暫怠廢，從翻《大船若訖》，後即不復翻譯，唯行道禮懺

至麟德元年正月一日，玉花寺衆及僧等，請翻《大寶積經》。法師辭曰，知此經於漢土未有緣，縱翻亦不了。固請不免。法師曰，翻必不滿五行。遂譯四行止。謂弟子及翻經僧等，有爲之法。必歸磨滅。泡幻之質，何得久停。今麟德元年，吾行年六十有三，必卒於玉花，若於經論有疑，宜即速問，勿爲後悔。徒衆聞者，無不驚泣。皆曰，和上尊體康和，計年未至耆耄，何爲忽作此言？報曰，此事自知，非徒衆所悉。是時法師，未有疾患，徒衆相顧，咸生疑怪。至正月三日，法師又告門人，吾恐無常，欲往辭佛，遂與弟子等往，先造俱偶像所，禮懺辭別。其有翻經僧及子等辭向京覲省者，法師皆報云，汝宜好去，所有衣鉢經書，並皆將去，吾與汝別，汝亦不須更來，設來亦不相見。去者報云，和上康休，必無此事。法師報曰，非汝所知。去者果不重見。至正月八日，有弟子僧玄覺，

夜見夢一大木浮圖，高顯嚴麗，意欲瞻仰，忽然摧倒崩振，心驚。遂即睡寤，平旦參禮，具說此事。法師報曰，此事屬我，不關於汝，勿爲憂怖。至月九日申時。又告玉花寺寺主慧德等曰，某必當死。經云此身可惡。猶如死狗。某捨命已，勿延宮寺。宜於山原靜處安置，作一容身棺，造一周棺，蘧蒢輿送。至彼可依教火焚，最爲第一。慧德等怪歎，不疑即有此事。至其日將暮，因向後房，度一小博渠損足。初經四日，仍如常行止。至十三日，遂即疾臥。至十六日，閉目開目，頻見有白蓮花，大於食盤，光淨鮮潔。至十七日。又見無量百千人眾，其形偉大，皆服錦衣。又齎錦綺種種花寶，莊嚴法師所住房宇，以次漸莊。遍翻經院內外堂殿，乃至山林，並爲寶飾花幡幢蓋。又奏音樂，後見門外，無數寶輿，有百味飯食及諸香果藥，並非人間之物，皆將來獻上法師。法師辭云，此供具六通者所受，某未具此德，不敢當之。雖確辭讓，而進獻不止。侍者驚觸，遂開目，向寺眾等，具說前事。寺主慧德，其夜月甚明朗，見告坎山上樹，並變爲白幢蓋，兼見二人，舉一寶種種肴饍，被山遍谷，似有奉獻，尋即參具陳其事，正相快會。又云，某一生已來，所明福慧，準斯所見，功不虛捐。信諸所言，無有謬也。因命翻經僧嘉尚，錄出比來所翻《大般若經》《瑜伽》等大小乘經論，總翻七十五部，合一千三百三十一卷，令其諷讀，深自忻慶。又云，某無常期至，宜告門徒，並來取別。至二十一日，寺主惠德，夢見無量金像，云是千佛，東方當翻經院上空中，現已還沒。至二十二日，門徒總集，令作捨墮願久所有衣及非衣，並皆罄捨。造十俱胝像。又請僧轉讀行道燒燈供養，洗浴眾僧。至二十三日，設齋訖，正午令工人，於嘉壽殿，以香塗香木樹菩薩像骨，對寺眾及門徒，各乞歡喜。辭訣取別。又造遺表，弟子窺基奉進，遂默正念。後人說偈教傍人誦云，南謨彌勒如來應正等覺，取與含識，速奉慈顏。南謨彌勒如來所居內眾，取捨命已，必生其中。至二月四日，看病僧明藏見二人，各長丈餘，著白衣冠，各以一手，共擎一大白蓮花，花臺三重，非常可愛，如小車輪許大，至法師前立口云，無量劫來，惱亂眾生，諸定業報因，令小疾小許輕受，並得除滅，宜當慶喜，莫生憂惱。法師見已，合掌良久，遂自迴轉，以右脇著床，舒足重疊，右手支頭，左手申安髀上迄。至命終，更不轉動。明藏更問，見何等相？報云，勿問，妨吾正念。至五日中夜，弟子光等又問，和上定生彌勒前不？報云，決定得生。言訖捨命。時經六十日，頭髮漸生，顏色如常，赤白不異。又有香了無餘氣，得病之時，翻經使人許玄，備聞奏。蒙勅遣醫人，將藥往看。比至，法師已亡，醫不及。終後坊州刺史竇師備聞奏恩勅葬事所須，並令官給。次奉勅旨，玉花寺僧玄奘既亡。其翻經事且停。已翻成者，宜準舊例，官爲抄寫。自餘未翻本，付慈恩寺，好掌勿令損失。其玄奘弟子，及翻經僧，先非玉花寺僧者，宜各放還寺。又奉勅旨，故僧玄奘，葬日宜遣京城僧尼造幢，送至墓所。冥祥預表其事，寔繁不備。列法師蒙二帝珍敬，儭施綿帛綾綵萬餘匹。上納袈裟時服等數百年事，法師得之，皆爲國造塔。書俱胝絹像一千掑，賢劫千佛一千掑，彌勒佛一千掑，像十俱胝。洗浴眾僧，給施貧人。一無貯蓄，隨得隨散。準以翻譯傳法爲務，每翻一經，急急然恐不終訖，一部了已，歡喜稱慶云，用此以答四恩。

竊聞八正之旨，實出苦海之津梁；一乘之宗，誠登涅槃之梯蹬。但以物機未熟，致藴葱山之西。法花化時，融方扇交河之石。暨乎摩騰入漢，教闡伊纏，僧會遊吳，義覃荊楚，從此已來，遂得人修解脫之因，家樹菩薩之業。是知縛法之益，其利博哉。法師聳千尋之勁質，湛萬頃之波瀾，救溺俗爲心憂，匡大法爲身事。故能陟重阻以求經，履危途而訪道。見珍殊俗，具獲眞文。自如來一代所說，鷲峯方等之教，鹿苑半字之文，爰至後聖馬鳴、龍猛、無著、天親諸所製依，及灰山柱等十八異執之崇，五部殊途之致。並雙羅研究達其旨，悉得其文。幷佛處代之迹，如陰涅洹堅固之林，降魔菩提之樹，迦路崇高之塔，那竭留影之山，皆躬申禮敬，亦無遺矣。心期充滿，覺覽復周，將施本土。遂繕寫大小乘法教，六百五十七部，請轉法輪像等七軀，佛肉舍利百有餘粒，以貞觀十九年春正月二十五日，還至長安，道俗奔迎，傾都罷市。又此行經塗數萬，備歷難危，如固陰凍寒之山，飛波激浪之壑，厲毒黑風之氣，狻猊貙豻之群，並法顯失侶之鄉，智嚴遺伴之地，斑張之所不踐，章亥之所未遊。法師了爾孤證，怛然無捿，扇唐風於八河之外，揚國仁於五印之間。使乎遐城王侯，馳心輦歸國轂。係仰天衢，雖聖威遠感。亦法師通述之力也。自歸國翻宣，若菴園之始說；精文奧義，如金口之新開。而敬措寸陰，勵精無怠，神氣綽然。無所擁滯。遺務之後，猶爲諸德。說西方聖賢製述文義。詞旨淺深部類不同。幷少年在此間，周遊講肆之事，高論劇談。郁哉盈耳，了無疲倦。其精力過人，若斯法師。還國已來，于今二十載，合翻梵本七十五部，譯爲唐言，總一千三百四十一卷。尙有五百八十二部，未譯見翻者。《大般若》《瑜伽論》《大毗婆沙》《順正理》等，皆是鎭國之寶，學人藪澤。然譯經之事，其來自文起漢摩騰。迄今三藏，前後道俗百餘人。先代翻譯，多是婆羅門法師，爲初至東國夏，方言未融。承受之者，頌會艱阻。每傳一句，必詳審疑迴。是以倒多說毘。今日法師，唐梵二方，言詞明達，傳譯便巧。如擎一物，掌上示人，了然無殊。所以歲月未多，而功倍前哲。至如羅什稱善秦言，譯經十有餘年，唯得二百餘卷。以此挍量，難易見矣。所悲運促，不終其志。嗚呼哀哉。

傳承分部

傳記

宗鑒《釋門正統》第八《慈恩相涉載記》 慈恩賢父子之盛德，大業可枚數哉。方三藏之從戒賢也。吾無憾焉。玄贇之作，遽以口耳所傳，與靈山親承授受者杭衡對壘，多見其不知量矣。是以傳而不習，君子耻之。恐後學以一生目大德，撰慈恩載記。

玄奘

洛陽陳氏。年十一，通《維摩》、《法華》。進具。道基化行長安，負笈趍之。受《阿毗曇》《婆沙》《雜心》等論。基曰，予遊講肆多矣。未見少年神悟若斯。武德中，講《心論》，不泥文相。僕射蕭瑀奏住大莊嚴寺，誓往五天，具覩成言，用通神解，貞觀二年，年二十九，上表遊西竺，上允之，杖策前邁至葱嶺，積雪未解，有毒龍、飛沙塞路，盤空而進下，顧皆千仞，險處梯而過者七。日以繩爲梁，躡而涉水，闊八十步。次登雪山，壁立千仞，步步俱有棧孔相對，人持四棧以手足更互著崖孔中，猿臂而過，三日始到平地，張騫、甘延壽所不至也。過沙河，逢諸惡鬼，奇狀異類，遶人前後，一心念觀音菩薩及《般若心經》。又西北行三百里，度一磧，至凌山葱嶺北隅也。險峭峻極，開闢以來，冰雪聚而爲凌，春夏不解，凝沍汗漫，與雲連屬，莫覩其際。凌峰摧落，橫路側者，或高百尺，或廣數丈，蹊徑崎嶇，登陟艱險，風雪雜飛，復履重裘，不免寒戰，將欲眠食，復無燥處，懸崖而炊，席冰而寢。七日出山，徒侶凍餒死者十四。又山行三百里，入鐵門峰，壁狹峭崖，多鐵礦，依之爲門扉，仍鍱鐵，鑄鐵爲鈴，多懸於上，即突厥關塞也。窮歷百三十國，凡吾佛所化之地，泥洹堅固之林，降魔菩提之樹，迦路崇高之塔，那揭留影之山，皆申禮敬，備覩靈奇，獲寶像、舍利及貝葉七十三部一千三百三十卷。凡如來一代所說，耆山方等之教，鹿苑半字之文，馬鳴、龍樹、無著、天親諸所製作及十八異執之宗，五部殊途之致，收羅研究，達其旨，得其文。雖七例八轉之音，三聲六釋之句，無不盡其微，畢其玅。蒙祇羅國王賜青象、白馬以助馱載。

十九年正月二十四日抵京，留守房玄齡備幢旛鼓吹釋部威儀，道俗數十萬眾，乘師寶輦若兜率下生，館弘福寺。翌日見上儀鸞殿，慰勞勤至，翻經所須，竝令留守司供給，先進《瑜伽師地論》，歎曰，瞻天瞰海，莫極高深，雖軍國務，敷未暇委。尋然知宗源杳曠，顧視九流，若汀瀅之方溟渤爾，勅鈔所譯經論，每本九部，宣賜九道總管，展轉流布，冀兹率土開稟未聞。勅紫微殿西，別刱弘法院，延師居之，選名德七人自隨。與帝論道之餘，任便宣譯。又勅異域方言，務取符會，若非伊人，誰論聲教，故諸夏有疑，竝於師。師乃轉吾唐言，依彼西梵，令彼讀者尊崇震旦。又勅老子爲梵言，以遺西域。師曰，佛、老二教，其致大殊，安用佛言用通老義，況復鄙陋異邦，聞之有玷上國。遂止。

永徽三年，表請刱塔慈恩，奉安所取梵本經論及二帝製聖教序制許仍哀七宮亡人衣物，助其費。顯慶元年，皇子生（中宗），神光滿室，亭亭燭天，賜號佛光。王越月表請佛光王出家，紹隆三寶，制可，落髮授歸戒，進金字《心經》及法衣鉢具。二年，帝幸洛陽，詔陪駕便道陳留改葬二親，勅供給葬具。四年，以玉華宮爲寺，追崇先帝，詔居之，於此譯《大般若經》，涉四年，成六百卷。麟德元年正月九日告眾曰，有爲之法必歸磨滅，泡幻形質何得久停，令傍稱南無彌勒如來，應正等覺，願與含識速奉慈顔。二月四日右脇累足，以手支頭，堅然不動。衆問，定生彌勒前否？答，決定得生而氣絕。壽六十四。帝哭之慟，廢朝五日，給其喪費，洎葬，五詔褒恤。四月十四，用佛故事金棺銀槨葬于滻東，初臥病，明藏禪師問之，見二長人共捧白蓮師前云，師從無始，損惱有情，及諸惡業，因今小疾，竝得消殄，應生欣慶。師顧大衆，合掌而聽，得非譯般若力，轉重罪而輕受乎？初遊天竺，手摩門徑松曰，吾西求法，汝可枝向西長，吾歸即東。使弟子預知，既往，枝果西指，一日忽東。弟子曰，教主歸矣。號摩頂松，其達彼也。遇龍樹宗，欲從其學，彼令服藥求長生方可窮極宗旨，自念本欲求經，仙術不成，有負宿願，遂學法相於戒賢，傳唯識宗旨，兼以《瑜伽》授窺基，傳俱舍宗旨，兼以婆沙授門下光。《起信論》雖出馬鳴，彼元未覩，乃譯唐爲梵，流布五天。

（窺）基

字道洪，尉遲恭猶子。父金吾衛將軍，宗母裴夢呑月而孕。六歲，聰慧過人。儀貌端偉，眉目明秀，身長八尺，氣蓋萬夫，項有玉枕，手十指紋，盤折如印。三歲遇見曰，眞將種也。倘因緣幸會，度爲弟子，則吾法有寄，念於天竺起歸歟。興卜人曰，師但東歸，弟子生矣。讖既冥符，舉以告宗，宗曰，伊類麤悍，那受師訓，奘曰，即君器度，非將軍不生，非貧道不識，宗諾之。而師未受命，厲聲曰，聽三事方可，謂不斷欲心，茹葷血，過中食也。念以欲鉤牽，矯許焉。年十七，勅落髮，住廣福。二十五大善，三支縱橫，立破述義命章，前無與比，篤志稟承戒賢所授《瑜伽師地》唯識宗旨，或宗或釋，撰述幾百部，時號百部論師。隨方演化，獲益者衆。東行博陵，或請講《法華》，造《玄贊大疏》十卷。永淳元年十一月十三，示滅慈恩翻經院，壽五十一。御製畫像贊，勅諸路寺院圖形以祀，祔葬三藏塋焉。嘗造彌勒像曰，對像誦菩薩戒，祈生内院。又造玉文殊像，金書大般若，皆獲應感。

雜記

宗鑒《釋門正統》第八《慈恩相涉載記》　鎧菴曰，無著頻升知足，咨參慈氏唯識宗旨，厥弟天親，蒙其指迷，深悔著小相，與製論弘贊大乘，代有聖賢繼之，至正法藏，戒賢論師年一百有三，蒙文殊大士畀托，忍死以遲三藏。三藏至彼，盡以《瑜伽師地》《唯識》授之。至師罔羅舊說，廣製疏論，依賢三時判教，一有，二空，三不空，不有烜赫一時，以名厥家。是爲慈恩五祖，謂慈氏、無著、戒賢、奘及師也。然造疏釋經罕聞，立行攝法，入心成觀等說，專用《唯識》等論定性。滅種之文，以通《法華》，茲乃徒援權典，用證實教，誤亦甚矣。然其談八識緣境廣狹，及轉識成智，束智成身，與夫造業受報等說，厥功盍多。

著述分部

論說

護法造、玄奘譯《成唯識論》卷一　稽首唯識性，滿分清淨者，我今釋彼說，利樂諸有情。

今造此論爲於二空有迷謬者生正解故，生解爲斷二重障故，由我法執二障具生，若證二空彼障隨斷，斷障爲得二勝果故，由斷續生煩惱障故證眞解脱，由斷礙解所知障故得大菩提。又爲開示謬執我法迷唯識者，令達二空，於唯識理如實知故，復有迷謬唯識理者，或執外境如識非無，或執內識如境非有，或執諸識用別體同，或執離心無別心所，爲遮此等種種異執，令於唯識深妙理中得如實解故作斯論。若唯有識，云何世間及諸聖教，說有我法。頌曰，由假說我法，有種種相轉。彼依識所變，此能變唯三。謂異熟思量，及了別境識。

論曰，世間聖教說有我法，但由假立非實有性，我謂主宰，法謂軌持，彼二俱有種種相轉，我種種相，謂有情命者等，預流一來等，法種種相，謂實德業等，蘊處界等，轉謂隨緣施設有異，如是諸相若由假說依何得成，彼相皆依識所轉變而假施設，識謂了別此中識言亦攝心所，定相應故，變謂識體轉似二分，相見俱依自證起故，依斯二分施設我法，彼二離此無所依故，或復內識轉似外境，我法分別熏習力故，諸識生時變似我法，此我法相雖在內識而由分別似外境現，諸有情類無始時來，緣此執爲實我實法，如患夢者患夢力故心似種種外境相現，緣此執爲實有外境，愚夫所計實我實法都無所有，但隨妄情而施設故說之爲假，內識所變似我似法，雖有而非實我法性，然似彼現故說爲假，外境隨情而施設故非有如識，內識必依因緣生故非無如境，由此便遮增減二執，境依內識而假立故唯世俗有，識是假境所依事故亦勝義有。

云何應知，實無外境唯有內識似外境生，實我實法不可得故，如何實我不可得耶？諸所執我略有三種。一者執我體常周遍，量同虛空，隨處造業受苦樂故，二者執我其體雖常而量不定，隨身大小有卷舒故，三者執我體常，至細如一極微，潛轉身中作事業故，初且非理，所以者何，執我常遍量同虛空，應不隨身受苦樂等。又常遍故應無動轉，如何隨身能造諸業。

又所執我一切有情爲同爲異，若言同者，一作業時一切應作，一受果時一切應受，一得解脫時一切應解脫，便成大過，若言異者，諸有情我更相遍故體應相雜。又一作業一受果時。與一切我處無別故應名一切所作所受，若謂作受各有所屬無斯過者，理亦不然業果及身與諸我合，屬此非彼不應理故，一解脫時，一切應解脫，所修證法一切我合故，中亦非理，所以者何，我體常住不應隨身而有舒卷，既有舒卷如橐籥風，應非常住。

又我隨身應可分析，如何可執我體一耶？故彼所言如童豎戲，後亦非理，所以者何，我量至小如一極微，如何能令大身遍動，若謂雖小而速巡身如旋火輪似遍動者，則所執我非一非常，諸有往來非常一故。又所執我復有三種，一者即蘊，二者離蘊，三者與蘊非即非離，初即蘊我理且不然，我應如蘊非常一故。又內諸色定非實我，如外諸色有質礙故，心心所法亦非實我，不恆相續待衆緣故，餘行餘色亦非實我，如虛空等非覺性故，中離蘊我理亦不然，應如虛空無作受故，後俱非我理亦不然，許依蘊立非即離蘊應如瓶等非實我故。又既不可說有爲無爲，亦應不可說是我非我，故彼所執實我不成。

又諸所執實有我體，爲有思慮爲無思慮，若有思慮應是無常，非一切時有思慮故，若無思慮，應如虛空不能作業亦不受果，故所執我理俱不成。又諸所執實有我體，爲有作用爲無作用，若有作用如手足等應是無常，若無作用如兔角等，應非實我，故所執我二俱不成。

又諸所執實有我體，爲是我見所緣境不，若非我見所緣境者，汝等云何知實有我，若是我見所緣境者，應有我見非顛倒攝，如實知故，若爾如何執有我者，所信至教皆毀我見稱讚無我，言無我見能證涅槃，執著我見沈淪生死，豈有邪見能證涅槃，正見翻令沈淪生死。

又諸我見不緣實我。有所緣故。如緣餘心。我見所緣定非實我。是所緣故。如所餘法。是故我見不緣實我。但緣內識變現諸蘊。隨自妄情種種計度。然諸我執略有二種。一者俱生。二者分別。俱生我執。無始時來虛妄熏習內因力故恆與身俱。不待邪教及邪分別任運而轉，故名俱生。此復二種。一常相續在第七識。緣第八識起自心相執爲實我。二有間斷在第六識。緣識所變五取蘊相。或總或別起自心相執爲實我。此二我執，細故難斷。後修道中數數修習勝生空觀方能除滅。分別我執亦由現在外緣力故非與身俱。要待邪教及邪分別然後方起故名分別。【略】

然諸有情各有本識。一類相續任持種子。與一切法更互爲因熏習力故。得有如是憶識等事。故所設難於汝有失非於我宗。若無實我誰能造業誰受果耶？所執實我既無變易。猶如虛空。如何可能造業受果。若有變易應是無常。然諸有情心心所法因緣力故。相續無斷。造業受果。於理無違。【略】

又先已成色不離識。應此離識無別命根。又若命根異識實有。應如受等。非實命根。若爾如何經說三法。義別說三。如四正斷。住無心位壽煖應無。豈不經說。識不離身。既爾如何名無心位。彼滅轉識。非阿賴耶？有此識因後當廣說。此識足爲界趣生體。是遍。恆續。異熟果故。無勞別執有實命根。然依親生此識種子。由業所引功能差別住時決定假立命根。復如何知。二無心定無想異熟。異色心等有實自性。若無實性應不能遮心心所法令不現起。若無心位有別實法異色心等能遮於心名無心定。應無色時有別實法異色心等。能礙於色名無色定。彼既不爾。此云何然。又遮礙心何須實法。如堤塘等假亦能遮謂修定時於定加行厭患麁動心心所故。發勝期願遮心心所。令心心所漸細漸微。微微心時熏異熟識成極增上厭心等種。由此損伏心等種故。麁動心等暫不現行。依此分位假立二定。此種善故定亦名善。無想定前求無想果。故所熏成種。招彼異熟識。依定麁動想等不行。於此分位假立無想。依異熟立得異熟名。故此三法亦非實有。

惠沼《成唯識論了義燈》卷一　將釋此論，四門分別。一、論起所因。二、明同異。三、明歸在。四、釋本文。就初起因，復分爲四。一、明部分之處。二、明部分之年。三、明部分所由。四、明造論因、主。

如來說教，體一眞如。平等利生，實無差異。然隨根性悟解不同。漸、頓有殊說教爲異。故法華云，雖一地所生一雨所潤，而諸草木生長各異。《寶性論》中，猶如一河三獸渡水得淺深異。《攝大乘論》如一寶珠隨求雨異。《無量義經》常說一相。悟解不同得諸果異。故如來教隨機說別，初對外道等，說我爲無談法爲有。次對小乘，破執法有說法亦無，後令趣實，方爲顯說非空非有。故《瑜伽》釋云，諸有情類無始時來，於法實相，無知僻執，起惑發業輪迴五趣。如來出世隨宜爲說處中妙理，令諸有情了達諸法非空非有。遠離疑執，起處中行，隨應滅障，各自修滿，得三菩提，證寂滅樂等。佛涅槃後，大迦葉波，及婆師波，雖分二處，結集三藏，然一百年中，佛法一味。時有舶主之子名摩訶提婆，眞諦三藏部執疏云阿踰闍國。慈恩法師《宗輪疏》云，中天竺國，出家學道，遍通三藏，然準部執、宗輪疏等。說其五事，與慈恩法師《瑜伽抄》中說少有別。應大小乘，說之各異。此具如彼三處所說。於百年外，在波吒釐子城鷄園寺內，說此城由。具如《大唐西域傳》及眞諦《部執疏》說。十五日夜次，大天說戒經。說戒經了遂，說五事頌云，餘所誘無知，猶預他令入。道因聲故起，是名眞佛教。耆年聖者，咸不許之。即翻彼說第四句。云汝言非佛教因此小乘部分爲二，諸聖者眾，遂以根本結集之時大迦葉波，以爲其師云上坐部，大天徒侶以婆師波，爲其所師，云大眾部。後二百年內。於大眾部，復分成九。三百年內，於上坐部分成十一。如《宗輪論》幷《文殊所問般若》具說。若部分緣由眞諦三藏部執疏中一一廣說。昔者阿難將入涅槃念曰，佛記罽賓，新云迦葉彌羅。當有比丘，名末田提。於彼國土，流布法眼。即便法付末田尊者，欲此國中立寺弘法。此國有山，四面高峻，中間極廣，唯有一門，龍王所居，中滿其水。尊者運通從空而下，向龍王言，意乞一坐具許地。龍王許之，便以通力令坐具寬侵水將盡。龍王從乞願留周迴十五里水爲龍所居。因即立寺，僧從既多，淨人復眾，後僧漸少，奴漸群強。自立爲王，因號奴國。後此國王號迦葉利師。極甚敬信。每請眾徒入宮說法。中間諸部而共雜居。前後說法各各有異。王問所以，具說其由。王曰今者取誰部定。時迦延子依薩婆多造發智論以示於王，王可弘之。依天親傳，佛滅度後三百年中，有阿羅漢名迦旃延子。母性迦旃延，從母爲名。先於薩婆多部出家，本是中天竺人。後往罽賓國。罽賓國在西天竺，與五百阿羅漢、五百菩薩，共撰集薩婆多部《阿毘達磨》，祕不流出。經於多時，五天不覩。後東天竺阿踰闍國有一法師，名婆須跋陀羅，聰明大智，往彼習學誦得流外。廣如彼說。後鳩摩邏多、室利邏多皆廣造論，弘初有教，眾生著有。大乘法教，多皆隱沒。二百年外有南天竺龍猛菩薩、提婆菩薩俱出於世。龍猛菩薩造《大智度論》，釋《大品般若》，造《無畏論》，滿十萬頌。《中論》出於無畏部中有五百偈。《十二門論》等，龍猛弟子提婆菩薩造《百論》等。廣如《付法藏傳》及龍樹等傳說，爲破小乘及諸外道執我執法說之爲空。時多著空。後九百年，北天竺境富婁沙富羅，此云丈夫國。有國師婆羅門。姓憍尸迦。有三子同名婆藪盤豆，此云天親。今云筏蘇畔度，此云世親。雖同一名，復立別號。第三天親於薩婆多部出家得羅漢果。別名比隣持跋婆。比隣持是其母名。跋婆譯爲子亦云兒。長兄是菩薩根性，亦亦於薩婆多部出家。後得離欲思惟空義。不能得入欲自殺身。有賓頭盧阿羅漢。在東毘提訶觀見此事。從彼方來爲說小乘空觀意猶未安謂理不應爾。因此乘通往覩史天諮問，彌勒菩薩。爲說大乘空觀。還下思惟即便得悟，因名阿僧伽，此云無著。爾後數往兜率陀天，諮問《彌勒大乘經》義。爲餘人說，聞多不信。即自發願，請彌勒菩薩下說大乘，令眾生見皆得信受。即如其願，於夜下時，放大光明集有緣眾。於踰闍國說《十七地論》，隨所誦出，隨解其義。經四月夜，《十七論》竟，雖同一堂，唯有無著得近彌勒菩薩，餘人但得遙聞，或有見異。時無著師更爲餘說，因此餘人方始信受大乘法義。

第二子亦於薩婆多部出家，博學多聞，遍通墳藉。神才雋朗，無可爲儔。戒行清高，難以爲匹。兄弟既有別名，故法師但稱婆藪盤豆。所餘因緣，廣如本傳所說。依《瑜伽論》，廣造諸論，解釋大乘，弘非空有，及造此論。十師之釋，合糅翻譯，皆如《樞要》。然護法菩薩千一百年後，方始出世。造此論釋及《廣百論釋》，清辨菩薩亦同時出造《掌珍論》。此時大乘方諍空、有。上來總辨四門之義。智者知之。此即論之起因。

二明同異者，復分爲四。一教益有殊。二時、利差別。三詮宗各異。四體性不同。具如法苑總聊簡說。問前說輪益、義益二理何殊，答義約所詮之理爲稱。輪據斷道爲言。二義各約一途。故云輪、義二益，問以教對機教有三時之別。未審輪體爲別爲同答根性既差輪體有別。約初有教說體如常。空教之中體少有別。以八空聖道爲體。證空理智爲體。以說空教爲因。以證空加行智爲因。所緣空爲境。餘覺支等空爲助伴。以道、定戒空爲眷屬。以菩提、涅槃空爲果。若第三時法輪體者。雙合前二亦得非正。正者如瑜伽論、及法華疏第四卷明，問說此密語有何益，答準攝論第八有十果。謂令說法者易可安立總括義故。乃至於智者前論義決擇入聰慜數。爲斯十利說祕密言，問義益之中有了、不了。輪中亦輪、非輪不，答大、小相形，隱、顯相對，二並得有。又解不例。詮理有顯、密。義中了、不了。對機皆滅障。皆輪無不輪。又問要集敘解深密。云了義者清辨等云，說了義者結集家語非正佛說者不爾。彼非善通。應云清辨等言。此對俗諦說最爲勝名爲了義不望勝義。若以有違云非佛語。便令聖教皆不可信了、不了義法苑分四。今要集云，更加一門。執著名字名爲不了。不著名了。故自在王菩薩經上云，了義經者一切諸經皆是了義。以依義故。一切諸法不可說故。菩薩如是名爲了義。若人於一切經。不能如是依義是名不了義。何故名不了。是人不了義故。準此經文云，是人不了義故名不了義。不判經爲不了義。又經云，自在王菩薩依如是義趣法者。一切諸經皆是了義。不如是依者。一切經皆是不了義。準此意。能不執著一切經皆是所了義。若執著者一切經皆是所不了義。不得約人自不能了。便判聖教亦爲不了。要集解云，能令生過或生功德。說了、不了。此通一切大小乘經，此判不爾。若由不了即生過失名爲不了。亦應名不善。亦應名有漏。便非稱實。有多過故。今者正解應云，依法分四。如法苑明。又加依人。對解了不執名爲了義。對執著者名不了義。如似二諦，辨時利中，問何故如來初說有教。中談空教。後演不空不有教耶，答據不定姓。未發趣時。且令慚悟所執我無。唯有蘊、處、界等諸法。名爲有教。爲已發趣得小果者。令趣於大次悟法空觀彼所執界處等無。名爲空教。後爲發趣一切乘者。顯所執無。非執是有。非一向空。亦非皆有。爲不空不有教。爲對慚悟說教三時。若對頓悟無三時別。又所說教非定如是前後次第判爲三時。並約所說義類相從。望不定姓當第三時。不爾華嚴第二七日世尊即說。可對慚悟在般若等後。方始演說判屬第三此有二義。一約前後。二約義類。約前後亦有二義。初說生空。次說法空。二者初說生空密詮法有。次說法空密詮法無。後方顯明生、法二執所取不有。若離二執眞俗不無。故經說云，有爲無爲名爲有。我及我所說爲空，問若據漸入此等諸教是第三時。第三時教普爲發趣一切乘者。今此一論正被何乘。若爲三乘如何破彼。若唯被大非第三時，答破我之文通入三乘。破二乘處令唯入大。又破彼執不破彼乘。故通爲三，若爾法華既亦云破乘應第二時，答對不定姓約理說一。破執理別令其趣大。若其定姓觀行不同說如藥草。乘即有別故得通被。然多爲不定故說此經。唯說一乘爲諸聲聞所作事故等，若爾既第三時普爲一切。何故解深密云我於凡愚不開演。阿毘達磨云勝者我開示，答大分三時云爲一切。不言一一文各各爲三乘故。今此論、解深密等上下文中可通被三。故不相違，問既對漸悟說教三時。即第三時亦爲漸悟趣大者說。只是爲大何得說言普爲一切，答爲根熟惠悟既通故。爲顯說三乘所觀空、有諸法云爲一切。般若經中雖有三乘各各得益。未分明說法非空、有。故屬第二。若約頓悟可立一時，問若立一時與古何別法苑不許，答古立一時。約佛一時能頓說。故名爲一時。據能雖示對機不然。以眾生機熟有前後。寧得一時說法名爲一時。今立一時約理是一。對究竟果名爲一時。又約被於頓悟之人。隨說何教而能頓悟一會所說二空之理。雙除二執故名一時。所以鹿苑初說四諦法輪。無量菩薩入於初地等。若聞四諦不悟法空。云何得入初極喜等。不定一會名爲一時。約頓悟者隨所聞教。常悟空、有及以二空始終一化名爲一時，辨時之中劉虬立五時教。設云據漸悟理亦不然。爲提謂等說五戒本行經時。通得諸乘聖道。不得云初唯人天教。正爲價人不得云兼。又設對漸不得約定年月前後以立五時。又無教文故爲過也。又漸頓教。若以一會所說二諦理盡名之爲頓。即不應說華嚴、勝鬘等爲頓。法華、般若等爲漸。俱一會中明理盡故。若云對大不由小起即說爲頓。亦不應定說華嚴等爲其頓教。判法華等爲其漸教。俱有漸頓機在會故。不障立漸、頓。不許定判教。法苑本意應如是知。【略】

四科釋本文者。有三。一辨年、主如疏所明。二明支分者。謂諸菩薩所造論意。非但爲弘佛經。亦爲廣顯瑜伽中義。詮教不同略有十支。支謂支分。並是瑜伽所有支分。言十支者。一百法論（名略陳名數論）。二五蘊論（名粗釋體義論又名依名釋義論）。此上二論天親菩薩之所作也。三顯揚論名總苞衆義論。此論無著菩薩造。四攝大乘（名廣苞大義論）。此論本無著菩薩造。釋論天親及無性等造。五雜集論（名分別名數論。亦名廣陳體義論）。此論本是無著等造。今盛行者唯覺師子釋。安惠菩薩糅。六辨中邊論（名離僻彰中論）。此論本頌是慈氏菩薩造。釋論天親菩薩造。七二十唯識論（名摧破邪山論）。八三十唯識論（名高建法幢論）。此之二論本頌並天親造。三十唯識釋是護法菩薩等造。二十唯識天親菩薩釋。九大莊嚴論（名莊嚴體義論）。此論本頌慈氏菩薩造。釋天親菩薩造。十分別瑜伽論（名攝散歸觀論）。此是慈氏菩薩之所造也。今又助解。或十支中除攝大乘。彼論別釋阿毘達摩經。非瑜伽論支分之義。應加正理門論。以論緣起中云案達羅國王請陳那菩薩證無學果。菩薩撫之欲遂王請文殊師利於虛空中彈指警曰，何捨大心而期小果。可制因明以弘慈氏所造瑜伽論。菩薩敬受指誨奉以周旋。遂造正理門論。故應取此以爲一支。集量、因明皆此支攝。正理門論。名建正摧邪論。或可。舊釋爲正。雖釋阿毘達摩。瑜伽亦是廣釋諸經。唯識即是華嚴等說既是彼支。故取攝論亦復無妨。若爾因明何支所攝。答義門少故略不名支。故此唯識即十支中之一支也 三正科解如疏具辨 西明云，然諸釋中所宗各異。護法、難陀等多述宗旨會釋違文。火辨、親勝正釋本頌以標論意。安惠菩薩建立比量斥他宗失。由斯諸本別行攝義皆不周悉者，今意未詳。撿論上下未見安惠偏多破斥。準本疏釋廣頌上兩句破我法已下云多護法文。親承三藏執筆綴文糅唯識人。傳定不謬。餘非執筆。縱時諮問多意定之。所有判文論大綱紀非可爲定。合譯意者如樞要說。

綜述

世親造、玄奘譯《唯識三十論頌》 護法等菩薩約此三十頌造《成唯識》，今略標所以。謂此三十頌中，初二十四行頌明唯識相；次一行頌明唯識性；後五行頌明唯識行位。就二十四行頌中，初一行半略辯唯識相；次二十二行半廣辯唯識相。謂外問言：「若唯有識，云何世間及諸聖教說有我法？」舉頌詶答，頌曰：「由假說我法，有種種相轉。彼依識所變，此能變唯三：謂異熟、思量，及了別境識。」

次二十二行半廣辯唯識相者，由前頌文略標三能變，今廣明三變相。且初能變其相云何？頌曰：「初阿賴耶識，異熟一切種，不可知執受，處了常與觸、作意、受、想、思，相應唯捨受。是無覆無記，觸等亦如是，恆轉如瀑流，阿羅漢位捨。」

已說初能變，第二能變其相云何？頌曰：「次第二能變，是識名末那，依彼轉緣彼，思量爲性相。四煩惱常俱，謂我癡、我見，并我慢、我愛，及餘觸等俱。有覆無記攝，隨所生所繫，阿羅漢滅定，出世道無有。」

如是已說第二能變，第三能變其相云何？頌曰：「次第三能變，差別有六種，了境爲性相，善不善俱非。此心所遍行、別境、善、煩惱、隨煩惱、不定，皆三受相應。初遍行觸等，次別境謂欲、勝解、念、定、慧，所緣事不同。善謂信、慚、愧、無貪等三根，勤、安、不放逸、行捨及不害。煩惱謂貪、瞋、癡、慢、疑、惡見。隨煩惱謂忿、恨、覆、惱、嫉、慳、誑、諂與害、憍，無慚及無愧、掉舉與惛沈、不信并懈怠、放逸及失念、散亂、不正知。不定謂悔、眠，尋、伺二各二。」

已說六識心所相應，云何應知現起分位？頌曰：「依止根本識，五識隨緣現，或俱或不俱，如濤波依水。意識常現起，除生無想天，及無心二定，睡眠與悶絕。」

已廣分別三能變相爲自所變二分所依，云何應知依識所變假說我、法非別實有，由斯一切唯有識耶？頌曰：「是諸識轉變，分別、所分別，由此彼皆無，故一切唯識。」若唯有識，都無外緣，由何而生種種分別？

頌曰：「由一切種識，如是如是變，以展轉力故，彼彼分別生。」雖有內識而無外緣，由何有情生死相續？頌曰：「由諸業習氣、二取習氣俱，前異熟既盡，復生餘異熟。」若唯有識，何故世尊處處經中說有三性？應知三性亦不離識，所以者何？頌曰：「由彼彼遍計，遍計種種物，此遍計所執，自性無所有。依他起自性，分別緣所生。圓成實於彼，常遠離前性。故此與依他，非異非不異，如無常等性，非不見此彼。」若有三性，如何世尊說一切法皆無自性？頌曰：「即依此三性，立彼三無性，故佛密意說，一切法無性。初即相無性，次無自然性，後由遠離前，所執我、法性。此諸法勝義，亦即是眞如，常如其性故，即唯識實性。」

後五行頌明唯識行位者，論曰：「如是所成唯識性、相，誰依幾位？如何悟入？」謂具大乘二種種性：一、本性種性，謂無始來依附本識，法爾所得無漏法因；二、謂習所成種性，謂聞法界等流法已，聞所成等熏習所成。具此二性方能悟入。何謂五位？一、資糧位，謂修大乘順解脫分，依識性、相能深信解。其相云何？頌曰：「乃至未起識，求住唯識性，於二取隨眠，猶未能伏滅。」二、加行位，謂修大乘順決擇分，在加行位能漸伏除所取、能取。其相云何？「現前立少物，謂是唯識性，以有所得故，非實住唯識。」三、通達位，謂諸菩薩所住見道，在通達位如實通達。其相云何？「若時於所緣，智都無所得，爾時住唯識，離二取相故。」四、修習位，謂諸菩薩所住修道，修習位中如實見理，數數修習。其相云何？「無得不思議，是出世間智，捨二麁重故，便證得轉依。」五、究竟位，謂住無上正等菩提，出障圓明，能盡未來化有情類。其相云何？「此即無漏界，不思議善常，安樂解脫身，大牟尼名法。」

沈玄明《成唯識論後序》 原夫覺海澂玄，涵萬流而濬宗極；神幾闡妙，被眾象而凝至眞。朗慧日而鏡六幽，洩慈雲而清八宇。演一音而懸解，逸三乘以遐騖，體陳如之半器，津有於鹿園。照善現之滿機，繹空空於鷲嶺。雖絕塵於常斷，詎遺筌於有空，顯無上之靈宗，凝中道於茲教。逮金河滅景，派淳源而不追，玉牒霏華，緒澆風而競扇。於是二十八見迷，桑鳫於五天，一十六師亂，雲牛於四主。半千將聖，茲惟世親寔賢劫之應眞，晦生知以提化，飛光毓彩誕暎資靈，曜常明於八蘊，藻初情於六足，秀談芝於俱舍，摽說有之餘宗，攝玄波於大乘，賁研空之至理，化方昇而照極，湛沖一於斯頌。唯識三十偈者，世親歸根之遺製也。理韜淵海，泛浮境於榮河；義欝煙飈，麗虹章於玄圃。言含萬象，字苞千訓，妙旨天逸，邃彩星華，幽緒未宣，冥神絕境，孤明斂暎，祕思潛津。後有護法、安慧等十大菩薩，韞玄珠於八藏，聳層搆於四圍，宅照二因，捿清三觀，升暉十地，澄智水以潤賢林，隣幾七覺，皎行月而開重夜，優柔芳烈，景躅前修，箭涌泉言，風飛寶思，咸觀本頌，各裁斯釋，名曰成唯識論，或名淨唯識論，空心外之二取，息滯有之迷塗，有識內之一心，遣歸空之妄執，晦斯心境，苦海所以長淪，悟彼有空，覺岸於焉高蹈，九十外道，亂風轍而靡星旗，十八小乘，軔𢧐軒而扶龍轂，窮神體妙，詣賾探機，精貫十支，洞該九分，顧十翼而搏仙羽，頫九流以濬瓊波，盡邃理之希微，闡法王之奧典，稱謂雙絕，筌象兼忘，曜靈景於西申，閟虹光於震旦，濟物弘道，眇歸宗德，粵若大和上三藏法師玄奘，體睿舍眞，履仁翔慧，九門禪宴，證靜於融山，八萬玄津，騰流於委海，疊金牆而月曜，峻玉宇而霞騫，軼芳粹於澄蘭，孕風華於龍翼，悼微言之匿彩，嗟大義之淪暉，用啟誓言，肆茲遙踐泳祥河之輟水，攀寶樹之低枝，循鏤杠以神遊。躝霙峯而安步，昇紫階而證道，瞰玄影以嚴因，採奧觀奇，徒蒼龍於二紀，緘檀篆貝。旋白馬於三秦，我大唐慶表金輪，禎資樞電，奄大千而光宅，御六辯以天飛，神化潛通，九仙賫寶，玄猷旁闡，百靈聳職，凝旒邃拱，沓通夢於霄暉，掞組摛華，煥騰文以幽贊。爰降綸旨，溥令翻譯。

勑尚書左僕射燕國公于志寧、中書令高陽公許敬宗等潤色，沙門釋神泰等證義，沙門釋靖邁等質文，肇自貞觀十九年，終于顯慶之末，部將六十，卷出一千，韜軼蓬萊，池湟環渤，載隆法寶，大啟群迷，頌德序經，並紆宸藻，玄風之盛，未之前聞，粵以顯慶四年龍捿叶洽，玄英應序。厥閏惟陽，粹茲十釋四千五百頌，彙聚群分，各遵其本，合爲一部，勒成十卷，月窮于紀，銓綜云畢，精括詁訓，研詳夷夏，調驚韶律，藻掞天庭，白鳳甄奇，紫微呈瑞。遂使文同義異，若一師之製焉，斯則古聖今賢，其揆一也。三藏弟子基，鼎族高門，玉田華胄，壯年味道，綺日參玄，業峻林遠，識清雲鏡。閑儀玉瑩，陵道邃而澄明；逸韻蘭芳，掩法汰而飛辯。緒僊音於八梵，舞霄鶴以翔禎；摛麗範於九章，影桐鸞而絢藻。昇光譯侶，俯潛叡而融暉；登彩義徒，顧猷暢而高視。秀初昕之琁景，晉燭玄儒；矯彌天之絕翰，騰邁眞俗。親承四辯，言奬三明，疏發戶牖，液導津涉，纘功資素，通理寄神，綜其綱領，甄其品第，兼撰義疏，傳之後學。庶敎皤黃陸，跨合璧於龜疇，祥浮紫宮，掩連珠於麟籀，式罄庸謏敍其宗致云。

窺基《成唯識論述記》卷一（本） 竊以六位精微，資象翼而筌理。二篇玄妙，藉蒙列以探機。況乎非有非空，息詮辨於言蹄之外；不生不滅，絕名相於常寂之津。至覺迥照其宗，將聖獨甄其宰，無言之言風驚，韜邃彩而月玄。非有之有，波騰湛湽章而海濬匪屬具體隣智渲賾釣深，則空性了義幾乎息矣。《唯識三十頌》者，十支中之一支，天親菩薩之所製也。白虹飛祲，素豪銷景。綫華奥旨，舛鳳訛風，貝葉靈篇，乖魚謬日。顧惟法寶斯文行墜，誕茲融識秀迹傳燈。晦孤明於《俱舍》，示同塵而說有。解惠縛於《攝論》，表縱聖而談空。鑒洽智周，窮神盡叡。研精此頌，用標玄極。釋文未就，歸眞上遷。義繁文約，泉源重祕。爰有護法等十大菩薩，激情七轉。激河辨而贊微言，遊神八藏，振金聲而流妙釋。淨彼眞識，成斯雅論，名曰《成唯識論》，或名《淨唯識論》。義苞權實。陵鷲巘而飛高；理洞希夷。揜龍宮而騰彩，總諸經之綱領，索隱涵宗；括眾論之菁華，掇奇提異。風飛三量而外道靡旗，泉涌二因則小乘亂轍。故以儀天地而齊載，孕日月而融明，豈只與潢河爭流，雷霆競響而已。在昔周星閟色至道鬱而未揚。漢日通暉像教宣而遐被。譯經律義，繼武聯蹤。多覿葱右之英，罕聞天竺之秀。音韻壤隔，混宮宇於華戎；文字天懸，昧形聲於胡晉。雖則髣髴糟粕，未能曲盡幽玄。大義或乖，微辭致爽。鴻疑碩滯，霧擁雲凝。幽絢屢彰，其詳可略。惟我親教三藏法師玄奘，含章拔萃，燭榑景於靈臺，蓄德居宗，涌談漪於智沼。鶩三輪之寶躅，迥晉金沙；澄八解之眞波，邃清玉井。忘軀殉法，委運祈通。冥契天眞，微假資習。匪擿靈而顯異，固蘊福而延祥。備踐神蹤，窮探祕府，先賢未覿，咸貫情樞。曩哲所遺，並包心極，誓志弘撫，言旋舊邦。德簡帝心，道延天藻。遂此寶偈南贊，金牒東流。暢翳理於玄津，蕩疑氛於縟思。顯標三藏，殫駕一人。擢秀五天，陵揜千古。詎與夫家依驤譽，空擅美於聲明，童壽流芳，徒見稱於中觀，云爾而已矣。斯本彙聚，十釋群分。今總詳譯，糅爲一部，商搉華梵，徵詮輕重。陶甄諸義之差，有叶一師之製。成唯識者，舉宏綱旌一部之都目。復言論者，提藻鏡簡二藏之殊號，成乃能成之稱，以成立爲功。唯識所成之名，以簡了爲義。唯有識大覺之旨隆，本頌成中道之義著。唯謂簡別遮無外境，識謂能了詮有内心。識體即唯持業釋也。識性識相皆不離心。心所心王，以識爲主，歸心泯相，總言唯識。唯遮境有，執有者喪其眞；識簡心空，滯空者乖其實。所以晦斯空有，長溺二邊，悟彼有空，高履中道。三十本論名爲唯識。藉此成彼，名成唯識。唯識之成，以彰論旨。三摩娑釋，依士立名。蘇漫多聲屬主爲目。論則賓主云烈，旗鼓載揚。幽關洞開，妙義斯賾。以教成教，資教成理，即成是論持業釋也。以理成理，因理成教，是成之論依士釋也。基學慚融愷，忝倍譯以操觚。業謝顔游，謬廁資於函杖。屬諸雅吹，誠事濫竽。顧異良工，叨暉蘊玉。凡斯纂敍，備受指麾。庶玄鑒來英，鏡詳幽致爾。【略】

述曰，初發論端略以五門解釋。一、辨教時機。二、明論宗體。三、藏乘所攝。四、說教年主。五、判釋本文。

彌勒說、玄奘譯《瑜伽師地論》卷一《地分中五識身相應地第一》 云何瑜伽師地？謂十七地。何等十七？嗢拕南曰，五識相應意，有尋伺等三，三摩地俱非，有心無心地。聞思修所立，如是具三乘。有依及無依，是名十七地。一者五識身相應地。二者意地。三者有尋有伺地。四者無尋唯伺地。五者無尋無伺地。六者三摩呬多地。七者非三摩呬多地。八者有心地。九者無心地。十者聞所成地。十一者思所成地。十二者修所成地。十三者聲聞地。十四者獨覺地。十五者菩薩地。十六者有餘依地。十七者無餘依地。如是略說十七。名爲瑜伽師地。

云何五識身相應地？謂五識身自性。彼所依彼所緣，彼助伴彼作業，如是總名五識身相應地。何等名爲五識身耶？所謂眼識耳識，鼻識舌識身識。

云何眼識自性？謂依眼了別色。彼所依者，俱有依謂眼。等無間依謂意，種子依謂即此一切種子。執受所依，異熟所攝阿賴耶識。如是略說二種所依，謂色非色。眼是色餘非色，眼謂四大種所造，眼識所依淨色，無見有對。意謂眼識無間過去識，一切種子識，謂無始時來，樂著戲論，熏習爲因，所生一切種子異熟識。彼所緣者，謂色，有見有對，此復多種，略說有三。謂顯色、形色、表色。顯色者，謂青黃赤白，光影明闇，雲煙塵霧，及空一顯色。形色者，謂長短方圓，麁細正不正高下色。表色者，謂取捨屈伸，行住坐臥，如是等色。又顯色者，謂若色顯了眼識所行。形色者，謂若色積集長短等分別相。表色者，謂即此積集色生滅相續，由變異因於先生處不復重生轉於異處，或無間或有間，或近或遠差別生。或即於此處變異生，是名表色。又顯色者，謂光明等差別。形色者，謂長短等積集差別。表色者，謂業用爲依轉動差別。如是一切顯形表色，是眼所行，眼境界，眼識所行，眼識境界，眼識所緣，意識所行，意識境界，意識所緣，名之差別。又即此色復有三種，謂若好顯色，若惡顯色，若俱異顯色，似色顯現，彼助伴者，謂彼俱有相應諸心所有法，所謂，作意觸受想思，及餘眼識俱有相應諸心所有法。又彼諸法同一所緣，非一行相，俱有相應一一而轉。又彼一切各各從自種子而生，彼作業者，當知有六種，謂唯了別自境所緣，是名初業，唯了別自相，唯了別現在，唯一剎那了別，復有二業，謂隨意識轉，隨善染轉，隨發業轉。又復能取愛非愛果，是第六業。

云何耳識自性？謂依耳了別聲。彼所依者俱有依，謂耳，等無間依，謂意，種子依，謂一切種子阿賴耶識，耳謂四大種所造，耳識所依淨色，無見有對，意及種子如前分別。彼所緣者謂聲，無見有對，此復多種，如螺貝聲大小鼓聲，舞聲歌聲諸音樂聲，俳戲叫聲女聲男聲，風林等聲，明了聲不明了聲，有義聲無義聲，下中上聲，江河等聲，鬪諍諠雜聲，受持演說聲，論義決擇聲，如是等類有衆多聲。此略三種，謂因執受大種聲，因不執受大種聲，因執受不執受大種聲，初唯內緣聲，次唯外緣聲，後內外緣聲。此復三種，謂可意聲，不可意聲，俱相違聲。又復聲者，謂鳴音詞吼，表彰語等差別之名，是耳所行，耳境界，耳識所行，耳識境界，耳識所緣，意識所行，意識境界，意識所緣，助伴及業如眼識應知。

云何鼻識自性？謂依鼻了別香。彼所依者，俱有依，謂鼻，等無間依。謂意，種子依，謂一切種子阿賴耶識，鼻謂四大種所造，鼻識所依淨色，無見有對，意及種子如前分別，彼所緣者謂香，無見有對。此復多種，謂好香惡香平等香，鼻所嗅知根莖華葉果實之香，如是等類有衆多香。又香者，謂鼻所聞，鼻所取，鼻所嗅等差別之名，是鼻所行，鼻境界，鼻識所行，鼻識境界，鼻識所緣，意識所行，意識境界，意識所緣，助伴及業如前應知。

云何舌識自性？謂依舌了別味。彼所依者，俱有依，謂舌，等無間依，謂意，種子依，謂一切種子阿賴耶識。舌謂四大種所造。舌識所依淨色，無見有對。意及種子如前分別，彼所緣者謂味，無見有對。此復多種。謂苦酢辛甘鹹淡，可意不可意，若捨處所舌所嘗。又味者，謂應嘗應呑應噉，應飲應舐應吮應受用。如是等差別之名，是舌所行，舌境界，舌識所行，舌識境界，舌識所緣，意識所行，意識境界，意識所緣，助伴及業如前應知。

云何身識自性？謂依身了別觸。彼所依者，俱有依，謂身，等無間依，謂意，種子依，謂一切種子阿賴耶識，身謂四大種所造，身識所依淨色，無見有對，意及種子如前分別，彼所緣者，謂觸，無見有對。此復多種，謂地水火風，輕性重性滑性澁性，冷飢渴飽，力劣緩急病老死蛘，悶粘疲息軟怯勇，如是等類有衆多觸。此復三種，謂好觸惡觸，捨處所觸，身所觸。又觸者，謂所摩所觸，若鞕若軟，若動若煖，如是等差別之名，是身所行，身境界，身識所行，身識境界，身識所緣，意識所行，意識境界，意識所緣，助伴及業如前應知。

復次雖眼不壞，色現在前，能生作意。若不正起，所生眼識必不得生，要眼不壞，色現在前，能生作意，正復現起，所生眼識，方乃得生。如眼識生，乃至身識應知亦爾。

復次由眼識生，三心可得。如其次第，謂率爾心，尋求心，決定心，初是眼識，二在意識，決定心後，方有染淨。此後乃有等流眼識，善不善轉，而彼不由自分別力，乃至此意不趣餘境，經爾所時，眼意二識，或善或染相續而轉，如眼識生，乃至身識，應知亦爾。

復次應觀五識所依，如往餘方者所乘，所緣如所爲事，助伴如同侶，業如自功能，復有差別，應觀五識所依，如居家者家，所緣如所受用，助伴如僕使等，業如作用。

許敬宗《瑜伽師地論》卷一《後序》　原夫三才成位，爰彰開闢之端，六羽爲君，猶昧尊卑之序，訊餘軌於襄陸，淪胥靡徵，考陳跡於懷英，寂寥無紀。曁乎黃軒振武，玄頊疏功。帝道盛於唐虞，王業著於殷夏。葳蕤玉冊，照耀金圖，茂範曾芬，詳諸歷選。然則基神襲聖衍慶擒和，軼三代而孤標，掩百王而迥秀。我唐皇帝，無得而稱矣。斷鼇初載，萬有於是宅心；飛龍在辰，六幽於是仰德。偃洪流而恢地絡，練清氣而緝天維。散服韜戈，扇無爲之道，移澆反璞。弘不言之化，悠悠庶類；叶夢於華胥，蠢蠢懷生。遂性於仁壽，大禮大樂，包曲臺而掩宣榭，宏謨宏典，澄璧水而藻環林，瑞露禎雲，翊紫空而表貺，祥鱗慶翼，繞丹禁而呈符。歲精所記之州，咸爲疆埸；暄谷所謨之縣，並入隄封，廣闢輶宮，被文軌於殊俗，還開姬弈，均正朔於王會，大業成矣。大化清矣。於是遊心羽陵，寓情延閣，總萬籤於天縱，資一貫於生知，洞照神襟，深窮性道，俯同小伎，則絢發三辰，降習微毫，則妙逾八體，居域中之大寶，畢天下之能事，雖則甲夜觀書，見稱優洽，華旦成曲，獨擅風猷，仰挍鴻徽，豈可同年而語矣。

有玄奘法師者，胎彰辯慧，躡身子之高蹤，生稟神奇，嗣摩什之芳軌。爰初束髮，即事抽簪。迥出蓋纏，深悟空假。研求四諦，嗟謬旨於眞宗；鑽仰一乘，鑒訛文於實相。遂迺發弘誓願，起大悲心，思拯迷途，親尋正教。幸屬時康道泰，遠安邇肅，裂裳裹足，直趣迦維，闡皇澤於遐方，徵釋教於前域，越葱嶺之外，猶跬步而忘遠。遵竹園之左，譬親受而何殊。訪道周遊，十有七載，經途所亘，百有餘國。異方之語，資一音而並貫；未譯之經，罄五財而畢寫。若誦若閱，喻青蓮之受持；半句半偈，隨白馬而俱返。以貞觀十九年，持如來肉舍利一百五十粒，佛像七軀，三藏聖教要文凡六百五十七部。二月六日還至長安，奉勅於弘福寺安置，令所司供給，召諸名僧二十一人學通內外者，共譯持來三藏梵本。至二十一年五月十五日，肇譯《瑜伽師地論》。論梵本四萬頌，頌三十二字，凡有五分，宗明十七地義，三藏法師玄奘，敬執梵文譯爲唐語，弘福寺沙門靈會、靈雋、智開、知仁，會昌寺沙門玄度，瑤臺寺沙門道卓，大總持寺沙門道觀，清禪寺沙門明覺，烝義筆受，弘福寺沙門玄謨，證梵語，大總持寺沙門玄應，正字，大總持寺沙門道洪，實際寺沙門明琰，寶昌寺沙門法祥，羅漢寺沙門惠貴，弘福寺沙門文備，蒲州栖巖寺沙門神泰，廓州法講寺沙門道深，詳證大義，本地分中，五識身相應地意地，有尋有伺地，無尋唯伺地，無尋無伺地，凡十七卷。普光寺沙門道智，受旨證文，三摩呬多地，非三摩呬多地，有心無心地，聞所成地，思所成地，修所成地，凡十卷。蒲州普救寺沙門行友，受旨證文，聲聞地初，瑜伽種姓地盡第二瑜伽處，凡九卷。玄法寺沙門玄賾，受旨證文，聲聞地第三瑜伽處盡獨覺地，凡五卷。汴州眞諦寺沙門玄忠，受旨證文，菩薩地，有餘依地，無餘依地，凡十六卷。簡州福眾寺沙門靖邁，受旨證文，攝決擇分，凡三十卷。大總持寺沙門辯機，受旨證文，攝異門分，攝釋分，凡四卷。普光寺沙門處衡，受旨證文，攝事分，十六卷。弘福寺沙門明濬，受旨證文。銀青光祿大夫，行太子左庶子，高陽縣開國男，臣許敬宗奉詔監閱。至二十二年五月十五日，絕筆，總成一百卷。佛滅度後，彌勒菩薩自覩史多天宮，降于中印度阿瑜他國，爲無著菩薩之所說也。斯固法門極地，該三藏之遺文。如來後心，暢五乘之奧旨，玄宗微妙，不可思議，僧徒並戒行圓深，道業貞固，欣承嘉召，得奉高人，各罄幽心，共稟新義，隨畢奏上，有感宸衷，爰降殊恩，親裁鴻序，情超繫象，理絕名言。皇太子，分耀黃離，纘基青陸。北搖傳樂，仰金聲而竊愧；東明御辯，瞻玉裕而多慚。九載勤經，漢儲斯陋，一朝成賦，魏兩韜英。既睹天文，頂戴無已，爰抽祕藻，讚歎功德。紆二聖之仙詞，闡三藏之幽鍵。載揚佛日，式導玄津。開夏景於蓮華，法流逾潔；泛春光於貝葉，道樹增輝。冀夫聖藻長懸，與天地而無極；眞如廣被，隨塵沙而不窮。凡厥含靈，知所歸矣。

玄奘譯《瑜伽師地論釋》 今說此論，所爲云何？謂有二緣，故說此論。一爲如來無上法教久住世故。二爲平等利益安樂諸有情故。

復有二緣，故說此論。一爲如來甘露聖教已隱沒者，憶念採集重開顯故。未隱沒者，問答決擇，倍興盛故。二爲一切有情界中有種姓者，各依自乘修出世善，得三乘果，出生死故，無種姓者，依人天乘，修世間善，得人天果，脫惡趣故。

復有二緣，故說此論。一者或有於多說空不了義經，如言計著撥無，一切憎背有教，爲令隨悟諸法有相，解經密意捨無見故。二者復有於多說有不了義經，如言計著執有，一切厭怖空教，爲令隨悟諸法無相，解經密意捨有見故。

復有二緣，故說此論。一爲成就菩薩種姓補特伽羅，唯依大教，遍於諸乘文義行果，生巧便智，斷一切障，修一切善，證佛菩提，窮未來際，自他利樂無休廢故。二爲成就二乘種姓，及無種性補特伽羅，亦依大教，各於自乘文義行果，生巧便智，斷煩惱障，伏諸蓋纏，修自分善，得自乘果，出離三界諸惡趣故。

復有二緣，故說此論。一者或有宿習，無知猶豫顛倒，執着外道小乘邪教，故於大乘不能信解，爲善分別大乘法相，令其信解了達，決定離顛倒故。二者復有聞諸契經種種意趣甚深難解，其心迷亂誹毀不信，爲善開示令生信解饒益彼故。

復有二緣，故說此論。一爲攝益樂略言論勤修行者，採集眾經廣要法義，略分別故。二爲攝益樂廣言論勤說法者，於一一法，開示無邊差別義故。

復有二緣，故說此論，一爲開顯諸法實相，問答決擇立正論故。二爲滅除一切妄執，問答決擇破邪論故。

復有二緣，故說此論。一爲顯了遍計所執情有理無，依他起性圓成實性理有情無，令捨增益損減執故。二爲顯了世間道理，證得勝義法門差別，令修二諦無倒解故。

復有二緣，故說此論。一爲開闡隨轉眞實二種理門，令知二藏三藏法教不相違故。二爲開闡因緣唯識無相眞如四種理門，令修觀行有差別故。

復有二緣，故說此論。一爲示現境界差別，令知諸法自性相狀位差別故。二爲示現修行差別令知三乘方便根本果差別故。

如是等類，所爲諸緣，處處經論，種種異說，當知皆是此論所爲。

今說此論，所因云何。謂諸有情無始時來，於一切法處中實相，無知疑惑顛倒僻執，起諸煩惱，發有漏業，輪迴五趣，受三大苦。如來出世，隨其所宜，方便爲說種種妙法處中實相。令諸有情知一切法，如是如是空故非有，如是如是有故非空，了達諸法非空非有，遠離疑惑顛倒僻執，隨其種姓，起處中行，漸次修滿，隨其所應，永滅諸障，得三菩提，證寂滅樂。佛涅槃後，魔事紛起，部執競興，多著有見。龍猛菩薩證極喜地，採集大乘無相空教，造《中論》等，究暢眞要，除彼有見。聖提婆等諸大論師，造《百論》等，弘闡大義。由是眾生，復著空見。無著菩薩位登初地，證法光定，得大神通，事大慈尊，請說此論，理無不窮，事無不盡，文無不釋，義無不詮，疑無不遣，執無不破，行無不修，果無不證，正爲菩薩，令於諸乘境行果等，皆得善巧，勤修大行，證大菩提，廣爲有情，常無倒說，兼爲餘乘，令依自法，修自分行，得自果證。如是略說，此論所因。

今說瑜伽師地論者，名義云何。謂一切乘境行果等所有諸法，皆名瑜伽。一切並有方便善巧相應義故。

境瑜伽者，謂一切境，無顛倒性，不相違性，能隨順性，趣究竟性，與正理教，行果相應，故名瑜伽。此境瑜伽，雖通一切，然諸經論，就相隨機，種種異說，或說諸法四種道理，名爲瑜伽，觀待作用，法爾證成，總攝一切正道理故。或說二十四不相應行中，一名瑜伽，因果相稱無乖違故。此二並如決擇分等處處廣說。或說雜染清淨無性，名爲瑜伽，除違契順最爲勝故，如《大梵問契經》等說，諸瑜伽師，觀無少法可令其生及可令滅，亦無少法欲令證得及欲現觀，謂於一切雜染無性瑜伽中行，觀無少法可令其生及可令滅，及於一切清淨無性瑜伽中行，觀無少法欲令證得及欲現觀。或說究竟清淨眞如名爲瑜伽，理中最極一切功德共相應故，如《入楞伽》契經中說。若觀眞義，除去分別，遠離瑕穢，無有能取，亦無所取，無解無縛，爾時在定，當見瑜伽不應疑慮大義經中，說從一法增至百法，皆名瑜伽。法門雖別義無違故，《廣義經》中，說蘊界處緣起諦等，皆名瑜伽，攝一切境順機宜故，於如是等諸經論中，說一切境，皆名瑜伽，總具四性順四法故。

行瑜伽者，謂一切行，更相順故，稱正理故，順正教故，趣正果故，說名瑜伽。此行瑜伽，雖通諸行，然諸經論，就相隨機，種種異說。如《辯瑜伽師地經》中，正修諸行，說名瑜伽，總攝一切相應行故。《月燈經》中，修三十七菩提分法，說名瑜伽。此於一切順果行中，最爲勝故，於《大分別六處經》中，辨奢摩他毘鉢舍那平等運道，說名瑜伽。如是止觀眾行主故，《海慧經》中修三摩地，說名瑜伽，住心發行此最強故，顯揚論等，信欲方便精進四法，說名瑜伽。作意或智說名方便此四通生一切行故，聞所成地，別辨九道，說名瑜伽，會理除惑，位別勝故，謂世出世，加行無間解脫勝進軟中上道，修所成地，總辨修習諸對治道，說名瑜伽。爲樂略者，總說修故，有處說緣諸地所攝無顛倒智，名爲瑜伽，緣諸地法無顛倒智行中勝故。有處復說方便善巧或唯方便，名爲瑜伽，作意與智發行勝故，或就最初發悟勝故。《功德實性契經》中，說諸緣起觀，名爲瑜伽，緣起觀智於出生死最爲要故。《正行經》中，說正見等八支聖道，名爲瑜伽，趣涅槃城此爲勝故。《毘奈耶經》，說修戒等，名曰瑜伽。戒定慧學因中勝故。《大義經》中，說修一切世出世行分位差別，皆名瑜伽，正行階位相符順故。如是皆說共聲聞行，名爲瑜伽，通證三乘行中勝故。慧到彼岸契經中，說觀空作意，名爲瑜伽發起大行，此最勝故，如彼經言菩薩所有大瑜伽者，謂空作意，菩薩由此空作意故，不墮聲聞及獨覺地，乃至能淨諸佛土等，即彼經中，復說般若波羅蜜多，名勝瑜伽，導大乘行，此殊勝故，如彼經言菩薩所有諸瑜伽中，慧度瑜伽，最上最勝，廣說乃至，是無等等。何以故。如是般若波羅蜜多，是爲無上，瑜伽法故，餘處說此慧度所攝，無分別定，名爲瑜伽，能發一切勝功德故。餘處復說菩薩所有殊勝慧悲平等雙轉，名爲瑜伽，能證無住大涅槃故。如是等說，諸不共行，名爲瑜伽，能證無上佛菩提故，於如是等諸經論中，說一切行，皆名瑜伽，具上所說四種義故。

果瑜伽者，謂一切果，更相順故，合正理故，順正教故，稱正因故，說名瑜伽。此果瑜伽，雖通諸果，然諸經論，就相隨機，種種異說，分別義經，說力無畏不共佛法，名曰瑜伽，能伏諸魔，制諸異論，勝餘乘故。《殊勝經》中，說佛所證無住涅槃，名爲瑜伽，盡未來際，無所住故。《大義經》中，說如來地無分別智，及以大悲，名爲瑜伽，自利利他，常無盡故，辨說瑜伽師地經中，佛地功德，皆名瑜伽，窮於法界無斷盡故。《分別三乘功德經》中，三乘果德，名爲瑜伽，皆與正理等相應故。讚佛論說三身三德皆是瑜伽，一切果德不相離故。《集義論》說，果位所攝，有爲無爲諸功德聚，皆是瑜伽，等至究竟和合位故。於如是等諸經論中，一切果德，皆名瑜伽，具上義故。如是聖教，亦名瑜伽，稱正理故，順正行故，引正果故。有義正取三乘觀行，說名瑜伽。數數進修，合理順行，得勝果故，境果聖教，瑜伽境故，瑜伽果故，論瑜伽故，亦名瑜伽。如是此論瑜伽兩字尚遍擾動，聖言大海，何況具說。瑜伽師地，恐難受持，故且略說。三乘行者，由聞思等，次第習行如是瑜伽，隨分滿足，展轉調化諸有情故，名瑜伽師，或諸如來，證瑜伽滿，隨其所應，持此瑜伽，調化一切聖弟子等，令其次第修正行故，名瑜伽師。地謂境界，所依所行，或所攝義，是瑜伽師，所行境界，故名爲地，如龍馬地，唯此中行，不出外故。或瑜伽師，依此處所，增長白法，故名爲地。如稼穡地。或瑜伽師地所攝智，依此現行，依此增長，故名爲地，如珍寶地。或瑜伽師，行在此中，受用白法，故名爲地，如牛王地，或諸如來名瑜伽師，平等智等行在一切無戲論界無住涅槃瑜伽中故，是彼所攝，故名爲地。或十七地，攝屬一切瑜伽師故，如國王地。是故說名瑜伽師地，問答決擇諸法性相，故名爲論。欲令證得瑜伽師地，而說此論，故以爲名，如《對法論》。或復此論，無倒辯說瑜伽師地，故以爲稱，如《十地經》。或復此論，依止此地，故以爲號，如水陸花。由是論名《瑜伽師地》。

教理分部

瑜伽師地

綜　述

窺基《瑜伽師地論略纂》卷一（論本第一第二）下　此論文義繁廣，不可解盡理源。其間難文義違宗緒，分段皆備解釋，餘皆略之。論初十七地，已前自有《釋論》一卷，故即略而不廣。妨難及不盡之處，今粗而敘出。

將解論文以六門料簡。一敘所爲。二彰所因。三明宗緒。四顯藏攝。五解題目。六釋本文第一所爲。釋有十解。略集施言法。情開空有。性通不信迷。略顯等三四二四境行果。餘如樞要。故略不述。【略】

釋解五識，從根立名。有三義。一不共，二親，三同時。《對法》《唯識》云，隨根立名，具五義故身有三義，形礙依身。依體聚義決擇分言，五識所依有形礙故，由此名身，若爾眼等何不名身，獨身名身，前四依身，身爲所依，故獨名身。若爾，心亦依身而轉，何不名身？有色界中心依身轉，無色不爾，眼等必依身根方有，故可名身。又依體聚義故並名身，如六思身六識身等，前二不共，此乃通名，相應有三義。一依義，二時等，依等，處等，事等，三攝屬義。

意地三義，一六根中意，二六識中意，三第七意攝，如次配之，然六識亦得名身，此第二釋，猶如心受，唯名爲意不與身名者，自體依聚識可名身，所依非色故名心受，初後二解，略故不說，身相應言，由此不說心識二地。

有尋等地有三義，有評家，第二師云，中間靜慮尋已離欲者，如欲界入不淨觀，暫析伏貪非六行離。釋論稍難，至第四卷釋地名中，當廣顯之，第三師釋，初師所引文中，唯說上界三無心，不說下地無心悶眠者，略解麁相，義彰可知，彼卷未自解，五重無心中當具顯。

等引有三義，一等能引，二引於等，三等所引。若依正義，前二唯有心，後一通無心，等引非等引，總攝一切有心無心定位所有功德，故頌言俱。俱言即顯相應義故。相應三義，如前已說。地體亦有三義，有評家，有無心地有五義，有實義釋名如釋。如是即顯五識身地，隨其所應，有無漏位通，以有漏無漏五蘊爲性，以俱有依通七八故。此論文略不取無爲，望其五識，無攝屬故，勢疎遠故，意地通以一切有爲無爲諸法爲體。第六意識能遍緣故，有尋等三地，皆唯以有爲通有無漏，隨其上下三地，所有諸法爲體論依上下地。出三地體，不說無爲三地故。或隨所應，彼地所證亦通無爲，三摩四多地，通以上二界地有心無心，有漏及無漏五蘊功德，以爲體性。《論》云三摩地俱，俱即相應攝屬之義。釋論又云，如是二地，總攝一切有心無心定位所有功德，非三摩四多地，不唯在欲，亦通上二界，唯有漏有爲五蘊爲性，釋論雖言翻前易了，觀彼地本論文，有漏七作意，皆是此地。論云，或不清淨故名不定地，唯得世間定，未永害隨眠諸心心所故，以上界及欲界，一切有漏法，以爲自性，有心無心二地。《論》有五翻釋，就實義中，無心地唯無爲無餘涅槃爲體，有心地通以有爲無爲諸法爲體，不說有餘涅槃，爲無心地體故。此依二乘，若在佛位，其無心地，亦通二滅，亦通有爲，菩提猶在，無有漏心，名無心故。餘之四門，準文釋義。

聞思二地。若說二乘。隨其所應，以有漏無漏五蘊爲體，釋論解云，如是三地，用三慧品心心所等，及所得果，以爲自性，無爲非是二乘二慧親所得果，故非地體，無漏由彼二慧熏種，故爲地性。若依菩薩，二所成地亦通無爲，十地經說，八地已上一切菩薩所聞諸法，能堪，能思，能持。天親解云，此則三慧如次配之，既於無漏相續修慧，即成聞思，聞思此念內成無爲故爲地體，修慧理通，故不待說取所成果爲地體故，泰師云，八地已去，體唯取修慧，義說聞思，聞思唯有漏。又即修慧外聞名聞，內思名思，修證名修，與聞思相似借彼名故說爲聞思，聞思唯有漏。景師云，八地已上有有漏心，故成聞思，不爾云何淨土聽法，不起無記不善二心，於曾得法不起加行，於未曾得，聞思爲先亦有加行，無加行者，謂所曾得。靈雋師傳西方云，合有兩解，一同前義，二同後義，今取八地已上，無漏相續，菩薩利根，一修慧中，能起三用，即名三慧，理亦無失，如下地中喜樂二受，雖各別體，初二禪中，即便同體，四地已前，眞俗二智體雖各別。五地已後即許同體。故二乘等二慧別體。八地已上，其體乃同。餘說聞思唯有漏者，據二乘說，聲聞獨覺菩薩三地，隨其所應，各取自種子現行，有漏無漏，有爲無爲，隨順自乘善法爲體，不定種姓，所修成法爲後乘因，亦無過失，釋解聲聞名中，唯有自乘，無波羅蜜聲聞名。《法華經》中，以佛道聲，令一切聞，即爲二矣。

有餘依地，二乘無學所有，有漏無漏諸法爲性，無餘依地，二乘唯以眞如爲性，餘依無故，佛身有餘，前後兩解，無餘三解。今取正義，佛身有爲功德，有餘依攝，無爲功德，無餘依攝，如論具陳。此中所述十七地體，論及釋文有者，依論釋解之，文若不合，依理及唯識等文準取，亦無咎矣。

第三境行果。瑜伽配十七地，前九地是三乘境，次六地是三乘行，後二地是三乘果，觀境起行，方證果故。境九爲四，初二地是境體，一切皆以識爲體故，不離識起故，識最勝故。次三地是境相，下上麁細境相異故。次二地是用，定散二時作用別故。後二地是位，有心無心兩位別故。或九爲三，前五如前，後之四地合名爲用，作用位次二二別故，前體依相方始得起，位次別故。又即前體類別爲二，易知難知爲前後，麁細成三，三品爲前後，定散爲兩，勝劣爲前後，有無心二，顯隱爲前後，故總成境次第如是。行六地中，初三通行三乘，皆修三慧行故。初中後起以爲前後，後三別行，機隨修法成自乘故，劣勝小大方便根本，以爲前後。果二地中，若依二乘，因亡果喪，果立二門，以爲前後，若至佛身，菩提涅槃

分成兩異，以爲前後。【略】

續善，續善根已，即命終故。今者不然，在中有既得續善，其轉不轉，俱不遮故。設受彼果，而續善根，亦乖何理，豈無記果，違善根耶？善根設生，亦復不定，不從彼沒。彼又說言，緣力斷善根，地獄生時，續斷勢弱故，因力斷善根，地獄死時，續因力強故。又意樂壞，非加行壞，斷善根者，是人現世能續善根。若意樂壞，加行亦壞，斷善根者，要身壞後，方續善根，見壞或不壞，其義亦爾，雖無文說北洲六天，畜生餓鬼，亦續善不生，故既不定。故不說之，更應思勘。

窺基《瑜伽師地論略纂》卷一（論本第一第二）下　又：眾名有十一。界者，因義，持自體義，種姓者，類別義。自性者，體義。因者，建立果義。薩迦耶者，虛僞可破壞義。戲論者，分別義所分別故。阿賴耶者，所愛著義取者，所取義，苦者，逼迫義，薩迦耶見及我慢所依處者，我見我慢依生處。又般涅槃時已得轉依等者，此說入無餘位，染種所依，前已轉捨無，謂無間道，善無記種，轉令緣闕畢竟不生，果體既無，隨意入滅，名爲轉得內緣自在。又善無記種，由煩惱種緣之成縛，得有餘涅槃時，轉捨一切染種所依，善無記種，既離緣縛，得生果自在，更無硬澁，各令緣闕。

唯識種子

綜　述

窺基《瑜伽師地論略纂》卷一（論本第一第二）下　一界之中成三界種者，攝在本識，性同無記，用歸體故，見相類別，界繫全殊，業果不同，報非報異，亦如《唯識》第二論疏。三熏習種生果別中，種子識自體，樂著戲論爲勝因者，名言種子也。於生族姓等淨不淨業爲勝因者，有支種子也。凡於自體計我慢等者，我執種子，即廣前三因於胎分中。有自性受不苦不樂等者，則阿賴耶識相應捨受，是異熟主，擔負餘受，名自性受，異熟生者，從眞異熟所生，體非異熟，異熟之義，如唯識疏第二。

又種子體無始時來等者，護月云，種子本有，由新熏發方生，故名爲新，此文爲正。難陀云，此說名言。本識親種，無始新熏，不能自得異熟果，要由淨不淨業新熏招集，方乃能生，故名爲新。護法解云，名言種子。法爾舊成，無有支熏，不能得果，新舊合用，其果方生，望業招集，與其新名，非名言種，無始時無，要熏方生，故名言種。無受盡相，復數逢緣，數生果故。有支種子，名有受盡相，有頹歇故。若果未生，名未受果，若果已生，名已受果。

又諸種子未與果者或順生或順後受等者，此說種子未生果者，或順生受，或順後受，雖經多劫，而未得果，種不滅沒，後還能生，隨遂自體，雖餘果生，要由自種者，如異熟體，雖待餘業現餘緣等，其果方生，要由自名言種，起親因緣故。又諸種子別於此身應受異熟緣差不受等者，此說現在順現受業中，報定時不定種子，緣差現在未得受果，雖於餘生方始受果，亦唯住在順現受位，不名順餘受種，即是順現報定時不定業。或是三時諸業種子，現身應熟，緣差不受，順不定受，故仍依舊位住，名三時不定業。是故一一身中，有三時業種。《顯揚論》說，業有三。謂順現受生受後受，或分爲四，加不定受，或開爲五，不定受中，離時及報定與不定，爲二業故。此文不說順現受者，意說，多時不受果種，雖經多劫，而不腐敗，故不說現。又從初爲名，亦有多時順現受種，雖不得果，亦不舊敗，唯別報故。三時通總，故不說現，順生受種，應次身受，而言經多劫雖未受果，不腐敗者，如順生受業，應受人中多生，始受一生，便造惡業，生惡趣中，人果未受，惡趣果盡，還受人果，即是順生業雖經多劫，而不腐敗也。餘準可知。

一心刹那

綜　述

窺基《瑜伽師地論略纂》卷一（論本第一第二）下　又：一心刹那

者。意說，於一境中專一性心，雖多念仍名一心。又以前後性類相似名一心。

又意識任運散亂緣不串習境下，明五心緣境之世，此有二說，一云，意識非強分別，而任運生，不在定中，而散亂生，若緣不串習境，不與別境欲等俱生，爾時意識，創緣於境，名率爾墮心，無希望故，不名緣未來，雖緣現在，但是曾得境種類故，唯名緣過去境，此說獨生意識，初率爾心所起行相，緣於過去境種類故，名緣過去，若強分別，及在定心，緣串習境，與欲等俱，此意識率爾心，緣世不定，其五識率爾墮心無間，所生意識，謂尋求決定，唯應說緣現在境，刹那論之，實緣過去，依分位三世，及依親所緣相，唯應說緣現在設有難云，尋求決定。並緣前念五識境生。緣過去世。云何今言緣現在故論通言。若此即緣彼境生，謂若此二心，即緣彼前念五識所緣之境，應名緣過去，但以相似相續，在現在世，爲此尋求決定二心之所緣，取應名緣現在，非於本質，不名緣過去，此意影顯五識率爾，唯緣現在，意識率爾之尋求決定，亦緣過去二解名率爾墮心已前，釋意識率爾墮心，前來未釋意識率爾故，若強分別，及定心，并串習境，有欲等生，爾時意識，不名率爾墮心，若任運等，乃至無欲等生，方名率爾故，前來未說意率爾心，故今說也。

唯識无境

綜　述

窺基撰《瑜伽師地論略纂》卷一（論本第一第二）下　又：唯緣過去境五識無間下，此釋五識後尋求決定，意識取前念五識本質境故，唯緣過去境，由此意識所緣前率爾境之影像，相似相續，在尋求決定二心上現故，唯應說緣現在境，即從本質，唯緣過去，若從影唯緣現在，其意識率爾心，緣現在境，其理何疑，總說緣過去，便招妨難，故應長讀，唯緣過去下文，攝屬尋求決定二心，其緣現在，亦屬二心，義道便遠，亦無妨難，若此緣現在境心，即緣彼過去境生，故通二世，本質影像，有差別故，染淨等流，必隨前轉，故知二心，亦緣現在。餘世五心，復亦不定。

又識能了別事之總相等者，《成唯識》云，心於所緣，唯取總相，心所於彼，亦取別相，助成心事，得心所名，如畫師資作摸填綵，心王不能取境別相，但取總境，心所非但取境總相，亦取境上隨應別相，故此說言即此所未了別等。《唯識》解云，此言表心所，亦取境總相，此總境上，所未了別，境之別相。

所了境相其能了別者，說名作意，即顯作意取諸心所所取別相，皆如彼說，此中但說心起必俱故，唯說遍行心所行相，由此兼顯遍行別境，通三性心，行相增強，偏說體業，餘略不論，並如《唯識》。境之分齊，是言說因，想能取之，境上順理違理之相，是三業行因，由思能取，雖諸心所皆能通取，就偏增說，亦不相違。

作意謂心迴轉，觸三和等，皆如唯識第三卷初，迴轉者，起動義，彼云應非遍行，非爲切理。定令心一境，名心一境性。觸業唯受想思爲所依者。《唯識》解云，思於行蘊爲主勝故，實通爲依。

唯識三世

綜　述

窺基《瑜伽師地論略纂》卷一（論本第一第二）下　又：世中有三。一道理三世。二唯識三世。三神通三世。如《唯識》第三卷疏。

謂諸種子不離法故如法建立者，隨順薩婆多言，種子不離心法，如心法建立三世，彼說種子體即心故，隨順經部言，種子不離色心等法，如色心法建立三世，彼說色心能持種故，今大乘釋，種子不離第八識法，如第八識法，建立三世。又種不離現行之外，倏然有體，如現行法，依種子上建立三世，云何建立，種子之上，當可生果名未來，能生種因名過去，種子自體名現在又現行諸法，多分間斷，種恆相續，種既不離現行諸法，倏然有體，法既有三世，故今種子，如法建立三世之義，此爲總標，建立三世，所依體依種子立，下別釋世義，恐有外難，種既恆有，應非世攝，故如於法，亦世所收。

又由與果未與果故者，此釋過未二世，依現在種子之上立義，現種子上已與果義，名過去，未與果義，名未來，二所依體，名現在，今唯依道理，以辨三世，今大乘中，能爲因義，名爲取果，唯現在世。故《唯識》云，雖因與果，有俱不俱，而現在時，方有因用，若果起時，因付於果，名爲與果，現在種上，有於曾世付果之義，名過去，現未與果當來方付，名未來，現在正取名現在故。

若諸果法若已滅相下，釋依現行建立世義。

唯識转依

綜述

窺基撰《瑜伽師地論略纂》卷五 上辨欲界樂，下辨色界。初靜慮受離生喜樂等者，顯揚第二云，離者謂由修習，對治除斷所治障，所得轉依，即是隨修有無漏定，彼於欲界欲恚尋等，所得轉依無爲名離生者，謂從此所生，謂從此轉依之所生也喜者，謂已轉依者，依於轉識，心悅心勇心適心調安適受，受所攝，謂得轉依已，依諸識轉所得，輕安所生喜受名喜，雖怡五根，亦名爲喜樂者謂已轉依者，依阿賴耶識能攝所依，令身怡悅安適受受所攝，謂即輕安，及彼喜受，雖復不與第八識俱，然依第八能攝受，彼所依之身適悅名樂，即此喜樂，由離所生，名離生喜樂第二靜慮受定生喜樂者，定謂已轉依者，心住一境，即前所得定，生者謂從定所生，喜樂如前，非如初定創初得離，故言定生，初定之先，未有定故。但言離生不言定生第三靜慮受離喜妙樂者。謂或緣離第二欲增上教法。或緣彼教授爲境界。已見第二靜慮喜相過失。而厭離之妙樂者。謂已轉依者。離喜離勇安適受。受所攝。此中不言定生妙樂者。創離喜故名離喜。樂勝

故名妙樂。非初因定而生樂故。雖第二定受，離尋伺之喜樂，喜樂二種，創因定生，從勝爲名，亦無過失其第四定受捨念清淨無動之樂者，離下三定麁染，不動法故，謂初定離憂，二定離尋伺苦，三定離喜，四定離樂及入出息故，名寂靜不動捨清淨者，謂超過尋伺喜樂等，下三定中，一切動故，心平等性，心正直性，心無動轉，而安住性念清淨者，謂超過彼一切動故，心不忘失，而明了性，此二最勝，所以偏說，無色界中空處，離色相，滅有對相，息種種相，識處離空相，緣空處無邊之識，無所有處，離識無邊相，推求識處上境界，無少所得，除無所有，非想非非想處，超無所有想，緣無所有處上境界，唯得無所有極細心心所，由此想故，名極寂靜，隨離下障，名解脫樂。《對法》亦言，寂靜異熱，由彼界中有滅定故，心行細故，無業色故，果長時故，名爲寂靜解脫之樂，此及第四定受，彼身心安適名樂，體非樂受（廣如彼釋）。

習氣

綜述

護法等造、玄奘譯《成唯識論》卷三 此識與幾心所相應，常與觸作意受想思相應，阿賴耶識無始時來乃至未轉，於一切位恆與此五心所相應，以是遍行心所攝故，觸謂三和，分別變異，令心心所觸境爲性，受想思等所依爲業，謂根境識更相隨順故名三和，觸依彼生令彼和合，故說爲彼，三和合位皆有順生心所功能說名變異，觸似彼起故名分別，根變異力引觸起時，勝彼識境，故集論等但說分別根之變異，和合一切心及心所，令同觸境是觸自性，既似順起心所功能，故以受等所依爲業，起盡經說受想行蘊一切皆以觸爲緣故，由斯故說識觸受等因二三四和合而生，瑜伽但說與受想思爲所依者，思於行蘊爲主勝故舉此攝餘，集論等說爲受依者以觸生受近而勝故，謂觸所取可意等相與受所取順益等相，極相隣近引發勝故，然觸自性是實非假，六六法中心所性故，是食攝故。能爲緣故，如受

等性非即三和，作意謂能警心爲性，於所緣境引心爲業，謂此警覺應起心種引令趣境故名作意，雖此亦能引起心所，心是主故但說引心，有說令心迴趣異境，或於一境持心令住故名作意，彼俱非理，應非遍行不異定故。受謂領納順違俱非境相爲性，起愛爲業，能起合離非二欲故。有作是說，受有二種，一境界受，謂領所緣。二自性受，謂領俱觸，唯自性受是受自相，以境界受共餘相故，彼說非理，受定不緣俱生觸故，若似觸生名領觸者，似因之果應皆受性。

窺基《瑜伽師地論略纂》卷二 建立中有三。初因緣果依處立，次釋因緣果義，後有三復次，重顯建立因，初中即三，依處名者，語因即依處，乃至無障礙則依處，皆持業釋，既依依處即建立因隨說，即因乃至不相違即因，亦皆持業，或有不然，如別章解。

體是依處，義稱爲因，義依體立，故說十因依十五處。

出體性者，初語依處，體唯是語，《成唯識》云，謂法名想所起語性，由隨見等，能說衆義，此語名因，顯義果故，語體之上，有能詮用，體爲依處，用則稱因，故言隨說因依語依處立，觀此文意，乍似依他之語，自言說轉。理實不然。初語是依。後語是因。以語說於所見聞等。名爲因故。因想起語。名依處故，欲顯依因，所望各別領受依處，此所觀待能所受爲性，能受則受數，所受則一切法，受是遍行，能領納境分位差別，勝餘法故，故對所受獨立爲性，有得能受而有所受，以能受爲依處，有待所受而有能受，以所受爲依處，有待能受而有能受，以所得爲依處，有待所受而有所受，亦以所待爲依處性，總以能待爲因之果，即以此義釋今論文，以所觀待，而爲因也。故《唯識》云，謂所觀待能所受性，此中論云，於彼生緣，於彼斷緣，或爲遠離，或爲求得，等者遠離彼生緣，求得彼斷緣，論文但有染淨二因，略無無記。習氣依處，以有漏無漏內外所有實種假種未成熟位，而爲自性，去果遠故，此文唯依雜染種說之，淨不淨業引內外果故，不依無記清淨因說，唯識寬通，有潤種依，體同習氣，但成熟位，與前不同，此亦唯說染，染中唯說業，不說名言種，乘前以說故，亦應如唯識攝受因中，無間滅境界依處，即是二緣，根則六根。依用依，謂作具作業，即除因緣所餘疎助，作具作用。士用依，以除因緣外親作現緣，作者作用，此五皆通有漏無漏，故唯識云，具攝受六辨無漏法，此唯說有漏，辨有漏法故。眞見依處，以無漏見爲性，除引自種，於相應法能助，於後無漏能引，於無爲能證，故疎緣攝受，皆除種子隨順依處，以三性有爲有漏無漏，若現若種，自界他界，同品勝品，有爲無爲，自性生，自乘相引能引爲性，此中論云，欲繫善法，能引無色界繫及不繫法者，此依波羅蜜多聲聞獨覺，諸大菩薩，超禪之位，得相引生，《對法》第五，《顯揚》十八，許相生故，下第十二，唯云第三劫菩薩及如來能超一切地，據勝者說。亦不相違。

又言無記法能引三性名隨順。依處者，謂諸種子，略有二性，攝用歸性，可言無記，將因屬果，性乃通三。《唯識》依後義，說此依處其性必同，今依初義，無記生三性，除斯以外現行諸法種望種，更無別性，成隨順因故，彼此文不相乖返差別功能依，以一切有爲，各於自果，有爲能起，無爲能證，而爲自性，此等同性，及得異性，異熟無記果故。今論總說不違餘文，前隨順依，論性即狹，各自性故，談界即寬，引三界故。此差別依，論性即寬，招異熟故，談界即狹，唯各自界，各定別故，前隨順依，望劣非依，此差別依，一切皆得和合依，以第二領受依，乃至差別功德依處爲體，此說果寬通生和合。故《唯識》等，因果俱寬，彼說生住成得四果，成有二種，一立，二辨，攝此成辨無此作因，住謂金輪依風輪等，此論所無，義各別故，所望別故，彼依作用，離體無故，所以不論，此無住者疎故不論，亦不相違也。障礙無障礙二果。皆通二。因寬遍順違有異，法體並同，因依於處，如論自陳，處體既然，因體可悉依種子緣依處施設因緣等者，《唯識》有兩說。一云十五依處中，第三習氣，第四有潤，十一隨順，十二差別，十三和合，十五不障礙，此六依處中，諸因緣種，並名種子緣依處，依之立因緣，除第三四，外餘四依處，所有現行多斷故不說，或亦名種，能辨果故無間滅者，諸依處中，第五無間滅，第十眞見，十三和合，十五不障礙，此四依處中，無間緣義，皆名無間滅依處，依之立等無間緣境界依處者，諸依處中，第六境界依處，第十眞見，十三和合，十五不障礙，此四依處中，境界緣義，並名境界依處，依之立所緣緣，此之二緣，非唯五六，餘依處中，有二緣故。除此餘處皆增上緣，二云種子，唯屬第四有潤種子依，依之立因緣，親能生果顯故偏說，餘名等疎隱故，略而不論。無間唯第五境界，唯第六，如名自顯，餘依處中，雖有此二，隱故不說。此三已顯初之三緣故，餘十二處，皆增上攝，非唯增上依。

習氣隨順因緣依處施設異熟果及等流果者，《唯識》別配，此中論云，習氣依處，得異熟果，隨順依處，得等流果，各別得果，有勝功能故離別說，非習氣處不得等流。唯識釋此得五果中有二說。一云習氣處者，即顯第三第四十二十三十五，此五依處，得異熟果，隨順處者，即顯第三第四第九第十十一十二十三十五，或并第八作用，如是或八或九，此諸依處得等流果。眞見處者，即顯第十十一十二十三十五，或第八第九，如是或五或七，此諸依處，得離繫果。士用依處，復有兩義。一五蘊假者，二別別法，如前果中說。若依初義，即顯第二第九十三十五，此四依處得士用果，若依後義，即顯第二第三第四第八第九十十一十二十三十五，此十依處得士用果。所餘處者，即顯第一第五第六十四，此四依全，餘十一中隨應少分，得增上果，得前四果之所餘故。不爾，便應大寬大狹。二云習氣唯第三得異熟果，隨順唯第十一得等流果，眞見唯第十得離繫果，士用唯第九得士用果，所餘十一得增上果，若隨義增，其名後顯，獨說得果，非餘不得，得果所由及諸義門，論及別章皆如彼說。

唯識三性

綜　述

護法等造、玄奘譯《成唯識論》卷三　又既受因應名因受。何名自性。若謂如王食諸國邑，受能領觸所生受體名自性受，理亦不然，違自所執不自證故。若不捨自性名自性受，應一切法皆是受自性，故彼所說但誘嬰兒。然境界受非共餘相，領順等相定屬己者名境界受，不共餘故。想謂於境取像爲性，施設種種名言爲業，謂要安立境分齊相方能隨起種種名言，思謂令心造作爲性，於善品等役心爲業，謂能取境正因等相，驅役自心令造善等，此五既是遍行所攝，故與藏識決定相應，其遍行相後當廣釋，此觸等五與異熟識行相雖異，而時依同所緣事等，故名相應。此識行相極不明了。不能分別違順境相，微細一類相續而轉，是故唯與捨受相應。又此相應受唯是異熟，隨先引業轉，不待現緣，任善惡業勢力轉故，唯是捨受。苦樂二受是異熟生，非眞異熟，待現緣故，非此相應。又由此識常無轉變，有情恆執爲自內我，若與苦樂二受相應，便有轉變，寧執爲我？故此但與捨受相應。若爾，如何此識亦是惡業異熟。既許善業能招捨受此亦應然，捨受不違，苦樂品故。如無記法，善惡俱招，如何此識非別境等心所相應互相違故，謂欲希望所樂事轉，此識任運，無所希望，勝解印持，決定事轉，此識瞢昧，無所印持，念唯明記曾習事轉，此識昧劣不能明記，定能令心，專注一境，此識任運剎那別緣，慧唯簡擇德等事轉。此識微昧不能簡擇，故此不與別境相應。此識唯是異熟性故，善染污等亦不相應。惡作等四無記性者，有間斷故，定非異熟。法有四種，謂善、不善、有覆無記、無覆無記。阿賴耶識，何法攝耶？此識唯是無覆無記異熟性故。異熟若是善染污者，流轉還滅應不得成。又此識是善染依故，若善染者，互相違故，應不與二俱作所依。又此識是所熏性故，若善染者，如極香臭，應不受熏。無熏習故，染淨因果，俱不成立，故此唯是無覆無記。覆謂染法，障聖道故。又能蔽心，令不淨故。此識非染，故名無覆。記謂善惡。有愛非愛果及殊勝自體可記別故，此非善惡，故名無記。

觸等亦如是者，謂如阿賴耶識，唯是無覆無記性攝，觸作意受想思亦爾。諸相應法，必同性故。又觸等五如阿賴耶？亦是異熟所緣行相俱不可知。緣三種境，五法相應，無覆無記。故說觸等亦如是言。有義觸等，如阿賴耶？亦是異熟及一切種，廣說乃至無覆無記，亦如是言無簡別故。彼說非理，所以者何？觸等依識不自在故。如貪信等不能受熏，如何同識能持種子。又若觸等亦能受熏，應一有情有六種體。若爾，果起從何種生。理不應言從六種起。未見多種生一芽故。若說果生唯從一種，則餘五種便爲無用。亦不可說次第生果，熏習同時勢力等故。又不可說六果頓生，勿一有情一剎那頃六眼識等俱時生故。誰言觸等亦能受熏持諸種子？不爾，如何觸等如識名一切種。謂觸等五有似種相名一切種，觸等與識所緣等故，無色觸等有所緣故。親所緣緣定應有故。此似種相不爲因緣生現識等，如觸等上似眼根等非識所依，亦如似火無能燒用。彼救非理。觸等所緣似種等相後執受處，方應與識而相例故。由此前說一切種言定目受熏能持種義。不爾，本頌有重言失。

阿賴耶識

綜　述

護法等造、玄奘譯《成唯識論》卷三　又彼所說亦如是言無簡別故。咸相例者，定不成證，勿觸等五亦能了別觸等亦與觸等相應，由此故知。亦如是者隨所應說非謂一切，阿賴耶識爲斷爲常？非斷非常，以恆轉故。恆謂此識無始時來一類相續常無間斷，是界趣生施設本故。性堅持種，令不失故。轉謂此識無始時來，念念生滅，前後變異，因滅果生，非常一故。可爲轉識，熏成種故。恆言遮斷，轉表非常。猶如瀑流，因果法爾。如瀑流水，非斷非常，相續長時，有所漂溺。此識亦爾。從無始來，生滅相續，非常非斷，漂溺有情，令不出離。又如瀑流，雖風等擊，起諸波浪，而流不斷。此識亦爾，雖遇眾緣起眼識等而恆相續。又如瀑流漂水下上魚草等物隨流不捨。此識亦爾。與內習氣外觸等法恆相隨轉。如是法喻，意顯此識無始因果非斷常義。謂此識性無始時來，刹那刹那，果生因滅。果生故非斷，因滅故非常。非斷非常，是緣起理。故說此識恆轉如流。過去未來，既非實有。非常可爾。非斷如何。斷豈得成緣起正理。過去未來，若是實有可許非斷如何非常。常亦不成緣起正理，豈斥他過己義便成。若不摧邪，難以顯正。前因滅位，後果即生。如秤兩頭，低昂時等。如是因果，相續如流。何假去來方成非斷。因現有位後果未生。因是誰因。果現有時前因已滅。果是誰果。既無因果誰離斷常。若有因時已有後果。果既本有。何待前因。因義既無果義寧有無因無果豈離斷常。因果義成依法作用。故所詰難非預我宗。體既本有用亦應然。所待因緣亦本有故。由斯汝義因果定無。應信大乘緣起正理。謂此正理深妙離言因果等言皆假施設。觀現在法有引後用。假立當果對說現因。觀現在法有酬前相。假立曾因對說現果。假謂現識似彼相現。如是因果理趣顯然。遠離二邊契會中道。諸有智者應順修學。有餘部說雖無去來而有因果恆相續義。謂現在法極迅速者猶有初後生滅二時。生時酬因滅時引果。時雖有二而體是一。前因正滅後果正生。體相雖殊而俱是有。如是因果非假施設。然離斷常。又無前難誰有智者捨此信餘。彼有虛言都無實義。何容一念而有二時。生滅相違寧同現在。滅若現在生應未來。有故名生既是現在。無故名滅寧非過去。滅若非無生應非有。生既現有滅應現無。又二相違如何體一。非苦樂等見有是事生滅若一時應無二。生滅若異寧說體同。故生滅時俱現在有同依一體理必不成。經部師等因果相續理亦不成。彼不許有阿賴耶識能持種故。由此應信大乘所說因果相續緣起正理。

此識無始恆轉如流，乃至何位當究竟捨。阿羅漢位，方究竟捨。謂諸聖者斷煩惱障，究竟盡時，名阿羅漢。爾時此識煩惱麁重永遠離故說之爲捨，此中所說阿羅漢者通攝三乘無學果位，皆已永害煩惱賊故。應受世間妙供養故，永不復受分段生故。云何知然。決擇分說諸阿羅漢獨覺如來皆不成就阿賴耶故。《集論》復說若諸菩薩得菩提時頓斷煩惱及所知障成阿羅漢及如來故。若爾，菩薩煩惱種子未永斷盡非阿羅漢應皆成就阿賴耶識，何故即彼決擇分說不退菩薩亦不成就阿賴耶識？彼說二乘無學果位迴心趣向大菩提者。必不退起煩惱障故，趣菩提故。即復轉名不退菩薩。彼不成就阿賴耶識。即攝在此阿羅漢中，故彼論文不違此義。又不動地已上菩薩，一切煩惱永不行故，法駛流中任運轉故。能諸行中起諸行故，刹那刹那轉增進故，此位方名不退菩薩。然此菩薩雖未斷盡異熟識中煩惱種子，而緣此識我見愛等不復執藏爲自內我。由斯永捨阿賴耶名，故說不成阿賴耶識。此亦說彼名阿羅漢，有義初地已上菩薩，已證二空所顯理故，已得二種殊勝智故，已斷分別二重障故，能一行中起諸行故。雖爲利益起諸煩惱。而彼不作煩惱過失，故此亦名不退菩薩。然此菩薩雖未斷盡俱生煩惱，而緣此識所有分別我見愛等不復執藏爲自內我，由斯亦捨阿賴耶名，故說不成阿賴耶識。此亦說彼名阿羅漢。故《集論》中作如是說，十地菩薩雖未永斷一切煩惱。然此煩惱猶如呪藥所伏諸毒，不起一切煩惱過失。一切地中如阿羅漢已斷煩惱，故亦說彼名阿羅漢。彼說非理。七地已前猶有俱生我見愛等，執藏此識爲自內我，如何已捨阿賴耶名。若彼分別我見愛等不復執藏說名爲捨，則預流等諸有學位，亦應已捨阿賴耶名，許便違害諸論所說。地上菩薩所起煩惱，皆由正知不爲過失。非預流等得有斯事。寧可以彼例此菩薩。彼六識中所起煩惱，雖由正知不爲過失，而第七識有漏心位任運現行執藏此識。寧不與彼預流等同。由此故知彼說非理。然阿羅漢斷此識中煩惱麁重究竟盡故。不復執藏阿賴耶識爲自內我。由斯永失阿賴耶名，說之爲捨，非捨一切第八識體。勿阿羅漢無識持種。爾時便入無餘涅槃。然第八識雖諸有情皆悉成就。而隨義別立種種名。謂或名心。由種種法熏習種子所積集故。或名阿陀那，執持種子及諸色根令不壞故。或名所知依，能與染淨所知諸法爲依止故。或名種子識，能遍任持世出世間諸種子故。此等諸名通一切位。或名阿賴耶？攝藏一切雜染品法令不失故。我見愛等執藏以爲自內我故。此名唯在異生有學，非無學位不退菩薩有雜染法執藏義故。或名異熟識，能引生死善不善業異熟果故。此名唯在異生二乘諸菩薩位，非如來地猶有異熟無記法故。或名無垢識，最極清淨諸無漏法所依止故此名唯在如來地有。菩薩二乘及異生位持有漏種可受熏習。未得善淨第八識故，如契經說。

　如來無垢識，是淨無漏界，解脫一切障，圓鏡智相應。

阿賴耶名過失重故最初捨故此中偏說。異熟識體菩薩將得菩提時捨。聲聞獨覺入無餘依涅槃時捨。無垢識體無有捨時。利樂有情無盡時故。心等通故隨義應說然第八識總有二位。一有漏位。無記性攝。唯與觸等五法相應。但緣前說執受處境。二無漏位。唯善性攝。與二十一心所相應。謂遍行別境各五善十一。與一切心恒相應故。常樂證智所觀境故。於所觀境恒印持故。於曾受境恒明記故。世尊無有不定心故。於一切法常決擇故。極淨信等常相應故。無染污故。無散動故。此亦唯與捨受相應。任運恒時平等轉故。以一切法爲所緣境，鏡智遍緣一切法故。

　云何應知此第八識離眼等識有別自體。聖教正理爲定量故。謂有《大乘阿毘達磨契經》中說。

　無始時來界，一切法等依　由此有諸趣　及涅槃證得。

此第八識自性微細，故以作用而顯示之。頌中初半顯第八識爲因緣用。後半顯與流轉還滅作依持用。界是因義。即種子識無始時來展轉相續親生諸法故名爲因。依是緣義。即執持識無始時來與一切法等爲依止故名爲緣。謂能執持諸種子故與現行法爲所依故即變爲彼及爲彼依。變爲彼者謂變爲器及有根身。爲彼依者謂與轉識作所依止。以能執受五色根故眼等五識依之而轉。又與末那爲依止故第六意識依之而轉。末那意識轉識攝故如眼等識依俱有根。第八理應是識性故亦以第七爲俱有依。是謂此識爲因緣用。由此有者由有此識。有諸趣者有善惡趣。謂由有此第八識故執持一切順流轉法令諸有情流轉生死。雖惑業生皆是流轉。而趣是果勝故偏說。或諸趣言通能所趣。諸趣資具亦得趣名。諸惑業生皆依此識。是與流轉作依持用。及涅槃證得者由有此識故有涅槃證得。謂由有此第八識故。執持一切順還滅法令修行者證得涅槃。此中但說能證得道。涅槃不依此識有故。或此但說所證涅槃。是修行者正所求故。或此雙說涅槃與道。俱是還滅品類攝故。謂涅槃言顯所證滅。後證得言顯能得道。由能斷道斷所斷惑究竟盡位證得涅槃。能所斷證皆依此識。是與還滅作依持用。又此頌中初句顯示此識自性無始恒有。後三顯與雜染清淨二法總別爲所依止。雜染法者謂苦集諦。即所能趣生及業惑。清淨法者謂滅道諦。即所能證涅槃及道。彼二皆依此識而有。依轉識等理不成故。或復初句顯此識體無始相續。後三顯與三種自性爲所依止。謂依他起遍計所執圓成實性。如次應知。今此頌中諸所說義離第八識皆不得有。即彼經中復作是說。

　由攝藏諸法　一切種子識　故名阿賴耶　勝者我開示

由此本識具諸種子故能攝藏諸雜染法。依斯建立阿賴耶名。非如勝性轉爲大等。種子與果體非一故。能依所依俱生滅故。與雜染法互相攝藏。亦爲有情執藏爲我。故說此識名阿賴耶？已入見道諸菩薩衆得眞現觀名爲勝者。彼能證解阿賴耶識。故我世尊正爲開示。或諸菩薩皆名勝者。雖見道前未能證解阿賴耶識。而能信解求彼轉依。故亦爲說。非諸轉識有如是義。《解深密經》亦作是說。

　阿陀那識甚深細　一切種子如瀑流　我於凡愚不開演
恐彼分別執爲我

　以能執持諸法種子，及能執受色根依處，亦能執取結生相續，故說此識名阿陀那。無性有情不能窮底，故說甚深。趣寂種性不能通達，故名甚細。是一切法眞實種子。緣擊便生轉識波浪恒無間斷猶如瀑流。凡即無性，愚即趣寂，恐彼於此起分別執墮諸惡趣障生聖道。故我世尊不爲開演，唯第八識有如是相。《入楞伽經》亦作是說。

如海遇風緣　起種種波浪　現前作用轉　無有間斷時
藏識海亦然　境等風所擊　恆起諸識浪　現前作用轉。

心心所法

綜　述

護法造、玄奘譯《成唯識論》卷六　已說遍行別境二位。善位心所其相云何。頌曰，

善謂信慚愧　無貪等三根　勤安不放逸　行捨及不害

論曰，唯善心俱名善心。所謂信慚等定有十一。云何爲信？於實德能深忍樂欲心淨爲性。對治不信樂善爲業。然信差別，略有三種。一信實有。謂於諸法實事理中深信忍故。二信有德。謂於三寶眞淨德中深信樂故。三信有能。謂於一切世出世善深信有力能得能成起希望故。由斯對治彼不信心，愛樂證修世出世善。忍謂勝解，此即信因。樂欲謂欲，即是信果。確陳此信自相是何。豈不適言，心淨爲性。此猶未了彼心淨言。若淨即心應非心所。若令心淨，慚等何別。心俱淨法爲難亦然。此性澄清，能淨心等。以心勝故，立心淨名。如水淸珠，能淸濁水。慚等雖善非淨爲相。此淨爲相無濫彼失。又諸染法各別有相。唯有不信自相渾濁。復能渾濁餘心心所。如極穢物自穢穢他。信正翻彼故淨爲相。有說信者愛樂爲相。應通三性體應即欲。又應苦集非信所緣。有執信者隨順爲相。應通三性。即勝解欲。若印順者即勝解故。若樂順者即是欲故。離彼二體無順相故。由此應知心淨是信。云何爲慚？依自法力崇重賢善爲性。對治無慚止息惡行爲業。謂依自法尊貴增上，崇重賢善羞恥過惡。對治無慚息諸惡行。云何爲愧。依世間力輕拒暴惡爲性。對治無愧止息惡行爲業。謂依世間訶厭增上。輕拒暴惡羞恥過罪。對治無愧息諸惡業。羞恥過惡，是二通相。故諸聖教假說爲體。若執羞恥爲二別相。應慚與愧體無差別。則此二法定不相應。非受想等有此義故。若待自他立二別者。應非實有便違聖教。若許慚愧實而別起。復違論說十遍善心。崇重輕拒若二別相。所緣有異應不俱生。二失既同，何乃偏責。誰言二法所緣有異？不爾如何。善心起時，隨緣何境。皆有崇重善及輕拒惡義，故慚與愧俱遍善心所緣無別。豈不我說亦有此義。汝執慚愧，自相既同，何理能遮前所設難。然聖教說，顧自他者。自法名自，世間名他。或即此中崇拒善惡。於己益損名自他故。無貪等者等無瞋癡。此三名根生善勝故。三不善根近對治故。云何無貪？於有有具無著爲性。對治貪著作善爲業。云何無瞋？於苦苦具無恚爲性。對治瞋恚作善爲業。善心起時隨緣何境，皆於有等無著無恚。觀有等立非要緣彼。如前慚愧觀善惡立，故此二種俱遍善心。云何無癡？於諸理事明解爲性，對治愚癡作善爲業，有義無癡即慧爲性。《集論》說此報教證智決擇爲體，生得聞思修所生慧。如次皆是決擇性故。此雖即慧爲顯善品有勝功能，如煩惱見故復別說。有義無癡非即是慧，別有自性。正對無明如無貪瞋，善根攝故。論說大悲無瞋癡攝非根攝故。若彼無癡以慧爲性。大悲如力等應慧等根攝。又若無癡無別自性，如不害等應非實物。便違論說十一善中三世俗有餘皆是實。然集論說慧爲體者。舉彼因果顯此自性。如以忍樂表信自體，理必應爾。以貪瞋癡六識相應。正煩惱攝起惡勝故立不善根。斷彼必由通別對治。通唯善慧，別即三根。由此無癡，必應別有。勤謂精進。於善惡品修斷事中勇悍爲性。對治懈怠滿善爲業。勇表勝進，簡諸染法。悍表精純，簡淨無記，即顯精進唯善性攝。此相差別，略有五種。所謂被甲加行無下無退無足。即經所說有勢有勤有勇堅猛不捨善軛。如次應知。此五別者。謂初發心自分勝進。自分行中三品別故。或初發心長時無間慇重無餘修差別故。或資糧等五道別故。二乘究竟道欣大菩提故。諸佛究竟道樂利樂他故。或二加行無間解脫勝進別故。安謂輕安。遠離麁重調暢身心堪任爲性。對治惛沈轉依爲業。謂此伏除能障定法令所依止轉安適故。不放逸者精進三根。於所斷修防修爲性。對治放逸成滿一切世出世間善事爲業。謂即四法於斷修事皆能防修名不放逸。非別有體，無異相故。於防惡事修善事中，離四功能無別用故。雖信慚等亦有此能。而方彼四勢用微劣。非根遍策，故非此依。豈不防修是此相

用。防修何異精進三根，彼要待此方有作用，此應復待餘便有無窮失，勤唯遍策，根但爲依。【略】

此十一法，三是假有，謂不放逸、捨及不害，義如前說，餘八實有相用別故，有義十一。四遍善心，精進三根遍善品故，餘七不定，推尋事理未決定時不生信故，慚愧同類依處各別，隨起一時第二無故，要世間道斷煩惱時有輕安故，不放逸捨無漏道時方得起故，悲愍有情時乃有不害故。論說十一六位中起，謂決定位有信相應，止息染時有慚愧起，顧自他故，於善品位有精進三根，世間道時有輕安起，於出世道有捨不放逸，攝衆生時有不害故。有義彼說未爲應理，推尋事理未決定，心信若不生應非是善，如染心等無淨信故。慚愧類異，依別境同，俱遍善心前已說故。若出世道輕安不生，應此覺支非無漏故，若世間道無捨不放逸，應非寂靜防惡修善故。又應不伏掉放逸故，有漏善心既具四法。如出世道，應有二故，善心起時皆不損物，違能損法有不害故，論說六位起十一者，依彼彼增作此此說故，彼所說定非應理，應說信等十一法中，十遍善心，輕安不遍，要在定位方有輕安，調暢身心餘位無故，決擇分說十善心所定不定地皆遍善心，定地心中增輕安故，有義定加行亦得定地名，彼亦微有調暢義故，由斯欲界亦有輕安。不爾，便違本地分說信等十一通一切地，有義輕安唯在定有，由定滋養有調暢故。論說欲界諸心心所。由闕輕安，名不定地。說一切地有十一者。通有尋伺等三地皆有故。此十一種前已具說第七八識隨位有無。第六識中定位皆具。若非定位，唯闕輕安。有義五識，唯有十種。自性散動無輕安故。有義五識亦有輕安。定所引善者亦有調暢故，成所作智俱必有輕安故。此善十一何受相應？十五相應。一除憂苦，有逼迫受無調暢故。此與別境皆得相應。信等欲等不相違故。十一唯善，輕安非欲。餘通三界，皆學等三，非見所斷。《瑜伽論》說信等六根唯修所斷非見所斷。餘門分別如理應思，如是已說善位心所。煩惱心所其相云何。頌曰，

　　煩惱謂貪瞋　　癡慢疑惡見。【略】

護法等造、玄奘譯《成唯識論》卷七　已說二十隨煩惱相。不定有四。其相云何。頌曰，

　　不定謂悔眠　　尋伺二各二。

論曰，悔眠尋伺於善染等皆不定故，非如觸等定遍心故，非如欲等定遍地故，立不定名。悔謂惡作。惡所作業追悔爲性，障止爲業。此即於果假立因名。先惡所作業後方追悔故。悔先不作，亦惡所攝。如追悔言我先不作如是事業，是我惡作。眠謂睡眠。令身不自在昧略爲性。障觀爲業，謂睡眠位身不自在心極闇劣，一門轉故。昧簡在定。略別寤時。令顯睡眠，非無體用。有無心位，假立此名。如餘蓋纏心相應故。有義此二唯癡爲體。說隨煩惱及癡分故，有義不然亦通善故。應說此二染癡爲體。淨即無癡。論依染分說隨煩惱及癡分攝。有義此說亦不應理。無記非癡無癡性故。應說惡作思慧爲體。明了思擇所作業故。睡眠合用，思想爲體。思想種種夢境相故。論俱說爲世俗有故。彼染污者是癡等流。如不信等說爲癡分。有義彼說理亦不然，非思慧想纏彼性故。應說此二各別有體。與餘心所行相別故，隨癡相說名世俗有。尋謂尋求，令心忽遽於意言境麁轉爲性。伺謂伺察。令心忽遽於意言境細轉爲性。此二俱以安不安住身心分位所依爲業。並用思慧一分爲體，於意言境不深推度及深推度義類別故。若離思慧尋伺二種體類差別不可得故。二各二者，有義尋伺各有染淨二類差別。有義此釋不應正理。悔眠亦有染淨二故。應說如前諸染心所有是煩惱隨煩惱性。此二各有不善無記。或復各有纏及隨眠。有義彼釋亦不應理，不定四後有此言故。應言二者，顯二種二。一謂悔眠。二謂尋伺。此二二種種種類各別，故一二言顯二二種。此各有二。謂染不染，非如善染各唯一故。或唯簡染故說此言，有亦說爲隨煩惱故。爲顯不定義說二各二言，故置此言深爲有用。【略】

如是六位諸心所法，爲離心體有別自性，爲即是心分位差別。設爾何失？二俱有過。若離心體有別自性，如何聖教說唯有識。又如何說心遠獨行，染淨由心？士夫六界。《莊嚴論》說復云何通。如彼頌言：

　　許心似二現，　如是似貪等，
　　或似於信等，　無別染善法。

若即是心分位差別，如何聖教說心相應。他性相應非自性故。又如何說心與心所俱時而起如日與光。《瑜伽論》說復云何通。彼說心所非即心故。如彼頌言：

　　五種性不成，　分位差過失。
　　因緣無別故，　與聖教相違。

應說離心有別自性，以心勝故說唯識等。心所依心，勢力生故說似彼

現。非彼即心。又識心言亦攝心所。恆相應故。《唯識》等言及現似彼皆無有失。此依世俗。若依勝義心所與心非離非即，諸識相望，應知亦然。是謂大乘眞俗妙理。已說六識心所相應。

根本識

綜　述

護法造、玄奘譯《成唯識論》卷七　論曰，根本識者，阿陀那識，染淨諸識生根本故。依止者，謂前六轉識，以根本識爲共親依。五識者，謂前五轉識，種類相似，故總說之。隨緣現言，顯非常起，緣謂作意根境等緣，謂五識身內依本識，外隨作意五根境等眾緣和合方得現前，由此或俱或不俱起。外緣合者有頓漸故，如水濤波隨緣多少。此等法喻，廣說如經。由五轉識行相麤動，所藉眾緣，時多不俱，故起時少不起時多。第六意識，雖亦麤動，而所藉緣無時不具，由違緣故，有時不起。第七八識行相微細，所藉眾緣一切時有，故無緣礙，令總不行。又五識身不能思慮，唯外門轉起藉多緣，故斷時多現行時少。第六意識自能思慮，內外門轉，不藉多緣，唯除五位，常能現起，故斷時少現起時多。由斯不說此隨緣現。

一切唯識

綜　述

護法等造、玄奘譯《成唯識論》卷七　心意識八種，俗故相有別。眞故相無別，相所相無故。

已廣分別三能變相爲自所變二分所依。云何應知依識所變假說我法非別實有。由斯一切，唯有識耶？頌曰，

是諸識轉變，分別所分別。由此彼皆無，故一切唯識。

論曰，是諸識者，謂前所說三能變識及彼心所，皆能變似見、相二分，立轉變名，所變見分，說名分別，能取相故。所變相分，名所分別，見所取故。由此正理，彼實我法，離識所變，皆定非有，離能所取，無別物故，非有實物，離二相故。是故一切有爲無爲若實若假皆不離識，唯言爲遮離識實物，非不離識心所法等，或轉變者，謂諸內識轉似我法外境相現，此能轉變，即名分別，虛妄分別爲自性故。謂即三界心及心所，此所執境名所分別，即所妄執實我法性，由此分別變似外境假我法相，彼所分別實我法性決定皆無。前引教理，已廣破故，是故一切皆唯有識，虛妄分別，有極成故，唯既不遮不離識法，故眞空等亦是有性，由斯遠離增減二邊，唯識義成，契會中道。由何教理唯識義成，豈不已說，雖說未了，非破他義己義便成，應更確陳，成此教理。如契經說三界唯心。又說所緣唯識所現。又說諸法皆不離心。又說有情隨心垢淨。又說成就四智菩薩能隨悟入唯識無境。一相違識相智，謂於一處鬼人天等隨業差別所見各異，境若實有，此云何成？二無所緣識智，謂緣過未夢境像等非實有境，識現可得彼境既無，餘亦應爾。三自應無倒智，謂愚夫智若得實境，彼應自然成無顛倒，不由功用應得解脫。四隨三智轉智，一隨自在者智轉智，謂已證得心自在者隨欲轉變地等皆成，境若實有如何可變，二隨觀察者智轉智，謂得勝定修法觀者隨觀一境眾相現前，境若是實寧隨心轉，三隨無分別智轉智，謂起證實無分別智一切境相皆不現前，境若是實何容不現，菩薩成就四智者，於唯識理決定悟入。又伽他說，

心意識所緣，皆非離自性。故我說一切，唯有識無餘。

此等聖教，誠證非一。極成眼等識五隨一故，如餘不親緣離自色等。餘識識故，如眼識等，亦不親緣，離自諸法。此親所緣，定非離此。二隨一故，如彼能緣。所緣法故，如相應法。決定不離心及心所。此等正理，誠證非一。故於唯識應深信受。我法非有，空識非無。離有離無，故契中道。【略】誰爲誰說？何法何求？故唯識言有深意趣。識言總顯一切有情，各有八識、六位心所、所變相見、分位差別及彼空理所顯眞如。識自

相故，識相應故，二所變故，三分位故，四實性故。如是諸法，皆不離識，總立識名。唯言但遮愚夫所執定離諸識實有色等。若如是知唯識教意，便能無倒，善備資糧。速入法空，證無上覺。救拔含識生死輪迴，非全撥無惡取空者違背教理能成是事。故定應信一切唯識。若唯有識，都無外緣。由何而生種種分別。頌曰，

由一切種識，如是如是變。以展轉力故，彼彼分別生。

種子現行

綜　述

護法等造、玄奘譯《成唯識論》卷七 論曰，一切種識，謂本識中能生自果功能差別，此生等流異熟士用增上果，故名一切種，除離繫者，非種生故。彼雖可證，而非種果，要現起道斷結得故，有展轉義非此所說，此說能生分別種故。此識爲體，故立識名，種離本識無別性故。種識二言，簡非種識，有識非種種非識故。又種識言，顯識中種，非持種識，後當說故。此識中種餘緣助故，即便如是如是轉變，謂從生位轉至熟時，顯變種多重言如是，謂一切種攝三熏習共不共等識種盡故。展轉力者謂八現識及彼相應相見分等，彼皆互有相助力故。即現識等，總名分別，虛妄分別爲自性故，分別類多，故言彼彼。此頌意說，雖無外緣由本識中有一切種轉變差別及以現行八種識等展轉力故彼彼分別而亦得生，何假外緣方起分別，諸淨法起應知亦然，淨種現行爲緣生故，所說種現緣生分別。云何應知此緣生相？緣且有四。一因緣，謂有爲法親辦自果，此體有二，一種子，二現行。種子者，謂本識中善染無記諸界地等功能差別，能引次後自類功能，及起同時自類現果，此唯望彼是因緣性。現行者，謂七轉識及彼相應所變相見性界地等，除佛果善極劣無記，餘熏本識生自類種。此唯望彼是因緣性，第八心品無所熏故，非簡所依獨能熏故。極微圓故，不熏成種，現行同類展轉相望皆非因緣，自種生故，一切異類展轉相望亦非因緣，不親生故，有說異類同類現行展轉相望爲因緣者，應知假說，或隨轉門，有唯說種是因緣性，彼依顯勝，非盡理說。聖說轉識與阿賴耶展轉相望爲因緣故。二等無間緣，謂八現識及彼心所前聚於後自類無間等而開導令彼定生，多同類種俱時轉故如不相應非此緣攝，由斯八識非互爲緣，心所與心雖恆俱轉，而相應故，和合似一，不可施設離別殊異，故得互作等無間緣，入無餘心最極微劣無開導用。又無當起等無間法，故非此緣，云何知然？論有誠說。若此識等無間彼識等決定生，即說此是彼等無間緣故，即依此義應作是說。阿陀那識三界九地皆容互作等無間緣，下上死生相開等故，有漏無間有無漏生，無漏定無生有漏者，鏡智起已必無斷故，善與無記相望亦然，此何界後引生無漏？或從色界或欲界後，謂諸異生求佛果者定色界後引生無漏，彼必生在淨居天上大自在宮得菩提故，二乘迴趣大菩提者定欲界後引生無漏，迴趣留身唯欲界故，彼雖必往大自在宮方得成佛，而本願力所留生身是欲界故，有義色界亦有聲聞迴趣大乘願留身者，既與教理俱不相違，是故聲聞第八無漏色界心後亦得現前。然五淨居無迴趣者，經不說彼發大心故。第七轉識三界九地亦容互作等無間緣，隨第八識生處繫故，有漏無漏容互相生，十地位中得相引故。善與無記相望亦然，於無記中染與不染亦相開導，生空智果前後位中得相引故。此欲色界有漏得與無漏相生，非無色界，地上菩薩不生彼故。第六轉識三界九地有漏無漏善不善等各容互作等無間緣，潤生位等更相引故。初起無漏唯色界後，決擇分善唯色界故。眼耳身識二界二地鼻舌兩識一界一地自類互作等無間緣，善等相望應知亦爾。有義五識有漏無漏自類互作等無間緣未成佛時容互起故，有義無漏有漏後起，非無漏後容起有漏，無漏五識非佛無故，彼五色根定有漏故，是異熟識相分攝故，有漏不共必俱同境根發無漏識理不相應故，此二於境明昧異故。三所緣緣，謂若有法是帶己相心或相應所慮所託，此體有二，一親，二疏。若與能緣體不相離，是見分等內所慮託，應知彼是親所緣緣，若與能緣體雖相離，爲質能起內所慮託，應知彼是疎所緣緣，親所緣緣能緣皆有，離內所慮託必不生故，疎所緣緣能緣或有，離外所慮託亦得生故，第八心品有義唯有親所緣緣，隨業因力任運變故，有義亦定有疎所緣緣，要仗他變質自方變故，有義二說俱不應理，自他身土可互受用，他所變者爲自質故，自種於他無受用理，他變爲

此不應理故，非諸有情種皆等故，應說此品疎所緣緣一切位中有無不定，第七心品未轉依位是俱生故必仗外質，故亦定有疎所緣緣，已轉依位此非定有，緣眞如等無外質故。

唯識三性

綜　述

護法等造、玄奘譯《成唯識論》卷九　若有三性，如何世尊說一切法皆無自性？頌曰，

即依此三性，立彼三無性。故佛密意說，一切法無性。
初即相無性，次無自然性。後由遠離前，所執我法性。
此諸法勝義，亦即是眞如。常如其性故，即唯識實性。

論曰，即依此前所說三性立彼後說三種無性，謂即相生勝義無性，故佛密意說一切法皆無自性非性全無。說密意言顯非了義，謂後二性雖體非無，而有愚夫於彼增益妄執實有我法自性，此即名爲遍計所執，爲除此執故。佛世尊於有及無總說無性，云何依此而立彼三？謂依此初遍計所執立相無性。由此體相，畢竟非有，如空華故。依次依他立生無性，此如幻事託衆緣生，無如妄執自然性故假說無性非性全無。依後圓成實立勝義無性，謂即勝義由遠離前遍計所執我法性故假說無性非性全無。如太虛空雖遍衆色而是衆色無性所顯，雖依他起非勝義故亦得說爲勝義無性，而濫第二，故此不說，此性即是諸法勝義，是一切法勝義諦故。然勝義諦，略有四種。一世間勝義，謂蘊處界等。二道理勝義，謂苦等四諦。三證得勝義，謂二空眞如。四勝義勝義，謂一眞法界，此中勝義依最後說，是最勝道所行義故，爲簡前三故作是說，此諸法勝義亦即是眞如，眞謂眞實顯非虛妄，如謂如常表無變易，謂此眞實於一切位常如其性故曰眞如，即是湛然不虛妄義，亦言顯此復有多名，謂名法界及實際等，如餘論中隨義廣釋，此性即是唯識實性。謂唯識性，略有二種。一者虛妄，謂遍計所執。二者眞實，謂圓成實性，爲簡虛妄說實性言。復有二性，一者世俗，謂依他起。二者勝義，謂圓成實，爲簡世俗故說實性。三頌總顯諸契經中說無性言非極了義，諸有智者不應依之總撥諸法，都無自性。

二種姓

綜　述

護法等造、玄奘譯《成唯識論》卷第九　如是所成唯識相性，誰於幾位如何悟入？謂具大乘二種姓者，略於五位，漸次悟入。何謂大乘二種種姓？一本性住種姓，謂無始來依附本識法爾所得無漏法因。二習所成種姓，謂聞法界等流法已聞所成等熏習所成。要具大乘此二種姓，方能漸次悟入唯識。

唯識五位

綜　述

護法等造、玄奘譯《成唯識論》卷九　何謂悟入唯識五位？一資糧位，謂修大乘順解脫分。二加行位，謂修大乘順決擇分。三通達位，謂諸菩薩所住見道。四修習位，謂諸菩薩所住修道。五究竟位，謂住無上正等菩提。云何漸次悟入唯識？謂諸菩薩於識相性資糧位中能深信解。在加行位，能漸伏除所取能取引發眞見，在通達位，如實通達。修習位中，如所見理數數修習伏斷餘障。至究竟位，出障圓明，能盡未來化有情類，復令悟入唯識相性。初資糧位，其相云何。頌曰，

乃至未起識，求住唯識性。於二取隨眠，猶未能伏滅

論曰，從發深固大菩提心，乃至未起順決擇識求住唯識眞勝義性，齊此皆是資糧位攝。爲趣無上正等菩提。修習種種勝資糧故。爲有情故勤求解脫。由此亦名順解脫分。此位菩薩依因善友作意資糧四勝力故於唯識義雖深信解而未能了能所取空。多住外門修菩薩行。故於二取所引隨眠猶未有能伏滅功力令彼不起二取現行。此二取言顯二取取。執取能取所取性故。二取習氣名彼隨眠。隨逐有情眠伏藏識。或隨增過故名隨眠。即是所知煩惱障種。煩惱障者，謂執遍計所執實我薩迦耶見而爲上首百二十八根本煩惱。及彼等流諸隨煩惱。此皆擾惱有情身心能障涅槃名煩惱障。所知障者，謂執遍計所執實法薩迦耶見而爲上首見疑無明愛恚慢等。覆所知境無顛倒性能障菩提名所知障。此所知障決定不與異熟識俱，彼微劣故。不與無明慧相應故，法空智品與俱起故。七轉識內隨其所應。或少或多，如煩惱說。眼等五識無分別故法見疑等定不相應。餘由意力皆容引起。此障但與不善無記二心相應。論說無明唯通不善無記性故。癡無癡等不相應故。煩惱障中，此障必有。彼定用此爲所依故。體雖無異而用有別，故二隨眠隨聖道用有勝有劣斷惑前後。此於無覆無記性中是異熟生，非餘三種。彼威儀等勢用薄弱非覆所知障菩提故。此名無覆望二乘說。若望菩薩亦是有覆。若所知障有見疑等如何此種契經說爲無明住地。無明增故總名無明，非無見等。如煩惱種立見一處欲色有愛四住地名。豈彼更無慢無明等。如是二障分別起者見所斷攝。任運起者修所斷攝。二乘但能斷煩惱障。菩薩俱斷，永斷二種唯聖道。能伏二現行通有漏道。菩薩住此資糧位中二麁現行雖有伏者。而於細者及二隨眠止觀力微未能伏滅。此位未證唯識眞如。依勝解力修諸勝行。應知亦是解行地攝。所修勝行其相云何。略有二種謂福及智。諸勝行中慧爲性者皆名爲智。餘名爲福。且依六種波羅蜜多通相皆二。別相前五說爲福德。第六智慧或復前三唯福德攝。後一唯智，餘通二種。復有二種謂利自他。所修勝行隨意樂力一切皆通自他利行。依別相說六到彼岸菩提分等自利行攝。四種攝事四無量等一切皆是利他行攝。如是等行差別無邊皆是此中所修勝行。此位二障雖未伏除修勝行時有三退屈。而能三事練磨其心於所證修勇猛不退。一聞無上正等菩提廣大深遠心便退屈引他已證大菩提者練磨自心勇猛不退。二聞施等波羅蜜多甚難可修心便退屈。省己意樂能修施等。練磨自心勇猛不退。三聞諸佛圓滿轉依極難可證心便退屈。引他麁善況己妙因練磨自心勇猛不退。由斯三事練磨其心堅固熾然修諸勝行。次加行位其相云何。頌曰，

現前立少物　謂是唯識性　以有所得故　非實住唯識

論曰，菩薩先於初無數刼善備福德智慧資糧順解脫分既圓滿已，爲入見道住唯識性復修加行伏除二取，謂煖、頂、忍、世、第一法。此四總名順決擇分。順趣眞實決擇分故。近見道故立加行名，非前資糧無加行義。煖等四法依四尋思四如實智初後位立。四尋思者尋思名義自性差別假有實無。如實遍知此四離識及識非有名如實智。名義相異故別尋求。二二相同故合思察。依明得定發下尋思觀無所取立爲煖位。謂此位中創觀所取名等四法皆自心變假施設有實不可得。初獲慧日前行相故立明得名。即此所獲道火前相故亦名煖。依明增定發上尋思觀無所取立爲頂位。謂此位中重觀所取名等四法皆自心變假施設有實不可得。明相轉盛故名明增。尋思位極故復名頂。依印順定發下如實智於無所取決定印持。無能取中亦順樂忍。既無實境離能取識。寧有實識離所取境。所取能取相待立故。印順忍時總立爲忍。印前順後立印順名。忍境識空故亦名忍。依無間定發上如實智印二取空立世第一法。謂前上忍唯印能取空。今世第一法二空雙印。從此無間必入見道故立無間名。異生法中此最勝故名世第一法。如是煖頂依能取識觀所取空。下忍起時印境空相。中忍轉位於能取識如境是空順樂忍可。上忍起位印能取空。世第一法雙印空相。皆帶相故未能證實。故說菩薩此四位中。猶於現前安立少物。謂是唯識眞勝義性，以彼空有二相未除。帶相觀心有所得故。非實安住眞唯識理。彼相滅已方實安住。依如是義故有頌言：

菩薩於定位　觀影唯是心　義相既滅除　審觀唯自想
如是住內心　知所取非有　次能取亦無　後觸無所得

此加行位未遣相縛。於麁重縛亦未能斷。唯能伏除分別二取違見道故。於俱生者及二隨眠有漏觀心有所得故有分別故未全伏除全未能滅。此位菩薩於安立諦非安立諦俱學觀察。爲引當來二種見故。及伏分別二種障故。非安立諦是正所觀非如二乘唯觀安立。菩薩起此煖等善根。雖方便時通諸靜慮而依第四方得成滿。託最勝依入見道故。唯依欲界善趣身起餘慧厭心非殊勝故。此位亦是解行地攝。未證唯識眞勝義故。次通達位其相云

何。頌曰：

若時於所緣　智都無所得　爾時住唯識　離二取相故

論曰，若時菩薩於所緣境無分別智都無所得。不取種種戲論相故。爾時乃名實住唯識眞勝義性。即證眞如智與眞如平等平等俱離能取所取相故。能所取相俱是分別。有所得心戲論現故。有義此智二分俱無。說無所取能取相故。有義此智相見俱有。帶彼相起名緣彼故。若無彼相名緣彼者應色智等名聲等智。若無見分應不能緣。寧可說爲緣眞如智。勿眞如性亦名能緣。故應許此定有見分。有義此智見有相無。說無相取不取相故。雖有見分而無分別說非能取非取全無。雖無相分而可說此帶如相起不離如故。如自證分緣見分時不變而緣此亦應爾。變而緣者便非親證如後得智應有分別。故應許此有見無相。加行無間此智生時體會眞如名通達位。初照理故亦名見道。然此見道略說有二。一眞見道。謂即所說無分別智。實證二空所顯眞理。實斷二障分別隨眠。雖多刹那事方究竟而相等故總說一心。有義此中二空二障漸證漸斷。以有淺深麁細異故。有義此中二空二障頓證頓斷。由意樂力有堪能故。二相見道。此復有二。一觀非安立諦有三品心。一內遣有情假緣智能除軟品分別隨眠。二內遣諸法假緣智能除中品分別隨眠。三遍遣一切有情諸法假緣智能除一切分別隨眠。前二名法智各別緣故。第三名類智總合緣故。法眞見道二空見分自所斷障無間解脫。別總建立名相見道。有義此三是眞見道。以相見道緣四諦故。有義此三是相見道。以眞見道不別緣故。【略】頌曰，

無得不思議　是出世間智　捨二麁重故　便證得轉依

染淨轉依

綜　述

護法等造、玄奘譯《成唯識論》卷九　論曰，菩薩從前見道起已，爲斷餘障證得轉依。復數修習無分別智。此智遠離所取能取。故說無得及不思議。或離戲論說爲無得。妙用難測名不思議。是出世間無分別智。斷世間故名出世間。二取隨眠是世間本，唯此能斷獨得出名。或出世名依二義立。謂體無漏及證眞如。此智具斯二種義故獨名出世。餘智不然。即十地中無分別智。數修此故捨二麁重。二障種子立麁重名，性無堪任違細輕故令彼永滅故說爲捨。此能捨彼二麁重故便能證得廣大轉依。依謂所依即依他起與染淨法爲所依故。染謂虛妄遍計所執，淨謂眞實圓成實性。轉謂二分，轉捨轉得。由數修習無分別智斷本識中二障麁重故，能轉捨依他起上遍計所執及能轉得依他起中圓成實性。由轉煩惱得大涅槃，轉所知障證無上覺，成立唯識意爲有情，證得如斯二轉依果。或依即是唯識眞如，生死涅槃之所依故。愚夫顚倒迷此眞如，故無始來受生死苦。聖者離倒悟此眞如，便得涅槃畢究安樂。由數修習無分別智斷本識中二障麁重故能轉滅依如生死及能轉證依如涅槃。此即眞如離雜染性，如雖性淨而相雜染。故離染時假說新淨，即此新淨說爲轉依。修習位中斷障證得，雖於此位亦得菩提而非此中頌意所顯，頌意但顯轉唯識性。二乘滿位，名解脫身。在大牟尼名法身故。

異熟識

論　説

窺基《成唯識論述記》卷一　論，此能變唯三至及了別境識。

述曰，略辨識相，出能變體。初句總擧能變識數，因前所標今略擧也。下之二句，列能變名。乘前擧數，次列名也。謂有難言，雖我法相皆依識變，而未了達能變一多，故答三種此者，即識之所變也。彼我法相，依識所變，此識所變之能變有三種。三法轉相依也。一謂異熟識，即第八識。名有多義。一、變異而熟。要因變異之時果方熟故。此義通餘。種生果時皆變異故。二、異時而熟。與因異時果方熟故。今者大乘。約造之時非約種體。許同世故。三、異類而熟。與因異性果酬因故。然初二解，無

別論文。今依論文，但取後解。若異屬因，即異之熟。若異屬果，異即是熟。異熟即識，熟屬現行。異熟之識，熟屬種子。故餘能變，不得此名。

二謂思量識。即第七識。思謂思慮，量謂量度。思量第八度爲我故。又恆審思量餘識無故。餘之二識，不名思量。至下當悉。思量即識，準前釋也。

三了別境識。即餘六識。《二十論》説，心、意、識、了名之差別。了是諸識之通名也。了別別境及麁顯境唯前六故。對此六塵，説六識故。然濫第七。應言此六了別麁境名了別境識。以了別相麁。簡於七、八故。了別境即識。亦同前解。此依勝義勝義。心言俱絶，依第二、第三勝義。不可言一多。眞故相無別。依世間中可言八別。今以類同，故有三種。頌中唯言，顯其二義。一、簡別義。遮虛妄執。顯但有識無心外境。二、決定義。離增減數。略唯決定，有此三故。廣決定有八種識故。一類菩薩，説識唯一。諸小乘等。執心、意、識，義一文異。又復彼執識唯有六，則是減數。《楞迦經》説八九種種識，如水中諸波。説有九識即是增數。顯依他識略有三種廣唯有八。離於增減故説唯言。楞迦經中兼説識性。或以第八染、淨別開故言九識。非是依他識體有九。亦非體類別有九識。小乘根淺，不知心、意、識三種體別。又未除所知障。不了依他故唯説六。然依根境別體相故。説十二處。十八界等。非唯六識。經部雖立有細意識。即是第六別位起故。如樞要説　及亦二義。一合集義。六識合名了境識故。如後卷説。二、相違義。即相違釋。顯三能變體各別故。即一及字貫通上下。謂應言異熟。及思量。及了境識。若不爾者。即有濫於餘釋之過。所以者何。但言異熟思量了別境識。不言及思量等者。一、濫持業。恐言異熟即是思量了別境故。二、濫依土。不言及者，恐言異熟之思量了別境故。三、濫有財。不言及者。恐言以彼異熟而爲思量了別境故。四、濫隣近。不言及者，恐言異熟俱時思量了別境故。今顯異彼故説及言。顯三能變體各異故　既爾何故頌中不言異熟及思量等。而頌乃言及了別境識，顯得二義故。若於異熟下方置及言。唯得相違不得合集。今合六識，總名了境故。於思量下，方置及字。下一識字，通三能變。欲顯又略而義廣故。

此三能變。初之一名，唯未轉位。後之二號，亦通淨名。何故爾耶？下自當悉。又諸識皆通異熟等名，何故第八獨得名也。皆如下辨。恐厭繁文，故不先述。

相見二分

綜　述

窺基《成唯識論述記》卷一　論，變謂識體，轉似二分。

述曰，此釋變義。此論一宗，總有二釋。此即初釋。護法等云，謂諸識體，即自證分。轉似相、見二分而生。此説識體是依他性。轉似相、見。二分非無，亦依他起。依此二分執實二取，聖説爲無。非依他中無此二分，論説唯二依他性故。此除眞智緣於眞如，無相分故。不爾，如何名他心智？後得智等，不外取故。此二廣釋。至下第七、及第十末，并《二十唯識述記》中説。

許有相、見二體性者。説相、見種或同或異。若同種者。即一識體轉似二分相用而生。如一蝸牛變生二角。此説影像相、見，離體更無別性。是識用故。若言相、見各別種者。見是自體，義用分之。故離識體，更無別種。即一識體轉似見分別用而生，識爲所依轉相分種似相而起。以作用別性各不同，故相別種，於理爲勝。故言識體轉似二分，此依他起非有似有。實非二分似計所執二分見、相故立似名，相別有種何名識變不離識故。由識變時相方生故。如大造色。由分別心相境生故。非境分別心方得生。故非唯境，但言唯識。

此顯能變、相見二分。用、體別有。何故説識似二分生？論，相、見俱依自證起故。

述曰，若無自證二定不生。如無頭時，角定非有。及無鏡時，面影不起。皆於識上現相貌故。故説二分依識體生。

此總顯示依他起性。此上顯示識之所變。論，依斯二分至無所依故。

述曰，依止依他相、見二分，施設遍計所執我法二實分也。依起執故，若離於此依他二分。彼無所依，故說依他爲執依止，染分依故。此世間我法，聖教我法，義依於體亦復如是。此顯我法假說所由。上來總是護法解訖。

安惠解云，變謂識體轉似二分。二分體無，遍計所執。除佛以外，菩薩已還。諸識自體即自證分。由不證實有法執故。似二分起即計所執，似依他有。二分體無。如自證分相貌亦有。以無似有，即三性心皆有法執。八識自體，皆似二分。如依手巾變似於兔幻生二耳。二耳體無，依手巾起。彼引世親所造《緣起論》中末後決擇，說無明支許通三性。故除如來皆有二分是計所執。

問，此二體無，識體如何轉似二分？

答，相、見俱依自證起故，由識自體虛妄習故，不如實故。或有執故。無明俱故。轉似二分。二分即是相及見分。依識體起。由體妄故，變似二分。二分說依，自證而起若無識體，二分亦無，故二分起由識體有。既有自體及此二分，依何分上假說我法？

答，依斯二分施設我法，依此相、見計所執上。世間、聖教說爲我法。此相、見之中皆說爲我法，彼我法二離此相、見無所依故。故依所執相、見二分施設我法。世尊能知識自證分及眞如等。法性離言非我非法，爲除愚夫所執實我法。於彼識所變二分之上，假說爲我法，方便誘引令知假說，非謂實有。

問，前護法解，後安惠解，何故我法但依二分，不計自體以爲我法？

答，若護法說，據實亦計。且舉所變二分爲依。非無依於自體計也。略有三義所以不說。一二執遍。我執不依自證起故。二共許遍。今古大小皆不許有自證分故。三義已說。若計自體即能取攝。見分中收。但言二分攝能所取。非不依於自體分計。今顯自證離見體無。故但說二見分中攝。顯能所取攝法盡故若安惠解。凡是所執體皆是無。若執自體即說能取不異見分。故更不說爲我法依。以自證分體是有故。或離言故。不可依說。

問，護法云，相、見識所變，相、見名唯識。自證不言變。應非是唯識。解若立三分。種所變故，名爲唯識。若說四分。三、四更互，變名唯識。又即識體何故非唯問何故二師所說三分。義各有異今合爲文。

答，譯者欲以文同義別，文約義繁，所以合二師總爲一文也。又如因明宗等多言名爲能立，陳那所說宗非能立。今舉其宗意，不違古文辭遣同。義取所等因一喻二以爲能立。理即別也。此文亦然。文不相違所以合譯義有乖返故爲二釋。

問，眞如非識之所變現，何成唯識。亦依眞如執爲實法。寧非染分之所依止？

答，雖非識變，識實性故，亦名唯識。眞如離言，與能計識非一非異，非如色等可依起執，故非執依。此中不說。

又《解深密經》說亦爲執依。然與依他稍不相似。依他之法與所計執。有少作用相狀可同。隨能計心新新而起。心上所現即是依他。是能計心之所親取。眞如不爾。故此不說。遠望疎言亦可依執。諸末學者依起執故。《解深密》說，亦不相違。眞如既非識所轉變，應非唯識。不以變故，名爲唯識。不離識故，亦名唯識。此中且說依他唯識。

問，依所變相執爲我法，內道外道皆可了知。依所變見，執法可爾。如何依見亦執我耶？

答，如外僧佉執思爲我，犢子部等我名能見，故依二分皆執我法。前敘計中已略敘說安惠已前諸古德等，皆說二分是計所執。護法已後，方計三、四依他分也。實有四分，今說三者隱而不說，以對他故，義準知故，順陳那故，略敘宗故。非極研尋，故且不說。第二卷中，自當建立。

論，或復內識轉似外境。

述曰，即是難陀、親勝等義，依《攝論》說唯二義也。但立見、相以爲依他，不說第三、第四分也。相分體性，雖依他有，由見變爲，故名唯識。此相分體，實在於內，不離於識，妄情執爲，似外境現，實在內也。即以依他似計所執，依此似外相分之上。世間聖教，執說我法，見變似能取，亦相分攝。文雖有二，義即有三。或實說一分如安慧，或二分親勝等，或三分陳那等，或四分護法等。此中護法但說三分，以證自證分別義建立義相猶隱，所以不說。

禪宗部

綜述

惠能《南宗頓教最上大乘摩訶般若波羅蜜經六祖惠能大師於韶州大梵寺施法壇經》 大師言，汝等善位座，五今共與等別。法海聞言，此頓教法傳受，從上已來至今幾代。六祖言，初傳受七佛釋迦牟尼佛，第七大迦葉，第八阿難，第九末田地，第十商那和修，第十一優婆毱多，第十二提多迦，第十三佛陀難提，第十四佛陀密多，第十五脇比丘，第十六富那奢，第十七馬鳴，第十八毘羅長者，第十九龍樹，第二十迦那提婆，第二十一羅睺羅，第二十二僧迦那提，第二十三僧迦那舍，第二十四鳩摩羅馱，第二十五闍耶多，第二十六婆修盤多，第二十七摩拏羅，第二十八鶴勒那，第二十九師子比丘，第三十舍那婆斯，第三十一優婆堀，第三十二僧迦羅，第三十三須婆蜜多，第三十四南天竹國王子，第三子菩提達摩，第三十五唐國僧惠可，第三十六僧璨，第三十七道信，第三十八弘忍，第三十九惠能自身，當今受法第十四

志磐《佛祖統紀》卷二九《諸宗立教志》第一三 初祖達磨圓覺禪師，二祖慧可大祖禪師，三祖僧璨鏡智禪師，四祖道信大醫禪師，五祖弘忍大滿禪師，六祖慧能大鑑禪師。

直指人心，見性成佛，至矣哉，斯吾宗觀心之妙旨也。謂之教外別傳者，豈果外此爲教哉。誠由此道以心爲宗，離言說相故，強爲此方便之談耳。不然，何以出示《楞伽》，令覽教照心耶？何以言大乘入道，藉教悟宗耶？爲同此宗撰達磨禪宗志。（覽教照心見本志，藉教悟宗見達磨入道四行）。

初祖菩提達磨，南天竺香至王子，出家之後遇二十七祖般若多羅，付以大法，謂曰，吾滅後六十年當往震旦行化，多羅既亡，師演道國中，久之思震旦緣熟，即至海濱寄載商舟，以梁大通元年達南海。（舊云，普通

八年者誤，南海廣州）刺史蕭昂表聞，詔入見，上問曰，朕造寺寫經度僧有何功德？師曰，人天小果耳。上曰，何謂大乘功德？師曰，淨智妙明，體自空寂，如是功德，不於世求。上曰，如何是聖諦第一義？師曰，廓然無聖。上曰，對朕者誰？師曰，不識。上不契。師遂渡江。上後以問誌公，公曰，陛下還識此人不？上曰，不識。公曰，此是觀音大士，傳佛心印。上欲遣使召之。公曰，闔國人去，他亦不回。（圓悟云，誌公已化去，十餘年達磨方至，何云同時，今秖要知大綱而矣。）

師既入魏，止嵩山少林寺，終日壁觀。（魏孝明武泰元年也。）帝聞師異迹，三詔不至，就賜摩納袈裟金鉢銀水瓶，師面壁九年將示滅，命其徒曰，時將至矣。盍各言所得乎？道副曰，不執文字，不離文字，而爲道用，師曰，汝得吾皮。尼總持曰，我今所解如慶喜見阿閦佛國，一見更不再見。師曰，汝得吾肉。道育曰，四大本空，五陰非有，無一法可得。師曰，汝得吾骨。慧可禮三拜依位立，師曰，汝得吾髓，復顧謂可曰，世尊以正法眼藏付囑大迦葉，展轉傳授，以至於吾，吾今付汝，汝當護持，幷授袈裟以爲法信，曰，後二百年，衣止不傳，法周沙界，聽吾偈云，吾本來茲土，傳法救迷情，一華開五葉，結果自然成。又曰，吾有《楞伽經》，是如來心地要門，可以照心。乃往禹門千聖寺端坐示寂，即大統元年十月五日也。門人奉全身葬熊耳山定林寺。明年使者宋雲西域回，遇師手攜隻履，翩翩獨邁，雲歸爲言，門人開壙視之，唯空棺隻履。師每以大乘入道理行二門，以誨學者。（二門見《傳燈錄》）。

唐代宗朝謚圓覺禪師，塔曰空觀。（昉師《辨祖書》云，智炬撰《寶林傳》，謂隻履西歸立雪斷臂傳法，偈讖候語，皆與僧傳不同，或者謂後人附託之辭。）

二祖慧可（舊名神光）。武牢姬氏，事達磨六年，一日問曰，諸佛法印，可得聞否？磨曰，諸佛法印，匪從人得。師曰，我心未安，乞師安心。磨曰，將心來與汝安。師曰，覓心了不可得。磨曰，與汝安心竟。初達磨以《楞伽》四卷授之曰，仁者依行，自可得度。師告弟子曰，此經四世後，轉成名相，一何可悲。師既傳法僧璨，謂曰，吾有宿累，今當償

之，遂往鄴都行化。隋開皇十二年，於管城匡救寺談無上道，有和法師先講《涅槃經》，學徒稍稍引去聽法，和不勝憤，譏於邑令加以非法，師怡然委順而終，年一百七，塔磁州汾陽縣。唐德宗朝追謚太祖禪師。

三祖僧璨。初以白衣見二祖，問曰，弟子身纏風疾，請師懺罪。祖曰，將罪來與汝懺，師曰，覓罪了不可得，祖曰，與汝懺罪竟，宜依佛法僧，師曰，今見和上已知是僧，未審何以名佛法，祖曰，是心是佛，是心是法，法佛無二，僧寶亦然，師曰，今日始知罪性不在內外中間，其心亦然，佛法無二，祖大器之，即爲鬀髮具戒已畢，復告之曰，達磨大師以正法眼藏密授於吾，吾今付汝，及以信衣，汝當護持，屬周武廢教，往來司空山積十餘年，隋開皇初居皖公山，傳法道信，優游江國，大業二年，復還舊山，爲衆說法，合掌儼立而逝，葬於山谷寺，唐玄宗朝，追謚鏡智禪師。

四祖道信。蘄州司馬氏，初爲沙彌遇三祖，問曰，願和上與解脫法門。祖曰，是誰縛汝？曰，無縛。祖曰，何爲更求解脫？師言下大悟。既具戒，三祖授以衣法。武德中，居破頭山。正觀中，太宗三詔令赴京師，並以疾辭。帝命使者曰，若果不起，即取其首。使諭旨，師引頸受刃。使回以聞，帝彌加敬重，就賜珍繒，以遂其志。師已傳法弘忍。永徽二年九月安坐而化，塔於東山黃梅寺，唐代宗朝追謚大醫禪師。

五祖弘忍。蘄州黃梅人，母周氏。（栽松道者，託胎周氏女事，已備載通塞志）師爲童子，於道上遇四祖，問之曰，子何姓？答曰，姓即有，不是常姓。祖曰，是何姓？答曰，是佛姓。祖曰，汝無姓耶？答曰，性空故無。祖默然識之，即詣其母，語令出家。既傳法嗣居東山，咸亨中，傳衣法與慧能，後四年示寂，塔於東山，代宗朝追謚大滿禪師。

六祖慧能。新州盧氏，采薪養母，常入市聞客誦《金剛經》，問曰，從誰受？曰，黃梅忍大師云，讀此可以見性成佛。能遂辭母至韶州，與劉志略爲友。志略姑爲尼，常讀《涅槃》，師暫聽即說，尼因問字，師曰，字即不識，義則任問，尼曰，字尚不識，何能達義？師曰，諸佛解脫，非關文字。尼異之，號爲行者，居人瞻禮，請住寶林。

咸亨中，至黃梅。祖問，何來？答曰，嶺南。祖曰，欲須何事？曰，唯求作佛。祖曰，嶺南人無佛性。曰，人有南北，佛性豈然。祖異之，謂曰，著槽廠去，乃入碓坊，抱石而舂。經八月，五祖俾衆各述一偈，若語意冥符，則傳衣授法。時衆七百，上座神秀，乃於廊壁書偈云，身是菩提樹，心如明鏡臺，時時勤拂拭，莫遣有塵埃。師聞之曰，美則美矣，了則未了。至夜命童子寫偈壁間曰，菩提本無樹，明鏡亦非臺，本來無一物，何假拂塵埃。五祖知之，夜令人召師，告之曰，佛以正法眼藏展轉傳授，吾今授汝并以信衣。昔達磨初至，故傳衣以明得法，今信心已熟，衣乃諍端，止於汝身，勿復傳之。師禮足，持衣而出，通夕南邁，時道明上座聞之，即率人追至大庾嶺。明先至，師擲衣石上曰，此衣表信，豈當力爭。明舉之不動，乃曰，我來求法，非爲衣也。師曰，不思善，不思惡。正恁麼時阿那個是明上座本來面目？明當下大悟，禮拜問曰，上來密語密意外，還更有意旨否？師曰，我今所說即非密。若反照自己，密在汝邊。明禮謝而回。儀鳳元年，至南海，遇印宗法師於法性寺，暮夜風颺刹旛，二僧對論，一云旛動，一云風動。師云，非風旛動，心自動耳。印宗異之，請受禪要。因出信衣，令衆瞻禮。印宗即爲剃髮，請智光律師於本寺，臨壇授滿分戒，此壇是宋求那跋摩所造，嘗記云，後當有肉身菩薩來此受戒。梁眞諦於壇側手植二菩提樹，記云，百二十年後，有大士於此樹下說無上道。師乃坐樹下，大開東山法道，宛如宿契。明年歸韶州寶林。（即曹溪也。）

神龍元年，詔師入見，師上表辭疾。先天二年，復歸新州國恩寺，既而示寂，弟子奉靈體反葬於曹溪，師化韶陽秀化洛下，南能北秀自此而分，上元元年肅宗遣使請衣鉢入內供養，永泰元年，代宗夢師請衣鉢還山，乃遣劉崇景頂戴而送，憲宗朝謚大鑑禪師。

述曰，六祖之後爲二派，一曰青原思，思傳石頭遷，其下爲曹洞雲門法眼；一曰南岳讓，讓傳馬祖，其下爲臨濟潙仰。是爲五家宗派，道一而已，而言五其宗者，由人世心病益多故治法屢爲之變，一棒一喝，一唱一和，機用縱横，殆不可以一律齊，猶應病與藥之義，汾陽作《廣智歌》，明十五家宗風，是蓋示後人以遍參之意，可不知乎。

朱時恩《佛祖綱目》卷一《大法傳承》 世尊大法，自迦葉二十八傳，至菩提達摩。達摩悲學佛者纏蔽於竹帛間，乃弘教外别傳之旨，不立文字而見性成佛。達摩傳慧可，可傳僧璨，璨傳道信，信傳弘忍，忍傳曹溪大鑒禪師惠能，而其法特盛。能之二弟子，懷讓行思，皆深入其閫奥。讓傳道一，一之學，江西宗之，其傳爲懷海。海傳希運，運傳臨濟慧照大師義玄。玄立三玄門，策厲學徒，是爲臨濟之宗。海之旁出，爲潙山大圓禪師靈祐。祐傳仰山智通大師慧寂。父唱子和，微妙玄機，不可湊泊，是爲潙仰之宗。思傳希遷，遷之學，湖南宗之。其傳爲道悟，悟傳崇信，信傳宣鑑，鑑傳義存，存傳雲門匡眞大師文偃。偃之氣宇如王，三句之設，如青天震雷，聞者掩耳，是爲雲門之宗。玄沙師備，偃之同門友也。其傳爲桂琛，琛傳法眼大師文益。益雖依華嚴六相唱明宗旨，迥然獨立，不涉凡情，是爲法眼之宗。遷之旁出，爲藥山惟儼。儼以寶鏡三昧五位，顯三種滲漏，傳曇晟。晟傳洞山悟本大師良价，价傳曹山元證大師本寂，而復大震，是爲曹洞之宗。法眼再傳，至延壽，流入高句驪。仰山三傳之芭蕉徹，當石晉開運中，遂亡弗繼。雲門曹洞僅不絶如綫。唯臨濟一宗，大用大機，震盪無際，若聖若凡，無不宗仰。此則世之所謂禪者也。嗚呼。教之與禪，本無二門。依教修行，蓋不出於六度梵行，而禪定特居其一。繇衆生根有不齊，故先佛示化，亦不免其異耳。柰何後世各建門庭，互相盾矛。教則譏禪，滯乎空寂。禪則譏教，泥乎名相。籍籍紛紛，莫克有定，是果何爲者耶？此則教禪異塗，猶可説也。自禪一宗言之，佛大勝多，與達摩同學禪觀。達摩則遠契眞宗，勝多所見一差，遂分爲有相無相定慧戒行無得寂靜六門。非達摩闢之，安能至今廓如也。慧能與神秀，同受法於弘忍。能則爲頓宗，秀則别爲漸宗，荊吳秦洛各行其教。道一神會又同出於能者也。道一則密受心印，神會則復流於知解。一去弗返，而其末流若大珠明教慈受輩，尚何以議爲哉。自教一宗言之，慈恩立三教，天台則分四教，賢首則又分五教。麁妙各見，漸圓互指，終不能歸之一致，可勝嘆哉。此雖通名爲教，各自立宗，猶可説也。自夫本教之内言之，律學均以南山爲宗，眞悟智圓律師允堪著會正記等文，識者謂其超出六十家釋義之外，何不可者。至大智律師元照，復别以法華開顯圓意，作資持記。又與會正之師殊指矣。不特此也。四明法智尊者知禮，孤山法慧大師智圓，同祖天台，同學心觀。眞妄之異觀，三諦之異説，既已抵牾之甚。雪川仁岳，以禮之弟子。又操戈入室，略不相容。諫書辨謗之作，逮今猶使人凛然也。其他尚可以一二數之哉。嗚呼。毗盧華藏圓滿廣大，徧河沙界無欠無餘。非相而相，非緣而緣。非同而同，非别而别。苟涉思惟，即非聖諦。又何在分教與禪之異哉。又何在互相盾矛業擅專門哉。又何在操戈相攻遽背其師説哉。雖然適長安者，南北異塗，東西殊轍。及其所至，未嘗不同，要在善學者慎夫所趨而已。比丘永壽，嘗以閩僧一源所著護教編示予。自大迦葉至於近代諸師，皆有傳贊。文辭簡古，誠奇作也。壽獨惜其不著教禪承傳同異之詳，請予爲記，以補其闕略。予因以所聞，疏之如右，文繁而不殺者，欲其事之著明，蓋不得不然也。

創宗人達摩及其傳承分部

傳記

《歷代法寶記》 梁朝第一祖菩提達摩多羅禪師者，即南天竺國王第三子。幼而出家，早稟師氏於言下悟。闡化南天，大作佛事。是時，觀見漢地衆生有大乘性，乃遣弟子佛陀耶舍二人往秦地，説頓教悟法。秦中大德，乍聞狐疑，都無信受。被擯出，遂於廬山東林寺。時有法師遠公問曰，大德將何教來。乃被擯出。於是，二婆羅門申手告遠公曰，手作拳，拳作手，是事疾否。遠公答曰，甚疾。二婆羅門言，此未爲疾。煩惱即菩提，此即爲疾。遠公深達，方知菩提煩惱本不異。即問曰，此法彼，復從誰學。二婆羅門答曰，我師達摩多羅也。遠公既深信。已便譯出禪門經一卷，具明大小乘禪法。西國所傳法者，亦具引禪經序上。二婆羅門譯經畢，同日滅度，葬于廬山。塔廟見在。達摩多羅聞二弟子漢地弘化，無人信受，乃泛海而來至。梁武帝出城躬迎。昇殿問曰，和上從彼國將何教法來化衆生。達摩大師答，不將一字教來。帝又問，朕造寺度人，寫經鑄像，有何功德。大師答曰，並無功德。答曰，此乃有爲之善，非眞功德。武帝凡情不曉，乃辭出國。北望有大乘氣，大師來至。魏朝居嵩高山，接引群品六年，學人如雲，奔如雨驟，如稻麻竹葦，唯可大師得我髓。時魏有菩提流支三藏光統律師，於食中著毒餉大師。大師食訖，索盤吐蛇一升。又食著毒再餉。大師取食訖，於大槃石上坐。毒出石裂，前後六度毒。大師告諸弟子，我來本爲傳法。今既得人厭，久住何益。遂傳一領袈裟，以爲法信。語惠可。我緣此毒，汝亦不免此難。至第六代傳法者，命如懸絲。言畢，遂因毒而終。每常自言，我年一百五十歲，實不知年幾也。大師云，唐國有三人得我法。一人得我髓，一人得我骨，一人得我肉。得我髓者惠可，得我骨者道育，得我肉者尼總持也。葬于洛州熊耳山。時魏聘國使宋雲，於葱嶺逢大師，手提履一隻。宋雲問，大師何處去。答曰，我歸本國，汝國王今日亡。宋雲即書記之。宋雲又問，大師今去，佛法付囑誰人。答，我今去後四十年，有一漢僧，可是也。宋雲歸朝，舊帝果崩，新帝已立。宋雲告諸朝臣說，大師手提一隻履，歸西國去也。其言，汝國王今日亡，實如所言。諸朝臣並皆不信，遂發大師墓，唯有履一隻。蕭梁武帝造碑文。西國弟子般若蜜多羅，唐國三人，道育尼總持等。唯惠可承衣得法。

杜朏《傳法寶紀》　魏朝三藏法師，菩提達摩，承求那跋陀羅三藏後。其達摩禪師，志闡大乘。泛海吳越遊洛至鄴。沙門道育惠可，奉事五年。方海四行，謂可曰，有楞伽經四卷，仁者依行，自然度脫。餘度如續高，師傳所明。略辨大乘入道四行。

法師者，西域南天竺國，是大婆羅門國王第三之子。神惠疎朗，聞皆曉晤。志存磨訶衍道，故捨素從緇。紹隆聖，冥心虛寂。通鑒世事，內外俱明。德超世表。悲悔邊隅，正教陵替。遂能遠涉山海，遊化漢魏。亡心寂默之士，莫不歸信。取相存見之流，乃生譏謗。于時，唯有道育惠可，此二沙門。年雖後生，攜志高遠。幸逢法師，事之數載，虔恭諮啟。善蒙師意，法師感其精成，誨以眞道。如是安心，如是發行，如是順物，如是方便，此是大乘安心之法，令無錯謬。如是安心者，壁觀。如是發行者，四行。如是順物者，防護譏嫌。如是方便者，遣其不著。此略所由，意在後文。

杜朏《傳法寶紀》　其有發迹天竺來道此土者，有菩提達摩歟。時爲震旦有勝惠者而傳，然指眞境乎？如彼弱喪頓使返躬乎？亦如暗室發大明炬□□可得而言已。既而味性有殊高拔，或少甄所先習無求勝智，翻然頂授蓋爲鮮矣。唯東魏惠可以身命求之大師傳之而去。惠可傳僧璨，僧璨傳道信，道信傳弘忍，弘忍傳法如，法如及乎大通。自達摩之後師資開道，皆善以方便取證於心，隨所發言略無繫說。今人間或有文字稱達摩論者，蓋是當時學人隨自得語以爲眞論書而寶之，亦多謬也。若夫超悟相承者，既得之於心則無所容聲矣。何言語文字措其間哉。夫不見至極者，宜指小以明大假。若世法有練眞丹以白日昇天者，必須得仙人身手傳練眞丹乃成。若依碧字瓊書終潰浪茫矣。此世中一有爲耳猶在必然，況無上眞宗豈繫言說。故斯道微密罕得其門，雖法不依人依義不依語，而眞善知識何可觀止。今此至人無引未易能名將以後之發蒙或因景暮，是故今修略紀。自達摩後相承傳法者，著之於次以爲傳寶紀一卷。維當綴其所見名迹所化方處耳目所取書紀有明者，既而與爲泯合而傳記自簡，至於覺證聖趣靡得瓢言也。之列有貌圖將爲後記。然相承茲道滄乎？法界眞空寂處相迹自消。凡在生平不現其異，靡聞靈迹以故略諸，亦猶反袂拭面光濡不取矣。又自達摩之後至于隋唐，其有高悟玄拔深至圓頓者，亦可何世無之，已非相傳授故別條列傳，則照此法門之多主也。

雜録

悟明《聯燈會要》卷二《二十八祖菩提達磨》　南天竺國王第三子也。因珠辯義，衆所驚伏。

本國有二師，一名佛大勝，一名佛大光，號二甘露門。大勝之徒，分爲六宗。一曰有相，二曰無相，三曰定慧，四曰戒行，五曰無得，六曰寂靜。各封已解，傳化多衆。

祖問有相宗云，一切諸法，何名實相。衆中有上首，名薩婆羅。答云，於諸相中，不互諸相，是名實相。祖云，一切諸相，而不互者，若名實相，當何定耶？云於諸相中，實無有定，若定諸相，何名爲實。祖云，諸相不定，便名實相，汝今不定，當何得之。云我言不定，不說諸相，當說諸相，其義亦然。祖云，汝言不定，當爲實相，定不定故，即非實相。云定既不定，即非實相，知我非故，不定不變。祖云，汝今不變，何名實相，已變已往，其義亦然。云不變當在，在不在故，故變實相，以定其義。祖云，實相不變，變即非實，於有無中，何名實相。薩婆羅心知師玄解潛達，以手指空云，此是世間有相，亦能空故。當知此身，得似此否。祖云，若解實相，即見非相，若了非相，其色亦然，當於色中，不失色體，於非相中，不礙有故。若如是解，此名實相。彼衆聞已，心意朗然。

祖問無相宗云，汝言無相，當何證之。彼衆有波羅提者，答云，我明無相，心不現故。祖云，汝心不現，當何明之。云我明無相，心不取捨，當於明時，亦無當者。祖云，於諸有無，心不取捨。又無當者，諸明無故。彼云，入佛三昧，尚無所得，何況無相，而欲知之。祖云，相既不知，誰云有無，尚無所得，何名三昧。云我說不證，證無所證，非三昧故，我說三昧。祖云，非三昧者，何當名之，汝既不證，非證何證。波羅提聞祖辯析，即悟本心。

祖問定慧宗云，汝學定慧，爲一爲二。彼衆有婆蘭陀，答云，我此定慧，非一非二。祖云，既非一二，何名定慧。云在定非定，處慧非慧，一即非一，二亦非二。祖云，當一不一，當二不二，既非定慧，約何定慧。云不一不二，定慧能知，非定非慧，亦復然矣。祖云，慧非定故，然何知哉，不一不二，誰定誰慧。婆蘭陀聞已，心疑頓釋。

祖問戒行宗云，何者名戒，云何名行，當此戒行，爲一爲二。彼衆有賢者，答云，一二二一，皆彼所生，依教無染，名爲戒行。祖云，汝言依教，即是有染，一二俱破，何言依教。此二違背，不及於行，內外非明，何名爲戒。云我有內外，彼已知竟，既得通達，便是戒行，若說違背，俱是俱非，言及清淨，即戒即行。祖云，俱是俱非，何名清淨，既得通故，何談內外。賢者聞之，即自慚伏。

祖問無得宗云，汝云無得，無得何得，既無所得，亦無得得。彼衆有寶靜者，答云，我說無得，非無得得，當說得得，無得是得。祖云，既得不得，得亦非得，既云得得，得得何得。云見得非得，非得是得，若見不得，名爲得得。祖云，得既非得，得得無得。無所得，當何所得。寶靜聞之，頓除疑網。

祖問寂靜宗云，何名寂靜，於諸法中，誰靜誰寂。彼有導者，答云，此心不動，是名爲寂，於法無染，名之爲靜。祖云，本心不動，要假寂靜，本來寂故，何用寂靜。云諸法本空，以空空故，於彼空空，故名寂靜。祖云，空空已空，諸法亦爾，寂靜無相，何靜何寂。彼導者聞祖指誨，豁然開悟。

既而六衆咸歸，化被南天，度無量衆。

於是祖念緣熟，行化時至，俗姪異見王。具大舟，實以衆寶，送至海壖。祖汎重溟三周寒暑，達于南海，抵廣州，實梁普通八年，七月二十一日也。刺史蕭昂延接，具表奏武帝。帝遣使詔。十月一日到金陵。帝問，朕自即位而來，造寺寫經度僧，不可勝數，有何功德。祖云，並無功德。帝云，何得無功德。祖云，此但人天小果，如影隨形，雖有非實。帝云，如何是眞功德。祖云，淨智妙圓，體自空寂，如是功德，不可以世求。帝問，如何是聖諦第一義。祖云，廓然無聖。帝云，對朕者誰。祖云，不識。帝不領旨。

祖於是月十九日，潛渡江北。十一月二十二日，屆于洛陽。當後魏孝明太和十年也。寓止嵩山少林。終日面壁而坐，人謂之壁觀婆羅門。

有僧神光者，來參禮，莫聞誨勵。光自惟曰，古人求道，敲骨取髓，刺血濟飢，布髮掩泥，投崖飼虎。古尚如此，我又何人。其年十二月初九日夜，天大雪，光立庭下，遲明雪積過膝。師憫而問之曰，汝立雪中，當何所求。光垂淚云，願和尚，開甘露門，廣度群品。祖云，諸佛無上妙道，曠劫精勤，能行難行，能忍難忍，豈以小德小智，輕心慢心，欲冀眞乘，徒勞勤苦。光聞祖語，潛取利刀，自斷左臂，置于祖前。祖知是法器，乃云，諸佛求道，爲法忘軀，汝今斷臂吾前，求亦可在。遂與易名，曰慧可。仍與說法，告之曰，汝但外息諸緣，內心無喘，心如牆壁，乃可入道。慧可種種說心說性，曾未契理。

忽一日契悟，走告祖云，我已息諸緣耳。祖云，莫成斷滅否？可云不斷滅。祖云，以何爲驗。可云，了了常知故，言之不可及。祖云，此是諸佛所傳心體，更勿疑也。

祖有安心法門云，迷時人逐法，解時法逐人，解時識攝色，迷時色攝識。但有心，分別計較，自心現量者，悉皆是夢。若識心寂滅，無一動念處，是名正覺。

問，云何自心現量。答見一切法有，有不自有，自心計作有，見一切法無。無不自無，自心計作無，乃至一切法亦如是。並是自心計作有，自心計作無。又若人造一切罪，自見己之法王即得解脫。若從事上得解者，氣力壯。從事中見法者，即處處不失念。從文字解者，氣力弱。即事即法者深，從汝種種運爲，跳踉顛蹶，悉不出法界。若以法界入法界，即是癡人。凡有施爲，皆不出法界心。何以故。心體是法界故。

問世間人，種種學問，云何不得道。答由見己故，所以不得道。已者我也。至人逢苦不憂，遇樂不喜，由不見己故。所以不知苦樂，由亡已故，得至虛無。己尚自亡，更有何物，而不亡也。

問諸法既空，阿誰修道。答有阿誰，須修道。若無阿誰，即不須修道。阿誰者，亦我也。若無我者，逢物不生是非。是者我自是，而物非是也。非者我自非，而物非非也。即心無心，是爲通達佛道。即物不起見，是名達道。逢物直達，知其本源。此人慧眼開，智者任物不任已，即無取捨違順。愚人任已不任物，即有取捨違順。不見一物，名爲見道。不行一物，名爲行道。即一切處無處，即作處。無作處，無作法，即見佛。若見相時，即一切處見鬼。取相故墮地獄，觀法故得解脫。若見憶想分別，即受鑊湯爐炭等事現見生死相。若見法界性，即涅槃性。無憶想分別，即是法界性。心非色故非有，用而不廢故非無。又用而常空故非有，空而常用故非無。

期城大守楊衒之，竭誠參扣，乞示宗旨。師說偈云，亦不覩惡而生嫌，亦不觀善而勸措，亦不捨智而近愚，亦不拋迷而就悟。達大道兮過量，通佛心兮出度。不與凡聖同躔，超然名之曰祖。

祖將西返，乃命門人云，時將至矣。汝等各言所得。道副云，如我所見，不執文字，不離文字，而爲道用。祖云，汝得吾皮。尼總持云，我之所解，如慶喜見阿閦佛國，一見更不再見。祖云，汝得吾肉。道育云，四大本空，五陰非有，而我見處，實無一法可當情。祖云，汝得吾骨。慧可禮三拜，依位而立。祖云，汝得吾髓。

．天衣懷云，祖師與麼說話。無計較中，黐成計較。無途轍中，卻成途轍。若教伊踏著德山臨濟門下，免見九年冷坐，被人喚作壁觀胡僧，直饒如是，也未免殃及兒孫。大陽延云，且道，更有一人出來，得箇甚麼。乃云，不得不得。

翠岩芝云，二祖被他當面揲糊，莫道髓，皮也不曾摸著，因甚卻紹祖位。

祖顧慧可，而告之云，昔如來以正法眼，分付摩訶大迦葉。展轉付囑，而至於我。我今付汝，汝當護持，并授汝袈裟，以爲法信，各有所表。可云，請師指陳。祖云，內傳法印，以契證心。外付袈裟，以定宗旨。後二百年，止而不傳。法周沙界，明道者多，行道者少，說理者多，通理者少。潛符密證，千萬有餘。

聽吾偈云：吾本來茲土，傳法救迷情，一花開五葉，結果自然成。

祖於後魏太和十九年，丙辰歲，十月初五日，端坐而逝。十二月二十八日，葬熊耳山。

後三年，宋雲使西域歸，遇祖于葱嶺，手攜隻履，飄飄獨行。雲問，師今何往。祖云，西天去。又謂雲曰，汝主已厭世。雲茫然東邁，暨復命。明帝已登遐矣。孝莊即位。雲具表，奏其事，旨令發壙。惟空棺隻履存焉。

德清《憨山老人夢遊集》卷三四 二十八祖菩提達摩大師：

師心甚急，其來太早。一語不投，此心不了。冷坐少林，幸得神光。一臂墮落，其道永昌。

二十九祖慧可大師：

航海特來，多少苦心。大唐國裏，祇得一人。覓不可得，如水任器。以此傳家，是爲第二。

三十祖僧燦大師：

通身是病，不知來處。忽逢醫王，猛省其故。心空骨剛，且便行腳。遇有力者，一擔付託。

三十一祖道信大師：

少年出家，利根捷疾。六十餘年，脇不至蓆。學侣雲臻，何待小兒。以有夙約，觀者不知。

三十二祖弘忍大師：

來歷不明，出身恰好。一件未完，兩家都了。破頭山中，黄梅路上。往來自由，具大人相。

三十三祖慧能大師：

樵斧纔抛，以石墜腰。靈根久植，從此抽條。源出曹溪，横流大地。直至如今，無處不是。

元賢《永覺元賢禪師廣録》卷二十　二十八祖菩提達摩尊者：

航海而來，不爲别故。蹋翻窠臼，英雄失據。面壁九年，是何門戶。也可笑也可惡。賴有作家下毒手，只得隻履西歸去。至今流禍未曾消，盡墮一千七百之數。

二十九祖慧可大師：

斷臂安心，三拜得髓。如空合空，是何道理。教渠覓罪不可得，畢竟更無别旨。雖説轉轉相傳，卻似無風浪起。

三十祖僧璨大師：

覓罪不得，家破路絶。寄跡空山，形單影孑。不是其人，何敢饒舌。晚得童子，皮下有血。

三十一祖道信大師：

宿習解脱門，早佩祖師印。吉水城邊賊膽驚，破頭山上法雷震。皇詔四徵不出山，始知道人不用命。

三十二祖弘忍大師：

來時有約，生處難稽。莫道無姓，還渠自知。黄梅果熟任風吹，一卷金剛成露布，惹得獦獠便授衣。

三十三祖慧能大師：

這賣柴漢，一字不識。撞著金剛成粉末，三更直入黄梅室。眞是舉網張風，更論甚麼軌則。從兹甘露徧寰中，鳥近金山無異色。

德清《憨山老人夢遊集》卷二一《正法眼藏》　惟吾佛説法四十九年，末後拈花，以正法眼藏，付大迦葉。二十八傳，至菩提達摩。達摩航海而來，初至五羊。先是宋求那跋陀，攜楞伽四卷至，即建刱戒壇於其地。達摩來必依止之。及傳二祖，且指楞伽爲心印。及智藥攜菩提樹來，栽於壇側。且曰，百六十年，有肉身大士於此樹下出家，演最上乘，及六祖果發迹於斯，若合符節。迄今宗分五派，道被寰中，皆以此寺爲初地。即達摩之道法不泯，六祖之眞身猶存，豈非以戒根堅固。慧命延長，由古及今，以至永永無窮耶？故經云，佛子住此地，即是佛受用。今上人住此地，統此僧，見六祖如生，豈小緣哉。余初入粤，至其寺，叩其門，至再呼而不應者。今予居此不三年，而諸僧濟濟，一時翕然，無論老幼，皆發菩提心，煥然一新耳目。是豈諸人佛性，昔無而今適有耶？葢佛性人人本具，但無知識開導耳。開導之功。又在主之者力行，則四衆歡感，如時雨降，油然榮茂，而不自知其然矣。今上人年六十一，一旦發如是心，作如是行，以佛事而報親恩，以淨戒而爲壽本。又能親近知識，隨順修行。後之弟子，苟觀上人心，效上人行，從少至老，由子及孫。如此則化化無窮，源源不竭。萬一有六祖者出，翻然如昔之盛時，則此法中興之機。又在今日。上人功德無量，即上人之慧命無窮矣。又豈以區區世壽爲四哉。乃命弟子通岸居士歐起鴻輩，各持香花，重宣此義，爲上人壽。

慧　可

道宣《續高僧傳》卷一六　釋僧可，一名慧可。俗姓姬氏，虎牢人。外覽墳素內通藏典，末懷道京輦默觀時尚，獨藴大照解悟絶群。雖成道非新，而物貴師受，一時令望咸共非之。但權道無謀顯會非遠，自結斯要誰能繫之。年登四十，遇天竺沙門菩提達摩遊化嵩洛，可懷寶知道一見悦之。奉以爲師，畢命承旨。從學六載，精究一乘。理事兼融苦樂無滯，而解非方便慧出神心。可乃就境陶研淨穢埏埴方知，力用堅固不爲緣陵。達摩滅化洛濱，可亦埋形河涘。而昔懷嘉譽傳檄邦畿，使夫道俗來儀請從師範。可乃奮其奇辯呈其心要，故得言滿天下意非建立，玄籍遐覽未始經心。後以天平之初，北就新鄴盛開祕苑，滯文之徒是非紛舉。時有道恒禪師，先有定學王宗鄴下，徒侣千計。承可説法情事無寄，謂是魔語。乃遣衆中通明者，來殄可門。既至聞法泰然心服，悲感盈懷無心返告。恒又重喚亦不聞命，相從多使皆無返者。他日遇恒，恒曰，我用爾許功夫開汝眼目，何因致此諸使。答曰，眼本自正，因師故邪耳。恆遂深恨謗惱於可。貨賕俗府非理屠害。初無一恨幾其至死。恆衆慶快，遂使了本者絕學浮華，謗黷者操刀自擬。始悟一音所演，欣怖交懷，海迹蹄滢淺深斯在。可乃縱容順俗，時惠清猷乍託吟謠，或因情事澄汰恆抱寫割煩蕪。故正道遠而難希，封滯近而易結，斯有由矣。遂流離鄴衛亟展寒溫，道竟幽而且玄。故末緒卒無榮嗣有向居士者，幽遁林野木食，於天保之初道味相師。致書通好曰，影由形起響逐聲來，弄影勞形，不知形之是影。揚聲止響，不識聲是響根。除煩惱而求涅槃者，喻去形而覓影。離衆生而求佛喻默聲而尋響，故迷悟一途愚智非別。無名作名，因其名則是非生矣。無理作理，因其理則諍論起矣。幻化非眞誰是誰非，虛妄無實何空何有。將知得無所得失無所失，未及造談聊伸此意，想爲答之。可命筆述意曰，說此眞法皆如實，與眞幽理竟不殊。本迷摩尼謂瓦礫，豁然自覺是眞珠。無明智慧等無異，當知萬法即皆如。愍此二見之徒輩，申詞措筆作斯書。觀身與佛不差別，何須更覓彼無餘。其發言入理未加鉛墨，時或纘之，乃成部類，具如別卷。時復有化公彥公和禪師等，各通冠玄奧，吐言淸迥托事寄懷。聞諸口實，而人世非遠碑記罕聞，微言不傳淸德誰序，深可痛矣。時有林法師，在鄴盛講勝鬘幷制文義。每講人聚乃選通三部經者，得七百人，預在其席，及周滅法與可同學共護經像。初達摩禪師以四卷楞伽授可曰，我觀漢地惟有此經，仁者依行自得度世，可專附玄理如前所陳。遭賊斫臂，以法御心不覺痛苦，火燒斫處血斷帛裹乞食如故。曾不告人。後林又被賊斫其臂，叫號通夕，可爲治裹乞食供林。林怪可手不便怒之。可曰，餅食在前何不自裹。林曰，我無臂也。可不知耶？可曰，我亦無臂，復何可怒。因相委問方知有功，故世云無臂林矣。每可說法竟曰，此經四世之後變成名相。一何可悲。有那禪師者，俗姓馬氏，年二十一居東海講禮易。行學四百南至相州遇可說法，乃與學士十人出家受道。諸門人於相州東設齋辭別哭聲動邑。那自出俗，手不執筆及俗書，惟服一衣一缽。一坐一食以可常行，兼奉頭陀，故其所往不參邑落。有慧滿者，滎陽人，姓張，舊住相州隆化寺。遇那說法便受其道專務無著，一衣一食但畜二針。冬則乞補。夏便通捨覆赤而已。自述一生無有怯怖，身無蚤虱睡而不夢。住無再宿，到寺則破柴造履，常行乞食。貞觀十六年，於洛州南會善寺側宿栢墓中，遇雪深三尺，其旦入寺見曇曠法師，怪所從來。滿曰，法友來耶？遣尋坐處，四邊五尺許雪自積聚不可測也。故其聞有括訪諸僧逃隱，滿便持衣缽周行聚落無可滯礙。隨施隨散索爾虛閑，有請宿齋者。告云，天下無人方受爾請。故滿每說法云，諸佛說心。令知心相是虛妄法。今乃重加心相，深違佛意。又增論議殊乖大理，故使那滿等師常賫四卷楞伽以爲心要。隨說隨行不爽遺委。後於洛陶中無疾坐化，年可七十，斯徒並可之宗系。故可別敘。

闕名《歷代法寶記》 北齊朝第二祖惠可禪師，俗姓姬，武牢人也。時年四十，奉事大師六年，先名神光。初事大師前立，其夜大雪至，腰不移。大師曰，夫求法不貪軀命，遂截一臂乃流白乳。大師默傳心契，付袈裟一領。大師云，我緣此毒，汝亦不免善自保愛，可大師問和上，此法本國承上所傳囑付法者。請爲再說。具如禪經序上說。又問大師，西國誰人承後亦傳信袈裟否。大師答，西國人信敬，無有矯詐，承後者是般若波羅蜜多羅承後不傳衣。唐國衆生有大乘性，詐言得道得果，遂傳袈裟以爲法信。譬如轉輪王子灌其頂者，得七眞寶，紹隆王位。得其衣者，表法正相承，可大師得付囑。以後四十年隱峴山洛相二州，後接引群品，道俗歸依不可勝數。經二十年開化時，有難起。又被菩提流支三藏光統律師徒黨欲損可大師。師付囑僧璨法已，入司空山隱。可大師後佯狂，於四衢城市說法，人衆甚多。菩提流支徒黨告可大師云，妖異奏勑，勑令所司推問，可大師。大師答，承實妖，所司知衆疾。令可大師審。大師確答，我實妖。勑令城安縣令翟冲侃依法處刑。可大師告衆人曰，我法至第四祖，化爲名相，語已悲淚，遂示形身流白乳，肉色如常。所司奏帝，帝聞悔過，此眞菩薩，舉朝發心，佛法再興。大師時年一百七歲，其墓葬在相州城安縣子陌河北五里，東柳搆去墓一百步，西南十五里，吳兒曹口是。楞伽鄴都故事具載弟子承後傳衣得法僧璨，後釋法琳造碑文。

淨覺《楞伽師資記》 齊朝鄴中沙門惠可，承達磨禪師後。其可禪師，俗姓姬，武牢人。年十四，遇達摩禪遊化嵩洛，奉事六載，精究一乘，附於玄理，略說修道，明心要法，眞登佛果。楞伽經云，牟尼寂靜觀，是則遠離生死，是名爲不取。今世後世，淨十方諸佛。若有一人，不因坐禪而成佛者，無有是處。十地經云，衆生身中，有金剛佛。猶如日輪，體明圓滿，廣大無邊。只爲五蔭，重雲覆障，衆生不見。若逢智風，飄蕩五蔭，重雲滅盡，佛性圓照，煥然明淨。華嚴經云，廣大如法界，究竟如虛空。亦如瓶内燈光，不能照外。亦如世間雲霧，八方俱起，天下陰暗，日光起得明淨。日光不壞，只爲雲霧障。一切衆生，清淨性，亦復如是。只爲攀緣妄念諸見，煩惱重雲，覆障聖道，不能顯了。若忘念不生，默然淨坐，大涅槃日，自然明淨。俗書云，氷生於水而氷遏水，氷泮而水通。妄起於眞而妄迷眞，妄盡而眞現。即心海澄清，法身空淨也。故學人依文字語言爲道者，如風中燈，不能破闇。焰焰謝滅，若淨坐無事，如蜜室中燈，則解破闇。昭物分明，若了心源清淨，一切願足，一切行滿，一切皆辨，不受後有。得此法身者，恆沙衆生，莫過有一行。億億劫中，時有一人，與此相應耳。若精誠不内發，三世中縱値恆沙諸佛，無所爲，是知衆生識心自度。佛不度衆生。佛若能度衆生，過去逢無量恆沙諸佛，何故我不成佛。只是精誠不内發，口説得，心不得，終不免逐業受形。故佛性猶如天下有日月，水中有火。人中有佛性，亦名佛性燈，亦名涅槃鏡。是故大涅槃鏡，明於日月，内外圓淨，無邊無際，猶如鍊金。金質火盡，金性不壞。衆生生死相滅，法身不壞。亦如遲團壞，亦如波浪滅，水性不壞。衆生生死相滅，法身不壞，坐禪有功，身中自證故。晝日餅尚未堪飡，説食焉能使飽，雖欲去其前塞，翻令後梱彌堅。華嚴經云，譬如貧窮人，晝夜數他寶，自無一錢分。多聞亦如是。又讀者暫看。急須併卻，若不捨還，同文字學，則何異煎流水以求氷，煮沸湯而覓雪。是故諸佛説説，或説説於不説。諸法實相中，無説無不説。解斯舉一千從。法華經云，非實非虛，非如非異。太師之説此眞法皆如實，與眞幽理竟不殊。本迷摩尼謂瓦礫，豁能自覺是眞珠，無明智慧等無異，當知法即皆如。敏此二見諸徒輩，申詞投筆作斯。觀身與佛不差別，何須更覓彼無餘。又云，吾本發心時，截一臂。從初夜雪中立，直至三更，不覺雪過於膝，以求無上道。華嚴經第七卷中説，東方入正受，西方三昧起，於眼根中入正受，於色法中三昧起。示現色法不思議，一切天人莫能知。其色法中入正受，於眼起定念不亂，觀眼無生無自性，説空寂滅無所有，乃至耳鼻舌身意，亦復如是。童子身入正受，於壯年身三昧起。壯年身入正受，於老年身三昧起。老年身入正受，於善女人三昧起。善女人入正受，於善男子三昧起。善男子入正受，於比丘尼身三昧起。比丘尼身入正受，於比丘身三昧起。比丘身入正受，於學無學三昧起。無學入正受，於緣覺身三昧起。緣覺身入正受，於如來身三昧起。毛孔中入正受，一切毛孔三昧起。一切毛孔入正受，一毛端頭三昧起。一毛端入正受，一切毛端三昧起。一切毛端入正受，一微塵中三昧起。一微塵中入正受，一切微塵三昧起。大海水入正受，於大盛火三昧起。一身能作無量身，以無量作一身。解斯舉一千從，萬物皆然也。

雍正皇帝《御選歷代禪師語錄前集》卷上 有一居士，年踰四十。不言名氏，聿來設禮。而問祖曰，弟子身纏風恙，請和尚懺罪。祖曰，將罪來，與汝懺。士良久曰，覓罪了不可得。祖曰，與汝懺罪竟，宜依佛法僧住。士曰，今見和尚，已知是僧，未審何名佛法。祖曰，是心是佛，是心是法。法佛無二，僧寶亦然。士曰，今日始知罪性不在内，不在外，不在中間。如其心然，佛法無二也。祖深器之。即爲剃髮，曰是吾寶也。宜名僧璨。祖遂囑累付以衣法，偈曰，本來緣有地，因地種花生。本來無有種，花亦不曾生。

向居士，幽棲林野，木食㵎飲。北齊天保初，聞祖盛化，乃致書曰，影由形起，響逐聲來。弄影勞形，不識形爲影本。揚聲止響，不知聲是響根。除煩惱而趣涅槃，喻去形而覓影。離衆生而求佛果，喻默聲而求響。故知迷悟一塗，愚智非別，無名作名。因其名，則是非生矣。無理作理。因其理，則爭論起矣。幻化非眞，誰是誰非，虛妄無實，何空何有，將知得無所得，失無所失。未及造謁，聊申此意，伏望答之。祖回示曰，備觀來意皆如實，眞幽之理竟不殊。本迷摩尼謂瓦礫，豁然自覺是眞珠，無明智慧等無異。當知萬法即皆如。愍此二見之徒輩，申辭措筆作斯書，觀身與佛不差別，何須更覓彼無餘。居士捧披祖偈，乃申禮覲，密承印記。

悟明《聯燈會要》卷二 師問達磨，諸佛法印，可得聞乎。磨云，諸佛法印，不從人得。師云，我心未寧，乞師安心。磨云，將心來，與汝安。師沉吟，須臾云，覓心了不可得。磨云，與汝安心竟。

芭蕉云，金剛與泥人揩背。

白雲端頌云，終始覓心不可得，寥寥不見少林人。滿庭舊雪重知冷，鼻孔依前搭上唇。

師適北齊，有一居士，年逾四十。詣前作禮云，弟子身纏風恙，請師懺罪。師云，將罪來，與汝懺。士良久云，覓罪性，了不可得。師云，與汝懺罪竟，宜依佛法僧住。居士云，今見和尚，已知是僧，何名佛法。師云，是心是佛，是心是法，佛法不二，僧寶亦然。居士云，今日始知，罪性不在內，不在外，不在中間。如其心然，佛法無二也。師深器之。

瑯瑘云，猶欠作云何梵在。

師即授出家剃落，易名僧璨。

付法說偈云，本來緣有地，因地種花生。本來無有種，花亦不曾生。

後於開皇十三年癸丑。三月十六日。示寂。壽一百七歲。

僧粲

闕名《歷代法寶記》 隋朝第三祖璨禪師，不知何處人。初遇可大師，璨示見大風疾，於衆中見。大師問，汝何處來，今有何事。僧璨對曰，故投和上。可大師語曰，汝大風患人，見我何益。璨對曰，身雖有患，患人心與和上心無別。可大師知璨是非常人，便付囑法及信袈裟。可大師曰，汝善自保愛，吾有難汝須避之。璨大師亦佯狂市肆。後隱舒州司空山，遭周武帝滅佛法。隱皖公山十餘年，此山比多足猛獸常損居人。自璨大師至，並移出境。付囑法并袈裟。後時有皖禪師，月禪師，定禪師，巖禪師，來至璨大師所云，達摩祖師付囑後。此璨公眞神璨也。定惠齊用，深不思議。璨大師遂共諸禪師往羅浮山隱三年，後至大會齋。出告衆人曰，吾今欲食。諸弟子奉。大師食畢。告衆人歎言，坐爲寄，唯吾生死自由。一手攀會中樹枝，掩然立化，亦不知年幾。塔廟在皖山寺側，弟子甚多。唯道信大師傳衣得法。承後。薛道衡撰牌文。

淨覺《楞伽師資記》 隋朝舒州思空山粲禪師，承可禪師後。其粲禪師，罔知姓位，不測所生。按續高僧傳曰，可後粲禪師，隱思空山，蕭然淨坐，不出文記，祕不傳法。唯僧道信，奉事粲十二年，寫器傳燈。燈成就，粲印道信了了見佛性處，語信曰，法華經云，唯此一事，實無二，亦無三。故知聖道幽通，言詮之所不逮。法身空寂，見聞之所不及。即文字語言，徒勞施設也。大師云，餘人皆貴坐終，嘆爲奇異。余今立化，生死自由。言訖遂以手攀樹枝，奄然氣盡。終於皖公山。寺中見有廟影，詳玄傳曰，惟一實之淵曠，嗟萬相之繁難。俗異於體同，凡聖分而道合。尋涯也豁乎無際，眇乎無窮，源於無始，極於無終。解或以茲齊貫，深淨於此俱融。諺空有而聞寂，括宇宙以通同，若純金不隔於環玔，等積水不憚於連漪。經云，此明理無間雜。故絕邊際之談，性非物造。致息始之論，所以明闇泯於不言門。善惡融於一相之道，斯即無動而不寂，無異而不同。若水之爲波瀾，金之爲器體。金爲器體，故無器而不金。波爲水用，亦無波而異水也。觀無礙於緣起，信難思於物性。猶寶殿之垂珠，似瑤臺之懸鏡。彼此異而相入，紅紫分而交映。物不滯其自他，事莫權其邪正。隣虛舍大千之法，剎那總三除之時。懼斯言之少信，借帝網以除疑。蓋普眼之能矚，豈或識以知之。注云，此明祕密緣起，帝網法界。一即一切，參而不同。所以然者，相無自實。起必依眞之理既融，相亦無礙故。巨細雖懸，猶鏡像之相入。彼此之異，若殊色之交形。即一一切，緣無礙理，理數然也。故知大千彌廣，處纖塵而不窄。三世長久，入從略以能容。自可洞視於金墉之外，了無所權。入身於后壁之中，未曾有隔。是以聖人得理成用。若理不可然，則聖此無此力。解則通，無礙由情擁。普眼之惠，如實能知，如猴著鎖而停躁，蛇入筒而改曲。涉曠海以戒船，曉車幽以惠燭。注云，猴著鎖喻戒制心，蛇入筒喻定自亂。《智度論》云，蛇行性曲，入筒即直。三昧制心，亦復如是。金光明最勝王經三身品云，佛雖三名，而無三體也。

雍正皇帝《御選歷代禪師語錄前集》上 《信心銘》，至道無難，惟嫌揀擇。但莫憎愛，洞然明白。毫釐有差，天地懸隔。不識玄旨，徒勞念靜。圓同太虛，無欠無餘。良由取舍，所以不如。不用求眞，惟須息見。纔有是非，紛然失心。二由一有，一亦莫守。一心不生，萬法無咎。無咎無法，不生不心。能由境滅，境逐能沈。境由能境，能由境能。欲知兩段，原是一空。一空同兩，齊含萬象。欲取一乘，勿惡六塵。六塵不惡。還同正覺。智者無爲，愚人自縛。法無異法，妄自愛著。將心用心，豈非大錯。夢幻空花，何勞把捉。得失是非，一時放卻。眼若不寐，諸夢自除。心若不異，萬法一如。狐疑盡淨，正信調直。一切不留，無可記憶。虛明自照，不勞心力。非思量處，識情難測。眞如法界，無他無自。要急相應，惟言不二。不二皆同，無不包容。十方智者，皆入此宗。宗非促延，一念萬年。無在不在，十方目前。極小同大，忘絕境界。極大同小，不見邊表。有即是無，無即是有。一即一切，一切即一。但能如是，何慮不畢。

悟明《聯燈會要》卷二　因沙彌道信來，作禮云，願和尚乞與解脫法門。師云，誰縛汝。云無人縛。師云，何更求解脫乎。信於言下大悟，服勤九載。

後付法眼，而說偈云，花種雖因地，從地種花生。若無人下種，花地盡無生。

師於隋煬帝，大業二年丙寅，十月十五日，爲四衆，宣演法要訖。於大樹下，合掌立終，塔于本山。

道信

闕名《曆代法寶記》　唐朝第四祖信禪師，俗姓司馬，河内人。少小出家，承事璨大師。璨大師知爲特氣，晝夜常坐，不臥六十餘年。脇不至席，神威奇特。目閉不視，若欲視人。見者驚悚。信大師於是大業年，遙見吉州，狂賊圍城。百日已上，泉井枯涸。大師入城，勸誘道俗，令行般若波羅蜜。狂賊自退，城中泉井再汎。信大師遙見蘄州黄梅破頭山有紫雲蓋，信大師遂居此山。後改爲雙峯山。貞觀十七年，文武皇帝勅使於雙峯山，請信禪師入内。信禪師辭老不去。勅使迴見帝奏云，信禪師辭老不來。勅又遣再請。使至信禪師處，使云，奏勅遣請禪師。禪師苦辭老不去，語使云，若欲得我頭，任斬將，我終不去。使迴見帝奏云，須頭任斬將，去心終不去。勅又遣使封刀來取禪師頭，勅云，莫損和上。使至和上處云，奉勅取和上頭，禪師去不去。和上云，我終不去。使云，奉勅云，若禪師不來，斬頭將來。信大師引頭云斬取。使返刀乙項，信大師唱言，何不斬，更待何時。使云，奉勅不許損和上。信禪師大笑曰，教汝知有人處。後時信大師大作佛事，廣開法門，接引群品，四方龍像盡受歸依。經三十餘年，唯弘忍事之得意。付囑法及袈裟，與弘忍訖。命弟子元一師，與吾山側造龍龕一所，即須早成。後問，龍龕成否。元一師答，功畢。永徽二年潤九月二十四日，大師素無痾疾，奄然坐化。大師時年七十有二。葬後周年，石戶無故自開，大師容貌端嚴無改常日。弘忍等重奉神威儀不勝感慕，乃就尊容加以漆布。自此已後更不敢閉。弟子甚多，唯有弘忍傳衣得法承後。中書令杜正倫撰牌文。

淨覺《楞伽師資記》　唐朝蘄州雙峯山道信禪師後。其信禪師，再敞禪門。宇内流布，有菩薩戒法一本。及制入道安心要方便法門，爲有緣根熟者。說我此法，要依《楞伽經》，諸佛心第一。又依《文殊說般若經》一行三昧，即念佛心是佛，妄念是凡夫。文殊說般若經云，文殊師利言。世尊云，何名一行三昧佛。法界一相，繫緣法界，是名一行三昧。如法界緣不退不壞，不思議無礙無相。善男子善女人，欲入一行三昧，應處空閑。捨諸亂意，不取相貌。繫心一佛，專稱名字。隨佛方便所，端身正向，能於一佛。念念相續，即是念中。能見過去未來現在諸佛，何以故。念一佛功德，無量無邊，亦與無量諸佛功德無二。不思議佛法等分別，皆乘一如。成最正覺，悉具無量功德，無量辨才。如是入一行三昧者，盡知恆沙諸佛法界，無差別相。夫身心方寸，舉足下足。常在道場，施爲舉動，皆是菩提。《普賢觀經》云，一切業障海，皆從妄相生。若欲懺悔者，端坐念實相，是名第一。懺併除三毒心，攀緣心覺觀心念佛，心心相續忽然澄寂，更無所緣念。大品經云，無所念者，是名念佛。何等名無所念，即念佛心名無所念。離心無別有佛，離佛無別有心。念佛即是念心，求心即是求佛。所以者何。識無刑，佛無刑，佛無相貌。若也知此道理，即是安心。常憶念佛，攀緣不起，則泯然無相。平等不二，不入此位中。憶佛心謝，更不須徵。即看此等心，即是如來眞實法性之身。亦名正法，亦名佛性，亦名諸法實性實際，亦名淨土。名菩提金剛三昧本覺等，亦名涅槃界般若等。名雖無量，皆同一體，亦無能觀所觀之意。如是等心，要令清淨，常現在前。一切諸緣，不能干亂。何以故。一切諸事，皆是如來一法身故。經是一心中，諸結煩惱，自然除滅。於一塵中，具無量世界。無量世界集一毛端，於其本事如故，不相訪礙。花嚴經云，有一經卷，在微塵中，見三千大千世界事。略舉安心，不可具盡。其中善巧，出自方寸，略爲後生疑者。假爲一問，如來法身若此者，何故復有相好之身，現世說法。信曰，正如來法性之身，清淨圓滿，一切類悉於中現。而法性身，無心起作，如頗梨鏡懸在高堂，一切像悉於中現。鏡亦無心，能現種種。經云，如來現世說法者，衆生妄想故。今行者若修心盡淨，則知如來常不說法。是乃爲具足多聞，聞者一無相也。是以經云，衆生根有無量故，所以說法無量。說法無量，說法無量故。義亦名無量義。無量義者，從一法生。其一法者，則無相也。無相不相，名爲實相，則泯然清淨是也。斯之誠言，則爲證也。坐時當覺，識心初動。運運流注，隨其來去。皆令知之，以金剛惠微責，猶如草木無所別知之無知。乃名一切智。此是菩薩一相法門。問，何者是禪師。信曰，不爲靜亂所惱者，即是好禪用心人。常住於止心則沈沒，久住於觀心則散亂。法華經云，佛自住大乘，如其所得法。定惠力莊嚴，以此度衆生。云何能得悟解法相，心得明淨。信曰，亦不念佛，亦不捉心。亦不看心，亦不計心。亦不思惟，亦不觀行。亦不散亂，直任運。亦不令去，亦不令住。獨一清淨，究竟處心自明淨，或可諦看。心即得明淨，心如明鏡。或可一年，心更明淨。或可三五年，心更明淨。或可因人爲說，即悟解。或可永不須說得解。經道，衆生心性，譬如寶珠沒水。水濁珠隱，水清珠顯。爲謗三寶，破和合僧。諸見煩惱所污，貪嗔顛倒所染。衆生不悟心性，本來常清淨。故爲學者，取悟不同，有如此差別。今略出根緣不同，爲人師者，善須識別。《華嚴經》云，普賢身相，猶如虛空。依如如。不於佛國，解時佛國皆亦即如國皆不依。《涅槃經》云，有無邊，身菩薩，身量如虛空，人之有善光故。猶如夏日。又云，身無邊故，名大涅槃。又云，大般涅槃，其性廣博故。知學者有四種人，有行有解有證，上上人。無行有解有證，中上人。有行有解無證，中下人。有行無解無證，下下人也。問，臨時作若爲觀行。信曰，眞須任運。又曰，用向西方不。信曰，若知心本來不生不滅，究竟清淨，即是淨佛國土。更不須向西方。華嚴經云，無量劫一念，無量劫。須知一方無量方，無量方一方。佛爲鈍根衆生。今向西方，不爲利根人說也。深行菩薩。入生死化度衆生，而無愛見。若見衆生有生死，我是能度。衆生是所疲不名菩薩。疲衆生如疲空，度空何曾有來去。金剛經云，滅度無量衆生，實無有衆生得滅度者，所初地菩薩。初證一切空，後證得得一切不空。即是無分別智，亦是色。色即是空，非色滅空，色性是空。所菩薩修學空爲證。新學之人，直見空者，此是見空，非眞空也。修道得眞空者，不見空與不空。無有諸見也。善須解色空義。學用心者，要須心路明淨。悟解法相，了了分明，然後乃當爲人師耳。復須內外相稱，理行不相爲。

決須斷絕文字語言，有爲聖道。獨一淨處，自證道果也。或復有人，未了究竟法爲相，名聞利養教導衆生，不識根緣利鈍。似如有異，即皆印可。極爲苦哉，苦哉大禍。或見心路，似如明淨，即便印可。此人大壞佛法，自誑誑他。用心人，有如此同異，並是相貌耳，未爲德心。眞德心者，自識分明，久後法眼自開，善別虛之與僞。或有人計身空無，心姓亦滅。此是斷見人，與外道同，非佛弟子。或有人，計心是有不滅。此是常見人，亦與外道同。今明佛弟子，亦不計心性是滅，常度衆生，不起愛見。常學智慧，愚智平等。常作禪定，靜亂不二。常見衆生，未增是有。究竟不生不滅，處處現形，無有見開。了知一切未曾取捨，未曾分身，而身通於法界。又古時智敏禪師訓曰，學道之法，必須解行相扶。先知心之根原，及諸體用，見現分明無惑，然後功業可成。一解千從，一迷萬惑。失之毫釐，差之千里，此非虛言。無量壽經云，諸佛法身，入一切衆生心想，是心作佛。當知佛即是心，心外更無別佛也。略而言之，凡有五種。一者，知心體。體性清淨，體與佛同。二者，知心用。用生法寶，起作恆寂，萬惑皆如。三者，常覺不停。覺心在前，覺法無相。四者，常觀身空寂，內外通同，入身於法界之中，未曾有礙。五者，守一不移，動靜常住，能令學者。明見佛性，早入定門。諸經觀法備有多種，傅大師所說，獨舉守一不移。先修身審觀，以身爲本。又此身是四大五蔭之所合，終歸無常，不得自在。雖未壞滅，畢竟是空。維摩經云，是身如浮雲，須臾變滅。又常觀自身，空淨如影。可見不得，智從影中生，畢竟無處所。不動而應物，變化無窮。空中生六根，六根亦空寂。所對六塵境，了知是夢幻。如眼見物時，眼中無有物。如鏡照面像，了極分明。空中現形影，鏡中無一物。當知人面不來入鏡中，鏡亦不往入人面。如此委曲，知鏡之與面，從本已來，不出不入，不來不去，即是如來之義。如此細分判，眼中與鏡中，本來常空寂。鏡照眼照同，是故將爲比。鼻舌諸根等，其義亦復然。知眼本來空，凡所見色者，須知是他色。耳聞聲時，知是他聲。鼻聞香時，知是他香。舌別味時，知是也味。意對法時，知是他法。身受觸時，知是他觸。如此觀察知，是爲觀空寂。見色知是不受色，不受色即是空。空即無相，無相即無作。此見解脫門。學者得解脫，諸根例如此。復重言說，常念六根空寂，爾無聞見。《遺教經》云，是時中夜，寂然無聲。當知如來說法以空寂爲本。常念六根空寂，恆如中夜時。晝日所見聞，皆是身外事。身中常空淨，守一不移者。以此淨眼，眼住意看一物。無問晝夜時，專精常不動。其心欲馳散，急手還攝來，以繩繫鳥足。欲飛還掣取，終日看不已。泯然心自定。維摩經云，攝心是道場，此是攝心法。《法華經》云，從無數劫來，除睡常攝心。以此功德，能生諸禪定。遺教經云，五根者，心爲其主。制立處，無事不辨。此是也。前所說五事，並是大乘正理。皆依經文所陳，非是理外妄說。此是無漏業，亦是究竟義。超過聲聞地，眞趣菩薩道。聞者宜修行，不須致疑惑。如人學射，初大準，次中小準，次中大約，次中小的，次中一毛，次破一毛作百分，次中百毛之一分。次後前射前，筈筈相柱，不令箭落。喻人習道，念念注心，心心相續。無暫間念，正念不斷，正念現前。又經云，以知惠箭，射三解脫門，筈筈筈於柱勿令落地。又如鑽火，未熱而息。雖欲得火，火難可得。又如家有如意珠，所求無不得。忽然而遺失，憶念無忘時。又如毒箭入肉，竿鏃猶在。如此受苦痛，亦無暫忘時。念念在心，其狀當如此。法祕要，不得傳非其人。非是惜法不傳，但恐前人不信。淊其謗法之罪，必須擇人。不得操次輒說，愼之愼之。法海雖無量，行之在一言。得意即亡言，一言亦不用。如此了了知，是爲得佛意。若初學坐禪時，於一靜處。眞觀身心，四大五蔭，眼耳鼻舌身意，及貪嗔癡，爲善若惡。若怨若親，若凡若聖。及至一切諸狀，應當觀察，從本以來空寂。不生不滅，平等無二。從本以來無所有，究竟寂滅。從本以來，清淨解脫，不問晝夜。行住坐臥，常作此觀，即知自身猶如水中月，如鏡中像，如熱時炎，如空谷響。若言是有，處處求之不可見。若言是無，了了恆在眼前。諸佛法身，皆亦如是。即知自身從無量劫來，畢竟未曾生。從今已去，亦畢竟無人死。若能常作如此觀者，即是眞實懺悔。千劫萬劫，極重業，即自消滅，唯除疑惑。不能生信，此人不能悟入。若生死信依此行者，無不得入無生正理。復次，若心緣異境，覺起時即觀起處，畢竟不起。此心緣生時，不從十方來，去亦無所至。常觀攀緣，覺觀妄識。思想雜念，亂心不起，即得麁住。若得住心，更無緣慮，即隨分寂定，亦得隨分息諸煩惱。畢故不造新名，爲解脫看。心結煩熱，悶亂昏沈，亦即且自散適。徐徐安置，令其得便。心自安淨，唯須猛利，如救頭然，不得懈怠，努力努力。初學坐禪看心，獨坐一處。先端身正坐，寬衣解帶。放身縱體，自按摩七八翻，令心腹中嗌氣出盡。即滔然得性清虛恬淨，身心調適然。安心神則，窈窈冥冥。氣息清冷，徐徐斂心。神道清利，心地明淨。觀察不明，內外空淨。即心性寂滅，如其寂滅，則聖心顯矣。性雖無刑，志節恆在然。幽靈不竭，常存朗然，是名佛性。見佛性者，永離生死，名出世人。是故維摩經云，豁然還得本心，信其言也。悟佛性者，名菩薩人，亦名悟道人，亦名識理人，亦名得性人。是故經云，一句深神，歷劫不朽。初學者前方便也。故知彼道有方便，此聖心之所會。凡捨身之法，先定空心。使心境寂淨，鑄想玄寂，令心不移。心性寂定，即斷攀緣。窈窈冥冥，凝淨心虛，則幾泊恬乎。泯然氣盡，住清淨法身，不受後有。若起心失念，不免受生也。此是前定心境，法應如是。此是作法。法本無法，無法之法。始名爲法，法則無作。夫無作之法，眞實法也。是以經云，空無作無願無相，則眞解脫。以是義故，實法無作。捨身法者，即假想身橫看。心境明地，即用神明推策。大師云，莊子說，天地一指，萬物一焉。《法句經》云，一亦不爲一，爲欲破諸數。淺智之所聞，謂一以爲一。故莊子猶滯一也。《老子》云，窈兮冥兮，其中有精。外雖亡相，內尚存心。《華嚴經》云，不著二法，以無一二故。《維摩經》云，心不在內，不在外，不在中間，即是證。故知老子滯於精識也。《涅槃經》云，一切衆生有佛性。容可說，牆壁凡石，而非佛性。云何能說法。又天親論云，應化非眞佛，亦非說法者。

雍正皇帝《御選歷代禪師語錄前集》上 祖謂牛頭融禪師曰，夫百千法門，同歸方寸。河沙妙德，總在心源。一切戒門，定門，慧門，神通變化，悉自具足，不離汝心。一切煩惱業障，本來空寂。一切因果，皆如夢幻。無三界可出，無菩提可求。人與非人，性相平等。大道虛曠，絕思絕慮。如是之法，汝今已得。更無闕少，與佛何殊。更無別法。汝但任心自在，莫作觀行，亦莫澄心。莫起貪瞋，莫懷愁慮。蕩蕩無礙，任意縱橫。不作諸善，不作諸惡。行住坐臥，觸目遇緣。總是佛之妙用，快樂無憂。故名爲佛。

悟明《聯燈會要》卷二 河內司馬氏子也。師問三祖，如何是古佛心。祖云，汝今是甚麼心。師云，我今無心。祖云，汝既無心，諸佛豈有耶？師言下，頓息疑情。

自茲攝心無寐，脇不至席者，六十年。

一日於蘄州黄梅縣，逢一童子，骨相奇秀，異乎常童。師問之云，子何姓。云姓即有，不是常姓。師云，是何姓。云是佛性。師云，汝無姓耶？云姓空故。師默器之，即受出家落髮，俾令給侍。

後付法眼，而説偈云，花種有生地，因地花生生。大緣與信合，當生生不生。

師於高宗永徽辛亥歲，九月四日，安坐示寂。壽七十二，塔于本山。

弘　忍

闕名《曆代法寶記》 唐朝第五祖弘忍禪師，俗姓周，黄梅人也。七歲事信大師，年十三入道披衣。其性木訥沈厚，同學輕戲，默然無對。常勤作務，以禮下人。晝則混迹驅給，夜便坐攝至曉，未常懈倦。三十年不離信大師左右。身長八尺，容貌與常人絶殊。得付法袈裟，居憑茂山，在雙峯山東西相去不遙。時人號爲東山法師，即爲憑茂山是也。非嵩山是也。時有狂賊可達寒奴戮等，圍繞州城數匝。無有路入，飛鳥不通。大師遥見來彼城，群賊退散。遞言，無量金剛執杵，趁我怒目切齒。我遂奔散。忍大師卻歸憑茂山。顯慶五年，大帝勅使黄梅憑茂山，請忍大師。大師不赴所請。又勅使再請不來，勅賜衣藥，就憑茂山供養。後四十餘年接引道俗，四方龍像歸依奔湊。大師付囑惠能法及袈裟。後至咸亨五年，命弟子玄賾師，與吾起塔。至二月十四日，問塔成否。答言，功畢。大師云，不可同佛二月十五日入般涅槃。又云，吾一生教人無數，除惠能，餘有十爾。神秀師、智詵師、智德師、玄賾師、老安師、法如師、惠藏師、玄約師、劉王薄。雖不離吾左右，汝各一方師也。後至上元二年二月十一日，奄然坐化。忍大師時年七十四。弟子惠能傳衣得法承後。學士閭丘均撰碑文。

淨覺《楞伽師資記》 唐朝蘄州雙峯山幽居寺大師，諱弘忍。承信禪師後。忍傳法，妙法人尊。時號爲東山淨門。又緣京洛道俗稱歎，蘄州東山多有得果人。故□東山法門也。又問，學道何故不向城邑聚落，要在山居。答曰，大廈之材，本出幽谷。不向人間有也。以遠離人故。不被刀斧損斫，一一長成大物後乃堪爲棟梁之用。故知栖神幽谷，遠避囂塵。養性山中，長辭俗事。目前無物，心自安寧。從此道樹花開，禪林果出也。其忍大師，蕭然淨坐。不出文記，口説玄理，默授與人。在人間有禪法一本云，是忍禪師説者。謬言也。按安州壽山和上諱賾，撰楞伽人法志云，大師俗姓周，其先尋陽人，貫黄梅縣也。父早棄背，養母孝障。七歲奉事道信禪師。自出家處幽居寺，住度弘愍懷抱貞純。緘口於是非之場，融心於色空之境。役力以申供養，法侶資其足焉。調心唯務渾儀。師獨明其觀照，四議皆是道場，三業咸爲佛事，蓋靜亂之無二，乃語默之恆一。時四方請益，九衆師横，虚往實歸，月愈千計。生不矚文，而義符玄旨。時荊州神秀禪師，伏膺高軌，親受付囑。玄賾以咸亨元年，至雙峯山，恭承教誨，敢奉驅馳。首尾五年，往還三覲，道俗齊會，仂身供養。蒙示楞伽義云，此經唯心證了知，非文疏能解。咸亨五年二月，命玄賾等起塔，與門人運天然方石，累構嚴麗。月十四日，問，塔成未。奉答已了。便云，不可同佛涅槃之日，乃將宅爲寺。又曰，如吾一生，教人無數。好者並亡，後傳吾道者，只可十耳。我與神秀，論《楞伽經》，玄理通快，必多利益。資州智詵，白松山劉主簿，兼有文性。莘州惠藏，隨州玄約，憶不見之。嵩山老安，深有道行，潞州法如，韶州惠能，揚州高麗僧智德，此並堪爲人師。但一方人物，越州義方，仍便講説。又語玄賾曰，汝之兼行，善自保愛。吾涅槃後，汝與神秀，當以佛日再，暉燈重照。其月十六日，問曰，汝今知我心不。玄賾奉答不知。大師乃將手撝十方，一一述所證心已。十六中，面南宴坐，閉目便終。春秋七十四，禮葬于憑茂山塔中。至今宛如平昔。范陽盧子産，於安州寺壁畫像。前兵部尚書隴西李迥秀爲讃曰，猗歟上人，冥契道眞。攝心絶智，高悟通神。無生證果，現滅同塵。今茲變易，何歲有隣。大師云，有一口屋，滿中總是糞穢草土，是何物。又云，掃除卻糞穢草土併當盡，一物亦無，是何物。爾坐時平面端身正坐，寬放身心，盡空際遠看一字，自有次第。若初心人攀緣多，且向心中看一字。證後坐時，狀若曠野澤中，迥處獨一高山。山上露地坐，四顧遠看，無有邊畔。坐時滿世界，寬放身心。住佛境界，清淨法身，無有邊畔，其狀亦如是。又云，爾正證大法身時，阿誰見證。又云，有佛三十二相，瓶亦有三十二相不。住亦有三十二相不。乃至土木瓦石，亦有三十二相不。又將火著，一長一短並著。問若箇長，若箇短也。又見人然燈，及造作萬物。皆云，此人作夢作術也。或云，不造不作，物物皆是大般涅槃也。又云，了生即是無生法，非離生法有無生。龍樹云，諸法不自生，亦不從他生。不共不無因，是故知無生。若法從緣生，是則無自性。若無自性者，云何有法。又云，虛空無中邊，諸佛身亦然。我印可汝了了見佛性處，是也。又云，汝正在寺中坐禪時，山林樹下，亦有汝身坐禪不。一切土木瓦石，亦能坐禪不。土木瓦石，亦能見色聞聲，著衣持鉢不。楞伽經云，境界法身，是也。

雍正皇帝《御選歷代禪師語錄前集》上　咸亨中，有居士姓盧名慧能，自新州來參謁。祖問曰，汝自何來？盧曰，嶺南。祖曰，欲須何事？盧曰，唯求作佛。祖曰，嶺南人無佛性，若爲得佛？盧曰，人即有南北，佛性豈然？祖令隨眾作務。盧曰，弟子自心常生智慧，不離自性。即是福田，未審和尚教作何務。祖曰，這獦獠根性太利，著槽廠去。盧禮足而退，便入碓坊服勞於杵臼，晝夜不息。一日，祖潛詣碓坊問曰，米白也未。盧曰，白也。未有篩。祖以杖三擊其碓。盧即以三鼓入室。祖告曰，諸佛出世，爲一大事故。隨機大小而引導之，遂有十地、三乘、頓漸等旨，以爲教門。然以無上微妙祕密圓明眞實正法眼藏付於上首大迦葉尊者，展轉傳授二十八世。至達摩屆於此土，得可大師承襲。以至於我，今以法寶及所傳袈裟用付於汝。善自保護，無令斷絕。聽吾偈曰，有情來下種，因地果還生。無情既無種，無性亦無生。盧跪受訖，問，法則既受，衣付何人。祖曰，昔達摩初至，人未之信，故傳衣以明得法。今信心已熟，衣乃爭端。止於汝身，不復傳也。

契嵩《傳法正宗記》卷九　第三十二祖弘忍尊者（此土之五祖也）旁出法嗣十有三人。其一曰北宗神秀者。一曰嵩嶽慧安者。一曰蒙山道明者。一曰楊州曇光者。一曰隨州神慥神。一曰金州法持者。一曰資州智侁者。一曰舒州法照者。一曰越州義方者。一曰枝江道俊者。一曰常州玄賾者。一曰越州僧達者。一曰白松山劉主簿者。

三十二祖之二世，曰神秀禪師。其所出法嗣凡十有九人。一曰五臺山巨方者。一曰河中智封者。一曰兗州降魔藏禪師者。一曰壽州道樹者。一曰淮南全植者。一曰荊州辭朗者。一曰嵩山普寂者。一曰大佛香育者。一曰西京義福者。一曰忽雷澄禪師者。一曰東京日禪師者。一曰太原遍淨者。一曰南岳元觀者。一曰汝南杜禪師者。一曰嵩山敬禪師者。一曰京兆小福禪師者。一曰晉州霍山觀禪師者。一曰潤洲崇珪者。一曰安陸懷空者。

三十二祖之二世，曰嵩嶽慧安國師。其所出法嗣六人。一曰洛京福先仁儉者。一曰嵩嶽破竈墮者。一曰嵩嶽元珪者。一曰常山坦然者。一曰鄴都圓寂者。一曰西京道亮者。

三十二祖之二世，曰蒙山道明禪師。其所出法嗣三人。一曰洪州崇寂者。一曰江西環禪師者。一曰撫州神正者。

三十二祖之二世，曰隨州神慥禪師。其所出法嗣一人。曰正壽者。

三十二祖之二世，曰資州智侁禪師。其所出法嗣一人。曰資州處寂者。

三十二祖之二世，曰玄賾禪師。其所出法嗣二人。一曰義興神斐者。一曰湖州暢禪師者。

三十二祖之三世，曰降魔藏禪師。其所出法嗣三人。一曰西京寂滿者。一曰西京定莊者。一曰南嶽慧隱者。

三十二祖之三世，曰荊州辭朗禪師。其所出法嗣三人。一曰紫金玄宗者。一曰大梅車禪師者。一曰摶界愼徽者。

三十二十之三世，曰嵩山普寂禪師。其所出法嗣凡二十四人。一曰終南山惟政者。一曰廣福慧空者。一曰越州禪師者。一曰襄州夾石思禪師者。一曰明瓚者。一曰敬愛眞禪師者。一曰兗州守賢者。一曰定州石藏者。一曰南嶽澄心者。一曰南嶽日照者。一曰洛京幹禪師者。一曰蘇州眞亮者。一曰瓦官璿禪師者。一曰弋陽法融者。一曰廣陵演禪師者。一曰陝州慧空者。一曰洛京眞亮者。一曰澤州亘月者。一曰亳州曇眞者。一曰都梁山崇演者。一曰京兆澄禪師者。一曰嵩陽寺一行者。一曰京兆融禪師者。一曰曹州定陶丁居士者。

三十二祖之三世，曰西京義福禪師。其所出法嗣八人。一曰大雄猛禪師者。一曰西京大震動禪師者。一曰神斐禪師者。一曰西京大悲光禪師者。一曰西京大隱者。一曰定境者。一曰道播者。一曰玄證者。

三十二祖之三世，曰南嶽元觀禪師。其所出法嗣一人。曰神照者。

三十二祖之三世，曰小福禪師。其所出法嗣三人。一曰京兆藍田深寂者。一曰太白雲禪師者。一曰東白山法超者。

三十二祖之三世，曰霍山觀禪師。其所出法嗣一人。曰峴山幽禪師者。

三十二祖之三世，曰西京道亮禪師。其所出法嗣五人。一曰揚州大總管李孝逸者。一曰工部尚書張錫者。一曰國子祭酒崔融者。一曰祕書監賀知章者。一曰睦州刺史康詵者。

三十二祖之三世，曰資州處寂禪師。其所出法嗣四人。一曰益州無相者。一曰益州馬禪師者。一曰超禪師者。一曰梓州曉了者。

三十二祖之三世，曰義興斐禪師。其所出法嗣二人。一曰西京智游者。一曰東都深智者。

三十二祖之四世，曰興善惟政禪師。其所出法嗣二人。一曰衡州定心禪師者。一曰志眞禪師者。

三十二祖之四世，曰敬愛寺志眞禪師。其所出法嗣一人。曰嵩山照禪師者。

三十二祖之四世，曰塼界愼徽禪師。其所出法嗣一人。曰武誠禪師者。

三十二祖之四世，曰無相禪師。其所出法嗣四人。一曰益州無住者。一曰荊州融禪師者。一曰漢州王頭陀者。一曰益州神會者。

悟明《聯燈會要》卷二 （弘忍）蘄州黃梅人，無父。從母姓周氏。得法之後，居破頭山。有居士盧惠能，來參。師問，汝自何來。云嶺南。師云，欲求何事。云唯求作佛。師云，嶺南人無佛性，若爲得佛。云人有南北，佛性豈然。祖默異之，乃呵云，著槽廠去，能入碓坊，腰石舂米，供眾。

師將付法，命門人呈偈，見性者付焉。有上首神秀大師，作一偈，書于廊壁間云，身是菩提樹，心如明鏡臺。時時勤拂拭，莫遣惹塵埃。師嘆云，若依此修行，亦得勝果。眾皆誦之。能聞，乃問云，誦者是何章句，同學具述其事。能云，美則美矣。了則未了。同學呵云，庸流何知，發此狂言。能云，若不信，願以一偈和之。同學相顧而笑。能至深夜，自執燭，倩一童子，於秀偈之側。書一偈云，菩提本無樹，明鏡亦非臺。本來無一物，何處惹塵埃。師知是能作，心已默之。乃謂眾云，此偈亦未見性。

深夜潛召能入室，囑之云，吾以無上微妙正法，并所傳袈裟。用付於汝，善自護持。傳付將來，無令斷絕。聽吾偈云，有情來下種，因地果還生。無情既無種，無性亦無生。能跪受衣法云，法既受已，衣付何人。師云，達磨初來，人未之信，故傳衣以明得法之實。今信心已熟，衣乃諍端。止於汝身，不復傳也。

師付法後又四載，上元二年。告眾云，吾今事畢，時可行矣。遂安坐而寂。俗壽七十有四。塔于黃梅之東山。

契嵩《傳法正宗記卷》六 弘忍尊者，蘄陽黃梅人也。姓周氏。其母孕時，數數有祥光異香發其家，及生性大聰明。有所聞見，無難易者一皆曉之。風骨絕異，有聖人之相。有賢者嘗見忍於閭巷，謂人曰，此兒具大人相，所不及如來者七種耳。七歲遇道信尊者出家得戒。尋受其法，繼居於破頭山，而教化益盛。是時天下慕其風學者，不遠千里趨之。咸亨中客有號盧居士者，自稱慧能。來法會致禮其前，尊者問曰，汝自何來。對曰，嶺南來。曰欲求何事。對曰，唯求作佛。曰嶺南人無佛性，若爲得佛。對曰，人有南北佛性豈然。尊者知其異人。佯訶之曰，著槽廠去。慧能即退求處碓所，盡力於臼杵間，雖歷日月而未嘗告勞。一日尊者以傳法時至，乃謂其眾曰，正法難解。汝等宜各爲一偈以明汝見。若眞有所至吾即付衣法。時神秀比丘者號有博學，眾方尊爲冠首，莫敢先之者。神秀自以爲眾所推，一夕遂作偈，書於寺廊之壁曰，

身是菩提樹，心如明鏡臺。時時勤拂拭，莫使惹塵埃。

尊者見賞之曰，後世若依此修行，亦得勝果。勉眾誦之。慧能適聞，乃問其誦者曰，此誰所爲。曰此神秀上座之偈，大師善之。當得付法，汝豈知乎。能曰，此言雖善而未了。其流輩皆笑以能爲妄言。能尋作偈和之，其夕假筆於童子，並秀偈而書之曰，

菩提本無樹，明鏡亦非臺。本來無一物，何處有塵埃。

及尊者見之，默許不即顯稱。恐嫉者相害乃佯抑之曰，此誰所作，亦未見性。眾因是皆不顧能言。中夜尊者遂潛命慧能入室，而告曰，諸佛出世唯爲一大事因緣。以其機器有大小，遂從而導之。故有三乘十地頓漸

衆，說爲之教門。獨以無上微妙眞實正法眼藏初付上首摩訶迦葉，其後迭傳歷二十八世至乎達磨祖師。乃以東來，東之益傳。適至於我，我今以是大法幷其所受。前祖僧伽梨衣寶鉢皆付於汝，汝善保之無使法絕。聽吾偈曰，

有情來下種，因地果還生。無情既無種，無情亦無生。

慧能居士既受法與其衣鉢，作禮問曰，法則聞命，衣鉢復傳授乎。尊者曰，昔達磨以來自異域，雖傳法於二祖，恐世未信其所師承，故以衣鉢爲驗。今我宗天下聞之，莫不信者。則此衣鉢可止於汝，然正法自汝益廣。若必傳其衣，恐起諍端。故曰，受衣之人命若懸絲，汝即行矣。汝宜且隱晦，時而後化。慧能復問曰，今某當往何所。尊者曰，逢懷即止，遇會且藏。慧能稟教即夕去之。此後尊者三日不復說法。其衆皆疑，因共請之。尊者曰，吾法已南行矣。斯復何言。衆復曰，何人得之。答曰，能者得之。衆乃悟盧居士傳其法也追之，而慧能已亡。此後四載尊者一日忽謂衆曰，吾事已畢，可以行矣。即入室宴坐而滅。實上元二年乙亥歲也。其世壽七十有四。四衆建浮圖於黃梅之東山，代宗謚，號曰大滿禪師。塔曰法雨。

本覺《釋氏通鑑》卷八 五祖弘忍大師，開化於蘄州黃梅破頭山。時六祖乃嶺南盧居士，名慧能，年三十二，來參。祖曰，來求作佛。祖曰，嶺南人無佛性。曰人有南北，佛性豈然。祖異之曰，著槽廠去，能入碓方服勞。經八個月，師告衆，各述一偈。語意冥符，則衣法皆付。神秀上座書偈云，身是菩提樹，心如明鏡臺。時時勤拂拭，莫遣惹塵埃。師見曰，依此修行，亦得道果。能聞之，亦令人於秀偈側書曰，菩提本無樹，明鏡亦非臺。本來無一物，何處有塵埃。師見之，故曰此誰作，亦未見性。即於是夕，潛呼能至告曰，諸佛出世，爲一大事因緣。隨機小大，而引化之，遂有三乘等法。然以微妙秘密正法眼藏，付于迦葉，展轉傳授以至於吾。吾今授汝，聽吾偈曰，有情來下種，因地果還生。無情既無種，無性亦無生。能跪受畢。又曰，衣止汝身，勿復傳也。且當遠引。俟時行化，逢懷且止，遇會即藏，能禮辭通夕南邁。師由是三日不上堂。衆疑問之。師曰，吾道行矣。又曰衣法誰傳。師曰能者傳之。衆知盧居士也。尋已不在。相率追之，趕至大庾嶺頭。能置衣鉢於石，慧明上座先至，舉之莫能動。即曰，我來求法，不求其衣。六祖乃曰，不思善不思惡。正當恁麼時。還我明上座本來面目。明大悟曰，密語外還更有意旨否。六祖曰，我今與汝說者，即非密也。汝若返照，密卻在汝邊。六祖令向北接人。六祖後至曹溪。又被惡人尋逐，乃晦迹於四會懷集之間。四年隱於獵人中，常爲獵人說法，獵人悟者甚衆。

法融

寶曇《大光明藏》上卷 金陵法融禪師。

師止牛頭山幽棲寺北岩石室間，有百鳥銜花之異。唐正觀中，四祖遙觀氣象知有異人，尋訪。有僧云，去山十里有懶融，見人不起亦不合掌。祖迺入山，見師端坐自若，曾無所顧。祖問曰，在此作甚麼。師曰，觀心。祖曰，觀是何人，心是何物。師無對。便起合掌作禮曰，大德高棲何處。祖曰，貧道不決所止，或東或西。師曰，還識道信禪師不。祖曰，何以問他。師曰，嚮德滋久，冀一禮謁。祖曰，貧道是也。師曰，因何降此。祖曰，特來相訪，莫更有宴息處不。師引祖至小庵，唯見虎狼之類，祖迺舉兩手作怖勢。師曰，猶有者箇在。祖曰，適來見什麼。師無語。少間。祖坐于石上，書一佛字。師覩之竦然。祖曰，猶有者箇在。師未曉，稽首請說眞要。祖曰，百千法門，同歸方寸。河沙妙德，總在心源。一切戒定慧門，神通變化，悉自具足，不離汝心。一切煩惱業障，本來空寂，一切因果，皆如夢幻。無三界可出，無菩提可求。人與非人，性相平等，大道虛曠，絕思絕慮。如是之法，汝今已得，更無闕少。與佛何殊，更無別法。汝但任心自在，莫作觀行。亦莫澄心，莫起貪嗔，莫懷愁慮。蕩蕩無礙，任意縱橫。不作諸善，不作諸惡。行住坐，觸目遇緣，總是佛之妙用。快樂無憂，故名爲佛。師曰，心既具足，何者是佛，何者是心。祖曰，非心不問佛，問佛非不心。師曰，既不作觀行，於境起時如何對治。祖曰，境緣無好醜，好醜起於心。心若不強名，妄情從何起。妄情既不起，眞心任偏知。汝但隨心自在，無復對治。即名常住法，身無有變異。吾受璨大師頓教法門，今付于汝。汝今諦受吾言，只住此山。當有五人達者紹汝玄化，既而師負米一碩八斗，朝往莫還，供僧三年不缺寒暑。

寶曇曰，牛頭未見四祖時百鳥銜花以爲獻。見四祖後百鳥不來矣。古

今提唱甚多。唯南泉曰，直饒不來，猶較王老師一線道，方是大鑿行處也。佛法利害至重，以異類而知牛頭。曾何後世之紛紛者之不若也。夫道有正傳有旁出，正傳猶人子之爲父後者，旁出爲季產也。父母之愛季子，人情所同。然溫詞以詔之，恩意以容之，及其訓之亦終不以盡。其待父後也則異於此必矣。誨飭砥礪使知有君臣父子，箴規琢磨使知有兄弟朋友，季囑付授使知有門戶家世，冀其有所自立。然後迺已此教子之法。善知識所當然也。苟善知識有舐犢之愛，則佛祖正脈危如綴旒，牛頭眞大福德人，六世傳燈已見於記別。其後光明盛大有過其師。豈吾懶融去山八十里負米一碩八斗朝往莫還之力哉。

悟明《聯燈會要》卷二 〇牛頭宗（法融）金陵牛頭山法融禪師

四祖遠觀氣象，躬自尋訪。見師端坐自若，祖問，爾在此，作甚麼。師云，觀心。祖云，觀者何人，心是何物。師不能加答，祖於宴坐石上，書一佛字。師悚然，不敢坐。祖問，只這裏，別有住處。師云，後有小菴子。遂引祖至菴前。唯有虎狼異獸。祖以手指，作怕勢。師云，猶有這箇在。祖云，這箇是甚麼。師於言下有省，乃稽首。請說眞要。祖云，夫百千法門，同歸方寸。河沙妙德，總在心源。一切戒門，定門，慧門，神通變化，悉自具足，不離汝心。一切煩惱業障，本來空寂。一切因果，皆如夢幻。無三界可出，無菩提可求。人與非人，性相平等。大道虛曠，絕思絕慮。如是之法，今汝已得，更無少欠。與佛何殊，更無別法。汝但任心自在，莫作觀行。亦莫澄心，莫起貪嗔。莫懷愁慮，蕩蕩無礙。任意縱橫，不作諸善，不作諸惡。行住坐臥，觸目遇緣。總是佛之妙用，快樂無憂，故名爲佛。師云，心既具足，何者是佛，何者是心。祖云，非心不問佛，問佛非不心。師云，既不作觀行，於境起時，如何對治。祖云，境緣無好醜，好醜起於心。心若不強名，妄情從何起。妄情既不起，眞心任徧知。汝但隨心自在，無復對治。即名常住法身，無有變異。吾授璨大師頓教法門，今付於汝，後有五人，紹汝玄化。

邑宰蕭元善問，恰恰用心時，若爲安穩好。師云，恰恰用心時，恰恰無心用。曲談名相勞，直說無煩重。無心恰恰用，常用恰恰無。欲識無心處，不與有心殊。

悟明《聯燈會要》卷第二：牛頭第二世。金陵牛頭山法融禪師法嗣。

金陵牛頭智巖禪師。曲阿華氏子。初爲隋郎將，累有戰功。後乞出家，入舒州皖公山。從寶月禪師，爲弟子。嘗在谷中入定，山水瀑漲，師怡然不動，其水自退。

有昔同軍者二人，訪師。既相見，謂師云，郎將狂邪，何爲住此。師云，我狂欲惺，君狂正發。嗜色淫聲，貪榮冒寵。流轉生死，何由自出。二人感悟而去。

師後謁融禪師，發明大事。融謂師云，吾授信大師眞訣，所得俱忘。設有一法，過於涅槃，吾說亦如夢幻。夫一塵飛而翳天，一芥墮而覆地。汝今已過此見，吾復何云，

牛頭三世四世無機緣。

瞿汝稷《指月錄》卷之六 旁出法嗣。▲牛頭山法融禪師。

年十九，學通經史。尋閱大部般若，曉達眞空。忽一日歎曰，儒學世典非究竟法，般若眞觀出世舟航。遂隱茅山。投師落髮。後入牛頭山幽棲寺北巖之石室，有百鳥銜花之異。唐貞觀中，四祖遙觀氣象，知彼山有異人，乃躬自尋訪。問寺僧，此間有道人否。曰出家兒那個不是道人。祖曰，阿那個是道人。僧無對。別僧曰，此去山中十里許，有一嬾融，見人不起，亦不合掌，莫是道人麼。祖遂入山。見師端坐自若，曾無所顧。祖問曰，在此作甚麼。師曰觀心。祖曰，觀是何人，心是何物。師無對。便起作禮曰，大德高棲何所。祖曰，貧道不決所止，或東或西。師曰，還識道信禪師否。祖曰，何以問他。師曰，嚮德滋久，冀一禮謁。祖曰，道信禪師貧道是也。師曰，因何降此。祖曰，特來相訪，莫更有宴息之處否。師指後面曰，別有小菴。遂引祖至菴所。遶菴惟見虎狼之類，祖乃舉兩手作怖勢。師曰，猶有這個在。祖曰，這個是甚麼。師無語。少選祖卻於師宴坐石上，書一佛字。師覩之竦然。祖曰，猶有這個在。師未曉，乃稽首請說眞要。祖曰，夫百千法門，同歸方寸。河沙妙德，總在心源。一切戒門定門慧門，神通變化，悉自具足，不離汝心。一切煩惱業障，本來空寂。一切因果，皆如夢幻。無三界可出，無菩提可求。人與非人，性相平等。大道虛曠，絕思絕慮。如是之法汝今已得，更無闕少。與佛何殊，更無別法。汝但任心自在，莫作觀行，亦莫澄心。莫起貪嗔，莫懷愁慮。蕩蕩無礙，任意縱橫。不作諸善，不作諸惡。行住坐臥觸目遇緣，總是佛之

妙用。快樂無憂，故名爲佛。師曰，心旣具足，何者是佛，何者是心。祖曰，非心不問佛，問佛非不心。師曰，旣不許作觀行。於境起時，心如何對治。祖曰，境緣無好醜，好醜起於心。心若不强名，妄情從何起。妄情旣不起，眞心任徧知。汝但隨心自在，無復對治。即名常住法身，無有變異。吾受璨大師頓教法門，今付於汝，汝今諦受吾言，只住此山。向後當有五人達者，紹汝玄化。

僧問南泉，牛頭未見四祖時，爲甚百鳥銜花供養。泉云，只爲步步踏佛階梯。僧云，見後爲甚麼不來。泉云，直饒不來，猶較王老師一線道。雲門舉云，南泉只解步步登高，不解從空放下。僧問，如何是步步登高。門云，香積世界。如何是從空放下。門云，塡溝塞壑。僧問老宿，牛頭未見四祖時，如何。曰如條貫葉。云見後如何。曰秋夜紛紛。僧問趙州，牛頭未見四祖時如何。州曰，飽柴飽水。曰見後如何。曰飽柴飽水。一尊宿答前兩問，皆云賊不打貧兒家。

住後，法席之盛，擬黄梅。唐永徽中，徒衆乏糧。師往丹陽緣化，去山八十里。躬負米一石八斗，朝往暮還。供僧三百，二時不闕三年。邑宰蕭元善，請於建初寺，講大般若經。聽者雲集，至滅靜品，地爲之震動。博陵王問曰，境緣色發時，不言緣色起。云何得知緣，乃欲息其起。師曰，境色初發時，色境二性空。本無知緣者，心量與知同。照本發非發，本無念，想受言念生。起發未曾起，豈用佛敎令。問曰，閉目不見色，境爾時起自息。抱暗生覺緣，心時緣不逐。至如未生前，色心非養育。從空處乃便多。色旣不關心，境從何處發。師曰，閉目不見色，內心動慮多。幻識假成用，起名終不過。知色不關心，心亦不關人。隨行有相轉，鳥去空中眞。問曰，境發無處所，緣覺了知生。境謝覺還轉，覺乃變爲境。若以心曳心，還爲覺所覺。從之隨隨去，不離生滅際。師曰，色心前後中，實無緣起境。一念自疑忘，誰能計動靜。此知自無知，知知緣不會。當自檢本形，何須求域外。前境不變謝，後念不來今。求月執玄影，討跡逐飛禽。欲知心本性，還如視夢裏。譬之六月水，處處皆相似。避空終不脫，求空復不成。借問鏡中像，心從何處生。問曰，恰恰用心時，若爲安隱好。師曰，恰恰用心時，恰恰無心用。曲談名相勞，直說無繁重。無心恰恰用，常用恰恰無。今說無心處，不與有心殊。問曰，智者引妙言，與心相會當。言與心路別，合則萬倍乖。師曰，方便說妙言，破病大乘道。非關本性談，還從空化造。無念爲眞常，終當絕心路。離念性不動，生滅無乖誤。谷響旣有聲，鏡像能回顧。問曰，行者體境有，因覺知境亡。前覺及後覺，幷境有三心。師曰，境用非體覺，覺罷不應思。因覺知境亡，覺時境不起。前覺及後覺，幷境有三遲。問曰，住定俱不轉，將爲正三昧。諸業不能牽，不知細無明，徐徐躡其後。師曰，復聞別有人，虛執起心量。三中事不成，不轉還虛妄。心爲正受縛，爲之淨業障。心塵萬分一，不了說無明。細細習因起，徐徐名相生。風來波浪轉，欲靜水還平。更欲前塗說，恐畏後心驚。無念大獸吼，性空下霜雹。星散穢草摧，縱橫飛鳥落。五道定紛綸，四魔不前卻。旣如猛火燎，還如利劒斫。問曰，賴覺知萬法，萬法本來然。若假照用心，只得照用心，不應心裏事。師曰，賴覺知萬法，萬法終無賴。若假照用心，應不在心外。問曰，隨隨無揀擇，明心不現前。復慮心闇昧，在心用功行，智障復難除。師曰，有此不可有，尋此不可尋。無揀即眞擇，得闇出明心。慮者心冥昧，存心託功行。何（五燈作可）論智障難，至佛方爲病。問曰，折中消息間，實亦難安怗。自非用行人，此難終難見。師曰，折中欲消息，消息非難易。先觀心處心，次推智中智，第三照推者，第四通無記，第五解脫名，第六等眞僞，第七知法本，第八慈無爲，第九徧空陰，第十雲雨被。最盡彼無覺，無明生本智。鏡像現三業，幻人化四衢。不住空邊盡，當照有中無。不出空有內，未將空有俱。號之名折中，折中非言說。安怗無處安，用行何能決。問曰，別有一種人，善解空無相。口言定亂一，復道有中無。同證用常寂，知覺寂常用。用心會眞理，復言用無用。智慧方便多，言亂與理合。如如理自如，不由識心會。旣知心會非，心心復相泯。如是難知法，永劫不能知。同此用心人，法所不能化。師曰，別有證空者，還如前偈論。行空守寂滅，識見暫時翻。會眞是心量，終知未了原。又說息心用，多智疑相似。良由性不明，求空具勞已。永劫住幽識，抱相多不知。放光便動地，於彼欲何爲。問曰，前件看心者，復有羅縠難。師曰，看心有羅縠，幻心何待看。況無幻心者，從容下口難。問曰，久有大基業，心路差互問。得覺微細障，即達於眞際。自非善巧師，無能決此理。仰惟我大師，當爲開要門。引導用心者，不令失正道。師曰，法性本基業，夢境成差互。實相微細身，色心常不悟。忽逢混沌士，哀怨愍羣生。託疑廣設問，抱理內常明。生死幽徑徹，毀譽心不驚。野老顯分答，法相媿來儀。蒙發羣生藥，還如色性爲。顯慶元年，邑宰蕭元善，請住建初。師辭不克，遂命入室上首智巖，付囑法印。將下山，謂衆曰，吾不復踐此山矣。時鳥獸哀號，踰月不止。菴前有四大桐樹，仲夏之月，忽然凋落。明年正月二十三日，不疾而逝。窆於雞籠山。

玄　素

悟明《聯燈會要》卷二　牛頭第五世。金陵牛頭法威禪師法嗣，潤州鶴林玄素禪師，本郡延陵馬氏子。

有僧敲門，師云，誰。僧云，是僧。師云，莫道是僧，佛來也不著。僧云，爲甚麼不著。師云，無棲泊處。

鼓山永云，鶴林只解把定封疆，不能隨高就下。山僧即不然，方丈門八字打開了也。僧來佛來，了無罣礙，何故如此。家無小使，不成君子。

（雲居）智

悟明《聯燈會要》卷二　金陵牛頭第七世。天台佛窟岩惟則禪師法嗣，天台雲居智禪師。

有僧繼宗問，見性成佛，其義云何。師云，清淨之性，本來湛然。無有動搖，不屬有無淨穢。長短取捨，體自脩然。如是明見，乃名見性。性即佛，佛即性。故云見性成佛。僧云，性既清淨，不屬有無，因何有見。師云，見無所見。僧云，既無所見，何更有見。師云，見處亦無。僧云，如是見時，是誰之見。師云，無有能見者。僧云，究竟其理如何。師云，汝知否？妄計爲有。即有能所，乃得名迷。隨見生解，便墮生死明見之人。即不然，終日見而未嘗見。求其見處，體相不可得。能所俱絕，名爲見性。僧云，此性徧一切處否。師云，無處不徧。僧云，凡夫具否。師云，尚言無處不徧，豈有凡夫而不具乎。僧云，因何諸佛菩薩，不被所拘。凡夫獨縈於苦，何曾得徧。師云，凡夫於染淨性中，計有能所，即墮生死。諸佛大士，善知清淨性中，不屬有無，即能所不立。僧云，若如是說，即有能了不了人。師云，了尚不可得，豈有能了人乎。僧云，至理如何。師云，我以要言之，汝即應念，清淨性中。無有凡聖，亦無了不了人。凡之與聖，二俱是名。若隨名生解，即墮生死。若知假名不實，即無有當名者。

又云，此是極究竟處。若云我能了，彼不能了，即是大病。見有淨穢凡聖，亦是大病，作無凡聖解。又屬撥無因果，見有清淨性可棲止，亦是大病。作不棲止解，亦是大病。然清淨性中，雖無動搖，具不壞方便應用及興慈運悲。如是興運之處，即全清淨之性，可謂見性成佛矣。繼宗得聞是語，踴躍作禮而謝。

智　巖

史彌遠《大光明藏》上卷　二世智巖禪師

師在岩谷中入定，遇瀑漲怡然不動，其水自退。有昔同從軍者二人，聞師隱山谷，尋訪謂師曰，郎將狂邪何爲住此。曰，我狂欲醒君狂正發。夫嗜色淫聲，貪冒寵榮，流轉生死，何由自出。二人感悟太息而去。貞觀中，歸建鄴。入牛首山謁，融禪師發明大事。已而祖謂師曰，吾受信大師眞決，所得都忘。設有一法，過于涅槃。吾亦說如夢幻矣。一塵蜚而翳天，一芥墮而覆地。汝今已過此見，吾復何云，山門化導當付于汝，師稟命爲二世，以後付正法于方禪師。

瞿汝稷《指月錄》卷之六　▲牛頭山智巖禪師。

曲阿華氏子。弱冠智勇過人，隋大業中爲郎將。常以弓挂濾水囊，隨所至自汲用，累立戰功。年四十，遂乞出家。入舒州皖公山，從寶月禪師。一日宴坐，覩異僧身長丈餘，謂之曰，卿八十生出家，宜加精進，言訖不見。嘗在谷中入定，山水暴漲，師怡然不動，其水自退。有獵者遇之，遂改過修善。復有昔同從軍者二人，聞師隱遯，共入山尋之。既見謂曰，郎將狂耶？何爲住此。師曰，我狂欲醒，君狂正發。夫嗜色淫聲，貪榮冒寵，流轉生死，何由自出。二人感歎而去。師後謁融禪師，發明大事。嘗謂師曰，吾受信大師眞訣，所得都亡。設有一法，勝過涅槃，吾說亦如夢幻。夫一塵飛而翳天，一芥墮而覆地，汝今已過此見，我復何云。

慧方

史彌遠《大光明藏》上卷　三世慧方禪師。

師洞明經論。後入牛頭山謁岩禪師咨詢秘決，岩觀其根器堪任正法，遂示以心印。師豁然領悟。於是不出林藪十年，謂眾曰，吾欲他行隨機利物，汝宜自安也。迺以正法付囑持禪師。

法持

史彌遠《大光明藏》上卷　四世法持禪師。

師至黃梅席下聞法心開。復遇方禪師爲之印可。乃繼牛頭宗祖。及黃梅謝世，謂弟子玄賾曰，復傳吾法者可有十人。金陵法持一也。後以法眼付威禪師。

智威

史彌遠《大光明藏》上卷　五世智威禪師。

師聞持禪師出世迺往禮覲。傳受正法，學徒犇走。中有慧忠者來。迺曰，山主來也。即感悟。有偈示之曰，莫繫念。念成生死河，輪轉六趣海，無見出長波。忠以偈答曰，念想由來幻，性自無終始。若得此中意，長波當自止。師曰，余本性虛無，緣妄生人我。如何息妄情，還歸空處坐。忠曰，虛無是實體，人我何所存。妄情不須息，即泛般若船。乃付法化導。

瞿汝稷《指月錄》卷之六　▲牛頭山智威禪師。

得法於法持禪師，法持嚴公法孫也。師嘗有偈，示門人慧忠曰，莫繫念，念成生死河，輪迴六趣海，無見出長波。忠答曰，念想由來幻，性自無終始。若得此中意，長波當自止。師又示偈曰，余本性虛無，緣妄生人我。如何息妄情，還歸空處坐。忠答曰，虛無是實體，人我何所存。妄情不須息，即汎般若船。師知其了悟，遂付法。初忠纔見師，師即曰，山主來也。及忠嘗出參訪。師院中凌霄藤，盛夏盡萎，左右欲伐之。師曰，不可。忠還則復茂矣。忠還果然。既授法，出居延祚寺，奉法益嚴。生平一衲不易，器用惟一鐺。嘗有供僧穀兩廩，盜者窺伺，虎爲守之。縣令張遜，至山謁忠。問有阿弟子，曰有三五人。遜曰，可得見乎。忠敲禪牀，三虎哮吼而出。遜驚怖而退。其神跡頗多，不具載。有安心偈曰，人法雙淨，善惡兩忘。直心眞實，菩提道場。大曆四年六月十五日，集僧布薩訖，命侍者淨髮浴身。至夜有瑞雲覆其精舍，天樂四聞，詰旦怡然坐化。風雨遽作，震折林木，復有白虹貫於巖壑。五年春荼毗，獲舍利不可勝計。

慧忠

史彌遠《大光明藏》上卷　六世慧忠禪師。

師因巡禮威于具戒院。見凌霄藤遇夏萎悴，人欲伐之。因謂曰，慧忠回時此藤再生，及回果如其言，即付法訖。平生一衲一鐺，常有供僧穀兩廩，三虎爲之守。靈異甚夥，度人亦甚眾。示眾曰，人法雙淨，善惡俱忘。直心眞實，菩提道場。

寶曇曰，牛頭所說之法，大體不奪其師之所畀授。其一偈曰，恰恰用心時，恰恰無心用，最爲精絕。然終不若妄情既不起，眞心任徧知之，爲要切也。逮印記岩公一語，得非歲晚佛事邪。厥後五世父子相傳，但能扶立牛頭正宗而已。彼融威兩翁三世猶有旁出，類正傳者，安國天柱徑山鳥窠其人也。如海岸之沉地道熏烈，略無祖翁香味一銖。非從夜摩善變化天來，未易及此。

玄挺

悟明《聯燈會要》卷二　宣州安國玄挺禪師。初參五祖忍禪師，侍立次。有講華嚴僧，問五祖，眞性緣起，其義云何。祖默然。師遽云，大德正興一念問時，是眞性緣起。其僧，言下大悟。

妙喜云，未興一念問時，不可無緣起也。時有僧云，未興一念問時，喚甚麼作緣起。妙喜云，我也只要爾恁麼道。

僧問，南宗自何而立。師云，正宗無南北。

史彌遠《大光明藏》上卷　智威禪師嗣法，宣州安國寺玄挺禪師

師因長安講華嚴。僧來問五祖，眞性緣起，其義云何。祖默然。時師侍立次。迺謂曰，大德。正興一念問時是眞性緣起。其僧言下大悟。或問

南宗自何而立。師曰，心宗非南北。

崇　慧

悟明《**聯燈會要**》**卷二**　舒州天柱山崇慧禪師。州陳氏子。

僧問，達磨未來此土，還有佛法也無。師云，未來即且致，即今事作麽生。云某甲不會。乞師指示。師云，萬古長空，一朝風月。又云會麽。云不會。師云，自己分上作麽生，干他達磨來與未來作麽生。他家大似賣卜漢相似，見汝不會，爲汝錐破卦文，纔生吉凶。盡在汝分上，一切自看。

時有僧問，如何是解卜底人。師云，汝纔出門時，便不中也。

僧問，如何是天柱家風。師云，時有白雲來閉戶，更無風月四山流。

問宗門中事，請師舉唱。師云，石牛長吼眞空外，木馬嘶時月隱山。

悟明《聯燈會要》卷第三：金陵牛頭第六世。金陵牛頭慧忠禪師法嗣。天台佛窟岩惟則禪師。京兆孫氏子。示衆云，天地無物也。我無物也。然未嘗無物。斯則聖人如影，百年如夢，孰爲生死哉。至人以是獨照，能爲萬物之主。吾知之矣。汝知之乎。

僧問，如是那羅延箭。師云，中的也。

史彌遠《**大光明藏**》**上卷**　舒州天柱山崇慧禪師。

師因僧問如何是天柱境。曰，主簿山高難見日，玉鏡峰前易曉人。

問，達磨未來時，還有佛法也無。曰，未來且置，即今事作麽生。曰，某甲不會乞師指示。曰，萬古長空，一朝風月。良久曰，會麽。自己分上，干他達磨來與未來作麽。他家來大似賣卜漢，見汝不會爲汝錐破。卦文才生吉凶在汝分上，一切自看。僧問，如何是解卜底人。曰，汝才出門便不中也。問，如何是天柱家風。曰，時有白雲來閉戶，更無風月四山流。

道　欽

悟明《**聯燈會要**》**卷二**　潤州鶴林玄素禪師法嗣，杭州徑山道欽禪師。蘇州崑山朱氏子。唐代宗詔師，至闕下，親加禮敬。一日師在大内，見帝來，乃起立。帝云，師何以起。師云，檀越，何得向四威儀中，見貧道也。

馬大師，令人送書到。師開緘。見一圓相。索筆。就圓相中，著一點，卻封回。

後，忠國師聞云，欽師猶被馬祖惑。

雪竇云，徑山被惑。且置。若呈似忠國師，別作箇甚麽伎倆，免被惑去。

有老宿云，當時坐卻便休。

又有道，但與劃破。

若恁麽，只是不識羞。敢謂天下老師，各具金剛眼睛，廣作神通變化，還免得麽。雪竇見處，也要諸方共知。只這馬師畫出，早自惑了也。

馬大師，令智藏問，十二時中，以何爲境。師云，待汝回去時有信。藏云，只今便回去。師云，傳語馬大師，卻須問取曹谿。

崔趙公問，弟子今欲出家，得否。師云，出家乃大丈夫事，非將相之所能爲。公於是有省。

僧問，如何是道。師云，山上有鯉魚，水裏有蓬塵。問如何是祖師西來意。師云，汝問不當。云如何得當去。師云，待吾滅後，向汝道。

史彌遠《**大光明藏**》**上卷**　杭州徑山道欽禪師。

師因僧問如何是道。師曰，山上鯉魚水底蓬塵，馬祖令人送書至。發緘見一圓相，於中畫一畫。封回。忠國師聞知云，欽師猶被馬師惑。僧問，如何是祖師意。師曰，汝問不當。曰，如何得當。曰，待吾滅後即向汝道。馬祖令智藏問十二時中以何爲境。師曰，待汝回去時有信。藏曰，即今便回去。師曰，傳語卻須問取曹溪。代宗詔至内庭，一日見帝起身立。帝曰，師何以起。師曰，檀越何得向四威儀中見貧道。

道　林

悟明《**聯燈會要**》**卷二**　杭州徑山道欽禪師法嗣，杭州鵲巢道林禪師。

福州福清，翁氏子。卜居錢增西湖。

有宮使會通者，因韜光禪師。勉令謁師。通云，弟子素持齋戒，不願爲官，志慕出家，願和尚，受與僧相。師云，今時爲僧，鮮能精苦，行多浮濫。通云，本淨非琢磨，元明不隨照。師云，汝若了淨智妙圓，體自空寂，即眞出家，何假外求。汝當爲在家菩薩，施戒俱修，如謝靈運之儔也。通云，然雖如此，於事何益。儻垂攝受，誓遵師教。師遂與剃度。會通一日取辭，師問，汝欲何往。通云，某甲爲佛法出家。和尚不垂慈誨，往諸方，學佛法去。師云，若是佛法，老僧此間，亦有少許。通云，如何是和尚此間佛法。師於身上，拈起布毛，吹之。通於是有省。

大溈秀云，可惜這僧，認地口頭聲色。殊不知，自已光明，蓋天蓋地。

妙喜云，大溈恁麼批判，也未夢見鳥窠在。

白侍郎居易，守杭。謁師問云，禪師住處甚危嶮。師云，太守危嶮尤甚。白云，弟子，位鎭江山，何危嶮之有。師云，薪火交煎，性識不停，得非嶮乎。

又問，如何是佛法大意。師云，諸惡莫作，眾善奉行。白云，三歲孩兒，也解恁麼道。師云，三藏孩兒雖道得，八十老人行不得。白遂作禮而謝。

史彌遠《大光明藏》上卷　杭州鳥窠道林禪師。

師因華嚴論師復禮示以眞妄頌俾修禪那。師問曰，初云何觀，云何用心。復禮久而無言。師三禮而退。代宗詔國一至闕下，師迺謁授以正法。因棲樹上，時爲鳥窠，有侍者會通辭去。師謂曰，汝今何往。曰，諸方學佛法去。師曰，若是佛法，吾此間亦有少許。曰，如何是和尚佛法。師於身上拈起布毛，吹之。會通即悟。白居易禮謁問曰，禪師住處甚危嶮。師曰，太守危嶮猶甚。白曰，弟子位鎭山川何嶮之有。師曰，薪火相交識性不停，得非險乎。問，如何是佛法大意。師曰，諸惡莫作眾善奉行。

北宗創宗人神秀及傳承分部

綜　述

宗密《中華傳心地禪門》　北宗者，從五祖下傍出。謂有神秀等一十人，同是五祖忍大師弟子。大師印許，各堪爲一方之師。故時人云忍生十字（能和尚直承其嫡，非此十數也）。於中，秀及老安，智詵，道德最著。皆爲高宗皇帝之所師敬。子孫承嗣，至今不絕。就中，秀弟子普寂化緣轉盛，爲二京法主，三帝門師。但稱達磨之宗，亦不出南北之號。

南能北秀

善卿《祖庭事苑》卷第五　慧能居於雙峯曹侯溪，神秀棲于江陵當陽山，同傳五祖之法，盛行天下，並德行相高。於是道興南北，能爲南宗，秀爲北宗，以居處稱之也。

南頓北漸

天頙《禪門寶藏錄》卷下　唐宣宗問弘辯禪師，禪宗何有南北之名。師對曰，昔如來以正法眼，付大迦葉，展轉至二十八祖菩提達磨，來遊此方，爲初祖。洎第五祖忍大師，時有二弟子。一名惠能，受衣法居嶺南。一名神秀，在北揚化。其所得法雖一，而開導發悟，有頓漸之異。故曰南頓北漸，非禪宗本有南北之號也。帝曰，何爲佛心。師曰，佛者西天之語，唐言覺，謂人有智慧覺照，爲佛心，心者佛之別名。有百千異號，體唯有一。如陛下日應萬機，即是陛下佛心。帝賜紫方袍，號圓智禪師。

神秀不得衣盋

雍正《御選語錄》卷一一　問，五祖門下有一神秀大師，因什麼不得衣盋。師云，爲他通身是佛。進云，盧行者因什麼卻得衣盋。師云，爲他不會禪道。

神　秀

覺岸《釋氏稽古略》卷三　北宗秀禪師，諱神秀，五祖旁出之嗣。生開封李氏。少業儒，博綜多聞。忽思出家，至蘄州雙峯寺遇五祖，乃嘆服而事之。樵汲供役以求其道，祖乃度之。五祖入滅，師住江陵當陽山。太后聞之召至都下。同慧安國師於內道場供養，特加欽禮。命於當陽山置度門寺以旌其德。中宗既立，尤加禮重。大臣張説嘗聞法要執弟子禮。師示眾曰，一切佛法自心本有，將心外求捨父逃走。中宗神龍二年二月入滅於東都天宮寺。謚大通禪師，勅葬龍門。葬日給羽儀鹵簿，帝送至便橋。勅中書令張說爲製碑文。師生於隋末百有餘歲，僧臘八十。時岐王範及徵君盧鴻一皆勒碑製誄。《舊唐書》有傳。賜僧謚號自師而始。門人普寂義福等皆嗣襲師位。

傳記

《宋高僧傳》卷八　唐荊州當陽山度門寺神秀傳

釋神秀，俗姓李氏，今東京尉氏人也。少覽經史，博綜多聞。既而奮志出塵，剃染受法。後遇蘄州雙峯東山寺五祖忍師，以坐禪爲務。乃歎伏曰，此眞吾師也。決心苦節以樵汲自役而求其道。昔魏末有天竺沙門達磨者，得禪宗妙法，自釋迦佛相傳授，以衣鉢爲記，世相傳付，航海而來。梁武帝問以有爲之事。達磨貴傳逕門心要，機教相乖若水投石。乃之魏，隱於嵩丘少林寺。尋卒。其年魏使宋雲於葱嶺見之。門徒發其塚，但有衣履而已。以法付慧可。可付粲。粲付道信。信付忍。忍與信俱住東山，故謂其法爲東山法門。秀既事忍。忍默識之，深加器重。謂人曰，吾度人多矣。至於懸解圓照無先汝者。忍於上元中卒。秀乃往江陵當陽山居焉，四海緇徒嚮風而靡，道譽馨香普蒙熏灼。則天太后聞之召赴都，肩輿上殿親加跪禮。內道場豐其供施，時時問道。勅於昔住山置度門寺以旌其德。時王公已下京邑士庶競至禮謁，望塵拜伏日有萬計。洎中宗孝和帝即位，尤加寵重。中書令張說嘗問法執弟子禮，退謂人曰，禪師身長八尺，厖眉秀目威德巍巍，王霸之器也。初秀同學能禪師與之德行相埒，互得發揚無私於道也。嘗奏天后請追能赴都。能懇而固辭。秀又自作尺牘序帝意徵之，終不能起。謂使者曰，吾形不揚，北土之人見斯短陋或不重法。又先師記吾以嶺南有緣，且不可違也。了不度大庾嶺而終，天下散傳其道。謂秀宗爲北，能宗爲南。南北二宗名從此起。

淨覺《楞伽師資記》　荊州玉泉寺大師神秀。

唐朝荊州玉泉寺大師諱秀，安州壽山寺大師諱賾，洛州嵩山會善寺大師諱安。此三大師，是則天大聖皇后，應天神龍皇帝，太上皇，前後爲三主國師也。上忍大師授記云，後傳吾道，只可十耳。俱承忍禪師後，按安州壽山和上撰《楞伽佛人法志》云，其秀禪師，俗姓李，汴州尉氏人。遠涉江上，尋思慕道，行至蘄州雙峯山忍禪師所，受得禪法。禪燈默照，言語道斷。心行處滅，不出文記。後居荊州玉泉寺。大足元年，召入東都，隨駕往來二京教授，躬爲帝師。則天大聖皇后，問神秀禪師曰，所傳之法，誰家宗旨。答曰，稟蘄州東山法門。問，依何典誥。答曰，依《文殊說般若經》一行三昧。則天曰，若論修道，更不過東山法門。以秀是忍門人，便成口實也。應天神龍皇帝神龍元年三月十三日，勅禪師迹遠俗塵，神遊物外，契無相之妙理，化有結之迷途，定水內澄，戒珠外徹。弟子歸心釋教，載佇津梁，冀啟法門，思逢道首。禪師昨欲歸本州者，不須。幸副翹仰之懷，勿滯枌榆之戀。遺書示意，指不多云，禪師二帝欽承，兩京開化，朝野蒙益，度人無數。勅於本生大村李爲置報恩寺。以神龍二年二月二十八日，不疾宴坐，遺囑三字云，屈曲直，便終東都天宮寺。春秋一百餘歲。合城四眾，廣飾宮幢，禮葬龍門山。駙馬公主，咸設祭文。勅故秀禪師，妙識外融，靈機內徹。探不二之奧，獨得髻珠。守眞一之門，孤懸心鏡。至靈應物，色會神明。無爲自居，塵清累遣。其頤轉慕，精爽日聰。方將洞前識之玄微，導群生之耳目。不意大悲同體，委化從權。一傷泥日之論，長想意傳之教。雖理絕名相，無待於追崇。而念切師資，願存於榮飾。可贈爲大通禪師。又勅宜差太子洗馬盧正權，充使送至荊州，安置度門人。寺額亦付正權，將迴日奏聞。門人讚曰，至矣我師，道窮眞諦。清淨解脫，圓明實際。演無上道，開無上惠。迹泯一心，心忘三世。假言顯理，順理而契。長爲法舟，濟何所濟。大師云，《涅槃經》說善解一字，名曰律師。文出經中，證在中內。又云，此心有心不，心是何心。又云，見色有色不，色是何色。又云，汝聞打鐘聲打時有，未打時有，聲是何聲。又云，打鐘聲，只在寺內有，十方世界亦有鐘聲不。又云，身滅影不滅，橋流水不流。我之道法，總會歸體用兩字。亦曰，重玄門。亦曰，轉法輪。亦曰，道果。又云，未見時見，見時見更見。又云，《瓔珞經》云，菩薩照寂佛寂照。又云，芥子入須彌，須彌入芥子也。又見飛鳥過。問云，是何物。又云，汝向了樹枝頭坐禪去時得不。又云，汝直入壁中過得不。又云，《涅槃經》說，有無邊身菩薩，從東方來，菩薩身既無邊際，云何更從東方來。何故不從西方來，南方北方來，可即不得也。

祖琇《隆興編年通論》卷一五 秀被遇兩朝而力讓曹溪。

論曰，舊史雖絕未諭吾祖之道，然其紀事有可稱者，如秀被遇兩朝如此而力讓曹溪，曹溪堅臥不赴。秀則不掩人之善，曹溪則拳拳伏膺師教。懼人以貌而慢法，是皆賢者去就之大體也。今《傳燈》不著前賢克讓之美，頗載兩宗相忌之辭。宜乎後世泛泛者略有位貌則偃然自大，視天下以爲莫己若者，往往專務詆斥爲勝，噫宗師化儀軌範蔑然亡之矣。後來者安所述哉。

善卿《祖庭事苑》卷七 神秀號爲國師

唐則天朝，神秀召入京師，及中，睿，玄，凡四朝，皆號爲國師。後有慧忠，肅，代二朝入禁中說法，亦號國師。元和中，敕署知玄號悟達國師。若偏覇之國，則蜀後主賜右街僧錄光業爲祐聖國師。吳越稱德韶爲國師。

淨覺《楞伽師資記》 洛州嵩高山普寂禪師。

唐朝洛州嵩高山普寂禪師，嵩山敬賢禪師，長安蘭山義福禪師，藍田玉山惠福禪師，並同一師學法侶應行。俱承大通和上後，少小出家，清淨戒行。尋師問道，遠訪禪門。行至荆州玉泉寺。遇大通和上諱秀，蒙授禪法。諸師等奉事大師十有餘年，豁然自證，禪珠獨照。大師付囑普寂，敬賢，義福，惠福等，照世炬燈，傳頗梨大鏡。天下坐禪人，歎四箇禪師曰，法山淨，法海清，法鏡朗，法燈明。宴坐名山，澄神邃谷。德冥性海，行茂禪枝。清淨無爲，蕭然獨步。禪燈默照，學者皆證佛心也。自宋朝以來，大德禪師，代代相承。起自宋求那跋陀羅三藏，歷代傳燈，至于唐朝總八代，得道獲果，有二十四人也。

念常《佛祖歷代通載》卷一四 秀公傳普寂。

忍傳惠能，神秀。秀公傳普寂。寂公之門徒萬人，陞堂者六十有三。得自在惠者一，曰弘正。正公之廊廡，龍象又倍焉。或化嵩洛，或之荊吳。自是心教之被於世也。與六籍侔盛。於戲微禪師吾其二乘矣。後代何迷焉。庸詎知禪師之下生，不爲諸佛，故現比丘身以救濁劫乎。亦猶堯舜既往，周公制禮。仲尼述之，游夏弘之。使高堂后蒼，徐孟戴慶之徒可得而祖焉。夫以聖賢所振爲木鐸，其揆一也。

《宋高僧傳》卷九 唐京師興唐寺普寂傳。

釋普寂，姓憑氏，蒲州河東人也。年纔稚弱率性軒昂，離俗升壇循于經律，臨文揣義逈異恆流。初聞神秀在荊州玉泉寺，寂乃往師事凡六年。神秀奇之盡以其道授焉。久視中，則天召神秀，至東都論道，因薦寂乃度爲僧。及秀之卒，天下好釋氏者咸師事之。中宗聞秀高年，特下制令普寂代本師統其法衆。開元二十三年，勅普寂於都城居止。時王公大人競來禮謁。寂嚴重少言。來者難見其和悅之容。遠近尤以此重之。二十七年終于上都興唐寺，年八十九。時都城士庶謁者皆制弟子之服。有制賜謚曰大慧禪師。

祖琇《隆興編年通論》卷一六 禪師義福卒。是歲禪師義福卒。《舊唐史》云，福得法於神秀禪師，初止藍田化感寺。處方丈之室二十餘年，未嘗出宇之外。嘗隨駕幸東都，蒲虢二州刺吏及官吏士民皆齎幡華迎之。所在塗路充塞。及卒。有旨賜號大智禪師，葬伊闕之上，送者數萬人。中書嚴挺之爲製碑。初神秀雖德行爲禪門之傑，得帝王欽重。而未嘗聚徒開堂傳法，至義福普寂始於京城傳教二十餘年，人皆仰之。

曇噩《新修科分六學僧傳》卷五 義福。

俗姓姜，潞州銅鞮人。出家從神秀禪師，得心法。始居藍田之廣化寺，凡二十年。徙京師慈恩寺，道望日以隆重。開元十一年，駕幸東都，詔扈從。所過官吏士女，具華旛迎導，充塞道路，蒲虢二州尤甚。蓋秀公出自黃梅，而化行關洛。雖爲帝后王公所敬，禮然其所在。殊未嘗提唱宗旨，以開發徒衆。故福亦如之。一日陞堂演說，若太尉房琯，兵部侍郎張均，禮部侍郎韋陟，群公咸在。因曰，日吳吾與汝輩訣別矣。既退而張竊語房。某以早歲餌金丹，深忌臨喪。今大師如此，某不敢留。遂去。人莫知者。福徐與房曰，吾與張遊有年矣。而宿業之來，其不可免如此。苟能小忍，以終吾會。則猶庶幾。且就執房手曰勉之，必爲中興名臣。後張果陷賊，而房有翼戴功。

論說

圓頓本宗

宗密《**禪源諸詮集都序**》**卷上之二** 當高宗大帝乃至玄宗朝時，圓頓本宗未行北地。唯神秀禪師大揚漸教，爲二京法主，三帝門師，全稱達摩之宗。又不顯即佛之旨。曹溪荷澤，恐圓宗滅絶，遂呵毁住心伏心等事。但是除病，非除法也。況此之方便，本是五祖大師教授，各皆印可爲一方師。達摩以壁觀教人安心，外止諸縁内心無喘，心如牆壁可以入道，豈不正是坐禪之法。又盧山遠公與佛陀耶舍二梵僧所譯《達摩禪經》兩卷，具明坐禪門戶漸次方便，與天台及侁秀門下意趣無殊。故四祖數十年中脇不至席，即知了與不了之宗，各由見解深淺，不以調與不調之行而定法義，偏圓但自隨病對治。

一切非情，以心等現

延壽《**宗鏡録**》**卷九八** 神秀和尚云，一切非情，以是心等現故。染淨隨心，有轉變故。無有餘性，要依縁故。謂縁生之法，皆無自性。空有不俱，即有情正有時，非情必空故。他即自故。何以故。他無性，以自作故。即有情修證，是非情修證也。經云，其身周普，等眞法界。既等法界，非情門空，全是佛故。又非情正有時，有情必空故。自即他故。何以故。自無性，以他作故。即非情無修無證，是有情無修無證也。善財觀樓閣時，遍周法界。有情門空，全一閣故。經云，衆生不違一切刹，刹不違一切衆生。雖云有無同時，分相斯在矣。

六祖神秀二偈

莊廣還《**淨土資糧全集**》**卷之四** 《壇經》曰，五祖喚諸門人，汝等各去取自本心般若之性，各作一偈來。神秀呈一偈曰，身是菩提樹，心如明鏡臺。時時勤拂拭，勿使惹塵埃。祖曰，汝未見性。時六祖在碓坊，聞之。作一偈曰，菩提本無樹，明鏡亦非臺。本來無一物，何處惹塵埃。五祖知悟本性，即付衣鉢。

離念爲宗

遵式《**注肇論疏**》**卷三** 六祖以無念爲宗，神秀以離念爲宗。雖分頓漸，皆明智體無知。所謂如珠發光，光還自照。本覺起照，還契本覺。即理智不二之義。《華嚴》云，無有智外如爲智所證，亦無如外智能證，於如般若無知之旨，良在斯矣。若對上五名一義者，本無實相，法性體上起智用。權則達縁會，實則照性空，權實不二，還照本無等理，爲一義也。般若即無知，持業釋。般若無知之論，依主釋。

住心觀靜，長坐不臥

道原《**景德傳燈録**》**卷五** 吉州志誠禪師者吉州太和人也。少於荊南當陽山玉泉寺奉事神秀禪師。後因兩宗盛化，秀之徒衆往往譏南宗曰，能大師不識一字有何所長。秀曰，他得無師之智深悟上乘，吾不如也。且吾師五祖親付衣法，豈徒然哉。吾所恨不能遠去親近虚受國恩。汝等諸人，無滯於此，可往曹谿質疑，他日迴復還爲吾説。師聞此語禮辭至韶陽，隨衆參請不言來處。時六祖告衆曰，今有盜法之人潛在此會。師出禮拜具陳其事。祖曰，汝師若爲示衆。對曰，常指誨大衆，令住心觀靜，長坐不臥。祖曰，住心觀靜是病非禪，長坐拘身於理何益。聽吾偈曰，生來坐不臥，死去臥不坐。元是臭骨頭，何爲立功過？

南宗創宗人惠能及傳承分部

綜述

元賢編《**無明慧經禪師語録**》 盧公何曾受衣鉢。

問，神秀在五祖會下爲教授師，因甚將衣鉢付盧行者去。師曰，盧公何曾受衣鉢。莫謗盧公好。

頌曰，老成人愛老成人，一錠金還一錠金。具眼終須知本色，豈應看錯定盤星。

宗密《中華傳心地禪門師資承襲圖》南宗者，即曹溪能大師，受達磨言旨已來，累代衣法相傳之本宗也。後以神秀於北地大弘漸教，對之，故曰南宗。承稟之由，天下所知，故不敘也。後欲滅度，以法印付囑荷澤，令其傳嗣。傳嗣之由，先已敘之。呈上。然甚闕略，今蒙審問，更約承上祖宗傳記稍廣。

傳記

慧能

《宋高僧傳》卷八　韶州南華寺慧能傳。

釋慧能，姓盧氏，南海新興人也。其本世居范陽，厥考諱行瑫，武德中流亭新州百姓，終於貶所。略述家系，避盧亭島夷之不敏也。貞觀十二年戊戌歲生能也。純淑迂懷，惠性間出。雖蠻風獠俗，漬染不深，而詭行公形，駁維難測。父既少失，母且寡居。家亦屢空，業無腴產。能負薪矣。日售荷擔。偶聞廛肆間誦《金剛般若經》。能凝神屬垣，遲遲不去。問曰，誰邊受學此經。曰，從蘄州黃梅馮茂山忍禪師勸持此法。云，即得見性成佛也。能聞是說若渴夫之飲寒漿也。忙歸備所須，留奉親老。咸亨中往韶陽，遇劉志略。略有姑無盡藏恆讀《涅槃經》。能聽之即爲尼辨析中義。怪能不識文字。乃曰，諸佛理論若取文字非佛意也。尼深歎服，號爲行者。有勸於寶林古寺修道。自謂己曰，本誓求師而貪住寺，取乎道也何異，卻行歸舍乎。明日遂行至樂昌縣西石窟，依附智遠禪師侍座談玄。遠曰，行者迨非凡常之見龍，吾不知，吾不知之甚矣。勸往蘄春五祖所印證去。吾終於下風請教也。未幾造焉。忍師覩能氣貌不揚。試之曰，汝從何至。對曰，嶺表來參禮，唯求作佛。忍曰，嶺南人無佛性。能曰，人有南北，佛性無南北。曰，汝作何功德。曰，願竭力抱石而舂，供眾而已。如是勞乎井臼，率淨人而在先，了彼死生與涅槃而平等。忍雖均養心何辨知。俾秀唱予致能和汝。偈辭在壁，見解分岐。揭厲不同，淺深斯別。忍密以法衣寄託曰，古我先師轉相付授，豈徒爾哉。嗚呼後世受吾衣者，命若懸絲，小子識之。能計迴生地，隱於四會懷集之間，漸露鋒穎。就南海印宗法師涅槃盛集論風旛之語，印宗辭屈而神伏。乃爲其削椎髻於法性寺智光律師邊受滿分戒。所登之壇即南宋朝求那跋摩三藏之所築也。跋摩已登果位，懸記云，後當有肉身菩薩於斯受戒。又梁末真諦三藏於壇之畔手植菩提樹，謂眾曰，種此後一百二十年有開士，於其下說無上乘，度無量眾。至是能爰宅于茲，果於樹陰開東山法門，皆符前讖也。上元中正，演暢宗風，慘然不悅。大眾問曰，胡無情緒耶？曰，遷流不息，生滅無常，吾師今歸寂矣。凶赴至而信，乃移住寶林寺焉。時刺史韋據命出大梵寺。苦辭入雙峯曹侯溪矣。大龍倏起飛，雨澤以均施。品物攸滋逐，根荄而受益。五納之客擁塞于門，四部之賓圍繞其座。時宣祕偈，或舉契經。一切普熏，咸聞象藏。一時登富悉握蛇珠，皆由徑途盡歸圓極。所以天下言禪道者，以曹溪爲口實矣。洎乎？九重下聽，萬里懸心。思布露而奉迎，欲歸依而適願。武太后，孝和皇帝，咸降璽書，詔赴京闕，蓋神秀禪師之奏舉也。續遣中官薛簡往詔，復謝病不起。子牟之心敢忘鳳闕，遠公之足不過虎溪。固以此辭，非邀君也。遂賜摩納袈裟一緣鉢一口編珠。織成經巾綠質紅暈花綿巾絹五百匹充供養云。又捨新興舊宅爲國恩寺焉。神龍三年勅韶州可修能所居寺，佛殿并方丈，務從嚴飾，賜改額曰法泉也。延和元年七月命弟子於國恩寺建浮圖一所，促令速就。以先天二年八月三日俄然示疾。異香滿室，白虹屬地。飯食訖，沐浴更衣，彈指不絕。氣微目瞑，全身永謝。爾時山石傾墮，川源息枯。鳥連韻以哀啼，猿斷腸而叫咽。或唱言曰，世間眼滅吾疇依乎。春秋七十六矣。以其年十一月遷座于曹溪之原也。弟子神會若顏子之於孔門也。勤勤付囑，語在《會傳》。會於洛陽荷澤寺崇樹能之真堂。兵部侍郎宋鼎爲碑焉。會序宗脈，從如來下西域諸祖外震旦凡六祖，盡圖繢其影。太尉房琯作六葉圖序。又以能端形不散如入禪定，後加漆布矣。復次蜀僧方辯，塑小樣真肖同疇昔。【略】憲宗皇帝追諡曰大鑒，塔曰元和正真也。迨夫唐季劉氏稱制番禺，每遇上元燒燈，迎真身入城爲民祈福。大宋平南海後，韶州盜周思瓊叛換，盡焚其寺塔將延燎。平時肉身非數夫莫舉，煙標向逼，二僧對舁，輕如夾紵像焉。太平興國三年今上勅重建塔，改爲南華寺矣。

神會

悟明《聯燈會要》卷三 荷澤神會。

襄陽高氏子也。師謁六祖。祖問，知識遠來艱辛，還將得本來麼。若有本，即合識主，試道看。師云，以無住爲本，見即是主。祖云，這沙彌，爭合取次語話。便打。師即服勤給侍。

師訪青原思。思問，甚處來。師云，曹溪來。思云，曹溪意旨如何。師振身而立。思云，猶帶瓦礫在。師云，和尚莫有眞金與人麼。思云，設有，汝向甚麼處著。

翠岩芝云，眞金瓦礫，錯下名言，如今喚作甚麼。

師一日鄉信，報父母俱亡。師入僧堂白槌云，父母俱喪，請大衆，念摩訶般若波羅密多。大衆擬念。師遽白槌云，勞煩大衆。即散去。

僧問，無念法，還具有無否。師云，不言有無。云，恁麼時作麼生。師云，亦無恁麼時，猶如明鏡。若不對像，終不見像。若見無物，乃是眞見。

普濟《五燈會元》卷二 西京荷澤神會禪師。

西京荷澤神會禪師者，襄陽人也。姓高氏。年十四爲沙彌。謁六祖，祖曰，知識遠來大艱辛，將本來否。若有本則合識主。試說看。師曰，以無住爲本，見即是主。祖曰，這沙彌爭合取次語。便打。師於杖下思惟曰，大善知識，歷劫難逢。今既得遇，豈惜身命。自此給侍。他日，祖告衆曰，吾有一物，無頭無尾，無名無字，無背無面，諸人還識否。師乃出曰，是諸法之本源，乃神會之佛性。祖曰，向汝道無名無字，汝便喚作本源佛性。師禮拜而退。祖曰，此子向後，設有把茆蓋頭，也只成得箇知解宗徒（法眼云，古人授記人終不錯，如今立知解爲宗，即荷澤也）。師尋往西京受戒。唐景龍年中，卻歸曹谿，閱《大藏經》於內，六處有疑，問於六祖。第一問，戒定慧曰所用戒何物，定從何處修。慧因何處起，所見不通流。祖曰，定即定其心，將戒戒其行。性中常慧照，自見自知深。第二問，本無今有有何物，本有今無無何物。誦經不見有無義，眞似騎驢更覓驢。祖曰，前念惡業本無，後念善生今有。念念常行善行，後代人天不久。汝今正聽吾言，吾即本無今有。第三問，將生滅卻滅，將滅滅卻生。不了生滅義，所見似聾盲。祖曰，將生滅卻滅，令人不執性。將滅滅卻生，令人心離境。未即離二邊，自除生滅病。第四問，先頓而後漸，先漸而後頓。不悟頓漸人，心裏常迷悶。祖曰，聽法頓中漸，悟法漸中頓。修行頓中漸，證果漸中頓。頓漸是常因，悟中不迷悶。第五問，先定後慧，先慧後定。定慧後初，何生爲正。祖曰，常生清淨心，定中而有慧。於境上無心，慧中而有定。定慧等無先，雙修自心正。第六問，先佛而後法，先法而後佛。佛法本根源，起從何處出。祖曰，說即先佛而後法，聽即先法而後佛。若論佛法本根源，一切衆生心裏出。祖滅後二十年間，曹谿頓旨沈廢於荊吳嵩嶽。漸門盛行於秦洛。師入京，天寶四年方定兩宗（南能頓宗，北秀漸教），乃著《顯宗記》盛行於世。一日鄉信至，報二親亡。師入堂白槌曰，父母俱喪，請大衆念摩訶般若。衆纔集，師便打槌曰，勞煩大衆。師於上元元年奄然而化，塔于龍門。

宗密

普濟《五燈會元》卷二 六祖下五世（旁出）遂州圓禪師法嗣。終南山圭峯宗密禪師。

終南山圭峯宗密禪師者，果州西充人也。姓何氏，家本豪盛。髫亂通儒書，冠歲探釋典。唐元和二年將赴貢舉，偶造圓和尙法席，欣然契會，遂求披剃，當年進具。一日，隨衆僧齋于府吏任灌家，居下位以次受經，得《圓覺》十二章，覽未終軸，感悟流涕。歸以所悟之旨告于圓。圓撫之曰，汝當大弘圓頓之教。此諸佛授汝耳。行矣。無自滯於一隅也。師涕泣奉命，禮辭而去。因謁荊南忠禪師（南印）。忠曰，傳教人也。當宣導於帝都。復見洛陽照禪師（奉國神照）。照曰，菩薩人也。誰能識之。尋抵襄漢。因病。僧付《華嚴疏》，即上都澄觀大師之所撰也。師未嘗聽習，一覽而講，自欣所遇。曰，向者諸師述作，罕窮厥旨，未若此疏，辭源流暢，幽賾煥然。吾禪遇南宗，教逢圓覺。一言之下，心地開通。一軸之中，義天朗耀。今復偶茲絕筆，罄竭于懷。暨講終，思見疏主。時屬門人泰恭斷臂讎恩。師先齎書上疏主，遙敘師資，往復慶慰。尋泰恭痊損，方隨侍至上都，執弟子之禮。觀曰，毗盧華藏，能隨我遊者，其汝乎。師預觀之室，惟日新其德，而認筌執象之患永亡矣。北遊清涼山，回住鄠縣草堂寺。未幾，復入終南圭峯蘭若。大和中，徵入內，賜紫衣，帝累問法要。朝士歸慕，唯相國裴公休，深入堂奧，受教爲外護。師以禪教學者互相非毀，遂著《禪源諸詮》，寫錄諸家所述，詮表禪門根源道理。文字句偈，集爲一藏（或云一百卷），以貽後代。【略】師會昌元年正月六日，於興福院誡門人，令舁屍施鳥獸，焚其骨而散之，勿得悲慕以亂禪觀。每淸明上山講道七日，其餘住持儀則當合律科，違者非吾弟子。言訖坐滅。道俗等奉全身于圭峯，茶毗得舍利，明白潤大。後門人泣而求之，皆得於煨燼，乃藏之石室。暨宣宗再闡眞教，追謚定慧禪師，塔曰青蓮。

懷　讓

普濟《五燈會元》卷三　南嶽懷讓禪師。

南嶽懷讓禪師者，姓杜氏，金州人也。於唐儀鳳二年四月八日降誕。感白氣應於玄象，在安康之分，太史瞻見，奏聞高宗皇帝。帝乃問，是何祥瑞。太史對曰，國之法器，不染世榮。帝傳勑金州太守韓偕親往，存慰其家。家有三子，唯師最小，炳然殊異，性唯恩讓，父乃安名懷讓。年十歲時，唯樂佛書。時有三藏玄靜過舍，告其父母曰，此子若出家，必獲上乘，廣度衆生。至垂拱三年，方十五歲，辭親，往荊州玉泉寺，依弘景律師出家。通天二年，受戒後習《毗尼藏》。一日自歎曰，夫出家者，爲無爲法。天上人間，無有勝者。時同學坦然，知師志氣高邁，勸師謁嵩山安和尚。安啓發之，乃直指詣曹谿參六祖。祖問，甚麼處來。曰，嵩山來。祖曰，甚麼物恁麼來。師無語。遂經八載，忽然有省。乃白祖曰，某甲有箇會處。祖曰，作麼生。師曰，說似一物即不中。祖曰，還假修證否。師曰，修證則不無，污染即不得。祖曰，祇此不污染，諸佛之所護念。汝既如是，吾亦如是。西天般若多羅讖汝足下出一馬駒，踏殺天下人。病在汝心，不須速說。師執侍左右一十五年。先天二年往衡嶽居般若寺。開元中有沙門道一（即馬祖也），在衡嶽山常習坐禪。師知是法器。往問曰，大德坐禪圖甚麼。一曰，圖作佛。師乃取一甎，於彼庵前石上磨。一曰，磨作甚麼。師曰，磨作鏡。一曰，磨甎豈得成鏡邪。師曰，磨甎既不成鏡，坐禪豈得作佛。一曰，如何即是。師曰，如牛駕車，車若不行，打車即是，打牛即是。一無對。師又曰，汝學坐禪，爲學坐佛。若學坐禪，禪非坐臥。若學坐佛，佛非定相。於無住法，不應取捨。汝若坐佛，即是殺佛。若執坐相，非達其理。一聞示誨，如飲醍醐。禮拜。問曰，如何用心，即合無相三昧。師曰，汝學心地法門，如下種子。我說法要，譬彼天澤。汝緣合故，當見其道。又問，道非色相，云何能見。師曰，心地法眼能見乎道，無相三昧亦復然矣。一曰，有成壞否。師曰，若以成壞聚散而見道者，非見道也。聽吾偈曰，心地含諸種，遇澤悉皆萌。三昧華無相，何壞復何成。一蒙開悟，心意超然。侍奉十秋，日益玄奧。入室弟子總有六人，師各印可。曰，汝等六人同證吾身，各契其一。一人得吾眉，善威儀（常浩）。一人得吾眼，善顧盼（智達）。一人得吾耳，善聽理（坦然）。一人得吾鼻，善知氣（神照）。一人得吾舌，善譚說（嚴峻）。一人得吾心，善古今（道一）。又曰，一切法皆從心生，心無所生，法無所住。若達心地，所作無礙。非遇上根，宜愼辭哉。【略】天寶三年八月十一日，圓寂於衡嶽。謚大慧禪師，最勝輪之塔。

道　一

普濟《五燈會元》卷三　南嶽讓禪師法嗣（第一世）。江西道一禪師。

漢州什邡縣人也。姓馬氏。本邑羅漢寺出家。容貌奇異，牛行虎視，引舌過鼻，足下有二輪文。幼歲依資州唐和尚落髮。受具於渝州圓律師。唐開元中，習禪定於衡嶽山中。遇讓和尚，同參六人，唯師密受心印（讓之一，猶思之遷也。同源而異派。故禪法之盛，始於二師。劉軻云，江西主大寂，湖南主石頭。往來憧憧，不見二大士，爲無知矣。西天般若多羅記達磨云，震旦雖闊無別路，要假兒孫腳下行。金雞解銜一粒粟，供養十方羅漢僧。又六祖謂讓和尚曰，向後佛法從汝邊去，馬駒踏殺天下人。厥後江西嗣法，布於天下，時號馬祖）。始自建陽佛迹嶺，遷至臨川，次至南康龔公山。大曆中，隸名於鍾陵開元寺。時連帥路嗣恭聆風景慕，親受宗旨。由是四方學者，雲集座下。一日謂衆曰，汝等諸人，各信自心是佛，此心即是佛心。達磨大師從南天竺國來至中華，傳上乘一心之法，令汝等開悟。又引《楞伽經》文，以印衆生心地。恐汝顚倒，不自信此一心之法，各各有之。故《楞伽經》以佛語心爲宗，無門爲法門。夫求法者應無所求。心外無別佛，佛外無別心。不取善，不捨惡。淨穢兩邊，俱不依怙。達罪性空，念念不可得，無自性故。故三界唯心，森羅萬象，一法之所印，凡所見色，皆是見心。心不自心，因色故有。汝但隨時言說，即事即理，都無所礙。菩提道果，亦復如是。於心所生，即名爲色。知色空故，生即不生。若了此意，乃可隨時。著衣喫飯，長養聖胎。任運過時，更有何事。汝受吾教，聽吾偈曰，心地隨時說，菩提亦祇寧。事理俱無礙，當生即不生。僧問，和尚爲甚麼說即心即佛。師曰，爲止小兒啼。曰，啼止時如何。師曰，非心非佛。曰，除此二種人來，如何指示。師曰，向伊道不是物。曰，忽遇其中人來時如何。師曰，且教伊體會大道。問，如何是西來意。師曰，即今是甚麼意。龐居士問，不昧本來人，請師高著眼。師直下覷。士曰，一等沒絃琴，唯師彈得妙。師直上覷。士禮拜。師歸方丈。居士隨後。曰，適來弄巧成拙。又問，如水無筋骨，能勝萬斛舟，此理如何。師曰，這裏無水亦無舟，說甚麼筋骨。【略】師於貞元四年正月中，登建昌石門山。於林中經行，見洞壑平坦。謂侍者曰，吾之朽質，當於來月歸茲地矣。言訖而回。既而示疾，院主問，和尚近日尊候如何。師曰，日面佛，月面佛。二月一日沐浴，跏趺入滅。元和中，謚大寂禪師，塔曰大莊嚴。

普　願

普濟《五燈會元》卷三　江西道一禪師嗣法。池州南泉普願禪師。

池州南泉普願禪師者，鄭州新鄭人也。姓王氏。幼慕空宗。唐至德二年依大隗山大慧禪師受業。詣嵩嶽受具足戒。初習相部舊章，究毗尼篇聚。次遊諸講肆，歷聽《楞伽》《華嚴》，入中百門觀，精練玄義。後扣大寂之室，頓然忘筌，得遊戲三昧。一日，爲眾僧行粥次。馬祖問，桶裏是甚麼。師曰，這老漢合取口作恁麼語話。祖便休。自餘，同參之流無敢詰問。貞元十一年憩錫於池陽，自建禪齋，不下南泉三十餘載。大和初，宣城廉使陸公亘嚮師道風，遂與監軍同請下山，伸弟子之禮，大振玄綱。自此學徒不下數百，言滿諸方，目爲郢匠。上堂。然燈佛道了也。若心相所思，出生諸法，虛假不實。何以故。心尚無有，云何出生諸法。猶如形影，分別虛空。如人取聲，安置篋中。亦如吹網，欲令氣滿。故老宿云，不是心，不是佛，不是物，且教你兄弟行履。據說十地菩薩住首楞嚴三昧，得諸佛秘密法藏，自然得一切禪定解脫神通妙用。至一切世界，普現色身。或示現成等正覺，轉大法輪，入涅槃。使無量入毛孔，演一句經無量劫，其義不盡。教化無量億千眾生得無生法忍。尚喚作所知愚，極微細所知愚，與道全乖。大難，大難。珍重。【略】師乃示疾，告門人曰，星翳燈幻亦久矣。勿謂吾有去來也。言訖而逝。

慧　海

普濟《五燈會元》卷三　越州大珠慧海禪師。

建州朱氏子。依越州大雲寺智和尚受業。初參馬祖。祖問，從何處來。曰，越州大雲寺來。祖曰，來此擬須何事。曰，來求佛法。祖曰，我這裏一物也無，求甚麼佛法。自家寶藏不顧，拋家散走作麼。曰，阿那箇是慧海寶藏。祖曰，即今問我者，是汝寶藏。一切具足，更無欠少。使用自在，何假外求。師於言下，自識本心。不由知覺，踴躍禮謝。師事六載後，以受業師老，遽歸奉養。乃晦迹藏用，外示癡訥。自撰《頓悟入道要門論》一卷，法姪玄晏竊出江外，呈馬祖。祖覽訖，告眾曰，越州有大珠，圓明光透自在，無遮障處也。眾中有知師姓朱者，相推來越尋訪依附（時號大珠和尚）。師謂曰，禪客，我不會禪，並無一法可示於人。不勞久立，且自歇去。時學侶漸多，日夜叩激。事不得已，隨問隨答，其辭無礙。時有法師數人來謁。曰，擬伸一問，師還對否。師曰，深潭月影，任意撮摩。問，如何是佛。師曰，清譚對面，非佛而誰。眾皆茫然（法眼云，是即沒交涉）。僧良久。又問，師說何法度人。師曰，貧道未曾有一法度人。曰，禪師家渾如此。師卻問，大德說何法度人。曰，講《金剛經》。師曰，講幾座來。曰，二十餘座。師曰，此經是阿誰說。僧抗聲曰，禪師相弄，豈不知是佛說邪。師曰，若言如來有所說法，則爲謗佛。是人不解我所說義。若言此經不是佛說，則是謗經。請大德說看。僧無對。

懷　海

普濟《五燈會元》卷三　洪州百丈山懷海禪師。

洪州百丈山懷海禪師者，福州長樂人也。姓王氏。丱歲離塵，三學該練。屬大寂闡化江西，乃傾心依附。與西堂智藏，南泉普願同號入室。時三大士爲角立焉。師侍馬祖行次，見一羣野鴨飛過。祖曰，是甚麼。師曰，野鴨子。祖曰，甚處去也。師曰，飛過去也。祖遂把師鼻扭，負痛失聲。祖曰，又道飛過去也。師於言下有省。卻歸侍者寮，哀哀大哭。同事問曰，汝憶父母邪。師曰，無。曰，被人罵邪。師曰，無。曰，哭作甚麼。師曰，我鼻孔被大師扭得痛不徹。同事曰，有甚因緣不契。師曰，汝問取和尚去。同事問大師曰，海侍者有何因緣不契，在寮中哭，告和尚爲某甲說。大師曰，是伊會也。汝自問取他。同事歸寮曰，和尚道汝會也。教我自問汝。師乃呵呵大笑。同事曰，適來哭，如今爲甚卻笑。師曰，適來哭，如今笑。同事罔然。次日，馬祖陞堂。衆纔集，師出卷卻席。祖便下座。師隨至方丈。祖曰，我適來未曾說話。汝爲甚便卷卻席。師曰，昨日被和尚扭得鼻頭痛。祖曰，汝昨日向甚處留心。師曰，鼻頭今日又不痛也。祖曰，汝深明昨日事。師作禮而退。師再參。侍立次。祖目視繩牀角拂子。師曰，即此用，離此用。祖曰，汝向後開兩片皮，將何爲人。師取拂子豎起。祖曰，即此用，離此用。師挂拂子於舊處。祖振威一喝。師直得三日耳聾，自此雷音將震。檀信請於洪州新吳界，住大雄山以居處，巖巒峻極，故號百丈。既處之，未朞月，參玄之賓，四方麏至。溈山黃檗當其首。一日，師謂衆曰，佛法不是小事，老僧昔被馬大師一喝，直得三日耳聾。黃檗聞舉，不覺吐舌。師曰，子已後莫承嗣馬祖去麼。檗曰，不然。今日因和尚舉，得見馬祖大機之用。然且不識馬祖。若嗣馬祖，已後喪我兒孫。師曰，如是，如是。見與師齊，減師半德。見過於師，方堪傳授。子甚有超師之見。檗便禮拜。【略】唐元和九年正月十七日歸寂。謚大智禪師，塔曰大寶勝輪。

希　運

《大光明藏》中卷　洪州黃檗希運禪師。

師參百丈問曰，從上宗乘如何指示。百丈良久。師曰，不可教後人斷絕去也。百丈曰，將謂汝是箇人。乃起入方丈。師曰，某甲特來，廼隨後入。丈曰，若是則他後不得孤負吾。百丈問師，什麼處去來。師曰，大雄山下採菌子來。丈云，還見大蟲麼。師便作虎聲。百丈拈斧作斫勢。師打百丈一摑。百丈唫吟而笑便歸。上堂謂衆曰，山下有一大蟲，汝等出入好看。老漢今日親遭一口。師在鹽官會下，大中帝爲沙彌。師於佛殿禮拜。沙彌云，不著佛求，不著法求，不著衆求。長老禮拜當何所求。師云，不著佛求，不著法求，不著衆求，常禮如是事。沙彌云，用禮何爲。師便掌。沙彌云，太麤生。師曰，這裏是什麼所在，說麤說細。隨後又掌沙彌。便走。師寓洪州開元寺。裴相國入寺，見壁間畫像，乃問寺主，畫者是什麼。主云，高僧。裴云，形容在這裏，高僧在什麼處。主無對。裴云，此間有禪僧否。主云，有一人。裴遂訪之，廼舉前話問師。師召云，裴休。休應諾。師云，高僧在什麼處。裴於言下有省。師示衆云，汝等盡是噇酒糟漢，與麼行腳何處有。今日還知大唐國裏無禪師麼。時有僧出問，只如諸方匡從領衆又作麼生。師云，不道無禪，只是無師。裴相國一日捧一尊佛跪師前曰，請師安名。師召云，裴休。休應諾。師曰，與汝安名竟。裴禮拜。一日上詩一章。師接坐之廼問，會麼。裴云，不會。師云，不會卻較些子，若形於紙墨，何有吾宗。詩云，自從大士傳心印，額有圓珠七尺身。挂錫十年棲蜀水，浮盃今日渡漳濵。一千龍象隨高步，萬里香花結勝因。願欲與師爲弟子，不知將法付何人。師答云，心如大海無邊際，口吐紅蓮養病身。雖有一雙窮相手，未曾祇揖等閑人。

行　思

普濟《五燈會元》卷三　吉州青原山靜居寺行思禪師。

本州安城劉氏子，幼歲出家。每羣居論道，師唯默然。聞曹谿法席，乃往參禮。問曰，當何所務，即不落階級。祖曰，汝曾作甚麼來。師曰，聖諦亦不爲。祖曰，落何階級。師曰，聖諦尚不爲，何階級之有。祖深器之。會下學徒雖衆，師居首焉。亦猶二祖不言，少林謂之得髓矣。一日，祖謂師曰，從上衣法雙行，師資遞授。衣以表信，法乃印心。吾今得人，何患不信。吾受衣以來，遭此多難。況乎後代，爭競必多。衣即留鎭山門，汝當分化一方，無令斷絕。師既得法，歸住青原。六祖將示滅，有沙彌希遷（即石頭和尚），問曰，和尚百年後，希遷未審當依附何人。祖曰，尋思去。及祖順世，遷每於靜處端坐，寂若忘生。第一座問曰，汝師已逝，空坐奚爲。遷曰，我稟遺誡，故尋思爾。座曰，汝有師兄思和尚，今住吉州。汝因緣在彼。師言甚直，汝自迷耳。遷聞語，便禮辭祖龕，直詣靜居參禮。師曰，子何方來。遷曰，曹谿。師曰，將得甚麼來。曰，未到曹谿亦不失。師曰，若恁麼，用去曹谿作甚麼。曰，若不到曹谿，爭知不失。遷又曰，曹谿大師還識和尚否。師曰，汝今識吾否。曰，識。又爭能識得。師曰，衆角雖多，一麟足矣。遷又問，和尚自離曹谿，甚麼時至此間。師曰，我卻知汝早晚離曹谿。曰，希遷不從曹谿來。師曰，我亦知汝去處也。曰，和尚幸是大人，莫造次。他日，師復問遷，汝甚麼處來。曰，曹谿。師乃舉拂子曰，曹谿還有這箇麼。曰，非但曹谿，西天亦無。師曰，子莫曾到西天否。曰，若到即有也。師曰，未在，更道。曰，和尚也須道取一半，莫全靠學人。師曰，不辭向汝道，恐已後無人承當。【略】唐開元二十八年十一月十三日，陞堂告衆，跏趺而逝。僖宗謚弘濟禪師，歸眞之塔。

希遷

普濟《五燈會元》卷五　青原思禪師法嗣（第一世）。南嶽石頭希遷禪師。

端州高要陳氏子，母初懷娠，不喜葷茹。師雖在孩提，不煩保母。既冠，然諾自許。鄉洞獠民畏鬼神，多淫祀，殺牛釃酒，習以爲常。師輒往毀叢祠，奪牛而歸，歲盈數十，鄉老不能禁。後直造曹谿，得度未具戒。屬祖圓寂，禀遺命謁青原，乃攝衣從之。一日，原問師曰，有人道嶺南有消息。師曰，有人不道嶺南有消息。曰，若恁麼，大藏小藏從何而來。師曰，盡從這裏去。原然之。師於唐天寶初，薦之衡山南寺。寺之東有石，狀如臺，乃結庵其上。時號石頭和尚。師因看《肇論》至會萬物爲己者，其唯聖人乎？師乃拊几曰，聖人無己，靡所不己。法身無象，誰云自他。圓鑑靈照於其間，萬象體玄而自現。境智非一，孰云去來。至哉斯語也。遂掩卷。不覺寢夢，自身與六祖同乘一龜，游泳深池之內。覺而詳之，靈龜者，智也。池者，性海也。吾與祖師同乘靈智遊性海矣。遂著《參同契》曰，竺土大仙心，東西密相付。人根有利鈍，道無南北祖。靈源明皎潔，枝派暗流注。執事元是迷，契理亦非悟。門門一切境，回互不回互。回而更相涉，不爾依位住。色本殊質象，聲元異樂苦。暗合上中言，明明清濁句。四大性自復，如子得其母。火熱風動搖，水濕地堅固。眼色耳音聲，鼻香舌鹹醋。然依一一法，依根葉分布。本末須歸宗，尊卑用其語。當明中有暗，勿以暗相遇。當暗中有明，勿以明相覩。明暗各相對，比如前後步。萬物自有功，當言用及處。事存函蓋合，理應箭鋒拄。承言須會宗，勿自立規矩。觸目不會道，運足焉知路。進步非近遠，迷隔山河固。謹白參玄人，光陰莫虛度。【略】廣德二年，門人請下于梁端，廣闡玄化。貞元六年順寂，塔于東嶺。德宗謚無際大師，塔曰見相。

惟儼

普濟《五燈會元》卷五　青原下二世。石頭遷禪師法嗣。澧州藥山惟儼禪師。

絳州韓氏子。年十七，依朝陽西山慧照禪師出家。納戒于衡嶽希操律師。博通經論，嚴持戒律。一日，自歎曰，大丈夫當離法自淨，誰能屑屑事細行於布巾邪。首造石頭之室，便問，三乘十二分教某甲粗知，嘗聞南方直指人心，見性成佛，實未明了，伏望和尚慈悲指示。頭曰，恁麼也不得，不恁麼也不得，恁麼不恁麼總不得，子作麼生。師罔措。頭曰，子因緣不在此，且往馬大師處去。師禀命恭禮馬祖。仍伸前問，祖曰，我有時教伊揚眉瞬目，有時不教伊揚眉瞬目，有時揚眉瞬目者是，有時揚眉瞬目者不是，子作麼生。師於言下契悟，便禮拜。祖曰，你見甚麼道理便禮拜。師曰，某甲在石頭處，如蚊子上鐵牛。祖曰，汝既如是，善自護持。侍奉三年。一日，祖問，子近日見處作麼生。師曰，皮膚脫落盡，唯有一眞實。祖曰，子之所得，可謂協於心體，布於四肢。既然如是，將三條篾束取肚皮，隨處住山去。師曰，某甲又是何人，敢言住山。祖曰，不然。未有常行而不住，未有常住而不行。欲益無所益，欲爲無所爲。宜作舟航，無久住此。師乃辭祖返石頭。一日在石上坐次。石頭問曰，汝在這裏作麼。曰，一物不爲。頭曰，恁麼即閑坐也。曰，若閑坐即爲也。頭曰，汝道不爲，不爲箇甚麼。曰，千聖亦不識。頭以偈讚曰，從來共住不知名，任運相將祇麼行。自古上賢猶不識，造次凡流豈可明。後石頭垂語曰，言語動用沒交涉。師曰，非言語動用亦沒交涉。頭曰，我這裏針劄不入。師曰，我這裏如石上栽華。頭然之。後居澧州藥山，海衆雲會。師與道吾說茗谿上世爲節察來。吾曰，和尚上世曾爲甚麼。師曰，我痿痿羸贏，且恁麼過時。吾曰，憑何如此。師曰，我不曾展他書卷（石霜別云，書卷不曾展）。院主報，打鐘也。請和尚上堂。師曰，汝與我擎鉢盂去。曰，和尚無手來多少時。師曰，汝祇是枉披袈裟。曰，某甲祇恁麼。和尚如何。師曰，我無這箇眷屬。謂雲巖曰，與我喚沙彌來。巖曰，喚他來作甚麼。師曰，我有箇折腳鐺子，要他提上挈下。巖曰，恁麼則與和尚出一隻手去也。師便休。園頭栽菜次。師曰，栽即不障汝栽，莫教根生。曰，既不教根生，大衆喫甚麼。師曰，汝還有口麼。頭無對。【略】太和八年十一月六日臨順世，叫曰，法堂倒。法堂倒。衆皆持柱撐之。師舉手曰，子不會我意。乃告寂，塔于院東隅。唐文宗謚弘道大師，塔曰化城。

天　然

普濟《五燈會元》卷五　鄧州丹霞天然禪師。

本習儒業，將入長安應舉，方宿於逆旅，忽夢白光滿室。占者曰，解空之祥也。偶禪者問曰，仁者何往。曰，選官去。禪者曰，選官何如選佛。曰，選佛當往何所。禪者曰，今江西馬大師出世，是選佛之場，仁者可往。遂直造江西。纔見祖，師以手托幞頭額。祖顧視良久。曰，南嶽石頭是汝師也。遽抵石頭。還以前意投之。頭曰，著槽廠去。師禮謝。入行者房，隨次執爨役。凡三年。忽一日，石頭告衆曰，來日剗佛殿前草。至來日，大衆諸童行各備鍬钁剗草。獨師以盆盛水，沐頭於石頭前，胡跪。頭見而笑之，便與剃髮。又爲說戒。師乃掩耳而出，再往江西謁馬祖。未參禮，便入僧堂內，騎聖僧頸而坐。時大衆驚愕，遽報馬祖。祖躬入堂，視之曰，我子天然。師即下地禮拜曰，謝師賜法號。因名天然。祖問，從甚處來。師曰，石頭。祖曰，石頭路滑，還躂倒汝麼。師曰，若躂倒即不來也。乃杖錫觀方，居天台華頂峯三年。往餘杭徑山禮國一禪師。唐元和中至洛京龍門香山，與伏牛和尚爲友。後於慧林寺遇天大寒，取木佛燒火向。院主訶曰，何得燒我木佛。師以杖子撥灰曰，吾燒取舍利。主曰，木佛何有舍利。師曰，既無舍利，更取兩尊燒。主自後眉鬚墮落。後謁忠國師。問侍者，國師在否。曰，在即在，不見客。師曰，太深遠生。曰，佛眼亦覷不見。師曰，龍生龍子，鳳生鳳兒。國師睡起，侍者以告。國師乃打侍者三十棒。遣出。師聞曰，不謬爲南陽國師，明日再往禮拜。見國師便展坐具。國師曰，不用，不用。師退後。國師曰，如是，如是。師卻進前。國師曰，不是，不是。師遶國師一匝便出。國師曰，去聖時遙，人多懈怠。三十年後，覓此漢也難得。【略】長慶四年六月，告門人曰，備湯沐浴，吾欲行矣。乃戴笠策杖受屨，垂一足未及地而化。門人建塔，謚智通禪師，塔曰妙覺。

宗　智

普濟《五燈會元》卷五　青原下三世。藥山儼禪師法嗣。潭州道吾山宗智禪師。

豫章海昏張氏子。幼依槃和尚受教登戒。預藥山法會，密契心印。一日，山問，子去何處來。師曰，遊山來。山曰，不離此室，速道將來。師曰，山上烏兒頭似雪，澗底遊魚忙不徹。師離藥山見南泉。泉問，闍黎名甚麼。師曰，宗智。泉曰，智不到處，作麼生宗。師曰，切忌道著。泉曰，灼然。道著即頭角生。三日後，師與雲巖在後架把針。泉見乃問，智頭陀前日道，智不到處切忌道著，道著即頭角生，合作麼生行履。師便抽身入僧堂。泉便歸方丈。師又來把針。巖曰，師弟適來爲甚不祇對和尚。師曰，你不妨靈利。巖不薦，卻問南泉，適來智頭陀爲甚不祇對和尚，某甲不會，乞師垂示。泉曰，他卻是異類中行。巖曰，如何是異類中行。泉曰，不見道，智不到處切忌道著，道著即頭角生，直須向異類中行。巖亦不會。師知雲巖不薦。乃曰，此人因緣不在此，卻同回藥山。山問，汝回何速。巖曰，祇爲因緣不契。山曰，有何因緣。巖舉前話。山曰，子作麼生會他，這箇時節便回。巖無對。山乃大笑。巖便問，如何是異類中行。山曰，吾今日困倦，且待別時來。巖曰，某甲特爲此事歸來。山曰，且去。巖便出。師在方丈外，聞巖不薦，不覺齩得指頭血出。師卻下來問巖，師兄去問和尚那因緣作麼生。巖曰，和尚不與某甲說。師便低頭（僧問雲居，切忌道著，意作麼生。居云，此語最毒。云，如何是最毒底語。居云，一棒打殺龍蛇）。雲巖臨遷化，遣書辭師。師覽書了，謂洞山、密師伯曰，雲巖不知有。我悔當時不向伊道。雖然如是，要且不違藥山之子（玄覺云，古人恁麼道，還知有也未。又云，雲巖當時不會，且道甚麼處是伊不會處）。【略】唐太和九年九月示疾。有苦。僧衆慰問體候。師曰，有受非償，子知之乎。眾皆愀然。越十日將行，謂眾曰，吾當西邁，理無東移。言訖告寂。闍維得靈骨數片，建塔道吾。後雷。遷于石霜山之陽。

曇　晟

普濟《五燈會元》卷五　潭州雲巖曇晟禪師。鍾陵建昌王氏子。少出家於石門。參百丈海禪師二十年，因緣不契。後造藥山，山問，甚處來。曰，百丈來。山曰，百丈有何言句示徒。師曰，尋常道，我有一句子，百味具足。山曰，鹹則鹹味，淡則淡味，不鹹不淡是常味，作麼生是百味具足底句。師無對。山曰，爭柰目前生死何。師曰，目前無生死。山曰，在百丈多少時。師曰，二十年。山曰，二十年在百丈，俗氣也不除。他日侍立次。山又問，百丈更說甚麼法。師曰，有時道，三句外省去，六句內會取。山曰，三千里外，且喜沒交涉。山又問，更說甚麼法。師曰，有時上堂，大眾立定，以拄杖一時趁散。復召大眾。眾回首。丈曰，是甚麼。山曰，何不早恁麼道，今日因子得見海兄。師於言下頓省。便禮拜。一日山問，汝除在百丈，更到甚麼處來。師曰，曾到廣南來。曰，見說廣州城東門外有一片石，被州主移去，是否。師曰，非但州主，闔國人移亦不動。山又問，聞汝解弄師子，是否。師曰，是。曰，弄得幾出。師曰，弄得六出。曰，我亦弄得。師曰，和尚弄得幾出。曰，我弄得一出。師曰，一即六，六即一。【略】會昌元年辛酉十月二十六日示疾，命澡身竟，喚主事令備齋。來日有上座發去，至二十七夜歸寂，茶毗得舍利一千餘粒，瘗于石塔。謚無住大師。

道　悟

普濟《五燈會元》卷七　青原下二世。石頭遷禪師法嗣。荊州天皇道悟禪師。婺州東陽張氏子。神儀挺異，幼而生知。年十四，懇求出家，父母不聽，遂損減飲膳，日纔一食，形體羸悴，父母不得已而許之。依明州大德披剃。二十五詣杭州竹林寺具戒。精修梵行，推爲勇猛。或風雨昏夜，宴坐丘塚。身心安靜，離諸怖畏。一日，遊餘杭，首謁徑山，國一受心法，服勤五載。後參馬祖，重印前解，法無異說。依止二夏。乃謁石頭，而致問曰，離卻定慧，以何法示人。頭曰，我這裏無奴婢，離箇甚麼。曰，如何明得。頭曰，汝還撮得虛空麼。曰，恁麼則不從，今日去也。頭曰，未審汝早晚從那邊來。曰，道悟不是那邊人。頭曰，我早知汝來處也。曰，師何以贓誣於人。頭曰，汝身見在。曰，雖然如是，畢竟如何示於後人。頭曰，汝道誰是後人。師從此頓悟。罄殫前二哲匠，言下有所得心。後卜荊州當陽紫陵山，學徒駕肩接迹，都人士女，嚮風而至。時崇業寺上首以狀聞於連帥，迎入城。郡之左有天皇寺，乃名藍也。因火而廢。主僧靈鑒將謀修復。乃曰，苟得悟禪師爲化主，必能福我。乃中宵潛往哀請，肩舁而至。時江陵尹右僕射裴公稽首問法，致禮勤至。師素不迎送，客無貴賤，皆坐而揖之。裴公愈加歸向。由是石頭法道盛矣。師因龍潭問，從上相承底事如何。師曰，不是明汝來處不得。潭曰，這箇眼目，幾人具得。師曰，淺草易爲長蘆。僧問，如何是玄妙之說。師曰，莫道我解佛法好。曰，爭奈學人疑滯何。師曰，何不問老僧。曰，即今問了也。師曰，去。不是汝存泊處。元和丁亥四月示疾。命弟子先期告終。至晦日大眾問疾。師驀召典座。座近前。師曰，會麼。曰，不會。師拈枕子拋於地上。即便告寂。壽六十，臘月三十五。以其年八月五日，塔于郡東。

崇　信

普濟《五燈會元》卷七　青原下三世。天皇悟禪師法嗣。澧州龍潭崇信禪師。渚宮人也。其家賣餅。師少而英異。初悟和尚爲靈鑒潛請居天皇寺，人莫之測。師家於寺巷，常日以十餅饋之。天皇受之，每食畢，常留一餅曰，吾惠汝以蔭子孫。師一日自念曰，餅是我持去，何以返遺我邪。其別有旨乎。遂造而問焉。皇曰，是汝持來，復汝何咎。師聞之，頗曉玄旨，因投出家。皇曰，汝昔崇福善，今信吾言，可名崇信。由是服勤左右。一日問曰，某自到來，不蒙指示心要。皇曰，自汝到來，吾未嘗不指汝心要。師曰，何處指示。皇曰，汝擎茶來，吾爲汝接。汝行食來，吾爲汝受。汝和南時，吾便低首。何處不指示心要。師低頭良久。皇曰，見則直下便見，擬思即差。師當下開解。復問，如何保任。皇曰，任性逍遙，隨緣放曠。但盡凡心，別無聖解。師後詣澧陽龍潭棲止。僧問，髻中珠誰人得。師曰，不賞玩者得。曰，安著何處。師曰，有處即道來。有尼問，如何得爲僧去。師曰，作尼來多少時也。曰，還有爲僧時也無。師曰，汝即今是甚麼。曰，現是尼身，何得不識。師曰，誰識汝。李翺刺史問，如何是眞如般若。師曰，我無眞如般若。李曰，幸遇和尚。師曰，此猶是分外之言。

宣　鑒

普濟《五燈會元》卷七　青原下四世。龍潭信禪師法嗣。鼎州德山宣鑒禪師。

簡州周氏子。丱歲出家，依年受具。精究律藏，於性相諸經，貫通旨趣。常講《金剛般若》，時謂之周金剛。嘗謂同學曰，一毛呑海，海性無虧。纖芥投鋒，鋒利不動。學與無學，唯我知焉。後聞南方禪席頗盛，師氣不平。乃曰，出家兒千劫學佛威儀，萬劫學佛細行，不得成佛。南方魔子敢言直指人心，見性成佛。我當摟其窟穴，滅其種類，以報佛恩。遂擔《青龍疏鈔》出蜀。至澧陽路上，見一婆子賣餅。因息肩買餅點心。婆指擔曰，這箇是甚麼文字。師曰，《青龍疏鈔》。婆曰，講何經。師曰，《金剛經》。婆曰，我有一問，你若答得，施與點心。若答不得，且別處去。《金剛經》道，過去心不可得，現在心不可得，未來心不可得。未審上座點那箇心。師無語。遂往龍潭。至法堂曰，久嚮龍潭，及乎到來，潭又不見，龍又不現。潭引身曰，子親到龍潭。師無語。遂棲止焉。一夕侍立次。潭曰，更深何不下去。師珍重便出。卻回曰，外面黑。潭點紙燭度與師。師擬接。潭復吹滅。師於此大悟。便禮拜。潭曰，子見箇甚麼。師曰，從今向去，更不疑天下老和尚舌頭也。至來日，龍潭陞座。謂衆曰，可中有箇漢，牙如劍樹，口似血盆，一棒打不回頭。他時向孤峰頂上，立吾道去在。師將《疏鈔》堆法堂前，舉火炬曰，窮諸玄辯，若一毫置於太虛。竭世樞機，似一滴投於巨壑。遂焚之。【略】師因疾。僧問，還有不病者也無。師曰，有。曰，如何是不病者。師曰，阿哪，阿哪。師復告衆曰，捫空追響，勞汝心神。夢覺覺非，竟有何事。言訖。安坐而化，即唐咸通六年十二月三日也。謚見性禪師。

全　奯

普濟《五燈會元》卷七　青原下五世。德山鑒禪師法嗣。鄂州巖頭全奯禪師。

泉州柯氏子。少禮青原誼公，落髮往長安寶壽寺，稟戒習經律諸部。優游禪苑，與雪峰、欽山爲友。自杭州大慈山邐迤造于臨濟。屬濟歸寂，乃謁仰山。纔入門，提起坐具曰，和尚。仰山取拂子擬舉。師曰，不妨好手。後參德山，執坐具上法堂瞻視。山曰，作麼。師便喝。山曰，老僧過在甚麼處。師曰，兩重公案。乃下參堂。山曰，這箇阿師稍似箇行脚人。至來日上問訊。山曰，闍黎是昨日新到否。曰，是。山曰，甚麼處學得這虛頭來。師曰，全奯終不自謾。山曰，他後不得孤負老僧。一日，參德山。方跨門便問，是凡是聖。山便喝。師禮拜。有人舉似洞山。山曰，若不是奯公，大難承當。師曰，洞山老人不識好惡。錯下名言。我當時一手擡，一手搦。雪峰在德山作飯頭。一日飯遲，德山擎鉢下法堂。峰曬飯巾次。見德山乃曰，鐘未鳴，鼓未響，拓鉢向甚麼處去。德山便歸方丈。峰舉似師。師曰，大小德山未會末後句在。山聞。令侍者喚師去。問，汝不肯老僧那。師密啟其意。山乃休。明日陞堂，果與尋常不同。師至僧堂前，拊掌大笑曰，且喜堂頭老漢會末後句，他後天下人不奈伊何。雖然也秖得三年活（山果三年後示滅）。一日，與雪峰、欽山聚話。峰驀指一椀水。欽曰，水清月現。峰曰，水清月不現。師踢卻水椀而去。師與雪峰同辭德山。山問，甚麼處去。師曰，暫辭和尚下山去。曰，子他後作麼生。師曰，不忘。曰，子憑何有此說。師曰，豈不聞，智過於師，方堪傳受。智與師齊，減師半德。曰，如是，如是，當善護持。二士禮拜而退。【略】唐光啟之後，中原盜起，衆皆避地。師端居晏如也。一日賊大至，責以無供饋，遂傳刃焉。師神色自若，大叫一聲而終。聲聞數十里。即光啟三年丁未四月八日也。門人後焚之，獲舍利四十九粒。衆爲起塔。謚清嚴禪師。

義　存

普濟《五燈會元》卷七　福州雪峰義存禪師。

泉州南安曾氏子。家世奉佛。師生惡葷茹，於襁褓中聞鐘梵之聲，或見幡花像設，必爲之動容。年十二，從其父遊莆田玉澗寺，見慶玄律師，遽拜曰，我師也。遂留侍焉。十七落髮，謁芙蓉常照大師。照撫而器之。後往幽州寶刹寺受戒。久歷禪會，緣契德山。唐咸通中，回閩中雪峰創院。徒侶翕然。懿宗錫號眞覺禪師。仍賜紫袈裟。初與巖頭至澧州鼇山鎮阻雪。頭每日祇是打睡。師一向坐禪。一日喚曰，師兄，師兄，且起來。頭曰，作甚麼。師曰，今生不著便。共文邃箇漢行脚，到處被他帶累。今日到此。又祇管打睡。頭喝曰，噇，眠去。每日牀上坐，恰似七村裏土地。他時後日魔魅人家男女去在。師自點胸曰，我這裏未穩在，不敢自謾。頭曰，我將謂你他日向孤峰頂上盤結草庵，播揚大教。猶作這箇語話。師曰，我實未穩在。頭曰，你若實如此，據你見處一一通來。是處與你證明，不是處與你剗卻。師曰，我初到鹽官，見上堂舉色空義，得箇入處。頭曰，此去三十年，切忌舉著。又見洞山過水偈曰，切忌從他覓，迢迢與我疎。渠今正是我，我今不是渠。頭曰，若與麼，自救也未徹在。師又曰，後問德山，從上宗乘中事，學人還有分也無。德山打一棒曰，道甚麼。我當時如桶底脫相似。頭喝曰，你不聞道，從門入者不是家珍。師曰，他後如何即是。頭曰，他後若欲播揚大教，一一從自己胸襟流出，將來與我蓋天蓋地去。師於言下大悟，便作禮起，連聲叫曰，師兄，今日始是鼇山成道。【略】師之法席，常不減千五百衆。梁開平戊辰三月示疾。閩帥命醫。師曰，吾非疾也。竟不服藥。遺偈付法。五月二日，朝遊藍田，暮歸澡身，中夜入滅。

宗一

普濟《五燈會元》卷七　雪峰存禪師法嗣。福州玄沙師備宗一禪師。閩之謝氏子。幼好垂釣，汎小艇於南臺江，狎諸漁者。唐咸通初年，甫三十，忽慕出塵。乃棄舟投芙蓉訓禪師落髮。往豫章開元寺受具。布衲芒屨，食纔接氣。常終日宴坐，衆皆異之。與雪峯本法門昆仲，而親近若師資。峯以其苦行，呼爲頭陀。一日峰問，阿那箇是備頭陀。師曰，終不敢誑於人。異日，峰召曰，備頭陀何不徧參去。師曰，達磨不來東土，二祖不往西天。峰然之。暨登象骨山，乃與師同力締搆。玄徒臻萃，師入室咨決，罔替晨昏。又閱《楞嚴》，發明心地。由是應機敏捷，與修多羅冥契。諸方玄學有所未決，必從之請益。至與雪峰徵詰，亦當仁不讓。峰曰，備頭陀再來人也。雪峰上堂，要會此事。猶如古鏡當臺，胡來胡現，漢來漢現。師出衆曰，忽遇明鏡來時如何。峰曰，胡漢俱隱。師曰，老和尚脚跟猶未點地在。住後。上堂。佛道閑曠，無有程途。無門解脫之門，無意道人之意。不在三際，故不可昇沈。建立乖眞，非屬造化。動則起生死之本，靜則醉昏沉之鄉。動靜雙泯，即落空亡。動靜雙收，瞞頇佛性。必須對塵對境，如枯木寒灰。臨時應用，不失其宜。鏡照諸像，不亂光輝。鳥飛空中，不雜空色。所以十方無影像，三界絕行蹤。不墮往來機，不住中間意。鐘中無鼓響，鼓中無鐘聲。鐘鼓不相交，句句無前後。如壯士展臂，不藉他力。師子遊行，豈求伴侶。九霄絕翳，何在穿通。一段光明，未曾昏昧。若到這裏，體寂寂，常的的。日赫燄，無邊表。圓覺空中不動搖，吞爍乾坤迥然照。夫佛出世者，元無出入。名相無體，道本如如。法爾天眞，不同修證。祇要虛閑不昧作用，不涉塵泥。箇中纖毫道不盡，即爲魔王眷屬。句前句後，是學人難處。所以一句當天，八萬門永絕生死。直饒得似秋潭月影，靜夜鐘聲。隨扣擊以無虧，觸波瀾而不散。猶是生死岸頭事。道人行處，如火銷冰，終不卻成冰。箭既離弦，無返回勢。所以牢籠不肯住，呼喚不回頭。古聖不安排，至今無處所。若到這裏，步步登玄，不屬邪正。識不能識，智不能知。動便失宗，覺即迷旨。二乘膽顫，十地魂驚。語路處絕，心行處滅。直得釋迦掩室於摩竭，淨名杜口於毗耶？須菩提唱無説而顯道，釋梵絕聽而雨花。若與麼見前，更疑何事沒棲泊處。離去來今，限約不得。心思路絕，不因莊嚴。本來眞淨，動用語笑。隨處明了，更無欠少。今時人不悟箇中道理，妄自涉事涉塵。處處染著，頭頭繫絆。縱悟，則塵境紛紜，名相不實。便擬凝心斂念，攝事歸空。閉目藏睛，終有念起。旋旋破除，細想纔生，即便遏捺。如此見解，即是落空亡底外道，魂不散底死人。冥冥漠漠，無覺無知。塞耳偷鈴，徒自欺誑。這裏分別則不然。也不是限門傍戶，句句現前。不得商量，不涉文墨。本絕塵境，本無位次。權名箇出家兒，畢竟無踪，迹眞如凡聖。地獄人天，祇是療狂子之方。虛空尚無改變，大道豈有昇沉，悟則縱橫不離本際。若到這裏，凡聖也無立處。若向句中作意，則沒溺殺人。若向外馳求。又落魔界。如如向上，沒可安排。恰似焰爐不藏蚊蚋。此理本來平坦，何用剗除。動靜揚眉，是眞解脫道。不彊爲意度，建立乖眞。若到這裏，纖毫不受。指意則差，便是千聖出頭來，也安一字不得。久立。珍重。【略】梁開平戊辰示寂。閩帥爲之樹塔。

桂　琛

普濟《五燈會元》**卷八**　玄沙備禪師法嗣。漳州羅漢院桂琛禪師。

常山李氏子。爲童兒時，日一素食，出言有異。既冠，親事本府萬歲寺無相大師，披削登戒，學毗尼。一日，爲眾陞臺，宣戒本布薩已。乃曰，持戒但律身而已，非眞解脫也。依文作解，豈發聖智乎。於是訪南宗，初謁雲居雪峰。參訊勤恪，然猶未有所見。後造玄沙。一言啟發，廓爾無惑。沙問，三界唯心，汝作麼生會。師指倚子曰，和尚喚這箇作甚麼。曰，倚子。師曰，和尚不會三界唯心。曰，我喚這箇作竹木，汝喚作甚麼。師曰，桂琛亦喚作竹木。曰，盡大地覓一箇會佛法底人不可得。師自爾愈加激勵。沙每因誘迪學者，流出諸三昧，皆命師爲助發。師雖處眾韜晦，然聲譽甚遠。時漳牧王公建精舍曰地藏，請師開法。因插田次，見僧乃問，從甚處來。曰，南州。師曰，彼中佛法如何。曰，商量浩浩地。師曰，爭如我這裏，栽田博飯喫。曰，爭奈三界何。師曰，喚甚麼作三界。問僧甚處來。曰，南方來。師曰，南方知識，有何言句示徒。曰，彼中道，金屑雖貴，眼裏著不得。師曰，我道須彌在師眼裏。一日，同中塔侍玄沙。沙打中塔一棒曰，就名就體。中塔不對。沙乃問師，作麼生會。師曰，這僧著一棒不知來處。僧報曰，保福已遷化也。師曰，保福遷化，地藏入塔（僧問法眼，古人意旨如何。眼云，蒼天，蒼天）。後遷羅漢，大闡玄要。上堂。宗門玄妙，爲當祇恁麼，也更別有奇特。若別有奇特，汝且舉將來看。若無。去。不可將兩箇字便當卻宗乘也。何者。兩箇字謂宗乘，教乘也。汝纔道著宗乘，便是宗乘。道著教乘，便是教乘。禪德，佛法宗乘，元來由汝口裏安立名字。作取說取便是也。斯須向這裏說平說實，說圓說常。禪德，汝喚甚麼作平實，把甚麼作圓常。傍家行腳，理須甄別，莫相埋沒，得些子聲色名字，貯在心頭。道我會解，善能揀辨。汝且會箇甚麼，揀箇甚麼。記持得底是名字，揀辨得底是聲色。若不是聲色名字，汝又作麼生記持揀辨。風吹松樹也是聲，蝦蟇老鴉叫也是聲。何不那裏聽取揀擇去。若那裏有箇意度模樣，祇如老師口裏。又有多少意度與上座。莫錯。即今聲色摐摐地，爲當相及不相及。若相及，即汝靈性金剛祕密應有壞滅去也。何以如此，爲聲貫破汝耳，色穿破汝眼，因緣即塞卻汝，幻妄走殺汝，聲色體爾不可容也。若不相及。又甚麼處得聲色來。會麼。相及不相及，試裁辨看。少間又道，是圓常平實，甚麼人恁麼道。未是黃夷村裏漢解恁麼說，是他古聖，垂些子相助顯發。今時不識好惡。便安圓實。道我別有宗風玄妙。釋迦佛無舌頭，不如汝些子，便恁麼點胸。若論殺盜婬罪，雖重猶輕，尚有歇時。此箇謗般若，瞎卻眾生眼，入阿鼻地獄吞鐵丸莫將爲等閑。所以古人道，過在化主，不干汝事。珍重。【略】天成三年秋，復屆閩城舊址，遍遊近城梵宇已，乃示寂。茶毗收舍利，建塔於院之西隅。謚眞應禪師。

法　海

普濟《五燈會元》**卷二**　△其他。六祖惠能禪師法嗣。

韶州法海禪師，曲江人也。師問六祖云，即心即佛，願垂指諭。祖云，前念不生即心，後念不續即佛。成一切相即心，離一切相即佛。吾若具說，窮劫不盡。聽吾偈云，即心名惠，即佛乃定。定惠等持，意中清淨。悟此法門，由汝習性。用本無生，雙修是正。

師於言下大悟，以偈贊曰，即心元是佛，不悟而自屈。我知定惠因，雙修離諸物。

真　覺

普濟《五燈會元》**卷二**　溫州永嘉眞覺大師。

本郡戴氏子。少習經論，深造閫域。因看《維摩經》，發明心地。偶玄策禪師相訪，與師劇談，出言暗合諸祖。策驚云，仁者得法師誰耶？師云，我聽方等經論，各有師承。後於《維摩經》，悟佛心宗。未有證明者。策云，威音王已前即得，威音王已後，無師自悟，盡是天然外道。師云，願仁者，爲我證據。策云，我言輕。曹溪有六祖大師，四方雲集。並是受法者，率師同往曹溪。

師到曹溪，繞繩床三匝，振錫一下，卓然而立。祖云，夫沙門者，具三千威儀，八萬細行。大德何方而來，生大我慢。師云，生死事大，無常迅速。祖云，何不體取無生，了無速乎。師云，體即無生，了本無速。祖云，如是，如是。師遂具威儀，作禮。須臾告辭。祖云，返太速乎。師云，本自非動，豈有速耶？祖云，誰知非動。師云，仁者強生分別。祖云，子甚得無生之意。師云，無生豈有意耶？祖云，無意誰當分別。師云，分別亦非意。祖云，善哉，善哉。少留一宿。

本　淨

普濟《五燈會元》**卷二**　司空山本淨禪師。

絳州張氏子。僧問，如何是道。師云，無心是道。云，道因心有，何得言無心是道。師云，道本無名，因心名道。心名若有，道不虛然。窮心既無，道憑何立。二俱虛妄，總是假名。云，見有身心，是道已否。師云，山僧身心，本來是道。云，適言無心是道，今又言，身心本來是道，豈不相違耶？師云，無心是道，心泯道無，心道一如，故言無心是道。身心本來是道，道亦本是身心，身心本既是無，道亦窮源何有。僧云，觀禪師，形質甚小，卻會此理。師云，大德只見山僧相，不見山僧無相，見相者是大德所見。經云，凡所有相，皆是虛妄。若見諸相非相，即見其道。若以相爲實，窮劫不能見道。云，諸師於相上，說無相。師云，《淨名》云，四大無主，身亦無我。無我所見，與道相應。大德，若以四大有主是我。若有我見，窮劫不會道也。

示以偈云，四大無主復如水，遇曲逢直無彼此。淨穢兩處不生心，壅決何曾有二意。觸境但似水無心，在世縱橫有何事。

玄　策

普濟《五燈會元》**卷二**　婺州玄策禪師。

金華人也。游方届于河朔，聞智隍禪師謁五祖，自謂已得正受。庵居長坐，積二十年。師知其所得未眞，造庵問云，汝在此作甚麼。云，入定。師云，汝言入定，爲有心入耶？無心入耶？若無心入者，一切無情，草木瓦石，應合得定。若有心入者，一切有情含識之流，亦應得定。隍云，我正入定時，不見有有無之心。師云，不見有有無之心，即是常定，何有出入。若有出入即非大定。隍無對。良久問云，師嗣誰耶？師云，我師曹溪六祖。隍云，六祖以何爲禪定。師云，我師所說，妙湛圓寂，體用如如。五陰本空，六塵非有。不出不入，不定不亂。禪性無住，離住禪寂。禪性無生，離生禪想。心如虛空，亦無虛空之量。

隍聞是說，經往曹溪謁六祖。祖問，仁者何來。隍具述前緣。祖嘆云，誠如策所言。祖閔其遠來，遂垂開決。於是大悟。二十年所得心，都無影響。其夜河北士庶，聞空中有聲云，隍禪師今日得道。復歸河北，開化四眾，實師之力也。

智　常

普濟《五燈會元》**卷二**　信州智常禪師。

本州貴溪人也。謁六祖，祖問，甚麼處來，欲求何事。云，學人近往白峯山，禮大通禪師，蒙示見性成佛之義，未決狐疑，伏望和尚慈悲指示。祖云，彼有何言句，汝試舉看，吾爲汝證明。常云，某甲到彼，凡經三月，不蒙開示。爲法切故，獨造方丈，作禮，請問如何是某甲本心本性。彼云，汝見虛空否。某甲云見。彼云，汝見虛空，有相皃否。某甲云，虛空無形，有何相貌。彼云，汝之本性，猶如虛空。觀自性，了無一物可見，是名正見。了無一物可知，是名眞知。無有青黃長短，但見本源清淨，覺體圓明，即名見性成佛，亦名極樂世界，亦名如來知見。學人雖聞此說，猶未決了，乞和尚指誨，令無凝滯。祖云，彼之所示，猶存見知，令汝不了。吾今示汝一偈云，不見一法存無見，大似浮雲遮日面。不知一法守空知，還如太虛生閃電。此之知見瞥然興，錯認何曾解方便。汝今一念自知非，自己靈光常顯現。

常聞偈，心意豁然。述偈云，無端起知見，著相求菩提。情存一念悟，寧越昔時迷。自性覺源體，隨照枉遷流。不入祖師室，茫然趣兩頭。

智　通

普濟《五燈會元》**卷二**　壽州智通禪師。

本郡安豐人也。看《楞伽經》千餘徧，而不會三身四智。禮六祖，求解其義。祖云，三身者，清淨法身，汝之性也。圓滿報身，汝之智也。千百億化身，汝之行也。若離本性，別說三身，即名有身無智。若悟三身，無有自性，即名四智菩提。

聽吾偈曰，自性具三身，發明成四智。不離見聞緣，超然登十地。吾今爲汝說，諦信本無疑。莫學馳求者，終日說菩提。

通云，四智之義，可得聞乎。祖云，既會三身，便明四智，何更問耶？若離三身，別談四智。此名有智無身也。即此有智，還成無智。復說偈云，大圓鏡智性清淨，平等性智心無病，妙觀察智見非功，成所作智同圓鏡。五八六七果因轉，但用名言無實性。若於轉處不留情，繁興永處那伽定。

通禮謝，以偈贊云，三身元我體，四智本心明。身智融無礙，應物任隨形。起修皆妄動，守住匪眞精。妙旨因師說，終忘染污名。

法　達

普濟《五燈會元》卷二　洪州法達禪師。

師禮六祖，頭不至地。祖呵云，禮不投地，何如不禮。汝心中，必有一物。蘊習何事耶？云，某甲念《法華經》，已及三千部。祖云，汝若念至萬部，得其經意，不以爲勝，則與吾偕行。汝今負此事業，都不知過。聽吾偈曰，體本折慢幢，頭奚不至地。有我罪即生，亡功福無比。祖又問，汝名甚麼。云，名法達。祖云，汝名法達，何曾達法。復說偈曰，汝今名法達，勤誦未休歇。空誦但循聲，明心號菩薩。汝今有緣故，吾今爲汝說。但信佛無言，蓮花從口發。

師聞偈，悔過云，而今而後，當謙恭一切。惟願和尚大慈，略說經中義理。祖云，汝念此經，以何爲宗。師云，學人愚鈍，但依文誦念，豈知宗趣。祖云，汝試爲吾誦一徧，吾當爲汝解說。師即高聲念，至《方便品》。祖云，止，止。此經元來，以因緣出世爲宗。縱有多種譬喻，亦無越於此。何者，因緣惟一大事。一大事，即佛知見也。汝愼勿錯解經意。見他道，開示悟入，自是佛之知見，我輩無分。若作此解，乃是謗經毁佛也。彼既是佛，已具知見，何用更開。汝今當信，佛知見者，只汝自心，更無別體。蓋爲一切眾生，自蔽光明，貪愛塵境，外緣內擾，甘受驅馳。便勞他，從三昧起，種種苦口，勸令寢息，莫向外求，與佛無二故。云開佛知見，汝但勞勞執念，謂爲功課者，何異犛牛愛尾也。師云，若然者，但得解義，不勞誦經耶？祖云，經有何過，豈障汝念。只爲迷悟在人，損益由汝。

聽吾偈云，心迷《法華》轉，心悟轉《法華》。誦久不明己，與義作讎家。無念念即正，有念念成邪。有無俱不計，長御白牛車。

志　通

普濟《五燈會元》卷二　廣州志通禪師。

南海人也。初參六祖，問云，學人自出家，覽《涅槃經》，僅十餘載，未明大意，願和尚垂誨。祖云，汝何處未了。云，諸行無常，是生滅法。生滅滅已，寂滅爲樂。於此疑惑。祖云，汝作麼生疑。云，一切眾生，皆有二身。謂色身法身也。色身無常，有生有滅。法身有常，無知無覺。經云，生滅滅已，寂滅爲樂者，未審何身寂滅，何身受樂。若色身者，色身滅時，四大分散，全然是苦，苦不可言樂。若法身寂滅，即同草木瓦石，誰當受樂。又法性是生滅之體，五蘊是生滅之用。一體五用，生滅是常。生則從體起用，滅則攝用皈體。若聽更生，則有情之類，不斷不滅。若不聽更生，則永皈寂滅，同於無情之物。如是則一切諸法，被涅槃之所禁伏。尚不得生，何樂之有。祖云，汝是釋子，何習外道斷常邪見，而議最上乘法。據汝所解，色身外，別有法身。離生滅，求於寂滅。又推涅槃常樂，言有身受者。斯乃報吝生死，耽著世樂。汝今當知，佛爲一切迷人，認五蘊和合，爲自體相分。別一切法，爲外塵相。好生惡死，念念遷流。不知夢幻虛假，枉受輪迴。以常樂涅槃，飜爲苦相，終日馳求。佛愍此故，乃示涅槃眞樂。剎那無有生相，剎那無有滅相。更無生滅可滅，是則寂滅現前。當現前時，亦無現前之量，乃謂常樂。此樂無有受者，無不受者，豈有一體五用之名。何況更言涅槃禁伏諸法，令永不生，斯乃謗佛毁法。

慧　忠

普濟《五燈會元》卷二　南陽慧忠國師者。

越州諸暨人也。姓冉氏。自受心印。居南陽白崖山黨子谷，四十餘祀不下山，道行聞于帝里。唐肅宗上元二年，勅中使孫朝進賫詔徵赴京，待以師禮。初居千福寺西禪院。及代宗臨御，復迎止光宅精藍十有六載，隨機說法。時有西天大耳三藏到京，云得他心通。肅宗命國師試驗。三藏纔見師便禮拜，立于右邊。師問曰，汝得他心通那。對曰，不敢。師曰，汝道老僧即今在甚麼處。曰，和尚是一國之師，何得卻去西川看競渡。良久。再問，汝道老僧即今在甚麼處。曰，和尚是一國之師，何得卻在天津橋上看弄猢猻。師良久。復問，汝道老僧只今在甚麼處。藏罔測。師叱曰，這野狐精，他心通在甚麼處。藏無對。一日喚侍者，者應諾。如是三召三應。師曰，將謂吾孤負汝，卻是汝孤負吾。南泉到參。師問，甚麼處來。曰，江西來。師曰，還將得馬師眞來否。曰，只這是。師曰，背後底聻。南泉便休。【略】師以化緣將畢，涅槃時至，乃辭代宗。代宗曰，師滅度後，弟子將何所記。師曰，告檀越造取一所無縫塔。帝曰，就師請取塔樣。師良久。曰，會麼。帝曰，不會。師曰，貧道去後，有侍者應眞卻知此事。乞詔問之。大曆十年十二月十九日，右脅長往。塔于黨子谷。諡大證禪師。代宗後詔應眞問前語。眞良久。曰，聖上會麼。帝曰，不會。眞述偈曰，湘之南，潭之北，中有黃金充一國。無影樹下合同船，瑠璃殿上無知識。

南宗教義分部

綜　述

闕名《南天竺國菩提達摩禪師觀門》 南天竺國菩提達摩禪師觀門。

問曰，何名禪定。答曰，禪爲亂心不起，無動無念爲禪定。端心止念，無生無滅，無去無來，湛然不動，名之爲禪定。何名爲禪觀，答曰，心神澄淨名之爲禪，照理分明名之爲觀。禪觀自達無有錯謬，故名禪觀。心神澄淨，不生不滅，不來不去，湛然不動，名之爲禪。問曰，何名禪定。答曰，禪定者梵音，此名功德聚林。三界諸佛皆說禪坐，故名功德聚林。又問，何名禪法。答曰，禪法從通有次第。初學時，從始終有七種觀門。第一住心門。第二空心門。第三無門。第四心解脫門。第五禪定門。第六眞妙門。第七智慧門。住心門者，謂心散動，攀緣不住，專攝念住，更無去動，故名住心門。空心門者，謂看心轉追，覺心空寂，無去無來，無有住處，無所依心，故云空心門。心無相門，謂心澄淨無有相貌，非青非黃，非赤非白，非長非短，非大非少，非方非圓，湛然不動，故名無相門。心解脫門者，知心無繫無縛，一切煩惱不來上心，故名心解脫門。禪定者，西域梵音。唐言靜慮，覺心寂靜。行時，住時，坐時，臥時，皆悉寂靜，無有散動，故名寂靜。眞如門者，覺心無心，等同虛空。遍周法界，平等不二。無千無變，故名眞如門。智慧門者，識了一切名之爲智。契達空源，名之爲慧。故名智慧門，亦名究竟道，亦名大乘無相禪觀門，則是修禪學道故。禪有七種觀門，大聲念佛得十種功德。一者不聞惡聲。二者念佛不散。三者排去睡眠。四者勇猛精進。五者諸天歡喜。六者魔軍怖畏。七者聲振十方。八者三途息苦。九者三昧現前。十者往生淨土。

菩提達摩《無心論》 夫至理無言，要假言而顯理。大道無相，爲接麁而見形。今且假立二人共談無心之論矣。弟子問和尚曰，有心無心。答曰，無心。問曰，既云無心，誰能見聞覺知，誰知無心。答曰，還是無心。既見聞覺知，還是無心，能知無心。問曰，既若無心，即合無有見聞覺知，云何得有見聞覺知。答曰，我雖無心，能見能聞能覺能知。問曰，既能見聞覺知，即是有心，那得稱無。答曰，只是見聞覺知，即是無心。何處更離見聞覺知，別有無心。我今恐汝不解，一一爲汝解說，令汝得悟眞理。假如見終日見，由爲無見，見亦無心。聞終日聞，由爲無聞，聞亦無心。覺終日覺，由爲無覺，覺亦無心。知終日知，由爲無知，知亦無心。終日造作，作亦無作，作亦無心。故云，見聞覺知總是無心。問曰，若爲能得知是無心。答曰，汝但子細推求看。心作何相貌，其心復可得。是心不是心，爲復在內，爲復在外，爲復在中間。如是三處推求，覓心了不可得。乃至於一切處求覓，亦不可得。當知即是無心。問曰，和尚既云，一切處總是無心，即合無有罪福，何故眾生輪迴，六聚生死不斷。答曰，眾生迷妄，於無心中而妄生心。造種種業，妄執爲有，足可致使輪迴六趣生死不斷。譬有人於暗中，見杌爲鬼見繩爲蛇，便生恐怖。衆生妄執，亦復如是。於無心中妄執，有心造種種業，而實無不輪迴六趣。如是，衆生若遇大善知識，教令坐禪覺悟無心，一切業障盡皆銷滅，生死即斷。譬如暗中日光一照，而暗皆盡。若悟無心，一切罪滅，亦復如是。問曰，弟子愚昧，心猶未了審，一切處六根所用者應。答曰，語種種施，爲煩惱菩提生死涅槃，定無心否。答曰，定是無心。只爲衆生妄執，有心，即有一切煩惱生死菩提涅槃。若覺無心，即無一切煩惱生死涅槃。是故，如來爲有心者說有生死，菩提對煩惱得名，涅槃者對生死得名。此皆對治之法。若無心可得，即煩惱菩提亦不可得，乃至生死涅槃亦不可得。問曰，菩提涅槃，既不可得，過去諸佛，皆得菩提，此謂可乎。答曰，但以世諦文字之言得，於眞諦實無可得。故維摩經云，菩提者，不可以身得，不可以心得。又金剛經云，無有少法可得。諸佛如來，但以不可得而得，當知有心即一切有，無心一切無。問曰，和尚既云，於一切處盡皆無心。木石亦無心，豈不同於木石乎。答曰，而我無心，心不同木石，何以故。譬如天鼓，雖復無心，自然出種種妙法，教化衆生。又如如意珠，雖復無心，自然能作種種變現。而我無心，亦復如是。雖復無心，善能覺了諸法實相，具眞般若三身自在，應用無妨。故寶積經云，以無心意而現行，豈同木石乎。夫無心者，即眞心也。眞心者，即無心也。問曰，今於心中作，若爲修行。答曰，但於一切事上覺了，無心即是修行，更不別有修行。故知無心即一切，寂滅即無心也。弟子於是忽然大悟，始知心外無物，物外無心。舉止動用，皆得自在。斷諸疑網，更無罣礙。即起作禮，而銘無心，乃爲頌曰，

心神向寂，無色無形。覩之不見，聽之無聲。
似暗非暗，如明不明。捨之不滅，取之無生。
大即廓周法界，小即毛竭不停。煩惱混之不濁，涅槃澄之不清。
眞如本無分別，能辯有情無情。收之一切不立，散之普遍含靈。
妙神非知所測，正覺絕於修行。滅則不見其懷，生則不見其成。
大道寂號無相，萬像窈號無名。如斯運用自在，總是無心之精。

和尚又告曰，諸般若中，以無心般若而爲最上。故維摩經云，以無心意無受行，而悉摧伏外道。又法鼓經，若知無心可得，法即不可得，罪福亦不可得。生死涅槃，亦不可得。乃至一切盡不可得。不可得亦不可得。乃爲頌曰，

昔日迷時爲有心，爾時悟罷了無心。雖復無心能照用，照用常寂即如如。

重曰，

無心無照亦無用，無照無用即無爲。此是如來眞法界，不同菩薩爲辟支。

言無心者，即無妄相心也。

又問，何名爲太上。答曰，太者大也。上者高也。窮高之妙理，故云太上也。又太者通泰之位也。三界之天，雖有延康之壽福盡，是故終輪迴六趣，未足爲太。十住菩薩，雖出離生死，而妙理未極，亦未爲太。十住修心，妄有入無。又無其無，有雙遣不妄中道，亦未爲太。又忘中道，三處都盡。位皆妙覺，菩薩雖遣三處，不能無其所妙，亦未爲太。又忘其妙，則佛道至極，則無所存。無存思則無思慮，兼妄心智永息，覺照俱盡，寂然無爲，此名爲太也。太是理極之義，上是無等色，故云太上。即之佛如來之別名也。

淨覺《楞伽師資記・入道要門》　未入道多途，要而言之，不出二種。一是理入，二是行入。理入者，謂藉教。悟宗，深信含生。凡聖同一眞性，但爲客塵妄覆，不能顯了。若也捨妄歸眞，凝住辟觀。自他，凡聖等一，堅住不移。更不隨於言教，此即與眞理冥狀，無有分別，寂然無名之理入。行入者，所謂四行。其餘諸行，悉入此行中。何等爲四行。一者報怨。二者隨緣行。三者無所求行。四稱法行。云何報怨行，修道行人。若受苦時，當自念言。我從往昔，無數劫中。棄本逐末，流浪諸有。多報怨憎，違害無限。今雖無犯，是我宿殃。惡業果熟，非天非人。所能見與，甘心忍受，都無怨訴。經云，逢苦不憂，何以故。識達本故。此心生時，與理相應，體怨進道。是故，說言報怨行。第二隨緣行者，衆生無我。並緣業所傳。苦樂齊受，皆從緣生。若得勝報榮譽等事，是我過去宿因所感。今方得之，緣盡還無。何喜之有，得失從緣。心無增減，喜風不動，冥順於通。是故，說言隨緣行。第三無所求行者。世人長迷，處處貪著。名之爲求，智者悟眞。理將俗反，安心無爲。形隨運轉，萬有斯空。

無所願樂，功德黑闇。常相隨逐，三界久居，猶如火宅。有身皆苦，誰得而安。了達此處，故於諸有，息想無求。經云，有求皆苦，無求乃樂。判如無求，眞爲道行。第四稱法行者。性淨之理，因之爲法。理此衆相斯空，無染無著，無此無彼。經云，法無衆生，離衆生垢故。法無有我，離我垢故。智若能信解此理，應當稱法而行。法體無慳於身命，則行檀捨施。心無悋。達解三空。不倚著，但爲去垢。攝衆生，而無取相。此爲自復地，亦能莊嚴菩提之道。檀度既爾，餘五亦然。爲除妄想，修行六度，而無所行是爲稱法行。此四行，是達摩禪師親說，餘則弟子曇林記師言行。集成一卷，名曰達磨論也。菩提師又爲坐禪衆，釋楞伽要義一卷，有十二三紙，亦名達磨論也。此兩本論文。文理圓淨，天下流通，自外更有人，僞告達摩論三卷，文繁理散，不堪行用。大師又指事問義。但指一物，喚作何物。衆物皆問之。迴換物名，變易問之。又云，此身有不，身是何身。又云，空中雲霧，終不能染污虛空。然能翳虛空，不得明淨。涅槃經云，無內六入，無外六塵。內外合故，名爲中道。

天頙《禪門寶藏錄》卷下　魏明帝問天竺三藏迦摩羅陀曰，佛經之中，何經歸依，君國有益。三藏答曰，此地不是經法之處。帝問，是何所由。藏曰，不遠年間。我師般若多羅，同學菩提達摩，降至此國，傳佛心印之處，所以經法不行。帝問，漢帝已來，大藏東流中。寄十二部經之外，何有佛心法印。藏曰，本師釋迦王宮誕生，長而十九。觀之藏中，寄十二部經，未契祖師之宗。遠至雪山，遊行十二年紀，求尋祖院，傳得心印之法。於後雪山成道。普光殿說，及於七處八會，不及心印之法，所以經律論別外之道。昔時天子，遺經教法。信受奉行，作小國王，呼爲八萬也。天子今時，特行佛心禪法。合諸小國，或作大朝天子，呼爲十二國，帝乃信受。魏明帝所問諸經篇。

梁武帝問達磨，朕即位已來，造寺寫經度僧不可勝數，有何功德。師曰，並無功德。帝曰，何以無功德。師曰，此但人天小果有漏之因。如影隨形，雖有非實。帝曰，如何是眞功德。師曰，淨智妙圓，體自空寂，如是功德，不以世求。帝後製達磨碑云，見之不見，逢之不逢。古之今之，悔之恨之。傳燈及達磨碑。

悟明《聯燈會要》卷三《達磨大師破六宗》

有相宗

師至問曰，一切諸法，何名實相。彼尊者薩婆羅曰，於諸相中，不互諸相，是名實相。師曰，一切諸相，而不互者。若明實相，當何定邪。曰，於諸相中，實無有定。若定諸相，何名爲實。師曰，諸相不定，便明實相。汝今不定，當何得之。曰，我言不定，不說諸相。當說諸相，其義亦然。師曰，汝言不定，當爲實相。定不定故，即非實相。曰，定既不定，即非實相。知我非故，不定不變。師曰，汝今不變，何名實相。已變已往，其義亦然。曰，不變當在，在不在故。故變實相，以定其義。師曰，實相不變，變則非實。於有無中，何名實相。薩婆羅心知聖師縣解，以手指空曰，此是世間有相亦能空故，當我此身得似不。師曰，若解實相，即見非相。若了非相，其色亦然。當於色中，不識色體。於非相中，不礙有故。若能是解，此名實相。彼衆聞已，心意朗然欽禮信受。

無相宗

師至問曰，汝言無相當何證之。彼衆中有智者波羅提曰，我名無相，心不現故。師曰，汝心不現，當何明之。曰，我明無相，心不取舍。當於明時，亦無當者。師曰，於諸有無，心不取舍。又無當者，誰明無故。曰，入佛三昧，尚無所得。何況無相，而欲知之。師曰，相既不知，誰云有無。尚無所得，何名三昧。曰，我說不證，證無所證。非三昧故，我說三昧。師曰，非三昧者，何當名之。汝既不證，非證何證。波羅提聞已，即悟本心，悔謝往謬。復記之曰，汝當得道，不久證之。此國有魔不久降之，言已忽然不現。

定慧宗

師至問曰，汝學定慧，爲一爲二。彼衆有婆蘭陁曰，我此定慧，非一非二。師曰，既非一二，何名定慧。曰，在定非定，處慧非慧。一即非一，二亦不二。師曰，當一不一，當二不二。既非定慧，約何定慧。曰，不一不二，定慧能知。非定非慧，亦復然矣。師曰，慧非定故，然何知哉。不一不二，誰定誰慧。婆蘭陁聞之，疑心冰釋。

無得宗

師至問曰，汝云無得，無得何得。既無所得，亦無得得。彼眾有寶靜者曰，我說無得，得非無得。得當說得，得無得是得。師曰，得既不得，得亦非得。既云得得，得得何得。曰，見得非得，非得是得。若見不得，名爲得得。師曰，得既非得，得得無得。既無所得，當何得得。寶靜聞知，頓除疑罔。

寂靜宗

師至問曰，何名寂靜。於此法中，誰靜誰寂。彼有長者曰，此心不動，是名爲寂。於法無染，名之爲靜。師曰，本心不寂，要假寂靜。本來寂故，何用寂靜。曰，諸法本空，以空空故。於彼空空，故名寂靜。師曰，空空已空，諸法亦爾。寂靜無相，何靜何寂。彼長者聞已，豁然開悟。

戒行宗

師至問曰，何者名戒，云何名行。當此戒行，爲一爲二。彼眾有賢者曰，一二二一，皆彼所生。依教無染，此名戒行。師曰，汝言依教，即是有染。一二俱破，何言依教。此二違背，不及於行。內外非明，何名爲戒。曰，我有內外，彼已知竟。既得通達，便是戒行。若說違背，俱是俱非。言及清淨，即戒即行。師曰，俱是俱非，何言清淨。既得通，故何譚內外。賢者聞知，即自慚服。既而六宗，咸誓皈依。由是，化被南天，聲馳五印。遠近學者，靡然而向風矣。

寶曇曰，外道去佛一間耳。力量如佛，議論如佛，現神通如佛，唯其心外有法不得作佛。昔如來初越王城之日，即入檀特象頭諸山，從外道游。廼至六年，日飡麻麥。離九十六種赤旛之族，無不經歷。蓋不入虎穴，不得虎子之謂也。暨成道說法已，彼外道者，尚有魔佛之壘。往往拊佛之亢而搤之。吾目眎眈眈之師，譚笑固自若也。至有斬首求謝者，佛滅度已。諸師，或遇負墮踵皷爲之蔑然，爾狗我天從是而作。今吾祖達磨，親佩般若多羅正印，而金剛之鋒𤋮𤋮在手，所謂試小臣，小臣斃。試狗，狗斃。其亦是類歟。今觀佛大勝多等六宗，異趣分徒，各封已解。此與聲聞二乘尚爾不類，況擬與吾佛祖爲敵耶？嘗欲倒置其說，晦其主名，以驗當世，具正見人。未必東土阿師果勝西天外道。

德清《憨山老人夢遊集》卷五一　曹溪爲天下禪宗道脈之源，而山川之勝冠嶺表，故叢林甲於諸方。自大鑒禪師入滅，青原南嶽二大老，抽枝發幹，普蔭人天。一言半句，揚眉瞬目之間，得超生脫死者，不可勝數，自爾此山寂寥幾千年矣。豈非枝大而批其本耶？然其道雖曰無相，而實寓有形。與時升降，固其理也。遠求五宗之源，其本無二。建立之旨，亦在隨宜。自宋而元，如高峰，斷崖，中峰諸大老，皆力振家聲，雷電之機，不減叢林盛時。明興以來，其風浸微，不敢望眞履實證。求其有志向上一路者，葢亦幾希。然他方尚或有一二知此道者，若曹溪爲當家的骨兒孫，獨不識袈裟爲何物，剃髮爲何事。豈獨人與道違。即山川之勝，叢林之茂，亦無復當時矣。況爲惡魔所侵，作難非一。豈非其道與時升降，而與山川共爲休戚乎。余於丙申春。蒙恩遣雷陽，道經曹溪口。因得參謁六祖大師。正值眾僧燒煑之餘，鼎沸未消。余爲潸然者久之而去。明年秋，制臺大司馬陳公，念曹溪禪門洙泗，欲置余於其間，爲供灑掃。余是時，慚愧爲法門玷，懼辱祖庭以謝。又明年，觀察海門周公，攝治南韶，心與陳公合。余堅讓不已。但命執筆，重纂其志。周公以入賀去，觀察惺存祝公蒞政。公自號曹溪行腳僧，下車不日。盜弭訟息，民享泰和。曹溪山門，百廢一時悉舉。宛若大鑒，重拈袈裟角耳。向者不識不知之僧，皆煥發佛性光明。此豈非有情來下種，因地果還生耶？公久欲得區區爲大鑒侍者，冀將焚香洗鉢之勞，以續破法之愆。余慚愧者久之。公以入賀去，瀕行。令寺僧長老，率諸大眾作禮。公先以書抵，復面叮嚀，懇懇至再。余感公此行，不以官爲得，而喜得作曹溪主人。是其幻化門頭，現宰官身，而作佛事者乎。葢亦世道交興，故能令此山色溪聲，挺露法身，而吐廣長舌相也。區區罪垢之軀，不敢蹈寶華，撾毒鼓，聊書此以付來僧。且爲異日得度因緣，作升堂入室之券。

論説

開枝散葉

智昭《人天眼目》卷之五　問曰，自達磨至此土，因何諸祖師言教，與西天諸祖洎六祖已上不同。牛頭一宗，北秀荷澤。南嶽讓，青原思。言句漸異，見解差殊。各黨師門，互毀盛至。如何得息諍去。答曰，怪哉此問，且祖師來此土，如一樹子就地下種，因緣和合而生芽也。種即達磨並二祖也。枝葉即道副總持道育之徒也。洎二祖爲種，三祖爲芽。乃至六祖爲種，南嶽讓爲芽也。其牛頭，神秀荷澤等，皆枝葉耳。然六祖下枝葉繁茂，生子亦多。其種又逐風土所宜，採取得葉貴葉，得枝貴枝。亦猶樹焉在南爲橘，在北爲枳。雖形味有變，而根本豈變乎。又類日焉，在東爲朝，在西爲暮。日亦逐方而轉，則輪影也。其空則不轉必矣。得何怪哉。子但了其內心，莫隨其外法。內心者脫其生死，外法者逐其愛惡。愛惡生則去佛祖遠矣。爲子等閑，鐵出正宗，及横枝言句，各於後述其緜序，令學者明其嫡庶者矣。

自心是佛

道原《景德傳燈錄》卷五　一日師謂衆曰，諸善知識，汝等各各淨心，聽吾說法。汝等諸人自心是佛，更莫狐疑。外無一物而能建立，皆是本心生萬種法。故經云，心生種種法生，心滅種種法滅。若欲成就種智，須達一相三昧，一行三昧。若於一切處而不住相，彼相中不生憎愛，亦無取捨，不念利益成壞等事，安閑恬靜，虛融澹泊，此名一相三昧。若於一切處行住坐臥，純一直心，不動道場，眞成淨土，名一行三昧。若人具二三昧，如地有種，能含藏長養，成就其實。一相一行亦復如是。我今說法，猶如時雨溥潤大地。汝等佛性譬諸種子，遇兹霑洽，悉得發生。承吾旨者決獲菩提，依吾行者定證妙果。

仁者心動

淨符《宗門拈古彙集》卷五　寓南海法性寺廊廡間，暮夜因風颺刹旛，有二僧對論。一曰旛動，一曰風動，持論不決。祖乃曰，不是風動，不是旛動，仁者心動。

雪峰存云，大小祖師龍頭蛇尾，好與二十棒。孚上座侍立次。不覺咬齒。峰曰，老僧與麼道，也好與二十棒。保福展云，作賊人心虛，也是蕭何置律。巴陵鑑云，祖師道不是風動不是旛動，既不是風旛，向甚處著。有人與祖師作主，出來與巴陵相見。

雪竇顯云，風動旛動，既是風旛，向甚處著。有人與巴陵作主，出來與雪竇相見。

黃龍新云，不是風動不是旛動。明眼漢一點瞞他不得。仁者心動，且緩緩。你向甚處見祖師。乃擲下拂子曰，看。

泐潭清云，不是風動不是旛動。靈利漢懸崖撒手便好承當，顧後瞻前轉生迷悶。仁者心動，而今還有爲祖師作主者麼。出來與老僧相見。天童華云，一盲引衆盲，相牽入火坑。

徑山杲舉雪峰語畢云，要識孚上座麼，犀因玩月紋生角。要識雪峰麼，象被雷轟花入牙。

中峰本云，嘗鼎一臠具知衆味。非風動非旛動，仁者心動。可謂嘗鼎之一臠矣。使人不覺惡心嘔吐。

但識衆生即能見佛

《南宗頓教最上大乘摩訶般若波羅蜜經六祖惠能大師於韶州大梵寺施法壇經》　大師言，今日已後，迎相傳受，須有依約，莫失宗旨。法海又白，大師今去留付何法，今後代人如何見佛。六祖言，汝聽，後代迷人，但識衆生即能見佛，若不識衆生覓佛，萬劫不得見也。吾今教汝，識衆生見佛，更留見眞佛解脫頌，迷即不見佛，悟者即見。法海願聞，代代流傳，世世不絕。六祖言，汝聽，吾汝與說，後代世人，若欲覓佛，但識佛心，衆生即能識佛，即像有衆，離衆生，無佛心。

不立文字，教外別傳

《爲霖禪師雲山法會錄》師云，世尊一日陞座，拈一枝金色波羅花示衆。百萬人天，悉皆罔測。唯迦葉尊者一人，破顔微笑。世尊云，吾有正法眼藏，涅槃妙心。實相無相，微妙法門。不立文字，教外別傳。付囑摩訶迦葉，傳化將來，毋令斷絶。宗門不立文字，直指人心，見性成佛，其源始此。葢世尊四十九年，以語言文字，權實頓漸，逐機演説，未暢本懷。至此覿面拈出，全體現前。唯上根利智，頓見頓證，始堪領荷。迦葉傳二祖阿難，阿難傳三祖商那和修，三祖傳四祖優波毱多。乃至第二十八祖菩提達摩，見我東土有大乘法器，乃特航海而來，是爲東土初祖。始見梁武帝，問以有爲之事，不契。遂潛渡江至魏，居止少林。凡九年，終日面壁而坐。後得二祖神光，斷臂安心，禮拜得髓，遂付衣法。有偈云，吾本來茲土，傳法救迷情。一花開五葉，結果自然成。所云傳法者，乃傳一心之法，非自心外別有法可傳。唯爲人解粘去縛，反迷就悟，令見自性，是爲傳耳。二祖傳三祖僧璨大師，三祖傳四祖道信大師，四祖傳五祖弘忍大師，五祖傳六祖慧能大師，六祖八十生爲善知識，示不識文字，唯開見性法門，其道大振。永嘉云，六代傳衣天下聞，後人得道無窮數。曹溪門下，得道如林。先是達摩以來，唯人傳一人。至六祖止其衣鉢，其法普傳。大弟子二人，一曰青原思，一曰南嶽讓。讓出馬祖一。馬祖出八十餘員善知識，大弟子曰百丈海。海出二人，一曰溈山祐，一曰黄蘗運。運出臨濟玄，是爲臨濟宗。祐出仰山寂，是爲溈仰宗。青原出石頭遷。遷大弟子二人，一曰天皇道悟，一曰藥山惟儼。儼出雲巖晟，晟出洞山價，價出曹山寂，是爲曹洞宗。天皇出龍潭信，信出德山鑒，鑒出雪峯存。存大弟子二人，一曰雲門偃，是爲雲門宗。一曰玄沙備，備出地藏琛，琛出法眼益，是爲法眼宗。雖五宗接人機用不同，無非發明世尊拈花一著子，直指人心，見性成佛而已。其溈仰，雲門，法眼三宗，與宋運俱終。傳至今日唯臨濟，曹洞二宗。時當末法，人根下劣，學人既無眞實爲生死之心。又少眞正師承。唯以拂子名利居懷，人我鬪諍爲事。充塞閭閻，成風成俗。先師嘗言，今日臨濟不成臨濟，不待曹洞非之也。曹洞不成曹洞，不待臨濟非之也。此言盡之矣。有志之士，一聞此言，痛心疾首孰肯受之。唯望法門有越格道流，向釋迦未現西乾，達摩未來東土，自己未入父母胞胎已前，一覷覷破，釋迦，達摩，自己，是什麼。陽燄空花，始好向這裏赤身擔荷。庶幾挽回末法獘惡之風。苟無其人，則所謂宗門者，掃地盡矣。尚何言哉。又云，學佛法者，學出世法也。苟夾襍一念，世法之心，則雖勤苦修持。談玄説妙總在世法上著倒，與佛法沒交涉。須信得這一件是出世大事因緣，須辦得一副出世心行，始堪入門。如今日與諸大衆，焚香靜坐，講論片時。乃是世人所無者。傳大士云，世人愛黄金，我愛刹那靜。金多亂人心，心靜入正定。唯杜絶諸緣，堅凝正念。使靜慧發生，方能明理。不然。雖終日談宗説教，畢竟法不入心也。

法無頓漸

《六祖大師法寶壇經》時，祖師居曹溪寶林，神秀大師在荊南玉泉寺。于時兩宗盛化，人皆稱南能北秀，故有南北二宗頓漸之分，而學者莫知宗趣。師謂衆曰，法本一宗，人有南北。法即一種，見有遲疾。何名頓漸。法無頓漸，人有利鈍，故名頓漸。然秀之徒衆，往往譏南宗祖師，不識一字，有何所長。秀曰，他得無師之智，深悟上乘。吾不如也。且吾師五祖，親傳衣法。豈徒然哉。吾恨不能遠去親近，虛受國恩。汝等諸人，毋滯於此，可往曹溪參決。一日，命門人志誠曰，汝聰明多智，可爲吾到曹溪聽法。若有所聞，盡心記取，還爲吾説。志誠稟命至曹溪，隨衆參請，不言來處。時祖師告衆曰，今有盜法之人，潛在此會。志誠即出禮拜，具陳其事。師曰，汝從玉泉來，應是細作。對曰，不是。師曰，何得不是。對曰，未説即是，説了不是。師曰，汝師若爲示衆。對曰，常指誨大衆，住心觀靜，長坐不臥。師曰，住心觀靜，是病非禪。長坐拘身，於理何益。聽吾偈曰，生來坐不臥，死去臥不坐。一具臭骨頭，何爲立功課。

無相

《六祖大師法寶壇經》善知識。自心歸依自性，是歸依眞佛。自歸依者，除卻自性中不善心，嫉妬心，諂曲心，吾我心，誑妄心，輕人心，慢他心，邪見心，貢高心，及一切時中不善之行，常自見己過，不説他人好惡。是自歸依。常須下心，普行恭敬，即是見性通達，更無滯礙，是自歸依。何名圓滿報身。譬如一燈能除千年闇，一智能滅萬年愚。莫思向前，已過不可得。常思於後，念念圓明，自見本性。善惡雖殊，本性無二，無二之性，名爲實性。於實性中，不染善惡。此名圓滿報身佛。自性起一念惡。滅萬劫善因。自性起一念善，得恆沙惡盡。直至無上菩提，念念自見，不失本念，名爲報身。何名千百億化身。若不思萬法，性本如空，一念思量，名爲變化。思量惡事，化爲地獄。思量善事，化爲天堂。毒害化爲龍蛇，慈悲化爲菩薩，智慧化爲上界，愚癡化爲下方。自性變化甚多，迷人不能省覺，念念起惡。常行惡道。迴一念善，智慧即生，此名自性化身佛。善知識。法身本具，念念自性自見，即是報身佛。從報身思量，即是化身佛。自悟自修自性功德，是眞歸依。皮肉是色身，色身是舍宅，不言歸依也。但悟自性三身，即識自性佛。吾有一無相頌，若能師持，言下令汝積劫迷罪一時銷滅。頌曰，

迷人修福不修道，只言修福便是道。布施供養福無邊，心中三惡元來造。

擬將修福欲滅罪，後世得福罪還在。但向心中除罪緣，名自性中眞懺悔。

忽悟大乘眞懺悔，除邪行正即無罪。學道常於自性觀，即與諸佛同一類。

吾祖惟傳此頓法，普願見性同一體。若欲當來覓法身，離諸法相心中洗。

努力自見莫悠悠，後念忽絕一世休。若悟大乘得見性，虔恭合掌至心求。

無念

《六祖大師法寶壇經》 善知識。智慧觀照，內外明徹，識自本心。若識本心，即本解脫。若得解脫，即是般若三昧，即是無念。何名無念。若見一切法，心不染著，是爲無念。用即遍一切處，亦不著一切處。但淨本心，使六識出六門，於六塵中無染無雜，來去自由，通用無滯，即是般若三昧，自在解脫，名無念行。若百物不思，當令念絕，即是法縛，即名邊見。善知識。悟無念法者，萬法盡通。悟無念法者，見諸佛境界。悟無念法者，至佛地位。

無住爲本

《六祖大師法寶壇經》 師示衆云，善知識。本來正教，無有頓漸，人性自有利鈍。迷人漸修，悟人頓契。自識本心，自見本性，即無差別，所以立頓漸之假名。善知識。我此法門，從上以來，先立無念爲宗，無相爲體，無住爲本。無相者，於相而離相。無念者，於念而無念。無住者，人之本性。於世間善惡好醜，乃至冤之與親，言語觸刺欺爭之時，並將爲空，不思酬害，念念之中不思前境。若前念今念後念，念念相續不斷，名爲繫縛。於諸法上念念不住，即無縛也。此是以無住爲本。

臨濟宗創宗人義玄及其傳承分部

傳記

贊寧《宋高僧傳》卷一二 釋義玄，俗姓邢，曹州南華人也。參學諸方不憚艱苦。因見黃檗山運禪師，鳴啄同時了然通徹。乃北歸鄉土。俯徇趙人之請，住子城南臨濟焉。罷唱經論之徒，皆親堂室示人心要，頗與德山相類。以咸通七年丙戌歲四月十日示滅。勅諡慧照大師。塔號澄虛。言教頗行于世，今恆陽號臨濟禪宗焉。

道原《景德傳燈錄》卷一二 懷讓禪師第四世。前洪州黃檗山希運禪師法嗣。鎭州臨濟義玄禪師。

鎭州臨濟義玄禪師，曹州南華人也。姓邢氏。幼負出塵之志，及落髮進具便慕禪宗。初在黃檗隨衆參侍。時堂中第一座勉令問話。師乃問，如何是祖師西來的意。黃檗便打。如是三問三遭打。遂告辭。第一座云，早承激勸問話。唯蒙和尚賜棒。所恨愚魯。且往諸方行腳去。上座遂告黃檗云，義玄雖是後生，卻甚奇特。來辭時願和尚更垂提誘。來日師辭黃

蘗。黃蘗指往大愚。師遂參大愚。愚問曰，什麼處來。曰黃蘗來。愚曰，黃蘗有何言教。曰義玄親問西來的的意，蒙和尚便打。如是三問三轉被打。不知過在什麼處。愚曰，黃蘗恁麼老婆，爲汝得徹困，猶覓過在。師於是大悟云，佛法也無多子。愚乃搊師衣領云，適來道我不會，而今又道無多子，是多少來是多少來。師向愚肋下打一拳。愚托開云，汝師黃蘗，非干我事。師卻返黃蘗。黃蘗問云，汝迴太速生。師云，只爲老婆心切。黃蘗云，遮大愚老漢待見與打一頓。師云，説什麼待見，即今便打，遂鼓黃蘗一掌。黃蘗哈哈大笑。黃蘗一日普請鋤薏穀次。師在後行。黃蘗迴頭見師空手乃問，钁頭在什麼處。師云，有人將去了也。黃蘗云，近前來共汝商量。師近前叉手。黃蘗竪起钁頭云，只這箇天下人拈掇不起，還有人拈掇得起麼。師就手掣得竪起云，爲什麼卻在義玄手裏。黃蘗云，今日自有人普請便歸院（溈山因仰山侍立次。方舉此話未了，仰山便問，钁在黃蘗手裏，爲什麼被臨濟奪卻。溈山云，賊是小人智過君子）。黃蘗一日普請鋤茶園。黃蘗後至。師問訊按钁而立。黃蘗曰，莫是困邪。曰才钁地何言困。黃蘗舉拄杖便打。師接杖推倒和尚。黃蘗呼維那維那拽起我來。維那拽起曰，和尚爭容得遮風漢。黃蘗卻打維那。師自钁地云，諸方即火葬，我遮裏活埋（溈山問仰山，只如黃蘗與臨濟，此時意作麼生。仰山云，作賊人走卻，邏賊人喫棒。溈山云，如是如是）。師一日在黃蘗僧堂裏睡。黃蘗入來，以拄杖於床邊敲三下。師舉首見是和尚卻睡。黃蘗打席三下去。上間見第一座。黃蘗曰，遮醉漢豈不如下間禪客坐禪。汝只管瞌睡。上座曰，遮老和尚患風邪。黃蘗打之（溈山舉問仰山，只如黃蘗意作麼生。仰山云，一彩兩賽）。師與黃蘗栽杉。黃蘗曰，深山裏栽許多樹作麼。師曰，與後人作古記。乃將鍬拍地兩下。黃蘗拈起拄杖曰，汝喫我棒了也。師作噓噓聲。黃蘗曰，吾宗到汝此記方出（溈山舉問仰山，且道黃蘗後語但囑臨濟，爲復別有意旨。仰山云，亦囑臨濟亦記向後。溈山云，向後作麼生。仰山云，一人指南吳越令行。南塔和尚注云，獨坐震威此記方出。又云，若遇大風此記亦出。溈山云，如是如是）。師因半夏上黃蘗山。見和尚看經，師曰，我將謂是箇人，元來是唵黑豆老和尚。住數日乃辭去。黃蘗曰，汝破夏來，不終夏去。曰某甲暫來禮拜和尚。黃蘗遂打趁令去。師行數里疑此事卻迴終夏。師一日辭黃蘗。黃蘗曰，什麼處去。曰不是河南即河北去。黃蘗拈起拄杖便打。師捉住拄杖曰，遮老漢莫盲枷瞎棒，已後錯打人。黃蘗喚侍者，把將几案禪板來。師曰，侍者把將火來。黃蘗曰，不然子但將去。已後坐斷天下人舌頭在，師即便發去。師到熊耳塔頭，塔主問，先禮佛先禮祖。師曰，祖佛俱不禮。塔主曰，祖佛與長老有什麼冤家俱不禮。師無對（又別舉云，師問塔主，先禮佛先禮祖。塔主曰，祖佛是什麼人弟子。師拂袖便去）。師後還鄉黨，俯徇趙人之請，住子城南臨濟禪苑，學侶奔湊。一日上堂曰，汝等諸人，赤肉團上有一無位眞人，常向諸人面門出入，汝若不識但問老僧。時有僧問，如何是無位眞人。師便打云，無位眞人是什麼乾屎橛（後雪峯聞乃曰，臨濟大似白拈賊）。師問樂普云，從上來一人行棒一人行喝阿那箇親。對曰總不親。師曰，親處作麼生普便喝。師乃打。師問木口和尚，如何是露地白牛。木口曰吽。師曰啞。木口曰，老兄作麼生。師曰，遮畜生，大覺到參。師舉拂子。大覺敷坐具。師擲下拂子。大覺收坐具入僧堂。衆僧曰，遮僧莫是和尚親故，不禮拜又不喫棒。師聞令喚新到僧。大覺遂出。師曰，大衆道汝未參長老。大覺云，不審便自歸衆。麻谷（第二世）到參敷坐具問，十二面觀音阿那面正。師下繩床，一手收坐具，一手搊麻谷云，十二面觀音向什麼處去也。麻谷轉身，擬坐繩床。師拈拄杖打。麻谷接卻相捉入方丈。師上堂云，大衆夫爲法者，不避喪身失命。我於黃蘗和尚處，三度喫棒，如蒿枝拂相似。如今更思一頓喫，誰爲我下得手。時有僧曰，某甲下得手，和尚合喫多少。師與拄杖。其僧擬接。師便打。僧問，如何是第一句。師曰，三要印開朱點窄，未容擬議主賓分。曰如何是第二句。師曰，妙解豈容無著問，漚和爭負截流機。曰如何是第三句。師曰，看取棚頭弄傀儡，抽牽全藉裏頭人。師又曰，夫一句語須具三玄門，一玄門須具三要。有權有用。汝等諸人作麼生會。師唐咸通七年丙戌四月十日，將示滅乃説傳法偈曰，沿流不止問如何，眞照無邊説似他。離相離名如不稟，吹毛用了急須磨。偈畢坐逝。勅謚慧照大師。塔曰澄靈。

契嵩《傳法正宗記》卷七　大鑒之六世，曰鎭州臨濟義玄禪師。曹州南華人也。姓邢氏。少有遠志，戒後即務學宗乘，及往黃檗法會。其上座僧初勸禪師，問法於黃檗曰，如何是祖師西來的的意。黃檗便打。禪師凡三問，黃檗皆三打之。師以此乃告辭其上座僧。上座遂謂黃檗曰，義玄雖後生，可教。若辭去，師宜多方接之。明日義玄果辭黃檗，遂謂汝可往大愚。及玄至。大愚因問曰，什處來。玄曰，黃檗來。大愚曰，黃檗有何言教。言義玄嘗三問，如何是西來的的意，爲其三度打之，不知過在何處。大愚曰黃檗恁麼老婆，爲汝得徹困，猶覓過在。玄於是大悟曰，元來佛法也無多子。大愚遽搊玄曰，汝適來道我不會，而今又道無多子，是多少來是多少來。玄遂揮大愚肋下三拳。大愚托開玄曰，汝師黃檗，非干我事。玄卻返黃檗。黃檗問曰，汝回何速。玄曰，秪爲老婆心切。黃檗曰，大愚遮老漢待見與打一頓。玄曰，説什麼待見，即今便打。遂鼓黃檗一掌。黃檗吟吟大笑。禪師後乃還趙。趙人慕之，遂命居臨濟。學者聞風皆不遠歸之。其所出法嗣凡二十四人。一曰鄂州灌谿志閑者。一曰幽州譚空者。一曰鎮州寶壽沼和尚者。一曰鎮州三聖慧然者。一曰魏府存獎者。一曰定州善崔者。一曰鎮州萬歲和尚者。一曰雲山和尚者。一曰桐峯庵主者。一曰杉洋庵主者。一曰涿州紙衣和尚者。一曰虎谿庵主者。一曰覆盆庵主者。一曰襄州歷村和尚者。一曰滄州米倉和尚者。一曰齊聳者。一曰涿州秀禪師者。一曰善權徹禪師者。一曰金沙禪師者。一曰允誠禪師者。一曰新羅智異山和尚者。一曰魏府大覺者。一曰定上座者。一曰奯上座者。

志磐《佛祖統紀》卷二九 述曰，六祖之後爲二派。一曰青原思，思傳石頭遷。其下爲曹洞，雲門，法眼。一曰南岳讓，讓傳馬祖。其下爲臨濟，爲仰。是爲五家宗派，道一而已。而言五其宗者，由人世心病益多故，治法屢爲之變。一棒一喝一唱一和機用縱橫，殆不可以一律齊。猶應病與藥之義。汾陽作廣智歌，明十五家宗風。是蓋示後人，以遍參之意。可不知乎。

覺岸《釋氏稽古略》卷三 臨濟宗，鎮州眞定路也。臨濟禪師，名義玄，生曹州南華刑氏。自幼剃落。初到黃檗，時睦州陳尊宿爲首座。問師在此幾時。師曰，在此三年。州指其問佛法的的大意，檗便打。三度問，三度打。師乃辭睦州曰，自恨障緣，不領深旨，今且辭去。州曰須辭和尚。睦州語檗曰，問話上座若來辭方便接伊。已後爲一株陰涼大樹，覆蔭天下人去在。師辭檗。檗曰，往高安參大愚去。師至高安。愚曰，甚處來。師曰黃檗。愚曰，黃檗有何言句。師曰，某甲三度問佛法的的大意，三度被打，不知有過無過。愚曰，黃檗與麼老婆心切。師於言下大悟。乃曰，元來黃檗佛法無多子。愚搊住曰，這尿床鬼子，適來道有過無過，如今卻道佛法無多子。爾見箇甚麼道理，速道，速道。師於大愚肋下築三拳。愚拓開曰，汝師黃檗，非干我事。卻回黃檗。檗曰來去去有甚了期。師曰，祇爲老婆心切，便人事了侍立。檗曰，大愚有何言句。師舉前話。檗曰，大愚老漢饒舌，待來痛與一頓。師曰，説甚待來即今便打。遂掌黃檗。檗曰，這風顛漢來這裏捋虎鬚。師便喝。檗云，侍者引之參堂去。師後住鎮州臨濟。學侶雲集，乃曰，大凡演暢宗乘，一句中須具三玄門。一玄門須具三要，有權，有實，有照有用。汝等諸人作麼生會。後居大名府興化寺東堂。至是咸通八年四月十日説偈曰，沿流不止問如何，眞照無邊説似他。離相離名人不稟，吹毛用了急須磨。端坐而逝。塔全身於府西北隅。勅謚慧照禪師。塔曰澄靈。嗣黃檗運，運嗣百丈海。緇林尊仰曰臨濟宗（傳燈錄）。

念常《佛祖歷代通載》卷一七 鎮州臨濟義玄禪師。曹州南華人，姓邢氏。參黃蘗運禪師。問如何是佛法的的大意。聲未絕運便打。如是三度致問三度被打。遂辭下山。運指往高安大愚處去。師至大愚。問黃蘗近日有何言句。師曰，某甲三度問佛法的的大意，三度被打，不知有過無過。愚云，黃蘗恁麼老婆心，更問有過無過。師於是大悟云，元來黃蘗佛法無多子。愚搊住曰，尿床鬼子，適來問有過無過，而今卻道黃蘗佛法無多子。汝見箇甚麼。師於大愚肋下築三拳。愚托開云，汝師黃蘗非干我事。師由是再回黃蘗師資契會。大機大用卓冠一時，後還鄉徇趙人之請，住子城南臨濟禪苑。學徒奔湊。師示眾曰，赤肉團上有一無位眞人，常從女等諸人面門出入，未證據者看。時有僧問，如何是無位眞人。師下禪床搊住云，道道。其僧擬議。師托開云，無位眞人是什麼乾屎橛。師問樂普云，從上來一人行棒一人行喝，阿那個親。對曰，總不親。師曰，親處作麼生。普便喝師乃打。師問木口和上，如何是露地白牛。木口曰吽。師曰啞。木口曰，老兄作麼生。師曰，遮畜生。大覺到參。師舉拂子，大覺敷坐具。師擲下拂子，大覺收坐具入僧堂。眾僧曰，遮莫是和上親故，不禮拜又不喫棒。師聞令喚新到僧，大覺遂出。師曰，大眾道汝未參長老。大覺云，不審，便自歸眾。麻谷到參敷坐具，問十二面觀音阿那面正。師下繩床，一手收坐具，一手搊麻谷云，十二面觀音向什麼處去也。麻谷轉身，擬坐繩床。師拈拄杖打。麻谷接卻相捉入方丈。師上堂云，大眾夫爲法者，不避喪身失命。我於黄蘗和上處三度喫棒，如蒿枝拂相似。如今更思一頓喫，誰爲我下得手。時有僧曰，某甲下得手，和上合喫多少。師與拄杖，其僧擬接。師便打。僧問，如何是第一句。師曰，三要印開朱點窄，未容擬議主賓分。曰如何是第二句。師曰，妙解豈容無著問，漚和爭負截流機。曰如何是第三句。師曰，看取棚頭弄傀儡，抽牽全藉裏頭人。師又曰，夫一句語須具三玄門，一玄門須具三要。有權有用，汝等諸人作麼生會。師唐咸通七年丙戌四月十日將示滅，乃說傳法偈曰，沿流不止問如何，眞照無邊說似他。離相離名如不禀，吹毛用了急須磨。偈畢坐逝。勅謚慧照大師。塔曰澄靈（具如傳燈）。

性統《五家宗旨纂要》卷上 臨濟宗

臨濟禪師，諱義玄，曹州南華人也。俗姓邢氏。幼而頴異，長以孝聞，及落髮受具。居於講肆，精究毗尼，博賾經論。俄歎曰，此濟世之醫方也。非教外別傳之旨。即更衣遊方。首參黄蘗。次謁大愚。其機緣語句載於行錄。既受黄蘗印可。尋抵河北鎮州城東南隅臨滹沱河側小院住持。其臨濟盃因地得名也。唐咸通八年丁亥四月十日，攝衣據座，與三聖問答畢，寂然而逝。門人以全身建塔於大明府西北隅。敕謚慧照禪師。塔號澄靈。

臨濟家風，全機大用。棒喝齊施，虎驟龍奔，星馳電掣。負冲天意氣，用格外提持。卷舒縱擒，殺活自在。埽除情見，迥脫廉纖。以無位眞人爲宗。或喝或棒，或竪拂明之。

臨濟初至河北住院。見普化，克符二上座，乃謂曰，我欲於此建立黄蘗宗旨，汝可成褫我。二人珍重下去。三日後。普化卻上來問，和尚三日前說甚麼。濟便打。三日後，克符上來問，和尚三日前打普化作甚麼。濟亦打。至晚。小參云，我有時奪人不奪境，我有時奪境不奪人，我有時人境兩俱奪，我有時人境俱不奪。又云，如諸方學人來，山僧此間作三種根器斷。如中下根器來，我便奪其境。而不除其法，如中上根器來。我便境法俱奪，如上上根器來。我便境法俱不奪，如有出格見解人來。山僧此間便全體作用。不歷根器。大德，到者裏，學人著力不通風，石火電光卻蹉過了也。學人若眼目定動，即沒交涉。

古德又有云，中下根人來，奪境不奪法。中上根人來，奪境奪法不奪人。上上根人來，人境俱奪。出格人來，人境俱不奪。如是者，謂之四料揀，還見麼。覿面便呈無礙境，交鋒全露就中人。

論說

《鎮州臨濟慧照禪師語錄・序》 曹溪派列，洶涌而流注無窮。南嶽岐分，巍峨而聯綿不盡。雲仍曼衍，枝葉滋榮。非止蔭覆人天，抑亦光揚祖道。無說之說，須知意不在言。無聞之聞，果信言非有意。此皆理極無喻之道，緒餘影響者也。故臨濟祖師以正法眼，明涅槃心，興大智大慈，運大機大用。棒頭喝下，剿絕凡情。電掣星馳，卒難搆副，豈容擬議。那許追思，非唯鷂過新羅，欲使鳳趨霄漢，不留朕跡。透脫玄關，令三界迷徒歸，一眞實際。天下英流，莫不仰瞻。爲一宗之祖，理當然也。今總統雪堂禪師，乃臨濟十八代孫，河北江南，遍尋是錄。偶至餘杭，得獲是本。如貧得寶，似暗得燈。踴躍歡呼，不勝感激。遂捨長財，繡梓流通。俵施諸刹，此一端奇事。寔千載難逢，咦擲地金聲聞四海。定知珠玉價難酬。元貞二年歲次丁未，大都報恩禪寺，住持嗣祖，林泉老人從倫，盥手焚香謹序。

行錄

師初在黄蘗會下，行業純一，首座乃歎曰，雖是後生與眾有異。遂問，上座在此多少時。師云，三年。首座云，曾參問也無。師云，不曾參問，不知問箇什麼。首座云，汝何不去問堂頭和尚，如何是佛法的大意。師便去問，聲未絕黄蘗便打。師下來，首座云，問話作麼生。師云，某甲問聲未絕，和尚便打，某甲不會。首座云，但更去問。師又去問，黄蘗又打。如是三度發問，三度被打。師來白首座云，幸蒙慈悲，令某甲問訊和尚。三度發問，三度被打。自恨障緣，不領深旨，今且辭去。首座云，汝若去時，須辭和尚去。師禮拜退。首座先到和尚處云，問話底後生，甚是如法。若來辭時，方便接他。向後穿鑿成一株大樹，與天下人作廕涼去在。師去辭黃蘗，蘗云，不得往別處去。汝向高安灘頭大愚處去。必為汝說。師到大愚。大愚問，什麼處來。師云，黃蘗處來。大愚云，黃蘗有何言句。師云，某甲三度問佛法的大意，三度被打，不知某甲有過無過。大愚云，黃蘗與麼老婆為汝得徹困，更來這裏問，有過無過。師於言下大悟云，元來黃蘗佛法無多子。大愚搊住云，這尿床鬼子。適來道，有過無過，如今卻道，黃蘗佛法無多子。爾見箇什麼道理。速道，速道。師於大愚脅下築三拳。大愚托開云，汝師黃蘗，非干我事。師辭大愚，卻回黃蘗。黃蘗見來便問，這漢來來去去有什麼了期。師云，秖為老婆心切，便人事了侍立。黃蘗問，什麼處去來。師云，昨奉慈旨。令參大愚去來。黃蘗云，大愚有何言句。師遂舉前話。黃蘗云，作麼生得這漢來，待痛與一頓。師云，說什麼待來，即今便喫，隨後便掌。黃蘗云，這風顛漢，卻來這裏捋虎鬚。師便喝。黃蘗云，侍者引這風顛漢參堂去。後溈山舉此話問仰山，臨濟當時得大愚力，得黃蘗力。仰山云，非但騎虎頭，亦解把虎尾。

師栽松次。黃蘗問，深山裏栽許多作什麼。師云，一與山門作境致，二與後人作標榜，道了將钁頭打地三下。黃蘗云，雖然如是，子已喫吾三十棒了也。師又以钁頭打地三下，作噓噓聲。黃蘗云，吾宗到汝大興於世。後溈山舉此語問仰山，黃蘗當時秖囑臨濟一人，更有人在。仰山云有，秖是年代深遠，不欲舉似和尚。溈山云，雖然如是，吾亦要知。汝但舉看。仰山云，一人指南吳越令行，遇大風即止（讖風穴和尚也）。師侍立德山次。山云，今日困。師云，這老漢寐語作什麼。山便打。師掀倒繩床。山便休。【略】

師諱義玄，曹州南華人也。俗姓邢氏。幼而頴異，長以孝聞。及落髮受具，居於講肆。精究毘尼，博賾經論。俄而歎曰，此濟世之醫方也。非教外別傳之旨，即更衣游方。首參黃蘗，次謁大愚，其機緣語句，載于行錄。既受黃蘗印可。尋抵河北鎮州城東南隅，臨滹沱河側。小院住持。其臨濟因地得名，時普化先在彼。佯狂混眾，聖凡莫測。師至即佐之，師正旺化。普化全身脫去，乃符仰山小釋迦之懸記也。適丁兵革，師即棄去。太尉默君和於城中捨宅為寺，亦以臨濟為額，迎師居焉。後拂衣南邁至河府，府主王常侍，延以師禮。住未幾即來大名府興化寺，居于東堂。師無疾，忽一日攝衣據坐，與三聖問答畢，寂然而逝。時唐咸通八年丁亥孟陬月十日也。門人以師全身。建塔于大名府西北隅。勅謚慧照禪師。塔號澄靈。合掌稽首，記師大略。住鎮州保壽嗣法小師延沼謹書。

智昭《人天眼目》卷之二　臨濟宗者，大機大用。脫羅籠，出窠臼。虎驟龍奔，星馳電激。轉天關，斡地軸。負衝天意氣，用格外提持。卷舒擒縱，殺活自在。是故示三玄，三要，四賓主，四料揀。金剛王寶劍，踞地師子，探竿影草。一喝不作一喝用。一喝分賓主，照用一時行。四料揀者，中下根人來。奪境不奪法，中上根人來。奪境奪法不奪人，上上根人來。人境兩俱奪，出格人來。人境俱不奪。四賓主者，師家有鼻孔。名主中主，學人有鼻孔。名賓中主，師家無鼻孔。名主中賓，學人無鼻孔。名賓中賓，與曹洞賓主不同。三玄者，玄中玄，體中玄，句中玄。三要者，一玄中具三要，自是一喝中。體攝三玄，三要也。金剛王寶劍者，一刀揮盡一切情解。踞地師子者，發言吐氣，威勢振立，百獸恐悚，眾魔腦裂。探竿者，探爾有師承無師承。有鼻孔，無鼻孔。影草者，欺瞞做賊。看爾見也不見。一喝分賓主者，一喝中，自有賓有主也。照用一時行者，一喝中，自有照有用。一喝不作一喝用者，一喝中，具如是三玄，三要，四賓主，四料揀之體。大約臨濟宗風，不過如此。要識臨濟麼，青天轟霹靂，陸地起波濤。山堂淳辨三玄門。臨濟曰，一句語，須具三玄門。一玄門，須具三要，大機大用。其容以句義名數。劈析之邪，諸方問答玄要。亦只言如何是第一，第二，第三。汾陽偈曰，三玄三要事難分，得意忘言。道易親，一句明明該萬像。重陽九日菊花新，至古塔主始裂。為體中玄，句中玄，玄中玄。而三要，則說之不行，付諸瞞盱而已。此篇說臨濟門頭戶底，則且從。至三玄，三要，則又墮塔主之覆轍矣。不可不辨。

智昭《人天眼目》卷之二　大雄正續，臨濟綱宗。因問黃檗西來，痛與烏藤三頓。遂往大愚打發。親揮肋下三拳。言下便見老婆心，懸知佛法無多子。奮奔雷喝，捋猛虎鬚。迸開於赤肉團邊，到處用白拈手段。飛星爆竹，裂石崩崖。氷稜上行，劍刃上走。全機電卷，大用天旋。赤手殺人，單刀直入。人境俱奪，照用並行。明頭來，暗頭來。佛也殺，祖也殺。辨古今於三玄三要，驗龍蛇於一主一賓。透脫羅籠，不存玄解。操金剛王劍，掃除竹木精靈。奮師子全威，振群狐心膽。下梢正法眼藏，滅卻這瞎驢邊。徹骨徹髓，而血脈貫通。透頂透底，而乾坤獨露。綿綿不漏，器器相傳。蓋其宗祖高明，子孫光大。此臨濟宗也。

智昭《人天眼目》卷之二 横按鏌鎁烜赫光，八方全敵謾茫茫。龍蛇並隱肌鱗脫，雷雨全施計略荒。佛祖點爲涓滴響，江山結抹並芬芳。回途索莫郊坰遠，失舶波斯落楚鄉。

智昭《人天眼目》卷之五 皇朝景德間吳僧道原，集傳燈三十卷。自曹溪下列爲兩派，一曰南岳讓，讓出馬大師。一曰青原思，思出石頭遷。自兩派下又分五宗。馬大師出八十四員善知識，內有百丈海，出黃蘗運大為祐二人。運下出臨濟玄，故號臨濟宗。祐下出大仰寂，故號為仰宗。八十四人。又有天王悟，悟得龍潭信。信得德山鑒，鑒得雪峯存。存下出雲門宗，法眼宗。石頭遷出藥山儼天皇悟二人。悟下得慧眞，眞得幽閑，閑得文賁。便絕。唯藥山得雲巖晟。晟得洞山價，價得曹山寂，是爲曹洞宗。今傳燈卻收雲門法眼兩宗，歸石頭下誤矣。緣同時道悟有兩人。一曰江陵城西天王寺道悟者渚宮人。崔子玉之後，嗣馬祖。元和十三年四月十三日化，正議大夫丘玄素。撰塔銘，文幾千言。其略云，馬祖祝曰，他日莫離舊處。故還渚宮。一曰江陵城東天皇寺道悟。婺州東陽人，姓張氏，嗣石頭。元和二年丁亥化，律師符載所撰碑。二碑所載，生緣出處甚詳。但緣道原採集傳燈之日，非一一親往討尋。不過宛轉托人捃拾而得，其差誤可知也。自景德至今，天下四海，以傳燈爲據，雖列剎據位立宗者，不能略加究辨。唯丞相無盡居士，及呂夏卿二君子，每會議宗門中事，嘗曰，石頭得藥山，山得曹洞一宗。教理行果，言說宛轉且天王道悟下，出個周金剛。呵風罵雨。雖佛祖，不敢嬰其鋒，恐自天皇或有差誤。寂音尊者亦嘗疑之云，道悟似有兩人。無盡後於達觀潁處。得唐符載所撰天皇道悟塔記。又討得丘玄素所作天王道悟塔記。齎以遍示諸方曰，吾嘗疑，德山洞山，同出石頭下。因甚垂手處死活不同。今以丘符二記證之，朗然明白。方知吾擇法驗人之不謬耳。寂音曰，圭峯答裴相國。宗趣狀列馬祖之嗣六人。首曰江陵道悟。其下注曰，兼稟徑山，今妄以雲門臨濟二宗競者，可發一咲。略書梗概以傳明達者。庶知五家之正派，如是而已。

法藏《五宗原》 嘗見繪事家圖七佛之始，始于威音王佛。惟大作一○圓相之後，則七佛各有言詮。言詮雖異，而諸佛之偈旨，不出圓相也。夫威者，形之外者也。音者，聲之外者也。威音王者，形聲之外。未有出載，無所考據。文字已前，最上事也。若龍樹所現而仰上。所謂無相三昧，然燈已前是也。圓相出于西天諸祖，七佛偈出于達磨傳來，蓋有所本也。嘗試原之，圓相早具五家宗旨矣。五宗各出一面，然有正宗。第一先出臨濟宗旨。此相拋出直下，斷人命根。于一○中，賓主輥輥，直入首羅眼中。所謂沿流不止問如何，眞照無邊說似他。離相離名人不稟，吹毛用了急須磨是也。次則雲門三句一字關也。為仰圓相，本于此也。法眼談教義於六相之外。曹洞分回互于黑白之交。只一○中，五宗具矣。其餘傍出道理極，則教家玄妙淵微，莫不悉備。故七佛各以一偈攝之。毗婆尸佛偈曰，身從無相中受生，猶如幻出諸形象。幻人心識本來無，罪福皆空無所住。蓋以身有相而無相，直截痛快，臨濟宗也。中間微露其旨，雲門宗也。無相中受圓相，之謂為仰宗也。身無相六相義，之謂法眼宗也。身兼無相，曹洞五位之旨也。其餘六佛，及四七諸祖，莫不同此矣。但未明言顯示耳。至般若多羅讖曰，二株嫩桂久昌昌，此鉗記五宗之分，從二家始矣。故有南嶽青原，爲五宗之源也。又曰，震旦雖闊無別路，要使兒孫腳下行。金鷄解銜一粒粟，供養十方羅漢僧。此記當有馬姓者，出于十邡，爲二株之正宗。腳下當出四宗，而惟臨濟一宗，爲正的也。及初祖至金陵。武帝問，造寺度僧有功德否。祖曰，實無功德，此臨濟直截語也。雲門法眼為仰，何所不具。帝問，何以無功德。祖曰，此但人天小果有漏之因，如影隨形。雖有非實，豈非曹洞語乎。至二祖，有居士請懺罪。祖曰，將罪來，與汝懺。士良久曰，覓罪了不可得。祖曰，與汝懺罪竟，一將罪來，一懺罪竟，臨濟雲門宗也。問答歷然，為仰法眼曹洞宗也。沙彌問三祖，乞解脫法門。祖曰，誰縛汝，此非臨濟雲門宗乎。栽松道者問四祖曰，法道可得聞乎。祖曰汝已老。脫有聞其能廣化邪儻。若再來，吾尚遲汝，此語全看，則臨濟雲門。細開闔之，則諸宗悉具矣。五祖接盧能，以杖擊碓三下，非臨濟張本乎。六祖問南嶽曰，何處來。曰嵩山。祖曰什麼物與麼來。曰說似一物即不中。祖曰，還有修證否。曰修證即不無，染污即不得。觀讓公說似一物即不中語，此臨濟宗而亦雲門之旨也。修證即不無，染污即不得，寧非為仰法眼宗旨乎。蓋四宗之源，發於此也。馬駒之讖，定於此矣。及向馬師磨磚，馬問磨磚作麼。曰作鏡。曰磨磚豈得作鏡。曰坐禪豈得成佛。只此一句，臨濟宗旨大振矣。雲門亦具焉。及問如何即是。曰如牛駕車。車若不行，打牛即是，打車即是，則潙仰法眼始於此。馬祖曰，藏頭白海頭黑，日面佛，月面佛。有時喝，有時打。此臨濟宗也。僧參次。師畫一圓相云，入也打，不入也打。僧纔入，師便打。僧云，和尚打某甲不得。師靠柱杖休去。只此一則，便四宗齊收也。震聲一喝於百丈挂拂之後，三日耳聾於黃檗吐舌之前。三頓痛棒，大樹蔭天，臨濟一宗，岧然五宗之頂。從威音至此，而乳中醍醐，精極妙極，馬駒踏殺天下，人鍾意不在是乎。是知大愚肋下三拳。密闔顯開，橫分豎結。踏四家而獨步，出三句以咸羅。四料簡，盡人境法以褫其大綱。三玄要，卷生死關而歸于頂。獨道法細分，始能事事心佛。一三同一，方可句句斷玄。影草動，則主在我而驗人。金剛提，則力在腕而破物。師踞有地，浮汎者未識來由。喝本無從，認眞者定迷落處。兩堂一喝，陸遜迷八陣之圖。兩處讓賓，諸葛有隱蓬之策。二禪客賓主，成於陞座。四賓主機用，毒於膠盆。或學人先喝以挑鋒，須防伏卒。或知識隨奪而掠陣，貴設陷坑。或夫唱而婦隨。或分疆而裂土。相共一場懡㦬，放收兩換交加。囊沙減竈，各顧成功。自縛詐降，獨施冷刺。呢呢喁喁而隱蠆，轟轟靂靂而濡尾。用鏌鋣於太平之後，提祖印於未定之天。舉頭天外，誰是其人。掛鏡當軒，豈容魔異。待心死而伏誅，須切用前之照。先擒下而去續，略挑用後之燈。濟船筏於黑風鬼國之間，開晴霽於碧浪通歌之外。頭頭爲求格外，著著要了機先。了法者盡法而無民，亡人者隨人而施藥。撫猊絃而絕眾聲，滴獅乳而迸驢酪。從遮裏過得，向隨處安閑。行雲行雨，不濕僊衣。驅電驅雷，豈關天怒。興化得於脫下衲衣之一頓。向古廟裏藏身，致使克賓於棒了處，更罰錢出院。南院拈出啐啄同時，失之便打。終令那僧於棒折處。見燈影裏行，風穴從守廓處，入玄要法門。便於南院處。賓主歷然。識破詐道不饑，領棒下無師之旨。法華於古路上不墮悄然。向白兆處，草賊大敗。好手不肯張名，見太平斬痴之略。汾州見象王行處絕狐踪，遂到放身命處。石霜從掩口知道出常情，解道荒草裏行。楊岐截路打慈明，知是般事便休。辭雲竟入亂峰深處，既向兩喝後禮拜，復於擔荷處便行。會老失笑驚白雲。會得箇中便了放手，撲到萬仞崖底。有時擲下柱杖。有時放過一著。五祖演不會興化古廟裏話。會白雲一叱，便解轉磨。既得出身白汗，廣展下載清風。昭覺勤盡五祖機用邊事，由演師不肯。及再領栢子，復證鷄鳴。雖會一串穿卻，還合頂𩕳添眼。虎丘隆至見不及處舉拳，解道竹密不妨流水過，終成睡虎。應菴華舉放泥盤處大笑。解道禹力不到處。河聲流向西，方見眞獅。華藏傑以拄杖兩卓一拋道。三十年後，已全面目。破菴先於不心不佛物處。將拄杖一卓，略見一斑。無準範道。三人證龜成鼈，眞不欠少。雪嵒欽道，三拳三拜是同許會三玄，高峰妙以龍頭蛇尾，輥作一團。中峰本於脫衣一頓，許你半箇。千嵓長見鼠食貓飯，碗破矣而碎甓。萬峰蔚見淨瓶踢倒，鈍漢已而三十。寶藏持承三要印來，爪牙不少。東明昰賴重新悟來，到底無遺。寶峰瑄語若流雲，出身有路。天奇瑞當賓不讓，去有來由。無聞聰深水裏出頭，石中迸火。笑巖寶操履中兼用，水裏有龍。幻有傳一點燈花，虛空爆破。金粟悟一棒到底，不管主賓。三峰藏挽臨濟七百年之大法，頭尾宛然。水雲中飛騰隱顯，何處摸索。

法藏《五宗原》 臨濟一宗，至汾陽慈明，而益大起。明出楊岐，自虎丘臻，雪巖高峯，千巖萬峯，以及笑巖之後，法道復當再振。已正敘其脈矣。其於石霜之下，出有匾頭道人，黃龍南公者。初未悟時，因雲峯悅所激，指見慈明。明問臺山婆子話。不能答，明詬罵不已。師曰，罵豈慈悲法施耶？明曰，汝作罵會那。師乃悟旨。其下有寶峯眞淨克文禪師。往見黃龍。不契。至香城。見順和尚。順問，甚處來。曰黃龍來。曰黃龍有何言句。曰黃龍近日，州府委請黃檗長老。龍垂語曰，鐘樓上念讚，床腳下種菜有人下得語契，便往住持。時勝上座云，猛虎當路坐。龍遂令去住黃檗。順不覺云，勝首座祇下得一轉語。便得黃檗住。佛法未夢見在。師言下大悟黃龍用處。座下有清涼慧洪覺範禪師者。文每爲舉玄沙未徹之語。發其疑。凡有所對。文曰，你又說道理耶？一日頓脫所疑。述偈曰，靈雲一見不再見。紅白枝枝不著花。叵耐釣魚船上客。卻來平地漉魚鰕。眞淨見而爲之助喜。吾嘗參三玄之旨，有深得。欲求決諸方，而難其人。忽見師著臨濟宗旨，及智證傳之臨濟兩堂首座同喝語。今古心心，如覿面相印。復檢其法嗣，未有續之者。因願遙嗣其宗旨，而現在法脈，則傳笑巖之後焉。蓋不敢負高峰語錄之發起也。因敘臨濟正脈，而嵩志於此。

《鎮州臨濟慧照禪師語錄》 府主王常侍，與諸官請師升座。師上堂云，山僧今日事不獲已，曲順人情方登此座。若約祖宗門下，稱揚大事。直是開口不得，無爾措足處。山僧此日以常侍堅請。那隱綱宗，還有作家戰將直下展陣開旗麽。對衆證據看。僧問，如何是佛法大意。師便喝。僧禮拜。師云，這箇師僧，卻堪持論。問師唱誰家曲，宗風嗣阿誰。師云，我在黄檗處，三度發問三度被打。僧擬議。師便喝。隨後打云，不可向虚空裏釘橛去也。有座主問，三乘十二分教，豈不是明佛性。師云，荒草不曾鋤。主云，佛豈賺人也。師云，佛在什麽處。主無語。師云，對常侍前擬瞞老僧。速退速退，妨他別人請問。復云，此日法筵爲一大事故，更有問話者麽。速致問來。爾纔開口，早勿交涉也。何以如此。不見釋尊云，法離文字，不屬因不在緣故。爲爾信不及，所以今日葛藤。恐滯常侍與諸官員，昧他佛性。不如且退。喝一喝云，少信根人終無了日，久立珍重。【略】

師晚參示衆云，有時奪人不奪境，有時奪境不奪人。有時人境俱奪，有時人境俱不奪。時有僧問，如何是奪人不奪境。師云，煦日發生鋪地錦，瓔孩垂髮白如絲。僧云，如何是奪境不奪人。師云，王令已行天下遍，將軍塞外絶烟塵。僧云，如何是人境兩俱奪。師云，并汾絶信獨處一方。僧云，如何是人境俱不奪。師云，王登寶殿野老謳歌。師乃云，今時學佛法者，且要求眞正見解。若得眞正見解，生死不染去住自由。不要求殊勝，殊勝自至。道流，秖如自古先德，皆有出人底路。如山僧指示人處。秖要爾不受人惑，要用便用，更莫遲疑。如今學者不得，病在甚處。病在不自信處。爾若自信不及，即便忙忙地，徇一切境轉，被他萬境回換，不得自由。爾若能歇得念念馳求心，便與祖佛不別。爾欲得識祖佛麽。秖爾面前聽法底。是學人信不及，便向外馳求。設求得者，皆是文字勝相，終不得他活祖意。莫錯諸禪德。此時不遇，萬劫千生輪回三界。徇好境掇去，驢牛肚裏生。道流，約山僧見處，與釋迦不別。今日多般用處，欠少什麽。六道神光未曾間歇，若能如是見得，秖是一生無事人。大德，三界無安猶如火宅，此不是爾久停住處。無常殺鬼一刹那間，不揀貴賤老少。爾要與祖佛不別，但莫外求。爾一念心上清淨光，是爾屋裏法身佛。爾一念心上無分別光，是爾屋裏報身佛。爾一念心上無差別光，是爾屋裏化身佛。此三種身是爾即今目前聽法底人。秖爲不向外馳求，有此功用。據經論家，取三種身爲極則。約山僧見處不然。此三種身是名言，亦是三種依。古人云，身依義立，土據體論。法性身法性，土明知是光影。大德，爾且識取弄光影底人，是諸佛之本源。一切處是道流歸舍處，是爾四大色身不解說法聽法。脾胃肝膽不解說法聽法，虚空不解說法聽法，是什麽解說法聽法。是爾目前歷歷底，勿一箇形段孤明，是這箇解說法聽法。若如是見得，便與祖佛不別。但一切時中更莫間斷，觸目皆是。秖爲情生智隔想變體殊，所以輪回三界受種種苦。若約山僧見處，無不甚深，無不解脱。道流，心法無形，通貫十方。在眼曰見，在耳曰聞。在鼻嗅香，在口談論。在手執捉，在足運奔。本是一精明，分爲六和合。一心既無，隨處解脱。山僧與麽說，意在什麽處。秖爲道流一切馳求心不能歇。上他古人閑機境，道流取山僧見處。坐斷報化佛頭，十地滿心猶如客作兒。等妙二覺擔枷鎖漢，羅漢辟支猶如廁穢，菩提涅槃如繫驢橛。何以如此。秖爲道流不達三祇劫空，所以有此障礙。若是眞正道人，終不如是。但能隨緣消舊業，任運著衣裳。要行即行，要坐即坐，無一念心希求佛果。緣何如此。古人云，若欲作業求佛，佛是生死大兆。大德，時光可惜，秖擬傍家波波地學禪學道。認名認句，求佛求祖求善知識，意度莫錯。道流，爾秖有一箇父母，更求何物。爾自返照看。古人云，演若達多失卻頭，求心歇處即無事。大德，且要平常莫作模樣。有一般不識好惡秃奴，便即見神見鬼指東劃西好晴好雨。如是之流，盡須抵債。向閻老前呑熱鐵丸有日。好人家男女，被這一般野狐精魅所著，便即捏怪。瞎屢生，索飯錢有日在。【略】

師示衆云，如今學道人且要自信，莫向外覓。總上他閑塵境，都不辨邪正。秖如有祖有佛，皆是教迹中事。有人拈起一句子語，或隱顯中出，便即疑生。照天照地，傍家尋問，也大忙然。大丈夫兒，莫秖麽論主論賊。論是論非，論色論財，論說閑話過日。山僧此間不論僧俗，但有來者盡識得伊。任伊向甚處出來。但有聲名文句，皆是夢幻。卻見乘境底人，是諸佛之玄旨。佛境不能自稱我是佛境，還是這箇無依道人。乘境出來。

若有人出來問我求佛，我即應清淨境出。有人問我菩薩，我即應慈悲境出。有人問我菩提，我即應淨妙境出。有人問我涅槃，我即應寂靜境出。境即萬般差別，人即不別。所以應物現形，如水中月。道流，爾若欲得如法。直須是大丈夫兒始得。若萎萎隨隨地，則不得也。夫如㽄嗄（上音西下所嫁切）之器，不堪貯醍醐。如大器者，直要不受人惑。隨處作主立處皆眞，但有來者皆不得受。爾一念疑，即魔入心。如菩薩疑時，生死魔得便。但能息念，更莫外求。物來則照，爾但信現今用底。一箇事也無。爾一念心生三界，隨緣被境分爲六塵。儞如今應用處，欠少什麼。一剎那間便入淨入穢，入彌勒樓閣，入三眼國土。處處遊履，唯見空名。

問如何是三眼國土。師云，我共儞入淨妙國土中。著清淨衣，說法身佛。又入無差別國土中。著無差別衣，說報身佛。又入解脫國土中。著光明衣，說化身佛。此三眼國土皆是依變。約經論家。取法身爲根本，報化二身爲用。山僧見處法身即不解說法。所以古人云，身依義立，土據體論。法性身法性土，明知是建立之法。依通國土，空拳黃葉用誑小兒。蒺藜菱刺枯，骨上覓什麼汁。心外無法，內亦不可得。求什麼物，爾諸方言道。有修有證。莫錯。設有修得者，皆是生死業。爾言六度萬行齊修，我見皆是造業。求佛求法，即是造地獄業。求菩薩亦是造業。看經看教亦是造業。佛與祖師是無事人。所以有漏有爲，無漏無爲。爲清淨業。有一般瞎禿子，飽喫飯了，便坐禪觀行。把捉念漏不令放起，厭喧求靜。是外道法。祖師云，爾若住心看靜。舉心外照，攝心內澄。凝心入定，如是之流皆是造作。是爾如今與麼聽法底人，作麼生擬修他證他莊嚴他。渠且不是修底物，不是莊嚴得底物。若敎他莊嚴。一切物即莊嚴得。爾且莫錯。道流，爾取這一般老師口裏語。爲是眞道，是善知識不思議。我是凡夫心，不敢測度他老宿。瞎屢生，爾一生秖作這箇見解。辜負這一雙眼，冷噤噤地。如凍淩上驢駒相似，我不敢毀善知識。怕生口業。道流，夫大善知識，始敢毀佛毀祖。是非天下，排斥三藏敎，罵辱諸小兒，向逆順中覓人。所以我於十二年中，求一箇業性。知芥子許不可得。若似新婦子禪師，便即怕趁出院。不與飯喫，不安不樂。自古先輩，到處人不信，被遞出始知是貴。若到處人盡肯，堪作什麼。所以師子一吼野干腦裂。道流，諸方說有道可修，有法可證。爾說證何法修何道，爾今用處欠少什麼物。修補何處，後生小阿師不會。便即信這般野狐精魅，許他說事。繫縛人言道理行相，應護惜三業始得成佛。如此說者，如春細雨。古人云，路逢達道人。第一莫向道。所以言，若人修道道不行，萬般邪境競頭生。智劍出來無一物，明頭未顯暗頭明。所以古人云，平常心是道。大德，覓什麼物。現今目前聽法無依道人，歷歷地分明，未曾欠少。爾若欲得與祖佛不別，但如是見。不用疑誤。爾心心不異，名之活祖。心若有異，則性相別。心不異故，即性相不別。【略】

問如何是眞佛眞法眞道。乞垂開示。師云，佛者心清淨是。法者心光明是。道者處處無礙淨光是。三即一皆是空名，而無寔有。如眞正學道人，念念心不間斷。自達磨大師從西土來，秖是覓箇不受人惑底人。後遇二祖，一言便了，始知從前虛用功夫。山僧今日見處與祖佛不別。若第一句中得，與祖佛爲師。若第二句中得，與人天爲師。若第三句中得，自救不了。

問如何是西來意。師云，若有意，自救不了。云既無意。云何二祖得法。師云，得者是不得。云既若不得。云何是不得底意。師云，爲爾向一切處馳求心不能歇，所以祖師言，咄哉丈夫，將頭覓頭。儞言下便自回光返照，更不別求。知身心與祖佛不別。當下無事，方名得法。大德，山僧今時事不獲已，話度說出許多不才淨。爾且莫錯，據我見處。寔無許多般道理，要用便用，不用便休。秖如諸方說六度萬行以爲佛法。我道是莊嚴門佛事門，非是佛法。乃至持齋持戒，擎油不㴽。道眼不明，盡須抵債。索飯錢有日在，何故如此。入道不通理，復身還信施。長者八十一，其樹不生耳。乃至孤峯獨宿。一食卯齋。長坐不臥。六時行道。皆是造業底人。乃至頭目髓腦國城妻子象馬七珍盡皆捨施，如是等見，皆是苦身心故。還招苦果，不如無事純一無雜。乃至十地滿心菩薩，皆求此道流蹤跡。了不可得。所以諸天歡喜，地神捧足。十方諸佛無不稱歎，緣何如此。爲今聽法道人用處無蹤跡。

問大通智勝佛，十劫坐道場。佛法不現前，不得成佛道。未審此意如何，乞師指示。師云，大通者，是自己。於處處達其萬法無性無相，名爲大通。智勝者，於一切處不疑不得一法，名爲智勝。佛者，心清淨光明透徹法界，得名爲佛。十劫坐道場者，十波羅密是。佛法不現前者，佛本不生。法本不滅，云何更有現前。不得成佛道者，佛不應更作佛。古人云，佛常在世間，而不染世間法。道流，爾欲得作佛，莫隨萬物。心生，種種法生。心滅，種種法滅。一心不生，萬法無咎。世與出世，無佛無法，亦不現前，亦不曾失。設有者，皆是名言章句，接引小兒施設藥病，表顯名句。且名句不自名句，還是爾目前昭昭靈靈鑒覺聞知照燭底。安一切名句。大德，造五無間業，方得解脫。【略】

黄蘗因入廚次，問飯頭，作什麽。飯頭云，揀衆僧米。黄蘗云，一日喫多少。飯頭云，二石五。黄蘗云，莫太多麽。飯頭云，猶恐少在。黄蘗便打。飯頭卻舉似師。師云，我爲汝勘這老漢，纔到侍立次。黄蘗舉前話。師云，飯頭不會，請和尚代一轉語。師便問，莫太多麽。黄蘗云，何不道來日更喫一頓。師云，說什麽來日，即今便喫。道了便掌。黄蘗云，這風顛漢，又來這裏捋虎鬚。師便喝出去。後潙山問仰山，此二尊宿意作麽生。仰山云，和尚作麽生。潙山云，養子方知父慈。仰山云不然。潙山云，子又作麽生。仰山云，大似勾賊破家。

師問僧，什麽處來。僧便喝。師便揖坐。僧擬議。師便打。師見僧來便竪起拂子僧禮拜。師便打。又見僧來亦竪起拂子。僧不顧。師亦打。

師一日同普化赴施主家齋次。師問，毛吞巨海芥納須彌，爲是神通妙用本體如然。普化踏倒飯床。師云，太麁生。普化云，這裏是什麽所在。說麁說細。師來日又同普化赴齋。問今日供養何似昨日。普化依前踏倒飯床。師云，得即得，太麁生。普化云，瞎漢。佛法說什麽麁細。師乃吐舌。

師一日與河陽木塔長老，同在僧堂地爐内坐。因說，普化每日在街市掣風掣顛，知他是凡是聖。言猶未了，普化入來。師便問，汝是凡是聖。普化云，汝且道，我是凡是聖。師便喝。普化以手指云，河陽新婦子，木塔老婆禪。臨濟小廝兒，卻具一隻眼。師云這賊。普化云賊賊。便出去。

一日普化在僧堂前喫生菜。師見云，大似一頭驢。普化便作驢鳴。師云這賊。普化云賊賊。便出去。

因普化常於街市搖鈴云，明頭來明頭打，暗頭來暗頭打。四方八面來旋風打，虛空來連架打。師令侍者去纔見如是道便把住云，總不與麽來時如何。普化托開云，來日大悲院裏有齋。侍者回舉似師。師云，我從來疑著這漢。

有一老宿參師。未曾人事便問，禮拜即是，不禮拜即是。師便喝。老宿便禮拜。師云，好箇草賊。老宿云賊賊。便出去。師云，莫道無事好。首座侍立次。師云，還有過也無。首座云有。師云，賓家有過，主家有過。首座云，二俱有過。師云，過在什麽處。首座便出去。師云，莫道無事好。後有僧舉似南泉。南泉云，官馬相踏。

師因入軍營赴齋。門首見員僚。師指露柱問，是凡是聖。員僚無語。師打露柱云，直饒道得，也秖是箇木橛。便入去。

師問院主，什麽處來。主云，州中糶黄米去來。師云，糶得盡麽。主云，糶得盡。師以杖面前畫一畫云，還糶得這箇麽。主便喝。師便打。典座至。師舉前語。典座云，院主不會和尚意。師云，爾作麽生。典座便禮拜。師亦打。有座主來相看次。師問座主，講何經說。主云，某甲荒虛粗習百法論。師云，有一人於三乘十二分教明得，有一人於三乘十二分教明不得，是同是別。主云，明得即同，明不得即別。樂普爲侍者。在師後立云，座主這裏是什麽所在，說同說別。師回首問侍者，汝又作麽生。侍者便喝。師送座主。回來遂問侍者，適來是汝喝老僧。侍者云是。師便打。

師聞第二代德山垂示云，道得也三十棒，道不得也三十棒。師令樂普去問，道得爲什麽也三十棒。待伊打汝接住棒送一送，看他作麽生。普到彼如教而問，德山便打。普接住送一送。德山便歸方丈。普回舉似師。師云，我從來疑著這漢。雖然如是，汝還見德山麽。普擬議。師便打。

王常侍一日訪師。同師於僧堂前看，乃問，這一堂僧還看經麽。師云，不看經。侍云，還學禪麽。師云，不學禪。侍云，經又不看禪又不學，畢竟作箇什麽。師云，總教伊成佛作祖去。侍云，金屑雖貴落眼成翳。又作麽生。師云，將爲爾是箇俗漢。

師問杏山，如何是露地白牛。山云，吽吽。師云，啞那。山云，長老作麽生。師云，這畜生。

師問樂普云，從上來一人行棒一人行喝，阿那箇親。普云，總不親。師云，親處作麽生。普便喝。師乃打。

師見僧來，展開兩手。僧無語。師云會麽。云不會。師云，渾崙擘不開，與爾兩文錢。

大覺到參。師舉起拂子。大覺敷坐具。師擲下拂子。大覺收坐具入僧堂。衆僧云，這僧莫是和尚親故，不禮拜又不喫棒。師聞令喚覺。覺出。師云，大衆道，汝未參長老。覺云不審，便自歸衆。

趙州行脚時參師。遇師洗脚次。州便問，如何是祖師西來意。師云，恰値老僧洗脚。州近前作聽勢。師云，更要第二杓惡水潑在。州便下去。

有定上座到參。問如何是佛法大意。師下繩床，擒住與一掌，便托開。定佇立。傍僧云，定上座何不禮拜。定方禮拜。忽然大悟。

雜録

《鎮州臨濟慧照禪師語錄》 麻谷到參。敷坐具問，十二面觀音，阿那面正。師下繩床，一手收坐具，一手搊麻谷云，十二面觀音，向什麼處去也。麻谷轉身擬坐繩床。師拈拄杖打。麻谷接卻相捉入方丈。

師問僧，有時一喝如金剛王寶劍，有時一喝如踞地金毛師子，有時一喝如探竿影草，有時一喝不作一喝用，汝作麼生會。僧擬議。師便喝。

師問一尼，善來惡來。尼便喝。師拈棒云，更道更道。尼又喝。師便打。

龍牙問，如何是祖師西來意。師云，與我過禪板來。牙便過禪板與師。師接得便打。牙云，打即任打，要且無祖師意。牙後到翠微問，如何是祖師西來意。微云，與我過蒲團來。牙便過蒲團與翠微。翠微接得便打。牙云，打即任打，要且無祖師意。牙住院後有僧入室請益云，和尚行脚時參二尊宿因緣，還肯他也無。牙云，肯即深肯，要且無祖師意。

徑山有五百衆，少人參請。黃蘗令師到徑山。乃謂師曰，汝到彼作麼生。師云，某甲到彼自有方便。師到徑山。裝腰上法堂見徑山。徑山方擧頭。師便喝。徑山擬開口，師拂袖便行。尋有僧問徑山，這僧適來有什麼言句，便喝和尚。徑山云，這僧從黃蘗會裏來，爾要知麼。且問取他，徑山五百衆太半分散。

普化一日於街市中，就人乞直裰，人皆與之。普化俱不要。師令院主買棺一具，普化歸來。師云，我與汝做得箇直裰了也。普化便自擔去。繞街市叫云，臨濟與我做直裰了也。我往東門遷化去。市人競隨看之。普化云，我今日未。來日往南門遷化去。如是三日，人皆不信。至第四日無人隨看，獨出城外自入棺內。倩路行人釘之，即時傳布。市人競往開棺，乃見全身脫去，秖聞空中鈴響隱隱而去。

臨濟兩堂首座相見。齊下喝，僧問臨濟。還有賓主也無。濟云，賓主歷然。兩堂上座總作家，其中道理有分拏。賓主歷然明似鏡，宗師爲點眼中花。

上堂。擧臨濟問監院，什麼處去來。院云，州中糶黃米來。臨濟以拄杖面前劃一劃云，還糶得這箇麼。院便喝。濟便打。典座至。濟乃擧前話。典座云，院主不會和尚意。濟云爾又作麼生。典座便禮拜。濟亦打。師云，喝亦打，禮拜亦打，還有親疏也無。若無親疏，臨濟不可，盲枷瞎棒去也。若是歸宗即不然。院主下喝。不可放過。典座禮拜。放過不可。又云，臨濟行令，歸宗放過。三十年後。有人說破，擊禪床下座。

問，德山棒臨濟喝，直至如今，少人拈掇，請師拈掇。曰，千鈞之弩，不爲鼷鼠而發機。云，作家宗師，今朝有在。師便喝。僧禮拜。師曰，五湖衲子，一錫禪人，未到同安，不妨疑著。

《法演禪師語錄》卷上 諸院長老入山。師上堂云，臨濟入門便喝，是甚盌鳴聲。德山入門便棒。抝曲作直雲門三句，曹洞五位。大開眼了作夢，何故如此。國淸才子貴，家富小兒嬌。

《明覺禪師語錄》卷二 擧。臨濟示衆云，有一無位眞人，常在汝等面門出入。初心未證據者，看看。時有僧問，如何是無位眞人。臨濟下禪床擒住。者僧擬議。濟托開云無位眞人是什麼乾屎橛。雪峯聞云，臨濟大似箇白拈賊。師云，夫善竊者，神鬼莫知。既被雪峯覷破，臨濟不是好手，復召大衆。雪竇今日換爾諸人眼睛了也。爾若不信，各歸寮舍，自摸索看。

擧。臨濟侍立德山。山云，今日困。濟云，者老漢寱語作什麼。山便打。濟掀倒繩床。山便休師云，二員作者，具啐啄同時眼，有啐啄同時用。雪竇擬向猛虎口中奪鹿，饑鷹爪下分兔。敢謂，臨濟德山二俱瞎漢，有人辯得，天下橫行擧。乾峯和尚云，擧一不得擧二，放過一著落在第二。雲門出衆云，昨日有人從天台來，卻往南嶽去。峯下座云大衆來日，不要普請師云，看他作者吐露箇消息，宛爾不同。若是瞌睡漢，遞相鈍致。乃拈起拄杖云，放過一著，便下座。

《明覺禪師語錄》卷三　舉。臨濟示衆云，我於先師處，三度喫六十棒。如蒿枝子拂相似，如今思一頓棒喫，誰爲下手。僧出衆云，某甲下手。濟拈棒與僧。僧擬接便打。師云，臨濟放處較危。收來太速。

舉。臨濟與普化去施主家齋。濟問，毛吞巨海，芥納須彌，爲復是神通妙用。爲復法爾如然，化踢倒飯床。濟云，太麁生。化云，者裏是甚所在。説麁説細。濟休去。至來日又同赴一施主齋。濟復問，今日供養何似昨日。化又踢倒飯床。濟云，太麁生。化云，瞎漢佛法説什麼麁細。濟吐舌。師云，兩箇老賊喫飯也不了，好與二十棒。棒雖行，且那箇是正賊。

《圓悟佛果禪師語錄》卷五　祖師會上堂。僧問，少林首傳於頓旨，五葉爲芳。葱嶺遂別於衆流，千燈續照。門庭雖異五家，般若同歸地位。如何是五家宗派。師云，吒吒沙沙歷歷落落。進云，若不借問，爭達本源。師云，一筆句下。進云，趯倒淨瓶不留活計，兩口無舌正是吾宗。如何是潙仰宗。師云，天下人跳他圓相不出。進云，三回喫棒猶若蒿枝，末後瞎驢人天正眼。如何是臨濟宗。師云，敲唱俱行。進云，休去歇去古廟香爐，枯木生華祖佛心要。如何是曹洞宗。師云，兩兩不成雙。進云，對機餬餅本自天然，一鏃遼空三句可辨。如何是雲門宗。師云，當面蹉過。進云，色空明暗觸處光輝，刹刹塵塵頭頭顯露。如何是法眼宗。師云點。進云，祖師心印，狀似鐵牛之機。去即印住，住即印破，只如無鼻孔衲僧。作麼生印。師云，便是闍黎。進云，天下祖師鼻孔，盡被和尚一串穿，卻未審和尚鼻孔被什麼人穿。師云，莫謗佛果好。師乃云，千聖頂𩕳上可容刹海，衲僧命脈中不許眞機，更通一線路，以佛現祖從祖證佛。印印無差，機機圓證。靈上拈華示衆，建立此箇宗風。金色頭陀，曾承妙旨，以至西天四七此土二三。自曹溪散席，已來數百年間。列刹相望，各各握靈蛇珠。人人抱荊山璧，有照有用有權有實。提振向上宗風，傳持正法眼藏。要且百川異流，同歸大海，千重百匝，無出一源。所以道，西天二十八祖也恁麼。唐土六祖也恁麼。天下列刹相望諸老宿也恁麼。山僧也恁麼。且道，恁麼事作麼生商量，還提掇得出麼。還緇素得明麼。山僧不惜兩莖眉毛與諸人點破。遂拈拄杖云，還見麼，三世諸佛歷代祖師，天下老和尚，盡在拄杖頭上。放大光明，現權現實現機現境。列五位君臣，開三玄宗要。機境相投箭鋒相拄，一字三句同源。圓相境致殊別，若也於此委悉。百草頭上罷，卻平生事根株亦不留。聞清聲外句，莫向句中求。儻或未然，山僧不免又拕泥涉水也。達磨不來東土，二祖不往西天。人人壁立萬仞，箇箇常光現前。卓拄杖一下，下座。

《圓悟佛果禪師語錄》卷七　上堂。僧問，臨濟三玄驗作家，如何是體中玄。師云，迅雷霹靂更驚群。進云，如何是句中玄。師云，切忌向三寸上辨。進云，如何是玄中玄。師云，棒頭有眼明如日。進云，如何是一印印泥。師云，腳跟下爛骨董地。進云，如何是一印印水。師云，沒嘴浸卻。進云，如何是一印印空。師云，腦後圓光萬丈長。進云，爲復一理爲復二義。師云，且鑽龜打瓦。師乃云，禪非意想以意想參禪，則乖道絶功動以功動學道則失。直須絶卻意想，喚什麼作禪。腳跟下廓爾，無禪之禪。謂之眞禪，如兔子懷胎。絶卻功動，喚什麼作道。頂門上照耀，無道之道，謂之眞道。似蚌含明月，到箇裏實際理地既明，金剛正體全現。然後山是山，水是水，僧是僧，俗是俗。萬法縱然初無向背。乃呵呵大笑云，山僧恁麼說話。大似無夢說夢，無事生事。若是明眼人，覷見一場敗闕。且離意想絶功動。一句作麼生道，八臂夜叉擎鐵柱，忿怒那吒撲帝鐘。【略】

舉。龍牙問翠微，如何是祖師西來意。微云，與我過禪版來。牙取禪版與翠微，微接得便打。牙云，打則任打，要且無祖師西來意。牙又問臨濟，如何是祖師西來意。濟云，與我過蒲團來。牙取蒲團與臨濟。濟接得便打。牙云，打即任打，要且無祖師西來意。住院後僧問，和尚當年見二尊宿，是肯伊不肯伊。牙云，肯即肯，要且無祖師西來意。師拈云，這漢參來莽鹵，學處顢頇。雖然顧後瞻前，爭奈藏身露影。既是無祖師西來意，用肯作麼。若向箇裏辨得，山僧與爾拄杖子。若辨不得，和鼻孔一時失卻。

《大慧普覺禪師語錄》卷一　上堂。僧問，臨濟云，吾滅後不得滅卻吾正法眼藏。三聖出云，誰敢滅卻和尚正法眼藏，如何是正法眼藏。師云，彥誂賊漢。又爭會正法眼藏。進云，臨濟道，或有人問爾又作麼生。三聖便喝。濟云，誰知吾正法眼藏向這，瞎驢邊滅卻，意旨如何。師云，利動君子。乃舉。罽賓國王仗劍問師子尊者曰，師得蘊空否。尊者曰，已得蘊空。王曰，脫生死否。尊者曰，已脫生死。王曰，可施我頭。尊者曰，身非我有，豈況於頭。王遂斬之。白乳高丈餘，王臂自落。雪竇云，作家君王天然猶在。黄龍新和尚云，黄龍要問雪竇。既是作家君王，因甚臂落。師云，孟八郎漢。又恁麼去也。

《大慧普覺禪師語録》卷三　上堂舉。臨濟一日侍立德山次。德山顧謂曰，老僧今日困。臨濟曰，這老漢寐語作甚麼。山擬拈棒。濟便掀倒繩床。雲峯云，二員作家，一拶一棙，略露風規，大似把手上高山。雖然如是，未免傍觀者哂。師云，雲峯老人恁麼批判，大似普州人。徑山若見，縛作一束，送在河裏，何故不見道蚌鷸相持，俱落漁人之手。

上堂舉。僧問臨濟，如何是三眼國土。濟云，我共汝入淨妙國土中，著清淨衣説法身佛。又入無差別國土中，著無差別衣説報身佛。又入解脫國土中，著光明衣説化身佛。師顧視大衆云，還見臨濟老漢麼，若也未見。徑山爲爾指出，法身報身化身，咄哉魍魎妖精。三眼國中逢著，笑殺無位眞人。

《大慧普覺禪師語録》卷十　臨濟問僧甚麼處來。僧便喝。濟便揖坐。僧擬議。濟便打。又一僧來。濟竪起拂子。僧禮拜。濟便打。復見僧來亦竪起拂子。僧不顧。濟亦打頌云：

五月五日午時書，赤口毒舌盡消除。更饒急急如律令，不須門上畫蜘蛛。

臨濟遷化時示衆云，吾滅後不得滅卻吾正法眼藏。三聖出云，爭敢滅卻和尚正法眼藏。濟云，已後有人問爾，向他道甚麼。三聖便喝。濟云，誰知吾正法眼藏，向遮瞎驢邊滅卻。頌云：

瞎驢一跳衆皆驚，正法那堪付與人。三要三玄俱喪盡，堂堂擺手出重城。

《大慧普覺禪師語録》卷一三　昔有一老宿訪臨濟。纔相見提起坐具云，禮拜即是，不禮拜即是。臨濟喝。宿便禮拜。濟云，這賊。宿云，賊賊便出。濟云，莫道無事好。首座侍立次。濟云，還有過也無。座云有。濟云，賓家有過。主家有過。座云，二俱有過。濟云，過在甚麼處。座便出。濟云，莫道無事好。師云，臨濟暗中輸了一籌，卻向明中贏得一著。雖然有輸有贏有明有暗，爭奈傍觀者醜。且道，誰是傍觀者。良久云，若到諸方，不得錯舉。

《大慧普覺禪師語録》卷二三　祖師云，心地隨時説，菩提亦只寧。事理俱無礙，當生即不生。欲知此箇道理，但將平昔坐禪處得底。看經教處得底，語録上記得底。宗師口頭言，下領覽得底。一時掃向他方世界，卻緩緩地子細看他。德山何故見僧入門便棒。臨濟何故見僧入門便喝。若識二大老用處，則於日用觸境逢緣處。不作世諦流布，亦不作佛法理論。既不著此二邊，須知自有一條活路。不見臨濟一日侍立德山。德山良久驀回顧云，老漢今日困。臨濟云，這老漢寐語作甚麼。德山擬拈拄杖要打。臨濟便掀倒禪床。爾看，他了事漢。等閑驀路相逢。自然各各有出身之路。後來雲峯悅禪師拈云，此二員作家，一拶一棙。略露風規，大似把手上高山。雖然如是，未免旁觀者醜。且道，誰是旁觀者，良久喝一喝。據妙喜所見，雲峯亦未免和泥合水。好與這兩箇老漢。一狀領過，一坑埋卻。且道，過在甚麼處，夷吾居士夙植德本。信得此段大事因緣及。雖在塵勞中，能自省察。雖未得一刀兩段，直下坐斷報化佛頭。然卻自有箇信入處，如虎生三日氣已食牛。欲行千里一步爲初，最初一步已進得不錯。直須擴而充之。決定知得三世諸佛敗闕處，六代祖師敗闕處，妙喜敗闕處，然後打開自己庫藏。運出自己家財，拯濟一切。豈非在家菩薩之用心哉，勉之勉之。

《大慧普覺禪師語録》卷二四　辯龍蛇眼，擒虎兕機。非超越格量不繫塵緣之士，即以是説爲戲論。故臨濟宗風，難其繼紹。近世學語之流，多爭鋒逞口。快以胡説亂道爲縱横，胡喝亂喝爲宗旨。一挨一拶，如擊石火。似閃電光，擬議不來，呵呵大笑。謂之機鋒俊快不落意根。殊不知，正是業識弄鬼眼睛。豈非謾人自謾誤他自誤耶？不見臨濟侍立德山次。山回顧曰，有事相借問得麼。濟云，老漢寐語作甚麼。山擬拈棒。濟便掀倒禪床。山便休去。且道二老漢恁麼激揚，還有商量處否。信知龍象蹴蹋非驢所堪，非眞實具如是眼得如是用。未免向得失中摶量卜度。又臨濟同普化在鎭州。赴施主家齋次。濟問毛吞巨海芥納須彌，爲是神通妙用，爲是法爾如然。普化便趯倒飯床。濟云，太麁生。化云，這裏是甚所在。説麁説細。濟休去。次日又同赴一施主齋。濟復問，今日供養何似昨日。化又趯倒飯床。濟云是則是，太麁生。化云，瞎漢佛法說甚麁細。濟又休去。且道臨濟兩次休去還有商量分也無。若有且如何商量，冲密禪人在叢林最久。往往都商量得講說得批判得。自謂千了百當。後始知非，遂一時撥置，就無商量處做工夫。今始覷得見信得及，方知此事。傳不得，學不得，計較不得，商量不得。侍吾南來，相從於寂寞之濱。閱四載，因吾舉先師爲寂壽，道人舉不是心，不是佛，不是物話。驀向火爐邊，拾得一粒燶豆喫了。自此香積妙供，亦無心趣向。但烝餅不托少渠，一頓不得耳。因來別吾暫歸浙江，攜此軸求指示。仍贈二偈云：

蓋天蓋地那一著，無今無古絕承當。謾將分付密禪者，一任諸方亂商量。

瞎驢滅卻正法眼，臨濟宗風始大張。可憐裨販如來者，盡將蓋覆錯度量。

《密菴和尚語錄》 進云，德山見人入門便棒。臨濟見人入門便喝如何。師云，鉤頭有餌，秤尾無星。進云，德山道，我宗無語句。亦無一法與人如何。師云，殺人刀，活人劍。進云，臨濟道，赤肉團上，壁立千仞。又作麼生。師云，富嫌千口少，貧恨一身多。進云，長袖善舞，多財善賈。師云，且喜沒交涉。進云，二大老恁麼告報，輝映古今，未審靈隱作麼生。師云，別是一壺春色。進云，金鏃慣調曾百戰，鐵鞭多力恨無讎。師云，只得瞻之仰之。

《虛堂和尚語錄》卷之八 上堂。德山入門便棒。臨濟入門便喝，虛堂入門便罵。德山入門便棒，喚作棒得麼。臨濟入門便喝，喝作喝得麼。虛堂入門便罵，喚作罵得麼。既喚作棒不得。又喚作喝不得。又喚作罵不得。畢竟喚作什麼。擊拂子。平生肝膽向人傾，相識猶如不相識。

上堂。僧問，黃檗打臨濟時如何。師云，逼生蠶作繭。僧云，臨際掌黃檗時如何。師云，冬行春令。僧云，若與麼黃檗臨濟二俱瞎漢。師云，許多年黃檗臨濟，今日方遇知音。僧云，黃檗臨濟有甚麼過。師云，如龜負圖。僧云，於中還有得失也無。師云，喫棒了聽欸。僧云，若如是和尚，也是箇瞎漢。便禮拜。師云，家無小使。

師乃云，耳目之察，不足以分物理。情識之論，不足以定功勛。山僧進院以來，每日僕僕尚爾，收息不暇。又何暇分物理，定功勛耶？擊拂子云，自小持齋今已老，見人無力下禪床。

《宏智禪師廣錄》卷一 上堂僧問，如何是溈仰宗。師云，一棬攣跳不出。進云，如何是臨濟宗。師云，一棒一條痕。進云，如何是雲門宗。師云，目前薦取。進云，如何是法眼宗。師云，山河大地，大地山河。進云，如何是曹洞宗。師云，黑狗爛銀蹄，白象昆侖騎。進云，未審和尚宗風。又作麼生。師云，別時來向爾道。師乃云，山雲冉冉，江水茫茫。正不居位，偏不涉傍。顯而不露，隱而彌彰。猿啼古木音聲急，鶴宿枯松夢寐長。

道原《景德傳燈錄》卷二八 鎮州臨濟義玄和尚，示衆曰，今時學人，且要明取自己眞正見解。若得自己見解，即不被生死染，去住自由。不要求他殊勝，殊勝自備。如今道流且要，不滯於惑。要用便用。如今不得病在何處，病在不自信處。自信不及，即便忙忙徇一切境。脫大德若能歇得，念念馳求心，便與祖師不別。汝欲識祖師麼，即汝目前聽法底是。學人信不及，便向外馳求。得者只是文字學，與他祖師大遠在，莫錯大德。此時，不遇萬劫千生輪迴三界。徇好惡境，向驢牛肚裏去也。如今諸人與古聖何別。汝且欠少什麼。六道神光，未曾間歇。若能如此見，是一生無事人。一念淨光是汝屋裏法身佛，一念無分別光是汝報身佛，一念無差別光是汝化身佛。此三身，即是今日目前聽法底人。爲不向外求有此三種功用。據教三種，名爲極則。約山僧道三種是名言。故云身依義而立，土據體而論。法性身法性土，明知是光影。大德，且要識取弄光影人，是諸佛本源，是一切道流歸舍處。大德，四大身不解說法聽法，虛空不解說法聽法。是汝目前歷歷孤明，勿形段者解說法聽法。所以山僧向汝道，五蘊身田內，有無位眞人。堂堂顯露無，絲髮許間隔，何不識取。心法無形通貫十方。在眼曰見，在耳曰聞。在手執捉，在足運奔。心若不在，隨處解脫。山僧見處，坐斷報化佛頂。十地滿心，猶如客作兒。等妙二覺，如擔枷帶鎖。羅漢辟支，猶如糞土。菩提涅槃，繫驢馬橛，何以如斯。蓋爲不達三祇劫空，有此障隔。若是眞道流，盡不如此。如今略爲諸人，大約話破。自看遠近，時光可惜各自努力。珍重。

性統《五家宗旨纂要》卷上 濟宗四料揀

奪人不奪境，面貌不教人得見，青黃滿目任君看。三山來云，王孫一去芳草綠。頌曰：

奪人不奪境，胭脂和紅粉。大地與山河，在在呈圖影。

奪境不奪人，禪板蒲團休錯用，眉毛眼睫最知音。三山來云，洛陽春罷洞賓來。頌曰：

奪境不奪人，把手夜深行。相逢不相識，覿面沒疎親。

人境兩俱奪，走歸方丈慵開口，下卻禪床懶措言。三山來云，漁翁夜宿三更晚。頌曰：

人境兩俱奪，虛空那摸索。無形金彈子，落盡狆霄鶴。

人境俱不奪，高聲唱起應難邈，拄杖拈來畫不成。三山來云，牧童遙指杏花村。頌曰：

人境俱不奪，脫灑灑脫脫。腳板踏衰眉，舌頭談五嶽。

臨濟因僧問，如何是眞佛，眞法，眞道。濟云，佛者，心清淨是。法者，心光明是。道者，處處無礙淨光是。三即一。皆空而無實，如有眞正道人，念念心不間斷。達磨大師從西土來，直是覓箇不受人惑底人。後遇二祖，一言便了，始知從前虛用工夫。山僧今日見處，與佛祖無別。若第一句薦得，堪與佛祖爲師。第二句薦得，堪與人天爲師。第三句薦得，自救不了。

三山來別云，第一句薦得，半夜撞倒漆崑崙。第二句薦得，藕絲孔裏翻筋斗。第三句薦得，三歲孩兒跛挈行。直此三句，總就諸人見地而言。須看第一，第二，第三字面，話有深淺，語有漸次。如徒混悶一團，平空卜度，則不會臨濟所下之語矣。

濟宗三句

第一句　三要印開朱點窄，未容擬議主賓分。三山來云，遠。頌曰：

第一句，閉門打瞌睡，未曾睜眼時，遊戲成三昧。

第二句　妙解豈容無著問，漚和怎負截流機。三山來云，近。頌曰：

第二句，嬰兒剛有氣，囫地一聲來，眼耳鼻舌具。

第三句　但看棚頭弄傀儡，抽牽全借裏頭人。三山來云，差。頌曰：

第三句，取火待鑽燧，燎卻面門毛，到底成何濟。

臨濟示眾云，大凡演唱宗乘，須一句中具三玄，一玄中具三要，有權有實，有照有用。汝等諸人作麼生會。汾陽昭舉了。乃云，那箇是三玄三要句。三山來云，飛彈打黃龍，眉毛遭鼠齩。

濟宗三玄要

第一玄中玄　如趙州答庭柏話，此語於體上又不住於體。於句中又不著於句，妙玄無盡。事不投機，如雁過長空。影沉寒水，故亦名用中玄。三山來云，如趙州答庭柏話。此則就其現前指點，拈來便是。何等明淺，而目爲玄中玄耶？且焉得以玄中玄，看作用中玄。豈有用中玄，而爲第一玄之理。蓋凡演唱宗乘，何語不從體中發出。未有能離體說法者。還直以第一玄，假立爲體中玄者近是。如何是第一玄。三山來云，金剛兩頭肩。頌曰：

第一玄，烏龜飛上天，單剩一隻腳，踏著威音前。

第二句中玄　如張公喫酒李公醉，前三三後三三，六六三十六。其言無意路，雖是體上發。此一句不拘於體故。三山來云，如六六三十六之語，此正是親切指點。焉得謂之言無意路而目爲句中玄耶？須知第二句中玄即用中玄。蓋有體而後有用。凡所發揮。皆是從體起用。故宜以用次於體。還直以第二玄假立爲用中玄者近是。如何是第二玄。三山來云，空手把金鞭。頌曰：

第二玄，騎馬上高竿，噴地翻筋斗，弔下一文錢。

第三體中玄　此乃是最初一句，發於眞體。此一句便具體中玄，因言顯理，以顯玄中之體。雖明此理，乃是機不離位故。三山來云，如云體中玄是最初一句，發於眞體。既是最初一句，發於眞體，豈得以最初眞體之句而目爲第三玄耶？須知第三玄，乃是玄中玄。蓋兼前體用兩者，盡在當機拈出。名爲體，不得名爲用。不得名爲非體非用，不得逈出意言。難於測度，非單就體而言也。還直以第二玄，假立爲玄中玄者近是。如何是第三玄。三山來云，虛空打鞦韆。頌曰：

第三玄，囫圇沒中邊，東洋飄大海，架箇無底船。

第一要，當風誰敢道，千聖一時興，那能窮此妙。三山來云，看此頌，猶是擬玄中玄而言者錯。如何是第一要。三山來云，頭頂烏紗帽。頌曰：

第一要，寥廓空浩浩，路斷烟水寒，行人那得到。

第二要，明鏡當臺照，胡漢用皆深，透匣青蛇躍。三山來云，看此頌，亦是擬用中玄，而言者近之。如何是第二要。三山來云，午夜金雞叫。頌曰：

第二要，妍媸一齊照，縱横妙用分，秦鏡當臺耀。

第三要，劫前者一竅，擬議問如何，拍手呵呵笑。三山來云，看此頌，猶是擬體中玄而言者錯。如何是第三要。三山來云，城市街頭鬧。頌曰：

第三要，漫把朱絃操，流水與高山，彈出無生調。

第一玄中有三要，木人空裏翻筋斗，八面玲瓏知是誰。第一玄中第一要　青天腦裂霜無限，一葉凋時萬葉凋。第一玄中第二要　天地漫漫無所在，亂山深處一山高。第一玄中第三要　玉龍用處應無浪，萬派江流萬派清。頌曰：

天高地厚足窮根，帝網重重不許論。刹刹塵塵無盡藏，不須彈指叩玄門。

第二玄中有三要，莫道鐵牛無伎倆，不憂水草不知閑。第二玄中第一要　鐵馬嘶聲無蕩意，一波纔動萬波隨。第二玄中第二要　懶臥木牛忘水草，亂山堆裏一身閑。第二玄中第三要　玉兔不知身照世，萬家樓上萬家明。頌曰：

木人石女鬬玄機，電火光中向笑遲。萬物會歸還委悉，一聲百雜碎須彌。

第三玄中有三要，劫外風光劫外春，不拘此際自相親。第三玄中第一要　空劫那邊留不住，一塵中現刹塵身。第三玄中第二要　豎窮横偏空王外，帝網重重獨自遊。第三玄中第三要　踢倒虛空無罣礙，亂雲深處亂雲閑。頌曰：

劫外靈枝劫外香，天然種草自清凉。二邊不溺非爲妙，一喝青霄透大方。

三山來云，看此如上語句頌子，則是就三玄而分爲九要矣。豈臨濟當時之意旨哉。聽吾頌，如何是三玄三要。三山來云，不妨疑著。頌曰：

三玄三要事如何，擬涉思惟蹉過多。揭諦揭諦僧揭諦，娑婆娑婆娑婆訶。

濟宗四喝

有時一喝如金剛王寶劍。三山來云，金剛寶劍者，言其快利難當。若遇學人，纏腳縛手，葛藤延蔓，情見不忘。便與當頭截斷，不容粘搭。若稍涉思惟，未免喪身失命也。如何是金剛寶劍。三山來云，逢妖便斬。頌曰：

金剛寶劍，無容思算。直下揮時，虛空血濺。

有時一喝如踞地獅子。三山來云，踞地獅子者，不居窟穴，不立窠臼。威雄蹲踞，毫無依倚。一聲哮吼，羣獸腦裂。無你挨拶處，無你迴避處。稍犯當頭，便落牙爪。如香象奔波，無有當者。如何是踞地獅子。三山來云，力重如山。頌曰：

踞地獅子，觸著便起。突出爪牙，那容得你。

有時一喝如探竿影草。三山來云，探竿影草者，就一喝之中，具有二用。探則勘驗學人，見地若何，如以竿探水之深淺。故曰探竿在手。即此一喝，不容窺測，無可摹擬。不待別行一路，已自隱跡迷踪，欺瞞做賊，故曰影草隨身。如何是探竿影草。三山來云，神出鬼沒。頌曰：

探竿影草，知醜知好。張家哥哥，李氏嫂嫂。

有時一喝不作一喝用。三山來云，一喝不作一喝用者。千變萬化，無有端倪。喚作金剛，寶劍亦得。喚作踞地，獅子亦得。喚作探竿，影草亦得。如神龍出沒，舒卷異常。迎之不見其首，隨之不見其尾。佛祖難窺，鬼神莫覷。意雖在一喝之中，而實出一喝之外。此四喝中之最玄最妙者，須看有時二字，甚是活潑，非一向如此用也。又看如之一字，不過彷佛如此，非眞有如此名目也。向者裏轉得身來，方見臨濟老人用處。如何是一喝不作一喝用。三山來云，疑殺天下人。頌曰：

不作喝用，顛拈倒弄。擬問如何，全然無縫。

臨濟一日示衆云，參學人切須仔細，如賓主相見，便有言論往來。或應物現形，或全體作用，或把機權喜怒，或現半身，或乘獅子，或駕象王。如有眞正學人來，他先喝一喝。拈出箇膠盆子。善知識不辨是境，便上他境上做模做樣。學人又喝，前人不肯放下。此是膏肓之病，不堪醫治，喚作賓看主。或是善知識不拈出物，隨學人問處即奪。學人被奪，抵死不放，此是主看賓。或有學人應一箇清淨境界，出善知識。前善知識辨得是境，把得住抛向坑裏。學人云，大好善知識。善知識即云，咄哉，不識好惡。學人便禮拜。此喚作主看主。或有學人披枷帶鎖出善知識前，善知識更與安一重枷鎖。學人歡喜，彼此不辨，此喚作賓看賓。大德，山僧所舉，皆是辨魔揀異，知其邪正。三山來云，止。如賓主不立又作麽生。三山來云，賓主相看。乃就師資兩人而言。賓中賓等。乃就師資各人而言。不可不知。

濟宗四賓主：

賓中賓　克符云，倚門傍戶猶如醉，出言吐氣不慚惶。此是學人無鼻孔也。如何是賓中賓。三山來云，客路作遊人。頌曰：

賓中賓，眉目得人憎，拍手長安去，寸步實難行。

賓中主　汾陽云，識得衣中寶，端坐解區分。分是學人有鼻孔也。如何是賓中主。

三山來云，反鞭策鈍駑。頌曰：

賓中主，寒山顚作舞，不辨來端由，笑伊目如瞽。

主中賓　磐山云，不解當風提祖印，臨機應物自乖張。此是師家無鼻孔也。如何是主中賓。三山來云，暗室沒明燈。頌曰：

主中賓，甘作外遊人，東西路不辨，南北豈能分。

主中主　克符云，横按鏌鎁全正令，太平寰宇斬癡頑。問，既是太平寰宇，爲甚卻斬癡頑。符云，不許夜行剛把火，直須當道與人看。風穴云，磨礱三尺劍，待斬不平人。此是師家有鼻孔也。如何是主中主。三山來云，當軒塗毒鼓。頌曰：

主中主，紅日正當午，寶劍高提時，觸殺佛與祖。

臨濟一日示衆云，我有時先照後用，有時先用後照。有時照用同時，有時照用不同時。先照後用有人在，(此人字指學人而言）先用後照有法在。(此法字指宗師之法而言）照用同時，驅耕夫之牛，奪饑人之食。敲骨取髓，痛下針錐。照用不同時，有問有答，立賓立主。和泥合水，應機接物。若是過量人，向未舉時撩起便行，猶較些子。古德云，主一喝驗賓。賓一喝驗主。主再喝驗賓。賓再喝驗主。四喝後。無賓主也。到者裏。主家便奪卻，更不容他。須是各有抽身之路始得。三山來云，賓主相見即不無，不喝不棒又作麽生。

濟宗四照用：

有時先照後用　密雲先布點晴空，霹靂後隨催驟雨。三山來云，如遇僧來。便問云，汝是甚處人。或云，汝從甚處來。或云，汝名甚麽。先照一句，待伊作麽定動。或棒或喝，如此之類，是先照後用。如何是先照後用。三山來云，點燈喫飯。頌曰：

先照後用，老龍出洞。雹捲雷奔，魚鰕腦痛。

有時先用後照　打破虛空百雜碎，回頭端坐定乾坤。三山來云，如遇僧來。師便打。便喝。便豎指拈拳。先用一法。隨後云，還會麽。汝道是甚麽意旨，如此之類。是先用後照。如何是先用後照。三山來云，鑿壁偸光。頌曰：

先用後照，敲翻破竈。靈從何來，速道速道。

有時照用同時　眼親手辨雄雄勢，盜賊奸臣怎敢當。三山來云，如遇僧來。師家或棒或喝，即此一棒一喝中。且看他如何承當，如何下語。此則即用爲照，照即是用。又或師一喝。僧亦喝。師打云，不禮拜更待何時，如此之類，是照用同時。如何是照用同時。三山來云，無二無別。頌曰：

照用同時，痛下針錐。魂驚膽喪，血染須彌。

有時照用不同時　雲起南山雨北山，清風明月任君看。三山來云，如遇僧來。師便云，汝來也。看他如何應答，師則隨機縱奪。如遇僧來，師先打一棒，看他如何支遣。師又別作商量，或照或用，不拘一格。賓主互喚，合水和泥。如此之類，是照用不同時。四者須看有時二字，不可執在一邊。如何是照用不同時。三山來云，或東或西。頌曰：

照用不同，伐鼓考鐘。箕星好雨，畢星好風。

濟宗三哭：

一者有失正宗哭　如昧失宗旨，不能通徹，學人自己痛哭之類。

二者相符正宗哭　如偶爾契悟，符合宗旨，若須菩提悟佛說經，自己啼哭之類。

三者有違正宗哭　如違背宗旨，問答不投，宗師家斂手而哭蒼天之類。

濟宗三笑：

一者相符正宗笑　如問答相符，彼此契合。寒山撫掌，拾得呵呵之類。

二者有失正宗笑　如錯過宗旨，問著不知落處，師笑云非思量，情識所能測之類。

三者悟順正宗笑　如一旦悟徹，順應宗旨。有一火頭聞打木魚，抛下火杈云啊啷。啊啷。呵呵大笑之類。

濟宗七事隨身：

一、殺人刀　斬犀截象，伏屍萬里。

二、活人劍　鋒鋩不犯，絕後再甦。

三、腳踏實地　行行皆路，步步不差。

四、向上關棙子　迴出尋常，踏著便轉。

五、格外説話　牛口言語，馬口會取。

六、衲僧巴鼻　訶佛罵祖，踢倒須彌。

七、探竿影草　别眞辨假，斂跡藏蹤。

濟宗四事隨身：

一、殺活拄杖子　一頭放火，一頭放水。

二、金剛眼睛　分優辨劣，透海穿山。

三、獅子爪牙　虎口奪食，龍頷搊珠。

四、腳跟點地　行則須行，坐則便坐。

濟宗八棒：

一、觸令支玄棒。三山來云，如宗師置下一令，學人不知迴避，觸犯當頭。支離玄旨，宗師便打。此是罰棒。

二、接機從正棒。三山來云，如宗師應接學人，順其來機，當打而打，謂之從正。此不在賞罰之類。

三、靠玄傷正棒。三山來云，如學人來見，宗師專務奇特造作，倚靠玄妙。反傷正理，宗師直下便打，不肯放過。此亦是罰棒。

四、印順宗旨棒。三山來云，如學人相見，宗師拈示宗旨，彼能領會。答得相應，宗師便打。此是印證來機，名爲賞棒。

五、取驗虛實棒。三山來云，如學人纔到，宗師便打。或進有語句，宗師亦打。此是辨驗學人虛實，看他有見無見，亦不在賞罰之類。

六、盲枷瞎棒。三山來云，如宗師接待學人，不辨學人來機。一味亂打，眼裏無珠，謂之盲瞎。此師家之過，不干學人事。

七、苦責愚癡棒。三山來云，如學人於此事不曾分曉，其資質見地十分癡愚。不堪策進，宗師勉強打他，是謂苦責愚癡，亦不在賞罰之類。

八、掃除凡聖棒。三山來云，如宗師家接待往來，不落廉纖，不容擬議，將彼凡情聖解一竝掃除。道得也打，道不得也打，道得道不得也打。直令學人斷卻命根，不存枝葉，乃上上提持。八棒中之用得最妙者，此則名爲正棒。

濟宗雙明雙暗句：

恁麼恁麼　乃雙明也。不恁麼不恁麼　乃雙暗也。有時與麼與麼，不與麼不與麼。乃雙明復雙暗也。

又雙暗復雙明句

有時不與麼不與麼，與麼與麼。乃雙暗復雙明也。濟宗三句外省去。

初句　踏著秤錘原是鐵，莫將鍮石作黄金。此直教渠發善心，鑒覺自己是佛。是初善。

中句　露柱燈籠原非有，三門佛殿本來無。此直教渠破善心，莫守住如今鑒覺。是中善。

後句　彈指豎拳皆有我，穿衣喫飯豈名無。此直教渠明善心，莫昧卻從來知解。是後善。

濟宗十三種句：

一、迷眞句　貪尋言語路，失卻本來眞。

二、出身句　今日且去，明日再來。

三、正宗無問句　不在多言，開口即錯。

四、正宗無答句　要答也何難，究竟沒交涉。

五、末後句　把斷要津，不通凡聖。

六、轉身句　見鼻孔麼，卻是拳頭。

七、隔身句　但看天邊月，卻是屋裏燈。

八、把關句　扼斷玄關，往來無路。

九、藏鋒句　口裏吐劍，舌上帶刀。

十、聲前句　不待開口，已遲八刻。

十一、擬問傷玄句　一念擬求玄，雲障天邊月。

十二、褒貶句　好箇闍黎，廁中餵狗。
十三、收放句　喫我三十棒，我煞不如你。

興化驗人四盌、四唾、四瞎：

莫熱盌鳴聲　中下機語。
盌脫丘　無底語。

汾陽十智同眞：

汾陽示衆云，夫說法者，須具十智同眞。若得具十智同眞，邪正不辨。緇素不分，不能為人天眼目。決斷是非，如鳥飛空而折翼，如箭射的而斷弦。弦斷，故射不中的。翼折，故空不可飛。翼壯弦牢，空的俱徹，作麼生是十智同眞。與汝諸人一一點出。一，同一質。二，同大事。三，總同參。四，同眞智。五，同徧普。六，同具足。七，同得失。八，同生殺。九，同音吼。十，同得入。又曰，與甚麼人同得入。與誰同音吼。作麼生同生殺。甚麼物同得失。阿那箇同具足。是甚麼同徧普。何人同眞智。孰與總同參。那箇同大事。何物同一質。還有檢點出底麼。不吝慈悲，試出來道看。若檢點不出，未具參學眼在，切須辨取。要識是非，面目現在。喝一喝。下座。

徑山杲云，汾陽若無箇面目現在，一場敗闕。雖然，未免喪我兒孫。鐵壁機云，我者裏一智也無，同箇甚麼。

一，同一質　總不出渠是何物兮同一質，萬象之中無等匹。休將心識漫參尋，毗嵐猛風吹海立。如何是同一質。三山來云，囫圇圇底劈不開。頌曰：

一同一質，渾身都是。除卻皮囊，單剩口氣。

二，同大事　一毛頭上定乾坤　那箇與君同大事，者裏敢言他與自。一身堅密現諸塵，寂滅光中無漸次。如何是同大事。三山來云，太平須是將軍定。頌曰：

二同大事，全無忌諱。阿誰承當，直箇就是。

三，總同參　燈籠入露柱　孰能與我總同參，知識徒勞五十三。樓閣門前意何限，故鄉猶在海門南。如何是總同參。三山來云，踏破芒鞋，有甚用處。頌曰：

三總同參，雲水往還。徒勞惆悵，舉目鄉關。

四，同眞智　佛眼覷不見　何人同此一眞智，見得分明還不是。山自高兮水自流，一理齊平不容易。如何是同眞智。三山來云，古鏡不須磨。頌曰：

四同眞智，光影俱棄。影現光生，分明不是。

五，同徧普　石頭土塊　是甚麼物同徧普，曠大劫來今日覩。一波纔動萬波隨，何異嬰兒得慈母。如何是同徧普。三山來云，大地一瓊琚。頌曰：

五同徧普，睜眼即覩。萬象森羅，虛空作舞。

六，同具足　歎箇甚麼　阿那箇是同具足，細草含烟遍山綠。他鄉看似故鄉看，添得離根花繞屋。如何是同具足。三山來云，富家郎。頌曰：

六同具足，山青水綠。富貴天然，梅花松竹。

七，同得失　牛頭沒，馬頭回　甚麼物兮同得失，圓明如鏡紅如日。三箇猢猻夜簸錢，天明走盡空狼籍。如何是同得失。三山來云，背脊朝天，腦門著地。頌曰：

七同得失，明暗不立。籠得烏雞，白鷴飛去。

八，同生殺　德山棒，臨濟喝　作麼生兮同生殺，桃花紅兮李花白。今年呑卻大還丹，到處相逢李八伯。如何是同生殺。三山來云，收來放去隨方便，毒心半是慈心人。頌曰：

八同生殺，銅鎚鐵钁。操縱臨時，有冤難雪。

九，同音吼　風吹石臼演摩訶　與誰說法同音吼，飲食語言皆用口。燕語鶯啼迴不同，雕梁芳樹卻知有。如何是同音吼。三山來云，無風蜩語吹。頌曰：

九同音吼，大地皆口。倒瀉銀河，魚龍競走。

十，同得入　龍歸滄海　與甚麼人同得入，田父耕鋤女機織。冷眼看他家事忙，問渠且道承誰力。如何是同得入。三山來云，家畲祖先是第幾代底。頌曰：

十同得入，功完行畢。著彩堂前，斑衣兒戲。

寂音頌云，十智同眞面目全，於中一智是根源。如今要見汾陽老，劈破三玄作兩邊。三山來總頌云，有體有用體用殊，同眞十智一如如。雖同十智總一智，三玄劈處莫糊塗。

汾陽四句：

接初機句　陽云，汝是行脚僧。三山來云，喫粥也未。辨衲僧句　陽云，西方日出卯。三山來云，張家兒子不姓李。行正令句　諢云，不通眨眼。三山來云，山崩石裂。定乾坤句　總云，人間天上一般春。三山來云，海晏河清。

汾陽三句：

學人著力句　陽云，嘉州打大像。三山來云，急水灘頭緊纜船。學人轉身句　陽云，陝舟灌鐵牛。三山來云，東邊去。西邊來。學人親切句　陽云，西河弄獅子。三山來云，屙屎放尿也要自己去。

汾陽三訣：

第一訣　珊瑚枝枝撐著月　第一訣。接引無時節，巧語不能詮，雲散天邊月。

第二訣　萬里一條鐵　第二訣。舒光辨賢哲，問答利生心，拔出眼中楔。

第三訣　百草頭邊俱漏洩　第三訣。西國胡人說，濟水過新羅，北地用邠鐵。

汾陽十八問：

請益問　如何是佛，有所請益而問也。

呈解問　天不能蓋，地不能載時如何，自呈見解而問也。

察辨問　有一問在和尚處時如何，審察辨難而問也。

投機問　和尚道，枯椿豈不是法身邊事，相投機竅而問也。

偏僻問　鶴立枯松時如何，偏枯僻執而問也。

心行問　皀白未分，乞師方便。自表心行而問也。

探拔問　不會底人爲甚麼不疑，探求尋拔而問也。

不會問　乍入叢林，乞師指示。不會箇事，直陳而問也。

擎擔問　一物不將來時如何，自擎擔所見而問也。

置問問　睜目不見邊際時如何，置一問頭而問也。

故問問　一切衆生皆有佛性，爲甚狗子卻無，設爲一故而問也。

借問問　大海有珠，如何取得，別借一端而問也。

實問問　只見和尚是僧，如何是佛是法，以其實理而問也。

假問問　者箇是殿裏底，如何是佛，假此一端而問也。

審問問　一切諸法本來是有，那箇是無，審察其理而問也。

徵問問　祖師西來，當爲何事，徵考其故而問也。

明問問　不問有言，不問無言，明白直捷而問也。

默問問　外道到佛處，無言而立，默然不言而問也。

汾陽三種獅子：

一、超宗異目　見過於師，方堪傳授。三山來頌云，超宗異目，叢林傑出。奮起威雄，噬人無數。

二、齊眉共躅　見與師齊，減師半德。三山來頌云，齊眉共躅，克繩武步。獨振家聲，牙爪露出。

三、影響音聞　野干倚勢，異類何分。三山來頌云，影響音聞，彷彿不眞。狐犬競吠，野干亂鳴。

楊岐派分部

綜述

楊岐一宗

《普覺宗杲禪師語錄》卷下　楊岐一宗，歷五世而光明盛大者，賴此老以爲法道之主。至其驢瞞方來，鉗鎚後學。道出常情，衆人莫得而擬議者，不過一條黑竹篦子。仁禪仁禪，切須薦取。

自術真讚

《楊岐方會和尚後錄》　口似乞兒席袋，鼻似園頭屎杓。勞君神筆寫成，一任天下卜度。似驢非驢，似馬非馬。咄哉楊岐，牽犁拽耙。指驢又無尾，喚牛又無角。進前不移步，退後豈收腳。無言不同佛，有語誰斟酌。巧拙常現前，勞君安寫邈。

楊岐和尚

《圓悟佛果禪師語錄》卷二〇　三腳驢子弄蹄行，解道鉢盂口向天。荷擔他一百二十斤。重擔子牽犁拽杷，無端壞卻慈明禪。

題楊岐會老語錄

《楊岐方會和尚語錄》　楊岐會老，跨三腳驢，入水牯牛隊中，拽把牽犁，種田博飯，橫吹玉笛，飽呑栗蒲。四十年來，叢林以爲奇特。豈不聞，三世諸佛說夢，諸方老宿說夢，是楊岐當日語。不知楊岐自作夢後，還覺也未。若要清風再振，舊令重行，明眼底人試將此錄看。元祐三年立春日，無爲子楊傑，書於望海樓。

潭州雲蓋山會和尚語錄序

《楊岐方會和尚語錄》　李唐朝有禪之傑者，馬大師據江西泐潭，出門弟子八十有四人。其角立者，唯百丈海，得其大機。海出黃檗運，得其大用。自餘唱導而已。運出顒，顒出沼，沼出念，念出昭，昭出圓，圓出會。會初住袁州楊岐，後止長沙雲蓋。當時謂海得其大機，運得其大用，兼而得者獨會師歟。師二居法席，凡越一紀。振領提綱，應機接誘。富有言句，不許抄錄。

楊岐方會禪師

念常《佛祖歷代通載》卷一八　楊岐方會禪師順寂，生冷氏，袁州宜春人也。少警敏滑稽，談劇有味。及冠不喜從事筆硯，竄名商稅，掌課最坐，不職當罰。宵遁去，遊筠州九峯，恍然如昔經行處，眷不忍去。遂落髮爲大僧，閱經聞法，心融神會。能痛自折節，依參老宿。慈明住南原，輔之安樂勤苦。及遷道吾石霜，會自請領監院事，非慈明之意。眾論揵然稱善，挾楮衾入典金谷。時時呑語摩佛慈明，諸方得以爲當。慈明飯罷必山行，禪者問道多失所在。會瞯其出未遠，即撾鼓集眾。明遽還數曰，少叢林莫而陞座，何從得此規繩。會徐對曰，汾陽晚參也。何爲非規繩乎。慈明無如之何。今叢林三八念誦罷，猶參者此其原也。辭之還九峯，萍實道俗請住楊岐。時九峯長老勤公不知會。驚曰，會監寺亦能禪乎。會受帖。問答罷，乃曰，更有問話者麼，試出來相見。楊岐今日性命在汝諸人手裏，一任橫拕倒拽，爲什麼如此。大丈夫兒須是對眾決擇，莫背地裏似水底按胡盧相似。當眾勘驗看，有麼，若無楊岐失利。下座。勤把住曰，今日且得箇同參。曰，同參底事作麼生。勤曰，楊岐牽犁九峯拽把。曰，正當與麼時。楊岐在前，九峯在前。勤無語托開曰，將謂同參，元來不是。自是名聞諸方。示眾曰，不見一法是大過患。拈主丈云，穿過釋迦老子鼻孔，作麼生。道得脫身一句向，水不洗水處。道將一句來。良久曰，向道莫行山下路，果聞猨叫斷腸聲。慶曆六年移住潭州雲蓋，以臨濟正脈付守端。

楊岐之事慈明

《憨山老人夢遊集》卷七　楊岐之事慈明，二十餘年。行門親操，執事百千辛苦，未嘗憚勞。故得光明碩大，照耀今古。若嬾融之負米，黃梅之碓房。歷觀古人，無一不從辛苦中來。何其今之少年，纔入叢林，便以參禪爲向上。只圖端坐，現成受用。袖手不展，一草不拈。如此薄福，絕無慚愧之心。縱有妙悟，只成孤調，絕無人天供養。況無眞實修行，虛消信施，甘墮沈淪者乎。若是眞實爲生死漢子，當觀本師釋迦文佛，於三千大千世界，無有如芥子許，不是爲求菩提捨頭目髓腦處。如此當發勇猛，拚捨一條窮性命。將這一具臭骨頭，布施十方，供養大眾。一切行門，苦心操持。難行能行，難忍能忍。若於日用六根門頭，頭頭透過，便得法法解脫。古人云，從緣入者相應疾。如此用心，三十年不改。縱不悟道，再出頭來，定是頂天立地漢子也。老人以此示之遍告同參。

袁州楊岐方會禪師贊

《憨山老人夢遊集》卷三五　荷擔大法，綱維叢林。狹路相逢，一語見心。異時兒孫，偏滿天下。源遠流長，根深枝大。

舒州白雲守端禪師

《續傳燈錄》卷一三　舒州白雲守端禪師，衡陽葛氏子。幼事翰墨。

冠依茶陵郁山主披剃。往參楊岐，岐一日忽問，受業師爲誰。師曰，茶陵郁和尚。岐曰，吾聞伊過橋遭攧有省，作偈甚奇能記否。師誦曰，我有明珠一顆，久被塵勞關鎖。今朝塵盡光生，照破山河萬朵。岐笑而趨起。師愕然通夕不寐。黎明咨詢之。適歲暮岐曰，汝見作日打毆儺者麼。曰，見。岐曰，汝一籌不及渠。師復駭曰，意旨如何。岐曰，渠愛人笑，汝怕人笑。師大悟。巾侍久之，辭遊廬阜。圓通訥禪師舉住承天，聲名籍甚。又遜居圓通。次徙法華龍門興化海會，所至眾如雲集。僧問，如何是佛。師曰，鑊湯無冷處。曰，如何是佛法大意。師曰，水底按葫蘆。曰，如何是祖師西來意。師曰，烏飛兔走。問，不求諸聖，不重己靈，未是衲僧分上事。如何是衲僧分上事。師曰，死水不藏龍。曰，便恁麼去時是何。師曰，賺殺爾。到棲賢上堂。承天自開堂後，便安排些葛藤。來山南，東葛西葛卻爲在歸宗開先萬衫打疊了也。今日到三峽會裏，大似臨嫁醫癭。卒著手腳不辨，幸望大眾不怪。伏惟珍重。上堂。鳥有雙翼飛無遠近，道出一隅行無前後。爾衲僧家尋常拈匙放筯，盡道知有。及至上嶺時爲甚麼卻氣急。不見道人無遠慮，必有近憂。示眾云，泥佛不度水，木佛不度火。金佛不度爐，眞佛內裏坐。大眾，趙州老子十二劑骨頭八萬四千毛孔，一時拋向諸人懷裏了也。圓通今日路見不平，爲古人出氣。以手拍禪床云，須知海嶽歸明主，未信乾坤陷吉人。示眾云，佛身充滿於法界，普現一切群生前。隨緣赴感靡不周，而常處此菩提座。大眾，作麼生說箇隨緣赴感底道理。秖於一彈指間盡大地，含生根機一時應得周足，而未嘗動著一毫頭，便且喚作隨緣赴感而常處此座。秖如山僧此者受《法華》請，相次與大眾相別，去宿縣裏開堂了方歸院去。且道還離此座也無。若道離則世諦流布，若道不離作麼生見得箇不離底事。莫是無邊剎境自它不隔於毫端，十世古今始終不離於當念麼。又莫是一切無心一時自遍麼。若恁麼正是掉棒打月，到者裏直須悟始得。悟後更須遇人始得。爾道既悟了便休。又何必更須遇人。若悟了遇人，當垂手方便之時。著著自有出身之路，不瞎卻學者眼。若秖悟得乾蘿蔔頭底。不唯瞎卻學者眼，兼自己動便先自犯鋒傷手。爾看我楊岐先師問慈明師翁道，幽鳥語喃喃，辭雲入亂峯時如何。答云，我行荒草裏，汝又入深村。進云，官不容針，更借一問，師翁便喝。進云，好喝。師翁又喝。先師亦喝。師翁乃連喝兩喝。先師遂禮拜。大眾須知，悟了遇人者，向十字街頭與人相逢，卻在千峯頂上握手，向千峯頂上相逢，卻在十字街頭握手。所以山僧嘗有頌云，他人住處我不住，它人行處我不行。不是爲人難共聚，大都緇素要分明。山僧此者臨行解開布袋頭，一時撒在諸人面前了也。有眼者莫錯怪好。珍重。【略】熙寧五年遷化，壽四十八。

舒州白雲寺守端禪師贊

《憨山老人夢遊集》卷三五　久把明珠，祕爲奇貨。及遇作家，一笑便墮。看破笑處，自亦絕倒。信手拈來，無非是寶。

蘄州五祖法演禪師

《嘉泰普燈錄》卷八　綿之巴西人。族鄧氏。年三十五，始棄家，祝髮受具。往成都習《唯識》、《百法論》，因聞菩薩入見道時，智與理冥，境與神會，不分能證所證。西天外道嘗難比丘曰，既不分能證所證，卻以何爲證。無能對者。外道貶之。令不鳴鍾鼓，反披袈裟。三藏奘法師至彼，救此義曰，如人飲水，冷暖自知。乃通其難。師曰，冷暖則可知矣。作麼生是自知底事。遂質本講曰，不知自知之理，如何講。莫疏其問，但誘曰，汝欲明此，當往南方，扣傳佛心宗者。即負笈出關，由京師渡淮浙。所見尊宿，無不以此語咨決所疑。終不破。後謁浮山圓鑑禪師。鑑舉如來有密語，迦葉不覆藏令究之。及朞。一日謂曰，子來何晚，吾老矣。恐虛度子光陰。可往依白雲，此老雖後生，吾未識面。但見渠頌臨濟三頓棒話，有過人處，必能了子大事。師潛然禮辭。至白雲，遂舉僧問南泉摩尼珠話請問，雲叱之。師領悟。獻投機偈曰，山前一片閑田地，叉手叮嚀問祖翁。幾度賣來還自買，爲憐松竹引清風。雲特印可，令掌磨事。未幾，雲至。語師曰，爾知一件事麼。云，不知。曰，近日有數禪客自廬山來，皆有悟入處。教伊說亦說得有來由，舉因緣問伊亦明得。教伊下語亦下得。只是未在。師聞。愕眙曰，既悟了，說亦說得，明亦明得。如何卻未在。狐疑七日。忽偃息，洞然昭徹。曰，元來恁麼地，其胸中珍惜，到此盡去。走見白雲。雲爲手舞足蹈。師亦一笑而已。雲一日示眾曰，古人道，如鏡鑄像，像成後，鏡在甚麼處。眾下語不契，舉以問師。師近前問訊。曰，也不較多。雲笑曰，須是道者始得。乃命分座，開示方來。初住四面，遷白雲，晚居東山。上堂曰，古人道，我若向你道，即禿卻我舌。若不向你道，即啞卻我口。且道還有爲人處也無。四面有時擬爲你吞卻，只被當門齒礙。擬爲你吐卻。又爲咽喉小。且道還有爲人處也無。乃曰，四面自來柳下惠。上堂。結夏無可供養大衆。作一家醵，管顧諸人。遂擡手曰，囉邏招，囉邏搖，囉邏送，莫怪空疎。伏惟珍重。上堂。白雲不會說禪，三門開向兩邊。有人動著關棙，兩片東扇西扇。【略】時山門有土木之役，躬往督之。且曰，汝等勉力，吾不復來矣。歸丈室，淨髮澡身。迄旦，吉祥而化。是夕，山摧石隕，四十里內巖谷震吼。闍維，設利如雨。塔于東山之南。壽八十餘。

金陵保寧仁勇禪師

正受《續傳燈錄》卷一三　金陵保寧仁勇禪師，四明竺氏子。容止淵秀，齠爲大僧，通天台教。更衣謁雪竇明覺禪師，覺意其可任大法，誚之曰，央庠座主。師憤悱下山，望雪竇拜曰，我此生行腳參禪，道不過雪竇誓不歸鄉。即往泐潭踰紀疑情未泮，聞楊岐移雲蓋能鈐鍵學者，直造其家，一語未及頓明心印。岐沒，從同參白雲端禪師游研極玄奧。後出世兩住保寧而終。僧問，如何是佛。師曰，近火先焦。曰，如何是道。師曰，泥裏有刺。曰，如何是道中人。師曰，切忌踏著。問，先德道，寒風凋敗葉，猶喜故人歸。未審誰是故人。師曰，楊岐和尙遷化久矣。曰，正當恁麼時更有恁麼人爲知音。師曰，無眼村翁暗點頭。問，如何是佛。師曰，自屎不覺臭。問，如何是保寧境。師曰，主山頭倒卓。曰，如何是境中人。師曰，鼻孔無半邊。問，如何是塵中自在底人。師曰，因行不妨掉臂。問，如何是佛。師曰，鐵鎚無孔。曰，如何是佛法大意。師曰，鑊湯無冷處。問，靈山指月，曹溪話月，未審保寧門下如何。師曰，嗄。曰，有花當面貼。師便喝。問，摘葉尋枝即不問，如何是直截根源。師曰，蚊子上鐵牛。曰，直截根源人已曉中下之流如何指示。師曰，石人脊背汗通流。

潭州石霜守孫禪師

正受《續傳燈錄》卷一三　潭州石霜守孫禪師。僧問，生也不道，死也不道，爲甚麼不道。師曰，一言已出。曰，從東過西又作麼生。師曰，駟馬難追。曰，學人總不與麼。師曰，易開終口難保歲寒心。

衡州茶陵縣郁山主

居頂《續傳燈錄》卷一三　衡州茶陵縣郁山主，本州人。自少落髮，惟以應供爲事。院居諸禪刹，往來之衝。每有化主至，師必供養之。一日因楊岐化主至，師問以禪宗之旨。化主爲舉。和尙每問衲子，僧問法燈，百尺竿頭如何進步。法燈云，嘿。師從此參究未嘗離念。偶一日赴外請，騎蹇驢過溪橋，驢踏橋穿陷足。師墜驢，不覺口中曰，嘿。忽然契悟。有頌曰，我有神珠一顆，久被塵勞羈鎖。今朝塵盡光生，照見青山萬朵。走謁楊岐，楊岐即印可。師乃白雲守端落髮之師也。端悟道因緣已具端傳。端後出世住九江承天。贊師像曰，水月以喩兮古來已多，我今不然兮所陳伊何。百尺竿頭曾進步，溪橋一踏沒山河。顧不游方兮，何游之有。玄沙保壽兮，師其與偶。應峯之東兮，洣川之口。三十三秋兮，大師子吼。舒兮捲兮已而矣。依前空瀉洣川水，九江相去幾千里。父有重牙子無齒，謾勞提耳一爐香，微煙旋逐松風起。

楊岐後錄

《楊岐方會和尙後錄》　師入院開堂，宣疏了。師云，大衆。大家散去，早落二頭三首。如不散去，今日熱瞞諸人去也。宜陽秀水，萍實楚江。遂陞座。拈香云，此一瓣香，奉爲今上皇帝，聖壽千秋，永昌佛日。次一瓣香，奉爲州縣官僚，檀那十信。此一瓣香，諸人還知落處麼。若也知得落處，更不須開兩片皮。若也不知，爲先住南源，次住石霜，今住潭州興化禪寺。諸人還識興化麼。如不識，不免帶累上祖。遂趺座。維那白槌訖。師云，早落第二義，大衆散去，猶較些子。既不散去，有疑請問，僧問，師唱誰家曲，宗風嗣阿誰。師云，隔江打鼓不聞聲。僧云，興化的子，臨濟兒孫。師云，今日因齋慶讚。師乃云，更有問話者麼。所以道，諸供養中，法供養最爲勝。良久云，百千諸佛，天下老和尚出世，皆以直指人心，見性成佛。若向者裏明得去，盡與百千諸佛同參。若向者裏，未能明得，楊岐未免惹帶口業，況諸人盡是靈山會上，受佛付囑底人。何須自家退屈，還有記得底人麼。爾且道，靈山末後一句，作麼生道。如無。楊岐今日敗闕，以方會。俾欲深雲隱拙，隨衆延時。豈謂郡縣官僚，洎諸檀信，共崇三寶。續佛壽命，令法久住。俾令山僧住持此剎，亦非小緣。所有一毫之善，上祝皇帝萬歲，家宰千秋。大衆且道，今日事作麼生。良久云，來年更有新條在，惱亂春風卒未休。

雜録

《楊岐方會和尚語録》　師在筠州九峯山，受疏了，拔法衣。乃拈起示衆云，會麼。若也不會，今日無端走入水牯牛隊裏去也。還知麼，筠陽九曲萍實楊岐。乃陞座。時有僧出衆。師云，漁翁未擲釣，躍鱗衝浪來。僧便喝。師云，不信道。僧撫掌歸衆。師云，消得龍王多少風。問，師唱誰家曲，宗風嗣阿誰。師云，有馬騎馬，無馬步行。進云，少年長老足有機籌。師云，念爾年老，放爾三十棒。問，如何是佛。師云，三腳驢子弄蹄行。進云，莫只者便是。師云，湖南長老。問，人法俱遣，未是衲僧極則。佛祖雙亡，猶是學人疑處。未審和尚如何爲人。師云，爾只要看破新長老。進云，與麼則旋斫生柴帶葉燒。師云，七九六十三。師云，更有問話者麼，試出衆相見。楊岐今日性命，在爾諸人手裏，一任橫拕倒拽。爲什麼如此。大丈夫兒須是當衆決擇，莫背地裏似水底㮈葫蘆相似，當衆引驗莫便面赤。有麼有麼出來決擇看。如無。楊岐失利。師纔下座。九峯勤和尚把住云，今日喜遇同參。師云，同參底事作麼生。峯云，九峯牽犁，楊岐拽杷。師云，正當與麼時，楊岐在前九峯在前。峯擬議。師托開云將謂同參。元來不是。師入院上堂。僧問，如何是楊岐境。師云，獨松巖畔秀，猿向下山啼。進云，如何是境中人。師云，貧家女子攜籃去，牧童橫笛望源歸。師乃云，霧鎖長空風生大野，百草樹木作大師子吼，演說摩訶大般若。三世諸佛在爾諸人腳跟下轉大法輪。若也會得，功不浪施。若也不會，莫道楊岐山勢嶮，前頭更有最高峯。【略】

師於興化寺開堂，府主龍圖度疏與師。師纔接得。乃提起云，大衆，府主龍圖駕部諸官，盡爲爾諸人說第一義諦了也。諸人還知麼，若知，家國安寧，事同一家。若不知，曲勞僧正度與表白宣讀，且要天下人知。表白宣疏了乃云，今之日，賢侯霧擁海衆臨筵。最上上乘，請師敷演。師云，若是最上上乘，千聖側立，佛祖潛蹤。何故如此。爲諸人盡同古佛，還信得及麼。若信得及大家散去。若不散去，山僧謾爾諸人去也。遂陞座拈香云，此一瓣香，祝延今上皇帝聖壽無窮。又拈香云，此一瓣香，奉爲知府龍圖駕部諸官。伏願，常居祿位。復拈香云，大衆，還知落處麼。若也不知，卻爲注破。奉酧石霜山，慈明禪師法乳之恩。山僧不免薰天炙地去也。便燒。淨行大師白槌云，法筵龍象衆，當觀第一義。師云，大衆，早是落二落三了也。諸人何不負丈夫之氣。若不然者，有疑請問。僧問，昔日梵王請佛，天雨四花。府主臨筵，有何祥瑞。師云，片雲收岳面，浪自靜瀟湘。進云，大衆霑恩，學人禮謝。師云，斷頭船子下揚州。僧問，埋兵掉鬬即不問，今日當場事若何。師云，楊岐入界來，未曾逢見者作家。僧以手劃一劃。師云，分身兩處看。師乃云，若有問話者請出來，諸供養中法供養最勝。若據祖宗令下，祖佛潛蹤天下黯黑。豈容諸人在者裏立地，更待山僧開兩片皮。雖然如是。且向第二機中，說些葛藤繁興大用。舉步全眞既立名，眞非離眞而立，立處即眞。者裏須會，當處發生隨處解脫。此喚作鬧市裏上竿子，是人總見。爾道金不博金一句作麼生道。還有人道得麼。試出來踣跳看。如無。山僧今日失利。但某此際榮幸，伏遇知府龍圖通判駕部洎諸官僚，請住雲蓋道場。可謂諸官願弘深廣爲國忠臣，建立法幢上嚴帝祚。然願諸官壽齊山岳永佐明君，作大股肱爲佛施主。諸院尊宿在會信心。世世生生共營大事。久立珍重。【略】

師問僧，先行不到，末後太過。僧擬提起坐具。師指云，離卻坐具，作麼生道。僧云，和尚那裏得這消息來。師便打。僧擬提坐具。師又打云，瞎漢。僧擬議。師又打云，且坐喫茶。僧便坐。師云，什麼處來。僧云，石霜。師云，怪得師問僧。有一事借問上座，只是不得打老僧。僧云，著甚來由。師提起坐具云，爭柰這箇何。僧云，莫亂做。師便打僧云，莫亂做莫亂做。師又打云，且坐喫茶。僧云，適來道著甚來由，和尚爲什麼卻打某甲。師云，爾適來去什麼處來。僧無語。師乃搊胸一下。師問僧，昨日莊上已相見了也。今日人事又作麼生。僧云，合取狗口。師云，也是。僧便打。師云，老僧過在什麼處。僧云，再犯不容。師卻云，將謂是箇漢。師便打云，參堂去。數人新到禮拜。師云，總是浙裏師僧。僧云，猢猻向火。師云踣跳作麼。僧云，今日得見和尚。師云，伏惟尚饗。僧無語。師便打。師在慈明會裏，一日提螺螄一籃遶院云，賣螺螄。令眾下語。皆不契。有一老宿揭簾見，以目顧視師，放身便臥。師放籃子便行。師問僧，什麼處來。僧云，堂中來。師云，聖僧道什麼。僧近前不審。師云，東家作驢，西家作馬。僧云，過在什麼處。師云，萬里崖州。師問僧，甚處來。僧云，殿寮裏來。師云，釋迦老子作何面孔。僧便喝。師云，作麼僧又喝。師云，恰是。僧云，一任踣跳。師便打。一日新到人事，乃云，請和尚相看。師云，不易道得，且坐喫茶。泐潭專使禮拜乃云，德華禮拜。師云，是箇浙裏師。僧云，不消如是。師云，猶是舊時氣息。僧云，喏。師云，喏。即且致別作麼。僧良久云，一任踣跳。師撫掌一下。師一日不安。僧問訊次乃云，和尚近日尊位如何。師云，粥飯頭不了事。僧無語。師鳴指一下。王提刑問璉三生云，某甲四十年爲官，作麼脫得此塵去。生無對。師代云，一任踣跳。又看上峯路。璉云，這箇是上峯路。提刑云，寺在上頭那。璉云，是。提刑云，恁麼則不去也。璉無語。師代云，今日勘破。

《楊岐方會和尚後錄》

上堂。僧問，如何是祖師西來意。師云，擔頭不負書。師云，心生種種法生，心滅種種法滅。拈起拄杖，卓一下云，大千世界百雜碎，捧鉢盂向香積世界。喫飰去也。

上堂。僧問，如何是不動尊。師云，大眾齊著力。僧云，與麼則香燈不絕去也。師云，且喜勿交涉。師乃云，一切法皆是佛法。佛殿對三門，僧堂對廚庫。若也會得，擔取鉢盂拄杖，一任天下橫行。若也不會，更且面壁。

上堂。僧問，如何是佛。師云，賊是人做。師乃云，萬法是心光，諸緣惟性曉。本無迷悟人，只要今日了。山河大地，有什麼過。山河大地，目前諸法，總在諸人腳跟下，自是諸人不信。可謂古釋迦不前，今彌勒不後，楊岐與麼。可謂買帽相頭。

上堂。心是根，法是塵，兩種猶如鏡上痕。痕垢盡時光始現，心法雙忘性即眞。遂拍禪床一下云，山河大地何處有也。且作麼生道得不受人瞞底句。若也道得，向十字路頭，道將一句來。如無。楊岐今日失利。

上堂。一塵纔起，大地全收。遂拈起拄杖云，須彌山上走馬，大洋海裏踍跳，鬧市中忽撞著者箇，是人知有。且道，黑地裏穿針一句，作麼生道。良久云，尋常不欲頻開口，爲是渾身著衲衣。【略】

上堂。云，心隨萬境轉，轉處實能幽。隨流認得性，無喜復無憂。復云，天堂地獄，罩卻汝頭。釋迦老子，在爾腳跟下。當明對暗，時人知有。鬧市裏把將鼻孔來，還有道得麼。試出來，與楊岐出氣。如無。楊岐今日失利。

上堂。僧問，祖師面壁，意旨如何。師云，西天人不會唐言。僧云，昨日雨落，今日天晴，是人道得，請和尚出格道一句。師以兩手棙膝坐。僧云，大殺盡力道，只道得一半。師云，分身兩處看。僧指侍者云，和尚爲什麼不著鞋。師云，者漆桶。僧便禮拜歸眾。

師乃舉外道問佛，不問有言，不問無言。世尊良久。外道讚嘆，世尊大慈大悲，開我迷雲，令我得入。外道去後。阿難問世尊云，外道見箇什麼，便道令我得入。世尊云，如世良馬，見鞭影而行。師云，道吾師兄云，世尊隻眼通三世，外道雙眸貫五天。道吾師兄，善則善矣。甚與古人出氣。楊岐道，金鍮不辨，玉石不分，大眾要會麼。世尊輟已從人，外道因齋慶讚。遂以拄杖卓一下。喝一喝。

上堂。妙湛總持不動尊，首楞嚴王世希有。銷我億劫顛倒想，不歷僧祇獲法身。乃拈拄杖云，拄杖子，豈不是法身，爾諸人還知麼。楊岐今日向水裏倒泥裏輥，蓋爲諸人頭抵麵袋裏。三十年後，明眼人前，不得錯舉。以拄杖卓一下。喝一喝。【略】

上堂。云，一切智通無障礙。遂拈起拄杖云，拄杖子。向諸人面前，逞大神通去也。遂擲下云，直得乾坤震裂，地搖六動，不見道，一切智智清淨。又拍禪床一下云，三十年後，明眼人前，莫道楊岐龍頭蛇尾。

上堂。云，雷驚雨勢，萬物發生。拈起拄杖云，大眾且道，者箇作麼生。良久云，漁翁盡日空垂釣，收取絲綸歸去來。以拄杖卓禪床一下云，參。

上堂。僧問，師登寶座，四衆臨筵，的的西來，請師舉唱。師云，雲開山嶽秀，水到四溟寬。進云，一句已蒙師指示，今日得聞於未聞。師云，脚跟下一句，作麽生道。僧云，若不伸三拜，爭顯我師機。師云，更有什麽事。僧禮拜。師云，記取者僧話頭。問，先聖有八萬四千法門，門門見諦，學人爲什麽，觸途成滯。師云，何得自家退屈。僧云，急切處，請師舉。師云，露柱蹦跳，上三十三天。僧云，拈卻佛殿，去卻案山。脚跟下，去西天有多少。師云，楊岐被爾問倒。僧云，將謂無鼻孔。師云，三十年後，自家面赤。師乃云，風不鳴條，雨不破塊。此是俗漢時節，作麽生是衲僧應時應節底句。遂拍禪床一下云，直待彌勒下生時。【略】

上堂。僧問，虎符金印師親握，家國興亡事若何。師云，將軍不舉令。僧云，坐籌幃幄，非師者誰。師云，金州客。僧云，幸對人天，願觀盛作。師云，楊岐鼻孔，在闍梨手裏。僧云，學人性命，在和尚手中。師云，爾乾蹦跳作什麽。僧云，下坡不走，快便難逢。撫掌一下，便禮拜。師云，看者一員戰將。師乃云，風霜刮地，寒葉飄空。不涉春緣，拈將鼻吼來。遂拍禪床一下云，來年更有新條在，惱亂春風卒未休。

上堂。云，楊岐一訣，凡聖路絕。無端維摩，特地饒舌。

上堂。供養主問，雪路漫漫，如何化導。師云，霧鎖千山秀，迤邐問行人。僧問，忽有人問楊岐意旨，未審如何舉似。師云，大野分春色，巖前凍未消。僧畫一圓相云，忽遇與麽人來。又作麽生。師乃捩轉面。僧擬議。師便喝云，甚麽處去也。僧作女人拜。師云，歸來與爾三十棒。師乃云，楊岐令下，已在言前，作麽生是正令。喝一喝。便下座。

上堂。云，落鵰之箭，斬蛟之劍。主將自敗，抱馬拕旗。有人向安家立國處。道將一句來。良久云，太平本是將軍致，不許將軍見太平。喝一喝。【略】

一日。璉三生至。師云，寒風凜烈，紅葉飄空。祖室高流，朝離何處。璉云，齋後離南源。師云，脚跟下一句，作麽生道。璉以坐具摵一摵。師云，只者箇，別有在。璉作抽身勢。師云，且坐喫茶。

二人新到。師云，春雨乍歇，泥水未乾。行脚高人，如何話道。僧云，昔時離古寺，今日覩師顏。師云，甚處念得者虛頭來。僧云，和尚幸是大人。師云，脚跟下一句，作麽生道。僧以坐具摵一摵。師云，與麽則楊岐燒香供養去也。僧云，明眼人難瞞。師拈起坐具云，第二行脚僧，喚者箇作什麽。僧云，乍入叢林不會。師云，實頭人難得，且坐喫茶。

問僧，落葉飄飄，朝離何處。僧云，齋後離南源。師云，脚跟下一句，作麽生道。僧云，愁人莫向愁人說。師云，楊岐專爲舉揚諸方去也。僧云，是什麽心行。師云，不得楊岐讚嘆。僧擬議。師云，且坐喫茶。

一日。數人新到相看。師云，陣勢既圓，作家戰將，何不出來與雲蓋相見。僧打一坐具。師云，作家師僧。僧又打一坐具。師云，一坐具，兩坐具。又作麽生。僧擬議。師乃背面立。僧又打一坐具。師云，爾道，雲蓋話頭在甚處。僧云，在者裏。師云，三十年後自悟去在，雲蓋在上座手裏，且坐喫茶。師又問，夏在甚處。僧云，神鼎。師云，早知上座神鼎來，更不敢借問，

師。次日參云，昨日數人新到，打雲蓋三下坐具，恰似有箇悟處。遂舉前話了。乃云，雲蓋敗闕處，諸人總知，新到得勝處，諸人還知麽。若也知得，出來與雲蓋出氣。若也不知，明眼人前，不得錯舉。

上堂。云，萬法本閑，唯人自鬧。以拄杖卓一下云，大衆，好看火燭，明眼人前，不得錯舉。

師訪孫比部，值判公事次。部云，下官爲王事所牽，無由免離。師云，此是比部願弘深廣，利濟群生。比部云，未審如何。師云，應現宰官身，廣弘悲願深。爲人重指處，棒下血霖霖。比部因頌有省，乃歸小廳。坐次卻問，下官每日持齋喫菜，還合諸聖也無。師以頌贈之，孫比部孫比部，不將酒肉污腸肚。侍僕妻兒渾不顧，釋迦老子是誰做。孫比部，孫比部。

《大慧普覺禪師語錄》卷五　楊岐一頭驢

榮侍郎生日請陞座。僧問，楊岐一頭驢，爲甚麽只有三隻脚。師云，爾少喫水草。進云，恁麽則覿面相呈，更無回互。師云，且莫詐明頭。進云，既是潘閬倒騎歸，爲甚麽攧殺黃番綽。師云，非汝境界。進云，爭柰即今何。師云，且莫辜負老僧。進云，恩大難酬。便禮拜。師乃云，楊岐一頭驢，只有三隻脚。潘閬倒騎歸，攧殺黃番綽。妙喜三十年前底註脚，今日被這僧對人天衆前華擘一上。不同小小。直得楊岐和尚拍手呵呵大

笑。山河大地萬象森羅一時起舞，當恁麼時。且道，是甚麼人證明。所以道，處處眞處處眞，塵塵盡是本來人。眞實說時聲不現，正體堂堂沒卻身。作麼生是堂堂正體。未離兜率已降王宮，未出母胎度人已畢，豈不是堂堂正體。若作堂堂正體會，則辜負釋迦老子。若不作堂堂正體會，則辜負自己。自己既辜負，將甚麼與釋迦老子相見。若向這裏撥得一線路，方知釋迦老子在兜率天，乘日輪香象降摩耶夫人胎，只是示現箇生底時節以至一手指天一手指地云，天上天下唯吾獨尊，也只是與一切人作箇示現生相底樣子。若向這裏見得，不獨爲釋迦老子出氣，亦乃與生身父母出氣。不獨爲生身父母出氣，亦乃與一切有情出氣。正當恁麼時。且道，承誰恩力。良久云，揮劍斫開人我易，推山塞斷是非難。

《大慧普覺禪師語錄》卷一〇　三腳驢子。

楊岐和尙問僧，栗棘蓬爾作麼生呑，金剛圈爾作麼生跳。頌云，金剛圈栗棘蓬，玄沙三種病，石鞏一張弓。直截爲君說，新羅在海東。

僧問楊岐，如何是佛。岐云，三腳驢子弄蹄行。僧云，便恁麼去時如何。岐云，湖南長老。頌云，楊岐一頭驢，只有三隻腳。潘閬倒騎歸，攧殺黃幡綽。

《密菴和尙語錄》　楊岐問慈明。

上堂。僧問，楊岐問慈明，幽鳥語喃喃，辭雲入亂峯時如何。明云，我行荒草裏，汝又入深村，意旨如何。師云，天共白雲曉，水和明月流。進云，應庵道，兩箇漆桶，失卻鼻孔。又作麼生。師云，要且扶臨濟不起。進云，適來和尙恁麼道，還扶得也無。師云，老僧更是不奈何。進云，應菴只知他人失卻鼻孔，不知自家落盡眉毛。師云，那裏是他落盡眉毛處。進云，特地一場愁。師便喝。進云，若非父子至親，爭得赤心片片。師云，上座又錯會了。進云，楊岐道，官不容針，更借一問，慈明便喝。又作麼生。師云，總是漆桶見解。進云，楊岐云，好喝。慈明又喝。楊岐亦喝。慈明連喝兩喝。楊岐便禮拜。又作麼生。師云，三生六十劫。僧禮拜。師乃云，一槌便成，方木逗圓孔，不假一槌，塡溝塞壑少人知。若也腳蹈實地，南州打到北州頭，愈見金聲玉振。若也半前半後，東土移來西土看。對面隔千山，華藏口似乞兒破席袋，和底一時翻了也。若也會得，乾三連坤六段。若也不會，切忌地盈虛。

宗杲《正法眼藏》卷一之下　忌日設齋。

楊岐和尙爲慈明忌日設齋。衆集至眞前，以兩手握拳安頭上，以坐具畫一畫打一圓相便燒香，退身三步作女人拜。首座云，休捏怪。曰，首座作麼生。座云，和尙休捏怪。曰，兔子喫牛嬭。第二座近前打一圓相便燒香，亦退身三步作女人拜。楊岐近前作聽勢。第二座擬議。楊岐打一掌曰，遮漆桶，也亂做。

妙喜曰，楊岐老漢大似溺卻一船廝，卻來戽斗裏掃。

楊岐和尙示衆云，有句無句如藤倚樹，文殊維摩撒手歸去，楊岐恁麼道也是看錮鏴，更有後語不得錯舉。

妙喜曰，利動君子。

宗杲《正法眼藏》卷二之下　布袋裏盛錐子

楊岐和尙示衆云，景色乍晴，物情舒泰。舉步也千身彌勒，動用也隨處釋迦，文殊普賢總在遮裏。衆中有不受人謾底便道。楊岐和麩羅麵，然雖如是，布袋裏盛錐子。

雲門一日云，折半裂三針筒，鼻孔在甚麼處，與我箇箇拈出來看。自代云，上中下。

妙喜曰，倚門傍戶弄精魂。

楊岐會和尙示衆云，雪雪，處處光輝明皎潔，黃河凍鎖絕纖流。赫日光中須迸裂，須迸裂。那吒頂上喫蒺藜，金剛腳下流出血。又示衆云，蹋著秤鎚硬似鐵，啞子得夢向誰說。須彌頂上浪滔天，大洋海底遭火爇。

脇尊者問童子云，汝從何來。曰，我心非往。祖云，汝住何所。曰，我心非止。祖云，汝不定耶？曰，諸佛亦然。祖云，汝非諸佛。曰，諸佛亦非。大愚芝云，祖師一問，童子一答，總欠會在。如今諸人作麼生會。

妙喜曰，直饒如今會得，更參三生六十劫。

宗杲《正法眼藏》卷三之下　兩重公案。

楊岐和尙問僧，秋色依依朝離何處。僧云，去夏在上藍。曰，不涉程途一句作麼生道。云，兩重公案。曰，謝上座答話。僧便喝。岐曰，那裏學得遮虗頭來。云，明眼尊宿難謾。曰，與麼則楊岐隨上座去也。僧擬議。岐曰，念汝鄉人在此，放汝三十棒。問，如何是佛。曰，堦前喝棒聲。

睦州和尚見僧來云，現成公案，放汝三十棒。雲峯悅云，作賊人心虛。

妙喜曰。又添得一箇。道了問沖密，你道我恁麼道還有過也無。密云，作賊人心虛。妙喜曰，三箇也有。

《白雲守端禪師語錄》卷上 半觔八兩

上堂。將此深心奉塵刹，是則名爲報佛恩。圓通則不然。時挑野菜和根煑，旋斫生柴帶葉燒。

示衆云，如我按指，海印發光。拈拄杖云，山河大地，水鳥樹林。情與無情，盡向拄杖頭上，作大獅子吼，演說摩訶大般若。且道，天台南嶽，說什麼法門。南嶽說，洞山五位修行，君臣父子，各得其宜，莫守寒巖異草青，坐斷白雲宗不妙。天台說，臨濟三玄三要，四料揀，一喝分賓主，照用一時行，要會箇中意，日午打三更。廬山出來道，汝兩個漢，正在葛藤窠裡，不見道。欲得不招無間業，莫謗如來正法輪。此三個漢見解，若上衲僧秤子上秤，一個重八兩，一箇重半觔。一個不值半文錢。且道，那個不值半文錢。但願春風齊著力，一時吹入我門來。

黃龍派分部

綜　述

希叟《五家正宗贊》卷二 黃龍南禪師

師諱慧南。嗣慈明。信州章氏子。懷玉山受度。初受泐潭印證。領徒遊方。以氣自負。偶會雲峯悅。同游西山。夜話間，因問泐潭所授之旨。師言其要。悅曰，泐潭所授，如藥汞銀，徒可玩，入煆即流矣。公欲決明此事，須見慈明始得。師怒以枕投之。悅不與語。

師默計之。曰，悅師翠巖，令我見明。縱有所得，於悅何有。

黎明遂行。至中路。聞慈明不事事。遂不往。寓止福嚴。賢命師掌書記。俄賢卒。郡守以明繼之。

師曰，悅令我見渠，今坐此以待。

明至。望見心容俱肅。及晚參。痛叱諸方邪解。師乃曰，大丈夫爲此事求決擇，豈可置疑胸中。懷香求指示。

明曰，書記領徒行脚，有事可坐而商確。令侍者進榻。師固辭。

明曰，書記學雲門禪，必善其旨。如曰，放洞山三頓棒，合喫不合喫。

師曰，合喫。

明色莊而言。聞棒聲。便言合喫。從旦至暮，聞鴉鳴鵲噪，鐘魚鼓板之聲，亦應喫棒。喫棒何時當已哉。師面熱汗下。後乃悟旨。

師住黃龍，以佛手，驢脚，生緣勘驗學者。號黃龍三關。角虎慈明也。人贊曰，石霜角虎，眼光搖百步之威。

書云，明月之珠，夜光之璧。以暗投之，則人莫不按劍而視之。

贊曰：

懷玉山受經，故紙堆鑽出。

塞天地壯膽氣沖沖，滿江湖匾頭名藉藉。

擲枕子打雲峯悅，恠汞銀入煆即流。

指胸次扣慈明圓，愧痛棒聞聲合喫。

與會監寺栗棘蓬，十載同參。

搭澄散聖冬瓜印，半生受屈。

坐通衢而鬻物，遺簪墮珥探之意消。

立三關以驗人，佛手驢脚近之魂失。

奪角虎眼，光搖百步之威。

奮黃龍鼻，衝起九囦之蟄。

夫是之謂，臨濟克世其家。照古照今兮，明月之珠，夜光之璧。

《釋氏稽古略》卷四 隆興府黃龍禪師。名慧南，信州章氏子。依泐潭澄禪師，分別座接物，名振諸方。偶同雲峯悟禪師遊西山。夜話雲門法道。峯曰，澄公雖是雲門之後，法道異矣。師詰其所以異。峯曰，雲門如九轉丹砂，點鐵成金。澄公藥永銀，徒可翫入煆則流去。師怒以枕投之。

明日峯謝過。又曰，雲門氣宇，如王甘死語下乎。有法授人者，死語也。死語，能活人乎。師曰，若如是，則誰可汝意。峯曰，石霜圓手，段出諸方，子宜見之。師即造焉。中途聞慈明不事事忽叢林。遂登衡嶽謁福嚴賢。命師掌書記。俄賢卒。郡守以慈明補席。入院貶剝諸方件件，數爲邪解。師爲之氣索，遂造其室。明曰，書記領徒遊方。借使有疑，可坐而商略。師哀懇愈切。明曰，公學雲門禪，必善其旨。如云放洞山三十棒，是有喫棒分，是無喫棒分。師曰，有喫棒分。明色莊曰，從朝至暮，鵲噪鴉鳴皆合喫棒。師遽炷香作禮。明端坐受之。復問之曰，趙州道臺山婆子，我爲汝勘破了也。且那裏是他勘破婆子處。師汗下，不能加答，次日又詣。明詬罵不已。師曰，罵豈是慈悲法施耶？明曰，爾作罵會那。師於言下大悟。作頌曰，傑出叢林是趙州，老婆勘破有來由。而今四海清如鏡，行人莫與路爲讎。呈慈明。明頷之。後開法同安。初受請日，泐潭來僧，審提唱之語有曰，智海無性因，覺妄而成凡。覺妄元虛，即凡心而見佛。便爾休去，將謂同安無折合。隨汝顛倒所欲，南斗七，北斗八。僧舉似澄澄不懌。師住黃龍。室中設三轉語，人人有箇生緣。舉手曰，我手何似佛手。垂足曰，我脚何以驢脚。叢林目曰，黃龍三關。遷黃檗。師嗣慈明圓禪師。至是熙寧二年三月十七日午刻，饌客罷。起至寢室前。大眾肅侍跏趺，端坐而逝。闍維火化，舍利五色。塔于前山。謚普覺禪師。傳嗣弟子，眞淨克文，東林常總，晦堂祖心等（普燈錄）。

居頂《續傳燈錄》卷一七　黃龍慧南禪師法嗣。洪州黃龍晦堂寶覺祖心禪師。

洪州黃龍晦堂寶覺祖心禪師。南雄始興人，生於鄔氏。少爲書生有聲。年十九而目盲。父母許以出家，輒復見物。乃往依龍山寺沙門惠全。明年試經業，而師獨獻詩得剃髮。繼住受業院，不奉戒律。一旦棄之入叢林，謁雲峯悅禪師。留止三年。苦其孤硬，告悅將去。悅云，必往依黃檗南公。師至黃檗四年，知有而機不發。又辭，而上雲峯會悅沒。因就止石霜，無所參決。試閱傳燈。至僧問多福禪師，如何是多福一叢竹。多福云，一莖兩莖斜。僧云，不會。多福云，三莖四莖曲。此時頓覺親見二師。徑歸黃檗方展坐具。南笑云，子入吾室矣。師亦踴躍自喜即應曰，大事本來如是。和尚何用教人看話下語百計搜尋。南云，若不令汝如此究尋到無用心處自見自肯。吾即埋沒汝也。師從容游泳陸沈眾中。時時往決雲門語句。南云，知是邊事便休。汝用許多工夫作什麼。師曰，不然。但有纖疑在。不到無學，安能七縱八橫，天回地轉哉。南肯之。已而往謁翠岩眞禪師。眞與語大奇之。依止二年而眞沒。乃還黃檗。南使分座，接納後來。及南遷住黃龍。師往謁泐潭月禪師。月以經論，精義入神。聞諸方同列笑之，以謂政不自歇去耳。乃下喬木入幽谷乎。師曰，彼以有得之得，護前遮後。我以無學之學，朝宗百川。中以小疾，醫寓章江。轉運判官夏倚公，立雅意禪學。見楊傑次公而嘆曰，吾至江西，恨不識南公。次公云，有心上座在章江。公能自屈，不待見南也。公立見師，劇談神思傾豁。至論肇論，會萬物爲自己者，及情與無情共一體。時有狗臥香卓下。師以壓尺擊狗。又擊香卓曰，狗有情即去，香卓無情自住。情與無情，安得成一體。公立不能對。師曰，才入思惟，便成剩法。何曾會萬物爲自己哉。又嘗與僧論維摩。三萬二千師子寶座，晝入毘耶小室，何故不礙。爲是維摩所現神力耶？爲別假異術耶？夫難信之法，故現此瑞。有能信者，始知本來自有之物，何故復令更信。曰，若無信入，小必妨大。雖然既有信，法何從而起耶？又作偈曰，樓閣門前纔斂念，不須彈指已開扃。善財一去無消息，門外春來草自青。其指法親切，方便妙密多類此。【略】元符三年十一月十六日中夜示寂。閱世七十有六。坐五十五夏。賜號寶覺。葬于南公塔之東號雙塔。

居頂《續傳燈錄》卷一七　洪州泐潭眞淨克文禪師。

出於陝府閿鄉鄭氏。鄭世族多名公卿。師生而傑異。幼孤，事後母至孝，而失愛。母數困辱之。父悲之，使游學四方。至復州北塔，聞耆宿廣公說法，感泣。裂縫掖而師事之。故北塔以克文名之。年二十五，試所習剃髮受具足戒。學經論，無不臻妙。游京洛講席。因經行龍門殿廡間，見塑比丘像，冥目如在定。翻然自失，謂其伴曰，我所負者，如吳道子畫人物。雖盡其妙，然非活者。於是棄去曰，吾將南游觀道焉。治平二年，坐夏於大溈。夜聞僧誦雲門語。僧問，佛法如水中月，是否。雲門云，清波無透路。豁然有省。時南禪師在黃檗，師往造焉。適眞覺惟勝爲首坐。南一日舉古德鐘樓上，念讚床脚下種菜話，令眾下語。勝云，猛虎當路坐。南喜之，遂退院令住，而居于積翠菴。師三到菴，語不契。乃曰，此老只是箇修行僧，不會我說話。遂去見翠巖順禪師。順知見甚高，而語話好葛藤，諸方號順婆婆是也。問師，近離甚處。師曰，黃蘗。云，菴頭老子安樂否。師曰，安樂。云，甚處人事。師曰，關西。云，說話卻不似關西人。師曰，幼曾游學。云，甚處爲僧。師曰，從北塔廣和尚落髮，廣與秀同參雙泉郁。順笑云，頃與訥祖印參，此二大老。不會渠語話。及我如今參得些子禪，要見他卻已遷化了。又問，新黃蘗住得如何。師曰，甚好。順云，渠只下得一轉語好。遂住黃蘗。禪即未夢見在。師因此大悟臨濟宗旨。頓見南用處。遂作數頌寄之。南大稱賞，因回參禮。南問，從什麼處來。對曰，翠巖。南云，恰値老僧不在。進曰，未審向什麼處去。南云，天台普請南嶽雲游。曰，若然者學人，亦得自在去也。南云，腳下鞋何處得來。曰，廬山七伯錢唱得。南云，何曾自在。師指曰，何曾不自在耶？南駭異之。于時洪英首座，與師齊名。英乃邵武人也。眾中號英邵武文關西。久之辭去，復寓止翠巖順禪師會下。順云，子種性邁往，而契悟廣大。臨濟將僕子力，能支之厚自愛。南住黃龍師復往焉。南云，適令侍者捲簾問渠，卷起簾時如何。云，照見天下。放下簾時如何。云，水泄不通。不卷不放時如何。侍者無語，汝又作麼生。師曰，和尚替侍者，下涅槃堂始得。南厲聲云，關西人，果無頭腦，乃顧旁僧。師指之曰，只這僧也未夢見。南大笑。自是門下號偉異。雖博學多聞者，見之無不讐縮。南入滅遊衡嶽，還首眾於仰山。熙寧五年至高安。太守錢公弋先侯見之。師復謁。有獒逸出屏間。師方趨迎之少避。錢公嘲云，禪者固能教誨蛇虎，乃畏狗乎。師曰，易伏隈岩虎，難降護宅龍。錢公嘆云，名不虛得。遂挽令住洞山。繼住壽聖。初於洞山開堂示眾曰，問話且止，秖知問佛問法。殊不知佛法來處。且道從什麼處來。乃垂下一足曰，昔日黃龍親行此令，十方諸佛無敢違者。諸代祖師，一切賢聖，無敢越者。無量法門，一切妙義。天下老和尚，舌頭始終一印，無敢異者。無異即且止，印在什麼處，還見麼。若見非僧非俗，無偏無黨，一一分付。若不見即我自收。遂收足乃喝一喝曰，兵隨印轉將，逐符行。佛手，驢腳，生緣。老好痛與三十棒。而今會中，莫有不甘者麼。若有不妨奇特。若無新長老，謾汝諸人去也。故我大覺世尊。昔日，於摩謁陀國，十二月八日，明星現時，豁然悟道。大地有情，悉皆成佛。今日，有釋子沙門克文，於東震旦國，大宋筠陽城中。六月十三日赫日現時。又悟箇什麼。以拂子畫一畫曰，我不敢輕於汝等，汝等皆當作佛。下座。【略】荊公大悅。以師道行奏聞。詔賜眞淨禪師。未幾厭繁閫，還高安菴于九峯之下。名曰投老。學者自遠而至。六年而復出住歸宗。又二年，張天覺由左司謫金陵酒官，起師南昌。過廬山見師。康強盡禮致之以居泐潭。俄退居雲菴。以崇寧元年十月旦日示疾。十五日疾愈。盡出平生玩好道具件件，疏之散諸門弟子。十六日中夜，沐浴跏趺。眾請說法。師笑曰，今年七十八，四大相離別。風火既離散，臨行休更說。言卒而逝。又七日，闍維五色成焰，白光上騰。煙之所及，皆成舍利。道俗千餘人皆得之。分建塔于泐潭寶蓮峯之下，洞山留雲洞之北。

居頂《續傳燈錄》卷一七　洪州泐潭洪英禪師。

洪州泐潭洪英禪師。姓陳氏邵武軍人。幼警敏讀書五行俱下。父母愛之使爲書生習進士。師不食自誓懇求出家。及成大僧即行訪道。東游至曹山依止耆年雅公。久之辭去登雲居。眷岩壑勝絕爲終焉之計。閱華嚴十明論。至爲眞智慧無體性。不能自知無性故爲無性之性。不能自知無性故名曰無明。華嚴第六地曰，不了第一義故號曰無明。將知眞智慧本無性故不能自了。若遇了緣而了則無明滅矣。是謂成佛要門。願以此法紹隆佛種。然今諸方誰可語此。既而曰，有積翠老子在。即日往黃蘗謁南禪師。夜語達旦。南惟加敬而未許入室。師往呈語。南惟默然。一日因取經函忽失手而墜。戛然有聲遂頓悟。徑造方丈陳其所解。南曰，汝乃吾家英雄具正眼者善自護持。時會下龍象雜遝。而師議論英發常傾四坐。聲名藉甚。乃游西山遇南昌潘居士同宿雙嶺。居士言。龍潭見天皇時節冥合孔子。師驚問，何以驗之。居士舉孔子曰，二三子以我爲隱乎。吾無隱乎爾。吾無行而不與二三子者是丘也。天皇云，汝擎茶來吾與汝接。汝行食來吾與汝受。汝問訊我起手。何嘗不爲汝。師以爲何如。師笑曰，楚人以山雞爲鳳。世傳以爲笑。不意居士此語正相類。何也汝擎茶來吾爲汝接。汝行食來吾爲汝受。汝問訊我起手。若言是說。說箇什麼。若言不說。龍潭何以便悟此。所謂無法可說是名說法。以世尊之辨亦不能加此兩句耳。學者但求解會。譬如五色圖畫虛空。鳥窠無佛法可傳授。不可默坐。只拈布毛吹之。侍者便悟去。學者乃云，拈起布毛全體發露。似此見解未出教乘。其可稱祖師門下客耶？九峯被人問深山裏還有佛法也無。不得已云有。及被窮詰無可有。乃云，石頭大者大小者小。學者乃卜度云，剎說眾生說三世熾然說。審如此教乘自足。何必更問祖師意旨耶？要得脫體明去。譬如病眼人求醫治之。醫者乃能去翳膜。不曾以光明與之。居士推床而起云吾憂積翠法道未有繼者。今知盡在子躬矣。雙嶺順禪師問，菴中老師好問學者。併卻咽喉唇吻道取一句。首座曾道得麼。師爲之一笑已。而有偈曰，阿家嘗醋三尺喙。新婦洗面摸著鼻。道吾答話得腰裩。玄沙開書是白紙。於是順嘆服以爲名下無虛士。【略】師住未期年。六月知事紛爭。止之不可。即謂眾曰，領眾不肅正坐無德。吾有媿黃龍。呼維那鳴鐘眾集敘行腳始末曰，吾滅後火化以骨石藏普通塔。明生死不離清眾也。言卒而逝。閱世五十有九。坐四十三夏。門弟子奉師遺誡。茶毘以靈骨入塔。別收舍利供養。

居頂《續傳燈錄》卷一七　黃龍南禪師法嗣，潭州石霜琳禪師。

潭州石霜琳禪師。初行腳時，與夾山齡同行。久依佛日才禪師罷參矣。因與齡同遊黃蘗。見慧南禪師小參，不喻其旨。師遂求入室。齡大怒，痛毆一頓而去。師獨留未幾，大悟黃龍宗旨。機鋒穎脫，名振叢林。在南公坐下，與文關西英邵武等齊名。遂開法於石霜。上堂示眾曰，霜華一境，極目蕭然。枯木堂前，風行草偃。淥水滔滔無盡，白雲合而還開。往來禪客飽足，觀光林下相逢，呵呵大笑。且道笑箇什麼。良久曰，煙村三四月，別是一家春。下坐。又曰，或談玄，或說妙。德山臨濟拍手笑，更言無說是菩提。多年梁上生芝草咦。僧問，拈槌舉拂拈放一邊，請師答話。師曰，高著眼。僧云，作家宗師。師曰，腳下蹉過。僧以坐具，畫一畫。師曰，自領出去。又問，法王出世，請施號令。師曰，一二三四五。僧云，法令施行。師曰，瀟湘船子。問，慈雲藹藹，慧日輝輝。大眾欣然，乞師一接。師曰，好。僧云，不言含有象，何處謝無私。師曰，石女溪邊笑點頭。問，石霜枯木重生時，如何。師曰，海底金龜走，天邊玉兔明。僧云，恁麼則覺花開有地，果熟自然香。師曰，須彌頂上面南行。師說法頗類眞淨，然於眞淨不相識而心敬之。在石霜時，眞淨在洞山，師以頌送僧。見之有曰，憧憧四海求禪者，不到新豐也是癡。師於元豐七年三月初八日，淨髮沐浴。至夜小參曰，平生行腳方始見人，平生參禪始終得力。成佛作祖不離方寸，鑊湯爐炭只在如今。這箇消息，如人飲水冷暖自知。聽吾一頌，大幻一段。光明燦爛，芒惱眾生，早晚分散。夜半端然示寂。闍維得舍利葬于本山。

又　蘄州開元子琦禪師。

泉州許氏子。依開元智訥試經得度。精楞嚴圓覺。棄謁翠岩眞禪師，問佛法大意。眞唾地曰，這一滴落在甚麼處。師捫膺曰，學人今日脾疼。眞解顏。辭參積翠。歲餘，盡得其道。乘間侍翠，商確古今。適大雪，翠指曰，斯可以一致苕帚否。師曰，不能。然則天霽日出，雲物解駁，豈復有哉。知有底人於一言句如破竹，雖百節當迎刃而解，詎容聲於擬議乎。一日，翠遣僧逆問，老和尚三關語如何。師厲聲曰，爾理會久遠時事作麼。翠聞益奇之。於是名著叢席。翠歿，四祖演禪師命分坐。室中垂示語曰，一人有口，道不得姓字爲誰。後傳至東林。總禪師歎曰，琦首座，如鐵山萬仭，卒難逗他語脈。未幾，以開元爲禪林，請師爲第一世。上堂。虛空無內外，事理有短長。順則成菩提，逆則成煩惱。燈籠常瞌睡，露柱亦懊惱。大道在目前，更於何處討。以拂子擊禪床。上堂。四面亦無門，十方無壁落。頭鬔鬆，耳卓朔，箇箇男兒大丈夫。何得無繩而自縛。且道，透脫一句作麼生道。良久曰，踏破草鞋赤腳走。僧問，須彌納芥子即不問，微塵裏轉大法輪時如何。師曰，一步進一步。曰，恁麼則朝到西天，暮歸唐土。師曰，作客不如歸家。曰，久嚮道風，請師相見。師曰，雲月是同，谿山各異。

又　舒州三祖法宗禪師。

僧問，如何是佛。師曰，喫鹽添得渴。問，如何是道。師曰，十里雙牌，五里單堠。曰，如何是道中人。師曰，少避長，賤避貴。問，如何是善知識所爲底心。師曰，十字街頭一片甎。曰，如何是十字街頭一片甎。師曰，不知。曰，既不知卻恁麼說。師曰，無人踏著。上堂。五五二十五，時人盡解數。倒拈第二籌，茫茫者無據。爲甚麼無據。愛他一縷，失卻一端。上堂。明晃晃，活鱍鱍，十方世界一毫末。拋向面前知不知，莫向意根上拈掇。拍一拍。上堂架梯，可以攀高，雖升而不能達河漢。鑄鍬可以掘鑿，雖利而不能到風輪。其器者費功，其謀者益妄。不如歸家坐，免使走塵壤。大眾那箇是塵壤。祖佛禪道。

又　蘄州四祖山法演禪師。

桂州人也。僧問，如何是心相。師曰，山河大地。曰，如何是心體。師曰，汝喚甚麼作山河大地。上堂，葉辭柯，秋已暮。參玄人，須警悟。莫謂來年更有春，等閑蹉了岩前路。且道作麼生是岩前路。良久曰，嶮。上堂，主山吞，卻案山。尋常言論拄杖子。普該塵刹，未足爲奇。光境兩亡，復是何物。良久曰，劫火洞然毫末盡，青山依舊白雲中。上堂，佛祖之道，壁立千仞。擬議馳求，還同點額。識不能識，智不能知。古聖到這裏，垂一言半句。要爾諸人，有箇入處。所以道，低頭不見地，仰面不見天。欲識白牛處，但看髑髏前。如今，頭上是屋，脚下是地，面前是佛殿。且道，白牛在甚麼處。乃召大衆。衆舉頭。師叱之。

又　蘄州五祖曉常禪師。

僧問，如何是宗乘中事。師曰，動唇吻得麼。問，如何是正法眼。師曰，揀擇得麼。問，如何是法身。師曰，道汝不會得麼。問，蓮華未出水時如何。師曰，看不見。僧云，出水後如何。師曰，清香滿路。上堂曰，一念信心一念佛，念念更非是別物。六門出入豈神通，一道光明無軌則。行亦行，坐亦坐，或語或笑非兩箇。目下若也認得渠，青山萬里無寸草。

雜　録

《黄龍慧南禪師語録》　師初住同安崇勝禪院。開堂日，宣疏罷。師拈香云，此一炷香。

今上皇帝聖壽無窮。又拈香云，此爲知軍郎中，文武宗僚，資延福壽。次爲國界安寧，法輪常轉。又拈香去。大衆且道，此一炷香，當爲何人。多少人卜度，未知落處。今日爲湖南慈明禪師。一炷爇卻。令教充遍天下叢林，與一切衲僧，爲災爲禍去。

維那白槌云，法筵龍象衆，當觀第一義。師噫云，好箇第一義，幸自完全。剛被維那折作兩橛，還有人接續得麼。遂左右顧視大衆。乃云，若接續不得，同安今日。拈頭作尾，拈尾作頭去也。有問話者，切須著眼。時有僧問，寶座已登於鳳嶺，宗風演唱嗣何人。師畫一圓相。進云，石霜一派，迸入江西也。師云，杲日當天，盲人摸地。問，如何是同安境。師云，看不得。進云，如何是境中人。師云，無面目。問作家不啐啄，啐啄不作家。大衆臨筵，請師作家相見。師垂下一足。進云，焰裏尋飛雪，水下火燒天。師乃收足。進云，大衆證明眞善知識。師云，同安不著便，闍梨亦不著便。進云，此由是兩家共用，掣鼓奪旗事作麼生。師擲下拂子。

又　師乃云，未登此座，一事也無。纔登此座，便有許多問答，敢問大衆，只如一問一答，還當宗乘也無。若言當去，一大藏教，豈無問答，爲什麼道，教外別行，傳上根輩。若言不當，適來許多問答，圖箇什麼。行脚人當自開眼，勿使後悔。若論此事，非神通修證之能到，非多聞智慧之所談。三世諸佛，只言自知。一大藏教詮註不及，是故靈山會上，百千萬衆，獨許迦葉親聞。黄梅七百高僧，衣鉢分付行者，豈是汝等，貪淫愚執勝負爲能。夫出家者，須稟大夫決烈之志，截斷兩頭，歸家穩坐。然後大開門戶，運出自己家財。接待往來，賑濟孤露，方有少分報佛深恩。若不然者，無有是處。以拂子擊禪床下座。乃布謝。

歲旦上堂。僧問，不求諸聖，不重己靈。未是衲僧分上事，如何是衲僧分上事。師云，三十年來，罕逢此問。進云，恁麼則辜負諸聖去也。師云，話也未答，何言辜負。僧撫掌一下。師云，吽。放過即不可。

師乃云，四象推移，終而復始。二儀交泰，允屬茲辰。俗諦紛紜，各敘往來之禮。眞如境界，且非新舊之殊。何故。豈不見道，一念普觀無量劫，無去無來亦無住。既絕去來，有何新舊。既非新舊。又何須拜賀，特地往來。但能一念常寂，自然三際杳忘。何去來之可拘，何新舊之可問，故云，如是了知三世事，超諸方便成十力。良久云，如斯舉唱，人人盡知。破二作三，能有幾箇。何故。時人祇解順風使帆，不解逆風把柂。擊禪床下座。

上堂云，冬至寒食一百五。即不問，諸上座。半夜穿針一句，作麼生道。若人道得，還我第一籌來。若道不得，彼此失利。下座。

又　上堂云，法身無相，應物現形。般若無知，隨緣即照。遂豎起拂子云，拂子豎起，謂之法身，豈不是應物現形。拂子橫來，謂之般若，豈不是隨緣即照。乃呵呵大笑。忽有人出來搊住，同安唾一唾，摑一摑。掀倒禪床，拽向階下去，也怪他不得。如今既無如是咬豬狗底脚手，同安卻倒行此令去也。下座。

上堂集衆。良久云，嘉魚在深處，幽鳥立多時。擊禪床下座。

上堂云，今日四月八。我佛降生之日，天下精藍，皆悉浴佛。記得，遵布衲在藥山會裏。充殿主，浴佛之次。藥山問，汝祇浴得這箇。還浴得那箇麼。遵云，把將那箇來。藥山便休。師云，古人隨時一言半句，亦無巧妙。今人用盡心力安排，終不到他境界。衆中商量或云，這箇是銅像，那箇是法身。銅像有形，可以洗滌。法身無相，如何洗得。藥山只知其一，不知其二。被遵公倒靠，直得口似匾擔，不勝懡㦬。又云，古聖垂問，只要驗人。問汝那箇。便道把將那箇來。正是隨聲逐色，咬他言句，上他絡繢。藥山見伊不會，所以便休。又道，藥山與麼來。早是無事起事，好肉上剜瘡。遵公不見來病，卻向灸瘡瘢上，更著艾焦。有云，古人得了，逢場作戲，無可不可。何高何低，彼此知有。自是後人強生分別。師云，如前所解。蓋不遇人，一失其源，迷而不復。所以只憑誠心，思量計較，以當宗乘。殊不知，有作思惟，從有心起。用此思惟，辨於佛境。如取螢火燒須彌山。縱經塵劫，終不能著。是故行腳高人，切須自看。從上來事，合作麼生。畢竟將何敵他生死。勿以少許浮麁識見，自作障礙。佛法不是這箇道理。同安今日不避口業，與諸人說破。此二尊宿，一出一入，未見輸贏。三十年後。不得錯舉。下座。

又　師初入寺。上堂云，歸宗上寺，是大禪河。既是禪河，豈無釣客。莫有問話者麼。良久無人問，師乃去。頭角住多無獬豸，羽毛雖衆少鴛鴦。夫微妙大法身，故聽而不聞，視而不見矣。清淨無師智，豈思而得，學而能哉。然不有提唱，孰辨宗由。不有問答，孰明邪正。如今長老陞堂提唱，衆中又無人問，既無人問，亦無答者。宗由邪正，若爲明辨。若有人辨得邪正，出來推倒禪床，喝散大衆，也與衲僧出氣。若辨不得，來年更有新條在，惱亂春風卒未休。下座。

上堂云，摩尼在掌，隨衆色以分輝。寶月當空，逐千江而現影。諸仁者，一問一答，一棒一喝，是光影。一明一暗，一擒一縱，是光影。山河大地是光影，日月星辰是光影。三世諸佛，一大藏教，乃至諸大祖師。天下老和尚，門庭敲磕。千差萬別，俱爲光影。且道何者是珠，何者是月。若也不識珠之與月。念言念句，認光認影，猶如入海算沙。磨磚作鏡，希其數而欲其明，萬不可得，豈不見道。若也廣尋文義，猶如鏡裡求形，更乃息念觀空，大似水中捉月。衲僧到此，須有轉身一路。若也轉得，列開揑聚，無非大事現前。七縱八橫，更無少剩之法。若轉不得，布袋裡老鴉，雖活如死。某山野常人，素無識見。昨蒙本郡殿丞判官祕書，特垂見召。然部封之下，不敢不來。方始及門，便有歸宗之命。進退循省，深益厚顏，此乃殿丞判官。曩承佛記，示作王臣，常於布政之餘，寅奉覺雄之教。欲使慧風與堯風並扇，庶佛日與舜日同明。苟非存意於生靈。何以盡心之如此。是日。又蒙朝蓋光臨法筵，始卒成褫。良增榮荷。昔日裴相國位居廊廟，黃檗受知。韓文公名重當年，大巔得主。以今況古，有何異哉。更欲多談，恐煩觀聽。下座。

又　上堂。拈拄杖云，橫拈倒用。撥開彌勒眼睛，明去暗來，敲落祖師鼻孔，當是時也。目連鶖子，飲氣呑聲。臨濟德山呵呵大笑。且道，笑箇什麼。咄。下座。

上堂。舉睦州有一秀才相見。州云，會箇什麼。秀才云，會二十四家書。州以拄杖空中，點一點云，會麼。秀才罔措。州云。又道會二十四家書，永字八法也不識。師云，睦州一點，直在威音王已前。及乎八法論書，卻被俗人勘破。若是歸宗即不然，孔門弟子無人識。碧眼胡僧笑點頭。下座。

上堂。舉嚴陽尊者問趙州，一物不將來時如何。州云，放下著。尊者云，既是一物不將來，放下箇什麼。州云，擔取去。尊者言下有省。師頌云，一物不將來，肩頭擔不起。言下忽知非，心中無限喜。毒惡既忘懷，蛇虎爲知己。光陰幾百年，清風物未已。以拄杖卓禪床。下座。

上堂。舉臨濟問監院。什麼處去來。院云，州中糶黃米來。臨濟以拄杖面前，劃一劃云，還糶得這箇麼。院便喝。濟便打。典座至。濟乃舉前話。典座云，院主不會和尚意。濟云，爾又作麼生。典座便禮拜。濟亦打。師云，喝亦打，禮拜亦打，還有親疎也無。若無親疎，臨濟不可。盲枷瞎棒去也。若是歸宗即不然。院主下喝，不可放過。典座禮拜。放過不可。又云，臨濟行令。歸宗放過。三十年後。有人說破。擊禪床。下座。

上堂。舉僧問南院，日月迭遷，寒暑交謝，還有不涉寒暑麼。院云，紫羅抹額繡裙腰。進云，上上之機今已曉。中下之流如何領會。院云，炭堆裏藏身。師云，南院一期利物，應病與藥，則不可也。若向衲僧門下，天地懸殊。且道衲僧有什麼。長處咄。下座。

上堂。云古者道，凡聖情盡，體露眞常。但離妄緣，即如如佛，咄是何言歟。下座。

又　上堂。有僧問，牛頭未見四祖，爲什麼百鳥銜花獻。師云，釘根桑樹，濶角水牛。進云，見後爲什麼不銜花獻。師云，裩無襠袴無口。又云，未見時如何。師云，國清才子貴，家富小兒嬌。見後如何。師云，世情看冷暖，人面逐高低。

師乃云，鶴勒那空中變現，曼拏羅指地爲泉。德山會下光前絶後，臨濟門前衹得一邊。良久云，作麼生是那一邊。下座。

筠州黄蘗山法語：

上堂。云，日從東邊出，月向西邊沒。一出一沒，從古至今。汝等諸人，盡知盡見。毘盧遮那，無邊無際。日用千差，隨緣自在。汝等諸人，爲甚不見。蓋爲情存數量，見在果因。未能逾越聖情，超諸影迹。若明一念緣起無生，等日月之照臨，同乾坤而覆載。若也不見，牢度大神惡發，把爾腦一擊粉碎。下座。

上堂。云今日五月一。仲夏改。旦。諸知事首座大眾，道體安樂。一夜長連床上，展脚縮脚，不由別人。天明起來，餬餅餕餡。橫咬豎咬，飽即便休，當與麼時。不是古，不是今。不思善，不思惡。鬼神不能尋其迹，萬法不能爲其侶。地不能載，天不能蓋。雖然如此，須是眼裡有睛，皮下有血。眼若無睛，何異瞎漢。皮下無血，何異死人。三十年後。不得錯怪黄蘗。下座。

上堂。眾集。乃喝一喝良久云，一事也無，喝箇什麼。又喝一喝。復云，一喝兩喝，後作麼生。以拂子向空中，畫一畫云，百丈耳聾，猶似可三聖瞎驢愁殺人。擊禪床。下座。

上堂。云，華藏世界，遊歷重重無盡。及至然燈佛所，一法也無。是故無中亦有。德山棒似撒星，有中亦無。臨濟喝如雷震，如聾如啞，逼塞乾坤。知痛知癢，能有幾箇。下座。

又　上堂。以拂子擊禪床一下，云，有眼皆見，有耳皆聞。既見既聞，且道聞箇什麼。晚學初機，須得明明說破。我佛如來，摩竭陀國親行此令。二十八祖，遞相傳授。洎後石頭馬祖馬駒，踢殺天下人。臨濟德山棒喝，疾如雷電。後來兒孫不肖，雖舉其令，而不能行。但逞華麗言句而已。黄龍出世，時當末運。擊將頹之法鼓，整已墜之玄綱。汝等諸人，不得將多年曆日，繫在腰間。須知四大海水，在汝頭上。以拂子擊禪床。下座。

上堂。舉僧問乾峯，十方薄伽梵。一路涅槃門，未審路頭在什麼處。峯以拄杖指云，在這裡。僧請益雲門。雲門拈起扇子云，扇子𨁝跳，上三十三天，築著帝釋鼻孔。東海鯉魚打一棒，雨似盆傾，會麼會麼。師云，乾峯一期指，路曲爲初機。雲門乃通其變，故使後人不倦。汝等諸人，須窮二老之意，莫逐二老之言。得意，則返正道而歸家。尋言，則蕩邪途而轉遠。以拂子擊禪床。下座。

上堂。云，凡聖情盡，體露眞常。但離妄緣，即如如佛。雖是古人殘羹餿飯，有多少人不能得喫。黄龍與麼舉，失利也不少。還有人檢點得出麼。若檢點得出，便識佛病祖病。若檢點不得，陝府鐵牛呑乾坤。擊禪床。下座。

《黄龍慧南禪師語錄・慧南禪師語錄續補》　上堂。云橫呑巨海，倒卓須彌。衲僧面前，也是尋常茶飯。行脚人，須是荊棘林內，坐大道場。向和泥合水處，認取本來面目。且作麼生見得。遂拈拄杖云，直饒見得，未免山僧拄杖。

上堂。云，擬心即差，動念即乖。不擬不動，土木無殊。行脚人，須得轉身一路。遂拈拂子云，遮箇是山僧拂子。汝等諸人，作麼生轉。若也轉得，一爲無量，無量爲一。若轉不得，布袋裡老鴉，雖活如死。

上堂。云，未到鷲峯，一事全無。洎到鷲峯，便有進前捋虎鬚之客，退後把虎尾之人。殊不曉，未行已行之令。故大覺禪師，唯得偏行一著。臨濟德山，祇是互用二機。便云，法道周流，大似拗曲作直。所謂棒喝截斷，猶若以金博鍮。直饒東注西流，南唱北和。亘古亘今，且未有當。頭道著，作麼生是當頭一句。良久云，劄。

上堂。云，聖凡情盡。體露眞常。拈起拂子云，拂子𨁝跳，上三十三天，扭脫帝釋鼻孔。驢脣先生，拊掌大笑道，盡十方世界。覓箇識好惡底人，萬中無一。擊禪床一下。

又 上堂。云，山僧今日在汝諸人眉毛上座，轉大法輪，還有人見麼。見與不見，是什麼說話。好好參堂去，莫築著露柱。

問，如何是佛。師云，向汝道。汝不信。僧云，請師指示。師云，合取狗口。問，儂家自有同風事，如何是同風事。師良久。僧云，恁麼則起動和尙去也。師云，令利人難得。

有僧纔出禮拜。師云，未得問話。其僧乃退。師云，將謂是打陣將軍，元來是行間小卒。不見爾過，好好問來。

問，無爲無事人，猶是金鎖難。未審，有什麼過。師云，一字入公門，九年拔不出（聯燈，此文次曰，云學人未曉，乞師方便。師云，大庾嶺頭，笑卻成哭）。

師室中常問僧，出家所以鄉關來歷。復扣云，人人盡有生緣處，那箇是上座生緣處。又復當機問答，正馳鋒辯。卻復伸手云，我手何似佛手。又問，諸方參請宗師所得。卻復垂腳云，我腳何似驢腳。三十餘年，示此三問，往往學者，多不湊機。叢林共目爲三關（普燈此文次云，脫有酬者，師未嘗可否。人莫涯其意，有問其故。師曰，已過關者，掉臂徑去，安知有關吏。從吏問可否？此未透關者也）。

舉僧問大覺和尙，忽來忽去時如何。覺云，風吹柳絮毛毬走。進云，不來不去時如何。覺云，華嶽三峯頭指天。師云，大覺祇解，箭鋒相拄，理事相投。殊不知趁得老鼠，打破油甕。

又 師於熙寧二年己酉三月十六日。上堂辭眾云，山僧才輕德薄，豈堪人師。蓋不昧本心，不欺諸聖，未免生死。今免生死，未出輪回。今出輪回，未得解脫。今得解脫，未得自在。今得自在，所以大覺世尊。於然燈佛所，無一法可得。六祖，夜半於黃梅。又傳箇什麼。乃示偈曰，得不得，傳不傳，歸根得旨復何言。憶得首山曾漏泄，新婦騎驢阿家牽。至十七日午時。端坐示寂（已上並出續燈錄）。

示眾云，雲從龍，風從虎，五九四十五。叢林將爲向上關，同安不打這破鼓。爲甚麼不打。守株待兔，豈是智人。避色逃聲，何名作者。祖不云乎？執之失度，必入邪路。放之自照，體無去住。

示眾云，有利無利，不離行市。鎮州蘿蔔頭即且置，廬陵米價作麼生。若善其價，可謂終日喫飯，未曾咬破一粒米，苟若不知。他時後日，有人索上座飯錢在。莫言不道。

示眾云，智海無風，因覺妄以成凡。覺妄元虛，即凡心而見佛。只恁麼休去。便道，同安無折合，隨汝顚倒所欲。南斗七，北斗八。

示眾云，江南之地，春寒秋熱。近日已來，滴水滴凍。僧問，滴水滴凍時如何。師云，未是衲僧分上事。云，如何是衲僧分上事。師云，滴水滴凍。復云，諸上座。且作麼生會。良久云，鴛鴦繡出從君看，莫把金針度與人。

又 示眾云，道遠乎哉，觸事而眞。聖遠乎哉，體之即神。拈起拄杖云，道之與聖，總在歸宗拄杖頭上。汝等諸人，何不識取。若也識得，十方剎土。不行而至，百千三昧，無作而成。若也未識，有寒暑兮促君壽，有鬼神兮妬君福。

（云）［示］眾云，半夜捉烏雞，驚起梵王睡。毘藍風忽起，吹倒須彌山。官路無人行，私酒多人喫。當此之時，臨濟德山，開得口，張得眼，有棒有喝用不得。汝等諸人，各自尋取祖業契書，莫認驢鞍橋，作阿爺下頷。

示眾云，說妙談玄，乃太平之姦賊。行棒行喝，爲亂世之英雄。英雄姦賊，棒喝玄妙，皆爲長物。黃檗門下，總用不著。且道，黃檗門下，尋常用箇甚麼。咄。

示眾云，輕輕踏步恐人知，語笑分明更是誰。智者只此猛提取，莫待天明失卻雞。

示眾云，心王不妄動，六國一時通。罷拈三尺劍，休弄一張弓。

示眾。舉大珠和尙道，身口意清淨，是名佛出世。身口意不淨，是名佛滅度。也好箇消息，古人一期方便。與爾諸人，討箇入路。既得箇入路。又須得箇出路。登山須到頂，入海須到底。登山不到頂，不知宇宙之寬廣。入海不到底，不知滄溟之淺深。既知寬廣。又知淺深。一踏踏翻四大海，一摑摑倒須彌山。撒手到家人不識，雀噪鴉鳴柏樹間。

《圓悟佛果禪師語錄》卷二〇 頌黃龍三關

我手何似佛手，隨分拈華折柳。忽然摸著蛇頭，未免遭他一口。

我腳何似驢腳，趙州石橋略彴。忽若築起皮毬，崩倒三山五嶽。

人人有箇生緣，蹲身無地鑽研。忽若眼皮迸破，慮他桶底踢穿。

《大慧普覺禪師語錄》卷五　香城順頌黃龍三關

到資福請上堂。舉香城順和尚，頌黃龍三關云，黃龍老和尚，有箇三關語。山僧承嗣伊，今日爲君舉。爲君舉，貓兒偏解捉老鼠。廣鑑英禪師因見此頌，乃曰，好則好第，恐學者作無事會去。師云，誠哉是言。山僧今日也有箇頌子。黃龍此語蓋天地，從來縝密不通風。後昆隨例承其響，總道貓兒解捉蟲（資福乃廣鑑法孫）。

宗紹《無門關》　黃龍三關

我手何似佛手，摸得枕頭背後。不覺大笑呵呵，元來通身是手。

我腳何似驢腳，未舉步時踏著。一任四海橫行，倒跨楊岐三腳。

人人有箇生緣，各各透徹機先。那吒折骨還父，五祖豈藉爺緣。

佛手驢腳生緣，非佛非道非禪。莫怪無門關險，結盡衲子深寃。

瑞巖近日有無門，掇向繩床判古今。凡聖路頭俱截斷，幾多蟠蟄起雷音。

智昭《人天眼目》卷二　黃龍三關

南禪師問隆慶閑禪師云，人人有箇生緣，上座生緣在什麼處。閑云，早晨喫白粥，至晚又覺饑。又問，我手何似佛手。閑云，月下弄琵琶。又問，我腳何似驢腳。閑云，鷺鷥立雪非同色。黃龍每以此三轉語，垂問學者，多不契其旨。而南州居士潘興，嗣延之。常問其故。龍云，已過關者，掉臂徑去，安知有關吏。從關吏問可否？此未過關者。復自頌云，

我手何似佛手，禪人直下薦取。不動干戈道出，當處超佛越祖。

我腳驢腳並行，步步踏著無生。會得雲收月皎，方知此道縱橫。

生緣有路人皆委，水母何曾離得蝦。但得日頭東畔出，誰能更喫趙州茶。

（廬山旻古佛語錄云，昔見廣辨首座，收南禪師親筆三關頌。諷誦無遺，近見諸方語錄。不全。又多訛舛。故茲注破）。

行悅《列祖提綱錄》卷四　佛降誕提綱

黃龍南禪師。佛誕上堂。今日四月八，我佛降生之日。天下精藍，皆悉浴佛。記得遵布衲，在藥山會裏充殿主。浴佛之次。藥山問，汝只浴得者箇，還浴得那箇麼。遵云，把將那箇來。藥山便休。大眾，古人隨時一言半句，亦無巧妙。今人用盡心力安排，終不到他境界。眾中商量。或云，者箇是銅像，那箇是法身。銅像有形，可以洗滌。法身無相，如何洗得。藥山只知其一，不知其二。被遵公靠倒，直得口似匾擔，不勝慚懼。又云，古德垂問，只要驗人。問汝那箇，便道是者箇，把將那箇來。正是隨聲逐色，黏他言句。上他圈繢，藥山見伊不會，所以便休。又道，藥山恁麼來。早是無事起事，好肉上剜瘡。遵公不見來病，卻向灸瘡瘢上，更著艾燋。有云，古人得了，逢場作戲，無可不可。何高何低，彼此知有。自是後人強生分別。如前所解，蓋不遇人。一失其源，迷而不復。所以只憑識心，思量計較，以當宗乘。殊不知有作思惟，從有心起。用此思惟，辨於佛境，如取螢火燒須彌山。縱經塵劫，終不能著。是故，行腳高人，切須自看。從上來事，合作麼生。畢竟將何敵他生死。勿以少許浮麤識見，自作障礙。佛法不是者箇道理。同安今日不避口業，與諸人說破。此二尊宿，一出一入，未見輸贏。三十年後。不得錯舉。

行悅《列祖提綱錄》卷八　黃龍南禪師上堂

黃龍南禪師上堂。橫吞巨海，倒卓須彌。衲僧面前，也是尋常茶飯。行腳人，須是荊棘林內，坐大道場。向和泥合水處，認取本來面目，且作麼生見得。遂拈拄杖曰，直饒見得，未免山僧拄杖。

性統《五家宗旨纂要》卷上　上座生緣在甚麼處

黃龍南禪師問隆慶閑云，人人有箇生緣，上座生緣在甚麼處。閑云，早晨喫白粥，至晚又覺饑。又問，我手何似佛手。閑云，月下弄琵琶。又問，我腳何似驢腳。閑云，鷺鷥立雪非同色。黃龍每以此三轉語，垂問學者，莫契其旨。脫有酬者，亦未嘗可否。叢林目之爲，黃龍三關。南州居士潘興，嗣問其故。龍云，已過關者，掉臂而去。從關吏問可否者，未過關者也。復自頌云，我手佛手兼舉，禪人直下薦取。不動干戈道出，當下

超佛越祖。我腳驢腳竝行，步步踏著無生。會得雲收月皎，方知此道縱橫。生緣有語人皆委，水母何曾離得蝦。但見日頭東畔出，誰能更喫趙州茶。生緣斷處垂驢腳，驢腳伸時佛手開。爲報五湖參學者，三關一一透將來。

性統《五家宗旨纂要》卷上 黃龍三關

我手何似佛手，一任揀取，拈來便用。

我手何似佛手，拈起扇子擗口。打落帝釋花冠，卻是寒山掃箒。

如何是我手何似佛手。

三山來云，活鱍鱍地。

頌曰，我手何似佛手，生來快便抖擻。伸出十指分明，駭得魚龍競走。

我腳何似驢腳，走遍天涯，踏著是路。

我腳何似驢腳，車輪頓生八角。三千剎海波澄，一陣西風葉落。

如何是我腳何似驢腳。

三山來云，莫亂走。

頌曰，我腳何似驢腳，南北東西斟酌。一任到處風流，究竟無容摸索。

人人有箇生緣，喫飯穿衣，承誰恩力。

人人盡有生緣，落花流水桃源。過後再無尋處，滿蓑烟雨漁邨。

如何是人人有箇生緣。

三山來云，十分現成。

頌曰，人人有箇生緣，朝朝日日往還。不是本來快足，賺殺李四張三。

南堂示衆云，參學至要，不出箇最初末後句。透得過者，平生事畢。其或未然，更與你分作十門。各用印證自心，看得穩當也未。

淨符《宗門拈古彙集》卷七 將佛法以爲人情

黃龍南云，實性用不得便休，卻將佛法以爲人情。致令千載之下，與人作笑端。且道，利害在什麼處。

黃龍南云，石頭雖然善能馳達，不辱宗風，其奈逞俊太忙，不知落節。既是落節，回來因甚卻得斧子。

淨符《宗門拈古彙集》卷八 黃龍南云

黃龍南云，在古人尚六耳不同謀，那堪今日三二百衆，浩浩地商量，禍事，禍事。

《禪林類聚》卷五 一物不將來時如何

嚴陽尊者初參趙州問，一物不將來時如何。州云放下著。師云，一物不將來，放下箇甚麼。州云，與麼則擔取去。師於言下大悟。後住山，有一蛇一虎，就手而食。

黃龍南頌云，一物不將來，肩頭擔不起。言下忽知非，心中無限喜。惡毒既忘懷，蛇虎爲知己。清風幾百年，至今猶未已。眞淨文云，移高就下縱威權，解脫門開信可憐。不得空王眞妙訣，動隨聲色被勾牽。佛眼遠云，盡力放不下，著力擔不起。將謂一物無，元是自家底。見得自家底，心中大歡喜。自茲家業興，一舉九萬里。昊古佛云，一物不將來，教渠放下著。廓爾悟無生，活計俱拋卻。天童覺云，不妨行細輸先手，自覺心麤愧撞頭。局破腰間斧柯爛，洗清凡骨共僊遊。

《禪林類聚》卷一〇 我手何似佛手

黃龍南禪師，室中垂問學徒云，我手何似佛手，我腳何似驢腳。人人有箇生緣處，那箇是上座生緣處。少有契其機者。天下號爲黃龍三關。師復有偈示衆云，生緣斷處垂驢腳，驢腳伸時佛手開。爲報五湖參學者，三關一一透將來。

昊古佛頌云，我手佛手兼舉，禪人直下薦取。不動干戈道出，當處超佛超祖。我腳驢腳並行，步步踏著無生。會得雲收日卷，方知此道縱橫。生緣有語人皆識，水母何曾離得蝦。但見日頭東畔上，誰能更喫趙州茶。照覺總云，佛手纔開古鑑明，森羅無得隱纖形。朝朝日自東邊出，多少行人問丙丁。驢腳伸時動地輪，大泮海底播紅塵。唯餘庭際青青栢，一度年來一度春。垂問生緣何處來，到家禪客絕纖埃。毗盧剎海周遊也。休說峨嵋與五臺。佛眼遠云，佛手驢腳生緣，黃龍元無此語。直饒恁麼知之。儂亦未相許。奉報四海禪人，第一不得錯舉。

《萬松老人評唱天童覺和尚拈古請益錄》下卷 黃龍南上堂云，今日五月一。仲夏改旦。諸知事首座大衆，道體安樂。一夜長連床上，展腳縮腳，不由別人。天明起來，胡餅酸賺。橫咬豎咬，飽即便休，當恁麼時。

不是古，不是今。不思善，不思惡。鬼神不能尋其迹，萬法不能爲其侶。地不能載，天不能蓋。然則如此，須是眼裏有睛，皮下有血。眼若無睛，何異瞎漢。皮下無血，何異死人。三十年後，不得錯怪黄龍。下座。看他長慶天童，與老黄龍，鼎足之勢。舉本分事爲人，就中長慶傷鋒犯手。所以天童道，還知長慶棒落處麽。天童尚恐凍蟻氷魚，不識擡頭舉足時節道。雷開蟄戶電燒尾，引出崢嶸頭角來。師打嚏噴云，吉利佛。

宗杲《正法眼藏》卷一之下 佛出世。

黄龍南和尚示衆。舉大珠和尚云，身口意清淨，是名佛出世。身口不清淨，是名佛滅度也。好箇消息，古人一期方便，與你諸人，開箇入路。既得箇入路。又須得箇出路。登山須到頂，入海須到底。登山不到頂，不知宇宙之寬廣。入海不到底，不知滄溟之淺深。既知寬廣。又知淺深。一踢踢翻四大海，一摑摑倒須彌山。撒手到家人不識，雀噪鵶鳴栢樹間。

黄龍南和尚示衆。舉僧問乾峰，十方薄伽梵，一路涅槃門。未審，路頭在甚麽處。峰以拄杖畫云，在遮裏。僧請益雲門。門拈起扇子云，扇子踍跳，上三十三天，築著帝釋鼻孔。東海鯉魚打一棒，雨似盆傾。會麽，會麽。乾峰一期指路，曲爲初機。雲門乃通其變，故使後人不倦。汝等諸人，須窮二老之意，莫逐二老之言。得意，則返正道以歸家。尋言，則蕩邪途而轉遠。

黄龍南和尚示衆云，江南之地，春寒秋熱。近日以來，滴水滴凍。僧問，滴水滴凍時如何。曰，未是衲僧分上事。僧云，如何是衲僧分上事。曰，滴水滴凍。

黄龍南和尚示衆云，青蘿夤緣，直上寒松之頂。白雲淡濘，出沒太虛之中。萬法本閑，唯人自鬧，鬧箇甚麽。咄。下座。

黄龍南和尚住同安示衆云，今日四月八，我佛降生之日。天下精藍，皆悉浴佛。記得遵布衲，在藥山會裏充殿主。浴佛之次。藥山問，汝只浴得遮箇，還浴得那箇麽。遵云，把將那箇來。藥山便休。大衆。古人隨時一言半句，亦無巧妙。今人用盡心力安排，終不到他境界。衆中商量或云，遮箇是銅像，那箇是法身。銅像有形，可以洗滌。法身無相，如何洗得。藥山只知其一，不知其二。被遵公倒靠，直得口似匾擔，不勝懡㦬。又云，古德垂問，只要驗人。問汝那箇，便道把將那箇來。正是隨聲逐色，皎他言句，上佗圈繢。藥山見伊不會，所以便休。又道，藥山恁麽來。早是無事起事，好肉上剜瘡。遵公不見來病，却向灸瘡瘢上，更著艾炷。有云，古人得了。逢場作戲，無可不可。何高何低，彼此知有。自是後人強生分別。如前所解，蓋不遇人。一失其源，迷而不復。所以，只憑識心，思量計較，以當宗乘。殊不知有作思惟從有心起。用此思惟辨於佛境。如取螢火燒須彌山。縱經塵劫終不能著。是故，行脚高人切須自看，從上來事合作麽生。畢竟將何敵佗生死，勿以少許浮麄識見，自作障礙。佛法不是遮箇道理。同安今日不避口，業與汝諸人說破。此二尊宿，一出一入，未見輸贏。三十年後，不得錯舉。

黄龍南和尚示衆云，鶴勒那空中，變現曼拏羅，指地爲泉。德山會下，光前絶後。臨濟門前，只得一邊。良久云，作麽生是那一邊。

宗杲《正法眼藏》卷二之下 時人住處我不住。

黄龍南和尚示衆云，時人住處我不住，時人行處我不行。於此了然明的旨，須會全身入火坑。以拂子畫一畫云，臭煙蓬㶿紅焰熾然，眼未明者總在裏許。從上古聖，無非入生死坑中，向無明火裏提拔有情。汝等諸人，且如何入。若人入得，可謂在火不燒，在水不溺。若入不得，非唯不能自利，亦乃不能利佗。既不能自利利佗，圓頂方袍，殊無利益。良久召大衆。大衆舉頭。乃云，牛頭出，馬頭回。

宗杲《正法眼藏》卷三之下 五種不易。

黄龍南和尚因化主歸。陞座云，有五種不易。一施者不易。二化者不易。三變生爲熟者不易。四端坐食者不易。且道第五不易是甚麽人。良久云，聻。便下座。時翌巖眞爲首座。藏主問眞，第五不易是誰。眞云，腦後見腮，莫與往來。

黄龍南和尚示衆云，有一人朝看華嚴，暮看般若，晝夜精勤，無有暫暇。有一人不參禪，不論義，把箇破席日裏睡。於是二人同到黄龍。一人有爲，一人無爲。安下那箇即是。良久云，功德天，黑暗女。有智主人，二俱不受。

黄龍南和尚示衆。舉永嘉禪師道，游江海，涉山川，尋師訪道爲參禪。自從認得曹溪路，了知生死不相關。諸上座，那箇是游底山川。那箇是尋底師。那箇是參底禪。那箇是訪底道。向淮南，兩浙，廬山，南嶽，雲門，臨濟而求師訪道。洞山法眼而參禪，是向外馳求，名爲外道。若以毗盧自性爲海，般若寂滅智爲禪，名爲內求。若向外求走殺汝，若住於五蘊內求則縛殺汝。是故禪者非內非外，非有非無，非實非虛。不見道，內見外見俱錯，佛道魔道俱惡。瞥然與麼去兮，月落西山。更尋聲色兮，何處名邈。

頤藏主《古尊宿語錄》卷三四　黃龍三關。

佛手驢腳生緣，黃龍元無此語。
直饒恁麼知之，我儂亦未相許。
奉報四海禪人，第一不得錯舉。

《續古尊宿語要》一　黃龍南禪師語。

上堂。僧堂覷破看積廚，鵶鵲咬殺佛殿脊。明明向道尙乃不會，豈況蓋覆將來。擊禪牀。下座。

智海無性，因覺妄以成凡。覺妄元虛，即凡心而見佛。只麼休去，便道同安無折合。隨汝顚倒所欲，南斗七，北斗八。

青蘿寅緣，直上寒松之頂。白雲淡濘，出沒太虛之中。萬法本閑，唯人自鬧，鬧箇什麼。咄。

順捋虎鬚應自顧，倒拈蝎尾任他猜。胡來漢現尋常事，勿將明鏡掛高臺。擊禪牀。下座。

月色和雲白，松聲帶露寒。好箇眞消息，憑君子細看。

紫霄峯頂，黑雲靉靆。鄱陽湖裏，白浪滔天。一氣無作而作，萬法不然而然。更若思量擬議，迢迢十萬八千。

拈拄杖云，橫拈倒用，撥開彌勒眼睛。暗去明來，敲落祖師鼻孔。當是時也。目連鶖子，飲氣呑聲。臨濟德山，呵呵大笑。且道，笑箇什麼。喝一喝。

千般說萬般論，只要教君早回去。去何處。良久云，夜來風起滿庭香，吹落桃花三五樹。

說妙談玄，乃太平之姦賊。行棒行喝，爲亂世之英雄。英雄姦賊，棒喝玄妙，皆是長物。黃栢門下，總用不著。且道，黃栢門下，尋常用箇什麼。喝一喝。

人人盡握靈蛇之珠，箇箇自抱荊山之璞。不自回光返照，懷寶迷邦。不見道，應耳時若空谷，大小音聲無不足。應眼時如千日，萬像不能逃影質。擬議若從聲色求，達磨西來也大屈。

古人看此月，今人看此月。如何古人心，難向今人說。古人求道內求心，求得心空道自親。今人求道外求聲，尋聲逐色轉勞神。勞神復勞神，顚倒何紛紛。擊禪牀。下座。

世間有五種不易。一化者不易。二施者不易。三變生爲熟者不易。四端坐喫者不易。更有一種不易，是什麼人。良久云，聻。便下座。時眞點胷作首座。藏主問云，適來和尙道，第五種不易，是什麼人。首座云，腦後見腮，莫與往來。

示衆。身口意清淨，是名佛出世。身口意不清淨，是名佛滅度。也好箇消息，古人一期方便，爲汝諸人，開箇入路。既得入。又須出始得。登山須到頂，入海須到底。登山不到頂，不知宇宙之寬曠。入海不到底，不知滄溟之淺深。既知寬曠，又知淺深。一趯趯翻四大海，一摵摵倒須彌山。撒手到家人不識，鵲噪鴉鳴栢樹間。

有一人，朝看華嚴，暮看般若，晝夜精勤，無有暫捨。有一人，不參禪，不論義，把箇破蓆日裏睡。此二人同到黃龍。一人有爲，一人無爲。且道，安下那箇得是。良久云，功德天，黑暗女。有智主人，二俱不受。

輕輕踏地恐人知，語笑分明更不疑。知者祇此猛提取，莫待天明失卻鷄。

心王不妄動，六國一時通。罷拈三尺劍，休弄一張弓。以拂子擊禪牀。下座。

動念靜念爲二。不動不靜，是爲入不二法門。通達此道者，更問朱頂王菩薩。擊禪牀。下座。

出莊回云，去時一溪流水送，回來滿谷白雲迎。一身去住非去住，二物無情似有情。拂子擊禪牀。

陽鳥啼時天大曉，白雲開處月初圓。鷲峯峯下諸禪客，休把金針半夜穿。

黃檗有時正路行，有時草裏走。汝等諸人，莫見錐頭利，失卻鑿頭方。不見古者道，開不能遮，勾賊破家。當斷不斷，返遭其亂。下座。

入海算沙，空自費力。磨磚作鏡，枉用工夫。君不見，高高山上雲，自卷自舒，何親何疎。深深澗底水，遇曲遇直，無彼無此。衆生日用如雲水，雲水如然人不爾。若得爾，三界輪回何處起。

《續古尊宿語要》第一 死心新和尚語。

上堂云，拗折拄杖，將什麼登山渡水。拈卻鉢盂匙筯，將什麼喫粥喫飯。不如向十字街頭，東卜西卜。忽然卜著，是汝諸人有彩。若卜不著，也怪雲巖不得。

風雨颼颼聲未休，庭前瘦栢翠光流。煙含冷淡滴無盡，誰信當年有趙州。要見趙州麼。良久云，歸堂喫茶去。

謝藏主。舉古有一僧，在經堂內。經又不看，禪又不參，書亦不學。每日堆堆地打坐。藏主問，何不看經。僧云，不識字。藏云，何不問人。僧近前低頭問，未審是什麼字。藏便休去。

又 亂心不得不佛。

師云，這僧閉門屋裏坐，禍從天上來。若不是藏主，洎被打破蔡州。

清珠下於濁水，濁水不得不清。念佛投於亂心，亂心不得不佛。佛既不亂，濁水自清。濁水既清，功歸何所。良久云，幾度黑風飜大海，未曾聞道釣舟傾。

舉僧問夾山，如何是相似句。山云，荷葉團團團似鏡，菱角尖尖尖似錐。復云，會麼。僧云不會。山云，風吹柳絮毛毬走，雨打梨花蛺蝶飛。

師云，夾山簷前捧月，未是高明。狹路分岐，寧同大轍。要會相似句麼。白鷺沙汀立，蘆花相對開。

上無片瓦遮頭，下無寸土立足，此人有家無家。若有家，因什麼卻無片瓦遮頭。若無家，十二時中，向什麼處。安身立命，妙體本來無處所，通身那更有蹤由。

謝二化主，水中燒火，特地人疑。山上使帆，會者應稀。二理雙忘，頓入幽微。一瓶一鉢，章江興歸。是也還是，非也還非。白雲綻處，明月光輝。雙放雙收人不會，滿山松竹泄天機。

又 沒量大人。

正月纔終二月來，簷前雙燕自徘徊。翻思昔日玄沙老，實相深談眼未開。既是實相深談，爲什麼眼未開。沒量大人，語脈裏轉卻。隱顯宗風孰辨眞，去來猶似涉前因。須知白首歸家者，非是今人與昔人。既非今人，又非昔人。且道是什麼人。良久云，陋巷不騎金色馬，迴來卻著破襴衫。

若論此事，如人家養三箇兒相似。第一兒，聰明智慧，孝養父母。接待往來，主張家業。第二兒，凶頑狡猾，貪婬嗜酒。倒街臥巷，破壞家業。第三兒，盲聾瘖瘂，菽麥不分。事事無能，只會喫飯。三兒中，雲巖要選一人用。且道，選那箇。爲復選聰明智慧底。選凶頑狡猾底。選盲聾瘖瘂底。於此選得，始入雲巖門。未見雲巖在。要見雲巖麼。春雨無高下，花枝自短長。

若言其是，天下衲僧非非不得。若言其非，天下衲僧是是不得。何故。點鐵化爲金即易，勸人除卻是非難。

知有底人。見山是山，見水是水。見僧是僧，見俗是俗。不知有底人。見山是山，見水是水。見僧是僧，見俗是俗。二人見處一般，作麼生辨知有不知有。大衆會麼。到此若無青白眼，宗風爭得至于今。

說不得處，作麼生舉。舉不得處，作麼生會。會不得處，作麼生明。若也明得，三關一鏃。一鏃三關，若也未明。且作麼生定奪。良久云，夏月赤肐膊，冬天蓋被眠。

深固幽遠，無人能到。釋迦老子到不到。若到，因甚無人。若不到，誰道幽遠。

又 小參。

僧問，如何是奪人不奪境。師云，死中有活。僧云，如何是奪境不奪人。師云，活中有死。僧云，如何是人境兩俱奪。師云，死中恆死。僧云，如何是人境俱不奪。師云，活中恆活。

師乃云，夫小參者，謂之家教。何謂家教，譬如人家有三箇五箇兒子。大底今日幹甚事，小底今日幹甚事，是與不是。晚間歸來，父母一一處斷。叢林中亦復如是。院門今日幹甚事，是與不是。住持人當一一處斷。觀今之時節，叢林淡薄。人根狹劣，不可說也。有一般破落戶長老，馳書達信。這邊討院住，那邊討院住。纔討得院子，便揀箇好日入院。又道，我是長老，方丈裏自在受快活。這般底，喚作地獄滓。如今叢林中，若論參禪，故是難得其人。我看見你這一隊漢，在這裏。心憤憤，口悱悱道，我會禪會道，入方丈裏。趂口快，撐兩轉語。便行。不是這箇道理。

又 晦堂心和尚語。

上堂。知幻即離，不作方便。離幻即覺，亦無漸次。釋迦老子，千門萬戶，一時擊開。靈利漢，纔聞舉著，撩起便行。更若躊躇，君往西秦，我之東魯。

擊禪牀一下云，一塵纔舉，大地全收。諸人耳在一聲中，一聲遍在諸人耳。若是摩霄俊鶻，便合乘時。止濼困魚，徒勞激浪。

不與萬法爲侶，即是無諍三昧。便恁麼去時，爭柰絃急則聲促。若能向紫羅帳裏撒眞珠，未必善因而招惡果。

我有眞金曾百鍊，巧拙皆由人造變。世間名字假稱呼，隨順瓶盤與釵釧。諸禪德，森羅萬象，不礙眼光。因甚道見與不見。只爲分明極，飜令所得遲。

不是心，不是佛，不是物。古人與麼道□，若管□□□□一斑。設使入林不動草，入水不動波，猶是騎馬向氷凌行。若是射鵰底手，何不向蛇頭揩癢。透關者，試辨看。

又 中有一寶。

先師忌，去年三月十有七，一夜春風撼籌室。三足麒麟入海心，空餘片月波心出。眞不掩僞，曲不藏直。誰人爲和雪中吟，萬古知音是今日。

乾坤之內，宇宙之間，中有一寶，祕在黃龍拂子頭，擬欲賣與諸人。不作貴，不作賤，作麼生商量。無人過價，打與三百。

有句無句，如藤倚樹。且任諸人點頭，及乎樹倒藤枯。上無充天之計，下無入地之謀。剁利漢，這裏著得一隻眼。便見七縱八橫，乃舉起拂子云，看看。太陽溢目，萬里不掛片雲。若是覆盆之下。又爭怪得山僧。

若論此事，老胡本不渡江，二祖不曾得髓。及至黃梅夜半，一人傳虛，萬人傳實。若據老盧見解，只是舂米漢。至今走遍天下人，殊不知，這一片田地，分付來亦多時也。自是諸人不肯紹繼，致使荊棘漸長。禾黍不生，馳走東西。日求升合，何如便向這裏。直下識取本來契券，敎伊四至界畔，一一分明。免見異時別生辭訟，只如今還識也未。爾若識得，一恁恣意耕鋤。若也未知，且受人天供養。

風卷殘雲宇宙寬，碧天如水月如環。祖師心印分明在，對此憑君子細看。

普賢行文殊智，補陀巖畔清風起。鴉鳴鵲噪，直入耳根。草樹塵毛，形影相吊。聲中無有色，色裏亦無聲。聲色若交參，處處無前後。鳥窠吹布毛，這裏便□□省去。□□拂子云，且道相去多少，三十年後悟去，莫□□良爲□。

舉首座立僧。虎豹之文，不得炳於犬羊。金玉之光，不得炫於瓦石。明悟之士，不得不警於群迷。三者既備，然後必滔天，可以爲滄海。必崔嵬，可以爲山岳。

又 泐潭英禪師語。

入寶峰云，石門路嶮鐵關牢，舉目重重萬仞高。無角鐵牛衝得破，毗盧海內作波濤。大眾，且道不涉波濤一句，作麼生道。良久云，一句不惶無著問，迄今猶作野盤僧。

名因法有，法逐名生。名遣法除，性相如如。故楞嚴經云，知見立知，即無明本。知見無見，斯則涅槃。無漏眞淨。云，何是中更容他物。大眾，山僧如是舉唱，未免笑破衲僧口。且道，不落笑具一句，作麼生道。良久云，深秋簾幕千家雨，落日樓臺一笛風。

顧視大眾云，青山重疊疊，綠水響潺潺。遂拈拄杖云，未到懸崖處，擡頭子細看，卓拄杖。下座。

大眾。先聖道，江月照松風吹，永夜清宵何所爲。佛性戒珠心地印，霧露雲霞體上衣。諸禪德先聖，雖然如是，謂傷鹽傷醋。若是山僧即不然。江月照松風吹，永夜清宵何所爲。牧童嶺上一聲笛，驚起群鵶繞樹飛。

寶峯高人罕到。雪壓巖邊枯樹倒。嶺前嶺後野猿啼，一條古路清風掃。諸禪德，雖然如是。且道，山僧拄杖子長多少。遂拈拄杖子云，長者隨長使，短者隨短用。卓一卓。下座。

日出卯。用處不須生善巧，縱使神光照有無，舉意便遭魔境擾。且道，不落善巧一句。作麼生道。良久云，勸君不用鑽頑石，路上行人口似碑。

阿呵呵。是什麼叵耐無端破竈墮，三更夜半走如烟，到頭不離是這箇。拍禪牀。下座。

祖師道。一切眾生性清淨，從本無生無可滅。即此身心是幻生，幻化之中無罪福。

師云，先聖恁麼道，不妨奇特，柰緣衲僧門下。檢點將來，也是食飽傷心。坐久腰疼。

石門巇嶮路難行，到者須是著眼睛。直饒透過祖師關，也落千層與萬層。

好得閑時不得閑，倚他門戶望他山。爭如撥火爐邊坐，相伴高人論祖關。大眾，爐邊撥火即不問，作麼生論祖關。良久云，極目千山萬山雪，野猿凍撲枯槎折。

歲夜云，諸禪德，一年將盡夜，相會五湖人。目擊有何事，來朝又是春。拍禪牀。下座。

發化主云，君若隨緣得似風，飛砂走石不乖宗。但於事上通無事，見色聞聲不用聾。大眾□□□□是道，也須是腳跟著地始得。

接官歸云，區區何日了，人事幾時休。莫道青山好，逡巡便白頭。釋迦老子，當時一手指天，一手指地云，天上天下，唯吾獨尊，可謂傍若無人。當初若遇箇明眼衲僧，直教他上天無路，入地無門。然雖如是，也須是銅砂羅裏盛油始得。

出縣回云，莫怪頻頻出入，蓋爲趁陪郡邑。輸他林下高人，過水腳跟不濕。

拈拂子云，看看。月似彎弓，少雨多風。扣禪牀。

阿呵呵。是什麼。昨夜蟾光獨自坐，屈指從頭數故人。秖憶當年破竈墮，破竈墮是什麼。眨上眉毛早蹉過。

又　入新僧堂。

入新僧堂。舉黃龍南和尚。同隆慶閑禪師。看僧堂。龍云，好僧堂麼。慶云，好僧堂。龍云，好在什麼處。慶云，一梁一柱。龍云，此未是好處。慶云，和尚又作麼生。龍云，這一柱得恁麼圓，那一枋得恁麼匾。慶云，人天善知識，須是和尚始得。遂同出僧堂外。龍云，適來恁麼。且道，是肯你，是不肯你。慶云，若與麼。又何曾得安樂來。

《御選語錄》卷一五　黃龍慧南禪師。

有僧侍立。師顧視久之。問曰，百千三昧，無量妙門。作一句說與汝，汝還信否。對曰，和尚誠言，何敢不信。師指其左曰，過這邊來。僧將趨。師咄之曰，隨聲逐色，有甚了期。出去。一僧知之。即趨入。師理前語問之。亦對曰，安敢不信。師又指其左曰，過這邊來。僧豎住不往。師又咄曰，汝來親近我，反不聽我語。出去。

舜老夫暮年有所開示。但曰，本自無事，從我何求。師聞之。謂侍者曰，老夫耄矣。何不有事令無事，無事令有事。是謂淨佛國土，成就眾生。

師室中常問僧曰，人人盡有生緣，上座生緣在何處。正當問答交鋒，卻復伸手曰，我手何似佛手。又問諸方參請宗師所得。卻復垂腳曰，我腳何似驢腳。三十餘年，示此三問，學者莫能契旨。天下叢林目爲三關。

又　黃龍死心悟新禪師。

師室中問僧。月晦之陰。以五色彩著於暝中。令百人千萬人夜視其色。寧有辨其青黃赤白者麼。僧無語。師代曰，箇箇是盲人。

示眾云，心外無法。而法可明。法外無心。而心可通。可通可明。心法全宗。全其宗。則法法皆宗。全其心。則心心無心。心既無心。直造其源。得其源。則現大身而滿虛空中。現小身而纖塵不立。作麼生是纖塵不立。良久。云，一點水墨。兩處成龍。

又　五祖法演禪師。

三佛侍師於一亭上，夜話。及歸。燈已滅。師於暗中曰，各人下一轉語看。佛鑑曰，彩鳳舞丹霄。佛眼曰，鐵蛇橫古路。佛果曰，看腳下。師曰，滅吾宗者，克勤耳。

示眾。舉德山答僧我宗無語句。雪峰聞之有省。後峰云，我當時空手去，空手歸因緣。師云，白雲今日說，向透未過者。譬如有箇人從東京來，問伊甚處來。他卻道蘇州來。問伊蘇州事如何。伊道一切祇尋常。雖然如是，謾白雲不過。何故。祇爲他語音各別，畢竟如何。蘇州菱，邵伯藕。

師上堂。人之性命事。第一須是〇。欲得成此〇，先須防於〇。若是眞〇人〇〇。

示眾云，吾本來茲土，傳法救迷情。一花開五葉，結果自然成。達摩大師信腳來。信口道，後代兒孫多成計較，要會開花結果處麼。鄭州梨，青州棗，萬物無過出處好。

郭功甫初到五祖，請祖陞座。公趨前拈香曰，此一瓣香，爇向爐中。供養我堂頭法兄禪師，伏願於方廣座上，擘開面門，放出先師形相，與他諸人描邈。何以如此。白雲巖畔舊相逢，往日今朝事不同。夜靜水寒魚不食，一罏香散白蓮峰。祖逐云，曩謨薩怛哆鉢囉野，恁麼恁麼。幾度白雲谿上望，黄梅花向雪中開。不恁麼，不恁麼。嫩柳垂金線，且要應時來。不見龐居士問馬大師云，不與萬法爲侶者，是甚麼人。大師云，待汝一口吸盡西江水，即向汝道。大眾，一口吸盡西江水，萬丈深潭窮到底。略彴不是趙州橋，明月清風安可比。

又 黄龍慧南禪師。

化主歸。上堂。世間有五種不易。一，化者不易。二，施者不易。三，變生爲熟者不易。四，端坐喫者不易。更有一種不易是甚麼人。良久。云，吽。便下座。

師問翠巖，承聞首座，常將女子出定話爲人，是否。巖曰，無。師曰，奢而不儉，儉而不奢，爲甚道無。巖曰，若是本分衲僧，也少他鹽醬不得。師卻回首喚侍者。報典座，明日只煑白粥。

師風度凝遠，叢林中有終身未嘗見其破顏者。居積翠時，一夕燕坐間。光燭室，戒侍者令勿言。四祖演長老，通法嗣書。上堂。山僧才輕德薄，豈堪人師。蓋不昧本心，不欺諸聖。未免生死，今免生死。未出輪迴，今出輪迴。未得解脫，今得解脫。未得自在，今得自在。所以大覺世尊於然燈佛所，無一法可得。六祖夜半於黄梅，又傳箇甚麼。乃說偈曰，得不得，傳不傳。歸根得旨復何言。憶得首山曾漏泄，新婦騎驢阿家牽。

曹洞宗創宗人良价及传承分部

綜　述

契嵩《傳法正宗記》卷七 大鑒之六世，曰筠州洞山良價禪師。其所出法嗣凡二十六人。一曰雲居道膺者。一曰撫州本寂者。一曰洞山道全者。一曰龍牙居遁者。一曰京兆休靜者。一曰京兆蜆子和尙者。一曰筠州普滿者。一曰台州道幽者。一曰洞山師慶者。一曰洛京遁儒者。一曰越州乾峯和尙者。一曰吉州禾山和尙者。一曰天童咸啟者。一曰潭州寶蓋山和尙者。一曰益州通禪師者。一曰高安白水本仁者。一曰撫州疎山光仁者。一曰澧州欽山文邃者。一曰天童義禪師者。一曰太原方禪師者。一曰新羅金藏和尙者。一曰益州白禪師者。一曰潭州文殊和尙者。一曰舒州白水和尙者。一曰邵州西湖和尙者。一曰青陽通玄和尙者。

本覺《釋氏通鑑》卷一一 時曹山本寂禪師。諱耽章。至高安謁洞山。依此十餘年。名冠叢林。曹山本寂禪師。初居撫州曹山。後居荷玉山。二處法席。學者雲集。洞山之宗。至師爲盛。

志磐《佛祖統紀》卷四二 十年。瑞州洞山良玠禪師示寂。謚悟本禪師（見雲巖清源第五世）。勑追謚南山道宣律師曰澄照。

覺岸《釋氏稽古略》卷三 江西瑞州洞山禪師，名良價，爲越州會稽俞氏。幼歲出家，從師念般若心經。至無眼耳鼻舌身意處，忽以手捫面問其師曰，某甲有眼耳鼻舌等，何故言無。其師駭異曰，吾非汝師，指其往五洩山禮默禪師披剃。年二十一詣嵩山具戒，遊方首謁南泉。次參溈山。溈山指之曰，此去豐陵攸縣石室相連，有雲巖道人，若能撥草瞻風必爲子之所重。由是徑造雲巖便問，無情說法甚麼人得聞。巖曰無情得聞。師曰，和尙聞否。巖曰我若聞汝即不聞吾說法也。師曰，某甲爲甚麼不聞。巖豎起拂子曰還聞麼。師曰，不聞。巖曰我說法汝尙不聞，豈況無情說法乎。師曰，無情說法該何典敎。巖曰豈不見。彌陀經云水鳥樹林悉皆念佛念法，師於此有省。乃述偈曰，也大奇也大奇，無情說法不思議。若將耳聽終難會，眼處聞時方得知。辭去。宣宗大中末年，於新豐山接誨學侶，盛化豫章高安之洞山。權開五位，善接三根。大闡一音，廣弘萬品。横抽寶劒剪諸見之稠林，妙葉弘通截萬端之穿鑿。又得曹山深明的旨妙唱嘉猷道合君臣偏正回互，由是洞上玄風播於天下。故諸方宗匠咸共推尊之曰曹洞宗。至是咸通十年二月入寂。壽六十三。臘四十二。勑謚悟本禪師。塔曰慧覺（傳燈）。

傳記

良价

贊寧《宋高僧傳》卷一二 釋良价，俗姓俞氏，會稽諸暨人也。少孺從師于五洩山寺。年至二十一，方往嵩山具戒焉。登即遊方見南泉禪師，深領玄契。續造雲巖疑滯頓寢，大中末於斯豐山大行禪法。後盛化豫章高安洞山，今筠州也。價以咸通十年己丑三月朔旦，命剃髮披衣令鳴鐘奄然而往，時弟子輩悲號。价忽開目而起曰，夫出家之人心不依物，是眞修行。勞生息死於悲何有，淪喪於情太麁著乎。召主事僧令營齋，齋畢吾其逝矣。然衆心戀慕從延其日。至於七辰食具方備，价亦隨齋。謂衆曰，此齋名愚癡也。蓋責其無般若歟及僧唱隨意曰，僧家勿事。太率臨行之際喧動如斯。至八日浴訖端坐而絕。春秋六十三。法臘四十二。勅謚禪師曰悟本。塔號慧覺矣。

系曰，其卻留累日古亦有之。如价之來去自由者。近世一人而已。

道原《景德傳燈録》卷一五 筠州洞山良价禪師會稽人也。姓俞氏。幼歲從師因念般若心經，以無根塵義問其師。其師駭異曰，吾非汝師，即指往五洩山禮默禪師披剃。年二十一嵩山具戒。遊方首謁南泉，值馬祖諱晨修齋次。南泉垂問衆僧曰，來日設馬師齋，未審馬師還來否。衆皆無對。師乃出對曰，待有是伴即來。南泉聞已讚曰，此子雖後生甚堪雕琢。師曰，和尚莫壓良爲賤。次參溈山問曰，頃聞忠國師有無情說法，良价未究其微。溈山曰，我遮裏亦有，只是難得其人。曰便請師道。溈山曰，父母所生口終不敢道。曰還有與師同時慕道者否。溈山曰，此去石室相連有雲巖道人，若能撥草瞻風，必爲子之所重。既到雲巖問，無情說法什麼人得聞。雲巖曰，無情說法無情得聞。師曰，和尚聞否。雲巖曰，我若聞汝即不得聞吾說法也。曰若恁麼即良价不聞和尚說法也。雲巖曰，我說法汝尚不聞，何況無情說法也。師乃述偈呈雲巖曰：

也大奇，也大奇，無情解說不思議。若將耳聽聲不現，眼處聞聲方可知。

遂辭雲巖。雲巖曰，什麼處去。師曰，雖離和尚未卜所止。曰莫湖南去。師曰無。曰莫歸鄉去。師曰無。曰早晚卻來。師曰，待和尚有住處即來。曰自此一去難得相見。師曰，難得不相見。又問雲巖，和尚百年後忽有人問還貌得師眞不，如何祇對。雲巖曰，但向伊道即遮箇是。師良久，雲巖曰，承當遮箇事大須審細。師猶涉疑，後因過水覩影大悟前旨。因有一偈曰：

切忌從他覓，迢迢與我疎。我今獨自往，處處得逢渠。渠今正是我，我今不是渠。應須恁麼會，方得契如如。

他日因供養雲巖眞。有僧問曰，先師道只遮是莫便是否。師曰是。僧曰，意旨如何。師曰，當時幾錯會先師語。曰未審先師還知有也無。師曰，若不知有爭解恁麼道。若知有爭肯恁麼道（長慶稜云，既知有爲什麼恁麼道。又云，養子方知父慈）。師在泐潭見初上座示衆云，也大奇也大奇佛界道界不思議。師曰，佛界道界即不問，且如說佛界道界，是什麼人。只請一言。初良久無對。師曰，何不急道。初曰，爭即不得。師曰，道也未曾道。說什麼爭即不得。初無對。師曰，佛之與道只是名字，何不引教。初曰，教道什麼。師曰，得意忘言。初曰，猶將教意向心頭作病在。師曰，說佛界道界病大小。初因此遷化。師至唐大中末，於新豐山接誘學徒。厥後盛化豫章高安之洞山（今筠州也）因爲雲巖諱日營齋。有僧問，和尚於先師處得何指示。師曰，雖在彼中不蒙他指示。僧曰，既不蒙指示。又用設齋作什麼。師曰，然雖如此焉敢違背於他。僧問，和尚初見南泉發迹，爲什麼與雲巖設齋。師曰，我不重先師道德，亦不爲佛法，只重不爲我說破。又因設忌齋。僧問，和尚爲先師設齋還肯先師也無。師曰，半肯半不肯。曰爲什麼不全肯。師曰，若全肯即孤負先師也。僧問，欲見和尚本來師如何得見。曰年涯相似即無阻矣。僧再舉所疑。師曰，不躡前蹤更請一問，僧無對。雲居代云，恁麼即某甲不見和尚本來師也（後長慶云古人，恁麼道皎，闍梨又向皎上坐拈問長慶，如何是年涯相似者。長慶云古人，恁麼道皎，闍梨又向這裏覓箇什麼）。師又曰，還有不報四恩三有者無，若不體此意，何超始終之患。直須心心不觸物步步無處所，常不間斷稍得相應。師問僧，什麼處來。曰遊山來。師曰，還到頂否。曰到。師曰，頂上還有人否。曰無人。師曰，闍梨不到頂也。曰若不到頂爭知無人。師曰，闍梨何不且住。曰某甲不辭住，西天有人不肯。師問太長老曰，有一物上拄天下拄地黑如漆常在動用中過在什麼處。太曰，過在動用（同安顯別云，不知）。師乃咄云，出去。問如何是西來意。師曰，大似駭雞犀。師問雪峯，從什麼處來。雪峯曰，天台來。師曰，見智者否。曰義存喫鐵棒有分。僧問，蛇吞蝦蟇救即是不救即是。師曰，救即雙目不覩，不救即形影不彰。因夜間不點燈，有僧出問，話退後，師令侍者點燈，乃召適來問話。僧出來。其僧近前。師曰，將取三兩粉來與遮箇上坐。其僧拂袖而退。自此惺發玄旨，遂罄捨衣資設齋，得三年後辭師。師曰，善爲。時雪峯侍立次。問曰，只如遮僧辭去幾時卻來。師曰，他只知一去不解再來，其僧歸堂就衣鉢下坐化。雪峯上報師。師曰，雖然如此猶較老僧三生在。雪峯上問訊。師曰，入門來須得語，不得道早箇入了也。雪峯曰，義存無口。師曰，無口且從還我眼來。雪峯無語（雲居膺別前語云，待某甲有口即道，長慶稜別云，恁麼即某甲謹退）。師問僧，什麼處來。曰三祖塔頭來。師曰，既從祖師處來。又要見老僧作什麼。曰祖師即別學人與和尚不別。師曰，老僧欲見闍梨本來師還得否。曰亦須待和尚自出頭來始得。師曰，老僧適來暫時不在雲居，問如何是祖師西來意。師曰，闍梨向後有把茅蓋頭。或有人問闍梨且作麼生，向伊道官人。問有人修行否。師曰，待公作男子即修行。僧問，承古有言，相逢不擎出，舉意便知有時如何。師乃合掌頂戴。師問德山，侍者從何方來。曰德山來。師曰，來作什麼。曰孝順和尚來。師曰，世間什麼物最孝順。侍者無對。師有時云，體得佛向上事，方有些子語話分。僧便問，如何是語話。師曰，語話時闍梨不聞。曰和尚還聞否。師曰，待我不語話時即聞。僧問，如何是正問正答。師曰，不從口裏道。曰若有人問，師還答否。師曰，也未問，問如何是從門入者非寶。師曰，便休便休。師問講維摩經僧曰，不可以智知，不可以識識，喚作什麼語。對曰，讚法身語。師曰，法身是讚何用更讚。師有時垂語曰，直道本來無一物，猶未消得他鉢袋子。僧便問，什麼人合得。師曰，不入門者。僧曰，只如不入門者還得也無。師曰，雖然如此不得不與他。師又曰，直道本來無一物，猶未消得他衣鉢。遮裏合下得一轉語，且道下得什麼語。有一上坐下語九十六轉不愜師意，末後一轉始可師意。師曰，闍梨何不早恁麼道。有一僧聞請舉，如是三年執侍巾瓶終不爲舉。上坐因有疾，其僧曰，某甲三年請舉前話不蒙慈悲，善取不得惡取，遂持刀向之曰，若不爲某甲舉，即便殺上坐也。上坐悚然曰，闍梨且待，我爲汝舉。乃曰，直饒將來亦無處著。其僧禮謝。僧問，師尋常教學人行鳥道，未審如何是鳥道。師曰，不逢一人。曰如何行。師曰，直須足下無絲去。曰只如行鳥道莫便是本來面目否。師曰，闍梨因什麼顛倒。曰什麼處是學人顛倒。師曰，若不顛倒因什麼認奴作郎。曰如何是本來面目。師曰，不行鳥道。師謂眾曰，知有佛向上人方有語話分。時有僧問，如何是佛向上人。師曰，非常。（保福別云，佛非。法眼別云，方便呼爲佛）師問僧，去什麼處來。僧曰，製鞋來。師曰，自解依他。僧曰，依他。師曰，他還指教闍梨也無。僧曰，允即不違。僧來舉，問茱萸如何是沙門行。茱萸曰，行即不無人覺即乖。師令彼僧去。進語曰，未審是什麼行。茱萸曰，佛行佛行。僧迴舉似師，師曰，幽州猶似可，最苦是新羅（東禪齊拈云，此語還有疑訛也無。若有且道什麼處不得，若無他又道最苦是新羅。還點檢得出麼，他道行即不無人覺即乖。師令再問是什麼行。又道佛行。那僧是會了問不會而問，請斷看）。僧卻問師，如何是沙門行。師曰，頭長三尺頸長二寸（有僧舉問歸宗權和尚，只如洞山意作麼生。權云，封皮厚二寸）。師見幽上坐來，遽起向禪床後立。幽曰，和尚爲什麼迴避學人。師曰，將謂闍梨覓老僧。問如何是玄中又玄。師曰，如死人舌。師洗鉢次見兩鳥爭蝦蟇。有僧便問曰，遮箇因什麼到恁麼地。師曰，只爲闍梨。僧問，如何是毘盧師法身主。師曰，禾莖粟幹。問三身之中阿那身不墮眾數。師曰，吾常於此切（僧問曹山，先師道，吾常於此切，意作麼生。曹山云，要頭即斫將去。又問雪峯，雪峯以拄杖擬之云，我亦曾到洞山來）。師因看稻田次，朗上坐牽牛，師曰，遮箇牛須好看恐喫稻去。朗曰，若是好牛應不喫稻。師問僧，世間何物最苦。僧曰，地獄最苦。師曰，不然。曰師意如何。師曰，在此衣線下不明大事，是名最苦。師問僧，名什麼。僧曰，某甲。師曰，阿那箇是闍梨主人公。僧曰，見祇對次。師曰，苦哉苦哉。今時人例皆如此，只是認得驢前馬後將爲自己，佛法平沈此之是也。客中辨主尚未分，如何辨得主中主。僧便問，如何是主中主。師曰，闍梨自道取。僧曰，某甲道得即是客中主。如何是主中主。師曰，恁麼道即易相續也大難（雲居別云，某甲道得，不是客中主）師示疾令沙彌去雲居傳語。又曰，他忽問汝和尚有何言句，但道雲巖路欲絕也。汝下此語須遠立。恐他打汝去。沙彌領旨去。語未終早被雲居打一棒。沙彌無語（同安顯代云，恁麼即雲巖一枝不墜也。後雲居錫云，上座且道，雲巖路絕不絕。崇壽稠云，古人打此一棒意作麼生）。師將圓寂謂衆曰，吾有閑名在世誰爲吾除得。衆皆無對。時沙彌出曰，請和尚法號。師曰，吾閑名已謝（石霜云，無人得他肯。雲居云，若有閑名非吾先師。曹山云，從古至今無人辨得。疎山云，龍有出水之機，無人辨得）問，和尚遺和還有不病者也無。師曰，有。僧曰，不病者還看和尚否。師曰，老僧看他有分。曰和尚爭得看他。師曰，老僧看時即不見有病。師又曰，離此殼漏子向什麼處與吾相見。衆無對。唐咸通十年三月命剃髮披衣令擊鍾儼然坐化。時大衆號慟移晷，師忽開目而起曰，夫出家之人心不附物，是眞修行，勞生息死於悲何有。乃召主事僧令辦愚癡齋一中，蓋責其戀情也。衆猶戀慕不已延至七日。食具方備，師亦隨齋畢曰，僧家勿事大率臨行之際喧動如斯。至八日浴訖端坐長往。壽六十有三。臘四十二。勅謚悟本大師。塔曰慧覺（師昔在泐潭尋譯大藏。纂出大乘經要一卷并激勵道俗偈頌誡等。流布諸方）。

道　膺

道原《景德傳燈錄》卷一七　洪州雲居道膺禪師幽州玉田人也。姓王氏。童丱依師稟教，二十五受具於範陽延壽寺。本師令習聲聞篇聚，乃歎曰，大丈夫豈可桎梏於律儀耶？乃去詣翠微山問道。經三載有雲遊僧自豫章來，盛稱洞山價禪師法席。師遂造焉。洞山問曰闍梨名什麼。曰道膺。洞山云，向上更道。師云，向上道即不名道膺。洞山曰，與吾在雲巖時秖對無異也。後師問，如何是祖師意。洞山曰，闍梨他後有一把茅蓋頭，忽有人問闍梨如何秖對。曰道膺罪過。洞山有時謂師曰，吾聞思大和尚生倭國作王虛實。曰若是思大佛亦不作，況乎國王。洞山然之。一日洞山問，什麼處去來。師曰，蹋山來。洞山曰，阿那箇山堪住。曰阿那箇山不堪住。洞山曰，恁麼即國內總被闍梨占卻也。曰不然。洞山曰，恁麼即子得箇入路。曰無路。洞山曰，若無路爭得與老僧相見。曰若有路即與和尚隔生去也。洞山曰，此子已後千人萬人把不住。師隨洞山渡水。洞山問水深淺。曰不濕。洞山曰，麁人。曰請師道。洞山曰，不乾。洞山謂師曰，昔南泉問講彌勒下生經僧曰，彌勒什麼時下生。曰見在天宮當來下生。南泉曰，天上無彌勒地下無彌勒。師隨舉而問曰，只如天上無彌勒地下無彌勒，未審誰與安字。洞山直得禪床震動乃曰，膺闍梨。師合醬次洞山問，作什麼。師曰，合醬。洞山曰，用多少鹽。曰旋入。洞山曰，作何滋味。師曰得。洞山問，大闡提人殺父害母出佛身血破和合僧，如是種種孝養何在。師曰，始得孝養。自爾洞山許之爲室中領袖。初止三峯其化未廣，後開雲居山四衆臻萃。一日上堂，因舉古人云，地獄未是苦，向此衣服下不明大事失卻。最苦。師乃謂衆曰，汝等既在遮箇行，流十分去，九不較多也。更著些力便是上坐不屈平生，行腳不孤負叢林。古人道，欲得保任此事，須向高高山頂立深深水底行，方有些子氣力。汝若大事未辦，且須履踐玄途。問如何是沙門所重。師曰，心識不到處。問佛與祖有何階級。師曰，俱是階級。問如何是西來意。師曰，古路不逢人，可觀上座問，的罷標指請師速接。師曰，即今作麼生。覯曰，道即不無莫領話好。師曰，何必闍梨問如何是口訣。師曰，近前來向汝道。僧近前曰，請師道。師曰也知也知。師擲癢和問，衆還會麼。衆曰，不會。師曰，趁雀兒也不會，問如何得不惱亂和尚。師曰與我喚處德來。僧遂去喚來。師曰，與我閉卻門。問馬祖出八十八人善知識。未審和尚出多少人，師展手示之。問如何是向上人行履處。師曰，天下太平。問遊子歸家時如何。師曰，且喜歸來。曰將何奉獻。師曰，朝打三千暮打八百。師謂衆曰，如好獵狗，只解尋得有縱迹底，忽遇羚羊挂角，莫道迹氣亦不識。僧問，羚羊掛角時如何。師曰，六六三十六。又曰，會麼。僧曰，不會。師曰，不見道無蹤迹（有僧舉似趙州，趙州云，雲居師兄猶在。僧乃問，羚羊掛角時如何。趙州云，六六三十六）。衆僧夜參侍者持燈來，見影在壁上有僧便問，兩箇相似時如何。師曰，一箇是影。問學人擬欲歸鄉時如何。師曰，只遮是。新羅僧問，佛陀波利見文殊，爲什麼卻迴去。師曰，只爲不將來所以卻迴去。師謂衆曰，學佛法底人如斬釘截鐵始得。時一僧出曰，便請和尚釘鐵。師曰，口裏底是什麼。僧問，承教有言。是人先世罪業應墮惡道以今世人輕賤，此意如何。師曰動即應墮惡道。靜即爲人輕賤（崇壽稠答云，心外有法應墮惡道，守住自己爲人輕賤）。僧問，香積之飯什麼人得喫。師曰，須知得喫底人，入口也須抉出。有一僧在房內念經。師隔窗問，闍梨念者是什麼經。對曰，維摩經。師曰，不問維摩經，念者是什麼經。其僧從此得入，問孤迥峭巍巍時如何。師曰，孤迥峭巍巍。僧曰，不會。師曰，面前案山子也不會。新羅僧問，是什麼得恁麼難道。師曰，有什麼難道。曰便請和尚道。師曰，新羅新羅，問明眼人為什麼黑如漆。師曰，何怪，荊南節度使成几遣大將入山送供。問曰，世尊有密語迦葉不覆藏，如何是世尊密語。師召曰，尚書。其人應諾。師曰，會麼。曰不會。師曰，汝若不會世尊密語，汝若會迦葉不覆藏。僧問，才生為什麼不知有。師曰，不同生。曰未生時如何。師曰，不曾滅。曰未生時在什麼處。師曰，有處不收。曰什麼人受滅。師曰，是滅不得者。師謂眾曰，汝等師僧家，發言吐氣須有來由，凡問事須識好惡。尊卑良賤信口無益，傍家到處覓相似語。所以尋常向兄弟道，莫怪不相似。恐同學太多去，第一莫將來，將來不相似。八十老人出場屋，不是小兒戲，一言參差千里萬里難為收攝。直至敲骨打髓須有來由，言語如鉗夾鉤鎖相續不斷，始得頭頭上具物物上新，可不是精得妙底事。道汝，知有底人終不取次，十度擬發言九度卻休去，為什麼如此。恐怕無利益，體得底人心如臘月扇，口邊直得醭出，不是汝彊為任運如此。欲得恁麼事須是恁麼人，既是恁麼人何愁恁麼事。學佛邊事是錯用心，假饒解千經萬論，講得天華落石點頭，亦不干自己事。況乎其餘有何用處。若將有限心識，作無限中用，如將方木逗圓孔多少差訛。設使攢花簇錦，事事及得及盡一切事，亦只喚作了事人無過人，終不喚作尊貴。將知尊貴邊，著得什麼物，不見從門入者非寶，棒上不成龍知麼。師如是三十年開發玄樞，徒眾常及千五百之數，南昌周氏尤所欽風。唐天復元年秋示微疾，十二月二十八日為大眾開最後方便，敘出世始卒之意。眾皆愴然。越明年正月三日跏趺長往，今本山影堂存焉。勅諡弘覺大師。塔曰圓寂。

本　寂

志磐《佛祖統紀》卷四二　曹山本寂

三年。撫州曹山本寂禪師示寂。諡元證。師得法於洞山，世稱曹洞宗云〇京兆蝦子和上，自印心於洞山，混迹閩中。日沿江岸拾蝦蜆以充食，暮臥白馬廟紙錢中。華嚴靜禪師夜入紙錢伺之。師至，靜把住問曰，如何是祖師西來意。師云，神前酒臺盤。靜禮謝而退。後入京師佯狂人間，神異莫測。

覺岸《釋氏稽古略》卷三　江西撫州路曹山禪師。名本寂，生泉州莆田黃氏。少業儒，年十九歲往福州靈石出家，二十五登戒謁洞山。山問，闍梨名甚麼。師曰本寂。山曰，那箇聻。師曰不名本寂，山深器之。自此入室，盤桓數載乃辭去。山遂密授洞上宗旨，直趨曹溪禮六祖塔回吉水。眾嚮師名請開法。師志慕六祖，遂名山曰曹。尋值賊亂乃之宜黃，有信士王若一，捨何王觀請師住持。師更何王為荷玉，由是法席大興，學者雲萃。洞山之宗至師為盛，昭宗天復元年六月十五日謂眾白。曹山明日辰時行腳去，及時焚香宴坐而化壽六十二。臘三十七。葬全身於山之西阿。勅諡元證禪師。塔曰福圓。

道原《景德傳燈錄》卷一七　撫州曹山本寂禪師泉州莆田人也。姓黃氏。少慕儒學。年十九出家，入福州福唐縣靈石山。二十五登戒。唐咸通初禪宗興盛，會洞山价禪師坐道場，往來請益。洞山問，闍梨名什麼。對曰，本寂。曰向上更道。師曰，不道。曰為什麼不道。師曰，不名本寂。洞山深器之。師自此入室密印所解盤桓數載，乃辭洞山。洞山問，什麼處去。曰不變異處去。洞山云，不變異豈有去耶？師曰，去亦不變異。遂辭去。隨緣放曠，初受請止于撫州曹山，後居荷玉山，二處法席學者雲集。問不與萬法為侶者是什麼人。師曰，汝道洪州裏許多人什麼處去也。問眉與目還相識也無。師曰，不相識。曰為什麼不相識。師曰，為同在一處。曰恁麼即不分也。師曰，眉且不是目。曰如何是目。師曰，端的去。曰如何是眉。師曰，曹山卻疑。曰和尚為什麼卻疑。師曰，若不疑即端的去也。問於相何真。師曰，即相即真。曰當何顯示。師提起托子，問幻本何真。師曰，幻本元真（法眼別云，幻本不真）。曰當幻何顯。師曰，即幻即顯（法眼別云，幻即無當）。曰恁麼即始終不離於幻也。師曰，覓幻相不可得。問如何是常在底人。師曰，恰遇曹山暫出。曰如何是常不在底人。師曰，難得。僧清鋭問，某甲孤貧乞師拯濟。師曰，鋭闍梨近前來，鋭近前。師曰，泉州白家酒三盞猶道未沾脣（玄覺云，什麼處是與他酒喫）。問擬豈不是類。師曰，直是不擬亦是類。曰如何是異。師曰，莫不識痛癢。鏡清問，清虛之理畢竟無身時如何。師曰，理即如此事作麼生。

曰如理如事。師曰，謾曹山一人即得。爭奈諸聖眼何。曰若無諸聖眼。爭鑒得箇不恁麽。師曰，官不容針私通車馬。雲門問，不改易底人來師還接否。師曰，曹山無恁麽閑工夫人。問古人云，人人盡有弟子在。塵蒙還有也無。師曰，過手來。乃點指曰，一二三四五足。問魯祖面壁用表何事。師以手掩耳。問承古有言。未有一人倒地不因地而起，如何是倒。師曰，肯即是。曰如何是起。師曰，起也。問承教有言。大海不宿死屍，如何是海。師曰，包含萬有。曰爲什麽不宿死屍。師曰，絕氣者不著。曰既是包含萬有，爲什麽絕氣者不著。師曰，萬有非其功絕氣有其德。曰向上還有事也無。師曰，道有道無即得，爭奈龍王按劍何。問具何知解善能對衆問難。師曰，不呈句。曰問難箇什麽。師曰，刀斧斫不入。曰能恁麽問難。還更有不肯者也無。師曰有。曰是什麽人。師曰，曹山。問無言如何顯。師曰，莫向遮裏顯。曰向什麽處顯。師曰，昨夜三更床頭失卻三文錢。問日未出時如何。師曰，曹山也曾恁麽來。曰日出後如何。師曰，猶較曹山半月程。師問僧，作什麽。曰掃地。師曰，佛前掃佛後掃。曰前後一時掃。師曰，與曹山過靸鞋來。師問彊德上坐曰，菩薩在定聞香象渡河，出什麽經。曰出涅槃經。師曰，定前聞定後聞。曰和尚流也。師曰，道也大殺道。始道得一半。曰和尚如何。師曰，灘下接取。問學人十二時中如何保任。師曰，如經蠱毒之鄉，水不得霑著一滴。問如何是法身主。師曰，謂秦無人。曰遮箇莫便是否。師曰斬。問親近什麽道伴即得常聞於未聞。師曰，同共一被蓋。曰此猶是和尚得聞。如何是常聞於未聞。師曰，不同於木石。曰何者在先何者在後。師曰，不見道常聞於未聞。問國內按劍者是誰。師曰，曹山（法燈別山，汝不是恁麽人）。曰擬殺何人。師曰，但有一切總殺。曰忽逢本父母作麽生。師曰，揀什麽。曰爭奈自己何。師曰，誰奈我何。曰爲什麽不殺。師曰，勿下手處。問一牛飲水五馬不嘶時如何。師曰，曹山解忌口。又別云，曹山孝滿。問常在生死海中沈沒者是什麽人。師曰，第二月。曰還求出離也無。師曰，也求出離只是無路。曰出離什麽人接得伊。師曰，擔鐵枷者。僧舉藥山問僧，年多少。僧曰，七十二。藥山曰，是年七十二麽。曰是。藥山便打，此意如何。師曰，前箭猶似可後箭射人深。僧曰，如何免得棒。師曰，正勅既行諸侯避道（東禪齊云，曹山是明藥山意，自出手，爲復別有道理，還斷得麽。只如遮僧舉問曹山，伊還有會處麽。忽爾問，上坐年多少，別作麽生秖對）。問如何是佛法大意。曰塡溝塞壑。問如何是師子。師曰，衆獸近不得。曰如何是師子兒。師曰，能吞父母。曰既是衆獸近不得，爲什麽被兒吞。師曰，子若哮吼祖父母俱盡。曰只如祖父母還盡也無。師曰，亦盡。曰盡後如何。師曰，全身歸父。曰前來爲什麽道祖父亦盡。師曰，不見道，王子能成一國事，枯木上更采些子華，問才有是非紛然失心如何。師曰，斬斬。僧舉有人問香嚴，如何是道。答曰，枯木裏龍吟。學云，不會。曰髑髏裏眼睛。後問石霜，如何是枯木裏龍吟。石霜云，猶帶喜在。又問，如何是髑髏裏眼睛。石霜云，猶帶識在。師因而頌曰，

枯木龍吟眞見道，髑髏無識眼初明。喜識盡時消不盡，當人那辨濁中淸。

其僧卻問師，如何是枯木裏龍吟。師曰，血脈不斷。曰如何是髑髏裏眼睛。師曰，乾不盡。曰未審還有得聞者無。師曰，盡大地未有一箇不聞。曰未審龍吟是何章句。師曰，也不知是何章句聞者皆喪。師如是啟發上機，曾無軌轍可尋及受洞山五位銓量，特爲叢林標準。時洪州鍾氏屢請不起，但寫大梅和尚山居頌一首答之。天復辛酉季夏夜，師問知事僧，今是何日月。對曰，六月十五日。師曰，曹山一生行腳到處，只管九十日爲一夏。至明日辰時告寂。壽六十有二，臘三十有七。門人奉眞骨樹塔。勅諡元證大師。塔曰福圓。

道　全

道原《景德傳燈錄》卷一七　洞山道全禪師（第二世住亦云中洞山）初問洞山價和尚，如何是出離之要。洞山曰，闍梨足下煙生。師當下契悟。更不他遊（雲居膺進語云，終不敢孤負和尚。足下煙生。洞山云，步步玄者即是功到）暨價和尚圓寂。衆請踵迹住持。海衆悅服玄風不墜。僧問，佛入王宮豈不是大聖再來。師曰，護明不下生。僧曰，既是大聖再來。何更六年苦行。師曰，幻人呈幻事。曰非幻者如何。師曰，王宮覓不得。問淸淨行者不入涅槃，破戒比丘不入地獄如何。師曰，度盡無遺影還他越涅槃。問極目千里是什麽風範。師曰，是闍梨風範。曰未審和尚風範如何。師曰，不布婆娑眼。

居遁

道原《景德傳燈錄》卷一七　湖南龍牙山居遁禪師，撫州南城人也。姓郭氏年十四於吉州滿田寺出家。後往嵩嶽受戒。乃杖錫遊諸禪會。因參翠微和尚。問曰，學人自到和尚法席一箇餘月。每日和尚上堂不蒙一法示誨，意在於何。翠微曰，嫌什麼（有僧舉前語問洞山。洞山云，闍梨爭怪得老僧。法眼別云，祖師來也。東禪齊云，此三人尊宿語還有親疎也無。若有阿那箇親。若無親疎眼在什麼處）。又謁德山問曰，遠聞德山一句佛法。及乎到來未曾見和尚說一句佛法。德山曰，嫌什麼。師不肯乃造洞山如前問之。洞山曰，爭怪得老僧。師復舉德山頭落語。因自省過，遂止于洞山隨眾參請。一日問，如何是祖師意。洞山曰，待洞水逆流，即向汝道。師從此始悟厥旨，復摳衣八稔。受湖南馬氏請，住龍牙山妙濟禪苑。號證空大師。有徒五百餘眾法無虛席。上堂示眾曰，夫參學人須透過祖佛始得。新豐和尚云，祖教佛教似生怨家，始有學分。若透祖佛不得即被祖佛謾去。時有僧問，祖佛還有謾人之心也無。師曰，汝道江湖還有礙人之心也無。又曰，江湖雖無礙人之心，爲時人過不得。江湖成礙人去，不得道江湖不礙人。祖佛雖無謾人之心，爲時人透不得。祖佛成謾人去，不得道祖佛不謾人。若透得祖佛過，此人過卻祖佛也。始是體得祖佛意，方與向上古人同。如未透得，但學佛學祖，則萬劫無有得期。又問，如何得不被祖佛謾去。師曰，則須自悟去。師在翠微時，問如何是祖師意。翠微曰，與我將禪板來。師遂過禪板。翠微接得便打。師曰，打即任打，且無祖師意。又問臨濟，如何是祖師意。臨濟曰，與我將蒲團來。師乃過蒲團。臨濟接得便打。師曰，打即任打，且無祖師意。後有僧問，和尚行腳時問二尊宿祖師意，未審二尊宿道眼明也未。師曰，明即明也。要且無祖師意（東禪齊云，眾中道佛法即有，只是無祖師意。若恁麼會有何交涉，別作麼生會無祖師意底道理）。問如何是道。師曰，無異人心是。又曰，若人體得道無異人心，始是道人。若是言說，則勿交涉。道者，汝知打底道人否。十二時中除卻著衣喫飯，無絲髮異於人心。無誑人心，此箇始是道人。若道我得我會，則勿交涉。大不容易。問如何是祖師西來意。師曰，待石烏龜解語即向汝道。曰，石烏龜語也。師曰，向汝道什麼。問古人得箇什麼便休去。師曰，如賊入空室。問無邊身菩薩，爲什麼不見如來頂相。師曰，汝道如來還有頂相麼。問大庾嶺頭提不起時如何。師曰，六祖爲什麼將得去。問二鼠侵藤時如何。師曰，須有隱身處始得。曰，如何是隱身處。師曰，還見儂家麼。問維摩掌擎世界，未審維摩向什麼處立。師曰，道者汝道。維摩掌擎世界，問知有底人還有生死也無。師曰，恰似道者未悟時。問如何是西來意。師曰，此一問最苦（報慈云，此問最好）。問祖意與教意同別。師曰，祖師在後來。問祖師是無事沙門。師曰，若是沙門不得無事。曰，爲什麼不得無事。師曰，覓一箇難得。問蟾蜍無返照之光，玉兔無伴月之意時如何。師曰，堯舜之君猶有化在（東禪齊云，是什麼問訊與上坐，十二時中是什麼時節）。問如何得此身安去。師曰，不被別身謾始得（法眼別云，誰惱亂汝）。師梁龍德三年癸未八月示，有微疾。九月十三日夜半，大星隕于方丈前。詰且端坐而逝。壽八十有九。

休靜

道原《景德傳燈錄》卷一七　京兆華嚴寺休靜禪師。師曾在樂普作維那，白槌普請曰，上間般柴下間鋤地。時第一座問，聖僧作麼生。師曰，當堂不正坐，不赴兩頭機。師在洞山時問曰，學人未見理路，未免情識。洞山曰，汝還見理路也無。曰，見無理路。洞山曰，什麼處得情識來。曰，學人實問，洞山曰，恁麼須向萬里無寸草處立。曰，無寸草處還許立也無。洞山曰，直須恁麼去。般柴次洞山把住柴問，狹路相逢時作麼生。曰反，仄何幸。洞山曰，汝記吾言。汝向南住有一千人，若向北住即三二百而已。師初住福州東山之華嚴。未幾屬後，唐莊宗皇帝徵入輦下，大闡玄風其徒果三百矣。問祖意與教意同別。師曰，探盡龍宮藏，眾義不能詮。問大悟底人爲什麼卻迷。師曰，破鏡不重照，落華難上枝。問大軍設天王齋求勝。賊軍亦設天王齋求勝，未審天王赴阿誰願。師曰，天垂雨露不揀榮枯。一日車駕入寺燒香。帝問曰，遮箇是什麼神。師對曰，護法善神。帝曰，沙汰時什麼處去來。師曰，天垂雨露，不爲榮枯。師後遊河朔於平陽示滅。茶毘獲舍利，建四浮圖。一晉州，二房州，三終南山逍遙園，四終南山華嚴寺。勅謚寶智大師無爲之塔。

蜆子

道原《景德傳燈録》卷一七 京兆蜆子和尚不知何許人也。事迹頗異，居無定所，自印心於洞山混俗於閩川。不畜道具不循律儀，常日沿江岸採掇蝦蜆以充腹，暮即卧東山白馬廟紙錢中。居民目爲蜆子和尚。華嚴靜師聞之欲决眞假，先潛入紙錢中。深夜師歸，靜把住問曰，如何是祖師西來意。師遽答曰，神前酒臺盤。靜奇之懺謝而退。後靜師化行京都，師亦至焉，竟不聚徒演法，惟佯狂而已。

光仁

道原《景德傳燈録》卷一七 撫州踈山光仁禪師，身相短陋精辯冠衆。洞山門下時，有翳鏃之機。激揚玄奥，咸以仁爲能銓量者。諸方三昧，可以詢乎。矬師叔僧問，如何是諸佛師。師曰，何不問踈山老漢。（僧無對）。師手握木蛇。有僧問，手中是什麼。師提起曰，曹家女。問，如何是和尚家風。師曰，尺五頭巾。曰，如何是尺五頭巾。師曰，圓中取不得。師舉香嚴語問鏡清。肯重不得全，恁道者作麼生會。恁曰，全歸肯重。師曰，不得全肯者作麼生。恁曰，箇中無肯路。師曰，始愜病僧意。因鼓山舉威音王佛師。師乃問，作麼生是威音王佛師。鼓山曰，莫無慚愧好。師曰，闍梨恁麼道即得，若約病僧即不然。曰，作麼生是威音王佛師。師曰，不坐無貴位。洞山（第四世）問，如何是一句。師曰，不道。曰，爲什麼不道。師曰，少時輩。問，恁麼時如何。師曰，將軍不上便橋，金牙徒勞拈筈。問如何是直指。師曰，珠中有水若不信，擬向天邊問太陽。冬至夜，有僧上堂問，如何是冬來意。師曰，京中出大黃。問和尚百年後，向什麼處去。師曰，背底芒叢，四腳指天。師遷化時有偈曰，我路碧空外，白雲無處閑。世有無根樹，黃葉風送還。偈終而逝。又著四大等頌略。華嚴長者論流傳於世。

文邃

道原《景德傳燈録》卷一七 澧州欽山文邃禪師，福州人也。少依杭州大慈山寰中禪師受業。時巖頭雪峯在衆覩師吐論，知是法器相率遊方。二士緣契德山，各承印記。師雖屢激揚而終然凝滯。一日問德山曰，天皇也恁麼道，龍潭也恁麼道，未審德山作麼生道。德山曰，汝試舉天皇、龍潭道底來。師方欲進語。德山以拄杖打，舁入涅槃堂。師曰，是即是打我太殺（法眼別云，是即是錯打我。更有語句，如德山巖頭章出焉）。師後於洞山言下發解，乃爲洞山之嗣年二十七，止于欽山對大衆前，自省過舉。初參洞山時。洞山問，什麼處來。師曰，大慈來。曰，還見大慈麼。師曰，見。曰，色前見色後見。師曰，非前後見。洞山默置。師乃曰，離師太早，不盡師意。問，如何是祖師西來意。師曰，梁公曲尺，誌公剪刀。問，一切諸佛法，皆從此經出，如何是此經。師曰，常轉。曰，未審經中說什麼。師曰，有疑請問，問，如何是和尚家風。師曰，錦帳銀香囊，風吹滿路香。有僧寫師眞呈。師問，還似我也無。僧無對。師自代曰，衆僧看取。一日，師入浴院，見僧踏水輪。僧見師乃下不審。師曰，幸自碌碌地轉，何須卻恁麼。僧云，不恁麼又爭得。師曰，若恁麼欽山眼，堪作什麼也。僧云，作麼生是師眼。師乃以手作撥眉勢。僧云，和尚又得恁麼。師曰，是是。爲我恁麼便不得恁麼。僧無對。師曰，索戰無功一場氣悶。良久乃問僧云，會麼。僧云，不會。師云，欽山爲汝擔一半。

雜録

《瑞州洞山良价禪師語録》 師諱良价，會稽俞氏子。幼歲，從師念般若心經，至無眼耳鼻舌身意處，忽以手捫面。問師云，某甲有眼耳鼻舌等，何故經言無。其師駭然異之云，吾非汝師，即指往五洩山禮默禪師披剃。年二十一，詣嵩山具戒。游方首謁南泉。值馬祖諱辰修齋，南泉問衆云，來日設馬祖齋。未審。馬祖還來否。衆皆無對。師出對云，待有伴即來。南泉云，此子雖後生，甚堪雕琢。師云，和尚莫壓良爲賤。次參溈山。問云，頃聞南陽忠國師，有無情說法話，某甲未究其微。溈山云，闍黎莫記得麼。師云，記得。溈山云，汝試舉一遍看。師遂舉。僧問，如何是古佛心。國師云，牆壁瓦礫是。僧云，牆壁瓦礫，豈不是無情。國師云，是。僧云，還解說法否。國師云，常說熾然說無間歇。僧云，某甲爲甚麼不聞。國師云，汝自不聞，不可妨他聞者也。僧云，未審甚麼人得聞。國師云，諸聖得聞。僧云，和尚還聞否。國師云，我不聞。僧云，和尚既不聞，爭知無情解說法。國師云，賴我不聞。我若聞，即齊於諸聖，汝即不聞我說法也。僧云，恁麼則眾生無分去也。國師云，我為眾生說，不為諸聖說。僧云，眾生聞後如何。國師云，即非眾生。僧云，無情說法，據何典教。國師云，灼然言不該典，非君子之所談，汝豈不見。華嚴經云，刹說眾生說三世一切說。師舉了。溈山云，我這裏亦有，祇是罕遇其人。師云，某甲未明，乞師指示。溈山豎起拂子云，會麼。師云，不會。請和尚說。溈山云，父母所生口，終不為子說。師云，還有與師同時慕道者否。溈山云，此去澧陵攸縣，石室相連，有雲巖道人。若能撥草瞻風，必為子之所重。師云，未審此人如何。溈山云，他會問老僧，學人欲奉師去時如何。老僧對他道，直須絕滲漏始得。他道，還得不違師旨也無。老僧道，第一不得道老僧在這裏。師遂辭溈山。徑造雲巖，舉前因緣了。便問，無情說法，甚麼人得聞。雲巖云，無情得聞。師云，和尚聞否。雲巖云，我若聞，汝即不聞吾說法也。師云，某甲為甚麼不聞。雲巖豎起拂子云，還聞麼。師云不聞。雲巖云，我說法，汝尚不聞，豈況無情說法乎。師云，無情說法，該何典教。雲巖云，豈不見，彌陀經云，水鳥樹林，悉皆念佛念法。師於此有省。乃述偈云，也大奇，也大奇。無情說法，不思議。若將耳聽終難會，眼處聞聲方得知。師問雲巖，某甲有餘習未盡。雲巖云，汝曾作甚麼來。師云，聖諦亦不為。雲巖云，還歡喜也未。師云，歡喜則不無，如糞掃堆頭，拾得一顆明珠。師問，雲巖擬欲相見時如何。雲巖云，問取通事舍人。師云，見問次。雲巖云，向汝道甚麼。雲巖作草鞋次。師近前云，乞師眼睛得麼。雲巖云，汝底與阿誰去也。師云，良价無。雲巖云，設有。汝向甚麼處著。師無語。雲巖云，乞眼睛底是眼否。師云，非眼。雲巖即喝出。師辭雲巖。雲巖云，甚麼處去。師云，雖離和尚，未卜所止。雲巖云，莫湖南去。師云無。云，莫歸鄉去。師云無。云，早晚卻回。師云，待和尚有住處即來。云，自此一別，難得相見。師云，難得不相見。臨行又問，百年後，忽有人問還邈得師真否？如何祇對。雲巖良久云，祇這是。師沈吟。雲巖云，价闍黎，承當箇事，大須審細。師猶涉疑。後因過水睹影，大悟前旨。有偈云，切忌從他覓，迢迢與我疏。我今獨自往，處處得逢渠。渠今正是我，我今不是渠。應須恁麼會，方得契如如。他日因供養雲巖真次。僧問，先師道祇這是，莫便是否。師云是。云，意旨如何。師云，當時幾錯會先師意。云，未審先師還知有也無。師云，若不知有，爭解恁麼道。若知有，爭肯恁麼道（長慶稜云，既知有，為甚麼恁麼道。又云，養子方知父慈。）。師因雲巖諱日營齋。僧問，和尚於雲巖處，得何指示。師云，雖在彼中，不蒙指示。云，既不蒙指示。又用設齋作甚麼。師云，爭敢違背他。云，和尚初見南泉，為甚麼卻與雲巖設齋。師云，我不重先師道德佛法，祇重他不為我說破。云，和尚為先師設齋，還肯先師也無。師云，半肯半不肯。云，為甚麼不全肯。師云，若全肯，即孤負先師也。師自唐大中末，於新豐山，接誘學徒。厥後盛化豫章高安之洞山，權開五位，善接三根。大闡一音，廣弘萬品。橫抽寶劍，剪諸見之稠林。妙叶弘通，截萬端之穿鑿。又得曹山，深明的旨。妙唱嘉猷，道合君臣，偏正回互。由是，洞上玄風，播於天下。故諸方宗匠，咸共推尊之。曰洞曹宗。

雲巖示眾云，有箇人家兒子，問著無有道不得底。師出問云，他屋裏，有多少典籍。雲巖云，一字也無。師云，爭得恁麼多知。雲巖云，日夜不曾眠。師云，問一段事，還得否。雲巖云，道得卻不道。【略】

師將圓寂。謂眾云，吾有閑名在世，誰人為吾除得。眾皆無對。時沙彌出云，請和尚法號。師云，吾閑名已謝（石霜云，無人得他肯。雲居云，若有閑名，非吾先師。曹山云，從古至今，無人辯得。疎山云，龍有出水之機，無人辯得）。僧問，和尚違和，還有不病者也無。師云，有。僧云，不病者，還看和尚否。師云，老僧看他有分。僧云，未審和尚如何看他。師云，老僧看時，不見有病。師乃問僧，離此殼漏子，向甚麼處，與吾相見。僧無對。師示頌云，學者恆沙無一悟，過在尋他舌頭路。欲得忘形泯蹤跡，努力殷勤空裏步。乃命剃髮。澡身披衣，聲鐘辭眾，儼然坐化。時大眾號慟，移晷不止。師忽開目，謂眾云，出家人，心不附物，是真修行。勞生惜死，哀悲何益。復令主事辦愚癡齋。眾猶慕戀不已。延七日。食具方備，師亦隨眾。齋畢乃云，僧家無事。大率臨行之際，勿須喧動。遂歸丈室，端坐長往。當咸通十年三月。壽六十三。臘四十二謚悟本禪師。塔曰慧覺。

《撫州曹山本寂禪師語錄》卷上　師諱本寂，泉州莆田黃氏子。少業儒，年十九往福州靈石出家。二十五登戒。尋謁洞山。山問，闍黎名甚麼。師曰，本寂。山曰，向上更道。師曰，不道。山曰，爲什麼不道。師曰，不名本寂。山深器之。自此入室，盤桓數載。乃辭去。山遂密授洞山宗旨，復問曰，子向甚麼處去。師曰，不變異處去。山曰，不變異處豈有去耶？師曰，去亦不變異。遂往曹谿禮祖塔回吉水。衆嚮師名，乃請開法。師志慕六祖，遂名山爲曹。尋值賊亂，乃之宜黃。有信士王若一，捨何王觀，請師住持。師更何王爲荷玉，由是法席大興，學者雲萃。洞山之宗至師爲盛。

因有僧問五位君臣旨訣。師曰，正位即空界，本來無物。偏位即色界，有萬象形。正中偏者，背理就事。偏中正者，舍事入理。兼帶者，冥應衆緣，不墮諸有。非染非淨，非正非偏。故曰，虛玄大道，無著眞宗。從上先德，推此一位最妙最玄，當詳審辨明。君爲正位，臣爲偏位。臣向君是偏中正，君視臣是正中偏。君臣道合，是兼帶語。進云，如何是君。師曰，妙德尊寰宇，高明朗大虛。云，如何是臣。師曰，靈機弘聖道，眞智利群生。云，如何是臣向君。師曰，不墮諸異趣，凝情望聖容。云，如何是君視臣。師曰，妙容雖不動，光燭本無偏。云，如何是君臣道合。師曰，混然無內外，和融上下平。師又曰，以君臣偏正言者，不欲犯中，故臣稱君不敢斥言是也。此吾法宗要。乃作偈曰，學者先須識自宗，莫將眞際雜頑空。妙明體盡知傷觸，力在逢緣不借中。出語直教燒不著，潛行須與古人同。無身有事超岐路，無事無身落始終。復作五相，偈曰，白衣須拜相，此事不爲奇。積代簪纓者，休言落魄時。偈曰，子時當正位，明正在君臣。未離兜率界，烏雞雪上行。偈曰，焰裡寒氷結，楊華九月飛。泥牛吼水面，木馬逐風嘶。偈曰，王宮初降日，玉兔不能離。未得無功旨，人天何太遲。□偈曰，混然藏理事，眹兆卒難明。威音王未曉，彌勒豈惺惺。師行腳時，問烏石觀禪師，如何是毘盧師法身主。烏石曰，我若向爾道，即別有也。師舉似洞山。山曰，好箇話頭秖欠進語，何不問爲甚麼不道。師卻去進前語。烏石曰，若言我不道，即瘂卻我口。若言我道，即謇卻我舌。師歸舉似洞山。山曰，古佛。

雲門問，如何是沙門行。師曰，喫常住苗稼者是。門云，便恁麼去時如何。師曰，爾還畜得麼。門云，畜得。師曰，爾作麼生畜。門云，著衣喫飯有甚麼難。師曰，何不道披毛戴角。門便禮拜。

師示衆曰，諸方盡把格則，何不與他道一轉語令他不疑去。雲門在衆出問，密密處爲甚麼不知有。師曰，只爲密密所以不知有。門云，此人如何親近。師曰，莫向密密處親近。門云，不向密密處時如何。師曰，始解親近。門云，諾諾。又問，不改易底人來。師還接不。師曰，曹山無恁麼閑工夫。

因米和尚至。未相見。米遂坐卻禪床。師更不出。米便去。主事遂問，和尚禪床爲什麼被別人坐卻。師曰，去後卻還來。米果回與師相見。

【略】

溈山一日喚院主。院主來。山曰，我喚院主，汝來作什麼。院主無對。師代曰，也知和尚不喚某甲。溈山又令侍者喚第一座。第一座來。山曰，我喚第一座，汝來作什麼。師代曰，若令侍者喚恐不來。

師舉。有僧辭藥山歸鄉去。藥山曰，有一人遍身紅爛，臥在荊棘之中。僧云，恁麼則學人不歸去。藥山曰，但知歸去，與爾休糧方。云，如何是休糧方。山曰，每日上堂，不咬破一粒米也。師曰，只如有古佛云，遍身紅爛底人，秖是醜陋底人。一切人近不得，無拈掇處。更道臥在荊棘之中，只道在如今日用也。亦無作拈掇處，護持保任邊事。時有僧問，遍身紅爛時如何。師曰，荷負。云，荷負什麼人。師曰，勿紅爛到闍黎。又問，醜陋人與滿身紅爛底人，阿那個是重。師曰，大醜陋底人重。師又舉問僧，大保任底人保任個什麼。僧無對。自代曰，終日在背後，不曾覷著。

俱胝和尚凡有詰問，唯舉一指。後有童子，因外人問，和尚說何法要。童子亦豎起一指。胝聞遂以刃斷其指。童子負痛號哭而去。胝復召之。童子回首。胝卻豎起指。童子忽然領悟。胝將順世，謂衆曰，吾得天龍一指頭禪，一生用不盡。言訖而寂。師曰，俱胝承當處莽鹵，只認得一機一境。

僧問，維摩默然，文殊讚善，未審還稱得維摩意麼。師曰，爾還縛得虛空麼。僧云，恁麼則不稱維摩意也。師曰，他又爭肯。僧云，畢竟有何所歸。師曰，若有所歸，即同彼二公也。僧云，和尚又作麼生。師曰，待爾患維摩病始得。

師於天復辛酉夏夜問知事曰，今日是幾何日月。對云，六月十五。師曰，曹山平生行脚，到處秖管九十日爲一夏。明日辰時，吾行脚去。及時焚香，宴坐而化。閲世六十二。臘三十七。葬全身於山之西阿。謚元證禪師。塔曰福圓。

《撫州曹山本寂禪師語録》卷上 解釋洞山五位顯訣。

別時揀云，夫先師所明偏正與兼帶，等用先師本意。不爲明功進修之位，兼涉敎句，直是格外玄談要絶妙旨。秖明從上物體現前，冥叶古聖之道。今見諸學士，詮揀先人意度，似有誤彰（音障），不免聊爲敘其差，當媿（音貴）在不混其功。於中，或有借位明功，借功明位，緣緒多端，功在臨時。看語來勢，不負來機，妙在佳致爾。

正位卻偏，就偏辨得是圓兩意。逐位揀出曰，正位卻偏者，爲不對物。雖不對物卻具。別揀曰，正位卻偏。正中，無用爲偏，全用爲圓，是兩意問，如何是全。云，不頑者得底人也。此位不明來也。若佛出世也恁麼。若佛不出世也恁麼。所以千聖萬聖皆歸正位承當。別時揀曰，正中偏卻具，此一位，第一不得動著。

偏位雖偏，亦圓兩意。緣中辨得，是有語中無語。逐位揀曰，偏位雖偏，亦圓兩意者，爲用處不立的的。的的則眞不常用也。別揀曰，偏位雖偏，亦圓者。用中無物無觸，是兩意雖就用中明。爲語中不傷，此乃竟日道如不道。別時揀曰，偏位卻圓，亦具緣中不觸。

或有正位中來者，是無語中有語。逐位揀曰，正位中來者，不兼緣。如藥山云，我有一句子，未曾向人說。道吾云，相隨來，此是他妙會得。如湖南觀察使語，此例甚多。須合出不得混尊卑，呼爲無語中有語。別揀曰，正位中來者，句句無語。不立尊貴，不落左右。故云正中來也。又引正中來語例者，如黑豆未生芽時作麼生。又引一句子未曾向人說。又如云，有一人無出入息。又云，未具胞胎時還有言句也無。此例亦多。喚作無語中有語。別時揀曰，正位來明，正位不涉緣，亦有正位中來。無語中有語，如云黑豆未生芽時。十方諸佛出身處。又我有一句子，未曾向人說。此句答家須就出不得乖角，乖角則不知有故。

或有偏位中來者，是有語中無語。逐位揀曰，偏中來者則兼緣。如云即今往來，底喚作甚麼則得。洞山云，不得不得，此例亦多。呼爲有語中無語。別揀曰，偏位中來者，語從四大聲色中來。不處所是非。故云，緣中辨得是偏位中來也。又引偏位中來語例者。如云，甚麼物恁麼來。亦云，光境俱忘復是何物。亦云，定慧等學明見佛性。此例亦多。喚作有語中無語。更有挾功極則。呼爲偏位中來。此難辨。須揀得出。別時揀曰，偏位來明，偏位涉緣。緣性無體，皆同正位。偏位中來者，就物明體。如云，甚麼物恁麼來。亦云，光境俱忘復是何物。此一例語寄功明位。余舊舉。又甚麼物恁麼來。此一例語雖緣中得，不同向去。又如，定慧等學明見佛性。此一例語，亦余初舉例語。又如，光境俱忘，爲是敎中之則。不同玄學，只要於他敎，則出宗門中玄學外事，秖如出息不依衆緣，入息不居蘊界而住。此語全是功不同緣中認得，亦是余舊舉例。亦主家抽入正位云，有一人無出入息，令渠知有正位。又有借事，正位中來者，此一位答家，須向偏位中明其物體，不得入正位明也。此一句要如。先師問新羅僧，未過海時，在甚麼處。無對，自代云，秖今過海也甚麼處。又如先師代愼微長老出拄杖語云，如今出也有人辨得麼。此例雖緣中認得，不同向去。辨不得，恐後人收落功勳，將爲向上事。

或有相兼帶來者，這裡不說有語無語。語裡直須正面而去，這裡不得不圓轉。事須圓轉，然在途之語總是病。夫當人先須辨得語句正面而去，有語是恁麼來，無語是恁麼去。作家中不無言語，不涉有語無語。這箇喚作兼帶語，全無的的也。他智上座，臨遷化時向人道，雲巖不知有，我悔當時不向伊說。雖然如是，且不違於藥山蔡子。看他智上座合作麼生老婆也。南泉喚作異類中行，且密闍黎不知。逐位揀曰，相兼帶來者，爲語勢不偏不正，不有不無。如全不全，似虧不虧，唯得正面而去也。則的不立，的不立則至妙之言。境不圓，常情之事也。如先師對文殊喫茶語云，借取這箇看得麼。亦如翠微云，每日喧甚麼。亦有功勳中兼帶。似向上事，臨時辨取。如落淨妙之處，則須知有事在。要去則去，要止則止。千萬圓轉，不得莽鹵。如大無明底人，爲全體。不同闡提，闡提則知有事卻鞔。雖鞔卻成孝養。鞔者，不存祖佛及自己本分父母也。紅爛底人，爲不歸全擔荷，不立至尊。大保任底人，爲刺脚入泥裡，非小小護持。別揀曰，相兼帶來者。不落有語無語，如藥山帶刀語，此是兼帶語。臨時看語來勢，或當頭正面而去，或異中虛（句）此（句）若不妙會，則千里萬里也。又引相兼帶來語例。如文殊喫茶語，兼這箇人甚麼處去也。雲巖云，作麼作麼。又云，即今作麼生。此例甚多。別時揀曰，相兼帶不涉偏正二途，此一位等絕。妙旨難辨，呼爲兼帶。皆爲明這箇一段事。況復正位不同。學士揀曰，問祖師意，答待特牛生兒則向汝說。揀云，此是正位中來。此一例語，切不得呼爲正位中來。可云，玄學路中問答，俱然也。別是一路。又不得呼爲相兼帶。爲顯明故。縱賓主回互，亦秖得呼爲有病兼帶。又問玄旨，答如死人舌。又如問，十二時中將何奉獻云無物。此二例語，不得呼爲偏位中來，須各揀。若是玄旨一例語，可同於祖師意也。又如，十二時中將何奉獻答無物。此一例語，可同於功勳也。此二例語，竝不得呼爲偏位及兼帶也。前已明破了，是借功明位，借位明功，同於此也。又獨脫物外，起眾聖前，云是正位卻圓，其實屈正位也。此例是古人道，過跡尚在，猶未得語中無語。此復呼爲，非正位也。爲語中有語故，此可呼爲，有病兼帶。爲語中有語故，不得呼爲，相兼帶來。夫相帶兼來者，直須似文殊喫茶語。及先師答雲巖鉏薑語，竝安和尙法堂語。及藥山布衲洗佛語，於中最妙，兼帶無過藥山答雲巖帶刀語。及百丈下堂，大眾欲散未散時，索云，是甚麼。藥山遙聞此語云，在此。便道暗頭兼帶，借功明物，借物明功。借過明功，借功明過，等來。若是藥山與新豐竝前諸德所出，超過入正位，是玄談奇特句已。次到小小得力者，即且抽入正位。此例吾常用也。吾緣住持多緒，不及子細，略明少分許。汝等諸人，不須容易輕慢。若更有疑帶，旋當決了，直須厲力修行，令未來際不斷。此事不得慢洩。或值純忖者，是奇器也。亦不可隱耳。

《撫州曹山本寂禪師語錄》卷上　正中偏。揀云，暗裡黠頭。

三更初夜月明前。揀云，黑白未交時辨取。又云，萠芽未生之時。又別揀云，只今是甚麼時。又云，此中無日月，不說前後去也。

莫怪相逢不相識。揀云，忘卻也。又云，就也。又別揀云，甚麼劫中違背來，恁麼則拱手去。

隱隱猶懷舊日妍。揀云，此兩句一意終不相似。又云，圓也則不自欺得。又別揀云，今日重甚麼。又云，恁麼。

偏中正。揀云，緣中會也。

失曉老婆逢古鏡。揀云露也。適來又記得。又別揀云，是甚麼模樣。又云，恁麼則別不呈色。

分月覿面別無眞。揀云，即今會也。又云，只這箇便是也。又別揀云，失。又云，恁麼則未有眞時較些子。

休更迷頭還認影。揀云，不是本來頭。又云，莫認影即是。又別揀云，終不記得。又云，恁麼則改不得也。

正中來。揀云過也。

無中有路隔塵埃。揀云，無句中有句。又云，相隨來。又別揀云，從來事作麼生。又云，恁麼則不相借也。

但能不觸當今諱。揀云，傍這箇。又云，早是傍也。又云，恁麼則盡大地無第二人也。

也勝前朝斷舌才。揀云，非默。又云，更切於這箇。又別揀云，終不切齒。又云，恁麼叮嚀不得者。

偏中至。揀云，有句中來。

兩刃交鋒不相避。揀云，主客不相觸。又云，彼彼不傷也。箭箭相拄，脈脈不斷。又別揀云，不相敵者。又云，恁麼則卻不相管。

好手猶如火裡蓮。揀云，壞不得。又云，誰是得便者。又別揀云，弱於阿誰。又云，恁麼則終不作第二人也。

宛然自有衝天氣。揀云，不從人得。又云，恁麼則不借也。又別揀云，非本有。又云，恁麼則已亦不存。又云，非已有。

兼中到。揀云妙挾。

不落有無誰敢和。揀云，不當頭。又云，他是作家。又別揀云，正好。商量喚甚麼作商量。道將來。云問。

人人盡欲出常流。揀云，皆欲出類。又云，有甚麼出頭處。又別揀云，動則死。又云，恁麼則隨處快活也。

折合還歸炭裡坐。揀云，即可知，也將知，合作麼生。又別揀云，謾他不得。又云，恁麼則賴得某甲。

《撫州曹山本寂禪師語錄》卷上　正中來者，太過也。全身獨露，萬法根源，無咎無譽。偏中至者，中孚也。隨物不礙，木舟中虛，虛通自在。正中偏者，巽也。虛空破片，處處圓通，根塵寂爾。偏中正者，兌也。水月鏡像，本無生滅，豈有蹤跡。兼中到者，重離也。正不必虛，偏不必實，無背無向。又曰，心機泯絕，色空俱忘（是云正），到頭無諱。曾無變動（是云中），更無覆藏。全體露現（是云偏），是曰正中偏。山是山，水是水，無人安名字，無物堪比倫。是曰偏中正。淨裸裸，赤灑灑，面目堂堂，盡天盡地，獨尊無二。是曰正中來。宛如寰中天子，不借禹湯堯舜令。眼見耳聞，終不借他力。耳之不入聲中，聲之不塞耳根。裏頭才轉身，塵中未帶名。是曰偏中至。不是心，不是境，不是事，不是理。從來離名狀，天眞忘性相。是曰兼中到。

《撫州曹山本寂禪師語錄》卷上　師曰，凡情聖見是金鎖玄路，直須回互。夫取正命食者，須具三種墮。水牯牛，不受食，不斷聲色（今案），只墮去。是甚麼人分上事。揀曰，欲知則是入異類中，不認沙門邊事。所以古人權借水牯牛爲異類，秖是事上異類，非言語中異類（須看取四種異類中）。

時稠布衲問，水牯牛是甚麼墮。曰，披毛戴角是沙門墮，不受食是甚麼墮。曰，是尊貴墮，不斷聲色是甚麼墮。曰，是隨類墮。師又曰，若是言語中異類，則是往來言語盡是類。所以南泉道，智不到處，切忌道著。道著，則頭角生。喚作如如，早是變也。直須向異中行。如今須向異中道，取異中事。夫語中無語，始得若是。南泉病時。有人問，和尚百年後，向甚麼處去。泉曰，我向山下檀越家，作一頭水牯牛去。某甲擬隨和尚去，還得麼。泉曰，若隨我含一莖草來。揀曰，這箇是沙門轉身語。所以道，汝擬近銜一莖草，來親近渠，是呼爲無漏始堪供養渠。

又曰，隨類墮者。秖今於一切聲色物物上，轉身去不墮階級，喚作隨類墮。又曰，尊貴墮者。法身法性是尊貴邊事。亦須轉卻，是尊貴墮。秖如露地白牛，是法身極，則亦須轉，卻免他坐，一色無辨處。竝（法身白牛）是稱斷供養邊事，欲須供養，須得此食。所以無味之味。亦曰，無漏是堪供養，竝餘觸污之食。非無漏解，脫之食也。有人問百丈，以何爲食。曰，無漏爲食。雲巖曰，莫將以味爲供養。道吾曰，知有保任處盡是供養。

又曰，不受食尊貴墮者，食者是本分事。知有不取，故曰尊貴墮。披毛戴角沙門墮者，不執沙門邊事，及諸聖報位也（須看異類開示）。不斷聲色，隨類墮者。爲初心知有自己本分事。迴光之時，擯出色聲香味觸法。得寧謐，則成功勳後，卻不執六塵。墮而不昧，任之無礙。故曰，外道六師是汝之師，彼師所墮汝亦隨墮。乃可取食。食者，則是正命食也。亦本分事也。秖是就六根門頭，見聞覺知，不被他染污，呼爲墮。不同向前怕他，本分事尚不取，況其餘。故云，子細，子細。揀曰，作水牯牛是什麼墮。代曰，不處正位，不揀其身，始喚作沙門墮。不斷聲色，是什麼墮。代曰，凡情得盡，聖量亦忘。聲色塵中，不應更斷，乃可取食，是爲隨類墮。不受食，是什麼墮。代曰，了達正因，不存勝解。故云，尊貴墮也。又曰，沙門墮者，亦不無其行，亦不無其閒。雖有其閒，常無其閒。雖有其行，常無其行。此事切須知時節莫東西。

問如何是隨類墮。曰，不斷聲色。又不失香味，如何是彼師。曰，六處。如何是彼師所墮。曰，田舍老翁入聚落。眼耳鼻舌俱失卻，如何是汝亦隨墮。曰，存。存箇什麼。曰，不得動著。又不離聲色。又溈山曰，我百年後作一頭水牯牛。左脇上書，溈山僧某甲一行字。汝道當見之時，喚作甚麼。無對。後曹山代曰，喚作水牯牛。問，未審此水牯牛，還解耕稼否。曰，灼然。是什麼類。曰，披毛戴角者。四時食何水草。曰，不入口者。如何是水牯牛。曰，不證聖。如何是銜一莖草。曰，毛羽根似去。是超聖，是超類。曰，是超聖。問，如何是水牯牛。曰，冥冥矇矇。如何是含一莖草來。曰，古人道了也。毛羽相似去（荷玉向自道取。答，古人語奈何）。又曰，一草者，秖是明得不變異也。又曰，祖佛不知有，貍奴白牯卻知有。爲什麼貍奴白牯卻知有。曰，秖是百無所解。秖如祖佛爲什麼不知有。曰，祖爲執印佛爲相似，秖如貍奴白牯。知有箇甚麼。曰，秖知有貍奴白牯。如何是貍奴白牯知有底事。曰，不從西東來，不從三十二相得。如何是祖。曰，上有。如何是佛。曰，相似去。

《撫州曹山本寂禪師語錄》卷上　四種異類

一者，往來異類。謂如今一切聲色，言語，階級，地位，捨父逃逝，盡皆卻向上祖父，得爲異類。又天堂，地獄，餓鬼，畜生，修羅等，皆是異類。

二者，菩薩同異類，謂失明自己。然後卻入生死異類中攝他，已證涅槃之果。不捨生死之類，自利利他，願一切眾生，悉皆成佛，我從末後成佛。所以，大權菩薩，若不先化衆生，己事無由得成辦。故南泉曰，先過那邊知有，卻來這邊行李。又曰，菩薩具六度萬行。教云，若有一衆生未度者，吾終不成正覺。誓願無邊，衆生無邊。如是，行持故名菩薩同異類（下云同中異類是同）。

三者，沙門異類（後云披毛戴角）。謂先知有本分事了，喪盡今時一切凡聖，因果德行，始得就體一般，名爲獨立底人。亦名沙門稱斷事。始得表裡，情忘三世事盡。得無遺漏，得名佛邊事。亦云一手指天地。亦云具大沙門。轉卻沙門，稱斷邊事。不入諸勝報位，始得名爲沙門行。亦云沙門轉身。亦云披毛戴角。亦喚作水牯牛。恁麼時節始得入異類。亦云色類邊事。所以古人道，頭長三尺，頸短（吉祥宗祖手澤中不云長）二寸，秖是這箇道理，不得別會。

四者，宗門中異類。謂如南泉曰，智不到處切忌道著。道著則頭角生，喚作如如，早是變也。直須向異類中，行道取異類中事。洞山曰，此事直須妙會，事在其妙，體在妙處。曹山自道，此事直須虛一位全無的的也。覿面兼帶始得若是。作家語不偏，不正，不有，不無，呼爲異類中虛。此事直須作家橫身。逢木著木，逢竹著竹。須護觸犯，囑囑囑囑。僧問（自下問答，皆以無舌語爲中下道，取上四異類。），如何是異。余曰，我若向汝道。驢年得異麼。所以有人問南泉和尚，百年後向什麼處去。泉曰，山下檀越家，作一頭水牯牛去。云，某甲隨和尚去得否（彼此文別宗豈有異）。泉曰，爾若隨我，含一莖草來。余曰，此水牯牛，不同沙門水牯牛。直須子細，始得不迷時候。

問，如何是往來異類。余曰，未知有自己。又曰，一切言語聲色是非，總是往來異類。如何是（菩薩）同中異類。余曰，不擇其身。如何是披毛戴角（沙門）異類。余曰，不立觸淨。又非時答（當也）觸即觸，遇淨即淨。如何是宗門中異類。余曰，要頭則斫將去。

僧舉似。洞山大師因僧問沙門行。大師曰，頭長三尺，頸短二寸，此意如何（新古兩本無有別異）。余曰，勝句妙句，喚什麼作勝句妙句。余曰，勝句妙句有三種。一者，世尊出世。四十九年施設方便。十二分教，百千三昧妙門，門門穿究，盡是勝句妙句。此是出世邊說。二者，從凡入聖。洞達自己，與佛無異。得無遺漏，始得通身。始喚作一塵一念，十方婆伽梵，一路涅槃門。到恁麼時節，不處正位，不擇其身，卻入異類中。披毛戴角，無異念。故云，一切物類，比況不得。諸佛諸祖，計挍不成。所以古人道，沙門語不得，將尺寸語與人。故喚作勝句妙句，此是色類邊語。三者，一切所有底物比不得。始呼爲勝句妙句，所以古人道，千般比不得，萬物況不成。智者不能知，上根亦不識。亦云，本來無相似。故勝句妙句。勝句妙句者，天上人間，測度不得底事。故古人云，喚作超始終句。借此爲語類邊說行（至下益詳）。稠布衲問，如何是色類。余曰，披毛戴角。如何是語類。曰，曹山只有一雙眉。如何是水牯牛。曰，矇矇瞳瞳。此意如何。曰，不知有天地。

稠又舉。上座問雲居，洞山古佛有言，自少養得一箇兒子。頭長三尺，頸短二寸，直至如今不奈何。如何是自少養得底兒子。居曰，日給難忘。如何是頭長三尺。曰，不奈何。如何是頸短二寸。曰，至今還奈何得否。問（一本作後舉問師，一本連上猶爲雲居話），如何是日給難忘。余曰，常在則是。如何是常在。曰，不違背則是。如何是不奈何。曰，到恁麼時，甚麼人奈何得。至今還奈何得否？此意如何。曰，三世諸佛不奈何（一本迄此雲居山話）。如何是頭長三尺，頸短二寸。曰，不是從來底事。如何是從來底事。曰，喚作甚麼。

問沙門行箇什麼行。曰，畜生行。如何是畜生行。曰，披毛戴角。如何是（披毛戴角）沙門行。曰，物物不間斷。不間斷底事如何。曰，始得行。如何是披毛戴角底人。曰，不懼業。爲甚麼到恁麼地。曰，若不懼業，甚麼處不到。

問從凡入聖則不問，從聖入凡時如何。曰，水牯牛。如何是水牯牛。曰，矇矇瞳瞳。此意如何。曰，但念水草，餘無所知。成得箇甚麼邊事。曰，秖是逢草喫草，逢水飲水。師又曰，這箇語有力。欲知有力，此人不執沙門邊事，亦不入諸聖報位。便是入異類。此異類是披毛戴角，喚作沙門行。亦喚作沙門行李處。亦喚作頭長三尺，頸短二寸。欲知此意到沙門行時，不欲將尺寸分親疎。不得說張三李四。又頭長三尺者。只得從小至大，今日功成。得到恁麼時，喚作勝句妙句。頸短二寸者，是不坐沙門位，亦不處諸聖報位。故爲頸短二寸。恁麼時不得說著，稱與不稱。所以道，不將尺寸來向這裡思量也。雖然如此，猶是類邊事。須知有異類中事，不見道。智不到處不得說著。說著即頭角生。喚作如如，早是變也。須向異類中行，喚作虛一位。喚作覿面兼帶，全無的的也。問如何是類。曰，披毛戴角。如何是異。曰，作麼作麼。如何是行。曰，要頭則斫將去。只如異類成得箇什麼邊事。曰，此事有二種異類。一者，沙門異類。二者，事上異類。事上異類者，貍奴白牯是也。沙門異類者，觸處得自由。始得不變易，不同那箇。先師問余，甚麼處去。曰，不變易處去。又曰，此不變易事有二種。一者，人人盡有本分事。二者，知有底人，不捨一切聲色是非，於一切物物上不滯，呼爲一切處不易（蓋去聲音異）。亦喚作披毛戴角。亦喚作入泥入水。亦喚作行李底漢。問如何是入泥入水。曰，不變易。轉身也否。曰，不轉身。此人屋裡事如何。曰，諸聖測不得。爲什麼測不得。曰，是伊不同諸聖。此猶是類邊事還有向上事否。曰，有。如何是向上事。曰，向汝道，則恐落類邊去。

《撫州曹山本寂禪師語錄》卷上　曹山本寂語錄

上堂僧問，如何是大闡提人。師曰，不懼業。僧云，如何是無明人。師曰，始終不覺悟。僧云，此二人誰在前。師曰，無明者。僧云，闡提人爲什麼在後。師曰，向去者。僧云，恁麼則無明者不從今日去也。師曰，是。僧云，既不從今日去，無明從何處來。師曰，光處不敢入。僧云，豈不是不明不暗。師曰，是。僧云，正恁麼時如何。師曰，不受觸。師復曰，闡提有多種。一類者，是殺父，殺母。出佛身血，破和合僧，毀壞伽藍。此剋定實報，受種種苦。一類者，亦所作如前。此則爲殺無明父貪愛母，不信有佛法僧，可破有伽藍可壞，計爲業心所得。故墮亦受種種虛妄果報，如前升降不同。一類者，知有自己本來事，呼爲父母。不因外得，無修無證，非因非果。不因師受，不從證行所得。不起父見曰殺，不起母見曰害。即是一切本分事，不取不存，故曰殺害。纔有纖毫奉重，得味不成。知有自己事也。故曰大闡提。以此動撥妙力，即是從上宗乘，體會家事承當。要截玄道，破諸迂曲，即如新豐老人所玄示也。

忠國師驀喚侍者。侍者來立。國師低頭。侍者立多時出去。國師喚侍者。如是三度了曰，將謂我辜負汝，汝卻辜負我。百丈舉問趙州，國師三喚侍者意作麼生。州曰，如人暗裏書字。字雖不成，文彩已彩。又後有人，舉問師，國師三喚侍者意作麼生。師曰，侍者第二遍回來，云某甲不信和尚喚。

南泉曰，未具胞胎時，還有語也無。有人舉問雪峯。峯曰，道有道無。則喫三十棒。又問招慶。慶曰，從他自道。又舉問師。師曰，有。云請和尚傍瞥。師曰，將什麼物聞。云聾者還聞也無。師曰，聾者若得聞，則具耳目。云，什麼人得聞。師曰，未具胞胎者。

僧問師。教云，一句能吞百千萬義，如何是一句。師曰，針劄不入。

有一座主。辭南泉。泉問，什麼處去。對云，山下去。泉曰，第一不得謗王老師。對云，爭敢謗和尚。泉噴水曰，多少。座主便出去。師曰，賴也。

溈山一日喚院主。院主來。山曰，我喚院主，汝來作什麼。院主無對。師代曰，也知和尚不喚某甲。又令侍者喚第一座，第一座來。山曰，我喚第一座，汝來作什麼。師代曰，若令侍者喚。恐不來。

有僧，辭藥山歸鄉去。藥山問，有一人，遍身紅爛，臥在荊棘之中。僧云，恁麼則學人不歸去。藥山曰，但知歸去，與爾休糧方。問如何是休糧方。山曰，每日上堂，不咬破一粒米也。師曰，只如古德有云遍身紅爛底人，秖是醜陋底人，一切人近不得。無拈掇處，更道臥在荊棘之中。只道在如今日用，也亦無作拈掇處，護持保任邊事。時有僧問師，遍身紅爛時如何。師曰，荷負。云，荷負什麼人。師曰，勿紅爛到闍黎。又問，醜陋人與滿身紅爛底人，阿那個是重。師曰，大醜陋底人重。師又舉問僧，大保任底人，保任個什麼。自代曰，終日在背後，不曾覷著。

又　俱胝和尚凡有詰問，唯舉一指。後有童子。因外人問，和尚說何法要。童子亦豎起一指。胝聞遂以刃斷其指。童子負痛號哭而去。胝復召之。童子回首。胝卻豎起指。童子忽然領悟。胝將順世。謂眾曰，吾得天龍一指頭禪，一生用不盡。言訖而寂。師曰，俱胝承當處莽鹵，只認得一機一境。

洞山上堂。道無心合人。人無心合道。欲識個中意。一老一不老。後僧舉問師。如何是一老。

師曰，不扶持。云，如何是一不老。師曰，枯木。

僧問師，維摩默然文殊讚善，未審還稱得維摩意麼。師曰，爾還縛得虛空麼。僧云，恁麼則不稱維摩意也。師曰，他又爭肯。僧云，畢竟有何所歸。師曰，若有所歸，即同彼二公也。僧云，和尙又作麽生。師曰，待爾患維摩病始得。

洞山到椑樹。椑問曰，來作什麽。山云，親近和尙。椑曰，若是親近，用動兩片皮作麽。山無對。師曰，一子親得。僧問洞山，三身之中，阿那身不墮衆數。山曰，吾常于此切。僧問師，先師道，吾常于此切，意作麽生。師曰，要頭便斫去。

洞山將圓寂。謂衆曰，吾有閒名在世，誰人爲吾除得。衆皆無對。時沙彌出曰，請和尙法號。山曰，吾閒名已謝。師曰，從古至今，無人辨得。

無著喫茶次。文殊拈起玻璃盞問，南方還有這箇麽。著曰，無。文殊曰，尋常將什麽喫茶。著無，對。師代曰，久承大士按劍，爲什麽處在一塵。

師曰，謂然燈前有二種。一未知有，同於類血之乳。一知有，猶如意未萌時，得本物。此名然燈前。一種知有。往來言語聲色是非，亦不屬正照用。亦不得記。同類血之乳，是漏失邊事。此名然燈後。直是三際事盡，表裏情忘，得無間斷，此始得名正然燈。乃云得記。

《撫州曹山本寂禪師語錄》卷下 師曰，謂然燈前有二種。一未知有，同於類血之乳。二知有，猶如意未萌時得本物。此名然燈前。一種知有，往來言語聲色是非。亦不屬正照用，亦不得記。同類血之乳，是漏失邊事。此名然燈後。直是三際事盡，表裏情忘，得無間斷。此始得名正然燈。乃云得記。

《汾陽無德禪師語錄》卷中 僧問洞山，如何是祖師西來意。山云，待洞水逆流。即向汝道，龍牙未息狂心地，遍問諸師不肯休。先達愍他親志切，直言洞水逆須流。

洞山問雪峯，柴重多少。云，盡大地，人擎不起。云，爭得到這裏。代云，也知擎不起。

又問，什麽處去來。云，斫槽來。幾斧斫成。云，一斧斫成。猶是這邊事，那邊事作麽生。云，直得。無下手處。云，無下手處。猶是這邊事，那邊事作麽生。代云，專甲早是困。

《楊岐方會和尚語錄》 師上堂。舉洞山云，五臺山上雲蒸飯，佛殿堦前狗尿天。幡竿頭上煎鎚子，三箇猢猻夜播錢。師云，老僧即不然。三面狸奴脚踏月，兩頭白牯手拏煙。戴冠碧兔立庭柏，脫殼烏龜飛上天。老僧葛藤盡被汝諸人覰破了也。洞山老人甚是奇特。雖然如是，只行得三步四步，且不過七跳八跳。且道，譊訛在什麽處。老僧今日不惜眉毛，一時布施。良久云，叮嚀損君德，無言眞有功。任從滄海變，終不爲君通。

《法演禪師語錄》 上堂舉。僧問洞山，如何是善知識眼。山云，紙撚無油。師云，洞山老漢不是無只，是太儉。忽有人問四面，如何是善知識眼。只向伊道瞎，何故且要相稱。乃云，紙撚無油也。大奇不堪，拈掇有誰知。回身卻憶來時路，月下騰騰信脚歸。

《楊岐方會和尚語錄》 上堂舉。僧問洞山，如何是善知識眼。山云，紙撚無油。若問白雲。對道，無油不點燈。雖然如是，也較洞山三千里。秖是其間有箇好處。有甚好處。諸人黑地裏撞著，露柱悟去也不定。

《明覺禪師語錄》卷二 舉。洞山聰和尙，每見新到便問，爲山水牯牛。上堂作麽生會，前後皆不相契。師到，亦乃垂問，師云，後人標牓。洞山擬道，師以坐具拂一下便行。洞山云，且來上座。師云，未參堂。

《明覺禪師語錄》卷三 舉。洞山到雲門。門問，近離甚處。山云，查渡。云，夏在甚處。山云，湖南報慈。云，甚時離。山云，去年八。月門云，放爾三頓棒。山至來日卻上問訊，昨日蒙和尙放三頓棒，不知過在什麽處。門云，飯袋子江西湖南便溜麽去。山於此大悟。師云，雲門氣宇如王，拶著便氷消瓦解。當時若據令而行，子孫也未到斷絕。

舉。僧問洞山，時時勤拂拭，莫遣惹塵埃，爲什麽不得他衣鉢。山云，直饒道本來無一物，也未合得他衣鉢。且道，什麽人合得。僧下九十六轉語，皆不相契。末後云，設使將來他亦不要。洞山深肯。師云，他既不受是眼，將來底必應是瞎。還見祖師衣鉢麽。若於此入門，便乃兩手分付。非但大庾嶺頭一箇提不起。設使闔國人來，且欵欵將去。

《圓悟佛果禪師語錄》卷一七 舉。泰首座到洞山，值喫果子。洞山云，有一物上拄天，下拄地，常在動用中。動用中，收不得，未審過在什麽處。泰云，過在動用。洞山云，侍者掇退果卓。師拈云，天下衲僧盡道，泰首座箭鋒不相拄，所以遭洞山貶剝。後來溈山眞如道，此果子莫道泰首座不得喫，三世諸佛也不敢正眼覷著。師云，宗師家，正令當行十方坐斷，有定乾坤句，辨龍蛇眼，不妨難趁。當時若是英靈衲子，解捋虎鬚。待他道過在什麼處，便拈起果子云，和尚畢竟喚作什麼。待他擬議，劈面便擲。何故。有意氣時添意氣，不風流處也風流。

舉。藥山一夜無燈燭，示眾云，我有一句子，待犢牛生兒即向汝道。時有僧出云，犢牛生兒也。自是和尚不道。山云，把燈來。其僧便歸眾。洞山云，這僧會則會，只是不肯禮拜。法燈云，當時不要索燈。但問他道，生底是特牛兒牸牛兒。又代云，雙生也。師拈云，藥山垂釣意在鯤鯨，這僧吞釣三千浪激。洞山眼正千里同風，法燈重整鎗旗，再裝甲冑。雖然如是，山僧即不然。夾山有一句子，威音王已前與諸人道了也。或有問明頭合，暗頭合。只對他道，龍得水時添意氣，虎逢山勢長威獰。

《大慧普覺禪師語錄》卷一　上堂舉。僧問洞山，寒暑到來如何回避。山云，何不向無寒暑處去。僧云，如何是無寒暑處。山云，寒時寒殺闍黎，熱時熱殺闍黎。又僧問一老宿，時節恁麼熱，向甚處回避。宿云，向鑊湯爐炭裏回避。僧云，鑊湯爐炭裏如何回避。宿云，眾苦不能到。師云，二老宿，一人在寒暑裏垂手，一人在寒暑外垂手。寒暑裏垂手者，不見有寒暑之相。寒暑外垂手者，通身是寒暑。徑山恁麼道，諸人還辯明得麼。若辯明得，南天台北五臺。若辯明不得，今日熱如昨日。

《大慧普覺禪師語錄》卷四　上堂舉。洞山問三峯菴主。汝名甚麼。主云，道膺。山云，何不向上道。主云，若向上道，則不名道膺。洞山深肯之。師云，道膺向上道則不名道膺。既不名道膺。喚作向上處則不可。既不是向上道。且作麼生契得洞山意。良久云，智者聊聞猛提取。莫待須臾失卻頭。

《大慧普覺禪師語錄》卷六　上堂舉洞山和尚夏末示眾云，初秋夏末，兄弟東去西去，直須向萬里無寸草處去。前後下語者皆不契。有僧傳此語到石霜。霜云，何不道，出門便是草。洞山聞得深肯之。謂，瀏陽有古佛出世。師云，萬里無寸草，但請恁麼去。出門便是草，各自有公據。有公據，何拘束。清風月下守株人，涼兔漸遙春草綠。

《大慧普覺禪師語錄》卷七　示眾舉。洞山云，須知有佛向上事。僧問，如何是佛向上事。山云，非佛。雲門云，名不得狀不得，所以言非。師云，二尊宿恁麼提持佛向上事且緩緩，這裏即不然。如何是佛向上事。拽拄杖劈脊便打，免教伊在佛向上樑根。

《大慧普覺禪師語錄》卷一〇　洞山云，言無展事，語不投機。承言者喪，滯句者迷。頌云，言無展事語不投機，承言者喪滯句者迷，逢人不得錯舉。

《虛堂和尚語錄》卷之四　又問洞山，如何是祖師西來意。山云，待洞水逆流，卻向汝道。他到者裏，心路絕伎倆盡。只得禮拜。後之學者，已眼不明，見他承嗣洞山便道，當時見翠微臨際之時，未透一犬吠，虛千猱啀實。

《虛堂和尚語錄》卷之六　舉。洞山因。僧問，三身中那箇說法。山云，吾常於此切。僧後問曹山。洞山道，吾常於此切，意旨如何。曹云，要頭斫將去。僧又問雪峯。峯以主丈，劈口打。云，我也曾到洞山來。僧無語。

代云，氣急殺人。

舉。魯祖因。洞山來參。禮拜了。侍立少頃而出。卻再入來。祖云，只恁麼，只恁麼，所以如此。洞山云，大有人不肯。祖云，作麼取汝口辯。洞山乃侍奉數月。

別洞山前語云，不辭路險來見和尚。

《虛堂和尚語錄》卷之九　上堂。舉。雪峯在洞山，作飯頭淘米次。山問云，爲復是淘沙去米，爲復是淘米去沙。峯云，沙米一齊去。山云，大眾喫箇什麼。峯覆卻盆子。山云，子緣法合在德山。師拈云，季咸相壺丘子林，隨變不分，仗劍而逐之。洞山謂，雪峯緣在德山，不知是何相法。峯後果嗣德山。此又過是季咸之徒歟。

《宏智禪師廣錄》卷一　上堂舉僧問洞山，如何是佛向上人。山云，非佛。師云，洞山恁麼道。直是把斷家風。不通水泄，見聞匪及，心迹俱消。到這裡，卻須通其變使人不倦，直得蒼龍蛻骨。玉鳳生雛，且作麼生。說箇通變底道理，還會麼。清風隨棹滿，明月逐舟來。

《宏智禪師廣錄》卷二　舉洞山示眾云，秋初夏末，兄弟或東或西，直須向萬里無寸草處去。又云，只如萬里無寸草處，作麼生去。石霜云，出門便是草。大陽云，直道不出門，亦是草漫漫地。頌曰，

草漫漫，門裡門外君自看，荊棘林中下腳易。

夜明簾外轉身難，看看幾何般。且隨老木同寒瘠，將逐春風入燒瘢。

《宏智禪師廣錄》卷三　舉洞山到北巖。巖問，什麼處來。山云，湖南來。巖云，觀察使姓什麼。山云，不得姓。巖云，名什麼。山云，不得名。巖云，還理事也無。山云，自有廊幕在。巖云，還出入否。山云，不出入。巖云，豈不出入。山拂袖出去。巖來日侵早入堂，召洞山云，昨日問上座話，不稱老僧意。一夜不安。今請上座別一轉語。若愜老僧意，便開粥相伴過夏。山云卻請和尚問，巖云不出入。山云，太尊貴生。巖乃開粥同過夏。師云，主張門戶，自有傍來。拱默威嚴，誰敢正視。借功施設，轉位提持。全成左右分權，不犯尊貴一路。還知尊貴處麼。寶殿無人不侍立，不種梧桐免鳳來。

《宏智禪師廣錄》卷四　上堂舉僧問洞山，寒暑到來如何迴避。山云，何不向無寒暑處去。僧云，如何是無寒暑處。山云，寒時寒殺闍梨，熱時熱殺闍梨。師云，若論此事，如兩家著碁相似。爾不應我著，我即瞞汝去也。若恁麼體得，始會洞山意。天童不免下箇注腳，裏頭看勿暑寒，直下滄溟瀝得乾。我道，巨鼇能俯拾，笑君沙際弄鈞竿。

《萬松老人評唱天童覺和尚頌古從容庵錄》卷四　師舉。洞山與潭州神山僧密禪師過水。山問，過水事作麼生。密云，不濕腳。山曰，老老大大作這箇語話。密曰，汝又作麼生。山云，腳不濕。教中有性修二門，洞上名借功明位，大抵因修而悟，從凡入聖。白衣庶民，直拜冢宰。若先悟後修，從聖入凡。積代簪纓，本來尊貴。雖飄零萬狀，骨骼猶存。所以道，貧子喻中明此道，獻珠偈裏顯張羅。汝等諸人，要見二尊宿見處麼，看取天童一狀領過。頌云：

抗力霜雪（貧則獨善一身），平步雲霄（達則兼濟天下）。

下惠出國（苦瓠連根苦），相如過橋（甜瓜徹蒂甜）。

蕭曹謀略能成漢（葵花向日），巢許身心欲避堯（柳絮隨風）。

寵辱若驚深自信（悟須實悟參須實參），眞情參跡混漁樵（未免靈龜曳尾）。**【略】**

師云，蓬蒿貪雨露，松柏耐風霜。歲寒，然後知松柏之後凋。此隨緣不變之旨，簪纓落薄之談。有力大人，堪任此事也。平步雲霄，一超直入如來地，已是太遲也。殊不知，積代簪纓，本來富貴。論語柳下惠爲士師。三黜人曰，子未可以去乎。曰，直道而事人，安往而不三黜。枉道而事人，何必去父母之邦也。司馬相如，字犬子。少喪父母，九歲與人牧豬。聞藺相如，爲卿相，改名相如。棄豬就學，豬主杖之。先生問知賢，留門外草庵。十年無書與讀。遣去。過昇仙橋，題柱曰，若不乘駟馬車，不過此橋。後造得子虛賦。將軍楊得意，夜宿殿中。誦此賦。帝曰，朕恨不與此人同時。將軍奏曰，見在蜀地。帝命往召。同乘駟馬車過橋。封侍中。蕭何曹參，成漢高祖帝業。巢父許由，避堯洗耳飮牛。老子云，寵辱若驚，得之若驚，失之若驚。以上四雙八事，皆一句密老，一句洞山，妙哉圭峯舉喩。譬如皇族淪落微賤，習以性成。後遇薦拔，雖復本位。三端六藝，要重更改習學力用方全。雖然天童分上猶落階級，不見道。寵辱若驚深自信，眞情參跡混漁樵。

慧開《無門關》　洞山三頓

雲門因洞山參次。門問曰，近離甚處。山云，查渡。門曰，夏在甚處。山云，湖南報慈。門曰，幾時離彼。山云，八月二十五。門曰，放汝三頓棒。山至明日卻上問訊，昨日蒙和尚放三頓棒，不知過在甚麼處。門曰，飯袋子，江西湖南便恁麼去。山於此大悟。

無門曰，雲門當時便與本分草料，使洞山別有生機一路，家門不致寂寥。一夜在是非海裏，著到直待天明。再來又與他注破。洞山直下悟去，未是性燥。且問諸人，洞山三頓棒合喫不合喫。若道合喫，草木叢林皆合喫棒。若道不合喫，雲門又成誑語。向者裏明得。方與洞山出一口氣。頌曰，

獅子教兒迷子訣，擬前跳躑早翻身。無端再敘當頭著，前箭猶輕後箭深。

又　洞山三斤

洞山和尚。因僧問，如何是佛。山云，麻三斤。

無門曰，洞山老人參，得些蚌蛤禪。纔開兩片，露出肝腸。然雖如是，且道，向甚處見洞山。

頌曰：突出麻三斤，言親意更親。來說是非者，便是是非人。

智昭《人天眼目》卷之三　問答

僧問，如何是正中偏。

汾陽昭云，玉兔既明，初夜後金雞須唱五更前。道吾眞云，諸子投來見大仙。宏智覺云，雲散長空後，虛堂夜月明。翠巖宗云，菱花未照前。華嚴覺云，更深垂卻夜明簾。
如何是偏中正。
汾云，毫末成大樹，滴水作江湖。吾云，萬水千山明似鏡。智云，白髮老婆羞看鏡。巖云，團欒無少剩。覺云，天曉賊人投古井。
如何是正中來。
汾云，旱地蓮華朵朵開。僧云，開後如何。汾云，金蘂銀絲承玉露，高僧不坐鳳凰臺。吾云，皎潔乾坤震地雷。智云，霜眉雪鬢火中出，堂堂終不落今時。巖云，遍界絕塵埃。覺云，百卉承春在處開。
如何是兼中至（寂音曰，當作偏中至，其說在後）。
智云，大用現前不存軌則。巖云，嚙鏃功前戲。巖云，雨雪交加無處避。
如何是兼中到。
汾云，玉女拋梭機軋軋，石人打鼓韻鼕鼕。吾云，黑白未分前已過。智云，夜明簾外排班早，空王殿上絕知音。巖云，十道不通耗。巖云，兩頭截斷無依倚，心法雙忘始得玄。

又　明安五位賓主

安曰，正中偏乃垂慈接物，即主中賓。第一句，奪人也。偏中正，有照有用，即賓中主。第二句，奪境也。正中來，乃奇特受用，即主中主。第三句，人境俱奪也。兼中至，乃非有非無，即賓中賓。第四句，人境俱不奪也。兼中到，出格自在。離四句絕百非，妙盡本無之妙也。

洞山功勳五位（幷頌）

向　奉　功　共功　功功

僧問師，如何是向。師曰，喫飯時作麼生。又云，得力須忘飽，休糧更不饑。
（大慧云，向時作麼生向，謂趣向此事。答喫飯時作麼生。謂此事不可喫飯時，無功勳而有間斷也）。
聖主繇來法帝堯，御人以禮曲龍腰。有時鬧市頭邊過，到處文明賀聖朝。
如何是奉。師曰，背時作麼生。又曰，只知朱紫貴，辜負本來人。
（大慧云，奉乃承奉之奉，如人奉事長上。先致敬而後承奉，向乃功動之所立。纔向即有承事之意故。答背時作麼生，謂此事無間斷。奉時旣爾，而背時亦然。言背即奉之義，蓋奉背皆功勳也）。
淨洗濃粧爲阿誰，子規聲裏勸人歸。百草落盡啼無盡，更向亂山深處啼。
如何是功。師曰，放下鋤頭時作麼生。又曰，撒手端然坐，白雲深處閑。
（大慧云，功即用也。答放下鋤頭時作麼生，把鋤頭言用。放下鋤頭是無用。師之意謂用與無用，皆功勳也）。
枯木花開劫外春，倒騎玉象趁麒麟。而今高隱千峯外，月皎風清好日辰。
如何是共功。師曰，不得色。又曰，素粉難沈跡，長安不久居（大慧云，共功，謂法與境敵。答不得色，乃法與境不得成一色。正用時，是顯無用底。無用即用也。若作一色是，十成死語。洞山宗旨，語忌十成。故曰，不得色。乃活語也）。
衆生諸佛不相侵，山自高兮水自深。萬別千差明底事，鷓鴣啼處百花新。
如何是功功。師曰，不共。又曰，混然無諱處，此外更何求（大慧云，功功，謂法與境皆空，謂無功用大解脱。答不共乃無法可共，不共之義。全歸功勳邊，如法界事事無礙是也。爾面前無我，我面前無爾。所以夾山道，此間無老僧，目前無闍黎是也。如此之說，皆趣向承奉。於日用四威儀內，成就世出世間，無不周旋，謂之功勳五位也）。
頭角纔生已不堪，擬心求佛好羞慚。迢迢空劫無人識，肯向南詢五十三（大慧旣說功勳五位。乃云，爾道，他古人意果如是乎。若只如此，有甚奇特。只是口傳心，授底葛藤。旣不如是，且道古人意作麼生）。
功勳問答（翠巖宗）：
僧問翠巖，如何是轉功就位。巖云，撒手無依全體現，扁舟漁父宿蘆花。
如何是轉位就功。巖云，半夜嶺頭風月靜，一聲高樹老猿啼。

如何是功位齊施。巖云，出門不踏來時路，滿目飛塵絶點埃。
如何是功位俱隱。巖云，泥牛飲盡澄潭月，石馬加鞭不轉頭。

又 曹山五位君臣圖

夫正者，黑白未分，朕兆未生，不落諸聖位也。偏者，朕兆興來。故有森羅萬象，隱顯妙門也。

白衣雖拜相，此事不爲奇。積代簪纓者，休言落魄時。
子時當正位，明正在君臣。未離兜率界，烏雞雪上行。
⊙焰裏寒氷結，楊花九月飛。泥牛吼水面，木馬逐風嘶。
○正宮初降日，玉兎不能離。未得無功旨，人天何太遲。
●混然藏理事，朕兆卒難明。威音王未曉，彌勒豈惺惺。

五位功勳圖：

正中偏（誕生內紹）　君位　向　黑白未變時（一作未分時）
偏中正（朝生外紹）　臣位　奉　露
⊙正中來（末生隱棲）　君視臣　功　無句有句
○兼中至（化生神用）　臣向君　共功　各不相觸
●兼中到（內生不出）　君臣合　功功　不當頭

石霜答五位王子：

如何是誕生王子　霜云，貴裔非常種，天生位至尊。
如何是朝生王子　霜云，白衣爲足輔。直指禁庭中。
如何是末生王子　霜云，修途方覺貴，漸進不知尊。
如何是化生王子　霜云，政威無比況，神用莫能儔。
如何是內生王子　霜云，重幃休勝負，金殿臥清風。

（大慧云，以二分，黑一分，白圈子，爲正中偏。卻來白處說黑底，亦不得犯著黑字。犯著即觸諱矣。洞山頌，正中偏三更，初夜月明前。謂三更是黑，初夜是黑，月明前是黑，是能回互不觸諱也。　又云，以二分，白一分，黑圈子，爲偏中正。卻來黑處說白底，不得犯著白字。洞山頌，失曉老婆逢古鏡。不言明與白，而言失曉與古鏡。是能回互明與白字，而不觸諱。蓋失曉是暗中之明，古鏡亦暗中之明。老婆頭白，謂言回互白字也。又云，正中來，無中有路出塵埃。謂凡有言句，皆無中唱出，便有挾妙了也。無不從正位中來。或明或暗，或至或到，皆妙挾通宗。凡一位皆具此五事，如掌之五指，無欠無剩。又云，兼中至，謂兼白兼黑，兼偏兼正而至。何謂至。如人歸家未到而至，別業乃在途爲人邊事。亦能回互，妙在體前。　又云，兼中到，謂兼前四位。皆挾妙而歸正位，謂之折合，終歸炭裏坐。亦是說黑處而回互黑字。故言，炭也大慧。舉曹山了即曰，說理說事，教有明文。教外單傳，直指之道，果如是否。若果如是，討甚好曹山耶？）。

五位王子頌（石霜諸出題　悟本頌）：

誕生（內紹嫡生　又云，正位根本智儲君太子也）：
天然貴胤本非功（不假修證本自圓成），
德合乾坤育勢隆（本自尊貴中來）。
始末一期無雜種（本無雜念），
分宮六宅不他宗（六根唯以一機軸）。
上和下睦陰陽順（前後一際），
共氣連枝器量同（始終無二）。
欲識誕生王子父（須知向上更有一人在），
鶴騰霄漢出銀籠（千聖不傳）。

朝生（庶生　宰相之子　已落偏位　涉大功勳　亦云外紹臣種）：
苦學論情世不群（有修有證），
出來凡事已超倫（雖有修有證。本自尊貴中來）。
鹽梅不是生知得（修證還同），
一心忠孝輔明君（知有向上人。始得奉重）。
萬卷積功彰聖代（大功修證），
筆落分毫四海雲（不守住）。
詩成五字三冬雪（染污不得），
金榜何勞顯至勳（不假修證。不待功勳）。

末生（有修有證　群臣位）：
久棲巖嶽用功夫（有修有證），
草榻柴扉守志孤（直是不待功勳。一塵不染）。
十載見聞心自委（方全肯重），
一身冬夏衣縑無（赤灑灑乾剝剝）。

澄凝愁看三秋思（一塵不染），
清苦高名上哲圖（學者可以爲王尊貴之事）。
業就巍科酬極志（本業成就），
比來臣相不當途（雖然如是。功勳不犯）。

化生（借位明功　將軍位）：
傍分帝化爲傳持（分佛列祖），
萬里山河布政威（正令當行）。
紅影日輪凝下界（從尊貴中來），
碧油風冷暑炎時（正布威時。誰敢犯令）。
高低豈廢尊卑奉（知有底如解奉重），
五袴蘇途遠近知（爲甦塗炭也）。
妙印手持煙塞靜（誰敢當頭），
當陽那肯露纖機（終始功勳不犯）。

內生（亦爲內紹　根本同出　誕生同）：
九重深密復何宣（無言無說正令當行），
挂弊絲來顯妙傳（曲爲今時）。
祇奉一人天地貴（奉重內生王子父），
從他諸道自分權（雖然言一用。要在一機軸）。
紫羅帳合君臣隔（入他無異相。體知同一國），
黃閣簾垂禁制全（天下音成正令當行）。
爲汝方隅官屬戀（正是幼生子），
遂將黃葉止啼錢（不免權此問）。

善權志五位王子頌：

誕生：
貴胤生時輪擬空，玎璫玉珮處東宮。月堂照處朝君父，直扣堯階卻借功。

朝生：
學問詩書德行全，金門投策紫薇班。台星不自離袞鈞，爭得寅昏奉聖顏。

末生：
貧來今日極清虛，悲喜寥寥一物無。便欲升爲九苞鳳，依稀雲樹月巢孤。

化生：
帝命傳來下九天，禁城中外化親宣。回途復妙持金印，正令曾無一字傳。

內生：
鳳勢龍驤大丈夫，天然尊貴六宮殊。苔封古殿無人到，造次凡流識得無。

智昭《人天眼目》**卷之三**　洞山三路接人

僧到夾山。山問，近離甚處。僧云，洞山。夾山云，洞山有何言句。僧云，和尚道，我有三路接人。夾山云，有何三路。僧云，鳥道玄路展手。山云，實有此三路那。僧云，是山云，鬼持千里鈔，林下道人悲。後浮山圓鑑云，不因黃葉落，爭知是一秋（或曰，尊宿舉論而曰，軌持千里鈔，林下道人孤。或曰，軌持千里鉢，林下道人孤）。

又　曹山三種綱要頌：

金鍼雙鎖備，挾路隱全該。
寶印當空妙，重重錦縫開（敲唱雙行）。
交互明中暗。功齊轉覺難。
力窮忘進步，金鎖網鞔鞔（金鎖玄路）。
理事俱不涉，回照絕幽微。
背風無巧拙，電火爍難追（三不墮凡聖。又曰理事不涉）。

又　明安三句：

安一日示眾，吾有三句。平常無生句，妙玄無私句，體明無盡句。時有僧問，如何是平常無生句。安云，白雲覆青山，青山不露頂。如何是妙玄無私句。安云，寶殿無人空侍立，不種梧桐免鳳來。如何是體明無盡句。安云，手指空時天地轉，回途石馬出紗籠。

又　琅琊覺答三句（海印信答附）

琊因僧請益次乃曰，山僧亦有三句報答大陽。僧問，如何是平常無生句。琊云，言前無的旨，句下絕追尋。印云，三腳蝦蟆背巨鰲。如何是妙玄無私句。琊云，金鳳不棲無影樹，玉兔何曾下碧霄。印

云，白雲覆青山。

如何是體妙無盡句。琊云，三冬枯木秀，九夏雪花飛。印云，須彌頂上浪滔天。

琊云，將此三句語。供養大陽和尙便下座。

又　曹山四禁語（或謂投子語）：

莫行心處路，不挂本來衣。

何須正任麽，切忌未生時。

門風偈（芙蓉楷　自得暉　古德）

妙唱不干舌。

（一）刹刹塵塵處處談，不勞彈指善財參。

空生也解通消息，花雨巖前鳥不銜（芙蓉）。

（六）如如寂滅似無情，一句從來本現成，舌運廣長元不間。

雪峯相見望州亭（自得）。

古佛巍巍體廣長，交光絲網刹塵彰。

也知不費娘生舌，巖桂庭花善舉揚（古德）。

死蛇驚出草：

（二）日炙風吹草裏埋。觸他毒氣又還乖。

暗地忽然開死口，長安依舊絕人來（芙蓉）。

（七）金鞭遙指玉堂寒，驚起將軍夜出關。

三尺鏌鎁清四海，攙旗一掃絕癡頑（自得）。

死蛇打殺露霜牙，無底籃盛臭莫加。

既是善呼須善遣，觸他毒氣喪渾家（古德）。

解針枯骨吟：

（三）死中得活是非常，密用還他別有長。

半夜髑髏吟一曲，氷河發焰卻清涼（芙蓉）。

（八）宮漏沈沈夜色深，燈殘火盡絕知音。

木人位轉玉繩曉，石女夢回霜滿襟（自得）。

功齊功化旨何深，豈使膏肓便陸沈。

父子不傳眞祕訣，解針枯骨作龍吟（古德）。

鏌鋣舞三臺：

（四）不落宮商調，誰人和一場。伯牙何所措，此曲舊來長。

（九）鋏牛無角臥山坡，鞭起如飛見也麽。鬧市橫騎人不會，擡眸鷂子過新羅（自得）。

乾闥婆王鼓似雷，靈山獻樂未空回。海波洶洶須彌震，何妨鏌鋣舞三臺（古德）。

古今無間（宏智錄洎諸家語。不見有古今無間之題。獨芙蓉有此頌）

（四）一法元無萬法空，箇中那許悟圓通。將謂少林消息斷，桃花依舊笑春風。

智昭《人天眼目》卷之三　五轉位（古德立題　自得暉頌）

匣內青蛇吼：

（十）寶劍橫斜天未曉，洗清魔佛逼人寒。匣中隱隱生光處，衲子徒將正眼看。

金針去復來：

（十一）清虛大道長安路，往復何曾有間然。暗去明來鋒不露，渠儂初不墮中邊。

秦宮照膽寒：

（十二）巖房闃寂冷如氷，妙得眞符處處靈。轉側無依功就位，回頭失卻楚王城。

五天銀燭輝：

（十三）五天皎皎玉輪孤，一點光明分鑑湖。閑步卻來遊幻海，十方沙界大毘盧。

深巖藏白額：

（十四）白額深藏烟霧昏，異中來也自驚群。草深直下無尋處，觸著輕輕禍到門。

曹洞機（汾陽）：

（十五）樓閣千家月，江湖萬里秋。蘆花無異色，白鳥下汀洲。

宗旨（古德）：

（十六）洞下門庭理事全，白雲巖下莫安眠。縱饒枯木生花去，反照荒郊不直錢。

又　古德分三種功勳（新增）

正位一色：

無影林中鳥不棲，空階密密向邊遲。寒巖荒草何曾綠，正坐堂堂失路迷。

大功一色：

白牛雪裏覓無蹤，功盡超然體浩融。月影蘆花天未曉，靈苗任運剪春風。

今時一色：

髑髏識盡勿多般，狗口纔開落二三。日用光中須急薦，青山只在白雲間。

宏智四借頌：

借功明位：

（十七）蘋末風休夜未央，水天虛碧共秋光。月船不犯東西岸，須信篙人用意良。

借位明功：

（十八）六戶虛通路不迷，太陽影裏不當機。縱橫妙展無私化，恰恰行從鳥道歸。

借借不借借：

（十九）識盡甘辛百草頭，鼻無繩索得優游。不知有去成知有，始信南泉喚作牛。

全超不借借：

（二十）霜重風嚴景寂寥，玉關金鎖手慵敲。寒松盡夜無虛籟，老鶴移棲空月巢。

又　曹洞門庭

曹洞宗者，家風細密，言行相應。隨機利物，就語接人。看他來處，忽有偏中認正者，忽有正中認偏者，忽有兼帶，忽同忽異，示以偏正五位。四賓主功勳五位。君臣五位，王子五位，內外紹等事。偏正五位者，正中偏者，體起用也。偏中正者，用歸體也。兼中至，體用並至也。兼中到，體用俱泯也。四賓主，不同臨濟。主中賓，體中用也。賓中主，用中體也。賓中賓，用中用，頭上安頭也。主中主，物我雙忘，人法俱泯，不涉正偏位也。功勳五位者，明參學功位至於非功位也。君臣五位者，明有為無為也。王子五位者，明內紹本自圓成，外紹有終有始也。大約曹洞家風。不過體用偏正賓主，以明向上一路。要見曹洞麼。佛祖未生空劫外，正偏不落有無機。

又　要訣（山堂淳）

新豐一派荷玉分流，始因過水逢渠，妙見無情說法。當今不觸，展手通玄。列五位正偏，分三種滲漏。夜明簾外，臣退位以朝君。古鏡臺前，子轉身而就父。雪覆萬年松徑，夜半正明。雲遮一帶峯巒，天曉不露。道樞綿密，智域囦深。默照空劫已前，湛湛一壺風月。坐徹威音那畔，澄澄滿目烟光。不萌枝上花開，無影樹頭鳳舞。機絲不挂箇中，雙鎖金針。文彩縱橫裏，許暗穿玉線。雙明唱起，交鋒處知有天然。兼帶忽來枯木上，須能作主，不存正位，那守大功。及盡今時，寧容尊貴。截斷情塵見網，掣開金鎖玄關。妙協全開，歷歷髏中混跡。平懷常實，明明炭裏藏身。卷舒不落功勳，來去了為變易。欲使異苗蕃茂，貴在深固靈根。若非柴石野人，爭見新豐曲子（柴石野人浮山圓鑑之別號也）。

又　古德綱宗頌

荊棘叢生三二五，烟雲罩徑孰能尋。烏雞冒雨衝陽焰，赤蝀穿樓和啞（啞當音厄笑語聲。易曰，笑言啞啞，赤蝀穿樓和啞音。此無語中有語也。人多作瘖啞之啞非也。）音。

廣澤蘆花藏雪密，收綸釣艇弄灣深。當軒黯黯無秦鏡，散髮斜眉下翠岑。

又　寶鏡三昧

如是之法，佛祖密付。汝今得之，宜善保護。銀盌盛雪，明月藏鷺。髏之弗齊，混則知處。意不在言，來機亦赴。動成窠臼，差落顧佇。背觸俱非，如大火聚。但形文彩，即屬染污。夜半正明，天曉不露。為物作則，用拔諸苦。雖非有為，不是無語。如臨寶鏡，形影相覩。汝不是渠，渠正是汝。如世嬰兒，五相完具。不去不來，不起不住。婆婆和和，有句無句。終不得物，語未正故。重離六爻，偏正回互。疊而為三，變盡成五。如荎草味，如金剛杵。正中妙挾，敲唱雙舉。通宗通途，挾帶挾路。錯然則吉，不可犯忤。天真而妙，不屬迷悟。因緣時節，寂然昭著。細入無間，大絕方所。毫忽之差，不應律呂。今有頓漸，緣立宗趣。宗趣分矣。即是規矩。通宗趣極，眞常流注。外寂中搖，繫駒伏鼠。先聖悲之，爲法檀度。隨其顛倒，以緇爲素。顛倒想滅，肯心自許。要合古轍，請觀前古。佛道垂成，十劫觀樹。如虎之缺，如馬之馵。以有下劣，寶几珍御。以有驚異，狸奴白牯。羿以巧力，射中百步。箭鋒相直，巧力何預。木人方歌，石女起舞。非情識到，寧容思慮。臣奉於君，子順於父。不順非孝，不奉非輔。潛行密用，如愚若魯。但能相續，名主中主。

道原《景德傳燈錄》卷一二　如何是毘盧師法身主。

曹山行脚時問，如何是毘盧師法身主。師云，我若向爾道即別有也。曹山舉似洞山。洞山云，好箇話頭只欠進語，何不更去問爲什麼不道。曹山乃卻來進前語。師云，若言我不道，即啞卻我口。若言我道，即謇卻我舌。曹山歸舉示洞山。洞山深肯之。

性統《五家宗旨纂要》卷中　洞宗三解脱門

文殊面目　文殊門者，借物顯也。

頌曰，若問文殊戶，頭頭路不阿。東林青鬱密，南嶽碧嵯峨。天際懸空月，庭前帶雨莎。更尋玄妙相，箭已過新羅。

觀音妙唱　觀音門者，音聲闡也。

頌曰，欲叩圓通戶，圓通戶不封。戍樓鳴曉角，烟寺起霜鐘。鶴唳當晴夜，猿啼正碧峰。悲心閑竝廣，何處不相通。

普賢妙用　普賢門者，身動靜也。

頌曰，若欲識普賢，嵯峨本不懸。蘿攀登絕頂，航掣採祥蓮。野老燒松火，山童汲月泉。縱横如未會，覿面隔重巔。

三山來頌云，庭前栢子鬱青青，無數春禽樹上鳴。幾度援弓抛彈擊，猶嫌辜負老婆心。

性統《五家宗旨纂要》卷中　曹洞宗旨頌

劫壺空處妙難通，擬欲無功已墮功。偏正不曾離本位，君臣那更異深宫。玉機轉側方圓備，寶鑑澄明理事同。雲輦月娥歸半夜，曉來烟霧尚朦朧。

溈仰宗創宗人靈佑及傳承分部

綜述

契嵩《傳法正宗記》卷七　大鑒之五世。曰潭州溈山靈祐禪師，其所出法嗣凡四十二人。一曰仰山慧寂者，一曰香嚴智閑者，一曰延慶法端者，一曰徑山洪諲者，一曰靈雲志勤者，一曰益州應天和尚者，一曰九峯慈慧者，一曰京兆米和尚者，一曰晉州霍山和尚者，一曰襄州王敬初常侍者，一曰長延圓鑒者，一曰志和者，一曰洪州道方者，一曰溈山如眞者，一曰幷州元順者，一曰興元府崇皓者，一曰鄂州全諗者，一曰嵩山神劍者，一曰許州弘進者，一曰餘杭文立者，一曰越州光相者，一曰蘇州文約者，一曰上元智滿者，一曰金州法朗者，一曰鄂州超達者，一曰白龕從約者，一曰西堂復禪師者，一曰溫州靈空者，一曰大溈簡禪師者，一曰荆南智朗者，一曰溈山普潤者，一曰溈山法眞者，一曰黑山和尚者，一曰滁州神英者，一曰石（或無石字）霜山和尚者，一曰南源和尚者，一曰溈山沖逸者，一曰溈山彥禪師者，一曰三角法遇者，一曰鄧州志詮者，一曰荆州弘珪者，一曰巖背道曠者。

傳記

靈祐

贊寧《宋高僧傳》卷一一　釋靈祐，俗姓趙，祖父俱福州長溪人也。祐丱年戲于前庭，仰見瑞氣祥雲徘徊盤礴。又如天樂淸奏眞身降靈，衢巷諦觀者艾莫測。俄有華顛之叟，狀類闃賓之人，謂家老曰，此群靈眾聖標異此童佛之眞子也。必當重光佛法。久之彈指數四而去。祐以椎髻短褐依本郡法恆律師，執勞每倍於役。冠年剃髮，三年具戒。時有錢塘上士義賓，授其律科。及入天台，遇寒山子於途中。乃謂祐曰，千山萬水遇潭即止，獲無價寶賑卹諸子。祐順途而念，危坐以思。旋造國淸寺，遇異人拾得，申繫前意信若合符。遂詣泐潭謁大智師，頓了祖意。元和末隨緣長沙，因過大溈山遂欲棲止。山與郡郭十舍而遙，敻無人煙比爲獸窟。乃雜猿猱之間，橡栗充食。浹旬有山民見之，群信共營梵宇。時襄陽連率李景讓統攝湘潭，願預良緣，乃奏請山門號同慶寺。後相國裴公相親道合。祐爲遺會昌之澄汰。又遇相國崔公慎由，崇重加禮。以大中癸酉歲正月九日盥漱畢，敷座瞑目而歸滅焉。享年八十三，僧臘五十九。遷葬于山之右梔子園也。四鎮北庭行軍涇原等州節度使右散騎常侍盧簡，求爲碑。李商隱題額焉。

志磐《佛祖統紀》卷四二　七年，潭州溈山靈祐禪師示寂，謚大圓禪師。

大順二年，袁州仰山慧寂禪師入寂。師稟法爲溈山，世稱爲仰宗。初領徒住王莽山，一日禪床陷於地。山神者以不堪居止。東南有大仰山，爲世福地。遂遷居焉。久之衆盛居隘。山神一夕移廟於堵田三十里，以避之。

《釋氏稽古略》卷三　潭州溈山禪師，名靈祐，福州長谿人，姓趙氏。年十五出家，依本郡建善寺法常律師剃髮受具於杭州龍興寺。究大小乘教。二十三遊江西，參百丈海禪師悟明心法。有司馬頭陀者，自湖南來，言於百丈曰，溈山一千五百人善知識所居之地也。師於百丈會中應命而往，營構梵宇。値武宗毀教，裹頭隱於民。大中初，觀察使裴休請師復至所居，連帥李景讓奏額曰同慶寺。禪會特盛緇侶輻輳。師敷揚宗教凡四十餘年，達其道者不可勝數，入室弟子四十一人。至是大中七年正月九日，盥漱趺坐怡然而逝，壽八十三，臘六十四，塔於本山。勅謚大圓禪師，塔曰淸淨。相國鄭愚爲碑。師嗣百丈海禪師。海嗣馬祖一禪師。

惠　寂

《佛祖歷代通載》卷一七　是年仰山惠寂禪師示寂。韶州懷化人也。姓葉氏。年十五欲出家，父母不許。後二載師斷手二指，跪致父母前，誓求正法以答劬勞。遂依南華寺通禪師落髮。未登具即遊方。初謁耽源已悟玄旨。後參溈山遂升堂奧。祐問曰，女是有主沙彌無主沙彌。曰，有主。曰，在什麼處。師從西過東立。溈知是異人，便垂開示。師問，如何是眞佛住處。溈曰，以思無思之妙，返思靈焰之無窮，思盡還源性相常住，事理不二眞佛如如。師於言下頓悟。自此執侍十有五載，凡有言句皆爲後世宗範。一日師問溈山曰，和上浮漚識近來寧未。溈山云，我無來經五年也。仰曰，若恁麼和上如今身前應普超三昧頂。溈山云，未在。仰曰，性地浮漚尙寧，然燈身前何故未。溈山云，理則如是，我未敢保任。仰曰，如何是未敢保任處。溈山云，女莫口解脫，女豈不聞安秀二師被則天試。入水始知有長人，到這裏鐵佛也須汗出。寂子女大須修行，莫終日口密。及領衆住王莽山。一日禪床陷入地中。地神告以此山不任和上居止，東南有大仰山，乃人間福地。遂遷止仰山。示衆曰，女等諸人各自回光返照，莫記吾言。女無始劫來背明投暗，妄想根深卒難頓拔。所以假說方便奪女粗識，如將黃葉止啼，有什麼是處。亦如人將百種貨物與金寶作一鋪貨，賣柢擬輕重來機。所以道石頭是眞金鋪，我這裏是雜貨鋪。有人來覓鼠糞，我亦拈與他。來覓眞金，我亦拈與他。時有僧問，鼠糞即不要，請和上眞金。師云，齧鏃擬開口，驢年亦未會。師云，索喚則有交易，不索喚則無。我若說禪宗，身邊要一人相伴亦無。豈況五百七百衆耶？我若東說西說，則爭頭向前採拾。如將空拳誑小兒，都無實處。我今分明向女說聖邊事，且莫將心湊泊。但向己性海如實而修，不要三明六通。何以故。此是聖末邊事。如今且要識心達本。但得其本不愁其末，他時後日自具去在。若未得本，縱饒將情學，他亦不得。豈不見溈山和上道，凡聖情盡體露眞常，事理不二即如如佛。【略】

溈山一日復問師曰，女向後記得人不。師曰，若記只記見解。溈曰，何以如此。師曰，西竺般若多羅讖二千年事，至時毫髮不移。曹溪亦讖身後有難，及至亦無爽。今時還得不。溈曰，此是行通，我是自宗通，亦是學禪未問六通。師曰，某謂見解宗通語絕滲漏屬語密，行解照用自辨淸濁業屬意密。某未齊曹溪與般若多羅，不敢輒記。溈山深然之。先是師預示偈曰，吾年七十七，老去是今日。任性自浮沈，兩手攀膝屈。至是兩手抱膝而逝。師之異迹及垂讖記，具存本山《實錄》。

覺岸《釋氏稽古略》卷三　仰山屬江西袁州路（揚州之域）。禪師名慧寂，韶州懷化人，姓葉氏。年九歲於廣州和安寺投通禪師出家。十四披剃未登具，即遊方初謁耽源。耽忠國師侍者應眞也。已悟玄旨。耽源曰，國師當時傳得圓相，九十七箇，乃六代祖師所留也。授與老僧記之曰，吾滅後三十年，南方有一沙彌到來，大興此敎。次第傳授無令斷絶。今適子來當以付之無令斷絶。師既領玄旨。後參潙山遂陞堂奧。師臥次夢入天宮彌勒內院居第二座。有一尊者白槌云，今當第二座說法。師起白槌曰，摩訶衍法離四句絶百非，諦聽諦聽衆皆散去。一日忽有梵僧從空而至，師問曰，近離甚麼。曰，西天。曰，幾時離彼。梵曰，今早。師曰，太遲生。曰，遊山翫水。師曰，神通遊戲則不無闍黎。梵曰，特來東土禮文殊，卻遇小釋迦。遂出梵書貝多葉數十與師。作禮乘空而去。自此號師小釋迦焉。梁貞明二年丙子歲，師再遷東平，說偈曰，年滿七十七，無常在今日。日輪正當午，兩手抱屈膝。言訖以兩手抱膝而終。閱明年嗣法弟子南塔光涌禪師遷靈骨歸仰山，塔于集雲峰下。勅謚智通禪師妙光之塔。師嗣潙山祐禪師，法道盛化。人皆宗之曰潙仰宗。

雜録

《虛舟省禪師語録》卷之三　潙山靈佑禪師參百丈。丈令師撥取爐中有火。師撥之曰，無火。丈躬起，深撥得少火。舉以示之曰，汝道無，這個聻。師由是發悟。

《潭州潙山靈祐禪師語録》　師因僧問，如何是祖師西來意。師竪起拂子。後僧遇王常侍，侍問，潙山近日有何言句。僧舉前話。常侍云，彼中兄弟，如何商量。僧云，借色明心，附物顯理。常侍云，不是這箇道理。上座快回去好，某甲敢寄一書到和尚。僧得書遂回持上。師拆開見，畫一圓相，內寫箇日字。師云，誰知千里外有箇知音。仰山侍次。乃云，雖然如是，也祇是箇俗漢。師云，子又作麼生。仰山卻畫一圓相，於中書日字，以腳抹卻。師乃大笑。

又　師坐次。仰山問，和尚百年後，有人問先師法道，如何祇對。師云，一粥一飯。仰山云，面前有人不肯。又作麼生。師云，作家師僧。仰山便禮拜。師云，逢人不得錯舉。

師問仰山，終日與子商量，成得箇甚麼邊事。仰山於空中畫一畫。師云，若不是吾，終被子惑。

仰山問，百千萬境一時來作麼生。師云，青不是黃，長不是短。諸法各住自位，非干我事。仰山乃作禮。

又　合醬次。師問仰山，這箇用多少鹽水。仰山云，某甲不會，不欲祇對。師云，卻是老僧會。仰山云，不知用多少鹽水。師云，汝既不會，我亦不答，晚間，師卻問仰山，今日因緣，子作麼生主持。仰山云，待問即答，師云，現問次。仰山云，耳背眼昏，見聞不曉。師云，凡有問答，出子此語不得。仰山禮謝。師云，寂子今日忘前失後，不是小小。

又　師謂仰山云，汝須獨自回光返照。別人不知汝解處，汝試將實解，獻老僧看。仰山云，若教某甲自看，到這裏無圓位，亦無一物一解得獻和尚。師云，無圓位處，原是汝作解處。未離心境在。仰山云，既無圓位，何處有法，把何物作境。師云，適來是汝作與麼解。是否。仰山云，是。師云，若恁麼，是具足心境法，未脫我所心在。元來有解，爭道無解獻我。許汝信位顯，人位隱在。

師因見仰山來，遂以五指搭地畫一畫。仰山以手於項下畫一畫。復拈自己耳，抖擻三五下。師休去。

又　師一日索門人呈語。乃云，聲色外與吾相見。時有幽州鑒弘上座，呈語云，不辭出來耶箇人無眼。師不肯。仰山凡三度呈語。第一云，見取不見取底。師云，細如毫末，冷似雪霜。第二度云，聲色外誰求相見。師云，祇滯聲聞方外榻。第三度云，如兩鏡相照，於中無像。師云，此語正也。仰山卻問，和尚於百丈師翁處，作麼生呈語。師云，我於百丈先師處，呈語云，如百千明鏡鑒像，光影相照，塵塵剎剎，各不相借。仰山於是禮拜。

又　上堂。僧出云，請和尚爲衆說法。師云，我爲汝得徹困也。僧禮拜（後人舉似雪峰。雪峰云，古人得恁麼老婆心切。玄沙云，山頭和尚，蹉過古人事也。雪峰聞之，乃問玄沙云，甚麼處，是老僧蹉過古人事處。玄沙云，大小潙山，被那僧一問，直得百雜碎。雪峰乃駭然）。

有僧來禮拜。師作起勢。僧云，請和尚不用起。師云，老僧未曾坐。

僧云，某甲未曾禮。師云，何故無禮。僧無對（同安代云，和尚不怪）。

僧問，不作溈山一頂笠，無繇得到莫傜村。如何是溈山一頂笠。師喚云，近前來。僧近前。師與一踏。

師問僧，甚處來。僧云，西京來。師云，還得西京主人公書來麼。僧云，不敢妄通消息。師云，作家師僧，天然猶在。僧云，殘羹餿飯，誰人喫之。師云，獨有闍黎不喫。僧作嘔吐勢。師云，扶出這病僧著。僧便出去。

僧問，如何是道。師云，無心是道。僧云，某甲不會。師云，會取不會底好。僧云，如何是不會底。師云，祇汝是，不是別人。復云，今時人。但直下體取不會底，正是汝心，正是汝佛。若向外得一知一解，將爲禪道，且沒交涉。名運糞入，不名運糞出，污汝心田。所以道不是道。

【略】 師敷揚宗教，凡四十餘年，達者不可勝數。大中七年正月九日，盥漱敷坐，怡然而寂。壽八十三，臘六十四。塔於本山，謚大圓禪師，塔曰清淨。

又 師掃地次。溈山問，塵非掃得，空不自生。如何是塵非掃得。師掃地一下。溈山云，如何是空不自生。師指自身。又指溈山。溈山云，塵非掃得，空不自生。離此二途，又作麼生。師又掃地一下。又指自身，并指溈山。

溈山一日指田問師。這丘田，那頭高，這頭低。師云，卻是這頭高，那頭低。溈山云，爾若不信，向中間立看兩頭。師云，不必中間立，亦莫住兩頭。溈山云，若如是著水看，水能平物。師云，水亦無定，但高處高平，低處低平。溈山便休。

有施主送絹與溈山。師問，和尚受施主如是供養，將何報答。溈山敲禪床示之。師云，和尚何得將衆人物，作自己用（一本。溈山問師云，有俗弟子，將三束絹來，與我贖鐘子，故與世人受福。師云，俗弟子，則有絹與和尚贖鐘子。和尚將何物酬他。溈山以拄杖敲床三下云，我將這箇酬他。師云，若是這箇用作甚麼。溈山又敲禪床三下云，汝嫌這箇作甚麼。師云，某甲不嫌這箇，只是大家底。溈山云，爾既知是大家底，何得更就我覓物酬他。師云，只怪和尚把大家底行人事。溈山云，汝不見，達磨大師，從西天來此土，亦將此物來人事。汝諸人，盡是受他信物者）。

《袁州仰山慧寂禪師語錄》 師在溈山爲直歲，作務歸。溈山問，甚麼處去來。師云，田中來。溈山云，田中多少人。師插鍬叉手。溈山云，今日南山大有人刈茅。師拔鍬便行（玄沙備云，我若見，即踏倒鍬子。僧問鏡清，仰山插鍬意旨如何。鏡清云，狗銜赦書，諸侯避道。僧云，秪如玄沙踏倒，意旨如何。鏡清云，不奈船何打破戽斗。僧云，南山刈茅，意旨如何。鏡清云，李靖三兄久經行陣。雲居錫云，且道，鏡清下此一判著不著雪竇顯云諸方咸謂，插鍬話奇特，大似隨邪逐惡。據雪竇見處，仰山被溈山一問，直得草繩，自縛死去十分。翠巖芝云，仰山只得一橛，諸人別有會麼）。

又 師在溈山牧牛時，踢天泰上座問云，一毛頭師子現即不問，百億毛頭，百億師子現。又作麼生。師便騎牛歸。侍立溈山次。舉前話方了，卻見泰來。師云，便是這箇上座。溈山遂問，百億毛頭百億師子現。豈不是上座道。泰云，是。師云，正當現時，毛前現毛後現。泰云，現時不說前後。溈山大笑。師云，師子腰折也。便下去。

又 師隨溈山遊山，到磐陀石上坐。師侍立次。忽鴉銜一紅柿，落在面前。溈山拾與師。師接得洗了，度與溈山。溈山云，子甚處得來。師云，此是和尚道德所感。溈山云，汝也不得無分，即分半與師（玄沙云，大小溈山被仰山一坐，至今起不得）。

溈山問師，忽有人問汝，汝作麼生祇對。師云，東寺師叔若在，某甲不致寂寞。溈山云，放汝一箇不祇對罪。師云，生之與殺，祇在一言。溈山云，不負汝見，別有人不肯。師云，阿誰。溈山指露柱云，這箇。師云，道甚麼。溈山云，道甚麼。師云，白鼠推遷，銀臺不變。

師問溈山，大用現前，請師辨白。溈山下座歸方丈。師隨後入。溈山問，子適來問甚麼話。師再舉。溈山云，還記得吾答語否。師云，記得。溈山云，爾試舉看。師便珍重出去。溈山云，錯。師回首云，閑師弟若來，莫道某甲無語好。

師在溈山前坡牧牛次。見一僧上山，不久便下來。師乃問，上座何不且留山中。僧云，祇爲因緣不契。師云，有何因緣。試舉看。僧云，和尚問某名甚麼，某答歸眞。和尚云，歸眞何在。某甲無對。師云，上座卻回，向和尚道，某甲道得也。和尚問作麼生道，但云眼裏耳裏鼻裏。僧回，一如所教。溈山云，脫空謾語漢，此是五百人善知識語。

退隱《禪家龜鑑》　不貴汝行履處

古德云，只貴子眼正，不貴汝行履處。

昔仰山答溈山問云，《涅槃經》四十卷總是魔說。此仰山之正眼也。仰山又問行履處。溈山答曰，只貴子眼正。云此所以先開正眼而後說行履也。故云若欲修行先須頓悟。

願諸道者深信自心，不自屈不自高。

此心平等本無凡聖，然約人有迷悟凡聖也。因師激發忽悟眞我與佛無殊者頓也。此所以不自屈。如云本來無一物也。因悟斷習轉凡成聖者漸也。此所以不自高。如云時時勤拂拭也。屈者教學者病也。高者禪學者病也。教學者不信禪門有悟入之秘訣，深滯權敎別執眞妄，不修觀行數佗珍寶，故自生退屈也。禪學者不信教門有修斷之正路。染習雖起不生慚愧，果級雖初多有法慢。故發言過高也。是故得意修心者不自屈不自高也。

評曰，不自屈不自高者，略舉初心，因該果海則雖信之一位也。廣舉菩薩，果徹因源則五十五位也。

法藏《五宗原》　一星火爆於無有雙關之表，三撼門扇於昧落兩頭之間。溈山僧，水牯牛，腰下看取。東平鏡，溈山鏡，手中撲破。所以凡聖兩忘，見履兼盡。用處則單刀直入，思無則靈磔何窮。插鍬拔鍬，垂腳結腳。平目仰視於收放，不獨一二三。而劒刃惟單，兩口無舌，九十六相雲興。父子合宗，為仰一枝喬出。

性統《五家宗旨纂要》**卷下**　溈仰圓相

溈山禪師，諱靈祐，長溪趙氏子，得法於百丈海和尚。初至大溈，木食澗飲。十餘年始得仰山慧寂禪師相與振興其道。故諸方稱曰溈仰宗。

溈仰宗風，父子一家。師資唱和，語默不露。明暗交馳，體用雙彰。無舌人爲宗，圓相明之。

圓相起因：

圓相之作，始於南陽忠國師，以授侍者躭源。源承讖記，傳於仰山。遂目爲溈仰宗。總有六名。曰圓相，曰暗機，曰義海，曰字海，曰意語，曰嘿論。躭源謂仰山曰，國師傳六代祖師圓相九十六箇，授與老僧。國師示寂時，復謂予曰，吾滅後三十年，南方有一沙彌來，大興此道。次第傳授，毋令斷絕。吾詳此讖，事在汝躬。我今付汝，汝當奉持。仰山既得，遂焚之。一日，又謂仰山曰，向所傳圓相，宜深秘之。仰曰，燒卻了也。源曰，此乃諸佛相傳至今，何乃燒卻。仰曰，某甲一覽，已知其意。能用始得，不可執本也。源曰，於子即得，來者何如。仰曰，和尚若要，重錄一本。乃重錄呈似躭源，一無差失。

三山來頌云，國師父子太無因，讖記傳來直到今。畫得圈圈九十六，青天白日換人睛。

暗　機：

仰山親於躭源處受九十六種圓相。後於溈山處因〇此相頓悟。有語云，諸佛秘印，豈容言乎。又曰，我於躭源處得體，溈山處得用，謂之父子投機。故有圓相辨的於人。或畫(牛)此相，乃縱意。或畫(佛)此相，乃奪意。或畫(人)此相，乃肯不全意。或畫(田)此相，乃全許意。或畫此相。或點破。或劃破。或擲卻。或抹卻。皆是截斷眾流也。更有種種多相，無非賓主縱奪，權實機關。總看時節因緣，隨機拈弄。乃入廛垂手，方便設施。又或閑暇，師資辨難，互換機鋒。只貴大用現前，不存軌則耳。

一日，梵僧來參。仰山於地上畫〇此相示之。僧進前添作此相。以腳抹卻。山展兩手。僧拂袖便行。

仰山閉目坐次。有僧潛來身邊立。山開目見。遂於地上，畫此相。顧視其僧。僧無對。如此皆暗機之類也。

三山來云，如此絡索，是甚麼弄猢猻底閑家具。雖然如是，也要大家知委。

三山來頌云，覿面相呈事最奇，隨宜縱奪在臨機。一輪明月輝霄漢，照破河山影畫眉。

義　海：

仰山一日坐次。有僧來禮拜。山不顧。僧問，和尚還識字麼。山云，隨分。僧乃左旋一匝。云，是甚麼字。山於地上書箇十字。僧右旋一匝。

云，是甚麼字。山乃改十字作卍字。僧又畫○此相，以兩手托起。如修羅擎日月勢，云是甚麼字。山畫圓相圍卻㊉字。僧乃作樓至勢。山云，如是，如是，善自護持。善哉，善哉，好去。僧乃禮謝，騰空而去。時有一道者見。後經五日，問山。山云，汝還見否。者云，吾見其僧騰空而去。山云，此是西天羅漢，特來探吾宗旨。者云，某甲雖覩此種種三昧，不辨其理。山云，吾以義爲汝解釋。此是八種三昧，覺海變爲義海。體同名異，然此義合有因有果。即時異時，總別不離隱身三昧也。如此皆義海之類也。

三山來云，烏焉自別，刁刀不同。者僧點畫分明，仰山體勢完備。正眼看來，且不識者箇字在。

三山來頌云，河洛交呈，鳥蟲迭變。剖羲畫之奇踪，劃蒼頡之異撰。月印川以無痕，珠入盤而自轉。看看。具眼阿師薦不薦。

溈仰辨第八識：

此是眾生具有六識，添空一識，名爲七識。七識不可得，名第八識，亦名八王子，亦名八解脫，亦名八丈夫。總有四八三十二相。此是果相，因智報德。七識亦名傳送識。七八二識不相離故，來爲先鋒，去爲殿後。以至追思過去，攀援現在，念慮未來。三細，六粗，五意，六染，七識。分彼分此，分是分非。八阿賴耶識，名爲白淨識。本無瑕玷，無佛無眾生，無你亦無我。古德頌云，賴耶白淨本無愚，三細分時有六粗。八萬四千從此得，大千沙界作凡夫。夢心桎梏原非有，病眼空花豈是無。反掌之間成十善，依然赤水獲玄珠。第八識亦名含藏識。若是悟底人，六七因中轉，五八果上圓。六識轉爲妙觀察智，反觀第八識爲不動智，空無內外，名大圓鏡智，即一體也。平等性智總號也。以妙觀察智收前六根，六塵，六識，乃至八萬四千塵勞，轉爲成所作智。成所作智轉入妙觀察智，妙觀察智轉入平等性智，平等性智轉入大圓鏡智，即一體也。是相宗師，若有問難能轉者，即轉在那箇識。按《楞伽經》云，佛誡大慧。初中後夜，常以妙觀察智當淨現流識，轉六根爲成所作智。如手仰時，不應問覆手何在。亦如水爲冰時，不即有異。故云煩惱即是菩提。《百法》，《唯識》二論，但取其義，莫著言句也。六祖偈云，大圓鏡智性清淨，平等性智心無病。妙觀察智見非功，成所作智同圓鏡。五八六七果因轉，但轉其名無實性。若於轉處不留情，繁興永處那伽定六妙觀察智，七平等性智因地轉。五成所作智，八大圓鏡智果上轉。

又　龍潭智四偈：

一二三子，㊉字清風起。私來看不就，入來爭綱紀。

平目復仰視，兒孫還有異。未辨箇端倪，出門俱失利。

兩口無一舌，止止不須說。西天僧到來，烏龜喚作鱉。

此是吾宗旨，揚聲囉囉哩。鏡智出三生，吹到大風止。

又　溈仰宗旨頌：

權分九十六圈圞，脫印相承有所傳。垂手爲人曾作拜，橫身應物善交拳。

禪天雲散心光現，義海波澄月影圓。明暗相參看變態，莫教辜負草鞋錢。

祖源《萬法歸心錄》　溈仰問答

問，如何是溈仰宗。答曰，溈仰家風，機用圓融。室中驗人，句能陷虎。圓相差別，明來暗合。鏡出三生，兩口一舌。父子和唱，道傳千古。

問，如何謂三種生。答曰，想生，相生，流注生。問，如何是想生。答曰，內意識。問，如何是相生。答曰，外塵境。問，如何是流注生。答曰，無間斷。

問，云何謂圓相密義。答曰，密有六種　問，云何六種。答曰，一圓相，二暗機，三義海，四字海，五意海，六默論。問，以何爲體。畫○相云，此是體　問，以何爲用。畫⦶相云，此是用　問，以何爲智。畫(山)相云，此是智。

問，圓相中書牛字，佛字，人字，仏字，十字，萬字，一點，一畫，半月，缺月，等等不一，是何義旨。答曰，垂手接人，明呈暗合。不離體用，理事賓主。生殺縱奪，權實隱顯。同異總別，暗印本心。此謂密義隱身三昧。須是實悟，洞徹此機。義解之徒，卒難頓曉。

問，如何是平目復仰視。答曰，觸不得，背不得　問，如何是兩口無一舌。答曰，不得有語，不得無語。

問，如何是燃燈前。答曰，體寂。問，如何是燃燈後。答曰，用照。

問，如何是正燃燈。答曰，寂照。

宗杲《正法眼藏》卷三之下 鎮海明珠

仰山和尚到東寺，寺問汝是甚麼處人。曰，廣南人。寺曰，我聞廣南有鎮海明珠是否。曰，是。寺曰，此珠如何。曰，黑月即隱，白月即現。寺曰，還將得來也無。曰，將得來。寺曰，何不呈似老僧看。山叉手近前曰，昨到溈山，亦被索此珠。直得無言可對，無理可伸。寺曰，汝眞溈山之子，善能哮吼。譬如蟭螟蟲於蚊子眼睫上作窠，向十字街頭叫土曠人稀相逢者少。

《鎮州臨濟慧照禪師語錄》 黃蘗因入廚次。問飯頭，作什麼。飯頭云，揀衆僧米。黃蘗云，一日喫多少。飯頭云，二石五。黃蘗云，莫太多麼。飯頭云，猶恐少在。黃蘗便打。飯頭卻舉似師。師云，我爲汝勘這老漢。纔到侍立次。黃蘗舉前話。師云，飯頭不會。請和尚代一轉語。師便問，莫太多麼。黃蘗云，何不道來日更喫一頓。師云，說什麼來日，即今便喫。道了便掌。黃蘗云，這風顛漢。又來這裏捋虎鬚。師便喝出去。後溈山問仰山，此二尊宿意作麼生。仰山云，和尚作麼生。溈山云，養子方知父慈。仰山云不然。溈山云，子又作麼生。仰山云，大似勾賊破家。

師栽松次。黃蘗問，深山裏栽許多作什麼。師云，一與山門作境致，二與後人作標榜。道了將钁頭打地三下。黃蘗云，雖然如是，子已喫吾三十棒了也。師又以钁頭打地三下，作噓噓聲。黃蘗云，吾宗到汝大興於世。後溈山舉此語問仰山，黃蘗當時秖囑臨濟一人，更有人在。仰山云，有。秖是年代深遠，不欲舉似和尚。溈山云，雖然如是，吾亦要知，汝但舉看。仰山云，一人指南，吳越令行，遇大風即止（讖風穴和尚也）。師侍立德山次。山云，今日困。師云，這老漢寐語作什麼。山便打。師掀倒繩床。山便休。

《筠州洞山悟本禪師語錄》 師參溈山。問曰，頃聞南陽忠國師有無情說法話，某甲未究其微。溈曰，闍黎莫記得麼。師曰，記得。溈曰，子試舉一遍看。師遂舉。僧問，如何是古佛心。國師曰，牆壁瓦礫是。僧云，牆壁瓦礫豈不是無情。國師曰，是。僧云，還解說法否。國師曰，常說熾然，說無間歇。僧云，某甲爲甚麼不聞。國師曰，汝自不聞，不可妨他聞者也。僧云，未審，甚麼人得聞。國師曰，諸聖得聞。僧云，和尚還聞否。國師曰，我不聞。僧云，和尚既不聞，爭知無情解說法。國師曰，賴我不聞。我若聞即齊於諸聖，汝即不聞我說法也。僧云，恁麼則衆生無分去也。國師曰，我爲衆生說，不爲諸聖說。僧云，衆生聞後如何。國師曰，即非衆生。僧云，無情說法據何典教。國師曰，灼然，言不該典非君子之所談。汝豈不見，《華嚴經》云，刹說衆生說，三世一切說。師舉了。溈山曰，我這裏亦有，秖是罕遇其人。師曰，某甲未明，乞師指示。溈山豎起拂子曰，會麼。師曰，不會。請和尚說。溈曰，父母所生口終不爲子說。師曰，還有與師同時慕道者否。溈曰，此去，澧陵攸縣石室相連，有雲巖道人。若能撥草瞻風，必爲子之所重。師曰，未審，此人如何。溈曰，他曾問老僧，學人欲奉師去時如何。老僧對他道，直須絕滲漏始得。他道，還得不違師旨也。無老僧道，第一不得道老僧在這裏。師遂辭溈山，徑造雲巖。舉前因緣了便問，無情說法甚麼人得聞。巖曰，無情得聞。師曰，和尚聞否。巖曰，我若聞，汝即不聞吾說法也。師曰，某甲爲甚麼不聞。巖豎起拂子曰，還聞麼。師曰，不聞。巖曰，我說法汝尚不聞，豈況無情說法乎。師曰，無情說法該何典教。巖曰，豈不見，《彌陀經》云，水鳥樹林悉皆念佛念法。師於此有省。乃述偈曰，也大奇也大奇，無情說法不思議。若將耳聽終難會，眼處聞時方可知。

《撫州曹山元證禪師語錄》卷上 溈山一日喚院主。院主來。山曰，我喚院主，汝來作什麼。院主無對。師代曰，也知和尚不喚某甲。溈山又令侍者喚第一座。第一座來。山曰，我喚第一座，汝來作什麼。師代曰，若令侍者喚，恐不來。

《撫州曹山本寂禪師語錄》卷下 又溈山曰，我百年後，作一頭水牯牛，左脇上書溈山僧某甲一行字。汝道，當見之時，喚作甚麼。無對。後師代曰，喚作水牯牛。

問，未審此水牯牛還解耕稼否。曰，灼然。云，是甚麼類。曰，被毛戴角者。云，四時食何水草。曰，不入口者。云，如何是水牯牛。曰，不證聖。云，如何是含一莖草。曰，毛羽相似去。

問，是超聖，是超類。曰，是超聖。

問，如何是水牯牛。曰，冥冥朦朦。云，如何是含一莖草來。曰，古人道了，也毛羽相似去。又曰，一草者，秖是明得不變異也。

余曰，祖佛不知有，狸奴白牯卻知有。云，爲什麼狸奴白牯卻知有。曰，秖是百無所解。云，秖如祖佛，爲甚麼不知有。曰，祖爲執印，佛爲相似。云，秖如狸奴白牯，知有個甚麼。曰，秖知有狸奴白牯。云，如何是狸奴白牯知有底事。曰，不從東西來，不從三十二相。

問，如何是祖。曰，上有。云，如何是佛。曰，相似去。

《汾陽無德禪師語録》卷中 溈山令僧，馳書幷鏡，至仰山。山接得提起云，若道是溈山鏡。又在仰山手裏。若道仰山鏡。又是溈山寄來。還有人定當得麼。衆無語。遂撲破卻。向僧使云，到和尚處，但恁麼舉似。仰山接得溈山鏡，告衆拈來行正令。懵懂禪流眼不開，仰山直下驀頭釘。

【略】

溈山與仰山摘茶次。溈云，終日只聞子聲，不見子形。仰山撼茶樹。溈云，子只得其用，不得其體。云，某甲只恁麼，和尚作麼生。溈山良久。仰云，和尚只得其體，不得其用。溈云，放子三十棒。摘茶更莫別思量，處處分明是道場。體用共推眞應物，禪流頓覺雨前香。

《圓悟佛果禪師語録》卷一七 舉。溈山普請次。靜版鳴。有一僧拍手呵呵大笑歸去。溈山云，奇哉，此是觀音入理之門。至晚問其僧，適來爾見什麼道理。僧云，朝來未喫飯，聞版聲歡喜。溈山云，賺殺人。鏡清云，當時溈山有此一僧。鼓山云，當時溈山無此一僧。師云，這僧洪音大振，直得一千五百人善知識眼目定動。及乎勘證將來，卻打箇背翻筋斗。若不是溈山，爭見汗馬功高。後來道有此一僧只得一半，道無此一僧只得一半。今日板聲，鐘聲，魚聲，鼓聲齊振，或有箇拍手呵呵大笑，直向伊道，觀音菩薩來也。

《圓悟佛果禪師語録》卷一八 舉。德山挾複子，到溈山。上法堂，從東過西，從西過東。溈山默坐不顧。德山云，無無。便下去。復云，也不得草草。遂具威儀見溈山，提起坐具云，和尚。溈山擬取拂子。德山便喝。當時背法堂著草鞋便去。溈山至晚問首座，適來新到在什麼處。首座云，當時背法堂著草鞋便去。溈山云，還識此子麼。已後向孤峯頂上蟠結草庵，呵佛罵祖去在。

大用不拘今古楷模，倒拈蝎尾平捋虎鬚。若非深辯端倪，何以坐觀成敗。俊處穎脱囊錐，高來卷舒方外。孤峯頂上浪滔天，正令當行百雜碎。咄。

《圓悟佛果禪師語録》卷一九 舉。溈山問仰山云，天寒人寒。仰山云，大家在這裏。溈山云，何不直說。仰山云，適來也不曲和尚如何。溈山云，且須隨流。

北風逞嚴威，凛凛侵肌骨。一句括人天，幾曾容眹迹。隨流認得本來身，遍界莫非無價珍。

《大慧普覺禪師語録》卷二一 既不向外馳求，則內心寂靜。既不於心內取證，則外境幽閑。故祖師云，境緣無好醜，好醜起於心。心若不彊名，妄情從何起。妄情既不起，眞心任遍知。當知內心外境，只是一事，切忌作兩般看。記得溈山問仰山，妙淨明心，子作麼生會。仰山云，山河大地，日月星辰。溈山云，汝只得其事。仰山云，和尚適來問甚麼。溈山云，妙淨明心。仰山云，喚作事得麼。溈山云，如是如是。

《大慧普覺禪師語録》卷三〇 仰山曰，悟則不無，爭奈落在第二頭。癡人面前不得說夢，便作實法會，謂悟是落第二頭。殊不知，溈山自有警覺學者之言，直是痛切。曰，研窮至理，以悟爲則。此語又向甚處著。不可。溈山疑誤後人，要教落在第二頭也。

《虛堂和尚語録》卷之六 舉。溈山山下有一僧住庵。仰山到彼，舉溈山示衆道，如許多人，只得大機，不得大用。只如山中和尚與麼，道意作麼生。僧云，更請舉看。仰山復舉。被僧闌胸一蹋。仰歸舉似溈山，山呵呵大笑。

《虛堂和尚語録》卷之八 上堂舉。九峯慈慧禪師因。溈山示衆云，汝等諸人，只得大機，不得大用。慈慧抽身出去。溈山招之。更不回頭。溈山云，此子堪爲法器。師拈云，九峯易見，溈山難見。若是淨慈則不然。待他喚不回頭，急送官楮一千與之。何故。助他買草鞋行腳。

又 解制小參。僧問，溈山問仰山，子一夏不上來，在下面作得箇什麼。仰云，鋤得一片畬，種得一籮粟。溈云，子不虛過一夏。師云，下喬木入幽谷。僧云，仰山云，和尚作得箇什麼。溈山云，日間一食，夜後一寢。仰云，和尚亦不虛過一夏。此意如何。師云，父不慈子不孝。僧云，仰山道了吐舌。溈山云，子何得自傷己命。師云，要且不是五逆人聞雷。僧禮拜。師云，劍握甑人手。

《虛堂和尚語録》卷之九　冬夜小參。僧問，溈山問仰山，仲冬嚴寒年年事，晷運推移事若何。仰山叉手近前而立。師云，父攘羊，子證之。僧云，溈山云，情知子答者話不得。師云，一家父子和氣如春。僧云，香嚴入來，溈舉前話。嚴云，某甲偏答得者話。溈山復舉，嚴亦叉手近前而立，此意如何。師云，離婁行處浪滔天。僧云，溈云，賴遇寂子不會。師云，手臂終不向外曲。僧云，今夜忽有箇漢，出來問和尚，仲冬嚴寒年年事，晷運推移事若何，作麼生答他。師云，老僧也只與麼答他。僧云，畢竟作麼生答，師云，劍去久矣。僧禮拜。

《天童山景德寺如淨禪師續語録》　上堂云，舉仰山問溈山，如何是祖師西來意。山云，大好燈籠。仰云，莫便是也無。山云，適來道什麼。仰云，大好燈籠。山云，果然不會。師云，無明暗室勿人近，暮日江山相映紅。處處煙塵收不得，早來晚去失貞風。諸人畢竟如何。委悉去。（一喝云）南山向海聳，北岳接雲高。參。

《萬松老人評唱天童覺和尚頌古從容庵録》卷一　示衆云，未語先知，謂之默論。不明自顯，謂之暗機。三門前合掌，兩廊下行道，有箇意度。中庭上作舞，後門外搖頭。又作麼生。

舉。溈山問仰山，甚處來（不是不知來處）。仰云，田中來（爾爲甚落草）。山云，田中多少人（只父子兩箇）。仰插下鍬子，叉手而立（放去較危）。山云，南山大有人刈茆（打草驚蛇）。仰拈鍬子便行（收來太速）。

師云，師資合道，父子投機，溈仰家風千古龜鑑。溈山問仰山，甚處來。溈山豈不知仰山田中來。垂此一問，要與仰山相見。仰山不負來問，只道箇田中來。且道，還有佛法道理也無。溈山深入虎穴，更問田中多少人。仰山插鍬子叉手而立，便衲僧相見。玄沙云，我當時若見，便與踏倒鍬子。萬松道，忍俊不禁。投子青禪師頌云，溈山問處少知音，插地酬他佛祖沈。踏倒玄沙傍不肯，免教蒼翠帶春深。萬松道，草枯鷹眼疾，南嶽法輪。平禪師頌云，狹路相逢避不及，插下鍬時叉手立。過得橋來岸上行，始覺渾身泥水濕。萬松道，不堪迴首月明中，二老宿頌處，只有千尺寒松。更看，天童放出抽條石笋。頌云，

老覺情多念子孫（婆心太切）　而今慚愧起家門（三十年不少鹽醋）
是須記取南山語（貴人多忘）　鏤骨銘肌共報恩（恨心不捨）

師云，此頌如韓文《毛穎傳》，理事雙彰，眞俗並舉。一往觀來，溈山爲老覺，仰山以下爲子孫，就裏即不然。僧問長沙岑大蟲，本來人還成佛否。山云，爾道，大唐天子還割茅刈草否。是知，刈茆乃臣子邊事，而今慚愧起家門。千年無影樹，今時沒底靴。住持千嶂月，衣鉢一溪雲。皆是得力兒孫紹承家業。是知，君臣父子，非特曹洞創立，溈仰父子已行此令。若不是溈山點破，一向光影門頭，弄粥飯氣。驢前馬後，以當平生，甚爲可惜。所以天童教，記取南山刈茆一轉語，鏤骨銘肌報恩不盡。法燈云，野老負薪歸，催婦連宵織。看他家事忙，且道承誰力。問渠渠不知，特地生疑惑。傷嗟今古人，幾箇知恩德。知有後如何，斷臂不覺痛，立雪不敢倦。所以萬松老來住報恩院。

《萬松老人評唱天童覺和尚頌古從容庵録》卷三　示衆云，驅耕夫之牛，拽迴鼻孔。奪飢人之食，把定咽喉。還有下得毒手者麼。

舉。溈山問仰山，忽有人，問一切衆生但有業識茫茫無本可據，子作麼生驗（馬是官馬不須印）。仰云，若有僧來即召云，某甲（腦後一椎不知來處）。僧迴首（頂門上去卻三魂）。乃云，是甚麼（趁爐竈熱更與一下）。待伊擬議（腳板底鑽了七魄）。向道，非唯業識茫茫，亦乃無本可據（生擒活捉）。溈云，善哉（苦口出親言）。

師舉。僧問雲庵，《華嚴論》以無明住地煩惱，便爲一切諸佛不動智，理極深玄絕難曉達。庵曰，此最分明易可了解。時有童子，方掃除。呼之迴首。庵指曰，不是不動智。仰山召僧迴首，正是這箇時節。雲庵卻問，如何是汝佛性。童左右視惘然而去。庵曰，不是住地煩惱。若能了之，即今成佛。童子惘然與擬議不別，無明住地煩惱，業識茫茫亦同。雲庵仰山勘僧驗人，剋的如此。萬松見處即不然，童子與僧徹底皆不動智。雲庵仰嶠，從頭業識茫茫，若人辨得親見天童。頌云，

一喚迴頭識我不（眞白拈賊有甚難見）　依俙蘿月又成鉤（藏身露影）
千金之子纔流落（孱風雖破，骨骼猶存）　漠漠窮途有許愁（小器不大量）

《萬松老人評唱天童覺和尚頌古從容庵録》卷四　示衆云，鼻孔昂藏，各具丈夫相。腳跟牢實，肯學老婆禪。透得無巴鼻機關，始見正作家手

段。且道，誰是其人。

舉。劉鐵磨到溈山（相見已了）。山云，老牸牛汝來也（撩蜂剔蝎）。磨云，來日臺山大會齋，和尚還去麼（氣毒烟火然）。山放身臥（半路抽身）。磨便出去（一撥便轉）。

師云，溈山自稱水牯牛，以鐵磨爲牸牛。安名賞號作家相見也。他雖是尼，久參溈山，去山十里卓庵。一日參子湖，湖問，莫是劉鐵磨否。磨云，不敢。湖云，左轉右轉。磨云，和尚莫顛倒。湖便打。看他與溈山，放則雙放，收便雙收。佛果謂之隔身句，意通而語隔。要知意句俱到麼，更看天童脱體頌出。頌云，

百戰功成老太平（安家樂業），優柔誰肯苦爭衡（饒人不是癡）。

玉鞭金馬閑終日（雖有如無），明月清風富一生（受用不盡）。

《無門關》溈山和尚，始在百丈會中，充典座。百丈將選大溈主人，乃請同首座。對衆下語，出格者可往。百丈遂拈淨瓶，置地上。設問云，不得喚作淨瓶，汝喚作甚麼。首座乃云，不可喚作木楔也。百丈卻問於山。山乃趯倒淨瓶而去。百丈笑云，第一座輸卻山子，也因命之爲開山。

無門曰，溈山一期之勇，爭奈跳百丈圈圚不出。檢點將來，便重不便輕。何故暫，脱得盤頭，擔起鐵枷。

頌曰，颺下笊籬并木杓，當陽一突絶周遮。百丈重關攔不住，脚尖趯出佛如麻。

《古尊宿語錄》卷一　師每日上堂，常有一老人聽法，隨衆散去。一日，不去。師乃問，立者何人。老人云，某甲於過去迦葉佛時曾住此山。有學人問，大修行底人，還落因果也無。對云，不落因果。墮在野狐身。今請和尚代一轉語。師云，汝但問，老人便問，大修行底人還落因果也無。師云，不昧因果。老人於言下大悟，告辭師云，某甲已免野狐身，住在山後，乞依亡僧燒送。師令維那白槌告衆，齋後普請送亡僧。大衆不能詳。至晚參。師舉前因緣次。黄檗便問，古人錯對一轉語，落在野狐身。今人轉轉不錯是如何。師云，近前來，向汝道。黄檗近前打師一掌。師云，將謂胡鬚赤，更有赤鬚胡。時溈山在會下作典座。司馬頭陀舉野狐話問，典座作麼生。典座以手撼門扇三下。司馬云，太麤生。典座云，佛法不是者箇道理。後溈山舉黄檗問野狐話問仰山。仰山云，黄檗常用此機。溈山云，汝道天生得，從人得。仰山云，亦是稟受師承，亦是自宗通。溈山云，如是，如是。黄檗問，從上古人以何法施人。師良久。黄檗云，後代兒孫將何傳授。師云，將謂你者漢是箇人。便歸方丈。師與溈山作務次。師問，有火也無。溈山云，有。師云，在什麼處。溈山把一莖柴，吹過與師。師接云，如蟲蝕木。

《御選語錄》卷一三　溈山和尚云，如今初心雖從緣得，一念頓悟自理，尤有無始曠劫習氣未能頓淨，須教渠淨除現業流識，即是修也。不道別有法教渠修行趣向。溈山此語，非徹法源底者不能道。今稍有省覺，便謂一生參學事畢者，獨何歟。

雲門宗創宗人文偃及傳承分部

綜述

契嵩《傳法正宗記》卷八　大鑒之八世，曰韶州雲門山文偃禪師，蘇州嘉興人也。姓張氏。天性穎悟，幼不類常童。出家得戒，學經律論未幾皆通。及參訪善知識，一見睦州陳尊宿，大達宗旨。尋印可於雪峯存禪師，自是匿曜一混於衆。因南游至韶陽靈樹敏禪師法會。敏異人也。號能懸知。見偃特相器重，遂命爲衆之第一座。及逝因遺書薦於廣主劉氏，命禪師繼領其所居。其後劉氏復治雲門大伽藍，遷偃居之，其聲遂大聞。四方學者歸之如水趨下，然其風教峭迅，趣道益至。今天下尚之號爲雲門宗者也。其所出法嗣凡八十八人。

一曰韶州白雲祥和尚者，一曰德山緣密者，一曰潭州南臺道遵者，一曰韶州雙峯竟欽者，一曰韶州資福和尚者，一曰廣州黄雲元禪師者，一曰廣州龍境倫禪師者，一曰韶州雲門爽禪師者，一曰韶州白雲聞禪師者，一曰韶州披雲智寂者，一曰韶州淨法章和尚者，一曰韶州溫門山滿禪師者，一曰岳州巴陵顥鑒者，一曰連州地藏慧慈者，一曰英州大容諲和尚者，一曰廣州羅山崇禪師者，一曰韶州雲門寶禪師者，一曰郢州臨谿竟脱者，一

曰廣州華嚴慧禪師者，一曰韶州舜峯韶和尙者，一曰英州觀音和尙者，一曰韶州林泉和尙者，一曰隨州雙泉師寬者，一曰韶州雲門煦和尙者，一曰益州香林澄遠者，一曰南嶽般若啟柔者，一曰筠州黃蘗法濟者，一曰襄州洞山守初者，一曰信州康國耀和尙者，一曰潭州谷山豐禪師者，一曰潁羅漢匡果者，一曰鼎州滄谿璘和尙者，一曰筠州洞山清稟者，一曰蘄州北禪寂和尙者，一曰泐潭道謙者，一曰廬州南天王永平者，一曰湖南永安朗禪師者，一曰湖南潭明和尙者，一曰金陵清涼明禪師者，一曰金陵奉先深禪師者，一曰西川靑城乘和尙者，一曰潞府妙勝臻禪師者，一曰興元普通封和尙者，一曰韶州燈峯和尙者，一曰韶州大梵圓和尙者，一曰澧州藥山圓和尙者，一曰信州鵝湖雲震和尙者，一曰廬山開先清耀者，一曰襄州奉國清海者，一曰韶州慈光和尙者，一曰潭州保安師密者，一曰洪州雲居山融禪師者，一曰衡州大聖寺守賢者，一曰廬州北天王徽禪師者，一曰郢州芭蕉山弘義者，一曰眉州福化院光禪師者，一曰廬州東天王廣慈者，一曰信州西禪欽禪師者，一曰江州廣雲眞禪師者，一曰韶州雙峯慧眞者，一曰雲門山法球者，一曰韶州廣悟者，一曰韶州長樂山政禪師者，一曰韶州佛陀山遠禪師者，一曰韶州鷲峯山韶禪師者，一曰韶州淨源山眞禪師者，一曰韶州月華山禪師者，一曰韶州雙峯眞禪師者，一曰隨州雙泉山郁禪師者，一曰慈雲山深禪師者，一曰廬州化城鑒禪師者，一曰廬山護國禪師者，一曰廬山慶雲禪師者，一曰岳州永福朗禪師者，一曰郢州趙橫山禪師者，一曰郢州纂子山菴主者，一曰廬州南天三海禪師者，一曰桂州覺華普照者，一曰益州鐵幢覺禪師者，一曰新州延長山禪師者，一曰黃龍山禪師者，一曰眉州西禪光禪師者，一曰蘄州北禪悟同者，一曰舒州天柱山禪師者，一曰韶州龍光山禪師者，一曰覩州水精院宮禪師者，一曰隋州智門山法覩者，一曰雲門山朗上座者。

《禪家龜鑑》 馬祖傍傳之雲門文偃。

馬祖傍傳。曰天王道悟，曰龍潭崇信，曰德山宣鑑，曰雪峰義存，曰雲門文偃，曰雪竇重顯，曰天衣義懷禪師等。

志磐《佛祖統紀》卷四二 雲門文偃禪師。

韶州雲門文偃禪師聚徒千人。漢主劉氏召入內殿（都廣州），咨問法要，事以師禮。師得法於雪峯，號雲門宗（清源第七世）。

法藏《五宗原》 自威音一字金圈拋出，從七佛諸偈錦字文回，六祖傳來一個鉢盂，囫圇咬嚼不得。馬師之後，這箇眼目，淺草易爲長蘆。天王惠餠，崇信槃茶，直下便見，擬思即差。德山吹滅紙燭於龍潭，正是截流。雪峰䝉襟流出於巖頭，豈非函蓋。所以韶陽霎時折足於睦州門縫裏。溫研積稔於雪峰堂奧中，便道，三斤麻，一疋布。攛鼈鼻於南山，脫鐵枷於老漢。燭露確師而咄嗟，須彌胡餠而恰好。諸佛出身處，東山水上行。透法身之句，北斗裏藏身。鉢裏飯，桶裏水，三昧塵塵。南山雲，北山雨，佛交露柱。將三門來燈上，放餬餠作饅頭。晉鋒八博咄□中眉，故有紅旗閃爍之品題。此雲門一派，所由出也。

傳記

文偃

道原《景德傳燈錄》卷一九 韶州雲門山文偃禪師。

姑蘇嘉興人也。姓張氏。初參睦州陳尊宿發明大旨。後造雪峯而益資玄要。因藏器混眾，于韶州靈樹敏禪師法席居第一座。敏將滅度遺書於廣主，請接踵住持。師不忘本以雪峯爲師。開堂日廣主親臨曰，弟子請益。師曰，目前無異路（法眼別云，不可無益於人）。師云，莫道今日謾諸人好抑不得，已向諸人道遮裏作一場狼藉，忽遇明眼人見謂之一場笑具，如今亦不能避得也。且問爾諸人，從上來有什麼事，欠少什麼，向爾道無事亦是謾爾也。須到遮田地始得，亦莫趁口頭亂問，自己心裏黑漫漫地，明朝後日大有事在。爾若是根性遲迴，且向古人建化門庭東覰西覰看，是箇什麼道理。汝欲得會麼。都緣是汝自家無量劫來妄想濃厚，一期聞人說著便生疑心。問佛問祖，向上向下求覓解會。轉沒交涉，擬心即差。況復有言。莫是不擬心麼，更有什麼事。珍重。師上堂云，我事不獲已，向爾諸人道直下無事，早是相埋沒了也。爾諸人更擬進步，向前尋言逐句求覓解會。千差萬巧廣設問難，只是贏得一場口滑，去道轉遠有什麼休歇時。此箇事若在言語上，三乘十二分教豈是無言語。因什麼更道教外別傳。若從學解機智得，只如十地聖人說法如雲如雨，猶被呵責，見性如隔羅縠。以此故知，一切有心天地懸殊。雖然如此若是得底人，道火不可燒，口終日說事，不曾掛著脣齒，未曾道著一字。終日著衣喫飯，未嘗觸一粒米，掛一縷線。雖然如此猶是門庭之說也。須實得恁麼始得。若約衲僧門下，句裏呈機徒勞佇思。直饒一句下承當得，猶是瞌睡漢。師云，三乘十二分教橫說豎說，天下老和尚縱橫十字說，與我拈針鋒許說底道理來看，恁麼道死馬醫。雖然如此且有幾箇到此境界，不敢望汝言中有響句裏藏鋒，瞬目千差風恬浪靜。伏惟尚饗珍重。

念常《佛祖歷代通載》卷一七　雲門文偃禪師示寂。師姑蘇嘉興人，姓張氏。初參睦州蹤禪師，州見來便閉卻門。師三扣門。問誰。師云，某甲。州云，作什麼。師云，己事未明，乞師指示。州才開門。師拶入。州擒住云，速道速道。師擬議。州托開云，秦時轅轢鑽。師從此悟入。州即指師見雪峯。師至雪峯莊，遇僧上山即教之云，汝到山頭見和上。上堂眾才集，便出握腕立地云，這老漢項上鐵枷，何不脫卻。其僧如教致問，峯下座搊住云，速道速道。僧無對。峯云，適來不是爾語。僧云，是某甲語。峯云，侍者將繩棒來。僧云，某在莊上，見一浙中上座，教來恁麼問，峯云，大眾去莊上，迎取五百人善知識來。師上山才見雪峯，便問，因什麼得到與麼地。師乃低頭，從此契合。

白雲祥

道原《景德傳燈錄》卷二二　韶州白雲祥和尚實性大師。

初住慈光院。廣主劉氏召入府說法，時有僧問，覺華才綻正遇明時，不昧宗風乞師方便。師曰，我王有令。問，教意祖意同別。師曰，不別。曰，恁麼即同也。師曰，不妨領話。問，諸佛未出世普遍大千白雲一會如何。師曰，賺卻幾人來。曰，恁麼即四眾何依。師曰，勿交涉。問，即心即佛示誨之辭，不涉前言如何指教。師曰，東西且置，南北作麼生。問，如何是和尚家風。師曰，石橋那畔有遮邊無會麼。僧曰，不會。師曰，且作丁公吟。問，衣到六祖爲什麼不傳。師曰，海晏河清。問，如何是和尚接人一路。師曰，來朝更獻楚王看。問，從上宗乘如何舉揚。師曰，今日未喫茶。

師上堂謂眾曰，諸人會麼。但街頭市尾屠兒魁膾地獄鑊湯處會取。若恁麼會堪與人爲師爲匠。若向衲僧門下天地懸殊。更有一般底，只向長連床上作好人去。汝道此兩般人那箇有長處。無事珍重。【略】師將示滅白眾曰，某甲雖提祖印，未盡其中。諸仁者且道其中事作麼生。莫是無邊中間內外已否。如是會解即大地如鋪沙去。此即他方相見。言訖告寂。

道遵

道原《景德傳燈錄》卷二二　潭州水西南臺道遵和尚法雲大師。

師上堂謂眾曰，從上宗乘合作麼生提綱，合作麼生言論。將佛法兩字當得麼，眞如解脫當得麼。雖然如是細不通風，大通車馬。若約理化門中，一言啟口震動乾坤，山河大地海晏河清，三世諸佛說法現前。若也分明，古佛殿前同登彼岸。無事珍重。

問，如何是西來意。師曰，下坡不走。問，牛頭未見四祖時如何。師曰，著衣喫飯。曰，見後如何。師曰，鉢盂壁上掛。問，如何是眞如含一切。師曰，分明。曰，爲什麼有利鈍。師曰，四天打鼓，樓上擊鐘。問，如何是南臺境。師云，金剛手指天。問，如何是色空。師曰，道士著眞紅。問，十二時中時時不離如何。師曰，諦。

竟欽

道原《景德傳燈錄》卷二二　韶州雙峯山興福院竟欽和尚，慧眞廣悟禪師。

益州人也。受業於峨眉洞溪山黑水寺觀方慕道。預雲門法席，密承指喻，乃開山創院漸成叢林。開堂日雲門和尚躬臨證明。僧問，如何是佛法大意。師曰，日出方知天下朗，無油那點佛前燈。問，如何是雙峯境。師曰，夜聽水流庵後竹，晝看雲起面前山。問，如何是法王劍。師曰，鉛刀徒逞不若龍泉。曰，用者如何。師曰，藏鋒猶不許，露刃更何堪。問，賓頭盧應供四天下還得遍也無。師曰，如月入水。問，如何是用而不雜。師曰，明月堂前垂玉露，水精殿裏撒眞珠。有行者問，某甲遇賊來時，若殺即違佛敎，不殺又違王勅，未審師意如何。師曰，官不容針私通車馬。廣主劉氏嘗親問法要。至太平興國二年三月戒門人曰，吾不久去世，汝可就本山頂預修墳塔。至五月二十三日工畢。師曰，後日子時行矣。及期會雲門爽和尚，溫門舜峯長老等七人夜話。侍者報三更。師索香焚之，合掌而逝。

資　福

道原《景德傳燈錄》卷二三　韶州資福和尚。

僧問，不問宗乘，請師心印。師曰，不答遮箇話。曰，爲什麽不答，師曰，不副前言。問，覿面難逢處，如何顧險夷。乞師垂半偈，免使後人疑。師曰，鋒前一句超調御，擬問如何歷劫違。曰，恁麽即東山西嶺時人知有，未審資福庭前誰家風月。師曰，領取前話。

黄雲元

道原《景德傳燈錄》卷二二　廣州新會黄雲元禪師。

初開堂以手拊繩床云，諸人還識廣大須彌之座也無。若不識，看老僧。乃升座。問，如何是大漢國境。師曰，歌謠滿路。問，教云龍披一縷金翅不吞，和尚三事全披如何。師曰，還免得麽。師上堂，拈古人語云，觸目未曾無，臨機何不道。又云，觸目未曾無，臨機道什麽。

龍境倫

道原《景德傳燈錄》卷二三　廣州義寧龍境倫禪師。

初開堂提起拂子曰，還會麽。若會即頭上更增頭，若不會即斷頭取活。問，如何是大漢國境。師曰，亂走作麽。曰，恰是雨下天晴。師便打。問，如何是龍境水。師曰，腥臊臭穢。曰，飲者如何。師曰，七通八達。問，如何是龍境家風。師曰，蟲狼虎豹。問，如何是佛。師曰，勤耕田。曰，學人不會。師曰，早收禾。師問僧，什麽處來。曰，黄雲來。師曰，作麽生是黄雲郎當媚癡抹𨁝爲人一句。僧無對。師上堂問衆曰，作麽生是長連床上取性一句，道將來。衆無對。

淨法章

道原《景德傳燈錄》卷二三　韶州淨法章和尚禪想大師。

廣主劉氏問，如何是禪師。師乃良久。廣主罔測，因署其號。僧問，日月重明時如何。師曰，日月雖明，不鑒覆盆之下。問，既是金山爲什麽鑿石。師曰，金山鑿石。問，如何是道。師曰，去去迢迢十萬餘。

溫門山滿

道原《景德傳燈錄》卷二二　韶州溫門山滿禪師。

僧問，如何是佛。師曰，胸題卍字。曰，如何是祖。師曰，不遊西土。有人見壁上畫。問，既是千尺松，爲什麽卻在屋下。師曰，芥子納須彌作麽生。問，隔牆見角便知是牛如何。師便打。師與一老宿在國門坐。老宿曰，紫衣師號又得也。更要箇什麽。師曰，要國師。老宿曰，佛尚不作豈況國師。師乃笑曰，長老。僧問，如何是和尚家風。師曰，汝曾讀書麽。僧問，太子初生爲什麽不識父母。師曰，逈然尊貴。

顥　鑒

道原《景德傳燈錄》卷二二　嶽州巴陵新開顥鑒大師。

初在雲門。雲門舉，雪峯和尚云，開卻門達磨來也。問師意作麽生。師曰，築著和尚鼻孔。雲門曰，修羅王發業打須彌山一擲，蹦跳上梵天報帝釋，爾爲什麽卻去日本國裏藏身。師曰，莫恁麽心行好。雲門曰，汝道築著又作麽生。師住。後僧問，祖意教意是同是別。師曰，雞寒上樹鴨寒入水。僧問，三乘十二分教即不疑，如何是宗門中事。師曰，不是衲僧分上事。曰，如何是衲僧分上事。師曰，貪觀白浪失卻手橈。師將拂子遺人。人問曰，本來清淨用拂子作什麽。師曰，既知清淨莫忘卻（梁山別云，也須拂卻）。

大容諲

道原《景德傳燈錄》卷二二　英州大容諲禪師。

師上堂僧問，天賜六銖披掛後，將何報答我皇恩。師曰，來披三事衲，歸掛六銖衣。問，如何是大容水。師曰，還我一滴來。問，當來彌勒下生時如何。師曰，慈氏宮中三春草。問，如何是眞空。師曰，拈卻拒陽。曰，如何是妙用。師乃握拳。僧曰，眞空妙用相去幾何。師以手撥之。問，長蛇偃月即不問，匹馬單槍時如何。師曰，麻江橋下會麽。曰，不會。師曰，聖壽寺前。問，既是大容爲什麼趁出僧。師曰，大海不容塵，小谿多搕𢶍。問，如何是古佛一路。師指地。僧曰，不問遮箇。師曰，去。師與一老宿相期去別處，尋卻因事不去。老宿曰，佛無二言。師曰，法無一向。

竟脫

道原《景德傳燈錄》卷二二　郢州臨谿竟脫和尚。

僧問，如何是透法身句。師曰，明眼人笑汝。問，如何是法身。師曰，四海五湖賓。問，如何是本來人。師曰，風吹滿面塵。問，牛頭未見四祖時如何。師曰，富有多賓客。曰，見後如何。師曰，貧窮絕往還。問，如何是佛。師曰，十字路頭。曰，如何是法。師曰，三家村裏。曰，佛之與法是一是二。師曰，露柱渡三江，猶懷感恨長。問，如何是無縫塔。師曰，復州城。曰，如何是塔中人。師曰，龍興寺。

師寬

道原《景德傳燈錄》卷二二　隋州雙泉山師寬明教大師。

師上堂舉拂子曰，遮箇接中下之人。時有僧問，上上人來如何。師曰，打鼓爲三軍。問，向上宗乘如何舉唱。師曰，不敢。曰，恁麼即含生有望。師曰，腳下水深淺。問，凡有言句，盡落有無，不落有無如何。師曰，東弗于代。曰，遮箇猶落有無。師曰，支過雪山西。僧問洞山，如何是佛。洞山云，麻三斤。師聞之乃曰，向南有竹向北有木。師後住智門，僧問，不可以智知，不可以識識寺如何。師曰，不入遮箇野狐群隊。問，如何是定。師曰，鰕蟇跳不出斗。曰，如何出得去。師曰，南山起雲北山下雨。問，北斗裏藏身意旨如何。師曰，雞寒上樹鴨寒入水。問，豎起杖子意旨如何。師曰，一葉落知天下秋。師後終於智門。

澄遠

道原《景德傳燈錄》卷二二　益州青城香林院澄遠禪師。

初住西川導江縣迎祥寺天王院（時謂水精宮）。僧問，美味醍醐爲什麼變成毒藥。師曰，導江紙。問，見色便見心時如何。師曰，適來什麼處去來。曰，心境俱亡時如何。師曰，開眼坐睡。師後住青城香林。僧問，北斗裏藏身意如何。師曰，月似彎弓，少雨多風。問，如何是諸佛心。師曰，清即始終清。曰，如何領會。師曰，莫受人謾好。問，如何是祖師西來意。師曰，踢步者誰。問，如何是和尚妙藥。師曰，不離衆味。曰，喫者如何。師曰，咂啗看。問，如何是室內一燈。師曰，三人證龜成鱉。問，如何是衲衣下事。師曰，臘月火燒山。問，大衆雲集請師施設。師曰，三不待兩。問，如何是學人時中事。師曰，恰恰。問，如何是玄。師曰，今日來明日去。曰，如何是玄中玄。師曰，長連床上。問，如何是香林一脈泉。師曰，念無間斷。曰，飲者如何。師曰，隨方斗秤。問，如何是衲僧正眼。師曰，不分別。曰，照用事如何。師曰，行路人失腳。問，萬機俱泯迹，方識本來人時如何。師曰，清機自顯。曰，恁麼即不別人。師曰，方見本來人。問，魚游陸地時如何。師曰，發言必有後救。僧曰，卻下碧潭時如何。師曰，頭重尾輕。問，但有言句盡是賓，如何是主。師曰，長安城裏。曰，如何領會。師曰，千家萬戶。

崇慧

道原《景德傳燈錄》卷二三　襄州洞山守初崇慧大師。

初參雲門。雲門問，近離什麼處。師曰，楂渡。門曰，夏在甚處。師曰，湖南報慈。曰，甚時離彼。師曰，八月二十五。門曰，放汝三頓棒。師至明日卻上問訊。曰，昨日蒙和尚放三頓棒，不知過在什麼處。門曰，飯袋子，江西湖南便與麼。師於言下大悟。遂云從今已去，向十字街頭，不畜一粒米，不種一莖菜，接待十方往來一箇箇。教伊拈卻膩脂帽子脫卻鶻臭布衫，教伊灑灑落落地作箇明眼衲僧，豈不快哉。雲門云，飯袋子，身如椰子大，開得許大口。師住後僧問，迢迢一路時如何。師曰，天晴不肯去，直待雨淋頭。曰，諸聖作麼生。師曰，入泥入水。問，心未生時法在什麼處。師曰，風吹荷葉動，決定有魚行。問，師登師子座，請師唱道情。師曰，晴乾開水道無事設曹司。曰，恁麼即謝師指示。師曰，賣鞋老婆腳趔趄。問，如何是三寶。師曰，商量不下。問，如何是無縫塔。師曰，十字街頭石師子。問，如何是免得生死底法。師曰，見之不取，思之三年。問，離卻心機意識請師一句。師曰，道士著黃瓮裏坐。問，非時親觀請師一句。師曰，到處怎生擧。曰，據現定擧。師曰，放汝三十棒。曰，過在什麼處。師曰，罪不重科。問，蓮華未出水時如何。師曰，楚山頭倒卓。曰，出水後如何。師曰，漢水正東流。問，如何是吹毛劍。師曰，金州客尼。問，車住牛不住時如何。師曰，用駕車漢作麼。問，如何是衲僧分上事。師曰，雲裏楚山頭，決定多風雨。問，海竭人亡時如何。師曰，難得。曰，便恁麼去時如何。師曰，雲在青天水在缾。問，有無雙泯，權實兩忘究竟如何。師曰，楚山頭倒卓。曰，還許學人領會也無。師曰，也有方便。曰，請師方便。師曰，千里萬里。問，牛頭未見四祖時如何。師曰，榔栗木拄杖。曰，見後如何。師曰，竇八布衫。問，如何是佛。師曰，灼然諦當。問，萬緣俱息，意旨如何。師曰，甕裏石人賣棗團。問，如何是洞山劍。師曰，作麼。僧曰，學人要知。師曰，罪過。

清稟

道原《景德傳燈録》卷二三　筠州洞山普利院第八世住清稟禪師。泉州仙遊人也。姓李氏。幼禮中峯院鴻諡爲師，年十六福州太平寺受戒。初詣南嶽參惟勁頭陀未染指，及抵韶陽禮祖塔迴造雲門。雲門問曰，今日離什麼處。曰，慧林。雲門擧拄杖曰，慧林大師恁麼去，汝見麼。曰，深領此問。雲門顧左右微笑而已。師自此入室印悟，乃之金陵。國主李氏請居光睦。未幾復命入澄心堂，集諸方語要，經十稔迎住洞山。開堂日維那白槌曰，法筵龍象衆當觀第一義。師曰，也好消息，只恐汝錯會。僧問，雲門一曲師親唱，今日新豐事若何。師曰，也要道卻。

圓光

道原《景德傳燈録》卷二三　澧州藥山圓光禪師。

僧問，藥嶠燈連師當第幾。師曰，相逢盡道休官去，林下何曾見一人。問，水陸不涉者師還接否。師曰，蘇嚕蘇嚕。師問新到僧，南來北來。曰，北來。師曰，不落言詮速道。曰，某甲是福建道人，善會鄉譚。師曰，參衆去。曰，灼然。師曰，蹦跳便打。問，如何是祖師西來意。師曰，道什麼。

雲震

道原《景德傳燈録》卷二三　信州鵝湖山雲震禪師。

僧問，如何是佛。師曰，闍梨不是。師問僧，近離什麼處。曰，兩浙。師曰，還將得吹毛劍來否。僧展兩手。師曰，將謂是箇爛柯仙，元來卻是樗蒱漢。問，如何是鵝湖家風。師曰，客是主人相。師曰，恁麼即謝師周旋。師曰，難下陳蕃之榻。

清耀

道原《景德傳燈録》卷二三　廬山開先清耀禪師。

僧問，如何是燈燈不絶。師曰，青楊翻遞植。曰，學人不會。師曰，無根樹下唱虛名。問，披雲一句師親唱，長慶今朝事若何。師曰，家家觀世音。問，如何是披雲境。師曰，一瓶淥水安窓下，便當生涯度幾秋。問，如何是長慶境。師曰，堂裏老僧頭雪白。曰，二境同歸應當別理。師曰，在處得人疑。問，古澗寒泉誰人能到。師曰，乾。曰，恁麼即到也。師曰，深多少。

雜録

《萬法歸心録》　如何是雲門宗

問，如何是雲門宗。答曰，雲門家風，孤危聳峻。格外提撕，翦除情見。三句關鍵，一字機鋒。北斗藏身，金風體露。拄杖蹦跳，佛祖退後。盞子說法，魔外潛形。一切語言，總歸向上。

問，如何是函蓋乾坤句。答曰，包裹太虛，橫貫三際。問，如何是截斷衆流句。答曰，一念不生，萬法自泯。問，如何是隨波逐浪句。答曰，隨流得妙，應物全眞。問，如何是一字關。答曰，格外提撕，不墮窠臼。問，如何是提婆宗。答曰，露地白牛，東觸西觸。問，如何是吹毛劍。答曰，物物頭頭，瓦解冰消。

問，祖意敎意，是同是別。答曰，觸不得，背不得。問，如何是北斗裏藏身。答曰，無蹤跡。問，如何是體露金風。答曰，全身現。

智昭《人天眼目》卷之二　三句

師示衆云，函蓋乾坤，目機銖兩，不涉萬緣，作麽生承當。衆無對。自代云，一鏃破三關。後來德山圓明密禪師，遂離其語爲三句。曰函蓋乾坤句，截斷衆流句，隨波逐浪句（圓悟曰，本眞本空，一色一味，非無妙體，不在躊躇，洞然明白，則函蓋乾坤也。又云，本非解會，排疊將來，不消一字，萬機頓息，則截斷衆流也。又云，若許他相見，從苗辨地，因語識人，即隨波逐浪也）。

又　普安道頌三句

乾坤幷萬象，地獄及天堂。物物皆眞現，頭頭總不傷。

堆山積嶽來，一一盡塵埃。更擬論玄妙，氷消瓦解摧。

辨口利詞問，高低總不虧。還如應病藥，診候在臨時。

智昭《人天眼目》卷之二　翠巖眞

函蓋乾坤事皎然，何須特地起狼烟。遒人舞鐸東君至，不令花枝在處妍。

截斷衆流爲更論，河沙諸佛敢形言。星移斗轉乾坤黑，稍有絲毫實不存。

隨波逐浪任高低，放去收來理事齊。一等垂慈輕末學，柰緣潦倒帶塵泥。

智昭《人天眼目》卷之二　問答

如何是函蓋乾坤句。宗云，日出東方夜落西。祖云，海晏河淸。居云合。山云，大地黑漫漫。又云，普天匝地。又云，海底紅塵起。杜云，只聞風擊響，知是幾千竿。

如何是截斷衆流句。宗云，銕蛇橫古路。祖云，水泄不通。居云窄。山云，不通凡聖。又云，泊合放過。又曰，橫身三界外。杜云，昨日寒風起。今朝括地霜。

如何是隨波逐浪句。宗云，船子下楊州。祖云，波斯吒落水。居云，潤山云，要道便道。又云，有問有答。又云，此去西天十萬八千。杜云，春煦陽和花織地，滿林初囀野鶯聲。

智昭《人天眼目》卷之二　北塔祚頌

雲門顧鑑笑嘻嘻，擬議遭他顧鑑咦。任是張良多智巧，到頭終是也難施。

智昭《人天眼目》卷之二　眞淨文

雲門抽顧，自有來由。一點不來，休休休休。

智昭《人天眼目》卷之二　一字關

僧問師，如何是雲門劍。師云，祖。如何是玄中的。師云，𡇟。如何是吹毛劍。師云，骼。又云胔。如何是正法眼。師云，普。三身中那身說法。師云，要。如何是啐啄之機。師云，響。殺父殺母，佛前懺悔。殺佛殺祖，甚處懺悔。師云，露。如何是祖師西來意。師云，師。靈樹一默處如何上碑。師云，師。久雨不晴時如何。師云，劄。鑿壁偸光時如何。師云，恰。承古有言了，即業障本來空。未了應須還宿債。未審二祖是了是未了。師云，確。

一日示衆。會佛法者，如恆河沙。百草頭上，代將一句來。自代云，俱。師凡對機，往往多用此酬應。故叢林目之，曰一字關云。

智昭《人天眼目》卷之二　機緣

僧問，十二時中，如何得不空過。師云，爾向甚處著此一問。僧云，學人不會，請師舉。師索筆成偈云，舉不顧即差互，擬思量何劫悟。

問雪峯，如何是學人自己。峯云，築著鼻孔。僧舉似師。師云，爾作麽生會。其僧方思惟。師亦以前頌示之。

福朗上座因僧問，如何是透法身句。師云，北斗裏藏身。朗罔測其旨，遂造焉。師一見便把住云，道道。朗擬議。師托開。有偈云，雲門聳剔白雲低，水急遊魚不敢棲。人戶已知來見解，何勞再舉轢中泥。朗大悟。

智昭《人天眼目》卷之二　巴陵三句

僧問巴陵，如何是提婆宗。陵云，銀盌裏盛雪。

問，如何是吹毛劍。陵云，珊瑚枝枝撐著月。問，祖意教意是同是別。陵云，雞寒上機，鴨寒下水（雲門聞此語云，他日老僧忌辰，只舉此三轉語，供養老僧足矣）。

智昭《人天眼目》卷之二　要訣

韶陽一派，出於德嶠之源。初見睦州，推出秦時之鑽。寄聲象骨，脫卻項上之枷。使南鼈鼻攛向面前，打東鯉魚，雨傾盆下。稱提三句關鍵，拈掇一字機鋒。藏身北斗星中，獨步東山水上。端明顧鑒，不犯毫芒。格外縱擒，言前定奪。直是劍鋒有路，鐵壁無門。打翻路布葛藤，剪卻常情見解。烈焰寧容湊泊，迅雷不及思量。蓋其見諦寬通，自然受用廣大。花開靈樹，子結香林。振佛祖權衡，開人天眼目。夫何源清流濁，根茂枝枯。妄立道眼因緣，謬爲聲色差別。互相穿鑿，滯著語言。取辱先宗，過在後學。此雲門宗風也。

師逢僧必特顧之曰鑒。僧擬議則曰咦。門人錄爲顧鑒咦。後圓明密刪去顧字。爲之抽顧。兒孫失其旨，當接人之際，以怒目名爲提撕，名爲不認聲色，名爲舉處便薦，相傳以爲道眼。北塔祚嘗笑之故作偈，有任是張良多智巧，到頭於此也難施之語。此篇中，所謂妄立道眼因緣，謬爲聲色差別者，指此也。

智昭《人天眼目》卷之六　同稟一師，機鋒各別

雲門機鋒似臨濟，宜爲馬祖之後，此則齊東野人之語也。古來同稟一師，而機鋒各別者多矣。豈必盡同。如雲門法眼，同出雪峯。若雲門，當歸馬祖。則法眼又當歸石頭耶？如丹霞投子機鋒，不亞臨濟。杏山與三聖，皆失機於石室。則丹霞投子石室，又當改入馬祖下耶？又如南泉父子，皆馬祖之嗣也。而不用棒喝。溈山父子，皆百丈之嗣也。而不事孤峻。又當改入石頭下耶？且予嘗考雪峯全錄，其禪備眾格，波瀾潤大。故其語，有時似臨濟，有時似曹洞。其徒如玄沙長慶保福，鼓山安國，清鏡等皆然。即雲門雖機用獨峻，而實語不十成。機不觸犯，且歷參曹山，疎山，九峯，乾峯。其語具在，如三種病二種光等語，則全本乾峯，此尤其顯然者也。豈可謂其同於臨濟，當嗣馬祖下也。無知之徒，固難與辯。高明之士，可考而知。故作是以告天下智者，幸詳察焉。

《無門關》　雲門話墮

雲門因僧問，光明寂照遍河沙，一句未絕。門遽曰，豈不是張拙秀才語。僧云是。門云，話墮也。後來死心拈云，且道那裏是者僧話墮處。

無門曰，若向者裏，見得雲門用處。孤危者僧，因甚話墮，堪與人天爲師。若也未明，自救不了。

頌曰，急流垂釣，貪餌者著。口縫纔開，性命喪卻。

道原《景德傳燈錄》卷二七　雲門和尚問僧，什麼處來。曰，江西來。雲門曰，江西一隊老宿寐語住也未。僧無對（五雲代云，興猶未已）。後有僧問法眼，和尚不知雲門意作麼生。法眼曰，大小雲門被遮僧勘破（五雲曰，什麼處是勘破雲門處。要會麼。法眼亦被後僧勘破也）。因開井被沙塞卻泉眼。法眼問僧，泉眼不通被沙塞，道眼不通被什麼物礙。僧無對（師自代云，被眼礙）。

《續傳燈錄》卷二三　嘉定府九頂寂惺惠泉禪師，成都張氏子。僧問，心迷《法華》轉，心悟轉《法華》，未審意旨如何。師曰，風暖鳥聲碎，日高花影重。上堂。昔日雲門有三句，謂函蓋乾坤句，截斷眾流句，隨波逐浪句。九頂今日亦有三句，所謂飢來喫飯句，寒即向火句，困來打睡句。若以佛法而論，則九頂望雲門直立下風。若以世諦而論，則雲門望九頂直立下風。二語相違，且如何是九頂爲人處。

《續傳燈錄》卷二七　僧問雲門，如何是諸佛出身處。答云，東山水上行。令師下語。師參及一年，凡下四十九轉語皆不契。一日勤赴一達官宅陞坐。舉僧問雲門，如何是諸佛出身處。雲門云，東山水上行。若是天寧即不然。若有人問如何是諸佛出身處。只向道，薰風自南來，殿閣生微涼。

《續傳燈錄》卷三四　又上堂舉。僧問雲門，樹凋葉落時如何。云，體露金風。師曰，要明陷虎之機，須是本色衲子始得。雲門大師具逸群三昧，擊節叩關，於閃電光中出一隻手，與人解粘去縛拔楔抽釘，不妨好手。子細點撿將來，大似與賊過梯，昭覺即不然。忽有僧問，樹凋葉落時如何。只答他道，落霞與孤鶩齊飛，秋水共長天一色。且道與雲門是同是別。復曰，止止不須說，我法妙難思。

曾鳳儀《楞嚴經宗通》卷二　僧問雲門，如何是祖師西來意。門云，日裏看山。投子頌曰，坦然曾問老師安，爭似韶陽一句傳。日裏看山仙掌露，夜深猿叫月當軒。且道此日裏看山。指見精，指見性。與祖師西來意作何解會。雲居智曰，清淨之性，本來湛然。無有動搖，不屬有無。非可取捨，體自翛然。如是明見，乃名見性。性即佛，佛即性。故曰見性成佛。曰性既清淨，不屬有無。因何有見。曰見無所見。曰既無所見，何更有見。曰見處亦無。曰如是見時，是誰之見。曰無有能見者，曰究竟其理

如何。曰妄計爲有，即有能所，乃得名迷。隨見生解，便墮生死。明見之人即不然，終日見，未嘗見。求名處體相不可得，能所俱絕，名爲見性。曰此性徧一切處否。曰無處不徧。曰凡夫具否？曰上言無處不徧，豈凡夫而不具乎。曰因何諸佛菩薩，不被生死所拘，而凡夫獨縈此苦，何曾得徧。曰凡夫於清淨性中，計有能所，即墮生死。諸佛大士，善知清淨性中不屬有無，即能所不立。曰若如是說，即有能了不了人。曰了尚不可得，豈有能了人乎。曰至理如何。曰我以要言之。汝即應念清淨性中，無有凡聖。亦無了不了人，凡之與聖，二俱是名。若隨名生解，即墮生死。若知假名不實，即無有當名者。又曰，此是極究竟處。若曰我能了，彼不能了，即是大病。見有淨穢凡聖，亦是大病。作無凡聖解，又屬撥無因果。見有清淨性可棲止，亦大病。作不棲止解，亦大病。然清淨性中，且不壞方便應用，及興慈運悲。如是興運之處，即全清淨之性，可謂見性成佛矣。雲居此語，卻於見猶離見最切，故備錄之。

曾鳳儀《楞嚴經宗通》卷九　雲門云，一切智通無障礙。拈起扇子云，釋迦老子來也。是爲法喜禪悅之樂。德山棒，臨濟喝，是三世諸佛慈悲喜捨之樂。除此三種樂外，不爲樂也。且道歸宗一眾，在三種內三種外。良久云，今日莊主設饡飯，俵嚫錢。參退。僧堂內普請喫茶去。喝一喝。又鵝湖大義禪師，憲宗詔入內殿論義。有法師問欲界無禪，禪居色界，此土憑何而立。義曰，法師祇知欲界無禪，不知禪界無欲。曰，如何是禪。義以手點空。法師無對。帝曰，法師講無窮經論，祇這一點，尚不奈何。故眞三摩地，誠不易知。知之而三界俱超，何論四禪哉。

曾鳳儀《楞嚴經宗通》卷十　僧問雲門，樹凋葉落時如何。門云，體露金風。雪竇頌云，問既有宗，答亦攸同。三句可辨，一簇遼空。大野兮涼飈颯颯，長天兮疎雨濛濛。君不見少林久坐未歸客，靜依熊耳一叢叢。此豈無歸爲歸者，所能窺其萬一。玄沙上堂云，佛道閑曠，無有程途。無門解脫之門，無意道人之意。不在三際，故不可昇沉。建立乖眞，非屬造作。動則起生死之本，靜則醉昏沉之鄉。動靜雙泯，俱落空亡。動靜雙收，顢頇佛性。必須對塵對鏡。如枯木寒灰，臨時應用，不失其宜。如鏡照諸像，不亂光輝。鳥飛空中，不雜空色。所以十方無影像，三界絕行蹤。不墮往來機，不住中間意。鐘中無鼓響，鼓中無鐘聲。鐘鼓不相交，句句無前後。如壯士展臂，不藉他力。師子遊行，豈求伴侶。九霄絕翳，何在穿通。一段光明，未曾昏暗。若到這裏，體寂寂，常的的，日赫焱，無邊表。圓覺空中不動搖，吞爍乾坤迥然照。玄沙雲門，洞見涅槃眞體本無生滅。發揮精妙若此。足令外道寒毛卓豎。

德清《法華經通義》卷六　雲門云，法身亦有兩般病。得到法身，爲法執不忘，己見猶存，坐在法身邊，是一。直饒透得法身去，放過即不可，子細檢點將來，有甚麼氣息，亦是病。此宗門法身二種病。前則教義所收。次爲透法身句，則教所不攝也。今云破法執，正雲門第一種病。所謂微細法執。今云世尊猶故現在，正宗門法身見也。須破此執乃可入妙。

善堅《華嚴大意》　僧問雲門，如何是一代時教。門云，對一說。一。且道與世尊陞座，文殊白槌，差別多少。

《祖庭事苑》卷三　僧問雲門，如何是向上一竅。門云，九九八十一。又僧問，如何是最初一句。門云，九九八十一。又僧問，以字不是，八字不成，未審是甚麼字。門云，九九八十一。

性統《五家宗旨纂要》卷下　雲門宗八要

一、玄　一玄者，凡有用處，玄妙難思。不在尋常語句內，無容測度，不可思量，故名爲玄：毗盧頂上起寒濤，沒手泥人斬怒蛟。聵耳千程聞蟻鬭，失明萬里見秋毫。

如何是一玄。三山來云，燈籠騎露柱。頌曰，幾度乘風泛小舠，彩雲影裏漫撑篙。舉網撒破虛空面，又向山頭釣巨鼇。

二、從　二從者，凡有指點，皆隨機拈弄。或因其見解而接引之。不另標特解，故名爲從：萬頃清風雨後山，暖鶯鶯語巧喧喧。溪花野水不知數，總在春風和照間。

如何是二從。三山來云，柳絮隨風。頌曰，桃紅李白鬭芳妍，一夜東風色更鮮。猖蝶狂蜂何處去，慣尋香氣到花前。

三、眞要　眞要者，就其本體，眞實切要。而言不屬玄微奧妙，支離蔓衍，故名眞要：看盡雲山雨翠深，秋霜助日夢魂清。有人問道無餘事，雲在青天水在瓶。

如何是眞要。三山來云，六月日頭到處熱。頌曰，腳底茫茫路轉賒，東西南北盡天涯。風塵踏遍無閑思，竟畢回頭始是家。

四、奪 四奪者，隨所拈弄都是刀鎗，就機奪機不容擬議。任彼千般知解，一味搶攙，故名爲奪：一陣白蘋一葉風，滿池零落玉芙蓉。巨鱗吸盡滄溟水，留得珊瑚照日紅。

如何是四奪。三山來云，不遇無情霹靂手，埽蕩烟塵將屬誰。頌曰，拓土開疆也大難，幾回血汗染征衫。可憐三尺魚腸劍，漫假雄才手靖邊。

五、或 或者，疑而未定之辭，或隱或顯，或東或西，用無一定，語絕方所，此機竅之不容捉摸者，故名爲或：把定要津路不通，路殊不復辨西東。梅花玉片開晴岸，柳絮金絲遇曉風。

如何是五或。三山來云，我到者裏卻不會。頌曰，習習香風過樹頭，去來何處覓踪由。行人無數空惆悵，幾度尋思恨未休。

六、過 過者，用到極頭，十分孤峻。無你挨拶處，無你轉身處。迴避不及，忒煞無情，故名過：古德擎叉過也難，雪籠台頂衲衣寒。是非得失俱收拾，分付諸方仔細看。

如何是六過。三山來云，一分心悻一分慈。頌曰，狼毒心腸何太孤，提刀仗劍忍於屠。命根斷處難思算，幾箇男兒是丈夫。

七、喪 喪者，隨人上下，喪失天眞，不見本來，癡迷狂走。又或執著己見，喪卻目前。如此之類，皆謂之喪：刻舟求劍眞云昧，待兔守株何太迷。可歎幾多無目漢，也隨人脚走東西。

如何是七喪。三山來云，貪觀眼前浪，失卻手中橈。頌曰，弱喪窮兒實可哀，家珍拋卻自何來。自從別去娘生面，落落長途喚不回。

八、出 出者，脱體轉身，不拘一處，不守一隅。隨機應用，八面四方都有出身之路，故名出：南辰北斗只西宮，火裏生蓮奮目紅。野色更無山隔斷，月光直與水光通。

如何是八出。三山來云，天上人間自在飛。頌曰，鳥道羊腸路太多，脚頭脚底任蹉跎。隨他曲折芒鞋滑，步步如龍疇奈何。

性統《五家宗旨纂要》卷下 雲門二種光不透脱（疑情猶未盡，回首到家遲）

一切處不明，面前有物是一，聞聲見色隨疑轉，驢糞從他換眼睛。

三山來頌云，白雲朵朵翳雙睛，一線青天也是塵。撥盡黃金知何日，不愁寂寞不愁貧。

透得一切法空隱隱地，似有箇物相似。亦是光不透脱，遇物臨機生見解，是非卜度自狐疑。

三山來頌云，夢破方知一物無，法塵盡處亦何孤。誰知暗裏相逢處，依舊從前障眼珠。

古尊宿總頌。十處逢緣九不通，疑情一片滯頑空。何勞揀擇尋宗旨，來意還他去意同。

性統《五家宗旨纂要》卷下 雲門宗旨頌：

睦州爐鞴雪峰機，打就金毛獅子兒。三句楷磨區法則，十門規度別機宜。樹凋葉落西風急，雲淡天低晚日遲。情見到頭窺不得，離心意識始方知。

《宗範》卷上 一切有心，天地懸隔

雲門偃云，向你道直下無事，早埋沒也。更欲尋言覓解，去道轉遠。故知一切有心，天地懸隔。然得的人，道火何曾燒口，終日著衣吃飯，未曾觸著一粒米，挂一縷絲。此猶是門庭之説，須實得恁麼始得。

《宗鑑法林》卷一 釋迦文佛

世尊初降生時，一手指天一手指地，周行七步，目顧四方曰，天上天下惟吾獨尊。

雲門偃云，我當時若見，一棒打殺與狗子喫，貴圖天下太平。雪竇顯云，便與掀倒禪床。法眼益云，雲門氣勢甚大，要且無佛法道理。時有老宿云，將謂無人證明。雪竇云，鈎在不疑之地。瑯琊覺云，雲門可謂將此深心奉塵刹，是則名爲報佛恩。　雲峰悦云，雲門雖有定亂之謀，且無出身之路。　法昌遇云，雲門好一棒太遲生，未離兜率脚跟下好與一錐，雖然也是賊過後張弓。　天童華云，雲門此話雖行，未免落他陷穽。高峰妙云，世尊大似靈龜拽尾，自取喪身之兆。雲門雖則全提正令，也是爲他閒事長無明。當時但於地上畫一圓相，就中書個丁字。復展兩手示之，管取冰消瓦解。　南堂欲云，雲門好棒可殺驚人，未免傷鋒犯手。當時若見，祇消道箇辯盆辯盆。老漢若也知方，管取暗裏抽身，免見明中落節。　天童悟云，我不似雲門大驚小怪。當時但向前以手加額云，貓。看他面皮向甚處著。　棲霞成云，當時若見恁麼道。但向前合掌云，大王萬福。

《禪林類聚》卷一 雲門偃禪師問僧

雲門偃禪師問僧，光明寂照徧河沙，豈不是張拙秀才語。僧云，是。師云，話墮也。

徑山杲云，驢揀濕處尿。　復庵封云，向道莫行山下路，果聞猿叫斷腸聲。法雲秀云，甚處是話墮處。忽有人問法雲，如何是祖師西來意，只對伊道話墮也。還會麼。具眼底辨取。　月庵果云，雲門大師張幔天網撈龍打鳳。這僧不覺入他陷穽中落他綣繢裏。若是福嚴即不然。纔見伊舉道豈不是張拙秀才語，但向道未到雲門不妨疑著。然雖如是，也是賊過後張弓。

禾山方頌云，叶路縱横得自由，牢關捩轉妙全收。箇中密意人難會，喝下須教水倒流。　月菴果云，萬丈龍門勢倚空，懸崖撒手辨魚龍。時人只看絲綸上，不見蘆花對蓼紅。　踈山如云，問來答去無偏黨，鐵壁銀山作麼通。縱奪臨機言話墮，遂令千古動悲風。

《禪林類聚》卷七　會不得

雲門偃禪師問乾峯云，請師答話。峯云，到老僧也未。師云，恁麼則某甲在遲也。峯云，恁麼那恁麼那。師云，將謂猴白，更有猴黑。

應庵華云，二老宿一等相見就中奇特。光孝今日爲諸人說道理一徧，將謂春歸無覓處，不知還入此中來。

天童覺頌云，絃筈相銜，網珠相對。發百中而箭箭不虛，攝眾景而光光無礙。得言句之總持，住遊戲之三昧。妙其間也。宛轉偏圓，必如是也。縱横自在。

雲門僧問，如何是啐啄之機。師云，響。

眞清文頌云，有問啐啄機。雲門答云響。昨日雷震天，夜來山水長。圓通僊云，啐啄之機響字酬，過空雷電忽傾湫。夜來霶霈漫天雨，幾處波濤打釣舟。

雲門僧問，不是目前機，亦非目前事時如何。師云，倒一說。

雪竇顯頌云，倒一說，分一節，同死同生爲君決。八萬四千非鳳毛，三十三人入虎穴。別別。擾擾悤悤水裏月。　正覺逸云，倒一說，清人骨。萬里無片雲，抛下一團雪。別別。老大禪翁甘滅舌。　野軒遵云，倒一說，這饒舌，無端都把天機泄。四海九州徒蹶蹶，飛出龍宮鑽蚳穴。

雲門僧問，如何是沙門行。師云，會不得。云，爲甚麼會不得。師云，祇守會不得。

智門祚頌云，君問沙門行，沙門行最高。若教人會得，業性卒難逃。

《禪林類聚》卷一三　因果

雲門偃禪師。僧問，殺父殺母佛前懺悔，殺佛殺祖甚處懺悔。師云，露。

應菴華云，雲門露，猛如虎。達磨師，不是祖。豈不見，鹽官老。須彌爲槌，虛空爲鼓。又不見，禾山老。解打鼓，休莽鹵。甜瓜徹蔕甜，苦瓠連根苦。喝一喝。又拈云，光孝著一轉語，不是老僧見處，亦非垂手爲人。何故。豈不見《道字經》三寫烏焉成馬。

白雲端頌云，簸土揚塵無避處，將身直到御樓前。回頭不見來時路，下是黃泉上是天。　正覺逸云，石火流星曾未急，旋機電卷一何遲。雲門露字突然出，著眼看時鷂子飛。　天童覺云，露，超宗越祖。人言渠爇返魂香，我道伊擣塗毒鼓。　東林顔云，推鑼擂鼓轉船頭，席卷波翻喊激流。洗腳上船乘快便，順風相送下揚州。

《禪林類聚》卷一三　問疾

馬祖一禪師因不安。院主問，和尚近日尊位如何。師云，日面佛月面佛。【略】

後有僧持此語請益雲門。門云，汝禮拜著。僧禮拜起。門以拄杖挃之。僧乃退後。門云，汝不是患盲。復喚僧近前來。僧纔近前。門云，汝不是患聾那。復云，還會麼。云，不會。門云，汝不是患瘂。其僧於此有省。　法眼云，我當時見羅漢和尚舉此僧語，我便會三種病人。　雲居錫云，只如此僧會不會。若道會，玄沙又道不是。若道不會，法眼爲甚麼道我因此僧語便會三種病人。上座無事上來商量，大家也要知。雪竇顯舉了便喝云，這盲聾瘖瘂漢。若不是雲門，驢年去。如今有底或拈槌竪拂他又不管，教伊近前他又不來，問還會麼他又不應。諸方還奈何得麼。雪竇若不柰何，汝這一隊驢漢又堪作甚麼。以拄杖一時趂散。　天童覺云，雲門平展，這僧實酬。且道悟在甚麼處，不救之疾難爲針艾。　白雲端頌云，退後進前兼對辯，相逢邂逅難回面。春風驀地撼庭前，還見落花千萬片。

佛鑑懃云，雲門老子手親眼親，因風吹火不費精神，盲者便視聾者便聞。雖然無語掛在口唇，三種病人一種法門。　鼓山珪云，盲聾瘖瘂接不得，玄沙枉費閑心力。扁鵲盧醫拱手歸，三人俱是膏肓疾。徑山杲云，玄沙三種病人話，透出雲門六不收。莫待是非來入耳，從前知己返爲讎。

《佛果擊節錄》卷下　雲門法身

舉僧問雲門，如何是法身向上事。（天下衲僧疑着）門云，向上與汝道即不難，作麼生會法身。（慣得其便）僧云，請和尚鑑。（看）門云，鑑即且置，作麼生會法身。（第二陣施旗槍來也）僧云，恁麼恁麼。（分疎不下）門云，這箇是長連牀上學得底。我且問你法身還喫飯麼。（忒曬無佛法身心。若是我當時只向他道草賊大敗便走）僧無語。（這漢飽喫了飯，卻作這般去就）雪竇拈云，將成九仞之山，不進一簣之土。（山僧適來也道了也）過在什麼處（打云，只是喫飯漢）。

師云，僧問仰山，法身還解說法也無。仰山推枕子話。（云云）為山聞云，寂子用劒刃上事。又舉陳操尚書問衲僧本分事。（云云）請和尚鑑。這僧不妨奇特，爭奈雲門是作家，向虎口裏橫身。恁麼恁麼。更僻在閑處，便見者草賊大敗。雪竇恁麼拈。人道什麼。

《佛果擊節錄》卷下　雲門示衆

舉雲門示衆。老胡生下時，一手指天，一手指地，目顧四方，周行七步，（白浪滔天）云天上天下唯我獨尊。（討什麼屎臭氣）當時若見，一棒打殺與狗子喫，（也是賊過張弓）貴圖天下太平。（干戈競起）雪竇拈云，便與掀倒禪床（也是第二機）。

師云，雲門大師，但發一言半句，驚天動地。雪竇是他家屋裏兒孫，知有恁麼事。諸公合作箇什麼伎倆，見得雪竇去。

《佛果擊節錄》卷下　雲門裂破

舉僧問雲門，一言道盡時如何。（道什麼）門云裂破。（南瞻部洲，北俱盧洲）雪竇彈指三下（也是隨語生解）。

師云，挑囊負鉢，撥草瞻風。到一方一所，見有本分正眼宗師。放下複子，便與他老漢錐劄。看是如何。可住不可住。這僧致箇問端，向一言道盡處問他雲門。這老漢不忙，向道裂破。奇特雲門，有如此機鋒。亦要這僧不向情解上見，故如此答，後來雪竇恁麼。也不是好心。

《佛果擊節錄》卷下　雲門新羅

舉雲門問新羅僧，汝是什處人。（既知更問作什麼）僧云，新羅人。（實頭人難得）門云，將什麼過海。（是他始得）僧云，草賊大敗。（猶較些子）門云，爲什麼在我手裏。（第二杓來也）僧云，恰是。（也較些子）門云，一任蹦跳。（可惜許）雪竇云，雲門老漢龍頭蛇尾，放過這僧，爲什麼在我手裏。（也是停囚長智）恰是，劈脊便打（打云，也不移一時）。

師云，且道打他作麼。若道是過，眉鬚墮落，這箇驗人。這僧也是作家，將什麼過海，落在第二頭。

《林泉老人評唱投子青和尚頌古空谷集》卷三　雲門明教

示衆云，若遇當家人，合說著實話，索甚花言巧語敘謝寒溫。當可依實具實盡情管待，莫有不作外不做客的麼。

舉雲門一日問明教。今日喫得幾箇餬餅（客聽主裁）。教云，五箇（當仁不讓）。門云，露柱喫得幾箇（適來記得而今忘卻）。教云，請和尚茶堂裏喫茶（一椀來一椀去）。

師舉雲門上堂云，我事不獲已向你諸人道，直下無事，早是相埋沒了也。更欲踏步向前，尋言逐句解會。千差萬別，廣設問難。贏得一場口滑去，於道轉遠。有甚麼休歇時。此事若在言句上，三乘十二分教豈是無言語。因甚更道教外別傳。若從學解機智得，只如十地聖人說法如雲如雨猶被訶責，見性如隔羅縠。以此故知，一切有心天地懸殊。雖然如此，若是得底人。道火不曾燒口，終日說事，未嘗挂著唇齒，未嘗道著一字。終日著衣喫飯，未嘗觸一粒米挂一縷絲。雖然如此，猶是門庭之說也。須是實得恁麼始得。若約衲僧門下，句裏呈機徒勞佇思。直饒一句下承當，猶是瞌睡漢。時有僧問，如何是一句。師曰，舉。林泉道，合取狗口，恁麼看來。方信道不露風骨句。未語先分付，進步口喃喃，知君大罔措。故於問答不涉思惟，豈落情見。亦不窮玄亦不究妙。但於日用一切時中，不令業識忙忙無本可據。忽問明教，今日喫得幾箇餬餅。此豈非鉤頭著餌要辨魚龍。教云五箇。雖似將計就計。到底終沒咬嚼。門云露柱喫得幾箇。向不著意處猛楔一槌。是他明教稍會遮截架解，果有轉身一路道，請和尚茶堂裏喫茶。林泉道，若非笑面虎，難遇駕雲龍。想必投子更知深細。頌曰，

等閑垂借問端由（打鼓弄琵琶），不負平生盡吐酬（相逢兩會家）。竭力爲人須是徹（赤心片片），方知茶味解人愁（到了惺惺）。

師云，《花嚴》具載，普慧雲興百問，普賢缾瀉千酬。撥向上關，吐

無礙辯。使狐疑氷釋，令智鑑洞明。廣說如來禪，此最爲第一。爭似雲門以尋常用的信手拈來，不生疑阻，剔圝圝處，任伊摸索。非止一飽忘百飢，欲使十言令九中。恁麼盡筋截力徹底爲人，尚不得一箇半箇。若是抑而不抑，何有今日。莫道知恩者少，負恩者多。是他也有茶裏飯裏未嘗失照的人。常向夢中了了醉裏醒醒。加之以盧仝七椀趙老三杯，不有憂煎轉添性懆。若非識空便合時宜，爭解轉身吐氣不滯玄關，還知此老作略麼。慢嚼細嚥能知味，終不黏牙著齒渠。

《林泉老人評唱投子青和尚頌古空谷集》卷三　雲門胡餅

示衆云，言言見諦，碓觜夜生花。句句超宗，磨盤秋結子。不涉離微，如何話會。

舉僧問雲門，如何是超佛越祖之談（未開口時何不薦取）。門云，餬餅（切忌咬嚼）。

師云，言無展事，語不投機。承言者喪，滯句者迷。廣主命師出世靈樹。開堂日，主親臨曰，弟子請益。師曰，目前無異路。乃曰，莫道今日謾諸人好，抑不得已向諸人作一場狼藉。忽遇明眼人見，成一場笑具。如今避不得也。且問你諸人從上來有甚麼，欠少甚麼。向你道無事已是相埋沒也。雖然如是，也須到這田地始得。亦莫趁口快亂問，自己心裏黑漫漫地，明朝後日大有事在。你若根思遲迴，且向古人建化門庭東覰西覰，看是箇甚麼道理。你欲得會麼。都緣是你自家無量劫來妄想濃厚，一期聞人說著便生疑心。問佛問法問向上向下，覓箇解會轉沒交涉。擬心即差，況復有言有句。莫是不擬心是麼。莫錯會好。更有甚麼事。珍重。林泉道，雲門說許一落索，只是要汝空劫前承當，佛未出世會得。由是僧問超佛越祖之談，所以用一餬餅且塞汝口。恐狂生見解，漫逐識情。擬議咬嚼，黏牙著齒。大岳雪竇同到五祖戒處。岳獨見戒。岳便畫一圓相。戒云，是甚麼。岳曰，餬餅。戒云，趁爐鏊熱更打一箇。岳擬議。戒以杖打出三門。岳謂雪竇曰，這沒人情漢休去好。林泉道，一般油麵由人做造，一般油麵由人壞卻。且道雲門餬餅與大岳餬餅是同是別。雖是團圝無縫罅，想來衆口決難調。試看投子如何發賣。頌曰，

祖佛超談問作家（且莫忉忉），困來宜喫建溪茶（非從口入）。
重陽日近開金菊（莫隨境轉），深水魚行暗動沙（隱密難窺）。

師云，一言道斷處，千古意分明。假如佛不出世，祖未西來，與誰抵掌清談論黃數黑。雖知口闊，豈覺舌長。最初不遇作家，到了鈍成骨董，這裏最是計利害處。有言成謗，開口成雙橛。無言成誑，揚眉落二三。不誑不謗，情存一念悟。如何趣向。寧越昔時迷，雲門恁麼爲汝徹困。怎不旋烹建茗，慢碾龍團。特就法筵煎點一上，何必直待重陽選擇九日。賞東籬之菊，明西竺之心。大抵此事綿綿密密穩穩沉沉，恰似暗中樹影水底魚蹤。若非明眼人莫能窺得破。除是雲門有撥天關底手，爲汝變生作熟，製造將來。慢嚼細嚥好生嘗，莫貪滋味徒開口。

《林泉老人評唱投子青和尚頌古空谷集》卷六　冬瓜儱侗

示衆云，冬瓜儱侗到處皆然，瓠子彎環任誰索信。只此街談巷語，無非趙璧燕金。儻能直下承當，便可空中仰望。有具眼者麼。

頤藏主《古尊宿語錄》卷一五　對機

師上堂。良久云，夫唱道之機，固難諧剖。若也一言相契，猶是多途。況復忉忉，有何所益。然且教乘之中，各有殊分。律爲戒學，經爲定學，論爲慧學。三藏五乘，五時八教，各有所歸。然一乘圓頓也大難明。直下明得，與衲僧天地懸殊。若向衲僧門下，句裏呈機，徒勞佇思。門庭敲磕，千差萬別。擬欲進步向前，過在尋佗舌頭路布。從上來事，合作麼生。向者裏道圓道頓，得麼。者邊那邊，得麼。莫錯會好。莫見與麼道，便向不圓不頓處卜度。者裏也須是箇人始得。莫將依師語，相似語，測度語到處呈中，將爲自己見解。莫錯會。祇如今有什麼事，對衆決擇看。時有州主何公禮拜問曰，弟子請益。　師云，目前無異草。　有官問，佛法如水中月，是不。　師云，清波無透路。　進云，和尚從何得。　師云，再問復何來。　進云，正與麼時如何。　師云，重疊關山路。　有官問，千子圍繞，何者爲的。　師云，化下住持，已奉來問。　問，今日開筵，將何指教。　師云，來風深辨。　進云，莫祇者便是麼。　師云，錯。　問，從上古德以心傳心。今日請師，將何施設。　師云，有問有答。　進云，與麼則不虛施設也。　師云，不問不答。　問，凡有言句皆是錯，如何是不錯。　師云，當風一句，起自何來。　進云，莫祇者便是也無。　師云，莫錯。　問，如何是啐啄之機。　師云，響。　進云，還應也無。　師云，且緩緩。　問，如何是學人的事。　師云，痛領一

問，問，如何是教外別傳一句。師云，對衆問將來。

頤藏主《古尊宿語録》卷一六 室中語要

師示衆云，盡十方世界，乾坤大地，以拄杖一畫，百雜碎。三乘十二分教，達磨西來，放過即不可。若不放過，不消一喝。

師示衆云，西天二十八祖，唐土六祖，天下老和尚，總在拄杖頭上，直饒會得倜儻分明。祇在半途。若不放過，盡是野狐精。　師一日云，古來老宿皆爲慈悲之故，有落草之談，隨語識人。若是出草之談，即不與麼。若與麼，便有重話會語。不見仰山和尚問僧，近離甚處。僧云，廬山。仰山云，曾遊五老峯麼。僧云，不曾遊。仰山云，闍梨不曾遊山。師云，此語皆爲慈悲之故，有落草之談。　師有時云，若言即心即佛，權且認奴作郎。生死涅槃，恰似斬頭覓活。若説佛説祖，佛意祖意，大似將木槵子換卻你眼睛相似。　舉。古云，聞聲悟道，見色明心。　師云，作麼生是聞聲悟道，見色明心。乃云，觀世音菩薩將錢來買餬餅。放下手云，元來祇是饅頭。　師有時云，燈籠是你自己。把鉢盂喫飯，飯不是你自己。有僧便問，飯是自己時如何。　師云，者野狐精，三家村裏漢。復云，來，來。不是你道飯是自己。　僧云，是。　師云，驢年夢見三家村裏漢。　師有時云，眞空不壞有，眞空不異色。　僧便問，作麼生是眞空。　師云，還聞鐘聲麼。　僧云，此是鐘聲。師云，驢年夢見麼。

舉。踈山和尚問僧，什麼處來。僧云，嶺中來。山云，曾到雪峯麼。僧云，曾到。山云，我已前到時，是事不足。如今作麼生。僧云，如今足也。山云，粥足，飯足。僧無語。　師云，粥足飯足。　舉。孚上座參雪峰。峰聞，乃集衆。孚到法堂上，顧視。雪峰便下看。知事明日，卻上禮拜云，某甲昨日觸忤和尚。峰云，知是般事便休。　時有僧問師，作麼生是觸忤和尚處。師便打。　舉。僧問資福，古人拈槌豎拂，意旨如何。福云，古人與麼那。僧云，拈槌豎拂又作麼生。福便喝出。　師云，古人是什麼眼目。　僧云，和尚作麼生。　師云，驢年會麼。僧無對。　師復召僧，來，來。僧近前。師以拂子驀口打。　舉。三平頌云，即此見聞非見聞。　師云，喚什麼作見聞。　無餘聲色可呈君。　師云，有什麼口頭聲色。　箇中若了全無事。　師云，有什麼事。　體用無妨分不分。　師云，語是體，體是語。復拈起拄杖云，拄杖是體，燈籠是用。是分不分。不見道，一切智智清淨。　舉。一宿覺云，幻化空身即法身。　師拈起拄杖云，盡大地不是法身。　舉。僧問趙州，某甲乍入叢林，乞師指示。州云，喫粥了也未。僧云，喫粥了也。州云，洗鉢盂去。　師云，且道有指示，無指示。若道有指示，向他道什麼。若道無指示，者僧何得悟去。

惟白《建中靖國續燈録》卷一 如何是佛

初參睦州陳尊宿，發明心地。尋入嶺，參雪峰。一日，遇陞堂。僧問，如何是佛。

峰云，蒼天，蒼天。師聞，忽釋所疑，契會宗要。

後廣主劉氏請居雲門，傳正法眼。

悟明《聯燈會要》卷二四 直下承當去

示衆云，我事不獲已，向爾諸人道。直下無事，早是相埋沒了也。更擬踏步向前，尋言逐句，求覓解會。千差萬別，廣設問難。贏得一場口滑，去道轉遠，有甚休歇時。此事若在言句上，三乘十二分教，豈是無言句。因甚麼，更道教外別傳。若從學解機智得者，只如十地聖人，説法如雲如雨。猶被呵責見性如隔羅縠。以此故知，一切有心，天地懸隔。雖然如此，若是得底人，道火何曾口著燒。終日説事，不曾動著口脣。終日著衣未曾挂著一縷絲。終日喫飯，未曾咬破一粒米。此猶是門庭之説，須實得恁麼，始得。若向衲僧門下，句裏呈機，徒勞佇思，直饒一句下承當得，猶是瞌睡漢。

示衆云，學人簇簇地，商量箇甚麼。舉一句語，教汝直下承當去。早是撒屎，在汝頭上了。直饒拈一毫頭，盡大地，一時明得，已是剜肉作瘡。雖然如此，也須實到這箇田地，始得。若未得如此，切不可掠虛。退步向自己腳跟下，推尋看，是甚麼道理。實無絲髮，與爾作解會。各各當人，一段大事。一切現前，更不煩汝一毫頭氣力，便與祖佛無別。自是諸人，起得許多頭角。擔鉢囊子，千鄉萬里，受屈。且爾諸人，有甚麼不足處。大丈夫漢，阿誰無分。直下承當得，已是不著便，不可受人欺謾，取人處分。纔見老和尚動口，便好將特石，驀口塞。恰似屎上蠅子相似，鬪唖將去，三箇五箇，聚頭商量，苦屈兄弟。古德一期，爲爾諸人。不柰何。所以方便，垂一言半句，通汝入路。知是般事捻放一邊自家著些精彩，豈不是有相親分。快與快與，時不待人。出息不保入息，更有甚麼身心別處閑用。切須在急。

悟明《聯燈會要》卷二四 杭州鹽官孫氏子。初參靈雲，問如何是佛法大意。雲云，驢事未去，馬事到來。

師往返，看二十年，無省動。後謁雪峯，忽一日捲簾，豁然大悟。述偈云，也大差也大差，捲起簾來見天下。有人問我解何宗，拈起拂子驀口打。

雪峯謂玄沙云，此子徹也。沙云，未可。此是意識著述，待與勘過始得。

至晚師上問訊。峯問師，備頭陀不肯儞，若實有正悟，對眾舉來看。師復作偈云，萬象之中獨露身，唯人自肯乃方親。昔時謬向途中覓，今日看來火裏氷。峯顧玄沙云，不可，也是意識著述。

示眾云，淨潔打疊了也。卻近前，問我覓我，劈脊與儞一棒。有一棒到汝，汝須生慚愧。無一棒到汝，汝又向甚麼處會。

雪竇云，我即不然。淨潔打疊了也。直須近前，就我覓我，劈脊與儞一棒。有一棒到儞，儞須受屈。無一棒到儞，與儞平出。但恁麼會。

示眾云，擡著道伴，交肩過，一生參學事畢。

雪竇云，是即是。針不劄風不入，有甚麼用處。

示眾云，總似今日，老胡有望。

保福展云，總似今日，老胡絕望。

師拈拄杖，示眾云，識得這箇，一生參學事畢。

雲門云，識得這箇，爲甚麼不肯住。

靈巖安云，恁麼住者，喪我兒孫。恁麼去者，寒灰發焰。然雖如是。都未得勦絕在。拈起拄杖云，識得這箇。遂卓一下云，敲出鳳凰五色髓，擊碎驪龍明月珠。

師同保福，鼓山，三人游山。福指雪峯舊院云，教中道妙高峯頂，莫只這裏便是麼。師云，是即是，可惜許。

鼓山云，若不是孫公，便見髑髏偏野。

雪竇云，今日共這漢游山，圖箇甚麼。

復云，百千年後，不道全無，只是少。

又頌云，妙峰孤頂草離離，拈得分明付與誰。不是孫公辨端的，髑髏偏野幾人知。

師一日陞堂。大眾集定。師拽出一僧云，大眾禮拜這僧著。又云，且道，這僧有甚長處，卻教大眾禮拜他。眾無對。

臥龍舉。僧問，曹山。維摩默然，文殊讚善。未審還稱得維摩意也無。曹云，儞還縛得虛空麼，云恁麼則不稱維摩意也。曹云，他又爭肯，云畢竟有何所歸。曹云，若有所歸，即同彼二公也。云和尚作麼生。曹云，待汝患維摩病，始得。

臥龍舉了。師云，我雖不見曹山，敢與曹山，作箇話主。龍愕然云，這老和尚，近日顛倒，作麼。山頭老漢，以維摩默然話，休歇了多少人。他卻道，與曹山作箇話主。師咄云，這尿床鬼子，不會便休，亂統作麼。

悟明《聯燈會要》卷二六 雲門舉雪峯云，開卻門，達磨來也。意作麼生。師云，築著和尚鼻孔。門云，阿修羅王惡發，將須彌山一擲，蹦跳上梵天。帝釋爲甚麼，卻去日本國裏藏身。師云，莫恁麼心行好。門云，汝道，築著鼻孔。又作麼生。師休去。

師問僧，爲佛法來，游山來。云，清平世界，說甚麼佛法。師云，好箇無事底禪客。云，早是多事也。師云，上座去年在此過夏了。云，不曾。師云，恁麼則先來不相識。下去。

師將拂子與僧。僧云，本來清淨，用拂子作麼。師云，既知清淨，切莫忘卻。

梁山觀別云，也須拂卻。

僧問，祖意教意，是同是別。師云，雞寒上樹，鴨寒下水。

問，如何是提婆宗。師云，銀盌裏盛雪。

問，如何是道。師云，明眼人落井。

問，如何是吹毛劍。師云，珊瑚枝枝撐著月。

悟明《聯燈會要》卷二六 師游山回。首座出松門接。座云，游山巇嶮不易。師拈起拄杖云，全得這箇力。座奪拄杖，抛向一邊。師放身便倒。大眾進前扶起。師拈拄杖，一時趂散。卻回顧首座云，向道全得這箇力。

黃龍南云，明教雖然會倒會起，不覺弄巧成拙。

師訪白兆。兆云，老僧有箇木魚頌。師云，請舉看。兆云，伏惟爛木一橛，佛與衆生不別。若以杖子擊著，直得聖凡路絶。師云，此頌有成褫，無成褫。兆云，無成褫。師云，佛與衆生不別，聻。左右救云，有成褫。師云，直得聖凡路絶聻。當時白兆一衆失色。

五祖戒和尚來參。師問，諸方言敎，即不問，不涉泥水一句，道將來。戒云，話墮也。師云，拖泥帶水漢。戒云，和尚幸是大人。師云，禿丁子，參堂去。

師一日，舉拂子云，我這箇，爲中下之機。僧云，忽遇上上人來時如何。師云，打皷爲三軍。

僧問，新年頭，還有佛法也無。師云，無。僧云，日日是好日，年年是好年，爲甚麼卻無。師云，張公喫酒李公醉。云，老老大大，龍頭蛇尾。師云，明教今日失利。

悟明《聯燈會要》卷二六　襄州洞山守初禪師

示衆生，楚山北畔，漢水南江。擊法鼓而會禪徒，舉宗風而明祖意。若以揚眉瞬目，舉指豎拂，謦欬咳嗽，是廚中拭鉢帛。道甚麼，會也無，是衲僧破草鞋，這瞎漢這漆桶，是箇弄精魂鬼。總與麼，總不與麼，是東司頭廁籌子。以此稱提從上來事，盡是邪魔所作。謗大乘，滅胡種，與爾天地懸殊。且道，衲僧據箇甚麼道理。出來，對衆道看。折腳鐺子，各出一隻手。貴要宗乘不斷，亦表叢林有人。有麼。若無。洞山不惜眉毛，打葛藤去也。葛藤之事，只在目前。萬象森羅，乾坤大地。百千諸佛，日月星辰。地獄三塗，起心動念。每日經歷，皆是諸德自己。何不向這裏，體當尋覓看。驀然覷得，倜儻分明。不虚行腳，也自得箇安樂田地。洞山此語，且作死馬醫。若據明眼衲僧，將草鞋，驀口摑，還怪得他也無。怪即不怪。爾道，憑箇甚麼。捉得將來，腳跟下推尋。毫末參差，槌折爾腰。莫麤心好。

悟明《聯燈會要》卷二六　朗州德山圓明密禪師

示衆云，靈山會上，付囑相傳。十方諸佛，出現於世。喚作建立道場，轉大法輪。如斯之法，只在如今。若於祖宗門下，天地懸殊。上上之流，何不啟問。

時有僧出。師便云，去去西天路，迢迢十萬餘。

問靈山一會，意旨如何。師云，當時妄想，直至如今。

云，如何是最初一句。師云，三生六十劫。

云，大悟底人，還有過也無。師云，鐵山橫在路。

師乃云，坐斷日頭，天地黯黑。茫茫者，匝地普天。當此之時，佛祖出頭來，也好與三十棒。雖然如是，官不容針，私通車馬。

示衆云，十方諸佛出世，了無一法與人，只是治病解縛。但有來者，盡是依草附木。竹木精靈，所以從頭地棒待有箇獨脱底出來。別有商量，衆中還有麼。

時有僧出作禮。師便下座。

示衆云，一人在須彌頂上，一人在千尺井中。又無繩索，亦無梯橙。日月照不到，要與此人相見，且作麼生得相見。若相見了，朝打三千，暮打八百。良久云，直饒恁麼會得，埋沒宗乘。不恁麼會得，辜負平生。據汝諸人，論甚麼劫數。

示衆云，與麼來者，現成公案。不與麼來者，垛生招箭。總不與麼來者，徐六擔板。迅速鋒鋩，猶是鈍漢。萬里無雲，青天猶在。

示衆。舉臨濟示衆云，恁麼來者，恰似失卻。不恁麼來者，無繩自縛。十二時中，莫亂斟酌。會與不會，都盧是錯。分明與麼道，一任天下人貶剝。

師云，古鏡闊一丈，屋梁長三尺，是汝鉢盂鍑子，闊多少。

示衆云，但參活句，莫參死句。活句下薦得，永劫無滯。一塵一佛國，一葉一釋迦，是死句。揚眉瞬目，舉指豎拂，是死句。山河大地，更無誵訛，是死句。

時有僧問，如何是活句。師云，波斯仰面看。云，恁麼則不謬去也。師便打。

示衆云，俱胝和尚，凡有扣問，只豎一指。寒則普天普地寒（雪竇云，甚麼處見俱胝老），熱則普天普地熱（雪竇云，且莫錯認定盤星）。

雪竇復云，森羅萬象，徹下孤危。大地山河，通上嶮絶。甚麼處，得一指頭禪來。

僧問，牛頭未見四祖時如何。師云，秋來黃葉落。云，見後如何。師云，春來草自青。

問，達磨未來時如何。師云，千年松倒挂。云，來後如何。師云，金剛努起拳。

問，羚羊未挂角時如何。師云，獵屎狗。云，挂角後如何。師云，獵屎狗。

問，明星現時，便成正覺時如何。師云，曲爲今時。云，倘儻無差時如何。師云，繫驢橛。云，過在甚麼處。師云，自屎不覺臭。云，和尚與麼道即得。師云，蜣蜋推糞毬。

問，一物不將來時如何。師云，猢猻繫露柱。

問，無蹤無跡，是甚麼人行履處。師云，偷牛賊。

悟明《聯燈會要》卷二六 益州香林澄遠禪師

漢州綿竹，上官氏子。

示眾云，諸上座，本來只是箇無事人。不造作，不攀緣。無所得。一念相應，不受後有，不見病惱逼迫。四大本空，五陰虛假。起心動念，有少疑處。盡屬魔民，皆落妄想。若得實地，逆須皆通。實際理地，無法當情。凡有施設，不滯前塵。物物當體，都無所得。本來解脫，不假功成。故云，一切法常住，且無爾加減處。盡十方法界，一塵一剎，頭頭並是一眞實人體，皆是受用門庭。若離此外，別有何見。並是揑目生花，三頭二首。外道邪魔，鬼神群隊。且不編入本姓，與爾自己，了無交涉。

師在眾時，普請鋤茶次。一僧喚云，看，俗家火發。師云，那裏失火。僧云，爾不見那。師云，不見。僧云，這瞎漢。

是時一眾，皆謂遠上座敗闕。後智門寬和尚，聞云，須是我遠兄始得。

僧問，北斗裏藏身，意旨如何。師云，月似彎弓，少雨多風。

問，如何是室內一盌燈。師云，三人證龜成鼈。

問，如何是衲衣下事。師云，臘月火燒山。

問，魚游陸地時如何。師云，發言必有後救。云，卻下碧潭時如何。師云，頭重尾輕。

問，但有言句，盡是賓，如何是主。師云，長安城裏。云，如何領會。師云，千家萬家。

師臨示寂時，示眾云，老僧四十年來，不能打得成一片。言訖告寂。

悟明《聯燈會要》卷二六 深明二上座

因聞僧問法眼，如何是色。法眼豎起拂子。或云，雞冠花。或云，貼肉汗衫。

二師特特遠訪。遂問，承聞和尚，有三種色語。是否。眼云，是。深云，鷂子過新羅。便歸眾。

時李後主在座下，不肯。乃白法眼，寡人來日，爲致茶筵，請此二人，重新問話。明日茶筵罷，備綵一箱，劍一口。謂二師曰，上座問話，若問得是，奉賞雜綵。若問不是，只賜一劍。法眼既陞座，深復出問，今日奉敕問話，師還許也無。眼云，許。深云，鷂子過新羅。捧綵便行。

大眾一時散去，時法燈作維那，乃鳴鍾集眾僧堂前，勘二師。眾既集。法燈問，承聞二上座，久在雲門，有甚奇特因緣，舉一兩則來，商量看。深云，古人道，白鷺下田千點雪，黃鶯上樹一枝花，維那作麼生商量。燈擬議。深打一坐具。便歸眾。

二上座，到淮河，見人牽網。有魚從網透出。深云，明兄，俊哉，一似箇衲僧。明云，雖然如此，爭如當初不撞入網羅好。深云，明兄，爾欠悟在。明至中夜，方省。

法眼宗創宗人文益及傳承分部

綜　述

《禪家龜鑑》 雪峰傍傳。曰玄沙師備，曰地藏桂琛，曰法眼文益，曰天台德韶，曰永明延壽，曰龍濟紹修，曰南臺守安禪師等。

《歷朝釋氏資鑑》卷八 乙未二年，金陵國主迎法眼文益禪師問法，居報恩，賜號淨慧禪師。次遷清涼，立法眼宗。

《釋氏稽古略》卷三 諱文益，地藏嗣，餘杭魯氏子。七齡秀發，依新建全偉律師落髮。詣趙州開元，希覺律師受具足戒。初謁長慶，無所契悟。後叩地藏琛嗣法。初住崇壽，後住金陵清涼。

大鑑下第九世法眼宗第一世祖首建法眼宗（書法同雲門）。

安隱忍曰，如金鑄器，鐘盂鼎鼐皆金，而鼎不是鐘，盂不是鼐，所用異也。干將莫邪，用在斬劊，臨濟雲門近之。秦宮寶鏡，用在兼攝，曹洞為仰似之。而法眼，則鼎也。易曰，鼎折足，覆公餗。蓋鼎三足而立，廢一則傾。巖頭謂∴伊字三點，略似宗門。法眼以華嚴六相立爲宗旨，慮後世學者偏局於一，其意深矣。六相者，總別同異成壞是也。而總不是別，異不是同。互爲子母，以盡法界廣大之性。開合之變，如織錦回文詩，一字百詠。祖師之全體大用，至五宗各立，發揮盡矣。玄沙宗旨有用處不換機，與六相義相爲隱顯。琛公善之至法眼，專以此機接人。故玄沙之道至法眼始大，但學者未能細心研究。不數傳而宗鏡出焉。義解沙門，倚以爲說，可歎也。

傳記

文益

普濟《五燈會元》卷一〇 金陵清涼院文益禪師。餘杭魯氏子。七歲依新定智通院全偉禪師落髮，弱齡稟具於越州開元寺。屬律匠希覺師盛化於明州鄮山育王寺，師往預聽習，究其微旨，復傍探儒典，遊文雅之場。覺師目爲我門之游夏也。

師以玄機一發，雜務俱捐，振錫南邁。抵福州，參長慶，不大發明。後同紹修法進三人欲出嶺，過地藏院，阻雪少憩。附爐次，藏問，此行何之。師曰，行腳去。藏曰，作麼生是行腳事。師曰，不知。藏曰，不知最親切。又同三人舉《肇論》，至天地與我同根處。藏曰，山河大地與上座自己是同是別。師曰，別。藏豎起兩指。師曰，同。藏又豎起兩指，便起去。雪霽辭去，藏門送之。問曰，上座尋常說三界唯心，萬法唯識。乃指庭下片石曰，且道此石在心內，在心外。師曰，在心內。藏曰，行腳人著甚麼來由，安片石在心頭。師窘無以對，即放包依席下求決擇。近一月餘，日呈見解，說道理。藏語之曰，佛法不恁麼。師曰，某甲詞窮理絕也。藏曰，若論佛法，一切見成。師於言下大悟。因議留止，進師等以江表叢林，欲期歷覽，命師同往。

至臨川，州牧請住崇壽院。開堂日，中坐茶筵未起時，僧正白師曰，四眾已圍繞和尚法座了也。師曰，眾人卻參眞善知識。少頃陞座。僧問，大眾雲集，請師舉唱。師曰，大眾久立。乃曰，眾人既盡在此，山僧不可無言，與大眾舉一古人方便，珍重，便下座。子方上座自長慶來。師舉長慶偈問曰，作麼生是萬象之中獨露身。子方舉拂子。師曰，恁麼會又爭得。曰，和尚尊意如何。師曰，喚甚麼作萬象。曰，古人不撥萬象。師曰，萬象之中獨露身，說甚麼撥不撥。子方豁然悟解，述偈投誠。自是諸方會下，有存知解者翕然而至。始則行行如也。師微以激發，皆漸而服膺。海參之眾，常不減千計。上堂。大眾立久。乃謂之曰，祇恁麼便散去，還有佛法道理也無。試說看。若無。又來這裏作麼。若有。大市裏人叢處亦有。何須到這裏。諸人各曾看《還源觀》，《百門義海》，《華嚴論》，《涅槃經》諸多策子，阿那箇教中有這箇時節。若有。試舉看。莫是恁麼經裏有恁麼語，是此時節麼。有甚麼交涉。所以道，微言滯於心首，嘗爲緣慮之場。實際居於目前，翻爲名相之境。又作麼生得翻去。若也翻去。又作麼生得正去。還會麼。莫祇恁麼念策子，有甚麼用處。僧問，如何披露即得與道相應。師曰，汝幾時披露即與道不相應。問，六處不知音時如何。師曰，汝家眷屬一羣子。師又曰，作麼生會。莫道恁麼來問，便是不得。汝道六處不知音，眼處不知音，耳處不知音。若也根本是有，爭解無得。古人道，離聲色，著聲色。離名字，著名字。所以無想天修得，經八萬大劫，一朝退墮。諸事儼然，蓋爲不知根本眞實次地修行三生六十劫，四生一百劫。如是直到三祇果滿。他古人猶道，不如一念緣起無生，超彼三乘權學等見。又道彈指圓成八萬門，刹那滅卻三祇劫。也須體究，若如此用多少氣力。僧問，指即不問，如何是月。師曰，阿那箇是汝不問底指。又僧問，月即不問，如何是指。師曰，月。曰，學人問指，和尚爲甚麼對月。師曰，爲汝問指。

江南國主重師之道，迎住報恩禪院，署淨慧禪師。僧問，洪鐘纔擊，大眾雲臻，請師如是。師曰，大眾會，何似汝會。問，如何是古佛家風。師曰，甚麼處看不足。問，十二時中，如何行履，即得與道相應。師曰，取捨之心成巧僞。問，古人傳衣，當記何人。師曰，汝甚麼處見古人傳衣。問，十方賢聖皆入此宗，如何是此宗。師曰，十方賢聖皆入。問，如何是佛向上人。師曰，方便呼爲佛。問，如何是學人一卷經。師曰，題目甚分明。問，聲色兩字，甚麼人透得。師卻謂衆曰，諸上座且道，這箇僧還透得也未。若會此僧問處，透聲色也不難。問，求佛知見，何路最徑。師曰，無過此。問，瑞草不凋時如何。師曰，謾語。問，大衆雲集，請師頓決疑網。師曰，寮舍内商量，茶堂内商量。問，雲開見日時如何。師曰，謾語眞箇。問，如何是沙門所重處。師曰，若有纖毫所重，即不名沙門。問，千百億化身，於中如何是清淨法身。師曰，總是。問，簇簇上來，師意如何。師曰，是眼不是眼。問，全身是義，請師一決。師曰，汝義自破。問，如何是古佛心。師曰，流出慈悲喜捨。問，百年暗室，一燈能破，如何是一燈。師曰，論甚麼百年。問，如何是正眞之道。師曰，一願也。教汝行。二願也。教汝行。問，如何是一眞之地。師曰，地則無一眞。曰，如何卓立。師曰，轉無交涉。問，如何是古佛。師曰，即今也無嫌疑。問，十二時中如何行履。師曰，步步蹋著。問，古鏡未開，如何顯照。師曰，何必再三。問，如何是諸佛玄旨。師曰，是汝也有。問，承教有言，從無住本立一切法，如何是無住本。師曰，形興未質，名起未名。問，亡僧衣衆人唱，祖師衣甚麼人唱。師曰，汝唱得亡僧甚麼衣。問，蕩子還鄉時如何。師曰，將甚麼奉獻。曰，無有一物。師曰，日給作麼生。

師後住清涼。上堂曰，出家人但隨時及節便得，寒即寒，熱即熱。欲知佛性義，當觀時節因緣。古今方便不少，不見石頭和尚因看《肇論》云，會萬物爲己者，其唯聖人乎。他家便道，聖人無己，靡所不己。有一片言語喚作《參同契》，末上云，竺土大僊心。無過此語也。中間也秖隨時說話。上座今欲會萬物爲自己去，蓋爲大地無一法可見。他又囑云，光陰莫虛度。適來向上座道，但隨時及節便得。若也移時失候，即是虛度光陰，於非色中作色解。上座於非色中作色解，即是移時失候。且道色作非色解，還當不當。上座若恁麼會，便是沒交涉，正是癡狂兩頭走，有甚麼用處。上座但守分隨時過好，珍重。僧問，如何是清涼家風。師曰，汝到別處，但道到清涼來。問，如何得諸法無當去。師曰，甚麼法當著上座。曰，爭奈日夕何。師曰，閑言語。問，觀身如幻化，觀内亦復然時如何。師曰，還得恁麼也無。問，要急相應，唯言不二，如何是不二之言。師曰，更添些子得麼。問，如何是法身。師曰，這箇是應身。問，如何是第一義。師曰，我向你道是第二義。

師問修山主，毫氂有差，天地懸隔，兄作麼生會。修曰，毫氂有差，天地懸隔。師曰，恁麼會又爭得。修曰，和尚如何。師曰，毫氂有差，天地懸隔。修便禮拜（東禪齊云，山主恁麼祇對，爲甚麼不肯。及乎再請益法眼，亦祇恁麼道便得去。且道疑訛在甚麼處。若看得透，道上座有來由）。

師與悟空禪師向火，拈起香匙。問曰，不得喚作香匙，兄喚作甚麼。空曰，香匙。師不肯。空後二十餘日，方明此語。僧參次。師指簾。時有二僧同去捲。師曰，一得一失（東禪齊云，上座作麼生會。有云爲伊不明旨便去捲簾，亦有道指者即會，不指而去者即失。恁麼會還可不可，既不許恁麼會。且問上座阿那箇得，阿那箇失）。

雲門問，僧甚處來。曰，江西來。門曰，江西一隊老宿寱語住也未。僧無對。後僧問師，不知雲門意作麼生。師曰，大小雲門被這僧勘破。問，僧甚處來。曰，道場來。師曰，明合暗合。僧無語。師令僧取土添蓮盆。僧取土到。師曰，橋東取，橋西取。曰，橋東取。師曰，是眞實，是虛妄。

問，僧甚處來。曰，報恩來。師曰，衆僧還安否。曰，安。師曰，喫茶去。

問，僧甚處來。曰，泗州禮拜大聖來。師曰，今年大聖出塔否。曰，出。師卻問傍僧曰，汝道伊到泗州不到。

師問寶資長老，古人道，山河無隔礙，光明處處透，且作麼生是處處透底光明。資曰，東畔打羅聲（歸宗柔別云，和尚擬隔礙）。

師指竹問僧，還見麼。曰，見。師曰，竹來眼裏，眼到竹邊。曰，總不恁麼（法燈別云，當時但擘眼向師。歸宗柔別云，和尚秖是不信某甲）。

有俗士獻畫障子。師看了。問曰，汝是手巧，心巧。曰，心巧。師曰，那箇是汝心。士無對（歸宗柔代云，某甲今日卻成容易）。

僧問，如何是第二月。師曰，森羅萬象。曰，如何是第一月。師曰，萬象森羅。上堂。盡十方世界，皎皎地無一絲頭。若有一絲頭，即是一絲頭（法燈云，若有一絲頭，不是一絲頭）。師指凳子曰，識得凳子，周匝有餘（雲門云，識得凳子，天地懸殊）。

僧問，如何是塵劫來事。師曰，盡在于今。

師因患腳，僧問訊次。師曰，非人來時不能動，及至人來動不得，且道佛法中下得甚麼語。曰，和尚且喜得較。師不肯。自別云，和尚今日似減，因開井被沙塞卻泉眼。師曰，泉眼不通被沙礙，道眼不通被甚麼礙。僧無對。師代曰，被眼礙。

師見僧搬土次，乃以一塊土放僧擔上。曰，吾助汝。僧曰，謝和尚慈悲。師不肯。一僧別云，和尚是甚麼心行。師便休去。

師謂小兒子曰，因子識得你爺，你爺名甚麼。兒無對（法燈代云，但將衣袖掩面）。師卻問僧，若是孝順之子，合下得一轉語，且道合下得甚麼語。僧無對。師代曰，他是孝順之子。

師問講《百法論》僧曰，《百法》是體用雙陳，《明門》是能所兼舉。座主是能，法座是所。作麼生說兼舉（有老宿代云，某甲喚作箇法座。歸宗柔云，不勞和尚如此）。

師一日與李王論道罷，同觀牡丹花。王命作偈。師即賦曰，擁毳對芳叢，由來趣不同。髮從今日白，花是去年紅。豔冶隨朝露，馨香逐晚風。何須待零落，然後始知空。王頓悟其意。師頌三界唯心曰，三界唯心，萬法唯識，唯識唯心。眼聲耳色，色不到耳，聲何觸眼。眼色耳聲，萬法成辦。萬法匪緣，豈觀如幻。山河大地，誰堅誰變。頌華嚴六相義曰，華嚴六相義，同中還有異。異若異於同，全非諸佛意。諸佛意總別，何曾有同異。男子身中入定時，女子身中不留意。不留意，絕名字。萬象明明無理事。

師緣被於金陵，三坐大道場，朝夕演旨。時諸方叢林，咸遵風化。異域有慕其法者，涉遠而至。玄沙正宗，中興於江表。師調機順物，斥滯磨昏。凡舉諸方三昧，或入室呈解，或叩激請益，皆應病與藥，隨根悟入者，不可勝紀。周顯德五年戊午七月十七日示疾，國主親加禮問，閏月五日剃髮澡身。告眾訖。跏趺而逝，顏貌如生，壽七十有四，臘五十四。城下諸寺院，具威儀迎引。公卿李建勳以下，素服奉全身於江寧縣丹陽起塔。謚大法眼禪師。塔曰無相。後李主刱報慈院，命師門人玄覺言導師開法，再謚師大智藏大導師。

性統《五家宗旨纂要》卷下　法眼禪師，諱文益，餘杭魯氏子，得法於漳州羅漢桂琛禪師。初住撫州崇壽，次住建康清涼，大振雪峰，玄沙之道，周顯德五年閏七月間示寂。江南李後主謚曰大法眼禪師。

法眼家風則聞聲悟道，見色明心，句裏藏鋒，言中有響，三界惟心爲宗，拂子明之。

眼初同紹修，洪進過地藏院，阻雪。值圍爐次，藏問，山河大地與上座自己，是同是別。眼云，是別。藏豎兩指。眼云，是同。藏亦豎兩指，便起去。次日，送至門首。藏指庵前太古石問曰，三界唯心，萬法唯識。且道此石在心內，在心外。眼云，在心內。藏云，行腳人著甚來由，安片石在心頭。眼無對。遂解包，依席決策。一日，呈見解，說道理。藏曰，佛法不恁麼。眼云，某甲詞窮理盡也。藏曰，若論佛法。（云云）眼於言下大悟。後因行腳話不知最親切，始悟徹。作偈曰，三界唯心，萬法唯識。唯識唯心，眼聲耳色。不到耳聲，眼觸何色。耳聲難成，眼色何立。色心不二，彼此無差。有人會得，騰煥吾家。乃立華嚴六相義。

念常《佛祖歷代通載》卷一七　顯德五年七月十七，清涼文益禪師示疾，江南國主親降候問，越旬有五日沐浴辭眾，端坐而逝，停龕三七顏貌如生。公卿李建勳而下，素服奉全身建塔。謚曰大法眼禪師，餘杭人，姓魯氏。初究教乘傍探儒典。游方遇羅漢琛禪師頓明大事。久之卓庵而居。次歷江外至臨川，州牧請住崇壽。開堂示眾曰，諸人既盡在這裏，山僧不可無言，與大眾舉一古人方便。珍重。便下座。時有僧出禮拜。師曰，好問著。僧擬伸問，師曰，長老未開堂不答話。有僧自長慶來。師舉先長慶偈問曰，作麼生是萬象之中獨露身。僧舉一指。師曰，恁麼會又爭辯。曰，如和尚尊意如何。師曰，喚什麼作萬象。曰，古人不撥萬象。師曰，萬象之中獨露身，說什麼撥不撥。僧豁然大悟，述偈投誠。自是諸方會下有知解者翕然而至。始則行如也。師微以激發，皆漸而服膺。海參之眾常不下千計。

上堂。大眾立久。師乃謂曰，只如便散去，還有佛法也無。試說看。若無。又來這裏作麼。若有，大市裏人聚處亦有，何須到這裏。諸人各曾看《還源觀》、《百門義海》、《華嚴論》、《涅槃經》諸多冊子。阿那箇教中有這箇時節。若有，試舉看。莫是恁麼經裏有恁麼語是此時節麼。有甚交涉。所以微言滯於心首，皆爲緣慮之場。實際居於目前，翻爲名相之境。

又作麼生得翻去。若也翻去。又作麼生得正去還會麼。莫只恁麼念冊子，有什麼用處。未幾，道行聞於江表，金陵國主重師之道迎居報恩，號淨惠禪師。次遷淸涼朝夕開法，諸方叢林咸仰風化。致異域有慕其法者涉遠而至。嗣子德韶國師，文遂江南國導師，惠炬高麗國師，傳化焉。師調機順物斥滯磨昏，凡舉古德三昧，或呈解請益，皆應病與藥，隨根悟入者不可勝紀。尋以韶國師等化旺東南，遂朔法眼宗旨。

道　潛

普濟《五燈會元》卷一〇　杭州永明寺道潛禪師。河中府武氏子。初謁法眼。眼問曰，子於參請外，看甚麼經。師曰，《華嚴經》。眼曰，總別，同異，成壞六相，是何門攝屬。師曰，文在十地品中，據理則世出世間一切法，皆具六相也。眼曰，空還具六相也無。師懵然無對。眼曰，汝問我，我向汝道。師乃問，空還具六相也無。眼曰，空。師於是開悟，踴躍禮謝。眼曰，子作麼生會。師曰，空。眼然之。

異日，因四衆士女入院。眼問師曰，律中道，隔壁聞釵釧聲，即名破戒。見覩金銀合雜，朱紫駢闐，是破戒不是破戒。師曰，好箇入路。眼曰，子向後有五百毳徒，爲王侯所重在。師尋禮辭。駐錫於衢州古寺，閱《大藏經》。忠懿王命入府受菩薩戒，署慈化定慧禪師。建大伽藍，號慧日永明。請居之。師欲請塔下羅漢銅像，過新寺供養。王曰，善矣。予昨夜夢十六尊者，乞隨禪師入寺。何昭應之若是，仍於師號加應眞二字。

師坐永明，常五百衆。上堂。佛法顯然，因甚麼卻不會。諸上座欲會佛法，但問取張三李四。欲會世法，則參取古佛叢林。無事久立。僧問，如何是永明的的意。師曰，今日十五，明朝十六。曰，覽師的的意。師曰，何處覽。問，如何是永明家風。師曰，早被上座答了也。問，三種病人如何接。師曰，汝是聾人。曰，請師方便。師曰，是方便。問，牛頭未見四祖時，爲甚麼百鳥銜華。師曰，見南見北。曰，見後爲甚麼不銜華。師曰，見東見西。曰，昔日作麼生。師曰，且會今日。問，達磨西來傳箇甚麼。師曰，傳箇冊子。曰，恁麼則心外有法去也。師曰，心內無法。問，如何是第二月。師曰，月。問，如何是覿面事。師曰，背後是甚麼。問，文殊仗劍，擬殺何人。師曰，止，止。曰，如何是劍。師曰，眼是。問，諸餘即不問，向上宗乘亦且置，請師不答，師曰，好箇師僧子。曰，恁麼則禮拜去也。師曰，不要三拜，盡汝一生去。衆參次。師指香爐曰，汝諸人還見麼。若見，一時禮拜，各自歸堂。僧問，至道無言，借言顯道，如何是顯道之言，師曰，切忌揀擇。曰，如何是不揀擇。師曰，元帥大王，太保令公。問，如何是慧日祥光。師曰，此去報慈不遠。曰，恁麼則親蒙照燭。師曰，且喜沒交涉。

念常《佛祖歷代通載》卷一七　杭州永明寺道潛禪師。河中府人也。姓武氏。初謁臨川淨惠禪師。一見異之，便容入室。一日淨惠問，子於參請外明什麼經。師曰，《華嚴經》。惠曰，總別同異成壞是何門攝屬。師曰，文在十地品中，據理則世出世間一切法皆具六相。惠曰，空還具六相也無。師懵然無對。惠曰，子卻問吾。師乃問，空還具六相也無。淨惠曰，空。師於是開悟，踴躍禮謝。曰，子作麼生會。師曰，空。淨惠然之。

異日因四衆士女入院。淨惠問師曰，律中道，隔壁聞釵釧聲，即名破戒。見覩金銀合雜朱紫駢闐，是破戒不是破戒。師曰，好箇入路。惠曰，子向後有五百毳徒而爲王侯所重在。師尋禮謝辭。駐錫於衢州古寺，閱大藏經而已。忠懿王命入府受菩薩戒，署慈化定惠禪師，建大伽藍，號惠日永明。請居之。師曰，欲請塔下羅漢銅像過新寺供養。王曰，善。予昨夢十六尊者乞隨師入寺，何昭應之若是。仍於師號加應眞二字。師坐永明大道場，常五百衆。師上堂曰，佛法顯然。因什麼卻不會去。諸上座欲問佛法，但問取張三李四。欲會世法則參取古佛叢林。無事久立。僧問，至道無難，借言顯道，如何是顯道之言，師曰，切忌揀擇。問，如何是惠日祥光。師曰，此去報慈不遠。曰，恁麼則親蒙照燭也。師曰，且喜沒交涉。

玄沙備

《傳法正宗記》卷八　大鑒之八世，曰福州玄沙備禪師。其所出法嗣凡一十三人。一曰漳州羅漢院桂琛者，一曰福州安國慧球者，一曰杭州天龍重機者，一曰福州僊宗契符者，一曰婺州國泰瑫禪師者，一曰衡嶽南臺誠禪師者，一曰福州白龍道希者，一曰福州螺峯沖奧者，一曰泉州睦龍和尚者，一曰天台雲峯光緒者，一曰福州大章山契如者，一曰福州永興和尚者，一曰天台國清師靜者。

桂　琛

《釋氏稽古略》卷三　漳州羅漢院禪師。

名桂琛，生常山李氏。隸本府萬歲寺無相大師披剃，登戒得法於玄沙備禪師。師祕重大法痛自韜晦。漳州牧王公請住城西石山地藏十餘年，遷止羅漢院。破垣敗簀，師處之恬如也。援法眼益。至是天成三年入寂，壽六十二。荼毘舍利建塔於院之西隅，勅謚眞應禪師。

德　韶

《釋氏稽古略》卷三　韶國師。

名德韶，處州龍泉陳氏子。年十五出家。十七歲依本州龍歸寺受業。十八納戒於信州開元寺。後唐莊宗同光年中，遊方首謁投子山同禪師，次謁龍牙疎山。如是參歷五十四員善知識，最後至江西撫州，謁法眼益禪師。倦於參問但隨眾而已。一日僧問法眼，如何是曹源一滴水。眼曰，是曹源一滴水。師於座側聞之，豁然開悟，白於法眼。眼曰，汝向後當爲國王所師致祖道光大。尋回本道，遊天台山，覩智者顗禪師遺蹤，有若宿契。初止白沙。時吳越忠懿王弘俶爲王子刺台州，嚮師之名延請問道，至是乾祐二年，王已嗣吳越位，遣使迎師，伸弟子之禮，尊爲國師。有傳天台智者之教沙門義寂者，即螺溪法師也。屢言於師曰，智者之教年祀寖遠，卒多散落惟。新羅國其本甚備，請和尚慈力爲致之。師乃聞于越王。王爲遣使賫師之書往彼國，繕寫備足而還。迄今台宗教文獲全者，師有力焉。師有偈曰，通玄峰頂不是人間，心外無法滿目青山。法眼聞云，即此一偈可起吾宗。宋太祖開寶五年六月二十八日集眾言別，跏趺而逝于蓮華峰，壽八十二歲，臘六十五。師嗣法眼益禪師。

普濟《五燈會元》卷一〇　天台山德韶國師。

處州龍泉陳氏子也。母葉氏，夢白光觸體，因而有娠。及誕，尤多奇異。年十五，有梵僧勉令出家。十七依本州龍歸寺受業。十八納戒於信州開元寺。後唐同光中遊方，首詣投子見同禪師，次謁龍牙。乃問，雄雄之尊，爲甚麼近之不得。牙曰，如火與火。師曰，忽遇水來又作麼生。牙曰，去，汝不會我語。師又問，天不蓋，地不載，此理如何。牙曰，道者合如是。師經十七次問，牙祇如此答，師竟不諭旨，再請垂誨。牙曰，道者。汝已後自會去。

師後於通玄峯澡浴次，忽省前話，遂具威儀，焚香遙望龍牙禮拜曰，當時若向我說，今日決定罵也。又問疎山，百匝千重，是何人境界。山曰，左搓芒繩縛鬼子。師曰，不落古今，請師說。曰，不說。師曰，爲甚麼不說。曰，箇中不辯有無。師曰，師今善說。山駭之。如是歷參五十四員善知識，皆法緣未契。最後至臨川謁法眼，眼一見深器之。師以徧涉叢林，亦倦於參問，但隨眾而已。

一日，法眼上堂。僧問，如何是曹源一滴水。眼曰，是曹源一滴水。僧惘然而退。師於坐側，豁然開悟，平生凝滯，渙若氷釋。遂以所悟聞於法眼。眼曰，汝向後當爲國王所師，致祖道光大，吾不如也。自是諸方異唱，古今玄鍵，與之決擇，不留微迹，尋回本道，遊天台，山覩智者顗禪師遺蹤，有若舊居。師復與智者同姓，時謂之後身也。初止白沙，時忠懿王爲王子，時刺台州，嚮師之名，延請問道，師謂曰，他日爲霸主，無忘佛恩。漢乾祐元年戊申，王嗣國位，遣使迎之，伸弟子之禮。有傳天台智者教羲寂者（即螺谿也），屢言於師曰，智者之教，年祀寖遠，慮多散落。今新羅國其本甚備，自非和尚慈力，其孰能致之乎。師於是聞於王，王遣使及賫師之書往彼國繕寫。備足而回。迄今盛行於世矣。

住後。上堂。古聖方便猶如河沙，祖師道非風幡動，仁者心動。斯乃無上心印法門，我輩是祖師門下客，合作麼生會祖師意。莫道風幡不動，汝心妄動。莫道不撥風幡，就風幡通取，莫道風幡動處是甚麼。有云附物明心，不須認物。有云色即是空。有云非風幡動，應須妙會。如是解會，與祖師意旨有何交涉。既不許如是會，諸上座便合知悉。若於這裏徹底悟去，何法門而不明。百千諸佛方便，一時洞了，更有甚麼疑悔。所以古人道，一了千明，一迷萬惑。上座豈是今日會得一則，明日又不會也。莫是有一分向上事難會，有一分下劣凡夫不會。如此見解，設經塵劫，祇自勞神乏思，無有是處。

僧問，諸法寂滅相，不可以言宣，和尚如何爲人師。曰，汝到諸方，更問一徧。曰，恁麼則絕於言句去也。師曰，夢裏惺惺。問，艣棹俱停，如何得到彼岸。師曰，慶汝平生。問，如何是三種病人。師曰，恰問著。問，如何是古佛心。師曰，此問不弱。問，如何是六相。師曰，即汝是。問，如何是方便。師曰，此問甚當。問，亡僧遷化向甚麼處去也。師曰，終不向汝道。曰，爲甚麼不向某甲道。師曰，恐汝不會。問，一華開五葉，結果自然成，如何是一華開五葉。師曰，日出月明。曰，如何是結果自然成。師曰，天地皎然。問，如何是無憂佛。師曰，愁殺人。問，一切山河大地，從何而起。師曰，此問從何而來。問，如何是數起底心。師曰，爭諱得。問，如何是沙門眼。師曰，黑如漆。問，絕消息時如何。師曰，謝指示。問，如何是轉物即同如來。師曰，汝喚甚麼作物。曰，恁麼則同如來也。師曰，莫作野干鳴。問，那吒太子析肉還母，析骨還父，然後於蓮華上爲父母說法，未審如何是太子身。師曰，大家見。上座問曰，恁麼則大千同一眞性也。師曰，依俙似曲纔堪聽，又被風吹別調中。問，六根俱泯，爲甚麼理事不明。師曰，何處不明。曰，恁麼則理事俱如也。師曰，前言何在。

上堂。大凡言句，應須絕滲漏始得。時有僧問，如何是絕滲漏底句。師曰，汝口似鼻孔。問，如何是不證一法。師曰，待言語在。曰，如何是證諸法。師曰，醉作麼。乃曰，祇如山僧恁麼對他，諸上座作麼生體會。莫是眞實相爲麼，莫是正恁麼時無一法可證麼，莫是識伊來處麼，莫是全體顯露麼。莫錯會好。如此見解，喚作依草附木，與佛法天地懸隔。假饒答話揀辨如懸河，祇成得箇顚倒知見。若祇貴答話揀辨，有甚麼難。但恐無益於人，翻成賺悞。如上座從前所學揀辨，問答，記持，說道理極多，爲甚麼疑心不息。聞古聖方便，特地不會，祇爲多虛少實。上座不如從腳跟下一時覷破，看是甚底道理，有多少法門。與上座作疑求解。始知從前所學底事，祇是生死根源，陰界裏活計。所以古人道，見聞不脫，如水裏月，無事珍重。師有偈曰，通玄峯頂，不是人間。心外無法，滿目青山。法眼聞云，即此一偈，可起吾宗。

師後於般若寺開堂說法十二會。上堂。毛呑巨海，海性無虧。纖芥投鋒，鋒利無動。見與不見，會與不會，唯我知焉。乃有頌曰，暫下高峰已顯揚，般若圓通遍十方。人天浩浩無差別，法界縱橫處處彰。珍重。

上堂。僧問，承古有言，若人見般若，即被般若縛。若人不見般若，亦被般若縛。既見般若，爲甚麼卻被縛。師曰，你道般若見甚麼。曰，不見般若，爲甚麼亦被縛。師曰，你道般若甚麼處不見。乃曰，若見般若，不名般若。不見般若，亦不名般若。且作麼生說見不見。所以古人道，若欠一法，不成法身。若剩一法，不成法身。若有一法，不成法身。若無一法，不成法身。此是般若之眞宗也。

僧問，乍離凝峯丈室，來坐般若道場。今日家風，請師一句。師曰，虧汝甚麼處。曰，恁麼則雷音震動乾坤界，人人無不盡霑恩。師曰，幸然未會，且莫探頭。僧禮拜。師曰，探頭即不中。諸上座相共證明，令法久住，國土安寧。珍重。

上堂。僧問，承教有言，歸源性無二，方便有多門，如何是歸源性。師曰，你問我答。曰，如何是方便門。師曰，你答我問。曰，如何趣向。師曰，顚倒作麼。

問，一身即無量身，無量身即一身，如何是無量身。師曰，一身。曰，恁麼則昔日靈山，今日親覩。師曰，理當即行。乃曰，三世諸佛，一時證明上座。上座且作麼生會。若會時不遷，無絲毫可得移易。何以故。爲過去，未來，見在三際是上座，上座且非三際。澤霖大海，滴滴皆滿。一塵空性，法界全收。珍重。

上堂。僧問，四眾雲集，人天恭敬，目覩尊顏，願宣般若。師曰，分明記取。曰，師宣妙法，國王萬歲，人民安樂。師曰，誰向你道。曰，法爾如然。師曰，你卻靈利。問，三世諸佛不知有，狸奴白牯卻知有。既是三世諸佛，爲甚麼卻不知有。師曰，卻是你知有。曰，狸奴白牯爲甚麼卻知有。師曰，你甚麼處見三世諸佛。問，承教有言，眼不見色塵，意不知諸法，如何是眼不見色塵。師曰，卻是耳見。曰，如何是意不知諸法。師曰，眼知。曰，恁麼則見聞路絕，聲色喧然。師曰，誰向汝道。乃曰，夫一切問答，如針鋒相投，無纖毫參差，事無不通，理無不備。良由一切言語，一切三昧，橫豎深淺，隱顯去來，是諸佛實相門，秖據如今一時驗取。珍重。

上堂。古者道，如何是禪。三界綿綿，如何是道，十方浩浩，因甚麼道三界綿綿，何處是十方浩浩底道理。要會麼。塞卻眼，塞卻耳，塞卻舌，身，意。無空闕處，無轉動處，上座作麼生會。橫亦不得，豎亦不得，縱亦不得，奪亦不得。無用心處，亦無施設處。若如是會得，始會法門絕揀擇，一切言語絕滲漏。曾有僧問，作麼生是絕滲漏底語。向他道，口似鼻孔。甚好上座如此會，自然不通風去如識得盡，十方世界是金剛眼睛。無事。珍重。

上堂。僧問，天下太平，大王長壽。如何是王。師曰，日曉月明。曰，如何領會。師曰，誰是學人。乃曰，天下太平，大王長壽，國土豐樂，無諸患難，此是佛語，古不易今，不遷一言，可以定古定今。會取好，諸上座。

又僧問，承古有言，有物先天地，無形本寂寥，如何是有物先天地。師曰，非同非合。曰，如何是無形本寂寥。師曰，誰問先天地。曰，恁麼則境靜林間獨自遊去也。師曰，亂道作麼。乃曰，佛法不是這箇道理。要會麼。言發非聲，色前不物，始會天下太平，大王長壽。久立。珍重。

上堂。佛法現成，一切具足。豈不見道圓同太虛，無欠無餘。若如是也。且誰欠誰剩，誰是誰非，誰是會者，誰是不會者。所以道，東去亦是上座，西去亦是上座，南去亦是上座，北去亦是上座。因甚麼得成東西南北。若會得，自然見聞覺知路絕，一切諸法現前。何故如此。爲法身無相，觸目皆形。般若無知，對緣而照，一時徹底會取好。諸上座，出家兒合作麼生。此是本有之理，未爲分外。識心達本源，故名爲沙門。若識心皎皎地，實無絲毫障礙。上座久立。珍重。

上堂。僧問，欲入無爲海，先乘般若船。如何是般若船。師曰，常無所住。曰，如何是無爲海。師曰，且會般若船。問，古德道，登天不借梯，徧地無行路。如何是登天不借梯。師曰，不遺絲髮地。曰，如何是徧地無行路。師曰，適來向你道甚麼。乃曰，百千三昧門，百千神通門，百千妙用門，盡不出得般若海中。何以故。爲於無住本建立諸法。所以道，生滅去來，邪正動靜，千變萬化，是諸佛大定門，無過於此。諸上座大家究取，增於佛法壽命。珍重。

上堂。僧問，世尊以正法眼付囑摩訶迦葉，祇如迦葉在畢鉢羅窟，未審付囑何人。師曰，敎我向誰說。曰，恁麼則靈山付囑，不異今日。師曰，你甚麼處見靈山。問，法眼寶印，和尚親傳，未審今日當付何人。師曰，鼕鼕鼓，一頭打，兩頭鳴。曰，恁麼則千聖同儔，古今不異。師曰，禪河浪靜，尋水迷源。

僧清遇問，帝王請命師赴王恩，般若會中，請師舉唱。師曰，分明記取。曰，恁麼則雲臺寶網，同演妙音。師曰，清遇何在。曰，法王法如是。師曰，阿誰證明。乃曰，靈山付囑分明，諸上座一時驗取。若驗得更無別理。祇是如今，譬如太虛，日明雲暗，山河大地，一切有爲世界，悉皆明現。乃至無爲，亦復如是。世尊付囑，迄至于今，並無絲毫差別，更付阿誰。所以祖師道，心自本來心，本心非有法，有法有本心，非心非本法。此是靈山付囑榜樣，諸上座徹底會取好，莫虛度時光。國王恩難報，諸佛恩難報，父母師長恩難報，十方施主恩難報。況建置如是次第，佛法興隆，若非國王恩力，焉得如此。若要報恩，應須明徹道眼，入般若性海始得。久立。珍重。

上堂。僧問，古德道，人空法亦空，二相本來同。師曰，山河大地。曰，學人不會，乞師方便。師曰，甚麼處不是方便。問，名假法假，人空法空，向去諸緣，請師直指。師曰，謝此一問。曰，不覩王居壯，焉知天子尊。師曰，貪觀天上月，失卻手中橈。問，敬中道，心清淨故法界清淨。如何是清淨心。師曰，迦陵頻伽，共命之鳥。曰，與法界是一是二。師曰，你自問別人。乃曰，大道廓然，詎齊今古，無名無相，是法是修。良由法界無邊，心亦無際。無事不彰，無言不顯。如是會得，喚作般若現前，理同眞際，一切山河大地，森羅萬象，牆壁瓦礫，並無絲毫可得虧闕。無事久立。珍重。

上堂。僧問，承師有言，九天擎玉印，七佛兆前心。如何是印。師曰，不露文。曰，如何是心。師曰，你名安嗣。乃曰，法界性海，如函如蓋，如鉤如鎖，如金與金，位位皆齊，無纖毫參差，不相混濫，非一非異，非同非別。若歸實地去，法法皆到底，不是上來問箇如何若何便是，不問時便非。在長連牀上坐時是有，不坐時是無。祇如諸方老宿，言教在世，如恆河沙。如來一大藏經，卷卷皆說佛理，句句盡言佛心，因甚麼得不會去。若一向織絡言教，意識解會，饒上座經塵沙劫，亦不能得徹，此喚作顚倒知見，識心活計，竝無得力處。此蓋爲根腳下不明。若究盡諸佛法源，河沙大藏，一時現前，不欠絲毫，不剩絲毫。諸佛時常出世，時常說法度人，未曾間歇。乃至猿啼鳥叫，草木叢林，常助上座發機，未有一時不爲上座。有如是奇特處，可惜許，諸上座大家究取，令法久住世間，增益人天壽命，國王安樂。無事。珍重。

上堂。舉古者道，吾有一言，天上人間，若人不會，綠水青山，且作麽生是一言底道理。古人語須是曉達始得。若是將言而名，於言未有箇會處，良由究盡諸法根蔕。始會一言，不是一言半句思量解會喚作一言，若會言語道斷，心行處滅，始到古人境界。亦不是閉目藏睛，暗中無所見，喚作言語道斷，且莫賺會。佛法不是這箇道理。要會麽。假饒經塵沙劫說，亦未曾有半句到諸上座。經塵沙劫不說，亦未曾欠少半句。應須徹底會去始得。若如是斟酌名言，空勞心力，並無用處。與諸上座共相證明，後學初心，速須究取。久立。珍重。

上堂。僧問，髑髏常干世界，鼻孔摩觸家風。如何是髑髏常干世界。師曰，更待答話在。曰，如何是鼻孔摩觸家風。師曰，時復舉一偏。問，一人執炬自燼其身，一人抱冰橫屍於路，此二人阿誰辨道。師曰，不遺者。曰，不會，乞師指示。師曰，你名敬新。曰，未審還有人證明也無。師曰，有。曰，甚麽人證明。師曰，敬新。問，牛頭未見四祖時如何。師曰，異境靈蹤，覩者皆羨。曰，見後如何。師曰，適來向你道甚麽。問，古者道，敲打虛空鳴㲉㲉，石人木人齊應諾，六月降雪落紛紛，此是如來大圓覺。如何是敲打虛空底。師曰，崑崙奴著鐵袴，打一棒行一步。曰，恁麽則石人木人齊應諾也。師曰，你還聞麽。乃曰，諸佛法門，時常如是。譬如大海，千波萬浪，未甞暫住，未甞暫有，未甞暫無，浩浩地光明自在。宗三世於毛端，圓古今於一念，應須徹底明達始得。不是問一則語，記一轉話，巧作道理。風雲水月，四六入對，便當佛法。莫自賺，諸上座究竟無益。若徹底會去，實無可隱藏。無剎不彰，無塵不現。直下凡夫，位齊諸佛。不用纖毫氣力，一時會取好。無事。珍重。

師因興教明和尚問曰，飲光持釋迦丈六之衣，在鷄足山候彌勒下生。將丈六之衣披在千尺之身，應量恰好。祇如釋迦身長丈六，彌勒身長千尺，爲復是身解短邪，衣解長邪。師曰，汝卻會。明拂袖便出去。師曰，小兒子，山僧若答汝不是，當有因果。汝若不是，吾當見之。明歸七日，吐血。浮光和尚勸曰，汝速去懺悔。明乃至師方丈。悲泣曰，願和尚慈悲，許某懺悔。師曰，如人倒地，因地而起，不曾教汝起倒。明又曰，若許懺悔，某當終身給侍。師爲出語曰，佛佛道齊，宛爾高低。釋迦彌勒，如印印泥。

開寶四年辛未，華頂西峰忽摧，聲震一山。師曰，吾非久矣。明年六月，大星殞於峯頂，林木變白，師乃示疾於蓮華峯，參問如常。二十八日，集衆言別，跏趺而逝。

法燈

普濟《五燈會元》卷一〇 金陵清涼泰欽法燈禪師。魏府人也。生而知道，辯才無礙。入法眼之室，海衆歸之，僉曰敏匠。初住洪州雙林院。開堂曰，指法座曰，此山先代尊宿曾說法來，此座高廣，不才何陞。古昔有言，作禮須彌燈王如來，乃可得坐。且道須彌燈王如來今在何處。大衆要見麽。一時禮拜，便陞座。良久曰，大衆祇如此，也還有會處麽。僧問，如何是雙林境。師曰，畫也畫不成。曰，如何是境中人。師曰，且去，境也未識且討人。又僧問，一佛出世，震動乾坤。和尚出世，震動何方。師曰，甚麽處見震動。曰，爭奈即今何。師曰，今日有甚麽事。有僧出禮拜。師曰，道者。前時謝汝請我，將甚麽與汝好。僧擬問次。師曰，將謂相悉，卻成不委。問，如何是西來密密意。師曰，苦。問，一佛出世，普潤群生。和尚出世，當爲何人。師曰，不徒然。曰，恁麽則大衆有賴也。師曰，何必。乃曰，且住得也。久立。尊官及諸大衆，今日相請勤重。此箇殊功，比喻何及。所以道，未了之人聽一言，祇這如今誰動口。便下座。立倚拄杖而告衆曰，還會麽。天龍寂聽而雨華莫作，須菩提幀子畫將去。且恁麽信受奉行。問，新到近離甚處。僧曰，廬山。師拈起香合曰，廬山還有這箇也無。僧無對。師自代云，尋香來禮拜和尚。問，百骸俱潰散，一物鎭長靈。未審百骸一物，相去多少。師曰，百骸一物，一物百骸。

次住上藍護國院。僧問，十方俱擊皷，十處一時聞。如何是聞。師曰，汝從那方來。問，善行菩薩道，不染諸法相。如何是菩薩道。師曰，諸法相。曰，如何得不染去。師曰，染著甚麽處。問，不久開選場，還許學人選也無。師曰，汝是點額人。又曰，汝是甚麽科目。問，如何是演大法義。師曰，我演何似汝演。

次住金陵龍光院。上堂。維那白椎云，法筵龍象衆，當觀第一義。師曰，維那早是第二義，長老即今是第幾義。乃舉衣袖曰，會麽。大衆。此是手舞足蹈。莫道五百生前曾爲樂主來。或有疑情，請垂見示。時有僧問，如何是諸佛正宗。師曰，汝是甚麽宗。曰，如何。師曰，如何即不會。問，上藍一曲師親唱，今日龍光事若何。師曰，汝甚麽時到上藍來。曰，諦當事如何。師曰，不諦當即別處覔。問，如何是佛法大意。師曰，且問小意，卻來與汝大意。

師後住清涼大道場。上堂。僧出禮拜次。師曰，這僧最先出，爲大衆答國主深恩。僧便問，國主請命，祖席重開，學人上來，請師直指心源。師曰，上來卻下去。問，法眼一燈，分照天下。和尚一燈，分照何人。師曰，法眼甚麽處分照來。師乃曰，某甲本欲居山藏拙，養病過時，奈緣先師有未了底公案，出來與他了卻。時有僧問，如何是先師未了底公案。師便打。曰，祖禰不了，殃及兒孫。曰，過在甚麽處。師曰，過在我，殃及你。江南國主爲鄭王時，受心法於法眼之室。暨法眼入滅，復嘗問師曰，先師有甚麽不了底公案。師曰，見分析次。異日。又問曰，承聞長老於先師有異聞底事。師作起身勢。國主曰，且坐。師謂衆曰，先師法席五百衆。今祇有十數人在諸方爲導首。你道莫有錯指人路底麽。若錯指，教他入水入火，落坑落塹。然古人又道，我若向刀山，刀山自摧折。我若向鑊湯，鑊湯自消滅。且作麽生商量。言語即熟，及問著便生疎去。何也。祇爲隔闊多時。上座但會我甚麽處去不得。有去不得者爲眼等諸根，色等諸法。諸法且置，上座開眼見甚麽。所以道，不見一法即如來，方得名爲觀自在。珍重。

師開寶八年六月示疾。告衆曰，老僧卧疾，強牽拖與汝相見。如今隨處道場，宛然化城。且道作麽生是化城。不見古導師云，寶所非遙，須且前進。及至城所。又道我所化作。今汝諸人試說箇道理看。是如來禪，祖師禪還定得麽。汝等雖是晚生，須知僥忝我國主。凡所勝地建一道場，所須不闕，祇要汝開口。如今不知阿那箇是汝口，爭答効他四恩三有。欲得會麽。但識口必無咎，縱有咎因汝有。我今火風相逼，去住是常道，老僧住持，將逾一紀，每承國主助發。至于檀越，十方道侶，主事小師，皆赤心爲我。默而難言，或披麻帶布，此即順俗。我道違眞，且道順好違好。然但順我道，即無顛倒。我之遺骸，必於南山大智藏和尚左右乞一墳冢。升沉皎然，不淪化也。努力。珍重。二十四日安坐而終。

清聳

普濟《五燈會元》卷一〇　杭州靈隱清聳禪師。

福州人也。初參法眼。眼指雨謂師曰，滴滴落在上座眼裏。師初不喻旨，後因閱華嚴感悟，承眼印可。回止明州四明山卓庵。節度使錢億執事師之禮。忠懿王命於臨安兩處開法。後居靈隱上寺，署了悟禪師。

上堂曰，十方諸佛常在汝前，還見麽。若言見，將心見，將眼見。所以道一切法不生，一切法不滅。若能如是解，諸佛常現前。又曰，見色便見心。且喚甚麽作心。山河大地，萬象森羅，青黃赤白，男女等相。是心不是心。若是心，爲甚麽卻成物象去。若不是心。又道見色便見心。還會麽。祇爲迷此而成顛倒。種種不同，於無同異中強生同異。且如今直下承當，頓豁本心，皎然無一物可作見聞。若離心別求解脫者，古人喚作迷波討源，卒難曉悟。僧問，根塵俱泯，爲甚麽事理不明。師曰，事理且從，喚甚麽作俱泯底根塵。問，如何是觀音第一義。師曰，錯。問，無明實性即佛性。如何是佛性。師曰，喚甚麽作無明。問，如何是和尚家風。師曰，亘古亘今。問，不問不答時如何。師曰，寐語作麽。問，牛頭未見四祖時如何。師曰，青山綠水。曰，見後如何。師曰，綠水青山。師問僧，汝會佛法麽。曰，不會。師曰，汝端的不會。曰，是。師曰，且去，待別時來。其僧珍重。師曰，不是這箇道理。問，如何是摩訶般若。師曰，雪落茫茫。僧無語。師曰，會麽。曰，不會。師示偈曰，摩訶般若，非取非捨。若人不會，風寒雪下。

義柔

普濟《五燈會元》卷一〇　廬山歸宗義柔禪師。

開堂陞座。維那白椎曰，法筵龍象衆，當觀第一義。師曰，若是第一義，且作麽生觀。恁麽道，落在甚麽處，爲復是觀，爲復不許人觀。先德上座，共相證明。後學初心，莫喚作返問語，倒靠語。有疑請問，僧問，諸佛出世，說法度人，感天動地。和尚出世，有何祥瑞。師曰，人天大衆前寐語作麽。問，優曇華折人皆覩，達本無心事若何。師曰，謾語。曰，恁麽則南能別有深深旨，不是心心人不知。師曰，事須飽叢林。問，昔日金峯，今日歸宗，未審是一是二。師曰，謝汝證明。問，法眼一箭，直射歸宗。歸宗一箭，當射何人。師曰，莫謗我法眼。問，此日知軍親證，法師於何處答深恩。師曰，教我道甚麽即得。乃曰，一問一答，也無了期。佛法也不是恁麽道理。大眾。此日之事，故非本心。實謂祇箇住山寧有意，向來成佛亦無心。蓋緣是知軍請命，寺眾誠心。既到這裏，且說箇甚麽即得，還相悉麽。若信不及，古人便道相逢欲相喚，脈脈不能語。作麽生會。若會，堪報不報之恩，足助無爲之化。若也不會，莫道長老開堂祇舉古人語。此之盛事，天高海深，況喻不及，更不敢讚祝皇風，回向清列。何以故。古人道，吾禱久矣。豈況當今聖明者哉。珍重。

僧問，如何是空王廟。師曰，莫少神。曰，如何是廟中人。師曰，適來不謾道。問，靈龜未兆時如何。師曰，是吉是凶。問，未達其源，乞師方便。師曰，達也。曰，達後如何。師曰，終不恁麽問。問僧，看甚麽經。曰，《寶積經》。師曰，既是沙門，爲甚麽看《寶積經》。僧無語。師代云，古今用無極。

道恒

普濟《五燈會元》卷一〇　洪州百丈道恆禪師。

參法眼。因請益外道問佛，不問有言，不問無言，敘語未終。眼曰，住，住。汝擬向世尊良久處會那。師從此悟入。

住後。上堂。乘此寶乘，直至道場。每日勞諸上座訪及，無可祇延，時寒不用久立，卻請回車。珍重。

僧問，如何是學人行腳事。師曰，拗折拄杖得也未。問，古人有言，釋迦與我同參。未審參見何人。師曰，唯有同參方知。曰，未審此人如何親近。師曰，恁麽則你不解參也。問，如何是祖師西來意。師曰，往往問不著。問，還鄉曲子作麽生唱。師曰，設使唱，落汝後。問，如何是百丈境。師曰，何似雲居。問，如何是百丈爲人一句。師曰，若到諸方，總須問過。乃曰，實是無事，諸人各各是佛，更有何疑得到這裏。古人道，十方同聚會，箇箇學無爲，此是選佛場，心空及第歸。且作麽生是心空。不是那裏閉目冷坐是心空，此正是意識想解。上座要會心空麽。但且識心，便見心空。所以道，過去已過去，未來更莫算。兀然無事坐，何曾有人喚。設有人喚，上座應他好，不應他好。若應他，阿誰喚上座。若不應他。又不患聾也。三世體空，且不是木頭也。所以古人道，心空得見法王。還見法王麽。也祇是老病僧。又莫道渠自伐好。珍重。

問，如何是佛。師曰，汝有多少事不問，僧舉，人問玄沙，三乘十二分教即不問，如何是祖師西來意。沙曰，三乘十二分教不要。某甲不會，請師爲說。師曰，汝實不會。曰，實不會。師示偈曰，不要三乘要祖宗，三乘不要與君同。君今欲會通宗旨，後夜猿啼在亂峰。

上堂。諸上座適來從僧堂裏出來，腳未跨門眼便回去，已是重說偈言了也。更來這裏，不可重重下切腳也。古人云，參他不如自參。所以道森羅萬象，是善財之宗師。業惑塵勞，乃普賢之境界。若恁麽參，得與善財同參。若不肯與麽參，卻歸堂向火，參取勝熱婆羅門。珍重。

上堂。眾纔集，便曰，喫茶去。或時眾集，便曰，珍重。或時眾集，便曰，歇。後有頌曰，百丈有三訣。喫茶，珍重，歇。直下便承當，敢保君未徹。師終于本山。

慧明

普濟《五燈會元》卷一〇　杭州報恩慧明禪師。

姓蔣氏，幼歲出家，三學精練，志探玄旨。乃南遊於閩越間，歷諸禪會，莫契本心。後至臨川謁法眼，師資道合，尋回鄞水大梅山庵居。吳越部內，禪學者雖盛，而以玄沙正宗置之閫外。師欲整而導之。一日，有新到參。師問，近離甚處。曰，都城。師曰，上座離都城到此山，則都城少上座，此間剩上座。剩則心外有法，少則心法不周。說得道理即住，不會即去。僧無對。僧問，如何是大梅主。師曰，闍黎今日離甚麽處。僧無對。

師尋遷天台山白沙卓庵。有朋彥上座博學強記，來訪師敵論宗乘。師曰，言多去道轉遠。今有事借問，祇如從上諸聖及諸先德，還有不悟者也無。彥曰，若是諸聖先德，豈有不悟者哉。師曰，一人發眞歸源，十方虛空悉皆消殞。今天台山巍然，如何得消殞去。彥不知所措。自是，他宗泛學來者皆服膺矣。

漢乾祐中，忠懿王延入府中問法，命住資崇院。師盛談玄沙及地藏法眼，宗旨臻極。王因命翠巖令參等諸禪匠及城下名公定其勝負。天龍禪師問曰，一切諸佛及諸佛法，皆從此經出，未審此經從何而出。師曰，道甚麼。天龍擬進語。師曰，過也。資嚴長老問，如何是現前三昧。師曰，還聞麼。嚴曰，某甲不患聾。師曰，果然患聾。師復舉雪峰塔銘問諸老宿，夫從緣有者，始終而成壞。非從緣有者，歷劫而長堅。堅之與壞即且置，雪峰即今在甚麼處（法眼別云，祇今是成是壞）。宿無對。設有對者，亦不能當其徵詰。時羣彥弭伏，王大喜悅，署圓通普照禪師。

上堂。諸人還委悉麼。莫道語默動靜，無非佛事好。且莫錯會。僧問，如何是祖師西來意。師曰，汝還見香臺麼。曰，某甲未會，乞師指示。師曰，香臺也不識。問，離卻目前機，如何是西來意。師曰，汝何不問。曰，恁麼則委是去也。師曰，也是虛施。問，如何是佛法大意。師曰，我見燈明佛本光瑞如此。問，如何是學人自己。師曰，特地伸問是甚麼意。問，如何是西來意。師曰，十萬八千眞跋涉，直下西來不到東。問，如何是第二月。師曰，揑目看花花數朵，見精明樹幾枝枝。

玄　覺

普濟《五燈會元》卷一〇　金陵報慈行言玄覺導師。

泉州人也。上堂。凡行腳人參善知識，到一叢林，放下瓶鉢，可謂行菩薩道能事畢矣。何用更來這裏舉論。眞如涅槃，此是非時之說。然古人有言，譬如披沙識寶，沙礫若除，眞金自現，便喚作常住世間，具足僧寶。亦如一味之雨，一般之地，生長萬物，大小不同，甘辛有異，不可道地與雨有大小之名也。所以道，方即現方，圓即現圓。何以故。爾法無偏正，隨相應現，喚作對現色身。還見麼。若不見也莫閑坐地。

僧問，如何是祖師西來意。師曰，此問不當。問，坐卻是非，如何合得本來人。師曰，汝作麼生坐。師聞鳩子叫。問僧，甚麼聲。曰，鳩子聲。師曰，欲得不招無間業，莫謗如來正法輪。

江南國主建報慈院，命師大闡宗猷，海會二千餘衆，別署導師之號。上堂。此日英賢共會，海衆同臻，諒惟佛法之趣，無不備矣。若是英鑒之者，不須待言也。然言之本無，何以默矣。是以森羅萬象，諸佛洪源，顯明則海印光澄，冥昧則情迷自惑。苟非通心上士，逸格高人，則何以於諸塵中發揚妙極，卷舒物象，縱奪森羅，示生非生，應滅非滅，生滅洞已，乃曰眞常。言假則影散千途，論眞則一空絕跡。豈可以有無生滅而計之者哉。僧問，國王再請，特薦先朝，和尚今日如何舉唱。師曰，汝不是問再唱人。曰，恁麼則天上人間，無過此也。師曰，沒交涉。問，遠遠投師，請垂一接。師曰，卻依舊處去。

契　稠

普濟《五燈會元》卷一〇　撫州崇壽院契稠禪師。

泉州人也。上堂。僧問，四衆諦觀第一義，如何是第一義。師曰，何勞更問。乃曰，大衆欲知佛性義，當觀時節因緣。作麼生是時節因緣。上座如今便散去，且道有也未。若無，因甚麼便散去。若有，作麼生是第一義。上座，第一義現成，何勞更觀。恁麼顯明得佛性常照，一切法常住。若見有法常住，猶未是法之眞源。作麼生是法之眞源。上座不見古人道，一人發眞歸源，十方虛空悉皆消殞，還有一法爲意解麼。古人有如是大事因緣，依而行之即是，何勞長老多說。衆中有未知者，便請相示。僧問，法眼之燈，親然汝水。今日王侯請命，如何是法眼之燈。師曰，更請一問。問，古人見不齊處，請師方便。師曰，古人見甚麼處不齊。問，如何是佛。師曰，如何是佛。曰，如何領解。師曰，領解即不是。問，的的西來意，師當第幾人。師曰，年年八月半中秋。問，如何是和尚爲人一句。師曰，觀音舉，上藍舉。

慧　濟

普濟《五燈會元》卷一〇　金陵報恩院法安慧濟禪師。

太和人也。初住曹山。上堂。知幻即離，不作方便。離幻即覺，亦無漸次。諸上座且作麼生問，不作方便。又無漸次。古人道在甚麼處。若會得，諸佛常現前。若未會，莫向《圓覺經》裏討。夫佛法亘古亘今，未嘗不現前。諸上座，一切時中，咸承此威光，須具大信根，荷擔得起始得。不見佛讚猛利底人堪爲器用，亦不賞他向善，久修淨業者。要似他廣額兇屠，抛下操刀，便證阿羅漢果。直須恁麼始得。所以長者道，如將梵位直授凡庸。僧問，大衆既臨於法會，請師不吝句中玄。師曰，謾得大衆麼。曰，恁麼則全因此問也。師曰，不用得。問，古人有言，一切法以不生爲宗，如何是不生宗。師曰，好箇問處。問，佛法中請師方便。師曰，方便了也。問，如何是古佛心。師曰，何待問，

江南國主請居報恩，署號攝衆。上堂。謂衆曰，此日奉命令住持當院，爲衆演法。適來見維那白槌了，多少好。令教當觀第一義。且作麼生是第一義。若這裏參得多少省要，如今別更說箇甚麼即得。然承恩旨，不可杜默去也。夫禪宗示要，法爾常規，圓明顯露，亘古亘今。至于達磨西來，也祇與諸人證明，亦無法可得與人。祇道直下是，便教立地搆取。古人雖則道立地搆取，如今坐地還搆得也無。有疑請問。僧問，三德奧樞從佛演，一音玄路請師明。師曰，汝道有也未。問，如何是報恩境。師曰，大家見汝問，開寶中，示滅於本院。

希奉

普濟《五燈會元》卷一〇 常州正勤院希奉禪師。

蘇州謝氏子。上堂。古聖道，圓同太虛，無欠無餘。又道，一一法，一一宗，衆多法一法宗。又道，起唯法起，滅唯法滅。又道，起時不言我起，滅時不言我滅。據此說話，屈滯久在叢林上座。若是初心，兄弟且須體道，人身難得，正法難聞。莫同等閑，施王衣食，不易消遣。若不明道，箇箇盡須還他。上座要會道麼。珍重。

僧問，如何是祖師西來意。師曰，甚麼處得這箇消息。問，如何是諸法空相。師曰，山河大地。問，僧衆雲集，請師舉唱宗乘。師曰，舉來久矣。問，佛法付囑國王大臣，今日正勤將何付囑。師曰，萬歲，萬歲。問，古人有言，山河大地是汝眞善知識。如何得山河大地爲善知識去。師曰，汝喚甚麼作山河大地。問，如何是合道之言，師曰，汝問我答，問，靈山會上，迦葉親聞，未審今日誰人得聞。師曰，迦葉親聞箇甚麼。問，古佛道場，學人如何得到。師曰，汝今在甚麼處。問，如何是和尚圓通。師敲禪牀三下。問，如何是脫卻根塵。師曰，莫妄想。問，人王法王，是一是二。師曰，人王法王。問，如何是諸法寂滅相。師曰，起唯法起，滅唯法滅。問，如何是未曾生底法。師曰，汝爭得知。問，無著見文殊，爲甚麼不識。師曰，汝道文殊還識無著麼。問，得意誰家新曲妙，正勤一句請師宣。師曰，道甚麼。曰，豈無方便也。師曰，汝不會我語。

宣法

普濟《五燈會元》卷一〇 漳州羅漢智依宣法禪師。

上堂。盡十方世界，無一微塵許法，與汝作見聞覺知。還信麼。然雖如此，也須悟始得。莫將爲等閑，不見道，單明自己，不悟目前。此人祇具一隻眼。還會麼。僧問，纖塵不立，爲甚麼好醜現前。師曰，分明記取，別處問人。問，大衆雲集，誰是得者。師曰，還曾失麼。問，如何是佛。師曰，汝是行脚僧。問，如何是寶壽家風。師曰，一任觀看。曰，恁麼則大衆有賴。師曰，汝作麼生。曰，終不敢謾大衆。師曰，嫌少作麼。問僧。受業在甚麼處。曰，在佛跡。師曰，佛在甚麼處。曰，甚麼處不是。師舉起拳曰，作麼生。曰，和尚收取。師曰，放闍黎七棒。問僧，今夏在甚麼處。僧曰，在無言上座處。師曰，還曾問訊他否。僧曰，也曾問訊。師曰，無言作麼生問得。僧曰，若得無言，甚麼處不問得。師喝曰，恰似問老兄。

師與彦端長老喫餅餤。端曰，百種千般，其體不二。師曰，作麼生是不二體。端拈起餅餤。師曰，祇守百種千般。端曰，也是和尚見處。師曰，汝也是羅公詠梳頭樣。師將示滅。乃謂衆曰，今晚四大不和暢，雲騰鳥飛，風動塵起，浩浩地還有人治得麼。若治得，永劫不相識。若治不得，時時常見我。言訖告寂。

道欽

普濟《五燈會元》卷一〇 金陵鍾山章義院道欽禪師。

太原人也。初住盧山棲賢。上堂。道遠乎哉。觸事而眞。聖遠乎哉。體之則神。我尋常示汝，何不向衣鉢下坐地，直下參取，須要上來，討箇甚麼。既上來，我即事不獲已，便舉古德少許方便，抖擻此子龜毛兔角，解落向汝。諸上座欲得省要，僧堂裏，三門下，寮舍裏參取好。還有會處也未。若有會處，試說看，與上座證明。僧問，如何是棲賢境。師曰，棲

賢有甚麼境。問，古人拈椎豎拂，還當宗乘中事也無。師曰，古人道了也。問，學人乍入叢林，乞和尚指示。師曰，一手指天，一手指地。

後江南國主請居章義道場。上堂。總來這裏立，作甚麼。善知識如河沙數，常與汝爲伴。行住坐卧，不相捨離。但長連牀上穩坐地，十方善知識自來參。上座何不信取，作得如許多難易，他古聖嗟見今時人不奈何。乃曰，傷夫人情之惑，久矣。目對眞而不覺，此乃嗟汝諸人看卻不知。且道看卻甚麼不知。何不體察古人方便。祇爲信之不及，致得如此。諸上座但於佛法中留心，無不得者。無事體道去。便下座。

僧問，百年暗室，一燈能破時如何。師曰，莫謾語。問，佛法還受變異也無。師曰，上座是。僧問，大眾雲集，請師舉揚宗旨。師曰，久矣。問，如何是玄旨。師曰，玄有甚麼旨。

匡逸

普濟《五燈會元》卷一〇 金陵報恩匡逸禪師。

明州人也。江南國主請居上院，署凝密禪師。上堂。顧視大眾曰，依而行之，即無累矣。還信麼。如太陽赫弈皎然地，更莫思量。思量不及。設爾思量得及，喚作分限智慧。不見先德云，人無心合道，道無心合人。人道既合，是名無事。人且自何而凡，自何而聖。於此若未會，可謂爲迷情所覆，便去離不得。迷時即有窒礙，爲對爲待，種種不同。忽然惺去，亦無所得。譬如演若達多認影迷頭，豈不擔頭覓頭。然正迷之時，頭且不失。及乎悟去，亦不爲得。何以故。人迷謂之失，人悟謂之得。得失在於人，何關於動靜。僧問，諸佛說法，普潤群機。和尚說法，甚麼人得聞。師曰，祇有汝不聞。問，如何是報恩一句。師曰，道不是得麼。問，十二時中思量不到處，如何行履。師曰，汝如今在甚麼處。問，祖嗣西來，如何舉唱。師曰，不違所請。問，如何是一句。師曰，我答爭似汝舉。問，佛爲一大事因緣出世，未審和尚出世如何。師曰，恰好。曰，恁麼則大眾有賴。師曰，莫錯會。

文遂

普濟《五燈會元》卷一〇 金陵報恩文遂導師。

杭州陸氏子。嘗究《首楞嚴》，甄會眞妄緣起，本末精博。於是節科注釋，文句交絡，厥功既就，謁於法眼，述己所業，深符經旨。眼曰，《楞嚴》豈不是有八還義。師曰，是。曰，明還甚麼。師曰，明還日輪。曰，日還甚麼。師懵然無對。眼誡令禁其所注之文。師自有服膺請益，始忘知解。

金陵國主署雷音覺海大導師。上堂。天人群生類，皆承此恩力，威權三界，德被四方，共稟靈光，咸稱妙義。十方諸佛常頂戴汝，誰敢是非。及乎向這裏，喚作開方便門。對根設教，便有如此如彼，流出無窮。若能依而奉行，有何不可。所以清涼先師道，佛是無事人。且如今覓箇無事人也不可得。僧問，巔山巖崖，還有佛法也無。師曰，汝喚甚麼作巔山巖崖。問，如何是道。師曰，妄想顛倒。乃曰，老僧平生，百無所解，日日一般，雖住此間，隨緣任運。今日諸上座與本無異。珍重。僧問，如何是無異底事。師曰，千差萬別。僧再問，師曰，止，止。不須說。且會取千差萬別。問，如何是和尚家風。師曰，方丈板門扇。問，如何是無相道場。師曰，四郎五郎廟。問，如何是吹毛劍。師曰，斡麵杖。問，如何是正直一路。師曰，遠遠近近。曰，便恁麼去時如何。師曰，咄哉，癡人。此是險路。問，僧從甚麼處來。曰，曹山來。師曰，幾程到此。曰，七程。師曰，行卻許多山林谿澗，何者是汝自己。曰，總是。師曰，眾生顛倒，認物爲己。曰，如何是學人自己。師曰，總是。乃曰，諸上座，各在此經冬過夏，還有人悟自己也無。山僧與汝證明，令汝眞見不被邪魔所惑。問，如何是學人自己。師曰，好箇師僧，眼目甚分明。

守仁

普濟《五燈會元》卷一〇 漳州羅漢院守仁禪師。

泉州人也。上堂。祇據如今，誰欠誰剩。然雖如此，猶是第二義門。上座若明達得去也。且是一是二，更須子細看。僧問，如何是祖師西來的的意。師曰，即今是甚麼意。問，如何是涅槃。師曰，生死。曰，如何是生死。師曰，適來道甚麼。

僧眾晚參。師曰，物物本來無處所，一輪明月印心池。便歸方丈。

次住報恩。上堂。報恩這裏不曾與人揀話，今日與諸上座揀一兩則話，還願樂麼。諸上座。鶴脛長，鳧脛短。甘草甜，黃蘗苦。恁麼揀辨，還愜雅意麼。諸上座，莫是血脈不通，泥水有隔麼。且莫錯會。珍重。

僧問，如何是西來意。師曰，喚甚麼作西來意。曰，恁麼則無西來也。師曰，由汝口頭道。問，如何是報恩家風。師曰，無汝著眼處。問，學人未委稟承，請師方便。師曰，莫相孤負麼。曰，恁麼則有師資之分也。師曰，叢林見多。問，如何是佛法大意。師曰，向汝道甚麼。問，如何是無生之相。師曰，捨身受身。曰，恁麼則生死無過也。師曰，料汝恁麼會。又曰，人人皆備理，一一盡圓常。僧便問，如何是圓常之理。師曰，無事不參差。曰，恁麼則縱橫法界也。師曰，巧道有何難。問，如何是不到三寸。師曰，你問我答。問僧，甚麼處來。曰，福州來。師曰，跋涉如許多山嶺，阿那箇是上座自己。曰，某甲親離福州。師曰，祇恁麼，別更有商量。曰，更作甚麼商量。師曰，汝話墮也。問，不昧緣塵，請師一接。師曰，喚甚麼作緣塵。曰，若不伸問，焉息疑情。師曰，若不是今日，便作官方。

慧炬

普濟《五燈會元》卷一〇　高麗國道峰山慧炬國師。

始發機於法眼之室，本國主思慕，遣使來請，遂回故地。國主受心訣，禮待彌厚。一日請入王府。上堂。師指威鳳樓示眾曰，威鳳樓爲諸上座舉揚了也。還會麼。儻若會，且作麼生會。若道不會，威鳳樓作麼生不會。珍重。

紹巖

普濟《五燈會元》卷一〇　杭州眞身寶塔寺紹巖禪師。

雍州劉氏子。吳越王命師開法，署了空大智常照禪師。上堂。山僧素寡知見，本期閑放，念經待死。豈謂今日大王勤重，苦勉山僧，効諸方宿德，施張法筵。然大王致請，也祇圖諸仁者明心，此外別無道理。諸仁者還明心也未。莫不是語言譚笑時，凝然杜默時，參尋知識時，道伴商略時，觀山翫水時，耳目絕對時，是汝心否。如上所解，盡爲魔魅所攝，豈曰明心。更有一類人，離身中妄想外，別認徧十方世界，含日月，包太虛，謂是本來眞心。斯亦外道所計，非明心也。諸仁者要會麼。心無是者，亦無不是者。汝擬執認，其可得乎。僧問，六合澄清時如何。師曰，大眾誰信汝。師開寶四年七月示疾，謂門弟子曰，諸行無常，即常住相。言訖，跏趺而逝。

從顯

普濟《五燈會元》卷一〇　洪州觀音院從顯禪師。

泉州人也。上堂。眾集。良久曰，文殊深讚居士，未審居士受讚也無。若受讚，何處有居士邪。若不受讚，文殊不可虛發言也。大眾作麼生會。若會，眞箇衲僧。僧問，居士默然，文殊深讚，此意如何。師曰，汝問我答。曰，忽遇恁麼人出頭來。又作麼生。師曰，行到水窮處，坐看雲起時。問，如何是觀音家風。師曰，眼前看取。曰，忽遇作者來，作麼生見待。師曰，貧家祇如此，未必便言歸。問，久負沒絃琴，請師彈一曲。師曰，作麼生聽。其僧側耳。師曰，賺殺人。乃曰，盧行者當時大庾嶺頭謂明上座言，莫思善，莫思惡。還我明上座本來面目來。觀音今日不恁麼道還我明上座來。恁麼道，是曹溪子孫也無。若是曹溪子孫。又爭除卻四字。若不是。又過在甚麼處。試出來商量看。良久曰，此一眾眞行腳人也。便下座。

太平興國八年九月中，師謂檀那袁長史曰，老僧三兩日間歸鄉去。袁曰，和尚年尊，何更思鄉。師曰，歸鄉圖得好鹽喫。袁不測其言，翌日，師不疾，坐亡。袁建塔于西山。

通辯

普濟《五燈會元》卷一〇　杭州慧日永明寺道鴻通辯禪師。

僧問，遠離天台境，來登慧日峰。久聞師子吼，今日請師通。師曰，聞麼。曰，恁麼則昔日崇壽，今日永明也。師曰，幸自靈利，何須亂道，乃曰，大道廓然，古今常爾。眞心周徧，如量之智皎然。萬象森羅，咸眞實相。該天括地，亘古亘今。大眾還會麼。還辯白得麼。僧問，國王嘉命，公貴臨筵。未審今日當爲何事。師曰，驗取。曰，此意如何。師曰，甚麼處去來。曰，恁麼則成造次也。師曰，休亂道。

靈鑒

普濟《五燈會元》卷一〇　高麗國靈鑒禪師。僧問，如何是清淨伽藍。師曰，牛欄是。問，如何是佛。師曰，拽出癲漢著。

智覺

普濟《五燈會元》卷一〇　杭州慧日永明延壽智覺禪師。餘杭王氏子。總角之歲，歸心佛乘。既冠不茹葷，日唯一食。持《法華經》，七行俱下。纔六旬，悉能誦之，感群羊跪聽。年二十八，爲華亭鎮將，屬翠巖參禪師遷止龍冊寺，大闡玄化。時吳越文穆王知師慕道，乃從其志。遂禮翠巖爲師，執勞供衆，都忘身宰，衣不繒纊，食無重味，野蔬布襦，以遣朝夕。尋往天台山天柱峰，九旬習定。有鳥類斥鷃，巢於衣襵中。暨謁韶國師，一見而深器之，密授玄旨。仍謂師曰，汝與元帥有緣，他日大興佛事。

初住雪竇。上堂。雪竇這裏，迅瀑千尋，不停纖粟，奇巖萬仞，無立足處。汝等諸人，向甚麼處進步。僧問，雪竇一徑，如何履踐。師曰，步步寒華結，言言徹底冰。師有偈曰，孤猿叫落中巖月，野客吟殘半夜燈。此境此時誰得意，白雲深處坐禪僧。

忠懿王請開山靈隱新寺。明年遷永明大道場，衆盈二千。僧問，如何是永明妙旨。師曰，更添香著。曰，謝師指示。師曰，且喜沒交涉。僧禮拜。師曰，聽取一偈，欲識永明旨，門前一湖水，日照光明生，風來波浪起。問，學人久在永明，爲甚麼不會永明家風。師曰，不會處會取。曰，不會處如何會。師曰，牛胎生象子，碧海起紅塵。問，成佛成祖，亦出不得。六道輪回，亦出不得。未審出甚麼處不得。師曰，出汝問處不得。問，教中道，一切諸佛及諸佛法，皆從此經出。如何是此經。師曰，長時轉不停，非義亦非聲。曰，如何受持。師曰，若欲受持者，應須著眼聽。問，如何是大圓鏡。師曰，破砂盆。

師居永明十五載，度弟子一千七百人。開寶七年入天台山度戒約萬餘人，常與七衆授菩薩戒。夜施鬼神食，朝放諸生類，不可稱算。六時散華行道，餘力念《法華經》，計萬三千部。著《宗鏡錄》一百卷，詩偈賦詠凡千萬言，播於海外。高麗國王覽師言教，遣使齎書，敘弟子之禮，奉金線織成袈裟，紫水精珠，金澡罐等。彼國僧三十六人，皆承印記，前後歸本國，各化一方。開寶八年十二月示疾。越二日焚香告衆，跏趺而寂。塔于大慈山。

廣法

普濟《五燈會元》卷一〇　蘇州長壽院朋彥廣法禪師。永嘉秦氏子。僧問，如何是玄旨。師曰，四稜塌地。問，如何是絕絲毫底法。師曰，山河大地。曰，恁麼則即相而無相也。師曰，也是狂言。問，如何是徑直之言。師曰，千迂萬曲。曰，恁麼則無不總是也。師曰，是何言歟。問，如何是道。師曰，跋涉不易。

可弘

普濟《五燈會元》卷一〇　溫州大寧院可弘禪師。僧問，如何是正眞一路。師曰，七顛八倒。曰，恁麼則法門無別去也。師曰，我知汝錯會去。問，皎皎地無一絲頭時如何。師曰，話頭已墮。曰，乞師指示。師曰，適來亦不虛設。問，向上宗乘，請師舉揚。師曰，汝問太遲生。曰，恁麼則不仙陀去也。師曰，深知汝恁麼去。

志逢

普濟《五燈會元》卷一〇　杭州五雲山華嚴院志逢禪師。餘杭人也。生惡葷血，膚體香潔。幼歲出家，於臨安東山朗瞻院。依年受具，通貫三學，了達性相。嘗夢陞須彌山，覩三佛列坐。初釋迦，次彌勒，皆禮其足，唯不識第三尊，但仰視而已。釋尊謂之曰，此是補彌勒處師子月佛。師方作禮。覺後因閱《大藏經》，乃符所夢。

天福中，遊方抵天台雲居，參國師。賓主緣契，頓發玄祕。一日入普賢殿中宴坐，倏有一神人跪膝於前。師問，汝其誰乎。曰，護戒神也。師曰，吾患有宿愆未殄，汝知之乎。曰，師有何罪，唯一小過耳。師曰，何也。曰，凡折鉢水，亦施主物，師每傾棄，非所宜也。言訖而隱。師自此洗鉢水盡飲之。積久因致脾疾，十載方愈（凡折退飲食，及涕唾便利等，並宜鳴指，默念呪，發施心而傾棄之）。

吳越國王嚮師道風，召賜紫衣，署普覺禪師，命住臨安功臣院。上堂。諸上座捨一知識，參一知識，盡學善財南遊之式樣。且問上座，祇如善財禮辭文殊，擬登妙峰謁德雲比丘。及到彼所，何以德雲卻於別峰相見。夫教意祖意，同一方便，終無別理。彼若明得，此亦昭然。諸上座即今簇著老僧，是相見是不相見。此處是妙峰，是別峰。脫或從此省去，可謂不孤負老僧。亦常見德雲比丘，未嘗刹那相捨離。還信得及麼。僧問，叢林舉唱曲爲今時。如何是功臣的的意。師曰，見麼。曰，恁麼則大衆咸欣也。師曰，將謂師子兒。問，佛佛授手，祖祖傳心。未審和尚傳箇甚麼。師曰，汝承當得麼。曰，學人承當不得，還別有人承當得否。師曰，大衆笑汝。問，如何是如來藏。師曰，恰問著。問，如何是諸佛機。師曰，道是得麼。

上堂。良久曰，大衆看看。便下座。

上堂。古德爲法行脚，不憚勤勞。如雪峰三到，投子九上，洞山盤桓往返，尚求箇入路不得。看汝近世參學人，纔跨門來，便要老僧接引，指示說禪。且汝欲造玄極之道，豈同等閑。而況此事亦有時節，躁求焉得。汝等要知悟時麼。如今各且下去，堂中靜坐，直待仰家峰點頭，老僧即爲汝說。時有僧出。曰，仰家峯點頭也。請師說。師曰，大衆且道，此僧會老僧語，不會老僧語。僧禮拜。師曰，今日偶然失鑒。有人問僧，無爲無事人，爲甚麼卻有金鎖難。僧無對。師代云，祇爲無爲無事。僧問，教中道，文殊忽起佛見法見，被佛威神攝向二鐵圍山，意旨如何。師曰，甚麼處是二鐵圍山。僧無語。師曰，還會麼。如今若有人起佛法之見，吾與烹茶兩甌。且道賞伊罰伊，同敎意不同敎意。

開寶四年，大將凌超於五雲山創院，奉師爲終老之所。師每攜大扇乞錢，買肉飼虎。虎每迎之，載以還山。雍熙二年示寂。塔於本院。

雜録

《禪家龜鑑》 言中有響，句裡藏鋒。髑髏常于世界，鼻孔磨觸家風。風柯月渚顯露眞心，翠竹黃花宣明妙法。要識法眼宗麼。風送斷雲歸嶺去，月和流水過橋來。

法藏《五宗原》 七佛偈意，全是修多羅了義語，而儼然獨露臨濟，雲門，溈仰等旨。惟曹洞回互，則不待拈提，而自著焉。故知法眼一家，全是教家極則，一代旹教之眞月也。達磨傳來，若覓心不可得。明鏡亦非臺，即心即佛，非心非佛等語。至於天王，聞馬祖言，識取自心本來是佛，不屬漸次，不假修持，體自如如，萬德圓滿，言下便悟。龍潭聞天王言，汝擎茶來，吾爲汝接。汝行食來，吾爲汝受。汝和南時，吾便低頭。何處不指示心要。師低頭。王曰，見則便見，擬思即差。師曰，如何保任。王曰，任性逍遙，隨緣放曠。但盡凡心，別無聖解。德山曰，窮諸玄辯，若一毫置於太虛。竭世樞機，似一滴投於巨壑。此便是法眼張本也。雪峰於岩頭處，悟得个他日若欲播揚大敎，一一從自已胸襟流出，自然蓋天蓋地。遂有玄沙，從《楞嚴經》發明心地。由是應機敏捷，與修多羅冥契。沙問地藏曰，三界惟心，汝作麼生會。藏指椅子曰，和尚喚這個作什麼。沙曰椅子。藏曰，和尚不會三界惟心。沙曰，我喚這個作竹木，汝喚作甚麼。藏曰，桂琛亦喚作竹木。沙曰，盡大地覓一個會佛法底人不可得。藏自爾加勵，及悟後住地藏。問法眼曰，作麼生是行脚事。眼曰不知。曰不知最親切。又論《肇論》，至天地與我同根處。藏曰，山河大地，與上座自己，是同是別。眼曰別。藏豎二指。眼曰同。藏又豎二指，便起去。藏又問，上座尋常說三界惟心萬法惟識。乃指庭石曰，且道此石在心內在心外。眼曰心內。藏曰，行脚人著甚來由，安片石在心頭。眼窘求決。藏曰，若論佛法，一切現成。法眼於是大悟。所以道，會得聲色問處，透聲色也不難。識得凳子來由，周帀有餘都了。慧超咨和尚，如何是佛。曰汝是慧超。僧問，如何是曹源一滴水。云是曹源一滴水，正是山河在我眼裏，自己只在目前。鳥啼花落水茫茫，月白風清山楚楚。說甚惟心惟識，豈關句裏言前。六相義，金絡索，掛來四法界玉。連環抛出，總是弄猢猻圈子。祭鬼神茶飯，何用將心湊泊。頭頭釘釘膠粘，不如信手拈來。處處箭鋒相拄，以致永明博綜於宗鏡，座主彷佛於言詮。此祖宗妙極而流弊痛挽之，惟望後人之實證也。

《宏智禪師廣録》卷一 如何是五宗。

上堂。僧問，如何是潙仰宗。師云，一棬攣跳不出。進云，如何是臨濟宗。師云，一棒一條痕。進云，如何是雲門宗。師云，目前薦取。進云，如何是法眼宗。師云，山河大地，大地山河。進云，如何是曹洞宗。師云，黑狗爛銀蹄，白象昆侖騎。進云，未審和尚宗風又作麼生。師云，別時來向爾道，師乃云，山雲冉冉，江水茫茫，正不居位，偏不涉傍，顯而不露，隱而彌彰。猿啼古木音聲急，鶴宿枯松夢寐長。

《萬松老人評唱天童覺和尚頌古從容庵錄》卷二　法眼毫釐

示衆云，一雙孤雁搏地高飛，一對鴛鴦池邊獨立。箭鋒相拄則且致，鋸解秤錘時如何。

舉。法眼問脩山主，毫釐有差，天地懸隔，汝作麼生會（誰敢動著）。脩云，毫釐有差，天地懸隔（閑百草有甚麼難）。眼云，恁麼又爭得（鐵山橫在路）。脩云，某甲只如此，和尚又如何（捩轉鼻頭）。眼云，毫釐有差，天地懸隔（將謂別有）。脩便禮拜（將錯就錯）。

師云，脩山主與法眼，同參地藏，深得傍參切磋之力。這箇公案如折倒則監院悟頭一般。金陵報恩玄則禪師。法眼問，曾見什麼人來。恩云，見青峯和尚。眼云，有什麼言句。恩云，某甲曾問，如何是學人自己。峯云，丙丁童子來求火。眼云，上座作麼生會。恩云，丙丁屬火，將火求火，如將自己求自己。眼云，與麼會又爭得。恩云，某甲只如此，未知和尚尊意如何。眼云，爾問我，我與爾道，恩云，如何是學人自己。眼云，丙丁童子來求火。恩於言下頓悟。法眼鉤錐在手，去則印住，住則印破。打破則監院情關，抽開脩山主識鎖。三祖《信心銘》，至道無難，唯嫌揀擇。但不憎愛，洞然明白。毫釐有差，天地懸隔。法眼將此，問脩山主，作箇敲門瓦子。今時問著一千箇，一千箇作道理會。不然一向打在無事界裏，是他不落尋思。只道箇毫釐有差，天地懸隔，也大矖有蘊藉。法眼方復不許，道恁麼又爭得。此所以爲法眼一派之源也。萬松到此常令學人分身兩下看。前段脩山主恁麼道，爲甚不許。後段法眼卻爲甚恁麼道，其間脩山主道，某甲只如此，和尚又如何。望箇斬新日月別作生涯，是他不蹉一絲。依前只道，箇毫釐有差，天地懸隔。東禪齊云，山主恁麼祗對，爲甚麼不肯。及乎再請益，法眼亦只恁麼道便得去。且道，誵訛在什麼處。若看得透，道上座有來由。萬松道，恁麼又爭得。所以道，只是舊時行底路，逢人說著便誵訛。脩便禮拜。得即得，情理難容。五祖戒代法眼，劈脊便打。萬松道，果然有本出法眼語云，山主徹也。萬松道，弄泥團漢二俱不了。萬松當時見法眼道恁麼又爭得。向道，久聞和尚有此機要，不然擺手便行，管取一時坐斷。待伊不信，試問天童。頌云，

秤頭蠅坐便欹傾（謾他一星不過），萬世權衡照不平（斗滿秤錘住）。斤兩錙銖見端的（莫錯認），終歸輸我定盤星（領取鉤頭意）。

《萬松老人評唱天童覺和尚頌古從容庵錄》卷二　地藏親切

示衆云，入理深談，嘲三攞四。長安大道，七縱八橫。忽然開口說破，舉步踏著，便可高掛鉢囊拗折拄杖。且道，誰是其人。

舉。地藏問法眼。上座何往（羅織人作麼）。眼云，迤邐行腳（索草鞋錢去也）。藏云，行腳事作麼生（果然放不過）。眼云，不知（何不早恁麼道）。藏云，不知最親切（就身打劫）。眼豁然大悟（險費盤纏）。

師云，楊無爲問芙蓉楷和尚，相別幾年。蓉云，七年。公云，學道來參禪來。蓉云，不打這鼓笛。公云，恁麼則空游山水，百無所能也。蓉云，相別未久善能高鑒。公大笑。南泉道，道不屬知，不屬不知。知是妄覺，不知是無記。今人見道不知最親切。更是法眼悟頭，便一向不知不會，只這是也。殊不知，古人一句子，如天普蓋，似地普擎，既不知最親切。荷澤道知之一字衆妙之門。又作麼生。爾但是則總是，莫坐在是處。不是總不是，莫坐在不是處。兼通五位正偏，豈可死在句下。只這法眼悟處，也是偶爾成文。柏山大隱和尚道，因禍致福也在。地藏接人手段，鉤在不疑之地。驀下一鉤，法眼猛省，元來卻在這裏。磁州老師道，爾但行裏，坐裏。心念未起時，猛提起覷見即便見不見。且卻拈放一邊，恁麼做功夫。休歇也不礙參學，參學也不礙休歇。投子青和尚道，既金龍失水，妙翅急提。地藏時節因緣，絲毫無間。天童筆端有舌，更爲重宣。頌云，

而今參飽似當時（吾猶昔人非昔人也），脫盡簾纖到不知（猶有這箇在）。

任短任長休剪綴（枉費工夫），隨高隨下自平治（不勞心力）。家門豐儉臨時用（鬬鹽醋不得），田地優游信步移（要行即行）。三十年前行腳事（沒可思量），分明辜負一雙眉（依舊在眼上）。

師云，宗鏡道，從來迷悟似迷，今日悟迷非悟。所以道，悟了還同未

悟人。地藏問時，要知發足道理。法眼答處，亦非謙讓推辭。地藏就便，一提道，不知最親切。法眼大悟元來這不知卻親切。臨濟問洛浦甚處來。浦云，欒城來。濟云，有事相借問得否。浦云，某甲不會。濟云，打破大唐國，覓箇不會底不得。臨濟常用殺人刀，亦有活人劍。不似地藏殺人見血，爲人爲徹。這箇不知不會，脱體迥別。直須脱盡廉纖，方到不知不會處。潙山普請開田。仰山問，這頭得恁麽低，那頭得恁麽高。潙曰，水能平物，但以水平之。仰曰，水也無憑，和尚但高處高平，低處低平。潙然云，肇公《般若無知論》曰，諸法不異者，豈曰續凫截鶴，夷嶽盈壑，然後爲無異哉。所以道，任短任長休剪綴，隨高隨下自平治。張無盡道，萬般支準費工夫，一切順隨成善巧。只麽信口便道，信手便用，信脚便行。春月花開，秋時葉落。恁麽會得，行甚驢脚。所以玄沙不出嶺，保壽不渡河。不出門知天下事。覺範頌云，一箇面如楪子大，眼耳鼻舌分疆界，髑髏裡頭都不知，聽汝外邊爭揑怪。口問鼻曰，飲食在我，言語在我，汝有何功，在吾之上。鼻曰，五嶽之中，中嶽居尊。鼻復問眼，汝何在上。眼曰，吾同日月，寔有照鑒之功。敢問眉，有何功處於吾上。眉曰，我寔無功，慚居上位。儻容在下，眼在眉上看，爾甚麽面孔。是以寶月明禪師上堂云，古者道，在眼曰見。在耳曰聞。且道，在眉毛，喚作什麽。良久云，憂則共慼，樂則同歡。人皆知有用之用，不知無用之大用。且道，賓頭盧尊者兩手撥眉意旨如何。師撥眉云，貓。

《萬松老人評唱天童覺和尚頌古從容庵錄》卷二　法眼指簾。

示眾云，師多脈亂，法出姦生。無病醫病，雖以傷慈。有條攀條，何妨舉話。

舉。法眼以手指簾（莫道不知，莫道不見）。時有二僧，同去捲簾（同行不同步）。眼云，一得一失（劍下分身）。

師云，法眼齋前上參。以手指簾。二僧同去捲簾。眼曰，一得一失。東禪齊云，上座作麽生會。有云，爲伊不明旨，便去捲簾。亦有道，指者則會。不指而去者則失。恁麽會還可不可。既不許恁麽會。且問，上座阿那箇得，阿那箇失。萬松道，泥裏洗土塊。此非但法眼。南泉一日謂僧曰，夜來好風。僧亦曰，夜來好風。泉曰，吹折門前一株松。僧亦曰，吹折門前一株松。泉次謂一僧曰，夜來好風。僧曰，是什麽風。泉曰，吹折門前一株松。僧曰，是什麽松。泉曰，一得一失。指簾話極有爲人作略。二僧捲簾，在當人分上，自有兩條路子。法眼先與一印，印定更無移改。在法眼分上，明暗相參，殺活機。大人境界普賢知，諸方皆以離得失忘是非爲上。法眼走入是非海裏，得失坑中作活計。蓋無得失人，可以定天下之得失。萬松恁麽。提唱也有得有失。諸人恁麽。上來也有得有失。唯深明利害之端者，可以較其損益。孫箇喚做現成公案，不勞再勘。爲伊不能倒斷，不免天童引惹詞訟。頌云，

松直棘曲鶴長凫短（不得動著）
羲皇世人俱忘治亂（葫蘆提罋得肥）
其安也潛龍在淵（佛眼覷不見）
其逸也翔鳥脱絆（斫頭望不及）
無何祖禰西來（上梁不正）
裏許得失相半（下柱參差）
蓬隨風而轉空（業識茫茫無本可據）
舡截流而到岸（順水張帆難逢快便）
箇中靈利衲僧（罵街醉漢誰敢承頭）
看取清涼手段（我這裏也有只是罕遇其人）

師云，古人不得已，強名本分事。松直，棘曲，鵠白，烏玄，本出《楞嚴經》。天童點化鶴長凫短。莊子云，長者不爲有餘，短者不爲不足。是故凫脛雖短續之則憂。鶴脛雖長，斷之則悲。俗諺云，要不悶依本分。豈直羲皇世人俱忘治亂。孔子謂，西方有大聖人，不治而不亂，治亂者得失也。三祖云，得失是非一時放卻。《周易》乾卦，初九潛龍，勿用，九四或躍在淵。《秦臺記》，王次仲年弱冠，變蒼頡古文爲隸書。秦始皇徵之不起，上怒檻車囚之赴國。路化作鳥脱羈絆，飛至西山落二翮。今嬀川縣有大翮碣，即其處也。此頌上古之風，出處行藏，各安其分。佛未出世，有多少經論公案。及至祖師西來，便有得有失。何不向未指簾時會取。隨風轉空，截流到岸。此二句點出二僧得失。天童大有功夫不易。恁麽道，若無活人手，爭能殺得人。是故又道，箇中靈利衲僧，看取清涼手段。且道，據什麽令，便得如此。待爾喫棒了，向爾道。

《萬松老人評唱天童覺和尚頌古從容庵錄》卷三　法眼舡陸。

示眾云，世法裏悟卻多少人。佛法裏迷卻多少人。忽然打成一片。還著得迷悟也無。

舉。法眼問覺上座，舡來陸來（大似有兩般）。覺云，舡來（深談實相善說法要）。眼云，舡在甚麼處（恐怕不實）。覺云，舡在河裏（果然有下落）。覺退後。眼卻問傍僧云，爾道適來這僧，具眼不具眼（可惜許）。

師云，黃龍晦堂問，黃魯直正窘迫次。一人至。堂問，誰遣汝來。人云，大林葉秀才。問，有書否。人云，有。又問，書何在。人即引手背，抽衣領舉書。呈堂。堂云，學道到此人田地方可。黃有愧色。法眼問覺上座，舡來陸來。覺云，舡來。眼云，舡在甚麼處。這裏一百箇，九十九箇，呈機顯示，是他穩實平貼底人。那裏與爾干戈相待。是他道舡在河裏。磁州老師道，恰似沙地裏放箇八腳鱉子，更無些子不穩當處。覺退後眼卻問傍僧云，爾道，適來這僧，具眼不具眼。只這一問大曬誵訛。若道具眼，有甚奇特玄妙。若道不具眼，見甚麼破綻。試教天童定當看。

水不洗水（絕點澄清）　金不博金（鍊做一塊）
昧毛色而得馬（不得相取）　靡絲絃而樂琴（非可聲求）
結繩畫卦有許事（法出姦生）　喪盡眞淳盤古心（弄巧成拙）

師云，水不洗水，金不博金。佛不求佛，法不說法。此談其神駿，略其玄黃。得琴趣者，忘其絃徽。淮南子秦穆公，使伯樂舉九方堙求馬。三月而返曰，得馬在沙丘，牡而黃。及馬至則牝而驪。公謂伯樂，子所求馬者，毛色牡牝，不知敗矣。伯樂太息曰，以至於此乎。堙之所觀者天機也。得其精，而忘其麁。見其內而忘其外也。果千里馬。晉陶潛字淵明，不解琴蓄素琴一張，絃徽不具。曰，但得琴中趣，何勞絃上聲。《易》云，上古結繩而治，後世聖人易之以書契。又云，古者包犧氏之王天下也，仰則觀象於天，俯則觀法於地。觀鳥獸之文，與地之宜。近取諸身，遠取諸物。於是始畫八卦。萬松道，盤古初分天地，已成對待。結繩畫卦，轉喪眞淳。釋迦未出世，祖師不西來。還有眞諦，俗諦，世法，佛法麼。舒州海會齊舉禪師，得法之後，嘗到瑯琊覺處。覺問，上座近離甚麼處。舉曰，浙江。覺曰，舡來陸來。舉曰，舡來。覺曰，舡在甚麼處。舉曰，河裏。覺曰，不涉程途。一句作麼生道。舉曰，杜撰長老如麻似粟。便下去。萬松道，行說好話。洞山初和尚問僧，甚處來。僧曰，汝州。山曰，此去多少。僧曰，七百。山曰，踏破幾緉草鞋。僧曰，三緉。山曰，甚處得錢買。僧曰，打笠子。山曰，參堂去。僧應喏。萬松道，便是手眼通身看爾不破。且道，這僧眼在甚麼處。眉毛下。

《萬松老人評唱天童覺和尚頌古從容庵錄》卷三　法眼質名。

示眾云，富有萬德，蕩無纖塵。離一切相，即一切法。百尺竿頭進步，十方世界全身。且道，甚麼處得來。

舉。僧問法眼，承教有言，從無住本立一切法，如何是無住本（合取狗口）。眼云，形興未質（莫眼華），名起未名（畢竟喚作甚麼）。

師云，文殊問維摩，身孰爲本。答，貪欲爲本。問，貪欲孰爲本。答，虛妄分別爲本。問，虛妄分別孰爲本。答，顛倒想爲本。問，顛倒想孰爲本。答，無住爲本。又問，無住孰爲本。答，無住則無本。文殊師利從無住本，立一切法。肇公注云，心猶水也。靜則有照，動則無鑑。癡愛所濁，邪風所扇。湧溢波蕩，未始暫住。以此觀法，何往不倒。譬如臨面湧泉責己本狀者，未之有也。又云，若以心動爲本，則有因相。生理極初動，更無本也。若以無法爲本，則有因無生。無不因無，更無本也。又云，無住故倒想，倒想故分別，分別故貪欲，貪欲故有身。既有身也。則善惡並陳。善惡既陳，則萬法斯起。自茲以往，言數不能盡也。肇公以最初動念根本不覺，爲無住本。傳燈清涼國師《答皇太子心要》云，至道本乎其心，心法本乎無住，無住心體靈知不昧。安國師舉。《金剛經》云，應無所住，而生其心。無所住者，不住色不住聲，不住迷不住悟，不住體不住用。而生其心者，則是一切處，而顯一心。若住善生心則善現，若住惡生心則惡現，本心則隱沒。若無所住，十方世界唯是一心也。六祖問荷澤，知識遠來也。大艱辛，將本來否。若有本則合識其主試說看。澤曰，以無住爲本，見則爲主。荷澤《顯宗記》云，自世尊滅後，西天二十八祖，共傳無住之心。此無住本即以本分事，名無住也。若以眞妄融即，一有多種，二無兩般。法眼答處，出《寶藏論》。形興未質，名起未名。形名既兆，游氣亂清。雪竇拈起拄杖云，大眾拄杖。是形名雙舉，形即無形，名即無名。一等沒見識瞎漢，只認箇無形段無名姓底，便爲極則，辜負法眼，違背永明。壽禪師《唯心訣》云，無一名不播如來之號，無一物不闡遮那之形。又有一等孤陋寡聞，不肯究理參問，只道，本來有甚。萬松道已，大多生。他云，如何免得。萬松道，本來少甚，爾但恁麼會去。

因參法眼兼見天童。頌云，

沒蹤跡（羚羊挂角）　斷消息（久負不逢）
白雲無根（妙體本來無處所）　清風何色（通身那更有蹤由）
散乾蓋而非心（尙能出岫）　持坤輿而有力（不費精神）
洞千古之淵源（盡向這裏流出）　造萬象之模則（一法之所印）
刹塵道會也處處普賢（欄街截巷）
樓閣門開也　頭頭彌勒（築著磕著）。

《萬法歸心錄》　大法眼。

問，如何是法眼宗。答曰，法眼家風，對症施藥。垂機迅利，掃除情解。六相義門，會歸性地。萬象之中，全身獨路。三界惟心，萬法惟識。直超異見，圓融眞際。

問，如何是六相義。答曰，總別同異成壞。問，如何是總。答曰，眞如一心，總攝諸法。問，如何是別。答曰，心生諸法，法法非一。問，如何是同。答曰，法因心生，心法無二。問，如何是異。答曰，法是法相，心是心理。問，如何是成。答曰，心生諸法，法能成事。問，如何是壞。答曰，攝法歸心，心空法泯。

問，如何是韶國師四料揀。答曰，聞聞，聞不聞，不聞聞，不聞不聞。問，如何是聞聞。答曰，寂而常照。問，如何是聞不聞。答曰，照而常寂。問，如何是不聞聞。答曰，寂照無二。問，如何是不聞不聞。答曰，寂照雙泯。

師曰，教外別傳，向上宗旨，果如是乎。若只如此，可謂口傳，有甚奇特。即不如是。又作麼生。參。

《宗門玄鑑圖》　法眼宗旨。

達境唯心萬法空，南園春暖動和風。昇元閣在御街裏，曾聽元音演莫窮。

地藏指庭前太湖石云，此塊石在你心內。法眼於此言下大悟，乃作頌曰，三界唯心，萬法唯識。唯識唯心，眼聲耳色。不到耳聲，何觸眼色。耳聲難成，眼色不立。色心不一，彼我無差。有人會得騰噢吾家，見色便見心，通達理事境。借問出家人，出家何所證。若謂昇天堂，杳南無生理。若謂證菩提，捨頭還取尾。一貫之取捨，從此入堂堂，不挂南華華。不學華，不學卻來，卻來披衣學坐禪。禪若學坐的非正，亦非偏。經劫守閑靜，未出生死邊。爲報參禪者，須信道中玄。且道如何是，道中玄現自宛然。六街鐘韻鼓鼕鼕，即處舖金世界中。池長芰荷庭長栢，更尋何處覓眞宗。

法眼一宗枝，玄中意自奇。直須明自己，更不假脩持。
門裏分賓主，言中絕路岐。若論端的旨，打瓦更鑽龜。

絕後重甦得旨深，拈來信手莫沉吟。須明劫外玄玄句，方契宗門佛祖心。

性統《五家宗旨纂要》卷下　法眼華嚴六相義頌。

華嚴六相義，同中還有異。異若異於同，全非諸佛意。諸佛意總別，何曾有同異。男子身中入定時，女子身中不留意。不留意，絕名字。萬象明明無理事。

三山來云，法眼恁麼道，未免裂破舌頭。

頌曰，六眼由來義不同，不同同處妙相通。同中有意同無異，兩岸蘆花對蓼紅。

性統《五家宗旨纂要》卷下　六相總論。

若究置欲免斷常邊邪之見，須明華嚴六相義門，則能任法施爲，自忘能所，隨緣動靜，不礙有無，具大總持，究竟無過。此六相義是辨世間法，自在無礙，正緣顯起，無分別理。若善見者，得智慧總持門，不墮諸見。不可廢一取一，雙立雙忘。雖總同時，繁興不有。縱各具別，冥寂非無。不可以有心知，不可以無心會。詳法界內，無總別之文。就果海中總成壞之旨。今依因門智照，古德略以喻顯六相者。一總，二別，三同，五異，五成，六壞。總相者，譬如一舍是總相，椽等是別相。椽等諸緣和合作舍，各不相違，非作餘物，故名同。椽等諸緣遞相互望，一一不同，名異相。椽等諸緣一多相成，名成相。椽等諸緣各住自法，本無作，故名壞相。則知眞如一心爲總相，能攝世間出世間法，故約攝諸法得總名。能生諸緣成別號。法法皆齊爲同相。隨相不等稱異門。建立境界故稱成。不動自位而爲壞。又云，總相者，一合多德故。別相者，多德非一故。同相者，多義不相違故。異相者，多義不相似故。成相者，由此諸義緣起成故。壞相者，諸緣各住自性不移故。此上六相義者，是菩薩初地中觀過世間一切法門，能入法界之宗，不墮斷常之見。若一向別，逐行位而乖宗。若一向同，失進修而墮寂。所以位位即佛，階墀宛然。重重鍊磨，本位不動。斯則同異俱濟，理事不差，因果無虧，迷悟全別。如論大旨，六相還同夢裏渡河。若約正宗，十地猶如空中鳥跡。若約圓修，斷惑對治習氣，無非理行相資，缺一不可。是以文殊以理印行，差別之道無虧。普賢以行會理，根本之門不廢。

三山來云，種種譬喻，可謂明惺。若論衲僧分中，似覺未在。何故聻。本來無位次，誰敢強安名。

總別同異成壞之相，互換投機，句意超脫。而後學輩多渣滓其語，何啻如牛毛耶？殊不知總則舉體分明。別則法法不濫。同則同一法性。異則功用自異。成也無法可成。壞也無法可壞。若能體用純真，一即六，六即一。如金作器，器器皆金。雖熾然分別，而了無絲毫可現之相。如是則十處十會，塵塵爾，剎剎爾，念念爾。復何疑哉。便是透脫十成，百了千。當還我金剛王寶劍來。

三山來云，者多口阿師，未免性命落在五雲手裏。隨喝一喝云，還知痛癢麼。若也知得，千零百碎，依舊面目團圞。若也不知，團圞面目總被千零百碎。者裏更有爲五雲出氣底麼。試出來道看。

性統《**五家宗旨纂要**》**卷下**　法眼宗旨頌。

即俗明眞總萬方，法身從此露堂堂。山河大地皆標的，草木叢林盡發揚。

秋雨偏催梨葉老，春風齊拆杏花香。義天覺海周沙界，窺管持蠡試測量。

智昭《**人天眼目**》**卷之四**　法眼門庭。

法眼宗者，箭鋒相拄句意合機。始則行如也。終則激發。漸服人心，削除情解。調機順物，斥滯磨昏。種種機緣不盡詳舉。觀其大概，法眼家風，對病施藥相身裁縫，隨其器量掃除情解。要見法眼麼。人情盡處難留跡，家破從教四壁空。

智昭《**人天眼目**》**卷之四**　古德綱宗頌。

一點靈臺耀古今，巍然弘偉莫沈吟。森羅影裏容交露，聲色門前涉互深。

衲夏雲欺千嶂碧，零秋風動萬家砧。綿綿法爾無窮間，引出餘吹更爽襟。

華嚴宗部

綜述

志磐《佛祖統紀》卷二九　初祖終南法順法師。二祖雲華智儼法師。三祖賢首法藏法師。四祖清涼澄觀法師。五祖圭峯宗密法師。長水子璿法師。慧因淨源法師。能仁義和法師。

鎧菴之評謂，「《法界觀》別爲一緣，謂五教無斷伏分齊，然則若教若觀，徒張虛文，應無修證之道，至若清涼之立頓頓，浪言超勝《法華》。」（觀師判《華嚴》爲頓頓，以天台判兼別，失如來意，又謂，《華嚴》是菩薩請，超勝於《法華》也。）

圭峯之釋修門，未免妄談止觀（密師《注法界觀》修字云，止觀熏習造詣，鎧菴質之云，不知是何止觀，若次第者，到何位斷何惑顯何理，若一心者，何位圓融而修，何位圓融而證）自餘著述，矛盾尤多（賢首既自立五教，至《起信論》明觀法，則云，修之次第，如天台摩訶止觀，清涼既宗賢首，及疏華嚴，則引用天台性善性惡三觀三德一念三千之文，然則教之與觀，進退兩失）欲別其源，撰賢首宗教志（賢首《華嚴疏》《起信鈔》，圭峯《圓覺疏》，長水《楞伽疏》，所立義門，亦覺不同。）

法師法順，萬年杜氏，十八出家，師因聖僧道珍受學定法，凡世間聾瘂，遇之者必能聞能語，至於驅園圃蟲，誡惡性馬，德及異類，所不可測。唐太宗詔問，朕苦勞熱，師之神力何以蠲除？師曰，聖德御宇，微恙奚憂？但頒大赦，聖躬自安。上從之，疾遂瘳。因錫號曰帝心。

師每遊歷郡國勸念阿彌陀佛，著《五悔文》讚詠淨土，路逢神樹鬼廟即焚毀之，正觀十四年十一月十五日，坐亡於南郊義善寺，雙烏入房異香留室，塔肉身於樊川北原，有弟子謁五臺，抵山麓見老人，語曰，文殊今往終南山，杜順和上是也。弟子趨歸，師已長往，至今關中以是日作文殊忌齋，師著《法界觀門》一卷，《妄盡還源觀》一卷，專弘《華嚴》，以授雲華智儼，儼授賢首法藏，其教遂行。

法師法藏，其祖康居國（在葱嶺鉄門北境居音渠）人，來居長安。藏年十六，詣四明阿育王舍利塔，鍊一指誓學《華嚴》。則天朝爲沙彌，策名宮禁。通天元年，詔於太原寺，開《華嚴》宗旨，感白光昱然，自口而出，須臾成蓋，萬眾歡呼。都講奏其事，則天有旨命京城十大德爲授滿分戒，賜號賢首戒師，詔入大遍空寺，佐實叉難陀譯《華嚴經》。聖歷二年十月，詔講於佛授記寺講堂，京師地皆震動，即日召對長生殿，師乃指殿隅金師子，謂《大經》理深事廣，文博義幽，非入理聖人，無以達其奧。是以立見邊之喻，曉無涯之法，以況法界體，師子喻法界用，其中立爲五教，一、愚法聲聞教，二、大乘始教，三、大乘終教，四、大乘頓教，五、一乘圓教，則天豁然領解，乃著其說爲《金師子章》。睿宗受內禪，請師授菩薩大戒。

師糞衣糲食，講《華嚴》三十餘遍，《楞伽》《密嚴》《梵網經》《起信論》等十部，皆爲義疏。先天元年十一月終於大薦福寺，贈鴻臚卿，葬神和原。

師既亡，弟子慧苑，悉叛其說。滅後百年，而得澄觀。

鎧菴曰，愚法小乘不說轉小成衍，又無別圓被接及《法華》開顯，則將畢世愚矣。始、終、圓、頓四教，皆無斷伏修證分齊，至說《起信論》觀法，則云修之次第如天台《摩訶止觀》，豈非有教而無觀耶？

法師澄觀，會稽人，夏侯氏，出家於應天寺誦《〈法華〉經》，十四得度，乾元中，學律於棲霞澧師，受南山行事於曇一，受菩薩戒於常照，傳關河三論於玄璧，江表三論之盛始於此。

大歷初，於瓦官傳《涅槃》《起信論》《終南〈法界觀〉、法藏〈還源記〉》，復造東京，受《雜華》於大詵。十年，從荊溪習《止觀》《法華》《維摩》等疏，謁牛頭忠、徑山欽、洛陽無名，咨決南宗禪法。謁慧雲明了北宗玄理，此土儒墨，竺乾梵書，諸部異計，四韋五明，顯密儀軌，莫不旁通博綜。

十一年，巡禮五臺、峨眉，俱瞻瑞相，還居京師大華嚴寺，專行方等懺法，仍講《華嚴》大經，造新疏二十軸。德宗誕節，召講經內殿，以妙法清涼帝心，遂賜號清涼法師，紫納方袍，禮爲教授和上，勅禮部尚書李詵，備禮奉迎，與罽賓般若三藏，譯烏茶國所進《華嚴經》，帝親預譯場，一日不至，即差僧如比丘法，說欲云，皇帝國事因緣如法眾事與欲清淨。元和五年，憲宗問《華嚴》法界宗旨，豁然有得，勅有司鑄金印，加號大統清涼國師。開成三年三月六日示寂，壽一百二歲，臘八十三，葬終南石室，塔曰妙覺。

師身長九尺四寸，手垂過膝，夜目發光，晝仍不瞬，才供二筆，日記萬言，盡形一食，宿不離衣，歷九朝爲七帝門師。荊溪與江淮四十僧，禮覲五臺，師領徒萬指，出郊遠迎，美其尊師之有禮。

師去賢首百餘年，遙稟其旨，所著疏記四百餘卷，講《華嚴》至五十遍，建無遮大齋十五會，弘法弟子三十八人，宰相裴休奉勅撰碑。

法師宗密，何氏，果州人，初得法於荷澤五世孫道圓，傳《圓覺》於涪上，得《華嚴》句義於病僧，即爲他講。清涼語之曰，毘盧華藏能隨我游者，其汝乎？又嘗答其書云，子之所解猶吾之心，轉輪眞子誠所謂也。（師所著《圓覺》序云，講雖濫泰學，且師安叨沐猶吾之納，謬當眞子之印。）著《圓覺》《華嚴》《涅槃》《金剛》《起信》《唯識》《蘭盆》《法界觀》《行願品》等疏鈔及《修證科儀》，凡九十餘卷。太和九年，文宗詔問佛法大意，賜紫方服號大德，會昌元年正月六日，坐亡於興福塔院，謚定慧，塔曰青蓮。

義神智曰，《華嚴》諸師不知眾生因理本具諸法，但說果上諸法相即而已。若不談具，何能相即？故知果上依正融通，並由眾生理本者矣。然則一家所談法門，一曰性體，此當正因。二曰性量，此當了因。三曰性具，此當緣因。具即是假，假即空、中，秖一法性，有茲三義，會之彌分，派之常合，雖一一遍亦無所在。當知他宗談乎法性，亦同今家性體性量，以彼皆云法性眞如與虛空等，但闕第三性具之義。

法師子濬，嘉禾人，初依洪敏師學《楞嚴》，至「動靜二相，了然不生」有省。聞琅邪慧覺，道重當世，趨至其門，値其上堂，即致問曰，「清淨本然，云何忽生山河大地？」覺喝云，「清淨本然，云何忽生山河大地？」師俯伏流汗，豁然大悟。覺謂之曰，「汝宗不振久矣，宜厲志扶持，以報佛恩。」師如敎辭去，後住長水，眾幾一千，以賢首宗旨述《楞嚴經》疏十卷，行於世。

法師淨源，晉江楊氏，受《華嚴》於五臺承遷。（遷師注《金師子章》。）學《合論》於橫海明覃，還南聽長水《楞嚴》《圓覺》《起信》，時四方宿學推爲義龍，因省親於泉，請主清涼，復遊吳住報恩觀音，杭守沈文通，置賢首院於祥符以延之，復主青鎭密印寶閣華亭普照善住，高麗僧統義天，航海問道，申弟子禮，初《華嚴》一宗疏鈔久矣散墜，因義天持至咨決，逸而復得，左丞蒲宗孟撫杭，愍其苦志，奏以慧因易禪爲敎，義天還國以金書《華嚴》三譯本，一百八十卷（晉嚴觀二法師，同譯六十卷，唐實叉難陀譯八十卷，唐烏茶進本，澄觀法師譯四十卷。）以遺師，爲主上祝壽，師乃建大閣以奉安之，時稱師爲「中興敎主」。（以此寺奉金書經故，俗稱高麗寺。）元祐三年十一月示寂，塔舍利於寺西北。

法師義和，錫號圓澄。乾道中，住慧因，遷平江能仁，閱淨土傳錄，以《華嚴》部中未有顯揚念佛法門者，乃著《無盡燈》，以此經宗旨偏讚西方爲念佛往生之法。（文見《樂邦文類》）。

長者李通玄，唐開元七年，用《新譯華嚴經》造釋論四十卷，其立論以十處十會盛談法界，與藏師疏旨不同。又以敎主、請主等十別對勝《法華》，而不知《法華》是開權顯實之談，不識《華嚴》是兼別說圓之典，故多爲吾宗所斥。（長者事迹大略見《通塞志》六卷。）

宗鑒《釋門正統》卷八《賢首相涉載記》 山家自清涼隘路叛出之後，曰敎觀皆有莠苗，朱紫之患，故荊溪以《金錍義例》窮其失，其心豈得已哉？一則曰，願來世諸佛會中與子相遇。二則曰，歸命諸賢聖，願舍是非心，爲樹涅槃因，非欲貶量失。至于今日，積有年矣。兩家學者枘鑿冰炭，倘無知彼知己之功，徒勞接響承虛之力，爲知彼故，撰《賢首載記》。

創宗人法藏等分部

杜　順

傳　記

道宣《續高僧傳》卷二五　釋法順，姓杜氏，雍州萬年人。稟性柔和，未思沿惡。辭親遠戍，無憚艱辛。十八棄俗出家，事因聖寺僧珍禪師。受持定業，珍姓魏氏。志存儉約，野居成性。京室東阜，地號馬頭。空岸重邃，堪爲靈窟。珍草創伊基，勸俗修理。端坐指撝，示其儀則。忽感一犬，不知何來。足白身黃，自然馴擾。徑入窟內，口銜土出。須臾往返，勞而不倦。食則同僧，過中不飲。即有斯異，四遠響歸。乃以聞上，隋高重之。日賜米三升，用供常限。乃至龕成，無爲而死。今所謂因聖寺是也。

順時躬睹斯事，更倍歸依。力助締構，隨便請業。末行化慶州，勸民設會，供限五百。及臨齋食，更倍人來，供主懼焉。順曰，無所畏也。但通周給，而莫委供所，由來千人皆足。嘗有清河張弘暢者，家畜牛馬，性本弊惡，人皆患之，賣無取者。順示語慈善，如有聞從，自後更無觗嚙。其導發異類，爲如此也。常引眾驪山，夏中栖靜。地多蟲蟻，無因種菜。順恐有損害，就地示之，令蟲移徙。不久往視，如其分齊，恰無蟲焉。順時患腫，膿潰外流，人有敬而遠者，或有以帛拭者。尋即差愈，餘膿發香，流氣難比。拭帛猶在，香氣不歇。

三原縣民田薩埵者，生來患聾。又張蘇者，亦患生啞。順聞命來，與共言議，遂如常日，永即痊復。武功縣僧毒龍所魅，眾以投之。順端拱對坐。龍遂託病僧言曰，禪師既來，義無久住，極相勞嬈。尋即釋然。故使遠近瘴癘淫邪所惱者，無不投造。順不施餘術，但坐而對之。識者謂有陰德所感，故幽靈偏敬。致其言教所設，多抑浮詞，顯言正理。神樹鬼廟，見即焚除。巫覡所事，躬爲併儅。禎祥屢見，絕無障礙。其奉正也如此。而篤性綿密，情兼汎愛。道俗貴賤，皆事邀延。而一其言問，胸懷莫二。或復重痼難治，深願未果者，皆隨時指示，普得遂心。時有讚毀二途，聞達於耳。相似不知，翻作餘語。因行南野，將度黃渠。其水汎溢，厲涉而度。岸既峻滑，雖登還墮。水忽斷流，便墮陸度。及順上岸，水尋還復。門徒目睹，而不測其然也。所以感通幽顯，聲聞朝野。多有鄙夫利其財食。順言不涉世，全不留心。隨有任用，情志虛遠，但服粗弊，卒無兼副。雖聞異議，仍大笑之。其不競物情又若此也。

今上奉其德，仰其神，引入內禁，隆禮崇敬。儲宮王族，懿感重臣。戒約是投，無爽歸禁。以貞觀十四年，都無疾苦，告累門人。生來行法，令使承用。言訖如常，坐定於南郊義善寺。春秋八十有四。臨終雙鳥投房，悲驚哀切。因即坐送于樊川之北原，鑿穴處之。京邑同嗟，制服亙野。肉色不變，經月逾鮮。安坐三周，枯骸不散。自終至今，恆有異香，流氣屍所。學侶等恐有外侵，乃藏于龕內。四眾良辰，赴供彌滿。弟子智儼，名貫至相。幼年奉敬，雅遵餘度。而神用清越，振績京皋。《華嚴》《攝論》，尋常講說。至龕所化導鄉川，故斯塵不終矣。

續法《法界宗五祖略記》　初祖名法順，勑號帝心，俗姓杜氏，雍州萬年縣杜陵人也。生於陳武帝永定二年，纔三日，有乳母自來求哺養，滿三月，騰空而去。孩提時，常於宅後塚上爲眾說法，聞者莫不信悟，因名爲說法塚。年十五，代兄統兵勦賊。桶水擔薪，供給十萬軍眾有餘。一夜，潛取諸營所著垢衣，浣淨悉偏。未舉鋒刃，賊寇盡退。不樂官榮，請歸養親。至十八，即於因聖寺魏珍禪師處，投禮出家。禪師親與披剃，時感地動，地神捧盤承髮，四眾奇之。後行化慶州，齋主請僧，止三百眾。忽有五百貧人，相隨赴應。主慮供不備，尚曰，但心平等，無有不辦。齋畢，五百人化爲羅漢，駕雲而去。張弘暢家畜牛馬，性極弊惡。尚示以慈善，不復觗齧。及引眾驪山栖靜，將種菜，地多蟲蟻，乃巡疆定封，蟲便外徙，遂得耕墾無傷。尚患腫，膿潰外流。人有唻之者，香味難比。或以帛拭者，香氣不散。旬即瘥愈，與人消腫。三原縣人田薩埵者，生來患聾，召之即能聽。又張蘇者，亦患生瘂，語之即能言。武功縣僧爲毒龍所魅，眾求救。即端拱對坐，龍遂托病僧言，禪師既來，義無久住。頃之釋然。故使遠近瘴癘姪邪所惱者，莫不投造。尙亦不施餘術，但向之禪觀，無弗痊者。乃至神樹龍廟，見即燬除。巫覡所事，躬爲屛當。世人皆異之，號之爲燉煌菩薩。由此聲聞於朝。隋文帝甚加信敬，給月俸供之。後因詣南山，屬橫渠汎溢，從者驚懼。尙率衆同涉，水即斷流。徐步而過，纔登岸，水復如故。時分衛應供，齋主抱兒，乞消災延壽之記。尙熟視，曰，此汝冤家也。當與之懺悔。齋畢，令抱至河邊，尙抛之入水，夫婦拊膺號叫。尙曰，汝兒猶在。即以手指之。其兒化爲六尺丈夫，立於波間，瞋責之曰，汝前生取我金帛殺我，推溺水中。不因菩薩與我解怨，誓不相赦。夫婦默然信服。偶將道履一緉，置於市門，三日不失。人問其故，尙曰，吾從無量劫來，不盜他人一錢，報應如是。爲盜者聞之，悉悔心易過。尙秉性柔和，操行高潔，學無常師，以《華嚴》爲業。住靜終南山，遂準《華嚴經》義，作《法界觀》，文集成已，投巨火中，禱曰，若契合聖心，令一字無損。忽感華嚴海會菩薩，現身讚歎，後果無燬。時弟子中，唯智儼獨得其奧。僧有樊玄智，安定人也。弱歲修道，於京城南，投爲上足。尙令誦《華嚴》，勸依法界觀門，修普賢行。久之，每誦經際，口中頻獲舍利，前後數百粒。尙嘗作《法身頌》曰，嘉州牛喫草，益州馬腹脹。天下覓醫人，灸猪左膊上。縱透達摩禪者見之，並皆捲舌。唐太宗仰慕神德，詔請入內。帝見親迎，問曰，朕苦寒熱，久而不愈。師之神力，何以蠲除。尙曰，聖德御宇，微恙何憂。但頒大赦，聖躬自安。上從之，疾遂瘳，因錫號曰帝心。宮廷內外，禮事如佛。貞觀十四年十月二十五日，普會有緣於雍州南郊義善（守）［寺］，聲色不渝，忽言別衆。復入內辭太宗，昇太階殿，化於御床。帝留大內，供養七日。時年八十四也。遺體若生，異香時發。經一七已，勑同座送樊川北原，鑿埪處之，即今會聖院也。京邑同嗟，製服亘野。龕中面色，經月彌鮮。安坐三週，全身不散。隨建塔於長安南華嚴寺。尙未示寂前，一門人來辭，曰往五臺禮文殊。尙微笑說頌曰，遊子漫波波，臺山禮土坡。文殊秖這是，何處覓彌陀。彼不喻而去。方抵山麓，遇老人曰，子來何爲。曰，禮文殊來。曰，大士已往長安敎化衆生去也。曰，誰爲是。曰，杜順和尙也。僧聳然失聲，曰，是我師也。奄忽中老人乃失。兼程而歸，適滻水瀑漲，三日方濟。到時，尙已前一日化去矣。以此驗知是文殊應身也。餘廣《傳記》。

紀　事

杜順《華嚴五教止觀》　其禪師有一弟子，奉事以經三十餘年，其弟子常思，向五臺禮拜文殊菩薩他日忽然諮量和上，弟子意欲向五臺禮拜，願和上慈悲放某甲去，和上再三苦留不得，其禪師遂放去，汝去早來，吾待汝，遂拜辭和上，經旬月方到五臺，志誠頂禮，忽遇一老人云，汝彼從何處來，弟子答言，從終南山來，汝有何意來，故來禮拜文殊菩薩，老人云，文殊菩薩不在此間，弟子問老人曰，在何處，老人報云，在終南山，杜順禪師是，其弟子驚怪報老人曰，是弟子和上奉事經三十年，老人曰，汝雖奉事，由來不識，汝火急即迴夜頭到即見，若隔宿即不見也。汝便行即得，其人極怪，來經一月方到，今日卻迴，若爲投宿可到，信此老人語，即迴須臾到西京，其日薄晚甚怪，便且過諸善知識家，皆是不錯逡巡，間鼓聲動，即擬趁南門出，早被閉了，甚悵望不得出城，遂卻善知識家，寄宿之上鼓動，即出城急行到山，其和上昨夜早已滅度訖，其人甚怨恨，不得見和上別，極悲哽果，如五臺老人言，方知是文殊菩薩，其禪師述華嚴法界觀十玄止觀義海等章，見行於世，此乃是文殊菩薩化身耳。

宗鑒《釋門正統》卷八《賢首相涉載記》　萬年杜氏，幼於舍旁塚上說法，聞者悟入。十五代親遠戍，十八出家。師因聖僧珍受持定業，聾啞遇之能聞能語，驅園圃蟲，誡惡性馬，道濟異類，隱顯難測。唐太宗詔問，「朕苦勞熱，久而不愈，聞師神力，何以蠲除？」曰，「聖德御宇，微恙奚憂，但須大赦，聖躬必安，從之而瘳。」錫帝心號。患瘡膿潰人，有敬而味者，有以帛拭者，香氣異常，或毀或譽，不慍不忻，游歷郡國，勸念阿彌陀佛，撰《五悔文》讚揚淨土，路逢神樹、鬼廟，即焚毀之，巫覡所事，躬爲倂當，禎祥屢見，絕無障礙。

貞觀十四年十月二十五日，坐滅於南郊義善，雙鳥入房，異香滿寺，壽八十四。肉身經月愈鮮，常有異香熏于座前，有弟子詣五臺禮文殊，方抵山麓，老人語曰，「文殊今往終南山，杜順和尙也。」言訖不見，弟子趍歸，師已長往，關中常作文殊忌齋，豈爲師乎？

塔樊川北原，翰林學士許康佐銘，師著《法界觀門》，弘《華嚴經》，付雲華智儼，儼付賢首法藏。

智儼

傳記

續法《法界宗五祖略記》 二祖諱智儼，俗姓趙氏，生於開皇二十年也。別號雲華和尚，師居是寺，因而名之。又號至相尊者，亦因主化其中，人故稱之。英敏特達，穎悟非常。經書過目，成誦不忘。初剃染時，即於《大藏》前立誓願，抽得《華嚴》第一。遂往終南山杜順和尚所，投爲上足。師侍未久，盡得其旨。尚以所集觀法，傳與師習，令其講授。後志欲弘通，偶遇異僧來謂曰，汝欲解《華嚴》一乘法界宗者，其十地中六相之義是也。愼勿輕怠，可一、二月間，靜攝思之，當自知爾。言訖，忽然不見。即淘研，不盈累朔，豁爾貫通，時年二十七也。隨於至相寺，製《華嚴經搜玄義鈔》五卷，題名《華嚴經中搜玄分劑通智方軌》，即明六相，開十玄，立五教也。時京兆崇福寺慧祐，戒行精苦，向慕師德，特來親事。師教專以《華嚴》爲業。每清晨良宵，焚香虔誦《出現品》。後時忽見十餘菩薩，從地踴出，現身金色，皆放光明，坐蓮華座，合掌聽誦此品，經畢便隱。顯慶四年，師於雲華寺中講《華嚴》，宗風大振，名徧寰內。緇素道俗，咸皆歸禮。時法藏年十七，辭親求法於太白山。後聞親疾，出谷入京。至中夜，忽覩神光，來燭庭宇，乃歎曰，當有異人，發弘大教。翌旦，就寺膜拜已，因設數問，皆出意表。師嗟賞曰，比丘義龍輩尚罕扣斯端，何計仁賢發皇耳目。或告曰，是居士雲棲木食，久玩《雜華》，爲覲慈親，乍來至此。藏既餐和尚之妙解，以爲眞吾師也。師亦喜傳炷之得人矣。龍朔二年，海東義想公同元曉公，入大唐國，夜宿古塚。曉公因達唯心旨故，即回新羅。想公來雲華，禮事和尚，願爲弟子，與藏公同學。總章元年，師將去世，藏公尚居俗服。乃囑道成、薄塵諸大德曰，此賢者注意於《華嚴》，蓋無師自悟。紹隆遺法，其惟是人。幸假餘光，俾沾制度。後夢般若臺傾，高幢亦倒，告門人曰，吾將暫往淨方也。不餘月，遂說法而逝，壽年七十二矣。時義想傳《不思議經》，歸海東大弘，彼國推爲華嚴初祖，並號浮石尊者。後長壽年間，藏公因勝詮法師回新羅，寄書於義想，曰，夙世同因，今生同業。得於此報，俱沐《大經》。特蒙先師，授茲奧典。希傍此業，用結來因。但以何尚章疏，義豐文簡，致令後人，多難趣入。是以具錄微言妙旨，勒成義記。傳之彼土，幸示箴誨。想乃掩室探討，涉旬方出。召弟子眞定、相圓、亮示、表訓四人，俾分講《探玄記》，每各十卷，告之曰，博我者藏公，起予者爾輩。各宜勉旃，毋自欺也。遂令敎傳一國，學徧十山，皆憑雲華和尚法化力也。其神異德行，備如《感應傳》說。

法藏

傳記

贊寧《宋高僧傳》卷五 釋法藏，字賢首。姓康，康居人也。風度奇正，利智絕倫。薄遊長安，彌露鋒穎。尋應名僧義學之選，屬奘師譯經。始預其間，後因筆受證義潤文見識不同，而出譯場。至天后朝，傳譯首登其數。實叉難陀齎《華嚴》梵夾至，同義淨復禮譯出新經，又於義淨譯場與勝莊大儀證義。昔者燉煌杜順傳華嚴法界觀，與弟子智儼講授，此晉譯之本，智儼付藏，藏爲則天講新《華嚴經》。至天帝網義，十重玄門，海印三昧門，六相和合義門，普眼境界門。此諸義章，皆是華嚴總別義網。帝於此茫然未決。藏乃指鎭殿金獅子爲喩，因撰義門，徑捷易解，號《金師子章》，列十門總別之相。帝遂開悟其旨。

又爲學不了者設巧便。取鑑十面，八方安排。上下各一，相去一丈餘。面面相對，中安一佛像，燃一炬以照之，互影交光。學者因曉刹海，涉入無盡之義。藏之善巧化誘，皆此類也。其如宣翻之寄，亦未能捨，蓋帝王歸信緇伍所憑之故。洎諸梵僧罷譯，帝於聖曆二年己亥十月八日，詔藏於佛授記寺講大經。至《華藏世界品》，講堂及寺中地皆震動。都維那僧恆景具表聞奏。敕云，昨請敷演微言闡揚祕賾。初譯之日，夢甘露以呈祥。開講之辰，感地動以標異。斯乃如來降跡，用符九會之文。豈朕庸虛，敢當六種之震。披覽來狀，欣惕于懷云。其爲帝王所重，實稱非虛。所以華嚴一宗，付授澄觀，推藏爲第三祖也。著《般若心經疏》，爲時所貴，天下流行。復號康藏國師是歟。

續法《法界宗五祖略記》 三祖諱法藏，字賢首，帝錫別號國一法師，俗姓康氏，其先康居國人。高、曾相繼，爲彼國相。祖自康居來朝，占風聖代。考諱謐，太宗贈左侍中。弟諱寶藏，爲中宗朝議郎行統萬監。師托胎時，母氏夢吞日光而孕。當貞觀十七年十一月初二日生也。及生而慕無上。至顯慶三年十六歲時，煉一指於岐州法門寺舍利塔前，作法供養，誓悟佛乘。次年志銳擇師，遂辭親，求法於太白山，閱方等諸典。後聞慈親不悅，歸奉庭闈。緜歷歲月，能竭其力。時儼和尚於雲華講《大經》，師禮爲弟子，深入無盡。總章元年，二十六歲時，往釋迦彌多羅尊者所，請受菩薩戒。衆告曰，是居士能誦《華嚴》，兼講《梵網》。尊者驚歎曰，但持《淨行》一品，已得菩薩大戒，況義解耶？咸亨元年，師二十八歲，屬榮國夫人楊氏奄歸，武后廣樹福田，捨宅爲太原寺。成、塵諸大德受儼和尚顧託者，連狀薦舉。由是奉勅削染於太原道場，仍詔爲住持。上元元年，有旨命京城十大德，爲師授滿分戒，賜號賢首（即署字爲號）也。復詔師於太原寺講《華嚴》。端午節，天后遣使，送衣五事。調露元年五月間，雍州萬年縣何容師，嗜食雞子無算，暴死，同七百人，入鑊湯獄。附信返魂者，令第四子行證懇求師贖罪。師令誦寫《華嚴經》。至永隆元年八月，寫就莊嚴，請僧齋懺。會衆乃見何容師等七百鬼徒，到席禮謝。師於晉譯，每歎缺而不全。是年，日照三藏齎梵本至京，高宗詔於魏國西寺翻譯經論。師往就問之，照曰，晉第八會文，亦來至此。遂與三藏對校，果獲善財求天主光等十善友文，乃請譯補缺。就於西太原寺，譯出《法界品》內兩處脫文。一從摩耶夫人後，彌勒菩薩前，中間天主光等十善知識。二從彌勒菩薩後，至三千大千世界微塵數善知識前，中間文殊申手過一百一十由旬按善財頂。依此六十卷本爲定。尋奉綸旨，與日照三藏及道成律師、薄塵法師、大乘基法師等，同譯《蜜嚴》等經、《顯識》等論十有餘部，合二十四卷，復禮法師潤文，慧智法師度語。永湻元年四月間，雍州長安縣郭神亮者，修淨行，暴終。諸天引至兜率內院，禮敬慈氏。有一菩薩謂曰，何不受持《華嚴》。亮以無人講解爲辭。曰，現有賢首菩薩弘揚，何得言無。明元年，師與日照三藏在西太原寺，翻經暇，躬親問曰，西域古德，於一代聖教，判權實否。答曰，近代天竺，有二論師，一名戒賢，遠承慈氏、無著，近踵護法、難陀，立法相宗。二稱智光，遠宗文殊、龍勝，近稟青目、清辨，立法性宗。自是，判教疑決。時成、塵二德問，京兆有王明幹，死入地獄。地藏菩薩教誦偈曰，若人欲了知，三世一切佛。應當如是觀，心造諸如來。入見閻王，王聞之，放免。三日後方蘇，向空觀寺僧定法師說之，然不知有出否。師答曰，此乃《華嚴》第四夜摩會中偈。檢之，果是十行頌也。垂拱二年，師於慈恩寺講《雜華》。永昌元年二月四日，遇于闐三藏因陀羅般若於神都魏國東寺，告以沙彌般若彌伽薄，昇天誦《華嚴》，能破修羅陣事。天授元年，覲親於夏州。郡牧邑宰，靡不郊迎。天授二年，曾州牧宰，迎講《大經》，因論邪正。會中有左道者，不信佛法，口發惡言，身面忽疱，眉鬚盡爛，遽來求懺。師誡勸曰，此猶華報耳。汝當禮敬三寶，虔唪《華嚴》百徧，罪可滅矣。讀經未半，形質如舊。長壽年間，師於雲華，講《百千經》，有光明現從口出，須臾成蓋，衆所俱載。延載元年，講至《十地品》，天華四散，五雲凝空，崇朝不輟，香彩射人。證聖元年三月，詔於東都大徧空寺，同實叉難陀，再譯《華嚴》。弘景、圓測、神英、法寶諸德共譯，復禮綴文，師爲筆受。譯堂前陸地，開百葉蓮華。衆覩禎祥，競加精練。太后時幸其寺，親受筆削，施供食饌。次移佛授記寺譯。登封元年，詔師於太原寺講《大經》。神功元年，邊寇拒命，出師討之。特詔師依經呪法，遏除寇虐。師璺浴更衣，建立十一面觀音像，準神呪經。行道始數日，蒯城之外，將士聞天鼓之聲，良鄉縣中，賊衆覩觀音之像。月捷以聞，優詔慰勞。聖歷二年十月八日譯畢。佛授記寺諸大德請師開演。勅令十五日啓講。至臘月十二晚，講華藏世界海震動之文，講堂及寺宇忽然震吼。道俗數千，歎未曾有。難陀三藏幷當寺龍象，具表奏聞。十九日御批下云，因敷演微言，弘揚祕賾。初譯之日，夢甘露以呈祥。開講之辰，感地動而標異。斯乃如來降跡，用符九會文耳。豈朕庸虛，敢當瑞應。新譯唐《經》，雖增現相、普賢、世界華藏、十定諸品，卻脫日照三藏所補文殊按善財文。師以新、舊兩《經》，對勘梵本，將日照補者，安喜學脫處，遂得文續義連。今之所傳，即第四本。一晉譯本。二日照補。三喜學譯。四賢首補，今現行者。久視元年五月五日，詔於東都三陽宮，與實叉三藏，同譯《入楞伽經》。長安二年，於西京清禪寺，與實叉譯《文殊授記經》。時禮部滎陽鄭公，持《心經》數千萬徧，再三請解。師爲著《般若略疏》。長安三年，詔與義淨三藏等華梵十四人，共譯《金光明最勝王經》等二十一部，一百十五卷，師爲證譯。長安四年冬杪，勅衆僧於內道場，建華嚴法會。有雙浮圖，放五色光，現於冰內。師親見之，指呈衆德。時天后詔師於長生殿，問六相、十玄之旨。師指殿隅金師子爲喻曉之。至一一毛頭，各有金師子。一一毛頭師子，同時頓入一毛中。一一毛中，皆有無邊師子。如是重重無盡。后乃豁然。隨貢《金師子章》一篇。因對揚，言及岐州舍利是阿育王靈迹。特命鳳閣侍郎崔玄暐與師偕往法門寺迎之。時師爲大崇福寺主，遂與應大德、綱律師等十人，俱至塔所，行道七晝夜，然後啓之。舍利於掌上騰光，隨人福善，感見天殊。臘月除日至西京崇福寺中，正月十一達東都洛陽城下。凡擒瑞光者七，抱戴者再。

神龍元年，詔與彌陀山，譯《無垢淨光陀羅尼經》。其年張易之叛逆，因師內弘法力，外贊皇猷。及除凶徒已後，賜以鴻臚卿職。固辭固授，遂奏請與弟朝議郎行統萬監康寶藏，歸里養親。中宗降勅褒之。

冬十一月朔旦，勅令寫師眞儀，御製讚四章。神龍二年，詔與菩提流支，就於西崇福寺，譯《寶積經》，命爲證義。

景龍二年，中夏愆雨，勅師集百法師，於薦福寺以法禱之。近七朝，遽致滂沱。詔曰，敷百座以祈恩，未一旬而獲應。師等精誠，均沾法液。七月復旱，感驗如初。勅曰，慈雲演蔭，法雨含滋。師等薰修，遽蒙昭感。

由是中宗禮爲菩薩戒師，賜號國一。師因萬乘歸心，八紘延首，遂奏請於兩都及吳、越、清涼山五處起寺，均榜華嚴之號。仍寫三藏幷諸家章疏貯之。於是乎像圖七處，數越萬家。故人於師，皆不稱諱，而以大乘法師華嚴和尚名焉。

後又詔師入內，同義淨三藏，譯《七佛藥師》等經。

景雲元年，詔與菩提流支譯《寶積經》，帝亦親躬筆受。

景雲二年，冬不雪，詔師入禁中問之。師曰，有經名《隨求即得大自在陀羅尼》，若結壇作法，寫是呪語，投於龍湫，應時必獲。詔可其請。遽往藍田山悟眞寺龍池所作法，未旬大雪，表奏上聞。制報曰，勅華嚴師，啓請祈恩，三寶流慈，兩度降雪，精誠上感，遂乃盈尺。慮不周恰，且未須出。及六出徧四方，復降詔曰，勅華嚴師，法體如何。焚香纔畢，旋降瑞雪。雖則如來演貺，實由敬懇誠切。

太極元年七月，彗星現。睿宗詔華嚴和尚爲菩薩戒師，受心地戒，遂傳位，改號先天元年。脫屣忘機，褰衣養德。

是年十一月初二日，太上皇以師壽誕，錫衣財曁食味。誥曰，勅華嚴師，欣承載誕之祥，喜遇高禖之慶。乘茲令日，用表單心。故奉法衣，兼陳湯餅。願壽等恆沙，年同劫石。別賜絹兩千匹，俾贍興福所須。

和尚雖爲五帝門師高、中、睿、玄、武后也。王臣並皆禮事，然猶糞掃其衣，禪悅其食，唯以戒忍自守，弘法利生爲務。前後講《華嚴經》三十餘徧。間有不了無盡法界重重帝網義者，又爲設巧方便，取鏡十面，八方安排，上下各一，相去一丈餘，面面相對，中安一佛像，然一燈以照之，互影交光。學者因曉剎海涉入重重無盡之旨。

由此輪下從學如雲，莫能悉數。錚錚嗣法者，曰宏觀、文超、東都華嚴寺智光、荷恩寺宗一、淨法寺慧苑、經行寺慧英。

其著疏約百餘卷。晉譯《華嚴經探玄記》四十卷，《一乘教義分齊章》四卷，《指歸》一卷，《綱目》一卷，《玄義章》一卷，《策林》一卷，《華嚴三昧觀》一卷，《華藏世界觀》一卷，《妄盡還源觀》一卷，翻譯晉經《梵語》一卷，唐譯新經《音義》一卷，《華嚴佛菩薩名》五卷，《華嚴感應傳》五卷，《楞伽經疏》七卷，《密嚴經疏》三卷，《梵網經疏》三卷，《〈法華〉經疏》七卷，《起信論疏》三卷，《別記》一卷，《十二門論宗致義記》二卷，《法界無差別論義疏》一卷，《三寶別行記》一卷，《流轉章》一卷，《法界緣起章》一卷，《圓音章》、《法身章》、《十世章》共一卷。晚述新經《略疏》共十二卷。

和尚預知時至，解到唐譯第六行文，遂越次釋《十定品》。僅了九定，便辭帝別衆，於西京大薦福寺，吉祥而逝，屬先天元年十一月十四日也。世壽七十歲，僧臘四十三。帝聽若驚，聖聞如失。越五日，賜誥賻贈鴻臚卿，絹一千二百匹。葬事準僧例，餘皆官供。

以其月二十四日，葬於神禾原華嚴寺南，勅謚賢首即依署謚號。送葬之儀，皆用追寵，典屬國三品格式禮也。門人請祕書少監閻朝隱撰碑文，概表行迹。若欲詳覽，具如西京華嚴寺千里法師《別錄》，與海東法師光嚴《記》，翰林侍講崔致遠《傳》明。

紀事

閻朝隱《大唐大薦福寺故大德康藏法師之碑》　夫得無障礙眼者，身爲佛身；得無恐怖心者，法爲佛法。過此已往，行不圓滿，功爲未足，遠生死則摘之以説空，開冥途則勞之以救苦，與大比丘衆應如是住不可思議。

法師俗姓康氏，諱法藏，累代相承爲康居國丞相。祖自康居來朝，父謐皇朝，贈左侍中。法師是如來得目有辟支一毛，終年以勵堅貞，竭日而修戒行。年甫十六，煉一指於阿育王舍利塔前，以伸供養。此後更遊太白，雅挹重玄。聞雲華寺儼法師講《華嚴經》，投爲上足。瀉水置瓶之受納，以乳投水之因緣，名播招提，譽流宸極。屬榮國夫人奄捐館舍，未易齊衰；則天聖后廣樹福田，大開講座。法師策名宮禁，落髮道場，住太原寺。證聖年中，奉勅與于闐國三藏實叉難陀譯《華嚴經》。神龍年中，又與于闐三藏於林光殿譯《大寶積經》，惟聖之所歸依，惟皇之所迴向，爰降綸旨爲菩薩戒師。太上皇脱屣萬機，褰衣四海，亦受菩薩戒，因行菩薩心。法師糞掃其衣，禪悦其食，前後講《華嚴經》三十餘遍，《楞伽》《密嚴經》《起信論》《菩薩戒經凡十部，爲之義疏，闡其源流，如千燈光明，自不相隔閡，如一音演説，各隨類信解。

其初以力入道也。十大牛不如一青牛；其終以力濟時也。十香象不如一赤象。於無量劫，作無量緣，伽藍許之爲法橋者，俗推之於法矩，豈謂法橋斷而法炬滅。同聲者椎胸叫喚，異類者舉身毛豎。

先天元年歲次壬子十一月十四日終於西京大薦福寺，春秋七十。其年十一月二十四日葬於神和原華嚴寺南，帝念若驚，聖情如失，誥曰：中使故僧法藏，德業自資，虚明契理，辨才韞識，了覺融心。廣開喻筏之門，備闡傳燈之教。隨緣示應，乘化斯盡，法眞歸寂，雖證無生之空，朝序飾終，宜有褒賢之命，可贈鴻臚卿贈絹一千二百疋，葬事準僧例，餘皆官供。妃主公主等禮懺展轉施捨勤祈所有塤塔飾終，威儀導引，莫不備具，弟子等忍其死傳其教，合掌頂禮嗚咽而不自勝。

其辭曰：西方淨域離俗塵，千葉蓮華如車輪，不知何時成佛身。

崔致遠《唐大薦福寺故寺主翻經大德法藏和尚傳》　案《纂靈記》云，西京華嚴寺僧千里撰《藏公別錄》，縷陳靈跡，然是傳未傳海域，如渴聞梅，耳目非長，難矜井識，今且討片文《別記》中，概見藏之軌躅可聳人視聽者掇而聚之。古來爲傳之體不同，或先統其致，後鋪所因，或首標姓名，尾綰功烈，故大史公每爲大賢如夷、齊、孟軻輩立傳，必前冠以所聞，然後始著其行事。此無他，德行既峻，譜錄宜異故爾。愚也雖慚郢唱，試效越顰，仰彼圓宗，列其盈數，仍就藏所著《華嚴三昧觀》直心中十義而配譬焉。一、族姓廣大心，二、遊學甚深心，三、削染方便心，四、講演堅固心，五、傳譯無間心，六、著述折伏心，七、修身善巧心，八、濟俗不二心，九、垂訓無礙心，十、示滅圓明心。深悲兩心，互準可見。《書》云，措諸枉，思無邪。《經》曰，爲淨土是道場。乃直心之謂也。事將顯實，語不芟繁，悉舉因緣，聊彰本跡。

其傳第一科曰，釋法藏者，梵言達摩多羅，字賢首，梵言跋陀羅室利，帝賜別號國一法師。俗姓康氏，本康居國人，屠門濫説，解在字釋，雖僧會異時而曇諦同跡，亦如法護月支人支氏，吉藏安息人安氏，外所謂因生以賜姓是也。諦護後稱支竺，蓋從西師改焉。猶吉、法二藏皆歸釋氏，内所謂四河入海是也。高曾蟬聯，爲彼國相。祖父自康居來朝，庇身輦下，考諱謐皇朝贈左衛中郎將，母氏夢吞日光而孕，以貞觀十七年癸卯暢月旁死魄而生，身當四方合統之朝，值三寶重興之運，庸詎非商頌所謂自天降康者乎，康居地接竺乾，人侔梵衆，既饒師子能胤法王，偉矣哉弟寶藏以忠孝聞，此之謂族姓因緣，豈非以廣大心誓願觀一切法悉如如乎？

第二科曰，年甫十七（顯慶四年己未）志銳擇師，遍謁都邑緇英，懊其拙於用大，遂辭親求法於太白山，餌驚數年，敷閲方等，後聞親疾，出谷入京。時智儼法師於雲華寺講《華嚴經》，藏於中夜忽覩神光，來燭庭宇，廼歎曰，當有異人弘揚大教。翌旦就寺膜拜已，因設數問，言皆出意表。儼嗟賞曰，比丘義龍輩尚罕扣斯端，何計仁賢發皇耳目。或告曰，是居士雲棲術食，久玩《雜華》，爲覲慈親，乍來至此。藏既飡儼之妙解，以爲眞吾師也。儼亦喜傳炷之得人。自是預流徒中，後發前至，高超二運，白牛也。力騁通衢，俯視六宗，赤象也。躬行實土，不由他悟，莫若自知，此之謂遊學因緣。豈非以甚深心誓覲眞如要盡源底乎？

第三科曰，及總章元年儼將化去，藏猶居俗（時年二十六）。儼乃累道成、薄塵二大德曰，此賢者注意於《華嚴》，蓋無師自悟，紹隆遺法，其惟是人，幸假餘光，俾沾制度。至咸亨元年（藏年二十八），榮國夫人奄歸冥路，則天皇后廣樹福田度人，則擇上達僧，捨宅乃成太原寺，於是受顧託者連狀薦推，帝諾曰俞，仍額新剃，周羅遂落夏援常科，此之謂削染因緣。豈非以方便心推求簡擇趣眞方便乎？

第四科曰，既出家未進具，承旨於所配寺，講百千經，時屬端午，天后遣使送衣五事，其書曰，蕤賓應節，角黍登期，景候稍炎。師道體清適，屬長絲之令節，承命縷之嘉辰，今送衣裳五事，用符端午之數，願師承茲采艾之序，更茂如松之齡，永耀傳燈，常爲導首，略書示意，指不多云。後於雲華寺講，有光明現從口出須臾成蓋，眾所具瞻。延載元年，講至《十地品》，香風四合，瑞霧五彩，崇朝不散，縈空射人，又感天華糝空如霰，後於佛授記寺譯新經畢，眾請藏敷演。下元日序題入文，洎獵月望前三日晚講至華藏海震動之說，講室及寺院欻然震吼，聽眾稻麻，歎未曾有。當寺龍象，狀聞天上，則天御筆批答云，省狀具之，昨因敷演微言，弘揚祕頤。初譯之日，夢甘露以呈祥；開講之辰，感地動而標異。斯乃如來降祉，用符九會之文；豈朕庸虛，敢當六種之動。披覽來狀，欣暢兼懷，仍命史官編於載籍，無慮前後講新、舊兩經三十餘遍。大帝永隆年中，雍州長安縣人郭神亮者修淨行暴終，諸天引詣知足天宮禮敬慈氏，有一菩薩讓之，云何不受持《華嚴》。亮以無人講，爲辭曰，有人見講，胡得言無，及甦委說。眾驗藏之弘轉妙輪人天咸慶矣。故《演義鈔》顯證云，講得五雲凝空，六種震地，向非入慈悲之室著和忍之衣昇空觀之座而能融智海播辯河者，孰能與於是乎。此之謂講演因緣，豈非以牢固心設逢極苦樂受深觀心不捨離乎？

第五科曰，夫《華嚴大不思議經》者，乃常寂光如來於寂場中覺樹下，與十方諸佛召塵沙菩薩而所說也。龍勝誦傳，下本滿十萬偈，東晉廬山釋慧遠以經流江東多有未備，乃令弟子法淨、法領等踰越沙雪，遠尋眾經，法領遂至遮拘槃國，求得前分三萬六千偈來歸。時有佛賢三藏爲僞秦所擯，投趾東林，遠善視之，馳使飛書，解其擯事。賢後至建康，於道場寺譯出領所獲偈，南林寺法業筆受，成五十卷。則知西天應北天之運，契期金水之年，東林助南林之緣，發光木火之用，共成大事，益耀中華。東安寺慧嚴、道場寺慧觀及學士謝靈運等，潤文分成六十卷。然於《入法界品》內有兩處文脫。（一從摩耶夫人後至彌勒菩薩前中間，天主光等十善知識。二從彌勒後至普賢前中間，脫文殊申手案善財頂等半紙餘文。）歷年僅乎四百，製疏餘乎五三，經來未盡之言，猶如射地，義有不安之處，頗類窺天，莫究闕遺，強成箋釋。唯藏每慨百城之說，多虧一道之文，捧香軸以徒悲，擁疑襟而莫決，引領西望日庶幾乎？果至聖唐調露之際，有中天竺三藏地婆訶羅（此云日照），齎此梵本來屆，藏乃親共讎校，顯驗缺如，聲聞于天，尋奉綸旨，與成塵基師等譯出補之。復禮潤文，慧智度語，依六帙本爲定。暨女皇革命，變唐爲周，遣使往于闐國求索梵本，仍迎三藏實叉難陀（此言喜學）譯在神都，作起乎證聖羊年，功成乎聖歷狶歲，計益九千偈，勒成八十卷，命藏筆受，復禮綴文，梵僧戰陀、提婆二人譯語，仍詔唐三藏義淨、海東法將圓測、江陵禪師弘景及諸大德神英法寶而下審覆證義，於譯堂前陸地，開百葉蓮華，眾睹禎祥，競加精練。然攻木後其節目致貫華眩彼文心，雖益數品新言，反脫日照所補，文既乖緒，續者懵焉。藏以宋、唐兩翻對勘梵本，經資線義，雅協結鬘，持日照之補文，綴喜學之漏處，遂得泉始細而增廣，月暫虧而還圓，今之所傳第四本是。淸凉山鎭國沙門澄觀《疏玄義》云，其第三本，先已流行，故今代上之經猶多脫者，願諸達識見闕而續之，則觀之累詞悃愊，後進宜勿忘焉。久視年中，又奉詔翻《大乘入楞伽經》七卷進內。璽書褒之曰，得所譯《楞伽經》，補求那之闕文，翦流支之繁句，鉤深致遠，文要義該，《唯識論》宗於茲顯矣。凡與日照譯《密嚴》等經論十有餘部，合二十四卷，竝則天制序深加讚述。復至神龍年中，與喜學奉詔於林光殿譯《大寶積經》、《文殊師利授記會》三卷，藏本資西胤，雅善梵言，生寓東華，精詳漢字。故初承日照則高山擅價，後從喜學則至海騰功，得以備詢西宗增衍東美，挼乎十德之萃，擷其九會之芳。此之謂傳譯因緣。豈非以無間心觀其眞理盡未來際不覺其久乎？

第六科曰，初至相儼和尚每嗟大教久阻中興，會驅光統椎輪益仰聖尊大路因蹋，扶纖指於慧表，緝妙宗於毫端，成《華嚴經》中《搜玄義鈔》五卷，其文也玉寡，其理也金相，追琢爲難，鎔裁有待，藏以親窺室奧獨擅國工，善巧逞能其器甚利，乃效同恥者之述撰探玄記二十通，俾璞玉耀嚴身之華渾金成刮膜之具，既玉無泣者或金可懸乎，抑且味搜探之二言，品先後於一字，先搜則艱矣（搜者索求具擇，閱眾聚七訓），後探則便焉（探者取試，循引候五訓），其難也擇而聚之之勞，其易也引而取之之速，蓋師列十門而搜已資尋一經而探之然，或沿淺就深陟遐自邇，聊憑俗諦試較眞談，則周禮夏官條職名中有搜人焉有探人焉，搜人掌十二閑務審行九政以導悟昏蒙，其猶儼之搜玄統十二分教宗舉九部以開示知見耶？探人掌誦敘王志道國政事以巡天下而喻說諸候使不迷惑曉萬民之心正向王化，亦猶藏之探玄傳通佛意演法宗趣以喻世間而掩映眾說使不混淆開群生之目深感佛恩耶？窮一化之始終，資二玄之廣略，可謂立之斯立正是玄之又玄，若向二帙不倚五編則撫持也儻然靡暢或據五編不憑二帙則咀嚼也澹乎無味，野諺云師明弟子哲豈前後相成之謂乎，舉要言之，搜玄者索隱之離辭，探玄者鉤深之異語隱能心索十玄之妙旨霞張，深可力鉤十義之圓科月滿（儼公搜玄分齊者豈謂大經玄旨有分齊而可搜乎，但自立十玄義門以通經旨俾通智境應指言搜十玄義之分齊耳，冒陳瞽言幸詳其致）遂使包羞者前哲受賜者後生，儼藏連稱提孩具審，古所謂死且不朽久而彌芳者歟，自餘鐘虛而有問必醻劍利而無疑不剖，涉華嚴之緼者，撮機要而補之，其名數曰《教分記》三卷、《指歸》一卷、《綱目》一卷、《玄義章》一卷、《策林》一卷，就是示歸路之十科也。各標十義通顯百門，移海影於目前，簇蓮界於掌上，復以行願所極，止觀方成，乃擬天台《法華》，著《華嚴三昧觀》《華藏世界觀》《妄盡還源觀》各一通，可令有目得珠，孰曰我心匪鑑蔚傳盛觀，雅契沖宗。又顧象教誕敷龍經寖盛。讀誦者竹葦聲訓爲簿檇，而況天語土音燕肝越膽，苟非會釋焉可辨通，遂別鈔解晉經中梵語爲一編，新經梵語華言共成音義一卷，自敘云，讀經之士，實所要焉，實顯驗言題，誨人不倦，古有《華嚴經內佛名》二卷、《菩薩名》一卷，莫知集者而鳩聚闕如，藏乃閱載其名略無遺漏添成五軸，爲世所珍，經出虬宮已來，西東靈驗繁蔚，而或班班僧史，或聒聒俚談，義學之徒，心均暢日耳，功是競躬覽者稀。由是簡二傳而聚異聞，考百祥而贍近說，緝《華嚴傳》五卷，或名《纂靈記》，使千古如面知祖習之無妄焉。《楞伽》實難於往入，《密嚴》非易得鉤深，《梵網》眞詮，法門嚴憲，三界無怙，唯戒可恃，皆成義疏，備舉源流。（《楞伽》《密嚴》疏未詳卷數，《梵網經疏》三卷，見行於世。）加且發蒙即山下出泉，升進乃地中生木，三根雖異，十信是資，蓋導義流俾歸教瀞，於是製《起信論疏》兩卷、《別記》一卷（疏或分爲上、中、下三。）《十二門論》《法界無差別論》，亦編正義，如別流行。多心雖小不輕，疏出塵中經義，《法華》或云有疏，餘光未照扶桑，媧皇之代太皡也。玉鏡披圖，金輪耀德，顧貝葉之書甚博，祈悉檀之訣稍頻，廼貢《金師子章》一篇而仰悟之。此作也。搜奇麗水之珍，演妙祇林之寶，數幅該義，十音成章，疑觀奮吼於狻猊，勝獲賚睬於鵜雁，雖云遠取諸物實，乃近取諸身，以頷下之光爲掌中之寶，則彼玉龍子之實玩，豈如金師子之虛求。（玉龍子之靈異具如明皇雜錄）啟沃有餘古今無比，復念妙度餘六眞歸在三，般若母於勃陀引無極也。僧伽孫於曇摩，續莫大焉，故製《三寶別行記》一卷，均曉盲聾故也。晚以新經既加一會，續舊疏或涉三思，爰隨補衮之文，聊括提綱之義，重述略疏，始《妙嚴品》至第六行，迎知報盡，因越次析《十定》微言，僅了九定未絕，筆而長逝。《料簡》有十二卷。（《演義鈔》云，聖后所翻，文詞富博，賢首將解大願不終，方至第十九經，奄歸寂滅，遺恨何極。）門人宗一、慧苑兩續遺稿。一師足二十軸，頗近從蠅；苑公成十六編，或譏繼組。是惟尺有所短，詎得寸無所遺。此之謂著述因緣，豈非以折伏心，或若失念，煩惱暫起，即便觀察折伏，使觀心相續乎？

第七科曰，藏年十六錬一指於阿育王舍利塔前，以申法供，越翌載因，入山學道，屬慈親不悆，歸奉庭闈，綿歷歲時，能竭其力。總章初，藏猶爲居士，就婆羅門長年請授菩薩戒。或謂西僧曰，是行者誦《華嚴》，兼善講《梵網》，叟愕且髒曰，但持《華嚴》，功用難測，矧解義耶？若有人誦百四十願已，爲得大士具足戒者，無煩別授號天授師。及後曆曰永隆元年，覲親于夏州，道次郡牧邑宰，靡不郊迎緇侶爲榮。屬神龍初，張柬之叛逆，藏乃內弘法力外贊皇猷，妖孽既殲策勳，斯及賞以三品，固辭固授，遂請迴與弟俾諧榮養。至二年降勅曰，朝議郎行統萬監副監康寶藏頗著行能早從班秩，其兄法藏夙參梵侶深入妙門，傳無盡之燈光照暗境，揮智慧之劍降伏魔怨，兇徒叛逆預識機兆，誠懇自衷每有陳奏，姦回既殄功効居多，雖攝化無著理絕於酬賞，而宅生有緣道存於眷顧。復言就養實寄天倫，宜加榮祿用申朝獎，寶藏可游擊將軍行威衛隆平府左果毅都尉，兼令侍母不須差使主者施行，斯惟智鏡如磨戒珠無纇，進度協忠貞之節，慈光融孝友之規，故得神人無功匪伐其善君子不械能尊厥親，曾子所言國人稱願然曰幸哉有子如此，所謂孝也已者法師其人也。此之謂修身因緣，豈非以善巧心靜觀眞理不礙隨事巧修萬行乎？

第八科曰，垂拱三載，雲漢之詩作矣。詔藏於西明寺，立壇祈之，長安邑尹張魯客爲請主，每夕齋戒，未七日雨沾洽。天冊萬歲中，雍州長吏建安王縉留務値愆陽，亦求藏致之，應如響答，嘗於曹州講場適辨敎宗邪正，有道士謂嘗玄元含怒問曰，諸法爲平等以不，答平等不平等，又問何有二耶？答眞俗異故非一槩，黃冠弇事□大詬三寶，翌旦□面欻見鬚眉隨手墮落，遍體瘡疱遽來，懺過願轉華嚴百遍，讀經未半形質復舊，神功元年契丹拒命出師討之，特詔藏依經敎遏寇虐，乃奏曰，若令摧伏怨敵請約左道諸法，詔從之，法師盥浴更衣建立十一面道場置光音像行道，始數日羯虜覩王師無數神王之眾，或矚觀音之像浮空而至，犬羊之群相次逗撓月捷以聞，天后優詔勞之曰，蒯城之外兵士聞天鼓之聲，良鄉縣中賊眾覩觀音之像，醴酒流甘於陳塞，仙駕引纛於軍前，此神兵之掃除，蓋慈力之加被，長安四年冬杪於內道場因對敭言及岐州舍利是阿育王靈跡，即魏冊所載扶風塔是，則天特命鳳閣侍郎博陵崔玄暐，與藏偕往法門寺迎之，時藏爲大崇福寺主，遂與應大德綱律師等十人俱至塔所行道七晝夜，然後啟之神輝煜爚，藏以昔嘗錬指今更隳肝，乃手擊輿願顯示道俗，舍利於掌上騰光洞照遐邇，隨其福力感見天殊，或覩銑鋈晬容，或觀纓毳奇像瓌姿瑋質，乍大乍小，大或數尺，小或數寸，於是頂缸指炬者爭先捨寶投財者恥後，歲除日至西京崇福寺，是日也留守會稽王率官屬及五部眾投身道左，競施異供香華鼓樂之妙，矇瞶亦可覩聞，洎新年端月孟旬有一日入神都，勅令王公已降洛城近事之眾精事幡華幢蓋，仍命太常具樂奏迎置於明堂，觀燈日，則天身心護淨，頭面盡虔，請藏捧持，普爲善禱，其眞身也始自開塔戒道達于洛下，凡擒瑞光者七日，抱戴者再。

中宗復位，神龍元年冬，勅令寫藏眞儀，御製讚四章曰，宿植明因，專求正眞，菴園晦跡，蓮界分身，闡揚釋敎，拯濟迷津，常流一雨，恆淨六塵（其一），辯囿方開，言泉廣濬，護持忍辱，勤修精進，講集天華，徵符地震，運斯法力，殄茲魔陣（其二），爰標十觀，用契四禪，普斷煩惱，遐祛蓋纏，心源鑒徹，法鏡澄懸，慧筏周運，慈燈永傳（其三）。

名簡紫宸，聲流紺域，梵眾綱紀，僧徒楷則，鎭洽四生，曾無懈息，播美三千，傳芳百億（其四）。

三十二句百二十（音入）八言，雖文表虛宗而事皆實錄，景龍二年中夏愆雨，命藏集百法師於薦福寺以法禱之，近七朝遽致滂沱，過十夜皆言浹洽，狀告，詔批曰，法王乖範，調御流慈，敷百座以祈恩，未一旬而獲應，師等精誠講說當致疲勞，省表循環再三欣悅，後踰再朏救嘆如初，勅曰，三寶熏修，一旬流液，慈雲演蔭，法雨含滋，師等精誠遽蒙昭感，由是中宗睿宗皆請爲菩薩戒師，崆峠之遺美是追，萬乘歸心，八紘延首，無機見阻，有苦待除，藏顧新經化大行焉知眞丹根遍熟矣。因奏於兩都及吳越清涼山五處起寺，均牓華嚴之號，仍寫摩訶衍三藏幷諸家章疏貯之，善願天從功倖踴出，尋復請許，雍洛閭閻爭趨梵筵，普締香社，於是乎像圖七處數越萬家，南齊王之精修，西蜀宏之善誘，重興茲日，夐掩前朝，故人皆不名而稱華嚴和尙焉。景雲再春時雨罕潤，冬又不雪，人皆籲天，君命召藏禁中，懇訊救農之術，乃啟沃曰，有經名隨求，則得大自在陀羅尼，若結壇淨寫是總持語，投於龍湫，應時必獲，詔可其請，遽往藍田山悟眞寺龍池所，作法未旬大雪，表聞制報曰，勅華嚴師，比屬愆陽，憂纏寢食。故令潭所啟請祈恩，遽得三寶流慈，兩度降雪，師等精誠，上感遂乃盈尺呈祥，欣稔歲之有期，喜豐年之可望，慮不周洽。且未須出山，屈師重更用心待後進止，及六出遍四方，復降詔曰，勅華嚴師，寒光稍切不委，法體何如，昨者使還云，師燒香繞畢，旋降甘雪，雖則如來演呪，實由啟懇虔誠，預喜豐年，略茲示意，至先天元年十一月二日，太上皇以藏誕辰賜衣財暨食味，誥曰，勅華嚴師，黄鐘應律，玄序登司，欣承載誕之祥，喜遇高禖之慶，乘茲令日用表單心，故奉法衣兼長命索餅。既薦四禪之味，爰助三衣之資，願壽等恆沙，年同劫石，霜景微冷，法體安和，近阻音符，每增翹仰，因書代敘，筆不宣心，橋陵脱屣褰衣忘機養德，以藏乃心王室每著精勤悟道有因嚴師無怠，別賜絹二千匹，俾贍興福所須，至如井中騰素呾纜之光耳飡奇説氷内現窣覩波之影目驗嘉祥偈排地獄之災二十字俾知心佛經拔鑊湯之苦，七百人來跪群僧，藏乃或辨彼金言所從，或假其玉軸令寫，莫不惰學者起懸頭之志阽危者荷援手之慈，此之謂濟俗因緣，豈非以不二心隨事萬行與一味眞理融無二乎？

第九科曰，世寡尚賢，皆慚下問，人多自聖，莫悟大迷，加復語異華戎，教分權實，而唯尋末派罕究本源，信若飛蓬，窺同側管，致使膺上之義多臆斷，釁中之言或面從，縱有梵旅來儀伽譚委悉，翻加擯黜之辱懶致諮諏之勤，藏也蓄銳俟時解紛爲念，既遇日照三藏乃問，西域古德其或判一代聖教之昇降乎，答曰，近代天竺有二大論師，一名戒賢，二稱智光，賢則遠承慈氏無著，近踵護法難陀，立法相宗（以一乘爲權，三乘爲實唐三藏奘之所師宗），光即遠體曼殊龍勝，近稟青目清辯，立法性宗（以三乘爲權，一乘爲實，青目（有）本云提婆），由是華梵兩融，空色雙泯，風除惑靄，日釋疑氷（具如《探玄》所釋），外訓有言，醫不三世不服其藥，矧於聖典叵謬憲章，以梁陳間有慧文禪師學龍樹法授衡岳思，思傳智顗，顗付灌頂，三葉騰芳，宛若前朝佛澄安遠，聽憶靈山之會，夢聆台嶺之居，説通判四教之歸，圓悟顯一乘之極，藏以寢處定慧異代同心，隨決教宗，加頓爲五。其一曰小乘教，其二曰始教，其三曰終教，其四曰頓教，其五曰圓教。就是或開或合，有别有同，融正覺之圓心，變方來之邪見，永標龜鏡，實淬牛刀，從學如雲莫能悉數，其錚錚者略舉六人，釋宏觀、釋文超、東都華嚴寺智光、荷恩寺宗一、靜法寺慧苑、經行寺慧英，竝名雷於時，跡露於後。至比丘尼衆從問道者多誦晉經，大都稟教僧尼僉以護律栖禪爲恆務，即知華嚴本祖自阿難海而來龍猛佛賢，禪風靡墜，觀行雙翼可缺一乎？

初藏與海東義想法師同學，其後藏印師説演述義科寄示於想，仍寓書曰，夙世同因，今生同業得於此報，俱沐大經，特蒙先師授茲奧典，希傍此業，用結來因，但以和上章疏義豐文簡致令後人多難趣入，是以具錄微言妙旨勒成義記，傳之彼土，幸示箴誨，想乃自閱藏文如耳聆儼訓，掩室探討，涉旬方出，召門弟子可器瀉者四英（眞定、相圓、亮元、表訓），俾分講《探玄》，人各五卷。告之曰，博我者藏公，起予者爾輩，因榍出榍，執柯伐柯，各宜勉旃無自欺也。且海表覺母，想爲始祖，然初至止若東家丘，及法信遐傳得群迷遍曉，斯實闇燭龍之眼頓放光明，織火鼠之毛益彰奇特，誘令一國學遍十山，雜華盛耀蟠桃，蓋亦藏之力爾。日出月走，俱在於東，頓漸兩圓，文義雙美。此之謂垂訓因緣，豈非以無礙心理事既全融不二還令全理之事互相即入乎？

第十科曰，先天元年龍集壬子周正月月幾望右脇于西京大薦福寺，享年七十，僧夏未悉，誕以辜月，歿亦如之，則李巡有任養之評，孫炎有蟄伏之解，應茲兩釋，終彼浮生，矧乃其來也居朔後，其去也在望前，是表漸圓，先標等覺，豈非菩薩清涼月遊於畢竟空者哉。

越五日，太上皇賜誥賻贈曰，中使故僧法藏，德業天資，虛明契理，辯才韞識，了覺融心，廣開喻筏之門，備闡傳燈之教，隨緣示應，乘化斯盡，法眞歸寂，雖證無生之空，朝序飾終，宜有褒賢之命，可贈鴻臚卿賻絹一千二百匹，葬事準僧例官供。唐制文武官薨卒一品賻物二百端，粟二百碩，降及九品，限止十端。今茲厚禮，可驗皇恩。有司給營墓夫卒人功十日，諸王公降及士庶禮儭施捨叵歷數焉，以其月二十四日葬於神禾原華嚴寺南，送葬之儀皆用追寵典屬國三品格式禮也。門人請祕書少監閻朝隱撰碑文概表行跡，翌載中春建于塔所，古所謂其生也榮，其死也哀，此之謂示滅因緣，豈非以圓明心頓觀法界無障無礙乎，麟史稱歿有令名者三立焉，則法師之遊學剏染示滅三立德也。講演傳譯著述三立言也。修身濟俗垂訓三立功也。演一乘圓旨，憑十節妙緣，廣記備言庶或有中，傍詎訶者引文心云，舊史所無我書則博欲偉其事，此訛濫之本源述遠之巨蠹也。子無近之乎，雖多奚爲以少是貴愚瞻焉曰敬佩良箴，然立定哀之時書隱元之事，信以傳信疑以傳疑，自古常規非今妄作，況此皆憑舊説豈雜新聞，且記藏公之才之美也。實得面無作色口無媿辭，顧起信多小之詮，譔成行廣略之錄，一傳一碑，又史者使也。執筆左右使之記也。傳者轉也。轉授經旨，傳廣碑略使授於後，恭以師兄大德玄準爲名，仍以大乘遠爲別號，體葉偈之旅首花嚴之座，嗣仍孫於想德，欽益友於藏公，且曰，古賢以取其言而棄其身，心爲盜也。今學則稟其訓而昧其迹，顔實靦焉，況有小鳴之徒，或陳大嚼之說，玷污前哲，眩惑後生，雖復閻朝隱有碑，釋光嚴有傳惰於披閱勇在矯誣矣，至有譏史學爲魔宗，黜僧譜爲廢物，及談疏主緣起，或作化人笑端，是謂譙朋不無忝祖可掩耳而走，豈俾躬處休以致遠，嘗宦玉京濫名金牓，聊翻缺語或類象骨，遂命直書難從曲讓，有乖即正，無異不編，猶恨目瞶寶洲耳驚金奏，仙枰一遇因路盡而坐忘，帝樂九成俄曲終而夢覺，罪知相半，用捨在緣，緬徵關右之評，顗續遼東之本，後博贍者幸刪補焉。

于時天復四春，枝幹俱首，於尸羅國迦耶山海印寺華嚴院避寇養痾，兩偸其便，雖生下界幸據高齋，平揖群峰夐抛世路，而所居丈室密邇蒙泉，韶光煦然潤氣蒸兵，衣如遊霧，座若近陂池，加復病躬目勞燒炙，是使棲闐華水宓霏艾煙厭生，而或欲梵軀志問疾者多皆掩鼻有誰逐臭，空慚海畔一藩，無所竊香莫遂山中三嗅，及修斯傳自責，增懷傷手足虞含毫不快，欻聞香氣鬱烈有餘斷續再三尋無來所，誰料贏君歸載變成荀令坐筵，時有客僧持盈亦言，異香撲鼻，春寒劓噎因爾豁然，僕既勇於操觚，僧亦忻於闐鼲，斯豈掇古人芳跡播開士德馨之顯應乎，傳草既成。又獲思夢覩一緇叟執一卷書而曉愚曰，永徽是永粲元年也。劃爾形開試自解曰，此或謂所撰錄永振徽音長明事跡，始於今日故舉元年者耶？然而深惡誄聞莫排疑網，適得藏大德遺像供養因側二短簡書是非二字爲筊，擲影前取裁再三，是字獨見，心香所感，口訣如聞，古德既陰許非非今，愚乃陽增病病不爲無益聊以自寬，或人不止矚然且攎胡曰，子所標證說春夢可乎哉？愚徐應曰，是身非夢歟？曰是然則在夢而欲黜夢，其猶践雪求無迹入水願不濡者焉。《書》不云乎，有大夢然，後有大覺，如睡夢覺，故名佛也。抑且王者以乾坤謫見每愼方來，庶人以晝夜魂交能防未兆，譬形端影直，豈心正夢邪？人或不恆巫醫拱手，苟冥應悉爲虛妄念大亦涉徒勞耶？聞昔尼父見周公高宗得傳說信相，金鼓普眼山神皆託靈遊能融妙理，故兩朝僧史亦一分夢書，況聖敎東流本因睡感，從昏至曉，出假入眞，今也出則窘步樵原，入則酣眠煖室，暫息淒淒之歎，宜從栩栩之遊，客既溺客之笑容，予乃宰予之睡興，因憶得吳中詩叟陸龜蒙斷章云，思量浮世何如夢，試就南窗一寐看，於是乎擲握筆引幽枕，遠尋宰予我，近訪邊孝先，瞥遇二賢各吟五字，曰糞牆師有誡，經笥我無慚，僕於恍惚中續其尾云，亂世成何事，唯添七不堪。

宗鑒《釋門正統》卷八《賢首相涉載記》 康姓，康居人，年十六鍊一指供養明之育王舍利塔，尋聽華嚴，則天策名宮禁，落髮住太原寺，佐于闐實叉難陀，譯《華嚴》成八十卷，詔講於佛授記寺，講堂乃京師，地動光自口出，騰涌如蓋，詔十大法師爲授戒，擢爲賢首并菩薩戒師，睿宗內禪亦受大戒，糞衣糲食，講華嚴三十餘徧，楞伽、密嚴、梵網等經，起信論凡十部，皆爲義疏，先天元年十一月十四日，終于大薦福寺，壽七十，贈鴻臚卿，葬神和原祕書少監閻朝隱碑，滅百年而得澄觀。

傳承分部

澄觀

傳記

贊寧《宋高僧傳》卷五 釋澄觀，姓夏侯氏，越州山陰人也。年甫十一，依寶林寺（今應天山）霈禪師出家，誦《法華經》。十四遇恩得度，便隸此寺。觀俊朗高逸，弗可以細務拘。遂遍尋名山，旁求祕藏。梯航既具，壼奧必臻。乾元中，依潤州棲霞寺醴律師學相部律，本州依曇一隸南山律，詣金陵玄璧法師傳關河三論。三論之盛于江表，觀之力也。大曆中，就瓦棺寺傳《起信》《涅槃》，又於淮南法藏受海東《起信疏》義。卻復天竺詵法師門，溫習《華嚴》大經。七年往剡溪，從成都慧量法師覆尋三論。十年就蘇州，從湛然法師習天台《止觀》《法華》《維摩》等經疏，解從上智，性自天然。所學之文，如昨抛捨。飽靜記井，蔡邕後身，信可知矣。又謁牛頭山忠師，徑山欽師，洛陽無名師，咨決南宗禪法。復見慧雲禪師，了北宗玄理。觀自謂己曰，五地聖人，身證眞如，棲心佛境。於後得智中，起世俗念，學世間技藝。況吾學地，能忘是心。遂翻習經傳子史小學蒼雅，天竺悉曇諸部，異執四圍五明祕咒儀軌，至于篇頌筆語書蹤，一皆博綜。多能之性，自天縱之。大曆十一年，誓遊五臺。一一巡禮，祥瑞愈繁。仍往峨嵋，求見普賢。登險陟高，備觀聖像。卻還五臺，居大華嚴寺，專行方等懺法。

時寺主賢林請講大經，并演諸論。因慨《華嚴》舊疏文繁義約，惙然長想。況文殊主智，普賢主理，二聖合爲毘盧遮那。萬行兼通，即是華嚴之義也。吾既遊普賢之境界，洎妙吉之鄉原。不疏毘盧，有辜二聖矣。觀將撰疏，俄於寤寐之間見一金人，當陽挺立，以手迎抱之，無何，咀嚼都盡。覺即汗流自喜，吞納光明遍照之徵也。起興元元年正月，貞元三年十二月畢功，成二十軸，乃飯千僧以落成也。後常思付授，忽夜夢身化爲龍。矯首于南臺，蟠尾于山北。拏攫碧落，鱗鬣耀日。須臾蜿蜒，化爲千數小龍。騰耀青冥，分散而去。蓋取象乎教法支分流布也。

四年春正月，寺主賢林請講新疏。七年，河東節度使李公自良，復請於崇福寺講。德宗降中使李輔光，宣詔入都。與罽賓三藏般若，譯烏荼國王所進《華嚴後分》四十卷。觀苦辭，請明年入，敕允。及具行至蒲津，中令梁公留安居，遂於中條山棲巖寺住。寺有禪客，拳眉翦髮，字曰癡人。披短褐，操長策，狂歌雜語。凡所指岸，皆多應驗。觀未至之前，狂僧驅眾僧灑掃，曰，不久菩薩來此。復次壁畫散脂大將及山麋之怪，往往不息。觀既止此寺，二事俱靜。五月內，中使霍仙鳴傳宣催入。觀至，帝頗敦重。延入譯場刊正，又詔令造疏。遂於終南草堂寺編成十卷，進呈。敕令兩街各講一遍。爲疏時，堂前池生五枝合歡蓮華，一華皆有三節，人咸歎伏。尋譯守護國界主經，觀綴文潤色。

順宗在春宮，嘗垂教令，述《了義》一卷，《心要》一卷，并食肉得罪因緣。洎至長安，頻加禮接，朝臣歸向。則齊相國杭韋，太常渠牟，皆結交最深。故相武元衡，鄭絪，李吉甫，權德輿，李逢吉，中書舍人錢徽，兵部侍郎歸登，襄陽節度使嚴綬，越州觀察使孟簡，洪州韋丹，咸慕高風，或從戒訓。以元和年卒，春秋七十餘。弟子傳法者一百許人，餘堪講者千數。

觀嘗於新創雲花寺般若閣下，畫華藏世界圖相，又著隨疏演義四十卷。允齊相請，述《華嚴經綱要》一卷，《法界玄鑑》一卷，《三聖圓融觀》一卷，《華嚴》《法華》《楞伽》《中觀論》等別行小鈔疏，共三十卷。設無遮大會十二中，其諸塑繢形像繕寫經典不可殫述。門人清沔記觀平時行狀云，觀恆發十願，一長止方丈但三衣鉢不畜長，二當代名利棄之如遺，三目不視女人，四身影不落俗家，五未捨執受長誦《法華經》，六長讀大乘經典普施含靈，七長講《華嚴》大經，八一生晝夜不臥，九不邀名惑眾伐善，十不退大慈悲普救法界。觀逮盡形期，恆依願而修行也。

續法《法界宗五祖略記》 四祖諱澄觀，字大休，俗姓夏侯氏，越州會稽人也。

身長九尺四寸，雙手過膝，口四十齒，聲韻如鍾，目光夜發，晝乃不眴。日記萬言，七行俱下。生於玄宗開元二十六年。母誕之辰，光明滿室，同徹鄰右。每童戲，聚沙建塔。年九歲，禮本州寶林寺體眞禪德爲師。歲曜一周，解通三藏。天寶七年，師十一歲，奉恩試經得度。

纔服田衣，思冥理觀，乃講《般若》、《涅槃》、《淨名》、《蓮華》、《圓覺》等一十四經，《起信》、《寶性》、《瑜伽》、《唯識》、《俱舍》、《中》、《百》、《因明》等九論。

肅宗至德二年，師受具戒於曇一大師門下，行南山止作事，遂爲眾德講演《律藏》。

又禮常照禪師授菩薩戒。原始要終，十誓自勵，體不損沙門之表，心不違如來之制。坐不背法界之經，性不染情愛之境。足不履尼寺之塵，脇不觸居士之榻。目不視非儀之彩，舌不味過午之餚。手不釋圓明之珠，宿不離衣鉢之側。

從牛頭忠、徑山欽問西來宗旨。又謁洛陽無名禪師，印可融寂，自在受用。

即曰，明以照幽，法以達迷。然交暎千門，融冶萬有，廣大悉備，盡法界之術，唯《大華嚴》。復參東京大詵和尚，聽受玄旨，利根頓悟，再周能演。詵曰，法界宗乘，全在汝矣。

次後名價日高。迨代宗大歷三年，詔師入內，與大辨正不空三藏，於大興善寺譯經，命爲潤文大德。帝一日問佛經大旨，師答條然有緒。帝於言下豁悟，遂事以師禮，恩渥彌厚。至六年，進所譯經，凡七十七部一百二十卷。

及出譯場，辭謝帝後，即開闡《華嚴》。講至《住處品》，審文殊隨事，觀照五頂，遂不遠萬里，委命棲托於大華嚴寺，住錫十稔。

山上緇侶，懇命敷揚。因思五地聖人，身棲佛境，心證眞如，尙起後得智，學世間解。由是博覽六藝圖史、九流異學、華夏訓詁、竺乾梵字、四圍五明、聖教世典等書，靡不該洽。

至德宗建中四年，欲下筆著疏，先求瑞應。即於般若院，啓曼拏羅優游理觀，祈聖佑之。一夕夢金容，挺持山嶽，月滿毫相，卓立空際。仍於寐內，捧咽面門。既覺而喜，知獲光明徧照徵矣。是月也。設無遮會以慶之。

從此落筆，恍若有神，絕無停思。當興元元年爲始。舊疏中唯賢首得旨，遂宗承之。經前開十門談玄，釋文以四分分科，至貞元三年告就，疏成二十卷。其夕又夢自身爲龍，頭枕南臺，尾蟠北臺，鱗鬣耀空，光逾皎日，須臾奮迅，化成百千小龍，分照四方而去。遂悟此是流通大疏之兆也。

初爲眾講，感景雲凝停空中，逾時不散。後

又爲僧睿等百餘講者，造《隨疏演義鈔》四十卷，《隨文手鏡》一百卷。

貞元七年，河東節度使李自良，請師於崇福寺講新疏。德宗聞其風，遣中使李輔光宣詔入都，問佛法大意。

貞元十二年，宣河東節度使禮部尙書李詵，備禮迎師入京。詔同罽賓三藏般若，翻譯烏（茶）［荼］國所進《華嚴》後分梵夾。師承睿旨，於六月五日爲始翻譯。帝親預譯場，一日不至，即命僧寂光，依律說欲，云皇有國事因緣，如法僧事與欲清靜。至十四年二月二十四日譯就，共四十卷，進上。

是年四月，帝生誕，詔請師於麟德殿，開示新譯《華嚴》宗旨。羣臣大集，師陞高座說曰，我皇御宇，德合乾坤，光宅萬方，重譯來貢。特回明詔，再譯眞詮。觀顧多天幸，承旨幽讚。極虛空之可度，體無邊涯，大也。竭滄溟而可飲，法門無盡，方也。碎塵剎而可數，用無能測，廣也。離覺所覺，朗萬法之幽邃，佛也。芬敷萬行，榮耀眾德，華也。圓茲行德，飾彼十身，嚴也。貫攝玄微，以成眞光之彩，經也。總斯經題之七字，乃爲一部之宏綱。將契本性，非行莫階，故說普賢無邊勝行。行起解絕，智證圓明。無礙融通，現前受用。帝大悅，讚曰，妙哉言乎，微而且顯。賜紫衲方袍，禮爲教授和尙。

五月，遣中使霍仙鳴，傳宣催入，詔令造新譯《華嚴》後分經疏。師奉旨述《後分疏》十卷，《行願品經別行疏》一卷。

貞元十五年，詔受鎭國大師號，進天下大僧錄。

四月帝誕節，勑有司備儀輦，迎教授和尙入內殿，闡揚《大經》。師陞座曰，大哉眞界，萬法資始。包空有而絕相，入言象而無迹。我佛得之，妙踐眞覺，廓盡塵習，融身剎以相含，流聲光而遐燭。我皇得之，靈鑒虛極，保合太和，聖文掩於百王，淳風扇於萬國。《華嚴經》者，即窮斯旨趣，盡其源流。故恢廓宏遠，包納冲邃，不可得而思議矣。失其旨也，徒修因於曠劫。得其門也，等諸佛於一朝。諦觀一塵，法界在掌。理深智遠，識昧辭單。塵黷聖聰，退座而已。帝時默湛海印，朗然大覺，顧謂羣臣曰，朕之師，言雅而簡，辭典而富，扇眞風於第一義天，能以聖法清涼朕心。仍以清涼賜爲國師之號。

由是中外台輔重臣，咸以八戒禮而師之。

時順宗在東宮，以心要遣（同）［問］於師。師答書曰，至道本乎一心，心法本乎無住。無住心體，靈知不昧。性相寂然，包含德用。迷現量則惑苦紛然，悟眞性則空明廓徹。雖即心即佛，惟證者方知。又請述《了義》一卷，幷《食肉得罪因緣》一篇。

永貞元年，順宗登帝位，詔師於興唐寺，爲造普光殿、華嚴閣，塑華藏剎，圖法界會。

憲宗元和二年，南康王韋皋，相國武元衡，請著《法界觀玄鏡》一卷。

元和五年，詔師入内談法。帝問，《華嚴》所詮，何謂法界。師曰，法界者，一切衆生身心之本體也。從本已來，靈明廓徹，廣大虛寂，唯一眞境而已。無有形貌而森羅大千，無有邊際而含容萬有。昭昭於心目之間，有相不可覩。晃晃於色塵之内，而理不可分。非徹法之慧目，離念之明智，不能見自心如此之靈通也。故世尊初成正覺，歎曰，奇哉，我今普見一切衆生，具有如來智慧德相，但以妄想執著，而不能證得。於是稱法界性，説《華嚴經》。全以眞空揀情，事理融攝，周偏凝寂，是之謂法界大旨。帝聽玄談已，廓然自得。即勅有司，別鑄金印，遷賜僧統清涼國師之號，統冠天下緇侶，主教門事。

穆宗敬宗，咸仰巨休，悉封大照國師。文宗太和五年，帝受心戒於師，誓不食蛤。開成元年，帝以師百歲壽誕，賜衣財食味，加封大統國師。《大經》前後講五十徧。無遮大會，一十五設。

凡著述現流傳者，總四百餘卷。相國齊抗、鄭餘慶、高郢請撰《華嚴綱要》三卷。相國李吉甫、侍郎歸登、駙馬杜琮請述《正要》一卷。僕射高崇文請著《鏡燈説文》一卷。司徒嚴綬、司空鄭元、刺史陸長源請撰《三聖圓融觀》一卷。節度使薛華、觀察使孟簡、中書錢徽、拾遺白居易、給事杜羔等請製《七處九會華藏界圖心鏡説文》十卷。又與僧録靈邃大師、十八首座、十寺三學上流，製《華嚴》、《圓覺》、《四分》、《中觀》等經律論《關脈》三十餘部。又述《大經了義備要》三卷。七聖降誕節對御講經談論文兼一家詩牋、表章，總八十餘卷。

弟子爲人師者，三十有八，海岸寂光爲首，稟受學徒一千，唯東京僧睿、圭山宗密獨得其奥，餘皆虛心而來，實腹而去。

開成三年三月六日，召上足三教首座寶印大師海岸等，囑曰，吾聞偶運無功，先聖悼歎。復質無行，古人恥之。無昭穆動靜，無綸緒往復。勿穿鑿異端，勿順非辨僞。勿迷陷邪心，勿固牢鬬諍。大明不能破長夜之昏，慈母不能保身後之子。當取信於佛，無取信於人。眞界玄微，非言説所顯，要以深心體解，朗然現前。對境無心，逢緣不動，則不孤我矣。言訖，趺坐而逝。

師生歷九朝，爲七帝師，俗壽一百二，僧臘八十三。言論清雅，動止作則，學贍九流，才供二筆，盡形一食，不蓄餘長。

文宗以祖聖崇仰，特輟朝三日，重臣縞素。蜕經三七，顔光益潤，端身凜嶽。其月二十七日，承旨奉全身塔於終南山。初期，有梵僧到闕，表稱於葱嶺見二使者，淩空而過。以呪止而問之，答曰，余乃北印度文殊堂神也。東震取華嚴菩薩大牙，歸國供養。有旨啓塔驗之，果失一牙，唯三十九存焉，璨然如霜，面貌如生。遂闍維，得舍利數千粒，明光瑩潤。舌如紅蓮，火不能變。上勅謚，仍號清涼國師亦依號謚也。賜塔額曰妙覺。

詔相國裴休撰《碑記》。勅寫國師眞儀，奉安大興唐寺。文宗御製《像讚》八章。餘如《別傳》。

宗鑒《釋門正統》卷八《賢首相涉載記》　字大休，會稽夏侯氏，九歲師寶林體眞，十一恩度，乾元中學相部律於潤州棲霞澧，受南山行事止作於曇一，受菩薩戒於常照禪師，啟厥十誓，傳關河三論於金陵，玄壁江表，三論之盛，始於此，大曆初於瓦官傳涅槃、起信等經論，及終南法界觀，康藏還源記，復造東京，受雜華於大詵，又從成郡慧量，覆尋三論十年，從荊溪習止觀、《法華》、維摩等疏，謁牛頭忠、徑山欽、洛陽無名咨決南宗禪法，見慧雲明了北宗玄理，（鎧云撮台衡三觀之玄趣，使教合亡言之旨，心同諸佛之心，不假更看他面，謂別有亡機之門，昔人不參善友，但尙尋文，年事稍衰，便欲廢教求禪，豈惟抑乎佛心，亦乃翻誤後學，師雖有遍參之勤，亦悔學路之雜）此土儒墨、竺乾、梵書諸部，異計四圍，五明顯密儀軌，旁通博綜，天縱多能，十一年巡禮五臺、峨眉，俱蒙現瑞，旋居大華嚴寺，專行方等懺法，仍講大經，造新疏二十軸，德宗誕節，講經内殿，以妙法清涼帝心，錫清涼號，紫衲方袍，禮爲教授和尙，宣河東節度禮部尙書李詵備禮奉迎，與罽賓三藏譯烏茶國王所進行願品，帝親預譯場，一日不至，即差僧如比丘法説欲云，皇帝國事因緣，如法僧事，與欲清淨，元和五年，憲宗勅鑄金印，加號大統國師，主教門事，開成二年三月六日示寂，葬終南石室，塔曰妙覺，裴相國銘，壽一百二，臘八十三，身長九尺四寸，垂手過膝，夜目發光，晝仍不瞬，才供二筆，曰記萬言，盡形一食，宿不離衣，歷乎九朝，爲七帝師，荊溪與江淮四十僧禮五臺，師領徒萬指，郊迎尊師，如是不可以頓，頓異見掩其美也。著疏記流傳者四百餘卷，講貫大經殆五十遍，建無遮大會十有五，學者計弘法三十八人，造堂奥者僧睿、宗密。

宗密

傳記

贊寧《宋高僧傳》卷六 釋宗密，姓何氏，果州西充人也。家本豪盛，少通儒書。欲干世以活生靈，負俊才而隨計吏。元和二年，偶謁遂州圓禪師。圓未與語，密欣然而慕之，乃從其削染受教。此年進具于拯律師，尋（靄）〔謁〕荊南張。張曰，汝傳教人也，當宣導於帝都。復見洛陽照禪師。照曰，菩薩人也，誰能識之。末見上都華嚴觀。觀曰，毗盧華藏能隨我遊者，其唯汝乎。

初在蜀，因齋次受經，得《圓覺》十二章。深達義趣，誓傳是經。在漢上，因病，僧付《華嚴句義》，未嘗隸習，即爾講之。由是乃著《圓覺》《華嚴》及《涅槃》《金剛》《起信》《唯識》《盂蘭盆》《法界觀》《行願經》等疏鈔及法義類例，禮懺修證圖傳纂略，又集諸宗禪言爲《禪藏》，總而序之，并酬答書偈議論等。又《四分律疏》五卷，《鈔懸談》二卷，凡二百許卷，圖六面。皆本一心而貫諸法，顯眞體而融事理。超群有於對待，冥物我而獨運矣。

密累入内殿，問其法要。大和二年慶成節，徵賜紫方袍爲大德，尋請歸山。會昌元年正月六日，坐滅於興福塔院。儼若平日，容貌益悅。七日遷于函，其自證之力可知矣。其月二十二日，道俗等奉全身于圭峰。二月十三日茶毘，得舍利數十粒，明白而潤大。後門人泣而求諸煨中，必得而歸，悉斂藏于石室，其無緣之慈可知矣。俗齡六十二，僧臘三十四。遺誡令舁屍施鳥獸，焚其骨而散之，勿塔。勿得悲慕以亂禪觀。每清明上山，必講道七日而後去。其餘住持儀則，當合律科。違者，非吾弟子。

初，密道既芬馨，名惟炟赫。内眾慕羶既如彼，朝貴答響又如此。當長慶元和已來，中官立功，執政者孔熾。内外猜疑，人主危殆。時宰臣李訓酷重于密。及開成中，僞甘露發。中官率禁兵五百人出閤，所遇者一皆屠戮。時王涯、賈餗、舒元輿方在中書會食。聞難作，奔入終南投密。唯李訓欲求剪髮匿之，從者止之，訓改圖趨鳳翔。時仇士良知之，遣人捕密入左軍。面數其不告之罪，將害之。密怡然曰，貧道識訓年深，亦知其反叛。然本師教法，遇苦即救。不愛身命，死固甘心。中尉魚恒志嘉之，奏釋其罪。朝士聞之，扼腕出涕焉。

或曰，密師爲禪耶，律耶，經論耶。則對曰，夫密者，四戰之國也，人無得而名焉。都可謂大智圓明，自證利他大菩薩也。是故裴休論譔云，議者以師不守禪行而廣講經論，遊名邑大都以興建爲務，乃爲多聞之所役乎，豈聲利之所未忘乎。嘻，議者焉知大道之所趣哉。夫一心者，萬法之總也。分而爲戒定慧，開而爲六度，散而爲萬行。萬行未嘗非一心，一心未嘗違萬行。禪者六度之一耳，何能總諸法哉。且如來以法眼付迦葉，不以法行。故自心而證者爲法，隨願而起者爲行，未必常同也。然則一心者，萬法之所生，而不屬於萬法。得之者則於法自在矣，見之者則於教無礙矣。本非法不可以法說，本非教不可以教傳，豈可以軌跡而尋哉。自迦葉至富那奢，凡十祖，皆羅漢，所度亦羅漢。馬鳴，龍樹，提婆，天親，始開摩訶衍，著論釋經，摧滅外道，爲菩薩唱首。而尊者闍夜，獨以戒力爲威神。尊者摩羅，獨以苦行爲道跡。其他諸祖，或廣行法教，或專心禪寂。或蟬蛻而去，或火化而滅。或攀樹以示終，或受害而償債。是乃法必同，而行不必同也。且循轍跡者非善行，守規墨者非善巧。不迅疾無以爲大牛，不超過無以爲大士。故師之道也，以知見爲妙門，寂淨爲正味，慈忍爲甲盾，慧斷爲劍矛。破内魔之高壘，陷外賊之堅陣，鎭撫邪雜，解釋縲籠。遇窮子則叱而使歸其家，見貧女則呵而使照其室。窮子不歸，貧女不富，吾師恥之。三乘不興，四分不振，吾師恥之。忠孝不並化，荷擔不勝任，吾師恥之。避名滯相，匿我增慢，吾師恥之。故遑遑於濟拔，汲汲於開誘。不以一行自高，不以一德自聳。人有依歸者，不俟請則往矣。有求益者，不俟憤則啟矣。雖童幼不簡於應接，雖驁佷不怠於叩勵。其以闡教度生，助國家之化也如此。故親師之法者，貧則施，暴則斂，剛則隨，戾則順，昏則開，墮則奮。自榮者慊，自堅者化。徇私者公，溺情者義。凡士俗有捨其家與妻子同入其法分寺而居者，有變活業絕血食持戒法。起家爲近住者，有出而修政理。以救疾苦爲道者，有退而奉父母以豐供養爲行者。其餘憧憧而來欣欣而去，揚袂而至實腹而歸。所在甚眾，不可以紀。眞如來付囑之菩薩，眾生不請之良友。其四依之人乎，其十地之人乎。吾不識其境界庭宇之廣狹深淺矣，議者又焉知大道之所趣哉。其爲識達大人之所知心，爲若此也。密知心者多矣，無如昇平相國之深者，蓋同氣相求耳。宣宗再闡眞乘，萬善咸秩，追謚曰定慧禪師，塔號青蓮。持服執弟子禮四眾數千百人矣。

系曰，河東相國之論譔，所謂極其筆矣。然非夫人之爲極筆，於他人豈極其筆乎。觀夫影響相隨，未始有異也。影待形起，響隨聲來。有宗密公，時則有裴相國，非相國曷能知密公。相續如環，未嘗告盡。其二公之道如然，則知諦觀法王法，則密公之行甚圓。應以宰官身，則裴相之言可度。今禪宗有不達而譏密不宜講諸教典者，則吾對曰，達磨可不云乎，吾法合了義教，而寡學少知。自既不能，且與煩惑相應，可不嫉之乎。或有誚密不宜接公卿而屢謁君王者，則吾對曰，教法委在王臣。苟與王臣不接，還能興顯宗教以不。佛言力輪王臣是歟。今之人情，見近王臣者則非之。曾不知近王臣人之心，苟合利名，則謝君之誚也。或止爲宗教親近，豈不爲大乎，寧免小嫌。嫌之者，亦嫉之耳。若了如是義，無可無不可。吁哉。

續法《法界宗五祖略記》 五祖諱宗密，號圭峯，師居是山，因得斯稱，德宗建中元年生也。果州西充縣人，俗姓何氏，家世業儒。

師髫齓時，精通儒學。洎弱冠，聽習經論，止葷茹，親禪德。憲宗元和二年，將赴貢舉，偶值遂州大雲寺道圓禪師法席，問法契心，如針芥相投。遂求披剃，時年二十七也。爲沙彌時，一日隨眾僧齋於府吏任灌家，師居末座。以次授經，得《圓覺》十二章。讀一、二章，豁然大悟，身心喜躍，歸白於圓。圓曰，此經諸佛授汝耳。汝當大弘圓頓之教。汝行矣，無滯一隅。遂當年受具戒，奉命辭去，謁荊南忠禪師。忠曰，傳教人也。復參洛陽照禪師。照曰，菩薩中人也。

元和五年，抵襄漢，遇恢覺寺靈峯闍黎，病中授與清涼國師所撰《華嚴大疏》二十卷，《大鈔》四十卷。覽之欣然，曰，吾禪遇南宗，教逢圓覺。一言之下，心地開通。一軸之中，義天朗耀。今復得此大法，吾其幸哉。即爲眾講一徧。

元和六年，往東都禮祖塔，駐錫永穆寺。四眾再請，講第二徧。聽徒中有泰恭者，不勝慶遇，斷臂酬恩。

師因未見清涼，遂修書一緘，并述《領解新疏鈔中關節血脈》一篇，遙敘門人之禮。差徒玄珪、智輝，馳奉疏主。疏主即批答云，不面不傳，得旨繫表，意猶吾心，未之有也。非憑聖力，必藉宿因。輪王眞子，可以爲喻。儻得一面，印所懸解，復何加焉。

講畢，詣上都，禮觀清涼國師。印曰，毗盧華藏，能從我游者，舍汝其誰歟。初二年間，晝夜隨侍。次後雖於諸寺講論，有疑則往來咨決不絕數年。

請益後，至元和十一年春，在終南山智炬寺，出《圓覺科文纂要》二卷。誓不下山，徧閱藏經三年。願畢，十四年於興福寺，出《金剛纂要疏》一卷，《鈔》一卷。十五年春，於上都興福、保壽二寺，集《唯識疏》二卷。長慶元年，退居鄠縣草堂寺。二年春，重治《圓覺經》解。又於南山豐德寺，製《華嚴綸貫》五卷。三年夏，於豐德寺，纂《四分律疏》三卷。至冬初，《圓覺》著述功就，《大疏》三卷，《大鈔》十三卷。隨後又註《略疏》二卷，《小鈔》六卷，《道場修證儀》十八卷。

太和二年慶成節，文宗詔入內殿，問諸法要，賜紫袍，勅號大德。朝臣士庶，咸皆歸仰。唯相國裴休，深入堂奧，而爲外護。山南溫造尚書問，悟理息妄之人，不復結業，一期壽終之後，靈性何依。師曰，一切眾生，莫不具有覺性。靈明空寂，與佛無殊。但以無始劫來，未曾了悟，妄執身爲我相，故生愛惡等情。隨情造業，隨業受報，生老病死，長劫輪迴。然身中覺性，未曾生死。如夢被驅役，而身本安閑。如池水作冰，而濕性不易。若能悟此性即是法身，本自無生，何有依托。眞理雖然頓達，妄情難以卒除，須常覺察，損之又損。(但)[但]可以空寂爲自體，勿認色身。以靈知爲自心，勿認妄念。妄念若起，都不隨之。即臨命終時，業自不能繫。雖有中陰，所向自由，天上人間，隨意寄托。若愛惡之念已泯，即不受分段之身。若微細流注寂滅，則圓覺大智朗然。隨機現化，名之爲佛。偈曰，作有義事，是惺悟心。作無義事，是狂亂心。狂亂隨情念，臨終被業牽。惺悟不由情，臨終能轉業。

前後著《涅槃》、《起信》、《蘭盆》、《行願》、《法界觀》等經、論疏鈔，并集諸宗禪言，爲《禪源詮》，及酬答、書偈、議論等，總九十餘卷。

武宗會昌元年正月六日，於興福院誡門人，令舁屍施鳥獸，其骨焚而散之，言訖坐滅。其月二十二日，道俗奉全身於圭峯，(茶)[荼]毗得舍利數十粒，皆白潤。及火後，門人泣而求之，並得於煨燼內，乃藏之石室。閱世六十二，僧臘三十四。門弟子僧尼四衆得度脱者，凡數千人。相國裴休撰碑文。略曰，一心者，萬法之總也。分而爲定慧，開而爲六度，散而爲萬行。萬行未曾非一心，一心未嘗違萬行。故禪師之爲道也。以知見爲法門，以寂靜爲正味，慈忍爲甲(胄)[冑]，慧斷爲劍矛。鎮撫邪雜，解釋縲籠。窮子不歸，貧女不富，吾師恥之。三乘不興，四分不振，吾師恥之。忠孝不並化，荷擔不勝任，吾師恥之。故皇皇於濟拔，汲汲於開誘。不以一行自高，不以一德自聳。人有飯依者，不俟請而往也。有求益者，不俟憤則啓矣。雖童幼不簡於應接，雖傲狠不怠於扣勵。眞如來付囑之菩薩，衆生不請之良友。其四依之一乎。其十地之人乎。至宣宗，追謚安慧禪師，塔曰青蓮。詳載他集。

宗鑒《釋門正統》卷八《賢首相涉載記》 何姓，果州西充人。年二十八進具，得法於荷澤會五世孫道圓，傳《圓覺》於漢上，傳清涼華嚴句義於病僧，即爲他講。故《圓覺疏序》，有講雖濫泰學，且師安明沐，猶吾之納，謬當眞子之印，葢清涼答書，子之所解，猶吾之心。轉輪眞子，誠所謂也。又語云，毗盧華藏能隨我游者，其汝乎。著《圓覺》《華嚴》《涅槃》《金剛》《起信》《唯識》《蘭盆》《法界觀》《行願經》等疏鈔，及修證科儀等凡九十餘卷。太和二年，文宗詔問佛法，賜紫方服爲大德。會昌元年正月六日，坐滅於興福塔院，賜謚定慧，塔曰，青蓮。裴相國銘，壽六十二，臘三十四。李訓敗走終南，師欲匿之。其徒不可，乃奔鳳翔，爲吏所執。訓死，仇士良捕師詰之。怡然曰，與訓遊久，吾法遇難則救，初無愛憎，死固吾分。洪覺範謂，比丘於唐交士大夫者，多犯法辱教，而師獨超然，吏亦欣然疾書，葢其履踐明也。鎧菴曰，東坡寄子由詩，憑君借取法界觀，一洗人間萬事非。楊龜山云，《西銘》會古人用心，要處爲文，正如杜順和尚作《法界觀》樣。前輩士夫留心學佛，但趍禪那一門，少知入道觀法。二公所尚，誠爲難矣。然以天台教觀格之，曾未造其藩籬。葢凡立觀，要令行人修證，必須依教。修何因，至何位，斷何惑，證何理。如荊溪云，立三觀，破三惑，顯三諦，證三智，成三德。今《法界觀》於彼宗五教中，未知定屬何教，破惑顯理，如何修證。若云依一乘圓教立茲觀門者，且五教建立始自賢首，豈賢首未判教而杜順先立觀耶？抑杜順立觀與賢首判教懸合耶？豈彼教宗賢首觀宗杜順耶？圭峰《注法界觀》修字云，止觀熏習，造詣不知，是何止觀。若單止單觀乃屬小乘偏空修證，(《阿含》比丘當修二法，所謂止觀。)如何入華嚴稱性法界。若三止三觀，爲次第耶？爲一心耶？若次第者，須說先修何止觀，到何位，斷何惑，顯何理。若一心者，亦須明說何位圓融而修，何位圓融而證。倘如舊傳，乃文殊示現，豈菩薩別爲一緣，立此觀法乎。不然，豈免永明之(機)[譏]。

子璿

傳記

宗鑒《釋門正統》卷八《賢首相涉載記》 秀人，聽洪敏講《楞嚴》至「動靜二相，了然不生」有省，聞琅耶覺道重當世，趍其席，值上堂，師云，清淨本然，云何忽生山河大地，覺喝云，清淨本然，云何忽生山河大地，俯伏汗流，豁然大悟，方披襟，敢稱座主，禮謝願侍巾缾，覺曰，汝宗不振久矣，厲志扶持報佛恩德，勿以殊宗爲介，師如教以辭，住長水，衆幾一千，慶南疏楞嚴，丞相王隨序，鎧菴曰，天台所判四教，本乎佛意，葢依如來藏同體權實，大悲願力隨順物機，不獲已而用，既機宜不同，致法有差降，從一實理，開於權理，權實二理能詮，教殊故有四種差別教起，荊溪云，此之四釋，關涉五時，牢籠八教，彼賢首五教，畢竟准何建立，愚法小乘雖僅同天台，然不說轉小成衍，又無別圓被接，又無《法華》開顯，則將畢世愚矣，始終頓圓，四教皆無，斷伏修證，分齊徒用經論，相似語言配合耳，況天台所立四教，教下有觀法，賢首既不遵天台判釋，自立五教，至說起信觀法，卻云修之次第，如顗師摩訶止觀豈非有教無觀，解行胡越清涼，雖稟荊溪止觀，卻宗賢首判教，廣造華嚴疏鈔，謬亦同科，圭峰圓覺長水，楞嚴雖廣有云云，蓋同坑無異土矣，李長者新論四十卷，錢氏時永嘉永安分注經下成一百二十卷，名華嚴合論，其判教與天台不同，亦與賢首大異，茲乃三世達道所系，未易談其始末，姑俟後賢明辨云。

淨源

傳記

宗鑒《釋門正統》卷八《賢首相涉載記》 存伯長，號潛叟，晉江楊氏，師東京報慈海達恩度，受大經於承遷，受合論於橫海，明覃還南，聽長水《楞嚴》《圓覺》《起信》肇公《四絕》等經論，宿學推爲教海，義龍省親于泉，泉人請住清涼，遊吳，吳人請住報恩觀音，杭帥沈學士置賢首院於祥符以延之，主青鎮、密印、寶閣、華亭、普照、善住，檀越沓至，給衆外悉以印造教藏，身衣布褐，自奉甚約，或爲致賜衣名號曰，吾豈爲世間名利恭敬哉？義天航海問道，申弟子禮，閱歲而歸，一宗疏鈔，時已亡絕，義天持至，咨決所疑，逸而復行，師之力也。蒲左丞鎮杭，歎其苦志，千學行解俱到，奏以慧因，易禪爲教，義天還國，以金書《華嚴》三譯本凡一百七十卷歸師以祝聖壽，彼宗自圭峰來，未有若斯之盛，故稱中興教主。元祐三年十一月庚午示寂，年七十八，臘五十四，塔舍利于院西北，曾運使敗銘。

義和

傳記

宗鑒《釋門正統》卷八《賢首相涉載記》 號圓澄，乾道中住慧因，居平江能仁閱淨土傳錄論，讚，未有華嚴念佛法門著無盡燈，以華嚴念佛至相和會，偏讚西方，觀念彌陀，（樂邦文類）然彼宗期心華藏，願見舍那，以生安養，覲彌陀爲所斥，或以斷惑通別，感土淨穢，與違行願關之，其說窮矣，和乃強欲和會，終以言論事理混淆，自畔其說，乃知佛隴無礙之辨，挽銀河傾溟渤，孰得而障之哉？

教理分部

華嚴總義

綜述

武則天《大周新譯大方廣佛華嚴經序》（《大方廣佛華嚴經》卷一）

蓋聞造化權輿之首，天道未分；龜龍繫象之初，人文始著。雖萬八千歲，同臨有截之區；七十二君，詎識無邊之義。由是人迷四忍，輪迴於六趣之中；家纏五蓋，沒溺於三塗之下。及夫鷲巖西峙，象駕東驅，慧日法王超四大而高視，中天調御越十地以居尊，包括鐵圍，延促沙劫。其爲體也，則不生不滅；其爲相也，則無去無來。念處、正勤，三十七品爲其行；慈、悲、喜、捨，四無量法運其心。方便之力難思，圓對之機多緒，混大空而爲量，豈算數之能窮？入纖芥之微區，匪名言之可述，無得而稱者，其唯大覺歟！

朕曩劫植因，叨承佛記。金仙降旨，大雲之偈先彰；玉扆披祥，寶雨之文後及。加以積善餘慶，俯集微躬，遂得地平天成，河清海晏。殊禎絕瑞，既日至而月書；貝牒靈文，亦時臻而歲洽。逾海越漠，獻琛之禮備焉；架險航深，重譯之辭罄矣。

《大方廣佛華嚴經》者，斯乃諸佛之密藏，如來之性海。視之者，莫識其指歸；挹之者，罕測其涯際。有學、無學，志絕窺覦；二乘、三乘，寧希聽受。最勝種智，莊嚴之迹既隆；普賢、文殊，願行之因斯滿。一句之內，包法界之無邊；一毫之中，置刹土而非隘。摩竭陀國，肇興妙會之緣；普光法堂，爰敷寂滅之理。緬惟奧義，譯在晉朝；時逾六代，年將四百。然圓一部之典，纔獲三萬餘言，唯啟半珠，未窺全寶。朕聞其梵本，先在于闐國中，遣使奉迎，近方至此。既覩百千之妙頌，乃披十萬之正文。粵以證聖元年，歲次乙未，月旅沽洗，朔惟戊申，以其十四日辛酉，於大遍空寺，親受筆削，敬譯斯經。遂得甘露流津，預夢庚申之夕；膏雨灑潤，後覃壬戌之辰。式開實相之門，還符一味之澤。以聖曆二年，歲次己亥，十月壬午朔，八日己丑，繕寫畢功；添性海之波瀾，廓法界之疆域。大乘頓教，普被於無窮；方廣眞筌，遐該於有識。豈謂後五百歲，忽奉金口之言；娑婆境中，俄啟珠函之祕。所冀：闡揚沙界，宣暢塵區；並兩曜而長懸，彌十方而永布。一窺寶偈，慶溢心靈；三復幽宗，喜盈身意。雖則無說無示，理符不二之門；然而因言顯言，方闡大千之義。輒申鄙作，爰題序云。

智儼述《大方廣佛華嚴經搜玄記》卷一（之上） 今分判文義，以五門分別。一、歎聖臨機，德量由致。二、明藏攝分齊。三、辨教下所詮宗趣及能詮教體。四、釋經題目。五、分文解釋。

初歎聖臨機德量由致者，夫如來大聖，自創悟玄蹤，發軫於無住，融神妙寂，志崇於菩提，故能殖道種於先際，積善業於無我，暈正智於金剛，朗如如於爾焰。是以妄想弗翦而霄翔累表，靈鑑弗瑩而圓明等覺，澄深我淨，至寂所不隱，凝跡常樂，無所而不施，生死涅槃，夷齊同觀，德備圓通大智無障礙，解脫方便妙極然矣。

第二明藏攝分齊者，斯之玄寂，豈容言哉？但以大悲垂訓，道無私隱故，致隨緣之說法門非一，教別塵沙，寧容限目，如約以辨，一化始終，教門有三。一曰漸教，二曰頓教，三曰圓教。初門漸內所詮三故，教則爲三，約所爲二故，教則爲二。言其三者，一曰修多羅，此云線亦名經，以線能貫華經能持緯義用相似，但以此方重於經名不貴線稱。是以翻譯逐其所重，故廢線名存於經目。譬聖言教能貫穿法相，使不差失，令法久住，經與線相似，此從譬立名，即詮定教也。二毘那耶，此云滅，以身口意惡焚燒行者，義同火然，戒能滅之，故稱滅，此從功能彰目，教從所詮，亦名爲滅，即詮戒教也。三者阿毘達摩，此云無比法，亦名對法，能破煩惱及分別法相，無分別慧最爲殊勝，更無有法能比此者，故曰無比法，此從無他得名，教從所詮亦名無比法，此即詮慧教也。名對法者，即阿毘是能對智，達摩是所對境法，即境用立名，此後二藏並從所詮得名也。

問：若然者，何故《攝論》云，爲說三種修學，別立修多羅，爲成依戒依心學故立毘那耶？以此文驗，即經詮三行，戒詮二行，慧詮一行。

答：有二義。一剋性門，二兼正門，剋性如前說，兼正門有二義，一本末義經爲本教，餘二次第末也。二者兼正門，經中定爲正，戒慧兼也。律論亦爾，準可知耳。此經即修多羅藏攝也。所爲二故，教即爲二者，根有利鈍，法有淺深，故約聲聞鈍根就分別性立於三藏，成聲聞行法故也。爲菩薩利根，約無分別等三無性，義立三藏，爲成菩薩行法故也。

問：經云爲諸緣覺說因緣觀法，即緣覺亦有教，何故不立藏？

答：依《普曜經》，三乘教即立三藏，今依《攝論》及地持等，但假教即入聲聞藏，故不立也。此以二義明之。一聲聞聲聞，是人本來求聲聞道樂觀四諦，今遇佛說四諦法得道，先有種性，今復聞聲故曰聲聞聲聞。如經中說，求聲聞者如來爲說四眞諦法，據此爲言，二緣覺聲聞者，先求緣覺道，今遇佛說因緣教法，如經中說，求緣覺者如來爲說十二緣法，就此爲論，初義總相知法，後義別相知法，利鈍雖殊，同期小果，總爲一藏也。若上利根出無佛世，自悟因緣，而得道果，有行無教，據斯廢也。依《普曜經》，望理教別也。就聲聞中有其二種，謂初執性教及順破性等諸部執教，破性教者，分知法空，同依四諦趣於小果故同入聲聞藏也。二菩薩藏內有二。一者，先習大法，後退入小，今還進大故，經說言，除先修習學小乘者，我今亦令入是法中名漸入也。二者，久習大乘今始見佛，則能入頓，故經說言，或有眾生世世已來常受我化，始見我身聞我所說，即皆信受入如來慧也。此經即入大乘教攝也。第二頓教攝者，故下經云，若眾生下劣其心厭沒者，示以聲聞道令出於眾苦，復有眾生，諸根少明利，樂於因緣法爲說辟支佛，若人根明利，饒益於眾生有大慈悲心，爲說菩薩道。若有無上心決定樂大事，爲示於佛身說無量佛法，以此文證知有一乘及頓教三乘差別。又依眞諦《攝論》，一者一乘，二者三乘，三者小乘也。

問，頓悟與一乘何別？

答，此亦不定，或不別，或約智與教別，又一淺一深也。一乘藏即下十藏也。相攝準之。

第三言圓教者，爲於上達分階佛境者，說於解脫究竟法門，滿足佛事故名圓也。此經即頓及圓二教攝，所以知有圓教者如下文云，如因大海有十寶山等準之。

問，此經何故上來通三乘分別及攝者？

答，爲此經宗通有同別二教三乘境見聞及修等故也。如《法華》經三界之中三車引諸子出宅，露地別授大牛之車，仍此二教同在三界爲見聞境。又聲聞等爲窮子，是其所引，故知小乘之外別有三乘，互得相引主伴成宗也。藏攝分齊訖。

三、釋教下所詮宗趣者，有其二種。一、總，二、別。總謂因果緣起理實爲宗趣，別有四門，一、教義相對，以辨宗趣。二境行，三理事，四因果。教爲宗義爲趣，境爲宗行爲趣，事爲宗理爲趣，因爲宗果爲趣。次能詮教體者，有其五種。第一義者實音聲名味句，第二義者可似音聲名味句，第三義者不可似音聲名味句，第四義者唯識音聲名味句，第五義者眞如音聲名味句。故經云，一切法皆如也。

四、釋經題目者，大方廣佛華嚴經世間淨眼品者，大謂體相用莫過故也。謂平等不增減體，具足性功德相，生世出世善因果用故，方者理正非耶？廣者法門理數具德盡其邊也。佛者覺也。此通十佛及三身佛，華有二種，一集果華不與果俱，如生死爲道具等乃至因位善根等也。二莊果華與果同時，如七淨華等及滿果位諸德，修生本有互嚴可知，嚴者莊飾也。又言大者標以勝極之都目，故論云，大勝高廣一體，而異名乘旨道富，參羅無外，謂之大本，非局然矣，言方者圓通之致，處無不善，觸緣斯順，不擇物而施，故曰方，言廣者，沖而幽微而遠淵而且博，謂之廣也。言佛者中國正音云佛陀，此方稱覺者，以其朗達窮源，塵習永亡，懷明獨曜，暉光大夜，啟導群惑，自覺覺人故曰佛陀，言華嚴者，此況法身行德之美故，體非眞無以彰其妙，功非極無以顯其勝，互相瑩發義並超殊，可謂自體圓通勝妙之極然矣，其猶眾綵奇珍織飾金顏，特甚瓌麗世之無比，故就斯喻標名，故曰華嚴，經者眞淨之教，訓議常則，文詮理緯，顯用行心，故曰經也。世間淨眼者，謂時中器等三世間也。及能況之相，又體用差別，故現世，無礙無染況淨眼，亦可如來未出世，無善導故如盲，佛今出世，現自他淨喻明眼耳，言世間淨眼者，此應名序，但今之時會並是勝流入佛眾海數，德居淨域塵所不染，出自天眞，信非有爲，故託以顯至極圓道緣起之妙，不捨生死而無沾污，是以就事爲目故曰世間淨眼，難測，非喻莫曉，故設以擬狀，若於眼內外俱淨中表清徹，色像參羅並屬於一運，無小無大無遠無近不相妨礙，故可準況標之如眼，故下偈歎，世間清淨猶如眼，義顯聖說然矣，品者語言理均，抮類相從，稱之爲品，此經有三十四品，此品貫之在首，故稱第一，經之都目宗要之況旨明於此，故言道大方廣佛華嚴經。

第五，隨文解釋者，初總料簡教之分齊，次別釋文分齊，有二，一對耶顯正明其分齊，二約所詮義明其分齊，初對耶者有其四門，一約緣辨耶？如八時不應語等，二約業辨耶？如求其名利，自是非他，樂世有等，三約惑明耶？聞作聞解不得不聞，乃至依法不依人等，四約始終辨耶？如經云八大善人等當成不善故。

法藏撰《華嚴經探玄記》卷一　夫以法性虛空，廓無涯而超視聽；智慧大海，深無極而抗思議。眇眇玄猷，名言罕尋其際；茫茫素範，相見靡究其源。但以機感萬差，奮形言而充法界；心境一味，泯能所而歸寂寥。體用無方，圓融叵測，於是無像現像，猶陽谷之昇太陽，無言示言，若滄波之傾巨壑，是故創於蓮華藏界，演無盡之玄網，牢籠上達之流，控引令階佛境，然後化霑忍土，漸布慈雲，灑微澤以潤三根，滋道牙而歸一揆，是知機緣感異，聖應所以殊分，聖應雖殊不思議一也。華嚴經者，斯乃集海會之盛談，照山王之極説，理智宏遠，盡法界而亘眞源，浩故以因陀羅網參互影而重重，錠光玻黎照塵方而隱隱一即多而無礙，多即一而圓通，攝九世以入剎那，舒一念而該永劫，三生究竟堅固種，而爲因，十信道圓普德顯，而成果，果無異因之果，派五位以分鑣，因無異果之因，總十身以齊致，是故覺母就機於東城，六千疏其十眼，童子詢友於南國，百十圓成以一生，遂使不越樹王六天斯屆，詎移華藏，十剎虛融，示寶偈於塵中，齊輝八會，啟王珠於性德，七處圓彰，浩浩鏗鈜，隔思議而逈出，巍巍煥爛，超視聽於聾盲，是故舍那創陶甄於海印，二七日旦爰興，龍樹終俯察於虬宮，六百年後方顯，然即大以包含爲義，方以軌範爲功，廣即體極用周，佛乃果圓覺滿，華譬開敷萬行，嚴喻飾茲本體，經即貫穿縫綴，能詮之教著焉，從法就人寄喻爲目，故云大方廣佛華嚴經，世間淨眼品者，器等三種顯曜於時，光潔照明，況於淨眼，法喻合舉，故云世間淨眼。語言理一，格類相從，故稱爲品。此經有三十四品，此品建初，故稱第一，故言《大方廣佛華嚴經》世間淨眼品第一，餘義如下説。

將釋此經，略開十門。一、明教起所由。二、約藏部明所攝。三、顯立教差別。四、簡教所被機。五、辨能詮教體。六、明所詮宗趣。七、具釋經題目。八、明部類傳譯。九、辨文義分齊。十、隨文解釋。

初教起所由者，先總辨，後別顯。總者，夫大教之興，因緣無量，故《智論》之初，廣辨般若教起因緣，如須彌山不以無事及小因緣而能令動佛，亦如是，大因緣故而有所説，所謂般若波羅蜜，流行世間廣益群品故也。《法華》亦云，如來爲一大事因緣故出現于世，所謂開示悟入佛知見等，此經下云，如來應供等正覺性起正法不可思議，所以者何，非少因緣成等正覺出興于世，以十種無量無數百千阿僧祇因緣，成等正覺出興于世，何等爲十，一者發無量菩提之心不捨一切衆生，如是等乃至廣説應知。

次別顯者，略提十義以明無盡，何者爲十？謂由法爾故、願力故、機感故、爲本故、顯德故、顯位故、開發故、見聞故、成行故、得果故。

【略】

次釋華嚴。

問，華有幾義，復何所表以華爲嚴？

答，華有十義，所表亦爾，一、微妙義，是華義，表佛行德，離於麁相，故説華爲嚴，下竝準此。二開敷義，表行敷榮，性開覺故。三、端正義，表行圓滿，德相具故。四、芬馥義，表德香普熏益自他故。五、適悦義，表勝德樂歡喜無厭故。六、巧成義，表所修德相善巧成故。七、光淨義，表斷障永盡，極清淨故。八、莊飾義，表爲了因嚴本性故。九、引果義，表爲生因起佛果故。十、不染義，表處世不染如蓮華故。次釋經字，亦有十義，如《寶雲經》説，餘義同上。

九、合名者，大即當體爲目包含爲義，方即就用爲名，軌範爲義是方法故，性離邪僻是方正故，能治重障是醫方故，遍虛空界盡方隅故，廣即體用合明，周遍爲義，謂一切處一切時一切法一切人無不周遍，皆重重如帝網。此中且就一攝一切名大一遍一切稱廣，前廣後大，理亦不違，方即是廣大即方廣皆持業釋，此是所得之法佛是能得之人，覺照爲名果滿爲義，此中人法境智有相依相即。相依者，智依境故方廣之佛簡下乘佛，境依智故佛之方廣，簡因位法，此二相依各有有力無力緣起四句，思之可見，皆依主釋。相即者，謂佛即方廣方廣即佛，人法無礙，全體相即，空有四句，亦準思之，此唯持業釋。既佛非下乘法超因位，果德難彰寄喻方顯，謂萬德究竟瓌麗猶華，互相交飾，顯性稱嚴。此有二門。一諸德互嚴，亦有相依相即，各有四句存亡俱泯，皆持業釋，思之可見。二理行互嚴，亦有相依相即。初相依四句者，一、理由修顯故，即行華嚴性也。二、行從理起故，即理華嚴行也。梁《攝論》云，無不從此法身流，無不還證此法身。三、理行俱融，不二而二，非眞流之行無以契眞，非飾眞之行不從眞起，良以體融行而因圓，行該眞而果滿，是故標爲佛華嚴也。四、理行俱泯，二而不二，以理之行故非行，行之理故非理，是即能所兩亡，超情離相，非嚴非不嚴，是謂華嚴，相即四句，理行全收，準思可見。是知法喻交映昭然有在，餘如前釋。

十品名者，世間是法，淨眼爲喻，世者是時，間者是中，時中顯現故云世間，世間不同有其三種，一器世間，爲所依處，二智正覺世間，爲能化主，三衆生世間，爲所化機，此品之內不越此三，故立斯名，器有二種，一場地別處，二華藏通處智正覺亦二，謂三身十身，衆生亦二，謂同生異生，淨眼三義，一洞徹義，況器世間，內徹理故，下文云，法界不可壞蓮華世界海，二現像義，況智正覺，下文云，清淨法身無像而不現，三照矚義，況衆生世間，下文云，猶如淨眼觀明珠，又若通論此三世間各有淨眼三義，思準可知，又釋佛未出世無善導故如盲，如來創出世間淨眼現名世間淨眼，是故佛涅槃時言世間眼滅，品者類也別也餘義可知。

德清《大方廣佛華嚴經綱要》卷一　初標部類品會。

此經按《西域記》說有三部。上部有十三千大千世界微塵數偈，一四天下微塵數品。中部有四十九萬八千八百偈，一千二百品。下本有十萬偈，四十八品。龍樹菩薩入龍宮，見上中二部，非凡夫心力能持，遂記下本流通人間。今傳來此方者八十卷，三十九品，以經來未盡，故所行者爲略本耳。然此經乃我盧舍那佛初成正覺，於菩提場稱性所演，一時頓說，周偏法界。故部類之多寡，第隨見聞有異，今說此經之處有七，其會有九，其品有三十九。所詮之義，統四法界，攝五周六位因果。清涼疏以信、解、行、證四分科釋全經，七處九會三十九品者。

初會菩提場，普賢菩薩說毗盧遮那如來依正因果法門，自第一卷至十一卷，共六品經。六品者。（《世主妙嚴品》、《如來現相品》、《普賢三昧品》、《世界成就品》、《華藏世界品》、《毗盧遮那品》。）

二會普光明殿，文殊師利菩薩說十信等法門，自十二卷至十五卷，共六品經。六品者。（《如來名號品》、《四聖諦品》、《光明覺品》、《菩薩問明品》、《淨行品》、《賢首品》。）

三會忉利天宮，法慧菩薩說十住等法門，自十六卷至十八卷，共六品經。六品者。（《昇須彌山頂品》、《須彌山頂偈讚品》、《十住品》、《梵行品》、《初發心功德品》、《明法品》。）

四會夜摩天宮，功德林菩薩說十行等法門，自十九卷至二十一卷，共四品經。四品者。（《昇夜摩天宮品》、《夜摩天宮偈讚品》、《十行品》、《十無盡藏品》。）

五會兜率天宮，金剛幢菩薩說十迴向等法門，自二十二卷至三十三卷，共三品經。三品者。（《昇兜率天宮品》、《兜率天宮偈讚品》、《十迴向品》。）

六會他化自在天宮，金剛藏菩薩說十地法門，自三十四卷至三十九卷，共一品經。一品者。（即《十地品》。）

七重會普光明殿，毗盧遮那如來說阿僧祇數量法門，及如來隨好光明功德，及普賢等諸菩薩說十大三昧等等覺法門，從四十卷至五十二卷，共十一品經。十一品者。（《普賢說十定品》、《十通品》、《十忍品》、《佛說阿僧祇品》、《心王菩薩說如來壽量品》、《諸菩薩住處品》，上明差別因。《青蓮華藏菩薩說佛不思議法品》、《普賢說十身相海品》、《佛說如來隨好光明功德品》，上明差別果。《普賢菩薩說普賢行品》，明平等因。《說如來出現品》，明平等果。上自二會來至此，一遍明六位因果。）

八三會普光明殿，普賢菩薩說離世間法門，自五十三卷至五十九卷，共一品經。一品者。（即《離世間品》，此二遍明六位因果。）

九會逝多林，有本、末二會。初毗盧遮那如來放光現相答諸菩薩念請，爲本會。次文殊師利菩薩從善住樓閣出，往人間開悟六千比丘，及指善財參五十三善知識，爲末會。通爲《入法界品》，自六十卷至八十卷，共一品經。一品者。（即《入法界品》，此三遍明六位因果。）

八十卷經，通分五周四分者：

一、所信因果周者，即舉果勸樂生信分。謂第一會菩提場說毗盧遮那依正果報法門，自《世主妙嚴品》至《毗盧遮那品》六品經。蓋舉揚如來依正二報，難思之果，勸勵大心衆生，令生樂欲，以起淨信。前五品顯舍那依正果德，後一品明佛本因，故名所信因果周，亦名舉果勸樂生信分。

二、差別因果周者，亦名修因契果生解分。自第二會普光明殿起，說十信、十住、十行、十迴向、十地，及重會普光明殿，說《十定》至《諸菩薩住處品》，共二十六品經，明差別因圓。後《佛不思議法品》、《如來十身相海品》、《如來隨好光明功德品》，共三品經，明差別果滿。其《十定》以下六品明等覺，後三品明妙覺。

三、平等因果周者，即於前會說《普賢行品》、《如來出現品》二品經，明平等因果。前普賢行明因該果海，次如來出現明果徹因源，因果不二，故名平等。連上差別二周，通名修因契果生解分。

四、成行因果周者，亦名託法進修成行分。謂八會三會普光明殿，說離世間法，即成行因果周，以普慧雲興二百問，普賢瓶瀉二千酬，通明六位因果。自五十三卷至五十九卷，共一品經。初通明五位之因，後明八相之果。五位因者，即住、行、向、地等覺。八相果者，即降兜率、托胎、降生、出家、降魔成道、說法、入涅槃。此託圓融法界，進修成行，位位交羅，一位具足一切位故，沒其位名，但明圓融之行，故名託法進修。

五、證入因果周者，亦名依人證入成德分，謂第九會逝多林說入法界法門，以諸菩薩念請有三十問，具問如來果海中事，以果海離言，故如來但現相以答，復放光攝受，光中具見所問之事，令其現證，是爲本會。次文殊師利從善住樓閣出，漸往人間，大塔廟前，令六千比丘頓證。次指善財童子南詢參五十三知識，通名末會。及善財末後，見普賢菩薩，入普賢一毛孔中頓圓曠劫之果。故前三十八品，但該羅六位因果，令生信發解，依之起行造修，至此方爲證入，故云依人證入成德分。若無實證，則前解行俱爲虛設，故以證終。

然上一部八十卷經，分爲三十九品，以此多品攝入五周四分，此但分章以斷釋經文。其文所詮之義，有四法界。古德釋經，以六相十重玄門，以收全部之義。四法界者，一、理法界，二、事法界，三、理事無礙法界，四、事事無礙法界。六相者，謂總、別、同、異、成、壞。由此六相同時，方成十重玄門，以顯事事無礙。十玄門者，一、同時具足相應門。（如海一滴，具百川味。）二、廣狹自在無礙門。（一尺之鏡，現千重影。）三、一多相容不同門。（一室千燈，光光涉入。）四、諸法相即自在門。（如金與色，二不相離。）五、秘密隱顯俱成門。（片月澄空，晦明相暎。）六、微細相容安立門。（如琉璃瓶，盛多芥子。）七、因陀羅網境界門。（十鏡互照，影現重重。）八、託事顯法生解門。（立像竪臂，觸目皆道。）九、十世隔法異成門。（一夕之夢，翺翔百年。）十、主伴圓融具德門。（北辰所居，衆星皆拱。）由此六相、十玄同時具足，故成事事無礙法界。故《經》中凡舉一事一行一法，必該此六相、十玄之義，以彰圓融法界。然此廣大無邊理趣，統以法界觀門收之，攝歸一心，念念具足，方順此宗，迥超諸教。故此圓融妙行，日劫相倍，具如《法界觀門》。

右上所列，乃全經大旨。凡誦此經者，必先了其章段，精熟理觀，則臨文念念證入無邊法界。由經文浩瀚，攝義無邊，故釋經者以五周四分科斷，使義有所歸，觀者臨文自然契會。此科文之大綱也。若其理趣，就于各品自有指歸。

次釋題目。

題稱《大方廣佛華嚴經》者，乃依人法喻因果以立名也。大方廣三字是法，乃舉法界全體，具體、相、用三大義故。佛乃能證之人，法界三大乃所證之法，華喻稱法界性所修之因，嚴乃莊嚴法身以成報身之果。言三大者，大謂體大，舉法界當體竪窮三際，橫遍十方，廣博包含，大而無外，以極法界量，強名曰大。故曰曠兼無際也。方者，相也，猶法也。以法界之體，本來無相，今全體變成十法界事相，一切衆生，有此法性軌持而能生解，故曰以正法自持。謂十法界有相之法，無一不具，故相亦大也。廣者，用大。謂法界之體，有大力用，以能變起十法界用，故曰稱體而周。若諸衆生有能悟此體者，即有轉凡成聖之用，故用亦大也。以此三大總一法界眞源，覺此本源，故名爲佛，故曰覺斯玄妙。佛者，覺也。以法界體，亦名清淨法身，必假萬行莊嚴，乃成報身故。稱法界性，以此修因故。華喻萬行功德，言華必有果。嚴謂莊嚴，以萬行之因華，莊嚴法身之果體，是爲報佛故。嚴謂飾法成人，今說此經者，即報佛也。

觀衡《大方廣佛華嚴經綱要序》

《華嚴》大經者，乃毗盧遮那佛稱法界量顯現自性因果本妙莊嚴究竟圓頓總持法門也。文豐義富，事涉宗玄。要而收之，不出四法界而已。蓋四法界者，一、理法界。此界也。以眞性法中本無生佛名言，豈有自他影像。世出世法，染淨因緣，當體全空，究竟清淨，不可思議，是謂理法界也。二、事法界。斯界也。即理法界，至虛而靈，淨極而妙，不動本然，循業發現，頓變相、見二分，幻開迷悟兩途，情與非情，聖凡依正，熾然同異，究竟所有不可思議，是謂事法界也。三、理事無礙法界。是界也。即理外無事，事外無理，理不拒事，縛脫歷然；事不拒理，生滅寂爾，波濤萬殊，而全彰水體，水性一味，而偏示波瀾，空有竝施，性相不二，不可思議，是謂理事無礙法界也。四、事事無礙法界。茲界也。合上三界，圓入一眞，理事既不相違，彼此自是無礙。以事入理，理無盡而事事無盡。以理收事，理無殊而事事無殊。舉一念而三世圓明，吹一毛而十方炳現。正中有依，一毛孔中有無量無邊世界。依中有正，一微塵裏有無窮無盡如來。一多互融，延促自在，不可思議，是謂事事無礙法界也。是則世出世間色心諸法，不出此四種法界。又此四界唯是一心，離心之外無法可言，此心亦是強名，不可言議不可思議，即一眞大法界也。如來證此法界性，示此法界相，廣此法界量，放此法界光，攝此法界機，彰此法界會，盡此法界理，演此法界經。

是經一名而有三部，品偈既廣，卷數勝多，人間難於秘藏，龍宮久爲密護，像法住世。龍樹大師，博盡世間琅[王＊函]，因搜海中寶藏，逢斯妙典無上眞乘。慨大法不聞，何以見自心現量。圓宗未會，豈能開法性光明。注神淵記，得下部之始終。竭力宣揚，廣上根之知見。初流布於于闐，次傳演於支那。自經出興，無論餘國，但此方禪教師將，緇素明賢，發無礙辨才，得無師智慧，雄機大用，豎論橫談，生死涅槃，自在無畏。立在毗盧頂上，超於威音劫前。從古至今，算數莫計，豈非皆從此經法化而出耶？或在諸餘經典，及師友因緣，一念相應，得見自性，亦須從此經印證，方能弘自性圓通。所以古人云，無不出乎此法界，無不還歸此法界，斯之謂歟。今古從此經，得大受用，得大自在，不可不知此經之所出耶？不可不知龍樹大師之所與也。

是經疏論，代有當家。唯清涼大師，獨超越諸作，體法界觀，開合此經，實文殊之應身，乃毗盧之偏照。以六相十玄，發其幽旨。以五周四分，收其全文。分章剔義，若朗月之照晴空。逐句揭宗，猶海印之現乾象。義無不備，事無不周。是《疏鈔》與《經》，可謂君臣道合也。《疏鈔》一出，自唐至明，代不虛講。至於我朝神宗年次，亦講未歇時。奈何二十年來，不聞有處論及疏義，究此玄宗。人與物俱爲減消，身與心竝之虛弱。事推容易，道懼艱難，無論黑白，皆爲時氣所奪也。即僧輩中爲座主者，或經或論，多不肯深求。或句或文，唯從輕快，以爲簡易，以爲分明，反以古人疏論爲迂談，率以時尚口語爲切妙。是以比來法席，皆貴指點本文，講解漸於虛浮，《疏鈔》將同湮沒，使如來一字法門，書海墨而不盡。破塵經卷，包法界以無餘。全若無聞，況復得意。法運至此，良可惜哉。

蓋古人疏論，皆依智宣流，或總大意條陳，或從細文曲別，或正釋，或旁通，或合明，或助顯，或指證，或懸分，圓轉入微，開合不一。嗟乎，今之學者，多識心淺近，因視古之疏論，謂智境支離。又則此時，狹劣慢習，日滋日深，輕淺狂見，時染時厚。即於本經，多望涯而返，豈獨古疏厭繁不尋，復有弄機緣作究竟宗乘，鄙藏教爲糟粕文字，每掉頭弗顧，掩耳不聞，何乃逐末忘本，認派迷源，顚倒至斯，何因啟悟，邪風狂扇，一期難迴。

我憨山先師，乘法界大願，示生此際，痛惜時蔽，注意大經，遊心古疏，提綱挈要，斷義分文，不三年而全經大旨首尾昭然，即一座而疏有未發，復爲補出。收群詮于指掌，窺法界于毫端。一性圓明，百無覆蓋，俾學者或因《綱要》以博《疏鈔》，又因疏以入經，因經以見性，使狹劣之習漸近而漸遠，廣大之境愈入而愈深，此《綱要》之所以而作也。是清涼大師，爲本經之勳臣。我憨山先師，又爲《疏鈔》之導師也。正提挈閣筆之日，適曹溪堅請之時，義不能辭，行爲彼應。因此經疏源流未敘，《綱要》起止無題。不時，先師示寂曹溪，此種公案遂成缺典。幸得益公法屬竭力，募刻新安剞劂氏。梓工方完，惜益公又卒勞累，斯亦未及請序大方。丁丑春，衡爲先師掃塔因緣，特之匡山法雲蘭若，得此新刻，如獲舊藏，法法現前，受用不盡。由是罄此微言，用以鳴後云爾。

紀事

法藏《華嚴經探玄記》卷一 第八部類傳譯者，亦有十義。一、恆本，二、大本，三、上本，四、中本，五、下本，六、略本，七、論釋，八、翻譯，九、支流，十、感應。

初、恆本者，下《不思議品》云，一切法界虛空界等世界悉以一毛周遍度量，一一毛端處於念念中不可說微塵等身盡未來際劫常轉法輪，解云，此通樹形等異類世界各毛端處念念常說，無有休息，此非可結集，不可限其品頌多少，亦非下位所能受持。

二、大本者，如下海雲比丘所受持普眼經，以須彌山聚筆四大海水墨書一品修多羅不可窮盡，如是等品復過塵數，此是諸大菩薩陀羅尼力之所受持，亦非貝葉所能書記。

三、上本者，此是結集文中之上本也。故西域相傳，龍樹菩薩往龍宮見大不思議解脫經有三本，上本有十三千大千世界微塵數頌四天下微塵數品。

四、中本者，有四十九萬八千八百偈一千二百品，此上二本竝祕在龍宮，非閻浮提人力所受持故此不傳。

五、下本者，有十萬頌三十八品，龍樹將此本出現傳天竺，即《攝論》百千爲十萬也。西域記說，在于闐國南遮俱槃國山中具有此本。

六、略本者，即此土所傳六十卷本，是彼十萬頌中前分三萬六千頌要略所出也。近於大慈恩寺塔上見梵本華嚴有三部，略勘竝與此漢本大同，頌數亦相似。

七、論釋者，龍樹既將下本出因造大不思議論，亦十萬頌以釋此經，今時十住毘婆沙論是彼一分，秦朝耶舍三藏頌出譯之，十六卷文纔至第二地，餘皆不足。又世親菩薩造《十地論》，偏釋《十地》一品。魏朝勒那三藏及菩提留支於洛陽各翻一本，光統律師自解梵文，令二三藏對御和會合成一本，見傳者是，金剛軍菩薩及堅慧菩薩各造十地釋，竝未傳此土。又魏朝此土高僧靈辯法師，於五臺山頂戴華嚴膝步殷懃足破血流遂經三載，冥加解悟，於懸瓮山中造此經論一百餘卷，現傳於世。後勅請法師入內於式乾殿，講此大經。

八、翻譯者，有東晉沙門支法領，從于闐國得此三萬六千偈經，并請得北天竺大乘三果菩薩禪師，名佛馱跋陀羅，此云覺賢，俗姓釋迦氏，即甘露飯王之苗裔，曾往兜率天就彌勒問疑，以晉義熙十四年歲次鶉火三月十日，於揚州謝司空寺別造護淨法堂於中譯出此經。時堂前有一蓮華池，每日有二青衣童子，自池之出堂灑掃供養，暮還歸池。相傳釋云，以此經久在龍宮龍王慶此傳通躬自給侍，後因改此寺名爲興嚴寺，沙門法業及慧嚴、慧觀等親從筆受，時有吳郡內史孟顗右衛將軍褚叔度等爲檀越主，至元熙二年六月十日出訖，至大宋永初二年十二月二十日，與梵本再校勘畢。於《法界品》內從摩耶夫人後至彌勒菩薩前所闕八九紙經文，今大唐永隆元年三月內有天竺三藏地婆訶羅，唐言日照，有此一品梵本，法藏親共校勘至此闕文，奉勅與沙門道成、復禮等譯出補之。

九、支流者，謂此大經隨力受持分成多部，《兜沙經》一卷是第二會初，《菩薩本業經》一卷是淨行一品，《小十住經》一卷是《十住品》，《大十住經》四卷，《漸備一切智德經》四卷，竝是《十地品》，如來性起微密藏經兩卷是《性起品》，顯無邊佛土經一卷是《壽命品》，《度世經》六卷是《離世間品》，《羅摩伽經》三卷是《入法界品》。近於神都共于闐三藏翻《華嚴修慈分》一卷、《不思議境界分》一卷、《金剛鬘分》十卷，此分翻未成三藏亡歿，今現於神都更得于闐國所進《華嚴》五萬頌本，并三藏至神都現翻譯，其慈恩寺梵本與舊漢本竝同無異，新來梵本品會及文句有少不同，明此大經數本故也。此竝大經支流隨器分流。

第十，感應者，宋主請西來三藏令講此經，其人恨以方音未通恐說不盡旨，乃入道場祈請纔盈七日，遂夢以漢首易己梵頭，因即洞解宋言講授無滯。又九隴山尼敬重此經，專精轉讀二十餘載，遂感目覩毛端剎海。又五臺山尼常誦此經，從曛至曉一部斯畢，口中光煇遍燿山谷。又北齊炬法師崇重此經闕於師受，專讀祈解，十五餘年遂夢善財授聽明藥，因即開悟造疏十卷，講五十餘遍。又定州中山修德禪師翹誠護淨鈔寫此經，後開函放光照一百二十里。又閹人劉謙之因於五臺山專讀此經，遂復丈夫形，諸如此例事極繁廣具如五卷《華嚴傳》中說。

澄觀《大華嚴經略策》一卷 第一釋經題目。第二明經宗趣。第三釋佛名號。第四處會法主。第五不起昇天。第六說經時節。第七經之部類。第八翻譯傳通。第九華藏體相 第十生佛交徹。第十一十信圓妙。第十二惑障不同。第十三如來十身。第十四聖賢位次。第十五十波羅蜜。第十六說十之由。第十七地獄頓超。第十八二乘聾瞽 第十九普賢行願。第二十文殊祖師。第二十一悲智雙流。第二十二止觀雙運。第二十三動寂自在。第二十四事理相融。第二十五彰其十玄。第二十六辨玄所以。第二十七法界名體。第二十八證入淺深。第二十九善財南求。第三十知識別證。第三十一圓融行布。第三十二果海離言。第三十三十定之名。第三十四十通差別。第三十五十通六通。第三十六十忍淺深。第三十七佛不思議。第三十八十身相海。第三十九功無功由。第四十教起源由。第四十一三藏二藏。第四十二十二分教。

澄觀《大方廣佛華嚴經疏》卷三 第七，部類品會者。既知旨趣沖深未審能詮文言廣陜，於中有四。一、彰本部，二、顯品會，三、明支類，四、辯論釋，初中性海之詮，常說遍說，言窮法界，難可限量。今自陜之寬，略爲十類。

一、略本經，即今所傳八十卷本，及舊譯六十卷，皆是十萬偈中之略譯未盡故。

二、下本經，謂摩訶衍藏，是文殊師利與阿難海，於鐵圍山間結集此經，收入龍宮，龍樹菩薩往龍宮，見此大不思議經，有其三本，下本有十萬偈四十八品，龍樹誦得流傳於世故，《智度論》名此爲不思議經，有十萬偈，《梁《攝論》》中名百千經，《西域記》説遮拘槃國有此具本。

三、中本經，即彼所見，有四十九萬八千八百偈，一千二百品。

四、上本經，即彼所見，有十三千大千世界微塵數偈，一四天下微塵數品，此上二本，非閻浮提人心力能持，故不傳之。

五、普眼經，即海雲所持，以大海量墨，須彌聚筆書此普眼法門一品中一門，一門中一法，一法中一義，一義中一句不得少分，何況能盡，但是入深法界菩薩陀羅尼力之所能持，已下諸經，並非凡力能受。

六、同説經，謂約一類須彌山形世界，遍於虚空容毛端處，以言聲説無有窮盡，如《不思議法品》云，如一佛身，以神通力轉如是等差別法輪，一切世法無能爲喻。如是盡虚空界，一一毛端分量之處，乃至一一化身，皆如是説，音聲文字句義一一充滿法界等。又《阿僧祇品》云，光中見佛不可説，佛所説法不可説，乃至於彼一一修多羅，分別法門不可説等，此意但約一類音聲説法，已不可結集，豈下位能持。

七、異説經。謂樹形等世界既異，其中衆生報類亦別，如來於彼現身立教施設不同，不可定其色與非色言非言等，則部類難量。

八、主伴經。謂遮那所説，雖遍法界然與諸佛互爲主伴，如説十時，十方來證，皆言我國皆説等，則前七經皆有主伴。

九、眷屬經，謂餘根器不能聞此通方之説，隨宜説教令入此門，皆爲此經勝方便，故名爲眷屬，故下經云，普眼修多羅，以佛刹微塵數修多羅爲眷屬等，則前八皆有眷屬。

十圓滿經，謂此上諸本，總融爲一無盡大修多羅海，隨一會一品一句一文，皆攝一切無有分限，故現相品云，毗盧遮那佛願力周法界一切國土中恆轉無上輪等故，七十三中名圓滿因輪此之謂也。

第二，品會差別者。即顯今經與晉譯同異，今經九會，以晉經第七會初闕十定品重會普光，故唯八會。今有三十九品，初會有六品，彼經唯三十四，由初會中唯有二品，一世間淨眼品，即今世主品，二盧舍那品，即今現相已下五品，初會闕四兼闕十定，故唯三十四品，餘諸品會大同名有小異，至文當顯，第三明支類者，於中復二，先顯支流即別行經，藏中兜沙經一卷，是名號品，菩薩本業經一卷，是淨行品，小十住經一卷，是十住品，大十住經四卷，及《漸備一切智德經》四卷，並是《十地品》，《等目菩薩所問三昧經》二卷，是《十定品》，《無邊功德經》一卷，是《壽量品》，《如來性起微密藏經》二卷，是出現品，度世經六卷，是《離世間品》，《羅摩伽經》三卷，是《入法界品》，此等並是隨器受持大本支出，二明流類，謂修慈經一卷，《金剛鬘經》十卷，《如來不思議境界經》一卷，並是華嚴流類而非本部別行，或是別行來未盡者，未敢詳定，餘如《纂靈記》辯。第四論釋者，略舉其四，一龍樹既得下本，遂造大不思議論，亦十萬頌備傳西域，此方十住毗婆沙論十六卷，即是彼論釋十地中初之二地，二世親菩薩，造《十地論》，釋《十地品》，魏朝勒那三藏，又菩提流支各翻一本，光統奏請，令二三藏參成一本爲十二卷，即今見傳，三北齊劉謙之，於清涼山感通造論六百卷，備釋一經，四後魏僧靈辯，於五臺山頂戴此經，行道一載，遂悟玄旨，造論一百卷，亦傳於世。

澄觀撰《大方廣佛華嚴經疏》卷三 第八，傳譯感通，分二。先明翻譯年代，後明傳通感徵，前中此經前後通唯二譯，并其補闕四本不同，一晉義熙十四年，北天竺三藏，佛度跋陀羅，此云覺賢，於楊州謝司空寺翻梵本三萬六千頌成晉經五十卷，或六十卷，沙門法業筆受，慧嚴慧觀潤色，謝司空寺者，即今潤州興嚴寺是，由興華嚴故，二大唐永隆元年中，天竺三藏地婆訶羅，此云日照，於西京大原寺，譯出入法界品內兩處脱文，一從摩耶夫人，後至彌勒菩薩前中間天主光等十善知識，二從彌勒菩薩後至三千大千世尊微塵數善知識前中間，文殊申手過一百一十由旬按善財頂，十五行經，大德道成律師薄塵法師大乘基法師等同譯，復禮法師潤文，依六十卷本爲定，三證聖元年，于闐三藏實叉難陀，此云喜學，於東都佛授記寺再譯舊文，兼補諸闕，計益九千頌，通舊總四萬五千頌，合成唐本八十卷，大德義淨三藏，弘景禪師圓測法師神英法師法寶法師賢首法師等同譯，復禮法師綴文，四即於前第三本中，雖益數處卻脱日照三藏所補文殊，按善財頂之文，即賢首法師，以新舊兩經勘，以梵本將日照補文，安喜學脱處，遂得文續義連，其文之要至下當辯，今之所傳即第四本，其第三本先已流傳，故今世上之經，猶多脱者即第三本，願諸達識見

澄觀撰《華嚴經疏演義鈔》卷一　疏第十題稱《大方廣佛華嚴經》

闕而續之，二明傳通感應者，自晉譯微言則雙童現瑞，唐翻至教則甘露呈祥，冥衛昭然親紆御筆，論成西域則地震光流，志徹清涼則感通玄悟，其書寫則經輝五色，楮香四達多葵發艷瑞鳥銜華，讀誦則眇然履空，煥若臨鏡，每含舍利適會神僧，涌地現金色之身，昇天止修羅之陣，觀行則無生入證，偈讚排空，海神聽而時雨滂沱，天童迎而大水瀰漫，講說則華梵通韻人天共遵，洪水斷流神光入宇，良以一文之妙攝義無遺，故一偈之功能破地獄，盥掌之水尚拯生靈故讀誦思修功齊種智，宿生何幸感遇斯文，其事跡昭彰備於傳記，第九總釋名題中，先解經題後明品稱，今初，總題包於別義，該難思之法門，無名之中，強以十門分別。一、通顯得名，二、對辯開合，三、具彰義類，四、別釋得名，五、展演無窮，六、卷攝相盡，七、展卷無礙，八、以義圓收，九、攝歸一心，十、泯同平等。今初，諸經得名有其多種，或以人爲目，或以法爲名，人有請說等殊，法有法喻等別，或體或用或果或因，乍複乍單，其類繁廣，今經受稱，亦多種不同。一、從數彰名，如《梁《攝論》》第十《勝相》中云，百千經者，是《華嚴經》有十萬頌是也。二、從喻受名，如《涅槃》及《觀佛三昧經》，名此經爲《雜華經》，以萬行交雜緣起集成故。三、從法彰名，如《智論》釋囑累品，名此經爲不思議解脫經。四、從義用受名，如下《離世間品》及《出現品》，各有十名者是，依今梵本，云摩訶毘佛略勃陀健拏驃訶修多羅，此云大方廣佛雜華嚴飾經，今略雜飾字耳，前三異名，義多總略，二品十目，多從別義，又局當品。故今譯者具以六字爲名，則人法雙題，法喻齊舉，具體具用有果有因理盡義圓故標經首。二對辯開合者，題中七字有十事五對，一教義相對，謂經之一字，是能詮教，大等六字是所詮義，二就義中法喻一對，謂大等是法，華嚴是喻。三就法中人法一對，謂大方廣是所證無障礙法，佛是能證之人，亦名境智一對，四就法中揀持一對，大之一字是揀方，廣是持，即揀大異小，揀實異權，揀果異因，亦是體用一對，大方是體大方無隅故，廣即是用，五就人中，借下華字以喻其因，即因果一對，佛是果故，是以單用華字則但喻因，若合以華嚴，則亦喻上之四字，至下當明。三、具彰義類者，謂大等七字，義皆無量，並略以十義釋之。

者，即無盡修多羅之總名，下略釋名題。以下第九門中廣釋，故此云略。於中有三。先雙標經品二目，二雙釋二目，後雙結上二。今初標經目。謂若從略至廣，展演無窮，難思教海，不離七字，故云無盡修多羅之總名。後《世主妙嚴品第一》者，即衆篇義類之別目者，標品目也。衆篇即三十九品，品者，義類不同，今當其一，故云別目。

疏大以曠兼下，二雙釋二目。先釋總題，後釋品目。今初，下有十門，釋其七字，字各十義，今但略舉，當字釋之。然此七字，略有六對。

一、經字是教，上六字是義，即教義一對。

二、嚴字是總，上五是別，即總別一對。

三、華爲能嚴，上四皆所嚴，即能所一對。

四、佛是所嚴所成之人，上三皆所嚴之法，即人法一對。

五、廣者是用，上二皆體，即體用一對。

六、方者是相，大者是性，即性相一對。

故此七字，即七大性，大者體大，方者相大，廣者用大，佛者果大，華者因大，嚴者智大，經者教大，則七字皆大，七字皆相等。

今各以二義釋之。大以曠兼無際者，曠兼明其包含，約廣遍釋大故。《涅槃》云，所言大者，其性廣博，猶如虛空。故下經云，法性遍在一切處，一切衆生及國土，三世悉在無有餘，亦無形相而可得也。二無際者，約其豎論，則常故名大。《涅槃》云，所言大者，名之爲常。故下《經》云，法性無作無變易，猶如虛空本清淨，諸佛境界亦如是，體性非性離有無。然淵府不可以擬其深妙故，寄大以目之，實則言思斯絕。故下《經》云，法性不在於言論，無說離說恆寂滅，諸佛境界不可量，爲悟衆生今略說。

疏方以正法自持，亦二義者。一、方者，正也。二、方者，法也。並持自性，通上二義。謂恆沙性德即是相大，並無偏僞，故稱爲正。皆可軌持，目之爲法。故下《經》云，凡夫無覺解，佛令住正法，諸法無所住，悟此見自身。

疏廣則稱體而周者，此即用大，用如體故，無不周遍。然亦二義，由體有二義故。一者，能包，二者，能遍。猶如虛空，包含萬象，遍至一切色非色處。今用稱體。一、稱體之包，則一塵受世界之無邊。二、稱體之遍，則刹那彌法界而無盡。上之三字，即體、相、用無有障礙，爲所證之法界也。

疏佛謂覺斯玄妙者，亦有二義。一者能覺，佛陀梵言，此云覺者故。二者所覺，即上）大方廣，斯爲玄妙之境故。云覺斯玄妙，斯即此也，即此上大方廣耳。若别説者，覺上用者，覺世諦也。覺上體者，覺眞諦也。覺上相者，覺中道也。三諦相融，三覺無礙，爲妙覺也。

疏華喻功德萬行者，此亦二義。一、感果華，喻萬行因，成佛果故，或與果俱，或不與俱。俱如蓮華，表因果交徹故。不俱如桃李，不壞先因後果故。二、嚴身華，喻諸位功德，必與位果俱故。故下《經》云，若見華開，當願衆生，神通等法，如華開敷。若見樹華，當願衆生，衆相如華，具三十二。

疏嚴謂飾法成人者，嚴亦二義。一、以萬行飾其本體，即嚴上大方廣，如瑩明鏡，鏡雖本淨非瑩不明。二、以萬行功德，成佛果之人，若琢玉成器，又飾本體，似鑄金成像，以行成人，如巧匠成像。

疏經乃注無竭之湧泉下，唯經擧四義，然亦唯二。謂貫與攝，湧泉即是所攝義味，常乃通於上三。一、注無竭之湧泉者，此言猶通諸教。二、貫玄凝之妙義，以總就别，别貫華嚴，玄妙義故，凝謂凝湛，嚴整之貌也。三、攝無邊之海會者，即是攝義，無邊海會，局此經衆，揀餘衆故。四、作終古之常規者，即是常義。餘處釋云，常乃道軌百王，今亦以通就别，别屬此經。法眼常全，無缺減故。常恆之説，非隨宜故。終古無忒，可得稱常。

釋題竟。

疏佛及諸王並稱世主下，釋品名，此釋世主，世謂世間，即三世間。一、衆生世間，二、器世間，三、智正覺世間。主謂君主，即佛及諸王。地神、水神、林神、山神，即器世間主。天王、龍王、夜叉王等，即衆生世間主。如來即智正覺世間主，亦總化上二，遍統前三，故云並稱世主。

疏法門依正俱曰妙嚴者，此嚴亦説三種世間。法門爲能嚴，唯局於主，依正所嚴，通三世間，衆生及佛，俱通正故。謂諸世間主，各得法門，自嚴己衆，即衆生世間嚴並用，嚴佛亦智正覺嚴，佛成正覺，是自法門。是故能令其身充滿一切世間，其音普順十方國土菩薩衆中，威光赫奕等，即智正覺世間嚴。其地堅固，金剛所成，上妙寶輪，及衆妙華，清淨摩尼以爲嚴飾等，即器世間嚴。器世間嚴，通二法門。一、佛力令嚴，是佛自嚴。二、能感者觀見，即是衆海法門嚴。是故總云法門依正，俱曰妙嚴。三世間嚴，並勝餘教，故標妙嚴以爲品目。

後斯經下，雙結二目。上文明不釋，已上用當諸經序分，餘如下説。

上來大分中，初總叙名意已竟。

五教止觀

杜順《華嚴五教止觀》 行人修道簡邪，入正止觀，法門有五。一、法有我無門（小乘教）。二、生即無生門（大乘始教）。三、事理圓融門（大乘終教）。四、語觀雙絶門（大乘頓教）。五、華嚴三昧門（一乘圓教）

第一法有我無門。夫對病而裁方，病盡而方息，治執而施藥，執遣而藥已，爲病既多，與藥非一，隨機進修異，所以方便不同。今偏就五停心中，爲衆生著我者，説界分别觀。衆生從無始已來，執身爲一，計我我所，然計我有二種，一即身執我，二離身執我，言離身執我者，謂外道計身内别有神我者是也。廣如經論中破，於此不更繁文。言即身執我者，執我如來慈悲爲破此病故，都開四藥以治四病，其中别門各有藥病，具如後釋，言四病者，一執身爲一我，二執四大，三執五陰，四執十二入，言四藥者，一色心兩法，二四大五陰，三十二入，四十八界是也。次釋，若衆生執身爲一我而成病者，即説色心二法爲藥，亦云，此中乃有色心二法，云何爲一我耶？衆生聞此遂即轉執色心爲實成病，即爲開一色，即爲開一心，色爲四色，即四大是也。開一心爲四心，即五陰中四陰是也。此乃是四色四心，云何但執一色一心爲一我耶？衆生又即轉執四色四心成病，佛即爲合四大爲一色，即五陰中色陰是也。合四心爲一心，即十二入中意入是也。衆生聞此又更轉執成病，佛即爲分一色爲十一色，言十一者，即十二入中内五根外六塵，成十一色也。開一心爲七心，即十八界中六識並意識是也。此乃是十八界，云何直執一色一心爲有我耶？衆生聞此遂悟得入空也。然十八界中各有三種，謂内界外界中界，又就三種中各分爲二，一者病三，二者藥三，言病三者，一內執六根，總相爲我者是也。二外執六塵，總相爲我所者是也。三總計中間六識，總相爲我見者是也。謂我見我聞我覺我知者是也。次言藥三者，一分內六根爲六界，謂眼界等是也。治前計我之病也。二分外六塵爲六界，謂色界等是也。治前計我所之病，三分中間我見聞等爲六識，謂眼識界耳識界等者是也。治前我見聞等病，是已上三處合明，帶數標稱分齊差別，彼此不同，總舉題綱名爲十八界法也。所言界者別也。十八者數也。故言十八界，即於前一一法上，各有六重，一者名，二者事，三者體，四者相，五者用，六者因，所言名者，眼根口中是說言者是也。所言事者，名下所詮一念相應如幻者是也。所言體者，八微事也。言八微者，堅濕煖動色香味觸者是也。所言相者，眼如香葰華，亦云如蒲桃埵是也。所言用者，發生眼識者是也。又有四義，一眼識作眼根，二發生眼識，三眼識屬眼根，四眼識助眼根者是也。所言因者，賴耶識根種子者是也。耳根如斜趺窠相，鼻根如覆爪甲，舌根如偃月刀相，身根如立地蛇相，意根據小乘，如芙蓉相，若據大乘，以四惑俱生爲相，四惑者，我貪我慢我癡我見也。意根體者阿賴耶識是也。事者名下所詮與意識內緣一念相應執我者是也。除意根體事，餘根準眼根思之可知，第二外六塵者，一一是有六種，一者名口中言說色塵者是也。二者事名下所詮一念與眼識相應者是也。三者體八微者是也。四者相青黃赤白者是也。五者用引生眼識者是也。六者因阿賴耶識中色種色種子者是也。聲塵以大小長短音聲爲相，香塵以香臭等爲相，味塵以酸鹹甘辛苦爲相，觸塵冷暖澁滑硬軟輕重等爲相也。法塵以方圓長短形量等爲相，其法塵以無明爲體，除法塵體，外餘五塵準色塵思之，中間六識者，一名口中言說眼識者是也。二事者名詮不及妙得不亡者是也。三體者用如來藏爲體，四相者清淨圓滿爲相也。五用者得境了知爲用也。六因者以阿賴耶識中眼識種子者是也。然意識中事者，名下所詮與正理不相應者是也。以一切往礙爲相，除意識事相，外餘五識準眼識思之，其名事等一界既六，總計十八界都一百八界也。有經用此爲一百八煩惱，所治之病既爾，能治之藥亦然，俱根塵識等竝以藏識爲體，故楞伽經云，藏識海常住，境界風所動，恆起諸識浪，騰躍而轉生，據此經文，是爲可證，若行者觀此十八界，斷前等煩惱，得離我我所，此即解脫能觀之心，是智所觀之境，無人名得人無我智也。人我雖去，法執猶存，法執者謂色心也。問此中法執色心與前破一我色心何別耶？答前則一身爲有人，故擧色心以破見，乃至如是展轉開一身爲十一色，開一心爲七心等，至此始知從衆緣和合生，故人見始亡，鑒理未明，猶執衆緣，以爲實有，有斯異也。此略出說小乘破我執，明界分別觀竟。

第二生即無生門。

生即無生門者，就此門中，先簡名相，後入無生門。今初簡名相者，且就世間，隨取一物徵即得，今且就一枕上徵，問不違世間，喚作何物，答是枕，問復是何，答是名，又問，此是何枕，答是木枕。又問，木枕復是何，答不是名，又問，既不是名，喚作何物，答是句，又問，枕喚作何物，答不是句，又問，既不是句，喚作何物，答是名，又問，名將何用，答名將呼事。又問，素將來，答枕到來也。即指到來者，是何，止不須語，此是默答，更問，定是何物，答，不是枕。又問，既不是枕，枕向何處去，答是名，又問，名在何處，答口中言說者是，又問，此既不是枕，喚作何物，答離言，又問，何以得知離言，答由眼見故假言詮，又問，若假言詮，喚作言何物，答是事，又問，事有多種，或是相事，或是色事，或是理事，答此是相事，又問，相亦有多種，或邪或方圓等相，答此是方相，又問，方相有多種，言多種者，名同事別，答此是枕名下方相，又問，名相事八識之中是何心攝，答眼識門中第六意識心中名相事，又問，從何處得此名相事忽然於意識心中現耶？答從種子來，問何以得知，答此枕名相不得作席名相，故得知從種子來也。問種子從何處得，答從邪師邊得，又問，當得之時云何得，答由於見聞熏成種子故，又問，此名相事既在意識心中，即合心內看，何故心外向前看，答向前看時，此名相全在心裏，又問，何以得知，答眼識但見色，名相事在意識心內，又問，我迷人唯見名相，汝智者既見色者，相貌云何，何者是色，卻問迷人，汝見名相，相貌云何，迷人答曰，四稜六面者是智人，問曰，向稜處看，當見稜耶見色耶？迷人審諦觀察答云，唯見色不見稜，餘稜面上亦同此問答，迷人問曰，既全是色者，名相何在，智人答曰，名相在汝心中，迷人不伏，智人問曰，有何所以不伏，迷人答曰，如我現見佛授記寺門樓，名相是我心中向前看者，名相亦遂在我心中，何故一人取得，一人取不得，智人卻問曰，汝取名相來，迷人答言，已取得訖，智人問曰，取得何物，迷人答曰，取得名相，又問，名相軟耶硬耶？答云硬，智人云，放著硬但取名相，莫取硬來，迷人答，硬及名相俱得，又問，便可見耶？答不可見，更問，見何物，答但見名相，迷人卻問，既取名相得，唯取得名相何在，智人答云，名相在迷人心裏，迷人不伏，名相在心中，智人問曰，何以不伏，迷人答，既種種名相俱在我心中，何故不齊得硬，答得硬，若得硬者，是現名相，不得硬者，以是過去名，又難曰，意識不得現量境，云何得有過去現量境耶？答二種名俱在過去，於中有獨行不觸行差別故，又問曰，既二種名相皆是妄識，經云，何有獨影像，有帶質影像，答言帶質者亦是獨影心緣方相是比量境，故不是現量，故今說別，以共眼識不共故說別也。又問，分別何故不同，答曰，分別有顯了有憶持，二種不同，是故有託質影，有不託質影，分別不同故也。迷人又問曰，我唯見二種名相，汝智者見何法，答曰，智人唯見色法，不見名相，此簡名竟，次入無生門者，夫智人觀色法者，且如色法，眼識得時實無分別，不是不得而無分別，此即是法眼識親證如色無異，及其意識不了妄計我，生假分別，倒見沈淪，於事中眞妄齊致，何者意識分別不如法也。言眞妄者，眼識得故名眞，意識緣故爲妄，眞懸差別不等，是故證法無人，何以故，法無分別故，經云，法無分別，若行分別，是即分別，非求法也。色法既爾，心法亦然，準以思之，如色無異，故經云，五識所得境當體如來藏等，是則入初門之方便，契自位之妙門，略說大意如斯，廣釋如經論中說，又諸法皆空相無不盡，於中復爲二觀，一者無生觀，二者無相觀，言無生觀者，法無自性，相由故生，生非實有，是則爲空，空無毫末，故曰無生。經云，因緣故有，無性故空，解云，無性即因緣，因緣即無性。又《中論》云，以有空義故，一切法得成。又經云，若一切法不空者，則無道無果等，第二無相觀者，相即無相也。何以故？法離相故，經云，法離於相，無所緣故，又經云，一切法皆空，無有毫末相，空無有分別，由如虛空有門論云，無性法亦無，一切皆空故，觀如是法離情執故，故名爲觀。

問：一切法皆空，云何成觀耶？答：只以一切法皆空故，是故得成觀也。若不空者，即是顛倒，何成觀也？

問：作如是觀者，治何等病耶？答：治上執法之病，何者？法實非有，妄見爲有，由妄見故，即謂眞如涅槃可得，生死有爲可捨，爲斯見故，是故成病，今知法空，如法無謬，故成於觀。故經云，如如與法界，菩提及實際，種種意生身，我說爲心量等。又經云，以無分別空，故云觀也。諸法皆空，相無不盡。略申綱紀，準以思之。前門則得人無我智，此始教菩薩則得人法二空，亦名法無我智也。

第三事理圓融觀。

夫事理兩門圓融一際者，復有二門。一者心眞如門，二者心生滅門。心眞如門者是理，心生滅者是事，即謂空有無二，自在圓融，隱顯不同，竟無障礙。言無二者，緣起之法，似有即空，空即不空，復還成有，有空無二，一際圓融，二見斯亡，空有無礙。何以故？眞妄交映全該徹故。何者？空是不礙有之空，即空而常有，有是不礙空之有，即有而常空故，有即不有，離有邊有，空即不空，離無邊空，空有圓融一無二，故空有不相礙，互形奪故雙離兩邊。故《經》云，深入緣起，斷諸邪見，有無二邊，無復餘習。又《經》云，因緣故法生，因緣故法滅，若能如是解，斯人疾成佛。又《經》云，甚深如來藏，恆與七識俱，二種攝受生，智者則遠離。又《經》云，染而不染，難可了知，不染而染，難可了知，依是義故，得有止觀雙行悲智相導。何者？以有即空而不有故名止，以空即有而不空故名觀，空有全收不二而二故亦止亦觀，空有互奪二而不二故非止非觀，言悲智相導者，有即空而不失有故，悲導智而不住空，空即有而不失空故，智導悲而不滯有，以不住空之大悲故，恆隨有以攝生，以不攝生，以不滯有之大智故，常處空而不證滅，滅則不滅之滅，滅而非滅，生則無生之生，生而非生，生非生故，生相紛然而不有，滅非滅故，空相生相，紛然而不有，故涅槃生死而不殊，何以故，空有圓融一不一故，亦可分爲四句，以有即空故，不住生死，以空即有故，不住涅槃，空有一塊而兩存故，亦住生死亦住涅槃，以空有相奪兩不存故，不住生死不住涅槃，其猶水波爲喻，高下相形是波，濕性平等是水，波無異水之波，即波以明水，水無異波之水，即水以成波，波水一而不礙殊，水波殊而不礙一，不礙一故處水即住波，不礙殊故住波而恆居水。何以故？水之與波別而不別故。經云，眾生即涅槃相，不復更滅，亦得涅槃即眾生性，不復更生。又經云，如來不見生死不見涅槃，生死涅槃等無差別，又經云，於無爲界現有爲界，而亦不壞無爲之性，於有爲界等亦然。又經云，非凡夫行，非賢聖行，是菩薩行。解云，凡夫行者著有，賢聖行者住無，今既有無無二而二，二而不二，是故雙離兩失，頓絕百非，見心無寄，故名觀也。

第四語觀雙絕門。

夫語觀雙絕者，經云言語道斷，心行處滅者是也。即於上來空有兩門，離諸言論心行之境，唯有眞如及眞如智。何以故？圓融相奪離諸相故，隨所動念即皆如故，竟無能所爲彼此故，獨奪顯示染不物故。

問：若云空有圓融語觀雙絕者，即離觀行，云何證入耶？答：非是默而不言，但以語即如故，不異於法，是以無言，觀行亦爾，反上可知。

問：空有無二，遂令大士無言，性相鎔融，致使觀心無措者，信如其說，今修學者未審，以何方便而證契耶？

答：即於此空有法上消息取之。何者？以空攝於有，有而非有，有見斯盡，以有攝於空，空而非空，空執都亡，空有即入，全體交徹，一相無二，兩見不生，交徹無礙，礙而不礙，兩相俱存，互奪圓融，而不廢兩非雙泯，故契圓珠而自在，諸見勿拘，證性海而無羈，蕭然物外超情離念，迥出擬議頓塞百非，語觀雙絕，故使妄心氷釋，諸見雲披，唯證相應，豈關言說？是以維摩默答，欲表理出言端；天女盛談，欲彰性非言外。性非言外，言即無言，理出言端，不說即說，不說即說故。絕情慮之思議，言即無言故。殄解心之圖度，以斯融奪，豈筆說能申，唯證相應，當自知耳。

第五華嚴三昧門。

但法界緣起惑者難階，若先不濯垢心，無以登其正覺。

問曰，云何見色等諸法，即得入大緣起法界耶？

答曰，以色等諸事本眞實亡詮，即妄心不及也。故經云，言說別施行，眞實離文字，是故見眼耳等事，即入法界緣起中也。何者？皆是無實體性也。即由無體幻相方成，以從緣生非自性有故，即由無性得成幻有，是故性相渾融，全收一際，所以見法即入大緣起法界中也。

問：既言空有無二即入融通者，如何復云見眼耳等即入法界中耶？

答：若能見空有如是者，即妄見心盡方得順理入法界也。何以故？以緣起法界離見亡情繁興萬像故。

問：既知如是，以何方便令得入耶？

答：方便不同，略有三種。一者，徵令見盡，如《指事》問云，何者是眼？如已前小乘中六種簡之，若入一切諸法但名門中收，無有一法非名者，復須責其所以知眼等是名，如是展轉責其所以，令其亡言絕解。二者示法令思，此復有二門。一剝顛倒心，既盡如《指事》，以色香味觸等，奪其妄計，令知倒惑，所有執取不順於法，即是意識無始妄見熏習所成，無始急曳續生三界，輪環不絕。若能覺知此執即是緣起，當處無生。二者示法斷執，若先不識妄心示法，反成倒惑，若不示法令見，迷心還著於空，所以先剝妄心，後乃示法令見。三者顯法離言絕解，就此門中亦爲二。一遮情，二表德。

言遮情者，問，緣起是有耶？答，不也。即空故，緣起之法無性即空。問：是無耶？答：不也。即有故，以緣起之法即由無始得有故。

問：亦有亦無耶？答：不也。空有圓融一無二故，緣起之法空有一際無二相故也。如金與莊嚴具思之，問非有非無耶？答不也。不礙兩存故，以緣起之法空有互奪同時成也。問定是無耶？答不也。空有互融兩不存故，緣起之法空奪有盡唯空而非有，有奪空盡唯有而非空，相奪同時兩相雙泯，二表德者，問緣起是有耶？答是也。幻有不無故，問是無耶？答是也。無性即空故也。問亦有亦無耶？答是也。不礙兩存故，問非有非無耶？答是也。互奪雙泯故，又以緣起故是有，以緣起故是無，以緣起故是亦有亦無，以緣起故是非有非無，乃至一不一，亦一亦不一，非一非不一，多不多，亦多亦不多，非多非不多，如是是多，是一，亦是多亦是一，非是一非是多，即不即四句準之如是，遮表圓融無礙皆由緣起自在故也。若能如是者，方得見緣起法也。何以故？圓融一際稱法見故，若不同前後見者，是顛倒見非正見也。何以故，前後別見不稱法故，問如是見已，云何方便入法界耶？答言入方便者，即於緣起法上，消息取之，何者，即此緣起之法即空無性，由無性故幻有方成，然此法者即全以無性性爲其法也。是故此法即無性而不礙相存也。若不無性，緣起不成，以自性不生皆從緣故，既全收性盡，性即無爲不可分別，隨其大小性無不圓，一切亦即全性爲身，是故全彼爲此，即性不礙幻相，所以一具眾多，既彼此全體相收，不礙彼此差別也。是故彼中有此，此中有彼，故經云，法同法性，入諸法故。解云，法者即舉緣起幻有法也。同性者，緣起即空而不礙此相故，全收彼爲此，以彼即空而不礙彼相故，既此彼全收相皆不壞，是故此中有彼，彼中有此，非但彼此相收，一切亦復如是，故經云，一中解無量，無量中解一，展轉生非實，智者無所畏，又云，於一法中解衆多法，衆多法中解了一法，如是相收彼此即入，同時頓現無前無後，隨一圓融即全收彼此也。問法既如是，智復如何，答智順於法，一際緣成，冥契無簡，頓現不無先後，故經云，普眼境界清淨身，我今演說人諦聽，解云，普眼者，即是法智相應頓現多法也。即明法唯普眼智所知簡非餘智境界也。境界者，即法，明多法互入猶如帝網天珠重重無盡之境界也。清淨身者，即明前諸法同時即入終始難原緣起集成見心無寄也。然帝釋天珠網者，即號因陀羅網也。然此帝網皆以寶成，以寶明徹遞相影現涉入重重，於一珠中同時頓現，隨一即爾，竟無去來也。今且向西南邊，取一顆珠驗之，即此一珠能頓現一切珠影，此珠既爾，餘一一亦然，既一一珠一時頓現一切珠既爾，餘一一亦然，如是重重無有邊際，有邊即此重重無邊際珠影皆在一珠中，炳然高現，餘皆不妨此，若於一珠中坐時，即坐著十方重重一切珠也。何以故，一珠中有一切珠故，一切珠中有一珠時，亦即著一切珠也。一切反此，準以思之，既於一珠中入一切珠，而竟不出此一珠，於一切珠入一珠，而竟不起此一珠，問既言於一珠中入一切珠而竟不出此一珠者，云何得入一切珠耶？答：只由不出此珠，是故得入一切珠，若出此一珠入一切珠者（即不得入一切珠也。何以故？離此珠內無別珠故，問：若離此珠內無一切珠者，此網即但），一珠所成，如何言結多珠成耶？答：只由唯獨一珠方始始結多爲網，何以故，由此一珠獨成網故，若去此珠，全無網故，問若唯獨一珠者，云何言結成網耶？

答：結多珠成網者，即唯獨一珠也。何以故，一是總相具多成故，若無一，一切無故，是故此網一珠成也。一切入一，準思可知，問雖西南邊一珠總收十方一切珠盡無餘，方各各有珠，云何言網唯一珠成耶？

答：十方一切珠者，總是西南方一顆珠也。何以故？西南邊一珠即十方一切珠故，若不信西南邊一珠即是十方一切珠者，但以墨點，點西南邊一珠者，一珠著時即十方中皆有墨點，既十方一切珠上皆有墨點，故知十方一切珠即是一珠也。言十方一切珠不是西南邊一珠者，豈可是人一時遍點十方一切珠耶？縱令遍點十方一切珠者，即是一珠也。此一爲始既爾，餘爲初亦然，重重無際點點皆同，杳杳難原，一成咸畢，如斯妙喻類法思之，法不如然，喻同非喻，一分相似故以爲言，何者？此珠但得影相攝入，其質各殊，法不如然，全體交徹故，《華嚴經・性起品》云，爲饒益衆生令悉開解故，以非喻爲顯現眞實義，如是微密法無量劫難聞，精進智慧者乃聞如來藏（云云），經云以非喻爲喻等也。諸有行者準喻思之。

一乘十玄門

釋智儼撰《華嚴一乘十玄門》明一乘緣起自體法界義者，不同大乘二乘緣起，但能離執常斷諸過等，此宗不爾，一即一切無過不離，無法不同也。今且就此《華嚴》一部經宗，通明法界緣起，不過自體因之與果。所言因者，謂方便緣修體窮位滿，即普賢是也。所言果者，謂自體究竟寂滅圓果，十佛境界一即一切，謂《十佛世界海》及《離世間品》明十佛義是也。

問：文殊亦是因，人何故但言普賢是其因人耶？

答：雖復始起發於妙慧，圓滿在於稱周，是故隱於文殊，獨言普賢也。亦可。文殊普賢據其始終，通明緣起也。今辨此因果二門者，圓果絕於說相，所以不可以言說而辨，因即明其方便緣修，是故略辨也。

問：《不思議法品》等亦明果德，何故得於因門說耶？

答：此等雖是果德，對緣以辨果，非是究竟圓寂之果，是故與因同一會說也。今約教就自體相，辨緣起者，於中有二。一者舉譬辨成於法，二者辨法會通於理。所言舉譬辨者，如夜摩天會菩薩雲集品說云，譬如數十法增一，至無量，皆悉是本數智慧故差別也。今舉此十數爲譬者，復有二門。一異體門，二同體門。就異體門中復有三。一者，一中多多中一，如經云，一中解無量，無量中解一，展轉生非實，智者無所畏，此約相說也。二者，一即多，多即一。如《第七住經》云，一即是多多即一，義味寂滅悉平等，遠離一異顛倒相，是名菩薩不退住，此即約理說也。今約十數明一中多多中一者，若順數從一至十向上去，若逆數從十至一向下來，如一者一緣成故，一中即有十，所以一成故，若無十一即不成，無性緣成故，一中即有十，所以一成故，二三四等一切皆成也。若一住自性十即不成，十若不成一亦不成也。

問：既其各各無性何得成其一多耶？

答：此由法界實德緣起力用普賢境界相應，所以一多常成不增不減也。如《維摩經》云：從無住本，立一切法。又論云：以有空義故一切法得成也。

問：此門攝法復知，一中等皆具盡不盡義也。次明一即多多即一者，還同前門中向上去向下來也。如似一即十緣成故，若一非十十不成也。從上向下來亦如是，十即一緣成故，若十非一一不成也。

問：何但一不成，十亦不成？

答：如柱若非舍爾時則無舍，若有舍亦有柱，即以柱即舍故有舍復有柱，一即十十即一故，成一復成十也。問：若一即十此乃無有十，那得言一之與十，乃言以即故得成耶？答：一即十即非一者，非是情謂一，所謂緣成一，緣成一者非是情謂一故，故經云：一亦不爲一爲欲破諸數，淺智者著諸法，見一以爲一也。

問：前明一中十，此明一即十，有何別耶？

答：前明一中十者，離一無有十而十非是一，若此明一即十者，無有十，而十即是一緣成故。

問：若一多要待緣成者，爲是同時爲是先後耶？

答：緣成故常同時而先後。所以然者，一即十，十即一，故常同時。而向上去向下來，故有前後也。

問：既有明先後去來，即是有增減，何名不動本相耶？

答：雖先後去來而常不動故。經云，不來相而來也。如一即多而不動一相，如此一相亦非情謂一，多亦如是，雖多即一而不壞多相，亦非情謂多。

問：此之一多既是緣成不同情謂者，爲是本來有此一多，爲是始有耶？

答：今本有不有者，爲欲就智辨本有，爲自就一多體辨耶？若自就一多體辨不論智者，體即息諸論道，同於究竟圓果離說相故，今若辨一多者約智說也。如經云智慧差別故。又云智者無所畏，故約智說一多也。

問：若約智故其本有者，以智照故本有。

答：如室中空，開門見時此空即是本有，如涅槃經見佛性已即非三世攝。

問：亦得是始有以不？

答：見時如言有，不見不言有故亦名始有。

問：若一多之體由智照故，即通本有及本不有者，此智照時得通有照不照以不？

答：本有故智即非照，本不有故由智，故照明知亦通照不照，一切諸法例如此也。

二明同體門者，還如前門，相似還明一中多，多中一，一即多，多即一，今就一中門說者，還明向上去向下來，其中逆順各具十門，今略舉其始終，約十一而說者，如似一中十緣成故，若無十，一不成，二三亦如是。十即一亦如是。

問：此同體門中，與前異體門中有何別耶？

答：前異門言一中十者，以望後九故名一中十，此門言一中十者，即一中有九故言一中十也。

問：若一中即有九者，此與前異體門一即十有何別耶？

答：此中言一有九者，有於自體九而一不是九，若前別體門說者一即是彼異體，十等而十不離一。

問：一中既自有九者，應非緣成義。

答：若非緣成，豈得有九耶？

問：一體云何得有九？

答：若無九即無一，次明同體門中一即十者，還言一者一緣成故一即十，何以故若十非一一不成故，一即十既爾，一即二三亦然，逆順各十門亦然。

問，此中言自體一即十者，與前同，體一中十有何別耶？

答，前明同體中有十而一非是十，此明一即十而一即是十以爲異也。

問，此明一體即十，爲攝法盡以不？

答，隨智差別故亦盡亦不盡，何者如一若攝十即名爲盡，若具說即無盡，問爲自門無盡，爲攝餘門亦無盡耶？答一無盡餘所無盡，若餘不盡一亦不盡，若成一一切即成，若不成一一切不成，是故此攝法即無盡，復無盡成一之義，於三四義由若虛空，即是盡更不攝餘，故名無盡故亦攝盡不盡也。問既言一即攝盡者，爲只攝一中十亦攝他處十，答攝他十亦有盡不盡義，何以故離他無自故，一攝他處即無盡而成一之義，他處十義如虛空故有盡，上明舉十數爲譬說竟。

此下明約法以會理者，凡十門。一者，同時具足相應門（此約相應無先後說）。二者，因陀羅網境界門（此約譬說）。三者，祕密隱顯俱成門（此約緣說）。四者，微細相容安立門（此約相說）。五者，十世隔法異成門（此約世說）。六者，諸藏純雜具德門（此約行行）。七者，一多相容不同門（此約理說）。八者，諸法相即自在門（此約用說）。九者，唯心迴轉善成門（此約心說）。十者，託事顯法生解門（此約智說）。就此十門，亦一一之門皆復具十，會成一百。所言十者，一者教義，二理事，三解行，四因果，五人法，六分齊境位，七法智師弟，八主伴依正，九逆順體用，十隨生根欲性。

所言教義者，教即是通相別相三乘五乘之教，即以別教以論別義，所以得理而忘教，若入此通宗而教，即義以同時相應故也。

第二，理事者，若三乘教辨即異事顯異理，如諸經舉異事喻異理，若此宗即事是理，如入法界等經文是體，實即是理相彰即是事。

第三，解行者，如三乘說，解而非行，如說人名字而不識其人，若通宗說者即行即解，如看其面不說其名而自識也。相顯爲行，契窮後際爲解。

第四，因果者，修相爲因契窮爲果。

第五，人法者，文殊顯其妙慧，普賢彰其稱周，明人即法也。

第六，分齊境位者，參而不雜各住分位，即分齊境位。

第七，法智師弟者，開發爲師相相成即弟子。

第八，主伴依正者，舉一爲主餘即爲伴，主以爲正伴即是依。

第九，逆順體用者，即是成壞義也。

第十，隨生根欲性者，隨緣常應也。如涅槃經云，此方見滿餘方見半，而月實無虛盈，若此宗明者，常增減而常無增減，以同時相應，然此十門體無前後，相應既其具此十門，餘因陀羅等九門亦皆具此十門，何但此十門，其中一一皆稱周法界，所以舉十門者成其無盡義也。

今釋第一同時具足相應門者，即具明教義理事等十門同時也。何以得如此耶？良由緣起實德法性海印三昧力用故得然，非是方便緣修所成故得同時，今且據因是同時者，若小乘說因果者，即轉因以成果，因滅始果成，若據大乘因果亦得同時，而不彰其無盡，如似舍緣以成舍，因果同時成而不成餘物，以因有親疏故，所以成有盡，若通宗明因果者，舉疏緣以入親，是故如舍成時一切法皆一時成，若有一法不成者，此舍亦不成，如似初步若到一切步皆到，若有一步非到者一切步皆非到，故經云，雖成等正覺不捨初發心，又如大品經云，非初不離初，非後不離後，而明菩提也。問既言一步即到者，何須用第二步耶？答汝言一步即到者，爲多是即一以不，又言何用第二步者，此第二步爲是一即多以否，若初步是多一，第二步即十多者，云何乃言一步到不用第二步耶？答若不一是多一多亦不是一多者，何但一步不能到，雖行多步終是不到，故知一步與多步常有到不到義，因中尚爾者，果中亦無果義，故涅槃經云，智者應當定說亦有亦無，今舉一步到者，即是法界緣起海印定力說到不到，不同情謂說到不到，故經云，唯應度者乃能見之，而復不失因果，不墮斷常，故經云，深入緣起斷諸邪見斯之謂也。問若因果同時即因成果，因即成果那得言不失因果耶？答如地論云，依緣二種義示現二種時，依因義者名爲因，依果義者名爲果，豈得失於因果耶？又且既言因果同時那得言失，若其失者何名因果同時耶？因果同時既如此，教義理事等同時亦然，問既言同時相應者，今舉因果一事，即得具前教義等十門以否，答今但舉十門者欲成其無盡，若論三種世間圓融，可但一事具此十門，亦具無盡無量法界虛空法門，成其無盡復無盡，若但就別事說不成無盡者，只同大乘義也。

第二因陀羅網境界門者，此約譬以明，亦復具有教義等十門，如梵網經，即取梵宮羅網爲喻，今言因陀羅網者，即以帝釋殿網爲喻，帝釋殿網爲喻者，須先識此帝網之相，以何爲相，猶如眾鏡相照眾鏡之影見一鏡中，如是影中復現眾影，一一影中復現眾影，即重重現影成其無盡復無盡也。是故如第七地讚請經云，於一微塵中各示那由他無量無邊佛於中而說法，此即智正覺，世間又云，於一微塵中現無量佛國須彌金剛圍，世間不迫迮，此即據器世間，又云，於一微塵中現有三惡道天人阿修羅，各各受業報，此即據衆生世間，又云，如一微塵所示現，一切微塵亦如是，故於微塵現國土，國土微塵復示現，所以成其無盡復無盡，此即是其法界緣起，如智如理實德如此，非即變化對緣方便故說，若是大乘宗所明，即言神力變化故大小得相入，或云菩薩力故入，又言不二故入，不同一乘說，問若此宗明相入不論神力，乃言自體常如此者，斯則渾無疆界，無始無終何緣得辨因果教義等耶？答以隨智差別故舉一爲主，餘則爲伴，猶如帝網舉一珠爲首衆珠現中，如一珠即爾，一切珠現亦如是，是故前經舉一菩薩爲主，一切菩薩圍繞，一一菩薩皆悉如是，又如諸方皆來證誠同其名號，一切十方證誠皆亦如是，所以成其無盡復無盡，而不失因果先後次第，而體無增減故經云，一切衆生盡成佛，佛界亦不增，衆生界亦不減，若無一衆生成佛衆生界亦不增，佛界亦不減也。

第三祕密隱顯俱成門者，此約緣起說也。還具前教義十門，所言隱顯者，如涅槃經半字及滿字，昔說半字故半字即顯，滿字即隱，今日說滿字，即滿字即顯半字即隱，此即約緣而說隱顯，又如月喻品云，此方見半（他方見滿），而彼月性實無虧盈，隨緣所見故有增減，此即是大乘宗中說，若通宗辨者不待說與不說，常半常滿隱顯無別時，如彼月性常滿而常半，半滿無異時，是故如來於一念中，八相成道生時即是滅時，同時俱成故，所以稱祕密，如似十數一即十一即是顯，二三四至十即爲隱，又眼根入正受即是顯，於色法中三昧起即名隱，而此隱顯體無前後，故言祕密也。

第四，微細相容安立門者，此就相說，如一微塵，此即是其小相，無量佛國須彌金剛山等即其大相，直以緣起實德無礙自在致使相容，非是天人所作故安立，如似一微塵中有穢國土，而即於此微塵中具有不可說淨國，在此微塵中而於彼穢國不相妨礙，而此淨國之相仍亦不失，乃至有諸國土尸羅盆幢形三方及四維等國，在此一微塵中常不相妨礙，故普賢品云，一切諸世界入於一微塵中，世界不積聚，亦復不離散，故知，若與普相應能於一微塵中見不可說國土，而不雜亂不增不減，豈可須彌納芥子將爲難事哉，理事等十門安立相容亦如是，問此相容門與前因陀羅網門有何別耶？答諸門隱映互相顯發重重（復重重成其無）盡者，即是因陀羅網門中攝，若諸門一時具顯不相妨礙，即是相容門中攝。

第五，十世隔法異成門者，此約三世說，如離世間品說，十世者過去說過去，過去說未來，過去說現在，現在說現在，現在說未來，現在說過去，未來說未來，未來說過去，未來說現在，三世爲一念，合前九爲十世也。如是十世以緣起力故，相即復相入而不失三世，如以五指爲拳不失指，十世雖同時而不失十世，故經云，過去劫入未來，現在劫入過去，現在劫入過去，未來劫入現在，又云，長劫入短劫，短劫入長劫，有劫入無劫，無劫入有劫，又云，過去是未來，未來是過去，現在是過去，菩薩悉了知，又云，無盡無數劫能作一念頃，非長亦非短，解脫人所行如是，十世相入復相即，而不失先後短長之相，故云隔法異成，教義理事等十門相即相入，而不失先後差別之相，故名異成也。

第六，諸藏純雜具德門者，此約諸度門說，何者如似就一施門說者，一切萬法皆悉名施，所以名純，而此施門即具諸度等行，故名爲雜，如是純之與雜不相妨礙，故名具德，如大品經一念品明，從始至終不出一念，即名爲純，而此一念之中具於萬行，即名爲雜，雖爾而與此中純雜義別，何者如彼經一念者，同是無得相應不明緣起德用，若此明純者，若約施門一切皆施，若說忍門一切皆忍，說忍門者諸行如虛空，即名爲純，而此忍門具足諸門，即名爲雜，純雜不相亂故名具德，故不同彼念品，又問此與六度相攝義有何別耶？答六度相攝義者，如似以施攝諸度，而諸度非是施，若此明者以施攝諸門，無門不是施，以緣起力故不同六度相攝，故一攝於九十而九十等皆是一，是故名爲純，而一內即具九十等，是故復名雜，故知，不同相攝義，問此與大品相資義復有何別耶？彼中資者闕一即不成，此中十數闕一亦不成，彼此二未審有何別耶？答彼言相資者而能非是所，今言十成一而一即是十，所以不同資義。

第七，一多相容不同門者，此約理說，以一入多，多入一故名相容，即體無先後，而不失一多之相，故曰不同，此即緣起實德非天人所修，故經云，以一佛土滿十方，十方入一亦無餘，世界本相亦不壞，自在願力故能爾，又如普賢品云，一切衆生身入一衆生身，一衆生身入一切衆生身，又云，一切諸世界令入一塵中，世界不積聚，亦復不雜亂，須彌入芥子，此即不說也。

第八，諸法相即自在門者，此約用說，還就約教義理事等十門，取其三種世間圓融無礙自在，故一即攝一切，成其無盡復無盡，以其無盡故相即復相入，此約用以說。

問此明其無盡復無盡，相即復相入，與前因陀羅網，及微細相容門有何差別耶？

答：如譬說同體門中說者，若就隱映相應互相顯發，重重復重重成其無盡者，即是因陀羅網門攝，若諸門一時具顯不相妨礙者，是相容門攝，若就三世圓融無礙自在，相即復相入成其無盡復無盡者，即是此門攝。

問若如是相即復相入成其無盡復無盡者，此乃渾無疆界，何始何終何因何果耶？

答：此據法界緣起體性成其無盡復無盡，故先後因果不失，雖不失先後而先後相即復相入，故成其無盡，以先後相即復相入故初發心時便成正覺，如前章門，一即一切無盡亦復無盡，二三亦復爾，故此經歎初發心功德云，彼一念功德深廣無邊際，如來分別說窮劫不可盡，此即明其一即一切成其一切無盡，又云，何況於無量無數無邊劫具足，修諸度諸地功德行，此即是從二三至九十皆成無盡，以是故從十信終心，至十住十行及十迴向地等，皆悉明成佛者，良由始終相即復相入成無盡故，問如前明果德絕於說相，云何十信終心即具佛果德用耶？若十信同果德者，即果德是可說之相，何不可說耶？答因位菩薩有果德者，欲彰果德是不可說，是故歎德文云，菩薩在此一地，普攝一切諸地功德，問若一地即攝一切諸地功德，一即一切初即攝後者，一門即具何用餘門也。答若無餘門一門即不成故，如一升即攝一斗，若無一升此斗即不成，問若無升即無斗者，今舉一升即得一斗以不，若一升不得一斗，一行不得具一切行，答十升合成一斗，既無其升時將何作斗，故如無升即無斗，有升即有斗，今舉升即斗，斗升之外無別升斗，如龜毛兎角不可得，初心即成佛，成外無別修，其相如虛空，是故言初心成佛者，非謂不具諸功德，如經說，普莊嚴童子一生具見佛聞法，即得三昧即至後際見佛，滅度後復得三昧，如經一生得見聞，若熏習二生成其解行，三生得入果海，同一緣起大樹而此三生只在一念，猶如遠行到在初步，然此初步之到非謂無於後步，明此童子得入果海，非不久植善根，問既言久修始得者，云何言一念得耶？答言久修行善根者，即在三乘教攝，從三乘入一乘，即是一念始終具足，故經云初發心時便成正覺，乃至具足慧身不由他悟，譬衆流入海，纔入一滴即稱周大海無始無終，若餘江河水之深不及入大海一滴，故即用三乘中修，三乘多劫不及與一乘中一念，故下明善財從文殊所，發心求善知識，經歷一百一十城已，而不如一念得見普賢菩薩，故知得入此緣起大海，一念豈不成佛耶？至如初坐用心之徒但取靜心即言成佛者，此亦謂，佛成在而不得是圓極之成，如諸江河亦得是水，未得同於大海之水，此中通辨一念成佛義者，若小乘說要三大阿僧祇劫滿百劫，修行相好業始得成佛，行若滿意欲不成佛亦不得，故無一念成佛義，若大乘明一念成佛義者凡有二種，一者會緣以入實性無多少，故明一念成佛義，如大品經一念品義是也。二者行行既滿取最後念，名爲成佛，如人遠行以後步爲到，此亦分用緣起，而明三僧祇劫修道，地前是一僧祇，初地至七地是二僧祇，八地至十地是三僧祇，然亦不定由有一念成佛，故明知不定。若一乘明一念成佛，如大乘取最後一念成佛，即入一乘，以後望初初念即是成，何故以因果相即同時應，故欲論其成者，成復成成復成，衆生欲在後成佛者，在後復在後在後復在後，故不思議品云，諸佛如來非不先覺，爲衆生故於念念中新新斷結，亦不住學地而成正覺，故今舉一念成者，即與佛同時位未見究竟，故復有淺深之殊，如人始出門及與久遊他土，雖同在空中而遠近有別，是故信住等位各言成佛者，而復辨其淺深，此須善思之。

第九，唯心迴轉善成門者，此約心說，所言唯心迴轉者，前諸義教門等，竝是如來藏性清淨眞心之所建立，若善若惡隨心所轉故云迴轉善成，心外無別境故言唯心，若順轉即名涅槃，故經云心造諸如來，若逆轉即是生死，故云三界虛妄唯一心作，生死涅槃皆不出心，是故不得定說性是淨及與不淨，故涅槃云，佛性非淨亦非不淨，淨與不淨皆唯心，故離心更無別法，故楞伽經云，心外無境界無塵虛妄見，問若心外更無別境，有無皆由心成者，如人先見障外有物，別有人去物時心由謂有，爾時物實無何名由心成耶？答若隨虛妄心中轉者，此障外物亦隨心之有無，此亦心隨去物不去物而轉，若論如來藏性眞實淨心說者，此物不動本處，體應十方，性恆常轉縱移到他方，而常不動本處，此即緣起自在力，然非是變化幻術所爲，是故雖復七處九會，而不離寂滅道場，《維摩》云，文殊師利不來相而來，不見相而見，此之謂也。

第十，託事顯法生解門者，此約智說，言託事者如經舉金色世界之事，即顯始起於實際之法，一切幢一切蓋等事是行體也。又如法界品云，開樓觀門相見彌勒菩薩所行因事至菩提道場，以樓觀則菩提相，所以言顯法主解也。若大乘宗中所明亦託事以顯法，即以異事顯於異理法，此中以事即法故隨舉一事攝法，無盡故前舉旛幢等，皆言一切，所以不同大乘說也。此中明因果者如一乘說也。

楊文會記《華嚴一乘十玄門》：華嚴大教闡揚十玄門者，此爲鼻祖，賢首仍之載於《敎義章》內，大意相同而文有詳略，及作《探玄記》改易二名，用一華葉演說爲清涼懸談張本，後人不知，以爲清涼十玄與賢首有異者，蓋未見《探玄記》也。今《敎義章》與《懸談》並行於世，而復刻此卷，欲令人知其本源耳。

智儼集《華嚴五十要問答》二卷：今建《五十要問答》以顯一乘文義節。【略】

三、衆生作佛義。十稠林後釋。

問，依諸教中有情衆生作佛云何？答，小乘教於一時中但菩薩一人慈悲愛行，依三十三心次第作佛，餘見行者並不作佛，但得二種涅槃住無餘也。若依三乘始教，則半成佛半不成佛。若直進及回心二人修行滿十千劫，住堪任地者並皆成佛。若未至此位則與一闡底迦位同，如此人等並皆不成佛，此據位語。若依此判四句分別準亦可知，此如《瑜伽》菩薩地說。若依三乘終教，則一切有情衆生皆悉成佛，由他聖智顯本有佛性及行性，故除其草木等，如《涅槃經》說，依一乘義一切衆生通依及正並皆成佛，如《華嚴經》說。以此義準上四句義，即是一乘共教非別教也。

四、成佛前後義。四十無礙辨後釋。

問，諸教有情，一切衆生成佛前後自他云何？

答，依小乘教，但一人成佛，若餘入成佛前後不同時，若教化有情後時作佛，由無十方佛故。依三乘教，有十方佛，故得同時他處成佛。若他有情亦得能化所化同時成佛，爲進退不定故。若依一乘教，於念念中成佛皆盡所化有情，在諸位中十住以去乃至菩提皆盡衆生界，成位遍滿，無有前後，爲同一緣起大樹故也。

五、一念成佛義。亦四十無礙辨後釋。

問，一念成佛與多劫成佛差別云何？

答，依小乘教，世界成壞大劫滿三阿僧祇定得成佛，無一念成佛者。依三乘教，或一念成佛。此有二義。一由覺理位滿足時唯一念故，二會緣從實時法性無多少長短，一成即一切成，一切成即一成故。若據一三千界定三僧祇成佛，此依《華嚴》一百二十數說僧祇義，若通餘世界亦不定三僧祇，如《勝天王經》說。依一乘義，成佛時節並皆不定，爲十方世界時節不同因陀羅世界等，並據當分報位說有爲諸劫相作及相入等，故無定時，仍不違時法也。【略】

十七、佛身常無常義。《性起品》菩提中釋。

問，佛身常耶無常耶？

答，依小乘，佛無常。依三乘，佛亦常亦無常，法身佛究竟故常，離不離故無常也。應身一證究竟故常，隨對下位聲聞凡夫得見增減，故是無常，化身如火有處燃有處滅，故是無常，化德相續故說常也。盡未來際故，一乘十佛是常，是無常，非常非無常，用不說爲說故佛是常，與阿含相應故是無常，隨緣起際故非常非無常也。【略】

二十一、一乘分齊義。四十無礙辯才後釋。

問，一乘教義分齊云何？答，一乘教有二種，一共教，二不共教。圓教一乘所明諸義文文句句皆具一切，此是不共教。廣如《華嚴經》說。二共教者，即小乘三乘教，名字雖同意皆別異，如諸大乘經中廣說，可知仍諸共教上下相望有共不共，如小乘教，三世有等三乘即無，三乘教有小乘即無，或二乘共有如道品等名數共同，或二乘俱無則一乘教是也。可類準知。

華嚴五十要（選）

智儼集《**華嚴五十要問答**》**後卷** 四十一、乘門數名不同義，亦四十辯才後釋。

又約諸經論，乘有四種。一者二乘，謂大小二乘，於方便中從教趣果分二故。二者三乘，謂大乘中乘小乘，於方便中從理成行分三故。三者依《攝論》一乘三乘小乘，謂於教門中成機欲性顯法本末差別不同故。四者依《法華經》三乘一乘，約界分體相方便究竟不同故。又約數說，謂二及三各通三二義意故說。所言二通三者，謂大乘、小乘、聲聞、緣覺、一乘、三乘。所言三通二者，有二義意，謂大乘、中乘、小乘，一乘、三乘、小乘，其意各別，準思可解耳。又依下經文或一二三或四，謂一乘三乘，或五，謂三乘人天，或無量，謂一切法門也。此依始終說。【略】

華嚴義海百門

法藏述《華嚴經義海百門》（并序）　夫緣起難思，諒遍通於一切，法界叵測，誠顯現於十方，莫不性海沖融應人機而表一，智光赫奕耀世間以通三，殊勝微言輕毫彰於圓教，奇特聖眾纖埃現以全身，逈超情慮之端，透出名言之表，窺見玄綱浩瀚，妙旨希夷，覽之者詎究其源，學之者罕窮其際，由是微言滯於心首，恆為緣慮之場，實際居於目前，翻為名相之境，今者統收玄奧，囊括大宗，出經卷於塵中，轉法輪於毛處，明者德隆於即日，昧者望絕於多生，得其意則山岳易移，乖其旨則錙銖難入，輒於一塵之上，顯其實德，窮茲性海，覽彼行林，總舉十門，別開百義，參而不雜，一際皎然，義煥爛於篇題，理昭彰於文字，庶入道之士，粗觀其致焉，所列名目，條之如左。緣生會寂門第一，實際斂迹門第二，種智普耀門第三，鎔融任運門第四，體用顯露門第五，差別顯現門第六，修學嚴成門第七，對治獲益門第八，體用開合門第九，決擇成就門第十。

緣生會寂門第一

夫緣起萬有，有必顯於多門，無性一宗，宗蓋彰於眾德，分其力用，則卷舒之趣易明，覽其玄綱，則理事之門方曉，今就體用而言，略分十義。

一、明緣起。二、入法界。三、達無生。四、觀無相。五、了成壞。六、示隱顯。七、發菩提。八、開涅槃。九、推去來。十、鑑動靜。

初明緣起者，如見塵時，此塵是自心現，由自心現，即與自心為緣，由緣現前，心法方起，故名塵為緣起法也。經云，諸法從緣起，無緣即不起，沈淪因緣，皆非外有，終無心外法，能與心為緣，縱分別於塵，亦非攀緣。然此一塵圓小之相，依法上起，假立似有，竟無實體，取不可得，捨不可得，以不可取捨，則知塵體空無所有，今悟緣非緣，起無不妙，但緣起體寂，起恆不起，達體隨緣，不起恆起，如是見者，名實知見也。

二、入法界者，即一小塵，緣起是法，法隨智顯，用有差別，是界此法，以無性故則無分齊，融無二相，同於真際，與虛空界等遍通一切，隨處顯現無不明了，然此一塵，與一切法各不相知，亦不相見，何以故，由各各全是圓滿法界，普攝一切更無別法界，是故不復更相知相見，縱說知見，莫非法界知見，終無別法界可知見也，經云，即法界無法界，法界不知法界，若性相不存，則為理法界，不礙事相宛然，是事法界，合理事無礙，二而無二，無二即二，是為法界也。

三、達無生者，謂塵是心緣，心為塵因，因緣和合，幻相方生，由從緣生，必無自性，何以故，今塵不自緣，必待於心，心不自心，亦待於緣，由相待故，則無定屬緣生，以無定屬緣生，則名無生，非去緣生說無生也，論云，因不自生，緣生故，生緣不自生，因生故，生今由緣生，方得名生，了生無性，乃是無生，然生與無生，互成互奪，奪則無生，成則緣生，由即成即奪，是故生時無生，如是了者，名達無生也。

四、觀無相者，如一小塵圓小之相，是自心變起假立無實，今取不得，則知塵相虛無，從心所生，了無自性，名為無相，經云，諸法本性空，無有毫末相，然相雖取不得，詮無之義非絕，以相無體性法即立，以法為無相之佐由不失法相故，相即非相，非相即相，相與無相，實無差別也，此無相義，如繩上蛇，全言無蛇，當知，繩是無蛇之依，今法是無相之法，全以法為無相之相也。

五、了成壞者，如塵從緣起立，是成即體，不作於塵，是壞今由了緣非緣，乃名緣成，了壞非壞，乃名緣壞，以壞不妨始成於法，是故壞時正是成時，以成無所有，是故成時，正是壞時，皆同時成立，無先無後，若無壞即成，是自性有，若無成即壞，是斷滅空，成壞一際，相由顯現也。

六、示隱顯者，若觀塵相不可得時，即相盡而空現，由見相時不即於理，是故事顯而理隱。又此塵與諸法，互相資相攝，存亡不同，若塵能攝彼，即彼隱而此顯，若彼能攝塵，即塵隱而彼顯，隱顯一際，今但顯時，已成隱也。何以故？由顯時全隱而成顯，隱時全顯而成隱，相由成立，是故隱時，正顯顯時正隱也。

七、發菩提者，謂此塵即寂滅涅槃無性乃是佛菩提，智所現故，今由了達一切眾生及塵毛等無性之理，以成佛菩提智故，所以於佛菩提身中，見一切眾生成正覺轉法輪也，又眾生及塵毛等，全以佛菩提之理成眾生故，所以於眾生菩提身中，見佛發菩提心修菩薩行，當知，佛菩提更無異見，今佛教化塵內眾生，眾生復受塵內佛教化。是故佛即眾生之佛，眾生即佛之眾生，縱有開合，終無差別，如是見者，名發菩提心，起同體大悲，教化眾生也。

八、開涅槃者，謂不了塵顯迷顯爲生，復見塵隱迷隱爲滅，即依流動生滅之相，緣於塵上，迷心變起，謂是眞實，今求生滅之相，竟無起處，亦無可得，動念自亡，妄想皆滅，隨其滅處，名大涅槃。故經云，流轉是生死，不動名涅槃。

九、推去來者，謂塵隨風東去時，求去相不可得，隨風西來時，求來相亦不可得，皆唯塵法，竟無來去之相，以無實故，來時無所從來，去時亦無所去，經云，法無去來，常不住故，良以了塵去來無體，所以去來即無去來，無去來而恆來去，一際成立，無有彼此之差別，是故經云，菩薩不來相而來，不去相而去，所以不移塵處，而詣十方，恆不離十方，而入塵處，恆不來去，而來去之量，等於法界也。

十、鑒動靜者，謂塵隨風飄颻，是動寂然不起是靜，今靜時由動不滅，即全以動成靜也，今動時由靜不滅，即全以靜成動也，由全體相成，是故動時正靜，靜時正動，亦如風本不動能動諸物，若先有動，則失自體，不復更動思之。

然上諸義緣生既立，理不合孤窮萬有以爲同括，無盡而成總，若尋其奧，雖處狹而常寬，欲究其淵，縱居深而逾淺，緣起之義其大矣哉。【略】

華嚴金師子義

法藏著、承遷註《大方廣佛華嚴經金師子章》 金師子者，能喻法也。究其本元，即有唐賢首法師對則天聖帝，以示大經厥旨，所謂《華嚴》理深事廣，文博義玄。非入理，聖人無以達其奧。是以立見邊之喻，曉無涯之法，金況法界體也。師子，喻法界用也。今則從法就喻，略啟十門分別，故得理事鎔融，一多無礙矣。

初、明緣起。萬像本空，假緣方有。

二、辨色空。幻法紛然，眞空不動。

三、約三性。迷之名相，悟之即眞。

四、顯無相。相即無相，非相即相。

五、說無生。無生之生，生即無生。

六、論五教。根器不同，設教有異。

七、勒十玄。法無定相，舉一即多。

八、括六相。緣起交映，法法重重。

九、成菩提。萬行既圓，本覺露現。

十、入涅槃。智體即如，名大涅槃。

第一，明緣起者。

謂萬法無體，假緣成立，若無因緣，法即不生。故《經》云，諸法從緣起，無緣即不起。

謂以金無自性。

喻眞理不變也。

隨巧匠之緣，遂有師子相起。

喻眞理隨緣，成諸事法也。

起但是緣，故名緣起。

結眞理不動，動即事也。金喻一眞之性，師子喻緣起事法，理本無生，隨諸緣法成差別相，相起繁興理即無生。故清涼云，理隨事變，則一多緣起之無邊。

第二，辨色空者。

色者悲也。空者智也。觀色即空成大智，而不住生死，觀空即色成大悲，而不滯涅槃，能辯之智煥然明了。

謂以師子相虛。

喻色空也。

唯是眞金。

喻性實也。

師子不有。

喻緣起幻色，不是實有。

金體不無。

喻眞空常存。

故云色空。又復空無自性，約色以明，不礙幻存，故名色空。

眞空無形，假色相以明。法本亡言，就言詮而顯道。故清涼云，雖空空絕迹，而義天星像璨然。

第三，約三性者。

迷心所執，計有相生以爲實者，謂之偏計性也。不了緣生，依他性也。依他無性，即是圓成。隨舉一法，三性具矣。

謂以師子情有，名爲遍計。

謂一切衆生無始已來，煩惱業習，癡迷不了，周遍計度心外有法，顛倒取捨，隨情起惑，自纏自縛，枉受輪迴。

師子似有，名爲依他。

謂一切衆生，依眞起妄，似有之法，妄執依他，内外不實。故《論》云，依他起自性，分別緣所生。

金性不變，故號圓成。

圓而不滅，成而不增。師子雖則相殊，金且不隨殊變。釋曰，法與自心爲緣，心法方起。今了緣無體，依心方現，無自體性，是爲依他，無自生性。由二義現前，乃爲圓成勝義性也。《經》云，從無住本，立一切法。

第四，顯無相者。

不了諸法而無相，迷心爲有者，生死也。觀察即虛，相即無相，出世法也。

謂以金收師子盡。

喻理奪事。

金外更無師子可得。

喻緣起事法，當體本虛。

故名無相。

釋曰，離眞理外，無片事可得故。如水奪波，波無不盡故。此則水存以壞波令盡。故《經》云，所見不可見，所聞不可聞，了知諸世間，是名爲無相。

第五，說無生者。

法本無生，從緣有故，既無自體，生而無生。

謂以正見師子生時，但是金生。

喻眞理隨緣，成諸事法。

金外更無一物。

離眞理之外，無別事相。染淨之法因緣有，故體性本虛，無生生也。

師子雖有生滅，金體本無增滅。

無生之理，本無生滅，緣起集成，生本無生。

故曰無生。

釋曰，今由緣生，非生方得名生，了生死性乃是無生。《論》云，因不自生，緣生故，緣不自生，因生故，然生與無生互成互奪，奪則無生，成乃緣生，由即成即奪，是故生時無生，如是了者，名達無生。

第六，論五教。

一、聲聞教，二、大乘始教，三、大乘終教，四、大乘頓教，五、一乘圓教。

第一，聲聞教。

謂此師子雖是緣生之法，念念生滅。

喻一切事法，從緣有故，各無自性，無有停息。

實無師子（相）可得，故名聲聞教。

橫計一切境界實有自體，但證人空，不了法空。

第二，大乘始教者。

謂此師子緣生之法，各無自性，徹底唯空，故名大乘始教。

喻師子無體，全假眞金，成工匠緣，師子相顯。

第三，大乘終教者。

謂此師子雖然徹底唯空，不礙幻法宛然。

雖則眞金純一，不礙師子相存。

緣生假有，二相雙存。

眞俗二諦，歷然可觀。師子與金，兩法齊現。

故名大乘終教。

第四，大乘頓教者。

謂即此二相，互奪兩亡。

以理奪事，事隱理顯。

情僞不存，俱無有力。空有雙泯，名言路絕，棲心無寄。

直辯眞性本空，無一法可當情者，喻金與師子二相俱泯，內外無寄。

故名大乘頓教。

第五，一乘圓教者。

謂即此師子情盡體露之法，渾成一塊。

喻師子相盡，眞金現前。

繁興大用，起必全眞。

喻師子功用，事事皆金。

萬像紛紜，參而不雜。

雖四像遷移，各住自位。

一切即一，皆同無性。

攝末歸本，不礙末也。

一即一切，因果歷然。

依本起末，不礙本也。

力用相收，卷舒自在。

力顯性起圓融，法門無礙。

故名一乘圓教。

第七，勒十玄門。

一、同時具足相應門。二、一多相容不同門。三、祕密隱顯俱成門。四、因陀羅網境界門。五、諸藏純雜具德門。六、諸法相即自在門。七、微細相容安立門。八、十世隔法異成門。九、由心迴轉善成門。十、託事顯法生解門。

第一，同時具足門。

謂金與師子同時成立，圓滿具足。

喻依法界體起諸事法，隨舉一法具一切法，別有差別，非造玄也。

故名同時具足相應門。

第二，一多相容不同門者。

謂金與師子，相容成立，一多無礙。於中理事，各各不同。或多，各住自位。

如稱理之行，一一各容一切諸法，亦一一各具一切諸行。雖相容，本不動也。

故名一多相容不同門。

第三，祕密隱顯俱成門者。

謂若看師子，唯見師子無金，則師子顯金隱。

喻事能隱理。

若看金，唯金，無師子，則金顯，師子隱。

喻理能隱事也。

若兩處看，俱顯俱顯。隱則祕密，顯則顯著。故名祕密隱顯俱成門。

第四，因陀羅網境界門者。

謂師子眼、耳、支節，一一毛處，各有金師子。

小法中含大法。

一一毛處師子，同時頓入一莖毛中。各各顯露，皆有無邊師子。

一事中含多事，一多頓現。

一一毛頭，帶此無邊師子，還入一莖毛中。如是重重無盡。

多入一無礙。

若帝網之天珠，故名因陀羅網境界門。

第五，諸藏純雜具德門者。

謂若以眼收師子盡，則一切純是眼。

如以布施一行，收盡一切行，總名布施，故號曰純也。

若耳收師子盡，則一切純是耳。若諸根同時相收，悉皆具足，一一皆純，一一皆雜，是圓滿藏。

萬行同時，更互莊嚴，純雜無礙。

故名諸藏純雜具德門。

第六諸法相即自在門者。

謂即師子諸根，一一毛頭，皆各以金收師子盡。

喻法界緣起，一切諸法皆互相即相遍也。

一一皆徹師子眼，眼即耳，耳即鼻，無礙無障。

喻布施即九度，多行即一行也。

故名諸法相即自在門。

第七，微細相容安立門者。

謂金與師子，或隱或顯，或一或多，定散同時。

《經》云，汝應觀我諸毛孔，我今示汝佛境界，俱時歷然。

即此即彼，有力無力，主伴交輝，理事齊現。

所現萬法，海印炳然。

悉皆相容，不礙安立，微細成辦。

以理成事，事法不定，互相容攝，安立同時。

故名微細相容安立門。

第八，十世隔法異成門者。

謂此師子是有爲之法，念念生滅。

喻眞理隨緣，成諸事法，各各不實也。

刹那之間，分爲三際。謂有過去、未來、現在三際。

總相之中，分限不同。

總有三三之位，以立九世。

一即多，多不壞。

則束爲一段法門。

一法門中，無量門，種種脩短，各各不同。

雖則九世有隔不同，相由成立，融通無礙，同爲一念。

攝末歸本。

故號十世隔法異成門。

第九，由心迴轉善成門者。

謂金與師子，或顯或隱，或一或多，各無自性，由心迴轉。

法無定法，隨心轉變。

說理說事，有成立。

法本具足，隨機隱顯。

故名由心迴轉善成門。

第十，託事顯法生解門者。

謂說師子，用表無明。論此金體，具彰真性。

覩萬法相用顯眞理。

若理事合論，況阿賴耶識，令生正解。

即染而淨，動淨俱泯，方爲正解。

故名託事顯法生解門。

第八，括六相者。

謂師子是總相，五根差別是別相，共一緣起，是同相。眼耳各不相到，是爲異相。諸根合會，是成相。諸緣各住自位，是壞相。

顯法界中無孤單法，隨舉一相，具此六相緣起，集成各無自性。一一相中，含無盡相，一一法中，具無盡法。

第九，成菩提者。

此云道也，覺也。

略說唐言，有此二義。

眼見師子之時，一切有爲諸法，更不待壞，本來寂滅。

喻師子相不實，當體是金不可壞也。

離諸取捨，即於此路流入薩婆若海，故名爲道也。

諸法無生，畢竟空寂。包含無外，不拒衆流，大道無邊，悟則斯在。是故覩此師子相，便入一切智海，更無異路。薩婆若者，此云無生智也。

即了無始已來所有顛倒，元無實有，名之爲覺。

妄起諸顛倒，都無有實體，正覺若現前，如空皆寂滅，即外無纖塵，內無識念也。

畢竟具一切種智，名成菩提。

一悟永悟，一成永成，大智現前，更無餘物，即成菩提也。

第十，入涅槃者。

謂見師子與金，二相俱盡。

喻也。

煩惱不生，好醜現前。

身心相盡，煩惱不生，即大涅槃，究竟玄寂。

心安如海。

《經》云，若能安心，如海中好醜，皆空無所住。

妄想都盡，無諸逼迫，出纏離障，永離苦源，名爲入涅槃也。

妄盡全眞，無諸逼迫。任逍遙出纏，魔惱不相侵奪。離障法門，無無滯礙。

湛然寂靜常安樂，利益群生出苦源，我今稽首獲無餘，一切有情同解脫。

肇公云，功流萬世而常存，道通百劫而彌固。成山假就於始簣，修途託至於初步。果以功業不可朽故也。然三乘之教，有次第故，圓頓之理，渾融無礙，一法之上，了一切法，一行之中，具一切行。因該果海，果徹因源。果是即因之果，因是即果之因，平等無二相也。《經》云，平等眞法界，無佛無衆生矣。

普賢觀行法門

法藏撰《華嚴經普賢觀行法門》 依《華嚴經》普賢觀行法。初明普賢觀。次明普賢行。

初中，有十門。

第一，會相歸性門。謂觀一切法，自性皆空，分別解了。一念行心，稱理而觀，攝散入靜名止。

第二，依理起行門。謂以所觀眞理，非斷空故，不礙事法，宛然顯現。是故令止不滯寂，寂不礙事。於事無念，起照名觀。

第三，理事無礙門。謂由性實之理，必徹事表而自現，不壞於事。相虛之事，必該眞性而自立，不翳於理。理事混融，二而不二。是故菩薩，於一念中，止觀雙運，無礙同觀。

第四，理事俱泯門。謂由理事交徹，形奪兩亡，則非事非理，超然迥絕。行心順此，非觀非止，逈絕無寄。《經》云，法離一切觀行。

第五，心境融通門。謂彼絕理事之無礙境，與泯止觀之無礙心，二而不二，冥然一味。不二而二，心境宛然。

第六，事融相在門。謂以多事，全依於一理。一理帶多事，而全徧於一事。是故菩薩，以即止之觀，於一事中，見一切事，而心無散動，如一事。一切亦爾。

第七，諸法相是門。謂由諸法，皆不異於眞理，眞理復不異於事。是故菩薩，以不異止之觀，見一法即一切法，而全不動如一。一切亦爾。

第八，即入無礙門。謂由以一多相入而非一，一多相即而非異。此二俱由融通一法界。是故菩薩，以無念之智，頓見於此無障礙之法。

第九，帝網重現門。謂於一事中，所現一切，彼一切內，復各現一切。如是重重，不可窮盡。如帝釋網，於一珠中，現一切珠影。一切珠影中，復現珠影，重重無盡。是故菩薩，以普賢眼，頓見如此法界，圓融自在，無有限量。

第十，主伴圓備門。謂菩薩以普賢之智，頓見於此普賢法界。是故凡舉一門爲主，必攝一切爲伴。如是無盡無盡，不可稱說，思之可見。

此略說顯《華嚴經》中菩薩止觀。廣如《別記》說。

第二，明普賢行法。

初學菩薩行法，亦有十門。

第一，先起信心。然有三種。一、自信己身，有如來藏性，修行可得成佛。二、信三寶功德，殊勝難量，離此更無可歸依處。三、信因果決定，業報必然。是故捨惡修善，不離自心。

第二，歸依三寶。亦有三種。一、歸依徧法界三寶。二、歸依慇重至極，不惜身命。三、遠歸依，盡未來際，誓不斷絕。

第三，懺悔宿罪。亦有三種。一、啟告十方三世一切諸佛菩薩賢聖。二、對現尊像及衆僧等前。三、慇重心慚愧心，自述無始罪障。

第四，發菩提心，立大誓願。亦有三種。一、發直心，正念真如法故。二、深心，樂修一切諸善行故。三、大悲心，救拔一切苦衆生故。

第五，受菩薩三聚淨戒。亦有三種。一、攝律儀戒，誓願斷一切惡。二、攝善法戒，誓願修一切善。三、攝衆生戒，救度一切衆生故，盡未來際，而無休息。

第六，修離過行。亦有三種。一、調伏煩惱，離貪瞋邪見。二、止諸不善，離殺等十惡道故。三、於菩薩十重、四十八輕戒，一一護持，不令有犯。犯者即當懺悔，還使清淨。

第七，修善行。亦有三種。一、日日供養三寶，身口禮讚，意業觀察。二、於萬行六度，乃至諸波羅蜜，一一修學，無有厭足。三、以此善根，誓願迴向，普共衆生，趣大菩提。

第八，修忍辱行。亦有三種。一、內生慈心。若爲愚癡衆生，背恩侵惱，終不瞋之。二、見瞋過患。《經》云，瞋如猛火，燒滅一切諸善根故。又起一瞋心，成百種障礙。一切惡中，無過此惡。三、見忍利益。《經》云，若能忍者，即得名爲有力。大人持戒苦行，所不能及。

第九，救攝衆生行。亦有三種。一、救其現苦，乃至於死，先當救護。二、更以佛法饒益，令當來免三惡道苦。三、化令修菩薩行，要當於我，先成最正覺。

第十，修平等行。亦有三種。一、於所救衆生平等，不揀怨親，不求恩報。二、不見自他，無人無能，無所畢竟平等。三、興無緣大悲，無念大智，攝化衆生，廣修萬行，盡未來際，而無休息故。

華嚴念佛三昧

彭際清述《華嚴念佛三昧論》 念佛法門，諸經廣讚，約其總貫，略有二涂。一普念，一專念。如《觀佛相海經》《佛不思議境界經》等，但明普念。《藥師琉璃光如來經》《阿閦佛經》《無量壽經》等，特明專念。今此《華嚴》，一多相入，主伴交融，即自即他，亦專亦普。略標五義，以貫全經。一、念佛法身，直指衆生自性門。二、念佛功德，出生諸佛報化門。三、念佛名字，成就最勝方便門。四、念毗盧遮那佛，頓入華嚴法界門。五、念極樂世界阿彌陀佛，圓滿普賢大願門。別申問答豁破羣癡，普與見聞，同歸一乘云爾。

一、念佛法身，直指衆生自性者。

吾人固有之性，湛寂光明，偏周塵刹，諸佛別無所證，全證衆生自性耳。《如來出現品》云，菩薩摩訶薩應知自心，念念常有佛成正覺。何以故？諸佛如來不離此心成正覺故，如自心，一切衆生心亦如是，悉有如來成等正覺，廣大周偏，無處不有，不離不斷，無有休息。又云，無一衆生而不具有如來智慧，但以妄想顛倒執著，不能證得，若離妄想，一切智自然智無礙智，則得現前，（文竟）云何離于妄想，須知一切衆生顛倒執著，全是諸佛法身。何以故？顛倒執著常自寂滅故，于此信入，諸佛法身無處不現，清淨圓滿，中不容他，念念不迷，心心無所，從此起行，具足大悲，究竟大慈，于身無所取，于修無所著，于法無所住，歷十住十行十回向十地十一地，不離當念因果圓成，故曰才發菩提，即成正覺，如賢首品初發心功德品，廣明斯事，如是念佛，能于一切處見如來身。又如《光明覺品》，世尊放百億光明，從此三千大千世界，偏照十方，乃至盡法界虛空界，而文殊說頌，教人離于有無一異生滅去來種種諸見，偏一切處觀于如來，是爲入佛正信。《出現品》亦云，諸菩薩摩訶薩，不應于一法一事一身一國土一衆生見于如來，應偏一切處見于如來，譬如虛空，偏至一切色非色處，非至非不至。何以故。虛空無身故，如來身亦復如是，徧一切處，徧一切眾生，徧一切法，徧一切國土，非至非不至。何以故。如來身無身故，爲眾生故示現其身。又云，菩薩摩訶薩以無障無礙智慧，知一切世間境界，是如來境界知一切三世境界，一切剎境界，一切法境界，一切眾生境界，眞如無差別境界，法界無障礙境界，實際無邊際境界，虛空無分量境界，無境界境界，是如來境界。佛子，如一切世間境界無量，如來境界亦無量，如一切三世境界無量，如來境界亦無量，乃至如無境界境界無量，如來境界亦無量，如無境界境界一切處無有，如來境界亦如是，一切處無有。（文竟）何以故？以自心智慧本無障礙故，無障礙智慧即如來境界故，此名念自性佛，亦名自性念佛。自性念佛者，無佛外之念能念于佛。念自性佛者，無念外之佛爲自所念，不入此門，所念之佛終非究竟，以不識法身自性故，將謂別有故，入此門時，一念功德，過于虛空，無有限量。

二、念佛功德，出生諸佛報化者。

一切如來稱法界量，現種種身，示無盡莊嚴，作無邊佛事，一以普光明智而爲其體，如世主妙嚴品云，智入三世，悉皆平等，其身充滿一切世間，其音普順十方國土。譬如虛空具含眾像，于諸境界無所分別。（文竟）以此智不思議故，無分劑故，爲能具足如斯力用，在凡夫地，聞法入理，得根本智，苟不能依智起行，圓修圓證，墮于二乘聲聞境界，諸佛大用不得現前，是故此經初會六品，全顯如來果德，二會至八會三十二品，明進修階次，直至菩提，總之不出六位因果，爲令行者昭廓智境，窮諸行門，不取偏空而嚴佛土，而初會中普賢三昧一品，正顯佛華嚴全體，經明普賢菩薩，入一切諸佛毗盧遮那藏身三昧。此三昧者，依于法界，稱性徧周，一切剎塵，普身示現，教諸眾生不舍塵勞，繁興大用，隨說《世界成就品》，說《華藏世界品》，以示淨穢諸剎，一切唯心，唯能深入普賢願海者，一切處無非佛土，一切時無非佛事，此三昧品貫徹全經，尋文自見。至善財童子徧參知識，而德雲比丘，解脫長者，鞞瑟胝羅居士，俱以念佛一門而得解脫。如德雲言，我得自在決定解力，信眼清淨，智光照耀，普觀境界，離一切障，善巧觀察，普眼明徹，具淸淨行，往詣十方一切國土，恭敬供養一切諸佛，常念一切諸佛如來，總持一切諸佛正法，常見一切十方諸佛，（文竟）我得自在決定解力以下，即念法身佛也。往詣十方以下，即念報化佛也。隨順法身，起于報化，法身無量，所感報化亦復無量，故下文云，見于東方一佛二佛十佛百佛千佛百千佛乃至不可說不可說佛，剎微塵數佛，如東方，南西北方四維上下亦復如是。（文竟）是名憶念一切諸佛境界智慧光明普見法門，諸佛別無境界，唯以智慧光明，隨順眾生而作佛事，此念佛人亦復如是，由信解具足故，能入佛智慧，由觀行具足故，能見佛光明，智慧光明，不從人得，唯藉緣因得顯發故。下文又開諸大菩薩三七念佛門，盡于十方三世及一一毛端量處，念念佛出世，念念佛說法，念念佛滅度，一以自心無邊智行而爲其體，本具三身，一念相應，名爲念佛三昧，入此三昧門，即能徧攝一切諸三昧門，又如解脫長者言，我入出如來無礙莊嚴解脫門，見十方各十佛剎微塵數如來，彼諸如來不來至此，我不往彼，我若欲見安樂世界阿彌陀如來，隨意即見，我若欲見栴檀世界金剛光明如來，妙香世界寶光明如來，蓮華世界寶蓮華光明如來，妙金世界寂靜光如來，妙喜世界不動如來，善住世界師子如來，鏡光明世界月覺如來，寶師子莊嚴世界毗盧遮那如來，如是一切悉皆即見，知一切佛及以我心，悉皆如夢，知一切佛猶如影像，自心如水，知一切佛所有色相，及以自心，悉皆如幻，知一切佛及以己心，悉皆如響，我如是知，如是憶念，所見諸佛皆由自心。（文竟）所謂無礙莊嚴解脫者，離一切相，成一切相，雖然如夢如幻，而亦不壞夢幻諸境【略】是知諸佛報化，該一切數，如《阿僧祇品》說。窮一切時，如《如來壽量品》說。徧一切處，如《菩薩住處品》說。如是念佛，二際平等，生滅一如，盡未來劫無有間斷。

三、念佛名字，成就最勝方便者。

夫法身無朕，假于名而法身顯矣。報化無邊，緣于名而報化該矣。《須彌偈讚品》云，寧受地獄苦，得聞諸佛名，不受無量樂，而不聞佛名，所以于往昔，無數劫受苦，流轉生死中，不聞佛名故，但聞佛名，已植勝因，何況數數繼念，如文殊般若經云，欲入一行三昧，應處空閒，舍諸亂意，不取相貌，繫心一佛，專稱名字，隨佛方所，端身正向，能于一佛念念相續，即是念中能見過去未來現在諸佛何以故，念一佛功德無量無邊，亦與無量諸佛功德無二，（文竟）阿彌陀經亦以執持名號，爲往生正因，故知名字功德不可思議，又如兜率偈讚品云，以佛爲境界，專念而不息，此人得見佛，其數與心等，賢首品云，若常念佛心不動，則常覩見無量佛，若常覩見無量佛，則見如來體常住。前偈論持名，故言數，後兼報化以徹法身，故言無量。雖然，人知有量之數，而莫知離量之數，知即數之名，而不知離數之名，知離數之名故終日念而未嘗念也。知離量之數，故念一佛而即徧攝一切佛也。如隨好光明品云，如我說我而不著我，不著我所，一切諸佛亦復如是，自說是佛，不著于我及以我所，（文竟）然初入此門，必依乎數，日須尅定課程，自一而萬，自萬而億，念不離佛，佛不異心，如月在水，月非水內，如春在枝，春非枝外，如是念佛，名字即法身，名字性不可得故，法身即名字，法身徧一切故，乃至報化不異名字，名字不異報化，亦復如是，故如來名號品，謂一如來名號，與法界虛空界等，隨衆生心各別知見，則知世間凡所有名，即是佛名，隨舉一名，諸世間名無不攝矣。又如《毗盧遮那品》稱引古先諸佛，各各不同，而一以毗盧概之，以一切諸佛皆有毗盧藏身故，古今不異故，如是念佛，持一佛名，全收法界，全法界名，全法界收，非過去，非現在，非未來，亦非南西北方四維上下，十方三世，當念無餘，不歷刹那，成佛已竟。

四、念毗盧遮那佛，頓入華嚴法界者。

如《世主妙嚴品》十方諸大菩薩及天龍神鬼所說諸頌，各出自證法門，以如來果地發人信解，令入念佛三昧，自是說《如來現相品》，以及十信、十住、十行、十回向，各有十方諸大菩薩及諸世主說偈讚佛，而十地品每歷一地，必曰不離念佛念法念僧，是知諸位階次雖殊，莫不以念佛爲其本行，佛佛道同，舉一毗盧攝無不盡，故普賢十願常隨佛學一門云，如此娑婆世界毗盧遮那如來，從初發心，精進不退，以不可說不可說身命而爲布施，乃至成大菩提，入于涅槃，如是一切我皆隨學。（文竟）由我本師因地修行，廣大無邊不可思議，故所感報化，亦廣大無邊不可思議，行者誠能決定信解，知一切佛不離自性，起勇猛心，起僭何心，便與本師初發心時等無有異。【略】是知諸佛法界，徧攝徧融，彌陀全體遮那極樂不離華藏隨衆生心，見各不同，而佛本來常不動故，故末卷即以回向極樂終之，具如後文所說。

五、念極樂世界阿彌陀佛，圓滿普賢大願者。

《普賢行願品》云，欲成就如來功德門，當修十種廣大行願，一者禮敬諸佛，二者稱讚如來，三者廣修供養，四者懺悔業障，五者隨喜功德，六者請轉法輪，七者請佛住世，八者常隨佛學，九者恆順衆生，十者普皆回向，于此願王受持讀誦，臨命終時，即得往生極樂世界。（文竟）是經專顯毗盧境界，云何必以極樂爲歸，蓋阿彌陀一名無量光，而毗盧遮那此翻光明偏照，同一體故，非去來故，于一體中，要亦不礙去來故，如大乘起信論云，衆生初學是法，欲求正信，其心怯弱，以住此娑婆世界，不能常值諸佛，親承供養，意欲退者，當知如來有勝方便，攝護信心，謂專念西方極樂世界阿彌陀佛，所修善根，回向願求生彼世界，即得往生，常見佛故，終無有退。（文竟）蓋毗盧報土，與二乘凡夫無接引之分，而極樂則九品分張，萬流齊赴，一得往生，橫截生死，視此娑婆，迥分勝劣，諸經廣明，今不具錄，然他經所指，或言十念，或言一日乃至七日，或觀丈六，乃至六十萬億那由他恆河沙由旬，要之不出數量，未若此經一念普觀，竪窮三世，橫亘十虛，初發心時，即超數量，所有淨因，最爲殊勝，由阿彌陀佛以四十八願徧攝衆生，與此願王體合虛空，絲毫不隔，是故，不移時，不易處，任運往生，還同本得，下文云，到已，即見阿彌陀佛文殊師利菩薩普賢菩薩觀自在菩薩彌勒菩薩等，所共圍繞。（文竟）文殊普賢，不離此處而現彼方，隨衆生心，念念出現，故知阿彌陀佛在極樂國中，常轉此經，熾然無間，又此法門，非妙智觀察，無以明我心本具之淨因，故首文殊，非大願莊嚴，無以圓我心本具之淨果，故次普賢，而觀音彌勒，一則次補彌陀，一則次補釋迦，二聖同會，以證樂邦華藏通一無二，而彌勒以諦觀十方唯識，識心圓明，入圓成實，此淨土之正因也。觀音以如幻聞熏無作妙力，偏入國土，成就菩提，此淨土之極果也。下文云，其人自見生蓮華中，蒙佛授記，得授記已，經于無數百千萬億那由他劫，以智慧力，隨衆生心而爲利益，不久當坐菩提道場，降伏魔軍，成等正覺，轉妙法輪，能令佛刹極微塵數衆生發菩提心，隨其根性，教化成熟，乃至盡于未來劫海，廣能利益一切衆生。（文竟）全部華嚴，于此結果，諸有智人，決宜信入，一念因循，輪回無盡，嗚呼苦哉！

或問，如上五門，爲當從一門入，爲是五門並入？

答，上根利智，了得自性彌陀，全顯唯心淨土，舉一法身，攝無不盡，然理則頓悟，事須漸除，故華嚴教指，十住初心即同諸佛，然五位進修，不無趣向，未臻妙覺，階次宛然，至十地始終，以大願力，于一念頃見多百佛多千佛，乃至百千億那由他佛，所居之地，悉隨所見之佛而爲差等，此土行人，縱能伏惑發悟，而未證無生，甯逃後有，不依佛力，功行難圓，必待回向樂邦，親承授記，淨諸餘習，成滿願王，斯爲一門超出妙莊嚴路，其或粗窺向上，未盡疑情，尤須專一持名，翹勤發願，如子憶母，畢命爲期，加以教觀熏修，助發勝智，感應道交，功無虛棄，斯則全憑一念便攝諸門，所貴絕利一原，切忌回頭轉腦。【略】

十玄門

智儼《大方廣佛華嚴經搜玄記》卷一（之上） 二約就所詮明分齊者，略有十門。

一、同時具足相應門，於中有十，一教義具足，二理事具足，三解行具足，四因果具足，五人法具足，六分齊境位具足，七師弟法智具足，八主伴依正具足，九逆順體用自在具足，十隨生根欲示現具足，此等十門相應無有前後也。

二、因陀羅網境界門，此中具前十門，但義從喻異耳，餘可準上。

三、祕密隱顯俱成門，此亦具前十門，但義從緣異耳，餘可準上。

四、微細相容安立門，此亦具前十門，但義從相異耳，餘可準之。

五、十世隔法異成門，此亦具前十門，但義從世異耳。餘可準之。

六、諸藏純雜具德門，此亦具前十門，但義從世異耳。餘可準之。

七、一多相容不同門，此亦具前十門，但義從理異耳。餘可準之。

八、諸法相即自在門，此亦具前十門，但義從用異耳。餘可準之，亦可依性。

九、唯心迴轉善成門，此亦具前十門，但義從心異耳，餘可準之。

十、託事顯法生解門，此亦具前十門，但義從智異耳，餘可準之。

上之十門玄，並皆別異，若教義分齊與此相應者，即是一乘圓教及頓教法門，若諸教義分與此相應而不具足者，即是三乘漸教所攝，餘義依下天王等法門，準之可解也。

法藏《華嚴經探玄記》卷一 第九，顯義理分齊者，然義海宏深，微言浩汗，略舉十門，撮其綱要。一、同時具足相應門，二、廣狹自在無礙門，三、一多相容不同門，四、諸法相即自在門，五、隱密顯了俱成門，六、微細相容安立門，七、因陀羅網法界門，八、託事顯法生解門，九、十世隔法異成門，十、主伴圓明具德門。然此十門，同一緣起，無礙圓融，隨有一門，即具一切，應可思之。

就初門中，有十義具足。一、教義具足，二、理事，三、境智，四、行位，五、因果，六、依正，七、體用，八、人法，九、逆順，十、應感具足。謂眾生機感如來應赴，下云，一切眾生所樂示現雲，然此十對同時相應爲一緣起，隨一各具餘一切義，如初門既爾餘廣狹等九門皆各具前十對，但隨門異耳。是故一一門中各有十百千等，思之可見。今且於一事法之上辨此十對，餘可準知。如下文中，一蓮華葉表令生解爲教，即是所詮爲義，如下勝音菩薩蓮華處說，二華相爲事，華體是理，下云，法界不可壞蓮華世界海，三華是所觀亦即能觀，以此經中可以內行爲外事故，四行事之華結成位故，五因事之華攬成果故，六華臺所依亦入正故，如國土身等，七華體同眞用應機故，八全攬爲人恆是法故，九逆同五熱順十度故，十應赴群機亦能感故。如一華事既爾餘一切事皆準知之，事法既爾餘教義等一切皆然，準思可見，如具自十對既爾，彼一華葉具前十門亦然，何者？此蓮華葉具前十義同時相應具足圓滿故，是初門也。

二即彼華葉普周法界而不壞本位，以分即無分無分即分廣狹自在無障無礙，下云，此大蓮華其葉遍覆一切法界，是故或唯廣無際，或分限歷然，或即廣即狹，或廣狹俱泯，或具前四，以是解境故，或絕前五，以是行境故，下皆準此。

三即此華葉舒己遍入一切法中，即攝一切令入己內，舒攝同時既無障礙，是故鎔融，或有四句六句，準前思之，下云，以一佛土滿十方十方入一亦無餘。

四此一華葉廢己同他舉體全是彼一切法，而恆攝他同己全彼一切即是己體，一多相即混無障礙，解行境別六句同前。下云，知一即多多即一等。

五華能攝彼即一顯多隱，一切攝華即一隱多顯，顯顯不俱隱隱不竝，隱顯顯隱同時無礙，全攝俱泯存亡俱成，句數同前。下云，東方見入正受西方見三昧起等。

六此華葉中微細刹等一切諸法炳然齊現，下云於一塵中微細國土曠然安住。

七華葉一一微塵之中各皆竝現無邊刹海，刹海之中復有微塵，彼諸塵內復有刹海，如是重重不可窮盡，非是心識思量所及，如帝釋網天珠明徹互相影現影復現影而無窮盡，下文如因陀羅網世界等。

八見此華葉即是見於無盡法界，非是託此別有所表，下云，此華蓋等從無生法忍所起等。

九即此一華既具遍一切處，亦復該一切時，謂三世各三，攝爲一念，故爲十世也。以時無別體依華以立，華既無礙時亦如之，是故下云，過去一切劫安，置未來今，未來一切劫迴置過去世。又云，無量劫即一念一念即無量劫等。

十此圓教法理無孤起，必眷屬隨生，下云，此華有世界海塵數蓮華以爲眷屬，又如一方爲主十方爲伴餘方亦爾，是故主主伴伴各不相見，主伴伴主圓明具德，如一事華帶自十義具此十門即爲一百門，餘教義等亦各準之故成千門，如教義等望自類十義及同時等十門有此千門，彼同時等亦望自類十門及教義等亦成千門，準思可見。

十玄無礙

法藏撰《華嚴經探玄記》卷一 問，有何因緣令此諸法得有如是混融無礙？

答，因緣無量難可具陳，略提十類釋此無礙。一緣起相由故，二法性融通故，三各唯心現故，四如幻不實故，五大小無定故，六無限因生故，七果德圓極故，八勝通自在故，九三昧大用故，十難思解脫故。

初、緣起相由故者，謂大法界中緣起法海，義門無量，約就圓宗，略舉十門，以釋前義。謂諸緣起法要具此十義方緣起故，闕即不成，一諸緣各異義，謂大緣起中諸緣相望要須體用各別，不相和雜方成緣起。若不爾者，諸緣雜亂失本緣法緣起不成，此即諸緣各各守自一也。

二、互遍相資義，謂此諸緣要互相遍應方成緣起，且如一緣遍應多緣各與彼多全爲一故，此一即具多箇一也。若此一緣不具多一即資應不遍不成緣起，此即一一各具一切一也。

三俱存無礙義，謂凡是一緣要具前二，方成緣起，以要住自一方能遍應，遍應多緣，方是一故，是故唯一多一自在無礙，由此鎔融有六句，或舉體全住是唯一也。或舉體遍應是多一，或俱存，或雙泯，或總合，或全離，皆思之可見。此上三門總明緣起本法竟。

四、異門相入義，謂諸緣力用互相依持互形奪故，各有全力無全力義緣起方成，如論云，因不生緣生故，緣不生自因生故，若各唯有力無無力，即有多果過，一一各生故，若各唯無力無有力，即有無果過，以同非緣，俱不生故，是故緣起要互相依具力無力，如闕一緣一切不成餘亦如是。是故一能持多一是有力能攝多，多依於一多是無力潛入一，由一有力必不得與多有力俱，是故無有一而不攝多也。由多無力必不得與一無力俱，是故無有多而不入一也。如一持多依既爾多持一依亦然，反上思之，是即亦無多不攝一一無不入多者也。如一望多有依有持，全力無力常全多在己中，潛己在多中，同時無礙，多望於一當知亦爾，俱存雙泯二句無礙思準之。

五、異體相即義，謂諸緣相望，全體形奪有有體無體義，緣起方成，以若闕一緣餘不成起，起不成故緣義即壞，得此一緣令一切成起，所起成故緣義方立，是故一緣是能起，多緣及果俱是所起，是即多爲一成多是無體，一能作多一是有體，由一有體必不得與多有體俱，多無體必不得與一無體俱，是故無有不多之一無有不一之多，一多既爾多一亦然，反上思之。如一望多有有體無體故能攝他同己廢己同他同時無礙，多望於一當知亦爾，準前思之，俱存雙泯二句無礙，亦思之可見。

六、體用雙融義，謂諸緣起法要力用交涉全體融合方成緣起，是故圓通亦有六句，一以體無不用故舉體全用，即唯有相入無相即義。二以用無不體故，即唯有相即無相入也。三歸體之用不礙用，全用之體不失體，是即無礙雙存，亦入亦即自在俱現。四全用之體體泯，全體之用用亡，非即非入圓融一味。五合前四句同一緣起無礙俱存。六泯前五句絕待離言冥同性海。此上三門於初異體門顯義理竟。

七、同體相入義，謂前一緣所具多一與彼一緣體無別故名爲同體，又由此一緣應多緣故有此多一，所應多緣既相即相入令此多一亦有即入也。先明相入，謂一緣有力能持多一，多一無力依彼一緣，是故一能攝多多便入一，一入多攝反上應知，餘義餘句，準前思之。

八、同體相即義，謂前一緣所具多一，亦有有體無體義故亦相即，以多一無體由本一成多即一也。由本一有體能作多令一攝多，如一有多空既爾多有一空亦然，餘義餘句竝準前思之。

九、俱融無礙義，謂亦同前體用雙融即入自在亦有六句，準前應知。此上三門，於前第三同體門中辨義理竟。

十、同異圓備義，謂以前九門總合爲一大緣起故，致令多種義門同時具足也。由住一遍應故有廣狹自在也。由就體就用故有相即相入也。由一攝多時爲顯，令一入多爲隱，多攝一入亦爾，又就用入爲顯，令就體相即爲隱，顯入隱亦然，又異門即入爲顯，令同體爲隱，同顯異隱亦爾。又由以異門攝同體中相入義故現微細門也。由異體相入帶同體相入故有重重無盡帝網門也。由此大緣起法即無礙法界法門故有託事顯法門也。由此融通自在，今依此法上所辨時法亦隨此無礙自在故有十世門也。由此法門同一緣起相帶起故，隨一門必具一切故有主伴門也。此之一門於前第三門中以辨義理。上來十義總是緣起相由門竟，餘門如《指歸》中說。

澄觀《大華嚴經略策》一卷　第二十五彰其十玄。

問，切聞華嚴深義謂之十玄，請列其名，略申其義。

答，十表無盡，一一造玄。隨舉一法，即具斯十。一謂同時具足相應門。如大海一滴含百川之味。二廣狹自在無礙門。如徑尺之鏡見千里之影。三一多相容不同門。若一室千燈光光涉入。四諸法相即自在門。如金與金色二不相離。五祕密隱顯俱成門。如片月澄空晦明相竝。六微細相容安立門。如瑠璃瓶盛多芥子。七因陀羅網境界門。若兩鏡互照傳曜相寫遞出無窮。八託事顯法生解門。如立像豎臂，觸目皆道。九十世隔法異成門。如一夕之夢翱翔百年。十主伴圓明具德門。如北辰所居眾星同拱。十無前後舉一全收。斯爲華嚴不共玄旨。謹對。

澄觀撰《大方廣佛華嚴經疏》卷二　第四周遍含容，即事無礙，且依古德，顯十玄門，於中文二，先正辯玄門，二明其所以。今初，一同時具足相應門，二廣陝自在無礙門，三一多相容不同門，四諸法相即自在門，五祕密隱顯俱成門，六微細相容安立門，七因陀羅網境界門，八託事顯法生解門，九十世隔法異成門，十主伴圓明具德門，此之十門同一緣起無礙圓融，隨其一門，即具一切，今且於前十中，取一事法明具後十門，如下文中，一蓮華葉或一微塵，則具敎等十對，同時相應具足圓滿，亦具後之九門，及彼門中所具敎等以是總故，故下文云，一切法門無盡海，同會一法道場中。華藏頌云，華藏世界所有塵，一一塵中見法界，一塵尙具況一葉耶？二即彼華葉普周法界，而不壞本位以分即無分無分即分，廣陝自在無障無礙，《十定品》云，有一蓮華盡十方際，而不妨外有可見，是故或唯廣無際，或分限歷然，或即廣即陝，或廣陝俱泯，或具前四，以是解境故，或絕前五，以是行境故，下皆準此，然此廣陝亦名純雜，普周法界故，純一無二不壞本位，則不妨於雜，萬行例然。三、即此華葉舒已遍入一切法中，即攝一切，令入己內，舒攝同時，既無障礙，是故鎔融，或有四句六句思之。下云，以一佛土滿十方，十方入一亦無餘，若一與一切對辯，則攝入各具四句，謂一入一切一切入一，一入一一切入一切，互攝亦然。四、此一華葉廢己同他，舉體全是彼一切法，而恆攝他同己，令彼一切即是己體，一多相即，混無障礙，解行境別，六句同前。下云知一即多、多即一等。五、華能攝彼則一顯多隱，一切攝華則一隱多顯，顯顯不俱，隱隱不並，隱顯顯隱同時無礙，全攝俱泯，存亡俱成，句數同前。下云，東方入正受，西方從定起等，如八日月隱顯同時。六、此華葉中微細刹等，一切諸法炳然齊現。下云，於一塵中一切國土曠然安住。又於一毛端處，有不可說諸如來，及第九迴向微細中說。七、此華葉一一微塵中，各現無邊刹海，刹海之中，復有微塵，彼諸塵內，復有刹海，如是重重不可窮盡，非是心識思量境界，如天帝殿珠網覆上，一明珠內萬像俱現，珠珠皆爾，此珠明徹互相現影影復現影，而無窮盡。下云，如因陀羅網世界等，亦如鏡燈重重交光，佛佛無盡。八、見此華葉，即是見於無盡法界，非是託此別有所表。下文云，此華蓋等從無生法忍之所起等，九、即此一華，既其遍一切處，亦復該一切時，謂三世各三，攝爲一念，故爲十世，以時無別體，依華以立，華既無礙，時亦如之。是故晉經云，過去無量劫，安置未來今未來無量劫，迴置過去世等，普賢行云，過去中未來，未來中現在等。又云，無量劫即一念，一念即無量劫等，時無別體故不別立，以爲所依。十、此圓教法，理無孤起，必攝眷屬隨生。下云，此華即有十世界微塵數華以爲眷屬。又如一方爲主十方爲伴，餘方亦爾。是故主主伴伴各不相見，主伴伴主圓明具德，舉華既爾，一塵等事亦然。如此事華既帶同時等十義，具此十門，而此事等具餘教等十門，則爲百門。事法既爾，餘教義等具百亦然，則爲千門。如教義等有此千門，彼同時門中，亦具百門，餘廣陜等例爾，亦有千門，若重重取之，亦至無盡，於此十門，圓明顯了，則常入法界重重之境。

七處八會

澄觀《大華嚴經略策》一卷 隨文釋者，此一部教，大分有三，謂序、正、流通。若豎料簡，隨其八會，有十義別，餘準可識。此經一部，凡有七處八會，人中三，天上四，名七處也。重會普光，名八會也。此爲階法，故有七八耳。此七八文相，有無不同，略以十門分別。就八會內，所以初明佛者，佛是化主，今攝物必以化主爲先，故初明也。二、大聖說法，有所栖託，次辨處也。三、攝化有所，次明菩薩。四、器雖具足，請若不滿，則不爲說，故次生疑。五、法潤無崖，次辨集新衆。六、微法不審不可即說，次辨入定。七、欲辨法勝，故明佛加。八、顯法始終分齊，次明出不出異。九、勝法既宣，次明法益，故辨動地雨華等也。十、然功用既彰，化不偏屈，十方齊轉，契合不虛，故次辨結會平等顯證述成。此十若離雨華等乃有十五，散華燒香放光作樂雨寶，攝五爲一也。今並攝在十耳。

二對會釋有無者，七處佛三身中是何，此解有二，一局一通，局者八會俱非小見，故是報身。

問：既報非化，何以處與下同？

答：此爲先化流於末世，故寄世處以辨也。又問若寄世者何故經云阿迦尼吒天成，答：此有二義，一寄化顯報，即八會是，二寄報顯化，即色究竟是，爲彰欲界是化故約相是化，今論教意耳，通者三身具有，一一互成。又《普賢文》云，在我身內無障礙，又辨華藏世界海又寄道樹等，故知也。此約三乘辨，若約一乘即下十佛並皆通有也。

分文三者，序、正、流通也。序者方便相，正者說體相，流通津用相。此《淨眼品》是序，《盧舍那》下辨正宗，經不來盡，故無流通，所以知。《大論》云，不思議經有十萬偈，此唯有三萬六千偈，故知也。亦可有流通，衆生心微塵已下文是，但爲龍樹菩薩會事等處十萬，準省之故不足耳。若從文義以分，至文別辨耳。【略】

七處九會

法藏《華嚴經探玄記》卷一 解云，況八會處而不該攝十方法界。又《發心品》云，知無量劫即一念一念即是無量劫，解云，況二七日時不攝無量劫海。《不思議品》云，一切諸佛於一微塵中普現三世一切佛刹，於一微塵中普現三世諸佛自在神力，於一微塵中普現三世一切衆生，於一微塵中普現三世一切諸佛佛事，解云，此中塵內三世通括一切前後際劫，是謂諸佛法爾常說故也。

二願力故者，謂是如來本願力故，令此教法稱機顯現，是故《盧遮那品》云，十方國土中一切世界海，佛願力自在普現轉法輪。又云，盧遮那佛神力故一切刹中轉法輪，普賢菩薩願音聲，遍滿一切世界海。解云，即是此經該於十方，虛空法界等一切世界及諸塵內諸刹土中，同時說此經者，皆是本師願力所致，是故下諸會初皆云盧遮那佛本願力故。又《雲集品》頌云，無量無數劫此法甚難值，若有得聞者當知本願力。解云，此即由佛願力令衆得聞，又云，如來不出世亦無有涅槃，以本大願力顯現自在法。

三機感故者，如來平等無有改易，隨應衆生，現身說法。此有三義，一以佛果色聲清淨功德爲增上緣，應彼機感以成攝化，《雲集》偈云，有眼有日光能見微細色，最勝神力故淨心見諸佛（此現身也）。又《法界品》

云，佛於過去行得一微妙音，無心於彼此而能應一切，（此說法也）二佛果無有色聲麁相，但以平等理智增上願力，機感相應有形言現。《雲集》偈云，三世一切佛法身悉清淨，隨其所應化普現妙色身。又云，一切諸如來無有說佛法，隨其所應化而爲演說法，三通上二義有無無礙，以稱法界無障礙故。《舍那品》云，佛身充滿諸法界，普現一切衆生前，應受化器悉充滿佛，故處此菩提樹，一切佛刹微塵等爾所佛，坐一毛孔皆有無量菩薩衆，各爲具說普賢行。解云，正是此經所說分齊。

四爲本故者，謂將欲逐機漸施末教故，宜最初先示本法，明後依此方起末故，是故最初說此經法，然後方於鹿園等處漸說枝末小乘等法。又下《性起品》云，猶如日出先照高山等，如下立教中引說。

五顯德故者，謂顯佛果殊勝之德，令諸菩薩信向證得，此有二種。一依果謂蓮華藏莊嚴世界海，二正果謂如來十身通三世間等，竝如下文說。此二無礙有四句，一依内現依，如塵内現刹海，二正内現正，如毛孔現佛等，三正内現依，如毛孔現刹等，四依内現正，如塵内現佛等，是故隨舉一門即攝一切，無不皆盡，竝如下說，爲顯此果德，故說是經。

六顯位故者，爲顯菩薩修行佛因，一道至果具五位故，此亦二種，一次第行布門，謂十信十解十行十迴向十地滿後，方至佛地，從微至著階位漸次，二圓融相攝門，謂一位中即攝一切前後諸位，是故一一位滿皆至佛地，此二無礙，廣如下文諸會所說。

七開發故者，爲欲開發衆生心中如來之藏性起功德，令諸菩薩依此修學破無明㲉顯性德故，此亦有二種，一以言說顯示，令知有故，二教其修行得顯現故，如下文破微塵出經卷等，具如彼說。

八見聞故者，示此無盡自在法門，唯是極位大菩薩境，而令下位諸衆生等於此見聞，而得成彼金剛種子不毀不盡，要當令其至究竟位故也。亦如《性起品》說。

九成行故者，謂爲示此普法令諸菩薩成普賢行，一行即一切行，初發心時便成正覺，具足慧身不由他悟，又云，菩薩受持此法，少作方便，疾得阿耨多羅三藐三菩提等，此亦二種，一頓成多行，二遍成普行，竝如下說。

十得果故者，令得佛地智斷果故，亦有二種，一斷果謂除障故，即普賢品明一障一切障小相品明一斷一切斷，廣如下說二智果謂成德故，具足十身盡三世間，逆順自在依正無礙，如不思議品等說，此上略由顯示如是十義令此經教興起故也。

第二藏部明攝者，略顯十義，以明收攝。一明三藏，二顯所攝，三辨二藏，四釋相違，五開種類，六定所攝，七一部收，八三部攝，九或九部，十具十二。

澄觀《大華嚴經略策》一卷 第四處會法旨。

問，說時方人爲生物信，法身雖遍說必有方。未知此經於何而說復幾會說，爲佛獨說爲託他人。仰答事由，使無惑也。

答，法身無在，而無不在。即體之用，應必有方。略說七處不同，實則處窮法界。言七處者第一會菩提場。第二會普光明殿。第三會忉利天。第四會夜摩天。第五會兜率天。第六會他化自在天。第七會逝多園林。而三會普光，故會有九。第一會在菩提場說如來依報因果。第二會普光法堂說十信法門。第三會忉利天宮說十住法。第四會夜摩天宮說十行法。第五會兜率陀天說十迴向法。第六會他化自在天說十地法。賢聖有隔故越化樂。第七重會普光法堂說因圓果滿法。有十一品經。前六因圓後五果滿。第八三會普光法堂說普賢大行法六位頓成。第九會室羅伐城逝多園林說入法界法門。而第九會末歸菩提場則十會圓明頓彰玄極。言爲佛獨說爲託他人者此經欲表諸佛齊說故。於諸會多是十方諸佛加菩薩說欲明一說一切說故。第一會十方諸佛加普賢菩薩說普賢是華嚴海會主故表普法故。第二會文殊爲主而十首共談表十信門萬德首故。第三會法慧菩薩說表十住法慧心增故。第四會功德林菩薩說表十行法門行森聳故。第五會金剛幢菩薩說表十迴向高出歸向義故。第六會金剛藏菩薩說表十地法含藏出生不可壞故。第七會亦普賢菩薩說表因圓果滿普周法界行德皆普故。第八會亦普賢菩薩說沒六位名收六位行爲二千行法。舉一圓收始自初心終極等覺皆共同修乃至成佛不捨因故。第九會如來自入師子嚬申三昧令諸大衆頓證法界示相而說。普賢文殊二聖開發百城善友竝皆同說故此一會曲分爲二。一即本會如來現相二聖開顯頓證法界。二即六十一經末終盡八十諸善知識爲善財說明漸證法界。漸頓該羅本末交映皆證法界故。略明會處顯文若斯。若散取經文總有十處。初此閻浮，二周百億，三遍十方，四盡塵道，五通異界，六該剎塵，七重攝剎，八復重收，九猶帝網，十餘佛同，則約會略舉三千界塵廣周法界。無盡說主通三種世間無不說也。東此九會，以爲四分。第一會從《世主妙嚴品》至《毘盧遮那品》有十一卷經文，名舉果勸樂生信分。第二從第二會《如來名號品》至《如來出現品》有三十一品四十一卷經文，名修因契果生解分。第三以第八會《離世間》一品，有七卷經文，名託法進修成行分。第四以第九會《入法界》一品，有二十一卷經，文名依人證入成德分。若展九會爲三十九品，初會六品。一、《世主妙嚴品》。二、《如來現相品》。三、《普賢三昧品》。四、《世界成就品》。五、《華藏世界品》。六、《毘盧遮那品》。第二會亦有六品。一、《如來名號品》。二、《四聖諦品》。三、《光明覺品》。四、《菩薩問明品》。五、《淨行品》。六、《賢首品》。第三會亦有六品。一、《昇忉利天宮品》。二、《忉利宮中偈讚品》。三、《十住品》。四、《梵行品》。五、《初發心功德品》。六、《明法品》。第四會有四品。一、《昇夜摩天宮品》。二、《夜摩宮中偈讚品》。三、《十行品》。四、《十藏品》。第五會三品。一、《昇兜率天宮品》。二、《兜率宮中偈讚品》。三、《十迴向品》。第六會一品，《十地品》。第七會有十一品。一、《十定品》。二、《十通品》。三、《十忍品》。四、《阿僧祇品》。五、《如來壽量品》。六、《菩薩住處品》。上六明等覺因圓。七、《佛不思議法品》。八、《如來十身相海品》。九、《隨好光明功德品》。十、《普賢行品》。十一、《如來出現品》。第八會唯一品，即《離世間品》。第九會亦唯一品，即《入法界品》。初三會各六品爲十八品。四、五兩會共有七品，成二十五品。第七會十一品，故有三十六品。六八九三會各唯一品，故有三十九品。又東三十九品以爲三分。初《世主妙嚴品》爲序分。二、《現相品》已下爲正宗分。三、從《入法界品》六十一經。爾時文殊從善住樓閣出已下竟經爲流通分。三十九品調冠。眞宗九會四分，彰其大格。現文若此，具本難彰。尋其名題，方知綱要。謹對。

十無礙義

澄觀撰《華嚴經疏演義鈔》卷一　疏　言無礙者，略有十義。

鈔　言無礙下，後彰無礙二。初標數，後列釋。今初標也。

疏　一用周無礙，謂於上念劫剎塵等處，遮那佛現法界身云，業用無邊悉周遍故。《經》云，如於此處見佛坐，一切塵中，亦如是等。其文非一。

鈔　疏一切塵中，亦如是等者，等取下半云，佛身無去亦無來，所有國土皆明現。此即《第五經》普賢菩薩偈也。言其文非一者，遍於一經。如《第六經》云，毘盧遮那佛，願力周法界，一切國土中，恆轉無上輪。又云，一一微塵中，能證一切法，如是無所礙，周行十方國。又云，佛演一妙音，周聞十方國，眾音悉具足，法雨皆充遍等。如是等用，無量無邊，謂或現攝生，或現威儀，或現八相，或現三乘形，或現五趣形，或現六塵境，差別名號，業用多端，不可稱說，法界微細，無不皆遍，故云用周也。

疏　二、相遍無礙，謂於上差別用中，各攝一切業用故。

鈔　疏二、相遍無礙，謂上差別用中，各攝一切業用故者，如上所明，攝生威儀行住坐臥，如不思議品云，如來一坐食已，結跏不動，遍於十方經一切劫，今明即此坐中便具行住及臥也，又如前現八相相（相，南、玄、續、金無。）遍者，嵐毘尼林神，說如來受生云，善男子，當我見佛於此四天下，閻浮提內嵐，毘尼林園中，示現初生種種神變時，亦見如來於三千大千世界百億四天下，閻浮提內，嵐毘尼園中，示現初生種種神變，亦見三千大千世界，一一塵中無量佛剎，亦見百佛世界，千佛世界，乃至十方一切世界，一一塵中無量佛剎，如是一切諸佛剎中，皆有如來，示現受生種種神變。如是念念常無間斷者，但是一重之遍，今此明一一相中皆具八相。如《三十一經》云，菩薩在母胎中，自在示現一切法界道場眾會甚微細。菩薩在母胎中，示現一切佛神力甚微細。又《離世間品》云，佛子，菩薩摩訶薩，有十種甚微細趣。何等爲十？所謂在母胎中，示現初發菩提心，乃至灌頂地。二在母胎中，示現住兜率天。三在母胎中，示現初生。四在母胎中，示現童子地。五在母胎中，示現處王宮。六在母胎中，示現出家。七在母胎中，示現苦行。往詣道場，成等正覺

（等正覺，金作正覺，經、原、南、玄、續作等正覺。）。八在母胎中，示現轉法輪。九在母胎中，示現般）涅槃。十在母胎中，示現大微細。謂一切菩薩行，一切如來自在神力，無量差別門。佛子，是爲菩薩摩訶薩，在母胎中十種微細趣。釋曰，母胎一相之中道，今一道具五。例可知也。

【略】

疏五圓教中，所說唯是無盡法界，性海圓融，緣起無礙，相即相入，如因陀羅網，重重無際，微細相容，主伴無盡，十十法門，各攝法界。義分齊中，當具宣說。

鈔疏五圓教等者，義廣理深，非略可盡。故彰其宏奧，別立一門。然在立教之終，故須略舉。言十十法門者，一一法門，一一法中，多明十故，十身、十忍、十眼、十通、十種玄門，出十所以表義無盡，彰異餘宗，故文文之中多皆十句。一一十句，六相圓融，方顯教圓，廣如下辨。

疏二依教開宗，宗乃有十，如經宗中辨。

鈔如經宗中辨者，即是第六宗趣門也。

疏第四總相會通，曲分爲二。先通會諸教，後會化儀前後。

鈔第四總相會通中，文多易了，隨難則釋。

疏今初。諸德立教，各自所據。今雖立五，亦會取諸說。略有五重。

疏一或總爲一，謂唯是如來一大善巧，攝生方便，一音所演，則前之二師立一音者，不失道理。

疏二或開爲二，此更有三，一對小顯大，初是半字，後四皆滿，則無違二藏等言。二對權顯實，則前二是三乘，後三爲一乘，則不違《法華》四乘。三者三四二教，雖則泯二異前，而對三顯一，曲巧順機，後一直顯本法，一向不共，如《智論》說。此同印公平道屈曲。

鈔疏三者三、四二教下，雖則泯二異前者，三即終教，四即頓教。此之二教，俱明一乘，故云泯二。則異前始教，存三乘也。而言雖者，雖明一乘，由是對三顯故。同前二教，亦入屈曲之數，則前四教皆屈曲收。後之一教，方是平道，故順印公。

疏三或分爲三，初一小乘，次一三乘，後三一乘，或唯後一是不共一乘。《智論》指此以爲不共，《大品》等經，共二乘說故，此三亦順四乘。又《梁論》第八云，如來成立正法有三種，一立小乘，二立三乘，三立一乘，第三最勝故，名善成立。此亦同《妙智經》。眞諦三藏《部異執記》第二卷中，亦同此說。

鈔疏此三亦順四乘者，初一小乘，次一三乘，此二皆是三乘教攝。以初小乘，即三乘中之小乘故。後三是一乘故，爲四乘也。又《梁論》下，證成三一之義，前會三乘一乘，文中已引。及《妙智經》、《部異執記》，並如前引。

疏四或分爲四，此亦二門。一中間三教，存三泯二別，故開之爲四。一、別教小乘，如《四阿含》等。二、同教三乘，如《深密》等。三、同教一乘，如《法華》等。四、別教一乘，如《華嚴經》。二約歷位，無位開漸及頓，故分爲四。總合二三，以爲漸教。餘皆如名。

鈔疏一中間三教存三泯二別者，始、終、頓三，名爲中間。以初有小乘，後有圓教，故名中間。而始教存三，故別爲一教。終、頓二教，泯二是同，故合爲一教。下列四中云同教一乘，即合終、頓二教也。

疏二約歷位無位等者，始、終二教，皆悉歷位，頓教不歷。故合始、終，以爲漸教。餘皆如名者，一、小乘教，二、漸教，三、頓教，四、圓教，則漸是新加，餘三如本名也。

疏五或分爲五，如前所立，以漸中有始終故，然取多分，略指數經，實非局判，以一經中容多教故。

鈔疏然取多分下，遮外難也。恐有難云，既破昔人不許指於一經以爲一教，如何前立教中，亦云如《法華》等。故今通云，從多分說，所以略指，實不局判一經以爲一教。故下出所以云，以一經中容多教故（多教，原、南作具多，乙、玄、續、金作多教。）。上來開合遍收（收，續作故。），理無不盡，依此亦可總判教言。若唯爲一，難見淺深，非判教也。

若欲判者，當漸開之。且分爲二，一、方便教，二、眞實教。故《法華》云，開方便門，示眞實相，亦即半滿。又方便即隨他意語，眞實即隨自意語。又方便是三乘，眞實是一乘。然諸經中對小顯大，即以二乘爲方便，大乘爲眞實。若對權顯實，則以三乘爲方便，一乘爲眞實。則於方便之中，更分爲二。一、小乘，二、大乘。就眞實中，亦分爲二。一、行布，二、圓融。行布即始、終之教，圓融即是圓教。又小乘居然易別，大乘之中，有多差別。一、直顯一乘，如《華嚴》。二、開權顯實，如《法華》。三、會權歸實，如《涅槃》。四斥權讃實，如《淨名》、《思益》。五、權實雙明，如諸《般若》。六、帶權說實，亦如《般若》。七、帶實明權，亦如《般若》。《勝鬘》小似《法華》，《央掘》小似《涅槃》。於上七中，有似其類之經，各以類攝。若就大乘分宗，亦可有四。一、法相差別宗，多說相故。二、相想俱絶宗，多約性故。三、性相無礙宗，事理相即故。四、圓融具德宗，以理融事故（故，南無）。故如來聖教，意趣無邊，不可局執，今且依於，如疏明耳。

疏 第二化儀前後者，今辨如來一代時教，略啟十門。一、本末差別門，二、依本起末門，三、攝末歸本門，四、本末無礙門，五、隨機不定門，六、顯密同時門，七、一時頓演門，八、寂寞無言門，九、該通三際門，十、重重無盡門。

疏 初中本末同時，始終一類，各無異說。然有三位。一、若小乘中，則初度陳如，後度須跋，中間亦唯說小益小，如《四阿含經》及《五部律》。二、若約三乘，則始終說三通益三機，如《密跡經》等。三、若約一乘，則始終唯爲圓機說於圓極，如《華嚴》等。其中不通小乘，復攝九世該於前後，更無異說。然此三類，依於此世根性定者，常聞如上一類之法，故佛所演各通始終，更無前後。

鈔 疏本末同時，始終一類者，本是一乘，末即小乘，三乘然非前後，從初得道，迄至涅槃。此三類教，同時並行，故云本末同時。言始終一類者，若小始終俱小，若三則始終俱三，若一則始終俱一，故云始終一類，各無異說。然有三位下，別出其相。疏）然此三類，依於此世下，揀濫。恐有執言，小乘始終定者，豈非定性聲聞。故揀之云，謂非一人多世，同聞一類，以容轉根器，故非定性，亦非通取不定性人，要約一世一類定者。

疏 二、依本起末門，此有五類。謂初爲菩薩說大，二爲緣覺，三爲聲聞，四爲善根眾生，五爲邪定。如《出現品》，日照高山及三千，初成喻中，廣辨其相，皆明先大後小。約法名從本起末，以於一佛乘分別說三故，十八本二皆大乘出故。約機各是一類之機，非約一機前後大小。

鈔 疏如《出現品》日照下，文甚分明，此應廣引。

鈔 疏約機各是一類之機者，揀濫也，非是一人先大，後小故。若一人身，則明先小後大，乃攝末歸本門中有之。故攝末歸本門，有二類人。一者，一人備歷小大，如四大聲聞等。二者，先稟小人，未必後時稟大，以小性定故，而聞後時說大故，異前始終俱小，後稟大人未必要從小來，以有頓悟機故，而知先來說小故，非始終俱大。

疏 三、攝末歸本門者，依無量義初時說小，次說中乘，後時說大，故《法華》亦云，初轉四諦《深密》、《妙智》雖復二時三一不同，皆先小後大。

鈔 疏《法華》亦云初轉四諦者，即《第二經》諸天說偈云，昔於波羅奈，轉四諦法輪，分別說諸法，五眾之生滅。今復轉最妙，無上大法輪，是法甚深奥，少有能信者等。

疏 四、本末無礙門者，謂初舉照山王之極說，明非本無以垂末，後顯歸大海之異流。明非末無以歸本，故本末交映與奪相資，方爲攝生之善巧矣。是故通論總有五位，一、根本一乘，如《華嚴經》。二、密意小乘。三、密意大乘。四、顯了三乘。上三如《深密》。五、破異一乘，如《法華》。上之四門，圓通無礙。是則前後即無前後，無前後之前後耳。

鈔 疏上之四門者，通結上也。所以此中結者，前之四門，義已略周，藏和尚立，但有前四。今疏順彼，且將略畢，故此結之。下之六門，復傍收異義，以顯玄奧。

疏 五、隨機不定門者，此上四門，初門明三類機，始末常定。次門明五類機，異時常定。第三門明一類機，自淺之深。第四門明二類機，初機聞頓，後機從淺至深。更有一類不定之機，或從小乘次入三乘，後入一乘，亦有從小直入一乘。或多類機隨聞一句，異解不同。

【鈔】疏更有一類機下，上來牒列（牒列，乙作條列，南作牒列，玄、續、金作條例。）前之四門，生起第五，明第五門非前四攝也。

【疏】六、顯密同時者，若異聞互知，是顯不定。若互不相知，即是秘密，密顯同時，亦無前後。

【鈔】疏六、顯密同時者，是天臺八教中秘密、不定之二教也。

【疏】七、上來諸門，一時頓演。

【鈔】疏七一時頓演者，如來於一語言中，演説無邊契經海，無論小大三一顯密，一刹那中皆具演耳。

【疏】八、從初得道乃至涅槃，不説一句。

【鈔】疏八從初得道等者，即寂寞無言門，謂《涅槃》、《楞伽》等經，皆有此説。《涅槃》二十六云，若知如來常不説法，是人名爲具足多聞。《大般若》四百二十五云，我從成道已來，不説一字，汝亦不聞。五百六十七云，衆生各各謂佛獨爲説法，而佛本來無説無示。《淨名》第一云，其説法者，無説無示。其聽法者，無聞無得。《佛藏經第一念佛品》云，佛告舍利弗，不能通達一切法者，皆爲言説所覆，是故如來知諸語言皆爲是邪，乃至少有語言不得眞實。上所引經，但明不説，未出不説所以，若《楞伽經》兼出所以。故第三云，大慧復白佛言，如世尊所説，我從某夜得最正覺，乃至某夜入般涅槃，於其中間不説一字，亦不已説當説，當知不説，是爲佛説。大慧白佛言，世尊，如來應正等覺，何因緣故，説言不説，是爲佛説。佛告大慧，我因二法，故作是説。云何二法。謂緣自得法，及本住法，是名二法。因此二法故，我作如是説。云何緣自得法。若彼如來所得，我亦得之，無增無減，緣自得法，究竟境界，離言説妄想，離文字二趣。云何本住法。謂古先聖道，如金銀等性，法界常住，若如來出世，若不出世，法界常住，如趣彼城道。譬如士夫行曠野中，見向古城，平坦正道，即隨入城，受如意樂。彼有偈云，我某夜得道，至某夜涅槃。於此二中間，我都無所説。緣自本住故，我作如是説。彼佛及與我，悉無有差別。有云佛無色聲，總有五義。一、遮過顯德，二、眞俗二諦，三、傳古非作，四、悲願所成，五、本質影像。

初者爲遮過患，故云不説。約顯實德，故説非無。如十卷《楞伽》第八云，如來不説，墮文字法。若人言如來説墮文字法者，此即妄語。《佛性論》第二云，如來無有色聲粗相功德可得。《兜率偈》云，色身非是佛，音聲亦復然，亦不離色聲，見佛神通力。此上皆顯有過失之色聲，則佛非有。無過失之色聲，則佛非無。二、眞俗二諦者，眞諦離相，故明無説，俗諦隨機，故非無説。《仁王·觀空品》云，若有修習説聽，即無説聽，如虚空故，法同法性，一切皆如也。三、傳古非作者，謂佛所説，但是傳述古佛之教，非自製作。《般若論》云，須菩提言，如來無所説，此義云何。無有一法，唯獨如來説，餘佛不説故。四、悲願所成者，謂佛所有無盡三業，應衆生者，皆是曠劫悲願，爲因順衆生感，非自所有故，説佛果無有色聲，然即以此爲他爲自，故亦有説。下《經》文云，如來不出世，亦無有涅槃以本大願力，顯現自在法。亦此意也。五、本質影像者，謂佛三業平等普應，無彼差別，影像色聲，故説非有。然即與彼差別聞見爲增上緣，因質有影，故説非無。下《經》云，諸佛無有法，佛於何有説，但隨其自心，謂説如是法。由上五義，會諸聖教，説默無礙，皆悉有理。

然上五義，《刊定記》有，而引文雜亂，今上所引，頗爲改易，所以疏不引者，以不出《楞伽》二因故。謂初一即緣自得法，自所得法，即是證道，證法在己，離過顯德。次三即緣本住法，本住即古先聖道，二即所證，三四即教道，傳古非作，即古先聖道，悲願所成，即兼因果耳。其本質影像，但通相説，本質無者，順自所證故，影像有者，順古聖人，即體妙用故。故云宗通自修行，説通示未悟。不出此二，故略不明。但引不説之文，即知有不説之義耳。小有異相，故今敘之。上雖説默之由，皆兼有説之意，故《思益》第三云，如佛所説，汝等集會，當行二事，若聖説法，若聖默然。何謂説法。何謂默然。答言，若説法，不違佛，不違法，不違僧，是名説法。若知法即是佛，離相即是法，無爲即是僧，是名聖默然。又善男子，因四念處而有所説，名聖説法。於一切法無所憶念，名聖默然。斯皆正說之時，心契法理，即不說耳。明非緘口，名不說也。餘可知。

疏 九此上諸門盡通三際。

疏 十上之九門，隨處隨時，重重無盡，皆無前後。

疏 後之二門，正是華嚴境界。融取前八，亦不離華嚴之用。

鈔 上來藏教所攝竟。

華嚴別教一乘義

澄觀撰《大方廣佛華嚴經疏鈔會本》卷第四 疏 然此教海宏深，包含無外，色空交映，德用重重。語其橫收，全收五教，乃至人天，總無不包，方顯深廣。其猶百川不攝大海，大海必攝百川。雖攝百川，同一鹹味。故隨一滴，迥異百川。前之四教，不攝於圓，圓必攝四。雖攝於四，圓以貫之。故十善五戒，亦圓教攝。尚非三四，況初二耶？斯則有其所通，無其所局。

鈔 疏然此教海下，第二總明深廣，有法喻合。今初至方顯深廣，法說也。初二句，總標宏大也，即是廣義。色空交映，德用重重，釋深義也。然上二句，言含法喻。如海傍無邊涯，連天一色，空徹海底，海映空天。即下四門之二，總攝歸眞，並皆空淨。理事無礙，即色空交映，色不礙空，空不礙色也。德用重重，即唯明深義。具十玄門，重重無盡，即事事無礙。如海十德，互相周遍。疏語其橫收下，釋上廣也。如下二地中，說人天十善等，即其文也。總無不包，雙結深廣。疏其猶下，喻明可知。疏前之四教下，法合。以四教合於百川，圓教合於大海。於中，先正合，後解妨。今初，言尚非三四，況初二耶者，合前，故隨一滴，迥異百川，即舉勝顯劣。三即終教，四即頓教，初、二即小乘及與始教。雖有戒善，是圓教戒善，尚不同終、頓之勝，以彼不能事事無礙故。況初、二之劣，以彼尚不得二空，及事理無礙等故。其猶大海，尚異江河，況於溝洫。疏斯則有其所通，無其所局者，二釋妨也。謂有難言，先則總收，後則總揀。二義天隔，何以會通，故爲此釋。總收者，約其所通，如圓教中有小乘戒善之法、四諦因緣，有始教中十地、十如、八識、四智，有終教中事理無礙，有頓教中言思斯絕等。如海有百川之水，水義同也。後總揀者，約無其所局，如小乘唯人空自利，始教五性三乘，終教不說德用該收，頓教一向事理雙絕等。如彼百川，不同鹹味，不具十德，海則具之。

疏 故此圓教，語廣名無量乘，語深唯顯一乘。一乘有二。一、同教一乘，同頓同實故。二、別教一乘，唯圓融具德故。以別該同，皆圓教攝。

鈔 疏故此圓教下，結屬所攝。於中三。初，總顯深廣。次，一乘有二下，別釋深義。後通妨。二中，言同教者，謂終、頓二教，雖說一性一相、無二無三，不辨）圓融具德，事事無礙故非別教，而別教中有一性一相，事理無礙，言思斯絕，同彼二教。疏以別該同下，三通妨難，謂有難言，既同頓同實，何異頓實。故此通云，即此同中，必有別義。如事理無礙，必有事事無礙耳。猶彼江水，入海亦鹹。

疏 今顯別教一乘，略顯四門。一、明所依體事，二、攝歸眞實，三、彰其無礙，四、周遍含容。各有十門，以顯無盡。

鈔 疏今顯別教下，第二開章別釋。中二，先標章。

疏 初中十者。一、教義，二、理事，三、境智，四、行位，五、因果，六、依正，七、體用，八、人法，九、逆順，十、應感。教即能詮，即前五教，乃至光香等。義即所詮，即五教等一切義理。理即生空所顯，二空所顯無性眞如等理。事即色心身方等事。餘可思準。

鈔 後初中下，依章別釋，釋初章中三，初具列，次略釋，後結廣從略。疏教即能詮下，二略釋也。但釋教義理事二對。言乃至光香等者，謂諸法顯義，但能詮理並爲教體。如下教體中，明有以光明而爲佛事等是也。義即所詮，即五教等一切義理者，如前立教中，約所詮差別，七十五法、八識等義，十對法等，皆是義也。疏理即生空等者，具五教理。生空所顯，是小乘教理。二空所顯，是始教理。無性眞如，是終教理。而言等者，等餘二教之理。謂頓教理，亦即無性眞如，體絕安立，如性雙遣，亦不離如。圓教之理，總融諸法，無有障礙耳。疏事即色心等者，等取其餘事類，如身廣有多義。謂六道四聖等，若事門中，無不此攝。疏餘可思準者，即餘八門。謂三境智者，即五教所觀之境，能觀之智，總收不出二諦二智。別即初小乘四諦涅槃爲境，無漏淨慧爲智，及他心等十智。始教亦通四諦二諦等（等，南無。）爲境，加行、根本、後得等智。終教則是三諦等境，權實無礙等智。頓教則無境爲境，絕智爲智。圓教則無盡之境，無盡之智。四、行位者，五教修行不同，得位差別。位通因果，五、因果自互不通，如七方便等爲因，須陀洹等爲果。等覺已下皆因，妙覺爲果等。六依即國土，正即佛身等。七體則法報等，用則應化等。八、人則覺者等，法則菩提等。九、逆則婆須無厭等，順則觀音正趣等。十、應即赴感，佛及菩薩等。感即當機，菩薩眾生等，各隨五教，以辨差別。諸教具有，故云可思。又此十對，初一爲總，後後漸略。若辨次第者，如來說能詮之教，詮所詮之理，則無法不盡。法有教、理、行、果。行、果並在所詮理中故。二、就所詮理，雖復眾多，不出事之與理，即性及相，無法不攝。三、理該下八，且置而勿論，就其事中不出境智。四、智觀於境，便有造修之行，所成之位。五、行位未極，總屬因收，極則爲果。六、果中多法，不出依正，因亦有之。七、隨依正中，皆有體用，如正中體者法報，用者應化，依中體者法性等剎，用者應物隨現，交入無礙因門例然。八、正中自有人法不同，以法成人，以人弘法。九、於人中逆化順化。十、人之逆順，必有感應。宜逆化之感，則婆須等應之。宜順化之感，則文殊等應之。若依後後，開一成二，則法彌多矣。謂如果分依、正爲二，因亦如之，則有四矣。正有體用，依亦如之，則成八矣。如是相望，展轉成多，不必全爾，是故疏中不爲此釋耳。又此十對，就其正意，總相該收，以爲十玄所依體事。若以義取，隨一事中，即有十對。如下勝音蓮華處說。故下但約一塵，即具十對。

華嚴法界觀門義

澄觀撰《大方廣佛華嚴經疏鈔會本》卷四 [疏]第二攝歸眞實者，即眞空絕相。《經》云，法性本空寂，無取亦無見，性空即是佛，不可得思量。亦有十義，如《法界觀》。

[鈔]疏第二，攝歸眞實者，疏文有三。初標章，次即眞空絕相者，即指法之本。後《經》云下，引文證成。二中，然杜順和尙《法界觀》中，總有三觀。一、眞空絕相觀，二、理事無礙觀，三、周遍含容觀。即是今疏四門之中，後之三門。

初，攝歸眞實，即眞空絕相觀也。於中，自有四句十門。一、會色歸空觀，二、明空即色觀，三、空色無礙觀，四、泯絕無寄觀。此爲四句，前二各四，故爲十門。初句四門者，前三同言色不即空，以即空故。釋則不同。一、明不即斷空，以即眞空故。二、明青黃等不即眞空，以青黃無體故，即是眞空。三、空中無色可即空故，云不即空，以會色歸空，無有體故，即是眞空。上三以法揀情。四、色即是空，以無性故，如色既然，萬法皆爾。第二明空即色觀，亦有四門，前之三門準前釋，言同釋別。但翻云空不即色，以即色故。亦有三義。一、斷空不即色，以眞空必不異色故。二、以空理非青黃故非色，非青黃之眞空，必不異青黃，故云即色。三、空是所依，故不即色，必與能依爲所依，故云即色也。上三揀情。四空即是色，凡是眞空，必不異色故。第三，空色無礙觀者，謂色舉體是眞空故，色不盡而空現，空舉體不異色故，空即色而空不隱。是故二法無礙一味。第四泯絕無寄觀者，謂此眞空，不可言即色不即色，即空不即空，一切法（皆不可，不可亦不可，此語亦不受，迥絕無寄，言解不及，以生心動念乖法體故。以前八門揀情顯解，第三門解終趣行，第四門正成行體，由解成行，行起解絕。上皆《法界觀》義，所以疏中，不廣引者，以第三空色無礙，濫於第二理事無礙觀故。彼所以立者，以第四泯絕無寄，泯前三故，故名眞空絕相。今但取一門總意，亦即泯絕無寄。又欲令四門成四種法界故，初門即事，次門即理，三即事理無礙，四即事事無礙故。

理事無礙義

澄觀撰《大方廣佛華嚴經疏鈔會本》卷四 疏第三，彰其無礙。然上十對，皆悉無礙。今且約事理以顯無礙。亦有十門。

鈔第三理事無礙觀中，疏文分三。初、總標。二、一理遍於事下，別釋。三、上之十事下，總結。今初。言十對皆無礙者，謂一、教義無礙，二、理事無礙，三、境智無礙，乃至十應感無礙。今且約事理者，事理是所詮法中之總故。又諸處多明理事無礙故，爲成四法界故。

疏一、理遍於事門。謂無分限之理，全遍有分限事中。故一一纖塵，理皆圓足。

鈔疏一理遍於事下，第二別釋十門，即爲十別。一一門中，多先正釋，後會前義。即前性相不同中十對之義。或一門會一義，或二門同會一義，或一門以會多義。至文當知。又十對中唯會法性，以是同敎一乘義理分齊故。如前云三乘一乘別，今但會一乘五性一性別，今但會一性，十對皆然。今初。第一門不會，至第二門，一時會故。疏中三。初標門，次謂無分限下，正釋。謂理不可分故無分限，事隨緣別故，分位歷然，而不相離，故得相遍。今明理不異事，故遍事中。後故一一纖塵下，結成遍義。若不全遍，則理可分，事不全攝，亦不即理。如一纖塵，事事皆爾。正遍此時，不妨遍餘故，亦非餘處無理。全此全彼，亦非二理。

疏二、事遍於理門，謂有分之事，全同無分之理，故一小塵即遍法界。

鈔疏二事遍於理門者，文中二。先正明，後會前。前中，所以要全同者，以事無別體，還如理故。若不全同，則不如理，色不異空，義不極成。然相遍二門，超情難見。何者？謂事既有分，理即無分，如何得遍。若塵遍法界，塵應非小。理遍同事，應如小塵。今明由事與理，有非一非異義故。以非異故全同，以非一故不壞分別，則事理兩分。如海之波，一波全遍大海，以同海故。大海全在小波，以海無二故。全在一波，亦全在諸波，同一海故。

疏由上二義互該徹故，皆同一性。故《出現品》云，如來成正覺時，於其身中，普見一切眾生成正覺，乃至普見一切眾生入涅槃，皆同一性，所謂無性。

鈔疏由上二義下，二會前義。於中二。先會一性，後會一乘。前中三。初、明一性五性，二、明成佛不成佛，三、明無性即佛性。

初中。先正明，後引證。前中謂事有分限，理無分限，五性約事，一性約理。今理遍於事，則一性之理，全在五性之中。事遍於理，五性即是一性。故云互該徹故，皆同一性。疏故《出現》下，二引證。此文釋通二義。一正是事事無礙義，以眾生及佛皆是事故。今取釋文，皆同一性之義，故證事理無礙。由理遍事，故眾生隨理而在佛中。

疏理遍事故，一成一切成，事遍同理，故說都無所成。《經》云，譬如虛空，無成無壞。

鈔疏理遍事故，一成一切成下，第二明成佛不成佛義。謂理無二實，故該多事而皆成也。理如虛空，故事同理而無成矣。《經》云，譬如虛空下，引證。亦《出現品》成正覺中義引之耳。文云，佛子，譬如虛空，一切世界，若成若壞，常無增減。何以故。虛空無生故。諸佛菩提，亦復如是。若成正覺，不成正覺，亦無增減。何以故。菩提無相無非相，無一無種種故。即無所成義。由上二義，欲成則念念常成，欲不成則十方三際無成佛者。故成與不成，自在無礙。

疏一性無性，即是佛性。故《涅槃》云，佛性名第一義空，第一義空名爲智慧。

鈔疏一性無性即是佛性者，第三會佛性義。先正會，後故《涅槃》下，引證，以第一義空即佛性故，大意秖爾。欲窮法源，故復略引。然《北經》二十七《師子吼品》，問於佛性，總有六問。一、問云何爲佛性。（一問體性。）二、以何義故，名爲佛性。（二問性名義。）三、何故復名常樂我淨。(三問性德。)。四、若一切衆生有佛性者，何故不見一切衆生所有佛性。(四問衆生不見所以。)。五、十住菩薩住何等法不了了見，佛住何等法而了了見。(五問住法差別。)。六、十住菩薩以何等眼不了了見，佛以何眼而了了見。(六問用眼不同。)。答中，答第一問。《經》云，佛性者，名第一義空，第一義空名爲智慧，所言空者，不見空與不空，智者見空及與不空，常與無常，苦之與樂，我與無我，空者，一切生死，不空者，謂大涅槃。乃至無我者，即是生死。我者，謂大涅槃。見一切空，不見不空，不名中道。乃至見一切無我，不見我者，不名中道。中道者，名爲佛性。以是義故，佛性常恆，無有變易，無明覆故，令諸衆生不能得見，薦福釋云，然佛性有二，一、性得，二、修得。佛性名第一義空，第一義空名爲智慧者，即性得中道智慧覺性。如《密嚴》云，如來清淨藏，亦名無垢智，常住無始終，離四句言說。亦如《華嚴經》云，無相智、無礙智，具足在於衆生身中等，非是從緣智慧，名智慧也。有自性遍照法界光明義，故名智慧也。從所言空下，明修得性。修得覺性，觀第一義空，不見空與不空，離有無相故。從智者見空下，明見中道之人，智者即佛及菩薩也。從空者下，明空有等法也，空即遍計依他，不空即圓成實性。下文云，一切諸法皆是虛假，隨其滅處，即是第一義空等。故知第一義空，是不空如來藏，非空如來藏，諸佛菩薩眞俗雙觀，有無齊照，故名中道。又準下文云，佛性云何爲空，第一義空故。云何非空，以其常故。云何非空非非空。能與善法作種子故。準此《經》文，第一義空，不是空如來藏，上即薦福意，亦有深理。今正釋者，與上少異。初云佛性者，名第一義空。第一義空，名爲智慧者。即雙標空智，以第一義空該通心境故，明即是智慧，揀異瓦礫非情。從所言空者下，《經》自雙釋二義。所言空者，即是牒上第一義空。以空有雙絕，方名第一義空，故云不見空與不空。智者見空及與不空下，釋上智慧，《經》文稍略。若具應云所言智慧者，能見於空及與不空。故此中者字，非是人也，秖是牒詞。此中言見，非約修見，但明性見。本有智性，能了空義及不空故。若無本智，誰知空不空耶。我無我等亦爾。約修見者，自在下《經》，佛答第五、六問中，及無明覆下，方論見不見耳。今以即智明空，故名第一義空，即空之智，方是常恆智性，不生故常，不滅故恆。古德引下《經》空等二文，證成第一義空，非空如來藏，今觀所引，正證是空如來藏義。云何非空已下，方證名爲智慧之義，空智相成方爲眞佛性義。則知二藏亦不相離，以其佛性妄法不染，故名爲空。具恆沙妙德，故名不空。要空諸妄，方顯不空之德，故不相離。思之。又言第一義空者，第一義諦，上論空故，明知空性、智性，無二性也，故初言即是第一義空。又云，見一切空，不見不空，不名中道，中道者名爲佛性。若爾雙見，方有佛性，不雙見時，應無佛性。故知一切空不空等言，含於能所。約其所見，空與不空，即是中道佛性。約其能見，即是智慧。若不雙見，不識佛性。若見中道，名見佛性。餘如彼《經》及疏。

[疏]又《出現》云，無一衆生不具如來智慧。無不有者，即一乘義也。

[鈔]疏又《出現》云，無一衆生下，第二會一乘。無不有者，釋成一乘（義。若有一人無智慧性，即有二乘三乘耳。

[疏]三、依理成事門，謂事無別體，要因理成。如攬水成波故。

[鈔]三、依理成事門中二，先總釋，後會前。前中，言要因理成者，以諸緣起皆無自性故，由無性理事方成故。故《中論》云，以有空義故，一切法得成，又離眞心無別體故。

[疏]於中有二，一明具分，唯識變故。覺林菩薩偈云，心如工畫師，能畫諸世間，五陰悉從生，無法而不造。此明唯心義也。何以得知是具分耶？次頌云，如心佛亦爾，如佛衆生然，應知佛與心，體性皆無盡。既是即佛之心，明非獨妄心而已。

[鈔]疏於中有二下，第二（二下玄、續有會前二字。）會上二義，由前離眞心無別體故，成初具分唯識。由前無性理成故，成眞如隨緣義。今初。言具分者，以不生滅與生滅，和合非一非異名阿賴耶識，即是具分。以具有生滅不生滅故。不生滅即如來藏，即會前唯心眞妄別中通眞心也。若不全依眞心，事不依理故，唯約生滅，便非具分。有云，影外有質爲半頭唯識，質影俱影爲具分者，此乃唯識宗中之具分耳。次引證，言《覺林偈》，即《夜摩宮中偈讚品》。先有喻云，譬如工畫師，分佈諸彩色，虛妄取異色，大種無差別等。疏所引偈，即合上半。初句合譬如工畫師，下三

句皆合分佈諸彩色。次引證具分偈，亦合分佈諸（諸，乙、南、玄、續、金無。）彩色，並如《夜摩偈讚品》釋。

疏 二明眞如隨緣成故。《問明品》文殊難云，心性是一，云何見有種種差別。即緣性相違難。覺首答云，法性本無生，示現而有生。即眞如隨緣答。又云，諸法無作用，亦無有體性。明隨緣不失自性，即同《勝鬘》依如來藏有生死，依如來藏有涅槃等（等，甲、續無。）。

鈔 疏二明眞如隨緣成故者，即會前眞如隨緣凝然別中隨緣義也。緣從眞起，故依理成，離如來藏，一切諸法不可得故。如《問明品》釋。（上五字，南、金無。）

疏 四、事能顯理門，謂由事攬理成故，事虛而理實。依他無性，即是圓成，如波相虛，令水現故。夜摩偈云，云何說諸蘊，諸蘊有何性，蘊性不可滅，是故說無生，分別此諸蘊，其性本空寂，空故不可滅，此是無生義，衆生既如是，諸佛亦複然，佛及諸佛法，自性無所有。又《十忍品》云，譬如穀響，從緣所起，而與法性無有相違。須彌頂偈云，了知一切法，自性無所有。如是等文，遍於九會。

鈔 疏四、事能顯理門中分二，先正明，後引證。前中，謂由事攬理成者，躡前第三門也。故事虛而理實者，由攬理成。離理無體，故事卻虛理則實也。以事虛故，能顯實理。事若有實，實理則隱。以事虛故，全事中之理，挺然露現，如波相虛，令水現也。以波攬水成，故波虛而水實。是故波能顯水。若離波說水，即事外明空。疏依他無性等者，釋成上義，即是會前依他空有即離別中即義。既云依他無性，即是圓成，明非但無遍計妄性，別有圓成，是所顯理。後《夜摩》下，引證。總引三文。初、《夜摩偈》，即《力林菩薩偈》。二、引《十忍品》，即如響忍。三、引《須彌偈》，即《勝慧菩薩偈》下半云，如是解法性，則見盧舍那。此前有一偈，反釋云，迷惑無知者，妄取五蘊相，不了彼眞性，是人不見佛。其中深旨，如隨經疏文。

疏 五、以理奪事門，謂事既全理則事盡無遺，如水奪波，波相全盡。故說生佛不增不減。《出現品》云，譬如虛空，一切世界，若成若壞，常無增減。何以故。虛空無生故。諸佛菩提，亦復如是。若成正覺，不成正覺，亦無增減。何以故。菩提無相故。乃至云，設一切衆生，於一念中悉成正覺，與不成正覺等無有異，皆以無相平等故。《不增不減經》亦同此說。非約一分衆生不成佛者，說無增減耳。

鈔 疏五、以理奪事門等者，於中分二。先正釋，後會前。今初。言事既全理即事盡無遺者，以離眞理外無片事可得故，斯則水存已壞波矣。疏故說生佛不增不減下，二會前也。於中三。初、正會。次、引證。後、非約一分衆生下，揀異權宗。疏《出現品》云下，引證。略引二《經》。初引《出現》言，乃至云，設一切等者，其乃至中，合云。菩提無相無非相，無一無種種故。佛子，假使有人能化作恆河沙等心，一一心復化作恆河沙等佛，皆無色無形無相，如是盡恆河沙等劫，無有休息。佛子，於汝意云何。彼人化心化作如來，凡有幾何。如來性起。妙德菩薩言，如我解於仁所說義，化與不化，等無有別。云何問言凡有幾何？普賢菩薩言，善哉，善哉。佛子，如汝所說，設一切衆生，下同疏。末後云皆以無相平等故者，義引。合云等無有異，何以故。菩提無相故。若無有相，則無增減。疏《不增不減經》下，二引他經。言雖小異，而文義多同。

疏 六、事能隱理門，謂眞理隨緣而成事法，遂令事顯理不現也。如水成波，動顯靜隱。故法身流轉五道，名曰衆生。財首偈云，世間所言論，一切是分別，未曾有一法，得入於法性等。

鈔 疏六、事能隱理門，即隨緣之中別義，以隨緣成事，此事遍於眞理故，事顯理隱也。疏故法身下，引證，即《法身經》。疏財首偈云者，即《問明品》。

疏 七、眞理即事門，謂凡是眞理，必非事外。以是法無我理故，空即色故。理即是事，方爲眞理。《第七回向》云，法性不違法相等故。

鈔 七、眞理即事門者，以事必依理，理虛無體故。是故此理舉體皆事，方爲眞理。如水即波，無動而非濕，故水即波也。疏法性不違法相等故者，等字，等於餘文，具云法性不違相，法相不違性，法生不違法，法性不違生。此兩對明事理無違，相不違性，生不違性，自屬事能顯理及第八事法即理門。故但略引性不違相一句，即《第二十九經》。

疏八、事法即理門，謂緣集必無自性，舉體即眞故。

疏上之二門，正明二諦不相違義，如濕不違波，波不違濕，舉體相即故。《夜摩偈》云，如金與金色，其性無差別，法非法亦然，體性無有異。

鈔疏上之二門下，併合七、八二門，會前五義。一會二諦空有即離別中相即義也。濕喻眞諦，波喻俗諦。《夜摩偈》者，即《精進林菩薩偈》。彼初偈云，諸法無差別，無有能知者，唯佛與佛知，智慧究竟故。次文即云，如金與金色，其性無差別，法非法亦然，體性無有異。然法非法，有其二義。一、善法爲法，惡法爲非法，此順標中諸法無差別。二者，法相爲法，法性爲非法，即金喻法性，色喻法相。今文正用後意。故證事法即理，二諦相即。

疏此亦喻於如來之藏與阿賴耶，輾轉無別。

鈔疏此亦喻於如來之藏，與阿賴耶展轉無別者，二重會前唯心眞妄別中通眞心義。即金喻如來藏，色喻生死等。故《密嚴》云，如來清淨藏，世間阿賴耶，如金與指環，展轉無差別。由前第三門中已會，故致亦言。

疏又由事即理故，雖有不常，理即事故，雖空不斷。

鈔疏又由事即理下，會不斷常亦是二諦門中開出。

疏又由事理相即故，起滅同時。須彌偈云，一切凡夫行，莫不速歸盡，其性如虛空，故說無有盡。智者說無盡，此亦無所說，自性無盡故，得有難思盡等。則同時四相，不待後無。

鈔疏又由事理相即，故起滅同時者，會四相前後一時、別中一時之義。事全同理，故事即滅也。以事虛無體故。引偈，即善慧菩薩。

疏亦令究竟斷證離於能所。《十地品》云，非初非中後，非言辭所及。《回向品》云，無有智外如爲智所入，亦無如外智，能證於如等。

鈔疏亦令究竟下，會能所斷證，即離別中相即義也。然引《十地斷惑經》文，但初一句是斷惑相，三時無斷，方說斷故。後之一句，是般若相，今以般若亦爲能斷，故因便引之。故論釋此句云，即是觀行相。謂無分別智，體絕名言，眞智內發，不同聲聞，依聲而悟故。既爲眞智，故可斷惑。疏《迴向品》云，無有智外如等者，亦證斷惑能所不二，義如前說。上所引《經》，皆至下本文，自當曉了。

疏九、眞理非事門，即妄之眞異於妄故，如濕非動。

鈔疏九眞理非事門者，謂即事之理而非是事，以眞妄異故，實非虛故，所依非能依故，如即波之水非波，以濕非動故，是則不異有之眞空，空存也。

疏十、事法非理門，即眞之妄異於眞故，如動非濕故。慚愧林偈云，如色與非色，此二不爲一。又云，如相與無相，生死及涅槃，分別各不同等。

鈔疏十、事法非理門者，謂全理之事，而恆非理。以性相異故，能依非所依故。是故舉體全理，而事相宛然。如全水之波，波恆非水，以動非濕故，是則不異空之幻事，事存也。

疏上七、八二門，明事理非異。九、十二門，明事理非一。故爲無爲，非一非異。《第四回向》云，於有爲界示無爲法，而不滅壞有爲之相。於無爲界示有爲法，而不分別無爲之性。

鈔疏上七、八二門下，用前四門會前佛身無爲，有爲別中無爲義也。然《大品》亦云，須菩提白佛言，世尊，若是法平等，無有高下，爲是有爲，爲是無爲。佛言，非有爲法，非無爲法。何以故。離有爲法，無爲法不可得。離無爲法，有爲法不可得。須菩提，有爲無爲，不合不散。皆其義也。

疏上之十事，同一緣起，故云無礙。約理望事，則有成有壞，有即有離。事望於理，有顯有隱，有一有異。逆順自在，無障無礙，同時頓起，深思令觀明現，以成理事圓融無礙觀也。

【鈔】疏上之十事下，第三總結，即結釋十門。於中二。先總標，後約理望事下，別束十門，以成八字，理望於事，有其四義。一、有成者，即第三依理成事門。二、有壞者，即第五以理奪事門，既奪彼事，事則壞也。三、有即者，即第七眞理即事門。四、有離者，即第九眞理非事門。事望於理，亦有四義。一、有顯者，即第四事能顯理門。二、有隱者，即第六事能隱理門。三、有一者，即第八事法即理門。四、有異者，即第十事法非理門。此上言成壞等者，就功能說如有成者，是理成事，非理自成，則一一門，皆有事理無礙。故云約理望事，約事望理。餘可思之。上來相參，故有四對八義。而初相遍二門，今不會者，以相遍之義，義皆相似，非如一成一壞等故。故不顯之。又相遍者，即後八門之所以，故謂由相遍方有成壞等耳。若欲攝者，即事理相即二義所，收後之不即二門，即不壞能所方有相遍，有相遍故，方論不即。疏逆順自在等者，事理相望，各四義中，皆二義逆，二義順。謂依理成事，眞理即事順也。以理奪事，眞理非事逆也。事能顯理，事法即理順也。事能隱理，事法非理逆也。欲成即成，欲壞即壞，故云自在。成不礙壞，壞不礙成，顯不礙隱，隱不礙顯，故云無礙。正當成時，即是壞等，故得同時。四對皆無前後，故云頓起。又上四對，何以約理望事，但云成等，不云顯等。約事望理，但云顯等，不云成等。深有所以。何者事從理生，可許云成。理非新有，但可言顯。事成必滅，故得云壞。眞理常住，故但云隱。其即之與一，離之與異，大旨則同，細明亦異，理無形相，但可即事，而事有萬差，故可言與理冥一，理絕諸相，故云離事，事有差異，故云異理，上約義別，有此不同。若統收者，應成五對無礙之義。一、相遍對，二、相成對，三、相害對，四、相即對，五、不即對。五中前四，明事理不離，後一明事理不即。又五對中，共有三義。成顯一對，是事理相作義。奪隱及不即二對，是事理相違義。相遍及相即二對，是事理不相礙義。又由第二相作故，有第四相即。由相即故，所以相遍。由有第三相害故，有第五不即。又若無不即，無可相遍。故說眞空妙有，各有四義。初，約理望事，即眞空四義。一、廢己成他義，即依理成事門。二、泯他顯己義，即眞理奪事門。三、自他俱存義，即眞理非事門。四自他俱泯義，即眞理即事門。由其即故，而互泯也。

【鈔】又初及三，即理遍於事門，以自存故舉體成他，故遍他也。後約事望理，即妙有四義。一、顯他自盡義，即事能顯理門。二、自顯隱他義，即事能隱理門。三、自他俱存義，即事法非理門。四、自他俱泯義，即事法即理門。

【鈔】又初及三，即事遍於理門，以自存故而能顯他，故遍他也。故說幻有存亡無礙，眞空隱顯自在。

十玄無礙義

澄觀撰《大方廣佛華嚴經疏鈔會本》卷六　【疏】第四周遍含容，即事事無礙，且依古德顯十玄門。於中文二。先正辨玄門，二明其所以。

【鈔】第四周遍含容觀。於中二。先標舉章門，後依章別釋。今初，然此觀名，即《法界觀》中之名，以當事事無礙。以理有普遍廣容二義，融於諸事，皆能周遍含容，衆多義門，皆悉由此二義而有。然《法界觀》立十觀名，與《十玄》不同。故今疏云，且依古德顯十玄門，即依藏和尙（藏和尙，南，金作賢首。）也。至相已有，而小有不同。於中文二下，開章。

【疏】今初。一、同時具足相應門，二、廣陝自在無礙門，三、一多相容不同門，四、諸法相即自在門，五、秘密隱顯俱成門，六、微細相容安立門，七、因陀羅網境界門，八、托事顯法生解門，九、十世隔法異成門，十、主伴圓明具德門。此之十門，同一緣起，無礙圓融，隨其一門，即具一切。

【鈔】疏今初一同時下，二依章別釋。釋其二章，即爲二別。今釋初章，疏文有三。初、列名總顯，二、指事別明，三、結例成益。今初，十名全依賢首。是故上云，且依古德。就列名中，其第二廣狹自在門，同《法界觀》中廣容普遍之義，而名小異。此門賢首新立，以替至相十玄。諸藏純雜具德門，意云一行爲純，萬行爲雜等，即事事無礙義。若一理爲純，萬行爲雜，即事理無礙。恐濫事理無礙，所以改之。主伴一門，至相所無，而有唯心迴轉善成門。今爲玄門所以，故不立之。而列名次，亦異於彼。彼云，一、同時具足相應門，二、因陀羅網境界門，三、祕密隱顯俱成門，四、微細相容安立門，五、十世隔法異成門，六、諸藏純雜具德門，七、一多相容不同門，八、諸法相即自在門，九、唯心迴轉善成門，十、託事顯法生解門。今此十門不依至相者，以賢首所立，有次第故。一、同時具足相應門，以是總故，冠於九門之初。二、廣狹門，別中先辨此者，是別門之由。由上事理無礙中，事理相遍故，生下諸門。且約事如理遍故廣，不壞事相故狹，故爲事事無礙之始。三、由廣狹無礙故，所遍有多，以一望多故，有已多相容，相容則二體俱存，但力用交徹耳。四、由此容彼，彼便即此，由此遍彼，此便即彼等，故有相即門。五由互相攝，則互有隱顯。謂攝他時，他可見故，有相入門。又攝他時，他無體故，有相即門。攝他他雖存，而不可見故，有隱顯門，以爲門別故。故此三門，皆由相攝而有。相入則如二鏡互照，相即則如波水相收，隱顯則如片月相映。六、由此攝他，一切齊攝，彼攝亦然，故有微細相容安立門。七、由互攝重重故，有帝網無盡。八、由既如帝網，隨一即是一切無盡故，有託事顯法生解門。九由上八皆是所依，所依之法既融，次辨能依，能依之時亦爾。十、由法法皆然故，隨舉其一，則便爲主，連帶緣起，便有主伴，廣如下釋。然《刊定記》則分德相業用，各有十玄。德相十者，一、同時具足相應德，二、相即德，三、相在德，四、隱顯德，五、主伴德，六、同體成即德，七、具足無盡德，八、純雜德，九、微細德，十、因陀羅網德。二、業用十者，一、同時具足相應用，二、相即用，三、相在用，四、相入用，五、相作用，六、純雜用，七、隱顯用，八、主伴用，九、微細用，十、因陀羅網用。其德相門中，無業用門中四、五二門。業用門中，無德相六、七二門。彼師意云，業用是應機施設故，有相入相作，以本不入，令見入故。本來眾生非佛，令生佛相作故，故是業用。德相不爾，故無相作相入，其德相本具故，有同體即一切法德，及具足無盡德。業用不爾，故無此二。此四互出，故各有十。歷門備舉，便成二十。今明德相，業用雖異，不妨同一十玄，無不該攝。德相亦有常入作故，故彼相在即相入也。彼相作者，乃相即也。名異義同。令見出入，即業用門。常相涉入，如鏡互照，即德相門。以眾生爲佛，生即佛也。以佛作眾生，佛即生也。故知相作即是相即。若約對機而作，名業用門。本來即是，名德相門。依此而分，非無小異。統其體事，更無別也。是知相即相作，二名雖異，而無兩門，入在小殊，始終一致。又德相不能入作，眞如則闕此德，不應有普攝諸法之德，及遍一切法德亦應無有能安立德，及能持世間成就一切諸佛菩薩之德。故常作入，於理無違。如有頌言，諸佛猶如淨明鏡，我身一似摩尼珠，諸佛常來入我體，我身遍入諸佛軀。即常入也。又眞如隨緣成一切法，何無作耶。若隨情見作入，則但有業用義也。其同體成即德，乃是此中託事顯法生解門。但名異耳。故彼自釋云，一一即是一切諸法也，故與下釋託事義同。其具足無盡德，即帝網門，亦微細門攝。並如下會。又彼不存廣狹而存純雜，亦如下會。而彼無十世隔法異成門，彼以時爲所依體事故。故彼體事，亦有十種。謂色、心、時、處、身、方、教、義、行、位，則攝法無遺，斯亦有理。今明時無別體，故不爲所依。但依法立，故入玄門耳。亦如下會。

疏 今且於前十中，取一事法，明具後十門。

鈔 疏今且於前十中下，第二指事別明。分二，先總辨所依，即於前彰無礙中一事法。

疏 如下文中，一蓮華葉，或一微塵，則具教等十對，同時相應，具足圓滿。亦具後之九門，及彼門中所具教等，以是總故。故下文云，一切法門無盡海，同會一法道場中。《華藏頌》云，華藏世界所有塵，一一塵中見法界。一塵尚具，況一葉耶。

鈔 後如下文中，一蓮華葉下，別顯十門，即爲十別。初即同時具足相應門，以近初列，故不標次。文中，先正明，後引證。前中又二。初明當門中具，後明具餘九門。疏則具教等十對，同時相應具足圓滿者，初當門中具也。此中正意，則明具前教義、理事、境智、行位、因果等十對之法。前十對法，無法不包。故此頓具，則無所不具。所以具者，廣有十因。略而言之，法界融故。然古德就一華之上，義有此十。《探玄記》云，此一蓮華，表令生解爲能詮教，即是所詮乃名爲義。如下勝音菩薩蓮華處說。二、華相爲事，華體爲理。下云，法界不可壞，蓮華世界海。三、華是所觀，亦即是（即是，南、金作是。《探玄》作即。）能觀，以此《經》中可以内行爲外事故。四、行事之華，結成位故，如《淨行品》。五、因事之華，攬成果故。六、華臺所依，亦入正故，如國土身等。七、華體同眞，用應機故。八、全攬爲人，恆是法故。九、逆同五熱，順同十度故。十、應赴群機，亦能感故。如一華事既爾，餘一切事準以知之。如事法既爾，餘教義等一切皆然。準思可見。如具自十對既爾，彼一華葉，具前十門亦然。釋曰，若依古德，此義則一事華上，已有此十義。前十對上，復各有十，令一事華頓具十十，亦有斯理。今此疏意，但令頓具前十，已無不收耳。疏亦具後之九門及彼門中所具教等，以是總故者，此第二明具餘九門，亦釋成總義。若唯具當門，不成總故。而言所具教等者，下九門各有教義理事境智等故。今能具門，既全在初門，門門所具，居然在此。然九門具教等雖同，於義各別。謂如廣狹門，則十皆廣狹。謂教廣狹，義廣狹，理廣狹，事廣狹等。若相入門，則十皆相入。下七例然。疏故下文云下，第二引證。於中有二。先引《妙嚴品》，即《普智眼廣果天王偈》。彼偈下半云，如是法性佛所說，智眼能明此方便。此明一門中具無盡法，則無不具足也。後引《華藏偈》。下半云，寶光現佛如云集，此是如來刹自在。今但引於塵含法界，便是總義，以教義、理事、境智及廣狹、相入等即法界故。問，但言法界，寧知非是理法界耶。答曰，以下半云，寶光現佛如云集，此是如來刹自在，明知是含事法界耳。疏一塵尚具況一葉耶者，舉細況粗，釋成玄妙耳。又《妙嚴品》喻佛身云，譬如虛空具含衆像，此舉佛身具足諸法也。又《晉經·性起品》云，三世一切劫佛刹及諸法，諸根心法，一切虛妄法，於一佛身中，此法皆悉現。是故說菩提無量無有邊，亦約佛身心具也。又《普賢三昧品》云，能令一切國土所有微塵，普能容受無邊法界，據能令之言。但似業用，總由德相，本自具足，即是德相。令物見之，即爲業用。下德相、業用準之。第十行云，此菩薩於其身中，現一切刹，一切衆生，一切諸佛。《第八十》云，善財見普賢一一身分一一毛孔，皆有十方一切世界，三千界中，地水等輪，諸山河海，人天宮殿，種種時劫，諸佛菩薩，如見現在世界。如是前際後際，一切世界中，悉亦明見。乃至十方刹塵中，現三世一切境界，一切佛刹，一切衆生，一切佛出興，一切菩薩，及聞佛菩薩衆會言音。斯並同時具足相應門也。

疏　二即彼華葉普周法界，而不壞本位。以分即無分，無分即分，廣陜自在，無障無礙。《十定品》云，有一蓮華，盡十方際，而不妨外有可見。是故或唯廣無際，或分限曆然，或即廣即陜，或廣陜俱泯，或具前四，以是解境故。或絕前五，以是行境故。下皆準此。然此廣陜，亦名純雜，普周法界，故純一無二，不壞本位，則不妨於雜，萬行例然。

鈔　疏二即彼華葉普周法界而不壞本位下，二廣狹自在無礙門。於中二。先正明廣狹，後會通純雜。前中有三。初、正明，次、引證，後、句數。今初。上二句出廣狹相，言以分即無分、無分即分者，出其所以。由華是事，分限歷然。而即同眞性，故無分限。便廣無際，以事如理故。無分即分者，明廣即狹，以不壞相故。疏《十定品》下，二引證，即第十無礙輪三昧之文。當四十三，有一蓮華盡十方際，即是《經》文，然此猶略。具云，佛子，此菩薩摩訶薩有一蓮華，其華廣大盡十方際，以不可說葉不可說寶不可說香，而爲莊嚴等。次云而不妨外有可見者，乃是義引。彼《經》具云，衆生見者無不禮敬，故知亦有外相可見也。《七十七經》善財歎樓閣云，不動本處，而能普詣一切佛刹而莊嚴者之所住處。《七十六經》摩耶夫人云，又善男子，彼妙光明入我身時，我身形量，雖不踰本，然其實已超諸世間。所以者何。我身爾時量同虛空，悉能容受十方菩薩受生莊嚴諸宮殿故。如是等文，皆廣狹自在也。疏是故或唯廣下，三句數分別。初，事如理故廣。二、不壞本相故狹。三、此二同時，故有即廣即狹。四、同時互奪，故有俱泯。五、具前四，一時照了，故云解境。行起解絕，故有第六。總絕前五，誰復以廣狹存泯當其方寸。疏然此廣狹亦名純雜下，二會純雜門。以古十玄有此名故。賢首意云，萬行純雜，有通事理無礙，及單約事說故廢之耳。謂同一法界故純，不壞事相故雜，此即事理無礙也。一行長行故純，不妨餘行故雜。此但約事也。故昔廢之而立廣狹，今欲會取，即事同理而遍故純，不壞一多故雜，則亦有事事無礙義耳。如以入門取之，則一切皆入故純。入中有多法門，故名爲雜。如《妙嚴品》說，諸衆海各唯得一解脫門，純也。普賢菩薩得不思議解脫門，雜也。《六十五經》慈行童女云，我於三十六恆河沙佛所，求得此法，彼諸如來各以異門，令我入此般若波羅蜜普莊嚴門，即純雜無礙也。又善財童子所求諸善知識，各言我唯知此一法門故。又云，多劫唯修此一門者，即純門也。諸善知識皆推進云，如諸菩薩種種知見，種種修行，種種證得者，此雜門也。自言知一，推他有多，自他雖異，然屬一義。此亦純雜無礙門也。又善財普獲諸善知識解行德證，亦雜門也。然上所引數處《經》文，多皆約行，一行多行爲純雜故，並通單約事明，然通德相。若準無著無縛解脫迴向云，以無著無縛解脫心，成就普賢佛自在力，於一門中示現。經不可說不可說劫無有窮盡，令一切衆生皆得悟入，以無著無縛解脫心，成就普賢佛自在力。於種種門中示現。經不可說不可說劫無有窮盡，令一切衆生皆得悟入。其身普現一切佛前者，即約用純雜也。疏萬行例然者，即約行說純雜，通於事理事事無礙（礙，續作得。），及單約事行也。約事事無礙者，如一施行一切皆施名純，施中具於諸行名雜。

[疏]三即此華葉舒已遍入一切法中，即攝一切，令入己內。舒攝同時，既無障礙，是故鎔融，或有四句六句。思之。下云，以一佛土滿十方，十方入一亦無餘。若一與一切對辨，則攝入各具四句。謂一入一切，一切入一，一入一，一切入一切。互攝亦然。

[鈔]第三，一多相容不同門。於中有三。初、正明，次、引證，後、重料揀。初中有二。先正釋，即如理之遍，如理之包。後舒攝同時下，句數料揀，例上廣狹，故云思之。若具作者，一、或唯入，以一入一切故。二、或唯攝，以一攝一切故。三、即入即攝，同時無礙故。四、非入非攝，以入即攝故非入，攝即入故非攝。五、或具前四，以是解境故。六、或絕前五，以是行境，行起解絕故。疏下云，以一佛土滿十方，十方入一亦無餘者即《晉經》，依賢首引。即當《華藏偈》云，以一剎種入一切，一切入一亦無餘，體相如本無差別，無等無量悉周遍。《第八迴向》云，此菩薩於一毛孔中，普能容納一切國土。《第九迴向》云，於一身中悉能包納，盡法界不可說不可說身，而衆生界無所增減。如一身乃至周遍法界一切身，悉亦如是。《十定品》第二定云，三千大千世界微塵數，三千大千世界，悉入是菩薩身，是菩薩身亦入是諸世界。第七定云，菩薩自見其身往彼衆會，亦自見身普入諸地。《普賢行品》有十種普入，謂一切世界入一毛道，一毛道入一切世界等。上來《經》文，並通德相、業用。《離世間品》十種無礙用中，亦說衆生一多相入。《六十經》云，十方菩薩以自在力，令一切世界展轉相入。《六十一經》云，此諸菩薩入一切無諍境界，乃至能令大小相入，以一切方普入一方等。《十行品》云，能於一一三昧中，普入無數諸三昧，無量無邊諸國土，悉令共入一塵中。如是等文，多約業用，明相入義。或通德用，或各局一，可以意得。疏若一與一切對辨下，三重料揀。謂上來約一華葉望餘，但有一入一攝，多入多攝之義。故今更對餘一多等，皆有攝入。於中有二。先明相入，後辨相攝。初中，言一入一切者，如前初句。第二一切入一者，即以多法來入此一華。第三一入一者，即以一華隨對一法，如一華葉入一佛身。第四一切入一切者，獨用一華此句不成，即將多華及諸佛諸菩薩等，別入餘華余諸佛等也。疏互攝亦然者，後例辨相攝也。上之四句，但明入義，今攝亦四。第一句，一攝一切者，謂以一華普攝一切諸法。第二句，一切攝一者，謂以餘一切法，攝此一華等。第三句，一攝一者，即以一華但攝一佛等。第四句，一切攝一切者，即以多華多佛等，攝餘多華多佛等也。此二種四句相隱，故疏說之。隨一四句中，復應更有具四絕五，皆以成六句。例前可思，故略不顯。然相入門，《刊定記》主，德相不立。謂業用則有，德相之中，即有相在。此公意謂，相入相在，二相別故。今明入即在義，如一鏡影在多鏡中，豈非入耶。若常相入，即屬德相，令見相入，即是業用，曾何大殊。

[疏]四此一華葉廢己同他，舉體全是彼一切法，而恆攝他同己，令彼一切即是己體。一多相即，混無障礙，解行境別，六句同前。下云，知一即多多即一等。

[鈔]第四，諸法相即自在門。於中有三。初正釋，次句數，後引證。初中，言廢己同他者，是相即義，以上相入，則此彼互存，如兩鏡相照，但約力用交徹明耳。今此約有體無體，故言廢己。廢己，即己無體也。同他，他有體也。亦如事理無礙文中，廢波同濕等。攝他同己，即他無體，己有體也。疏一多相即，混無障礙，解行境別。六句同前者，二句數料揀

也。於中，初句結前，含於四句，應云一者一即多，二者多即一，三者亦一即多，亦多即一，合上二故。此之三句，皆是一多相即。四、非一即多，非多即一，亦由一多相即，互相奪故。謂由一即多，故非多即一，由多即一，故非一即多，成俱泯句。五、或具前四，以是解境並明照故。六、或絕前五，以是行境，言亡慮絕故。疏云解行境別，即下二句。然約同一類法，即有一多相望，如一華葉望諸葉等。若約異類，謂華望剎等，例此可知。復應例前，亦有四句。謂一者，一即一。二者，一即一切。三、一切即一。四、一切即一切。以今但約一華，故略不言。故下結例，該一切法明具四也。或應有六，此四句後有解行境故。復或有六，謂前四句，後加一即多，一多即一多故。復應成八，加多一即一，多一即多。以並不出前四句故，故不例耳。多一既爾，大小長短等，一一相即例知。然《刊定記》，將相即門揀異同體成即德，故云相即。據此彼相望，同體成即，約此體即是一切法故。若爾，則是託事顯法門。今疏正意，但以相即門，攝同體成即。同體成即，但是一即多耳。疏下云下，三引證。即《十住品》長行文。若偈云，一即是多多即一，文隨於義義隨文，如是一切展轉成，此不退人應爲說。既言展轉成者，即異體異類相望也。《不思議法品》云，諸佛知一切佛語即一佛語。此同類相即也。《初發心品》云，以發心故，即與三世一切諸佛體性平等，乃至云眞實智慧等者。此顯位上下相即也。《七十八經》云，彌勒告大衆言，諸仁者，餘諸菩薩，經於無量百千萬億那由他劫，乃能滿足菩薩願行，乃能親近諸佛菩提。此長者子，於一生內則能淨佛剎，則能化衆生，則能以智慧深入法界，則能成就諸波羅蜜，則能增廣一切諸行，則能圓滿一切大願，則能超出一切魔業，則能承事一切善友，則能清淨諸菩薩道，則能具足普賢諸行。此則行位皆相即也。又如菩薩曾不分身，即遍一切，亦一即多也。

[疏]五華能攝彼，則一顯多隱。一切攝華，則一隱多顯。顯顯不俱，隱隱不並，隱顯顯隱，同時無礙。全攝俱泯，存亡俱成，句數同前。下云，東方入正受，西方從定起等。如八日月隱顯同時。

[鈔]第五，祕密隱顯俱成門中，疏文分四。一、正釋，二、句數，三、引證，四、喻顯。初中，華能攝彼等者，亦躡前起，由上言攝他同己故，若攝他他現，即相入門。若攝他他盡，乃相即門，若攝他他不盡不現，即隱顯門。如前列名中已會。故至相《十玄》云，猶如十錢，一即十時，一即名顯，二、三至十，即名爲隱。亦如見此不見彼，彼名隱，此名顯。亦如一人身上六親，互望雖各不同，然各全得，亦不雜亂。由此隱顯，體無前後，不相妨礙，名秘密俱成。疏顯顯不俱等者，以顯俱則無隱，隱俱則無顯，故不得俱。然隱顯同時，故得俱成，隱顯無礙，故云秘密。疏全攝俱泯存亡俱成者，二句數料揀。全攝即初、二句。此全攝彼，即此顯彼隱，爲第一句。彼全攝此即彼顯此隱，爲第二句。俱者，第三句。謂此正攝彼時，不妨彼爲此攝故，則亦隱亦顯。泯者，即第四句。此攝彼爲顯時，即是彼攝此故非顯，彼爲此攝爲隱時，即能攝此故非隱，則隱顯泯也。故是非隱非顯存者，四句皆成，是解境。亡者，五句並絕，即是行境。言俱成者，總結上六句也。疏下云，東方入正受下，三引證。東方入正受爲顯，西方從定起爲隱，以此但見入定不見起故。《古十玄》亦云，於眼根中入正定，即是顯。於色塵中三昧（昧，大作味。）起，即是隱。例上可知。疏如八日月等者，四以喻明，即取明處爲顯，暗處爲隱。而必同時，故云俱成。不同十五日唯顯，月晦日唯隱。又暗處非無明，明處非無暗，但明顯處暗隱，暗顯處明隱，亦得云隱顯俱成。亦如《夜摩偈》云，十方一切處，皆謂佛在此，或見在人間，或見在天宮，則見處爲顯，不見處爲隱，非佛不遍。《十定品》云，或見佛身其量七肘，或見佛身其量八肘，或見佛身其量九肘，乃至見佛身不可說，不可說大千世界量，則見七肘時，七肘爲顯，餘量皆隱也。餘顯例然。故彼喻云，譬如月輪閻浮提，人見其形小，而亦不減，月中住者，見其形大而亦不增。釋曰，見大則大顯小隱，見小則小顯大隱，而不增減，則是秘密俱成。餘一切法，類可知也。摩耶夫人云，於此一處，爲菩薩母，三千世界，爲母亦然。然我此身，非一處住，非多處住。亦隱顯義。此處（處，南無。）爲母，此顯彼隱等（等，南、金無。）。非一處住，即是一隱。例有多顯，非多處住，即是多隱。例有一顯，亦是雙奪俱泯之句，非隱非顯祕密之義。然若約智幻，即業用門。約極位成，即德相門。

[疏]六此華葉中微細剎等，一切諸法炳然齊現。下云，於一塵中一切國土曠然安住，又於一毛端處，有不可說諸如來，及第九回向微細中說。

鈔第六，微細相容安立門。於中分二。先正明，後引證。前中，炳然齊現者。炳然者，明也。如瑠璃瓶盛多芥子，隔瓶頓見。然微細言，總有三義。一、約所含微細，猶如芥瓶，以毛孔能受彼諸刹，諸刹不能遍毛孔故，以毛據稱性。即如瑠璃之瓶，刹約存相，故如芥子在內。二、約能含微細，以一毛一塵，即能含故。如下引證。三、約難知微細，微塵不大，刹亦不小，而能廣容，即難知義。一能含多，即曰相容。又法法皆爾，故云相容。一多不壞，故云安立。疏下云，於一塵中下，二引證。略引二文。初即《晉經》。又於一毛端處有不可説諸如來者，《第十迴向》云，一毛孔中悉明見不思議數無量佛，一切毛孔皆如是，普禮一切世間燈。即其文也。然此二文，正唯德相。《六十八》云，一一毛孔內，各現無數刹等，即業用門。又德云比丘云，住微細念佛門，於一毛端，有不可説如來出現，悉至其所而承事，故通於德相業用。《第九迴向》云，彼菩薩於一念心中，現一切眾生各不可説不可説劫念心，即業用門。十微細趣中，通於德相、業用。然《刊定記》，開此微細以成二門。第三名相在德，第九名微細德。而自揀云，此不同前相在之義。彼約別體別德，相望相在。此但當法即具一切，炳然齊著。若爾，此中一切法，爲是法界中有法耶。爲一法中別自有耶？若是法界中法，則同相在。若是別有，爲示爲眞。示則復是業用門收，以彼立業用德相別故，德相之中則無微細，若是眞者，何異同時具足相應門耶。故彼自釋微細門云，此門亦可名爲普門。《七十二》中，寂靜音海夜神，謂善財言，此解脱者，即是普門，於一事中普見一切諸神變故。既言普門，即同同時具足相應門也。若言唯攝同類一切法者，如十微細中八相之內，一一各具餘之七相，豈要同類。況一塵中一切諸法曠然安住，明知相在即是微細，是故古德有相容言。設此不攝，即是相入門中所收，如前已會。故知新立多有相濫，設有小異，皆本門收之，十門即足。

疏七此華葉一一微塵中，各現無邊刹海，刹海之中，復有微塵。彼諸塵內，復有刹海。如是重重不可窮盡，非是心識思量境界。如天帝殿珠網覆上，一明珠內萬像俱現，珠珠皆爾，此珠明徹互相現影影複現影，而無窮盡。下云，如因陀羅網世界等。亦如鏡燈重重交光，佛佛無盡。

鈔第七，因陀羅網境界門。疏文分四。一、正釋其相，二、以喻釋名，三、引文證成，四、重以喻顯。今初。一華一塵以稱性故，能攝一切，餘塵餘法，亦皆稱性，何有一法而不攝耶。應以塵對餘，以辨重重。欲令易見，且以一塵望餘塵説。謂一塵之內所含諸刹，彼所含刹，亦攬塵成。此能成塵，亦須稱性，塵既稱性，亦須含刹。第二重內，所含諸刹亦攬塵成，塵復稱性，亦須含刹。第三重塵含第四重刹，第四重塵含第五重刹，重重塵成，重重稱性，無窮無盡，猶如鏡燈。故下疏文，重舉鏡燈，以喻帝網。令於常情，見近知遠。疏如天帝下，二以喻釋名，十門唯此從喻受名。若就法立，應名重現無盡門，一珠之內，頓現萬象。如一塵內，頓現諸法，但是一重一珠，現於多珠，方成重重之義。珠皆明淨，如塵（塵，續作淨。）稱性。一珠現於多珠，猶如一塵現多刹塵，所現珠影，復能現影，如塵內刹塵，復能現刹，重重影明，重重互現，故至無盡。疏下云，如因陀羅網世界者，三引證。即是初地承事願中文云。又發大願，願一切世界廣大無量，粗細亂住，倒住正住，若入若行，若來若去，如帝網差別。十方無量，種種不同，智皆明瞭，現前知見。論釋云，如帝網差別者，即眞實義相，意明常稱實理，故不可盡。又《阿僧祇品》云，一塵中刹不可説，如一一切皆如是，此不可説諸佛刹，一念碎塵不可説，念念所碎悉亦然，盡不可説劫恆爾，此塵有刹不可説，此刹爲塵説更難等。《不思議法品》云，諸佛有十種知，一切法盡無有餘。《第十》云，諸佛知一切法界中，如因陀羅網諸差別事，盡無有餘等，此約德相。若約業用，《普賢三昧品》云，佛身所現一切國土，及此國土所有微塵，一一塵中有世界海微塵數佛刹，一一刹中有世界海微塵數諸佛，一一佛前有世界海微塵數普賢菩薩。此亦重重義。然《刊定記》於此開出第七具足無盡德，謂一一自體，皆無窮盡，如水中紋，此不同帝網互在重重，但就當體即具無盡耳。又亦不同微細，微細約一中多法齊現，此約一一即（即，續無。）無窮盡。《妙嚴品》云，佛身普遍諸大會，充滿法界無窮盡。又云，其菩提樹恆出妙音，説種種法無有盡極。《十住頌》云，欲具演説一句法，阿僧祇劫無有盡，而令文義各不同，菩薩以此初發心。《六十五》説，具足優婆夷，於一小器中（中，原作之中，乙、南、玄、續、金作中。），出一切資具飲食等，畢竟無盡然不減少。彼自釋云，此明（明，乙、南、玄、續、金無。《刊定記》作皆。）體德自在，非約解脱等業用，古德所以不開者，一重無盡，與重重互望無盡，同無盡故，若微細頓現，現於法界，法界無盡故，微細亦無盡，縱出生無盡，亦不出法界。若細分别，非無小異，統其大意，但取無盡，故依古德不分爲二。

〇疏亦如下，四重以喻顯，以重現之理，深遠難測，帝網之喻，世不見形，故以近事，以況遠旨。

疏 八見此華葉，即是見於無盡法界。〇非是托此，别有所表。〇下文云，此華蓋等從無生法忍之所起等。

鈔 第八，託事顯法生解門。疏文有三。初正釋，次揀濫，三引證。今初，既言即是無盡法界，明知即是事事無礙，古立第七具足無盡，不異於此。疏非是託此别有所表者，二揀濫。謂揀餘教，以事表義，但是一事以表一法，如衣表忍辱，室表慈悲等。今明一事，即法即人，即依即正，具無盡德，從無盡因之所生故。疏下文云，此華蓋等者，三引證也。即《升兜率天宫品》中，彼有三段，文含四義。謂初一段，文有十句，明於多因以成多果，謂併列多因，後説多果。故《經》云，百千億那由他不可説，先住兜率天宫諸菩薩衆，以從超過三界法所生，離諸煩惱行所生，周遍無礙心所生，甚深方便法所生，無量廣大智所生，堅固清淨信所增長，不思議善根所生起，阿僧祇善巧變化所成就，供養佛心之所現，無作法門之所印。釋曰，此上併出因也。下云，出過諸天，諸供養具，供養於佛者，即説多果也。次八句，一因成一果。《經》云，以從波羅蜜所生，一切寶蓋，於一切佛境界清淨解，所生一切華帳，無生法忍所生一切衣，乃至解諸法如夢，歡喜心所生，佛所住一切寶宫殿，既以無生忍唯生於衣等。故云，一因唯生一果。後有九句，一因成多果。謂但舉無生爲因，總生諸果故。《經》云，無著善根無生善根所生，一切寶蓮華云，一切堅固香云，一切無邊色華云等九云故，應有多因成一果，攝在初段，謂以多因一一成故，謂共成一蓋，共成一衣等，今約多因成一果時，則隨一衣則是蓋等，以其多因别别所成，並在一衣上故。故隨一事即是無盡（盡下原有法界二字，乙、南、玄、續、金無。）。況此一事皆是稱性故，皆即是無盡法界。但隨一義，以名目之，如顯可重圓明之義（之義，乙、南、玄、續、金無。），即名（名，南作是。）爲寶。若云自在，即稱爲王，若爲潤益，即名云等。故金色世界即是本性彌勒樓閣即是法門，勝熱婆羅門，火聚刀山，即是般若無分别智等，皆其事也。故一一事即具無盡之法，故（故，原、南、金作故故，乙、玄、續、釋作故。）立具足無盡之德，不出於此。

疏 九、即此一華，既具（遍一切處，亦復該一切時。謂三世各三，攝爲一念，故爲十世，以時無别體，依華以立。華既無礙，時亦如之。是故《晉經》云，過去無量劫，安置未來今；未來無量劫，回置過去世等。《普賢行》云，過去中未來，未來中現在等。又云，無量劫即一念，一念即無量劫等。〇時無别體，故不别立，以爲所依。

鈔 第九，十世隔法異成門，疏中三。初、正釋，次、引證，後、揀濫。今初，三世區分，名爲隔法，而互相在即是異成。而疏文中，但作十世言三世各三等者，取意以立，即《離世間品》意。文云，菩薩有十種説三世，何等爲十。所謂過去説過去（去下乙、玄、續有世字。案經過去、現在、未來下均有世字。），過去説現在，過去説未來，現在説過去，現在説平等，現在説未來，未來説過去，未來説現在，未來説無盡。（案《經》文未來三世在現在三世前。）又三世一念，總成十世。上言無盡，即是（是，乙、南、玄、續、金無。）未來未來，欲彰無窮，故云無盡。現在平等，即（即下乙、南、玄、續、金有是字。）現在現在，以可目覩，例同過未，故云平等。不言一念，亦名九世。攝歸一念，故云十世。然若依舊解，如以五日而爲九世，初一、二、三爲過去三世，中二、三、四爲現在三世，後三、四、五爲未來三世。義當正在第三日，前望取二，後望取二，故有五日成三三世。義似進無九世之體，退過三世之數。今但用三世，互爲緣起，便成九世。不離一念，故爲十世。謂如因過未而有現在，則現在中已有過未，法從因出，不異因故。餘二因二，例此可知，即《中論·時品》，破於執時，立無窮過，今無所執，故以其過成，稱性緣起。廣如《離世間品》，疏文釋之。疏以時無别體下，出十世融通所以。如見華開，知是芳春，茂盛結果，知是朱夏，凋落爲秋，收藏爲冬，皆因於物知四時也。疏是故《晉經》下，引證。引《晉經》不釋者，以文顯故。等者，等取次半云。非長亦非短，解脱人所行。即當今經《普賢行品》。如下所引。疏《普賢行》云，過去中未來，未來中現在等者，等取下半云，三世互相見，一一皆明瞭，即同向引《晉經》偈也。此偈前文，復有偈云，無量無數劫，解之即一念，知念亦無念，如是見世間。疏無量劫即一念，一念即無量劫等者。即《晉經・初發心功德品》。今《經》云，不可說劫與一念平等，一念與不可說劫平等。而言等者，等取餘經。若此之類，皆可引證。如《十地品》第（第，玄作等。）十地云，菩薩知種種入劫智，所謂一劫入多劫，多劫入一劫。乃至云，長劫入短劫，短劫入長劫等。疏時無別體，故不別立，以爲所依者，三揀濫也。以《刊定記》不取十世以爲玄門。意云，以時是所依體事十中之一。若長劫入短劫等，即相入門耳。若云長劫即短劫，即相即門。故知十世非別玄門，斯亦有理。古意以餘十對有體可得，得爲所依，時依法有，無別自體，何能與他爲所依耶。又緣外道計時爲常，故不存之，以爲體事。是故依古別立玄門。

無盡緣起義

澄觀撰《大方廣佛華嚴經疏鈔會本》卷六 [疏]十此圓教，法理無孤起，必攝眷屬隨生。下云，此華即有十世界微塵數華以爲眷屬，又如一方爲主十方爲伴，余方亦爾。是故主主伴伴，各不相見，主伴伴主，圓明具德。

[鈔]第十，主伴圓明具德門。疏文分三。初、正明，二、引證，三、重以例釋。今初。理無孤起者，即辨主伴所由。疏下云，此華即有下，二引證。即《十地》受位處文。文云，其最後三昧，名受一切智勝職位。此三昧現在前時，有大寶蓮華，忽然出現。其華廣大，量等百萬三千大千世界，下廣歎德竟。云有十三千大千世界微塵數蓮華，以爲眷屬，即華眷屬。又《現相品》中，佛眉間出勝音菩薩，與無量諸眷屬俱時而出，即人眷屬。佛放眉間光明，無量百千億光明以爲眷屬，即光明眷屬。又法界修多羅以佛刹微塵數修多羅，而爲眷屬，即法眷屬。故隨一一皆有眷屬。若以餘《經》望此，但爲眷屬，不爲主伴。今言眷屬者，約當經中事以爲眷屬，眷屬即伴，故證主伴。疏又如一方爲主下，亦是義引《經》文，約方明主伴。謂如此方法慧菩薩說十住時，餘方菩薩皆悉來證言，我等佛所，亦說此法。文句義理，與此無別。即主伴義。疏是故主主伴伴下，三重以例釋。謂此方法慧爲主之時，不得爲伴，十方法慧爲伴之時，不得爲主。故此爲主時，不得與彼爲主相見。彼爲主時，此須爲伴，故亦不得見此爲主。故云，主主伴伴，各不相見。言主伴伴主圓明具德者，此方爲主，與彼方爲伴相見。此方爲伴，即與彼方爲主相見。若主伴義成，則圓明具德。餘如《教跡鈔》說。

[疏]舉華既爾，一塵等事亦然。如此事華，既帶同時等十義，具此十門，而此事等具餘教等十門，則爲百門。事法既爾，餘教義等具百亦然，則爲千門。如教義等有此千門，彼同時門中亦具百門，餘廣陜等例爾亦有千門。若重重取之，亦至無盡。

[鈔]疏舉華既爾下，第三結例成益。於中二。先舉一例，餘後結勸修益。前中。文有四節。初、以華例事，二、以事例餘所依，三、以所依例能依門，四、結成重重以至無盡。今初又二。先正明，以華事例於餘事，故云舉華既爾，一塵等事亦然。後如此事華既帶同時下，類結成門。謂上廣說十門，唯約事說。謂華事上說一切事同時具足，事廣狹無礙，事一多相容，事一多相即，乃至事主伴，故云此事華既帶同時具足等十義。言而此事等具餘教等十門者，謂事上有教義同時具足，教義廣狹，教義一多，教義相即，乃至教義主伴，復爲二十也。二、境智同時具足，廣狹相容，乃至主伴，復爲三十也。三、行位同時具足，廣狹乃至主伴，復爲四十。四、因果同時具足相應等，復爲五十。五、依正，六、體用，七、人法，八、逆順，九、感應，各有同時等，添爲百門。故云而此事等具餘教等十門，則爲百門。疏事法既爾下，第二以事所依，例餘所依教等九。謂事法既有百門，二教義爲百門，三境智爲百門，乃至感應，皆具百門，故有千門。疏如教義等有此千門下，第三以所依法，例能依玄門，亦成千門。謂前以所依體事爲首，今以能依玄門爲首，謂同時門中，具同時教義，同時事理，同時境智，乃至同時感應，故有十門。同時門中，具廣狹等。其廣

狹等，有廣狹）教義等，故成百門。二、廣狹具百，例同時門。三、相容門具百，四、相即門具百，乃至第十事主伴門具百，故成千門。然其後千不異前千，但互舉爲首而成異耳。又前分總別，則同時門中具下九門，下之九門不具同時。今約不相離説。故得九門例前同時，亦具九門，成二千門。疏若重重取之，亦至無盡者，四結成無盡。言重重取者，謂如初十門中具十，十中取一，此一亦須具十具百具千，以不相離故。如一既爾，千門各十，義類亦然，則具十千。十千之中，隨取其一，亦具十千。如一千錢，共爲緣起。一錢爲首，則具一千，餘亦如是，則有千千。千千之中，隨取其一，亦具千千，故至無盡。又重重者，一事之中，有多事故，一境之中，亦有多境，一智之中，復有多智等，更相涉入亦無盡也。

疏 於此十門，圓明顯了，則常入法界重重之境。

鈔 疏於此十門下，第二結勸修益，以是德相無盡法門，唯普眼境界上智能入，故當勤修，必成大益。

疏 第二，明德用所因。問，有何因緣，令此諸法得有如是混融無礙。答，因廣難陳，略提十類。一、唯心所現故，二、法無定性故，三、緣起相由故，四、法性融通故，五、如幻夢故，六、如影像故，七、因無限故，八、佛證窮故，九、深定用故，十、神通解脱故。十中隨一，即能令彼諸法混融無礙。十中前六，通約法性爲德相，因法爾如是。後二皆是業用，義通因果。七約起修，義通德相業用。八約果德，唯是德相故。前之十門，通德相業用。約佛則用亦德相，德上用故。約機則相亦稱用，令知相故。即用之相，染淨雙融。即相之用，能染能淨。故相及用，不分兩別。

鈔 第二，德用所因。疏文分三。初、問答總明。二、初唯心下，隨門別釋。三、由上十因下，總結所屬。初中有四。一、標舉章門。二、問有何因緣下，假問生起。三、答因廣難陳下，列數總答。四、十中隨一下，總相會通。於中有三。初，總標功能。次，十中前六下，料揀差別。謂前十玄門，則通德相業用。今出所以，則有通局耳。三從前之十門下，會通德用，遮其異釋。謂由《刊定記》，別立德相、業用二種十玄，故今通之，明但一重自含德用，不須分二。於中有二，先別明，後結成。前中亦二，先以互通，釋非兩別。後通染淨，辨二雙融。今初。先兩句，標。後約佛下，釋。謂佛體上之用，即德相故。如有音聲詞辯之用，即是德者相故。若令眾生見於即入，無有障礙，故相名用。疏即用之相下，第二會通染淨，辨二雙融。亦由《刊定》立二別云，德相純淨，業用通染。即令眾生作佛身等，故通染也。今明在佛德相，染淨二相皆盡，而現染用，舉用同體。故師子座中，頓現眾生，居處屋宅，德相豈不能現染眾生耶。相若不現，何有微細門也。微細頓現一切染淨，但現而常虚，如鏡中像，故云雙融耳。又相作相入，彼德相所無，今明法爾常入，常能作故，如《十定品》山間山上日影喻中，雖能互照，或説日影出七山間，或説日影入七山間。如此出入，即湛然不動，常入出矣。豈要對機方有入耶。相作即是相即之義，義如前會。疏故相及用，不分兩別下，第二結成也。非是德用二義不分，但不別立二種十玄，唯一十玄，通德用耳。

疏 初唯心現者，一切諸法，眞心所現，如大海水舉體成波，以一切法無非一心故，大小等相，隨心回轉，即入無礙。

鈔 疏如大海水，舉體成波者，心能變境，境須似心，心既無礙，境亦無礙。況眞心所現，揀異妄心，眞法具德，故能即入重重無礙。言舉體者，全眞成妄也。

疏 二、法無定性者，既唯心現，從緣而生，無有定性，性相俱離。小非定小，故能容太虚而有餘，以同大之無外故。大非定大，故能入小塵而無間，以同小之無內故。是則等太虚之微塵，含如塵之廣刹，有何難哉。《舊經·十住品》云，金剛圍山數無量，悉能安置一毛端，欲知至大有小相，菩薩以是初發心。一非定一故，能是一切，多非定多故，能是一，邊非定邊故，能即中，中非定中故，能即邊，延促靜亂等，一一皆然。

鈔 疏法無定性等者，文中有三。初、約大小正釋，次、引證，三、例釋餘法。今初也。疏有何難哉者，以小塵有大，卻如太虚。廣刹有小，卻如小塵。廣大之塵，含於小刹，故無難也。疏《舊經·十住品》者，二引證也。所以引舊經者，以文顯故。今《經》云，無量無數輪圍山，欲悉令入毛孔中，如其大小皆得知，菩薩以此初發心。若依當《經》，則無定性之理，義非顯著，豈如《晉經》欲知至大有小相耶？疏一非定二下，三例釋餘法。言中邊者，乃有二義。一、邊方中土，此則事事無礙。如《名號品》極輪圍邊，有四天下，亦有十方，則知邊非邊矣。遞相圍遶故。中亦是邊，明是事事無礙也。若云中道者，二行不同，中邊相即，亦是事事無礙，亦通事理無礙耳。延促者，一念爲促，長劫爲延。即念劫圓融也。靜亂者，入定出定，二行別故。由無定相，亦得相即。亦如東方入正定，西方從定起等，尤是事事無礙也。

疏 三、緣起相由者，謂大法界中，緣起法海義門無量。約就圓宗，略舉十門，以釋前義。謂緣起法要具此十義，緣方起故，闕則不成。

鈔 疏三、緣起相由者，疏文有三。初、總，次、別，後、結。今初又三。初、總彰多門。謂大法界中緣起者，揀於內外染淨一事緣起也。如外水土人功時節爲緣，則有芽起。內無明行等爲緣，有識等起。今則不然，總收法界爲一緣起，故云大也。又即一緣起具多義門，全同法界，即大緣起。不同三乘，但明因緣生法無性而已。疏約就圓宗下，二、標舉章門。疏謂緣起法下，三、彰十所以。

疏 一、諸緣各異義。謂大緣起中諸緣相望，要須體用各別，不相雜亂，方成緣起。若雜亂者，失本緣法，緣起不成。此則諸緣各各守自一位。文云，多中無一性，一亦無有多。

鈔 疏一、諸緣各異義下，第二別釋也。十門之中，初三是本，後七從生。謂四、五、六從初門生，七、八及九從第二生，其第十門從第三生。第三但合前二門，故唯生一門。就初三門，初一是異體門，二即同體門，三即同異合明。所以有同異體者，以諸緣起門內有二義故。一、不相由義，謂自具德故，如因中不待緣是。二、相由義，如待緣等是也。初即同體門，後即異體門。若爾，何以初異體門中，云諸緣各別不相雜亂。第二同體門中，云互相遍應方成緣起。釋曰，謂要由各異，方得待緣，要由遍應，方自具德耳。所以前之二門各生三者，有三義故。一、互相依持，有力無力故。二、互相形奪，有體無體故。三、體用雙融，無前後故。已知大意，次正釋文。第一門即異體門。於中有四。初、正釋。次、若雜亂下，反成。三、此則諸緣下，結示。四、文云下，引證。即《光明覺品》。更下半云，如是二俱捨，普入佛功德。上半即相成並立義，下半形奪兩亡義。今非下半形奪之義，故不引之。然由相成，方各有體。

疏 二、互遍相資義。謂此諸緣，要互相遍應，方成緣起。如一緣遍應多緣，各與彼多全爲一故。此一即具多個一也。若此一緣，不具多一，即資應不遍，不成緣起。此則一一各具一切。下文云，知以一故衆，知以衆故一。

鈔 疏二、互遍相資義，即同體門。文中亦四。初、正釋。言此一即具多箇一者，如十錢爲緣，一錢當體，自是本一。應二之時，乃名初一以爲二一。應三爲三一，乃至應十爲十一，故有多一。疏若此一緣，不具多一，即資應不遍，不成緣起者。第二反成也。若無十一，本一不能應餘九故。疏此則一一各具一切者，第三例餘也。如一既有十，二、三、四等，亦各有十。故云，一一各具一切。如十錢爲喻，其法界差別無盡法中，各各遍應故，隨一一各具法界差別法也。疏下文云，第四引證。即《忉利宮中偈讚品》《眞實慧菩薩偈》文，下半云，諸法無所依，但從和合起。此證第三門義故，今但引上半。

疏 三、俱存無礙義。謂凡是一緣，要具前二，方成緣起。以要住自一，方能遍應，遍應多緣，方是一故。是故唯一多一，自在無礙鎔融，有其六句。一或舉體全住，是唯一也。或舉體遍應，是多一也。或俱存，或雙泯，或總合，或全離，皆思之可見。文云，諸法無所依，但從和合起。此上三門，總明緣起本法竟。

鈔 疏三、俱存無礙義等者，雙融同異也。文中亦四。一、正釋。二、是故唯一多一自在下，句數料揀。於中有二。先總明，欲多常多，欲一常一，故云自在。二、一或舉體全住下，別釋，初二句可知。三、或俱存者，俱存住自及遍應也，亦俱存唯一及多一也。四、或雙泯者，即第四句。由俱存則相即奪故，住一即遍應，非住一也。遍應即住一，非遍應也。五、或總合者，合前四句爲解境故。六、或全離者，全離前五成行境故。三、文云諸法下，引證。如前已引，意取和合起義。四、此上下，總結三門大旨。

【疏】四、異體相入義。謂諸門力用遞相依持，互形奪故，各有全有力、全無力義，緣起方成。

【鈔】疏四、異體相入義等者，疏文有五。一、總釋，二、引證，三、反成，四、結成正義，五、別示其相。今初，遞相依持者，以是緣起一多等，非定性一多等故。

【疏】如《論》云，因不生緣生故，緣不生自因生故。

【鈔】疏如《論》云因不生緣生故等者，二引證也。然《論》有二意。一顯無生之義，則上句以緣破自。《中論》云，如諸法自性，不在於緣中，以若有自性，不合假衆緣。既假衆緣，則自性應在緣中。緣中求自性不可得，故無自性生。下句以自破緣，故云緣不生，自因生故。謂若他生，則但有緣，即應能生，不合假於自因。今假於因，明非他生也。上來顯無生之義耳。二者，顯緣起義。因不生者，因全無力，緣生故者，緣全有力。下句例知。今正用此意，證成上義。

【疏】若各唯有力，無無力，則有多果過，一一各生故。若各唯無力，無有力，則有無果過，以同非緣，俱不生故。

【鈔】疏若各唯下，三反成上義，亦是解妨。謂有問言，因緣各自不生，和合共力有生，復有何過。斯即立共生義。故先通云，若爾，則有多果過。釋云，一一各生故，如穀子爲因，水土人功時節是緣，應生五果。謂穀芽、水芽、土芽等，故云多果。次有問言，若爾，總皆無力，合而能生，復有何過。此亦立共生義。故復通云，有無果過。謂金、石、火等，於芽無力，不能生芽。水、土、穀等，於芽無力，安能生芽。故同火等非緣，不能生果，云無果過也。

【疏】是故緣起要互相依，具力無力。如闕一緣，一切不成。餘亦如是。

【鈔】疏是故緣起下，四結成正義。謂既全有力，全無力，緣起不成，要一有力一無力，緣起方成。疏如闕一緣下，指事別明也。如無一即無二、三等，亦如無柱即無梁無椽等，以闕一事，餘皆不成舍等緣故。言餘亦如是者，若無二亦無一無三等，若無三亦無一二等，乃至若無十亦無一二等。若無梁亦無柱等，隨舉一法，闕緣不成。今法界中，隨闕一事，一切法界不成緣起也。

【疏】是故一能持多，一是有力，能持於多，多依於一，多是無力，潛入一內。由一有力必不與多有力俱，是故無有一而不攝多也。由多無力必不與一無力俱，是故無有多而不入一也。如一持多依既爾，多持一依亦然。反上思之。

【鈔】疏是故一能持多下，第五別示其相。於中有三。初、明以一望多，二、例多望一，三、結成句數。初中復二。先明一持多依，後例多持一依。今初又二。先正明依持之義。後由一有力必不與多下，釋成。亦通妨難。恐有難云，一之與多，俱有有力、無力二義，云何一能攝多。故此通云，由二有力與二無力，必不俱故，以能爲緣邊，即是有力，要對所起是無力故。思之。疏如一持多依下，二例多持一依也。是則多是能起，能爲緣故。一是所起，是所成故。

【疏】如一望多，有依有持，全力無力，常含多在己中，潛入己在多中，同時無礙。多望於一，當知亦爾。

【鈔】疏如一望多有依有持下，第二例多望一也。於中有二。先結前，即是舉於能例。二多望下生後，即是正釋。問，既前門之中，先明一持多依，後例多持一依，義已圓足，何得更有此多望一耶。

答，此有深旨。謂前一望多中，一爲持邊，一能攝多。一爲依邊，一能入多。雖復多上有持，但取一爲能入。是故並屬一望於多。所以疏文，欲釋後段多望於一，先結前段云，如一望多有依有持等，有依者，即前多持故成一依也。有持者，即前一有力爲多依故。言全力者，成上一持。言無力者，成上一依。言常含多在己中者，一有力爲持，能攝多故。言潛入已在多中者，一無力爲依，便入多故。故此二句，皆屬一望多也。疏多望於一，當知亦爾者，二生後正釋也。若總釋者，但改前一字爲多字，多字爲一字，則義自現。如恐不曉，更爲具作應云多能持一，多是有力，能持於一，一依於多。一是無力，潛入多內，由多有力，必不與一有力俱。是故無有多而不攝一也。由一無力，必不與多無力俱，是故無有一而不入多也。如多持一依既爾，一持多依亦然。反上思之。是則能攝亦是多，能入亦是多，雖多攝一，即是一入多，然名多攝耳。雖多入一即是一攝多，而名多入耳。則前之二門攝入皆屬一，後之二門攝入皆屬多。則二義天隔，非繁重也。

疏 俱存雙泯，二句無礙。思之。

鈔 疏俱存雙泯下，三結成句數。謂上一攝多是第一句，多攝一是第二句。俱存即第三句。謂一攝一入時，即多攝多入故。雙泯者即第四句。謂一攝一入，即多攝多入故，便一攝一入泯，多攝多入，即一攝一入故，則多攝多入泯，故云雙泯。對前別明二句，則有四句，亦可成六。五俱照前四，成解境故。六頓絕前五，成行境故。

疏五、異體相即義。謂諸緣相望，全體形奪，有有體無體義，緣起方成。

鈔 疏五、異體相即義者，此中但即，與前入異，文勢大同，五段之文，唯闕引證耳。於中有四。一、立理略明，二、反顯前理，三、結成正義，四、別示其相。今初，爲能起邊，即是有體。爲所起邊，即是無體。如云從緣生法，是法即空，意取所生空也。空即無體義。言形奪者，以能起之緣，形對所起，奪彼所起，令無體也。

疏 若闕一緣，餘不成起故，緣義則壞。

鈔 疏若闕一緣餘不成起，故緣義則壞者，二反顯前理，成有體義也。如無一緣，二、三、四等皆不成故，則知一有體也。

疏 得此一緣，令一切成起。所起成故，緣義方立。

鈔 疏得此一緣下，三結成正義。既一切由一，故一有體也。

疏 是故一緣，是能起能成故有體，多緣是所起所成故無體。由一有不得與多有體俱多無體必不得與一無體俱，是故無有不多之一，無有不一之多。〇一多既爾，多一亦然。反上思之。

鈔 疏是故一緣是能起下，四別示其相。於中有三。初、明一望多，次、例多望一，後、結成句數。今初亦二。先明一有體，後例多有體。前中文二。先正明可知。後由一有體體不得與多有體俱，下，釋成。亦是解妨。謂有難言，一之與多，俱有有體、無體二義，云何獨言一有體耶。故今通云。由有無二義不得並故，今一爲能起邊，多必是所起故。若不爾者，能所不成，緣起亦壞。言是故無有不多之一者，此一即是多故。無有不一之多者，此多即是一故。問，一不即多，有何過耶？答，有二過故。一不成多過。謂一既不成多，餘亦不成多。故如一不成十，二、三、四等，亦不成十。故無十過。二、多不成一過。謂若一不成十，此十即不成，由十不成故，一義亦不成，以無於十是誰一故。一不即多，成過既爾。多不即一，成過亦然。又若不相即，緣起門中，空有二義，即不成立，便有自性斷滅等過故。疏一多既爾多一亦然，反上思之者，反上一有體卻爲一無體，多無體卻爲多有體，更無別義。

疏 如一望多有體無體故，能攝他同己，廢己同他，同時無礙。多望於一，當知亦爾。準前思之。

鈔 疏如一望多下，第二例多望一也。於中亦二。先結前，即是舉於能例，大意全同前相入門也，但即入別耳。言有體無體者，有體即前一，是能起故有體也。無體者，即前舉例中多一亦然，明一無體也。故能攝他同己者，成上一有體攝他多也，即前無有不一之多耳。廢己同他者，成前一無體也。故廢己同他多也，即前無有不多之一耳。雖有有體、無體二義，皆屬一望於多。故云攝他同己，廢己同他。疏多望於一下，二生後正例。全同前門，但改一爲多，改多爲一耳。若結應云，攝他一同多己，廢多己同一他耳。前一望於多，攝之與廢，皆是一也。此中多望於一，攝廢皆是多，則二義懸隔矣。餘如相入門。思之。

疏 俱存雙泯，二句無礙，亦思之可見。

鈔 疏俱存雙泯者，第三結成句數。俱存，謂正一攝他同己、廢己同他時，即是多攝一同已，廢已同一也。雙泯者，以一望於多二義，即是多望於一二義故。則一望於多，二義泯矣。多望於一二義，即是一望於多二義故。則多望於一，二義泯也。旨不異前，故令思之。

疏六、體用雙融義。謂諸緣法，要力用交涉，全體融合，方成緣起。是故圓通亦有六句。一、以體無不用故，舉體全用則唯有相入，無相即義。二、以用無不體故，舉用全體則唯有相即，無相入也。三、歸體之用不礙用，全用之體不失體，是則無礙雙存，亦入亦即，自在俱現。四、全用之體，體泯。全體之用，用亡。非即非入，圓融一味。五、合前四句，同一緣起，無礙俱存。六、泯前五句，絶待離言冥同性海。此上三門，於初異體門中，顯義理竟。

鈔疏六、體用雙融義等者，文中有三。初、立理略釋。次、是故圓通下，開章別釋，成六句故。初一、以體就用，二、以用就體，三、體用雙存，四、體用雙泯，以體用交徹，形奪兩亡，即入同源，故圓融一味。五、成解境，六、成行境，並顯可知。疏此上三門等者，後結所屬也。

疏七、同體相入義。謂前一緣所有多一，與彼一緣，體無別故，名爲同體。

鈔疏七、同體相入義等者。釋中有三。初、別釋同體義，二、雙釋即入所以，三、正解此門。今初，言謂前一緣者，即指前第二門，以第二是此門本同體門故。如一本自是一，則爲本一，應二爲二一，應三爲三一等。只是一箇一，對他成多。亦如一人望父名子，望子名父，望兄爲弟，望弟爲兄等。同一人體，而有多名。今本一如一人，多一如諸名也。

疏又由此一緣應多緣故，有此多一，所應多緣，既相即入。令此多一，亦有即入也。

鈔疏又由此一緣下，二雙釋即入二義所以。謂同體即入，由異體成，異體相入，故令同體相入。異體相即，故令同體相即。此有二義。一若直説者，如異體二即是本一，其同體二，豈非即本一耶。異體三即本一，則同體上三亦本一矣，正是今意。二者本一自與多一，互爲緣起，例同異體相由故耳。次疏具之。

疏先明相入。謂一緣有力能持多一，多一無力依彼一緣，是故一能攝多，多便入一。一入多攝，反上應知。餘義餘句，準前思之。

鈔疏先明相入者，三正釋此門也。此亦二。初明一望於多，後餘義下，例多望於一。前中亦二。先明一有力多無力。言一能攝多、多便入一者，多即餘九一，一即本一也。疏一入多攝，反上應知者，二例多一有力，本一無力也。以由我多一，方名本一，爲本一故。故多一有力，便攝本一，本一入多一也。疏餘義餘句下，二例多望於一也。亦全同前異體相入門中。言餘義者，謂上明本一望多一，有持有依全力無力，故能常含多一在已一中，潛入本一在多一中，無有障礙。今明多一望於本一，亦有全力無力，故能常含本一在多一中，潛入多一在本一內，亦無障礙。故云餘義也。言餘句者，即俱存雙泯四句六句，例前異體，故不繁説。

疏八、同體相即義。謂前一緣所具多一，亦有有體、無體之義，故亦相即。以多一無體，由本一成多即一也。由本一有體能作多一，令一攝多。如一有多空既爾，多有一空亦然。餘義餘句，並準前思之。

鈔疏八、同體相即義等者，疏文亦二。先明以一望多，後餘義下，例多望一。前中亦二。先明本一有體，後例多一有體。今初又二。先言亦有（亦有，玄作有。）有體無體之義者，總出所以。亦同異體門中，能成有體，所成無體也。後以多一無體下，正釋本一有體。在文可思。疏如一有多空既爾下，二例多一有體也。由有多一，方名本一爲本一。故多一有體，本一無體也。多一有體故，能攝本一。本一無體，潛入多一也。疏餘義下，第二例多一望本一也。謂上本一有有體無體故，能攝多一同已，廢本一同他，同時無礙。今多一望本一，亦有有體無體，能攝本一同已，廢多一同他，同時無礙，全例前異體中文，故云餘義也。餘句者，亦即俱存雙泯，四句六句耳。

疏九、俱融無礙義。謂亦同前，體用雙融，即入自在，亦有六句，準前應知。此上三門，於前第二同體門中，辨義理竟。

鈔疏九、俱融無礙等者，疏文亦二。先正釋本門，後此上下，結前三門所出。前中，言亦同前者，同前異體門也，即前第六門也。尋前第六於義分明，但有同體與前別耳。恐不曉者，今當具說。謂同體緣起法中，力用交涉，全體融合，方成緣起，是故圓融亦有六句。一、以體無不用故，舉體全用，則唯有同體相入，無相即義。二、以用無不體故，舉用全體，則唯有同體相即，無相入義。三、歸體之用不礙用，全用之體不失體，是則無礙雙存，亦即亦入，自在俱現。四、全用之體體泯，全體之用用亡，非即非入，圓融一味。五、合前四句，同一同體，緣起無礙俱存。六、泯前五句，絕待離言，冥同性海，故云準前應知。

【疏】十、同異圓滿義。謂以前九門總合爲一大緣起，令多種義門同時具足也。由住一遍應，故有廣陝自在門。由就體就用，故有相即相入門。由異體相容具微細門，異體相即具隱顯門。又就用相入爲顯，令就體相即爲隱，即顯入隱亦然。又由異門即入爲顯，令同體即入爲隱，同顯異隱亦然。又由異體相入，帶同體相入具帝網門，由此大緣起即無礙法界，故有托事顯法門。顯於時中，故有十世門。相關互攝，故有主伴門。此第十圓滿一門，就前第三門中，以辨義理。故下文云，菩薩善觀緣起法，於一法中解衆多，衆多法中解了一。又云，一中解無量，無量中解一，了彼互生起，當成無所畏等，皆其義也。上來緣起相由門竟。

【鈔】疏、十同異圓滿等者，疏文有三。此上一句，標名。次謂以前下，別釋。後此第十下，結屬引證。今初，謂前來異體四門，同體四門，及第三同異俱存，並不出同異。今合一處不偏一門，故云圓滿。二別釋中，具足十玄。今初，從以前九至具足也，即同時具足相應門。言多種義門者，有本有末，有同有異，有入有即。四句六句等，合前九門爲同時門也。以是總故，隨闕一義緣起不成。故下之九門，各先釋義，後結屬。疏由住一遍應故，有廣狹自在門者，即前本門第二門也，住一故狹，遍應故廣。言就體就用者，就體故相即，就用故相入，並通同體、異體。疏由異體相容者，即別取前第四異體相入門中一半之義。然入通能入、所入，多就能說。容亦有能容、所容，亦就能說。然所入即是能容，所容即是能入。今微細門，但取容義，不取入義，故云一半。疏異體相即，具隱顯門等者，釋此隱顯。疏有三重，此即初也。若爾，相即應同隱顯耶。答，上來九門，但有即、入、同、異四義，用斯四義，以成十玄故。一義中容有多義。此中，由此即彼，故此隱彼顯。由彼即此，故彼隱此顯。由相即故，成隱顯義。成門已竟，義則不同。謂相即要此彼合一，隱顯則彼此皆存。如東方入定，定身在東。西方定起，起身在西，故二不泯。況具下二義，尤異相即也。疏又就用下，第二番釋隱顯也。謂正論入門，即義如虛空故。謂若更存即，則入義不成。謂即則泯一，入則存二，義不壞故。正即無入，例上可知。疏又由異門下，第三番釋隱顯義，由同異二體義乖，故二門不得並立，事須隱顯。可知。疏又由異體相入，帶同體相入，故具帝網門者，同體相入，一中已含於多，而更入於異體，故有重重之義，同體相入。如一鏡已含多影，更入異體。如含影之鏡，更入餘鏡，故有重重無盡義也。餘門可知。疏此第十下，三結屬引證。先結屬，後引證。今初，由第三本門之中融同異故。今則近融前六門，則異體中三門，與同體三門相成。無異體，同體不成。無同體，異體不成，故六門相成。後之七門，從前三生，前三融故，後七必融。故十門一揆也。例前第三，融通亦有六句。一、或舉體全異，具入即俱。二、或舉體全同，亦具入即俱，三、或具同異，雙現無二體故。四、或雙非同異，以相奪俱盡故。謂同即異故非同，異即同故非異。五、或具四爲解境故。六、或絕前五，成行境故。故（故，玄無。）約智顯理，諸門不同，廢智忘筌，一切叵說，說與不說，無礙難思，沒同果海。唯亡言遺照，庶幾玄趣耳。疏故下文云下，引證。略引二文。一、即《十忍品》，二、又云下，《光明覺品》。然所引文，乃是總意，由第十門義是總故。

【疏】上來緣起相由門竟。

【鈔】疏上來緣起下，第三總結。

【疏】第四，法性融通門者。謂若唯約事，則互相礙，不可即入。若唯約理，則唯一味，無可即入。今則理事融通，具斯無礙。謂不異理之一事，具攝理性時，令彼不異理之多事，隨所依理皆於一中現。若一中攝理不盡，則眞理有分限失。若一中攝理盡，多事不隨理現，則事（事，南作自，誤。）在理外失。今既一事之中全攝理盡，多事豈不一中現。《華藏品》云，華藏世界所有塵，一一塵中見法界，法界即事法界矣。

【鈔】第四，法性融通門者。謂眞如既具，過恆沙德，如所起事，亦具德無盡，以眞法性融通諸事，故無礙也。文中二。先總，後別。總二。二一揀非，謂理事抗行，不得事事無礙故。是知有言，須彌元不有，芥子舊來空，將空納不有，何處不相容者，斯言未當耳。疏今則理事下，第二顯正。於中亦二。先標舉。後謂不異理之一事下，別示其相。於中四。一、順明，以一切諸法皆依於理，無離理者。今一事全攝於理故，帶一切事，入一事中。二、若一中攝理不盡下，反立。謂若攝理不盡，則眞理可分，則有一理二理乃至多理之失。今眞理湛然，故不可分。一味平等，故無二理。若遮此過，云攝理盡。而其多事不入一事者，則不入之事，在於理外，便令理離於事，而自入一事之中，事離於理，不來一事之內。然離理有事，事成定性。離事有理，理同斷滅，過尤深矣。三、今既一事之中下，結成正義。既離可分之過，故全攝理盡。又無事理相離之過故，事隨理而頓現一事之中。四、《華藏》下，引證可知。

疏 斯即總意，別亦具十玄門。

鈔 疏斯即總意別，亦具十玄門者，第二別明也。於中二。先結前生後。

疏 一、既眞理，與一切法而共相應，攝理無遺，即是諸門諸法同時具足。二、事既如理能包，亦如理廣遍，而不壞陜相，故有廣陜純雜無礙門。又性常平等故純，普攝諸法故雜。三、理既遍在一切多事故，令一事隨理遍一切中，遍理全在一事則一切隨理，在一事中，故有一多相容門。四、眞理既不離諸法，則一事即是眞理，眞理即是一切事故。是故此一即彼一切事，一切即一。反上可知，故有相即自在門。五、由眞理在事，各全非分故。正在此時，彼說爲隱，正在彼時，此即爲隱，故有隱顯門。六、眞理既普，攝諸法，帶彼能依之事，頓在一中，故有微細門。七、此全攝理故，能現此能現所現，亦現彼中。如是重重無盡，故有帝網門。以眞如畢竟無盡故。八、即事同理故，隨舉一事即眞法門，故有托事門。九、以眞如遍在晝夜，日月年劫皆全在故。在日之時，不異在劫，故有十世異成門。況時因法有，法融時不融耶。十、此事即理時不礙與餘一切恆相應，故有主伴門。故一理融通，十門具矣。

鈔 後一既眞理與一切法下，正顯別相。十門之義，皆依眞如別德而立。下第八迴向，明眞如具百門之德。今略舉十四種德，成十玄門。一、譬如眞如與一切法而共相應，及不相捨離德，成第一同時具足相應門。二、譬如眞如性常平等，及譬如眞如普攝諸法二德，成廣狹門。三、無所不在德，成相入門。四、譬如眞如不離諸法，及與一切法同其體性二德，成相即門。五、譬如眞如無有分限，及恆守本性二德，成隱顯門。六、譬如眞如普攝諸法德，成微細門，七、畢竟無盡德成帝網門，八、譬如眞如與一切法同其體性德，成託事門。九、遍在晝夜及遍在年劫二德，成十世門。十、性常隨順及與一切法恆共相應二德，成主伴門。疏中密用《經》意，以《經》文對疏，一無差失。設有不具《經》文，意亦有之。文中先別明十門，後故一理融通，十門具矣者，結也。文並可知。【略】

心佛衆生義

澄觀《大方廣佛華嚴經疏鈔會本》卷六 疏 一、約同教以成四句。謂一、佛眞心外無別衆生，以衆生眞心即佛眞心故，則唯說無聽。故所說教，唯佛所現。二、衆生心外更無別佛，以佛眞心即衆生眞心故，則唯聽無說。故所說教，即衆生自現。《梵行品》云，知一切法即心自性等。三、佛眞心現時，不礙衆生眞心現故，說聽雙存，二教齊立。四、佛即衆生故非佛，衆生即佛故非衆生，互奪雙亡，則說聽斯寂。故《淨名》云，夫說法者，無說無示，其聽法者，無聞無得。

鈔 初同教中初二句，但以生佛同一眞心故互相收，三即互不相礙故得雙存，四乃互相即故，所以相泯，並易可知。

疏 二、約別教，以明四句。謂由不壞相，生佛互在故。

鈔 疏、二約別教等者，別教四句，則唯約事事無礙。由生佛兩相宛然互相在故，亦可前是相即門，後是相入門。以相即門中含於理事無礙故，且名同教耳。

疏 一、衆生全在佛中故，則果門攝法無遺，生尚在佛心中，況所說教不唯佛現。故《出現品》云，如來成正覺時，於其身中普見一切眾生成正覺，乃至普見一切眾生入涅槃。又《佛性論》第二《如來藏品》云，一切眾生悉在如來智內，故名爲藏，以如如智稱如如境故，一切眾生決定無有出如境者，並爲如來之所攝持，故名所藏眾生爲如來藏。又下《出現品》中明，三世劫刹眾生所有心念根欲，尚皆一身頓現，況佛智廣大同虛空耶。

鈔 疏一、眾生全在佛中等者，第一句有二。先正立，後引證。今初。此以佛果稱性故，攝法無遺。無有一法出法性故，全性爲佛故，無法不攝。疏故出現下，後引證也。初引當經，如前已解，至下本文重明。後又佛性下，引《論》證成。然此品中說如來藏，乃有三義，今是其一。言三義者，《論》云，復次，如來藏義有三種應知。何者爲三。一、所攝藏，二、隱覆藏，三、能攝藏。此中疏引，即第一所攝藏也。以爲如來之所攝故，名如來藏。故彼《論》云，一所攝名藏者，佛說約住自性如如，一切眾生是如來藏。言如如者，有二義。一、如如智，二、如如境。並不倒故，名曰如如。言來者，約從自性，來至得果，是名如來。性雖是一，因名應得，果名至得。其體不二，但由清濁有異，在因位時，違二空理，故起無明而爲煩惱所雜亂，故名爲染濁。雖未即顯，必當可現，故名應得。若至果時，與二空合，無復惑累，煩惱不染，說名爲清。果已顯現，故名至得。譬如水性，體非清濁，但由穢不穢，故有清濁名。應得、至得，二義亦爾。云云。所言藏者，一切眾生等，與疏全同。次下《論》即云，復次，藏有三種。一、顯正境無比，離如如境，無別一境出此境故。二、顯正行無比，離此智外，無別勝智過此智故。三、爲現正果無比，無別一果過此果故，故曰無比。由此果能攝藏一切眾生故，說眾生爲如來藏。今疏中所引，但取佛含眾生之義，故略引其初後耳。下更略引次之二藏。二、隱覆爲藏者，道前猶爲煩惱所覆，眾生不見故。三、能攝爲藏者，果地之中一切功德應得性時，攝之已盡故。今取果攝，故亦不引後之二藏。疏又下出現下，三又引當經，況出攝聽。諸法皆攝，何獨聽法眾生。於中又二重舉況。一、明一身頓攝，況於眾生。二、明智廣同空，一切情器本居智內，何用攝耶？然第一文，即《出現偈》云，如三世劫刹眾生，所有心念及根欲，如是數等身皆現，是故正覺名無量。今疏上二句，但略如及二字耳。言尚皆一身頓現者，即長行中意。《經》云，如來成正覺時，以一相方便入善覺智三昧。入已，於一成正覺廣大身，現一切眾生數等身住於身中，如一成正覺廣大身，一切成正覺廣大身，悉亦如是。然彼經長行，以身攝身。偈頌之中，明其總攝。今但取長行之一身，對偈中之廣攝，以顯難思耳。故言尚皆一身頓現，此一尚字，即是舉況。一身總攝，聽法人，況佛智下，復舉況，更彰廣大，即《第八十經》《普賢讚佛偈》初。《經》云，佛智廣大同虛空，普遍一切眾生心，悉了世間諸妄想，不起種種異分別。今疏引者，意通前半，正取大智，以況一身。故但引初一句而已。

疏 二、佛在眾生心中故，則因門攝法無遺，佛尚在於心中，況所說教非眾生心現。故《出現品》云，菩薩摩訶薩，應知自心念念常有佛成正覺。何以故？諸佛如來不離此心成正覺故。如自心，一切眾生心亦復如是，悉有佛成正覺。此明佛證眾生心中眞如成佛，故本覺無異，以始同本，總在眾生心中。從體起用，應化身時，即是眾生心中眞如用大，更無別佛。如《起信》中，多明此義，而是自心體用。今以此《經》心、佛、眾生無差別故。佛證眾生之體，用眾生之用。

鈔 疏二、佛在眾生等者，眾生即因，因稱法界，法界攝法無遺，故眾生亦攝無遺矣。次故出現下，引證。後此明佛證下，解釋。謂如來何以不離生心。釋云，眾生心中眞如，是佛所證故。若爾，但是平等之理，何足爲玄。故復次云，本覺無異故，謂佛本覺與眾生本覺無有二體，同一覺故。本覺即法身故，法身同故。若爾，法身體同，眾生未證，佛證法身，復何相預。故次云，以始同本，總在眾生心中。謂《起信》既言始覺同本覺，無復始本之異，生佛本覺既同。今佛始覺同本時，全同眾生本覺，故全在眾生心中矣。復有問云，約體雖同，相用自別，豈得全同。故次云，從體起用，用不異體，體既眾生之體，用豈離於眾生，故依體起用，即是眾生心中眞如用大，更無別佛。若爾，《起信論》中，已有此義，何以獨名《華嚴》爲別教耶。故次釋云，《起信》雖明始本不二，三大攸同，而是自心各各修證，不言生佛二互全收，是則用《起信》之文，成《華嚴》之義妙之至也，疏文可思。

疏 三、由前生佛互相在時，各實非虛，則因果交徹，隨一聖教全在二心。〇故衆生心中佛，爲佛心中衆生說法。佛心中衆生，聽衆生心中佛說法。

鈔 疏三、由前生佛互相在下，但合前二並實非虛，成此句耳。謂初佛攝時，生即全攝，無前無後，故實非虛。生攝非虛，教在生心。佛攝非虛，教在佛心耳。疏故衆生心中佛下，顯雙存相，謂雖互相攝，不妨說聽宛然。在文似隱，義極分明，請以喻況。略舉二喻。一者，如一明鏡，師弟同對說聽。以師取之，即是師鏡。弟子取之，是弟子鏡。鏡喻一心，師弟喻於生佛。是謂弟子鏡中和尚，爲和尚鏡中弟子說法。和尚鏡中弟子，聽弟子鏡中和尚說法。諸有智者，請詳斯喻。雖設此喻，猶恐未曉。又如水乳和同一處，而互爲能和所和，且順說聽，以能和爲說，所和爲聽。且將水喻於佛，乳喻衆生，應言乳中之水，和水中之乳。水中之乳，受乳中之水。雖同一味，能所宛然。雖能所宛然，而互相在。相遍相攝，思以準之，更消疏文。衆生心中佛者，此明衆生稱性普周，而佛不壞相，在衆生心內。言爲佛心中衆生說法者，此明佛心稱性普周，而衆生不壞相，在佛心內也。但明能說之佛，即是衆生心中佛。但語聽法衆生，即是佛心中衆生。下對反上，更無別理，但說聽之異耳。

疏 四、由生全在佛，則同佛非生。佛全在生，則同生非佛。兩相形奪，二位齊融，即隨一聖教俱非二心，則佛心中衆生無聽，衆生心中佛無說。是以《賢首品》云，因緣所生無有生，諸佛法身非是身。又《偈贊品》云，如來不說法，亦不度衆生。《大般若》四百二十五云，我從得道來不說一字，汝亦不聞等。

鈔 疏四、由生全在等者，此句雙泯，義更易了。於中。先正明，是以賢首下，引證，即《第十五經》。但證第四雙非之義，因緣所生無有生，生泯也。諸佛法身非是身，佛泯也。下半云，法性常住如虛空，以說其義光如是。正要前二句，故不引此耳。又《偈讚品》，亦證雙非。《大般若》文，前已釋竟。

疏 是故此四於一聖教，圓融無礙，方爲究竟甚深唯識道理。

鈔 疏是故此四下，總結融通。隨舉一句，即須具四。故隨一文一句，若大若小，必具此四，攝理周圓。

性相會通義

澄觀《大方廣佛華嚴經疏鈔會本》卷六 疏 第七會緣入實體者，前來六門同入一實故。

鈔 疏第七會緣入實體等者，疏文分二，初總明。

疏 亦有二義。一、以本收末，二、會相顯性。前中。以諸聖教從眞流故不異於眞。故《攝論》中名爲眞如所流十二分教。《唯識》第十釋勝流眞如云，謂此眞如所流教法，於餘教法最爲勝故，彼宗雖不立眞如隨緣，而說佛正體智證最清淨法界，而於後得安立教法，名爲如流。以本收末，亦名如爲教體。

鈔 後亦有下，開釋。疏《攝論》中名爲眞如所流十二分教下，引證。此引無性《攝論》第七，梁《攝論》第十，次引《唯識》第十，彼論釋十眞如中第三地如。彼疏釋云，由此地中，得於三慧，照大乘法，觀此法教根本眞如，名勝流眞如。或證此如，說法勝故。疏彼宗雖不立下，釋妨。謂有問言，彼宗眞如凝然，何有流義。故疏通云，而說佛證體等，此中逆順總有四法，展轉相依，若逆推者，此之教法從何而立，答，從佛後得智立，此後得智，復依何生，由根本智。故《論》云，了俗由證眞故，說爲後得。此根本智，從何而立，由冥眞如，故名眞如，最爲根本。若順說者，《梁論》第十釋云，眞如於一切法中最勝，由緣眞如起無分別智，無分別智，是眞如所流，此智於諸智中最勝，由此智流出後得智，後得智所生大悲，此大悲於一切定中最勝，因此大悲如來欲安立正法救濟衆生，說大乘十二部經，此法是大悲所流，此法於一切法中最勝，菩薩爲得此法，一切難行能行，難忍能忍，由觀此法，得入三地，在文可知。

疏 二、會相顯性者，謂彼一切差別教法，從緣無性，即是眞如。是故虛相本盡，眞性本現。如來言說皆順於如。故《金剛三昧經》云，如我說者，義語非文。衆生說者，文語非義。《仁王·二諦品》云，大王法輪者，法本如應頌如，乃至論議如等。此《經》明教即是如，不說如皆是教，若取諸法顯義，皆爲教體。一切法皆如也，則無如非教。

[鈔]疏二、會相顯性者，上說如爲教本，而教非即如。今說教即是如，則攝十二分教之相，歸即如之性也。疏如來言說下，重釋教即如義。上明教從緣生無有自性，故教即如。今明說主稱如是，故言教皆如。《金剛三昧》證成此義。言義語者，皆契如故。下引《仁王》，證成前義。言乃至者，文中略故。若具，《經》云，波斯匿王白佛言，云何十方諸如來一切菩薩，不離文字而行諸法相。大王，法輪者，法本如，重頌如，授記如，不頌偈如，無問而自說如，戒經如，譬喩如，法界如，本事如，方廣如，未曾有如，論議如，是名味句音聲果，文字記句一切皆如。若取文字者，不行空也。大王，如如文字，修諸佛智母。上即《經》文，其中云戒經者，即《因緣經》。因事制戒，故乃《因緣經》中一義。又言法界如者，即《本生經》。界即因義，故餘文可知。十二分名義，《十藏品》說。疏此經明教即是如下，復辨通局。謂但言十二分教即如，此如局在十二分中。若云如即佛教，則一切法皆如也，則一切皆佛教，斯義則通。故次疏云，若取諸法顯義體，即明一切皆教。既一切皆如，如皆佛教也。

[疏]第八、理事無礙體者，謂一切教法雖舉體即眞，不礙十二分等事相宛然顯現。雖眞如舉體爲一切，不礙一味，湛然平等。由如無礙，佛之音聲，亦順如無礙，皆與如智而相應故。如前義分齊中廣明。

[鈔]疏第八，理事無礙體等者，在文可見。

[疏]第九、事事無礙體者，文義皆圓。

[鈔]疏第九事事無礙下，疏文分三。初雙標，次正顯文，後例釋義。今初雙標文義，揀義取文耳。

[疏]文即圓音。此中亦具十種玄門。《現相品》云，佛演一妙音，周聞十方國，衆音悉具足，法雨皆充遍，即同時具足相應體。《十住品》云，欲具演說一句法，阿僧祇劫無有盡，而令文義各不同，菩薩以此初發心。即廣陜無礙體，亦名純雜教。一句不壞，陜也，純也。文義不同，廣也，雜也。又云，於一法中解衆多，衆多法中解了一等。皆一多相容教也。《出現品》云，如來音聲普入一切，譬如書字等。此亦相入即相容也。《十住》又云，一即是多多即一，文隨於義義隨文。即相即教體。《出現品》云，道場皆聞，不出衆外，各各隨解。即隱顯教體也。又云，如來言音，唯是一味，隨諸衆生，心器異故，無量差別。亦隱顯教體，亦純雜教也。又云，如來於一語言中，演說無邊契經海，如善口女等。即微細教也。《阿僧祇品》云，於彼一一修多羅，分別諸法不可說，於彼一一諸法中，又說諸法不可說等。一法既爾，餘法亦然。交映重重，無盡無盡，即帝網教也。觸事皆法，即托事生解教也。一念頓演，即十世教也。如諸會中，此方所說十住等，十方亦爾，即主伴教也。若隨說一法一門，皆有無量修多羅爲眷屬等，即眷屬教。雖不得爲主，亦是伴類。

[鈔]次文即下，正顯文圓。文即名句文。而言圓音者，有二義故。一、例上名等離聲無體，今圓音體，文亦依之。二者，既言圓音，則文句皆足，方稱圓耳。若一直聲，昔義非正，下引諸《經》，成斯教體，具十玄門。

疏佛演一妙音等者，經文略有三節。初則一音周聞，但彰其遍。次言衆音悉具，則即前一音頓具多音。謂萬類殊音，如善口天女。三法雨皆遍者，則隨一一音具說一切大小權實無盡法門，又一一法皆充法界。三節已含四義。一則展一普遍，二則一收一切，展卷無礙，皆悉同時，何音何法而不具足。彼《經》次下云，一切言辭海，一切隨類音，一切國土中，恆轉無上輪等。則重數更多。今但引其一偈，足顯同時具足。疏譬如書字等者，即如來轉法輪中取意略引，故有等言。若具引者，《經》云，佛子，如來法輪悉入一切語言文字而無所住。譬如書字，普入一切事、一切語、一切算數、一切世間出世間處而無所住。如來音聲亦復如是。普入一切處、一切衆生、一切法、一切業、一切報中而無所住。一切衆生種種語言，皆悉不離如來法輪。何以故。言音實相，即法輪故。佛子，菩薩摩訶薩於如來轉法輪，應如是知。即此經文。法喩之中，亦自影略故。疏取意略引耳。

疏此亦相入即相容也者，據所引文即相入義。即此相入，是一多相容不同門。能入名入，所入名容。能容即所入，所容即能入。隨義名異，容入一義耳。疏道場皆聞不出衆外者，即《出現》音聲中，梵王及衆喻。若具引者，《經》云，復次，佛子，譬如大梵天王，住於梵宮，出梵音聲。一切梵衆，靡不皆聞。而彼音聲，不出衆外。諸梵天衆，咸生是念，大梵天王，獨與我語。如來妙音，亦復如是。道場衆會，靡不皆聞。而其音聲，不出衆外。何以故。根未熟者不應聞故。其聞音者，皆作是念，如來世尊，獨爲我說。佛子，如來音聲，無出無住，而能成就一切事業。是爲如來音聲第五相。釋曰，衆會聞者，即以根熟爲衆內，未熟爲衆外耳。餘並可知。應聞者得聞，此即顯也。不應聞不聞，斯即隱也。疏各各隨解者，聞中復有差別。若聞大乘，大乘則顯。不聞二乘，二乘即隱。若聞小乘，大隱小顯等。可知。疏又云如來言音等者，即彼次下，第六相也。《經》云，佛子，譬如衆水，皆同一味。隨器異故，水有差別。水無念慮，亦無分別。如來言音，亦復如是。唯是一味，謂解脫味。隨諸衆生心器異故無量差別，而無念慮，亦無分別。然此一文，證其兩義。若取諸器各受，互不相知，即是隱顯。若取一味隨器，即是純雜。善口天女，亦即彼品。《經》云，復次，佛子，譬如自在天王有天采女，名曰善口。於其口中，出一音聲，其聲則與百千種樂而共相應。一一樂中復有百千差別音聲。佛子，彼善口女，從口一聲，出於如是無量音聲。當知如來亦復如是。於一音中，出無量聲，隨諸衆生心樂差別，皆悉遍至悉令得解。即第四相。一中頓具，即微細也。疏《阿僧祇品》至不可說等者，等餘經文。《經》云，一一佛法不可說，種種清淨不可說。出妙音聲不可說，轉正法輪不可說。於彼一一法輪中，演修多羅不可說。於彼一一修多羅，分別法門不可說。於彼一一法門中，又說諸法不可說。於彼一一諸法中，調伏衆生不可說。此上經文，已有數重。而但說一法，法法皆爾，互入重重，故成無盡。又彼中云，清淨實相不可說，說修多羅不可說。於彼一一修多羅，演說法門不可說。於彼一一法門中，又說諸法不可說。於彼一一諸法中，所有決定不可說。於彼一一決定中，調伏衆生不可說。不可言說同類法，不可言說同類心。不可言說異類法，不可言說異類心。不可言說異類根，不可言說異類語。念念於諸所行處，調伏衆生不可說等。亦是其類也。疏一念頓演者，一念頓演無量劫法，何有十世不互相融。《第五經》云，樹下諸神刹塵數，悉共依於此道場，各各如來道樹前，念念宣揚解脫門等。

疏 此且約言說。若類通諸法，皆爲教體，即所詮義。義即普法，具十玄門，如義分齊。

鈔 疏此且約下，例文釋義。初句結前，餘皆釋後。

疏 第十，海印炳現體者，如前差別無盡教法，皆是如來海印定中同時炳現。設所化機，亦同緣起炳現定中。是故唯以三昧爲教體，如《出現品》辨。此約果位。若約因位，圓信亦得印現。《賢首品》云，如是一切皆能現，海印三昧威神力。

疏 以上十門，該羅收攝，未有一法而非教體。然後二門正是經宗。融取前八，無所遺矣。

鈔 疏以上十門下，第三總結，可知。教體門竟。

法界釋義

澄觀撰《大方廣佛華嚴經疏鈔會本》卷六 疏 二申今解者，依後二師，而頗爲改易。若取言略攝盡，應言法界緣起不思議爲宗。若取言具，於第十師加不思議。

鈔 疏二申今解下，疏文有二。先總明建立，後今釋前義下，開章別解。前中五。一、總相標立，二、顯其包含，三、彰加所以，四、釋通妨難，五、重顯異門。今初。意云，略則第十師其言則多，既光統別不攝總，應言法界緣起，總則攝別，不應復存因果理實之言。若取廣說，又闕不思議。故云，若取前義，應言因果緣起理實法界不思議爲宗。若取次第，應言法界理實緣起因果不思議爲宗。

疏 此則攝一總題，理實即大方，緣起即方廣，法界總該前二，因果即佛華嚴。觀其總題，已知別義。

【鈔】疏此則攝一總題下，第二顯其包含。方字兩用，向上，則大方無隅即法界故。向下，方廣業用是緣起法界故。故云法界，總該前二。

【疏】而法界等言，諸經容有，未顯特異，故以不思議貫之。則法界等皆不思議，故爲經宗。所以龍樹指此爲大不思議經，斯良證也。

【鈔】疏而法界等言下，第三彰加不思議之所以，揀異餘經，故兼引文證。

【疏】《淨名》但明作用不思議解脫，蓋是一分之義，未顯法界融通等不思議，故不同也。

【鈔】疏《淨名》但明下，第四釋通妨難。即躡跡爲難。謂若加不思議，欲異餘經，尚同《淨名》，曾何成異。故爲此通，彼得業用，不得德相故。故彼《經》云，有解脫名不思議，菩薩住是解脫，能以須彌之高廣內芥子中等，曾不說言眞如具無盡德，佛身不分而遍，塵毛之德不可盡等，故爲一分。故龍樹呼此《經》爲大不思議經，則顯彼爲小不思議。不思議雖無大小，教中彰之，有廣狹故。

【疏】若就題中分體、宗、用，則以理實爲體，緣起爲用，因果爲宗。尋宗令（令，玄作今，誤。）趣理實體故。法界總攝上三。

【鈔】疏若就題中下，第五重顯異門。上來所辨，但明題中已具經宗。若準天臺智者釋《法華經》，於一題中有體、宗、用。今取例釋，故有三也。

【疏】今釋前義，略分爲二。一、釋名，二、顯義。今初。法界名體，廣如本品。今略申其二。一、事法界，二、理法界。二法俱含持軌二界，則性分不同，互用皆通。

【鈔】疏互用皆通者，謂不壞性相，則理法界性義名界，若事法界分義名界。若性相交徹，相既即性，分即名性，性即相故。無分即分，故言互通。

【疏】二顯義中曲有四門。

【鈔】疏二顯義中曲有四門等者，此門有三。初、總標，二、別釋，三、總結。初標可知。

【疏】第一別開法界以成因果，謂普賢法界爲因，遮那法界爲果，是故因果不離理實法界。於中十事五對，即五周因果。一、所信因果，二、差別因果，三、平等因果，四、成行因果，五、證入因果。下當指文。而此因果互爲宗趣。一經始終不離因果故，但因果爲宗，不違所依法界。

【鈔】二、別釋四章，即爲四別。疏第一別開法界等者，此一段疏，文有四別。一、標章略明，二、於中十事下，開章別釋。三、而此因果互爲宗趣者，會通宗趣。然有二意。一者五周，皆以因果爲其宗趣，若以修因爲宗，得果爲趣。舉果爲宗，令修因爲趣。二者所信因果爲宗，令得差別因果爲趣。舉差別爲宗，成所信爲趣。舉差別爲宗，令得平等爲趣。舉平等爲宗，融差別爲趣。舉平等爲宗，令成行爲趣。舉頓成諸行爲宗，令信平等爲趣。舉成行爲宗，令證入爲趣。舉證入爲宗，令忘證修行爲趣。故言互爲。

疏一經始終下，第四結成因果，收前五、六、七、八四師之義，彼皆不出因果故。故此因果不違法界，以是法界成因果故。

【疏】第二會融因果以同法界。法界門中，亦有十事五對互爲宗趣。一、教義相對，謂舉教爲宗，顯義爲趣。或以義爲宗，顯教爲趣，以辨義深令教勝故。二、人法相對，舉人爲宗，令知法爲趣。舉法爲宗，令得人爲趣。三、理事相對，舉事意令趣理故，舉理意在融事故。四、境智相對，舉所觀境令成觀智故，舉修成智令證同眞境故。五、因果相對，舉彼修因令證果故，舉其勝果勸修因故。五對別明，是宗之趣。五對相即，爲宗即趣。上五周因果，不離此五對之法，即事理法界。況因果無性，當體同眞。所以但用，法界爲宗，亦不違因果。

【鈔】疏第二會融因果以同法界下，疏亦有四。一、標章。二、法界門中下，開章解釋。三、五對別明下，會通六釋。謂不壞因果，及交徹故。四、上五周因果下，結歸法界，收前衍、裕二師。就結歸法界，中有二意。一、歸事理法界，謂第五因果即前因果。又，前之四對，皆通因果，因果皆有境智等故。又，第三對中一種是理，餘之九事皆是事攝。故五周因果不出此十。二、況因果無性下，會上歸於理法界也。

【疏】第三、法界因果分明顯示。亦有十義五對。一無等境，此有二位。一、在纏性淨法界，爲所信境。二、出纏最清淨法界，爲所證境。二無等心，此亦二義。一、大菩提心，爲普賢行本故。二、信悲智等，隨行起故。三無等行，此亦二義。一、差別行，各別修故。二、普賢行，一即一切故。四無等位，此亦二義。一、行布位，比證別故。二、圓融位，一證一切證故。五無等果，此亦二義。一、修生果，今始成故。二、修顯果，本自具故。此上五對，各初句爲宗，後句爲趣。又上五中，初一眞法界，二即緣起，又二、三、四皆緣起因，後一緣起果。故光統具用二義爲宗，無所違矣。

【鈔】疏第三、法界因果分明顯示，文亦有四。一、總標。二、亦有十義下，別釋。三、此上五對下，會宗趣。如舉在纏法界爲宗，令得出纏清淨爲趣。餘四例知。四、又上五中下，結示法界因果之相，收前光統師。唯初一對，是法界理實，餘皆緣起因果。

【疏】第四、法界因果雙融俱離，性相混然，無礙自在，亦有十義。

【鈔】疏第四法界因果雙融下，此門但二。一、標，二、別釋。今初。由雙融故俱離，由雙融故混然。離不礙存，故云無礙。能存能離，故云自在。法界雖通事理，今取理實。故法界爲性，因果爲相。

【疏】一、由離相故，因果不異法界，即因果非因果也。此即相爲宗，離相爲趣。或離相爲宗，令亡因果爲趣。下九準思。二、由離性故，法界不異因果，即法界非法界也。三、由離性不泯性故，法界即因果時，法界宛然，則以非法界爲法界也。四、由離相不壞相故，因果即法界時，因果曆然，則以非因果爲因果也。五、離相不異離性故，因果法界雙泯俱融，迥超言慮。六、由不壞不異不泯故，因果法界俱存現前，爛然可見。七、由五、六存泯復不異故，超視聽之妙法，無不恒通見聞，絕思議之深義，未嘗礙於言念。八、由法界性融不可分故，即法界之因果，各同時全攝法界，無不皆盡。九、因果各全攝法界時，因果隨法界各互於因果中現，是故佛中有菩薩，普賢中有佛也。十、因果二位各隨差別之法無不該攝法界，故一法、一行、一位、一德，皆各總攝無盡無盡帝網重重諸法門海。是謂華嚴無盡宗趣。

【鈔】疏一由離相下，別釋中，初二對但明俱離，三、四一對不礙兩存。然性則叵壞，但云不泯。相則可壞，故言不壞。五即合其初、二，六即合其四、三，皆由性相即故。二對皆不相異。七復合其五、六，謂六是於存，五是於泯，正存即泯，故復不異。八即融前因果令同法界，九由同法界因果互攝，十令因果差別之法，一一別攝。已知大意，次隨難釋。疏此即相爲宗等者，舉相意欲令亡不在相故。後對合上離相，並爲其宗。令亡因果者，前離於相，明因果之相本離。今亡因果，令離取相之心。言下九準思者，二中應云舉性爲宗，令離性爲趣。離性爲宗，令亡法界爲趣。三、即離性爲宗，不泯性爲趣，以性本自離不待泯故。又離性不泯性爲宗，令亡法界不礙法界爲趣。四、以離相爲宗，不壞相爲趣，相本自離不待壞故。又離相不壞相爲宗，令亡因果不壞因果爲趣。五、離相爲宗，不異離性爲趣，由性相不異故。若異離性，非眞離相故。又離相不異離性爲宗，令雙融性相俱泯爲趣。六、不壞相爲宗，不異不泯性爲趣。若離不泯有不壞者，是定有故。又不壞不異不泯爲宗，令俱存現前爲趣。七、雙存爲宗，不異雙泯爲趣，以即泯而存方是存故。又雙存不異雙泯爲宗，令超視聽絕思議不礙見聞言念爲趣。然超視聽之妙法，則約相說。絕思議之深義，則約性說。八、又法界性融不可分爲宗，令因果各攝法界爲趣。九、因果各全攝法界爲宗，令因果互在爲趣。十、二位差別皆攝法界爲宗，一一行位無盡爲趣。

【疏】上之四門，初一即體之用，次一即用之體，三即體用雙顯，四即體用鎔融。又初一即因果緣起，次一即理實法界，三即雙明，後一即不思議。既以第四融前，則四門一揆。故即照而遮，即遮而照，雙照雙遮，圓明一觀，契斯宗趣矣。

【鈔】疏上之四門下，第三總結。於中有四。初、以體用收之，體即前性，用即前相。二、又初一即因果下，以宗中十一字收之。三、既以第四融前，則四門一揆者，總融四門。四、故即照下，會歸心觀，在法爲離，在心爲遮，在法不壞，在心爲照。遮即初之二門，照即三四二門。然初遮是即照之遮，次照是即遮之照。五、即雙遮。六、即雙照。七、即正雙遮而正雙照，八、即四門一揆，圓明一觀。九、十隨一句中具攝前四，亦同一觀。又十門齊鑒曰照，無心於十曰遮。雙照照前照遮，雙遮遮前遮照。言亡慮絕，了了分明。故上十門圓明一觀，方契十門之旨。合上四門之宗，希領文繫之表也。

華嚴十義

澄觀撰《大方廣佛華嚴經疏》卷三　初明大十義者，一、體大，謂若相若用等，皆同眞性而常遍故，即是「大」字。《涅槃》云，所言大者，名之爲常，此明體不變易，如人最長，故名爲大。又云大者，其性廣博，猶如虛空，此明體遍。二者，相大，謂恆沙性德無不具故，互相即入微細重重等，具十玄門，皆其相故，即經「方」字。方者，法也。三、用大，謂業用周普如體遍故，即經廣字，《涅槃》云，又大者，能建大義即是約用，良以涅槃無廣，廣與大同故，以廣釋大，方廣無大，大與廣合故，以大釋廣，今經具有，故各配之。四、果大，謂智斷依正，普周法界故，即經「佛」字。五、因大，謂發菩提心，起解行願證，精勤匪懈，成諸位故，即經「華」字。六、智大，謂大智爲主，運諸萬行遍嚴一切無所遺故，即經「嚴」字。七者，教大，謂一文一句無不結通，遍於一切十方三際重重無盡故，即是經字。八者，義大，謂所詮法盡窮法界，乃至帝網無所遺故，即總是六字。九者，境大，以上法門，普以無盡二一爲化境故。十者，業大，謂盡三際時，窮法界處，常將此法利益衆生，無休息故。如《攝大乘》等，七種大性，不離於此。

二、方十義者，方者，法也。即前十大，皆名爲法，謂體法、相法等。

三、廣十義者，廣者，多也。用多繁興，包無不盡故，則前十皆多，即明一遍一切名之爲大，一攝一切名之爲廣，亦可反此，此約離釋。

若合釋方、廣二字，亦有十義。一、廣依義，謂言教繁廣爲生依故，二、廣說義，宣說廣大甚深法故，三、廣破義，破一切障無有餘故，四廣超義，無有諸法能比類故，五、廣治義，具攝無邊對治之法，爲能治故，六、廣攝義，通攝無邊異類法故。七、廣德義，具攝二嚴諸勝德故，八、廣生義，能生無量廣大果海故。九、廣絕義，非是心識稱量所能知故，十、廣知義，具足種智破邪見障無有餘故此之十義，前四即雜集第十一中四義，後六即入大乘論第一中六義。

四、解佛十義者，即是十佛。大即「法界佛」，方即「本性佛」，廣即「涅槃佛」及「隨樂佛」，佛即「成正覺佛」，華即「願佛」及「三昧佛」，嚴即「業報佛」，經即「住持佛」。總不離心，七字皆是心佛。釋十佛義，如《八地》中及《離世間品》辯。又《佛地論》第一說，佛亦具十義，謂具一切智，一切種智，離煩惱障，及所知障，於一切法，一切種相，能自開覺，亦能開覺一切有情，如睡夢覺，如蓮華開，故名爲佛。又眞諦引《眞實論》，亦有十義，恐繁不引。

五釋華十義者，一、含實義，表於法界含性德故。二、光淨義，本智明顯故。三、微妙義，一一諸行同法界故。四、適悅義，順物機故。五、引果義，行爲生因起正覺故。六、端正義，行與願俱無所缺故。七、無染義，一一行門三昧俱故。八、巧成義，所修德業善巧成故。九、芬馥義，衆德住持流馨彌遠故。十、開敷義，衆行敷榮令心開覺故。

然華有二種，一草木華喻萬行因，然或因與果俱，或不與俱，二嚴身華通金玉等，喻於神通衆相等，唯與果俱，前十義中，一五九十局於草木，餘通二華，六釋嚴者，即上十華同嚴一佛爲嚴不同，亦是十義。

又上十華，如次嚴前十佛，即是十義而總別無礙，更有十義。一、用因嚴果以成人，是佛華嚴，果由因得故。二、以果嚴因以顯勝，成果之後，令一一因行皆無際故。三、以人嚴法而顯用，謂佛曠劫修因，方顯法之體用故。四、以法嚴人以顯圓，若不得法之體用，因果不能圓妙故。五、以體嚴用以令周，謂用不得體不周遍故。六、以用嚴體而知本，若無大用，不顯體本之廣大故。七、以體嚴相而知妙，謂相若有體，便即入重重故。八、以相嚴體以明玄體，若無相不顯體深玄故。九、以義嚴教超言念，由所詮難思能詮言離故。十、諸因互嚴以融攝，如禪非智無以窮其寂，智非禪無以深其照等。

又上來互嚴，皆有相資相即四句，今且約理行互嚴以明，初相資四句者。一、理由修顯故，以行華嚴理。二、行從理發，則以理華嚴行。《梁《攝論》云，無不從此法界流，無不還證此法身故。三、理行俱融，不二而二，非眞流之行，無以契眞，非起行之眞不從行顯，良以體融行而因圓，行該眞而果滿，是故標爲佛華嚴也。四、理行俱泯，二而不二，以理之行故非行，行之理故非理。是則能所兩亡超情絕相，非嚴非不嚴，是謂華嚴，相即四句，理行全收，準思可見，則法喻交映，昭然有在。

七，釋經十義。《雜心》五義，已見上文。《佛地論》有二義，一、貫穿所說，二、攝持所化。即《雜心》結鬘一義，合之應除結鬘，開成六義，依此方訓，復有四義。一、常，二、法，並如前辯。三、經義。即衆生徑路。四、典義，令見聞正法故。《寶雲經》中，亦有十義，恐繁不引。

第四，別釋得名者，先得，後釋。先得名者，大以當體受名，常遍爲義，常則竪無初際，遍則横該無外，方以就法得名，軌持爲義，雙持體相軌生物解故，廣以從用得名，包博爲義，包則廣容博則廣遍，佛以就人得名，覺照爲義，照則朗萬法之幽邃，覺則悟大夜之重昏，華以從喻得名，感果嚴身爲義，感果則萬行圓成，嚴身則衆德備體，嚴以功用受名，資莊爲義，謂資廣大之體用，莊眞應之佛身，經以能詮得名，攝持爲義，持性相之無盡，攝衆生之無邊，後釋名者，一就法中體用相對，大之方廣，謂有體之相用故，方廣之大，有相用之體故，皆依主釋，若相即者，即持業釋。二、就人中果行相望，佛之華，非因位之行故，華之佛，非餘行之佛故，亦通相即。三、以人法相對，大方廣之佛華嚴，非小權乘之佛等故，佛華嚴之大方廣，非因位所得法故，相即可知。四、教義相對，亦通二釋，教望於義，及前人望於法，兼通有財，並可思準。

第五，展演無窮者，謂初於最清淨法界，開爲理智兩門，即涅槃菩提之異，又理開體用即大方廣，智開因果即佛華嚴，總連合成詮，即題中經字，又展此目以爲初會，初會總故，十海是理，十智是智，十海之中，含於體用，十智之中，亦含因果。又華藏世界及遮那遍中，即依正二果皆是佛字，大威光太子略示因華，彼二所證所觀即大方廣，即總成一會，所信因果體用，又展此會，以成後八四周因果，各因是華果即是佛，其所修所證之體用，即大方廣，又展此九會遍周十方，謂如第二會《光明覺品》辯一類之會已遍十方，餘會亦爾，又展此諸會各有主伴，如說十住，十方菩薩皆來證云，十方國土皆說此法，則前遍法界之會，各有重重主伴，乃至遍於塵刹異類界等，無盡時會，皆不出大方廣佛華嚴清淨法界。

第六，卷攝相盡者，謂從後漸卷乃至不出九會，九會不離初會，初會不離總題，總題不出理智，非理不智故理外無智，非智不理故智外無理，則理智不二，亦攝智從理，離體無用攝用歸體，體性自離，故體即非體，本來清淨，強名之清淨法界。是以極從無盡乃至一字無字，皆攝華嚴性海，無有遺餘。

第七，展卷無礙者，謂正前展時即後常卷，正後卷時即前常展，展時即卷故，無量無邊法門海，一言演說盡無餘，卷時即展故，如來於一語言中，演說無邊契經海。

第八，以義圓收者，上來諸門，或以七字攝盡，如前已辯，或以教義攝盡，或以理智攝盡，或以人法攝盡，或信解行證攝盡，或唯普賢文殊毗盧遮那三聖攝盡，謂大方廣即普賢，普賢表所證法界故，華嚴即文殊，文殊表能證故。佛即遮那具能所故。又大即普賢，普賢菩薩自體遍故，方廣即文殊，文殊表即體之智故。華即普賢，普賢行故，嚴即文殊，文殊以解起行故，佛即圓解行之，普賢文殊證法界體用之普賢文殊，成毗盧遮那光明遍照，第九攝歸一心者。

上來諸門，乃至無盡，不離一心，一心即法界故。《起信》云，所言法者，謂衆生心，心體即大，心之本，智即方廣，觀心起行即華嚴，覺心性相即是佛，覺非外來，全同所覺故理智不殊，理智形奪，雙亡寂照，則念念皆是華嚴性海，第十泯同平等者，爲未了者令了自心，若知觸物皆心方了心性故。《梵行品》云，知一切法即心自性，則成就慧身不由他悟，然今學法之者，多棄內而外求，習禪之者，好亡緣而內照，並爲偏執，俱滯二邊，既心境如如則平等無礙。余曾瑩兩面鏡，鑑一盞燈置一尊容，而重重交光佛佛無盡，見夫心境互照本智雙入，心中悟無盡之境，境上了難思之心，心境重重智照斯在，又即心了境界之佛，即境見唯心如來，心佛重重而本覺性一，皆取之不可得，則心境兩亡，照之不可窮，則理智交徹，心境既爾，境境相望心心互研，萬化紛綸皆一致也。唯證相應，名佛華嚴矣。

華嚴判教

智儼述《大方廣佛華嚴經搜玄記》卷一（之上） 隨文解釋者，初略舉八種教明互相成，及約三教相明其次第。次隨文釋，其八教者，一、一乘三乘分齊，二、眞應，三、迴三入一，四、空有，五、凡聖相由，六、常無常，七、三乘同行，八、辨法邪正。此之八義，上下皆通，廣說略說，相從成就本末二相，宜可準思。約三教相成者，謂始於道樹，爲諸大行，一往直陳宗本之致，方廣法輪其趣淵玄，更無由藉以之爲頓，所言漸者，爲於始習施設方便，開發三乘引接之化，初微後著，從淺至深，次第相乘，以階彼岸，故稱爲漸。所言圓教者，爲於上達分階佛境者，說於如來解脫法門，究竟窮宗至極果行，滿足佛事，故曰爲圓。如窮之以實，趣齊莫二，等同一味，究竟無餘，何殊之有？但以對治功用不等故，隨根器別其淺深，言分有三，其次第者就於一乘了義實說，約對治方便行門差殊，要約有三以明次第，一者據方便修相對治緣起自類因行以明三教，漸即在初，頓中圓後，三義從漸說也。初漸以生信，次頓以成行，次圓以成體用耳。若約實際緣起自體因行以明時，頓初漸次圓後，初示頓以令修，次示漸彰爲物，後示圓果德備故也。若約窮實法界，不增不減，無障礙緣起，自體甚深，祕密果道時，即初圓次頓後漸也。所以爾者，正以沖宗不遺於玄想，圓道不揀於始門，是以事雖近而至遠，相雖著而至密，淺至極深方窮故。初示圓令見聞，次彰頓令隨喜，後辨漸階位，顯德起信行也。此即約圓以明三耳，然教乃可爾，論其旨也。正明如來法身無上菩提至極圓道，契窮實相德盈海奧，義興眞本顯明後際，語果彰之於無得，論因顯之於無發，故無相之相，其趣幽微凝同太虛，旨絕名相，可謂至道無言而玄籍彌布，眞容無像而妙相備嚴，入於佛慧，具佛所行，德顯殊美，踰越於世，故經首貫以佛華嚴之稱者，當以旨南之說，宗要在茲。

法藏撰《華嚴經探玄記》卷一 第三明立教差別者，略提十類。一、敍古說，二、辯是非，三、述西域，四、會相違，五、明現傳，六、定權實，七、顯開合，八、教前後，九、就義分教，十、以理開宗。

初中，古來諸德立教多端，難以具顯，略敍十家，以成龜鏡。

一、後魏菩提留支立一音教，謂一切聖教唯是如來一圓音教，但隨根異故分種種，如經一雨所潤等。又經云，佛以一音演說法，眾生隨類各得解等。

二、陳朝眞諦三藏等立漸頓二教，謂約漸悟機，大由小起，所設具有三乘之教，故名爲漸，即涅槃等經。若約直往頓機，大不由小，所設唯是菩薩乘教，故名爲頓，即華嚴等經。後大遠法師等亦同此說。

三、後魏光統律師承習佛陀三藏立三種教，謂漸頓圓，光師釋意一爲根未熟，先說無常後乃說常，先空後不空等，如是漸次名爲漸教，二爲根熟之輩，於一法門具足演說一切佛法，謂常與無常空不空等，一切具說，更無由漸故名爲頓，三爲於上達分階佛境之者，說於如來無礙解脫究竟果德圓極祕密自在法門故名爲圓，即以此經是圓頓所攝，後光統門下遵統師等亦皆宗承同於此說。

四、齊朝大衍法師等，立四宗教，一因緣宗，謂即小乘薩婆多等部，二假名宗，謂成實論及經部等說，三不眞宗，謂諸部般若，說即空理明一切法不眞實等，四眞宗，謂華嚴涅槃，明法界眞理佛性等故。

五、護身法師等立五宗教，謂此於前第四宗內，開眞佛性以爲眞宗，即涅槃等經，第五名法界宗，即《華嚴》明法界自在無礙法門。

六、陳朝南嶽思禪師智者禪師等立四教。一、三藏教，亦名小乘教，如《法華》云不得親近小乘三藏學者，《智論》中說小乘爲三藏大乘名摩訶衍藏。二名通教，亦名漸教，謂大乘經中通說三乘通被三根等【略】。三名別教，亦名頓教，謂諸大乘經中所說法門道理不通小乘等者是也。四名圓教，亦名祕密教，謂法界自在具足圓滿一即一切一切即一無礙法門，亦華嚴等是也。

七、唐朝海東新羅國元曉法師造此經疏，亦立四教。一、三乘別教，謂如四諦教緣起經等。二、三乘通教，謂如《般若經》《深密經》等。三、一乘分教，如《瓔珞經》及《梵網》等。四、一乘滿教，謂《華嚴經》普賢教，釋此四別如彼疏中。

八、唐吉藏法師立三種教，爲三法輪。一、根本法輪，即《華嚴經》最初所說。二、枝末法輪，即小乘等於後所說。三、攝末歸本法輪，即

《法華》經四十年後說迴三入一之教。具釋如彼。

九、梁朝光宅寺雲法師立四乘教，謂如《法華》中，臨門三車即爲三乘，四衢道中所授大白牛車即爲第四乘，以臨門牛車亦同羊鹿俱不得故。若不爾者，長者宅内引諸子時，云此三車只在門外，諸子出宅即應得車，如何出已至本所指車所住處，而不得故後更索耶？故知是權同羊鹿也。以是大乘中權教方便說故，具釋如彼《法華》疏中。

十、唐江南印法師敏法師等立二教。一、釋迦經，名屈曲教，以逐機性隨計破著故，如《涅槃》等。二、盧舍那經，名平道教，以逐法性自在說故，如《華嚴》等。彼師釋此二教略有四別。一、主異，謂彼釋迦化身所說，此是舍那十身所說。二、處異，謂彼說在娑婆世界木樹草座，此說在於蓮華藏世界寶樹金座。三、眾異，彼與聲聞及菩薩說，此唯菩薩極位同說。四、說異，謂彼但是一方所說，此要該於十方同說，廣釋如彼華嚴疏中，第二辨是非者。

此上十家立教諸德，並是當時法將英悟絕倫，如思禪師智者禪師等，神異感通迹參登位，靈山聽法憶在於今，雲法師依此開宗講《法華》感天雨華等，並如僧傳等所顯。又此諸德豈夫好異，故分聖教，但以解該群典異軫呈根，言不得已，開宗別釋，務令聖說，各契其宜。【略】

第八，教前後者，今辯如來一代所說，約時顯教，大例有四。一、本末差別門，二、依本起末門，三、攝末歸本門，四、本末無礙門。

初中，本末同時，始終一類，各無異說，然有三位，一若小乘中即最初度彼憍陳那等，最後度於須跋陀羅，中間亦復唯說小乘唯益小機，如《四阿含經》及五部律遺教等說。二若約三乘即從始至終皆說三乘通益三機，如前所引《力士經》《大般若》等諸大乘經，於中雖有權實不同皆具三乘，三若約一乘即從初至極爲大菩薩唯說一乘，如最初時說《華嚴》等，其中不通二乘，復攝九世該於前後，是故至極，更無異說。然此三類既依此世根定者說，此即諸教相望各通始終，竟無前後。二依本起末門者，有四類，一謂初時爲大菩薩說大乘，次說中乘，次說小乘，後說人天。【略】四本末無礙門者，謂初舉照山王之本教，明非本無以起末，後顯歸大海之異流，明非盡末無以歸本，是即本末交映，與奪相資，方爲攝生之善巧也。是故通論總有五位，一、根本一乘教，此如《華嚴》說。二、密意小乘教，三、密意大乘教，四、顯了三乘教，上三如《深密經》說。五、破異一乘教，如《法華》《涅槃》等說。此上四門既圓通無礙，是即前後即無前後，無前後即前後，皆無障礙思準之耳。

五教判

法藏《華嚴經探玄記》卷一 第九，以義分教，教類有五，此就義分，非約時事。一、小乘教，二、大乘始教，三、終教，四、頓教，五、圓教。

初小乘，可知。

二、始教者，以《深密經》中第二第三時教同許定性二乘俱不成佛故，今合之總爲一教，此既未盡大乘法理，是故立爲大乘始教。

三、終教者，定性二乘無性闡提悉當成佛，方盡大乘至極之說，立爲終教，然上二教並依地位漸次修成，俱名漸教。

四、頓教者，但一念不生即名爲佛，不依位地漸次而說，故立爲頓。如《思益》云，得諸法正性者，不從一地至於一地。《楞伽》云，初地即八地乃至無所有何次等，又下地品中十地猶如空中鳥跡，豈有差別可得，具如《諸法無行經》等說。

五、圓教者，明一位即一切位一切位即一位，是故十信滿心即攝五位成正覺等，依普賢法界帝網重重主伴具足，故名圓教，如此經等說。

若約所說法相等者，初小乘法相有七十五法，識唯有六，所說不盡法原，多起異諍，如小乘諸部經論說。

二、始教中廣說法相小說眞性，所立百法決擇分明故無違諍，所說八識唯是生滅法相名數多同小乘，固非究竟玄妙之說，如《瑜伽》《雜集》等說。

三、終教中少說法相廣說眞性，以會事從理故，所立八識通如來藏隨緣成立具生滅不生滅，亦不論百法名數不廣，又不同小亦無多門。如《楞伽》等經，《寶性》等論說。

四、頓教中總不說法相唯辯眞性，亦無八識差別之相，一切所有唯是妄想，一切法實唯是絕言，呵教勸離毀相泯心，生心即妄，不生即佛，亦無佛無不佛無生無不生，如淨名默住顯不二等是其意也。

五、圓教中所說，唯是無盡法界，性海圓融，緣起無礙，相即相入，如因陀羅網，重重無際，微細相容，主伴無盡，十十法門，各稱法界，具如下說。

然此五教，有開有合，亦有五重。一或總爲一，謂唯是如來一大善巧攝生方便也。二或開爲二，謂一乘三乘教前諸教中雖有存三泯二不同，然皆通三乘趣入故名三乘教，後一直顯本法不通二乘，故唯是一，即《智論》中名共教不共教。此亦同上印師等所立二教也。三或分爲三，謂小乘、三乘、一乘教，《智論》既將此經爲不與二乘共故，名爲不共，即是一乘。《大品》等爲通三乘同觀得益故名爲共，即是三乘，義準《四阿含經》既不共菩薩，亦名不共，即是小乘，依此三位，《梁《攝論》》第八云如來成立正法有三種，一立小乘，二立大乘。（有本作三乘字）三立一乘，第三最勝，故名善成立。此亦同上《妙智經》說。又眞諦三藏部異執疏第二卷中亦同此說，四或分爲四，此有二義，一於上共教中約存三泯二開兩教故爲四，一別教小乘，二同教三乘，如《深密》等。三、同教一乘，如《法華》等。四、別教一乘，如《華嚴》等。二、約歷位無位開漸、頓二教故爲四。一、小乘教，二、漸教，三、頓教，四、圓教，五、或散分爲五。於上漸教，復分始、終二教。

澄觀撰《大方廣佛華嚴經疏》卷二 第三，立教開宗，分二。一、以義分教，二、依教分宗。今初，以義分教，教類有五，即賢首所立，廣有別章，大同天台，但加頓教，今先用之，後總會通，有不安者，頗爲改易。言五教者，一、小乘教，二、大乘始教，三、終教，四、頓教，五、圓教。初即天台藏教，二始教者，亦名分教，以深密第二第三時教，同許定性二乘俱不成佛，故今合之總爲一教，此既未盡大乘法理，故立爲初，有不成佛，故名爲分。三、終教者，亦名實教，定性二乘，無性闡提，悉當成佛，方盡大乘至極之說，故立爲終，以稱實理，故名爲實，上二教並依地位漸次修成，故總名爲漸。四、頓教者，但一念不生，即名爲佛，不依地位漸次，而說故立爲頓，如《思益》云，得諸法正性者，不從一地，至於一地。《楞伽》云，初地即爲八，乃至無所有何次第，不同前漸次位修行，不同於後圓融具德，故立名頓，頓詮此理，故名頓教，天台所以不立者，以四教中皆有一絕言故，今乃開者，頓顯絕言，別爲一類，離念機故，即順禪宗，五圓教者，明一位即一切位，一切位即一位，是故十信滿心，即攝五位成正覺等，依普賢法界帝網重重主伴具足，故名圓教，如此經等說，若約所說法相者，初小乘中，但說七十五法，但說人空，縱少說法空，亦不明顯，但依六識三毒，建立染淨根本，故阿含云，貪恚愚癡是世間根本等，未盡法源，故多諍論，部執不同，二始教中，廣說法相，少說法性，所說法性，即法相數，說有百法決擇分明，故少諍論，說有八識，唯是生滅，依生滅識，建立生死及涅槃因，法爾種子，有無永別，是故五性決定不同，既所立識，唯業惑生故，所立眞如，常恆不變，不許隨緣，依他起性，似有不無，非即無性眞空圓成，說經空義，但約所執，既言三性五性不同故，說一分眾生決不成佛，名生界不滅，眞俗二諦，迢然不同，非斷非常，果生因滅，同時四相，滅表後無，根本後得，緣境斷惑，義說雙觀決定別照，以有爲智，證無爲理，義說不異而實非一，既出世智，依生滅識種故，四智心品，爲相所遷，佛果報身，有爲無漏，如是義類，廣有眾多，具如《瑜伽》《雜集》等說。三終教中，少說法相，多說法性，所說法相，亦會歸性，所立八識，通如來藏，隨緣成立。不生滅與生滅和合，而成非一非異，一切眾生，平等一性，但是眞如，隨緣成立，依他無性，即是圓成，一理齊平，故說生界佛界不增不減，第一義空，該通眞妄，眞非俗外，即俗而眞故，雖空不斷，雖有不常，四相同時，體性即滅，緣境斷惑，不二而二，有能所斷，二而不二，說爲內證，照惑無本，即是智體，照體無自，即是證如，非智外如，爲智所證，非如外智，能證於如，世出世智，依如來藏，始本不二，則有爲無爲非一非異。故佛化身，即常即法，不墮諸數，況於報體，即體之智，非相所遷，如是義類，亦有眾多，次第對上，如《楞伽》等經、《起信》等論。若會上二宗，廣如別說，四頓教中，總不說法相，唯辯眞性，亦無八識差別之相，一切所有，唯是妄想，一切法界，唯是絕言，五法三自性俱空，八識二無我雙遣，訶教勸離，毀相泯心，生心即妄，不生即佛，亦無佛無不佛，無生無不生。如《淨名》默住顯不二等，是其意也。五圓教中，所說唯是無盡法界，性海圓融，緣起無礙，相即相入，如因陀羅網重重無際，微細相容，主伴無盡，十十法門，各攝法界，義分齊中，當具宣說。二、依教開宗，宗乃有十，如經宗中辯，第四總相會通，曲分爲二，先通會諸教，後會化儀前後。今初，諸德立教，各自所據，今雖立五，亦會取諸說，略有五重，一或總爲一，謂唯是如來一大善巧，攝生方便，一音所演，則前之二師立一音者，不失道理，二或開爲二，此更有三，一對小顯大，初是半字，後四皆滿，則無違二藏等言，二對權顯實，前則二是三乘，後三爲一乘，則不違《法華》四乘，三者三四二教，雖則泯二異前，而對三顯一，曲巧順機，後一直顯本法，一向不共，如智論說，此同印公平道屈曲，三或分爲三，初一小乘，次二三乘，後二一乘，或唯後一是不共一乘，《智論》指此以爲不共，大品等經，共二乘說故，此三亦順四乘。又《梁論》第八云，如來成立正法有三種，一立小乘，二立三乘，三立一乘，第三最勝故，名善成立，此亦同妙智經，眞諦三藏部異執疏第二卷中，亦同此說。

四、或分爲四，此亦二門。一、中間三教，存三泯二別，故開之爲四，一、別教小乘，如四阿含等，二、同教三乘，如深密等，三、同教一乘，如《法華》等，四、別教一乘，如《華嚴經》。二、約歷位，無位開漸及頓，故分爲四，總合二三，以爲漸教，餘皆如名。五、或分爲五，如前所立，以漸中有始終故，然取多分，略指數經，實非局判，以一經中容多教故。

第二，化儀前後者，今辯如來一代時教，略啟十門。一、本末差別門，二、依本起末門，三、攝末歸本門，四、本末無礙門，五、隨機不定門，六、顯密同時門，七、一時頓演門，八、寂寞無言門，九、該通三際門，十、重重無盡門。

初中，本末同時，始終一類，各無異說，然有三位，一若小乘中，則初度陳如，後度須跋，中間亦唯說小益小，如《四阿含經》及《五部律》，二若約三乘，則始終說三通益三機，如《密跡經》等，三若約一乘，則始終唯爲圓機說於圓極，如《華嚴》等，其中不通小乘，復攝九世該於前後，更無異說，然此三類，依於此世根性定者，常聞如上一類之法，故佛所演各通始終，更無前後。二、依本起末門，此有五類，謂初爲菩薩說大，二爲緣覺，三爲聲聞，四爲善根眾生，五爲邪定，如《出現品》曰照高山及三千，初成喻中廣辯其相，皆明先大後小，約法名從本起末，以於一佛乘分別說三故，十八本二皆大乘出故，約機各是一類之機，非約一機前後大小。三、攝末歸本門者，依無量義初時說小，次說中乘，後時說大，故《法華》亦云，初轉四諦深密妙智，雖復二時三一不同，皆先小後大。四、本末無礙門者，謂初舉照山王之極說，明非本無以垂末，後顯歸大海之異流，明非末無以歸本，故本末交映與奪相資，方爲攝生之善巧矣。是故通論總有五位，一根本一乘，如《華嚴經》。二密意小乘，三密意大乘，四顯了三乘，上三如《深密》。五、破異一乘，如《法華》，上之四門，圓通無礙，是則前後即無前後，無前後之前後耳。五、隨機不定門者，此上四門，初門明三類機始末常定，次門明五類機異時常定，第三門明一類機自淺之深，第四門明二類機，初機聞頓後機從淺至深，更有一類不定之機，或從小乘次入三乘，後入一乘，亦有從小直入一乘，或多類機隨聞一句，異解不同，六顯密同時者，若異聞互知是顯不定，若互不相知即是祕密顯同時亦無前後。七上來諸門，一時頓演。八從初得道乃至涅槃，不說一句。九此上諸門盡通三際，十上之九門，隨處隨時重重無盡，皆無前後，後之二門，正是華嚴境界，融取前八，亦不離華嚴之用。

第三，義理分齊，已知此經總屬圓教，未知圓義分齊云何，然此教海宏深包含無外，色空交映德用重重，語其橫收全收五教，乃至人天總無不包，方顯深廣，其猶百川不攝大海，大海必攝百川，雖攝百川，同一鹹味，故隨一滴迥異百川。前之四教，不攝於圓，圓必攝四，雖攝於四圓以貫之，故十善五戒亦圓教攝，上非三四，況初二耶？斯則有其所通無其所局，故此圓教語廣名無量乘，語深唯顯一乘，一乘有二。一、同教一乘，同頓同實故，二、別教一乘，唯圓融具德故，以別該同，皆圓教攝。

【略】

第五，立五教，略有二家。一、波頗三藏立。一、四諦教，謂四阿含等，二、無相教，謂諸般若。三、觀行教，謂《華嚴經》。四、安樂教，謂《涅槃經》，說常樂故。五、守護教，謂《大集經》說守護正法事故，此釋名局，以觀行等皆互有故，二賢首所立五教，至下當知。

理開十宗

法藏撰《華嚴經探玄記》卷一　此上五教，非局判經，但多分而論，如上所指通諸經論，並可知第十以理開宗，宗乃有十。一、法我俱有宗，謂人天位及小乘中犢子部等，彼立三聚法。一、有爲法，二、無爲法，三、非二聚，即初二是法，後一是我。又立五法藏。一、過去，二、未來，三、現在，四、無爲，五、不可說。此即是我以不可說是有爲無爲故。

二、法有我無宗，謂薩婆多等，彼說諸法二種所攝，一名，二色，或四所攝，謂三世及無爲，或立五法，一心，二心所，三色，四不相應，五無爲，此即但有此法無別有我。

三、法無去來宗，謂大衆部等說，有現在及無爲，以過未法體用俱無故也。

四、現通假實宗，謂說假部等，彼說無有去來二世，於現在法中在蘊可實在界處爲假，隨應諸法假實不定，成實論及經部別師亦同此類。

五、俗妄眞實宗，謂說出世部等，彼說世俗法假以虛妄故，出世法實以非虛妄故。

六、諸法但名宗，謂一說部等，一切我法唯有假名都無實體，此又通於初教之始。

七、一切皆空宗，謂大乘初教，說一切法悉皆性空超於情表無分別故，如《般若》等皆辯。

八、眞德不空宗，謂終教諸經所說，一切法唯是眞如如來藏中實德攝故，眞體不空具性德故。

九、相想俱絕宗，謂頓教中絕言所顯離言之理，理事俱泯平等離念。

十圓明具德宗，謂如別教一乘，主伴具足無盡自在所顯法門。

上來分教開宗，粗陳梗概，廣引教理，具明義相，如《別記》說。

佛性論

法藏撰《華嚴經探玄記》卷一【略】解云，乘者運轉爲義，若依別門初運至十信，次轉至十住乃至佛果，次第相乘以階彼岸，名可思議。若依普門一位即一切位故，亦一運即一切運，名不思議乘，乘此乘者十信滿心即得六位，如《賢首品》等說，又十住等位皆亦如是，如下文諸會處說。又如善財一生具五位等，皆是普法相收故也。又《舍那品》云，非餘境界之所知，普賢方便皆得入。又普賢誡衆云，普眼境界清淨身我今演說，仁諦聽如是可知，

問，何故此法非餘境界？

答，以盧舍那周遍塵方普應法界一切群機，若彼別機稱自根器，但各見己所見自所聞，皆不見他所見不聞他所聞，此普賢機乃見一切所見聞一切所聞，皆盡盧舍那能化分齊故云普眼境也。是故當知，普別二機感普別二法各不同也。二、兼爲者，謂遺法中見聞信向此無盡法，成金剛種當必得此圓融普法。【略】三、引爲者，謂彼如前共教菩薩，於彼教中多時長養深解窮徹行布教源，即當得此普賢法界，既云無量億那由他劫不信此經，即知過此劫數必當信受，以離此普法更無餘路得成佛故，經不說彼過此劫數猶不信故。【略】四、轉爲者，謂諸二乘以根鈍故，要先迴入共教大乘捨二乘名得菩薩稱，然後方入此普賢法，故說此經唯爲菩薩不攝二乘。若不爾者，餘大乘經有聲聞衆爲所被機亦引二乘，令其入大，唯獨此經衆無聲聞之機，文無迴小之說，何成了義深廣之典。設第八會有聲聞者，爲寄對顯法表如聾盲非是所被，其六千比丘非是羅漢故不相違。是故當知，一切二乘總無頓入普賢法界，依究竟說無有二乘而不迴入共教菩薩，無彼菩薩而不入此普賢之法，是故展轉無不皆是此法之器。五、遠爲者，謂諸凡愚外道闡提悉有佛性，以障重故久遠亦當得入此法，如《佛性論》及《寶性論》皆說，以一闡提謗大乘因，依無量時說無佛性，非謂究竟無清淨性。又如此經性起大樹於二乘闡提二處不生牙亦不捨生性等。又如日照生盲喻等，是故當知，一切衆生究竟無不皆入此法，以此普法衆生

具有故，下文云，菩薩知一切眾生身中有如來菩提等。

問：若爾，何故《瑜伽》等論，定性二乘及無性有情定不成佛？

答：此由教門有了不了，故有諸說。若依小乘，一切眾生總皆無有大菩提性，如小論說。若大乘初教，即五性差別，一分有性一分無性，如《瑜伽》等。若依終教，一切眾生悉有佛性，如《涅槃》等經，《佛性》等論。若依頓教，眾生佛性一味一相，不可言有不可說無，離言絕慮，如諸法無行經等說。若依圓教，眾生佛性，具因具果，有性有相，圓明備德，如《性起品》如來菩提處說。

教體論

法藏撰《華嚴經探玄記》卷一 第五，能詮教體者，通論教體，從淺至深，略有十門。一、言詮辯體門，二、通攝所詮門，三、遍該諸法門，四、緣起唯心門，五、會緣入實門，六、理事無礙門，七、事融相攝門，八、帝網重重門，九、海印炳現門，十、主伴圓備門。【略】

第五，會緣入實門者，亦有二義。一、以本收末，二、會相顯性。初中，以諸聖教皆從眞流是故與眞性常不異，如海起潮不失鹹味，論中名爲眞如所流十二分教，又云，從最清淨法界等，流教法等，是故以本收末唯是眞如也。二會相顯性者，謂彼一切差別教法皆悉從緣起，從緣起故必無自性，無自性故即是眞如，是故空相本盡眞性本現唯是眞如故。【略】

第六，理事無礙門者，亦有二義，一謂一切教法舉體眞如不礙事相歷然差別，二眞如舉體爲一切法，不礙一味湛然平等，前即如波即水，不礙動相，後即如水即波不失濕體，當知此中道理亦爾。是故理事混融無礙唯一無住不二法門。《維摩經》中，盛顯斯義。又此經云，知非有是有、有是非有，非相是相，相是非相，良由本以非有爲有，是故此有即是非有，聖教準此，理事無礙。思之可見。

第七，事融相攝門者，亦有二義。一、相在，二、相是。初中，先一在一切中，謂如一教法不礙在事，全是眞理，眞理遍餘一切事中同理，教事亦如理遍，是故一切法中常有此一，依是義故無一微細塵毛等處無佛說教。故此經云，一切佛剎微塵中盧舍那現自在力，弘誓願海振音聲調伏一切眾生類。二一切在一中，謂無分齊理既不改性而全是事，是故一事攝理無不皆盡，餘事如理在一事中，以理無際限不可分故，隨一事處皆全攝也。是故一中常有一切依是義，故此經云，於此蓮華藏莊嚴世界海之內一一微塵中見一切法界。又云，於一法中解眾多法眾多法中解了一法。若具通說，有其四句。初一在一中，謂別說一切差別事中一一各有彼一法故。二、一在一切中，謂通說一切悉有一故。三、一切在一中，謂別說一中攝一切故。四、一切在一切中，謂通說一切悉有一切故。又此常含一切之一即復恆在彼一切中，同時自在無障無礙，不動一方遍十方等，皆是此義思之可見，既一切法悉爲教體，皆互相收圓融無礙方是此經教之體性。二、相是者，先一即是一切，謂如一教事既全是眞理，眞理即爲一切事故，是故此一即是一切，一切即一，反上應知。此經云，若一即多多即一義味寂滅悉平等，通亦四句準前思之，良以全理之事與全事之理非一非異，由非一門故得相在也。由非異門故得相是也。深思可見，依是義故一句即是一切句而無窮盡，一切亦爾，下文云，欲具演說一句法阿僧祇劫無窮盡，如是自在是此教體。

第八，帝網重重門者亦二義，先辨一門後類顯一切，前中如一句內即具一切，此一中一切，復一即一切，如是重重具即不可窮盡，總是一句。二類顯者，如此一句餘一切句一一皆爾，是即無盡無盡具唯普眼所知非是心識思量境界，下文云，於彼一一修多羅分別諸法不可說，於彼一一諸法中又說諸法不可說。又云，若於一小微塵中有諸佛剎不可說，於彼一一佛剎中復有佛剎不可說。解云，如是重重如因陀羅網，是謂此經圓宗教體。

第九，海印炳現門者，亦有二義，一約果位，如前差別無盡教法皆是如來海印定中同時炳然圓明顯現，設所化機亦同緣起在此中現，是故唯以此三昧海爲斯教體如下文云一切示現無有餘海印三昧勢力故，二約因位，要普賢等諸大菩薩方得此定同前業用亦無差別，是故十信滿處普賢位中亦得此定，如《賢首品》說。

第十，主伴圓備門者，謂此普法教不孤起必主伴隨生，如下文普莊嚴童子聞佛說一切法界無垢莊嚴經，有世界微塵數修多羅以爲眷屬，如是等文處皆有，此眷屬經有其二義，一同類，二異類，初同類者，如說十住十方各有十刹塵數菩薩來證，同名法慧，我等佛所亦說十住，大眾眷屬名味句身等無有異。是故當知一十住經十方各有十刹塵數修多羅等以爲眷屬，如一十住餘一切處所說十住皆攝爾許塵數眷屬，十住既爾餘十行等一一品會皆有證法，數量準釋可知，二異類者，謂隨一方一界爲一類機說一會法，既無結通十方等說，故非主經，然亦與主爲勝方便故爲眷屬，是故主經必十方塵道同時同說，伴經不爾，隨方各別，是故一一主經各有塵數眷屬，是謂本末相資，主伴圓備。教體門竟。

宗趣論

法藏撰《華嚴經探玄記》卷一　第六，宗趣者，語之所表曰宗，宗之所歸曰趣。然此大經，宗趣難辨，略敘十說，以顯一宗。

一、江南印師敏師等多以因果爲宗，謂此經中廣明菩薩行位之因及顯所成佛果勝德，下文所說不離此二故以爲宗。

二、大遠法師以華嚴三昧爲宗，謂因行之華，能嚴佛果。此上二說，但得所成行德遺其所依法界。

三、依衍法師以無礙法界爲宗。

四、依裕法師，以甚深法界心境爲宗謂法界門中義分爲境，諸佛證之以成淨土，法界即是一心，諸佛證之以成法身。是故初品之內，初天王偈讚無盡平等妙法界悉皆充滿如來身，末後復明《入法界品》，故知唯以法界爲宗。此上二說，但得所依法界遺所成行德。

五、依光統師以因果理實爲宗，即因果是所成行德，理實是所依法界，此雖義具然猶未顯。

六、今總尋名案義以因果緣起理實法界以爲其宗，即大方廣爲理實法界，佛華嚴爲因果緣起，因果緣起必無自性，無自性故即理實法界，法界理實必無定性，無定性故即成因果緣起，是故此二無二，唯一無礙自在法門故以爲宗。

七、別開攝法界以成因果，謂普賢法界爲因，舍那法界爲果，是故唯以法界因果而爲宗趣。於中，分別有十事五對。一、所信因果，如初會中舍那品內先明蓮華藏世界果後顯普莊嚴因。二、差別因果，如第二會至《小相品》說。於中，初二十五品說五位差別因，後三品說三德差別果。三、平等因果，如《普賢品》說平等圓因，《性起品》說平等滿果。上三門是生解因果。四、成行因果，如離世間品中二千行法內先明因行後顯果行。五、證入因果，如入法界品先祇洹林中現自在果後善財童子辨證入因，因果五周一部斯畢，是故唯辨因果不失所依，但以因果爲宗理亦無咎。

八、會因果以同法界，法界法門，略顯十事五對。一、教義相對，舉此所說教法爲宗，意顯所詮義理爲趣，或反此，以辨義深教勝故。二、理事相對，舉事法爲宗，意取理性爲趣，或反此，以依理性方成事故。三、境智相對，舉所觀境，意欲令成觀智行故，或反此，以令修起智證同眞境故。四、行位相對，舉所依之五位，意令依之修成勝行，或反此，以積行成位故。五、因果相對，勸彼修因，意在證果，或反此，以舉果勸樂令修因故。此上五對，通於一部，處處皆有，故不別屬，是故唯辨法界，不失所成，但以法界爲宗，理亦無違。

九、法界因果分相顯示中，亦有十義五門。一、無等境，即理實法界，此有二位，一是出纏最淨法界，二是在纏性淨法界，此二爲所信所證故。二無等心，此亦二義。一大菩提心爲普賢行所依本故，二信悲智等隨行起故。三、無等行，此亦二義。一差別行各別修故，二普賢行一即一切故。四、無等位，此亦二義。一行布差別位比證不同故，二圓融相攝位一位即具一切位故。五、無等果，此亦二義。一、修生果，二、修顯果。此五門十義，通收此經一部略盡，是故具以爲宗，義亦備矣。

十、法界因果，雙融俱離，謂性相混融無礙自在，亦有十義。一、由離相故，因果不異法界，即因果非因果也。二、由離性故，法界不異因果，即法界非法界也。三、由離性不泯性故，法界即因果，以非法界爲法界也。四、由離相不壞相故，因果即法界，以非因果爲因果也。五、由離相不異離性故，因果法界雙泯俱融，迥超言慮也。六、由不壞不異不泯故，因果法界俱存現前，爛然可見也。七、由上存泯復不異故，超視聽之法恆通見聞，絕思議之義不礙言念也。八、由法界性融不可分故，即法界之果統攝法界無不皆盡，因隨所依亦在果中，是故佛中有菩薩也。九、即法界之因攝義亦爾，故普賢中有佛也。十、因果二位各隨差別，一一法、一一行、一一德、一一位皆各總攝無盡無盡諸法門海者，良由無不該攝法界圓融故也。是謂《華嚴》無盡宗趣，餘義如《指歸》等說。

華嚴十名

法藏撰《華嚴經探玄記》卷一　第七釋經題目者，略釋十名。一、數名，二、法名，三、喻名，四、義名，五、德名，六、事名，七、開名，八、具名，九、合名，十、品名。

初、數名者，依《梁《攝論》第十《勝相》云百千經者，是《華嚴經》有十萬頌名百千經，此即從本數以立其名。

二、法名者，依智度論屬累品云名不思議解脫經有十萬偈，又彼中自指是華嚴故良爲此經所說之法皆一攝一切無不悉是不思議解脫故以爲名。

三、喻名者，依《涅槃經》及《觀佛三昧經》名此經爲《雜華經》，以萬行交飾緣起集成從喻標名，猶雜華耳。

四、義名者，如下《離世間品》出生菩薩深妙義華等十義立名，至彼當辯。

五、德名者，如《性起品》末就十勝德以立其名，亦至彼當釋。

六、事名者，華嚴之稱梵語名爲健拏驃訶，健拏名雜華，驃訶名嚴飾，日照三藏說云，西國別有一供養具，名爲驃訶，其狀六重下闊上狹飾以華寶，一一重內皆安佛像，良以此經六位重疊位位成佛正類彼事故立此名，人天八會亦似彼應知。

七、開名者，此一名開爲十事五對，一通別一對，謂大方廣等一部通名，世間淨眼是當品別目，二就通中教義一對，謂大等是所詮義，經之一字是能詮之教，三就義中法喻一對，謂大等是法，華嚴爲喻，四就法中境智一對，謂大等是所證所覺，佛是能證能覺，亦是人法一對，五就境中簡持一對，謂大字是能簡，方廣爲所簡，即簡大異小簡實異權簡果異因故也。

八、具名者，大有十義。一、境大，謂十蓮華藏及十佛三業無邊依正爲所信境，如初會等說，二、心大，謂依前大境起大心故，如《賢首品》及《發心品》說。三、行大，謂依大心起大行故，如《離世間品》等說。四、位大，謂積大行成大位故，即五位圓通等，如第二會至第六會來說。五、因大，謂行位普圓生了究竟，如《普賢品》等說。六、果大，謂隨緣自體果德圓明，如《不思議品》等說。七、體大，謂大用平等皆同眞性，如《性起品》等說。八、用大，謂念念益生頓成行位，如《小相品》等說。九、教大，謂一一名句皆遍一切，如下結通等說。十、義大，謂所詮皆盡無邊法界，如一塵含十方一念包九世八會等說，此上十義一一統收一切法盡莫不稱大。又有七義，如《瑜伽》等七種大性相應等，以釋大義，又依《涅槃經》更有三義釋大。經云，所言大者名之爲常。又言，大者其性廣博，又云，能建大義名大涅槃，又《起信論》亦以三義釋大，謂體相用等，次釋方廣亦有十義。一、周遍義，謂言教廣遍諸塵方故。二、普說義，謂普宣說一切法故。三、深說義，謂說甚深法界海故。四、備攝義，謂普攝無盡眾生界故。五、廣益義，謂要令眾生得佛菩提大利樂故。六、蕩除義，謂遍除二障及習氣故。七、具德義，謂具攝無邊諸勝德故。八、超勝義，謂獨絕超餘無比類故。九、含攝義，謂通攝眾多異類法故。十、廣出義，謂能出生佛大果故。然此十義如二論說，入大乘論。一爲眾生說對治法故，二有眾多乘故，三多莊嚴具故，四能出生無量大果故，五除斷一切諸邪見故，名毘佛略。又《雜集論》釋方廣者，謂菩薩藏相應言說名爲方廣，一切有情利益安樂所依處故，宣說廣大甚深法故，亦名廣破，以能廣破一切障故，亦名無比法，無有諸法能比類故，次釋佛義，亦有十種，如無著佛等，尋文具辯。

法界圓融

澄觀《大華嚴經略策》一卷　第二明經宗趣。

問，夫言必有本，理必有歸，未知此經宗何法門？意趣何向？仰當具答，示其所歸，使於簡文，得見幽致。

答，夫舉領提綱，毛目自整。尋根得本，條流自明。無宗之宗，宗說兼暢。此經以法界緣起理實因果不思議爲宗也。法界者，是總相也。包事包理及無障礙皆可軌持，具於性分。緣起者，稱體之大用也。理實者，別語理也。因果者，別明事也。此經宗明修六位之圓因契十身之滿果，一一皆同理實皆是法界大緣起門。語理實則寂寥虛曠。故經云，法性本寂無諸相，猶如虛空不分別。超諸取著絕言道，眞實平等常清淨。語緣起則萬德紛然。故經云而於第一實義中示現種種所行事。此二無礙故事理交徹互奪雙亡。此二相成則事理照著。以理實而融因果則涉入重重。會斯二而歸法界則融通隱隱。故經云，於有爲界，示無爲法，而不滅壞有爲之相，於無爲界示有爲法，而不分別無爲之性。由斯自在，靡所不通。唯證相應故超言念。包含無外，盡是經宗。論其意趣，覽之成觀，速證佛果。謹對。

澄觀《大華嚴經略策》一卷　第二十七法界名體。問，何名法界？法界何義？

答，法者，軌持爲義。界者有二義。一、約事說，界即分義，隨事分別故。二者性義約理法界，爲諸法性不變易故。此二交絡成理事無礙法界。事攬理成，理由事顯。二互相奪即事理兩亡。若互相成，則常事常理。四、事事無礙法界，謂由以理融彼事故義如前說。謹對。

華藏世界

澄觀《大華嚴經略策》一卷　第九華藏體相。

問，華藏刹海如來依報修淨土觀所感，未知於中安立形體有何形狀？莊嚴法化可得聞乎？　修何等因成茲刹海？立何行業遊處其間？仰示入門知所歸趣。

答，我佛國土，依正圓融。體即眞如，量周法界。語其嚴飾等一切之刹塵，法化橫周，豎窮無際，修因曠遠，算數難量，圓機圓修，方造其境。然隨機隱顯，淨穢虧盈，稱物淺深，大小互現。雖虧盈而淨穢交徹，雖大小而通局相融，識智叵量，言豈能盡。故依經說略示其狀。此華藏世界有二十重。其最下一重到第二重近遠者，即一佛刹微塵數世界方至第二重也。從第二至第三第四乃至二十重漸漸增遠近數等也。今此娑婆即第十三重也。於華嚴藏最下先布須彌山微塵數風輪，此風輪上持普光摩尼香水海。海出蓮華名種種光明蘂香幢。華持刹海其蘂香華內有蓮臺。臺上有金剛輪圍山周匝旋繞，裏面即是大地。四方均平，清淨堅固。於中有不可說佛刹數塵香水海。一海一種，一一種中各有不可說佛刹微塵數世界。其一一海間各有四天下微塵數香水河右旋圍繞。然其地面體是金剛，衆雜妙寶以爲嚴飾，一一境界皆具世界海微塵數清淨功德之所莊嚴。經云華藏世界所有塵一一塵中見法界寶光現佛如雲集。此是如來刹自在。皆我世尊往修多劫大行所招。故經云，世尊往昔於諸有微塵佛所修功德淨業。故獲種種寶光明華藏莊嚴世界海。又云，華藏世界海，法界無差別。莊嚴悉清淨，安住於虛空。是知雖有無盡莊嚴一一皆稱法界。若觀成者，即生其中。萬行之因，無不趣往。然其總意，若報若應，皆無障礙。略申其十，以顯難思。一、事理無礙。二、成壞無礙。三、廣狹無礙。四、相入無礙。五、相即無礙。六、微細無礙。七、隱顯無礙。八、重現無礙。九、主伴無礙。十、時處無礙。隨一無礙即具一切無礙。觀成居然自往。謹對。

生佛關係論

澄觀《大華嚴經略策》一卷　第十生佛交徹。

問，衆生與佛迷悟不同，生則六道循環，佛則萬德圓滿，如何有說即生即佛二互相收，渾亂因果全乖法理。

答，夫眞源莫二，妙旨常均，特由迷悟不同遂有衆生及佛。迷眞起妄假號衆生，體妄即眞故稱爲佛。迷則全迷眞理離眞無迷，悟則妄本是眞非是新有。迷因無明橫起，似執東爲西。悟稱眞理而生，如東本不易。就相假稱生佛，約體故得相收。不見此源迷由未醒，了斯玄妙成佛須臾。經云，法界衆生界，究竟無差別，一切悉了知，此是如來境。如來纔成正覺，普見衆生已成正覺。衆生正在迷中向佛心中受苦，冀希玄之士無捨妄以求眞。謹對。

澄觀撰《大方廣佛華嚴經疏卷》第一（并序）　往復無際，動靜一源，含衆妙而有餘，超言思而逈出者，其唯法界歟，剖裂玄微，昭廓心境，窮理盡性，徹果該因，汪洋沖融，廣大悉備者，其唯大方廣佛華嚴經焉。故我世尊十身初滿，正覺始成，乘願行以彌綸，混虛空爲體性，富有萬德。蕩無纖塵，湛智海之澄波；虛含萬象，皦性空之滿月。頓落百川，不起樹王，羅七處於法界；無違後際，暢九會於初成。盡宏廓之幽宗，被難思之海會。圓音落落，該十刹而頓周；主伴重重，極十方而齊唱。雖空空絕跡，而義天之星象燦然；湛湛亡言，而敎海之波瀾浩瀚。若乃千門潛注，與衆典爲洪源；萬德交歸，攝群經爲眷屬。其爲旨也，冥眞體於萬化之域，顯德相於重玄之門，用繁興以恆如，智周鑒而常靜。眞妄交徹，即凡心而見佛心；事理雙修，依本智而求佛智。理隨事變，則一多緣起之無邊；事得理融，則千差涉入而無礙。故得十身歷然而相作，六位不亂而更收，廣大即入於無間，塵毛包納而無外，炳然齊現，猶彼芥瓶，具足同時，方之海滴，一多無礙。等虛室之千燈，隱顯俱成，似秋空之片月，重重交映；若帝網之垂珠，念念圓融。類夕夢之經世，法門重疊；若雲起長空，萬行芬披，比華開錦上。若夫高不可仰，則積行菩薩曝腮鱗於龍門；深不可闚，則上德聲聞杜視聽於嘉會，見聞爲種，八難超十地之階，解行在躬，一生圓曠劫之果。師子奮迅，衆海頓證於林中，象王迴旋，六千道成於言下。啟明東廟，智滿不異於初心，寄位南求，因圓不逾於毛孔，剖微塵之經卷，則念念果成，盡衆生之願門，則塵塵行滿，眞可謂常恆之妙說，通方之洪規，稱性之極談，一乘之要軌也。尋斯玄旨，卻覽餘經，其猶杲日麗天，奪衆景之耀，須彌橫海，落群峯之高，是以菩薩搜祕於龍宮，大賢闡揚於東夏。顧惟正法之代，尚匿清輝，幸哉像季之時，偶斯玄化，況逢聖主，得在靈山，竭思幽宗，豈無慶躍。題稱《大方廣佛華嚴經》者，即無盡修多羅之總名，世主妙嚴品第一者，即衆篇義類之別目。大以曠兼無際，方以正法自持，廣則稱體而周，佛謂覺斯玄妙，華喻功德萬行，嚴謂飾法成人，經乃注無竭之涌泉，貫玄凝之妙義，攝無邊之海會，作終古之常規，佛及諸王，並稱世主，法門依正，俱曰妙嚴，分義類以彰品名，冠群篇而稱第一，斯經有三十九品，此品建初，故云《大方廣佛華嚴經》。

將釋經義，總啟十門。一、教起因緣，二、藏教所攝，三、義理分齊，四、教所被機，五、教體淺深，六、宗趣通局，七、部類品會，八、傳譯感通，九、總釋經題，十、別解文義。

初因緣者，夫聖人設教必有由致，若須彌巨海大因方爲傾搖，今搖如來融金之德山，動深廣之智海，非小緣矣。故下經，云非以一緣非以一事，如來出現而得成就，出現本爲大華嚴故，先因後緣，各開十義，以顯無盡因。十義者，一、法應爾故，二、酬宿因故，三、順機感故，四、爲教本故，五、顯果德故，六、彰地位故，七、說勝行故，八、示眞法故，九、開因性故，十、利今後故。

言法爾者，夫王道坦坦，千古同規，一乘玄門，諸佛齊證，故一切佛，法爾皆於無盡世界，常轉如是無盡法輪，令諸衆生反本還源，窮未來際，無有休息。【略】

二、酬宿因者，何以法爾如是轉耶？宿因深故。夫根深則果茂，源遠則流長，宿因既深教起亦大，深大云何，我佛世尊，創躡玄蹤，棲神妙寂，悲智雙運，行願齊周，是以妄想弗翦而廓徹性空，靈鑑匪磨而頓朗萬法，乃以無障礙解脫闡斯沙門。宿因雖多，略有二種。一者大願力故【略】二者昔行力故。【略】

三、順機感者，謂昔因法爾雖能常遍，約可流傳皆由機感，離機說法無所用故，其猶上有白月下資澄潭，潭清影現，機感應生。【略】如第四教所被機中，然此機感通於現未，諸會當機即是現在，今之聞者，是未來機。

四、爲教本者，謂非海無以潛流，非本無以垂末，將欲逐機漸施末教，先示本法，頓演此經，然亦有二。一爲開漸之本。《出現品》云，如日初出先照高山故。二爲攝末之本，如日沒時還照高山故，無不從此法界流，無不還歸此法界故【略】

五、顯果德者，謂此本法中顯佛勝德，令諸菩薩信向證故，不識寶玉不得其用，不知此德安能仰求。然果德有二。一、依果，謂華藏世界海等。二、正果，如來十身等。此二無礙以爲佛德，然依正無礙，通有六句。一依內現依，如塵中刹海，二正內現正，如毛孔現佛，三正內現依，四依內現正，五依內現依正，六正內現正依，其文非一，又有四句，一或唯依，佛即刹故，二或唯正，刹即佛故，三俱，四泯，思之可知，隨舉一門則攝一切，並如下說。

六、彰地位者，爲顯菩薩修行佛因，一道至果有階差故，夫聖人之大寶曰位，若無此位行無成故，此亦二種，一行布門，立位差別故，二圓融門，一位即攝一切位故，一一位滿即至佛故。初地云，一地之中，具攝一切諸地功德，信該果海，初發心時便成正覺等。然此二無礙，以行布是教相施設，圓融是理性德用，相是即性之相，故行布不礙圓融，性是即相之性，故圓融不礙行布，圓融不礙行布，故一爲無量，行布不礙圓融，故無量爲一，無量爲一，故融通隱隱，一爲無量故涉入重重，故世親以六相圓融，上下之文非一。

七、說勝行者，欲登妙位非行不階，故君子不患無位，患己不立，行亦二種。一、頓成諸行，一行一切行，故《十住品》云，一即是多，多即一等。《普賢行品》說，一斷一切斷等故。二遍成諸行，此即行布，謂自大菩提心體相功德，乃至等覺中行，此二無礙，例如位說。

八、示眞法者，欲成行位須解法理，不體理事行亦非眞，故兜率偈云，不了眞實法，諸佛故興世，此亦二種，一顯事理無礙法，二顯事事無礙法，並如義分齊說。

九、開因性者，謂上因果理事，皆由衆生性有，若性非金玉，雖琢不成寶器，良以衆生包性德而爲體，依智海以爲源，但相變體殊，情生智隔，今令知心合體達本情亡，故談斯經以爲顯示，亦有二種。一、以言顯示，令其知有，二、使其修行，悟入顯現，如下破塵出經卷等，亦如《法華》云，唯以一大事因緣故出現於世，所謂開示悟入佛之知見，衆生等有，故言唯一。

十、利今後者，既等有其分，故廣利無邊，此亦二種。一、利今，即佛在當機。二、利後，即今之見聞。【略】

第二明教攝者。教有二種，一者通相，十二分教，亦分大小，至下《十藏品》辯，二者諸宗立教不同，今當略釋，夫教海沖深，法雲彌漫，智光無際，妙辯叵窮，以無言之言，詮言絕之理，以無變之變，應無窮之機，極位所承，凡情難挹，今乘理教之力，略啟四門。一、大意合離，二今古違順，三分宗立教，四總相會通，今初，且西域東夏弘闡之流，於一代聖言，或開宗分教，或直釋經文，以皆含得失故耳，且不分之，意略有五焉。一則理本一味，殊途同歸故，不可分也。二、一音普應，一雨普滋故。三、原聖本意，爲一事故。四、隨一一文，衆解不同故，五多種說法，成枝流故，以斯五義，故不可分，分之乃令情構異端，是非競作，故以不分，爲得，其分教者，亦有多義，一、理雖一味，詮有淺深，故須分之，使知權實。二、約佛雖則一音，就機差而教別。三、本意未申，隨他意語而有異故，四、言有通別，就顯說故。五、雖分權實，須善會佛意，有開顯故，又王之密語，所爲別故，不識權實，以深爲淺，失於大利，以淺爲深，虛其功故，莊嚴聖教令深廣故，諸聖教中，自有分故，諸大菩薩亦開教故，以斯多義，開則得多而失少，合則得少而失多，但能虛己求宗，不可分而分之，亦何爽於大旨，故今分之。

第二古今違順，曲分爲二，先敘此方，後明西域。今初，諸釋雖衆，略敘數家，勒爲五門，一立一音教，謂如來一代之教，不離一音，然有二師，一後魏菩提流支云，如來一音同時報萬，大小並陳。二姚秦羅什法師云，佛以圓音平等無二，無思普應，機聞自殊，非謂言音本陳大小，故維摩經云，佛以一音演說法，衆生各各隨所解，上之二師，初則佛音具異，後則異自在機，各得圓音一義，然並爲教本，不分之意耳。

第二立二種教，自有四家。一、西秦曇牟讖三藏，立半滿教，即聲聞藏，爲半字教，菩薩藏，爲滿字教，隋遠法師，亦同此立，斯則文據涅槃，蓋是對小顯大，通相之意，未於大中顯有權實，亦含半滿。二、隋遠法師，立漸、頓二教，謂約漸悟機，大由小起，所設具有三乘，故名爲漸。若約頓機，直往於大，不由於小，名之爲頓。此雖約機，說有漸頓，而所說法不出半滿。三、唐初印法師，亦立二教。一、屈曲教，謂釋迦經，以逐機性隨計破著故，如涅槃等。二、平道教，謂舍那經，以逐法性自在說故，如《華嚴經》。又此二教，略有四異。一、主異，謂釋迦化身，興盧舍那十身異故。二、處異，謂娑婆界木樹草座，與華藏界中寶樹寶座等異故。三、衆異，謂爲聲聞及菩薩說，與唯菩薩及極位同說異故。四、說異，謂局處之說，與該通十方之說異故，此約化儀以判。然《華嚴》雖有隨諸衆生各別調伏，皆是稱性善巧，一時頓演，《涅槃》等雖說一極，或對權顯實，或會異歸同，一切如來，或說不說，故云屈曲。約釋迦爲主，則未顯十身，十身爲主，必具釋迦。娑婆之處，未融華藏，華藏之處，必融娑婆，略云四異，異實有多，誠如所判，但以屈曲之內，未顯法之權實耳。四、齊朝隱士劉虬，亦立漸、頓二教，謂《華嚴經》名爲頓教，餘皆名漸，始自鹿苑，終於雙林，從小之大故，然此經，如日初出先照高山，即是頓義，慈龍降雨，以證漸義，於理可然。漸約五時，次下當辯。

第三立三種教，亦有三家。一、南中諸師，同立三教，謂於前漸頓，加不定教，由漸中，先小後大，而《央掘經》六年之內即說，爲遮此難故立不定，謂別有一經，雖非頓攝，而明佛性常住，即《勝鬘》《金光明》等，是爲偏方不定教也。漸中開合，諸師不同，或但分爲二，即是半滿。或分爲三，即武丘山岌法師，謂十二年前，見有得道，名有相教，十二年後，齊至《法華》，見空得道，名無相教，最後雙照，一切眾生佛性，闡提作佛，名常住教。此與唐三藏三時之教大同，至敘西域中說，眞諦三藏，依金光明，立轉照持三輪之教，亦大同此，而時節小異，謂七年前說四諦，名轉法輪。七年後說般若具轉照二輪，以空照有故，三十年後具轉照持，以雙照空有持前二故。或分爲四。即宋朝岌法師，謂於前三時，無相之後，常住之前，指《〈法華〉經》，爲同歸教，以會三歸一，萬善悉向菩提故，或開爲五，然有二家。一道場慧觀等，於無相之後，同歸之前，指《淨名》《思益》等，爲抑揚教。者即前劉公，不開抑揚，而有教之初，取提胃經，爲人天教，上來諸師，皆於漸中，約時開異，若不加不定之教，則招難尤多，以初有大故，雖加不定，猶有妨難，略顯五時之妨，餘可例知，初明十二年前爲有相者，自違成論。《成論》云，我今正明三藏中實義，實義即空。又《阿含》中云，無是老死，即法空也。無誰老死，即生空也。又《智論》云，三藏中明法空爲大空，摩訶衍中明十方空爲大空，皆顯小乘已有二空，若云第二時說空者，十二年後，方制廣戒，豈唯說空，又智論云，從得道夜，乃至涅槃，常說般若，豈前不說空，若云第二時中未顯常住者，實相般若豈無常耶？涅槃亦說佛性，亦名般若，是知實相般若即是正因佛性，觀照即爲了因。又般若離四句，何曾存空；般若不壞四句，豈無妙有。是知小大各有四門，而但言初有次空者，各得一門之意耳，若云第三時中但名抑揚亦非常者，《淨名》云，佛身無爲不墮諸數，觀身實相觀佛亦然，豈無常耶？《般若》亦云，二乘智慧，猶如螢光，菩薩一日學智，如日之照，豈非抑揚，若云第四時中但顯同歸亦未明常者，壽量品云，常住不滅，又方便品云，世間相常住等，豈無常耶？五以涅槃，爲常住者，當教可爾，而涅槃之時，亦有小乘之見，如阿含中說如來涅槃之相故。若以人天爲初者，提胃雖說戒善，得道，皆通三乘。故彼經云，提胃得不起法忍，又違《密跡經》中，第二七日說三乘故，然上五時等，皆以約時剋定，則有所乖，揀去不定，從多分說，亦有理在。

二、後魏光統律師，承習佛陀三藏，亦立三教，謂漸、頓、圓。初爲根未熟者，先說無常，後方說常，先空後不空等，如是漸次，故名爲漸。二爲根熟之輩，於一法門，具足演說常無常空不空等，一切具說，更無由漸，故名爲頓。三爲於上達分階佛境之者，說於如來無礙解脫究竟果德圓滿祕密自在法門，故名爲圓。此亦約化儀，說有前後耳。意明今時堪受頓者，必昔曾受化故，云根熟，上達之言，義兼地前，分階佛境，即謂地上，於理亦通。

三、隋末唐初吉藏法師，依《法華》第五，立三種法輪。一、始見我身，聞我所說，即皆信受，入如來慧，即根本法輪。二除先修習學小乘者，即枝末法輪。三我今亦令得聞是經入於佛慧，即攝末歸本法輪，此判全約化儀，據法但有大小，然《法華》爲於一類開顯本末，若將定判一代聖教，收義不盡，以《法華》之前，亦有大故，豈般若等皆爲枝末，又無量義云，佛一切時說大小故。

四家四教

澄觀撰《大方廣佛華嚴經疏》卷二 第四立四教者，略有四家。

一、梁朝光宅法師，依《法華》第二，立四乘教，謂臨門三車，即是權教三乘，四衢等賜，即實教大乘，以臨門牛車亦同羊鹿，俱不得故，並無體故，諸子皆索故，是知三皆虛指，以爲方便，此則前三是三乘，後一是一乘，無乖教理，若唯說《法華》爲實，則抑諸般若及諸大乘了義之經。是知昔大亦有權實，《法華》但會昔權，故說三皆虛指，昔實不滯方便故不會之。若約會權歸實，即是會三爲一，若破小顯大，即是會二歸一。若開權顯實，則三是一，更無別一。故彼經云，汝等所行是菩薩道，先所出內，是子所知。若廢權立實，義說爲四，如攬三點，以成一伊，點別非伊，伊具三點，昔三既別，實不兼權，今一全兼，成四無爽，若依昔未顯說一切具有如來知見，根敗之種，今並說成，則今昔有異，於文有據，義亦極成。

二、陳隋二代天台智者，承南岳思大師，立四教。云一三藏教，此教明因緣生滅四眞諦理，正教小乘旁化菩薩。二者通教，通者同也。三乘同稟故，此教明因緣即空無生四眞諦理，是摩訶衍之初門，正爲菩薩，旁通二乘。《大品》云，欲得聲聞乘，當學般若波羅蜜等，然教理智斷行位因果皆通，淺深不同，於共般若，唯共於淺。三、別教，別即不共，不共二乘人說故，此教正明因緣假名無量四眞諦理，的化菩薩，不涉二乘，故聲聞在座如聾如盲，不名不共而云別者，兼欲揀非圓故，以一因迥出，一果不融，歷別而修，不得因果圓融故。四、圓教，圓以不偏爲義，此教正明不思議因緣，二諦中道，事理具足，不偏不別，但化最上利根之人，故名爲圓。《華嚴經》云，顯現自在力，爲說圓滿經，無量諸衆生，悉受菩提記等，別則教理等皆別，圓則教等皆圓。又此四教由三觀起，從假入空，析體異故，有初二教，從空入假，從假入中，有別教起，三觀一心中得有圓教起。又此四教，不局定一部，一部之中，容有多故。又更以四種化儀收之，謂頓、漸、不定、祕密。頓漸同前岌公，後二，謂一音異解，若互相知，名爲不定。互不相知，即名祕密。此師立義，理致圓備，但三藏教名義，似小濫，以餘三教亦有三故。所以爾者，良以《智論》之中多諂小乘爲三藏故，《成實論》中亦自說云，我今欲說三藏中實義故。初對舊醫戒定慧故，立此三事，迢然不同，異後三教，通教意融三故，別教依一法性而顯三故，圓教三一無障礙故，所以不名小乘教者，此教亦有大乘，六度菩薩，三十四心斷結成眞佛故。故藏、通、別、圓之義，四教互有，而覈其定實，餘三不成，唯成當教中義耳，但判《華嚴》兼於圓別，以就登地已上，約寄位行布，爲別義故，名異義同，亦無大過。

三、唐初海東元曉法師，亦立四教。一、三乘別教，如四諦緣起經等。二、三乘通教，如《般若》《深密經》等。三、一乘分教，如《梵網經》等。四、一乘滿教，如《華嚴經》等。然三乘共學，名三乘教，於中未明法空，名別相教，說諸法空，是爲通教，不共二乘，名一乘教，於中未顯普法，名隨分教，具明普法，名圓滿教，然此大同天台，但合別圓，加一乘分耳，自言且依乘門，略立四種，非謂此四遍攝一切，故無有失。

四、賢首弟子宛公，依《寶性論》，立四種教。論云，有四種衆生，不識如來藏，如生盲人，一者凡夫，二者聲聞，三者辟支佛，四者初心菩薩，言四教者，一迷眞異執教，當彼凡夫，二眞一分半教，當彼二乘，三眞一分滿教，當彼初心菩薩，四眞具分滿教，即當彼識如來藏者，初教謂諸外道迷於眞理，廣起異計，二謂小乘，於眞如隨緣不變二分義中，唯說生空所顯之理，故名爲半，如涅槃半字，三謂但得不變，不得隨緣，故名一分，而雙辯二空，故名爲滿，四由具隨緣不變二義，故名具分，廣如彼說，然今判聖教，邪參邪說。若對教主，應如此方先立三教，或如西域，分內外及六師等，又依《涅槃》，爲半滿者，後二既滿，不應復有一分之言，既但得不變一分，豈名爲滿。又《涅槃》半滿，豈唯約二空，豈彼不說妙有，而訶空耶？故其所立，未爲允當。

別教一乘

澄觀撰《大方廣佛華嚴經疏》卷二　今顯別教一乘，略顯四門。一、明所依體事，二、攝歸眞實，三、彰其無礙，四、周遍含容，各有十門，以顯無盡。初中十者，一、教義，二、理事，三、境智，四、行位，五、因果，六、依正，七、體用，八、人法，九、逆順，十、應感。教即能詮，即前五教，乃至光香等，義即所詮，即五教等一切義理，理即生空所顯，二空所顯無性眞如等理，事即色心身，方等事，餘可思準。第二攝歸眞實者，即眞空絕相。經云，法性本空寂，無取亦無見，性空即是佛，不可得思量，亦有十義，如《法界觀》。

第三彰其無礙，然上十對皆悉無礙，今且約事理，以顯無礙，亦有十門。一、理遍於事門，謂無分限之理，全遍分限事中，故一一纖塵理皆圓足。二、事遍於理門，謂有分之事，全同無分之理，故一小塵即遍法界，由上二義互該徹故，皆同一性。故《出現品》云，如來成正覺時，於其身中，普見一切眾生成正覺，乃至普見一切眾生入涅槃，皆同一性，所謂無性，理遍事故，一成一切成，事遍同理，故說都無所成。經云，譬如虛空無成無壞，一性無性，即是佛性，故《涅槃》云，佛性名第一義空，第一義空名爲智慧。又《出現》云，無一眾生不具如來智慧，無不有者，即一乘義也。三、依理成事門，謂事無別體要因理成，如攬水成波故。於中有二。一、明具分唯識變【略】二、明眞如隨緣成故。【略】四、事能顯理門，謂由事攬理成故，事虛而理實，依他無性，即是圓成，如波相虛，令水現故。【略】五、以理奪事門，謂事既全理，則事盡無遺，如水奪波，波相全盡，故說生佛不增不減。【略】六、事能隱理門，謂眞理隨緣而成事法，遂令事顯理不現也。如水成波動顯靜隱故，法身流轉五道，名曰眾生。【略】七、眞理即事門，謂凡是眞理，必非事外，以是法無我理故，空即色故理即是事，方爲眞理，第七迴向云，法性不違法相等故。八、事法即理門，謂緣集必無自性，舉體即眞故。上之二門，正明二諦不相違義，如濕不違波，波不違濕，舉體相即故【略】又由事即理故，雖有不常理即事故，雖空不斷，又由事理相即故，起滅同時【略】九、眞理非事門，即妄之眞異於妄故，如濕非動，十事法非理門，即眞之妄異於眞故，如動非濕故，慚愧林偈云，如色與非色，此二不爲一，又云，如相與無相，生死又涅槃，分別各不同等，上七八二門，明事理非異，九十二門明事理非一，故爲無爲，非一非異，第四迴向云，於有爲界示無爲法，而不滅壞有爲之相，於無爲界示有爲法，而不分別無爲之性，上之十事，同一緣起故，云無礙，約理望事，則有成有壞有即有離，事望於理，有隱有顯，有一有異，逆順自在，無障無礙，同時頓起，深思令觀明現，以成理事圓融無礙觀也。

【略】

華嚴性起论

澄觀撰《大方廣佛華嚴經疏》卷二　三緣起相由者，謂大法界中，緣起法海義門無量，約就圓宗，略舉十門，以釋前義，謂緣起法要具此十義，緣方起故，闕則不成。

一、諸緣各異義，謂大緣起中諸緣相望，要須體用各別，不相雜亂，方成緣起，若雜亂者，失本緣法，緣起不成，此則諸緣各各守自一位。文云，多中無一性，一亦無有多。

二、互遍相資義，謂此諸緣要互相遍應方成緣起，如一緣遍應多緣，各與彼多全爲一故，此一則具多箇一也。若此一緣，不具多一，則資應不遍，不成緣起，此則一一各具一切，下文云，知以一故眾知以眾故一。

三、俱存無礙義，謂凡是一緣，要具前二，方成緣起，以要住自一，方能遍應，遍應多緣，方是一故，是故唯一多一自在，無礙鎔融，有其六句，或舉體全住，是唯一也。或舉體遍應，是多一也。或俱存，或雙泯，或總合，或全離，皆思之可見。文云，諸法無所依，但從和合起。

此上三門，總明緣起本法竟。

四、異體相入義，謂諸門力用遞相依持，互形奪故，各全有力全無力義，緣起方成，如論云，因不生緣生故，緣不生自因生故，若各唯有力無無力，則有多果過，一一各生故，若各唯無力無有力，則有無果過，以同非緣俱不生故，是故緣起要互相依具力無力，如闕一緣一切不成，餘亦如是，是故一能持多，一是有力能持於多，多依於一，多是無力，潛入一內，由一有力必不與多有力俱，是故無有一而不攝多也。由多無力必不與一無力俱，是故無有多而不入一也。如一持多依既爾，多持一依亦然。反上思之，如一望多有依有持，全力無力常含多在己中，潛入己在多中，同時無礙，多望於一，當知亦爾，俱存雙泯，二句無礙。思之。

五、異體相即義，謂諸緣相望全體形奪，有有體無體義緣起方成，若闕一緣，餘不成起故，緣義則壞，得此一緣，令一切成起，所起成故，緣義方立，是故一緣，是能起能成故有體，多緣是所起所成故無體，由一有體不得與多有體俱，多無體必不得與一無體俱，是故無有不多之一，無有不一之多，一多既爾，多一亦然，反上思之。如一望多有有體無體故，能攝他同己，廢己同他，同時無礙，多望於一當知亦爾，準前思之，俱存雙泯二句無礙，亦思之可見。

六、體用雙融義，謂諸緣法，要力用交涉，全體融合，方成緣起。是故圓通亦有六句。一以體無不用故，舉體全用則唯有相入，無相即義。二以用無不體故，舉用全體則唯有相即，無相入也。三歸體之用不礙用，全用之體不失體，是則無礙雙存，亦入亦即自在俱現，四全用之體，體泯，全體之用，用亡，非即非入圓融一味，五合前四句，同一緣起無礙俱存，六泯前五句，絕待離言冥同性海。此上三門，於初異體門中顯義理竟。

七、同體相入義，謂前一緣所有多一與彼一緣體無別故，名爲同體，又由此一緣應多緣故，有此多一，所應多緣既相即入，令此多一亦有即入也。先明相入，謂一緣有力能持多一，多一無力依彼一緣，是故一能攝多多便入一，一入多攝反上應知，餘義餘句準前。思之。

八、同體相即義，謂前一緣所具多一，亦有有體無體之義，故亦相即，以多一無體，由本一成多即一也。由本一有體能作多一，令一攝多，如一有多空既爾，多有一空亦然，餘義餘句，並準前思之。

九、俱融無礙義，謂亦同前體用雙融，即入自在，亦有六句準前應知。

此上三門，於前第二同體門中辯義理竟。

十同異圓滿義，謂以前九門總合爲一大緣起，令多種義門同時具足也。由住一遍應故，有廣陜自在門，由就體就用故，有相即相入門，由異體相容具微細門，異體相即具隱顯門，又就用相入爲顯，令就體相即爲隱，即顯入隱亦然，又由異門即入爲顯，令同體即入爲隱，同顯異隱亦然，又由異體相入，帶同體相入具帝網門，由此大緣起即無礙法界故，有託事顯法門，顯於時中故，有十世門相關互攝故，有主伴門，此第十圓滿一門，就前第三門中，以辯義理，故下文云，菩薩善觀緣起法，於一法中解眾多，眾多法中解了一，又云，一中解無量，無量中解一，了彼互生起，當成無所畏等，皆其義也。上來緣起相由門竟，第四法性融通門者，謂若唯約事則互相礙不可即入，若唯約理則唯一味，無可即入，今則理事融通具斯無礙，謂不異理之一事，具攝理時，令彼不異理之多事，隨所依理皆於一中現，若一中攝理不盡，則眞理有分限失。若一中攝理盡，多事不隨理現，則事在理外失，今既一事之中全攝理盡，多事豈不依中現。《華藏品》云，華藏世界所有塵，一一塵中見法界，法界即事法界矣，斯即總意，別亦具十玄門。一、既眞理，與一切法而共相應，攝理無遺，即是諸門諸法同時具足。二、事既如理能包，亦如理廣遍，而不壞陜相故，有廣陜純雜無礙門，又性常平等故純，普攝諸法故雜。三、理既遍在一切多事故，令一事隨理遍一切中，遍理全在一事則一切隨理，在一事中故，有一多相容門。四、眞理既不離諸法，則一事即是眞理，眞理即是一切事故，是故此一即彼一切事，一切即一，反上可知故，有相即自在門。五、由眞理在事各全非分故，正在此時彼說爲隱，正在彼時此即爲隱故，有隱顯門。六、眞理既普，攝諸法，帶彼能依之事，頓在一中故，有微細門。七、此全攝理故，能現一切，彼全攝理同此頓現，此現彼時，彼能現所現俱現此中，彼現此時，此能現所現亦現彼中，如是重重無盡故，有帝網門，以眞如畢竟無盡故。八、即事同理故，隨舉一事即眞法門，故有託事門。九、以眞如遍在晝夜日月年劫皆全在故，在日之時不異在劫故，有十世異成門，況時因法有，法融時不融耶？十、此事即理時，不礙與餘一切恆相應，故有主伴門。故一理融通十門具矣。

五如幻夢者，猶如幻師，能幻一物以爲種種幻，種種物以爲一物等。

【略】六如影像者，一切萬法，略有二義。一、皆如明鏡含明，了性一心所成故。二、分別所現如影像故，由初義故爲能現，由後義故爲所現，故一切法互爲鏡像，如鏡互照，而不壞本相。下經云，遠物近物，雖皆影現，影不隨物，而有遠近等。七、因無限者，謂諸佛菩薩昔在因中，常修緣起無性等觀，大願迴向等，稱法界修，及餘無量殊勝因故，今如所起果具斯無礙。八、佛證窮者，由冥眞性得如性用。故經云，無比功德故能爾。九、深定用者，謂海印定等諸三昧力故，《賢首品》云，入微塵數諸三昧，一一出生塵等定，而彼微塵亦不增等，十神通解脫者，謂由十通及不思議等解脫故，《不思議法品》十種解脫中云，於一塵中建立三世一切佛法等。

由上十因，令前教義等十對，具上同時等十門，以爲別教一乘義之分齊。

澄觀撰《大方廣佛華嚴經疏》卷三 第四，教所被機者，夫教因機顯，離機無言，上說義理弘深，未委被何根器，若明能應者十身圓音，今直彰所被，通有十類，前五揀非器，後五彰所爲，前中一無信非器，以聞生誹謗墮惡道故，二違眞非器，依傍此經以求名利，不淨說法集邪善故，下經云，忘失菩提心修諸善根，是爲魔業，三乖實非器，謂如言取文超情至理不入心故，論云，隨聲取義有五過失，上三皆是凡愚，故下文云，此經不入餘衆生手，四陜劣非器，謂一切二乘，出現品云，一切二乘不聞此經，何况受持，故雖在座如聾如瞽，五守權非器，謂三乘共教諸菩薩等，隨宗所修行布行位，不信圓融具德之法故，下經云，設有菩薩無量億那由他劫行六波羅蜜，不聞此經，或時聞已，不信不解不順不入，不得名爲眞實菩薩故，後五顯所爲中一正爲，謂是一乘圓機故。《出現品》云，此經不爲餘衆生說，即通指前五，唯爲乘不思議乘菩薩說，即正爲之機，謂一運一切運，圓融行位即深不思議，又能遍達諸教，即廣不思議故，文云，非餘境界之所知，普賢行人方得入等，二兼爲，謂即時雖未悟入，而能信向成種，如出現品食金剛喻故，地獄天子十地頓超，大海劫火不能爲障，約未悟入故名爲兼，三引爲，即前權教菩薩，不受圓融之法故，十地之中，寄位顯勝，借其三乘行布之名，彼謂同於我法，後因熏習方信入圓融，以離此普法無所歸故，權教極果無實事故，四者權爲，即是二乘，謂既不聞，况於受持，故諸菩薩權示聲聞，或在法會，而聾盲彰其絕分，或示在道而啟悟知可迴心，五遠爲謂諸凡夫外道闡提悉有佛性，今雖不信後必當入故，出現品云，如來智慧大藥王樹，唯除二處，不能爲作生長利益，所謂二乘墮無爲坑，及壞善根，非器衆生溺大邪見貪愛之水，然亦於彼曾無厭捨，前三非器，是溺邪見。第四非器，是墮深坑故皆揀之，今四及五明佛無厭捨故，示而誘之熏其成種。又彼品中，明不信毀謗亦種善根，謂謗雖墮惡道，由聞歷耳終醒悟故。又云，如日亦與生盲作利益故，又如大海潛流喻中明，無不具有如來智慧故。又破塵出經卷喻中，若除妄想皆見佛智故，此皆明有自性住性，即是所爲，况法性圓融感應交徹，無有一法而非所被。

第五教體淺深者，無盡教海，體性難思，從淺至深，略明十體。一、音聲言語體，二、名句文身體，三、通取四法體，上三皆能詮體。四、通攝所詮體，五、諸法顯義體，六、攝境唯心體，七、會緣入實體，八、理事無礙體，九、事事無礙體，十、海印炳現體。十中，前五唯體，後五亦體亦性。又前四通小，後六唯大，前七通三乘，後三唯一乘，前八約同教，後二唯別教，就前三中，大小乘中通用四法，一聲，二名，三句，四文，取捨不同，各有三說，小乘三者，《婆沙》一百二十六云，如是佛教，以何爲體？一云，應作是說語業爲體，謂佛語言，唱辭評論，語音、語路、語業、語表是，謂佛教，其名句文，但顯佛教作用，不欲開示佛教自體。《發智論》中，亦同此說。二云，名等爲體，謂名身句身文身，次第行列次第安布，次第連合故，聲但依於展轉因故，謂語起名，名能顯義，評家意取語業爲體，雜心論同俱舍，俱舍論云，牟尼說法蘊數有八十千，彼體語或名，此色行蘊攝，謂若語爲教體即色蘊攝，名爲教體，即行蘊攝，此乃雙存前二，情無去取，故致或言，正理論中意符名等故，彼第三釋前頌竟。又云，詮義如實，故名佛教，名能詮義，故教是名。由是佛教定名爲體，擧名爲首，以攝句文，顯宗第三，亦同此說。三者，然《俱舍》意，情無去取，若取其雙存，即合四法以爲教體，若經部意亦唯取聲。故《正理》十四破彼師云，汝不應立名句文身，即聲爲體，大乘有三，大意同前。一云，攝假從實以聲爲體，離聲無別名句等故，深密第五云，如來言音略有三種，一契經等，既云言音有三，明以聲爲教體。《雜集論》云，成所引聲謂諸聖所說，二云以體從用名等爲體，能詮諸法自性差別。二，所依故，故《無性論》破經部云，諸契經句語爲自性，不應理故。《成唯識》第二亦破彼云，若名句文不異聲者，法辭無礙境應無別。《唯識》云，此三離聲雖無別體，而假實異，亦不即聲。三云，聲名句文合爲其體，由前二說皆有理教，爲定量故。《深密》第四云，不可捨於言說文字，而能宣說故。《淨名》云，有以音聲語言文字，而作佛事故。《十地論》云，說者以二事說，聽者以二事聞，謂善聲善字故，以余之意亦應雙取，若就前二有去取者，寧依名等，良以音聲一種，正就佛說容爲教體，流傳後代書之竹帛，曾何有聲，豈無教體？書雖是色亦與名等爲所依故，亦色蘊攝。前《淨名》十地通取四者，但言所用非正顯體，《仁王》云，是名句味諸佛所說故。然大小諸宗，雖通用四法而理不同，謂薩婆多宗四法皆有實體，經部聲有實體，名等是假，若大乘中，或有四皆非實，或有四皆如空，俱不立故。《淨名》云，文字性離，無有文字是則解脫，《十地論》釋空中風相等云，風喻音聲，畫喻名字，皆不可取。《佛藏經》云，諸法如毫釐不空者，則諸佛不出世。又下云諸法畢竟空，無有毫末相，有說四皆事理無礙，或說四皆圓融故，宗不同也。

第四通攝所詮體者，《瑜伽》八十一云，謂契經體略有二種。一文，二義。文是所依，義是能依，如是二種總名一切所知境界，即依於六文顯於十義，此明教義相成。若不詮義教文何用，故通取所詮成契經體。又《十住品》云，文隨於義，義隨於文，文義相隨，理無舛謬，方爲眞教。又《瑜伽》云，佛菩薩等是能說者，語是能說相，名句文身是所說相，故皆通取，不同前義剋取所說。

第五諸法顯義體者。謂但能顯義理，一切諸法皆爲教體。《淨名》第三云，有以光明而作佛事，有以諸菩薩而作佛事，有以佛所化人而作佛事，有以佛菩提樹衣服臥具，乃至八萬四千諸煩惱門，衆生爲之疲勞，諸佛即以此法而作佛事。又《十卷楞伽》第四云，大慧非一切佛土言語說法故，有佛國土，直視不瞬，口無言說名爲說法。乃至云，有佛國土動身名說，又香積世界餐香飯而三昧顯，極樂佛國聽風柯而正念成，絲竹可以傳心，目擊以之存道，既語默視瞬皆說，則見聞覺知盡聽，苟能得法契神，何必要因言說，況華嚴性海，雲臺寶網，同演妙音，毛孔光明皆能說法，華香雲樹即法界之法門，刹土衆生本十身之正體，于何非教耶？下云刹說衆生說，三世一切說，又云，一切世間諸境界，皆悉能令轉法輪等，其文非一。

第六攝境唯心體者，總收前五並不離識。《唯識》等云，一切所有唯心現故。《起信》亦云，依一心法有二種門，一心眞如門，二心生滅門。然此二門，皆各總攝一切法，以此二門不相離故。《梵行品》云，知一切法，即心自性，故唯心現，然有二門，一本影相對，二說聽全收，前中通就諸教以成四句，一唯本無影，謂即小乘不知唯識故，二亦本亦影，謂大乘初教，謂佛自宣說，若文若義，皆是如來妙觀察智相應淨識之所顯現，名本質教故，佛地論第一云，有義，聞者善根本願增上緣力，如來識上文義相生，此文義相，是佛利他善根所起，名爲佛說，若聞者識上所變文義，名爲影像。《佛地論》云，如來慈悲本願增上緣力，聞者識上文義相生，此文義相，雖親依自善根力起，而就強緣名爲佛說故。《二十唯識論》云，展轉增上力二識成決定，護法論師等，皆立此義。然云文義相生，復說五心集現，謂如說諸行無常即有四聲四字四名，一句及所詮義，此十四相，於聞者識上聚集顯現，然西方多釋，今略舉其一，謂如說諸字，有率爾尋求二心，然未定知諸字所屬，無決定心，次說行字，由先熏習連帶解生，有三心起，謂率爾尋求決定，以決定知諸字所屬一切行故，聞諸行字，雖知自性然未知義，爲令知義復說無字，但有二心，謂率爾尋求，未有決定，以未定知無字所屬，後說常字，由前字力展轉熏習，連後字生具起五心，謂率爾尋求決定染淨等流，於最後時，四字周圓方能解義，總十二心，初二，次三，次二，後五，故有十四相，義如前說，餘如別章，三唯影無本，謂大乘實教，離衆生心佛果無有色聲功德，唯有如如及如如智，獨存，大悲大智爲增上緣，令彼所化根熟，衆生心中現佛色聲說法，是故聖教，唯是衆生心中影像，夜摩偈云，諸佛無有法，佛於何有說，但隨其自心，謂說如是法，龍軍堅慧諸論師等，並立此義，四非本非影，如頓教說，非直心外無佛色聲，衆生心內影像亦空，性本離故，亡言絕慮即無教之教耳，須彌偈云，法性本空寂，無取亦無見，性空即是佛不可得思量。《淨名》云，其說法者，無說無示，其聽法者無聞無得，龍樹等宗多立此義，此前四說總合爲一，圓融無礙，自淺之深攝衆生故。第二說聽全收成二四句，一約同教以成四句，謂一佛眞心外無別衆生，以衆生眞心即佛眞心故，則唯說無聽故，所說教唯佛所現，二衆生心外更無別佛，以佛眞心即衆生眞心故，則唯聽無說故，所說教即衆生自現，梵行品云，知一切法即心自性等，三佛眞心現時，不礙衆生眞心現故，說聽雙存，二教齊立，四佛即衆生故非佛，衆生即佛故非衆生，互奪雙亡則說聽斯寂。故《淨名》云，其說法者無說無示，其聽法者無聞無得，二約別教以明四句，謂由不壞相生佛互在故，一衆生全在佛中故，則果門攝法無遺，生尚在佛心中，況所說教不唯佛現故。《出現品》云，如來成正覺時，於其身中普見一切衆生成正覺，乃至普見一切衆生入涅槃。又《佛性論》第二《如來藏品》云，一切衆生悉在如來智內，故名爲藏，以如如智稱如如境故，一切衆生決定無有出如如境者，並爲如來之所攝持，故名爲藏。衆生爲如來藏。又下《出現品》中明，三世劫刹衆生所有心念根欲，尙皆一身頓現，況佛智廣大，如虛空耶？二佛在衆生心中故，則因門攝法無遺，佛尙在於心中，況所說教非衆生心現。故《出現品》云，菩薩摩訶薩應知，自心念念常有佛成正覺，何以故？諸佛如來不離此心成正覺故，如自心一切衆生心亦復如是，悉有佛成正覺，此明佛證衆生心中眞如成佛故，本覺無異，以始同本，總在衆生心中，從體起用，應化身時，即是衆生心中眞如用大，更無別佛，如《起信》中多明此義，而是自心體用。今以此經心佛衆生無差別故，佛證衆生之體，用衆生之用，三由前生佛互相在時各實非虛，則因果交徹，隨一聖教全在二心，故衆生心中佛，爲佛心中衆生說法，佛心中衆生，聽衆生心中佛說法，四由生全在佛則同佛非生，佛全在生則同生非佛，兩相形奪二位齊融，即隨一聖教俱非二心，則佛心中衆生無聽，衆生心中佛無說，是以《賢首品》云，因緣所生無有生，諸佛法身非是身。又《偈讚品》云，如來不說法，亦不度衆生，《大般若》四百二十五云，我從得道來不說一字汝亦不聞等，是故此四於一聖教圓融無礙，方爲究竟甚深唯識道理。

第七會緣入實體者，前來六門同入一實故，亦有二義。一、以本收末，二、會相顯性，前中以諸聖教從眞流故，不異於眞，故《攝論》中名爲眞如所流十二分教，《唯識》第十釋勝流眞如云，謂此眞如所流教法，於餘教法最爲勝故，彼宗雖不立眞如隨緣，而說佛正體智證最清淨法界，而於後得安立教法，名爲如流，以本收末，亦名如爲教體。二會相顯性者，謂彼一切差別教法，從緣無性即是眞如，是故虛相本盡眞性本現，如來言說皆順於如故，金剛三昧經云，如我說者義語非文，衆生說者文語非義。《仁王·二諦品》云，大王法輪者，法本如應頌如，乃至論議如等，此經明教即是如，不說如皆是教，若取諸法顯義皆爲教體，一切法皆如也，則無如非教。

第八，理事無礙體者，謂一切教法雖舉體即眞，不礙十二分等事相宛然顯現，雖眞如舉體爲一切，不礙一味湛然平等，由如無礙，佛之音聲亦順如無礙，皆與如智而相應故，如前義分齊中廣明。

第九，事事無礙體者，文義皆圓，文即圓音，此中亦具十種玄門，《現相品》云，佛演一妙音周聞十方國，衆音悉具足，法雨皆充遍，即同時具足相應體。《十住品》云，欲具演說一句法，阿僧祇劫無有盡，而令文義各不同，菩薩以此初發心，即廣陜無礙，體亦名純雜教，一句不壞，陜也。純也。文義不同，廣也。雜也。又云，於一法中解衆多，衆多法中解了一等，皆一多相容教也。《出現品》云，如來音聲普入一切，譬如書字等，此亦相入即相容也。十住又云，一即是多，多即一，文隨於義義隨文，即相即教體。《出現品》云，道場皆聞不出衆外，各各隨解，即隱顯教體也。又云，如來言音唯是一味，隨諸衆生心器異故，無量差別，亦隱顯教體，亦純雜教也。又云，如來於一語言中，演說無邊契經海，如善口女等即微細教也。《阿僧祇品》云，於彼一一修多羅，分別諸法，不可說，於彼一一諸法中，又說諸法，不可說等，一法既爾，餘法亦然，交映重重無盡無盡，即帝網教也。觸事皆法，即託事生解教也。一念頓演，即十世教也。如諸會中此方所說十住等，十方亦爾，即主伴教也。若隨說一法一門，皆有無量修多羅爲眷屬等，即眷屬教，雖不得爲主亦是伴類，此且約言說，若類通諸法皆爲教體，即所詮義，義即普法，具十玄門，如義分齊。

第十海印炳現體者，如前差別無盡教法，皆是如來海印定中，同時炳現，設所化機亦同緣起炳現定中，是故唯以三昧爲教體。如《出現品》辯，此約果位，若約因位，圓信亦得印現，賢首品云，如是一切皆能現海印三昧神通力，以上十門該羅收攝，未有一法而非教體，然後二門正是經宗，融取前八無所遺矣。【略】

第六，宗趣通別者，語之所尚曰宗，宗之所歸曰趣。先明其通，後顯於別。前中，通論一代佛教，諸部異計各是一宗，謂十八本二各不同故，以義相從更復合之。然隋朝大衍法師，總立四宗。一、因緣宗，謂薩婆多。二、假名宗，謂即經部。三、不眞宗，謂諸般若。四、眞實宗，謂法性眞理佛性等教。又此四宗，初名立性，二名破性，三名破相，四名顯實。初二小乘，後二大乘，各初淺後深，此亦有理，但收義不盡，以十八部中，但判二故，今總收一代時教，以爲十宗。

第一我法俱有宗，謂犢子部等，彼立三聚。一、有爲，二、無爲，三、非二聚，非二即我。又立五法藏，謂三世爲三，無爲爲四，第五不可說藏，我在其中，以不可說爲有爲無爲故，然此一部，諸部論師共推不受，呼爲附佛法外道，以諸外道所計雖殊皆立我故。

二、法有我無宗，謂薩婆多等，彼立諸法不離色心，或立三世無爲，或分五類皆無有我，以無我故，異外道計。又於有爲之中立正因緣，以破外道邪因無因，然西域邪見雖九十五種，或計二十五諦從冥生等，或計六句和合生等，或謂自在梵天等生，或謂時方微塵虛空宿作等，而爲世間及涅槃本，統收所計不出四見，謂數論計一，勝論計異，勒沙婆計亦一亦異，若提子計非一非異，若計一者，則謂因中有果，若計異者，則謂因中無果，三則亦有亦無，四則非有非無，餘諸異計皆不出此，雖多不同，就其結過不出二種，從虛空自然生，即是無因，餘皆邪因，此方儒道二教亦不出此。如莊老皆計自然，謂人法地地法天，天法道道法自然，若以自然爲因能生萬物，即是邪因，若謂萬物自然而生，如鶴之白如烏之黑，即是無因。《周易》云，易有太極是生兩儀，兩儀生四象，四象生八卦，八卦定吉凶，吉凶生大業者，太極爲因即是邪因，若謂一陰一陽之謂道，即計陰陽變易能生萬物，亦是邪因，若計一爲虛無自然，則亦無因，然無因邪因乃成大過，謂自然虛空等生應常生故，以不知三界由乎我心，從癡有愛流轉無極，迷正因緣故異計紛然，安知因緣性空眞如妙有。言有濫同釋教者，皆是佛法之餘，同於《涅槃》盜牛之喻，乳色雖同不能善取醍醐，況抨驢乳安成酥酪，廣明異計，如《瑜伽》第六、《顯揚》第九、第十、《婆沙》十一、十二，及《金七十論》說，《中》《百》等論，亦廣破之，今但說正因緣已總破諸計，是如佛法之淺淺，已勝外道之深深。

三、法無去來宗，謂大衆部等，說有現在及無爲耳，其過未之法體用俱無。

四、現通假實宗，謂說假部，就前現在之中法在蘊爲實，在界處爲假，其成實論經部師，即是此類。

五、俗妄眞實宗，即說出世部等，謂世俗是假以虛妄故，出世反上。

六、諸法但名宗，謂一說部等，一切我法，唯有假名，無實體故。

七、三性空有宗，謂遍計是空，依圓有故。

八、眞空絕相宗，謂心境兩亡直顯體故。

九、空有無礙宗，謂互融雙絕而不礙兩存，眞如隨緣具恆沙德故。

十、圓融具德宗，謂事事無礙主伴具足無盡自在故。

然此十宗，後後深於前前，前四唯小，五六通大小，後四唯大乘，七即法相宗，八即無相宗，後二即法性宗，又七即始教，八即頓教，九即終教，十即圓教，又第七亦名二諦俱有宗，謂勝義眞實故不無世俗，因果不失故是有，如《深密》《瑜伽》等第八，亦名二諦雙絕宗，謂勝義離相故，非有世俗，緣生如幻故是無。如《掌珍》頌云，眞性有爲空如幻緣生故，無爲無有實不起似空華等，即般若三論中一分之義，九二諦無礙宗，如維摩《法華》等，義如前顯，然十宗五教，互有寬陜，教則一經容有多教，宗則一宗容具多經，隨何經中皆此宗故，若局判一經以爲一教，則抑諸大乘。又夫立教，必須斷證階位等殊，立宗但明所尙差別，前之六宗執法有異故分六宗，斷證次位不離八輩合爲一教，餘義如前立教中辯。

第二顯別宗者，一切諸經各自有宗，今此別明此經宗趣。然《楞伽》云，一切法不生，不應立是宗者，斯言遣滯，若無宗之宗，則宗說兼暢，略以二門分別，先敘異解，後申今義。前中，略舉十說。一、衍法師以無礙法界爲宗。二、裕法師以甚深法界心境爲宗，謂法界門中義分爲境，諸佛證之以成淨土，法界即是一心，諸佛證之以成法身。是故初品中云，無盡平等妙法界，皆悉充滿如來身，末後明入法界品，故知唯以法界爲宗。三有說，以緣起爲宗，法界緣起相即入故。四有云，以唯識爲宗，經說三界唯一心現心，如工畫師故。五、敏、印二師同以因果爲宗，謂此經廣明菩薩行位之因，及顯所成果德，下文不離此故。六、遠法師以華嚴三昧爲宗，謂因行之華能嚴佛果故。七、笈多三藏，以四十二賢聖觀行爲宗，說其行位令成觀故。八有說言，以海印三昧爲宗，逆順理事乃至帝網，如海波澄一時現故。九光統律師，以因果理實爲宗，以因果是所成行位，理實是所依法界故。十賢首以前各互闕故，總以因果緣起理實法界以爲宗趣，謂前之二師，但得所依法界，三、四二師，但明緣起，五、六唯明因果，七唯因修，八唯果用，並皆互闕，故賢首意，取光統而加緣起法界之言，由光統師以因果即緣起，理實即法界故不開之，賢首以因果是緣起中別義，理實是法界中別義，故加總名，以法界有事理及無礙故，緣起體上之用故，所以加之。

二申今解者，依後二師而頗爲改易，若取言略攝盡，應言法界緣起不思議爲宗，若取言具，於第十師加不思議，此則攝一總題，理實即大方，緣起即方廣，法界總該前二，因果即佛華嚴，觀其總題已知別義，而法界等言，諸經容有，未顯特異故，以不思議貫之，則法界等皆不思議故爲經宗，所以龍樹指此爲大不思議經，斯良證也。淨名但明作用不思議解脫，蓋是一分之義，未顯法界融通等不思議故，不同也。若就題中分體宗用，則以理實爲體，緣起爲用，因果爲宗，尋宗令趣理實體故，法界總攝上三，今釋前義，略分爲二。一釋名，二顯義。今初，法界名體，廣如本品，今略申其二：一事法界，二理法界，二法俱含持軌二界，則性分不同互用皆通，二顯義中曲有四門。第一別開法界以成因果，謂普賢法界爲因，遮那法界爲果，是故因果不離理實法界。於中，十事五對，即五周因果，一、所信因果，二、差別因果，三、平等因果，四、成行因果，五、證入因果，下當指文，而此因果互爲宗趣，一經始終不離因果故，但因果爲宗，不違所依法界。

第二會融因果以同法界，法界門中，亦有十事五對互爲宗趣，一教義相對，謂舉教爲宗顯義爲趣，或以義爲宗顯教爲趣，以辯義深令教勝故，二人法相對，舉人爲宗令知法爲趣，舉法爲宗令得人爲趣，三理事相對，舉事意令趣理故，舉理意在融事故，四境智相對，舉所觀境令成觀智故，舉修成智令證同眞境故，五因果相對，舉彼修因令證果故，舉其勝果勸修因故，五對別明是宗之趣，五對相即爲宗即趣，上五周因果，不離此五對之法，即事理法界，況因果無性當體同眞，所以但用法界爲宗，亦不違因果。

第三法界因果分明顯示，亦有十義五對。一無等境，此有二位。一在纏性淨法界，爲所信境，二出纏最清淨法界爲所證境，二無等心此亦二義，一大菩提心，爲普賢行本故，二信悲智等隨行起故，三無等行，此亦二義，一差別行，各別修故，二普賢行，一即一切故，四無等位，此亦二義，一行布位，比證別故，二圓融位，一證一切證故，五無等果，此亦二義，一修生果，今始成故，二修顯果本自具故，此上五對，各初句爲宗，後句爲趣，又上五中，初一眞法界，二即緣起，又二三四皆緣起因，後一緣起果故，光統具用二義爲宗，無所違矣，第四法界因果雙融俱離性相，混然無礙自在，亦有十義，一由離相故因果不異法界，即因果非因果也。此即相爲宗離相爲趣，或離相爲宗，亡因果爲趣下九準思，二由離性故，法界不異因果，即法界非法界也。三由離性不泯性故，法界即因果時法界宛然，則以非法界爲法界也。四由離相不壞相故，因果即法界時因果歷然，則以非因果爲因果也。五離相不異離性故，因果法界雙泯俱融，逈超言慮。六由不壞不異不泯故，因果法界俱存，現前爛然可見，七由五六存泯復不異故，超視聽之妙法，無不恆通見聞，絕思議之深義，未甞礙於言念，八由法界性融不可分故，即法界之因果各同時全攝法界，無不皆盡，九因果各全攝法界時，因果隨法界，各互於因果中現，是故佛中有菩薩，普賢中有佛也。十因果二位，各隨差別之法，無不該攝法界故，一一法一一行，一一位一一德，皆各總攝無盡無盡帝網重重諸法門海，是謂華嚴無盡宗趣。

上之四門，初一即體之用，次一即用之體，三即體用雙顯，四即體用鎔融，又初一即因果緣起，次一即理實法界，三即雙明，後一即不思議，既以第四融前，則四門一揆，故即照而遮，即遮而照，雙照雙遮圓明一觀，契斯宗趣矣。

華嚴別傳

長者李通玄撰《新華嚴經論》卷一 夫以有情之本，依智海以爲源。含識之流，總法身而爲體，只爲情生智隔，想變體殊，達本情亡知心體合。今此《大方廣佛華嚴經》者，明衆生之本際，示諸佛之果源。其爲本也，不可以功成；其爲源也，不可以行得。功亡本就，行盡源成，源本無功能隨緣自在者，即此毘盧遮那也。以本性爲光，智隨根應，大悲濟物，以此爲名，依本如是設其敎澤，滂流法界，以潤含生。於是寄位四天示形八相，菩提場內，示蘭若以始成，普光法堂，處報身之大宅。普賢長子，舉果德於藏身；文殊小男，創啟蒙於金色。以海印之三昧，周法界而降靈，用普眼之法門，示塵中之刹海。依正二報，身土交參，因果兩門體用相徹，以釋天之寶網，影十刹以重重，取離垢之摩尼，明十身而隱隱。無邊刹境，自他不隔於毫端；十世古今，始終不移於當念。其爲廣也，以虛空而爲量；其爲小也，處極微而無跡。十方無卷，匪虧於小相之中；纖塵不舒，含十方而非礙。恆居智海，分果德於五位之門；常住法堂，示進修於九天之上。此方如是，十刹同然，聖衆如雲，海會相入。智凡不礙，狀多鏡以納衆形；彼此無妨，若千燈而共一室。此經總有四十品之勝典，玄開果德之法門，百萬億之妙言，咸舉佛華之行海，十身十會，闡十十之法門，十處十方，啟十通而疎十辯。《出現品》內，示因果以結始終，給孤獨園，利人天而明法界，目連鶖子，隔視聽於對顔，六千比丘，啟十明於路上，覺城東際五眾咸臻，古佛廟前同登十智，善財發明導首，用彰來眾齊然。又成五位法門，具德行，其軌範，令使啟蒙易達解行無疑，遂信首文殊之前，正證妙峯之頂，經過五眾，成一百一十之法門。至慈氏之園，結會一生之佛果，返示文殊之初友，明以果同因，後入普賢之身，彰體用圓極。

此經名《大方廣佛華嚴經》者，大以無方爲義，方以理智爲功，廣即毫刹相含，佛乃體用無作，華喻行門可樂，能敷理事之功，嚴即依正莊嚴，經即貫穿縫綴，世主妙嚴品者，菩薩示生，皆爲世主，同臻海會，故號妙嚴，品者類會同流法門，均隔爲品。此經總有四十品之勝典，此品建初，故稱第一。是故言《大方廣佛華嚴經世主妙嚴品》第一。

釋此一部之經，總作十門分別。

第一，明依教分宗。第二，明依宗教別。第三，明教義差別。第四，明成佛同別。第五，明見佛差別。第六，明說教時分。第七，明淨土權實。第八，明攝化境界。第九，明因果延促。第十，明會教始終。

第一，明依教分宗者。夫如來成道，體應眞源。理事二門，一多相徹。智境圓寂，何法不周。只爲器有差殊，軌儀各異。始終漸頓，隨根不同。設法應宜，大小全別。時分因果，延促不同。化佛本身，施詮各異。國土淨穢，增減不同。地位因果，自有投分。創學之流，未諳教跡，執權成實，迷不進修。若不咸舉眾宗，類其損益，無以了其迷滯者矣。今略分十法，以辯闡猷，使得學者知宗，遷權就實，不滯其行，速證菩提。

第一，小乘戒經，爲情有宗。第二，菩薩戒，爲情有及眞俱示爲宗。第三般若教，爲說空彰實爲宗。第四《解深密經》，爲不空不有爲宗。第五，《楞伽經》。以五法三自性八識二無我爲宗。第六，《維摩經》，以會融染淨二見現不思議爲宗。第七，《〈法華〉經》，會權就實爲宗。第八，《大集經》，以守護正法爲宗。第九，《涅槃經》，明佛性爲宗。第十，《大方廣佛華嚴經》，即以此經名一切諸佛根本智慈，因圓果滿，一多相徹，法界理事自在緣起無礙佛乘爲宗。已上分宗，皆是承前先德所立宗旨，設有小分增減不同，爲見解各別，大義名目亦多相似。如西域及此方諸德，各立宗教，後當更明。

第一小乘戒爲情有宗者。爲如來創爲凡夫造業處，言是應作是不應作，說善不善，如此立教未爲實有，如此有教，且約凡情虛妄之處，橫繫諸惡，以教制之，令生人天。是故戒序云，若欲生天上及生人中者，常當護戒足勿令有毀損，眾生有爲作業，虛妄非實，未得法身智身，非爲實有宗，且爲情有宗，於小乘中爲軌持教也。如《華嚴經》，持戒即不然。經云，身是梵行耶？身業四威儀，乃至佛法僧十眾七遮和尙羯摩壇頭等，是梵行耶？如是諦觀求梵行者了不可得，是故名爲清淨梵行者，如《梵行品》說。如是清淨行者名持佛性戒，得佛法身故，乃至初發心時便成正覺，以持佛性戒故與佛體齊理，事平等混眞法界如，是持戒。不見自身能持戒者，不見他身有破戒者，非凡夫行，非賢聖行，不見自身發菩提心，不見諸佛成等正覺，若好若惡，若有少法可得，不名淨行，當知是性戒即法身也。法身者則如來智慧也，如來智慧者，即正覺也。是故不同小乘有取捨故。

第二，如《梵網經》菩薩戒爲情有及眞俱示爲宗者，如來爲凡夫之中有大心眾生，樂行慈悲有忻求佛果者，謂毗盧遮那佛爲本身，千百億爲化身，頓令識末還本。故經言，如是千百億，各接微塵眾，俱來至我所。又言，若人受佛戒，即入諸佛位。位同大覺已，眞是諸佛子。即爲性戒故，即爲眞宗。此乃爲大心眾生頓示法身性戒，下劣者得漸。一教應二根。如是千百億各接微塵眾俱來至我所。明捨權而就實，此爲實有教。當教之內頓示權實。故不同小乘前亦無常後亦無常。爲但生人天故。雖然立實有宗。不同《華嚴經》毗盧遮那所說也。此經仍隨化身所化方來至本身也。圓教之宗，一下頓示本身，法界大智報身因果理事齊彰。又《華嚴經》中世界量，與《梵網經》中蓮華形量亦不同，廣狹全別。廣如下文所說。

第三，般若教爲說空彰實爲宗者，如來初爲人天凡夫說二乘教。繫著理事俱實。不能離障。爲說空教破所執著故。《般若經》中，說十八種法，世間三寶，四諦三世等，一切皆空，空亦空。廣如經說。此乃空卻無明諸障等業。無明總盡。障業皆無。自性涅槃，自然顯著。此爲眞有。不空名宗。雖然爲眞有。所說教門多有成壞。故未可爲圓。如《華嚴經》，具實報相好莊嚴。能虛能實。當部之內。當品之中。十菩薩等。上下自相綸貫。空有之法不獨孤行。又以普賢文殊交參理事相徹互相交映。一部之典。品品相徹。句句相參。一部之中。四十品經。同入一言之內。十萬頌之齊麾。一成即一切成。一壞即一切壞。總以性齊時齊故。如上等齊説法亦齊。如是齊故。如今成佛與三世佛齊成佛故。爲無三世故。爲無時故。不同此教成壞别時故。因果前後。

第四，《解深密經》爲不空不有爲宗者，如來説於有教空教之後，説此一部之教，和會有無二見爲不空不有教，説九識爲純淨無染識，如暴水生多波浪，諸波浪等以水爲依，五六七八等識皆以阿陀那識爲依故。如《深密經》云，如淨鏡面，若有一影生緣現前，唯一影起，若二若多，影生緣現前有多影起，非此鏡面轉變爲影，亦無受用滅盡可得，此明五六七八識所依第九淨識處也。又云，如是菩薩，雖由法住，智爲依止，爲建立故，此經意欲令於識處便明識體，本唯不離眞智故，如彼暴流不離水體而生波浪，又如明鏡依彼淨體無所分别含多影像，不礙有而常無故，如是自心所見識相，不離本體無作淨智，所現影像都無自他内外等執，任用隨智無所分别，以破空有二繫爲不空不有。故《深密經》頌曰，阿陀那識甚深細，一切種子如暴流，我於凡愚不開演，恐彼分别執爲我，阿陀那識甚深細者，引彼凡流就識成智，不同二乘及漸始學菩薩破相反成空，不同凡夫繫而實有，不同彼故不空不有，何法不空？爲智能隨緣照機利物故，何法不有？爲智正隨緣時無性相故無生住異滅故，以是義故名不空不有，此經雖復如是於心識之處令知空有無二。《華嚴經》即不然，但影本身法界一眞之根本智佛體用故，混眞性相法報之海，直爲上根人，頓示佛果德一眞法界本智，以爲開示悟入之門，不論隨妄而生識等，《〈法華〉經》以佛智慧示悟衆生，使得清淨故出現於世，故不爲餘乘若二若三。又三乘之人，於佛性相之法，如來不許彼智解。故《法華經》云，種種性相義，我及十方佛，乃能知是事。舍利弗，辟支佛及不退諸菩薩，皆悉不能知，以《法華經》會三乘權學來歸佛乘實法界故，門前三駕且受權乘，露地白牛方明實德。以是義故，於中有少分義意與華嚴經相扶，龍女所乘即是白牛之乘，又與善財同其所得。是故華嚴教門，直彰本體用法界佛果門，直授上根凡夫令其悟入，不同《深密經》中安立五六七八九識施設權門，如深密經，權施第九阿陀那識，意有異途，爲二乘之人久厭患生死修空滅識直趣空寂，又第二時説般若時教，爲迴二乘及漸學菩薩，多空破有，以六波羅蜜爲行所乘，於中二乘雖少分迴心，及漸學菩薩樂空增勝，爲彼權學菩薩三乘初對治門，還與小乘初對治門小分相似，但有一分慈悲增勝，未證法身佛性根本智等道理，但以空門而爲所乘，六波羅蜜而爲行相，初對治門還同二乘，無常不淨白骨微塵等觀，方入空觀，二乘趣滅，菩薩留生，以空無我等觀，折伏我法不令增長，元來未是法身佛性根本智，爲見未眞故樂空增勝。以是義故，《解深密經》方便安立第九識，爲純淨識，云八識以淨識爲依止故，即欲直爲説第八種子識爲如來藏者，爲彼學徒畏苦習故，即説業種恆眞，怖難信故。是故權且安立第九阿陀那識爲淨識故，欲令不滅識性長大菩提故。是故《維摩經》云，未具佛法，亦不滅受而取證也，受既不滅想識亦然，如《楞伽經》，直爲根熟者説第八識業種爲如來藏，下文更明。《維摩經》云，塵勞之疇爲如來種等。修道之士，品類異途。解行差殊千端萬别。

除二乘之外，菩薩之乘，有四品不同。一、修空無我菩薩。二、漸見佛性菩薩。三、頓見佛性菩薩。四、以如來自性清淨智，以五位加行起差别智，滿普賢行，成大慈悲菩薩。究竟不出剎那際，充滿十方佛果門。此略示名目，下文廣明。如《華嚴經》説，有一類菩薩。經百千億那由他劫，行六波羅蜜，不生佛家，猶名假名菩薩。廣會在下文。以雖見佛性未知業障，猶名假名菩薩。

第五，《楞伽經》以五法三自性八識二無我爲宗者。此經於南海中楞伽山説，如來於此山下過，羅婆那夜叉王與摩諦菩薩，乘化宮來請佛如來，於此山上説法，其山高峻下瞻大海，傍無門戸，得神通者堪能昇往，乃表心地法門無心無證者方能昇也。下矚大海表其心海本自清淨因境風所轉識浪波動，欲明達境自空心海自寂，心境俱寂事無不照，猶如大海，無風日月參羅煥然明白。此經意直爲根熟菩薩，頓説種子業識爲如來藏，異彼二乘滅識趣寂者故，亦爲異彼般若修空增勝者故，直明識體本性全眞便明識體即成智用，如彼大海無風即境像更明。心海法門，亦復如是。了眞即識成智，此經異彼《深密經》義，别立九識接引初根，漸令留惑長大菩提故，不令其心植種於空，亦不令心猶如敗種。《解深密經》乃是入惑之初門，《楞伽》《維摩》直示惑之本實，《楞伽》即明八識爲如來藏，《淨名》即觀身實相觀佛亦然，《淨名》與《楞伽》同，《深密》經文與此二部少别也。如《華嚴經》不爾。佛身及境界法門行相玄自不同，説《楞伽經》，即是化身所說，境即是穢土峯所居，法門說識境界爲眞，問答即以大慧菩薩爲首，化身明教是權，大慧且論議簡擇，如華嚴經教，佛身即是本眞法報，境界即是華藏所居，法門即是佛果法界爲門，問答即是文殊普賢理事智之妙用，五位行相因果互融，十刹十身體徹相入，若論同別，未可具言，更待下文，依位廣別。

第六，《維摩經》以不思議爲宗者，《維摩經》與《華嚴經》十種別，一種同，十種別者，一、淨土莊嚴別，二、佛身諸相報化別，三、不思議德神通別，四、所設法門對根別，五、諸有聞法來衆別，六、說教安立法門別，七、淨名菩薩建行別，八、所闡法門處所別，九、常隨佛衆別，十、所付法藏流通別，一種入道方便同。

一、淨土莊嚴別者，如《維摩經》中所說淨土，如來以足指按地，即三千大千世界若干百千珍寶嚴飾，譬如寶莊嚴佛無量功德寶莊嚴土，一切大衆歎未曾有，而皆自見坐寶蓮花，而未說無盡佛刹莊嚴等事在一毫塵中，如華嚴經中，具說十佛毘盧遮那境界十蓮華藏世界海，一一世界海有無盡世界海，圓滿十方佛境界衆生境界，互相涉入不相障礙，衆寶莊嚴如光如影，廣如經說，不但獨言三千大千世界嚴淨。

二、佛身諸相報化別者，說此《維摩經》，是三十二大人之相化佛所說，說《華嚴經》佛，是九十七大人之相，及十華藏世界海微塵數大人之相，實報如來之所說也。

三、不思議德神通別者，如《維摩經》說菩薩神通，以須彌之高廣內芥子中，能以四大海水入一毛孔。又小室之內能容三萬二千師子之座，各各高八萬四千由旬，八千菩薩，五百聲聞，百千天人，維摩詰致其右手掌，擎其大衆往詣菴羅，又以手斷取東方妙喜佛國，來至此處示於大衆，送還本處，如是神變，且爲權學三乘聲聞菩薩等衆現如斯事。何以故？爲權教聲聞菩薩等見道未實自他未亡，所現神變依根所見，皆有往來分齊限量，又是一時之間，聖意以神力變化起諸小根令漸增進故，非是法爾力故。如《華嚴經》中，以本法力，法如是故，能以一塵之內，含容十方一切佛刹衆生刹，總在塵中，世界不小，微塵不大，十方世界所有微塵，一一塵中總皆如是。如經所說，菩薩於一小衆生身中成等正覺廣度衆生，其小衆生不知不覺，當知佛以權教引小根故，身外見佛，現神通力而有來去，實教之中，以自本覺自覺本心，身心性相與佛無異，無有內外往來諸見，是故毘盧遮那佛，不移本處而身遍坐一切道場，十方來衆，不移本處而隨化往都無來去亦無，神力所致，是故經言，法如是故，經中每言以佛神力法如是故者，以佛神力推佛爲尊，法如是故，推其本德都無變化，一一國刹身心性相，以依本故，不隨妄故，大小諸境皆如光如影，互相映徹周遍十方，都無往來，都無分齊，即一一衆生有諸毛孔之內周遍十方，不同權教以其神力分齊往來擎來送去，致斯妄見違本法身，障眞菩提本覺性智，是故淨名菩薩現斯神變已方陳實教。《維摩經》云，觀身實相觀佛亦然，我觀如來，前際不來，後際不去，今即不住，如阿閦佛品廣明，是故權根小見樂欲希奇，菩薩稱根，粗施接引，令生樂學方授實門，不可執化成眞恆迷智境，識權就實，遷入法界之門，有作之法難成隨緣，無作易辦，作者勞而無功，不作隨緣自就，無功之功，功不虛棄，有功之功，功皆無常，多劫積修，終歸敗壞，不如一念緣起無生，超彼三乘權學等見。

四、所設法門對根別者，此《維摩經》對二乘根，令迴向菩薩菩提入大乘故，又對大乘中，滯淨菩薩悲智未滿者令進修故，即如衆香世界諸來菩薩衆欲還本土，請佛世尊願賜小法，如來依根見彼菩薩滯於淨土，悲智心劣，便爲說法，令學有盡無盡解脫門。下文云，不離大慈大捨大悲，深發一切智心而不忽忘，教化衆生終不厭倦，於四攝法常念順行，在諸禪定如地獄想，於生死中如園觀想，見來求者如善師想，廣如《維摩經》說。此經對此二乘三乘悲智未滿，令且漸修增長悲智，未即一下頓示佛門，未即說言十住初心便成正覺，未即示其廣大妙事，皆有分齊故。

五、諸有來衆聞法別者，如《維摩經》中，所有來衆，除文殊慈氏等大菩薩衆舍利弗等影響聲聞，餘外來衆，總是三乘之中權學之衆，設有於中菩薩生於諸趣同類俱來，皆欲成就三乘權學漸令增進，未說圓滿諸佛本乘，如華嚴經中所有來衆，皆是乘如來乘佛智果德自體法身，具普賢行，而隨影現十方刹海一切道場，還成如來所乘本法，無有一箇三乘根機，設有根機，如盲如聾，不知不覺，猶如盲人對於日月，猶如聾人聞天樂音，如業貧人對天寶藏，如大福德處於地獄，亦如餓鬼臨大海邊，三乘之器道力未窮，未迴心者，常居法界海中，諸佛境界，與佛同德同身，終不能信，不能知別求佛見。如《華嚴經》云，佛子，設有菩薩於無量百千億那由他劫行六波羅蜜修集種種菩提分法。若未聞此如來不思議功德法門，或時聞已，不信不解不順不入，不得名爲眞實菩薩，以不能生如來家故，當知聞法衆全別，維摩經中娑婆之衆彼此未亡，香積諸徒垢淨全在，當知此類並是見解未眞，守一方之淨刹，雖名菩薩，諦道未圓，如是之徒，未詳佛意，雖有忻菩提之志願，滯淨刹以居心，彼與法身智身玄隔，是故《法華》經云，不退諸菩薩，其數如恒沙，亦復不能知，即如《華嚴經》之衆，自身與佛身無別，自智與佛智無差，性相含容一多同別，居法界海之智水，示作魚龍，住涅槃之大宅，現陰陽而化物，主伴自在交映相參，師弟互融因果通徹，並如斯之衆也。

六、設教安立法門別者，此《維摩經》，以淨名居士，現少許不思議之通變，令二乘迴心，又處於生死現身有疾，令知染淨無二，又表菩薩大悲有疾，具陳不二之門，建定慧觀智，用彰不求之法最要，故云，夫求法者，於一切法應無所求，然未似華嚴經具陳十住十行十迴向十地等覺五位六位行相因果同別法門。

七、淨名菩薩示行別者，淨名爲表大悲，示入生死，現其病行。《華嚴經》毗盧遮那。以大悲示入生死成正覺行，彰大智能出世故。

八、所闡法門處所別者，說《維摩經》，在毗耶離城菴羅園，及在淨名之室說。《華嚴經》在摩竭國菩提場中及一切世界及一切塵中說。

九、常隨佛衆別者，說《維摩經》時，聲聞爲常隨佛衆，但具五百。說《華嚴經》時，總是一乘大菩薩衆，爲常隨佛衆，具十佛刹微塵數大衆，總是具普賢、文殊體用等衆。

十、所付法藏流通別者。此《維摩經·囑累品》中說，佛告彌勒菩薩言，彌勒，我今以是無量億阿僧祇劫所集阿耨多羅三藐三菩提法，付囑於汝。故即以其經付囑已成菩薩已生佛家者。《華嚴經·如來出現品》中付囑流通，即以其經付囑凡夫初心始能見道生在佛家者。何以然者。此經難入，許人能證以自證故方堪能說，表三乘是權但以聖勸修證有得法未成實故所有說法者亦未實故。《華嚴經》云，此經珍寶不入一切餘衆生手，唯除如來法王眞子生如來家種如來相諸善根者。佛子，若無此等佛之眞子，如是法門不久散滅。

問曰，若許佛之眞子，即十方世界無盡無邊，以世界微塵莫知其數，何須慮此經若無眞子，即便散滅？

答曰，此經義者付囑凡夫，令覺悟入此法門故，令生佛家，使其轉教，佛種不斷，即令凡夫得入眞境。若囑累諸大菩薩，凡夫無緣，諸聖自明。無凡夫修學者，凡夫道中，佛種即斷，此經散滅。以此義故付囑凡夫令修，不付已前大菩薩舊見道者。

一種入道方便同者，《維摩經》云，夫求法者，於一切法，應無所求，及觀身實相觀佛亦然。我觀如來，前際不來，後際不去。今即無住等，是初觀智門略同，於入道行相門户，次第軌則全別。廣如下明。

第七，《法華》經會權入實爲宗者，此經引彼三乘之人，歸一乘實教故。引衆流而歸大海，攝三乘而還一源。藏法師等前諸大德，會爲共教。一乘爲三乘同聞法故，《華嚴經》爲別教。一乘爲不與三乘同聞故，參詳此理會此二門。《法華》經引權器以歸眞，《華嚴》者頓大根而直受。雖一乘名合法事略同，論其軌範有多差別。今欲備舉事廣難周，略舉十門，用知綱目。十門者。

一、教主別。二、放光別。三、國土別。四、請法主別。五、大會莊嚴眞化別。六、序分之中列衆別。七、龍女轉身成佛別。八、龍女成佛所居國土別。九、六千之衆發心別。十、授諸聲聞遠記別。

一、教主別者。說此《法華》經即是化身佛說，還過去滅度多寶佛來證，成此經，三世諸佛同共宣說，如《華嚴經》即不然，教主則是毗盧遮那爲教主故，即是法報理智眞身，具無量相海功德之所莊嚴，三世諸佛同爲一際，一時法界，報相重重無有障礙，古今一際，非三世故，舊佛非過去，今佛非新出，爲根本智性相齊理事不異故。如是本佛說，頓受大根故，不是化佛故，不似《法華》經有舊滅度多寶如來，今佛出世說《法華經》，以是義故言教主別。

二、放光別者，說《法華》經雖放眉間毫相果光所照境界，但言萬八千土皆如金色，仍有限量，不稱無邊無量無盡故，但彰果法不彰因位，《華嚴》一部經典，教行因果表法光明，始終具十，後當更明。

三、國土別者，說《法華經》，三變世界令成淨土，移諸天人置於他土，然後安置他方來衆，變此穢境令成淨刹，說華嚴經時，即此娑婆世界即是蓮華藏世界，一一世界互相含入，如經云，一一世界滿十方，十方入一亦無餘，世界不增亦不減，無比功德故如是，又云，諸佛成道在一小眾生身中化無量眾，其彼小眾生不知不覺，只爲凡聖同體無移轉相，纖塵之內自他同體，不同《法華》之會移轉人天方明淨剎，此乃對權根自他滯見者之所建立，是故今明國土別也。

四、請法主別者，說《法華》經時，請法主者即是舍利弗，以爲勸請之首，說華嚴經時，佛令文殊普賢隨位菩薩，各自說自位法門爲說法首，佛表果法，舉果爲因，大悲行成根本智，果體自成，故無言不說也。以大悲行從無作根本智起故，文殊普賢，表因位可說佛果法示悟眾生，阿僧祇品世間數法廣大難量，唯佛究竟，不屬五位中因果門，故是佛自位內法門，還佛自說，隨好光明功德品，則是如來自成因果，後佛自說法爾之力恆常福智光明之法門，示爲不屬五位之內行，相因果，故佛亦自說，此明佛果無二愚也。除此二品經外，諸餘三十八品，皆是五位之內行相法，門是故佛不自說，總令十信十住十行等當位之內菩薩自說，佛但放光表之，其所放光，表法之相，後當廣明。當說《華嚴經》時，一無聲聞及，小菩薩爲請法主，皆佛果位內諸大菩薩，自相問答安立佛果法門行相，爲悟大根者故，頓將佛果直受爲因，因即以果爲因，果即以因爲果，如種種子等，以定慧力，思之可見，是故今言請法主別。

五、大會莊嚴眞化別者，如《法華》會，令三千大千世界清淨莊嚴，其諸化眾亦皆充滿，所來諸佛皆云是化，《華嚴經》即不爾，即有十處十會眾，皆滿十方不移本處而充法界，一一身相及身毛孔國剎重重菩薩佛身互相徹入，雜類眾生亦皆無礙身土相徹，如影含容，所來之眾不壞法身而隨相好，法身相好一際無差，即相全眞無有化也，不同餘教說化說眞有相參會，是故今言大會別也。

六、序分之中列眾別者，【略】《華嚴經》即不然，先列菩薩上首，有十佛世界微塵數，不論其從者，次列執金剛神眾以後諸神龍天等眾部類，總有五十五眾，一一部從各別，各各部從，各有佛世界微塵數眾，或有部從直言無量，且於初會通菩提場眾有五十五部眾，其於十會之眾，後當更明，大義論之，佛身眾海無邊法界，以重重一一諸身普含容而無際，一身即以法界爲量，自他之境不亡法界，即自身遍周能所之情見絕，約略論之，如是十會列眾，後當更明，從初七會，都不聞聲聞之名，八會之中，始有比丘之眾，至位方明行相。

七、龍女轉身成佛別者，如《法華經》，龍女於剎那之際，即轉女身具菩薩行，南方成佛。如《華嚴經》，即不然，但使自無情見大智逾明，即萬法體眞無轉變相，如維摩經中舍利弗謂天女曰，何故不轉女身，天女謂舍利弗，我十二年來求女人相了不可得，當何所轉。如菴提遮女謂舍利弗，自男生我女，當知萬法本自體如，有何可轉。如《華嚴經・入法界品》中，善財童子善知識，文殊普賢比丘比丘尼長者童子優婆夷童女仙人外道五十三人，各各自具菩薩行自具佛法，隨諸眾生見身不同，不云有轉。若以法眼觀，無俗不眞，若以世間肉眼觀，無眞不俗。以《法華經》對權教三根見未盡者令成信種，且將女相速轉成佛，令生奇特方始發心趣眞知見，不堪本法而起善根，此明且引三權令歸一實，又破彼時劫定執三僧祇，令於剎那證三世性本來一際無始無終稱法平等，裂三乘之見網，撤菩薩之草菴，令歸法界之門入佛之眞實宅，故令龍女成佛，明非過去久修，年始八歲。又表今非舊學，轉女時分不逾剎那，具行佛果無虧毫念，法本如是，自體無時，權學三根自將見隔，自迷實法返稱爲化，不知躬已事如斯，全處宅中猶懷滯見，云何界外玄指僧祇？此見不離定乖永劫，迴心見謝方始舊居，何如此時滅諸見業，徒煩多劫苦因方迴，《華嚴經》法界緣起門，明凡聖一眞猶存見隔，見在即凡，情亡即佛，稱性緣起，俯仰進退，屈身謙敬，皆菩薩行。無有一法可轉變相有生住滅，是故不同龍女轉身成佛。【略】

第八，《大集經》以守護正法爲宗者，爲此經在於欲界向上色界向下，安立寶坊集諸人天，上下二界天人魔梵，及八部鬼神龍等，及他方菩薩，皆就寶坊，諸鬼神等有不往者，四天王放熱鐵輪，遂之令往至佛所，如來悉勅令守護正法，眾魔王中唯有一箇魔王不順佛勅，待諸眾生成佛盡，我當發菩提心。

第九，《涅槃經》明佛性爲宗者，與《華嚴》有十種別，一種同。十種別者，一、說法處別，二、境界莊嚴別，三、大會來眾別，四、所建法輪主伴別，五、所來之眾聞法別，六、報土淨穢別，七、佛身權實別，八、出生滅度現相別，九、示教行相別，十、從初爲友軌範別。一種同者，如雪山有草，名曰肥膩，牛若食者，純得醍醐，無有青黃赤白黑色。

一、說法處別者，涅槃經在拘尸那國阿利羅拔提河邊娑羅雙樹間說，華嚴經在摩竭提國菩提場中寶菩提樹下說，故言說法處別。

二、境界莊嚴別者，如說此《大涅槃經》時，娑羅雙樹吉祥福地，縱廣三十二由旬，大衆充滿其間無空缺處，爾時四方無邊身菩薩，以其眷屬所坐之處，或如針鋒，或如錐頭，微塵十方如微塵等諸佛世界諸大菩薩悉來集會，又文云，爾時三千大千世界，以佛神力故地皆柔軟，無有丘墟沙土礫石荊棘毒草，衆寶莊嚴，猶如西方無量壽佛極樂世界，是時大衆悉見十方如微塵等諸佛世界，如於明鏡自觀己身，觀諸佛土亦復如是，又下文娑羅雙樹忽然變白，廣如經說，如說華嚴經時，有十蓮華藏世界海，又上下二十重，最下重中略言，十佛世界微塵數廣大國周圍，一一國有十佛刹微塵數諸小國，以爲眷屬，以上倍增，如是十蓮華藏世界中，金剛爲地，樹臺樓閣殿堂池海，皆衆寶莊嚴，如經所說，如是我聞一時佛在摩竭提國阿蘭若法菩提場中始成正覺，其地堅固金剛所成，上妙寶輪及衆寶華清淨摩尼以爲嚴飾，諸色相海無邊顯現。如是以下直至一切佛土不思議劫所有莊嚴，悉皆含容顯現，中間兩紙已來經，是歎佛境界所有莊嚴，又下文華藏世界品廣說如此莊嚴，則是如來自身實報之所莊嚴，非如此涅槃經中以佛神力爲衆生故暫化令淨。所以然者，爲此涅槃經來衆三乘根衆雜故，若不以佛神力持，無功自見。如《華嚴經》中，一乘根純無有雜衆，如聲聞爲根別故，在其會內元來不見，經中雖然還有以佛神力，下文還有，法如是故。又言佛神者，應眞曰神，非同實是凡夫加令暫見，名之曰神，當知華藏莊嚴本明實報，涅槃神力暫爾權施，又涅槃經推佛淨土在於西方過三十二恆河沙佛土之外，不在此處，故即明知，是化非爲實故。

三、大會來衆別者，說此大涅槃經，所有來衆總是人天種性，三乘之衆皆是憶念如來涕淚盈目，荷奉香薪，嗟苦悲哀，戀承佛日，如是等衆，宜堪聞佛滅度之衆，除諸一乘菩薩入佛智等衆，餘皆例然，華嚴經所來之衆，皆性智海中佛果位內諸菩薩衆，純是一乘，更無別種，人天神衆皆悉同根，入佛智流具佛知見，初會之中十佛世界微塵等諸菩薩衆，皆從如來善根海生，善根海者，則是如來法身智海大智所生，一切諸佛以法身根本智以爲根本所生，若不如是，所有行門總屬有爲。如此之衆，從初發心入佛智海，寄治十信、十住、十行、十迴向十地等覺六位，淺深行相，差別不同，《涅槃》三乘同攝，人天善種同來至會。《華嚴經》三乘之衆不霑其會，設在會內如聾不聞，當知《涅槃》會三乘菩薩聲聞人天衆，不同《華嚴》，此是一乘位中菩薩衆也。初發心位階同佛位，入佛智流同佛知見，爲眞佛子也。

四、所建法輪主伴別者，《涅槃經》勸請之首，即是迦葉菩薩文殊師利菩薩師子吼菩薩舍利弗等，爲法軌度勸請之首，魔王波旬勸請如來入涅槃，如《華嚴經》建法之首，即是普賢文殊覺首法慧功德林金剛幢金剛藏等，如是十首、十慧、十林、十幢、十藏，佛果位內大菩薩等，建立五位佛果之行相法門故，以諸位明位位中有佛果故，故如華嚴經所有建立法度問答諸菩薩，皆是十方此土諸菩薩衆，盡是神洞眞源智齊法界，十方應現，不來而到，不去而至，稱法性之施設，非往來之所致，纖塵之內，乃有無盡身雲，微毫之中，顯現難思相海，十方法界一切皆然，一切處忽然而有無所從來，忽爾而無亦無所去，於一切處一切時，於有情身相境界山河大海十方虛空，示現色像，有無自在，無盡重重，皆是如是大菩薩衆，是故不同涅槃經中迦葉菩薩聲聞舍利弗，生在人家，示同凡位，引彼三乘之種，見佛涅槃而生悲感，涕流盈目而來集會。

五、所來之衆聞法別者，此《涅槃經》，爲諸聲聞二乘權敎菩薩，行諸觀行，未離執障，樂著諸行，執持行相，於此行相迷無作法身無證無修本來自體也。以行修生修顯建立菩提涅槃能所等證，如來爲此根故，於此涅槃經說諸行無常是生滅法生滅滅已寂滅爲樂，所行善行及能證菩提，是生法故，所證涅槃，是滅法故，既心存能所，生滅不休，以生滅不休，便滯眞理，今此涅槃經中故說諸行及能證菩提所證涅槃，二俱滅故方應眞理，故諸行無常是生滅法生滅滅已寂滅爲樂。是故如來隱身不現，及諸能所心盡，名大涅槃。二乘涅槃可有能所有修有證，是故名爲有爲無漏，是故如來涅槃無有能所。是故《涅槃經》中，純陀向文殊師利菩薩言，莫謂如來同於諸行，復次文殊師利，爲知而說不知而說，而言如來同於諸行，若言如來同於諸行，則不得言於三界中爲人天中自在法王，是故《大涅槃經》令彼三乘，令知諸行菩提能證所證涅槃悉是無常，生者本無不證諸滅，無行無修名大涅槃，是名圓寂。是故《涅槃經》令諸三乘樂著行者離行離修，有所證者令行無證無修。如《華嚴經》，所有他方來衆此土人天霑其會位，從始發心即達理事自在理行無礙，文殊理普賢行，一時頓印如印印泥，一時頓印無有先後中間等，皆依本法，法爾合然。若存始終，因果先後，皆是凡情，皆是生滅，有成有壞，皆是隨根破繫不開成佛正宗，諸教引生之門，皆入華嚴理智果海，方爲契當，教門明著龜鏡宛然，宜可遍攬經文觀智隨照，豁然開悟智日雲披，頓陟妙峯，俄登智海，凡聖二見因定水而滌除，悲智二門，以法身而方現。此《華嚴經》直爲最上大心者說，如將寶位直受凡庸，如夜夢千秋覺已隨滅，如《涅槃經》所說雪山有草，名曰肥膩，牛若食者，純得醍醐，無有青黃赤白黑色，最上大心者亦復如是，頓見佛性便成正覺，不從小位漸漸而來，是故今言來眾聞法別，以涅槃經攝末從體，未論智慈眞俗並用無礙。

六、報土淨穢所居別者，《涅槃經》佛報土指在西方，過三十二恆河沙佛土有釋迦報土，爲三乘權學垢淨未亡，見此娑婆穢惡不淨，如來於是權指報土在於西方，《華嚴》實教法門，則此娑婆世界清淨無垢，十方世界清淨無瑕，爲實教菩薩垢淨盡故，境界純淨，權教菩薩無垢淨處自生穢故，故指報土在於西方。

七、佛身權實別者，如《涅槃經》中，三十二相如來是權，涅槃圓寂眞理是實，爲一切報相無量莊嚴皆依眞而有故，如《華嚴經》，毘盧遮那佛理事無二，不壞法身而隨相海，無量無盡，即相即性，即報即理，如光如影，自在無礙，且略明權實，廣待下文。

八、出生滅度現相別者，此《涅槃經》，爲諸人天聲聞緣覺二乘之人，施設從兜率天降神受生及入涅槃八相成道，亦爲諸大乘菩薩，說不從兜率天降神母胎，說常樂我淨無始無終不生不滅，然且隱身不現，仍推報土在於西方，去此三十二恆河沙，佛土之外，有釋迦報土，以此娑婆則爲化土穢境有此事別引彼權根。《華嚴經》即不然，直示本身本法出超情見，無始無終三世相絕，一圓眞報，不生不滅，不常不斷，性相無礙自在果海法門，直受上根人，教門行相勢分如是，不同權學依次第漸漸而成，只如蹬峯九仞，不可以絕其蹤，履十層之級者，不可以亡其跡，常見官階一品，但以爲臣，聞古士夫忽有身登九五，明珠頓照普見無方，澤淋大海渧渧皆滿，一塵空性，法界無差，品類有情強生留繫，根器不等權實不同，以此教門千差萬別，須知權實識假修眞，不可久滯權宗迷其實教者也。

九、示教行相別者，如《涅槃經》，十地菩薩於《如來性品》中說，菩薩位階十地，尚不了了知見佛性，則從凡夫十信心後十住之位，小分而見如來之性，安立十住十行十迴向十地階降，漸漸而修，等覺位中方明果行，圓滿妙覺之位，方是如來，亦說雪山有草名曰肥膩，牛若食者，純得醍醐，無有青黃赤白黑色，亦復說頓成之教，當知此經還有五乘六乘七八九十乘等法門種性。又此經中餘聲聞乘緣覺乘外有三種菩薩乘，通彼二乘爲五乘也。并取人天五戒十善，即爲六乘七乘故，又三乘之人同聞各得自法互參有九乘，其三種菩薩乘行相云何，一修無我法門乘，二從十住至十地漸見佛性乘，三如雪山肥膩草牛若食者純得醍醐乘，不從乳酪生熟蘇等漸漸方成。《如來性品》中說，菩薩摩訶薩既見性已咸作是言，甚奇世尊，我等流轉無量生死，常爲無我之所惑亂，即是《法華》《華嚴經》中說，有諸菩薩經無量劫修六波羅蜜得六神通，讀誦通利八萬四千法藏，猶故不信此深經典，是其例也。所得神通不依性起，爲修眾善及無我等觀，報勝諸天。又如北越單人，先世亦修無我所觀，報生彼國，壽千年衣食自然，粳米七寸火珠熟之，香所及處皆來共食，無有佛法，不得解脫，皆是過去行解訛謬，故致斯咎，令其所得永不得亡，如此涅槃經，都會人天外道三乘差別，畢竟皆歸佛性涅槃圓寂無性眞理，未示報相無自他，圓該理事智用無礙重重，仍立自他淨穢等別。故說釋迦報土過西方三十二恆河沙之剎，由根未全堪教從根設引，彼三乘有繫直彰，佛性圓寂眞如理門，未得示報相重重，礙諸有見，便生惑著，便障法身。如《涅槃經》中十地後佛果法門，乃是《華嚴經》中十住初心之所見處，即雪山之草名爲肥膩，牛若食者純得醍醐，無有青黃赤白黑色。如《華嚴經》中，十住菩薩初心見道，頓見自他無始無終無古無今本來是佛，身心性相本是佛生，以此佛門以爲解脫，乘如來乘直至道場，善財童子，一萬諸龍六千比丘，五百優婆塞，五百優婆夷，五百童子，五百童女頓彰五位，總齊佛果理智之門，初住則十地，初住即佛位，若初住不即佛位者，如世卿臣從初九品至階一品但得名臣不得名王，當知權教，安立五位諸地次第，一一而蹬至三祇之滿劫，但爲菩薩不名爲佛，不名爲乘如來乘直至道場，但爲修無我觀，悲勝二乘，不見佛性，名爲菩薩，若小見性者亦得佛乘，如大海中一毫之渧乃至多渧，一一渧中皆得大海，如是菩薩五位之中十住十地，一一位內皆有佛果，如彼海水一毫之滴，不離佛性行諸行故，以彼佛性而有進修，如《華嚴經》，直以佛全果不動智等十智如來，示凡信修，如有凡夫頓昇寶位，身持王位遍知臣政，一切群品無不該含。《華嚴經》中法門菩薩行相亦復如是，從初發心十住之始，頓見如是如來法身佛性無作智果，遍行普賢一切萬行，隨緣不滯悉皆無作，涅槃經云，佛性非是作，但爲客塵煩惱所覆故，今從十住初位，以無作三昧自體應眞，煩惱客塵全無體性，唯眞體用，無貪嗔癡任運即佛，故一念相應一念成佛，一日相應一日成佛，何須劫數漸漸而修，多劫積修三祇至果，心緣劫量見障何休，諸佛法門本非時攝，計時立劫非是佛乘。

十、從初爲友軌範別者，如《涅槃經》中說，雪山童子遇羅剎而發心，重半偈而輕命，聞諸行無常是生滅法生滅滅已寂滅爲樂。言佛性涅槃，不可以行修，不可以心證，爲不可以行修，行是有爲，是無常故，不可以心證，有能所故，是故行不可以修其性，心不可以證其理，爲心則性更無能所故。是故純陀言，莫謂如來同於諸行。如《華嚴經》善財童子所立軌範，從文殊師利發菩提心，至末後普賢菩薩，五十三善知識，一一皆云，我光發阿耨多羅三藐三菩提心，云何教我學菩薩道行菩薩行，不云諸行無常等事。何以故？爲此《華嚴經》明緣起法界門，理事無二，無緣不寂，無事不眞，十方世界一眞性海，大智圓周爲國土境界，總爲性海爲一眞法界，非有情無情隨業說故，爲華嚴中純眞境界總爲智故，十住菩薩以慧爲國，十行菩薩以智爲國，十迴向十地以妙爲國，不說情與無情二見差別，以華嚴經爲彰本法異三乘權學教故，是無情是有情，有生有滅故，是故涅槃經中，以雪山童子說諸行無常者，三乘根種性行下劣故，佛令以行調柔折伏麁惡方堪入道，便於所說計行成實，障無作性廢契眞理，以是義故，說諸行無常能所證亦是生滅法，不同善財一念發心，頓無能所，了三世性，性絕古今，自覺自心本來是佛，不成正覺不證菩提，身心性相無證修者，不成不壞本來如是，隨緣動寂不壞有無，所行諸行皆唯智起，是故不說諸行無常。

一種同者，如《涅槃經》中，雪山肥膩草喻，又如《光明遍照高貴德王菩薩品》說，一切衆生皆有佛性，佛法衆僧無有差別，三寶性相常樂我淨，一切諸佛無有畢竟入於涅槃，華嚴經云，如來不出世，亦無有涅槃。如《涅槃》中，訶二乘曲見，佛從兜率天宫降神處胎，是八相成道皆爲曲見，即如華嚴經智入三世而無來往，十方諸佛以無古今性成大菩提，一念見道古今見盡，新故總無，還同已前億千劫佛不可說劫佛，一時成佛，亦與未來不可說劫佛一時成佛，以自證見三世無時故，以無時故即無去來，設使衆生不自見知自己身心本來正覺，自己身心正覺全德本無有滅，設有衆生若自見，知自己身心本來正覺，於自正覺本來無生，本如是故，本無能覺所覺者故，若有覺者還如是覺，本無能覺及所覺者故，如是本覺佛之境界，無凡無聖，無定無亂，不修不證，不智不愚，不生不滅，三乘權教爲下劣者說引來至此華嚴實教，頓受佛門。《涅槃經》雖說佛性法身理與華嚴共同，所説報土佛身及相智用全別，如前十門準知，只如《法華》《涅槃》兩部之教，雖化佛所爲，皆欲令彼二乘及人天種類，成就一乘之法，是故《法華》經中，破三乘遠繫故，令龍女以其本法剎，那之際便得菩提，涅槃經，破闡提之無佛性故，令屠兒廣額賢劫之中而成正覺，又雪山肥膩草牛若食者純得醍醐，不作乳蘇方成妙藥，一下直頓，體不變移。如彼龍女所得之果，此《法華》涅槃二部之教，勢分大義，皆令三乘捨權入實成就法界一實眞門。自餘諸教，皆方便說。設有但論理事，少分而談，於中事儀不能全具，唯是《華嚴》法界毘盧遮那根本佛門，理事性相，輪圓具足，諸餘漸學究竟總歸，時諸學者隨路流滯，隨於權教於中繫者多劫，方迴種性下愚自生艱難，非是聖旨故致如斯。

問曰，如《涅槃經》中屠兒廣額賢劫之中而成正覺者，如佛所說，賢劫之中千佛出世，於中定數，教有明文，更著廣額一人，千數有剩，云何數内重成佛耶？

答曰，三乘權學繫未亡者，重成不得，至其體達三世盡劫佛皆總一時同成正覺，本無先後無妨礙，爲法本體性無時故，凡情橫繫妄作時生，妄見網中見佛出世，而實諸佛應眞會本無出無沒，是故《華嚴經》云，諸佛不出世亦無有涅槃，諸佛但自體應眞，任性圓寂，稱性緣起，對現色身無來無去，無造作故。

第十，《大方廣佛華嚴經》，即以此經名根本佛乘爲宗。又以因圓果滿法界理事自在緣起無礙爲宗，爲此經名《大方廣佛華嚴經》，還以佛乘爲宗，此經說毘盧遮那自體智悲果德，普示衆生，還令大心衆生信佛果德用成因位，既生信已，還修理智萬行，大悲果德用成初證，初發心時便成正覺，理行雙修使體用自在不二，理不孤行，長其偏見，此經有十種甚深廣大無比法與諸經別。

一、是一切諸佛自體根本理智大悲，法界圓滿無限之乘，非是三乘權施設故，甚深廣大無比。

二、佛身即是法報本身無量相海之所莊嚴，一一毛孔含容法界，一切境界重重無盡，甚深廣大無比。

三、此經說一切諸佛本報國土十蓮華藏世界海一一蓮華藏最下世界皆有十佛世界微塵數廣大刹清淨莊嚴，一一廣大刹復有十佛世界微塵數諸小刹眷屬圍遶，已上倍倍增廣，一一華藏世界皆滿虛空，互相徹入重重無盡，甚深廣大無比。

四、此經說有菩提樹，高顯殊特金剛爲身，琉璃爲幹，眾雜妙寶以爲枝條，寶華雜色摩尼爲果，與華間列，遶金剛藏菩薩身中所現菩提樹，其身周圍十萬三千大千世界，高百萬三千大千世界，枝條廣狹與樹相稱廣大無比。

五、此經說普光明殿包含法界眾妙實飾光影重重眾寶樓閣臺榭階砌莊嚴皆光映徹，遍周法界廣大無比。

六、此經有一切處文殊師利一切處，普賢體用相徹充滿法界，理事無礙纖塵之內行海無盡甚深廣大無比。

七、此經有如來於刹那際從兜率天降神母胎成佛說法化終涅槃，然不癈報身常居菩薩眾海充遍十方無盡身雲皆眞金色目髮紺青身色光明互相照徹，如是眾海，皆齊法界十方無間，無有纖虛空缺之處，體徹相入色像重重無妨無礙，隨所宜堪對現色身，令諸眾生發菩提心，而無失時，如是眾海皆廣大無比。

八、此經若有大心眾生，於此法門深生信心，不讀餘經，深明體用，以小方便疾得菩提，初發心時十住之首，位齊佛果，如來出現品中說云，設有菩薩於無量百千那由他劫行六波羅蜜修集種種菩提分法，若未聞此如來不思議大威德法門，或時聞已不信不解不順不入，名爲假名菩薩，以不能生如來家故，若得聞此如來無量不可思議無障無礙智慧法門，已信解隨順悟入，當知此人生如來家，隨順一切如來境界，又下文，佛子，菩薩摩訶薩成就如是功德，少作功力得無師自然智，普賢菩薩言，見佛聞法不生信者，亦成解脫智種，作食少金剛等喻，廣如經說，此經有如是大威德不思議法門，超諸三乘廣大無比。

九、此經有表法之首，善財童子不離一念而經一生，不離一處遍至十方，經歷五十三善知識，得一百一十城之法門，一一菩薩法門諸藝行相身色形貌攝生之軌，皆齊法界具足無盡，廣大行門不離一生便成正覺，更無始終前後之際，則廣大如法界，究竟如虛空，如是廣大無比。

十、此經有十佛境界十無盡法門、十智、十地、十身、十眼、十耳、十鼻、十辯十寶、十山王、十龍王、十刹塵、十海，一一各具十不可說境界譬喻無盡法門廣大無比。

【略】

判教論

長者李通玄撰《新華嚴經論》卷三　第二明依宗教別者。夫大覺出興，稱眞智而自在，法身無際，等群品以同軀。任器現形應根施教，如空谷響應擊成音。谷響無心，亦無處所，但以隨緣而能普應，如來設教，亦復如是。稱自根緣得自心之法，隨增廣而成熟之，亦無常宗而成立教，對病施藥，病痊藥除，一念之間雨無量法，稱周法界對現色身，法既無窮宗教無盡，無前後際普備諸根，但爲眾生自分前後，且如毘盧遮那之教無始無終，稱性無方，無斷無絕，隨其根類，自見入胎出家說始終教行入寂涅槃，其實如來本不如是，即《〈法華〉經》亦說，吾從成佛已來，經無量阿僧祇劫，以性海圓智一念即無量劫也。如是圓智何有前後者焉？【略】但隨一期同而且異，約立先德十家之教約爲軌範。餘可准知。

第一，後魏菩提留支立一音教。第二，陳朝眞諦三藏立二教。第三，後魏光統律師立三種教。第四，齊朝大衍法師立四種教。第五，護身法師立五種教。第六，陳朝南嶽思禪師智者等立四教。第七，新羅國元曉法師造此經疏，亦立四教。第八，唐朝吉藏法師立三種教。第九，梁朝光宅寺雲法師立四教。第十，唐朝江南印法師立二教。

第一，後魏菩提留支立一音教者，謂一切聖教唯是如來一圓音教，但隨根異，故種種差殊，如經一雨所潤等。經云，佛以一音演說法，衆生隨類各得解。

第二，陳朝眞諦三藏立二教者，謂一漸，二頓，約漸悟菩薩大由小起，所設具有三乘之教名爲漸，即《涅槃》等經。若約直往頓機大不由小起，所設教唯菩薩乘，故名爲頓，即《華嚴經》是。大遠法師亦同此說。

第三，後魏光統律師承習佛陀三藏立三種教者，一漸，二頓，三圓。光法師釋意，一爲根未熟，先說無常後乃說常，先說空後說不空等，如是漸次名爲漸教。二爲根熟之輩於一法中具足演說一切法，謂常與無常空不空等教，一切具說，更無由漸故名爲頓。三爲上達之人分契佛境者說於如來解脫無礙究竟果德圓極祕密自在法，門故名圓，教於前二教之上分爲三教。

第四，齊朝大衍法師立四教者，一、因緣教，謂小乘薩婆多等部。二、假名教，謂《成實論》及經部等，三、不眞教，謂《般若》說即空理明一切不實等。四、眞宗，謂華嚴涅槃法界眞理佛性等。

第五，護身法師立五教者，爲於前四教內，眞如佛性以爲眞教，即《涅槃經》是。第五法界教，即《華嚴經》明法界自在無礙門是。

第六，陳朝南嶽思禪師智者禪師等立四教者，一、三藏教，亦名小乘教，如《〈法華〉經》云，亦不親近貪著小乘三藏學者。《智論》中小乘爲三藏，大乘爲摩訶衍藏。二名通教，亦名漸教，謂大乘經中通說三乘通備三根。又如《大品經》中乾慧地等通三乘者是。三名別教，亦名頓教，謂頓說大乘經中所說法門道理，不通小乘者是也。四謂圓教，亦名祕密教，說法界自在具足圓滿一即一切一切即一無礙法門，《華嚴》《〈法華〉經》等是也。

第七，唐朝海東新羅國元曉法師造此經疏亦立四教者，一、三乘別教，謂如四諦教緣起經等。二、三乘通教，謂如《般若》《解深密經》等。三、一乘分教，如《瓔珞經》及《梵網經》等。四、一乘滿教，謂如《華嚴經》普賢教，釋此四別，如彼疏中。

第八，唐朝吉藏法師立三種教者，謂三法輪。一、根本法輪，即《華嚴經》最初說。二、枝末法輪，即三乘等於後所說。三、攝末歸本法輪，即《〈法華〉經》四十年後說迴三入一之教。

第九，梁朝光宅寺雲法師立四教者，謂如《〈法華〉經》中，臨門三車即三乘，四衢道中所授大白牛車爲第四乘，以臨門牛車亦同羊鹿俱不得故。若不爾，長者宅內引諸子時，云此三車指在門外，諸子出宅即合得車，如何出已索本所指之車而不得故，後更索耶？故知是權同於羊鹿也。以是大乘權教方便說故，具釋如彼《〈法華〉疏》中。

第十，唐朝江南印法師立二教者。一、《釋迦經》，名屈曲教，以逐機性隨計說故。二、《華嚴經》，盧舍那十身平等教。彼法師立二教，略有四別。一、主別，謂彼釋迦化身所說，此舍那十身所說。二、處別，謂彼娑婆世界木樹草座上所說，此於蓮華藏世界寶樹金座上所說。三、衆別，彼與聲聞及菩薩說，此唯菩薩極位同說。四、說別，謂彼但是當方所說，此要十方同說，如《華嚴經》中說。

已上十家所釋，並依今唐朝藏法師所集，同異各是一家，並是當世英才，智超群品，皆爲統賢靈之法將，開佛日之明燈，不可是非加其名，但知仰敬其高旨，只如思智二德，位已昇堂，雲公演法，雨華亭下，悟靈山於即夕，法眼逾明，登果位於今辰，道齊遐古，只如佛說內外中間之言，遂即入定，後有五百阿羅漢，各解此言，佛出定後，同問世尊，誰當佛意？佛言，並非我意。諸人問佛，既不當佛意，將無得罪。佛言，雖非我意，各順正理，堪爲聖教，有福無罪。況此諸德所說各有典據。

然今唐朝藏法師，承習儼法師爲門人，立教深有道理，亦可敘其指趣。一、小乘教，二、大乘始教，三、終教，四、頓教，五、圓教。初小乘，可知。二、始教者，《深密經》中立第三時教，同許定性二乘俱不成佛故，今會總爲一教，此說未盡大乘法理，是故立爲大乘始教。三、終教者，定性二乘無佛性者及闡提，悉當成佛，方盡大乘至極之說故，立爲終教，然上始終二教並依地位漸次修成，俱爲漸教。四、頓教者，但一念不生即名爲佛，不從地位漸次而說，故立爲頓教。如《思益經》云得諸法正性者，不從一地至一地。《楞伽經》云，初地即八地，乃至無所有何次第，又下十地品中十地，猶如空中鳥跡，豈有差別也。具如《諸法無行經》等說。五、圓教者，得一位即一切位，一切位即一位故，十信滿心即攝六位成正覺等，依普賢法界帝網重重主伴具足故名圓教，如此經等說。藏法師作如是和會。

又西域戒賢，遠承彌勒無著，近踵護法難陀，依《深密經》《瑜伽》等論，立三種教。佛初鹿園說小乘法，雖說生空，猶未說法空眞理，以非了義，即《四阿含》等經是。第二時中雖依遍計所執自性說諸法空，然猶未說依他圓成唯識道理，故亦非了義，即諸部般若等教是。第三時中方就大乘正理，具說三性三無性等唯識二諦，方爲了義，即《解深密經》等。又此三位各以三義釋，一攝機，二說教，三顯理。且初唯攝聲聞，唯說小乘唯顯生空，二唯攝菩薩，唯說大乘，唯顯二空，三普攝諸機通說諸乘具顯空有，是故前二攝機顯理各有闕，故非了義，後一機無不攝教無不具理無不圓故，故爲了義。第二智光法師遠承文殊龍樹近稟提婆清辯，依《般若》等經《中觀》等論亦立三教，謂佛初鹿園爲諸小根說小乘法，明心境俱有。第二時中爲彼中根說法相大乘，明境空心有唯識道理，以根猶劣故，未能全入平等眞空，故作是說。第三時中爲上根說無相大乘，辯心境俱空平等一味，爲眞了義，又此三位亦三義，釋先攝機者，初時唯攝二乘人機，第二通攝大小二機，以此宗許一分二乘不向佛果，三唯攝菩薩通於漸頓，以諸二乘悉向佛果更無餘路故。二約教者，初說小乘，二說通三，後唯一乘，三約顯理者，初破外道自性故，說緣生法定是實有，二漸次破二乘緣生實有執，故說此緣生以爲假有，以彼怖畏此眞空故，猶存假有，而接引之，後時方就究竟大乘，說此緣生即是性空平等一味不礙二諦，是故法相大乘有所得等，屬第二教，非眞了義。

此三教次第，如智光論師說，此乃西國法將立教各有一途，皆詮聖教，在彼一方軌式，仰惟高旨未可僉量，但通玄自參聖教，以管窺天以述意懷，用呈後哲，準其教旨，略立十種教，總該佛日出興始終教意。何者爲十？第一時說小乘純有教，第二時說般若破有明空教，第三時說解深密經爲和會空有明不空不有教，第四時說楞伽經明說假即眞教，第五時說維摩經明即俗恆眞教，第六時說《法華》經明引權歸實起信教，第七時說涅槃經令諸三乘捨權向實教，第八時說《華嚴經》於剎那之際通攝十世圓融無始終前後通該教，第九共不共教，第十不共共教。

第一時說小乘純有教者，爲諸凡夫繫著世法以爲實有，隨於色塵作諸不善，以不善故墮於苦趣，還將有法嚮勸彼心，以戒防護制諸不善，故名純有教。於小乘中，還說無表性戒等通其大體，但隨根性用事不同，如二乘菩薩亦爾。經云，若人受佛戒則入諸佛位，亦以性戒論之，又云，如是千百億各接微塵眾俱來至我所者，初以報化身引接，後以令歸法身實報，若上根者，法身事理一時爲依本故。

第二時說《般若》破有明空教者，既說小乘實有，令成軌範制其身語意得住善法，則說生空等觀，方說法空教，破彼繫著，漸向法身。

第三時說《解深密經》爲和會空有教者，爲於前空有二教和會，令邊見者不滯空有二門，爲不空不有教，爲二乘人滅識證寂住寂無知，爲迴彼故，寄說第九阿陀那識爲純淨識。五六七八等識，常依彼九識以爲依止，凡愚不了妄執爲我，如水暴流不離水體，諸波浪等以水爲依。五六七八識，常以淨識爲依故，漸迴二乘之心達識成智，何故安立九識爲淨識者？爲二乘人久於生死業種六、七、八識有怖畏故，恐彼難信方便，於生死種外，別立淨識，漸漸引之，意欲使令留惑不滅使令悲智漸漸得生。《深密經》云，如是菩薩雖由法住以智爲依止，漸令空見者達識成智。

第四時說《楞伽經》，說假即眞教者，如《楞伽經》，直爲大乘根堪之者，頓說第八業種之識，名爲如來藏識，又云，得相者是識，不得相者是智，又經云，藏識海常住，境界風所動，此經直於無明業種，以明智門明與無明其性不二，起信論亦同此說，此教雖說無明業種成智，猶希出俗未現同纏也。

第五時說《維摩經》，即俗恆眞教者，爲《維摩經》中不以聲聞二乘及三乘菩薩爲知法者故，是以十大弟子，杜口於毘耶？彌勒光嚴，息芳言於法夕，此經破前四種教中菩薩聲聞染淨未亡常欣出俗，即以淨名，身居俗士，明即俗恆眞，壞彼淨相常懷染淨，故說無明有愛爲如來種等，使令三乘之眾淨相心亡，出俗入纏平等無礙，方明實德，爲有實宗，還現實報淨土，如佛以足指接地所現之土是也。爲三乘根劣藉佛神通，信劣土亡非自證故，自餘之意，前判教分宗門中已說，是故此《維摩經》名即俗恆眞教，故以文殊爲法身，以維摩詰明入纏之行，即以法身爲體，以行爲用，乃令體用自相問答，爲三乘樂學如如空理厭假修眞積行多生方成佛者，令歸法界性相理事因果同時，此經同別，前判教分宗門中已說。

第六時說《〈法華〉經》，引權歸實教者，爲羅漢隨空會寂，緣覺會十二緣生法皆無體性，六根識及名色、心、境三事自性無生，如是二人，皆心識滅，三界業滅，智慈不生。又爲析法明空，以空破惑，樂生淨土，及留惑潤生菩薩，並不了一切眾生無明諸惑，皆從一切如來根本性淨普光明無中邊智之所生，皆有淨土穢土自佛他佛欣厭等諸邪見，不稱眞障。引此三根令歸本智，故即以妙法蓮華，令知無明生死性本唯智體，性自無染，但迷悟不同，無有二性，以蓮華像之，引彼三根，令歸本故。是故《法華經》云，世間相常住。一如判教分宗門中已說。

第七時說《涅槃經》，令諸三乘捨權向實教者，爲餘三乘教中爲責慢故，爲不信故，說有情畢竟不得成佛，令起信進修行。於此經中，明一切有情皆有佛性如佛無異，但爲無明覆故不見，前爲三權末後是實，是三乘中修假眞如，及空教三祇之滿極是見性之初門，於中佛與迦葉菩薩問答，亦和會初成正覺時，爲大菩薩說法界法門時道理故，更有餘同別意，前判教分宗門中已說。《涅槃經》，是三乘中捨權就實，相盡見性之門。《法華》即是捨權就實法界緣起理事性相之門，一部之經俱三乘中第六時教，但爲化相門中說時前後故，分《涅槃經》爲第七時教，然其智境無有次第古今時也。

第八時說《華嚴經》。於剎那際，通攝三世及十世同圓融教者，如經說云，入剎那際三昧降神受生八相成道入涅槃，總不移時，爲依本性理智本無時故，非權依本也。故名爲入，非是本法性中而有出入三昧，以化儀軌則，施方便言，不可隨言，滯其化跡，令諸群品都無所歸。是故諸明人，莫隨其言言佛世尊一人入剎那際三昧，諸佛世尊常於法身智海，與眾生數等諸三昧門，應眾生見本無出入，應如是知，如來三昧出入之相，此經教門無始無終，是佛實報果德性相圓周，若求其頭尾長短始終路絕，該括諸教諸行，世間境界一切行解，依本總作一時一際法門，本如是故，該彼三世諸時，爲一際一剎那時故，猶如眾流皆歸海故，出此法外，別生情量，總是權門，非究竟說，如此法門佛不出世，亦無涅槃，爲依本法非情教故，依本法也。即無出入，依權學者，即說出世入般涅槃，從初發心十住之首，以三昧力頓印三界，三世一際諸法一味，解脫涅槃常寂滅味，更無始終，因果一際，諸性一性，諸智一智，諸相一相，諸行一行，三世一念，一念三世，乃至十世，如是等法自在無礙，此經法門無始無終，名爲常轉法輪，是故此經教門，依本安立以備大根，依本一際不立始終，爲非虛妄見故，入一總得餘，爲法界一際故，不同權學見未盡故，入餘總得一，爲法界體無礙故，如圓珠無方，如明鏡頓照，如虛空無隔，如響無依，如影不礙，如化人所生故，此法門者，是該括始終一際圓滿無礙無成無壞無出無沒常轉法輪，若人了得此法門者，佛智自然智無師智之所現前，爲此法無出沒故，還以自然無出沒智而自能得之，非情計思量之所能得也。一切權教法門，總在其中，一時而說，爲諸權教不出法界無三世故，各依自見無量差殊，此一乘教是始成正覺時說，若依情是最初成佛時說，若依智是無始終說。

第九共不共教者，爲說諸大乘經，人天三乘同聞得益各別。又《華嚴經》云，於一毛端處，及以一塵中，諸佛轉法輪，眾生解差別。又經云，菩薩在一小眾生身中，成等正覺轉法輪，度無量眾生，其小眾生不知不覺，此乃常與眾生共，及以大小乘共在佛海中，身之與心本無差別，然見佛不見佛，聞法不聞法，解脫知見，大小及苦樂，各各不同，是故名爲共不共教，又經云，入剎那際三昧，示現從兜率天降神母胎出現轉法輪入涅槃，此乃於無時之中諸眾生等自得時分，見初中後，於一音法內自得人天小乘大乘佛乘，自得道果，各各不同，見佛住劫受命長短，各自差別，而實如來性無造作無生無滅，然以無作法性無垢白淨之智，自體清淨與一切眾生本來體同，故稱眾生應聞，不違彼念，爲法性智本無造作者，以法性智自在故，能稱彼念令無失時，如是佛共法共智共時共身共心共乘，以知見解脫各各不共故，言共不共教，亦如五百聲聞共在華嚴會而如聾如盲，是其事也。

第十不共共教者，如《華嚴經》中，十方雲集諸來菩薩及佛國土所從來方不同各別，所共同聲說法總同聞法，獲益能同能別，又於會中，天龍八部人非人等各各差殊，同得聞毗盧遮那果德法門，具同具別自在，諸餘三乘亦有如是不共共教，準例可知，如是十教，總是如來於本法界一剎那際一時一聲，頓印如響，隨諸眾生自分根力漸頓不同，是故於今以圓數故略分十種教門，用彰進修解行差別，如上十時教門，總是如來無心三世智海一時說故，由根聞故，大小及時分差別自根而生。

三明教義差別者。夫三界大雄應眞寂寞，身心性相都無所爲，然以性起大悲稱法同體，從無作智隨緣教生，況一雨普滋任生各異，或名同而義別，即漸教十地圓教十地等，或言別而義同，十方世界法門，皆是四諦法門，或理事兩乖或體用相徹，或初或漸或頓或圓，法不自施依根教立，根羸即法劣，器廣即道圓，稱物所宜大小隨見，或同言而解別異語而齊知，當類所堪應時施設，或欒門前之駕，廢遊露地之乘，且約最上之徒及以漸漸之眾，粗陳十法義理差殊，使得始學之流不以滯權而妨實者也。其十門者。

一、佛日出興教主別，二、光明表法現相別，三、問答所詮主伴別，四、所示因圓果滿別，五、地位所行行相別，六、重令善財證法別，七、六位菩薩來眾別，八、所施法門理事別，九、與諸三乘得果別，十、所付法藏流通別。【略】

華嚴淨土義

李通玄《新華嚴經論》卷四 第五明地位所行相別者，凡發大乘心者，依其根品有六種乘，三種五位，十地差別行相不同，其名數如何？一、念佛願生淨土門，二、作淨土觀行所生淨土門，三、修空無我觀所乘門，四、和會有無觀智門，五、漸見佛性進修門，六、頓證佛性圓融門。修大乘者不離此六種所乘行相，何者？三種五位十地，一、修假詮假眞如等安立五位十地。二、分修分眞分證一分眞如安立五位十地。三、頓修頓，眞頓證佛境界圓滿眞如安立十地五位行相。此佛乘中，無假法言說名相總眞也。如是三種十地五位行相，向菩提者，行菩薩行者，滿佛果者，莫不總在其中。今以總舉，各以已所乘宗辨其權實，使令離障進修有功，不相誹毀，顯了差別令無疑悔，令進修者分明了知權實故，令成佛者不迍滯其功故。

一念佛力修戒發願力生於淨土者，是化淨土，非眞淨土，爲非見性及不了無明是一切如來根本智故，是有爲故，如《阿彌陀經》是也。

二作淨土，觀行所生淨土者，是化淨土，從心想生故，是有爲故，不見佛性本智慧故，則《無量壽觀經》是也。

三修空無我觀所乘門者，爲初說般若破凡夫實有二乘生空我執故，多修空法，有無俱空門爲空觀增勝故，雖行六波羅蜜修種種菩提分法得六神通，行菩薩行，福勝人天，不生佛家，不見佛性，爲析法明空，不了無明是如來智慧故。《華嚴經》亦同此訶責，如前已述，如《法華》經云，若持八萬四千法藏十二部經，爲人演說，令諸聽者，得六神通，亦未爲難，聽受此經，是則爲難，《法華經》成就佛乘故，非菩薩乘故。是故如來於《涅槃經》中說，一切眾生皆有佛性常樂我淨，有諸菩薩自悔過言，我於無量劫流轉生死，只爲無我之所惑亂故如此過故，迴心方可得見性達我是智，諸般若中有文殊師利菩薩爲問答者，皆論一分法身佛性道理，如文殊般若是也。若與聲聞爲問答者，多爲破二乘生空我執說法空故，與普賢問答者，多約行門，凡說法依根，但見問答主師可知，表裏準之可見。

三教論衡

宗密《原人論》 萬靈蠢蠢皆有其本，萬物芸芸各歸其根，未有無根本而有枝末者也。況三才中之最靈而無本源乎？且知人者智，自知者明，今我稟得人身而不自知所從來，曷能知他世所趣乎？曷能知天下古今之人事乎？故數十年中學無常師，博攷內外以原自身，原之不已，果得其本。然今習儒道者，秖知近則乃祖乃父，傳體相續，受得此身；遠則混沌一氣，剖爲陰陽之二，二生天地人三，三生萬物，萬物與人皆氣爲本。習佛法者，但云：「近則前生造業，隨業受報，得此人身；遠則業又從惑展轉，乃至阿賴耶識爲身根本。」皆謂已窮，而實未也。

然孔、老、釋迦皆是至聖，隨時應物，設教殊途，內外相資，共利群庶，策勤萬行，明因果始終；推究萬法，彰生起本末，雖皆聖意而有實有權，二教唯權，佛兼權實，策萬行，懲惡勸善，同歸於治，則三教皆可遵行；推萬法，窮理盡性，至於本源，則佛教方爲決了。

然當今學士各執一宗，就師佛者，仍迷實義，故於天地人物不能原之至源，余今還依內外教理推窮萬法，初從淺至深，於習權教者，斥滯令通而極其本；後依了教，顯示展轉生起之義，會偏令圓而至於末（末即天地人物），文有四篇，名原人也。

斥迷執第一（習儒道者）：

儒道二教説人畜等類，皆是虚無大道生成養育，謂道法自然生於元氣，元氣生天地，天地生萬物，故愚智貴賤貧富苦樂，皆稟於天，由於時命；故死後卻歸天地，復其虚無。然外教宗旨，但在乎依身立行，不在究竟身之元由，所説萬物不論象外，雖指大道爲本，而不備明順逆起滅染淨因緣，故習者不知是權，執之爲了，今略舉而詰之。

所言萬物皆從虚無大道而生者，大道即是生死賢愚之本，吉凶禍福之基，基本既其常存，則禍亂凶愚不可除也。福慶賢善不可益也。何用老莊之教耶？又道育虎狼、胎桀紂，夭顔冉、禍夷齊，何名尊乎？

又言萬物皆是自然生化非因緣者，則一切無因緣處悉應生化，謂石應生草，草或生人，人生畜等，又應生無前後，起無早晚，神仙不藉丹藥，太平不藉賢良，仁義不藉教習，老莊周孔何用立教爲軌則乎？

又言皆從元氣而生成者，則欻生之神未曾習慮，豈得嬰孩便能愛惡驕恣焉？若言欻有自然便能隨念愛惡等者，則五德六藝悉能隨念而解，何待因緣學習而成？

又若生是稟氣而欻有，死是氣散而欻無，則誰爲鬼神乎？且世有鑒達前生追憶往事，則知生前相續，非稟氣而欻有；又驗鬼神靈知不斷，則知死後非氣散而欻無，故祭祀求禱，典藉有文，況死而蘇者説幽途事，或死後感動妻子讎報怨恩，今古皆有耶？

外難曰：「若人死爲鬼，則古來之鬼塡塞巷路，合有見者，如何不爾？」

答曰：「人死六道，不必皆爲鬼，鬼死復爲人等，豈古來積鬼常存耶？」

且天地之氣本無知也。人稟無知之氣，安得欻起而有知乎？草木亦皆稟氣，何不知乎？

又言貧富貴賤賢愚善惡吉凶禍福皆由天命者，則天之賦命奚有貧多富少、賤多貴少，乃至禍多福少？苟多少之分在天，天何不平乎？況有無行而貴、守行而賤，無德而富、有德而貧，逆吉義凶、仁夭暴壽，乃至有道者喪、無道者興？既皆由天，天乃興不道而喪道？何有福善益謙之賞，禍淫害盈之罰焉？

又既禍亂反逆皆由天命，則聖人設教，責人不責天，罪物不罪命，是不當也！然則《詩》刺亂政，《書》讚王道，《禮》稱安上，《樂》號移風，豈是奉上天之意，順造化之心乎？是知專此教者，未能原人。

斥偏淺第二（習佛不了義教者）

佛教自淺之深，略有五等：一、人天教，二、小乘教，三、大乘法相教，四、大乘破相教（上四在此篇中），五、一乘顯性教（此一在第三篇中）。

一、佛爲初心人且説三世業報善惡因果，謂造上品十惡死墮地獄，中品餓鬼，下品畜生，故佛且類世五常之教（天竺世教，儀式雖殊，懲惡勸善無別，亦不離仁義等五常，而有德行可修例，如：此國斂手而舉，吐番散手而垂，皆爲禮也），令持五戒（不殺是仁，不盜是義，不邪淫是禮，不妄語是信，不飲噉酒肉，神氣清潔益於智也），得免三途，生人道中，修上品十善及施戒等生六欲天，修四禪八定生色界、無色界天（題中不標天鬼地獄者，界地不同，見聞不及，凡俗尚不知末，況肯窮本？故對俗教且標原人，今敘佛經，理宜具列），故名人天教也（然業有三種：一惡，二善，三不動，報有三時：謂現報，生報，後報）。

據此教中，業爲身本，今詰之曰：既由造業受五道身，未審誰人造業、誰人受報？若此眼耳手足能造業者，初死之人眼耳手足宛然，何不見聞造作？若言心作，何者是心？若言肉心，肉心有質，繫於身內，如何速入眼耳辨外是非？是非不知，因何取捨？且心與眼耳手足俱爲質閡，豈得内外相通運動應接同造業緣？若言但是喜怒愛惡發動身口令造業者，喜怒等情乍起乍滅，自無其體，將何爲主而作業耶？設言不應如此，別別推尋，都是我此身心能造業者，此身已死誰受苦樂之報？若言死後更有身者，豈有今日身心造罪修福，令他後世身心受苦受樂？據此則修福者屈甚，造罪者幸甚，如何神理如此無道？故知但習此教者，雖信業緣，不達身本。

二、小乘教者，説形骸之色、思慮之心，從無始來因緣力故，念念生滅相續無窮，如水涓涓，如燈焰焰，身心假合似一似常，凡愚不覺執之爲我，寶此我故，即起貪（貪名利以榮我）、瞋（瞋違情境恐侵害我）、癡

（非理計校）等三毒，三毒擊意，發動身口造一切業，業成難逃，故受五道苦樂等身（別業所感），三界勝劣等處（共業所感），於所受身還執為我，還起貪等造業受報，身則生老病死，死而復生，界則成住壞空，空而復成（從空劫初成世界者，頌曰：空界大風起，傍廣數無量，厚十六洛叉，金剛不能壞，此名持界風，光音金藏雲，布及三千界，雨如車軸下，風遏不聽流，深十一洛叉，始作金剛界，次第金藏雲，注雨滿其內，先成梵王界，乃至夜摩天，風鼓清水成，須彌七金等，滓濁爲山地，四洲及泥犁，鹹海外輪圍，方名器界立，時經一增減，乃至二禪福，盡下生人間，初食地餅林藤，後粳米不銷，大小便利，男女形別，分田立主求臣佐，種種差別，經十九增減，兼前總二十增減，名爲成劫，議曰：空界劫中，是道教指云虛無之道，然道體寂照靈通，不是虛無，老氏或迷之、或權設，務絕人欲，故指空界爲道，空界中大風，即彼混沌一氣，故彼云道生一也。金藏雲者，氣形之始，即太極也。雨下不流，陰氣凝也。陰陽相合，方能生成矣！梵王界乃至須彌者，彼之天也。滓濁者地，即一生二矣！二禪福盡下生，即人也。即二生三，三才備矣！地餅已下乃至種種，即三生萬物，此當三皇已前穴居野食，未有火化等，但以其時無文字記載故，後人傳聞不明，展轉錯謬，諸家著作種種異說，佛教又緣通明三千世界，不局大唐，故內外教文不全同也。住者住劫，亦經二十增減，壞者壞劫，亦二十增減，前十九增減壞有情，後一增減壞器界，能壞是火水風等三災，空者空劫，亦二十增減，中空無世界及諸有情也）。

劫劫生生輪迴不絕，無終無始如汲井輪（道教只知今此世界未成時一度空劫，云虛無、混沌、一氣等，名爲元始，不知空界已前，早經千千萬萬遍成住壞空，終而復始，故知佛教法中，小乘淺淺之教，已超外典深深之說），都由不了此身本不是我，不是我者，謂此身本因色心和合爲相，今推尋分析，色有地水火風之四大，心有受（能領納好惡之事）、想（能取像者）、行（能造作者念念遷流）、識（能了別者）之四蘊，若皆是我，即成八我，況地大中復有眾多？謂三百六十段骨，一一各別，皮毛筋肉肝心脾腎，各不相是，諸心數等亦各不同，見不是聞，喜不是怒，展轉乃至八萬四千塵勞。

既有此眾多之物，不知定取何者爲我？若皆是我，我即百千，一身之中，多主紛亂，離此之外，復無別法，翻覆推我，皆不可得，便悟此身，但是眾緣，似和合相，元無我人，爲誰貪瞋？爲誰殺盜施戒（知苦諦也）？遂不滯心於三界有漏善惡（斷集諦也）；但修無我觀智（道諦），以斷貪等，止息諸業；證得我空真如（滅諦），乃至得阿羅漢果，灰身滅智方斷諸苦。

據此宗中，以色心二法及貪瞋癡，爲根身器界之本也。過去未來更無別法爲本，今詰之曰，夫經生累世爲身本者，自體須無間斷，今五識闕緣不起（根境等爲緣），意識有時不行（悶絕、睡眠、滅盡定、無想定、無想天），無色界天無此四大，如何持得此身，世世不絕？是知專此教者，亦未原身。

三、大乘法相教者，說一切有情無始已來，法爾有八種識，於中第八阿賴耶識，是其根本，頓變根身器界種子，轉生七識，皆能變現自分所緣，都無實法，如何變耶？謂我法分別熏習力故，諸識生時變似我法，第六七識無明覆故，緣此執爲實我實法，如患（重病心惛，見異色人物也）、夢（夢想所見，可知）者，患夢力故，心似種種外境相現，夢時執爲實有外物，寤來方知唯夢所變，我身亦爾，唯識所變，迷故執有我及諸境，由此起惑造業，生死無窮（廣如前說），悟解此理，方知我身唯識所變，識爲身本（不了之義，如後所破）。

四、大乘破相教者，破前大小乘法相之執，密顯後真性空寂之理（破相之談，不唯諸部般若，遍在大乘經，前之三教依次先後，此教隨執即破，無定時節，故龍樹立二種般若：一共，二不共，共者，二乘同聞信解，破二乘法執故，不共者，唯菩薩解，密顯佛性故，故天竺戒賢、智光二論師，各立三時教，指此空教，或云在唯識法相之前，或云在後，今意取後）。

將欲破之，先詰之曰：所變之境既妄，能變之識豈真？若言一有一無者（此下卻將彼喻破之），則夢想與所見物應異，異則夢不是物，物不是夢，寤來夢滅，其物應在，又物若非夢，應是真物；夢若非物，以何爲相？故知夢時則夢想夢物，似能見所見之殊，據理則同一虛妄，都無所有，諸識亦爾，以皆假託眾緣，無自性故，故《中觀論》云，未曾有一法，不從因緣生；是故一切法，無不是空者，又云，因緣所生法，我說即是空。《起信論》云，一切諸法唯依妄念而有差別，若離心念，即無一切境界之相，經云，凡所有相皆是虛妄，離一切相即名諸佛（如此等文偏大乘藏），是知心境皆空，方是大乘實理，若約此原身，身元是空，空即是本。

今復詰此教曰：若心境皆無，知無者誰？又若都無實法，依何現諸虛妄？且現見世間虛妄之物，未有不依實法而能起者，如無濕性不變之水，何有虛妄假相之波？若無淨明不變之境，何有種種虛假之影？又前說夢想夢境同虛妄者，誠如所言，然此虛妄之夢，必依睡眠之人，今既心境皆空，未審依何妄現？故知此教但破執情，亦未明顯眞靈之性，故《法鼓經》云，一切空經是有餘說。（有餘者，餘義未了也。）《大品經》云，空是大乘之初門。

上之四教，展轉相望，前淺後深，若且習之自知未了，名之爲淺；若執爲了，即名爲偏，故就習人，云偏淺也。

直顯眞源第三（佛了義實教）

五、一乘顯性教者，說一切有情皆有本覺眞心，無始以來常住清淨，昭昭不昧了了常知，亦名佛性，亦名如來藏，從無始際，妄相翳之不自覺知，但認凡質故，耽著結業受生死苦，大覺愍之，說一切皆空，又開示靈覺眞心清淨全同諸佛，故《華嚴經》云，佛子，無一衆生而不具有如來智慧，但以妄想執著而不證得，若離妄想，一切智、自然智、無礙智，即得現前，便舉一塵含大千經卷之喻，塵況衆生，經況佛智，次後又云，爾時如來普觀法界一切衆生，而作是言，奇哉！奇哉！此諸衆生，云何具有如來智慧迷惑不見？我當教以聖道，令其永離妄想，自於身中得見如來廣大智慧，與佛無異。

評曰，我等多劫未遇眞宗，不解返自原身，但執虛妄之相，甘認凡下，或畜或人，今約至教原之，方覺本來是佛，故須行依佛行，心契佛心，返本還源，斷除凡習，損之又損，以至無爲，自然應用恒沙，名之曰佛，當知迷悟同一眞心，大哉妙門，原人至此（然佛說前五教，或漸或頓，若有中下之機，則從淺至深，漸漸誘接，先說初教，令離惡住善；次說二三，令離染住淨；後說四五，破相顯性，會權歸實，依實教修乃至成佛，若上上根智，則從本至末，謂初便依第五頓指一眞心體，心體既顯，自覺一切皆是虛妄，本來空寂，但以迷故，託眞而起，須以悟眞之智，斷惡修善，修善息妄歸眞，妄盡眞圓，是名法身佛）。

會通本末第四（會前所斥，同歸一源，皆爲正義）

眞性雖爲身本，生起蓋有因由，不可無端忽成身相，但緣前宗未了，所以節節斥之，今將本末會通，乃至儒道亦是（初唯第五性教所說，從後段已去，節級方同諸教，各如注說）。

謂初唯一眞靈性，不生不滅，不增不減，不變不易，衆生無始迷睡不自覺知，由隱覆故名如來藏，依如來藏，故有生滅心相（自此方是第四教，亦同破此已生滅諸相），所謂不生滅眞心與生滅妄想和合，非一非異，名爲阿賴耶識，此識有覺不覺二義（此下方是第三法相教中亦同所說），依不覺故，最初動念，名爲業相，又不覺此念本無故，轉成能見之識及所見境界相現，又不覺此境從自心妄現，執爲定有，名爲法執（此下方是第二小乘教中亦同所說），執此等故，遂見自他之殊，便成我執，執我相故，貪愛順情諸境，欲以潤我；瞋嫌違情諸境，恐相損惱，愚癡之情，展轉增長（此下方是第一人天教中亦同所說），故殺盜等心神乘此惡業，生於地獄、鬼、畜等中，復有怖此苦者，或性善者，行施戒等心神乘此善業，運於中陰入母胎中（此下方是儒道二教亦同所說），稟氣受質（會彼所說，以氣爲本），氣則頓具四大漸成諸根，心則頓具四蘊漸成諸識，十月滿足生來名人，即我等今者身心是也。故知身心各有其本，二類和合方成一人，天、修羅等大同於此。

然雖因引業受得此身，復由滿業故，貴賤貧富、壽夭病健、盛衰苦樂，謂前生敬慢爲因，今感貴賤之果，乃至仁壽殺夭、施富慳貧，種種別報，不可具述，是以此身或有無惡自禍、無善自福、不仁而壽、不殺而夭等者，皆是前生滿業已定，故今世不同，所作自然如然，外學者不知前世，但據目覩，唯執自然（會彼所說，自然爲本），復有前生少者修善，老而造惡；或少惡老善，故今世少小富貴而樂，老大貧賤而苦；或少貧苦老富貴等，故外學者不知，唯執否泰由於時運（會彼所說，皆由天命）。

然所稟之氣，展轉推本，即混一之元氣也；所起之心，展轉窮源，即眞一之靈心也。究實言之，心外的無別法，元氣亦從心之所變，屬前轉識所現之境，是阿賴耶相分所攝，從初一念業相，分爲心境之二，心既從細至麁，展轉妄計乃至造業（如前敘列）；境亦從微至著，展轉變起乃至天地（即彼始自太易，五重運轉乃至太極，太極生兩儀，彼說自然大道，如此說眞性，其實但是一念能變見分，彼云，元氣如此一念初動，其實但是境界之相），業既成熟，即從父母稟受二氣，與業識和合成就人身，據此則心識所變之境，乃成二分，一分即與心識和合成人，一分不與心識和合，即成天地山河國邑，三才中唯人靈者，由與心神合也。佛說內四大與外四大不同，正是此也。

哀哉！寡學異執紛然，寄語道流，欲成佛者，必須洞明麁細本末，方能棄末歸本，返照心源，麁盡細除，靈性顯現，無法不達，名法報身；應現無窮，名化身佛。

淨源《策門三道》 賢首判論

問，《華嚴》一眞法界，即《起信》一心源也。然心融萬有，便成四種法界，故圭峯以溥該諸教逈異諸教，唯就一心而談圓矣。然則《起信》以一心爲本源，賢首判之則曰心於終而兼於頓，且不該乎圓矣。與其圭峯之辭何其異也？今諸生心憤口悱，其來久矣。詎可默無言乎？

判教有差

問，圭峯之論《原人》也，始人天而終顯性，五教在焉。賢首之疏《華嚴》也，先小乘而後圓教，《五章》備矣。夫賢首即圭峯之祖也，圭峯乃賢首之裔也。何裔之跡同而判教之効異耶？然二師爲道義必有在。宜摭嘉言，以析兩端。

儒釋言性

問，專習三藏，不見域內之文，偏學六經，豈知方外之敎？然則周孔罕言性命，而佛祖之訓詳矣。且皇唐李習之宗乎孟軻，謂人之性善。杜紫微法於荀子，謂人之性惡。皇甫湜稽諸揚雄，謂人之性善惡混。韓氏又曰，上焉者善，下焉者惡，中焉者混。聖宋縉紳，如歐陽永叔章表民王陳而下，其說非一乎？義學窮子史究六經而諸賢之作，其孰與吾敎合焉。

六相圓融

澄觀《大方廣佛華嚴經疏鈔會本》卷八 [疏]言六相者，謂總相、別相、同相、異相、成相、壞相。此標列也。下釋云，總者是根本入者，以初一入無不攝故別者餘九入，別依止本，滿彼本故者，謂依一開九。無總，別不立，故云依止。由別，方成總，故云滿彼。同相者，入故者，同名入故。異相者，增相故者，九相漸增，不相似故成相者，略說故者，攢九緣以成一，略言標顯故。壞相者廣說故者，分一作九，九外無一。此九因緣，各住自相。不相成也又云，如世界成壞者，猶如世界多緣共成。其中事物，一一推徵。何者是界名壞。

[鈔]疏言六相者下，第四列名略釋。先須總識其相。一、總相者，一含多德故。二、別相者，多德非一故。三、同相者，多義不相違故。四、異相者，多義不相似故。五、成相者，由此諸義，緣起成故。六、壞相者，諸緣各住自性，不移動故。列名皆是《論》文。此標下，疏參釋之。欲分主客，先一時出《論》。《論》云，總者是根本入。別者餘九入。別依止本，滿彼本故。同相者入故。異相者增相故。成相者略說故。壞相者廣說故。如世界成壞，餘一切十句，隨義類知。釋曰，其中有疏，可以意得。疏九相漸增者，疏釋。如攝入是聞慧。思義（義，金作義，誤。）入是思慧。後後勝前故。以漸增爲不相似。言攢九緣成一者，成一入故。言分一作九者，九義不同，總入隨之，故無別一也。然準遠公，成壞二門，因上異相而有故。言成是略者，以彼異中，聞思修等，體不相應。是故隨彼九入，復成一入，故名爲略。壞是廣者，以彼異中，聞等九種，義不同故。總入隨之，分以爲九。故云廣也。亦可總則攬別而成。別則分總爲別。同則別別帶總。異則別別互乖。成則雙攬同異方成。若無異相，總不成故。如舍椽梁，總皆（皆，金作不，誤。）相似，終不成舍壞則唯別，各住自性。故此三對，歷然不同。

疏又云如世界下，《論》喻成壞。從猶如下，卽疏釋《論》。謂三輪、四大等，卽成刹之緣起。攬爲娑婆，故名爲成。就一分爲百億四天下，無別娑婆，稱之爲壞。非如世界二十劫成，二十劫壞。

疏 亦如梁等，共成一舍。總則一舍。別則諸緣。同則互不相違。異則諸緣各別。成則諸緣辨果。壞卽各住自法。

鈔 疏亦如梁等下，第五以喻總釋。卽賢首意。

疏 餘一切十句，皆應隨義類知。

鈔 疏餘一切十句下，第六舉例偏釋。卽《論》文也。

疏 別章廣顯。

鈔 疏別章廣顯者，卽第七指廣在餘。卽賢首《教義分齊》。彼唯三門。一、教興義。二、列（列，金作別，誤。）名略釋。三、問答料揀。前之二門，上已具竟。今但明問答。寄就一舍之上，辨其六相，例法可知。

問，何等是總相。

答云，舍是總相。

問，此但椽等，何者是舍。

答，椽等卽是舍。獨能作舍，故離卽不成。

若爾，未有瓦等，應卽是舍。

答，若未有瓦等，不是椽故。以無瓦等，對何說椽。若諸緣共出，少力共作，不全作者，有斷常過。但諸少力，不成一全舍故。舍則斷也。不成執有，是無因常。今去一椽，卽非全舍，明椽全成。椽卽舍也。由此全成，便令此椽，卽瓦栿等。以去於椽，卽舍便壞，則瓦栿等，亦皆壞故。故此諸緣，皆卽是椽，舍方善成。一緣既爾，餘緣亦然。故緣起法，不成則，已成則圓融。

第二別相者，椽等諸緣，別於總故。若不別者，總義不成。由無別時，則無總故。是故卽以總爲別也。

問，若總卽別，應不成總。

答，由卽別故，故得成總。如椽卽舍，故名總相。舍卽是椽，故名別相。若別不卽舍，不是椽故。若舍不卽椽，不是舍故。若不相卽，總在別外，卽非總也。別在總外，卽非別也。

問，若不別者，復有何過。

答，有斷常過。謂若無別，卽無椽等，舍不成故。無而執有，無因常故。下之四相，各有斷常。可以意得。

第三同相者，椽等諸緣，和合作舍，不相違故。皆名舍緣，非作餘物故。

若不同者，諸緣相背，則不同作，舍則不成，與總何別。

答，總相唯望一舍。同則諸緣互望，成力義齊。

第四異相者，椽等諸緣，隨自形類，相差別故。

問，異應不同。

答，由相各異，長短等殊。方爲舍緣，同力成舍。

此與別何異。

別相諸緣別於一舍。異則諸緣自互相望。

第五成相者，由此諸緣，舍義得成故。由成舍故，椽等名緣。不爾，二俱不成。問，現見諸緣，各住自性，何因得成。

答，由不作舍，舍方得成。以若作舍，失本緣故，舍不得成。今由不作，諸緣現在，故舍得成。又若不作舍，椽不名緣。今既名緣，明知作舍。

第六壞相者，椽等諸緣，各住自法，本不作故。若作舍者，卽失本法，舍則不成。由不作故，舍得成也。

又總卽一舍，別卽諸緣。同卽互不相違，異則諸緣各別，成則諸緣辨果，壞則各住自法。

乃爲頌曰，一卽具多名總相，多卽非一是別相，多類自同成於總，各體別異顯於同。一多緣起理妙成，壞住自法恒不作。唯智境界非事識，以此方便會一乘。六相之義，略已終矣。

三論學派部

論説

僧肇《肇論・宗本義》 本無、實相、法性、性空、緣會，一義耳。何則？一切諸法，緣會而生。緣會而生，則未生無有，緣離則滅。如其眞有，有則無滅。以此而推，故知雖今現有，有而性常自空。性常自空，故謂之性空。性空故，故曰法性。法性如是，故曰實相。實相自無，非推之使無，故名本無。言不有不無者，不如有見常見之有，邪見斷見之無耳。若以有爲有，則以無爲無。夫不存無以觀法者，可謂識法實相矣。雖觀有而無所取相，然則法相爲無相之相，聖人之心爲住無所住矣。三乘等觀性空而得道也。性空者，謂諸法實相也。見法實相故云正觀，若其異者便爲邪觀。設二乘不見此理，則顛倒也。是以三乘觀法無異，但心有大小爲差耳。漚和般若者，大慧之稱也。諸法實相，謂之般若；能不形證，漚和功也。適化衆生，謂之漚和；不染塵累，般若力也。然則般若之門觀空，漚和之門涉有。涉有未始迷虛，故常處有而不染；不厭有而觀空，故觀空而不證。是謂一念之力權慧具矣。一念之力權慧具矣，好思，歷然可解。泥洹盡諦者，直結盡而已，則生死永滅，故謂盡耳；無復別有一盡處耳。

僧肇《肇論・物不遷論》 夫生死交謝，寒暑迭遷，有物流動，人之常情。余則謂之不然。何者？《放光》云：「法無去來，無動轉者。」尋夫不動之作，豈釋動以求靜？必求靜於諸動。必求靜於諸動，故雖動而常靜；不釋動以求靜，故雖靜而不離動。然則動靜未始異，而惑者不同，緣使眞言滯於競辯，宗途屈於好異。所以靜躁之極，未易言也。何者？夫談眞則逆俗，順俗則違眞。違眞故迷性而莫返，逆俗故言淡而無味。緣使中人未分於存亡，下士撫掌而弗顧，近而不可知者，其唯物性乎！然不能自已，聊復寄心於動靜之際，豈曰必然！試論之曰：

《道行》云：「諸法本無所從來，去亦無所至。」《中觀》云：「觀方知彼去，去者不至方。」斯皆即動而求靜，以知物不遷，明矣。夫人之所謂動者，以昔物不至今，故曰動而非靜。我之所謂靜者，亦以昔物不至今，故曰靜而非動。動而非靜，以其不來；靜而非動，以其不去。然則所造未嘗異，所見未嘗同。逆之所謂塞，順之所謂通。苟得其道，復何滯哉！傷夫人情之惑也久矣，目對眞而莫覺。既知往物而不來，而謂今物而可往。往物既不來，今物何所往？何則？求向物於向，於向未嘗無；責向物於今，於今未嘗有。於今未嘗有，以明物不來；於向未嘗無，故知物不去。覆而求今，今亦不往。是謂昔物自在昔，不從今以至昔；今物自在今，不從昔以至今。故仲尼曰：「回也見新，交臂非故。」如此，則物不相往來，明矣。既無往返之微朕，有何物而可動乎？然則旋嵐偃嶽而常靜，江河競注而不流，野馬飄鼓而不動，日月歷天而不周。復何怪哉！噫！聖人有言曰：「人命逝速，速於川流。」是以聲聞悟非常以成道，緣覺覺緣離以即眞。苟萬動而非化，豈尋化以階道？覆尋聖言，微隱難測。若動而靜，似去而留。可以神會，難以事求。是以言去不必去，閑人之常想；稱住不必住，釋人之所謂往耳。豈曰去而可遣、住而可留也。故《成具》云：「菩薩處計常之中，而演非常之教。」《摩訶衍論》云：「諸法不動，無去來處。」斯皆導達群方，兩言一會，豈曰文殊而乖其致哉？是以言常而不住，稱去而不遷。不遷，故雖往而常靜；不住，故雖靜而常往。雖靜而常往，故往而弗遷；雖往而常靜，故靜而弗留矣。然則莊生之所以藏山，仲尼之所以臨川，斯皆感往者之難留，豈曰排今而可往？是以觀聖人心者，不同人之所見，得也。何者？人則謂少壯同體、百齡一質，徒知年往，不覺形隨。是以梵志出家，白首而歸。隣人見之曰：「昔人尚存乎？」梵志曰：「吾猶昔人，非昔人也。」隣人皆愕然，非其言也。所謂有力者負之而趨，昧者不覺。其斯之謂歟！是以如來因群情之所滯，則方言以辯惑，乘莫二之眞心，吐不一之殊教，乖而不可異者，其唯聖言乎！故談眞有不遷之稱，導俗有流動之說。雖復千途異唱，會歸同致矣。而徵文者聞不遷，則謂昔物不至今；聆流動者，而謂今物可至昔。既曰古今，而欲遷之者，何也？是以言往不必往，古今常存，以其不動；稱去不必去，謂不從今至古，以其不來。不來，故不馳騁於古今；不動，故各性住於一世。然則群籍殊文，百家異說，苟得其會，豈殊文之能惑哉？是以人之所謂住，我則言其去；人之所謂去，我則言其住。然則去住雖殊，其致一也。故經云：「正言似反。誰當信者？」斯言有由矣。何者？人則求古於今，謂其不住。吾則求今於古，知其不去。今若至古，古應有今；古若至今，今應有古。今而無古，以知不來；古而無今，以知不去。若古不至今，今亦不至古，事各性住於一世，有何物而可去來？然則四象風馳，璇璣電捲，得意毫微，雖速而不轉。是以如來，功流萬世而常存，道通百劫而彌固。成山假就於始簣，修途託至於初步，果以功業不可朽故也。功業不可朽，故雖在昔而不化，不化故不遷。不遷故，則湛然明矣。故經云：「三災彌綸而行業湛然。」信其言也。何者？果不俱因，因因而果。因因而果，因不昔滅；果不俱因，因不來今。不滅不來，則不遷之致明矣！復何惑於去留，踟躕於動靜之間哉？然則乾坤倒覆，無謂不靜；洪流滔天，無謂其動。苟能契神於即物，斯不遠而可知矣！

僧肇《肇論·不真空論》 夫至虛無生者，蓋是般若玄鑑之妙趣，有物之宗極者也。自非聖明特達，何能契神於有無之間哉？是以至人通神心於無窮，窮所不能滯；極耳目於視聽，聲色所不能制者，豈不以其即萬物之自虛，故物不能累其神明者也。是以聖人乘真心而理順，則無滯而不通；審一氣以觀化，故所遇而順適。無滯而不通，故能混雜致淳；所遇而順適，故則觸物而一。如此，則萬象雖殊而不能自異。不能自異，故知象非真象。象非真象故，則雖象而非象。然則物我同根，是非一氣，潛微幽隱，殆非群情之所盡，故頃爾談論，至於虛宗，每有不同。夫以不同而適同，有何物而可同哉？故眾論競作而性莫同焉。何則？心無者，無心於萬物，萬物未嘗無。此得在於神靜，失在於物虛。即色者，明色不自色，故雖色而非色也。夫言色者，但當色即色，豈待色色而後為色哉？此直語色不自色，未領色之非色也。本無者，情尚於無，多觸言以賓無。故非有，有即無；非無，無亦無。尋夫立文之本旨者，直以非有非真有，非無非真無耳。何必非有無此有，非無無彼無？此直好無之談，豈謂順通事實，即物之情哉！夫以物物於物，則所物而可物；以物物非物，故雖物而非物。是以物不即名而就實，名不即物而履真。然則真諦獨靜於名教之外，豈曰文言之能辨哉？然不能杜默，聊復厝言以擬之。試論之曰：

《摩訶衍論》云：「諸法亦非有相，亦非無相。」《中論》云：「諸法不有不無者，第一真諦也。」尋夫不有不無者，豈謂滌除萬物、杜塞視聽，寂寥虛豁，然後為真諦者乎？誠以即物順通，故物莫之逆；即偽即真，故性莫之易。性莫之易，故雖無而有；物莫之逆，故雖有而無。雖有而無，所謂非有；雖無而有，所謂非無。如此，則非無物也。物非真物。物非真物，故於何而可物？故經云：「色之性空，非色敗空。」以明夫聖人之於物也。即萬物之自虛，豈待宰割以求通哉！是以寢疾有不真之談，超日有即虛之稱；然則三藏殊文，統之者一也。故《放光》云：「第一真諦，無成無得；世俗諦故，便有成有得。」夫有得即是無得之偽號，無得即是有得之真名。真名故，雖真而非有；偽號故，雖偽而非無。是以言真未嘗有，言偽未嘗無。二言未始一，二理未始殊。故經云：「真諦、俗諦謂有異耶？答曰：無異也。」此經直辯真諦以明非有，俗諦以明非無；豈以諦二而二於物哉？然則萬物果有其所以不有，有其所以不無。有其所以不有，故雖有而非有；有其所以不無，故雖無而非無。雖無而非無，無者不絕虛；雖有而非有，有者非真有。若有不即真，無不夷跡，然則有無稱異，其致一也。故童子歎曰：「說法不有亦不無，以因緣故諸法生。」《瓔珞經》云：「轉法輪者，亦非有轉，亦非無轉，是謂轉無所轉。」此乃眾經之微言也。何者？謂物無耶？則邪見非惑；謂物有耶？則常見為得。以物非無，故邪見為惑；以物非有，故常見不得。然則非有非無者，信真諦之談也。故《道行》云：「心亦不有亦不無。」《中觀》云：「物從因緣故不有，緣起故不無。」尋理，即其然矣。所以然者，夫有若真有，有自常有，豈待緣而後有哉？譬彼真無，無自常無，豈待緣而後無也！若有不自有，待緣而後有者，故知有非真有。有非真有，雖有，不可謂之有矣。不無者，夫無則湛然不動，可謂之無。萬物若無，則不應起；起則非無。以明緣起故不無也。故《摩訶衍論》云：「一切諸法，一切因緣故應有；一切諸法，一切因緣故不應有。一切無法，一切因緣故應有；一切有法，一切因緣故不應有。」尋此有無之言，豈直反論而已哉！若應有，即是有，不應言無；若應無，即是無，不應言有。言有，是為假有，以明非無。借無，以辨非有。此事一稱二，其文有似不同。苟領其所同，則無異而不同。然則萬法，果有其所以不有不可得而有；有其所以不無不可得而無。何則？欲言其有，有非眞生；欲言其無，事象既形。象形，不即無；非眞，非實有。然則不眞空義，顯於茲矣！故《放光》云：「諸法假號不眞，譬如幻化人。非無幻化人，幻化人非眞人也。」夫以名求物，物無當名之實；以物求名，名無得物之功。物無當名之實，非物也；名無得物之功，非名也。是以名不當實，實不當名。名實無當，萬物安在？故《中觀》云：「物無彼此。」而人以此爲此，以彼爲彼。彼亦以此爲彼，以彼爲此。此、彼莫定乎一名，而惑者懷必然之志。然則彼此初非有，惑者初非無。既悟彼此之非有，有何物而可有哉？故知萬物非眞，假號久矣！是以《成具》立強名之文，園林託指馬之況。如此，則深遠之言，於何而不在！是以聖人乘千化而不變，履萬惑而常通者，以其即萬物之自虛，不假虛而虛物也。故經云：「甚奇，世尊！不動眞際爲諸法立處。」非離眞而立處，立處即眞也。然則道遠乎哉？觸事而眞！聖遠乎哉？體之即神！

僧肇《肇論・般若無知論》　夫般若虛玄者，蓋是三乘之宗極也。誠眞一之無差，然異端之論，紛然久矣。有天竺沙門鳩摩羅什者，少踐大方，研機斯趣。獨拔於言象之表，妙契於希夷之境；齊異學於迦夷，揚這風於東扇。將爰燭殊方而匿耀凉土者，所以道不虛應，應必有由矣。弘始三年，歲次星紀，秦乘入國之謀，舉師以來之意也。北天之運，數其然也。大秦天王者，道契百王之端，德洽千載之下，游刃萬機，弘道終日，信季俗蒼生之所天，釋迦遺法之所仗也。時乃集義學沙門五百餘人於逍遙觀，躬執秦文，與什公參定方等。其所開拓者，豈謂當時之益，乃累劫之津梁矣。余以短乏，曾厠嘉會，以爲上聞異要，始於時也。然則聖智幽微，深隱難測。無相無名，乃非言象之所得。爲試罔象其懷，寄之狂言耳，豈曰聖心而可辨哉！

試論之曰：《放光》云：「般若無所有相，無生滅相。」《道行》云：「般若無所知、無所見。」此辨智照之用，而曰無相、無知者，何耶？果有無相之知、不知之照，明矣。何者？夫有所知，則有所不知。以聖心無知，故無所不知。不知之知，乃曰一切知。故經云：「聖心無所知，無所不知。」信矣！是以聖人虛其心而實其照，終日知而未嘗知也。故能默耀韜光虛心玄鑒，閉智塞聰而獨覺冥冥者矣。然則智有窮幽之鑒而無知焉，神有應會之用而無慮焉。神無慮，故能獨王於世表；智無知，故能玄照於事外。智雖事外，未始無事；神雖世表，終日域中。所以俯仰順化應接無窮，無幽不察而無照功。斯則無知之所知，聖神之所會也。然其爲物也。實而不有、虛而不無。存而不可論者，其唯聖智乎。何者？欲言其有，無狀無名；欲言其無，聖以之靈。聖以之靈，故虛不失照；無狀無名，故照不失虛。照不失虛，故混而不渝；虛不失照，故動以接麤。是以聖智之用，未始暫廢；求之形相，未暫可得。故《寶積》曰：「以無心意而現行。」《放光》云：「不動等覺而建立諸法。」所以聖迹萬端，其致一而已矣。是以般若可虛而照，眞諦可亡而知，萬動可即而靜，聖應可無而爲。斯則不知而自知，不爲而自爲矣！復何知哉？復何爲哉？

難曰：夫聖人眞心獨朗，物物斯照；應接無方，動與事會。物物斯照，故知無所遺；動與事會，故會不失機。會不失機，故必有會於可會；知無所遺，故必有知於可知。必有知於可知，故聖不虛知；必有會於可會；故聖不虛會。既知既會，而曰無知無會者。何耶？若夫忘知遺會者，則是聖人無私於知會，以成其私耳。斯可謂不自有其知，安得無知哉？

答曰：夫聖人功高二儀而不仁，明逾日月而彌昏，豈曰木石瞽其懷？其於無知而已哉。誠以異於人者神明，故不可以事相求之耳。子意欲令聖人不自有其知，而聖人未嘗不有知，無乃乖於聖心、失於文旨者乎！何者？經云：「眞般若者，清淨如虛空，無知無見，無作無緣。」斯則知自無知矣，豈待返照然後無知哉？若有知性空而稱淨者，則不辨於惑智，三毒四倒亦皆清淨，有何獨尊於般若？若以所知美般若，所知非般若，所知自常淨，故般若未嘗淨，亦無緣致淨歎於般若。然經云「般若清淨」者，將無以般若體性眞淨，本無惑取之知。本無惑取之知，不可以知名哉。豈唯無知名無知，知自無知矣！是以聖人以無知之般若，照彼無相之眞諦。眞諦無兔馬之遺，般若無不窮之鑒，所以會而不差、當而無是。寂怕、無知，而無不知者矣。

難曰：夫物無以自通，故立名以通物。物雖非名，果有可名之物當於此名矣。是以即名求物，物不能隱。而論云「聖心無知」，又云「無所不知」。意謂無知未嘗知，知未嘗無知。斯則名教之所通，立言之本意也。然論者欲一於聖心，異於文旨。尋文求實，未見其當。何者？若知得於聖心，無知無所辨；若無知得於聖心，知亦無所辨；若二都無得，無所復論哉！

答曰：經云：「般若義者，無名無說，非有非無，非實非虛。」虛不失照，照不失虛，斯則無名之法，故非言所能言也。言雖不能言，然非言無以傳，是以聖人終日言而未嘗言也。今試爲子狂言辨之。夫聖心者，微妙無相，不可爲有；用之彌勤，不可爲無。不可爲無，故聖智存焉；不可爲有，故名教絕焉。是以言知不爲知，欲以通其鑒；不知非不知，欲以辨其相。辨相，不爲無；通鑒，不爲有。非有，故知而無知；非無，故無知而知。是以知即無知，無知即知。無以言異而異於聖心也。

難曰：夫眞諦深玄，非智不測。聖智之能，在茲而顯。故經云：「不得般若，不見眞諦。」眞諦，則般若之緣也。以緣求智，智則知矣。

答曰：以緣求智，智非知也。何者？《放光》云：「不緣色生識，是名不見色。」又云：「五陰清淨故，般若清淨。」般若即能知也。五陰即所知也。所知，即緣也。夫知與所知，相與而有，相與而無。相與而無，故物莫之有；相與而有，故物莫之無。物莫之無，故爲緣之所起；物莫之有，故則緣所不能生。緣所不能生，故照緣而非知；爲緣之所起，故知、緣相因而生。是以知與無知，生於所知矣。何者？夫智以知所知，取相故名知。眞諦自無相，眞智何由知？所以然者，夫所知非所知，所知生於知；所知既生知，知亦生所知。所、知既相生，相生即緣法，緣法故非眞。非眞，故非眞諦也。故《中觀》云：「物從因緣有，故不眞。不從因緣有，故即眞。」今眞諦曰眞，眞則非緣。眞非緣，故無物從緣而生也。故經云：「不見有法無緣而生。」是以眞智觀眞諦，未嘗取所知。智不取所知，此智何由知？然智非無知，但眞諦非所知，故眞智亦非知。而子欲以緣求智，故以智爲知。緣自非緣，於何而求知？

難曰：論云「不取」者，爲無知故不取？爲知然後不取耶？若無知故不取，聖人則冥若夜游，不辨緇素之異耶！若知然後不取，知則異於不取矣！

答曰：非無知，故不取；又非知，然後不取。知即不取，故能不取而知。

難曰：論云「不取」者，誠以聖心不物於物，故無惑取也。無取則無是，無是則無當。誰當聖心，而云聖心無所不知耶？

答曰：然。無是、無當者。夫無當，則物無不當；無是，則物無不是。物無不是，故是而無是；物無不當，故當而無當。故經云：「盡見諸法而無所見。」

難曰：聖心非不能是，誠以無是可是。雖無是可是，故當是於無是矣。是以經云「眞諦無相故般若無知」者，誠以般若無有有相之知。若以無相爲無相，有何累於眞諦耶？

答曰：聖人無無相也。何者？若以無相爲無相，無相即爲相。捨有而之無，譬猶逃峰而赴壑，俱不免於患矣。是以至人處有而不有，居無而不無。雖不取於有無，然亦不捨於有無。所以和光塵勞，周旋五趣，寂然而往，怕爾而來，恬淡無爲而無不爲。

難曰：聖心雖無知，然其應會之道不差。是以可應者應之，不可應者存之。然則聖心有時而生，有時而滅。可得然乎？

答曰：生滅者，生滅心也。聖人無心，生滅焉起？然非無心，但是無心心耳；又非不應，但是不應應耳。是以聖人應會之道，則信若四時之質。直以虛無爲體，斯不可得而生、不可得而滅也。

難曰：聖智之無、惑智之無，俱無生滅。何以異之？

答曰：聖智之無者，無知；惑智之無者，知無。其無雖同，所以無者，異也。何者？夫聖心虛靜，無知可無，可曰無知，非謂知無。惑智有知，故有知可無，可謂知無，非曰無知也。無知，即般若之無也；知無，即眞諦之無也。是以般若之與眞諦，言用，即同而異；言寂，即異而同。同，故無心於彼此；異，故不失於照功。是以辨同者同於異，辨異者異於同，斯則不可得而異、不可得而同也。何者？內有獨鑒之明，外有萬法之實。萬法雖實，然非照不得。內外相與以成其照功，此則聖所不能同，用也。內雖照而無知，外雖實而無相。內外寂然，相與俱無，此則聖所不能異，寂也。是以經云「諸法不異」者，豈曰續鳧截鶴、夷嶽盈壑，然後無異哉？誠以不異於異，故雖異而不異也。故經云：「甚奇，世尊！於無異法中而說諸法異。」又云：「般若與諸法，亦不一相，亦不異相。」信矣。

難曰：論云「言用則異，言寂則同。」未詳般若之內，則有用寂之異乎？

答曰：用即寂，寂即用，用寂體一，同出而異名，更無無用之寂而主於用也。是以智彌昧，照逾明；神彌靜，應逾動。豈曰明昧動靜之異哉？故《成具》云：「不爲而過爲。」《寶積》曰：「無心無識，無不覺知。」斯則窮神盡智，極象外之談也。即之明文，聖心可知矣。

《劉遺民書問》（附） 遺民和南：頃餐徽聞，有懷遥佇。歲末寒嚴，體中如何？音寄壅隔，增用抱藴。弟子沈痾草澤，常有弊瘵耳。因慧明道人北遊，裁通其情。古人不以形疏致淡，悟涉則親。是以雖復江山悠邈，不面當年，至於企懷風味，鏡心象迹，佇悦之勤，良以深矣。緬然無因，瞻霞永歎，順時愛敬。冀因行李，數有承問。伏願彼大衆康和！外國法師休納！上人以悟發之器而遘茲淵對，想開究之功，足以盡過半之思。故以每惟乖闊，憤愧何深。此山僧清常，道戒彌厲，禪隱之餘則惟研惟講。恂恂穆穆，故可樂矣。弟子既以遂宿心，而覩茲上軌，感寄之誠，日月銘至。遠法師頃恆履宜，思業精詣，乾乾宵夕。自非道用潛流，理爲神御，孰以過順之年，湛氣若茲之勤？所以憑慰既深，仰謝逾絶。

去年夏末，始見生上人示《無知論》。才運清俊，旨中沈允，推涉聖文，婉而有歸。披味殷勤，不能釋手。直可謂浴心方等之淵，而悟懷絶冥之肆者矣！若令此辨遂通，則般若衆流，殆不言而會。可不欣乎！可不欣乎！夫理微者辭險，唱獨者應希。苟非絶言象之表者，將以存象而致乖乎？意謂，答以緣求智之章，婉轉窮盡，極爲精巧，無所間然矣。但暗者難以頓曉，猶有餘疑一兩，今輒題之如別。想從容之暇，復能麤爲釋之。

《論序》云：「般若之體，非有非無。虚不失照，照不失虚。故曰不動等覺而建立諸法。」下章云：「異乎人者神明，故不可以事相求之耳。」又云：「用即寂、寂即用。神彌靜，應逾動。」夫聖心冥寂，理極同無。不疾而疾，不徐而徐。是以知不廢寂、寂不廢知，未始不寂、未始不知。故其運物，成功化世之道。雖處有名之中，而遠與無名同。斯理之玄，固常所彌昧者矣。但今談者，所疑於高論之旨，欲求聖心之異：爲謂窮靈極數妙盡冥符耶？爲將心體自然靈怕獨感耶？若窮靈極數妙盡冥符，則寂照之名，故是定慧之體耳。若心體自然靈怕獨感，則群數之應，固以幾乎息矣。夫心數既玄而孤運其照，神淳化表而慧明獨存。當有深證，可試爲辨之。疑者當以撫會應機覩變之知，不可謂之不有矣。而論旨云「本無惑取之知」，而未釋所以不取之理。謂宜先定聖心所以應會之道，爲當唯照無相耶？爲當咸覩其變耶？若覩其變，則異乎無相；若唯照無相，則無會可撫。既無會可撫，而有撫會之功。意有未悟，幸復誨之。論云「無當，則物無不當；無是，則物無不是。物無不是，故是而無是；物無不當，故當而無當。」夫無當而物無不當，乃所以爲至當；無是而物無不是，乃所以爲眞是。豈有眞是而非是、至當而非當，而云當而無當、是而無是耶？若謂至當非常當，眞是非常是，此蓋悟、惑之言本異耳，固論旨所以不明也。願復重喻，以祛其惑矣。

論至日，即與遠法師詳省之，法師亦好相領得意。但標位似各有本，或當不必理盡同矣。頃兼以班諸有懷，屢有擊其節者，而恨不得與斯人同時也。

僧肇《答劉遺民書》 不面在昔，佇想用勞。慧明道人至，得去年十二月疏并問。披尋返覆，欣若暫對。涼風届節，頃常如何？貧道勞疾，多不佳耳。信南返不悉。八月十五日。釋僧肇疏答。

服像雖殊，妙期不二；江山雖緬，理契則隣。所以望途致想，虚襟有寄。君既遂嘉遯之志，標越俗之美，獨恬事外，歡足方寸。每一言集，何嘗不遠喻林下之雅詠，高致悠然。清散未期，厚自保愛。每因行李，數有承問。願彼山僧無恙，道俗通佳。承遠法師之勝常，以爲欣慰。雖未清承，然服膺高軌。企佇之勤，爲日久矣。公以過順之年，湛氣彌厲，養徒幽巖，抱一沖谷，遐邇仰詠，何美如之！每亦翹想一隅，懸庇霄岸。無由寫敬，致慨良深！君清對終日，快有悟心之歡也。即此大衆尋常，什法師如宜。秦王道性自然，天機邁俗，城塹三寶，弘道是務。由使異典、勝僧方遠而至，靈鷲之風萃於茲土。領公遠舉，乃千載之津梁也。於西域還，得方等新經二百餘部，請大乘禪師一人、三藏法師一人、毗婆沙法師二人。什法師於大石寺出新至諸經，法藏淵曠，日有異聞。禪師於瓦官寺教習禪道，門徒數百，夙夜匪懈，邕邕肅肅，致可欣樂。三藏法師於中寺出律藏，本末精悉，若覩初制。毗婆沙法師於石羊寺出《舍利弗阿毗曇》胡本，雖未及譯，時問中事，發言新奇。貧道一生，猥參嘉運，遇茲盛化。自恨不覩釋迦祇桓之集，餘復何恨？而慨不得與清勝君子同斯法集耳。生上人頃在此同止數年，至於言話之際，常相稱詠。中途還南，君得與相見。未更近問，惘悒何言！威道人至，得君《念佛三昧詠》，并得遠法師《三昧詠》及〈序〉。此作興寄既高，辭致清婉。能文之士，率稱其美。可謂游涉聖門，扣玄關之唱也。君與法師當數有文集，因來何少？什法師以午年出《維摩經》，貧道時預聽次，參承之暇，輒復條記成言，以爲注解。辭雖不文，然義承有本。今因信持一本往南。君閑詳，試可取看。

來問婉切，難爲郢人。貧道思不關微，兼拙於筆語。且至趣無言，言必乖趣。云云不已，竟何所辨？聊以狂言，示訓來旨耳。

疏云「稱聖心冥寂，理極同無。雖處有名之中，而遠與無名同。」斯理之玄，固常彌昧者。以此爲懷，自可忘言內得，取定方寸。復何足以人情之所異，而求聖心之異乎。

疏曰「談者謂窮靈極數妙盡冥符，則寂照之名，故是定慧之體耳。若心體自然靈怕獨感，則羣數之應固以幾乎息矣。」意謂，妙盡冥符，不可以定慧爲名；靈怕獨感，不可稱羣數以息。兩言雖殊，妙用常一。迹我而乘，在聖不殊也。何者？夫聖人玄心默照，理極同無。既曰爲同，同無不極。何有同無之極，而有定慧之名？定慧之名，非同外之稱也。若稱生同內，有稱非同；若稱生同外，稱非我也。又聖心虛微，妙絕常境。感無不應，會無不通。冥機潛運，其用不勤。群數之應，亦何爲而息耶？且夫心之有也，以其有有。有不自有，故聖心不有有。不有有，故有無有。有無有，故則無無。無無，故聖人不有不無。不有不無，其神乃虛。何者？夫有也、無也。心之影響也。言也、象也。影響之所攀緣也。有無既廢，則心無影響。影響既淪，則言象莫測。言象莫測，則道絕群方。道絕群方，故能窮靈極數。窮靈極數，乃曰妙盡。妙盡之道，本乎無寄。夫無寄在乎冥寂，冥絕故虛以通之；妙盡存乎極數，極數故數以應之。數以應之，故動與事會；虛以通之，故道超名外。道超名外，因謂之無；動與事會，因謂之有。因謂之有者，應夫眞有，強謂之然耳。彼何然哉？故經云：「聖智無知而無所不知，無爲而無所不爲。」此無言無相寂滅之道。豈曰有而爲有、無而爲無？動而乖靜、靜而廢用耶？而今談者多即言以定旨，尋大方而徵隅，懷前識以標玄，存所存之必當。是以聞聖有知，謂之有心；聞聖無知，謂等大虛。有無之境，邊見所存，豈是處中莫二之道乎！何者？萬物雖殊，然性本常一；不可而物，然非不物。可物於物，則名相異陳；不物於物，則物而即眞。是以聖人不物於物、不非物於物。不物於物，物非有也；不非物於物，物非無也。非有，所以不取；非無，所以不捨。不捨，故妙存即眞；不取，故名相靡因。名相靡因，非有知也；妙存即眞，非無知也。故經云：「般若於諸法，無取無捨，無知無不知。」此攀緣之外、絕心之域，而欲以有無詰者，不亦遠乎！請詰夫陳有無者。夫智之生也，極於相內。法本無相，聖智何知？世稱無知者，謂等木石、太虛、無情之流。靈鑒幽燭，形於未兆，道無隱機，寧曰無知？且無知生於無知，無無知也。無有知也。無有知也，謂之非有；無無知也，謂之非無。所以虛不失照、照不失虛，怕然永寂，靡執靡拘。孰能動之令有、靜之使無耶？故經云：「眞般若者，非有非無，無起無滅，不可說示於人。」何則？言其非有者，言其非是有，非謂是非有；言其非無者，言其非是無，非謂是非無。非有，非非有；非無，非非無。是以須菩提終日說般若，而云無所說。此絕言之道，知何以傳？庶參玄君子，有以會之耳！

又云「宜先定聖心所以應會之道，爲當唯照無相耶？爲當咸覩其變耶？」談者似謂無相與變，其旨不一，覩變則異乎無相，照無相則失於撫會。然則即眞之義，或有滯也。經云：「色不異空，空不異色。色即是空，空即是色。」若如來旨，觀色空時，應一心見色、一心見空。若一心見色，則唯色非空；若一心見空，則唯空非色。然則空色兩陳，莫定其本也。是以經云「非色」者，誠以非色於色，不非色於非色。若非色於非色，太虛則非色，非色何所明？若以非色於色，即非色不異色。非色不異色，色即爲非色。故知變即無相，無相即變。群情不同，故教迹有異耳。考之玄籍，本之聖意，豈復眞僞殊心、空有異照耶！是以照無相，不失撫會之功；覩變動，不乖無相之旨。造有，不異無；造無，不異有。未嘗不有，未嘗不無，故曰「不動等覺而建立諸法」。以此而推，寂用何妨！如之何謂覩變之知，異無相之照乎，恐談者脫謂空有兩心，靜躁殊用，故言覩變之知，不可謂之不有耳。若能捨已心於封內，尋玄機於事外，齊萬有於一虛，曉至虛之非無者，當言至人終日應會，與物推移，乘運撫化，未始爲有也。聖心若此，何有可取而曰「未釋不取之理」。

又云「無是乃所以爲眞是，無當乃所以爲至當。」亦可如來言耳。若能無心於爲是，而是於無是，無心於爲當，而當於無當者，則終日是，不乖於無是；終日當，不乖於無當。但恐有是於無是，有當於無當，所以爲患耳。何者？若眞是可是、至當可當，則名相以形，美惡是生。生生奔競，孰與止之？是以聖人空洞其懷，無識無知。然居動用之域，而止無爲之境，處有名之內，而宅絕言之鄉。寂寥虛曠，莫可以形名得，若斯而已矣。乃曰眞是可是、至當可當，未喻雅旨也。恐是當之生，物謂之然；彼自不然，何足以然耳。夫言迹之興，異途之所由生也。而言有所不言，迹有所不迹。是以善言言者，求言所不能言；善迹迹者，尋迹所不能迹。至理虛玄，擬心已差，況乃有言，恐所示轉遠。庶通心君子，有以相期於文外耳。

僧肇《肇論·涅槃無名論》 表上秦主姚興

僧肇言：肇聞天得一以清，地得一以寧，君王得一以治天下。伏惟陛下！叡哲欽明，道與神會，妙契環中，理無不統；游刃萬機，弘道終日；威被蒼生，垂文作則。所以域中有四大，而王居一焉。涅槃之道，蓋是三乘之所歸，方等之淵府。渺漭希夷，絕視聽之域；幽致虛玄，殆非群情之所測。肇以人微，猥蒙國恩，得閑居學肆，在什公門下十有餘載。雖衆經殊致，勝趣非一，然涅槃一義，常以聽習爲先。但肇才識闇短，雖屢蒙誨喻，猶懷疑漠漠。爲竭愚不已，亦如似有解。然未經高勝先唱，不敢自決。不幸什公去世，諮參無所，以爲永慨。而陛下聖德不孤，獨與什公神契，目擊道存，快盡其中方寸，故能振彼玄風以啟末俗。一日遇蒙〈答安城候姚嵩書問無爲宗極〉：「何者？夫衆生所以久流轉生死者，皆由著欲故也。若欲止於心，即無復於生死。既無生死，潛神玄默，與虛空合其德，是名涅槃矣。既曰涅槃，復何容有名於其間哉！」斯乃窮微言之美，極象外之談者也。自非道參文殊、德慈侔氏，孰能宣揚玄道、爲法城塹，使夫大教卷而復舒，幽旨淪而更顯。尋玩殷勤，不能暫捨。欣悟交懷，手舞弗暇。豈直當時之勝軌，方乃累劫之津梁矣。然聖旨淵玄，理微言約。可以匠彼先進、拯拔高士；懼言題之流，或未盡上意。庶擬孔易十翼之作，豈貪豐文，圖以弘顯幽旨。輒作《涅槃無名論》，論有九折十演，博采衆經，託證成喻。以仰述陛下無名之致，豈曰關詣神心，窮究遠當。聊以擬議玄門，班喻學徒耳。論末章云：「諸家通第一義諦，皆云廓然空寂，無有聖人。吾常以爲太甚徑庭、不近人情。若無聖人，知無者誰？」實如明詔！實如明詔！夫道，恍惚窈冥，其中有精。若無聖人，誰與道遊？頃諸學徒，莫不躊躇道門，怏怏此旨，懷疑終日，莫之能正。幸遭高判，宗徒□然；扣關之儔，蔚登玄室。眞可謂法輪再轉於閻浮，道光重映於千載者矣。今演論之作旨，曲辨涅槃無名之體，寂彼廓然排方外之談。條牒如左，謹以仰呈。若少參聖旨，願勅存記；如其有差，伏承指授。僧肇言。泥曰、泥洹、涅槃，此三名前後異出，蓋是楚夏不同耳。云涅槃，音正也。

九折十演者開宗第一

無名曰：經稱有餘涅槃、無餘涅槃者，秦言無爲，亦名滅度。無爲者，取乎虛無寂寞，妙絕於有爲。滅度者，言其大患永滅，超度四流。斯蓋是鏡像之所歸，絕稱之幽宅也。而曰有餘、無餘者，良是出處之異號，應物之假名耳。余嘗試言之。夫涅槃之爲道也。寂寥虛曠，不可以形名得；微妙無相，不可以有心知。超群有以幽升，量太虛而永久，隨之弗得其蹤，迎之罔眺其首，六趣不能攝其生，力負無以化其體。潢漭惚恍，若存若往，五目不覩其容，二聽不聞其響。冥冥窈窅，誰見誰曉？彌綸靡所不在，而獨曳於有無之表。然則言之者失其眞，知之者反其愚，有之者乖其性，無之者傷其軀。所以釋迦掩室於摩竭，淨名杜口於毘耶；須菩提唱無說以顯道，釋梵約聽而雨華；斯皆理爲神御，故口以之而默，豈曰無辯？辯所不能言也。經云：「眞解脫者，離於言數，寂滅永安，無始無終，不晦不明，不寒不暑，湛若虛空，無名無說。」論曰：「涅槃非有，亦復非無。言語道斷，心行處滅。」尋夫經論之作，豈虛構哉？果有其所以不有，故不可得而有；有其所以不無，故不可得而無耳。何者？本之有境，則五陰永滅；推之無鄉，而幽靈不竭。幽靈不竭，則抱一湛然；五陰永滅，則萬累都捐。萬累都捐，故與道通洞；抱一湛然，故神而無功。神而無功，故至功常存；與道通洞，故沖而不改。沖而不改，故不可爲有；至功常存，故不可爲無。然則有無絕於內，稱謂淪於外，視聽之所不暨，四空之所昏昧，恬焉而夷，怕焉而泰，九流於是乎交歸，眾聖於是乎冥會。斯乃希夷之境、太玄之鄉。而欲以有無題榜，標其方域而語其神道者，不亦邈哉！

覈體第二

有名曰：夫名號不虛生，稱謂不自起。經稱有餘涅槃、無餘涅槃者，蓋是返本之真名，神道之妙稱者也。請試陳之。有餘者，謂如來大覺始興，法身初建，澡八解之清流，憩七覺之茂林，積萬善於曠劫，蕩無始之遺塵，三明鏡於內，神光照於外，結僧那於始心，終大悲以赴難。仰攀玄根，俯提弱喪，超邁三域，獨蹈大方。啟八正之平路，坦眾庶之夷途，騁六通之神驥，乘五衍之安車。至能出生入死，與物推移，道無不洽，德無不施。窮化母之始物，極玄樞之妙用，廓虛宇於無疆，耀薩雲於幽燭，將絕朕於九止，永淪太虛，而有餘緣不盡，餘迹不泯。業報猶魂，聖智尚存。此有餘涅槃也。經曰：「陶冶塵滓，如鍊真金。萬累都盡，而靈覺獨存。」無餘者，謂至人教緣都訖，靈照永滅，廓爾無朕，故曰無餘。何則？夫大患莫若於有身，故滅身以歸無；勞勤莫先於有智，故絕智以淪虛。然則智以形倦，形以智勞，輪轉修途，疲而弗已。經曰：「智爲雜毒，形爲桎梏。淵默以之而遼，患難以之而起。」所以至人灰身滅智，捐形絕慮。內無機照之勤，外息大患之本，超然與群有永分，渾爾與太虛同體。寂焉無聞，怕爾無兆，冥冥長往，莫知所之。其猶燈盡火滅，膏明俱竭。此無餘涅槃也。經云：「五陰永盡，譬如燈滅。」然則有餘可以有稱，無餘可以無名。無名立，則宗虛者欣尚於沖默；有稱生，則懷德者彌仰於聖功。斯乃誥典之所垂文，先聖之所軌轍。而曰有無絕於內，稱謂淪於外，視聽之所不暨，四空之所昏昧。使夫懷德者自絕，宗虛者靡託。無異杜耳目於胎殼，掩玄象於雲霄外，而責宮商之異，辯玄素之殊者也。子徒知遠推至人於有無之表，高韻絕唱於形名之外，而論旨竟莫知所歸，幽途故自蘊而未顯。靜思幽尋，寄懷無所，豈所謂朗大明於冥室，奏玄響於無聞者哉！

位體第三

無名曰：有餘、無餘者，蓋是涅槃之外稱，應物之假名耳，而存稱謂者封名，志器象者耽形。名也極於題目，形也盡於方圓；方圓有所不寫，題目有所不傳。焉可以名於無名，而形於無形者哉。難序云：「有餘、無餘者，信是權寂致教之本意，亦是如來隱顯之誠跡也。但未是玄寂絕言之幽致，又非至人環中之妙術耳。」子獨不聞正觀之說歟？維摩詰言：「我觀如來無始無終，六入已過，三界已出，不在方，不離方，非有爲，非無爲，不可以識識，不可以智知，無言無說，心行處滅。以此觀者，乃名正觀；以他觀者，非見佛也。」《放光》云：「佛如虛空，無去無來，應緣而現，無有方所。」然則聖人之在天下也，寂莫虛無，無執無競，導而弗先，感而後應。譬猶幽谷之響、明鏡之像，對之弗知其所以來，隨之因識其所以往。恍焉而有，總焉而亡；動而逾寂，隱而彌彰；出幽入冥，變化無常。其爲稱也，因應而作，顯迹爲生，息迹爲滅，生名有餘，滅名無餘。然則有無之稱本乎無名，無名之道於何不名？是以至人居方而方，止圓而圓，在天而天，處人而人。原夫能天能人者，豈天人之所能哉！果以非天非人，故能天能人耳。其爲治也，故應而不爲，因而不施。因而不施，故施莫之廣；應而不爲，故爲莫之大。爲莫之大，故乃返於小成；施莫之廣，故乃歸乎無名。經曰：「菩提之道，不可圖度。高而無上，廣不可極；淵而無下，深不可測；大包天地，細入無間。」故謂之道。然則涅槃之道，不可以有無得之，明矣。而惑者覩神變，因謂之有；見滅度，便謂之無。有無之境，妄想之域，豈足以標榜玄道而語聖心者乎？意謂，至人寂怕無兆，隱顯同源，存不爲有，亡不爲無。何則？佛言：「吾無生不生，雖生不生；無形不形，雖形不形。」以知存不爲有。經云：「菩薩入無盡三昧，盡見過去滅度諸佛。」又云：「入於涅槃而不般涅槃。」以知亡不爲無。亡不爲無，雖無而有；存不爲有，雖有而無。雖有而無，故所謂非有；雖無而有，故所謂非無。然則涅槃之道，果出有無之域，絕言象之徑。斷矣！子乃云：「聖人患於有身，故滅身以歸無；勞勤莫先於有智，故絕智以淪虛。」無乃乖乎神極，傷於玄旨者也。經曰：「法身無象，應物而形；般若無知，對緣而照。」萬機頓赴而不撓其神，千難殊對而不干其慮，動若行雲，止猶谷神。豈有心於彼此，情係於動靜者乎？既無心於動靜，亦無象於去來。去來不以象，故無器而不形；動靜不以心，故無感而不應。然則心生於有心，象出於有象。象非我出，故金石流而不燋；心非我生，故日用而不動。紜紜自彼，於我何爲？所以智周萬物而不勞，形充八極而無患，益不可盈，損不可虧，寧復痾癘中逵，壽極雙樹，靈竭天棺，體盡焚燎者哉！而惑者居見聞之境，尋殊應之迹，秉執規矩而擬大方。欲以智勞至人，形患大聖，謂捨有入無，因以名之。豈謂採微言於聽表，拔玄根於虛壤者哉？

徵出第四

有名曰：夫渾元剖判，萬有參分。有既有矣，不得不無。無自不無，必因於有。所以高下相傾，有無相生，此乃自然之數，數極於是。以此而觀，化母所育理無幽顯，恢恑憰怪無非有也。有化而無，無非無也。然則有無之境，理無不統。經曰：「有無二法，攝一切法。」又稱三無爲者，虛空、數緣盡、非數緣盡。數緣盡者，即涅槃也。而論云：「有無之表，別有妙道，妙於有無，謂之涅槃。」請覈妙道之本。果若有也。雖妙非無；雖妙非無，即入有境。果若無也。無即無差；無而無差，即入無境。總而括之，即而究之，無有異有而非無，無有異無而非有者。明矣。而曰「有無之外別有妙道，非有非無謂之涅槃。」吾聞其語，未即於心也。

超境第五

無名曰：有無之數，誠以法無不該，理無不統。然其所統，俗諦而已。經曰：「眞諦何耶？涅槃道是。俗諦何耶？有無法是。」何則？有者有於無，無者無於有。有無所以稱有，無有所以稱無。然則有生於無，無生於有，離有無無，離無無有。有無相生，其猶高下相傾，有高必有下，有下必有高矣。然則有無雖殊，俱未免於有也。此乃言象之所以形，是非之所以生。豈是以統夫幽極，擬夫神道者乎！是以論稱出有無者，良以有無之數止乎六境之內，六境之內非涅槃之宅，故借出以祛之。庶悕道之流，髣髴幽途，託情絕域，得意忘言，體其非有非無。豈曰有無之外，別有一有而可稱哉？經曰「三無爲」者，蓋是群生紛繞，生乎篤患；篤患之尤，莫先於有；絕有之稱，莫先於無，故借無以明其非有。明其非有，非謂無也。

搜玄第六

有名曰：論自云「涅槃既不出有無，又不在有無。」不在有無，則不可於有無得之矣；不出有無，則不可離有無求之矣。求之無所，便應都無。然復不無其道。其道不無，則幽途可尋。所以千聖同轍，未嘗虛返者也。其道既存，而曰不出不在，必有異旨。可得聞乎？

妙存第七

無名曰：夫言由名起，名以相生。相因可相，無相無名；無名無說，無說無聞。經曰：「涅槃非法、非非法。無聞無說，非心所知。」吾何敢言之？而子欲聞之耶！雖然，善吉有言：「衆人若能以無心而受、無聽而聽者，吾當以無言言之。」庶述其言，亦可以言。淨名曰：「不離煩惱而得涅槃。」天女曰：「不出魔界而入佛界。」然則玄道在於妙悟，妙悟在於即眞，即眞即有無齊觀，齊觀即彼已莫二。所以天地與我同根，萬物與我一體。同我則非復有無，異我則乖於會通。所以不出不在而道存乎其間矣。何則？夫至人虛心冥照，理無不統。懷六合於胸中而靈鑒有餘，鏡萬有於方寸而其神常虛。至能拔玄根於未始，即群動以靜心。恬淡淵默，妙契自然。所以處有不有，居無不無。居無不無，故不無於無；處有不有，故不有於有。故能不出有無而不在有無者也。然則法無有無之相，聖無有無之知。聖無有無之知，則無心於內；法無有無之相，則無數於外。於外無數、於內無心，彼此寂滅，物我冥一，怕爾無朕，乃曰涅槃。涅槃若此，圖度絕矣。豈容可責之於有無之內，又可徵之有無之外耶？

難差第八

有名曰：涅槃既絕圖度之域，則超六境之外，不出不在而玄道獨存。斯則窮理盡性究竟之道，妙一無差。理其然矣。而《放光》云：「三乘之道，皆因無爲而有差別。」佛言：「我昔爲菩薩時，名曰儒童。於然燈佛所，已入涅槃。」儒童菩薩時於七住初獲無生忍，進修三位。若涅槃一也，則不應有三；如其有三，則非究竟。究竟之道，而有升降之殊。衆經異說，何以取中耶？

辯差第九

無名曰：然究竟之道，理無差也。《〈法華〉經》云：「第一大道無有兩正，吾以方便爲怠慢者，於一乘道分別說三。」三車出火宅，即其事也。以俱出生死，故同稱無爲；所乘不一，故有三名。統其會歸，一而已矣。而難云「三乘之道，皆因無爲而有差別。」此以人三，三於無爲，非無爲有三也。故《放光》云：「涅槃有差別耶？答曰：無差別。」但如來結習都盡，聲聞結習不盡耳。請以近喻，以況遠旨。如人斬木，去尺無尺，去寸無寸。脩短在於尺寸，不在無也。夫以群生萬端，識根不一，智鑒有淺深，德行有厚薄，所以俱之彼岸，而升降不同。彼岸豈異？異自我耳。然則衆經殊辯，其致不乖。

責異第十

有名曰：俱出火宅，則無患一也。同出生死，則無爲一也。而云「彼岸無異，異自我耳。」彼岸，則無爲岸也；我，則體無爲者也。請問我與無爲，爲一？爲異？若我即無爲，無爲亦即我。不得言無爲無異，異自我也。若我異無爲，我則非無爲。無爲自無爲，我自常有爲。冥會之致，又滯而不通。然則我與無爲，一亦無三，異亦無三。三乘之名，何由而生也？

會異第十一

無名曰：夫止此而此，適彼而彼，所以同於得者，得亦得之；同於失者，失亦失之。我適無爲，我即無爲。無爲雖一，何乖不一耶！譬猶三鳥出網，同適無患之域。無患雖同，而鳥鳥各異。不可以鳥鳥各異，謂無患亦異。又不可以無患既一，而一於衆鳥也。然則鳥即無患，無患即鳥。無患豈異？異自鳥耳。如是三乘衆生，俱越妄想之樊，同適無爲之境。無爲雖同，而乘乘各異。不可以乘乘各異，謂無爲亦異。又不可以無爲既一，而一於三乘也。然則我即無爲，無爲即我。無爲豈異？異自我耳。所以無患雖同，而升虛有遠近；無爲雖一，而幽鑒有淺深。無爲即乘也。乘即無爲也。此非我異無爲，以未盡無爲故有三耳。

詰漸第十二

有名曰：萬累滋彰，本於妄想；妄想既祛，則萬累都息。二乘得盡智、菩薩得無生智，是時妄想都盡，結縛永除；結縛既除，則心無爲；心既無爲，理無餘翳。經曰：「是諸聖智，不相違背。不出不在，其實俱空。」又曰：「無爲大道，平等不二。」既曰無二，則不容心異。不體則已，體應窮微。而曰「體而未盡」，是所未悟也。

明漸第十三

無名曰：無爲無二，則已然矣。結是重惑，可謂頓盡，亦所未喻。經曰：「三箭中的，三獸渡河。」中渡無異，而有淺深之殊者，爲力不同故也。三乘衆生，俱濟緣起之津，同鑒四諦之的，絶僞即眞，同升無爲。然則所乘不一者，亦以智力不同故也。夫群有雖衆，然其量有涯。正使智猶身子、辯若滿願，窮才極慮，莫窺其畔。況乎虛無之數、重玄之域，其道無涯，欲之頓盡耶？書不云乎：「爲學者日益，爲道者日損。」爲道者，爲於無爲者也。爲於無爲而曰日損，此豈頓得之謂？要損之又損之，以至於無損耳。經喻螢日，智用可知矣！

譏動第十四

有名曰：經稱「法身已上，入無爲境。心不可以智知，形不可以象測。體絶陰入，心智寂滅。」而復云「進修三位，積德彌廣。」夫進修本於好尙，積德生於涉求。好尙則取捨情現，涉求則損益交陳。既以取捨爲心、損益爲體，而曰體絶陰入，心智寂滅。此文乖致殊，而會之一人，無異指南爲北，以曉迷夫。

動寂第十五

無名曰：經稱「聖人無爲而無所不爲。」無爲，故雖動而常寂；無所不爲，故雖寂而常動。雖寂而常動，故物莫能一；雖動而常寂，故物莫能二。物莫能二，故逾動逾寂；物莫能一，故逾寂逾動。所以爲即無爲、無爲即爲，動寂雖殊而莫之可異也。《道行》曰：「心亦不有亦不無。」不有者，不若有心之有；不無者，不若無心之無。何者？有心，則衆庶是也；無心，則太虛是也。衆庶止於妄想，太虛絶於靈照，豈可止於妄想、絶於靈照，標其神道而語聖心者乎？是以聖心不有，不可謂之無；聖心不無，不可謂之有。不有，故心想都滅；不無，故理無不契。理無不契，故萬德斯弘；心想都滅，故功成非我。所以應化無方，未嘗有爲；寂然不動，未嘗不爲。經曰：「心無所行，無所不行。」信矣。儒童曰：「昔我於無數劫，國財身命施人無數；以妄想心施，非爲施也。今以無生心，五華施佛，始名施耳。」又空行菩薩入空解脫門，方言「今是行時，非爲證時。」然則心彌虛，行彌廣；終日行，不乖於無行者也。是以《賢劫》稱無捨之檀，《成具》美不爲之爲，禪典唱無緣之慈，《思益》演不知之知。聖旨虛玄，殊文同辯；豈可以有爲便有爲、無爲便無爲哉？菩薩住盡不盡平等法門，不盡有爲、不住無爲。即其事也。而以南北爲喻，殊非領會之唱。

窮源第十六

有名曰：非眾生無以御三乘，非三乘無以成涅槃。然必先有眾生，後有涅槃。是則涅槃有始，有始必有終。而經云：「涅槃無始無終，湛若虛空。」則涅槃先有，非復學而後成者也。

通古第十七

名曰：夫至人空洞無象，而萬物無非我造。會萬物以成己者，其唯聖人乎！何則？非理不聖，非聖不理；理而爲聖者，聖不異理也。故天帝曰：「般若當於何求？」善吉曰：「般若不可於色中求，亦不離色中求。」又曰：「見緣起爲見法，見法爲見佛。」斯則物我不異之效也。所以至人戢玄機於未兆，藏冥運於即化，總六合以鏡心，一去來以成體。古今通，始終同，窮本極末，莫之與二，浩然大均，乃曰涅槃。經曰：「不離諸法而得涅槃。」又曰：「諸法無邊，故菩提無邊。」以知涅槃之道，存乎妙契；妙契之致，本乎冥一。然則物不異我，我不異物，物我玄會，歸乎無極。進之弗先，退之弗後，豈容終始於其間哉？天女曰：「耆年解脱亦如何久。」

考得第十八

有名曰：經云：「眾生之性，極於五陰之內。」又云：「得涅槃者，五陰都盡，譬猶燈滅。」然則眾生之性，頓盡於五陰之內；涅槃之道，獨建於三有之外。邈然殊域，非復眾生得涅槃也。果若有得，則眾生之性不止於五陰；必若止於五陰，則五陰不都盡。五陰若都盡，誰復得涅槃耶？

玄得第十九

名曰：夫眞由離起，僞因著生；著故有得，離故無名。是以則眞者同眞，法僞者同僞。子以有得爲得，故求於有得耳。吾以無得爲得，故得在於無得也。且談論之作，必先定其本。既論涅槃，不可離涅槃而語涅槃也。若即涅槃以興言，誰獨非涅槃而欲得之耶？何者？夫涅槃之道，妙盡常數，融治二儀，蕩滌萬有，均天人，同一異。內視不已見，返聽不我聞；未嘗有得，未嘗無得。經曰：「涅槃非眾生，亦不異眾生。」維摩詰言：「若彌勒得滅度者，一切眾生亦當滅度。所以者何？一切眾生本性常滅，不復更滅。」此名滅度，在於無滅者也。然則眾生非眾生，誰爲得之者？涅槃非涅槃，誰爲可得者？《放光》云：「菩提從有得耶？答曰：不也。從無得耶？答曰：不也。從有無得耶？答曰：不也。離有無得耶？答曰：不也。然則都無得耶？答曰：不也。是義云何？答曰：無所得故爲得也。是故得無所得也。」無所得謂之得者，誰獨不然耶？然則玄道在於絕域，故不得以得之；妙智存乎物外，故不知以知之。大象隱於無形，故不見以見之；大音匿於希聲，故不聞以聞之。故能囊括終古導達群方，亭毒蒼生踈而不漏。汪哉洋哉，何莫由之哉！故梵志曰：「吾聞佛道，厥義弘深，汪洋無涯；靡不成就，靡不度生。」然則三乘之路開，眞僞之途辯，賢聖之道存，無名之致顯矣！

（僧肇）《寶藏論》　空可空，非眞空，色可色，非眞色。眞色無形，眞空無名。無名名之父，無色色之母，爲萬物之根源，作天地之太祖。上施玄象，下列冥庭，元氣含於大象，大象隱於無形，爲識物之靈，靈中有神，神中有身，無爲變化，各稟乎自然，微有事用，漸有形名，形興未質，名起未名，形名既兆，遊氣亂清，寂兮寥兮，寬兮廓兮，分兮別兮，上則有君，下則有臣，父子親其居，尊卑異其位，起教敍其因，然後國分其界，人部其家，各守其位，禮義興行，有善可稱，有惡可名，善人所重，惡人所輕，於是即是非而競生，其智有解，其愚有縛，上施煩形，下無寂樂，失自然之志，拘物外之約，迷無爲之爲，動有作之作，其名教既行，使上下之應諾爾乃聲立五音，色立五色，行立五行，德立五德，差之毫釐，過犯山嶽，律禁未然，令防未欲，無放蕩之寬，有多方之局，所以然者，爲人而不知足，斯爲濁亂之時，有弟有師，師有所訓，弟有所依，天地寥落，宇宙寬廓，中有煙塵，淸虛翳膜，巍巍之形，內神外靈，妄有想慮，眞一闇冥，其妄有識，其眞有惑，非取而取，非得而得，是故理則無窮，物則無極，動兮亂兮，內發三毒，視兮聽兮，外受五欲，其心慌慌，其身忙忙，觸物動作，如火煌煌，故聖人立正教，置眞謨，使無知之侶，上下相依，修無爲，息有餘，漸至乎如如，如如之理，同本眞軌，不可以修證，不可以希冀，惟寂滅性耳，夫眞也者，無洲無渚，無伴無侶，無涯無際，無處無所，能爲萬物之祖宗，非目視，非耳聞，非形色，非幻魂，能爲三界之根門，其正者先離形，次泯情，不依物，不拘生，可以合大道通神明，有用曰神，有形曰身，無爲曰道，無相曰眞，應物而號，隨物而造，常住常存，不生不老，理合萬德，事出千巧，事雖無窮，理終一道，無有證者，無有得者，然不證不得，恆處心惑，其心不眞，惑亂餘人，恍然惚然，如有魍魎，似有思想，究兮推兮，了無指掌，如空忽雲，如鏡忽塵，彼此緣起，而以妄存，有妄曰愚，無妄曰眞，眞氷釋水，妄水結氷，氷水之二，其體不異，迷妄曰愚，惺眞曰智，其水也冬不可釋，其水也春不可結，故愚不可即改，智不可即待，漸釋漸消，以通乎大海，斯可謂自然之道，運用玄玄，非念慮所測，當可以綿綿，不可以勤勤，夫進道之由，中有萬途，困魚止濼，病鳥棲蘆，其二者不識於大海，不識於叢林，人趣乎小道其義亦然，此可謂久功中止，不達如理，捨大求小，半路依止，以小安而自安，不及大安而安矣，其大也慌蕩無涯，含識一體，萬物同懷，應則千變，化則眾現，不出不沒，用無有間，有心無形，有用無人，示生無生，示身無身，常測不測，常識不識，爲而無爲，得而無得，鏡象千端，水質萬色，影分塵界，應用無極，無形而形，無名而名，物類相感，和合而生，生而不生，其無有情，眾謂之聖，眾謂之明，種種稱號，各任其名，然其實也。以無爲爲宗，無相爲容，等清虛，同太空，究無處所，用在其中，其得者一，其證者密，得則不一，證則不密，然非不一，然非不密，其體陰離，其用陽微，言不盡理，行不盡儀，斯可謂太微，夫山草無窮，泉水無竭，谷風無休，鐘聲無歇，物尚如斯，何況道乎，有必速亡，無必久長，天地雖變，虛空獨常，夫學道者習無餘，不學道者習有餘，無餘道近，有餘道疎，知有有壞，知無無敗，眞知之知，有無不計，於有不有，於無不無，有無不見，性相如如，閴然無物，而乃用出，若不如是，多妄多失，中有夢慮，主習眾疾，非凶爲凶，非吉爲吉，吉凶之事，翳障眞一，故爲道者，不可以同迷，夫學道者有三，其一謂之眞，其二謂之隣，其三謂之聞，習學謂之聞，絕學謂之隣，過此二者謂之眞，不學道者亦有三，其上謂之祥，其次謂之良，其下謂之殃，極樂謂之良，極苦謂之殃，不苦不樂謂之祥，然此三者皆不入眞，常斯爲不道，騰神浩浩，風海波濤，心塵動擾，悲哉哀哉，三界輪迴，出沒生死，六道去來，不可以道濟，不可以眞攜，乘聖共愍，如母念孩，所以偃化非時，忍待有機，大道如此，古今同儀，不可以率爾，不可以驅馳，神中有智，智中有悲，悲救不得，徒自困疲，然謂可度，復事如故，察察精勤，恆興夢慮，惶惶外覓，轉失玄路，濁辱清虛，情存有處，哀哉苦哉，不離煩務，夫日隱雲中，雖明而不照，智藏惑中，雖眞而不道，何以然者，自未出纏也。是故疎不可會，親不可離，其未道者，不可妄爲，夫決歸者，而不顧於後，決戰者而不顧於首，決學者而不貴於身，決道者而不貴於事，其入無跡，其出無覓，了無所得，攀緣自寂，寂而不生，自體無名，無名之樸，理無外欲，恆沙功德，宛然自足，夫殼居者，不知宇宙之寬大，形處者，不知虛空之廣大，故晦中無明，明中無晦，諸法念念，各不相待，物隔情離，違情難會，夫赤棗含蟲，內壞外隆，沙水同流，上清下稠，國藏於佞，天下不政，形藏於心，萬物皆淫，所以然者，以其有病也。故物有靈，靈必有妖，妖必有欲，欲必有心，心必有情，情動爲欲，妖發爲精，精惑於神，欲惑於眞，故爲道者，不可以隣，夫古鏡照精，其精自形，古教照心，其心自明，夫約天地爲上下，約日月爲東西，約身爲彼此，約心爲是非，若無彼此，是非何爲，但以物隨情變，情逐物移，內外搖動，識物乘馳，其生也人，其死也魂，相似相續，夢有形身，實彼非此，實此非彼，鳥跡空文，奇特以現，難思難議，陰報陽施，冥道罔象，因果自縻，其事如幻，種種模面，焰水乾城，都無實現，斯謂不眞，惑亂餘人，清虛之理，畢竟無身，夫神通變化者，其猶於龍昇天，覆宇宙者其猶於雲凝斯未可貴，斯未可眞，若取其爲實者，而未爲道也。或有形而麗，或有語而辨，或有智而聰，或有用而巧，若取以爲道者，亦未爲善也。有必不眞，作必不常，乾坤尙壞，器物何剛，唯道無根，虛湛常存，唯道無體，微妙常眞，唯道無事，古今常貴，唯道無心，萬物圓備，故道無相無形，無事無意無心，善利群品，率益人倫，可謂一切物無不賓，夫萬物有侶，唯道獨存，其外無他，其內無復，無內無外，包含太一，該羅八冥，周備萬物，其狀也非內非外，非小非大，非一非異，非明非昧非生非滅，非麁非細，非空非有，非開非閉，非上非下，非成非壞，非動非靜，非歸非逝，非深非淺，非愚非慧，非違非順，非通非塞，非貧非富，非新非故，非好非弊，非剛非柔，非獨非對，所以然者，若言其內，通含法界，若言其外，備應形載，若言其小，包裏彌遠，若言其大，復入塵界，若言其一，各任其質，若言其異，妙體無物，若言其明，杳杳冥冥，若言其昧，朗照徹明，若言其生，無狀無形，若言其滅，今古常靈，若言其麁，束入塵盧，若言其細，山嶽之軀，若言其空，萬用在中，若言其有，閴然無容，若言其開，不入塵埃，若言其閉，義出無際，若言其上，平等無相，若言其下，物莫能況，若言其成，撲散衆星，若言其壞，鎭古常在，若言其動，湛然凝重，若言其靜，忙忙物聳，若言其歸，往而不辭，若言其逝，應物還來，若言其深，萬物同任，若言其淺，根不可尋，若言其愚，計用萬途，若言其慧，寂寞無餘，若言其違，有信有依，若言其順，物莫能羈，若言其通，不達微踪，若言其塞，出入虛容，若言其貧，萬德千珍，若言其富，曠絕無人，若言其新，自古宿因，若言其故，物莫能污，若言其好，無物可保，若言其弊，物始依然，若言其剛，摧挫不傷，若言其柔，力屈不尫，若言其獨，恆沙物族，若言其對，眞一孤轂，故道不可以一名言，理不可以一義宣，蓋略陳其說，何能以盡其邊，是以斬首灰形，其無以損生，金丹玉液，其無以養生，故眞生不滅，眞滅不生，可謂常滅，可謂常生，其有愛生惡滅者，斯不悟常滅，愛滅惡生者，斯不悟常生，其迷悟二名，不見眞成，取捨之意，隨虛妄情，故常空不有，常有不空，兩不相待，句句皆宗，是以聖人，隨有道有，隨空道空，空不乖有，有不乖空，兩語無病，二義雙通，乃至說我，亦不乖無我，乃至說事，亦不乖無事，以故不爲言語之所轉也。夫鑄金爲人，但觀其人，不覩其金，其名也迷，其相也惑，所以然者，皆失乎眞，然則一切皆幻，虛妄不實，知幻是幻，守眞抱一，不染外物，淸虛太一，其何有失，亡心喪意，體離衆疾，一相不生，寂靜凶吉，吉猶不隨，凶何所爲，吉凶之事，二俱無依，夫入道之徑，內虛外淨，如水凝澄，萬象光映，其意不沈，其心不浮，不出不入，湛寂自如，內外不干，識物不關，各任其一，復何用言，夫火不待日而熱，風不待月而涼，堅石處水，天瞽猶光，明暗自爾，乾濕同方，物尚不相借，何況道乎，王以萬有爲人，人歸於王，王依於人，合者同一，其名曰佛，三界獨尊，覺了無物，非作而作，所作已畢，天人之師正遍知悉，權應形事，引導衆疾，理靜虛無，光超慧日，普照十方，上同下吉，不欲異人，不欲異塵，不欲異義，不欲異因，平等不二，圓通一身，可謂大象之眞，其理難見，假設方便，數詰言論，任物而現，夫欲外者塵，欲內者身，欲聞者心，取塵者爲欲界，依形身者爲色界，依計心者爲無色界，滅此三者，名爲道諦，諦滅者爲道也。然此道者，權未正也。虛兮妄兮，三界不實，幻兮夢兮，六道無物，不遺一法，不得一法，不修一法，不證一法，性淨天眞，而謂大道乎，是以遍觀天下，莫非眞人，孰得此理，同其一倫，其學者希，其得者微，可謂渺漠而難知，其知者師，其化者夷，無心動作，作而無爲，無爲而爲，無所不爲，和光任物，物無所羈，夫天地之內，宇宙之間，中有一寶，祕在形山，識物靈照，內外空然，寂寞難見，其號玄玄，巧出紫微之表，用在虛無之間，端化不動，獨而無雙，聲出妙響，色吐華容，窮覩無所，寄號空空，唯留其聲，不見其形，唯留其功，不見其容，幽顯朗照，物理虛通，森羅寶印，萬象眞宗，其爲也形，其寂也冥，本淨非瑩，法爾圓成，光超日月，德越太淸，萬物無作，一切無名，轉變天地，自在縱橫，恆沙妙用，混沌而成，誰聞不喜，誰聞不驚，如何以無價之寶，隱在陰入之坑，哀哉哀哉，其爲自輕，悲哉悲哉，晦何由明，其寶也煥煥煌煌，朗照十方，閴寂無動，應用堂堂，應聲應色，應陰應陽，奇特無根，虛湛常存，瞬目不見，側耳不聞，其本也冥，其化也形，其爲也聖，其用也靈，可謂大道之精，其精甚眞，萬物之因，凝然常住，與道同倫，故經云，隨其心淨，則佛土淨，任用森羅，其名曰聖。

離微體淨品第二

其入離，其出微，知入離外，塵無所依，知出微內，心無所爲，內心無所爲，諸見不能移，外塵無所依，萬有不能羈，萬有不能羈，想慮不乘馳，諸見不能移，寂滅不思議，可謂本淨體自離微也。據入故名離，約用故名微，混而爲一，無離無微，體離不可染，無染故無淨，體微不可有，無有故無依，是以用而非有，寂而非無，非無故非斷，非有故非常，夫性離微者，非取非捨，非修非學，非本無今有，非本有今無，乃至一法不生，一法不滅，非三界所攝，非六趣所變，非愚智所改，非眞妄所轉，平等普遍，一切圓滿，總爲一大法界應化之靈宅，迷之者則歷劫而浪修，悟之者則當體而凝寂，夫妄有所欲者，不觀其離，妄有所作者，不觀其微，不觀其微者，即內興惡見，不觀其離者，即外起風塵，外起風塵故，外爲魔境所亂，內興惡見故，內爲邪見所惑。既內外緣生，眞一宗隱，是以迷離妄染者，所謂凡夫，迷染妄離者，所謂二乘，達本性離者，所謂菩薩，了了見知三乘無異者，所謂平等眞佛，然至理幽邃，非言說可顯，非相示可知。夫欲示其相，則迷其無相，欲顯其說，則迷其無說，然欲不說不示，復難以通其義，故玄道離微，至理難顯。夫所以言離者，體不與物合，亦不與物離，譬如明鏡光映萬象，然彼明鏡不與影合，亦不與體離。又如虛空合入一切無所染著，五色不能污，五音不能亂，萬物不能拘，森羅不能雜，故謂之離也。所以言微者，體妙無形，無色無相，應用萬端，而不見其容，含藏百巧，而不顯其功，視之不可見，聽之不可聞，然有恆沙萬德，不常不斷，不離不散，故謂之微也。是以離微二字，蓋道之要也。六入無跡謂之離，萬用無我謂之微，微即離也。離即微也。但約彼根事，而作兩名，其體一也。夫修道者，莫不斷煩惱求菩提，棄小乘窺大用，然妙理之中，都無此事，體離者本無煩惱可斷，無小乘可棄，體微者無菩提可求，無大用可窺，何以故，無一法可相應故，是以聖人，不斷妄，不證眞，可謂萬用而自然矣。夫求法者，爲無所求，故無名之樸，亦將不欲，斯可謂之妙覺，夫離微者，非妄識之所識，非邪智之所知，何謂妄識，爲六識也。何謂邪智，爲二智也。是以體眞一故，非二智所知，體無物故，非六識所識，無有一法從外而來，無有一法從內而出，又無少法和合而生，可謂之太清，可謂之眞精，體離一切諸見，故不可以意度，體離一切限量，故不可以言約，是以維摩默然，如來寂寞，雖說種種諸乘並是方便，開示悟入佛之知見，夫知者知離，見者見微，故經云，見微名爲佛，知離名爲法，以知離故，即不與一切煩惱合，以見微故，即不與一切虛妄俱，無虛妄故，即眞一理顯，無煩惱故，即明瑩自然，夫離微之義，非一非二，非以言說可顯，要以深心體解，朗照現前，對境無心，逢緣不動，勿忘離微之道，逐識星馳，口說心違，理將不寔，可謂無晝無夜，無靜無喧，專一不移，方乃契會，若妄有所取，妄有所捨，妄有所修，妄有所得者，皆不入眞實，背離微之義，壞大道之法也。夫眞者所以不合求，爲外無所得，夫實者所以不合修，爲內無所證，但無妄想者，即離微之道顯也。夫離者，虛也。微者，冲也。冲虛寂寞，故謂之離微。夫聖人所以無妄想者，爲達離也。所以有奇特之用者，爲了微也。微故無心，離故無身，身心俱喪，靈智獨存，絕於有無之域，泯於我所之居，法界自然，煌煌盛用，而無生也。故聖人處無爲而化行，不言之教，冥理應合，寂寞無人。是以含通大象，包入萬物，譬如虛空，普偏周備。夫迷者無我立我，則內生我倒，內生我倒故，即聖理不通，聖理不通故，外有所立。外有所立，即內外生礙，內外生礙，即物理不通，遂妄起諸流，混於疑照，萬象沈沒，眞一宗亂，諸見競興，乃爲流浪，故製離微之論，顯體幽玄，學者深思，可知虛實矣。夫色法如影，聲法如響，但以影響指陳，未足封爲眞實，故指非月也。言非道也。會道亡言，見月亡指，是以迷離者，即爲諸魔，愛取諸塵，樂著生死，夫迷微者，即爲外道，非分推求，橫生諸見，夫諸見根本者，莫越有無，何謂爲有，謂妄有所作，何謂爲無，觀察無所得也。是以因有無二見，即起種種諸見，諸見既起，即邪見不眞，故名爲外道。夫生死根本者，所謂存亡，身存爲生，身亡爲滅，計著妄想，取外境界，具足身見，愛彼未來殊勝生處，受妙果報，故謂之魔，若體解離者，一切不著，無所染愛，即超魔境界。若體解微者，一切寂靜，無有妄想，即超外道種種邪見，故經云微妙甚深離自性也。是以微無有見，離無有著，無見無著，寂滅爲樂。何謂爲苦？以不了微故，即內有所思，不了離故，即外有所依，外有所依故即貪，內有所思故即緣，緣貪既起，遂爲魔境所使，晝夜煌煌，無有暫止，具受塵勞，故名爲苦。何謂爲樂？爲了微故，即內無所思，爲了離故，即外無所依，外無所依故即無貪，內無所思故即無緣，無緣故即不爲萬有所拘，及諸塵勞所使，清虛寂寞，無所繫縛，自性解脫，故名爲樂。夫離者理也。微者密也。何謂爲理？不離一切物，何謂爲密，顯用藏術，又離者空也。微者有也。空故無相有故形量，是以非有非空，萬法之宗，非空非有，萬物之母，出之無方，入之無所，包含萬有，而不爲事，應化萬端，而不爲主，是以小室寬容，一念多通，非心所測，非意所識，可謂住不思議解脫之力，何謂不思議？爲體離微。何謂解脫？爲無所羈。離者法也。微者佛也。和合不二名爲僧也。故三名一體，一體三名，混無分別，歸本無名。又離者容也。微者用也。容故含垢，用故無侶。無侶故即妙化常行，含垢故即萬有能處，又無眼無耳謂之離，有見有聞謂之微，無我無造謂之離，有智有用謂之微，無心無意謂之離，有通有達謂之微。又離者涅槃，微者般若，般若故繁興大用，涅槃故寂滅無餘，無餘故煩惱永盡，大用故聖化無窮，若人不達離微者，雖復苦行頭陀遠離塵境，斷貪恚癡，伏忍成就，經無量劫，終不入眞寔，何以故，皆爲依正所行住有所得故，不離顛倒夢想惡覺諸見，若復有人體解離微者，雖近有妄想習氣及現行煩惱，然數數覺知離微之義，此人不久，即入眞寔無上道也。何以故？爲了正見根本故也。又所言離者對六入也。所言微者對六識也。若混六爲一寂靜無物，非五四三，非九八七，但聖人應機設教對執不同，究竟理中都無名字，譬如虛空離數非數離性非性，非一非異非境非離境，不可言說，過於文字出於心量，無有去來無有出入，夫經論者莫不就彼凡情破彼根量，種種方便皆不住於形事者，若不住形事即不須一切言說，及以離微之義，故經云隨宜說法意趣難解，雖說種種諸乘，皆是權接方便助道之法也。然非究竟解脫涅槃，譬如有人於虛空中畫作種種色象，及作種種音聲，然彼虛空實無異相，亦無受入變動，故知諸佛化身，及以說法亦復如是，於實際中都無一異。是以天地含離虛空含微，萬物動作變化無爲，夫神中有智智中有通，通有五種，智有三種，何爲五通，一曰道通，二曰神通，三曰依通，四曰報通，五曰妖通，何謂妖通，狐狸老變木石之精，附傍人身聰慧奇特，此爲妖通，何謂報通，鬼神逆知諸天變化，中陰了生神龍變化，此爲報通。何謂依通？約法而知緣身而用，乘符往來藥餌靈變，此爲依通。何謂神通？靜心照物宿命既持，種種分別皆隨定力，此爲神通，何謂道通，無心應物緣化萬有，水月空華影象無主，此爲道通，何謂三智，一曰眞智，二曰内智，三曰外智。何謂外智？分別根門識了塵境，博覽古今該通俗事，此爲外智，何謂内智，自覺無明斷割煩惱，心意寂靜滅有無餘，此爲内智。何謂眞智？體解無物本來寂靜，通達無涯淨穢無二，故名眞智，故眞智道通不可名目，餘所有者皆是邪僞，僞即不眞邪即不正，惑亂心生迷於體性，是以深解離微達彼諸有，自性本眞出於群品，夫知有邪正通有眞僞。若非法眼精明難可辨也。是以俗間多信邪僞少信正眞，大教偃行小乘現用，故知妙理難顯也。夫離者無身微者無心，無身故大身無心故大心，大心故即周萬物，大身故應備無窮，是以執身爲身者即失其大應，執心爲心者即失其大智，故千經萬論莫不說離身心，破彼執著乃入眞實，譬如金師銷鑛取金方爲器用，若執有身者即有身礙，身礙故即法身隱於形殼之中，若執有心者即有心礙，心礙故即眞智隱於念慮之中，故大道不通妙理沈隱，六神内亂六境外緣，晝夜惶惶未有休息，夫不觀其心者不見其微，不觀其身者不見其離，若不見離微，則失其道要也。故經云佛說非身是名大身，亦復如是，此謂破權歸實壞假歸眞，譬如金師銷金爲器，滅相混融以通大冶，言大冶者爲大道也。此大道冶中，造化無窮流出萬宗，若成若壞體無增減，故經云有佛無佛，性相常住，所以言融相者，但爲愚夫著有相畏無相也。所以言相者，爲破彼外道著於無相畏有相也。所以言中道者，欲令有相無相無二也。此皆破執除疑言非盡理，若復有人了相無法平等不二，無取無捨無此無彼，亦無中間，即不假聖人言說理自通也。夫以相爲無相者，即相而無相也。故經云色即是空非色滅空，譬如水流風擊成泡，即泡是水非泡滅水，夫以無相爲相者，即無相而相也。經云空即是色色無盡也。譬如壞泡爲水水即泡也。非水離泡，夫愛有相畏無相者，不知有相即無相也。愛無相畏有相者，不知無相即是相也。是故有相及無相，一切悉在其中矣，覺者名佛，妄即不生，妄若不生即本眞實。夫無相之相謂之離，離體無相也。相即無相謂之微，微體非無相也。是以爲道者，生而不喜死而不憂。何以故？以生爲浮以死爲休，以生爲化以死爲眞。故經云起唯法起滅唯法滅，又此法者各不相知，起時不言我起，滅時不言我滅。夫大智無知，大覺無覺，眞際理空，不可名目，是以涅槃大寂般若無知，圓滿法身一切限量相寂滅也。【略】

綜　述

吉藏撰《三論玄義》 總序宗要，開爲二門。一、通序大歸。二、別釋衆品。初門有二。一、破邪。二、顯正。

夫適化無方，陶誘非一，考聖心以息患爲主，統教意以通理爲宗，但九十六術，栖火宅爲淨道，五百異部，縈見網爲泥洹，遂使鹿苑埏墟，鷲山荊蕀，善逝以之流慟，薩埵所以大悲，四依爲此而興，三論由斯而作。但論雖有三，義唯二轍。一曰顯正，二曰破邪，破邪則下拯沈淪，顯正則上弘大法，故振領提綱，理唯斯二也。但邪謬紛綸，難可備序，三論所斥，略辨四宗。一、摧外道，二、折《毘曇》，三、排《成實》，四、呵大執。

問，以何義故遍斥衆師？答，論主究其原，盡其理也。一源不究，則戲論不滅，毫理不盡，則至道不彰，以無源不究，群異乃息，無理不盡，玄道始通，是以斯文遍排衆計，問既無法不究，無言不盡應遍排群異，何故但斥四宗耶？答初一爲外，後三爲內，內外並收，毘曇明有，成實辨空，空有俱攝，斯二爲小，方等稱大，大小該羅，略洗四迷，則紛累都盡耳，問此之四執優降云何，答外道不達二空，橫存人法，毘曇已得無我，而執法有性，跋摩具辨二空，而照猶未盡，大乘乃言究竟，但封執成迷，自淺至深，四宗階級，問外道邪言可得稱破，餘爲內教，何得亦破，答總談破顯，凡有四門，一破不收，二收不破，三亦破亦收，四不破不收，言不會道，破而不收，說必契理，收而不破學教起迷，亦破亦收，破其能迷之情，收取所惑之教，諸法實相言忘慮絕，實無可破亦無可收，泯上三門歸乎一相，照斯四句破立皎然。（自此以來總明申破，從此已去別斥四宗）

所言摧外道者，夫至妙虛通，目之爲道，心遊道外，故名外道，外道多端，略陳其二。一、天竺異執，二、震旦眾師。總論西域九十六術，別序宗要則四執盛行。一、計邪因邪果，二、執無因有果，三、立有因無果，四、辨無因無果。

問：云何名爲邪因邪果？

答：有外道云，大自在天能生萬物，萬物若滅，還歸本天，故云自在，天若瞋，四生皆苦，自在若喜，則六道咸樂，然天非物因，物非天果，蓋是邪心所畫，故名邪因邪果。

難曰：夫善招樂報，惡感苦果，蓋是交謝之宅報應之場，以不達義理故生斯謬，又夫人類生人，物類生物，人類生人則人還似人，物類生物物還似物，蓋是相生之道也。而謂一天之因產萬類之報，豈不謬哉？

問：云何名爲無因有果？

答：復有外道窮推萬物，無所由籍，故謂無因，而現覩諸法，當知有果。例如莊周魍魎問影，影由形有，形因造化，造化則無所由，本既自有，即末不因他，是故無因而有果也。

問：無因自然，此有何異？

答：無因據其因無，自然明乎果有，約義不同，猶是一執。

難曰：夫因果相生猶長短相形，既其有果，何得無因，如其無因，何獨有果，若必無因而有果者，則善招地獄，惡感天堂。

問曰：有人言，自然有因，自然無因，萬化不同，皆自然有，故無同前過。

答曰：蓋未審察之，故生斯謬，如其精究，理必不然，夫論自者，謂非他爲義，必是因，他則非自矣，故自則不因，因則不自，遂言因而復自，則義成枘楯。

問：云何名爲有因無果？

答：斷見之流唯有現在更無後世，類如草木盡在一期。

難曰：夫神道幽玄，惑人多昧，義經丘而未曉，理涉旦而猶昏，唯有佛宗乃盡其致，經云如雀在瓶中，羅縠覆其口，縠穿雀飛去，形壞而神走，匡山慧遠釋曰，火之傳於薪，猶神之傳於形，火之傳異薪，猶神之傳異形，前薪非後薪，則知指窮之術妙，前形非後形，則悟情數之感深，不得見形朽於一生，便謂識神俱喪，火窮於一木，乃曰終期都盡矣。後學稱黃帝之言曰，形雖糜而神不化，乘化至變無窮，雖未彰言三世，意已明未來不斷。

問曰，云何名爲無因無果？

答：既撥無後世受果，亦無現在之因故，六師云，無有黑業，無有黑業報，無有白業，無有白業報，四邪之問最爲尤弊，現在斷善，後生惡趣。

問：斯之紛謬起自何時？

答：釋迦未興，盛行天竺。能仁既出，殄斯謬計。佛滅度後，柯條更繁。龍樹後興，重加剪伐。

次排震旦眾師，一研法，二覈人。

問曰：天竺四術，既是外言，震旦三玄，應爲內教。

答：釋僧肇云，每讀老子莊周之書，因而歎曰，美即美矣，然棲神冥累之方猶未盡也。後見淨名經，欣然頂戴謂親友曰，吾知所歸極矣，遂棄俗出家，羅什昔聞三玄與九部同極，伯陽與牟尼抗行，乃喟然歎曰，老莊入玄故，應易惑耳目，凡夫之智，孟浪之言，言之似極，而未始詣也。推之似盡，而未誰至也。略陳六義明其優劣，外但辨乎一形，內則朗鑒三世，外則五情未達，內則說六通窮微，外未即萬有而爲太虛，內說不壞假名而演實相，外未能即無爲而遊萬有，內說不動眞際建立諸法，外存得失之門，內冥二際於絕句之理，外未境智兩泯，內則緣觀俱寂，以此詳之，短羽之於鵬翼，坎井之於天池，未足喻其懸矣。秦人疑其極，吾復何言哉？

問，伯陽之道道曰太虛，牟尼之道，道稱無相，理源既一則萬流並同，什肇抑揚乃諂於佛（此王弼舊疏以無爲爲道體）。

答，伯陽之道道指虛無，牟尼之道道超四句，淺深既懸，體何由一。蓋是子佞於道，非余諂佛。

問，牟尼之道道爲眞諦，而體絶百非。伯陽之道，道曰杳冥，理超四句，彌驗體一，奚有淺深？答九流統攝，七略該含，唯辨有無，未明絶四。若言老教，亦辨雙非，蓋以砂糅金，同盜牛之論。

覈人第二。

問：佛名大覺，老曰天尊，人同上聖，法俱妙極，苟欲存異，將非杜不二之玄門傷得一之淵府哉？

答：悉達處宮方紹金輪聖帝，能仁出俗遂爲三界法王，老爲周朝之柱史，清虛是九流之派，子若欲令人一法同，何異堆阜共安明等高，螢燭與日月齊照，問同人者之五情，異人者之神明，迹爲柱史，本實天尊，據實而談，齊之一貫，答漢書亦顯品類，以伯陽爲賢，何晏王弼稱老未及聖，設令孔是儒童，老爲迦葉，雖同聖迹，聖迹不同，若圓應十方八相成佛，人稱大覺，法名出世，小利即生人天福善，大益即有三乘賢聖，如斯之流爲上迹也。至如孔稱素王說有名儒，老居柱史談無曰道，辨益即無人得聖，明利即止在世間，如此之類爲次迹矣。

折《毗曇》第二。一、立宗，二、破斥。

有薩衛門人，序其宗曰，阿毗曇者名無比法，無漏慧根會理隔凡，其功冠絶，故云無比，超四執之外，越三界之表，群聖之所讚歎，六道之所歸崇，敢有抗言，當屈之以理，問夫欲立理，先須序宗源，未知毗曇凡有幾種，答部類甚多，略明其六，一者如來自說法相毗曇，盛行天竺不傳震旦，二者隣極亞聖名舍利弗，解佛語故造阿毗曇，凡二十卷，傳來此土，三者佛滅度後三百餘年，有三明六通大阿羅漢，姓迦旃延，造八犍度，凡二十卷，傳來此土，所言八者，一雜，二使，三智，四業，五大，六根，七定，八見，言犍度者，翻之爲聚，以其八義各有部類，因之爲聚也。四者六百年間有五百羅漢，是旃延弟子，於北天竺共造毗婆沙釋八犍度，毗婆沙者，此云廣解，於西涼州譯出，凡有百卷，值兵火燒之，唯六十卷現在，止解三犍度也。五者七百餘年有法勝羅漢，嫌婆沙太博，略撰要義作二百五十偈，名阿毗曇心，凡有四卷，亦傳此土，六者千年之間有達磨多羅，以婆沙太博四卷極略，更撰三百五十偈，足四卷合六百偈，名爲雜心也。其間復有六分毗曇，釋論云，目連和須密及餘論師共造，並不傳此土，唯眾事分毗曇是六內之一，此土有之，復有甘露味毗曇二卷，未詳作者，並傳此土，毗曇雖部類不同，大宗明見有得道也。

破斥第二。

凡有十門。一、乖至道，二、扶眾見，三、違大教，四、守小筌，五、迷自宗，六、無本信，七、有偏執，八、非學本，九、弊眞言，十、喪圓旨。蓋無比之名有餘，所明之理不足，非但遠乖方等，亦近迷三藏，略舉十門，顯其虛實。

乖至道者，夫道之爲狀也。體絶百非，理超四句，言之者失其眞，知之者反其愚，有之者乖其性，無之者傷其體，故七辨輟音，五眼冥照，釋迦掩室，淨名杜口，豈可以有而爲道哉？

第二，扶眾見。然道實非有，遂言見有得道，乃是見有，非見道也。故《法華》云，入邪見稠林若有若無等，依止此諸見具足六十二。

問：若執有無，此有何失？

答：《正觀論》云，淺智見諸法若有若無等，是則不能見滅見安隱法，於彼有大過矣。

第三，違大教。《思益經》云，於未來世有惡比丘，說有相法得成聖道，佛垂此勅懸誡將來，既曰惡人，理是邪說，違背大教，宜須破之。

第四，守小筌。夫爲未識源者，示之以流，令尋流以得源，未見月者，示之以指，令因指以得月，窮流則唯是一源，亡指則但是一月，蓋是如來說小之意也。而毗曇之徒執固小宗不趣大道，守筌喪實，故造論破之。

第五，迷自宗。諸聖弟子有所述作，本爲通經，而阿含之文親說無相，故善吉觀法空而悟道，身子入空定而佛歎，阿毗曇人但明見有，故自迷本宗。

第六，無本信。《文殊問經》云，十八及本二皆從大乘出，無是亦無非，我說未來起，十八者，謂十八部異執也。及本二者，根本唯二部，一大衆部，二上座部，而阿毘曇是十八部內薩婆多部，從大乘出，即大爲小本，而執小之流聞大乘不信，是以破之，問何以知執小之人不信大法耶？答智度論云，旃延弟子答龍樹云，我聞大乘心不都信，故外國執小乘者與學大乘人分河飲水。

第七，有偏執。《大集經》云，雖有五部，並不妨如來法界及大涅槃，而阿毘曇人保執自宗排斥他說，便違法界拒大涅槃，累障既深，宜須傷歎。

第八，非學本。《大品經》云，欲知四緣，當學般若，外人問龍樹云，欲學四緣，應學毘曇，云何乃學般若，論主答曰，初學毘曇似如可解，轉久推求則成邪見。問曰學毘曇云何乃成邪見，答若言四緣生諸法者，誰復生於四緣，若四緣更從他生，則他復從他，如是無窮，若其四緣自然而有不從他生者，萬物亦應不由四緣，當墮無因，故從則無窮，窮則無因，由此二門則不信因果，故久學毘曇成於邪見。

第九，弊眞言。《大集經》云，甚深之義不可說，第一義諦無聲字，陳如比丘於諸法獲得眞實之知見，本起經云，頞鞞沙門即五人之一，爲身子說偈云，一切諸法本，因緣空無主，息心達本源，故號爲沙門，身子聞之即得初果，尋大小二經，皆明見空成聖，而阿毘曇謂觀有得道，故隱覆眞言。

第十，喪圓旨。《涅槃經》云，欲令衆生深識眞諦，是故如來宣說於俗，若使衆生不因俗諦而識眞者，諸佛如來終不說俗，毘曇之流雖知俗有，不悟眞空，既惑眞空，亦迷俗有，是故眞俗二俱並喪，

【略】

問：若內外並除，大小俱斥，乃爲斷見，何名正宗？

答：既內外並冥，則斷常斯寂。二邊既捨，寧非正宗耶？

難曰：夫有斷有常故名之爲有，無斷無常目之爲無。既其是無，何由離斷？

答：既斷常斯寂，則有無等皆離，不應更復謂染於無。

難曰，雖有此通，終不免難，夫有有無名之爲有，無有無無始是大無，既其墮無，何由離斷，答本對有病，是故說無，有病若消，空藥亦廢則知聖道未曾有無，何所滯耶？

難曰，是有是無名爲兩是，非有非無名爲兩非，既墮是非，還同儒墨？

答：本非二是，故有雙非。二是既亡，雙非亦息。故知非是亦復非非。

難曰：非是非非還墮二非，何由免非？

答：二是生乎夢虎，兩非還見空華，則知本無所是，今亦無非。

難曰：若無是無非，亦不邪不正，何故建篇章稱破邪顯正？

答：夫有非有是此則爲邪，無是無非乃名爲正，所以命篇辨破邪顯正。

難曰，既有邪可破，有正可顯，則心有取捨何謂無依，答爲息於邪強名爲正，在邪既息則正亦不留，故心無所著。

難曰：若邪正並冥，豈非空見，答正觀論云，大聖說空法，爲離諸見故，若復見有空，諸佛所不化，如水能滅火，今水還出火，當用何滅，斷常爲火，空能滅之，若復著空，即無藥可滅也。

難曰：既著空病，何故不服有藥而言息化？

答：若以有化，還復滯有，乃至亡言便復著斷，如此之流，何由可化。

問：心有所著，有何過耶？

答：若有所著，便有所縛，不得解脫生老病死憂悲苦惱。故《法華》云，我以無數方便引道衆生，令離諸著。《淨名》云，不著世間如蓮華，常善入於空寂行，達諸法相無罣礙，稽首如空無所依。三世諸佛爲六道衆生心有所著故出世說經，四依開士爲大小學人心有所依故出世造論，故有依有得爲生死之本，無住無著爲經論大宗。

難曰，若內外並冥，佛經何故說大小兩教？

答：《法華》云，是法不可示，言辭相寂滅，如來於無名相中強名相說，故有大小教門，欲令衆生因此名相悟無名相，而封教之徒聞說大小更生染著，是故造論破斯執情，還令了悟本來寂滅，故四依出世爲如佛也。

問：此論名爲正觀，正有幾種？

答：天無兩日，土無二王，敎有多門理唯一正，是故上來破斥四宗，

《華嚴》云，文殊法常爾，法王唯一法，一切無畏人，一道出生死，但欲出處衆生，於無名相法强名相說，令稟學之徒因而得悟，故開二正。一者體正，二者用正，非眞非俗名爲體正，眞之與俗目爲用正，所以然者，諸法實相言亡慮絕，未曾眞俗，故名之爲體，絕諸偏邪目之爲正，故言體正，所言用正者，體絕名言物無由悟，雖非有無强說眞俗，故名爲用。此眞之與俗亦不偏邪，目之爲正，故名用正也。

問：既云眞俗，則是二邊，何名爲正？

答：如因緣假有目之爲俗，然假有不可言其定有，假有不可言其定無，此之假有遠離二邊，故名爲正，俗有既爾，眞無亦爾，假無不可定無，假無不可定有，遠離二邊故目之爲正。問何故辨體用二正耶？答像末鈍根多墮偏邪，四依出世匡正佛法，故明用正，既識正教便悟正理則有體正，但正有三種，一對偏病目之爲正，名對偏正，二盡淨於偏名之爲正，謂盡偏正也。三偏病既去正亦不留，非偏非正，不知何以美之，强嘆爲正，謂絕待正也。在正既然，觀論亦爾，因於體正發生正觀名爲體觀，藉二諦用生二諦觀名爲用觀，故觀具二也。觀辨於心，爲衆生故如實說體，名爲體論，若說於用，名之爲用論，故論具二也。正既有對偏盡偏絕待，觀論亦然，類前可知。

次明經論相資，《大品經》云，雖生死道長衆生性多，菩薩應如是正憶念，生死邊如虛空，衆生性邊亦如虛空，此中無生死往來亦無解脫者，然既無生死亦無涅槃，則知亦無衆生及以於佛，寧有經之與論耶？故內外並冥緣觀俱寂，然雖非生死涅槃，而於衆生成生死，故大品云，諸法無所有如是有，既有衆生故有諸佛，既有諸佛便有教門，既有諸佛教門則有菩薩之論，諸佛爲衆生失道，是故說經，菩薩爲衆生迷經，是故造論。然經有通別，在論亦爾，所言經通者，通爲息衆生顛倒，通爲開顯道門，所言論通者，諸聖弟子造一切論，亦通爲息迷教之病申明正道。所言經別者，赴大小二緣說大小兩教，所言論別者，爲破大小兩迷申大小兩教，故有大小二論也。然就經論之中具有能所之義，經以二智爲能說，二諦爲所說，論以二慧爲能說，言教爲所說，斯則經論各有能所也。

次明經論能所絞絡，有四句不同。一者經能爲論所，二者經所爲論能，三者論能爲經所，四者論所爲經能，經能爲論所者，如來二智即是論主所悟，故《法華》明，今昔兩教爲直往菩薩及迴小向大之人，並令悟入佛慧，故《涌出品》云，是諸衆生始見我身聞我所說，即便信受入如來慧，此明昔教爲直往菩薩入佛慧也。次云，除先修習學小乘者，我今亦令得聞是經入於佛慧，此明今教迴小之人入於佛慧，故今昔兩教同明爲入佛慧，則知佛慧是所悟也。次明經所爲論能者，經所即是二諦，能發生論主二慧故，佛之二諦爲能生，論主二慧爲所生也。次明論能爲經所者，論主二慧由經發生也。次明論所爲經能者，論主言教能申佛二諦也。次會四句爲二句，經若能若所並是能資，論若能若所皆是所資，又論若能若所悉爲能申，經若能若所悉是爲所申，故合成一能一所也。次泯一句以歸無句，以能而爲所則能非定能，以所而爲能則所非定所，以能非定能，是則非能，所非定所，是則非所，故非能非所，非經非論，非佛非菩薩，不知何以目之，故稱正法强名中實也。

問：能非定能，是則非能。所非定所，是則非所。出何文耶？

答：《中論·然可然品》云，若法因待成，是法還成待，今則無因待，亦無所成法。即其證也。

【略】

次明諸部通別義，論有二種，一者通論，二者別論，若通破大小二迷，通申大小兩教，名爲通論，即中論是也。故前二十五品破大迷申大教，後兩品破小迷申小教，二者別論，別破大小迷，別申大小教，名爲別論，如攝大乘論地持論等，謂大乘通論，十地論智度論等，大乘別論，如成實論等，通申三藏，謂小乘通論，馬鳴菩薩師名脇比丘，造四阿含優婆提舍，別釋修多羅藏，善見毘婆沙別釋毘尼藏，智度論云，八十部律八十部毘婆沙釋之，善見律別釋師子國要，用十誦律，舍利弗別釋佛九分毘曇，如此別釋三藏故，是小乘別論，就三藏中復有通別，若具釋一藏名爲通論，別釋一藏中一部名爲別論也。問中論既通釋大小，應名大小通論，不得名爲大乘論也。答雖釋大小，但爲顯大故是大乘論，所以然者，以初分明大乘，中分明小乘，後分還明大乘故，以是義故名大乘論耳，問十二門論是何論耶？答是大乘通論，以始終破於大迷，通申大教，無破小迷別申於小教故，是大乘通論也。問百論復云何，答百論通破障大小之邪，通申如來大小兩正，故是大小通論，但始終爲明大乘故，屬大乘通論耳，次明衆論立名不同門，衆論立名，凡有三種。一從法爲名，如成實論等，實謂四諦之理，成謂能成之文，故云爲成是法故造斯論，謂從法立名也。二從人立名，如舍利弗阿毘曇等，智度論云，犢子道人受持此毘曇，亦名犢子毘曇也。三從喻立名，如甘露味毘曇等，亦如訶梨跋摩師鳩摩羅陀造日出論等也。四論立名，並是從法，非人非喻，就中自開四種，大智度論從所釋之經立名，大謂摩訶，智謂般若，度謂波羅蜜，論釋經題，故從所釋爲名，中論從理實立名，十二門從言教爲目，百論從偈句爲稱也。若通而爲言，四論通顯中道理實，並得就理立名，四論同有言教開通理實，並得以教爲稱，同有偈句，通得從偈立名，今欲互相開避，故有四部差別，所以立名不同也。

次明衆論旨歸門，通論大小乘經，同明一道，故以無得正觀爲宗，但小乘教者正觀猶遠，故就四諦教爲宗，大乘正明正觀，故諸大乘經同以不二正觀爲宗，但約方便用異故有諸部差別，如明應說不應說，今昔開會名爲《法華》，破斥八倒辨常無常用名爲涅槃，至論不二正道更無別異，在經既爾，在論亦然，雖諸部有異，同用不二正觀爲宗，又經論同宗，佛說正觀爲經，論申正觀爲論，經論用異正觀無別，故無量義經云，如水洗穢義同，約井池爲異，自昔及今，一切諸教，同治斷常之病，同開正道，但約今昔教用異耳，今四論約用不同故辨四宗差別，智度論正釋大品，而龍樹開大品爲二道，前明般若道，次明方便道，此之二道即是法身父母，故大品以實慧方便慧爲宗，論申經二慧，還以二慧爲宗，如中論申二諦，還以二諦爲宗也。問大品何故前明般若，後明方便耶？答般若方便實無前後，而作前後說者般若爲體，方便爲用，故智度論云，譬如金爲體，金上精巧爲用，故前明其體，後辨其用也。又非凡夫行，非賢聖行，是菩薩行，般若超凡，方便越聖，要前超凡後方越聖，故前明般若後辨方便，又衆生起見凡有二種，一者有見，二者無見，般若破其有見，方便斥其無見，故前明般若後辨方便，若明次第者，三藏多說有教以破外道，而封執三藏之有故，般若次說空，惑者著般若之空故，次說方便令其離空，故《智度論》序云，知邪病之自起故，阿含爲之作，以滯有之爲患故，般若爲之照，即斯意也。若約位而言，般若配於六地，故前明之，方便在於七地，故後說也。問舊亦明大品二慧爲宗，與今何異，答今明，聖心未曾二，爲衆生故無二說二，欲令因二悟於不二，故與舊不同，又雖明二慧，與舊亦異，舊義實慧但照空不達有，漚和但照有不達空，蓋是限局聖心便成二見，今明，至人體無礙之道故有無礙之用，般若既照空即能鑒有，方便既涉有即能鑒空，具如二智中說，次明中論以二諦爲宗，所以用二諦爲宗者，二諦是佛法根本，如來自行化他皆由二諦，自行由二諦者，如瓔珞經佛母品，明二諦能生佛故，二諦是佛母，蓋取二智爲佛，二諦能生二智，故以二諦爲母，即是如來自德圓滿由於二諦，化他德由二諦者，如來有所說法教化衆生常依二諦。故《中論》云，諸佛依二諦爲衆生，說法也。

問：何以知自他兩德並由二諦耶？

答：《十二門論》云，以識二諦故，即得自利他利及以共利，即其事也。以二諦是自行化他之本故，申明二諦以爲論宗，即令一切衆生具得自他二利也。

問：何人迷二諦，論主破迷申二諦耶？

答：有三種人迷於二諦，一者小乘五百部，各執諸法有決定性，聞畢竟空如刀傷心，此人失第一義諦，然既失第一義諦亦失世諦，所以然者，空宛然而有，故有名空有，方是世諦，彼既失空，亦是迷有，故失世諦，故五百部執出如來二諦之外，二者方廣道人，謂一切諸法如龜毛兔角，無罪福報應，此人失於世諦，然有宛然而空，故空名有空，既失空有，亦失有空，如斯之人亦失二諦，又諸外道亦失二諦，如有見外道迷於眞諦，空見外道迷於世諦，又凡夫著有故迷眞諦，二乘滯空迷世諦也。第三人得二諦名而失二諦旨，斯執甚多，今略出二種，或言二諦一體，或言二諦異體，並不成二諦之義，具如疏初序之，今破此之失申明二諦，故用二諦爲宗也。問何以得知此論用二諦爲宗耶？答略有三種，一者瓔珞經佛母品明二諦不生不滅乃至不來不去，今論正明八不，故知即是辨於二諦，故以二諦爲宗，二者青目序論意，明外人失二諦，龍樹菩薩爲是等故造此中論，即知破外迷失申明二諦，故以二諦爲宗也。三者關內曇影中論序云，此論雖無理不窮，無言不盡，統其要歸，會通二諦，今還述舊釋，故知二諦爲宗也。問既名中論，何故不用中道爲宗，乃以二諦爲宗耶？答即二諦是中道，既以二諦爲宗，即是中道爲宗，所以然者，還就二諦以明中道故，有世諦中道，眞諦中道，非眞非俗中道，但今欲名宗兩舉故，中諦互說，故宗舉其諦名題其中，若以中道爲名，復以中道爲宗者，但得不二義失其二義故也。問經何故立二諦耶？答此有兩義，一者欲示佛法是中道故，以有世諦，是故不斷，以第一義，是故不常，所以立於二諦，又二慧是三世佛法身父母，以有第一義故生般若，以有世諦故生方便，具實慧方便慧，有十方三世佛，是故立二諦，又知第一義是自利，知世諦故能利他，具知二諦即得共利，故立二諦，又有二諦故佛語皆實，以世諦故說有是實，第一義故說空是實。又佛法漸深，先說世諦因果教化，後爲說第一義，又成就得道智者說第一義，無有說世諦，又若不先說世諦因果，直說第一義，則生斷見，是故具明二諦也。

次明百論宗者。《百論》破邪申明二諦，具如《空品》末說，亦應以二諦爲宗。但今欲與《中論》互相開避，《中論》以二諦爲宗，百論用二智爲宗，即欲明諦智互相成也。

問：《百論》何故用二智爲宗耶？答提婆與外道對面擊揚鬪，一時權巧智慧，但提婆權智巧能破邪巧能顯正，而實無所破亦無所顯，故名實智。一論始終明此二智，故以二智爲宗，《中論》不與內諍一時權巧，但共同學二諦之人諍二諦得失，故以二諦爲宗，則中論用所申爲宗，《百論》用能申爲宗，欲明佛與菩薩能所共相成也。次明《十二門論》宗者，此論亦破內迷申明二諦，亦以二諦爲宗，但今欲示三論不同，宜以境智爲宗。所言境智者，論云，大分深義所謂空也。若通達是義即通達大乘，具足六波羅蜜無所障礙，大分深義謂實相之境，由實相境發生般若，由般若故萬行得成，即是境智之義，故用境智爲宗也。

次明四論破申不同門。所言破申者，凡有三義。一者破外人迷教之病故名爲破，申佛二諦教門故名爲申，二者申佛正教而邪迷自破，故名爲申破耳。三者論主申明佛破故名申破，諸大乘經破眾生虛妄以顯一道，但末代鈍根不了如來破病顯道之意，四依菩薩還申明佛破故名申破，非是經中自立義，論中自明破也。

問，何以知龍樹申佛破耶？

答，最後《邪見品》云，瞿曇大聖主，憐愍說是法，悉斷一切見，我今稽首禮，故知論主申明佛破，非自有破也。問經中有立有破，論主何故一向破耶？答末世鈍根迷佛立破，並皆成病，是以論主須並破之，然後具得申如來立破，問論主申佛破得稱論主破，論主申佛立應名論主立耶？答亦得爾也。問四論破申云何同異，答三論通破眾迷，通申眾教，智度論別破般若之迷，別申般若之教，就三論中自開二類，百論正破外傍破內，餘二論正破內傍破外，所以三論破內外者，一切眾病不出二種，一外道邪畫起迷，二內人稟教失旨，若破斯二則眾病皆除，問百論破外可有明文，何處有破內文耶？答破塵品中，外人以內義爲證，論主即破其所引，具如彼明，問何故得破內耶？答有三種義，一者如向釋之，外人立義不成，引內爲證，故須破內，二者內人立義與外道同，如立虛空常遍，乃至立涅槃身智俱無，並與外道同，故須破內，三者外道立義與內人同，故須破之，如破因中無果品說，外道立於三相前後相生，與譬喻部同，立三相展轉一時生，與薩婆多部同，故須破內，故肇法師云，邪辨逼眞殆亂正道，問中論何故傍破外耶？答凡有四義，一者欲顯中觀無法不窮，無言不說，若一法不窮，一言不盡，則戲論不滅，中觀不生，是故內外並皆破之，二者內人立義與外道同，故須破外，三者外道立義與內人同，故須破外，四者欲顯中實非內非外不正不邪，故須破外。

問：百論破外亦有收取義不，答亦有四句，一者破而不取，即是外道邪言，障中迷觀，於緣無益有損，二者取而不破，外道偷竊如來遺餘善法，今並收之，如賊盜牛，即其證也。又外道各邪心推盡，冥智與內同，如蟲食木偶得成字，亦取而不破，三者亦破亦取，外道偷竊佛教不識旨歸，今破其迷教之情，收取所迷之教，四者不破不取，即顯道門未曾內外也。

次明別釋三論，問既有四論，何故常稱三論耶？答略有八義，一者一一論各具三義，一破邪，二顯正，三言教，以同具此三義故，合名三論，二者三論具合方備三義，中論明所顯之理，百論破於邪執，十二門名爲言教，以三義相成故名爲三論，三者中論爲廣論，百論爲次論，十二門爲略論，三部具上中下三品故名三論，四者一切經論凡有三種，一但偈論，即是中論，二但長行論，所謂百論，三亦長行亦偈論，即十二門論，以三部互相開避而共相成，五者此之三部同是大乘通論，故名三論，六者此三部同顯不二實相，故名三論，七者同是四依菩薩所造，八者同是像末所作，但欲綱維大法也。

次論三論通別門，以智度論對三論，則智度論爲別論，三論爲通論，就三論中自有三別即爲三例，百論爲通論之廣，中論爲通論之次，十二門爲通論之略，所以然者，百論通破障世出世一切邪，通申世出世一切正，故名通論之廣，中論但破大小二迷，通申大小兩教，不破世間迷申世間教，故爲通論之次，十二門但破執大之迷，申大乘之教，爲通論之略，問何故爾耶？答外道邪興，遍障世出世大小一切教，故提婆遍破衆邪備申衆教，是以論明，始自三歸終竟二諦，無教不申，無邪不破，中論爲對大小學人封執二教故，但破二迷但申二教，是以論文有大小二章之說，十二門論辨觀行之精要，明方等之宗本，故正破大迷獨申大教，是以論文命宗，但說略解摩訶衍義，問十二門亦備破小乘外道，云何言但破大迷但申大教也。答雖備破衆病，而正意爲申大乘，故論文前明略解大乘，而後則言末世衆生薄福鈍根，雖尋經文不能通了，即知尋大乘失旨，但小乘外道障彼大乘，故須破之耳，又欲令小乘外道同入大乘故須破之，問百論申大小兩教，與中論何異，答百論總申大小，然中論別申二教，又百論從淺至深，中論從深至淺，問何故爾耶？答百論爲迴邪入正，始行之人故，始自三歸終入方等，故從淺至深，中論示諸佛本末之義，大乘爲本小乘爲末，故從深至淺也。

次明四論用假不同門，一切諸法雖並是假，領其要用凡有四門，一因緣假，二隨緣假，三對緣假，四就緣假也。一因緣假者，如空有二諦，有不自有，因空故有，空不自空，因有故空，故空有是因緣假義也。二隨緣假者，如隨三乘根性說三乘教門也。三對緣假者，如對治常說於無常，對治無常是故說常，四就緣假者，外人執有諸法，諸佛菩薩就彼推求檢竟不得，名就緣假，此四假總收十二部經八萬法藏，然四論具用四假，但智度論多用因緣假，以釋經立義門故，中論十二門多用就緣假，百論多用對緣假，

次明四論對緣不同門，著於四論略明二種，提婆菩薩震論鼓於王庭，九十六師一時雲集，各建名理立無方論，提婆面折邪師，後還閑林，撰集當時之言，以爲百論，龍樹菩薩潛帷著筆，採取外情破病申經，故造中論，問何故爾耶？答龍樹聲聞天下，外道小乘不敢與交言，故潛帷著筆以造論也。提婆既爲弟子，物情所不畏憚，故與之交言，故後集以爲論，次明三論所破之緣有利鈍不同門，今略舉中百二論明衆生得悟不同，凡有四種，一自有一種根緣，聞百論始捨罪福終破空有，當此言下得悟無生，二有諸外道，雖聞提婆當時所破言理俱屈，猶未得悟，後出家竟稟受佛經方乃得悟，此中根人也。三有諸外道，聞提婆之言，不了尋經，翻更起迷，爲中論所破方得悟，此下根人也。四有諸外道，初稟提婆之言，乃至尋中論亦未得解，後因十二門觀玄略方乃得悟也。

次別釋中論名題門，此論立名有廣有略，所言略者，但稱中論，故叡法師序云，中論有五百偈，龍樹菩薩之所造，而後但釋中論兩字，故名爲略，問何故但稱中論不題觀耶？答中是所論之理實，論是能論之教門，若明理教故義無不周也。所言廣者，加之以觀，故影法師中論序云，寂此諸邊名之爲中，問答折徵稱之爲論，又云，觀者直，以觀辨於心論宣於口耳，問何故具題三字耶？答因中發觀，由觀宣論，要備三法義乃圓足也。次第門，問此三字有何次第耶？答有二種次第，一者能化次第，二者所化次第，能化次第者，中謂三世十方諸佛菩薩所行之道，故前明中，由此道故發生諸佛菩薩正觀，故次明觀，由內有正觀故，佛宣之於口，名之爲經，四依菩薩宣之於口，目之爲論也。約所化悟入次第者，稟教之徒因論識中，因中發觀，若望於佛，因教識理，因理發觀也。次制立門，所以但明三字不多不少者，略有三義，一者諸佛菩薩凡有二德，一者自行，二者化他，中之與觀謂自行也。論之一字即是化他，自行化他義無不攝，故但標三字，二者化於衆生要必具三，一者有所悟之理，二者因理發觀，三者由觀宣論，故但明三也。三者以中對觀，是境智之名，以觀對論，爲行說之稱，因中發觀故，以中爲境，以觀爲智，如說而行爲觀，如行而說爲論，以義唯此四故，名字但有三名也。次論通別門，通而爲言，三字皆中皆觀皆論，所言皆中者，理實不偏故理名爲中，因中理發觀，觀非偏觀，觀亦名中，因中觀宣論，論非偏論，論亦名中，三字皆觀者，中是義相觀，觀是心行觀，論是名字觀，亦如三種般若，中是實相般若，觀是觀照般若，論是文字般若，三種皆論者，論是能論故名爲論，餘二所論亦名爲論也。就別而言，理實不偏，與其中名，智是達照，當其觀稱，論是言教，故目之爲論，次明互發盡門，就中有中發觀，觀發中，緣盡觀，觀盡

緣，所言中發觀者，如涅槃經云，十二因緣不生不滅能生觀智，譬如胡瓜能發熱病也。觀發中者，衆生本謂因緣是生是滅，不知是中，以正觀檢生滅不得，方悟因緣是中，此則因觀發中，緣盡於觀觀盡於緣者，凡夫二乘及有所得偏邪之緣，盡菩薩正觀之內，故名緣盡於觀，觀盡於緣者，邪緣既盡正觀亦息，故名觀盡於緣，緣盡於觀故非緣，觀盡於緣故非觀，非緣非觀，不知何以美之，強名正觀也。問既得緣盡觀觀盡緣，亦得中盡觀親盡中不，答亦得爾也。中是智境，觀是境智，境不自境，因智故境，智不自智，由境故智，由智故境，境不自境，由境故智，智不自智，不自智則非智，不自境則非境，故是境盡於智，智盡於境，問亦得緣發於觀，觀發於緣不，答由邪緣故得顯正觀，即是緣發於觀，由正觀故顯緣是邪，謂觀發於緣耳，次明別釋三字門，總論釋義凡有四種，一依名釋義，二就理教釋義，三就互相釋義，四無方釋義也。依名釋義者，中以實爲義，中以正爲義，中以實爲義者，如涅槃釋本有今無偈云，我昔本無中道實義，是故現在有無量煩惱。叡師《中論序》云，以中爲名者，照其實也。照謂顯也。立於中名，爲欲顯諸法實故，云照其實也。所言正者，《華嚴》云，正法性遠離一切言語道一切趣非趣，悉皆寂滅相，此之正法即是中道，離偏曰中，對邪名正。肇公《物不遷論》云，正觀論曰，觀方知彼去，去者不至方，故知中以正爲義也。理教釋義者，中以不中爲義，所以然者，諸法實相非中非不中，無名相法爲衆生故強名相說，欲令因此名以悟無名，是故說中爲顯不中，問中以不中爲義，出何文耶？答華嚴云，一切有無法了達非有無，若爾，一切中偏法了達非中偏，即其事也。所言互相釋義者，中以偏爲義，偏以中爲義。所以然者，中偏是因緣之義，故說偏令悟中，說中令識偏，如經云，說世諦令識第一義諦，說第一義諦令識世諦也。四無方釋義者，中以色爲義，中以心爲義，是故華嚴經云，一中解無量，無量中解一，故一法得以一切法爲義一切法得以一法爲義，問中有幾種，答既稱爲中，則非多非一，隨義對緣得說多一，所言一中者，一道清淨更無二道，一道者即一中道也。所言二中者，則約二諦辨中，謂世諦中眞諦中，以世諦不偏故名爲中，眞諦不偏名爲眞諦中，所言三中者，二諦中及非眞非俗中，所言四中者，謂對偏中，盡偏中，絕待中，成假中也。對偏中者，對大小學人斷常偏病，是故說對偏中也。盡偏中者，大小學人有於斷常偏病則不成中，偏病若盡則名爲中，是故經云，衆生起見凡有二種，一斷二常，如是二見不名中道，無常無斷乃名中道，故名盡偏中也。絕待中者，本對偏病是故有中，偏病既除中亦不立，非中非偏，爲出處衆生強名爲中，謂絕待中，故此論云，若無有始終，中當云何有，經亦云，遠離二邊不著中道，即其事也。成假中者，有無爲假，非有非無爲中，由非有非無故說有無，如此之中爲成於假，謂成假中也。所以然者，良由正道未曾有無，爲化衆生假說有無故，以非有無爲中，有無爲假也。就成假中有單複疎密橫豎等義，具如中假義說，如說有爲單假，非有爲單中，無義亦爾，有無爲複假，非有非無爲複中，有無爲疎假，非有非無爲疎中，不有有爲密假，有不有爲密中，疎即是橫，密即是豎也。次釋中不同得有四種，一外道明中，二毘曇明中，三成實明中，四大乘人明中也。外道說中者，僧佉人言，泥團非瓶非非瓶，即是中義也。衛世師云，聲不名大不名小，勒沙婆云，光非闇非明，此之三師並以兩非爲中，而未知所以爲中耳，毘曇人釋中者，有事有理，事中者，無漏大王不在邊地，謂不在欲界及非想也。理中者，謂苦集之理不斷不常也。成實人明中道者，論文直言離有離無名聖中道，而論師云，中道有三，一世諦中道，二眞諦中道，三非眞非俗中道，四大乘人明中者，如攝大乘論師明，非安立諦不著生死不住涅槃，名之爲中也。義本者，以無住爲體中，此是合門，於體中，開爲兩用，謂眞俗，此是用中，即是開門也。又中假師云，非有非無爲中，而有而無爲假也。

创始人吉藏分部

傳　記

道宣《續高僧傳》卷一一　釋吉藏，俗姓安，本安息人也。祖世避仇移居南海，因遂家于交廣之間，後遷金陵而生藏焉。年在孩童，父引之見於眞諦，仍乞諮之。諦問其所懷，可爲吉藏，因遂名也。歷世奉佛門無兩事。父後出家名爲道諒，精勤自拔苦節少倫，乞食聽法以爲常業。每日持缽將還，跣足入塔遍獻佛，然後分施，方始進之。乃至涕唾便利，皆先以手承取，施應食眾生，然後遠棄，其篤謹之行初無中失。

諒恆將藏聽興皇寺道朗法師講，隨聞領解，悟若天真。年至七歲，投朗出家。探涉玄猷，日新幽致。凡所諮稟，妙達指歸。論難所標，獨高倫次。詞吐贍逸，弘裕多奇。至年十九，處眾覆述，精辯鋒遊，酬接時彥，綽有餘美，進譽揚邑，有光學眾。具戒之後，聲問轉高。陳桂陽王欽其風采，吐納義旨欽味奉之。隋定百越，遂東遊秦望。止泊嘉祥，如常敷引。禹穴成市，問道千餘。志存傳燈，法輪相繼。開皇末歲，煬帝晉蕃，置四道場，國司供給。釋李兩部，各盡搜揚。以藏名解著功召入。慧日禮事豐華，優賞倫異。王又於京師置日嚴寺，別敎延藏往彼居之。欲使道振中原，行高帝壤。既初登京輦，道俗雲奔。見其狀，則傲岸出群。聽其言，則鍾鼓雷動。藏乃遊諸名肆，薄示言蹤，皆掩口杜辭，鮮能其對。然京師欣尚妙重法華，乃因其利即而開剖。

時有曇獻禪師，禪門鉦鼓。樹業光明，道俗陳跡，創首屈請敷演會宗。七眾聞風，造者萬計。隘溢堂宇，外流四面。乃露縵廣筵，猶自繁擁。豪族貴遊，皆傾其金貝。淸信道侶，俱慕其芳風。藏法化不窮財施，塡積隨散，建諸福田。用既有餘，乃充十無盡。藏委付曇獻，資於悲敬。逮仁壽年中，曲池大像舉高百尺，繕修乃久身猶未成，仍就而居之，誓當構立。抽捨六物幷託四緣，旬日之間施物連續，即用莊嚴，峙然高映。故藏之福力能動物心。凡有所營，無非成就。

隋齊王暕夙奉音猷，一見欣至而未知其神府也。乃屈臨第，幷延論士。京輦英彥相從，前後六十餘人。並已陷折前鋒，令名自著者，皆來總集。藏爲論主，命章陳曰，以有怯之心，登無畏之座。用木訥之口，釋解頤之談。如此數百句。王顧學士傅德充曰，曾未延鋒御寇，止如向述，恐罕追斯蹤。充曰，動言成論，驗之今日。王及僚友同歎稱美。時沙門僧粲，自號三國論師，雄辯河傾，吐言折角。最先徵問，往還四十餘番。藏對引飛激注贍滔然。兼之間施體貌，詞采鋪發。合席變情，□然而退。於是芳譽更舉，頓爽由來。王謂未得盡言，更延兩日。探取義科，重令豎對。皆莫之抗也。王稽首禮謝，永歸師傅，幷□吉祥麈尾，及諸衣物。

晚以大業初歲，寫二千部法華。隋曆告終，造二十五尊像，捨房安置。自處卑室，昏曉相仍，竭誠禮懺。又別置普賢菩薩像，帳設如前。躬對坐禪，觀實相理。鎭累年紀，不替於茲。

及大唐義舉初屆京師，武皇親召釋宗，謁于虔化門下。眾以藏機悟有聞，乃推而敘。對曰，惟四民塗炭，乘時拯溺。道俗慶賴，仰澤穹旻。武皇欣然勞問，勤勤不覺影移。語久，別敕優矜，更殊恆禮。武德之初，僧過繁結，置十大德，綱維法務，宛從初議，居其一焉。實際定水，欽仰道宗。兩寺連請，延而住止，遂通受雙願，兩以居之。

齊王元吉，久揖風猷，親承師範。又屈住延興，異供交獻。藏任物而赴，不滯行。藏年氣漸衰，屢增疾苦。敕賜良藥，中使相尋。自揣勢極難瘳，懸露非久。乃遺表於帝曰，藏年高病積，德薄人微。曲蒙神散，尋得除愈。但風氣暴增，命在旦夕。悲戀之至，遺表奉辭。伏願久住世間，緝寧家國。慈濟四生，興隆三寶。信者后諸王，並具遺啟累以大法。至于淸旦，索湯沐浴，著新淨衣，侍者燒香，令稱佛號。藏加坐儼思，如有喜色。齋時將及，奄然而化。春秋七十有五，即武德六年五月也。遺命露骸，而色逾鮮白。有敕慰賻，令於南山覓石龕安置。東宮以下諸王公等，並致書慰問，並贈錢帛。

今上初爲秦王，偏所崇禮。乃通慰曰，諸行無常。藏法師道濟三乘，名高十地。惟懷弘於般若，辯囿包於解脫。方當樹德淨土，闡敎禪林。豈意湛露晞晨業風飄世，長辭奈苑遽掩松門。兼以情切緒言見存遺旨，跡留人往彌用悽傷。乃迻於南山至相寺。時屬炎熱，坐于繩床，屍不催臭，加趺不散。弟子慧遠樹續風聲，收其餘骨，鑿石瘞于北巖，就而裨德。

初，藏年位息慈，英名馳譽。冠成之後，榮扇逾遠。貌象西梵，言實東華。含嚼珠玉，變態天挺。剖斷飛流，殆非積學。對晤帝王，神理增其恆習。決滯疑議，聽眾忘其久疲。然而愛狎風流，不拘檢約。貞素之識，或所譏焉。加又縱達論宗，頗懷簡略。御眾之德，非其所長。在昔陳隋廢興，江陰凌亂，道俗波迸，各棄城邑。乃率其所屬往諸寺中，但是文疏，並皆收聚，置于三間堂內。及平定後，方洮簡之。故目學之長，勿過於藏。注引宏廣，咸由此焉。講三論一百餘遍，《法華》三百餘遍，《大品》《智論》《華嚴》《維摩》等各數十遍。並著玄疏，盛流於世。及將終日，製《死不怖論》，落筆而卒。詞云，略舉十門，以爲自慰。夫含齒戴髮，無不愛生而畏死者，不體之故也。夫死由生來，宜畏於生。吾若不生，何由有死。見其初生，即知終死。宜應泣生，不應怖死。文多不載。

慧遠依承侍奉，俊悟當時。敷傳法化，光嗣餘景。末投跡于藍田之悟眞寺。時講京邑，亟動衆心，人世即目故不廣敘。

教理分部

三論義

吉藏《三論玄義》 總序宗要，開爲二門。一、通序大歸。二、别釋衆品。初門有二。一、破邪。二、顯正。

夫適化無方，陶誘非一。考聖心，以息患爲主；統教意，以通理爲宗。但九十六術，栖火宅爲淨道；五百異部，縈見網爲泥洹。遂使鹿苑坵墟，鷲山荊蕀，善逝以之流慟，薩埵所以大悲。四依爲此而興，三論由斯而作。但論雖有三，義唯二轍。一曰顯正，二曰破邪。破邪則下拯沈淪，顯正則上弘大法。故振領提綱，理唯斯二也。但邪謬紛綸，難可備序。三論所斥，略辨四宗。一、摧外道，二、折毘曇，三、排成實，四、呵大執。

問，以何義故，遍斥衆師？

答，論主究其原，盡其理也。一源不究，則戲論不滅。毫理不盡，則至道不彰。以無源不究，群異乃息，無理不盡，玄道始通。是以斯文遍排衆計。

問，既無法不究，無言不盡，應遍排群異，何故但斥四宗耶？

答，初一爲外，後三爲內，內外並收。毘曇明有，成實辨空，空有俱攝。斯二爲小，方等稱大。大小該羅，略洗四迷，則紛累都盡耳。

問，此之四執，優降云何？

答，外道不達二空，橫存人法。毘曇已得無我，而執法有性。跋摩具辨二空，而照猶未盡。大乘乃言究竟，但封執成迷。自淺至深，四宗階級。

問，外道邪言，可得稱破，餘爲內教，何得亦破？

答，總談破顯，凡有四門。一、破不收。二、收不破。三、亦破亦收。四、不破不收。言不會道，破而不收。說必契理，收而不破。學教起迷，亦破亦收。破其能迷之情，收取所惑之教。諸法實相，言忘慮絕。實無可破，亦無可收。泯上三門，歸乎一相。照斯四句，破立皎然。

所言摧外道者，夫至妙虛通，目之爲道，心遊道外，故名外道。外道多端，略陳其二。一天竺異執，二震旦衆師。總論西域九十六術，别序宗要則四執盛行。一計邪因邪果。二執無因有果。三立有因無果。四辨無因無果。

問，云何名爲邪因邪果？

答，有外道云，大自在天，能生萬物。萬物若滅，還歸本天。故云自在天若瞋，四生皆苦。自在若喜，則六道咸樂。然天非物因，物非天果，蓋是邪心所畫，故名邪因邪果。【略】

問，云何名爲無因有果？

答，復有外道，窮推萬物，無所由籍，故謂無因，而現覩諸法，當知有果。例如莊周魍魎問影，影由形有，形因造化，造化則無所由。本既自有，即末不因他。是故無因而有果也。

問，無因自然，此有何異？

答，無因據其因無，自然明乎果有。約義不同，猶是一執。

難曰，夫因果相生，猶長短相形。既其有果，何得無因？如其無因，何獨有果？若必無因而有果者，則善招地獄，惡感天堂。

問曰，有人言，自然有因，自然無因，萬化不同，皆自然有，故無同前過。

答曰，蓋未審察之，故生斯謬。如其精究，理必不然。夫論自者，謂非他爲義，必是因，他則非自矣，故自則不因。因則不自，遂言因而復自，則義成枘楯。

問，云何名爲有因無果？

答，斷見之流，唯有現在，更無後世。類如草木，盡在一期。

難曰，夫神道幽玄，惑人多昧。義經丘而未曉，理涉旦而猶昏。唯有佛宗，乃盡其致。【略】匡山慧遠釋曰，火之傳於薪，猶神之傳於形。火之傳異薪，猶神之傳異形。前薪非後薪，則知指窮之術妙。前形非後形，則悟情數之感深。不得見形朽於一生，便謂識神俱喪，火窮於一木，乃曰終期都盡矣。後學稱黄帝之言曰，形雖糜而神不化，乘化至變無窮。雖未彰言三世，意已明未來不斷。

問曰，云何名爲無因無果？答，既撥無後世受果，亦無現在之因。故六師云，無有黑業，無有黑業報。無有白業，無有白業報。四邪之問，最爲尤弊。現在斷善，後生惡趣。

問，斯之紛謬，起自何時？

答，釋迦未興，盛行天竺，能仁既出，殄斯謬計。佛滅度後，柯條更繁，龍樹後興，重加剪伐。

次排震旦衆師。一研法。二覈人。

問曰，天竺四術，既是外言。震旦三玄，應爲內教。答，釋僧肇云，每讀老子、莊周之書，因而歎曰，美即美矣，然棲神冥累之方，猶未盡也。後見《淨名經》，欣然頂戴，謂親友曰，吾知所歸極矣，遂棄俗出家。羅什昔聞三玄與九部同極，伯陽與牟尼抗行，乃喟然歎曰，老莊入玄，故應易惑耳目。凡夫之智，孟浪之言，言之似極，而未始詣也。推之似盡，而未誰至也。略陳六義，明其優劣。外但辨乎一形，內則朗鑒三世。外則五情未達，內則說六通窮微。外未即萬有而爲太虚，內說不壞假名而演實相。外未能即無爲而遊萬有，內說不動眞際建立諸法。外存得失之門，內冥二際於絶句之理。外未境智兩泯，內則緣觀俱寂。以此詳之。短羽之於鵬翼，坎井之於天池，未足喻其懸矣。秦人疑其極，吾復何言哉！【略】

覈人第二。

問，佛名大覺，老曰天尊，人同上聖。法俱妙極，苟欲存異，將非杜不二之玄門傷得一之淵府哉？（蓋是道士用三洞靈寶等經立義）

答，悉達處宮，方紹金輪聖帝，能仁出俗，遂爲三界法王。老爲周朝之柱史，淸虚是九流之派。子若欲令人一法同，何異堆阜共安明等高，螢燭與日月齊照。

問，同人者之五情，異人者之神明。迹爲柱史，本實天尊，據實而談，齊之一貫。

答，《漢書》亦顯品類，以伯陽爲賢。何晏王弼稱老未及聖，設令孔是儒童，老爲迦葉。雖同聖迹，聖迹不同。若圓應十方八相成佛，人稱大覺，法名出世。小利即生人天福善，大益即有三乘賢聖，如斯之流爲上迹也。至如孔稱素王，說有名儒，老居柱史，談無曰道。辨益即無人得聖，明利即止在世間。如此之類，爲次迹矣。【略】

破斥第二。凡有十門。一乖至道。二扶衆見。三違大敎。四守小筌。五迷自宗。六無本信。七有偏執。八非學本。九弊眞言。十喪圓旨。蓋無比之名有餘，所明之理不足。非但遠乖方等，亦近迷三藏。略舉十門，顯其虚實。

乖至道者，夫道之爲狀也。體絶百非，理超四句，言之者失其眞，知之者反其愚，有之者乖其性，無之者傷其體，故七辨輟音，五眼冥照，釋迦掩室，淨名杜口，豈可以有而爲道哉！

第二扶衆見，然道實非有，遂言見有得道，乃是見有，非見道也。故《淨名》云，法名無染，若染於法，乃是染著，非求法也。又夫見有者名爲有見，非見道矣。【略】

第三違大敎。《思益經》云，於未來世，有惡比丘，說有相法，得成聖道。佛垂此勅，懸誡將來。既曰惡人，理是邪說，違背大敎，宜須破之。

第四守小筌。夫爲未識源者，示之以流，令尋流以得源。未見月者，示之以指，令因指以得月。窮流則唯是一源，亡指則但是一月。蓋是如來說小之意也。而毘曇之徒執固小宗不趣大道，守筌喪實，故造論破之。

第五迷自宗。諸聖弟子有所述作，本爲通經。而阿含之文，親說無相。故善吉觀法空而悟道，身子入空定而佛歎。阿毘曇人但明見有，故自迷本宗。

第六無本信。《文殊問經》云，十八及本二，皆從大乘出，無是亦無非，我說未來起。十八者，謂十八部異執也。及本二者，根本唯二部。一大衆部，二上座部。而阿毘曇是十八部內薩婆多部，從大乘出。即大爲小本，而執小之流，聞大乘不信，是以破之。【略】

第七有偏執。《大集經》云，雖有五部，並不妨如來法界及大涅槃。

而阿毘曇人保執自宗，排斥他說。便違法界，拒大涅槃，累障既深，宜須傷歎。

第八非學本。《大品經》云，欲知四緣，當學般若。外人問龍樹云，欲學四緣，應學毘曇。云何乃學般若？論主答曰，初學毘曇，似如可解。轉久推求，則成邪見。問曰，學毘曇云何乃成邪見？答若言四緣生諸法者，誰復生於四緣？若四緣更從他生，則他復從他。如是無窮。若其四緣自然而有不從他生者，萬物亦應不由四緣，當墮無因。故從則無窮，窮則無因。由此二門，則不信因果。故久學毘曇，成於邪見。

第九弊眞言。《大集經》云，甚深之義不可說，第一義諦無聲字。陳如比丘於諸法，獲得眞實之知見。《本起經》云，頞鞞沙門，即五人之一，爲身子說偈云，一切諸法本，因緣空無主。息心達本源，故號爲沙門。身子聞之，即得初果。尋大小二經，皆明見空成聖。而阿毘曇謂觀有得道，故隱覆眞言。

第十喪圓旨。《涅槃經》云，欲令衆生，深識眞諦，是故如來宣說於俗。若使衆生不因俗諦而識眞者，諸佛如來，終不說俗。毘曇之流，雖知俗有，不悟眞空。既惑眞空，亦迷俗有。是故眞俗二俱並喪。【略】

顯正第二。自上已來破外道、毘曇、成實、大乘。從此已後，序前四宗，斥於三論。故通其邪難，顯明正理。上既遍斥四宗，於時群難，競起咸疑。龍樹非是正師，所造之論，應爲邪法。是故此章次明顯正義。正義雖多，略標二種。一明人正。次顯法正。【略】

問，龍樹著述，部類甚多。三論偏空，似非究竟。

答，僧叡昔在什公門下爲翻譯之宗。其論序云，夫百梁之搆興，則鄙茅茨之仄陋，覩斯論之紘博，則知偏悟之鄙倍。故偏主小乘，正歸此論。【略】

問，若內外並呵，大小俱斥。此論宗旨，何所依據耶？

答，若心存內外，情寄大小，則墮在偏邪，失於正理。既失正理，則正觀不生。若正觀不生，則斷常不滅。若斷常不滅，則苦輪常運。以內外並冥，大小俱寂，始名正理。悟斯正理，則發生正觀。正觀若生，則戲論斯滅。戲論斯滅，則苦輪便壞。三論大宗，其意若此。蓋乃總衆教之旨歸，統群聖之靈府。味道之流，豈不栖憑斯趣耶？【略】

問，此論名爲正觀，正有幾種？

答，天無兩日，土無二王。教有多門，理唯一正。是故上來破斥四宗。《華嚴》云，文殊法常爾，法王唯一法。一切無畏人，一道出生死。但欲出處衆生，於無名相法，強名相說。令稟學之徒因而得悟，故開二正。一者體正，二者用正。非眞非俗，名爲體正。眞之與俗，目爲用正。所以然者，諸法實相，言亡慮絕，未曾眞俗，故名之爲體。絕諸偏邪，目之爲正，故言體正。所言用正者，體絕名言，物無由悟。雖非有無，強說眞俗，故名爲用。此眞之與俗，亦不偏邪，目之爲正，故名用正也。

問，既云眞俗則是二邊，何名爲正？

答，如因緣假有，目之爲俗。然假有不可言其定有，假有不可言其定無。此之假有，遠離二邊，故名爲正。俗有既爾，眞無亦爾。假無不可定無，假無不可定有。遠離二邊，故目之爲正。

問，何故辨體用二正耶？

答，像末鈍根，多墮偏邪。四依出世，匡正佛法，故明用正。既識正教，便悟正理，則有體正。但正有三種。一對偏病目之爲正，名對偏正。二盡淨於偏名之爲正，謂盡偏正也。三偏病既去正亦不留，非偏非正，不知何以美之，強嘆爲正，謂絕待正也。在正既然，觀論亦爾。因於體正，發生正觀，名爲體觀。藉二諦用，生二諦觀，名爲用觀。故觀具二也。觀辨於心，爲衆生故，如實說體，名爲體論。若說於用，名之爲用論。故論具二也。正既有對偏、盡偏、絕待，觀論亦然，類前可知。【略】

吉藏《三論玄義》：次明別釋三論。

問，既有四論，何故常稱三論耶？

答，略有八義。一者，一一論各具三義。一、破邪，二、顯正，三、言教。以同具此三義故，合名三論。二者，三論具合，方備三義。《中論》明所顯之理，《百論》破於邪執，《十二門》名爲言教。以三義相成故，名爲三論。三者，《中論》爲廣論，《百論》爲次論，《十二門》爲略論。三部具上、中、下三品，故名三論。四者，一切經論，凡有三種。一但偈論，即是《中論》。二但長行論，所謂《百論》。三亦長行亦偈論，即《十二門論》。以三部互相開避而共相成。五者，此三部同是大乘通論，故名三論。六者，此三部同顯不二實相，故名三論。七者，同是四依菩薩所造。八者，同是像末所作，但欲綱維大法也。

次論三論通別門。以《智度論》對三論，則《智度論》爲別論，三論爲通論。就三論中，自有三別，即爲三例。《百論》爲通論之廣，《中論》爲通論之次，《十二門》爲通論之略。所以然者，《百論》通破障世出世一切邪，通申世出世一切正，故名通論之廣。《中論》但破大小二迷，通申大小兩教，不破世間迷，申世間教，故爲通論之次。《十二門》但破執大之迷，申大乘之教，爲通論之略。

問，何故爾耶？

答，外道邪興，遍障世出世大小一切教，故提婆遍破衆邪，備申衆教，是以論明，始自三歸，終竟二諦。無教不申，無邪不破。《中論》爲對大小學人封執二教故，但破二迷，但申二教，是以論文有大、小二章之說。《十二門論》辨觀行之精要，明方等之宗本，故正破大迷，獨申大教，是以論文命宗，但說略解摩訶衍義。【略】

問，《百論》申大小兩教，與《中論》何異？

答，《百論》總申大小，然《中論》別申二教。又《百論》從淺至深，《中論》從深至淺。

問，何故爾耶？

答，《百論》爲迴邪入正，始行之人故。始自三歸，終入方等，故從淺至深。《中論》宗諸佛本末之義，大乘爲本小乘爲末，故從深至淺也。

緣假義

吉藏《三論玄義》：次明四論用假不同門。一切諸法，雖並是假，領其要用，凡有四門。一、因緣假。二、隨緣假。三、對緣假。四、就緣假也。一、因緣假者，如空有二諦，有不自有，因空故有，空不自空，因有故空，故空有是因緣假義也。二、隨緣假者，如隨三乘根性說三乘教門也。三、對緣假者，如對治常說於無常，對治無常是故說常。四、就緣假者，外人執有諸法，諸佛菩薩就彼推求檢竟不得，名就緣假。此四假總收十二部經八萬法藏，然四論具用四假，但《智度論》多用因緣假，以釋經立義門故。《中論》《十二門》多用就緣假，《百論》多用對緣假。【略】

二諦義

吉藏《大乘玄論》卷一　二諦義有十重。第一標大意。第二釋名。第三立名。第四有無。第五二諦體。第六中道。第七相即。第八攝法。第九辨教。第十同異。【略】

二諦者，蓋是言教之通詮，相待之假稱，虛寂之妙實，窮中道之極號，明如來常依二諦說法。一者，世諦。二者，第一義諦。故二諦唯是教門，不關境理，而學者有其巧拙，遂有得失之異。所以若有巧方便慧，學此二諦，成無所得，無巧方便慧學教，即成有所得。故常途三師，置辭各異。開善云，二諦者，法性之旨歸，一眞不二之極理。莊嚴云，二諦者，蓋是祛惑之勝境，入道之實津。光宅云，二諦者，蓋是聖教之遙泉，靈智之淵府。三說雖復不同，或言含智解，或辭兼聖教，同以境理爲諦。若依廣州大亮法師，定以言教爲諦。今不同此等諸師。【略】

問，教若爲名諦耶？

答有數意。一者，依實而說故所說亦實，是故名諦。二者，如來誠諦之言，是故名諦。三者說有無教實能表道，是故名諦。四者，說法實能利緣，是故名諦。五者說不顛倒。是故名諦。

與他家異，有十種異。一者，理教異。彼明二諦是理，三假是俗，四絕是眞。今明二是教，不二是理。他家有理無教，今明有教有理。二者，相無相異。他家住有無，故是有相。今明有表不有，無表不無，不住有無，故名無相。三者，得無得異。他家住有無，故名有得。今明不住有無，故名無得。四者，理內外異。他家住有無，故名理外。今明不住有無，故名理內。五者，開覆異。他有住有無住無，此有無覆如來因緣有無。今明二諦是教，是有表不有，無表不無，即開如來教，無有壅滯。六者，半滿異。他家唯有二無不二，故唯教無理，名爲半字。今明具足理教，名爲滿字。七者，愚智異。《涅槃》云，明無明愚者謂二，智者了達無二。眞俗二者即愚，不二者即智。故知不二是理，二是教。八者，體用異。彼有用無體，今即具有體用。九者，本末異。不二是本，二是末。他但有末無本，今具有本末。十者，了不了異。他家二諦住有無，故名不了。今明說有欲顯不有，說無欲顯不無，有無顯不有不無，故名了義。他但以有爲世諦，空爲眞諦。今明若有若空皆是世諦，非空非有始名眞諦。三者空有爲二，非空有爲不二，二與不二皆是世諦，非二非不二名爲眞諦。四者此三種二諦皆是教門。說此三門，爲令悟不三。無所依得，始名爲理。【略】

吉藏撰《二諦稱》卷上　叡師《中論序》云，《百論》治外以閑邪，斯文祛内以流滯。《大智》《釋論》之淵博，《十二門》觀之精詣。尋斯四論者，眞若日月在懷，無不朗然鑒徹矣。若通此四論，則佛法可明也。師云，此四論雖復名部不同，統其大歸。竝爲申乎二諦顯不二之道。若了於二諦，四論則煥然可領。若於二諦不了，四論則便不明。爲是因緣。須識二諦也。若解二諦，非但四論可明，亦眾經皆了。何以知然。故論云，諸佛常依二諦說法。既十方諸佛，常依二諦說法，故眾經莫出二諦。眾經既不出二諦，二諦若明故眾經皆了也。然四論皆有二諦之言，今且依《中論》文以辨之。論文云，諸佛依二諦爲眾生說法。一以世俗諦，二第一義諦也。然師臨去世之時，登高座付屬門人。我出山以來，以二諦爲正道。說二諦凡二十餘種勢，或散或束。或分章段，或不分分時，或開爲三段。乍作十重。所以爲十重者，正爲對開善法師二諦義。彼明二諦義有十重。對彼十重，故明十重。一一重以辨正之。師唯導此義有重數。所餘諸義，普皆不開。若有重數者，非興皇者說也。十重者。初則二諦大意，最後二諦同異。今第一明二諦大意也。然師導二諦義。多依二處。一依《大品》經。二依《中論》。今且依《中論》明二諦義。所以依《中論》導二諦者。《中論》以二諦爲宗。若了二諦，《中論》即便可明。爲是義故，依《中論》說二諦也。《中論・四諦品》云，諸佛依二諦，爲眾生說法。此語即難解。若爲依二諦說法耶？解云，二諦是本，說法是末。二諦是所依，說法是能依。然此語驚耳，非從來所知也。【略】今依論釋之，論《四諦品》。前釋二諦，次釋依二諦說法。前釋二諦云，世俗諦者，一切諸法性空，而世間顛倒謂有。於世間是實，名爲世諦。諸賢聖眞知顛倒性空，於聖人是實，名第一義諦。次云，諸佛依是二諦，爲眾生說法。此則前釋二諦竟。然後明諸佛依是二諦爲眾生說法，故知二諦是本，說法是末。二諦是所依，說法是能依。依此二諦，爲眾生說法也。

問，從來云諸佛依二諦說法者，爲凡說俗，爲聖說眞，爲凡緣說有，爲聖緣說空，名爲依二諦說法，既云依二諦爲眾生說法，何得言爲凡說有爲聖說空爲依二諦說法耶？今明，如上有於凡爲實名俗諦，空於聖是實名第一義諦，依此二諦，爲眾生說法也。又且問，諸佛何意依二諦說法耶？

解云，欲明十方諸佛所說皆實故，依二諦說法。何者？諦是實義，有於凡實，空於聖實，是二皆實，諸佛依此二實說法，是故諸佛所說皆實也。外道九十六種所說，何意虛假不實，以其不依二諦故，所以虛假不實諸佛依二諦說法故，凡所說法皆實，以諸佛所說皆實故，所以諸佛，依二諦說法也。又問，若爲依二諦說法，說法皆實耶？解云，諸賢聖，如實悟諸法性空，如來依彼如實悟而說故。諸佛所說亦實。此則依第一義諦說法是實。世人於瓶衣等是實，諸佛隨俗說瓶衣故，所說亦實。如《百論》云，佛入舍衛城，隨俗語故無過。此則依世諦說法是實，依彼二實而說故。諸佛說法皆實也。前云依凡諦說名依世諦說法。依聖諦說名依第一義諦說法，依二諦爲眾生說法。此語不可失也。【略】

解云，說有說無，說非有非無，竝是教非是理。一往開理教者，教有言說，理不可說，理既不可說，云何得悟，所以得悟理者，必假言說，爲是故，說有無說非有無，竝是教皆令悟理也。問說有無可是二諦教，說非有無不二，云何亦是二諦教耶？答爲是義故，所以山門相承興皇，祖述明三種二諦，第一明，說有爲世諦，於無爲眞諦，第二明，說有說無，二竝世諦，說非有非無不二爲眞諦，汝所問者，只著我家第二節二是世諦不二是眞諦，我今更，爲汝說第三節二諦義，此二諦者，有無二，非有無不二，說二說不二爲世諦，說非二非不二爲眞諦，以二諦有此三種，是故說法必依二諦，凡所發言，不出此三種也。又此二節二諦，竝出經論，有爲世諦，空爲眞諦，如論所明。故論云，有爲世諦，此賢聖眞知空爲眞諦也。二爲世諦，不二爲眞諦，亦出論。論云，有無竝世諦，故說第一義諦即無也。又淨名云，我無我不二，是無我義，反即我無我二爲我義，眞俗亦爾也。二不二爲世諦，非二非不二爲眞諦者。《華嚴》云，不著不二法，以無二二故，又大論云，破二不著一，若爾故知，非二非不二，名爲第一義諦也。次明，所以大師明此三種二諦者，有數意，兩意已如前説，一者爲釋諸佛所説常依二諦，亦是明諸佛所發言不出三種二諦也。二者爲釋經論。經論復有此三種二諦。文如前所引云云，然經中所以有此三種説者，竝是赴緣不同，即是各各爲人悉檀，或有聞説有無二諦悟，即爲説之，乃至聞説二不二爲世諦，非二非不二爲第一義諦故説之也。又所以明三重二諦者，此三種二諦，竝是漸捨義，如從地架而起，何者，凡夫之人，謂諸法實錄是有，不知無所有，是故諸佛，爲説諸法畢竟空無所有，言諸法有者，凡夫謂有，此是俗諦，此是凡諦，賢聖眞知諸法性空，此是眞諦，此是聖諦，令其從俗入眞捨凡取聖，爲是義故，明初節二諦義也。次第二重，明有無爲世諦不二爲眞諦者，明有無是二邊，有是一邊無是一邊，乃至常無常生死涅槃，竝是二邊，以眞俗生死涅槃是二邊故，所以爲世諦，非眞非俗非生死非涅槃不二中道，爲第一義諦也。次第三重，二與不二爲世諦，非二非不二爲第一義諦者，前明眞俗生死涅槃二邊，是偏故爲世諦，非眞非俗非生死非涅槃不二中道，爲第一義，此亦是二邊。何者？二是偏不二是中，偏是一邊中是一邊，偏之與中，還是二邊，二邊故名世諦，非偏非中乃是中道第一義諦也。然諸佛説法，治衆生病，不出此意，爲是故明此三種二諦也。此之三種，只得爲一緣，亦得爲三緣者，初節爲凡夫，凡夫謂諸法是有，所以説諸法有爲俗諦，空爲眞諦，正爲破凡夫有見故，説有爲俗空爲眞諦也。第二重，爲破二乘人，二乘謂諸法空，沈空見坑故，《法華》云，我爾時但念空無相無願之法，於菩薩遊戲神通淨佛國土，永無願樂，若爾。凡夫著有二乘滯空。此之空有，竝是世諦。若非空非有非凡非聖。乃是第一義。故經云，非凡夫行。非聖人行。是菩薩行。亦非有行非空行。是菩薩行。爲是故明第二重二諦也。第三重爲破有得菩薩，有得菩薩云，凡夫見有，二乘著空，凡夫沈生死，二乘著涅槃，我解諸法非有非無非生死非涅槃，爲是故，明有無二非有無不二，生死涅槃二非生死非涅槃不二，竝是世諦，若非眞俗非生死涅槃，非非眞俗非非生死涅槃，乃是第一義諦也。此即攝五乘爲三緣，開三種二諦，赴此三緣，皆令悟一乘一道，若悟此三即究竟，悟此三即非凡非聖非大非小。若爾，始是悟也。是故經云，我今得道得果，於無漏法得清淨眼，以得如此悟故，所以如來便入涅槃也。又所以明三種二諦者，爲對由來人，由來人明三假是世諦四忘是眞諦，今明，此之二諦，是我家初節二諦，我家有三重二諦義，汝二諦是初重二諦，今過汝有兩重二諦也。第二節二諦，若眞若俗爲世諦，若非眞若非俗爲第一義諦，若爾，汝二諦是我家世諦也。又第三節，攝彼若二諦若中道。竝是今世諦。何者。前第二節。明二爲世諦不二爲眞諦。汝二諦但是我家世諦也。彼即云，我亦有非眞非俗中道義。爲是故。第三節明二不二爲世諦。汝若二諦若中道。悉是我家世諦。爲是故明此三種二諦義也。問從來明有三諦義。一世諦二眞諦三非眞非俗諦。故經云有諦無諦中道第一義諦。若爾。云何言諸佛常依二諦説法耶？諸佛常依二諦説法。此即時長佛廣。常依故時長。諸佛故佛廣。此即十方三世諸佛。常依二諦説法。那得有三諦。既有三諦。何得復言常依二諦耶？解云，常依二諦説法。不妨三諦。雖有三諦。不乖常依二諦説法。何者。今眞俗是二諦。攝眞俗二爲世諦。不眞俗爲第一義。若爾。唯是二諦故。云諸佛常依二諦説法也。【略】

吉藏撰《二諦義》卷中　釋二諦名者，此義極難。解二諦名者，俗是浮虛義，眞是眞實義。從來久解，今未知那得二諦名而欲釋耶？解此問者，我家明二諦有兩種。一敎二諦，二於二諦。如來誠諦之言，名敎二諦。兩種謂情，名於二諦。此則就情智判於敎二諦也。

問，敎諦是佛敎，敎諦名從佛起。於諦是緣於，於諦名從緣起不？解云，敎諦是佛敎，敎諦名從佛起。於諦是緣於，於諦名亦從佛起。難云，敎諦是佛敎，敎諦從佛起。於諦是緣於，於諦那得從佛起耶？解云，領僻。我云，敎諦是佛敎，敎諦名從佛起。於諦是緣於。於諦名從佛起，於諦與於諦名。此語大挍。今明，敎諦名從佛起，於諦名亦從佛起也。

【略】就俗諦中有三句。一是俗非諦，二是諦非俗，三亦諦亦俗，若圓成四句者，望眞則有非俗非諦也。一是俗非諦者，諸佛隨衆生有六道，非情謂實有，以有六道故是俗，非情謂實有故非諦，是爲是俗非諦也。然從來無此義，一往聞亦不信受，今明者，諸佛隨衆生有，非情謂有，所以是俗非諦也。二是諦非俗者，望聖是俗，於其非俗，此兩名相妨，俗即非諦，諦則非俗，望聖爲俗，於其非俗，但是實有故，是諦非俗也。三亦諦亦俗者，凡聖合論，望聖是俗，於凡是諦，故云亦俗亦諦，又就世俗諦中，復有亦俗亦諦義，何者，其自有風俗世俗之俗，此之風俗及與世俗，於其竝實故，亦俗亦諦也。風俗之俗則橫，世俗隔別則豎，此之橫豎皆實故，名俗諦也。問若爾從來，何意云俗非諦緣諦俗故名俗諦耶？解云，此語有兩望，何者，俗非諦則望聖，緣諦俗，名諦則就緣，望聖俗是浮虛，故非諦，於緣爲實，故秤諦，所以云俗非諦緣諦俗名俗諦耳，非俗非諦者，望眞諦竝非故，論云，諸賢聖眞知顚倒性空，顚倒既空，何處有俗，既非俗，何所論諦，故望聖非俗非諦也。次更簡前諸佛隨衆生有六道是俗非諦，爲當唯得是俗非諦，亦得是諦耶？解云，此言非諦者，明隨順衆生示有六道，非是情謂實有之於諦耳，問既非於諦得是何物耶？解云，得是教諦，然諸佛菩薩，從實方便起迹現身說教，所現不出形聲，故形聲等竝是教諦。何者？此兩種竝諦。當根緣不差，是故名諦。此之兩種，實能表道，是故名諦也。

　問，俗諦中有四句，眞諦中亦有四句不？

　解云，眞諦但有兩句。一者是眞是諦。二者是眞非諦。是眞是諦，此可知眞必是諦也。言是眞非諦者，隨眞說故是眞，非情謂之實故非諦，如前隨俗諦說非俗諦，今亦爾也。次更明於諦教諦合論諦義有三句。一者能諦所非諦，二者所諦能非諦，三者亦能亦所諦，能諦所非諦，即是於諦，所諦能非諦，即教諦，亦能亦所諦，於教合論。言於諦是能非所者，有於凡實爲諦，空於聖實爲諦，取兩情智爲諦，不取空有二境爲諦，二境那忽是諦？但有於凡是諦，空於聖是諦，取二於爲諦也。此於亦不孤，然於不於，不於本於，空有能所，竝是於諦，但能邊強，境智竝於諦，智邊強，此則帶所明能，取能不取所，帶智論境，取智不取境也。言教諦是所非能者，二智是能說，二境是所說，能說非諦，所說是諦，此就境智判能所，前於諦，亦境所智能，取能爲諦，不取所爲諦。今教諦，取所爲諦，不取能爲諦。故一家云，潛謀密照爲二智，外彰神口名二諦，二智能說，二諦所說，正取所說眞俗化緣，名教諦也。亦能亦所諦者，合取於教二諦，爲亦能亦所諦也。更就教諦中復有三句。一能名諦，二所名諦，三亦能亦所名諦。言能名諦者，則是眞俗二教，以眞俗二教實能表道故名諦，二諦當根緣不差故名諦也。言所名諦者，從所表理爲名，以所表理實故，能表之教亦實也。此則從表實爲名。

《鳩摩羅什法師大義》卷中　二諦義，兩門分別。（釋名一，辨體二。）

第一釋名。言二諦者，一是世諦，二第一義諦，然世諦者，亦名俗諦，亦名等諦，世名爲時，事相諸法，生滅在時，就時辨法，故云世諦，若爾無爲非生滅法，應非世諦，釋言，有名不盡諸法，何等諦之中，該攝有爲無爲之法，有爲是世，無爲非世，從有立稱，故云世諦，與前衆生假名相似。又云世者，是其世人，一切事法，世人所知，故名世諦。【略】釋言，聖人雖知此法，隨世故知，是故猶名世人所知，又復聖人，亦就人所知法中，知其虛假，虛假是其世法之實，故名世諦。若爾聖人，就彼世凡夫生死法中，知其苦集，所知苦集，應名凡諦，然彼苦集，雖是凡法，聖人知故得名聖諦，世諦似彼，何緣偏就世間之人，說爲世諦。釋言，互從皆得無傷，但經論中，爲明苦集非聖不知故名聖諦，又知成聖，亦名聖諦，世法虛假，雖是聖知非精上，故非第一，非第一故，判入世中，言俗諦者，俗謂世俗，世俗所知，故名俗諦。言等諦者，等謂齊等，統攝之義，世法非一，不可別論，等舉諸法，故云等諦。第一義者，亦名眞諦，第一是其顯勝之目，所以名義，眞者是其絕妄之稱，世與第一，審實不謬，故通名諦。眞即可實，世法虛誑，云何名諦？言虛誑者，對眞辨義，然於世法，事實不無，故得稱諦。又復世諦實是虛誑，故名世諦。然彼世諦，若對第一，應名第二。若對眞諦，應名妄諦。第一義者，若對世諦，應名出世，若對俗諦，應名非俗，若對等諦，應名非等，立名不可一一返對，是故事法，且名世諦俗諦等諦，理法且名第一義諦乃至眞諦，諦者猶是眞實之義，何故二種並得稱諦，不得並說爲眞諦乎？釋言，今此諦門辨義，故通名諦，爲分眞俗，是故世諦不得名眞。實若當就彼眞實門中，以論諸法，是即理事俱名爲眞。故《地持》中，事實二性同名眞實，今據諦門，二俱名諦，二諦名義，略之云爾。

　第二門中，差別有二。一分宗別，二約宗辨諦。言分宗者，宗別有四。一、立性宗，亦名因緣，二、破性宗，亦曰假名，三、破相宗亦名不眞，四、顯實宗亦曰眞宗，此四乃是望義名法，經論無名。經論之中，雖無此名，實有此義。四中前二是其小乘，後二大乘，大小之中，各分淺深，故有四也。言立性者，小乘中淺，宣說諸法各有體性，雖說有性，皆從緣生，不同外道立自然性，此宗當彼阿毗曇也。言破性者，小乘中深，宣說諸法虚假無性，不同前宗立法自性，法雖無性，不無假相，此宗當彼《成實論》也。破相宗者，大乘中淺，明前宗中虚假之相，亦無所有，如人遠觀陽炎爲水，近觀本無，不但無性，水相亦無，諸法像此，雖說無相，未顯法實。顯實宗者，大乘中深，宣說諸法妄想故有，妄想無體，起必託眞，眞者所謂如來藏性，恆沙佛法，同體緣集，不離不脱不斷不異，此之眞性緣起，集成生死涅槃，眞所集故，無不眞實，辨此實性，故曰眞宗。此四宗中别乃無量，且據斯義以别宗耳。前之兩宗，經同論别，後之二宗，經論不殊，隨義分之，前二宗中，言經同者，據佛本教，同顯在於四阿含中，無别部黨。言論别者，小乘衆生，情見未融，執定彼此言成諍論，故有毘曇成實之别，後二宗中，言經同者，據佛本教，隨就何經以義分之，不别部帙，是曰經同，言論同者，大乘之人情無異執，言無諍競故無異論，有人一向言無四宗，是所不應，四中前二不分自異，不待言論。後之兩宗，經中處處，且有斯義，何須致疑？如《勝鬘》中明如來藏，有其二種，一者空藏即是不眞，二不空藏即是顯實。又如《鴦掘摩羅經》中，彼訶文殊不知眞法妄取法空，所取妄空即是不眞，其所不知眞實法者，即是顯實。又涅槃中，見一切空即是不眞，不見不空，不空之實即是眞宗，經說非一，何得言無？又人立四别配部黨，言阿毘曇是因緣宗，成實論者是假名宗，《大品》《法華》，如是等經是不眞宗，《華嚴》《涅槃》《維摩》《勝鬘》，如是等經是其眞宗，前二可爾，後二不然，是等諸經，乃可門别淺深不異，若論破相，違之畢竟，若論其實，皆明法界緣起法門，語其行德，皆是眞性緣起所成，但就所成行門不同故有此異，《華嚴》《法華》，三昧爲宗。諸部般若，智慧爲宗。《涅槃經》者，以佛果德涅槃爲宗。《維摩經》者，以不思議解脱爲宗。《勝鬘經》者，一乘爲宗。如是諸經，宗歸各異門别，雖殊旨歸一等，勿得於中輒定淺深，衆經宗别，分之麁爾。

吉藏撰《大乘三論略章》一卷　攝山師云，二諦者，乃是表中道之妙教，窮文言之極說也。道明有無，有無不乖其道理，雖絕要二，因二以得理，是以開眞俗門，說二諦法，以化衆生。是故經云，善男子，隨順衆生，說於二諦，隨凡說名俗諦，隨聖說空爲其諦。

問，理既非二說二，云何得理？

答，說二住二，便不得理，如聞有住有，聞無住無，此則名失，不得理也。若聞二不住二，因二悟不二，如聞有不住有，因有悟不有，聞無不住無，因無悟不無，便爲得理，問若聞二住二，名之爲失，聞二悟不二，稱之爲得。此之得失，爲共爲一教各各稟不同，答此教實無二，但行有得之失，故兩名不同。【略】

問，有爲俗諦，空爲眞諦，唯有一判，更有餘釋？

答，攝嶺山相承，略明三種二諦。一者單明二諦，但空有爲俗諦，有空爲眞諦。二者複明二諦，空有有空，應稱爲俗諦，非空非有，乃名眞諦。三者重複明二諦，空有爲二，非空非有名爲不二，二與不二，應爲俗諦，非二非不二，方是眞諦。

問，但得有爲俗諦，空爲眞諦，亦得空爲俗諦，有爲眞諦不？

答，在義亦通，但用處爲異，若是大品所明，有爲俗諦，空爲眞諦，若涅槃所明，空爲俗諦，有爲眞諦。所以然者，《大品》多破有病，故以有爲世諦，歎畢竟空，日爲眞諦，若是涅槃，破著空空病故，以空爲俗諦，歎涅槃妙有故，以有爲眞諦。是以經云，空者二十五有，不空者謂大涅槃。

問，前云爲凡說有，爲聖說空，亦得爲聖說有，爲凡說空不？

答，亦得如故，釋論解《往生品》云，聖人知有是假名。

問，諸佛善巧，何故不直說非有非無，而令衆生因於有無，方悟非有非無？

答，要須因指方乃識月，不因指，無由得月，要因有無，悟非有非無。若不因有無，不得悟非有非無也。故有無之教，表非有非無之理，非有非無之理，應有無之教。故《華嚴》云，一切有無法，了達非有無，則其證也。玄通論云，眞諦以本無受稱，俗諦以假有得名，假有表非有，名爲有除其斷，非謂是有也。本無表非無，名爲無除聖常，非謂是無也。是爲有不畢有，言無不畢無，二言未始一，所表未始殊。

問，爲破有無，明非有非無，爲不破有無，明非有非無？

答，具有二義，若執顛倒定性有無，即與破有而明非有，破無明非無，若因緣假名義，即識因緣有非有，因緣無非無，故不破也。

問，今釋二諦，與他非是，此方外何異？

答，今教解種種不同，略出三家。一者不空假名二諦，二者空假名二諦，所言不空者，衆緣生法，無有自性，故爲空，以無性空，偏目眞諦，衆緣假法，不可令空，故爲世諦。第二解云，明衆緣生法，即是世諦，衆緣舉體不可得，目爲眞諦。故舊云，不空之義爲鼠嘍栗，後家爲安瓜義也。此之二說，意各不然。經云，色即是空，空即是色，汝云何言假是不空？經又云，不壞假名而說實相，汝云何言，色舉體空無故有色。

問，今時亦得有此不？

答，隨緣方便亦有此義，如一往爲論，衆緣假有，此即爲俗，無有自往，此即爲眞。二往爲言，雖無有自性，而有衆緣，猶是俗諦，體以衆緣皆不可得，名爲眞諦。漸捨爲言故，宜有二意，是以有無喻若茳浮。【略】

真俗義

吉藏《大乘玄論》卷一　釋名第二。若如他釋，俗以浮虛爲義，眞以眞固爲名，世是隔別爲義，第一莫過爲旨。此是隨名釋義，非是以義釋名。若爾，可謂世間諸法者有字無義。今明俗以不俗爲義，眞以不眞爲義。若具足論之，應以非俗非不俗遣四句爲俗義，但今對他浮虛是俗義。今明不俗爲義，是名出世法者，有字有義。今引《淨名經》不生不滅是無常義，五陰空無所有是苦義，常途眞實是諦義，還以諦釋諦，義例前可見。解諦義有四家不同。一云四諦理實是爲諦。【略】第二家云，境理非諦，能觀智爲諦。【略】第三解，取能詮理之文言爲諦。第四家云，合取境智文理爲諦。若單境不智亦非諦，單取智文理亦非諦。今明四解並是並非，如衆盲摸象，不得象體，然不離象。經中非無此釋。諸佛方便，隨從衆生，故作此說。今還一一難之。第一解云境理審實名諦者，地獄畜生應是苦聖諦，毒蛇瞋雀多欲應是集聖諦。第二解云以智爲諦者，應名權實諦。第三解云文言詮審實爲諦者，文言終不得理，那得爲諦？第四解云若以境智合爲諦者，境智既其非諦，今合那得爲諦？如一沙不能出油，合二沙不得油也。今明此眞俗是如來二種教門，能表爲名則有二諦。若從所表爲名，則唯一諦。故非只以審實爲義。若二於諦，即以審實爲諦。若就因緣教諦，即有多義。或以誠諦之言釋諦。此二教表不二之道。教必不差違，即是諦義。依名釋諦如是。若依義釋諦，諦以不諦爲義，此是豎論。若橫論，諦以諸法爲義。例如眞俗義中說，俗以浮虛爲義，俗以眞爲義。俗以不俗爲義。眞亦然。更料簡諦待不諦有五條意。一者，二諦相望是二不諦，俗非眞非俗，故二諦成二不諦。二者，非有非無，是二不諦義。能表是有無，所表非有無，故成二不諦。三者，二智是二不諦義。眞俗既二境，境自待不境，不境即是智。四者，義有三種。一者，就理外凡聖二緣二境。二者，就理內凡聖二緣二境。三者，豎理內外相望，有凡聖諦不諦義。理外凡聖者，如有於凡實。所以爲諦。空於凡不實，即是不諦。空於聖亦然。凡聖二人各行一實一虛，故有諦不諦義。理內凡聖亦然。次豎論者，若理外凡聖，皆是顛倒有所得行。俱是凡夫理內，若凡若聖，皆名爲聖。二諦亦然。理外若眞若俗，俱是俗諦。理內若眞若俗，皆是眞諦。理內所行，非外所行。理外所行，非內所行。有諦不諦義。五者，直就凡聖各自有諦不諦，如有於凡是實，即此有於聖爲不實，只此一有自有實不實，不須他釋，次更明於諦、教諦，合論有三句。一者能諦所非諦。二者所諦能非諦。三者亦能亦所諦。能諦所非諦者，即是於諦，有於凡實，空於聖實，取兩情爲諦，不取空有二境爲諦。言教諦是所非能者，二智是能說，二諦是所說，此就境智判能所。亦能亦所諦者，合取於教二諦。更就教諦中復有三句，一能名諦，二所名諦，三亦能亦所名諦。言能名諦者，即是眞俗二教，以能表道故名諦。言所名諦者，眞俗所表理實故，能表之教亦實，此從表實爲名。亦能亦所者，即理教合說，非理即不教，非教即不理，理教因緣，此二皆實，故能所皆諦。於諦有三句，一皆得，二皆失，三亦得亦失。言亦得亦失者，凡於是有，此有爲失，諸賢聖眞知性空，此空爲得。二皆失者，二皆是於故二皆失。二皆得者，只知於二即知不二，既非二非不二，五句皆淨。然此三句，前二句即於諦，後一句即教諦，前二句即於境，後一句教境，於境即不轉，教境即轉也。【略】

立名第三。三門分別，前辨立名，次辨絕名，後辨借名。立名者不眞不俗，亦是中道。亦名無所有，亦名正法，亦名無住。此非眞非俗無名，今假爲立名。此名以無名之所立名。【略】二諦亦爾。以其眞表不眞俗表不俗，假言眞俗。以其假言，名無得物之功。物無應名之實。《淨名經》云，從無住本立一切法。無住即無本。故云，若能若所，皆以無住爲本。《大品》云，般若猶如大地，出生萬物。波若正法無住。此三眼目之異名。若就用中，辨二諦反覆得立名。俗爲眞立名，世爲第一立名。如言由世故第一。眞俗亦如是。眞應對世，第一對第二。而今眞對俗，世對第一，非正相待義。聖人未必以對立名。故經云，法無有彼此，離相待故。次明相待者。眞俗當體受名，世與第一，用中褒貶爲稱也。第二辨絕名。常途相傳，世諦不絕名。引《成論》文，劫初時物未有名，聖人立名字，如瓶衣等物故，世諦不絕名。眞諦與佛果，三師不同。光宅云，此二皆不絕名。眞諦有眞如實際之名，佛果有常、樂、我、淨之名。但絕麁名，不絕細名。莊嚴云，此二皆絕名。佛果出於二諦外，是故絕名。眞諦本來自虛，忘四句絕百非，故絕名。開善云，眞諦絕名，佛果不絕名。眞諦之理絕四句百非，故是絕名。佛果此世諦，所以不絕名。若佛智冥如絕名，今明，一往爲論何爲不得？然非理實說。【略】

吉藏《大乘玄論》卷一　言二諦皆絕四句離百非者，俗不定俗，俗名眞俗。眞不定眞，眞名俗眞。眞俗假俗，俗眞假眞。假俗即百是不能是，百非不能非。假眞亦爾。何者？假俗即是是不能是，百是亦不能是，非非不能非，百非亦不非。假眞即非是不能是，百是亦不是。是非不能非，百非亦不非。是故皆離四句，絕百非也。雖二諦皆離四句絕百非，然二諦俱絕爾大異。何者？俗諦絕即絕實，眞諦絕即絕假。俗諦絕實者，是是即是實是，非非即是性非，以俗諦絕實故，是是不能是，百是亦不是，非非不能非，百非不能非也。眞諦絕假者，非是是與假是非非與假非，眞諦絕性假故，非但是是不能是，非是亦不是，非但非非不能非，是非亦不非，是是與非是，一切不能是，非非與是非，一切不能非，眞諦雙絕，世諦絕實，此即漸捨，明二諦皆絕義，俗諦絕實，眞諦絕假實，第二次就平道，明二諦俱絕義。俗不定俗，由眞故俗，眞不定眞，由俗故眞，由眞故俗，俗是假俗也。由假俗故眞，眞是假眞，既云假俗，即四句皆絕，假俗非俗。假俗非不俗。假俗非亦俗亦不俗。假俗非非俗非不俗。假眞亦爾。

第三論借名。就借與不借故，是絕不絕耳。若二諦俱絕，即是兩種皆借名，二俱不絕，即相與不借。今亦次還辨前三家所說，彼三家同明，世諦有物有名以名召物，即得來故不借名。眞諦佛果，解有三家。今先難世諦不絕。若世諦有物即有名者，劫初時便應有名，不須聖人爲立名耶？若物本無名，何異眞諦本無名後爲眞立名？問，是假借名者後爲物立名，何故非借名耶？汝若以名求眞，去眞遠矣。我亦以名求物，去物遠矣。又問，今世諦以名求物物得應名者，今且問以瓶名爲在瓶上爲在口中？具如先難。若在瓶上，何處有名？若在口中，瓶即無名，豈非是絕名，此即與眞何異？若言眞本無名就世諦借者，今世諦中，若有眞名可言其借，而今世諦中，無有法名眞如絕離可得言借。且復經言，第一義諦，有名有實，何時道無名？經又云，一切諸法，但有假名。但有名無實故言絕，但有名字故謂爲借。若有名但假設，何意空就有借名而有不就空借名也。故若言眞諦無名就世諦借名。其義不可。【略】

有無義

吉藏《大乘玄論》卷一　有無第四。今先辨假有，後辨假無。常途所明，凡有三種假名。一者，因成假。以四微成柱，五陰成人，故言因成。二者，相續假。前念自滅，續成後念，兩念接連，故言相續假。三者，相待假。如君臣父子大小，名字不定，皆相隨待故言相待假。若入道所捉三乘不同，聲聞用因成，緣覺用相續，菩薩用相待，而成論三藏爲宗，多明因成以入道。所以然者，凡有二義。一者，因成是世諦體，續待爲用，若體已空，用即自遣。二者，因成多重數，觀行自淺至深，初捉五根以空衆生，次捉四大四微以折法，所以多捉因成。若是續待二假，即無此重故不用。今明，正《大品》中三假爲宗。一者法，二者受，三名。解三假不同，今所用者，以四微成根大並法假，衆生假人，此是受假。一切名皆是名假，名假本通。就名假中，取能成義爲法假，所成義爲受假。不如他家法假爲體，餘二爲用。故《大品》云，波若及五陰爲法假，菩薩爲受假，一切名字爲名假。內法如此，外法可知。四微四大爲法假，世界爲受假，一切名字爲名假。今明相待爲本者，欲明大士觀行，凡有三義。一者，相待假，通無非是待。因續二假，未必盡假。二者，相待假。無有實法，遣病即淨。因續二假，即有實法。遣病有餘。三者，相待假無礙。長既待短，短還待長。因續二假，即成義有礙。唯以四微成大，不以大成四微。唯得續前，不得續後，故用相待假。若是聲聞因成爲體，續待爲用，體空用自去。今觀相待，體本來不生，今亦無滅。因續用去，從來有通別相待。通是開避相待，別是相集相待。如人瓶衣柱，是通相待。長短方圓等，是別相待。

二諦體

吉藏《大乘玄論》卷一 二諦體第五。常解不同，有五家。初家明有爲體空爲用。何故爾明世諦是有，行者折有入空，無有因空入有。故有是其本，空爲其末。第二家云，以空爲體，有是其用。何以故？明空爲理本，古今常定。有是世間法，皆從空而生，故空爲其本。有是其用。第三云，二諦各自有體，以世諦假有是世諦體，假有即空無相是眞諦體，故言二諦各有體。第四云，二諦雖是一體，以義約之爲異。若以有來約之，即名俗諦。以空約之，名爲眞諦。而今此二諦唯一，約用有二。第五云，二諦以中道爲體。故云，不二而二二諦理明，二而不二中道義立。彼家有時亦作體用相即，今皆不然。【略】今明唯一實諦，方便說二。如唯一乘，方便說三。故言異。雖復有五解，不出四句之計。初一有句。第二無句。第三、第四亦有亦無句。第五解非有非無。既束爲四句，是橫計。何得扶道？

問，何處經文中道爲二諦體也？

答，《中論》云，因緣所生法，我說即是空，亦爲是假名，亦是中道義。因緣生法是俗諦，即是空是眞諦，亦是中道義是體。《華嚴》云，一切有無法，了達非有非無，故有無爲二諦，非有非無爲體。經云，非有非無，假說有無。《涅槃經》云，隨順眾生，說有二諦，故以教門爲諦。《仁王經》云，有諦無諦，中道第一義諦。故知有第三諦。

問，教諦爲是一體？爲是異體？

答，如前言。中道爲體，故是一體。若約用爲論，亦得假爲二體，但非正義。

問，若言一體者，與他家一體何異。

答，他家定一、定異、定亦一亦異。今明約第一重故作此語。至第二、第三、第四重，不可言一，不可言異。

問，於諦爲是一體？爲是異體？

答，約二妄情爲二體，爾終無有兩物。如眼病空華，異空無華，故以一中道爲體。

問，假有假無爲二諦，非有非無爲中道也。

答，一往開中假義故，假非中中非假也。究竟而言，假亦是中。故《涅槃經》文，有無即是非有非無，亦得中爲假，一切言說皆是假故。

問，何物是體假用假，何爲體中用中耶？答，假有假無是用假，非有非無是體假。有無是用中，非有非無是體中。復言，有無非有非無，皆是用中用假。非二非不二，方是體假體中。合有四假四中，方是圓假圓中耳。

判教論

吉藏《大乘玄論》卷一 辨教第九。常途諸師，頓漸無方三種判教。於漸教中，有五時二諦。初四諦教時，事理二諦。般若教時，空有二諦。《淨名經》褒貶二諦。《法華經》三一二諦。《涅槃》教常無常二諦也。今義菩薩聲聞藏判於佛教。今明小乘明事理二諦。一切大乘經，通明空有二諦。【略】

八不中道義

吉藏《大乘玄論》卷一 明中道第六。初就八不明中道，後就二諦明中道。

初中，師有三種方言。第一方言云，所以牒八不在初者。欲洗淨一切有所得心。有得之徒。無不墮此八計中。如小乘人言。謂有解之可生惑之可滅。乃至衆生。從無明流來反本還源。故去。今八不，横破八迷，豎窮五句，以求彼生滅不得故。言不生不滅，生滅既去，不生、不滅、亦生滅、亦不生滅、非生滅非不生滅五句自崩。然非生非不生既是中道，而生而不生即是假名，假生不可言生，不可言不生，即是世諦中道。假不生不可言不生，不可言非不生，名爲眞諦中道。此是二諦，各論中道。然世諦生滅是無生滅生滅。第一義無生滅，是生滅無生滅。然無生滅生滅，豈是生滅？生滅無生滅，豈是無生滅？故非生滅非無生滅名二諦，合明中道。

第二方言云，所以明三種中道者，爲顯如來從得道夜至涅槃夜常説中道。又學佛教人，作三中不成，故墮在偏病。今對彼中義不成，故辨三中。問，云何學佛教人三中不成？答他云，實法滅故不常，假名相續故不斷。今謂不常猶是斷，不斷猶是常。唯見斷常，何中之有？爲對此三中不成，明三種中道。今明中道者，無生滅生滅爲俗諦中，生滅無生滅爲眞諦中。無生滅生滅，豈是生滅？生滅無生滅，豈是無生滅？故非生滅非無生滅。二諦合明中道。

問，後明三中，與前何異？

答，前明二諦中道，是因緣假，名破性中。第三雙泯二假稱爲體中，亦名因緣表中道。故前語有四重階級。一者，初章四句求性有無不可得故，言非有非無名爲中道。外人既聞非有非無，即謂無復眞俗二諦，便起斷見。是故第二説而有而無以爲二諦，接其斷心。第三欲顯而有而無明其是中道是因緣有無，不同汝性有無義故。第三明二諦用中，雙彈兩性。第四次欲轉假有無二故明體中。初明性空，次後明假。第三明用中，第四明體中，故有四階。此是攝嶺興皇始末對由來義有此四重階級。得此意者，解一師立中假體用四種意也。又初非性有無以爲中者，此是假前中義。次而有而無名爲二諦，是中後假義。次假有非有，假無非無。二諦合明中道者，此是假後中義。

問，破性中因緣表中道者，云何中前假中後假耶？

答，中前假者，未説體中。前明於假，即上破性中後而有而無是也。中後假者，説用中體中竟。方説而有而無，正是動而常寂。寂而常用，乃是方便智化衆生。又中前假，從用入體。中後假從體起用。

吉藏撰《大乘玄論》卷二　八不義有六重。

第一辨大意。第二明三種中道。第三論智慧中道。第四雜問。第五論單複諸句。第六明不有有。

第一辨大意者。八不者，蓋是諸佛之中心，衆聖之行處也。故《華嚴經》云，文殊法常爾，一切無畏人，一道出生死，更無異趣也。即是論初八不，故豎貫衆經横通諸論也。故經云，不一亦不二，不常亦不斷，不來亦不出，不生亦不滅也。又經中明百非，非與不及無，三名亦得通目一法，亦不無其異，不得一向一種。後別明之。異者如不有非有及與無有，不得不異義。如食無食，則未曾有食。若言不食，則非是無食。故知有異也。雖異而爲洗諸法，即明三字不異。還是一意。以八不洗除。盡淨諸法。故經中具有百非。即還是百不百無等。故多有所關義。所以豎入群經之深奥，横通諸論之廣大也。明經之深處即是八不，不則不於一切法也。以不而明義，故知其深奥也。如《成論》等釋，雖言百非百不及與絕等，而有理存焉，謂得還成失，即是小乘觀行有所得，不離斷常心，非關經之深遠也。今明以不而爲義，義即該廣也。言豎者謂之縱，縱只是深，即經之深旨，如言非不無等，亦復不於無等，經之深處也。横通諸論者，横只是廣闊之稱，亦爲對治藥病，如有無相治等，悉是横論，如言有即爲横，不有爲豎，亦如絕爲横，不絕爲豎。若不絕爲横，則非絕非不絕爲豎，以不義據初，如是深不亦於不，何所而不不？如言爲横不言爲豎，横豎亦不定，隨而望之。若有無斷常相治爲横，病息藥除故爲豎，故以隨處得論，而言八不豎入經深者，深義經也。横通諸論者，辨論破病用，經未始無横，如三修八倒斷常相破，論未始不明豎，如《十二門論》言。若使無有有，云何當有無，有無既已無，知有無者，誰豈非遠豎義？故經明深豎不義，不義不有有故，未始無横，論辨而明藥病，藥病無而明不，未始無豎，不不一切，以不明義，豈不窮深，深義亦不，即是菩薩觀行。若謂有此深遠，即是聲聞觀也。然不義，非止入經深，亦廣明衆行，行波若之因，會涅槃之果，皆爲八不所不，不此深勝法，以不而爲深義，深義亦不也。但釋八不名者故如，不生者，諸論師言，此法不生，而不妨有種種釋生相也。今明，此不不於生，生本來不生，亘十方横，通三世豎，一切佛

法皆同無非不生也。如成實論師云，眞理名不生理境也。今大乘義，若有
理如是生，無有一法是有而不生也。若言有理存焉是不生者，亦應有存焉
非是有，如本有常住不生等，如是破求之。今明，諸法不生，不生故名無
生，無生法忍既爾，不生何得有滅之對生，生故方滅，既不生亦復不滅
也。以有無三時等，撿求滅相不可得。如論破乳，不於乳時滅，亦不異時
滅，具出彼論也。

第二明三種中道。成論師解八不不同，一云八不並是眞諦中道，亦是
眞諦也。二云不生不滅是中道，即是眞諦不有不無中道，餘六不是俗諦中
道也。今謂不然，彼不解大乘論意，小乘義意判如此耳，今云，八不具三
種中道，即是二諦也。但成論師解三種中道，一世諦中道，二眞諦中道，
三眞俗合論中道也。世諦中道者，世諦不出三假故，依三假明中道，一因
成假不一不異明中道也。何者一柱攬四微爲一，是不一而一，四塵同成一
假，不異而假實殊故異，故不一故，不異異故，不一不異，因成明中道
也。二相續不常不斷明中道，但相續假不同，一云補處明續假也。二云前
玄與後一明續假，如識心之終想心之初當中央爲假，三龍光傳開善云，明
續假，後起接前，前轉作後，即是生至共成假也。雖三師說不同，而相與
續故不斷滅故不常，不斷不常明相續中道也。三相待假明中道，即是有開
避相待，如色心等法，名爲通待，亦名定待也。如長短君臣父子等法，短
不自短，形長故短，長不自長，形短故長，如此相奪待，乃至君臣父子
等，名爲別待，亦名不定待也。通別雖殊，悉是相待假明中道，假而非
眞，稱當於理故非虛，非眞非虛，通明世諦中道也。眞諦中道，無名無
相，寄名相待，眞待眞無故，無表非無，亦復非有，非有非無名眞諦中道
也。眞俗合中道者，如俗諦言有，有非實有，眞諦名無，無非定無，非有
非無名爲兩合中道也。梁武帝勅開善寺藏法師令作義疏，法師講務無閑，
諸學士共議，出安城寺開公安樂寺遠子，令代法師作疏，此二人善能領
語，精解外典，聽二遍成就十四卷，爲一部上簡法師。法師自手執疏讀一
遍，印可言之，亦得去送之，此疏云，二諦中道云何談物耶？以諸法起
者未契法性也。既未契故有有，則此有是妄有，以其空故是俗也。虛體即
無相，無相即眞也。眞諦非有，非無而無也。以其非妄有故，俗雖非有非
無而有，以其假有故也。與物舉體即眞故非有，舉體即俗故非無，則非有
非無眞俗一中道也。眞諦無相故非有非無，眞諦中道也。俗諦是因假，即
因非即果故非有，非不作果故非無，此非有非無俗諦中道也。龍光作三種
中道，與開善作三種中道，言方少異，綽師有二體，藏師一體，而意趣是
同，並是有所得，終恐不離斷常，須一一破之也。先破俗諦中道，汝因成
中道，假名不一一，實法不異異，且問，不異異爲是二名詺二法爲詺一
法，若謂汝四塵是異異目四塵，四塵其實有異，何得言不異異，不異之
名，復可得安假上耶？汝言，假名不二，名詺假不得目實，實名不一
只見兩名詺二法，云何是中道，若二名名二法而名爲中道，總別二名名二
法亦應中道，色心二名名二法亦應是中道，若言色心異故不辨中者，如三
聚成假，寧得假實明中道耶？若言相成故名中道者，色心相因故亦得論
中也。又汝言不一不異爲中者，不一除四塵，不異除假名，除假除實，以
何爲中，兩除則無物，不可名大虛爲中，故安中無所，故虛妄說也。破開
善義，汝言有，即此有是妄有，既言妄有有，箇妄有法，那得是中道，妄
有則顚倒之別名，故非中道也。又言，即因非即果故非有，非無作果故非
無，此非有非無俗諦中道者，此是何物中道，可非似小兒戲耶？覩百草
之中，非關佛法之中，正是外道義也。百論云，迦毘羅弟子，誦僧佉經
云，泥團非即瓶故非有，非不作瓶故非無，非有無爲中道，若爾豈非正是
僧佉義耶？次破相續中道，續假雖有三說，人所盛用，後起接前義也。
問無常念念不住，豈得轉前作後起續前令前不滅義，彼答云，有爲法有
二義，一念念滅不論續，二應滅而不滅論相續假也。今謂不然，若言應滅
而不滅者，亦應應有而不有，而諸法無非有新新生滅，如居士經云，即生
即老即死，寧有應滅而不滅，舉體遂不滅者，復誰滅耶？若舉體滅者，
復誰在不滅耶？而滅者剎那念念恆滅，不曾不滅，不滅者恆不滅，只見
斷常兩片，何得中道？彼謂，一法有此滅不滅二義，故得明中道也。今
謂，不然，一法有滅有不滅義者，滅義邊無有一法不滅，舉體消亡，何處
有不滅義，辨相續假耶？又汝爲是一法爲中，爲是二名爲中，若二名爲
中，二名詺何物，爲目二法爲目一法，若二名目二法，只見兩名兩法，何
得是中耶？若二名詺一法，只見一法上有兩名，如童子上眼目二名，寧
得是中道耶？汝言安何處一法有滅不滅義，安一法上，一法是何物，是
心是虛空，是心者，心是事有故非中也。應滅不滅，兩義復相違，故非中

也。若一名名中者，如色一名，名一色亦應是中道，如向無與向有二義上兩名目者，只見二名詺二義，不見中道，若兩除則無所，無所何爲中也。次破相待假明中。彼云，因成假爲體，相續爲用，相待爲法立名，若言假故不眞不眞是虛稱當於理不虛者，此假虛是當理，當理故不虛，以何言耶？若言外道說爲虛故不此虛者，他假不當稱理，汝假當理之假虛，不虛不眞安何處耶？又若約長短明中者，亦不然，以五尺爲短一丈爲長，長自在長不在於短，短自在短不在於長，只見長短兩片，中名出何處耶？若長自長則不須短者，亦應只用長成於中，若不爾者，二物共爲一長，二物共長，定是誰長耶？又言不短不長不彼不此名爲中者，此則成兩除，則無所，無所何名爲中，如是應廣破，如論品品悉破相待，自現於文中如燃可燃品中破也。次破眞諦中道，彼云，眞不生不滅無相無名，所以寄名名眞，無而非無，有而非有，寄名名中道也。今云不然，若言眞無名寄名名眞爲中者，有能寄有所寄，以不，若有所寄即有所名物，若無所寄非能非所者，則無眞理，則同邪見也。若言眞是世諦假名寄名眞諦者，世諦虛假，何者爲眞，眞名爲實，世諦浮虛，何得名實，又眞諦絕名，何勞須寄名，名若可寄，則不應絕，絕則不須寄也。又行人尋眞得眞，得云何名中道，若寄名名眞，所寄之理不可寄者，只不可寄是名，何謂是無名也。若寄名詺眞，眞理無名無相者，亦不應言智會眞，眞不被會故，亦無人會眞斷結，若言實理可會者，亦應實理有名。若言世諦有中眞理無中不中，此乃是世諦中道，眞理無中，云何言眞諦中道？開善義，本言虛體則無相無相是眞諦者，虛是俗理，無相是眞理，既有二理，即是二物，云何是中道也。又眞理非有非無而無也。此而無之無，非無爲無，既言非無，那是無，若言對有之無，此無是偏無，故非中也。次破合二諦辨中道，彼言，世諦言非無眞諦言非有，非有非無合明中道也。今謂不然，既言兩捨，何名中道，又非無則是有世諦，非有只是眞諦無，兩名兩處，兩名兩處不同，何得名中道耶？開善義，本云，舉體即眞故非有，舉體即俗故非無，則非有非無眞俗一中道也。今云不然，既言舉體即眞，即是無相，無名則失俗，復有何物而言相即，非有非無爲中道耶？故雖有三種中道，撿之無所無當，故但有語言，非佛法中道也。次破地論中道，彼云，阿梨耶識本來不生不滅，古今常定，非始非終，但違眞故起妄想，故，彼云，六識煩惱，隨覆梨耶名爲如來藏，後修十地之解，分分斷除妄想六識，六識既盡，妄想之解亦除，顯眞成用名爲法身，譬如風起雲除風息皎日獨朗，法身既顯，有諸應能，所以不生現生，不滅現滅不因不果，因果等諸用非一，故經云，佛眞法身猶如虛空，應物現形如水中月也。今謂不然，法身本有，爲何因可得，若爲因得則非本有，無因則同外道義，若言本有，何以名中道耶？又本來有此四句百非清淨法，自應遣顚倒，那急爲煩惱所覆，後修得十地之解，尙能遣煩惱，本來常定法身，不能遣之，翻成未之修解卻惑，本即不能未亦不能也。今大乘無所得義，約八不明三種中道，言方新舊不同，而意無異趣也。山中師對寂正作之，語待不語不語待語，語不語並是相待假名，故假語不名語，假不語不名不語，不名不語不爲無，不名語不爲有，即是不有不無世諦中道，但相待假故，可有說生可無說滅，故以生滅合爲世諦也。眞諦亦然，假不語不名不語，假非不語不名非不語，不名非不語，不爲非不無，不名不語，不爲非不有，則是非不有非不無眞諦中道也。相待假故，可有說不滅，可無說不生，即是不生不滅故合爲眞諦也。二諦合明中道者，假語不名語，假不語不名不語，非語非不語，即是非有非不有非無非不無二諦合明中道也。生滅不生滅合明，類此可尋也。今明，必須對他故起，他有有可有，則有生可生，有滅可滅，有生可生，生是定生，有滅可滅，滅是定滅，生是定生，生在滅外，滅是定滅，滅在生外，生在滅外，生不待滅，滅在生外，滅不待生，生不待滅，生則獨存，滅不待生，滅則孤立，如斯生滅，皆是自性，非因緣義宗也。今則不爾，無有可有，以空故有，無生可生，亦無滅可滅，但以世諦故，假名說生滅，假生生非定生，假滅滅非定滅，生非定生滅外無生，滅非定滅生外無滅，滅外無生由滅故生，生外無滅由生故滅，由滅故生，生不獨存，由生故滅，滅不孤立，此之生滅，皆是因緣假名，因緣生生而不起，所以不生，因緣滅滅而不失，所以不滅，故不生不滅名爲世諦中道也。餘句例之可尋，不復具出也。次明，對世諦有生滅故，名眞諦不生不滅，所以空有爲世諦假生假滅，有空爲眞諦假不生假不滅，此不生不滅，非自不生不滅，待世諦假生滅，明眞諦假不生滅，世諦假生滅既非生滅，眞諦假不生滅亦非不生滅，故非不生非不滅爲眞諦中道也。餘句不例之可知也。次明二諦合中道者，有爲世諦有生有滅，空爲眞諦不生不滅，此不生滅，即是生滅不生滅，此生滅，即是不生滅生滅，不生滅生滅，是則非生滅，生滅不生滅，是即非不生滅，故非生滅非不生滅，是二諦合明中道也。生滅既爾，餘句應例可解也。又論釋不常不斷，文言，有人不受不生不滅，而信不常不斷也。成實師釋文云，以相續故常，念念生滅不自顧爲斷，以見斷常故，所以不信不常不斷，須廣破，如前說也。論言，有人不受不生不滅，而信不常不斷者，一云，不受不生不滅者，即是悟不生不滅，而於不常不斷等未悟故，言而信不常不斷，以見有斷常故也。二云，長安影法師云，非是不信不常不斷，但自有人得悟不同，解心未遍，雖知諸法不生不滅，而未悟不常不斷，如前說也。今謂，諸法究竟不生，理自不滅，以不生故，何得有常，以無常故，何得有斷，若望論文後解爲勝，文言，雖聞不生不滅與不常不斷，猶謂四門成諸法故也。若例者，雖聞不生不滅，猶謂六門成諸法者未悟也。故大品經相行品云，行亦不受不行亦不受，行不行亦不受，非行非不行亦不受，不受亦不受也。又似如成論賢聖品云，知不作者不信作等，是名上人也。不常不斷者，若以有爲有則常是實常，斷是實斷也。今以空故有，常不名常，斷不名斷，世諦假名說有常有斷，假常不可常，假斷不可斷，即是不斷不常世諦中道也。不一不異者，然不一或可對二乃至百千等，而言對不異者，異一之外二三等悉是異，謂有一異也。但成論師明假實，有一異義，若以有故有，即是實一異，如前破也。亦如論說，若言有一，不應爲諸法成，以不一故，如手足等諸分成身，何得言異相，異相亦不可得，故論破云，若一者不應芽莖等別，若謂穀有可芽葉等別異者，等是異相，何不名樹等芽葉耶？故知不異，亦復不一故，諸法本來不生，何得有一異，但一是不一，異是不異異，假一不可爲一，假異不可爲異，既無一無異，即是世諦中道也。不來不出者，既言不來，則應對不去，而言不出者，義有所兼，非止此八，則應有無量，不來則應對有不去，不出應對有不入，是互舉耳，凡有二義，一者示有所兼非止有八事，二者雖異而內有所兼者，既有不來則有不去，既有不出則有不入，不生不滅不有不無等，一切諸法相攝門也。如成論與外道師等所計，或言從冥初來，微塵世性等來，亦如初流水反去出離等，今大乘明義，由出故去，出即是去，由入故來，入即是來，若有來去說作來去者，即實來實去，今明，以空來去故不名來去，以世諦假說來去，雖來不可來，雖去不可去，故來無所從，去無所至，故金剛波若經云，若言如來有來有去者，是人不解佛所說義，若言空故說來去，則來無所從，去無所至，故言如來也。有淨名經云，對文殊言，不來相而來，不見相而見，文殊答云，如居士言，來不更來，去不更去，若來有所從，則來已更來，若去有所至，則去已更去，故今來無所從，去無所至也。故論云，如蛇從穴出鳥來栖樹等，不見有如是等相，故知，無有來出也。問八不中何故云不來不出是攝法有所兼，而不生不滅等非耶？答不生不滅等亦是攝法，如不生則攝一切有生等皆盡，不滅則收一切滅無等，此二自足收攝悉盡，但爲得悟者不同，雖聞不生不滅，而信不常不斷，故須說不常不斷，欲令觀行周普故，今不來不出亦然，而言攝法者，爲不來應對不去出即對入，來出既不對故，以來攝去，出攝入，生滅既對，對故不言攝，如不生外，如是不不生，豈得不攝，須得此意釋之，可尋也。但明對有二義，一者對治，如不淨觀治貪欲慈悲治瞋恚等，皆是相對治明對義，二者相對名味敵對，如大經言，常樂觀察諸對治門，所謂苦樂乃至恆不恆，恆應對不暫不恆，而不無賒切亦是攝法意也。苦樂對義則切，止明二法，異外如是不攝，若言苦不苦異苦外如是不苦，攝義則廣遠，如淨不淨，淨對穢等，一切例然，皆有賒切意，可尋，不須復歷法辨也。作三種中道相多種勢，意終是同，但方言異耳，今二種方法作，如前所說也。

問，何故世諦假生假滅，眞諦假不生假不滅耶？

答，有二種勢，一者世諦破性明性空，即是假生假滅，眞諦破假明因緣空故，即是假不生假不滅也。

問，世諦破性明性空，性空爲世諦中道，應用性有爲世諦，既以假有爲世諦，則用假空爲中道也。

答，今明無別有性空，只詺假爲性空，從功用作名，誰能空此性，假能空此性，名假作性空，性空邊故即是中道，假故即名世諦也。二者假生假滅，自是不生不滅中，假不生假不滅，自是非不生非不滅中，即是表義，但橫兩相望，自是因緣義，則遣二執也。又攝嶺師云，假前明中是體中，假後明中是用中，中前明假是用假中，後明假是體假，故非有非無而有而無是體中，假有不名有，假無不名無，故非有非無是用中，非有非無而有而無是體假，假有不名有，假無不名無，是用假，故用中假皆屬能表之教，無假無中乃是所表之理也。

第三明智慧中道，所言二智中道者，二智是方便慧及以實慧，亦具三中道也。實方便，豈可言方便，豈可言非方便，方便實，豈可言實，豈可言不實，則是二慧各明中道，實方便則非方便，方便實則非實，非實非方便名爲二慧合明中道也。然非實非方便名爲一正觀，非眞非俗名爲一正中，亦得是正境故，《金光明經》云，遊於無量甚深法性也。但是境智，是則非智，既是智境，是則非境，非智非境，眇然無際，前雖開境智，竟無所開，今雖泯智境，未曾是合也。若能如此演說，即能滅諸戲論故，亦有能說是因緣。是故龍樹致敬也。問何故不例二諦三種中道。假方便智非方便智，假實智非實智。非方便非實明中道。假非方便智非不方便智。假非實智非不實智。非不方便非不實智合明中道等耶？答亦得。但欲示多種勢耳。又明二智中道。然諦智非前非後。亦非一時故。非諦非智。諦智因緣。假名不二而二。故如來內智明審潛謀密照。外彰口吐名諦也。然諦非二。亦復不一諦。此二緣故言二也。如二諦中說。而由智能諦所尋。此智何因而得。亦由悟諦故生。故諦能智所。能所因緣不一不二。乃至應波若此能所則通也。若佛自然人。則佛智是能諦是所。若弟子望此者。佛諦能論主智所。然此能所復何定。智生於境託諦則境也。論主智能照。境是所照。但此諦則是論主所也。佛非因非果。而詺如來爲果。波若非因非果。而假名爲因。故假名所設差別不同。或名生忍法忍順忍違忍無生忍等。十地亦名十忍。三十心亦名三十忍。即是一無量。無量一等也。然二諦明中道。諦智因緣不一不二。亦非前非後。而爲前緣開因緣前後方便之教。若無內智明審外照根緣。何能吐此諦。故智能諦所。但佛智不空。而已必由諦故。發諦能智所。是論主。只悟諦能爲智所智所見諦能。能所不一不異。二諦既論中道。在智亦名中道。觸事悉得也。但波若非因非果。非佛非菩薩。故假名佛菩薩。佛菩薩所行名爲因。名爲波若。菩薩佛所行名爲果。名爲薩波若。故無差別差別。說因爲十地。始則歡喜，終乎法雲。五忍三十心非是豎論也。至論波若。非言可名。非能非所。第一義中行爲無學所行。諸佛能行。行亦不受。不行亦不受。行不行亦不受。非行非不行亦不受。不受亦不受。能說是因緣。正明二智中道。能說是佛智。能說於因緣八不正教也。又言。是論主禀佛正經生智。智所諦能。論主得悟生智。智能論所。能造論申經故。佛與論主。師弟相成。其道無異。即是入如來室坐如來座也。論主歸敬。佛能說因緣正經。禀學得解。解由於佛。今申經造論。歸敬三寶。殊於外道。因緣之經。經常無所從出也。諸說中第一者。如來雖復種種說法及常合道。說小乘教未是了義之言。乃是大乘之由漸也。八不顯了究竟之說故。八不收束皆盡。諸佛同此一致故言第一。又佛弟子說。仙人說。諸天說。變化人說。未是第一。今佛說因緣教故云第一也。二智中道。由諦故智。二諦中道。由智故諦。所以諦智智諦。非諦非智。假名中道。佛意權實是因緣。如前說。亦有人言。論主能說生下論。今亦不乖此言。但今謂歎佛智明審鑒達根緣。能吐此二諦之八不正教。明諸法因緣一道清淨故。戲論門盡。故言爲論其意可明。故顯佛圓智能說誠諦之言故是智是諦。故龍樹學佛所爲。智之未足故。沒其智諦之名也。若未應波若。以來應有所爲莫非戲論。若解教體理。能滅於戲論。凡夫二乘心所行。無非戲論。理外行心。無非戲論。應須消滅損之。凡有三種相對。或時四種。一者善惡相對。惡是墮墜。乖理無出功故。十惡爲戲論。善是清昇。扶理有出之義故。十善非戲論。成實論亦云，一等四執爲戲論。又言。三性中善惡非戲論。無記是戲論。何者善惡二性有果可記。故非戲論。無記汎淡。無得果之功故。名爲戲論也。今依華嚴經云，唯善非戲論。惡無記並是戲論。明惡亦得苦果。但非是趣向歸理得佛義故。名爲戲論唯善法能得佛果。故大經云，雖復疊華千斤。不如眞金一兩也。二者有相無相相對明之。亦言有漏無漏相對也。有相是分別故爲戲論。無相無分別故非戲論。有相善還屬戲論。故大品經云，相善不動不出不爲乘也。故佛藏經云，爲人說有相法。是衆生惡知識。爲衆生說無相法。是衆生善知識。有相乖理。故經云，寧起五逆。一念不起有相心。經所以作此語者。明相心傷理大故所以重。實是兩罪盡重。而起五逆者。五逆但損惱身。而不妨心用。得近理義。有相心傷理故。無得近理義故求相妨用心見理義也。有漏即有相。無漏則是無相。有漏之善。唯得三有果報。未能出離生死。正是不動不出。故名戲論。無漏之法。破裂生死。故不名戲論也。又地攝成數等師。恐落求相善比丘宗彼聞之驚怖。而聽大乘無所得宗。人見此意耳。彼師徒無有覺此意也。三者一異相對。雖言有相是戲論無相非戲論。若是有相異無相。便是戲論。見相無相不異。乃名非戲論。乃至善惡生死涅槃解惑等。並類然。故大經云，明與無明。凡夫謂二。智者了達其性無二也。故大品經三慧品云，諸有二者名有所得。無有二者名無所得也。又大經云，有所得者。無道無果。無所得者。有道有果也。若以異爲非。不二爲是。此則不識不二。還成戲論。復須遣之。無一無二故。有時就四法辨行四句。是戲論。不行四句。則非戲論也。故反折論云，若言諸法有。是增益謗。若言諸法無。損減謗。若言諸法亦有亦無。是相違謗。若言諸法非有非無。是戲論謗。若言諸法非非有非非無。是無慚愧謗也。故思益經云，一切法邪。一切法正也。又大品經云，菩薩無方便。行色無常苦等。並是戲論。故凡厥有所得行心。於波若紛然乖則戲論師也。故因緣門中一不可得。二亦不可得。亦一亦二非一非二非不一非不二。皆不可得也。如五句三昧。不與二乘共廣大之用也。故四對此三。無出無離。何者諸有所得。別有住處論其出。今謂。本自不住。今亦無出無住。無出故非戲論。若言有戲論可滅是無戲論。亦是戲論。亦是戲論故今明。八不不戲論。非止滅戲論。不戲論亦滅。滅者非是小乘斷德之滅。此是大乘摩訶衍淨悟。諸法本來不生。今亦不滅。畢竟淨名滅故言善也。故戲論無戲論。因緣具足。方便假名不一不二一道平等。戲論之善。是善巧權行故名善。善者能也。問戲論不戲論等皆滅。即前來所明記無記乃至二不二善惡等。望道悉非者。戲論既非。不戲論亦是戲論也。答須識之。只八不不二善是非戲論。若是不二還成戲論。非謂不二不戲論。自非八不不者。則戲論不滅也。何異絕絕不絕。即無絕無不絕。豈可以言言絕不絕耶？【略】

問，因緣語通，故生與不生皆是因緣。八不但是不生。云何言因緣即是八不也。答，八不不生，此是因緣不生。故不生即得生也。故《中論》云，如經中說。若見因緣即名見法。見法即見佛也。若不見因緣。即不見法。不見法即不見佛也。此是借因緣破不因緣也。故大經云，是諸外道。無有一法不從因緣生。佛性不爾。不從因生故。是借不因緣破因緣也。問佛性既非因緣。是無因以不。答亦得。故云涅槃無因而體是果。然佛性非因亦非果也。故中論具有二義。如破無因等外道計故。說十二因緣。此是借因破無因。又文中破四緣生。故是借非因緣破因緣。至論正法。未曾是因緣及不因緣也。問能說是因緣善滅諸戲論與因緣所生法二處因緣。是因緣是同是異。答既云兩處。寧得是同。復是假名因緣。那得異。而意同也。今大乘明因緣義。因者如依因習因生因等。並是說緣爲因。若如四緣等。皆是說因爲緣。若緣緣於因。因即是緣。緣義爲因。若因因於緣。緣義亦因。故因緣義通。而言八不不生不滅等爲因緣。但因緣義。無差別差別開爲三義。一者當體得因緣名。只八不是因緣故何者因不生故不滅。不滅故不生。則八不是因緣。只八不不生等。是言說故無非因緣故。云當相是因緣。名八不爲因緣佛八不不一切故也。二者八不是因緣本故名因緣。則因緣空壞因緣故。八不非因緣。既八不不一切不生不滅等亦不因緣與不不因緣。豈得當體是因緣。是故因緣本也。三者破因緣已得名。如毘曇辨六因等明諸法等也。今明。八不不一切。辨無因緣法。破外道因緣義。故名因緣。然備有此三義。遂得悟不同。抑沒不無淺深之異。而具有三義。名觀因緣品也。問能說因緣者。唯障邪說是戲論。邪觀亦是戲論。答有通有不通。何者二而不二通。不二而二別。問若通者邪觀亦是邪說不。答既未邪言。云何是邪說。問若未邪言未是邪說者。亦未戲言未是戲論也。答戲論是借譬之名。故名邪觀。於道無所剋獲。如小兒戲論爲耳。問未邪說已是戲論者。未正說已是正說經也。答亦如前。無差別差別即不得。差別無差別亦有明之。故大經云，迦葉佛時非無此經。但不說耳。問以不戲論止戲論。亦以戲論止戲論不。答亦通得也。問若以戲論止戲論令不戲論。亦應以不戲論止不戲論令成戲論反決也。答兩途既皆言止故。相與令息。故戲論止戲論尚令不戲論。豈況不戲論止不戲論。而令成戲論耶？問既以戲論止戲論。即以言止言。答得。自有以不聲遮聲。自有以聲遮聲也。問若以言止言。亦應揥出揥。以病治病。即應以長待長也。答相待論相成。就相顯發爲論。止治令有所去離故。此義即通。所以不例也。問上云，常無常等四句並戲論者。四句悉戲論不。答有所得四句並是戲論。無所得方便說四句。悉非戲論。亦是正說。問無所得四句非戲論者。亦應無所得顛倒非戲論也。答無所得假名說四句則便。假安顛倒則不便。何故爾。以衆生多顛倒少不顛倒故。若任而論之。正善具成就。演說四顛倒即倒也。問若有所得四句皆是戲論。無所得四句並非戲論耶？答一往相對論。常是戲論。無常非戲論。又無常是戲論。常非戲論。復常無常俱是戲論。非常非無常非戲論。總括始終明之。凡論相心四句。成有所得並是戲論。就後方便皆非戲論也。故反折論云謗也。

三種中道

吉藏《大乘玄論》卷二 第二明三種中道。成論師解八不不同。一云八不並是眞諦中道，亦是眞諦也。二云不生不滅是中道，即是眞諦不有不無中道，餘六不是俗諦中道也。今謂不然。彼不解大乘論意，小乘義意判如此耳。今云，八不具三種中道，即是二諦也。但成論師解三種中道。一世諦中道，二眞諦中道，三眞俗合論中道也。世諦中道者，世諦不出三假故。依三假明中道，一因成假不一不異明中道也。【略】二相續不常不斷明中道，但相續假不同。一云補處明續假也。二云前玄與後一明續假。如識心之終，想心之初，當中央爲假。三龍光傳開善云，明續假。後起接前，前轉作後，即是生至共成假也。雖三師說不同，而相與續故不斷滅故不常，不斷不常明相續中道也。三相待假明中道，即是有開避相待。如色心等法，名爲通待，亦名定待也。如長短君臣父子等法，短不自短，形長故短，長不自長，形短故長。如此相奪待。乃至君臣父子等，名爲別待，亦名不定待也。通別雖殊，悉是相待假明中道。假而非眞，稱當於理故非虛。非眞非虛，通明世諦中道也。眞諦中道，無名無相。寄名相待，眞待眞無故。無表非無，亦復非有，非有非無名眞諦中道也。眞俗合中道者，如俗諦言有，有非實有。眞諦名無，無非定無，非有非無名爲兩合中道也。【略】

問，世諦破性明性空，性空爲世諦中道，應用性有爲世諦。既以假有爲世諦，則用假空爲中道也。

答，今明無別有性空，只名假爲性空。從功用作名，誰能空此性。假能空此性。名假作性空。性空邊故即是中道，假故即名世諦也。二者假生假滅，自是不生不滅中。假不生假不滅，自是非不生非不滅中，即是表義。但横兩相望，自是因緣義，則遣二執也。又攝嶺師云，假前明中是體中，假後明中是用中，中前明假是用假中。後明假是體假，故非有非無而

有而無是體中。假有不名有，假無不名無，故非有非無是用中。非有非無而有而無是體假，假有不名有，假無不名無，是用假。故用中假皆屬能表之教，無假無中乃是所表之理也。

第三明智慧中道。所言二智中道者，二智是方便慧及以實慧，亦具三中道也。實方便，豈可言方便？豈可言非方便？方便實，豈可言實？豈可言不實？則是二慧各明中道。實方便則非方便，方便實則非實。非實非方便名爲二慧合明中道也。然非實非方便名爲一正觀，非眞非俗名爲一正中，亦得是正境故。

中道佛性義

吉藏《大乘玄論》卷三 佛性義十門。一、大意門。二、明異釋門。三、尋經門。四、簡正因門。五、釋名門。六、本有始有門。七、內外有無門。八、見性門。九、會教門。十、料簡門。【略】

異釋第二。古來相傳釋佛性不同，大有諸師。今正出十一家，以爲異解。就十一師皆有名字。今不復據列，直出其義耳。

第一家云，以衆生爲正因佛性。故經言正因者，謂諸衆生。緣因者謂六波羅蜜。既言正因者，謂諸衆生。故知以衆生爲正因佛性。又言一切衆生悉有佛性，故知衆生是正因也。

第二師以六法爲正因佛性。故經云，不即六法，不離六法。言六法者，即是五陰及假人也。故知六法是正因佛性也。

第三師以心爲正因佛性。故經云，凡有心者，必定當得無上菩提。以心識異乎木石無情之物，研習必得成佛。故知心是正因佛性也。

第四師以冥傳不朽爲正因佛性。此釋異前以心爲正因。何者。今直明神識有冥傳不朽之性，說此用爲正因耳。

第五師以避苦求樂爲正因佛性。一切衆生，無不有避苦求樂之性，實有此避苦求樂之性，即以此用爲正因。然此釋復異前以心爲正因之說，今只以避苦求樂之用爲正因耳。故經云，若無如來藏者，不得厭苦樂求涅槃。故知避苦求樂之用爲正因佛性也。

第六師以眞神爲正因佛性。若無眞神，那得成眞佛？故知眞神爲正因佛性也。

第七師以阿梨耶識自性清淨心，爲正因佛性也。

第八師以當果爲正因佛性，即是當果之理也。

第九師以得佛之理爲正因佛性也。

第十師以眞諦爲正因佛性也。

第十一師以第一義空爲正因佛性。故經云，佛性者名第一義空，故知第一義空爲正因佛性也。【略】

然十一家，大明不出三意。何者？第一家以衆生爲正因，第二以六法爲正因，此之兩釋，不出假實二義。明衆生即是假人，六法即是五陰及假人也。次以心爲正因，及冥傳不朽避苦求樂及以眞神阿梨耶識。此之五解，雖復體用眞僞不同，並以心識爲正因也。次有當果與得佛理及以眞諦第一義空。此四之家，並以理爲正因也。今次第須破之。第一師以衆生爲正因者。今只問，何者是衆生？而言以此爲正因耶？經云，若菩薩有我相、人相、衆生相，則非菩薩。又言，如來說衆生即非衆生，正因本爲菩薩。經既說言有衆生相則非菩薩。寧得以衆生爲正因耶？故知有衆生者皆是妄想。何可以妄想顛倒得爲正因耶？又若以衆生爲正因者，只問昔日初教已明有衆生不？若初教已明有衆生者，便應初教已明正因佛性。彼釋言，初教已明衆生，但未說爲正因耳。若爾，後教說衆生爲正因者，還指初教衆生以爲正因不。若爾，初教衆生理中已是正因，若理中已是正因者，則理中已明佛性也。若不可言初教已辨佛性者，云何以衆生爲正因耶？又汝引經言一切衆生悉有佛性，故知衆生是正因佛性者不然。既言衆生有佛性，那得言衆生是佛性耶？若言衆生是佛性者，可得言一切衆生悉有衆生，一切佛性悉有佛性不？若不得者，故知衆生與佛性有異，不得言衆生是佛性也。又難第二家。經云，佛性者不即六法不離六法者，言此是何語而橫引之。此文乃明佛性，非是即六法，復非是離六法，何時明六法是佛性耶？若言不離六法故六法是佛性者，復言不即六法故六法非是佛性，此語若爲得通，明知以不解讀經故，所以致謬耳。【略】

尋經第三。既識佛性，應須遍讀衆經。由來舊辨《阿含經》中亦明佛性，但有小妨耳。故云，一切衆生悉有聲聞性，悉有辟支佛性，悉有佛性。《阿含》既爾，其餘諸經亦有說佛性語，但不甚分明。如是衆經明佛性，亦復何嫌。故《新金光明經》云，若了義說是身，即是大乘，即如來藏，即如來性也。《華嚴經》云，菩薩隨喜心，不斷如來性。又言，欲不斷佛種性者，當發菩提心。又《華嚴・性起品》，即是明佛性義，從寶王如來性，而起離世間因。得入法界果。結前因果，生後因果。故《華嚴》明佛性有因有果，而未作正因緣因之名，亦未作果與果果之稱。至如具足明佛性義，即如《涅槃》中所辨，故具明有因、有因因、有果、有果果。今時一師每以《涅槃經》爲證，然此一教處處皆明佛性。故《哀歎品》中瑠璃珠喻，亦是具足明佛性義。如是《如來性品》皆明佛性義。乃至《師子吼》《迦葉》廣明佛性事，義乃顯然。故一師所引文句，以《師子吼》文爲正也。故師子吼菩薩問言，云何爲佛性？以何義故名爲佛性？如是凡有五問佛性。如來次第答。答第一問言，善男子，汝問云何爲佛性者。善男子，佛性者，名第一義空。第一義空，名爲智慧。斯則一往第一義空以爲佛性。又言第一義空名爲智慧，豈不異由來義耶？今只說境爲智，說智爲境。復云，所言空者，不見空與不空。對此爲言。亦應云，所言智者，不見智與不智，即不見空除空，不見不空除不空，除智又除不智。遠離二邊，名聖中道。又言，如是二見，不名中道。無常無斷，乃名中道。此豈非以中道爲佛性耶？是以除不空則離常邊。又除於空即離斷邊，不見智與不智義亦如是。故以中道爲佛性。是以文云佛性者，即是三菩提中道種子也。是故今明第一義空名爲佛性，不見空與不空，不見智與不智。無常無斷，名爲中道，只以此爲中道佛性也。若以此足前十一師，則成第十二解。然若識正道知，道無有一，豈復有二釋於其間哉？而言第一義空爲佛性者，非是由來所辨第一義空。彼明第一義空但境而非智，斯是偏道。今言智慧，亦非由來所明之智慧。彼明智慧但智而非境，斯亦是偏道義，非謂中道也。但中道義難識，具如二諦中辨。非中非邊不住中邊，中邊平等假名爲中。若了如是中道，則識佛性。若了今之佛性，亦識彼之中道。若了中道，即了第一義空。若了第一義空，即了智慧。了智慧，即了《金光明》諸佛行處。若了《金光明》諸佛行處，則了此經云光明者名爲智慧。若了智慧，即了佛性。若了佛性，即了涅槃也。

本有始有義

吉藏《大乘玄論》卷三　本有始有第六。問，佛性爲是本有？爲是始有？答經有兩文。一云，衆生佛性，譬如暗室瓶瓮，力士額珠，貧女寶藏，雪山甜藥。本自有之，非適今也。所以《如來藏經》明有九種法身義。二云，佛果從妙因生。責驊馬直，不責駒直也。明當服蘇，今已道臭。食中已有不淨，麻中已有油。則是因中言有之過。故知佛生是始有。經既有兩文，人釋亦成兩種。一師云，衆生佛性，本來自有。理性眞神阿梨耶識故。涅槃亦有二種。性淨涅槃，本來清淨。方便淨涅槃，從修始成也。第二解云，經既說佛果從妙因而生，何容食中已有不淨？故知佛性始有。復有人言，本有於當，故名本有。

問，若爾，便是本有耶？

答，復有始有義。

又問，若始有，應是無常？

答，我復有本有義。【略】彼若如本有，應如《如來藏經》諸喻。若言始有，應是無常。而言本有於當，此是何語？定本定當耶？無量世界，無邊佛智，應不圓耶？若言如無邊而照可自破之。何勞更難？照若窮盡，即是有邊。照若不盡，智則不圓。此難那得去？本有始有，義亦如是。一切有所得義，無不自死，而人不覺耳。故一切諸人莫不網羅於其中矣。若執本有，則非始有。若執始有，則非本有。各執一文不得會通經意，是非諍競，作滅佛法輪，不可具陳。但地論師云，佛性有二種。一是理性，二是行性。理非物造，故言本有。行藉修成，故言始有。若有所得心望之一往消文似如得旨。然尋推經意，未必如此。何者？但大聖善巧方便。逐物所宜，破病說法。何曾說言理性本有行性始有耶？例如說如來藏義，《楞伽經》說無我爲如來藏，《涅槃》說我爲如來藏。此兩文復若爲配當耶？本有始有，其義亦爾。若言理性本有非始行性始有非本者，更執成病，聖教非藥。而世間淺識之人，但見其語定以爲是，以成迷執也。今一家相傳明佛性義，非有非無，非本非始，亦非當現。故經云，但以世俗文字數，故說有三世。非謂菩提有去來今，以非本非始故，有因緣故，亦可得說故。如《涅槃性品》明，佛性本有，如貧女寶藏。而諸衆生執教成病，故下文即明始有。故知佛性非本非始，但爲衆生說言本始也。

問，若言佛性非本始者，以何義故說本始？

答，至論佛性，理實非本始，但如來方便，爲破衆生無常病故，說言一切衆生佛性本來自有，以是因緣得成佛道。但衆生無方便故，執言佛性性現相常樂。是故如來，爲破衆生現相病故，隱本明始。至論佛性，不但非是本始，亦非是非本非始。爲破本始故，假言非本非始。若能得悟本始非本始，是非平等，始可得名正因佛性。衆生因是深保成佛道。若不如是，非佛性也。若廣論本有始有義，例如新故。何者？第一念是新，第二念是故。譬如新米，初出者是新，次者非復是新。亦得第一念爲故，第二念爲新。先者名故，後始起者是新。是則先後，皆得名新。故言新新生滅，亦可。初後皆得名故，故言初故後亦故。新故既通初後。本有始有，義亦復然。新故義通初後，但說初故名新。久新名故。定知。何者爲新？何者爲故？故知。都無新無故。故釋十號文云，上者名新，士者名故。體大涅槃，無新無故。既言體大涅槃無新無故，亦得言體大涅槃無本無始。此一往明無本無始義。然無本無始義，此是清淨體，亦何失寄言本始義耶？今約事論之，如無明初念始起爲新，佛果後起爲故。何異先兩念相望初念爲新，後念爲故耶？亦得佛果始起，此則名新。無明住地已久，此則名爲故。何異？兩念相望，初念名故，後念名新。然本始只是新故。本只是故，始只是新。無明初念與佛果相望，既皆得是新，皆得是故。亦皆得是始，皆得是本。無明與佛果既得如此，生死涅槃亦爾。皆得是始，皆得是本。是故生死爲始，涅槃爲本。涅槃爲始，生死爲本。生死始有，涅槃本有。何異？第一念爲新，第二念爲故。生死本有，涅槃始有。何異？第一念爲故，第二念爲新故。生死涅槃，不是本有，不是始有。而終是無本無始，而今假名說故，更互爲本始無異。經言本有今無，本無今有。本若是有，今則是無。本若是無，今則是有。故今之與本，皆得名有，皆得名無。此文意終爲明無本無今義。故下文即結言三世有法無有是處。故知三世皆不得言有，但今假名說故，本有今無，本無今有。通生死涅槃，皆是有無。若悟假名，論有論無。至竟終是無有無無。故言三世有法無有是處。何異說新故本始至竟終是無有新故本始義耶？當知說新故本來指新爲故，指故爲新。本始亦爾。指本爲始，指始爲本，指始爲本故。此本是始本，指本爲始故。此始是本始，本始非始，始本非本。故云至竟終是無本無始義也。

佛性內外有無義

吉藏《大乘玄論》卷三　辨內外有無第七。今辨佛性內外有無義，此重最難解。或可理外有佛性，理內無佛性。或可理內有佛性，理外無佛性。今先辨理內外，次說有無。然由來亦言有理內外，凡夫及內道外道。故信等五根未立者，理外行心，名外凡夫。五根立者，理內行心，名內凡夫。故言理內行心，理外行心。既有此語，亦即是理內外義。但舊師等不甚分明，作此名教耳。【略】又若言一切諸法有生滅者，皆是理外，悉屬外道。若一切諸法無生滅者，皆是理內，則屬內道。故今明，發心悟不生不滅，如《般若》中所辨，名爲內道也。分理內外竟。

今次明佛性之有無。問，爲理外衆生有佛性？爲理內衆生有佛性耶？答曰，問理外衆生有佛性不？此不成問。何者？理外本自無有衆生，那得問言理外衆生有佛性不？故如問炎中之水，本自不曾有，何得更問炎中之水從何處來？是故理外既無衆生，亦無佛性。五眼之所不見。故經云，若菩薩有我相，人相，衆生相，即非菩薩。是故我與人乃至今人無有佛性。不但凡夫無佛性，乃至阿羅漢亦無佛性。以是義故，不但草木無佛性，衆生亦無佛性也。若欲明有佛性者，不但衆生有佛性，草木亦有佛性。此是對理外無佛性，以辨理內有佛性也。

問，衆生無佛性，草木有佛性。昔來未曾聞。爲有經文，爲當自作。若衆生無佛性，衆生不成佛。若草木有佛性，草木乃成佛。此是大事。不可輕言令人驚怪也。

答，少聞多怪，昔來有事。是故經言，有諸比丘，聞說大乘，皆悉驚怪，從坐起去，是其事也。今更略舉愚見以訓來問。《大涅槃·哀歎品》中，有失珠得珠喻，以喻衆生，迷故失無佛性，悟故得有佛性，故云，一闡提無佛性。殺亦無罪也。又呵二乘人如燋種。永絕其根。如根敗之士。豈非是明凡聖無佛性耶？衆生尚無佛性，何況草木，以此證知，不但草木無佛性，衆生亦無佛性也。又《華嚴》明，善財童子，見彌勒樓觀即得無量法門，豈非是觀物見性即得無量三昧。又《大集經》云，諸佛菩薩，觀一切諸法，無非是菩提。此明迷佛性故爲生死，萬法悟即是菩提。故肇法師云，道遠乎哉？即物而眞。聖遠乎哉？悟即是神也。若一切諸法，無非是菩提，何容不得無非是佛性。又《涅槃》云，一切諸法中，悉有安樂性，亦是經文。《唯識論》云，唯識無境界，明山河草木皆是心想，心外無別法，此明理內一切諸法依正不二，以依正不二故，衆生有佛性則草木有佛性，以此義故，不但衆生有佛性，草木亦有佛性也。若悟諸法平等，不見依正二相故，理實無有成不成相，無不成故，假言成佛。以此義故，若衆生成佛時，一切草木亦得成佛。故經云，一切諸法皆如也。至於彌勒亦如也。若彌勒得菩提，一切衆生皆亦應得，此明以衆生彌勒一如無二故，若彌勒得菩提，一切衆生皆亦應得。衆生既爾，草木亦然。故知，理通故欲作無往不得，是故得名大乘無礙，此是通門明義也。若論別門者，則不得然，何以故？明衆生有心迷故，得有覺悟之理。草木無心故不迷，寧得有覺悟之義？喻如夢覺不夢則不覺。以是義故，云衆生有佛性故成佛，草木無佛性故不成佛也。成與不成，皆是佛語，有何驚怪也。

第二明理外有佛性，理內無佛性。如《般若經》云，如是滅度無量衆生，實無衆生得滅度者。《華嚴》亦云，平等眞法界，一切衆生入，眞實無所入。既言一切衆生入，當知，是理外衆生入，而實無所入者，此入理內無復衆生，故言實無所入。是知，理外有衆生故得入也。如是滅度實無度者，亦作此釋，此至理內，實無衆生得滅度者，當知，理內既無衆生，亦無佛性，理外有衆生可度，故言理外衆生有佛性也。然本有理內故說理外，理內既無理外，豈復有耶？先則爲成交互辨義故，理外若無理內則有，理內若無理外則有，或時言內外俱有，或時說內外俱無。故經云，闡提人有善根人無，善根人有闡提人無，二人俱有二人俱無也。

問，那得作此不定說耶？

答，此豈得有定，故《涅槃經》云，若有人說一闡提人定有佛性定無佛性，皆名謗佛法僧，今既不欲謗佛法僧，豈敢定判？義中自有四句，故内外有無不定，所以作此不定説者，欲明佛性非是有無故，或時説有，或時説無也。

問，若言定爲非者不定爲是耶？

答，若言不定爲是者，還復成定，定既非是，不定亦非，具如論破，但破定故言不定有四句如前，若洗淨已，復不定而爲定亦何得而無定耶？今只就不定爲定者，有理外衆生理外草木，有理内衆生理内草本定。何者有佛性？何者無佛性耶？若不定爲定説者，經中但明化於衆生，不云化於草木，是則内外衆生有佛性，草木無佛性，雖然至於觀心望之，草木衆生豈復有異。有則俱有無則俱無，亦有亦無非有非無。此之四句皆悉並聽觀心也。至於佛性非有非無，非理内非理外。是故若得悟有無内外平等無二。始可名爲正因佛性也。故《涅槃論》云，衆生有佛性非密，衆生無佛性亦非密，衆生即是佛乃名爲密也。所以得言衆生無佛性者，不見佛性故。佛性無衆生者，不見衆生故。亦得言衆生有佛性。依如來藏故亦得言佛性有衆生，如來藏爲生死作依持建立故。

一乘義

吉藏《大乘玄論》卷三　一乘義三門。一、釋名門。二、出體門。三、同異門。

釋名第一。一乘者，乃是佛性之大宗，衆經之密藏。反三之妙術，歸一之良藥。迷之即八軸冥若夜遊，悟之即八軸如對白日也。

釋名者。唯有一理，唯教一人，唯行一因，唯感一果，故名爲一。《法華論》云，一謂同義。如來法身、聲聞法身、緣覺法身，三乘同一法身，故名爲一。乘者運出爲義。運出有三種。一者以理運人，從因至果。如《大品》云，是乘從三界出，到薩波若中住。二者以德運人。如《法華》云，得如是乘，令諸子等喜戲快樂。三者以自運他。如《涅槃》云，乘涅槃船，入生死海，濟度群生矣。

出體第二。一乘體者，正法中道爲體。《攝論》云，性乘、行乘、果乘。《中邊分別論》云，乘具五義。一乘本，謂眞如佛性。二乘行，即福慧等。三乘攝，謂慈悲等。四乘障，謂智障無明。五乘果，即佛乘也。《唯識論》云，乘三體六義。三體者，一自性，二乘隨，三主得。六義者，一體如空出離四謗。二者因謂福慧。三者攝一切衆生。四者境界眞俗。五者障即皮肉心。六者果謂無上菩提。《十二門論》云，乘具四事。一者乘本，謂諸法實相。二者乘主，由波若導萬行得成。三者乘行，餘一切行。四者果，謂薩婆若。《法華論》云，亦明三種。一者乘體，謂如來平等法身，即是佛性。二者乘果，謂如來大般涅槃。三乘緣，即是六度了因。此猶三種佛性，不説果果性者，果果性屬果門。境界性者，屬因門故。廣説有五，略説唯三也。

問，乘以何爲體？答，經論雖種種説，不過三種。謂理、行、果。今以正法爲體。

問，理是不動，云何名運出耶？

答，以其不動故，能令衆生運出。别而論之，順忍爲運，得無生忍爲出。通論一一皆運出，因乘自運運他。果乘與理乘，自不運而能運他。

【略】

問，《大品》明理、教、行、果四乘，與今何異耶？

答，彼經不明開權，與此爲異。

問，《勝鬘》《法華》何異？

答，《法華》會三乘，爲漸悟菩薩説，正對三乘。《勝鬘》爲頓悟菩薩説，不對聲聞、緣覺，但對人説。與此爲異。

問，若爾，《法華》究竟説，何故須涅槃教？

答，失心子須涅槃，不失心子不須涅槃。但爲鈍根衆生故説是以大通智勝佛、燃燈佛。不説涅槃，利根衆生故。又此經明三事。一車，二牛，三儐從。車因果萬行萬德，牛亦通因果。中道正觀，離斷常垢，爲白牛。由正觀故，引萬行出生死。此即婆若導成萬行。【略】

問，云何名會三歸一？

答，若識會三歸一，先須知開一爲三。開一爲三者，昔指大乘之因説，爲小乘究竟之果也。今還指小乘究竟之果，即是大乘之因。故名會也。

問，小乘人謂是究竟，爲是迷因，爲是迷果乎？

答，實是大因，謂是小果，故是迷因也。

問，以何義故明一乘是三乘中佛乘？復以何義明一乘非是三乘中佛乘耶？

答，若明三乘，攝出世乘盡。故對二乘之方便，明佛乘是眞實。故文云，唯此一事實，餘二即非眞。所以明一乘是三乘中之一也。就佛乘中，復開眞應。昔爲二乘人說佛方便身，故佛乘是方便身，則以今教明佛身是眞實故。眞實之乘異方便佛，如師子坐長者異著弊垢衣長者。是以約今昔兩教，明佛有權實不同。是故一乘非三乘中之一也。

問，此經中始末，或言佛以方便力示以三乘教，則三乘並是方便。又云，唯此一事實，餘二則非眞。則二是方便，兩文相違，何以會通耶？

答，此二文猶是一義，無相違也。於一佛乘方便說三。次云，一乘是實，二是方便。如人手內，實有一果，方便言三果。次第論者。一果是實，二是方便。故方便說三及二。是方便猶是一義，不相違也。

問，爲會三歸一？爲會二歸一？

答，此亦是一義。《智度論》云，於一佛乘，開爲三分。如人分一斗米爲三聚，亦得合三聚爲一聚。亦得言會二聚歸一聚。會三會二，猶是一義，不相違也。若究竟爲言，中道爲宗。論云性乘，若就用爲談。萬善爲乘體。萬善之中，以般若爲體。報習兩善，取習因爲乘體。報因住生死不取。

問，若爾，不應會人天五乘爲一乘？

答曰，人天是報果而此乘體，有習因義故會。乃是增上緣義。別而爲論，有漏善非乘體，無漏善爲乘體。乘有二種，有漏善爲遠乘，無漏善爲近乘。乘有二種。一者動乘，二者不動乘。萬行爲動乘，如來藏佛性中道爲不動乘。

問，乘以運出爲義，中道佛性不運出。云何名爲乘體。

答，以其不動故，能令萬善動出，亦令行者動出生死住彼涅槃，故名爲乘。小乘初教，以果爲乘，故言三車在門外。此是盡無生智果，大乘因與果爲乘。

問曰，若大乘因果爲乘者，何故經言於佛果上更無說一乘法事？

答曰，此約自不運義，不言不運他。【略】

問曰，經云，十方佛土中，唯有一乘法，無二亦無三。云何名無二無三耶？

答曰，有人言，無二者，無聲聞、緣覺二。無三者，無偏行六度菩薩。又昔三乘皆是方便，今教別有一車，異昔三也。

問，何以然？

答，《經》云，佛以方便力，示以三乘教。通以三爲方便，則以三爲方便，則以一爲眞實，則會昔三乘歸今一實也。又云，願賜我等三種寶車。昔既索三，今便賜一。故索所不與，與所不索，則知別有大車異昔三，小以文理推之，則有四車也。

評曰，三車四車，諍論紛綸，由來久矣。了之則一部可通，迷之則八軸皆壅。今以八文徵之，方見此釋爲謬。【略】

又云，於一佛乘。隨宜說三。又諸子索三，父皆不與。明無三可趣索。有一以賜機。若三中之一是實有者，諸子無所索，父無所賜也。又虛指門外明有三車，諸子出門，無三可見。若三中之一，是實有者，父非虛指，子出應見。又三中之一是實者，則會二歸一，不名會三歸一。【略】

會三歸一義

吉藏《大乘玄論》卷三　問，會三歸一、破三歸一、開三顯一、廢三立一，有何異耶？

答，會三歸一者，乃會教、會行、會緣。言會教者，昔開三乘五乘之教，並爲顯一道，所表之道既一，能表之教亦復言一，故一切教皆名大乘教也。會行者，汝等所行是菩薩道，如來昔說有三行者，爲趣一道，故令修三行，所期之道無二，能趣之行豈三耶？所言會人者，如來出世，本爲教菩薩，不教餘人。三所行既是菩薩道，能行之人，皆成菩薩也。故文云，但爲教菩薩，無聲聞弟子，會教正是一時，會行及人，遠令至佛也。

問，會有幾種？

答，自有融會稱會，自有會歸稱會，如向明也。融會稱會者，既會三歸一竟，緣即疑云，三若歸一，何故說三？是故釋言，昔以方便故說三，今以如實故說一。此是融會今昔三一之義，亦名會也。若是會歸之義，正就三行，融會之義，宜就教門。所以然者，若會三因，同歸作佛。如是之義，會行爲正，不用教門作佛故，教非會歸也。

三身本迹義

吉藏《大乘玄論》卷三 若《法華論》明三身者，以佛性爲法身，修行顯佛性爲報佛，化眾生義爲化身。若《攝大乘論》所明，隱名如來藏，顯名爲法身耳。此二皆名法身。就應身中，自開爲二。化菩薩名報身，化二乘名化身。或云，化地上名報身，化地前名化身。《地論》《法華論》，是菩提留支所出。《攝大乘》，是眞諦三藏所翻。此三部皆天親之所述作。而明義有異者，或當譯人不體其意。今欲融者，會眾經及論。或二身，或三身，或四身。今總束爲四句。一、合本迹。如《金光明經》，但辨一本迹也。故云，佛眞法身，猶如虛空，應物現形，如水中月。二、開本開迹如此。大凡論明有四佛，開本爲二身。一法身，二報身。法身即佛性，報身謂修因滿迹，爲二身化菩薩名舍那，化二乘名釋迦也。三、開本合迹。如《地論》《法華論》所明，開本謂二身，謂佛性是法身，佛性顯爲報身。四、開迹合本。如《攝大乘論》所明，合佛性及佛性顯皆名法身，開迹身爲二。化菩薩名舍那，化二乘名釋迦。此皆經論隨義說之不違，亦皆不體其意故起諍論耳。若常無常者，別而爲言，法、應二身爲常，化身無常。通而爲言，三身俱常俱無常，化身以大悲爲體故是常。法身有隱顯故，義說無常。應身始起義，是無常。《金光明經》云，應化二身無常者，開迹合本。

問，三身有幾名耶？

答，經論不同。法身、舍那身、釋迦身，亦名法身、報身、化身，亦名法身、應身、化身。又名佛所見身，菩薩所見身，二乘凡夫所見身。法身亦名自性身，又名法性身。

問，若如是者應有六身八身。應有一佛身本迹二身。何故但明三身耶？

答，依《法華論》，二身爲自德，化身爲化他德。《攝論》法身爲自德，二身爲化他德。若爾，法身爲自德，化身爲化他德，應身亦自亦化他。故立三身，亦可。法身爲體，報身爲相，化身爲用。體、相、用故，立三身也。

生死涅槃義

吉藏《大乘玄論》卷三 涅槃義三門。一、釋名門。二、辨體門。三、八倒門。

涅槃者，蓋是安心之本宅，凡聖所同歸。故肇公云，九流於是乎交歸，群聖於是乎冥會。諸方等經，亦盛談此說。摩訶言大多勝，而大有二種，教大理大。理大者，文言。所言大者，名之曰常，莫先爲相。涅槃有二家。一云有翻。二云無翻。無翻有四家。一云佛在西國涅槃。東土無有此語，故無翻。二云涅槃一名含於眾名，其猶一音含無量音故，一音說法以異類各解。三曰涅槃一名含於眾義，故有常樂我淨等。四云涅槃一名不含眾名，亦不含眾義，但以涅槃一名通名諸法。其若先陀波，一名四實，同無翻。有翻六家。一云無爲。二云無累。三云解脫。四云寂滅。五但云滅。六云滅度。若言涅槃不翻者，漢地眾生應無利益。二者《大本》云，大覺世尊，將欲涅槃。六卷當此文處。云大牟尼尊今當滅度。經既有翻，云何不翻。今同有翻第六家。但彼一向有翻。今明，相待涅槃有翻，絕待涅槃不可翻也。光宅云，法滅人度。今明若人度法亦應度，生死涅槃，人法俱有，亦應言人滅法度。開善云，滅度之名，皆目無法，度言永滅。今明若凡夫滅不永滅，故不明度，暫滅故名滅，亦應言暫度故名度。靈正云，滅主於無，度目有法，舉斷德目妙有，圓體不生煩惱爲涅槃。今明，若不生煩惱名涅槃者，不由智滅而名涅槃耶？今明，涅槃離四句，中道正觀，永勉爲正度，將人帖之，目人將法，帖之目法。至論度非人非法，此是正度，而此正法，離有所得而假名義，名爲正度，涅槃無名，強爲立名也。

辨體第二。靈正云，涅槃體者，法身是也。尋此法身，更非遠物。即昔神明，成今法身。神明既是生死萬累之體，法身亦是涅槃萬德之體。今明不然，以用爲體，不及涅槃深體。今以中道正法爲涅槃體。開善云，總明萬德體無累爲滅度，而經初明三德者。簡異昔日二種涅槃。有餘時，身智在解脱不滿。無餘時，解脱滿身智不在。今日涅槃身智在解脱，滿三德之中，法身爲體，波若解脱爲用。今明萬德三德爲體者。離此無別涅槃用望。若言法身爲體，無有萬德。云何是涅槃體？今明涅槃體者，正法爲體，而正法絕能所四句百非，故《中論・涅槃品》云，有亦非涅槃，無亦非涅槃，亦有亦無非有非無亦非涅槃。無得無至，無得者非因果所得，無至者無處可至。【略】次用無我眞如理又三無性理，名無住處涅槃。諸師同釋。涅槃備於三德，謂法身、般若、解脱。所以三德爲涅槃者，略有四種義。生死與涅槃相對，生死有三障。謂煩惱業苦，對報障故名法身，對業障故辨解脱，對煩惱障説於波若。二者欲顯如來三業自在，有法身故身業自在，具波若故口業自在，有解脱故意業自在。三者無境不照名爲波若，無感不應名法身，無累不盡稱解脱故，三德爲宗。四者爲對二乘三德不圓，有身智解脱不足，解脱亦圓則無身智，故名如來三德圓備。《成論》云，佛果名妙有，若爾應是妙爲，若妙故非爲，亦妙故非有，彼云，有是法體，爲即是相，佛果是法體之有，已離生滅相故，非是有爲，竝云，若涅槃離相故非爲者，亦應離始故非生，若始起故名生，亦始起故名爲。又竝，若有而非爲，亦應爲而非有。成論師云，有四種生死，流來生死，分段生死，八地已上變易生死，七地中間生死，《攝論》師云，有七種生死，三界分段爲三種，變易有四種，初二三地爲方便生死，四五六地爲因緣生死，七八九地爲有有生死，第十地名無有生死，夫人經言，有漏業因四住爲緣，感分段生死，無漏業因無明住地爲緣，感變易生死，今言方便生死，即是無明住地，因緣生死即是無漏業，有有生死即是生住二相，無有生死即是滅相，若通而爲論，一一地皆具四種。地前三阿僧祇地地三阿僧祇三十三阿僧祇。今望經論無定。若言無量阿僧祇是小劫。言三十三阿僧祇是中劫。三阿僧祇劫成佛是大劫。有人言。從初發心斷五住煩惱。同麁同細。又言。地前斷四住煩惱。又《攝論》師。地前伏四住上心。初地已上方斷種子。成論師明。地前伏見諦。初地斷上品。二地斷中品。三地斷下品盡。四地斷修道上品。五地斷中品。六地斷下品盡，七地斷習氣，八地已上斷無明三品盡，今明，十信伏見一處住地，十解伏欲愛住地，十行伏色愛住地，十迴向伏有愛住地，初地初心斷四住地盡，初地已上斷十重無明。《地持論》云，二障三處過，地前一向伏，初地至十地，斷煩惱障盡。從初地斷智障，至金剛心斷智障習氣。

問，與他家何異耶？

答，他家生死在此，涅槃在彼，衆生在生死，佛在涅槃。今明，生死即涅槃，故《中論》云，若求如來性，即是衆生性，求涅槃性，即是世間性。故經云，明無明愚者謂二，智者了達其性無二，若捨生死別取涅槃，是爲愚人，不離生死。若知生死與涅槃無有差別，方得涅槃，他家前有煩惱，後起智慧斷彼煩惱，内外大小乘，皆言有煩惱生而今斷滅，即煩惱不滅。今求煩惱，本自不生，今亦無滅。若能如是知，前念爲無礙，後念爲解脱，故能斷惑，外人見煩惱不煩惱二，即同明無明，愚者謂二。今明，煩惱不煩惱本無二相，故能斷惑。

二 智義

吉藏《大乘玄論》卷四　二智義十二門。一翻名門。二釋名門。三釋道門。四境智門。五同異門。六長短門。七六智門。八開合門。九斷伏門。十攝智門。十一常無常門。十二得失門。

然昔在江南著《法花玄論》，已略明二智。但此義既爲衆聖觀心法身父母，必須精究，故重論之。此義若通，則方等衆經，不待言而自顯。具存梵本，應云波若波羅蜜漚和波羅蜜。故此經云，智度菩薩母，方便以爲父。智則波若，度謂波羅蜜也。但翻波若不同，或言智慧。如叡法師云，秦言智慧，或翻爲遠離，出《放光經》，則釋道安用。或翻明度，出《六度集經》。或翻清淨，亦出《大品》，叡法師用之，但波若具含智慧明淨遠離等義，譯經之人隨取其一，以用翻之，波若以斷衆惑遠離生死名相之法故云遠離，明了無暗，故稱爲明，體絕穢染名爲清淨，達照解知名爲智慧。雖有諸義，多用智慧，智慧單複，又名不同，或單名爲智，如《釋論》及此經稱爲智度，或但名爲慧。如《釋論》云，波若秦言慧，或俱翻智慧，衆經多爾，今詳會此意，義各有由，通而言之，則智爲慧，指慧爲智，雖廣略不同，體無異也。翻爲慧者，凡有四義。一、欲分十度不同，二、開空有義異，三、明因果差別，四、就凡聖爲異。十度者，第六名波若，此翻爲慧。第十云闍那，此名爲智。

問，闍那爲智，術闍翻爲何物？

答，此云明，猶是智見之義耳。空有義異者，照空爲慧，鑒有爲智故。此經云，知一相門起於慧業，知種種相門起於智業，因果差別者，論云，因名波若，果反名薩婆若，薩婆若名一切智，則知波若名之爲慧。慧名既劣，宜在因中。智則決了，故居果地。又佛照空有皆盡，加以一切，菩薩未窮但名慧也。不得云因中名智果名一切智，亦不得云因名智慧果名一切智。但應言因名爲慧果名爲智，則於因果優劣義彰。凡聖異者，如《涅槃經》云，波若者一切衆生。此名爲慧。慧義既通，則凡聖並有。如十大地中定慧之數，毘婆舍那目之爲見。謂一切聖人明見理也。闍那爲智，通達決了也。次翻爲智，凡有三義。一者慧名既劣，智則爲勝。今欲稱歎波若名爲智。二者欲顯其名語便如云智度。若言慧度，則言不便也。三者欲明智則是慧名異體同故，隨舉其一。次合稱智慧亦具三義。一明波若具鑒空有故名含智慧，慧則照空，智便鑒有。二顯波若通果及因，因中波若爲慧，果地波若爲智。故三德中有波若德。三者欲明六度義含於十。經中但明六度不明十者，以波若之名既含智慧，第十智度蘊在其中。

問，既具三名，以何翻爲正？

答，慧爲正翻，餘皆義立。所以知然從多論也。此經云慧與方便，釋論云波若道方便道。《涅槃》云，波若一切衆生，闍那爲智，則配諸菩薩故，智非波若，又第六名慧，第十爲智，皆有彼此二名故知，以慧爲正。又論云，波若不屬佛，亦不屬二乘。但屬菩薩。菩薩則道慧道種慧，佛具一切智一切種智。又云，波若名諸法實相慧。如是等諸文非一故，以慧爲正翻矣。

吉藏撰《大乘三論略章》一卷　二智者，一是權智，二是實智。權是善巧之名，實是實諦爲因。斯乃般若妙用，利物明術，其猶二鳥無相捨離，俱凡夫滯有，闕彼鑒虛，小智沉空，罔知權用，是故菩薩方便具二智也。如來以二智察緣，即知病識藥，說於二諦，即應病授藥，以智諦故如得，而說諦故如說，如說定得，得行我所說，如得而說，說我所得。故二智即能說，二諦即是所說云云。前須識有得無得二種二諦，然後方識發生二智，有得二諦。初章前節，不能發生二智，無得二諦者，初章後節，故能發生二智。經云，欲令衆生深識第一義故說世諦，欲令衆生識世諦故說第一。俗是眞俗，俗表不俗。眞是俗眞，眞表不眞。既悟眞俗，表非眞俗，即發二智，眞俗之教，即轉名境，教生智能所，照境能所云云。今明蒙教門悟轉爲境，離境無智，離智無境，境智因緣，豈是前後及與一時異？故因緣境智，即是非境非智，非能非所。是故論云，因緣所生法，即是寂滅相。境能生智，此是因緣生。智能照境，此是因緣照。因緣照無所照，因緣生無所生。故此生此照，即是無生無照，此境此智，即是無境無智。無境而說境，指智以爲境，無智而說智，指境以爲智，豈同他性境故智耶？應判二智，云何明得五時教分二智也？第一時前說有相教，照十六諦理，名爲實智，照事中色心，名爲權智。第二時無相教，即大品之流，照空以爲實智，照有以爲權智。第三時抑揚教，即《淨名》等，抑挫聲聞，高揚菩薩，照二諦理爲實智，現反動等爲權智。第四時會三歸一教，即《法華》之流，照三乘爲權智，照一乘爲實智。第五時常住教，照無常爲權智，照常住爲實智。今謂五時教，無有經文，故不依也。他明涅槃中云，五味相生，即是其證也。今明不爾。

實相論

吉藏《大乘玄論》卷四　釋名第二，復有二門。一釋權實，二解大義。通而言之，二智皆如實而照，並名爲實，皆有善巧悉稱方便。就別言之，即波若名實，漚和稱方便。略有八義。一者波若照實相境，從所照爲名，故稱爲實。二者波若從實相生，從能生受名，故稱爲實。三者如實而照故，當體名實。【略】四者對凡夫顛倒不實之慧故，嘆波若爲實。五者對二乘未實謂實故，明波若爲實。六者對方便之用，以波若爲體，故名實。七者對虛明實，未是好實，非虛非實乃名妙實。八者虛實爲二，非虛實爲不二，二與不二皆名不實，非二不二，乃名爲實。是故論云，念想觀已除，言語法亦滅也。方便者是善巧之名，此義多門，今略論十對。一者直照空有，名爲波若，行空不證，涉有無著，故名方便。此之照巧，更無二體。雖巧而照，故名爲實，雖照而巧，故名方便。

問，照空有並名實者，空有二境應俱得稱眞？

答，能照之智皆名實智，所照之境同稱實境，實智之中，有空智有智，實境之中，有眞境俗境，此爲別也。

問，既有眞俗，云何皆名實境？

答，是如實智境，故名實境。從智受名，又實是眞俗。非妄稱之，當體名實。

二者照空爲實，涉有爲方便。如釋論云，波若將入畢竟空，方便將出畢竟空。以空是實相，故名爲實。波若照空，故名爲實。雖復照空，即能涉有。此用既巧，名爲方便。【略】

三者以內靜鑒爲實，外反動爲權。【略】

四者波若爲實，五度爲方便。所以然者，波若爲空解，空解故名實。五度爲有行，有行故名權。【略】

五者照空爲實。知空亦空，即能不證空，故名爲權。所以然者。二乘不知空，亦復以空爲妙極，故名空但空。所以證空，菩薩知空亦空名不可得空，故不證空即能涉有，故名爲權。此明直知空義爲實，實義即劣。知空亦空，即能涉有。此用既勝，故名爲權。然此二慧，更無兩體。初觀心未妙，故但能照空。既轉精巧，即知空亦空。既知空亦空，而不壞假名，即能涉有。始終論之，猶是一慧。約巧未巧，故分權實。

六者知苦無常故名爲實，而不取滅名爲方便。以生死身實是苦空無常過患之法，如實照之故爲實。二乘知此，即欲滅之，故無方便。菩薩雖知，而安身處疾。自行化人，故名方便。

七者直知身病非故非新，故名爲實，而不厭離稱爲方便。此但就有門分權實。

八者淨名託跡毘耶？不疾之身爲實，現疾之迹爲權。此據虛實之義以明權實也。

九者以上照空有二爲方便，照非空有不二爲實。非空非有即是一實諦，照一實諦故名爲實。雖非空非有，而空有宛然，不動不二，善巧能二，故名方便。

十者空有爲二，非空有爲不二，照二與不二皆名方便，照非二非不二名實。淨名杜言，釋迦掩室，乃名爲實。權實多門，略開此之十對。即一途次第，並有經論，可隨文用之。

境智論

吉藏《大乘玄論》卷四 論境智門第四。夫智不孤生，必由境發，故境爲智本；境非獨立，因智受名，故智爲境本。是以非境無以發智，非智無以照境，非境無以發智故。境爲能發，智爲所發，非智無以照境故。智爲能照，境爲所照，境爲能發，爲智所照。即境能爲智所。智爲能照，爲境所發，則智能爲境所。境之所照，能發於智，故境所爲智能。智之所發，能照於境故，智所爲境能，不得言境前智後，亦非智前境後，亦非一時。唯得名爲因緣境智也。

問，以何爲境而能發智？答，如來常依二諦說法故。二諦名教，能生二智故。二諦名境。【略】

問，波若知實相，故言無知。亦即知波若，故言無知。

答，既約二境，分於二智。即波若知實相，故言無知。不得云知波若故無知。若知波若即是方便。

問，波若契實相，即內外並冥，緣觀俱寂，方便照俗。何能知此波若？

答波若無知而知，爲方便所知。知而無知，即方便不知。

問，波若無知而知，知而無知。方便亦得爾不？

答，指實爲權，指權爲實。權實不二，亦得爾也。不二而二，則無知而知，名爲方便。知而無知，稱爲波若。

問，波若照空，具知與無知。方便鑒有何不然耶？

答，二而不二，皆具二也。不二而二。波若所知之境，是空能知之智爲有。故具知與無知。而方便能知所知境智皆有，故波若有知有無知，而方便但有知也。

問，云何波若具知無知？

答，波若知實相，即緣觀俱寂，是故無知。而境智宛然，故不失知。此無知而知，知則無知。

問，若爾，與開善至忘彌存何異？

答，彼彌存之義，終非至忘。至忘之義，終不彌存。今以彌存爲至忘，至忘爲彌存，故爲異也。

問，舊義亦然，與今何異？

答，彼至忘時，智終不作境，境終不成智，則是境智二見。若智即是境，境既無知，智亦應爾。若境則是智，在智既照，境亦應然。

權實論

吉藏《大乘玄論》卷四 同異門第五。

問，凡有五時二智。一照事中之法爲權，鑒四諦之理爲實。謂三藏教二智也。二照眞空爲實，鑒俗有爲權。此大品教二智也。三知病識藥爲權，應病授藥爲實。《淨名經》二智也。四照一乘爲實，鑒二乘爲權。《法花》二智也。五照常住爲實，鑒無常爲權。《涅槃》二智也。如上所明者，乃是釋《大品》教意。【略】

問，《大品》不住法住，波若具足六度等萬行，爲是有爲？爲是無爲？

答，不住法者，不住一切有所得法。以不住一切法故，則住波若。此則是實相無爲波若。次下具足六波羅蜜中，第六波若則是有爲波若。此凡明三法次第。一者能生，謂實相無爲波若。二所生觀智有爲波若。三導成因果之行。

問，何以知不住法住波若是實相波若耶？

答，第六度中既是有爲則知，初是無爲也。又論辨六家解波若。第六則是實相。仍引不住法住波若。故知第六則是實相。《法花經》正爲迴小入大之人故，明三乘爲方便。令其捨小，示一乘爲眞實。勸其取大故，正明三一二慧也。既捨小求大，則發菩提心，修菩薩行。須學空有權實，不著三界，不墮二乘，直至佛道。但《大品》既以廣明故，《法花》但略說也。三根聲聞，於《法花》之座，不執無常故，未明常樂。但既說一乘之因，須辨一乘之果。是故後分略明於常。又說常住成前一乘，若是無常還同灰斷。既異昔三，則知常住。是故略辨常無常也。《涅槃》教起，正爲無常之執，故開常住。三一空有前教已明，但略說之。

佛淨土義

吉藏《大乘玄論》卷四 淨土第三。有二義。一通，二別。淨土者，蓋是諸佛菩薩之所栖域，衆生之所歸。總談佛土，凡有五種。一淨，二不淨，三不淨淨，四淨不淨，五者雜土。所言淨者，菩薩以善法化衆生，衆生具受善法，同搆善緣，得純淨土。言不淨者，若衆生造惡緣感穢土也。淨不淨者，初是淨土，此衆生緣盡，後惡衆生來，則土變成不淨也。不淨淨者，不淨緣盡，後淨衆生來，則土變成淨。如彌勒與之釋迦也。言雜土者，衆生具起善惡二業，故感淨穢雜土。此五皆是衆生自業所起，應名衆生土。但佛有王化之功，故名佛土。然報土既五，應土亦然。報據衆生業感，應就如來所現，故合有十土。就淨土中，更開四位。一凡聖同居土。如彌勒出時凡聖共在淨土內住，亦如西方九品往生爲凡。復有三乘賢聖也。二大小同住土，謂羅漢辟支及大力菩薩，捨三界分段身，生界外淨土中也。三獨菩薩所住土，謂菩薩道過二乘，居土亦異。如香積世界，無二乘名。亦如七寶世界，純諸菩薩也。四諸佛獨居土。如《仁王》云，三賢十聖住果報，唯佛一人居淨土。諸淨土位，不出此四。即從劣至勝爲次第。

問，以何爲土體？

答，土體有三。一相論其體有五。謂化處淨、化主淨、教門淨、徒衆淨、時節淨。無刀兵等。二若就三世間明土世間，則以七珍爲體。三者豎論義。望道而言，土以不土爲體。要由不土，方得有土。即以有空義故，一切法得成也。《攝論》師云，識所變異是淨土，以心爲體。今明有三種。若是法身淨土，以中道爲體，亦是報佛淨土。七珍爲體，亦是化身淨土。

以應色爲體。通而爲論，皆是中道爲體，以二是用。有人言，佛無淨土，但應衆生報。以化主爲言，故言佛土耳。此是成論師意，非經論所明。經論云，佛無淨土者，無分段變易淨土。有淨土者，乃是萬行所得眞常淨土。故經言，法身淨土是眞成淨土，報佛淨土。經論處處皆明淨土。

問，有人言，淨土三處二質。如西方淨土與此穢土。二者二質一處。三者一質二處。如淨名云，斷取妙喜淨土。置此穢土中。且是一土在彼復來此。故一質二處。如是四師各成諍論。今明各有其義，莫執一邊，傷其義味。身子見穢土，梵王見眞成淨土。上文十七句所明淨土是報土，足指案地等淨土是應土。餘文可知。【略】

中觀論

吉藏《大乘玄論》卷五　第四章明解中觀論名。然中觀論三字無定，亦言中觀論，亦言觀中論，亦言論中觀。若中觀論，約論者爲名。若觀中論，就觀解爲目。若論中觀，約論功爲稱。所以然者。若爲是約論者爲名，中則通於理教，即是教中理中。稟二諦教，發生二智。教轉名境，中境發生觀智。是故初表中境。次表觀智，中觀既興，論名得起。中境發生觀智。用此觀智，能研詳往復。是故名論，故言中觀論。若爲是就觀解爲目，明用此觀智能觀中正之境，用此觀智。研覈是非，故言觀中論。若爲是約論功爲稱，明論何所論，論只論於中觀。若是他論，則論於偏解。若是今論，則論於中觀。故言論中觀也。此釋不無有意，但非一家正意。今問，何故啟初即題中觀耶？答，此深有所以，明失道之緣，未見佛性，未應般若。心鎖遊生滅，意恆涉斷常。行生滅斷常故，所以乖於中道。行邪錯故，所以失正法。虛妄顛倒故，所以無實相。今爲對此，明離斷離常，所以是中道；無邪錯故，所以是正法；離虛妄故，所以是中實。故今對此偏虛。故論題中實。

問，若箇是失道之緣？

答，緣乃無量。大略爲言。不出三種。一者即是稟教失旨之緣。二者即是邪見推獲之緣。三者流俗汎爾之緣。亦非稟教失旨，亦非邪見推獲。直是流俗汎爾之緣。今論所除。正破初一兼洗後二也。

即空即假即中義

吉藏撰《二諦義》卷下　次明二諦相即義第三。然此義橫無不多條緒。豎入極自深玄。今且略出三處經文。明二諦相即義。一者即向所引《涅槃經》，世諦即第一義。二者《大品經》，空即色，色即空，離空無色，離色無空。三者《淨名經》，色性自空，非色滅空。然此三經文，雖異意同也。

問，此三經來意若爲異耶？

解云，此三經來意是同，言不無奢切。何者？《涅槃經》言奢，《大品》《淨名經》言切，《涅槃經》奢者，《涅槃》云，世諦即第一義諦，不云第一義諦即世諦，故涅槃言奢。《大品》淨名切者，《大品》色即是空，空即是色。《淨名》亦爾。所以爲切也。又《涅槃經》但明世諦即第一義諦，不明第一義諦即世諦。通皆得。世諦既即第一義諦，第一義諦豈不即世諦。但《涅槃》隻用故，世諦即第一義諦也。若《大品經》，則平道雙用，空即是色，色即空也。

問，何意涅槃隻說《大品》雙明耶？解云，通皆例也。問，經既不例。汝何得輒例耶？今明所以不例者，《涅槃》正釋諦義，明唯眞是實故。唯眞是諦，俗即虛妄非實。故俗即非諦。爲此義故，但明世諦即第一義，不得言第一義即世諦也。若是《大品》不爲釋諦義，直明空即色、色即空，平道用也。《淨名》亦是隻用。唯得言色性自空，非色滅空，不得言空性自色，非空滅色，通即皆得。而今但言色性自空非色滅空者，正對二乘有所得人義。小乘人折色求空，對此故明色性自空，非滅除此色然後方空。此即開兩觀分二空，明小乘人折色空觀。大乘人即色空觀。小乘人折色空，大乘色本性空。爲是故，但明色性自空非色滅空也。雖有三經文，諸師多就《大品經》明色即空、空即色也。然此義難解。大忍法師云，我三十年。思此義不解。值山中法師得悟。此師既悟始信《三論》云云。由來釋相即義者，有三大法師。光宅無別釋。此師《法華》盛行成論永絶也。今出莊嚴、開善、龍光三人釋二諦相即義。莊嚴云，緣假無可以異空，故俗即眞。四忘無可以異有，故眞即俗。雖俗即眞，終不可以名相爲無名相。雖眞即俗，終不可以無名相爲名相故。二諦不異爲相即也。次開善解云，假無自體，生而非有，故俗即眞。眞無體可假，故眞即俗。俗即眞，離無無有。眞即俗，離有無無。故不二而二，中道即二諦。二而不二，二諦即中道。

問，開善明中道莊嚴不明中道。何意爾耶？

解云，莊嚴不以中道爲二諦體故，不明中道。開善明中道爲二諦體故。彼云，二諦是不二而二眞之極理，是故明中道也。次龍光解二諦相即義。此師是開善大學士。彼云，空色不相離。爲空即色色即空。如《淨名經》云，我此土常淨。此明淨土即在穢土處故。言此土淨，非是淨穢混成一土。何者？淨土是淨報，穢土是穢報。淨土淨業感，穢土穢業感。既有淨報穢報淨業穢業，故不得一，但不相離爲即也。然此三師釋，攝一切人。何者？開善與莊嚴明一體。龍光明異體。釋雖衆多。不出一異。故此三人攝一切人也。龍光明異體。此義自反經。不須更難。今且難莊嚴開善二家。莊嚴云，緣假不異眞，四忘不異俗，名相終不爲無名相，無名相不爲名相。此言自相反。汝既眞即俗俗即眞。名相爲無名相。無名相爲名相。那得俗即眞。名相不得爲無名相耶？彼師云，我名相復有即無名相義也。又責。汝若名相即無名相。可得世諦無名相眞諦有名相不。彼云，眞諦終無名相，俗諦終有名相。若爾，終是二見，不得相即也。彼云，我體常即，但名義異耳。又責，汝俗體即眞，俗名即眞不？若名義即眞者，眞諦既常，名義即常。名義無常，眞亦即無常。若名義不即眞，名義出眞外，出法性外，故不可也。此難如《百論》難，有一瓶體，一名義異。論主難云，汝瓶是有，瓶家之形對及五塵等，亦是有不？若使瓶家之形對五塵等是有者，有既常，五塵等即常。五塵既無常，有亦無常。總別亦爾也。若言五塵等非大有者，五塵即是空，出大有外。大有攝法則不盡。今難彼俗即眞義亦爾。此是提婆菩薩難，豈是人之能通？若能通者，提婆難即壞，經義亦壞。提婆難既不可壞，故此難不可通也。

次難開善。有兩關。非但難開善，遍難衆師。經有二諦相即，總而難之。第一難云，色即空時，爲色起之時，空與色同起，故云色即空。爲當色未起前已有此空，故云色即空耶？若使色未起時，已有即色之空者。此則空本有，色即始生，本始爲異，云何相即？本有空即常，始有色則無常。常無常異，故不得即也。若言空與色俱起者，則空與色俱是始有，皆是本無今始有，皆無常也。第二難云，汝色即空時，爲空色分際？爲不分際？若不分際，則混成一。若空色一，皆常皆無常。眞俗一言俗無常眞常者，即例難眞俗一眞無常俗常也。若分際，則空色異，雖即終分際終異。如沈檀雖合爲案，沈檀終分際終異。若異方等之經便壞，覆面之舌不成也。此即彈他竟。

次明今釋。要須彈他盡淨乃得出今時解也。大師舊云，假名說有，假名說空，假名說有爲世諦，假名說空爲眞諦。既名假有，即非有爲有。既名假空，即非空爲空。非有爲有，非異空之有。非空爲空，非異有之空。非異空之有，有名空有。非異有之空，空名有空。有名空有故，空有即有空。空名有空故，有空即空有也。師釋相即義，方言如此。今作若爲解耶？亦得用前難難之。汝因緣空色即不因緣色即空，色壞空壞不？又如長短因緣，有長即有短，無長即無短。若爾，空色因緣，有色即有空。色壞空即壞。云云。然此義，應須得其根本識其大意，只爲不得意故，所以成失。故《中論》云，像法中人根轉鈍，雖尋經文，但著文字。此即失因緣有。又云，聞大乘法，說畢竟空，不知何因緣故空。此即失空意也。

【略】四悉壇是通經之要術。解四悉壇，則一切經可通。若不解四悉壇，一切經即不可通。大師約四悉壇明四假義。四假者，因緣假、對緣假、就緣假、隨緣假。彼尙不識四悉壇，豈解四假？以彼不識四悉壇故，不解二諦相即義也。二者謂有眞俗色空道理，道理有色，道理有空。若無空色，則無六道衆生三乘賢聖。由有色空二諦，迷之則有六道，悟之則有三乘。爲是故，道理有空，道理有色。既道理有空色，則是有所得。有所得，豈能通他難？【略】

次明二諦體第四，然二諦體亦爲難解，爰古至今，凡有十四家解釋，若一一詳其得失，約經論簡其邪正者，則大經時序，今略出當路三家解，試而論之，大師常出三家明二諦體義，第一家明二諦一體，第二家明二諦異體，第三家明二諦以中道爲體，就明二諦一體家復有三說，一云眞諦爲體，二云俗諦爲體，三云二諦互指爲體，第一眞諦爲體者，有二義，一者明空爲理本，明一切法皆以空爲本，有非是本，爲是故，以眞諦爲體也。二者有爲俗諦，折俗本爲悟眞故，眞爲體也。言俗爲體者，要由折俗故得眞，若不折俗，則不得眞，良由前折俗故得眞，所以俗爲體也。第三家説互指爲體云，前兩家竝僻，今明具二義，明空爲有本故，眞爲俗體，俗爲眞用，折俗得眞故，俗爲眞體，眞爲俗用，二諦互爲體，眞俗互爲用也。此即是開善門宗有此三釋，開善本以眞爲體，餘兩釋支流也。第二家明二諦異體，三假爲俗諦體，四忘爲眞諦體，名相爲俗諦體，無名相爲眞諦體故，二諦體異也。第三明中道爲二諦體者，還是開善法師，用中道爲二諦體，彼明二即於不二故，彼序云，二而不二，二諦即中道，不二而二，中道即二諦，故以中道爲二諦體，此即總論有三家，別開則有五釋也。然雖有三家解釋，二諦一體二諦異體，此不足可簡，今略論中道爲二諦體義，何者？攝嶺興皇，皆以中道爲二諦體，彼亦明中道爲二諦體。故須簡之，然彼有三種中道，今用何物中道爲體耶？三種中道者，一世諦中，二眞諦中，三二諦合明中，世諦中道者有三種，一因中有果理故非無，即無果事故非有，非有非無因果中道也。二者實法滅故不常，相續故不斷，不常不斷相續中道也。三者相待中道，後當辨之云云，眞諦中道者，非有非無爲眞諦中道也。二諦合明中道者，非眞非俗爲二諦合明中道，此異眞諦中道，眞諦中非有非無，不非眞非俗，二諦合明中道，即非眞非俗也。次彼明三種中，用何中道爲二諦體耶，解云，彼不用俗諦中道爲二諦體，亦不用非眞非俗中道爲二諦體，何者？彼無別非眞非俗法，莊嚴明佛果涅槃出二諦外，開善明二諦攝法盡，今言非眞非俗者，互望爲非，覈論唯是眞俗，俗非眞眞非俗，爲非眞非俗，非俗只是眞，非眞只是俗，無別非眞非俗，故不用爲二諦體也。言中道爲體者，眞諦中道爲體，眞諦中道還是眞諦，故彼序云，二諦者一眞不二之極理從來言彼相違，彼定不相違，中道還是眞諦，眞諦還是中道故也。【略】

法身義

《鳩摩羅什法師大義》卷上　宋國廬山慧遠法師，公少瞻儒道，擅堅白之名，及脫俗高尙，亦江左須彌，凡所述作，莫非皆是實歸之路，默問常安草堂摩訶乘法師鳩摩羅什，苻書云，什是天竺大婆羅門鳩摩羅炎之子也。其母須陀洹人，什初誕生，圓光一丈，暨長超絕，獨步閻浮，至乎歸伏異學，歷國風靡，法集之盛，雲萃草堂，其甘雨所洽者，融倫影肇淵生成叡八子也。照明之祥，信有徵也。大乘經中深義十有八途，什法師一一開答，今分爲上中下三卷，上卷有六事，中卷有七事，下卷有五事。

初問答眞法身。次重問答法身。次問答法身像類。次問答法身壽量。次問答三十二相。次問答受決。

《鳩摩羅什法師大義》卷中　宋國廬山慧遠法師，默問常安草堂摩訶乘法師鳩摩羅什，大乘經中深義，十有八途。什法師一一開答，分爲上、中、下三卷（上卷有六事。中卷有七事。下卷有五事）。

次問答法身感應。次問答法身盡本。次問答造色法。次問答羅漢受決。次問答觀佛三昧。次問答四相。次問答如法性眞際。

問法身感應并答

遠問曰，天形開莫善於諸根，致用莫妙於神通，故曰菩薩無神通，猶鳥之無翼，不能高翔遠遊，無由廣化眾生淨佛國土，推此而言，尋源求本，要由四大，四大既形，開以五根，五根在用，廣以神通，神通既廣，隨感而應，法身菩薩，無四大五根。四大五根則神通之妙，無所因假，若法身獨運，不疾而速至於會，應群麁必先假器，假器之大，莫大於神通，故經稱如來有諸通慧，通慧則是一切智海，此乃萬流之宗會，法身祥雲之所出，運化之功，功由於茲，不其然乎，不其然乎，若神通乘眾器以致用，用盡故無器不乘，斯由吹萬不同，統以一氣，自本而觀，異其安在哉，則十住之所見，絕於九住者，直是節目之高下，管窺之階差耳。

什答曰，法身義以明法相義者，無有無等戲論，寂滅相故，得是法者，其身名爲法身，如法相不可戲論，所得身亦不可戲論若有若無也。先言無四大五根，謂三界凡夫麁法身，如法相寂滅清淨者，身亦微細，微細故，說言無如欲界天身，若不令人見則不見也。色界諸天，於欲界天亦爾。又如欲界人得色界禪定，有大神通，而餘人不見，以微細故，又如禪定無數色，雖常隨人，而不可見，雖有而微，微故不現，菩薩四大五根，復微於此，凡夫二乘，所不能見，唯同地以上諸菩薩，及可度者，乃能見耳。又如變化法中，說欲界變化色，依止欲界四大，色界變化色，依止色界四大，菩薩法身如是，似如變化，然別自有微細四大五根神通，非可以三界繫心，及聲聞心，所能見也。若得菩薩清淨無障礙眼，乃能見之，如不可思議解脫經說，十方大法身菩薩，佛前會坐聽法，爾時千二百五十大阿羅漢，佛左右坐。而不能見。以先世不種見大法身菩薩會坐因緣故。如人夢中見天上之園觀。及至覺時。設近不見。又如人入水火三昧。若不聞者，雖共一處，都無所見，或人言法身菩薩神通，不須因假四大五根乃有施用，世間神通，要因四大五根耳，如地上火因木而出，天上電火從水而出，及變化火亦不因木有，當知不得以四大五根，定爲神通之本，如佛變化種種之身，於十方國，施作佛事，從佛心出，菩薩法身亦如是，任其力勢，隨可度衆生，而爲現身，如是之身，不可分別戲論，如鏡中像，唯表知面相好醜而已，更不須戲論有無之實也。若神通乘衆器以致用，用盡故無器不乘者，聖人所可引導群生器用，無非神通，皆是初通中說神通之事，或有功行所成，或有果報所得。若以果報得者，不須功業，隨意應物，非果報得者，假於定力，乃有所用。若九住十住所見，麁細不同者，是則爲異。十住所見之身雖妙，亦非決定。何故？唯諸佛所見者，乃是法身決定。若十住所見是實者，九住所見應是虛妄，但此事不然，故有所見精麁淺深爲異也。乃至須陀洹，但見實相身，十住大菩薩，亦同所見，如蚊子得大海之底，乃至羅睺阿修羅王，亦得其底，雖得之是同，而深淺有異，則因佛法身相精麁，了聲聞人，及初習行菩薩，因丈六身，而得實相，或有菩薩，功德純厚，信力彌固，所見之身，過於丈六，隨愛色而得實相。如《密迹經》說，得無生忍阿惟越致菩薩，所見佛身，無量無邊，世間端正第一無比，而不取相，不生貪著，因此身已，得甚深三昧陀羅尼等，如是轉勝，如聲聞法中，所有不同須陀洹，欲得斯陀含道，捨本所得大道。雖非顛倒，以斯陀含道微妙大利故，如人爲大利故，捨於小利，菩薩從一地至一地亦如是。雖得無生法忍，實事爲定，而得一地捨一地，以本地鈍不明了，不微妙故。此二俱趣佛道，不名爲異同也。不出於實相故。實相則是無復別異，大小菩薩分別佛身者，所見爲異。【略】

念佛三昧義

《鳩摩羅什法師大義》卷中　次問念佛三昧并答

遠問曰，念佛三昧。《般舟經・念佛章》中說，多引夢爲喻，夢是凡夫之境，惑之與解皆自厓已還理了，而經說念佛三昧見佛，則問云，則答云，則決其疑網，若佛同夢中之所見，則是我相之所矚想相，專則成定，定則見佛，所見之佛，不自外來，我亦不往，直是想專理會大聞，於夢了疑大我，或或不出，境佛不來，而云何有解，解其安從乎？若眞茲外應，則不得以夢爲喻，神通之會，自非實相，則有往來。往則是經表之談，非三昧意，後何以爲通？又《般若經》云，有三事得定，一謂持戒無犯，二謂大功德，三謂佛威神，爲是定中之佛，外來之佛。若是定中之佛，則是我想之所立，還出於我了。若是定外之佛，則是夢表之聖人，然則成會之表，不專在內，不得令聞於夢明矣。念佛三昧法法爲爾不？二三之說，竟何所從也。

什答，見佛三昧有三種。一者菩薩或得天眼天耳，或飛到十方佛所，見佛難問，斷諸疑網。二者雖無神通，常修念阿彌陀等現在諸佛，心住一處，即得見佛，請問所疑。三者學習念佛，或以離欲，或未離欲，或見佛像，或見生身，或見過去未來現在諸佛，是三種定，皆名念佛三昧，其實不同，者得神通見十方佛，餘者最下，統名念佛三昧。復次若人常觀世間厭離相者，於衆生中，行慈爲難，是以爲未離欲諸菩薩故，種種稱讚般舟三昧，而是定力，雖未離，亦能攝心一處能見諸佛，則是求佛道之根本也。又學般舟三昧者，離言憶想分別，而非虛妄，所以者何，釋迦文佛所說衆經，明阿彌陀佛身相具足，是如來之至言，又般舟經種種設教，當念分別阿彌陀佛，在於西方，過十萬佛土，彼佛以無量光明，常照十方世界，若行如經所說，能見佛者，則有本末，非徒虛妄憶分別而已。以人不信，不知行禪定法，作是念，未得神通，何能遠見諸佛也。是故佛以夢爲喻耳，如人以夢力故，雖有遠事，能到能見，行般舟三昧菩薩，亦復如是，以此定力故，遠見諸佛，不以山林等爲礙也。以人信夢故，以之爲喻，又夢是不然之法，無所施作，尚能如是，何況施其功用，而不見也。又諸佛身有決定相者，憶想分別，當是虛妄，而經說諸佛身皆從眾緣生，無有自性，畢竟空寂，如夢如化，若然者，如說行見諸佛身，不應獨以虛妄也。若虛妄者，悉應虛妄，若不虛妄，皆不虛妄，所以者何，普令眾生，各得其利，種諸善根故，如般舟經中見佛者，能生善根，成阿羅漢，阿惟越致，是故當知，如來之身，無非是實。又憶想分別，亦有時有，若當隨經所說，常應憶想分別者，便能通達實事，譬如常習燈燭日月之明，念復障物，便得天眼，通達實事。又下者持戒清淨，信敬深重，兼彼佛神力，及三昧力，眾緣和合，即得見佛，如人對見鏡像，又一凡夫，無始以來曾見，皆應離欲得天眼天耳，還復輪轉五道，而般舟三昧，無始生死以來，二乘之人，尚不能得。況於凡夫，是故不應以此三昧所見，謂為虛妄。又諸菩薩得此三昧見佛，則問解釋疑網，從三昧起，住麁心中，深樂斯定，生貪著意，是故佛教行者，應作是念，我不到彼，彼佛不來，而得見佛聞法者，但心憶分別，了三界之物，皆從憶想分別而有，或是先世憶想果報，或是今世憶想所成，聞是教已，心厭三界，倍增信敬，佛善說如是微妙理也。行者即時得離三界欲，深入於定，成般舟三昧。

佛性義

吉藏《大乘三論略章》一卷　解正因佛性。凡有十家。第一解云，心為正因。故經云，凡有心者必得菩提。第二云，眾生為正因。故經云，正因謂諸眾生。第三云，以六法為佛性。六法者，五陰及眾生。故經云，不即六法。不離六法也。第四解云，避苦求樂心為佛性。第五解云，以當果為佛性。第六解云，以冥傳不朽為佛性。第七解以真神為佛性。第八解云，以得佛之理為佛性。第九解以真如為佛性。第十師以梨耶識為佛性也。今明如此等釋。須皆破之。今明者，以中道為佛性，不同十家也。

問，中道為佛性，出何處文？

答，略有四文。第一即瑠璃珠譬，明此寶珠圓而且正，喻此中道無餘為佛性，故云明與無明，愚者謂二，智者了達，其性無二，無二之性，即是實性也。次師子吼云，佛性者名第一義空，所言空者，不見空與不空，即是中道。次迦葉白佛言，以何為佛性？答，汝今何故失意，作如是問，我先不說中道為佛性耶？故知中道為佛性也。常解云，佛性有五。一、緣因佛性，二、了因佛性，三、正因佛性，四、果佛性，五、果果佛性。緣因佛性，言境界能為觀智作緣，故名緣因，通善惡等法。了因者，即六度萬行，了出佛果，唯取善，不取餘法。言正因法者，如前十釋，以所因能感佛故，名正因也。果性者，即三菩提名為智德也。果果性者，即大涅槃名為斷德，以因智而得是果中之果。今云五性，然異常用也。今明五性，此開為二。一者正性，即非因非果。二者緣性，即有因有果，是因中更開為二，就果中更開兩異。因者即十二因緣，名之為境。因因者即觀照，名之為智。

問，經云是因非果，名為佛性，是果非因，名大涅槃，亦因亦果，即十二因緣所生之法，非因非果即是佛性，此義云何？

答，是因非果，即境界佛性，是果非因，即大涅槃。謂果果性，亦因亦果，即是觀智諦，境界是果，望菩提故是因故，非因非果，即是中道正性，亦得通於因果諦，觀智即是果諦，涅槃斷得即是因。

問，既云正因，何者為正果？

答，他云以涅槃為正果，今明涅槃是果法，非正果也。以正性非因非果名帖正性，故名正因，果名帖正性，為正果也。【略】

夫如如至道，非迷非悟，蕩蕩玄津，無縛無解，特由虛妄眾生，撫執成惑，金揚鋼葉，刀似蓮華，乳色不分，象形莫了，隨其流處，六味不同，競捉瓦礫，謂為真寶。故種智靈覺，世雄調御，示金錍之旨，眼瘼即除，處良醫之方，眉珠便顯。言佛性者，以覺了名佛，不改名性，十方諸佛以此為性，故言佛性也。佛性有五種，他釋不同。開善云，一正因，二緣因，三了因，四果，五果果。正因者心也。凡有心者，皆當作佛，故心為正因。緣因者，即十二因緣。了因即所生智慧，了出菩提也。果性即菩提，果果即大涅槃也。莊嚴云，眾生為正性。經云，正因者，謂諸眾生，緣因謂六波羅蜜。餘同開善也。山門明中道為佛性，大經云，何故失意，我先不言中道為佛性耶？又云，第一義空名為佛性，第一義即中道也。更無有多，但有時為眾生故，開之為二，謂正性與緣性，緣性名傍性。就緣性中，復開因果，因中二因，因與因因，果中亦二，果與果果，因中有境智，境爲因，智爲因因，果智菩提智爲果，涅槃爲果果，故今五性，一因，二因因，三果，四果果，五正性，非因非果也。但經文有兩四句，初四句云，因與因因，果與果果，此並緣緣性，十二因緣名因，所生智是因因故，是因因從因故，所以名因因，菩提是果，涅槃是果果者，涅槃是果德果，故果果也。後四句謂是因非果，是果非因，是因果，非因非果。他云，此四句但明三性，今明此四句具足，明緣正五性，是因非果，即十二緣境性也。是果非因，即涅槃果果性也。是因是果，具於二性，觀智與菩提，此二同是果，智性又是因是果，觀智是境果果，是菩提因因，菩提由觀智果，是涅槃因，故是因是果具二性也。非因非果名佛性，即正性，但正性非因因名帖，強名正性，非果果名帖，強名正果。若爾此有三，足前四句，便成七種，解云，不然，正性雖三名，只是一法，若作正性名，即沒正因正果名，若作正因名，即沒正性正果名。故唯是一法，足前四句五句【略】解云，正性非因非果，故帖名因果，緣性是因是果，更令帖作何物。又並正性帖，緣性不帖，正性中，緣性非中，皆中皆帖。經云，十二因緣不生不滅，非因非果，既雙非，何故不名帖？解云，即通例，今明義涅槃十二緣，非因非果，非生死因果，如是佛性因義，正性非因非果，即非佛性因果，故不例也。復有四句佛性，善根人有，闡提人有，善根人無，二人俱有，二人俱無，釋者不同。一云，善根人有，有觀智性，闡提人無此也。闡提人有，有即境界性，善根人無，無惡境界性，二人俱有，有正因性，正因是心故，二人俱無，無果性也。山門釋佛性非善非惡，善惡方便，及理內外義，理內闡提有佛性，理外善根無佛性也。理內善根有，理外闡提無也。二人俱有並是理內，二人俱無並是理外也。人有五性，凡夫如雜血乳，須斯二理如純乳，那含如酪，羅漢如生蘇，辟支如熟蘇，佛如醍醐，復有七種六種五種佛性，如《迦葉品》三十二廣釋也。

《鳩摩羅什法師大義》卷中　佛性義，五門五別。【略】第一釋名。佛者是其中國之言，此翻名覺，返妄契眞，悟實名覺，舉佛樹性，故明佛也。所言性者，釋有四義。一者種子因本之義。所言種者，衆生自實如來藏性，出生大覺與佛爲本，稱之爲種，種猶因也。故經說言，云何名性？性者，所謂阿耨菩提中道種子。《大智論》中，亦云性者，名本人分種，如黃石中所有金性白石銀性，一切衆生有涅槃性，斯文顯矣。二體義名性，說體有四。一、佛因自體，名爲佛性，謂眞識心。二、佛果自體，名爲佛性，所謂法身。第三通就佛因佛果，同一覺性，名爲佛性。其猶世間麥因麥果同一麥性，如是一切當知，是性不異因果，因果恆別，性體不殊，此前三義，是能知性，局就衆生，不通非情。第四通說，諸法自體，故名爲性，此性唯是諸佛所窮，就佛以明諸法體性，故云佛性。此後一義，是所知性，通其內外，斯等皆是體義名性。三不改名性，不改有四。一、因體不改，說之爲性，非謂是因常不爲果說爲不改，此就因時，不可隨緣，返爲非因，故稱不改。故經說言，若殺衆生，喪滅佛性，無有是處，又復說言，因不改者，得果之時，因名雖改，因體不亡，因體即是，如來藏性顯爲法身，體無變易，非如有爲得果因謝，就體以論，故名不改。二、果體不改，說名爲性，一得常然，不可壞故。第三通就因果自體不改名性，如麥因果麥性不改，以不改故，種麥得麥，不得餘物，如是一切，佛性亦爾，佛因佛果，性不改故，衆生究竟，必當爲佛，不作餘法，經說佛性旨要，在斯第四，通說諸法體實不改名性，雖復緣別內外染淨，性實平等湛然一味故曰不改，此是第三不改名性，四性別名性，性別有四。一、明因性別異於果，二、明果性別異於因。第三通就因果體性別異非情故，經說言，爲非佛性一切草木石等，說於佛性。四就一切諸法理，實別於情相虛妄之法，名之爲性，故經說言，如來藏者，非我衆生，非命非人。又復經言，佛性雖住陰界入中，而實不同陰界入也。以此界別故，名爲性，佛性名義，庶判如是。

第二次辨性之體狀，然佛性者，蓋乃法界門中一門也。門別雖異，妙旨虛融，義無不在，無不在故，無緣而非性，無緣而非性故，難以定論。是以經中，或說生死，以爲佛性，或說涅槃，以爲佛性，或說爲因，或說爲果，或復說爲非因非果，或說爲空，或說爲有，或復說爲非空非有，或說爲一，或說爲異，或復說爲不一不異，或說爲有，或說爲無，或復說爲非有非無，或說爲內，或說爲外，或復說爲非內非外，或說爲當，或說爲現，或復說爲非當非現，或說色心以爲佛性，或復言非，或說一切善惡無記以爲佛性，或復言非，如是一切無非佛性，雖復異論，莫不皆入一性門中，性義既然，執定是非，無不失旨。經說摸象喻失在此，斯等諸法，云何名性，爲性之義，備如初門，良以諸法無不性故，詮題異辨，廣略難定，或立爲一，乃至衆多，所言一者，雖復緣別染淨之殊，性旨一味湛然若虛空，故云一也。或分爲二，二有四門。一約緣分二，緣有染淨，染謂生死，淨謂涅槃，生死涅槃，體皆是性故，《涅槃》中師子菩薩問於佛性，如來讚言，師子菩薩具二莊嚴，能問一二，佛具二嚴，能答一二，一謂涅槃，二謂生死，二體用分二，廢緣論性，性常一味，是其體也。隨緣辨性，性有淨穢，是其用也。三能所分二，一能知性，二所知性，能知性者，謂眞識心，以此眞心覺知性故，與無明合，便起妄知，遠離無明，便爲正智，如似世人以有報心覺知性故，與昏氣合使起夢知，遠離昏氣使起正智，若無眞心覺知性者，終無妄知，亦無正知，如草木等，無智性故，無有夢知，亦無悟知，此能知性，局在衆生，不通非情。故經說言，爲非佛性說於佛性，非佛性者，所謂一切牆壁瓦石。又經說言，凡有心者悉是佛性，此等皆是能知性也。所知性者，謂如法性實際實相法界法經第一義空一實諦等，如經中說，第一義空，名爲佛性，或言中道，名爲佛性，如是等言當知，皆是所知性也。此所知性，該通內外，故經說言，佛性如空，遍一切處，四對果分二，一法佛性，二報佛性，法佛性者，本有法體，與彼法佛體無增減，唯有隱顯淨穢爲異，如礦中金與出礦時體無多少，亦如凍水與消融時體無增減，報佛性者本無法體，唯於第八眞識心中，有其方便可生之義，如礦中金有可造作器具之義，非有器具已在現中，如樹子中未有樹體唯有方便可生之義，若無生性，雖以無量百千方便，佛不可生，如燋種中樹不可生，如勝鬘說，如來藏中，具過恆沙一切佛法，如來藏經說，衆生中，具足如來一切種德，馬鳴論說，從本以來，具足一切性功德法。《華嚴經》說，一切衆生心微塵中，具無師智無礙智廣大智等。當知皆是法佛之性，如《涅槃》說，衆生身中，未有德體，如樹子中未有樹體，箜篌之中未有聲體，如是等言當知，皆是報佛之性。問曰，向言法佛之性本有法體，其相云何，如妄想心，雖未對緣現起煩惱，體是一切過恆沙等諸煩惱性，眞心如是，雖未從緣現成諸德，體是一切三昧智慧神通解脫陀羅尼等一切德性，是諸德性，同體緣集不離不即，不異不脫，二相如是，或分爲三，三有四門。一約緣分三，如《涅槃》說，一不善五陰，二善五陰，三佛果五陰，不善陰者，佛性集成，外凡五陰，陰即是性，如凍是水，故經說言，生死二法，是如來藏，言善陰者，佛性集成三乘聖人無漏五陰，陰即是性，言果陰者，佛性集成佛果五陰，陰即是性，如湯是水，鐶釧是金。二約緣就實，以分三種，一者染性，二者淨性，三非染淨性，性在生死，名爲染性，性在涅槃，名爲淨性，此二約緣，就實論性，性外無緣，可隨變動以不變故，古今一味，是故名爲非染淨性，三體相及用以分三，如馬鳴說，一者體大，謂眞如性。二者相大，謂眞如中，具過恆沙性功德法。三者用大，謂眞心中，備起法界染淨之用。此三如後《八識章》中具廣分別。四對果論三，一者法佛性，二報佛性，三應佛性。法、報兩性，義如前釋。應佛性者，應佛有二。一者法應以得現化法門力故，普門皆現，二者報應以本大悲大願力故，隨物異示，法應家性，本有法體，如來藏中，現像起法門，是其體也。報應家性，本無法體，唯有方便可生之義，或說爲四。如《涅槃》說，一闡提人有，善根人無。二善根人有，闡提人無。三二人俱有，四二人俱無，是義云何？佛性有四。一不善陰，二善五陰，三佛果陰，四是理性，四中前三，隨用以分，後一就實，不善陰者，凡夫五陰，眞妄所集，唯眞不生，單妄不成，眞妄和合，方有陰生，攝陰從妄，唯妄心作，如夢中身昏夢心作，如波風作，攝陰從眞，皆眞心作，如夢中身皆報心作，如波水作，從眞義邊，說爲佛性，與勝鬘經生死二法是如來藏，其義相似，善五陰者，地上之身，通而論之，地前亦有，此陰眞心緣治合成，攝陰從緣，緣治所造，如莊嚴具模樣所作，攝陰從眞，眞心所爲。如莊嚴具眞金所作，眞作義邊，說爲佛性，佛果陰者，是佛果德，與前善陰，大況相似，滿不滿異，言理性者，廢緣談實，實之處無緣，以無緣故，眞體一味，非因非果，與涅槃中非因果性，其一也。四中初一闡提人有，善根人無，第二善陰，善根人有，闡提人無，第三果陰，二人俱無，第四理性，二人俱有，通而論之，三人俱有，佛亦有故，四種如是，經中或復說性爲四，一是因性，二是果性，三是因果性，四非因果性，言因性者，所謂生死十二因緣，能與菩提作因緣，故名爲佛性。是以經言，譬如胡苽能與熱病作因緣，故名爲熱病，因緣亦爾。問曰，因緣是虛妄法，云何能與菩提作因？然彼生死十二因緣起，由妄情託眞如立。故經說言，十二因緣，皆依眞實第一義心，就妄論之，雖是虛搆，據眞緣攝，斯無不實，窮緣悟實，便成大覺，是故因緣能爲佛因。故經説言，因者所謂十二因緣也。言果性者，謂大涅槃如來藏性，體雖淨從緣説染，染時爲因，復隨對治，息染爲淨，淨相始顯，説之爲果，果德寂滅，名爲涅槃，故經説言，果者所謂無上大般涅槃也。是因果者，所謂觀察十二緣智，未滿爲因，滿足爲果，此是方便有作行德，故經説言，是因是果，如十二緣所生之法，非因果者，如實法性，旨通染淨，而非因果，故經説言，非因非果，名爲佛性，癈緣談實，就體指也。又如經中説性爲五，如《涅槃》説，一者因性，二因因性，三者果性，四果果性，五非因果性，言因性者，謂十二緣，能與涅槃爲本因故。問曰，因緣是生死法，云何能與涅槃作因？釋言，因緣眞妄集成，攝緣從妄，妄心所爲，虚誑無法，不名佛性，攝緣從實，皆眞心作，故《地經》言，十二因緣，皆眞心作。由眞作故，窮之得實，便名涅槃，故得爲因，因故名性，義如前釋，言因因者，謂菩薩道，道起必由十二緣生，從因起因，故曰因因，然此通説，證教兩行，以爲因因，非獨教行，言果性者，謂大菩提，言果果者，謂大涅槃，前言果者，方便菩提有作之果，此果者，性淨涅槃，無作果也。通而論之，性淨方便，俱是菩提，並是涅槃，爲別兩門，異名互説，此之二果，雖復同時，隨義分之，得以菩提顯彼涅槃，菩提能顯義，説爲因，涅槃所顯義，説爲果，然彼菩提，返望前因，已受果名，涅槃是彼果家果，故云果果。云何因中因緣之理，單説爲因，所生行德，名爲因因，乃至果中方便菩提，單名爲果，性淨之體，名爲果果，以彼因中始終方便依理起行，是故理本，直名爲因，行爲因因果據終極，攝德歸體，德名爲果，體名果果，然彼果中，方便菩提，説名爲果，性淨涅槃，別爲果果，何故因中，證教兩行，通爲因因，以果類因，因中教行，應名爲因，證爲因因，但彼因中，位分參差，義別前後，凡時生死，就本説因，聖道之中，證教雖殊，同依前起，但名因因，果無先後，故就同時，體德分二，隨義左右，隱顯言耳，非因果者，釋不異前。【略】

第五門中，辨明經論説性所以，經多説空，破諸法性，説諸法空，今此何故宣説佛性，然彼清淨法界門中，備一切義，諸法緣起，互相集成，就空論法，無法不空，據性辨法，無法非性，空之與性，各是一門，門別既殊，所爲亦異，説空爲破執有衆生，説性所爲，經論不同。《涅槃經》

云，爲令衆生不放逸故，宣説佛性，若不説性，總心自輕，謂己不能成大菩提，無心趣道，多起放逸，故説衆生悉有佛性定必當成，令捨放逸隨順趣向。《寶性論》中，所爲有五。一爲衆生於己自身生怯弱心，謂己無性自絕不求故，説佛性衆生同有當必得果，如礦石中有其金性消融必得，木有火性，攢之必生，乳有酪性，緣具便出，增其勇猛，求佛之心，此之一義，與涅槃同。二爲輕慢餘衆生故，宣説佛性，彼當作佛，云何可輕？是以經中，不輕菩薩，若見四衆，高聲唱言，汝當作佛，我不輕汝，以知衆生有佛性故，三爲妄執我衆生故，宣説佛性，不同情取。故經説言，如來藏者，非我衆生，非命非人，四爲執著虚妄法故，宣説佛性，不同所取，五爲誹謗眞如佛性，謂是則斷滅，故説佛性，是眞是實常樂我常，亦可爲於怖畏斷滅樂實衆生故説佛性，佛性之義，略辨如是。

假名義

《鳩摩羅什法師大義》卷中　假名義，三門分別。（釋名一，假名有無二，辨相三。）

第一釋名。言假名者，釋有四義。一、諸法無名，假與施名，故曰假名。如貧賤人假稱富貴，如是等也。二、假他得名，故號假名，如假諸陰得衆生名，假棟梁等得屋宅名，如是一切，又復大小長短等事，假他得名，大假小故，得其大名，小亦如是，長假短故，得其長名，短亦如是，如是一切，故曰假名。三假之名稱曰假名，世俗諸法，各非定性，假他而有，名爲假法，樹假之稱，故曰假名。四者諸法假名而有，故曰假名。是義云何？廢名論法，法如幻化，非有非無，亦非非有，亦非非無，無一定相可以自別，以名呼法，法隨名轉，方有種種，諸法差別，假名故有。是故諸法説爲假名，如一色法，同體具有苦無常等一切諸義，隨義分別，苦無常等諸法之外，無別有一色之自性，假施色名呼集彼法，彼法隨名集成一色，色相方立。是故色法，假名而有，還即説此色無常等，以之爲苦，隨義分別，色無常等諸法之外，無別有一苦之自性，假施苦名，呼集彼法，彼法隨名集成一苦。是故苦法假名而有，乃至宣説色苦無常空無我等，爲非有無，隨義分別，色等法外，無別有一非有非無自性可得，假施非有非無名字，呼集彼法，彼諸法義，隨此名字，集成非有非無之法，亦假名有。色法既然，諸法同爾，假名有之，故號假名，名義如是。

第二次辨假法有無於中兩門，一總解釋，二別分別。總而論之，假法不定。云何不定？尋名取法，集用異本，非無假法，得言有體，據實以分，假無自實，得言無體。問曰，假法若有體者，何故經言但名但用但假施設不說假體？釋言，經說但假施設，即是假體，假體非實，是故說言但假施設，總相如是。次別論之，假法有三。一體，二用，三者名字。於中義別，乃有四種。一攝名用，從體說無，隨別以求，非直假體，空無所有，名用亦無，如彼眾生，隨陰別求，生體叵得，既無生體，知復就何施名，起用設有所作，但是陰用，如是一切。是故就實體用及名，一切皆無，第二分名，異於體用，就實以求，但無體用，非無假名。何故如是？隨別以分，假體不立，故無假體，用必依體，以無體故，用亦不有，故無假用，名依相生，不依體發，故得有名，如貧賤人雖復無其富貴體用，亦得假名說爲富貴。如是一切，三分名用異於假體，就實以論，但無假體，非無名用，何故如是，體據自實隨別求假，假無自實，是以無體，用謂集用，諸法和合，相假成用，故有假用，如以一縷獨不制象眾多相假便有制能，如是一切，既有假用，依用立名，名亦非無，四攝體用以從其名，非直有名，亦有體用，依和合相而起名字，故有假名，用此假名，統攝別法，皆成一總，故有假體，依體施用，故有假用，是故三種俱皆是有，有無如是。

第三辨相開合不定。總唯一假，以一切法因緣集起相假成故，或分爲二。二有兩門。一生法分別，二就因和法和分別。言生法者，假有二種，一、眾生假名，二、法假名。眾生假名，從內立稱，名不盡法，云何不盡？假通內外，內是眾生，外非眾生，經中直言眾生假名，外法不論，所以不盡，亦可眾生內外通因，內外法中，總相集起，斯名眾生，眾生虛集，名眾生假，相狀如何？分別有三，一內外分別，攬內五陰，以成眾生，名之爲內，攬外四大，成草木等，以之爲外，二麁細分別，內中攬陰以成假人，名之爲細，人成軍眾，以之爲麁，從細立稱，是故偏言眾生假名，外中攬大成草木等，以之爲細，草木集成叢林等事，以之爲麁，三染淨分別，染謂凡夫，淨謂賢聖，生死法中，五陰成人，以之爲凡，涅槃法中，五陰成人，以之爲聖，法假名者，就通爲目，法物事有，諸法通名法，體虛假名法假名，相狀如何，分別有三，一內外分別，內謂六根，外謂六塵，二麁細分別，因和爲麁，法和爲細，此如後釋，三染淨分別，染謂生死，淨謂涅槃，生死涅槃，經說不定，或有宣說生死假名，涅槃非假，生死不眞，虛假而有故名爲假樹假之稱，故曰假名，涅槃體眞，非是假名，以非假故，涅槃之號，非是假名，良以生死是假名。故《維摩經》說，出離生死，名超假名。或有宣說涅槃假名，生死非假，涅槃無名，假爲施名，故曰假名。【略】釋言，將名以呼諸法，法隨名轉故皆假名，廢名求法，法皆離言。是故一切皆非假名。今就第三故。說生死涅槃之法，爲法假名（此一門竟）。

次就因和法和分別。言因和者，是因和合假。言法和者，是法和合假。是二云何，於事分齊。攬別成總，以細成麁，名因和合假。攬別成總，如陰成人。以細成麁，如似細色，成麁色等。於法分齊，無常苦空無我等義。同體相成，名法和假。《成實論》中，因和合空名爲生空，法和合空說名法空。大乘法中，亦有此義。淺深爲異（假如是），或分爲三。如《大品經・三假品》說。一者受假。二者法假。三者名假。於中略以三門分別。一釋其名。二辨體相。三觀入次第。先釋其名言受假者，總含多法，故名爲受。受假多法聚集而成，故曰受假。言法假者，自體名法。法體虛集，故云法假。言名假者，顯法曰名。依法依想，假以施設，故曰名假【略】

入不二門義

《鳩摩羅什法師大義》卷中　入不二門義，三門分別。（釋名一。辨相二。約說分異三）

第一釋名。入不二門，如《維摩》說，言不二者，無異之謂，即是經中一實義也。一實之理，妙寂離相，如如平等，亡於彼此，故云不二。【略】但今且就一不二門而辨道理，餘略不論，良以二者彼此通謂，是故偏對而說不二。又復二者別法之始，今此爲明理體無別，故偏對二而說不二，雖說不二，不一不三乃至不多，悉入其中，是義云何？若立一相，以一對多，即是其二翻對彼二，故名不二。若立多相，以多對少，還即是二，翻對彼二，故名不二，又立多相，於多法中彼此相對，亦即是二，翻對彼二，故爲不二，以是義故，遣多悉入不二，多少既然，遣染遣淨，遣縛遣解，遣有遣無，類亦同然。若立有相，以有對無，即是其二，翻對彼二，名爲不二，若立無相，以無對有，還即是二，翻對彼二，名爲不二，翻若當定立非有無相，以非有無對有對無即復是二，翻對彼二，名爲不二，乃至建立不二門相，不二對二，還復是二，翻對彼二，名爲不二，是故不二，有相皆遣有理悉收，故偏名之理體名法，又爲心軌，亦名爲法，此不二法，形對佛性空如等義，門別不同，故名爲門，又能通人，趣入名門，捨相證會，名之爲入，名義如是。

第二辨相，此不二門，是法界中一門義也。門別雖一，而妙旨虛融義無不在，無不在故，一切諸法，悉是不二，諸法皆是，豈有所局？但《維摩》中，且約三十三人所辨，以彰其異，所辨雖異，要攝唯二。一遣相門，二相雙遣名爲不二，非有所留，二融相門，二法同體名爲不二，非有所遣。遣相門中，曲復有三。一就妄情所取法中相對分二，翻除彼二故名爲不二，如《維摩》說，我我所二，因有我故使有我所，若無有我則無我所，是爲不二，如是等也。二情實相對以別其二，翻對此二名爲不二，是義云何，據情望實，情外有實，將實對情，說之爲二，據實望情，情本不有情，既不有實，亦亡對故云不二。如《維摩》說，實不實二，其實見者尚不見實，何況非實，如是等也。三唯就實，離相平等名爲不二，是義云何，就實論實，由來無異，異既不有一，亦亡對故曰不二，《維摩》默顯義，應當此遣相，如是融相門中，義別亦三，一就妄情所起法中，義別分二，二法同體名爲不二，如經中說，無常即苦，苦即無常，是苦無常同體無別，名爲不二，如是一切，二眞妄兩別，名之爲二，相依不離，名爲不二，如《維摩》說，明無明二，無明性即是明，名爲不二，如是一切，三就眞中義別分二，二法同體，名爲不二，於此門中，曲分有四，一直就眞體，隨義分二。如來藏中，具過無量恆沙佛法，彼法同體，名爲不二。又如經說，空即無相，無相即無願，名爲不二，如是等也。二就眞中體用分二，如依眞心緣起集成生死涅槃，用不離體，體用虛融，名爲不二。如經中說，佛性如來，無二無別，如是等也。三就眞體所起法中，相別分二，如經中說，佛性之性與不善，俱名爲無明。無明與善法，俱名之爲明。如是等輩，彼二同依一佛性體，名爲不二，故《涅槃》云，明與無明生於二相，智者了達其性無二，無二之相即是實性，如是等也。又如經說，一實諦中開分二諦，二即一實，亦當此門，四就眞性所起法中，相別分二，如依佛性緣起集成一切行德，德別名二，於彼德中，門別相即名爲不二，如《維摩》說，佛法衆三，佛即是法，法即是衆，名爲不二，如是等也。不二雖衆，要不出此，言其入者，義別有四，一就信明入，於此不二，信順不違，故名爲入，二就解說入，於此不二，解觀相應，名之爲入，三就行論入，依定照見，明了現前，不見二相可以住中，名入不二，不見二相，即是止也。明了不二，是其觀也。四就證辨入亡情契實，名之爲證，於得證時，不見如外有心能證，既無有心，寧復心外有如可證，不見能證，妄想不行，不見所證，虛僞不起，如不離心，妄想不行，心不離如，如心不異，是即眞名入不二門，入不二義，辨之略爾。

次第三門，約說分異，如《維摩》中，義別三階，一維摩問諸菩薩等，以言遣相，明入不二，二諸菩薩，問文殊師利，以言遣言，明其不二，三文殊問彼維摩詰，以默遣言，而顯不二，此三皆是化益方便分齊，息相教入，之階降也。若論自覺相應境界，不可言彰，叵以默顯，何故如是，據實以求，法外本無音聲文字，何言能彰，法外亦無形相可得，誰用默顯，無言能彰證處亡語，非默能顯證處絕相，詮相悉無他所莫測是故名爲自覺境界，對處無他，自亦亡對，問曰，維摩闡玄之極，亦使默外猶有自覺相應境界，何故不論，釋言，爲化極於言默，言默之外，不復可陳，不可陳處，從來未辨，豈獨今哉，不二之義，辨之略爾。

二無我義

《鳩摩羅什法師大義》卷中　二無我義，四門分別。（釋名一　辨相二　約宗分異三　就人辨定四）

二無我者，一人無我，二法無我，人無我者，經中亦名衆生無我，亦名生空，亦名人無我，亦名人空，亦名我空，衆法成生，故曰衆生，生但假有，無其自性，是故名爲衆生無我，衆生性相，一切皆無，說之爲空，寄用名人，無我與空，義同前釋，性實名我，陰中無我故曰我空，法無我者，亦名法空，自體名法，法無性實，名法無我，諸法性相，一切皆無，名爲法空，此即二種，俱名爲空，齊號無我，若別分之，空與無我，隱顯互彰。若依《毘曇》，陰非是我，名爲無我，陰非我所，說之爲空，成實法中，衆生空者，名之爲空，法體空者，名爲無我。故彼論中，觀生空者，名爲空行，觀法空者，名無我行。

問曰，何故衆生空者，說爲空行，不名無我？釋言，衆生着我之中，有十六種，所謂我人衆生壽命養育知見，如是一切，若說空行，通攝十六我人等空，故名空行，若言無我，不攝餘空，爲是不論，若依《維摩》，衆生空者，名爲無我，法體空者名之爲空，故彼經言，衆生是道場知無我，故一切法是道場，知法空，故空與無我眼目之異，左右名之，皆得無傷，名義如是。

第二門中，生法二空，相對辨異，各有四門。一、辨惑情，二、對情彰理，三、顯法實，四、對實彰用。先就生空四門分別，言惑情者，計我心也。計我之心，開合不定，或總爲一，謂五見中，我見心也。或分爲二，二有兩門，一總別分二，總就衆生計有我人，名爲總計，別計諸陰以爲我人，名爲別計。二即離分二，就陰計我，名之爲即，計有常我遍一切處，名之爲離，又就向前即陰計中，復有即離，指色爲我，名之爲即，餘爲我所，名之爲離，如是一切，或分爲四，一者即陰，如優樓佉所計我也。指陰爲我，陰滅我亡，二者離陰，如僧佉人所計我也。離陰有我，陰滅我存，若說離陰計我者，何故經言衆生計我終不離陰，彼起傍陰，故說不離，然不指陰以爲我，故說爲離也。三亦即亦離【略】四不即不離，如彼犢子道人所計，五陰和合更有我生，就陰辨我，故云不離，而我非陰，故曰不即，然今世人，建立有體假名之我，大況似此，彼亦取其佛經之言，故爲此計。如經中說，衆生佛性，不即六法，不異六法，言六法者，所謂五陰及與我也。彼依此言故說有我，然佛法中，所說我者，諸陰和合，假名集用，故名爲我，彼立定實，所以是患，或隨陰別說之，爲五人計不同，或有宣說色陰爲我，或受或想或行或識，或說十六，如《大品》說，一我，二衆生，三壽者，四命者，五生者，六養育，七衆數，八人，九作者，十使作者，十一起者，十二使起者，十三受者，十四使受者，十五知者，十六見者，此義如後十六我中具廣分別，又隨陰別所立不同分爲二十，如一色中，人計不同，差別有四，有人計云，即色是我，此是一也。或有計云，色非是我，色是我所，此是二也。說何爲我，而云色者是其我所，彼乃指其受等四陰，以之爲我，未須分別我所起處，分別起處，在後六十五種我中，今此且可總相言耳，或有計云，色者是其我之窟宅，我居其中，此是三也。或有計云，我者是其色之窟宅，色住其中，此是四也。四中初一，是其我見，餘三是其我所見也。如色既然，受想行識，類亦齊爾，五陰各四，四五便有二十種計，此二十中，五是我見，十五是其我所見也。若具分別所起處者，便有六十五種計我，如一色中有其十三，即色是我，以之爲一，色是我所，離分爲四，有人計彼受陰爲我，色陰是彼受我所有，如人有物，如是差別，乃至有人計識爲我，說色以爲識我所有，如是說色與彼受想行識之我以爲所，故便分四種，通前爲五，或有說色，與彼受想行識之我以爲窟宅，復分爲四，通前爲九，或有宣說受想行識四陰之我爲色窟宅，復分爲四，通前十三，此十三中，初一我見，後之十二是我所見，如色十三，乃至行識類亦同然，五陰之上，各有十三，通合有其六十五種，六十五中，五是我見，即陰而計，六十我所，異陰計也。綺互相望，以爲異陰，非全陰外，多人別計有六十五，非是一人，惑情如是（此一門竟）。

次對惑情，以辨道理，聖慧觀察，知但是陰無別我人，故地持云，聲聞緣覺，見陰離陰，我不可見，諸行緣起，生滅和合陰與離陰，無我人性，即是理也（此二門竟）。

次辨其實，見陰生滅，即是實也。故《維摩》言，既除我相，當起法相，應作是念，但以衆法合成此身起，唯法起滅，唯法滅，生滅是其法之實相，故云實也（此三門竟）。

所言用者，依前五陰假名集用，便有人天男女等別，此之假用有而非患，是故聖人，常隨世俗，說有我人衆生壽命，上來四門，辨其生空，次明法空。於中四門，先辨其情，於前生空分齊之中，所立法實及以假用，執相取定，望彼法空，悉名惑情，以此同是法著我故（此一門竟）。

次辨其理，菩薩正觀知前所取畢竟無法，不但無性，相亦不有，無法即是遣情之理（此二門竟）。

次辨其實，既空情情相，妄想心息，便見眞實如來藏性自體法界祕密法門，是其實也（此三門竟）。

次辨其用，依前眞實如來藏體，緣起集成生死涅槃，是其用也。如經中說，十二因緣，皆一心作。又云，三界一心作。復言，法身輪轉五道，名曰眾生，此是眞實起生死也。又如經中，如來藏性，顯成法身，如是等義，起涅槃也。無我體相，龜況如是。

第三門中，約宗分異，於中有二，一定其宗別，二約宗辨異，言宗別者，宗別有四，一立性宗，二破性宗，三破相宗，四顯實宗。此四如前二諦章中具廣分別（此一門竟）。

法性義

《鳩摩羅什法師大義》卷中　如法性實際義三門分別（釋名一。辨相二。大小有無三）

第一釋名。如法性實際義，出《大品經》，此三乃是理之別目，故龍樹言，如法性等，實相異名，所言如者，是其同義，法相雖殊，理實同等，故名爲如，言法性者，自體名法，法之體性，故云法性，言實際者，理體不虛，目之爲實，實之畔齊，故稱爲際，名義如是。

第二門中，辨其體相，於中有三，一通就二諦以別三門，二唯就眞諦以別三門，三就觀入以別三門。就初門中，論釋有二。一通就諸法空有二義，以別三門。二通就諸法九義差別，以別三門。言就空有以別三者，世諦爲有，眞諦爲空，如法性等，皆通此二，相狀如何，如論中說，如有二種。一各各相如，謂地堅相水濕相等。問曰，此等事相各異，云何名如，良以諸法皆有自相，自相齊通，彼此相似，故名爲如。又就地中有多種地，同皆是堅，堅義相似，故名爲如。水等亦爾。亦可所說地等諸法如其體實，不如狂人顚倒所見，故名爲如。二眞實相，如論自釋言，於彼相中，求實叵得，即是空義。此之空義，諸法同等，故名爲如。言法性者，論釋有二。一事法性，謂地堅性水濕性等。故論說言，用無著心分別諸法，各各自性，名事法性。二實法性，諸法實相名實法性。此二法性與《地持》同。言實際者，論言，法性即是其實，如亦是實，據後爲言，證處名際，此就空有，以別三門。次就九義，以別三門，先辨九義，然後就之以別三門。何者九義？如論中說，一各各體，謂一切法各有自體，如彼眼根四大所造淨色爲體，如是一切。二各各相，相謂相狀，一切諸法，各有相狀，故名爲相。三各各力，力謂力用，一切諸法，各有力用。四各各因，謂一切法各有所因。五各各緣，謂一切法各有所緣，因緣何別，蓋乃親疏以別二門，親生曰因，疏發名緣。六各各果，謂一切法各自有果。七各各性，性謂三性，一切諸法無出善惡無記三性，故名爲性，此非體性，若言體相前體中攝。八者諸法各有限礙，謂一切法各有分齊，如陰唯五不得爲多，如是一切。又如色法，唯有十入及一少分，不得有餘，如是一切，名爲限礙，九開通義，謂一切法義相開通，如似色義通於十入及一少分心通六識，如是一切，九義如是，如法性等，皆通此九。所言如者，論釋有三。一者下如，謂前九義，各各差別，既言差別，云何名如，以一切法同有此九故，名爲如。二者中如，謂前九義，皆是無常生滅之法。三者上如，謂前九義，皆非有非無非生非滅究竟清淨。言法性者，論自釋言，九法中性，名爲法性，於中有三，謂下中上，義如前釋，所言異者，向前直取相似爲如，今此明其法之體性，故云法性。言實際者，論自釋言，九中證果，名爲實際，於前所說如及法性，窮證名果，一義如是。又論復言，此九法中，有相名如，空名法性，於中得果名爲實際（此一門竟）。【略】

問曰，差品云何名如，以諸法中同有空義故名爲如，言法性者，廢詮論理，理是一味，一味之理，是法體性，故云法性。是以論言，總爲一空名爲法性，言實際者，論自釋言，如及法性，名之爲實，證處名際，言就實性有無分者，如經中說，如來藏中，具過恆沙一切佛法，不離不脫不斷不異，是諸佛法，同一體性，互相集成，無有一法別守自性，雖無一性，而無不性，無有一性，即是如義，而無不性，即是法性，言實際者，彼如法性，即是其實，證處名際（此二門竟）。

次就觀門入以別三門，於中有二，一就觀入息染分別，二就觀入捨淨分別。言息染者，如論中說，何者是如？諸法實相，常住不動，以有無明諸煩惱故，轉變邪曲，後息妄染，得於實相，如本不異，故名爲如。言法性者，論言，實相體雖清淨，與煩惱合名爲不淨，息除煩惱得本清淨，淨是一切諸法體性，故云法性。言實際者，如與法性是其理實，菩薩知此廣大無邊微妙最勝，更不餘求，安住其中，住處名際。言捨淨者，如論中說，菩薩觀察實相法中無常無樂無我無淨，捨離凡夫常樂我淨，亦捨是觀，實相如本，故名爲如。論自爲喻，如水性冷從火變熱，是火滅已水冷如本，故名爲如。諸法如是，實相平等，如水性冷，隨觀轉變，如水變熱，觀心息滅，實相如本，如火滅已水冷如本，故名爲如。準驗斯文，妄想緣智決定滅盡。言法性者，實相常住不動，法性自爾，故云法性。言實際者，若得證時，彼如法性，即是實際，體相如是。

第三次明大小有無，大乘具有，廣如上辨，小乘亦具，云何得知？如龍樹說，《雜阿含》中，說十二緣是如法相法住法位，有佛無佛，性相常住，即是如義。又復如彼《雜阿含》中說，舍利弗善達法性，即是宣說法性之義。言實際者，龍樹釋言，小乘法中無其說處，雖無說處理實有之，云何知有？論言，涅槃即是實際，小乘法中說涅槃故，即是宣說實際之義，但涅槃法有種種名，或名爲止，或名爲妙，或名爲離，或名爲出，或名實際，是故涅槃即是實際。問曰，雖知小乘法中具此三義，相別如何？龍樹釋言，聲聞法中，觀法生滅名之爲如，滅離諸觀得法實相，名爲法性，彼名涅槃爲實相矣。即此法性，聖所證處，名爲實際，如法性實際義，略辨如是。

般若義

吉藏撰《大乘三論略章》一卷　問，云何爲般若？

答，依釋論，凡有八解，今略解述六家。第一解云，般若但是眞無漏慧，位在何處？答大乘爲論，初地以上，即是眞無漏慧，三十心名相似，小乘爲論，從苦忍以上，名眞無漏，自爾之前，名爲有漏。第二般若但是有漏慧，以菩薩除煩惱得般若，故知是有漏也。第三云，有漏無漏二種智慧，皆是般若，所以是有，菩薩從發心至坐道場，皆是般若，故智通也。第四云，般若非有漏非無漏，非有爲非無爲，不可言說，離諸戲論。龍樹菩薩出世，評兩解云，有人言，前之四說，皆有道理，皆出佛口，隨眾生故，作種種說，有人言最後解者是，以過語言道，離諸戲論，依無所得，是眞般若也。

問，六解中今用何解耶？

答，若隨緣方便，並皆有此義，如其爲執，悉非般若，秦言智慧，故可翻，實相宗重，智慧輕薄，故不可以智慧秤量，般若不可翻。《大論》云，般若有二種。一者有爲般若，有生有滅，故是無常。二者無爲般若，無有生滅，是故有常。實相般若者，道超四句，理絕百非。《大論》云，般若波羅蜜，實行不顛倒，念慧想觀已除，言語法亦滅。此方便般若者，有生有滅，有智有愚，般若無智無行不知，以般若無智即是愚方便，此無所不知即是智方便。文字般若者，即佛說波若，說名字及小經卷也。實相般若既非愚智，所以爲體，方便般若者有愚智，即是用也。實相般若爲當體受名，爲從境受秤，具有此義，自有智實境，故名爲實相，亦當般若體即是實相也。般若未曾因果，一往爲論，宜名爲因。釋論云，般若不屬般若二乘，但屬菩薩，故智慧因也。若至果即反名薩般若，薩般若悉爲一切智，亦得爲果。如涅槃三德中般若，涅槃既是果三德，般若豈非果耶？

問，《涅槃經》云，般若者，一切眾生毗婆舍那，一切聖心闍那者，諸佛菩薩，是事云何？

答，此無淺深中作淺深，般若宜翻爲慧，其義劣，毗婆舍那翻之爲智，其義小勝故，是一切聖闍那，此翻爲見，其義最勝。故在諸佛菩薩，般若波羅蜜者，道安法師翻爲度無強，大智論云，彼岸到也。然常有二說，般若從有相此岸，至無相彼岸，若是涅槃，從生死此岸，至涅槃彼岸，今說如此釋度非究竟也。若然彼此乖勉，方是究竟度義。

四依義

吉藏撰《大乘玄論》卷五　四依者有二種。法四依者，依法不依人，依義不依語，依智不依識，依了義經不依不了義經。人四依者，依小乘五方便爲第一依，須陀洹斯陀含爲第二依，阿那含爲第三依，阿羅漢爲第四依。若依大乘，地前四十心。具煩惱性爲第一依。從初地至六地爲第二依。七八九地爲第三依。第十地爲第四依。今是後四依也。

感應義

吉藏撰《大乘玄論》卷五　感應第二。有三義。感應者乃是佛法之大宗，衆經之綱要。言感者牽召義，應者赴接義。衆生有善致彼佛前，垂形赴接，理無乖越，謂之感應。凡夫感而不應，諸佛應而不感，菩薩亦應亦感，感者不同，略有四種，一者感形不感聲，但見佛不聞法，二者感聲不感形，直聞教不見佛，三者形聲俱感，見佛聞法，四者不見佛不聞法，直感神力密益，感應體第二，問三世善何善感耶？答有人言，未來善感，若爾者未來佛應不現在佛應，又言，現在善感，亦言，過去善感，又言，惡感，有人善感，有人善惡共感，若言惡能感者，一切起惡衆生，何故不見佛，若言善能感佛，衆生既有善根，盡能得道，何用佛爲？如無病何用藥師爲？善惡俱感者，一切衆生皆有善惡，寧不感佛在六道受苦？今明，三世善感，過去現在爲正感，未來爲傍感，故經云，過去久修善根，及今念佛得見如來。今明，善惡感者，將滅惡可生善。

問，與他感應何異？

答，今明，感是應義，應以感爲義，感應相由，是因緣。

問，佛爲有應法起息應名滅，爲無應法起而云滅耶？

答，自古爰今，凡有三解。開善藏師，用弼公義，衆生於法身上見有生滅，佛實無生滅，故經云，慈善根力令彼見之，指實無師子。莊嚴旻法師云，別有應法起，故以本垂迹爲生，息迹歸本稱滅。【略】今正明爲異論紛綸。或言實滅。或言不實滅。或言有應法起。或言無起。並是諍論。是故龍樹出世破之。諸見若息。然後乃識因緣假名無方大用。非起非不起。亦起亦不起。亦非非起非非不起。適緣而用。得諸善巧。雖具諸義。亦不同舊說。蓋是起無所起名爲不起。不起而起名之爲起。不可聞起定作起解聞不起定作不起解也。

問，由佛滅度故，衆生起迷。若不滅則不起迷，則咎於佛。答，《智度論》云，佛有三時利益衆生。一爲菩薩時。二得佛時。三滅度時。《華嚴經》云，欲令衆生生歡喜故。現王宮生。欲令衆生生戀慕善。示雙林滅。既云三時益物。知緣自起迷。佛無過耳。

問，爲習因善感爲報因善感。

答云，習因正感，報因傍感。見佛生樂受故。

問，善惡感佛者，爲善正感爲惡正感？

答，善正感惡傍感。

問，有人言，無別應起，但法身上見丈六，此何耶？

答，違經文。《大經》云，金翅鳥王，飛昇虛空，下觀水性，及見己影，虛空是法身佛，金翅鳥是報身佛，及見己影是化身佛，表應部第三，佛滅度後有形像及經書，此名表應，非爲正應。所以然者，以丈六及言教觀機而現，既其應機，應謂之正應，衆生見聞之後故，造像表其所見，書寫傳其所聞，既有由衆生非正由佛，故爲表應非正應也。今若相從說者，亦入應中，何以知之？形像既相從入佛寶，何爲不得相從入應，經書雖是正法，既由衆生書寫，亦相從應也。

問，諸佛菩薩體不二，能應者未詳不二，是何等法？

答，成論師眞諦謂爲不二法門，《智度論》師謂實相般若，地論師用阿梨耶識，《攝論》師眞諦三藏即阿摩羅識，四宗之內，初二約境，後二據心，雖識境義殊，而同超四句，故釋迦掩室於摩竭，淨名杜口於毘耶？斯皆謂爲神御故，口以之而默，豈曰無辨辨所不能言也，今明，乃是不可言境心，不可言不境心，中道佛性理也。

問，何位菩薩能眞俗並觀，應物顯形如水中月濟度人耶？答靈味師云，初地得無生即能眞俗並觀，什肇師云，七地並觀。成論師云，八地並觀，今謂，從初發心則學無生習於並觀，故涅槃云，發心畢竟二不別，有四重階級。一者對地前，凡位但明順忍未有無生亦未能眞俗並，初地稱聖，始得無生，二觀方並。《仁王》《攝論》並有此文。二者初地已上六地已還無生尙淺，與順忍之名，至於七地稱等定慧地，始是無生名爲並觀，《智度論》云，前三地慧多定少，後三地定多慧少，故定慧不等，至於七地定慧均平，云等定慧地。此說般若靜鑒爲定，方便動照爲慧，六地妙於靜觀拙於涉動，故定慧未均，至于七地則二用俱巧，名等定慧地。三者七地雖得無生已能並觀，但猶有功用，八地於功用心，永不復生名無生。四者八地雖無功用，猶未究竟，究竟無生，在於佛位，方便品云，久於佛道心已純熟，當知是佛地無生金粟如來則依斯文已顯，無生具在四處，眾師偏執一，徒以失其旨。

净土學派部

創始人道綽分部

傳記

道宣《續高僧傳》卷二〇 釋道綽，姓衛，并州汶水人。弱齡處俗，閭里以恭讓知名。十四出家，宗師遺誥。大涅槃部，偏所弘傳，講二十四遍。晚事瓚禪師，修涉空理，亟沾徽績。瓚清約雅素，慧悟開天。道振朔方，升名晉土。綽稟服神味，彌積歲時。承昔鸞師淨土諸業，便甄簡權實，搜酌經論。會之通衢布以成化，克念緣數想觀幽明，故得靈相潛儀有情欣敬。恆在汶水石壁谷玄中寺，寺即齊時曇鸞法師之所立也。中有鸞碑，具陳嘉瑞事如別傳。

綽般舟方等歲序常弘，九品十觀分時紹務。嘗於行道際，有僧念定之中見綽緣佛，珠數相量如七寶大山。又睹西方靈相繁縟難陳，由此盛德日增榮譽遠及，道俗子女赴者彌山。恆講無量壽觀，將二百遍。導悟自他，用爲資神之宅也。詞既明詣，說其適緣。比事引喻，聽無遺抱。人各掐珠，口同佛號。每時散席，響彌林谷。或邪見不信欲相抗毀者，及睹綽之相善，飲氣而歸。其道感物情爲若此也。曾以貞觀二年四月八日，綽知命將盡，通告事相。聞而赴者，滿于山寺。咸見鸞師在七寶船上告綽云，汝淨土堂成，但餘報未盡耳。並見化佛住空，天華下散。男女等以裙襟承得，薄滑可愛。又以蓮花乾地，而插者七日乃萎。及餘善相，不可殫紀。自非行感備通，詎能會此乎。年登七十，忽然口齒新生，如本全無歷異加以報力。體健容色盛發。談述淨業，理味奔流。詞吐包蘊，氣霑醇醴，并勸人念彌陀佛名，或用麻豆等物而爲數量。每一稱名，便度一粒。如是率之，乃積數百萬斛者。並以事邀結，令攝慮靜緣。道俗響其綏導，望風而成習矣。又年常自業穿諸木欒子以爲數法，遺諸四眾教其稱念，屢呈禎瑞具敘行圖。著《淨土論》兩卷，統談龍樹天親，邇及僧鸞慧遠。並遵崇淨土，明示昌言。文旨該要，詳諸化範。傳燈字縣，歲積彌新。傳者重其陶鎣，風神研精學觀。故又述其行相。

自綽宗淨業，坐常面西。晨宵一服，鮮潔爲體。儀貌充偉，并部推焉。顧瞬風生，舒顏引接。六時篤敬，初不缺行。接唱承拜，生來弗絕。纔有餘暇，口誦佛名，日以七萬爲限。聲聲相注，弘於淨業。故得銘鑄有識，師訓觀門。西行廣流，斯其人矣。沙門道撫，名勝之僧。京寺弘福，逃名往赴。既達玄中，同其行業。宣通淨土，所在彌增。今有惰夫，口傳《攝論》。惟心不念，緣境又乖。用此招生，恐難繼相。綽今年八十有四，而神氣明爽。宗紹存焉。

戒珠《淨土往生傳》卷二 釋道綽，俗姓衛并州汶水人，棄家已來，歷訪名師，後聞瓚禪師理行兼著，畢志事之，尋憩壁谷玄中寺，寺即後魏曇鸞法師之舊止也。鸞於其寺，久蘊淨業，至其亡日，疊有祥異，郡人奇之，捃摭其事，刻之于碑，綽臨其文，彌起深信，於是依附靜境，澄寂諸念，念彌陀佛，不知其數，大汎日以七萬遍爲度，并汾之間，風俗少事念佛，持數珠者罕。嘗有之，綽勉僧俗念佛，無數珠者，以豆記之，如念一聲，即度一豆，或時麻麥記者亦然，已而較之，其所度者數萬斛。唐貞觀三年四月八日，道俗集其寺，樂如來之降生也。且見鸞於空中，乘七寶船，由其船上而指綽曰，汝於淨土堂宇已成，但推報命未盡，爾復見化佛與化菩薩飄颻在空，眾乃驚歎，大生信服，雖夫無種闡提之人，亦率服之，以故唐初，并汾諸郡，稟漬淨業，由綽盛焉，綽有同志道撫者，久居輦下，去玄中寺，頗甚疎遠，或時相見，必指淨土爲永會，綽亡既三日，撫聞之曰，吾常以行先之，何乃後也。又曰，吾如一息之功，見佛之期可追矣，即日於像前叩頭陳露，退就其座以化。

彭希涑《净土圣贤录》卷二 道綽，姓衛，并州汶水人，年十四出家，習經論，又事瓚禪師學禪，後居汶水石壁谷元中寺，曇鸞法師之所立也。

綽慕鸞法師淨土之業，於是潛心觀想，坐常向西，六時禮敬不缺，念佛日以七萬計，有僧定中覩西方靈相，見綽手持數珠，赩如七寶山，他諸瑞應，未可殫述。綽爲衆講《無量壽經》《觀經》幾二十遍，聽講者各掐珠，稱佛號，若潮汐聲，或時散席，響彌林谷。平時激勸淨業，理致泉湧，勸人攝慮靜緣，一心念佛。著《淨土論》二卷，統該龍樹天親，邇及慧遠曇鸞文句，詞旨切要，當世重之。貞觀二年，衆咸見鸞法師坐七寶船上，謂綽曰，汝淨土堂成，但餘報未盡耳。又見化佛住空，天華下散，衆皆忻仰歎異。綽自此報力愈強，容色盛發，道俗嚮風者日衆，年八十餘卒。時有釋道撫者，與綽同志。每相見，必指淨土爲期。綽亡三日，撫聞之曰，吾常期先行，今乃在後，吾加一息之功，可追而及矣。於佛像前叩頭祝願，退就座而化（續高僧傳佛祖統紀）。

王古辑《新修往生传》卷中《釋道綽》 并州人，棄家已來歷訪名師，後聞瓚禪師理行兼著卑志事之，尋憇石壁谷玄忠寺，寺即後魏曇鸞法師舊止也。鸞於其寺久薀淨業，至其亡日疊有祥異，郡人奇之，捃摭其事刻之於石，綽讀其文彌深信，講《涅槃經》二十餘徧，每歎鸞法師智德高遠尙捨講說，修淨土業已得往生，況我小子所解何足爲多而恃此爲德，即捨講說修淨土行，一向專念阿彌陀佛，日別七萬徧爲限，禮拜供養相續無間。爲開悟有緣，每講《觀經》二百餘徧，示誨道俗，七歲已上念阿彌陀佛，教用小豆爲數，上者念得九十八石，中者念得五十石，下者三十石，教諸有緣，不向西方大小便利涕唾，不背西坐，聲相注弘淨土業，每見佛住空中，天華下散大如錢，其色鮮白遍滿虛空，大衆以手承花，人皆得七日不萎。又撰《安樂集》兩卷，見行於世。唐貞觀三年四月八日道俗集其寺，示如來之降生也。且見鸞於空中乘七寶船，由其上而指綽曰，汝於淨土堂宇已成，但惟報命未盡，爾復見化佛與化菩薩飄颻在空，衆乃驚歎大生信服，雖夫無種闡提之人亦率服之，以故唐初并汾諸郡重漬淨業由綽盛焉。貞觀十九年四月二十四遇疾，道俗省覲者不可勝記，至二十七日欲終時。又有聖衆從西方來，兩道白光入房徹照，終訖乃滅，又欲殯時復有異光於空中現，殯訖乃止，復有紫雲於塔上三度現，衆人同見斯瑞。

淨土後學分部

善導

傳記

戒珠《净土往生传》卷二 釋善導，不原其姓，亦不悉何許人。周遊寰宇，求訪道津。唐貞觀中，見西河綽禪師，行方等懺及淨土九品道場，導大喜曰，此眞入佛之津要，吾得之矣。於是篤勤精苦，若救頭然。續至京師，擊發四部弟子，無間貴賤，彼屠沽輩，亦擊悟焉。甞寫《彌陀經》數十萬卷，散施受持，以故京師至于左右，列郡念經佛者，踵迹而是。或問導曰，念佛之善生淨土耶？對曰，如汝所念，遂汝所願。對已，導乃自念阿彌陀佛，如是一聲，則有一道光明，從其口出，或其十聲至于百聲，光亦如之。導厭此身諸苦逼迫，情僞變易無暫休息，乃登所居寺前柳樹，西向願曰，願佛威神，驟以接我，觀音勢至亦來助我，令我此心不失正念，不起驚怖，不於彌陀法中以生退墮。願畢，於其樹上投身自絕。時京師士大夫，傾誠歸信，咸收其骨以葬。高宗皇帝，知其念佛口出光明，又知捨報之時精至如此，下勅以額其寺爲光明焉。

王古辑《新修往生传》卷中《釋善導》 不悉何許人，周遊寰寓求訪道津，唐貞觀中，見西河綽禪師行方等懺，及淨土九品道場講觀經，導大喜曰，此眞入佛道之津要，修餘行業，迂僻難成，惟此觀門速超生死，吾得之矣。於是篤勤精苦，若救頭然。續至京師，激發四部弟子無問貴賤，彼屠沽輩亦擊悟焉。導入堂則合掌胡跪，一心念佛，非力竭不休，乃至寒冷亦須流汗。以此相狀表於至誠，出即爲人說淨土法，化諸道俗，令發道心修淨土行，無有暫時不爲利益，三十餘年無別寢處，不暫睡眠，除洗浴外，曾不脫衣，般舟行道，禮佛方等，以爲己任，護持戒品，纖毫不犯，曾不舉目視女人，一切名利無心起念，綺詞戲笑亦未之有，所行之處，爭申供養，飲食衣服，四事豐饒，皆不自入幷將廻施，好食送大廚，供養徒眾，唯食麤惡纔得支身，乳酪醍醐，皆不飲噉。諸有嚫施，將寫《阿彌陀經》十萬餘卷，所畫淨土變相三百餘堵。所在之處，見壞伽藍及故塼塔等，皆悉營造，然燈續明歲常不絕，三衣瓶鉢不使人持洗，始終無改，化諸有緣，每自獨行，不共眾去，恐與人行談論世事妨修行業。其有暫申禮謁聞說少法，或得同預道場親承教訓，或曾不見聞披尋教義，或展轉授淨土法門，京華諸州僧尼士女，或投身高嶺，或寄命深泉，或自墮高枝，焚身供養者略聞四遠，向百餘人。諸修梵行棄捨妻子者，誦《阿彌陀經》十萬至三十萬徧者，念阿彌陀佛日得一萬五千至十萬徧者，及得念佛三昧往生淨土者，不可知數。或問導曰，念佛之善生淨土耶？對曰，如汝所念遂汝所願。對已，導乃自念阿彌陀佛，如是一聲則有一道光明從其口出，十聲至百聲光亦如此。導謂人曰，此身可厭，諸苦逼迫，情僞變易，無暫休息，乃登所居寺前柳樹，西向願曰，願佛威神驟以接我，觀音勢至亦來助我，令我此心不失正念不起驚怖不於彌陀法中以生退墮，願畢於其樹上，投身自絕。時京師士大夫傾誠歸信咸收其骨以葬，高宗皇帝知其念佛口出光明，又知捨報之時精至如此，賜寺額爲光明焉。

又《唐往生高僧善導》　臨淄人也。幼投密州明勝法師出家，誦《法華》《維摩》，忽自思曰教門非入一道一途，若不契機，功即徒設，於是投大藏經，信手探之得無量壽觀經，便喜誦習於十六觀，恆諦思惟忱節西方以爲冥契，欣惠遠法師勝躅。遂往廬山觀其遺範，乃豁然增思，自後歷訪名德，幽求妙門，功微理深未有出般舟三昧者，畢命斯道後遁迹終南悟眞寺，未逾數載，觀想忘疲，已成深妙，便於定中，備觀寶閣瑤池金座宛在目前，涕泗交流舉身投地，既獲勝定，隨方利物。初聞綽禪師晉陽開闡欲不遠千里從而問津。時逢玄冬之首，風飄落葉塡滿深坑，遂挈瓶鉢入中安坐，一心念佛，不覺已度數日，乃聞空中聲曰，可得前行，所在遊履無復罣礙，遂出抗進程，至綽禪師所，展會夙心。綽公即授與《無量壽經》，導披卷詳之，比來所，覩宛在，因即入定七日不起。或問導曰，弟子念佛，得往生否？導令辨一莖蓮花，置之佛前，行道七日花不萎悴即得往生，依之七日，果然花不萎黃。綽歎其深詣，因請入定觀當得生否？導即入定須臾，報曰師當懺三罪，方可往生。一者，師嘗安佛尊像，在檐牖下自處深房。二者，驅使策役出家人。三者，營造屋宇損傷蟲命。師宜於十方佛前懺第一罪，於四方僧前懺第二罪，於一切眾生前懺第三罪。綽公靜思往咎，皆曰不虛，於是洗心悔謝訖而見導，即曰師罪滅矣。後當有白光照燭，是師往生之相也。

導化洽京輦道俗歸心者如市，後於所住寺院中，畫淨土變相，忽催令速成就，或問其故則曰，吾將往生，可住三兩夕而已。忽然微疾掩室，怡然長逝，春秋六十有九。身體柔軟，容色如常，異香音樂久而方歇。

曇鸞

傳記

彭希涑《净土圣贤录》卷二《曇鸞》　曇鸞，鴈門人。少遊五臺山，見神迹靈異，因發信心出家，讀《大集經》，以其詞義深密，因爲注解，文言過半，便感氣疾，周行醫療，既而歎曰，人命危脆，旦夕無常，吾聞長年神仙，往往間出，得是法已，方崇佛教，不亦可乎？遂往江南陶隱居所，懇求仙術，隱居授以仙經十卷，欣然而還。至洛下，遇三藏菩提留支，鸞問曰，佛法中頗有長生不死法，勝此仙經者乎？留支曰，此方何處有長生不死法，縱得長年，少時不死，卒歸輪轉，曷足貴乎？夫長生不死，吾佛道也。乃以《十六觀經》授之曰，學此則三界無復生，六道無復往，盈虛消息，禍福成敗，無得而至。其爲壽也，河沙劫量莫能比也。此吾金仙氏之長生也。鸞大喜，遂焚仙經，而專修淨觀，自行化他，流布彌廣，撰禮淨土十二偈，續龍樹偈。又撰《安樂集》兩卷傳於世。魏主重之，號爲神鸞。勅住幷州大寺，晚移汾州元中寺。興和四年，一夕室中見梵僧謂曰，吾龍樹也。久居淨土，以汝同志，故來相見，鸞自知時至，集眾教誡曰，勞生役役，其止無日，地獄諸苦，不可不懼，九品淨業，不可不修，因令弟子高聲唱佛，西向稽顙而終，在寺者俱見幡華幢蓋，自西而來，天樂盈空，良久乃已，事聞於朝，勅葬汾西文谷，建塔立碑。（《續高僧傳》《樂邦文類》）。

少康

傳記

戒珠《净土往生传》卷三　釋少康，俗姓周，縉雲仙都人，母羅氏，初懷之，夢遊鼎湖峯，得玉女捧青蓮華授之，且曰此華吉祥，授之於汝，當生貴子，及生康日，青光滿室，香似芙蕖，襁褓之間，眼碧脣朱，與群兒異，又復生來絕然不語，相者曰，此子之奇不可量也。但其不語吾不知矣，七歲母入本郡靈山寺，陞之殿上，因指殿佛戲之曰，汝敬佛否，康遽對曰，我佛釋迦其誰不敬，聞者怪之，以其生來未嘗言也。父母由是捨其出家，年十有五，誦《法華》楞嚴等經五部，尋於越州嘉祥寺，學究毘尼，後之上元龍興寺，聽華嚴及瑜伽諸論，貞元初至洛下白馬寺，見殿內文字累放光明，康不能測，前而探取之，乃善導昔爲西方化導文也。康曰，若於淨土有緣，當使此文光明再發，所願未已，果重閃爍，康曰，劫石可移，而我之願無易矣，遂之長安善導影堂，大陳薦獻，方薦獻時，倏見善導遺像，昇於空中，謂康曰，汝依吾事利樂有情，則汝之功同生安養，康聞其語如有所證，南適江陵果願寺，路逢一僧，謂曰，汝欲化人，當往新定，言訖而隱，洎到睦郡，睦人尙無識者，未從其化，康乃丐錢，誘掖小兒與之，約曰，阿彌陀佛實汝良導，能念一聲與汝一錢，小兒務其得錢也。隨亦念之，後經月餘，孩孺念佛俟錢者比比，而是康以俟錢者眾又曰，可念十聲乃購錢，爾市廛小兒，亦如其約，如是一年，男女無長少貴賤，凡見康者，則曰阿彌陀佛，以故睦城之人，相與念佛盈道路焉，貞元十年，康於烏龍山，建淨土道場，築壇三級，聚人午夜行道，每道場時，康自登座，令男女望康面門，賡聲高唱阿彌陀佛已，又賡聲和之，至康唱時，眾見一佛從其口出，連唱十聲則有十佛，若聯珠狀，康曰，汝見佛否，如見佛者，決生淨土，其禮佛人數千，亦有竟不見者，貞元二十一年十月三日，囑累道俗，當於安養起增進心，於閻浮提生厭離心，又曰，汝曹此時能見光明，眞我弟子，遂放異光數道棄世焉，其爲墳塔，附于州東臺子巖，漢乾祐三年，天台德韶禪師重新之，今之人多指其塔，爲後善導焉。

彭希涑《净土圣贤录》卷三　少康。姓周。縉雲仙都山人。生而不言。七歲。入靈山寺禮佛。母問識否。忽發言曰，釋迦牟尼佛。父母遂捨之出家。年十五。能通五部經。貞元初。詣洛陽白馬寺。見殿中文字放光。探之。則善導和尙西方化導文也。康祝曰，若於淨土有緣。當使此文再現光明。言已。光復閃爍。光中隱隱有化菩薩。康曰，劫石可磨。我願無易矣。遂之長安光明寺善導和尙影堂瞻禮。忽見導眞像升空。謂曰，汝依吾教。廣化有情。他日功成。必生安養。南至江陵。遇一法師謂曰，汝欲化人。當往新定。緣在於彼。言訖不見。乃適新定。乞錢誘小兒念佛。念佛一聲。即與一錢。如是年餘。凡男女少長見康者。皆云阿彌陀佛。念佛之聲。盈於道路。遂於烏龍山建淨土道場。築壇三級。每遇齋日。善信畢集。所化三千許人。每升座。高聲唱佛。眾共和之。康一唱佛。眾見一佛從其口出。十聲。則有十佛。若貫珠焉。康謂眾曰，汝見佛者。必得往生。眾皆欣慰。二十一年十月。囑道俗曰，當於淨土起增進心。於閻浮提起厭離心。汝曹此時見我光明。眞我弟子。遂放異光數道。寂然而逝。塔於臺巖。號臺巖法師（宋高僧傳樂邦文類）。

延壽

傳記

王古辑《新修往生传》卷下　餘杭人，姓王氏，總角之歲，六旬之內，誦《法華》經全帙，既冠不茹葷，日惟一食，長爲縣衙校，壯年慕道，棄吏業，投翠巖禪師出家，衣不繒纊，食不重味，爾後參見韶國師，授以心法，初住天台智者嵓，九旬習定，有烏巢衣裓中，修《法華》懺經七年，禪觀中見觀音菩薩，親以甘露灌于口，遂獲觀音辨才，下筆成文，盈卷乃已，志求西方淨土，著《神棲安養賦》《證驗賦》《萬善同歸集》《宗鏡錄》，共數百卷。住持雪竇山院，朝暮演法，夜則念阿彌陀佛，行道發願，日課一百八事，未嘗癈輟。錢忠懿王，請住永明，徒衆二千，晝夜修持愈精進，學者參問，則壁立千仞，總心爲宗，以悟爲訣，日暮往別峯，行道念佛，自爲難繼，不欲強衆，然密相隨者，常及百人，夜靜四旁行人，聞山中螺唄天樂之聲，伺求之，見師於山腹中平夷處，旋繞行道，忠懿王歎曰，自古求西方者，未有如是。住永明十五年，度弟子一千七百人，常興七衆授菩薩戒，夜施鬼神食，晝放生命不計其數，皆迴向淨土，至開寶八年二月二十六日，晨起焚香，告衆加趺而逝，沒後數年，有僧結囊，訪師所居寺，并眞塔之所在，勤拳瞻禮數日不已，問之答曰，某名契光，撫州人也。素不知師名，昨因疾死，至陰府，見所司殿宇，若王者居，閱文籍曰，汝未當死，速返，遣人護送之，仰觀殿間，掛畫僧像，王焚香頂拜，乃問獄吏，此何人，王奉之勤，吏曰，凡人之生死，無不由此者，唯此一人，不經于此，王欲識之，乃畫其像，是杭州永明寺壽禪師也。今已西方九品上生矣，自釋迦滅度已來，此方九品上上生，方第二人，王所以奉之之勤耳，某既得生，晝夜思想，聖人眞身塔骨之難遇，是以不遠千里而來耳，問撫州僧者，法名志全，其人雖已老，今淨慈長老圓照禪師，親見之問之，如所傳云。

遵式

傳記

王古辑《新修往生传》卷下 秀州人，傳天台教，學高行苦，名冠二浙，慱習教觀，而專志安養，嘗要期般舟三昧四十九日，常行而不寐，素苦羸疾，自吐血數升，師以死自誓，遂於道場四角，各置灰盆行道，所及吐灰盆中，兩足皮裂，誓不退轉，忽一日恍夢寐，見白衣觀音，垂手指於口中，引出穢蟲數十條，又指間出甘露注其口，身心清淨快悅，自此宿疾頓愈，既出懺，頂相高寸餘，雙手下垂過膝，聲如鳴鍾，皆與舊異，莫不歎仰之，日放生命，夜施食，水邊漁者，夜聞鬼相謂曰，今大雪甚，懺主不可出柰何，有曰，懺主慈悲，必不忘我等，且待且待，良久，衆鬼笑呼曰，懺主果來，我等飽矣，漁者起伺之，果見師攜燈踏雪而至。其精感如此。又嘗以緣事過蘇州。入城三日。葷血絕市。擢酤不集。長吏欲置之法。寮佐力勸之。乃已。著往生淨土決疑行願二門。淨土懺儀。行於世。

省常

傳記

彭希涑《净土圣贤录》卷三 省常。字造微。姓顏。錢塘人。七歲出家。十七受具戒。宋湻化中。住南昭慶。慕廬山之風。謀結蓮社。刻無量壽佛像。刺血書華嚴淨行品。於是易蓮社爲淨行社。士夫與會者。一百二十人。皆稱淨行弟子。王文正公旦爲之首。比邱及千人焉。天禧四年正月十二日。常端坐念佛。有頃。厲聲唱曰，佛來也。洎然而化。衆見地色皆金。移時方隱。年六十二（佛祖統紀）。

元照

傳記

彭希涑《净土圣贤录》卷三 元照。字湛然。姓唐。餘杭人。初依東藏慧鑒律師。專學毗尼。後從神悟謙師。講天台教觀。謙勗以究明《法華》爲本務。復從廣慈才法師受菩薩戒。戒光發見。乃博究南山一宗。杖錫持鉢。乞食於市。晚主靈芝三十年。傳戒度僧及六十會。篤意淨業。每曰，生宏律範。死歸安養。平生所得。唯二法門。嘗集淨業禮懺儀。自爲序曰，元照自下壇來。便知學律。但稟性庸薄。爲行不肖。後遇天台神悟法師。苦口提誨。始知改跡。深求祖教。博究佛乘。於是發大誓願。常生婆娑五濁惡世。作大導師。提誘羣生。令入佛道。復見高僧傳慧市法師云，方土雖淨。非吾所願。若使十二劫蓮華中受樂。何如三塗極苦處救衆生也。由是堅持所見。歷涉歲年。於淨土門。略無歸向。見修淨業。復生輕謗。後遭重病。色力痿羸。神識迷茫。莫知趣向。既而病差。頓覺前非。悲泣感傷。深自克責。志雖洪大。力未堪任。仍覽天台十疑論。初心菩薩。未得無生忍。要須常不離佛。又引智度論云，具縛凡夫。有大悲心。願生惡世。救苦衆生。無有是處。譬如嬰兒。不得離父母。又如弱羽。祇可傳枝。自是盡棄平生所學。專尋淨土教門。二十餘年。未嘗暫舍。研詳理教。披括古今。頓釋羣疑。愈加深信。復見善導和尚專雜二修。若專修者。百即百生。若雜修者。萬千一二。心識散亂。觀行難成。一志專持四字名號。幾生逃逝。今始知歸。仍以所修。展轉化導。盡未來際。洪贊何窮。方便多門。以信得入。如大勢至。以念佛心。獲悟圓通。入三摩地。復自思念。已前所造無量罪業。不信淨土。謗法毀人。業因既成。苦果必就。內懷慚恥。曉夕兢惶。於是躬對聖前。吐露肝膽。五體投地。苦到懺悔。仍發大願。普攝衆生。同修念佛。盡生淨土。欲常修習。須立軌儀。故集諸文。布成此法。從始至末。第列十門。竝準聖言。咸遵古式。事從簡要。法在精專。後賢披覽。知我志焉。又撰十六觀經小彌陀義疏。其外著述累數百卷。政和六年秋。命弟子諷觀經及普賢行願品。趺坐而化。西湖漁人。皆聞空中天樂聲（樂邦文類佛祖統紀西湖高僧傳事略）。

袾宏

傳記

彭希涑《净土圣贤录》卷五　袾宏，字佛慧，號蓮池，杭州仁和沈氏子也。年十七，補諸生，以學行稱，鄰有老嫗，日課佛名數千，問其故，嫗曰，先夫持佛名，臨終無病，與人一拱而別，故知念佛功德，不可思議。宏自此棲心淨土，書生死事大四字於案頭以自策。年三十二，出家，謁徧融笑巖諸大老，參念佛者是誰，有省。隆慶五年，乞食雲棲，見山水幽絶居焉，山故多虎，爲放瑜伽燄口，虎不爲患，歲亢旱，居民乞禱雨，曰吾但知念佛，無他術也。衆固請，乃持木魚出循田塍行，唱佛名，時雨隨注，如足所及，衆悅相與庀材造屋，衲子日歸附，遂成叢林，宏主張淨土，痛斥狂禪，著阿彌陀經疏鈔，融會事理，統攝三根，至爲淵奧，時有曹魯川者，致書雲棲，略曰，夫釋尊有三藏十二部教，所謂於廣大海，張衆多網，又所謂大囷小囷也者，祇宜談大以該小，詎可舉一而廢多，比吾黨中有唱爲歷劫成聖，必漸無頓之說者，夫漸亦聖說，未嘗不是，而以漸廢頓，左矣，尊者內秘頓圓，而外顯淨土法門，諸佛有然，無足疑者，奈近來聽衆，直欲以彌陀一聖，而盡廢十五王子，以淨土一經，而盡廢三藏十二部，則不佞之所不願聞也。時雖末法，而斯人之機，豈無利鈍，有如釋尊爲迦葉爲憍陳如，其說如此，爲善財爲龍女，其說如彼，二十五聖各證圓通，文殊所稱又如彼，正所謂昨日定，今日不定，又所謂說我是空，且不是空，說我是有，且不是有，此所以爲善無常主，活潑潑地，如水上按葫蘆然，倘釘樁守窟，焉利人天，所願尊者爲大衆衍淨教，遇利根指上乘，圓融通達，不滯方隅，俾鵬鷃竝適，不亦盡善盡美哉，又佛華嚴乃無上一乘圓教，如來稱性之極談，尊者乃與彌陀經竝稱，已似未妥，因此遂有著論騰之，架淨土於華嚴之上者，朱紫遞淆之謂何，亦願尊者爲淨土根人說淨土，爲《華嚴》根人說《華嚴》，毋相誚，亦毋相濫，乃爲流通佛乘，乃爲五教竝陳，三根盡攝，奈之何必刻舟而求劍，且彈雀而走鷂也。宏報書曰，夫華嚴具無量門，求生淨土，《華嚴》無量門中之一門耳，就時之機，蓋由此一門而入華嚴，非舉此一門而廢華嚴也。來諭謂不肖以彌陀與華嚴竝稱，因此遂有著論駕淨土於華嚴之上者，此論誰作乎？華嚴如天子，誰有駕諸侯王大臣百官於天子之上者乎，然不肖亦未甞竝稱也。又疏鈔中特謂華嚴圓極，彌陀經得圓少分，是華嚴之眷屬流類，非竝也。又來諭謂宜隨機演敎，爲宜淨土人說淨土，宜華嚴人說華嚴，此意甚妙，然中有二義，一者千機竝育，乃如來出世事，非不肖所能，故曹溪專直指之禪，豈其不通餘敎，遠公擅東林之社，亦非止接鈍根，至於雲門法眼曹洞爲仰臨濟，雖五宗同出一原，而亦授受稍別，門庭施設，理自應爾，無足怪者，況不肖凡品乎，若其妄效古人昨日定今日不定，而漫無師承，變亂不一，名曰利人，實悞人矣，何以故，我爲法王，於法自在，平民號曰國王，不可不愼也。二者，說華嚴則該淨土，說淨土亦通華嚴，是以說華嚴者自說華嚴，說淨土者自說淨土，固竝行而不相悖，今人但知華嚴廣於極樂，而不知彌陀即是遮那也。又龍樹於龍宮而出華嚴，而願生極樂，普賢爲華嚴長子，而願生極樂，文殊與普賢同佐遮那，號華嚴三聖，而願生極樂，咸有明據，皎如日星，居士將提唱華嚴以風四方，而與文殊普賢龍樹違背，此又不肖之所未解也。況方山列十種淨土，極樂雖曰是權，而華嚴權實融通，理事無礙，事事無礙，故婬房殺地，無非淸淨道場，而況七寶莊嚴之極樂乎，婆須無厭，皆是古佛作用，而況萬德具足之彌陀乎，居士遊戲於華嚴無礙門中而礙淨土，此又不肖之所未解也。不肖與居士同爲華藏莫逆良友，而居士不察區區之心，復欲拉居士爲蓮胎骨肉弟兄，而望居士之不我外也。魯川復致書曰，諸不了義經論，別行普賢行願品，與起信等論，皆稱說淨土，此豈無因，然華嚴經中未甞及之，即方山所列第十淨土更晰也。《法華》鱗差十六王子，內有彌陀，未甞定爲一尊，其贊持經功德，旁援安樂，實說女人因果，首楞嚴二十五聖證圓通，文殊無所軒輊，但云方便有多門，又云順逆皆方便，然繼以遲速不同倫，則於無軒輊中，又未甞無指歸也者，故要極於普門，而不推詡夫勢至，更加貶剝，曰無常，曰生滅，若夫賢首清涼諸師，亟標小始終頓圓五敎，僉爲以允，而未甞品及淨土，心宗家流，尤所蕩掃，如齊己禪師曰，唯有徑路修行，依舊打之遶，但念阿彌陀佛，念得不濟事，又曰，其或準前捨父逃去，流落他鄉，東撞西磕，苦哉阿彌陀佛，此等語言，或以爲苛，然豈無謂而彼言之，亦必有道矣，所以達者亟道祇劫辛苦修行，不如一念得無生法忍，又道一念緣起無生，超出三乘權學，況無論三乘一乘，要之無哉我所，今之往生淨土者，我爲能生，土爲所生，自他歷然，生滅宛然，欣厭紛然，所未及悉，顧從來談淨土者，必曰，華開見佛悟無生，葢必往生而見彌陀，始從觀音，若勢至，抑或彌陀，誨以無生，此時方悟，似爲迂遲，再華嚴性海所現全身，如人身中有八萬四千毛孔，東藥師，西彌陀，各各在一毛孔中，說法度生，倘拋撮全身，入一毛孔，不但海漚倒置，而蠅投牕紙，其謂之何，昨不佞手疏所云，爲宜淨土人說淨土，爲宜華嚴人說華嚴，自謂不悖諸佛法門，亦是爲尊者赤心片片，尊者乃欲攜我入蓮胎，則昔人所云捉物入迷津，與夫棄金擔草之謂矣，尊者會下聽衆，自杭過蘇者，罔弗津津九品，閒與之言，稍涉上乘，則駭心瞠目，或更笑之，此其過在弟子邪，在師邪，大丈夫氣宇沖天，度生爲急，旣出世矣，開堂矣，敷座矣，不具大人作略，祇作閭巷老齋公老齋婆舉止，忽被伶俐人問著，明眼人拶著，擬向北斗裏潛身邪，抑鐵圍山裏潛身邪，佛法大事，非同小可，願尊者重厝意焉，宏又以書復曰，辱惠書，元詞妙辯，汪濊層疊，誠羨之仰之，然竊以爲愛我深而詞太費也。果欲揚禪宗，抑淨土，不消多語，曷不曰，三世諸佛，被我一口呑盡，旣一佛不立，何人更是彌陀，又曷不曰，若人識得心，大地無寸土，旣寸土皆無，何方更有極樂國，只此二語，來諭攝無不盡矣，玆擬一一酬對，則恐犯鬬爭，不對，則大道所關，終不可默，敢略陳之，來諭謂不了義經，乃談說淨土，而以行願品起信論當之，起信且止，行願以一品而攝八十卷之全經，自古及今，誰敢議其不了義者，居士獨尙華嚴而非行願，行願不了義，則華嚴亦不了義矣，又來諭謂《法華》記往生淨土爲女人因果，則龍女成佛，亦只是女人因果邪，謂彌陀乃十六王子之一，則毗盧遮那，亦只是二十重華藏之第十三邪，居士獨尊毗盧，奈何毗盧與彌陀等也。又來諭謂楞嚴取觀音，遺勢至，復貶爲無常生滅，則憍陳如悟客塵二字，可謂達無常，契不生滅矣，何不入圓通之選？誠曰，觀音登科，勢至下第，豈不聞龍門點額之喩，爲齊東野人之語邪，又來諭謂齊己禪師，將古人念佛偈，逐句著語，其曰唯有徑路修行，則著云依舊打之遶。其曰但念阿彌陀佛，則著云念得不濟事，居士達禪宗，何不知此是宗師家，直下爲人解粘去縛，乃作實法會而死在句下邪，果爾，古人有言，踏毗盧頂上行，則不但彌陀不濟事，毗盧亦不濟事邪，此等語言，語錄傳紀中，百千萬億。老朽四十年前，亦曾用以快其唇吻，雄其筆劄，後知慚愧，不敢復然，至於今猶赧赧也。又齊己謂求西方者，捨父逃逝，流落他鄉，東撞西磕，苦哉阿彌陀佛，往應之曰，即今卻是如子憶母，還歸本鄉，捨東得西，樂哉阿彌陀佛，且道此語，與齊己所說，相去多少。又來諭謂多劫修行，不如一念得無生法忍，居士已得無生法忍否，如得，則不應以我爲能生，以土爲所生，何則？即心是土，誰爲能生，即土是心，誰爲所生？不見能生所生而往生，故終日生而未嘗生也。乃所以爲眞無生也。必不許生而後謂之無生，是斷滅空也。非無生之旨也。又來諭以華開見佛，方悟無生，則爲迂遲，居士達禪宗，豈不知從迷得悟。如睡夢覺如蓮華開，念佛人有現生見性者，是華開頃刻也。有生後見性者，是華開久遠也。機有利鈍，功有勤惰，故華開有遲速，安得槩以爲迂遲邪。又來諭喻華藏以全身，喻西方以毛孔，生西方者，如撮全身入毛孔，爲海漚倒置，夫大小之喻則然矣。第居士通華嚴宗，奈何止許小入大，不許大入小，且大小相入，特華嚴十元門之一元耳，舉華藏不可說不可說無盡世界，而入極樂國一蓮華中，尚不盈華之一葉，葉之一芥子地，則何傷於全身之入毛孔也。又來諭謂荒山僧，但問以上乘，便駭心瞠目，居士向謂宜《華嚴》者語以《華嚴》，宜淨土者語以淨土，今此鈍根輩，正宜淨土，何爲不與應病之藥，而強聒之邪，又來諭謂老朽既出世開堂，不具大人作略，而作老齋公齋婆舉止，被伶俐人問著，明眼人拶著，向北斗裏潛身邪？鐵圍裏潛身邪？老朽曾不敢當出世之名，自應無有大人之略，姑置弗論，而以修淨土者，鄙之齋公齋婆，則古人所謂非鄙愚夫愚婦，是鄙文殊普賢馬鳴龍樹也。豈獨文殊普賢馬鳴龍樹，凡遠公善導天台永明等諸菩薩諸善知識，悉齋公齋婆邪，劉遺民白少傳柳柳州蘇長公等諸大君子，悉齋公齋婆邪，就令齋公齋婆，但念佛往生者，即得不退轉地，亦安可鄙邪，且齋公齋婆，庸呆下劣而謹守規模者是也。愚也。若夫聰明才辯，妄談般若，喫得肉已飽，來尋僧說禪者，魔也。愚貴安愚，吾誠自揣矣，寧爲老齋公老齋婆，無爲老魔民老魔女也。至於所稱伶俐人明眼人者來問著拶著，則彼齋公齋婆，不須高登北斗，遠覓鐵圍，只就伶俐漢咽喉處安單，明眼人瞳子上敷座，何以故，且教伊暫閉口頭三昧，回光返照故，抑居士尚華嚴而力詆淨土，老朽業淨土而極贊華嚴，居士靜中試一思之，是果何爲而然乎，又來諭謂勸己求生淨土，喻如棄金擔麻，是顛倒行事，大相屈辱也。但此喻尚未親切，今代作一喻，如農人投刺於大富長者之門，延之入彼田舍，聞者皆笑之，農人更掃徑，謀重請焉。笑之者曰，主人向者不汝責，幸矣，欲爲馮婦乎？農人曰，吾見諸富室，有爲富而不仁者，有外富而中貧者，有未富而先驕者，有典庫於富人之門而自以爲富者，且金谷郿塢，於今安在哉，而吾以田舍翁享太平之樂，故忘而爲此，今知過矣。於是相與大笑散去，宏居常廣修衆善以資淨業，時戒壇久禁不行，宏令求戒者具三衣於佛前受之，爲作證明，又定水陸儀文及瑜伽燄口，以拯幽冥之苦，開放生池，著戒殺文，從而化者甚衆，萬歷四十年六月杪，忽入城，別諸弟子及故舊曰，吾將他往，還山設茶別衆，衆莫測，至七月朔晚入堂，曰，明日吾行矣。次夕入丈室，示微疾，瞑目坐，城中諸弟子畢至，復開目云，大衆老實念佛，莫揑怪，莫壞我規矩，向西稱佛名而逝，年八十一（《雲棲法彙》）。

教義分部

十二安樂門

釋道綽撰《安樂集》卷上　此《安樂集》，一部之內總有十二大門，皆引經論證明，勸信求往。

今先就第一大門內，文義雖衆，略作九門料簡，然後造文。第一、明教興所由，約時被機，勸歸淨土。第二、據諸部大乘，顯說聽方軌。第三、據大乘聖教，明諸衆生發心久、近供佛多少，欲使時會聽衆力勵發心。第四、辨諸經宗旨不同。第五、明諸經得名各異，如《涅槃》、《般若經》等，就法爲名；自有就喻，或有就事，亦有就時、就處，此例非一。今此《觀經》就人、法爲名，佛是人名，說觀無量壽是法名也。第六、料簡說人差別，諸經起說不過五種：一者、佛自說，二者、聖弟子說，三者、諸天說，四者、神仙說，五者、變化說。此《觀經》者，五種說中，世尊自說。第七、略明眞、應二身，并辨眞、應二土。第八、顯彌陀淨國位該上下，凡聖通往。第九、明彌陀淨國三界攝與不攝也。

第一大門中，明教興所由，約時被機，勸歸淨土者。若教赴時機，易修易悟；若機教時乖，難修難入。是故《正法念經》云：「行者一心求道時，常當觀察時方便，若不得時，無方便，是名爲失，不名利。」何者？如攢濕木以求火，火不可得，非時故；若折乾薪以覓水，水不可得，無智故。是故《大集月藏經》云：「佛滅度後第一五百年，我諸弟子學慧得堅固；第二五百年，學定得堅固；第三五百年，學多聞、讀誦得堅固；第四五百年，造立塔寺、修福懺悔得堅固；第五五百年，白法隱滯多有諍訟，微有善法得堅固。」

又彼經云：「諸佛出世，有四種法度衆生。何等爲四？一者、口說十二部經，即是法施度衆生；二者、諸佛如來有無量光明、相好，一切衆生但能繫心觀察，無不獲益，是即身業度衆生；三者、有無量德用、神通、道力，種種變化，即是神通力度衆生；四者、諸佛、如來有無量名號，若總、若別，其有衆生繫心稱念，莫不除障獲益，皆生佛前，即是名號度衆生。」

計今時衆生，即當佛去世後第四五百年，正是懺悔、修福，應稱佛名號時者。若一念稱阿彌陀佛，即能除卻八十億劫生死之罪。一念既爾，況修常念，即是恆懺悔人也。

又若去聖近，即前者修定、修慧是其正學，後者是兼；如去聖已遠，則後者稱名是正，前者是兼。何意然者？寔由衆生去聖遙遠，機解浮淺、暗鈍故也。是以韋提大士自爲，及哀愍末世五濁衆生，輪迴多劫徒受痛燒故，能假遇苦緣諮開，出路豁然。大聖加慈，勸歸極樂。若欲於斯進趣，勝果難階，唯有淨土一門，可以情悕趣入。

若欲披尋衆典，勸處彌多，遂以採集眞言，助修往益。何者？欲使前生者導後，後去者昉前，連續無窮，願不休止，爲盡無邊生死海故。

第二、據諸部大乘，明說聽方軌者。於中有六：第一、《大集經》云：「於說法者，作醫王想，作拔苦想；所說之法，作甘露想、作醍醐想；其聽法者，作增長勝解想、作愈病想。」若能如是，說者、聽者，皆堪紹隆佛法，常生佛前。第二、《大智度論》云：「聽者端視如渴飲，一心入於語議中，聞法踴躍心悲喜，如是之人應爲說。」第三、彼論又云：「有二種人，得福無量無邊。何等爲二？一者樂說法人，二者樂聽法人。」是故阿難白佛言：「舍利弗、目連，何以所得智慧、神通，於聖弟子中最爲殊勝？」佛告阿難：「此之二人於因中時，爲法因緣千里不難，是故今日最爲殊勝。」第四、《無量壽大經》云：「若人無善本，不得聞此經，清淨有戒者，乃獲聞正法。」第五、云：「曾更見世尊，則能信此事，奉事億如來，樂聞如是教。」第六、《無量清淨覺經》云：「善男子、善女人，聞說淨土法門，心生悲喜，身毛爲豎，如拔出者，當知此人過去宿命，已作佛道也。若復有人，聞開淨土法門，都不生信者，當知此人始從三惡道來，殃咎未盡，爲此無信向耳，我說此人未可得解脫也。」是故《無量壽大經》云：「憍慢弊懈怠，難以信此法。」【略】

第四、次辨諸經宗旨不同者。若依《涅槃經》，佛性爲宗；若依《維摩經》，不可思議解脫爲宗；若依《般若經》，空慧爲宗；若依《大集經》，陀羅尼爲宗；今此《觀經》以觀佛三昧爲宗。若論所觀，不過依、正二報，如下依諸觀所辨。若依《觀佛三昧經》云：「佛告父王：『諸佛出世有三種益：一者、口說十二部經，法施利益，能除衆生無明暗障，開智慧眼，生諸佛前，早得無上菩提。二者、諸佛、如來有身相光明無量妙好，若有衆生稱念觀察，若總相、若別相，無問佛身現在、過去，皆能除滅衆生四重、五逆，永背三途，隨意所樂，常生淨土，乃至成佛。三者、令勸父王行念佛三昧。』父王白佛：『佛地果德，眞如實相第一義空，何因不遣弟子行之？』佛告父王：『諸佛果德有無量深妙境界，神通解脫，非是凡夫所行境界，故勸父王行念佛三昧。』父王白佛：『念佛之功，其狀云何？』佛告父王：『如伊蘭林方四十由旬，有一科牛頭栴檀，雖有根牙，猶未出土，其伊蘭林，唯臭無香，若有噉其花菓，發狂而死。後時栴檀根、牙漸漸生長，纔欲成樹，香氣昌盛，遂能改變此林，普皆香美，衆生見者，皆生希有心。』佛告父王：『一切衆生在生死中，念佛之心亦復如是。但能繫念不止，定生佛前；一得往生，即能改變一切諸惡，成大慈悲，如彼香樹，改伊蘭林。』」所言伊蘭林者，喻衆生身內三毒、三障無邊重罪；言栴檀者，喻衆生念佛之心；纔欲成樹者，謂一切衆生但能積念不斷，業道成辦也。

易行道與難行道

《安樂集》卷上 第三大門中，有四番料簡：第一、辨難行道、易行道；第二、明時劫大、小不同，第三、明從無始世劫已來，處此三界五道，乘善、惡二業，受苦、樂兩報，輪迴無窮受生無數；第四、將聖教證成，勸後代生信求往。

第一、辨難行道、易行道者。於中有二：一、出二種道；二、問答解釋。余既自居火界，實想懷怖。仰惟大聖三車招慰，且羊、鹿之運，權息未達，佛訶邪執障上求菩提，縱後迴向，仍名迂迴。若徑攀大車，亦是一途。只恐現居退位，嶮徑遙長，自德未立，難可昇進。是故龍樹菩薩云：「求阿毘跋致有二種道：一者、難行道；二者、易行道。」言難行道者，謂在五濁之世，於無佛時求阿毘跋致爲難。此難乃有多途，略述有五。何者？一者、外道相善，亂菩薩法；二者、聲聞自利，障大慈悲；三者、無顧惡人，破他勝德；四者、所有人、天顛倒善果，壞人梵行；五者、唯有自力，無他力持。如斯等事，觸目皆是。譬如陸路步行則苦，故曰難行道。言易行道者，謂以信佛因緣，願生淨土，起心立德，修諸行業，佛願力故，即便往生。以佛力住持，即入大乘正定聚；正定聚者，即是阿毘跋致不退位也。譬如水路乘船則樂，故名易行道也。

問曰：「菩提是一，修因亦應不二。何故在此修因向佛果，名爲難行，往生淨土期大菩提，乃名易行道也？」

答曰：「諸大乘經所辨一切行法，皆有自力、他力，自攝、他攝。何者自力？譬如有人怖畏生死，發心出家修定發通，遊四天下，名爲自力。何者他力？如有劣夫以己身力，擲驢不上，若從輪王，即便乘空遊四天下，即輪王威力，故名他力。衆生亦爾，在此起心立行願生淨土，此是自力；臨命終時，阿彌陀如來光臺迎接，遂得往生，即爲他力。故《大經》云：『十方人天欲生我國者，莫不皆以阿彌陀如來大願業力爲增上緣也。』若不如是，四十八願便是徒設。語後學者，既有他力可乘，不得自局己分，徒在火宅也。」【略】

第四大門中有三番料簡：第一、依中國三藏法師，并此土大德等，皆共詳審聖教，歎歸淨土，今以勸依；第二、據此經宗及餘大乘諸部，凡聖修入，多明念佛三昧以爲要門；第三、問答解釋，顯念佛者，得種種功能利益，不可思議。

第一、依中國及以此土大德所行者。余五翳面牆，豈寧自輒？但以遊歷披勘，敬有師承。何者？謂中國大乘法師，流支三藏；次有大德，呵避名利，則有慧寵法師；次有大德，尋常敷演，每感聖僧來聽，則有道場法師；次有大德，和光孤栖，二國慕仰，則有曇鸞法師；次有大德，禪觀獨秀，則有大海禪師；次有大德，聰慧守戒，則有齊朝上統。然前六大德竝是二諦神鏡，斯乃佛法綱維，志行殊倫，古今實希。皆共詳審大乘，歎歸淨土，乃是無上要門也。

問曰：「既云歎歸淨土乃是要門者，未知此等諸德臨終時皆有靈驗已不？」

答曰：「皆有不虛。如曇鸞法師，康存之日常修淨土，亦每有世俗君子來呵法師曰：『十方佛國皆爲淨土，法師何乃獨意注西？豈非偏見生也？』法師對曰：『吾既凡夫，智慧淺短，未入地位，念力須均。如似置草引牛，恆須繫心槽櫪。豈得縱放，全無所歸？』雖復難者紛，而法師獨決。是以無問一切道、俗，但與法師一面相遇者，若未生正信，勸令生信；若已生正信者，皆勸歸淨國。是故法師臨命終時，寺傍左右道、俗，皆見旛花映院，盡聞異香，音樂迎接，遂往生也。餘之大德臨命終時皆有徵祥，若欲具談往生之相，竝不可思議也。」

一行三昧

智顗《五方便念佛門》 問：「云何爲一行三昧？」

答：「《大寶積經》第一百一十六云：『文殊師利白佛言：「世尊！當云何修行能速得阿耨菩提？」佛言：「一行三昧。善男子、善女人修是三昧者，速得阿耨多羅三藐三菩提。」文殊師利言：「云何名一行三昧？」佛言：「法界一相，繫緣法界，是名一行三昧。若善男子、善女人欲入一行三昧，當先聞般若波羅蜜，如說修行，然後能入一行三昧。如法界緣，不退、不壞、不思議、無礙、無相。善男子、善女人欲入一行三昧，應處空閑，捨諸亂意，不取相貌，繫心一佛，專稱佛名字，隨佛方所，端身正向，能於一佛念念相續，即是念中能見三世諸佛。何以故？念一佛功德無量無邊，亦與無量諸佛功德無量辯才。如是入一行三昧者，盡知恆沙諸佛法界無差別相。』」此文良證。」

念佛三昧

釋道綽撰《安樂集》卷下　第二、明此彼諸經，多明念佛三昧爲宗者。就中有八番：初、二，明一相三昧，後六就緣依相，明念佛三昧。

第一、依《花首經》：「佛告堅意菩薩：『三昧有二種：一者、有一相三昧；二者、有衆相三昧。一相三昧者，有菩薩聞其世界有其如來現在說法，菩薩取是佛相以現在前，若坐道場，若轉法輪，大衆圍繞。取如是相，收攝諸根，心不馳散，專念一佛，不捨是緣。如是菩薩於如來相及世界相了達無相，常如是觀，如是行，不離是緣。是時佛像即現在前，而爲說法。菩薩爾時深生恭敬，聽受是法，若深、若淺，轉加尊重。菩薩住是三昧，聞說諸法皆可壞相，聞已受持，從三昧起，能爲四衆演說是法。』佛告堅意：『是名菩薩入一相三昧門。』」

第二、依《文殊般若》明一行三昧者：「時文殊師利白佛言：『世尊！云何名爲一行三昧？』佛言：『一行三昧者，若善男子、善女人，應在空閒處，捨諸亂意，隨佛方所端身正向，不取相貌繫心一佛，專稱名字，念無休息。即是念中能見過、現、未來三世諸佛。何以故？念一佛功德無量、無邊，即與無量諸佛功德無二，是名菩薩一行三昧。』」

第三、依《涅槃經》：「佛言：『若人但能至心常修念佛三昧者，十方諸佛恆見此人，如現在前。』」是故《涅槃經》云：「佛告迦葉菩薩：『若有善男子、善女人，常能至心專念佛者，若在山林，若在聚落，若晝、若夜，若坐、若臥，諸佛、世尊常見此人，如現目前。恆與此人而住受施。』」

第四、依《觀經》及餘諸部，所修萬行，但能迴願，莫不皆生。然念佛一行將爲要路。何者？審量聖教，有始、終兩益。若欲生善起行，則普該諸度；若滅惡消災，則總治諸障。故下經云：「念佛衆生，攝取不捨。」壽盡必生，此名始益。言終益者，依《觀音授記經》云：「阿彌陀佛住世長久，兆載永劫亦有滅度。般涅槃時，唯有觀音、勢至住持安樂，接引十方。其佛滅度，亦與住世時節等同。然彼國衆生，一切無有覩見佛者，唯有一向專念阿彌陀佛往生者，常見彌陀，現在不滅。」此即是其終時益也。所修餘行迴向皆生。世尊滅度有覩不覩，勸後代審量，使沾遠益也。

第五、依《般舟經》云：「時有跋陀和菩薩，於此國土，聞有阿彌陀佛，數數係念。因是念故，見阿彌陀佛。既見佛已，即從啟問：『當行何法，得生彼國？』爾時阿彌陀佛語是菩薩言：『欲來生我國者，常念我名莫有休息，如是得來生我國土。當念佛身三十二相，悉皆具足，光明徹照，端正無比。』」

第六、依《大智度論》有三番解釋。第一、佛是無上法王，菩薩爲法臣，所尊、所重唯佛世尊，是故應當常念佛也；第二、有諸菩薩自云：「我從曠劫以來，得蒙世尊長養我等法身、智身、大慈悲身，禪定、智慧、無量行願，由佛得成。爲報恩故，常願近佛；亦如大臣蒙王恩寵，常念其主。」第三、有諸菩薩復作是言：「我於因地遇惡知識，誹謗般若，墮於惡道，經無量劫。雖修餘行，未能得出。後於一時依善知識邊，教我行念佛三昧，其時即能併遣諸障，方得解脫。有斯大益故，願不離佛。」

第七、依《華嚴經》云：「寧於無量劫具受一切苦，終不遠如來、不覩自在力。」又云：「念佛三昧必見佛，命終之後生佛前，見彼臨終勸念佛，又示尊像令瞻敬。」又善財童子求善知識，詣功德雲比丘所白言：「大師！云何修菩薩道，歸普賢行也？」是時比丘告善財曰：「我於世尊智慧海中唯知一法，謂念佛三昧門。何者？於此三昧門中，悉能覩見一切諸佛及其眷屬、嚴淨佛剎，能令衆生遠離顛倒。念佛三昧門者，於微細境界中，見一切佛自在境界，得諸劫不顛倒；念佛三昧門者，能起一切佛剎，無能壞者，普見諸佛，得三世不顛倒。」時功德雲比丘告善財言：「佛法深海，廣大無邊，我所知者，唯得此一念佛三昧門，餘妙境界，出過數量，我所未知也。」

第八、依《海龍王經》：「時海龍王白佛言：『世尊！弟子求生阿彌陀佛國，當修何行，得生彼土？』佛告龍王：『若欲生彼國者，當行八法。何等爲八？一者、常念諸佛；二者、供養如來；三者、咨嗟世尊；四者、作佛形像，修諸功德；五者、迴願往生；六者、心不怯弱；七者、一心精進；八者、求佛正慧。』佛告龍王：『一切衆生具斯八法，常不離佛也。』」【略】

第三、問答解釋，顯念佛三昧有種種利益。有其五番。

第一、問曰：「今云常修念佛三昧，仍不行餘三昧也？」

答曰：「今言常念，亦不言不行餘三昧，但行念佛三昧多故，故言常念，非謂全不行餘三昧也。」

第二、問曰：「若勸常修念佛三昧，與餘三昧能有階降以不？」

答曰：「念佛三昧勝相不可思議，此云何知？如《摩訶衍》中說云：『諸餘三昧，非不三昧。何以故？或有三昧，但能除貪，不能除瞋癡；或有三昧，但能除瞋，不能除癡貪；或有三昧，但能除癡，不能除貪瞋；或有三昧，但能除現在障，不能除過去、未來一切諸障。若能常修念佛三昧，無問現在、過去、未來，一切諸障悉皆除也。』」

第三、問曰：「念佛三昧既能除障，得福功利大者，未審亦能資益行者，使延年益壽以不？」

答曰：「必得！何者？如《惟無三昧經》云：『有兄弟二人，兄信因果，弟無信心，而能善解相法。因其鏡中自見面上死相已現，不過七日。時有智者，教往問佛。佛時報言：「七日不虛。若能一心念佛、修戒，或得度難。」尋即依教繫念，時至六日即有二鬼來，耳聞其念佛之聲，竟無能前進，還告閻羅王。閻羅王索符，已注云，由持戒、念佛功德，生第三炎天。』」【略】

第五大門中有四番料簡：第一、汎明修道延、促，欲令速獲不退；第二、此彼禪觀比挍勸往；第三、此彼淨、穢二境，亦名漏、無漏比挍；第四、引聖教證成，勸後代生信求往。

第一、汎明修道延、促者。就中有二：一、明修道延、促；二、問答解釋。一、明延、促者。但一切衆生，莫不厭苦求樂，畏縛求解，皆欲早證無上菩提者，先須發菩提心爲首。此心難識、難起，縱令發得此心，依經終須修十種行：謂信、進、念、戒、定、慧、捨、護法、發願、迴向，進詣菩提。然修道之身，相續不絶，逕一萬劫始證不退位，當今凡夫現名信想輕毛，亦曰假名，亦名不定聚，亦名外凡夫，未出火宅。何以得知？據《菩薩瓔珞經》，具辨入道行位法爾，故名難行道。又但以一劫之中受身生、死，尚不可數知，況一萬劫中徒受痛燒？若能明信佛經，願生淨土，隨壽長、短，一形即至，位階不退，與此修道一萬劫齊功。諸佛子等！何不思量？不捨難求易也？如《倶舍論》中，亦明難行、易行二種之道。難行者，如論說云：「於三大阿僧祇劫，一一劫中皆具福智資糧，六波羅蜜一切諸行，一一行業皆有百萬難行之道，始充一位，是難行道也。」易行道者，即彼論云：「若由別有方便，有解脱者，名易行道也。」今既勸歸極樂，一切行業悉迴向彼，但能專至，壽盡必生。得生彼國，即究竟清涼，豈可不名易行之道？須知此意也。

二、問曰：「既言願往生淨土，隨此壽盡，即得往生者。有聖教證不？」

答曰：「有七番，皆引經論證成。一、依《大經》云：『佛告阿難：「其有衆生，欲於今世見無量壽佛者，應發無上菩提之心，修行功德願生彼國，即得往生。」』故《大經讚》云：『若聞阿彌陀德號，歡喜讚仰心歸依，下至一念得大利，則爲具足功德寶。設滿大千世界火，亦應直過聞佛名，聞阿彌陀不復退，是故至心稽首禮。』二、依《觀經》，九品之内皆言：『臨終正念，即得往生。』三、依《起信論》云：『教諸衆生勸觀眞如平等一實。亦有始發意菩薩，其心軟弱，自謂不能常值諸佛，親承供養，意欲退者。當知如來有勝方便，攝護信心，謂以專意念佛因緣，隨願往生。以常見佛故，永離惡道。』四、依《鼓音陀羅尼經》云：『爾時世尊告諸比丘：「我當爲汝演說，西方安樂世界，今現有佛，號阿彌陀。若有四衆，能正受持彼佛名號，堅固其心憶念不忘，十日、十夜除捨散亂，精勤修習念佛三昧，若能令念念不絶，十日之中必得見彼阿彌陀佛，皆得往生。」』五、依《法鼓經》云：『若人臨終之時不能作念，但知彼方有佛，作往生意，亦得往生。』六、如《十方隨願往生經》云：『若有臨終及死墮地獄，家内眷屬爲其亡者念佛及轉誦、齋福，亡者即出地獄，往生淨土。』況其現在自能修念，何以不得往生者也？是故彼經云：『現在眷屬爲亡者追福，如餉遠人，定得食也。』第七、廣引諸經證成，如《大法鼓經》說：『若善男子，善女人，常能繫意，稱念諸佛名號者，十方諸佛一切賢聖，常見此人，如現目前。是故此經名「大法鼓」，當知此人，十方淨土隨願往生。』又《大悲經》云：『何名爲大悲？若專念佛相續不斷者，隨其命終，定生安樂。若能展轉相勸行念佛者，當知此等悉名行大悲人也。』是故《涅槃經》云：『佛告大王：「假令開大庫藏，一月之中布施一切眾生，所得功德不如有人稱佛一口，功德過前不可挍量。」』又《增一阿含經》云：『佛告阿難：「其有眾生，供養一閻浮提人衣服、飲食、臥具、湯藥，所得功德寧爲多不？」阿難白佛言：「世尊！甚多，甚多！不可數量。」佛告阿難：「若有眾生，善心相續稱佛名號，如一搆牛乳頃，所得功德過上不可量，無有能量者。」』《大品經》云：『若人散心念佛，乃至畢苦，其福不盡；若人散花念佛，乃至畢苦，其福不盡。』故知念佛利大，不可思議也。《十往生經》、諸大乘經等竝有文證，不可具引也。」

禪淨關係

釋道綽撰《安樂集》卷下　第二、次明此彼禪觀比挍，勸往生者。但此方穢境，亂想難入，就令修得，唯獲事定，多喜味染。又復，但能伏業，報生上界，壽盡多退。是故《智度論》云：「多聞持戒禪，未得無漏法，雖有此功德，是事未可信。」若欲向西修習，事境光淨，定觀易成，除罪多劫，永定速進，究竟清涼。如《大經》廣說。

問曰：「若西方境界勝可爲禪定感，此界色天劣，不應爲禪定招？」

答曰：「若論修定因，該通於彼、此。然彼界位是不退，并有他力持，是故說爲勝；此處雖復修定剋，但有自分因，闕無他力攝，業盡不免退，就此說不如。」

安樂淨土義

釋曇鸞撰《略論安樂淨土義》　問曰：「安樂國於三界中，何界所攝？」

答曰：「如釋論言：『如斯淨土，非三界所攝。』何以故？無欲故，非欲界；地居故，非色界；有形色故，非無色界。經曰：『阿彌陀佛本行菩薩道時，作比丘，名曰法藏。於世自在王佛所，請問諸佛淨土之行，時佛爲說二百一十億諸佛刹土，天人善惡，國土精麁，悉現與之。于時法藏菩薩，即於佛前，發弘誓大願，取諸佛土。』於無量阿僧祇劫，如所發願，行諸波羅蜜，萬善圓滿，成無上道。別業所得，非三界也。」

問曰：「安樂國有幾種莊嚴，名爲淨土？」

答曰：「若依經據義，法藏菩薩四十八願即是其事，尋讚可知，不復重序。若依《無量壽論》，以二種清淨，攝二十九種莊嚴成就。二種清淨者：一器世間清淨，二是眾生世間清淨。

「器世間清淨，有十七種莊嚴成就：一者、國土相勝過三界道。二者、其國廣大，量如虛空，無有齊限。三者、從菩薩正道大慈悲出世善根所起。四者、清淨光明圓滿莊嚴。五者、備具第一珍寶性，出奇妙寶物。六者、潔淨光明常照世間。七者、其國寶物柔軟，觸者適悅，生於勝樂。八者、千萬寶華，莊嚴池沼，寶殿、寶樓閣種種寶樹，雜色光明影納世界，無量寶網覆虛空，四面懸鈴，常吐法音。九者、於虛空中，自然常雨天華、天衣、天香，莊嚴普熏。十者、佛慧光明，照除癡闇。十一者、梵聲開悟，遠聞十方。十二者、阿彌陀佛無上法王，善力住持。十三者、從如來淨華所化生。十四者、愛樂佛法味，禪三昧爲食。十五者、永離身心諸苦，受樂無間。十六者、乃至不聞二乘、女人、根缺之名。十七者、眾生有所欲樂，隨心稱意，無不滿足。如是等十七種，是名器世間清淨。

「眾生世間清淨，有十二種莊嚴成就：一者、無量大珍寶王微妙華臺，以爲佛座。二者、無量相好，無量光明，莊嚴佛身。三者、佛無量辯才，應機說法，具足清白，令人樂聞，聞者必悟解，言不虛說。四者、佛眞如智慧，猶如虛空，照了諸法總相別相，心無分別。五者、天人不動眾，廣大莊嚴。譬如須彌山，映顯四大海，法王相具足。六者、成就無上果，尚無能及，況復過者。七者、爲天人丈夫、調御師，大眾恭敬圍遶。如師子王，師子圍遶。八者、佛本願力莊嚴，住持諸功德，遇者無空過，能令速滿足一切功德海。未證淨心菩薩，畢竟得證平等法身，與淨心菩薩，與上地菩薩，畢竟同得寂滅平等。九者、安樂國諸菩薩眾，身不動搖而遍至十方，種種應化，如實修行，常作佛事。十者、如是菩薩應化身，一切時不前、不後，一心、一念放大光明，悉能遍至十方世界，教化眾生，種種方便，修行所成，滅除一切眾生苦惱。十一者、是等菩薩於一切世界無餘，照諸佛大會無餘，廣大無量供養、恭敬，讚歎諸佛如來功德。十二者、是諸菩薩於十方一切世界無三寶處，住持、莊嚴佛、法、僧寶功德大海，遍示令解，如實修行。如是等法王八種莊嚴功德成就，如是菩薩四種莊嚴功德成就，是名眾生世間清淨。

「安樂國土具如是等二十九種莊嚴功德成就，故名淨土。」

淨土三品

釋曇鸞撰《略論安樂淨土義》 問曰：「生安樂土者，凡有幾品輩？有幾因緣？」

答曰：「《無量壽經》中，唯有三輩：上、中、下；《無量壽觀經》中，一品又分爲上、中、下，三三而九，合爲九品。今依傍《無量壽經》爲讚，且據此經作三品論之。

「上輩生者，有五因緣：一者、捨家離欲，而作沙門。二者、發無上菩提心。三者、一向專念無量壽佛。四者、修諸功德。五者、願生安樂國。具此因緣，臨命終時，無量壽佛與諸大眾現其人前，即便隨佛，往生安樂，於七寶華中，自然化生，住不退轉，智慧勇猛，神通自在。

「中輩生者，有七因緣：一者、發無上菩提心。二者、一向專念無量壽佛。三者、多少修善，奉持齋戒。四者、起立塔像。五者、飯食沙門。六者、懸繒然燈，散華燒香。七者、以此迴向願生安樂。臨命終時，無量壽佛化現其身，光明相好具如眞佛，與諸大眾現其人前，即隨化佛往生安樂，住不退轉，功德智慧次如上輩。

「下輩生者，有三因緣：一者、假使不能作諸功德，當發無上菩提心。二者、一向專意乃至十念，念無量壽佛。三者、以至誠心願生安樂。臨命終時，夢見無量壽佛，亦得往生，功德智慧次如中輩。

「又有一種往生安樂，不入三輩中：謂以疑惑心，修諸功德，願生安樂。不了佛智、不思議智、不可稱智、大乘廣智、無等無倫最上勝智，於此諸智疑惑不信，然猶信罪福，修習善本，生安樂。生安樂國七寶宮殿，或百由旬，或五百由旬，各於其中受諸快樂，如忉利天，亦皆自然。於五百歲中，常不見佛，不聞經法，不見菩薩、聲聞聖眾。安樂國土謂之邊地，亦曰胎生。邊地者，言其五百歲中不見聞三寶，義同邊地之難；或亦於安樂國土最在其邊。胎生者，譬如胎生人初生之時，人法未成。邊言其難，胎言其闇，此二名皆借此況彼耳，非是八難中邊地，亦非胞胎中胎生。何以知之？安樂國土一向化生故，故知非實胎生；五百年後還得見聞三寶故，故知非八難中邊地也。」

智顗《五方便念佛門》 一凝心禪、二制心禪、三體眞禪、四方便隨緣禪、五息二邊分別禪。

凡住心一境，名曰凝心。且如行者，念佛之時諦觀如來玉毫金相，凝然寂靜了亮洞徹，名凝心禪。次，前雖凝心，所習慣馳散，令制之，令還諦緣金相，名制心禪。復次，前雖制心，得住定境，既非理觀，皆屬事修，今體本空，誰制？無佛、無念，名體眞禪。復次，前雖謂體眞，猶滯空寂，無量名相昧然不知。今以無所得而爲方便，從空入假，萬相洞明，不爲空塵之所惑亂，名方便禪。復次，體眞及以方便各據空有，不離二邊，令諦觀靜亂本無相貌，名言路斷，思想亦絕，名息二邊禪。從淺至深，如是分別，原夫圓觀亦無淺深，而淺深宛然。

念佛法門

智顗《五方便念佛門》 敘開念佛五門：第一稱名往生念佛三昧門、

第二觀相滅罪念佛三昧門、第三諸境唯心念佛三昧門、第四心境俱離念佛三昧門、第五性起圓通念佛三昧門。

諸佛大慈悲常教勅説法。諸菩薩等以種種方便，令衆生易解；又自以種種方便，開示般若波羅蜜。以何義故説是般若波羅蜜？佛言：「欲令諸菩薩等增長念佛三昧故。」以何因緣令念諸佛？佛言：「若念佛者，當知是人即與文殊師利等無有異。」以何故？此三昧者，諸佛世尊之所遊戲，首楞嚴等諸大三昧始出生處，是知將入諸佛法，方便誠多。若以一言而具衆門，無過念佛。

所以者何？一切賢聖皆從念佛而生，一切智慧皆從念佛而有。假如十信菩薩及三賢菩薩，皆不離念佛、念法、念僧，乃至不離念一切種智；初地菩薩乃至八、九、十地菩薩亦不離念佛、念法、念僧，乃至不離念一切種智。但以念知差別，隨義立名，衆生迷名，妄生異解，漂墜魔界，遂輕念佛之名，仍謂已修別爲勝業。爲愍此故，今略言之。

若論修因之人，不離三賢十聖；若論證果之者，即是諸佛如來。修因之人，繫心常思念十方一切佛；證果之者又特啟此，以爲微妙清淨第一禪。是知易入而證深，無過念佛。嗟呼！末學之流，輕其易入，失其證深，爲見所縛，良可悲矣！

又諸佛以衆生樂稱諸佛名，生彼國者，則示以稱名往生門；衆生有樂覩諸佛身，懼障不見者，則示以觀相滅罪門；衆生有迷心執境者，則示以諸境唯心門；衆生有計實有者，則示以心境俱離門；衆生樂深寂定，趣無生滅者，則示以性起圓通門。

大哉！世尊，善拔我等，開示一道，直至菩提，甚深法門，所謂念佛。唯有大智度者，生而知之者，深修定慧者，善經論者，請撿此門，與了義大乘等經，有收義不盡處，請試言之。是知稱一佛名，智深則深，一言而具衆門，信有徵矣。

善導《觀念阿彌陀佛相海三昧功德法門》一卷 依《觀經》明觀佛三昧法一。依《般舟經》明念佛三昧法二。依經明入道場念佛三昧法三。依經明道場内懺悔發願法四。

懷感《釋淨土群疑論》卷一 問曰，佛有幾身，淨土有幾種？

釋曰，佛有三身，土有三土，三身者，一法性身，二受用身，三變化身，土有三種者，一法性土，二受用土，三變化土，法性身居法性土，受用身居受用土，變化身居變化土，法性身土，俱以真如清淨法界，以爲體性，如般若説，彼如來妙體即法身，諸佛如法界體性經文殊師利禮云，無色無形相，無根無住處，不生不滅故，敬禮無所觀等。《維摩經》云，如自觀身實相，觀佛亦然。法性土者，如《般若》云，莊嚴佛土者，即非莊嚴。又《維摩經》云，雖知諸佛國及與衆生空。又云，諸佛國土亦復皆空。又云，十方佛國皆如虚空，雖知身土並一真如，夫如者不一不異，而言法性身居法性土者，此以覺照性義名身，法真理體名土，是施設安立諦門説。二受用身土者，此有二種，一自受用身土，二他受用身土，自受用身土，以菩薩行八萬四千波羅蜜行，修習圓滿恆沙果德，自利利他四智周圓淨五藴等，爲自受用身體，即以智上所現微細周遍廣大清淨四塵，唯佛與佛乃能知見，自受用身所依止處，爲自受用土體，他受用身土者，爲初地已上諸大菩薩，平等性智，擊發鏡智利他功德，隨其所應現一分細相，爲他受用身土體性。變化身土者，爲於地前菩薩及二乘凡夫，以成所作智，擊發鏡智利他功德，隨其所應現一分麁相，爲變化身土體性。此受用變化二土體性者有三，一攝事歸真體，二攝相歸心體，三本末別明體。攝事歸真體者，一切衆法，皆以真如爲體，此報化二土，即以真如爲體，二攝相歸心體者，此報化二土，皆如來等淨心所現。故《維摩經》云，隨其心淨即佛土淨，即《唯識論》及《攝大乘論》等明，一切萬法皆不離自心。三本末別明體者，此二淨土，俱以衆寶莊嚴爲體。

問曰，今此西方極樂世界，三種土中，是何土攝？

釋曰，此有三釋。一是他受用土。以佛身高六十萬億那由他恆河沙由旬，其中多有一生補處。無有衆苦但受諸樂等故，唯是於他受用土。二言，唯是變化土，有何聖教。言佛高六十萬億那由他恆河沙由旬等。即證是於他受用身土，何妨淨土變化之身。高六十萬億那由他恆河沙由旬，以《觀經》等皆説爲凡夫衆生往生淨土，故知是變化土。三通二土。地前見變化土，地上見他受用土，同其一處，各隨自心所見各異。故通二土。由此經言，是阿彌陀佛非凡夫境，當作丈六觀也。【略】

問，若自受用土名爲自，他亦若得生自義不成，自受用土佛同見，他佛得見無自義？

答。佛是究竟解脫身，圓證一如應他自，菩薩惑障未除盡，不可生佛自土中，如是等衆多問答，不可一一具說，諸有智者，隨義應思也。又縱令地前菩薩等，自識相分見麁相淨土，不見微妙清淨國土，同諸菩薩所見微妙清淨寶土，然以諸大菩薩受用法樂，無有一切身心憂苦，唯有無量清淨喜樂，無有恐怖，或喜樂，或生厭離，或斷疑，故亦得名爲生他受用土。又《起信論》云，從初發意乃至菩薩究竟地心所見者，名爲報身，此之論文已通地前，得見他受用身，若得見他受用身，何妨得生他受用土？此以一義，通《佛地論》一師所解，或《起信》文，據初地已上證發心說見佛，言變化土地上菩薩生者，此有現一身理通報化，隨宜見者，凡聖各別何妨，下不得生上受用土，以下不能見勝妙之土。又業劣弱不得往生，上能見下，爲欲接引地前凡夫，生變化土，有何妨廢？又地上菩薩生變化土者，皆是化身，亦無有過。【略】

問曰，如《維摩經》說，若菩薩欲得生淨土，當淨其心，隨其心淨即佛土淨，此之心淨經文，乃約十地菩薩方名淨心，如何凡夫即欲生於淨土，若言得生淨土，應言已淨其心，且具縛凡夫見修諸惑紛綸競起，無暫時停，今既不淨其心，如何得生淨土，

釋曰，淨土有多種，非是一途，有究竟淨心，有未究竟淨心，有有漏淨心，有無漏淨心，有有相淨心，有無相淨心，有伏現行淨心，有斷種子淨心，有自力淨心，有他力淨心，其義非一，不可爲難，諸佛如來逗機說法，或就究竟作語，或就未究竟爲語，如是等說其義不定，不可唯依維摩經說究竟淨心，十地之位心淨土淨之文，不信觀經伏現行惑，依藉他力得生西方，云心不淨不生淨土，譬如得通之人方能陵空，何妨未得通人依得通者亦陵空也。又彼言淨，謂究竟淨心能爲他有情現無漏淨土，今往生淨土，謂依佛淨相而現其淨土，彼本此末，依他他依，師弟道殊遂分勝劣，彼據勝說，此約下論，不相妨也。【略】

問曰，有漏之心體既是穢，穢心所現諸器世間，只應能現穢土之相，如何能現淨土之相，如彼無漏淨心所現出過三界淨土相耶？若彼穢心能現淨相，維摩經何故說言，衆生罪故不見如來佛國嚴淨也。

釋曰，體既是淨，得現穢相，何妨體是其穢而得現其淨相，故一心之上有種種淨穢等相，心有多功能，現衆多相。又由以本願與衆生，令爲現淨土，衆生宿，於佛所有生大願，深厭穢心，修清淨行，詫彼如來淨土相上，雖是有漏，而能現彼清淨佛土，還如世尊所現無漏清淨佛土，此由他力爲增上緣，令此有漏之心現其淨土相也。又佛有大神力，能令上人見穢不見淨，如衆香世界九百萬菩薩來此娑婆，唯見穢國不見淨土，或能令下人見淨不見穢，如以足指按地，令舍利弗等見三千世界純是珍寶莊嚴，或令淨穢俱見，如寶蓋之中現十方淨土及此穢國也。今此得生淨土者，蓋是諸佛之力，不可以凡夫之智測量大聖作此疑難，但須依教修行也。

問曰，如《大品經》等，說內空外空內外空等。今淨土即是外空，衆生即是內空。既爾，有何衆生爲能生？有何淨土爲所生？又《維摩經》言，諸佛國土亦復皆空。又問，以何爲空？答曰，以空空等。又言，菩薩云何觀於衆生？維摩詰言，如第五大第六陰第七情十三入十九界等法。《法花經》言，諸法從本來常自寂滅相。《般若經》言，如來說，莊嚴佛土者即非莊嚴。又言，實無衆生得滅度者，如是等諸大乘經究竟了教，咸言諸法空寂，何因今日說有西方淨土，爲所生之土，衆生爲能生之人，勸人著相起行依不了義經，此乃不得諸佛深義，取著有相，不名習學大乘法也。

釋曰，如向所說，大乘空義究竟了教，深生敬信，不敢誹謗，究竟出離二種生死，斷人法執，證大涅槃，唯此一門，更無二路，小行菩薩二乘凡夫，修菩薩行，欲求佛果，未證無生法忍，不免退轉輪迴，非無種種法門句義，依之修學，趣求出世。如何所引諸大乘經，說畢竟空破人法相，唯此等教是眞佛說。今《觀經》等所說西方淨佛國土，勸諸衆生往生其國，此亦是於眞佛言教，既俱佛說，並爲眞語，何爲將彼空經，難斯淨教，信彼謗此，豈成理也。然佛說法不離二諦，一俗諦，二第一義諦。俗諦是因緣生法，依他起性，非有似有，第一義諦是無相眞法，圓成實性，諸聖內證，妙有眞有，然其二諦非一非異，以眞統俗，無俗不眞，即一切諸法皆歸寂滅。若不以眞攝俗，即一切諸法緣會故有，緣離故無，萬法宛然，不可言無也。佛或破衆生相，令歸無相，欲除人、法二執，見、修兩惑，偏明第一義諦，說一切皆空，欲令衆生捨凡成聖，斷惡修善，欲求淨土厭離穢土，具說種種法界因果差別，凡聖兩位淨穢二土，今遣捨穢歸淨隔凡成聖，即於此門中，說種種諸法，皆爲成就佛法利益衆生，化宜方

便，逗機善巧，理宜如此，故教有二門，不可讀第一義諦之經畢竟無相之理，即謂淨土因果等教將非是佛眞言，不爲究竟之説，便謗而不信也。不可讀種種因果差别言教，不信説一切空寂，甚深般若波羅蜜多無相玄宗，便毁而不持也。此即於諸大乘經三藏聖教，有讚有毁，懷疑懷信，亦修善法，亦造重罪，信不具足，名一闡提。如《十輪經》具明其罪，可須俱生敬信，善會二宗旨趣也。故《維摩經》言，能善分别諸法相，於第一義而不動，能善分别諸法相者，此依世諦門説也。於第一義而不動者，此依第一義諦門説也。又言，諸法不有亦不無，以因緣故諸法生，不有不無者，第一義諦，離有離無等四句也。諸法生者世諦，從因緣等世間出世間種種諸法生也。又言，雖觀諸佛國永寂皆空，而不畢竟墮於寂滅，是菩薩行，雖成就一切諸法，而離諸法相，成就一切諸法者，世諦法也。而離諸法相者，第一義諦無相也。又言，雖知諸佛國及與衆生空，而常修淨土，教化於群生，上兩句第一義諦，下兩句世諦，《大品經》等雖説内外空等，第一義諦也。而言淨佛國土教化衆生，世諦也。如是等衆多大乘言教，皆説畢竟空寂法門，即言淨佛國土教化衆生，子須具讀經文，上下參綜，自相和會，除其信謗之心，爲人宣説，勿有讚毁之語，此即自利利他，同得離苦解脱，而乃披尋聖教，文義不同，自信不具毁陷其身，令他聽徒成闡提業，自損損他也。《解深密》《楞伽經》及《瑜伽論》《攝大乘論》《唯識論》等，三性三無性義，一圓成實性，二依他起性，三遍計所執性。圓成實性離相眞實，依他起性非有似有，遍計所執性情有理無，猶如龜毛兔角等物，汝引《大品經》等，或約圓成實性畢竟空理，佛説爲空，實非空也。或約遍計所執猶如空花，佛説無法，今説淨土等，教約依他起性，從因緣生法，非有似有，因果之義萬法宛然，而子但見説圓成實性，無相之教破遍計所執，畢竟空無之文，遂不信説依他起性因緣之教法也。即是不信因果之人，説於諸法斷滅相者，故經文寧起我見，如須彌山，不起空見如芥子許，斯言誠可誡也。又説，空有皆俗隨機，第一義諦非空非有，故説淨土佛國空者，皆俗，隨機令其入法，何是何非。

稱念佛名

智顗《五方便念佛門》既敘五門來意竟，更敘入方便次第。假如行人，口稱南無阿彌陀佛時，心必願生彼國土，即是稱名往生門；行者想像佛身，專注不已，遂得見佛，光明赫奕，照觸行者，爾時所有罪障，皆悉消滅，即是觀相滅罪門；又觀此佛，從自心起，無别境界，即是諸境唯心門；又觀此心，亦無自相可得，即是心境俱離門；行者爾時趣深寂定，放捨一切心意意識，將入涅槃，緣十方佛加被護念，興起智門，行者爾時於一念頃，淨佛國土，成就衆生。如何前四門所有功德，百千萬分不及其一。何以故？無功用位，能以一身爲無量身，任運修習故，佛觀護故，諸佛法源盡窮底故，普賢願因悉圓滿故，本願力故，法如是故，即是性起圓通門。已上五門竟。

觀像念佛

智顗《五方便念佛門》問曰：「人多畫像而以觀禮，有何聖教？」答：「《大寶積經》第八十九云：『爾時大精進菩薩持畫佛氎像，入於深山，寂靜無人、禽獸之間。開現畫像，取草爲座，在畫像前，結跏趺坐，正身正念，觀於如來。諦觀察已，作如是念：「如來是希有微妙，畫像尚爾，端坐微妙，況復如來正遍知身？」復作是念：「云何觀佛？」爾時，林神知彼菩薩心之所念，白菩薩言：「善男子！汝念：『云何觀佛？』」答言：「若欲觀佛，當觀畫像，觀此畫像，不異如來，是名觀佛？如是觀佛，如是觀者，是爲善觀。」時大精進作如是念：「我今云何觀此畫像與如來等？」復作是念：「如是畫像者，非覺、非知，一切諸法亦復如是，但有名字。如是名字自性空寂，本無所有，如來之身其相如是。畫像非證、非果，非證者、非得者，非住者，非去來，非生、非滅，非淨、非色，非貪、瞋、痴，畫像非陰、界、入，非初、中、後，一切諸法亦復如是，如來身相亦復如是。如此畫像，非覺、非知、非作，一切諸佛亦復如是，觀如來身相亦復如是，乃至六根亦復如是。」菩薩如是觀如來身，結跏趺坐，於三七日中，成就五通，供養諸佛。諸天散華以爲供養，爲佛所讚，會中二萬人住阿耨多羅三藐三菩提，無量阿僧祇人住二乘功德，大精進者，釋迦牟尼佛是也。』此文明矣。」

約四教者，夫心不獨生，必託緣起。行者念佛之時，意想爲因，如來毫光爲緣，亦名法塵，以對意根故。所起之念，即是所生法，觀此根塵能所，三相遷動，新新生滅，念念不住，分折方空，無佛無念，藏教小乘也；即觀念佛心，起能生所生，無不即空，妄謂心起，心實不起，起無自性，體之即空，所觀佛相如鏡中像、虚空華，無佛無念，通教大乘也；即觀念佛心，起即假名之法，淺深洞鑒，無量名相，如觀掌中，了知此心，有如來藏，歷劫斷惑，方證眞常，離邊顯中，無佛無念，別教大乘也；即觀念佛心，起即空假即中，若根若塵，並是法界起，一念亦爾，塵刹諸佛，一念照明，六道眾生，刹那普應，初即是後，今始覺知，如大福人執石成寶，必無捨念，別求離念，即邊而中，無佛無念，圓教大乘也。《瓔珞經》明頓悟如來，此之謂也。

迦才《淨土論・序》 夫淨土玄門，十方咸讚。彌陀寶界，凡聖同欣。然則二八弘規，盛乎西土。一九之敎，陵遲東夏。余每披閲群典，詳撿聖言，此之一宗。竊爲要路矣。其達之者，觖之稽顙。未悟者，矚而躊躇。若不馮此栖神，終恐沈淪永夜。今者總閲群經，披諸異論，撮其機要，撰爲一部。名淨土論。然上古之先匠，遠法師、謝靈運等，雖以僉期西境。終是獨善一身。後之學者，無所承習。近代有綽禪師，撰安樂集一卷。雖廣引眾經略申道理，其文義參雜，章品混淆。後之讀之者，亦躊躇未決。今乃搜撿群籍，備引道理，勒爲九章。令文義區分，品目殊位，使覽之者，宛如掌中耳。所願三福之教長弘，四誓之經永範。二八之觀齊闊，一九之生同歸。庶令六道孜孜長辭穢刹。四生擾擾，永處蓮臺。未及餘輝，俱遊淨域矣。

迦才《淨土論》卷上 第一定土體性（一明體性。二明三界攝不攝。）

問曰，其土之門，凡聖同踐。彌陀寶界，十念可登。既許大小俱遊庶類齊往，未知土之體性狀類如何？

答曰，夫綺色眩目，巧言翳理，今欲令愚智同解，所以且消去浮辭，指陳而說也。一明體性者，自有三門。一法身淨土，二報身淨土，三化身淨土。法身淨土者，有其二義。一出能住人體，二出所住土體。能住人者，依《起信論》，釋如來藏，體具三大義。一者體大義，謂一切法，眞如平等不增減故，此即是一味眞如，此體何但非包含內外，亦乃貫通凡聖也。二者相大義，謂如來藏具足無漏性功德故，此即是恆沙萬德差別義也。此即有情處有，無情處無也。故《涅槃經》云，非佛性者，謂牆壁瓦礫無情之物也。三者用大義，謂能生世間出世間善因果故，此即是前相處用也。今既相用二大義爲能住人體，論差別，依一味而存故也。二出所住土體者，即取前一味眞如體大義，爲所住土體，謂與恆沙萬德，爲依止故，此即人土同體義分二也。報身淨土者，有其二種。一者實報土，二者事用土，實報土者，亦人土同體，謂始起萬德，爲其土體。如《攝大乘論》十八圓淨中云，大空無相等爲門，三慧爲路也。及維摩經中，總持之園苑，無漏法林樹等也。若論能住人者，即總攬萬德，成一佛人也。此人及土，一切下位乃至金剛心菩薩，亦不得見，唯佛與佛自相見耳。言事用土者，此即人土別體，謂頗梨柯蓮華藏世界等，爲所住土體。故《攝大乘論》云，淨土以蓮華王，爲依止也。大定大悲妙色相好等，爲能住人體。故《攝大乘論》云，應身以大定大悲，爲體也。此人及土，初地已上菩薩，隨分得見，乃至十地，見皆不同，謂地即上下之別，見亦麁妙之異也。故《攝論》云，若離應身初地已上菩薩，菩提資糧即不具足，此或名報身，或名受用身，或名應身，酬還曰報，答理名應，爲他飡味，稱爲受用，或名食身，與受用相似，化身淨土者，亦有二種。一者將三大僧祇利他行，盛即是常隨之化，此身及土，此界他方恆現不絕，或一劫或百年，三十二相八十隨形好等，謂新新生世，數數涅槃也。二者無而忽有化，謂依此化身，更起多化，如釋迦如來，即是常隨化，更起分身，即是無而忽有化也。或現獼猴鹿馬等形，不必唯現佛也。身既有二，土亦然也。如妙喜世界諸妙蓮華，即是常隨化淨土。如《維摩經》中，如來足指案地，三千皆淨，即是無而忽有化淨土也。此兩身二土，唯是地前菩薩，二乘凡夫得見。故《攝大乘論》云，若離化身，聲聞瘦澁，及願樂位初發心修行，皆不成就也。法身及土，即五眼中慧眼法眼佛眼得見，報化身土，即肉眼天眼見也。

第三定往生因（修何行業得生淨土）

問曰，已知凡聖皆得往生，未知此等人修何行業，而得生乎？

答曰，今依經論，出二種因。一、初引經論，廣明其因。二、削煩就約，略明其因。初引經論者，如《無量壽經》云，生彼國者，凡有三輩。其上輩者，有三種因。一、須發菩提心。二、須出家。三、須專念佛名，兼修餘福，迴向發願即得往生。觀此經意，上品三生者，唯是出家人也。其中輩生者，亦有三種因。一、須發菩提心。二、須專念佛名。三、須受戒持齋，起塔造像，飲食衆僧，燒香散花，燈幡供養。餘如前說。此唯是俗人也。經云，雖不能捨家行作沙門故也。其下輩者，亦有三種因。一、須發菩提心。二、須專念佛名，乃至十念。三、須聞甚深義信樂不疑（此通道俗，《無量壽經》意也。）又如《無量清淨平等覺經》云，欲生無量清淨平等寶國中，有其三輩。第一輩者，去妻子斷愛欲，作沙門，不與女人交通，行六波羅蜜，齋戒清淨，至心不斷，夢中見佛，則得往生也。其中輩者，持經受戒，布施飲食沙門，慈心不瞋，幡華供養，一日一夜，不斷絕者，往生其土，其下輩者，當斷愛欲慈心不瞋，齋戒清淨，一心念佛，十日十夜不斷絕，便得往生。（此是《無量清淨平等覺經》，與《無量壽經》大同也。）又如《阿彌陀鼓音聲王經》云，若有受持阿彌陀佛名號，堅固其心，憶念不忘，十日十夜，除捨散亂，精懃修集念佛三昧，知彼如來常住安樂世界，相續憶念，勿令斷絕，受持讀誦此《鼓音聲王經》，十日十夜，六時專念，五體投地，敬禮彼佛，念念不絕，十日之中，必見彼佛，唯除重障。（此是《鼓音聲王經》，此明現在未死時則得見佛也。）又如《觀經》說，一須三福清淨業，二須十六觀，此是《觀經》中因，廣不可具引，且總舉耳也。又如《小阿彌陀經》說，若善男子善女人，聞說阿彌陀佛，執持名號，若一日乃至七日，念阿彌陀佛，一心不亂，其人臨命終時，阿彌陀佛與諸聖衆，現其人前，是人終時，心不顛倒，即得往生。（此是《小阿彌陀經》，七日念佛即得往生也。）又如《大集經》說，佛告賢護，云何名現前三昧，若有比丘比丘尼優婆塞優婆夷，持戒清淨，獨處空閑，隨何方面，若聞西方阿彌陀佛，是人聞已，作如是念，如我所聞，阿彌陀佛，今在西方，爲諸菩薩說法，是人依所聞故，繫念思惟，觀察不已，了了分明，終獲見彼阿彌陀佛，譬如若男若女，於其夢中見種種事，所謂金銀珍寶，是人夢中所見，或違或順或憂或喜，是人寤已爲他廣說，追憶夢中，便生憂喜，如是賢護，彼善男子善女人，想彼阿彌陀佛，如是相好，如是威儀，如是大衆，如是說法，繫念思惟，或一日，或一夜，具足念故，是人必覩阿彌陀佛，若於晝時不能見者，於睡夢中，阿彌陀佛必當現也（此是大集賢護菩薩經，此經中教人想佛必得見也。）又如《往生論》說，修五念門，即得往生，何等五念，一者禮拜，二者讚歎，三者作願，四者觀察，五者迴向。（此是《往生論》中，教人修行五念門即得往生，是天親菩薩造也。）又如《大乘起信》說，復次衆生，初學是法，其心怯弱，懼畏信心，難可成就，意欲退者，如來有勝方便，攝護信心，謂以專心念佛因緣，隨願得往生他方佛土，如修多羅說，若人專念西方阿彌陀佛，所作善根，迴向願求生彼世界，即得往生（此是起信論，馬鳴菩薩造此論，教人念佛，發願迴向，即得往生也）又如大乘十住毗婆娑，龍樹菩薩教人禮讚阿彌陀佛，即得往生。

迦才《淨土論》卷中　第五引聖教爲證（謂引經論二教）。

經引十二部。一、《無量壽經》。二、《觀經》。三、《小彌陀經》。四《鼓音聲王經》。五《稱揚諸佛功德經》。六、《發覺淨心經》。七、《大集經》。八、《十方往生經》。九、《藥師經》。十、《般舟經》。十一、《大阿彌陀經》。十二、《無量清淨覺經》。論引七部。一、《往生論》。二、《起信論》。三、《十住毗婆娑論》。四、一切經中彌陀偈。五、《寶性論》。六、龍樹十二禮。七、《攝大乘論》也。

教淨合流

楊傑《淨土十疑論序》　愛不重不生娑婆，念不一不生極樂。娑婆，穢土也；極樂，淨土也。娑婆之壽有量；彼土之壽則無量矣。娑婆備諸苦；彼土則安養無苦矣。娑婆隨業轉輪生死；彼土一往則永證無生法忍。若願度生，則任意自在，不爲諸業轉矣。其淨穢、壽量、苦樂、生死，如是差別，而衆生冥然不知，可不哀哉？

阿彌陀佛，淨土攝受之主也；釋迦如來，指導淨土之師也。觀音、勢至，助佛揚化者也。是以如來一代教典，處處叮嚀，勸往生也。

阿彌陀佛與觀音、勢至，乘大願船，泛生死海，不著此岸、不留彼岸、不止中流，唯以濟度爲佛事。是故《阿彌陀經》云：「若有善男子、善女人，聞說阿彌陀佛，執持名號，若一日乃至七日，一心不亂。其人臨命終時，阿彌陀佛與諸聖衆現在其前，是人終時，心不顛倒，即得往生極樂國土。」又經云：「十方衆生，聞我名號，憶念我國，植諸德本，至心迴向，欲生我國，不果遂者，不取正覺。」所以祇洹精舍無常院，令病者面西，作往生淨土想。蓋彌陀光明遍照法界，念佛衆生攝取不捨。聖、凡一體，機、感相應。諸佛心內衆生，塵塵極樂；衆生心中淨土，念念彌陀。

吾以是觀之，智慧者易生，能斷疑故；禪定者易生，不散亂故；持戒者易生，遠諸染故；布施者易生，不我有故；忍辱者易生，不瞋恚故；精進者易生，不退轉故；不造善、不作惡者易生，念能一故；諸惡已作、業報已現者易生，實慚懼故。雖有衆善，若無誠信心、無深心、無迴向發願心者，則不得上上品生矣。

噫！彌陀甚易持，淨土甚易往，衆生不能持、不能往，佛如衆生何？夫造惡業入苦趣，念彌陀生極樂，二者皆佛言也。世人憂墮地獄，而疑往生者，不亦惑哉？

晉慧遠法師，與當時高士劉遺民等，結白蓮社於廬山，蓋致精誠於此爾。其後七百年，僧、俗修持，獲感應者非一，咸見于淨土傳記，豈誣也哉？

然贊輔彌陀教觀者，其書山積。唯天台智者大師《淨土十疑論》最爲首冠，援引聖言，開決群惑，萬年闇室，日至而頓有餘光；千里水程，舟具而不勞自力，非法藏後身不能至於是也。【略】

天台智者說《淨土十疑論》 第二疑

問：「諸法體空，本來無生，平等寂滅。今乃捨此求彼，生西方彌陀淨土，豈不乖理哉？又經云：『若求淨土，先淨其心，心淨故即佛土淨。』此云何通？」

答：「釋有二義：一者、總答；二者、別答。總答者，汝若言：『求生西方彌陀淨土，則是捨此求彼，不中理。』者，汝執住此，不求西方，則是捨彼著此，此還成病，不中理也。又轉計云：『我亦不求生彼，亦不求生此。』者，則斷滅見。故《金剛般若經》云：『須菩提！汝若作是念，發阿耨菩提者，說諸法斷滅相。莫作是念！何以故？發菩提心者，於法不說斷滅相。』

「二、別答者，夫不生、不滅者，於生緣中，諸法和合，不守自性，求於生體，亦不可得，此生生時無所從來，故名不生。不滅者，諸法散時，不守自性，言我散滅，此散滅時去無所至，故言不滅。非謂因緣生外，別有不生、不滅。亦非不求生淨土，喚作無生。爲此，《中論》偈云：『因緣所生法，我說即是空，亦名爲假名，亦名中道義。』又云：『諸法不自生，亦不從他生，不共不無因，是故知無生。』又《維摩經》云：『雖知諸佛國，及與衆生空，而常修淨土，教化諸群生。』又云：『譬如有人，造立宮室，若依空地，隨意無礙；若依虛空，終不能成。』諸佛說法，常依二諦，不壞假名而說諸法實相。智者熾然求生淨土，達生體不可得，即是眞無生，此謂心淨，故即佛土淨。愚者爲生所縛，聞生即作生解，聞無生即作無生解，不知生者即是無生，無生即是生。不達此理，橫相是非，嗔他求生淨土，幾許誤哉！此則是謗法罪人，邪見外道也。」

第三疑

問：「十方諸佛，一切淨土，法性平等，功德亦等，行者普念一切功德，生一切淨土。今乃偏求一佛淨土，與平等性乖，云何生淨土？」

答：「一切諸佛土，實皆平等。但衆生根鈍，濁亂者多，若不專繫一心一境，三昧難成。專念阿彌陀佛，即是一相三昧，以心專至，得生彼國。如《隨願往生經》云：『普廣菩薩問佛：「十方悉有淨土，世尊何故偏讚西方彌陀淨土，專遣往生？」佛告普廣：「閻浮提衆生，心多濁亂，爲此偏讚西方一佛淨土，使諸衆生，專心一境，即易得往生。」』若總念一切佛者，念佛境寬，則心散漫，三昧難成，故不得往生。又求一佛功德，與一切佛功德無異，以同一佛法性故。爲此念阿彌陀佛，即念一切佛；生一淨土，即生一切淨土。故《華嚴經》云：『一切諸佛身，即是一佛身，一心一智慧，力、無畏亦然。』又云：『譬如淨滿月，普應一切水，影像雖無量，本月未曾二。如是無礙智，成就等正覺，應現一切刹，佛身無有二。』智者以譬喻得解，智者若能達一切月影即一月影，一月影即一切月影，月影無二；故一佛即一切佛，一切佛即一佛，法身無二。故熾然念一佛時，即是念一切佛也。」【略】

第五疑

問：「具縛凡夫，惡業厚重，一切煩惱，一毫未斷。西方淨土，出過三界，具縛凡夫，云何得生？」

答：「有二種緣：一者、自力；二者、他力。自力者，此世界修道，實未得生淨土。是故《瓔珞經》云：『始從具縛凡夫，未識三寶，不知善、惡因之與果。初發菩提心，以信爲本，住在佛家，以戒爲本。受菩薩戒，身身相續，戒行不闕，經一劫、二劫、三劫，始至初發心住；如是修行十信、十波羅蜜等無量行願，相續無間，滿一萬劫，方始至第六正心住；若更增進，至第七不退住，即種性位。』此約自力，卒未得生淨土。他力者，若信阿彌陀佛大悲願力，攝取念佛衆生，即能發菩提心，行念佛三昧，厭離三界，身起行施、戒、修福，於一一行中，迴願生彼彌陀淨土，乘佛願力，機、感相應，即得往生。是故《十住婆沙論》云：『於此世界修道有二種：一者、難行道；二者、易行道。』難行者，在於五濁惡世，於無量佛時，求阿鞞跋致，甚難可得。此難，無數塵沙說不可盡，略述三五：一者、外道相善，亂菩薩法；二者、無賴惡人，破他勝德；三者、顛倒善果，能壞梵行；四者、聲聞自利，障於大慈；五者、唯有自力，無他力持。譬如跛人步行，一日不過數里，極大辛苦，謂自力也。易行道者，謂信佛語教念佛三昧，願生淨土，乘彌陀佛願力，攝持決定，往生不疑也。如人水路行，藉船力故，須臾即至千里，謂他力也。譬如劣夫從轉輪王，一日、一夜周行四天下，非是自力，轉輪王力也。若言有漏凡夫不得生淨土者，亦可有漏凡夫應不得見佛身。然念佛三昧，並無漏善根所起，有漏凡夫，隨分得見佛身麁相也；菩薩見微細相。淨土亦爾，雖是無漏善根所起，有漏凡夫發無上菩提心，求生淨土常念佛，故伏滅煩惱，得生淨土，隨分得見麁相；菩薩見微妙相。此何所疑？故《華嚴經》說：『一切諸佛刹，平等普嚴淨，衆生業行異，所見各不同。』即其義也。」

陳瓘《淨土十疑論後序》 人心無常，法亦無定，心法萬差，其本在此。信此則遍信，《華嚴》所以說十信；疑此則遍疑，智者所以說十疑。出疑入信，一入永入，不離於此，得究竟處。淨土者，究竟處也。此處有說法之主名無量壽。此佛說法，未嘗間斷。疑障其耳，則聾而不聞；疑障其心，則昧而不覺，不聞、不覺，安住惡習，讚歎不念，隨喜麁心，妄指蓮胞，以爲虛誕。終不自念，此分段身，從何而得？自何而來？胎獄穢濁，眞實安在？信憑業識，自隔眞際，於一幻境，非彼執此，生生不靈，永絕聖路。

以如是故，釋迦如來，起大慈愍，於穢濁中，發大音聲，讚彼淨土上妙之樂。於生死中，爲大船師，載以法船，令趨彼岸，晝夜度生，無有休息。然而彌陀之岸，本無彼此，釋迦之船，實非往來。譬如一燈分照八鏡，鏡有東西，光影無二。彌陀說法，遍光影中，而釋迦方便，獨指西鏡。故已到彼岸者，乃可以忘彼此；未入法界者，何自而泯東西。於此法中，若未究竟，勿滯方隅，勿分彼此，但當正念，諦信而已。此二聖之意，而智者之所以信也。

信者萬善之母；疑者衆惡之根，能順其母，能勦其根，則向之所謂障緣衆生，聾可復聞，昧可復覺，未出生死得出生死，未生淨土得生淨土；順釋迦之誨往面彌陀，隨彌陀之願來助釋迦；在此而遍歷十方，即西而普入諸鏡。自二聖建立以來，如是之人，如河沙數，云何不信？云何而疑？能自信已，又作方便令諸未信無不信者，此則智者之所以爲悲也。

明智大師，中立學智者之道，不順其文而順其悲，所以又印此論，冠以次公之序，予乃申廣其說，以助其傳。

戒律學派部

創始人道宣及傳承分部

綜述

志磐《佛祖統紀》卷二九　始祖曇無德尊者。（法正，毱多尊者弟子。四分律主，南山所宗。）

二祖曇摩迦羅尊者。（法時，西竺沙門。始依四分十人受戒，遠承法正。）

三祖北臺法聰律師。（元魏孝文時，本學《僧祇》。因考受體，首傳《四分》。遠承法時。）

四祖雲中道覆律師。（聰之弟子，最初撰《疏》《疏科》六卷，以釋《四分》。）

五祖大覺慧光律師。（初從佛陀禪師出家。陀曰，此子宜先聽律。律是慧基，非智不奉。若初從經論，必輕戒網。由是依覆通《四分律》，撰《疏》十卷。）

六祖高齊道雲律師。（從光受學，撰《疏鈔》九卷，判釋廣文。）

七祖河北道洪律師。（從雲受學，亦著疏文。）

八祖弘福智首律師。（稟戒之前，於古佛塔前，預祈顯驗，蒙佛摩頂，身心泰然，方知感戒。及尋律部，多會其文。從洪受學，撰《疏》二十卷）

九祖南山道宣律師。（《輕重儀》云，先所宗承首律師者。）

鹿園初會，多士未純，以故漸制諸戒，用清三業。既屢被彈訶，復盛聞開顯，則世之爲學，將有乘急戒緩之過。故於泥洹之夜，扶律談常，嚴飭來機，毋忽學戒。是爲以知常之心，扶奉律儀，非同十二年中，偏弘三藏之學也。維南山師，遠受佛寄，專典毘尼，盛述條章。深明持犯，所以正爲末代之機宜也。入道之士，何莫由斯。三學相仍，茲爲初步。撰《南山律學志》。

守一《宗教律諸宗演派》　自終南山道宣律師爲律門第一世，十三世傳至金陵古林庵慧雲如馨律師。馨傳三昧寂光律師，爲寶華山第一代。從如字起，演派五十六字：

如寂讀德眞常實，福性圓明定慧昌。海印發光融戒月，優曇現瑞續天香。

支岐萬派律源遠，果結千華宗本長。法紹南山宏正脈，燈傳心地永聯芳。

三昧律師又另演一派二十字：

寂戒元常定，信理妙恆融。從聞修福慧，紹隆佛祖心。（接此派下未知何人，續演二十字。）

大智德勇健，觀照萬法通。本性周沙界，應現臨濟宗。

湖北麻城如是山支浮戒岳律師亦於前派心字下續演二十字：

禪燈照本覺，靈源自永昌。法雲迷大地，智日亘光揚。

三昧律師法（孫宜潔玉書字輩）律師從華山分住杭州昭慶寺，從讀字起分演四十字。

讀書福德大，持戒定方眞。慧發開心地，靈光耀古今。

千華同一脈，萬善總歸因。頓超佛祖位，永遠續傳燈。

志磐《佛祖統紀》卷五三　宋仁宗。杭州允堪律師，述《會正記》，釋南山律文。徽宗，杭州元照律師，約《法華》開顯，作《資持記》，釋南山律文。理宗，明慶思律師奏，南山大智律文乞入藏。制可。

傳記

道宣

志磐《佛祖統紀》卷二九　法師道宣，京兆錢氏。母夢梵僧語之曰，仁者所懷梁僧祐律師也。處胎彌十二月而生。九歲遍覽群書，十二善習文墨。十五師日嚴頵公（於倫反）。十六誦《法華》，兩旬而徹。十七落髮。二十依首師，進具戒。三衣唯布，常坐一食。武德四年，再依首師學律。性好禪那，期修正定。頵曰，戒淨定明，慧方有據，始聽未閑，持犯焉識。七年，徙居終南，紵麻蘭若。始製《行事鈔》。正觀四年，行般若三昧於清宮精舍，經九十日。龍化人形，禮觀聽法。沙彌染心，顧盼其女。龍怒欲害之。念師教誡，頓息惡心，攝毒吐井。白師勿飲此水。及往視之，其井涌沸。又於雲際寺，行此三昧。前後二十會。常感天童，爲之給侍。十九年，偕奘公翻經弘福，筆受潤文，推爲上首。永徽元年，復居紵麻，心勞疾發。忽毘沙門天王授以補心之方（今和劑局方，有天王補心丹），復告師曰，時當像末，不修禪誦，但起伽藍，恐非比丘之正業。後在西明寺，深夜行道，足跌前階，聖者扶足。師問，何人？答曰，北天王子那吒，奉命來衛。師曰，太子威力自在，天竺有可作佛事者，願爲致之。太子即以所寶佛牙授之。師夜捧行道，晝藏地穴，唯弟子文綱知之。師與天神往來，言此土靈蹤，西天聖迹，計三千八百事。隨問隨錄，爲《感通傳》。坐夏有功，庭生芝草。隱居之地，水涌白泉。操觚續傳，則鴻儒服膺。封土築壇，則梵僧稱贊，捷疾送奇華異果，非人獻甘露名香。若此之事，不能畢記。

乾封二年春，天人告師曰，師報緣將盡，當生彌勒内宮。十月三日，衆見空中旛華交列，異香天樂。天人同聲請師歸覲彌勒。上聞之，詔天下寺院，圖形奉祀。穆宗製讚曰，代有覺人，爲如來使，龍鬼歸降，天神奉事。聲飛五天，辭驚萬里。金烏西沈，佛日東舉。稽首歸依，肇律宗主。懿宗朝謚澄照。

師所撰《删定僧戒本》（一卷，今所盛行）、《删定比丘尼戒本》（一卷）、《注僧戒本》（三卷）、《戒疏》（四卷）、《注羯磨經》（二卷）、《羯磨疏》（四卷）、《行事鈔》（三卷）、《尼戒本》（一卷）、《比丘尼鈔》（三卷）、《拾毘尼義鈔》（三卷）、《亡物輕重儀》《章服儀》《歸敬儀》《正行懺悔儀》《新學教誡儀》（各一卷）、《法華義苑》（三十卷，亡本）、《釋迦方誌》（二卷）、《佛道論衡》（四卷）、《續高僧傳》（三十卷）、《後續僧傳》（十卷）、《廣弘明集》（三十卷）、《三寶感通記》（二卷）、《天人感通傳》（一卷）、《大唐内典録》（十卷）。

鎧菴曰，澄照婁感天神，揚搉律相，參諸異部，以《四分》爲宗，撰述疏鈔，破斥諸家。但據《成實》論師之説，以五義分通大乘，立爲圓宗戒體（日本師爲問以難）。又立三種懺法。不依方等普賢，乃取唯識別教。以爲末世初心懺重觀法，判位太高，不無可議。

書玉《梵網經菩薩戒初津》 師諱道宣，字實相。京兆錢氏子。父吏部尚書。母夢梵僧語之曰，所孕者，梁之祐律師也。及長，投日嚴頵師出家。年二十，依智首律師進具，親從學戒，以律自持。居終南山，苧麻蘭若。撰《行事鈔》，建南山宗。燒戒定香，行般舟行。感天人送供，翊衛修行。暮年以戒壇未合佛制，躬自負土，準律新之。

唐高宗乾封二年十月三日，示寂於長安西明寺。衆聞天神同聲，請師歸彌勒内院。高宗有詔傷悼，勅天下寺院，圖形塑像，以爲標範奉祀。穆宗御製讚曰，代有覺人，爲如來使。龍魔歸降，嶽神奉事。聲飛五天，辭驚萬古。金烏西沉，佛日東舉。稽首歸依，肇律宗主。懿宗謚號，澄照聖師。

允堪

志磐《佛祖統紀》卷二九《諸宗立教志》一三 律師允堪，錫號智圓。慶歷間，主錢唐西湖菩提寺，撰《會正記》，以釋南山之《鈔》。厥後照律師出，因爭論遶佛左右衣制短長，遂別撰《資持記》。於是《會正》《資持》，遂分二家。

《釋氏稽古略》卷四：《會正記》，堪律師所作。師名允堪，錢塘人。幼從天台崇教大師慧思祝髮，學無不通，專精律部。慶曆，皇祐以來，依律建戒壇於杭之大昭、慶蘇之開元、秀之精嚴。歲歲度僧，祝延聖壽。師著《會正記》等文十二部，講續南山宣律師之律藏。自其後。有靈芝律師元照，繼嗣其宗焉。師是年十一月二十六日入寂於昭慶，移塔西湖菩提號眞悟智圓大律師。（塔銘）。

書玉《梵網經菩薩戒初津》 允堪律師。錢塘人。幼從天台崇教大師祝髮，學無不通。及受具後，專精律部。著《會正記》，續南山宗。住蘇之開元，秀之精嚴，皆依律建壇，歲歲度僧，傳弘戒法，福國祐民。後於慶曆皇祐年間十一月二十一日，入寂昭慶。建塔於西湖菩提院，謚號眞悟智圓大律師。

元　照

志磐《佛祖統紀》卷二九《諸宗立教志》一三　律師元照，餘杭唐氏。初依祥符鑒律師。十八，通誦《妙經》。試中得度，專學毘尼。後與擇映從神悟謙師。悟曰，近世律學中微，汝當明《法華》，以弘四方。復從廣慈才法師受菩薩戒，戒光發見（詳見才法師傳）。乃博究南山一宗頓漸律儀，常布衣持鉢，乞食於市。主靈芝三十年，衆至三百。義天遠來求法，爲提大要，授菩薩戒。會幾滿萬，增戒度僧，及六十會。施食禳災，應若谷響。所至伽藍，必爲結界。每曰，生弘律範，死歸安養。平生所得，唯二法門。

政和六年秋九月一日，集衆諷《普賢行願品》。趺坐而化。湖上漁人，皆聞天樂。葬於寺之西北，謚大智，塔曰戒光。常謂其徒曰，化當世無如講說，垂將來莫若著書。乃述《資持記》（釋《事鈔》）、《濟緣記》（釋《羯磨疏》）、《行宗記》（釋《戒疏》）、《住法記》（釋《遺教疏》）、《報恩記》（釋《蘭盆疏》）、《觀無量壽佛經》《小本彌陀》，皆有義疏。《刪定尼戒本》，凡百餘卷。雜著《芝園集》二十卷。

鎧菴曰，律師以英才偉器，受忡悟弘《四分》之記，斯可矣。而乃別爲《觀經》述新疏，抗分事理，專接鈍機，廢棄洛言，唯任臆說。此草菴輔正不得已而條攻之也。至於律家扶新之出，適足以扶不義，以抗義戒之哉。

《淨土聖賢錄》卷三　元照，字湛然，姓唐，餘杭人。初依東藏慧鑒律師，專學毗尼。後從神悟謙師，講天台教觀。謙勗以究明《法華》爲本務。復從廣慈才法師受菩薩戒，戒光發見，乃博究南山一宗。杖錫持鉢，乞食於市。晚主靈芝三十年，傳戒度僧及六十會，篤意淨業，每曰，生宏律範，死歸安養，平生所得，唯二法門，嘗集《淨業禮懺儀》，自爲序曰，元照自下壇來，便知學律，但稟性庸薄，爲行不肖。後遇天台神悟法師，苦口提誨，始知改跡，深求祖敎，博究佛乘。於是發大誓願，常生婆娑五濁惡世，作大導師，提誘羣主，令入佛道。復見《高僧傳》慧市法師云，方土雖淨，非吾所願，若使十二劫蓮華中受樂，何如三塗極苦處救衆生也。由是堅持所見，歷涉歲年，於淨土門，略無歸向，見修淨業，復生輕謗，後遭重病，色力痿羸，神識迷茫，莫知趣向，既而病差，頓覺前非，悲泣感傷，深自克責，志雖洪大，力未堪任，仍覽《天台十疑論》，初心菩薩，未得無生忍，要須常不離佛。又引《智度論》云，具縛凡夫，有大悲心，願生惡世，救苦衆生。無有是處，譬如嬰兒，不得離父母。又如弱羽，祇可傳枝。自是盡棄平生所學，專尋淨土教門，二十餘年，未嘗暫舍。研詳理教，披括古今，頓釋羣疑，愈加深信。復見善導和尚專、雜二修。若專修者，百即百生。若雜修者，萬千一二。心識散亂，觀行難成，一志專持四字名號，幾生逃逝，今始知歸，仍以所修，展轉化導，盡未來際，洪贊何窮，方便多門，以信得入。如大勢至，以念佛心，獲悟圓通，入三摩地。復自思念，已前所造無量罪業，不信淨土，謗法毀人，業因既成，苦果必就，內懷慚恥，曉夕兢惶。於是躬對聖前，吐露肝膽，五體投地，苦到懺悔，仍發大願，普攝衆生，同修念佛，盡生淨土，欲常修習，須立軌儀，故集諸文，布成此法，從始至末，第列十門，竝準聖言，咸遵古式，事從簡要，法在精專，後賢披覽，知我志焉。又撰《十六觀經》《小彌陀義疏》，其外著述，累數百卷。

政和六年秋，命弟子諷《觀經》及《普賢行願品》，趺坐而化，西湖漁人，皆聞空中天樂聲。（《樂邦文類》《佛祖統紀》《西湖高僧傳事略》。）

《宗統編年》卷之二三　照字湛然，精台教，究羣宗，以律爲本，南山一宗，蔚然大振。嘗曰，化當世莫若說法，垂將來莫若著書。撰述甚富，趺坐而化。

書玉《梵網經菩薩戒初津》　元照律師。字湛然，餘杭唐氏子。厭俗出家，得戒於雷峰之慧才法師。住杭州靈芝寺，精練毗尼，作《資持記》，續昭慶允堪律師。宋天慶年間九月一日，跏趺入寂。壽六十九，臘五十一。葬於寺之右隅，謚號大智律師。

《緇門警訓》卷七《大智照律師送衣鉢與圓照本禪師書》　某年月日，比丘元照謹裁書，獻于淨慈圓照禪師。元照早嘗學律知佛制，比丘必備三衣一鉢，坐具漉囊，是爲六物。上中下根，制令遵奉，故從其門者不可輒違，違之則抵逆上訓，非所謂師資之道也。三衣者何？一曰，僧伽梨，謂之大衣，入聚應供、登座說法則著之。二曰，鬱多羅僧，謂之中衣，隨眾禮誦，入堂受食則著之。三曰，安陀會，謂之下衣。道路往來、寺中作務則著之。是三種衣，必以粗疏麻苧爲其體，青黑木蘭染其色，三肘五肘爲其量。裂碎還縫，所以息貪情也。條葉分明，所以示福田也。言其相，則三乘聖賢而同式；論其名，則九十六道所未聞；敘其功，則人得免凶危之憂。龍被逃金翅之難，備存諸大藏，未可以卒舉也。一鉢者，具云鉢多羅，此云應器。鐵瓦二物，體如法也。煙熏青翠，色如法也。三斗斗半量，如法也。蓋是諸佛之標幟，而非廊廟之器用矣。昔者迦葉如來授我釋迦本師，《智論》所謂十三條粗布僧伽梨是也。洎至垂滅，遺飲光尊者持之於雞足山，以待彌勒，有以見佛佛之所尊也。祖師西至，六代相付，表嗣法之有自，此又祖祖之所尙也。

今有講下僧在原。奉持制物，有年數矣。近以病卒，將啟手足。囑令以衣鉢坐具奉於禪師。實以賴其慈蔭，資其冥路故也。恭惟禪師道邁前修，德歸庶物，黑白蟻慕，遐邇雲奔。天下叢林，莫如斯盛。竊謂事因時舉，道假人弘，果蒙暫屈，高明俯從。下意許容納受，特爲奉持。如是則大聖之嚴制可行，諸祖之餘風未墜。謹遣僧齎衣鉢，共五事修書，以道其意。可否間，惟禪師裁之。不宣。（準《薩婆多》中，三衣長五肘，廣三肘，每肘一尺八寸。準姬周，尺長九尺，廣五尺四寸。）

《佛祖統紀》卷二七　元照住靈芝弘律學，尤屬意淨業。一日會弟子諷《觀經》及《普賢行願品》，加趺而化，西湖漁人皆聞空中樂聲。

《佛祖統紀》卷四六　四年，四明大梅山法英禪師等十八人列狀於郡稱，杭州僧元照至郡，分《淨土集》，云是唐慈愍三藏作。雖以勸修淨業爲名，意實毀謗禪宗指爲異見著空之人。英等今檢藏經，即無此文，遂作解謗一通以詰之。乞取問元照窮覈眞僞。照無以爲答，乃稱古藏有本。州司知其理窮，而敬其持律，但令收毀元本以和解之。（《解謗》書刻板在梅山，說義立理，最爲雅正）。

述曰，大智以英才偉器受弘律之任，《資持》之記與《會正》並行，而獨盛於今時。其爲名世有足重者，及觀其偏贊淨土，述新疏以反智者，假慈愍集以畔六祖，何爲其若是也耶？大氏此師檢身之學爲有餘，而明心之道未盡善也。《慈愍集》已毀，律家猶存新疏，識者必能別之。

五年二月，錢唐律師元照於四明開元寺建戒壇，準律如法，爲東南受戒之勝。

六年九月一日，杭州靈芝元照律師趺坐遷化，謚曰大智。毗尼之學，親自佛制，文殊已下，不措一辭。如世禮樂征伐，自天子出。自大法東度，律學未明。至唐正觀南山律師，始作《戒疏業疏事鈔》，以弘四分，流傳四百載，釋義六十家。唯允堪師《會正記》，獨爲盡理。至照律師始約《法華》開顯，作《資持記》以明南山之宗。於是《會正》《資持》，疏爲二派。

《佛祖歷代通載》卷之一九　政和六年，錢塘靈芝寺律師元照，字湛然。餘杭唐氏子。少依祥符東藏惠鑑師學毗尼，及見神悟謙公，講天台教觀。博究群宗，以律爲本。又從廣慈授菩薩戒，戒光發現，頓漸律儀，罔不兼備。南山一宗，蔚然大振。常披布伽黎，杖錫持鉢，乞食于市。楊無爲贊之曰，持鉢出持鉢歸，佛言長在四威儀。初入廛時人不識，虛空當有鬼神知。四主郡席，晚居靈芝三十年，眾常數百。嘗言化當世莫若講說，垂將來莫若著書。撰《資持》《濟緣》《行宗》《應法》《住法》《報恩》諸記，《十六觀小彌陀義疏》，及《刪定律儀本》《芝園集》若干卷。自號安忍子，命諷《普賢行願品》。趺坐而化，壽六十九，夏五十有一。（《大正藏》第冊，No.。）

慧才

書玉《梵網經菩薩戒初津》　慧才律師。師解行相應，深入四明法智尊者之室。日持《大悲呪》，必百八遍。嘗夢觀世音菩薩脫袈裟以衣之，淨慈法眞禪師爲之記。

元琬

書玉《梵網經菩薩戒初津》　元琬律師。師於唐貞觀十年十二月入滅之先，遺表上奏曰，聖帝明王，恭敬三寶。沙門或有犯法，不應與民同科。乞付所屬，以僧律治之。幷上《安養論》，帝嘉納之。有詔傷悼，遣太子臨吊，勅有司給葬具。勅葬沙門，由琬始也。仍於葬所，建塔供養。

中興律祖如馨

書玉《梵網經菩薩戒初津》 中興律祖。

中興者，廢而復興也。如周宣王、漢光武，中興帝王之業。律祖則中興法王之戒也。

祖諱如馨，字古心。溧陽楊氏子。生而異香盈閭者七日。父早喪，母撫育而成人。至壬午，母亦告䘵。見世緣虛幻，遂求素安法師出家。聞師誨衆曰，佛法住世，功在毗尼。若不精嚴，佛恩難報。由是刻志於心，願見文殊，親承受戒。遙望五臺，三步一禮，千有餘日。拜到山中，見一老姥，捧僧伽黎，從林而出。問曰，大德禮拜殷勤，所求何事？答，求見文殊菩薩，親授大戒。姥曰，若然者，我此法服，今贈與汝。祇恐菩薩難見。見或不識。祖手接衣。姥標指曰，你要見文殊，那不是麼。祖一迴顧，姥即不見。五峰放光。結成雲蓋。菩薩於光中垂手摩祖頂曰，古心比丘。文殊爲汝授戒竟。祖於言下。頓悟心地法門，毗尼宗旨。自此漸還金陵時雪浪法師，奉旨修長干寶塔。工將告竣。塔頂艱舉，日夜翹勤。冀佛慈應。夢感韋天而慰之曰，優波離尊者預斯，始克汝願。明旦律祖著衣持鉢，杖錫繞塔，其頂即上。法師喜慰，偕諸緇素。案香禮拜，信知爲優波離再轉也。遂請於古林開戒，後坐靈谷、棲霞、甘露、靈隱。天寧寺等。南北道場。共三十餘處。其所到之地。法會殊勝，不能盡述。

祖生於嘉靖辛丑年，六月初十。示寂於萬曆乙卯年十一月十四。世壽七十有五，僧臘二十有七，染道三十四年，弘戒二十二載。弟子奉全身塔於天隆之後山。神宗皇帝御讚曰，瞻其貌，知其人。入三昧，絕六塵。昔波離，今古心。諡號慧雲律師。

寂光

書玉《梵網經菩薩戒初津》 三昧律祖。

祖諱寂光，瓜洲錢氏子。初從雪浪法師，習賢首教觀。次求古心律祖，圓具於潤州之甘露寺。親炙有年，惟律儀是任。祖嘉其行解，傳授毗尼，弘揚戒法。行道豫章，緇素敦請開戒於東林寺，陸地忽透千業白蓮，一十八朵。按《廬山紀事》云，遠公臨滅度時。示衆曰，若得白蓮重開。吾當再來敎化矣。時衆聞之。皆知昧祖爲遠公祖師再來也。後住華山，預合符讖。其餘神異。銘傳備詳。

讀體

書玉《梵網經菩薩戒初津》 見月律師。

師諱讀體。滇南楚雄之許氏子。父胤昌，世襲指揮使。母吳氏，感異而生師。幼而神敬，善繪大士像，人爭寶之，皆稱爲小吳道子。年二十七，忽念世相無常，棄襲爵而爲黃冠，住劍川赤宕崑。遇一老師，授以《華嚴》，閱至《世主妙嚴品》有省，即詣寶洪山，求亮如法師出家。師一見喜爲再來人，遂爲剃度，授與禁戒，隨侍有年。聞江南三昧律祖，戒法精嚴，偕友成拙，瓢笠東來。遇昧祖於丹徒之海潮菴，乞圓具戒，依學不離。祖視不凡，遂差爲首領，輔弼法門。師承祖命，統衆精勤，始終不怠。祖常爲衆曰，老人三十年戒幢，若非見月，幾被摧拆矣。及住華山，命師兼掌院事。臨終付託，繼席華山。師受囑已，一切院務，事事躬行。布薩安居，法法如律。有滇中善信來謁云，弟子禮雞足山三載，求見迦葉尊者。夢感韋大示現曰，尊者至江南華山弘律。爾欲親覲，當往見之，故來參請。師云，我是凡僧，不可虛說。師恐衆惑，秘不容傳。故維摩云，不起滅定，現諸威儀。此之謂也。其諸著述、道行，詳如銘傳。宋大智照律師。

師名元照，字湛然。餘杭唐氏。少依祥符東藏慧鑑師學毗尼。及見神悟謙公講天台教觀。遂摳衣出門。博究羣宗。以律爲本。又從廣慈受菩薩戒。戒光發見。頓漸律儀罔不兼備。南山一宗蔚然大振。常披布伽黎。杖錫持鉢。乞食於市。楊無爲贊之曰，持鉢出。持鉢歸。佛心常在四威儀。初入廛時人不識。虛空常有鬼神知。四主郡席。晚居靈芝。凡三十年，眾常數百。嘗言化當世莫若講說，垂將來莫若著書。撰《資持》《濟緣》《行宗》《應法》《住法》《報恩》諸記、《十六觀小彌陀義疏》及刪定律尼本，共百餘卷，《芝園集》二十卷。自號安忍子。政和六年秋，命諷《普賢行願品》，趺坐而化，漁人皆聞天樂聲。建塔靈芝西北，謚大智。

贊曰，毗尼祕藏，終南著稱，中微孰振，大智崛興。儀合萬行，論集諸乘，芝園西邁，天樂來迎。

戒律分部

綜　述

圓照《大唐貞元續開元釋教錄》卷中　四朝應制所翻經論，及念誦法，并修疏記碑表錄集等，總三百一十二卷。并《目錄》三百一十五卷。一百六十二卷經論及念誦法、六十四卷經律疏義、八十六卷《正元新集古今制令碑表記錄（并目八十九卷）》六十四卷經律疏義、代宗朝新再譯《仁王護國般若波羅蜜多經疏》三卷。【略】

論曰，法師開元二十六年十九出家，洎乎明年，登壇具戒。博考經論，關內河東，代曆四朝。弘宣妙旨，綱紀興善，保壽伽藍，獎勸京都僧尼二眾。春秋七十一，僧夏四十九。以貞元四年龍集戊辰五月十四日，遺誡門人。二十一日時，右脇累足。枕手腊然，稱念彌陀。卒於大興善寺本院傳法之堂矣。

僉定《四分律疏》十卷。

謹案《四分律》者，梵云曇無德，秦言法藏。姚秦弘始五年壬寅之歲，有罽賓三藏佛陀耶舍，秦言覺明，諷出梵文，竺佛念筆受，成四十五卷。至十二年歲次戊申，支法領又從西國將梵本來。於長安中寺重校勘，至十四年辛亥譯畢，沙門慧辯等筆受，成六十一卷。今合爲六十卷。後有道覆律師，製《疏》六卷。北齊惠光律師，造《疏》一百二十紙。次有道雲律師，修《疏》九卷。次有道暉律師，撰《疏》七卷。洎隋朝朔法願律師，裁《疏》十卷。

我大唐龍興，平一區宇。四方無事，三寶增明。有智首律師，述《疏》二十一卷。次有慧滿律師，造《疏》二十卷。事各一時，流通絕矣。初高祖神堯皇帝，武德元年，歲在戊寅。有相州日光寺法礪律師製疏，至九年景戌成就，總分十卷。宗依《成實論》，今稱「舊疏」是也。

洎高宗天皇太帝咸亨元年，歲在庚午，有西大原寺，今稱西崇福寺也。懷素律師，俗姓范氏，撰《開四分律宗記》十卷，宗依《根本說一切有部大毗婆沙論》《俱舍論》等，今稱「新疏」是也。

至代宗睿文孝武皇帝，受佛付囑欽尚釋門，信重大乘尊崇密教。見兩疏傳授，學者如林執見相朋數興違諍。聖慈愍念，務息諍源，使水乳無乖，一味和合。洎大曆十三年，歲在戊午。十一月二十七日，乃遣中使內給事李憲誠。宣勅語句當京城諸寺觀修功德使鎮軍大將軍右龍武軍將軍知軍事兼試光祿卿上柱國彭城縣開國伯劉崇訓，《四分律》舊疏、新疏，宜令臨壇大德如淨等，即於安國寺律院，僉定一本流行。是日也，使司錄勅傳牒兩街臨壇大德一十四人二十九日平明盡集安國。至三十日，門司趙鳳詮宣送食料牒奉勅語，尚食局索壹阡貳伯陸拾人齋食并果子解齋粥一事已上自副，即於安國寺供僧慧徹如淨等壹拾肆人，壹併供送充九十日齋食用。謹牒。又至十二月一日，內給事李憲誠宣奉勅。茶貳拾伍釧，藤紙壹阡張，筆伍拾管，墨伍挺。充大德如淨等僉定律疏用。敬問諸大德等，各得好在否。同日又命內給事李憲誠，宣奉勅語。安國寺三綱僉定律疏院，一切僧俗，輒不得入。如違，錄名奏來。

時天長寺臨壇大德曇邃、淨住寺崇叡、西明寺道邃、安國寺寶意、西明寺興玭、安國寺神朗、崇福寺超證、安國寺智釗、薦福寺如淨、青龍寺惟幹、章敬寺希照、安國寺超濟、保壽寺慧徹、西明寺圓照等。既奉恩旨，悚懼誠深進退屏營，陳表謝曰，大安國寺僉定《四分律疏》，道場沙門曇邃等言，伏奉中使李憲誠宣進止賜食料香茶及紙筆墨等，充僉定律疏食用者。曇邃等早承聖澤，叨寓釋門，不能修六和之宗，乖於一味之旨，自天有命，令使會同。又錫珍饌榮加紙墨，微僧何幸天澤累霑，捧日無階荷戴何極。伏願天威遠被俾契戒宗，用此微誠上資聖祚，無任悚懼之至。謹附中使李憲誠，奉表陳謝以聞，沙門曇邃等誠惶誠恐謹言。

寶應元聖文武皇帝答曰，師等道著依經功超自覺，承雪宮之旨奧，爲火宅之舟航。四分律儀，一乘扃鍵。須歸總會，永息多門。爰命有司俾供資費。馬鳴之制，佇見裁成。所謝知。同日京城釋門三學百大德等。陳表謝曰，京城釋門衆大安國寺上座沙門法鑾等言，法鑾聞。四河入海，無復餘名。兩疏各陳，須歸一實。伏惟寶應元聖文武皇帝陛下，光啟法炬，廣闢玄關。降九重非常之詔，彌以所用，使四分戒寶之宗，和而無諍。仍令就大安國寺修撰。伏奉聖恩，賜香茶食料紙筆，用光法侶。寵錫自天，戴荷無地。令會同一疏，刊削繁蕪，失鷸蚌之相戹。俾漁人之罔措，聖情若此雨施雲行。恆沙釋子，離我相於法空千葉花王，更新生於覺藥，無任慶賀之至。謹附中使李憲誠，奉表陳謝以聞。沙門法鑾誠歡誠躍謹言。

寶應元聖文武皇帝批曰，師等宗師梵行，領袖王城。道祕眞玄，功深戒律。四分疏義，匪異源流。一貫成章，佇資編緝。有司供備，誠謂典常也。所謝知是時也。將欲僉定。共議司存一十四人，各知分位衆差。大薦福寺大德如淨筆削潤色僉定，保壽寺慧徹同筆削潤色僉定，西明寺圓照筆受正字僉定，安國寺寶意筆受纂文僉定，沙門超濟筆受證義僉定。淨住寺崇叡，西明寺道邃興玭，天長寺曇邃，崇福寺超證，安國寺神朗智釗，青龍寺惟幹，章敬寺希照，並同證義僉定。共議篇題名目。勅僉定《四分律疏》卷。第一卷内但名《四分律疏》卷第一。京城臨壇大德奉詔定，以此爲題也。其日品官楊崇一宣奉勅語，興唐溫國兩寺三綱即與淨土禪院撿校僧等嚴飾道場令道行僧伍拾肆人。起今月一日，轉經禮懺，六時行道，至來年二月一日散。設其齋糧香油茶藥一事已上，令所司祇供，宜各精誠問師等好在。同日右銀臺門司趙夏日宣牒奉勅語，尚食局索陸拾肆人齋食果盤幷粥米生料一事已上自副，即與大濟師計會供送興唐溫國兩寺淨土院，每日各依。恆起今月二日供，至來年二月二日停。謹牒。

是日也。僉定《四分律疏》大德十四人，恩命分赴兩寺道場，奉爲國家轉經行道。其月五日品官楊崇一，宣奉勅語。溫國寺檢校大德飛錫專知念誦大德曇邃等。好在否。檢校有勞也。宜加精誠轉念行道普爲蒼生。至十四年正月二十五日，品官楊崇一。又宣奉勅語。溫國寺檢校臨壇大德曇邃飛錫等好在否。檢校有勞。其轉經及貞操律師誦經道場，宜延至二月十日散設齋，至二十八日。中使內給事李憲誠，宣奉勅語，溫國寺轉念道場四分律臨壇大德等，釋門三學，以心印相傳無上菩提，戒學以爲根本道場。畢日即宜赴大安國寺製造，疏成之後，十道流行。至二月八日。品官楊崇一，宣奉勅語大溫國寺檢校道場大德曇邃飛錫等。其道場宜取十日散。設千僧齋，至十日散。設天使行香，大德五十四人各絹三匹充嚫也。

道場既畢，慶設復終。大德相歡陳表謝曰，沙門飛錫等言。飛錫聞金輪騰翥，以十善化人；大聖用心，以蒼生爲念。伏惟陛下，洞入微妙明德惟馨，宣詔命於祇園，徵龍象於溫國。隨年五十四，轉經千萬偈。作禮金殿，清齋玉堂。或昇座諷甘露之文，或旋繞動蓮花之步。大濟禪師每親法會執鑪虔懇，僧等沐浴聖化，奉答皇恩。更蒙天慈，寵光法侶。御香玉帛，戔戔列於梵宮；寶饌金錢，雰雰下於淨土。無任戴荷殊常之至。謹附中使揚崇一，奉表陳謝以聞。沙門飛錫等誠歡誠慶謹言。

寶應元聖文武皇帝答曰，師等託跡緇流修行妙教，所錫齋嚫用廣勝因。所謝知。是日僉定《四分律疏》大德等。既奉恩命，各於齋後，赴集安國。道場大德曇邃一人，違限不至。見到大德狀上使司，至二十二日。勅句當京城諸寺觀修功德使，牒律大德崇叡等。大安國寺奉勅僉定律疏院牒得臨壇，大德崇叡等狀稱奉。正月二十八日中使李憲誠，宣勅令道場畢日即宜赴大安國寺，製造者十四人中，崇叡等一十三人當日並到，唯天長寺大德曇邃至今不來。都未製造，日月延遲。雖先已狀申，仍未赴集。恐上下怪責遲由者得曇邃狀，忽然患心痛者。曇邃律師既患，其見到大德崇叡律師一十三人等，即準勅修撰僉定訖上者，故牒大曆十四年二月二十二日牒。

判官前壽州長史劉涉使鎮軍大將軍行右龍武軍將軍劉崇訓，爾時諸大德先奉天恩。又承使牒一心精博探討律文，二時焚香，兩上修撰。新章有理，義準新章。舊疏理長，義依舊疏。兩疏有據，二義雙全。兩疏無憑，別依經律。研精覃思，博考毘尼。日來月往，不遑寧止。至五月十六日，聖躬不愈。勅下京城百寺開講。至二十一日。其疏修撰功將欲半。寶應元聖文武皇帝。奄棄萬國緇素攀號。遏密八音，如喪考妣。至二十三日，儲后欽承遺制，即大寶位。至二十四日，有勅語崇訓，爲先聖所開百座乃修諸功德，宜一切依前檢校句當。至閏五月二十五日。句當京城寺觀修功德使劉崇訓，奉表上聞，請停京城修功德使。上覽所奏，將爲至公。

尋於是時，乃宣墨制曰，卿侍衛禁軍，爪牙重寄，勤于夙夜，職在徼巡。釋教修行與軍務全異。天下寺觀隸在省司。次有府縣，監臨不宜別爲使目。覽卿陳奏深謂至公，所請停京城修功德使者，宜依應緣使下職掌等並停。是日宣付所司曰，勅旨內外功德使宜並停，自此僧尼悉屬祠部，僉定律疏，事亦同歸，省司催驅待憑聞奏。至大曆十五年歲次庚申正月一日。奉冊今上聖神文武皇帝尊號，改爲建中元年。至五月十六日己卯，修草本畢。洎六月甲午朔。又與諸大德起初檢勘。至十五日戊申，令沙門圓照起首，依國子學大歷，新定字樣，刱寫進本。每紙二十四行，每行二十五字。至七月癸亥朔二十八日庚寅，初校草本訖。至十月辛卯朔三日癸巳繕寫進本畢，分成十卷，用紙五百六十六張，計文三十三萬一百四言。又至十一月辛酉朔七日丁卯，復與諸大德起首，再三刊定，對草本、進本、副本檢勘。至二十七日僉定訖。至十二月辛卯朔十二日，隨狀送上祠部。

大安國寺奉勅僉定《四分律疏》院請進新僉定《四分律疏本》十卷。

右如淨等伏奉大歷十三年十一月二十七日勅，《四分律》舊疏、新疏令僉定一本流行者。但如淨等德業無取輪桶常才，濫蒙先朝，揀參刪定。執筆覃思，一文三覆。俾晝作夜，以月繼時。自去年二月二十二日起首，至今建中元年五月十六日畢功，共諸大德再三校勘繕寫云畢。據先兩本疏分新舊今合成一家。根其關節，勒成五百六十六紙，分爲十卷。上副代宗同文之詔中扶律藏滅諍之理，下成後學兼功之益。實冀永爲摸揩，謹連元勅白如前。請乞奏聞，伏聽進止，是日員外郎房由判，具舊疏新疏意狀過者。至建中二年正月十三日狀上祠部，大安國寺奉勅僉定四分律疏院。請進新僉定《四分律疏本》十卷（五百六十六紙，成一部釋《四分律》，一部六十卷）。

右奉制具舊疏、新疏意狀過者，伏以釋教持護事在律儀。本文難明，以疏解義。今如淨惠徹等商量，若舊疏理長，義依舊疏。新章有理，義準新章。兩疏有文雙全，兩義謹錄狀上，伏請處分。時祠部表奏，制下流行。

《新定四分律疏》一〇卷 右祠部奏，得安國寺僧如淨等狀稱，去大曆十三年十二月二十七日內給事李憲誠，宣口勅。令於當寺律院僉定前件律疏，今修定已畢，請聞奏者。

伏以釋教精微言說罕究。舊疏兩本，文字已多。今之所修。又相沿習。既準勅所撰。須有指麾。伏請許以並行任其學者所好。勅旨宜付所司。建中二年二月二十二日，太尉兼中書令尚父汾陽郡王假中書侍郎同平章事臣楊炎宣銀青光祿大夫行中書舍人兼禮部侍郎史館修撰上柱國臣于邵奉行奉勅旨如右牒到奉行。建中二年二月二十五日，侍中闕門下侍郎同平章事臣盧杞給事中臣班宏。二月二十五日，時都事直官權判兵部員外郎盧端。祠部牒安國寺僉定律疏院僉定筆削潤色。安國寺臨壇大德如淨，僉定筆削潤色。保壽寺臨壇大德惠徹，同僉定筆受正字。西明寺臨壇大德圓照，同僉定筆受纂文。安國寺臨壇大德寶意，同僉定筆受證義。安國寺臨壇大德超濟，同僉定證義。淨住寺臨壇大德崇叡，同僉定證義。西明寺臨壇大德道邃，同僉定證義。西明寺臨壇大德興玭，同僉定證義。章敬寺臨壇大德普震（替曇邃死闕），同僉定證義。崇福寺臨壇大德超證，同僉定證義。安國寺臨壇大德智釗，同僉定證義。青龍寺臨壇大德惟幹，同僉定證義。安國寺臨壇大德藏用（替希照死闕），同僉定證義。安國寺臨壇大德勝行（替神朗死闕），牒奉勅如右者，得前件臨壇大德如淨等狀所僉定律疏。奉勅律疏三本，許以並行，任其學者所好。謹具僉定律疏大德名如前，伏望準勅牒律院庶光後葉者，謹檢校文用者。準狀牒僉定律疏院者，牒至準勅故牒建中二年二月二十六日，令史申屠琮牒、主事李麟、員外郎房田由。

慧門《新刻量處輕重儀序》 亡僧衣資，處斷甚難，蓋以聖教廣博而部計不同也。往古宗師尚弗能無遲疑，況淺學寡聞何由盡曉。是故我高祖南山法慧大師，括諸部大義，立一家洪範，著《量處輕重儀》，用貽來裔。其文煥然，如日月之光，而輕重之判，無餘蘊矣。所以歷代重之以爲龜鏡也。猗乎屬有鳩峯乘春律師，是律海之長鯨也。深慨其書雖存，而傳世之不弘，乃爲對挍，鋟梓流通。余今秋偕在南京西大寺光明眞言會場忽遇其成緒，頂奉熏開，歎曰，斯典也。曩招提眞和尚始傳本邦以來，大凡一千載，未聞印行。今時當末法之運，觀此一舉揚，豈不曰吾門之大幸乎哉。春公徵余爲序。余抃躍之餘，而不甚辭，輒懸鄙辭，少申隨喜，庶樂學戒之士，展轉流行遠達龍華，同由斯文，斷其輕重，俱遵一道淨行云。

道宣緝《量處輕重儀本》　序曰，余昔在帝京，周流講肆，深文伏義，力志幽求，頗嘗清敘，惟以輕重爲要，而附事臨機，多隨意情，博訪明據，文義莫憑，先所宗承首律師者，孤情絕照，映古奪今，鈔疏山積，學徒雲踴，齊流五部之輝，通開眾見之表，而準事行用，浩汗難分，學者但可望崖尋途，未通鑽仰。余曾請訣斯要，直斷非疑，便告余云，夫講說者是通方之大解，豈局一見而爲成濟乎？其猶身計國謀，誠不可兩遂矣。又以受通諸部隨相偏闕，若限之一文，則不流眾說。余乃撫膺獨慨，學本自攝兼他，今隨以微緣而闇於決滯者，豈名博瞻機敎弘濟時俗耶？然則諸律持犯，互說是非，物類重輕，據量者眾，但約之受體，紛諍自銷。今此神州，通行《四分》（關中先用《僧祇》，江表由來《十誦》及行受戒律儀，皆多《四分羯磨》。）即以此律爲本，搜括諸部成文，則何事而不詳，何義而非決？遂刪補舊章，撰述《事鈔》，雖體相諧允，文據的明，猶恐意用未周，事須廣流視聽。至大唐貞觀四年，發憤關表，四出求異，傳見者多，并部誦語守文，河陽準疏約斷，繁詞瑣語結軫連衡，有魏郡礪律師者，即亦一方名器，撰述文疏，獨步山東。因往從之，請詢疑滯。而封文格義，語密竟沈。學士守句而待銷，外聽披章而絕思，亦以輕重難斷，別錄疏文，而前後亂繁，事義淆紊，乃是一隅之慧，猶未通方共行，今約先舊鈔，更引所聞科約事類，錄成別件，名爲量處輕重儀也。

原夫重物輕物，皆望資道，道在虛通，義非局約，由並因僧利而獲斯物故，身亡之後，還返入僧，使二僧懷受用之資，（謂常住現前之僧，俱荷重輕物利也。）兩施有福流之潤。（謂道俗七眾之人，俱行僧得之施也。）故總判入僧，不屬佛法，計並入僧，理亦通濟，而僧有常住現前不同，物亦輕重兩異，故《律》中佛斷物並入僧，及論附事，方舒二別。由斯約義，處斷明須，故於輕重之中深加剖決者，由倒說輕重，即懷二見，律文正斷，不許五眾，故闕思尋，但爲物類難收，諸部互缺，現有儲畜，敎不備載。約文附事，濫委縱思，物既現前，義須決絕，自古傳授梗概，相承指事，混如渺逾河漢。余每於此路，躊躇未引，嘗於業正之暇，顧意思焉，約敎附情，薄知途軌，然諸師行事，通悟者希，隨見立儀，六斷輕重，竝有明據，抑亦難求。今但取一判用通諸說，即以當律爲正，上下求文，文或隱顯，非明斷者，則統關諸部例決相成，庶今種類收羅，科條有緒，用備無悶，兼被緣須。意以普攝資生之財，總收眾具之物，附事決遲疑之咎，臨時定輕重之儀。執物案文，不看他面，隨機杼軸，譬同抵掌冀懷道之士，時復披尋，足遺犯過，極刑足除，由來深惑。然以人情忌狹，擁結非無，知事則親常住，引輕入重，別僧則私自利，引重從輕。倒亂昏情，殷鑑終古。（承聞六百段絹入重、屛風障子入輕之類。）出家據道，彌須勵心，鄙俗淺懷，久須捐擲。

又夫邊服華夷，儀形資具，風俗既別，物號亦殊，竝準例決，知輕重自別，始末該覽，足鏡規猷矣。余所撰《刪補行事鈔》三卷，篇分上、中、下也。門有三十不同，言有二十餘萬。若僧法軌模，住持綱要者，則上篇上卷，首領存矣。若受戒種相持犯懺儀，則中篇中卷，名體具矣。若衣藥受淨，諸行務機，則下篇下卷，毛目顯矣。故輒略總引，粗知梗概，今依下卷衣法之中單解六物，略分十門。

初、制入僧意門。（財因僧利，佛法未霑，豈彼王親輒俟收納？）

二、分法差別門。（約緣語事，十斷不同。唯第十同住死者，方乃加法。）

三、同活共財門。（財生不義，多懷鄙情。存亡一期，方稱此斷。）

四、囑授成不門。（決定捨施，便須付他。若疑慮未分，則一僧定攝。）

五、員債還拒門。（債息追送，隨本重輕。必非明證，義須深察。）

六、斷割重輕門。（輕重物相，深究難分。片有乖違，便招雙咎。）

七、分物時處門。（殯送還返，方可據量。必有緣來，異處科擬。）

八、撿德賞勞門。（有勞不賞。事絕優矜。無德僥倖，義須撿駮。）

九、正分輕重門。（人財兩集，聖法須遵。依教即分，無宜賣易。）

十、物之所屬門。（合得進不，終是爲僧。縱外營理，懸須給待。）

此之十斷，粗相且開。而第六門中，條緒非一。律中通列諸物，例竝入僧。後別牒五三。用分輕相。此即物類，亦有兩斷，輕重隨義。可知。

相傳隨義約判，亦是一途匡濟。而就律文，卒撿傍附，交加後銳。前修猶懷綴慮，沈於初學。疑妨是難，終未濟時。故且刪削必欲曉緣據。如後具明，則迷悟俱開。始終兩照。故前依律本，如佛斷之。準事取類，傍出附見。隨務據量，足爲龜鏡也。

凡居處量之任宰割要模，先擊磬集僧，次總收現物。已外重大資具，歷悵具條。對眾持讀，令知顯晦。先問共財同活，隨信判之。次問囑授有無，亦隨機判。後問負債是誰。又隨撿付。作上三法，方定現財。餘如《本鈔》。

《律本》云，時有舍衛國，多知識比丘死，多有僧伽藍，多屬僧伽藍園田果樹，多有別房，多屬別房物，多有銅瓶銅瓫斧鑿燈臺，多諸重物，多有繩床、臥床、木床、臥褥坐褥，多畜伊梨延陀耄羅耄耄羅氍氀，多有守僧伽藍人。多有車輿，多有澡罐錫杖扇，多有鐵作器、陶作器、皮作器、竹作器、木作器剃刀，多有衣鉢尼師壇鍼筒。諸比丘，不知云何。白佛。佛言，多知識、無知識，一切屬僧。（《律》文如此。準相約斷十三之別，今依上條，隨條具解，並如下列也。）

道宣《量處輕重儀末》 大唐貞觀十一年，歲在丁酉春末，於隰州益詞谷中撰次。余以自古至今諸有綴述多埋名而顯相，少時代而開今。遂令披讀，悶於人世。故分明昧，用表幽心。

余自出家，心存律部，經今五十餘載，常懷介然。恨以教義未周，臨機多擁。雖伏膺高座而以行事爲先。涉歷炎涼，亟經載紀。至於持犯深旨，彌有憲章，輕重淺相，情求路絕。亦有高彥盛德，常學律門，聞斷重輕，便存緘口。目覩斯狀。又增倒懸。貞觀初年，關表求解。晉魏中原，號稱學府。即而請誨，重增昔迷。獨有相州律師，制輕重相。言雖綸綜，還類古蹤。由此意言，遂出斯路，皆比擬於成敎，絕遲疑於古今。而以王著貴衣，同於俗服。邊方毛皮臥具類等輕分此。則文義闕彰，致令處斷斯咎。幸以天人交迹，意存據道，云余所斷迷。故非違白衣諸服，佛制嚴明，何得雷同，如王衣例。且王衣邊服，本是三衣迷名，同於臥具，悟則更張琴瑟。

又云，諸佛大聖，尚有後制過前，或復前開除後。及論行事，並以後敎廢前。故稱智人，名大覺也。昔雖立儀，大存比擬，然非目驗，故有小違可改。白衣見成之服非輕，已壞色相全乖非重。故積念成佛，初念似是，而非第二。反觀初則，全非後是。如是前後沓觀，皆前昧而後明。始自三賢，終于十住，乃至彌勒大士，猶有一觀未融。及至龍華道成，方等十方妙覺。況今沈俗凡僧，動恆相結結。既封執見，結彌繁然，則凡力所資，堪耐在此。至於不存心用，何可而論。故知王衣邊服，並是三衣，諸俗恆服，宜從重攝。

又云，比丘之法，少欲知足爲懷，故佛見頭陀，開房同宿。諸有儲積，同夏不前。良以少欲顯入道之初門，多積爲恆俗之恥，故制白衣俗服，生絕禦之，死絕分之。令見存者絕於著用。意存道撿，不徒設也。如是勤勤囑累，余以其過，遂敢改以後釋前。庶見此箴，幸同遺寄。

又云，言非助道，雖是佛說，亦違。縱是凡言，雖非經文，亦準。故佛言，雖非我制，於餘方爲清淨者，不得不行。此則佛自明言，何得相通輕攝。況不識王衣邊服之相，故準而入輕。前行迷而非過，後結悟而是福。用上諸誨，可不信歟。

道宣《釋門章服儀》 有漢陰沙門，告於秦山開士曰，僕聞，慈濟之道，通古之所式瞻，弘施之方，由來於焉景仰，豈非仁育成化，則覆燾冠於兩儀，攝御開業，則惠澤逾於三大。固當恢廣夷路，顯性命於四生，疎解精靈，暢慈悲於九有。比見諸沙門，威容崇盛，言行殊倫。深登耆域之識，重納隱侯之責，蠶絲被體。非華綺，無以肆其心，柔茵仰藉，非輕軟，無以安其處，衣食斯恥。既失德於儒宗，聖種頓亡，固喪道於玄府。是則專門靜訓，徒張誡誥之儀，遵途蓋寡，妄設譏遮之約，將非正法頹紐終於千六百年乎？輒以所疑，請爲披釋。開士曰，自法王利見盛，開導於慈悲，博愛之道，寔津梁於品彙，欲界亂善尚兼濟，爲言初，色有靜緣，亦四弘爲導首，況復道超區宇，德跨樊籠，非安忍於不仁，豈容情於殺戮，斷可知矣。卿不聞乎？重爲開引，肉食之與蠶衣，隨機開制，損生之與害命，終期頓斷。是知適化之舉，妙以達性爲功，攝用之略，畢歸資理爲務，但以淳源久謝，澆風不追，遂使袈裟有變白之徵，沙門絕搜玄之路，擁膝長想，伊何具言。彼沙門曰，僕本漢陰荊楚外屏，薄蒙餘慶，叨倖望蹤，每聞，變俗形服，爲入道之初門，靜處思微，樹出世之元旨，至於衣食之累，久捐擲於俗塵，見愛之纏，未解散於胸臆。所以不遠千里，問道三秦，至止已來，更新其致，向蒙餘論薄示規猷，而昏識未萌，倒情難曉，請重書紳，廣開衢路，庶使儀形有據，法炬之照，常明幽途重朗，道樹之風逾遠。余重諭曰，原夫道隆下土，綱領一焉，理則廓紛累於清心，事則顯嘉相於形有。良以正道玄漠，長劫之所未窺，靈胤昭彰，含識於斯攸仰，是知鹿園創啟，鶴樹終期，開萌濟世之模，昌示容光之迹，剃染之異，變俗習之生常，量據之儀，必幽求於正撿，且四含八藏，難用備尋，一襲三衣，何容昏曉。既是釋門常務，無時不經，義匪妄存，事符眞教，固使住法萬載，唯承形服之功，出有三聖，咸祖前修之業。今略爲子位以十篇，隨篇組織，務光陳迹。

制意釋名篇第一，立體拔俗篇第二，勝德經遠篇第三，法色光俗篇第四，裁製應法篇第五，方量幢相篇第六，單複有據篇第七，縫製裁成篇第八，補浣誠教篇第九，加法行護篇第十。

制意釋名篇第一

形服之所感人，懷生務本，道法之所迴向，啟化初源。故釋父逾城，途經林澤。行見獵者。服以袈裟。便脫寶衣，貿得麁布僧伽梨。即而服之，成正覺道。及開化也。若自若他，創染玄綱，先乘此服，故善來聲發，俗衣變而成法衣，八事隨身。如《善見》說，羯磨等受。先立形同正儀，故律云，彼剃髮著袈裟。與出家人同，此誠證也。斯何故耶？良由非變服，無以光其儀，非異俗，無以顯其道也。括其大歸，莫非截苦海之舟航，夷生涯之梯隥。故《賢愚經》云，服此法衣，當於生死疾得解脫。故梵王布化存生，而立運通。釋尊垂範亡我，而捐罪福，傾五住於心塵，排二死於內外者也。是知戲女一披，歷長劫而依脫縛；獸王纔見，忍死苦而識歸心。誠不虛也。

問，已知制意，未識何名？

答，尋夫西梵之與東華。音義乖越。聖種之與凡習。理絕名言。故《薩婆多論》云，如來立此三名，異於外道也。斯則三名。出於金口。殊非管識所籌。如彼呪詞祖而不譯也。或以名含多義，從本不可翻之。自道化東漸，經律所傳，號曰袈裟，通稱法服。然則袈裟之目，因於衣色。即如經中壞色衣也。聖色異俗，有目同知。知何等衣。但見其色，即目此色，爲袈裟衣。律中，所顯微附衣形。故《十誦》以爲敷具，謂同氈席之形也。《四分》以爲臥具，謂同衾被之類也。如尼師壇本，唯梵僧所坐之物。如此所坐之具，即而正翻，名爲坐具。至於衣服，猶迷莫練。然經律中，但名僧伽梨者，未曾有法也。所以者何？名出俗道標，此無有比。相如氈被之具，故名臥具也。尋名之師，依名取義。即解云，氈臥具等，須加羯磨，而捨受也。《論》稱五過，正在其人。故《薩婆多》云，臥具者，三衣名也。即《僧祇》云，老病比丘。持氈僧伽梨。從僧乞法，即其義也。安用羯磨，而加氈席乎？縱有前聞，未行其事，不可虛也。今以義約，終須建名。故文云，無名相中，假名相說。如《律》名爲調伏衣。故文云，結使已調伏，乃應披袈裟也。如經中。內起瞋心。外著袈裟，無不息滅是也。或《經》云，法衣應器者，謂懷道者，服之名法衣也。堪受供者，用之名應器也。深思其名，聽言觀行，不徒設也。自餘眾名，具如鈔疏說也。

問，如《大集》云，雖除鬚髮，不去結使，被服染衣，心不離染。此即去取一亂，如何以分？

答，勿迷其名，當取遠致。染謂壞於俗色，即染而是色標。故知兩據其道，而捨於俗也。故《律》中以袈裟色，染五正色，是如法色也。

立體拔俗篇第二

問，出家據道，未資形服。故文云，趣得支身，用濟寒苦。所以糞衣十種，遠聖元宗，自餘衣納，得便受用。依之修心，足以度世。至如《律經》所誡。四邪五邪，賢聖所許，少欲知足，致令有章絕假道之路，俯仰犯科禁之儀。形神弊於天網，受持乖於正法。如何通決會於趣得之文耶？

答曰，至聖立教，隨教攝修，是非利益，罔不通道。夫道在清心，無壅爲義。如世夷途，莫有滯者。今人行道，事理兩分。言事則俗習未亡，尋理則眞心體附。斯則強分二諦，有凡聖之殊途。故張兩儀，無去取之恒式。致使於衣知足務在無瑕。事清心淨便懷入道。故十種遺棄之衣，世情所捨。三聖服之無厭，道儀所歸。觀事無異俗之嫌，涉理有資神之用。斯則挹酌二諦。寄空有，而攝修。歸承四依，諒無愧於流範。故有持彼糞衣，遠詣遠池，而洗濯者。諸天欣其解脫，取其穢汁，用自浴身。莫不以財淨而心清，不以穢迹而累於道也。及得通外道持氎往浣，諸天遙遮勿污吾水，告曰，邪心感利，凡聖之所忌也。以此文證，故知道在清心，不虛設也。是知，求財之時，如法受畜，不陷刑科。內不愧於戒神，外無慚於負俗可也。焉得崎嶇世路，婆娑恆習，惡求多求喪命耶？生則爲佛之賊，死則爲鬼之囚。剃染依佛爲師。師教拒而不用。自陳損力。謂三途之可推。不思此形有四山之相逼。故文云，死時懷恐懼者，即斯人也。何異螗蜋拒轍之智勇乎。不聞經論之明誡乎，肉衣鐵衣隨感而至，受惱受熱，抑可言哉。一生形體委之溝壑，累世靈神繫於業道，任運長赴，無由返源。固當擺撥常習，遵仰聖言。外無犯於憲章，內有涉於清蕩，屬斯懷觀，夫復何求。

問，上顯求之有方。則理事雙得。然求之所幸有布。有繒。或氈氎相乘或毛綿間獲。五納百結。聞諸儉徒。木食草衣。偏資山眾。蒙旣惑焉。願欣其要。

答，曰出俗五眾準的四依。聖有成儀。無經凡慮。開濟形苦。意在心清。事不獲已。置斯聖種而正律遮許。慈悲務先。得而生惱。必不容納。故肉食蠶衣。爲方未異。害命夭生事均理一。暴繭爛蛾。非可忍之痛。懸疱登俎。成惡業之酷。漁人獻鮪。桑妾登絲。假手之義不殊。分功之賞無別。是以至聖殷鑒審惡報之難亡。經律具彰。兩俱全斷。故涅槃象腋楞伽大雲。莫不盛顯行慈。昌標止殺。殺爲罪之元也。俗戒首。焉何有道宗。安行其事。說導創演。必化之以慈仁。身服所先必衣之。以繒綵。繒綵所成。非殺不登。其事安忍不思。非犯無由自處。顰眉撫事。良可嗟之。是以震旦承敎全具不倫。斷肉之制久行。禁絲之儀莫用。非爲誡敎不約。過在迷文。或可於文不迷。愛沒無由將出。故律中。蠶家乞綿用成臥具。爲俗所訶。名殺生也。佛因制戒不許服之。縱得已成。斬碎塗壁。此則永捨之極誡也。必須斷之。如律中。用蟲飲蟲異途同制。野蠶家蠶分緣通約。若純若雜。俱犯於部篇。自成他成。咸碎於斤斧。今僧迷名爲。非法服。故不行矣。如上正名。想無有惑。故僧祇云，憍奢耶者。蠶口初絲。事同四分。五分不許爲服。縱得衣財。經緯俱布。中穿一絲。亦通制斷。又極誡也。薩婆多云，外國用綿成衣。自有二種。或細擘分布。如作氈法。或引成經緯。即綿紬也。皆不許之。自古諸師不思教意。縱是昔迷云即臥具。由殺害得。倘令斤碎。安有道服慈忍者相。由殺害得反聽受持也。是知。受持聖法。非淨不行。妄以傳之。誡乖本意。故大唐塞外。三垂海濱。大夏諸蕃。有佛法處。所被道服皆資氈布。無用絲綿。即良證也。此土齊魏名僧。周隋高勝所服。大衣皆資以布。雖未委敎。闇與文同。豈非慈惻之深。法衣依法故也。如俗常習。以布爲衫。通國同遵。不可頓易。故大論所顯布僧伽梨者。明是古佛道法。出有聖標。名爲聖種。是以大聖依而服之。以爲後式。五分鉢壞亦同此也。是知。法衣應器。非凡所行。佛不出世。則不現也。故諸明達遵途。莫違有承據矣。即雜含云，修四無量。服三法衣。則成慈悲者之服。余少經律肆。講至斯文。無席開遮。引用蓋寡。深懷猜貳。未敢通行。隨得披服覆形而已。貞觀末歲參傳譯經。顧訪蠶衣。方知莫用。深恨知之晚矣。且形體所寄。資於溫暖。就報強羸。難用通約。所以涅槃密教開抑有由。諒有殊意也。不可同肉全斷。則下人報弱無入道之期。似乳通開。則上行慢求。有惰學之務。所以方便引喩。爲道資形。故諸經云，依法而用。雖受十萬。不以爲多。必未能行。一盃之水。一納之衣。不許輒受。斯誡致也。是知。取納之務。務在清心。雖許披服。服而不著可也。然三種法衣。理非通限。還貿氈布。用準於前。良以自餘裙帔。唯擬遮寒。事不獲已。開濟形苦。生涯形報。終入死門。業命未傾。資心助道。事不獲已。供其衣食。終號養怨。無所益也。如能志節高劭。情割浮華。敬重正宗。死而無恨者。斯則比丘法行。列聖崇之。如草繫海板之傳也。約戒命難是所通開。約心忍死奉而不捨。故爲幽冥之所翼贊經論之所昌言。此但遮戒以死持之。何況性重多而不厭。誠可怪也。問，繒纊過本。非仁育所懷。微行供獻。有開福之業。如何頓斷絕。杜希向之心耶？答，夫供施之法。淨於三事。隨一有染。名不淨施。論分四句。豈不然耶？且淨行滅惑。作福難諧。機緣搆接。開其供施。用捨本貪。不遮財淨。致雜受報。若全閉拒。則蒙俗無由樹因。至於雜報。則生生常淪苦海。罪福雙感。厥致在茲。而央崛云，繒綿皮物展轉。來離於殺者手。然持戒者。不應服著。若服者。然非悲不破戒。據此教門。開閉殊致。閉則示含生之可救。誡損害之難任。開則以喪命。而成衣。權接救於寒苦。且自無悲之誡。終爲永斷之言。許服之方。止是救時之弊。至如山寒賊奪開服皮毛。疾急苦煎。聽資乳蜜。非爲通化。薄設權宜。仰度誠文。意言爲允。革衣皮服。律具制之。去其奢甚。止足爲本。至於黑白氈衣。律亦通約。求索過度。傷俗壞道。制捨入僧。剪毛存命。誠用顯仁。故開服著。然則損生之累。厥趣難清。薄爲引之。鎮銘座右。且身爲苦器。安能繫而不食。隨身糧粒。存生之務誠重。至於放火焚山。引水溉地。翻覆殺傷。殘害逾甚。況復囚犢捋乳。劫蜂賊蜜。蟲豸之封菜蔬。蠅蛹之依食器。薪水生靈。過於倉粟。草土含識。同聚成村。身口所經。寔難無患。然則過之大者。無越蠶衣。觀其養殺之儀。經稱惡戒。比夫屠獵之量。萬計倍之。而世言屠伯。無不恥之。及至同利縑繒。昌言顯迹。而莫厭者。同惡相濟也。固當齊約用息凡情。但五濁未消。三障常繞。豈非嗜欲之變使之然乎。當知報居季俗。宅此形神受用。使之損他成己。爲惱爲辱。深可厭也。至如商那比丘。胎衣被體。面王釋子。報服隨身。長指四海。而爲家。日一餐而謀道。無欲無爲斯可尚也。況復北有樹衣上天化服。隨心輕重。逐運新奇。或委質淨邦。以法喜而充食。寓神華內。以慚愧而爲衣。斯道可祈。行因無不至也。問，如何立行用祈彼耶？答，夫萬化在於一心。行成而終果剋。如影響矣。義須厭斯胎報。誓竭貪源。則受生依化矣。身既化生。則飢渴寒熱。絕於心矣。形服所資。不傷含識。既安柔忍則所服無外矣。故有梁沈約。碩學英才。位處權衡。情安仁恕。立究竟慈悲論曰，外典云，六十者。可以衣帛。則此年已前宜布矣。七十者。可以食肉。則此年已前宜菜矣。夫聖道隆深。無思不洽。仁被群生。理無偏漏。禁肉之旨載現于言。黜繒之義斷可知矣。然禁淨之始猶通蠶革。蓋是敷說之儀。隨機未已。豈非一朝裂帛可以終年。烹牢待膳。亘時引日。拯危濟苦。先其所急。敷說次序義在於斯。自涅槃東度。三肉罷緣。服膺至訓。長蔬靡倦。而蠶衣繒服曾不惟疑。此蓋慮窮於文字。思迷於弘旨。文多不載。觀隱侯此論。得其大歸。律制嚴明。非可詳覽。故興宏致耳。竝如上所引。可用鏡諸。

勝德經遠篇第三

問，上明衣體，慈忍居宗。蠶帛由於熸繰，義當永約。麻布在於絹紡，理歸弘訓。固得受淨無染。持奉有儀。頗有殊功。開萠世表。

答，善因積德於心。嘉祉緣成於境。幢相既立。則群鹿安神。鳥王懷怖。龍子保命。惡鬼潛形。人見生善。即其事也。況能祖承正教。受用得儀。近則隨行自修。遠則資成聖業。故大悲經云，披著袈裟者。性是沙門。污沙門行。於彌勒佛乃至樓至佛。得入涅槃。《悲華經》明五種功德。一、入我法中，雖犯重罪，一念敬心，三乘授記。二、天龍人鬼，能敬著衣，三乘不退。三者，人鬼得衣，乃至四寸，飲食充足。四者，眾生違反，念袈裟力，尋生悲心。五者，兵陣不傷，若無五力，欺十方佛等。

法色光俗篇第四

問，上引大乘中，被服染衣，未知何色，成於如法？

答，如經律中，通云壞色。故文云，當以三種青黑木蘭。隨用。一壞成如法色。良以習俗難改。貪愛叵除。戒律從緣。其相隨結。揲故在新。割廣歸狹等例是也。故五大上色。不成受持也。莫非隨事節心捨於俗習。如世朱紫非榮達。則無服之異等例也。不正壞色。唯釋門所懷。別邪正也。故九十六種外道。其徒不倫。或裸。或衣。或素。或染。莫有定者。釋門不爾。俱服染衣。色非純上。絕於奢靡。然上明青黑名。同五色。如論律中。似而非正。木蘭一染此方有之。赤多黑少若乾陀色。經云，見我弟子被服赤色。謂呼是血。論言我著赤衣。映珠似肉等是也。今有梵僧西來者。皆著此色。即其證也。然赤爲正色。微有差殊。此土眞緋僧祇所斷。明知。不正即袈裟色也。由色外顯容光易明。見色知人。是解脫者。如上已說。餘有雜染衣色非正。非上即得加持。但離俗習便成道相。故頭陀五納水浣爲淨。新衣壞色。故揲爲淨。坐具初成。亦以故揲。引多文證者。莫不抑貪競之奢華。割封滯之生情者也。

裁製應法篇第五

問，出家靜節省事爲先。隨得受用。安心行道。比見法衣。橫加割截。方復連綴號曰聖儀。損功妨道。豈復過此。幸賜誠文。用祛昏漠。

答，論其本制。出自聖心。義不徒張。深有弘致。故僧祇云，三衣者賢聖標幟。理越凡心也。故律中。沙門衣有三種賤。初體賤者。人世所棄之衣也。二色賤非是正上之色也。三刀賤割碎連之。斷貪賊之利也。又異於外道。故服此衣。且條堤之相。事等田疇。如畦貯水。而養嘉苗。譬服此衣生功德也。佛令像此義不徒然。故律云五條十隔者是也。至於條數多少堤量短長。各有誠文。如別所引。昔江表。十誦律師。臆斷彌勇。見於七條兩長一短。便謂九條三長爲正是。不聞薩婆多論九品大衣明教也。彼論。上品三種大衣。四長一短。下品三種。同於七條。不可乖也。比見條葉。不附正儀。三寸四寸任情開闊。浸以成俗。彌開華蕩之源。故僧祇律。廣齊四指。小如穬麥。得分畦畔。爲世福田。今則過其正度。故非法服所以衣服立量減開過制者。俱同抑貪競之情也。比見梵僧。縫其條葉。問其本據。云彼皆然。今以律撿。都無縫者。故裁縫見葉。表其割相。今竝縫合無相可分。如律道行刺鉤葉破。當反披之。又衣葉宣脫。當馬齒鳥足縫之。又《五分》云，衣下數破，當倒披之。在雨中行，水入葉中，應順披之。而今總縫，何勞若此？是知中國失禮，求之四夷。中濁邊清於斯可驗。且印度部執偏駮不倫。隨得一文，曾無考究。《律》中四說，不許輒行，但依誠教，自無尤執矣。

方量幢相篇第六

問，方衣出俗殊異世流。廣狹之間如何取約。答，諸律明量多依身肘。然其身肘兩有乖張。隨報定儀，可以成準。故文云，度身而衣故也。通而大約。三肘五肘以爲本宗。臨事制宜。不局名教。然減量而作。同儉約之儀。過限妄增。有成犯之法。故文云，四肘二肘。不爲非法。與佛等量。便結正篇。即其證也。頃載下流驕奢其度。至論儉狹。不見其人。而大聖本制三衣。西方但有此衣。餘無別服。故文云但三衣也。後有覆肩裿支之服。相亦畟。方故僧祇。云長四肘廣二肘是也。元制所興。本唯尼眾。今僧服著僭通下位。而裿支上狹下廣。壞絕淳源。即《僧傳》云，不意方袍，復有平叔者是也。又曰，袈裟無領，標解脫之衣。鉢盂無底，表難量之器。皆謂被服足以遮形，解釋索然無繫。成本志也。今時三衣，如本未改。亦有生情妄施綱紐。兩覆肩上，左右掩之，大繩結束，以爲頭陀者，未之前聞。然律有泥洹內衣，還如方服。繞腰而掩，以繩三圍。兩跨正後，分爲三襵。抽拔令齊，不許其皺。如菩薩象所著之裙，此土餘衣，隨俗裁製，江淮則襦襖正背，關河則褊袒裿支，裁剪尖斜。同諸俗服。雖云取異，終乖本儀，因言傍及，善無取矣。竝如《亡物儀》中廣之。

單複有據篇第七

問，《律》明三衣，因寒故制。論開五義殊有大功。約事御時不無乖各。如何通耶？

答，誠如來問，但以變在人情。不惟源本。本在遮寒。單疎非分。諸部通會。僧伽梨者。唯複無單。新者兩重。故者四重，餘之二衣，重單兩許。糞掃五納。無論重數。今時夏末一月作衣。但計裙帔之少多。衫襦之厚薄。綾紬之精最。韡襪之新華。唯彼法衣。置而不問，是則重三聖之所輕。厚九流之所薄。用斯矯世。不亦悲乎。當知。慣習所熏。在心成種。輕聖所重。世世常輕。重凡所輕。世世常重。如何開導靈府。預善來之命哉。

縫製裁成篇第八

問，夫性有昏明。命有厚薄。法衣如法。成規則難。大聖乘權。故當有致。請爲疏解。用濟時緣。

答，無所不通，名爲聖也。安有膠柱信度，而爲通照乎？諸律成衣，隨其豐儉。先其本制。後隨開給。如僧伽梨。欲創裁者。二十五條，四長一短。以爲基本，財少不足。以次減之乃至九條。又少不足乃至縵作。加縵受持開如法服。揲葉五納例此可知。作安陀會。五條爲本。割截成之。財少不足。揲葉屈襵。一長一短。猶少不足。縵作受持。欝多羅者。二服之中可三隅反也。是知至人靈鑒權機莫思。依法而行，無非法行。背此妄作自受凶終。可不誡乎。至於成衣之期。不許延日。隨時連合。趣得遮身。反刺直縫新故殊制。故大衣制五日。不成結罪。餘之二衣以類準犯。今有不肖之夫。情纏嗜好。自迷針縷。動必資人。但論刺作之纖媚。不計價功之高下。或有雇縫之直倍於衣財。履歷孀荒。譏過斯負。通觀誠教。衣唯自縫。今則反之，罪由此起。有心行者。徙轍開蹤。當尋聖主之誠又窺遺囑之旨。隨宜約略。即得依承。終歸大捨。未勞曲慮。所以陳如入般。乃在窮林。牧人貿衣五文而已。自餘凡鄙安可強乎。恥惡衣惡食。俗儒不行，況出有者。心懷此也。及成衣也。四周安緣。四角安揲。前鉤後紐。中條兩靡。障垢膩衣揲於領背。竝出正量如事鈔中。今作衣法。大如所論。鉤紐妄施。相量顛倒。《十誦》云，去緣四指前施鉤。去緣八指後施紐。良以用衣右角。掩覆左肩。前鉤後紐。收束便易。《五分》明裙。左掩其上。如俗所傳左衽是也。今時行事裙。皆右掩。法衣披著。右角垂前。故迴背紐。前施八指。如律所約。象鼻著衣。正篇明犯。理須反迹。所以西來聖像。東土靈儀衣。在左肩無垂髀膝。威儀不壞也。今則不爾。或有縫帶長垂。銀鉤現臆。金玉之飾亂舉於蒙心。華俗之結。䙘縷於道服。佛胸萬字條條間施。在尼師壇。坐坐成罪。況復綾羅紗縠。絲縷已是蠶衣。文綵輕疎。約敕彌成俗服。斯蓋竝乖，正則作者詳之。

補浣誡敎篇第九

問，世相成壞，居然有之。如有敗壞，何方補浣？

答，誡敎所及有義有文。如善見說。衣中壞者。縫合兩頭。刀決開之。加緣而服。不失受法。乃至一條二條以物簪補。如《四分》中。破及二指即須補之，如《論》所明。若浣重染。皆不失受。如薩婆多論。縱使都壞。但緣不斷，皆不失法。廣如《事鈔》。

加法行護篇第十

聖種之衣。以法成異。無法之衣。未足祇奉。如律所約。令受持之。然不出文。蓋是傳略。通括外部。咸有受文。故須該練隨受辨護。自古羯磨咸引其文。乃引異宗共成此部。或用僧祇加受持者。計法本一隨流味分。須知。行護其義不等。四分辨失。隔於明相。僧祇開會暗去明來。是則持犯天乖。何成以隨資受。誠不可也。十誦明斷。四分不殊。可依彼文。用加此服。至於行護部別具彰。如四分云，所行之處。衣鉢隨身猶如飛鳥。僧祇敬護三衣。當如塔想。十誦不得揵糞擔木等。律中。五事留僧伽梨。一疑雨。二疑怖。三藏舉。四浣染。五經營。若有瘦病。衣重難持。僧作法開得離一衣。乃至九月。緣一有差。不許加法。然釋門正化以法爲宗。準法承修。如車行轍。故衣雖多。不受持者。無離法罪。但越威儀。別有科咎。所以隨道。要務竝加持故。法衣被身以遮外也。應器資食以充內也。內外不持皆結其犯。違犯順法。俱名作持。上既衣食以濟形。必須憑處以清識。故隨身坐具以法加持。結形正意終於生報。斯事畢矣。世之惰學。多不依承。初受具日無不受持。漸染消亡。率皆縱蕩隨得。引著曾不留心。既無法服。恆知。露體以此生世。徒喪天年。故文云徒生徒死者。得其人也。夭折之甚。無過斯酷。計其恆度以法煩心。事不獲已須剃須著。何者。割情約欲。誰不知高。習俗未亡。欣於下達。剃染之相意在降心。依法不服。交虧厚利。是則懷利養身。終歸螻蟻。以斯經世。同上可悲。何如外依聲敎。如法奉持。內觀心本。以靜封滯。逆旅之喻已挂於俗流。磨鏡之方。復弘於道法。懷情據此，夫何言哉。

余以貞觀末曆，擯景山林，終於顯慶二年，十有二載。年立耳順，朽疾相尋，旦夕守死，無容於世，不以庸薄，曾預見聞，輒舒引示，式酬來貺。諸後遇者，幸究遠圖，願不以情累於文也。顯慶四年，重於西明寺更爲陶練，文不逮意，略可詳之。終擬諸後披而拔俗者可。不爾徒虛言爾。

終南山沙門吳興釋道宣，記其程器時序。

道宣《淨心誡觀法》 元照序：太近至易，無如自心，入死出生，了不知覺，其體明瑩，其量包容，故使一迷遽生諸法。其猶寶鑑，因明而像生；又若長川，緣澄而波動。謂心異物，爲物轉心，吸攬塵緣，積成勞結。淪歷諸有，沈屈己靈；餘趣無知，人倫尠學。縱令聽習多墮邪癡；奔逐名聞，封著知解。至有江南江北走覓菩提，曲見邪心未嘗正直，野猿騰躍家犬遲迴。勞我聖師，提耳垂誨，曲留妙藥，的指病根。囊括兩乘，津通萬行，託彼親度，用表弘慈。囑使竊閱，特彰祕勝，深訶講論苦勉修治。然古德傳通，雙弘敎觀，諸部則以敎開解，斯文乃以觀示修。既非無目而遊，豈是數他之寶？須信，從眞起妄舉體現前，達妄即眞，不從他得。淨心之要，覽者宜知。

正文（卷上）：

敬禮三寶藏，薩婆若法身。隨力誡初學，惟聖哀愍聽。

時在隨州興唐伽藍，夏安居撰，令送泰山靈巖寺，付慈忍受持。凡三十篇，如右：釋名篇第一，序宗篇第二，五停篇第三，挍量篇第四，自慶篇第五，善根篇第六，破戒篇第七，邪命篇第八，誑佛篇第九，造過篇第十，解脫篇第十一，食緣篇第十二，流轉篇第十三，不動篇第十四，過患篇第十五，心濁篇第十六，二報篇第十七，結使篇第十八，緣生篇第十九，安般篇第二十，相資篇二十一，因果篇二十二，止劫篇二十三，一諦篇二十四，心行篇二十五，菩提篇二十六，敎化篇二十七，佛性篇二十八，福田篇二十九，受持篇三十。

淨心誡觀法五字釋名法篇第一

淨心者，於汝現行煩惱諸部過患，敎修對治，令汝即時隨分解脫。垢染漸滅，心轉明淨，發生定慧，起於大乘清淨信心，趣向菩提種性住處。以今微因後感當果，是故敎汝察病對治，興隆功業，修入信境，成決定根力。其三賢十聖、無垢妙覺、四十二地空宗眞理，唯可知聞影像麁相，下地凡夫力所未及，亦未能行。今唯使汝淨除業鏡客塵瞖等，見汝身中少分佛性。汝可飲服般若甘露，洗蕩蓋纏漸顯淨心，心若清淨令眾生界淨，眾生既淨則佛土淨。始除煩惱令戒清淨，戒既完具定復清淨，以戒定淨令智慧淨，智既淨已顯自身源，有此義故名爲淨心。已下諸篇，治過雖別，同名淨心。誡者，令汝識知對治初門，先除麁染根本惡業，知病知藥守心愼口，勵己修道離過患故名誡。觀者，察義，觀察此誡與佛法相應不相應，及障道過患，名字句偈審諦思量，如實解心得誡本意。又能隨順止觀二門，此二法者定始慧初，生長一切禪支道品，故名觀。法者，即此誡文首軸次第，慇懃曉示，欲使禁斷煩惱止諸惡業，加行勝進住不退心，故名爲法。下諸篇中皆有此淨心誡觀法五義，當須知之。

誡觀序宗法第二

夫欲修道，於三業中先斷財色二種。若不貪財，即無諂諍，若不貪色，即無熱惱。《經》云：「背捨離欲，順菩提分。」當修身觀，精勤一心除世貪愛，制伏垢惱令心清淨，以斷財色成無漏善根，薰本識中成無貪種子，漸盡惑染入賢聖位。今見解法人等，仍貪財色長養結使，與諸漏相應，惡業繫縛墜三惡道。經云：「既非道人，又非白衣，無所名也。」多求利故，專習脣吻、莊補華綺，戲論諍訟、遞相謗嫉，三毒轉彊、煩惱增長，沈淪苦海，知而故犯，無解脱時，千佛出世不見不聞。以是因緣，地獄罪畢受惡龍身，爲盜佛衣食，破戒瞋垢所得惡果。如《盲龍經》説：「即知解義，不救業苦。」汝宜依誡如説修行，隨病對治隨分解脱，不可口言而得清淨。三毒五結，何者偏重，先治重者，輕即自差，披戒定鎧，摧心魔賊。一切苦因果，財色爲本；一切樂因果，戒定爲本。然此因果悉在眾生心微塵中，何故不禁餘過先誡財色？大乘經云：「八萬四千障道罪業，悉因財色以爲根本。」何以故？十方眾生無始已來，爲財相殺者過微塵數，爲色相殺者數復過是。道俗二流爲於財色，今現有一百二十六大地獄中，受千萬種苦，經無量劫始入畜生餓鬼。緇素二人同爲財色之所傷害，初持後犯，能免者稀。若有斷者名菩薩行、名眞持戒、名爲賢士、名佛弟子。財色二事相欲似輕，感罪尤重，河沙誑惑由財色起，此之二過能壞君臣師徒夫婦等，亦壞內外親族朋友知識。若離財色更無世間，人天脱苦聖凡同讚，諸漏滅盡進至佛果，爲此先誡財色二種。因色生憍，因財生悋，憍而且悋，雖有餘德亦不足觀。先斷財色，使功行成立，後聽經論，即是入道次第也。言逆行疾，故名淨心，偈曰：

煩惱如河沙，先斷惡二種，一財二是色，死時神不恐。
吉羅須護持，況言犯四重，三聚戒清淨，布薩心喜踴。
鄙夫愛財色，誡汝斷貪著，由財三世苦，因色入火鑊。
色能障聖道，財能令行薄，審諦自看心，知貪是狂錯。
智避如火坑，頑愚不嫌惡。若犯當悔除，除已更勿作。
一切有形類，終歸填溝壑，持戒禁情苦，後受大安樂。

誡觀五停心觀法第三

五妄想者，如除刺樹先斷其根，故修五停觀息五過，止不令起，故名停心觀。因修此觀現惱不行，得小解脱；所由之處，戒定調柔漸證神通，名大解脱；十障滅盡，名眞解脱。莫不因今五停觀法，如是修入名爲淨心。偈曰：

自知欲情多，一向觀不淨，背捨得解脱，欲竭即得定。
若當逐講論，念欲轉熾盛，是即非對治，下道入險徑。
自知瞋恚多，一向修慈悲，毒火得清涼，成就善律儀。
若當逐講論，非治徒勞疲，貪瞋更增長，重被煩惱羇。
自知愚癡多，諦觀十二因，始悟輪迴苦，了知無我人。
若當逐講論，見諍終日喧，放本求枝葉，不能拔斷根。
自知我慢多，諦觀十八界，方得無人解，吾我病即差。
若當逐講論，反益三塗債，計我常求勝，名利自杻械。
自知亂想多，常數出入息，覺觀漸得成，加我戒定力。
若當逐講論，喧塵未能息，遞互相是非，何時滅事識。

此是毘曇中七方便法：五停觀成名第一方便，自餘別相念處、總相念處、暖法、頂法、忍法、世第一法，名七方便。觀行成就得須陀洹果，若初入道，大小乘人通修此觀。偈曰：

何因説五停，復不逐講經？抱疾説藥方，祇欲取聲名。
凡夫貪利養，無心治忘情，若修五停觀，決定修道成。

何故令修五停觀法止逐講論？有二要法：一者佛教次第入道，對治麤重煩惱。二者見解法義人，知而故犯，不畏佛戒，不修威儀，五篇淨戒悉皆破盡。見他持戒復起憎謗，唯貪財色。瞋惱鬭諍，慳嫉憍慢，無漸無愧，身壞命終，必墮地獄畜生餓鬼，經歷多劫。當觀此事，現前驗知，故修五停，止過起道，順佛教故，名爲淨心。偈曰：

貪如豺狼性，瞋如惡龍心，壞法故毀禁，污戒犯姦淫。
識法望除毒，反更作罪深，造業心無悔，命過就刀林。
墮大無間獄，佛性歷劫沈，如職除名罰，失勢不堪任。
云何破戒口？噉人食憍恣。云何破戒手？受人財物施。
云何破戒身？坐臥好床褥。云何破戒業？受他禮己足。
云何破戒行？默受稱揚讚。若犯此五事，諸天共悲歎。

佛教新受戒者五年學律，然後學經。律有五部：一、《四分》，二、《五分》，三、《十誦》，四、《僧祇》，五、《解脫》。此五部律同一毘尼大藏，文相廣博卒難悉識。今欲知者財色爲宗，能斷財色，即名奉律。禁戒清淨，發生定慧，成就聖道，知律綱要故名淨心。偈曰：

五部戒律中，宗要斷財色，修禪觀不淨，對治自忍抑。
林野歎死屍，內心懷悲惻，我身會當然，貪熱即時息。
三毒甚強盛，摧之用智力。衣求破弊衣，食即一坐食。
常行平等心，淨意恆質直。若不能如此，袈裟覆荊棘。

聖教萬差，爲根性不同，病藥衆多，愚者致惑，雖用功力，非正對治，妄貪名利，更增塵垢。是以先修五停後學講論，知道次第，名爲淨心。偈曰：

世人習多聞，未曾行一分，妄情取妄法，諍競起紛紜。
入道依次第，戒定自資薰，淨命如迦葉，勿得同六群。

誡觀末法中校量心行法第四

凡夫解義，皆因聽學，爲知法人，身犯四重，畜八不淨財，食噉俗饌，無羞無恥，知而故犯，不畏後世。是故令汝校量心行，先淨禁戒，後方聽經，汝用五誡，得名淨心。古者大德講《華嚴經》，唯一卷疏。於後法師，作三卷疏。今時講者，〈十地〉一品，出十卷疏，各逞功能，競顯華詞，文字浩博，寄心無所。然文者當體即義，何須人語？今時愚人竟求於名，不求於法，法尙不可著，何況著文字？法離文字，言語斷故。《大集經》云：「經文是一，講者異說。」各恃己見壞亂正法，天神瞋故三災俱起。以是因緣佛法淡薄，如一斛水解一升酪，看似酪色食即無味。諦思講論，人情測佛，佛智境界，豈人能測？如是審察，名爲淨心。偈曰：

敷演說法師，二種陞高座，一者福無量，二者離罪過。
慈心成就人，法施勝財貨，瞋垢是非他，棘刺上坐臥。
有漏爲基堵，無明作根本，解經不除毒，法師自傷損。
賊心求名利，怱怱未思忖，嬰孩欲登梯，先須戒足隱。
學士聰明者，舉動多輕躁，或有錯解義，邪見復顛倒。
是故定治動，七覺中法要，定慧平等修，種智得微妙。
世尊在世時，唯敎修出離，習善莫生足，少惡即遠避。
念念觀無常，勤修眞對治，寂慮學禪那，何須著文字。

何因世尊在世時，悉得聖道及生天中？依次而學，不越毘尼，入道有方。五年習戒，夜則修定攝心守境，安處林野不畜餘食，少欲慚愧，一心諦觀無常不淨，離諸調戲意不散亂。舉動進止恆令淨潔，無惡姿容，先意問訊，以是善緣悉得道迹。汝能一心依此學者，名爲淨心。偈曰：

正法證道時，淨法調衆生，隨事秉羯磨，除垢獲三明。
像法盡至末，羯磨廢不行，雖復似和合，集則起鬬諍。
凡是諸經律，甘露亦毒藥，解服百痾瘳，不消病發作。
知法不向心，解經行轉薄，棄捨戒定業，文字處起著。
所以韻句撰，讀時心歡樂，靜坐好思量，觀察自忖度。
何緣重頌偈？文少義廣博。依戒益汝身，信受勿疑惡。
或見他毀罵，輕賤心漠漠，此約大乘敎，與理不違錯。

誡觀六難自慶修道法第五

一者，萬類之中人身難得，如《提謂經》說：「今得人身，難於龜木。」二者，雖得人身中國難生，此土即當邊地之中，具足大乘正法經律。三者，雖有正法，信樂復難，今隨力信，不敢疑謗。四者，人身難具，今受男形根無殘缺，相貌成就。五者，雖具男形，六根無缺，五欲纏染，出家甚難，今得割愛出家修道，披著佛衣，受佛淨戒。六者，雖受禁戒，隨戒甚難，汝可於戒律中，尊重愛樂，慚愧愼護。於此六事若不觀察，即便放逸深障聖道。既超六難，常應喜慶，難得已得，得已莫失，如是思量，名爲淨心。偈曰：

世有六種難，難得已得具，勤修戒定慧，善解名味句。
是故學大乘，問即須知處。受他檀越食，飽腹無智處。

無智長貪瞋，不能如法住，犯禁毁戒足，命終生四趣。

誡觀世相如夢修出世善根法第六

云何方便能令衆生離苦出世？但愚人貪愛，我即不貪。何者是名世愚貪愛？所謂官榮封賞、車馬庫藏、臺觀園林、采女音樂、上服美饌、遊戲射獵、宴會倡伎、嫁娶賓席、恃怙族姓、追朋逐勢、三軍列陣、前鋒精鋭、謀策將略、果毅傷殺、平殄除蕩、快意適情、攻城破柵、收縛簿歛、刀筆豪俠、意志建立、俗藝醫方、工巧居積、攝歛奠祭。以要言之，如此衆多世務，無量殺害、飲酒噉肉、鬬諍勝負、怨讎熱惱、悲喜安危、吉凶禍福，能於此中悉捨離者，名眞修道出世人也。衆生迷倒，於此世事謂是眞法，不知無數劫來生死大苦，身壞命終墮三惡道，恒河沙劫受大燒煮。雖遭此苦，仍於生死貪著無厭，迭相承習迷惑塵境，皆由未值善導未聞正法。汝今既聞，如聞修學，名爲淨心。偈曰：

凡夫狂癡性，所見常不正，資養三毒身，貪瞋轉增盛。
未觀屍穢形，持糞如行屏，常遊違順境，詐僞起諂佞。
實無常我樂，妄見常我淨，罪業顛倒故，恒遊諸險徑。
智者如實解，慧命心決定，觀世如夢幻，窮眞道成聖。

誡觀破戒僧尼不修出世法第七

僧尼破戒者，所謂畜養奴婢僮僕牛驢車乘田宅、種植園林華果、金銀粟白、屏風氈被、好枕細席、箱匱盆瓮、銅器盤椀、上好三衣、牙床坐褥、房舍退屋、廚庫碓磨、脂麵藥酒、雜鮭醬酢異種口味，王公貴重多人顧識、生緣富貴、數過親舊、餉送吊問、申訴衙府，身爲衆首門徒彊盛、講説相難，好喜音樂，常居一寺評量僧事，迭相擯罰，借問旱潦、豐儉、盜賊、水火、毒獸之事，經過酒店、市鄽、屠膾、獵射之家，親友、婦女、琴瑟、詩賦、圍棊、雙陸，讀外書典，高語大笑，嫌恨諍競，飲酒食肉，綾羅衣服，五色鮮明，勤剃鬚髮，爪利如鋒，畜八不淨，財寶富足，於此等事貪求愛著，積聚不離，名眞破戒。《經》云：「此等比丘名秃居士、名披袈裟賊、名秃獵師、名三塗人、名無羞人、名一闡提、名謗三寶、名害一切檀越眼目、名生死種子、名障聖道。遠離此等十種惡名即爲淨心。」偈曰：

可怪凡夫人，積聚貪瞋癡，破戒無羞恥，輕賤木叉珍。
追求忙如火，種植涉艱辛，教他多布施，自捨若抽筋。
傲慢善知識，恃怙膿血身，放逸著五欲，何時出苦津。
衣貪五色服，食貪常飽肚，捨靜入憒鬧，經戒未曾覩。
拔草復掘地，溉灌治園圃，生業過俗人，瓮匱居三五。
唯憂財不足，鎖門牢閉戶，高聲大語笑，諂慢心未普。
毁犯四重禁，觝突兇如虎，身壞永沈淪，罪畢生夷虜。
可念衆生狂，癡暗無慧光，但貪目前利，不見當來殃。
出家望靜樂，返爲馳逐忙，抱財忽命終，道俗竟分張。
惡性如蛇蝎，惡貪如豺狼，剃頭無實德，高容返自傷。
隱罪求名聞，不畏利養瘡，白衣修戒施，壽盡生天堂。
沙門倒慳惜，不觀空無常，唯知造惡業，觸事皆面牆。
破戒違經律，無慚故覆藏，我作還我受，三塗遣誰當。
雖無我人法，善惡亦不亡，三界輪迴苦，六道生死長。
如是諸惡過，謹慎好思量，願斷相續因，持心如金剛。
定水洗煩惱，戒城自遮防，德如螺髻梵，去處見西方。

誡觀外現威儀内起邪命法第八

邪命者，所謂淨治住處，嚴飾道場，羅列旛華及諸道具，數爲洗剃，常帶袈裟，覆膊靴履，威儀齊整，緩行直進，下聲軟語，或復靜默閉目低頭，衣鉢隨身執着律相。然其内心常求名利，望他請喚恭敬尊重，進戒度人强爲師首，處在徒衆希他依止，設解經律問時生難。性多嫌恨惡眼視人，少見侵觸不受其懺，口若發言喜説機刺，嫉他得利如火燒心，情塵意垢曾未除遣，雖坐繩床起惡覺觀，攀緣亂想念世欲事，令夜惡夢，漏失不淨。惡覺染意熏本識藏，結惡業種染能障，淨生死不絕輪迴無際，受諸苦惱。三業不淨，乖八聖道，外白裏黑，順八邪徑，是名邪命，欺誑凡聖，如是觀察，得名淨心。偈曰：

口誦無常經，身作有常計，求望他利養，合眼未觀諦。
三衣唯欲好，不肯著破弊，内心至麁獷，外相眞似細。
欺誑世間人，大悲爲流涕，賢聖不讚歎，善神不扶衛。
業障日夜增，戒定念念滯，雖有兩箇眼，復患一雙瞎。

誡觀取相恃善誑佛法第九

《經》云：何者比丘，名爲誑佛？若言我修慈悲，彼人瞋恚。我能布施，某甲慳貪。我具淨戒，彼人犯戒。我勤精進，彼人懈怠。我有智慧，彼人太愚。我今樂靜，彼染憒鬧。我修威儀，彼人輕躁。我如法住，彼不如法。或恃隱山絕粒，納衣一食，常坐不臥，塚間樹下，或講經律善解法相，我有如是福德智慧。取此相者即名我見、衆生見、壽者見，堅執是相名爲誑佛。何者修道名不誑佛？若人修空、無相、無願三解脫門亦不生著，唯觀世諦虛妄顛倒，如幻如夢無有一實。成此觀門修戒定慧，精進不恃己能輕他無德，柔和質直謙下無諍，以此善根迴向無上菩提，如是離相修者名不誑佛。不誑佛故得平等法，法眼明朗能淨智障，不著空有，名爲淨心。偈曰：

八萬四千法，對治多種病，是名大方便，成就善巧行。
執相名誑佛，著我起見諍，比丘自沈溺，不能到究竟。
故修三脫門，法空資慧命，深觀緣集故，證智更歡慶。

誡觀慢天懼人屏處造過法第十

凡夫憍諂，威儀不恆，人前斂攝，名爲諂詐。屏處造過，名爲憍逸。所謂破諸戒儀，私飲盜食，赤露裸跣，河池澡浴，露地便利，下氣出聲，摩捫屏處，仰眠伏地，蹲踞支頰，走驟顧眄，吟詠歌嘯，略要而言，故名憍諂。三業四儀悉不如法，人前似人，屏處如鬼，一切天神證知此過，身壞命終生獼猴中、及鬼魅中，爲犯戒儀果報對至，不欺闇室即其義也。何以故？大業之樹光明如鏡，衆生造業於彼悉現。神天有二：一字同生；二字同名。人不見天，天常見人，業力持罪不在晝夜，行者謹愼屏露無差。大千世界在佛毛孔，豈容屏過賢聖不知？是故菩薩有八萬威儀，聲聞戒有三千威儀，汝應修集威儀庠序，屏露二處一等用心，乃至失命不虧仁範，如是持行，名爲淨心。偈曰：

賢聖出三界，常遊三界境，觀諸衆生業，如形對日影。
智者愼威儀，持戒心勇猛，屏處無闕失，四念堅固秉。
觀身如毒蛇，察心如冤家，身心是大患，覆罪如河沙。
智者犯已悔，終不蓋疵瑕，藏過嬰惡名，地獄受鐵叉。
苦哉末法時，比丘比丘尼，剃髮雖改服，猶守貪瞋癡。
假名優婆塞，諂諂優婆夷，名中喚五戒，實未具一支。
口常誦藥方，心病不肯治，惡業覆障故，邪命求餘資。
身見執著我，不覺即分離，亦不觀五陰，氣息若懸絲。
人前粗斂攝，屏處踰須彌，唯懼人怪笑，不畏天證知。
欲醉狂情發，行坐染心思，纏綿破重戒，命終墮阿鼻。
地獄經一劫，劫盡更復移，此苦難堪忍，屏處最愼之。
爲造狂業故，諸佛發大悲，犯欲須臾樂，受苦無量時。
經云人從生，即有二種天，晝夜與身俱，共人同受年。
一念爲善惡，了了皆現前，惡多天減算，善強命長延。
毘盧遮那佛，身界廣無邊，於一毛孔中，容受三大千。
性照圓明徹，含生上福田，以衆屏多過，無緣起慈憐。

誡觀女人十惡如實厭離解脫法第十一

女人十惡者，具說難窮，今略言之，令生厭離。一者，貪婬無量無厭。《經》云：「十方國土有女人處即有地獄。」一切障道此爲是苦。女人欲男，如海吞流，百千萬劫，畢竟不滿，得一望一，心意狂亂，見可意男悉願與交，猶火納薪多益多熾，晝夜行坐無忘欲時。受五道身皆女形攝，先際已來女根未轉，徹窮劫世不免女身，故名貪欲無厭。二者，嫉妬心如毒蛇。家有婦類悉生憎垢，口似相親心如冤家，若同夫婿更相規命。或作符厭、解奏毒藥，或雇人殺害、或截支節、或毀面目，或削衣食、鞭打罵辱，方便除他，欲得獨立，故名嫉妬。三者，諂曲詐親。凡見人時未語先笑，口云憶念心懷嫌恨。對於夫婿，思他男子，願夫遠行、或願早死，或與外人多種謀計，及見夫時諂媚附近，身向心背，名爲詐親。四者，放逸。但念綵衣裝粉釵釧，修治面目望他愛念，耽著五慾不避親疎，不畏後世畜生餓鬼，名爲放逸。五者口多惡業。出言虛誑實情難得，凡所論說虛多實少，喜道鄙弊穢惡之語，母女姊妹不相避忌，兩舌鬪亂傳送消息，數作呪誓不畏殃報，屏罵尊長窮逐諍訟，是名口多惡業。六者，厭背夫主。若見端正男子，無羞追逐，或遣信逼、或自身往，坐臥不安休廢生業，或結成病、或時託病，屏處飲噉，人前不飡。夫婿辛苦勤勞得財，割減偷竊供給傍夫，共作謀計規欲殺害。見夫即瞋冤家無異，是名厭背夫主。七者，一切女人多懷諂曲實情難得。所以女人姦險，性器難量，雖與對面共言，心隔千里之外，皆爲貪求世利，性逐澆浮。言是返引爲非，指虛翻將爲實，顛倒常理每事多端，向背有無情隨冷熱，或憑勢要，或黨親知，或因財色相誣，或諍名位而起謗，是以口如脂膏，心若錐刀。八者，貪財，不顧恩義。父母養育劬勞難報，及嫁得夫棄忘恩德，規父母物潤益夫家，多得便喜，不稱便恨，父母飢寒無心供給，是名貪財不顧恩義。九者慾火燒心。不恥父母，不懼刀杖，或未嫁妊身，或奔逐他逃，或拘引他人向家造過，恥辱父母，敗亂宗親。出嫁已後，復叛夫婿，夫亡未幾，更思後嫁，男女成人猶棄改出，心迷欲醉，不避羞恥，女人過患，窮劫難盡，故名欲火燒心。十者，女身臭惡。不淨常流。春夏熱時，蟲血雜下。《經》云：「女根之中二萬蛭蟲，形如臂釧，細若秋毫，腥臊臭穢。私墮胎孕，懷妊產生污穢狼藉，善神見聞悉皆捨去，惡鬼魍魎數來侵擾。」如是鄙弊，愚人猶貪，棄捨念處，破佛淨戒，死入獄中、畜生、餓鬼，長劫受苦無解脫時。是名女人十種惡業，能觀能遠，名爲淨心。偈曰：

四百四種病，宿食爲根本，三塗八難苦，女人爲根本。
生死無數劫，貪愛爲根本，賢聖解脫樂，離欲爲根本。
四蛇成身界，顛倒想爲心，膿血遍九竅，淨想起貪婬。
順情稱快樂，不信墮刀林，報生豬狗道，由前貪愛深。
一切女人性，少實多諂曲，不念臭穢身，坐臥思念欲。
邪視他男子，情喜相逼觸，百千萬億劫，畢竟不滿足。
不羞慚父母，敗損諸親族，男少女多者，家衰數被辱。
女具十惡業，死入鐵床獄，大銛刺女根，苦痛大嗥哭。
地獄罪畢已，轉入母豬腹，噉糞居圂廁，臭泥生溷蟲。
復被屠割苦，累劫罪難終。從畜入餓鬼，穢食恆不充。
支節皆火然，骸骨不消融。貪欲暫時樂，受報苦無窮。

誡觀檀越四事從苦緣起出生法第十二

損害生命名苦業，筋骨斯盡名苦緣。《經》云：食者從耕種鋤刈、收治、颺簸、窖藏、運輦、舂磨、炊爨、蒸煮、聊設、供給、奉送。又種菜造牆，溉灌田園，營爲醬酢。計一鉢食出一鉢汗，汗在皮肉即是其血，一食工力出於作者一鉢之血，況復一生凡受幾食？始從耕種乃至入口，傷殺無數雜類小蟲，是以佛戒日受一食，支持性命寄過一生。衣服者養蠶殺繭、取桑、織絡、染浣、裁縫，眾緣調度無量辛苦。計上下衣資，凡殺幾蠶出幾氣力，蠶繭入湯受幾痛苦，是故佛敎著糞掃衣，障弊陋質冀得修道。房舍者從起立牆壁、穿坑掘地傷殺土蟲，斫伐材木傷林樹蟲，造塼瓦時殺泥水蟲，放火陶冶殺柴草蟲。作人苦力，施主費財，飲食眾緣，勞損甚大始成一房，是故行者依於塚樹草蓐自安。念食是苦節身而食，念衣殺命著糞掃衣，念房舍臥具從苦緣生，志樂頭陀三月一移，念四事難消少欲知足。經云：受檀越食如飢饉世食子肉想，受施主衣如熱鐵纏身，入房舍時如入鐵鑊，受床坐時如熱鐵床，寧破此身猶如微塵，不以破戒之身受人供給。三塗苦報皆爲愛衣貪食樂好房舍，若破戒因緣還償施主，或作奴婢鞭打驅策，或受畜生形，披毛帶角，生償筋骨，死還皮肉，負重力盡，起而復倒，虛受信施，樂不足言，及償施主，苦過萬倍。是故敎汝知慚知愧，愼護後世，莫破戒受施，名爲淨心。偈曰：

智者不貪食，貪食者無智，不念出糞苦，唯取人食利。
自噉腦中涎，上盛向下棄，慧命斷四食，行者不貪嗜。
比丘不樂靜，貪利受道具，追求心散亂，怱怱緣諸務。
得一更望一，心規恆不住，宜應愧施主，臭身裹破袈。
勸觀三脫門，離相自調御，少欲學知足，可依釋子賦。

誡觀六道流轉受報無窮法第十三

三界眾生，無始已來，造善惡業，皆熏本識，成業種子。淨染合雜，數過塵算，受六道報，生死無邊。從地獄出，生諸天中、人中、鬼神畜生中。畜生者，先受蝎蠓蠕動形類，一日一夜，百死百生，千死萬生，漸受大身。乃至摩竭魚等長十千由旬。脫畜生身，受修羅身，天上福盡，復生地獄餓鬼中。《經》云：鬼有百千萬種，果報各別。六道人畜，各千萬種，色命苦樂質像好醜，千差萬品，說難窮盡。今言人道，本業來處，《經》云：受形顏貌端正，爲性淨潔，諸天中來；皮膚麁弊，不喜修施，畜生中來；形色醜惡，瞪矒少智，地獄中來；舉動輕躁，獼猴中來；機捷調戲，妓兒中來；性多諂媚，鬼神中來。略而言之，廣即難盡。一道之中有恆河沙因果，受一蟺身猶經多劫，況受餘形，及餘道中，是故生死不可窮盡。汝可諦觀，捨身命時受大苦痛，受身生時，復大苦痛。如是苦痛，已經塵劫，已捨無數身，已受無邊苦。愚者於中猶行放逸，汝可思之，勤求出離，專精策勵，成無學果，證眞解脫，快樂安隱。能如是觀者，名爲淨心。偈曰：

一切世人欲受樂，遣修樂因不肯作。愚人得樂謂常樂，不覺命終被滅削。

十五姿容言可愛，四十已去自疎索。縱使生天八萬劫，不免無常墮溝壑。

凡夫暫樂忘大苦，受大苦時復忘樂。所受苦樂皆空華，本來祇是情迷錯。

迷解悟道獲神通，永斷生死名眞樂。

誡觀八風力大智者不動法第十四

何者爲八？一利，二衰，三毀，四譽，五稱，六譏，七苦，八樂。一切衆生爲八所動不自安心，故名八風。何者動相？得利便悅，衰惱便憂，毀辱即瞋，譽談即喜，逢苦懷慼，遇樂生逸，稱讚情歡，譏刺抱恨。此之八法能令癡凡動搖不安，毀譽聲一，妄起二業，造三塗因，報四趣果，波浪五道，成就十纏，永處樊籠，何時解脫？然十界者緣和故生，性空故滅，體解生滅即無嫌恨，恨風不起，罪火不然，火不熾然，心得清涼，無諸熱惱，以無熱惱故，名爲淨心。偈曰：

愚人貪美食，憎惡腹內屎。見生竟愛染，薄賤老病死。

毀譽同響聲，瞋喜更互起。取相心高下，不識平等理。

癡惑著音聲，凡夫共如此。死生糞與食，經文遣相比。

耳被虛聲誑，神仙墮崖死。智者解眞空，視聽不相似。

誡觀身心相苦惱過患法第十五

身相者，六道異類陰大假成，感現前果酬過去因，故名身相。身相有八萬四千種形，依正二報各各差別。一人遍受爾許種身，已經無量阿僧祇劫，今誡觀身，唯及人道。一人有九萬九千毛孔，八百種風出入其中，八萬尸蟲遍身充滿，四百四病更互發動，三百六十骨節迭相依持，百一十苦無時不受，三十六種不淨膿血合成陰身，九孔漏瘡穢物流出，如上苦業始成一人，賢聖捨離如除惡病，故名觀身。心相者，一念之間九十剎那，生住異滅猶如電光，塵起識生貪境招報。經云：貪欲心有二萬一千，瞋恚心有二萬一千，愚癡心有二萬一千，等分心有二萬一千，合有八萬四千塵勞。一百八種煩惱，五百四十種受，有九十八種使。故名觀心。若入安般觀法，心所漸息，乃至九次第定，還歸一眞清淨心中，此清淨心名爲佛性，名眞常法身、無心之心、無相之相，如是觀察，名爲淨心。偈曰：

廢緣託淨境，正命自養身，諦觀虛空心，隨分得解脫。

貪瞋若欲起，觀空以止遏，河沙煩惱根，定力能斷割。

專定不修智，小乘非大慧，雖復苦身行，徒自歷年歲。

定慧平等修，方知佛性體，直至大涅槃，何況世間諦。

道宣《淨心誡觀法》卷下 誡觀詐善揚名口清心濁法第十六：聖賢密行，內智外愚，凡夫狂癡，內愚外智，未有戒定，現戒定相，彰揚善名，招引利養，隱匿垢過，外顯清白，常向道俗，說己功德。經云：「此是無刀大賊，罪於劫掠，誑詐犯重墮三惡道。」詐善之人具足五業：一者天神不護，證知缺戒受施。二者五千大鬼常遮其前，唱言大賊，掃其腳迹。三者或於現世得大衰惱。四者常不值佛，生邪見家。五者自欺亦欺誑他，自受苦報施主無果，是爲五業。是以誡汝，推直於人，引曲向己，祕善陰德似不能言。何以故？善如金玉不用他知，惡如糞土不須藏覆，糞土之法貴在早除，細貨寶物默然牢掌。知足之性不求好名，少欲寂靜懼惡響計我之人欲得名利。察身無我，名利安在？名利俱空，離我即實，滅於空實，正入平等，能捨名利，是爲淨心。欲得淨土當淨其心，隨汝心淨即佛土淨，名爲淨心。偈曰：

出家行非法，感得多衰惱，危苦隨念豐，安樂稱情少。

天神不愛護，魔事數來擾，死時懷恐懼，長劫墮惡道。

善德深密藏，其猶摩尼寶，過惡悉除滅，理同苗邊草。

眞行不求名，戒定內明了，詐善覆藏惡。佛法中非好。

諦觀此誡文，繫意開懷抱，一切障道因，懺悔更莫造。

誡觀衆生各著依正二報法第十七

三界衆生住著堅牢，爲貪二報障於解脫。非非想天自謂涅槃果報終極，懷增上慢不逸三塗；色界衆生貪著禪味，自謂安樂更無過者，復念身光宮殿明淨我果最勝；欲界衆生性多放逸，貪五欲樂，不覺無常，天福亦盡，還歸惡道；薄地凡夫臭身隔陋果報卑劣，起大憍慢各恃我見，謂此人中常樂我淨更無過者；畜生萬類巢居穴處，各愛壽命不願人天，不嫌己身，不希淨土。此雜類身一身遍受，乃至毒蛇屏蟲之類，悉愛壽命貪著住處，不覺身中同有佛性。然此諸身無始已來，隨業轉換無暫停時。汝可諦觀當起厭離，勤求方便脫於生死依正二報，漸證法身巍巍不動，至得如是覺悟，除諸疑惑決定誠信，名爲淨信。偈曰：

三界六趣中，無數種衆生，形壽各差別，依正亦難明。
今就人道修，對治隨分行：觀諸衆生類，憎愛心不平，
憎者欲相殺，愛即長癡盲，貪瞋更互起，身壞墮三坑。
各貪愛危命，處險未知驚，造因不畏果，寧知死復生。
菩薩以是故，欲令衆生樂，衆生煩惱垢，方便爲除卻。
教觀十八空，六塵莫取著，四倒及五欲，禁斷更莫作。
愚人貪現樂，不識當來惡。當來還是我，如何即疎薄。
假使多身樂，一一塡溝壑，爲此求常住，解脫無明縛。

誡觀煩惱結使法第十八

一切生死障道苦業皆因結使，如《毘曇》說，今略況言，令息覺觀。結有十結，使通三界九十八種，今恐文繁，少分喻說。結使者，阿梨邪藏染分種子名之爲結；受六道果報名之爲使。使業發生增有漏種，如賊居險潛伏聚集，名之爲結；持仗劫害掠人財寶，名之爲使。貪瞋性習依眞潛伏，還緣起發，能劫戒財，取著諸塵害於智寶，剎那相續追求如使。無對名結，外觀名使；止處名結，攀緣名使；繫念名結，役心名使。爲有結使愛恚互生，由愛恚故成取捨業，妄取捨故癡翳轉厚，故障其慧眼。慧眼未開名無明闇，闇心緣事，與顚倒相應，抱眞常性愛生死苦，生死流浪，迷失正道。未見正道名爲迷惑，無常常想，無樂樂想，無我見我，無淨見淨，如是狂錯皆因結使。如是結使造顚倒業，欲斷結使即修五停觀法以對治之，安般守意入三脫門，觀空離相結使斷除，身心寂靜，故不起煩惱。煩惱滅處名眞解脫，解脫者則大涅槃，欲起染心當自挫辱，挫不令散，名爲淨心。偈曰：

佛於波羅奈，三轉厭離行，授與四諦法，爲治煩惱病。
永斷生死根，成就智慧命，修禪斷結使，照理心懸鏡。
調心唯柔軟，持戒須彌硬，戒淨不悔恨，布薩心喜慶。
煩惱生結使，結使長煩惱，唯有禪定力，摧之如腐草。
結使妄取捨，翳厚障見道，故修五停觀，淨心內明了。

誡觀十八界假緣生法第十九

何名十八界？身有六根，謂眼耳鼻舌身意；外有六塵，謂色聲香味觸法；中間生六識；三六假合名十八界。云何名根？能生諸業長養任持，故名根。云何名塵？坌污淨心觸身成垢，故名塵。云何名識？能了前境妄起分別，名爲識。然此根塵互相涉入，名十二入，假緣生起無眞實性。衆生不達，謂內外入有常樂我淨，貪心熱惱堅著執取，迷惑昏謬不信聖道，順情生貪，違意起瞋，以此貪瞋增長結使，此名凡夫以十八界。學人十八界者，著三十二相名貪色，願聞說法名貪聲，願上香供養名貪香，願證大乘理教諸法實相名貪味，願得清淨法身名貪觸，願成一切智名貪法。於此緣修之中有善貪瞋癡，進求上地名貪，背捨劣行名瞋，情有向背名癡，見身證道名慢，故云學人十八界。義名智障，非有煩惱，非無煩惱。能知二種根塵，而熾然修入平等大道無爲法中，故名淨心。偈曰：

塵境雖如幻，見色起慈悲，發意離諂慢，不失四威儀。
六塵行坌污，亦是行者師，除病不除法，七覺分修持。
雖觀文字空，要須遍讀經，廣尋聖者義，般若漸得成。
雖觀根塵空，和敬護人情，戒儀須具足，修德慎惡名。
雖觀諸行空，對塵修五停，貪癡結使斷，寂滅心安寧。
雖觀三界空，擇惡善須歸，修行擇覺分，離垢識是非。
雖知三諦空，知諦義窮微，常依二諦說，與理不相違。
十八界雖妄，出生於珍寶，觀解緣和義，不生亦不老。
七地大菩薩，不名無煩惱，金剛心滅後，然證無爲道。

誡觀修習安那般那假相觀法第二十

夫坐禪要法當有十種：一者、先託靜處，遠於水火、禽獸、音樂，八難土境，令心安隱。二者、厚敷草蓐，中高邊下。三者、緩帶衣裳，節食少飲。四者、結加趺坐，左手壓右手，閉目合口齒不相齒，端身平視。五者、年少腹飽當數出息，年老腹飢當數入息。六者、當觀出息去鼻遠近，入到何處，即知氣色初麁後細，下至氣海上衝於頂。七者、從第一息數至第十，若未至十，緣於異想，還攝取心，更從一數。八者、手掌之內置一明珠，繫念觀珠，心心相續光明即現。九者、如五停觀對治現行，五種煩惱隨起隨治，隨分解脫煩惱不行，令戒清淨，以戒清淨故，諸天歡喜善神

衛護。十者、以修定故，舉動審諦心不卒暴，謙下柔和忍辱無諍，以是功德增長智慧，臨命終時他方菩薩來迎，神識不遭苦患，諸天世人所共稱讚，生於淨土，見佛聞法，永離三塗，受解脫樂。自餘諸法如經所說，汝當受行成戒定根，根性明利，名爲淨心。偈曰：

凡夫學道法，唯可心自知，造次向他道，他即反生誹。
諦觀少言說，人重德能威，遠衆近靜處，端坐正思惟。
但自觀身行，口勿說他短，結舌少論量，默然心柔軟。
無知若聾盲，內智懷實貨，頭陀樂閑靜，對修離懈惰。

誡觀善惡相資法第二十一

夫善者是諸惡之師，惡者是萬善之資。經云：「衆生能度佛，佛復度衆生。」何以故？一切諸佛皆因衆生而成佛道。經云：「高原陸地不生蓮華，淤泥之中出生華耳。」又一切衆生皆因於佛而得解脫。言諸惡者，謂五逆十惡、犯四重八重禁、謗諸賢聖、破正法輪、一闡提等，菩薩於此將爲福田。何以故？同體大悲故。於三塗四趣代諸衆生受碎身等苦，軟語引導教令懺悔，慈心拔濟救令得樂，廣開甘露說微妙法，破彼惡業善言誘示，令信十善生人天處，復勸迴向無上菩提，因是功德菩薩道成，即名衆生亦能度佛。又身中眞性由人弘顯，若無信力聞思修等，諸佛菩薩雖具慈悲，無如之何？是故誡汝，凡是罪惡可賤衆生，惟起哀愍，不應瞋罵生下劣心。又見上行清淨好人，不應偏重別請供養。何以故？善惡一如性俱空故，於好醜色二見平等，常觀空寂入三解脫門，含生之類皆如幻化不著諸相，名爲淨心。偈曰：

欲得解脫樂，疎己常親他，行慈拔彼苦，自度生死河。
若聞我與彼，便是分別魔，衆生壽者見，賢聖共譏訶。
法界同一如，眞妄水共波，波者即是水，水者即是波。
善門有多途，慈悲最是急，是故薩陀倫，世號常啼泣。
憐愍衆生故，捨樂懷憂悒，護生成佛因，損生佛道澁。
無財施貧厄，分食與減粒，若能修一慈，十六分不及。

誡觀六道衆生善惡因果法第二十二

造因感果數若恒沙，今略言之一十八種：一者麁因果，二細因果，三大因果，四小因果，五輕因果，六重因果，七明因果，八闇因果，九香因果，十臭因果，十一延因果，十二促因果，十三愚因果，十四智因果，十五凡因果，十六聖因果，十七眞因果，十八妄因果。先舉現果後出其因。麁果者，地獄畜生餓鬼等故。細果者，無色界四陰身故。大果者，色界梵天及大龍金翅鳥摩竭魚等三由旬者，節級乃至八萬四千由旬，及阿鼻地獄身等，善惡報差大果所攝。小果者，下至蝡飛蠕動如小微塵，但動不能行故。輕果者，諸天報身輕舉飛行故，五通諸仙、緊疾、夜叉、鬼神等故。重果者，如鐵圍山中大蟒大獸大海盲龍身，重如山故。明果者，人天中有日月光火珠身光等故。闇果者，如八大地獄，但聞忍苦聲目不見故。香果者，上界諸天毛孔之中皆出妙香，聞者心悅，及依報處宮殿等香故。臭果者，畜生餓鬼不淨業鬼，人中臭物無可比故。延果者，非非想天壽命八萬劫故。促果者，如蝎蠓等生，生竟即死，不得暫停故。愚果者，凡夫鬼畜等故。智果者，衆生中爲導師故。凡果者，人天中未發道心故。聖果者，阿那含已下及人天中五淨居處故。眞果者，三乘學人漏未盡故。妄果者，四大五陰身心緣集故。此等是六道中正果。何故名因？今次第相對說。麁因者，四重八禁五逆十惡，謗大乘正法、一切賢聖，用三寶財物，殺發菩提心衆生，破塔燒寺故。細因者，修禪定業，外道邪命梵行故。大因者，修四無量心善因故，破三聚淨戒惡因故。小因者，始脫地獄入畜生道故。輕因者，淨修梵行，十善業緣故。重因者，損害三寶，一闡提行者故。明因者，施燈明燭火照佛形像，同十善道故。闇因者，毀他眼目，盜塔燈明，點滅經字，破人善業，污佛戒故。香因者，造旃檀塔廟香木形像，香水灌像沐浴洗僧香華供養故。臭因者，觸僧淨食噉辛入寺，畜養豬雞，十惡業故。延因者，修不殺戒及四空定邪正二業故。促因者，殺生餘業故。愚因者，不信正法故。智因者，受持經律熏修般若故。凡因者，無明癡愛貪五欲故。聖因者，戒定慧故。眞因者，本性清淨故。盲因者，諸根對塵生識故。論六道因果唯佛知盡，今說少分爲除疑網，深信因果。汝可思量種諸善根收納善果，所行之善皆迴向無上菩提成解脫分善，不取六道有漏善，如是修習諦知因果無漏，名爲淨心。偈曰：

可愍罪衆生，墮在無底坑，不知因果義，冥冥暗中行。
抱眞未覺識，有眼猶名盲，眞樂無心趣，妄色共相諍。
今爲除疑網，略指因果業，若能決定信，近三僧祇劫。

以信因果故，常聞大乘法，應趣種性地，勇猛心勿怯。

誡觀行者善護戒財塵賊止劫法第二十三

一切眾生從無始來受生死苦，迷失聖道，障於常住清淨法身，唯因識心貪取塵境。譬如家貧，智者教業，隨教修業，漸多財寶；有六惡賊夜來劫奪，持仗扣門臨欲危害，財主即便牢下關鑰，牆高塹深，遂免劫失，身安財固，無眾苦惱。貧喻闡提身無一善；智者教業喻佛經律；漸多財寶喻集福智；六賊喻六塵，夜喻無明；劫喻貪愛；持仗扣門喻根對於塵；牢下關鑰喻修道人堅住四念及五停觀；牆高喻善知識及毘尼正法；塹深喻深心弘誓不犯律禁；免劫者喻全梵行，戒無缺無漏，諸佛歡喜，聖凡同讚；身安喻生善道人天淨土，及大涅槃安隱快樂；財固喻持戒守心，行不退菩提，諸波羅蜜增長不失。法喻並顯，汝宜知之。比丘破戒墮三惡道沈溺苦海者，皆由無善知識方便勸導。又不修習四念處法、五停觀法等，汝可依戒順此教授，煩惱魔賊不能得便，是故守心禁勒根門，幻惑塵賊莫令前入，繫意觀空離我、我所，如是修行名爲淨心。偈曰：

六塵如狂賊，貪塵聲與色，妄情同惡馬，牢加禪轡勒。
欲入佛法海，堅修戒定德，當住三空門，心淨樂靜默。

誡觀世諦第一義諦法第二十四

世諦者，恃怙宗望，公卿爵祿，籍曹婚姻，文武伎藝，墓陵碑績，爭勳競封，取着空名。或爲財色不惜軀命，輕身爲惡更相殺戮，譽歎弓馬驕勇前鋒，自謂丈夫猛略身手。或侵妻奪職傷殺於人，枉法受求苦毒非理，噉食生命，耳貪絲竹晝夜放蕩，不避親疎飲酒醉亂，鬪打惡駡迭相是非。或大怨讎，或逐財色不慮艱阻，喜著色衣，食無時節，愛養臭穢膿血之身，不覺刹那念念生滅，老病既至身壞命終，膖脹臭爛蟲出獸噉，神魂受報生三惡道，百千萬劫無解脱時，是名世諦。第一義諦者，非貪上來虛妄等事，隨順菩提至無爲道，不同世間生死出沒，待對緣修，非色至識，非眼至意，非念工夫見聞覺知，非名句味，清淨平等猶如虛空，湛然凝寂是名第一義諦。能觀世諦如幻化，諂誑癡凡，無有實性，畢竟於眞常道中作此解脱，故名爲淨心。偈曰：

世法誑癡人，謂實起貪瞋，若知無自性，慧性入童眞。
凡夫歷生死，因愛取諸塵，若覺根塵空，性本是法身。
貪愛名世諦，輪迴十二緣，除貪即出世，此句佛親宣。
第一義諦者，離相絕音聲，所言平等者，假名平等名。
寄言以表諦，故說一切經，方知陰法空，對治滅心形。

誡觀晚出家人心行法第二十五

夫晚出家者有十種罪過：一者健鬪，世言竭斗，俗氣成性，我心自在，意凌徒眾，不受呵責。二者喜見他短，自謂精誠，所作事業未必合道，短知短見未解作解，言說常多綺語所攝。三者見師僧過起嫌恨心，燒滅功德修三惡道。四者輕慢他人自謂丈夫，身心剛強不從折伏。五者舉動造次威儀不整，高語大笑無所畏忌。六者喜好瓶鉢衣服鮮華，心無實德貪求利養。七者心想散亂憶俗時事，增長煩惱不能如法對治。八者笑他破戒自謂清淨，拘著相貌不達眞理，專愚執見諍論取勝，未具五德畜養沙彌，唯貪其力無心教授。九者不攝諸根身疲神倦，放縱睡眠不念明相，夜數惡夢諸天不護。十者刱入佛法莫沾道味，憂慮疑惑情思還俗，嫌薄三寶反懷悔恨，既自還俗憎出家人，輕賤行者成闡提業。此之十惡過患，是地獄畜生餓鬼正因，汝當省察，名爲淨心。偈曰：

俗氣力方強，三毒至猛盛，年晚始入道，猶守本時性。
不解將護他，造次強是正，自謂最精鍊，七支未必淨。
喧喧逐講論，不肯修戒定，已說十種過，若犯須除屛。
身無一德行，沙彌度三兩，有過不肯呵，犯罪不與杖。
破齋犯僧前，污戒惡名響，人天漸漸希，三塗轉增長。
唯教作福法，無軌令人倣，自身如小兒，況能調剛強。
處眾好鬪諍，恆懷瞋恨想，四輩不恭敬，眷屬寧欽仰。

告慈忍已前二十五篇，對治諸垢煩惱業淨汝身心，心既淨矣名自利行。今更爲汝略說大乘利他之行。汝可順菩薩道自他俱利，名爲淨心。自除垢染名眞淨心，自利利他名廣大淨心。偈曰：

如鳥欲遊空，長力養毛翅，菩薩欲利他，養德自先利。
三慧隨分明，然可授人智，淨心功行立，彼此俱對治。

誡觀對發菩提心法第二十六

夫發道心如滴水寄海，雖復微鮮水終不失。《經》云：「一搆乳頃，起大乘心，當成佛道。」何以故？若修道時百一十苦悉堪忍之。所謂飢渴寒熱、蚊虻蚤虱、惡風暴雨、四百四病、呵責罵辱、惡口誹謗、水火劫盜、毒蟲猛獸、鞭打侵惱，難忍之事悉皆甘受，不見苦相，我身能忍，修行六度，修三空門，以是因緣故至成佛果。經云：「此國一日修道，勝他方一劫。」何以故？此中多惱害能忍者希，雖忍諸苦功德易長，淨土無惱佛道難成。於佛法中若欲退心，當憶過去經無量劫在地獄中，受熾猛火碎身等苦無逃避處，人中苦者百千萬億不重於彼一瞬目頃，若不堅固勤行諸度，云何能盡生死大苦因緣？三塗罪人若爲能救？若不能救眾生何名慈悲？既無慈悲，菩提分法依何爲本？若無根本則遠種性。是故菩薩願盡後生不破菩薩戒，聲聞之人受形俱戒，汝可善知二戒差別。菩薩者不染三界，不厭三界，求無爲道不住無爲，常處生死而無生死。何故不染三界？煩惱盡故，業不繫故，不厭三界愍眾生故，大慈悲故，求無爲道故，欲自他利故，隨順大乘故。何故不住無爲？攝正法故，攝眾生故。何故常處生死？利行同事故，本願無盡故，而非生死業種盡故，得大自在入解脫海故。是以不在此彼，不著中流，離於中邊心不住邊道。何以故？不守自性，法應爾故。常觀四諦十二因緣生死苦聚，常起四弘誓願建大夫志，常以四攝饒益眾生，常修四無量心怨親平等，常行六度自他利益，常修萬德求無上菩提，爲成十力無畏不共之法。今唯略勸，廣恐文繁，能依此誡，名廣大淨心。偈曰：

若發菩提心，動念起慈悲，求於無爲道，身常處有爲。
四攝調眾生，然可受三歸，譬如大暗處，日輪放光暉。
自未脫諸苦，先當救艱危，無緣修四等，饒益與除衰。
逢一百十苦，甘忍未曾瞋，亦不見苦相，又不見我身。
身苦二空俱，忍法亦復然，諸苦及人法，三相滅隨眞。
菩薩不住道，隨逐利益行，常處於三界，救濟苦眾生。
迷道令見道，無明令得明，慧手執金錍，決膜療群盲。
滅者不永滅，生者不常生，生滅畢竟空，凡聖本來平。
願從今日後，乃成法界主，不起一慾心，貪染一切女。
願從今日後，乃至成佛道，於一切眾生，不嫌不瞋惱。
願從今日後，乃至證眞如，不起顛倒心，取著世六塵。
願從今日後，乃至無爲岸，不起攀緣心，念諸惡覺觀。
今發菩提心，生生超八難，弘誓要期已，道心勿退散。

誡觀敎化眾生法第二十七

既發道心，宜修萬德，宗旨綱要不過二種：一者自利，二者利他。自利之行略已宣說，利他之法今亦少言。先垂慈悲念三界苦，且就人道化益眾生，愛言軟語令其調順，識信因果歸依三寶，量其根性利鈍廣狹，授與諸乘階梯正法。人乘天乘三界果報，雖是有漏堪受道化，從人天中引入三乘無漏之境。或有眾生我慢放逸、貪瞋熾盛、不敬三寶、謗無因果，定知此業必墮地獄畜生餓鬼，即用方便善巧之譚，悅可其心令意歡喜，然後誘化示人天道，教修十善五戒六齋，使離三途得人天果。若被罵打灰土坌散、毀辱憎賤，悉能忍受不生退悔，彼人知己，迴心慚愧受其教化。或復出家求無上道，學二乘者爲說四諦十二因緣，令生厭悔知有爲過。四諦者，苦集滅道是名四諦，如實解了是名諦。苦者是果，集者是因。何故先果後因？苦有三種：苦苦、壞苦，此二麁惡眾生目驗，能起厭心；行苦一門智人能解。此三苦者遍十方界，故先說苦。苦從集生，敎斷集因者，根本十惡及有漏十善。滅者，生死永盡，證解脫樂。知此滅度云何可得，故須修道。道者，戒定慧等，從五停觀起，乃至三十七品、六波羅蜜。故名知苦、斷集、證滅、修道。十二因緣者：暗心無知，如盲人夜行曠野失於正道，故曰無明。貪染世法名爲行。虛妄知見，故名識。識神入胎向受生處，與不淨合，故曰名色。現陰成根，通識來往，故名六入。根塵相對故名觸。觸生違順愛恚事成，故名爲受。於順情中貪染心熱，故名爲愛。愛之不捨，故名爲取。取已屬身成有漏業，故名爲有。有業既定感後果報，故名爲生。生命不住，故名爲老死。老死復生終而復始，千萬億劫捨身受身，故名輪迴十二因緣。次敎十善對治十惡。人間短壽殺生餘報，欲得長命，慈心勿殺。人間多病，食噉肉血、鞭打他人二種餘報，欲得康強，斷食肉血，勿行楚撻。人間貧窮，偷盜餘報，欲得大富，竭情布施斷除貪悋。人間卑賤，憍慢餘報，欲得尊貴，當勤恭敬。人間醜陋，瞋怒餘報，欲得端正，忍前毀辱。人間愚蒙，飲酒餘報，欲得智明，讀誦大乘。人間貪婬鬼畜餘報，欲得梵行，常觀欲過禁斷婬泆。人間惡性，龍蛇餘報，欲得調柔，和顏離諍，伏心遠離，有過思悔，每自呵責。人間邪見，謗法餘報，欲得正法，近善知識。此是十種正對治行。何因說餘不言正報？餘者現見即能起厭，地獄餓鬼不現見故恐疑不信，畜生一道雖在目前實見正報，癡人猶言天生供廚疑非是業。此之十事人間惡重，教未信者令心開解，恐墮三塗永失人路，是以先化令生天上受諸快樂。儻佛出世先度諸天，下劣之人，聞大乘實相空理心驚迷悶，或起誹謗，是故諸佛先化未解，拔凡入聖。譬如有坑深百千丈，下有屎尿、諸蟲、膿血、寒熱飢渴、鞭打繫縛、斬斫誅戮、憂悲嘷哭、苦惱臭穢充滿其中，有癡衆生樂著此坑將爲快樂。智者慈悲不避艱險，入坑誘引令使出離，千萬億言既不從用，不信坑外更有勝處，唯謂此坑是常住法。爾時智者內心思量：「坑裏穢惡苦惱難居，我要化盡然可出坑。」於恆沙劫同止坑中不辭勞倦，坑人瞋恨反生誹謗，種種示導都無出心。坑喻三界，下喻凡夫，諸苦不淨喻五陰身，智者喻佛，化喻慈悲，哀衆生難拔喻坑下人天乘。已前四諦、十二因緣是名二乘。破相六波羅蜜、緣修十地，是名大乘，如是大品《華嚴》廣分別說。又泯道諦及十八空，入平等理，不思議海，離於形名，是爲佛乘，如《思益》、《維摩》、《信力》、《入印》、《首楞嚴經》等，住眞空理，語斷行滅。如江河萬流若入大海失本色相，道諦緣修方便淨法亦復如是。汝當修集無緣慈悲隨力勸化，自勸勸他，於身命財爲大乘故莫生恪惜，爲一衆生經多年月設多方便說多佛法，令使悟解背生死苦得自在樂，爲多衆生亦復如是，是名利他教化衆生。雖有此益勿生一念六相之心，譬如幻人爲幻說法，若見我說，彼受我化，則有我人衆生壽者，即是魔心、生死之心、障礙之心、自纏縛心。汝但發起菩薩之心莫生怯弱，譬如百疋之經始緯一絲，雖未成疋非不貫攝，得其頭緒即是發趣起作之始，漸漸累功自至端疋。利他六度者爲除他惱，自行布施、持戒、忍辱、精進、定、慧等亦復如是，先自行道然後化他，他即信伏；自造惡行教他作善，信用語者無有是處。或口勸說十二部經，方便善巧種種譬喻，令人信解；或以身勸，自修萬德一切善業，令他倣習；或以意勸思念教導，作易解章句布施衆生，令他誦持起正信解，名爲利他。說法解釋五乘，自成辯才淨於口業；善現威儀恭敬禮拜供養三寶，勤苦利他自成相好淨於身業；若念衆生迷惑忍苦，思欲救濟淨於意業。利他令衆生淨信，反資己身成三眞業。明知利他還是自利，雖復利他恆自益己，然受化者非不蒙潤。若化百千無數衆生，智慧轉增漸成四辯，不同財施損減竭盡。說法之時不念財食，是故世尊說法，未曾先說後受供養。教化功德高於須彌深於巨海，以此利他之因當成佛果，能如是學，名廣大淨心。偈曰：

若見重愚癡，莫說甚深法，聞者生誹謗，受苦百千劫。
宿世無習氣，聞法疑恐怯，我見計斷常，未信三世業。
量根授法藥，是名大智人，心邪無正見，聞法反生瞋。
如蠶吐絲繭，罪業復自纏，以不聞法故，常爲愛網牽。
一切眞如門，巧用方便起，凡欲化衆生，愛語令歡喜。
菩薩同體悲，觀他如我己，柔和善將護，似乳投於水。
或時須多言，有時須寂默，知時名法師，見面量根力。
有用耎語時，有時須麁獷，耎根耎語調，伏強現威猛。
種種調衆生，對治種種境，如是巧方便，唯有菩薩秉。
凡欲教化人，慈悅勿使瞋，觸情起毒心，即造地獄因。
若不觀機性，不名具智德，冥之於心內，所爲成法則。
無聞非法者，授戒令生人，且免三塗苦，漸引歸正眞。
爲說四諦法，顯示十二因，令知生死苦，正趣涅槃門。
有大性欲者，入理爲譚論，破相十八空，身中無世尊。
五乘漸分化，拔斷無明根，是名利他義，順教報佛恩。

誡觀佛性不一二非有無含中道不著中法第二十八

既發道心復自他利，須知衆生同有佛性，略說十種，廣在諸經：一者生死煩惱從眞性起，喻如大水本淨湛然，爲因風故遂生波動後因大寒乃結成氷。衆生佛性本淨有水，由覺觀風波浪生死，貪愛堅固成煩惱氷。欲顯佛性者，慧火融氷，禪定息波，氷液波止，水即清淨，佛性影現。二者如金在鑛麁弊無堪，於後融銷，金始顯現，寶中最上，無能嫌者。衆生佛性在煩惱鑛，戒定慧火練出眞性，法界之中最上無比。三者如牛未產，乳血和雜，緣成始停構取煎煖，乃生醍醐明淨，隨器變色不守自性。衆生佛性爲煩惱合如雜血乳，假緣修治漸至佛果，發起神通隨衆生變，同類救苦不守自性。四者喻如一人行千萬里，經多屋宿，屋雖多種人是一人。屋喻五陰，人喻佛性，衆生佛性，經五道陰，陰雖差別，佛性是一。人別屋別，故名不一；人常一人，故名不二。氷凍未融，水即非有；氷消即水，故名非無。佛性道理，不一不二，非有非無。五者四諦、十二因緣、四等、六度、三十七品，道諦所攝，名爲佛性。六者四親近法名爲佛性。一親近善知識，二親近正法，三親近靜思，四親近如說修。離此四法得成佛者無有是處。七者佛性非邊，中道是也。衆生五陰託佛性起，故名非斷；生滅如幻，名爲非常。人依五陰乃得修道，陰藉神持方能存立。八者離眞妄者名爲佛性。立眞辯妄，對妄表眞，若滅妄法，眞名不生。佛性清淨，智不能知，識不能識。九者能說之法顯於無說，無說之空亦不可取，故名佛性。十者空平寂靜與有亂俱行，體離於形名，常顯名色，是爲十性。無礙之智與癡凡一如，如眞解脫本從凡起，雖有此喻，佛性之義唯佛能知，略說十種，廣恐文繁汝能觀解，名眞淨心。偈曰：

一切諸衆生，平等有佛性，佛性雜煩惱，塵染未清淨。
戒定除客塵，即離生死徑，性隱名生死，性顯名賢聖。
五陰雖流轉，佛性本來定，欲知佛性者，勵己修八正。

初發道意走覓道，心邪曲見未正直，江南江北求菩提，菩提共行不相識。

身外覓訪既疲勞，一處靜思頓止息，忽然醒悟覺少分，乃知菩提身中匿。

解煩惱性空如幻，未死不久自窮極，涅槃生死同一如，道理不二亦不即。

若能明了根塵法，長養無礙神通翼，觀察五陰假緣生，自性本來包十方。

誡觀智差別福田不等法第二十九

已起大心，修自他利，兼觀佛性，此是因相。次須觀果，果是佛智。經云：滿大千界衆生智不及一須陀洹智，世界須陀洹智不及一斯陀含智，世界斯陀含智不及一阿那含智，世界阿那含智不及一阿羅漢智，世界阿羅漢智不及一辟支佛智，滿十方世界辟支佛智不及一種性菩薩智，如是節級不及一十地菩薩智，滿十地菩薩智不及如來一念之智。是故世尊智慧大海，恆沙大士咸共思量，不知如來舉足之事。是故汝當一心精進，求佛智慧。若以飲食、衣服、臥具、湯藥，施一世界凡夫衆生，不及布施一須陀洹，布施世界須陀洹不及一斯陀含，乃至節級不及一辟支佛，不如供養一種性菩薩，節級乃至不如初地聖人，二地三地四五六七八九十地，布施此諸三賢十聖，滿足一劫，不及供養如來一食果報。何以故？如來有大智慧故，消諸天世人供養恭敬，智慧多故，消於多供。無一智慧，地上水葉尚不得消，何況人食？汝當領解誡之本意，修習淨戒莫令缺犯。以戒淨故易得禪定，定心清淨發生智慧，福德具足成五分法身一切種智。諸佛智力今更略說：十方世界一時細雨，經多年月，一瞬眼頃，悉知滴數；十方江海，總知斛斗；十方鐵圍，須彌大地，普知斤兩；法界剎土爾許塵數，或遍虛空界衆生心行，悉知善惡。一一衆生，知某劫作佛；十方山海天地日月，置於掌中遊行世界，帝釋梵王不覺來去；十方水火吸著口中，水不滅火，火不損口，若欲具說不可窮盡。如是神力從五停觀生，從三十七品生，從四無量心生，從六波羅蜜生，從大乘十地生，是名諸佛智力神力，從斷財色五停觀生。因起已來，諸行次第至今佛地，即是此誡始終說相。菩薩別行，前後階位，如《華嚴》說。汝可發起慈悲種子，布衆生田，恭敬種子，置三寶田。福智芽生，乃成佛樹，蔭覆法界，十方華敷，結無上果。從發道心，畢至究竟，其間功用悉名智障。到如來地，二障永盡，反望生死，如幻如夢，本無眞實，誑惑癡人，唯佛正覺，故稱遍知。汝今應取如來智海，勇猛修入，名決定淨心。偈曰：

大千世界人，自謂根性利，悉集共思量，不及信行者。
世界信行人，衆議出情端，多時共思議，不及須陀洹。
世界須陀洹，議論共宣譚，見解之慧力，不及斯陀含。
節級辟支佛，節級十地人，節級智差別，不及如來身。
布施節級聖，果報節級大，布施十地聖，不及佛田最。
是故汝當知，佛智最窮深，福田難思議，信者名淨心。

誡觀內行密修囑付殷勤受持法第三十

告慈忍：父母七生，師僧累劫，義深恩重，愚者莫知。汝始入道，方復別師，旦暮念汝，汝思吾否？彼若依止得好人，日夜有宜，如無善匠，心何所寄？汝既出家受如來戒，失意之間，長劫受苦。今時末法，衆生心薄，背恩絕義，易厭師僧。樂獨遊居，適情自在，恐不如法，墮於惡道。無那纏懷，撰製斯誡，略述近標表宣人事。諸餘部帙，大家共知，當道經論，汝應自有。大乘要義，率土咸同，更欲顯示，恐卷軸繁滋。直洗汝心，猶過千句，汝可如渴得水，隨飲莫齗，靜處披讀，何勞他見？我之微意，汝未能知，縱使世人亦不諳悉，唯有天眼者，證知我心。汝可依行，終不諂誤。何故靜尋不令人看？唯聖與聖，物以群分，愚智別類，方以類聚。今時學者，意見差殊，迭相是非，破他自譽，讚己毀人，邪情怪笑、無急之語，競共書持。要切之言，賤而輕薄。欲得廣知，不欲廣行；願多達解，眾中獨出。規貪虛響，聰明聲息；背捨身心，野偷名利。三塗即至，終無免期。經云：譬如一日挑千人眼，如是日日挑多眼睛，此人實行罪重於前。爲此避護，唯汝自知，非是誡中多有過失。世有難語、並語、壞彼語、華綺語、越理語、衰語、番語、牒語、迷人語、惱亂語、差悶語，今時後生，專學此語，在前解者，欺未解者，直習戲論，何關修道？口勞神疲，心無一潤，煩惱更增，吾我轉大。一生勤苦，損功無福，意在名利，未詳淨心，假名得利，何由可消？如大猛火，難受難近。又復如法語、易解語、身心語、戒律語、要切語、離罪語、治障道語、入理語、成就語，若見如是等語，即拍手大笑，眼不欲視，何況受持？汝當緩尋，字字思量，一字之中含無量義，若直讀之，少時即遍，依誡起行，一生不徹。貴在快行，不在快讀，手執眼看，宜應垂淚，生難遭想，如見世尊。何以故？宣揚勸發，順聖道故；教汝淨心，趣菩提故。凡經論誡義有二種：一者順理。如來祕藏空平等法，泯相入眞，冲玄密境，補處莫知，二乘不測，是名順理。二者文義易解，讀時滑利，或作偈頌，美妙悅心，名爲順情。相欲似淺，因斯入深，廢見皆是，立見悉非。譬如大海初入沒踝，漸進無涯底不可得。如七日嬰兒，未消上饌；庸野田人，豈乘輦輿。未食便餐，必被噎塞；非乘強乘，智者呵責。但佛法大海，無智莫入，寶臺千仭，非階莫升；始入道門，未修戒定，越學空宗，佛不隨喜。積世鄙夫，輒持國璽，王若見者，必當重罰；要從五停，除惱證聖。今此誡者，體無華巧，愍汝情深，指事約勒。又恨冒沾師首，愚於教訓。故遺苦切入心之語，如對面言，成汝道行。既自知已，轉教同學，及餘智者。吾甚疾劣，宿不保安，儻不見汝，此當遺囑。旨不殷勤，如誡淨心。

道宣《釋門歸敬儀》卷上：敬本教興一。（謂佛化厥初，禮儀莫識，聖法乘時，行斯謁敬。所以廣引誡教，爲信首之初宗，庶有不惑於教喻。）

濟時護法二。（謂季俗根鈍非敬不弘，故濟時機，綜習惟遠，遂使相從奔競，上下相遵，既不亂倫，三寶由盛。）

因機立儀三。（謂時涉澆淳情分利鈍，致立教者，開抑殊途，或彼佛德高，滅罪稱最，或此方本淨二業能明等。）

乘心行事四。（謂事在未亡因心行用，約緣課業，條流須識，由心通三性，事染六塵，因福起罪莫知道業。）

寄緣眞俗五。（謂法被權道情投業理，心形兩位，指月雙筌，或以鄙俗淺度，不識分量，罔冒入眞，實爲沈俗。）

引教徵迹六。（謂末法根鈍多封性習，須引聖言以爲教量，今以四依檢行四印徵明，無涉浮言，飾詐斯絕。）

約時科節七。（謂心行等級勤惰不恆，故立法撿心分時策行，是知，克念修聖，斯言有歸，不爾流溺還同無始。）

威儀有序八。（謂敬相顯心虔誠有被，今須引誡教具列容儀，則容止若思，言詞安定不以法繩，則手足無所措矣。）

功用感通九。（謂業假行成功由心起，心懷染淨業亦眞虛，此由想見未清善惡交集，不示緣報迷滯難明。）

程器陳迹十。（謂聽言觀行時俗罕依，故立條例以清心路）

敬本教興篇第一。（謂興立敬本，非正信而不弘，無信必不興敬，有敬必先懷信，篇明信本，敬隨後生故也。）

序曰，自法王之利見也。必以靜見爲先。故論云，何處何時，誰起此見，一切諸見，佛悉斷故。文良證也。然則習熏日久取會無由，事須立敬設儀開其信首之法，附情約相顯於成化之功，然後肝膽塗地形骸摧折，知宇宙之極尊則敬逾天屬。（以父母生身也。報施在於一生，佛起法身也。疇遠終於累劫，或功高難賞德深不謝慧深益厚，非疇所及也）曉教義之遠大則道越常迷。（以七略被時，立身立國之政淪歷於三有也。八藏所宗亡空絕有之法，畢超於九居也。），觀斯以言則識形心兩途事理雙軌，形則縛於俗習苦陰常纏，故當折挫以歸依，剖析剖析觀其慢惑也。心則封於迷倒，倒在生常故須鏡生滅以懲之，追想追想知其妄著也。深惟四山恆逼，非念念而莫知切於身也。八倒纏綿，非新新而不曉節於心也。所以剖析靜於慢惑非愛斷者所欣，追想厭於妄著，是異生者所背，固當撫攬誡教以法糺徵，則生身不徒委於下塵，無識不徒生於上趣矣。【略】

濟時護法篇第二。（謂護持濟物，非三寶而不隆。）

序曰，夫以立像表眞恆俗彝訓，寄指筌月出道常規，但以妄想倒情相沿固習，無思悛革隨業漂淪。是以經言，爲善若登淸升若爪之土，爲惡若崩沈滯如下之地，此言在斯，誠爲極誡，何以知耶？但以慢山上聳俯視於人物，我室四蒙包藏於見愛，慢無納法之實，經明覆器之賓，我有懷著之功，論顯納烟之義，器仰無思不服，有服必拔慢根，室壞便歸太虛，見也。然則封迷長劫，佛世有退席之人，不識分量，季俗豐輕生之士，此竝不思之徒也。當知我身屬於他緣，冥冥不知來處，我神屬於惑業，忽忽莫測何心，經云，命如風中燈，不知滅時節，今日復明日不覺死時至，冥冥隨業緣，不知生何道，此至言也。乾豆莫干其慮吁可悲哉。且自等智有三，我同牛羊之智出道唯一，牛羊異我非倫，人道道緣，不行還同畜獸，獸道報重頑厚非其所聞，今既形有輕淸識心機舉，厭勞生於往劫，欣解網於將來，固當立像表儀傾塵聚，而頂禮寄緣引領，蕩煩累於新心，是則情異牛羊，乘明智而弘道，身如木石假彫琢而成器，可不然乎？可不然乎？鼠入角而至窮，更知何趣，名引言而顯實理極於斯，況復五滓交橫四山常逼，而能安忍於時事還是昏昏之所媚乎。所以大聖知時通化陶誘立正三寶導濁識之所歸，開明四印示迷生之不昧，固得住法萬載，功由歸敬之勳，神升四天諒藉傳揚之力，廣如慈經所出，豈虛搆哉，今此之述本被後進之初心，曲授稱功體非前良之早慮，固須叮嚀指掌鋪覼相狀，識三寶有數種之權謀，解七眾無貳師之希向，言唯質露意在修行想有識者，知無繫於翰墨。故佛言，吾言不在綺飾，令人受解爲要，敢附斯轍筆記序云，今於此篇顯三寶相相隨見起，隨機四位。初謂一體，二謂緣理，三謂化相，四謂住持，各有名相。初言一體三寶者，一是非二之名，體謂本識之謂，但以無始心體性淨如空，妄想客塵封迷隨染，致使相從至于今日，經生歷死無由厭曉，故經云，諸法本來性相空寂，眾生妄計彼此得失，輪迴生死不得解脫。經云，一切眾生竝有佛性，即我本識出障嘉名，迷故曰凡悟便名聖，所以貧女寶藏力士額珠性常淸淨有而無用，爲惑所覆無由光顯，如經深叢覆寶移流雜味，然其本性光淳無玷，所以前修聞此勵力勤觀，日故劫新遂證斯德，及成妙覺轉依法身，身非始生寄緣修顯，後進聞此興大志求，彼去已還我云何住，遵途進德還登位極，自昔已來此乘無權，皆成正覺迥出樊籠，俯應群心興悲赴感，我之與佛無始實同，彼以先覺故先出有，我獨不悟盤桓下凡，一思此事悔熱何及，今若不修後生何據，所以承遵梵網以網魚龍（經喻內毒如龍難，觸欲貪如鯨呑海）揖佩三身憑依三學，爰初投足先奉戒宗。戒本有三，三身之本，一律儀戒謂斷諸惡。即法身之因也。（由法身本淨惡覆不顯，今修離惡，功成德現故）二攝善法戒謂修諸善，即報身之因也（報以眾善所成善無高止作，今修止作二善，用成報佛之緣）三攝眾生戒即慈濟有心功成化佛之因也（以化佛無心隨感便應，今大慈普濟意用則齊）約佛有三，隨義三別境非心外，百慮咸歸理實如此，不可餘見，或迷此及試重廣之，然則功德之本非戒不弘，道初俗歸必先敬受，隨境起心無非三戒，如約一生心不懷惡攝律儀也。有慈起善攝善法也。將濟離苦護眾生也。內緣既爾，三佛皆然，離合待時，不定三一，故經云，吾今此身即是法身，斯本從跡也。又云，色聲見我名行邪道，此跡異本也。故摩竭道成高山先照，祇園開政下乘後席，眾說備之可用通鏡，故先顯由緣後明性相，欲明性體因言致理，不是飾非終歸顯實，將使通明性體，解若心燈後被，以文筌登岸捨筏可也。言一體三寶者，行者既知心性本淨悟解無邪名爲正覺，覺即佛也。性淨無染法也。性淨無壅僧也。今覺於本名始覺也。本實體淨名先覺也。如此安心如此練身，俯仰周循無念不剋。俗云，惟狂克念作聖，惟聖罔念作狂。彼沈俗士尚此放言，豈惟出道翻無此致，都不可也。【略】

隨機立教篇第三。（謂智有昏明，敬存理事。）

序曰，禮者履也。敬而已矣。經云，恭敬塔廟，謙下比丘者是也。然則性涉昏明推步通局，多沿名相少懷經遠，所以隨文綜習，道聽途傳曾不討論妄行章句，俗中尚云，學而不思則罔，思而不學則殆，況佛法玄奧理事兼該，聞即依行沈淪非一，至如經明淨土佛德無涯尋聲不敢移心，愛重不忘心口，乍聞穢土諸佛情無一欣，便言無德可歸有罪未能消蕩，何憎愛之若此，誠不足以詳之。又聞論說多寶別時引情自謂精進果決，便即禮念絕緣，濁下愚凡行斯膠固，性習雖久終須漸移，如不更新凡無成聖，綜執前迷負愧彌重，以茲紹嗣，誠非遺寄。是知，教門善巧隨機淺深，深者行十使而無瑕，淺者示五燒而有淨，淨方不一隨意欲而受生，佛智莫窮任時緣而冥會，其猶朗月在空流光小大之器，震雷雲裏飛聲顯晦之間，聞在前緣不可一其情道，器惟積習誠難等其利鈍，從此而觀方知，螺髻身子染淨各封其心，忍土安樂穢潔互陳其略，故文云，我淨土不毀而眾見燒盡，即其證也。寧不知，彌陀雜穢復示此，而通引乎？豈不知，六種震動發蒙心之晝昏，三輪示現統群情之夜朗不虛設也。【略】故知，無分之智念念利鈍，此言有旨，然使鈍士依事引方土之歡娛，且以安身身安而後道也。利人行理剋正念，而濯性靈用以清心，心清而出有也。然利鈍千差昏明等級，薄知綱領標控神解，故歷諸篇通斯一致，則披者不昧於由徑，行者無滯於發足矣。

乘心行事篇第四。（謂識心迷倒，三毒常纏）

序曰，上已顯其機緣，心行備矣。識眞俗之交務，鑒理事之相由，文明祖習之經，義曉疎通之理，至於附相行事，故習難傾，三賢猶染其塵，四果尚迷斯旨，是以迦葉起舞，舍利作瞋，難陀悦於練色，陵伽興於慢相，斯並正使雖盡餘習未亡，猶增惱於六塵，自網弊於三受，況乃下凡煩惑無始習熏，今生道種正論倫而不忍，以斯昏濁徒生徒死，甚可惜哉，良以界稱忍土，經云強識念力，義當以正信而鞭後，以正解而導前，解則見理朗然求邪倒而難獲。（俗云，夫志士有所之當口興心誓，行人所不能行謂仁義也。割人所不能割謂情欲也。忍人所不能忍謂苦樂也。彼沈俗士心無法澄尚有斯致，況出道者正教滿目不能行之，臨終方悔自取沈溺。）信則識眞仰止知窳惰之易亡，如此栖神可謂乘心行事，如此整慮可謂無蟥稻梁，焉有他食在腹而業繫無知，他衣覆形而行增愚惑，誠不可也。若夫心塵使性知誰不無，識則無邪常須節約，若任而縱者無解脱期。【略】

寄緣眞俗篇第五。（謂身心所行，功存眞俗，前雖明於事理亦是眞俗所收，但彼據於初心此則正存終行。）

序曰，眞俗二諦，由來尚矣。不由功用，任運現前。故論云，諸佛說法，常依二諦，今時行敬，亦準聖言。不虛設也。然須達解兩諦所由，故論云，知塵無所有通達眞，知唯有識通達俗，若不達俗無以通眞，若不通眞無以遺俗，以俗無別體故也。正論成觀，令人受行，良以眞俗修復空有交津，迷想見則生途日增，悟形心則高軌潛起，豈不以形纏桎梏報果不可頓銷，謂隨俗也。心可名談披析莫知其趣，謂通眞也。在言易淨，眞理可用心求，據行難明無始習熏故爾，是知，心惑綿遠雖觀而集起紛紛，身相事顯屈折而便傾高慢，慢爲恆俗所恥，卑退有識同遵，既爲道俗通嫌故，當行觀厭折挫摧拉，加功剝削方覈情根，所以大聖垂訓，法喻所歸止在誡約身心無沿逸欲，或比行厠晝瓶，或擬危城杯器，故有將崩朽宅三火恆然，逃隱空聚五刀恆逐，井河引喻逼形器於刹那，屠肆牛羊切性命於漏刻，義當領斯監擧力勵專征，割略科程課時賦業，合掌翅跪凜若臨深，欽重仰止悚猶乘薄，諦惟形聚但見塵叢，擧目澄睛無非靈像，理須嗚咽涕泗慨我沈淪，聖容久謝惟承餘迹，過由我生何不悲悼，猶有微善宅報在人。又矚遺塵親尊影塔，脱生餘道對目莫知，猶如我今不見眞佛，由此悲慶交懷無容怠惰，所以專志顒仰夕死如生，故數數重述，意存常制，今明眞俗行敬事理相由，良以凡習寄緣，憑心舟濟，形假澡沐心便清遠，是須莊嚴道場位置尊像，斯即開神明之正路，亦乃通聖道之明津。【略】

引教徵事篇第六。（教謂聖教，事即禮敬，故引四依，以證三善。）

序曰，有人言，上列機緣，文理備矣。深知信爲道元功德母，智是出世解脱因，但以根鈍時澆，信堅難具，行淺德劣，智正易迷，如何不知大聖立事理之教乎？乃欲統群機之大小，迷於五乘之化，遺隨宜之方便，悟於一道之致，蒙又惑焉未喻斯理，答曰，經教引心，意存懷遠，取其大致，未可專文。故《經》云，雖誦千章，不義何益？是知深有所以熙，何未悉其致，致爲指也。得月而指自忘，俗流常詠得意忘言，豈意道門猶行封滯，然則四堅果信成行起於下凡，在凡不行聖信無由而剋，義實如此，即須念念徵責步步推繩，猶自迷妄叢生，豈類全無思擇，如不思擇非行道人，故經云，雖誦千義不行何益，文良證矣。今立正儀行敬須本教宗，教有權實不同，行亦昏明殊則，先須通其立本然後附本興懷可也。經說四依區分三位，足爲末代之龜鏡，信是眾行之宗師，大聖致詞終不徒設，準教行事畢正無邪，初人四依，謂從初賢至於極聖，人資無漏法體性空，據此依承理無邪倒，但以無相好佛尚惑魔形，況有識凡夫能無受亂，故立法依顯成楷定。

初明依法不依人者，人惟情有法乃軌模，性空正理體離非妄，即用此法爲正法依，涅槃極教盛明斯轍，今行事者隨情妄依，多棄法依人，起則致乖遺寄陷溺身心，若能反彼俗心，憑準聖量隱心行務知非性空，乘持此心以爲道路，一分知非明順空理，一分觀厭明達有事，如此安心分名修趣法性眞道。

二明依義不依語者，語是言說止是張筌，義爲達理化物之道，證解已後絕慮杜言，法尚應捨何況非法，故經有捨筏之喻，人懷目擊之談，豈不以言詮意表得意息言，月喻妙指，無宜不曉，今謂得義乃是言，眞行道者常觀常破，常觀依語常破隨義，謂言隨義還是誦言，但無始妄習執見鏗然，靜退詳研方知此過，不爾奔飛追聲不及。又可思惟。

三言依智不依識者，識謂現行隨塵分見，眼色耳聲耽迷不覺，與牛羊而等度，同邪凡而共行，大聖示教，境是自心，下愚氷執，塵爲識外，所以化導，無由捨之，是知滯歸凡識，倒遣聖心，愚迷履歷，常淪三倒，勇勵特達，念動即知，知倒難清，名爲依識，知流須返，名隨分智，如是加功，漸增明大，後見塵境，知非外來，境非心外，是自心相，安有愚迷，生憎生愛？思擇不已，解異牛羊。

有人問云，卿立此論，明智異愚，如何達觀，猶稱凡識？

答，聖智無涯，積空顯德，豈惟一述，即謂清昇？此但得語隨言還執，深知此執，無始習熏，三祇無間，方能傾盡，雜血之乳，不可偏言，起伏之相，於是乎在，如經初地行施，餘隨分修，高軌立儀，令人修學，何言一解剩能窮智，必智可窮，未曰高勝。今人口誦其空心未忘有，騰空不起入火逾難，俱是心相封迷故爾，後得通達心隨轉用，豈不如鳥之遊空，自當如布之火浣，不足怪也。所以修道正士念念分心，捨前詳後新新轉妙，一俯一仰恭敬尊重，竝足合掌收攝怠惰，分分增明仍猶過習，如何氷執一觀便休，此乃凡懷遵承倒我，我我因循何由見覺，故當籌此分有出期，還執出見猶承愛種，載思載剏氣味淳深，重徵此味還由自起，知唯識有何日消亡，在凡道行域心齊此，更有勝道非復在言，言既莫存焉資翰墨此一途也。重惟翰墨實是心相，如前開責無非道緣，竝委登機臨陣交決（如論中，欲是初軍，憂愁第二，嗔恚第三，廣如常途所引），但出聖道無始未經，今欲革凡理變恆習，自揣形服都非俗流，如何想觀全乖道望，誠可笑也。

四、依了義經，不依不了義經者，此之兩經，竝聖言量，凡入道者率先曉之。則無壅不通。有疑皆決。但爲群生性識深淺利鈍不同，致令大聖隨情別說。然據至道但是自心。故《經》云，三界上下法，我說惟是心。此就世界依報以明心也。又云，如如與眞際涅槃及法界。種種意生身佛說唯心量。此據出世法體以明心也。終窮至實畢到斯源，隨流赴感還宗了義。故佛以法約定權機。【略】

約時科節篇第七。（謂六時禮敬，三業加勤。）

序曰，夫爲務學之士無時不行。固得念念策心新新習起。豈可前念背惡遂剋苦而靜塵。後念陵善便縱意而揚怠。所以論美四修（謂長時無間恭敬無餘也）經歎一慮（謂行住食息常爾一心也）然後方能正想革絕凡懷。但爲倒想沸騰難爲執捉。教稱野鹿又等圓珠。不可徵治無由待對。事須商量分次以法籌之。是以論云菩薩晝三夜三禮念諸佛。致使宗文之士崇遵此教。遂分六時以淨三業。餘時捨縱且習由來。此則福淺罪深無由拔本。又理都不然情亦不可。何以知乎。夫以六時之候接俗恆儀。類彼八齋同於五戒。言雖有數事義無窮。準此以論。故知擇日分時可以例準。經云，汝等晝則勤心修習善法無令失時。初夜後夜亦莫有廢（此謂。晝夜一心常行道觀。撿攝身心無人無法故也）中夜誦經以自消息（此謂。日夜剋心惑致昏昧。故以言誦經用散情意）以此文證通日連夜安有閑時。然自末代下凡煩惱濁重。約令恆作退住俗流。或竊服疑陽因修歲月。寄心無地投形無所。連日通夜一敬不行。任業流溺知何不起。故設六時以接愚惑。微得漸集猶勝沈昏。後漸明閑連時接運。猶謂爲好好故須除。凡夫起行各有異倫。曾習便欣未行便捨。致有去取眾務紛然。竊聞泥洹法域入有多門。萬行雖殊宗歸捨著。但以罪業違理。一向不行福業順生觀時修捨。出世道業由來未經。故須專志不容寧捨。經雖廣說不出此三。約理求文斯皆統攝。然今隨習各有生心。或樂禪靜則以禮拜爲麁疎。樂禮拜者。又以禪思爲坐睡。讀誦講解偏誚默念之徒。苦節獨住特忿淸談之叟。是則相從奔競莫委其情。朋騰任情不可比擬。夫以大聖立教卓出恆倫。序其指歸終爲離著。至於隨境流觀陶甄性靈。廣張聲教都惟可學。學在三位以攝教源。祖而修奉不越斯位。乃至分時督課。前修舊行日夕三時禮悔相續。可謂儀形有據。不墜彝倫外攝群小。開俗信於未然。內斂恆情增天龍之護助。若此行之不徒設也。且禮念之法自有威儀。三學言歸俗多分異。元立三學同傾一惑爲宗。以三征之不可分爲三別。如論所云，戒如捉賊。定如縛賊。慧如殺賊。明喻即目何用深思。尋喻乃三約賊唯一。事分三義宗成一滅。故重張之意存通領。旦如禮敬一法用息慢高。如不屈躬斯名犯戒。常念在心斯學定也。常知無我斯名慧也。一敬如此餘行同然。是則萬行殊途三學攝盡。今學教者皆三別蹤。又執自計以破他部。擬前喻説理不容非。固須一事沿修隨分二學。更爲重顯。如佛立戒。無境不修名作持惰名止犯。犯從止起畏犯修持。持名隨戒戒名警策。是爲戒學安心此學。非定不行名定學也。深思此學爲滅倒情。縱而不學還順生死。爲絕苦本非學不明。力勵徵責名慧學也。如此漸境漸託心。凡倒漸輕聖解漸厚。積功不已無往不成。千里一步。如前具述。時序可惜無容自欺。

卷下。威容有儀篇第八（謂斂束形儀，敬道順俗，内長信心，外生物善故）

序曰，聖者立儀，同法齊觀。道宗乃異，形敬畢通。備列群經，無宜不用。如有乖軌亂倫，自招殃咎。故違明誥罪深難宥。今生居叔世，代稱滓濁，煩惑日增。何時傾蕩。如不篤課，於何成濟。所以寄此形骸，澄練性識。屈折柔軟，慢我將摧。必若縱緩憍高彌增故習。此語繁矣。無奈患深，徒施攻擊膏肓難及。如不信此言可試讀此文。撿此心行鏗然不動可謂上智。【略】俗中周禮有九品之拜，出自太祝之官。斯非内教，然禮貴從俗故也。一曰，稽首拜。謂臣拜君之拜也。稽訓爲稽（計奚反），即久稽留停頭，至地少久也。二曰，頓首拜。謂平敵者，如諸候相拜也。即以頭叩地虛搖而不至地也。三曰，空首拜。此君答臣下之一拜，即以頭至手。所謂拜手者。四曰，振動拜。謂敬重之戰慄動變之拜也。五曰，吉拜者。謂拜而後稽顙，謂齊衰不杖以下也。言吉者，此殷之凶拜也。周以其與吉拜頓首相近故謂之吉拜，即先作稽首拜後作稽顙。顙是額也。以額觸地無容儀也。六曰，凶拜者。稽顙而後頓首拜，謂三年服者拜也。七曰，奇拜者，謂先屈一膝，即今時所謂雅拜也。一説奇拜但一拜以答臣下之拜也。八曰，褒拜者，褒讀爲報。報拜者，再拜是也。又云，褒拜今時持節之拜也。即再拜於神與尸也。九曰，肅拜者。但俯下手今時揖者是也，亦指婦人拜，又肅或至三也。空首奇拜唯一，餘則再拜之。上竝俗禮正文。鄭康成依位釋之如此，今據内教以禮敬爲初。大略爲二，即身心也。佛法以心爲其本，身爲其末。故須菩提靜觀室内，如來歎爲禮見法身。華色初至寶階，如來毁爲拜於化佛，故知靜處思微，念念趣道。觀形鑒貌，新新在俗。能所未免，想見齊生。我倒現前，即爲障道。故佛約此而分身心敬也。如能即色緣空觀境心造，紛紛集起不無染淨。知識妄念未可清澄，想倒空時緣念斯絕。今居凡地力極制御。止得如斯念自然漸能清淨。常起兩觀，不得單行。謂知無境是漸向眞，謂知唯識是漸背俗。如此策修長時不已，分分增明三祇方就。

義淨《護命放生軌儀法》　夫以懷生者，皆愛其生，上通賢智，有死者，咸畏其死，下洎蜫蟲。由是善逝隨事而修慈，不損含識，量内身而準物，刀杖不加。唯以大悲，宣揚法化，於護生處，極致慇懃，是佛弟子理應隨作。觀蟲濾水，是出家之要儀，見危存護，乃悲中之拯急。既知有蟲，律文令作放生器者，但爲西國久行，人皆共解東夏先來未識，故亦須委其儀，若不具陳，無由曉悟。

其器任用鐵銅瓦木，瓦即安鼻鐵木準成，若擬隨身將去，可用銅作，唯受二升三升。即是舊來小銅罐子，還施銅系，令穿手得過，底傍一邊須安銅鈕，可受小梅指頭。若乞食去時，穿在左臂，以衣掩蓋，右手攜鉢，乞食得已，隨至一家，安置飯鉢。自將淨繩一條，如麁箸許，隨井深淺，繫罐取水，濾以小羅，斟酌得足。即以繩一頭穿鈕，急繫擡系等，繫小鐵鉤，鉤系起時，務令平穩。此並預先作了，不得臨時求覓。即以小羅，覆蟲罐内，徐徐放下，至水縱鉤，拔繩令覆，再三下濯，方牽出井。此是乞食之儀也。或用銅椀漆椀，穿孔著系，權用亦得。若在寺者，即以常用鐵罐覆之，如前安置，少有別處。底傍著鐵鐶，可容三指，以罐鉤内中，擡起系等同前著鉤，覆蟲在中，放使至水。假令深井亦得爲之，若別畜繩，恐成勞擾，若井深處，或可別爲盆貯，或可送往河池，瀉水竟時，還須滌器，斯其法也。濾羅樣式，如別處言之，豈容井口之上翻羅，元無放生之器，欲似護戒，寧顧蟲亡。但以如來聖教，慈悲爲本，所制戒律，罪有性遮，遮則準事合經，性乃理應從重，性罪之内，殺生最初，是故智人特宜存護，若將此爲輕者，更復何有重哉？若能依教作者，現在得長命果報，來世當生淨土，且神州之地，四百餘城，出家之人動有萬計，於濾水事，存心者寡，習俗生常，見輕佛教，不可一一門到口傳，冀諸行人遞相教習，設使學通三藏，坐證四禪，鎖想無生，澄心空理。若不護命，依教奉持，終亦不免佛所訶責，十惡初罪，誰代受之，且如見有屠兒牽羊入寺，不過數口，放作長生，眾共聚看，彈指稱善，寧知房內用水，日殺千生萬生，既知理教不輕，宜應細羅細察，自利利物，善護善思，復有令人耕田種植，規求小利，不見大尤，水陸俱傷，殺生無數，斯之罪咎，欲如之何，直如束手泉門，任他處分。故經云，殺生之人，當墮地獄餓鬼畜生，設得爲人，短命多病。嗚呼此苦，誰當受之？脫有能爲，善哉甚善，可謂釋迦末法，共結慈念之因，彌勒初成，俱證無生之果，廣如別傳，此不煩云。

義淨《受用三水要行法》 準依聖教，及西方現今眾生所用之水，有其三別。一時水。二非時水。三觸用水。

言時水者，謂是沙彌俗人，自手濾漉觀知無蟲，午前任受而飲。若大僧手觸盆羅及杓水即不堪入口，而況食用？有惡觸故即如僧家常用之水，大僧豈可得觸？雖大僧不觸。於午後時不合飲用。然水體無觸，已是俗人等觸，帶於染膩非全極淨，是故須受。

二非時淨水者。謂大苾芻及沙彌等用意之人，並須澡豆及上屑等，連腕四指，咸須淨洗無有垢膩，瓦盆及羅幷須新淨，不與垢膩相染者方得，羅濾此水，皆用銅椀銅杓，灰揩去膩始得取水。若無此等可求，必有染木之器，不曾與觸膩相染，每日淨洗塵垢不停者，通用亦得。若常用水可貯在淨瓶，淨瓶須是瓦，非銅澡罐，由其瓶內有銅青不淨不得灰揩故，拔出銅釵揩拭，即知淨穢。然銅以灰揩爲淨，聖教親說，若澡豆洗，但去食膩，銅垢不除，可取銅匙灰揩，足爲目驗，其瓦瓶水盡，每須洗濯中間方盛新水。然五天之地，無將銅瓶爲淨瓶者，一爲垢生帶觸，二爲銅腥損人，此之淨水時與非時，任情取飲，是佛別開，以其淨故，更不勞受。若苾芻在非時中，煎藥煮茶作蜜漿等皆用此水，不得用前時水，以有過故，然用鎗杓椀器，皆須離食染，並悉灰揩方合煮物，其淨水盆瓶，宜於淨處安置，瓮須淨物覆蓋，瓶即置在竹籠，不得輒令觸，欲用水時先淨洗手，或用乾牛糞，淨揩手已，無膩方觸，或以淨絹布及葉，用替瓶咽，然後方捉。《律》云，除水及楊枝者，謂此清淨之水，非是餘二，楊枝若是新條濕者，應須火淨受而嚼，故知不可直執戒文，凡欲以水入口。若飲若漱時與非時，皆須澡豆淨洗手洗淨兩脣，漱口再三方合飲水，喫食亦然，又中食了時，若恐淨瓶水少，須令俗人授前時水，嚼齒木澡漱已，然口津未得輒咽，要須以此淨水三漱口已，方是清淨得咽口津。目見西方南海僧眾共行此法，又此方古德律師有知斯事，然行之者希，若不如是，餘膩不除咽咽得罪，亦齋不成。

三觸用水者，但使無蟲，不論淨觸即得受用，謂添觸瓶向大小便處，及洗手足，更餘用不得輒將入口，況食用耶？此等三水觀知無蟲，乃至明相未出已來，皆隨事得用，明相既出即便不合無問多少，乃至瓶內一抄盆中一合，悉須銅盞，明目觀察，若無蟲者，雖經多日任用無犯，西方僧徒及俗人五戒以爲急，若外方客僧不解此水淨觸法者，無容入寺。又復西方寺法，若見有僧將淨瓶上廁飲觸瓶水者，以爲滅法，即擯出寺，以此言之，冀諸行人，共爲存護，令佛法久住，若能依教行者，即是與佛在世無有異也。

義淨《說罪要行法》 每於半月月盡憶所犯罪，準法而說。

或故妄語，或飲酒，或非時食等，或請香不淨洗手而食。

每於旦朝或復餘時。不觀水而飲用，不如法放生故，斷眾生命，自壞生地，或教他壞，不作知淨語，於五生種不以火等作淨而便食，用鉢椀不淨洗而食，銅椀匙筯不以灰揩而食，凡是銅器皆以灰揩方淨，若以澡豆水洗不得成淨。

或飲用殘宿惡觸瓶水，及殘宿惡觸刀子割餅等而食，非時飲不淨茶湯酥蜜等水。

食五正食已，捨威儀竟，呑咽餘津。

自受捉金銀錢寶，及使人受捉，不作知淨語，凡觸火不持心。

燒香等觸火不持心。

非時入聚落不白苾芻，與未受具人同室宿過二夜，與未受具人同誦，及同聲唱佛，此等波逸底迦罪，據數犯者言之，餘皆準此罪應（三說），又每旦及大食後不嚼木，或向塔嚼齒木等，用訖不洗而棄，在僧淨地中洟唾，或棄蚤虱等不依處所，或食時飲啜作聲，或食時含食語話。

或齧半食，與未受大戒人同床席坐臥。

或立小便，或大小便不洗淨，大小便時嗽口吐水，及洟唾棄齒木皆不彈指謦欬，污手捉飲食器，不淨洗手漱口飲水等。

非時食蜜，不以水滴作淨，或觀男子及以女人，不善持心而生欲想，或自觸身起愛染心，或不繫想光明縱心眠睡，在燈燭光下眠臥，雖有開緣若觸火等不持心，或於三寶師僧父母所，起不尊重心，及生瞋忿而不忍受，滅燈火不持心，此等皆是惡作罪，且隨要言之，若更有餘者隨所憶罪，此等皆須對人一說而悔，或有責心者，云何責心。凡出家者，於不謹愼心中違律教時，即須自責心云，此事是我所不應作，我從今已去更不如是，若常能如此自剋責時，自然不虧諸戒。須知佛教，意在如此。

又凡出家受十戒及大戒已去，一一事皆白親教師或軌範師，唯除五事不須言白，云何爲五，謂大小便利，飲淨水，嚼齒木，同一界內齊四十九尋內，禮佛繞塔，餘皆須白，若不白師者，一一皆得惡作罪。

體識《毗尼止持會集·序》　夫毗尼是正法之壽命者，蓋由戒淨僧眞，性遮之業而無染覆；道弘德備，權實之教而克闡揚；自行利他，越苦海而登彼岸；紹先啟後，續慧命以振玄猷。故曰，毗尼住則正法住也。不然，則五邪罔禁，八穢殉身，虧僧寶之尊稱，失福田之淨德。上無模楷，下闕規繩，縱能聚眾匡徒，悉屬附法魔外，欲令正法久住，豈可得乎？（體）匏繫荒陬，學慚往哲，謬承先囑，力樹戒幢。因念律海汪洋，學人難討，爰搜諸部之精要，詳明止持之大成。雖未盡源，庶幾便覽，所冀同志諸賢，須遵七聚嚴護以防非，當欽四依知足而進道，則五濁世戒香芬馥於大地，六和眾法雨霈澤於人間，所謂毗尼住世則正法住世，不亦然乎？時順治己丑年前安居日滇南鷄足苾芻讀體於寶華山之觀西軒。

凡例：律分眾部，起自異執，哲人弘範，理合融收，按舍利弗問經中，舍利弗言，如來正法云何少時分散如是，既失本味，云何奉持？（少時者，謂佛滅度三四百年中）佛言，摩訶僧祇，其味純正，其餘部中如被添甘露，諸天飲之，但飲甘露，棄於水去，人間飲之，水露俱進，或時消疾，或時結病。其讀誦者亦復如是。多智慧人能取能捨，諸愚癡人不能分別。（文）是知諸部之分出乎異見，取捨之法識自聖言，故茲集雖以曇無德部爲宗。然於他部互有發明者，悉採用之，此亦南山律祖集大成之式也。問既云摩訶僧祇其味純正，何不宗之，反宗四分，豈非飲添水之甘露耶？答茲藏中四十卷其僧祇者，上古諸師皆判爲略本，故所不宗。蓋文少義闕，而又不合二百五十戒數故也。今宗曇無德四分律者，蓋是南山聖師之所宗故，自唐以降皆弘通故，二百五十戒相悉具足故，犍度有歸無紊亂故，余今宗之，復何疑焉？

律制嚴詳，譯文重沓，初機簡閱不無浩繁之歎，今爲便覽，故節要文，然於義理并無增損。

戒因事制，有緣方興，故於條下先出犯緣，須知栴檀林中曾無散木，靈山會上豈有凡夫，斯皆大權示現，密護僧倫，請佛制戒，助揚法化，如閱讀者，當生欽信，愼勿眇視以取慢尤。故《善見毗婆沙律》云，若長老聞此不淨行，愼勿驚怪，何以故，如來憐愍我輩，爲結戒故說此惡言。若不說者，云何得知波羅夷偷蘭遮突吉羅，若法師爲人講聽者，愼勿露齒笑，若有笑者驅出。何以故。佛憐愍眾生，金口所說，汝等應生慚愧心聽，何以笑諸部飜譯，音雖不同，義實無別，由其五天各異語有重輕，今皆倣古所述，或註文下，或贅卷末，以省檢討。

五篇戒相，各有根本等流性罪遮罪並所起煩惱，性謂本性是罪，遮謂因制方犯。又性罪惟染心中作，若遮罪通染不染，惟《薩婆多論》明其本流，獨《善見律》判其性遮，據律攝中出其煩惱，今於每戒下，有無咸依藏錄，一無私增，若準義推，例亦可曉。

每戒之下約有八科，一制戒緣起，二依律釋文，三結罪重輕，四兼制餘眾，五應機隨開，六會採諸部，七經論引證，八附事便考。然此八科，有無不定，臨文自見，至於戒條正文，書皆頂格，餘者俱下一字，若用本部，但標律云，或第幾分等字，若用他部，則別標名以識之，便於稽考藏函。

律有止作二持，止持惟顯開遮之法，作持方攝誦戒之規，有依佛陀耶舍所譯說戒別本而成集者，斯乃用別集廣止作不分，今此集專覈止持一門，故但明二百五十戒相，所以卷首不錄布薩偈文和白等法。至於作持說戒篇中，自當錄附釋之，庶無糅於止作也。

經通餘說，律唯佛制，等覺已下，猶非所堪，況諸小聖輒敢措詞。良以如來行果極圓，窮盡眾生輕重業性。是故毗尼唯佛制立，自餘下位但可依承，不同經論許容他說，故余欽此無敢穿鑿，釋義出事皆如律藏成文，重治輕開咸遵金口所說。

綱要：經教利生，普被諸有，或在天上龍宮，或居祇園鷲嶺，或在王臣舍宅，或於曠野林泉，惟觀根器應緣化導，凡從聽者曾無遮揀，律則不爾，若於他處有犯，必在僧中結戒，縱尼有漏，制亦憑僧，一則令諸比丘慚愧欽遵，謹護無作，次則遮障，外人恐生譏嫌不敬僧倫，是故毗尼乃佛内制，獨大僧持，猶如國王秘藏，匪許外臣所知，若白衣沙彌，設先覽者，後欲登壇，不聽進具，由犯賊住，是名重難，所以戒因緣經序云，天竺持律不都通視，唯諸十二法人堅明之士，乃開緘縢而共相授，耶舍見囑見誨諄諄，人可使由之，不可使知，其言至切，乃自是也。（文）邇來義學兼講僧律，不揀白衣沙彌，槩容坐聽，雖云法施，實爲犯法，欺侮嚴制，罪將焉逃，所冀凡爲師承及居上座，若睹白衣沙彌，翻閱律部並此集者，當慈語教誡，使勿披覽，此則自他俱利，法道可昌。

戒德難思，功逾眾行，初因極果以爲元基，淨邦樂報以爲根本，險途示迷，此爲良導，苦海得濟，此爲舟航，由是賢聖所修諸佛所證，乃至人天暫樂，惡道永離，無越乎戒。故我釋迦世尊，始自鹿苑，終於鶴樹，五時所演一大藏教，多讚戒法，不特一佛推重毗尼，即十方三世一切如來出現利生說法皆然，若離戒修行，冀超三界，猶無足欲行，無翅欲飛，無船欲渡，詎可得也。

戒顯《傳戒正範序》 善乎，柳河東曰，儒以禮立仁義，佛以律持定慧。故我世尊，五時唱教，先《梵網》於羣經，雙樹潛輝，寄金言於戒學，所以眼目人天津梁，凡聖無異說矣。無柰法久弊滋，以致戒壇封錮，賴吾祖父靈谷千華二老人，乘大願力，再闢亘荒，薄海遐陬，咸知秉受，南山之道，欝然中興。及先師西邁，主律無人，三學搖搖，莫知宗仰。吾教授本師，見月體和尚秉鐵石心，具金剛骨，精淹五部，嗣主千華，慨今海内放戒，開壇所至多有。考其學處，則懵昧無聞，視其軌儀，則疎慵失準。倉皇七日，便畢三壇，大小乘而不分，僧尼部以無別。心輕露懺，羯磨視爲故文，罔諳開遮，問難聊云塞白。一期解散，挂名祇在田衣，三業荒唐，戒本束歸高閣。列聖戒法，等同兒戲，而毗尼大壞矣。和尚憫之，内重躬行，外嚴作法，兼勤著述，以利方來。於兩乘布薩律制僧行外，復爲撰輯傳戒正範，三壇軌則，巨細有條，七眾科儀，精詳不紊。勤開示則智愚灌以醍醐，謹羯磨則輕重揀於絲髮。不違古本，別出新型，如滹沱之七事，戈甲忽新，光弼之三軍，旌旗一變，允篇聚之南車，而木叉之杲日矣。此本流布，用爲章程，非獨專門弘律者，肅有規繩，即禪律兼行者，咸知矩矱，壇法自此集成，更非從前綿蕞。古云，三代禮樂盡在是矣。凡據位登壇者，倘心存二利，慕律社之精嚴，法懼七非，惡時師之簡陋，執此以往可也。

順治庚子歲姑洗月上巳日住南康雲居山千華同門戒弟子戒顯頓首拜題。

目錄：

第六問難法
第七歸依法
第八結歸法
第九說戒相法
第十聽教囑法
二壇傳授比丘戒正範：
第一明僧中請師法
第二正請師法
第三壇主白法
第四安受戒者所在
第五差教授法
第六教授出眾問難法
第七白召入眾法
第八明乞戒法
第九羯磨師單白法
第十正問難法
第十一明授戒體法
第十二正授戒體法
第十三次說四墮法
第十四後授四依法
第十五結勸迴向法
三壇傳授菩薩戒正範
第一明敷座結壇法
第二明請師入壇法
第三明禮敬三寶法
第四明正請師法
第五明開導戒法
第六明請聖法
第七授四不壞法
第八懺悔過法
第九明發願法
第十明發戒體法
次正授戒體法：
第十一明宣戒相法
第十二明結讚迴向法
附正範辨傳戒正範目錄（終）。

鐵翁《終南家業》卷一 教觀撮要

吾祖弘律，以妙觀爲本，蓋準律中，佛制比丘，觀念對治，方能入道，故曰，常爾一心，念除諸蓋，違則結犯，但律中觀念，皆屬權少，祖師克究佛懷，深符開會，直依攝大乘論（皈敬儀引）知塵無所有（空觀），通達眞（眞諦），知唯識有，（假觀）通達俗（俗諦），若不達俗，無以通眞，若不通眞，無以遣俗，以俗無別體等義（上顯眞俗相即爲空諦，空假不二爲中觀），立中道妙觀，爲出家學本，於事鈔沙彌篇及業疏受戒篇並云，觀事是心等，言事即總十界，依正色心等法，蓋是唯心本具，全心變現，事即俗諦，心即眞諦，心事不即不離，即中諦，如此觀事，豈思議哉？使自沙彌，便開妙解，達事是理，全性成修，凡所進用，俱成妙行。又於鈔疏懺六聚篇，乃云，諸法外塵本無，實唯有識，此理深妙等，上句眞諦，下句俗諦，俗不離眞，眞不離俗，不即不離，即是中諦（在所爲三諦，在能爲三觀），三諦之法，微妙圓融，故云深妙。會上兩文，其義即一，是則一心即三諦，三諦即一心，若以一心爲能觀，則三諦並屬能觀，爲之一心三觀圓融妙觀，若以一心爲所觀，則三諦並屬所觀，爲之一心三諦圓融妙境，境觀俱明，能所互照，無能所中，能所歷然，無差別中，差別宛爾，復於歸敬儀中，能敬無非三業，所敬莫過三寶，於篇篇事事之下，令理事圓融，眞俗並運（上明觀訖），立觀既妙，在教必圓。此宗云，教無非律乘，若據教限，律是偏少，究佛本懷，諸有所作，常爲一事，百千方便，曲功調停，皆佛權謀，隨他意語，至終法華，方暢本懷，開決偏小，即一佛乘，涅槃扶談，終顯佛性，自昔傳律，全昧歸源，唯我南山高懷卓朗，判釋教門，空有無濫，別準二經，開扶妙旨，直顯戒律，即是圓乘，點顯境緣，及受隨行，皆即一心，無非唯識，唯心教行，豈不圓妙，今更略引諸文，使學者知其教也（下引戒法處，即指於教也）。如《事鈔》

指戒法云，法界塵沙，二諦等法，法界乃戒法之體，塵沙乃戒法之數，若以法界爲境，應須了境，即是二諦，三諦之法，非界言界，故云法界，當知戒法，乃於法界理上，假名建立，故有差別，數等空塵。又若河沙，故云二諦法也。所謂諸佛說法，常依二諦者，是也。二諦非即非離，強名中諦，故一一教門，皆三諦圓融，微妙之法，故又續云，測思明慧，（觀妙）與妙法相應（教妙），測思能受心也。妙法所受法也。以微妙心，受微妙法，能所體同，即一實相，故曰相應，鈔中又云，所發戒相，乃有無量（乃至）若隨境論，不過情與非情，空有二諦，滅理涅槃，佛說聖教，文字卷軸，形像塔廟，地水火風，虛空識等，法界爲量，並是戒體，此文以法界，結上諸境，則一一境，皆微妙法界，依法界而制諸戒，則法界是戒法之體，故云並是戒體也。要使受者，以法界心，緣法界境，受法界法，只一法界，無異法界，能所泯亡，究竟一相，故得。鈔文又云，深戒上善，廣周法界（文），戒法若非體是法界，何得云深，何云上善？況鈔序首云，戒德難思等，此文雖歎戒功，由體微妙故，功用難思，學者不能如此推究，以致屈抑教門，情切哀痛。又業疏云，智知境緣，本是心作，不妄緣境，但唯一識（文）。境是塵境，緣即戒法，境與戒法，既唯一識，唯識即是三諦圓融妙理，境豈不妙，法豈不圓，亦欲受者，識源達本，圓發上心，圓納三聚，圓成三行，故疏又云，常思此行，即攝律儀，用爲法佛，清淨心也。此行即小法，律儀即大乘，法佛即果德，即小是大，即因是果，小大因果，即一淨心，無差別也。故疏復云，大小俱心，律儀不異，義極明顯，圓文妙義，具在諸文，學不究心，鮮能知要，吾祖教觀，幾至掃地，余曾釋圓教五門，及答日本芿師疑，並三觀塵露等處，輒以管見，發揮聖言，但恐文繁，學者難曉，今撮要義，別書一紙，庶易流傳，爲廣究之蹊徑耳，即非沽譽要名也。深願同門，精研博究，一益自己，二化他人，二皆契實，無忝其裔。淳祐壬寅，佛忌前一日，華嚴閣下出。

三觀塵露

又 吾祖南山澄照大師，跡示四依，位階上地，妙明一實，洞徹兩乘，預譯場而辭翰推尊，敷講席而天龍拱侍，慨律藏實佛法命脈，軫戒德乃定慧依因，歷三生而偏志弘揚，抗六師而廣文流演，雖舉宗而持犯爲正，在進修而理觀兼明，或令福智雙行，或示化制同稟，通依兩典，總列三階，義趣該羅，文辭簡略，管闚曷既，膚受何窮，唯靈芝之記主大智律師，妙賾眞源，深研理味，律遵南阜，而教領南屏，位隱西湖，而道聞西竺，廣明圓行，妙演觀文，辨析淺深，輝映今古。（守一）忝繼學徒，謏尋文相，愚情有擁，略義伸明，仍決異傳，少資己解，自愧斗筲量窄螢焰見卑，雖竭精誠，焉能盡理，猶塵露之於山海，故題曰三觀塵露者矣。大分四科，初引本文，二略敘釋，三示立意，四決異傳。

第一引本文

事鈔（懺篇）云，一者，諸法性空無我，此理照心，名爲小乘，二者，諸法本相是空，唯情妄見，此理照用，屬小菩薩，三者，諸法外塵本無，實唯有識，此理深妙，唯意緣知，是大菩薩，佛果證行。故《攝論》云，唯識通四位等。又（《事鈔・沙彌篇》《業疏・受戒篇》）同云，一者，小乘人，行觀事生滅，知無我人善惡等性。二者，小菩薩行，觀事生滅，知無我人善惡等相（《業疏》云觀事是空等）。三者，大菩薩行，觀事是心，意言分別。故《攝論》云，從願樂位，至究竟位，名觀中緣意言分別爲境。又《業疏》（懺篇）云，小乘極處，人法二觀，對我觀析，唯見是塵，對陰求之，但唯名色，求人求法，了不可得，是爲空也。大乘極處，空識爲本，初淺滯教，謂境是空，了境本無，性唯識也。（《淨心誡觀歸敬儀》，廣明理觀，故不盡錄）

第二敘釋

分二，初敘略意，詳上諸文，莫不以三位極理，示於觀體，至於心境行相，在文皆略，備載攝論，及道整禪師凡聖行法，當時盛行。是故諸文，並指如彼，整師之文，近世已亡，攝論之義，晚學難曉，靈芝諸記復指天台《摩訶止觀》是可投心，良由此宗疏鈔，正明持犯，定慧資修，理須旁示，恐亂宗途，故不繁廣。

次釋文相，就文分三，即境理人也。

一者，示境，三觀皆云諸法，及云觀事，若對機見，須分廣狹，前之性空，小機見狹，六凡五陰，爲諸法也。後之二觀，即指十觀，該及三世，爲之諸法。又復動心即事，有念皆法，諸法及事，通收內外，至於取境成業，無過妄計，前二云我人，後一云意言，皆妄計也。捨疏就親，正指妄計，爲所觀境，故記云，三理照之，乃知顛倒但有妄計。又云，但破妄計。又云，謂觀念性等是也。（上示境竟）二言理者，理即觀體，亦諸法體，若就文指，即性空，相空，無我，及唯識是心等是也。雖分節文相，有境理之殊，其實句義連綿，諸法即理，不可分異，須知諸法唯是一心，究竟圓明，平等一相，妄計自障，貪著輪迴，如來隨機，或説諸法皆空，或謂唯一實相，小乘機劣，認空爲極，其間鈍者，推析法性，方見空理，利者體法即空。後大乘中，然有一類，雖發大心，未窮心本，亦但認空，以爲極理，了相即空，與前爲異，志願弘大，故云菩薩，修唯識者，不無利鈍，鈍者別修，從假入空，方達中道，利者圓入初後一如，因果皆妙，後更引明。

問，性相二空，唯空人我，兼空諸法耶？鈔文但云無我，不言法空，請爲明之。

答，文中具明，何不詳耶？初云諸法性空，此空法體性也。復云，無我即空，我人執性也。次云，諸法相空，此空法體相也。復云，無我即空我人執相也。又云觀事生滅法空也。知無我人，人空也。是則性相二空，具兼人法，《業疏》甚明，記文更顯。又復人法之義，諸文廣陳，學者自知，茲不繁累（決異傳中又略釋之），須知在境爲人法二執，在觀爲人法二智，在理爲人法二空也。

問，性相二觀，鈔文皆云生滅，如何分異？

答，初則見相如實，從緣生滅，次則見相如幻，空花水月，虚生虚滅，初則生滅是實，次則生滅是空，故業疏云，觀事是空者，是也。文云，外塵本無，實唯有識，此之二句，即是三諦圓融，中道妙理也。塵即諸法，皆六塵故，對於凡小，不了心源，故云外也。本即元本，無乃理體，實謂不虚，唯乃訓獨，本實二字，顯知其的，今作三義，釋此二句，一克體釋，一切諸法，從本以來，若體若相，泯跡亡形，究竟如空，微妙莫測，即一眞如，無非實際，故云外塵本無，蓋是，唯心本具，全心發生，法法皆心，塵塵即識，究竟指示，故云實唯有識，識是圓理，體亦本無，是則無即是識，識即是無，且就諸法體上，強言於無，諸法相上，假立言識，無乃識之體，識乃無之相，不即不離，復不思議，故言妙深也。二遣情釋，言本無者，遣著有計，本無雖空，空非偏空，有識假立，即是妙有，不著二邊，不離二邊，即是中道，故云妙也。三修顯釋，據梁攝論方便位中，先以依他性，遣分別性，見一切塵，空然無體，但有意言分別，故云外塵本無，翻分別性，爲無相性，此中言無，但見塵空（即空觀成），依他性體，雖是唯識，中智未利，但見似像，以眞實性，遣依他性，眞實性漸顯，依他性漸消，然後一切法，似名似義，及似唯識，無所從生滅，意言分別，得無分別智，翻依他性，爲無生性，此中言無，正示識體，（乃假觀成）眞實性體即實相，本無可翻，欲顯體妙，翻無性性，言無性之性，顯空即識也（即中觀成）。此方顯出，唯識圓妙覺，方見極圓，上論次第，非今立意，眞俗並運，空假即中，三性圓修，初後俱妙，是今宗旨，如下更明。

問，文唯二句，何見三諦圓融，三觀圓修之義耶？

答，外塵本無，即是眞諦，亦即空觀，實唯識有，即是俗諦，亦即假觀，識即是無，空不離假，不即不離，名爲中道，是知立觀，唯據三諦圓融，中道妙理，故文結云，此理深妙，豈不然耶？正準攝論（《敬儀》中引）云，知塵無所有，通達眞（眞即眞諦知無即是空觀），知唯識有通達俗（俗即俗諦，知識即是假觀）若不達俗，無以通眞（上謂通達眞時，必先達俗是空）。若不通眞，無以遣俗，以俗無別體故（上謂通達俗時，必先通眞即俗），前二句，分示觀境，後二句，正顯圓修，吾祖依此論文，建立圓觀，鈔又云，觀事是心者，此句即總三諦，即示妙理也。以由一切境事，即是唯心緣生故空，一切皆假事，既即心空不離假，豈非中道乎？若了此義，則境觀皆如，因根俱妙，在境爲中道妙境，在理爲中道妙理，在觀爲中道妙觀，斯則祖師括約論中圓義，以立圓觀用被圓修，始初發心，終至究竟，妙達意言，無非中道，故云從願樂位，至究竟位，名觀中緣，意言分別爲境。（有約他宗但中，釋此中義者，蓋不究論文，不達祖意故也。）論中，更有圓義，今略引明，論以金藏土，譬於三性（分別依他眞實三性）。天台云，攝論如土染金之文，即是圓意。（文）斯則論中，願樂方便位中，三性圓修之義，論又云，菩薩有二種，一者凡位，二者聖位，從初發心，訖十信已還，並是凡位，十解已上，悉屬聖位（十解即十住也）。此亦論中，初住破惑證聖之文也。論又云，於一切法，實唯有識，理中（意言）分別生等，此亦論中圓義也。理中意言，即體內方便，理即妙理，中即中道，意言分別，即初位觀境，便達中道妙理，豈非圓修義乎？歸敬儀中，立圓觀已，假設外人難云，吾聞眞俗並觀，登住方修，如何下凡僭地上聖等（此指十住名聖，十信已前名凡），初師自答云，發心畢竟，初後心齊，乃至不可執文，便乖義實等，若據此文，則十信已前，從初發心，便修圓觀，與後無殊，即同前引論云，從願樂位，至究竟位等，義無別也。如斯略示，則顯疏鈔立觀，並準論中圓義，以被圓修也。近世諸師，不善討論，妄謂文中，外塵識有，及意言等，乃願樂位中，所修觀相，不應通於後位。蓋彼論於此位中，修影像唯識正觀意言，遣伏外塵，至見道位，方達中道，此乃諸師，執文釋義，甚抑祖懷，然不知論中，具有圓別二義，通被利鈍，二備願樂，意言遣塵等文，乃鈍修歷別義也。疏鈔所立，唯據圓文，如前略引，義實昭然，卻於歸敬儀中，備明圓別利鈍，修進遲速，悉準於論，如下引明也。文云，此理照心，照用者，理即觀也。理是能照，心之與用，皆所照也。

問，《資持》云，若於時中，觀心爲要，若善若惡。三理照之，是則三皆照心，何獨初觀耶？

答，良以機有利鈍，觀照乃殊，雖皆照心，通局有異，二乘機鈍，唯觀妄心，遣我人執，縱有事用，但照此心，令妄不赴，至於果上，設或利他，亦唯照心，住空寂理，故資持云，二乘住寂，故但照心，小菩薩行，機當次利，雖亦照心，不唯專守，利他志廣，事用乃多，常照事用，當相即空，故資持云，菩薩涉事，故云照用，有人云，前空我人妄計之情，故云照心，今空五陰假用和合，故云照用，如斯之義，恐爲未然，須知相空，亦空我人妄計之情，豈不見鈔云，知無我人善惡等相。又云，本相是空，唯情妄見等，達者更詳。

問，後唯識觀，何不云照？

答，前二根鈍，作心對照，然後方空，後乃利智，深解妙理，遮照絕待，能所圓融。

何待照耶？若爾，《資持》那云照之？

答，此且一往總示，三皆云照，至後唯識，雖有照義，智解既妙，非照而照，故照而常寂，寂而常照，故不立照名也。《業疏》云，對我觀析唯見是塵者，記云，我即法塵，須知法塵有二，一者，落謝五塵，二者，心數法我人妄計，體是意思，即心數法，故屬法塵，或可。塵即是境，對境觀度，境落法塵故也。有人云，我人乃於色陰塵大體質上，橫起執情，今求我人，本無有體，但見色陰，塵大而已，次以法空求色陰塵大及餘四陰，但見名色（彼文），識者更詳。

問，觀之與理，何以分異。

答，克體言之，觀即是理，或分因果，能所之殊，不無其致，在因名視，在果名理。又復觀是能觀，理是所顯。

問，觀之與行，亦何以分？

答，觀是極理，體絕言思，行即行心，造修履踐，觀無行而無以顯，行無觀而無以成，解行兼濟，如目足相資也。

（上示理竟）三者指人，即三乘也。初觀言少乘，通收聲聞緣覺，後二云菩薩，復分大小之別。

問，小乘菩薩等文中，或似修觀行人，或舉果人，彰理，如何定當？

答，若據疏鈔懺篇，克體立觀，唯據極理，如云然理大要，以此三理等，故舉三位果人，以彰三理深淺，後位菩薩佛果，乃重示者，一顯非偏，二彰圓極也。若沙彌篇（疏見受戒），約行示觀，故小乘菩薩，即修觀之人，如云一者小乘人行等，豈不然耶？記釋懺篇云，持舉深位，以彰理妙，不妨令轍。

問，如文所示，觀據極理，復名聖業，深位可修，在凡無分耶？

答，觀雖是理，行通凡聖，如小乘人，必先聞空理，故用空觀。歷諸行相，行微觀昧，見理未明，故位在凡。行但屬事，觀明理顯，即證初果，觀方契理，行名聖業，後唯識觀，四位通修。若圓機上達，用觀見理，初後一如，如《攝論》中十住名聖，自此以後，並名聖業，若鈍士利修，於前願樂，雖觀空有，未見中道，猶在凡位，入見道去，方得稱聖，行名聖業，文召理觀，名爲聖業。何妨修奉，自通凡下。（上示人竟）。又云，《攝論》乃示後觀所出也。本釋多譯。

問，如上多譯，今依何本？

答，梁朝眞諦譯本，是今所宗。

問，何處文明宗《梁攝》耶？

答，吾祖所立，圓觀正本，梁攝知塵無所有，通達眞等文。又鈔云，從願樂位，至究竟位等，亦出彼論。若是唐攝，初位名勝解行，彼謂一向隨聞生勝解，故梁攝初位名願樂，亦名信樂。論云，依此境界，隨心信樂，入信樂位，文云願樂，宗梁明矣。若唯識論，五位修證，與此不同。

【略】

又 第三示立意者

又二，即通別也。初通意者，吾祖宗，闡毗尼，觀明極理者，深有旨焉，蓋由佛所設教，下至三歸十善，莫不被三乘，修學爲成出離之益，況律令比丘衣食四儀，語默動靜，常爾一心，念除諸蓋，違則結犯。又戒疏云，爲道制戒，本非世福，戒乃事行，非假理慧，何云爲道，且爲道之言，義該深淺，若據毗尼教限，則曰爲求四果故，制增戒學，若究佛懷，爲成一實，祖師弘闡，亦本聖心，若不然者，何以逃數寶之訶，得免徒勞之責乎？但以教爲機，設機有利鈍，理有偏圓，略分三位，以顯教殊的詳祖意，唯在不偏性相，圓修唯識，庶使出家五眾，受（納體）隨（持奉）諸行，日用軌儀，一一皆與圓理相應，一家部文，示觀明理，導於受隨，義見諸文，故略引之，故事鈔云，測思明慧，冥會前法，與彼妙法相應，及令發心，唯明上品，且上品心，非理觀而何。又業疏云，智知境緣，本是心作，不妄緣境，但唯一識等，斯並示受者，令以妙觀，融會前法，能所一如，究竟微妙也。又顯隨行云，希思此行（即篇聚小行也），終歸即是三聚（即大乘圓行也）。又云，今識前緣（此指已受篇聚戒法），意唯大乘，故須域心於處（以一實妙理，爲指皈之處）。又通括教源云，意唯拯拔一人指歸爲顯一理，斯乃用實相慧受，小戒即大戒，以實相慧持，律行即妙行，智解既明，法無不妙，正如《智論》以八十誦，即尸羅波羅蜜，《勝鬘》以毗尼即大乘學，大集謂五部雖異，不妨諸佛法界涅槃，斯則皆以戒律爲一乘妙行，不由妙解，何由然乎？亦如天台《止觀》云，用中道慧，遍入諸法。故經云，式叉式叉，名大乘戒也。荊溪云，以此中慧，融一切法，故使一止一作，無非法界等，須知法華涅槃之後，凡有弘闡，判教淺深，絲毫不濫，被機修奉，大小融通，無不圓妙，故知，吾祖弘律，以妙觀爲宗，亦由不此，斯是吾輩，用心之處，不可不明，多見講學，不善深究，屈喪祖懷，故略敘引，不覺繁累，次別意者，事鈔及業疏懺六聚篇中，廣明化制行儀，盛羅理事懺法，制唯羯磨，則獨據律文，化兼理事，則通遵經論，復於理懺，具陳三觀，使化制俱遵，理事並運者矣。又事鈔沙彌篇，及業疏受戒篇，廣陳凡聖行法，該列福道兩修，復上於聖道行中，備明三種理觀，意使初心，修奉有從，域心得處，出家學本，義不虛設也。

又 第四決異傳

又二，即總別也。初總決三觀者。

問，有人云，南山教部，但通律相，那示觀法乎？此說如何？

答，不然也。如靈芝云，三藏爲一人，而設三學，爲一人而修。又云，據行則雖通兼濟，在教則各有司存（文），爲有出家修道？而但專一行，撰集流通，而不明理事乎？但以據進修，而必須相資，在弘通，而用分旁正，諸祖疏鈔莫不皆然。又如四分等諸部律中，明五停四念，一切行相。又《涅槃》等諸部經中，列五篇七治，一切律事，斯蓋如來說法被機，理須通示，至於諸祖，約教判文，義有條貫，若律中示定慧等行，判爲隨律之經，經明戒律之文，判爲隨經之律，如斯攝屬，行有所歸。然今一家，約教釋文，則唯歸律藏，被機修奉，而觀行兼明，苟若各專一隅，何爲高達者乎？

又卷上（末） 答日本芿法師教觀諸問。

日本芿師爲法之切，於慶元間，泛舶東來，彼時先師如庵開法景福，芿即依學，十有餘年，緣異音不解，每別席指教，芿乃討論，分陰不癈，大小部文，一宗教觀，無不通達，後遊參諸方，彼有不入其門者，妄測堂奧之淺深，於是作疑，而激學者，余嘗會語，扣知彼懷，而非實疑也。彼文一出，餘二十年，將謂公心義士必能洞之，豈期因此反多妄議。茲以學徒，請與決之，故略爲敘。冗迫夏課，義多未安，苟有正者，而我師焉。

庚寅中制日山述。

先牒彼疑，次列今答。

彼云，五義分通疑。

今決分二，初決妄傳，二答彼疑。初中，有謂，吾祖依五義分通，判四分爲大乘者，殊不知南山深位高懷，建宗判教，映古奪今，大小有歸，偏圓不濫，於唐麟德改元，撰內典錄，分判一代經論，四分屬小明矣。業疏三宗出體，四分正當空宗，雖義蘊分通，教終局小，故靈芝亦云，過分小乘者，得其傳也。但於小教四門入道，四分屬空，同彼成實，且分通之義，乃佛隨機，不思儀用故，吾祖云，大小二乘，理無分隔，對機設藥，除病爲先，故鹿野初唱，本爲聲聞，八萬諸天，便發大道，雙林告滅，終顯佛性，而有聽眾，果成羅漢，以此推之，悟解在心，不違教旨。（文）今此一律，義蘊大乘，蓋由佛世小乘座席，別有一類利機，大乘緣熟，不泥小法，佛以不思議力，或令於小而得大益（如沓婆等），或於小中，密說大乘（如捨財識見等），意便不滯小果，終會佛乘，爲後開顯，而作先容也。曇無德師，一是小中，密得大益之機，二得法等涅槃開扶之旨，深體如來，權巧之意，採集律部，全以大乘，而爲宗體，所以前後律序，多陳大義（如相召佛子，施生成佛等），故吾祖云，斯人博考三機，殷鑒兩典，包括權實，統収名理，結集茲藏者是也。

問，五義分通，爲出於佛，爲出部主？

答，觀後二義，似出部主，斯亦部主，體佛而作考論諸義，並出於佛，部主但體權建實，建宗立教，而已矣。

問，此宗義，既當大，應即教歸大攝耶？

答，此宗教即是律，律乃局小，義雖是大，教非大攝，約教判宗，還屬於小。

問，前云，《四分》屬空，同彼《成實》，未審二文有深淺否？

答，成實但得空門，入道教義，故略與四分空義是同，而四分匪唯屬空，亦通佛乘，是知《四分》旨趣，超過《成實》。

問，記主云，彼明諸法緣生故空，故名空宗，但有名字，故名假宗，以名求義，正同成實，何謂超過耶？

答，四分屬空，少與彼同，切詳五義，深通佛乘，故過彼論，是故四分之空，即大乘空，故記主云，深取大乘空義，故名經部師，是知此律空。

又過彼，問，據本律中，何處文義，而言空耶？

答，諸義分通，無非空義，捨財非重，空義。又顯蓋由四分機利，了法皆空，教隨機說，故召此律，乃屬空門，但空非局小，如前已明。故吾祖云，《四分》一律，義當大乘，虛通無係，故發誠言，事無滯結，是也。

若爾有宗，不違法空耶？

答，教門差別，並因當時機見之異，一類機緣，計五陰諸法，爲之實有，佛亦隨之謂法皆實，推折諸法，窮逐我人，故得破法麤相兼證法空，即屬有門。又有一類，達法皆空，佛謂諸法一切皆假，體之即空，乃屬空門，機有利鈍，見分空有，教門深淺，行相緩急，並出聖懷，下凡難盡。

問，如上所辨。《四分》一律，義雖通大，教終屬小，世何妄傳，判攝有濫？

答，推彼妄傳，不無所以，只緣南山《疏鈔》，建立圓宗，欲遮外疑，而設問云，如上所片，須識宗途，律是小乘，豈懷大解，矛盾自扣，如何會通？答，大小俱心，律儀不異，卿不見前，出家學本，故興此難，非矛盾也。何況《四分》通明佛乘等（五義如後），學者夢中觀海，議者道聽途說，晚進相傳，故多妄計，大底欲繼南山之宗，須偏覽南山之文，詳究南山旨趣，然後判文釋義，萬無失一，何不究心，濫稱其裔，祖屬莫伸，良由於此。然上所引問答，乃立圓決疑之文，以圓決小，無小不圓，況此四分，義通大乘，於圓又便，故云何況。《濟緣》釋云，意謂縱是小教，於理自融，何況本部？非局偏小，義又明矣。往往學者，鮮曾究此，肆意妄談，或云，依分通而立圓宗，或云，依分通，而判爲大，非唯屈喪祖懷，抑亦自揚寡陋之醜，今更決彼五疑，識者必能鑒也。

初沓婆厭無學疑，此但厭於果縛依身，非是厭於所證眞理，故律本但云此身不堅固，不云厭無漏。若爾，一切羅漢，誰不厭患果縛依身，或可，是毗曇所說，羅漢住壽行歟，然則用此，何爲義通？

決云，乃厭果縛，非厭所證者，今撿律文云，沓婆摩羅子得阿羅漢，住靜處思惟，心自念言，此身不堅固，我今當以何方便，求牢固堅法，我今宜以力，供養分僧臥具，差次受請等，斯即沓婆回心向大。既云此身不堅固，乃知無常生滅，終歸空寂，既求堅固法，乃知法身常在，是爲實道，佛令白二，差爲知事，行利他行，即大士之兼懷，修福業以莊嚴也。細詳此義，由知所證非究竟，故厭此身不堅固，況來固堅法之語，非厭所證而何，則與其餘羅漢，厭於果縛，灰身滅寂者，不同日而語。《毗曇》有云，住壽行者，彼計此外更無所證，亦乃不知別有堅固之法，故特留身，久住於世，與此不同，焉將爲難？

次疑，施生成佛道云，此則部主，迴向之辭也。若以此爲義通，有部律亦應義通，何故彼有部律尼戒本，亦云，福利諸有情，皆共成佛道。

決云，施生成佛道，即《戒序》云，施一切衆生，皆共成佛道，雖是部主，回自向他，歸源無二，曠濟之懷，誠乃體出本宗通大之義，即合涅槃扶談之旨，故涅槃云，菩薩堅固，持如是遮制之戒，與性重戒，等無差別，護持如是諸戒已，悉以施於一切衆生等（文見第十卷聖行品），有部諸律，並無此語，《十誦》《五分》《僧祇》戒本序末，並云，慚愧得具足，能得無爲道。唯根本有部戒本末云，福利諸有情，皆共成佛道，以彼諸文，詳定此語，有情則唯六凡，佛道則局釋迦，縱是通大，記主亦曾決云，施小爲大，無非分通。故諸部中，時有斯意，但不如《四分》宗旨，灼然如是，則何疑之有？

三疑相召爲佛子云，佛子之名言，有通別而言之，三乘弟子，莫非皆是從佛而生，故諸律中，並稱釋子，豈異佛子？別而論之，二乘無繼佛種之義，故佛子名局在菩薩，是故小乘部中，設有佛子之言，應是通途之謂也。

決云，相召佛子即本律序云，如是諸佛子，佛子亦如是等，今以三意，定於佛子，非召二乘，一者本部蘊大意，南山雖撮五義，以遮外疑，其實分通義，談一部，如戒本前序云，稽首禮諸佛之後序云，三世諸佛皆尊敬戒。又律文中，提婆害佛，諸比丘慰言，諸佛常法。又云，戒淨有智慧，便得第一道。以上諸義證，今佛子即召大士，二部主解大意，如前引，斯人博考三機等，可見是則部主解圓識大，知佛權巧，小中談大，引偏歸圓，特揚佛子之名，乃召出家菩薩，三諸部不同意，撿尋十誦五分僧祇，諸部律本，戒序並無佛子，雖諸部戒序，皆云合十指爪掌，供養釋師子，彼召教主，與此不同，正是小乘，無他佛之謂也。他律有云四姓出家咸稱釋子，斯召釋迦之子，與佛子之義。又遠矣。考彼驗此，佛子屬大，何以疑乎？

四疑捨財用非重，此是宗部異計，何開義通，例如淨地，當部開之，以資小根，餘部閇之，還同大乘，若然餘部，亦應義通耶？況財既捨已，僧用何罪，而結吉羅，應知此是小教之方便也。若依大心，直任四海也。

決云，捨財用非重，謂比丘畜物犯長，須作羯磨，捨財悔罪已，物仍還主，事同新得，僧用不還，違敎犯吉，非成重盜，則知四分行人，心智明達，了法本空，而於財物，不生執著，如前引示，可以知之。《事鈔》又云，若依他部（即《十誦》等律）一捨已後，無反還求（彼律無還主義），任僧處斷（僧用不犯違敎吉羅），是則空有兩宗，淺深可見，彼疑云，是宗部異計者，正緣是宗部異計，故四分之計，勝於他部矣。又以淨地爲妨者，然捨財無係，乃機之高懷，淨地開遮，是佛之謀略，今論分通，須求機見，淨地之開閇，各一時之緣起（《四分》因（賊）餓比丘故聽，《十誦》《僧祇》因外俗譏故閇），何以因此，而分大小耶？又復既云分通，顯非全大，焉得以大心，直任四海，而爲妨乎？

五疑塵境非根曉云，此亦小宗偏計，非大乘義，如彼法相大乘，以明根境識等，九緣和合故，眼能見色，乃至意唯知法，故荊溪引大乘義，破小乘異見，如彼輔行，若爾祖師，何認小部異計，以立義通耶？

決云，塵境非根曉，如小乘戒，謂見聞觸知，律自解云，見者眼識能見，耳識能聞，鼻舌身識，能觸，意識能知，識即是心。又律序云，備具三種業，當審觀其意。又成論云，是三種業，皆但是心，離心無思，無身口業等，是故此宗，取境成業，皆推心識，即顯分通，不談七八，讓於大敎，有宗諸部，計根了境，眼耳鼻等，爲浮塵根，見聞覺知，即勝義根，且見聞覺知，本即是心，彼不談心，故計成業，推於勝義，業疏引云，身口七業，皆是色中有損益故，雜心論云，色者一切身口業，是色性因四大故，是則彼宗能造是色，所造亦色本宗能造是心，所造非二，彼宗動身口色，成遠方便，此宗重緣向念，即入犯科，彼宗戒防七支，此宗同禁十業，若爾彼部都不言心耶？答，不然，且五陰十八界，惡覺餘思，五停四念等，諸部通談，但彼所計，了境成業，推於根色，故非通大，彼疑云，境非根曉，小宗偏計，非大乘義者，小不談心，今推心識，非大而何。又引大乘，眼能見等，爲妨疑者，且大乘中，或言根見，理必在識，不言可知。如《涅槃》云，從於身口，獲無作色，以是無作色因緣等。又十住婆娑云，律儀善根有二種，作者是色，無作非色等，豈可纔見此義，便判彼文，屬於有部，須觀敎門大體，理味淺深，宗計大小，方可判攝。天台所謂，佛法不思議，唯敎相難解，豈不然乎？彼疑又云，荊溪以大乘義，破少異見者，此以大斥小，廢權立實，佛祖常理，何足恠耶？

彼云，增受菩薩戒疑。

決云，欲決此疑，先敘敎意，次決彼疑，初敎意者，諸佛極證戒唯一乘，首演寂場，名爲心地，小機昧己，力不堪任，降跡鹿園，方便提誘，於一乘中，摘取小分，爲五十具，爾時也小不堪大，大不容小，然後以小調停，機漸通利，故説善戒，欲受菩薩戒者，以五十具，而爲方便，戒標八重，但列後四，婬殺已制，指同篇聚，是以梵網斥二乘，爲邪見，學則有違，善戒指小法，爲方便，不學成犯，前頓後漸，彼斥此收，二部雖異，皆佛權巧。又復善戒之中，小爲方便，乃彰大從小入，指同篇聚，即顯小與大通，重樓四級，喻於四戒，前小後大，次第而發，教意顯然，而與南山，所立不同，如後可見。

彼問，若南山意，以白四受具，而發圓體者，更受菩薩戒否？若云受者，一發圓體，則三聚具備，而更受何爲，故諸傳中，全不見祖師自增菩薩戒，驗知白四即發圓體，故不用更受也。況復如來在世諸聲聞等開顯之後，不云更受菩薩戒，若謂不受，南山既依善戒，以五十具，爲菩薩戒方便，經中譬以四重樓閣。若不受者，則缺彼一級，彼經云，若欲受菩薩戒者，先發大乘心，而受優婆塞，乃至比丘戒，若不受比丘戒，受菩薩戒者，無有是處。又《業疏》云，向不緣慈，如何容大，意在後也。此豈非更受大哉，若言既發圓體故，更不可受者，則比丘戒，亦不可受，以五戒沙彌戒，已發圓體故，汝會此難，而言五戒沙彌戒，未具比丘儀法，故必須登壇者，比丘亦未具菩薩儀法故，必須大乘作法受也（此問古來異諍，未見其善。今重設問端，願聞一徹請不俟再斫，細爲明判）。

次決彼疑，此疑非一日矣。講學之妄，口耳相傳，逮今不絕，今欲決之，唯在考文及細思義，文義纔明，疑無不遺，大爲二科。一推立法之意，二究圓決之。由此之二意，並在祖文，學者宜自尋之，在理或當，何必求人。推立意者，《事鈔》及《羯磨經受戒篇》中，一依律文建立受法，且無一言涉於善戒，鈔明三品發心，爲成三品受具，上品令發大心，期在白四，而成三聚，經引多論慈悲之文，唯成上品大心而受，出家本務，度生爲先，欲使依體起行，故須運慈行受。初受若不標高大之心，終後何以，成異常之行，所以首令起慈，運菩薩大心，納菩薩大戒，爲立行之本，成佛之基，深有由矣。斯蓋鈔經，兩立受緣，正本四分，此宗機利，達法皆空，至於行受，不礙受緣，但有志願，戒隨願感，亦復此宗，教雖是小，義當大乘，所以上品一受，全依大義，直納大戒，準教立法，自成一家，據何而言，爲後方便，況鈔於正受前，明云今受成三聚乎？《業疏》釋經，欲比丘受具，即納大戒，有所承據。乃云，如善戒經，菩薩戒本，七衆所受者是，此文即是引證之辭，從古不詳，便謂祖師令依善戒，次第而受，一何悞哉？疏中又云，向不緣慈，如何容大，意在後者，斯謂發心緣慈，期在白四，而納三聚，以發心，而望正受，故云後也。今求立意，唯據鈔及經疏記中，考文少實，語尚遲疑，下更去取，縱記順彼經意，後既圓決，今亦無用，弊風久扇，習熟生常，聞余此説，或爲駭然，吁聞義不能徙。是吾憂也。

二圓決者，據前所明，上品一受，納戒雖周，猶涉權乘，疑情未遣，是故祖師，於業疏出體文中，準法華涅槃，開扶妙旨，立一圓教，圓開圓發，圓受圓持，義載疏文，非不明了，今時行受，須本圓宗，前乃依宗立法，尚無後受之疑，況今圓受，若教若行，無非究竟，一實之談，縱有餘疑，亦須氷釋，何得不思，一恣妄言，依宗立法，以圓決通，前後相須，共成一受，在文極明。又況祖師，立圓非依善戒，如何一混，以失其源。及撿諸記，據文出意，兩不濫通。如《濟緣》云，準此經意，必更受大。《資持》云，《善戒經》中，七衆所受，爲大方便，斯乃出彼經意，必須受大。《濟緣》又云，如是心受，即納圓體，如是心持，即成圓行。又云，若發此心，即發此體。又云，前並小教，此是大乘，以大決小，不待受大，即圓頓義等。資持云，能造所發，全體是識，更無別法。又云，既知受體，當發心時，爲成三聚，隨持一戒，即同三聚。（文）斯文並伸今立，即於小法，便納三聚，不須後大。又《濟緣》問云，此與菩薩戒體，如何分異，《戒體章》釋云，體同緣異等。又問云，既發此體，後用受菩薩戒否？若不須受，即應約大判持犯耶？若云須受，則無作業爲重發否？《戒體章》釋云，體須約圓，行必依受，從當教故，乃至云，既開大解，依小律儀，即成大行，豈須棄捨，方曰大乎？（彼文）據斯伸釋，不須受大明。又問云，教有分齊，何須此示？答，爲成本宗分通義故，何以然耶？如前善戒，五十具等，迭爲方便等，斯出善戒經意，小是方便，還須受大。又云，假宗知權，不住方便等，既云不住方便，則顯於小便成究竟，詳此文意，謂善戒小爲方便，且據有宗當分之小，若四分機緣達諸法體空，相爲假有，豈於受法，而生滯礙，心志既大，不妨於小，而納大法，正是深通佛乘之義，假宗教義，尚乃如此，況今立圓扶，顯不須後大，理又昭然。

問，依圓行受，即小受大，記主伸明。又加分曉，既依圓納，無法不具，豈獨依小，而判持犯，未免偏局？

答，約義互具，依小亦得，約教相判，未免有過，如下當明難文中云，具戒亦不須受，以五十戒，已發圓體等者，今謂不然，若發此體，豈爲比丘，亦菩薩體，亦是佛體，須知祖師立教要，使圓發妙解，達法唯心，圓融無礙，至於行法，還須依律，五十具三，遵律作法，體圓妙故，何妨重發，行無違故，方曰圓機。

問，若行無違，體重發者，今更云受大，有何不可？

答，非謂祖師不容更受，但祖師依律立法，行受不涉善戒，彼之善戒，是漸入義，小是方便，大爲究竟，今家圓旨，乃全即小，便成究竟，教旨別故，何須依彼，汝若智解圓妙，更欲受大，有何不可，不妨始終，皆發圓體，今告諸師，須體祖師圓義，教彼受者，圓發三誓，圓納三聚，圓成三行，不可又依善戒四級，而云壇上所受，且爲大戒方便，非唯屈喪祖懷，抑致異宗謗辱，至祝至祝。

問，白四發圓體疑，愚嘗於斯一事，徧請益於浙間宗師，有云，發而增受大，有云，發則不用增大，雖是增不增不同，於發圓之說，是同雖聞斯言，於義未明，今設十難，輒扣義關，非故作疑，而起戲論，唯欲自預精通，其旨亦以塞於他妨而已。

決云，吾祖以四分是大，令發大心，即納大戒，更立圓融，導使開圓解，了達諸法，能所泯亡，境緣微妙，究竟一相，故正受時，勇發三誓，攬彼無邊，三聚善法，由心業力，結爲戒體，既納三聚，何須後增受？如《業疏》云，智知境緣等，文意極明，彼以緣法，而爲妨者，斯乃特爲昧教，妄傳而設也。彼豈不知，立法據教，彼此不同，納體約心，大小無異。亦如荊溪云，戒無大小，由受者心期等，可準知也。若謂大乘圓體，須依大乘緣法者，則《梵網》有云，千里無師，許自誓受。豈須緣法，識者洞之，則下十疑，盡成戲論，何必須決，繁費紙墨，奈以世多愚昧，執妄爲是，未免因筆，以決諸疑。

初大小相濫難曰，登壇白四，是小乘教，三聚羯磨，即大乘法，大小教門，豈可混濫，若言發大乘心故，即小而得大者，其何局在《四分》宗耶？設依有部，若發圓心，亦應謂發圓宗戒體，然則有部受戒，或發圓體，或發空宗，《四分》亦應然，所以但依發心，不依法故，如此立義，非是宗骨顛倒，大小混濫耶？

予決云，教門大小，一往而分，大小兼通，理無分隔，如前可見，依宗立法，以圓決顯，唯今一宗，有斯深致，何混濫乎？有雖無大，既經開顯，亦可白四，即納大戒。

二師緣相違難曰，圓宗戒體，元依現前一人而發，豈可壇上十師所發耶？夫受戒法，大乘小乘，俱緣如法，方乃發戒，若有違則定不發也。故擇大乘戒師云，必須具能五德，六蔽有一不如，不任爲師，今何義故，輒說壇上，發圓宗體耶？

決云，彼依大受，須和尚闍梨，此依小法，必三師七證，人雖有異，納體約心，無妨彼此，況今壇上和尚闍梨，與彼無別。彼難又云，大小兩乘，須具緣如法，方發戒者，小遵律制，一不可違，必須如法，故可知矣。而彼大戒梵網地持高昌纓珞，雜撰制旨，六本不同，立法各異，或多或少，彼此相違，以六本相望，互有不具，應各不如法也。況彼羯磨，兩出乃殊，何者爲是，若六本皆得，則緣法不具，亦納得戒，今依壇上，納圓何疑，若謂緣法，爲發勝解，今壇上諸緣，豈不發解勝耶？又云，擇大戒師，須五德六蔽者，亦未若律文揀眾是非，十德五緣，最爲精要，彼既可作大戒師，此焉不可授圓體。

三問遮相違難曰，大乘先請和尚阿闍梨二師，問七遮，若有一遮，現前不許受戒，小乘但問二逆，然則問遮不全，豈可發戒耶？

決云，大小問遮，各有所本，小依律文，大準梵網，大抵遮難，爲淨機器，今十三難，十六遮，淨器極矣。何不發戒，如自誓等，全不問遮，亦納戒體，此何不可？

四願期相違難曰，白四即期盡形，圓宗是盡未來，若口昌盡形，心期未來際，豈非還同虛誑耶？若爾不兩得乎？非心所期，故不可發形俱非盡未來故，不可發圓戒。

決云，期願之義，如業疏中，思願兩分，測思圓解，達法究竟，微妙之體，任運徹至未來，何待期而後至，願期稟行，盡報持奉，形終願謝，但虧行功，不妨無作，無有窮盡。故正受時，思心緣境，願期盡形，不妨兩得。

五作法相違難曰，受戒作法，大小不同，受大依大，受小依小，豈可妄用乎？彼小乘中，尚有異部，不妄通用，如加衣法，捨僧祇取十誦等也。何況大乘受戒，不用三聚羯磨，而用小乘法，發圓體則，如彼下官，望大臣位，寧可得乎？

決云，應知受戒，全在用心。故《業疏》云，餘雖從緣，還期心本等，是則心大戒大，緣法何礙乎？餘見第二答中。又以加衣爲難者，受戒乃納體，加衣即隨行，納體由心，大小不異，隨行據教，取捨須明，何礙之有？

六徵求發體難曰，言發圓體者，與形俱爲並發，爲相即發，爲單發耶？若言並發，於一法中，何發兩體，設計並發，亦妨圓義，若言即發，今應反問，所言即者，爲理即，爲事即耶？若言理即，此義不然，以受戒作法，不涉理談。若言事即，二非與心種，盡形與未來，十師與一人，白四與三聚，並相違法，如何相即？若言單發圓體，資持既云，爲扶本宗驗知，本宗體亦有焉？

決云，彼以形俱與圓體並難，蓋不知祖師，依宗行受之旨，鈔明發心，業疏空宗，正義出體，並大乘義。祖師以前弘律諸師，不知四分旨趣，俱依成非二出體。疏決斥云，不知何目，強名非二，據此決斥，則見祖師，依宗出體，不在非二，所以疏推能造，反考所發，與昔全別，據斯文意，依四分而受，非形俱可比，況後立圓融，會空有，扶顯今受，無非識種，至論其體，本即一法，空有各計，皆不知實。如昧玉爲石，及謂非石，有知是玉指破前二，謂石非石，無非玉也。如疏云，愚人謂異，就之起著，智知境緣本是心作，所發之體，無非識種，如前玉譬，可以知也。體既一法，彼但妄計，今以圓決，執情既開，體無彼此，何得以並即同異，而爲難乎？彼又言理言事者，當知圓頓教中，事乃即理之事，理乃即事之理，全性成修，即小受大，發起業體，縱從身口搆造，體有相狀，名之爲色，乃即心即性之色，誰可言議而稱量哉？

七受隨相違難曰，隨行持護，必依受體，未審令隨何體，而行護耶？若云俱護，如燒身臂指，捉畜二寶，則大乘得福，小乘犯罪，沽酒謗毀，菩薩則重，聲聞則輕，如此持犯，輕重千差，如何通會，兩方免過，若言但依小者，圓體既發，若不持護，豈非違體耶？若違體而依別，行護則是受隨相違之失也。例如義淨《四分》受體，而隨行有部。

決云，彼謂既納圓體，隨行持護，爲雙爲單者，當知若小若大，各滯一端，未免偏局，今釋此難，先明受體，次出持護，以義相關故也。今論圓受，即發大心，發心既大，即納大法，一言大法，無出三聚，今依善戒纓絡等經以示其相，在家出家，大乘小乘，一切律儀，戒行並攝律儀聚，八萬四千法門，爲攝善法聚，四弘四攝，化導眾生等法，即攝眾生聚，然此諸法，體實無殊，隨舉一法，即具律儀攝善攝生，三聚之法（此即教之）依法起行，即具斷惡作善度生，一切諸行（此即行也），微妙教行，舉一通収，斯約義判，若據教相，如上引示，律儀一聚，既大小通受，應須大小通持，犯亦俱犯，如善戒經云，菩薩若犯比丘四重，亦失波羅提木叉戒，汙菩薩戒等，此文可據，豈非依大依小，盡成偏局，其間燒身捉寶等事，在教雖大小相違，若從行判，菩薩利廣，從大爲優，如資持中辨也。大小各懺等義，如釋五門中（上明律儀）。餘之二聚，稱體秉行，若有慢違，應須準律違教結吉，如此伸明，則無受隨相違之過也。

問，切詳《勝鬘》《智論》南山、靈芝等諸文，並只點小即大，未見有文令大小俱受，方曰圓體。又復既達法法唯心，隨舉一法，即具諸法，何須備受？

答，然上諸文，但在決小使開妙解，令大小融通，體無差別，今論受行，應須備盡教門，苟取此遺彼，豈爲上達？況復三聚法相，攝盡一切，大小教門既發三誓，必納三聚，圓機上達，智解既妙，遍歷法門，行行皆妙，是則持犯，不可偏判。

八結犯相違難曰，圓教瞥爾，四分重緣，分齊各別，不可相亂，若重緣結罪，則違圓教，若瞥爾結，則從來律學，還成無用，律中最要，莫過持犯，今既不用，何勞學耶？

決云，且圓宗微縱，定犯吉羅，亦依律制，但律本一也。隨機三別，有宗動色，空宗重緣，乃依《十誦》《四分》判也。圓宗微縱，即準《涅槃》，蓋五篇七聚，涅槃扶談，即成了義，此經有云，出家菩薩，持息世譏嫌戒，與性重無別，羅刹乞微塵浮囊，菩薩不與，微塵浮囊，喻微縱犯吉，斯據明矣。況空有行相，既經《法華》開顯，《涅槃》扶談，在教則必爲圓妙究竟上乘，在機則名眞是聲聞，亦號出家菩薩，今稟圓教發圓解，納圓體，修圓行，是則機教俱圓，若持若犯，並準圓判，無非律乘。

九懺罪相違難曰，若懺罪時，直依大乘懺，而可滅犯戒罪耶？若云祖師不許，是故立懺六聚法，若然體既是大乘，罪不依大懺，而可滅者乎？若云亦發大乘心，作六法而滅業道罪可否？若云可滅，祖師亦不許故，更立三觀，若云不滅，違汝立義，彼受戒時，則云發大乘心，故於壇上，即發圓體，今行懺法，亦應例云發大乘心，故作律懺，即滅業道，而何云不滅耶？又何故一是圓，一是不圓耶？

決云，難謂既納大乘圓體，直作大乘懺，而滅制罪。又白四制法，納大乘體，應六聚法，滅業道耶？又復受懺要在發心，不拘行法也（上出難意，下爲決通），當知不然，詳究祖教，受隨諸行。一則須發大乘圓解，二乃無違律制行法。如受具足戒，必在白四，若懺制罪，須依律行，但使解圓行妙，即性成修，受具則三聚圓成，懺制則分清化業，引文證之。如鈔云，測思明慧，冥會前法等。《業疏》云，智知境緣，但唯一識等，此即用大乘圓解，受具戒之明文。又云，常思此行，即攝律儀。又云，今識前緣，域心於處等，此即達唯心，開大解，持奉小行之明文。又鈔懺篇云，五眾犯罪，理事兩緣，事則順教，無違唯識等。記云事順教者，謂依律懺，歷事緣境，當照起心，知唯本識，隨緣動念，趣向於理，此即用唯識妙觀，依律行懺之明文，是則吾祖教門，無非理事圓融，眞俗並運，受隨皆妙，即上品持律之最也。

問，妙發圓解，受具足戒，則一切法，究竟圓滿，應發圓解，行六聚懺，化制二罪，盡淨無餘耶？

答，受戒在心，體唯一法，罪分化制，義約須殊，制罪乃一期，違教依律懺，成罪必清淨，化業乃積妄所結，應難頓遣，律懺兼觀，雖云俱淨，至於化業，俱可分除，懺悔位長，經中具載，豈不然耶？

十教典無據難曰，所言受小法，即圓體者，典據在何耶？如彼《善戒經》，雖云爲納後菩薩戒，先發大乘心，受五十具，而爲方便，祖師順經，或云受菩薩戒，必假七眾爲方便，乃得大戒，或云，爲成三聚，或云意在後也。而不云受即是乎？若指多論以上品發心者，此義不然，彼是小教中共二乘，菩薩戒只可應以上品心，受小戒爲後菩薩方便，爾何謂以云直是也。若云指彼即爲圓宗，諸部律中，亦說三乘發心，應亦是圓宗乎？若爾，非唯大小顛亂，亦四分通大義何獨乎？若指《勝鬘》《大論》此亦不然，彼但說大乘偏學，未論大小受法儀式，故，祖師又引《法華》十方佛土中，唯有一乘法，則約開顯，而示行者所歸而已，豈會於此，即發圓體乎？請義有文據，發明祖意。

決云，彼難，白四小法，納大乘圓體，據何教典者，此義從古未明，余前答增受文中，已爲決顯，當知白四，而納大戒，正本四分，義當大乘，令發上品慈悲大心，而白四即納菩薩大戒，至業疏中，恐人疑云今受小戒，那令起慈，受大戒耶？故引善戒決證七眾所受三歸白四，皆發菩薩三聚（但引彼證小受大，不依彼次第受義）。今之圓受，止是決小即大。開蕩情執，至於作法，不異於前，所求典據，如上述也。難文所引諸文，皆非正義，並如前決。

圓宗所依疑。

問曰，依何經論，立此圓教耶？若云依《法華》《涅槃》開顯，而立者，夫三宗戒體，正出業疏，而往尋彼疏，圓宗一章，全不見說依開顯立，但於總囑文，方引法華令知所歸耳，何爲以此圓教之所依耶？若云依《四分律》，此大亂教門，何者如來教法，有大有小，有制有化，以律爲制，經論是化，以三藏爲小，摩訶衍是大，且卻問言，四分爲制爲化，爲大爲小，若言非化非大，是制是小者，制教但明事相持犯，小犯不通圓宗之談，若爾四分立圓義在何耶？況四分一律，於何處說圓教唯識之名義耶？若云五義分通，是又不然，以彼即是本部分通之義故，若以彼爲圓宗，何須更立空宗耶？是以撿圓宗章，都不見云依《四分律》，立圓教體乎？故正出體云，熏本藏識，成善種子，所言藏識名義，從何而得？若爾，畢竟依何經論，立圓教名義耶？

決云，須知圓教之立，正本《法華》開會，《涅槃》扶談。即記主云，捨此二經，餘無此義，是也。吾祖業疏準義立圓，決體示行，後勸修，方引二經證令有據，顯體行，以皆圓達，受隨之兩妙，在文其顯，請自尋之。彼又以大小不分爲難者，正緣小非究竟，以大決顯，使達小行，皆即一實。譬若萬派之水，歸於一海，何有不分之過。又立化制爲難者，且毗尼戒相，乃《法華》所開，《涅槃》所扶，今依二經，立圓決顯，豈有化制異耶？四分分通，非圓所本，不足爲難。又云，識種從何立者，須知藏識善種，見梁攝等諸大乘論，良由善惡業體，實本一心，但小機昧己，或計身口所成，或計六識所造，是故如來於小教中，或說爲色，或說非色，並不了義，至於大教，深契上機，說一切法，唯心本具，全心發生。是則凡有所爲，善惡諸法，無非藏識，心業種子，譬浪從海起，濕性無殊，是爲了義，故《梁攝》等，括了義之極談，顯行體之究竟。當知諸經，但泛明善惡行相，論中詳辨善惡業體，纔言行相，必談業體種，所談業種，爲顯行體，論乃通經義必相貫，今依開會，決顯教門，故準論文，明示體相，使識體究竟，發趣知歸矣。

一心三觀疑

問曰，唯識所入，云三性觀，爲一心圓觀，爲次第觀，歟若云次第觀，唯識既是，圓人所行，豈可次偏觀乎？故《歸敬儀》中，或云隨其發足，畢約兩緣，或云初後心齊，或云眞俗並觀，《業疏》即云觀中，此等諸文，豈非初心圓觀耶？若云一心圓觀者，大違本論，何者彼立四位唯識，修相各別，似眞不同，初以似法似義，入分別性，次以四尋思，入依他性，後以四如實智，入眞實性，方乃緣中，入地證眞，爾前二觀，自然具足矣。是知本論三觀次第，全無初心圓修之義，若爾祖師立義，恐失本寄乎。又南山自引唯識四位，凡聖通學，而雖通他難，難實未知何者，唯識觀自有三種，空有眞也。他人所難，難唯識即是中通，唯識非謂凡夫願樂所修，空有唯識名同，其體不一，空有唯識，本被地前，於願樂位，修之何恠，伏請明斷文義一徹。

決云，欲決此疑，先敘三性，及三無性，後當釋通，彼疑言三性者，論云，阿梨耶識說名，應知依上相三種自性，一依他性，二分別性，三眞實性。說名應知相。又云，世尊說法有三種，一染污分。二清淨分。三染污清淨分。於依他性中，分別性爲染污分，眞實性爲清淨分，依他性爲染污清淨分等。（彼文）此謂諸塵妄念，種種分別，由一識變，乃此識中，具分別性也。妄念及諸外塵皆此識有隨緣義，能依染淨諸緣而起，乃此識具依他性，雖依他起，眞淨不變，乃此識有眞實義。已上約一識本具釋，若約用觀起修，於方便位中，先以依他性，遣分別性，一切諸法，唯識所變，但是妄計，見有諸法，體相皆空，即翻分別，爲無相性，此是從假入空。若唯滯空，二乘何異，故以空照假，謂一切法，體即唯識，假何所生，即翻依他，爲無生性，然後達一切法，空假不二，四性叵得，即翻眞實，爲無性性，住於中道，位入初地。上明鈍根別修，若圓機所修，於願樂位中，三諦一境，三性圓修，即於分別，了非分別，任運三性，不相捨離，無非中道（下更釋通彼疑）。然南山立義，必符論文，如鈔疏敬儀淨心誡觀等處，具有圓觀次第之義，圓觀義者，如前三觀塵露中已辨，次第義者，歸敬儀中，引論三祇三劫等語，豈不明乎。又云，然則性識昏明，推步通局等。又云，愚智淺深，賢聖位階，由解行之遠近，致利鈍之乖異，是故論中菩薩約位具列五十餘階，故知無分別智，念念利鈍等。又云示位地淺深，開行相之階漸，令修趣之士，踐跡可期，若爲說萬行齊修，方衢同進，則心路茫然，不知蹤緒，故教跡殊異，如能一以貫之，則大觀於日月矣。請詳文中民明通局，利鈍遠近等語，豈非明圓別兩修乎。又復論中以金藏土，譬於三性，豈非圓義。又云，從願樂位，至究竟位，名觀中，豈非初後心齊耶？又云，菩薩有三種。一者，凡位。二者，聖位，從初發心，訖十信以還，並是凡位，十解以上，悉屬聖位（十解即十住也），方便位中，三性圓修，前後文煩，不暇具舉，則見南山圓觀，及本論文，豈爲無據？至於行位淺深因果次第，不無其例，如華嚴等經通披圓別兩機，及別行位，多從次篇彼疑云，南山通他難者（見敬儀眞俗篇撫掌大笑等文），斯吾祖於歸敬儀始從發心，下凡便令眞俗並觀，有違論中登住方修之義，故便他難云，吾聞眞俗並觀，登住方修，如何下凡，僭他上聖等？

答，唯識通四位，在凡不學，何有克聖之期等。疑家云，南山難實未知者，意謂彼難，以深位所修，中道唯識，而難南山發心並觀，立義太高，反自答云，唯識四位，凡聖通學。若通凡者，則願樂空有唯識，正當地前人修，何須立難，是爲南山難實未知，若然者，非唯難意未知，抑且自違發心並觀之義。今謂疑家，一則未曉論中圓修則登住修眞，鈍修則登地修眞，儀文難意，乃取論中圓義登住，眞俗並觀，而難南山所立二乃錯認。答文凡局三賢，聖乃初地，故有未知之誚，然不知儀文初後心齊，及發足並修等，則信住已前，便令眞俗並觀。故云，在凡至於登住，破惑證眞，故云克聖，如此釋通，非唯知其難意，亦且立觀有據，請細披文，其理自見。

唯識通四位疑，問若云通四位，繩智既滅，入眞實觀，則但通達眞如理境，於唯識智滅而不起，故論云唯識亦滅離，若云不通，論幷祖文云唯識通四位。又所言唯識者，爲召能觀耶？爲召所觀耶？

決云，此有二義，一者能觀觀體即是中道，《唯識》亦即一實境界，不論機之利鈍，莫非以此開解，依此起修，故通四位。如論云，一切法實唯有識，以識爲相，眞如爲境，依此境界，隨聞信樂，入信樂位，《占察經》云，依一實境界，修信解等。二者利智圓修中道，唯識妙觀，貫於初後，故云通四位，前答略引，可以自明，彼引論文《唯識》亦滅離，爲難者，此乃論文歷別修義，願樂位中，以依他照分別，如見繩似蛇達依他是識則了蛇是妄，繩乃是實，若智圓觀妙，則似唯識及繩智皆滅，唯以中道唯識妙觀，契中道唯識妙理，據此鈍修，雖觀分似眞，皆名唯識，不妨唯識之名，通於四位，文云，唯識滅離者，乃黜依他性，爲無生性，入眞實性，乃去似入眞，無違唯識也。

唯識修相疑，問本論明修唯識觀，則用無分別智，其智相皃，自有五種，一離非思惟故，二離非覺觀地故，三離滅想受故，四離色自性故，五於眞實義不異分別故，未審離此五義，畢竟如何？

決云，且無分別智，離此五義，唯一平等，實相妙惠，成因感果，莫不由此，若非此智，何以徹無明之邊際，見法界之源底者乎？今更依論略舉修相，初願樂中，正觀意言分別，以四尋思觀，了別六塵，次四如實觀，伏滅塵想得入唯識觀中，先以依他性，遣分別性，次以眞實性，遣依他性，如論云，如此菩薩，由入似義，顯現意言分別，故得入分別性，由入唯識義故，得入依他性。若捨唯識想已，是時意言分別，先所聞法熏習種類，菩薩已了別，伏滅塵想，以一切義中，由無分別智，證得住眞如法界，至此願樂位滿，次入見位，所以先得無別智，由通達眞俗，故今於此位，深行福惠，眞俗並觀。然入唯識三無性中，眞如智境，非散動故，顯入此觀，乃有三義，一眞境，二奢摩他，三毗鉢舍那（論云大乘中五百定等，名〔奢摩他〕如理如量二智，名〔毗鉢舍那〕），以四善根（煖頂忍世第一），而爲依上，故世第一最後，一刹那定，由先了別無相性故，更思量所緣，既無能緣，必不得生，由此了別，故能伏滅，唯識之想，唯識既滅，從後刹那，更進一念，即入初地。

論問云，由無分別智滅障，立因得果，故入唯識觀，入觀後無分別，後智其用云何？答，若依無分別智，正說諸法因果，無有功能，以此智無分別，故須用後智，菩薩於諸法中，自無顛倒，如自所證，亦能爲他，說諸法因果，爲得此二用，故修後智。已上見道竟。次入修位有究竟位，由前通達眞如，欲成三種佛身，更踐十重法界，二智雙明（無分別智幷的得智），三慧研習（聞思修也）修慧生起，如理如量，二智緣極，通境出世，無分別智，及無分別智後，所得奢摩他，毗鉢舍那，寂靜無倒，由後所得舍摩他，毗鉢舍那智，於無量數，百千俱胝，大劫中，數數修習，故得轉依，由轉依故，菩薩作心云，我今必定，應得三種佛身，自他兩利，更修加行，兼行十波羅蜜，盡破十種無明，顯唯識之究竟，見法界以圓明，萬德備嚴，三身並顯，略言如此，餘見論文。（上且約次第，若論圓修，初後皆妙，如上已示矣。）

相空分別空疑

問相宜觀，與分別空，爲同爲異，若云同，相空是小菩薩所行，乾慧等位修之，唯識空，即大菩薩所修，信住行等修之，彼此門異，根分大小，豈可混濫哉，若既同者，何勞立相空觀耶？又於唯識中，開方便空，立爲一位者，亦何不開依他，立爲一位耶？若云不同，二空名義，無不同故，天親釋論，而會者乎？

決云，只緣他宗，判相空觀，即願樂位，収地前四十心人，致夯師有此疑也。然不知疏云初淺滯教，謂境是空。又云觀事是空，知無我人，善惡等相，靈芝云，雖發大心，未窮心本，如諸般若所被初心等，是則相空但證空理，然唯識觀，願樂位人，雖未證中道唯識，必聞中道理，隨聞信樂，與淺滯教，證空理人，不同日而語，余亦評之久矣。三觀塵露，曾與決之，右決二十疑，皆宗部要論，學者不明，或有異聞，無吝惠施。

卷中（末）《衣制格言》 佛制三衣，統於一化，凡曰比丘，皆須遵奉，所謂同一師之氏族，等三聖之形儀者也。通量局量，律有正文，長會廣增，妄情取捨，或愚昧無知，或披文不細，邪風一扇，習熟生常，南山芝苑，雖久正諸，奈何深積弊情，卒難悛革，今先定尺量次明披著，定量則準九十過量三衣戒，披著乃本眾學齊整著衣戒，以此二文爲本，卻引疏鈔律論明文，詳其進否？自然明白，何勞執諍，初定量者，戒本云，若比丘佛衣等量作，若過者波逸提，是中量者，長佛九搩手，廣六搩手，是名佛衣等量，此戒因六群與佛等作，而爲制戒緣起，至論結罪，文約過量，問，此戒過量，約何分齊，若據戒本，乃過佛衣之量，則一丈八尺，無乃太過乎？答，凡佛制戒，兼通像末，時既遷流，身亦漸減，故以佛身，而爲準的，故戒疏云，弟子無限，不可定準，世唯一佛，故衣是定，事鈔釋此戒，準多論云，佛量丈六，常人半之，衣量長廣皆應半也。《鈔》又云，長姬周尺丈八，廣丈二，常人九尺六尺（戒疏同此），今須依此，而定持犯。又據《事鈔》二房戒文，周以十寸爲尺，唐尺加周二寸，資持云，今朝私用周尺，公用唐尺。（文）世中造衣，無非私用，依前多論，九六爲定，問，律有通量，足可任情，何拘尺寸，答，諸戒成犯，各有分齊，不定尺寸，何論此戒之持犯乎？制戒爲人，人身不定，故有通量，世昧通意，通之太漫，丈二長會，悞之甚矣。準前多論，佛身丈六，常人折半，佛世之人，而有八尺之軀，末時渺劣，身多減小，佛慈懸鑑，乃制八尺之人，而著九六之衣，約此爲量，自下視身長短，稱體而作，乃爲通也。故律云，通量者度身而衣，取足而矣。《業疏》云，先以衣財，從肩下地，踝上四指，以爲衣身餘分葉相，足可相稱，請衹取足相稱之語，實爲通中之局。又況鈔中，引通文已續云，雖爾亦須指準，接引十誦等諸部肘量（諸文如下引之），此顯雖通，還依人量，但言通則不可過於九六，言局則不可定指一文，豈宜不究，一恣貪情，長廣而作，以致過量不齊，犯長等罪，靡所不至乎？《資持》又準多論九六之數，約身細筭，一尺之身，則衣長邊得一尺一寸二分半，廣邊得七寸五分，如是增之，則五尺之身衣，長得五尺六寸二分半，廣得三尺七寸半，六尺之身衣，長六尺七寸三分，廣四尺五寸，如是則雅合取足之旨，深符相稱之文，若此論通無違尺量，佛祖之敎，必無差濫，學者麤情，而成妄執。

問，且據六尺之人，忽得七尺之衣，所餘二寸七分，而犯過量戒否？

答，如《資持》云，但取九尺已內，足可相稱。又行宗云，已內皆通，等過不得，準此二文，過九方犯，已內不成。

問，設有此者，還成犯否？

答，又準《資持》隨身定量，若有過者，不及九，餘但令說淨，不犯此戒。

問，鈔引《四分》云，安陀會長四肘（約人肘，一肘長一尺八寸），廣二肘，餘二衣長五肘，廣三肘，《十誦》上衣長五廣三，下衣長四，廣二肘半，七條在上下之間。《僧祇》三衣各有三品，上者長五，廣三，中下二品，次第減之，多論三衣，長五廣三，若極大者，長六廣三肘半，極小者，長四，廣二肘半，據上諸文，衣量不定，何拘九六，而爲限齊？

答，斯皆如來，隨機而設，以致諸文，所出不同，祖師引於通文之後，爲顯通中之局，諸文肘量不同，即是局中之通，請看諸文，皆至長五廣三，自下短長不定，正使任身長短，隨用皆得。

問，多論極大長六，豈非過限？

答，論文先云長五廣三，此是常途之制，次明極大極小，顯非常途，世雖末劫，人有異報，如孔子身長九尺六寸，豈不然耶？有此之人，合此之量，身衣相稱，何爲過耶？既言極大者，豈非約人而論，亦不違律取足之義，若非九尺七寸之身，難以濫依多論極大之量，如戒疏云，若定出量，人有長短，不稱威儀，外不生善，內無軌物，故隨身分，不出定量，即用此語，判前諸文，肘量不同，使隨身分，非謂不定出量，便任妄情也。

次，明披著者，如《戒本》云，齊整著三衣，應當學，此戒正制垂前一角，如象鼻相，名不齊整，而犯吉羅，毗奈耶云，不得垂三衣前角，註云（毗奈自註），不排著肩上，而垂臂肘前，事鈔於此文下，小註云，以垂臂上，名象鼻也。鈔又引十誦云，佛自敎比丘，施鞁紐法，前去緣四指施鞁，得去緣八指施紐，應如是作，準此以左肩上，常以衣右角覆等。《業疏》云，逼邊緣，四指安鉤，擬反向後，八指取紐以覆左肩等，《章服儀》云，良以用衣右角，掩覆左肩，前鉤後紐，收束便易，所以西來聖像，東土靈儀，衣在左肩，無垂肘膝等，戒本有象鼻之譏，毗奈不許垂臂，南山本此二文，而乃立言垂訓，苦言衣角在肩，爲免垂臂不齊之咎，今人違反，愚可悲哉，至於影在桑榆，常感韋天侍衛，衣制之所未善，律相之所未明，天乃備言，師皆隨錄，名感通傳者是也。蓋此天深誓弘贊毗尼，佛凡制戒，無論輕重，悉在天懷，如袈裟四制，諸律未詳，非此天無以言，非南山無以感，故傳云，元佛初度五人，後及迦葉兄弟，並制袈裟左臂，坐具在袈裟下，西土王臣，皆披白氎，搭左肩上，故佛制衣角，居臂異俗（此一制也），後徒侶漸多，年少比丘，儀容端美，入城乞食，多爲女愛，由是制衣角在肩，後爲風飄，以尼師壇鎮之（此二制也）。後有比丘，爲外道難言，袈裟既爲可責，有大威靈，豈以所坐之布，而居其上，比丘不能答，以事白佛，由此佛制，還以衣角，居于左臂，坐具還在衣下（此三制也）。於後比丘著衣不齊整，外道譏言，狀如婬女，猶如象鼻，由此始制，上安鉤紐，令以衣角，達于左臂（遠即到也），置於腋下，不得令垂，如上過也（上並傳文）。請觀第四達臂置腋之言，則靈芝短會有誠據矣。亦順毗奈不得在臂之制，且免垂角象鼻之愆，豈無益乎？竊觀靈芝諸記，返非救失，皆得其實，豈此衣訓，而非實耶？苟以尺量定之，亦難過臂，如六尺之人，搭六尺七寸之衣，但足周身，將何遶臂，況律令度身，若長拖肘外，何度身之有。又令取足，止許周身而已，臂外餘長，豈爲取足？禪教不知，猶爲可恕，曾正律徒，何得自昧？汝若考之得實，於心無嫌，何以右角，而藏衣下？斯蓋明知非法，僞設此端，而杜外儀，外儀可杜，獄苦何窮。今更問汝，右角藏於衣下，出何經律？標何祖文？既無典據，何爲世範？自陷陷他，實可傷也。縱妄訓遶爲達，爭有置腋之語，及不得令垂等文。又如何耶？借使遶臂，何預鉤紐，究施鉤紐之意，正爲不容達臂，右角無可綴粘，故以鉤紐收束，請詳前引諸文，鉤紐並爲衣角而設，義甚明矣。勸彼學徒，公心研究，莫順迷情。

問，既有達臂置腋之文，何以《疏鈔》《儀文》，並令衣角在肩？

答，蓋作疏鈔儀文之時，未聞天示，且據毗奈耶文，而有在肩之訓，垂終雖聞天告，諸文已廣行世，所以不及改正，意使依於傳文也。

問，前鉤後紐，今何倒之？

答，鉤紐之設，意在束衣，倒亦無在，況是衣外之物，何定拘制？

問，長會遶臂，有何過耶？

答，一犯過量，二不齊整，三餘者落長，四有不學無知，犯因衣生，是爲罪服，結犯歸人，人爲獄囚，況用羅絹，體應不如，白及青黃，色成非法，深增貪毒，俱犯憲章，此若可忍，孰不可忍，豈不見《章服儀》云，減量而作，同儉約之儀，過限妄增，有成犯之法。又云，頃載下流，驕奢其度，至論儉狹，未見其人。又云，衣服立量，減開過制者，俱抑貪競之情也。又《業疏》云，前垂一角，爲象鼻相，人不思罪，習以謂法，煩惱我執，無始常習，可是聖法耶？聞義即改，從諫若流，斯上人也。（疏文）慈訓若此，那不思之。

又卷下（本）　論心用雙持犯結制罪

學者皆云，心用雙持犯，但論化業，不犯制罪，余昔亦同此見，於會元等處，並約化業註釋，今詳諸文，義則不可，既云持犯，犯則結罪，但教行則臨事約教，須遵法式，心用依修對治，常時攝念，二種持犯，教相不濫，罪各有歸，何不依明，但從臆說，教行雙持，如別已明，心用雙持，於茲略敘，如戒疏云（一上），若據心用，以明持犯，一切諸戒，並二持犯，何者是耶？且如淫戒，順戒禁防，即止持義，觀厭現前，無思染穢，縱有境逼，三時不樂，名爲作持，違作止犯，違止作犯，（疏文）順戒禁防，顯非托事造境，觀厭無思，即是對治攝念，記云，凡持一戒，必起護心，望離過邊，名成止持，望起護邊，復是作持，兩犯亦爾，違教作惡。必無對治，（記文）此記文約持戒，顯心用之相，其實心用，一則通一切戒，二則通一切時，以凡對境持一戒淨，皆心用止作二持之功，若非操履有常，何能對境無染，對境持戒，即止持，此從教判，起心防敵，即作持，治念離犯，即止持，此二約心用，論記中，凡持一戒一句，即對境具緣持戒，教上止持，必下並出心用義，看讀者，不可魚魯，言離過者，即離不作治念，律制犯吉之過，起護者，即作觀對治也。違教者，即違諸戒對治，及常爾一心之制，乃止犯也。作惡者，即作犯也。作惡之爲非，亦由忘念不攝也。又疏（二上）云言對治者，對婬制學離染行，不淨觀等，對盜制學少欲知足行，對殺制修慈悲愍物行，對妄制修實語行等。（疏文）此云制行不行違制也。又疏（同上）云，起對治行，明不犯法，如諸戒對治（此指慈悲少欲等，爲不犯法也），依修成就（不犯行也），則據不犯法，起不犯行，若於此法生情厭背懈怠，不修即是托不犯法，以成犯行。（疏文）詳彼疏文，初約犯法，明犯行不犯行，次約開不犯法，明犯行不犯行，後約對治不犯法，明犯行不犯行，前二並據犯制豈得對治，獨不論犯制乎？此言對治，即前疏云，觀厭義也。以後照前，則前心用言犯，犯制明矣。又疏（同上）云，大妄開戲笑，婬摩開淨授，離衣開念捨等，若忘失念，皆有小犯，是名犯行，當自攝持，名不犯行，（疏文）若心用對治，念力堅強，忽逢上緣，定不失念，失念少犯，豈非心用結，制之明據也。記云，失念者，非謂染著前事，但遇此緣，彌須謹護，忘念即犯。（記文）記家雖有此語，亦未見明指心用犯制，致使從來，而無定論。又《事鈔》引《律》云，佛制攝持威儀，比丘若出若入，屈伸俯仰，攝持衣鉢，若飲食，若服藥，大小便利，若睡若覺，若來若去，若坐若臥，若語若默，常爾一心，若違此制，並結其犯。又如母論利根比丘，房則入入作念，食則口口作念，衣則著著作念，若鈍根者，初得衣食，總作一念等，（彼文）切觀常爾一心，即對治之異名也。常爾既云結犯，違治豈不有罪。又復須知對治，非唯在戒，常爾不但房衣，是則對治常爾，通於善惡諸境，制令一心攝護，雖云諸境，用但一心，只就一心，顯於持犯，作念攝持，即作持，無違敎制，即止持（敎制即律中制令攝念之文也），失念妄覺，即作犯，故違律制，即止犯，止犯即違敎吉羅，作犯亦吉，即惡覺餘思，染心看女，并懈怠忘念等，皆犯吉是也。遠離兩犯，即成二持，義極明矣。

又卷下末　徵顯定道二戒，

定共道具，有漏無漏，總別解脫，諸文之中，或就機揀異，或發體有無，或約證之有聖凡，而於修之分理事，文義交參，學者難曉，今爲敘之，更不分科，廣陳由致，但直引諸文，令知差別，略伸問答，以決異同。

《業疏》（三下二紙）云，定道二戒，約心論業，別脫一戒，從緣發生，記云，定道二戒，不從緣受，隨入禪定斷惑證道，任運發起，故名定共道共，亦名禪無漏，對下別脫，亦名總脫。又疏（十二紙）云，八者隨心無作，入定慧心，無作常起，如成論云，有人言，入定入道，有禪無漏律儀，出定則無。又云，出入常有，常不爲惡。善心轉勝等，記云，定慧心中，所發無作，兩宗不同（兩宗即上《成實》二義），《事鈔》（中一）引多論云，木叉戒，佛在世有，希現故勝，禪無漏戒，一切時有。二有漏木叉，通情非情，寬故言勝，餘二局情，狹故不如。三有漏木叉，從慈心發故勝，爲佛道作因，四木叉戒者，被及七衆，紹續三乘，三寶三道，住持功德，餘二無能故劣，五木叉戒者，唯佛弟子有，餘禪戒者，外道亦有。記云，定道從心爲因，與定慧二心同時，故並言共，亦名爲俱，此辨名也。二別定並有漏，道共唯無漏，別脫欲界業，定共上二界業，道共非三界業，此論體也。三別定通凡聖，道共唯局聖，此位分也。四別脫假緣受，定道隨心發，此明因也。五別脫但隨身，要期盡形故，定道名隨心，生死不絕故，此示功也。又鈔引成論云，一日之中，受七律儀，隨得道處，更得律儀，而本得不失，勝者受名。又戒疏（一上五紙）云，如論所引道戒名解脫，事戒名別脫等。

問，定道二戒，發戒體否？若不發者，何以前諸文中，並云發耶？若云發者，何有白衣羅漢耶？

答，所言發者，乃於昔受體上，增發勝解，前若不受，無體可發，如白衣羅漢者是也。

又卷下末　略議第七非體。

第七非體，古今未定，今略出之，還對前六。次第簡顯，方見其的。且如初非，總括四緣，第二唯據，人法俱非，三下四位，亦唯人法，如非互作，唯第七之非，四緣無乖，作而依敎，是故經疏皆標如法也。七雖如法，至論非體，唯據得呵人呵，止不止別也。故疏云，無問情涉違順，緣通是非，德人吐辭，義須依住，住則是別，法不可非，不住乖法，人法俱非。（疏文）法雖如法，人雖德人，想差見別，謂是爲非，臨事迷到，聖猶未免，況在凡乎？疏文情涉違順之語，正對古義。第四師云，約人明呵。情不同故（此謂能呵情見異也）。約法不止，欲同詳秉（此謂衆僧執法爲是。聞呵不止也）。今不問彼情之違順。既是德呵，自合依止，不止成非。故《濟緣》云，然止順呵故法不非。即如法別。不止違呵。故兼法非，同非法別。此之兩相，即非體矣。

（文）問，止與不止，其義自別。何得共爲一體？

答，斯謂七下，義兼二種。及正論體，唯歸其一。止以如法別爲體，不止以非法爲體。

論説

懷素《四分律開宗記》卷六 持犯義。

次持犯義，八門分別。第一，釋名。第二，次第。第三，成就。第四，漸頓。第五，寬狹。第六，通塞。第七，持犯增微。第八，結位總別。

初門，釋名者。持犯相望，各有二種。且持中二者。一者，止持。二者，作持。言止持者，奉戒之徒，禁防身語。不造諸惡。目之爲止。止而無違，順本受體。令戒光潔，因之爲持。持由止成，故曰止持。言作持者，奉順聖教，作法作事。對事作法，稱之爲作。釋持如前，持由作成，故曰作持。然犯亦二。一者，作犯。二者，止犯。言作犯者，不能守行，違教起非，廣造諸惡。稱之爲作。作而有違，不順受體。令戒毀壞，名之爲犯。犯由作成，故曰作犯。言止犯者，不能準教，策進身語。習成行解，名之爲止。釋犯如前，犯由止成，故曰止犯。

懷素《四分律開宗記》卷六 戒體論。

次明受體。夫戒體者，性相幽玄，義理微隱。自非學窮三藏，識洞五明，無以測其旨源，知其詮際。是以往古俊傑，當今彥英。於此一門，不通悟者。寔以律無正錄，論有明文。既不自照宗由，每憑他決。雖復假資成立，理昧調疎。余遂發憤於壞，累年尋考。搜經括論，探二凡之宏摸。覈舊研新，捃三四之洪範。是以摘扶宗之妙旨，擲違理之繁文。述此義章，用傳同業。冀諸學侶，不再沈研。庶望一覽，洞開無勞，三復者矣。然章準其，立破旨歸。亦得稱云，詮戒體論。然論剖析，總作三門。第一，釋名。第二，出體。第三，諸門分別。

懷素《四分律開宗記》卷六 戒相。

言釋名者。大論戒數，位總有三。三位之中，辨律儀相。律儀三中。又除定道。別解防過，唯禁語身。至於心愆，聖開不犯。語身戒者，對患稱名。患境無壃，戒烏有限。情非情數，遍周法界。隨戒境發，還乃無窮。數雖無窮，位束爲兩。一曰表戒，二無表戒。先釋別名，表與無表。次釋通名，所目之戒。所言表者，身語造作。有所表示，令他了知，故名爲表。言無表者，因表發生，無見無對，不可表示，名爲無表。然得在身，相續隨轉。縱入餘心，不名失戒。次釋通名。所目戒者，此表無表，俱有懸防，咸稱爲戒。依《俱舍》十四，通有六名。《論》云，別解脫律儀。名差別者，一曰尸羅訓釋。尸羅詞者，謂清涼也。故伽他言，受持戒樂。身無熱惱，故名尸羅。二者，妙行。三乘聖人，稱爲智者。彼衆稱歎，名爲妙行。三者，名業，身語皆是，所作自體，名之爲業。四者律儀，能使身語，調柔合法，故曰律儀。此之四名，通初及後。五者，別解脫。以初刹那，別別弃捨，一切惡故，故名別解。六者，業道。於初刹那，作事究竟。暢思義成，故名業道。此之二名，唯局初位。又可初位名別解脫，亦名別解脫律儀。後位但名，別解脫律儀，不名別解脫。《論》云，從第二念，乃至未捨，不名別解脫，名別解律儀。唯此衆名，則有其七。又可，第二念已去，唯名後起，不名業道。《論》云，從第二念，乃至未捨，不名業道，名爲後起。若加後起，名便有八。或可後起，是前第三業。攝此對根本等，言不得爲衆名。數限既除，後起名七，如前。

次出體者。然今案佛滅後二十部宗，此文即當二戒，並以法密部攝。古來傳律諸人，不尋分部，所以言依成實宗者，理不然也。但以法密宗義，弘在西方，此出先來盛傳說一切有部，故今解釋，並依說一切有部，明今此色法爲體。所以知者，以《俱舍》第十三云，由思力故，別起如是。如是身形，名身表語。表業體謂，即言聲聞。表與無表，既但是色。未知色是何義。爲二性耶？答，《俱舍》第一云，色是礙變性。爾者即應極微，非色極微，即體非變礙，故答無一極微。各處而住，衆微聚集，變礙義成。五識必須，依積集緣。積集若爾，即應過未。非色以無，積集不同。現在解此，約曾當變礙義說。爾者，主法可然，有曾當義。未來不生，如何當礙。解是當礙，如所燒薪，雖現不燒，亦名薪也。爾者表色可然，無表不爾，由無曾當及彼類。故今有二解。第一，《雜心》。論主云，由表變礙，故隨表得。名色如樹，動時影必隨動。次《俱舍》論主，法喻俱破。先破法云，若由表色，是變礙故。無表隨彼，亦名色者。此無表體，體非是色。由表是色，隨表受名，無表非是。色從表名，爲色無表。非是礙隨，表亦名礙。礙既不同，色寧齊等。次破喻云，譬如樹動，影必隨動。由表是色無表，亦名色者。表色滅時，無表應滅。如樹滅時，影隨滅故。影生依於樹，樹滅影亦滅。無表依表生，表謝無表滅。滅既不同色，亦不等正理。第二破云，此不應理。隨心轉色，不從表生。應非色故，第二，一切。有師解云，由所依大，種是變礙。故無表依，彼亦名爲色。論主難云，由所依變礙故，無表得名色者。五識依五根，應當亦名色。五識依五根，不隨根，以名色無表。依四大如何，隨大以名色。此師解云，無表起時，定依大種。如影依樹，光依珠寶。五識依五根，即不如是。唯能爲作，助生緣故。論主破云，影光理應，別依大種。如何影光造色，而依樹寶四大。破已解云，以五識依不定，或有變礙，謂眼等根。或無變礙，謂無間意。無表所依，即不如是。定依變礙，故名爲色。

次下兼明，《成實論》宗。然依《成實》，先明無作。其無作體，定用非色非心。故《論》第七問曰，已知有無，作法非心。今爲是色，爲是心，不相應行。答曰，是行陰所攝。又問，若無作是色相，有何過。答，色聲香味觸，五法非罪福性，故不以色性爲無作。又佛說，色是惱壞相，是無作中惱壞相，不可得故，非色性。

次明作戒，可爲四門。

第一，敘異說。一、師以色心爲體。故《論》云，口業者，非直音聲，要以心力助成。故知身業，亦以心力助成。明知二業，色心爲體。第二，師以心爲體。心是慮知，得爲戒體。色頑無知，故非戒體。故《論》云，離心無思，無身口業。故知二業，用心爲體。

第二，辨過非。初，師以色心爲體者，不善《論》意。《論》第七問曰，是身作或，善或不善，而身不然，是故非身所作。答曰，隨心力故。身餘處生時能集業，是故集名善不善。非眞是身業口業，亦爾非眞音聲語言。以心力隨音聲語言，所集善惡。是名口業。然論說心，能引導業。不即以心，爲作業體。又復，色是色法，色頑無知。心是心法，心是慮知。二合爲體，不應正理。第二，師以心爲體者，是則亦應防心。既許以心爲體，何不防心。若防心者，何故《論》第十云，毗尼中無意犯罪。又云，但發惡心，不得無罪，但不結戒，以難持故。麤罪持戒能遮，細罪定等能除。又，若以心爲體，戒應慮知。既不慮知，豈應正理。

第三，立正義者。色爲業體。故《論》第二云，無色法者，心及無作法也。既云此二非色，明知作戒是色。又《論》第七云，身業者，身所作名身業。

問曰，不應有身業，所以者何。身所動作，名爲身業。有爲法念念滅，故不應有動。

答，所謂法於餘處生，時損答他，是名身業。其口業者，四大相擊，於中出聲。聲成音曲，有所表彰。以爲名字，句用此名。字句即於，聲上建立，爲口作業。業無別體，用聲爲體。

第四，釋妨難者。問，若以色爲體者，何故《論》云，口業者，要以心力助成。此之業體，定是聲性。心是發業之因，非是業體。問，《論》言離心無思，無身口業。是則心爲思體，明知二業，亦不離心，以心爲體。解，此破外宗，故作是說。以一切有宗，心王之外，別有思數。而思與心，同時別體。故《論》云，離心無思。然心未必思，思必是心。又以外道立義，身口之業，不由心助。故《論》破云，離心無身口業。

次諸門分別。總作一十六門。第一，爲無爲分別。第二，就有爲中，漏無漏分別。第三，就有漏中，三聚分別。第四，就色聚中，三色別。第五，就三色中，依類分別。第六就等流中，三性分別。第七，就善性中，生得加行分別。第八，就通二中，約處分別。第九，就其處中，依大分別。第十，就依大中，始終分別。第十一，就於終中，得時分別。第十二，就得時中，先後分別。第十三，就俱生中，證成分別。第十四，就證成中，重不重分別。第十五，就不重中，顯數分別。第十六，就頭數中，同異分別。

初門，二戒俱是，有爲法聚，非三無爲。無爲是常，戒從緣發。故此二戒，並有爲收。

第二門。此有爲戒，是有漏攝。諸漏於中，等隨增故。謂愛緣時，攝爲有已。如衣潤濕，埃塵隨住。無漏上法，非愛能攝。如於炎石，足不隨住。

第三門。此有漏戒，俱是色法。心及心所，不相應行，是其戒因，非正戒體。所以然者，以其聲聞力劣，但防身語故。今發戒還從身語，獲無表色，以護七支。

第四門。身語色中，總有三種。一者，有色有見有對，謂是色界。二者，有色無見有對，謂五根四境。三者，有色無見無對，謂法界中無表色。若表戒者，前二色收。其無表者，第三色攝。故《雜心》第三云，彼身作可見有對，口作不可見有對，無作俱不可見無對。《俱舍》三十云，除無表色，何法名爲，無見無對。非三有對，故名無對。

第五門。別解律儀，體既是色。有漏色中，自有三類。一、異熟，二、長養，三、等流。然此二戒等流，色攝以從同類。因所生故，等謂齊等，流謂流類。所以唯等流者，以餘二類，唯無記故。

第六門。身語色聲是善，非餘二故。《俱舍》云，謂在即前，居卑劣座，或蹲或跪，曲躬合掌。復云，起慇淨心，發誠諦語。然色差別，總有二十。於中形八。長短方圓，高下正不。此通三性，局取善邊，爲身表業。餘十二顯色，青黄赤白，雲煙塵霧，影光明闇，一向無記，故非戒體。語表是聲，聲有八種。一、有執受大種，爲因有情，名聲可意。二、有執受大種，爲因有情，名聲不可意。三、有執受大種，爲因非有情，名可意。四、有執受大種，爲因非有情，名不可意。無執受大種，爲因亦有四句，準此應知。此八聲中，初二通三性，局取善邊，爲語表業。餘六唯無記，故非戒體。汎論身語無表，通於二性。今明善戒，局是善性。故《俱舍》十三云，無表唯通，善不善性，無有無記。所以爾者，以無記心，勢力微劣，不能引發，強業令生。可因滅時，果仍續起。

第七門。善有二種。一、生得，二、加行。此二善心，皆能發戒。所以爾者，若其趣入聞慧已去者，即是加行心得。亦通生得善心中得。若其未得聞慧者，一向生得善心中得。故《正理論》四十二云，諸律儀果，有從加行，有從生得，善心所生。若從加行善心生者，律儀先者①捨，從斷善根。然斷善根，加行根本，皆名斷善。依此故說，斷善根位，捨諸律儀。若從生得善心生者，隨何品心，能生善根。所生律儀，爾時便捨。捨能等起，彼隨捨故。以此證知，通二心得。

第八門。別解律儀，得唯現處，加行根本後起，情與非情，性罪遮罪。故《俱舍》十五云，從一切二現，得欲界律儀。言一切者，謂加行根本後起。二者情與非情，及性罪遮罪。現謂現在蘊處界得，不從去來蘊處界得。靜慮無漏，二種律儀，從根本恆時得。根本者，除加行後起及遮罪。非情恆時者，謂遍於三際蘊處界得。問，別解律儀，得唯現在。何故定道通於過未。答，定道律儀，是心俱有。心緣三際，戒亦隨轉。別解脫者，爲是有情，依止去來。不然，故不得也。又解，定道律儀，非直防非，亦能斷惑。故《俱舍》云，靜慮無漏，二種律儀，亦名斷律儀。以惑通三，戒亦隨轉。別解不然，故不同法。又解定道，律儀心成，隨心轉戒。既與心俱，故防三世。別解不然，故不同法。若爾如何不從，加行後起遮罪非情處得。解，定道不起即已，起即根本。故得不從，加行後起。又解，身語業道，皆有加行後起。意業道三，起即根本。定道既與心俱，故無加行後起。不息嫌疑，不於遮罪非情處得。《正理論》云，若得靜慮，無漏律儀，應知但從，根本業道。以於定中，唯有根本業道。在不定位，無此律儀。故從有情數，所發遮罪，尚不得此，二種律儀，況從非情所發遮罪。由此差別，論作四句，有蘊處界，從彼唯得，別解律儀，非餘二等。第一句者，謂從現在，加行後起，及諸遮罪。第二句者，謂從去來根本業道。第三句者，謂從現在，根本業道。第四句者，謂從去來，加行後起。

第九門。問，未知表與無表，所依大種，爲有差別，爲無差別。答，所依各異。若從一具和合，有細麤兩果，不應正理所生。既細麤不同，能生亦差別不等。問，細麤雖異，七支如何。答，七支既殊，能造亦異。爾者七支能所，既各不同。然一期身，所生無表，爲當與作，俱時一時，懸造爲待。後後起時，念念別造。答，作俱四大，一時懸造。故《俱舍》十三云，唯欲界繫，初剎那後，所有無表，依過大生。此爲所依，無表得起，現身大種。但能爲依，爲轉隨轉。因隨其次，第如輪行。於地手地，爲依爾者。此之未來，多念無表。既依過去，大種而生。爲當一具，四大能造，多念無表。爲復多念，無表各別。大造西方，自有三解。第一云，但有一具四大，能造初念，不煞無表。復能懸造，一期身中，衆多無表。第二解云，一具四大，唯造初念，不煞無表。復更別起，一具四大，懸造未來。一期身中，衆多無表。所以然者，以彼未來，未起無表。種類同故，一具能造。第三解云，起一具大，種造初念，不煞無表。復更別起，

①

衆多大種，懸造未來，無窮無表。此多無表，念念別造。

第十門，昔解，此善作等，通於始終。故知表業，始終通取。若局第三，爲表業者，前二落非，亦應發戒。又身語業，皆色爲體。第三羯磨，刹那竟時，身止之色，爲眼所得，可使説有，身表業體。語止之業，非耳所得。當時無聲，可無語表。既許語表，通生不局，第三爲正。故今正解，局取第三。若其未至第三，秉未究竟。要期不滿，善而非戒。要至第三，要期心滿。秉法圓具，善而是戒。故《俱舍第十六》云，且如勤策，受具戒時。來入戒壇，禮苾芻衆。至成發語，請親教師。乃至一白，二羯磨等，皆名爲善。業道加行，第三羯磨。一刹那中，表與無表，名根本業道。從此已後，至説四依。及餘依前，相續隨轉。表無表業，皆名後起。

問，發局第三，不兼前者。是則應無，語表業體。

答，許無語表，有何過耶？爾者語表既無，應無無表。答，雖可當時，無語表業。無表得從，加行發故。又由互發，由身表業，發語無表。或可加行語表，亦發身表。如《乞戒》云，受具足戒，因此須述，古舊諸師，報方便義。然色通二報，及方便身作，是方便非報。故《心論》云，作者身動身方便，口作唯方便。以聲非報法，故身口無作，非報非方便。故《涅槃》云，非異色因，不作異色，因果一師。解云，非異色因，謂非報色，報色是方便也。因報非方便，故言爲異。非異色果，謂非方便，方便是報色果。方便非報，故稱爲異。故知無作非報，非方便。復有釋云，作既方便，非報無作。異前明知，非是報色，及方便色。又舊釋云，然彼經文，未必證成，非報非方便義，菩提王子意。疑比丘餘二性中，所以不名失戒。佛即答言非異色，因非異色，因異其心。雖在惡無記中，本所受戒，不名漏失。言非異色因，謂非受中之作，以彼作者，但一念故。不作異色因果者，謂非隨行之中，及以處中作無作，以彼作無作短故。既非此二，仍是比丘，明知有彼受中，無作形俱長故。縱入餘心，不名失戒。今詳諸解，未順經文。雖復各逞異端，終乖聖旨，失方便業。須對根本論之，報色自共長養等，流辨其同異。如何乃將方便，對報分別。又舊引經，深成謬亂。夫取文者，須依倫次。如何不識旨歸，雜亂抄引。然《涅槃經》三十四，菩提王子問，若有比丘，護持禁戒，若發惡心，當知是時，失比丘戒。佛言，戒有七種，從於身口，有無作色。以是無作色因緣故，其心雖在，惡無記中，不名失戒，猶名持戒。以何因緣名無作色，非異色因，不作異色。《因果經》文理，實次第如是。舊人不尋，問意兩答，倒寫連抄，共作一通，深違理教。故今依文，聊申正解。夫身語業，由心故起。言非異色因者，謂無受戒善心。色因非彼，惡無記因，故言非異色因。不作異色因果者，謂但感得，自類善果，必不能招，惡無記果。既於自類，因果性成，一得在身，相續隨隨，轉轉不絶。是無作色，故言不作異色因果。以此解經，異無違失。依前重寫，恐誤後人。又解，此是身語，業色因果。心異業色，故非異等。

問，舊解既非，何繁序引。

答，若不剖折，熟知是非。指事再明，息諸野論。

第十一門，善來受戒，唱善來竟，至盡苦源時，得三歸受戒，後三法滿得。故《俱舍》十四云，起慇淨心，發誠諦語。自稱我是，鄔波索迦。願尊憶持，慈悲護念。爾時即得，五戒律儀。爲令了知，所應學處，故復爲説，離煞生等。由如苾芻，受已説相。此釋五戒，具戒類同。若爾，如何尼律與三歸，竟始云，次與汝受戒。解，次授隨戒，故云受戒。非是受體，體已先發。八不可過法説訖，即得以其受者，作頂受之意授者。復云，若能行者，即是出家受戒。羯磨受戒，緣雖衆多。莫不咸以，第三竟得。

問，羯磨受戒，得既竟時。未知遣信，爲同此不。

答，今古諸師，皆存報得。以下文云，已與汝受戒竟。今解羯磨，竟得以報。文云已與汝受戒，竟報有已言。明知得在，大僧言下。故《見論》第七，遣使八語，得具足戒。從比丘尼，得白四羯磨。比丘僧，復白四羯磨。是名八語，得具足戒。又復發戒，緣在羯磨。

何因緣加不得使報方生。若待報生，便有三過。一戒非羯磨緣生過。二別人言下，發戒過。三違下，正文已言過。爾者，既不待報，何因餘文，重令尼衆秉羯磨法。

答，具三義故，更須秉法。一、佛去疑情，二、爲在生善，三、傳使須具。若以尼衆，秉大僧法，令使戒生，法便雜亂。故此戒生，便有三過。一、有秉法雜亂過，二、尼有一部發戒過，三、違見論八語過。

第十二門。今此二戒，並同時發。故《俱舍》十六云，第三羯磨，一刹那中，表與無表，名根本業道。以此故知，無前後得。然表有三。一、是因時，非是戒體。二、是果時。三、是果後，第二念等。此後二種，正是戒體。

第十三門。《俱舍》十四云，唯初刹那，表反無表，得別解脱，及業道名。又十六云，七善業道，若從受生，必皆具二，謂表無表。以斯文證，明有二戒。所以要須，此二戒者，若無其表，無表無所從生。以有表故，無表得生。若無無表，不可一形防非。以有無表，故得盡形防護。

第十四門。諸受相望，當位不重。咸各自能，辨戒體故。若約五等，異類相望，體各不同，故得重發。所以知者，《俱舍》十四問云，若從近事，受勤策戒。復從勤策，受苾蒭戒。此三律儀，爲由增足，遠離方便，立別別名。爲體各別，具足頓生。答，三種律儀，體不相雜。其相各別，具足頓生。三律儀中，具三離煞。乃至具足，三離飲酒。餘數多少，隨其所應。爾者同類何別。答，以諸遠離，依因緣發。故因緣別，遠離有異。若無此事，捨苾蒭戒。爾時即應三戒，皆捨前二，攝在後一中故。既不許然，故三各別。爾者若諸戒中，當分不重者，如何式叉學戒，缺已更與。又，末利私呵，二三重受。答，式叉學中，元無戒體。體既非有，何論缺與。又，末利私呵，得法歡喜。善心增著，二三歸依。據實而論，戒不重發。若立重者，皆無證文。

第十五門。論其戒數，理實無邊。以緣一切，普境生故。門律儀要，緣普境生者，且如異趣，方域煞等，不成於彼，如何律儀能發。答，由性類同，境有轉易。是故從彼，亦得律儀。故《俱舍》十五問云，於非所能境，如何得律儀。解，由普於有情，發起增上。不損命意樂，故得律儀。若爾前佛，及所度生，已涅槃者，後佛於彼，既不發得，別解律儀，如何尸羅，無減前過。答，以一切佛，別解律儀，皆從一切，有情處得。設彼有情，今猶在者，後佛從彼，亦得律儀。故後尸羅，無減前過。問，律儀若從，非情境發。境有滅生，戒應增減。且如春受應多，冬便漸減。冬受戒少，春則續生。如是便有，別解律儀。離得捨緣，有得捨過。《婆沙》一百二十解云，無有增減，以總得故。謂此律儀，總於一切，生草等上，得一無表。而實無有，無生等時，總於一切，蒱桃等酒，則不壞時，得一無表。而實無有，無諸酒時，是故律儀，無有增減。餘亦如是。又準《明了論》，戒有數量。謂四萬二千，福河由此。福河恆能，洗浣垢汙。言四萬二千者，根本戒有，四百二十。所以爾者，如《婆藪斗律》，戒有二百，多明輕戒。《憂婆提舍》，戒有一百二十一，多明重戒。比丘尼，別戒有九十九。合成四百二十，是一一戒有攝。所於僧等，十利功德。一一功德，能生十種。正行謂信等，五根無貪等，三善根及身口三護，一戒即百。戒有四百二十，豈非四萬二千。然言無願毗尼者，由得此也。問，僧尼二眾，戒數各別。所以無願毗尼，齊皆不異。解，此據二眾，總說理實，各隨本戒。又解，二眾俱有，四萬二千。以轉根時，即成所戒。

第十六門。昔解，受隨義一。譬如一楯，能捍眾敵。爲破斯義，故立此門。受隨二法，具表無表。且論無表，有其八種。謂形俱作俱，心俱願俱。事在從用，助緣異緣。此八位三形，俱定受心。俱事在從，用局隨餘。四義通受，隨助緣異。緣通受者，如遣使受。形及身語，互造者是。次明同異。受隨無表，同義有三，謂名體義。異便有六。第一，總別。第二，根條。第三，懸對。第四，長短。第五，三性。第六，一品多品。前四可解，後二須釋。言三性者，受中無表，體善隨行，亦不通餘。此就列性，受隨俱狹。今約通不通說者，受是形俱，通餘二性，說之爲寬。隨是作俱，唯局善性，說之爲狹。此就一心，自作爲語。若取先後，心及教人。說餘二性中，隨亦通有，準此便是，受隨俱寬。作此解者，約爲三位。局體俱狹，受隨同善。若約隨中，教人義說，便即俱寬，通餘二性。若以自作，隨行對受。分別方有寬狹，即是受寬隨狹。言一品多品者，受中無表，義均一品。以本上上心受，所發無表。心增上故，戒亦上上。或容犯戒，終至羅漢。酬本一品心因，故無優劣。上中等心，受亦同此。隨中無表，乃有多品。以所防非，五犯非一。故能防行，亦五義殊。又對諸犯，一一戒中。心有增微，事亦不等。故隨無表，有此不同。次解二表，同義有五，謂名體義寬狹長短不同。有四總別，根條懸對。一品多品，皆準前說。既有如此，差別不同。豈同昔解，受隨義一。

讀體《三壇傳戒正範》卷一《淨堂集眾第一》　出家授戒。

凡欲作法，須先結界。若三重界相如法，無諸妨礙，乃能成辦一切。所謂律制僧居，必依結界，僧弘律制，豈越於斯。初發心者，來入伽藍從僧乞戒，應先集僧唱方結界畢。次預請和尚允示日期，即白引禮師，便於淨堂集眾。次則通啟二阿闍黎師，方可入室禮請。結界時，新求戒者，須驅出至眼見耳不聞處。若久行律處所，戒場久定，不須逐期唱方。【略】

原夫在家出家，就裏本無二致，得念失念，箇中未動纖毫，見聞知覺，無非清淨之法身，明暗色空，總是圓融之妙土，斯則人人具足，各各皆然，既非染淨之殊，寧有取舍之相。云何於無縛著中更求解脫，叵柰眾生迷障，識性昏蒙，將一眞之妙體，謬分爲物我之軀，以不二之覺場，妄計爲自他之宅，緣此綢繆貪愛，恣縱瞋癡，汩沒塵勞，輪迴莫絕，從迷積迷，不思返照，以苦入苦，永不厭離，故一切諸佛出現世間，悲愍沈淪，拯濟斯類，知眾生貪欲，多因有家，故示之以遠離道而令出家，知眾生纏縛皆繇恩愛，故示之以解脫道而令捨愛。故《華嚴經》云，若有不識出家法，樂著生死不求脫。是故菩薩捨國財，爲之出家求寂靜。《寶積經》云，無有在家，修集無上正覺之道。何以故。在家貪聚，出家捨離；在家人我，出家平等；在家塵垢，出家寂靜；在家惡攝，出家善攝；在家沒於愛欲淤泥，出家拔於愛欲淤泥。以此則知欲求聖道，先須出家。故我釋迦世尊，中天應迹，半夜逾城，策素馬以淩空，詣青山而斷髮，雷音既震，善來初度於五人，法雨纔沾，羯磨繁興於四海，人到於今，咸受其賜。善男子，汝等良因宿植，今遇聖恩，離欲出家，得成僧相，而以好心登壇受戒者，若不知戒中之義爲何，是徒有登壇之名，而無受戒之實，一生虛喪，體是白衣，故我於未受戒前，指示汝等沙彌之戒法、戒體、戒行、戒相，四種之義，使汝等心得明了，受授如法，行持有方，不乖律制。

所言戒法者，即佛勅舍利弗初度羅睺羅出家，所制十支淨戒，二十四門儀則，及十二年中爲無事比丘廣制學處，兼制沙彌一切隨律威儀等是也。

言戒體者，即汝等正受戒時，以現前第六意識心，運想三寶歸竟之時，徧緣一切情非情境，於此所緣境上，發起誓欲防惡。誓欲修善之功能是也。汝等莫不喜逸而憚勞，厭繁而思簡，今既入道初階，始則修事師之節，次則執僧伽之勞，以至晨昏動定，微細行業，皆依戒而行，故謂之曰戒行。汝等莫不生長於俗諦，形質等同於凡夫，今幸得登戒品，內則具慈和之德，外則著緇縵之衣。又復居止同乎大眾，行來皆尙雍容，出世道業，因戒方成，少有所違，即名干犯，故謂之曰戒相，汝等若能信聞而思，思而受持，欽遵律制，護培德本，庶上可契如來以戒攝生之旨，下不愧息染慈濟之名，汝等果能至誠領受，如法奉行否？（一齊答云）依教奉行。（和尙云）既能依教奉行，我今差諸引禮，爲汝等先請教授阿闍黎，查驗衣鉢。次請羯磨阿闍黎，爲汝等懺洗身心，若衣鉢應法，身無障遮，來日登壇授汝等沙彌十戒，而作比丘戒之階級也。

讀體《三壇傳戒正範》卷一 十惡。

所言十惡者，惡即不善，繇眾生迷眞逐妄，計度識情，觸境乖違，動止纏縛，於三業中造十惡罪，集因深厚能招當來苦報故。

第一殺惡。

殺者，謂自殺，亦教他殺，一切眾生，皆以識息煖三爲其命根，此三不散，謂之命存，此三若離，謂之命斷，若於同類眾生中，或因怨讐結恨以行殺，若於異類眾生中，或因貪味頤養以行殺。如此傷慈興害，而故斷眾生物命者，則非合上聖濟生之德，有損自己同體之仁，是故名爲第一殺惡。

第二盜惡。

盜者，謂竊取他人財物，蓋人世資生之緣，名爲外命，然此財物有居家出家之不同，居家物者，或是父母宗親，或是檀護相知，及以非親非識等，凡是他物，屬於有主者，俱不得盜取，出家物者，或是佛法物，或是眾僧物，佛法物者，謂雕刻香像，繪塑金容，印造藏典，書寫經文，其中一切莊嚴等物是。

眾僧物者，準南山《事鈔》，類分四種。一常住常住物，謂眾僧廚庫寺舍，一切花果樹木，園林僕畜等，不通餘界，但得受用，不聽分賣，故重言常住常住。二十方常住物，如供僧常食，體通十方，隨時受用，唯局本處。三現前僧物，謂僧得施之物，唯施此處現前，不通十方僧故。四十方現前僧物，如亡比丘比丘尼，式叉摩那，沙彌沙彌尼等。五眾輕物，雖十方現前，各有其分，若羯磨分畢，後來絕望，須知三寶財物，皆出信施，彼求當來樂報，故植今世福田，因果一錯，業果歸身，況復竊取以爲己有？是故名爲第二盜惡。

第三婬惡。

婬者，謂婬泆，乃世間最猥媟事，然一切眾生輪迴生死，此爲根本，或於六親男女，及非親男女邊而行不淨，或破他梵行，乃至污僧伽藍，或侵淩貞潔，玷彼清名，繇斯自墮無間，備嬰諸苦，是故名爲第三婬惡。

第四妄語惡。

妄語者，謂搆造虛言，欲人取信，然妄語有大小之别，大妄語者，謂未得言得，未證言證，以貪圖名利，顯異惑衆，故成大妄語也，小妄語者，謂不見言見，見言不見，聞言不聞，不聞言聞，以慢習矯詐，輕侮前人，則成小妄語也，如此自欺欺他，諂曲不直，是故名爲第四妄語惡。

第五兩舌惡。

兩舌者，謂宣傳彼此，鬭搆是非，或因懷隙報私，或因障他勝己，則與兩處挑唆，明譽暗害，使其上下乖諍，離間親緣，怨無控訴，自德全虧，是故名爲第五兩舌惡。

第六惡口惡。

惡口者，謂出言麤獷，取辱於人，或因貪欲不遂，或因戲謔生瞋，晦昧綱常，喪失倫理，尊卑不遜，任意毀呰，觸他不樂，快暢自心，是故名爲第六惡口惡。

第七綺語惡。

綺語者，謂乖眞背理，巧飾言辭，或因矜己才能，隨情雜惑，或因壞他名德，逞口鼓簧，令人視聽，增其情識，蕩其心志，是故名爲第七綺語惡。

第八貪欲惡。

貪欲者，謂適意愛染，念無休息，居家者則以功名富貴，巧計恣求，出家者，則以利養名聞，自甘邪命，於順情境上取足無期，聞惠濟則悋於秋毫，見樂著則黏於膠漆，種種追求，不畏業苦，是故名爲第八貪欲惡。

第九瞋恚惡。

瞋恚者，謂事與心乖，縱恣惡性，或因居家名利財産，求而不遂，起諸恚恨，或於出家四事資緣，難從希望，便發瞋心，經云，菩薩起一瞋心，即開百萬種障門，是故名爲第九瞋恚惡。

第十邪見惡。

邪見者，謂愚癡無正慧，知見多偏僻，繇不了苦集滅道四諦之法，而妄計有無常斷之見，撥無染淨因果，毀滅出世善根，正信灰然，邪心熾盛，如此方天主白蓮，無爲觀指聞香等教，自盲盲人，皆墮坑塹，生則華報王刑，死則果嬰地獄，千佛出世不通懺悔，是故名爲第十邪見惡。此乃十惡之名義也。

讀體《三壇傳戒正範》卷二《習儀第一》　具足儀。

《決定論》云，比丘戒四分義攝，一受具足，二隨具足，三護他心具足，四具足守持，而云護他心具足者，謂比丘有一分威儀具足，能護長他人之淨信故，令彼欣敬攝歸佛法故，爲釋子者，威儀不具，則動止違防，出入招譏，緇門警訓云，世尊處世，深達物機，凡所施爲，必以威儀爲主，蓋繇大聖洪慈曲已，調御衆生，內則軌範僧徒，外則利益檀護，矧今末世，去佛且遙，必也全藉律儀，建立三寶，是故沙彌年滿，是丈夫位，而於登壇受具之前，應習儀政禮。【略】

師撫尺云，諸沙彌，汝等今欲進具入僧寶數，須知具足四義中，有一分威儀具足戒也，威者，謂清嚴可畏，儀者，謂形儀可軌，良以僧寶尊重，司任非輕，嚴淨毗尼，住持正法，能除饑饉，爲人世福田，導化衆生，趣涅槃妙果，俾見聞敬仰，己信重增，如馬勝雍容行道，感采菽以信樂出家，鶖子安庠乞食，攝外道而反邪歸正，古今沙門威儀，攝物利生者固難枚舉，大抵三千八萬之細行，不出行住坐臥之四儀，其中一一皆有方便，善護他人淨信，而克成己躬之道業，故今遵奉和尚慈命，先爲汝等習儀三日，次方請戒懺悔，登壇授受，庶使臨期，威儀有則，爾等或久參林下，親近知識，氣質諒已變化，舉止自合規模，倘有乍入伽藍未經淘汰者，性情那得消鎔，動靜必乖繩墨，所以金非煆煉，終是頑鑛，玉必琢磨，方成良器，今將汝等諸人名目，編入籤次，以便習儀，其所編籤號，以三人一壇受具，一籤則列三壇，於每籤內令一人爲首，統餘八人，如是九人互相謙恭循禮，出入貫珠，凡諸不諳之儀，威藉衆引禮師慈悲善訓，勿憚勞辛，儒云，不矜細行，終累大德，況爲佛弟子者而不慎歟（鳴尺一下），汝等能依教奉行否？（衆齊答云）依教奉行，（師云）既能依教奉行，可謂如法，和尚復於懺悔堂中，差諸位大德，一位驗籤師，一位繳籤師，一位書記師，（幾）位巡視師，其驗籤者，於發露時，防有白衣外道等，溷入盜聽，故請（某）師爲汝等照籤驗明，逐一令進，其繳籤者，於發露已，恐有狡佞不肖，竊伺他非，故請（某）師撤繳原籤，照名令出，其書記者，於發露中仍恐名罪相同，多於舛錯，故請書記（某）師登記名目，不致忽略，其巡視者，繇於懺摩必須嚴肅，人心或恐易怠。又虞夜靜私寢，班坐褋談。故請（某某）衆師檢察策進，勿致昏散，如上所差諸師，皆有成濟佐助之功，汝等應當恭敬作禮，勿得我慢輕心，有辜教詔，

【略】

和尚撫尺云，夫采如意珠而入海，從淺至深，稟具足戒而登壇，繇小進大，戒寶非踰跨可求，佛制必相應方授，未有不歷沙彌行業，而直趨大僧名位者也，今爾諸人，既已守持息慈學處，復能求受比丘律儀，則階級無越，理合增修，況乎請懇殷誠，吾豈恪而不授，但此具足大戒尊重，所任靡輕，是正法久住之根源，僧伽蕃衍之命脈，非具足則僧倫無以崇立，非僧寶則佛法何以弘通，故於天人魔梵外道婆羅門衆中，比丘僧最爲第一。所以欲圓具戒，非處莫託，必依白二羯磨結界之地。故律云，非羯磨地，不得在内受欲行僧事，處既如法，於中建壇，十師數必滿足，遴請如法精嚴，故律論云，和尚二阿闍黎並須如法，七僧爲證皆清淨明曉。若無和尚，若十僧不滿，皆不成就故，師雖如是，又要汝等身無難遮，故律云，身相不具，百遮等人，及自破淨行，污他梵行，皆不得受具，道器雖具，正爲汝等秉宣，白四聖教發體之時，仍須文句不得增減差脱，作白羯磨咸欽律檢，斯可不墮非法，縱然外緣俱成，而汝等乞戒之心復有三品，所謂上中下也，隨其所發之心，則隨感上中下品之戒，然以具足戒之戒法戒體戒行戒相，與前沙彌受持者，百倍千倍不能比喻，苟不識知如是深義，雖云登壇授受，受已還同未受，似僧非是眞僧，與衆共住，名曰啞羊比丘，同僧法事，呼爲摩和羅輩，若欲紹隆三寶，利益羣生，斯之功德，何繇可克，故我今於未登壇前，開導明了，令汝等正受戒時，領解不昧，所言上品心，受上品戒者，即汝等來朝壇上，能發堅固信力，普於法界一切有情無情境上，起廣大慈護之心，除不善損害之念，誓斷一切惡，誓修一切善，誓度一切衆生，於中不怖不退，志願堅深，此則謂之發上品心，受上品戒，誠所謂内祕菩薩行，外現是聲聞，能住正法，建立僧倫，若縱有慈護心而護之不普，亦緣法界境而緣之不周，於度生邊，似有怖退，志願未能深堅者，謂之中下品心，此心狹劣非勝，所獲之戒，但是中下品爾，此戒僅可自利，止宿草庵，既缺利他，佛種奚紹，是以今欲汝等發上品心，受上品戒，而不欲汝等起卑劣心，受中下品戒也，所言戒法者，即世尊成道十二年中，觀有漏因緣事起，而爲諸無事比丘禁防三毒，調伏七支，金口所制二百五十淨戒，一百八十四種羯磨，乃至三千八萬無量律儀是也，所言戒體者，即是來朝於十師座前，正秉羯磨時，爾等發上品心之思業力用，運想法界，徧緣一切塵境，而境從心現，然所現之境，非有表色，即是法界一切塵境之體，亦即得戒之因，若未緣想領受已前，此塵境體於汝無繫，但一發心緣想領受已後，此法界塵境體，恆依汝等自心，念念不忘，時時守護，是以戒爲能依，心是所依，心法和合，名爲戒體。如藥丸喻可以例知。所言戒行者，即依本所受之戒體，於日用處或讀誦，或安禪，或熏禮懺法，或修持淨業，乃至著衣受食等，皆不違越毗尼，所以一切行，盡名戒行，非謂一切行外而別有戒行，出世行業，悉以淨戒而爲本也，所言戒相者，即佛所制二百五十具戒，一百八十四種羯磨，於一一戒相中，所明輕重開遮，於一一羯磨内，所攝成壞兩緣，此即法相也，於日用四儀間，常所行時事，及非時事，此即行相也。其法因事制，事依法成，若一切善業等事如法，當行而不行，此名之止犯。若當行而即行，此名之作持。若一切惡業等事非法，不當行而行，此名之作犯。若不當行而不行，此名之止持。若罔知止犯作持，止持作犯，則開遮全晦，成壞茫然。是故律制比丘，五夏以前，專精戒學，五夏以後，方可聽教參禪，蓋爲令其識相護體，冀生定慧，出世道業方有所據，汝等若能如是信解，如是受持，庶合聖德，眞是出家持法之子。故《首楞嚴經》云，將此深心奉塵刹，是則名爲報佛恩，汝等能依教奉行否？（答云）依教奉行，（和尚云）既能依教奉行者，今夜當請羯磨阿闍黎，先審汝等沙彌十支禁戒。若守持無染，可謂眞淨道器，少有違犯，仍是褋穢身心，必須苦切痛訶，依律懺悔，更有十三重難，十六輕遮，於臨壇時，方差教授師屏處別問，至秉羯磨，對衆復再嚴詰，我今令衆引禮大德，將汝等往詣二師寮，白知啟請受具開導等情，俟作法審懺中，若果無犯重，不毀根本者，方可集會同界大僧，於彼衆中恭請十師登壇，爲爾諸人授大比丘戒，衆引禮大德，如我所語，即當奉行，（衆引禮，曲躬合掌齊答云）如和尚所命。【略】

夫戒淨而定慧生，乃佛祖修證之道本，惑起而貪愛具，是有情輪迴之苦因，斯惟智者覺照，愚者迷淪，汝等既能厭苦捨家，受持沙彌十戒，復

欲增進勤修，願入比丘僧倫，如是則何患定慧不生，而輪迴不息，但慮汝等本所受持禁戒之中，或性重條章有毀，或息慈名德有虧，縱欲近圓，恐無所獲。《薩婆多論》云，若破沙彌十戒中重者，若受具戒及禪無漏戒，若欲勝進，一切不得，良以沙彌戒是比丘戒之原基也。譬如樹根充潤，花果敷實，亦如地址堅牢，樓閣任興，未有無根企果，而無址架閣者。是故我今於請戒開導之次，欽遵律制，逐一問汝，汝等隨其所問，逐一實答，不得以有言無，以重說輕。倘有一念覆諱，豈但內欺於心，外欺於師，抑且欺誑十方諸佛菩薩，諸天善神，而舊罪不除，新殃更積，如是則惡道不怖，慚愧不生，誠爲可憐愍者，是故汝等人人信力決定，生大怖畏，生大慚愧，思惡道苦，發菩提心，傾誠發露，眞切懺悔，鑛砂淨盡，方是精金，瑕疵少存，尤非良璧。（鳴尺一下）。汝等能如是懺悔否？（衆答）依教奉行。

讀體《三壇傳戒正範》卷三　出家具足戒條

師撫尺云，諸比丘。我今問汝本所受持四波羅夷法。汝等應當諦實而答。

第一　犯不淨行。受婬欲法戒。汝於是中有犯否（有無實答）。（然此中所問戒相，不能全錄廣文，恐人衆延遲。但撮其綱目以問之）。

第二　有主物不與。盜心取戒。汝於是中有犯否（有無實答）。

第三　故斷人命。歎譽快勸死戒（如前）。

第四　實無所知。自言又得上人法戒（如前）。

比丘犯此四法。不得與諸比丘布薩羯磨共住。謂之破根本。當如法如律如佛所教。以白四羯磨滅擯。退失無道果分。不得進菩薩大戒。準目連問經。犯波羅夷罪者。當墮焰熱地獄中。

第一　故弄陰出精。除夢中戒。汝於是中有犯否（有無實答）。

第二　婬欲意。與女人身相觸戒（如前）。

第三　與女人麤惡婬欲語戒（如前）。

第四　教女人以婬法供養我戒（如前）。

第五　爲男女往來彼此媒嫁戒（如前）。

第六　難處。妨處。無主自作屋。不將諸比丘指授處所。過量作戒（如前）。

第七　難處。妨處。有主爲己作大房。不將餘比丘指授處所戒（如前）。

第八　瞋恚所覆故。非波羅夷比丘。以無根波羅夷法謗戒（如前）。

第九　以瞋恚故。於異分事中取片。非波羅夷比丘。以無根波羅夷法謗戒（如前）。

第十　欲壞和合僧。受破僧法。三諫不捨戒（如前）。

十一　伴黨助破和合僧。三諫不捨戒（如前）。

十二　依聚落城邑住。污他家。行惡行。反謗羯磨如法僧。三諫不捨戒（如前）。

十三　惡性不受人語。三諫不捨戒（如前）。

比丘於此十三法中，隨犯一一者，知而覆藏，應強與波利婆沙。行波利婆沙竟，增上與六夜摩那埵。行摩那埵已，仍於二十僧中出罪。若僧不滿二十，罪不得出。若不依律懺悔出罪，準經云，當墮大嗥叫地獄中。【略】

第一　共女人獨在覆障處。可作婬處坐。說非法語。若波羅夷。若僧伽婆尸沙。若波逸提。於此三法中治戒。汝於是中有犯否（有無實答）。

第二　共女人在露現處。不可作婬處坐。說非法語。若僧伽婆尸沙。若波逸提。於此二法中治戒（如前）。【略】

第一　畜長衣。過十日戒。汝於是中有犯否（有無實答）。

第二　離三衣異處宿。除僧羯磨戒（如前）。

第三　畜非時衣。過一月戒（如前）。

第四　取非親里比丘尼衣。除貿易戒（如前）。

第五　使非親里比丘尼。浣染打故衣戒（如前）。

第六　從非親里居士居士婦乞衣。除奪衣。失衣。燒衣。漂衣戒（如前）。

第七　若奪衣。失衣。燒衣。漂衣。非親里居士居士婦與衣。不知足受戒（如前）。

第八　居士居士婦爲比丘辦衣價。不受自恣請到其家。讚歎爲好故得衣戒（如前）。

第九　二家爲比丘辦衣價。不受自恣請到二家。讚歎爲好故得衣戒

(如前)。
第十　施主送衣價與比丘執事人。執事人不與比丘。往取三反憶念。過五六反求得衣戒（如前）。
十一　襍野蠶綿。作新臥具戒（如前）。
十二　新純黑糯羊毛。作臥具戒（如前）。
十三　作新臥具不用二分純黑羊毛。三分白。四分牻戒（如前）。
十四　臥具未及六年不捨。更作新臥具。除僧羯磨戒（如前）。
十五　作新坐具。不取故者縱廣一磔手揲著新者戒（如前）。
十六　自持羊毛。過三由旬戒（如前）。
十七　使非親里比丘尼。浣染擘羊毛戒（如前）。
十八　自手捉錢金銀。若使人捉。若置地受者戒（如前）。
十九　種種賣買寶物戒（如前）。
二十　種種販賣戒（如前）。
二十一　畜長鉢。過十日戒（如前）。
二十二　畜鉢減五綴不漏。更求新者戒（如前）。
二十三　自乞縷線。使非親里織師織衣戒（如前）。
二十四　人使織師爲比丘織衣。比丘到彼囑託好織得衣戒（如前）。
二十五　比丘先與比丘衣。後瞋恚奪回戒（如前）。
二十六　有病畜酥。油。生酥。石蜜。過七日戒（如前）。
二十七　春殘一月求雨浴衣。半月應用。若過一月前求。過半月前用戒（如前）。
二十八　夏三月未滿十日。得急施衣。應畜至衣時。不得過十日前畜戒（如前）。
二十九　在阿蘭若有疑恐怖處住。有因緣離衣宿。過六夜戒（如前）。
三十　知是僧物自求入已戒（如前）。
比丘犯此三十法。當捨與僧。若眾多人。若一人不得別眾捨。若不依律捨懺。準經。當墮覆障地獄。故謂之捨墮。【略】
第一　知而故妄語戒。汝於是中有犯否（有無實答）。
第二　種種毀訾戒（如前）。
第三　兩舌語戒（如前）。

第四　與婦女同室宿戒（如前）。
第五　與未受大戒人。過三宿戒（如前）。
第六　與未受大戒人。同誦戒（如前）。
第七　向未受大戒人。說比丘麤惡罪。除僧羯磨戒（如前）。
第八　向未受大戒人。說過人法。知見實者戒（如前）。
第九　與女人說法。過五六語。除有知男子戒（如前）。
第十　自手掘地。若教人掘戒（如前）。
十一　壞鬼神村戒（如前）。
十二　妄作異語惱他戒（如前）。
十三　嫌罵比丘戒（如前）。
十四　取僧臥具等露地敷。若教人敷。去時不自舉。不教人舉戒（如前）。
十五　僧房內敷僧臥具。若教人敷。去時不自舉。不教人舉戒（如前）。
十六　於他比丘住處強敷臥具。令他避我戒（如前）。
十七　瞋他比丘不喜同僧房。若自牽出。教人牽出戒（如前）。
十八　重閣上。坐脫腳繩牀木牀戒（如前）。
十九　用有蟲水澆泥草。若教人澆戒（如前）。
二十　作大房舍等。覆苫過三節戒（如前）。
二十一　僧不差。自往教授比丘尼戒（如前）。
二十二　僧差教授比丘尼乃至日暮戒（如前）。
二十三　謗比丘。爲飲食故教授比丘尼戒（如前）。
二十四　與非親里比丘尼衣。除貿易戒（如前）。
二十五　爲非親里比丘尼作衣戒（如前）。
二十六　與比丘尼屏處坐戒（如前）。
二十七　與比丘尼期同道行。除疑恐怖時作伴戒（如前）。
二十八　與比丘尼同船。除直渡戒（如前）。
二十九　知比丘尼讚歎因緣得食食。除施主先有意戒（如前）。
三十　與婦期同道行戒（如前）。
三十一　施一食處過受戒（如前）。

三十二　展轉食。除病時。施衣時。作衣時戒（如前）。
三十三　別衆食。除病時。施衣時。作衣時。道行時。船行時。大會時。沙門施食時戒（如前）。
三十四　檀越請食。無病比丘過兩三鉢受。不分與餘比丘戒（如前）。
三十五　食足更受請。不作餘食法而食戒（如前）。
三十六　知他比丘足食。更受請故不作餘食法。令他犯者戒（如前）。
三十七　非時食戒（如前）。
三十八　食殘宿食戒（如前）。
三十九　不受食。若藥著口中。除水及楊枝戒（如前）。
四十　無病。自爲己索好美食戒（如前）。
四十一　自手與外道男女食戒（如前）。
四十二　先受請已。前食後食詣餘家不囑餘比丘。除病。及作衣。施衣時戒（如前）。
四十三　食家中有寶。強安坐戒（如前）。
四十四　食家中有寶。屏處坐戒（如前）。
四十五　獨與女人露地坐戒（如前）。
四十六　約比丘同至聚落。竟不教與食。不樂故遣去戒（如前）。
四十七　無病過四月受藥。除常請。更請。分請。盡形請戒（如前）。
四十八　往觀軍陣。除因緣戒（如前）。
四十九　有因緣至軍中。過二夜至三夜戒（如前）。
五十　二宿三宿軍中住。或觀四軍鬬戰力勢戒（如前）。
五十一　飲酒戒（如前）。
五十二　水中嬉戲戒（如前）。
五十三　以指擊攊他比丘戒（如前）。
五十四　不受諫語戒（如前）。
五十五　恐怖他比丘戒（如前）。
五十六　無病比丘過半月浴。除熱時。病時。風時。雨時。遠行時戒（如前）。
五十七　無病露地然火。若敎人然。除因緣戒（如前）。
五十八　藏他比丘衣鉢坐具鍼筒。若敎人藏者戒（如前）。
五十九　與比丘。比丘尼。式叉摩那。沙彌。沙彌尼衣。後不問主還取著戒（如前）。
六十　得新衣。不染作青。黑。木蘭。三種壞色戒（如前）。
六十一　故殺畜生命戒（如前）。
六十二　故飲用有蟲水戒（如前）。
六十三　故惱他比丘。乃至令少時不樂戒（如前）。
六十四　知他比丘有麤惡罪。覆藏戒（如前）。
六十五　年未二十與受大戒戒（如前）。
六十六　諍事如法滅已。後更發起戒（如前）。
六十七　知是賊伴。故與同行戒（如前）。
六十八　說婬欲非障道法。三諫不捨戒（如前）。
六十九　知是說婬欲非障道法邪見人。故供給所須。同共羯磨止宿戒（如前）。
七十　沙彌說婬欲非障道法。被擯已。比丘畜同止宿戒（如前）。
七十一　不受諫語。反難問持律者戒（如前）。
七十二　輕呵戒律戒（如前）。
七十三　說戒時不一心聽。無知無解戒（如前）。
七十四　共同如法羯磨與衣已。後故言彼是親友以僧物與戒（如前）。
七十五　僧斷事未竟。不與欲而起去戒（如前）。
七十六　與欲已。後更悔戒（如前）。
七十七　知他比丘共鬬諍。彼此聽說戒（如前）。
七十八　瞋恚不喜打比丘戒（如前）。
七十九　瞋恚不喜以手搏比丘戒（如前）。
八十　以無根僧殘謗戒（如前）。
八十一　王未出。未藏寶。入宮門內戒（如前）。
八十二　自捉寶及莊飾具。若使人捉。除伽藍及寄宿處戒（如前）。
八十三　非時入聚落。不囑餘比丘戒（如前）。
八十四　作牀過如來八指。除陛孔戒（如前）。
八十五　以兜羅綿貯繩牀木牀大小褥戒（如前）。
八十六　以骨牙角。作鍼筒戒（如前）。

八十七　作新臥具。廣長過量戒（如前）。
八十八　作覆瘡衣。廣長過量戒（如前）。
八十九　作雨浴衣。廣長過量戒（如前）。
九十　與如來等量作衣。若過量作戒（如前）。
比丘犯此九十法。若不依律懺悔。準經。當墮八寒八熱地獄。故謂之墮。【略】

第一　無病入村中。從非親里比丘尼自手受食戒。汝於是中有犯否（有無實答）。
第二　比丘尼在施食家。指示與某甲羹某甲飯。若自不語止。無比丘語止戒（如前）。
第三　先作學家羯磨家不請。無病自手受食戒（如前）。
第四　在阿蘭若。有疑怖處住。先不語檀越僧伽藍外不受食。在僧伽藍內無病自手受食戒（如前）。
比丘犯此四法，應向餘比丘悔過，我犯可呵法，所不應爲，是名悔過法。若不依律向餘比丘悔過者，準經當墮黑繩地獄。【略】

第一　不齊整著內衣戒。汝於是中有犯否（有無實答）。
第二　不齊整著三衣戒（如前）。
第三　反抄衣入白衣舍戒（如前）。
第四　反抄衣入白衣舍坐戒（如前）。
第五　衣纏頸入白衣舍戒（如前）。
第六　衣纏頸入白衣舍坐戒（如前）。
第七　覆頭入白衣舍戒（如前）。
第八　覆頭入白衣舍坐戒（如前）。
第九　跳行入白衣舍戒（如前）。
第十　跳行入白衣舍坐戒（如前）。
十一　白衣舍內蹲坐戒（如前）。
十二　叉腰入白衣舍戒（如前）。
十三　叉腰入白衣舍坐戒（如前）。
十四　搖身入白衣舍戒（如前）。
十五　搖身入白衣舍坐戒（如前）。
十六　掉臂入白衣舍戒（如前）。
十七　掉臂入白衣舍坐戒（如前）。
十八　好覆身入白衣舍戒（如前）。
十九　好覆身入白衣舍坐戒（如前）。
二十　左右顧視入白衣舍戒（如前）。
二十一　左右顧視入白衣舍坐戒（如前）。
二十二　靜默入白衣舍戒（如前）。
二十三　靜默入白衣舍坐戒（如前）。
二十四　戲笑入白衣舍戒（如前）。
二十五　戲笑入白衣舍坐戒（如前）。
二十六　不用意受食戒（如前）。
二十七　不平鉢受食戒（如前）。
二十八　不平鉢受羹戒（如前）。
二十九　不羹飯等食戒（如前）。
三十　不以次食戒（如前）。
三十一　挑鉢中央食戒（如前）。
三十二　無病爲己索羹飯戒（如前）。
三十三　以飯覆羹更望得戒（如前）。
三十四　視比座鉢中戒（如前）。
三十五　不繫鉢想食戒（如前）。
三十六　大摶飯食戒（如前）。
三十七　張口待飯食戒（如前）。
三十八　含食語戒（如前）。
三十九　摶飯搖擲口中戒（如前）。
四十　遺落飯食戒（如前）。
四十一　頰食食戒（如前）。
四十二　嚼飯作聲戒（如前）。
四十三　大噏飯食戒（如前）。
四十四　舌舐食戒（如前）。
四十五　振手食戒（如前）。

四十六　手把散飯食戒（如前）。
四十七　污手捉飲器戒（如前）。
四十八　洗鉢水棄白衣舍戒（如前）。
四十九　生草上大小便涕唾。除病戒（如前）。
五十　水中大小便涕唾。除病戒（如前）。
五十一　立大小便除病戒（如前）。
五十二　爲反抄衣人説法。除病戒（如前）。
五十三　爲衣纏頸人説法。除病戒（如前）。
五十四　爲覆頭人説法。除病戒（如前）。
五十五　爲裹頭人説法。除病戒（如前）。
五十六　爲叉腰人説法。除病戒（如前）。
五十七　爲著革屣人説法。除病戒（如前）。
五十八　爲著木屐人説法。除病戒（如前）。
五十九　爲騎乘人説法。除病戒（如前）。
六十　佛塔内宿。除爲守護戒（如前）。
六十一　佛塔内藏財物。除爲堅牢戒（如前）。
六十二　著革屣入佛塔中戒（如前）。
六十三　捉革屣入佛塔中戒（如前）。
六十四　著革屣繞佛塔行戒（如前）。
六十五　著富羅入佛塔行戒（如前）。
六十六　手捉富羅入佛塔中行戒（如前）。
六十七　塔下坐食。留草及食污地戒（如前）。
六十八　擔死屍塔下過戒（如前）。
六十九　塔下埋死屍戒（如前）。
七十　塔下燒死屍戒（如前）。
七十一　向塔燒死屍戒（如前）。
七十二　塔四邊燒死屍。使臭氣來入戒（如前）。
七十三　持死人衣物塔下過戒（如前）。
七十四　佛塔下大小便戒（如前）。
七十五　向佛塔大小便戒（如前）。
七十六　繞塔四邊大小便。使臭氣來入戒（如前）。
七十七　持佛像至大小便處戒（如前）。
七十八　佛塔下嚼楊枝戒（如前）。
七十九　向佛塔嚼楊枝戒（如前）。
八十　塔四邊嚼楊枝戒（如前）。
八十一　塔下涕唾戒（如前）。
八十二　向塔涕唾戒（如前）。
八十三　塔四邊涕唾戒（如前）。
八十四　向佛塔舒腳坐戒（如前）。
八十五　安佛在下房。己在上房住戒（如前）。
八十六　人坐己立爲説法。除病戒（如前）。
八十七　人臥己坐爲説法。除病戒（如前）。
八十八　人在己在非座爲説法。除病戒（如前）。
八十九　人在高座己在下座爲説法。除病戒（如前）。
九十　人在前行己在後行爲説法。除病戒（如前）。
九十一　人高經行己下經行爲説法。除病戒（如前）。
九十二　人在道己在非道爲説法。除病戒（如前）。
九十三　攜手在道行戒（如前）。
九十四　上樹過人。除時因緣戒（如前）。
九十五　絡囊盛鉢貫杖頭。置肩上行戒（如前）。
九十六　人持杖不應爲説法。除病戒（如前）。
九十七　人持劍不應爲説法。除病戒（如前）。
九十八　人持矛不應爲説法。除病戒（如前）。
九十九　人持刀不應爲説法。除病戒（如前）。
一百　人持蓋不應爲説法。除病戒（如前）。
比丘犯此一百法。名突吉羅，謂云惡作。若不依律懺悔，準經，當墮等活地獄。【略】第一　應與現前毗尼。當與現前毗尼戒。汝於是中有犯否（若犯答有如無答云）無。【略】
第二　應與憶念毗尼。當與憶念毗尼戒（如前）。
第三　應與不癡毗尼。當與不癡毗尼戒（如前）。

第四　應與自言治。當與自言治戒（如前）。
第五　應與覓罪相。當與覓罪相戒（如前）。
第六　應與多人覓罪。當與多人覓罪戒（如前）。
第七　應與如草覆地。當與如草覆地戒（如前）。
比丘若有四種諍事起，即便稱量此七法中應當與者滅之。若應與者不與，不應與者與。諍亦不滅，是名爲犯。
師撫尺云，諸比丘，具足戒法，一一相内，既已審明。復有大乘所揀七逆。今當更問，所言七逆者
第一　出佛身血。是大逆惡極重之罪。汝有此罪否（有無實答）。
【略】
第二　弑父。是大逆惡極重之罪（同前）。
第三　弑母是大逆惡極重之罪（同前）。
第四　弑和尚是大逆惡極重之罪（同前）。
第五　弑阿闍黎。是大逆惡極重之罪（同前）。
第六　破羯磨轉法輪僧。是大逆惡極重之罪（同前）。
第七　弑聖人。是大逆惡極重之罪。汝有此罪（同前）。【略】
師撫尺云，諸比丘尼，我今問汝本所受持八波羅夷法，汝等應當諦實而答。
第一　犯不淨行，受婬欲法戒。汝於是中有犯否（有無實答）。【略】
第二　有主物不與，盜心取戒。汝於是中有犯否（有無實答）。
第三　故斷人命，歎譽快勸死戒（如前）。
第四　實無所知，自言我得上人法戒（如前）。
第五　共染心男子，相觸摩戒（如前）。
第六　與染心男子，立語共期八事戒（如前）。
第七　知他比丘尼犯波羅夷，覆藏戒（如前）。
第八　順從作舉比丘戒（如前）。
比丘尼犯此八法，不得與諸比丘尼布薩羯磨共住，謂之破根本。當如法、如律、如佛所教，以白四羯磨滅擯。退失無道果分，不得進菩薩大戒。準《目連問經》，犯波羅夷罪者，當墮焰熱地獄中。
師撫尺云，諸比丘尼。我今問汝本所受持十七僧伽婆尸沙法。汝等應當諦實而答。
第一　往來媒嫁戒。汝於是中有犯否（有無實答）。
第二　無根謗毀戒（如前）。
第三　異分片謗戒（如前）。
第四　詣官言人戒（如前）。
第五　知度賊女戒（如前）。
第六　解舉尼罪戒（如前）。
第七　獨渡村宿戒（如前）。
第八　染心受食戒（如前）。
第九　勸受染食戒（如前）。
第十　方便破僧戒（如前）。
十一　餘黨助破戒（如前）。
十二　污家違諫戒（如前）。
十三　惡性違諫戒（如前）。
十四　親近覆罪戒（如前）。
十五　教住覆罪戒（如前）。
十六　瞋捨三寶戒（如前）。
十七　喜諍不憶戒（如前）。
比丘尼於此十七法中，隨犯一一者，應二部僧中，強與半月行摩那埵法，行摩那埵已，應與出罪。當二部四十人中出是比丘尼罪。若少一人不滿四十衆，是比丘尼罪不得除。若不依律懺悔出罪，準經云，當墮大嘷叫地獄。【略】
第一　畜長衣。過十日戒。汝於是中有犯否（有無實答）。
第二　離一一衣。異處宿戒（如前）。
第三　不足衣。過畜一月戒（如前）。
第四　從非親里。乞衣戒（如前）。
第五　多與衣。當知足受戒（如前）。
第六　不受自恣請貪好乞衣戒（如前）。
第七　不受自恣請。貪好共索戒（如前）。
第八　過六反索衣戒（如前）。

第九　自手受金寶銀錢戒（如前）。
第十　種種買賣寶物戒（如前）。
十一　種種販買戒（如前）。
十二　鉢減五綴不漏。更求新好戒（如前）。
十三　自乞縷綫織衣戒（如前）。
十四　不受自恣請。貪好囑織戒（如前）。
十五　先與衣。後瞋恚奪取戒（如前）。
十六　畜藥過七日戒（如前）。
十七　過畜急施衣戒（如前）。
十八　知向僧物。自求入己戒（如前）。
十九　求是更索彼戒（如前）。
二十　以造堂直。貿衣共分戒（如前）。
二十一　以供他食直。貿衣共分戒（如前）。
二十二　以造房直。作衣戒（如前）。
二十三　以造舍直。貿衣共分戒（如前）。
二十四　畜好長鉢戒（如前）。
二十五　多畜好器戒（如前）。
二十六　病衣不與戒（如前）。
二十七　以非時衣。受作時衣戒（如前）。
二十八　先與貿易。後瞋奪取戒（如前）。
二十九　乞重衣過直戒（如前）（重衣。乃紬緞中貴價者）。
三十　乞輕衣過直戒（如前）（輕衣。乃紗羅中貴價者）。
比丘尼犯此三十法，當捨與僧，若眾多人，若一人，不得別眾捨。若不依律捨懺，準經，當墮覆障地獄，故謂之捨墮。【略】
第一　知而妄語戒。汝於是中有犯否（有無實答）。
第二　種類毀訾戒（如前）。
第三　兩舌語言戒（如前）。
第四　男室同宿戒（如前）。
第五　小眾過宿戒（如前）。
第六　自衣同誦戒（如前）。
第七　向俗說罪戒（如前）。
第八　向俗言證戒（如前）。
第九　爲男過說戒（如前）。
第十　自手掘地戒（如前）。
十一　壞鬼神村戒（如前）。
十二　異語惱他戒（如前）。
十三　嫌罵知事戒（如前）。
十四　敷具不舉戒（如前）。
十五　客敷不舉戒（如前）。
十六　恃尊觸惱戒（如前）。
十七　倚強牽出戒（如前）。
十八　縱肆坐牀戒（如前）。
十九　蟲水澆泥戒（如前）。
二十　大房過覆戒（如前）。
二十一　無病過食戒（如前）。
二十二　別眾受食戒（如前）。
二十三　三鉢過受戒（如前）。
二十四　非時噉食戒（如前）。
二十五　食殘宿食戒（如前）。
二十六　不受食食戒（如前）。
二十七　受請不囑戒（如前）。
二十八　食家強坐戒（如前）。
二十九　食家屏坐戒（如前）。
三十　與男露坐戒（如前）。
三十一　許食遣還戒（如前）。
三十二　四月藥過戒（如前）。
三十三　往觀軍陣戒（如前）。
三十四　軍中過宿戒（如前）。
三十五　宿軍觀陣戒（如前）。
三十六　違制飲酒戒（如前）。

三十七　水中嬉戲戒（如前）。
三十八　以指相擊戒（如前）。
三十九　不受諫語戒（如前）。
四十　恐怖他尼戒（如前）。
四十一　無病過浴戒（如前）。
四十二　露地然火戒（如前）。
四十三　藏尼衣物戒（如前）。
四十四　施衣輒著戒（如前）。
四十五　得衣不染戒（如前）。
四十六　故斷畜命戒（如前）。
四十七　飲用蟲水戒（如前）。
四十八　故惱他尼戒（如前）。
四十九　覆他麤罪戒（如前）。
五十　諍滅發起戒（如前）。
五十一　知賊伴行戒（如前）。
五十二　邪見生謗戒（如前）。
五十三　邪見止宿戒（如前）。
五十四　小擯知宿戒（如前）。
五十五　反難持律戒（如前）。
五十六　輕呵毗尼戒（如前）。
五十七　心不諦聽戒（如前）。
五十八　謗隨親厚戒（如前）。
五十九　不與欲去戒（如前）。
六十　與欲後訶戒（如前）。
六十一　挑唆彼此戒（如前）。
六十二　瞋打他尼戒（如前）。
六十三　瞋恚手搏戒（如前）。
六十四　無根瞋謗戒（如前）。
六十五　過王宮閾戒（如前）。
六十六　手捉遺寶戒（如前）。
六十七　非時入村戒（如前）。
六十八　作牀過量戒（如前）。
六十九　綿作牀敷戒（如前）。
七十　取他蒜噉戒（如前）。
七十一　三處剃毛戒（如前）。
七十二　水淨過節戒（如前）。
七十三　胡膠作根戒（如前）。
七十四　尼共相拍戒（如前）。
七十五　供給水扇戒（如前）。
七十六　乞生穀米戒（如前）。
七十七　生草便利戒（如前）。
七十八　不看棄穢戒（如前）。
七十九　往觀伎樂戒（如前）。
八十　村屏男立戒（如前）。
八十一　與男入屏戒（如前）。
八十二　與男耳語戒（如前）。
八十三　坐不語去戒（如前）。
八十四　不語輒坐戒（如前）。
八十五　不語敷宿戒（如前）。
八十六　與男入室戒（如前）。
八十七　不審受語戒（如前）。
八十八　小緣呪詛戒（如前）。
八十九　椎胸啼哭戒（如前）。
九十　無病共臥戒（如前）。
九十一　共褥被臥戒（如前）。
九十二　故惱問經戒（如前）。
九十三　不瞻病者戒（如前）。
九十四　夏瞋驅出戒（如前）。
九十五　三時遊行戒（如前）。
九十六　安居訖住戒（如前）。

九十七　邊界疑行戒（如前）。
九十八　界內疑行戒（如前）。
九十九　親近俗住戒（如前）。
一百　往觀王宮戒（如前）。
百一　河流露浴戒（如前）。
百二　浴衣過量戒（如前）。
百三　縫衣過日戒（如前）。
百四　不看衣過戒（如前）。
百五　僧衣留難戒（如前）。
百六　不問著衣戒（如前）。
百七　衣施外道戒（如前）。
百八　遮僧分衣戒（如前）。
百九　令僧。不出迦絺那衣戒（如前）。
百十　遮尼。不出迦絺那衣戒（如前）。
百十一　不與滅諍戒（如前）。
百十二　食授外道戒（如前）。
百十三　爲白衣使戒（如前）。
百十四　自手織紡戒（如前）。
百十五　俗牀坐臥戒（如前）。
百十六　俗宿不辭戒（如前）。
百十七　誦習呪術戒（如前）。
百十八　教人呪術戒（如前）。
百十九　度妊授具戒（如前）。
百二十　度授乳婦戒（如前）。
百二十一　年減授具戒（如前）。
百二十二　不與學年滿。授具戒（如前）。
百二十三　與學不與法。年滿授具戒（如前）。
百二十四　學法年滿。僧不聽違授戒（如前）。
百二十五　學戒年減十二。授具戒（如前）。
百二十六　與學戒年滿。不白授具戒（如前）。
百二十七　淫女授具戒（如前）。
百二十八　非法度人戒（如前）。
百二十九　二歲不依戒（如前）。
百三十　違僧授具戒（如前）。
百三十一　夏減授具戒（如前）。
百三十二　夏滿違聽戒（如前）。
百三十三　不聽謗僧戒（如前）。
百三十四　俗遮授具戒（如前）。
百三十五　度俗敬恚戒（如前）。
百三十六　不受學女戒（如前）。
百三十七　受衣不授戒（如前）。
百三十八　夏減多授戒（如前）。
百三十九　授宿往僧戒（如前）。
百四十　無病違敎戒（如前）。
百四十一　半月違敎戒（如前）。
百四十二　夏竟違恣戒（如前）。
百四十三　無僧安居戒（如前）。
百四十四　入寺不白戒（如前）。
百四十五　罵詈比丘戒（如前）。
百四十六　喜諍瞋僧戒（如前）。
百四十七　破瘡不白戒（如前）。
百四十八　足食後食戒（如前）。
百四十九　於家嫉妒戒（如前）。
百五十　香塗摩身戒（如前）。
百五十一　蔴油塗身戒（如前）。
百五十二　使泥塗身戒（如前）。
百五十三　使式叉摩那塗身戒（如前）。
百五十四　使沙彌尼塗身戒（如前）。
百五十五　使婦女塗身戒（如前）。
百五十六　著貯跨衣戒（如前）。

百五十七　畜婦嚴具戒（如前）。
百五十八　著屐持蓋戒（如前）。
百五十九　無病乘行戒（如前）。
百六十　減衣入村戒（如前）。
百六十一　暮至俗家戒（如前）。
百六十二　暮開寺門戒（如前）。
百六十三　暮去不囑戒（如前）。
百六十四　違失安居戒（如前）。
百六十五　常漏授具戒（如前）。
百六十六　二形授具戒（如前）。
百六十七　道合授具戒（如前）。
百六十八　債病授具戒（如前）。
百六十九　學術活命戒（如前）。
百七十　教俗技術戒（如前）。
百七十一　被擯不去戒（如前）。
百七十二　不求問義戒（如前）。
百七十三　欲惱令亂戒（如前）。
百七十四　僧寺起塔戒（如前）。
百七十五　慢新比丘戒（如前）。
百七十六　好搖身行戒（如前）。
百七十七　作婦莊嚴戒（如前）。
百七十八　外女塗身戒（如前）。

比丘尼犯此一百七十八法，若不依律懺悔，準經，當墮八寒八熱地獄，故謂之墮。【略】

第一　不病乞酥戒。汝於是中有犯否（有無實答）。
第二　不病乞油戒（如前）。
第三　不病乞蜜戒（如前）。
第四　不病乞石蜜戒（如前）。
第五　不病乞乳戒（如前）。
第六　不病乞酪戒（如前）。
第七　不病乞魚戒（如前）。
第八　不病乞肉戒（如前）。

比丘尼犯此八法，應向餘比丘尼悔過，我犯可呵法所不應爲，是名悔過法。若不依律向餘比丘尼悔過者，準經，當墮黑繩地獄。【略】

第一　內衣不整戒。汝於是中有犯否（有無實答）。
第二　五衣不整戒（如前）。
第三　反抄衣行戒（如前）。
第四　抄衣舍坐戒（如前）。
第五　衣纏頸行戒（如前）。
第六　纏頸舍坐戒（如前）。
第七　覆頭入舍戒（如前）。
第八　覆頭舍坐戒（如前）。
第九　跳行入舍戒（如前）。
第十　跳行舍坐戒（如前）。
十一　舍內蹲坐戒（如前）。
十二　叉腰入舍戒（如前）。
十三　叉腰舍坐戒（如前）。
十四　搖身入舍戒（如前）。
十五　搖身舍坐戒（如前）。
十六　掉臂入舍戒（如前）。
十七　掉臂舍坐戒（如前）。
十八　好覆身行戒（如前）。
十九　好覆舍坐戒（如前）。
二十　左右視行戒（如前）。
二十一　顧視舍坐戒（如前）。
二十二　靜默入舍戒（如前）。
二十三　靜默舍坐戒（如前）。
二十四　戲笑入舍戒（如前）。
二十五　戲笑舍坐戒（如前）。
二十六　正意受食戒（如前）。

二十七　平鉢受食戒（如前）。
二十八　平鉢受羹戒（如前）。
二十九　羹飯等食戒（如前）。
三十　以次受食戒（如前）。
三十一　挑鉢中央戒（如前）。
三十二　無病索羹戒（如前）。
三十三　以飯覆羹戒（如前）。
三十四　視比坐嫌戒（如前）。
三十五　擊鉢想食戒（如前）。
三十六　大摶狼藉戒（如前）。
三十七　張口待食戒（如前）。
三十八　含食語言戒（如前）。
三十九　摶食擲口戒（如前）。
四十　遺落飯食戒（如前）。
四十一　頰含食食戒（如前）。
四十二　嚼食作聲戒（如前）。
四十三　大吸飯食戒（如前）。
四十四　舌舐食食戒（如前）。
四十五　振手受食戒（如前）。
四十六　把散飯食戒（如前）。
四十七　污手捉鉢戒（如前）。
四十八　鉢水棄舍戒（如前）。
四十九　生草唾便戒（如前）。
五十　水中唾便戒（如前）。
五十一　立大小便戒（如前）。
五十二　反衣爲說戒（如前）。
五十三　衣纏爲說戒（如前）。
五十四　覆頭爲說戒（如前）。
五十五　裹頭爲說戒（如前）。
五十六　叉腰爲說戒（如前）。
五十七　著屣爲說戒（如前）。
五十八　著屐爲說戒（如前）。
五十九　騎乘爲說戒（如前）。
六十　佛塔止宿戒（如前）。
六十一　塔中藏物戒（如前）。
六十二　著屣入塔戒（如前）。
六十三　捉屣入塔戒（如前）。
六十四　著屣遶塔戒（如前）。
六十五　富羅入塔戒（如前）。
六十六　捉富入塔戒（如前）。
六十七　塔下坐食戒（如前）。
六十八　擔屍觸塔戒（如前）。
六十九　塔下埋屍戒（如前）。
七十　塔下燒屍戒（如前）。
七十一　向塔燒屍戒（如前）。
七十二　繞塔燒屍戒（如前）。
七十三　亡衣過塔戒（如前）。
七十四　塔下便利戒（如前）。
七十五　向塔便利戒（如前）。
七十六　繞塔便利戒（如前）。
七十七　褻穢尊像戒（如前）。
七十八　塔下梳齒戒（如前）。
七十九　向塔梳齒戒（如前）。
八十　遶塔梳齒戒（如前）。
八十一　塔下涕唾戒（如前）。
八十二　向塔涕唾戒（如前）。
八十三　遶塔涕唾戒（如前）。
八十四　向塔舒脚戒（如前）。
八十五　己房佛上戒（如前）。
八十六　立說坐聽戒（如前）。

八十七　坐說臥聽戒（如前）。
八十八　非座說聽戒（如前）。
八十九　下座說聽戒（如前）。
九十　後行說聽戒（如前）。
九十一　下行說聽戒（如前）。
九十二　非道說聽戒（如前）。
九十三　攜手道行戒（如前）。
九十四　上樹過人戒（如前）。
九十五　杖鉢擔行戒（如前）。
九十六　持杖爲說戒（如前）。
九十七　持劍爲說戒（如前）。
九十八　持矛爲說戒（如前）。
九十九　持刀爲說戒（如前）。
一百　持蓋爲說戒（如前）。

比丘尼犯此一百法，名突吉羅，謂云惡作。若不依律懺悔。準經，當墮等活地獄。

師撫尺云，諸比丘尼。我今問汝本所受持七滅諍法。汝等應當諦實而答。

第一　應與現前毗尼當與現前毗尼戒。汝於是中有犯否。【略】
第二　應與憶念毗尼。當與憶念毗尼戒（如前）。
第三　應與不癡毗尼。當與不癡毗尼戒（如前）。
第四　應與自言治。當與自言治戒（如前）。
第五　應與覓罪相。當與覓罪相戒（如前）。
第六　應與多人覓罪。當與多人覓罪戒（如前）。
第七　應與如草覆地。當與如草覆地戒（如前）。

比丘尼，若有四種諍事起，即便稱量此七法中，應當與者滅之。若應與者不與，不應與者與，諍亦不滅，是名爲犯。此三百四十八戒相，一一問竟。其大乘七逆，如比丘儀中，審之不異。【略】

傳戒之書。律中名爲授戒羯磨。東土宣律師以後。自華山傳戒正範一出。而天下奉爲司南。名曰律主。是誠足以莊嚴佛樹矣。但仔細檢點。其中有不貫串者凡有數則。一曰發菩提心不貫串。二曰懺摩不貫串。三曰問遮難不貫串。四曰白四羯磨不貫串。司羯磨者，可以離此用，亦可以即此用也。何謂發菩提心不貫串，夫菩提心者，具足一切佛法。一曰直心，正念眞如法是。二曰深心，具足十波羅蜜是。三曰迴向心，以諸佛大願迴向三處是。三賢分證此三心。十地合證此三心。等覺此三心等有。妙覺圓滿此三心。藏中有授菩提心戒一卷。受此一戒，則可以具足一切戒矣。今不預受此戒，先教以懺摩，至授菩薩戒時，但問之以已發菩提心未，答曰已發。授者受者，皆不知菩提心爲何物。但含糊問答而已。華嚴經云，忘失菩提心。修諸善法。是爲魔事。爲今之計，司羯磨者，當發露時，先教之以向十方佛前，發四宏誓願。司教授者，於過毗尼時，教之以華嚴淨行品。向文殊前，發一百四十大願。一願一拜，然後至問已發菩提心時，便可胷中了了。不至突如其來矣。何謂懺摩不貫串，夫懺摩者，名爲發露，改往修來，決定毗尼經中，世尊教以發露之法。曰五無間。曰十不善。曰盜用僧物。曰覆藏。又教以迴向。稱禮三十五佛洪名。不多不寡。此可爲式。乃惟專稱本師釋迦一佛。雖亦可以滅罪。而發露不周。其與覆藏有何異乎。何謂問遮難不貫串。律中以一人一壇爲正。至多不得過三人。今必決定三人一壇。是畏煩而徒苟簡矣。今此衣鉢是汝自己有否。答之以是。言是自己有。非借來也。今改之以有。是明開其借衣鉢矣。後問衣鉢具足否。答以具足。恐其不具。與前是字分明兩事。若前改爲有字。無論文義不對。而前有後具。不又重疊乎。何謂羯磨不貫串。夫四分羯磨。與隨機羯磨。雖俱係律藏。但僧祇是佛本意。見於舍利弗問經。餘部爲被添之甘露。佛已有明訓矣。今傳戒白四羯磨。主於四分。是不具擇法眼也。何則佛法以默然爲印證。處處皆然。今白四羯磨中。添入四個成否。齊答四個成字。則是僧竟不默然矣。毋論不是佛法。即後結處默然。故句前後乃自相違矣。惟靈峯大師毗尼事義集要中。不用四個成字。眞是鵞王擇乳手段。此係得戒緊要事故。不可不辯。更有甚者。律係佛制。如王法不可增減。今傳戒正範中。摘去求授人具足羯磨一條。直是減損律制。如周室班爵之制。諸侯惡其害已。而皆去其籍。傳戒之摘去此一羯磨。何以異於戰國之諸侯壞周制乎。幸古本尙在。猶有可考。凡司傳戒者。用其法去其弊。斯可傳佛心印。幸毋效其尤也。

紀事

鐵翁述、行枝編《終南家業》卷上　問，如文所示。觀據極理。復名聖業。深位可修。在凡無分耶？

答，觀雖是理。行通凡聖。如小乘人。必先聞空理。故用空觀。歷諸行相。行微觀昧。見理未明。故位在凡。行但屬事。觀明理顯。即證初果。觀方契理。行名聖業。後唯識觀。四位通修。若圓機上達。用觀見理。初後一如。如攝論中十住名聖。自此以後。並名聖業。若鈍士利修。於前願樂。雖觀空有。未見中道。猶在凡位。入見道去。方得稱聖。行名聖業。文召理觀。名爲聖業。何妨修奉。自通凡下（上示人竟）。又云，攝論乃示後觀所出也。本釋多譯。作圖示之。

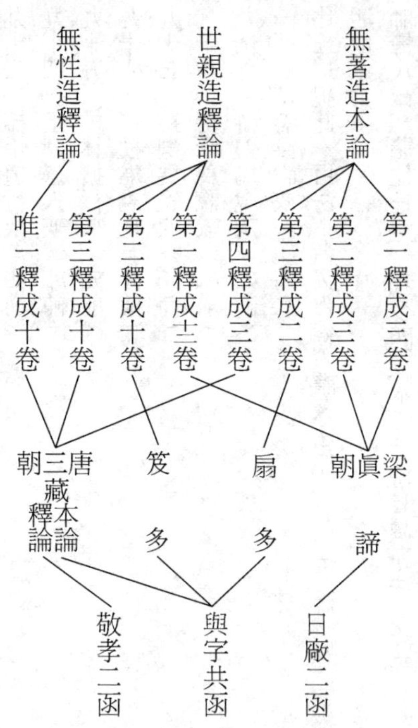

問，如上多譯。今依何本。

答，梁朝眞諦譯本。是今所宗。

問，何處文明宗梁攝耶？

答，吾祖所立。圓觀正本。梁攝知塵無所有。通達眞等文。又鈔云，從願樂位。至究竟位等。亦出彼論。若是唐攝。初位名勝解行。彼謂一向隨聞生勝解。故梁攝初位名願樂。亦名信樂。論云，依此境界。隨心信樂。入信樂位。文云願樂。宗梁明矣。若唯識論。五位修證。與此不同。

問，梁唐兩攝唯識等論。當時並行。祖師何意。唯宗梁攝。

答，諸祖宗承。各有主意。如天台示觀。乃依中論。然唐攝等論。南山同時翻譯方就。承用者稀。眞諦所翻。理圓行妙。深契祖懷。故所承用。

問，三觀之立。通依兩乘。何得後觀。唯專梁攝。

答，理觀行相。經但泛明。故諸論師。廣遵衆典。自成一家。示體立行。條流有歸。故今所宗。通則一代大乘。局則梁朝攝論前二觀行。所本之教。於後決異傳中略辨明之。【略】

問，輔行云，南山亦云無生懺法。總別三種（如前所列）。乃至云，南山此文。雖則有據。然第一判屬小乘。小乘且無懺重之理。況復此位已隔初心。第二第三。復屬菩薩。及以佛果。凡夫欲依措心無地。乃至云，判位太高。初心無分。高位無罪。何須列之等（文）。此文傳久。其義如何。

答，荊谿尊者。一代宗師。人天眼目。教門抑揚。無非利物。豈悠悠者。而可議哉。然晚學相承。故多妄說。既忝學徒。無宜緘默。今略敘明。知我心者。無咎加焉。初云，小乘無懺重理者。此語自謂依律羯磨。懺初篇罪。不復本淨。故云小乘無懺重理。彼以此義。而行立觀。兩無交涉。蓋不曉化制之殊也。

問，律有羯磨許懺。初重何得言無。

答，祖師云，就律文中。懺重之相。雖非足數。有可収理。盡形學悔等。靈芝云，律開懺者。爲同財法。及障來報。若望壞體。無任僧用。不復本位。猶同不懺。故云無也。非謂不許等。

問，懺之既淨。何不足數。

答，事鈔云，懺本清淨。理當足數。如得作說戒自恣羯磨等。但由情過深厚。不任僧用。故云來否隨意也。

問，既不足數。開懺何爲。

答，若不求懺。財法兩亡。僧須滅擯。由懺淨故。得入僧中。同於財法。但不足數。又除九百二十一億六十千歲。地獄之苦。頓然清淨。豈得無益耶？

問，上引荊谿謂南山小乘理懺。不滅重罪。立之無益。其義如何。

答，荊谿意謂。欲滅四重五逆之罪。須依普賢方等大乘理懺。故行此位立而無益。然不知四重等。律制之罪。設依大懺。亦所不滅。小教無生不滅可知矣。而荊谿不曉南山立意。妄爲破斥。然南山依律示六聚懺法。而懺制罪。據經列三位。理觀爲除化業。意使化制雙行。罪業俱遣。何嘗獨以空慧。而懺四重耶？今更因明。化制犯懺相。須略分二意。一者犯意二者懺意。言犯意者。且婬殺等過。體是十惡。本有之愆。化教亦禁。佛爲出家。又加制約。而成篇聚。五眾有犯。一違本有化業。二犯篇聚制罪。故鈔云，重增聖制者。是也。二懺意者。祖師云，佛法東流。行此法者。亦小。縱有行懺。則棄小取大。依佛名方等而懺者。余意之所未安。由心懷厭忻。未合大道。但篇聚則依教自滅。業道則任自靜思。又鈔云，五眾犯罪。則理事兩緣。事則順教。無違唯識。理則達妄。外塵本無。記云，事則順教者。謂作律懺。歷事緣境。常照起心。知唯本識。隨緣流動。趣向於理。故云無違唯識也。又云，達法皆眞。何妨泯淨。了眞即用。豈礙修行。是故悟理則萬行齊修。涉事則一毫不立。自非通鑑。餘復何言。又云，化行二教。罪懺相須。若唯依化懺。則制罪不亡。若專據制科。則業道全在。故當化行齊用。則使業制俱除。

又問云，若依理事懺已。制罪滅否。

答，滅否難知。須準教判。化滅心業。制懺違教。準知制罪不滅（上資持文）。

問，化懺觀成。道圓業遣。若制罪不滅。應更墮獄耶？

答，上云，制據違教。設證聖位。亦須懺悔。焉有聖人。故違佛制。阿難道證四果。懺七吉羅。可以準知。且阿難既經開顯。已達中道。豈同愚小耶？又據大教。觀成理顯。如翻大地。罪業皆枯。豈有制罪。而不清淨。但是違教。理難覆藏。又復先犯戒失。今雖階聖。還依律懺。復本戒體。又復妙解既發。備修萬行。豈有過犯。而不求懺。吾祖雙立二懺。正被圓機。若鈍劣者。事尚不同。何能合理。若據天台諸文。三種懺法。皆滅制罪。及荊谿記文。各詞異辭。今略引之。以通大見。光明文句云，作法懺成。違無作罪滅。而性罪不除（云云）。取相懺。能滅性罪。違無作罪亡（云云）。無生懺。能除無明。如覆大地（云云）。止觀云，事懺懺苦道業道。理懺懺煩惱道。文云（虛空藏經文也）。犯沙彌戒。乃至大比丘戒。若不還生。無有是處。即懺業道文也。眼耳諸根清淨。即懺苦道文也。第七日見十方佛。聞法得不退轉。即懺煩惱道文也。又百錄通示三懺云，四重五逆。若依大教。則許懺悔等（文）。然上天台諸文。乃準虛空藏經。依化教理事行懺。並滅制罪。至荊谿文中。初決作法不滅制罪。不堪足數。次決取相無生可滅可足。亦因略引。又加隨決。輔行引虛空藏經云，若比丘至心方等。誦陀羅尼。一千四百遍。乃一懺。如是次第。八十七日行道。若諸菩薩。八百遍一懺。六十七日行道。（乃至）尼眾須大僧爲主。如是懺者。皆論夷罪。犯此罪竟。佛法死人。今復清淨戒體還生。悔法若成。罪無不滅（上依經示。下彼自決）。然小乘教門。尙不開懺。雖曰還生。無任僧用。沙彌犯已。懺成進具。大乘所許。事可通行。倘聽大僧。招姦來詐。實梁誠制。足數無文。信大小區分。聽制條別。小無懺重之說。仍成重罪未亡。安用大教懺夷。以足小乘僧數。依大懺已。內進已道。何須混濫。以惑時情。又引虛空藏云，知法者。須敎八百日塗廁。日日告言。汝作不淨事。一心塗廁。勿令人知。塗已洗浴。禮三十五佛。苾虛空藏名。（乃至）文殊普賢爲證。白四羯磨。如前更受。此亦是犯重失戒之文。若不失者。如何懺已。令其更受（上並荊谿決作法懺。不滅制罪之文）。彼又引經云，虛空藏頂有天冠。冠中有如意珠。冠中有三十五佛現。是菩薩結跏趺坐。或時現作一切色像。行者若於夢中。若坐禪中。見此相時。以摩尼珠印。印行者臂上。作罪滅字。若得此相。還入僧中。如法說戒。若準此意。足數可矣。故付法藏中。滅重罪已。時人名爲清淨律師（已上是荊谿決取相滅制罪也）。今曰，彼見經中云，若得此相。還入僧中。如法說戒。更決取相能滅制罪。可以足數。然恐經中。乃謂得相好已。化滅制輕。可容同法。而云如法說戒。未必便應足數。又引付法藏文。切詳彼文。恐是依律羯磨懺已。名爲清淨。雖名清淨。未必足數。彼又云，凡下欲用大乘。懺重罪者。當依方等普賢觀等（已上是荊谿決無生滅制罪也）。今曰，彼意欲以大乘理懺。通滅化制之罪。便爲清淨足數。諒恐未然。如前引示。可以自明。

問，制罪滅否。如前可曉。未知依化教理事二懺。滅業道罪。其相如何。

而同彼乎。如扶新論云，佛法譬如通都大邑。東西南北。隨人往來。果如彼見。必使天下之人。同遵一路而行。其可得乎。後學公心。莫循彼說。

問，天台觀經疏。以心觀爲宗。靈芝新疏。以觀佛爲宗。其意若何。

答，竊觀二文。各有其意。天台定宗。單就能觀。使開妙解。達境唯心。新疏觀佛。具兼能所。意簡餘經。然能觀通於諸行（凡一切諸行。須以妙觀爲主。此佛祖之意）。開解習在餘時（如新疏云，故諸行者。先開智解。通達無礙。然後晨夕念念。繫想彼方）。至於依經起行。必體經文。正宗（諸經正宗。行相各各不同。如新疏。以五例精簡。使無通濫）。此經正宗。十六觀爲能觀。十六境爲所觀。觀雖十六。無非一心。境雖十六。言佛便足。故得題云觀無量壽佛經也。新疏覽題考義。能所合苾。故以觀佛爲宗。使行者妙識經宗。不濫餘行故也。

問，心觀即妙理。觀佛涉境事。理事兼妙。霄壤之殊。毀斥者多。如何明決。

答，斯蓋學之不固。見之不深。以口爾之傳。妄生毀斥。且天台單能非無所觀。彼疏云，佛是所觀勝境。舉正報以收依報。述化主以包徒衆。觀雖十六。言佛便周。十疑論（天台作也）云，凡求生者。希心起想。緣阿彌陀佛。相好光明。又觀彼土。七寶莊嚴。如無量壽十六觀等（並彼全文）。蓋此經示觀言略。列境文繁。恐諸行者。滯於境事。故疏特以妙觀爲宗。令開妙解。使熾然求生。達於生體。了不可得故也。靈芝新疏。教觀俱圓。能所皆妙。今略引明。以通大見。故疏云，準知一代彌陀教觀。皆是圓頓。一佛乘法。引慈雲云，今談淨土。唯是大乘了義中。了義法也。經曰，十方諦求。更無餘乘。唯一佛乘。斯之謂矣（上慈雲文。靈芝準顯）。言了義者。了彼淨土。即我自心。非他法也。達彼彌陀。即我自性。非他佛也。如此則迴神億剎。實生乎自己心中。孕質九蓮。豈逃乎剎那際內。故經云，是心作佛。是心是佛。即是開示衆生佛之知見。大乘了義。豈復過此。乃至云，即知淨穢身土。悉是衆生自心。祇由心體虛融。故使往來無礙。心性包徧。遂使取捨無妨等。又示修云，一者能觀心。即以現前識心想念爲體。下云，當起想念。諦觀於日。是也。二者所觀境。即以彌陀依正莊嚴爲體。能所相資。方成觀行。

又問云，起心取境。那名理觀。

答，天台懺分三種（作法。取相。無生）。南山悔列二科（理事）。文義深廣。卒難道盡。略而言之。事但伏業。理可除愆。但教有偏圓。懺分大小。大則觀妙理圓。見罪邊際。無非一實。初心分見。妙覺極圓。懺悔位長。諸文具廣。小乘觀顯。覓罪叵得。但免惡道。不無別報。故業疏云，若論別報。無學未免。故有貫惱之苦。碎身之痛。獄火燒身。餓饑切體等。若爾。小乘觀成。業不盡遣。是則南山性空二位。立之無益。荊谿之斥。理有可從。答如前已決。何爲再問。蓋彼引語斥文。不明化制。一不可從。小乘理懺。雖非究竟。經論所載。理須引示。令識偏圓。指歸得處。天台亦云，亦有觀空懺。即眞空也（見百錄文）。彼不究此。二不可從。南山約教立觀。雖分三位。結勸指歸。唯在唯識。敬儀誡觀。廣明妙解。已上略引。可以自知。彼又不究。三不可從（已上。斥初二句文竟）。輔行又云，況復此位。已隔初心。乃至初心無分等。今決此文。總有二失。一者不究南山教門。被機無局。二者不曉文中。舉人顯理。今略引文。決令無壅。且此宗境典。理事行儀。結勸指歸。並令下凡。隨心忻慕。修捨有從。焉有立觀。而獨被深位。不爲下凡乎。如事鈔云，以此三理。任智強弱。隨事觀緣等。歸敬儀云，聖道遠而難希。淨心近而易惑。爲山基於一簣。爲佛起於初念。故萬里之剋。離初步而不登。三劫之功。非始心而罔就。是知行人發足。常步此心等。又云，發心畢竟。初後心齊。唯識四位。凡聖通學。今則在凡不學。何有剋聖之期等。又云，此解微妙。唯聖達知。位在下凡。不宜不解不修習也。請觀上文。豈祖師立觀。唯被深位。觀位階降。理事淺深。具在疏鈔敬儀等文。非積學而莫盡玄微也（決初失意）。又事鈔云，然理大要不出三種。又云，以此三理等。則知立觀。乃據極理。故舉三位果人。用彰三觀分齊。意令初心行者。操心信樂。妙達偏圓。以理照心。漸階極位。而彼不曉此意。乃將文中菩薩等文。屬觀法所被稟教修奉之人。故有判位太高之責。靈芝雖曾決云，特舉深位。以彰理妙。晚學尚昧。故特明之。幾悛舊執（決次失竟）。輔行又云，深位無罪。何須列等。且吾祖立觀。不專深位。如前可知。等覺已還。皆須懺悔。經中具明。何云無罪（已上決輔行文）。

問有人云，南山何不依天台觀法。而別立何爲。

答，此愚者之執。不足與議。然不知建宗判教。意各有由。焉可抑此答，了此心境。皆因緣生。緣生無性。體非生滅。即無生理。乃至云，以緣生心。觀緣生境。心境雖殊。緣生不異。能觀是心。所觀即佛。心法佛法。皆不思議。故華嚴云，心佛眾生。三無差別。即斯義也（上並疏文。疏中義廣。請自觀之）。細詳新疏。前明教觀。教圓觀妙。後段示修能觀所觀。皆不思議。則與天台所立無殊。何分理事麤妙之別。又如四明妙宗云，若此觀法。及般舟三昧。托彼安養依正之境。用微妙觀。專就彌陀。顯眞佛體。雖託彼境。須知依正同居一心。心性遍周。無法不造。無法不具。若一毫法。從心外生。則不名爲大乘觀也等。請觀此文。則與靈芝血脈相通。何是此而非彼乎。見云，心觀便爲高妙。全不假境。見云，觀佛便斥麤淺。若然。四種三昧。無非歷事託境。應非妙耶？如此傳演。念念我人。心心我見。非唯昏亂學徒。抑亦自揚寡陋。斧在口中。誰之過也。

次別決文三。即唯識性相。初中。

問，有人準占察經義。謂眞如理觀。唯識事觀。斥今家所立。乃唯識事觀。此說傳久。請爲明之。

答，斯乃道聽唯識之名。以對占察之義。屬事屬理。議論紛紜。一旦膽於方策。末代播爲口實。非唯滅裂前賢。亦且翳昏後學。然吾祖所立。何嘗局名唯識觀耶？如前引云，外塵本無。即眞如觀。實唯有識。即唯識觀。若利根所修。理事圓融。眞俗並運。因果皆妙。初後一如。若鈍根所修。先修唯識。後修眞如。爲有利修而不涉事。鈍修而不達理。況乎唯識得名非局。或就體得名。即是一實妙理。如論云，唯識理等。又前引云，唯識通四位。斯以中道唯識。爲之觀體。故通四位。或就行得名。行有深淺。觀分理事。故攝論中。或云似唯識觀。或云眞唯識觀。占察所明。修唯識觀人。入願樂位。修有利鈍。故分二觀。鈍根之人。歷一切事。達唯是識。故得輔行云唯識歷事。此之言事。豈理外之事（占察輔行二觀之義。並見下引）。惜乎晚學。不曾討論。妄將破斥。實可痛心。又不知吾宗所立。若在疏鈔。唯明圓觀。如前略示。若在歸敬儀淨心誡觀。據一實妙理。而爲觀體。約機修利鈍。觀分眞俗。與占察同。今欲塞彼妄傳。故詳引會。分爲二科。初明觀體。體唯是一。即前鈔云，此理深妙。業疏云，大乘極處。又云，要識心本。是大乘理。其體清淨。妙用虛通等。歸敬儀云，是知修道行人。常觀此理（即唯識妙理也）。又云，自昔已來。此乘無權。諸文廣談。三諦圓融。一性平等。爲能觀體。占察經云，善男子。欲向大乘者。應當先知最初根本。所謂依止一實境界（一實境界。亦即唯識妙理）。以修信解。（乃至）言一實境界者。謂眾生心體。從本以來。不生不滅。自性清淨。無障無礙。猶如虛空。離分別故。平等普遍。無所不至。圓滿十方。究竟一相（云云）。此乃經中。先示觀體。以開妙解。前如天台云，初心修觀。以上品寂光。而爲觀體者。是也。次約機修。修有利鈍。行分眞俗。即歸敬儀云，眞俗並運。又云，然則性識昏明。推步通局等。又云，見雖是色。了色心生。心外無塵。名爲眞觀。言從心起。實唯識有。名爲俗觀。漸次增明。念念無絕時功。既積熏習。逾增觀道。修明不迷。緣假名願樂位。修道人焉。占察經云，依一實境界。修信解者（四位修觀。信解即初位。論名信樂。又名願樂。收信住行向四十心人）。應當學習二種觀道。一者。唯心識觀。二者眞如實觀。學唯心識觀者。所謂於一切時。一切處。隨身口意。所有作業。悉當觀察知唯是心。（乃至）有所緣念。還當使心。隨逐彼念。令心自知。自生想念。非一切境界。有念有分別等。（乃至）當知如是。唯心識觀。名爲最上智慧之門（云云）。二學眞實觀者。思惟心性。無生無滅。不住見聞學知。永離一切分別之相。（乃至）離諸障礙。懃修不癈。展轉能入心寂三昧。又云，修學如上信解者。又有二種。一者利根。二者鈍根。其利根者。先已能知一切外諸境界。唯心所作。虛狂不實。如夢如幻等。決定無有疑慮。陰蓋輕微。散亂心少。如是等人。應學眞如實觀。其鈍根者。先未能知一切諸外境界。悉是唯心。虛誑不實。染著情厚。蓋障數起。心難調伏。應當先學唯心識觀等。如前比擬。則經文祖義。所立無殊。後學我人。故多妄說。又靈芝云，識即眞識。即是常住。本淨眞心。亦即中道。一實境界（上示觀體）然修觀有二。一者。直爾總觀。謂觀念性。即是眞識。其體清淨。平等周徧。含攝諸法。出生無盡。究竟一相。寂然常住。二者歷事別觀。一切時中。隨緣動念。衣食四儀。若善若惡。皆能了知。一識流變（上明利鈍二修。與前祖義經文是同）。又輔行云，當知修三昧者。於四十二途。一不可癈。故占察云，觀有二種。一者準識。謂一切準心。二者實相。謂觀眞如。準識歷事。眞如觀理。指要鈔云，實相觀者。

即於心識。體其本寂。三千宛然。即空假中。準識觀者。照於起心。變造十界。即空假中。據此之文。只以體其本寂。照於起心。而分其異。二觀皆云即空假中。即空假中。乃圓觀也。但利者觀念即眞。念起即俗。鈍機歷事。知無是眞。知識是俗。則前占察眞如準識。雖對利鈍。必應眞俗相須。但深淺有異耳。斯蓋利者入願樂時。先已了達諸法。究竟一相。能觀所觀。無非中道。念念眞如。心心泯寂。此人位雖在初。智圓惑遣。如華嚴云，初發心時。便成正覺等。又如敬儀。初後心齊等。又如論云，從願樂至究竟。名觀中等。始從初心。終至後心。無分別智。念念增明。破惑亦利。見理亦速。不歷僧祇。涉位究竟。鈍根之者。雖已聞妙理。能發大心。但知未明利。入願樂時。始知諸法。體是唯識。但有意言。思惟分別。種種差異。於此位中。修影像唯識觀。遣意言分別。伏外諸塵。準論謂之。依他性。遣分別性。證無相性。時經長劫。漸漸明利。然後方達一切唯眞唯實。論中謂之以眞實性。遣依他性。證無生性。翻眞實性。爲無性性。謂之從假入空。照假無生。故見中道。得無分別智。位入見道。如是則雖利鈍明昧。遲速有異。必眞俗兩緣。歷位無別也。然上所引。占察南山眞觀。靈芝總觀。唯利根所修。占察南山唯識俗觀。及靈芝別觀。乃鈍根所修。利者智圓。能了俗即眞。觀別是總。故隱俗別之號。唯彰眞總之名。鈍者智劣。由俗顯眞。因別歸總。故揚俗別之稱。乃隱眞總之目。已上皆謂。修唯識願樂位人。雖利鈍小異。眞俗無殊。

問，既利鈍二機。證有遲速。所歷階位。爲同爲異。

答同也。如前引。敬儀云，由解行之遠近。致利鈍之乖異。菩薩約位。具列五十餘階等。是知唯識四位俱歷。但遲速異耳。

問，有人以今家觀位。初住破惑。列圖行世。又有人謂。觀雖是圓。斷必初地。唯據儀文。三賢十聖。三祇三劫等文。如斯諸說。其義如何。

答，由不究諸文。理事兩緣。利鈍皆被之義。故此妄立。初師則褒於鈍漸。一混上流。次師抑於圓修。涉時長遠。文云，推步通局。解行遠近等。何不詳取。而妄意偏判。溺喪祖懷。其可得乎。

問，祖師於疏鈔。以利鈍二機。分對相空唯識。如云，鈍見空時。不分別色。智知唯識。不分別空。今唯識一觀。通被利鈍何耶？

答，若三觀相望。性空是鈍。唯識最利。相空望前爲利。望後爲鈍。若三觀別論。則各被利鈍。略分如此。義見諸文。非學不知也。問，近多判大菩薩。乃是行大。非位大。破靈芝說地上爲大菩薩故使荊谿有判位大高之責。殊不知。今家所謂大菩薩者。蓋指乎修唯識觀者。對前相空爲小。故稱大爾。資持反謂特舉深位。以彰理妙。未免將錯就錯等。此義請爲決之。既納三聚。何須後增菩薩等。乃是修唯識觀人。故有判位太高。深位無罪之斥。前二師亦謂大菩薩者。乃是行大。圓觀唯識之者。正是將錯就錯。何以此語。而責資持耶？蓋由鈔疏中。觀示三種極理。故舉三位果人。證此觀行。乃是聖道故也。至於行位。在文皆略。並指論文。及凡聖行法。資持豈不知唯識四位。凡聖通學。如云論文自云，唯識通四位。那責南山判耶？此蓋特舉深位。以彰理妙。當知悔法正爲下凡。故下勸令任智強弱。隨事觀緣。豈令佛果。而悔罪耶？此是資持全文。故特引之。庶使見者。知其意焉。

問，既云深位。應是十地。資持那得又云，大菩薩者。初地已去耶？

答，若在賢位。未見眞理。顯觀非妙。初地已去。破無明。證中道。顯理觀之高深。令行者之忻慕。既云已去。明知非局。

次決相空。

問，業疏既云，經中乃多。要分三位。未審此位本何經耶？學者議論紛紜。未見定指。

答，吾祖聖師。神慧卓朗。通經通律。立事立言。非考之實錄。得之自心。必無妄示。此位所未說者無唯今依業疏云，初淺滯教謂境是空等。又靈芝云，雖發大心。未窮心本。故設此觀。空諸塵境。如諸般若所被初心等。（文）今且以諸部般若中。通被大乘。初心淺破。諸法之相。滯住空理者。即此位教意。如靈感傳。天神告南山云，但是無相。離我我所。即入般若等。又原人論。分般若。共不共別。不共乃唯被菩薩。共則通被三乘。又成實云，若滅五陰相。爾時乃名空相具足等。是知般若通被淺深兩機。相空該於大小二典。當須優柔教意。不可妄心穿鑿。

問，業疏何云大乘極處。空識爲本耶？

答，小菩薩既發大心。亦名大乘。雖但見空理。於彼當教。亦爲極處。

問，未審此觀。斷證位次如何。

答，有人依大品中。乾慧等地。祖師無定指之文。又不見整師凡聖行法故。未敢定論。請更詳之。

問，相空觀位屬大耶小耶？

答，如上所示。屬大明矣。但緣失考諸文。故有異說。今通引疏鈔明文。方見判攝不濫。如云觀事是空。又云，謂境是空。又云，鈍見空時等。據此但見空理。則與二乘是同。如云小菩薩。又云，大乘極處等。據此又屬大乘。尋觀靈芝諸記。分對極明。如云由小菩薩。涉於大小。小據觀智。大約志求。大小雖異。並菩薩乘。故且一往通收大中。又云，相空通大小。又云，前二性相雖殊。皆以空爲理。後一以心爲理。若權實往分。前二爲權。後一是實。若大小相對。前一是小。後二屬大。又云，上之三觀。前二小乘。後一大乘等（云云）。斯皆約志求收大。約觀智歸小。大乘修行。志願爲要。故此一位。必屬大攝。近有我見不融。見云前二小乘。便謂靈芝判此觀位。不合屬小。廣有毀斥。云云久矣。今謂管窺者。即此人也。然不知此文。總判三理。大小有歸。故云前二小耳。苟通究諸文。則妄執必釋也。

問，會正記釋小菩薩云，即地前加行三賢。增暉云，修影像唯識者。又有云，信解行向。四十心人。又有判同台宗別教列圖流行。又有判同台宗通教等。云云，如何。

答，準攝論中。地前修影像唯識。爲願樂位。收信解行向等人。然此行者。皆知妙理發心。究竟修唯識觀。但智未圓明。未證中道故。在賢位。而小菩薩者。南山謂之初淺滯教。靈芝謂之未窮心本。以空慧證空理。與唯識願樂行相天別。判同別教者。且別教修次第三觀。破無明證中道。比之淺滯之教。空相之人。遠之又遠。自悞悞他。師資相授。非一日矣。判同通教者。一往覧文。不無其致。細詳今立。理恐未然。何耶此之性相唯識。皆本教詮之有殊。彼之藏通別圓。各明觀行之乃異。雖三四之不等。攝大小而皆同。苟以彼通。而同此相。則何異續鳬而截鶴乎。須知性空一位。通被利鈍。該乎體拙。切詳義趣。可以收彼。藏通二乘。如資持等記。可以準知。相空一觀。文通深淺。如前引般若成實等是也。此位觀行。亦通大小。如前引。資持云，大小雖異。並菩薩乘等。是也。約義斟酌。可收彼藏通菩薩。唯識雖圓。機修乃異。亦如前引。疏鈔諸記。理事總別。敬儀誡觀利鈍遲速等大觀文理。可以收彼別圓二門。如此分對。方見祖師立教。被機兩皆周足。

問，資持謂相空云，若對三宗。即當四分。同觀空理。故云小也。志慕佛乘。故云菩薩。相召佛子。即爲明例。有人云，資持將三觀。配三宗。故以四分。屬小菩薩。不知性空一觀。正出成論。那。得四分屬小菩薩等（云云）。此破資持文義極廣。如何疎決。

答，蓋彼人不體此位義通。又昧四分旨趣。但隨他宗教門以局今家觀行。未免展轉有過。若據天台所判。以小乘諸律。成實等論。盡鹿苑三藏教收。故不可以相屬空觀位。配屬四分。然吾祖遵一代時教。大小淺深。總示三觀三宗。文義既齊。攝屬何失。若執文云，觀事是空本。相是空等語。謂不可比對四分者。然此部計。達諸法相緣生故空。一切皆假故名空宗。亦曰，假宗捨財用非重。相召爲佛子。皆大乘義。沓婆厭小行。專利他。又成論中。先以生空不見我人。後以法空。不見色性。乃至不見識性。又云，若滅五陰相。爾時乃名空相具足。是知。四分成實。乘非愚小。行兼利他。觀不唯明析拙。人匪局號二乘。教蘊分通。義該深淺。淺屬性空。深歸相位。況復相空。又通深淺。淺收四分成實等。深收般若大空。又乃性空。亦具深淺。淺收十誦雜心等深收四分成實等。前引成實具有破性破相之語。豈不明耶？廣在諸文。義非臆說。

三決性空

問，性空者。請示其體。以決諸疑。

答，言性者。即橫執之情。如瑜伽論云，性者。情也。執情之義。如前略釋。請白披之。

問，性空一觀。本何教義。

答，觀依經立。理假言詮。雖文無定指。必義有所歸。既觀明空理。位結小乘。約義定文。即阿含等經。成雜等論。四十等律。但有明析法破性。體法破性者。皆此宗教意。破人法執情之性。故得性名。永異先哲。

問，性空一觀。屬有門耶？空門耶？

答，空有齊收。如資持云，言性空者。須分利鈍。利者體色即空。鈍者析法見空。（文）準此利即空門。鈍即有門。深淺配對。如前可見。

問，資持云，或云有宗唯證人空。假宗人法二空。其義如何。

答，據南山敬儀誠觀業疏等文。人法二空。大小同證。空有俱修。但深淺有異。若我人執性。空有並破。實法體性。盡不盡別。如四明云，有門說存隣虛。空門說破隣虛。今更議之。有門計我是空。計法是實。本證人空。蓋於諸法。窮逐我人。故得破法。麤相分證法空。微細色心。不能窮盡。所謂觀色至於極微。觀心至於一念。空門計我人實法。體皆空寂。但觀諸法。我人何立。行圓果滿。空皆究竟也。如上略敘。可謂以螺酌海。不知分量也。嘉定庚辰。仲秋滄洲座司出。

《終南家業》卷中（本） 重受戒父。

予主巾峯壇席。累行重受。今因日本忍師泛舶遠來。採閱律藏。明達受緣。微有所礙。戒非增上。自疑先受。力乞重增。世多昧者。輒生疑阻。逆彼高懷。因考律論及諸祖明文。決彼迷情。使教門無擁。大分三段。

初引據者

先引有宗多論。不立重受。事鈔（中一）云，薩婆多宗。戒不重發。亦不重受。罪不重犯。依本常定。故羅漢心。中下品戒等（云云）次引空宗成論。立重受義。鈔引成論云，有人言。波羅提木叉。有重發否。答云，一日之中。受七善律儀。隨得道處。更得律儀。本得不失。勝者受名。其七善者。謂五戒。八戒。十戒。具戒。禪戒。定戒。道戒。共戒也。又薩婆多師資傳云，重受增爲上品。本受不失。僧傳云，宋元嘉七年。罽賓沙門。求那拔摩。至揚州。許請尼重受曰，夫戒定慧品。從微至著。若欲增明。甚相隨喜。至元喜十年。有僧伽拔摩（此云眾鎧）。於揚都南林戒壇。爲僧慧照等五十人。尼慧果等三十三人。重受具戒。有慧義法師。難曰，先賢聖哲。共有常規。豈獨改異。何穆眾望。僧伽答曰，五部之異。自此常理。相與棄俗。本爲弘法。法必可傳。何忤眾情。又問曰，夫戒非可見之色也。頃見重受戒者。或依舊臈次。或從後受爲始。進退之間。足致深疑。答曰，人有二種。故不一類。若年歲不滿。胎月未充。則今受爲始。若年已滿。便入得戒之位。但疑先受。有中下心。理須更求。增勝而重受戒。即依本臈。而爲定也。乃至曰，戒有九品。下爲上因。至於求者。心有優劣。所托緣起。亦有不同。別受重發。有何障礙等。南山壇經云，余以乾封二年。二月八日。及以夏初。既立戒壇。仍依法載受具戒。于時前後預受者。二十七人等。芝薗集云，夫戒者。截苦海之舟航。發萬善之端緒。三乘聖賢之所尊敬。歷代祖師之所傳通。但受之者。心有明昧。學有精粗。而不能一揆。故有初受者焉。重增者焉等。

二立義者

原其戒也。即一佛乘。修言而教則有殊。得意而體實無異。須知文文即性。法法歸源。玄邈若虛空。深廣同法界。所謂深戒上善。亦曰戒德難思。而欲受者。直須知齊佛量。法達唯心。心法圓融。境緣皆妙。能緣所緣。始終一念。三誓三聚。前後皆如。是爲上品心。方稱上品戒。契如來本志。合南山圓宗。苟一念有差。一毫有礙。難逃數寶之呵。豈免徒勞之責。呪或不逢良導。不具諸緣。虛上戒德之瓶。妄受明珠之喻。後或講聞始悟。閱教方知。憶前受或劣或無。嘆經生虛消虛喪。知非改過。見義勇爲。決欲重增。必憑至教。載惟。大覺慈心益物。豈唯在於當機。教網被時。故實通於末世。蓋空有傳集之不同。致教門去留之乃異。有宗局狹遺之。豈在於重登。四分通深得之。匪專於再受。鈔文所謂。接俗指定。御法無準。薩婆多之責也。人法有序。軌用多方。曇無德之褒也。此方重受。僧傳廣明。疏鈔壇經。略提梗槩。如前列示。俾之有教可憑。更在資深方見。於心爲慊。

三釋疑者

問，今言重受。的義若何。若據成論七戒各受。何見重義。有門十誦。五十具三。亦次第受。豈不爲重。

答，重受之要。唯據發體。體性幽微。宗計有異。如多論中下心受五。上心受十。後五發上。前五仍下。體不增發。體既不增。故於前五。不爲重受。彼宗不立。正據於斯。縱使三戒皆發上心。必應三體前後性別。由彼所計。能造是色。所造亦色。雖非見對。體是障礙。故業疏云，然爲四大造。更相障礙。據所可分。故名色也。由體是色。不相融通。隨其所發。各各局定。故不言重。成實空宗。業由心造。體相虛融。隨緣轉變。從勝受名。如下心受五。中心受八。增發前五。並爲中品。上心受十。前八增上。亦復如是。故就一體。次第增起。增小爲大。增狹爲廣。增劣爲勝。其猶添波於海水。濕性無殊。但淺深之有異耳。亦猶加皂於黑。服色體一同。但鮮舊之乃別耳。重發重受。粗爲可曉。

問，重發重受。如何分別。

答，資持云，重發據多戒。重受約一戒。

若爾。論明重發。那見重受。

答，由體重發。即得重受。由彼七受一體發故。

問，據教重增。宗歸成實。如何立義。乃約圓乘。

答，據彼空宗。縱云上品。猶屬偏擁。須究佛懷。及明開會。無法不妙。無戒不圓。吾祖疏鈔所明發心。準文約義。雖列三品。爲在格量。令知深淺。的窮祖意。全依圓旨。妙發上心。期感圓戒。故名上品。鈔疏之中。示上品相。皆云爲成三聚。及教開懷。妙發身心。總虛空界。容受法界微妙善法。記以上心。對唯識觀。又云，如是心受。即發圓體。今云增受。須依南山宗旨。圓發三心。圓成三聚。方爲究竟上上品戒。

問，吾祖教門。自唐至今。盛行天下。執其不知上心圓旨。豈有受者。尙滯中下。

答，教門雖顯。機器乃殊。或能授寡陋。或所受愚蒙。開導無方。識心昏散。絲毫落妄。千里乖差。其猶周孔之道。訓人以善。賢之不肖。今古咸然。何怪之有。

問，業體一也。空有何殊。

答，如來隨機。故於一法。或召色心。或召非二。種種不同。諸家論師。不體佛意。隨名執體。各計爲宗。如涅槃云，我於經中。或說爲色。諸比丘便說爲色。或說非色。諸比丘便說非色。皆由不解我意。於是祖師窮究佛懷。立圓推體。即一識種。既得佛意。心色非二。隨名認體。皆得其實。言是心者。謂此業體。全心本具。唯心發生。能緣所緣。能發所發。無非心故。言是色者。乃即性之色。猶即水之波。了色眞源。達色邊際。得色實相。則前有宗。雖得色名。不知實故。言非二者。體既唯心。故云非色。實有相狀。故言非心。言種子者。然此業種。即性本具。諸緣搆造。全性發現。體有功能。出生眾善。故名種子。南山考體。旨在於斯。

問，壇場既納圓體。更須增受菩薩戒否。

答，如他文已辨。請自尋之。

問，重受之旨。如前可知。業體差殊。會之可領。且重受人。事同新入。位分年臈。何以決之。

答，如前已引僧伽甚明。若前受年登。即依本臈。或虧年月。今受爲初學是也。

問，前既得戒。犯重名邊。或戒先無。難逃賊住。二途有礙。重受若何。

答，如前引示。幸自有例。可攀可條。可準。佛開重受。正爲當今。諸祖相承。必非妄據。求那言甚相隨喜。僧伽謂必可傳。南山達壇親行。靈芝長書陳秉。然諸祖行受。時當像季。機雜純浮。邊罪賊住。豈一無違。諸師皆四依示現。窮達化源。豈不明難之有無受之可否。今括疏鈔壇經僧傳重受之文。並無一句言及難障。竊詳諸祖。意必有由。蓋戒之有無。難之成否。凡小莫測。唯佛能知。但在依教。隨順前機。爲之重受。無非誘接總是結緣。今引諸文證顯。機性差別。業理幽微。智未及佛。如何妄詳。迷者及此。好爲一明。齊僧傳云，魏文帝三年。設無遮會。帝問，此土僧尼得戒靈驗。眾無敢對。有一比丘。請往西國。問諸得道。於是發足長安。往至西竺。問一羅漢。答稱。小聖不知得否。即爲入定。上升兜率。問彌勒佛。佛答得戒。斯明得戒。非凡小所知也。如涅槃諍論品云，善男子。我於經中。作如是說。若有比丘。犯四重已。不名比丘。不復能生善芽種子。譬如焦種不生果實等。我諸弟子聞是說已。不解我意。唱言。如來說。諸比丘犯重禁已。失比丘戒（此執無也）。善男子。我於經中。爲純陀說。四種比丘。一者畢竟到道（無學）。二者示道（初二三果）。三者受道（通內外也）。四者汙道（薄地）。凡四重者。即是汙道。我諸弟子。聞是說已。不能我意。唱言。如來說諸比丘。犯四重已。不失禁戒（此執有也）。請視上文。得戒失戒。有邊名賊。豈宜妄量。隨二執之。非傷重受之教。其可得乎。又珠林云，智嚴法師在俗。曾受五戒。有所虧犯。出家受具。疑不得戒。禪觀不成。遂往西竺。諮詢達道。亦遇羅漢。不敢與決。爲嚴入定。上詢彌勒。報稱得戒。嚴喜而迴。觀斯一節。犯邊明矣。不妨得戒。是知。機有明昧。志有勤墮。犯有成否。不可以一毫之贏見。礙千古之通規。涅槃又云，若犯四重五逆謗法。名爲破戒。有因緣故。則可拔濟。若披法服。常懷慚愧。生護法心。建立正法。我說是人不名破戒。若據此文。有慚愧人。雖犯無罪。亦不失戒。今重受者。莫非心生慚愧。信樂志深。縱有所犯。豈成邊障。若謂必有賊住一難者。且賊住之難。律因爲飢餓故。濫竊形服。冒爲同説戒。盜聽羯磨。詐稱年臘。輙受禮施。名爲賊住。今出家者。心懷正信。縱聞羯磨。意非剽竊。據僧祇律。或闇愚鈍。或緣餘念。不記初後。皆不爲障。今時久在教門。尚於作法。不能曉了。況餘泛泛。或致愚魯。何因識達。或被緣奪。終無前後。如斯引示。可決疑情。又復作惡犯戒。律中尚有開緣。今發善心。勇志重增。當今末世。實爲希有。如來隨機之教。豈無誘道之方。不可局執難緣。阻彼高興。涅槃四依。宜在一用。略茲敘釋。達者鑑之。紹定癸巳冬。日山迷。

戒體正義直言（細色決有。分通決空。圓通空有。正顯分大）。

業疏戒體正義一門。始末文義。皆是大乘。與昔全別。中間再述空有。乃是引古騰計。意在對破決顯。能決之文。盡出祖懷。俱爲正義。但先就計。義尚含容。故後立圓。分明指示。識藏種子。方顯其實。

初順有門。談體是色。然有宗諸師。一謂體是身口所成。二計體有損益。故判爲色。如前引示。雖據雜心俱舍。無非皆是如來權巧。隨機而説。諸師不曉。乃成宗計。今立正義。且順彼計。以色決色。謂一切衆生。造善造惡。所發業體。相皃顯然。故名爲色。乃全心即性之色。微細難知。凡小莫測。唯佛如來。種智圓明。窮盡業性。實知實見。如實而説。顯前所計。雖亦名色。不知其實。故總斥云，意言如此。

假宗中。鈔及今經。上品既令受大。今依受出體。須約大論。初略標古計。由下示今立。業既心起。色豈他成。則內外色心等法。全是一心。隨緣變造。故云分心成色。乃顯能受之心。起得其實。身口之具。體亦虛融。蓋準此律大義。而有此示。能造既融。所發之體。豈是非二。且順教限。故云強目。考下重顯體用。決前空計。雖依成實。由彼止是小教空門。與四分旨取不同。彼云心造且據六識。今謂諸法體。唯一心隨緣變造。文云本由心生者。發起有從也。還熏本心者。依持得所也。心既眞常。體乃微妙。故得熏習。有力用也。心道冥昧者。戒業之體。隱密難知也（體是心業。故云心道。如雜心論召無作爲思顯道亦名業道等是也）。止可名通者。諸師通體。止在循名也。故約等語。重牒前計。斥其不知。雖云非二。猶是強立。又復前有宗中。直決所發之體。昔云假色。今謂細色。此假宗中。乃決能造。顯於所發。昔謂作戒能造體是色心。無作異前。體名非二。今決能造。造能在六。起必因八。所發之體。豈是他法。是則能所。方知其的。假宗諸師。以色心五義。推窮業體。全不知實。故又斥云，不知何目。強號非二。濟緣云，且附權意。故云強目。又云，今取道意。識達體皃。即知二非。附權而立。故云強耳（彼文）。若體權取通意者。豈唯四分。一切小乘。若教若行。皆附權立。若取通意。無非一實。有宗假色。非強號耶？今謂不然。兩云強號。前且順古。後是斥非。文意若此。何必他求。蓋南山已前。弘律諸師。不達四分宗旨。但依成實。非二出體。故此決之。若爾。此宗正義。以何爲體。答，受既納大。體依大出。如前敘釋。心生熏心。體是心種。義實昭然。但教限局。在文尚隱。後圓決教。扶顯種子名。問，記釋心生熏心等文。並約六識。子何相違。答，就文釋義。不亂宗途。理當如此。不妨記主意自明白。如云即此乃是示體之處。豈不然哉。須知此科。正是考出無作。體是心種。決前不知也。請細讀文。其義自顯。又況攝大乘釋論云，眼等六識。生滅不定。餘識間起。熏習種子。不得成就。阿梨耶識。不生不滅。體唯是一。常受貪欲等。六識所熏。成世間果報等。準此文決。六不受熏。今文熏心。若謂熏六。恐非疏意。

疏接假宗能決文後。立問答云，如正義論。熏本識藏。此是種子。能爲後習。何得説爲形終戒謝。答，種由思生。要期是願。願約盡形。形終戒謝。行隨願起。功用超前。功由思生。隨心無絕。故偏就行。能起後習。不約虛願。來招樂果。記云，此問所來。由後圓教。決此二非。以爲識種。識既常存。種則不滅。即違今家命終失義。故探取後文爲難。（文）若云探取後圓者。何不直於圓教後難耶？今謂。此問即躡前科大乘之義。以難戒謝也。由前依宗。約大考體。能生所熏。唯一眞常。所發業體。豈隨形謝。此問之來。其意若此。但正義所立。的在識種。前順宗計。語尙闇含。今特指決。故云如正義等。顯此生熏。即是藏識。顯此業體。即是種子。彰常存之義。俾問意分明。復使學者。曉前能決即大義也。問，能決既即大義。何不顯談識種。答，四分雖大。教猶在小。所以文隱。而義明也。若爾。此問答中。顯談識種。豈非混亂。答，若不顯陳。何彰問意。正恐混亂。故立問決。問，此問答中。既談識種。後圓教中。何再出界亦發無作。受戒納體。何得須論受心。答，地是無記。功推能秉。要緣限域。眾念業力。結成無作。納戒不爾。體是道基。非能所而不克。法爲行本。非授受以何歸。故得事鈔羯磨。受前具緣。並列五種。要須能所相應。方發無作戒業。經不云乎。戒是生死舟航。正法根本。必須緣集相應。有違雖受不得。斯蓋稟法修道。要在前機。體備功成。必須緣具。當知戒法。佛佛相承師師相授。授非虛授。要須前機。受心分明。方顯傳授之益。受非易受。必須澄心。一毫無妄。方彰領納不虛。豈非受戒發體。唯推受者心耶？故事鈔云，戒者以隨器爲功。行者以領納爲趣。而能善淨身心。稱緣而受者。方克相應之道。此文明矣。何得昧焉。疏云，後約圓教。明戒體者。戒是警意之緣也。以凡支無始。隨妄興業。動興妄會。無思返本。是以大聖。樹戒警心。不得隨妄。還淪生死。故律中云，欲修梵行。盡苦源者。便命召之。入聖戒數。此根利也。後漸澆濁。不可示本。乃就傍緣。廣開衢路。終依心起。妄分前境。

初言體者。乃此章正意也（前標分云，二陳體狀是也）但體非孤起。必攬法成。法之偏圓。體之麤妙。由機執之異也。今出圓體。須究設教本意。決偏小執情。受全心起。境緣心作。方顯其體。乃是識種。苟不究能受所受之妙。何以見能成所成之圓。略提如此。更就文釋。警意緣者。推戒功也。警即戒義。戒是能警。意即所警。對境防警。雖有萬差。成業之本。唯在於意。故須警之。文雖在圓。義通空有。有宗警意。但禁身口。以彼唯制。在於七支也。空宗言警。禁在重緣。此宗通大。制同十業也。圓之論警。義又天殊。能警既妙。所警亦融。推佛本意。凡所設教。無非佛乘。況經開會。殊途同歸。一乘妙戒。究竟圓明。圓人持奉。機教俱妙。眞俗並運。修性全彰。豈唯上業。直破無明。如斯警意。豈思議哉。以下約義科三。初七句。究佛懷以明教意。次故下。顯隨機暫施小法。三終下。約圓實決小不了。初中。言返本者。復本淨心也。不隨妄者。意在破惑也。斯以大乘實義。而推戒功。次中利乃小中之利。但會偏空。不明中道。宿世戒緣種熟。一唱善來。納法具足。鈍者既昧唯心。制須託境。受必假緣。方便立法。曲順彼機。三中決上二受。迷法異心。受從外入。蓋不知全心而起故也。問，既云受依心起。則不用諸緣。亦無法可受耶？答，非圓教學。子必未識心。唯心之理。雖未明見。義載祖文。非不分耶？答，此問答中。且顯四分。後圓教中。通決空有。不妨重示。餘如前決。問，記釋疏中答文思願行等。並約受論。其義如何。答，約受釋文。其義雖善。但述意未明。致學者多昧。須知思即能緣能受之心。願即盡形斷惡。納戒之誓。行即隨願。而起奉持之志。若唯思願。而無持心。不發戒體。如戒疏釋共戒同戒云，前列共者。明同受願也。後列同者。明同隨行也。若受戒時。且論受願。無思學行。則但虛願。不感戒也。又鈔云，若但有受。無持心者。受戒不得。又云，寧起行用。不須願求。據此諸文。必須持心。方感戒也。今文以願期有謝。戒種無亡。而通來難。受既無獲。何論無亡。文中上二句。示思願之別。次二句示釋願期有謝。行下明戒種無亡。思之一字。即同鈔中測思明慧之思。皆指圓人。能緣能受。六識意思也。但圓解微妙。舉心動念。皆不思議。以此心受。戒體何量。成體之功。推行爲勝。故云行隨等。行力雖勝。論其所自。還須思妙。是知妙思。非唯發體。亦起行功。二皆微妙。故得隨生死心。綿綿無絕。故云功由等。問，有宗云，感生集業。其行在隨。與此故偏就行能起後習。義何異耶？答，有宗體無力用。全假隨行。而成集業。此中體具妙能。假行莊嚴。行全體起。體假行成。若無行功。體難終續。故云偏就等。問，此云後習。乃推於行。後云牽習。而推於體。其義若何。答，此論習勝種存。故推於行。後論起習之能。故推於體。又復此雖推行。行全體起。後雖就體。體假行成。請考二文。義可見矣。問，思願行三心間起。相續不斷。共圓戒品。何以疏中。種存推於思心。後習推於行力。未詳何義。答，極有理也。且善惡諸行。悉由現前一念。造成業種。心堅業堅。心廣業廣。今圓受微妙。故體無終極。體既無盡。力用難量。至於顯發體用。要在行力莊嚴。故當深堅。行學奉持之心。始於初受。念念無違。及乎受後。對境防敵。心心無間。不思議力。展轉熏習。相續無窮。滌除妄業。顯淨心體。即成聖果。故云不約虛願。來招樂果。如是推之。行力超前。義可見矣。問，大小兩乘。皆云戒謝。義有何別。答，小教言謝。行體俱失。何耶？由彼小教。能發所依。皆即六識。命終之時。六識隨去。體亦隨滅。行亦無續。大教乃論心具心造。造雖在六。全八而起。如海之浪也。能所發既皆常住。體有何謝。但是願行。形終則止。故云戒謝。大小不同。其義若此。今文問答，正據後義。問，地是無記。結曉。當知下凡介爾一念。廣大圓融。包徧一切。豈有諸緣及所受法。而出心外。一切諸法。既唯心徧。豈有緣法。而非唯心。是則依緣納法。並由心起。近有人云，圓宗中。不列受法。故壇場行受。非可論圓。蓋不知圓宗。但在開決機教。無非一實。使開妙解。受成究竟。至於緣法。悉依經別。又圓宗正在決小。記中返云，此借偏文。以證圓戒。偏乃圓家之物。何須言借偏即是圓。豈云引證。余意未安也。問，此既已決偏小。下愚人等。又何重決。答，此則且以圓義。決於小法。然諸劣機。不體權意。空有異執。通於滅後。故須更決。問，前第三門。既出異執。後何再明。答，前且引示。令知昔非。未彰決會。此正義中。以圓決小。以智決愚。使機教但圓。俾能所皆妙也。疏云，愚人謂異。就之起著。或依色心等。記謂愚人通指諸計。或下二句。正決當今所受之體。前明細色。已破有宗。今此唯決四分作無作耳。(記文)問，記主於戒體章中。破斥隆師。妄謂疏家。三宗迭𤸷。其義甚明。今記云，四分細色已破有宗。圓宗種子唯決假體。豈非三宗迭𤸷耶？答，古來義學。不細考記。錯會此文。以爲三宗迭𤸷。相延至今。子亦未省。然不知細色乃大乘義。細色種子。其義是一。細色決假色。種子決非二。並是以大決小。即非迭𤸷。記意如此。何不細推。任從臆說乎。問，記謂此文唯決四分。其義如何。答，記家意謂。有宗假色。已用細色決之。空宗非二。未曾會決。故以此文。唯決四分。今更難云，立圓應在通圓空有。何得出體。唯決四分耶？答，通圓空有。理不在言。今受既依四分。上品大受。體是心種。教限所拘。未敢明示。故前考體。但云心生熏心。在文尚隱。若非圓決教門。何得法體明顯。細詳圓意。乃正決於今受也(記云唯決四分。與我意別)。

疏又云，智知境緣。本是心作。不妄緣境。智知謂圓機。明慧了達。境緣如記所示。境即前境。緣即戒法。作謂造作。當知若境若法。本即一心。隨緣徧造。故並云心作。如鈔云，觀事是心。豈不然耶？又經云，一切唯心造。即斯義也。一切諸法。既唯心具心造。全體是心。眞如微妙。圓融廓徹。絕思絕議。無相無形。疏欲掃蕩妄著。故云不妄緣境。正是眞諦。泯一切法也。問，造義如何。答，推其能造。雖本六識。全八而起。故異小教。此之造作。即隨緣義。當見次科。第六緣念。猶如伎兒。亦如幻師。所成幻相。迷謂實有。識者謂無。問戒律教法。乃是佛說。何爲心作。答，諸佛說法。常依二諦。一切教門。乃於眞理。假名建立。眞俗雖異。無非一心。教從此有。故云心作。雖則戒由妄立。妄全是眞。眞俗相即。豈離一心。

又云，但唯一識。隨緣轉變。有彼有此。斯明眞識。隨緣而徧。所謂俗諦。立一切法也。緣即眾生心念。乃成業之緣也。眞理無礙。隨念而起。記云，不守自性。隨染淨緣。造黑白業者。是也。不守自性。謂體理無礙。染淨緣即善惡心念。善念成人天及四聖。惡念成四惡趣。則十界依正。由一念造。此據從因感果言之。又復若執念爲念。則十界依正。紛然而有。若了念非念。則能所境緣。平等一相。故起信云，若離妄念。則無一境界者是也。占察經云若無覺知。即無一切境等。今記前依楞伽三識圓融之義。開發行者。使觀妄即眞。了浪即水。如云眞如隨緣不變。不與妄合爲眞識。不變隨緣和合現起爲現識。餘之七識。爲分別事識。引經證云譬如巨海浪。無有若干相。諸識心如是。異亦不可得。是則但了一念圓融微妙。則能緣所緣。能受所受。究竟一相。諸法未嘗增。一念未嘗減。即於彼此。達無彼此。即於差別。了達無差別。下云了妄即妄是眞又云知業達業實際作法。則全性成修。言受則不從外入。如是開解。如是論受。方契圓宗。納法究竟。問，前云境緣。後云隨緣。此二緣字。義有何別。答，前召戒法。後召心念。並因緣義也。問，約何義故。召戒爲緣復與受前總別諸緣。有何異耶？答，總別爲納體之緣。戒法是立行證果之緣。即疏云，戒是警意之緣者。豈不然耶？問，上云境緣。緣即戒法。未審戒法與境。同異若何。答，若了境緣。究竟一實。無非唯識。有何彼此。至於約事約相。不無同異。境是色心。戒是佛制。但有言句。體非色心。異可知矣。若芝園云但留名句文。偏在塵沙界。(文)如云婬戒。殺戒豈離境。是爲同矣。問，今論於受。爲受境耶？受戒耶？答，受謂受戒。諸文甚明。但戒之所起。不離於境。如鈔云，戒發所因。還徧法界者。是又如犯戒。犯必托境。今論於受。戒從境起。如此引明。義又顯矣。

又云，欲了妄情。須知妄業。此二句正述受意。情即瞥起妄念。此屬惑道。業即行心運造。此屬業道。情業雖並六識意思。蓋是無始。結成妄惑。蘊積八識。染濁習氣。觸境生情。動成結業。今此圓機。妙達境緣了妄即眞。知業是識。至於無始。微細妄種。卒難頓淨。又復欲證妙果。須憑妙行。故須受戒持戒也。問，若論戒限。但止業非。何能破惑。答，此謂圓機妙達唯心。則見兼行作用。一念之心圓明微妙。業何所起。惑何不破。圓受圓持。疏記甚明。

又云，故作法受。還熏妄心於本藏識。成善種子。上句能熏。次句所熏。於下謂去妄顯眞攬眞成體。作法之言。通於能所。能謂十師。深明圓旨。舉法皆如。所即受者。頓開圓解達法唯心。始請師終白四妙熏妙用念念現前。如此作法。豈思議哉。疏中但云作法。不言發三誓。納三聚。致使學者。從來未徹。當知既達唯心。則三誓三聚。豈非唯心。況是圓機發則盡發。受則偏受。豈同聲聞。但徒斷惡。唯受篇聚。又鈔敘發心。而云爲成三聚。彼明發心。爲成今圓受。而爲成之言。正在作法。況下疏明隨行。令三聚並持。則見作法。已納三聚。上能熏竟。所熏中。妄心即上妄情忘業也。問，熏妄心者。妄即六心。六不受熏。如前可見。今何論熏。答，前謂小敎。心唯六識。以大斥小。六不受熏。今圓實敎。妄乃全眞之妄。六即體全是八。前引楞伽三識。其義明矣。又如注中。海浪之喩。豈不然耶？問，受心亦現前一念。妄心亦現前一念。何分能所。答，受心之體。眞淨圓明。妄心之體。穢染昏結。發動受心。以眞奪妄以淨除染。以明破昏。即記云，此心反妄。即是眞心。是也。問，妄乃無始結成。一夕受心。何能頓淨。答，圓達唯心。究竟一實。一發勝心。發亦究竟。如敬儀云，發心必究。初後心齊。亦即楞伽一發眞歸源。十方界消殞。若此作法。以眞奪妄。妄何所依。如燈破暗。明未嘗增。暗未嘗減。了妄即眞。妄體何動。若爾發心作用。使成究竟。何須歷劫修斷。答，圓人見理。雖初浚一如。克論所見。不無明昧。如智論云，如人於暗室中。然燈照諸器物。皆悉明了。更有大燈。益復明審。菩薩智惠。雖與煩惱習合。能得諸法實相。猶如前燈。亦能照物。諸佛智慧。盡諸煩惱習。亦得諸法實相。猶如後燈。倍復明了等。成體中。問，前論成業。唯左現前一念。何云於本識成耶？答，既發圓解。了妄即眞。眞即藏識。識體圓融。隨緣而起。結成戒種。前之起妄。亦在此識。今成戒種。亦在此識。故云於本也。斯則圓人。以不思議善心。熏不思議識藏。攬不思議善法。成不思議業種也。上論作熏。若無作熏。當見下文。問，言善種者。爲始成耶？爲本有耶？答，種子之義。如釋圓敎五門。并解十業章。及答苪師文。已爲辨明。恐不見彼。更略示之。一言於種。修性不同。言性種者。即一眞識。具隨緣義。名之爲種。言修種者。昔於何日。曾受佛戒。搆成業種。應知全性成修全修是性。如水爲浪。濕性同也。但緣守心不固。隨緣成染。造業輪迴。宿種所牽。今獲重受。非性種不能相續至今。無修種不能遇緣重受。種雖本有。望前隨染。今重顯發。故云成也。深加勝心。業力資熏。搆攬無邊善法。莊嚴。則此種體。功力勝妙。又復種子體全是識此識前無力用。今假熏成。而有功力。能生後果。乃名種子。攝論中義也。

疏又云，由有本種熏心。故力有常。能牽後習。起功用。故於諸過境。能憶。能持。能防。本種熏心者。種即無作爲能熏。心即八識爲所熏。由能受心妙。所發無作功能力用。皆不思議。一能熏滌八識妄染。二能發起後習。後習有二。一於現報。能憶持防。二則習氣力強。展轉資熏。盡未來際。或受或持。皆是今日。無作力用作憶持防。三據是隨作。行心運爲。細詳所自。皆是無作。功力發現。當知二六時中。起善起惡。悉由善惡業種。任運使然。問，能熏之義。唯推無作。須隨行否。答，受時無作。雖有功能。還須隨行。作與無作。資顯受種。同共熏滌八識也。問，無作業種。既能任運防敵。何得更起惡念。答，發心不妙。念力不堅。業種力弱。故被惡欺。強惡習熟。觸境而起。如古今達士。得處既深。始終固守。皆無作之力。如鈔云，上品高達。能受能持者。是也。無作熏義。如記自明（瞥爾有犯等義。釋五門及答苪師文已明）。

疏又云，是故行人。常思此行。即攝律儀。用爲法佛清淨心也。上文雖論無作功力。若無行功。何能嚴果。是故自此以下。正明依體起行。又復前文論受。須達境緣。即妙唯識。今明起行。須論大小無殊。因果不二。用斯五句。融會開解。行方圓妙。文局初聚章。義貫下二依而作之。應云是故行人。常思此行。即攝善法。用爲報佛圓明心也（準記應云自在心也）。是故行人。常思此行。即攝眾生。用爲應佛。平等心也。前云智知。今云行人。並召能受能持之士。此行即白四所受。三聚行也。恐昧宗致。猶同昔見。止奉篇聚。故囑依受起行。圓修三聚。文中三聚。因行也。三佛果德也。既云用爲。乃即因是果也。三心體一。約義分異。當知三聚。亦即一心。三佛亦即一心也。故文結云清淨心也。記文以三誓三聚三德三佛。交絡融會。蓋體是唯心。融通無礙。相雖差別。如水上波。體即眞諦。相即俗諦。相全體起。俗不離眞。於上諸法。措舉其一。無非三諦。圓融微妙。圓受圓持。其義若此。斯即祖師圓義。記中明之又顯。且如三聚大小通収。其中小行。在彼劣機所修。唯斯脫苦。故爲小乘。若圓機上達。了一切法。悉是唯心。豈小乘行。而非唯心。如來隨機。小是似名字說。大乃契實而談。吾祖弘律敎乃囑小。恐諸行者。猶滯權乘。故取大乘中了義。前決受法。即一唯識。此決隨行。大小因果。即清淨心。佛於法花雖已決顯。至於傳演。尚有滯情。故特稟佛嘉模重敷妙旨。問，有云，圓受止納小法。隨中方修三行。其義何耶？答，此不究祖師立法。令依上品。且上品心。即是大義。今經又依多論起慈悲心。既發大乘心。即納大乘戒。況鈔明云爲成三聚。則白四作法。納三聚明矣。鈔及今經並無一言。今受止得小法。爲後方便。又無一言。語及善戒。從古妄傳。蓋失考祖文故也。問，前段五句。與後以妄等文。義有何別。答，前乃開解。後示起行。雖圓人解妙。舉行皆如。至於法相。須識差別。歷行要須徧周。斷證不無次第。見理不無淺深也。學者至此。應須通曉。餘如記中。問，如斯論受。還用更受菩薩戒否。答，據此疏記義理分曉。何須更受。如前諸文中。已與決顯。

疏又云，今識前緣。終歸大乘。故須域心於處矣。今必對昔。若在佛世。法花已前。並名爲昔。二乘小器。既昧唯心。不明一實。爲之愚人。法花開顯。深悟一乘。是爲今識。若佛滅後。南山已前。故爲之昔。空有異計。全昧歸源。故爲愚人。亦爲不識。立圓融會。妙達諸法。即唯一心。大小體同。受隨無別。如此了達。豈非今識。言前緣者。指戒法也。前云境緣唯識。決法無殊。次思此行。即是三聚。顯行無別。今又斥世不智宗致。執受是小。今須達法花開顯。會小歸大。小亦一乘。豈非終歸大乘也。心體深廣。微妙莫測。故云大也。運載衆生。直至寶所。故云乘也。當知大乘。即一心也。餘義如前常思等文。已釋明也。故須等語。正囑行者。用觀持奉。常符妙理。一切作爲。常置此心。於中道唯識。如理之中。斯須無妄。故云域也。鈔又云，測思等語。前云智知等言。皆受戒得處也。又前常思此行等句。此科今識前緣之文。並隨行得處也。又鈔云，五衆犯罪。理事兩緣等。懺罪得處也。又復如前引鈔出家學本受戒篇令開妙解。懺篇無生明唯識觀。今疏圓宗。融會受隨。意使以唯識妙理。爲安心之處。若得此處。則法法皆圓。行行皆妙。念念皆常。頭頭合道。無能所相。無因果相。無染淨相。無聖凡相。清淨圓明。微妙廓徹。方得稱之。微妙大乘。是謂究竟域心之處。前云常思此行即攝律儀。此云今識前緣。終與大乘。其語雖異。其義實同。不可纔逢此說。便向敎相上求。葛藤裏走。須知三聚大乘。全體是何。嗟乎學者。動經年薦。無箇入頭。由於謹切提示之言。不能留心用意。覓鷄捕雀。徒自啾啾終無大見。沉屈己靈。抑絕宗旨。實可痛傷。問，言前緣者。指何爲前。答，今決隨行。望受爲前。問，前云境緣。今但云緣。未詳何意。答，前文論受。受必假境。今明隨行。唯指制法。故但云緣也。

疏又云，大小俱心。律儀不異。上句即前智知境緣。本是心作。等義。下句。即前常思此行。即攝律儀等義。前決境緣。小法實唯一心。與大無別。又決此行即攝律儀。清淨心也。則顯大小敎門。體無有異。疏指出家學本。即唯識妙觀。顯敎觀相須。方成圓受。究竟一如。問，記云爲成本宗分通義者。此意如何。答，本宗分通。亦通佛乘。與圓無別。但敎囑小。不可混濫。故須別立。扶而成之。若爾。本宗分通。可立圓成。有宗無大。圓不可會耶？答，此文且據今受。又是所承。而云扶成本宗。通圓空有。諸文甚明。無足疑矣。又復纔成本宗。便成有部。何以故。蓋空能兼有故。嘉熙庚子冬。日山出。

四諍要論

問凡情迷倒。諍競千差。何爲四種。而能攝盡。

答，君子小人。論義爭利。世分善惡。出家入道。與世懸殊。諍因名利。非教所被。縱有諍論。捨於教行。餘何所評。惑爲教相而生。或因舉治而起。或犯罪懺評有濫。或秉法被事乖差。以斯四種。攝無不盡。察病立教。數極於此。

問，四諍七滅。病小藥多。何相當之有。

答，大聖觀病設藥。必無差濫。病分輕重。故九品之不同。藥有總通。故分對而無爽。戒疏贊云，病藥觀對。機用權儀。得非是乎。

問，諸文或云七藥。或謂七滅。藥滅互舉。其義若何。

答，藥從服食。調治得名。滅據藥行。病差立號。故義鈔云，毗尼名滅。以無爲體。若對經文。現前等七。名藥也皆云，毗尼即滅也。
問，七皆云藥。即法也。皆云毗尼。毗尼名滅。未審此二。與現前中法。與毗尼。何分同異。
答，現前中法與毗尼。與下六同。諍起雖異。至於用滅。無非五現前三現。今更明下六中。藥法同異。憶念。不癡。罪處三種。藥即是法。如義鈔云，憶念等三。法藥同體。是也。自言治者。若對下品。藥只即法。但取自言。即滅於諍。無別法故。若對中品。法是揀人單白。藥即自言也。多人語者。法即羯磨。藥取多語。草覆一種。法藥同體。如下對品。更細明之。
問，法藥同異。於斯略悉。法滅先後。其相如何。
答，如前義中法藥同者。滅亦無異。法藥殊者。法先滅後。如言諍上中及犯諍中品法。是單白必在先作。後用敎評。或取多語。或取自言。諍方滅也（上略決法藥滅三種。下詳示分品用藥及生事諍）。
問，言覓犯三。約何分品。
答，覓諍三品。能諍爲下。狂犯爲中。具犯爲上。詳斯一諍。約境分三。言犯二諍。據在臨時。斟酌諍情。分上中下。用藥始之。如義鈔云，覓中三品。上中下定。言犯二諍。執情流轉。不定用藥無準。是也（上明分品。下示隨品用藥）。
問，言諍三品。用藥如何。
答，下品情輕。三現即滅。諍情既輕。不須集眾。但一二德人。喚兩諍人。面對各敘（人現）。德人引敎證勸（法現）。既引敎證。是非可見。諍情即息（毗尼現也）。由彼諍者。闇敎成競。敎旨既明。疑暗自遣。當知此中。法藥體一。義不無異。軌度不濫。名法。勸諭調治。名藥。若對法滅。軌用調諭。並屬於法。敎明諍息。故爲滅也。中品言諍。情是次重。須眾同詳。眾混智愚。或雜持毀。難伏前人。先作一白。揀集智人。後作一白。出彼破戒。不誦戒等。卻喚兩爭。面聚各敘（人現）。德人引三藏敎。詳而評之（幷上單白幷法現也）。引敎明白。判息諍情（毗尼現也）。既須作法。六和無乖（僧現）。既秉羯磨。應須法地（界現）。
問，戒疏云，法現須僧作法詳評。毗尼現前。須用羯磨有德同評。又義鈔云，五中法指羯磨。又云，羯磨判滅。名毗尼。疏鈔二文。法與毗尼。語似相濫。如何明之。
答，若約進用。法先滅後。若以義詳。羯磨揀德。即兼滅義。後正滅時。乃彰法用。故得法滅。文義互舉。如義鈔。法與毗尼更無別體。軌用名作法。能滅名毗尼者是。
若爾。法現一種。正指何法。
答，準義鈔云，法者揀集智惠羯磨。藥者正用三藏敎法判者是也。（文）據此法藥雖殊。義類是同。幷屬法現。斯二力行。諍息無處。名爲滅也。
問，以滅是毗尼。分判爲毗尼。今五現中。正取何義。
答，戒疏云，毗尼現前。有德同評等。斯取分判義也。義鈔云，毗尼者。勿不皆是。諍無之處。此取滅義也。義鈔又云，羯磨判滅。名毗尼者。此雙取判滅義也。上品言諍。兩朋相援。應集屏處。先作一白。揀集智人。破戒無德。作法出之。評量兩諍。誰是誰非。然後公集一處（僧現前也）。喚兩爭人。面對迷情（人現）。白二羯磨。差行籌人（法現）。顯露覆耳。三種隨時。籌有二種。一完一破。如法捉完。非法捉破。如法人多。道理應是（此多人語藥也）。諍情即息（毗尼現前界現可知）。又義鈔云，如法多者。彼應作白言。諍事已滅（準此應更作一單白滅方究竟）。若如法少。應作亂起去。待如法人多。後更與滅。
問，正行籌時。是非無語。何爲多人語耶？
答，行籌之人。應先告之。如是語人捉完籌。如是語人捉破籌。後但數籌。以籌表語也。
問，此言諍中。但爭敎理。未必有犯戒。經何云多滅罪相。
答，諍之既多。身口乖違。豈非犯耶？
問，覓諍三品。用藥如何。
答，下品覓諍。清人被謗。或有錯舉。數詰不止。而生競諍。上座德人。喚兩爭人。各取自言。清淨無犯（人現）。與白四法（法現）。憶記無犯（藥也）諍情即息（毗尼現也。僧界可見）。
問，用揀人單白否。
答，據義鈔云，憶念不癡罪處所中。僧應揀取具不愛等四（文）。準此應須揀人。諸文未見用法。若論中品。狂時曾犯。狂止無違衆。謂有犯數。詰舉覓遂生其諍。衆中德人。喚取自言。狂犯無心。狂止無犯。故與白四。證彼不癡。實無有犯。上品多犯。德人詰舉。前後語逸。遂生其諍。僧作白四。徵取處所。諍情方息。未伏本罪。又彼剛戾。觸惱僧多。白二羯磨。更重治。奪七五事。待彼伏順。方與解也。

問，何以此中。亦云自言。

答，義鈔云，不現前。不自言。皆不如法。正謂憶念等也。況自言乃治懺常法。但非正滅諍。故不在藥數也。

問，犯諍三品用藥如何。

答，下品諍輕。三現滅之。能懺所懺。議犯悞濫。而生其諍。上座德人。喚兩爭人。面對各敘（人現）問，取所懺。自言著實（法現也亦藥也）。自言無隱。諍即息也（毗尼）。

問，自言是藥。何云法現。

答，如義鈔云，或自言懺法。名法者。是此即法藥體同。約義分異。軌用名法。調治名藥也。

問，何以自言。爲毗尼現。

答，義鈔云，或以自言懺滅。名爲毗尼者。是斯亦體同義異。有軌用義。名爲法。具決判義爲毗尼。

問，自言是藥。藥但滅諍。何云懺法。

答，所言懺者。無非彰露已犯。斷相續心。今既自言。情無私隱。知過自悔。必無續念。如義鈔云，自言草覆。罪諍俱滅。是應單提下。可作此懺。上三不得。

問，單提已下。可一向自言懺否。

答，不然。聖人立法。各有其旨。此因滅諍。情念決徹。可云但淨。餘非因諍。還須依法。中品次重。五現滅之。應須集衆（僧現）。兩爭面述（人現）。單白和僧（法現）。其所懺者。自言引過（藥也）。情既無隱。諍自息也（毗尼）。

問，中品自言。亦滅罪否。

答，如前已示。提下可示。已上不得。

問，如鈔云，若罪在一比丘前懺。應至一清淨比丘所。而作懺法。二三四等。皆亦如是。（文）據此。一人前懺。單提已下爲下品。二三四等。捨墮已下。爲中品耶？

答，此文通敘起諍。不明分品。當智分品。須約諍情。且如雖懺單提。若能懺所懺。各有朋黨。諍競情深。可作三現。而得滅耶？雖懺上篇。起諍情輕。無黨相援。何須五現。故義鈔云，言犯二諍。得通多少人起。此言通於中下二品。又前引云，言犯二諍。執情流轉。不定。用藥無準。義可見也。上品兩朋鬪諍。歷爭情重。過犯亦多。故用五現。草覆滅之。用與如經註及記文可見(已上決三單諍。已下決三事諍)。

問，三種單諍。義可粗悉。各生事諍。未知的論。古來章藻。或云用藥殄諍。評議此藥。是非成諍。爲藥上生病也。或云用藥殄諍。秉法雖已。仍諍前事。此病上生病也。並引疏鈔評量已起羯磨等文證之。未如孰是。

答，偏局之見。未合教意。如前略敘。入道之人。凡有諍論。悉從一切犯制教行上起。佛立四諍。攝盡教行。如疏鈔列敘四諍。前一通化制。後三局制教。四種文相。敘事述義。四皆不同。攝教被機。無不整足。若爲從藥生病。則攝教不盡。如義鈔云，評量已起百一羯磨。又云，爭其一切已作羯磨爲事諍。若如彼云，除七藥外。爭餘羯磨。何諍所収耶？若從病生病。則被機不足。如用藥已。前諍雖息。同和理難。別生諍競。或因其餘羯磨。而起紛諍。又屬何耶？願窮諍教意。不可情裁。

問，謂事諍者。從何得名。

答，義鈔云，言覓約因。犯事從境。斯可見也。泛論羯磨。若不秉行被事。只囑於教。今諍已秉。縱爭餘緣。還歸事攝。如秉羯磨。名爲行事。又翻羯磨。爲之辨事。從境立名。義亦明矣。

問，上云四諍各立。事義皆殊。復觀疏中三種事諍。與三單諍。文義亦別。既各不同。有何意故。收歸上三。而云言事。覓事。犯事。耶？

答，一則以類相從。二則用藥無別。戒疏總敘三事云，羯磨被事。義在順明。乃至各執一見。事法成壞。由斯致諍。故曰事諍。義鈔總敘云評佗已起百一羯磨。彼此不和。故名事諍。（文）但將一切羯磨僧法。三類分之。一切懺罪羯磨。則歸犯事。一切治舉羯磨。如七治法。並爲覓事。除此二種。其餘羯磨。並囑言事。但言事則通。一通生善滅惡。一切僧法。二通人法事處。四緣是非。三通本眾佗人。皆成言事。覓犯則局。一局所被一緣。二則覓局能舉所舉。犯局能懺所懺。如義鈔云，但使爭其一切已作。百一羯磨。道理是非。事同見異者。是言中事作。若爭治人舉罪（治人則四羯磨舉罪則三舉也）。能舉證犯所舉諍犯。不肯引過者。是覓中事作。若前人羯磨。惡心懈怠心者。是犯中事作。文詳此鈔文。豈非言事則通。覓犯則局。通局之義。下更點顯。

問，九品單諍。除言犯下品。不秉羯磨。爭餘七品。殄諍之藥。歸何諍攝。

答，義鈔既云百一羯磨。百一之言。如何不收。古人所謂。藥與非藥。皆生事諍。即斯義也。如三單諍。用藥殄除。仍諍不已。能舉所舉。能懺所懺。唯爭所被。則歸覓犯二事。若餘僧人。爭於四緣。並歸言事。若能所爭餘三緣。亦歸言事。如疏鈔中。覓事只爭治舉。三根虛實。犯事則爭定罪輕重。若爭餘緣。乃屬法相。道理是非。豈非言事。前云言事通者。是也。

問，前破古人。藥病生事。皆是偏局。今何取用。

答，非無此義。但古人唯就藥病生事。故成偏局。前謂攝教不盡。被機不定。豈不明耶？

問，若爭言犯下品用藥。及爭墮等。對首懺法。并袈裟等別法。何爭所收。

答，並屬單諍。準疏鈔中。事諍唯據僧法羯磨。行宗云，若非羯磨。並歸上三（上通決三事。下別決三事）。

問，言諍之言。爲說示教理之言。爲諍論之言耶？

答，乃說示教理之言。化制教門。理事行相。假言以顯。因爭此言。爲之言諍。故義鈔云，理不自斑。藉言以顯者。是也。

問，若評羯磨。何亦云言。

答，表彰法事。唯據言音。豈非言事。以類相從。得非是乎。

問，覓犯事三。亦由言起。何不云言。

答，各有起因。何得混濫。言諍因言。覓諍因覓。犯諍因犯故也。

問，若不因被事。餘時泛論羯磨四緣。爲屬何諍。

答，此諍法相是非。屬草言也。

問，疏云，同和理難。各執一見。（文）此據本眾。若有別眾。或外二比丘。爭此所秉之法。何諍所收。

答，亦歸言事。如義鈔云，若二比丘。爭尼羯磨。成與不成。在言中事。可例明也。

問，覓諍生事。其相如何。

答，謂三舉四羯磨法因前人有犯。或不見罪。或見犯不懺。或惡邪不捨。或比丘俗人前倒說四事。或污家惡行。犯該五篇。三根顯露。眾中具五德人。舉來詣僧。若聞便伏從。此不勞治。或有拒逆應須治罰。於七治中。隨用何法。而治罰之。前人諱舉。不肯引過。與五德人。遂生諍競。未治前諍。則屬單覓。若經治法。則歸覓事。若能舉所舉爭餘三緣。或有餘人。爭於四緣。並屬言事。下犯事中。通局亦爾。如前所謂。言事通生善滅惡者。是也。

問，犯事之相。可得聞乎。

答，犯中事諍。乃目懺罪。能懺所懺。爭其輕重。若二三人懺法。及上篇未羯磨前忽有諍競。即屬單犯。或懺上篇。僧作羯磨。其所懺者。忽生惡心懈怠。爭云犯輕或犯輕罪。眾中惡心懈怠心生非法羯磨。定罪行懺。所懺諍爭。故屬犯事。

問，餘時泛諍五篇輕重。爲屬何收。

答雖爭罪聚。只屬教相。還歸單言。不因行懺。能所評諍。故非單犯。既非羯磨。又非犯事。略此敘之。餘見疏鈔。

嘉熙庚子季夏在丹丘日山出

《終南家業》卷中（末） 衣制格言

佛制三衣。統於一化。凡曰比丘。皆須遵奉。所謂同一師之氏族。等三聖之形儀者也。通量局量。律有正文。長會廣增。妄情取捨。或愚昧無知。或披文不細。邪風一扇。習熟生常。南山芝苑。雖久正諸。奈何深積弊情。卒難悛革。今先定尺量次明披著。定量則準九十過量三衣戒。披著乃本眾學齊整著衣戒。以此二文爲本。卻引疏鈔律論明文。詳其進否。自然明白。何勞執諍。初定量者。戒本云，若比丘佛衣等量作。若過者波逸提。是中量者。長佛九搩手。廣六搩手。是名佛衣等量。此戒因六群與佛等作。而爲制戒緣起。至論結罪。文約過量。問，此戒過量。約何分齊。

若據戒本。乃過佛衣之量。則一丈八尺。無乃太過乎。答，凡佛制戒。兼通像末。時既遷流。身亦漸減。故以佛身。而爲準的。故戒疏云，弟子無限。不可定準。世唯一佛。故衣是定。事鈔釋此戒。準多論云，佛量丈六。常人半之。衣量長廣皆應半也。鈔又云，長姫周尺丈八。廣丈二。常人九尺六尺（戒疏同此）。今須依此。而定持犯。又據事鈔二房戒文。周以十寸爲尺。唐尺加周二寸。資持云，今朝私用周尺。公用唐尺。（文）世中造衣。無非私用。依前多論。九六爲定。問，律有通量。足可任情。何拘尺寸。答，諸戒成犯。各有分齊。不定尺寸。何論此戒之持犯乎。制戒爲人。人身不定。故有通量。世昧通意。通之太漫。丈二長會。悞之甚矣。準前多論。佛身丈六。常人折半。佛世之人。而有八尺之軀。末時渺劣。身多減小。佛慈懸鑑。乃制八尺之人。而著九六之衣。約此爲量。自下視身長短。稱體而作。乃爲通也。故律云，通量者度身而衣。取足而矣。業疏云，先以衣財。從肩下地。踝上四指。以爲衣身餘分葉相。足可相稱。請視取足相稱之語。實爲通中之局。又況鈔中。引通文已續云，雖爾亦須指準。接引十誦等諸部肘量（諸文如下引之）。此顯雖通。還依人量。但言通則不可過於九六。言局則不可定指一文。豈宜不究。一恣貪情。長廣而作。以致過量不齊。犯長等罪。靡所不至乎。資持又準多論九六之數。約身細筭。一尺之身。則衣長邊得一尺一寸二分半。廣邊得七寸五分。如是增之。則五尺之身衣。長得五尺六寸二分半。廣得三尺七寸半。六尺之身衣。長六尺七寸三分。廣四尺五寸。如是則雅合取足之旨。深符相稱之文。若此論通無違尺量。佛祖之敎。必無差濫。學者麤情。而成妄執。問，且據六尺之人。忽得七尺之衣。所餘二寸七分。而犯過量戒。否。答，如資持云，但取九尺已內。足可相稱。又行宗云，已內皆通。等過不得。準此二文。過九方犯。已內不成。問，設有此者。還成犯否。答。又準資持隨身定量。若有過者。不及九。餘但令說淨。不犯此戒。問，鈔引四分云，安陀會長四肘（約人肘。一肘長一尺八寸）。廣二肘。餘二衣長五肘。廣三肘。十誦上衣長五廣三。下衣長四。廣二肘半。七條在上下之間。僧祇。二衣各有三品。上者長五。廣三。中下二品。次第減之。多論三衣。長五廣三。若極大者。長六廣三肘半。極小者。長四。廣。二肘半。據上諸文。衣量不定。何拘九六。而爲限齊。答，斯皆如來。隨機而設。以致諸文。所出不同。祖師引於通文之後。爲顯通中之局。諸文肘量不同。即是局中之通。請看諸文。皆至長五廣三。自下短長不定。正使任身長短。隨用皆得。問，多論極大長六。豈非過限。答，論文先云長五廣三。此是常途之制。次明極大極小。顯非常途。世雖末劫。人有異報。如孔子身長九尺六寸。豈不然耶？有此之人。合此之量。身衣相稱。何爲過耶？既言極大者。豈非約人而論。亦不違律取足之義。若非九尺七寸之身。難以濫依多論極大之量。如戒疏云，若定出量。人有長短。不稱威儀。外不生善。內無軌物。故隨身分。不出定量。即用此語。判前諸文。肘量不同。使隨身分。非謂不定出量。便任妄情也。

次。明披著者。如戒本云，齊整著三衣。應當學。此戒正制垂前一角。如象鼻相。名不齊整。而犯吉羅。毗奈耶云，不得垂三衣前角。註云（毗奈自註）。不排著肩上。而垂臂肘前。事鈔於此文下。小註云，以垂臂上。名象鼻也。鈔又引十誦云，佛自敎比丘。施鞙紐法。前去緣四指施鞙。得去緣八指施紐。應如是作。準此以左肩上。常以衣右角覆等。業疏云，逼邊緣。四指安鉤。擬反向後。八指取紐以覆左肩等。章服儀云，良以。用衣右角。掩覆左肩。前鉤後紐。收束便易。所以西來聖像。東土靈儀。衣在左肩。無垂肘膝等。戒本有象鼻之譏。毗奈不許垂臂。南山本此二文。而乃立言垂訓。苦言衣角在肩。爲免垂臂不齊之咎。今人違反。愚可悲哉。至於影在桑榆。常感韋天侍衛。衣制之所未善。律相之所未明。天乃備言。師皆隨錄。名感通傳者是也。蓋此天深誓弘贊毗尼。佛凡制戒。無論輕重。悉在天懷。如袈裟四制。諸律未詳。非此天無以言。非南山無以感。故傳云，元佛初度五人。後及迦葉兄弟。並制袈裟左臂。坐具在袈裟下。西土王臣。皆披白氎。搭左肩上。故佛制衣角。居臂異俗（此一制也）。後徒侶漸多。年少比丘。儀容端美。入城乞食。多爲女愛。由是制衣角在肩。後爲風飄。以尼師壇鎭之（此二制也）。後有比丘。爲外道難言。袈裟既爲可責。有大威靈。豈以所坐之布。而居其上。比丘不能答，以事白佛。由此佛制。還以衣角。居于左臂。坐具還在衣下（此三制也）。於後比丘著衣不齊整。外道譏言。狀如婬女。猶如象鼻。由此始制。上安鉤紐。令以衣角。達于左臂（遠即到也）。置於腋下。不得令垂。如上過也（上並傳文）。請觀第四達臂置腋之言。則靈芝短會有誠據矣。亦順毗奈不得在臂之制。且免垂角象鼻之愆。豈無益乎。竊觀靈芝諸記。返非救失。皆得其實。豈此衣訓。而非實耶？苟以尺量定之。亦難過臂。如六尺之人。搭六尺七寸之衣。但足周身。將何遶臂。況律令度身。若長拖肘外。何度身之有。又令取足。止許周身而已。臂外餘長。豈爲取足。禪教不知。猶爲可恕。曾正律徒。何得自昧。汝若考之得實。於心無嫌。何以右角。而藏衣下。斯蓋明知非法。僞設此端。而杜外儀。外儀可杜。獄苦何窮。今更問汝。右角藏於衣下。出何經律。標何祖文。既無典據。何爲世範。自陷陷他。實可傷也。縱妄訓遶爲達。爭有置腋之語。及不得令垂等文。又如何耶？借使遶臂。何預鉤紐。究施鉤紐之意。正爲不容達臂。右角無可綴粘。故以鉤紐收束。請詳。前引諸文。鉤紐並爲衣角而設。義甚明矣。勸彼學徒。公心研究。莫順迷情。問，既有達臂置腋之文。何以疏鈔儀文。並令衣角在肩。答，蓋作疏鈔儀文之時。未聞天示。且據毗奈耶文。而有在肩之訓。垂終雖聞天告。諸文已廣行世。所以不及改正。意使依於傳文也。問，前鉤後紐。今何倒之。答，鉤紐之設。意在束衣。倒亦無在。況是衣外之物。何定拘制。問，長會遶臂。有何過耶？答，一犯過量。二不齊整。三餘者落長。四有不學無知。犯因衣生。是爲罪服。結犯歸人。人爲獄囚。況用羅絹。體應不如。白及青黃。色成非法。深增貪毒。俱犯憲章。此若可忍。孰不可忍。豈不見。章服儀云，減量而作。同儉約之儀。過限妄增。有成犯之法。又云，頃載下流。驕奢其度。至論儉狹。未見其人。又云，衣服立量。減開過制者。俱抑貪競之情也。又業疏云，前垂一角。爲象鼻相。人不思罪。習以謂法。煩惱我執。無始常習。可是聖法耶？聞義即改。從諫若流。斯上人也。(疏文) 慈訓若此。那不思之。嘉熙辛丑春。日山云，

論分部(有圖別行)。

分部一門。見戒疏義鈔。其文甚詳。復指廣於宗輪部執文殊問等。諸經論中。逮加披撿。始末可明。但古人章藻。凡五六家。雖並引誠文。不無情計。守一於丙子歲。寄跡滄洲。通究諸典。因示小圖。以備自忘。有不同意。執爲諍端。盈文斥逐。繼有黜訛。略與辨明。時有高範。亦順彼情。然善誘抑揚。雖無可不可。恐後學相循。有傷教化。再伸管見。問答釋通。識者幸無誚焉。

問，未審結集。因何分二

答，據律文中。跋難陀自慶。諸外道起謗。迦葉親聞。而興結集(別文有云，諸天白告上座迦葉。法將頹滅。速興結集)。於是擊犍地於須彌山頂。會徒眾於王舍城中。遴選耆年極果。達教無疑。於畢鉢窟內。結集法藏。餘不在數。別於窟外。自行結集。雖揀人有異。而情見無殊。雖所集不同。而法本無別。故宗輪疏云，內有五百應眞。外亦萬餘應果。悼閑三藏之旨。結集七葉之岩。時雖兩處弘宣。然尙混一知見。斯文可準也。

問，集法既分二處。必應人法兩殊。爾後傳弘。應成二派耶？

答，二處各集。文句雖殊。法無異轍。一百年內。時機純利。善達化源。稟承一化教主。同奉一佛之法。不執內外。不滯教詮。所以五師一味。傳通與佛無異。如戒疏云，教主是一。不相是非者。是也。又行宗云，非唯佛在滅後百年。尙無乖競等。豈不明耶？既云教主是一。則百年之內。迦葉等五。躡跡任持。爲一化教主明矣。又云同奉一律。必應遵承一佛之法明矣。如黜訛文中所引。部執宗輪。北山錄。文殊問，法華鈔。百法鈔等。皆明百年已來。通奉未分。與今戒疏教本無分之文。顯然符契也。又部執論。乃隋朝眞諦翻。隨出疏釋。唐時重譯。名宗輪論。慈恩有疏。正明分部。祖師指云，三十餘紙。閑暇看之。行宗引云，其十八部異執論中。育王集會論法成乖等。可見疏鈔及記所明分部。乃通依眾典。惜乎學者。不廣討論。罔知來致。甕雞槍雀。徒自啾啾。

問，迦葉等五。皆窟內之同師。奉僧祇。亦窟內之法。不涉窟外。何爲二部通傳。

答，子不曉通傳之意。迷之久矣。迦葉等人。既是一化教主。天下之僧。無不歸焉。僧祇之名。雖屬窟內。無非一佛之法。百年之內。教主是一。人無異見。但遵一佛之法。不分內外之殊。通傳之意。於斯又顯。

若爾。何以戒疏教本無分文中。但說五部。不言二部耶？

答，五部在後。二部在前。五部既說無分。二部不言可知也。又復五部。乃隨機異制。輕重不同。二部但是別集。法實無異。異制尙不乖離。一法豈分彼此。

問，既云百年通奉。初滅各集何爲。

答，如前已示。揀眾純雜。而有二處。莫非皆効嗣法之勤。

問，分部各傳。起於何時。

答，疏不云乎。一百十六年。方出異執。又義鈔云，佛去世後百年。始分等是也。據宗輪論。百法鈔等文所示。乃因鷄園寺僧。名大天。黠慧巧辨。廣誘徒眾。惡業所使。邪言濫正。大眾斥逐。紛諍不已。便將朋黨。遠承窟外。自此一化。僧分兩朋。法分二部。

若爾。何故疏鈔。以佛初滅。便分二部耶？

答，時雖分部。各傳在後。畢竟部文之異根。於初集文中。且敘根異。不說後分。請究名體權實。雖聞異制。不相是非之語。方見一百年內。二部五部。雖各集法。未各諍分。況是迦葉阿難等。佛親付囑。任持一化之法。則百年之內。無有異徒。又復明矣。

若爾何故。商那田提二師。並化。即應非一徒矣。

答，此雖殊方異化。而無彼此之心。稟一師法。如水乳合。又復此時。資徒分化。非獨此人。請大思之。

問，曇無德五部所出唯出窟內耶？通二部出耶？

答，曉疏鈔教本無分之旨。必應五部通二法出。無足疑矣。或果不從此說。且疏鈔所引傳法藏傳及方等文。懸記滅後。教分五部。斯還懸記一化之法。分五部耶？唯記窟內分五部耶？

疏云，二部是本義通五見者。

如何說耶？若爾何以疏云，

若據緣本。其流上座。又云，於上座部。捜括慱要。

又資持云，於根本部中。隨己所樂。採集成文。如是等文。皆說唯出窟內耶？

答，迦葉等五。乃窟內之人。雖為一化教主。弘演一佛教門。還以窟內之法。而為其主。故得曇無德等。依於窟內。採集成文。疏推四分緣本。故云於上座等。百年之內。未生異見。此等五師。但各集法。不相是非。雖本窟內之文。而無異外之見。通奉內外。如前已明。

問，五部結集。百年將滿。分派各傳。出於何時。

答，大論分部。須人法兩殊。初集之時。教部雖別。人同一和。後因異派。各傳方為分部。今之五部。結集之後。至四百年來。於十八部中。各因諍競。次第分出也。

問，據下記及古人章文。引宗輪論疏百法鈔等。分二十部。皆有時節緣起。三百年中。於薩婆多部。分出一部。名曇無德。且空有之異。矢石相反。何以曇無德部。出於薩婆多耶？

答，斯乃薩婆多部。先行於世。曇無德部。未有承用。忽於一日。婆多學徒。或議行事。或爭法相。有謂。曇無之是。薩婆之非。遂與朋黨。稟承曇無之法。故云從婆多出也。但是人從彼分故。乃法隨人顯。非如五部。從僧祇集出也。十八部中。彌沙迦葉遺等。例皆如是。有於所學部中。見異爭分者。如雪轉法上等。如百法鈔可見也。

論僧體

且僧體一科。自古為難者。只由三處祖文少異。致使學人。情見未融。今因對破他文。故乃會而釋之。

問，戒疏（三上九紙）云，明僧體者。有云，僧和以非色心為體。又義鈔云（上二六紙）論云，成實非色非心為體。今律家辨。僧是假名。攬四以成僧。四外無別體。業疏（一上）云，四人假用為僧之體等。如斯三文。何論同異。

答，三文出體。一家建立。何有異耶？戒疏依論。體是非二。記家釋云，即目人假。鈔亦準論。先云非二。復依律出。僧是假名（即上人假）。準上二文。乃以人假。為僧之體。即同業疏云，人假為體。及濟緣云，自推假體。故知僧以假為體等。是則三文。皆無異轍。奈緣人假。有濫非用。如不足數。非堪乘御者是也。故於業疏終窮教內。簡去非用。特顯堪為。故云假用為僧體也。又復對破初師。實法無用。假人有用。故此標顯。

若爾又成異耶？

答，三文皆同。有何所異。業疏以假為體。體必兼用。彼二不言用者。如濟緣云，人假為體。且偏舉耳。既云偏舉。必須兼用。方成僧體。若尋常所論。體乃用家之體。用乃體上之用。則體用義別。今就僧考體。故雙取假用也。

問，依論出體。非二便周。何須言用。

答，論雖出體。律必簡能。約律準論。出體方周。

問，非二與人假。其義如何。

答，諸小乘論。以世間一切諸法。三科收之。一色。二心。三非色心。非二乃攝法聚名。聚中有十七種法。此十七法。體皆非二。其間名身一種。即攝人假。是則人假。體即非二。義無別也。

問，四分空宗。亦名假宗。未審此假。與人假何異。

答，假體本同。於義有異。言體同者。無非皆是以無立名。爲之假名。言義異者。此乃對前色心。體是實有。故指人爲假。今四分以五陰法體皆是空。故名爲假。

問，假之與用。其體如何。

答，假即非二。如前可見。泛論於用。乃是作爲。屬於色法。此之言用。乃體上功能。雖則僧以人假爲體。要須體相圓淨。具成僧之用。或有事起。稱體爲之。故業疏云，必於說戒等法。相順同崇。便能隨法待用。又云，欲者表心無二。以應僧體。清淨無玷。實通假用等。此謂不來之人。亦具成法之用也。如此論用。亦無自體。還屬非二。若推所起。用從人假起。假從實法起。如業疏云，而用無別體。還以陰本實法爲體。是也。

問，對首心念。一二人法。還以假用爲體否。

答，據能成業。一人亦僧。假用爲體。又復一人。乃能成眾之緣。故業疏云，眾無別體。還攬緣成。故於緣中。分兼眾義等可見也。略辨如此。餘見別文。嘉定八年仲秋。在滄洲圓潔齋出。

雜心論出三有對文分二

初結前標後

已說記無記十二有對今當說。

二正出三對分二

初略總示

十二界有對二界說少分（六根六識及心數法並境界對）十界（五根五塵障礙對也）七有對一少分亦然（六識意根爲七心及一分心數法並緣對）說境界有對障礙及與緣。

二廣簡釋二

初示三對正體二

初正出三

初境界

眼耳鼻舌身界及七心界說有對法界少分亦說有對。

次障礙

又十色界說有對。

三緣對

七心界及法界少分亦說有對（法界一分四十六心所也）。

次總結

問此中說何等有對答說境界有對障礙及與緣三種有對。

次釋三對名義二

初標列

境界有對障礙有對緣有對。

初釋義二

初境界二

次簡釋三

初正敘

境界有對者如經所說眼與色對乃至意與法對。

次結顯

已說境界當知已說七心界法界少分是故當知。

次簡體二

初正簡

十二界一界少分是有對五外界法界少分是無對。

次引證

如彼經說若視陸則不觀水如此廣說。

次障礙二

初敘義

障礙有對謂各相對各各處障礙若彼有一則無第二住極微聚故障礙故可分別故緣處所故當知。

次正簡

八無對此中廣說七心界法塵。

三緣對二

初敘義

緣有對者心心法於境界轉應如是言。

次簡體二

初徵起

若法境界有對彼法障礙有對耶？

次正簡二

初相因重簡礙界二

初立句總標

應作四句。

次約句正簡

或境界有對非障礙有對七心界及心相應法界或障礙有對非境界有對者五外界或境界有對亦障礙有對者五內界或非境界有對亦非障礙有對者法入所攝色無爲不相應行。

次正簡緣對體二

初徵起

若法境界有對彼法緣有對耶？

次簡取二

初正取

謂緣有對是境界有對。

次簡除

或境界有對非緣有對五內界。

且夫名有召體之能。體有應名之實。就論尋對。名體無差。文義不濫。言境界者。納六根六識。取境不濫。各有分齊。故云境界。境即前境。界乃限分。名雖在所。體實取能。是故前境並在所簡。故文簡云，五外界。法界小分。是無對。此云法界小分者。即法塵中。落謝五塵。及無作色。不相應行。三無爲也。若法塵中。心數法。一分自屬此對收論云，眼與色對。乃至意與法對。此正示根識取境不濫之義。然取境之功。必須心數。所以文中。兼而明之。以五根七心。及心數法。通有照境取境功能。爲此對體。疏云五根七心。記云根識論對。並簡除塵境也。

問，疏記不明心數法者。

答，大底起用之心。必兼王數。文雖不言。義須齊具。

問，且取境不濫者。前五可爾。意根意識。通緣一切。約何分齊。爲之不濫。

答，忽爾起心。思取前事（初念屬根。次念屬識）。功非前五。豈非意家。取境分齊耶？

問，諸師章門。並以六根爲能。六識爲所。其義如何。

答，若唯根不能了境。既能了境。根必須識。功用是齊。何得強分。況復論中。所對自是塵境。即非以識爲所。但境在所簡。此則唯以有取境照境之能者。爲之一類。以作對體也。

問，取境照境。功能之義。論疏不明。何得加擅。

答，俱舍論云，若彼有法。此有功能。涉法師解云，彼法即六境。此法即心心及色根。有見聞覺知等。照境功能。即說彼法。爲此法界。（彼文）此據古人所引。不妨親切。障礙者。即五根五塵。體是實質。形相方所。麤細大小。各不通涉。故云障礙。論以七句釋義極詳。文云各各相對。疏云能所俱對色。據此以言。能所不知。亦是障礙之一義也。正論對體。但取色質拘礙者。爲之一類。以應名題。七心心數法幷法塵。並在所簡。文極分明。疏云五根五塵。記云根塵論對。並同論文。不須他謂。

問，有以五根爲能。五塵爲所。義又如何。

答，論疏雖有此義。亦是顯於障礙。不可據此。局論能所。如前已示。緣對者。即七心心數。緣慮籌度。爲體。然緣慮之心。必托境起。故論云，心心法於境界轉。心即七心。法即心數。境界即六塵。轉即相續展轉。籌度之義。據此乃塵爲所緣。但今所論。唯取體用。五根五塵色。無爲不相應行。體非緣慮。並在所揀。

問，何以論中。但揀五根。餘不言者。

答，境界已揀。後不重明。況正出體。但云七心。及法界少分可見。餘並簡除也。疏云，能緣心。所緣有對者。心即論中七心。及心數法。緣慮籌度。王數功齊。疏不言數。理自可知。但云所緣。不明塵境者。意在揀除。故且克體。以應題目。

問，記文云，能緣是意。所緣即法。即非揀除耶？

答，記作斯示。深有旨哉。恐執文者。謂此緣對體。但思度非托境起。有違論文於境轉義。故特出所緣也。又俱舍云，心法執彼而起。彼於心心等。名爲所緣。解云，彼即六境等。此法證記文所緣即法之語。極爲分曉。

問，所緣乃塵境。記文。何云法。

答，召境爲法。有何不可。前引俱舍。亦召境爲法。又復對境緣慮。境落法塵。疏云，一念色聲。眼耳所得。相續色聲。法入所攝。意識所得者。是也。

問，疏之心字。一總七心。二總王數。記何特異。而云意法。

答，非特異也。雜心第一。自有文云，緣有對者。意識於一切法也。所標意字。據文。似局一界。約義。則通諸心。一通心意。名別體同。二通五識。起必同時。即論云，眼識以意界爲依者。

何故不名意識。

答，眼是不共依。意是共依。以六識體展轉緣生故。意界即六識體。離是無餘等（據標師所引。未知何論）。三通王數。緣慮功齊。業疏云，言思其必是心等。如斯點攝。疏論記文。一無異轍。

問，六識及心數。皆有緣慮之功。如何取別。

答，前五則局。第六乃通。故論云，於色二識。即眼識。意識。共緣色境等（亦據他文所引。未知何論文也）。又復意家根識。通緣一切。現及過未。世出世間。有爲無爲。色心非色心等法。

問，有以意根。爲能對。心數爲所對。其義如何。

答，此但莊對偶之巧。而不知義趣之乖。且能所之分殊。必各專於一義。今意根心數。緣慮功齊。何得強分。

問，有云，意根心王爲能。六識等數爲所。又如何耶？

答，一者妄分能所。如前已破。二者大小經論。諸師章藻。並以意根六識爲王。思欲念等爲數。彼以六識在數。妄之尤甚。

問，有以七心。爲能。六塵爲所。如何。

答，一往似順論文。以論有心心法於境界轉之語。再詳亦無可取。何耶？且論取體用齊者。爲之對體。塵境體別。論已揀除。何不詳審。

問，文揀對體。唯取用齊。何以五根七心。及心數法。跨涉前後耶？

答，一者。五根體是色質。故歸障礙。又能生識取境。亦入境界。二者。七心心數。以照境邊。入於境界。能緣慮邊。又入緣對。五塵唯色。但入障礙。假色無爲。不相應行。體非上三。故並不入。

問，取境緣慮。深淺如何。

答，若約局論。次念取境。乃屬界對。相續緣慮。即是緣對。若約通論。取境之時。豈無緣慮。緣慮之時。豈無照取。是則。照取緣慮。二心間起。但照取時短。緣慮時長。照取則局。緣慮則通。局則唯在六塵。通則緣一切法。又局則唯對現境。通則通於過未。如此分之。不無深殘。

問，三種皆云有對。其義如何。

答，障礙中對。對即礙義。界緣二對。約境得名。但功取類齊。故境在所揀。是知對字。即類也。非對偶之對也。如前詳敘。豈不明耶？

問，諸師章門。定約能所以論。有何過失。

答，過失乃多。略陳三種。一者暗文。二昧名體。三失疏意。且暗文者。論疏之文。並不局約能所。雖有所對。各乃揀除。詳如前示。茲得以略。昧名體者。境界據取照不濫。障礙約色質拘塞。緣對取籌慮思度。尅名論體。用體顯名。絲毫不濫。若局能所而論。則心色不分。名體滑混。何以顯假色之體。失疏意者。且疏出三對。本非他意。只欲顯無作假色之體。一非障礙實質。二無照取功能。三者不能緣慮。但緣假色。微隱難知。故以此三。表而出之。例如空宗非二。各以五義。推窮色心。非二之體。自然見矣。然彼諸師。不得此意。簡易而繁文。徑直而迂曲。徒涉言語之多。終昧假色之體。自迷迷他。知幾年矣。紹定庚寅秋。丹丘日山出。

受緣重關（謂依善戒。爲後方便。一重關也。立圓受具。習後受大。兩重關也。特與註決）。

事鈔（上三受戒篇）云，毗跋律曰，發心我今求道（將欲受戒。先標所期。爲求成道。此云求道。即小乘四果也）。當救一切眾生。眾生皆惜壽命（小乘唯專自利。此云救生。語似利他。然護彼命。意在全己。使無損他。還是自利。但諸行中。護生爲要。故先標之）。以此事受。是下品耍心（志非堅利。心無節操）。又云，云何中品。若言我今正心向道（立志決徹。絕無他念。故云正心。此云向道。望前爲勝。望後爲劣。如記可見）。解眾生疑（解疑之言。非究竟度。中品之相。於茲可見）。我爲一切作津梁。亦能自利。復利他人（菩薩利他。有深有淺。諸經論中。各有教量）。受持正戒（發心所期。戒隨心感）。又云，云何上品。若言我今發心受戒。爲成三聚戒故（上品發心。期在白四。納三聚也。後於正羯磨前。又云，今受此戒。成就三聚戒。此名上品心。妄執者言。今白四受。爲後方便。好細詳此文）。趣三解脱門。正求泥洹果（即斷惡修善二誓也）。又以此法。引導衆生。令至涅槃（即度生誓也）。令法久住（行已度生護法。此三出家本務。三中度生最要。所以此文。及羯磨經。並引多論起慈悲心。專在救攝衆生。後第三羯磨之前。又囑云，心緣救攝衆生。并護佛法。是知度生護法。爲僧己任。庶使正法。久住於世。今欲受戒。若不先建此心。何能納法亘周。何能起行彌博。白四雖是小法。發大故即納三聚。此本宗通大之義也）。

又羯磨經（上卷受戒篇正授戒體前）云，薩婆多論云，凡欲受戒。先與説法。引導開解。令一切境上。起慈悲心。便得增上戒。（乃至）汝無遮難。定得受戒。汝當依論發增上心。所謂救攝一切衆生等（細詳此文。引論起慈。正爲白四受具。是爲上品心。而納上品戒。此經立法與鈔一同。鈔敍發心。而列三品。上品一受。直納三聚。此經不列中下。唯明上品。引論起慈。乃菩薩大心。意令即納菩薩大戒。文中即無起慈爲後方便之義。世中妄言之人。皆考文之不細也）。

業疏（三下。釋前經文）云，此之戒法。出家本務。素非懷大。定難容納。深有由矣（此文贊美經中。引論起慈。正合機教。教即此宗。義當大乘。鈔中。上品一受。正本此義。凡大乘明行。度生爲先。機即假宗。知權不滯小果。直趣菩提。然成佛果。先須度生。據斯機教。建立受儀。所以先令起慈。若不預起慈悲大心。何以納菩薩大戒。正合出家本志。故云深有由矣）。文令境上起慈悲者。以行慈救攝衆生故（此釋經起慈。受具。唯在攝生也）。如善戒經。菩薩戒本七衆所受者。是也（引經證顯比丘受具。即納菩薩大戒。七衆既許受菩薩戒。今比丘受具。受菩薩戒。決無疑矣。此三句文。即是引證之語。世人不曉。妄謂祖師令依善戒次第而受。今之受具。爲後方便。余將經疏。參合鈔文。從前至後。子細詳考。即無此義。且如鈔中。三品發心。皆爲受具。豈上品一受。反爲後大方便。又依律立法。爲成受具。而發心起慈。反成後大。若謂記中有此義者。然今所立。唯以祖師之文。考定祖師立意。記文或得或失。未可一槩輒便依用）。向不緣慈。如何容大。意在後者（此即前素非懷大等。義以正受望發心。故云向也。發心望正受。故云後也）。

問，鈔明三品發心。本何教意。

答，本四分也。蓋此律義通深淺。本教立法。故分三品。下品一受。即本律兼淺之義。可收有門。中品正是本律。空門之義。既達法空。融通無滯。但此門空義。亦通深淺。故記主云，深取大乘空義。故名經部師等。淺屬中品。深歸上品。又復分通之義。亦通深淺。淺收中品。深當上品。是則中品。亦是大義。所以記中。將對相空小菩薩位。義可見也。上品一受。全是大乘。雖屬分通。乃通佛乘。

故鈔問云，此教宗是何乘。而發大乘志耶（此問正決上品大受）。

答，此四分宗。義當大乘。戒本文云，若有爲自身。欲求於佛道。及迴施衆生。共成佛道。據此問答，一證上品是本宗分通義。二證上品全是大乘。

問，鈔及經文。並引多論慈悲之文。未知何意。

答，爲成上品受也。上品三誓。爲成三聚。乃大菩薩之發心。必須慈救爲先。是故引論令先起慈也。

問，慈悲之文。遍諸大乘。何以獨引多論耶？

答，今立受儀。乃依律部。故引律論。乃顯律中。亦有慈濟受大之義也。

問，多論小教。而云慈悲。未審何意。

答，亦分通義。如濟緣云，施小爲大。無非分通。故諸部之中。時有斯意。但四分立教。宗旨灼然等是也。今上品受。正本分通。引彼證此。不妨合轍。

問，資持云，上品心爲扶成本宗分通義。是何意耶？

答，本宗分通。雖全是大。不明發心納法之相。故立上品。明發三誓。成三聚戒。顯出分通納法究竟也。

問，據大教中。受菩薩戒。不出二文。梵網頓受。善戒漸受。今依律受大。恐成濫作。

答，祖師立法。一推教意。二體佛懷。豈爲濫作。然教門之頓漸大小。皆佛權謀。祖師所謂。斯並隨機設化。當尋本據。且諸佛傳授戒唯一乘。如來出興。亦欲唯以一乘。而為化本。寂場頓受。二乘不被。雖鹿苑施小。而志唯在於大。小智狹劣。且令受小。智若明利。不妨受大。於小座席。有得大益者。亦佛不思議力。而使之然。既得大益。志必遠大。不泥法相。不圖小果。此即四分通大之旨。祖師詳此教意。豈唯局在別脫。故立上品起慈發心。而納大戒。彼之善戒乃被漸入之機。又與四分旨起不同。彼乃大中論漸。對梵網得名。四分受大。乃小中論頓。對小中漸機得名。故所異也。如濟緣云，假宗知權。不住方便者。是也。

問，前云業疏引善戒七眾受大。而證比丘受具。得納三聚。且彼經七眾所受。自屬方便。今上品受。即納三聚。義與彼別。何得引證。

答，據彼經云，欲受菩薩戒者。先發大乘心。受七眾戒。既標欲受之心。又發大乘之志。雖秉五十具。不妨自得菩薩戒。彼經被漸入之機。故以七眾。而為方便。後秉三聚。方為究竟。今之引證。非彼方便之義。乃取七眾。便得受大。而證今受也。

問，白四言下。既納三聚別脫。篇聚何時而得。

答，既納三聚。何法不收（三聚法相。如前答礪師文可見）。豈有別脫而不具耶？當知菩薩三聚。出家人受。為出家戒。在家人受。為在家戒。梵網通在家出家。二眾所受。善戒唯出家人受。所以業疏引善戒為證。即此意也。但引彼證。非依彼受。如前已決。

問，上品既納三聚。世中何云依善戒為後方便。

答，從古妄傳。蓋失考文。今特引鈔及經疏受緣之文。詳細註釋。欲使學者知祖師所立。非為後受方便。請詳究文。疑必釋矣。

問，受緣大受。是圓義耶非耶？

答，上品雖是大乘。未為圓義。乃即本宗分通之大也。又復鈔經乃業疏前文雖有明大乘義。並非立圓決通之處。唯義立圓。會小即大。唯見業疏出體文中。講學之家。不細考文。凡形言句。並無分別。良可悲歎。

問，受緣上品。若非圓義。何以記中。約圓消釋。

答，祖師建立。義有次第。前且依宗立法。後方立圓決通。若就文考義。前後自殊。若以後決前。前所立法。無非圓義。記主。既得圓意。不妨以圓釋通。庶使來者。依圓行受。

問，上品大受。納法既周。後更立圓。何益其事。

答，上品雖大。猶屬分通。義雖當大。教終屬小。又上品之。名慈悲之語。並出小論。故須立圓決偏小。教行即一。佛乘顯出。分大究竟圓妙。故濟緣云，為成本宗分通義者。是也。

問，祖師立圓。為通空有。唯圓四分耶？

答，據論立圓。通圓空有立法既唯依四分。所以且據所承。為圓四分也。又復四分教義。兼該深淺所以纔圓四分。便可兼圓於有門也。

問，業疏立圓之後。引律分通文證。鈔中。上品心後。亦引分通文證。未知何意。

答兩文所引。其意自別。鈔中直引其文（文在前引）。乃證上品。即分通義。疏中。先以圓融會云，大小俱心。律儀不異。方云，何況四分。通明佛乘。等。斯謂以圓決小。無小不圓何況四分通明佛乘。以圓決顯。何疑之有。是則鈔疏兩引。義意天殊。

問，依宗立法。尚無後受之疑。況又圓決。宗旨甚明。今時臨受。高座廣談。或謂依善戒次第而受。或引四重樓閣之喻。或謂祖師立圓。開解受小。逗會習後受大學功既淺。說不知源。玷辱宗門。為害不少。請為決明。使開茅塞。

答，詳考圓宗章中。決制法。融境緣。明作法。顯隨行。無非以開顯義。融會教行。開蕩執情。使其依前受儀。圓導圓開。圓受圓持。緣境則。徹三際。亘十方。不離當念。納法則即三誓納三聚。只一唯心。豁開五義。分通揭倒。四重樓閣方見。吾祖教門。若秋蟾當空。了無滯礙矣。

問，或云，一乘。或云三聚其義若何。

答，一乘據體之廣大。三聚約攝法具周。究竟廣博。故名一。軌持運載。故云乘。三聚之法。一一皆究竟廣博。一一能軌成運載。於差別中。了無差別。於有相中。相不可得。微妙圓融。絕思絕議。前受緣中。上品之大。雖具斯義。而未彰顯。後圓宗中。決顯受隨。無非唯心。方彰三聚。圓妙之義。文有先後。義有淺深。應須細究。

終南家業卷中（末）

《終南家業》卷下（本）　論心用雙持犯結制罪

學者皆云，心用雙持犯，但論化業，不犯制罪，余昔亦同此見，於會元等處，並約化業註釋，今詳諸文，義則不可，既云持犯，犯則結罪，但教行則臨事約教，須遵法式，心用依修對治，常時攝念，二種持犯，教相不濫，罪各有歸，何不依明，但從臆說，教行雙持，如別已明，心用雙持，於茲略敘，如戒疏云（二上），若據心用，以明持犯，一切諸戒，並染穢，縱有境逼，三時不樂，名爲作持，違作止犯，違止作犯，（疏文）二持犯，何者是耶？且如淫戒，順戒禁防，即止持義，觀厭現前，無思順戒禁防，顯非托事造境，觀厭無思，即是對治攝念，記云，凡持一戒，必起護心，望離過邊，名成止持，望起護邊，復是作持，兩犯亦爾，違教作惡。必無對治，（記文）此記文約持戒，顯心用之相，其實心用，一則通一切戒，二則通一切時，以凡對境持一戒淨，皆心用止作二持之功，若非操履有常，何能對境無染，對境持戒，即止持，此從教判，起心防敵，即作持，治念離犯，即止持，此二約心用，論，記中，凡持一戒一句，即對境具緣持戒，教上止持，必下並出心用義，看讀者，不可魚魯，言離過者，即離不作治念，律制犯吉之過，起護者，即作觀對治也。違教者，即違諸戒對治，及常爾一心之制，乃止犯也。作惡者，即作犯也。作惡之言，有淺有深，淺據忘念起妄，深據造境爲非，此中正據忘念，當知造境爲非，亦由忘念不攝也。又疏（二上）云言對治者，對婬制學離染行，不淨觀等，對盜制學少欲知足行，對殺制修慈悲愍物行，對妄制修實語行等，（疏文）此云制行不行違制也。又疏（同上）云，起對治行，明不犯法，如諸戒對治（此指慈悲少欲等，爲不犯法也），依修成就（不犯行也），則據不犯法，起不犯行，若於此法生情厭背懈怠，不修即是托不犯法，以成犯行，（疏文）詳彼疏文，初約犯法，明犯行不犯行，次約開不犯法，明犯行不犯行，後約對治不犯法，明犯行不犯行，前二並據犯制豈得對治，獨不論犯制乎？此言對治，即前疏云，觀厭義也。以後照前，則前心用言犯，犯制明矣。又疏（同上）云，大妄開戲笑，婬摩開淨授，離衣開念捨等，若忘失念，皆有小犯，是名犯行，當自攝持，名不犯行，（疏文）若心用對治，念力堅強，忽逢上緣，定不失念，失念少犯，豈非心用結，制之明據也。記云，失念者，非謂染著前事，但遇此緣，彌須謹護，忘念即犯，（記文）記家雖有此語，亦未見明指心用犯制，致使從來，而無定論。又事鈔引律云，佛制攝持威儀，比丘若出若入，屈伸俯仰，攝持衣鉢，若飲食，若服藥，大小便利，若睡若覺，若來若去，若坐若臥，若語若默，常爾一心，若違此制，並結其犯。又如母論利根比丘，房則入入作念，食則口口作念，衣則著著作念，若鈍根者，初得衣食，總作一念等，（彼文）切觀常爾一心，即對治之異名也。常爾既云結犯，違治豈不有罪。又復須知對治，非唯在戒，常爾不但房衣，是則對治常爾，通於善惡諸境，制令一心攝護，雖云諸境，用但一心，只就一心，顯於持犯，作念攝持，即作持，無違教制，即止持（教制即律中制令攝念之文也），失念妄覺，即作犯，故違律制，即止犯，止犯即違教吉羅，作犯亦吉，即惡覺餘思，染心看女，幷懈怠忘念等，皆犯吉是也。遠離兩犯，即成二持，義極明矣。

辨二止并八九名義

終南家業卷下（本）　止犯一位，準疏鈔文，標名有二，一不學止犯，二事法幷句分八九，罪列本枝，顯持犯重輕，廣識心之明昧，文義雖然，詳委講學，寡於討論，今略申明，大科分二，初明二止犯，次辨八九句，初中又三，初標據，次略釋，三決疑初中鈔云，止犯心中，有作犯，如人畜衣過日，造房不乞是若望不學止犯，無作犯等，記云，止犯有二，上明事法止犯，若下簡不學止犯，次略釋，記主正據此文，分二止犯，記文科節，甚相顯然，初爲事法者，即一切制聽事法也。文明房長，且舉別戒，以顯止中有作之義，若通而言之，凡作一事舉一法，持則雙持，犯則兩犯，故違教制，即止犯，妄行造修，即作犯，而此二犯，從一事生，止則一品吉羅，作則隨篇輕重，作歸前位，止在此收，皆因事法而有，乃名事法（此止犯即教行雙持犯中止犯也），不學者，一下壇場，違本志願，或頓心棄善，或漸起慢求，或懸思教行不明，或臨事造修有昧，不學無知，二罪並得，蓋由不學，致茲成犯，召斯二罪，名不學止犯，但不學人，智有昧明，心分漸頓，凡於事法，識，疑，不識，三心差降，故此二罪，歷四行二九之中，彰輕重有無之相，令知罪網難逃，俾識犯懺不濫故也。三決疑。又二，初決事法。

問，不學止犯，名出鈔文，前引可見，事法止犯，出何文耶？

答，鈔云，對事造（去呼）修，以名止犯，疏又云，所對事法，怠而

不修，皆名止犯等，是則據文立號，絲毫無妄，

問對事造修，何名止犯，

答，此示教行雙持犯義，略見前釋，廣在諸文，

問，怠而不修即止，息不作，此止何得兼作，

答，不修之名，通作不作，此據造作，故違教制，即是不修，如不乞不說，豈不然耶？行宗云，事法止犯，於善事法，故違不作，（文）亦是此義，不可錯消，

問，可名事法作犯否？

答，作犯體通善惡事法，雖通善惡。望作義一，故無異號，但名作犯止犯一位，論犯義別，一於教行愚昧，二故違教制，據斯以分，乃立二目，請究祖懷，必不徒爾，次決不學，

問，不學止犯，通惡事法否？

答，如作婬盜犯根本，外更得不學無知二罪，豈不通耶？

問，不學止犯，通二持否？

答，前云不學無知歷四行二九，豈不通耶？但持有等差，義須詳示，當知利器精持，方得名爲學者，設有疑妄，並開不犯，不學無知，唯結不學，然不學人，亦有三品，疏鈔具顯，此不繁引，雖是不學，對境止非，本罪不犯，亦名持律，不妨愚昧教行，自得不學無知，資持云，非謂不學一向無持，非謂學人永無有犯，但望學心，有進有止，故兩分之等，

問，戒疏總義云對敎不學止犯，對事不學止犯，九十，別義云，翻解止犯，翻修止犯，并及鈔中，教行不學止犯，對事以明止犯，記主但立不學事法，二止犯名，比對祖師，三處所標，爲同爲異，

答，二三雖殊，通收無異，不學即對敎，翻解事法，即對事翻修，恰然相符在文可見，

問，事法不學二止犯，義在諸文，何獨引鈔通塞文耶？

答，實通諸文，但記家因釋此文，立二止號，故今特引，令知所出，

大科第二明八九句。又分三，引據，引釋決疑初且引據，鈔云，次論止犯，或八或九。又云，言八句者，對敎不學以明，若對事明，亦有兩箇九句等，疏云，對敎不學，唯八句，對事不學九句，通有等，次引釋八九句法，欲知其相，請以資持止犯中，可學九句，照之可見，但八則除本列枝，九則本枝並結，鈔中又云，九句者，上品四句者，有十六罪，中品四句，有八罪，下品一句，但犯根本，無不學無知等（十六及八罪，且舉枝不說根本此九句中，自〔含〕根條並列，尋圖可見也），資持云，八句中，此謂隨對事法，心緣不解，結不學無知，犯門解義，必須有罪，既無根本，下品不立，故唯八句等，是則或八或九，雖殊，不學無知不別，當知句法之興，爲顯不學之罪，故行宗釋戒疏四行二九位列文云，第四門中，唯明不學，無知止犯罪相，有無輕重，隨一事法，皆須二九等，如此指明，文相無濫，苟或未達，更詳示之，言八句對敎者，此謂懸思教相，事法冥昧，意思說戒，不曉行事，心緣製衣三如，未識籌量，羯磨罔知四緣等九句對事者，斯乃臨事造修，不明行相，如臨說恣，錯謬行事，造作衣鉢，不識制量，造房愚於妨難，畜長暗於日限等，將懸思歷於八句，結不學無知，枝條之罪，第九下品，既非造修，不犯根本，既識事犯。又非冥昧犯門，唯據有罪無罪，此句不立，若於造修，行事錯謬，亦先於八句，歷顯根條下品，第九明白心犯，雖無枝條，乃有根本，故得立之，對教對事，或八或九，其相顯明，如斯分釋，粗可知之也。

三決疑問。

疏鈔八九句法，乃是昔解，去取如何，

答，祖師既無斥奪，焉可私心去取，細推其義，亦是相因而用，且如對教八句，於義自分，承用豈分今昔之殊，復於對事九句，例分二九，豈非相因耶？

問，古今列句，同異如何，

答，古謂惡事法上，聖不制學故，止持作犯，通可不可，於善事法，聖制須學，無不可學，今謂善惡事法，並是可學，臨事迷忘，非學可得，是故可不可學，遍該四行，類通法界也。

問，上云八九句法，並顯不學無知，何以二記，以八句屬不學止犯，九句屬事法，止犯是則八句收不學無知，九句但收違教耶？又乃公違疏文，八九並云不學，

答，疏文八九並云不學，正爲皆顯不學無知也。記將八九，分對二止，亦據鈔云，八句對教不學，九句對事以明，今詳分對，不無意焉，須知止犯位中，根本是違教罪，枝條是不學罪，八句中，唯顯枝條，不該根

本，故將八句，屬於不學，九句中，正犯根本，傍得枝條，且從正犯，以收，故以九句，屬事法止犯（此即違教罪也），要須得意莫滯名言，如懸思教門，不曉事法此則八通事法。又如造修事法，昏昧教制，斯乃九通不學，是則事法及與教門，不學之與無知，並通八九，但以懸思對八，造修對九，故爲異耳。

問，疏鈔止犯八句，並引房長，其義如何，

答，斯蓋，造房不乞，畜長不說，皆由不學愚教，犯根本殘提之外，更得不學無知，下品一句，既識達教行，但犯根本，無有枝條，疏鈔特舉，爲顯下品，有本無枝之義，前示可見，

問，有人見止犯位中，房長殘提，便謂此罪，屬於止犯，其義如何，

答，不然由彼不曉文中，爲顯下品有本之義，故此妄消，殊不知殘提，自屬作犯，根本之罪，若謂止中列殘提，便屬止者，亦應作中，列不學無知，枝條之罪，便屬作耶？文中所舉房長等戒，具雙持犯，隨舉無在，妄傳久矣。如拆《四難》，已爲辨之，無惜一觀，

問，止中列作，莫是止犯心邊，有作犯麼，

答，前云於止犯中，列房長殘提，乃顯下品罪相有無如前答可見，若止犯心邊，有作犯，乃雙持犯義，如過量造房，心故違尺量妄作，衣鉢必故違三如之類，由妄作一事，二犯並起，違制即止，妄修即作，由止有作，由作成止，故云止犯心邊有作犯，事鈔通塞門，約教行心用，二種論通，義可見也。須知，持犯一章，諸門意別，若雙持犯義，當見疏鈔持犯體狀門，及鈔通塞，備而明之，若諸句法，約根本，歷於三心，對顯不學無知，有無輕重之相，如此分之，粗知蹊徑，

問，妄修一事，爲得幾罪，

答，妄修作犯，違制止犯，更得不學無知四罪具矣。又四行列罪，自有等差，兩持二九，幷止犯八句，唯顯枝條，不列根本，兩犯，二九根條，並列，根本，據隨成輕重句，法不因此義，枝條據三心不同分句，由此而作，識則一向無犯，疑則二皆吉羅，不識之心，不學結吉，無知犯提，更有事開犯結，並見諸文，可謂持犯之相實深，非積學洞微，窮幽盡理者，斯義難見也。寶慶三禩仲冬，於靈芝爲客書。

重釋事鈔持犯篇通塞文

終南家業卷下（本） 鈔云，若就修行，解止持者。對境策持，爲修行也。此中止持，正據隨對惡境，具緣持戒者，是也。與下心用敎行中二止持，名月義別也。

如止殺盜，先修慈悲，少欲等行以行成故，名作持，望境不起，名止持，即止中有作也。

止殺盜即遵制持戒，修慈等即起觀對治，欲臨境不犯於戒，須平時對治有功，治功成故，對惡不作，故云望境不起也。是則，由作成止，止不離，作故云止中有作止據臨境離過，作據用心對治。又復須知，止持有二，一對善事作，無違制此止，歸下作持論通也。二對惡境，順戒離過，正是此位，與心用作持論通如上可見。

若就修行解作持者，此作持，對制聽，善事善法，依教策修，名作持，與前止門作持，名同義別，前約心用起觀，此據隨對事法，依教而作也。如欲誦戒羯磨，先止外緣，望離麤過，名止，後善行成名作，即作中有止也。誦戒等稟制敎也。止外等，修對治也。事法乃多，且舉誦戒，羯磨，是常行故，人事往反，懈怠作惡。並名外緣，以平時憶本受，願有善必行，橾履既堅，故臨眾事，能止於外緣也。望隨對事法，各有離過之止爲細，此乃平時通止名麤也。此中作據敎行，乃依敎而行也。止屬心用，乃止息外緣也。假止成作，作不離止，故云作中有止也。若細論通塞，此心用止持，與前心用作持，自可論通，敎行作持，望無違敎，即兼止持，亦止作自通，鈔家且約相成，故以心用止持，與敎行作持，論於通也。作犯心邊有止犯，如人作惡。先不學善，是等類也。上句論通，如下釋義，作惡即作犯，翻上修行止持，於殺盜等事，具緣成犯者，是也。不學等即止犯，翻上止中作持，謂不修慈悲少欲等，對治行也。作犯據違戒，止犯據心用，由止成作，故作通止也。

問，此中作犯，與下作犯，同異如何耶？

答，此於惡事法，造境爲非，下於善事法，故違妄作，此二作犯，並屬根本，隨篇輕重也。

問，心用作犯，犯相如何？

答，由對治心劣故，乃隨緣動念，觸境生情，如惡覺餘思，染心看女等，皆犯吉羅，是也。

問，此中止犯，與下何異？

答，此屬心用，下據教行，此二止犯，並是違制，皆吉羅也。但心用約心，教行據法，如前心用，結制文中，可見也。止犯心中，有作犯，如人畜衣過日，造房不乞是。上句標通，如下釋義，畜衣過日作犯也。違不說淨止犯也。造房作犯也。不乞止犯也。亦由止成作，故作通止也何耶因故不說淨，致過日犯提，由故不乞法，致房成犯殘。問，此中合云，作中有止，何云止中有作耶？

答，欲異前科，作惡與心用論通，此中教行止作論通，隨舉無在，亦是由止成作之義也。

問，此中止犯，理合翻前，修行依持，何故前持中，以止外緣，心用論通，今犯中，以房長教行，止作論通。又復前舉制法，此舉聽事，未審何意？

答，此作持止犯門中，凡修事法，或違或順，具有心用教行，二種持犯，前作持中，在文雖以教行作持，與心用止持，論通，於義亦可教行作持，與教行止持，自論於通，心用止持，亦可與心用作持，自論於通。今止犯中，在文雖獨以教行止作，自論於通，約義亦可心用止作，自論於通以凡舉一事持，則具教行心用，二種雙持犯則具二種雙犯，所以文中，互舉也。又復教行雙持犯，若別據戒本，止有二十六戒，具雙持犯，若通一律藏，但是制聽善事善法，臨事造修，有違有順，並具雙持犯，故得持中，據通舉制法，犯中據別舉聽事，以犯照持，前後交映，顯並具也。

問，止犯有幾？

答，不學事法，二種別也。此中正屬事法，教行止犯，義兼心用，不學止犯，無兼通義，非此中論也。

問，記釋此文云，二持即心用雙持，二犯即教行雙持，其義如何？

答，此記家考文不細也。鈔中二持論通，亦非全據心用，且如止持，止殺盜等，乃即犯戒教上止持慈悲少欲，方屬心用。又如作持，說戒羯磨，乃屬教行，止外緣等，方為心用，豈可一槩，云二持據心用耶？斯蓋凡持戒淨，必假對治，故以止不犯戒與對治，心用論通，欲行眾法，須止外緣，故以教行作持，與心用止持論通也。二犯中，若作犯翻上心持，文理極順，如前可見，記云作惡論犯戒，不學據制科此釋義迂，學者難曉，余注會元雖且順記，心實未安又止犯中，雖非翻前作持，於義兼通，亦如前示，問，此止犯與殺盜等作犯，論通得否？答，此事法止犯，與殺盜等作犯，無相成義，不可論通，所以此位，獨約畜長造房等論通，蓋有相成之義故也。由此等事法，持則雙持，犯具兩犯，不相捨也。嘉熙己亥。日山出。

重答欽師境想問

終南家業卷下（本） 行宗殺戒境想句欽依止，立問作圖，刊以易之，後因宗師答而闢之，復板如舊，今於講次，略考諸說，欽老之作，固無可取，因師之答，亦多不明，世雖傳寫，莫詳是非，或依文讀句，意趣冥然，故不得已。又如答釋，并決彼圖，激發學者，小留心哉，并境想通相，亦出於後，幸為一覽，嘉熙己亥，台州日山敘。

欽師問。因師答。日山又答。

一問，直疑為涉幾境，若唯一境，疑起無從。且如張作王疑，祇由張起王疑，心不涉張，如何得疑？若云涉張，則兼二境，與後互疑，為張為非，如何分異？

答，言直疑者，謂於一境，猶預莫分，心不異緣，故言直也。如云為張人耶？非張人耶？乃至杌木，作句例同，是以圖中但云，張疑非疑畜疑杌疑，斯言謂矣。由此而知，則與互疑，逈然天別。

又答，直疑唯專一境，略如前答，或於本境起疑，或直於異境起疑，須知此圖，諸直疑句，並就異境，起疑作句，問家不曉，舊答不明，轉添昏暗，且如圖中，單缺張是本境，故有王疑等句，雙缺，王是本境，故有張疑等句，大漫雙缺，人非畜三，皆是本境，故有杌疑一句，並就異境，此義最明，若於本境起疑，如諸戒境想，第二句，事義分曉，不勞具出。問，單缺直疑，著張作字，雙缺直疑，何無王作非作等語，答，著無不著，皆亦無在，但單缺直疑，著張作者，為顯境定心差故，雙缺直疑，不著王作等語，為表心境俱差故，必竟此疑，皆就異作，在文可見。

二問，單缺直疑中，何故不立張？作張疑句者，若既不立互疑中，何立張疑句互疑？既得立直疑，何不立又單缺直疑，既不立雙缺，直疑何以立耶？

答，單缺張作王疑，心差境定，若標張姓，不應本題，由是張疑，逈不可立，雙缺疑之語，正是俱差，若改從王即爲當境，故於二處，不可混同。又互疑作句，非獨互張，三趣當心，應須減半，豈得卻將爲張之語，例同張疑句耶？

答，單缺直疑，不立張疑句者，蓋問家不曉，圖中直疑，盡就異境作句，故有此疑也。互疑心涉二境，爲張等語，有何不可，雙缺直疑，張是異境，作句當然。

問，單缺直疑，若立張作張疑句，有何過耶？

答，此即境想第二句，立有何過，舊答不思，謂不可立者，非也。蓋此中直就異論，故無此句，如前已示，後當更說。

三問，單缺直疑中，既有王疑句，雙缺直疑中，何無王疑句耶？

答，單缺心差境定，王疑人類無殊，乃結重夷，自成根本，雙缺境差心轉，王疑又是相當，若起王疑，不成雙缺，是則前爲心轉，可立王疑，後是雙差，不應稱境。

又答，單缺直疑，王是異境，故可以立雙缺直疑，王是本境，故不可立，餘如前說，舊答不明，未克再示，若爾非畜杌中，何得立耶？答如後可見。

四問，互疑中，何以不立爲張爲王句耶？若不立者，則攝境不盡。又若立者，句法則多，如何會通耶？

答，直疑則四境各辨，互疑乃四趣迭論，各辨須立，於王四境，方足迭論，四趣參作，方得互名，若更加王，則同人類，既非交雜，互義安成，是知直立互除，其義方顯，若或更加王句。又是心境相當，不唯句法仍多，抑亦不成於互，若云張王境別，殺戒悞犯錯開，既成重夷，豈不參雜，即知此句，定不可加。

又答，互疑，中爲張爲王，義亦可立，但疏中列句局（疏云疑有十句），判罪定（疏云，一夷，九蘭），若立爲張爲王，人境不殊，罪合是夷，應改疏云，二夷八蘭耶？若更添一句，應云十一句耶？二途有妨，故不可立，克心論境，張王自別，心緣二境，猶豫不決，豈非互義，但疏家別有深意，是故不立此句，記依疏出，不敢妄加。問，何爲互疑。答，切詳互義，必緣二境，交互不決，故云互疑。如圖中諸互，皆立六句，前三就本異生疑，後三於異境起互，後三句中，若通本境，即涉三境。又究前後諸文，及思世間事，義多於一事不決，或緣二事不決，少有緣三而起疑者，設或有者，自歸後三句攝，問家列句，於互疑中，牒境重重，太成穿鑿。又無所據，復乃直疑與互相濫，並非可取，問，單雙二缺，互疑列句，上下一同，未審何意，答，缺心單雙雖殊，至於論互，無非四境交雜，且約本異互涉作句，故得上下一同，無別所以。

五問，雙缺中，王境來差，不立王疑句者，何以非畜杌來差，乃立非畜杌句耶？

答，若立王疑句，不成心境差，人類隨相應，還成究竟罪，三趣非人類，三境正未差，前心既緣人，後轉爲非畜，不妨心境轉，方便結偸蘭，以故不立王，三趣應須列。

又答，雙缺王差，直疑不立，王是本境，作句起異，故不可立，互疑不立，句不可多，罪不可改，如前已示，非畜杌差，非疑等句，雖有與本相當，句法須爾，不可不立，若不立者，何應疏中四十之數。又且無妨雙缺之義，非等來差，即境缺也。爲非等疑，即心缺也。是知記圖列句，深有其意。

六問，尅心雙缺直疑中，並以張本境立句，何故大漫雙缺直疑，不用三本境立句，大漫既不用，尅心何得用。又大漫互疑中，亦以三本境立句，直疑何不用耶？

答，大漫之設，其境至寬，三趣有心，杌爲異境。其或三趣，皆列直疑，正是相當，但起杌疑，始成方便，所以圖中，唯存一句，尅心既局，四境當前，各趣生疑，應須別列，互疑心涉兩境，句法不可一端，直則一境獨明，互則三趣交作，是顯上義明，若秋蟾前合後開，深有所以。

又答，此蓋不曉記圖直疑就異作句，互疑二境交涉，故有此問，如前已決，非不了然，大漫，雙缺，直疑，三是本境，故唯就異，但立杌疑一句，互疑既涉二境，故立爲人爲杌等句，有何不可。

七問，小漫中，疑但九句，除尅心中初句者，今若改張爲人，亦合具十，何但九耶？

答，小漫人趣皆害，前境不簡張王，若或改張爲人，正是有心當境，既云心差，境定不應。又作人疑，是則還依記中，除初一句。

又答，若改張爲人，合有人作人疑句，此句理亦應立，正是境想第二，缺心結蘭之句，但疏家前後，辨缺文中，恐濫心境相當，並不出此一句，欲使學者易曉，皆就本異互涉作句。如前盜戒，疏中小漫辨疑云，爲人非人物，爲人畜生物，爲人無主物，下妄戒云，漫心辨疑有六。記云，漫即小漫，疑兼有互，直有三句，記出互中三句，並就異境論互，如云爲非爲畜等。上引盜戒疏自作句，乃就本異論互，準此二文，則互具六句，并作中三句，即疑心具九，此圖準上諸文立句，不敢妄作，故無人疑之句，設有此疑，則準境想第二，自可知矣。立句出沒，作者通變，豈宜偏局耶？

八問，雙缺直疑中，並立張疑者，未審此疑，相狀如何耶？

答，相狀如初答中，既有準繩，無疑再惑。

又答，直中論疑，是張非張，其相易見，問家意欲妄作，故有此問，無足議也。

九問，文中直疑者，單就異境而立，何故疏文，盜戒立句，爲人爲非，此則本異兩兼，豈獨異境耶？若云此是互疑者，下妄語小漫互疑何就異境立三句法，若或更加本境，則有六句耶？

答，直疑起心，本異俱得，異境如前王等，本境如後張疑，但不異緣，皆通作句，盜妄兩戒，俱是互疑，盜戒但出本境前三，妄戒唯論後三異趣，應知六句前後相成，若加直疑，恰爲九句，則知疏記出沒互彰，不曉來由，張爲妨難。

又直疑局一境起，通於本異，圖中就異作句，如前已明，盜妄立句，並就互論，如舊答就盜戒涉本異互論。

十問，疏文妄戒，自有小漫句法，今此依何而立，與後疏文不同耶？

答，妄戒句法，與此應同，但單缺互疑，通略人趣，記文於此具足出之，下順疏家且分六句，影略互現，製作常規，良由不曉直疑，故使作句有多有少，如前盜戒小漫想疑雙缺，但各立三，總有九句，亦應以妄戒疑中六句，返破祖師，不合立三，前後異同，以爲無據耶？準彼驗此，人異互彰，一代雄詮，莫不皆爾，故律中境想，唯二十六戒，具足出文，自餘諸戒，疑想並同，但是略之，無別所以，聖心明斷，豈得致疑？

又答，妄戒但云漫心，辨疑有六，不分大小之殊，盜戒明云，小漫疑無直互之別，今此殺中，方標直四互六，據文唯局克心，大小二漫，復令準作，記家考覈諸文，詳究義理，具而出之，何有不同之疑乎？【略】

詳上圖中，一違祖教，二乖義意，且直疑爲張爲王等句，乃緣二境，互涉起疑，豈得云直。又詳互句，牒境重重，不遵祖典，穿鑿太過。又小漫中，直疑濫互，如前已行，互疑二句，上半本異論互，下半就異論互，與記何殊，豈特改作，公違師訓。又大漫中，唯立直句，據何文義。疏云，餘大小漫，心境缺想，並準克論，句法多少，約義斟酌，直互大槩，須準繩規，設謂疏無明文，理義亦難偏局，如三趣通害，杌替其處，或直緣杌起疑，或緣非杌互起，機情萬別，心念千差，如何一定，單雙二缺，唯論互三，至於作句。又濫於互，全成戲論，記圖所立，於教有憑，於義周足，直於一境上起，互收二境，乃至多境，但使心涉彼此，名名爲互，豈非義足，後紹興年中，有會稽定師，亦出圖相，大略與上欽師是同，但於大漫想疑，各唯一句，與上爲異，今但破欽師之義，定師所出，自然無取，學者亦不須傳從，費紙墨，請知之。

予因觀疏記具缺，初二兩緣，出義立句，無非本於諸戒之末，境想之文，學者討論，少懷通貫。又復諸戒境想句數，四五不定，如疏簡辨，且依轉想，皆具五句，今先以具缺初次二緣，收於境想五句，次以境想後四通收，缺想缺境，及單雙直互等疑，庶使枝文易知指掌。【略】

又終南家業卷下（末） 析然夢庵持犯《四難》

持犯一門，義趣幽隱，非積學洞微，誠難通解。一日忽得夢庵之文，題曰持犯《四難》，謂雙單難辨，止作難明，句法難定，事法難顯，初得之寶而藏之。近與同儔議論持犯，因究彼文但得破他一端，全非祖意，且持犯之難，傳來乃久，自古義學之家，知難釋難者，斯人解矣。而夢庵乃知持犯之難，猶爲達者，而於釋難，義理偏僻，似無可取。今將疏鈔明文，對析彼語，使雙單止作顯然，曲直是非昭矣。庶幾後銳，不墜於邪坑，俾同舟善知於誡教耳。嘉定癸酉春滄洲出。

《終南家業》卷下（末） 《四難》云，雙單難辨者，析云，久聞師意，唯以制中有開法，聽中有制法，如離衣造房等，方具二持犯，如斯立義，特捨通而執局，唯屈祖而罔時，今乃先錄祖文，然後，立義釋疑，戒疏云，止持對制門，可學事中，制必作者，如衣鉢體量也。言可學法者，制必須作，如三羯磨等。又問云，此止持中，但得守戒而已，若有作者，便同作持，今明作者，豈非合亂，答，今言制作，即成止持，若不依行，則是作犯，今順教作，便成止持，如三衣一鉢，法須具有，故制畜之，豈非作也。望無犯故，名爲止持，依教奉行。又是作持，乃至云具二持犯，其致在兹（近有同輩，指上一節之文，是明心用持犯，以下若據教行等文，方明教行，此無稽之論，不足可道），行宗云，爲欲顯示雙持犯義，發揮云，雙持犯義，理在兹矣（此二記文，並是釋上同答等文之末），疏又云，若據教行，必托境生，依教奉行，作而無犯，何者是耶？且如三衣，教遣備具（夢庵謂，此中明三衣等者，乃是預出離衣戒持護離失之義。今有隨流之者，猶以爲是，豈爲識達耶），不敢違悔，名爲止持，如教策修，順行不犯，名爲作持，違此二持，便成兩犯。又云，言可學者，並制修學，事謂衣鉢等，法謂教行等，並托事法，進用修成，而無違犯，名爲作持，不敢違越。又是止持。又云，前對惡法，無由可作，名爲止持，此就善法，必不違越，名爲止持。鈔中制止門中云，如衣鉢體量等，制作門中云，法謂教行也。教謂律藏，行謂對治，事唯可學，衣鉢體量等是（云云），觀上祖文，豈宜偏局，須知但是制作聽作，善事善法，造境策修。或有違順，具二持犯，制作事者，且如三衣，比丘道具，制必須作，其於臨事營理，當須觀量，財體染淨，色量如非。依佛誡教而作，即是作持，不敢違教，即是止持，違越而作，即是作犯，不順教故，便成止犯，若一向不作，但有止犯，難成雙義。制作法者，且如說恣結受等，欲行羯磨，應須評量，人法事處，如非審定，綱骨緣兆是否？撿而行之，作持成矣。望無違教，止持成矣。不撿冒爲，成於作犯，懈惰違教，成於止犯，止作兩犯，名異體一，二持亦然，並就一事，相番乃成，祖意如此，且非臆說，制作事法，如上可悉，不作斯論，盡成虚僞，聽中事法，疏鈔具彰，恐有惑者，更爲明之，如疏止持對聽門，則以房長淨法等出相，作持對聽門，復以房長淨法等出相，豈非但是聽作善事善法，皆具雙持。故發揮云，順制聽兩教中，制作聽作邊，說有二持，反此無聖教制作聽作者，並是單持，行宗云，是則一切作持，其必兼止，若但止持，未必有作，自餘羯磨，依鉢等事，並見廣律。文舉三衣，其相甚顯，此等誠言，與夫疏鈔，恰然相同，只緣祖師，文義坦然，致此二記用與無改，何故特異反成破斥，巧事一時之唇吻，搆裝千古之謬辭，翳昧後昆，誰之過耶？彼之徒以爲正說，此宗義士尚有隨流，稍逢如上所錄，祖師明文，如何消遣。

問，如斯立義，亦所未安，戒疏明云，無聖教聽，並是單作，豈不然耶？

答，子迷此語，故成質礙，今爲通之，自然明曉，言無聖教聽者，聽即是許，有聖教許作者，莫非善事法乎？並是雙持，無聖教許作者，無過惡事法矣。盡屬單持，今文云無聖教聽，乃是婬盜殺生等，不許作者之謂也。反顯衣鉢羯磨等，有教聽作者，皆具雙也。疏云，可同殺盜，有教開作，名作持耶？會上諸文，疑自釋矣（已上示通義，此下問答，及析彼義中，言用別義也）。

問，若依通論，則制聽二教，事法皆然，祖師何獨，明二十六戒，具雙持耶？

答，此據戒本，有開制羯磨法者，故就法上，歷顯四行，唯二十六，有法可歷，彰於雙義，餘並單論，戒疏隨篇精揀，數極於此，不可妄通。故得行宗云，此據戒本，具雙持犯者，餘並單，持豈不然耶？其於戒疏總義，通論持犯，則舉衣鉢，及諸羯磨者，豈非雙持犯，不局戒本耶？隨篇且據有法總義，通論律藏。故行宗云，自餘羯磨，衣鉢等事，並見廣律者也。源流正傳，妙若於此，未窗監觴，豈宜輒議。

問，過量房戒，事上雙持，既別無法，如何更顯？

答，祖師自云，就房事明，何關於法，所以二十五戒，例於法上，顯雙持犯，唯此一戒，重就事明者，乃有二義。一者，事法相對，法就處分以明，事就度量以顯，如疏云，此則約其度量，顯於違順，及論結犯，並據房成，是犯分齊，二者房是聽事，就一房事，明雙持犯，則顯一切聽事，並可雙論。

若爾，雨衣瘡衣，亦是聽事，何不具雙？

答，此之二戒，固是聽事，戒本不列者，無法可歷故，所有尺量之文，乃約造作邊，自成雙持，義在通論也。又如過量佛衣，過量坐具，乃是制事，尺寸數量，自屬制中，造作違順，明二持犯，戒本不出，亦歸通中，如發揮云，制作聽作邊，說有二持。又資持云，敎制奉行，或事或法，或制或聽，且如三衣等，然斯二記，並約通論，文義可見，爲不了者，更略示之，二十六戒並聽中有制法，如造房處分等，制中有聽法，如離衣羯磨等，緣有此法，故就法上，相從歷顯，持犯四行，雨衣瘡衣等，此聽事也。佛衣坐具，及毛綿等戒，並制事也。如是諸戒，各於制聽，造作順違邊，論於雙義，是故戒本，唯據有法，止二十六，餘所不出，義婦通說。

問，犯雨衣等戒，還得一罪耶？二罪耶？

答，如上略示，諸戒推詳戒本，或因求畜違限，或因造作乖方，既各違敎制，豈無違敎心犯罪耶？是則順成二持，違得兩犯，如前已示，可以明也。但以無別聽法，戒本更不重出也。

若爾，過量房事，如何重示？

答，請觀前文，具二義故，故須別顯，《四難》指尺量即法，以成雙義，此由不究通論之意，故此妄釋。

問，上云二十六戒，並就法上，歷顯雙義，至論結罪，還就事耶？還就法耶？

答，事法相假，乃成本罪，且如雖不乞法，若不造房，難成其犯，要須造房事成邊，全於不乞之罪，如疏云，此之不乞，及以過量，緣雖兩望，果由房結，離衣入聚等，可以例之，如云身違事合，名作犯等，

問，如上立義，須於造境造作違順，方成持犯者，此領何義？

答，如疏云，若據敎行，必托境生。又云，並托事法，進用修成。又云，如造房衣鉢，達相了知等，及諸篇總義，皆就造境違順，以明持犯，行宗釋，緣雖兩望，果由房結二句云，既有二作，必兼兩止，並望身業，造作過量，具兼四犯。又云，業不自有，必假行成，行即行心，無非造作，若都不作，但是無記，焉能成業，明文更廣，恐繫不引，斯示文義，次析難辭，行宗云，自餘羯磨衣鉢等事，並見廣律，

《四難》云，若此立義，敢問與二十六戒，有以異否（云云）？

析云，亦同亦異，若二十六戒，有開制羯磨，則與衣鉢等異，若論持犯，雙義則同，何者且二十六戒，則就羯磨法上，以顯雙義，衣鉢羯磨，則就制作度量上，以示雙義，豈非同耶？《四難》云，今不作三衣，或體量不如，及不行一切羯磨，具二犯否？若云須具，比前諸戒，理有不同（云云）。又云，今不作三衣，則有事上止犯，若望不依敎邊，結法上止犯者，二犯同名，不成雙義，

析云，不作三衣，及不行一切羯磨，但有止犯，不成雙義，固不在言，須約造境營構，或三如違順，或四緣是非，方成持犯，乃有雙義，如上立義，示相可了，云云之文，不攻自破。

《四難》云，若爾，疏引衣鉢體量，一切敎行，歷顯雙持，那云不具，

答，衣鉢體通，單雙須簡，故文云，若據敎行，必托境生，依敎造修，作而無犯，今不作衣，是不造境，但有事上，番修止犯，若論造作，如非，亦有商量，且如衣鉢，體須聖制，衣以麤布，鉢須瓦鐵，今用絹木，則是體乖聖敎，正屬作犯，既無敎聽，無法可止，故無止犯，乃至云此據造作，以顯單犯，既以造成，理須加法，今不受持。準鈔得吉，約義定之，此屬止犯，既無造作，作犯不成。既加法已，必謹護持，有緣聽離，要須乞法，今既不乞，即是止犯，違敎故離。又是作犯，方成雙犯。若此以明，衣鉢行護，必具二持。（前註云，夢庵約持護論者，文見此也。）

析云，觀此一節，要以疏中，衣鉢體量等文，即就乞法離衣，上明雙持犯，乃是預指離衣戒，非就造作以論也。如此看讀，豈爲上達，如此樹文，從費紙墨，戒疏明云，今言制作，即成止持，若不依行，即是作犯，今順敎作，便成止持，如三衣一鉢，法須具有，故制畜之，豈非作也。望無犯故，名爲止持，依敎奉行。又是作持，乃至云具二持犯，其致在茲，若依彼意，此等文相，如何消釋，及撿離衣戒雙持犯義，但就羯磨法上，歷顯四行，則與前文，略無相似，所言既無聽法故，無止犯者，且無主房事上雙持，豈有法耶？可細思之。

《四難》云，問文云，且如三衣，敎遣備具，正據造作，豈唯行護，

答文相含畜，裁斷實難，若約通論，義含造作（云云），

析云，今詳彼立，問雖符義，答又乖文，疏云，不敢違侮名止持，彼作二意註之，一意云，如體乖佛制，不敢造作，（彼文）此謂不作名止，於義甚疎，今與改云，佛制三如，違則犯罪，今欲造作，順行不犯也。一意云，不得羯磨，不敢擅離，（彼文）此又不然，此制門中，於造作邊，

歷顯雙義，妄將聽法註顯，可非雜亂耶？疏又云，依教策修名作持，彼亦二意註之，一意云，如體依佛教，如法造作，（彼文）此如其理，一意云，有緣欲離，從僧乞法，（彼文）斯由穿鑿，全非祖意，制聽雜亂，如前已明。又復彼謂止據不作，作據策修，此論二持，名異體別，是古師義，如三十義門已破，今雙持犯，止據造作離過，作據依教策修，名體不監，今義成矣。只由不善思文，故有胸談臆說，如實自昧，其猶可恕，知而故違，謗法咎深。彼又云，若約翻犯，則造作邊，單有作犯，無別止犯，是何言歟？翻上二持，以成兩犯，四行足矣。便顯造作，自成雙義，如何強云，無別止犯，此非謗法乎？彼文更廣，不必盡析，識者觀之，自成無用。

《四難》云，問，離衣有聽，可云雙犯，房事過量，有何聽法，答，量雖佛制，是佛所許，雖無現作之法，然有尺量之文，即此律量，便是聽法，此法與離衣等戒，羯磨不殊，

析云，然房之有尺量者，乃是聽中，制作度量也。豈謂尺量，便是聽法，若便是者，聽中又聽，是何佛意。又復尺量，若是聽法者，則與處分白二何別，若云是同，祖師不應事法分二耶？且衣鉢亦有度量，可是聽法耶？疏云，就房事論，何甞言法，全成戲論，略無可探，繁文雜義，顯亂難析，總究彼文，則有二意，一惟約有開制法者，屬雙持犯，局二十六戒，餘則不可，二將戒疏衣鉢體量等，文迂曲釋，歸離衣戒，非就造作以論，其文雖多，不過二意，如上引文立義，明如指掌，公心看讀，可自鑒之，義假文顯，莫訝覼縷。

右析雙單難辨竟。

《四難》云，止作難明者。

析云，彼以教行雙持犯，隨戒本罪，屬於止犯，樹文立義，云云久矣。隱連二師，雖詞而闕之。其奈狐疑尚擁，再有此作，誑惑脫生，爲害不少，今亦先謄祖誥，然後立義決疑，使止作不濫，根條自分，疏云，就房事明，依教不越止持，撿教知量作持，出於教量作犯，不順教故止犯，次就法辨，如法無違止持，從僧乞法作持，故違不乞作犯，即此違教止犯，止據無違，作據順教。乃至問云，準此持犯，與前既乖，約事明作，身營可悉，故犯僧殘，約法明作，其相如何？答，此之過量，及以不乞，緣雖兩望，果由房結，對相思事，隨有四違，纔一舉乎？營稱土木，即有偷吉，四罪隨生，安有過量，偏屬作犯，若如此問，後戒無過，無作犯矣。準此誠例，身業是過，行宗云，此約方便，二作犯兩蘭，二止犯兩吉。又云，並望身業造作，過量具兼四犯，發揮云，四罪釋上四違，謂作心不乞，造過量房，結二蘭（與行宗同），知是妨難二處，得二吉（與行宗別）。又云，知不乞罪是僧殘，鈔云，但不依戒相，造行成辨，悉名作犯，所對事法，怠懈不學爲止犯，疏又云，如有羯磨說，麤罪是作持，不違教說名止持，無教輒說是作犯，抑教不求止犯（云云）。審詳祖意，定以教行雙持犯，隨戒本罪，結屬作犯，何者是耶？如上所引，不乞過量，並約身業造作，違越而成，得二僧殘，在文極顯，何事遲疑，疏中又云，出於教量，名作犯，此戒本云，過量作者，僧殘是也。又云，故違不乞名作犯，（此謂不乞屬作）又云，由於僧殘有乞無犯（反顯不乞犯殘），據此二文，不乞屬作，犯殘明矣。正同戒本云，不將諸比丘，指受處所，僧殘者，是也。疏又云，既從僧乞名作持，於僧殘罪，欲犯不得，名止持，請以此文，翻持說犯，豈非犯殘，屬作犯耶？又如離衣入聚等，不乞羯磨，不作白知，更不離衣。又不入聚，可獨結法上止犯罪耶？由不乞不白，擅離擅入，約身業，輒爲成於本罪，事法相假，此罪屬作，止據違教，通得吉罪，二十六戒及一切制聽事法，皆例此明，鈔疏文義，明如皎日，記文申釋，意亦無昧，彼何特異，強生分別，剛欲伏從，奈道理迂疎，從之是難，斯提大略，問答析難，更爲明之，問，鈔云，止犯心中有作犯，如人畜衣過日，造房不乞，収作歸止，屬止明矣。又《資持》云，作持止犯，但引房長，可不然耶？答，此止犯中，列聽作事者，乃顯雙持犯義，但止就離過，作就策修，故爲二持，犯則反之也。如上聽止中以房長出相，聽作中，亦以房長出相，即其義也。況引鈔文，乃出通塞，二犯皆通，止作無在。若爾，戒疏三十義門云，九是作持，止便成犯，據此之文，屬止又明。答，若觀大意，文亦無害，良由此九，具雙持犯，隨舉無在，何苦執文。又復此且一往，就策修奉行，名作持，違教不作，名止犯，及下分釋，止作自明，如說淨云，故違不說，名止犯，越於期限，名作犯，至論結戒本罪，正據違限，故《戒本》云，齊十日不淨施得畜，若過者尼薩耆波逸提。又取尼衣云，番止受納名作犯，及於戒本，正約貪

心受納，結於本罪，據斯以論，教行持犯，若就持説，則以作持爲本，如
云依教奉説，名作持。又十三云，撿教知量，從僧乞法，皆名作持，若就
犯説，則以作犯爲本，如云約事明作，身營可悉，故犯僧殘。又云，出於
教量名作犯，如上云，越於期限，身違事合。又疏前文，房衣財食，作法
而生，近表作持，遠防作犯等，如斯引示，作持作犯，雖非相番，道理當
然，明文朗義，屬作顯矣。問，戒疏云，有人解，止犯位中，對教不學，
則唯八句，除事法俱識也。對事不學，九句，通有如造房舍衣鉢，雖違相
了知，何妨不乞處分，受持加淨，皆獲殘提等罪，豈非止犯屬於本罪（鈔
中止門文亦同此）？答，子迷久矣。前雖析顯，猶乃執文，且止犯位中所
引，房長衣鉢，由屬雙持，故得止作，皆列文中，雖云不乞，乃屬止犯，
及犯僧殘，還據作成。如前引示，文義甚明，衣不加持，長不説淨，正屬
作犯，指提顯然，何爲執此，妄云止犯，當知此文所引，別有其意。蓋由
造房不乞，衣鉢及長，不加不説，皆因不學愚教，疑及不識，犯根本殘
提，更得不學無知，下品一句，既識達教行，但犯根本，無有枝條，疏鈔
特舉，爲顯下品有本無枝之義，須知句法，爲顯何事，豈可將出相之文，
便同本位結犯，只緣教眼不明，看讀多滯文相，尚有聞義不能從者，其奈
之何，如辨止犯名義中。又爲明之。
《四難》云，若謂作犯，且四行不乞犯殘，判歸止犯（云云），由此諸
戒本，屬作持，正翻止犯，傍収止持，翻屬作犯。
析云，疏云故違不乞，名作犯，何云歸止耶？由此諸戒，並據依教
策修爲作持，違教輒作，爲作犯，如上以示，此非相翻，道理當然。
《四難》云，若謂止犯，且造房過量，足食杖囊等，並據作成，何云
止犯，今準行宗，定屬作犯，故釋二房偷吉云，二吉止方便，二偷作方
便，乃至云，若作此定之向引明言教相，皆有相違。
析云，行宗正順明言教相即非相違何耶？疏云，約事明作，身營可
悉，故犯僧殘，乃至云不乞過量，緣雖兩望，果由房結，亦如彼言，足食
杖囊，並據作成，非誠言耶？
《四難》云，故知本罪，定屬止犯，戒疏文云，翻修止犯，拕相具九，
如九十中，不作教法，輒行輒食，輒語輒取等。（云云）
析云，只由不觀疏文大體句法之作，是爲何事，故有妄消文相，誑惑
學從，然不知止犯位中，番不解，得不學無知，番不修，得違教之罪，此
二止犯罪，名相監故，須顯示，如上問答，義已條理，今此文相，連綿重
分句讀（音逗），文云，不作教法者，此句正得違教之罪，屬於本位止犯，
如疏云，抑教不求，名止犯，是也。輒行等四，正犯根本，乃歸作犯。又
疏云，無教輒説，是作犯，是也。由此諸戒，不作教法輒造前事，止作雙
結，止據違教，作據身爲，今位正論止犯，必須雙列四輒，故結歸云，望
不作法名止，隨作即違名作，在文自顯，何不釋然？
《四難》云，若爾諸戒，有法可止，故名止犯，無主房中，過量之罪，
就事論犯，犯是作成，文云，過量作者，僧殘，準此作犯明矣。何云止
犯，答，事雖在房，犯還據法，乞法驗量，皆是作持，不乞不驗，並屬止
犯，準此不乞處分，不依教量，二犯屬止，皆結僧殘，故違不乞，故出教
量，二犯屬作，並結吉罪，
析云，所言事雖在房，犯還據法者，正與明言教相，實有相違，疏
云，緣雖兩望，果由房結。又云，纔一舉手，營構土木，即有偷吉，四罪
隨生，準此不乞過量，並就房事成時雙結二犯，何言據法耶？所言，不
乞處分屬止結殘，故違不乞，屬作，得吉者，兩句不乞是同，何強分二。
又此不乞，屬作屬止，結殘結吉，如此顛亂，是何見解，祖師明云，故違
不乞名作犯，何言止耶？又云，即此違教名止犯，何嘗將不乞屬止耶？
鈔云，若不乞法，便結僧殘，誰言吉耶？彼又云，故出教量屬作得吉者，
是何言歟，此乃正就，過量房成，結作犯殘，不應得吉，文如前示，義亦
可領，後諸問答，盡是如蛾投火，如蠶作繭，自焚自毀，自縛自纏，若得
上義，不析自明，誠由只攻他短，不覺己非，祖誥明規，不肯依奉，輒乃
巧生穿鑿，樹文立義，云云極多，既非教意，盡是閑言，伏請高達審詳祖
訓，莫看人情。
右析止作難明竟。
《四難》云，句法難定者。
今析云，且事鈔戒疏止作句法，破古立今，分句節目，明如皎日，資
持行宗依而申釋，問答決疑。又加分曉，如秋水映日，表裏明瑩，彼言難
者，只由不依祖教，強生分別，使直而卻迂，明而卻昧，如日之被雲，大
地昏暗，雲之過也。而言新記尚有失者，請陳失相，且莫背後捻拳，浪稱

勝負矣。

右析句法難定竟。

《四難》云，事法難顯者。

今析云，所言教行者，該乎事法也何耶？且制作聽作，善事善法等，有教令作，即教，依教行之，即行，如疏云，並托事法，進用修成。又云，莫過事法等（云云）。

《四難》云，及論二房，乃云事法分二，有人準此，別立事法，雙持犯義，乃至云，則子所立，自成無用等（云云）。

今析云，有人之義，未知是誰，便依彼立事法雙者，亦無大過，如上所引，可以自通。又如就房事明，次就法論，豈非事法耶？言教行則通也。言事法則別也。以別歸通，名於教行，從通分別，可云事法。又復應知，就稟教行，行說名教行，若就造境，說名事法立爲事法，理之有在，何強摸攻，此門文繁，且無急要，恐費紙墨，更不盡析，覽者宜詳鑒諸。

右析事法難顯竟。

徵顯定道二戒

定共道具，有漏無漏，總別解脫，諸文之中，或就機揀異，或發體有無，或約證之有聖凡，而於修之分理事，文義交參，學者難曉。今爲敘之。更不分科，廣陳由致，但直引諸文，意令知差別，略伸問答，以決異同。

業疏（三下二紙）云，定道二戒，約心論業。別脫一戒，從緣發生。記云，定道二戒，不從緣受，隨入禪定斷惑證道，任運發起，故名定共道共。亦名禪無漏，對下別脫，亦名總脫。又疏（十二紙）云，八者隨心無作，入定慧心，無作常起。如《成論》云，有人言，入定入道，有禪無漏律儀，出定則無。又云，出入常有，常不爲惡。善心轉勝等。記云，定慧心中，所發無作，兩宗不同（兩宗即上成實二義），事鈔（中一）引多論云，木叉戒，佛在世有，希現故勝，禪無漏戒，一切時有，二有漏木叉，通情非情，寬故言勝，餘二局情，狹故不如，三有漏木叉，從慈心發故勝，爲佛道作因，四木叉戒者，被及七眾，紹續三乘，三寶三道，住持功德，餘二無能故劣，五木叉戒者，唯佛弟子有，餘禪戒者，外道亦有。《記》云，定道從心爲因，與定慧二心同時，故並言共，亦名爲俱，此辨名也。二別定並有漏，道共唯無漏，別脫欲界業，定共上二界業，道共非三界業，此論體也。三別定通凡聖，道共唯局聖，此位分也。四別脫假緣受，定道隨心發，此明因也。五別脫但隨身，要期盡形故，定道名隨心，生死不絕故，此示功也。又鈔引《成論》云，一日之中，受七律儀，隨得道處，更得律儀，而本得不失，勝者受名。又戒疏（一上五紙）云，如論所引道戒名解脫，事戒名別脫等

問，定道二戒，發戒體否？若不發者，何以前諸文中，並云發耶？若云發者，何有白衣羅漢耶？

答，所言發者，乃於昔受體上，增發勝解，前若不受，無體可發。如白衣羅漢者，是也。

若爾白衣羅漢，全無戒耶？若既無戒，何生定慧？

答，必有五八之戒，爲其行本，或往世曾受習氣相連，入定道時，任運離惡。故名定道戒也。且據今生，十具無因，故不發體，與俗是同，故名白衣也。

若爾，破結一受，何發戒？

答，此蓋前有要誓，期在證果，感發具戒，不同定道，前無方便，復無要誓，體無從發，但於前受增發，勝能如前。《成論》云，本得不失，勝者受名，是也。

問，戒以對境防非爲義，入定入道，何得名戒？

答，如入定之心，具二義故，一者凝寂，此即是定，二離非惡。此即是戒，體是一心，二不相捨，名定共戒。又如入道亦具二義，一者虛無，此即是道，二離非染，此即是戒，二不相捨，名道共戒，須知戒義，由昔曾受別脫，無作功力，於藏識中，任運離惡故名戒也。

若爾離惡名戒，何以前引諸文云，發無作耶？

答，前云無作發者，由昔戒力，隨其道品，任運增發無作，非謂有心稟受，別有體發也。如前可見。

問，何無道共定耶？

答，亦有此義，入道之時，凝寂不散，即是定義，蓋因修三學，果上證道，亦具三義，隨位進登，勝則俱勝。

問，言入定入道者，定有出入，義則易見，道體平等，那分出入？

答，小乘所證，於事未融。其入觀也。人法俱亡。與道體合。故云入道。及其出也。不無事礙，故云出道。

若爾，出觀之後，都不合道耶？

答，既證聖位，動必合道，但不如入觀，能所俱亡，藥病皆捨。猶如虛空，了無罣礙。正與道體合也。若在大乘，出入皆如，故非所辨。【略】

守一《律宗會元》卷一（止原教終）

一、諸文原教門

私曰，隨機之敎，三藏乃殊。原意所與，唯道是務。今文原教，唯據律藏。但律由事起，事別意差。或約遮性，或開制聽。或托四儀，或因四事。或異外道，或對四門。廣略致乖，受隨意別。托事雖殊，無非爲道。若就權意，即如《律》云，爲調三毒，爲求四果，制增戒學是也。若究如來出世本懷，必令眾生同登寶所。況經《法華》開會，《涅槃》扶談，指偏即圓，點麤即妙，決聲聞法。是諸經王，是知律藏。即一佛乘，究竟指歸，無非一實。乃吾祖弘律之高懷，是一宗原敎之歸趣。圓文下引，妙義昭然。

二、諸文觀法門

私曰，習律之須觀者，蓋有本焉。據律文中，佛制比丘，攝持威儀，衣藥飲食，語默動靜，常爾一心。念除諸蓋，違則結犯。《毗尼母論》云，利根比丘，食則口口作念，衣則著著作念，房則入入作念。若鈍根者，初得衣食，總作一念。又諸戒令作觀對治，無非遣著，並廣律文。但律中所明，事理觀念，皆屬權小。故吾祖南山，克究佛懷，深符開會。立唯識妙觀，爲融導神方。如《疏》《鈔》中，示初入道，以唯識爲出家本。令彼初心，便知歸趣。教彼受者，心發上品，了境唯識，及納體隨行悔罪等文，並以妙觀而爲樞要。意使一受一隨無非法界，一止一作悉是眞如。一開一遮即爲上乘，一輕一重皆歸常住。則知吾祖弘律，全以妙觀爲主。又撰《歸敬儀》，篇篇事事並明理觀。又爲弟子慈忍，作《淨心觀》三十篇。純談禪觀，其言甚切。非積學吾宗，焉知其奧。

三、諸文心境門

私曰，此即受戒法中，發心緣境之文。若據律論，心唯六識，境止六凡。縱云增上，亦屬權乘。吾祖《疏》《鈔》，即依圓義，發上品心。緣法界境，蓋用唯識妙觀，方見心境一如。心體境量，下文具引。若非得意，猶數他寶。文明上心，無過三誓，斷惡，脩善，及度眾生。須知善惡眾生，究竟一相。斷無所斷，脩無所脩，度無所度，是爲妙發。吾宗任重，唯在授戒。苟不知此，爲師恐難，受者無獲。

四、諸文戒法門

私曰，言戒法者，諸佛所制，眾聖所傳，吾輩所受者，是也。良以十界依正，全即心體。由不了故，造業輪回。是故如來，稱其心境，制無邊戒。無論善惡，制有繩式。名之爲法，依制受持。軌成出離，乃法之功。然此戒法，教通權實。據教屬權，即聲聞法。苟究佛懷，及達開會，即一乘法。若戒法體量，於心境戒體文中，相因廣明，言極詳委。今此且據《事鈔》《標宗》《釋相》二篇，並明戒法功能，及顯軌成之義，錄之於後。請究前後諸文，或體或用，幸善明之。

五、諸文戒體門

私曰，此門唯明壇場，白四受體。以如來隨機設教，四門乃殊。此方盛弘，通歸空有。空宗非二，有計假色。吾祖建立，迥異常倫。先依二宗，詳辨體相。後以圓教，融會諸計。假色非二，無非識種。識即具常性德，種乃無始本具。今依南山宗旨，圓導圓開。而彼受者，頓發圓解，了達諸法。清淨圓融，究竟一相。決誓要期，因緣構結。種從緣起，以成戒體。是則心大體大，心妙體妙。荊溪所謂，戒無大小，由受者心期是也。餘有僧體、羯磨體、大戒體及七非體，並附此門。

六、諸文戒行門

私曰，既已納體，必須奉行，使受隨相副，願行相應也。一言戒行，無非止作。止據戒本，持之則無違受體。作歸羯磨，行之則順本願心。又據《事鈔》，行分三位，即眾、自、共眾。據僧法羯磨，必在同遵。自約持戒，護體常切。自撿共即，四事所須，人皆共備。下文雖廣，無越於斯。苟一有違，律並結犯。若鈍根小器，教猶有開。上士圓機，微縱即犯。既發圓解，已納圓體，應脩圓行。用毗尼行相爲舟航，以唯識妙觀作帆楫。遊南山圓教之海，到如來涅槃之岸。

七、諸文戒相門

私曰，諸文言相，大略有二。一曰行相，二曰法相。言行相者，據內心秉持，善相形外。威儀語默，不在用心，自然合法。即《鈔》云，美德光顯爲相者，是也。言法相者，約境則物物皆是，約文則戒本所列。及一大律藏，制之與聽。善惡事法，覽而可別。並歸相収，行法相濫，如文自明。問，戒行戒相，二門何別。答，行據行心，秉持相據。形之身口，或列於文。目之可覩，狀之可分者，是也。

八、諸文持犯門

私曰，持犯一門，其義乃博。若據戒本，方便至果，該通篇聚。約境托趣，僧尼下眾，開遮輕重，持犯萬差。通於律藏，善惡事法，或制或聽，或止或作，或通或別。不學無知，本迷疑想。心境差互，故誤遺忘。漸頓通塞，聖凡優劣。如斯等相，違順持犯，並出如來。曲盡物情，妙明獨斷。文殊已下，莫敢措詞，豈在下凡，麤心能了。吾祖大師，三生弘律。師命闡揚，辭非心證。僧傳休師，顧諸徒曰，予聽經論，一遍入神。今聽律部，逾增逾暗。可謂律宗，其唯持犯。持犯之相寔深，非夫積學洞微窮幽盡理者，則斯義難見也。請詳至訓，宜善用心。

九、諸文悔罪門

私曰，比丘犯罪，化制雙科。何則如體是十惡。理不應爲。由佛立法。又加律制。違理則犯化業，違律則有制罪。滅化則假理融，懺制則依律法。是故吾祖《疏》《鈔》，引律列六聚懺法，羯磨行相無不詳備。遵經明三種觀行，理事儀範條貫可依。若但行制，化業不忘，道無所尅。若唯依理，制業仍在，戒不清淨。意使行者，理事相須，化制俱遣。戒瓶瑩潔，佛道現前也。

十、諸文三歸門

私曰，問，此門於律似亦非要，那錄令誦。答，三歸之義，甚關律學，略爲陳之。如律文中，佛初成道，與樹神及婆羅門婦，受佛法二歸。次爲耶輸父母，受三歸。續爲比丘，三語受具。又如五戒十戒，並三歸下，發無作體。若不精明，何爲師授。又律序戒序，必先歸敬三寶，乞求加護。戒業二疏，並廣伸明。敬儀一部，敘致列相，文極精要。意使出家五眾，心無他向，志必歸投。但三寶有因果迷悟，過去現在，名體差別。要須善達，令歸投有在。

釋題終。

諸文原教門

原佛化意通敘教宗

《戒疏》一上云，斯乃大聖降臨，創開化本。將欲拯拔諸有，同登彼岸。爲道制戒，本非世福。然煩惑難清，要由方便。致設三學，用爲治元。故《成論》云，戒如捉賊，定縛慧殺。三行相因，斯須攝濟。故身口事業，動與理違。若不先防，妄隨塵欲。則心路躁擾，靜定何因。定既不修，於諸我倒，無心思擇。明慧自隱，無由會正。故初行者，務先學戒。撿策非違，三業清淨。正定正慧，自然而立。故經云，依因此戒，得生後二。若無此戒，諸善不生。問，以理推戒，爲靜三塗。定除欲有，慧非界繫。如何上言，爲道非福。答，須知遠意。原佛降世，豈爲增生。天主人王，咸興有教。佛還說有，則與凡同。以此測量，故懸殊異。任戒集業，但事亂収。體沈下界，判非色有。故《伽論》云，戒是有爲有漏，世間法也。若元制意，爲道方便。三乘學人，必由斯迹。故《律》云，爲調三毒令盡故，制增戒學。又《多論》云，爲開泥洹門，故制戒。下文云，戒淨有智慧，便得第一道，斯良證也。

《行宗》一上云，爲道者，通而爲語，即指三乘。推佛本意，下至翻邪。終爲一實，而作前引。況經開會，殊途同歸。涅槃重扶，無非顯性。今明爲道，專指佛乘。止息化城，終非本意。故知化本，尙非二乘。豈爲世福，而立斯戒。

《行宗》又云，夫一切眾生，本來皆具，眞情妙性。性之爲體，唯寂唯照。一迷此性，乃昏乃散。翻號無明，積成煩惑。計有人我，隨境發毒。皷身口意，造生死業。流轉諸趣，億劫無窮。大覺慈哀，將令離苦。察病設藥，對分三種。內心昏動，對立定慧。身口非違，對立淨戒。聖教雖多，不越三學。三學所立，唯依色心。論其起也。則從本以發枝。用其治也。則先麤而後細。首先制戒，意在於斯。譬夫濁水，風激波騰。風波未息，欲得清澄，無有是處。三學次第，理數必然。乖越常模，去道全遠。

《業疏》二下引《多論》云，三歸五戒，乃至別脫，由佛出故，開立此法。但輪王梵王，說世間法，惠利眾生。故十善四弘，劫初便有。未能清昇，超越世境。法王出世，不爲世善。要斷煩惱，遠出界繫。故明戒善，令依具修。定慧等行，集生有本。此其意也。

《資持》下四云，一切佛法，不出三學。以衆生迷心爲惑，動慮成業。由業感報，生死無窮。欲脱苦果，要除苦因。故先以戒治其業，次以定慧澄其惑。業分善惡。故止作兩行以相翻。惑唯昏散，故定慧二法而對破。病因藥①内衆。故《論》云，三藏爲言，律藏勝故密故，唯佛獨説。制必僧中，不許餘衆之所讀誦，非所學故。餘如《鈔》序。《記》云，内衆通五，此局大僧。三衆未具，不預同聞。尼據本位，自有別教。不僭上尊，説時亦簡。問，文中單出本文者，佛世應有文籍耶？答，若約佛世，本無文字，但諸聖士聞持而已。或可佛在非無典籍，後結集者，編緝成章，義亦無妨。問，此中興教，爲取制戒，爲取説戒。答，若論制戒，屬前通意。今明十二年後，別集戒心，令弟子説，獨彰今本發起之致，故云別也。

《資持》上一上云，《論》即《十住婆沙》，彼云，修多羅，依十力等流説。一是處非處力，二業力，三定力，四根力，五欲力，六性力，七至處道力，八宿命力，九天眼力，十漏盡力。等流，等謂無漏，流即無擇。毗尼，依大慈等流説。阿毗曇，依無畏等流説。謂四無畏，一切智無所畏，漏盡無所畏，説障道無所畏，説盡苦道無所畏。據佛施教，通有三心。約法對機，不無偏勝。是故説法開解，偏在智力。破邪豎論，特須無畏。立制檢過，唯是大慈。所以然者，如來興慈，出現于世。欲説妙法，普令開悟。衆生頑鈍，遂説三乘。有遇法音，即登道果。故以略教，束其過非。人根轉劣，破略起非。復開廣教，指過立制，猶不能遵。以至三千八萬，無量律儀，正法之時，尚多毁犯。况當像末，焉可勝言。如是次第，曲就下凡，不遺微物。自非大慈，豈至於此。

戒唯佛制不通餘人

守一《律宗會元》卷一　《行宗》一下云，大千界内，佛爲法王。律是佛勅，唯聖制立。自餘下位，但可依承。良以如來，行果極圓。窮盡衆生，輕重業性。等覺已下，猶非所堪。况餘小聖，輒敢擬議。有如國家，賞罰號令，必從王出。臣下僭越，庶人失信，亡敗無日。佛法亦爾。若容佗説，群生不奉，法不久住故也。

守一《律宗會元》卷一　《事鈔》十門顯意差別。

第一，序教興意。夫至人興世，益物有方。隨機設教，理無虚授。《論》云，依大慈門，説於毗尼。故《律》云，世尊慈念故，而爲説法。二爲對外道無法自居，顯佛法人尊道高，故制斯戒。覩下律中，凡所制者，並懷異術。故文云，若不撰結，則令外道，以致餘言。三爲對異宗故來，宗則有其多別。且如薩婆多部，戒本繁略，指體未圓。接俗楷定於時數，御法例通於無準。今曇無德部，人法有序，軌用多方。提誘唯存生善，立教意居顯約。上則通明教興，今據當宗以辯。夫教不孤起，起必因人。人既不同，教亦非一。故攝誘弘濟，軌用實多。貴在得其本詮，誠難覈其條緒。所以約開制驗，旨在爲人。顯持犯諒，意存無過。

今束一律藏，以五例分之，則教興之意可見也。一、以遮性往分，性惡則通於化制，遮戒因過便起。然則性戒，文緩而義急。謂隨諸重戒，並有開文。文雖是開，開實結犯。縱成持也。持之寔難。如婬則三時無樂，毁訾則始終慈救。既是根本貪瞋，何能禁心無逸。故知義存急護也。遮戒一往制止，有益便開。開之過興，還復令制。豈非爲存化俗，恐墜枉坑。大慈設教，意唯撿失。故《毗尼母論》具立緩、急二儀，令尋之以通望也。二、以開制往徵，教則通於二世。故下文云，以世尊是一切智人故，制已更開，開已還制，此通未來教也。如《五分》，雖我所制，於餘方不爲清淨者，則不應用。雖非我所制，於餘方必應行者，不得不行。此如來在世教也。然二教相融，互兼彼此。三、以報有強弱，教亦重聽。就制則深防限分，約行則山世不同。四、以機悟爲先，教門輕重致隔，五部異執，豈不然耶？五、以事法相對，法唯楷式，乖旨則事不成。事通情性，故隨境制其得失。或記三性之緣，或隨世譏而起。且略引諸條，薄知方詣。總撮包舉者，莫非拯接凡庸，心懷泥曰，即涅槃梵音之説②也。而興教矣。故文云，世尊何故制增戒學，爲調三毒故。云何爲學，爲求四果故。下諸門中，所述制意，止隨前事，令後進者，尋條知本焉。私曰，此門通別兩意，無非大悲隨機示教。教興雖異，總歸爲道。故末文云，必懷泥曰而興教者，即其意也。　《記》云，若在權意，即有餘無餘，二□□□□□會。即指常□□□□□□大涅槃。

第二，制教輕重意。輕重兩意，裁斷寔難。何者。原彼能施之教，教主窮機之人。又推此所爲之人，人唯應藥之器。所以藥病相扣，利潤無方。豈可以情斷，寧復言論測也。雖然重啜其遠標，實被於來裔。在文自顯，何假證成。今序斯大略，所謂有七，一興厭漸頓，二結正業科，三報果不同，四攝趣優劣，五起情虛實，六開制互立，七約行彰異。如喧靜二儀也。凡此諸例，並制教之本懷，據斷之宗體。

第三，對事約教判處意。自佛法東流，幾六百載。諸師穿鑿，判割是非，競封同異，不可稱說。良由尋討者不識宗旨，行事者昏於本趣。故須學師必約經遠，執教必佩眞文。何事被於毀譏，豈復淪乎蚩責。今判其事犯，還約其受體。體既四分而受，豈得異部明隨。猶恐不曉大綱，更示其分齊。謂輒將已所學者，判他持犯。脫罹愆失，其唯不學愚癡。今通立定闕，共成較音覺準。一披條領，釋然大觀。《記》云，佛滅千年，至漢明帝時，騰蘭初至。人雖剃染，未有歸戒。跨及曹魏，將二百年，曇摩訶羅，依《四分》羯磨，立十人受戒爲始，出《僧祇》戒本，令衆誦習，第一差也。至姚秦時，《十誦》《廣律》初翻，人即依用，此二差也。其次，《四分》、《僧祇》、《五分》，三部廣文，並傳此地。人謂《僧祇》，與先戒本，文理相合，乃捨《十誦》，多演《僧祇》，此三差也。唯《四分》、《五分》，未曾弘通。至于元魏法聰律師，方悟前非。即罷講《僧祇》，首傳《四分》。然以人情執舊，多未伏從。及乎隋朝，智首律師作《五部區分鈔》，往往未能盡理，尚有紛紜。故今《鈔》及《業疏》分判，方爲盡善。

第四，用諸部文意。統明律藏，本實一文。但爲機悟不同，致令諸計岳立。所以隨其樂欲，成立已宗。競采大衆之文，用集一家之典。故有輕重異勢，持犯分途。有無遮出，廢興互顯。今立《四分》爲本，若行事之時，必須用諸部者，不可不用。故《善見》云，毗尼有四，法諸大德有神通者，抄出令人知。一、本者。謂一切律藏。二、隨本。三、法師語者。謂佛先說本，五百羅漢廣分別流通，即論主也。四、意用。謂以意方便度用，及三藏等廣說也。先觀根本，次及句義。後觀法師語，與文句等者用，不等者莫取。第六卷中廣明律師法。正文如此。

然行藏之務實難，取捨之義非易。且述其大詮，以程無惑。謂此宗中，文義俱圓，約事無缺者，當部自足，何假外求。餘有律文不了，事在廢前。有義無文，無文有事。如斯衆例，並取外宗，成此一部。又所引部類，必取義勢相關者。可用證成，必緩急重輕。是非條別者，準《論》不取。故文列四說，令勘得失。《十誦》墨印，義亦同之。若此以明，則心境相照，動合規猷。繁略取中，理何晦沒。若不鏡覽諸部，偏執一隅，涉事事則不周，校文文無可據。遂師心臆見，各競是非。互指爲迷，誠由無教。若《四分》判文有限，則事不可通行。還用他部之文，以成他部之事。或二《律》之內，文義雙明，則無由取捨。便俱出正法，隨意采用。然行用正教，親自披閱，恐傳聞濫眞故也。又世中持律，略有六焉。一、唯執《四分》一部，不用外宗。如持衣說藥之例，文無止但手持而已。二、當部缺文，取外引用。即用《十誦》持衣加藥之類。三、當宗有義，文非明了。謂狂顛足數睡聾之類。四此部文義具明，而是異宗所癈。如捨淨地直言說戒之類。五、兼取五藏，通會律宗。如《長含》中不令更試外道。六、終窮所歸，大乘至極。如《楞伽》《涅槃》，僧坊無煙禁斷酒內五辛八不淨財之類。此等六師，各執正言，無非聖旨。但由通局兩見，故有用解參差。此《鈔》所宗，意存第三第六。餘亦參取得失，隨機知時故也。《資持記》云，欲曉此□文相大意，須以三問前以激之。問，受體既從《四分》，祇合專依本宗，何以今《鈔》備引諸部，約體明隨，其義安在。問，三藏所詮，事理兩異。既宗律藏，何引《阿含》等經及餘小論。豈非化制不分耶？問，律是小乘，教限須別。安得輒用《華嚴》、《涅槃》、《地持智論》。豈非大小濫耶？若不明示，學者俱疑。故此決之，尋文可見。

第五，文義決通意。夫理本絕名，故立名標其宗極。名隨事顯，故對事而備斯文。然考斯律藏，言事並周。但爲年代渺邈，聲彩靡追。法爲時移，事多殘缺。加以五師捃拾，情見不同。重由翻譯失旨，妄生構立。又爲抄寫錯漏，相承傳濫。所以至於尋究，紛慮良多。今總會之，以通其大見。若文義俱闕，但可舉一以例諸。或就理有而成前事。或在文雖具，而

---

① 底本原注，「藥下恐有脫文或脫紙。」

② 底本原注，「說疑訛。」

於義有闕，便以義定之。故《論》言，以理爲正故也。或義雖必立，當部無文，則統關諸部，以息餘謗。然文義決通，誠難廢立，自非深明律相，善達開遮。不然，便有累於自心，固無益於他境。故《律》云，文義俱同，文同義異，文異義同，文義俱異。具舒進止，不勞敘釋。然決判是非者，必總通律藏之旨，並識隨經之文。如上六師所明，乃可究斯敎迹。故《十誦》云，比丘有三事，決定知毗尼相。一、本起，二、結戒，三、隨結。應思惟觀察，二部戒律，并及義解。《毗尼》、《增一》，開遮輕重。如五大色，是不淨遮，非色淨不遮，如是等，籌量本末己用也。《明了論》亦云，比丘能知五相，名解毗尼，不看他面。文略同上，廣如彼說。

第六，敎所詮意。詮敎之文，文雖浩博。撮其大趣，止明持犯。然持犯之境，境通內外。內謂行心之結業，外謂情事之順違。但令敎行相循，始終無犯，則爲持也。若生來不學，於法無聞。倐造善惡。義兼福罰。今欲科罪，但使與敎相應，不問事情虛實，並名犯也。此通名持犯也。若結篇正罪，窮諸治罰，必令束其方便，攬成業異。使量據覈其實情，輕重得於理敎。則斷割皎然，更何蕪濫。此別名持犯也。

第七，道俗七部。立敎通局意。顯理之敎，乃有多途。而可以情求，大分爲，一謂化敎。此則通於道俗，但汎明因果，識達邪正。科其行業，沈密而難知。顯其來報，明了而易述。二謂行敎。唯局於內眾，定其取捨，立其綱致。顯於持犯，決於疑滯。指事曲宣，文無重覽之義。結罪明斷，事有再科之愆。然則二敎循環，非無相濫。舉宗以判，理自彰矣。謂內心違順，託理爲宗。則準化敎，外用施爲。必護身口，便依行敎。然犯化敎者，但受業道一報。違行敎者，重增聖制之罪。故經云，受戒者罪重，不受者罪輕。文廣自明，所以更分者，恐迷二敎之宗體，妄述業行之是非。故立一門，求用蠲別。

第八，僧、尼二部，行事通塞意。然二部同戒同制，則事法相同。行用儀式，類準僧法。具在諸門，隨事詳用。若辯成犯相者，戒本自分。隱而難知者，具在隨相。餘有約位之戒，謂輕重不同。有無互缺，犯同緣異。而是當世盛行，種相難知者，及別行眾行等法，方列尼別行法中。此但分其宗類，猶未顯其來詮。諸有不同之意，具在大疏。

第九，下三眾隨行異同意。二眾沙彌，若約戒體，同大僧無作。撿其本數，唯顯於十。就餘隨行，類等塵沙。結罪居第五篇，就位在諸戒末。自外行法不同，取捨有異者，各就別篇具明。式叉摩那，六法是其學宗，戒體更不重發。自餘隨行對治，同諸三眾學之，必有不同，具如尼別法所顯。

第十，明鈔者，引用正文，去濫傳眞科酌意。初明引用正經，次明世中僞說，後明鈔與本意。

初言正本者，《僧祇律》是根本部，餘是五部。《曇無德部》《四分律》也。鈔者所宗。《薩婆多部》《十誦律》也。《彌沙塞部》《五分律》也。《迦葉遺部》《解脫律》，此有戒本。《婆麤富羅部》律本未至，此依大集分別。《毗尼母論》、《善見論》、《摩得勒伽論》、《薩婆多論》并傳。《毗奈耶律》、《明了論》釋正量部，并眞諦三藏疏。《五百問法》、《出要律儀》梁武帝《準律集》。自餘眾部，文廣不列。并大小乘經，及以二論，與律相應者，名隨經律，並具入正錄。如費長房《開皇三寶錄》十五卷中。次明諸師異執。法聰律師、覆律師出《疏》六卷。光律師兩度出《疏》。理隱樂音岳三師各出《鈔》。遵統師《疏》八卷。淵律師有《疏》。雲暉願三師各出《鈔》、《疏》。洪勝二師有鈔。首律師有《疏》二十卷。礪律師有《疏》十卷。基律師有《疏》。已外曇瑗、僧祐、靈裕諸師。已下及江表、關內、河南、蜀部。諸餘流傳者，並具披括，一如《義鈔》。

次明世中僞經。《諸佛下生經》六帙，《淨行優婆塞經》十卷，《獨覺論》、《金棺經》、《救疾經》、《罪福決疑經》、《毗尼決正論》、《優婆離論》、《普決論》、《阿難請戒律論》、《迦葉問論》、《大威儀請問論》、《五辛經》、《寶鬘論》、《唯識普決論》、《初敎經》、《罪報經》、《日輪供養經》、《乳光經》、《應供行經》、《福田報應經》、《寶印經》、《沙彌論》、《文殊請問要行論》、《提謂經》，如是等人造經論，總有五百四十餘卷。代代漸出，文義淺局，多附世情。隋朝久已焚除，愚叢猶自濫用。且述與律相應者，如前所列。餘文存略。

後明鈔與本意。夫鈔者，固令撮略正文，包括諸意也。余智同螢曜，量實疏庸。何敢輕侮猷言，動成戲論。雖然學有所承，承必知本。每所引用，先加覆撿。於一事之下，瘵立意多。諸師所存，情見繁廣。今並刪略，止存文證。及敎通餘論，理相難知。自非通解，焉能究盡。具如《集義鈔》所顯。而抄略證文，多不具委，但取文義堪來入宗者。自外不盡之文，必欲尋計，知其始末，則非鈔者之意。故文云，諸比丘欲不具說文句，佛言聽之。《毗尼母論》云，佛令引要言妙辭，直顯其義。庶令臨機有用，無待訪於他人。即事即行，豈復疑於罪福。猶恐後代加諸不急之務，增益其中，使眞宗無穢，行者致迷。鳥鼠之喩，復存於茲日矣。

此之十條，並總束諸門，例科分析。若覽收不盡，自下別論。夫宅身佛海，餐味法流。形廁僧伍，行唯三位。若遵仰正戒，識達持犯，則中卷之中，體相具矣。自行既成，外德彰用，則上卷之中，綱領存矣。自他兩德，成相多途，則下卷之中，毛目顯矣。此三明行，無行不收。三卷攝文，無文不委。然則事類相投，更難量擬。若長途散釋，則寡於討論。必隨相曲分，便過在繁碎。今隨宜約略，通結指歸。使舉領提綱，毛目自整。截舒載覽，隨事隨依。

讀體《毗尼止持會集凡例》 戒有三種。

戒有三種，果因互成，論得不同，據用則共，謂第一波羅提木叉戒，即律儀戒，第二禪戒，即定共戒，定是靜攝，入定之時，自然三業調善，諸惡不起，第三無漏戒，即道共戒，道是能通，發眞以後自無毀犯，如初果耕地，蟲離四寸，是道共力，此二戒法既是心上勝用，力能發戒，道定與律儀並起，故稱爲共，今毗尼藏正詮律儀，亦攝定道，由持淨戒，禪定智慧功德發生，則律儀爲因，定道爲果，由禪無漏力，性業遮業悉得淸淨，則木叉爲果，定道爲緣，故律中令諸比丘增心增慧，薩婆多論云，此波羅提木叉戒，若佛出世則有，佛不出世則無，禪無漏戒一切時有，波羅提木叉戒從敎而得，禪無漏戒不從敎得。又波羅提木叉戒但佛弟子有，禪戒外道俱有，夫能維持佛法，有七衆在世間，三乘道果相續不斷，盡以波羅提木叉而爲根本，禪無漏戒不爾，是故於三戒中，最爲殊勝。

持律者須知輕重開遮，決斷疑悔，始令正法久住不斷，故第四分云，有五法名爲持律，一知犯，二知不犯，三知輕，四知重，五廣誦二部戒。又五法，四如前，五廣誦毗尼。又五法，四如前，五謂住毗尼而不動。又五法，四如前，五諍事起善能滅除。又善見律云，律師有三法。一本毗尼藏，謂爲律師者，必本於毗尼，諷誦通利，句義辯習，文字不忘，然後可以敎授於人，所以稱之爲律師也。二堅持不雜，謂爲律師者，常懷慚愧堅持法律，於毗尼藏所有文句義疏，悉皆通達，若有問者，次第而答，不相雜亂，所以稱之爲律師也。三受持不忘，謂爲律師者，於毗尼藏所傳之師，須知次第授受之由，若佛授優波離，如是次第，師師相承，乃至於今其名字或能盡知，或知一二而不忘失，所以稱爲律師也。

比丘戒相，雖曰小乘，然學大乘者，未有不遵，故南海寄歸云，大乘小乘律撿不殊，齊制五篇，通修四諦。若禮菩薩，讀大乘經，名之爲大，不行斯事，號之爲小，所云大乘無過二種，一則中觀，二乃瑜伽，中觀則俗有眞空，體虛如幻，瑜伽則外無內有，事皆唯識，斯並咸遵聖教，孰是孰非，同契涅槃，何眞何僞，意在斷煩惑濟衆生，豈欲廣致紛紜，重增冗結，依行則俱昇彼岸，棄違則並溺生津，西國雙行，理無乖競。又云，浮囊不洩，乃是菩薩本心，勿輕小愆，還成最後之唱，理合大小雙修，方順慈尊之訓，防小罪觀大空，攝物澄心，何過之有，或恐自迷誤衆，準敎聊陳一隅，空法信是非虛，律典何因見慢。

今所集卷，專爲初學，若爲師者，切莫樂簡厭繁，儘閱散帙爲盈，須覽全藏，博究二持，庶可高樹戒幢，大振法鐸，苟未徹諳，急欲師人，多乖聖制，律有大呵。

讀體《毗尼止持會集》卷一 將明斯律，依賢首宗，略開七門。一教起因緣。二藏乘所攝。三教義通局。四辯定宗趣。五教所被機。六總釋題目。七別解戒相。所言門者，收攝無壅，名之爲門。俾依門入解，通達無滯，凡所釋義，則有所宗歸也。

初教起因緣者，有通有別。所言通者，謂如來惟爲一大事因緣，出現於世，則一代時教。總其大意，惟欲衆生開示悟入佛之知見。今此律者，欲令衆生以波羅提木叉戒，入佛知見故，故謂之通。

別則專就此律，復有十義，爲教起所因。一攝取於僧。二令僧歡喜。三令僧安樂。四未信者令信。五已信者令增長。六難調者令調順。七慚愧者得安樂。八斷現在有漏。九斷未來有漏。十正法得久住。

一攝取於僧者，謂於世人衆姓之內。若有篤信男女等。入正法中。深生敬信。樂爲苾芻。以成僧衆。令取僧寶果故。

二令僧歡喜者（律攝云，爲僧伽極善）。謂既入善說法律之中。而知僧尊。堅固道志。暢悅持戒。蕩滌凡情，能令善法極增勝故。

三令僧安樂者，謂依禁戒清淨活命，三慧自淑，五邪不干，以七法財，還信施債，德業漸增，不爲施所墮故。

四未信者令信者，謂持禁戒性遮清淨，四儀整肅，譏誚不興，令未信者知歸佛道，使邪見輩正信發生故。

五已信者令增長者，謂嚴淨律儀梵行可軌，如教化利慈威可欽，能令久淹佛法者，景仰歸從，愈增淨信故。

六難調者令調順者（律攝云，爲折伏惡人），謂有一類名字比丘，及一類雖具信心煩惱業習強者，今以輕重律儀諫治調伏，令知自責隨順眾僧故。

七慚愧者得安樂者，謂清淨律儀調難調者令知足，慚愧樂持戒僧，一界六和，身心無擾，得適悅進道故。

八斷現在有漏者，謂諸惡發業，皆由潤生，今以淨戒防止功用，能違現行，乾枯業種，不起煩惱，斷除苦因故。

九斷未來有漏者，謂依淨戒定慧發生，心無染污，永斷漏種，不受後有，得證僧寶果故。

十令正法久住者，謂令清淨僧寶種性，相續不息，如法宣說，廣利人天，展轉相教，正法得以久住故，以上別中十義，皆準律攝釋者，是爲此教結制之因。

《薩婆多》云，如來以此十義結戒者，順此十利功德，得此十利功德，若持一戒，將來得一戒果報，兼得十利果報，如是一切戒當分別爾，非一切通得此十利功德也。初明教起因緣竟。

讀體《毗尼止持會集》卷一 判教論。

二藏乘所攝者，已知此戒有如是因。未審藏乘之中各何屬攝。先明藏攝，次明乘攝。

先明藏攝者有二，一三藏，二二藏，且初三藏者。

一修多羅，或云修妬路，亦名素呾纜，此飜契經，契者契理契機，經者以貫攝爲義，貫謂貫穿所應知義，攝謂攝持所化之機，故此教於三學中，所詮定學。

二毗奈耶？此飜調伏，謂調練三業，治伏過非，亦名鼻奈耶？鼻飜去，奈耶飜眞，去若干非而就眞，故曰眞也。降伏此心息此心忍不起，故曰眞也。降伏戒也。息定也。忍智也。亦名毗尼，飜滅。又云調御，使心行調善也。此教於三學中，所詮戒學。

三阿毗達磨，舊云阿毗曇，訛也。阿毗是對義，達磨法義，合言對法，謂能對者是妙慧，通漏無漏，所對者是法，通世出世法，此慧對向涅槃法，復能對觀了四諦法，法之所對，故名對法，此教於三學中，所詮慧學。

梵語比吒，此云藏，即包含攝持之義，非藏無以積錢財，非藏無以蘊文義，故上三典皆名曰藏，今此戒者，正屬毗奈耶藏，非如他經分攝故。

二藏者，一菩薩藏，二聲聞藏，不列緣覺者，攝歸聲聞故，今此戒者，正屬聲聞藏，亦分攝菩薩藏，蓋聲聞人未發大心，容可不學菩薩戒，而菩薩人未有不學聲聞戒故。

次明乘攝者，乘有五乘，一人，二天，三聲聞，四緣覺，五菩薩，乘者運載爲義，通教理行果，謂依教解理，依理起行，依行證果，行果正運，教理助運，五皆名乘，由力有大小，載有遠近，故分爲五。

一人乘者，《涅槃經》云，多思慮故名人，《雜心論》云，意寂靜故名人，謂受三皈五戒，修下品十善，運載眾生，越於三途，生於人道，其猶小艇纔過溪澗。

二天乘者，《俱舍論》云，光潔自在神用名天，謂受持三皈五戒，修中品十善，非定相應，運載眾生，越於四洲，生欲界天，與四禪定相應，生色界天，與四空定相應，生無色界天，猶如小船越於江河。

三聲聞乘者，聲謂佛音聲，聞謂耳根發識，聽聞佛聲四諦之法，故名聲聞。

四緣覺乘者，以慧覺了十二因緣之法，亦名獨覺，謂出無佛世，雖不稟至教，自悟無生，故名獨覺，修四諦十二因緣法門，皆能運載眾生，越於三界，到有餘涅槃，成阿羅漢及辟支佛，皆如大船越大江河。

五菩薩乘者，梵語具云菩提薩埵，菩提覺義，薩埵有情義，合言覺有情，以悲智爲本，修六度法門，運載眾生，越於三界三乘之境，至無上菩提大般涅槃之彼岸，如乘大舶越於大海，今此戒者，正攝聲聞乘，非餘乘所攝。

二明藏乘所攝竟。

三教義通局者，已知藏乘所攝如是，未審教義，當復云何？其中分二。初約教局論，次推義通論。

初約教局論者，世尊一大時教，有稱性隨機權實開會，方便演説，義各淺深，今依賢首所判，不出五教。

一、小教。此教以隨機故，但説人空，不説法空，縱説法空，亦不明了，但依六識三毒，建立染淨根本，唯論聲聞乘故，名爲小教。

二、始教。由第二時，但明於空，未盡大乘法理故，名之爲始，第三時定説三乘，不言定性聲聞無性闡提成佛故，亦名分教，於中廣説法相，少説法性，所説法性亦是相數，是大乘之初門，故曰始教。

三、終教。言定性聲聞無性闡提悉當成佛，方盡大乘至極之説，名之爲終，以稱實理，亦名爲實，於中少説法相，多説法性，雖説法相，亦會歸性，是大乘終極，名爲終教。

四、頓教，此教明一念不生，即名爲佛，不依地位漸次而説，名之爲頓，於中不説法相，唯明眞性，一切所有唯是妄想，一切法界唯是絶言，名爲頓教。

五、圓教，此教所説唯是無盡法界，性海圓融，刹塵無礙，即華嚴所談，名爲圓教，今此戒相正爲衆生癡所覆故，遂起貪瞋邪見十使縈纏，汩没四流，昇沉九地，是以六識三毒爲染根本，故如來愍此，爲制毗尼，令治伏三毒，防護七支，修生空觀，斷分别俱生二種我執，超越三界，證阿羅漢果，是爲六識反染而爲淨根本，義屬小教，正阿含攝，非餘四教，故曰局也。

次推義通論者，謂此戒相雖曰小教，若以義推，則通乎圓，故法華玄義云，開麤者毗尼學即大乘學式叉，式叉即大乘第一義光，非青黄赤白，三歸五戒十善二百五十皆是摩訶衍，豈有麤戒隔於妙戒，戒既即妙，人亦復然，汝實我子，即此義也。（文）蓋圓人受法，無法不圓，一色一香無非中道，低頭合掌悉是道場，孰曰戒相而非圓頓，且如來化緣事畢，仍遺教云，汝諸比丘於我滅後，當尊重珍敬波羅提木叉，如闇遇明，貧人得寶，當知此戒則是汝等大師，若我住世，無異此也。斯乃開顯之後，顧命之言，必局小教，豈其然乎？三明教義通局竟。

四辯定宗趣者，已知教義通局如斯，未審宗趣當何所取。宗者言之所尚曰宗，趣者宗之所歸曰趣，亦有總别。

佛寺石窟名山部

佛寺分部

紀事

天竺諸寺

《佛說十力經》 三師七證，授以律儀，於蒙鞮寺，諷聲聞戒，諷畢聽習，根本律儀。然於北天竺國皆薩婆多學也（唐言根本說一切有）。然此蒙鞮寺者，北天竺王踐位後建茲寺矣。梵云蒙鞮微賀羅，微賀羅者唐言住處，住處即寺也。次有阿彌陀婆挽（免煩反平聲呼）寺，次有阿難儀寺，次有繼者岑寺，次有惱也羅寺，次有惹惹（而者反）寺，次有將軍寺，次有也里特勒寺，突厥王子置也。次有可敦寺，突厥皇后置也。此國伽藍三百餘所，靈塔瑞像，其數頗多，或阿育王及五百阿羅漢之所建立也。如是巡禮，兼習梵語，經遊四年，夙夜虔心，未曾暫捨。其國四周，山爲外郭，總開三路，以設關防。東接吐蕃，北通勃律，西門一路，通乾陀羅，別有一途，常時禁斷，天軍行幸方得暫開。法界至於第四年，後出迦溼蜜國入乾陀羅城，於如羅灑王寺中安置。其寺，王所建立，從王爲名，王即上古罽膩吒王之胄胤也。次有可忽哩寺王子名也，繽芝寺王女名也。復有旃檀忽哩寺，王弟名也，此皆隨人建立，從彼受名。次有特勤灑寺，突厥王子造也，可敦寺突厥皇后造也。復有阿瑟吒寺，薩緊忽哩寺罽膩吒王聖塔寺，罽膩吒王演提灑寺，此寺復有釋迦如來頂骨舍利，有罽膩吒王伐龍宮沙彌寺。如是巡禮又經二年，即當代宗睿文孝武皇帝廣德二年甲辰歲也。從此南遊中天竺國親禮八塔，往迦毘羅伐窣覩城，佛降生處塔。次摩揭提國，菩提道場成佛處塔，於菩提寺夏坐安居。次波羅痆斯城仙人鹿野苑中轉法輪處塔，次鷲峰山說法華等經處塔，次廣嚴城，現不思議處塔。次泥嚩襪多城，從天降下三道寶階塔（亦云寶橋）。次室羅伐城逝多林給孤獨園，說摩訶般若波羅蜜多度諸外道處塔。次拘尸那城娑羅雙林，現入涅槃處塔，如是八塔右遶供養瞻禮略周。次於那爛陀寺中住經三載，又至烏仗那國尋禮聖蹤住茫誐（平聲呼虐迦反）勃寺。復有蘇訶拔提寺（唐言日宮寺也），鉢茫拔提寺（唐言蓮華寺），如是往來，遍尋聖跡。與大唐西域記說無少差殊。思戀聖朝本生父母內外戚屬，焚灼其心念鞠育恩深，昊天罔極，發願歸國瞻覲。

蓮花寺

《佛說十力經》 龜茲國王白環（亦云丘茲）正曰屈支城。西門外有蓮花寺，有三藏沙門名勿提提犀魚（唐云蓮花精進）。至誠祈請譯出十力經，可三紙許以成一卷。三藏語通四鎮，梵漢兼明，此十力經，佛在舍衛國說。安西境內有前踐山，前踐寺，復有耶婆瑟雞山，此山有水，滴霤成音，每歲一時，採以爲曲。故有耶婆瑟雞寺，東西拓厥寺，阿遮哩貳寺，於此城住一年有餘。次至烏耆國王龍如林，鎮守使楊日祐，延留三月。從此又發至北庭州，本道節度使御史大夫楊襲古，與龍興寺僧，請于闐國三藏沙門尸羅達摩（唐言戒法）譯十地經，三藏讀梵文幷譯語。沙門大震筆授，沙門法超潤文，沙門善信證義，沙門法界證梵文幷譯語，迴向輪經翻譯準此。翻經既畢，繕寫欲終，時逢聖朝四鎮北庭，宜慰使中使叚明秀來至北庭。洎貞元五年己巳之歲九月十三日，與本道奏事官節度押衙牛昕，安西道奏事官程鍔等，隨使入朝，當爲沙河不通取迴鶻路。又爲單于不信佛法，所齎梵夾不敢持來，留在北庭龍興寺藏，所譯漢本隨使入都。六年二月來到上京，有勅令於躍龍門使院安置。中使叚明秀，遂將釋迦眞身一牙舍利及所譯經，進奉入內。天恩宣付左神策軍，令寫此經本，與佛牙舍利一時進來。時左街功德使竇文場，準勅裝寫進奉闕庭兼奏。從安西來無名僧悟空，年六十舊名法界，俗姓車名奉朝，請住章敬寺，其年二月二十五日。

諸王寺

《佛說枯樹經》 僧伽尼城北，迦葉佛時偷婆，陷在下方金剛際。佛從天上爲母說法，還於此城下。阿難問佛，佛從天下以何爲幟。佛言，今當現證。即申手下方，執迦葉佛偸婆出。此偸婆以雜色玉石作偸婆，名僧伽尸。迦葉佛父，名說立婆留言慈造，高三百肘方三里半，本眞七寶合，故有七種色，現城即以此偸婆爲稱也。迦葉阿難等，所以於此地集經者，有二事不得涅槃處出。一者不在人中，二者天人四輩來者，皆當悲感心亂，不靖聽故也。集訖，諸王於其處，造僧伽藍名諸王寺，在偸婆北，後群茶王，慊偸婆當城門。王欲壞之，勅城內嚴銚斵明，當除之。夜半偸婆便移，從城上過音聲振國，去城南二十里，在林樹間止。所勸王破寺臣者，即誅五族。王覩變知，改爲淸信士。自移來可四十年許，諸王寺朽壞，後有橫王出更修飾之，今日現在。

禪寂寺

《金光明經》卷四　王既見狀，極懷歡喜曰，居道雖殺眾生，能設方便，爲其發願，條造功德，令此債主，便生人路，既無執對，偏詞不可懸信。判放居道再歸生路，當宜善念，多造功德，斷味止殺，勿復慳貪惜財，不作橋梁，專爲惡業。於是出城，如從夢歸。

居道當說此由緣，發心造經一百餘，人斷肉止，殺不可計數。

此經天下少本，詢訪不獲，聘歷諸方，遂於衛州禪寂寺檢得，抄寫隨身供養。後居道及至當官之日，合家大小悉斷肉味。

居佛寺

《佛說罵意經》　人持戒乃孝順，報父母恩耳。何以故。不殺萬物得長生，不盜物皆富，不婬，不亂，不欺皆信，不飲酒皆淨，父母有時墮是中便安隱。於佛寺中齋宿，不得臥沙門繩床，榻橙，機上及被中，皆爲犯戒。

人請道人，道人未食，不應問經。道人爲說，有罪。道人食，乃得問經道。

不持戒，不行道，居佛寺中不如自投釜中，釜中燒一身耳。不持戒，不行道，在佛寺中，燒無數身。

波羅提木叉寺

《佛說雜藏經》　問曰，此四眾皆好佛道，欲行菩薩三事，有欲一日一夜行者，有欲七日行者，乃有終身行者，爲得幾許福耶？答曰，此問甚深，吾不能答。唯佛能知此福多少。自捨如來，不能了也。如月氏國王欲求佛道故，作三十二塔，供養佛相，一一作之。至三十一時，有惡人觸王，王心退轉，如此惡人云何可度。即時迴心，捨生死向涅槃，作第三十二浮圖，以求解脫。由是因緣成羅漢道，是故此寺名波羅提木叉（秦言解脫生死）。自爾以來，未滿二百年，此寺今在，吾亦見之，寺寺皆有好形像。

復值一寺

《佛說因緣僧護經》　爾時僧護比丘，失伴獨去，涉路未遠，聞犍稚聲。尋聲向寺，路值一人，即便問曰，何因緣故，打犍稚聲。其人答曰，入溫室浴。僧護念言，我從遠來，可就僧浴。即入僧坊，見諸人等，狀似眾僧，共入溫室。見諸浴具，浴衣瓦瓶坩器，浴室盡皆火然。爾時僧護比丘，見諸比丘，共入溫室，入已火然筋肉消盡，骨如焦炷。僧護驚怖。問諸比丘，汝是何人。比丘答曰，閻浮提人。爲性難信，汝到佛所，便可問佛。即便驚怖，捨寺逃走。進路未遠，復值一寺，其寺嚴博，殊能精好，亦聞稚聲，復見比丘。即便問言，何因緣故，打犍稚聲。比丘答曰，眾僧食飯。尋自思惟，我今遠來，甚成飢乏，亦復須食。入僧坊已，見僧和集，食器敷具，皆悉火然，人及房舍，盡皆火然，如前不異。僧護問言，汝是何人。其人答言，更不異前。僧護驚怖，更疾捨去。進路未遠，復更值寺，其寺嚴儀，更不異前，前入僧坊。復見諸比丘，坐於火床，互相抓捶，肉盡肪出，五藏骨髓，亦如焦炷。僧護問曰，汝是何人。比丘答言，閻浮提人。爲性難信，汝到佛所，便可問佛。僧護驚怖，復疾捨去。進路未遠，復值一寺，如前入寺，見諸眾僧，共坐而食。諸比丘言，汝今出去。僧護踟躕，未及出去，見諸比丘，鉢中唯是人糞，熱沸涌出。時諸比丘，皆悉食噉，食已火然，咽喉五藏，皆成烟炭，流下直過。見已驚怖，復疾而去。其去未遠，復見一寺，其寺嚴儀，如前不異，即入僧坊。見諸比丘，手把鐵鎚，互相棒打，摧碎如塵，見已驚怖。復更進路，其去未遠，復見一寺，其寺嚴好，亦不異前，即入僧坊，聞犍稚聲。僧護問曰，何故打稚。諸比丘答言，欲飲甜漿。僧護比丘，即自念言。我今渴乏，須飲甜漿。即入眾中，見諸食器，床臥敷具，諸比丘等，互相罵辱，諸食器中，盛滿融銅，諸比丘等，皆共飲噉，食已火然，咽喉五藏，皆成炭火，流下直過。見已驚怖，進路而去，其去未遠，見大肉地，其火焰熾，叫聲號痛，苦楚難忍。見已驚怖，進路而去，其去未遠，復見大地，如前不異。復更前進，見大肉甕，盡皆火然，熱疼難忍，如前無異。復更前進，亦見肉甕，盡皆火然，如前不異。復更前進，見一肉瓶，其火焰熾，叫聲呼苦，毒痛難忍。復更前進，見一肉瓶，其火焰熾，如前不異。復更前進，見大皮泉，其火焰熾，爛皮浩沸，苦聲楚毒，亦不異前。見已驚怖，復更前進，進路未遠，更見一大肉甕，其火焰熾，苦事如前。復更前進，見一比丘，手捉利刀，而自劓鼻，劓已復生，生已復劓，終而復始，無有休息。復更前進，見一比丘，手捉斲斫，自斫己舌，終而復始，如前不異。

初見寺者

《佛說因緣僧護經》 佛告僧護，汝初見寺者，非是僧寺，亦非比丘，是地獄人。迦葉佛時，是出家人，五德不成，四方僧物，不打犍稚，眾默共用。以是因緣，受火床苦。從迦葉佛涅槃以來，受地獄苦，至今不息。汝見第二寺者，亦非僧寺，復非比丘，是地獄人。迦葉佛時，是出家人，五德不具，諸檀越等，造作寺廟，四事豐足。檀越初心，造寺之時，要打犍稚，作曠濟意，是諸比丘，不打犍稚，默然受用。客比丘來，不得飲食，還空鉢出。以是因緣，受火床苦，迭相抓插，筋肉消盡，骨如焦炷。從迦葉佛涅槃以來，受如是苦，至今不息。汝見第三寺者，非是僧寺，亦非比丘，是地獄人。迦葉佛時，是出家人，懈怠比丘，多人共住。共相謂言，我等今者，可共請一持律比丘，共作法事，可得如法。即時推覓，得一淨行比丘，共住食宿。此淨行比丘，復更推覓同行比丘。時淨行人，轉轉增多，即便追逐，令出寺外。時破戒人，於夜分中，以火燒寺，滅諸比丘。以是因緣，手捉鐵鎚，互相摧滅，從迦葉佛涅槃以來，受大苦惱，至今不息。汝見第四寺者，非是僧寺，亦非比丘，是地獄人，迦葉佛時，是出家人，常住寺中。有諸檀越，施脂肉來，應現前分。時有客僧來，舊住比丘，以慳心故，待客出去，後方欲分，未及得分，蟲出臭爛，捐棄於外。以是因緣，入地獄中，噉糞屎食。從迦葉佛涅槃以來，受苦不息。汝見第五寺者，非是僧寺，亦非比丘，是地獄人。迦葉佛時，是出家人，臨中食上，不如法食，惡口相罵，以是因緣，受鐵床苦，諸食器中，沸火漫流，筋肉消盡骨如焦炷，從迦葉佛涅槃以來，至今不息。汝見第六寺者，非是僧寺，亦非比丘是地獄人。迦葉佛時，是出家人，不打犍稚，默然共飲眾僧甜漿，恐外僧來，慳因緣故，墮地獄中，飲噉融銅，從迦葉佛涅槃以來受苦，至今不息。

天冠寺

《長阿含經》卷四 阿那律曰，汝等欲以香花伎樂供養舍利，竟一日已，以佛舍利置於牀上，使末羅童子舉牀四角，擎持幡蓋，燒香散花，伎樂供養。入東城門，遍諸里巷，使國人民皆得供養。然後，出西城門，詣高顯處，而闍維之。而諸天意欲留舍利，七日之中，香花伎樂，禮敬供養。然後以佛舍利置於牀上，使末羅童子，舉牀四角，擎持幡蓋，散花燒香，作眾伎樂，供養舍利。入東城門，遍諸里巷，使國人民皆得供養。然後出城北門，渡凞連禪河，到天冠寺而闍維之。是上天意，使牀不動。

《中阿含經》卷一四 阿難，從拘尸城，從和跋單力士娑羅林，從尼連然河，從求求河，從天冠寺，從為我敷床處，我於其中間七反捨身，於中六反為轉輪王，今第七如來，無所著等正覺。

竹林釋迦寺

《中阿含經》卷二八 爾時，世尊過夜平旦，著衣持鉢，為乞食故，入迦維羅衛。食訖，中後收舉衣鉢，澡洗手足，以尼師壇著於肩上，往詣竹林釋迦寺中，入彼大林，至一樹下敷尼師檀，結加趺坐。

遮惒邏寺

《中阿含經》卷三五 世尊聞已，告曰，雨勢。我昔曾遊於跋耆國，彼國有寺名遮和邏。雨勢。爾時，我爲跋耆國人說七不衰法，跋耆國人則能受行七不衰法。雨勢。若跋耆國人行七不衰法而不犯者，跋耆必勝，則爲不衰。

馬林寺

《中阿含經》卷四八　一時，佛遊鴦騎國，與大比丘衆俱，往至馬邑，住馬林寺，及比丘衆。

比丘尼寺

《雜阿含經》卷二四　一時，佛住舍衛國祇樹給孤獨園。爾時，尊者阿難晨朝著衣持鉢，入舍衛城乞食，於路中思惟，我今先至比丘尼寺。即往比丘尼寺。諸比丘尼遥見尊者阿難來，疾敷床座，請令就座。

鷄雀寺

《雜阿含經》卷二五　又復，我常所願，欲以滿億百千金作功德，今願不得滿足，便就後世時，計挍前後所施金銀珍寶，唯減四億未滿。王即辦諸珍寶，送與鷄雀寺中。

法益之子，名三波提，爲太子諸臣等，啟太子言，大王將終不久，今以此珍寶送與寺舍中，今庫藏財寶已竭，諸王法以物爲尊，太子今宜斷之，勿使大王用盡也。時，太子即勅典藏者，勿復出與大王用之。

時，大王自知索諸物不復能得，所食金器送與寺中。時，太子令斷金器，給以銀器，王食已，復送與寺中。又斷銀器，給以銅器，王亦以此送與寺中。又斷銅器，給以瓦器。

善住天寺

《別譯雜阿含經》卷一　一時，佛遊摩竭提國，與千比丘俱。先是婆羅門耆舊有德，獲阿羅漢，諸漏已盡，盡諸有結，所作已辦，捨於重擔，逮得己利。如來往至善住天寺祠祀林中，頻婆娑羅王聞佛到彼祠祀林間。時，頻婆娑羅王即將騎隊，有萬八千輦輿，車乘萬有二千，婆羅門居士數千億萬，前後圍遶，往詣佛所。至佛所已，捨象馬車，釋其容飾，往至佛所，長跪合掌，白佛言，世尊。我是摩竭提王頻婆娑羅。三自稱說。佛言，如是，如是，摩竭提王頻婆娑羅。時，頻婆娑羅禮佛足已，在一面坐。摩竭提國諸婆羅門，及以長者，禮佛足已，各前就坐。時，此坐中，或有舉手，或默然坐。

如來寺

《增壹阿含經》卷七　爾時，世尊告諸比丘，有此二法，內自思惟，專精一意，禮如來寺。云何爲二法。如來與世間人民無與等者。如來有大慈大悲，矜念十方。是謂，比丘。有此二法，內自思惟，專精一意，禮如來寺。如是，諸比丘，當作是學。

四廟寺

《增壹阿含經》卷一三　時，地主大王以若干百種香花供養，於四衢道路，起四廟寺，各用七寶金，銀，琉璃，水精，懸繒幡蓋，及八十億衆各各以漸於無餘涅槃界而般涅槃。爾時，大王取八十億衆，收其舍利，各各興起神寺，皆懸繒幡蓋，香華供養。大王當知。爾時，地主大王復供養燈光如來寺及八十億羅漢寺，復經七萬歲，隨時供養，然燈，散華，懸繒幡蓋。大王當知，燈光如來遺法滅盡，然後彼王方取滅度。

祇洹寺

《增壹阿含經》卷二二　時，女以偈報曰，皆在祇洹寺，六年不移動，坐禪最第一，此名離越者。是時，尊者離越，遶城三匝，詣長者家。是時，尊者阿那律化作五百師子，極爲勇猛。在上坐，往詣彼城。

迦葉如來寺

《增壹阿含經》卷二八　世尊告曰，汝等五王，於此處造立神寺，長夜受福，終不朽敗。諸王報曰，當云何造立神寺。爾時，世尊申右手，從地中出迦葉如來寺，視五王而告之曰，欲作神寺者，當以此爲法。爾時，五王即於彼處起大神寺。爾時，世尊告諸比丘，諸過去恆沙如來翼從多少，亦如今日而無有異。正使當來諸佛世尊翼從多少，亦如今日而無有異。今此經名遊天法本。如是，諸比丘。當作是學。爾時，四部之衆及五國王聞佛所說，歡喜奉行。

羇翅神寺

《增壹阿含經》卷三五　爾時，舍利弗在羇翅神寺中遊。爾時，衆多比丘往至舍利弗所，共相問訊，在一面坐。是時，衆多比丘白舍利弗言，我等欲詣北方人間遊化，今以辭世尊。

舍利弗言，卿等當知，北方人民，沙門，婆羅門皆悉聰明，智慧難及，復有人民喜來相試。若當來問卿，諸賢師，作何等論。設當作是問者，欲云何報之。

如來神寺

《增壹阿含經》卷三五　大迦葉白佛言，我不堪任受彼衣食，今此納衣隨時乞食，快樂無比。所以然者，將來當有比丘。形體柔軟，心貪好衣食，便於禪退轉，不復能行苦業，又當作是語，過去佛時，諸比丘等亦受人請，受人衣食，我等何爲不法古時聖人乎。坐貪著衣食故，便當捨服爲白衣，使諸聖賢無復威神，四部之衆漸漸減少。聖衆已減少，如來神寺復當毀壞。如來神寺已毀壞故，經法復當凋落。是時，衆生無復精光，以無精光，壽命遂短。是時，彼衆生命終已，皆墮三惡趣。猶如今日衆生之類，爲福多者皆生天上，當來之世爲罪多者，盡入地獄。

如來寺

《增壹阿含經》卷四八　爾時，世尊告諸比丘，若善男子，善女人欲禮拜如來神寺者，當行十一法禮如來寺。云何爲十一。興勇猛意，有所堪故。意不錯亂，恆一心故，當念專意，諸止觀故。諸念永息，入三昧故。意及無量，由智慧故。意難觀察，由其形故。意淡然靜，由威儀故。意無流馳，以名稱故。意無想像，由其色故。梵音難及，由柔軟響故。諸比丘。若善男子，善女人欲拜如來寺，當具此十一法禮如來神寺，長夜之中獲德無量。如是，比丘。當作是學。

高臺寺

《增壹阿含經》卷五〇　一時，佛在毘舍離普會講堂所，與大比丘衆五百人俱。爾時，大愛道遊於毘舍離城高臺寺中，與大比丘尼衆五百人俱，皆是羅漢，諸漏已盡。爾時，大愛道聞諸比丘說，如來不久當取滅度，不過三月，當在拘夷那竭娑羅雙樹間。爾時，大愛道便作是念，我不堪任見如來取滅度，亦復不堪任見阿難取滅度，我今宜可先取滅度。

歸勝寺

《佛說力士移山經》　佛於是頌曰：

法起必歸盡，興者當就衰，萬物皆無常，慮是乃爲安。
得百千金山，福祚難爲喻，不如供泥塔，欣豫歸勝寺。
獲寶百千藏，福慶不可計，不如供泥塔，喜踴歸勝寺。
設百千寶車，載色如紫金，不如供土寺，踴躍歸命佛。

佛說是經時，諸力士衆五百人等，知世無常三界難怙，無一真諦唯道可依，貢高即除不計吾我，皆發無上正真道意，應時皆得立不退轉之地。有無央數百千天人，遠塵離垢，諸法法眼生。佛說如是，莫不歡喜，各以頭面著地爲佛作禮。

赤檀塔寺

《德光太子經》　吉義如來般泥曰已後，即爲造起赤旃檀塔寺，於百千歲供養。所可闍維如來處，以一切天下諸花，諸香，擣香，雜香，伎樂以爲供養。起九十四億塔，皆用七寶珍琦之物，以爲帳幔覆蓋其上，各以五百七寶蓋供養諸塔，及百千伎樂一切閻浮利諸花，寶樹用供養塔。各然百千燈，一一所然油其價百千，及散一切香花。如是之比，具足供養億歲中。然後德光太子棄家學道作沙門，著三法衣，常行分衛，初不豫世事，亦不睡臥，了無衣食之心。具足四億歲中，常惠法施，未曾計有我。亦不疑他人，何況求供養。亦無生死語，爲衆說法不勸令生天上，學是行以教授一切人及中宮眷屬，使爲沙門。

伽藍寺

《佛本行集經》卷五四　爾時，迦葉世尊出現於世，怛他伽多，阿羅訶，三藐三佛陀，作大教師，應供，正遍知，明行足，善逝，世間解，無上士，調御丈夫，天人師，佛，世尊。爾時，迦葉婆伽婆，阿羅訶，三藐三佛陀，已轉法輪逆轉流轉，已受法輿本願具足，最得稱利勝丈夫志，開敷示現所化蓮華，於無量億百千衆生，安置善道。當爾之時，修行依彼波羅㮈城，住舊仙人所居之處彼鹿苑中，與比丘僧二萬人俱。時彼剃治鬚髮師父，數至彼苑，與諸比丘剃除鬚髮。然彼小兒，始能行時，共父至於伽藍寺內。然諸比丘，或說諸法，講論之時，得至彼聽講說律時，或復得聽，或不得聽。

鷄雀寺

《舍利弗問經》　王曰，我無威德以及先王，當建次業以成名行，即御四兵攻鷄雀寺。寺有二石師子，哮吼動地，王大驚怖，退走入城，人民看者，嗟泣盈路。王益忿怒，自不敢入，驅逼兵將乍行死害，督令勤與呼攝七衆。比丘比丘尼，沙彌沙彌尼，式叉摩尼出家出家尼一切集會。問曰，壞塔好不，壞房好不。僉曰，願皆勿壞，如不得已，壞房可耳。王大忿厲曰，云何不可。因遂害之，無問少長，血流成川，壞諸寺塔，八百餘所。諸清信士，舉聲號叫，悲哭懊惱。

王寺

《大智度論》卷一四　譬如罽賓三藏比丘，行阿蘭若法，至一王寺，寺設大會，守門人見其衣服麁弊，遮門不前。如是數數，以衣服弊故，每不得前。便作方便，假借好衣而來，門家見之，聽前不禁。既至會坐，得種種好食，先以與衣。衆人問言，何以爾也。答言，我比數來，每不得入，今以衣故得在此坐，得種種好食，實是衣故得之，故以與衣。

入佛寺

《十住毗婆沙論》卷八　是在家菩薩，若入佛寺。初欲入時，於寺門外五體投地。應作是念，此是善人住處，是空行者住處，無想行者住處，無願行者住處。此是行慈悲喜捨者住處，此是正行正念者住處。若見諸比丘威儀具足，視瞻安詳，攝持衣鉢，坐卧行止，寤寐飲食，言說寂默，容儀進止，皆可觀察。若見比丘，修行四念，聖所行處，持戒清淨，誦讀經法，精思坐禪。見已恭肅，敬心禮拜，親近問訊。應作是念。

若我恆沙劫，常於天祠中。大施不休廢，不如一出家。

苑閑豫宮寺

《阿毗曇毗婆沙論》卷一　四月中旬，於涼城內苑，閑豫宮寺，請令傳譯理味。沙門智嵩道朗等三百餘人，考文評義，務在本旨，除煩即實，質而不野。王屢迴駕，陶其幽趣，使文當理詣，片言有寄，至丁卯歲七月都訖，合一百卷。會涼城覆沒，淪湮遐境，所出經本，零落殆盡。今涼王信向發中，探練幽趣，故每至新異，悕仰奇聞，更寫已出本六十卷，送至宋臺宣布未聞。庶令日新之美，敞於當時，福祚之興，垂於來葉，挺以微緣，豫參聽末，欣遇之誠，竊不自默，粗例時事，以貽來哲。

苾芻止寺

《金色童子因緣經》卷一二　尊者答言，大王。過去世中有佛出世，名爲妙月如來，應供，正遍知，明行足，善逝，世間解，無上士，調御丈夫，天人師，佛，世尊。是時有一國，城外有僧寺衆所棲止，中一苾芻善說法要。是時，城中諸婆羅門及長者等皆來聽法，利養供給咸共臻集。

乃至其後復有苾芻，名曰無勝，來止此寺，加復明利而善說法，辯才無礙，言詞流澤，音聲清美。時諸人衆，咸悉來詣無勝苾芻之所，聽受說法。其所演說，初中後善文義深遠，純一清白梵行之相。是時，四遠人衆，聞已信慕，飲食衣服，座卧之具，病緣醫藥，皆悉供給。而彼先來說法苾芻，所獲利養，說由斯間絕。

大福先寺翻譯院

《入定不定印經》　今於大福先寺翻譯院，所更譯三藏所言，入定不定印經者。此明退不退之心，前二後三，雖有遲速，如來設教，同趣菩提，既顯神呪之功，莊嚴最上，爰述下生之記，說法度人。三藏法師義淨等，並緇俗之綱維，紺坊之龍象，德包初地，道轄彌天。光我紹隆之基，更峻住持之業，以久視元年歲次庚子五月五日，繕寫畢功，重開甘露之門，方布大雲之蔭。所冀芥城數極，鳥筆猶傳，拂石年窮，樹經無泯，弘濟覃於百億，遷拔被於恆沙。部帙條流，列之於左。

勝光寺

《大乘莊嚴經論》卷一　勑尚書左僕射邢國公房玄齡，散騎常侍行太子左庶子杜正倫銓定，義學法師慧乘，慧朗，法常、智解，曇藏，智首，道岳，惠明，僧辯，僧珍，法琳，靈佳，慧賾，慧淨，玄謨，僧伽等，於勝光寺共成勝業，又勑太府卿蘭陵男蕭璟監掌修緝。三藏法師云，外國凡大小乘學，悉以此論爲本，若於此不通，未可弘法。是以覃思專精，特加研究。慧淨法師，聰敏博識，受旨綴文。玄謨法師，善達方言，又兼義解，至心譯語，一無紕謬以七年獻春此始，撰定斯畢，勒成十有三卷二十四品，勑太子右庶子安平男李百藥序之云爾。

加羅洹寺

《那先比丘經》卷上　時國中有佛寺舍，在山上名加羅洹寺，中有五百沙門常止其中，皆已得阿羅漢道。常以月八日十四日，十五日，二十三日，二十九日，三十日，常以是日誦經。至明時，象王亦在山上，止於寺中，象王知有六日誦經，至其日當行入寺中聽經。諸沙門知象王意聽經，欲誦經時須象王來，乃誦經，象王聽經。至明，不睡不臥，不動不搖，象王數聞經承事佛故。後象王以壽命盡死，死後便化爲人作子生婆羅門家，以後年長大，不聞佛經亦不見沙門，便棄家去入深山學異道在山上，止近比亦有一婆羅門道人俱在山上，相與往來共爲知識。其一人自念言，我不能於世間懸憂苦老病，死後當入地獄畜生餓鬼貧窮中。用是故我欲剃頭鬚披袈裟，欲求羅漢泥洹道。其有一人自念言，我願欲求作國王得自在，令天下人民隨我教令。如是久後二人各命盡，俱生世間作人。其一人前求作國王者，生於海邊，爲國王太子，字彌蘭。其一人前世欲剃頭作沙門求羅漢泥洹者，生於天竺，字陀獵與肉袈裟俱生其家。有一大象同日生，天竺名象爲那，父母便字爲那先，年十五六。那先有舅父字樓漢，學道作沙門大高才世間無比，已得阿羅漢道，能出無間入無孔，自在變化無所不作。天上天下人民及蠕動之類，心所念皆豫知之。生所從來死趣何道，那先至舅父所，自說言。我喜佛道欲作沙門，爲舅父作弟子，寧可持我作沙門，樓漢哀之。即聽作沙彌受十戒，日誦經思惟經戒，便得四禪，悉知諸經要。

和戰寺

《那先比丘經》卷上　時國中有佛寺舍名和戰，寺中有五百沙門皆得羅漢道。其中有第一羅漢名頞波曰，能知天上天下去來現在之事。那先年至二十，便受大沙門經戒。便到和戰寺中至頞波曰所，時五百羅漢適以十五日說大沙門戒經。在講堂上坐，大沙門皆入，那先亦在其中。諸沙門悉坐，頞波曰悉視坐中諸沙門心皆是羅漢，獨那先未得羅漢。頞波曰言，譬若揚米，米正白中有黑米，即揚爲不好。今我坐中皆白清淨，獨那先黑未得羅漢耳。那先聞頞波曰說如是，大憂愁起爲五百沙門作禮出去。自念，我不宜在是座中坐，譬若眾師子中有狐狗。我從今以後，不得道不入中坐。頞波曰知那先意，以手摩那先頭言，汝得羅漢道不久莫愁憂。便止留那先。那先復有一師年八九十字加維曰，其中有一優婆塞大賢善，日飯加維。那先且爲師持鉢行取飯食具。師令那先口含水，行到優婆塞家，取飯食具。優婆塞見那先年少端正，與人絕異，有名字，智慧廣遠，有志能說經道。優婆塞見那先前爲作禮，叉手言，飯諸沙門日久，未曾爲我說經者。今我從那先求哀願，與我說經，解我心意。那先自念，我受師教戒，令我口含水不得語，我今吐水者爲犯師要，如是當云何。那先知優婆塞亦高才有志，我爲其說經想即當得道，那先便吐水卻坐爲說經言。人當布施作福善奉行佛經戒，死後生世間得富貴。人不犯經戒者，後不復入地獄餓鬼畜生中貧窮中，得生天上。優婆塞聞那先說經，心大歡喜。那先知優婆塞心歡喜，便復爲說經。世間萬物皆當過去無有常，諸所作皆勤苦，萬物皆不得自在。泥洹道者，不生不老，不病不死，不愁不惱，諸惡勤苦皆消滅，那先說經竟，優婆塞便得第一須陀洹道，那先亦得須陀洹道。優婆塞大歡喜，便極與那先作美飯具。那先語優婆塞，先取飯具置師鉢中。那先飯竟澡漱訖畢，持飯具還與師。師見言，汝今日持好飯具來，以犯衆人要，當逐出汝。那先大愁憂不樂。師教言，會比丘僧，悉會皆坐。師言，那先犯我曹衆人要來，當逐出，無令在衆中止。頞波曰說經言，譬若人持一箭射中兩準，那先自得道，亦復令優婆塞得道，不應逐出。師迦維曰，政使一箭射中百準，會爲犯衆人，要不得止。餘人持戒不能如那先得道。如效那先當用絕後，衆坐中皆默然，師教即逐出那先。那先便以頭面禮師足起，遍爲比丘僧作禮訖竟，便出去入深山坐樹下，晝夜精進思惟道不懈，自成得羅漢道。能飛行徹視徹聽，知他人心所念善惡，自知前世所更從來生，得羅漢道已，便來還入和戰寺中。

迦羅洹寺

《那先比丘經》卷上　時國中有佛寺，舍在山上名迦羅洹，中有五百沙門共止其中，皆已得阿羅漢道。常以月六齋日，誦經至明時，象王亦在山上近於寺邊。象王知有六齋日誦經，至其日，象王常行入寺聽經。諸沙門知象王喜聽經，欲誦經時，須象王來到乃誦經。象王聽經徹明，不睡不臥，不動不搖，象王數聞經承事佛故，久後象王亦以壽終。死便得爲人作子，生婆羅門家，不復聞佛經，亦不見沙門，便棄家入深山學婆羅門道在山上，止近比亦有一婆羅門道人俱在山上，相與往來共爲知識。其一人自念，我厭世間縣官憂苦老病，死後當入地獄餓鬼畜生貧窮中，用是故我除頭鬚，被袈裟作沙門，求度世無爲道。其一人自念，我願欲求作國王得自在，令天下人民，皆共屬我，隨我教令。兩人共願如是。久後，二人各復壽終得於世間作人。其一人前世宿命欲求作國王者，生於海邊，爲國王太子，父母便字子爲彌蘭。其一人前世宿命，欲求度世無爲泥洹道者，生於天竺罽賓縣，父母便字爲陀獵，生便被袈裟俱生，所以與袈裟俱生者，本宿命所願。其家有一象王亦同日生，天竺名象爲那，父母便因象字其子，名爲那先。那先長大年十五六，有舅父字樓漢。樓漢作沙門，有絕妙之才世間無比，眼能徹視，耳能徹聽，自知所從來，生行即能飛出，能無間入無孔，自在變化無所不作。天上天下人民及蜎飛蠕動之類，心所念，樓漢皆預知之。那先便自往到舅父計自說言，我意佛道欲除頭鬚被袈裟作沙門，今我當爲舅父作弟子，寧可持我作沙門耶？樓漢知那先宿命，作善有慧，甚重哀之，因聽令作沙彌。那先始作小沙彌，受十戒日，誦經學問，思惟經戒，即得四禪悉知諸經，獨未受大沙門戒。

恕禪寺

《那先比丘經》卷上　於時國山中有佛寺，舍名曰恕禪，恕禪寺中有五百沙門皆得阿羅漢道。中有第一阿羅漢名頞陂曰，能知天上天下去來見在之事。那先年滿二十，因作大沙門受大沙門戒，便到恕禪寺中，至頞陂曰所。時五百阿羅漢，適以十五日說大沙門戒經。在講堂上坐，大沙門皆入，那先亦在其中。衆沙門悉坐，頞陂曰悉視坐中，諸沙門心皆是阿羅漢，獨那先未得羅漢道。頞陂曰便說譬喻經言，若入折米米正白中有黑米即剔不好，今我坐中皆清白，獨那先爲黑，未得阿羅漢道。那先聞頞陂曰說經如是大愁，便起爲五百沙門作禮，已即出去。那先自念，我不宜在是座中坐，我亦未得度脫，其餘沙門，皆已度脫。譬若衆師子中有狐狗，今我亦如是。我從今不得道者不復入衆中坐也。頞陂曰知那先意，便呼那先著前，以手摩那先頭，汝今得阿羅漢不久，勿愁憂也。頞陂曰便欲坐止那先，那先復有一師，年八十餘，字迦惟曰。其縣中有一優婆塞大賢善，常日飯迦惟曰弟子。那先至，爲師持應器行取飯具，師令那先口含水，行到優婆塞家取飯具。優婆塞見那先年少端正，行與人絕異，宿知有慧，預聞有明志之名，能說經道。優婆塞見那先入其舍中，便即起立，前爲作禮卻叉手言。我飯諸沙門日久，來嘗有爲我說經者。今從我那先求哀願，爲我說經解我愚癡。那先即自念，我受師教令我口含水不得語，我今吐水者爲犯師戒，如是當云何。那先念優婆塞亦高才有志，我爲其說經想即得道。那先便吐水而坐即爲說經，人布施作善奉行經戒。今世安隱，後世便生天上。下生人中即當明慧富貴，後不復入地獄餓鬼畜生中。人不奉行經戒者，於今世苦，後世復墮三惡道中，無有出時。優婆塞聞經心即歡喜。那先知優婆塞心歡喜。便復說深經言，世間萬物皆當過去無有常在者，萬物過去皆苦，世間人身亦如是。世間人皆言，是我身過我許，是皆不得自在泥洹道者。最樂泥洹者不生不老，不病不死，不愁不憂，諸惡勤苦皆悉消滅。那先說經已，優婆塞即得第一須陀洹道，那先亦自得須陀洹道，優婆塞大歡喜，便爲那先好美飯。那先語優婆塞先取具著師鉢中，那先飯竟澡漱訖，畢持飯具還與師。師見飯具。言若今日持飯具來，大好已犯眾人約當逐出汝。那先愁不樂，師言會眾比丘僧眾，比丘僧悉會坐。師言那先犯我曹眾人約來，當共逐出不得止眾中也。頞陂曰說譬喻言，如人持一箭射兩準，如是曹人不應逐出也。那先自說得道亦令優婆塞得道，不應逐出。那先師迦維曰言，正使一箭中百準會爲眾人約，不得留止。餘人悉不能如那先得道，當已絕後不逐出那先者，餘人復效無以卻後眾坐中皆默然，隨師教即逐出那先。那先便以頭面著師足，起遍爲眾比丘僧作禮。禮竟便去入深山中坐樹下，晝夜精進念道不懈，便自成得阿羅漢道。能飛行亦能眼徹視耳徹聽，亦能知他人心所念，自知前世所從來生，得阿羅漢已便即來還入和禪寺中。

佛圖寺

《佛說十二遊經》 六年，須達與太子祇陀，共爲佛作精舍，作十二佛圖寺，七十二講堂，三千六百間屋，五百樓閣。

鷄頭末寺

《大莊嚴論經》 卷一五 阿輸伽王以半菴摩勒捨施眾僧，喚一親近而語之言，汝頗憶我先畜養不。取我今者最後之敎，持此半果奉鷄頭末寺眾僧，稱我名字，阿輸伽王最後頂禮比丘僧足，如我辭曰，於閻浮提得自在者，果報衰敗失自在力，唯於半果而得自在，願僧憐愍，受我最後半果之供，令我來世得報廣大，願餘人等莫令如我，於最後時不得自在。爾時侍人即奉王命，齎此半果詣僧坊中，集一切僧禮僧足已，叉手合掌白眾僧言，阿輸伽王禮眾僧足。作是語已，涕泣盈目哽噎氣塞，持此半果示眾僧已，即說偈言，

一蓋覆天地，率土言教行，譬如日中時，遍炙於大地。
福業既已消，崩落忽來至，爲業所欺弄，敗壞失榮貴。
如日臨欲沒，信心致禮敬，又以此半果，用奉施眾僧。
以表無常相，示豪貴遷動。

離越寺

《大莊嚴論經》 卷一五 爾時夫婦二人詣長者家，作如是言，可貸我金，一月之後若不得者，我等二人當屬於汝，一月之後我必不能得金相償分爲奴婢，一月之中可供養諸比丘僧。爾時長者即便與金，既得金已自相謂言，我等可於離越寺中供養眾僧。婦問夫言，爲用何日。答言，十五日。又問，何故十五日。爾時其夫以偈答曰，

世間十五日，拘毘等天王，案行於世間，是佛之所說，欲使人天知，
是故十五日。

爾時夫婦二人竭力營造至十三日，食具悉備送置寺上，白知事人言，唯願大德。明十五日勿令眾僧有出外者，當受我請。彼知事人答言，可爾。於十四日夫婦二人在寺中宿，自相勸喻，而說偈言：

告喻自己身，愼勿辭疲勞，汝今得自在，應當盡力作。
後爲他所策，作用不自在，徒受眾勞苦，無有毫釐利。

兄弟寺

《雜寶藏經》 卷三 往昔之世，有兄弟二人，心樂佛法，出家學道。其兄精懃，集眾善法，修阿練行，未久之頃，得羅漢道。其弟聰明，學問博識，誦三藏經，後爲輔相請作門師，多與財錢，委使營造僧房塔寺。時三藏法師，受其財物，將人經地，爲造塔寺，基刹端嚴，堂宇瑩麗，制作之意，妙絕工匠。輔相見已，倍生信敬，供養供給，觸事無乏。三藏比丘，見其心好，即作是念，寺廟訖成，俱須眾僧安置寺上，當語輔相使請我兄。作是念已，語輔相言，我有一兄，在於彼處，捨家入道，懃心精進，修阿練行，檀越今可請著寺上。輔相答言，師所約勅，但是比丘，不敢違逆，況復師兄，是阿練也。即便遣人慇懃往請。既來到已，輔相見其精懃用行，倍加供養。

阿育王立塔寺

《雜譬喻經》 卷上 昔有阿育王，於境內立千二百塔寺，後得病大困。有一沙門往省王，王與相見，悲不能自勝。道人曰，王前後所作功德不可

計數，當開大意，莫有恨也。王言，正使死至不能有恨也。所以悲者，前爲千二百寺，各織作金縷幡蓋千二百枚，欲自懸幡散華，於諸寺物始得辦，而得重疾病，恐不卒本願，故自悲耳。道人語王，好。叉手一心，令王悉見一界中塔。道人即現神足，應時千二百塔皆在王前。見大歡喜，病即時差，取金幡金華懸諸刹上，塔寺低仰皆就王手。王得本願身復病愈，即發大意，延二十五年，遂作功德逮得不退轉。

松寺

《雜譬喻經》卷下　昔天竺國有松寺，中有四道人皆是六通。國中有四居士，各請一道人長供養之。四道人各行敎化，一人至天帝釋所。一人至海龍王所。一人至金翅鳥所。一人至人王所。於是四道人所受供養，鉢中之餘還分檀越食之，百味具足所未曾見，各問道人，所從得此。道人即爲各說本末。於是四居士各發一願。一人言，願生天帝釋宮。一人欲生海中作龍。一人欲生金翅鳥中。一人欲生人王中作子。壽盡皆得往生爲四神王。同時有念，欲八關齋，遍觀靜處，唯摩竭王後園寂寞，皆到園中各坐樹下，慈心奉齋行六思念意，一日一夜。明旦事訖乃相就語，摩竭王曰，卿等何人也。一人言，我是天王。一人言，我是龍王。一人言，我是金翅鳥王。一人言，我是人王。四人相本末已皆大歡喜。天王便言，吾等俱齋，誰得福多者。人王言曰，吾之欲近在園外，音樂之響乃徹聞此，能於中專心，吾福第一。天王曰，吾之天上七寶宮殿，玉女衆妓衣食自然，不復想念，遠來全齋福應第一。金翅王言，吾之所好唯食龍爲美甚於五樂，今共一處無有惡念大如毛髮，吾福第一。龍王曰，吾之等類是金翅糧供也，常恐見食畏怖藏竄，今在一處分死全齋，吾福第一。摩竭王曰，吾有智臣名披陀類，吾當請之使令決義。即召已到具語其意，披陀類便取青黄白黑四種之繒懸著空中，問於四王，四色在空，各自異不。四王曰，異色灼然矣。臣曰，繒影在地爲異無。答曰，不異也。臣言，今四種受形各異，譬如繒色質不同也，今之法齋志趣一味，譬如地影無若干也。今四尊王發大道意精進慈齋，得佛之時相亦一等無若干像。四王歡喜，即得道眼。

松寺

《雜譬喻經》卷下　昔外國有一松寺，中恆有衆僧百餘人共於中止學。有一優婆夷，精進明經，去寺不遠，日飯一沙門，衆僧自相差次，從頭至竟，周而復始。其有往者，優婆夷輒從問經義，自隱學淺者每不喜往。有一沙門摩訶盧，晚作沙門一無所知，次應往食，行道遲遲卻不時至。優婆夷逢見之，言，此長宿年老，行步庠序。謂是大智慧，益用歡喜，與作好食。畢施高座欲令說法，道人上座實無所知，自陳體中言，人愚無知實苦。優婆夷聞是便思惟之，愚無所知，則是十二因緣本。是生死不絕，致諸苦惱，是故言甚苦。思惟反覆即得須陀洹道，便起開藏室，欲取氎布施道人。道人便下座捨去，還於精舍。優婆夷出，不知道人處爲所在，門中望亦復不見，眞謂爲得道神足飛去也。優婆夷便持白氎衣詣精舍求道人，道人恐追呼，入房閉戶藏，其師以得六通見有追者，謂有所犯。即定意觀，知優婆夷得須陀洹道，呼摩訶盧令出受施。師爲說本末，摩訶盧歡喜，亦得須陀洹道。

雀離寺

《雜譬喻經》卷下　昔雀離寺，有一長老比丘得羅漢道，將一沙彌時復來下入城遊觀。衣鉢大重，令沙彌擔隨從其後。沙彌道中便作是念，人生世間無不受苦，欲免此苦當與何等道。作是思惟，佛常讚歎菩薩爲勝，我今當發菩薩心。適作是念，其師即以知他心通，照其所念，語沙彌言，持衣鉢來。沙彌持衣鉢授與其師，師語沙彌，汝在前行。沙彌適在前行，復作是念，菩薩之道，甚大勤苦，求頭與頭，求眼與眼，此事極難，非我所辦，不如早取羅漢，疾得離苦。師復知其所念，語沙彌言，汝擔衣鉢還從我後。如是三反，沙彌怪愕不知何意。前至所止處，叉手白師，請問其意。其師答曰，汝於菩薩道三進故，我亦三反推汝在前。汝心三退故推汝在後。所以爾者，發菩薩心，其功德勝滿三千世界，成就羅漢故也。

罽賓南山佛圖寺

《法句譬喻經》卷二　昔佛在羅閱祇國，遣一羅漢名曰須漫，持佛髮爪至罽賓南山中作佛圖寺，五百羅漢常止其中，旦夕燒香，繞塔禮拜。時彼山中有五百獼猴，見諸道人供養塔寺，即便相將，至深澗邊，負輦泥石，效作佛圖，豎木立剎，幣幡繫頭，旦夕禮拜，亦如道人。時山水瀑漲，五百獼猴一時漂沒，魂神即生第二忉利天上，七寶殿舍衣食自然。各自念言，從何所來得生天上。即以天眼自見本形，獼猴之身效諸道人戲作塔寺，雖身漂沒神得生天。今當下報故屍之恩。各將侍從華香伎樂臨故屍上，散華燒香繞之七匝。時山中有五百婆羅門，外學邪見不信罪福，見諸天人散華作樂繞獼猴屍，怪而問曰，諸天光影巍巍乃爾，何故屈意供養此屍。諸天人言，此屍是吾等故身，昔在此間，效諸道人，戲立塔寺，山水瀑漲，漂殺吾等。以此微福得生天上，今故散華，以報故身之恩。戲為塔寺，獲福如此，若當至心奉佛世尊，其德難喻。卿等邪見，不信正眞，百劫懃苦，無所一得，不如共往至耆闍崛山，禮事供養得福無限。即皆欣然，共至佛所，五體作禮，散華供養。

閱叉寺

《出曜經》卷九　此道為究竟者，安隱無為，快樂無窮，趣向一道，至泥洹門。是故說曰，此道為究竟也。此道無有上者，於此道更無有上，諸天龍鬼敬心承事興致供養。尊者舍利弗有一沙彌，名曰純頭，長年八歲得六神通，飛騰虛空至阿耨泉。有五通梵志，名曰須拔，亦至彼泉。時彼耨泉守泉青衣鬼，驅逐五通梵志，瓦石打擲不使逼近神泉，純頭沙彌乘虛空至，彼青衣神鬼數百之眾皆前迎逆，或前收攝衣者，或持淨水洗手足者，或以淨巾拂拭首面者，或以香湯沐浴身體者。須拔梵志放聲說曰，我今以得五通神德無量，力能移山住流迴轉，天地猶掌迴珠，自學道以來百二十餘年，勞形苦體形神疲極。或事五明，四處然火日光上照，或臥灰糞，或臥荊棘，嶮難之中無道不學。然更驅逐不得至泉。然此黑衣小兒，年在七八未離乳哺，身體穢臭故存，然更待敬過重迎逆承事。用何等故。時青衣鬼語梵志曰，今此學士形年雖小，行過三界，得賢聖八品道。汝今無是，故不興敬。有一婆羅門名曰閱叉，興立一寺亦名閱叉，恆供給酥油供寺然燈。時有遠方婆羅門來至閱叉寺中，又聞閱叉梵志高才明德，偏信佛法建立神廟，與共相見共相問訊。時有一沙彌復來迎，取油酥供寺然燈，眾多梵志語閱叉婆羅門曰，汝審向色衣人禮耶？言語未訖沙彌已至，即復禮之。眾多梵志語此梵志曰，汝出四姓才藝過人，天文地理無不觀練，神呪感靈無事不剋。今此色衣之人，出眾多姓種非眞正，何為違本法而向恭禮。又卿梵志執行清淨自修，內藏圖讖秘記，行道成福，何願不剋，文字章印，無不周悉，佛行寡鮮，有何可貴，捨本取末，是我所疾。蓋聞沙門寒賤，巧詐繁滋，幻惑世人，所行短促，齊榮一身，不能延致梵福，正使相見正可擎拳而已。何為五體投地，恭敬作禮耶？我等親見，甚怪所以，況先學大人，豈能恕卿此罪耶？閱叉報眾多婆羅門曰，諸人靜默，聽我所說妙偈之頌：

賢聖德難量，八直無上道，是為沙門梵，如來口所宣。
覩此形雖小，以果賢聖道，是故今自歸，梵志何為嗤。

耆闍崛山神寺

《出曜經》卷一〇　昔佛在羅閱祇城耆闍崛山。時，尊者舍利弗，大目揵連，食時著衣持鉢正其威儀，下靈鷲山頂入城乞食。食後還出羅閱祇城，未至其所，道逢暴雨，雷電霹靂，道側有神寺，房舍深邃，先有放牛女人於此止住。時，舍利弗，目揵連入寺便住，不見女人。女人遙見舍利弗等，即便失精墮地。時，瞿波利比丘復從後來，舍利弗遙見來，語目連曰，不與愚從事，得離惡人快。今此比丘是惡知識，宜可出避。即與目連出彼寺廟涉道而去。瞿波利後至入於廟內，見有女人顏貌端正，作弄女姿像如犯婬，有不淨在地，咄曰，禍災未曾所見，云何舍利弗，目連等，自稱智慧神足，誇世獨步，神通智達，謂為第一，今乃與此放牛女人犯婬交接，斯現事如是。世豈有聖人耶？我今躬自見，不從人聞。得是歡喜，即出寺廟，徒跣涉雨，至世尊所，頭面禮足，在一面立。時，瞿波利比丘前白佛言，舍利弗，目連等，纂行極弊造凡夫業。適從城出，道遇暴雨，入寺避之，見目連等與牧牛女人交接，我躬見之實不虛誑，女人今故在寺，現可驗之。爾時世尊三稱瞿波利字而告之曰，止止比丘。勿吐斯言。可發善心向舍利弗，目連等。所以然者。此二賢人，梵行已立所作已辦。

婆槃那寺

《出曜經》卷一五　昔罽賓國拘秀那羅村，時有一人，好事諂僞姦者，彼有塔寺，名婆槃那，有一比丘恆，給衆僧清淨水，此比丘皆欲現權，詐佯如姦宄，集聚阿練，比丘皆著百補納衣，其色若干，往至彼村，與主人相見，相問訊訖，各一面坐。其人悲泣，五體投地，謂諸道士，爲從何來而至貧家。爲從蓮華池來。爲從他方世界。爲從神仙山來。意甚愛敬即請諸比丘，願明日於貧家食。諸比丘報曰，吾等所以來者，正爲君一人耳，今以相造，豈得受餘人請耶？雖爾欲求度人之首良祐福田者，斯有爾許人無有過者。即入家內，勅諸僕使，速辦種種甘饌飲食，有諸神人道士來造我家，吾欲食之。時諸比丘，報語主人，賢士竟爲知不。我等涉學，積有年歲，經行進止，常有法則，六時行道，不與常同，意欲經行，清旦至暮，暮達平曉，日出則食，不違典律。彼衆中上座入語檀越，吾一人者名曰一坐一食，飯食諸饌及以菓蓏，一時賫來吾當呪願。檀越聞已，歡喜踴躍，不能自勝，辦具種種諸饌飲食，投於鉢中，別上果蓏，前受呪願，復以酥餅蜜和麨別貢上座，望道士食已鉢中遺。吾得食之必獲其福。比丘受食呪願已訖，問檀越曰，頗有甘漿美飲不。檀越報曰，如貧家中漿有數種，蒲桃甘蔗石蜜諸漿種種皆有，不審尊者上座爲須何漿。道人報曰，向所論漿，生來不飲初不歷口，吾所問漿淳清重甘，儲在積年味不變者，吾乃飲耳。檀越聞已，甚怪所以，咄咄禍災乃置此變。吾生斯念，謂諸道士，皆獲六通羅漢清澈。今觀其蹤，正是大賊。檀越尋語道人，自少以來酒不過口，豈敢以酒施於道人。道人即以奢勒裹錢語檀越曰，家若無酒，可持此錢爲我酤來。檀越聞已以手掩耳。咄咄甚爲可怪。何意道士持生業自隨。此諸人等皆是賴䩕道士，有何道心。即語道人，別更使人，吾非汝僕使，乃令吾酤酒室。賴䩕道人。吾先不諳墮汝欺中，我今終不爲汝所誑。比丘報曰，止止檀越勿興斯謗，吾等所以來者，欲覺寤卿一人耳。汝前後以來，費耗財貨，施不值主，檀越若下意者，聽我說譬喻。報曰，大佳願欲聞之。可善聽之。猶如善射之士，百步射毛時時乃中，或高或下，或左或右，不中其的，若以地爲的，而取射者，高下東西南北，所射皆著，終不失地。今此大衆，亦復如是，不選擇施者，必值眞人，若選擇施者，時時乃值，多有空出，費而不益。大衆之中，四果備足，四雙八輩，十二賢士，皆悉具有。欲取珍寶，當詣大海至須彌寶山，欲求賢人，得道羅漢者當詣大衆。檀越明聽，更說一譬，開意受持，明者以譬喻自解。昔此貴邦有一僑士適南天竺，同伴一人與彼奢婆羅呪術家女人交通，其人發意，欲還歸家，輒化爲驢，不能得歸。同伴語曰，我等積年離家，吉凶災變，永無消息，汝意云何，爲欲歸不。設欲去者，可時莊嚴。其人報曰，吾無遠慮，遭値惡緣，與呪術女人交通，意適欲歸，便化爲驢，神識倒錯，天地洞燃，爲一不知，東西南北，以是故，不能得歸。同伴報曰，汝何愚惑，乃至如此。此南山頂，有草名遮羅波羅，其有人被呪術鎮壓者，食彼藥草即還服形。其人報曰，不識此草，知當如何。同伴語曰，汝以次噉草，自當遇之。其人隨語，如彼敎誡，設成爲驢，即詣南山，以次噉草，還服人形，採取奇珍異寶，得與同伴安隱歸家。檀越當知，此亦如是。愚惑之人，一向直信，施求羅漢得道者，何日可果。所在推覓，終不可値。欲求眞人羅漢者，當從大衆索之，以次供養，必値賢聖，獲果不疑，檀越復當明聽。昔佛在世，大愛道瞿曇彌，親佛夷母，以金縷織成衣奉獻如來，佛告大愛道，夫欲施者，當詣大衆，何爲獨向我耶？吾亦是大衆之一數，亦有微分，可持此金縷織成衣往施聖衆。如來三界特尊，猶尚不能偏受信施，辭讓聖衆不自專己。檀越頗聞此界南城內婆槃那寺主，給施衆僧水者不乎。檀越報曰，久聞消息，生年已來不覩其形，今方乃知賢聖之人。比丘答曰，前後已來姦僞虛詐誑惑萬端，侵欺檀越如我比者非徒一人，自今已始，若欲設福，當詣大衆，所求果報，如願剋獲。

空惠寺

《唐梵翻對字音般若波羅蜜多心經》　三藏志遊天竺，路次益州，宿空惠寺道場內。遇一僧有疾，詢問行止。因話所之，乃難歎法師曰，爲法忘體。甚爲希有。然則五天迢迢十萬餘逞，道涉流沙，波深弱水。胡風起處，動塞草以愁人。山鬼啼時，對荒兵之落葉。朝行雪巘，暮宿氷崖，樹掛猿猱，境多魑魅。層巒疊於葱嶺，縈似帶雪之白雲。群木蔟於鷲峯，聳參天之碧嶠。逞途多難，去也如何。我有三世諸佛心要法門，師若受持，可保來往。遂乃口受與法師訖。至曉，失其僧焉。三藏結束囊裝，漸離唐境。或途經厄難，或時有□齋饈，憶而念之四十九遍，失路即化人指引，思食則輒現珍蔬。但有誠祈，皆獲戩祐。至中天竺磨竭陀國那爛陀寺，旋遶經藏次，忽見前僧，而相謂曰，逮涉艱嶮，喜達此方。賴我昔在支那國所傳三世諸佛心要法門。由斯經歷，保爾行途。取經早遂，滿爾心願。我是觀音菩薩。言訖冲空。既顯奇祥，爲斯經之至驗。信爲般若，□爲聖樞。如說而行，必超覺際。究如來旨，亘曆三祇。諷如來經，能銷三障。若人虔誠受持者，體理斯而懃焉。

福州開元寺

《妙法蓮華經》卷七　魯國太夫人張氏，伏遇亡夫太傅大丞相李公遠忌之辰，謹施淨財壹貫文入福州開元寺大藏經司，雕鳳字函《妙法蓮華經》七卷，《法華三昧》等經三卷，共計一十卷，伏茲勝因薦嚴超生淨土。時紹興二十一年正月十五日謹題。

七寶塔寺

《正法華經》卷六　時四部衆見七寶塔，在於虚空高大微妙，巍巍無量光燿煒曄，靡所不照，頒宣善哉，歡喜踴躍叉手而立，瞻戴無厭。時有菩薩，名曰大辯，見諸天人心懷猶豫，乍悲乍喜欲得知此，何所瑞應。故前問佛，唯然世尊，今者何故，七寶塔寺現大聖前，高廣無極莫不見者，而寶塔寺自然出聲，讚曰善哉。何所感動，而有此瑞。

世尊則告大辯菩薩，此寶塔寺有如來身，完具一定而無缺減。東方去此不可計會。諸佛世界，有佛號名多寶如來，國曰寶淨。本行道時而自發願，吾會當以此《正法華經》當自修成，使諸菩薩皆得聽聞，然後乃坐於佛樹下，還成無上正眞之道。其佛所念，果如所言，爲諸十方講說經法，開化一切皆令得道。於時其佛臨欲滅度，普告諸天世間人民及諸比丘，吾滅度後，奉如來身全取其體，一等完具興大塔寺。若見塔者悉得其所，功德難限。于時其佛，建立如是無極聖化，十方世界其有講說此《法華經》，吾七寶塔，踴現諸佛所說經處，其舍利身在七寶塔，讚言善哉。

大興善寺

《添品妙法蓮華經》卷一　竊見《提婆達多》及《普門品》偈，先賢續出，補闕流行。余景仰遺風，憲章成範，大隋仁壽元年辛酉之歲，因普曜寺沙門上行所請，遂共三藏崛多，笈多二法師，於大興善寺重勘天竺多羅葉本，《富樓那》及《法師》等二品之初勘本猶闕，《藥草喻品》更益其半，《提婆達多》通入《塔品》，《陀羅尼》次《神力》之後，《囑累》還結其終。字句差殊，頗亦改正，儻有披尋，幸勿疑惑。雖千萬億偈，妙義難盡，而二十七品，本文且具。所願四辯梵詞，遍神州之域，一乘秘教，悟象運之機。聊記翻譯，序之云爾。

朝廷寺

《無量義經》　其無量義經，雖法華首戴其目，而中夏未覩其説，每臨講肆，未嘗不廢談而歎想見斯文。忽有武當山比丘慧表，生自羌胄，僞帝姚略從子，國破之日，爲晉軍何澹之所得。數歲聰黠，澹之字曰螟蛉，養爲假子。俄放出家，便勤苦求道，南北遊尋，不擇夷險。以齊建元三年，復訪奇搜秘遠至嶺南，於廣州朝廷寺，遇中天竺沙門曇摩伽陀耶舍，手能隸書，口解齊言，欲傳此經未知所授。表便殷勤致請，心形俱至，淹歷旬朔僅得一本，仍還嶠北齎入武當。

市西寺

《漸備一切智德經》卷五　元康七年十一月二十一日，沙門法護，在於長安，於市西寺中，已執梵本，手自演出爲晉言，普使十方一切蒙光，得至無形，度脱衆生，咸共欣濟。今解十住，釋梵爲晉，名第一住，天竺語彼牟提陀，晉曰悅豫。第二住名維摩羅，晉曰離垢。第三住名彼拔迦羅，晉曰興光。第四住名阿至摸，晉曰暉曜。第五住名頭闍邪，晉曰難勝。第六住名阿比牟佉，晉曰目見。第七住名頭羅迦摩，晉曰玄妙。第八住名阿遮羅，晉曰無動。第九住名杪頭摩提，晉曰善哉意。第十住名曇摩彌迦，晉曰法雨。

西明寺

《大乘理趣六波羅蜜多經》卷一　朕虔奉丕圖保乂蒸庶，思建皇極，以昇大猷，遐想靈蹤，期於葉契。而舍城妙説久秘梵文，徒懷瀉瓶未啟遺夾，微言不昧將或起予。於是罽賓沙門般若受旨宣揚，光宅寺沙門利言爲之翻譯，時大德則有資聖寺道液，醴泉寺超悟，慈恩寺應眞，莊嚴寺圓照，光宅寺道岸，西明寺圓照，章敬寺辯空，西明寺良秀等，法門領袖，人中龍象，證明正義，輝潤玄文，知釋迦之寶城，識衆尊之滿字，以貞元四年歲次戊辰十一月二十八日，於西明寺譯成上進，凡一部十卷，龍神翼衛如從金口之傳，梵衆護持無異毫光之現。

《大方廣佛華嚴經》卷四〇　大唐貞元十四年，歲在戊寅，四月辛亥朔，翻經沙門圓照，用恩賜物，奉爲皇帝，聖化無窮，太子諸王，福延萬葉，文武百官，恆居祿位。伏願先師考妣，上品往生，法界有情，同霑斯益，手自書寫此新譯經，塡續西明寺菩提院東閣一切經闕。本願千佛出世，隨侍下生，同出苦源，齊登正覺。又願三寶增明，法輪恆轉，長留鎭寺，永冀傳燈，有情界窮，茲願無盡。

大延壽寺

《大方廣佛華嚴經》卷四〇　如志先師和尚慧照大師，以敎法任重在己，嘗囑之曰，余承明慶寂堂宗師諸山禪敎之請，與本宗庵院，同刊如來一大藏經板，流通敎法，實非小緣。我今衰邁，全仗汝徒同心協力成就我願。興工之後，外事則有一都寺提點任責，內事則汝措置提調。汝宜不惜身命始終相成，同報佛恩功不虛棄。如志勉承師訓，罔敢少懈，不料先師和尚於至元十八年春示寂于大都大延壽寺，自後繼任僧錄住持者凡四傳，初傳月潭師兄如一。至元二十一年秋，月潭入寂于寺，次傳之如志。越明年春，愚叟如賢繼之。至元二十六年冬愚叟退席，如志復繼前任。

福先寺

《郁迦羅越問菩薩行經》　天后聖帝，應乾司契。當宇披圖，令住東都居福先寺。譯佛境界寶雨花嚴等經一十一部。中宗孝和皇帝，循機履運。配永登樞。神龍二年，令住京下於崇福寺翻譯此經，俄屬靈祐虧微，綿區集禍。喬岳之仙長往，茂陵之駕不還。朕以庸虛，謬膺丕構，敬遵前旨，勗就斯編。法師尋繹故文，發揮新句，炎涼不懈，曉夕忘疲，舊翻新翻，凡有四十九會，總其部帙一百二十卷成，以先天二年六月八日，畢功進內。法師戒珠在握，慧炬明心，爲法門之棟梁，啟僧徒之耳目。伏願上資七廟，八百之祚長延。下及萬方，億兆之甿恆逸。遠邇寧謐，朝野歡娛，致澆俗於淳源，歸迷生於壽域，暫乘紫機之暇，聊題緗帙之前，所有會名，具於其目云爾。

居家菩薩入佛寺精舍

《郁迦羅越問菩薩行經》　復次長者，居家菩薩入佛寺精舍，當住門外至心作禮，然後當入精舍。當作是念言，是爲空寺，無境界無有想有願，爲慈悲喜護居寺，爲得平等所居。自念言，我何時當得如是居寺，出塵垢之居在是居，得十五日會說戒當新，當念起沙門意，無有菩薩在居家得最正覺者，皆出家入山，閑居巖處得佛道，所以者何。居家爲垢居，出家者智者所稱譽。及恆邊沙等諸佛，我當一日爲祠祀，布施一切所有。起意出家學道爾已，乃令我意歡喜耳，所以者何。無信人無反復人，盜賊屠魁羅邪吏民亦布施，薄不足言。我以戒智慧爲上，慈心見恭敬，不惜身命，用一切故，我亦當奉行如來戒，令究竟得無上正眞道最正覺，爲一切作佛事，作如來未般泥洹者，令般泥洹。便當入精舍觀諸比丘僧行，何所比丘爲多智者，誰爲解法者，誰爲持律者，誰爲住法者，誰爲持菩薩品者，誰爲閑居行者，誰爲分衛者，誰爲服五衲衣者，誰爲知止足者，誰爲獨行者，誰爲坐禪者，誰爲大乘者，誰爲精進者，誰爲典寺者。觀一切比丘僧行已，皆當以等給足施與。不當有異心行，何況近聚落行者，近聚落者，亦當問訊，當往至於聚落。若有比丘無衣鉢者，若病瘦無醫藥者，當給足當等心與，莫使有怨望意，所以者何。於世間皆有求安隱事，益當護凡夫之意，甚於阿羅漢，所以者何。凡夫事有怨望，阿羅漢無怨望故也。與多智比丘共相隨，聞其所說當受學之。與解經者相隨，聞其所解當受學之。與持律家相隨者，解知罪垢當受學之。與持菩薩品家相隨者，當受學六度無極善權方便行。與閑居行相隨者，當受學知一心之行。若比丘有短乏者，當給與衣服鉢器床臥具病瘦醫藥。於佛道中當遍等心用濟，所以者何。便可以布施所惠故，勸助令起大道意，爲沙門行善當如是。若沙門鬪諍即當和解，若以法諍便當不惜身命爲作法護，若比丘病困便當以身肉施與令差，其心不恨，一切德本以佛心爲本。佛語長者，居家菩薩，以是比以是行以是瑞，應當在家修道。

慈門寺

《陀羅尼集經》卷一　勅住慈門寺，但法師含珠未吐，人莫別于懷珍，雅辯既宣，方知有寶（云云）。故能決衆疑言皆當理。然則經律論業傳者非一，唯此法門未興斯土，所以丁寧三請方許壇法。三月上旬赴慧日寺浮圖院內，法師自作普集會壇。大乘琮等一十六人，爰及英公鄂公等一十二人，助成壇供。同願。

四大寺

《廣大蓮華莊嚴曼拏羅滅一切罪陀羅尼經》　佛言若有人，於此陀羅尼正法，若自書若使人書，受持讀誦恭敬供養，所獲福德，殊勝最上。若復有人如是，見彼觀自在菩薩摩訶薩所傳，第二法輪大力陀羅尼正法之名，是人以爲建法幢吹法螺，深種善根。爾時，梵壽王及一切大衆，發淨信心，即從座起，合掌向佛而發誓言。願我等今後，永不侵受佛寺塔廟聖衆常住之物，及一花一菓。復於四大城門，造四大寺，皆以七寶莊嚴，願佛證知。佛言，如是，如是。宜作勝利，遠離嫉妬，得正寂滅。時，梵壽王作是願已，繞佛三匝，與其眷屬，還歸本處。復爲百千衆生說此正法，廣行布施，作大佛寺。時王妹酥鉢哩野優婆夷，於王後宮爲諸婇女五十萬人，廣說妙法發誠實願。作是願已是諸宮女，皆轉女身，而成男子。彼一切人見是事已，皆大驚怪，於陀羅尼法信受依行，高聲唱言，唯佛，唯法，唯僧，最上福田是眞歸伏。若有供養受持此陀羅尼者，是人種佛善根，得福最上。佛說此經已，諸菩薩摩訶薩及天人阿修羅乾闥婆人非人等，皆大歡喜，信受而去。

青龍寺

《西方陀羅尼藏中金剛族阿蜜哩多軍吒利法》　海雲比丘者，與東塔院義眞玄法寺法全等，同爲青龍寺義操之弟子，大和八年，在淨住寺，著兩部相承傳法次第記。密教師資血脈最足的據圓仁，書寫請來，以傳我國。今由是考之，此卷識語中所謂阿闍梨者，指義操也無疑。而海雲自稱梵字傳教沙門，其通曉悉曇不難想見矣。惟長慶之初，尙侍師居青龍寺，義操誦出梵文，海雲筆受，譯此經以置于東塔院，跋文殆可徵焉。開元貞元釋教錄共不載之者，其爲後出耳。而更熟覩此卷，有誤脫有衍字，潤文不雅，章段不整，梵音之用字亂雜無定例，呪文不注語句之數，是固記者不長于文學之所致。雖復不得已，其爲未經再治者明矣，非翻譯原本而何哉。圓仁以開成五年至長安，留六年，訪青龍寺東塔院見諸曼荼羅，令博士王惠摸兩部畫幀，書寫經疏，設供養入。勅置本命灌頂道場，受胎藏及蘇悉地大法於義眞，義眞給以幀絹。又至玄法寺，重受胎法於法全，法全付以胎藏及別尊儀軌各三卷。更就青龍寺南天竺三藏寶月學悉曇。事皆詳于入唐求法巡禮行記。因想海雲雖先移于淨住寺，且恐已去世，以義眞法全與之同門故。當時此本尙在東塔院，若玄法寺未曾流布于世，圓仁獨得之於其師而齎歸，他家不傳，固其處矣。果然則此卷，又爲請來原本，眞是三絕之至寶，其貴豈啻拱璧而已哉。若不幸微此卷阿蜜哩多軍荼利法或永泯滅了，彼土早旣逸之，其終不入藏亦宜矣。青山伯語予曰，此經出自石山。顧圓仁請來後不久，出叡岳入石山寺，台密本所爲失其傳。而淳祐以後石山無碩學之出，終束于高閣不復行于世，阿娑縛抄等無所見何足怪哉。覺禪抄唯舉其名而不引其文，東密明匠亦似不傳之，通誦一遍，即知其屬胎藏系統爲雜部密經之一，氣味極類陀羅尼集等經。原梵本述作之年代降於集經蓋不太遠，對較之於爾餘軍荼利諸法，此經最爲廣博，壇法之精，成就法之繁，雖集經不敢及之，印呪亦最富贍，可謂軍荼利別尊法發展增備之極，密藏中不可闕者矣。

般禪那寺

《大黑天神法》　又復西方諸大寺處，咸於食廚柱側，或在大庫門前彫木表形，或二尺三尺爲神王狀，坐把金囊，卻踞小床，一腳垂地，每將油拭黑色爲形，號曰莫訶哥羅，即大黑神也。古代相承云，是大天之部屬，性愛三寶，護持五衆，使無損耗，求者稱情。但至食時，廚家每薦香火，所有飲食，隨列於前，曾親見說，大涅槃處，般禪那寺，每常僧食，一百有餘。春秋二時，禮拜之際，不期而至，僧徒五百，臨中忽來，正到中時，無宜更煮。其知事人告廚家曰，有斯倉卒事欲如何。于時，有一淨人老母而告之曰，此乃常事，無勞見憂。遂乃多然香火盛陳祭食。告黑神曰，大聖涅槃，爾徒尚在。四方僧至，爲禮於聖蹤，飲食供養，勿令闕乏，是仁之力，幸可知時。尋即總命大衆令坐，以寺常食次第行之。大衆咸足，其餐所長還如常日，咸皆唱善讚天神之力，親行禮覲。故覩黑神，見在其前食成大聚，問其何意報此所由。淮北雖復先無江南多有置處，求者効驗，神道非虛。大覺寺目眞隣陀龍，亦同斯異矣。

十八大寺

《善見律毘婆沙》卷一　大德迦葉，與阿㝹樓馱一切比丘衆，至王舍城。爾時見十八大寺一時頹毀，如來滅後，諸比丘衣笐諸物縱橫，棄散而去，是故狼藉。五百大德比丘順佛教故，修護房舍。若不修護，外道當作此言，瞿曇沙門在世時修治房舍，既涅槃後棄捨而去。爲息此譏嫌故，宜應料理。迦葉言，佛在世時讚歎安居，先事修護房舍。作計校已，往至阿闍世王所，告求所須。王見比丘，頭面禮足即問，大德何所須求。迦葉答曰，十八大寺頹毀敗壞，今欲修護，王自知之。王答，善哉。即給作人。

八萬四千寺

《善見律毘婆沙》卷一　復有一日，於阿育僧伽藍作大布施，布施已，王於六萬比丘僧中坐，而作是言，我有四種供給，湯藥，飲食，衣服，臥具，自恣與僧。語已而作是問，諸大德。佛所統領有幾種法耶？比丘答言，支法有九，法聚有八萬四千。王聞已，至心於法。王作是念，我當立八萬四千寺，以供養八萬四千法聚。即日出銀錢九十六億，而喚大臣。臣到已，王語臣言，我所領八萬四千國，遣人宣令，國起一寺。阿育王自作阿育王僧伽藍。

衆僧見阿育王欲起大寺，見已有一比丘，名因陀掘多，有大神力漏盡羅漢。衆僧即差因陀掘多，統知寺事。是時因陀掘多見寺有所闕短處，自以神力修治令辦，王出銀錢，羅漢神力三年乃成。諸國起寺來啟答王，一日俱到，白統臣言，造塔寺已成。統臣入白王言，八萬四千國，起八萬四千寺塔，皆悉已成。王答言，善哉。王語一大臣，可打鼓宣令，寺塔已成，七日之後當大供養布施，國中一切內外人民，悉受八戒身心清淨。過七日已，莊嚴擬赴王命，如天帝釋諸天圍遶，阿育王國土亦復如是，莊嚴竟，人民遊觀無有厭足，人民悉入寺舍。

中興寺

《法華玄論》卷二　中興寺印師云，此經亦以一乘實慧爲體，下開宗中。歎云，佛智甚深，即是實慧。又云，唯佛與佛乃能究盡諸法實相，諸法實相即是一乘妙境，故境智爲經宗。所以然者非實境無以生實慧，非實慧無以照實境也，所以銘一乘，爲實相境者，體無三僞，故稱實相也。

建中寺

楊衒之《洛陽伽藍記》卷一　建中寺，普泰元年，尚書令樂平王爾朱世隆所立也。本是閹官司空劉騰宅。屋宇奢侈，梁棟踰制，一裏之間，廊廡充溢，堂比宣光殿，門匹乾明門，博敞弘麗，諸王莫及也。在西陽門內禦道北，所謂延年裏劉騰宅。東有太僕寺，寺東有乘黃署，署東有武庫署，即魏相國司馬文王府，庫東至閶闔宮門是也。西陽門內禦道南有永康裏，裏內復有領軍將軍元義宅。掘故井得石銘，（雲）〔云〕是漢太尉荀彧宅。正光年中，元義專權，太后幽隔永巷，騰爲謀主。義是江陽王繼之子，太后妹婿。熙平初，明帝幼沖，諸王權上。太后拜義爲侍中領軍左右，令總禁兵，委以腹心，反得幽隔永巷六年。太后哭曰，養虎自齧，長虺成蛇。至孝昌二年，太后反政，遂誅義等，沒騰田宅。元義誅日，騰已物故，太后追思騰罪，發墓殘屍，使其神靈無所歸趣。以宅賜高陽王雍。建義元年，尚書令樂平王爾朱世隆爲榮追福，題以爲寺，朱門黃閣，所謂仙居也。以前廳爲佛殿，後堂爲講室，金花寶蓋，遍滿其中。有一涼風堂，本騰避暑之處，淒涼常冷，經夏無蠅，有萬年千歲之樹也。

長秋寺

楊衒之《洛陽伽藍記》卷一 長秋寺，劉騰所立也。騰初爲長秋令，卿因以爲名。在西陽門內禦道北一裏，亦在延年裏，即是晉中朝時金市處寺。北有蒙泛池，夏則有水，冬則竭矣。中有三層浮圖一所，金盤靈刹，曜諸城內。作六牙白象負釋迦在虛空中。莊嚴佛事，悉用金玉，工作之異，難可具陳。四月四日，此像常出，辟邪師子導引其前。吞刀吐火，騰驤一面，彩幢上索，詭譎不常。奇伎異服，冠於都市。像停之處，觀者如堵，迭相踐躍，常有死人。

瑤光寺

楊衒之《洛陽伽藍記》卷一 瑤光寺，世宗宣武皇帝所立，在閶闔城門禦道北，東去千秋門二裏。千秋門內道北有西遊園，園中有淩雲臺，即是魏文帝所築者。臺上有八角井，高祖於井北造涼風觀。登之遠望，目極洛川，臺下有碧海曲池，臺東有宣慈觀，去地十丈。觀東有靈芝釣臺，累木爲之，出於海中，去地二十丈。風生戶牖，雲起梁棟，丹楹刻桷，圖寫列仙。刻石爲鯨魚，背負釣臺，既如從地踴出，又似空中飛下。釣臺南有宣光殿，北有嘉福殿，西有九龍殿，殿前九龍吐水成一海。凡四殿，皆有飛閣向靈芝往來。三伏之月，皇帝在靈芝臺以避暑。有五層浮圖一所，去地五十丈。仙掌淩虛，鐸垂雲表，作工之妙，埒美永寧講殿。尼房五百餘間，綺疏連亙，戶牖相通，珍木香草，不可勝言。牛筋狗骨之木，雞頭鴨腳之草，亦悉備焉。椒房嬪禦，學道之所，掖庭美人，並在其中。亦有名族處女，性愛道場，落發辭親，來儀此寺，屏珍麗之飾，服修道之衣，投心入正，歸誠一乘。永安三年中，爾朱兆入洛陽，縱兵大掠，時有秀容胡騎數十入瑤光寺婬穢。自此後頗獲譏訕。京師語曰，洛陽男兒急作髻，瑤光寺尼奪作婿。瑤光寺北有承明門，有金墉城，即魏氏所築。城東北角有魏文帝百尺樓，年雖久遠，形制如初。高祖在城內作光極殿，因名金墉城門爲光極門。又作重樓飛閣，遍城上下，從地望之，有如雲也。

景樂寺

楊衒之《洛陽伽藍記》卷一 景樂寺，太傅清河文獻王懌所立也。懌是孝文皇帝之子，宣武皇帝之弟。閶闔南禦道東，西望永寧寺正相當。寺西有司徒府，東有大將軍高肇宅，北連義井裏。井裏北門外有桑樹數株，枝條繁茂，下有甘井一所，石槽鐵罐，供給行人，飲水庇陰，多有憩者。有佛殿一所，像輦在焉，雕刻巧妙，冠絕一時。堂廡周環，曲房連接，輕條拂戶，花蘂被庭。至於大齋，常設女樂。歌聲繞梁，舞袖徐轉，絲管寥亮，諧妙入神。以是尼寺，丈夫不得入。得往觀者，以爲至天堂。及文獻王薨，寺禁稍寬，百姓出入，無復限礙。後汝南王悅復修之。悅是文獻之弟。召諸音樂，逞伎寺內。奇禽怪獸，舞抃殿庭，飛空幻惑，世所未覩。異端奇術，總萃其中。剝驢投井，植棗種瓜，須臾之間皆得食。士女觀者，目亂睛迷。自建義已後，京師頻有大兵，此戲遂隱也。

昭儀尼寺

楊衒之《洛陽伽藍記》卷一 昭儀尼寺，閹官等所立也。在東陽門內一裏禦道南。東陽門內道北有太倉，導官二署。東南治粟裏，倉司官屬住其內。太后臨朝，閹寺專寵，宦者之家，積金滿堂。是以蕭忻雲，高軒鬥升者，閹官之釐婦，胡馬鳴珂者，莫不黃門之養息也。忻，陽平人也。愛尚文籍，少有名譽，見閹寺寵盛，遂發此言，因即知名，爲治書侍禦史。寺有一佛二菩薩，塑工精絕，京師所無也。四月七日，常出詣景明，景明三像恆出迎之，伎樂之盛，與劉騰相比。堂前有酒樹面木。昭儀寺有池，京師學徒謂之翟泉也。衒之按杜預注《春秋》雲，翟泉在晉太倉西南。按晉太倉在建春門內，今太倉在東陽門內，此地今在太倉西南，明非翟泉也。後隱士趙逸雲，此地是晉侍中石崇家池，池南有綠珠樓。於是學徒始寤，經過者想見綠珠之容也。池西南有願會寺，中書舍人王翊舍宅所立也。佛堂前生桑樹一株，直上五尺，枝條橫遶，柯葉傍布，形如羽蓋。復高五尺，又然。凡爲五重，每重葉椹各異，京師道俗謂之神桑。觀者成市，施者甚眾。帝聞而惡之，以爲惑眾，命給事中黃門侍郎元紀伐殺之。其日雲霧晦冥，下斧之處，血流至地，見者莫不悲泣。寺南有宜壽裏，內有苞信縣令段暉宅，地下常聞鍾聲。時見五色光明，照於堂宇，暉其異之，遂掘光所，得金像一軀，可高三尺。有二菩薩，趺上銘云，晉太始二年五月十五日侍中中書監荀勗造。暉遂舍宅爲光明寺。時人鹹云，此荀勗舊宅。其後，盜者欲竊此像，像與菩薩合聲喝賊，盜者驚怖，應即殞倒。衆僧聞像叫聲，遂來捉得賊。

胡統寺

楊衒之《洛陽伽藍記》卷一 胡統寺，太后從姑所立也，入道爲尼，遂居此寺。在永寧南一裏許。寶塔五重，金刹高聳。洞房周匝，對戶交疎，朱柱素壁，甚爲佳麗。其寺諸尼，帝城名德，善於開導，工談義理，常入宮與太后說法。其資養緇流，徒無比也。

修梵寺

楊衒之《洛陽伽藍記》卷一 修梵寺，在清陽門內禦道北。嵩明寺復在修梵寺西，並雕牆峻宇，比屋連甍，亦是名寺也。修梵寺有金剛，鳩鴿不入，鳥雀不棲。菩提達磨雲，得其眞相也。寺北有永和裏，漢太師董卓之宅也。裏南北皆有池，卓之所造，今猶有水，冬夏不竭。裏中太傅錄尙書長孫稚，尙書右僕射郭祚，吏部尙書邢巒，廷尉卿元洪超，衛尉卿許伯桃，梁州刺史尉成興等六宅，皆高門華屋，齋館敞麗，楸槐蔭途，桐楊夾植，當世名爲貴裏。掘此地者，輒得金玉寶玩之物。邢巒家常掘丹砂及錢數十萬，銘雲，董太師之物。後卓夜中隨巒索此物，巒不與之，經年巒遂卒矣。

景林寺

楊衒之《洛陽伽藍記》卷一 景林寺，在開陽門內禦道東。講殿疊起，房廡連屬，丹檻炫日，繡桷迎風，實爲勝地。寺西有園，多饒奇果。春鳥秋蟬，鳴聲相續。中有禪房一所，內置祇洹精舍，形制雖小，巧構難加。以禪閣虛靜，隱室凝邃，嘉樹夾牖，芳杜匝階，雖雲朝市，想同巖谷。靜行之僧，繩坐其內，飡風服道，結跏數息。有石銘一所，國子博士盧白頭爲其文。白頭一字景裕，範陽人也。性愛恬靜，丘園放敖，學極六經，說通百氏。普泰初，起家爲國子博士。雖在朱門，以注述爲事，注《周易》行之於世也。

明懸尼寺

楊衒之《洛陽伽藍記》卷二 明懸尼寺，彭城武宣王勰所立也。在建春門外石橋南。穀水周圍遶，城至建春門外，東入陽渠石橋。橋有四柱，在道南，銘雲，漢陽嘉四年將作大匠馬憲造。逮我孝昌三年，大雨頹橋，柱始埋沒。道北二柱，至今猶存。衒之按劉澄之《山川古今記》，戴延之《西征記》並雲，晉太康元年造，此則失之遠矣。按澄之等並生在江表，未遊中土，假因征役暫來經過，至於舊事，多非親覽，聞諸道路，便爲穿鑿，誤我後學，日月已甚。有三層塔一所，未加莊嚴。寺東有中朝時常滿倉，高祖令爲租場，天下貢賦所聚蓄也。

龍華寺

楊衒之《洛陽伽藍記》卷二 龍華寺，宿衛羽林虎賁等所立也，在建春門外陽渠南。寺南有租場。陽渠北有建陽裏，裏有土臺高三丈，上作二精舍。趙逸雲，此臺是中朝旗亭也。上有二層樓，懸鼓擊之以罷市。有鍾一口，撞之聞五十裏。太后以鍾聲遠聞，遂移在宮內，置凝閑堂前，講內典，沙門打爲時節。初，蕭衍子豫章王綜來降，聞此鍾聲，以爲奇異，遂造《聽鐘歌》三首行傳於世。綜字世贊，僞齊昏主寶卷遺腹子也。寶卷臨政婬亂，吳人苦之。雍州刺史蕭衍立南康王寶融爲主，舉兵向秣陵，事既克捷，遂殺寶融，而自立寶卷。有美人吳景暉，時孕綜經月，衍因幸景暉，及綜生，認爲己子，小名緣覺，封豫章王。綜形貌舉止甚似昏主，其母告之，令自方便。綜遂歸我聖闕，更改名曰贊，字世務，始爲寶卷，追服三年喪。明帝拜綜太尉公，封丹陽王。永安年中，尙莊帝姊壽陽公主，字莒犁。公主容色美麗，綜甚敬之，與公主語，常自稱下官。授徐州刺史，加開府。及京師傾覆，綜棄州北走。時爾朱世隆專權，遣取公主至洛陽，世隆逼之。公主罵曰，胡狗，敢辱天王女乎。世隆怒之，遂縊殺之。

瓔珞寺

楊衒之《洛陽伽藍記》卷二 瓔珞寺，在建春門外禦道北所謂建陽裏也，即中朝時，白社池董威輩所居處。裏內有瓔珞，慈善，暉和，通覺，暉玄，宗聖，魏昌，熙平，崇眞，因果等十寺。裏內士庶二千餘戶，信崇三寶，眾僧剎養，百姓所供也。

宗聖寺

楊衒之《洛陽伽藍記》卷二 宗聖寺有像一軀，舉高三丈八尺，端嚴殊特，相好畢備，士庶瞻仰，目不暫瞬。此像一出市井，皆空炎先，騰輝赫赫，獨絕世表。妙伎雜樂，亞於劉騰，城東士女，多來此寺觀看也。

崇真寺

楊衒之《洛陽伽藍記》卷二 崇眞寺。比丘惠凝死一七日還活。經閻羅王檢閱，以錯名放免。惠凝具說，過去之時，有五比丘同閱。一比丘(雲)〔云〕，是寶明寺智聖，坐禪苦行，得升天堂。有一比丘，是般若寺道品，以誦四涅槃，亦升天堂。有一比丘(雲)〔云〕，是融覺寺曇謨最，講《涅槃》《華嚴》，領眾千人。閻羅王雲，講經者心懷彼我，以驕淩物，比丘中第一麁行。今唯試坐禪誦經，不問講經。其曇謨最曰，貧道立身以來，唯好講經，實不闇誦。閻羅王勅付司，即有青衣十人，送曇謨最向西北門，屋舍皆黑，似非好處。有一比邱(雲)〔云〕，是禪林寺道弘。自(雲)〔云〕，教化四輩檀越，造一切經，人中象十軀。閻羅王曰，沙門之體，必須攝心守道，志在禪誦，不幹世事，不作有爲。雖造作經象正，欲得他人財物，既得他物，貪心即起，既懷貪心，便是三毒不除，具足煩惱。亦付司，仍與曇謨最同入黑門。有一比邱(雲)〔云〕，是靈覺寺寶明。自(雲)〔云〕，出家之前，嘗作隴西太守造靈覺寺成，即棄官入道。雖不禪誦，禮拜不缺。閻羅王曰，卿作太守之日，曲理枉法，劫奪民財，假作此寺，非卿之力，何勞說此。亦付司，青衣送入黑門。太后聞之，遣黃門侍郎徐紇，依惠凝所說，即訪寶明寺。城東有寶明寺，城內有般若寺，城西有融覺寺，禪林，靈覺等三寺。問智聖，道品，曇謨最，道弘，寶明等，皆實有之。議曰，人死有罪福。即請坐禪僧一百人，常在殿內供養之。詔不聽持經象沿路乞索，若私有財物造經象者任意。凝亦入白鹿山居隱修道。自此以後，京邑比丘，悉皆禪誦，不復以講經爲意。出建春南門外一裏餘至東石橋南北而行，晉太康元年造。橋南有魏朝時馬市，刑嵇康之所也。橋北大道西有建陽裏，大道東有綏民裏，裏內有河間劉宣明宅。神龜年中，以直諫忤旨，斬於都市，訖目不瞑，屍行百步，時人談以枉死。宣明少有名譽，精通經史，危行及於誅死。

魏昌尼寺

楊衒之《洛陽伽藍記》卷二 魏昌尼寺，閹官瀛州刺史李次壽所立也。在裏東南角，即中朝牛馬市處也，刑嵇康之所。東臨石橋，此橋南北行，晉太康元年中朝時市南橋也。澄之等蓋見北橋銘，因而以橋爲太康初造也。

景興尼寺

楊衒之《洛陽伽藍記》卷二 石橋南道有景興尼寺，亦閹官等所共立也。有金像輦，去地三尺，施寶蓋，四面垂金鈴七寶珠，飛天伎樂，望之雲表。作工甚精，難可揚推。像出之日，常詔羽林一百人舉此像。絲竹雜伎，皆由旨給。

秦太上君寺

楊衒之《洛陽伽藍記》卷二 秦太上君寺，胡太后所立也。在東陽門二裏禦道北，所謂暉文裏。裏內有太保崔光，太傅李延實，冀州刺史李韶，秘書監鄭道昭等四宅。並豐堂崛起，高門洞開。趙逸雲，暉文裏是晉馬道裏，延實宅是蜀主劉禪宅。延實宅東有脩和宅，是吳王孫皓宅。李韶宅是晉司空張華宅。當時太后正號崇訓，母儀天下，號父爲秦太上公，母爲秦太上君。爲母追福，因以名焉。中有五層浮圖，一所修剎入雲，高門向街。佛事莊飾，等於永寧。誦室禪堂，周流重疊，花林芳草，遍滿階墀。常有大德名僧，講一切經。受業沙門，亦有千數。太傅李延實者，莊帝舅也。永安年中，除青州刺史。臨去奉辭，帝謂實曰，懷甎（音專下同）之俗，世號難治。舅宜好用心，副朝廷所委。實答曰，臣年迫桑榆，氣同朝露，人間稍遠，日近松邱。臣已久乞閑退。陛下渭陽興念，寵及老臣，使夜行罪人，裁錦萬裏，謹奉明勅，不敢失墜。時黃門侍郎楊寬在帝側，不曉懷甎之義，私問舍人溫子升。子升曰，聞至尊兄彭城王作青州刺史，問其賓客從至青者州（雲）〔云〕，齊土之民，風俗淺薄，虛論高談，專在榮利。太守初欲入境，皆懷甎叩首以美其意，及其代下還家，以甎擊之，言其向背速於反掌。是以京師謠語曰，獄中無系囚，舍內無青州。假令家道惡，腹中不懷愁。懷甎之義，起在於此也。潁川荀濟，風流名士，高鑒妙識，獨出當世。清河崔叔仁稱齊士大夫。曰，齊人外矯仁義，內懷鄙吝，輕同羽毛，利等錐刀。好馳虛譽，阿附成名，威勢所在，側肩競入。求其榮利，甜然濃於四方，慕勢最甚。號齊士子爲慕勢諸郎。臨淄官徒有在京邑，聞懷塼慕勢鹹共恥之，唯崔孝忠一人不以爲意。問其故，孝忠曰，營丘風俗，太公餘化，稷下儒林，禮義所出。今雖淩遲，足爲天下模楷。荀濟人非許郭不識東家，雖復莠言，自口未宜榮辱也。

正始寺

楊衒之《洛陽伽藍記》卷二 正始寺，百官等所立也。正始中立，因以爲名。在東陽門外禦道西，所謂敬義裏也。裏內有典虞曹。簷宇精淨，美於叢林。眾僧房前，高林對牖，青松綠檉，連枝交映。多有枳樹，而不中食。有石碑一枚，背上有侍中崔光施錢四十萬，陳留侯李崇施錢二十萬，自餘百官各有差，少者不減五千已下，後人刊之。敬義裏南有昭德裏。裏內有尚書僕射遊肇，禦史尉李彪，兵部尚書崔林，幽州刺史常景，司農張倫等五宅。彪景出自儒生，居室儉素。惟倫最爲豪侈，齋宇光麗，服翫精奇，車馬出入，逾於邦君。園林山池之美，諸王莫及。倫造景陽山，有若自然。其中重巖復嶺，嶔崟相屬，深蹊洞壑，邐遞連接。高林巨樹，足使日月蔽虧，懸葛垂蘿，能令風煙出入。崎嶇石路，似壅而通，崢嶸澗道，盤紆復直。是以山情野興之士，遊以忘歸。天水人薑質，志性疏誕，麻衣葛巾，有逸民之操，見偏愛之。如不能已，遂造《亭山賦》行傳於世。

景明寺

楊衒之《洛陽伽藍記》卷三 景明寺，宣武皇帝所立也。景明年中立，因以爲名。在宣陽門外一裏禦道東。其寺東西南北，方五百步。前望嵩山、少室，卻負帝城，青林垂影，綠水爲文。形勝之地，爽塏獨美。山懸堂光，觀盛一千餘間。交疏對霤，青臺紫閣，浮道相通，雖外有四時，而內無寒暑。房檐之外，皆是山池，竹松蘭芷，垂列階墀，含風團露，流香吐馥。至正光年中，太后始造七層浮圖一所，去地百仞，是以邢子才碑文雲，俯聞激電，旁屬奔星，是也。妝飾華麗，侔於永寧。金盤寶鐸，煥爛霞表。寺有三池，萑蒲菱藕，水物生焉。或黃甲紫鱗，出沒於繁藻，青鳧白雁，浮沈於綠水。碾磑舂簸，皆用水功。伽藍之妙，最得稱首。時世好崇福，四月七日，京師諸像皆來此寺。尚書祠曹錄影凡有一千餘軀。至八月節，以次入宣陽門，向閶闔宮前受皇帝散花。於時金花映日，寶蓋浮雲，旛幢若林，香煙似霧。梵樂法音，聒動天地。百戲騰驤，所在駢比。名僧德眾，負錫爲群，信徒法侶，持花成藪。車騎填咽，繁衍相傾。時有西域胡沙門見此，唱言佛國。

大統寺

楊衒之《洛陽伽藍記》卷三 大統寺在景明寺西，即所謂利民裏。寺南有三公令史高顯略宅。每夜見赤光行於堂前，如此者非一。向光明所掘地丈餘得黃金百斤，銘雲，蘇秦家金，得者爲吾造功德。顯略遂造招福寺。人謂此地是蘇秦舊宅，當時元義秉政，聞其得金就洛索之，以二十斤與之。衒之按，蘇秦時未有佛法，功德者不必是寺，應是碑銘之類，頌其聲跡也。東有秦太師公二寺，在景明南一裏。西寺，太后所立。東寺，皇姨所建，並爲父追福，因以名之。時人號爲雙女寺。並門隣洛水，林木扶疏，布葉垂陰。各有五層浮圖一所，高五十丈，素彩布工，比於景明。至於六齋，常有中黃門一人，監護僧舍，襯施供具，諸寺莫及焉。寺東有靈臺一所，基趾雖頹，猶高五丈餘，即是漢武帝所立者。靈臺東辟雍，是魏武所立者。至我正光中，造明堂於辟雍之西南，上圓下方，八窗四闥。汝南王復造磚浮圖於靈臺之上。孝昌初，妖賊四侵，州郡失據。朝廷設募征格於堂之北，從戎者。拜曠掖將軍，偏將軍，裨將軍。當時甲冑之士，號明堂隊。時虎賁駱子淵者，自雲洛陽人。昔孝昌年，戍在彭城。其同營人樊元寶得假還京，子淵附書一封，令達其家，雲，宅在靈臺南，近洛河，卿但是至彼，家人自出相看。元寶如其言，至靈臺南，了無人家可問，徙倚欲去。忽見一老翁來問，從何而來，傍徨於此。元寶具向道之。老翁雲，是吾兒也。

報德寺

楊衒之《洛陽伽藍記》卷三　報德寺，高祖孝文皇帝所立也，為憑太后追福，在開陽門外三裏。開陽門禦道東有漢國子學堂。堂前有《三種字石經》二十五碑，表裏刻之。寫《春秋》《尚書》二部，作篆，科門，隸三種字，漢右中郎將蔡邕筆之遺跡也。猶有十八碑，餘皆殘毀。復有石碑四十八枚，亦表裏隸書，寫《周易》《尚書》《公羊》《禮記》四部。又《讚書》碑一所，並在堂前。魏文帝作《典論》雲碑，至太和十七年，猶有四，高祖題為勸學（裏）〔里〕。（裏）〔里〕有文覺，三寶，寧遠三寺。武定四年，大將軍遷《石經》於鄴。周回有園，珍果出焉。有大穀梨，承光之柰。承光寺亦多果木，柰味甚美，冠於京師。勸學（裏）〔里〕東有延賢（裏）〔里〕，（裏）〔里〕內有正覺寺，尚書令王肅所立也。肅字公懿，琅琊人也，偽齊雍州刺史奐之子也。贍學多通，才辭美茂，為齊秘書丞。太和十八年，背逆歸順。時高祖新營洛邑，多所造制論。肅博識舊事，大有裨益。高祖甚重之，常呼王生。延賢之名，因肅立之。肅在江南之日，聘謝氏女為妻。及至京師，復尚公主。謝作五言詩以贈之，其詩曰，本為箔上蠶，今作機上絲。得路逐勝去，頗憶纏綿時。公主代肅答謝（雲）〔云〕，針是貫線物，目中恆任絲。得帛縫新去，何能衲故時。肅甚愧謝之色，遂造正覺寺以憩之。肅憶父非理受禍，常有子胥報楚之意，畢身素服不聽樂，時人以此稱之。

菩提寺

楊衒之《洛陽伽藍記》卷三　菩提寺，西域胡人所立也，在慕義（裏）〔里〕。沙門達多發塚取甎，得一人以進。時太后與明帝在華林都堂，以為妖異，謂黃門侍郎徐紇曰，上古以來，頗有此事否。紇曰，昔魏時發塚，得霍光女婿範明友家奴，說漢朝廢立，與史書相符。此不足為異也。後令紇問其姓名，死來幾年，何所飲食。死者曰，臣姓崔名涵，字子洪，博陵安平人也。父名暢，母姓魏，家在城西阜財（裏）〔里〕。死時年十五，今滿二十七，在地十有二年。常似醉臥，無所食也。時復遊行，或遇飯食，如似夢中，不甚辨了。後即遣門下錄事張秀攜詣準財（裏）〔里〕，訪涵父母，果得崔暢，其妻魏氏。秀攜問暢曰，卿有兒死否。暢曰，有息子涵，年十五而死。秀攜曰，為人所發，今日蘇活，在華林園中，主人故遣我來相問。暢聞驚怖曰，實無此兒，向者謬言。秀攜還，具以實陳聞，後遣攜送涵回家。暢聞涵至，門前起火，手持刀，魏氏把桃枝，謂曰，汝不須來。吾非汝父，汝非吾子，急手速去，可得無殃。涵遂舍去，遊於京師，常宿寺門下，汝南王賜黃衣一具。涵性畏日，不敢仰視，又畏水火及刀兵之屬。常走於達路，遇疲則止，不徐行也，時人猶謂是鬼。洛陽太市北奉終（裏）〔里〕，（裏）〔里〕內之人多賣送死人之具及諸棺槨，涵謂曰，作柏木棺，勿以桑木為欀。人問其故，涵曰，吾在地下，見人發鬼兵，有一鬼訴稱是柏棺，應免。主兵吏曰，爾雖柏棺，桑木為欀。遂不免。京師聞此，柏木踴貴。人疑賣棺者貨涵發此等之言也。

高陽王寺

楊衒之《洛陽伽藍記》卷三　高陽王寺，高陽王雍之宅也，在津陽門外三裏禦道西。雍為爾朱榮所害也，舍宅以為寺。正光中，雍為丞相。給輿羽葆鼓吹，虎賁班劍百人，貴極人臣，富兼山海。居止第宅，匹於帝宮。白殿丹檻，窈窕連亙，飛簷反宇，轇轕周通。僮僕六千，妓女五百，隋珠照日，羅衣從風，自漢晉以來，諸王豪侈未之有也。出則鳴騶禦道，文物成行，鐃吹響發，笳聲哀轉，入則歌姬舞女，擊築吹笙，絲管迭奏，連霄盡日。其竹林魚池，侔於禁苑，芳草如積，珍木連陰。雍嗜口味，厚自奉養。

崇虛寺

楊衒之《洛陽伽藍記》卷三　崇虛寺在城西，即漢之躍龍閣也。延熹九年，桓帝祠老子於躍龍，園室華蓋之座，用郊天之樂，此其地也。高祖遷京之始，以地給民。憩者多見妖怪，是以人皆去之，遂立寺焉。

沖覺寺

楊衒之《洛陽伽藍記》卷三　沖覺寺，太傅清河王懌舍宅所立也，在西明門外一里御道北。懌親王之中最有名行，世宗愛之，特隆諸弟。延昌四年，世宗崩，懌與高陽王雍，廣平王懷並受遺詔，輔翼孝明。時帝始年六歲，太后代總萬機，以懌名德茂親，體道居正，事無大小，多諮詢之。是以熙平，神龜之際，勢傾人主，第宅豐大，踰於高陽。西北有樓，出凌雲臺，俯臨朝市，目極京師，古詩所謂，西北有高樓，上與浮雲齊。者也。樓下有儒林館，退賓堂，形制並如清暑殿，土山釣臺，冠於當世。斜峯入牖，曲沼環堂。樹響飛嚶，堦叢花藥。懌愛賓客，重文藻，海內才子，莫不輻輳。府僚臣佐，並選雋俊。至於清晨明景，騁望南臺，珍羞具設，琴笙並奏，芳醴盈罍，佳賓滿席，使梁王愧兔園之遊，陳思慚雀臺之燕。正光初，元義秉權，閉太后於後宮，薨懌於下省。孝昌元年，太子還總萬機，追贈懌太子太師太將軍都督中外諸軍事，假黃鉞，給九旒鑾，黃屋，左纛，轀輬車，前後部羽葆鼓吹，虎賁班劍百人，挽歌二部，葬禮依晉安平王孚故事。謚曰文獻。圖懌像於建始殿。拔清河國令韓子熙爲黃門侍郎，從王國三卿爲執戟者，近代所無也。爲文獻追福，建五層浮圖一所，工作與瑤光寺相似也。

宣忠寺

楊衒之《洛陽伽藍記》卷四　宣忠寺，侍中司州牧城陽王所立也，在西陽門外一里御道南。永康中，北海入洛，莊帝北巡，自餘諸王，各懷二望，唯徽獨從莊帝至長子城。大兵阻河，雌雄未決，徽願入洛陽，舍宅爲寺。及北海敗散，國道重暉，遂舍宅焉。永安末，莊帝謀殺爾朱榮，恐事不果，請計於徽，徽曰，以生太子爲辭，榮必入朝，因以斃之。

宣忠寺

楊衒之《洛陽伽藍記》卷四　宣忠寺東王典御寺，閹官楊王桃湯所立也。時閹官伽藍皆爲尼寺，唯桃湯所建僧寺，世人稱之英雄。門有三層浮屠一所，工踰昭義。宦者招提，最爲入室。至於六齋，常擊鼓歌舞也。

白馬寺

楊衒之《洛陽伽藍記》卷四　白馬寺，漢明帝所立也，佛入中國之始寺。在西陽門外三里御道南。帝夢金神長丈六，項背日月光明，金神號曰佛。遣使向西域求之，乃得經像焉。時白馬負而來，因以爲名。明帝崩，起祇洹於陵上。自此從後，百姓冢上，或作浮圖焉。寺上經函至今猶存。常燒香供養之，經函時放光明，耀於堂宇，是以道俗禮敬之，如仰眞容。浮屠前，柰林蒲萄異於餘處，枝葉繁衍，子實甚大。柰林實重七斤，蒲萄實偉於棗，味並殊美，冠於中京。帝至熟時，常詣取之，或復賜宮人。宮人得之，轉餉親戚，以爲奇味，得者不敢輒食，乃歷數家。京師語曰，白馬甜榴，一實直牛。有沙門寶公者，不知何處人也。形貌醜陋，心機通達，過去未來預覩三世。發言似讖，不可解，事過之後，始驗其實。胡太后聞之，問以世事。寶公曰，把粟與鷄呼朱朱。時人莫之能解。建義元年，後爲爾朱榮所害，始驗其言。時亦有洛陽人趙法和請占，早晚當有爵否。寶公曰，大竹箭，不須羽。東廂屋，急手作。時不曉其意。經十餘日，法和父喪。大竹者杖，東廂屋者，倚廬。造《十二辰歌》，終其言也。

寶光寺

楊衒之《洛陽伽藍記》卷四　寶光寺，在西陽門外御道北。有三層浮圖一所，以石爲基，形制甚古，畫工雕刻。隱士趙逸見而歎曰，晉朝石塔寺，今爲寶光寺也。人問其故，逸曰，晉朝三十二寺盡皆湮滅，唯此寺獨存。指園中一處曰，此是浴室，前五步，應有一井。衆僧掘之，果得屋及井焉。井雖塡塞，磚口如初，浴堂下猶有石數十枚。當時園池平衍，果菜蔥青，莫不歎息焉。園中有一海，號鹹池。葭菼被岸，菱荷覆水，青松翠竹，羅生其旁。京邑士子，至於良辰美日，休沐告歸，征友命朋，來遊此寺。雷車接軫，羽蓋成陰。或置酒林泉，題詩花圃，折藕浮瓜，以爲興適。普泰末，雍西刺史隴西王爾朱天光總士馬於此寺。寺門無何都崩，天光見而惡之。其年，天光戰敗斬於東市也。

融覺寺

楊衒之《洛陽伽藍記》卷四　融覺寺，清河文獻王懌所立也，在閶闔門外禦道南。有五層浮圖一所，與沖覺寺齊等。佛殿僧房，充溢一裏。比丘曇謨最善於禪學，講《涅槃》《華嚴》，僧徒千人。天竺國胡沙門菩提流支見而禮之，號爲菩薩。流支解佛義，知名西土，諸夷號爲羅漢，曉魏言及隸書，翻《十地》《楞伽》及諸經論二十三部。雖石室之寫金言，草堂之傳眞教，不能過也。流支讀曇謨最大乘義章，每彈指讚歎，唱言微妙。即爲胡書寫之，傳之於西域，西域沙門常東向遙禮之，號曇謨最爲東方聖人。

大覺寺

楊衒之《洛陽伽藍記》卷四　大覺寺，廣平王懷舍宅也，在融覺寺西一（裏）〔里〕許。北瞻芒嶺，南眺洛川，東望宮闕，西顧旗亭，禪臯顯敞，實爲勝地。是以溫子升碑雲，面水背山，左朝右市是也。環所居之堂，上置七佛，林池飛閣，比之景明。至於春風動樹，則蘭開紫葉，秋霜降草，則菊吐黃花。名僧大德，寂以遺煩。永熙年中，平陽王即位，造磚浮圖一所。是土石之工，窮精極麗，詔中書舍人溫子升以爲文也。

禪虛寺

楊衒之《洛陽伽藍記》卷五　禪虛寺，在大夏門禦道西。寺前有閱武場，歲終農隙，甲士習戰，千乘萬騎，常在於此。有羽林馬僧相善觝角，戲擲戟與百尺樹齊等。虎賁張車，擲刀出樓一丈。帝亦觀戲在樓，恆令二人對爲角戲。中朝時，宣武場大夏門東北，今爲光風園，苜蓿生焉。

凝圓寺

楊衒之《洛陽伽藍記》卷五　凝圓寺，閹官濟州刺史賈璨所立也，在廣莫門外一（裏）〔里〕禦道東，所謂永平裏也。注，即漢太上王廣處。遷京之初，創居此（裏）〔里〕，值母亡，舍以爲寺。地形高顯，下臨城闕。房廡精麗，竹柏成林，實是淨行息心之所也。王公卿士來遊觀爲五言者，不可勝數。洛陽城東北有上高景，殷之頑民所居處也。高祖名聞義（裏）〔里〕。遷京之始，朝士住其中，迭相幾刺，竟皆去之。唯有造瓦者止其內，京師瓦器出焉。世人歌曰，洛陽城東北上高（裏）〔里〕，殷之頑民昔所止。今日百姓造甕子，人皆棄去住者恥。唯冠軍將軍郭文遠遊憩其中，堂宇園林，匹於邦君。時隴西李元謙樂雙聲語，常經文遠宅前過，見其門閥華美，乃曰，是誰第宅，過佳。婢春風出曰，郭冠軍家。元謙曰，凡婢雙聲。春風曰，儜奴慢罵。元謙服婢之能，於是京邑翕然傳之。聞義裏有燉煌人宋雲宅，雲與惠生俱使西域也。

雜録

諸寺沙门

《大乘大集地藏十輪經》卷一　永徽二年正月廿三日於長安大慈恩寺翻經院法師玄奘奉詔譯。大慈恩寺沙門大乘光筆受。法海寺沙門神昉筆受。大總持寺沙門道觀筆受。蒲洲普救寺沙門行友證文。普光寺沙門道智證文。汴洲眞諦寺沙門玄忠證文。弘福寺沙門明濬正字。大總持寺沙門玄應正字。弘福寺沙門文備證義。蒲洲栖巖寺沙門神泰證義。廓洲法講寺沙門道深證義。寶昌寺沙門法祥證義。羅漢寺沙門慧貴證義。實際寺沙門道明證義。大總持寺沙門道洪證義。大慈恩寺沙門玄奘奉詔譯。

《瑜伽師地論》卷一　二月六日還至長安，奉勅於弘福寺安置，令所司供給，召諸名僧二十一人學通內外者，共譯持來三藏梵本。至二十一年五月十五日，肇譯《瑜伽師地論》。論梵本四萬頌，頌三十二字，凡有五分，宗明十七地義。三藏法師玄奘，敬執梵文，譯爲唐語，弘福寺沙門靈會，靈雋，智開知仁，會昌寺沙門玄度，瑤臺寺沙門道卓，大總持寺沙門道觀，清禪寺沙門明覺，烝義筆受。弘福寺沙門玄謨，證梵語，大總持寺沙門玄應，正字，大總持寺沙門道洪，實際寺沙門明琰，寶昌寺沙門法祥，羅漢寺沙門惠貴，弘福寺沙門文備，蒲州栖巖寺沙門神泰，廓州法講寺沙門道深，詳證大義。本地分中，《五識身相應地意地》，《有尋有伺地》，《無尋唯伺地》，《無尋無伺地》凡十七卷。普光寺沙門道智，受旨證文。《三摩呬多地》、《非三摩呬多地》、《有心無心地》、《聞所成地》、《思所成地》、《修所成地》凡十卷。蒲州普救寺沙門行友，受旨證文。《聲聞地初》、《瑜伽種姓地盡第二瑜伽處》凡九卷。玄法寺沙門玄賾，受旨證文。《聲聞地第三瑜伽處盡獨覺地》凡五卷。汴州眞諦寺沙門玄忠，受旨證文。《菩薩地》、《有餘依地》、《無餘依地》凡十六卷。簡州福聚寺沙門靖邁，受旨證文。《攝決擇分》凡三十卷。大總持寺沙門辯機，受旨證文。《攝異門分》、《攝釋分》凡四卷。普光寺沙門處衡，受旨證文。《攝事分》十六卷。弘福寺沙門明濬，受旨證文。

舍利并合興大寺

《賢劫經》卷七　佛言，拘留孫如來至眞等正覺所生土地，城名仁賢，王所治處，姓曰迦葉，父曰祠祀施。梵志種所生，母字維耶妙勝，子曰上勝，侍者名覺意，智慧弟子維頭，神足曰抄兒，其佛身光照四十里。一會說經四萬比丘，二會七萬，三會六萬，皆成聲聞。佛在世時人壽四萬歲，正法住世八萬歲，舍利并合作一大寺。

拘那含牟尼如來至眞所生土地，城名上被，梵志種父名施尊，母字上妙，子曰澤明集，侍者曰吉善，智慧弟子曰最上，神足曰不舍。佛在世時人壽三萬歲，一會說經七萬比丘，二會六萬，三會五萬，皆得羅漢，其佛光明照二十里。正法存立千歲，舍利并合興一大寺。

迦葉如來所生土地，城名神氏，佛光照十里。梵志種，父名梵施，母字經業，子曰導師，侍者曰普友。上首智慧弟子名開明，神足曰坻舍。佛在世時人壽二萬歲，一會說經二萬比丘，二會萬八千，三會萬六千，皆得道證。正法存立七萬歲，舍利并合興一大寺。

鹿野寺沙門

《佛說藥師如來本願經》　昔宋孝武之世，鹿野寺沙門慧簡，已曾譯出在世流行，但以梵宋不融，文辭雜糅，致令轉讀之輩多生疑惑。矩早學梵書恆披葉典，思遇此經驗其紕謬。開皇十七年初獲一本，猶恐脫誤未敢即翻，至大業十一年復得二本，更相讎比方爲指定，遂與三藏法師達磨笈多，并大隋翻經沙門法行明則，長順海馭等，於東都洛水南上林園翻經館重譯此本。深鑒前非方懲後失，故一言出口，必三覆乃書，傳度幽旨差無大過。其年十二月八日翻勘方了，仍爲一卷。

住寺應學正勤

《大乘寶雲經》卷五　所謂冬時夏時春時，不得近於春場之處，不近樹木非叢聚處，不約山險莫近江河，不遮寒不遮風亦不遮雨，亦不遮熱不遮霜露，唯除疾病。菩薩摩訶薩若坐露地，身有疾病不堪行法，當住寺中而作是念，諸佛如來制頭陀法，但爲斷除一切煩惱，如佛教法我當奉行。我雖住寺應學正勤，爲斷煩惱，不得懈怠散亂閑住，雖居寺舍，不生貪著。復作是念，如是寺舍皆是檀越之所起造，利益一切修道之人。是故我今不應於寺生我所心，雖住寺中恆不離於露地之想。善男子，如是菩薩具是十法坐於露地。善男子，菩薩摩訶薩具足十法住屍陀林。何等爲十，所謂若在中住多生厭離，恆作死想，作八萬戶蟲所唼食想，作赤血想，作青淤想，作臭穢想，作膖脹想，作血塗想，作膿爛想，作解離想，作骸骨想。善男子，菩薩摩訶薩住屍陀林恆興慈悲憐愍衆生，持戒清淨，具足威儀，恆習素食，支持活命。所以者何，善男子，是屍陀林有諸非人，依止中住食人血肉。若見菩薩食魚肉者，而起惡心來相觸惱。

付屬諸寺闍梨

《大毘盧遮那經廣大儀軌》卷下　此法從摩訶毘盧遮那，付屬金剛手。金剛手次傳，付屬那爛陀寺達磨鞠多阿闍梨。達磨鞠多阿闍梨，次付屬中天竺國王種釋迦善無畏三藏。善無畏三藏，開元中來至此國，當玄宗朝，爲大國師傳法灌頂。次付屬海東新羅國僧玄超阿闍梨。玄超阿闍梨次傳，付屬京青龍寺僧慧果阿闍梨。慧果阿闍梨次傳，付屬僧法潤阿闍梨。大和八年甲寅歲三月七日，付屬慧日寺五部持念僧惟謹。

寺中應可作者

《毗尼母經》卷四　盡形受藥者，薑椒蓽茇訶梨勒鹽菖蒲，如是等皆名盡形受藥。藥草犍度中廣說，寺中應可作者，從羯磨一切法事，乃至飲食臥起，及露著泥洹僧竭支皆中。復有中者，若寺中地見金銀，知主不知主，皆應取舉之，知主者後來當還。若不知主者，應當眾僧中唱，我昨日僧地中得金銀，是誰物也。有人來言，是我物者，應問，此物頭數多少及與斤兩，裹持繫縛，用何等物。若言一一相應者可還之，不相應者不應與也。復有寺中，可中作者，若比丘比丘尼，用木葉作蓋，用木皮作蓋，或織草作蓋，如此等皆寺中得用。復有比丘，寺中得用物富羅上，重著革皮落縮，若出聚落雨雪得著，無雨雪不得也。所著革屣四重三重乃至一單，寺裏皆應得著，入聚落時雨雪得著，無時不得也。病時亦得著，革屣犍度中廣說。

草堂寺譯經

智顗《妙法蓮華經文句》卷八下　寶唱《經目》云，法華凡四譯兩存兩沒。曇摩羅剎，此言法護。西晉長安譯名正法華，法護仍敷演，安汰所承者是也。鳩摩羅什，此翻童壽，是龜茲國人，以僞秦弘始五年四月二十三日，於長安逍遙園譯大品竟。至八年夏，於草堂寺譯此妙法蓮華，命僧叡講之，叡開爲九轍，當時二十八品。長安宮人請此品淹留在內，江東所傳止得二十七品。梁有滿法師，講經一百遍，於長沙郡燒身，仍以此品安持品之前，彼自私安未聞天下。

朝廷寺傳經

智顗《法華文句記》卷二　忽有武當山惠表比丘，自僞帝姚秦略從子，略是萇子，因爲晉軍何澹之所得，養爲假子，俄放出家勤苦求道，以齊建元三年，至廣州朝廷寺，遇曇摩伽陀耶舍，欲傳此經。表乃致請僅得一本，仍還武當，永明三年九月十八日始傳於世。經既已來等者，笑印師也。

瓦官寺燒身

智顗《法華文句記》卷八之四　答，義立非無，見者喜其已身不作，即世界。不作善生。即爲人也。不作惡邊，即對治也。無障果事，即第一義。因行下約敎，理順即圓敎，事逆即三敎。唯圓敎意逆即是順，自餘三敎逆順定故。本迹中言同眾生病者，《大經》云提婆達多必不破僧。《報恩經》云，若有人言，提婆達多實是惡人入阿鼻獄者，無有是處。《大雲經》云，提婆達多不可思議，所修行業同於如來。諸新舊章皆云，什譯元無此品。並準齊宋錄云，上定林寺釋法獻於于闐國，得梵本來，瓦官寺沙門釋法意，齊永明八年十二月譯訖。仍自別行，至梁初有滿法師講經百遍，於寺燒身，乃以此品置持品前，亦未行天下。

下定林寺聽經

吉藏《法華玄論》卷一　《法華》既有新舊兩本，講者亦應二人焉，名僧傳云。講經之始，起竺法護，護公既親譯斯經，理應敷闡。自護公之後，釋安竺汰之流唯講舊本而已。及羅什至長安，翻新法華竟道融講之，開爲九轍，時人呼爲九轍法師。九轍之文今所未見，講新法花，始乎融也。自融已後，曇影道生之流染翰著述者，非復一焉。次乎齊代有淸信優婆塞劉虬，與十許名僧，依傍安林壹遠之例，什肇融垣之流，撰錄眾師之長秤爲注《法華》也。爰至梁始，三大法師碩學當時名高一代。大集數論，遍釋眾經，但開善以《涅槃》騰譽，《莊嚴》以《十地》《勝鬘》擅名。光宅《法華》當時獨步，但光宅受經於中興寺印法師。印本壽春人，俗姓朱氏，少遊彭城，從曇度受論，次從匡山惠龍受學法華，而印講斯經，自少至老凡得二百五十遍，春秋六十六，永明元年卒。光宅雲法師息慈之歲，隨印在鍾山下定林寺聽《法華經》，下講竟住寺後石澗中，累石爲高座，及以聽眾。於是自登石座霞述所聞，印未知之密聽其所說，一言靡遺。年至三十，於妙音寺開《法華》《淨名》二經題，機辨縱橫，道俗歎伏，由是已來，《法華》譽顯。

東牛寺講經

吉藏《法華遊意》　經既有二本，初講亦有兩人。漢地以竺法護爲始，護公以永熙元年八月二十八日，比丘康那律師，於洛陽寫正法花經竟，與法護口挍古訓，譯出深義。九月本齊十四日於東牛寺施設檀會，講此經竟日，晝夜莫不歡喜。次新翻法花竟，道融法師於長安講之，開爲九轍，時人呼爲九轍法師。自爾已後，著述講說者，不可具陳也。

謝司空寺

法藏《華嚴經探玄記》卷一　有東晉沙門支法領，從于闐國得此三萬六千偈經，并請得北天竺大乘三果菩薩禪師名佛馱跋陀羅此云覺賢，俗姓釋迦氏，即甘露飯王之苗裔，曾往兜率天就彌勒，問疑，以晉義熙十四年歲次鶉火三月十日，於揚州謝司空寺別造護淨法堂，於中譯出此經。時堂前有一蓮華池，每日有二青衣童子，自池之出堂灑掃供養，暮還歸池。相傳釋云，以此經久在龍宮，龍王慶此傳通躬自給侍，後因改此寺名爲興嚴寺。沙門法業及慧嚴，慧觀等親從筆受。時有吳郡內史孟顗右衛將軍褚叔度等爲檀越主，至元熙二年六月十日出訖。至大宋永初二年十二月二十日，與梵本再校勘畢於法界品內從摩耶夫人後至彌勒菩薩前所闕八九紙經文。今大唐永隆元年三月內有天竺三藏地婆訶羅，唐言日照，有此一品梵本，法藏親共校勘至此闕文，奉勑與沙門道成復禮等譯出補之。

那爛陀寺二大德

澄觀《大方廣佛華嚴經疏》卷二　第二敘西域者，即今性相二宗元出彼方，故名西域，謂那爛陀寺同時有二大德，一名戒賢，二名智光。戒賢遠承彌勒，無著，近踵護法難陀，依《深密》等經，《瑜伽》等論，立三種教。以法相大乘而爲了義，即唐三藏之所宗師。謂，佛初於鹿苑，轉四諦小乘法輪。說諸有爲法皆從緣生，以破外道自性因等。又緣生無我翻外有我，然猶未說法無我理，即四阿含等是。第二時中，雖依遍計所執，而說諸法自性皆空，翻彼小乘。然於依他圓成猶未說有，即諸部般若等經。第三時中，就大乘正理，具說三性三無性等，方爲盡理，即《解深密經》等，是故於彼三時，初墮有邊，次墮空邊，俱非了義，後時具說遍計性空，餘二爲有，契會中道，方爲了義，此依深密，所判。二智光論師，遠承文殊，龍樹，近稟青目，清辯。依《般若》等經，《中觀》等論，亦立三時教。以明無相大乘爲眞了義，謂佛初鹿苑說小，明心鏡俱有，次於中時，爲彼中根，說法相大乘境空心有唯識道理，以根猶劣，未能全入平等眞空。故後第三時，爲上根說無相大乘辯心境俱空，平等一味爲眞了義。又初漸破外道自性等故，說因緣生法決定是有。次漸破小乘緣生實有之執故，說依他似有。以彼怖畏此眞空故，由存假名，而接引之。後時方就究竟，而說緣生即空平等一味。

道場寺

澄觀《大方廣佛華嚴經隨疏演義鈔》卷一五　其年三月十日起首，賢乃手執梵文，共沙門法業慧嚴等百有餘人，於道場寺詮譯，指文會理，通言適妙。故道場寺猶有華嚴堂焉。永嘉六年卒，時春秋七十有一。手屈三指，明得阿那含果，餘廣如傳，業公未詳氏族，風格秀整，學無常師，遍閱群教。每以爲未能探微照極，常怏然不足。後遇覺賢，請譯《華嚴》，籌諮義理，數歲之後，廓然有所通悟，因顧其友人曰，聖教司南，於是乎在。遂敷弘幽旨，鬱爲宗首。著《旨歸》兩卷，見行於世，今不見本者，以希聲初啟，未遑曲盡。時月淹久，故多廢替，慧嚴慧觀，即什公八俊之二，筆格高簡，經論深博，備於僧史。

疏謝司空寺者，即道場寺，從檀越呼之，嚴觀二德並此寺僧。疏，今潤州興嚴寺者，晉時稱南揚州，其境廣闊，今分出爲潤州耳。

清涼寺

澄觀《大方廣佛華嚴經隨疏演義鈔》卷一五　後魏沙門靈辯，太原晉陽人，宿殖勝善常讀大乘，及見車嚴，偏加鑽仰。乃頂戴此經，入清涼山寺求文殊師利潛護。凡歷一歲足破血流，肉盡骨穿。忽聞空中謂之曰，汝止，汝止，但思惟此經。於是披卷，豁然玄悟。後熙平元年歲次大梁正月內於清涼寺。敬造華嚴論，演義釋文一百卷，窮微洞奧。至二年初，徙居懸甕山嵩巖寺造畢，餘具如傳，若準論序，但云在懸甕感通。今據傳文故，亦清涼感通玄悟也。

逝多林寺

李通玄《新華嚴經論》卷三二　林者，此園有林故，亦以如來行多。以法界普覆蔭遍含生故，以佛行爲林。以林爲蔭覆，得清涼義，故以法界清涼，蔭眾生煩惱熱。令清涼故，故曰逝多林。若以因置寺園之時，以所施成名，以祇陀太子植林須達長者置園，以長者濟乏所求孤老皆惠，亦號祇樹給孤獨園。今以約如來智德遍含廣多濟物，號爲逝多林，園此方名寺，彼方名園。若法界體用智境普含，以法界無限智境爲逝多林園，非以肉眼情識所見也，乃是塵刹遍含之園也。

龍光寺道生

智圓《涅槃玄義發源機要》卷一　竺道生者，竺姓也，道生名也，本姓魏，鉅鹿人，幼而穎悟，聰哲若神。後值沙門竺法汰，遂改俗受業因姓竺也。言涅槃聖者，初生遊長安，從羅什請法關中，僧衆咸謂神悟，後還建康住青園寺。寺即晉恭思皇后褚氏種青之處，因以爲名。以六卷泥洹，先至京都，生剖析經理洞入幽微，乃説闡提皆得成佛，遂撰《十四科》。其第十衆生有佛性義云，經言闡提無者，欲擊勵惡行之人，非實無也。以其見惡明無無惡，必有抑揚當時誘物之妙，豈可守文哉。于時大本未傳，孤明先發獨見忤衆，於是舊學以爲邪説，譏憤滋甚，遂顯大衆，擯而遣之。生於大衆中，正容誓曰，若我所説反於經義者，請於現身即表癘疾。若與實相不相違背者，願捨壽之時踞師子座。言竟拂衣而遊。初投吳虎丘山，旬日之中，學徒數百。其年夏雷震青園佛殿，龍升于天光影西壁，因改寺名龍光。時人嘆曰，龍既去已生必行矣。俄而投迹廬山銷影巖岫之中，僧衆咸共敬服。後涅槃大本至于南京，果稱闡提悉有佛性，與前所説，合若符契，既獲斯經，尋即講説。

自在天寺精舍

窺基《觀彌勒上生兜率天經贊》卷上　佛在摩伽提國寂滅道場，彌加女村自在天寺精舍。一時佛與千二百五十比丘經行林中，彌勒菩薩金色相好放銀光明，黄金校飾，如白銀山，來至佛所。結髮梵志五百人等遥見彌勒，五體投地，白佛，請問彌勒光明乃與佛等於何佛所初發道心。佛言，梵志乃往過去無量無邊阿僧祇劫時，有世界名勝華敷，佛號彌勒，恒以慈四無量法教化一切。經名慈三昧光大悲海雲，聞者必超百億劫罪成佛無疑。時有大婆羅門名一切智光明。六十四能多智博達，聞佛彼經即生難詰不能屈伏。便發信心而發願言，願持彼經必得成佛，號曰彌勒。即捨家入山谷長髮梵行，滿八千歲乞食誦經。

佛隴寺

智圓《維摩經略疏垂裕記》卷一　疏成之歲，歲在甲辰。吾師自晉陵歸于佛隴之夏也。甲辰，即唐代宗廣德二年也。晉陵縣名也，在常州。佛隴在天台。《神邕山記》曰，從修禪寺南行二百步有盤石，平正猶如削成，古老相傳。佛嘗於此放光，故名佛隴，其夏荊溪居修禪寺也。

白馬寺

（唐太宗）《題焚經臺詩・附》　是永平七年，明帝夜夢。一人體有金色項有日光，飛空而至殿前。明旦，宣問群臣。有通人傅毅占夢。奏曰，臣聞西域有得道者，號曰佛，經舉能飛具六神通，今應此夢。帝悟大悅，即遣羽林郎蔡愔，博士秦景，王遵等十二人，望葱嶺而往尋西土，求迎佛法行至中路。月氏國衆乃駭然，得瞻迦葉摩騰共竺法蘭二梵僧。圓項方袍之異相，乘白馬攜釋迦眞像白氎之圖，并此四十二章一卷回朝，時永平十年也。帝喜躬親迎，奉宣委鴻臚以陳國禮，勑令彩畫釋迦頂相於清涼臺，因建立白馬寺。請此二尊者住院，於帝説法至冬，值歲旦五岳道士賀正之次。道士褚善信，費叔才等，共六百九十人互相語曰，帝棄我道教，遠求胡教。乃自率衆，各將所持道經共上表，願與胡佛教比試其眞僞。帝遂降勑尚書令宋庠，引入長樂宫前，宣曰，道士與僧就元宵日駢集，白馬寺南門外立兩壇。至期試之，西壇燒道經六百餘卷，頃刻燒盡，唯取得《老子道經》一卷是眞，其餘是杜光庭撰，今云杜撰也。帝觀東壇佛像并此四十二章燒不能壞，但見五色神光，天雨寶花天樂自振，歎未曾有，帝共群臣稱悦。太傅張衍語諸道士曰，既試無驗，可就佛法。其道士褚費等，深有愧恧，皆氣盛自死，餘有呂惠通等六百二十人，皆棄冠帔，投佛出家。因此流通佛教，州縣建寺敬僧，始從四十二章，自後人續去取五千餘卷。至今益顯于世間，三界之中含識之類，蒙恩受賴綿綿不絕也。

慈恩寺譯經

圓暉《俱舍論頌疏論本》卷一　此論翻譯，總有兩時，初即陳朝，後居唐代。陳朝三藏眞諦法師有於嶺南，譯成二十二卷。大唐三藏，永徽年中，於慈恩寺，譯成三十卷。翻譯不同，非無所以。由前譯主未善方言，致使論文義在差舛。至如無爲是因果，前譯言非，現法無非得，昔翻云有。大唐三藏音善兩方，譯義無差，綴文不謬。由使懷疑之客，得白玉於青山，佇決之賓，獲玄珠於赤水。由是此論，譯有兩時。

西太原寺

法藏《起信論疏筆削記》卷一　西太原寺者，即長安崇福寺也。以天下有五寺，俱名太原，爲揀餘四故言西也。東即揚州，南即荊南府，西即長安，北即太原（亦名崇福），中即東都（今之福先）。俱稱太原者，以則天生于太原，此既皆彼捨宅所置，爲敬生處故以爲名。沙門者，釋眾之通號，此云勤息，謂勤修戒定慧，息滅惑業苦故受斯稱。法藏者，俗姓康氏，華嚴第三祖，勅謚，謚賢首大師，德業恢隆廣如傳錄。述者，明非造作也。如仲尼云，述而不作，信而好古。明己勞謙，故云述也。草堂寺名，在終南山。宗密者，姓何氏，謚謚爲定慧禪師。是乃學窮內外道映古今，盛德大業備所聞見。先以論疏二本別行，致其學者不能周覽，既成互闕，功進難前。今列疏文，以就於論，既論下有疏，論上有科，文義昭然，章段備矣，學者披釋，得不荷其優賜乎。

什法師於大石寺出新

僧肇《肇論》　什法師於大石寺出新至諸經，法藏淵曠，日有異聞。禪師於瓦官寺教習禪道，門徒數百，夙夜匪懈，邕邕肅肅，致可欣樂。三藏法師於中寺出律藏，本末精悉，若覩初制。毘婆沙法師於石羊寺出《舍利弗阿毘曇》胡本，雖未及譯，時問中事，發言新奇。貧道一生，猥參嘉運，遇茲盛化。自恨不覩釋迦祇桓之集，餘復何恨。而慨不得與清勝君子同斯法集耳。生上人頃在此同止數年，至於言話之際，常相稱詠。中途還南，君得與相見。未更近問，惘悒何言。威道人至，得君《念佛三昧詠》，并得遠法師《三昧詠》及《序》。此作興寄既高，辭致清婉。能文之士，率稱其美。可謂游涉聖門，扣玄關之唱也。君與法師當數有文集，因來何少。什法師以午年出《維摩經》，貧道時預聽次。參承之暇，輒復條記成言，以爲注解。辭雖不文，然義承有本。今因信持一本往南。君閑詳，試可取看。

大小招提寺

元康《肇論疏》　佛教興盛，伽藍精舍接棟連甍，名字相參，往往而有。即如莊嚴寺，則有大莊嚴妙莊嚴。招提寺，則有大招提小招提也，大招提是梁時造，小招提是晉時造。慧達法師是陳時人，小招提寺僧也。當陳時名達之者，非止一人，故標其寺，以爲別也。有本直云小招提撰，撰者撰集，非是製作，應言作，不應言撰也，直言小招提不言名者。江左敬法師，不呼其名，故但標其寺耳。然此法師，未善文體，所作論序，多有庸音，直以敘述論宗，不無倫次，貴其雅意，如後釋之，所望通人幸無譏誚也。

菩薩入寺

慧沼《勸發菩提心集》　《十住毘婆沙·入寺品》云，菩薩若入寺，應行諸威儀恭敬而禮拜供養。諸比丘在家菩薩若入佛寺，初欲入時，於寺門外五體投地。應作是念，此是善人住處，是空行者住處，無想行者住處，無願行者住處，行慈悲喜捨者住處，正行正念者住處。若見諸比丘隨所見業，見已恭肅敬心，禮拜親近問訊。應作是念，若我恆沙劫，常於天祀中，大施不休廢，不如一出家。又念，在家多諸過患，出家皆無，隨應廣說。念出家者，所行法事，所得功德，我何時得，廣說三乘所有行相，是在家菩薩已慕尚出家。若入塔寺敬禮佛時，應生三心。一我當何時得於八部受諸供養。二何時當得神力，舍利流布世間利益眾生。三我今深心行大精進得大菩提。我作佛已入無餘涅槃，次隨所作詣諸比丘，請諸法性相詣論師所，問戒持犯詣律師所，坐禪習定詣禪師所等。

白天老人遊東大寺

法藏《華嚴遊心法界記》　東方國運隆盛，人文丕彰，蕩蕩大和，眞風競起，則十宗奮動，四輪咸發。蓋探斬虬藏者，信手而得焉。皇矣，聖道之昭也，伯令之曠也。人事備富，技器不乏。惟我天平延喜之事則古矣，自是以來，未有若是盛也。昔者吾先師白天老人遊南都東大寺，得遊心法界記一部以欲示大方弗果，亡幾師逝矣噫逝矣。吾其何爲，夫不爲乃已，爲之何所不爲。于是小子飛錫而西也，千里翩翩然來東大寺，乃遂得其眞本而挍之，以垂不朽也。此記寥寥乎未出人間尙矣。今而公於世，此非吾聖德昭曠之所致歟。伏豫明德其有爲乎，何所不爲。且也金剛場因果無二菩薩，乃苦界直入報土開引之證也。如小子山於其浩浩恩波，未能涓滴報之也，是以繼白老人之志願梓以布諸海內。

入寺法

道宣《**教誡新學比丘行護律儀**》一，到寺門外具威儀。二，入寺門禮拜，便跪說如常歎佛。三，收坐具合掌曲躬，然後歛容，旁廊一邊，緩行直視。四，不得垂手，當有所畏。五，不得踏殿塔影。六，逢尊宿，殿前不得禮拜。七，若入殿塔，當合掌右繞，不得左轉。八，出殿門，隨頰舉足。九，涕唾須知屏處。十，須參禮尊宿。十一，須知大小便處。

在寺住法

道宣《**教誡新學比丘行護律儀**》一，不得彊知他事，論他過非。二，不得入他諍事。三，不得傳他惡事。四，不得釘破牆壁。五，不得書門戶及牆壁。六，見殿塔不淨，當掃令淨。七，行不得垂手。八，行不得左右顧視。九，行須長視，看地七尺，勿令蹋蟲蟻。十，若手把物，路逢尊宿，當放一處，如法問訊。十一，不得逾越籬牆，除會衣會夏等緣。十二，不得著木揬向尊宿前行立。十三，不得通肩被袈裟。十四，常須帶袈裟紐。十五，凡著履揬，先令腳根著地，勿使作聲。十六，洟唾常向屏處。十七，不得門閫上坐。十八，不得腳蹋門限。十九，不得入惡笑處。二十，於春夏秋冬，無切要事，不得遊行。二十一，不得惡口罵人，如經所說口業極重，切須愼之。二十二，不得瞋罵風雨。二十三，不得急行，當學牛王象王之步。二十四，廊下行，不得當其中道。二十五，行須旁一邊，是禮也。二十六，廊下行，不得高聲語笑。二十七，大小便須知處所。二十八，無緣事，不得入他房院。二十九，常須慈悲柔和善順，論云，夫言慈者，意在柔和。被他所惱，不生瞋恨。夫言悲者，意在饒益，善順物情。三十，凡出房院，不得衝突尊宿。三十一，廊下行，不得吟詠。

鷲頭山寺

道宣《**律相感通傳**》益州成都多寶石佛者，何代時像，從地涌出。答曰，蜀都元基青城山上，今成都大海之地。昔迦葉佛時有人，於西耳河造之，擬多寶佛全身相也，在西耳河鷲頭山寺。有成都人，往彼興易，請像將還，至今多寶寺處，爲海神蹈舡所沒。初取像人見海神子岸上遊行，謂是山怪，遂殺之。因爾神瞋覆沒，人像俱溺同在一舡，多寶佛舊在鷲頭山寺，古基尙在，仍有一塔，常發光明。今向彼土道，由朗州過大小山，算三千餘里，方達西耳河，河大闊，或百里，五百里，中有山洲，亦有古寺經像，而無僧住。經同此文，時聞鐘聲，百姓殷實。每年二時供養古塔，塔如戒壇。三重石砌上有覆釜，其數極多。彼土諸人但言神塚，每發光明，人以蔬食祭之，求福祚也。

三會寺

道宣《**律相感通傳**》于時智猛法師隨往禮拜，不久失梵僧所在，智猛長大，具爲太常韋卿說之，請其臺處依本置寺，遂奏周王，名三會寺。至隋大業中，廢入大寺，因被廢毀，配入菩提寺，今菩提寺西堂佛首即三會寺佛也。釋迦如來度迦葉後十二年中，來至此臺，其中見有迦葉佛舍利，周穆王身遊大夏。佛告，彼土有古塔，可返禮事。王問，何方佛。答，在鄗京之東南也，西天竺國具有別傳。去歲長年師子國僧，九十九夏，三果人也，聞斯聖跡，跣行至此，尋清涼山，國家供送，今夏在彼，所願應遂也。余問曰，自昔相傳，文殊在清涼山，領五百仙人，說法經中明。文殊是久住娑婆世界菩薩，娑婆則大千總號，如何偏在此方。答曰，文殊諸佛仙之元師也。隨緣利見應變不同，大士之功非人境界。不勞評泊。但知多在清涼五臺之中，今彼見有五臺縣清涼府仙華山。往往有人見之，不得不信。

大孚靈鷲寺

道宣《**律相感通傳**》又問，今五臺山中，臺之東南四十里，見有大孚靈鷲寺，兩堂隔澗猶存。南有華園，可二頃許，四時發彩，人莫究之。或云，漢明所立。或云，魏孝文帝作。互說不同如何。答云，俱是二帝所作。昔周穆之時，已有佛法。此山靈異，文殊所居，周穆於中造寺供養。及阿育王亦依置塔，漢明之初，摩騰天眼亦見有塔，請帝立寺，山形像靈鷲，名曰大孚，孚者信也。帝信佛理，立寺度人。元魏孝文，北臺不遠，常來禮謁。見有人馬行跡石上分明，其事可知。豈惟五臺，今終南，太白太華五岳名山，皆有聖人，為住佛法，處處有之。人有供設，必須預請。七日已前，在靜室內，安置軟座，燒香列疏，閉戶祈求，無不感應。至時來赴凡聖難知，若不爾者，緣請者多，希來至飯。今時有作賓頭盧聖僧像，立房供養，亦是一途。然須別施空座，前置椀鉢，至僧食時。令大僧為受，不得以僧家盤盂設之。以凡聖雖殊，俱不觸僧食器，若是俗家則隨俗所設。若不置前靜室等者，止可諸餘聖眾，或可降臨，以三天下同一供養，隨緣別計故，此賓頭盧難一遭遇。

穆王寺等諸寺

道宣《律相感通傳》 又問，防州顯際寺山出古像者，何代所立。答云，像是秦穆公所造，像出處是周穆王造寺處也。佛去世後，育王第四女又造像塔，於此供養。于時此寺有三果人住中，秦相由余常所奉敬。往者迦葉佛時，亦於此立寺，是彼沙彌顯際造也，仍其本名以為寺額。又問，今玉華宮南檀臺山上有塼塔，面別三十步，下層極壯，四面石龕，旁有碎塼，又有三十餘窯塼，古老莫知何代，然每聞鐘聲。答云，此穆王寺也，名曰靈山。至育王時，勅山神於此造像。西晉末亂，五胡控掘劉曜都長安，數夢此山佛見在塼塔中坐。語曜曰，汝少飲酒，莫耽色欲，黜去邪佞，進用忠良，曜不能從。後於洛陽酒醉落馬，為石勒所擒。初曜因夢所悟。令人尋山訪之，遂見此像坐小塼塔。與夢符同，便毀小塔，更作大者高一十九級，並造寺宇，極存壯麗，寺名法燈，度三百僧住之。曜沒趙後寺有三十二人，修得三果。仙神於今塔後，又造一寺，供養三果僧，神往太白，採取芝草，供養聖僧，皆獲延齡。寺今見存，凡人不見，所聞鐘聲即寺鐘也。其塔本基雖因劉曜，仍是穆王立寺之處，又是迦葉如來之古寺也。貞觀年中，玉華山北，慈烏川山上，常見鹿集，逐去還來。有人異之，於鹿集處，掘深一丈，獲一石像長丈許。又問，荊州前大明寺栴檀像者，云是優塡王所造。依傳，從彼模來至梁，今京師又有，何者是本。答云，大明是其本像。梁高祖既崩像來荊渚，至元帝承聖三年。周平梁後，收國寶皆入北周，其檀像者，有僧珍法師，藏隱房內，多以財物，賂遺使人，像遂得停。隋開皇九年，高祖遣使人柳顧言往迎，寺僧又求像，令鎮荊楚，顧言既是鄉人，從之令別刻檀像將往供旨，當時訪匠，得一婆羅門僧，名眞達，為造。即今興善寺像是也，亦甚靈異。本像在荊州，僧以漆布縵之，相好不及舊者，本是作佛生來七日之身。今加布漆，乃同壯年相狀，故殊絕異於元本。大明本是古佛住處，靈像不肯北遷故也。近有長沙義法師，天人冥讚，遂悟開發，剝除漆布，眞容重顯。大動信心，披覿靈儀，全檀所作，本無補接，光趺殊異，象牙彫刻，卒非人工所成，興善像身一一乖本。又問，荊州河東寺者，此寺甚大，余與慈恩寺嵩法師交故積年，其人即河東寺雲法師下之學士也。云，此寺本曾住萬僧，震旦之最，聞之欣然，莫測河東之號，請廣而述之，亦佛法之大觀也。答曰，晉氏南遷，郭璞多聞之士。周訪地圖云，此荊楚舊為王都。欲於硤州置之，嫌逼山遂止，便有宜都之目也。下至松滋，地有面勢都邑之象，乃掘坑秤土。嫌其太輕，覆土本坑，土又不滿。又見有一小堂子，周迴有塑像，云此地已屬三寶便止，自昔金陵王氣於今不絕，固當經三百年矣，便都建業，仍於此地置河東郡。遷裴柳薛杜四姓居之，地在江曲之間。類蒲州河曲，故有河東名也。東西二寺者，(符)〔苻〕堅伐晉，荊州北岸並沒屬秦。時桓冲為荊州牧，要翼法師，度江造東寺。安長沙寺僧，西寺安四層寺僧，(符)〔苻〕堅敗後，北岸諸地還屬晉家。長沙四層諸僧各還本寺，東西二寺因舊廣立。自晉宋齊梁陳代，僧徒常有數萬人。陳末隋初，有名者三千五百人，淨人數千，殿一十二間。唯兩柱通梁，五十五尺，欒櫨重疊。國中京觀即彌天，釋道安使弟子翼法師之所造也。自晉至唐，曾無虧損。殿前有四鐵鑊，各受十餘斛，以種蓮華。殿前塔宋譙王義季所造，塔內塑像，及東殿中彌勒像，並是忉利天工所造。西殿中多金銅像，寶帳飛仙珠幡華珮，並是四天王天人所造。寺內僧眾兼於主客出萬餘人，當途講說者五十三人，得其聖果，各領千僧，餘小法師五百餘人，十誦律師有四十九人，得聖果。大小乘禪師八百餘人，其得聖果者二百四十四人，徒眾嚴肅說不可盡。寺法立制，誦經六十紙者免維那，誦法華經度者免直歲。寺房五重，並皆七架，別院大小合有十所。般舟方等二院莊嚴最勝，夏別常有千人，寺中屋宇及四周廊廡等，減一萬間，寺開三門，兩重七間，兩廈殿宇橫設，並不重安。約準地數，取其久固，所以殿宇至今三百年餘，無有損敗。東川大寺唯此爲高，映曜川原，實稱壯觀也。又問，彌天釋氏宇內式瞻云，乘赤驢荊襄，朝夕而見未審如何。答實也。今東寺見有驢臺存矣。後人崇敬其處，於上植樹，周砌石池蓮華莊嚴供養，此印手菩薩不思議之跡也。又一本云，乘驢事虛也。問曰，若爾傳虛何爲河東寺尚有驢臺，帆山南有驢村。據此緣由，則乘驢之有地也。答曰，非也。後人築臺於上，植樹供養焉。有佛殿之側頓置驢耶，又中驢之名本是閭國郡國之故地也。後人不練，遂妄擬之。此事兩本所說各異，故備錄之。又問，蜀地簡州三學山寺空燈常明者何。答曰，山有菩薩。寺迦葉佛正法時初立。有歡喜王菩薩造之，寺名法燈，自彼至今，常明空表。有小菩薩三百餘人，斷粒遐齡，常住此山，此燈又是山神，季特續後供養（特舊蜀主）故。至正月處處然燈，以供養佛寺。又問，涪州相思寺側，多有古跡，篆銘勒之，不識其緣。答曰，迦葉佛時有山神，姓羅名子明，蜀人也。舊是持戒比丘，生憎破戒者，發諸惡願，令我死後作大惡鬼，噉破戒人。因願受身，作此山神，多有眷屬，所主土地，東西五千餘里，南北二千餘里，年噉萬人已上。此神本曾爲迦葉佛兄，後爲弟子，彼佛憐愍，故來教化。種種神變，然始調伏，與受五戒，隨識宿命。因不噉人，恐後心變，故佛留跡。育王於上起塔，在山頂，神便藏於石中，塔是白玉所作，其神見在。郭下寺塔，育王所立（事見付囑儀）。南海循州北山興寧縣界靈龕寺多有靈跡，此乃文殊聖者弟子，爲此山神，多造惡業，文殊愍之，便來教化，遂識宿命，請爲留跡。我常禮事，得離諸惡，文殊爲現，今者是也。貞觀三年，山神命終，生兜率天，別有一神，來居此地，即舊神親家也。大造諸惡生天，舊神愍之，下請文殊，爲現小跡，以化後神，又從正法，故今此山大小跡現，莫不匪由焉（事見付囑儀）。又問，泌州北山見今石窟中佛常有光明者何。答云，此窟迦葉佛二時備有，往昔周穆王第二子造迦葉佛像。又問，渭州終南山有佛面山七佛澗者，事同於前，南山庫谷大藏，是迦葉佛自手所造之藏也。今見有十三緣覺，在谷內住。又曰，今諸處塔寺多是古佛遺基，育王表之，故福地常在，不可輕也。今有名塔如常所聞，無名藏者，隨處亦有。河西甘州郭中寺塔中有古佛舍利，及河州靈巖寺佛殿下亦有舍利，秦州麥稜岸殿下亦有舍利，山神藏之，此寺周穆王所造，名曰靈安。經四十年，常有人出。荊州長寧寺塔是育王造，下有舍利，入地丈餘。石函五重，盛碎身舍利。益州三塔，大石（今名福感），武擔（今名靜亂），雒縣（今名寶興）並有神異，如別傳之。又問，楊州長干塔，鄮縣塔，是育王者非耶？答曰，是昔劉薩訶感靈。今往楊州登越城，望見長干，有異氣，因標掘獲，如今傳所明。余問，若爾，已有長干，便爲佛剎不。答，非剎干也。干是地之長隴，名隴爲干，塔逼長隴之側。書不云乎包括干越，越地多長隴也。臨海鄮縣塔者，亦是育王古塔。小塔是賢劫初佛中者，有迦葉佛臂骨，非人所見。羅漢將往鐵圍山，留小塔，從地涌出，爲開俗福也。其塔大有善神，恆現二魚，井中鰻鱺魚護塔神也。其側有佛足跡石上者，云是前三佛所蹈處也。昔周時，此土大有人住，故置此塔。又問，若爾，周穆已後諸王建置塔寺，何爲此土文紀罕見。答云，立塔爲於前緣多是神靈所造。人有見者少故，文字少傳。楊雄劉向尋於藏書，往往見有佛經，豈非秦前已有經塔。今衡嶽南可五六百里，在永州北，有大川，東西五百餘里，南北百餘里。川中昔有人，住數十萬家，今生諸巨樹，大者徑二三丈，下無草木，深林可愛。中有大江，東流入湘江，尋澗覓之，即得川南有谷北出入。谷有方池，四方砌石，水深龍居，有犯者輒雷震。山谷左側，多出橘柚楊梅之屬，列植相次。池南有育王大塔，石華捧之，上以石龕覆，而與地平。塔東崖上具有碑記，篆書可識，登梯抄取，足知立塔之由。衡山南大明師置寺處，亦有石塔（云云）。其寺南北十餘里，七處八會，流渠靜院，處處皆立。又問，此土常傳，佛是殷時，周昭魯莊等，互說不同，如何定指。答曰，皆有所以。弟子夏桀時生天，具見佛之垂化，且佛有三身，法報二身則非人見。並化登建已上。唯有化身，普被三千百億天下，故有百億釋迦。隨人所感，前後不定，或在殷末，或在魯莊，俱在天千之中。前後咸傳一化，感見隨機前後，法報常自湛然，不足疑也。又問，今時瑞像多者，云育王第四女所造，其事幽遠，難得其實。答云，育王第四女，厥貌非妍，久而不出，常恨其醜，乃圖佛形。相好異佛，還如自身，成已發願。佛之相好挺異於人，如何同我之形儀也。以此苦邀，彌經年月，後感佛現，忽異昔形，父具問之，述其所願。今北山玉華，荊州長沙，楊都高悝，及今崇敬寺，並是其像。或書光趺，人罕識者，育王令諸神鬼所在將往開悟佛法。今諸像面莫匪女形，崇敬寺地本是戰場。西晉將末，五胡大起，兵戈殺害，此地極多，地下人骨今猶見在，所殺無辜，殘害酷濫，故諸鬼神攜以鎮之，令諸冤魂得生善念。周朝滅法，神亦徙之，隋主載隆，佛還重起。又問，諸神自在，威力殊大，至如蜀川三塔，咸名大石，人有掘者，莫測其源，至如秦川武功一塔，古老相傳，名曰育王塔。三十年中，一度出現，貞觀已來，兩度曾出，雖光瑞殊壯，而舍利如指骨，在石函中，如何狹陋若此。答云，諸鬼神中，貧富不定，各是往業，如人不殊，天中亦爾，隨其所有，而用供養此塔（云云）。又問，幽冥所感俗中常有疑，以神去形朽而猶重來。如記傳中，或經七日百日至三年者，識來形起如生不殊。如經中云，錄其精神在彼王所五三七日者何耶？答曰，人稟七識，識各有神。心識爲主，主雖前往，而餘神守護，不足怪也。彼問余云，師言受戒一戒幾神。余云，見五戒中一戒五神，未知大戒如何。答云，僧之受戒有二百五十神，若毁一重戒，唯一神不在，則二百四十九神恆隨犯戒者。又問，荀蒨（此見反）者綿州巴西縣人也。得第二果，客遊新繁村中教學，其人不食酒肉，村人多信外道，與其酒肉令食，其人不食，村人遂打之。其人能書，村人從乞，不與，又更被打。復不禮遇，遂即慎惱，因發誓願，於村外草中仰臥，以筆向空書之，村人怪問。答云，我書經本，遣天看讀，不許人見。上界諸天將天中紙向下承筆，遂寫得《金剛般若經》一卷。經于七日，方始得了，諸天於上造作寶蓋覆之，地遂無草，放牛小兒避雨多於其下，村人怪其衣燥。答云，我於荀先生寫經處避雨，村人因此遂即信敬，今於其處，以木爲欄，不許侵汚，每至齋日，村人於中設會。又問，鼓山竹林寺名何代所出。答云，是迦葉佛時造。周穆王於中更重造寺，穆王佛殿並及塑像，至今見存，山神從佛請五百羅漢住此寺，即今見有二千聖像遶寺，左側見有五萬五通神仙，供養此寺（餘者云云），已後論律相。

佛寺立壇

道宣《律相感通傳》 又問余曰，戒壇之興佛所重也。祇洹一寺頓結三壇，兩居佛院。唯佛所登，爲集諸佛登壇而論僧尼結戒也。僧院一壇爲受具者莊嚴列窟，如須彌座。神王石柱守護不虧，下至水際，經劫無沒。北天竺東見有石壇，相狀弘偉。師今何緣特立壇相，天人幽顯，莫不讚悅。余答云，曾見僧傳，南林戒壇意便重之，故仰則也。彼云，豈唯一所，今重幽求南方大有。初昔宋求那跋摩於蔡州立壇，晉竺法汰於瓦官寺立壇，晉支道林於石城沃州，各立一壇。晉支法領於若耶謝敷隱處立壇。竺道壹於洞庭山立壇。竺道生於吳中虎丘寺立壇。宋智嚴於上定林寺立壇。宋慧觀於石梁寺立壇。齊僧敷於蕪湖立壇。梁法超於南澗立壇。梁僧祐於上雲居栖霞歸善愛敬四處立壇。今荊州四層寺刹基。長沙刹基，大明寺前湖中，並是戒壇。今以事斷，江左渝州已下，迄于江淮之南，通計戒壇總有三百餘所。山東河北關內劍南戒壇，事不絕故。使江表佛法經今四五百年曾不退廢，由戒壇也。戒爲佛法之初源，本立而不可傾也。

中天竺舍衛國祇洹寺

道宣《中天竺舍衛國祇洹寺圖經》卷上 經律大明寺之基趾，八十頃地百二十院準的，東西近有十里，南北七百餘步。如近有傳云，昔佛在時須達祇園同共造立經中迹致，如前所聞經二百年，則當此土周姬第十三主平王之三十一年也。被燒都盡其故何耶，祇陀太子保愛此園，須達逼買不辭金費。太子情恪殷殷重悔，須達志堅確乎不動。太子見其不悋黃金情欣供養，告長者曰，吾自造寺不假於卿。須達不許。太子立願，樹金不須可以供養。後若荒廢願樹還生恰至被燒，屋宇都盡所立樹者如本不殊。須達昔爲凡時，賣肉得財居賤，出貴常願荒儉，雖獲巨富財由穢心，以此造寺終遭煨燼。太子力淨心，樹生業行雖虧不思議也。於後四百年有稱育迦王，依地而起十不及一，經千百年被賊燒燼。經十三年有王六師迦者，依前重造屋宇狀麗皆寶莊嚴。一百年後惡王壞之爲殺人場，四天王及娑竭羅龍王忿之，以大石壓殺毁者，九十年荒無人物。忉利天王令第二子下爲人正，又依地花造飾嚴好，過佛在時經百五十年，魔天王燒滅，則當此土漢末獻帝時二十九年。以事往徵顯宗已，後和安桓靈之代西域往來行人踵接，則見天王葺搆之作祇樹載茂之緣。後雖有者脫基至于今日。荒涼而已寺名祇樹給孤獨園（依寺誥中凡有十名。一曰寺也。二曰淨住舍。三曰法同舍。四曰出世舍。五曰精舍。六曰清淨園。七曰金剛淨刹。八曰寂滅道場。九曰遠離處。十曰親近處也）。此上十名依經釋相，各有其致如彼誥中，今依諸經初造此園。其地南北周徽八十餘頃，東西長列在舍衛城南五六里許（檢諸傳記里步或差。良是初起之後造延役不故願。行季者隨見便敘。致令曲士時居。疑因雖有多說定在城南。可通照也）大院有二。西方大院僧佛所居名曰道場，或金剛場其基出地別置階陛，四面龕窟竝安神怪，守護此場院。大牆有三重，高可二丈施步簷，椽廡相架朱粉相暉。案寺誥云，外面重院，牆外表三歸依止外護相。內一重院，牆內表三寶因果歸鏡相，內院高出外院，五尺以表三寶因果出過五道故也。餘有佛法寶僧院堂房多少，圖績相狀類例殊倫，梵王天王之別座，野鬼餓鬼之殊室，具繕供待，常以八王之與六齊，財施法施隨時少食之，與大食各有其致，廣文如彼。

此寺大院但列三門於三方，北方不開。案裕師聖迹記，寺開東北二門，遶祇洹院有十八寺。又案寺誥云，祇洹一所四門通徹，十字交過據今上圖，北方無門以事詳之，則前後起造制度各別隨時聞見，即而列之不足疑怪，此之圖經最初布金繩之作也。南面三門中央大門，有五間三重高樓映奪者，祇陀太子所造。此三重者表三空門，明於佛法三空也，爲本創入佛理衣爲初宗，故立三重表三空也。門外渠水飛橋北跨亦有五道，彫飾之異特非人有。東西二門三重同上俱有三間，門外飛橋三道亘入外有林樹，清淨旋繞及至三邊花樹，接見者發於敬重深心入。大中門左右院巷門戶，當對水樹交加，大院東門對於中道東西通徹，此門高大出諸院表，上下重沓一十二重，橫閣布地十七門，莊飾之奇挺冠空野，四方道俗初來禮覲，未敢北面，多歷此門在。

中天竺舍衛國祇洹寺下院

道宣《中天竺舍衛國祇洹寺圖經》卷上　次西第六名天童院。諸天童子常有三百爲供，佛故止此院中。大院西巷門西自分六院。南第一院開於三門，西塞名無常院。中有一堂但以白銀，四面白廊，白華充滿，畫白骨狀無處不有，諸欲無常皆舉至此，令見白骨諸非常相，既命終已。從南門出西大牆之西門，一切無常皆由此路。院有八鐘，四白銀四頗梨，銀鐘在院四角，起臺置之，頗黎鐘者在無常堂四隅。銀鐘四口各重十萬斤，形如須彌，九龍盤遶壇鍾鼻在臺上仰，銀蓮華中一一鐘邊，一白銀人戴天冠，摩尼寶王在頂上，高一丈二尺，手執銀槌。比丘將逝，四角銀人一時打鐘，音中所說諸佛入涅槃法，他化天人聞此鐘，天童將白華幡來。下供養比丘死屍，兜率諸天便持天中十六種花下投院中，是病比丘聞於鐘聲，不失本心得生善道。其頗梨鐘形如腰鼓，鼻有一金毘侖。乘金師子手執白拂，病僧氣將大漸，是金毘侖口說無常、苦、空、無我。手舉白拂鍾即自鳴，音中亦說諸行無常是生滅法。生滅滅已，寂滅爲樂。病僧聞音，苦惱即除得清涼樂，如入三禪垂生淨土。若大德人，四頗梨鐘腹放大光明，光中所說菩薩六度，病人見光生諸佛國，而是鐘光隨亡神往所生之處，奪日月光弊諸天光。上銀鐘者，帝釋所造，頗梨鐘者月天子所造，其聲所至百億世界。至佛滅後，二鐘上去各還本土。裕師又說，次小巷北第二院，名聖人病坊院。開門如上，舍利弗等諸大聖人有病投中，房堂眾具須皆備，有醫方藥庫常以供給，但擬凡聖非所止。

次北第三院名佛病坊。開門如上，堂宇周列花樹兩列，耆婆阿難在此瞻侍。大梵天王施八部樂，一一樂器有十六種，皆以金銀七寶所成。佛爲眾生示疾，凡此諸樂出音以娛樂佛，如來聞音病即除愈，若病不除，樂音便奏六度神足等曲聲遍三千。初地十住有現疾者聞音除愈。如來滅後經十六年，猶在院中，過此梵收，今在色界。

次北第四院，名四天王獻佛食坊。亦南北東開堂房如上花樹亦爾。四天梵王來獻食者皆至此院，佛爲受之。佛受人衣天食者，爲表人天大福田，故準常乞食。爲物受之非佛所食，諸天受之皆作佛事，以化身故不受不食。無有便利與天不殊，亦有佛廁，示知而已。病院之中有一鐃樂，黃金爲舌，四王所造。佛示食時，四王便搖至於食訖。鐃放光明奪於日月，遠照百億世界，中光所說施食功德語四王，我滅度後有諸弟子，破戒無戒無有威德不能自活，我以白豪百分滅一光明，汝施三分光明共汝供給末法比丘。四天王敬諾，一如佛教。又誡四王，我滅度後，可將此鐃，入此院中，日別一搖，令我弟子易得供養。四王流涕，如佛所勅，乃至於今，日日常下祇洹故地，搖鼓此鐃，順佛遺命。

次北一院，名爲浴坊。三門如上。浴室之諸具充足，溫冷稱情，便訖即流方入大院。次北第六院名爲流廁。有大高屋三重而立，飛橋雙上甚自清淨，下施廁坑砌以伏竇，天帝手作上無臭氣。大渠從大院北西注，南入廁院伏流入竇，北出會於大河，人無見者，一切比丘皆此便利。餘聞此說深爲獲相，故江淮已南諸古寺者皆設都清一所。中已北周屛澆院，臭處蓬勃伊何可言。曾至並州城北置一都清，樓道登上類同天竺，斯則閣舍未足爲高，但爲寺居塗泥不穿漏故，設斯宇非同大臭，但置一清斯言必虛妄咎者彼者則武德諸房多少屛，豈是尊尙援不立周清者乎。自上至此東西粗了。又寺大院四角內各有一院。西北角地神堅牢雲是女神，部屬八十億當門立大神像。神問佛曰，自古諸佛皆有鬼神形像，世尊來年滅度，何以不教作之，護持伽藍弟子遺法。佛命淨居天作地神堅牢散脂大將，用天金作形如眞神。佛滅度後二十六年，龍克木代之金像，將入大海宮後三院像亦爾。東北角院諸龍王像純以碧玉作，百億天下龍部位並擬之，是婆稚阿修羅共大梵天王第二作。東南角是大千世界力士院部位，八十億化樂天王用銀作之。西南角是大千世界大梵天王摩王帝釋部位，百四十萬七寶所成，金剛慧菩薩造寺。大院東大路之左名供僧院。路闊三裏中有林樹一十八行，花菓相間，東西兩渠北流淸駿。西邊渠者從大院伏竇東出北流，此之大路嚴淨潔車馬不行。路之南北左右各置一大石神，地神堅牢之所造也，手執戟足蹈鬼，威嚴猛毅，不可仰瞻，有行者過，低目急步。僧淨廚院自有三所南北而列，是佛滅後十二年中爲病比丘制斯地，諸比丘等從四大院東門而出，門對淨廚中院。南巷廚院，南橫二大院中開一巷，南北施門南門極大，題曰寺大園門，門西一院自分南北。兩院中央開巷，南邊東西又分二所，各開一門。西畔一院名諸聖人諸王天眾出家處，門東開。大碧玉石縱廣一裏，出地二尺金爲界，道南北而列。東畔一院名凡下出家處，門向東開。當出家時，忉利天王將上宮殿下來，佈置兩院莊嚴。

閒居之寺

智顗《**摩訶止觀**》**卷四**　第三閒居靜處者，雖具衣食住處雲何，若隨自意觸處可安，三種三昧必須好處。好處有三，一深山遠穀，二頭陀抖摟，三蘭若伽藍。若深山遠穀途路艱險，永絕人蹤，誰相惱亂，恣意禪觀，念念在道，毀譽不起，是處最勝。二頭陀抖摟，極近三裏，交往亦疎，覺策煩惱，是處爲次。三蘭若伽藍閑靜之寺，獨處一房，不幹事物，閉門靜坐，正諦思惟，是處爲下。若離三處餘則不可，白衣齋邑此招過來恥，市邊鬧寺復非所宜，安身入道必須選擇，愼勿率爾。若得好處不須數移（云云）。觀心處者，諦理是也。中道之法，幽遠深邃，七種方便，絕跡不到，名之爲深。高廣不動，名之爲山，遠離二邊，稱之爲靜，不生不起，稱之爲閑。《大品》雲，若千由旬外起聲聞心者，此人身雖遠離，心不遠離。以憒鬧爲不憒鬧，非遠離也。雖住城傍不起二乘心，是名遠離，即上品處也。頭陀處者，即是出假之觀。此觀與空相隣，如蘭若與聚落並。出假之觀，安心俗諦，分別藥病，抖擻無知，淨道種智，此次處也。閑寺一房者，即從假入空觀也。寺本眾鬧居處，而能安靜一室。假是囂塵，能即假而空，當知眞諦亦是處也。安三諦理是止觀處，實不遁影，山林房隱密室（云云）。

玉泉寺說止觀

湛然《**止觀輔行傳弘決**》**卷一之五**　荊州等者即說處也，玉泉寺者。初，梁太平二年，魏主令宇文泰，破梁元帝二十萬眾。大師時年十八，至襄州果願寺，依乎舅氏而出家焉。至陳太平三年，時年二十，進受具足，依慧曠律師，通於律藏。至陳幹明元年，始入光州，依思禪師稟受禪法，時年二十三。至陳光太元年，辭師入鄴，時年三十。至陳太建七年，初入天臺，時年三十八。至太建九年，勅置修禪寺，至十三年，帝請出鄴。至陳貞明三年，即隋開皇十一年，旋荊置寺，以答地恩。初名一音，後改玉泉，泉色如玉，因以名焉。寺者，西方雲僧伽藍，此雲眾園，亦通名精舍。此間方俗，通以九司，官舍曰寺，謂有法度之處也，故以法度之稱，以名精舍。至十四年，時年五十七，於彼玉泉而說止觀。

平延寺

湛然《**止觀輔行傳弘決**》**卷二之五**　梁末都東城，即後櫟蕭察也。察滅歸立，至天保十二年，當陳太建六年，即宇文建德三年，滅佛、道二教。宇文經於七年，至天和二年，嵩上表（雲）〔云〕，唐虞之世，無佛圖而國安，齊梁有寺舍而祚滅，但利民益國即稱佛心，夫佛者以大慈爲本，終不苦役黎民，虔恭泥木。請造平延大寺，容著四海萬姓，不勸立曲見伽藍，偏安二乘五典。平延寺者，無間道俗罔擇冤親，以城隍爲塔寺，即周武是如來，用郭邑作僧坊，和夫妻爲聖眾。推令德作三綱，遵耆年爲上座，選仁智充執事，求勇略作法師。是以六合無怨紂之聲，八方有歌周之詠，飛沈安其巢穴，水陸任其長生。都上一十五事，上表後身生惡瘡亡也。

修禪寺

灌頂《國清百錄》**卷一** 先師以陳太建七年歲次乙未，初隱天臺。所止之峰舊名佛隴，詢訪土人雲。遊其山者多見佛像，故相傳因而成稱。至太建十年歲在戊戌，降陳宣帝勅名修禪寺，吏部尚書毛喜題篆牓送安寺門。到太隋開皇十八年，其歲戊午，太尉晉王於山下，爲先師創寺。因山爲稱是曰天臺，王登尊極。以大業元年龍集乙丑，勅江陽名僧雲，昔爲智者創寺，權因山稱，今須立名。經論之內有何勝目，可各述所懷，朕自詳擇。諸僧表兩名，一（雲）〔云〕禪門，一（雲）〔云〕五淨居。其表未奏，而僧使智璪啟國清之瑞。勅雲此是我先師之靈瑞，即用即用。勅取江都宮大牙殿牓，塡以雌黃，書以大篆，遣兼內史通事舍人盧政力送安寺門，國清之稱從而爲始。先師神光而生，結跏而滅，處證妙法，出作帝師。備是渚宮法論，會稽智果國清灌頂等三傳所載。又沙門智寂，編集先師遺迎信命，搜訪未周，而智寂身故，筆墨之功與氣俱棄。餘覽其草本，續更撰次諸經方法等，合得一百條，呼爲國清百錄，貽示後昆，知盛德之在茲。

匡山東林寺

灌頂《國清百錄》**卷二** 江州匡山東林寺者，東晉雁門慧遠法師之所創也。遠是彌天釋道安之高足，安是大和尚佛圖澄之弟子。三德相承如日月星，眞佛法梁棟，皆不可思議人也。而遠內閑半滿，外善三玄，德布遐方，聲高霄漢。初詣山足，依止一林，共耶舍禪師頭陀其下，若說若默，修西方觀，未於林右，建立伽藍。因以爲名，東林之寺。遠自創般若佛影二臺，謝靈運穿鑿流池三所。梁孝元構造重閣，莊嚴寺宇即日宛然。峯頂寺者，是齋慧景禪師，感山人延請因棲其峯，次梁慧歸在後登躡，方建伽藍。峰有水泉，忽然枯涸，歸燒香呪，願清流盈滿。天降甘露於泥洹日，是以先德名蹤，垂芳不斷，松霞清曠，觸處蕭條。公私往還莫不歸向，自大化江左。貧道因至彼山，憩泊東林，時遊峰頂以歲爲日，羨翫忘勞。然山下伽藍偏近驛道，行人歸去頗成混雜。今奉請爲兩寺檀越，庶藉影響眾得安心，禮誦虔誠，用酬洪澤，並乞勅彼所由，永禁公私停泊。沙門某敬白。

國清寺

灌頂《國清百錄》**卷四** 天臺山國清寺沙門智越一眾啟，兼通事舍人盧政力至奉宣。十月二十九日勅（雲）〔云〕，天慈訓誨賚寺瑞名，施物二千段，米一千斛，熏陸香二斛。千僧法齋，度四十九人出家，修治寺宇，即集眾燒香宣唱，仰惟，聖治德合乾坤，子養萬邦，安撫四海，助佛敎化度脫眾生，光大之恩誠無等等。越等雖披法衣行不稱照，乃侍先師每乖宗範，日夜克責，無地啟處，伏奉勅旨，頂戴受持。但凡庸小劣不識菩薩大智，昔陳世之時親聞師說。三國爲一，有大力勢人當爲造寺。寺若立國土即清，必爲國清寺。於時車書未一不識何言，自爾以來抱疑弗曉。奉勅賚寺，國清之名還符本瑞，山僧山民載欣載喜。始知諸願菩薩更相啟發，或作五品，或統萬機，光顯三尊利益國土，慶此含情幸聞休瑞，仰瞻寺額即如悟道。但慈恩普被，日下同霑，而天臺一方偏感弘澤，名衣上服相次光臨，妙物粳糧前後降集。越等三學無功，一餐難受，況米物盈積，豈可恭弘。深懼不堪慮延罪過，庶藉慈宥展竭愚誠，奉酬宸極，但天臺幽遠，自昔以來單權獨行。今泰平在運國清寺立，四十九人一日出家，發落障消實爲稀有，冀其心力增進學行日新，念念功熏奉資皇國。又千僧結齋，凡聖雲集，日色華朗，僧徒欣戴，仰惟先師妙德不可思議，感應神通必當鑒降。午後對使人開發靈龕，稀有聖瑞備，是使人等公私道俗共見。越等悲喜交至，謹以啟知，謹啟。大業元年十一月二十四日，括州國清寺沙門智越等啟。

天童山景德寺

知禮《四明尊者教行錄》卷六　天童山景德寺、大梅山仙居院兩處，亦是十方住持，即依得上項江南湖南道山門體式。如勘會天童大梅兩處，不是十方住持，甘伏深罪者，蒙使帖下本院。仰依中書劄子內聖旨，並僧司分析到天童大梅等處，體例施行者。今欲傳寫聖旨並前後使帖，鐫上石碑永作十方傳教住持程式。申乞下司，指揮者右具如前。今撿昨據延慶院住持，傳天臺教沙門（知禮異聞）陳狀，乞依準江南湖南道山門體式，將此院永作十方住持。及據徒弟僧（立誠）等六人著狀，亦乞將此院永作十方住持。代代常須明解天臺智者教乘，有德行僧繼續傳教住持。

延慶寺

知禮《四明尊者教行錄》卷六　竊見本州延慶寺，昨經兵火之後，此寺倖存。數年以來，盡爲見任及寄居官，拘占指射，作住止處，不容僧徒安止，佛像毀壞，雜穢侵擾。及本州廣慧院，舊系禪林熏修祝聖之地從來，開啟禱散，聖節道場，亦被拘占。所有延慶寺廣慧院伏望，特降指揮，不許諸人指占居住。庶幾古跡名藍不致墮壞，永爲福田，候指揮。三月二十四日，奉聖旨，依奉勅如右，牒到奉行，前批三月二十六日辰時，付禮部施行。仍關合屬去處，明州主者，一依勅命，指揮施行。仍關合屬去處，須至行遣，右出給公據，付延慶寺，仰收執永爲照會，紹興十四年四月日給。

延慶敎寺，在縣南三裏，舊號保恩院，晉廣順二年建（石晉無廣順年號，此誤矣，乃郭周廣順二年爾）。皇朝大中祥符三年，改爲延慶院。紹興十四年，改賜寺額。寺有十六觀堂，事見淨土院記。僧（知禮）字約言，四明人也，俗姓金，初父母以嗣息未立，相與祈佛而妊。洎生因以羅睺羅名之，骨狀英粹，在童齓間，不類常兒。七歲喪母，誓欲出家以報罔極，父異之不奪其志，師事興國寺（洪選）。十五受具，專探律部。二十從寶雲（義通）師，學天臺教法，秉志堅確，脇不沾席，四方學徒，聞其名者，重趼而至，戶外之履常滿。日本國師，亦以其徒來詢法要。禮先住承天，至道中移，住延慶，四十餘年，眞宗皇帝，嘗遣使就加禮異。天禧元年，謂其徒曰，半偈忘軀，一句投火，聖人之心，爲法如是。況去佛滋久，慢道者衆，吾不能捐舍壽命以警懈怠，則無足言者。於是結十僧，修懺法，約以三年共焚身。時內翰楊（億）都尉李（遵勗），素聞公道價，望風推挹。是時有詔紫衣尋，賜號法智大師，皆二公論薦之力也。及聞遺身，楊公遺書絡繹，確請住世。太守李（夷庚）懇請尤勤，不得已乃止，故其沒也。有式師作詩悼之，曰天上無雙月，人間祇一僧。其爲時賢推重如此。天聖六年正月五日，跏趺而逝，涉日既久，開龕如生，及闍維獲五色舍利無數。嗣法者多，禮之行業。詳見胡（昉）所撰塔銘。

龍興寺淨土院

宗曉《樂邦文類》卷三　中州之西數萬裏，有國曰身毒，釋迦牟尼如來示現之地。彼佛言，西方過十萬億佛土，有世界曰極樂。佛號無量壽如來，其國無有三毒八難，衆寶以爲飾。其人無有十纏九惱，群聖以爲友。有能誠心大願，歸心是土者，苟念力具足，則往生彼國，然後出三界之外。其於佛道無退轉者，其言無所欺也。晉時廬山遠法師，作念佛三昧詠，大勸於時。其後天臺顗大師，著釋淨土十疑論，宏宣其教。周密微妙，迷者鹹賴焉，蓋其留異跡，而去者甚衆。永州龍興寺前刺史李承晊，及僧法林，置淨土堂於寺之東偏，常奉斯事。逮今餘二十年，廉隅毀頓，圖像崩墜，會巽上人，居其宇下，始復理焉。上人者修最上乘，解第一義。無體空析色之跡，而造乎眞源。通假有借無之名，而入於實相。境與智合，事與理並，故雖往生之因，亦相用不舍，誓葺茲宇，以開後學。有信士圖爲佛像，法相甚具焉。今刺史馮公，作大門以表其位（餘）遂周延四阿。環以廓廡，繢二大士之像，繒蓋幢旛，以成就之。嗚呼有能求無生之生者，知舟筏之存乎是。遂以天臺十疑論，書於牆宇，使觀者起信焉。

延慶寺淨土院

宗曉《樂邦文類》卷三　明州延慶寺住持比丘，世有講席，以天臺觀行爲宗。自法智大師知禮，行學俱高，聽徒心向，繼其後者，又皆得人。今百有餘年矣，間有苦行精修之士，來依道場。元豐中比丘介然，修西方淨土之法，坐而不臥，以三年爲期。期滿謂其同行比丘惠觀。仲章宗悅曰，我等各據一室，成此勝緣，後之來者，加衆而室不增多。今延慶西隅尚有隙地，若得錢二千餘萬，構屋六十餘間中建寶閣，立丈六彌陀之身，夾以觀音勢至。環爲十有六室，室各兩間，外列三聖之像，內爲禪觀之所。殿臨池水，水生蓮華，不離塵染之中，豁開世外之境，念處俱寂，了無異緣，以堅決定之心，以顯安樂之土。所以順佛慈而報國恩者，豈獨我四人而已哉。所欲如是，其可成乎。惠觀等答曰，以無作任運之心，作有爲利益之事，四明多檀信，何患乎不成。自是日營月積，更七寒暑，凡介然之所欲爲，無一不如其志者。初介然手二指，誓必成此。

雲峯寺

普度《**廬山蓮宗寶鑒**》**卷四**　釋法照，唐大曆二年，棲於衡州雲峯寺，慈忍戒定爲時所歸，一旦於僧堂食，鉢中覩五色云，云中有寺。寺之東北有大山，山有澗，澗北有石門，門去可五裏復有一寺，金牓題曰大聖竹林寺。照雖目覩，而其心內尚懷隕獲。他日食時，復於鉢中見五色雲，雲現數寺，無有山林穢惡，純金色界，池臺樓觀，衆寶間錯，萬菩薩衆而處其中，中有諸佛嚴淨國土種種勝相。照欣所見，因訪問之。有嘉延曇暉二僧曰，聖神變化不可以凡情測，若論山川面勢，乃五臺爾。四年夏，照於衡州湖東寺，啟五會念佛道場。其年六月二日，五色祥雲彌覆其寺，雲中亦有樓閣，閣上有數梵僧，身可丈餘，執錫行道。又見阿彌陀佛與二菩薩，其身高大等虛空界。日既暮矣，照於道場之外，遇老人，曰汝先發願於金色界禮覲大聖，今何輒止。照曰，時艱路難，不止如何。老人曰，但能亟去則去之，何其艱也。照未暇對，老人失焉。照以所見勝異，重發願曰，願以此身奉覲大聖，雖復火聚氷河終無退墮。其年八月十三日，與同志數人，由南嶽前去果無艱險。五年四月五日，至五臺縣，遙見寺南有數道光。六日達佛光寺，一如鉢中所見，略無差脫，是夜四更，復有異光北來射照。照不知所裁，乃問曰，此何祥也，吉凶焉在。僧云，此大聖不思議光攝汝身心，何乃問也。照聞之，即具威儀，前詣一寺，寺之東北可五裏，果有山，山有澗，澗北有石門。門傍有二童子，一稱善財，一稱難陀，引照入門北行，幾五裏見一金門，門上有樓，其樓之側，復有一寺，寺門有大金牓，題曰大聖竹林寺。寺之方圓可二十裏一百餘院，院院皆有寶塔，黃金爲地，華臺玉樹充滿其中。照入寺之講堂，見文殊在西，普賢在東，皆踞師子高座，照於二菩薩前。

建初寺

費長房《**歷代三寶紀**》**卷五**　僧會欲使道振江淮，興立圖寺，乃杖錫東遊。吳赤烏年，達乎建業，即構茅茨設像行道。時未有僧疑其矯異，有司奏權召而詰問，佛何靈驗，爾獨改形。會曰如來遷跡已越千年，遺骨世間名爲舍利，在所應現神耀無方。昔阿育王統閻浮提，乃起八萬四千寶塔，夫塔寺之興，以表遺化也。權以爲誇誕，乃曰，若能得舍利者，當爲造塔，如其虛妄，國有常刑，請期七日。會乃謂其屬曰，法之興廢在斯一舉，今不至誠，後將何及。即共潔齋銅瓶，盛水燒香，禮請七日，寂然。求申二七，亦復無應。權曰，此甚欺誑，將欲加罪，更請三七。權又特聽。會謂伴曰，宣尼有言，文王既沒，文不在茲乎，法靈應降，而吾等無感，何假王憲，當誓死爲期，三七日暮，猶無所，莫不震懼。既入五更，忽聞瓶中鎗然有聲。會自往視，果獲舍利，明旦呈權，舉朝集觀，五色光炎照耀瓶上。權自執瓶寫銅盤上，舍利所沖盤即破碎。權大肅然，驚起而曰，稀有瑞也。會進言曰，舍利威神豈直光相而已，此乃劫燒之火不能焚，金剛之杵不能碎。權命試之。會更誓曰，法雲方被蒼生仰澤，願更垂神跡，以廣示威靈。乃置舍利於鐵砧之上，使有力者用槌擊之，砧槌俱陷舍利無損。權大嗟伏，即爲建塔。以始有佛寺故號建初寺，因名其地爲佛陀裏。

姚秦大寺

費長房《**歷代三寶紀**》**卷八**　四方沙門雲奔湊集，先是長安自前漢廢到（符）〔苻〕秦興，其間三百三十一載。曠絕朝市，民俗荒蕪，雖數伽藍歸信尠寡，三千德僧同止一處，共受姚秦天王供養，世稱大寺非是本名。中構一堂權以草苫，即於其內及逍遙園二處翻譯。法寶遠被，瑞驗若茲，因立僧官俸侍中袟，置兩都錄緝五部僧。昭玄之興，始自此起。魏末周初衢術稍整，大寺因爾成四伽藍。草堂本名即爲一寺，草堂東常住寺，南京兆王寺。京兆後改安定國寺，安定國西爲大乘寺。邊安定左天街東畔八隅大井，即舊大寺之東廚供三千僧之甘泉也。子孫三主三十二年，爲晉所滅，其地入魏。

永寧寺

費長房《歷代三寶紀》卷九 （符）〔苻〕氏敗後，遂即尊號稱魏都恆，至第三主太武帝伏，匣世信納邪言，毀壞佛法，誅僧破寺，涉曆七年，惡疾災身，薨後還復。四主在北，至孝文帝宏世，遷京洛陽，改姓稱元，始服冠冕。至孝明帝熙平元年，靈太后胡氏造永寧寺，起九層木浮圖，高九十丈，上有寶刹復高十丈，去地千尺，離京百里即遙見之。初欲築基，掘至黃泉下得金像三十二軀，太后信爲法之祥征，是以營造窮極世工。刹上金寶瓶容二十五石，寶瓶下有承露金盤，一十一重周匝，輪郭皆垂金鐸。復有鐵鎖四道引刹向浮圖角，四角鎖上亦有金鐸，大小皆如一石甕。浮圖九級，角角皆懸金銅鈴鐸，合上下有百三十鐸。浮圖四面面別，各有三門六窗，並皆朱漆扇，扇上各有五行金鈴。其十二門二十四扇，合有五千四百枚鈴。鈴下復鏤金鐶鋪首，窮造制之巧極土木之工。庶民子來，匪日而作佛事，精妙不可思議，繡柱金鋪駭人心目。至於秋月永夜高風，寶鐸和鳴聲響諧韻，中霄晃朗昱燨燿空，鏗鏘之音聞十餘裏。浮圖北有佛殿一所，形如太極，中有八丈金像一軀，等身金像十軀，編真珠像三軀，金織成像五軀，玉像二軀，作工奇巧，冠於當世。僧房樓觀一千餘間，雕梁粉壁青瑣綺疎難得而言。栝柏椿松，扶疎簷霤，叢竹香草布護階庭。是以常景制寺碑雲，須彌寶殿兜率淨宮，莫尚於斯是也。外國所獻神異經像，皆在此寺。寺之牆院，皆施短椽以瓦覆之，狀若宮牆。寺之四面各開一門，其正南門有三重，樓通三閣道，去地二十丈，形制似今端門。圖以雲氣，畫彩仙靈，列錢青鎖，赫奕華麗。挾門兩傍有四力士四師子，飾以金銀加之珠玉，莊嚴煥炳，世所未聞。東西兩門悉亦如之，所可異者唯樓兩重。北門一道上不施屋，似烏頭門。其四門外，皆樹青槐亙以淥水，京邑行人多庇其下，路斷車蓋，非由淹雲之潤，清風送涼，豈藉合歡之發，而供養具與祇園等。四事給施七百梵僧，菩提流支爲譯經首，勑遣李廓撰經錄雲，至永熙主遷入關中，因成西東南北四魏，合一十六帝，世曆一百六十一年。派入周齊高洋武川鎮虜，受東魏禪稱齊，仍即都鄴。王四瀆之三九州之五，洋實明敏跡見似狂，遣道士剃頭，未從者遂戮，沙門二百餘萬，寺塔出三十千。相承六主二十八年，爲周吞滅。三寶靈跡一時俱泯。

楊衒之《洛陽伽藍記》卷一 永寧寺，熙平元年，靈太后胡氏所立也，在宮前閶闔門南一（裏）〔里〕御道西。其寺東有太尉府，西對永康（裏）〔里〕，南界昭玄曹，北隣御史臺。閶闔門前御道東有左衛府，府南有司徒府。司徒府南有國子學堂，內有孔丘像，顔淵問仁，子路問政在側。國子南有宗正寺，寺南有太廟，廟南有護軍府，府南有衣冠裏。御道西有右衛府，府南有太尉府，府南有將作曹，曹南有九級府，府南有太社，社南有淩陰（裏）〔里〕，即四朝時藏冰處也。中有九層浮圖一所，架木爲之，舉高九十丈。有刹復高十丈，合去地一千尺。去京師百里，已遙見之。初掘基至黃泉下，得金像三千軀，太后以爲信法之征，是以營建過度也。刹上有金寶瓶，容二十五石。寶瓶下有承露金盤三十重，周匝皆垂金鐸，復有鐵鎖四道，引刹向浮圖。四角鎖上亦有金鐸，鐸大小如一石甕。子浮圖有九級，角角皆懸金鐸，合上下有一百二十鐸。浮圖有四面，面有三戶六窗，戶皆朱漆。扉上有五行金釘，合有五千四百枚。復有金環鋪首布，殫土木之功，窮造形之巧。佛事精妙，不可思議。繡柱金鋪，駭人心目。至於高風永夜，寶鐸和鳴，鏗鏘之聲聞及十餘裏。浮圖北有佛殿一所，形如太極殿。中有丈八金像一軀，中長金像十軀，繡珠像三軀，織成五軀。作功奇巧，冠於當世。僧房樓觀一千餘間，雕梁粉壁，青繅綺疏，難得而言。栝柏松椿，扶疎拂簷，叢竹香草，布護階墀。是以常景碑雲，須彌寶殿，兜率淨宮，莫尚於斯也。外國所獻經像皆在此寺。寺院牆皆施短椽，以瓦覆之，若今宮牆也。四面各開一門。南門樓三重，通三道，去地二十丈，形制似今端門。圖以雲氣，畫彩仙靈。綺□青鎖，□赫麗華。拱門有四力士，四獅子，飾以金銀，加之珠玉，裝嚴煥炳，世所未聞。東西兩門亦皆如之。所可異者，唯樓二重。北門一道不施屋，似烏頭門。四門外，樹以青槐，亙以綠水，京邑行人，多庇其下。路斷飛塵，不由奔雲之潤，清風送涼，豈藉合歡之發。

大興善寺

費長房《歷代三寶紀》卷一二 龍首之山川原秀麗，卉物滋阜，宜建都邑，定鼎之基永固，無窮之業在茲。因即城曰大興城，殿曰大興殿，門曰大興門，縣曰大興縣，園曰大興園，寺曰大興善寺。三寶慈化自是大興，萬國仁風緣斯重闡。伽藍欝跱兼綺錯於城隍，幡蓋騰飛更莊嚴於國界。法堂佛殿既等天宮，震旦神州還同淨土。沙門濟濟，習六度以熏心。信士詵詵，修十善以爲行。四海以之靜浪，九服所以息塵，故地德既其顯丕。天休自然暢朗，白鹿已見麒麟，將降不遙，蒼烏既翔，鳳凰來儀非遠。於是鼓腹黃齒，爭買祇陀之園，擊壤青衿，競聚育王之土。浮圖於焉間發，寶剎閃爾星羅。見即僧尼將二十萬，支提寺宇向出四千。凡諸譯經婆羅門道俗並見緝綴，此方緇儒十有九人。所翻新文及維舊本論傳法戒，合七十五部四百六十二卷，結爲皇隋大興錄目，流之遐代永作楷模，同軌光揚長存不朽，冀將來哲乘此踵修。庶述三寶之神功，遍娑婆而敷演，弘千佛之教法，曆賢劫而無窮。

法照止諸寺

志磐《佛祖統紀》卷二六 國師法照，唐大曆二年，止衡州雲峯寺，慈忍戒定爲時所宗，嘗於僧堂食鉢中覩五色雲，中有梵剎，當東北有山澗石門，復有一寺，金書其題，曰大聖竹林寺。他日，復於鉢中，見雲中數寺，池臺樓觀，萬菩薩衆雜處其中。師以所見訪問知識，有嘉延曇暉二僧曰，聖神變化不可情測，若論山川面勢乃五臺耳。四年，師於郡之湖東寺，開五會念佛（當是五日爲一會耳），感祥雲彌覆雲中樓閣，覩阿彌陀佛及二菩薩身滿虛空，有數梵僧執錫行道。復見老人謂曰，汝先發願，於金色界禮覲大僧，今何輒止。師遂與同志遠詣五臺，見寺南有光，及隨至佛光寺，一如鉢中所見。東北五裏果有大山，山有澗，澗北石門旁二青衣，一稱善財，一稱難陀，引師入門。北行見金門樓觀，金榜題曰大聖竹林寺，寺方二十裏一百院，皆有金地寶塔華臺玉樹，入講堂，見文殊在西，普賢在東，踞師子座，爲衆說法，菩薩萬數共相圍遶。師於二菩薩前，作禮問曰，末代凡夫未審修何法門。文殊告曰，諸修行門無如念佛，阿彌陀佛願力難思，汝當繫念決取往生。時二大士同舒金臂，以摩其頂，與之記曰，汝以念佛力故，畢竟證無上覺。文殊復曰，汝可往詣諸菩薩院，巡禮承教。師曆請教授，至七寶園，復回至大聖前作禮辭退。向二青衣送至門外，師復作禮，舉頭俱失。後與五十僧往金剛窟，即無著見大聖處，忽覩衆寶宮殿，文殊普賢及萬菩薩佛陀波利，師方作禮，舉首即失。夜於華嚴院，見寺東岩壑有五枝燈，師曰，欲分百燈，既而如願，復曰，願分千燈數亦如之，光遍山谷。又前詣金剛窟，夜半見佛陀波利引之入寺。後復於華嚴院念二大士記我往生，乃一心念佛，忽見波利謂之曰，汝華臺已生，後三年華開矣。汝見竹林諸寺，何不使群生共知之。師因命匠刻石爲圖，於見處建竹林寺。既畢謂衆曰，吾事畢矣。數日別衆坐逝。

建寺造塔

志磐《佛祖統紀》卷五三 周穆王子於鼓山建竹林寺。

漢明帝，始造白馬寺。雒陽京城內外十寺，白馬寺東造佛舍利塔。

魏吳王孫權，武昌造昌樂寺。潘夫人，造惠寶寺。尚書令闞澤，舍宅爲德潤寺（今普濟寺是）。

晉惠帝，會稽諸葛氏造靈寶寺。成帝，尚書令李邈，以句容宅靈耀寺，王羲之盧山寺爲歸宗寺。許詢建塔四層乏相輪，一朝風雨輪盤自備。康帝，中書令何充舍宅爲建福寺。哀帝，詔建瓦官寺。廢帝，詔爲支遁法師建沃州寺。簡文帝，詔爲尼道容建新林寺，勅長幹寺造三級塔。孝武帝，潯陽刺史陶範，舍所居爲永法師建西林寺。九江刺史桓伊，爲遠法師建東林寺。荊州牧桓沖，命曇翼法師建東西二寺，常及萬僧。

宋高祖，範秦建祇洹寺，謝靈運建招提寺。文帝。爲高祖建報恩寺。勅沙門道祜，往鄮縣建浮圖三級。沙門曇摩密多，於鄮縣建阿育王塔。

齊高帝，沙門玄暢建齊隆寺，感青衣神人遶山守護。武帝。居士明僧紹，以攝山宅爲棲霞寺。

梁武帝，舊宅七夜放光，勅建光宅寺。詔修長幹塔，得琉璃瓶盛舍利爪發。同泰寺浮圖災，更建十二層浮圖。華陽眞人陶弘景，於三茅山建浮圖白塔。岳陽王蕭詧鎮越州，重修甎木二塔，知前身是許詢。

北魏文成，大復佛法。詔郡縣各建浮圖一區。勅建鹿野寺，與禪僧數百習學禪定。孝文，爲太后建報德寺。爲羅釋法師舊居草堂，建三級浮圖。宣武，洛陽段輝聞地下鍾聲得金佛一菩薩二，遂舍宅爲寺。北周，常念寺藏舍利，光明自瓶出，建浮圖奉安之。隋文帝，詔相州戰地，爲軍士死事者建寺薦福。辛彥之立十五層浮圖。張元神遊天上見一堂，天人曰，辛刺史當居此。詔天下名藩建靈塔，奉藏舍利。凡百十一塔，靈瑞之跡備在僧傳。唐公李淵，舍宅爲清禪寺。詔建禪定寺，召曇遷法師，集名德百二十人居之。智者禪師至玉泉，感關王役神兵造寺。眞觀禪師於虎林山建天竺寺。煬帝，智者遺言，於天臺山造國淸寺。

唐高祖，爲沙門景暉立勝業寺，爲沙門曇獻立慈悲寺，爲並州起義立義興寺。太宗，詔以皇家舊宅爲興聖寺。詔於建義以來交兵之處各建寺，破劉武周於汾州立弘濟寺，李百藥撰碑（廿七寺云云）。詔以慶善宮爲穆太后建慈德寺，爲皇太子承幹建普光寺。詔以洛陽舊宅爲天宮寺。詔爲穆太后建弘福寺。皇太子爲文德皇后建慈恩寺。高宗，勑建西明寺大殿十三所。睿宗，詔以沙門惠雲所造汴州建國寺爲大相國寺（帝從相王龍飛故以爲名）。玄宗，勑以寢殿材建安國寺彌勒殿。勑天下諸郡建開元寺，龍興寺。肅宗。上皇幸成都，沙門英幹施粥救貧餒，願國運再淸，勑建大聖慈寺九十六院八千五百區。尙書右丞王維與弟縉奉佛，母喪以輞川第爲寺。代宗夢遊山寺，翌日琅琊山建剎進圖，賜名寶應寺。帝夢牛首山辟支佛來見，勑山中建七級浮圖。淮西兵馬使李重倩，舍宅爲佛經坊，賜名寶應。宣宗，勑天下諸寺修治諸祖師塔。昭宗，勑羅什譯經處重建草堂寺。

晉，曹山有梵僧群集山頂，飛行而去。勑建荷玉禪寺。宋太祖，吳越王俶，造金銅八萬四千塔，布散國內。太宗，周廢龍興寺爲官倉，寺僧擊鼓求復，勑復爲寺。賜天下無名寺額，曰太平興國，曰幹明。勑往五臺造金銅文殊萬菩薩像。詔建開聖禪寺，奉天竺栴檀瑞像釋迦佛牙志公眞身。勑往天臺山重建壽昌寺，造羅漢像五百十六身。開寶寺建塔，十一層三十六丈，上手藏舍利塔，放光照天地。眞宗，詔賜金修峨眉普賢寺。沙門繼全自西天還，得佛舍利建塔揚州。勑江寧府長幹寺塔，賜名聖感。詔並州建資聖院，爲將士戰亡追福。仁宗，勑京師建慈化寺，爲先帝薦福。勑再建靈感塔。內侍李允寧奏，以第宅創十方淨因寺。詔璉禪師居之。

英宗，勑天下私造寺院，並賜壽聖之額。神宗，勑開寶寺靈感塔，禦篆鴻福圓成之塔。哲宗。四明延慶沙門介然創十六觀堂，陳瓘爲記。徽宗。雲居祐禪師作三塔，白雲端禪師建祖堂。洪覺範論之曰，雲居白雲識度高遠，斯可爲天下法。高宗，勑天下州郡立報恩寺，爲徽宗追嚴。勑西湖北山建天申萬壽圓覺寺。孝宗，賜內帑於上竺建藏殿。勑賜錢於上竺建十六觀堂，內翰樓鑰記。勑於禁中建內觀堂，一遵上竺制度。

帝幸宏福寺

念常《佛祖歷代通載》卷一一　帝幸宏福寺，召大德道懿等五人賜座，諭以刱寺爲專一追崇穆太后，言發涕零。懿及左右皆哽咽逡巡，自製疏施絹二百疋，自稱皇帝菩薩戒弟子。令回向罷，顧謂道懿等曰，頃以老子是朕先宗，故令名位在前，卿等應恨恨也。道懿曰，陛下尊祖宗降成式，懿等蒙荷國恩安閒學道。詔旨初下，鹹皆歡悅，詎敢有恨。帝曰，尊祖重親，有生之大本，故先老子以別親疏之序，非不留心於佛也。自有國以來，未甞刱立道觀，凡有功德並歸僧舍，雖往日操戈臨陣，亦未始縱威濫殺。今所在戰場皆立佛寺，至於太原舊第亦以奉佛。朕存心如此，卿等想未諭也。道懿等遽起趨謝。帝曰，少坐，此是朕意，不述則人不知。天時向熱，寺宇未備，今所施可別造經寮令僧衆寬展行道。

蘇州重玄寺

念常《佛祖歷代通載》卷一六　蘇州重玄寺，刊石壁經成。刺史白居易爲之碑曰，碑在石壁東次，石壁在廣德法華院西南隅，院在重玄寺西若干步，寺在蘇州城北若干裏。以華言唐文刻釋氏經典，自經品衆佛號以降字加金焉。夫開示悟入諸佛知見，以義度無邊，以圓教垂無窮，莫尊於妙法蓮華經。凡六萬九千五百五言，證無生忍造不二門，住不可思解脫，莫極我維摩詰經。凡二萬七千九十二言，攝四生九類入無餘涅槃實無得度者，莫出於金剛般若波羅密經。凡五千二百八十七言，禳罪集福淨一切惡道，莫急於佛頂尊勝陀羅尼經。凡三千一十言，應念順願願生極樂土，莫急於阿彌陀經。凡一千八百言，用正見觀眞相莫出於觀普賢菩薩行法經。凡六千九百九十言，詮自性認本覺，莫過於實相法密經。凡三千一百五言，空法塵依佛智，莫過於般若波羅密多心經。凡二百五十八言，是八種經具十二部，合一十一萬六千八百五十七言，三乘之要旨，佛之秘藏盡矣。是石壁積四重高三尋長十有五丈厚尺有咫，有石蓮敷覆其上下，有石神固護其前後。火水不能燒漂，風日不能搖消，所謂施無上法盡未來際者也。唐長慶二年冬作，太和三年春成。律德沙門淸晃矢厥謀，淸海繼厥志，門弟子南容成之，道則終之，寺僧契元舍藝而書之，郡守居易施辭而贊之。贊曰，佛滅度後，世界空虛，惟是經典，與衆生俱。設復有人，書貝葉上，藏檀龕中，非堅非久。如臘印空，假使有人，刺血爲墨，剝膚爲紙，即人知滅。如筆劃水，噫畫水不若文石，印臘不若字金，其功不朽，其義甚深。故吾謂石經功德，契如來付囑之心。

善解造作塔寺者

安法欽譯《阿育王傳》卷六　時南天竺有族姓子，入佛法出家，善解造作塔寺，所行來處諸比丘僧，每常請作僧房塔寺。其後不久心生厭倦營務之事，往詣優波毱多所。白尊者言，唯願教我禪定之法。尊者觀察此比丘者，必應現身盡漏得道，修福未足。又復觀察，以何事緣可得成道。知彼事要營造塔寺然後得道，遂便語言，能隨我勅，當教授汝。答言，受教。尊者勅言，未作塔處今造塔寺，未作僧房處，爲諸賢聖造作僧房。白尊者言，阿闍梨，未知此國誰信誰爲不信。尊者語言，汝足堪能但勸化去。晨朝著衣持鉢入城乞食，見一長者，長者接足爲作禮敬而問之言，阿闍梨，從何處來。答言，我從南天竺來，長者問言，欲作何事。答言，我從尊者毱多求受禪法，尊者教我，使營塔寺造作僧房。長者語言，莫有憂愁，一切所須悉當供給。於是比丘將此長者共量佛地。繩未到地比丘便得阿羅漢果，使捉一籌著於窟中，雖得羅漢所營塔寺盡使都訖。

遣四十千萬金送與鷄寺

僧伽婆羅譯《阿育王經》卷五　我今欲以四十千萬金佈施滿我本心，思惟已便欲遣四十千萬金送與鷄寺。是時鳩那羅兒名三波地（翻具足）爲太子，大臣語太子言，阿育大王須臾應終，而今欲遣四十千萬金送與鷄寺，一切國王以物爲力，太子應當勤守物人勿令金出。於是太子即便勒之，阿育王勅不復施行。唯有金器供王食用，王食訖已便令送此金器與彼鷄寺，復斷金器聽以銀器，王食竟已復令送此銀器與彼鷄寺，復斷銀器乃至以鐵器供王食已復令送與鷄寺，復斷鐵器聽用瓦器。時阿育王無復有物，唯半菴羅菓在其手，中時阿育王心大悲惱，召諸大臣及以人民一切和合而語之言，誰於今日爲此地主。大臣起而作禮合掌說言，唯天爲主，更無異人。

寺封因緣

僧伽婆羅譯《阿育王經》卷一〇　爾時優波笈多，於摩偷羅國起寺非壹乃至百數。時摩偷羅國王名眞多柯，無有信心惱亂衆僧及給事檀越。時無量衆僧及給事檀越，往至優波笈多所，說如是事。優波笈多思惟，若我遣使白阿育王，恐阿育王瞋必當害之，我當自往。時優波笈多以神通力如瞬眼頃，於那哆婆哆寺忽然不現，即到波多利弗多（翻重花子樹）城鷄寺。時阿育王聞優波笈多來，修治國界香花伎樂種種莊嚴，與諸大臣及國人民，悉皆往迎優波笈多。至已禮足恭敬合掌說言，大德，何故來此。答言，故來王處。王復問言，有何事故。大德答言，大王已弘廣佛法，於摩偷羅國起寺非一乃至百數，彼國王眞多柯王領彼國，無有信心惱亂佛法，王當令其守護佛法。時阿育王即勅大臣名曰成護，汝可使人急殺彼王。優波笈多即白王言，莫殺彼王，王當敎勅，從今以去莫復惱亂佛法。時阿育王自手作書，以牙印之授羅刹手，羅刹奉書，一念之頃即至彼國。時眞多柯王頂受讀誦，既讀誦竟擊鼓宣令一切國人，從今以往不得惱亂佛法。時阿育王問優波笈多，彼何等寺爲偷劫所亂。優波笈多答言，那哆婆哆寺。時阿育王自手作書以牙印之，與優波笈多，以一國封供給此寺。時阿育王設種種供養，優波笈多受供養竟，即於鷄寺忽然不見，還那哆婆哆寺。

沙落迦寺

慧立、彥悰《大唐大慈恩寺三藏法師傳》卷二　有一小乘寺名沙落迦，相傳云，是昔漢天子子質於此時作也。其寺僧言，我寺本漢天子兒作，今從彼來，先宜過我寺。法師見其殷至，又同侶慧性法師是小乘僧，意復不欲居大乘寺，遂即就停。質子造寺時，又藏無量珍寶於佛院東門南大神王足下，擬後修補伽藍。諸僧荷恩，處處屋壁圖畫質子之形。解安居日，復爲講誦樹福。代代相傳，於今未息。近有惡王貪暴，欲奪僧寶，使人掘神足下，地便大動。其神頂上有鸚鵡鳥像，見其發掘振羽驚鳴。王及軍衆皆悉悶倒，懼而還退。寺有窣堵波相輪摧毀，僧欲取寶修營，地還振吼，無敢近者。

諸寺沙門

慧立、彦悰《大唐大慈恩寺三藏法師傳》卷六　夏六月戊戌，證義大德諳解大小乘經，論爲時輩所推者，一十二人至，即京弘福寺沙門靈潤，沙門文備，羅漢寺沙門慧貴，實際寺沙門明琰，寶昌寺沙門法祥，靜法寺沙門普賢，法海寺沙門神昉，廓州法講寺沙門道深，汴州演覺寺沙門玄忠，蒲州普救寺沙門神泰，綿州振向寺沙門敬明，益州多寶寺沙門道因等。又有綴文大德九人至，即京師普光寺沙門棲玄，弘福寺沙門明濬，會昌寺沙門辯機，終南山豐德寺沙門道宣，簡州福聚寺沙門靜邁，蒲州普救寺沙門行友，捿巖寺沙門道卓，豳州昭仁寺沙門慧立，洛州天宫寺沙門玄則等。又有字學大德一人至，即京大總持寺沙門玄應。又有證梵語，梵文大德一人至，即京大興善寺沙門玄謨。自餘筆受，書手，所司供料等並至。

鶴林寺

慧立、彦悰《大唐大慈恩寺三藏法師傳》卷八　二月，有尼寶乘者，高祖太武皇帝之婕妤，隋襄州總管臨河公薛道衡之女也。德芬彤管，美擅椒闈。父既學業見稱，女亦不虧家訓。妙通經史，兼善文才。大帝幼時，從其受學，嗣位之後，以師傅舊恩，封河東郡夫人，禮敬甚重。夫人情慕出家，帝從其志，爲禁中別造鶴林寺而處之，並建碑述德。又度侍者數十人，並四事公給，將進具戒。至二月十日，勅迎法師並將大德九人，各一侍者，赴鶴林寺，爲河東郡夫人薛尼受戒。又勅莊挍寶車十乘，音聲車十乘，待於景曜門內，先將馬就寺迎接入城門已，方乃登車發引，大德居前，音聲從後。是時春之仲月，景物妍華，柳翠桃紅，松青霧碧，錦軒紫蓋交映其間，飄飄然猶給園之衆適王城矣。既到，安置別館，設壇席，爲寶乘等五十餘人受戒，唯法師一人爲闍梨，諸德爲證而已。三日方了。受戒已，復命巧工吴智敏圖十師形，留之供養。鶴林寺側先有德業寺，尼衆數百，又奏請法師受菩薩戒，於是復往德業。事訖辭還，嚫施隆重，勅遣内給事王君德將手力執花蓋引送，衢路觀者極生善焉。鶴林後改爲隆國寺焉。

瞿薩呾那國寺

道宣《釋迦方志》卷上　至瞿薩呾那國東境（即漢史所謂於殿國也，都護所居漢之所，東去長安九千六百七十裏）其關名尼壤城彼土自謂於遁國也，週四千餘（裏）〔里〕，沙磧太半寺有百餘，僧出五千大乘學者。從關至媲摩川二百餘（裏）〔里〕，有媲摩城中有栴檀立像高二丈餘，極多靈異光明，疾者隨痛以金薄帖像上便愈。其像本在憍賞彌國，是鄔陀衍那王所造，淩空至此國。北曷勞落迦城有異羅漢，每往禮之。王初不信以沙土坌羅漢，乃告敬信者曰，卻後七日沙土滿城，於後二日乃雨寶滿街。至七日夜果雨土塡城，略無遺人。其先告者，預作地穴從孔而出，東趣媲摩像亦同至。有記雲，法滅之時像入龍宫也，其曷勞城今爲大堆王欲掘寶必遭風變。又於媲摩城西行三百三十（裏）〔里〕，方至國城王都。南十（裏）〔里〕有大寺先王所立，西南十餘（裏）〔里〕寺有夾紵立像，從屈支國來。昔此有臣於彼禮敬，臣還本國遙念無已，像遂夜至乃舍宅爲寺。都城西三百餘（裏）〔里〕勃伽夷城，有坐像高七尺相好無比，首有寶冠光明時現。都城西百六十（裏）〔里〕，路中大磧惟有鼠壤形大如蝟毛金銀色。昔匈奴來寇，王祈鼠靈乃夜齧人馬，兵器斷壞自然走退。都城西五裏許寺有浮圖高百餘尺，多現光相王感舍利數百粒。羅漢以右手舉浮圖，安之函內，乃下之無傾動也。都城西南十餘（裏）〔里〕有瞿室餕伽山（此雲牛角）有寺像現光明佛曾遊此爲天人說法，記其建國崇學大乘。山巖石室有一羅漢，入滅心定待慈氏佛，數百年前崖崩塞戶。其國南界接東女國，從國城西越山谷，行八百餘（裏）〔里〕至。

闍悉多國寺

道宣《釋迦方志》卷上　闍悉多國亦是故地，國周減千都城十餘（裏）〔里〕，山多川狹極風寒，僧寺三所衆亦少耳。東南入穀越嶺度諸小城四百餘（裹）〔里〕，至安呾羅縛國亦是故地。週三千餘（裹）〔里〕，王城周十五（裹）〔里〕屬突厥。寺有三所僧有數十，有育王一塔，山阜連屬極寒厲也。從此西南上大雪山，婆羅犀羅嶺東頭，經三日行又至極頂，通望贍部一洲，諸山並皆四下。又尋嶺下行亦三日，極峻曲縠鑿氷而度，西經迦畢式國邊城小邑數十。又西南數百里方至王都，又西少南一千三百里，越山川至弗栗恃薩儻那國。廣二千餘裹南北千餘（裹）〔里〕，王城週二十餘（裹）〔里〕信佛法。從此南行五百餘（裹）〔里〕至。

瞿毘霜那國寺

道宣《釋迦方志》卷上　瞿毘霜那國（中印度）週二千餘裹都城十四五（裹）〔里〕。寺二所僧百餘人而習小乘，天祠三十餘異道雜住。城固險峻，其側古寺塔高二十餘丈，佛曾於此一月說法。有發爪二塔各高丈餘，旁有四佛坐跡。又東南行四百餘（裹）〔里〕，至堊醯掣呾邏國（中印度）週三千餘（裹）〔里〕，都城周十七八（裹）〔里〕，寺十餘所僧有千餘，習小乘正量部，天祠有九外道三百餘人。城依險固其外池側，佛爲龍說法七日處。立塔側有四佛行坐跡，立塔表之。又南二百七十（裹）〔里〕渡殑伽河，西南至毘羅删拏國（中印度）週二千餘（裹）〔里〕都城周十餘（裹）〔里〕，信外道少敬佛法。寺二所僧徒三百人皆大乘學，天祠五所。城中寺塔高十餘丈，佛曾於此七日說蘊界法，四佛行坐遺跡尚存於此。東行二百餘（裹）〔里〕至。

婆羅痆厮國寺

道宣《釋迦方志》卷上　婆羅痆（女黠）厮國（中印度古波羅奈也）週四千餘（裹）〔里〕都城西臨殑河，長減二十（裹）〔里〕廣六裹許。人居盛滿多信外道，寺三十餘僧三千餘並小乘正量部，天祠百餘外道萬餘，多事大自在天根也。大城中天祠二十所，天根高百餘尺。城東北婆羅痆河，西塔育王造，高十餘丈，前立石柱碧蘚現佛。河東北十餘裹鹿野寺也，區界八分連垣周堵，層軒重閣僧徒一千五百人，並小乘正量部。有佛精舍高二十餘丈，甎龕四合節級百數，皆隱起金像鍮石佛等。次西南塔高百餘尺，前有石柱高七十餘尺，洞澈清淨誠感像現。隨其善惡，即成道已。初轉法輪處其側三塔，即昔三佛行坐處。傍有諸塔，五百獨覺入滅處。又側一塔，慈氏菩薩受記處。又西一塔是佛過去，爲護明菩薩，迦葉波佛授今成佛處次南四佛經行處，長五十步高七尺，青石積成上作釋迦經行像。像形特異肉髻上髾，發頭抽出神而有征。寺跡極多精舍浮圖，乃數百事不可具也。寺西清池週二百步佛嘗盥浴，次西小池佛嘗滌器，次北小池佛嘗浣衣。三池龍止味甘且淨，有慢觸者，金毘羅獸即而害之。側有方石，上有佛袈裟文跡。外道凶人有輕蹈者，池龍輒興風雨。

側有浮圖，佛曾作六牙象王，見獵者被法衣故拔牙與處側又一塔。佛昔爲鳥與獼猴象相問誰大處，又大林中塔。佛與調達昔爲鹿王，佛代孕鹿命處，鹿野之號因而生焉。寺西南三裹，大塔高三十丈基峙壯麗。側又一塔，是五人迎佛處。大林東三裹塔者，佛昔爲兔與諸獸聚。自知形小燒身饋之，因感天帝下贊，故使月輪有兔像現。寺東順殑伽河三百餘（裹）〔里〕，東至戰主國（中印度）週二千餘裹。都城臨殑河周十餘（裹）〔里〕，人盛滿寺十所，僧減千人並小乘，天祠二十所異道雜居。城西北寺塔佛舍利一升，昔佛於此七日說法，並四佛行坐跡，有慈氏菩薩像，形小而威德大。城東北二百餘（裹）〔里〕至阿避陀羯賴拏寺（雲不穿耳）因緣北方僧也。寺東南渡殑河百餘（裹）〔里〕至大邑，河北岸那羅延天祠重閣甚嚴。又東南三十餘裹有降鬼塔半已陷地，前建石柱高二丈餘，即佛爲噉人鬼說法處。鬼置石座千數，茂林清池不遠，數寺皆有僧住學大乘者。又東南渡河百餘裹塔者，分舍利瓶及餘舍利也，每齋日放光。又東北渡殑伽河百五十（裹）〔里〕。

恭達那補羅國寺

道宣《釋迦方志》卷下　恭達那補羅國（南印度）週五千餘（裹）〔里〕，都城週三十餘裹。寺百餘僧萬餘人，兼學大小，天祠數百異道雜居。宮城側大寺精舍高十餘丈，僧三百餘人。中有一切義成太子寶冠，減二尺許。齋日放光，即菩薩時也。大城側大寺中精舍高五丈餘，二百億羅漢（是一人名）造檀慈氏像，高一丈餘齋日放光。城北近多羅林週三十餘（裹）〔里〕，葉廣長色光潤，諸國同采以供書也。林中塔四佛行坐跡，二百億舍利塔。亦此林中城東，塔高三丈有舍利齋日放光，佛曾遊此說法。

又西北林中猛獸所居，二千五百里許。至摩訶剌佗國（南印度）週六千餘（裏）〔里〕，都城臨大河週三十餘裏。其俗有恩必報有怨必復，強梁跋扈不賓戒日王也。寺有百餘僧徒五千餘人大小兼學，天祠百數異道衆矣。大城內外五塔四佛行坐跡，育王表之。城南故寺有觀自在石像，願求多果，東境大山寺羅漢造也。大精舍高百餘尺，石像高七十餘尺，上有石蓋七重，虛懸空中相去各三尺。傳雲羅漢願力所持，或威神力或藥術力，諸說不一。精舍四面，彫作佛因地及證果入寂相具矣。寺門外南北，各一石象，傳雲象吼地則震矣。自此西行千餘（裏）〔里〕度耐末陀河，至跋祿羯呫婆國（南印度）週二千五百里，都城週二十餘裏，邪正兼信。寺十餘僧三百餘人，習大乘上座部，天祠十所異道雜居，土地鹵惡草木希薄。從此西北二千餘（裏）〔里〕。

闍蘭達羅國寺

《遊方記抄》（失撰） 又從西天北行三箇餘月，至北天國也，名闍蘭達羅國，王有三百頭象，依山作城而住。從茲已北，漸漸有山。爲國狹小兵馬不多，常被中天及迦葉彌羅國屢屢所呑，所以依山而住。人風衣著言音，與中天不殊。土地稍冷於中天等也，亦無霜雪，但有風冷。土地所有出象氎布稻麥驢騾少有，其王有馬百匹，首領三五匹，百姓並無。西是平川，東近雪山。國內足寺足僧，大小乘俱行。又一月程過雪山，東有一小國，名蘇跋那具怛羅，屬土蕃國所管。衣著與北天相似，言音即別，土地極寒也。又從此闍蘭達羅國西行，經一月，至一社吒國。言音稍別，大分相似，衣著人風，土地所出，節氣寒暖，與北天相似。亦足寺足僧，大小乘俱行。王及首領百姓等，大敬信三寶。又從此吒國西行一月，至新頭故羅國。衣著風俗，節氣寒暖，與北天相似，言音稍別。此國極足駱駝，國人取乳酪喫也。王及百姓等，大敬三寶足寺足僧。即造順正理論，衆賢論師，是此國人也。此國大小乘俱行，見今大寔侵半國損也。即從此國乃至五天，不多飲酒。遍（曆）〔歷〕五天，不見有醉人相打之者。縱有飲者，得色得力而已，不見有歌舞作劇飲宴之者。又從北天國有一寺，名多摩三磨娜。佛在之日，來此說法，廣度人天。此寺東澗裏，於泉水邊有一塔，而佛所剃頭及剪爪甲，在此塔中，此見有三百餘僧。寺有大辟支佛牙及骨舍利等，更有七八所寺，各五六百人，大好住持。王及百姓等，非常敬信。

開元寺等諸寺

《遊方記抄》（失撰） 三日三夜，便達雷州、羅州、辨州、象州、白州、傭州、藤州、梧州、桂州，等官人僧道父老迎送禮拜，供養，承事，其事無量，不可言記。始安都督上黨公憑古璞等步出城外，五體投地，接足而禮，引入開元寺。初開佛殿，香氣滿城。城中僧徒擎幡燒香，喝梵雲集寺中。州縣官人百姓填滿街衢，禮拜讚歎，日夜不絕。憑都督來自手行食，供養衆僧，請大和上受菩薩戒。其所都督七十四州官人，選舉試學人，並集此州，隨都督受菩薩戒人其數無量。大和上留住一年，時南海郡太都督五府經略採訪大使，攝禦史中，廣州大守盧煥牒下諸州，迎大和上向廣府。時憑都督來，親送大和上，自扶上船口雲。古璞與大和上，終至彌勒天宮相見，而悲泣別去。下桂江七日至梧州，次至端州龍興寺。榮叡師奄然遷化，大和上哀慟悲切，送喪而去。端州太守，迎引，送至廣州。盧都督率諸道俗，出迎城外，恭敬承事，其事無量，引入大雲寺，四事供養，登壇受戒。此寺有呵梨勒樹二株，子如大棗。又開元寺有胡人，造白檀華嚴經九會，率工匠六十人，三十年造畢，用物三十萬貫錢。欲將往天竺，採訪使劉臣隣奏狀，勅留開元寺，供養，七寶莊嚴不可思議。又有婆羅門寺三所，並梵僧居住。池有青蓮華，華葉根莖竝芬馥奇異。江中有婆羅門，波斯，崑侖等舶，不知其數。竝載香藥珍寶，積載如山。舶深六七丈，師子國，大石國，骨唐國，白蠻，赤蠻等往來居住，種類極多。州城三重，都督執六纛，一纛一軍，威嚴不異天子。紫緋滿城，邑居逼側。大和上住此一春，發向韶州，傾城送遠。乘江七百餘裏，至韶州禪居寺，留住三日。韶州官人又迎引入法泉寺，乃是則天爲慧能禪師造寺也。禪師影像今現在，後移開元寺。普照師從此辭大和上，向嶺北去明州阿育王寺，是歲天寶九載也。時大和上執普照師手，悲泣而曰，爲傳戒律，發願過海，遂不至日本國，本願不遂。於是分手，感念無喩。時大和上頻經炎熱，眼光暗昧，爰有胡人，言能治目加療治，眼遂失明。後巡遊靈鷲寺，廣果寺，登壇受戒。至貞昌縣，過大庾嶺，至虔州開元寺。僕射鍾紹京左隣在此請大和上至宅，立壇受戒。次至吉州，僧祥彥於舟上端坐，問思托師雲，大和上睡覺否。思托答曰，睡未起。彥雲，今欲死別。思托諮大和，大和上燒香將曲幾來，使彥憑幾向西方念阿彌陀佛。彥即一聲唱佛，端坐寂然無言。大和尙乃喚彥彥，悲慟無數。

東林寺等諸寺

《遊方記抄》（失撰） 時諸州道俗聞大和上歸嶺北，四方奔集日常三百以上，人物駢闐，供具煒燁。從此向江州，至廬山東林寺，是晉代慧遠法師之所居也。遠法師於是立壇授戒，天降甘露，因號甘露壇，今尙存焉。近天寶九載有志恩律師，於此壇上與授戒，又感天雨甘露，道俗見聞歎同晉遠。大和上留連此地已經三日，即向潯陽龍泉寺。昔遠法師於是立寺無水，發願曰，若於此地堪捿止者，當使抽泉。以錫杖扣地，有二青龍，尋錫杖上，水即飛湧。今尙其水湧出地上三尺焉，因名龍泉寺。從此陸行至江州城，太守追集州內僧尼，道士，女官，州縣官人百姓，香華音樂來迎請停三日供養。太守親從潯陽縣至九江驛，大和上乘舟與大守別去。從此七日至潤州江寧縣，入瓦官寺登寶閣。閣高二十丈，是梁武帝之所建也。至今三百餘歲，微有傾損。昔一夜暴風急吹，明旦人看閣下四隅有四神跡，長三尺入地三寸。今造四神王像，扶持閣四角，其神跡今尙存焉。昔梁武帝，崇信佛法，興建伽藍。今有江寧寺，彌勒寺，長慶寺，延祚寺等，其數甚多，莊嚴彫刻，已盡工巧。大和上之弟子僧靈祐承大和上來，遠從棲霞寺迎來。見大和上，五體投地進接大和上足，展轉悲泣而歎曰，我大和上遠向海東，自謂一生不獲再覲，今日親禮，誠如盲龜開目見日，戒燈重明，昏衢再朗。即引還棲霞寺。住三日，卻下攝山，歸揚府。過江至新河岸，即入楊子亭既濟寺。江都道俗奔塡道路，江中迎舟軸艫連接，遂入城住本龍興寺也。大和上從南振州來至楊府，所經州縣立壇授戒，無空過者。今亦於龍興，崇福，大明，延光等寺，講律授戒，暫無停斷。昔光州道岸律師命世挺生，天下四百餘州以爲受戒之主。岸律師遷化之後，其弟子杭州義威律師響振四遠，德流八紘，諸州亦以爲受戒師。義威律師無當之後，開元二十一年時大和上年滿四十六，淮南江左淨持戒者，唯大和上獨秀無倫。道俗歸心，仰爲受戒之大師。凡前後講大律並疏四十遍，講律抄七十遍，講輕重儀十遍，講羯磨疏十遍，具修三學，博達五乘，外秉威儀，內求奧理，講授之間，造立寺舍，供養十方衆僧。造佛菩薩像其數無量，縫納袈裟千領，布袈裟二千餘領，送五臺山僧。設無遮大會，開悲田而救濟貧病，啟敬田而供養三寶。寫一切經三部，各一萬一千卷。前後度人授戒略計過四萬有餘，其弟子中超群拔萃爲世師範者，即有揚州崇福寺僧祥彥，潤州天響寺僧道金，西京安國寺僧璿光，潤州棲霞寺僧希瑜，揚州白塔寺僧法進，潤州棲霞寺僧幹印，沛州相國寺僧神邕，潤州三昧寺僧法藏，江州大林寺僧志恩，洛州福先寺僧靈祐，揚州既濟寺僧明烈，西京安國寺僧明債，越州道樹寺僧璿眞，揚州興雲寺僧惠琮，天臺山國淸寺僧法雲等三十五人。並爲翹楚，各在一方，弘法於世導化群生。

寺塔記

段成式《寺塔記》 武宗癸亥三年夏，予與張君希復善繼，同官秘丘鄭君符夢復連職仙署，會暇日遊大興善寺。因問，兩京新記及遊目記多所遺，略乃約一旬尋兩街寺。以街東興善爲首，二記所不具，則別錄之。遊及慈恩，初知官將並寺。僧衆草草，乃泛問一二，上人及記塔下畫跡，遊於此遂絕。後三年，予職於京洛及刺安成，至大中七年歸京。在外六甲子所留書籍揃壞居半，於故簡中覩與二亡父遊寺。瀝血淚交，當時造適樂事邈不可追，復方刊整，纔足續穿蠹。然十亡五六矣。次成兩卷，傳諸釋子，東牟人段成式字柯古。

靖恭坊大興善寺，寺取大興兩字，坊名一字爲名。新記雲，優塡像，總章初爲火所燒。據梁時，西域優塡在荊州，言隋自臺城移來此寺非也。今又有旃檀像，開目其工頗拙，猶差謬矣。

不空三藏塔前多老松，歲旱則官伐其枝，爲龍骨以祈雨，蓋三藏役龍意，其樹必有靈也。行香院堂後壁上，元和中，畫人梁洽畫雙松，稍脫俗格，曼殊堂工，塑極精妙。外壁有泥金幀，不空自西域齎來者。

旃檀像堂中，有《時非時經》。界朱寫之，盛以漆龕。僧云，隋朝舊物。

寺後先有曲池，不空臨終時，忽然涸竭，惟寬禪師止住。因潦通泉，白蓮藻自生，今復成陸矣。

東廊之南素和尚院，庭有青桐四株，素之手植。元和中卿相多遊此院。桐至夏有汗，汙人衣如輠，脂不可浣。

左顧蛤像，舊傳雲，隋帝嗜蛤，所食必兼蛤味。數逾數千萬矣，忽有一蛤，推擊如舊。帝異之，寘諸（幾）〔几〕上。一夜有光，及明肉自脫，中有一佛二菩薩像。帝悲悔誓不食蛤。非陳宣帝於闐玉像，高一尺七寸，闊寸餘。一佛四菩薩，一飛仙一叚玉成。截肪無玷，膩彩若滴。

天王閣，長慶中造。本在春明門內，與南內連牆。其形大爲天下之最。太和二年勅移就此寺。折時腹中，得布五百端，漆數十篚。今部落鬼神形像墮壞，唯天王不損。

長樂坊安國寺紅樓，睿宗在藩時舞榭。

東禪院，亦曰木塔院。院門北西廊五壁，吳道玄弟子釋思道畫釋梵八部，不施彩色，尚有典刑。

光明寺中鬼子母，及文惠太子塑像，舉止態度如生。工名李岫。

山庭院，古木崇阜，幽若山谷。當時輦土營之上座璘公院，有穗柏一株，衢柯偃覆。下坐十餘人。

常樂坊趙景公寺，隋開皇三年置。本曰弘善寺，十八年改焉。南中三門裏東壁上，吳道玄白畫地獄變，筆力勁怒，變狀陰怪。覩之不覺毛戴，吳畫中得意處。

三階院西廊下，範長壽畫西方變及十六對事寶池。池尤妙絕，諦視之，覺水入深。壁院門上，白畫樹石，頗似閻立德。予攜立德《行天詞粉本》，驗之無異。

西中三門裏，門南，吳生畫龍。及刷天王須，筆跡如鐵。有執爐天女，竊眸欲語。

華嚴院中，鍮石盧舍立像高六尺，古樣精巧。

塔下有舍利三門四升。移塔之時，僧守行建道場出舍利。俾士庶觀之，唄贊未畢。滿地現舍利，士女不敢踐之，悉出寺外。守公乃造小泥塔及木塔，近十萬枚葬之。今尚有數萬存焉。

寺有小銀象六百餘軀，金佛一軀，長數尺。大銀象高六尺餘，古樣精巧。又有嵌七寶字多心經小屏風，盛以寶函。上有雜色珠及白珠，駢甃亂目。祿山亂，官人藏於此寺。屏風十五牒三十行，經後雲，發心主司馬恆存。願成主上柱國索伏寶息，上柱國眞德，爲法界眾生造黃金牒。善繼疑外國物。

遊目記所說刺柏，太和中伐爲殿材。

道政坊寶應寺。韓幹，藍田人，少時常爲貰酒家送酒。王右丞兄弟未遇，每一貰酒漫遊。幹常征債於王家，戲畫地爲人馬。右丞精思丹青，奇其意趣乃成，與錢二萬，令學畫十餘年。今寺中釋梵天女，悉齊公，妓小小等寫眞也。寺有韓幹畫下生幀，彌勒衣紫袈裟，右邊仰面菩薩及二獅子，猶入神。

西北角院內，有懷素書顏魯公序，張渭侍郎錢起郎中贊。

平康坊菩薩寺，食堂東壁上，吳道玄畫智度論色偈變。偈是吳自題，筆跡遒勁，如礫鬼神毛髮。次堵畫禮骨仙人，天衣飛揚，滿壁風動。

佛殿內槽後壁面，吳道玄畫消災經事。樹石古嶮，元和中，上欲令移之，慮其摧壞，乃下詔，擇畫手寫進。

佛殿內槽東壁，維摩變舍利，弗角而轉膝。元和末，俗講僧文淑裝之，筆跡盡矣。

寺之制度，鍾樓在東。唯此寺緣李右座林甫宅在東，故建鍾樓於西。寺內有郭令玳瑁鞭，及郭令王夫人七寶帳。寺主元竟多識釋門。故事云，李右座每至生日，常轉請此寺僧，就宅設齋。有僧乙嘗歎佛，施鞍一具，賣之材直七萬。又僧廣有聲名，口經數年，次當歎佛。因極覩右座功德，冀獲厚襯。齋畢簾下出彩篚香羅帕籍一物，如朽釘長數寸。僧歸失望慚惋，數日且意。大臣不容欺己，遂攜至西市，示於商胡。商胡見之驚曰，上人安得此物。必貨此不違價。僧試求百千。胡人大笑曰，未也。更極意言之，加至五百千。胡人曰，此直一千萬。遂與之。僧訪其名，曰此寶骨也。

又寺先有僧，不言姓名。常負束槁，坐臥於寺兩廊下，不肯住院。經數年，寺綱維或勸其住房。曰，爾厭我耶？其夕遂以束槁焚身，至明唯灰燼耳，無血膂之臭。眾方知異人，遂塑灰爲像。今在佛殿上，世號束草師。

光宅坊光宅寺，普賢堂本天後梳洗堂，蒲萄垂實則幸此堂。今堂中尉遲畫頗有奇處。四壁畫像及脱皮白骨，匠意極嶮。又變形三魔女，身若出壁，又佛圓光均彩相錯亂目成講。東壁佛座前錦如斷古標，西壁逼之摽摽然。

宣陽坊靜域寺，本太穆皇后宅。寺僧云，三階院門外，是神堯皇帝射孔雀處，上蟠蛇汙煙可懼。東廊樹石嶮怪，高僧亦怪。

招國坊崇濟寺，寺後有天後織成蛟龍披襖子，及繡衣六事。東廊從南第二院，有宣律師制袈裟堂曼殊堂，有松數株甚奇。

崇聖坊資聖寺，淨土院門外，相傳吳生一夕秉燭醉畫，就中戟手視之惡駭。院門裏盧楞伽常學吳勢，吳亦授以手訣，乃畫總持三門寺方半。吳大賞之。謂人曰，楞伽不得心訣，用思太苦其能久乎。畫畢而卒。

慈恩寺。寺不淨覺，故伽藍因而營建焉。凡十餘院，總一千八百九十七間，勅度三百僧。初三藏自西域回，詔太常卿江夏王道宗設九部樂，迎經像入寺。彩車凡千餘輛，上禦安福門觀之。太宗常賜三藏衲約直百餘金，其工無針綖之跡。

寺中柹樹白牡丹，是法力上人手植。

小莊嚴寺

闕名《**梁京寺記**》 梁小莊嚴寺，在建業定陰裏，本是晉零陵王廟地。天監六年，度禪師起造。時有邵文立者，世以烹屠爲業，嘗欲殺一鹿，鹿跪而流淚，以爲不祥。鹿懷一麑，尋當產育，就庖哀切，同被刳割。因斯患疾，眉須皆落。身瘡並壞，後乃深起悔責求道。度禪師發大誓願，罄舍家資回買此地，爲立伽藍。

同泰寺

闕名《**梁京寺記**》 梁武帝改年號大同，起同泰寺，在臺城內。窮竭帑藏，造大佛閣七層。爲火所焚，武帝捨身施財，以祈佛福。自大通以後，無年不幸。

興國禪寺

闕名《**梁京寺記**》 梁武帝天監十三年，以錢二十萬，易定林前前岡獨龍阜，以葬志公。永定公主以湯沐之資，造浮圖五級於其上。十四年，即塔前建開善寺。

升元寺

闕名《**梁京寺記**》 升元寺，即瓦棺寺也。在城西隅瞰江面，後踞崇岡最爲古跡。累經兵火，略無彷彿。李王時升元閣猶在，乃梁朝故物。

大愛敬寺

闕名《**梁京寺記**》 梁武帝普通元年造，在蔣山之北高峯上。

法寶寺

闕名《**梁京寺記**》 梁同泰寺基之半也，建康剎錄。梁武帝大通元年，創同泰寺。寺處宮後，別開一門，名大通門。帝晨夕講議，多遊此門。

法光寺

闕名《**梁京寺記**》 即梁之蕭帝寺。舊傳，天監十三年造。元絳寺記云，不知從昔之名，故後人以帝氏目之。

寶林寺

闕名《**梁京寺記**》 梁天監中，武帝與寶公，同遊此山。見林巒殊勝，命建精藍。

長於寺

闕名《**梁京寺記**》 建康南五裏有山岡，其間平地。庶民雜居，有大長於，小長於，東長於，並是地名。小長於在瓦棺寺南。巷西頭出大江，梁初起長於寺。

東林等寺

慧祥《**古清涼傳**》**卷上** 至太平興國寺七裏，寺前之水曰清溪，溪上上有清溪亭寺。晉武帝太元九年置，舊名東林。唐會昌三年廢，大中三年復。皇朝興國二年，賜今名。法師諱慧遠，俗姓賈，雁門樓煩人。師道安於恆山，爲安高弟。始住荊州上明寺，後欲之羅浮。道由廬山，居龍泉精舍，去東林十五裏而遠。既而學侶寢眾同。時惠永禪師已居香穀山，請結隣好。刺史桓伊亦所欽仰，乃置寺焉，事具寺碑。開元十九年七月十五日，前陳州刺史李邕撰並書。會昌三年，僧雲皐始刻石焉。時裴休爲江南西道觀察使，張又新爲江州刺史，實助成之。裴題其篇末雲，覽北海詞翰，想見風采。張亦作記於碑陰。大中十年四月十三日，沙門玄觀請河東裴光遠篆額。光遠，國子監太學博士。初遠師欲徙香穀也，山神告夢曰，此處幽靜，足以棲神。忽於後夜，雷雨震擊，明旦視之，惟素沙亙地。兼有梗柟，文梓良木，既作殿，故名神運。牛僧孺大和四年，自武昌還，朝過之，爲書其牓神蓮□□四字，又有木數尺。南唐元宗題曰，神運水，今並存焉。會昌中，寺與林木，並系戶部毀賣。大中興復。刺史崔黯爲捐私錢，以僞施者，仆紳從者數百人，姓名爵裏，今刊於名仍藏。當時之疏亦崔之詞也，崔又作復寺碑。左散騎常侍柳公權書，流泉臣寺，下入虎溪。昔遠師送客過此，虎輒號鳴，故名焉。時陶元亮居粟裏山南，陸脩靜亦有道之士。遠師嘗送此二人，與語道合，不覺過之，因相與大笑。今世傳三笑圖，蓋起於此。神蓮殿之後，有白蓮池。昔謝靈運恃才傲物，少所推重。一見遠公，肅然心服，乃即寺翻《涅槃經》。因鑿池爲臺，植白蓮池中，名其臺曰，翻經臺。今白蓮亭，即其故地。遠公與慧永，慧持，曇順，曇恆，竺道生，慧叡，道敬，道昺，曇詵，白衣，張野，宗炳，劉遺民，張詮，周續之，雷次宗，梵僧佛馱耶舍十八人者，同修淨土之法，因號白蓮社。十八賢有傳附篇末。池上昔有文殊瑞像閣，今像亡閣廢。有文殊殿瑞像者。晉陶侃初爲廣州刺史，海濱漁人□見夜有光豔，遂網之，得金文殊菩薩之像，旁有志雲，昔阿育王所鑄。後商人於東海亦獲圓光，持以就像，若彌縫焉。侃以送武昌寒溪寺，主者僧珍常往復口，夢寺火，而像屋獨有神物圍繞，珍馳還寺，果已焚，惟像屋並存。侃移督江州，以像神靈，使人迎以自隨，復爲風濤所溺。時荊楚爲之謠曰，陶惟劍雄，像以神標。雲翔泥宿，邈何遙遙。可以誠致，難以力招。至遠公刱寺，乃禱於水上，其像復出。始迎置神運殿，後造重閣，以奉香火。

大孚寺

慧祥《古清涼傳》卷上 大孚寺東北二百步，有五臺祠。祠，隋末火燒，維有處所。大孚寺北四裏，有王子燒身寺。其處，先有育王古塔。至北齊初年，第三王子於此求文殊師利，竟不得見。乃於塔前，燒身供養，因此置寺焉。其王子有閹豎劉謙之，自慨刑餘。又感王子燒身之事，遂奏訖入山修道，勅許之。乃於此處，轉誦《華嚴經》。三七行道，祈見文殊師利，遂獲冥應，還復根形。因便悟解，乃著《華嚴》六百卷，論綜終始，還以奏聞。高祖敬信，由此更增。常日講《華嚴》一篇，於時最盛。昔元魏熙平元年，有懸甕山沙門靈辯，頂戴此經，勇猛行道，足破血流，勤誠感悟。乃同曉茲典，著論一伯卷。時孝明皇帝，請於式幹殿，敷揚奧旨，宰輔名僧，皆從北面。法師，以正光三年正月而卒，時年三十有六。豈非精進所致，異世同塵哉。

寶陀寺

盛熙明述《補陀洛迦山傳》 寶陀寺，在州之東海梅岑山。世傳，梅福煉丹之所。釋所言，東大洋海，西紫竹旃檀林者，是也。自四明陸行，東九十餘裏，過穿山渡，至大謝。再經嵩子渡，至昌國州。陸行七十裏，沈家門止一渡至山，周圍僅百里許環繞大海。憑高望昌國諸山，隱隱如青螺。東極微茫無際，日月出沒上下若鑒。微風時來，雷轟雪湧，奇極孤回，非復塵世也。山茶樹高數丈，丹葩滿枝，猶珊瑚林。水仙紫蓀，芳菲滿地。金沙玉礫，的落璀璨。

上天竺寺

盛熙明述《補陀洛迦山傳》 武林西山上天竺寺，自昔相傳，海上浮香木現光湍，因刻爲觀自在菩薩像，多現祥異，士民歸向，自春至冬，焚香叩禮。雨暘急難，感應如響，積有年矣。至正二十年庚子，杭城薦罹兵燹，西山祠宇盡毀，聖像不知所在。眾共追慕。丞相太尉開府康裏公，出金旁求，乃於草莽中得之。遂蔔日，齋戒徒跣率僚佐士庶，自北關恭迎聖像，安奉於今丞相公所建，清平山之西天寺中。時聖像上，大放光明，照耀雲漢，分爲三道。其一，遠屬東方，若向補陀山者。其一，屬上天竺寺。其一，徑屬今西天寺。一時鹹覩，益加敬仰焉。

京師造諸寺

法琳《辯正論》卷四 京師造會昌寺、勝業寺、慈悲寺、證果尼寺、集仙尼寺，又舍舊第爲興聖尼寺，並州造義興寺，並堂宇輪奂像設嚴華。復拱圖星，重楣畫月，高窗蕩霧，洞戶延風，慧苑禪林，莫不周備。武德元年，於朱雀門南通衢之上普建道場，設無遮大會。繽紛羽客執板來儀，容與福田，揚煙總萃。步虚纔引，殆遏行雲。清梵徐回，堪留度鳥。芬芳妙供，形五淨而擎來。照灼名花，麗三山而捧至。於是車馬傴側士女駢填，若湊峴山如爭禊飲。假令日光通夢，唯傳白馬之征，菩薩應生，徒聞赤烏之歲，比之今日，良有愧哉。又爲太祖元皇帝、元貞太后造栴檀等身像三軀，相好奇特，莊嚴稀有，於慈悲寺供養。

寺之職員

贊寧《大宋僧史略》卷中 寺之設也，三綱立焉。若網罟之巨綱提之則正，故云也。梵語摩摩帝悉替那羯磨那陀，華言言寺主上座悅衆也，詳其寺主起乎東漢白馬也。寺既爰處，人必主之。於時雖無寺主之名，而有知事之者。至東晉以來，此職方盛。故侯景言，以蕭衍老翁作太平寺主也。後周則有陟岵寺主，自勅封署。隋有大興善寺主。唐太平公主奏胡僧慧範爲聖善寺主，仍加三品封公爵。則天以薛懷義爲白馬寺主，盡由勅補，自餘諸道三年一代耳。夫上座者有三種焉，集異足毘曇云，一生年爲耆年。二世俗財名與貴族，（如節度使劉綐。出家物賜夏臘）三先受戒及先證果（此名最勝）。古今立此位，皆取其年德。幹局者充之，高僧傳多云，被勅爲某寺上座是也。道宣勅爲西明寺上座，列寺主維那之上。五運圖中勅補者繼有之，都維那者，寄歸傳云。華梵兼舉也，維是綱。維華言也，那是略梵語，刪去羯磨陀三字也。魏孝文以皇舅寺僧義法師爲京邑都維那，則勅補也，是乃昭玄都維那耳。今寺中立者，如玄暢勅爲總持寺維那是地。次典座者，謂典主床座，凡事舉座，一色以攝之。乃通典雜事也。或立直歲則直一年，或直月直半月。直日皆悅衆也，隨方立之，都謂之三綱，雜任其僧綱也。唐初數葉不立僧主，各寺設此三官而已。至元和長慶間，立左右街僧錄，總錄僧尼。或有事則先白錄司，後報官方也。朱梁、後唐、晉、漢、周，今大宋皆循曩制矣。又宋齊之世，曾立法主一員。故道猷勅爲新安寺鎮寺法主，法瑗爲湘宮寺法主。至唐末多立，受依止闍梨一員，亦稱法主。今朝秉律員，位最高者號宗主亦同也。依止闍梨，或當勅補者，蓋道俗之間，有爭不分曲直，告其剖斷令人息爭，故號之也。周隋之際，有法導專精律範。北齊主既敬法門，五眾斯盛。有犯律者，令遵理之，勅爲斷事沙門。時有青齊僧訟，勅令斷之，繁爭自弭。至隋詔住大興善寺，斷事之名遵統爲始（後升爲統）。隋日嚴寺釋彥琮著僧官論，必廣明僧職，求本未獲耳。

棲霞寺

真可《紫柏尊者全集》卷之四 攝山棲霞寺，寺背有千佛嶺。嶺有巖龕，如蜂房螘穴，高低曲折，累然布列。其佛身量，亦有大小差別。先是齊征君明僧紹，請法度禪師，講《無量壽佛經》。感天雨四花，夢覩佛容。於是征君據夢所見，覺後令鑿山成像若干尊，功未半而征君逝矣。其子某臨沂令，繼父志完之。自齊迄元，將千載。其間寺之興廢，佛之成毀，皆因緣會遇耳。金兀術屯兵攝嶺，將戰，禱佛冥祐。及戰敗績，怒令諸將曰，佛既不福我祐賊，佛即賊也。當毀之雪憤。以故巖龕像設，無擇大小並遭損。或身首殘缺，以至耳目口鼻臂腕錯壞。見者悲之。

吳江聖壽寺

真可《紫柏尊者全集》卷一三 即花尋春者，春未必在花。即水尋魚者，魚未必在水。雖然，離花而覓春，外水而求魚，又豈可得哉。故道不在跡，道豈能自彰。敎不在人，敎豈能自弘。如來之道猶春也，天下名藍貞宇，種種敎跡則花也。吳江聖壽寺，肇跡吳赤烏年閒。今數百千載，猶嵬然獨存於荒廢之餘。趙宗伯聞而惜之，適與道人及此因緣，爲之創五百人緣。集茲勝事，蓋憐花存春之意也。若夫敎海濤生，魚龍聽法，又道人末後句耳。

隆興寺

真可《紫柏尊者全集》卷一三　東昌東郭二裏許，有寺曰隆興，肇自洪武初，乃祝聖道場也。地勢幽朗，高林垂陰，古塔昂霄，鐘梵流響。或悲風塵而登臨者，頓覺煩襟洗然，徘徊卒不忍去。良以如來説法，權實迭唱。或以香飯爲階梯，放光爲舟楫，寄文字以傳心。施棒喝而啟悟，乃至樓臺礙日。覺路鋪金，通而會之，無非廣長舌之波瀾也。大凡人情無常，善惡從境。故以善境誘之，則善心生，惡境熏炙，則惡念起。聖人有見於此，弗吝弘慈，分身散影。應質垂軀，飾以奇特莊嚴。廣以無邊妙剎，使夫眾生磕著撞著。觸處善境，冥移其習，密化其惡，所謂鑄頑成仁。陶癡爲慧者也，或者不達此意，以浪費民財短之，是數二五而不知十也。夫行一善，則息一惡。息一惡，則省一刑。一刑省於家，十刑省於里，萬刑省於國。謂之無補於治道可乎。隆興大殿，及支官旁宇廊廡，且以年深日久，風霜蟲剝，摧頹極甚。若不修整，非惟祝聖失古。即廣長舌壞，説法器殘，而雷音亦無聞矣。寺僧覺蓮課公大慨於茲，乃謀諸侍禦傅居士，並一切黑白賢豪，誓續舊緒。餘甚敬其識卓見殊，以故綴數語，代爲十方白云。

嘉興棱嚴寺

真可《紫柏尊者全集》卷一三　首棱嚴，此言一切事究竟堅固。一切事者，略則五蘊六入，廣則十二處十八界也。初長水璿禪師，讀《首棱嚴經》，至清淨本然，云何忽生山河大地處，疑而不解。及參琅琊覺，曰清淨本然，云何忽生山河大地。覺曰，清淨本然，云何忽生山河大地。璿師於是疑情頓釋，歸檇李疏此經。譬夫禹之治水，循其性而疏之，古今稱絕唱焉。茲寺自宋迄本朝，時雖代謝，慧炬常然。像設莊嚴，香臺靜宇，昭映日月。而諸方龍象，道長水者，必懷香入郭，探尋靈跡，戀弗忍去。蓋璿師行化之地，精神所存故也。嘉靖閑寺廢，僧徒散逸，珠林寶地，掬爲丘墟。餘過而哀之。無何豫章開郎，擁錫東來，遂有恢復之舉。既而諸縉紳先生高其義，羣然和之。誠通造物，枯木爲之重榮，甘泉爲之再湧。於是禪室粗備，香燈續明，唯大雄寶殿尚有待焉。敢告四方賢豪，見善隨喜，勝因宜培。嗚呼，璿師因讀《棱嚴》而生疑，因疑而參琅琊，頓悟清淨本然之心，遂爲百世心宗之祖。然璿師所悟之心，豈外諸君子。日用昭昭靈靈者乎，特迷悟一閑耳。故迷之則清淨本然，遂爲五蘊六入十二處十八界。悟之則五蘊六入十二處十八界，未始不清淨本然也。由是觀之，則一切事究竟堅固，一切事不究竟堅固，苟非其人，道不虛行。然則諸君子，凡有樹於棱嚴者，如富者施財，貧者施力，辯者施言，藝者施伎。有力者之金湯，孰非究竟堅固者哉。

黄龍寺

真可《紫柏尊者全集》卷一五　豫章潯陽之廬山，山有黄龍寺，寺額即今上所賜也。寺眾有麒禪人，有志於佛一乘。顧惟天機不深，受性魯鈍，於《華嚴》法界，率難通悟。於是發願書大經全部，意在青山白雲，朝暮書而讀，讀而禮稱，懺洗過現重輕罪垢。果其夙有微善，仗毗盧之寵靈，襍華之熏，法界頓開，入佛種性。麒之告餘也如此。餘嘉其有志，綴《華嚴》大槩如此。餘再謂麒曰，若知舉筆飲墨，向白紙上。横畫豎直之者，念耶，時耶，佛耶，性耶，剎耶，乃至際耶，象耶，意耶，現前耶，不現前耶？嗚呼，若能領此，則須彌爲筆，太虛爲紙，大地爲墨。書若經者，果有盡乎，果無盡乎，子若不會，雖剝皮爲紙，析骨爲筆，刺血爲汁，與善財童子相去尚遠在。況五十三勝友，若能親近乎。麒其勉之，麒其體之。

湖口石鐘寺

真可《紫柏尊者全集》卷一九　紫柏道人有曹溪之役，偕二三子信宿湖口石鐘寺。寺據山水之勝，纔一登之，萬有盡洗。夫浮生聚散，不殊漚花，惟達人眞觀，視聚爲散。視散爲聚，怨歌不廢，而思本無邪。

承恩寺十景偈

真可《紫柏尊者全集》卷二〇

寶獅巖

尾拂青天首撼空，等閒一吼怖毛蟲。文殊老漢騎將去，遊遍十方塵剎中。

臥牛池

不臥蒼龍臥白牛，大千世界角尖收。尋常懶犯人苗稼，雲影天光水草優。

千峰菴

路在虛空不在塵，白雲堆處臥禪人。春來一雨千峰淨，樹杪泉飛五朵新。

鎖鳳橋

鳳舞龍飛恐不歸，石梁爲鎖永羇遲。相逢若問僧多少，萬指森森繞硯池。

廣德刹竿

旛動鈴鳴調豈同，曹溪謾道不因風。魚蝦若許平田擁，今日桃花舊日紅。

五眼泉

五眼人人本自周，無明地迸豁清眸。若將横目分凡聖，兔角挑雲過別丘。

涅槃臺

除卻身心問吉凶，分明宰割太虛空。涅槃臺上清秋夜，萬里無雲月正中。

成公塔院

寶地空林落葉多，先師靈骨在洪波。荷鋤擬斸水中月，輪我拋香禮上坡。

洗心軒

覓心無得洗心方，熱惱都教當處涼。若使遊人知此意，松風水月舌根長。

觀音塚

萬峰深處普門開，道骨寧甘火宅霾。大士果然煬帝子，麒麟何事產牛胎。

仁王寺

真可《紫柏尊者全集》卷二一　襄陽府樊城，仁王寺。建自宋景定間，迄國朝中廢。而楚唐襄三王，僉謂寺以仁王名必有謂，既而訪之高人勝士，乃知名本於經。於是並力重建，適逢世廟龍飛漢水，易名仁皇焉。萬曆辛卯，屬有不淨，火龍怒而浴之，殿廡灰燼。而楚唐襄三府主，以爲兹寺也，我先王所建，於是復並建之。嗚呼，波斯匿王爲五天之長，不以出世法爲問，而問世法護國祐民之具。苟非夙植善本，有大智慧，豈能即世閑法，而明出世法哉。經以仁王名，蓋旌其德也。而楚唐襄三王，亦並夙植善本，繼月光之業，而世爲金湯，豈偶然乎。殿成，禪客幹公從餘問訊曰，寺不幸而火浴之，又幸楚唐襄三令主，不忽祖宗之志，復同鼎建。敢乞先生一言，光三主之德。予曰，某人微言輕，曷敢當此。且楚才地，顧攜布鼓於雷門。公愀然久之，復率住持等衆。再問訊曰，敘事記土木，不無其人。若夫考名審實，暢般若之玄旨，非師筆恐不大快。餘曰諾，夫心外無法，文字性離。文字性離，則觀照微密。觀照微密，則所謂無思而契同者。得非實相而何，大哉般若。一名多義，孔得之而治六經，述《春秋》，老得之而二篇作，子得之而立論，王通得之而作經，李翺得之著復性之書，新建得之揭良知之訓。雖然，有眞般若，有似般若。眞般若者，了色即空。了空即色，故不死於枯槁，不蕩於情波。了知而修，故修無所修。以修無所修，所以當境緣順逆之沖。習染消，而我無所修也。似般若，則解而不精，忽修以逞見，一旦危疑交至，解失而氣喪。境奪識情，事敗醜布，遺笑千古。此逞相似般若之咎也。凡一切黑白，倘有志於般若者，苟不能精義入神以致用。不惟負我迦文聖人，實負波斯匿王。與夫楚，唐，襄三王，世世金湯建寺之德。

石門寺

真可《紫柏尊者全集》卷二五　我愛石門寺，臨川清曠處。業當水月深，道益魚龍助。帆影亂幽窻，櫓聲摇靜慮。南山及峨嵋，並換終不與。

過石鐘寺

真可《紫柏尊者全集》卷二五　長江水不淺，湖口山不深。雲石多奇巧，疑生丹青心。予偕二三子，取次望春林。何異畫圖上，歡笑發空音。假山與眞山，象始可相尋。

佛塔分部

紀事

遮婆羅塔

《長阿含經》卷二　魔去未久，佛即於遮婆羅塔，定意三昧，捨命住壽。當此之時，地大震動，舉國人民莫不驚怖，衣毛爲竪。佛放大光，徹照無窮，幽冥之處，莫不蒙明，各得相見。爾時，世尊以偈頌曰：

有無二行中，吾今舍有爲。內專三昧定，如鳥出於卵。

《長阿含經》卷三　時，阿難即從座起，前白佛言，佛滅度後，葬法云何。

佛告阿難，汝且默然，思汝所業，諸清信士自樂爲之。

時，阿難復重三啟，佛滅度後，葬法云何。

佛言，欲知葬法者，當如轉輪聖王。

阿難又白，轉輪聖王葬法云何。

佛告阿難，聖王葬法，先以香湯洗浴其體，以新劫貝周遍纏身，以五百張疊次如纏之。內身金棺灌以麻油畢，舉金棺置於第二大鐵槨中，栴檀香槨次重於外，積衆名香，厚衣其上而闍維之。訖收舍利，於四衢道起立塔廟，表刹懸繒，使國行人皆見法王塔，思慕正化，多所饒益。阿難，汝欲葬我，先以香湯洗浴，用新劫貝周遍纏身，以五百張疊次如纏之。內身金棺灌以麻油畢，舉金棺置於第二大鐵槨中，旃檀香槨次重於外，積衆名香，厚衣其上而闍維之。訖收舍利，於四衢道起立塔廟，表刹懸繒，使諸行人皆見佛塔，思慕如來法王道化，生獲福利，死得上天。於時，世尊重觀此義，而說頌曰：

阿難從坐起，長跪白世尊，如來滅度後，當以何法葬。

阿難汝且默，思惟汝所行，國內諸清信，自當樂爲之。

阿難三請已，佛說轉輪葬。欲葬如來身，疊裹內棺槨，

四衢起塔廟，爲利益衆生，諸有禮敬者，皆獲無量福。

佛告阿難，天下有四種人，應得起塔，香花繒蓋，伎樂供養。何等爲四。一者如來應得起塔，二者辟支佛，三者聲聞人，四者轉輪王。阿難，此四種人應得起塔，香華繒蓋，伎樂供養。爾時，世尊以偈頌曰，

佛應第一塔，辟支佛聲聞，及轉輪聖王，典領四域主。

斯四應供養，如來之所記，佛辟支聲聞，及轉輪王塔。

又卷一一　又問阿難，轉輪聖王葬法云何。

答曰，聖王葬法，先以香湯洗浴其身，以新劫貝周遍纏身，五百張疊次如纏之，內身金棺，灌以麻油畢，舉金棺置於第二大鐵槨中，栴檀香槨次重於外，積衆名香，厚衣其上而闍維之。收拾舍利，於四衢道起立塔廟，表刹懸繒，使國行人皆見王塔，思慕正化，多所饒益。阿難，汝欲葬我，先以香湯洗浴，用新劫貝周匝纏身，以五百張疊次如纏之。內身金棺，灌以麻油畢，舉金棺置於第二大鐵槨中，栴檀香槨次重於外，積衆名香，厚衣其上而闍維之。收撿舍利，於四衢道起立塔廟，表刹懸繒，使諸行人皆見佛塔，思慕如來法王道化，生獲福利，死得上天，除得道者。

四石塔

《長阿含經》卷一一　善宿白佛言，彼是羅漢，何緣乃有此嫉恚心。我時答曰，愚人。羅漢何緣有嫉恚心。非我羅漢有嫉恚心，汝今自謂彼是羅漢，彼有七苦行，長夜執持。何謂七。一盡形壽不著衣裳。二盡形壽不飲酒食肉，而不食飯及與麨面。三盡形壽不犯梵行。四盡形壽毗舍離有四石塔。東名憂園塔，南名象塔，西名多子塔，北名七聚塔。盡形不離四塔，爲四苦行，而彼後當犯此七苦行已，於毗舍離城外命終。譬如野幹疥癩衰病，死丘塚間，彼尼幹子亦復如是。自爲禁法，後盡犯之。本自誓言，盡形不著衣服，後還著衣。本自誓言，盡形壽不飲酒噉肉，不食飯及

勦面，而後盡食。本自誓言，不犯梵行，而後亦犯。本言，不越四塔。東憂園塔，南象塔，西多子塔，北七聚塔。今盡遠離不復親近。彼人自違此七誓已，出毘舍離城，塚間命終。佛告善宿曰，愚人。汝不信我言，汝自往觀，自當知耳。

七寶塔

《長阿含經》卷一八　當時，轉輪聖王以正治國，無有阿枉，修十善行，爾時諸人民亦修正見，具十善行。其王久久，身生重患，而取命終。時猶如樂人，食如小過，身小不適，而便命終，生梵天上。時玉女寶，居士寶，主兵寶及國土民作倡伎樂，葬聖王身。其王玉女寶，居士寶，主兵寶，國內士民，以香湯洗浴王身，以劫貝纏五百張疊，次如纏之，奉舉王身，置金棺裏，以香油灌置鐵槨裏。復以木槨重衣其外，積眾香薪重衣其上，而耶維之，於四衢道頭起七寶塔，縱廣一由旬，雜色參間，以七寶成。其塔四面各有一門，周匝欄楯，以七寶成。其塔四面空地縱廣五由旬，園牆七重，七重欄楯，七重羅網，七重行樹，金牆銀門，銀牆金門，琉璃牆水精門，水精牆琉璃門，赤珠牆馬瑙門，馬瑙牆赤珠門，車璩牆眾寶門。其欄楯者，金欄銀桄，銀欄金桄，水精欄琉璃桄，琉璃欄水精桄，赤珠欄馬瑙桄，馬瑙欄赤珠桄，車璩欄眾寶桄。其金羅網下懸銀鈴，其銀羅網下懸金鈴，琉璃羅網懸水精鈴，水精羅網懸琉璃鈴，赤珠羅網懸馬瑙鈴，馬瑙羅網懸赤珠鈴，車璩羅網懸眾寶鈴。其金樹者銀葉花實，其銀樹者金葉花實，其琉璃樹水精花葉，水精樹琉璃花葉，赤珠樹者馬瑙花葉，馬瑙樹赤珠花葉，車璩樹眾寶花葉。其四園牆復有四門，周匝欄楯。又其牆上皆有樓閣寶臺，其牆四面有樹木園林，流泉浴池，生種種花，樹木繁茂，花果熾盛，眾香芬馥，異鳥哀鳴。其塔成已，玉女寶，居士寶，典兵寶，舉國士民皆來供養此塔，施諸窮乏，須食與食，須衣與衣，象馬寶乘，給眾所須，隨意所與。轉輪聖王威神功德，其事如是。

舍利塔

《般泥洹經》卷下　梵志毛蹶，曉眾人言，諸君皆宿夜承佛嚴教，日誦法言，心服仁化。一切眾生，尚念欲安，且佛大慈故，燒形遺骨，欲廣祐天下，何宜當爲毀本惠意，舍利現在但當分耳。眾咸稱善，皆詣舍利，稽首畢一面住，乃共使毛蹶分之。於是毛蹶持一甖受石許，蜜塗其裏，分爲八分已，白眾言，吾既敬佛，亦嘉眾意，願得著甖舍利，歸起塔廟。皆言智哉，是爲知時，即共聽與。又有梵志，名濕違，白眾人言，竊慕善意，乞地燋炭，歸起塔廟。皆言與之。後有衡國異道士，求得地灰。於時八國得佛八分舍利，各還起塔，皆甚嚴好。梵志毛蹶，種邑道人大濕違，還俾賁邑，衡國道士得地灰，歸皆起塔廟。舍利八分有八塔，第九甖塔，第十炭塔，第十一灰塔。

佛從四月八日生，四月八日舍家出，四月八日得佛道，四月八日般泥洹，皆以佛星出時，此時百草華英，樹木繁盛。佛已般泥洹，天下光明滅，十方諸天神，莫不自歸佛。

既分舍利，又爲遠方諸四輩弟子，未悉聞故，留九十日，乃起塔廟。諸來國王，豪姓人民，家屬僕從，皆齋戒九十日。在所遠方，四輩弟子眾，普會拘夷，共問阿難，於何起塔。阿難答言，當出去城四十里，於衡致鄉四衢道中作塔廟。拘夷豪姓，共作甑瓿石墼，縱廣三尺，集用作塔，高及縱廣，皆丈五尺，藏黃金甖，舍利於其中置，立長表法輪，枰蓋懸繒，那燈華香伎樂，禮事供養，舉國人民，得共興福。

轉輪王塔

《大樓炭經》卷二　佛語諸比丘，轉輪王治國時，天下有八萬郡國聚落居，鷄鳴展轉相聞。轉輪王治國時，天下常遍有水草木，常青木，常有葉華其地草葉，周匝分佈，色如孔雀毛，其香如華香，足蹈上四寸入地，舉足還復如故，地草又無四寸空缺處。有香樹常生華實，破其實出種種香。有衣被樹，出華實及種種衣被。有珠寶瓔珞樹出華實，破中有無央數種種珠寶瓔珞。有不息華樹出華實，破中有種種不息。有果樹，常生華實，破中有種種果。有器樹生華實，破中有種種器。有妓樂樹生華實，破中有種種音樂。轉輪王治國，是時天下閻浮利不耕種，米穀稻糧皆自然生，清潔無穢，出其有種種甘。轉輪王臨壽終時，身不甚痛。譬如習樂人大食，腹不甚痛。轉輪王臨壽終時，身體不痛如是。轉輪王命過已後，金輪，白象寶便滅去，紺色馬，明月珠寶亦沒去，玉女寶，主藏聖臣寶，導道聖臣寶，便沐浴轉輪王身，以綿纏身，復以五百張氎纏身，著鐵棺中，以酥灌其上，滿已蓋覆之，以釘釘之。出轉輪王棺，衆人共作妓樂歌舞。出著城外，積一切香薪，持轉輪王棺，著上便放火燒。燒已玉女寶，主藏聖臣寶，導道聖臣寶，共收骨以置於四徼道中起塔，高四十裏，廣長四十裏，周匝起牆廣長二百里，以七寶金銀水精琉璃赤眞珠車璩馬瑙，七重欄楯，七重交露，七重行樹，周匝圍遶，甚姝好。其從四方來，禮轉輪王，行法起塔，皆得無數福。爾時玉女寶，主藏聖臣寶，導道聖臣寶，爲轉輪王起塔已，便佈施飢者與飯，渴者與漿，欲得衣者與衣，欲得香熏華者與香熏華，欲得財物牛羊者與之。其後玉女寶，主藏聖臣寶，導道聖臣寶乃命過。

禮拜佛塔

《分別善惡報應經》卷下　爾時佛告輸迦長者，若復有人，於如來塔合掌恭敬，有十功德。何等爲十。一貴族廣大，二妙色廣大，三形相廣大，四四事廣大，五珍財廣大，六美名廣大，七信根廣大，八憶念廣大，九智慧廣大，十藝業廣大。如是，長者。若復有人合掌恭敬如來之塔，獲斯功德。

若復有人，於如來塔合掌禮拜，獲十功德。何等爲十。一言辭柔軟，二智慧超群，三人天歡喜，四福德廣大，五賢善同居，六尊貴自在，七恆値諸佛，八親近菩薩，九命終生天，十速證圓寂。如是功德，禮拜佛塔獲如斯報。

若復有人拂拭佛塔，獲十功德。何等爲十。一色相圓滿，二身體傭直，三音聲微妙，四遠離三毒，五路無叢刺，六種族最上，七崇貴自在，八命終生天，九體離垢染，十速證圓寂。如是功德，拂拭佛塔獲如斯報。

若復有人，於如來塔佈施傘蓋，獲十種功德。何等爲十。一離熱惱，二心不散亂，三作世間主，四藝業廣大，五福德無量，六得轉輪王，七身相圓滿，八遠離三塗，九命終生天，十速證圓寂。如是功德，傘蓋施佛獲如斯報。

若復有人，於如來塔以鍾鈴佈施，獲十種功德。何等爲十。一端嚴無比，二妙音適悅，三聲同迦陵，四言辭柔軟，五見皆歡喜，六得阿難多聞，七尊貴自在，八美名流布，九往來天宮，十究竟圓寂。如是功德，佈施鍾鈴所獲勝報。

若復有人，於如來塔佈施幢幡，有十功德。何等爲十。一形容傭直長壽圓滿，二世間愍重，三信根堅固，四孝養父母，五親友眷屬皆悉廣大，六美名稱讚，七色相端嚴，八見者歡喜，九富貴上族自在生天，十速證圓寂。如是功德，施佛幢幡獲如斯報。

若復有人，於如來塔以衣佈施，獲十二種殊妙功德。何等十二。一身體傭直，二見者歡喜，三福相光潤，四色相微妙，五色形無比，六身無塵垢，七衣服鮮潔，八臥具細軟，九得大自在，十命終生天，十一見皆愛敬，十二速證圓寂。如是功德，施佛衣服獲如斯報。

若復有人，於如來塔施花供養，功德有十。何等爲十。一色相如花，二世間無比，三鼻根不壞，四身離臭穢，五妙香清淨，六往生十方淨土見佛，七戒香芬馥，八世間愍重得大法樂，九生天自在，十速證圓寂。如是功德，以花供養佛舍利塔獲如斯果。

若復有人，以鬘佈施如來之塔，獲十種功德。雲何十種。一色妙如鬘，二身離臭穢，三形體清淨，四生十方佛土，五戒香芬馥，六恆聞妙香，七眷屬圓滿，八諸根適悅，九生天自在，十速證涅槃。如是功德，於如來塔施鬘供養，獲如斯報。

若復有人，施燈供養佛舍利塔，獲十功德。雲何十種。一肉眼清淨，二獲淨天眼，三離於三毒，四得諸善法，五聰明智慧，六遠離愚癡，七不墮黑闇三塗，八尊貴自在，九往生諸天，十速證圓寂。如是功德，施燈供養佛舍利塔，獲斯勝報。

若復有人，施塗香供養如來之塔，獲十功德。雲何十種。一鼻根清淨，二身離臭穢，三身妙香潔，四形相端嚴，五世間恭敬，六樂法多聞，七尊貴自在，八聲譽遐布，九命終生天，十速證圓寂。如是十種功德，佈施塗香供養如來舍利之塔，獲斯勝報。

若復有人，以妙音樂供養佛塔，獲於十種勝妙功德。何等爲十。一身相端嚴，二見者歡喜，三音聲微妙，四言辭和順，五肢體適悅，六離瞋恚，七慶喜多聞，八崇貴自在，九命終生天，十速證圓寂。如是功德，以妙音樂供養佛塔，獲如斯報。

若復有人，於如來塔歡喜讚歎，獲十八種勝妙功德。云何十八。一種族尊高，二形相端嚴，三圓滿備直，四見聞歡喜，五資財無量，六眷屬廣大，七遠離散壞，八尊貴自在，九恆生佛土，十聲譽遐布，十一美德讚頌，十二四事豐足，十三天人供養，十四得轉輪王，十五壽命延長，十六體堅金剛，十七命終生天，十八速證圓寂。如是功德，歡喜讚歎佛舍利塔，獲斯勝報。

優羅提那塔

《雜阿含經》卷二三　一時，佛住釋氏優羅提那塔所。爾時，世尊新剃鬚髮，於後夜時結加趺坐，直身正意，繫念在前，以衣覆頭。時，優羅提那塔邊有天神住，放身光明，遍照精舍，白佛言，沙門憂耶？佛告天神，何所忘失。天神復問，沙門爲歡喜耶？佛告天神，爲何所得。天神復問，沙門不憂不喜耶？佛告天神，如是，如是。

王建八萬四千塔

《雜阿含經》卷二三　時，王欲建舍利塔，將四兵眾，至王舍城，取阿闍世王佛塔中舍利，（還）［還］復修治此塔，與本無異。如是取七佛塔中舍利，至羅摩村中。時，諸龍王將是王入龍宮中，王從龍索舍利供養，龍即與之。王從彼而出，如偈所說，

羅摩羅村中，所有諸佛塔，龍王所奉事，守護而供養。
王從龍索分，諸龍開懷與，即持此舍利，漸進於餘方。

時，王作八萬四千金，銀，琉璃，頗梨篋，盛佛舍利。又作八萬四千四寶瓶，以盛此篋，又作無量百千幡幢繖蓋，使諸鬼神各持舍利供養之具，勅諸鬼神言，於閻浮提，至於海際，城邑聚落滿一億家者，爲世尊立舍利塔。

時，有國名著叉屍羅，三十六億家，彼國人語鬼神言，三十六篋舍利與我等，起立佛塔。王作方便，國中人少者，令分與彼，令滿家數，而立爲塔。

時，巴連弗邑有上座，名曰耶舍，王詣彼所，白上座曰，我欲一日之中，立八萬四千佛塔，遍此閻浮提，意願如是。如偈贊曰，

大王名阿育，於先八塔中，各取其舍利，於此閻浮提。
建立諸佛塔，八萬及四千，縱廣殊妙勝，一日都使畢。

時，彼上座白王言，善哉。大王，克後十五日月食時，令此閻浮提起諸佛塔。如是乃至一日之中，立八萬四千塔，世間民人，興慶無量，共號名曰法阿育王。如偈贊曰：

王聖種孔雀，安樂世間人，於此閻浮提，建立勝妙塔。
本名爲惡王，今造勝妙業，共號名法王，相傳至於後。

王已建八萬四千塔，歡喜踴躍，將諸群臣往詣鷄雀精舍，白耶舍上座曰，更有比丘，佛所授記，當作佛事不。我當往詣彼所供養恭敬。

供養塔廟

《雜阿含經》卷二三　時，王於是處興種種供養，及立塔廟。此處如來度優樓頻螺迦葉等仙人爲道。此處如來爲瓶沙王說法，王得見諦，及無量民人，諸天得道。此處如來爲天帝釋說法，帝釋及八萬諸天得道。此處如來示大神力，種種變化。此處如來至天上，爲母說法，將無量天眾，下於人間。

王復種種供養，及立塔廟。

時，尊者語阿育王，至鳩屍那竭國，言，此處如來具足作佛事畢，於無餘般涅槃而般涅槃。而說偈言，

度脫諸天人，修羅龍夜叉，建立無盡法，佛事既已終。
於有得寂滅，大悲入涅槃，如薪盡火滅，畢竟得常住。

時，王聞是語，憂惱迷悶擗地。時，諸臣輩以水洗心面，良久得穌，啼泣涕零。如是乃至興種種供養，立大塔廟。

時，王復白尊者曰，我意願欲得見佛諸大弟子佛之所記者，欲供養彼舍利，願爲示之。時，尊者白王言，善哉。善哉。大王能發如是妙心。

時，尊者將王至舍衛國，入祇桓精舍，以手指塔，此是尊者舍利弗塔，王當供養。王曰，彼有何功德。尊者曰，是第二法王，隨轉法輪。而說偈言，

一切眾生智，比於舍利弗，十六之一分，以除如來智。
如來轉法輪，是則能隨轉，彼有無量德，誰復能宣說。

時，王生大歡喜，舍十萬兩珍寶，供養其塔，而說偈言，

我禮舍利弗，解脫諸恐怖，名稱普於世，智慧無有等。

次，復示大目揵連塔，王應供養此塔。

王復問曰，彼有何功德。尊者答曰，是神足第一，以足指踐地，地即震動，至於天宮，降伏難陀跋難陀龍王。而說偈曰，

以足指動地，至於帝釋宮，神足無與等，誰能盡宣說。

二龍王兇暴，見者莫不怖，彼於神足力，降伏息瞋恚。

時，王舍十萬兩珍寶，供養此塔，以偈贊曰：

神足中第一，離於老病死，有如是功德，今禮目揵連。

次，復示摩訶迦葉塔，語王言，此是摩訶迦葉塔，應當供養。王問曰，彼有何功德。答曰，彼少欲知足，頭陀第一，如來施以半座及僧伽梨衣，滑念眾生，興立正法。即說偈曰：

功德田第一，滑念貧窮類，著佛僧伽梨，能建於正法。

彼有如是德，誰能具宣說。

時，王舍十萬兩珍寶，供養是塔，以偈贊曰：

常樂於寂靜，依止林藪間，少欲知足富，今禮大迦葉。

次，復示尊者薄拘羅塔，此是薄拘羅塔，應當供養。王問曰，彼有何功德。尊者答曰，彼無病第一，乃至不為人說一句法，寂然無言。王曰，以一錢供養。諸臣白王，功德既等，何故於此供養一錢。王告之曰，聽吾所說，

雖除無明癡，智慧能鑒察，雖有薄拘名，於世何所益。

時，彼一錢還來至王所。時，大臣輩見是稀有事，異口同音贊彼，嗚呼。尊者。少欲知足，乃至不須一錢。

復示阿難塔，語王言，此是阿難塔，應當供養。王曰，彼有何功德。答曰，此人是侍佛者，多聞第一，撰集佛經。而說偈曰：

奉持牟尼鉢，念至能決斷，多聞之大海，辯才柔軟音。

能悅天人眾，善知三佛心，一切悉明瞭，功德之寶篋。

最勝所稱歎，降伏煩惱諍，如是等功德，應當修供養。

王即舍百億兩珍寶，而供養其塔。

破壞塔寺

《雜阿含經》卷二五　時，有釋迦王，耶槃那王，鉢羅婆王，兜沙羅王，眾多眷屬。如來頂骨，佛牙，佛鉢安置東方。西方有王，名鉢羅婆，百千眷屬，破壞塔寺，殺害比丘。北方有王，名耶槃那，百千眷屬，破壞塔寺，殺害比丘。南方有王，名釋迦，百千眷屬，破壞塔寺，殺害比丘。東方有王，名兜沙羅，百千眷屬，破壞塔寺，殺害比丘。四方盡亂，諸比丘來集中國。

七寶塔

《大方便佛報恩經》卷三　爾時大眾瞻仰如來，目不暫舍。如來爾時三昧宴默，一切大眾亦皆默然。於大眾中，有七寶塔從地踴出，住在空中，無數幢幡而懸其上，百千寶鈴不鼓自鳴，微風吹動，出微妙音。

爾時大眾見此寶塔從地踴出，心生疑網，以何因緣，有此寶塔從地踴出。諸聲聞眾舍利弗等，盡思度量，亦復不知。舊住娑婆世界菩薩摩訶薩，乃至彌勒菩薩亦復不知。

爾時六師作是念，復何因緣，有此寶塔。若有人來問我者，而我不知。若不知者，雲何復名一切知見。復作是念，瞿曇何不速為大眾敷演斯事。

爾時如來出於三昧。釋提桓因，忉利天王即以天衣敷師子座。爾時如來即升此座，結加趺坐，如須彌山王處於大海。

八大寶塔

《大乘本生心地觀經》卷一　又此光中，影現如來不可思議八大寶塔，拘娑羅國淨飯王宮，生處寶塔。摩伽陀國伽邪城邊菩提樹下，成佛寶塔。波羅奈國鹿野園中，初轉法輪度人寶塔。舍衛國中給孤獨園，與諸外道六月論議，得一切智聲名寶塔。安達羅國曲女城邊，升忉利天為母說法，共梵天王及天帝釋十二萬眾，從三十三天現三道寶階，下閻浮時神異寶塔。摩竭陀國王舍城邊耆闍崛山，說《大般若》、《法華》、《一乘心地經》等大乘寶塔。毘舍離國菴羅衛林，維摩長者不可思議現疾寶塔。拘屍那國跋提

河邊，娑羅林中圓寂寶塔。如是八塔大聖化儀，人天有情所歸依處，供養恭敬爲成佛因。如是音聲及諸塔影，而於三世難思議事，悉皆影現大光明中。

造塔勝報

《菩薩本生鬘論》卷四　佛告阿難，我今於此大衆之所，略說造塔所得功德，汝當諦聽善思念之。假使以四天下滿中所有草木叢林，皆爲人身，彼一一人發心修行，隨其所證或有獲得須陀洹果，斯陀含果，阿那含果，阿羅漢果及緣覺果。時有長者以淨施心長時供給飲食，衣服，臥具，醫藥，盡其形壽令無所乏，至滅度後一一復爲起立塔廟，繒蓋，幢旛，廣大嚴飾，香華，燈塗種種供養。阿難。是人所得福報寧爲多不。甚多世尊。

佛言，阿難。此大長者，雖獲其福猶有限量。不如有人於佛滅後，以敬慕心求一舍利，至極微細如芥子許，造塔供養，其量正等一菴摩果。塔心之木堅直如針，上施露盤猶如棗葉，中安佛像量同麵麥，或香或燈隨分供養。阿難。以彼長者所作福行，類修佛塔不可爲比。以要言之，若以造塔所有勝報，分爲百分不及其一，千萬億分亦不及一，乃至算數譬喻所不能知。阿難。當知如來於塵沙劫積習熏修五分法身出生功德，所謂戒分，定分，慧分，解脫分，解脫知見分，四無量心，六波羅蜜，自利利他難行苦行，不可思議神通願力，世出世間無能勝者。所以者何。由佛成就無量無邊眞實慧故。阿難。一切如來在昔因地，知衆生界自性淸淨，爲彼客塵煩惱所覆。然彼畢竟染汙不及。是故如來出興於世，爲諸衆生說微妙法，除諸垢濁令得解脫。

赤檀塔寺

《德光太子經》　吉義如來般泥曰已後，即爲造起赤栴檀塔寺，於百千歲供養。所可闍維如來處，以一切天下諸花，諸香，擣香，雜香，伎樂以爲供養。起九十四億塔，皆用七寶珍琦之物，以爲帳幔覆蓋其上，各以五百七寶蓋供養諸塔，及百千伎樂一切閻浮利諸花，寶樹用供養塔。各然百千燈，一一所然油其價百千，及散一切香花。如是之比，具足供養億歲中。然後德光太子棄家學道作沙門，著三法衣，常行分衛，初不豫世事，亦不睡臥，了無衣食之心。具足四億歲中，常惠法施，未曾計有我。亦不疑他人，何況求供養。亦無生死語，爲衆說法不勸令生天上，學是行以教授一切人及中宮眷屬，使爲沙門。

起塔供養

《方廣大莊嚴經》卷七　佛告諸比丘，菩薩澡浴之時，百千諸天散天香花遍滿河中。菩薩浴竟，競收此水將還天宮，所剃鬚髮善生得已起塔供養。菩薩既出河岸，作是思惟，當以何座食此美味。河中龍妃即持賢座從地湧出，敷置淨處請菩薩坐。菩薩坐已食彼乳糜，身體相好平復如本，即以金鉢擲置河中，是時龍王生大歡喜，收取金鉢宮中供養。時釋提桓因即變其形爲金翅鳥，從彼龍王奪取金鉢，將還本宮起塔供養。爾時菩薩從座而起，龍妃還持所獻賢座，歸於本宮起塔供養。諸比丘。由菩薩福慧力故，食乳糜已，三十二相，八十種好，圓光一尋轉增赫奕。

莊嚴佛塔

《方廣大莊嚴經》卷一一　成就諸業行故，名手足網鞔。於長夜梵行堅固護持不動故，名足下有千輻輪衆相莊嚴。於長夜如法供養衛護父母尊長及應供者，無依怙者爲作依怙不殺命故，名手足長。於長夜誓不殺，演說不殺功德，勸諸衆生不殺，救護諸衆生故，名手足柔軟。於長夜供養父母承事尊上應供之人，以蘇油潤身自手塗摩歡喜無懈，名手足網鞔。於長夜善能佈施愛語利益同事攝受衆生故，名足下安平。於長夜恆常增長勝上法故，名身毛右旋及以上靡。於長夜如來塔所自手修營供養灑掃，聞如來法身毛爲竪心生稀有，復爲衆生演說正法，諸聞法者心生稀有故，名蹲如伊尼鹿王。於長夜聽聞正法受持讀誦如說修行，爲他解說方便善知甚深句義，於老病死苦惱衆生爲作依止，演說妙法不生輕慢故，名陰藏隱密。於長夜恭敬沙門婆羅門佈施衣服，顯梵行德及顯十善自具慚愧，及教他堅固修行等事故，名臂傭長。於長夜不惱害衆生，身語意業與慈相應故，名身如尼拘陀樹。於長夜飮食常自知量，不多不少，見病者施種種湯藥，於下劣衆生常生慈愍，修理壞塔及營新塔，怖畏衆生施其無畏故，名身體柔澤。於長夜供養父母師長及應供者，以蘇油塗身，適其溫清澡浴熏香，佈施上妙室宅衣服飲食臥具湯藥令得安隱，以香水灑掃如來塔廟，又以香花幢幡寶蓋，莊嚴佛塔故名眞金色，於長夜不惱害衆生常修慈忍，勸諸衆生修行十善，以金造如來形像及以塔廟，或以金彩圖畫如來及以塔廟，或生金末散佛形像及以塔廟，或以幢幡寶蓋莊嚴佛塔及佛形像，或以衣服飲食惠施衆生故，名一一毛孔一一毛生皆悉光澤分明顯現。於長夜常親近智者，請問何法是罪，何法非罪，何法可修，何法不可修，何法爲上，何法爲中，何法爲下。擇其善者而修行之，及掃灑佛塔故，名七處高。於長夜父母及應供沙門婆羅門可遵崇者，皆悉供養，貧窮下賤有所悕求皆隨彼意，施與衣服飲食臥具湯藥，又修園池林井給彼須者故，名身上分如師子。於長夜父母及應供處常能供養恭敬，於貧窮下賤心不輕欺常生憐愍，在如是等願力堅固不舍棄故，名踝骨不現。於長夜常省己過不訟彼短永離鬭諍，身語意業恆常清淨故，名兩肩平滿。於長夜在沙門婆羅門，生恭敬心迎來送去，善解諸教得無所畏，有鬭訟者教令不諍，又教諸王臣佐及一切衆生令修忠孝，修行善業增長佛法故，名師子頷。於長夜隨諸衆生所有樂欲，一切施與善言安慰，皆令歡喜願力堅固，名具四十齒。於長夜不兩舌鬭諍，有鬭諍處和其兩邊各令歡喜故，名齒不疎缺。於長夜常修善事遠離惡法，常施衆生乳酪及淨衣服，以白土爲泥掃拭佛塔，以衆白花供養佛塔，具如是等功德故，名齒白齊密。於長夜所出語言，令諸衆生心生喜樂，不求他過以平等心，勸諸衆生演說正法故，名於諸味中得最上味。於長夜不惱衆生，有病苦者隨其所應而療除之，所求美味隨意與之，心不生悋故，名梵音聲。於長夜不妄語，不麁獷語，不惡語，常住慈悲喜舍四梵住處，以柔軟音聲，爲衆生說法皆生歡喜心故，名眼青紺色。於長夜在父母師長常生恭敬，觀一切衆生猶如一子，有來求者恒起慈悲，勸諸衆生觀於佛像塔廟故，名眼睫如牛王。於長夜心不下劣意常廣大，勸諸衆生修無上法，遠離顰蹙恒常微笑，親近善友先言慰喻故，名舌廣大。於長夜遠離一切語過，恆常讚歎聲聞，辟支，菩薩，如來及諸法師，受持讀誦書寫經典，爲人解說如法修行故，名肉髻無能見頂。於長夜頂禮父母諸尊沙門婆羅門，以香油塗其足下及爲淨發，一切來者皆以花鬘系其頂上故，名眉間白毫右旋清淨光明。

供養如來塔

《佛本行集經》卷二　爾時，比丘細刮拭看，即知清淨眞琉璃寶，價數直於百千兩金。彼摩尼寶，安置之處，晝夜無異，夜如日現，一切房舍，一切院落，皆悉光明。是時天人，收彼寶體佛舍利已，起造於塔。時彼比丘亦生心念，我今可以此摩尼寶安置浮圖承露盤上，作於寶瓶。生此念已，至於塔所。至彼所已，作如是念，我此摩尼寶珠，價直百千兩金，我今以是摩尼寶珠，安於塔上，爲彼如來是我之師，是故我今持此摩尼，置於塔上。彼摩尼寶光明，照於彼塔之上，無量千歲，而彼比丘復然無量種種燈明，足滿千年，供養彼塔，恭敬尊重。滿千年已，心常不舍念佛三昧。彼比丘持清淨戒故，加復供養如來塔故，以是因緣，命終之後，在生死中，無量無邊，百千萬世，受於人天福樂果報，不曾墜墮於惡道中。

割髻塔

《佛本行集經》卷二〇　爾時，菩薩割髻之處，其後起塔名割髻塔。菩薩身著袈裟之處，後起塔稱受袈裟塔。車匿幹陟，辭別回還向宮之處，後起塔名車匿幹陟回還之塔。菩薩行路，諦視徐行，有人借問，默然不答。彼等人民，各相語言，此仙人者，必釋種子。因此得名釋迦牟尼。

不瞬目塔

《佛本行集經》卷三一　爾時，世尊從彼師子座上而起，離菩提樹相去不遠，還加趺坐，七日不動，以解脫行，用爲安樂。七日諦觀於菩提樹，目不暫舍，復作是念，我此處盡無邊際苦，以舍重擔。爾時，世尊過七日後，正念正知，從三昧起。其後有人，在於如來觀道樹處起塔，名曰不瞬目塔。而說偈言，

　於此道場盡諸苦，復斯坐處觀彼座。已渡諸願至彼岸，我於彼處證菩提。

彌遲伽塔

《佛本行集經》卷三三　爾時，世尊飛度恒河，達到彼已，從於彼岸，

復作神通，飛騰而向波羅㮈城。是時彼處，有一龍池，時其龍王名曰商佉（隋言蠡）。世尊至彼池邊而下。世尊足步所下之處，龍王起塔，其塔因稱名彌遲伽（隋言土塔）。如來在彼經由一宿，待後食時。於待時處，復起一塔，其塔復名宿待時塔。而有偈說：

諸佛夜不入人間，要待齋時而乞食。非時行者有大患，是故衆聖候於時。

迦葉如來舍利塔

《佛本行集經》卷四三　爾時，商主及衆賈人至海洲已，值於種種諸雜珍寶，彼等收拾，滿其船舶，還至岸邊，收斂寶貨，欲向本國。中間路上，遇見一塔，其塔乃是迦葉世尊，多陀阿伽度，阿羅呵，三藐三佛陀舍利之塔，其塔破壞，基陛頹落，處處墮墜。如是見已，而彼最長商主告於餘二商主及衆商言，汝諸人輩。若知我等不惜身命，爲求財故，入彼大海，而今彼處得利回還，至於此間，我等今者亦可共作來世利益善業因緣。如舊智人所說偈言，

福德之力成多利，人得利故放逸生。放逸則無持戒心，以是因緣墮地獄。

爾時，商主說是偈已，復更告言，汝等當知。以是因緣，我等今者應當運心，共斂錢財，隨意多少，料理於此迦葉如來舍利之塔。是時，彼等諸商主輩及衆商人，同共諮白長商主言，大善商主。汝若斂錢，當自作主，撿挍營造，我等隨心所出多少錢財與之。

時，長商主如是辭言，我不堪爲撿挍之主。所以者何。我事緣多，不能修理此之壞塔，我若料理營此塔者，則我家中妨廢生活。彼等商人及二商主，慇懃多時，相共勸請，遣令撿校。是時彼等諸商人輩，速疾隨出多少錢財，而付與之。

爾時，優婁頻螺迦葉，修營彼塔，即自別造第一覆盆，安置其上，其次即是那提迦葉第二覆盆，其次，復是伽耶迦葉第三覆盆。如是次第，通彼商人及商主等，詳共料理迦葉如來舍利之塔，破壞崩落，皆使端嚴，還如初造。料理訖已，發如是願，願我等輩。未來世中，還共值遇如是世尊，既值遇已，於彼世尊所說法教，復願我等速疾證知，願於來世世世生生，莫墮三惡四趣之中。

善安住塔

《佛本行集經》卷四四　爾時，世尊收彼五百羅漢舍利，持作一聚，即起支提。是時彼中，有諸比丘，佐助世尊，供泥及石，壘治爲塔。世尊神手網縵之指，親自砌壘，彼塔成就，端正可憙。世尊於彼舍利塔上，作種種法。作已次第與諸比丘，行向於彼摩伽陀國，徒衆弟子，足滿千人，皆是彼舊螺髻梵志所出家者，如是漸往詣王舍城。

爾時，世尊與諸比丘，至王舍城，居住於彼杖林之內，是時彼林別有一塔，名善安住。而有偈說，

是時大衆相圍遶，世尊漸至王舍城。在於精妙杖林中，如來向彼欲居住。

爾時，彼處摩伽陀國有粟散王，其王名曰頻頭娑羅，傳聞他說，沙門瞿曇。甘蔗苗裔，從釋種姓，舍而出家，今日來在摩伽陀中，遊行教化，與比丘衆足滿千人，一切皆是耆舊螺髻梵志出家。今已至於王舍城側，在杖林中，善安住塔，相與停止。而彼沙門，能於世間，出大名聞，彼婆伽婆，阿羅呵，三藐三佛陀，善逝，世間解，無上士，調禦丈夫，天人師，佛，世尊，現今在彼教化有緣。

辟支佛舍利塔

《佛本行集經》卷五七　爾時，長者見辟支佛命終涅槃，即取彼身，如法闍毗，收取舍利，起塔供養，以泥塗飾復以石灰，重塗其上。以莊嚴故，懸諸種種寶珠瓔珞，發是願言，願我未來恒值如是辟支世尊，而彼世尊所說之法，聞已領解，永不忘失，生生世世不墮惡道。亦願我身，端正可憙，見者歡喜，身有三十大丈夫相，具足無減，如此大仙等無有異。而彼長者捨身命終，後更不曾生於惡道，恆生人天，久久流轉，於後復生波羅㮈國。彼時有王名吉利屍（隋言瘦細），以爲彼子。於爾之時乃有一佛，出現於世，名曰，迦葉多他伽多，阿羅訶，三藐三佛陀。然彼世尊隨其住世，滅度已後，吉利屍王純以七寶，爲造塔廟，所謂金銀頗梨琉璃，及赤眞珠珊瑚馬瑙。其寶塔外，更以麤塼重覆其上，其塔高峻至一由旬，東西

縱廣各半由旬，爲作銘記，名曰達舍婆陵迦（隋云十相）。

杖林塔

《衆許摩訶帝經》卷一〇　爾時民彌娑囉王聞使迴旋，速禦前殿受使朝拜。君臣禮畢遽發問言，世尊來耶？使人近前而奏王曰，臣奉王旨詣誐耶山，請佛及衆，具以王旨白於世尊。佛已默然，必來降赴。時王降勅左右大臣，便可嚴潔宮殿及與城隍，乃至四衢悉令清淨，復設種種名香妙花以備迎接。爾時世尊與耆舊迦葉及千阿羅漢，離誐耶山詣於王城，去城不遠有杖林塔，佛與大衆至塔而住。時民彌娑囉王得聞世尊與諸聖衆至杖林塔安住已定，即令所司，嚴整車駕前後導從，與自眷屬及諸群臣，欲出於城詣杖林塔所。出宮未遠，王所乘車地忽有坑輪陷不進，王自思念，我必往昔曾造不善，致於今日有斯事也。纔起是念，即聞空中有聲告曰，汝於往昔無不善業，但爲見在諸牢獄中多有禁系，車輪之陷正爲此也。王聞空言，定知賢聖，既蒙指諭心極感重，即遣使人散詣諸獄，以罪輕重等第赦之。車駕前進至於城門，王之寶冠又忽破壞，復思念言，我定往昔曾作不善，乃於今日疊有不祥。王發是意，空中賢聖又復告言，天子。汝於往昔無不善業，但緣前來所放禁系之人，輕者已放，重者雖活由系別處，冠破之祥乃爲此也。王聞賢聖空中語已，便令使人諸處詔喚，鹹到車前悉赦宥之。罪人獲免，歡喜踴躍稱王之德。時王部從及諸眷屬，所乘之車有一萬二千，復有國中婆羅門長者及諸人民，亦有百千車，同出城門詣世尊所。

阿羅曩毘佛舍利塔

《衆許摩訶帝經》卷一一　諸苾芻。過去世時有佛出世，名阿囉曩毘，十號具足爲人天師。時佛世尊爲諸衆生説種種法，化利畢已即入涅盤。彼諸弟子收其舍利，擇清淨地建立妙塔，復以種種香花而恆供養。過是已後久歷年歲，有轉輪王出於世間，名羯裏計，時有兵衆十八俱胝，常領是衆飛空巡幸，復有七寶常爲先導。後於一日經過塔上，有虛空神捉其輪寶住空不進。時羯裏計王思惟是事，今我方行輪寶自住，恐是福盡感應斯現。彼虛空神乃告之曰，大王。汝非福盡，下有阿羅曩毘佛舍利塔，端指輪寶不得直進。時羯裏計王與十八俱胝飛空兵衆，同時降下詣於塔所，王及眷屬各以妙衣共拭佛塔，得清淨已，散諸妙花及焚寶香，又作種種音樂而爲供養，以頭面禮發其誓願，以我今日師事於佛所設供養種種功德，果報不虛當來獲得。

雜　録

舍利塔贊

《佛所行贊》卷五
七王得舍利，歡喜而頂受，持歸還自國，起塔加供養。
梵志求力士，得分舍利瓶，又從彼七王，求分第八分。
持歸起支提，號名金瓶塔。俱夷那竭人，聚集餘灰炭。
而起一支提，名曰灰炭塔。八王起八塔，金瓶及灰炭。
如是閻浮提，始起於十塔。舉國諸士女，悉持寶花蓋。
隨塔而供養，莊嚴若金山，種種諸伎樂，晝夜長讚歎。
時五百羅漢，永失大師蔭，恇然無所恃，還耆闍崛山。
集彼帝釋巖，結集諸經藏，一切皆共推，長老阿難陀。
如來前後説，巨細汝悉聞，鞞提醯牟尼，當爲大衆説。
阿難大衆中，升於師子座，如佛説而説，稱如是我聞。
合坐悉涕流，感此我聞聲，如法如其時，如處如其人。
隨説而筆受，究竟成經藏，勤方便修學，悉已得涅槃。
今得及當得，涅槃亦復然。無憂王出世，強者能令憂。
劣者爲除憂，如無憂花樹。王於閻浮提，心常無所憂。
深信於正法，故號無憂王。孔雀之苗裔，稟正性而生。
普濟於天下，兼起諸塔廟。本字強無憂，今名法無憂。
開彼七王塔，以取於舍利。分佈一旦起，八萬四千塔。
唯有第八塔，在於摩羅村。神龍所守護，王取不能得。
雖不得舍利，知佛有遺骼。神龍所供養，增其信敬心。
雖王領國土，逮得初聖果。能令普天下，供養如來塔。

去來今現在，悉皆得解脱。如來現在世，涅槃及舍利。
恭敬供養者，其福等無異。明慧增上心，深察如來德。
懷道興供養，其福亦俱勝。佛得尊勝法，應受一切供。
已到不死處，信者亦隨安，是故諸天人，悉應常供養。

造立塔寺

《撰集百緣經》卷六　佛在王舍城迦蘭陀竹林。時彼頻婆娑羅王，每日三時，將諸官屬，往詣佛所，禮覲世尊。於其後時，年漸老大，身體轉重，不能日日故往禮拜。時諸官人啟白王言，從佛世尊，索於發爪，後宮之中，造立塔寺，於此禮拜，香花燈明而供養之。時王然可。往詣佛所啟白，世尊即以發爪，與頻婆娑羅王，於其宮內，造立塔寺，懸繒幡蓋，香花燈明，日三時供養。時王太子阿闍世共提婆達多，共爲陰謀，殺害父王，自立爲主，尋勅宮内，不聽禮拜供養彼塔，有犯之者，罪在不請。於其後時七月十五日僧自恣時，有一宮人，字功德意，而自念言，此塔乃是大王所造，今者坌汙，無人掃灑，我今此身，分受刑戮，掃灑彼塔，香花燈明而供養之。作是念已，尋即然燈，供養彼塔。時阿闍世王，遙在樓上，見彼燈明，即大瞋恚，尋即遣人，往看是誰。見功德意然燈供養，使者還來，以狀白王。王勅喚來，問其所由。時功德意，即答王曰，今此塔者，先王所造供養之處，以此良日，掃除清淨，燃燈供養。時阿闍世，聞是語已，告功德意，汝不聞我先所約勅。功德意言，聞王所勅。然王今者，其所治化，不勝先王。時阿闍世，聞是語已，倍增瞋恚，即以劍斬殺功德意。乘此善心，即便命終，生忉利天，身光照曜，滿一由旬。時天帝釋及諸天等，鹹來觀看，而問之言，汝造何福。得來生此，光明殊特，倍勝諸天。

四寶塔

《撰集百緣經》卷七　時諸比丘，見是事已，白佛言，世尊，今此爲人所敬仰比丘，宿殖何福，生便端政，有見之者，無不敬仰，又值世尊，出家得道。爾時世尊，告諸比丘，汝等善聽。吾當爲汝分別解說。乃往過去九十一劫，波羅㮈國，有佛出世，號毘婆屍，教化周訖，遷神涅槃。彼時有王名槃頭末帝，收其舍利，造四寶塔，而供養之。於其後時，有少毀破。時有童子，入其塔中，見此破處，和顏悅色，集喚衆人，各共塗治，發願出去。緣是功德，九十一劫，不墮地獄，畜生，餓鬼，天上人中受樂無極，常爲人天所見敬仰，乃至今者，遭值於我，故爲諸人所見敬仰，出家得道。佛告諸比丘，欲知彼時集喚衆人塗塔地者，今此爲人所敬比丘是。

摩突羅國佛塔

《大莊嚴論經》卷一　說曰，我昔曾聞，幹陀羅國有商賈客，到摩突羅國。至彼國已，時彼國中有一佛塔，衆賈客中有一優婆塞，日至彼塔恭敬禮拜。向塔中路有諸婆羅門，見優婆塞禮拜佛塔皆共嗤笑。更於餘日天甚烝熱，此諸婆羅門等食訖遊行而自放散，或在路中，或立門側，有洗浴者，有塗香者，或行或坐。時優婆塞禮塔回還，諸婆羅門見已喚言，來優婆塞，就此坐。語優婆塞言，爾今雲何不識知彼摩醯首羅，毘紐天等而爲致敬，乃禮佛塔，得無煩耶？時優婆塞即答之曰，我知世尊功德少分，是故欽仰恭敬爲禮。未知汝天有何道德，而欲令我向彼禮乎。諸婆羅門聞是語已，瞋目呵叱，愚癡之人。汝雲何不知我天所有神德，而作是言。諸婆羅門即說偈言：

阿修羅城郭，高顯週三重。懸處於虛空，男女悉充滿。
我天彎弓矢，遠中彼城郭。一念盡燒滅，如火焚乾草。

塔爲人中寶

《大莊嚴論經》卷二　王說偈已即詣塔所，以此寶珠置塔棖上，其明顯照猶如大星，若日出時照王宮殿，暉曜相映倍於常明。珠之光明日日常爾，於一日中卒無光色，王怪其爾即遣人看。既至彼已不見寶珠，但見棖下血流汙地，尋逐血跡至迦陀羅林，未到彼林已見偷珠人竄伏樹間。偷珠之人當取珠時，墮棖折髀故有是血，即執此人將詣王邊。王初見時甚懷忿恚，見其傷毀復生悲愴，慈心視之而語之言，咄哉男子。汝甚愚癡，偷佛寶珠，將來之世必墮惡趣。即說偈言：

怪哉甚愚癡，無智造大惡。如人畏杖捶，返受於斬害。

畏於貧窮苦，興此狂愚意。不安少貧乏，長受無窮厄。
爾時一臣聞是偈已，即白王言，如王所說，眞實不虛。即說偈言：
塔爲人中寶，愚癡輒盜竊。斯人無量劫，不得值三寶。
如昔有一人，信心歡喜故。耳上須曼花，以用奉佛塔。
人天百億劫，極受大快樂。十力世尊塔，盜寶而自營。
以是業緣故，沈沒於地獄。

塔崩

《大莊嚴論經》卷六　我昔曾聞，拘沙種中有王名眞檀迦膩吒，討東天竺，既平定已，威勢赫振福利具足，還向本國，於其中路有平博處，於中止宿。爾時彼王心所愛樂，唯以佛法而爲瓔珞，即在息處遙見一塔，以爲佛塔，侍從千人往詣塔所，去塔不遠下馬步進，著寶天冠嚴飾其首，既到塔所歸命頂禮，說是偈言：

離欲諸結障，具足一切智。於諸仙聖中，最上無倫疋。
能爲諸衆生，作不請親友。名稱世普聞，三界所尊重。
棄舍於三有，如來所說法。諸論中最上，摧滅諸邪論。
我今歸命禮，眞實阿羅漢。

爾時彼王，以念如來功德之故稽首敬禮，當作禮時塔即碎壞，猶如暴風之所吹散。爾時彼王見是事已甚大驚疑，而作是言，今者此塔無觸近者，雲何卒爾無事散壞。如斯變異必有因緣。即說偈言：

帝釋長壽天，如是尊重者。合掌禮佛塔，都無有異相。
十力大威德，尊重高勝人。大梵來敬禮，佛亦無異相。
我身輕於彼，不應以我壞。爲是呪術力，厭道之所作。

王說偈已，以塔碎壞心猶驚怖，而作是言，願此變異，莫作災患當爲吉祥，令諸衆生皆得安隱。我從昔來五體投地禮百千塔，未曾虧損一塵墮落，今者何故變異如是。如斯之相我未曾見。即說偈言：

爲天阿修羅，而共大戰鬭。爲是國欲壞，我命將不盡。
將非有怨敵，欲毀於我國。非穀貴刀兵，不有疾疫耶？
非一切世間，欲有災患耶？此極是惡相，將非法欲滅。

爾時近塔村人見王疑怪，即便向王作如是言，大王。當知此非佛塔。即說偈言：

尼揵甚愚癡，邪見燒其意。斯即是彼塔，王作佛心禮。
此塔德力薄，又復無舍利。不堪受王敬，是故今碎壞。

迦膩吒王倍於佛法生信敬心，身毛皆竪悲喜雨淚，而說偈言：

此事實應爾，我以佛想禮。此塔必散壞，龍象所載重，
非驢之所堪。佛說三種人，應爲起塔廟，釋迦牛王尊，
正應爲作塔。尼揵邪道滅。不應受是供，不淨尼揵子，
不應受我禮。此塔崩壞時，出於大音聲，喻如多子塔。
佛往迦葉所，迦葉禮佛足。是我婆伽婆，是我佛世尊。
佛告迦葉曰，若非阿羅漢，而受汝禮者，頭破作七分。
我今因此塔，驗佛語眞實。

佛發爪塔

《大莊嚴論經》卷一五　復次，若欲觀察知佛神變，視諸塔寺供養佛塔。

我昔曾聞，阿梨車毘伽國，於彼城門有佛發爪塔，近有尼俱陀樹，邊有井水。時婆羅門而白王言，若遊行時見於彼塔，是沙門塚破王福德，王是大地作一蓋主，宜除此塔。時王信婆羅門語故，即勅臣下令，速卻此塔，明日我出時勿令復見。時彼城神與諸民衆皆悉悲涕。時諸優婆夷施設供養，又然燈者，作如是語，我等今者是最後供養。有優婆塞抱塔悲泣，即說偈言：

我今最後抱，汝之基塔足。猶如須彌倒，今日皆破傷，
十力世尊塔，於今遂破滅。我若有過失，聽我使懺悔。
衆生更不見，佛之所作業。

爾時諸優婆塞作如是言，我等今者可還歸家，不忍能看人壞此塔。時王后自遣人持鍬欲除，往到其所，塔樹盡無，即說偈言：

嗚呼甚可怪，舉城大出聲。猶如海濤波，不見十力塔。
尼拘陀及井，莫知其所在。諸婆羅門等，深心生慚怪。
彼王聞是已，生於稀有想。時王作是念，誰持此塔去。
即自往詣塔，莫知其所在。

爾時彼王遣千餘人，乘象馳馬四方推覓。時有老母在於道傍，見彼諸人行來速疾，即問之言，何爲乃爾。諸人答言，推覓塔樹。彼老母言，我向於道見稀有事，有塔飛空並尼俱陀樹，不憶其井。見諸人等首戴天冠，頭垂花鬘身著諸花，持塔而去。我見去時生稀有想。指示去處，諸人聞已具以事狀還白於王。王聞歡喜，即說偈言：

彼塔自飛去，爲向天上耶？我今心信敬，極生大歡喜。
若我破此塔，當墮於地獄。

爾時王即向彼塔處大設供養，此塔即今名曰自移，塔及樹井離毘伽城三十裏住。

復次，佛塔有大威神，是故宜應供養佛塔。

我昔曾聞，竺叉尸羅國彼有塔寺，波斯匿王以成火燒之，佛復安一根，朽壞卻之。時彼國王名枸沙陀那，有一比丘求請彼王，我今爲塔作根，願王聽取，有大樹者王莫護惜。王即語言，除我宮內所有樹木，餘樹悉取。得王敎已，諸比丘等處處求覓，於一村邊有大池水，上有大樹，名稱首伽樹，龍所護持，近惡龍故人無敢觸。其樹極大，若復有人取枝葉者，龍能殺之，以是之故人無敢近。有人語言，彼有大樹。時比丘即將諸人齎持斧器欲往斫伐。時復有人語比丘言，此龍極惡。比丘語言，我爲佛事，不畏惡龍。時有奉事婆羅門語比丘言，彼龍極惡，若伐此樹多所傷害，莫斫破此樹。

塗塔

《賢愚經》卷七　阿難合掌，重白佛言，復修何福，豪富猛健。佛告阿難，乃往過去迦葉佛時，有一老母，信敬三寶，其家大富，合集衆香，以油和之，欲往塗塔。於其中路，逢三十二人，因而勸之，我欲以油塗塔，可相助佐，當得福德，世世所生，端正多力。時三十二人，歡喜共去。塗塔已竟，各作是言，由是老母故，令我等得種福業，願所生處，尊榮富貴，恆爲我母，我等爲子，常莫相離，見佛聞法，疾得道果。老母喜悅，便許可之。從是已來，五百世中，恆生尊貴。爾時老母，今毘舍離是。爾時三十二人，今三十二子是。

四龍王問起塔事

《賢愚經》卷一一　佛告王曰，善聽著心。過去有佛，名曰迦葉，度人周訖，便般涅槃。時彼國王，名機裏毘，收取舍利，欲用起塔。時四龍王，化爲人形，來見其王，問起塔事，爲用寶作，爲用土耶？王即答言，欲令塔大，無多寶物，那得使成。今欲土作，令方五裏高二十五裏，極使高顯可觀。龍王白言，我非是人，皆是龍王，聞王作塔，故來相問，苟欲用寶，當相佐助。王歡喜言，能爾者快。龍復語言，四城門外，有四大泉，城東泉水，取用作墼，成紺琉璃。城南泉水，取用作墼，其墼成已，皆成黃金。城西泉水，取用作墼，墼成就已，變成爲銀。城北泉水，取用作墼，其墼成已，變爲白玉。王聞是語，倍增踴躍，即立四監，各典一邊。其三監所作工向欲成，一監慢怠，工獨不就。王行看見，便以理責，卿不用心，當加罰讁。其人懷怨，便白王言，此塔太大，當何時成。王去之後，勅諸作人，晝夜勤作，一時都訖。塔極高峻，衆寶晃昱莊校雕飾，極有異觀。見已歡喜，懺悔前過，持一金鈴，著塔棖頭，即自求願，令我所生音聲極好，一切衆生莫不樂聞，將來有佛，號釋迦牟尼，使我得見度脫生死。如是大王。欲知爾時一監作遲怨塔大者，此比丘是。緣彼恨言嫌其塔大，五百世中，常極痤陋。由後歡喜施鈴塔頭，求索好聲及願見我，五百世中，極好音聲，今復見我，致得解脫。

無量塔

《賢愚經》卷一三　佛告阿難，乃往過去九十一劫，有毘婆尸佛，出現於世，敎化畢訖，而般涅槃，分佈舍利，起無量塔。時有一塔，朽故崩壞，有一老母，而修治之。有年少十人，偶行覩見，問老母曰，何所施爲。老母語言，斯是尊塔，功德彌弘，是以修補，欲望善果。年少歡喜，助共興功，所作已竟，誓爲母子，其十年少，願共同生。從是已來，九十一劫，天上人中，恆爲俱生，受福快樂，常有三事，勝於餘人，一者形體端正，二者衆所敬愛，三者恆得長壽。經爾許時，不墮三塗，今遇我世，沐浴清化，諸塵垢盡，鹹逮應眞。欲知爾時老母者，今蘇曼女是。爾時十年少者，今十羅漢是。

治故塔寺

《雜寶藏經》卷四　昔乾陀衛國，有一國主，有一明相師，占王，卻後七日，必當命終。出遊獵行，見一故塔，毀敗崩壞，即令群臣共修治之，修治已訖，歡喜還宮，七日安隱。相師見過七日，怪其所以，問王言，作何功德。答言，更無所作，唯有一破塔，以泥補治。由治塔故，功德如是。

舍利弗摩提供養佛塔

《雜寶藏經》卷五　頻婆娑羅王，已得見諦，數至佛所，禮拜問訊。時宮中婦女，不得日日來到佛邊，王以佛發，宮中起塔，宮中之人，經常供養。頻婆娑羅王崩，提婆達多共阿闍世王，同情相厚，生誹謗心，不聽宮中供養此塔。有一宮人，名舍利弗摩提，以僧自恣日，憶本所習，即以香花供養此塔。時阿闍世王，嫌其供養佛塔，用鑽鑽殺。命終得生三十三天，乘天宮殿，集善法堂。帝釋以偈而問：

汝昔作何福，而得生天中。威德甚光明，猶如眞金色。
作何業行獲，願爲我說之。

天女以偈，而答之曰：

我昔在人中，歡喜恭敬心。以諸好香華，供養於佛塔。
而爲阿闍世，以鑽鑽殺我。命終得生天，受此極快樂。

說是偈已，來向佛所。佛爲說法，得須陀洹，即還天宮。比丘問言，以何因緣生此天中。佛言，本於人間，曾以華香，供養佛塔。由是善業，今得天身，重從我所，聞法而悟，證須陀洹。

阿育王立千二百塔寺

《雜譬喻經》卷上　昔有阿育王，於境內立千二百塔寺，後得病大困。有一沙門往省王，王與相見，悲不能自勝。道人曰，王前後所作功德不可計數，當開大意，莫有恨也。王言，正使死至不能有恨也。所以悲者，前爲千二百寺，各織作金縷幡蓋千二百枚，欲自懸幡散華，於諸寺物始得辦，而得重病，恐不卒本願，故自悲耳。道人語王，好。叉手一心，令王悉見一界中塔。道人即現神足，應時千二百塔皆在王前。見大歡喜，病即時差，取金幡金華懸諸剎上，塔寺低仰皆就王手。王得本願身復病癒，即發大意，延二十五年，遂作功德逮得不退轉。

國王繞塔

《舊雜譬喻經》卷下　昔有國王大好道德，常行繞塔百匝未竟，邊國王來攻欲奪其國，傍臣大恐怖，即行白王言，有兵來至。唯大王置斯旋塔，還爲權慮以攘重寇。王言，聽使兵來，我終不止。心意如故，繞塔未竟兵散罷去。夫人有一心定意，無所不消也。

獼猴作塔寺

《法句譬喻經》卷二　昔佛在羅閱祇國，遣一羅漢名曰須漫，持佛發爪至罽賓南山中作佛圖寺，五百羅漢常止其中，旦夕燒香繞塔禮拜。時彼山中有五百獼猴，見諸道人供養塔寺，即便相將至深澗邊，負輦泥石效作佛圖，豎木立剎幣幡系頭，旦夕禮拜亦如道人。時山水瀑漲，五百獼猴一時漂沒，魂神即生第二忉利天上，七寶殿舍衣食自然。各自念言，從何所來得生天上。即以天眼自見本形，獼猴之身效諸道人戲作塔寺，雖身漂沒神得生天。今當下報故屍之恩。各將侍從華香伎樂臨故屍上，散華燒香繞之七匝。時山中有五百婆羅門，外學邪見不信罪福，見諸天人散華作樂繞獼猴屍，怪而問曰，諸天光影巍巍乃爾，何故屈意供養此屍。諸天人言，此屍是吾等故身，昔在此間效諸道人戲立塔寺，山水瀑漲漂殺吾等，以此微福得生天上，今故散華以報故身之恩。戲爲塔寺獲福如此，若當至心奉佛世尊，其德難喻。卿等邪見不信正眞，百劫懃苦無所一得，不如共往至耆闍崛山，禮事供養得福無限。即皆欣然共至佛所，五體作禮散華供養。

作七寶塔

《放光般若經》卷七　佛言，不如是善男子，善女人受行般若波羅蜜，書持經卷諷誦讀持，初不離薩雲若意，復加供養名花，擣香澤香雜香，幢幡花蓋。其福倍多，不可計也。復次，拘翼。置是一七寶塔。若善男子，善女人取捨利起七寶塔滿一閻浮提，亦高四十裏，供養承事天花天香及天擣香天繒花蓋，天衣天幔，作是供養。其福寧多不。

釋提桓因言，甚多，甚多。世尊。

佛言，不如是善男子，善女人供養般若波羅蜜，其福轉倍多。復次，拘翼。置是閻浮提所作塔事。若善男子，善女人取捨利起七寶塔滿四天下，供養如前。不如是善男子，善女人供養般若波羅蜜其，福轉倍多。置是四天下。拘翼。若有善男子，善女人取捨利起七寶塔滿小千國土，供養如前。復置是小千國土所作七寶塔。若善男子，善女人取捨利起七寶塔滿中千國土，供養如前。復置是中千刹土所作七寶塔。若善男子，善女人取捨利起七寶塔滿三千大千國土，供養如上故。不如是善男子，善女人供養般若波羅蜜，其福轉倍多。拘翼。復置是三千大千刹土所作七寶塔。若三千大千國土滿其中人，令一一人各各起七寶塔，供養如上故。不如是善男子，善女人供養般若波羅蜜，其福轉倍多。

起七寶塔

《小品般若波羅蜜經》卷二 憍尸迦。若我現在，若我滅後，菩薩常應依止般若波羅蜜。若善男子，善女人，於我滅後，以供養如來故，起七寶塔。盡其形壽，以好花香，塗香，末香，衣服，幢幡，供養是塔。於意雲何。是善男子，善女人，以是因緣故，得福多不。釋提桓因言，甚多，世尊。佛言，憍尸迦。若善男子，善女人，供養般若波羅蜜經卷，恭敬尊重讚歎，以好華香，塗香，末香，衣服，幢幡，而以供養，其福甚多。

憍尸迦。置是一塔，若滿閻浮提七寶塔，善男子，善女人，盡其形壽，以好華香乃至伎樂，供養是塔。於意雲何。是人以是因緣故，得福多不。釋提桓因言，甚多，世尊。佛告憍尸迦，若善男子，善女人，供養般若波羅蜜經卷，恭敬尊重讚歎，以好華香，塗香，末香，衣服，幢幡，其福甚多。

憍尸迦。置是滿閻浮提七寶塔，若滿四天下七寶塔，若人盡形壽，以花香供養，乃至伎樂。若復有人供養般若波羅蜜，其福甚多。憍尸迦。置是滿四天下七寶塔，若滿周梨迦小千世界七寶塔，若人盡形，以好華香供養，乃至幢幡。若復有人供養般若波羅蜜，其福甚多。憍尸迦。置是周梨迦小千世界七寶塔，若滿二千中世界七寶塔，若人盡形，以花香供養，乃至幢幡。若復有人供養般若波羅蜜，其福甚多。憍尸迦。置是二千中世界，若滿三千大千世界七寶塔，若善男子，善女人，盡其形壽，以花香供養，乃至幢幡。憍尸迦。於意雲何。是人以是因緣故，得福多不。釋提桓因言，甚多，世尊。佛告憍尸迦，若復有人供養般若波羅蜜經卷，恭敬尊重讚歎，花香乃至幢幡，其福甚多。

憍尸迦。置是滿三千大千世界七寶塔，假令三千大千世界所有衆生，一時皆得人身，是一一人起七寶塔，盡其形壽，以一切好華，名香，幢幡，伎樂，歌舞，供養是塔。憍尸迦。於意雲何。是人以是因緣故，得福多不。甚多，世尊。佛告憍尸迦，若善男子，善女人，供養般若波羅蜜經卷，恭敬尊重讚歎，花香乃至幢幡，其福甚多。

釋提桓因言，如是，如是。世尊。若人供養般若波羅蜜，即是供養恭敬過去，未來，現在諸佛薩婆若。世尊。置是三千大千世界，一一衆生所起七寶塔，若滿十方恆河沙等世界衆生，皆得人身，一一人起七寶塔，若於一劫，若減一劫，以好華香乃至伎樂，供養是塔。若復有人供養般若波羅蜜經卷，恭敬尊重讚歎，華香乃至伎樂，其福甚多。

佛言，如是，如是。憍尸迦。是善男子，善女人，以是供養般若波羅蜜經卷因緣故，其福甚多，無量無邊，不可得數，不可思議。何以故。憍尸迦。一切諸佛薩婆若智皆從般若波羅蜜生。憍尸迦。以是因緣故，若善男子，善女人，供養般若波羅蜜經卷，恭敬尊重讚歎，華香乃至伎樂供養，於前功德，百分不及一，分千分萬分，百千萬億分不及一，乃至算數譬喻所不能及。

見大寶塔

《妙法蓮華經》卷四 爾時佛前有七寶塔，高五百由旬，縱廣二百五十由旬，從地踴出，住在空中，種種寶物而莊校之。五千欄楯，龕室千萬，無數幢幡以爲嚴飾，垂寶瓔珞寶鈴萬億而懸其上。四面皆出多摩羅跋栴檀之香，充遍世界。其諸幡蓋，以金，銀，琉璃，車璖，馬腦，眞珠，玫瑰，七寶合成，高至四天王宮。三十三天雨天曼陀羅華，供養寶塔。餘諸天，龍，夜叉，乾闥婆，阿修羅，迦樓羅，緊那羅，摩睺羅伽，人非人等，千萬億衆，以一切華，香，瓔珞，幡蓋，伎樂，供養寶塔，恭敬，尊重，讚歎。爾時寶塔中出大音聲歎言，善哉，善哉。釋迦牟尼世尊。能以平等大慧，教菩薩法，佛所護念，妙法華經，爲大衆說。如是，如是。釋迦牟尼世尊。如所說者，皆是眞實。

爾時四衆，見大寶塔住在空中，又聞塔中所出音聲，皆得法喜，怪未曾有，從座而起，恭敬合掌，卻住一面。爾時有菩薩摩訶薩，名大樂說，知一切世間天，人，阿修羅，等心之所疑，而白佛言，世尊。以何因緣，有此寶塔從地踴出，又於其中發是音聲。

爾時佛告大樂說菩薩，此寶塔中有如來全身，乃往過去東方無量千萬億阿僧祇世界，國名寶淨，彼中有佛，號曰多寶。其佛行菩薩道時，作大誓願，若我成佛，滅度之後，於十方國土有說法華經處，我之塔廟，爲聽是經故，踴現其前，爲作證明，贊言善哉。

彼佛成道已，臨滅度時，於天人大衆中告諸比丘，我滅度後，欲供養我全身者，應起一大塔。其佛以神通願力，十方世界，在在處處，若有說法華經者，彼之寶塔皆踴出其前，全身在於塔中，贊言，善哉，善哉。大樂說。今多寶如來塔，聞說法華經故，從地踴出，贊言，善哉，善哉。

見七寶塔

《正法華經》卷六　爾時佛前，七寶之塔從地踴出，二萬裏適現繞佛，超在虛空自然而立。其塔殊好色若千變，五種之華而雨其上，紛紛如雪。莊嚴校飾塔寺講堂，以無數寶因共合成，百千欄楯窓牖軒户，不可稱計。懸衆幡蓋垂寶瓔珞，諸明月珠羅列虛空，猶如衆星。香鑪寶瓶滿中名香，栴檀芬馨一切普勳，三千大千佛之國土。金銀琉璃水精，珊瑚虎魄，車璩馬瑙，以爲寶蓋，其蓋高顯至第一天。忉利諸天及四天王，皆散意華供養七寶塔。其塔寺中自然發聲，歎言，善哉。善哉。世尊安住。審如所言，道德玄妙超絕無侶，慧平等一猶如虛空，實無有異。

時四部衆見七寶塔，在於虛空高大微妙，巍巍無量光燿煒曄，靡所不照，頒宣善哉，歡喜踴躍叉手而立，瞻戴無厭。時有菩薩，名曰大辯，見諸天人心懷猶豫，乍悲乍喜欲得知此，何所瑞應。故前問佛，唯然世尊，今者何故，七寶塔寺現大聖前，高廣無極莫不見者，而寶塔寺自然出聲，贊曰善哉。何所感動而有此瑞。

世尊則告大辯菩薩，此寶塔寺有如來身，完具一定而無缺減。東方去此不可計會諸佛世界，有佛號名多寶如來，國曰寶淨。本行道時而自發願，吾會當以此《正法華經》當自修成，使諸菩薩皆得聽聞，然後乃坐於佛樹下，還成無上正眞之道。其佛所念，果如所言，爲諸十方講說經法，開化一切皆令得道。於時其佛臨欲滅度，普告諸天世間人民及諸比丘，吾滅度後，奉如來身全取其體，一等完具興大塔寺。若見塔者悉得其所，功德難限。於時其佛，建立如是無極聖化，十方世界其有講說此《法華經》，吾七寶塔，踴現諸佛所說經處，其舍利身在七寶塔，贊言善哉。

造九十四俱胝塔

《佛說護國尊者所問大乘經》卷四　爾時，福光太子收佛舍利，以其七寶造九十四俱胝塔，俱以眞珠羅網周匝嚴飾。又諸塔前豎立五百七寶傘蓋，花，果，樹木及百千音樂。又，一一塔前置百千燈盆，每一一盆中燃百千燈。如是供養至一俱胝歲，然後太子出家剃發爲苾芻相，行頭陀行，持鉢乞食，伏斷煩惱，常行法施滿四俱胝歲，如佛所行無有疲倦。

起七寶塔供養舍利

《大般涅槃經》後分卷上　阿難。我入涅槃，如轉輪王，經停七日，乃入鐵棺，以妙香油注滿棺中，密蓋棺門，其棺四面應以七寶間雜莊嚴，一切寶幢香花供養。經七日已，復出鐵棺。既出棺已，應以一切衆妙香水灌洗，沐浴如來之身。既灌洗已，以上妙兜羅綿遍體纏身，次以微妙無價白氎千張，復於綿上，纏如來身，又入鐵棺。復以微妙香油盛滿棺中，閉棺令密，爾乃純以微妙牛頭栴檀，沈水，一切香木盛七寶車，一切衆寶以爲莊嚴，載以寶棺至荼毘所，無數寶幢，無數寶蓋，無數寶衣，無數天樂，無數香花，周遍虛空，悲哀供養。一切天人，無數大衆，應各以栴檀，沈水，微妙香油荼毘如來，哀號戀慕。荼毘已訖，天人四衆收取舍利，盛七寶瓶，於都城內四衢道中，起七寶塔供養舍利，能令衆生得大功德，離三有苦至涅槃樂。阿難當知，一切四衆起佛舍利七寶塔已，應當更起三塔供養，所謂辟支佛塔，阿羅漢塔，轉輪王塔，爲令世間知歸依故。

阿難白佛言，如來出世悲愍眾生，顯示十力，大悲，四無所畏，十二因緣，四諦之法，三解脫門，八種梵音雷震三界，五色慈光遍照六道，隨順眾生心業所轉，或得四果三乘所行，或證無漏無爲緣覺之道，或入無滅無生菩薩之地，或得無量諸陀羅尼，或得五眼，或得六通，或脫三惡，或出八難，或離人天三界之苦。如來慈力清淨，如來解脫法門不可思議，乃至涅槃，一切世間人天四眾起七寶塔，供養舍利得大功德，能令眾生脫三界苦，入正解脫。以是因緣，佛般涅槃，一切世間人天大眾，報佛甚深無量慈恩，起七寶塔供養舍利，理應如是。世尊。其餘三塔於諸眾生得何等利，而令起立恭敬供養。

佛告阿難，其辟支佛，悟法因緣，入深法性，已脫諸有一切過患，能爲人天而作福田，以是因緣，起塔供養，所得福德次於如來，能令眾生皆得妙果。阿難。其阿羅漢，於三界中，生分已盡，不受後有，梵行已立，能爲世間而作福田，是故應當起塔供養，所得福德次辟支佛，亦令眾生皆得解脫。阿難。其轉輪王，雖未解脫三界煩惱，福德力故，治四天下，而以十善化育群生，是諸眾生之所尊敬，以是四眾起塔供養，所得福德亦復無量。

阿難白佛言，佛般涅槃，一切四眾，當於何所荼毗如來，得收舍利。唯願示教。

佛告阿難，佛般涅槃，一切四眾，若於拘屍城內荼毗如來，其城中人皆紹王位，則相討罰諍訟無量，亦令一切得福階差。阿難。一切四眾可於城外荼毗如來。爲令世間得福等故。

阿難白佛言，佛入涅槃，荼毗已訖，一切四眾收取舍利，安置寶瓶，當於何所起七寶塔，一切皆得深心供養。唯願示教。

佛告阿難，佛般涅槃，荼毗既訖，一切四眾收取舍利置七寶瓶，當於拘屍那伽城內四衢道中起七寶塔。高十三層，上有相輪，一切妙寶間雜莊嚴，一切世間眾妙花幡而嚴飾之，四邊欄楯七寶合成，一切莊挍靡不周遍，其塔四面面開一門，層層間次窗牖相當，安置寶瓶如來舍利，天人四眾瞻仰供養。阿難。其辟支佛塔應十一層，亦以眾寶而嚴飾之。阿難。其阿羅漢塔成以四層，亦以眾寶而嚴飾之。阿難。其轉輪王塔，亦七寶成，無復層級。何以故。未脫三界諸有苦故。

七寶塔偷婆

《菩薩從兜術天降神母胎說廣普經》卷七　時優波吉言，諸君且止，舍利宜共分之。即分爲三分，一分與諸天，一分與龍王，一分與八王，金甖受一石餘。此臣密以蜜塗甖裏，以甖量即分舍利。諸天得舍利還於天上，即起七寶塔偷婆。龍得舍利還於龍宮，亦起七寶塔偷婆。八王得舍利各還本國，亦起七寶塔偷婆。臣優波吉得著金甖舍利三門並甖，亦起七寶塔偷婆。灰及土四十九斛，起四十九七寶塔偷婆。當耶維處亦起七寶塔偷婆，高四十九仞，香花供養懸繒幡蓋，終日竟夜音樂聲不斷。佛之威神令諸七寶塔各有光明，或夜放光明與晝無異，或晝放光明與夜無異，諸護塔善神各各來營護，不令惡人有觸犯者。

爲佛起塔廟

《佛說寶網經》　佛告童子，若有佛剎中三品眾生，共和同心志於佛慧。設復有人供養此等，無央數劫如江河沙，以貢上佛一心無二，造立精舍極令廣大如大千界，以天梅檀而合成之。一精舍裏興造講堂計有億數，一一講堂施億千榻，一一床上重布好衣柔軟。百億紫磨金寶以爲床榻，使大神聖住在世間，以此床榻而供養之。竟恆沙劫滅度之後，爲一一佛各起塔廟，亦如江河沙不可計億。爲一一佛所起塔廟七寶合成，大如三千大千世界，極高巍巍極於上界三十三天。一一塔廟所供養蓋，數如江河沙，億百千姟諸眞珠貫垂著四面，億千繒幡跱立諸幢，亦如江河沙，眾寶校飾鼓諸伎樂。一一塔廟豎天上柱，諸柱羅列億百千姟，而見供養所設如是。一佛世界所興塔廟幢蓋香花，如是奉事江河沙劫。若聞是經一偈之頌，不懷猶豫頒宣咨嗟，一安住名號福過於彼，並供養吾爲天中天，能持奉行不毀禁戒。

盜佛塔物

《佛說大乘造像功德經》卷下　爾時彌勒菩薩摩訶薩復白佛言，世尊。若有人盜佛塔物，盜僧祇物，四方僧物，現前僧物，自用與人，如己物想。世尊常說用佛塔物及僧物者其罪甚重。然彼眾生作是罪已，深自悔責，起淨信心而造佛像，如是等罪爲滅不耶？

佛說造塔功德

《**佛說造塔功德經**》　一時佛在忉利天宮白玉座上，與大比丘大菩薩等，及彼天主無量衆俱。時大梵天王，那羅延天，大自在天及五乾闥婆王等，各與眷屬俱，來至佛所，欲問如來造塔之法，及塔所生功德之量。會中有菩薩，名觀世音，知其意，即從座起，偏袒右肩，右膝著地，合掌向佛，而作是言：世尊，今此諸天，乾闥婆等故來至此，欲請如來造塔之法，及塔所生功德之量。唯願世尊爲彼解說，利益一切無量衆生。

爾時世尊告觀世音菩薩言：善男子，若此現在諸天衆等，及未來世一切衆生，隨所在方未有塔處，能於其中建立之者。其狀高妙出過三界，乃至至小如菴羅果。所有表刹上至梵天，乃至至小猶如針等。所有輪蓋覆彼大千，乃至至小猶如棗葉。於彼塔內藏掩如來所有舍利，發，牙，髭，爪，下至一分。或置如來所有法藏十二部經，下至於一四句偈。其人功德如彼梵天，命終之後生於梵世。於彼壽盡，生五淨居，與彼諸天等無有異。善男子。如我所說如是之事，是彼塔量功德因緣，汝諸天等應當修學。

爾時觀世音菩薩復白佛言：世尊，如向所說，安置舍利及以法藏，我已受持。不審如來四句之義，唯願爲我分別演說。

爾時世尊說是偈言：

諸法因緣生，我說是因緣。因緣盡故滅，我作如是說。

善男子，如是偈義名佛法身，汝當書寫置彼塔內。何以故，一切因緣及所生法，性空寂故，是故我說名爲法身。若有衆生解了如是因緣之義，當知是人即爲見佛。

右繞佛塔功德

《**右繞佛塔功德經**》　一時佛在舍衛國祇樹給孤獨園，與大比丘僧及餘無量衆俱，前後圍遶。

爾時長老舍利弗即從坐起，偏袒右肩，右膝著地，合掌向佛，以偈請曰，

大威德世尊，願爲我等說。右遶於佛塔，所得之果報。

爾時世尊以偈答曰：

右繞於佛塔，所得諸功德。我今說少分，汝等鹹善聽。
一切諸天龍，夜叉鬼神等。皆親近供養，斯由右繞塔。
在在所生處，遠離於八難。常生無難處，斯由右繞塔。
於一切生處，念慧常無失。具足妙色相，斯由右繞塔。
往來天人中，福命悉長遠。常獲大名稱，斯由右繞塔。
在於閻浮提，常生最尊勝。清淨種姓中，斯由右繞塔。
儀貌常端正，富貴多財寶。恆食大封邑，斯由右繞塔。
財寶常盈積，而無慳悋心。勇猛廣惠施，斯由右繞塔。
色相淨微妙，見者皆欣仰。所住常安樂，斯由右繞塔。
或爲忉利王，妻子悉具足。威勢力自在，斯由右繞塔。
或作婆羅門，持戒善通達。呪術圍陀典，斯由右繞塔。
或作大長者，豪貴多財產。倉廩常豐足，斯由右繞塔。
或作正法王，自在王閻浮。率土鹹歸化，斯由右繞塔。
或爲具七寶，大勢轉輪王。十善禦群生，斯由右繞塔。
從此生天上，常有大威德。淨信於佛法，斯由右繞塔。
淨信速成已，於法無迷惑。見諸行皆空，斯由右繞塔。
從天上捨命，下生於人中。入胎不迷亂，斯由右繞塔。
在於母胎中，垢穢所不染。如淨摩尼珠，斯由右繞塔。
在胎及生時，令母常安樂。飲乳亦復然，斯由右繞塔。
父母及親戚，一切共鞠養。乳母常不離，斯由右繞塔。
眷屬皆愛念，超過於父母。資財自增長，斯由右繞塔。
夜叉諸惡鬼，不能暫驚怖。所須自然得，斯由右繞塔。
經於百千劫，其身轉清淨。妙色相成滿，斯由右繞塔。
淨眼修且廣，猶如青蓮花。兼得淨天眼，斯由右繞塔。
妙色常圓滿，諸相自莊嚴。成就大勢力，斯由右繞塔。
或生帝釋宮，大威勢自在。忉利天中尊，斯由右繞塔。
或生須夜摩，兜率陀天宮。化樂及他化，斯由右繞塔。
或復生梵天，梵世最自在。諸天常供養，斯由右繞塔。

億那由他劫，常爲諸智人。恭敬而供養，斯由右繞塔。
其身及衣服，億劫常無垢。具足白淨法，斯由右繞塔。
具大精進力，勤修種種行。未嘗有疲懈，斯由右繞塔。
勇猛常精進，堅固不可壞。所作速成就，斯由右繞塔。
深遠微妙音，聞者皆歡喜。安樂常無病，斯由右繞塔。
如我所演說，厭舍三有苦。成就出世智，斯由右繞塔。
常在四念處，及以四正勤。四如意神足，斯由右繞塔。
了達四眞諦，根力七覺分。正道及聖果，斯由右繞塔。
滅一切煩惱，具足大威德。無漏六神通，斯由右繞塔。
永離貪恚癡，及一切障礙。證獨覺菩提，斯由右繞塔。
得妙紫金色，相好莊嚴身。現作天人師，斯由右繞塔。
皆由以身業，及語業讚歎。右繞於佛塔，獲此大利益。
右繞諸佛塔，所得諸功德。我今隨所聞，略說詎能盡。

供養佛塔三淨心

《佛說施燈功德經》　舍利弗。若有衆生成就信心，彼能信我。若復衆生無有信心，遠離我法，不信我語，誹謗於我，彼於長夜無義，無利，墜墮苦惱。舍利弗。若彼衆生於佛塔廟奉施燈明，以此奉施所作善業，能獲安樂，可樂之果。彼施燈明作善業時，欣喜相應。從信心起，於現在世得三種淨心。何等爲三。彼諸善男子，善女人作是念，我於如來已設供養，知身不堅，攝堅身想。知財過患，攝堅財想。舍利弗。是名供養佛塔第一淨心。復次，舍利弗。彼諸善男子，善女人起如是心，我於如來無上福田，最勝福田，能受最勝供養者所，已作供養。我今不畏墮於地獄，畜生，餓鬼。我此善根，已作人，天善道之因，得於妙色資生衆具，又得智慧，安隱，快樂，乃至能得菩提之果。舍利弗。是名供養佛塔第二淨心。復次，舍利弗。彼諸善男子，善女人作如是想，我於諸佛已作舍施，已作福德，已舍慳貪，已除慳過。作是念已，施心無慳，施心增長。舍利弗。是名供養佛塔第三淨心。

入佛塔

《善見律毘婆沙》卷一六　佛塔中止宿及藏物，此二戒梵本無有。所以無者，佛在世未有塔，此戒佛在世制。是故無著革屣入佛塔，手捉革屣入佛塔，著腹羅入佛塔，手捉腹羅入佛塔，佛塔下食擔死屍，塔下燒死屍，向塔燒死屍，繞塔四邊燒死屍。不得擔死人衣及床從塔下過，佛塔下大小便，向佛塔大小便，繞佛塔大小便。不得持佛像至大小便處，不得佛塔下嚼楊枝，不得向佛塔嚼楊枝，不得繞佛塔四邊嚼楊枝，不得佛塔下涕唾，不得向佛塔涕唾，不得繞佛塔四邊涕唾，向佛塔舒腳，安佛置下房。此上二十戒，梵本無有，如來在世塔無佛故。

修治佛塔廟

《大乘集菩薩學論》卷二二

若人於我滅度後，而能修治佛塔廟。百千那由他劫中，巍巍身相皆嚴好。
最上適意旃檀香，合成宮殿及輦輿。雖獲勝報無所著，斯由修治於佛塔。
於佛正教欲滅時，不生閻浮諸國土。隨其意樂住天宮，斯由修治於佛塔。
厭患五欲諸垢染，安住清涼淨戒蘊。廣修梵行靡不周，斯由塗香於佛塔。
從是滅已生天上，快樂豐饒不可量。復能敎化諸天人，斯由塗香於佛塔。
面貌圓滿常熙怡，所發言音生衆善。見者鹹興愛敬心，斯由塗香於佛塔。
遠離無邊惡道苦，常得親近諸如來。廣修淨業利群生，斯由塗香於佛塔。
若人暫於刹那頃，能於佛塔拂塵網。是人之報難可量，永離八難生無難。
勇猛聰惠悉明瞭，於五欲境無追來。常能出離諸輪回，斯由淨心掃佛塔。

具足禁戒無缺犯，聞深妙法生忻仰。永不退轉菩提心，斯由淨心掃佛塔。

是人能於惡世中，常離毀訾諸過失。積集廣大勝福惠，斯由淨心掃佛塔。

獲得上味諸珍饌，殊淨衣服所莊嚴。常覺妙觸適諸根，斯由淨心掃佛塔。

若於佛塔生歡喜，而能除去諸萎華。由依十力大導師，得離五欲深怨害。

形儀挺特世稀有，眾所樂觀無厭舍。王者常生愛敬心，由去萎花於佛塔。

具足菩薩諸戒品，滅除一切險惡道。意常明瞭遠癡迷，由去萎花於佛塔。

棄背煩惱諸障染，永無病苦相纏縛。於一切處獲輕安，由去萎花於佛塔。

得受人中第一施，復以最上諸供養。清淨福惠莊嚴身，由去萎花於佛塔。

又復持以新妙花，或曼陀羅鉢吒羅。而於佛塔換萎者，斯人當獲殊勝報。

若人能於諸佛塔，精勤合掌伸禮敬。彼於佛德善稱揚，令其見者皆稽首。

諸天龍神摩睺羅，王及臣民生信重。譬如妙花開世間，而能善說諸法要。

由彼善說正法故，安住佛智無缺減。令眾生離惡趣中，增長人天勝義利。

福力念惠皆具足，眷屬廣多常善順。我說是人於世間，隨其意樂心安隱。

常發柔和寂靜音，教諭群生使出離。於其富樂不生貪，斯由合掌禮佛塔。

能行佈施及愛語，利行平等亦復然。爲他毀訾不生瞋，斯由合掌禮佛塔。

或往天中爲帝釋，或在世間作人王。所至自在悉隨心，斯由合掌禮佛塔。

於諸欲境無耽染，處世豪貴常止足。永不墮於惡趣中，斯由合掌禮佛塔。

所發言辭豐義味，悉與經典善相應。常生人世上族中，斯由合掌禮佛塔。

若以最上清淨心，盈掬持花散佛上。所獲之報得爲王，安住如前興善利。

彼於五欲能覺了，則無憂惱所逼迫。身相端嚴眾樂觀，自性寂靜亡諸怖。

入塔觀像

道綽《安樂集》卷上 依《觀佛三昧經》云，爾時會中有財首菩薩白佛言，世尊。我念過去無量劫時，有佛出世，亦名釋迦牟尼佛。彼佛滅後有一王子，名曰金幢，憍慢邪見，不信正法。有知識比丘，名定自在，告王子言，世有佛像，極爲可愛，可暫入塔，觀佛形像。時彼王子從善友語，入塔觀像，見像相好，白言，比丘。佛像端嚴猶尚如此，況佛眞身。比丘告言，王子。今見佛像不能禮者，當稱南無佛。還宮繫念，念塔中像，即於後夜夢見佛像，心大歡喜，舍離邪見，歸依三寶。隨壽命終，由前入塔稱佛功德，即得値遇九百億那由他佛。於諸佛所，常勤精進，恆得甚深念佛三昧。

雁塔

道誠《釋氏要覽》卷上 《西域記》云，昔有比丘見群雁飛翔，戲言知時。忽有一雁投下自殞。眾曰，此雁垂誡，宜旌厚德。於是瘞雁建塔。

佛教石窟分部

紀事

仙山黑石窟

《雜寶藏經》卷六　一時，佛在王舍城毘婆波世山七葉窟中。爾時，有一比丘名曰求悳，獨住仙山黑石窟中，處於閑靜，勤行精進，以不放逸，斷於我見，得時解脫，自身作證，復還退失。比丘念言，我今獨處，修行精進，六返退失，若更退失，以刀自割。魔王波旬知佛在王舍城毘婆波世山七葉窟中，瞿曇弟子名曰求悳，亦在王舍城獨住仙山黑石窟中，勤行精進，心不放逸，得時解脫，自身作證。得已，退失，如是六返。

深山石窟

《雜寶藏經》卷六　時長者子，不順其命，恣行放逸，既損家業，財物散失，僮僕逃逝，而無所依。時彼老母，心懷憂惱，遂得重病，即便終歿。其子貧窮，無所恃怙，遂投山谷拾薪採菓，貨鬻自給。彼時遇雪入石窟中，權自憩息，然此窟中是昔國王藏七寶所，無能知者，經數百千年，逈絕人跡。時彼貧人，業因緣故，偶入窟中，見無量金，心大歡喜，得未曾有。因而分割若干分金，造立舍宅，若干分金，爲娶妻財。如是奴婢，如是象馬，隨心所欲，皆如其意。作是計時，有諸群賊爲趁走鹿到於窟前，見此貧人，以金分配，遂捨其鹿，殺人取金。愚癡凡夫，亦復如是。深著世樂，不樂出離，深山石窟，如世舍宅，伏藏金寶，猶如善根。琰魔使者，即是群賊，隨業受報。墮三惡道。不聞父母三寶名字喪失善根，以是因緣，應當厭離，發於無上大菩提心，出家修道，希成妙覺。

羅刹石窟

《佛說觀佛三昧海經》卷七　爾時，如來即便微笑，口出無量百千光明，一一光中無量化佛，一一化佛萬億菩薩以爲侍從。時彼龍王於其池中，出七寶臺奉上如來，唯願天尊受我此臺。爾時世尊告龍王曰，不須此臺，汝今但以羅刹石窟，持以施我。時梵天王無數天子先入窟中，時彼龍王以諸雜寶以莊挍窟。佛告阿難，汝敕龍王淨掃石窟。諸天聞已，各脫寶衣競以拂窟。爾時如來還攝身光，卷諸化佛來入佛頂。爾時如來，敕諸比丘皆在窟外，唯佛獨入自敷坐具，敷坐具時，令此石山暫爲七寶。時羅刹女及以龍王，爲四大弟子尊者阿難，造五石窟。

入山石窟

《阿育王經》卷六　入山石窟中深，四面有石，中心有土，如人掃地處，此是聖人成道之處，地中心有異花出，其地第一。此作壇持呪，定得感諸如來，應持戒比丘得此地法，非持戒不得於此地愼之。

鼓山石窟

道宣《續高僧傳》卷二五　客云，藉亂不少，何容更煩。通固留之，作衣遺已，臨別執通手誡曰，修道不欺暗室。法師前以酒見及，恐傷來意，非正理也。從今已往，此事宜斷，頗曾往鼓山石窟寺不。小僧住下舍小寺，正在石窟北五里，當繞澗驛東，有一小谷，東即竹林寺，有緣之次念相訪也。通敬謝前誡，當必往展。於是而別。至明年夏初，以石窟山寺僧往者希，遂減莊嚴，定國興聖總持等官寺，百餘僧爲一番。通時爾夏預居石窟，意訪竹林。乃大集客主，問寺所在。衆皆大笑誡通，勿傳此妖言，竹林竟無適莫，乃流俗之恆傳耳。通惟客僧見投，非常欸遇言及斯事，計非虛指。衆亦異焉，乃各賫香花與通俱行。至寺北五里小谷，東出劣通人逕，行可五里昇于山阜，見一老公，手巾襪額布裾短褐，執钁開荒二十餘畝，遙見群僧放馬而前曰，何處道人不依徑路。僧云，住在石窟，欲向竹林。

造石窟

道宣《廣弘明集》卷二　熙平元年，詔遣沙門慧生，使西域採經律涉七載，正光三年冬還，所獲經論一百七十部。景明初，世宗詔大長秋卿準代京靈巖寺石窟，於洛南伊闕山爲高祖文昭皇太后營石窟二所，去地三百一十尺。後以斬山太高，費功難就，奏移就下平，去地一百尺，南北一百四十尺。永平中，爲世宗造石窟一凡三所，從景明元年至正光四年二十四載方成，用功八十萬二千三百六十六。

祇樹花林窟

《長阿含經》卷一　一時，佛在舍衛國祇樹花林窟，與大比丘衆千二百五十人俱。

因陀娑羅窟

《長阿含經》卷一〇　一時，佛在摩竭國菴婆羅村北，毘陀山因陀娑羅窟中。

爾時，釋提桓因發微妙善心，欲來見佛，今我當往至世尊所。時，諸忉利天聞釋提桓因發妙善心，欲詣佛所，即尋詣帝釋，白言，善哉。帝釋。發妙善心，欲詣如來，我等亦樂侍從詣世尊所。

乾陀摩訶術窟

《大樓炭經》卷一　過七仙人婆羅門北，有山名乾陀摩訶術，中有兩窟，一者名畫，二者名善畫，以七寶作之，金銀琉璃水精赤眞珠車璩馬瑙，細軟如綿衣。畫善畫窟北，有樹王名善住，有八千樹王，圍繞之。善住王樹下，有象王，名善住，在下止，有八千象，周匝圍繞之。善住王樹北，有浴池名摩那摩，以七寶金銀水精琉璃赤眞珠車璩馬瑙作塹壘之，邊有八千浴池，周匝圍遶，其水皆涼冷，美軟且清，其底沙皆金，以七寶金銀水精琉璃赤眞珠車璩馬瑙作七重欄楯，七重交露，七重行樹，周匝圍遶。其池甚妙好，金欄楯者金柱栿銀桄，銀欄楯者銀柱栿金桄，琉璃欄楯者琉璃柱栿水精桄，水精欄楯者水精柱栿琉璃桄，赤眞珠欄楯者赤眞珠柱栿馬瑙桄，馬瑙欄楯者馬瑙柱栿赤眞珠桄，車璩欄楯者車璩柱栿一切寶桄，金交露者銀垂珞，銀交露者金垂珞，琉璃交露者水精垂珞，水精交露者琉璃垂珞，赤眞珠交露者馬瑙垂珞，馬瑙交露者赤眞珠垂珞，車璩交露者一切寶垂珞，皆以七寶作，甚姝好。金樹者金枝根銀莖葉華實，銀樹者銀枝根金莖葉華實，琉璃樹者琉璃根枝水精莖葉華實，水精樹者水精根枝琉璃莖葉華實，赤眞珠樹者赤眞珠根枝馬瑙莖葉華實，馬瑙樹者馬瑙根枝赤眞珠莖葉華實。車璩樹者車璩根枝一切寶莖葉華實，以七寶作，皆姝好。摩那摩池周匝四面，以七寶金銀水精琉璃赤眞珠車璩馬瑙作，金陛銀桄，銀陛金桄，水精陛琉璃桄，琉璃陛水精桄，赤眞珠陛馬瑙桄，馬瑙陛赤眞珠桄，車璩陛一切寶桄，以七寶作，甚姝好。陛上有曲箱蓋，欄楯上有交露，樓觀下有園觀舍宅，有浴池。樹生種種華，種種實，出種種香，中有種種飛鳥，相和悲鳴。摩那摩池中，有青蓮華，黃蓮華，白蓮華，赤蓮華，中有紅色者，金色者，青色者，黃色者，赤色者，白色者，種種雜色者。其華周匝大如車輪，其莖周匝如車轂，其華斷者出其汁如乳，其味如蜜。善住象王，念欲入池中洗浴相娛樂時，即念八千象王。

香山寶窟

《起世經》卷一　諸比丘。雪山南面，不遠有城，名毘舍離。毘舍離北，有七黑山，七黑山北，有香山。於香山中，有無量無邊緊那羅住，常有歌舞音樂之聲。其山多有種種諸樹，其樹各出種種香熏，大威德神之所居止。諸比丘。彼香山中有二寶窟，一名雜色，二名善雜色，殊妙可愛，乃至瑪瑙七寶所成，各皆縱廣五十由旬，柔軟滑澤，觸之猶若迦旃連提迦衣。諸比丘。有一乾闥婆王，名無比喻，與五百緊那羅女，在雜色，善雜色二窟中住，具受五欲，娛樂遊戲，行住坐起。諸比丘。二窟之北，有大娑羅樹王，名爲善住，別有八千娑羅樹林，周匝圍遶。彼善住娑羅林下，有一龍象，亦名善住，遊止其中。色甚鮮白，如拘牟陀華，七支拄地，騰空而行，頂骨隆高，如因陀羅瞿波迦蟲。其頭赤色，具足六牙，其牙纖利，金沙廁塡。復有八千諸餘龍象，以爲眷屬，其色悉白，如拘牟陀華，七支拄地，乃至悉以金塡其牙。於善住娑羅林北，爲善住大龍象王出生一池，名曼陀吉尼，縱廣正等五十由旬，其水涼冷，甘美澄清無諸濁穢，乃至藕根大如車軸，破之汁出，色白如乳，味甘若蜜。諸比丘。曼陀吉尼池側，周匝更有八千諸池，四面圍遶，一一皆如曼陀吉尼，無有異也。

毘陀山因臺娑羅窟

《悲華經》卷一〇　善男子。又一時中，釋迦如來成無上道未久之間，爲欲調伏諸眾生故，在毘陀山因臺娑羅窟，七日七夜結加趺坐，三昧正受入解脱樂，佛身爾時遍滿是窟間無空處乃至四寸。過七日已，十方世界有十二那由他菩薩摩訶薩，至娑婆世界住其山邊，欲見釋迦牟尼如來，供養，恭敬，尊重，讃歎，啟受妙法。

善男子。爾時如來於所住處，以大神足，令其窟舍寬博無量，悉得容受十二那由他菩薩摩訶薩。諸菩薩等既得入已，見其窟舍廣博嚴事，有諸菩薩，以師子遊戲自在神足供養於佛，一一菩薩於化寶座而坐聽法。善男子。彼佛神力其事如是。是諸菩薩得聞法已，尋從坐起，頭面禮佛，右遶三匝，各各還歸本佛世界。其去未久，窟還如故。

彼四天下第二天主，釋提桓因名憍尸迦，其命將終必定當墮畜生道中，以是事故，心生恐懼，與八萬四千諸忉利天，俱共來下。詣因娑羅窟欲見如來。時有夜叉，名曰王眼，即其窟神在外而住。爾時帝釋以佛力故，作是思惟，今我當使乾闥婆子般遮旬，先至佛所，以妙音聲讃詠如來，當令世尊，從三昧起。善男子，釋提桓因思惟是已，即令乾闥婆子般遮旬，彈琉璃琴，以微妙音，其音別異，有五百種，以讃如來。

海中莊嚴窟

《大般涅槃經》卷三〇　大海之中，復有住處，名莊嚴窟，從昔已來，諸菩薩眾於中止住。毘舍離南有一住處，名，善住根，從昔已來，諸菩薩眾於中止住。摩度羅城有一住處，名，滿足窟，從昔已來，諸菩薩眾於中止住。俱珍那城有一住處，名曰，法座，從昔已來，諸菩薩眾於中止住。清淨彼岸城有一住處，名，目眞隣陀窟，從昔已來，諸菩薩眾於中止住。摩蘭陀國有一住處，名，無礙龍王建立，從昔已來，諸菩薩眾於中止住。甘菩遮國有一住處，名，出生慈，從昔已來，諸菩薩眾於中止住。震旦國有一住處，名，那羅延窟，從昔已來，諸菩薩眾於中止住。疏勒國有一住處，名，牛頭山，從昔已來，諸菩薩眾於中止住。迦葉彌羅國有一住處，名曰，次第，從昔已來，諸菩薩眾於中止住。增長歡喜城有一住處，名，尊者窟，從昔已來，諸菩薩眾於中止住。菴浮梨摩國有一住處，名，見億藏光明，從昔已來，諸菩薩眾於中止住。乾陀羅國有一住處，名，苫婆羅窟，從昔已來，諸菩薩眾於中止住。

禪定窟

《大般涅槃經》卷三〇　師子吼言，如來何故，入禪定窟。善男子，爲欲度脱諸眾生故。未種善根者令得種故。已種善根者得增長故。善果未熟令得熟故。爲已熟者説趣阿耨多羅三藐三菩提故。輕賤善法者令生尊重故。諸有放逸者令離放逸故。爲與文殊師利等諸大香象共論議故。爲欲教化樂讀誦者深愛禪定故。爲以聖行梵行天行教化眾生故。爲觀不共深法藏故。爲欲呵責放逸弟子故。如來常寂，猶尚樂定，況汝等輩，煩惱未盡，而生放逸。爲欲呵責諸惡比丘受畜八種不淨之物，及不少欲不知足故。爲令眾生尊重所聞禪定法故。以是因緣入禪定窟。

須彌山窟

《正法念處經》卷三一　須彌山窟，第一眾寶，以爲莊嚴，其地柔軟。七寶高峯，其高峯中，眾華妙香，周匝嚴飾，隨念而生。復有異處，燈樹莊嚴，如意之樹，百千光明，莊嚴奇特。百千天女，以爲圍遶，歌眾妙音，共相娛樂。如是天眾，隨所觸見，皆受快樂。耳聞眾音，心皆愛樂，若聞諸香，無量功德，皆悉具足。若以身觸，無不愛樂，隨心所念，一切皆得，無有因緣能奪其樂。如是天子，百千天女，而爲圍遶，共餘天眾，往詣山峯。其峯名曰，一切勢力，一切皆是如意之樹。莊嚴山峯，流泉河池，生眾蓮花，以爲莊嚴。無量百千天眾圍繞，毘琉璃寶，以爲樹枝，遍覆其上，百千重閣，以爲莊嚴。無量眾鳥，出妙音聲，以善業故。此山峯中，成就如是種種諸樂，善業爲本，非無因生，亦非他作，此人受報，非自在天歡喜故與。

堤彌沙窟

《正法念處經》卷六八　過此海已，有一大山，名涅蜜沙。山中有窟，名堤彌沙，黑暗之窟。窟中多有化生龍女，初夜化生，端正具足，莊嚴其身，壽命一夜，於日出時，則皆老死，殺生餘業，故受斯報。過此山已，復有一山，名曰蘇摩祇利，縱廣五百由旬。過此山已，有一大山，名須彌等，縱廣五百由旬。於此山北，有一大林，名吱多迦林。有羅刹，名曰惡夢。住在此林，其行速疾，於眴目頃，能行至於百千由旬，爲諸衆生，作不利益，作不安樂。

藥叉窟

《普遍光明清淨熾盛如意寶印心無能勝大明王大隨求陀羅尼經》卷下　復次，大梵烏禪那城有王，名曰梵施。彼有一人，犯王重罪。王勑殺者一人領彼罪人將往山中令斷其命，殺者受敎，領彼罪人，至於山窟，將刀欲殺。是其罪人先於右臂，帶此隨求無能勝陀羅尼，心復憶念。由此大明威力，其刀光焰狀如火聚，片片段壞猶如微塵。爾時殺者見此事已，怪未曾有，即以上事具白於王。其王聞已便生大怒，復勑殺者，將此罪人送藥叉窟。於彼窟中，有衆多藥叉，令食此罪人。受王勑已，即領罪人送藥叉窟，纔送窟中。時，藥叉衆歡喜，踴躍奔走向前，欲食罪人，以彼罪人帶大隨求威德力故。時衆藥叉見彼罪人身上有大光明熾盛晃曜，諸藥叉衆悉皆驚怖，各作是念，此火欲來燒我。彼藥叉衆見是事，已甚大驚怖，送此罪人，安窟門外，旋遶禮拜。

大醍醐山石窟

玄奘《大唐西域記》卷二　是時，優波笈多，初所説法，已次第説，所謂四諦。是時，無數人有得阿那含果，斯陀含果，須陀洹果，乃至一萬八千人出家思惟坐禪精進修道得阿羅漢果，於大醍醐山有石窟，長十八肘廣十二肘。是時，諸弟子已作所作竟，長老優波笈多語諸弟子，諸弟子中我已敎化證阿羅漢果。得阿羅漢者取四寸籌置石窟中，乃至一日中有萬八千阿羅漢，取籌置石窟中，是時乃至海邊大地廣聞名聲，知摩偸羅國有優波笈多，教化第一佛之所記。

影　窟

玄奘《大唐西域記》卷二　伽藍西南，深澗陗絶，瀑布飛流，懸崖壁立。東崖石壁有大洞穴，瞿波羅龍之所居也。門徑狹小，窟穴冥闇，崖石津滴，磎徑餘流。昔有佛影，煥若眞容，相好具足，儼然如在。近代已來，人不遍覩，縱有所見，髣髴而已。至誠祈請，有冥感者，乃暫明視，尚不能久。昔如來在世之時，此龍爲牧牛之士，供王乳酪，進奉失宜。既獲譴責，心懷恚恨，即以金錢買華，供養受記窣堵波，願爲惡龍，破國害王。即趣石壁，投身而死，遂居此窟，爲大龍王，便欲出穴，成本惡願。適起此心，如來已鑒，愍此國人爲龍所害，運神通力，自中印度至。龍見如來，毒心遂止，受不殺戒，願護正法。因請如來，常居此窟，諸聖弟子，恆受我供。如來告曰，吾將寂滅，爲汝留影，遣五羅漢，常受汝供。正法隱沒，其事無替。汝若毒心奮怒，當觀吾留影，以慈善故，毒心當止。此賢劫中，當來世尊，亦悲愍汝，皆留影像。

影窟門外有二方石，其一石上有如來足蹈之迹，輪相微現，光明時燭。影窟左右多諸石室，皆是如來諸聖弟子入定之處。影窟西北隅有窣堵波，是如來經行之處。其側窣堵波有如來髮爪。隣此不遠，有窣堵波，是如來顯暢眞宗，説蘊界處之所也。影窟西有大盤石，如來嘗於其上濯浣袈裟，文影微現。

莫高窟

闕名《燉煌錄》　次東入瓜州界，州南有莫高窟，去州二十五里。中過石磧，帶山坡至彼，斗下谷中。其東即三危山，西即鳴沙山，中有自南流水，名之宕泉。古寺僧舍絶多，亦有洪鐘。其谷南北兩頭有天王堂及神祠，壁畫吐蕃贊普部從。其山西壁南北二里，並是鐫鑿高大沙窟，塑畫佛像，每窟動計費稅百萬。前設樓閣數層，有大像堂殿，其像長一百六十尺。其小龕無數，悉有虚檻通，連巡禮遊覽之景。次南山有觀音菩薩會現之處，郡人每詣彼，必徒行來往，其恭敬如是。鳴沙山去州十里，其山東西八十里，南北四十里，高處五百尺，悉純沙聚起，此山神異，峯如削成。其間有井，沙不能蔽，盛夏自鳴，人馬踐之聲振數十里。風俗端午日，城中子女皆躋高峯，一齊蹙下，其沙聲吼如雷，至曉看之，峭崿如舊，古號鳴沙，神沙而祠焉。近南有甘泉。自沙山南，其上源出大雪山，於西南壽昌縣界入燉煌，以其沃潤之功，俗號甘泉。

伽耶山

道宣《釋迦方志》卷下　城西南六里許，伽耶山也。谿谷杳冥世謂靈岳，自古君王登封告成也。頂有石塔高百餘尺，時放奇光，佛於此說寶雲等經。

山東南尼連河減二里許，至鉢羅笈菩提山，言前正覺也，佛將證先登因名也。

屈屈吒播陀山

道宣《釋迦方志》卷下　如雪山北有國，坐春坐秋者，意以一年之內多濕熱處，制三月住，就中前後一月延促不定。若據修道何時不安，故三時遊行通制有罪，必有緣務亦開兼濟，不執也。菩提樹院，東渡尼連河，大林中塔北池者，佛昔爲香象子，侍盲象母處，前建石柱。昔迦葉波佛於此宴坐，側有四佛行坐跡，林中小石柱，是欝頭藍發惡願處。又東度莫訶東大林野，行百餘里，至屈屈吒播陀山（言雞足也）。亦謂窶盧播陀山（言尊足也）。直上三峯，狀如雞足，峭絕孤起，迥然空表，半下茂林，半上蔓草。尊者大迦葉波，於中寂定，故因名焉。初佛以姨母織成金縷袈裟，傳付慈氏佛，令度遺法四部弟子迦葉承旨。佛涅槃後第二十年，捧衣入山以待慈氏，上有一塔，靜夜望之明炬自照。雞足山東北百餘里，至佛陀伐那山，北崖大石室，佛止數年旁有磐石，帝釋摩檀塗佛，今猶芬烈。從空谷東出三十餘里，申瑟知林（言杖林也）滿山谷，昔有人以丈六竹杖量佛，而恆出杖表，因投杖而去，遂生根而被山焉，中有一塔，佛曾七日說法處。林中有勝軍居士，以香末爲泥作五六寸塔，上書經文名法舍利也。三十年間晝夜無怠，凡作七億每一億小塔，作一大塔盛之，請僧法會稱慶其事皆放光明。杖林西南十餘里，大山陽二溫泉甚熱，佛化浴焉，遠近沐者沈痾皆愈。側有佛經行像塔，林東南七里許，大山嶺上石塔，佛於此兩三月，爲天人說法。頻毘婆羅王疊石爲道，廣二十餘步長四里許。大山東北四里許，至孤山仙人室也。又東北五里，小孤山壁石室可坐千人，佛於此三月說法，室上磐石梵釋於此摩檀塗佛，今猶鬱烈。

室西南隅巖岫，即阿素落宮，石室側頻毘王往佛所棧道，斷石通路長五里許作階也。又東行六十餘里，至矩奢揭羅補羅城（此云茅城）。上茅宮城即摩竭陀之正中也，多出香茅，國中最勝，古來諸王都其山，城門闕在焉，因香爲名，崇山四周以爲外郭，西通狹徑北闢山門，東西長周迴一百五十里，樹華含茂皆作金色，內城周三十餘里，城內荒涼都絕人物。北門外塔，佛舒手現五師子，伏提婆醉象處。又東北塔，是舍利子聞馬勝比丘說法證道處。

塔北大深坑旁塔，是室利毱多（言勝蜜也），設火坑以害佛處。坑東北山城之曲有塔，是縛迦醫王宅，爲佛建說法堂，周垣華果蘗株尙在，佛多止中。宮城東北十五里許，至姞栗陀羅矩吒山（言鷲峯亦鷲臺，古耆闍崛也），接北山陽，孤起頂上東西長臨崖，西陲甎室廣高奇製，其戶東開，佛住世五十年，多居斯室說法，今作等佛身像，昔影堅王爲聽法故，自山至峯跨谷陵巖，編石爲道階，凡六里廣十餘步，從杖林石室至此，三階即猶存焉。階側二小塔，一令王下，一簡凡人，其上精舍東長石，佛曾經行履之。旁有大石高丈四五，廣三十餘步，是提婆所擲佛者。其南崖下塔，佛此說法華經處。

精舍南山崖大石室，佛於此入定，阿難別室魔怖之，佛以手通石摩頂，見有通穴。精舍東北大石澗大磐石，佛曬衣處，文今明徹，旁有佛跡輪文入石，北山頂塔，佛望摩揭城，七日說法處。山城北門西有毘布羅山，西南崖陰昔有五百溫泉，今猶數十尙兼冷暖，源發雪山無熱惱池潛流出此，猶淸且美味同本池，並彫石爲師子之首，石以周流下乃編石爲池，浴者病差，諸有僧寺多取飲之，以水沐髮終身常淨，使人王玄策曾以沐首，經今五載髮常潤淨不可思議。泉左右塔及精舍故基羅列，並四佛行坐跡，此中山林相兼隱者見處，泉西卑鉢羅石室佛昔恆居，後壁洞穴是阿素洛宮，此毘布羅山上塔，是佛說法處，今露形外道居之。山城北門左南崖陰，東行三里許大石室，調達入定處。室東有班血磐石，上古有比丘修定不證，自刺頸便證羅漢，升空化火自焚處。崖上石塔，習定者投崖證果處。北門外一里餘，至迦蘭竹園精舍，石基甎室東開，佛多止中，室尙存矣，今有等佛身像。竹園東大塔，是阿闍多設咄路（云未生怨），即闍王也，得舍利分所建，後無憂王開之別建諸塔，餘在者時放光焉，側有佛經行處，東有阿難半身塔，竹園西南六里許，南山陰大竹林中大石室，是大迦葉波與千羅漢，於此集三藏處，僧中上座即號上座部焉。室西北塔是阿難受責證果處，名證果塔也。

跋邏末羅耆釐山

道宣《釋迦方志》卷下　憍薩羅國（中印度）周六千餘里，山嶺周境林藪連接，城周四十餘里邑里相望，大信佛法，寺百餘僧減萬數並學大乘，天祠七十異道雜居。城南故寺塔，佛曾現通伏外道處，後龍猛菩薩止此寺中。又西南三百餘里，有跋邏末羅耆釐山（云黑蜂也），岌然特上峯陗斗絕，既無崖谷宛如全石，其國昔有引正王，爲菩薩鑿山造寺。去山數十里，鑿開孔道，當山下仰穿疎石，長廊步檐，崇臺重閣，閣有五層，層有四院，並有精舍，妙窮工巧。從山頂上，飛泉流注，重疊交通，疎竅引明，其內通朗。人力既竭，府藏又盡，其功未半，王甚憂之。龍猛密以神藥，滴諸大石並變爲金。王見喜勇遂營得就，於五層中各鑄四大金像量等佛身，餘尙積庫。因僧有諍工人用費並散傾久，今惟淨人守護其數極多，彌密其穴不可輒見。又結法藏後，一切諸經並此山中，不許持出。近有引醫方者，入中療病後蒙面而出，故罕有達者。從南林行九百餘里至。

案，達羅國（南印度）周三千餘里，都城二十餘里寺二十僧三千餘。

石城山

道宣《釋迦方志》卷下　魏氏洛京明帝胡后，造永寧浮圖，去地千尺，閻浮一洲無勝斯塔，後爲天震緣略同前，有人東海亦見其相。又魏氏北臺恆安石窟，三十里內連次而列，高二十餘丈內受千人終劫不朽，震旦海曲神州諸山，往往聖寺感見非一，且述三兩用爲實錄。昔晉太元初，有燉煌沙門竺曇猷，乞食坐禪強志勤業，遊會稽剡縣石城山。群虎來前猷爲說法，一虎獨睡，乃以如意打頭，有十圍蛇繞之，初無怖色。又山神捨宅與之，又往赤城山宴坐，此山與天台瀑布四明連屬。父老云，天台山有聖寺，猷往尋之。石橋跨谷，青滑難渡，橫石斷路，無由得達。夕宿橋首，聞彼行道唱薩聲，便潔齋自勵，忽見橫石洞開，猷便前度具覩精舍。神僧燒香中食畢，謂曰，卻後十年自當來此。又有齋鄴下大莊嚴寺，沙門圓通者，感一神僧夏中聽講，自恣訖辭云，在竹林寺邀通過寺，通具問道。經明年尋至，在鼓山東鄴之西北，神僧迎接，具見門闕，房宇華敞，林竹切天，經宿周流，意言道合，便有終焉之思。神僧爲諮大和上，乃不許之，及還返路。三里之外返望莫覩，後之往者不知其處。近鄧州沙門道勤者，於州北倚立山，追訪仙寺如言具見，周循歷覽，實爲佳寺。眾具皆備，但不見人，卻下重尋，便失歸路。乃於道次築室擬尋。又汾州東界山抱福巖者，山居之僧，數見沙門乘空來往。

三學山

道宣《釋迦方志》卷下　又益州東三學山，常有神燈空中照耀，齋日倍多。又涼州南洪崖窟，沮渠蒙遜所造碑，寺見存有素聖僧常自行道，人來便止人去尋行，故其傍側足跡，納衲爾斯徒眾矣，不可具云。余聞入大乘論尊者，賓頭盧羅睺羅等，十六大阿羅漢住世通法。又有九億無學，亦此洲中未入涅槃，準此而詳。今諸山居，多聞磬聲，或尋遇寺，豈非諸聖之所處乎。

三危山

闕名《燉煌錄》　効穀城本是漁澤，漢孝帝時，崔不意教人力田得穀，因名，後爲縣。貳師泉去沙城東三程，漢時李廣利軍行渴乏，祝山神以劍劄山，因之水下，流向西數十里黃章泊。後有將，渴甚飲水，泉側而終，水遂不流，祇及平地。後來若人多即水多，若人少即水少，若郡眾大噉水則猛下，至今如然。其二師廟在路傍，久廢，但有積石，駝馬行人祈福之所。次東入瓜州界，州南有莫高窟。去州二十五里，中過石磧，帶山坡至彼，斗下谷中，其東即三危山，西即鳴沙山，中有自南流水，名之宕泉，古寺僧舍絕多，亦有洪鐘。其谷南北兩頭有天王堂及神祠，壁畫吐蕃贊普部從。其山西壁南北二里，並是鐫鑿高大沙窟，塑畫佛像，每窟動計費稅百萬，前設樓閣數層，有大像堂殿，其像長一百六十尺，其小龕無數，悉有虛檻通，連巡禮遊覽之景。次南山有觀音菩薩會現之處，郡人每詣彼，必徒行來往，其恭敬如是。鳴沙山去州十里，其山東西八十里，南北四十里，高處五百尺，悉純沙聚起，此山神異，峯如削成。其間有井，沙不能蔽，盛夏自鳴，人馬踐之聲振數十里，風俗端午日，城中子女皆躋高峯，一齊蹙下，其沙聲吼如雷，至曉看之，峭崿如舊，古號鳴沙，神沙而祠焉。近南有甘泉，自沙山南，其上源出大雪山，於西南壽昌縣界入燉煌，以其沃潤之功俗號甘泉。

石膏山

闞名《燉煌錄》 石膏山在州北二百五十六里，烏山烽山石，間出其膏。開皇十九年，烏山變白，中驗不虛。遣道士皇甫德琮等七人，祭醮，自後望如雪峯。

金鞍山

闞名《燉煌錄》 金鞍山在沙山西南，經夏常有雪，山中有神祠，甚靈，人不敢近。每歲土主望祀獻駿馬，驅入山中，稍近立致雷電風雹之患。州西南有李先王廟，即西涼昭王先世之廟。乾封年，廟側得瑞石，其色翠碧，有赤文古字云，卜世三十，卜年七百。今人呼爲李廟。

蓬萊山

楊衒之《洛陽伽藍記》卷一 建春門內御道南，有句盾典農籍田三署，籍田南有司農寺，御道北有空地，擬作東宮，晉中朝時，太倉處也。太倉南有翟泉，周迴三里，即春秋所謂王子虎晉狐偃盟於翟泉也。水猶澄清，洞底明靜，鱗甲潛藏，辨其魚鼈。高祖於泉北置河南尹，中朝時步廣里也。泉西有華林園，高祖以泉在園東，因名蒼龍海。華林園中有大海，即漢天淵池，池中猶有文帝九華臺，高祖於臺上，造清涼殿。世宗在海內作蓬萊山，山上有仙人館，上有釣臺殿，並作虹蜺閣，乘虛來往，至於三月禊日季秋已辰，皇帝駕龍舟鷁首遊於其上。海西有藏氷室，六月出氷以給百官，海西南有景山殿。山東有羲和嶺，嶺上有溫風室。山西有姮娥峯，峯上有露寒館，並飛閣相通，凌山跨谷。山北有玄武池。山南有清暑殿。殿東有臨澗亭殿，西有臨危臺，景陽山南有百果園，果列作林，林各有堂。有仙人棗長五寸，把之兩頭俱出，核細如鍼，霜降乃熟，食之甚美。俗傳云，出崑崙山，一曰西王母棗。又有仙人桃，其色赤表裏照徹，得霜即熟，亦出崑崙山，一曰王母桃也。奈林南有石碑一所，魏明帝所立也，題云，苗茨之碑，高祖於碑北作苗茨堂。永安中年，莊帝馬射於華林園，百官皆來讀碑，疑苗字誤。國子博士李同軌曰，魏明英才，世稱三公，祖幹宣爲其羽翼。但未知本意，如何不得言誤也。雒之時爲奉朝請因即釋曰，以蒿覆之故，言苗茨何誤之。有眾咸稱善，以爲得其旨歸。奈林西有都堂，有流觴池，堂東有扶桑海，凡此諸海皆有石竇，流於地下，西通穀水，東連陽渠，亦與翟泉相連。若旱魃爲害穀水，注之不竭，離畢滂潤陽穀，泄之不盈。至於鱗甲異品，羽毛殊類，濯波浮浪，如似自然也。

葱嶺山

楊衒之《洛陽伽藍記》卷一 神龜二年七月二十九日入朱駒波國，人民山居，五穀甚豐，食則麵麥，不立屠殺，食肉者以自死肉，風俗言音與于闐相似，文字與波羅門同，其國疆界可五日行遍。八月初，入漢盤陀國界，西行六日，登葱嶺山，復西行三日，至鉢盂城。三日至，不可依山，其處甚寒，冬夏積雪，山中有池，毒龍居之。昔有商人，止宿池側，值龍忿怒，呪殺商人。盤陀王聞之，捨位與子，向烏場國，學婆羅門呪。四年之中盡得其術，還復王位復呪池龍。龍變爲人悔過向王，即徙之葱嶺山去此池二千餘里。今日國王十三世祖，自此以西山路欹側，長坂千里，懸崖萬仞，極天之阻，實在於斯。太行孟門匹茲非險，崤關壠坂方此則夷，自發葱嶺步步漸高，如此四日，乃得至嶺，依約中下實半天矣。漢盤陀國正在山頂，自葱嶺已西水皆西流，世人云是天地之中，人民決水以種，聞中國田待雨而種，笑曰，天何由可共期也。城東有孟津河，東北流向沙勒，葱嶺高峻不生草木。是時八月天氣已冷，北風驅雁，飛雪千里。九月中旬入鉢和國，高山深谷嶮道如常，國王所住因山爲城，人民服飾惟有氈衣，地土甚寒，窟穴而居，風雪勁切，人畜相依。國之南界有大雪山，朝融夕結，望若玉峯。

廬　山

陳舜俞《廬山記》卷一　案太史公曰，余南登廬山，觀禹九江。前漢《郊祀志》云，乾封中，武帝浮江，自尋陽出，樅楊過彭蠡，禮其名山大川。《桑欽水經》云，廬江出三天子都，北過彭蠡縣。釋惠遠《廬山略記》曰，山在江州尋陽，南濱宮亭，北對九江，九江之南，江爲小江，山去小江三十餘里，左挾彭蠡，右傍通川，引三江之流，而據其會。《山海經》云，廬江出三天子都，一曰天子障故舊語，以所濱爲彭蠡。有匡俗先生者，出自殷周之際，遯世隱時潛居其下，或云俗受道仙人，共遊此山，遂託空崖，即巖成館，故時人謂其所止爲神仙之廬，因以名山焉。其山大嶺凡有七重，圓基周回垂五百里，風雲之所攄，江湖之所帶，高崖反宇，峭壁萬尋，幽岫窮巖，人獸兩絕。天將雨則有白氣先摶，而瓔珞於嶺下，及至觸石吐雲，則倏忽而集，或大風振崖，逸響動谷，群籟競奏，奇聲駭人，此其變化不可測者矣。眾嶺中第三嶺極高峻，人跡之所罕經也。昔太史公東游，登其峯而遐觀，南眺三湖，北望九江，東西肆目，若涉天庭焉。其嶺下半里許，有重巘，上有懸崖，傍有石室，即古仙之所居也。其後有巖，漢董奉館於巖下，常爲人治病，法多奇神，絕於俗醫，病愈者令栽杏五株，數年之中，蔚然成林。計奉在民間二百年，容狀常如二十時，俄而昇舉，遂絕迹於杏林。其北嶺西崖常有懸流，淫霪激勢相趣，百餘仞中雲氣映天，望之若山在霄露焉。其南嶺臨宮亭湖，下有神廟，即以宮亭爲號，安侯世高所感化事在敘。山北篇七嶺同會，於東共成峯崿，其崖窮絕，莫有昇之者。有野夫見人著沙門服，淩虛直上，既至則回身踞鞍，良久乃與雲氣俱滅，此似得道者，當時能文之士，咸爲之異。又所止多奇觸象有異，北背重阜，前帶雙流，所背之山左有龍形，而石塔基焉，下有甘泉涌出，冷暖與寒暑相變，盈減經水旱而不異，尋其源，似出於龍首也。南對高岑上有奇木，獨絕於林表數十丈。其下似一層佛浮圖，白鶴之所翔，玄雲之所入也。東南有香爐山，孤峯秀起，遊氣籠其上，則氣若香煙，白雲映其外，則昺然與眾山殊別，天將雨，其下水氣涌起，如車馬蓋，此即龍井之所吐。其左有翠林，青雀白猿之所憩，玄鳥之所蟄。西有石門，其前似雙闕，壁立千餘仞，而瀑布流焉。其中鳥獸草木之美，靈藥方物之奇，焉可得勝名哉，略舉其異耳。劉昭注《續漢志》，酈道元注《水經》，並用惠遠語。又《豫章舊志》云，俗字君平，夏禹之苗裔也，或曰字君孝，父東野王與吳芮佐漢定天下，而亡漢封俗於鄡陽，曰越廬君，俗兄弟七人，皆好道術，遂寓精於洞庭之山，故謂之廬山。張僧鑒《尋陽記》云，山南有三宮，所謂天子都也，廬宮溪水出焉，上宮人所不至。有三石梁，長十餘丈，闊纔盈赤，其下無底，其中宮在別巖，悉是文石。兩邊有小圓峯，奇特號爲右障峯，石形若羊馬來道。相對下宮，彭蠡湖際宮亭廟舊所也，山高二千三百六十丈，周回二百五十里，其山九疊，川亦九派。《郡國志》曰，廬山疊障九層，崇高萬仞，懷靈抱異，包諸仙跡。《尋陽記》又云，秦始皇十七年，東登廬山，以望九江，至上霄峯，以與霄漢相接，因命之。峯後有刻石云，是夏禹所刻，丈赤里數，文字不可辨。伏滔《遊山序》曰，廬山者江陽之多獄，其大形也，背岷流面彭蠡，蟠根所據，亘數百里，重嶺桀嶂，仰插雲日，俯瞰川湖之流焉。王彪之《山賦敘》曰，廬山彭澤之山也，雖非五嶽之數，穹隆嵯峨，實峻極之名山也。孫放《山賦》曰，尋陽南有廬山，九江之鎮也，臨彭蠡之澤，接平敞之原。張野記曰，天將雨，則有白雲，或冠峯巖，或亘中嶺，俗謂之山帶。不出三日必雨，每雨其下成潦，而上猶皎日。峯頭有大盤石，可坐數百人，以上皆述此山也。宋支曇諦賦云，昔哉壯麗峻極，氤氳包靈奇，以藏器蘊絕峯乎青雲，景澄則巖岫開鏡，風生則芳林流芬，嶺奇故神明鱗萃，略絕故人跡自分。嚴清升山於玄崖，世高垂化於邦亭，應眞凌雲以踞峯，眇忽翳景而入宜。咸豫聞其清塵，妙無得之稱名也。若其南面巍峒，北背芳蒂，懸霤分流以飛湍，七嶺重嶸而疊勢，映以竹柏，蔚以榧松，縈以三湖，帶以九江，嗟四物之蘭森，爽獨秀於玄冬，美二流之潺湲，津百川之所衝。峭門百尋，峻闕千仞，香鑪吐雲以像煙，甘泉涌霤而先潤。梁元帝序曰，夫日月麗天皇穹，所以貞觀。川嶽帶地后土，所以推寧。廬山者，亦南國之德鎮。雖林石異勢，而雲霞共色，長風夜作則萬流俱響，晨飈曉吟則百嶺齊應。東瞻洪井識曳帛之在茲，西望石梁見捐寶之可拾，誠復慕類易悲，山中難久，攀蘿結桂多見淹流。其餘古今賦詠不可備載，實天下之名山也。江州在山北二十里，本在丈江之北尋水之陽，因名尋陽。今蘄州之蘭城即其故北。咸和九年，刺史溫嶠，始自江北移於溢城之南。義熙元年，刺史郭昶移居江夏。八年孟懷玉還治尋陽，太清二年蕭大心因侯景之辭欲依險固，乃移於湓口城，仍號懷玉舊城爲故州。張僧鑒《尋陽記》云，湓口城灌嬰所築，漢建平中，孫權經北城，命鑿井，適中古梵得。石函銘曰，漢六年，潁陰侯開卜云，三百年當塞，後不百年當爲應運者所開。權欣然以爲己瑞井，極深，湓江有風浪，井水輒動，邦人因號浪井，故李白《下尋陽城泛彭蠡詩》云，浪動灌嬰井，尋陽江上風。今井在衙城内之西圃，城上有北樓，下臨湓江，憑高眺遠，爲一郡之勝。陳散騎常侍張正見《湓城詩》云，匡山暖遠壑，灌壘屬中流。城花飛照水，江月上明樓。案，晉書《庾亮傳》云，亮在武昌，諸佐吏殷浩之徒，乘秋夜共登南樓，俄不覺亮至，人將避之。亮曰，諸君少住，老子於此處，興復不淺。便據胡床與浩等談詠竟坐，則事在武昌之南樓也，後人以亮嘗爲江州刺史，因名此曰庾樓。實非當時秋夜所登之遺此也。是郡前世或號九江，或號尋陽，唐襄楊氏，李氏代有其也，升爲奉化軍節度。皇朝開寶四年，平江南降爲軍州事。太平興國三年，升星子鎭爲縣仍隷焉。七年，割星子與建昌都昌三縣，置南康軍，於是山南屬南康，山北屬江州矣。

天台山

徐徵君（靈府）《天台山記》 孫綽云，涉海則有方丈蓬萊，登陸則有四明天台，信矣哉。蓋寰瀛之靈塘，三清之別館。按《眞誥》云，天台山高一萬八千丈，周迴八百里，山有八重，四面如一，當牛斗之分，以其上應台宿光輔紫宸故，名天台，亦曰，桐柏棲山陶隱居《登眞隱訣》云，大少台處五縣中央，（即餘姚，臨海，處興，句章，剡縣是）大小台乃桐柏山，六里乃至二石橋，先得小者，復行百餘里，更得大者，在最高處，採藥人髣髴見之，石屏虹梁與畫相似。又見玉堂金闕，望橋邊有蓮花，狀大如車輪，其花恍惚不可熟見。大小台者，以石橋之大少爲名。據此說，即天台與桐柏二山，相接而小異也。按長康《啟蒙記》云，天台山在會稽郡五縣界中，去人境不遠，路經瀑布，次經猶溪，至于浙山，猶溪在唐興縣。東二十里發源，自花頂，從鳳凰山東南流，合縣大溪，入于臨海郡溪江也。其水深嶺前有石橋，遙望不盈尺長，數十步臨絕溟之澗，忘其身者然後能度。度者見天台山，蔚然凝秀，雙嶺於青霄之上，有瓊樓玉堂，瑤琳醴泉，仙物異種，偶或有見者，當時斫樹記之，爾尋則不復可得也。按此記說，則神異之所，非造次可覩焉。今遊人眾所見者，蓋非此橋。且猶溪高處不見有橋，今眾人所見者，乃在歇亭西二十里，水流于剡縣界，定知，不是長康所說之橋也。州取山名，曰台州，縣隷唐興，即古始豐縣也。肅宗上元二年，改爲唐興縣。山去州一百四十八里，去縣有一十八里，一頭亞入滄海，中有金庭不死之鄉，在桐柏之中，方圓可三十里，上常有黃雲覆之，樹則蘇玡琳碧，泉則石髓金漿，《眞誥》所謂金庭洞，天是桐柏，眞人之所治也。眞人周靈王太子喬，字子晉，好吹笙，作鳳鳴於伊鴿間。道人浮近公接以上嵩山，三十餘年後，求之不得，偶乘白鶴謝時人而去，以仙官授任爲桐柏。眞人右弼王領五岳，司侍帝來治茲山也。故《眞誥》云，吳句曲之金陵，越桐柏之金庭。成眞之靈墟，養神之福境。《名山福地記》云，洪波不登三災黃莫至。又云，經丹水南行，有洞交會，從中過即，赤城丹山之洞，上玉清平之天，周迴三百里，洞門在樂安縣界，即十六洞天第六洞也，即茆司命所治也。群峯崢嶸，碧障合沓，磨霄凌漢，因蒸雲起霧，桑迸芳瑤，花間發，光彩輝燭，四時如春，鳳翔神鸞棲於其上，豐孤文豹隱於其中，南馳縉雲，北接四明，東拒溟渤，西通剡川，又多產榧，松桂垂珠，積翠於重巖，聖光靈芝，吐耀於幽谷。至於巖煙匿景，匪從與五岳爭雄，考異搜奇，自可引三山爲正爰泊。晉宗至于梁陳，咸以日中星鳥，望秩茲山，藏璧獻琛，牽爲常興，《枹樸子内篇》云，凡諸小山不堪作神丹金液，皆有木石之精，千歲老魅能壞人藥，唯嵩鎭少矣。天台觀在唐興縣北十八里，洞柏山西南瀑布巖下。《舊圖經》云，吳主孫權爲葛仙公所創，最居形勝，北松王眞君，壇東北連丹霞洞，西北抛翠屏巖，故孫興公《天台山賦》云，搏壁立之翠屏即此巖也。仙壇與翠屏巖，聳空鬪峙，瀑布迸流，落落西崖間，可千餘丈，狀素蜺垂天，飛帛觸地。孫興公賦云，瀑布飛流，以界道即此處是也。騰波濆沫，近驚翻雲，鼓怒浪雷，遙聞神悅，瀑布南流百餘步，與靈溪相合，流注縣大溪，入于臨海郡也。觀中流引瀑水縈遶廊院，灌注池沼，苛芰芬芳蘿竹交暎，遊者忘歸，勝概之極也。觀東一百五十步，先有故柳史君宅，號曰紫霄山居，南矚蒼嶺，北接紫霄。峯左右皆烈小山，邐迤爲勢，東北連丹霞洞，洞有葛仙公練丹之初所也。宅中多植靈苑翠櫳，修笙其卉，曲池環沼，藥院丹爐，斯亦鍊化之奇景也。柳君名泌，憲宗十三年自復州石門山，詔徵授台州刺史，不至郡便山，山下領務備藥後，渾家於丹霞洞隱仙也。自天台觀，西去瀑布寺一里，宋元嘉年中，沙門法順所興立，近瀑布下，因以爲名寺。北一里有巖高百丈，名百丈巖，巖下靈溪。孫興公賦過靈溪而一濯，疏煩憲於心寺，引溪水經廚中。過還遶廊院，寺南九峯山，山高百餘丈，周迴六里，亦天台有派幹也，舊名九壠山。天寶六載，改爲九峯山，昔王逸少與支遁林，常登此山，以爲勝矚也。自天台觀，北路上桐柏觀一十二里，皆懸崖磴道盤折而上，皆長松狹路，至于桐柏洞門，故賦云，蘇萋萋纖草，蔭落落之長松，即此地也。自洞門一小嶺可二里，乃至觀處倚小松嶺，嶺前豁然平陸數傾，四面持起，峯巒有若郛郭，迺神眞之所休憩，巢許之所欽，自非噏沆淩霄漢，夢龜鶴之夭促，與天地而長久者何以居焉。昔褚先生修道之所，又徐法師亦於此立道房，閤號曰，隱眞之中峯觀前有田傾餘，東有溪曰清溪，溪注田，西經三井，飛流瀑布，凡是遊客，但覩景奇物異，恍然似昇玄都至京者矣。觀即唐叡宗景龍二年，爲白雲先生所置。白先生乃司馬天師也，名子徵，字承禎，河內溫人，事載在碑中。先生初入花頂峯，遇王義之，入山學業。先生過筆法付義之，子欲學書，好聽吾語，夫受筆法，與俗不同，須靜其心後澄其心思，暮在功書筋骨附近氣力，又須均停，握管與握至無殊下筆，與投峯不別，莫誇端正，但取堅強筋力。若成自然端正，東邊石室，子莫頻過盡，是異獸精靈也。向餘邊受業，凡人到彼必傷緣，殘吾命，汝將來料伊不敢。西邊石室甚是清閑，案硯俱全，詩書並足，松花仙果可給，朝湌石茗香泉堪充，暮飲閑翫水自散情，懷悶即淩峯，莫思閑事。義之既蒙處分，豈敢有違，一登石室二載不虧，夜則望月臨池，朝則投雲握管，澄濾其思，暮在功書，清靜其心神，志求筆法，光迴影轉節，勿頻移日就月，將便經年載。義之第一年學書，似蛇驚春蟄，魚躍寒泉，筆下龍飛，行間蝶舞，雖未殊妙，早以驚群。至第二年學書，似鶴度春林，雲飛玉間，筆含五彩，墨點如龜，筋骨相連，似垂金鎖。至第三年學書，將爲是妙也。遂書得數紙來，先生再拜，展於案上，一見凜然作色，高聲謂責義之曰，子之書法全未有功，筋骨俱少，氣力全無，作此書格，豈成文字，但且學書，有命即至仙堂，無事不勞相訪。義之唱喏，即歸書堂，後又得三年功書成矣。先生乃讚義之曰，念汝書跡，異世不同，淡處不淡，濃處不濃，得之者罕有，見之者難逢，進一字千金重賞，獻一字萬戶封侯。再讚曰，眾木中松，群山中峯，靈鶴中冲，五岳中嵩，吾令歸俗，汝向九霄紅，汝歸於世界，如鶴出籠。別後有心相顧，時時遙望白雲中。先生初入天台後，睿宗皇帝詔復桐柏舊額，請先生居之，其降勅書曰，吳朝葛仙公廢桐柏，觀在天台山，如聞始豐縣人，斫伐松竹，毀褻壇場，多有穢觸，頻致死已，仰州縣官與司馬練師相知，於天台山中，僻方封取四十里，以爲禽獸草木長生之福地，置一觀仍還舊額，初構天尊堂，有五雲其上三，而良吏書之，以記祥也。天寶六載，郡守賈公長源，及玄靜先生李君，名含光即天師弟子，亦玄宗師慶立碑。太史雀尚製文翰林學士翰林學士韓擇木書，玄宗皇帝親書其碑額。觀南一里有石壇，一級以塼石雜砌，方廣三十二丈，按《法輪經》即太極三眞人下降，援葛仙公修道於天台山，感降上眞於此壇也。仙公眞經并義注之所也，事迹具在本起傳中，此不備載。壇西南下，石上有隸書，刻記之日，誥使徐公醮壇授仙公經，眞人自稱姓徐名來勒，字則未詳何人也。壇前有塘，名日降眞塘。塘多植荷芰之類。自塘南一里至洞門，門外西南一里餘。至王眞君壇，眞君即桐柏眞人也，有小殿即眞君儀像儼焉。開元初玄宗創立之，度道士七人灑掃也。殿前有石泉名曰醴泉，南三步新立上眞亭子，臨萬仞坐觀千里，遊者登之坐眺平陸。按正壇在眞君殿西北二十步，有石壇方廣四丈八尺一級，甃以古塼，今州縣祈請水旱，皆於此壇。殿東二十步，又有古八角壇，自殿西北下山三百步，即至三井，一井今闐塞。俗傳云，曾有尼師，洗手觸之，一旦自塞，二井其深不惻，並自然天鑿。嘗有好事者，投綸於其間，繪綸盡而不及底。或云，通海，或云，海服，未可詳也。其春夏時每雨將降，則潭流灌激溢湧雷吼。有若蜈蟠潛隱之鼓怒也，其間遊者見之，莫不神駭瞻慄。邑中有水旱，令長每歲記情誠祈於晴雨，無不響應，亦是國家投龍壁醮祭祈福之所。高宗永淳二年投龍於此，玄宗開元二十五年，詔令太當卿修禮儀使韋詔，賫金龍白壁投於井。寶曆元年，主上遣中使王士岌道門威儀趙常盈，太清宮大德阮幽閑翰林待詔祿通玄，五月十三日到山，於天台觀，設醮許往三井，投龍壁也。自三井西上一峯約二里，有僧院名佛窟院，今道元觀是也，前枕翠屏巖，北連桐柏大山，翠屏巖與仙壇俠徑，瀑布雙峙霄降半隱雲表，巖上有亭子極眺平陸，此處並爲殊景也。自桐柏觀西北行七里，乃至瓊臺中天以懸居，自百丈巖無上瓊，瓊臺路皆水石深，嶮不可登涉，事須登仙壇，取桐柏路方可得到，即平視瓊臺，而下望雙闕，而遊者多怪瓊臺不在中天，雙闕不出雲表，猶在山上觀之然也。若目下仰視，則瓊臺不啻中天，雙闕五里俠雲溪而行，翠壁萬仞森倚相向，奇花秀樫牙發芳桑珍禽雲獸，造楊清音，余曾尋瓊臺下雲溪泝流。北行三十里，或潺湲淺漱，其平則三里五里，或潭洞院杳，其深則千丈萬丈，怪石嶔崟，水色明鮮，歷歷見底，纖鱗莫隱，造之者不覺忘歸，非神仙之窟宅，曷能若斯桐柏。東北五里有華林山居，水石清秀靈寂之境也（長慶初道士陳宗言修眞之所）。自觀北上一峯，可五里有方瀛山居，上有平地，傾餘前有池塘廣數畝畝，塘中有小洲島焉，有茾芰前眺望蒼岑，後聳雲，蓋即後峯名也。西接瓊臺東近華林，即靈府，長慶元年定室於此，是天台第二重。自方瀛上七里，有玉霄山居，平地傾餘四山迴合，又邃若洞天也，即天台第三重。自玉霄東南行三里，有雙石磵列爲高門，可百餘仞，因呼爲石門，桐柏觀北亦有上華頂路，路深邃梗澁，遊人罕，逢此行多取國清路上。自天台觀西行十五里，有白巖寺，寺去縣三十里，宋末有僧普遼所見精舍。自天台觀東行一十五里，有赤城山，山高三百丈，周迴七里，即天台南門也。古今即是於國家醮祭之所，其山積石石色絶然如朝霞，望之如雉堞，故名赤城，亦名燒山。故賦云，赤城霞起以建標，即此山也。半山有飛霞寺，即是梁岳王母爲居此寺也，今則廢矣。山下有石室，道士居之，其中山趾有寺，曰中巖寺，即是西國高僧白道猷所立也。國清寺在縣北十里，皆長松夾道至于寺，寺即隋煬帝開皇十八年，爲智顗禪師所創也。寺有五峯，一八桂峯，二映霞峯，三靈芝峯，四靈禽峯，五祥雲峯。雙澗迴抱天下四絕寺，國清第一絕也。寺上方兜率臺，臺東有石壇，中有泉，昔普明禪師將錫杖琢開，名錫杖泉。自國清寺，東北一十五里，有禪林寺，寺本智顗禪師修禪於此也。以貞元四年，使牒移黄巖縣廢禪林寺額，來易於道場之名。寺東一十五里有香爐峯，甚高嶮，峯上多有香柏樫桂之木相連，有宴坐峯，其峯可高百餘丈，是智者大師降魔峯。後有神人送石屏峯於大師背後，至今存焉。峯下有龍潭，周迴一里，下注螺溪亦出縣大溪耳。寺西北上十里至陳田（昔有神人於此開田供智者大師朝種暮收），自陳田可五里西入，一源甚平坦，號曰白砂，有僧居之。禪林寺西北上二十五里，乃至歇亭，即平昌孟公簡廉察浙東北一十里，乃至至靈墟令來，是智者禪院，即白雲先生所居之處也。先生早歲從道始居，嵩華猶雜，以風塵不任幽賞，洒東入台岳，雅愜素尚遂此建修眞之所。《眞誥》云，天台山中有不死之鄉，成禪之靈墟，常有黄雲覆之，此則其地也。故建思眞之堂，兼號黄雲堂，堂有小澗，南有崗，其勢迴合。崗前有平地，立壇一級，用石甃之，名白玄神。故先生《靈墟頌》云，堂號黄雲以眞氣，壇名玄神，仰窺清景，東爲鍊刑之室，吸引所居，南爲鳳軫之臺，以吟風奏暢，西爲朝神靜開啟祈依，北曰龍章之閣，以瞻雲副墨，卑而不陋可待風雨，怙而不豐可全廬。白壇前十步，有大溪，發源華頂東南，流寧海界。又堂西十步有泉，其色味甘可以愈疾，中間平地立别院，營大丹爐，修劍鏡，並皆克就，長松十株，修竹數傾，皆天師手植，頻有詔，命先生皆不就。至叡宗景雲二年，今兄承禕就山邀迓，詔書曰，鍊師德超河上，道邁浮近，高遊碧落之庭，獨步清源源境，朕初臨寶位，久藉微猷，雖非堯舜，丕圖翹心，韜缺軒轅，御歷遙想，崆峒緬惟，彼懷寧妨此，顧朝欽夕佇，跡滯心飛，欲遣使者迎，或慮鍊師驚懼故，令承禕往詔，願與同來披不遙無先此處。先生無詔至京，帝問以理身以清高，爲貴理國則如何。先師對曰，國猶身也，身猶國也。老君曰，遊心於談，合氣於漢，順物自然，而無私也，而天下治也。《易》曰，大人與天地合，其德是知，天不言而信，不爲而成，無爲之理家之道也。帝歎曰，廣成之言，何以加此，請歸山。帝賜寶琴一張，及霞紋帔中，朝屬詞之士，贈詩百餘人。帝遂置桐柏觀，諸先生居之，自靈墟南出二十里，有小莊在歡溪也，梁高士顧歡曾居此，是名歡溪也。自歇亭西行絃澗一十五里，至石橋，頭有小亭子，石橋色皆清，長七丈，南頭闊七尺，北頭闊二尺，龍形龜背，架萬仞之壑，上有兩澗，合流從橋下過，泄爲瀑布，西流出剡縣界，從下仰視，若晴虹之飲澗，橋勢崘峭，水聲崩落，時有過者目眩心悸。今遊人所見者正是北橋也，是羅漢所居之所也，意爲即小者則不知，大者復在何處。蓋神仙冥隱，非常人所覩。從此橋沿澗行一十五里，又有一石橋，中斷號爲斷橋也。自歇亭北上二十里，上華頂峯北天台山極高處也。常爲雲霧霾翳，少有晴朗之時，其高霖微，似寒先雲幽澗凝冴經夏不消。若遇晴時，則朝觀日之所，《設圖經》云，白雲先生從靈墟至華頂兩處，從來朝謁不絕。其上造天尊堂，並左右二室開竇以延日月。朝飡其光鑿龕以貯雲霧，夕吸其氣堂前立壇三級。堂內有石像，石磬上有鐵香爐並鍾，北壇久爲荒榛，近亦修開也。堂東一十步，有甘泉，先生住經二十八載，頻奉勅詔，先生多不就。有表云，俗人貞隱猶許高棲，道士修眞理宜遜遠。又詔云，雖阻彼懷宜從此旨，請料來表無或二三。開元十一年玄宗皇帝追入內，先生辭歸，帝以天台幽遠難以迎請，遂於上屋山選形勝，特置陽臺觀居之。合靈墟華頂，無復堂宇，唯餘松竹，天氣晴望，見海水碧色，朕然與天同光，若清眞之儔，則三山十洲髣髴而覩，雲珮風笙倏忽而聞。自華頂北直下甚嶮阻，千崖萬壑千霖復磵，猿猱騰翥，靈祇憑託，非人迹所及。又去天台北門，在剡縣金靈觀，觀前有香爐峯，峯下有小穴，可以窺之，則莫窮於深淺。自天台山西北有一峯，孤秀迴拔與天台相對，曰天姥峯，峯下臨剡縣路，仰望宛在天表。舊屬臨海郡，令隸會稽，又有大唾小唾二峯，去天姥唾爲谷。天姥峯有石橋，以天台相連。石壁上有刊字科斗文，亦高邈不可尋覓矣。月醮者聞笳簫鼓之聲。宋元嘉中，臺遣畫工匠寫山狀於圓扇，以標【略】靈異，即夏禹時劉阮二人採藥遇仙之所也。古之剡人劉曰成阮肇入山遇仙於此，其事亦具在本傳。又按，《仙經》云，此山有石橋，一所現二所不知其處。又云，多散仙人遇得橋即與相見。以此言之，即靈仙之橋也，非今常人見者，自非精誠玄達阻絕相偶，眞仙亦不可得見。橋亦安可覩之，至於寄禽異獸千狀萬類不可稱記，靈葩仙草潛產谷中，莫能名之。而五芝耀綵，非眞不遇，建木匿影，豈凡所觀靈府以。元和十年，自衡岳移居台嶺，定室方瀛。至寶曆初歲，已逾爾閏。修眞之暇，聊採經誥，以述斯記，用彰靈焉。

南岳

闕名《南嶽總勝集》卷上 《上眞記》云，祝融氏爲赤帝治衡霍山，即衡岳也。衡岳者，五岳之南岳，即周官所謂荊州之鎮也。又《夏書》云宛委山也。《道典》云，五岳五山各有儲佐。昔黃帝遊觀六合，徵召神靈，見東中西北四岳，並有佐命之司，惟有南岳峙而無。乃與昌宇力牧方明等章詞三天，太上使命霍山潛山爲南岳儲君，拜青城爲丈人，署廬山爲使者，令總衡岳以鼎鎮，舉德正而爲主，儲君者衡岳之副君也。《述異誌》云，南岳者盤古左臂，至漢武南巡，以南嶽遼遠，乃徙其祭於廬江，亦承軒轅副義也。《湘中記》云，衡山朱陵之靈臺，太虛之寶洞，上承軫宿，銓德鈞物，應度璣衡，故名衡山。下踞離宮，攝位火鄉，赤帝館其嶺，祝融宅其陽，故曰南嶽。《禹貢》云，荊及衡陽惟荊州。又云，南巡至于衡岳（孔注南岳衡山也）。《爾雅》云，霍山爲南岳，即衡霍也。又《五岳經》云，廬山，厤姑山，玉笥山，洞陽山，大圍山，九疑山，羅浮等山。爲之佐命。徐靈期《南岳記》云，朱陵洞天名太虛，小有之天，周迴八百里。中有青玉壇，光天壇，洞靈原洞，眞墟四福地，迴雁爲首，岳麓爲足。又《五岳眞形圖》云，上有流丹，方四十里，生芝英，南有天津甘泉，得飲之，長生不死。東有玉砂曾青白石英，西有崑水，北有赤芝，自下而上，九千七百三十丈，東至洞陽，西抵白鶴雲陽面其南大圍踞其北，西南臨湘川。自湘川至長沙七百里，東北至長沙二百七十里，西踞衡陽九十里，石鼓乃朱陵之西門，青草是衡山之左腋。越縣三十里，夾道杉松蒼翠不斷，雖盛暑不假張蓋，其爽籟飄蕭，激人耳目。道有四亭，爲遊人頓息之所。其山形勢，九向九背，應九陽之數，觀覽無極，實爲三十六洞天之第三洞也。故冲妙先生李思聰《南岳朱陵洞天詩》云，靈峯七十二巑岏，紫蓋芙蓉杳靄間。影浸瀟湘盤地脈，秀擎翼軫插天關。眞君玉冊光千古，赤帝璇宮鎮八蠻。好比吾皇大椿算，萬年松在最高山。本隸衡陽，至天福五年，始割於長沙郡，淳化中，衡陽太守成珣，復乞附著衡陽。四年，方詔依舊隸潭州，以便國家祈禱，民之輸賦。則從制置使雷有終之奏請焉。

雜録

金剛窟

慧祥《古清涼傳》卷上 〔二〕王子燒身寺，東北未詳其遠近里數，是中臺北臺南，東臺西，三山之中央也。徑路深阻，人莫能至，傳聞金剛窟。金剛窟者，三世諸佛供養之具，多藏於此。按，《祇洹圖》云，祇洹內，有天樂一部，七寶所成。箋曰，又按《靈跡記》云，此樂，是楞伽山羅刹鬼王所造，將獻迦葉佛，以爲供養。迦葉佛滅後，文殊師利，將往清涼山金剛窟中。釋迦佛出時，卻將至祇洹。一十二年，文殊師利，還將入清涼山金剛窟內，又有銀箜篌，有銀天人，坐七寶花上，彈此箜篌。又有迦葉佛，時金紙銀書大毘奈耶藏，銀紙金書修多羅藏。佛滅後，文殊，並將往清涼山金剛窟中。

佛窟

《道宣律師感通錄》　又問，江表龍光瑞像，人傳羅什將來，就扶南所得如何。答，非羅什也，斯乃宋孝武征扶南獲之。昔佛滅後，三百年中，北天竺大阿羅漢優婁質那，以神力加工匠，三百年中鑿大石山，安置佛窟。從上至下凡有五重，上重高三百餘尺，請彌勒菩薩指作檀像處。玄奘師傳云，高百餘尺。聖迹記云，高八丈，足符八尺，六齋日常放光。其初作時，羅漢將工人上天，三往方成。第二牛頭栴檀，第三金，第四玉，第五銅像。凡夫今止在下重四重閉，石窟映徹見人藏腑。第六百年，有佛奈遮羅漢，生母在扶南國，念母重恩，從上重中，取木檀像，令母供養，母終生楊州，出家住新興寺，獲悟三果。宋孝武征扶南獲此像來都，亦是羅漢神力，母今見在。時往羅浮天台西方諸處，昔往曇無竭者，再往西方有傳五卷，略述此緣。何得云什師背負而來耶？

佛教名山分部

紀事

耆闍崛山

《長阿含經》卷五　一時，佛在羅閱城耆闍崛山中，與大比丘衆千二百五十人俱。

是時，摩竭王阿闍世欲伐跋祇，王自念言，彼雖勇健，人衆豪強，以我取彼，未足爲難。時，阿闍世王命婆羅門大臣禹舍，而告之曰，汝詣耆闍崛山，至世尊所，持我名字，禮世尊足，問訊世尊，起居輕利，遊步強耶？又白世尊，跋祇國人自恃勇健，民衆豪強，不順伏我，我欲伐之，不審世尊何所誡勅？若有教誡，汝善憶念，勿有遺漏，如所聞說。如來所言，終不虛妄。

羅閱祇毗訶羅山

《長阿含經》卷八　一時，佛在羅閱祇毗訶羅山七葉樹窟，與大比丘衆千二百五十人俱。

時，王舍城有一居士，名散陀那，好行遊觀，日日出城，至世尊所。時，彼居士仰觀日時，默自念言，今往覲佛，非是時也，今者世尊必在靜室三昧思惟，諸比丘衆亦當禪靜，我今寧可往詣烏暫婆利梵志女林中，須日時到，當詣世尊，禮敬問訊，并詣諸比丘所，致敬問訊。

毘陀山

《長阿含經》卷一〇　時，釋提桓因，忉利諸天及般遮翼，於法堂上忽然不現，譬如力士屈伸臂頃，至摩竭國北毘陀山中。

爾時，世尊入火焰三昧，彼毘陀山同一火色，時國人見，自相謂言，此毘陀山同一火色，將是如來諸天之力。

須彌山

《長阿含經》卷一八　佛告比丘，今此大地深十六萬八千由旬，其邊無際，地止於水，水深三千三十由旬，其邊無際，水止於風，風深六千四十由旬，其邊無際。比丘。其大海水深八萬四千由旬，其邊無際，須彌山王入海水中，八萬四千由旬，出海水上，高八萬四千由旬，下根連地，多固地分，其山直上，無有阿曲，生種種樹，樹出衆香，香遍山林，多諸賢聖，大神妙天之所居止。其山下基純有金沙，其山四面有四埵出，高七百由旬，雜色間廁，七寶所成，四埵斜低，曲臨海上。

須彌山王有七寶階道，其下階道廣六十由旬，挾道兩邊有七重寶牆，七重欄楯，七重羅網，七重行樹，金牆銀門，銀牆金門，水精牆琉璃門，琉璃牆水精門，赤珠牆馬瑙門，馬瑙牆赤珠門，車璩牆衆寶門。其欄楯者，金欄銀桄，銀欄金桄，水精欄琉璃桄，琉璃欄水精桄，赤珠欄馬瑙桄，馬瑙欄赤珠桄，車璩欄衆寶桄。其欄楯上有寶羅網，其金羅網下懸銀鈴，其銀羅網下懸金鈴，琉璃羅網懸水精鈴，水精羅網懸琉璃鈴，赤珠羅網懸馬瑙鈴，馬瑙羅網懸赤珠鈴，車璩羅網懸衆寶鈴。其金樹者金根金枝銀葉華實，其銀樹者銀根銀枝金葉華實，其水精樹水精根枝琉璃華葉，其琉璃樹琉璃根枝水精華葉，其赤珠樹赤珠根枝馬瑙華葉，其馬瑙樹者馬瑙根枝赤珠華葉，車璩樹者車璩根枝衆寶華葉。

其七重牆，牆有四門，門有欄楯，七重牆上皆有樓閣臺觀，周匝圍遶有園觀浴池，生衆寶華葉，寶樹行列，花果繁茂，香風四起，悅可人心，鳧鴈鴛鴦，異類奇鳥，無數千種，相和而鳴。

又須彌山王中級階道廣四十由旬，挾道兩邊有七重寶牆，欄楯七重，羅網七重，行樹七重，乃至無數衆鳥相和而鳴，亦如下階。上級階道廣二十由旬，挾道兩邊有七重寶牆，欄楯七重，羅網七重，行樹七重，乃至無數衆鳥相和而鳴，亦如中階。

佛告比丘，其下階道有鬼神住，名曰伽樓羅足。其中階道有鬼神住，名曰持鬘。其上階道有鬼神住，名曰喜樂。其四埵高四萬二千由旬，四天大王所居宫殿，有七重寶城，欄楯七重，羅網七重，行樹七重，諸寶鈴乃至無數衆鳥相和而鳴，亦復如是。須彌山頂有三十三天宫，寶城七重，欄楯七重，羅網七重，行樹七重，乃至無數衆鳥相和而鳴，亦復如是。過三十三天由旬一倍有焰摩天宫，過焰摩天宫由旬一倍有兜率天宫，過兜率天宫由旬一倍有化自在天宫，過化自在天宫由旬一倍有他化自在天宫，過他化自在天宫由旬一倍有梵加夷天宫。

於他化自在天，梵加夷天中間，有摩天宫，縱廣六千由旬，宫牆七重，欄楯七重，羅網七重，行樹七重，乃至無數衆鳥相和而鳴，亦復如是。過梵伽夷天宫由旬一倍有光音天宫，過光音天由旬一倍有遍淨天宫，過遍淨天由旬一倍有果實天宫，過果實天由旬一倍有無想天宫，過無想天由旬一倍有無造天宫，過無造天由旬一倍有無熱天宫，過無熱天由旬一倍有善見天宫，過善見天由旬一倍有大善見天宫，過大善見天由旬一倍有色究竟天宫，過色究竟天上有空處智天，識處智天，無所有處智天，有想無想處智天，齊此名衆生邊際，衆生世界，一切衆生生，老，病，死，受陰，受有，齊此不過。

佛告比丘，須彌山北有天下，名鬱單曰，其土正方，縱廣一萬由旬，人面亦方，像彼地形。須彌山東有天下，名弗于逮，其土正圓，縱廣九千由旬，人面亦圓，像彼地形。須彌山西有天下，名俱耶尼，其土形如半月，縱廣八千由旬，人面亦爾，像彼地形。須彌山南有天下，名閻浮提，其土南狹北廣，縱廣七千由旬，人面亦爾，像此地形。須彌山北面天金所成，光照北方。須彌山東面天銀所成，光照東方。須彌山西面天水精所成，光照西方。須彌山南面天琉璃所成，光照南方。

鬱單曰有大樹王，名菴婆羅，圍七由旬，高百由旬，枝葉四布五十由旬。弗于逮有大樹王，名伽藍浮，圍七由旬，高百由旬，枝葉四布五十由旬。俱耶尼有大樹王，名曰斤提，圍七由旬，高百由旬，枝葉四布五十由旬。又其樹下有石牛幢，高一由旬。閻浮提有大樹王，名曰閻浮提，圍七由旬，高百由旬，枝葉四布五十由旬。金翅鳥王及龍王樹名俱利睒婆羅，圍七由旬，高百由旬，枝葉四布五十由旬。阿修羅王有樹，名善晝，圍七由旬，高百由旬，枝葉四布五十由旬。忉利天有樹，名曰晝度，圍七由旬，高百由旬，枝葉四布五十由旬。

須彌山邊有山，名伽陀羅，高四萬二千由旬，縱廣四萬二千由旬，其邊廣遠，雜色間廁，七寶所成，其山去須彌山八萬四千由旬，其間純生優鉢羅花，鉢頭摩花，俱物頭花，分陀利花，蘆葦，松，竹叢生其中，出種種香，香亦充遍。去佉陀羅山不遠有山，名伊沙陀羅，高二萬一千由旬，縱廣二萬一千由旬，其邊廣遠，雜色間廁，七寶所成，去佉陀羅山四萬二千由旬，其間純生優鉢羅花，鉢頭摩花，俱勿頭花，分陀利花，蘆葦，松，竹叢生其中，出種種香，香氣充遍。去伊沙陀羅山不遠有山，名樹巨陀羅，高萬二千由旬，縱廣萬二千由旬，其邊廣遠，雜色間廁，七寶所成。去伊沙陀羅山二萬一千由旬，其間純生四種雜花，蘆葦，松，竹叢生其中，出種種香，香氣充遍。去樹巨陀羅山不遠有山，名善見，高六千由旬，縱廣六千由旬，其邊廣遠，雜色間廁，七寶所成，去樹巨陀羅山萬二千由旬，其間純生四種雜花，蘆葦，松，竹叢生其中，出種種香，香氣充遍。

去善見山不遠有山，名馬食上，高三千由旬，縱廣三千由旬，其邊廣遠，雜色間廁，七寶所成，去善見山六千由旬，其間純生四種雜花，蘆葦，松，竹叢生其中，出種種香，香氣充遍。去馬食山不遠有山，名尼民陀羅，高千二百由旬，縱廣千二百由旬，其邊廣遠，雜色間廁，七寶所成，去馬食山三千由旬，其間純生四種雜花，蘆葦，松，竹叢生其中，出種種香，香氣充遍。去尼民陀羅山不遠有山，名調伏，高六百由旬，縱廣六百由旬，其邊廣遠，雜色間廁，七寶所成，去尼民陀羅山千二百由旬，其間純生四種雜花，蘆葦，松，竹叢生其中，出種種香香氣充遍。去調伏山不遠有山，名金剛圍，高三百由旬，縱廣三百由旬，其邊廣遠，雜色間廁，七寶所成，去調伏山六百由旬，其間純生四種雜花，蘆葦，松，竹叢生其中，出種種香，香氣充遍。

二大金剛山

《長阿含經》卷一九　佛告比丘，彼二大金剛山間有大風起，名爲增佉，若使此風來至此四天下及八千天下者，吹此大地及諸名山須彌山王去地十里，或至百里，飛颺空中，皆悉糜碎。譬如壯士，手把輕糠，散於空中。彼大風力，若使來者，吹此天下，亦復如是。由有二大金剛山遮止此風，故使不來。比丘。當知此金剛山多所饒益，亦是眾生行報所致。

又彼二山間風，焰熾猛熱，若使彼風來至此四天下者，其中眾生，山河，江海，草木，叢林皆當燋枯。猶如盛夏斷生濡草，置於日中，尋時萎枯。彼風如是，若使來至此世界，熱氣燒炙，亦復如是。由此二金剛山遮止此風，故使不來。比丘。當知此金剛山多所饒益，亦是眾生行報所致。

又彼二山間風，臭處不淨，腥穢酷烈，若使來至此天下者，熏此眾生皆當失目。由此二大金剛山遮止此風，故使不來。比丘。當知此金剛山多所饒益，亦是眾生行報所致。

諸　山

《長阿含經》卷二二　以何緣故日光炎熱。有十因緣，何等爲十。一者，須彌山外有佉陀羅山，高四萬二千由旬，頂廣四萬二千由旬，其邊無量，七寶所成，日光照山，觸而生熱，是爲一緣日光炎熱。二者，佉陀羅山表有伊沙陀山，高二萬一千由旬，縱廣二萬一千由旬，周匝無量，七寶所成，日光照山，觸而生熱，是爲二緣日光炎熱。三者，伊沙陀山表有樹提陀羅山，上高萬二千由旬，縱廣萬二千由旬，周匝無量，七寶所成，日光照山，觸而生熱，是爲三緣日光炎熱。四者，去樹提陀羅山表有山名善見，高六千由旬，縱廣六千由旬，周匝無量，七寶所成，日光照山，觸而生熱，是爲四緣日光炎熱。五者，善見山表有馬祀山，高三千由旬，縱廣三千由旬，周匝無量，七寶所成，日光照山，觸而生熱，是爲五緣日光炎熱。六者，去馬祀山表有尼彌陀羅山，高千二百由旬，縱廣千二百由旬，周匝無量，七寶所成，日光照山，觸而生熱，是爲六緣日光炎熱。七者，去尼彌陀羅山表有調伏山，高六百由旬，縱廣六百由旬，周匝無量，七寶所成，日光照山，觸而生熱，是爲七緣日光炎熱。八者，調伏山表有金剛輪山，高三百由旬，縱廣三百由旬，周匝無量，七寶所成，日光照山，觸而生熱，是爲八緣日光炎熱。復次，上萬由旬有天宮殿，名爲星宿，琉璃所成，日光照彼，觸而生熱，是爲九緣日光炎熱。復次，日宮殿光照於大地，觸而生熱，是爲十緣日光炎熱。爾時，世尊以偈頌曰，

以此十因緣，日名爲千光。光明炎熾熱，佛日之所說。

佛告比丘，何故冬日宮殿寒而不可近，有光而冷，有十三緣，雖光而冷。云何爲十三。一者，須彌山，佉陀羅山中間有水，廣八萬四千由旬，周匝無量，其水生雜華，優鉢羅華，拘勿頭，鉢頭摩，分陀利，須乾提華，日光所照，觸而生冷，是爲一緣日光爲冷。二者，佉陀羅山，伊沙陀羅山中間有水，廣四萬二千由旬，縱廣四萬二千由旬，周匝無量，有水生諸雜華，日光所照，觸而生冷，是爲二緣日光爲冷。三者，伊沙陀羅山去樹提陀羅山中間有水，廣二萬一千由旬，周匝無量，生諸雜華，日光所照，觸而生冷，是爲三緣日光爲冷。四者，善見山，樹提山中間有水，廣萬二千由旬，周匝無量，生諸雜華，日光所照，觸而生冷，是爲四緣日光爲冷。五者，善見山，馬祀山中間有水，廣六千由旬，生諸雜華，日光所照，觸而生冷，是爲五緣日光爲冷。六者，馬祀山，尼彌陀羅山中間有水，廣千二百由旬，周匝無量，生諸雜華，日光所照，觸而生冷，是爲六緣日光爲冷。尼彌陀羅山，調伏山中間有水，廣六百由旬，周匝無量，生

諸雜華，日光所照，觸而生冷，是爲七緣日光爲冷。調伏山，金剛輪山中間有水，廣三百由旬，周匝無量，生諸雜華，日光所照，觸而生冷，是爲八緣日光爲冷。復次，此閻浮利地大海江河，日光所照，觸而生冷，是爲九緣日光爲冷。閻浮提地河少，拘耶尼地水多，日光所照，觸而生冷，是爲十緣日光爲冷。拘耶尼河少，弗于逮水多，日光所照，觸而生冷，是爲十一緣日光爲冷。弗于逮河少，欝單曰河多，日光所照，觸而生冷，是爲十二緣日光爲冷。

七大黑山

《長阿含經》卷二一　所以閻浮提名閻浮者，下有金山，高三十由旬，因閻浮樹生，故得名爲閻浮金。閻浮樹其果如蕈，其味如蜜。樹有五大孤，四面四孤，上有一孤，其東孤孤果乾闥和所食；其南孤者七國人所食，一曰拘樓國，二曰拘羅婆，三名毗提，四名善毗提，五名漫陀，六名婆羅，七名婆梨；其西孤果海蟲所食；其北孤果者禽獸所食；其上孤果者星宿天所食。七大國北有七大黑山，一曰裸土，二曰白鶴，三曰守宮，四者仙山，五者高山，六者禪山，七者土山。此七黑山上有七婆羅門仙人，此七仙人住處，一名善帝，二名善光，三名守宮，四名仙人，五者護宮，六者伽那那，七者增益。

鷄山

《佛般泥洹經》卷上　一時，佛在王舍國鷄山中，與千二百五十比丘俱。時，摩竭國王，號名阿闍世，與越祇國不相得，欲往伐之。自與群臣共議，越祇國富，人民熾盛，多出珍寶，不首伏於我，寧可起兵伐其國。國有賢公，公名雨舍，雨舍公者，逝心種也，公言，唯命。王告雨舍公言，佛去是不遠，若持王聲，往至佛所，頭面著足，問佛消息，身體平安不。飡食如常不。問佛禮竟，自持若意白佛言，越祇國大輕易王，王欲往伐之，寧能得勝不。

鷲峯山

《大堅固婆羅門緣起經》卷上　一時，世尊在王舍城鷲峯山中，與大衆俱。是時，有五髻乾闥婆王子，過於夜分，至明旦時，來詣佛所。彼有身光廣大照耀，彼鷲峯山都一光聚。到佛所已，頭面禮足，退住一面，前白佛言，世尊，我於一時，在三十三天，見帝釋天主，大梵天王，并善法天衆，而共集會，有所宣説，我親所聞，我親所受，是義云何。唯願世尊，告示於我，令我了知。

毗提呬山

《帝釋所問經》　一時，佛在摩伽陀國王舍城東菴羅園，大婆羅門聚落之北，毗提呬山帝釋巖中，與大衆俱。

爾時，帝釋天主聞佛在摩伽陀國毗提呬山帝釋巖中，即告五髻乾闥婆王子言，汝可知不。我聞佛在摩伽陀國毗提呬山帝釋巖中，我欲與汝共詣佛所親近供養。是時，五髻乾闥婆王子聞是語已，白帝釋言，甚善。天主，作是言已，即持瑠璃寶裝箜篌，隨從帝釋。時彼天衆，聞帝釋天主與五髻乾闥婆王子，發心往詣佛所親近供養，亦各發心，樂欲隨從往詣佛所親近供養。

爾時，帝釋天主與五髻乾闥婆王子及彼天衆，從彼天沒，譬如力士屈伸臂頃，即到摩伽陀國毗提呬山側。是時，彼山忽有大光普徧照耀。其山四面所有人民，見彼光已，互相謂言，此山何故有大火燃，映蔽本相猶如寶山。

爾時，帝釋天主告五髻乾闥婆王子言，汝見此山有如是殊妙色不。爲佛世尊安止其中，四事清淨。又復此山所有堂殿悉皆寶成，人所居者，盡諸煩惱悉證聖果，乃至大力諸天亦常止此。又復告言，是故我等難逢難遇，如先所説親近供養，今正是時。汝五髻乾闥婆王子可以所持之樂，當作供養。何以故？過此已往，實難値遇。

金山

《大三摩惹經》　復有六千大藥叉，住金山上，具大神通威德，光明照耀，與諸眷屬，恭敬圍繞，來迦毗羅林。

復有三千大藥叉，住娑多山，具大神通威德，光明照耀，與諸眷屬，恭敬圍繞，來迦毗羅林。

復有供毘羅等百千藥叉，住王舍城尾布羅山，具大神通威德，光明照耀，與諸眷屬，恭敬圍繞，來迦毘羅林。

須彌山下復有山

《起世經》卷一　諸比丘。須彌山下，次復有山，名佉提羅，高四萬二千由旬，上闊亦爾，端嚴可愛，七寶合成，所謂金銀琉璃，頗梨赤珠，車璖瑪瑙。諸比丘。其須彌山，佉提羅山二山之間，闊八萬四千由旬，周匝無量優鉢羅華，鉢頭摩華，拘牟陀華，奔茶利迦華等，諸妙香物，遍覆水上。諸比丘。佉提羅外有山，名曰伊沙陀羅，高二萬一千由旬，上闊亦爾，端嚴可愛，乃至瑪瑙等七寶所成。佉提羅山，伊沙陀羅二山之間，闊四萬二千由旬，周匝無量優鉢羅華，鉢頭摩華，拘牟陀華，奔茶利迦華等，諸妙香物，遍覆水上。伊沙陀羅山外有山，名曰遊乾陀羅，高一萬二千由旬，上闊亦爾，端嚴可愛，乃至瑪瑙等七寶所成。伊沙陀羅，遊乾陀羅二山之間，闊二萬一千由旬，周匝無量優鉢羅花，鉢頭摩花，拘牟陀花，奔茶利迦花等，諸妙香物，遍覆諸水。遊乾陀羅山外有山，名曰善見，高六千由旬，上闊亦爾，端嚴可愛，乃至瑪瑙等七寶所成。遊乾陀羅，與善見山，中間相去一萬二千由旬，周匝無量優鉢羅華，鉢頭摩華，拘牟陀華，奔茶利迦華等，諸妙香物，遍覆諸水。善見山外有山，名曰馬半頭，高三千由旬，上闊亦爾，端嚴可愛，乃至瑪瑙等七寶所成。其善見山，與馬半頭，二山之間闊六千由旬，周匝無量優鉢羅華，鉢頭摩華，拘牟陀華，奔茶利迦華等，諸妙香物，遍諸水上。馬半頭外有山，名曰尼民陀羅，高一千二百由旬，上闊亦爾，端嚴可愛，乃至瑪瑙等七寶所成。其馬半頭，尼民陀羅二山之間，闊二千四百由旬，周匝無量優鉢羅華，鉢頭摩華，拘牟陀華，奔茶利迦華等，諸妙香物，遍覆於水。尼民陀羅山外有山，名毘那耶迦，高六百由旬，上闊亦爾，端嚴可愛，乃至瑪瑙等七寶所成。尼民陀羅，毘那耶迦二山之間，闊一千二百由旬，周匝無量四種雜華，乃至諸妙香物，遍覆諸水。毘那耶迦山外有山，名斫迦羅（隋言輪圍，即是鐵圍山也），高三百由旬，上闊亦爾，端嚴可愛，乃至瑪瑙等七寶所成。毘那耶迦，及斫迦羅，二山之間，闊六百由旬，周匝無量四種雜花，及諸妙香物，遍覆於水。去斫迦羅山其間不遠，亦有空地，青草遍布，即是大海。於大海北，有大樹王，名曰閻浮樹，身周圍有七由旬，根下入地二十一由旬，高百由旬，乃至枝葉，四面垂覆五十由旬，邊有空地，青草遍布。次有菴婆羅樹林，閻浮樹林，多羅樹林，那多樹林，亦各縱廣五十由旬，間有空地，生諸青草。【略】

諸比丘。次復有山，名曰金脇。於此山中，有八萬窟，有八萬龍象在中居住，並皆白色，如拘牟陀華，七支拄地，悉有神通，乘空而行。其頂赤色，似因陀羅瞿波迦蟲，六牙具足，其牙纖利，雜色金填。諸比丘。過金脇已，即有雪山，高五百由旬，闊厚亦爾。其山殊妙，四寶所成，謂金銀琉璃頗梨。其山四面，有四金峯挺出山外，各高二十由旬。復有高峯，眾寶間雜，迥然秀出，高百由旬。於山頂上有池，名曰阿耨達多，阿耨達多龍王，在中居住。其池縱廣五十由旬，其水涼冷，味甘輕美，清淨不濁。七重塼壘，七重板砌，七重欄楯，七重鈴網，周匝圍遶，端嚴殊妙，乃至瑪瑙等七寶所成。復有諸華，優鉢羅華，鉢頭摩華，拘牟陀華，奔茶利迦華，其華雜色青黃赤白，大如車輪，下有藕根，麤如車軸，汁白如乳，味甘如蜜。諸比丘。此阿耨達多池中，有阿耨達多龍王宮，其殿五柱，殊妙可愛。阿耨達多龍王與其眷屬，在中遊戲，受天五欲，快樂自在。

斫迦羅山

《起世經》卷二　諸比丘。於四大洲，八萬小洲，諸餘大山及須彌山王之外，別有一山，名斫迦羅（前代舊譯云鐵圍山），高六百八十萬由旬，縱廣亦六百八十萬由旬，彌密牢固，金剛所成，難可破壞。諸比丘。此鐵圍外，復有一重大鐵圍山，高廣正等，如前由旬。兩山之間，極大黑暗無有光明，日月有如是大威神大力大德，不能照彼令見光明。諸比丘。於兩山間，有八大地獄。何等爲八。所謂活大地獄，黑大地獄，合大地獄，叫喚大地獄，大叫喚大地獄，熱惱大地獄，大熱惱大地獄，阿毘至大地獄。

鐵圍二山

《起世經》卷四　諸比丘。世界中間，復有諸風，名曰熱惱。諸比丘。彼等諸風，若來至此四洲界者，此四洲界所有眾生，生者住者，一切身分，悉皆散壞消滅無餘。譬如葦荻若被刈已，不得水灌，皆當乾壞，無有遺餘。如是如是，諸比丘。世界中間，所有諸風，名熱惱者，若來至此四洲界時，此四洲界所有衆生，一時皆悉乾壞無餘，亦復如是。但以內鐵圍山，大鐵圍山二山所障，是故彼風不來到此。

諸比丘。彼鐵圍山，大鐵圍山，能作如是最大利益，爲此四洲四世界中諸衆生等作依止業。

復次，諸比丘。世界中間，所有諸風，吹彼地獄燒煮衆生，身肉脂髓，種種不淨，臭穢之氣，甚可畏惡。諸比丘。其風若來至此四洲世界中者，四洲世界所有衆生，乃至住者，一切盲冥無復眼目，以其臭氣極猛盛故。然由鐵圍及大鐵圍二山爲障，遮礙彼故不來至此。

諸比丘。彼內鐵圍及大鐵圍二種大山，乃能爲此四洲世界諸衆生等，作如是比最大利益，成諸衆生依止業故。復次，諸比丘。世界中間，更有大風，名僧伽多。諸比丘。彼風若來至此世界，則此世界四種大洲及八萬四千諸餘小洲，并餘大山，須彌山王，悉能吹舉去地或高一俱盧奢，舉已能令分散破壞。乃至二三四五六七俱盧奢，既擎舉已，悉能令其星散破壞。乃至擎舉高一由旬，星散破壞，亦如前說。如是二三四五六七由旬，擎舉破壞，悉令分散。乃至一百由旬，既擎舉已，分散破壞，二三四五六七百由旬，既擎舉已，分散破壞，亦復如前。乃至一千由旬，二三四五六七千由旬，擎舉之已，分散破壞。諸比丘。譬如壯夫手把麥［麨］［麥*弋］，把已高舉，未令粉碎，於虛空中，分散棄擲，令無遺餘。如是如是，諸比丘。彼世界中間最大猛風，名僧伽多，其風若來至此四洲，爾時此界四種大洲，及八萬四千諸餘小洲，一切諸山，并須彌山王，悉能高舉，至一俱盧奢，分散破壞，略說如前。乃至舉高七千由旬，分散破壞，亦復如是。諸比丘。但由內鐵圍山，大鐵圍山二山障故，不來至此。諸比丘。彼內鐵圍山，大鐵圍山二山威德，有大利益，乃能如是，爲此四洲四世界中諸衆生等作依止業。

乾陀山等

《起世經》卷六　諸比丘。須彌山王，東面半腹有山，名曰由乾陀，山頂去地，四萬二千由旬。其山頂上，有提頭賴吒天王城郭住處，城名賢上，縱廣正等六百由旬，七重垣牆，七重欄楯，七重鈴網。復有七重多羅行樹，周匝圍遶雜色可觀，悉以七寶而爲莊飾，所謂金銀瑠璃，頗梨赤珠，硨磲瑪瑙等之所成就。於四方面，各有諸門，一一諸門，皆有樓櫓卻敵臺觀，園苑諸池，有諸花林種種異樹，其樹各有種種葉，種種花，種種果，種種香，其香普熏。有種種鳥，各各和鳴，其音哀雅，甚可愛樂。

諸比丘。須彌山王，南面半腹，下去地際，四萬二千由旬，於由乾陀山頂之上，有毘樓勒迦天王城郭住處，城名善現，縱廣莊嚴，皆如提頭賴吒天王住處所說。乃至種種諸鳥，各各和鳴，其音哀雅，甚可愛樂。

諸比丘。須彌山王西面半腹，下去地際，四萬二千由旬，由乾陀山頂，有毘婁博叉天王城郭住處，城名善觀，縱廣莊嚴，一一皆如提頭賴吒天王住處所說。乃至種種諸鳥，各各和鳴，其音哀雅，甚可愛樂。

諸比丘。須彌山王北面半腹，下去地際，亦四萬二千由旬，由乾陀山頂，有毘沙門天王住止之處，三大城郭。其三者何。一名毘舍羅婆，二名伽婆鉢帝，三名阿荼槃多。咸各縱廣六百由旬，七重垣牆，七重欄楯，略說乃至種種衆鳥，各各和鳴。

山外有山

《起世經》卷一〇　諸比丘。六十刹那，名一羅婆，三十羅婆，名牟休多。諸比丘。若干刹那，若干羅婆，若干牟休多，日天宮殿，常行不息。六月北行，於一日中，漸移北向六俱盧奢，未曾暫時離於日道。六月南行，亦一日中，漸移南向六俱盧奢，不差日道。諸比丘。日天宮殿，六月行時，月天宮殿，十五日中，亦行爾許。復次，有何因緣，常於夏時生諸熱惱。諸比丘。日天宮殿，六月之間，向北行時，一日常行六俱盧奢，未曾捨離日所行道。但於其中，有十因緣，故生熱惱。何等爲十。諸比丘。須彌山外，次復有山，名佉提羅迦，高廣正等四萬二千由旬，雜色可觀，七寶成就。於其時間，日天宮殿，所有光明，照觸彼山，令其生熱，故於彼時，有是熱惱，此爲第一熱惱生緣。復次，諸比丘。佉提羅迦山外，次復有山，名伊沙陀羅，高廣正等二萬一千由旬。於其時間，日天宮殿，所有光明照觸彼山，令生熱觸，此爲第二熱惱生緣。次有由乾陀山，高廣正等一萬二千由旬，是第三緣。次有善現山，高廣正等六千由旬，是第四緣。次有馬片頭山，高廣正等三千由旬，是第五緣。次有尼民陀羅山，高廣正等一千二百由旬，是第六緣。次有毗那耶迦山，高廣正等六百由旬，是第七緣。次有輪圍山，高廣正等三百由旬，是第八緣。次有從此大地已上高萬由旬，彼虛空中，有諸夜叉宮殿住處，頗梨所成，是第九緣。次有四種大洲，八萬小洲，彼等洲中諸餘大山，須彌山王等，是第十緣。具足應如佉提羅迦中說，是爲十種，日天宮殿，六月之中，向北道行，熱惱因緣。

復次，於中何因緣故，有諸寒冷。諸比丘。日天宮殿，六月已後，漸向南行。爾時，復有十二因緣能生寒冷。何者十二。諸比丘。於須彌山，佉提羅迦山二山之間，有須彌留海，闊八萬四千由旬，周迴無量。其中多有優鉢羅花，鉢頭摩花，拘牟陀花，奔茶梨迦花等，悉皆遍滿，香氣甚盛。日天宮殿，所有光明，經於其間，照觸彼海，此是第一寒冷因緣。如是次第，伊沙陀羅山，是第二緣。由乾陀山，是第三緣。善現山，是第四緣。馬片頭山，是第五緣。尼民陀羅山，是第六緣。毘那耶迦山，是第七緣。輪圍大山，是第八緣。彼諸海中，所有諸花，具足次第，應如佉提羅迦山中廣說。

鞞陀提山

《中阿含經》卷三三　一時，佛遊摩竭陀國，在王舍城東，㮈林村北，鞞陀提山因陀羅石室。

爾時，天王釋聞佛遊摩竭陀國，在王舍城東，㮈林村北，鞞陀提山因陀羅石室。時，天王釋告五結樂子，我聞世尊遊摩竭陀國，在王舍城東，㮈林村北，鞞陀提山因陀羅石室。五結。汝來共往見佛。

五結樂子白曰，唯然。於是，五結樂子挾琉璃琴從天王釋行，三十三天聞天王釋其意至重，欲往見佛，三十三天亦復侍從天王釋行。於是，天王釋及三十三天，五結樂子猶如力士屈伸臂頃，於三十三天忽沒不現已，住摩竭陀國王舍城東，㮈林村北，鞞陀提山，去石室不遠。

爾時，鞞陀提山光耀極照，明如火熖，彼山左右居民見之，便作是念，鞞陀提山火燒普然。

時，天王釋住一處已，告曰，五結。世尊如是住無事處山林樹下，樂居高巖，寂無音聲，遠離，無惡，無有人民，隨順燕坐。有大威德，諸天共俱，樂彼遠離，燕坐安隱，快樂遊行。我等未通，不應便前。五結。汝往先通，我等然後當進。

優留曼茶山

《雜阿含經》卷二五　阿難。是處名爲優留曼茶山，如來滅後百歲，此山當有那吒跋置迦阿蘭若處，此處隨順寂默，最爲第一。

毘富羅山

《雜阿含經》卷三四　一時，佛住王舍城毘富羅山側。

爾時，世尊告諸比丘，一切行無常，一切行不恆，不安，變易之法。諸比丘。於一切行當生厭離，求樂，解脫。

諸比丘。過去世時，此毘富羅山名長竹山，有諸人民圍遶山居，名低彌羅邑。低彌羅邑人壽四萬歲，低彌羅邑人上此山頂，四日乃得往反。爾時，世有佛，名迦羅迦孫提如來，應，等正覺，明行足，善逝，世間解，無上士，調御丈夫，天人師，佛世尊出興於世，說法教化，初，中，後善，善義善味，純一滿淨，梵行清白，開發顯示。彼長竹山於今名字亦滅，低彌羅聚落人民亦沒，彼佛如來已般涅槃。比丘。當知一切諸行皆悉無常，不恆，不安，變易之法，於一切行，當修厭離，離欲，解脫。

諸比丘。過去世時，此毘富羅山名曰朋迦。時，有人民遶山而居，名阿毘迦邑，彼時人民壽三萬歲，阿毘迦人上此山頂，經三日中乃得往反。爾時，世有佛，名拘那含牟尼如來，應，等正覺，明行足，善逝，世間解，無上士，調御丈夫，天人師，佛世尊出興於世，演說經法，初，中，後善，善義善味，純一滿淨，梵行清白，開發顯示。諸比丘。彼朋迦山名字久滅，阿毘迦邑人亦久亡沒，彼佛世尊亦般涅槃。如是，比丘。一切諸行皆悉無常，不恆，不安，變易之法，汝等比丘當修厭離，求樂，解脫。

諸比丘。過去世時，此毘富羅山名宿波羅首，有諸人民遶山居止，名赤馬邑，人壽二萬歲，彼諸人民上此山頂，經二日中乃得往反。爾時，有佛名曰迦葉如來，應供，乃至出興於世，演說經法，初，中，後善，善義善味，純一滿淨，梵行清白，開示顯現。比丘。當知宿波羅首山名字久滅，赤馬邑人亦久亡沒，彼佛世尊亦般涅槃。如是，比丘。一切諸行皆悉無常，不恆，不安，變易之法。是故，比丘。當修厭離，離欲，解脫。

諸比丘。今日此山名毘富羅，有諸人民遶山而居，名摩竭提國，此諸人民壽命百歲，善自消息，得滿百歲，摩竭提人上此山頂，須臾往反，我今於此得成如來，應，等正覺，乃至佛世尊，演說正法，教化令得寂滅涅槃，正道，善逝，覺知。比丘。當知此毘富羅山名亦當磨滅，摩竭提人亦當亡沒，如來不久當般涅槃。如是，比丘。一切諸行悉皆無常，不恆，不安，變易之法。是故，比丘。當修厭離，離欲，解脫。

爾時，世尊即說偈言：

古昔長竹山，低彌羅村邑。次名朋迦山，阿毘迦聚落。
宿波羅首山，聚落名赤馬。今毘富羅山，國名摩竭陀。
名山悉磨滅，其人悉沒亡。諸佛般涅槃，有者無不盡。
一切行無常，悉皆生滅法。有生無不盡，唯寂滅爲樂。

佛說此經已，諸比丘聞佛所說，歡喜奉行。

大金山

《佛說給孤長者女得度因緣經》卷中　復次，尊者大迦葉化大金山其色晃耀，復有種種樹林飛鳥周匝圍繞，而此尊者處于山頂現是神通，從空而來三繞彼城，次從空下入長者舍。爾時，長者見是相已，問善無毒女言，今此所來處金山頂，現如是相入此舍者，是汝師邪。女即答言，此非我師，是佛弟子名大迦葉。此人未出家時其家大富，金銀珍寶其數無量，有百千種上妙衣服，眷屬熾盛人所瞻敬。此人厭捨如是富貴等事，出家修道而獲果證。又此尊者常止一處，常持一衣少欲知足，而能攝餘貪愛眾生。又此尊者，佛於一時分半座令坐，佛說此人修頭陀行中最爲第一。是此尊者次第而來。

仙聖山

《大方便佛報恩經》卷七　佛告阿難，乃往過去無量阿僧祇劫，爾時有佛出世，名毗婆尸如來，應供，正遍知，明行足，善逝，世間解，無上士，調御丈夫，天人師，佛，世尊，出興于世，教導有緣。有緣已盡，遷神涅槃。正法，像法滅已，有國名波羅奈，人民熾盛，國土豐熟。其王常以正法治國，不枉人民。其國有山，名仙聖山。其山常有五百辟支佛止住其中，多有五通神仙亦住其中。爾時多有諸禽獸等，而來依附。有一師子，名曰堅誓，身毛金色，有大威武，力敵於千，發聲哮吼，飛鳥墮落，走獸隱伏。遊行山澤，見一辟支佛沙門，威儀清淨。見已心喜，日日親近，常聞誦經，說微妙法。

靈鳥頂山

《德光太子經》　一時，佛在王舍城靈鳥頂山，與大比丘眾千二百五十，菩薩五百人俱。

爾時，賢者賴吒和羅止頓舍衛國，盡夏三月，更新具衣鉢，著其被服，與百新學比丘俱。所作已辦，共遊諸國，往詣王舍大城靈鳥頂山。

檀特山

《太子須大拏經》　檀特山去葉波國六千餘里。去國遂遠，行在空澤中大苦飢渴。忉利天王釋即於壙澤中，化作城郭市里街巷，伎樂衣服飲食。城中有人出迎太子，便可於此留止飲食以相娛樂。妃語太子，行道甚極，可暇止此不。太子言，父王徙我著檀特山中，於此留者違父王命，非孝子也。遂便出城，顧視其城忽然不見，轉復前行到檀特山。山下有大水深不可度，妃語太子，且當住此，須水減乃渡。太子言，父王徙我著檀特山中，於此住者違父王敎，非孝子也。太子即入慈心三昧，水中便有大山以堰斷水，太子即與妃褰裳而渡。渡已，太子即心念言，便爾去者，水當澆灌殺諸人民蜎飛蠕動。太子即還顧謂水言，復流如故。若有欲來至我所者，皆當令得渡。太子適語已，水即復流如故。

前到檀特山中，太子見山嶔崟嵯峨，樹木繁茂百鳥悲鳴，流泉清池美水甘果，鳧鴈鵁鶄，翡翠鴛鴦異類甚眾。太子語妃，觀是山中樹木參天無折傷者，飲此美泉，噉是甘果，而此山中亦有學道者。太子入山，山中禽獸皆大歡喜，來迎太子。

山上有一道人名阿州陀，年五百歲，有絕妙之德。太子作禮卻住白言，今在山中何所有好甘果泉水可止處耶？阿州陀言，是山中者普是福地，所在可止耳。道人即言，今此山中清淨之處，卿云何【略】妻子來而欲學道乎。太子未答，曼坻即問道人言，在此學道爲幾何歲。道人答言，止此山中四五百歲。曼坻謂言，計有吾我人者，何時當得道耶？雖久在山中，亦如樹木無異。不計吾我人者乃可得道。道人言，我實不知此事也。

毘提醯山

《雜寶藏經》卷六　一時佛在摩竭提國，王舍城南，有婆羅門聚落，名庵婆羅林，此聚落北，毘提醯山石窟之中。爾時帝釋聞佛在彼，即告槃闍識企犍闥婆王子言，摩竭提國，婆羅門聚落，名庵婆羅林，此聚落北，有毘提醯山，世尊在中，今與汝等可共詣彼。槃闍識企犍闥婆王子，答言，唯然，此事最善。歡喜樂聞，即挾琉璃琴，從於帝釋，往於佛所。爾時諸天，聞帝釋共犍闥婆王子等，欲往佛所，各自莊嚴，隨從帝釋，於天上沒，即至毘提醯山。

私訶牒國大山

《法句譬喻經》卷四　昔私訶牒國中有大山，名私休遮他，山中有梵志五百餘人，各達神通，自相謂曰，吾等所得正是涅槃。佛始出世初建法鼓開甘露門，此等梵志聞而不就，宿福應度，佛往就之獨行無侶。到其路口坐一樹下，三昧定意放身光明照一山中，狀如失火山中盡燃。梵志怖懼呪水滅之，盡其神力不能使滅，怪而捨走從路出山，遙見世尊樹下坐禪，譬如日出金山之側，相好炳然，如月星中。怪是何神，就而觀之。佛命令坐，問所從來。梵志對曰，止此山中，修道來久，且欻火起，燒山樹木，怖而走出。佛告梵志，此是福火，不傷損人，欲滅卿等癡結之垢。梵志師徒顧相謂曰，是何道士也。九十六種未曾有此。師曰，曾聞白淨王子，名曰悉達，不樂聖位，出家求佛，將無是也。徒等啟師，可共問佛，梵志所行事爲如法不也。師徒之等共起白佛，梵志經法名四無礙，天文地理，王者治國領民之法，并九十六種道術所應行法，此經爲是涅槃法不。願佛解說開化未聞。佛告梵志，善聽思之。吾從宿命無數劫來常行此經，亦得五通移山住流，更歷生死不可計數，既不得涅槃，亦復不聞有得道者。如汝等行，非名梵志。

象頭山

《佛說除蓋障菩薩所問經》卷二　爾時，除蓋障菩薩摩訶薩等菩薩眾，來詣於此象頭之山，去山不遠，彼諸大士，俱時化現殊妙寶網，遍覆三千大千世界。又於空中雨眾天華，及天果雲，天寶鬘雲，天塗香雲，天衣服雲，天末香雲。及天上服寶蓋幢幡諸供具雲。廣大化現隨所現已。而諸有情皆得瞻覩。悉能獲得最上快樂。彼象頭山所有樹林。即時自然離其地方。別現種種微妙寶樹。劫樹華樹果樹。栴檀香樹。沈水香樹。彼等皆是神力所化。又於空中。自然出妙天鼓音聲。於鼓音中說伽陀曰。

龍彌尼園最勝生，不以煩惱種等比。稽首無等如虛空，故我來此最勝山。

坐勝道樹成菩提，警覺摧伏魔力軍。稽首持勝無垢光，故我來此最勝山。

如幻如焰如水月，此等理法悉覺了。稽首最上大福樹，故我來此最勝山。

覺了世法如戲劇，巧現眾法如帝弓。稽首無動勝福藏，故我來此最勝山。

久遠歷於多百劫，爲欲圓滿悲心故。稽首無垢月面尊，故我來此最勝山。

多百俱胝菩薩眾，諸天供養亦復然。稽首已離癡暗瞑，故我來此最勝山。

已得最上聖法藏，悲所成身棄世財。稽首無等作大利，故我來此最勝山。

住寂靜心常慈意，如蓮在水離諸染。稽首勝上持功德，故我來此最勝山。

妙相開華清淨身，隨形眾好世資養。稽首寶樹無邊枝，來此供養願攝受。

摩羅耶山楞伽城

《入楞伽經》卷一　一時，婆伽婆住大海畔摩羅耶山頂上楞伽城中。彼山種種寶性所成，諸寶間錯，光明赫炎，如百千日，照曜金山。復有無量花園香樹皆寶香林，微風吹擊搖枝動葉，百千妙香一時流布，百千妙音一時俱發；重巖屈曲，處處皆有仙堂靈室龕窟，無數眾寶所成，內外明徹，日月光暉不能復現，皆是古昔諸仙賢聖思如實法得道之處。與大比丘僧及大菩薩眾，皆從種種他方佛土俱來集會。是諸菩薩具足無量自在三昧神通之力，奮迅遊化，五法自性，二種無我，究竟通達，大慧菩薩摩訶薩而爲上首，一切諸佛手灌其頂而授佛位，自心爲境善解其義，種種眾生種種心色，隨種種心種種異念，無量度門，隨所應度，隨所應見，而爲普現。

爾時，婆伽婆於大海龍王宮說法，滿七日已度至南岸。時有無量那由他釋梵天王，諸龍王等，無邊大眾悉皆隨從向海南岸。爾時，婆伽婆遙望觀察摩羅耶山楞伽城，光顔舒悅，如動金山，熙怡微笑，而作是言，過去諸佛，應，正遍知，於彼摩羅耶山頂上楞伽城中，說自內身聖智證法，離於一切邪見覺觀，非諸外道聲聞辟支佛等修行境界。我亦應彼摩羅耶山楞伽城中爲羅婆那夜叉王上首說於此法。爾時，羅婆那夜叉王，以佛神力聞如來聲。

五火山

《正法念處經》卷一二　又彼比丘，知業果報，觀大焦熱之大地獄復有何處。彼見聞知復有異處，名內熱沸，是彼地獄第五別處。眾生何業生於彼處。彼見有人殺生偷盜邪行飲酒妄語邪見，樂行多作，業及果報如前所說。又復有人邪見邪行，於持五戒優婆夷邊，強行非法，污其梵行，令戒缺壞，彼作是意，破戒無罪，不信業果。彼人以是惡意惡行業因緣故，身壞命終，墮於惡處，在彼地獄內熱沸處，受大苦惱。所謂苦者，如前所說，活等地獄所受苦惱。彼一切苦，此中具受。復有勝者，所謂彼處，有五火山，皆內熱沸。如是五山，普遍地獄，皆悉熱沸。一名普燒，二名極深無底，三名闇火聚觸，四名割截，五名業證，遍彼地獄一千由旬。如是五山，去普輪山及大輪山道理極遠。彼地獄人見彼五山，優鉢羅華，於彼山中多有樹林，陂池具足，悕望彼處，欲得安樂，疾走往赴。以惡業故，彼山內火惡風所吹，吹已熾燃，燒地獄人，普身振轉，如是燒已。復見有山，青色而大，既燒受苦，復更走趣望救望歸，既到彼山，勢墮其中，猶如弩弦所放鐵箭，射入蟻封如是入已，不知所在。如是如是。彼地獄人，在內熱沸火山之中，沒無處所。彼地獄人，在於彼處如是燒已，焦已炙已。又復更入闇火聚觸惡山之中，諸根閉塞，受一切苦，如埵納箭，具受一切惡業果報。如是罪人，作集惡業，闇火聚觸惡山之中，受如是果苦惱急惡，無主無救，無有伴侶，食自業果，久受極苦，常燒常煮，業風所吹。彼熱沸處，一切身熱，得出彼處，無足力故，不能得走。閻魔羅人而復更執，置割截山，以鐵焰鋸，割其人根，割已復生，新生軟嫩，而復更割，如是無量百千鋸割受大苦惱。又復更入業證山中，受大苦惱。

蘇迷盧山

玄奘《大唐西域記》卷一　然則索訶世界（舊曰娑婆世界，又曰娑訶世界，皆訛也），三千大千國土，爲一佛之化攝也。今一日月所照臨四天下者，據三千大千世界之中，諸佛世尊皆此垂化，現生現滅，導聖導凡。蘇迷盧山（唐言妙高山。舊曰須彌，又曰須彌，婁皆訛略也），四寶合成，在大海中，據金輪上，日月之所照迴，諸天之所遊舍。七山七海，環峙環列。山間海水，具八功德。七金山外，乃鹹海也。海中可居者，大略有四洲焉。東毗提訶洲（舊曰弗婆提，又曰弗于逮，訛也），南贍部洲（舊曰閻浮提洲，又曰剡浮洲，訛也），西瞿陀尼洲（舊曰瞿耶尼，又曰的伽尼，訛也），北拘盧洲（舊曰欝單越，又曰鳩樓，訛也）。金輪王乃化被四天下，銀輪王則政隔北拘盧，銅輪王除北拘盧及西瞿陀尼，鐵輪王則唯贍部洲。夫輪王者，將即大位，隨福所感，有大輪寶，浮空來應，感有金，銀，銅，鐵之異，境乃四，三，二，一之差，因其先瑞，即以爲號。則贍部洲之中地者，阿那婆答多池也（唐言無熱惱。舊曰阿耨達池，訛也）。在香山之南，大雪山之北，周八百里矣。金，銀，瑠璃，頗胝，飾其岸焉。金沙彌漫，清波皎鏡。八地菩薩以願力故，化爲龍王，於中潛宅。出清冷水，給贍部洲。是以池東面銀牛口流出殑（巨勝反）伽河（舊曰恒河，又曰恆伽，訛也），繞池一匝，入東南海。池南面金象口流出信度河

（舊曰辛頭河，訛也），繞池一匝，入西南海；池西面瑠璃馬口流出縛芻河（舊曰博叉河，訛也），繞池一匝，入西北海。池北面頗胝師子口流出徙多河（舊曰私陀河，訛也），繞池一匝，入東北海，或曰潛流地下，出積石山，即徙多河之流，爲中國之河源云。

羅娑洛山

玄奘《大唐西域記》卷一　城西南有比羅娑洛山（唐言象堅）。山神作象形，故曰象堅也。昔如來在世，象堅神奉請世尊及千二百大阿羅漢，山巔有大盤石，如來即之，受神供養。其後無憂王即盤石上，起窣堵波，高百餘尺，今人謂之象堅窣堵波也。亦云中有如來舍利，可一升餘。

彈多落迦山

玄奘《大唐西域記》卷二　跋虜沙城東北二十餘里，至彈多落迦山。嶺上有窣堵波，無憂王所建，蘇達拏太子於此棲隱。其側不遠有窣堵波，太子於此以男女施婆羅門，婆羅門捶其男女，流血染地，今諸草木猶帶絳色。巖間石室，太子及妃習定之處。谷中林樹垂條若帷，竝是太子昔所遊止。其側不遠有一石廬，即古仙人之所居也。

仙廬西北行百餘里，越一小山，至大山，山南有伽藍，僧徒尠少，並學大乘。其側窣堵波，無憂王之所建也。昔獨角仙人所居之處。仙人爲婬女誘亂，退失神通，婬女乃駕其肩而還城邑。

跋虜沙城東北五十餘里，至崇山。山有青石大自在天婦像，毘摩天女也。聞諸土俗曰，此天像者，自然有也。靈異既多，祈禱亦眾，印度諸國，求福請願，貴賤畢萃，遠近咸會。其有願見天神形者，至誠無貳，絕食七日，或有得見，求願多遂。山下有大自在天祠，塗灰外道式修祠祀。

醯羅山

玄奘《大唐西域記》卷三　曹揭釐城南四百餘里，至醯羅山，谷水西派，逆流東上，雜華異果，被澗緣崖，峯巖危險，谿谷盤紆，或聞諠語之聲，或聞音樂之響。方石如塔，宛若工成，連延相屬，接布崖谷。是如來在昔爲聞半頌（舊曰伽，梵文略也。或曰偈他，梵音訛也。今從正音，宜云伽他。伽他者，唐言頌，頌三十二言也）之法，於此捨身命焉。

曹揭釐城南二百餘里，大山側，至摩訶伐那（唐言大林）伽藍。是如來昔修菩薩行，號薩縛達之王（唐言一切施），避敵棄國，潛行至此，遇貧婆羅門，方來乞匃。既失國位，無以爲施，遂令羈縛，擒往敵王，冀以賞財，迴爲惠施。

摩訶伐那伽藍西北，下山三四十里，至摩愉（摩言豆）伽藍。有窣堵波，高百餘尺。其側大方石上，有如來足蹈之迹，是佛昔蹈此石，放拘胝光明，照摩訶伐那伽藍，爲諸人，天說本生事。其窣堵波基下有石，色帶黄白，常有津膩。是如來在昔修菩薩行，爲聞正法，於此析骨書寫經典。

小孤山

玄奘《大唐西域記》卷一〇　國西界殑伽河南，至小孤山，重巘層崟，昔佛於此三月安居，降薄句羅藥叉。山東南巖下大石上，有佛坐跡，入石寸餘，長五尺二寸，廣二尺一寸，其上則建窣堵波焉。次南石上則有佛置捃稚迦（即澡瓶也。舊曰軍持，訛略也）跡，深寸餘，作八出花文。佛坐跡東南不遠，有薄句羅藥叉腳跡，長尺五六寸，廣七八寸，深減二寸。藥叉跡後有石佛坐像，高六七尺。次西不遠有佛經行之處。其山頂上有藥叉故室。次北有佛足跡，長尺有八寸，廣餘六寸，深可半寸，其跡上有窣堵波。如來昔日降伏藥叉，令不殺人食肉，敬受佛戒，後得生天。此西有溫泉六七所，其水極熱。國南界大山林中多諸野象，其形偉大。從此順殑伽河南岸，東行三百餘里，至瞻波國（中印度境）。

跋邏末羅耆釐山

玄奘《大唐西域記》卷一〇　國西南三百餘里至跋邏末羅耆釐山（唐言黑蜂）。岌然特起，峯巖峭險，既無崖谷，宛如全石。引正王爲龍猛菩薩鑿此山中，建立伽藍。去山十數里，鑿開孔道，當其山下，仰鑿疏石。其中則長廊步簷，崇臺重閣，閣有五層，層有四院，竝建精舍，各鑄金像，量等佛身，妙窮工思，自餘莊嚴，唯飾金寶。從山高峯，臨注飛泉，周流重閣，交帶廓［廊］廡。疎寮外穴，明燭中宇。

秣剌耶山

玄奘《大唐西域記》卷一〇 國南濱海有秣剌耶山，崇崖峻嶺，洞谷深澗。其中則有白檀香樹，栴檀儞婆樹。樹類白檀，不可以別，唯於盛夏，登高遠瞻，其有大蛇縈者，於是知之。猶其木性涼冷，故蛇盤也。既望見已，射箭爲記，冬蟄之後，方乃採伐。羯布羅香樹松身異葉，花菓斯別，初採既濕，尚未有香，木乾之後，循理而析，其中有香，狀若雲母，色如氷雪，此所謂龍腦香也。

布呾洛迦山

玄奘《大唐西域記》卷一〇 秣剌耶山東有布呾洛迦山，山徑危險，巖谷敧傾，山頂有池，其水澄鏡，流出大河，周流繞山二十匝，入南海。池側有石天宮，觀自在菩薩往來遊舍。其有願見菩薩者，不顧身命，厲水登山，忘其艱險，能達之者，蓋亦寡矣。而山下居人，祈心請見，或作自在天形，或爲塗灰外道，慰喩其人，果遂其願。

瞿室餕伽山

玄奘《大唐西域記》卷一二 王城西南二十餘里，有瞿室餕伽山（唐言牛角）。山峯兩起，巖隒四絶，於崖谷間建一伽藍，其中佛像時燭光明。昔如來曾至此處，爲諸天人略說法要，懸記此地當建國土，敬崇遺法，遵習大乘。

牛角山巖有大石室，中有阿羅漢，入滅心定，待慈氏佛。數百年間，供養無替。近者崖崩，掩塞門徑。國王興兵欲除崩石，即黑蜂群飛，毒螫人衆，以故至今石門不開。

祝融峯

闕名《南嶽總勝集》卷上 祝融峯者，昔炎黄之世，祝融君遊息之所，因而名焉。故《廣記》云，祝融棲息於衡阜者是也。融頂形似朱雀頭，元氣上連，熒星太陽炎老君所治。其中主夏氣，長養萬物，使丙丁之神行天德，使己午之神正地氣。萬神常以立夏之日昴此峯，入赤石玉闕，謁炎老君，受天玄符，各還四方，召使百神，斬殺惡鬼，所以佐天地長人物也。其衡山君領仙官，服朱光之袍，戴九丹日精之冠，佩夜光天眞之印，乘赤龍，嶽神姓崇，諱嘗。徐眞人云，融頂西南崑池甘泉神津之水，飲之長生昇仙。若君山之酒，嵩山之石芝。昔葫瓢子隱夕陽石室，得飲之成道，其溪曰夕陽，溪山高九千七百三十丈，在衆峯之北最高嶽之絶頂，下視衆山如坵垤，雖紫蓋雲密等峯亦不可侔。故盧載詩中一聯云，五千里路望皆見，七十二峯中最高。南有祝融廟，基址在焉。舊有光天觀，按《福地誌》云，係二十二光天壇福地。東有息菴，乃白雲先生延何尊師問道處。又有上清院，限巖鑿壁架險而居，昔有隱者號嬾翁，惟呑符餌茶，隱顯不常。建隆末西入華山西有青玉壇，係二十一福地，故《洞淵集福地誌詩》一絶云，玉壇相對壽山高，峻極長疑壓巨鼇。佳息眞人曾隱此，洞前親種碧蟠桃。昔楚靈王時融頂崩，獲人皇九首之圖。按《圖經》云，青玉壇上有仙人行道處。逈然孤絶架險而上，國家修金籙齋畢藏，金龍玉簡亦於此處。又《嶽圖經》云，下有火山芝，神農本草云，赤芝生衡山（赤芝即火山芝也），夜有靈光如飛燭，俗呼爲聖燈。《草芝圖》云，衡山有九芝，三本生滿谷在蓮花峯東，三本生此壇下，三本生金簡峯東。又《地理誌》云，衡山青玉白璧二壇（青玉即仙人橋也，白璧即光天壇也），在此峯尖之上刺天仙如金字之狀。其上廣可數尺，亦猶桐柏之金庭句曲之金壇也。隋易觀爲寺，即今上封寺是也。寺中伽藍土地，乃道觀之眞宮土地。寺僧或絶於香火，即供寺之泉源枯涸矣，釋氏復以其青玉壇改名羅漢行道壇者是也。又有仙梨樹，《湘中記》云，祝融峯東有仙梨，大如斗，赤如日類萍實也。亦猶青城之牡丹，太華之蓮花，羅浮之籠簩竹也。又有石髓，昔衡陽令潘覺見之，石裂有紫泥出。經云，名出五百年一開流出，人得之喫即白日輕舉。又有蛟松，或變成大蟒，魅人不致害，拂壇松名矮樹萬年松，高不盈丈，根榦獰翠，怪狀如龍乃。

吾皇比壽之松也，又有虎跑泉，夕陽溪，賓日亭（可觀日出）龍王堂，定心石，把鍼巖，最勝巖，夜光巖（多蓄山魈）雷池風淵穴，每雨將作陰風怒號自其穴而發，故本朝陶弼有《登融峯》一絶云，曾到祝融孤頂上，步隨明月宿禪關。夜深一陣打窓雨，臥聽風雷在半山。

慧祥《古清涼傳》卷上 謹按，《華嚴經菩薩住處品》云，東北方，有菩薩住處，名清涼山。過去有菩薩，常於中住，彼現有菩薩，名文殊師利。有一萬菩薩，常爲說法，余每覽此土名山，雖嵩岱作鎮，蓬瀛仙窟，皆編俗典，事止域中，未有出於金口，傳之寶藏。宅萬聖而敷化，自五印而飛聲，方將此跡，美曜靈山，利周賢劫，豈常篇之所紀，同年而語哉。今山上有清涼寺，下有五臺縣清涼府，此實當可爲龜鑑矣，一名五臺山。其中，五山高聳，頂上並不生林木，事同積土，故謂之臺也。酈元《水經》云，其山，五巒巍然，迴出群山之上，故謂五峯。晉永嘉三年，雁門郡筱（蘇果蘇寡二切）人縣百餘家，避亂入此山，見山人爲之步驅而不返，遂寧居巖野。往還之士，時有望其居者，至詣尋訪，莫知所在，故人以是山，爲仙者之都矣。《仙經》云，五臺山，名爲紫府，常有紫氣，仙人居之。《旌異記》云，雁門有五臺山，山形有五峙，一臺常晦，不甚分明，天清雲散，有時而出。《括地志》云，其山，層盤秀峙，曲徑縈紆，靈嶽神谿，非薄俗可棲。止者，悉是棲禪之士，思玄之流，及夫法雷震音，芳煙四合，慈覺之心，邈然自遠，始驗遊山者，往而不返。《集記者》曰，文殊師利者，蓋法身之大士也。先成正覺，名龍種尊，名歡喜藏，亦號普見如來，今以方便力，現爲菩薩，所以對揚聖衆，攝濟群蒙，鞭其役者，驅之彼岸，詳乎道也。識智無以造其源，談乎跡也。名數不可階其極，但以迷徒長寢，莫能自悟，遂使俯降慈悲，見茲忍土，任持古佛之法，常居清涼之地，表跡臨機，俟我含識。《般泥洹經》云，若但聞名者，除一十二劫生死之罪，若禮拜者，恆生佛家，若稱名字，一日至七日，文殊必來，若有宿障，夢中得見形像者，百千劫中，不墮惡道，大矣哉斯益也。火宅諸子，何可忘懷，但博望張騫，尋河源於天苑，沙門法顯，求正覺於竺乾，況乃咫尺神洲，揄揚視聽，其來往也，不移於晦望。其涉降也，匪勞於信宿。豈可不暫策昏心，聊揮懈足，歷此微欸，爲覺路之津乎。或問，大聖化物，理應平等，正宜周旋億刹，何乃滯此一方乎。答曰，誠如來旨，誠如來旨，但具三緣，須居此地，一是往古諸佛展轉住持，二使無志下愚，專心有在，三爲此處根熟，堪受見聞。余謂，抑揚之道，如斯而已矣。

山在長安東北一千六百餘里，代州之所管，山頂至州城，東南一百餘里。其山，左隣恆嶽，右接天池，南屬五臺縣，北至繁峙縣，環基所至，五百餘里。若乃崇巖疊嶂，濬谷飛泉，觸石吐雲，即松成蓋者，數以千計。其霜雪夏凝，烟霧常積，人獸之不可闚涉者，亦往往而在焉。登中臺之上，極目四周，唯恆岳居其次，自餘之山谷，莫不迤邐如清勝也。

中臺，高四十里，頂上地平，周迴六里零二百步。稍近西北，有太華泉（亦名□池也），周迴三十八步，水深一尺四寸，前後感者，或深或淺不同，其水清澈凝映，未嘗減竭，皆以爲聖人盥漱之處，故往還者，多以香花財賄投之供養。臺頂四畔，各二里，絕無樹木，唯有細草霾（息萎切）靡存焉。諸臺，無樹有草，例皆準此，酈元《水經注》云，東峨谷水源出中臺，其水眾溪競發，控於群川，亂流西南，經西臺之山，歷東峨谷，謂之東峨谷。

東臺，高三十八里，頂上地平，周迴三里，去中臺太華泉四十二里。按括地等記言，諸臺高下，遠近里數，多相乖越，蓋是取道不同，或指臺有異。今聊據一家，存其大致也。欲向東臺，先從中臺經北臺，初過中間，但乘岡嶧，不阻溪澗，頂上無水，惟有亂石，小柏谷水，出此臺下，北注滹沱（音陀）。其山東南，延四十里，連入恆州行唐縣界，翻嶺山東，相連恆岳。西北延十三里，連入繁峙縣界大柏谷。

西臺，高三十五里，頂上地平，周迴二里，有水，東去太華泉四里。其山西北，延二十里，入繁峙縣界西峨谷。

南臺，高三十七里，頂上地平，周迴二里，無水，北去太華泉八十里。南有溪水，源出此山，發源東南亂流，入東溪水。其山正南，延六十里，連五臺縣界當欽巖寺。

北臺，高三十八里，頂上地平三里，南去太華泉十二里，頂上往往有磊落石叢，石澗冽水不流。其山正北，延二十里，連繁峙縣界大柏谷。谷中有水，源出北臺，流注滹沱。《山海經》云，泰戲之山，滹沱之水出焉。郭璞注云，今滹沱，出雁門鹵城縣南武夫山。《括地志》云，泰戲武夫，即一山也，今名派（音孤）山，即在臺東，去繁峙縣九十里。

雜録

諸山

《正法念處經》卷六七　復次修行者，初觀閻浮提，東方大海，山河國土。彼以聞慧，或以天眼，見有大山，名曰無減，高十由旬，縱廣三十由旬。於此山中，有恆伽河，有國名迦尸。復有二河，一名安輸摩河，二名毘提醯河。橋薩羅國，有六國土，名他奮伽國，名毘提醯國，廣百由旬。安輸國，廣三百由旬。迦尸國，一萬四千聚落，城廣二由旬。金蒲羅國，人民衆多林樹具足那梨吱樹多羅樹多摩羅樹，莊嚴其城佉殊羅樹。波那婆樹，多有衆果。是修行者，復觀異人，謂取衣人。賒婆羅人穿其脣口，以珠莊嚴，駱駝面人，其國縱廣一百三十由旬。觀彼國土，隨順觀外身，復觀閻浮提山河聚落，彼以聞慧或以天眼見盧醯河，出佉羅山，廣三由旬，長百由旬，入於東海，多有人民城邑莊嚴。

復次，修行者，隨順觀外身，閻浮提中，何等山河。彼以聞慧。或以天眼，見有大山，名彌斫迦，高一由旬，長一百由旬。復有一山，名爲高山，高五由旬，長百由旬，山上有池，池有大力，廣半由旬，其池有河長二百由旬，入於大海。復次，修行者，隨順觀外身，閻浮提中，何等異河，彼以聞慧。或以天眼，見閻浮提中，有一大河，名迦毘梨多，有大花莊嚴其河，謂迦多吱花，般遮花，阿殊那花，迦陀摩花，南摩梨迦花，阿提目多迦花，以爲莊嚴。復有第二河，名瞿摩帝，以多饒牛，故名牛河。如是二河，廣半由旬，長三百由旬，入於大海（瞿摩帝者名牛）。

復次，修行者，隨順觀外身，閻浮提中，復有何等山河。彼以聞慧，或以天眼，見閻浮提有山，名曰生念。其山有河，名娑羅娑帝，河邊有城名俱尸那，其河不駛洋洋而流其山方圓三十由旬。山中有人，名吱羅陀，邊地惡人心無慈愍其山復有取衣之人，住在其中善能水行於大海水，能過能度山水饒魚，以宿習故，唯食血肉，以自存活。

復次修行者。隨順觀外身過閻浮提，復有何等山海渚耶？彼以聞慧，或以天眼，見有寶山，住於海邊，高千由旬，種種衆寶之所成就。所謂青寶，大青寶王，金剛車璩，赤蓮花寶，以爲莊嚴。往昔有諸法行商人，入於大海，爲大風力，將至寶山，其大海水，廣萬由旬。海中多有提彌魚，提彌鯢羅魚，失收摩羅魚，捉影魚，不爲其難，得度大海。至金壁渚，眞金爲地，諸羅刹等，住在此渚，其形可畏，有大勢力，過此渚已。復有一海，廣二千由旬。過此海已，復有一山，名曰二一，其山三峯，高七由旬，縱廣三百由旬，七寶莊嚴，青寶金剛青毘琉璃車璩諸寶，赤蓮花寶，莊嚴其山。

復次，修行者，隨順觀外身，過此山已，復有何等山海渚耶？彼以聞慧，或以天眼，見有大海，名曰黑水，廣一萬由旬。諸阿修羅，遊戲其中，龍及龍女，亦遊其中。其黑水海，觀之可畏，有羅刹鬼，名曰捉影，攝阿修羅，令其劣弱，退入水下。其黑水海，水下無山，水如黑雲，多有諸龍，住在其中。是修行者，既觀察已，如實外觀，行者復觀，過黑水海，有何山海。彼以聞慧，或以天眼，見有大海，名赤寶水，充滿其中。海岸有樹，名閻浮樹，一切樹中，最爲高勝，樹高九十由旬。迦樓羅鳥王，金剛爲嘴，住在其上。去閻浮樹，一百由旬，名青水海，於此海中，有諸羅刹，名曼頭呵，身長十里，水中有山，此諸羅刹住在山中。

海中有山

《正法念處經》卷六八　復次，修行者，外身隨順觀，過青水海，復有何等山海渚耶？彼以聞慧，或以天眼，見有大海，名曰清淨，縱廣五百由旬。海中有山，名光明鬘，高一百由旬，縱廣三百由旬，白銀所成，金華莊嚴。有蓮華池，名曰善意，長三十由旬，廣十由旬，鬘持諸天，樓迦足天，諸天鵝鴨鴛鴦莊嚴。

復次，修行者，隨順觀外身，過清淨海，復有何等山河海渚。彼以聞慧，或以天眼，見有大海，名曰大波，廣五千由旬，水下風起，衆生因緣。一切大海，及以洲渚諸海波出，過二由旬。閻浮提人，說名海潮。大波海中，有大魚住，首如狗頭。

復次，修行者，外身隨順觀，過大波海，復有何等大山海耶？彼以聞慧，或以天眼，見大波海北，有一大山，名阿奴摩那，廣十四由旬，白銀莊嚴。如第二日天，曼陀華，拘賒耶舍花，毘琉璃華，及天園林以爲莊嚴。

復次，修行者，隨順觀外身，過阿奴摩山，復有何等大山海耶？彼以聞慧，或以天眼，見阿奴摩那山東。有一大海，名曰澄淨。去水不遠，須彌山側，毘琉璃面，有山名優陀延，向弗婆提，金色生光，閻浮提國，毘琉璃故，其影青色。

復次，修行者，隨順觀外身，過優陀延山，更有何山。彼以聞慧，或以天眼，見有大山，名曰善意。一切閻浮檀金，廣大金華，以爲莊嚴，廣十由旬，高五百由旬，多有金樹，眞金禽獸，紫磨金色，波羅賒樹，多有諸天，乾闥婆王，鬘持天，三箜篌天，如其業相，上中下業，自業果故。至善意山，見閻浮提，是名閻浮提東方山海。

復次，修行者，隨順觀外身，云何閻浮提南方山海，彼以聞慧，或以天眼，見民陀山，廣八百由旬，有河名曰南摩多，廣半由旬長二百由旬，有大毒龍，住在河中，河中多有失收摩羅龜伽羅摩。復有大河，名曰濤波。復有大河，名曰鞞伽，於此河邊，多有林樹。復有大河，名黑賓拏廣三由旬，長三百由旬，入於大海。復有大河，名曰大盧陀，有大毒龍，住在其中。摩羅耶山，多有栴檀，其山廣長五百由旬，高三由旬。有一大河，名登祇尼，出摩羅耶山，廣一由旬，長二百由旬，入於大海。復有一河，名質多羅，種種林樹，種種眾鳥，以爲莊嚴，廣一由旬，長五十由旬，入於大海。【略】

復次，修行者，隨順觀外身，過摩醯陀羅山，復有何等山海渚耶？彼以聞慧，或以天眼，見過摩醯陀羅山，見有一渚，縱廣一百由旬。有一足人，住在此渚，飲食根果，以自存生，壽命五十歲，樹葉爲衣，不爲屋宅，住在樹下。於此國中，多有師子猛惡之獸，其師子身，皆有兩翼，土田調適，無寒無熱。一切女人，皆如狗面，口出妙音。過此洲已，有一大海，縱廣二萬由旬。海中有山，名摩利那羅，金銀頗梨毘琉璃寶之所成就，多有種種金色之鳥，曼陀羅華，俱賒耶金花，六時常具。有神通力大阿修羅，於此山中遊戲受樂，受愛色聲香味觸等，山長五千由旬，高一百由旬。有十五峰，皆是白銀，諸天女等在中受樂，爲阿修羅之所惱亂，以此因緣，諸天初共阿修羅鬭，一切天人愚癡凡夫，皆爲女人之所使役。

復次，修行者，隨順觀外身，過多梨那羅山，復有何等山海渚耶？彼以聞慧，或以天眼，過彼山已，見有大海，縱廣五千由旬。水中有魚，長一由旬。於此海中，有諸水人，身長五由旬，或作牛頭，或作豬頭，或作水牛頭，或駱駝頭，或師子頭，或作虎頭，或作豹頭，或獮猴頭，遍似一切畜生之面，如印所印。過此海已，有一大山，名曰輪山，一切諸欲，皆悉具足，天蓮花池，上味之果，若食其果，生樂七日。緊那羅王住此山中，以自業故，心常歡喜，上中下業，互相娛樂，遊戲受樂。其日輪山，縱廣二千由旬。過此山已，復有一山，名軍闍摩，其山皆以白銀成就，毘琉璃石，如天莊嚴。其山有樹，名曰女樹，於此山中，遍山諸樹，天欲明時，皆生孾兒，日出能行，至於食時，皆成年少。至日中時，身色盛壯。至日晡時，年已朽老，拄杖而行，頭髮皓白，如霜著樹。至日沒時，一切皆死，一切眾生，共業而行，隨所作業，隨業受報。

復次，修行者，隨順觀外身，過軍闍羅山，復有何等山海渚耶？彼以聞慧，或以天眼，見於南方。過此山已，有一大海，於海水下五百由旬，有龍王宮，種種眾寶，以爲莊嚴，毘琉璃寶，因陀青寶，頗梨欄楯，七寶莊嚴，光明摩尼種種眾寶，莊嚴殿堂，重閣之殿，猶如日光，有如是等無量宮殿，德叉迦龍王，以自業故，住此宮殿，是德叉迦龍王，日夜常修念佛念法念僧。過此寶堂五百由旬，有大惡海，一切眾生見者惶怖，多瞋惡龍以爲圍遶。過此海已，復有一山，名曰牛王，其山具有一切眾生。於此山中，出於牛頭栴檀之香。第二旃檀，名曰黃色，其旃檀相，如日光明，一切凡人，不能得見。若人順法，轉輪聖王，出現於世，或有如法小王，出現於世，如轉輪王，則能得之。乾闥婆王，住此山中，歌舞喜戲，以自娛樂。過牛王山，五百由旬，有一大海，名大水沫，大風音聲。過此海已，有一大山，名曰三峯，一曰金峯，二曰銀峰，三曰頗梨峰。其峰有池，名曰沫輪，金沙布底，天華莊嚴，鵝鴨鴛鴦充滿池中。風吹海水，擊三山峰，多殺大魚，以自業故，被打而死。【略】

復次，修行者，隨順觀外身，過此山已，復有何等山海渚耶，諸羅剎等住何等處。彼以聞慧，或以天眼，見有大海，多有大魚，五千由旬，多有螺貝，摩伽羅魚，提彌魚，提彌鯢羅魚，撓攪海水，風鼓大海，令魚亂行。行者復觀，過此海已，有一大洲，名曰周遍可愛眾師子國。其國有蛇，身長十里，飛空而行，無所障礙，壽命千歲，不相憎嫉。行者復觀，過此洲已，復有一海，名曰可愛，縱廣五由旬。於此水中，多有蓮華，眾蜂莊嚴，花臺廣大。有諸羅刹，名鳩迦羅，住此海中，食蓮花臺，恣意充足。行者復觀，過此住處，有一大山，名曰曠野，縱廣一百由旬。於此山中，多有白象，及迦陵頻伽鳥，出妙音聲，如是美音，若天若人，若緊那羅，若阿修羅，無能及者，唯除如來。

復次，修行者，隨順觀外身，過此大山，復有何等山河海渚。彼以聞慧，或以天眼，見有大山，高五十由旬。其山多有毘琉璃林，有諸師子，羽翼具足，守護寶林，恐曼提呵羅刹，來奪其處。

復次，修行者，隨順觀外身，過閻浮提，復有何等山河海渚。彼以聞慧，或以天眼，復見西海，縱廣一萬二千由旬。於彼大海，無山無城，水中唯有象頭魚身，豬頭魚身。行者復觀，過此海已，有一大山，名曰金山，其山光明，照大海水，令大海水，猶如金色，莊嚴其山。山高三百由旬，廣五十由旬。有乾闥婆，名閻浮摩利，住在其上，心常悦樂，壽命二千歲，亦有中夭。無量百千乾闥婆眾，住此山中，身如金色，一切色相，與天相類食於樹果，其性勇健，一切阿修羅，住於水下，無能奪此乾闥婆眾所有根果。

復次，修行者，隨順觀外身，過此海已，復有何等山海渚耶？彼以聞慧，或以天眼，見此大海，過五分已。有大輪山，眞金所成，高千由旬，廣五百由旬，金剛爲頂。於此山中，有緊那羅，及阿修羅，住在此山，是甄那羅，園林可愛，河流泉池，多有花果，獼猴遊戲，河名金水，廣半由旬。於此河中，多有金魚，遊洋曜鱗。行者復觀，過輪山已，有一大海，縱廣一萬由旬，其海有渚，名曰寶渚。於此渚中，種種眾寶，無有土石，遍於渚上，皆是珍寶。行者復觀，過此海渚，復有何等山河海渚。彼以聞慧，或以天眼，見有大山，名曰白山，多有林樹，其色白淨，水沫圍繞，高一千由旬，縱廣五百由旬。行者復觀，過此山已，見有大山，名曰善雲，高百由旬，廣六十四由旬，空無人住，若夜叉，若緊那羅，畏阿修羅，悉無住者。過此山已，有頗梨山，高三千由旬，縱廣千由旬，河池林果，一切具足，如天之山。過此山已，有大清水，縱廣百由旬，多有螺貝，其水難行。過此水已，有仙光山，諸阿修羅，住此山中，常畏天眾，多有婇女，種種莊嚴。酒河流溢甄波迦果，及粘那果，生仙光山，其味甚美，食之殺人。

復次，修行者，隨順觀外身，復有何等山河海渚。彼以聞慧，或以天眼，見六萬金山，紫磨金樹周遍山中，禽獸充滿。於此山中，處處多有金蓮花池，出大光明，一切金山，須彌山王，住在其中。諸鬘持天，樓迦足天，三箜篌天，四天王天住此山上。於此山上，有如意樹，隨天所念，皆從樹生，一切禽獸，身皆金色。多有眾花，曼陀羅花，拘賒耶花，於山四陲。有四大林，一名歡喜林，二名雜殿林，三名鮮明林，四名波利耶多林，歡喜園中。有大樹王，名波利耶多，於此樹下，夏四月時，受五欲樂，遊戲自娛。四天王天，於歡喜園，遊戲受樂。四天王天，於此園中，歡娛受樂，故名歡喜園。鮮明林者，眾彩莊嚴，故名鮮明林。雜殿林者，種種雜殿，天子乘之遊戲受於可愛色聲香味觸等，故名雜殿林。波利耶多林，歡喜林中，一切天眾，受五欲樂。須彌山王，向閻浮提。一方之面，毘琉璃寶，以毘琉璃光照力故，令閻浮提仰觀虛空，皆作青色。第三方面，鮮明林中，諸天欲共阿修羅鬬。於此林中，集共議論，須彌山王，向瞿陀尼。一方之面，眞金所成，令瞿陀尼仰觀虛空，皆作赤色。第二方面，有雜殿林，於此殿中，盛天鬬具，須彌山王，向弗婆提。一方之面，白銀所成，令弗婆提仰觀虛空，皆作白色，須彌山王，向鬱單越。一方之面，頗梨所成，令鬱單越，見空清淨，白光明色，行者復觀，四天王天，壽命幾歲，以閻浮提中五十年，爲一日一夜，如是壽命滿五百歲，亦有中夭。

復次，修行者，隨順觀外身，須彌山上，復有何等異天止住。彼以聞慧，或以天眼，見須彌山王，有三十三天，住在山頂，所受樂行，不可具說。城名善見，縱廣十千由旬，七寶莊嚴，因陀青寶，金剛車璩赤蓮花寶，柔軟大寶，以爲莊嚴。有善法堂，廣五百由旬，毘琉璃珠，以爲欄楯，眞金爲壁，一切門戶，亦復如是，以一切莊嚴，嚴飾殿堂。釋迦天王，住善法堂，以善業力，受相似樂。人中百歲，爲第二天，一日一夜，如是壽命。滿一千歲，亦有中夭，須彌西面，名日沒山，日至此山，閻浮提人，謂之日沒，故名沒山。【略】

復次，修行者，隨順觀外身，觀閻浮提北方國界，復有何等山王。彼以聞慧，或以天眼，見有大山，名曰雪山，種種山峯，其山眷屬，廣千由旬。山中多有盧陀羅樹，松樹栢樹，天木之樹娑羅樹，多摩羅樹，多有夜叉，多緊那羅，多毘舍遮夜叉之屬。其山可愛，修學禪者，多依此山。河流甘美，大力龍等，住在山中，多有吱羅多人，住在此山。

復次，修行者，隨順觀外身觀閻浮提北方國界，復有何等山河海渚。彼以聞慧，或以天眼，見雪山東，名懸雪山。多有可愛禽獸，滿中松栢之樹，及天木樹，那迷流林，婆鳩流樹，闍摩迦樹。過此山已，復有一山，名多摩伽羅，縱廣二十由旬，有一千窟。過此山已，有百由旬空曠之地，多有河池，無有藥草及以樹木。過此處已，有白銀山，名雞羅娑，金峰圍遶，毘留勒天王，住在其上，於山峰中，河池清涼，多有蓮花青優鉢羅花，池中多有鵝鴨鴛鴦而以莊嚴。過雞羅娑山，有一大山，名曰峰山，緊那羅王，在其山下，歌舞遊戲。於此山上，有五金峰，三頗梨峰，十白銀峰，無量天花，香氣可愛。山中有河，名鳩摩羅，從山流出，多有鵝鴨鴛鴦，充遍河中。過此山已，復有大山，名彌那迦，縱廣五十由旬，多饒阿修羅，住此山中，常樂歌詠。

復次，修行者，隨順觀外身，觀閻浮提，復有何等山河海渚。彼以聞慧，或以天眼，過此山已，見有大海，縱廣一萬由旬，多有大龍及堤彌魚，那迦羅魚，螺貝之類。過此海已，有一大山，名曰善意，山中有池，名曰凝酥，縱廣一由旬，其池可愛，於此池中，多有鵝鴨鴛鴦，迦陵頻伽鳥。其山縱廣五十由旬，山中有河，名憍尸迦，多有水鳥，莊嚴其河。過此山已，有一大海，縱廣二萬由旬，甚可怖畏，雷聲常吼，惡龍瞋恚，互相攻戰，或雨刀火，放大熾電，以瞋心故，吐毒相殺。【略】

復次，修行者，隨順觀外身，觀欝單越復有何等可愛味耶？彼以聞慧，或以天眼，見欝單越，有十大山，何等爲十，一名僧迦賒山，二名等峯山，三名陀摩勿力伽山，四名白雲持山，五名高聚山，六名普鬘山，七名時節樂山，八名持歡喜山，九名如意山，十名俱賒耶舍山，是名十大山。欝單越國大海周匝，如閻浮提，有四大山，何等爲四。一名雪山，二名民陀山，三名摩羅耶山，四名雞羅娑山，欝單越國，十種大山，亦復如是。

勝妙山林

《正法念處經》卷六九　復次，修行者，隨順觀外身，復有何等勝妙山林。彼以聞慧，或以天眼，見第二山，名平等峯，猶如天上歡喜之園，平等山峯所有河池花果林樹。如前僧迦賒山中，廣說復有何勝，其等山峯三百金峯，光明如日，五百銀峯亦如前說，功德勝前。欝單越人，其身光明，猶如滿月，名離怖畏，實無怖畏，故名無畏。欝單越人，住此山中，歡娛受樂，如四天王，夏四月時，於歡喜園受五欲樂，有何等勝。四天王天，無骨無肉，無有汗垢。欝單越人，所不能及。欝單越人，遠離怖畏，勝四天處。四天王天，住高山頂，宮殿而居，猶懷恐畏。欝單越人，無有宮宅，無我所心，是故無畏。欝單越人，命終之時，一切上生，是故無畏。四天王天，則不如是。欝單越人，復有勝法，離怖畏故，勝四天處。平等山中，所有樹林，如第二日，離怖畏人，隨心所念，皆從樹出，衣無線縷，瓔珞莊嚴，或念飲食，於百千河，飲食盈流，鳥音可愛。如前所說，金翅青毘琉璃，無量百千鵝鴨鴛鴦，無量眾鹿，眞金爲身，珊瑚爲角，車𤦲爲目，青玉爲甲，及餘異獸，無量種類，住在山中，樹枝相蔭，交互而生，如眞珠網，俱翅羅鳥，孔雀妙音，百千流水，無量河岸，以爲莊嚴。一切河流，八功德水，何等爲八，一者具味，二者清淨，三者香潔，四者除渴，五者涼冷，六者飲之無厭，七者無垢，八者飲之無患。無惡魚過於此山中，有種種花池，所謂有名廣博山花池，次名眾沙花池，次名五樹花池，次名鴛鴦岸花池，次名鵝水花池，次名扇翅花池，次名饒百鳥花池，次名大珊瑚花池，次名竹樹花池，次名深花池，次名月愛花池，次名上月花池，次名雜水花池，次名洄澓花池，次名竹林花池，次名仙愛華池，次名魚旋華池，次名三波陀魚迮華池，次名峯中花池，次名池鬘花池，次名旋轉花池，次名淨水花池，次名月光花池，次名月輪花池，次名離垢花池，次名乳水莊嚴花池，次名清涼花池，次名月愛花池，次名頗梨旋花池，次名速旋花池，次名澄靜花池，次名不動花池，次名天愛花池，次名歡喜花池，次名善味花池，次名如意味花池，次名樂花池，次名雞珠婆花池，次名甘露上流花池，次名龍花地，次名樂花池，次名阿殊那花池。平等山峯，有如是等四十七池，於平等山中，最爲殊勝，其池皆是八功德水，如前所說，其山高勝，如破空出，以山高故，有勝園林，功德具足。所謂清涼之林，色白如月，廣百由旬，多有銀樹，色白如雪，於此林中，有蓮花池，名離水衣花池，次名蜂覆華池，次名貝色花池，次名常水花池，次名半見花池，次名歡喜花池，次名迦耽婆菩提迦花池，次名鵝翅花池，次名遊戲花池，次名可愛花池，次名見峯花池，次名樂遊戲花池，次名常樂花池，次名常蓮花池，次名常歡喜花池，次名雲花池，是名第一最勝十六花池。除其中下無量百千無名者，一切清淨，無有泥濁，亦無水衣，鵝鴨鴛鴦，可愛音聲。令欝單越人常得歡喜，命命孔雀，於園林中，出妙音聲，修行者觀平等山峯已，如實知外身。

復次，修行者，隨順觀外身，信解四聖諦，觀平等山峯，頗有一處，是常不變。若樂若我，而不空者，如前所說，一切生死所攝眾生，頗有不死不生，一切所愛不離不別不破壞耶？彼修行者，觀平等山峯，不見一處是常不動，若樂若我若不空者，一切眾生所住之處，無不生死爲愛別離之所，破壞如是。一切生死無常，眾生無針鋒處不生不死，不生不滅，念四聖諦，觀欝單越平等山峯已，如實知外身。

復次，修行者，觀欝單越，更有何等可愛之處。彼以聞慧，或以天眼，見第三山，名曰勿力伽，具足莊嚴。如前所說，僧迦賒山，及平等山峯具足莊嚴，此山轉勝。勿力伽山，流水具足，石蜜河水，意樹具足。所謂金樹，六時花果，敷榮蔚茂，光明如日。勿力伽山，有光明林，所謂金光旋林，次名銀聚林，次名普山林，次名柔軟林，次名金光旋林，廣百由旬，眞金林樹。多有眾蜂，次名銀聚林，縱廣三百由旬。無量銀樹，其林光明，如百千月。多有師子，無量眾鳥，心常歡悅。如前所說，勿力伽山，有第三林，謂常樂林，林中有鳥，名常遊戲，受樂歡喜。其國有人，名曰解脫，常樂林中，歡喜自在，隨意遊樂，無人遮礙，如諸天眾，而受悅樂。勿力伽山，有第四林，名曰柔軟，金樹銀樹，珊瑚之樹。多有眾鳥，名曰解脫，其林縱廣五百由旬。常多欲人，住在此林，其地柔軟，如兜羅綿，花果之樹，及蓮花池，無量百千眾蜂圍遶。修行者，觀勿力伽第三山已，如實知外身，如前所說。

復次，修行者，隨順觀外身，觀欝單越，更有何等可愛之處。彼以聞慧，或以天眼，見第四山，名白雲持，縱廣千由旬，純淨白銀之所成就，光明踰月，如閻浮提滿月出現，眾星失光，白雲持山，亦復如是。欝單越人，住此林者，名常發欲，常樂遊戲，白雲持山，蓮花嚴身，離於怖畏，憂悲疲極，寒熱飢渴，常愛歌戲，於蓮華間，遊戲受樂。於山峯中，共眾婇女，遊戲娛樂，常行愛欲，常離憂悲。白雲持山，有諸園林，謂鼓音聲林，次名鴨音林，次名憶念林，次名水聲林。鼓音林者，鬚持天眾，擊於天鼓，出美妙音，譬如箜篌笙笛，和合出聲，擊天鼓音。復過於此，閻浮提音，十六分中不及其一，鳥獸園林，華池地界，金銀流水，功德如是，天鼓音聲。如前所說，常欲之人，聞天鼓音，常受愛色聲香味觸，如迦樓足天，於歡喜園，受天之樂。有第二林，名鴨音聲，其林花池，有百千種，不可具說，鴨音聲林，有眾寶鹿，次名韗那娑鹿，次名寶莊嚴鹿，次名調伏鹿，次名樂音聲鹿，次名火色鹿，次名賒羅鹿，次名能投巖鹿，次名山峯行鹿，次名遮波羅鹿，次名普眼鹿，次名迦吱多那寶鹿，次名金角鹿，次名銀側鹿，次名風力鹿，次名食樹葉鹿，次名住水音聲鹿，次名行林鹿，次名珊瑚鹿，次名凹窠鹿，次名細腰鹿，次名黑皮鹿，次名賒輸多那鹿，次名日光明鹿，次名柔軟鹿，次名白鹿，有如是等二十五種鹿，常欲樂人與鹿遊戲，種種自業。於白雲持山中，受相似樂，復有第三憶念之林，人名樂欲，若有所念，從樹而得，一切園林，莊嚴可愛，亦如前說。白雲持山，有第四林，名水音聲，種種仙人，住此林中，遊戲受樂，若有汗熱，入池水中，遊戲受樂，有諸仙人，一名無礙仙人，次名力仙人，次名徐行仙人，次名虛空行力仙人，次名穿雲行仙人，次名行日道仙人，次名行量仙人，次名白色仙人，次名刪那多仙人，次名鳩尸迦仙人，次名山無礙仙人，次名常樂仙人，次名乾陀羅仙人，次名行虛空仙人，次名富物仙人，次名內住仙人，次名闇窟仙人，次名常力仙人，次名鵝殿仙人，次名龍殿仙人，次名放電光仙人，次名住摩羅耶仙人，次名雞多迦鬘仙人，次名樂婇女仙人，次名樂酒仙人，次名住彌樓山仙人，次名三車那仙人，次名常遊戲仙人，次名常歡喜仙人，次名垂莊嚴仙人，次名飛行仙人，次名呪藏仙人，是名三十仙人，止住在於白雲持山，種種莊嚴遊戲，在於水音聲池歌舞戲笑，自業受樂，自業力故，共相似婇女遊戲受樂。如是遍觀白雲持山諸林樹已，如實知外身觀。白雲山中，頗有一法，是常不動，不變不壞，涅槃所攝，如是比丘，不見一法，是常是樂，不動不變，不破壞者，一切諸法，皆悉無常，破壞磨滅，猶如日光，破諸闇冥。無常世間，初味後苦，深流不出，愛果無樂，如甄波迦果，如毒如刀，得時甚樂，悅目須臾，如電不住，如水駃流，無常不住，如乾闥婆城誑惑於人，一切人貪，如果必墮，如雜毒食，消時大苦，如蜜塗刀，亦如利戟，誑惑無量百千眾生，猶如河岸，臨峻大樹，諸欲無常，亦復如是。是修行者，如實觀欲，生厭離心，正念觀察，滅除塵垢。

復次，修行者，隨順觀外身，鬱單越國，更有何等可愛山河。彼以聞慧，或以天眼，見第五山，名曰高山，縱廣一千由旬，光明普照。有眞金樹，毘琉璃葉，白銀爲樹，珊瑚爲葉，毘琉璃樹，眞金爲葉，光明如燈。復有異樹，無量種樹，蓮花林池，園林遊戲，種種麞鹿，種種山峯，亦如前說，住須彌山。鬘持天眾，三箜篌天，從須彌山，至此高山，遊戲受樂，其高山峯，皆是眾寶之所成就。有五大峯，一一山峯，高五十由旬，縱廣二百由旬。第一金峯，於山谷中，生一切寶，謂毘琉璃，珊瑚，車𤦲，頗梨迦寶，赤蓮花寶，柔軟寶，青因陀寶，大青寶王，自然天衣。第二銀峯，銀樹具足，峯中多有牛頭栴檀。若諸天眾，與阿修羅共鬬戰時，爲刀所傷，以此牛頭栴檀，塗之即愈，以此山峯，狀似牛頭，於此峯中，生栴檀樹，故名牛頭。第三山峯，名天女樂，金銀毘琉璃以爲園林，其地柔軟，歡喜遊戲。愚癡凡夫，爲愛所誑，離聞正法，常愛欲樂。第四山峯，名曰生色，四大天王，於蒲桃園，遊戲受樂。一切禽獸，夜叉仙人鬱單越人，皆悉受樂，蒲桃酒河，盈滿而流，其味如蜜，有如石蜜，或有辛味，或有雜味。其峯河岸，多諸生色，所謂水牛牛羊，豬狗野狐，象馬駝驢，龍虎熊羆，師子兕豹，如是種種無量寶色。峯名生色，生諸生色，故名生色。第五山峯，毘琉璃林，有蓮花池，毘琉璃莖，其花柔軟。所謂少滿蓮花池，次名眾多蓮花池，次名轉行蓮花池，次名花覆蓮花池，次名日照蓮花池，次名柔軟岸蓮花池，次名無比蓮花池，次名蜜林蓮花池，次名香風蓮花池，次名常水蓮花池，是名十種花池，住此峯中。復有大河，處處而流，六味具足。一切意樹而以莊嚴，眾樹花果，河池具足，亦如前說。彼比丘觀第五山第五峯已，如實知外身。

心順山

《正法念處經》卷七〇　復次，修行者，隨順觀外身，觀鬱單越，復有何等可愛山林。彼以聞慧，或以天眼，見鬱單越。有一大山，名曰心順，縱廣一千由旬。於此山中，常有緊那羅女，於山峯中，歌眾妙音。河岸園林，平處山谷，多有華池，有諸林園，所謂歧多歧林，次名龍林，次名那梨歧羅林，次名婆那娑林，次名佉羅林，次名菴婆林，次名無遮林，次名金毘羅林，次名迦卑他林，次名孔雀林，次名俱翅羅林，次名鸚䳇林，次名河池林，次名蓮華林，次名優鉢羅林，次名辛頭波利多林，次名鳩羅婆迦林，次名命命鳥林，次名多羅林。如是林中，一切珍寶，美妙之音，一切人間，歡喜受樂，癡愛所覆，轉增愛火。若有聞此緊那羅女歌頌之音，百倍增長，若有飢鹿，食草在口，聞此歌音，不覺遺墮。飛鳥在樹，雙鳥遊戲，啄食美果，聞此音聲，皆悉止住。眾蜂聞聲，不飲美味。若有仙人，在虛空中，聞其歌音，即住不行。如是心順山中緊那羅女歌頌之音，甚可愛樂。其山皆是毘琉璃寶金銀爲石，珊瑚爲樹，眞珠爲沙，鉢婆羅池，以頗梨寶爲憂鉢羅。多有白鵝，其色如貝，復有諸鹿，七寶莊嚴，於園林中，有俱翅羅孔雀命命，其音可愛。復有池水，眾蜂莊嚴，如是心順山中一切眾人，若見若聞，心生愛樂，遍於山上一切男女，歡喜戲笑，心生悅樂，此心順林。復有第二可愛之事，如須彌山所出光明，上照二百由旬，心順山中光明，上照二千由旬，其光白淨，金樹光明，以毘琉璃山光力故，皆作白色，如須彌山王金色光明，草木近之，皆作金色，如是心順山光，令一切禽獸河池華樹皆作白色，以心順山光明力故。山有人住，名曰白人。光明亦白，住在此山，大力端嚴，心常歡喜，第一清淨，妙香塗身，華鬘莊嚴，歌舞戲笑，愛樂音聲，不生嫉妬，無我所心，亦無我慢。一切光明，皆作白色，種種末香，以散其身，種種歌音，聞之悅樂。如意之樹，出香美酒，飲之無患，隨其所念，衣從樹出，衣無線縷經緯之別，種種飲食，種種莊嚴，種種眾鳥，出妙音聲，令人睡息。復有妙音，種種眾鳥，令其覺寤，種種花池，生種種華，如是白光明人受業果相，如其所作上中下善業，受樂成就。【略】

復次，修行者，隨順觀外身，鬱單越人，以何業故，生十山中，何等十山。一名僧迦賒山，二名平等峯山，三名勿力伽山，四名白雲持山，五名高聚山，六名鬘莊嚴山，七名因陀羅樂山，八名歡喜持山，九名心順山，十名俱賒耶舍莊嚴山。彼以聞慧，或以天眼，見此衆生，前世善業，生此山中，不殺，不盜，不邪婬，不飲酒，行十善業，生此山中。復次，修行者，觀業果報，以何業故，彼諸衆生，色力形相，勝餘衆生。彼以聞慧，或以天眼，見此衆生，正見行施，心不諂曲，不惱衆生，直心憐愍，順法修行，親近正法。以是因緣，身壞命終，生於善道四天王天三十三天，於彼命終，生於此間，此間命終，生於彼處。【略】

復次，修行者，隨順觀外身，過鬱單越國瞿陀尼國，二國中間，復有何等山林海渚。彼以聞慧，或以天眼，見鬱單越國瞿陀尼國。二國中間，有一大海，名曰普眼，廣一萬由旬，有一水眼，廣一由旬，龍勢力故。過此大海，有一大山，名遊戲鬘，縱廣十千由旬，色如聚墨，龍氣燒故。過此山已，有一大海，名具思彌，縱廣一千由旬，多有大魚，堤彌魚，堤彌鯢羅魚，軍毘羅魚，那迦羅魚，如是等魚，充滿海中。其海甚深，見者怖畏，於此海中，有樂住龍，離於瞋恚。過此大海，有一大海，名曰水雲，縱廣十千由旬。於此海中，大波涌出，或十由旬，二十由旬，三十由旬。過此海已，有一大洲，名眞珠蛤，多有眞珠，若魚若龍，於水中死，棄於此洲，其洲縱廣一千由旬。過此洲已，有一大山，名曰寶山，縱廣正等，五千由旬，七寶山峯，毘琉璃等，猶如第二須彌山王。過此山已，有甄叔迦林，縱廣二千由旬，種種園林，花果具足。過此林已，有一大山，縱廣五千由旬，金蓮華池，鵝鴨衆峯，出衆音聲。過此山已，有一大海，縱廣十千由旬，金色之水，充滿其中，出金色光，海有金山，名曰金水，高五百由旬。過此山已，有瞿陀尼，縱廣九千由旬，有十億聚落，一萬二千城。第一大城，其數五百，如閻浮提，有三百餘大城，所謂波吒梨弗多城，如是瞿陀尼大雲聚等五百大城。其大雲聚城，縱廣十二由旬，四交街巷，屋宅樓閣，充滿城中，住於中國。第一大城，名曰百門，次名欄楯，次名泥目羅，次名光明，次名山谷，有如是等第一大城，攝於中城，復有大國，名伽多支，次名僧差那多國，次名摩尼國，次名銀國，次名幡國。有如是等第一大國，譬如閻浮提中第一大國，謂迦尸國，憍薩羅國，摩伽陀國，瞿陀尼國，第一國土，亦復如是，次有中國，謂尼棄羅國，次名單持國，次名遮都羅國，次名俱蘭荼國，次名鞞多娑國，次名窟行國。瞿陀尼界，有如是等，第一中國，有二十五國，攝一切國，如閻浮提十八大國，瞿陀尼國。有五大河，一名廣河，二名均周師波帝河，三名月力河，四名樂水河，五名僧吱那河。如閻浮提四大河，所謂恆伽河，辛頭河，婆叉河，斯陀河。瞿陀尼國，有五大山，何等爲五，一名龍飛山，二名三峯山，三名珠門山，四名百節山，五名堅山。如閻浮提中有四大山，何等爲四，一名雪山，二名民陀山，三名摩羅耶山，四名鷄羅娑山。瞿陀尼國，有三大池，一名深岸池，二名無間池，三名放光池，如閻浮提阿那婆達多池，及瞻波池。【略】

復次，修行者，隨順觀外身，過平等海，復有何等山河海渚。彼以聞慧，或以天眼，見弗婆提國，縱廣八千由旬。多有眷屬，小洲具足，聚落城邑，河池林樹，洲渚山窟，行列樹林，花果禽獸，一切具足。有六大山，一名大波賒山，二名新鬘山，三名孔雀集山，四名獸峪山，五名海高山，六名眞珠鬘山。遍弗婆提，如閻浮提有四大山，如前所說，大波賒山，縱廣三千由旬。於此山中，有三大林，其一一林，皆悉縱廣一千由旬，一名須彌林，二名流水林，三名峪鬘林，衆樹具足。所謂呵梨勒樹，次名平面樹，次名峪生樹，次名枝等樹，次名岸生樹，次名石生樹。如閻浮提樹說，住此山者名大鬘人，山中有河名婆盧河，次名流沙河，次名狹流河，次名速流河，次名龍水河，次名光林河，次名征迦河。第二大山，名曰林鬘，縱廣一千由旬。此山有林，名鳩吒林，次名行林，次名天木行林，次名烟林，次名久垂林。山中有河，一名多羅覆，次名角園河，次名愛水河，次名攝念河，次名烟笑河，林鬘山中，所住之人，名俱知羅。

復次，修行者，觀第三山，名孔雀聚，縱廣千由旬。此山有四大林，一名雲林，二名百池林，三名高吼林，四名眞珠輪林。復有大河，所謂泥均輪陀河，次名大喜河，次名愛林河，次名先流河，次名吉河。於孔雀聚山有住人，名曰青咽。

復次，修行者，觀弗婆提，有第四山，名獸峪。此山有林，名闍知羅林，次名可愛林，次名彌伽林，花果具足，亦如前說。林中有河，名涅茂迦，次名普笑，次名歌羅羅，林中有獸，名曰調伏，次名普影，次名毛獸，次名見走，次名爲馬，次名無道，次名仙獸，次名多羅頭羣，次名好耳，次名象頭，次名第一兒，次名愛影，次名兔毛，次名駝身，次名黑尾，次名白頭，次名端正，次名蛇舌，次名狗牙，次名伽婆耶，次名鉗婆，次名碓井井，如是等獸。閻浮提中，或有或無，獸峪山中，園林流池，華果樹木，一切具足，亦如前說。一切華池，如閻浮提，住獸峪山人，名曰速力。

復次，修行者，觀弗婆提國，有第五山，名曰海高，縱廣一千由旬，園林流池，華果具足，亦如前說。此山有林，名曰三滯林，次名咽喉閉林，次名山林。林中有河，名曰三角，次名高嗅，次名石聲。人住海高山者，名遮株羅，觀海高山已，如實知外身。

復次，修行者，隨順觀外身，觀弗婆提，有何等山。彼以聞慧，或以天眼，見第六山，名眞珠鬘，縱廣一千由旬。園林流池，周遍具足，種種花果，禽獸具足，亦如前說。眞珠鬘山，出一大河，名不見岸，廣一由旬。有人住於眞珠鬘山，名曰普眼。如是弗婆提，六山圍遶，弗婆提國，有三大城，一名善門城，二名山樂城，三名普遊戲城。一一大城，廣三由旬。中下之城，有六十三，有一中城，名鳩吒含，次名大波舍，次名普吼城。有如是等中城之中，第一最大下城，名一切負，次名大音城，次名曠野孔穴城。有如是等小城之中，第一最大。復有三億五十萬三千五百五十六聚落，第一聚落，名迦尸摩羅，次名水沫，次名根村，次名樹啼村，次名一切人，次名葉聚落，次名毘頭羅，次名波迦村，次名毘吒聚落，次名摩摩聚落，次名那提，次名伽吒甕，次名徒呵，次名林聚落，次名赤旋，次名阿叉，次名風吹，次名鬘村，次名頂樹，次名黑飯。有如是等第一聚落，此等眾人，其面圓滿像地洲形，閻浮提人耳髮莊嚴。欝單越人，眼爲莊嚴。瞿陀尼人，項腹莊嚴。弗婆提人，肩髀莊嚴。四天下人，自身嚴好。

七金山

《佛說法集名數經》云何七金山？所謂持雙山，持軸山，檐木山，善見山，馬耳山，象鼻山，魚觜山。

名山勝迹

志磐《佛祖統紀》卷五三 阿育王山，晉武帝時，劉薩訶至鄮山求舍利塔，始建精舍，因號阿育王山。太白山，晉惠帝，沙門義興廬於山中，太白化童子給侍，因號天童太白山。唐玄宗，高僧法睿案故迹，立精舍誦法華，太白化童子送供，因號太白禪師，名其山曰天童。天竺山，晉成帝，沙門竺惠理至虎林山（唐時避諱改爲武林）驚曰，中天竺靈鷲小嶺，何年飛來，因名天竺山飛來峯靈隱寺。石城山，齊武帝，沙門僧護於剡縣石城山鑿石造彌勒佛，後有僧淑僧祐相繼鑿成，高十丈，天神謂宣律師，即護淑祐後身，世稱爲三生石佛。唐昭宗，吳越王建瑞相寺，以奉石像。羅浮山，唐玄宗，勑羅浮山是華首菩薩住處，特立延祥寺。五臺山，記云，山形五峙周五百里，中臺高四十里，上有文殊彌勒石像，東南有清涼寺，文殊所居（宋太宗太平五年所引）唐高宗，勑沙門會賾詣五臺，見金光滿殿，空聲善哉。罽賓沙門佛陀波利至五臺遇老人，令還西土取佛頂尊勝呪，（云云）。代宗，沙門法照謁五臺，見金門樓觀文殊普賢分座說法，因建竹林寺。憲宗，無著禪師入五臺，見山翁牽牛隨入一寺，呼均提童子進玳瑁盃，對飲酥酪。穆宗，裴度奏，五臺文殊見從者萬眾。宋太宗，勑內侍往五臺，造金銅文殊萬菩薩像，重修眞容華嚴十寺。太洪山，唐文宗善信大師斷足而化，張武陵父子侍立亦解化，人稱大聖二聖云。峨眉山志云，昔蒲翁入山，見普賢大士眞相，自茲顯迹。宋太祖，勑往峨眉山莊嚴佛像，因嘉州奏，普賢見相。太宗，勑往成都鑄金銅普賢像，安峨眉山白水寺，三峨高出五岳，秀甲九州爲震旦第一山。通判王袞往峨眉，見瓦屋山皆變金色中有普賢。勑送寶冠袈裟往峨眉普賢寺，見大士乘紫雲行空中。雁蕩山，山頂大池相傳爲雁蕩，下二潭爲龍湫，諸矩羅尊者所居（見眞宗祥符初）。補陀山，唐宣宗，補陀山在大海中，去鄞城東南水道六百里，大悲經所謂補陀落迦山觀世音宮殿，山有潮音洞，洞前石橋，瞻禮者或見大士善財淨瓶頻伽，（云云）（天下名山不止於此，今但取通塞志所引故爾）。

仙真顯迹

志磐《佛祖統紀》卷五二 周穆王，駕八駿升崑崙，西王母觴于瑤池之上，靈王太子王子喬吹笙作鳳鳴，道士浮丘公接上嵩山，宋大夫墨翟服朱英丹爲地仙，著書十篇，顯聖王莊周著書十餘萬言，服北育火丹白日升天。

秦始皇，茅盈得道，治江南句曲山，二弟固衷從兄亦成眞，老君遣使拜盈爲司命眞君，固爲定錄君，衷爲保命君，世號三茅君。始皇聞鬼谷先生云，東海祖洲有不死草，之遣除福將童男童女三千人入海，尋祖洲不返。

漢高祖，商山四皓從太子遊，文帝從河上公受老子道德經章句，武帝時淮南王劉安著書號淮南子，與八公登山，白日升天，上登嵩高起道宮，西王母至賜五岳眞形圖六甲靈飛符，奉安柏梁臺，常朝拜之。東方朔至吉雲澤，得五色甘露，以獻武帝，遍賜群臣。

昭帝，郴人蘇耽得仙道，辭母曰，明年郡有疫，可取庭前井水橘葉以救人。言畢升天，世稱蘇仙君。安帝陰長生師馬明生學道，煮黃土爲金，作黃金數十萬斤，以施窮乏，白日升天。順帝上虞魏伯陽作參同契五將類論，作丹後服丹而化。桓帝王遠過吳召麻姑，進行廚金槃玉杯璧麟脯，姑云，見東海三變桑田。獻帝左慈入天柱山學道，與弟子葛玄入霍山，合丹仙去。

魏明帝，葛玄委衣在床尸解而去，老君賜金簡，命爲太極左仙公。

晉成帝，葛洪止羅浮山鍊丹，著書號抱樸子，尸解得仙。穆帝許邁入餘杭西山，與弟謐男玉斧皆得道登天。哀帝南岳魏夫人授楊羲上清眞經太洞黃庭十餘篇。孝武西山許眞君受天詔四十二口，拔宅升天。

梁武帝，陶弘景告化香氣不散，著書曰《眞誥》。桓闓修默朝上帝法太上召升天。

北魏太武道士冠謙之遇太上老君，命繼張陵爲天師，又遇李普文授圖籙。

唐玄宗，葉法善見老君，入西山修道，尸解仙去。李筌遇驪山老母爲說陰符經義，後入名山訪道。召方士張果入見，與董汁三卮（附子酒也），醺然如醉曰，非嘉酒也，後入恆山。司馬承禎上遣使迎至京，受法籙，有仙女謂焦靜曰，子可謁東華青童君受三皇法，歸而謁之，先生欣然以授。敬宗崔元亮修黃籙道場，有鶴三百六十五隻，翔集壇所，一朱頂皓白竟集虛皇座，後元亮入室，誦黃庭經而化。宣宗召羅浮軒轅集入見，問臨天下之數，集橫書四十，乃十四年也。懿宗鐘離權自稱，漢時遇王玄得長生之道，呂巖者遇權授露寶畢法，謂曰，吾朝元有期，即有仙人迎之升天，洞賓客遊江淮，度何仙姑郭上竈施肩吾。景宗，呂洞賓過鄂州黃龍山見機禪師述偈（云云）。

周世宗，召華山隱士陳摶，問飛升之術（云云）。隱士譚景升與陳摶爲友，著化書百十篇，久之仙去（宋齊丘竊用此書作自名行世）。

志磐《佛祖統紀》卷三二 《俱舍論》云，第一須彌山高廣各八萬由旬（長阿含，起世經，高八萬四千由旬，餘七山及鐵圍，次第減半）。第一香水海，橫廣八萬由旬（起世廣八萬四千）。第二持雙山，高廣各四萬由旬（諸山次第減半）。第二香水海，橫廣四萬由旬（七海橫廣各隨七山高量，次第減半）。第三持軸山，高廣各二萬由旬。第四擔木山，高廣各一萬由旬。第五善見山，高廣各五千由旬。第六馬耳山，高廣各二千五百由旬。第七障礙山，高廣各一千二百五十由旬。第七香水海，一千二百五十由旬。第八持地山，高廣各六百二十五由旬。第八大鹹水海，橫闊三十二萬二千由旬，中有四洲（阿毘曇論，水際周圍三十六億八千四百七十五由旬）。第九小鐵圍山，高廣各三百十二由旬（阿毘曇周圍三十六億一萬三百五十由旬）。諸山入水皆八萬由旬，住金輪上，諸海皆深八萬由旬（今詳，自須彌山心南向至本山際，八萬由旬，度七香水海十六萬由旬，度七金山八萬由旬，至七山南際臨海，凡二十八萬由旬，南北通徑凡五十六億萬由旬）。長阿含云，須彌山南有天下名閻浮提（此云勝金洲，新婆沙論名贍部）。其土南狹北廣，縱廣七千由旬，人面像此地形，有大樹名閻浮，圍七由旬，高百由旬，枝葉四布五十由旬，人壽百歲，中夭者多。阿毘曇云，南洲衣服莊飾種種不同，一生欲事無數，亦有修行至死無欲。起世云，大海北有閻浮樹，此樹下有閻浮那檀金聚高二十由旬（以此勝金出樹下故，因以名樹名洲）。順正理論，有二十中洲，一遮末羅（新婆沙云羅剎住處），二筏羅遮羅，皆有人住。長阿含云，須彌山東有天下名弗于逮（此云勝身立世云弗提婆）。其土東狹西廣，形如半月，縱廣九千由旬，人面像之，有大樹王名伽藍浮，圍七由旬，高百由旬，枝葉四布五十由旬，人壽二百歲（樓炭經云三百歲）飯食魚肉，以穀帛珠璣共相市易，有嫁娶禮。立世阿毘曇論云，東弗提婆人多欲者，一生數至六七，亦有修行至死無欲，食自死魚肉自不殺生，頭髮剪前披後，著下衣竟上衣繞。順正理論云，有二中洲，一提訶，二毘提訶，皆有人住。長阿含云，須彌山西有天下名俱耶尼（此云牛貨，新婆沙云瞿陀尼）其土形如滿月，人面像之，縱廣八千由旬，有樹王名斤提，圍七由旬，高百由旬，枝葉布散五千由旬，人壽三百歲，以牛馬珠玉共相市易。阿毘曇云，彼土食肉殺生，人死燒屍，或置水埋土，嫁娶同南洲人，多欲者至十或十二，亦有至死無欲者，莊飾皆被髮上下著衣。順正理云，有二中洲，一舍搋（古獲反）二怛里拏，皆有人住。起世論云，斤提樹下有一石牛，高一由旬，因名瞿陀尼（因以名洲）。長阿含云，須彌山北有天下名欝單越（此云最勝，新婆沙論名俱盧洲）。其土正方人面像，縱廣一萬由旬，有大樹王名庵婆羅，圍七由旬，高百由旬，枝葉布散五十由旬。諸山浴池華果豐茂，眾鳥和鳴，四面有阿耨達池出四大河，無有溝阬荊棘蚊虻毒蟲，自然粳米眾味具足。有摩尼珠名曰焰光，置自然釜鍑下（自然粳米者自生也，自然釜鍑者自燒然也，鍑方宥反，似釜而大），飯熟光滅。有樹名曲躬，葉葉相次天雨不漏，彼諸男女止宿其下。有諸香樹，果熟之時，自然裂出種種身衣或器或食，河中寶船乘載娛樂，入中浴時脫衣岸上，乘船度水，遇衣便著，不求本衣。次至香樹手取樂器，並以妙聲和絃而行，其人無有眾病，顏貌同等髮紺青色齊眉而止，人起欲時熟視女人，彼女隨詣園林。若是父親母親不應行欲者，樹不曲蔭，各自散去，若非親者樹則曲蔭，隨意娛樂，一日至七日，爾乃捨去。彼人懷妊七八日便產，隨生男女置於四衢，有諸行人出指含嗽，指出甘乳充遍兒身，過七日已其兒長成。與彼人等，男向男眾女向女眾，彼人命終不相哭泣（以人壽定千歲故不弔死），莊嚴死屍置四衢道。有鳥名憂尉禪伽，接置他方（阿毘曇云，其鳥啄屍，至山外啖食之）。其地柔軟隨足隱起，大小便時地爲開拆，利已還合。其人前世修十善行來生此洲，壽命千歲不增不減，命終之後生天善處。阿毘曇云，北洲人多欲者，一生數至四五，亦有修行至死無欲。順正理論，有二中洲，一矩拉婆，二憍拉婆皆有人住。阿毘曇云，南洲人長三肘半，或四肘，東洲八肘，西洲十六肘，北洲三十二肘（起世云，南洲三肘半，東西洲同量，北洲七肘。一肘即當姬周尺八）。長阿含云，南州有三事勝，一者勇猛強記能造業行，二者勤修梵行，三者佛出其土。新婆沙論，四大洲八中洲，人形短小，有說遮末羅洲唯羅刹住。復有五百小洲，或有人住，或非人住，或有空者。《菩薩藏經》，佛言，我觀世間眾生，常爲十苦逼迫，一生，二老，三病，四死，五愁，六怨，七苦受，八憂，九痛惱，十生死流轉，眾生爲得菩提出離如是逼迫。四教儀，在因之時行五常五戒中品十善，感人道身。

志磐《佛祖統紀》卷三二 古長城，戰國時趙築之，自代並陰山至高闕（二州名），以備胡，燕亦築嬀州之北至遼東，秦始皇令蒙恬築長城，起臨洮入高麗。

四瀆，河出積石，江出岷山（松州嘉誠縣），淮出桐柏（唐州），濟出王屋山（孟州今河陽府）。

三江，自豫章而下入彭蠡，而東至海爲南江。自蜀岷山至九江彭蠡，以入海爲中江。自嶓冢導漾東流爲漢過三澨，大別以入於江匯於彭蠡，以入海爲北江。自彭蠡以上爲二，自夏口以上爲三，下而至於秣陵京口以入海，則不復三矣。

九河，鬲津徒駭，在今瀛州鉤槃。太史胡蘇，在今滄州馬頰在今濟州。覆釜簡潔漫不可考，當在東光成平鬲縣之間，以漢許商之言考之，徒駭最北，鬲津最南。蓋徒駭是河之本道，東出分爲八，齊小白塞之爲一，今河間弓高以東，平原鬲津往往有其遺處，蓋塞其八枝，幷歸於徒駭也（九域志）。

五岳，中岳嵩山，在洛州（西京）。東岳泰山，在兗州。南岳衡山，在潭州。西岳華山，在華州。北岳常山，在眞定府。

東夷，初周武王封箕子於朝鮮，漢滅之置玄菟郡。夫餘國，在玄菟北千里，本濊地。高句麗，其始王朱蒙，出自夫餘居升骨城，號高句麗，因以高爲氏，在遼東千里，南接朝鮮濊貊，東接沃沮，北接夫餘，人皆隨山而居。三韓者，一馬韓，在西五十四國，北接樂浪，南接倭國。二辰韓，在東十二國，北接濊貊，亦曰秦韓，言秦人避役適韓國。三辨韓，在辰韓之南十二國，南接倭，馬韓最大，盡王三韓之地。新羅辰韓種也，在高麗東南居漢樂浪，地多山險，文字甲兵同於中國。百濟，馬韓之屬國，於帶方故地，初以百家濟故名，東接新羅，句麗，西南俱限大海，有僧尼寺塔，愛墳史頗解屬文。挹婁，古肅愼國，在夫餘東北千餘里，其北不知所極，人多勇力，矢用楛（音戶），青石爲鏃，土氣極寒常穴居。遼東郡，大遼水出塞外南入海，行千二百里，遼西令支縣有孤竹城，故伯夷國。倭國，在百濟新羅東南，水陸三千里，依山島而居，漢魏譯通中國者三十餘國，皆稱王，大倭王居邪摩堆，其地在會稽東，俗皆文身。自云太伯之後，自倭國東千里名拘奴國，南四千里名朱儒國，人長三四尺。自朱儒東南行船一年，至裸國黑齒國，倭國始於百濟求得佛經。隋大業十三年遣使朝貢，兼沙門數十人來學佛法。流求國居海島，當建安郡東，水行五日而至，煬帝遣陳稜至其國，虜男女載軍實而還。蝦蛦，唐太宗時倭國遣使，偕蝦蛦人來朝，高宗平高麗，倭國遣使來賀，始改日本，言其國在東近日所出也。扶桑國，在東海中。齊永元初，僧慧深來建康，言其國在大漢東三萬里，宋大明五年罽賓國沙門，至其國傳佛法。

北狄，周有山戎玁狁，秦漢有匈奴，桓靈時有鮮卑，後魏蠕蠕（音軟），西魏突厥。唐回紇，皆匈奴故地。唐契丹居松漠間，至宋朝益盛稱大遼。後有女眞稱大金，韃靼稱蒙古。西羌，三代爲患，至秦漢逐之河塞之外，漢宣帝時趙充國，破先零（音憐），置金城，屬國以處降羌，東漢屢爲患，段熲擊破之。魏晉多亂關隴，永嘉後有谷渾。唐初吐蕃幷吐谷渾黨項諸羌，遂爲強國。海南諸國，扶南，丹丹，交趾，眞臘，故臨，大食，白達，大秦，盧眉，勿斯里（島夷雜記），宋朝來貢者，占城，三佛齊，勃尼，闍婆，注輦，丹流眉蒲端。

香山南大雪山北

道宣《釋迦方志》卷上 四言水者，此洲中心有一大池，名阿那陀答多。唐言無熱惱也，即經所謂阿耨達池，在香山南大雪山北。居山頂上非凡所至，池周八百里四岸寶飾，正南當於平地地獄所居，故金剛座東僻至五千里，又池正南當洲尖處，其北當謎羅川即北，又當葱嶺北千泉也，上空定約當北辰星，今望第五似如西欹，且天上一寸，地下一千。千泉去京八千餘里焉，約天無一尺矣，其池北去鉢露羅國減千里，東南屈露多國，西南罽賓國，各千餘里，然四海爲壑水趣所極，故此一池分出四河，各隨地勢而注一海，故葱嶺以東水注東海，達儭以南水注南海，雪山以西水注西海，大秦以北水注北海，故地高水本注是其中，此居海濱邊名難奪。又佛經宏大通舉事周，博見聖賢義非妄委，於上所列咸符地圖。然此神州所著書史，寓言臆度浮濫極多，時約佛經更廣其類，都皆蕪穢試爲舉之。《水經》云，無熱丘者即崑崙山。又《扶南傳》云，阿耨達山即崑崙山。又《山海經》云，南流沙濱，赤水後黑水前，有大山名崑崙丘。又云，鍾山西六百里，有崑崙山出五水。案，《穆天子傳》云，春山音鍾。又云，海內崑崙丘，在西北帝之下，方八百高萬仞。又《十州記》云，崑崙陵即崑山也，在北海亥地去岸十三萬里，此約指佛經蘇迷山也。

又東海中山名方丈，亦名崑崙。

又云，西王母告周穆云，山去咸陽三十六萬里，高平地三萬六千里。

又《周穆傳述西王母》云，去宗周瀍澗一萬一千一百里。《神異經》，崑崙山有銅柱，其高入天圍三千里。榮氏注云，柱洲崑崙山東南萬二千里有無外山。《史記》云，崑崙山去嵩高五萬里高萬一千里郭璞云，高二千五百餘里。《淮南》云，高萬一千一百里十四步二尺六寸。《道經造立天地記》云，崑崙山高四千八百里，又轉形濟苦經云，高萬九千里。又云，此山飛浮。又云，崑山南三十里，次第有千崑山，名小千世界。

《化胡經》云，崑山高九重，相去各九千里。又云，高萬萬五千里。

已前儒道兩說，雖形量差異莫越崑崙，尋崑崙近山，則西涼酒泉之地，穆后見西王母之所。具彼圖經，若崑崙遠山，則香山雪山之中也，河源出焉，故《爾雅》云，河出崑崙墟。郭璞《圖贊》云，崑崙三層號曰天柱，實惟河源水之靈府。案《禹貢》云，導河自積石者，但據伏流所出處而名之，若討本源誠有由矣。故佛經云，此無熱池東，有銀牛口出殑伽河，即古所謂恆河也。右繞池匝流入東南海，南有金象口出信度河，即古辛頭河也。右繞池匝流入西南海，西有瑠璃馬口出縛芻河，即古博叉河也，如上繞池入西北海。北有頗胝師子口出徙多河，即古私陀河也，如上繞池入東北海，案《河圖》云，崑崙山東方五千里名曰神州，亦名赤縣。

又《依書》云，河源東北流出葱嶺岐沙谷，分爲兩水，東北支流經于闐南山於國西北出。又東流大河經朅盤陀城東南，又經疎勒國西，又東北至城下，又迴流國南五百餘里至烏鎩國南，又東北至疎勒國北，六百一十里至烏孫界赤谷城。又東二百七十里經姑墨國南，又東六百七十里經龜茲國南，又東三百五十里經烏壘國南，此即漢時都護所治也。西南去疎勒二千一百一十里，東南去鄯善國千七百八十五里，東北去烏耆國四百里。河又東南三百四十里經渠梨國南，又東二百四十里經黑山國南，此東去玉門關二千六百六十里。河又東經連城注賓城南且末國北合支水，河又東經婁蘭地，又東經鄯善國城南，過東北數百里，入蒲昌海。其海東面少北去玉門一千三百里，又東北去陽關三百里，此河於蒲昌伏流南而少西數千里，入積石山在羌燒覺中。《書》云，積石去崑崙丘，千七百四十里。或云，伏流萬三千里，斯諸臆說，難以究詳。河出積石，西南流九屈，東北合流，經析支地，是爲河曲。又東北入塞，過燉煌張掖南，是爲河源矣。案此實錄，以尋河源。窮至無熱池所，方爲討極，然此池，神居非人所及。又是北天雪山之域，南接中土佛生之地，以處高勝故非邊矣。